SUPPLÉMENT

AUX

DICTIONNAIRES ARABES

SUPPLÉMENT

AUX

DICTIONNAIRES ARABES

PAR

R. DOZY

COMMANDEUR, OFFICIER ET CHEVALIER DE PLUSIEURS ORDRES, MEMBRE DE L'ACADÉMIE ROYALE DES SCIENCES D'AMSTERDAM
ET DE CELLE DE COPENHAGUE, CORRESPONDANT DE L'INSTITUT DE FRANCE ET DE L'ACADÉMIE D'HISTOIRE DE
MADRID, ASSOCIÉ ÉTRANGER DE LA SOC. ASIAT. DE PARIS, PROFESSEUR À L'UNIVERSITÉ DE LEYDE, ETC.

TOME PREMIER

DEUXIÈME ÉDITION

LEIDE
LIBRAIRIE ET IMPRIMERIE
Ci-devant E.-J. BRILL
Oude Rijn 33a

PARIS
LIBRAIRIE ORIENTALE ET AMÉRICAINE
MAISONNEUVE FRÈRES
3, Rue du Sabot

1927

Tous droits de traduction, de reproduction, d'adaptation réservés pour tous pays
Copyright by : MAISONNEUVE FRÈRES, 1927.

AVERTISSEMENT

L'insuffisance des dictionnaires arabes de Golius, de Freytag, de Lane, etc., est généralement reconnue. Quels que soient leurs mérites, ce ne sont que des traductions de ceux que les Arabes eux-mêmes ont composés, et cette circonstance est la cause d'un double inconvénient. En premier lieu, ces lexicographes arabes donnent des explications qui peuvent avoir été intelligibles dans le temps où elles furent écrites, mais qui plus tard cessèrent de l'être, même pour les musulmans les plus savants; ou bien, ils n'expliquent rien, en disant simplement qu'un mot, qui depuis longtemps n'est plus en usage, est « bien connu » (cf. la Préface de Lane, p. xxii). Un autre inconvénient bien plus grave encore, c'est que ces lexicographes étaient des puristes outrés, qui ne voulaient donner que la langue soi-disant classique, celle dont l'existence se termine à peu près avec le 1er siècle de l'hégire, c'est-à-dire, à une époque où les Arabes commençaient seulement à prendre rang parmi les peuples civilisés et à admettre une foule de termes nouveaux, en partie étrangers, pour exprimer des choses et des idées nouvelles; avant celle où ils produisirent ceux de leurs ouvrages qui nous intéressent le plus, leurs traités de géographie, leurs chroniques, leurs travaux sur toutes les sciences.

Les arabisants sont donc à peu près dans la situation où seraient les hellénistes, si, en lisant Thucydide, Démosthènes et Platon, ils n'avaient qu'un dictionnaire du dialecte d'Homère.

Cependant la composition d'un lexique arabe, qui comprenne tous les trésors de la langue jusqu'à la fin du moyen âge, est un travail qui demandera, je ne dis pas une longue suite d'années, mais des siècles, car la littérature arabe est d'une richesse immense, et ce qui en a été publié est bien peu de chose en comparaison des ouvrages inédits et presque inconnus.

Est-ce une raison pour ne rien faire du tout? Je ne le crois pas. Ce qui ne peut se faire complètement et en un coup, on peut le faire successivement et pas à pas. Plusieurs suppléments formeront un jour un tout, ou à peu près.

AVERTISSEMENT.

J'ai donc cru faire une œuvre méritoire en rédigeant les notes que j'ai rassemblées pendant bien des années sur les mots et les expressions qui ne se trouvent ni dans Freytag, ni dans Lane. J'ai pris pour base de mon travail trois glossaires composés en Espagne au moyen âge, dont deux sont latins-arabes: ce sont le man. 231 de Leyde, qui me semble écrit au XIIᵉ siècle, et le Vocabulista que M. Schiaparelli a publié à Florence. Le troisième est le grand vocabulaire espagnol-arabe de Pedro de Alcala, publié à Grenade en 1505. J'ai incorporé dans mon travail la plupart des notes lexicographiques et des glossaires, que les savants européens ont ajoutés aux auteurs qu'ils ont publiés ou traduits. J'y ai joint le dépouillement d'un nombre assez considérable de dictionnaires et vocabulaires de la langue moderne, tels que ceux de Bocthor, Humbert, Hélot, Dombay, Cherbonneau, etc. Ils sont souvent fort utiles pour comprendre la langue du moyen âge, mais il est difficile de s'en servir, parce qu'en général ils ont le français avant l'arabe. Il faut donc, pour ainsi dire, les retourner, et les ranger alphabétiquement. C'est ce que j'ai fait, sans me laisser rebuter par la longueur et l'aridité d'un tel travail. En outre j'ai mis à profit le grand dictionnaire que Botros al-Bistânî a publié à Bairout en 1870, sous le titre de Mohît al-Mohît, et qui contient beaucoup de termes qui ne sont pas classiques. Les voyageurs européens, qui à différentes époques ont parcouru l'Asie et l'Afrique, m'ont fourni également un grand nombre de renseignements utiles. Mes sources principales, toutefois, sont les auteurs arabes que j'ai lus, soit dans des textes imprimés, soit dans des manuscrits de différentes bibliothèques, et qui traitent des sujets très-variés. Enfin mes savants amis, surtout MM. Simonet (de Grenade), Wright (de Cambridge) et Amari (de Rome), ont enrichi mon travail par leurs contributions importantes.

L'ouvrage paraîtra en huit livraisons, qui formeront ensemble deux volumes, et qui se suivront rapidement, plus de trois quarts étant rédigés et prêts pour l'impression. La préface et la liste des livres cités seront jointes à la dernière.

PRÉFACE.

La langue arabe classique, celle des anciens poèmes, du Coran et de la Sonna, n'a eu qu'environ deux cents ans d'existence. Vers la fin du premier siècle de l'hégire, avant que les Arabes eussent une autre littérature, elle subit un grand changement, qui tendait à s'accroître toujours davantage. C'était la conséquence nécessaire et inévitable des victoires rapides et presque miraculeuses des sectateurs du prophète de la Mecque: la langue cessa de s'appartenir pour devenir la propriété des provinces qu'elle avait conquises. Le contact avec les peuples vaincus, qui se mirent à parler l'arabe mais qui le parlaient incorrectement, exerça son influence sur les Arabes mêmes. On négligea de se servir des désinences grammaticales, on employa des mots dans une signification détournée et l'on emprunta aux langues des vaincus, des Syriens, des Persans, des Coptes, des Berbères, des Espagnols, des Turcs, bon nombre de termes. Cependant le commerce avec l'étranger n'était pas la seule ni peut-être la principale cause de l'altération du langage. Il faut la chercher aussi dans la situation entièrement nouvelle que les conquérants s'étaient créée. Nomades jusque-là ou habitants de petites villes et menant une vie très-simple, ils se trouvèrent transportés soudainement dans un monde où tout leur était nouveau, au sein de grandes villes où régnait le luxe, et de vieilles civilisations, comme celles de l'empire romain et de la Perse. Bientôt aussi, il faut le dire à leur honneur, ils se firent instruire par leurs nouveaux sujets, et se mirent à étudier avec ardeur des arts et des sciences qui leur avaient été étrangers. Une révolution complète s'opéra dans leurs idées comme dans leurs mœurs, et leur idiome devait nécessairement ressentir le contre-coup de ce brusque passage d'une vie demi-barbare à une civilisation fort raffinée. Il s'appauvrit d'un côté, et s'enrichit de l'autre. On laissa tomber cette surabondance de mots qui encombrent l'arabe littéral; c'était peut-être un tiers de la langue, et ces mots exprimaient principalement des idées bédouines, pour ainsi dire, sans compter que plusieurs d'entre eux n'avaient à aucune époque été d'un usage général; par contre, on forma plus ou moins régulièrement, selon le génie de la langue, des termes nouveaux pour désigner des objets et des idées inconnus auparavant, ou bien on modifia le sens de ceux qu'on possédait. Cette transformation de l'idiome eut lieu dans toutes les provinces où dominaient les Arabes, mais à un degré inégal; le démembrement de l'empire contribua sans doute à accélérer la formation des dialectes, et bientôt chaque province avait le sien [1].

Ce changement, toutefois, ne s'opéra pas sans rencontrer une violente opposition de la part des puristes, c'est-à-dire, des grammairiens, des théologiens et des jurisconsultes, qui n'admettaient et n'étudiaient d'autre

---

1) Cf. Ibn-Khaldoun, *Prolégomènes*, t. III, p. 306—7, 360 éd. Quatremère.

langue que l'idiome classique. Méconnaissant la nature des choses, ne comprenant pas et ne voulant pas comprendre que tout dans ce monde est sujet à varier, que les langues se modifient à mesure des modifications de la pensée, qu'elles subissent la dépendance de la société qui les parle et des écrivains qui s'en servent, ils voulaient rendre immuable et perpétuer celle du livre de Dieu, et n'avaient que du dédain et du mépris pour les innovations plus ou moins involontaires de leurs contemporains. Pour arrêter ce qui à leurs yeux était la corruption, la dépravation de la langue et presque un sacrilége, attendu qu'il s'agissait de la langue sacrée, ils multipliaient les grammaires, les dictionnaires, les brochures piquantes où ils stigmatisaient et ridiculisaient les fautes commises par les grands aussi bien que par le vulgaire, les *dites* et *ne dites pas*. Jusqu'à un certain point, il faut en convenir, leurs efforts ne furent pas inutiles, et s'ils n'ont pas empêché la transformation de l'idiome, ils l'ont du moins retardée et contenue dans de justes limites. Grâce à eux et à l'étude du Coran, qui forme la base de l'éducation musulmane, l'arabe n'a pas donné naissance à d'autres langues, comme le latin aux langues romanes, et même de nos jours la langue écrite, du moins sous le rapport de la grammaire, se rapproche encore assez de l'idiome ancien, quelques changements qu'ait subis la langue parlée. Mais au reste ils n'arrêtèrent pas le cours naturel des choses; bon nombre d'écrivains se servaient sans scrupule du langage commun et l'avouaient hautement. Ainsi un voyageur du X.ᵉ siècle de notre ère, Mocaddasi [1], atteste qu'en sa qualité de Syrien, il écrit ordinairement le dialecte de sa patrie, et que, pour observer la couleur locale, il se sert, dans la description de chaque province, de celui qui lui est propre, ce qui doit s'entendre surtout du choix des mots. Chose remarquable! les puristes eux-mêmes emploient à leur insu des néologismes; souvent, et sans le vouloir, ils expliquent, dans leurs dictionnaires, des termes classiques par des mots nouveaux, et en Espagne on entendait les grammairiens les plus renommés enseigner l'ancienne langue dans le patois du pays [2], tant il est vrai que la pratique ne répond pas toujours à la théorie.

Autant que cela leur était possible, toutefois, les puristes s'en tenaient à l'idiome classique. Ils en ont enregistré et expliqué les mots, à l'exclusion de tous les autres, dans leurs dictionnaires, qui sont en grand nombre et souvent fort volumineux. Ces dictionnaires ont été la base de ceux qui ont paru en Europe, car ces derniers n'ont pas été composés d'après le dépouillement régulier des auteurs; on n'a fait que suivre pas à pas les lexicographes orientaux. C'est le système qui prévaut dans le Lexique de Golius, ouvrage admirable pour le temps où il a été fait, dans celui de Freytag, qui l'a remplacé, et qui, bien qu'il ne réponde nullement à ce qu'on avait le droit d'attendre d'un dictionnaire composé deux siècles après celui de Golius, a cependant rendu des services le Lexique de ce dernier étant monté à un prix exorbitant, et enfin dans celui de Lane, ce chef-d'œuvre de patience, d'érudition, d'exactitude, de saine critique, ouvrage parfait autant qu'il pouvait l'être la conception d'un dictionnaire arabe composé uniquement, ou peu s'en faut, d'après ceux des Orientaux une fois admise, de sorte qu'on peut dire que, dans cette voie, il reste peu de chose à faire.

La langue classique étant aussi le fond de l'idiome qui lui a succédé, ces travaux restent indispensables pour ceux qui étudient les auteurs arabes du moyen âge qui nous intéressent le plus: les historiens, les géographes, les romanciers, les botanistes, les médecins, les astronomes, etc.; mais ils ne suffisent pas; trop de mots et de significations y manquent. Lane, comme il le dit lui-même [3], a exclu les termes non-classiques à fort peu d'exceptions près. Freytag en donne davantage; cependant il n'a dépouillé régulièrement aucun livre, aucun même de ceux qu'il a publiés lui-même, et c'est surtout pour cette classe de mots qu'il a eu la main malheureuse et fait preuve d'un manque presque absolu de critique. Ainsi il n'a jamais rien lu, à en juger par son Lexique, des Mille et une Nuits, mais il a fait usage par-ci par-là des glossaires que Habicht a ajoutés aux différents volumes de son édition de ces contes. Or ces glossaires, comme M. Fleischer l'a démontré avec autant d'esprit et de verve que d'érudition, fourmillent de bévues et de contre-sens. Freytag ne s'en est pas douté, et maintefois on serait tenté de dire que, laissant de côté des explications assez bonnes, il

---

1) P. 32 éd. de Goeje.   2) Maccarî, t. 1, p. 137 éd. de Leyde.   3) Préface, p. XXVI.

s'est justement évertué pour reproduire les assertions les plus bizarres et les plus saugrenues. Ce sont autant d'articles à biffer.

Un dictionnaire de l'idiome non-classique est donc encore à faire; mais la langue et la littérature arabes sont si riches, que bien des années, bien des siècles peut-être, se passeront avant qu'on entreprenne un tel travail. « Un dictionnaire de l'arabe non-classique, digne de ce nom, » dit Lane [1], juge fort compétent sans contredit, « ne pourrait être composé que par un nombre considérable de savants établis dans les villes de l'Europe qui possèdent de bonnes bibliothèques de manuscrits arabes, et par autant de savants dans les différents pays de l'Asie et de l'Afrique; on puiserait en partie dans les livres, en partie on profiterait des renseignements que les Arabes seuls peuvent donner, et plusieurs des collaborateurs devraient être versés dans les sciences musulmanes. » L'idée est grande et belle, mais plus facile à concevoir qu'à exécuter. Comment faire concourir à un travail fort ardu et de longue haleine une quantité de savants dans trois parties du monde, tandis qu'en Europe les arabisants, clair-semés de reste, ont chacun leurs propres occupations, et qu'en Orient on n'est pas accoutumé à nos méthodes scientifiques? Et puis, qui voudrait se charger de la tâche nullement enviable de rédiger un tel ouvrage, car la rédaction devrait être confiée à un seul homme? Le rédacteur pourrait-il répondre de la compétence et de l'exactitude de tous ses collaborateurs? Réussirait-il à établir et à maintenir l'harmonie entre tant de personnes qui peut-être auraient parfois des vues et des idées divergentes? Un tel ouvrage international ne serait-il pas, au bout du compte, une compilation indigeste, une masse informe de matériaux, plutôt qu'un lexique bien ordonné? Je le crains, et je crois qu'en tout cas le temps pour tenter une telle entreprise n'est pas encore venu.

Cependant une foule d'annotations ont été faites pendant plus d'un siècle sans avoir été ni rédigées ni mises au jour, chaque arabisant ayant été obligé de compléter plus ou moins le Dictionnaire pour son propre usage. Notre Bibliothèque possède plusieurs de ces lexiques annotés, parmi lesquels le Golius de Jean-Jacques Schultens tient le premier rang. Jean-Jacques, le fils d'Albert, qui a professé la théologie et les langues orientales à notre Université depuis 1749 jusqu'en 1778, qu'il mourut, a été empêché par les nombreuses occupations de sa triple charge et surtout par les déplorables disputes théologiques de son époque auxquelles il a pris une part très-active, de rien publier sur la littérature arabe; mais il n'en était pas moins, dans cette branche d'études, l'homme le plus savant de son temps (Reiske seul peut lui être comparé), et qui avait lu, la plume à la main, beaucoup plus de livres arabes que son père, le restaurateur des études orientales, et son fils, Henri-Albert, qui lui succéda dans sa chaire et qui l'occupa avec distinction. Malheureusement les notes extrêmement nombreuses dont il a chargé les marges de son Golius, faites au jour le jour, sont un véritable chaos où il est fort difficile de s'orienter; elles ne l'étaient pas sans doute pour celui qui les a écrites, mais elles le sont pour nous. Il est fort regrettable que Schultens ne les ait pas rédigées et publiées; de son temps elles auraient fait avancer beaucoup la lexicographie arabe, car on y trouve parfois l'explication de difficultés qui plus tard ont arrêté de grands orientalistes tels que Silvestre de Sacy [2].

Un recueil de notes bien plus vaste encore est celui que l'illustre Quatremère a fait pour servir à la publication d'un Lexique trilingue arabe-persan-turc-oriental, dont il voulait commencer la publication dans le courant de l'année 1838 [3], mais qui n'a jamais paru. Ces cartons se trouvent actuellement dans la Bibliothèque de Munich, et tous ceux qui connaissent les livres de ce savant se tiendront persuadés d'avance que ses notes

---

1) *Ibid.*
2) Freytag n'a fait de ces notes qu'un usage fort restreint, et souvent il les a rendues d'une manière inexacte. J'aurais voulu incorporer dans mon livre toutes celles qui présentent encore de l'intérêt, car, dans l'état actuel de la science, l'immense majorité en est devenue inutile; mais toutes les citations devant être vérifiées, j'ai calculé que ce travail demanderait deux années, sans que le résultat fût en proportion avec la peine et le temps qu'il exigerait, car le dépouillement ne donnerait après tout qu'environ deux cents pages in-8°. Je me suis donc borné à consulter ces notes de temps en temps, et c'est à elles que j'ai emprunté mes citations d'Elmacin, d'Aboulfaradj, d'Eutychius, d'Ibn Tofaïl, d'Imrânî et de l'ouvrage intitulé al-Faradj ba'da 's-chidda.
3) C'est ce que Quatremère annonçait dans le *Journal asiatique* de cette année, IIIe série, t. V, p. 201–2.

manuscrites sont d'une richesse incomparable, car personne n'a jamais lu, en vue de la lexicographie, autant d'auteurs orientaux. Elles contiennent surtout beaucoup de termes ecclésiastiques, de provenance grecque ou copte. Malheureusement, bien que plus faciles à consulter que celles de Schultens, car chaque carton ne contient qu'une seule citation, elles ne sont pas rédigées non plus. Souvent les termes sont notés, mais non pas expliqués, et pour la plupart d'entre eux il faudrait comparer les manuscrits auxquels ils sont empruntés, ceux de la Bibliothèque nationale, ce qui revient à dire que la rédaction de ces notes, si quelqu'un voudrait l'entreprendre, ne pourrait se faire qu'à Paris [1].

N'est-il pas à regretter que les annotations de tels savants et de plusieurs autres qu'on pourrait nommer, fruits de longues veilles et de vastes lectures, aient été perdues pour la science? Et il en sera ainsi de toutes celles qui n'auront pas été rédigées par ceux qui les ont faites; d'autres ne le feront pas ou le feront mal, car rédiger les notes d'autrui est un travail peu attrayant et souvent impossible.

Mû par ces considérations, et quoique persuadé que je ne réussirais pas à produire un ouvrage tant soit peu complet, j'ai osé croire que je ferais une œuvre utile en mettant en ordre et en publiant les notes lexicographiques que j'avais rassemblées dans le cours de mes lectures pendant plus de trente ans. A peu d'exceptions près, là où quelques développements me semblaient désirables, j'ai passé sous silence tout ce qui a déjà été bien expliqué par Freytag ou par Lane [2], et je me suis attaché à les compléter en puisant dans plusieurs sources que je vais indiquer.

En premier lieu je nommerai trois glossaires composés en Espagne au moyen âge.

Le plus ancien est le glossaire latin-arabe contenu dans le man. de Leyde 231, que j'ai désigné par la lettre L. Il a appartenu à Scaliger, qui l'avait reçu de Guillaume Postel et qui en a fait usage dans son *Thesaurus Linguæ Arabicæ* (ouvrage qui n'a point été publié, mais dont notre Bibl. possède l'original, man. 212), de même que son contemporain et ami Raphelengius dans son *Lexicon Arabicum* (Leyde, 1613). Ce dernier (voyez sa Préface) le croyait écrit „ante annos octingentos plus minus." A ce compte il serait de la fin du VIIIe siècle; c'est une assertion qu'il serait inutile de réfuter. Scaliger exagère moins; „ante DC plus minus annos scriptum," dit-il; mais le man. doit être plus récent que la fin du Xe siècle, car il est écrit en partie sur parchemin, en partie sur papier de coton; la grande majorité des feuillets est de la dernière substance, et l'on sait qu'antérieurement au XIe siècle on ne trouve pas de livres écrits sur papier de coton [3]. A mon sens le man. est du XIIe siècle, et c'est aussi l'avis de deux paléographes exercés, M. Wright (de Cambridge) et M. Karabacek (de Vienne).

Loin d'être l'original, c'est une copie assez médiocre, mais l'ouvrage lui-même, à en juger d'après l'arabe, n'est guère plus ancien. Il a été composé en Espagne, comme le prouvent péremptoirement plusieurs des termes bas-latins et arabes qu'il contient, ainsi qu'une petite liste en espagnol à la fin, où sont énumérés les chevaux de différente robe [4]. Le nom de son auteur est inconnu. On pourrait soupçonner que c'était un juif, parce qu'on trouve à la fin les noms arabes et hébreux des pierres précieuses, le tout en caractères arabes, et aussi les noms latins et arabes des planètes et des signes du zodiaque, avec leur traduction en hébreu écrite en caractères hébreux; mais l'encre de ces derniers diffère et peut-être sont-ils d'une autre main. Ce qui,

---

1) Grâce à l'obligeance de la direction de la Bibl. de Munich, j'ai pu examiner à loisir la première lettre du recueil de Quatremère, et elle m'a gracieusement offert de m'envoyer successivement le reste si je le désirais. On voit pourquoi je n'ai pas profité de cette offre. J'observerai encore que, pour un futur éditeur, la moitié peut-être de ces cartons sera inutile. Quelques-uns font double ou triple emploi; d'autres se rapportent à des noms propres ou relatifs et n'appartiennent pas au Dictionnaire (j'en ai remarqué quinze, p. e., qui contiennent des renvois pour la vie du poète Imra al-kais); enfin, bon nombre d'entre eux sont superflus après la publication du Lexique de Lane. J'exprime encore le vœu qu'ils tombent un jour en de pieuses mains; et j'espère que l'on passera sous silence plusieurs erreurs qu'ils renferment, erreurs qui surprennent chez un aussi grand savant; mais il faut se rappeler que ce savant avait, comme chacun de nous, ses moments de distraction, et que, s'il lui avait été donné de réviser ces notes, il les aurait sans aucun doute corrigées lui-même.
2) Jusqu'à la lettre *fâ* inclusivement; c'est tout ce qui a paru de ce Lexique.
3) Voir Schönemann, *Versuch eines vollständigen Systems der Diplomatik*, t. I, p. 491.
4) Elle a été publiée, d'après ma copie, par M. Simonet, *Glosario* etc., p. 166, n. 4.

au contraire, semble indiquer qu'il était chrétien, c'est qu'il dit sous *ippodiaconus*: „grece quem *nos* subdiaconum dicimus." On peut donc supposer avec M. Simonet que c'était un mozarabe ou bien un juif converti.

Le latin de ce glossaire est parfois un singulier mélange de mots surannés, qu'on ne trouve que chez Varron ou d'autres philologues anciens (je doute que le compilateur les ait toujours compris), et de termes de la plus basse latinité. Souvent l'équivalent arabe manque. Les confusions et les bévues abondent au contraire. *Verbix*, p. e., qui est pour *vervex*, y est traduit par كيش ; il faudrait كبش. Sous *sterto* on trouve أخور وأعطس. Le premier mot arabe peut bien signifier *sterto*, ronfler; mais le second signifie *sternuo* ou *sternuto*, éternuer. Sous *sciasis* on rencontre حرقة النسا ; c'est une faute pour عرق النَّسَا, *goutte sciatique*. Parfois le latin ne correspond nullement à l'arabe, p. e.: *plagiarius* (vel *plagiator*, *abilelutor* [1], *seductor*) خَلّاق ثم جارح.

Il faut remarquer que, dans ce glossaire, ثم indique constamment qu'il faut prendre le mot latin dans un sens qui diffère de celui qui précède; or, le second terme arabe, qui signifie *celui qui blesse*, montre qu'il faut penser, non pas à l'explication latine, mais à un mot qui serait formé de *plaga* (ce *plaga* précède, avec la traduction جرحة ثم ناحية, „*blessure* et, dans un autre sens, *plage*"); mais quant au premier terme arabe, je ne puis deviner ce qu'il aurait de commun avec *plagiarius*. Parfois les mots sont tellement altérés qu'on ne sait qu'en faire; ainsi *fervidus* est نريق, *fetosa*, متباعة حاملة.

L'orthographe latine de l'auteur est bizarre. Il confond sans cesse le *b* et le *v*, ce qui, au reste, est conforme à la coutume des Espagnols, l'*e* et l'*i*, l'*o* et l'*u* (in *quu*, pour in *quo*), etc. Il a un souverain mépris pour les *h*, qu'il ajoute ou omet à sa fantaisie, pour les cas et pour les nombres: ses mots sont tantôt au nominatif, tantôt au génitif, tantôt au datif, etc., tantôt au singulier, tantôt au pluriel. Il supprime l'*s* et l'*m* dans *us* et *um*, sans signe d'abréviation. Dans l'arabe il donne presque toujours les voyelles et même les désinences grammaticales; mais il confond les lettres du même organe, p. e. ذ et ظ (satiriasis كثرة الانعاذ), ز et ث (colonus عامر الارض وحارز) et ص et س (cicada (cicala) سرّار).

Peut-être les fautes de ce glossaire doivent-elles être imputées en partie au copiste. Un autre exemplaire pourrait nous renseigner à cet égard. Il serait très-important de l'avoir, d'autant plus que le nôtre est fort difficile à lire („scriptum charactere Longobardico difficillimo," disait l'illustre Scaliger qui se connaissait si bien en man. latins), et qu'il a beaucoup souffert par l'humidité, de sorte que certains mots sont devenus illisibles ou qu'ils ont disparu avec le papier, qui est fort mauvais; au commencement la moitié de chaque page a été enlevée par la vétusté. Or Ducange s'est aussi servi d'un „Glossarium Arabico-Latinum." Il aura voulu dire: Latino-Arabicum, et en comparant quelques-uns des articles qu'il lui a empruntés avec notre man., j'ai reconnu que c'est le même ouvrage, mais avec des variantes. Ainsi ce que Ducange donne sous *mulco* et *pestillum* d'après son Glossaire arabe, se trouve aussi dans le nôtre. Sous *cimentarius* il a, d'après la même source: „qui disponit fundamentum;" de même dans notre livre avec la variante „fundamenta." Sous *artabularius* et *sacis*, articles qui sont dans les deux exemplaires, Ducange a noté les explications „craticula" et „clyster," que le nôtre n'a pas. Où se trouvait ce man.? Ducange ne le dit pas et les recherches qu'on a faites, à ma demande, dans la Bibliothèque nationale à Paris ont été infructueuses. Il n'est ni parmi les man. orientaux ni parmi les man. latins, et M. Léopold Delisle fait remarquer que Ducange ne dit pas que le man. soit à la Bibl. du Roi, ce qui, à son avis, rend très-douteux qu'il y ait jamais été. Espérons qu'il se retrouve ailleurs!

On verra que ce Glossaire m'a fourni une moisson moins abondante que les deux autres dont je vais parler, mais néanmoins assez considérable.

---

1) Chez Papias (in voce) abigerator; abigere est *voler* dans la basse latinité.

Un autre vocabulaire arabe-latin et latin-arabe, celui que j'ai désigné par les lettres Voc., est plus complet et plus exact: c'est celui que M. Schiaparelli a publié avec beaucoup de soin à Florence en 1871, d'après un manuscrit de la Riccardiana. Il a été composé dans l'Orient de l'Espagne, en Catalogne ou dans le royaume de Valence, peut-être par le frère Prêcheur Raymond Martin [1], célèbre théologien, philosophe et orientaliste catalan, qui s'était consacré à la conversion des musulmans et qui mourut peu après l'année 1286. En tout cas il a été composé de son temps, dans la seconde moitié du XIIIe siècle. Quelques savants l'ont cru plus ancien [2], mais l'emploi du mot ظافرية sous *fiala* s'y oppose, car cette espèce de vase emprunte son nom au sultan al-Melic at-Tâhir Baibars, qui s'en servait à sa table et qui régna de 1260 à 1277 [3]. Le man. de la Riccardiana, qui n'est pas l'original, me semble, à en juger par le fac-simile, de la fin du XIIIe siècle [4].

La principale difficulté que présente l'emploi de ce Glossaire, sans compter que les mots catalans au bas des pages doivent souvent être corrigés, consiste dans la signification qu'il faut attribuer aux formes dérivées du verbe, qui sont indiquées, mais non expliquées, dans les différents articles. Afin de ne pas induire les arabisants en erreur, je me suis souvent borné, quand j'étais dans l'incertitude, à noter que telle forme se trouve sous tel article.

Le troisième Glossaire, celui que le Père Pedro de Alcala composa à Grenade et qu'il y publia en 1505, sur l'ordre de Ferdinand de Talavera, premier archevêque de cette ville, qui avait l'intention de faciliter la conversion des Maures récemment soumis, est sans contredit le plus riche de tous, mais aussi celui dont l'étude m'a coûté le plus de temps et de peine. Les obstacles que j'ai eu à vaincre sont nombreux et de toute sorte. D'abord l'auteur a l'espagnol avant l'arabe, et ce n'était pas une petite besogne que de retourner, pour ainsi dire, tout le livre. Puis beaucoup des termes espagnols qu'on y trouve ont vieilli ou changé de signification. L'auteur nous apprend, dans sa Dédicace à l'archevêque, que, pour les mots castillans, il a pris pour base de son travail le Dictionnaire espagnol-latin d'Antonio de Nebrija (ou Lebrixa, comme il écrit). C'était donc ce dictionnaire qu'il fallait consulter en premier lieu. Je l'ai fait constamment et j'ai adopté les significations qu'il donne et qui diffèrent souvent de celles qu'on rencontre dans les lexiques modernes. En outre, l'ancien dictionnaire espagnol-français-italien de Jérôme Victor (Genève 1609, Cologne 1637) m'a rendu d'utiles services. Mais P. de Alcala a ajouté, comme il le dit lui-même, des mots qui ne se trouvent pas dans Nebrija, et ces mots, qui sont beaucoup plus nombreux qu'on ne s'y attendrait, sont parfois embarrassants. Il y en a qu'en Espagne on ne connaît plus, pas même à Grenade. Un autre obstacle, c'est que l'arabe est imprimé, non pas avec les caractères propres à cette langue, mais en caractères castillans, et que quelques lettres du même organe sont rendues de la même manière. Par suite, bon nombre de mots ont été pour moi des énigmes jusqu'à ce que je les eusse retrouvés, souvent après plusieurs années, dans un autre glossaire ou chez un auteur. Ma liste d'*incerta*, d'abord très-grande, s'est donc réduite peu à peu; mais il en reste encore plus que je ne voudrais, et je donnerai ces articles dans un Appendice. Peut-être réussira-t-on tôt ou tard à les expliquer ou à corriger les fautes d'impression que quelques-uns renferment; car des fautes de cette sorte, bien que relativement peu nombreuses, se trouvent cependant de temps en temps dans le livre de P. de Alcala.

Ce livre étant devenu fort rare et fort cher, le Père Patricio de la Torre, qui avait été longtemps dans le Maroc et qui fit profession dans le cloître de l'Escurial en 1805, en prépara une nouvelle édition, dont l'impression a été presque terminée dans les temps; mais tous les exemplaires ont été détruits dans la guerre contre Napoléon Ier, à l'exception d'un seul, qui va jusqu'au mot *ofrecimiento* et qui se conserve dans la

---

1) Voyez la Préface de Schiaparelli, p. XIX, XX, et Simonet, p. 170.
2) Amari et Bouaini ont cru que le man. (qui n'est pas l'original) est de la fin du XIIe ou du commencement du XIIIe siècle; selon Jaffé et Gregorovius, il serait d'une époque un peu postérieure (Schiaparelli, p. XII, XIII). Simonet (p. 169) place la composition de l'ouvrage vers le milieu du XIIIe siècle.
3) Voyez dans mon livre t. II, p. 65 a.
4) M. Wright est de la même opinion. Il m'écrit: „Of the Florence MS. you have, I think, hit the age pretty well; so far as I can judge from the facsimile, it is of the XIIIth century, but late, towards 1300."

Bibliothèque de l'Escurial, laquelle possède en outre le manuscrit original complet. D'après M. Simonet, qui l'a examiné, Patricio de la Torre a transcrit l'arabe en caractères arabes; mais il a fait de grands changements au texte d'Alcala et supprimé beaucoup de mots [1]. A en juger par les extraits que le savant professeur de Grenade a bien voulu me communiquer, la Torre a transcrit correctement quelques mots douteux, pas tous cependant, et je dois avouer que pour le dialecte grenadin de 1500, quand il s'écarte du dialecte marocain moderne, que la Torre connaissait sans doute fort bien, il ne m'inspire pas une confiance bien grande.

Je dois encore observer qu'en citant le Glossaire de Leyde et P. de Alcala, j'ai constamment indiqué les mots latins ou espagnols sous lesquels les termes arabes se trouvent, sans rien changer à leur orthographe, afin qu'on puisse les retrouver. Pour le Glossaire de Florence c'était moins nécessaire, parce que sa première partie tient lieu d'un index.

Un ouvrage d'une autre nature, dont je me suis servi également, est le Dictionnaire que Botros al-Bistânî a fait imprimer à Bairout en 1870, sous le titre de Mohît al-Mohît. C'est une bonne compilation faite d'après quelques lexiques anciens, et l'auteur y a ajouté un grand nombre de mots et de significations non-classiques (*mowallad*) et de termes vulgaires du dialecte de la Syrie (*min calâm al-'âmma*). Je les ai admis; mais je me suis vu forcé d'exclure la plupart des termes qui sont propres aux sciences musulmanes et que l'auteur donne aussi en grande quantité. D'abord ses définitions ne sont pas toujours assez claires pour qu'on puisse les comprendre sans consulter d'autres livres arabes où ces termes sont expliqués plus au long. En second lieu, ces termes resteront toujours obscurs quand on ne connaît pas dans son entier le système auquel ils appartiennent. Enfin j'avouerai, comme l'a fait Freytag [2], que je connais peu ces sciences, et je pense avec lui que la vie d'un homme ne suffit pas pour les approfondir et pour bien connaître en même temps la langue arabe. De celui qui, comme moi, est proprement historien de profession, on exigera ces connaissances encore moins, sans compter que je craindrais de perdre le sens si j'allais m'abîmer dans l'étude de certaines classes de ces mots, dans la terminologie alambiquée des Soufis par exemple. C'est une tâche que je laisse volontiers à d'autres.

Il faut se servir avec prudence du Mohît al-Mohît. Ainsi l'auteur donne souvent des verbes au prétérit, dont Djauharî et Firouzabâdî n'ont que le nom d'action ou le participe, probablement parce que ce sont les seules formes en usage. C'est un exemple qui n'est pas à imiter. En outre, il s'est servi de Freytag, qu'il ne commence à nommer, si j'ai bonne mémoire, que sous la lettre *lâm*, et il a copié plusieurs de ses bévues. Ses étymologies de mots tirés de langues étrangères sont souvent erronées: il confond le persan avec le turc et même avec le français; ainsi le mot *abat-jour*, qui a passé dans le dialecte de la Syrie, est à son avis de provenance persane.

Viennent ensuite plusieurs dictionnaires et vocabulaires de la langue moderne, tels que ceux de Pagni, Bocthor, Humbert, Hélot, Roland de Bussy, Dombay, Cherbonneau, etc., qui sont souvent fort utiles pour comprendre celle du moyen âge, mais dont il est difficile de se servir, parce qu'en général ils ont le français avant l'arabe, de sorte qu'il faut, pour ainsi dire, les retourner et les mettre dans l'ordre de l'alphabet arabe. Le plus considérable est le Dictionnaire français-arabe de l'Egyptien Ellious Bocthor, revu et augmenté par Caussin de Perceval. Quatremère en a fait faire, en 1852, un index par E. A. Gouelle, où les mots arabes sont rangés alphabétiquement, suivis des chiffres des pages où ils se trouvent. Ce gros volume est actuellement dans la Bibliothèque de Munich; j'en ai obtenu le prêt et nous l'avons copié ensemble, M. de Goeje et moi, ce qui, vu l'infinité de chiffres qu'il renferme, demandait du temps, de la patience et une attention soutenue. Ensuite j'ai consacré plusieurs étés que je passais à la campagne, à vérifier chaque citation et à noter toutes les significations et expressions que Freytag n'a pas. De cette manière j'avais mes matériaux tout prêts avant de commencer ma rédaction. Dans un travail aussi long et aussi rebutant, Gouelle peut bien avoir sauté par-

---

1) Voir Simonet, p. 174, n. 2.   2) Voyez sa Préface, p. VI.

fois un mot et laisser échapper des *lapsus calami* (j'en ai remarqué quelques-uns et je les ai corrigés dans la copie [1], qui, par conséquent, est plus exacte que l'original); mais j'ose dire qu'en général il a fort consciencieusement rempli sa tâche, et je lui suis fort reconnaissant de ce qu'il a fait, car je crains que sans lui et faute de patience, je ne me serais servi qu'incidemment de ce dictionnaire, comme je l'ai fait pour ceux de Berggren, de Marcel, etc.

Un autre ouvrage de ce genre, que je regrette de n'avoir pas mis plus souvent à contribution, est le Dictionnaire pratique arabe-français que M. Beaussier, interprète principal de l'armée d'Algérie, a fait paraître à Alger en 1871. Il est d'un usage fort commode, puisqu'il a l'arabe avant le français, mais c'est une de ces œuvres remarquables qui ne sont pas connues autant qu'elles le méritent, faute d'avoir été signalées en bon temps par quelque vigilante sentinelle de la science. Je ne l'avais point vu et non-seulement la rédaction, mais encore l'impression de mon livre était déjà assez avancée, lorsque M. Simonet, qui, je crois, ne l'a connu aussi que par hasard, le signala à mon attention. Il était alors trop tard pour faire entrer dans mon Supplément tout ce que ce Dictionnaire, le meilleur de ceux de la langue moderne qui ont l'arabe avant le français, contient d'intéressant et de nouveau; mais je l'ai maintefois consulté et je l'ai comparé avec ma copie avant de la livrer à l'impression, de sorte que j'ai encore pu lui faire bien des emprunts.

Peut-être la crainte de donner à mon travail l'apparence trop prononcée d'un dictionnaire de la langue moderne m'aurait-elle empêché d'ailleurs de faire un plus large usage de Beaussier, supposé que je l'eusse connu à temps. Tel qu'il est, il a déjà beaucoup trop cette apparence pour un livre qui n'a en vue que la langue du moyen âge. Cela tient à deux causes: en premier lieu, je n'ai rien pu retrancher de mes extraits de livres que j'avais dépouillés en entier, parce que je désirais épargner à mes successeurs la peine et l'ennui d'y recourir. En second lieu, je pense que, dans l'état actuel de la science, on ne peut pas encore distinguer sûrement, du moins dans beaucoup de cas, entre les termes du moyen âge et ceux de notre temps. Maintefois il m'est arrivé de rencontrer tout à coup et à mon étonnement chez un auteur du moyen âge un mot ou une signification qui jusque-là m'avait semblé exclusivement moderne. Le progrès des études lexicographiques répandra peu à peu plus de lumière sur ces points, et il faudra alors retrancher de mon livre ce qui y est superflu. Afin de ne pas le grossir inutilement, j'ai déjà laissé de côté bon nombre de choses qui bien certainement ne sont pas du moyen âge, p. e. les noms des objets que nous ne connaissons nous-mêmes que depuis la découverte de l'Amérique, ceux des armes à feu et des monnaies modernes, plusieurs termes espagnols qui ont passé dans le dialecte du Maroc et que M. Simonet avait notés d'après la Torre et les communications du P. Lerchundi, quelques mots grecs, persans, turcs, italiens et français dans le Mohît al-Mohît, car dans un livre tel que le mien on n'ira pas chercher les transcriptions arabes pour nos mots *piano*, *protestation*, *pudding*, *thermomètre*, *télégraphe*, *télescope*, *jambon*, *galoche*, *général*, *géologie*, etc. Beaucoup de termes que M. Wetzstein a notés comme appartenant au dialecte actuel des Bédouins de Syrie ou que l'on trouve dans différents recueils de dialogues publiés à Alger, pouvaient également être passés sous silence; je me tiens convaincu qu'on ne les rencontrera pas chez les auteurs du moyen âge.

Je dois encore observer que je ne prends pas sous ma responsabilité tout ce que j'ai emprunté aux dictionnaires de la langue moderne, et que, là où ils omettent les voyelles, je ne les ai ajoutées que lorsque je croyais pouvoir le faire sans me tromper.

Les voyageurs européens qui à différentes époques ont parcouru l'Asie et l'Afrique m'ont aussi fourni beaucoup de renseignements utiles. J'en ai compulsé un nombre assez considérable, comme on pourra le voir dans la liste des auteurs cités que je joindrai à cette préface. Souvent, cependant, j'ai été embarrassé par leur orthographe inexacte et arbitraire, de sorte que j'ai dû laisser de côté bien des mots qu'ils m'offraient. Je les

---

1) Nous avons fait cadeau, M. de Goeje et moi, de cette copie à la Bibl. de notre Université.

ai notés dans un cahier que j'ai déposé à la Bibliothèque, et qui peut-être sera encore utile à d'autres. En partie, toutefois, ils semblent appartenir plutôt à d'autres langues.

J'ai aussi incorporé dans mon travail la plupart des notes lexicographiques et des glossaires, que les savants européens ont ajoutés aux auteurs qu'ils ont publiés ou traduits, et parmi lesquels les notes de Quatremère et les glossaires de M. de Goeje tiennent incontestablement le premier rang. Réunir et coordonner ces observations, disséminées dans des ouvrages de divers genres, était, je crois, une œuvre utile et méritoire. Que si parfois je n'ai pas reproduit certains articles des glossaires, c'est que je ne les approuve pas, que je ne les regarde pas comme absolument nécessaires, ou que Lane a suffisamment éclairci les mots dont il s'agit, sauf les fautes d'omission bien entendu, mais j'espère qu'elles seront en petit nombre.

Mes sources principales, toutefois, ont été les auteurs arabes du moyen âge que j'ai lus, soit dans des textes imprimés, soit dans des manuscrits qui appartiennent aux principales bibliothèques de l'Europe, et qui traitent des sujets très-variés. Ainsi j'ai dépouillé régulièrement, parmi les historiens et les biographes: Mohammed ibn-Hârith, Ibn-al-Coutia, l'Akhbâr madjmou'a, Ibn-Haiyân, le Matmah et le Calâïd d'al-Fath, Abdal-wâhid al-Marrécochî, Ibn-al-Abbâr, Ibn-Çâhib aç-çalât, le Bayân al-moghrib, Ibn-Abdalmelic al-Marrécochî, le Riyâdh an-nofous, un historien anonyme qui se trouve en manuscrit à Copenhague, plusieurs volumes du grand ouvrage d'Ibn-Khaldoun, le Cartâs, le Holal al-mauchîa, une Histoire des Benou-Ziyân de Tlemsen, Ibn-al-Khatîb, Maccarî, l'Histoire de Tunis par al-Bâdjî, Nowairî (Afrique et Espagne), le Fakhrî, les extraits de l'Histoire d'Alep publiés par Freytag et ceux de l'Histoire du Yémen que Rutgers a mis au jour; parmi les géographes et les voyageurs: Becrî, Ibn-Djobair, Abdarî, Ibn-Batouta; en fait de diplômes: ceux qui ont été publiés par Gregorio, de Sacy, Reinaud, Amari; en fait d'apologues et de romans: les Fables de Bidpai, l'Histoire de Bâsim le Forgeron, les Mille et une Nuits dans les différentes éditions qui en ont paru et qui sont autant de rédactions, de sorte qu'elles servent de commentaires les unes aux autres; puis, parmi les botanistes: le livre intitulé al-Mosta'înî et Ibn-al-Baitâr; le grand ouvrage sur l'agriculture par Ibn-al-Auwâm; parmi les médecins: le Glossaire man. sur le Mançourî de Rhazès, Ibn-Wâfid, Ibn-al-Djauzî, Checourî; parmi les livres de jurisprudence: al-Cabbâb et un Formulaire de contrats que possède notre Bibliothèque; en fait d'œuvres diverses et de recueils: la partie du Kitâb al-Aghânî que Kosegarten a publié, deux ouvrages de Tha'âlibî, dont l'un a été publié par M. Valeton, l'autre par M. de Jong, Ibn-Badroun, le Calendrier de Cordoue de l'année 961, les recueils de Weijers, Hoogvliet, Meursinge, Amari, Müller, la Chrestomathie de Silvestre de Sacy, celle de Kosegarten, deux Chrestomathies de Freytag, la Revue de l'Orient et de l'Algérie, le Journal asiatique français et le Journal asiatique allemand, l'ancien et le nouveau, ensemble plus de cent soixante-dix volumes de ces trois ouvrages périodiques. Partiellement j'ai mis à profit beaucoup d'autres livres; la liste qu'on trouvera plus loin donnera à ce sujet tous les éclaircissements nécessaires. Je n'y ai pas noté quelques-uns que j'ai cités rarement et d'une manière assez claire; en revanche, j'ai bien indiqué toutes les relations de voyageurs européens que j'ai mis à contribution, parce que je voulais épargner à ceux qui voudront entrer dans la même voie, la peine de les consulter de nouveau. Pour la même raison, j'ai ajouté à ma liste un supplément contenant les titres des relations que j'ai feuilletées en vain.

Quelques-uns de mes savants amis ont enrichi mon travail par leurs contributions importantes. M. Wright (de Cambridge) m'a communiqué ses notes lexicographiques tirées principalement du Diwan des Hodzailites, de celui d'Amro'lkaïs, du Kâmil d'al-Mobarrad, du Mofassal, d'Abou'l-Walîd, de la traduction des psaumes par Saadiah, du Lexique syriaque de Payne Smith, de Bar Ali et des Archives de Merx. Toutes elles m'ont été utiles, mais les plus importantes pour moi étaient celles qui sont empruntées à Abou'l-Walîd. Cet auteur est d'un grand intérêt pour le dialecte arabe-espagnol; seulement je ne sais si j'aurais eu le courage d'étudier d'un bout à l'autre son dictionnaire hébreu, et M. Wright, qui avait lu en épreuves l'édition très-soignée qu'en a donnée M. Neubauer, m'a rendu un insigne service en m'offrant ses notes dès qu'il eut appris qu'elles me seraient agréables. Quant aux gloses arabes de Bar Ali et d'autres glosateurs dans Payne Smith, c'est un langage *sui generis*; l'étude n'en est encore qu'ébauchée et les fautes nombreuses dans les manuscrits la rendent incertaine et difficile. Il faut donc parfois se servir avec défiance de ce que mon livre en contient.

J'ai aussi de grandes obligations à M. Simonet, professeur d'arabe à Grenade. Il m'a communiqué des extraits précieux tirés d'un ouvrage fort curieux sur l'agriculture par Ibn-Loyon et de plusieurs manuscrits de l'Escurial ou d'autres bibliothèques espagnoles (toutes les citations de ce genre que je donne sont de lui), ainsi que beaucoup de passages qu'il a trouvés dans les chartes arabes de son pays. En outre, il m'a constamment fourni des lumières pour l'étymologie des mots, très-souvent surannés, que les Arabes ont empruntés aux dialectes romans de la Péninsule ibérique. Il a composé lui-même un excellent ouvrage sur ce sujet, ouvrage dont il a eu la bonté de m'envoyer les feuilles à mesure qu'elles sortaient de la presse. Malheureusement on n'en a encore imprimé que trois lettres et dans les dernières années l'impression a été interrompue faute d'argent, car elle se fait aux frais du gouvernement, et l'on sait que les finances de l'Etat ne sont pas le côté brillant de l'Espagne. Mon livre, cependant, n'a pas souffert de cette circonstance, fort regrettable de reste, car M. Simonet, chaque fois que je lui adressais des questions (ce qui est arrivé fort souvent), s'est toujours empressé de me procurer les renseignements que je désirais.

Mon vieil et excellent ami, M. Amari, n'a pas voulu rester en arrière. C'est par son entremise que j'ai obtenu le prêt de l'excellent manuscrit du Mosta'înî, que possède la Bibliothèque de Naples, et que j'ai pu faire copier à Florence l'important Glossaire de Pagni. En outre il a mis à ma disposition les notes qu'il avait empruntées à quelques diplômes arabes-siciliens, dont M. Cusa, professeur à Palerme, lui avait communiqué les copies, et que ce dernier a publiés plus tard dans sa grande collection. Je regrette que cette dernière, qui porte la date de 1868, lorsque l'impression commença, mais qui n'a paru que six ans plus tard, me soit parvenue à une époque où la rédaction de mon travail absorbait tout mon temps, de sorte que je n'ai pu m'en servir.

Parmi les noms d'autres savants qui ont contribué à rendre mon recueil plus digne de l'approbation des lecteurs éclairés, celui de M. de Goeje apparaît plus rarement que de droit. Mon excellent ami, pensant à l'adage: *Pauperis est numerare pecus*, et aimant à rendre des services en cachette, l'a voulu ainsi; mais la vérité m'oblige à dire que l'intimité qui nous unit depuis de longues années, pendant lesquelles j'ai apprécié toujours davantage l'étendue de ses connaissances aussi bien que la noblesse de son caractère, a eu pour ce livre les résultats les plus profitables. Maint article n'a été imprimé qu'après avoir été longtemps discuté entre nous, et plusieurs citations, notamment de Yâcout et de l'Aghânî de Boulac, sont de lui.

Avant de terminer, quelques remarques me semblent encore nécessaires.

Des mots étrangers je n'ai admis que ceux que les Arabes ont naturalisés. J'ai donc exclu plusieurs mots grecs mentionnés par Ibn-al-Baitâr ou d'autres, et ceux que les voyageurs, notamment Ibn-Batouta, donnent comme appartenant à différentes langues. J'ai cru bien faire. Quand un touriste français rapporte que les Allemands appellent un charpentier un *Zimmermann*, on ne s'avisera pas de donner place à ce dernier terme dans un dictionnaire de la langue française. Cette observation devait être faite afin qu'on ne m'adresse pas des reproches qui seraient injustes; mais j'avoue que parfois la distinction est difficile. Il se peut que j'aie laissé de côté des termes qui ont eu réellement droit de cité, du moins à une certaine époque et dans certains pays, et que j'en aie admis d'autres que j'aurais dû supprimer. Le progrès de la science nous renseignera là-dessus.

J'ai indiqué, si je le pouvais, l'origine des mots étrangers; mais c'est une étude à part et à laquelle je n'ai pas pu consacrer autant de soin que je l'aurais voulu. Je m'en console en pensant que même dans les dictionnaires de la langue classique, qui renferme déjà beaucoup de termes de provenance non-arabe, très-peu a encore été fait sous ce rapport.

En termes de botanique, mon livre, j'ose le dire, est fort riche; mais malgré le secours de l'ancien ouvrage de Dodonæus et des éclaircissements que m'a fournis de temps en temps un jeune botaniste déjà avantageusement connu, M. le Dr. Treub, je n'ose pas me flatter de l'espoir d'avoir toujours évité les erreurs, car les Orientaux eux-mêmes ont confondu bien souvent des plantes diverses; ils ont appliqué, dans les différents pays, le même mot à des plantes qui n'ont rien de commun entre elles, et quand on n'a pas étudié la botanique, il est difficile et maintefois impossible de les comprendre et de les corriger.

Dans un recueil de la nature de celui-ci il ne faut pas s'attendre à voir les lois de la grammaire arabe toujours respectées. Plusieurs formes (p. e. celle du diminutif du nom quadrilitère, dont la dernière voyelle est constamment *a*, pas *i*, dans les glossaires espagnols) et plusieurs textes appartiennent plus ou moins à la langue vulgaire; je les ai laissées tels qu'ils sont; les changer serait donner dans le purisme.

J'ai omis certaines formes quand elles n'ont rien de remarquable: le pl. sain des noms féminins en ة, des diminutifs, des comparatifs, des noms d'unité, quelquefois aussi des adjectifs en ان, plusieurs noms de métier formés du pluriel (comme برامیلی de برامیل, pl. de برمیل), la IIᵉ forme du verba employée dans le sens de la IVᵉ, la VIIᵉ employée comme passif de la Iʳᵉ. C'est régulier et constant dans la langue moderne.

En général, je n'ai pas cité des passages ni des articles d'anciens glossaires qui l'ont déjà été dans des notes ou des glossaires d'orientalistes auxquels j'ai renvoyé.

De temps en temps j'ai corrigé Freytag, mais il me répugnait de le faire régulièrement. « En considération de sa Hamâsa, » a dit un orientaliste allemand en annonçant la mort de Freytag, « il faut lui pardonner son Lexique arabe et son Meidâni ¹. » En partie, d'ailleurs, la publication du Lexique de Lane a rendu superflue cette tâche ingrate.

Dans les textes imprimés on rencontrera souvent des mots que l'on chercherait vainement dans mon livre et que je n'ai pas admis parce qu'ils n'ont jamais existé. J'ai eu parfois la velléité d'enregistrer ces fautes pour les corriger, mais j'ai dû y renoncer parce que leur nombre était trop considérable; je ne l'ai donc fait que par exception.

Pour la brièveté j'ai indiqué les constructions des verbes, etc., par les abréviations latines que chacun connaît par les dictionnaires arabes-latins.

Les termes composés doivent être cherchés sous le premier mot. Quelques-uns, mais en très-petit nombre, sont néanmoins sous le second.

L'achèvement de ma tâche me remplit de reconnaissance. Elle a été longue, presque toutes les citations, dont quelques-unes dataient de quarante ans, ayant dû être vérifiées, et si j'avais prévu que la rédaction seule me coûterait huit années d'un travail assidu, j'aurais peut-être hésité à l'entreprendre. Il y eut en outre un temps où, souffrant et malade, je craignais de ne pas pouvoir la mener à bonne fin. Cette crainte, Dieu merci, n'était pas fondée; la vie et les forces ne m'ont pas manqué. Je puis me dire à présent que mon travail, si incomplet et défectueux qu'il soit, fera cependant entrer la lexicographie arabe dans une voie nouvelle. C'était le rêve de ma jeunesse, mon premier ouvrage en fait foi, et c'est pour moi une vive satisfaction de le voir réalisé.

---

1) *Zeitschrift der deutschen morgenl. Gesellschaft*, t. XX, Supplément, p. 9.

LISTE DES AUTEURS CITÉS.

EXPLICATION DES ABRÉVIATIONS.

L'astérisque (*) indique les livres qui n'ont pas été dépouillés intégralement.

Abbad..... Scriptorum Arabum loci de Abbadidis editi a R. Dozy. Leyde, 1846 et suiv. 3 vol.

Abbâr.... Ibn-al-Abbâr, dans mes Notices sur quelques manuscrits arabes. Leyde, 1847—1851.

Abd-allatif*.... Abdollatiphi Historiæ Ægypti compendium ed. White. Oxford, 1800.

Abd-al-masîh al-Kindî*.... Ouvrage sur la religion chrétienne dont une édition a été commencée à Londres; mais elle a été mise au pilon parce qu'elle était trop mauvaise. M. Wright en a vu des épreuves (Wright).

Abd-al-wâhid.... The History of the Almohades by Abdo-'l-wâhid al-Marrékoshî, ed. by Dozy. Leyde, 1847.

Abdarî.... Voyage d'al-Abdarî, man. de Leyde n° 11 (2).

Abdoun.... Voyez Gl. Badroun.

Abou-Hammou.... واسطة السلوك فى سياسة الملوك par Abou-Hammou II Mousâ ibn-Yousof. Tunis, 1279 (1862).

Abou-Ishâc Chirâzî*.... Voyez Gl. Tanbîh.

Aboulf. Ann.*.... Abulfedæ Annales Muslemici ed. Reiske. Copenhague, 1789. 5 vol.

Aboulf. Géogr.*.... Géographie d'Aboulféda, texte arabe publ. par Reinaud et de Slane. Paris, 1840. Traduction de Reinaud, Paris, 1848.

Aboulf. Hist. anteislam..... Voyez Gl. Abulf.

Aboulfaradj*.... Historia compendiosa dynastiarum, authore Gregorio Abul-Pharajio, ed. Pocock. Oxford, 1663 (J.-J. Schultens).

Abou-'l-mahâsin*.... Annales ed. Juynboll. Leyde, 1855. 2 vol.

Abou'l-Walîd.... The Book of Hebrew roots, by Abu'l-Walîd Marwân ibn-Janâh, otherwise called Rabbî Yonâh, edited, with an appendix, containing extracts from other Hebrew-Arabic dictionaries, by Ad. Neubauer. Oxford, 1875 (Wright). Pour la brièveté, j'ai cité les extraits publiés dans l'Appendice sous le nom d'Abou'l-Walîd.

Adams.... Reis in de Binnenlanden van Afrika. Amsterdam, 1826.

Afgest..... De afgestorvene (le prince de Puckler Muskau) in Africa. Naar het Hoogduitsch. Harlem, 1838. 2 vol.

Aghânî.... Alii Ispahanensis Liber Cantilenarum magnus ed. Kosegarten. Greifswalde, 1840. 1er volume. Les citations de l'éd. de Boulac sont presque toutes de M. de Goeje.

Aghlab..... Ibn-Khaldoun, Histoire des Aghlabites éd. Noël Desvergers. Paris, 1841. Ce texte a été publié aussi par Amari, p. 464 et suiv.

Agrell.... Neue Reise nach Marokos. Aus dem Schwedischen. Nurnberg, 1798.

Akhbâr.... Ajbar machmuá, crónica anónima del siglo XI, dada á luz por Don Emilio Lafuente y Alcántara. Madrid, 1867.

Albucasis*.... De Chirurgia ed. Channing. Oxford, 1778.

I

Alc..... Pedro de Alcala, Vocabulista aravigo en letra castellana. Grenade, 1505. Voyez ma Préface, p. x

Alf. Astron..... Libros del saber de Astronomía del Rey D. Alfonso X de Castilla, copilados etc. por Dn. Manuel Rico y Sinobas. Madrid, 1863 et suiv. Le 3e volume manque à l'exemplaire dont je me suis servi et qui appartient à l'Acad. royale des sciences à Amsterdam.

Algiers volgens de nieuwste berigten. Utrecht, 1836.

Ali Bey.... Travels in Morocco, Tripoli, Cyprus, Egypt, Arabia, Syria, and Turkey. Londres, 1816. 2 vol.

Amari.... Biblioteca Arabo-Sicula. Leipzig, 1857. Appendice, 1875.

Amari Dipl..... Amari, I diplomi arabi del R. archivio Fiorentino. Florence, 1863. — Amari Dipl. Append..... l'Appendice publié en 1867.

Amari MS..... Liste de mots tirés de chartes arabes-siciliennes. Voyez ma Préface, p. xiv.

Anonyme (L') de Copenhague.... Fragment d'une histoire de l'Afrique et de l'Espagne (566—662 H.), man. de Copenhague, n° 76 in q°. Voyez sur ce livre mon Introduction au Bayân, p. 103—6. Je ne crois plus que ce soit un fragment du Bayân. Un passage de ce dernier livre que cite Ibn al-Khatîb, fol. 69 r°, et qui, dans ce cas, devrait se trouver dans le man., n'y est pas, et les courts extraits publiés par M. Gildemeister (Catal. des man. or. de Bonn, p. 13 et suiv.) n'y sont pas non plus.

Antâki*.... Tadzkira, man. de Leyde n 404 (Catal. III, 270).

Antar*.... Extraits du Roman d'Antar. Paris, 1841.

A. R.*.... Kachef er-roumoûz d'Abd er-rezzaq ed-Djezaïry, ou Traité de matière médicale arabe, traduit et annoté par le Dr Leclerc. Paris, 1874.

Arab. Heur..... Voyage de l'Arabie Heureuse. Amsterdam, 1716.

Aranda.... Relation de la captivité du sieur Emanuel d'Aranda, où sont descriptes les misères, les ruses, et les finesses des Esclaves et des Corsaires d'Alger. Paris, 1657. Dans le même volume, et sans nouveau titre, les Relations particulières d'Emanuel d'Aranda, avec nouvelle pagination.

Armand.... Voyages d'Afrique faicts par le commandement du Roy. Où sont contenues les navigations des François, entréprises en 1629 et 1630 soubs la conduite de Mr le Comm^r. de Razilly. Le tout illustré de curieuses observations par Jean Armand, Turc de Nation, lequel a eu employ ausdits voyages. Paris, 1632.

Arvieux (D').... Mémoires du chevalier d'Arvieux. Paris, 1735. 6 vol.

Asâs*.... Asâs al-balâgha par Zamakhchari, man. de Leyde n°s 20, 620, 1441.

Athîr*.... Ibn-el-Athiri Chronicon ed. Tornberg. Leyde. 13 vol.

Augustin.... Freiherr von Augustin, Erinnerungen aus Marokko, gesammelt auf einer Reise im Jahre 1830. Vienne, 1838.

Autob..... Autobiographie d'Ibn-Khaldoun, à la fin du man. de Leyde 1350, t. V.

Auw...... Traité d'Agriculture par Ibn-al-Auwâm, que Banqueri a publié à Madrid en 1802 d'après le man. de l'Escurial. Comme cette édition fourmille de fautes, je l'ai corrigée à l'aide de notre man. 346, qui est infiniment meilleur, mais qui malheureusement ne va que jusqu'à la page 675 du tome Ier de l'édition, de sorte que j'ai dû omettre plusieurs mots probablement plus ou moins altérés. La traduction de Clément-Mullet (Paris, 1864, 2 vol.), tout médiocre qu'elle est, m'a cependant été quelquefois utile. Clément-Mullet était à coup sûr un pauvre arabisant, mais il se connaissait en agriculture.

Azraki*.... Chronique de la Mecque éd. Wustenfeld. Leipzig, 1858. Elle forme le Ier volume des Chroniken der Stadt Mekka.

Badroun.... Voyez Gl. Badroun.

Baidhâwî*.... Commentaire sur le Coran éd. Fleischer. Leipzig, 1846. 2 vol.

Bait..... Traité des simples par Ibn-al-Baitâr. Je l'ai étudié dans les man.; mais comme l'indication des titres des différents articles aurait demandé trop de place, je l'ai cité d'après la traduction de Sontheimer (Stuttgart, 1840, 2 vol.), quoiqu'elle soit fort mauvaise, comme je l'ai montré dans la Ztschr. XXIII, p. 183 et suiv. J'indique les différents articles qui se trouvent sur la même page de cette traduction par les lettres de l'alphabet; mais quand une page commence par la fin d'un article, je nomme cette fin a, puis le premier article b, et ainsi de suite. A et B sont deux manuscrits de Leyde, à savoir n° 13 (1) et n° 420 b et c, S est Sontheimer. Dans quelques endroits douteux, M. Hartwig Derenbourg a bien voulu collationner pour moi les man. de Paris, à savoir: C = n° 1025 A. F., D = n° 1071 A. F., E = n° 1025 suppl. ar., H = n° 1026 suppl. ar., K = n° 1028 suppl. ar. L est un man. qui appartient au D^r. Leclerc. Comme tous ces man. sont médiocres et que les points diacritiques y manquent souvent, j'ai dû omettre quelques mots dont l'orthographe est tout à fait incertaine. L'édition qui a paru à Boulac en 1291 (1874) est très fautive. En Orient on ne peut pas publier correctement ce livre qui est hérissé de mots grecs et espagnols, car on n'y connaît pas ces langues; mais le reste est imprimé aussi avec une extrême nonchalance.

Bar Ali*.... Syrisch arabische Glossen, herausgegeben von Georg Hoffmann. Kiel, 1874. 1er vol. (Wright).

Barbier.... Itinéraire de l'Algérie, avec un vocabulaire français-arabe. Paris, 1855.

Bargès.... Tlemcen, souvenirs d'un voyage. Paris, 1859.

Barth.... Reisen und Entdeckungen in Nord- und Central-Afrika. Gotha, 1857. 5 vol.

Barth W..... Wanderungen durch die Küstenländer des Mittelmeeres. Berlin, 1849.

Bâsim..... Histoire de Bâsim le Forgeron (حكاية باسم الحدّاد), man. de Leyde no 1292, t. IV (Catal. I, 351).

Bassâm.... Mes extraits d'Ibn-Bassâm. Voyez sous Haiyân.

Bat..... Voyages d'Ibn-Batouta, publ. par Defrémery et Sanguinetti. Paris, 1853 et suiv. 4 vol. Avant que cette édition parût, j'avais lu cet auteur dans le man. de M. de Gayangos, que j'ai cité lorsque je ne pouvais retrouver dans l'édition le passage que j'avais noté. J'ai aussi fait usage, à cause des notes, de ces trois extraits des Annales des voyages: Defrémery, Voyages d'Ibn-Batoutah dans la Perse et dans l'Asie centrale, Paris, 1848; le même, Voyages d'Ibn-Batoutah dans l'Asie-Mineure, Paris, 1851, et Cherbonneau, Voyage du cheikh Ibn Batoutah, à travers l'Afrique septentrionale et l'Egypte, Paris, 1852.

Baude.... L'Algérie par le Baron Baude. Paris, 1841. 2 vol.

Bayân.... Voyez Gl. Bayân.

Bc.... Dictionnaire français-arabe par Ellious Bocthor, revu et augmenté par Caussin de Perceval. 3e édit. Paris, 1864. Voyez ma Préface. p. x:. Je ne l'ai pas cité quand la signif. qu'il donne est empruntée à Dombay.

Beaussier*.... Dictionnaire pratique arabe-français. Alger, 1871. Voyez ma Préface, p. XII.

Becri.... Description de l'Afrique septentrionale par Abou-Obeid-el Bekri, texte arabe publié par le Baron de Slane. Alger, 1857. — Traduction de M. de Slane dans le Journal asiatique 1858—9. — Quatremère, Notice d'un man. arabe contenant la description de l'Afrique, dans les Notices et Extraits, t. XII. Je cite le tirage à part, Paris, 1831.

Belâdz..... Voyez Gl. Belâdz.

Belon.... Les observations de plusieurs singularités et choses mémorables, etc. Paris, 1588.

Berb..... Ibn-Khaldoun, Histoire des Berbères, texte arabe publ. par de Slane. Alger, 1847. 2 vol. Traduction de cet ouvrage par le même. Alger, 1852. 4 vol.

Berbrugger.... Voyages dans le Sud de l'Algérie par el-'Aïachi et Moula-Ahmed, traduits sur deux man. arabes de la Bibl. d'Alger par Berbrugger. Paris, 1846 (t. IX de l'Exploration de l'Algérie).

Berg (V. d.).... Van den Berg, De contractu „do ut des" (بيع) iure Mohammedano. Leyde, 1868.

Bg*.... Berggren, Guide français-arabe vulgaire. Upsal, 1844.

Bidp..... Calila et Dimna, ou Fables de Bidpai, publ. par de Sacy. Paris, 1816.

Bîrouni*.... Chronologie orientalischer Völker von Albêrûnî, herausg. von Sachau. Leipzig, 1878.

Blaquiere.... Letters from the Mediterranean, containing an account of Sicily, Tripoly, Tunis and Malta. Londres, 1813. 2 vol.

Booms.... Veldtogt van het Fransch-Afrikaansche leger tegen Klein-Kabylië in de eerste helft van 1851. Bois-le-Duc, 1852.

Breitenbach.... Beschreibung der Reyse uund Wallfahrt, dans Reyssbuch dess heyligen Lands. Francfort, 1584.

Browne.... Nieuwe reize naar de binnenste gedeelten van Afrika. Amsterdam, 1800. 2 vol.

Bruce.... Travels to discover the source of the Nile. Edimbourg, 1790. 5 vol.

Buchser.... Marokkanische Bilder, nach des Malers Franz Buchser Reiseskizzen ausgeführt, von Abraham Roth. Berlin, 1861.

Buckingham.... Travels in Mesopotamia. Londres, 1827. 2 vol.

Burckhardt Arabia.... Travels in Arabia. Londres, 1829. 2 vol.

Burckhardt Bedouins*.... Notes on the Bedouins and Wahábys. Londres, 1830.

Burckhardt Nubia.... Travels in Nubia, 2e édition, Londres, 1822.

Burckhardt Prov.*.... Arabic Proverbs, 2e édition, Londres, 1875.

Burckhardt Syria.... Travels in Syria and the Holy Land. Londres, 1822.

Burton.... A personal narrative of a pilgrimage to El Medinah and Meccah, 2ᵉ édition, Londres, 1857. 2 vol.

Cabbâb.... Commentaire sur les مسائل في البيوع du jurisconsulte Abou-Yahyâ ibn-Djamâ'a at-Tounisi, man. de Leyde n° 138 (2) (Catal. IV, p. 130, cf. V, 256).

Caillié.... Journal d'un voyage à Tomboctou. Paris, 1830. 3 vol.

Cairawâni*.... Man. de Leyde n° 1193 (Catal. IV, p. 110); c'est la Risâla Ibn-abi-Zaid.

Calâïd.... Calâïd d'al Fath, édit. de Paris (chez Duprat et chez Challamel) s. d. Cité quelquefois d'après le man. de Leyde n° 306, fort souvent d'après Maccarî, qui en a donné de longs extraits, ou bien d'après les textes qui ont été publiés par Weijers, Hoogvliet et moi-même.

Çalât.... Ibn-Çâhib aç çalât, Histoire des Almohades, man. d'Oxford, Marsh 433 (Catalogue d'Uri n° 758). Je l'ai copié en partie, jusqu'au feuillet 103 v°.

Calendr..... Le Calendrier de Cordoue de l'année 961, publ. par Dozy. Leyde, 1873.

Capell Brooke.... Sketches in Spain and Morocco. Londres, 1831. 2 vol.

Carette Géogr...... Recherches sur la géographie et le commerce de l'Algérie méridionale. Paris, 1844 (t. II de l'Exploration de l'Algérie).

Carette Kabilie.... Etudes sur la Kabilie. Paris, 1848. 2 vol. (t. IV et V de l'Explor. de l'Alg.).

Cartâs.... Annales regum Mauritaniæ ed. Tornberg. Upsal, 1846. Je n'ai pas noté quelques particularités qui appartiennent plutôt à la grammaire, p. e. l'emploi du ب, au lieu de l'accus., la confusion des prépositions إلى et على, على pour عن, etc.

Carteron.... Voyage en Algérie. Paris, 1866.

Casiri*.... Bibliotheca Arab. Hisp. Escurialensis. Madrid, 1760. 2 vol.

Catal. des man. or. de Leyde*.... Leyde, 1851 et suiv. 6 vol.

Cazwînî*.... Cosmographie, éd. Wüstenfeld. Gœttingue, 1848. 2 vol.

Cella (Della).... Reis van Tripoli naar de grenzen van Egypte, in het jaar 1817. Amsterdam, 1822.

Chahrastâni*.... Histoire des sectes, éd. Cureton. Londres, 1842.

Charant.... A letter in answer to divers curious questions. (Dans le même volume que Fréjus).

Chartes grenadines.... Ce sont en partie des chartes arabes de Grenade, qui appartiennent au professeur Don Leopoldo Eguilaz, en partie des chartes d'Almérie et de son territoire, ainsi que des notes de la dépense journalière de la maison des marquis de Campo-Tejar, avant et après leur conversion au christianisme. M. Simonet m'en a fourni des extraits et je les ai appelées grenadines, parce qu'aujourd'hui elles sont toutes à Grenade.

Chec..... Checouri, Traité de la dyssenterie catarrhale, man. de Leyde n° 331 (7) (Catal. III, p. 262).

Chénier.... Recherches historiques sur les Maures. Paris, 1787. 3 vol.

Cherb..... Cherbonneau, Définition lexigraphique de plusieurs mots usités dans le langage de l'Afrique septentrionale. Dans le Journal asiatique, 1849, I, p. 63—70, 537—551.

Cherb. B et C.... B désigne les Observations de M. Cherbonneau sur l'origine et la formation du langage arabe africain, dans le Journal asiat. 1855, II, p. 549 et suiv., et C, ses Nouvelles observations, dans le même Journal, 1861, II, p. 357 et suiv. Comme la plupart des termes qu'il a notés appartiennent exclusivement au langage actuel, je n'en ai admis que ceux qui, pour mon but, me semblaient de quelque utilité.

Cherb. Dial.*.... Cherbonneau, Dialogues arabes. Alger 1858.

Clavijo.... Ruy Gonzalez de Clavijo, Historia del gran Tamorlan, etc., 2ᵉ édit., Madrid, 1782.

Clenardus..... Nicolai Clenardi Peregrinationum, ac de rebus Machometicis Epistolæ elegantissimæ. Louvain, 1561.

Colmeiro.... Diccionario de los diversos nombres vulgares de muchas plantas. Madrid, 1871.

Colomb.... Exploration des ksours et du Sahara de la province d'Oran. Alger, 1858.

Constant.... Bilder aus Algier. Berlin, 1844.

Coppin.... Le Bouclier de l'Europe. Paris, 1686.

Cotte.... Le Maroc contemporain. Paris, 1860.

Cout..... Ibn-al-Coutia, man. de Paris n° 706 (1).

Crist. e Barb..... I cristiani e i Barbareschi. Genève, 1822.

Curé.... De l'assimilation des Arabes, par un ancien curé de Laghouat. Paris, 1866.

Dan.... Histoire de Barbarie et de ses corsaires. Paris, 1637. Cf. l'autre liste.

Dareste.... De la propriété en Algérie, 2ᵉ édit., Paris, 1864.

Daumas Kabylie.... Daumas et Fabar, La grande Kabylie. Paris, 1847.

Daumas Mœurs.... Mœurs et coutumes de l'Algérie, 2e édit., Paris, 1855.

Daumas Sahara.... Le Sahara algérien. Paris, 1845.

Daumas V. A..... La vie arabe et la société musulmane. Paris, 1869.

Daumas MS.... Comme l'orthographe de quelques mots dans les ouvrages du savant général m'embarrassait, je l'ai prié de me les transcrire en caractères arabes. Il a eu l'obligeance de le faire, et c'est ce signe qui indique ses notes.

Davidson.... Notes taken during travels in Africa. Londres, 1839.

Defrémery, Mémoires d'histoire orientale. Paris, 1854 et 1862.

Delap.*.... Delaporte, Guide de la conversation fr.-ar. ou Dialogues, 3e édit., Alger, 1846.

Denham.... Voyages et découvertes dans le Nord et dans les parties centrales de l'Afrique, par Denham, Clapperton et Oudney. Paris, 1826. 3 vol.

Descr. de l'Eg.... Description de l'Egypte, 2de édit., Paris, 1822. Etat moderne, t. XI—XVIII.

Desor.... Aus Sahara und Atlas. Vier Briefe an J. Liebig. Wiesbaden, 1865.

Devic.... Dictionnaire étymologique des mots français d'origine orientale. Paris, 1876.

Dict. berb..... Dictionnaire français-berbère. Paris, 1844.

Diwan d'Amro'lkaïs.... publié par de Slane. Paris, 1837 (Wright).

Diw. Hodz..... The poems of the Huzailis edited by Kosegarten. Londres, 1854. 1er volume (Wright).

Djaubari*.... Al Mokhtâr fî cachf al-asrâr, man. de Leyde no 191 (Catal. III, p. 175).

Djauzi.... Ibn-al Djauzi, Abrégé de l'ouvrage Locat almanâfi' fî 't-tibb, man. de Leyde no 331 (4) (Catal. III, p. 251).

Djawâliki*.... Al-mu'arrab éd. Sachau. Leipzig, 1867.

Djob..... The travels of Ibn Jubair ed. by Wright. Leyde, 1852.

Dodonœus.... Cruydt-Boeck. Leyde, 1608.

Domb..... Dombay, Grammatica linguæ Mauro-Arabicæ. Vienne, 1800.

Dorn*.... Drei in der kaiserl. Bibl. zu St. Petersburg befindliche astronomische Instrumente mit arabischen Inschriften. St.-Pétersbourg, 1865.

Dorrat al-ghauwâs*.... Par Hariri, éd. Thorbecke. Leipzig, 1871.

Dunant.... Notice sur la Régence de Tunis. Genève, 1858.

Duvernois.... L'Algérie, ce qu'elle est — ce qu'elle doit être. Paris, 1858.

Edrisi.... La partie publiée par M. Amari dans sa Bibl. Arab. Sic., celle que nous avons publiée, M. de Goeje et moi, à Leyde en 1866, copies d'autres parties par Engelmann et par moi-même. A = man. de Paris no 893 suppl. ar. (très-médiocre), B = man. de Paris no 892 (le meilleur), C = man. d'Oxford, Pocócke 375, Catal. I, no 887, D = man. d'Oxford, Grav. 3837—42.

Elmacin*.... Historia Saracenica ed. Erpenius. Leyde, 1625 (J.-J. Schultens).

Erath.... Verhaal eener reis naar Algiers. Uit het Hoogduitsch. Groningue, 1841.

Escayrac (D').... Le Désert et le Soudan, par le comte d'Escayrac de Lauture. Paris, 1853.

Espinosa.... Dn. Pablo de Espinosa de los Monteros, Historia de Sevilla. Séville, 1630. 2 vol.

Etat des Royaumes.... Etat des Royaumes de Barbarie, Tripoly, Tunis et Alger. La Haye, 1704.

Eutych.*.... Annales ed. Selden. Oxford, 1658. 2 vol. (J.-J. Schultens).

Ewald.... Chr. Ferd. Ewald, Missionar, Reise von Tunis nach Tripoli. Nurnberg, 1842.

Fâïk*.... par Zamakhchari, man. de Leyde no 307 (Catal. IV, p. 74) (de Goeje).

Fakhri.... Elfachri. Geschichte der islamischen Reiche vom Anfang bis zum Ende des Chalifates, von Ibn etthiqthaka. Arabisch herausg. von Ahlwardt. Gotha, 1860.

Fâkihat al-khol.*.... éd. Freytag. Bonn, 1832.

Faradj (Al-) ba'da 's-chidda*.... man. de Leyde no 61 (Catal. I, p. 213) (J.-J. Schultens).

Ferrières-Sauvebœuf.... Mémoires hist., polit. et géogr. des voyages du comte de, etc. Paris, 1790. 2 vol.

Fesquet.... Goupil Fesquet, Voyage d'Horace Vernet en Orient. Paris s. d.

Fleischer Beiträge zur arab. Sprachkunde.... Dans les Berichte der kön. sächs. Gesellschaft der Wissenschaften.

Fleischer Berichte.... Ses notes sur Maccari, dans le même recueil.

Fleischer Gl..... De glossis Habichtianis. Leipzig, 1836.

Formul. d. contr..... Formulaire de contrats, man. de Leyde n° 172 (Catal. IV, p. 163) Semble écrit à Fez ou dans les environs, car Témsna y est nommé, p. 1: باع فلان — علوكة تسمى نفسا بتامسنة.

Fragm. hist. Arab..... Voyez Gl. Fragm.

Fraser.... Travels in Koordistan, Mesopotamia, etc. Londres, 1840. 2 vol.

Fréjus.... The Relation of a Voyage made into Mauritania. English out of French. Londres, 1671.

Freytag Chrest..... Chrestomathia Arabica, grammatica, historica. Bonn, 1834. Les morceaux publiés p. 31—83, 97—138; le reste consiste en fragments d'ouvrages que j'ai utilisés dans leur entier (Fakhrî, Macc., Prol.).

Freytag Einleitung*.... Einleitung in das Studium der arab. Sprache. Bonn, 1861.

Freytag Locm..... Locmani fabulæ et plura loca ex codicibus maximam partem historicis selecta ed. Freytag. Bonn, 1823.

Ghadamès.... Mission de Ghadamès. Rapports officiels et documents à l'appui. Alger, 1863.

Ghazâlî, Aiyohâ 'l-walad, éd. Hammer. Vienne, 1838.

Ghistele.... Tvoyage van Mher Joos van Ghistele. Gand, 1572. Ce voyage a été fait en 1481; l'auteur de la relation est Ambroise Zeebout, le chapelain de Van Ghistele et qui l'a accompagné.

Gl. Abulf..... Le Glossaire joint à Abulfedæ Historia anteislamica ed. Fleischer. Leipzig, 1831.

Gl. Badroun.... Le Glossaire joint au Commentaire historique sur le poème d'Ibn-Abdoun par Ibn-Badroun, publ. par Dozy. Leyde, 1846.

Gl. Bayân.... Le Glossaire joint à l'Histoire de l'Afrique et de l'Espagne intitulée al Bayâno 'l mogrib par Ibn-Adhârî (de Maroc) et Fragments de la Chronique d'Arîb (de Cordoue); le tout publ. par Dozy. Leyde, 1848—51. 2 vol.

Gl. Belâdz..... Le Glossaire joint au Liber expugnationis regionum auctore al-Belâdsorî ed. de Goeje. Leyde, 1866.

Gl. Djob..... Voyez Djob.

Gl. Edrîsî.... Le Glossaire joint à la Description de l'Afrique et de l'Espagne, par Edrîsî, publiée par Dozy et de Goeje. Leyde, 1866.

Gl. Esp..... Dozy et Engelmann, Glossaire des mots espagnols et portugais dérivés de l'arabe, 2e édit., Leyde et Paris, 1869.

Gl. Fragm..... Le Glossaire joint aux Fragmenta Historicorum Arabicorum ed. de Goeje. Leyde, 1871.

Gl. Geogr..... Le Glossaire joint par M. de Goeje à sa Bibliotheca Geographorum Arabicorum. Leyde, 1879. Ce livre ayant paru trop tard, je n'ai pu m'en servir qu'à partir de la lettre ك.

Gl. Manç..... Glossaire sur le Mancouri de Rhazès par Ibn-al-Hachchâ, man. de Leyde n° 331 (5) (Catal. III, p. 256).

Gl. Maw..... Le Glossaire joint à Maverdii Constitutiones politicæ ed. Enger. Bonn, 1853 (mauvais).

Gl. Mosl..... Le Glossaire joint au Diwan poëtae Abu-'l-Walîd Moslim ibno-'l-Walîd al-Ançârî, cognomine Çarîo-'l-ghawânî, ed. de Goeje. Leyde, 1875.

Gl. Tanbîh.... Le Glossaire joint par M. Juynboll fils à son Jus Shafiiticum; at-Tanbîh auctore Abu Ishâk as-Shîrâzî. Leyde, 1879. Même observation que pour le Gl. Geogr.

Godard.... Description et histoire du Maroc. Paris, 1860. 2 vol.

Gråberg.... Gråberg di Hemsö, Specchio geografico, e statistico del l'Impero di Morocco. Gênes, 1834. Comme la plupart des renseignements que donne cet auteur sont empruntés à l'ouvrage de Jackson et surtout à celui de Hœst, je me suis souvent dispensé de le citer.

Gregor..... Gregorio, De supputandis apud Arabes Siculos temporibus. Palerme, 1786.

Grose.... Voyage to the East Indies. Londres, 1772. 2 vol.

Gubern. (De).... De Gubernatis, Lettere sulla Tunisia. Florence, 1868.

Guyon.... Voyage d'Alger aux Ziban. Alger, 1852.

Haedo.... Diego de Haedo, Topographia e historia general de Argel. Valladolid, 1612.

Haiyân.... Ibn-Haiyân, man. d'Oxford, Bodl. 509, Catal. de Nicoll n° 137. La copie que je possède de ce man. a été faite par moi sur celle de M. Wright.

Haiyân-Bassâm.... Extraits d'Ibn-Haiyân apud Ibn-Bassâm; t. I man. qui a appartenu à feu M. Mohl et qui est à présent dans la Bibl. de Paris; t. II man. d'Oxford, n° 749 du Catal. d'Uri (presque tous ces passages se trouvent dans mes Abbadides ou dans mes Recherches); t. III man. de Gotha n° 266; M. de Gayangos possède aussi un man. de ce volume, sur lequel M. Wright a bien voulu collationner pour moi les passages d'Ibn-Haiyân; quand j'avais des variantes à noter, j'ai désigné le premier man. par la lettre A, le second par la lettre B.

Hamaker Fotouh Miçr, ou le Pseudo-Wâkidî de Hamaker*.... Incerti auctoris liber de expugnatione Memphidis et Alexandriæ, vulgo adscriptus—Wakidæo, ed. Hamaker. Leyde, 1825.

Hamâsa*.... Hamasæ Carmina ed. Freytag. Bonn, 1828.

Hamilton.... Wanderings in North Africa. Londres, 1856.

Hamza Ispahânî*.... Annales ed. Gottwaldt. Leipzig, 1844.

Harck Oluf.... Sonderbare Aventuren. Aus dem Dänischen. Flensbourg, 1751.

Haringman.... Beknopt Dag-Journaal van een verblijf van agt weeken, in het keizerrijk van Marocco. La Haye, 1803.

Harîrî*.... publ. par de Sacy. Paris, 1822.

Hay.... John H. Drummond Hay (le fils du consul anglais à Tanger), Western Barbary. Londres, 1844.

Hbrt.... Humbert, Guide de la conversation arabe, ou Vocabulaire fr.-ar. Paris et Genève, 1838.

Hirsch.... Reise in das Innere von Algerien durch die Kabylie und Sahara. Berlin, 1862.

Hist. des Benou-Ziyân.... ذكر الدولة الزيانية العبد الوادية بتلمسان, man. de Leyde n⁰ 24 (2), collationné par moi sur celui de la Bibl. de l'Acad. orient. de Vienne.

Hist. Joctanidarum*.... par A. Schultens. Harderwyk, 1786.

Hist. Tun..... للخلاصة النقية فى امراء افريقيه, par Abou-Abdallâh Mohammed al-Bâdjî al-Mas'oudî. Tunis, 1283 (1866).

Hist. du Yémen*.... man. de Leyde n⁰ 477 (Catal. II, p. 174).

Hodgson.... Notes on Northern Africa. New-York, 1844 (avec des vocabulaires berbères).

Hœst.... Nachrichten von Marokos. Copenhague, 1781.

Holal.... للحلل الموشية فى ذكر الاخبار المراكشيه, man. de Leyde n⁰ 24 (1).

Hoogvliet.... Diversorum scriptorum loci de regia Aphtasidarum familia et de Ibn-Abduno poëta. Leyde, 1839.

Hornemann.... Tagebuch seiner Reise von Cairo nach Murzuck. Weimar, 1802.

Ht.... Hélot, Dictionnaire de poche fr.-ar. et ar.-fr., 4ᵉ tirage, Alger, s. d.

Hugonnet.... Souvenirs d'un chef de bureau arabe. Paris, 1858.

Ibn-Abdalmelic.... Le 6ᵉ volume du كتاب الذيل والتكمله لكتابى الموصول والصله, par Ibn-Abdalmelic al-Marrécochî, man. de Paris n⁰ 682 suppl. ar.

Ibn-'Akîl*.... Commentaire sur l'Alfîa éd. Dieterici. Leipzig, 1851 (Wright).

Ibn Dihya*.... Son Motrib, man. du Musée britannique, orient. n⁰ 77 (Wright).

Ibn-Djazla*...: منهاج البيان فيما يستعمله الانسان, man. de Leyde n⁰ˢ 576, 34 et 368 (Catal. III, p. 245).

Ibn-al-Djezzâr*.... Nomenclature pharmaceutique, man. de l'Escurial n⁰ 882 (Simonet; cf. son Glosario, p. 151).

Ibn-al-Djezzâr, Zâd al-mosâfir*.... man. de l'Escurial n⁰ 852 (Simonet).

Ibn-Hazm, Traité sur l'amour*.... man. de Leyde n⁰ 927.

Ibn Hichâm*.... Vie de Mahomet éd. Wüstenfeld. Gœttingue, 1859. 2 vol.

Ibn Iyâs*.... 4ᵉ volume de l'Histoire d'Egypte, par Ibn-Iyâs, man. de Leyde n⁰ 367 (Catal. II, p. 183).

Ibn Loyon*.... Poème didactique sur l'agriculture, avec des notes marginales, man. de Grenade. Voyez sur ce livre très-curieux le Glosario de M. Simonet, p. 159 et suiv.; ce savant m'en a fourni des extraits.

Ibn-as-Sikkît*.... كتاب تهذيب الالفاظ, man. de Leyde n⁰ 597 (Catal. I, p. 61).

Ibn-Tofail*.... Philosophus autodidactus, sive Epistola de Hai ebn Yokdhan, ed. Pocock. Oxford, 1671 (J.-J. Schultens).

Ibn-Wâfid.... Traité de médecine, man. de Groningue, décrit dans le Catal. des man. or. de Leyde, t. V, p. 285. Cet ouvrage diffère de celui qui contient le man. 828 (1) de l'Escurial, comme je m'en suis convaincu par la comparaison de plusieurs extraits de ce dernier, que M. Simonet m'a envoyés.

Içtakhrî*.... éd. de Goeje. Leyde, 1870.

Ictifâ*.... Kitâb al-ictifâ fî akhbâri 'l-kholafâ, par Abou-Merwân Abdalmelic ibn-al-Cardebous at-Tauzarî, man. de M. de Gayangos.

Imâm (L') de Constantine.... Notes d'un imâm de Constantine contenant l'explication de quelques noms de vêtements; communiquées par M. Cherbonneau.

Imrânî*.... Abrégé de l'histoire des khalifes, man. de Leyde n⁰ 595 (Catal. II, p. 162) (J.-J. Schultens).

Inventaire.... Inventaire des biens d'un juif marocain, nommé Mousâ ibn-Yahyâ et décédé en 1751, dans le man. de Leyde n⁰ 1376 (Catal. I, p. 164).

J. A..... Journal asiatique. Chaque année comprenant deux volumes, je cite l'année et j'indique le premier et le second volume par I et II. Je n'ai pas fait usage des derniers volumes, qui ont paru pendant la rédaction de mon travail.

Jackson.... Account of Marocco. Londres, 1809.

Jackson Timb..... Account of Timbuctoo. Londres, 1820.

Jacquot.... Expédition du général Cavaignac dans le Sahara algérien. Paris, 1849.

J. d. S..... Journal des savants. Principalement les articles de Quatremère.

Jong (De).... Le Glossaire qu'il a joint à son édition du Latâïf al-ma'ârif, par Tha'âlibî. Leyde, 1867.

Jong (De) van Rodenburgh.... Scheisen en tooneelen uit den Atlas en den Aoerès. Arnhem, 1869.

Kalyoubi*.... The Book of anecdotes, wonders, marvels, etc., by al-Qolyoobi, ed. by Nassau Lees. Calcutta, 1856.

Kâmil.... par al-Mobarrad, éd. Wright. Leipzig, 1864 et suiv. (Wright).

Kennedy.... Algiers en Tunis in 1845. Amsterdam, 1846. 2 vol.

Ker Porter.... Travels in Georgia, Persia etc. Londres, 1822. 2 vol.

Khaldoun Tornberg.... Ibn Khalduni narratio de expeditionibus Francorum in terras Islamismo subioctas, ed. Tornberg. Upsal, 1840. Voyez aussi Aghlab., Autob., Berb., Prol.

Khaldoun man..... Man. de Leyde n° 1350, t. IV, depuis le commencement jusqu'au feuillet 40.

Khallic.*.... Ibn-Khallicân. Je cite la première partie d'après l'édit. de M. de Slane, 1er volume (seul paru), Paris, 1842; le reste d'après celle de Wüstenfeld, Gœttingue, 1835 et suiv., 13 fascicules. Traduction anglaise par de Slane, avec des notes, Paris, 1842 et suiv., 4 vol.

Khatîb.... Al-Ihâta fî tarîkhi Gharnâta, par Ibn-al-Khatîb, et l'abrégé de cet ouvrage: Marcaz al-ihâta bi-odabâi Gharnâta. Ordinairement je cite le man. de M. de Gayangos; B est le man. de Berlin, Escur., celui de l'Escurial, P, celui de Paris, n° 867 A. F.

Koseg. Chrest..... Kosegarten, Chrestomathia Arabica. Leipzig, 1828.

L ... Le man. du Glossaire latin-arabe de notre Bibl., n° 231. Voyez ma Préface, p. VIII.

Lambrechts.... Journael gehouden in s'lands schip van oorloge Waatervliedt, gecommandeert door den Heer Capin Dirk Roos, in de jaaren van 1733 en 1744. Door den Commandr Martinus Lambrechts. Man. de Leyde (man. latins) n° 924.

Lamping.... Erinnerungen aus Algerien. Oldenbourg, 1844—6. 2 vol.

Lane M. E..... Manners and customs of the Modern Egyptians, 3e édit., Londres, 1842, 2 vol. Voyez aussi 1001 N.

Laugier.... Histoire du royaume d'Alger, par Laugier de Tassy. Amsterdam, 1725, 1re édit., qualifiée de rare dans les Nachrichten über den algierschen Staat, t. I, p. 5. L'History of the pirat. States, Londres, 1750, est une traduction de cet ouvrage avec un appendice peu important. Cette trad. angl. a été retraduite en français sous ce titre: Hist. des Etats barbaresques — trad. de l'anglois, Paris, 1757, 2 vol.

Le Blanc.... Les voyages fameux. Paris, 1649. 2 vol.

Lello.... Descrizione del real Tempio di Morreale. Palerme, 1702. Il a donné la traduction latine contemporaine de la charte de 1182, publiée par Cusa aux pages 179—202 et 202—244 (Amari).

Lempriere.... A Tour to Morocco. Londres, 1791.

Léon.... Joannis Leonis Africani Africæ descriptio. Leyde, 1632.

Lerchundi.... Notes lexicographiques du P. Fr. José de Lerchundi, missionnaire à Tetuan, qui m'ont été communiquées par M. Simonet.

Lettre à M. Fleischer.... contenant des remarques critiques et explicatives sur le texte d'al-Makkari, par Dozy. Leyde, 1871.

Light.... Travels in Egypt, Nubia, Holy land, Mount Libanon, and Cyprus. Londres, 1818.

Lobb al-lobâb*.... par Soyouti, éd. Veth. Leyde, 1840 et suiv.

Löwenstein.... Prinz Wilhelm zu Löwenstein, Ausflug von Lissabon nach Andalusien und in den Norden von Marokko. Dresde et Leipzig, 1846.

Lyon.... Travels in Northern Africa. Londres, 1821.

M.... Mohit al-Mohit. Voyez ma Préface, p. XI.

Macc. I et II.... Analectes sur l'histoire et la littérature des Arabes d'Espagne, par al-Makkari, publ. par Dozy, Dugat, Krehl et Wright. Leyde, 1855—61. J'ai aussi fait usage de l'édit. de Boulac. Il faut consulter constamment les Additions et Corrections, les remarques de M. Fleischer dans les Berichte, et les miennes dans ma Lettre à M. Fleischer. L'index joint au dernier livre facilitera les recherches.

Macc. III. La seconde partie d'al-Maccari, qui contient la Vie d'Ibn-al-Khatîb, 3e et 4e volume de l'édit. de Boulac, 1279 (1862). Dans les endroits douteux j'ai consulté notre man. 1637.

Madjma' al-anhor*.... éd. de Constantinople, 1240 (1824—5). 2 vol.

Maltzan.... Sittenbilder aus Tunis und Algerien. Leipzig, 1869.

Maml..... Quatremère, Histoire des sultans mamlouks. Paris, 1837 et suiv. 2 vol. en 4 parties.

Man. Escur. 893.... C'est le كتاب منائع الحيوان, par Alî ibn Mohammed Abî-'l Fath ibn-ad-Doraihim al-Maucilî, qui mourut à Bagdad en 763 H. Les extraits qu'en a donnés Casiri, t. I, p. 318—320, ont été corrigés et augmentés pour moi par M. Simonet.

Mantegazza.... Relatione del Viaggio di Gierusalemme. Milan, 1616.

Marâcid*.... Lexicon geographicum ed. Juynboll. Leyde, 1852. 6 vol.

Margueritte.... Chasses de l'Algérie et notes sur les Arabes du Sud, 2e édit., Paris 1869.

Marmol.... Descripcion de Affrica. Grenade, 1573. 3 vol.

Marmol Reb..... Historia de la rebelion y castigo de los Moriscos. Malaga, 1600.

Martin*.... Dialogues ar.-fr. Paris, 1847.

Maçoudi*.... éd. Barbier de Meynard. Paris, 1861 et suiv. 9 vol.

Matham.... Voyage au Maroc (1640—41), publ. par F. de Hellwald. La Haye, 1866.

Matmah.... Le Matmah d'al-Fath, ma copie faite d'après les man. de St. Pétersbourg et de Londres. Cité fort souvent d'après Maccarî, qui en a donné de longs extraits.

Mâwerdî*.... Voyez Gl. Maw.

Mc.*.... Marcel, Vocabulaire fr.-ar. des dialectes vulgaires africains. Paris, 1837. Il a incorporé dans son livre le vocabulaire de Dombay, mais sans l'avouer.

Mehren.... Et Par Bidrag, etc. Copenhague, 1872. Tirage à part d'un article qui a paru dans les Actes de la Société royale des sciences. C'est une liste des mots vulgaires que l'auteur a trouvés dans le Hazz al-cohouf.

Mehren Rhetorik*.... Die Rhetorik der Araber. Copenhague et Vienne, 1853.

Mem. hist. esp..... Memorial histórico español. Madrid, 1851 et suiv. Vol. I—XIX.

Merx Archiv.... Archiv für wissenschaftliche Erforschung des alten Testamentes, herausg. von Merx. 1er volume, Halle, 1869 (Wright).

Meursinge.... Sojutii Liber de interpretibus Korani ed. Meursinge. Leyde, 1839.

Michel.... Tunis. Paris, 1867.

1001 N..... Mille et une Nuits. L'édition que je cite sans autre indication est celle de Macnaghten, Calcutta, 1839, 4 vol. Bresl. désigne l'édition de Breslau (1825 et suiv.), commencée par Habicht et continuée par Fleischer, 12 vol.; c'est une autre rédaction. Celle de Boulac au contraire (1251 (1835), 2 vol), est presque la même que celle de Macnaghten. J'ai fait constamment usage de la traduction anglaise et des excellentes notes de Lane, Londres, 1841, 3 vol.

Miss. hist..... Fr. Francisco de San Juan de el Puerto, Mission historial de Marruecos. Séville, 1708

Mi'yâr.... Mi'yâr al ikhtibâr, par Ibn-al-Khatîb, publié par M. Simonet dans sa Descripcion del Reino de Granada, Madrid, 1861. J'ai corrigé ce texte dans le Ztschr., t. XVI, p. 580 et suiv., et plus tard j'ai eu la satisfaction de voir presque toutes mes corrections confirmées par les trois man. de l'Escurial, dont deux étaient restés inconnus à M. Simonet, et que Müller a collationnés; voyez ses Beiträge, p. 60 et suiv.

Mocaddasî*.... éd. de Goeje. Leyde, 1876.

Mocquet.... Voyages en Afrique, Asie, Indes Orientales et Occidentales. Paris, 1617.

Mohammed ibn Hârith.... Histoire des cadis de Cordoue, man. d'Oxford, n° 127 du Catalogue de Nicoll.

Monconys.... Journal des voyages. Lyon, 1665. 2 parties.

Mong..... Quatremère, Histoire des Mongols de la Perse. Paris, 1836.

Morgado.... Historia de Sevilla. Séville, 1587.

Morgan.... Algemeene Beschrijvinge van Barbarijen. Uit het Engelsch. La Haye, 1733. 2 vol.

Morgenl. Forschungen*.... Leipzig, 1875.

Most..... Le Mosta'inî, man. de Leyde n° 15 (Catal. III, p. 246), collationné sur celui de Naples (N). La indique la partie ancienne du man. de Leyde, Lm, la partie moderne.

Mouette.... Histoire des conquestes de Mouley Archy. Paris, 1683.

Mufassal.... par Zamakhcharî, éd. Broch. Christiania, 1859 (Wright).

Müller.... Beiträge zur Geschichte der westlichen Araber. Munich, 1866. 1re livraison.

Müller L. Z..... Die letzten Zeiten von Granada. Munich, 1863.

Müller S. B. 1863, II.... Textes d'Ibn-al-Khatîb et d'Ibn-Khâtima sur la grande peste du XIVe siècle; texte sur la mort de Sébastien, roi de Portugal; publ. par Müller dans les Sitzungsberichte der königl. bayer. Akademie der Wissenschaften, année 1863, t. II.

Nachrichten.... Nachrichten und Bemerkungen über den algierschen Staat. Altona, 1798. 3 vol.

Nawawî*.... éd. Wüstenfeld. Gœttingue, 1842—47.

Nebrija.... Ælii Antonii Nebrissensis Dictionarium (latin-esp. et esp.-latin). Il en existe plusieurs éditions; je me suis servi de celle qui a paru à Antequera, 1595. Cf. ma Préface, p. x.

Niebuhr B..... Beschrijving van Arabië. Amsterdam, etc., 1774.

Niebuhr R..... Reize naar Arabië. Amsterdam, etc., 1776.

Not. et Extr..... Notices et Extraits des manuscrits de la Bibliothèque du Roi. Surtout les articles de Quatremère.

Notices.... Notices sur quelques manuscrits arabes, par Dozy. Leyde, 1847—51.

Nowairî Afrique.... Nowairî, Histoire d'Afrique, man. de Paris n° 702 A. F.

Nowairî Espagne.... Nowairî, Histoire d'Espagne, dans le man. de Leyde n° 2 h, collationné sur le man. de Paris n° 645 A. F: — Incidemment j'ai aussi cité d'autres volumes de la grande compilation de Nowairî; ils se trouvent dans la Bibl. de Leyde; voyez le Catal. des man. or., t. I, p. 4 et suiv.

Oiseaux (Les) et les fleurs*.... allégories morales d'Az-zeddin [lisez Izzeddin] al-Mocaddesi, publ. par Garcin de Tassy. Paris, 1821.

Oosterlingen.... Verklarende lijst der Nederlandsche woorden, die uit het Arabisch, Hebreeuwsch, Chaldeeuwsch, Perzisch en Turksch afkomstig zijn, door Dozy. La Haye, etc., 1867.

Ormsby.... Autumn Rambles in North Africa. Londres, 1864.

Ouaday.... Mohammed ibn-Omar el-Tounsy, Voyage au Ouadây, traduit par Perron. Paris, 1851.

P..... Cette lettre, placée avant une citation, indique que le mot dont il s'agit se trouve chez un poète et que probablement il ne s'emploie qu'en poésie.

Pachalik.... Description du Pachalik de Bagdad par M.*** [Rousseau]. Paris, 1809.

Pagni.... Lettere di Giovanni Pagni — in ragguaglio di quanto egli vidde, ed operò in Tunisi. Florence, 1829.

Pagni MS.... Copie du glossaire de Pagni que l'éditeur de ses Lettres a supprimé (voyez p. 110), faite d'après le man. original, n° 203, vol. IV, de la Laurenziana à Florence.

Palgrave.... Narrative of a year's journey through central and eastern Arabia (1862—63). Londres, 1865.

Pallme.... Beschreibung von Kordofan. Stuttgart et Tubingue, 1843.

Pananti.... Mijne Lotgevallen en Reizen in de Barbarijsche Roofstaten. Uit het Italiaansch. Leeuwarden, 1830. 2 vol.

Payne Smith.... Thesaurus Syriacus. Collegerunt Quatremère, Bernstein, Lorsbach, Arnoldi, Agrell, Field, auxit, digessit, exposuit, edidit Payne Smith. Oxford, 1868 et suiv. Les citations que m'a fournies M. Wright sont tirées des 3e, 4e et 5e livraisons, mon savant ami n'ayant pas lu les épreuves des deux premières.

Pellissier.... Description de la Régence de Tunis. Paris, 1853 (t. XVI de l'Explor. de l'Algérie).

Pflügl.... Freyherr von Pflügl, Ueber Marokko's militärische Verhältnisse, dans les Wiener Jahrbücher, t. 66, Anzeige-Blatt, p. 1—19. Tagebuch der Reise der k. k. Gesandtschaft in das Hoflager des Sultans von Marokko nach Mequinez, im Jahre 1830, dans le même recueil, t. 67, Anzeige-Blatt, p. 1—13, t. 68, Anz.-Bl., p. 1—33, t. 69, Anz. Bl., p. 1—31, t. 71, Anz.-Bl., p. 1--21.

Poiret.... Voyage en Barbarie. Paris, 1789. 2 vol.

Prax.... Commerce de l'Algérie avec la Mecque et le Soudan. Paris, 1849. Voyez aussi R. d. O. A.

Prol..... Prolégomènes d'Ibn-Khaldoun, éd. Quatremère. Paris, 1858. 3 vol. Traduction de M. de Slane, Paris, 1863, 3 vol., où une foule de passages ont été corrigés; j'ai adopté ces corrections; il faut donc toujours consulter la traduction.

Pseudo-Wâkidî.... Voyez Hamaker.

Quatremère, Recherches sur l'Egypte. Paris, 1808.

R. d. O..... Revue de l'Orient. Paris, 1843—46. 11 vol.

R. d. O. A..... Revue de l'Orient, de l'Algérie et des colonies. Paris, 1847—54. 16 vol. Les articles les plus utiles pour la lexicographie sont ceux de Prax; en les citant j'y ai toujours ajouté le nom de leur auteur; celui d'Espina, agent consulaire de France à Sfax (t. XIII), est aussi important.

R. d. O. A. N. S..... Même Revue, Nouvelle Série. Paris, 1855—64. 18 vol. IVe sér., t. Ier (tout ce qui a paru de cette série).

R. N..... Riyâdh an-nofous, Biographie des hommes pieux de Cairawân et de ses environs, man. de Paris, n° 752 A. F. (Le Musée britannique possède un abrégé de cet ouvrage; voyez le Catalogue, p. 732).

Rauwolf.... Aigentliche Beschreibung der Raisz. Laugingen, 1582.

Ramos.... Chronica do Infante santo D. Fernando, que morreo em Foz. Por Frey João Alvarez, Secretario do dito senhor, que com elle esteve cativo atè sua morte, e depois cinco annos. Revista etc. pelo Padre Fr. Jeronymo de Ramos. Lisbonne, 1730, 3e édit.

Recherches.... Dozy, Recherches sur l'histoire et la littérature de l'Espagne pendant le moyen âge. 2e édit., Leyde, 1860. Quelquefois j'ai cité la 1re édit. (Leyde, 1849), où se trouvent des textes qui n'ont pas été reproduits dans la 2e.

Reinaud Dipl..... Diplôme publié par Reinaud dans la Collection de documents inédits sur l'histoire de France, Mélanges historiques, t. II, partie 2, p. 116 et suiv.

Reinaud F. G....., Du feu grégeois, etc. Paris, 1845.

Relation des Voyages*.... éd. Langlès et Reinaud. Paris, 1845. 2 vol.

Renan Averroès.... Textes arabes dans la 2e édition de ce livre. Paris, 1861.

Renou.... Description géographique de l'empire de Maroc. Paris, 1846 (t. VIII de l'Explor. de l'Algérie).

Repartimiento.... que hizo el Rey Dn. Alonso el Sabio de las casas, y haziendas desta Ciudad de Sevilla, y su contorno, entre los Cavalleros, y personas que se hallaron en su conquista. Dans Espinosa, t. II, p. 1 et suiv.; en abrégé chez Morgado, p. 36 et suiv.

Richardson Central.... Narrative of a mission to Central Africa. Londres, 1853. 2 vol.

Richardson Morocco.... Travels in Morocco. Londres, 1860. 2 vol.

Richardson Sahara.... Travels in the Great Desert of Sahara. Londres, 1848. 2 vol.

Richter (V.).... Von Richter, Wallfahrten im Morgenlande. Berlin, 1822.

Riley.... Loss of the American brig Commerce. Londres, 1817.

Roger.... La Terre Saincte. Paris, 1646.

Rohlfs.... Reise durch Marokko. Brême, 1868.

Rojas.... Relaciones de algunos successos postreros de Berberia. Salida de los Moriscos de España, y entrega de Alarache. Lisbonne, 1613.

Roland.... Roland de Bussy, L'idiome d'Alger. Alger, 1847. Il était inutile de citer les articles qu'il a empruntés en grand nombre au Dictionnaire d'Hélot.

Roland Dial.*.... Les dialogues à la fin de l'ouvrage dont le titre précède.

Rozet.... Voyage dans la Régence d'Alger. Paris, 1833. 3 vol.

Rüppell.... Reise in Abyssinien. Francfort s M, 1838. 2 vol.

Rutgers.... Historia Jemanæ sub Hasano Pascha. Leyde, 1838.

Rijk (Het) en de stad van Algiers. Amsterdam, 1830.

Rijn-Acker.... De Reyse naer Africa, Tunis, Algiers etc., gedaen in den Jare 1625 onder 't beleyd van Dr. Rijn-Acker, als Ambassadeur van haere Hog: Mog: tot lossinghe van de Christene Slaven derwaerts gedeputeerd. Harlem, 1650. L'auteur de cette relation ne se nomme pas.

Saadiah ps..... traduction arabe des psaumes par Saadiah, avec un commentaire, deux man. d'Oxford (Wright).

Sacy (De) Abd allatif*.... Relation de l'Egypte, par Abdallatif, trad. et enrichi de notes par de Sacy. Paris, 1810.

Sacy (De) Chrest..... Chrestomathie arabe. Paris, 1826, 2e édit. 3 vol. J'ai dépouillé régulièrement les deux premiers volumes, mais non pas le 3e.

Sacy (De) Dipl. IX.... Diplômes publiés par de Sacy dans les Mémoires de l'Académie des Inscriptions, t. IX, p. 448 et suiv.

Sacy (De) Dipl. XI.... Diplômes publiés par de Sacy dans les Notices et extraits, t. XI, p. 1 et suiv.

St. Gervais.... Mémoires historiques qui concernent le gouvernement de l'ancien et du nouveau royaume de Tunis. Paris, 1736.

St. Olon.... Relation de l'estat de l'empire de Maroc. Paris, 1695. Il se peut que quelques-unes de mes citations soient empruntées à la traduction anglaise, Londres, 1695.

Salvador.... Salvador Daniel, La musique arabe. Alger, 1863. En écrivant les noms des modes en caractères arabes, j'ai ordinairement suivi l'orthographe indiquée par M. Barbier de Meynard dans son article sur ce livre, Journal asiat. de 1865, I, p. 563.

Sandoval.... Memorias sobre la Argelia, por el Brigadier Dn Crispin Ximenez de Sandoval y Dn Antonio Madera y Vivero. Madrid, 1853.

Sang..... Sanguinetti, Liste alphabétique de termes techniques et autres, dans le Journal asiat. de 1866, t. I, p. 289—328.

Schweigger.... Ein newe Reysbeschreibung ausz Teutschland nach Konstantinopel und Jerusalem. Nurnberg, 1613.

Scott.... Journal of a residence in the Esmailla of Abd-el-Kader. Londres, 1842.

Seetzen*.... Reisen durch Syrien, etc. Berlin, 1854—9. 4 vol.

Selecta.... Selecta ex Historia Halebi ed. Freytag. Paris, 1819.

Sev. Voy. to Barb..... Several Voyages to Barbary. Londres, 1733. L'auteur est F. Philémon de la Motte, voyez p. 130 n.

Shaw.... Reizen door Barbarijen. Utrecht, 1773. 2 vol. Par les savantes notes qu'y ont ajoutées Boddaert, Rau, Tydeman et Saxe, cette traduction est préférable à l'original anglais.

Simonet.... Glosario de voces ibéricas y latinas usadas entre los Mozárabes. Madrid. Sous presse depuis 1875; voyez ma Préface, p. xiv.

Stochove.... Voyage du Levant. 2e édit., Bruxelles, 1650.

TA*.... Tâdj al-'arous, éd. de Boulac.

Teixeira.... Viage de la India hasta Italia. A la fin du livre: Relaciones de Pedro Teixeira, Anvers, 1610.

Ten Years.... Narrative of a ten Years' Residence at Tripoli in Africa; from the original correspondence in the possession of the family of the late Richard Tully, the British Consul. Londres, 1816. Ces lettres sont de la sœur de R. Tully.

Testa.... Notice statistique et commerciale sur la régence de Tripoli de Barbarie. La Haye, 1856.

Tha'âlibî éd. Cool*.... Extraits du Latâïf aç-çahâba wa-'t-tâbi'în, joints à la Grammatica Arabica de Roorda. 2e édit., Leeuwarden, 1858.

Tha'âlibî Latâïf.... Latâïf al-ma'ârif, éd. de Jong. Leyde, 1867.

Thévenot.... Voyages. Paris, 1663. 3 vol.

Torre (La).... Voyez ma Préface, p. x.

Torres.... Diego de Torres, Relation des Chérifs et de l'estat de Maroc, Fez, et Tarudant. Paris, 1636.

Tristram.... The great Sahara. Londres, 1860.

Valeton.... Tha'âlibî Syntagma dictorum brevium et acutorum ed. Valeton. Leyde, 1844.

Vansleb.... Nouvelle relation d'un voyage fait en Egypte. Paris, 1677.

Venture.... Son vocabulaire berbère dans la traduction française du Voyage de Hornemann, Paris, 1803, 2e vol.

Vêtem..... Dozy, Dictionnaire détaillé des noms des vêtements chez les Arabes. Amsterdam, 1845.

Victor.... Tesoro de las tres lenguas, española, francesa, y italiana. Genève, 1609, Cologne, 1637.

Vie de Saladin*.... éd. A. Schultens. Leyde, 1732 (J.-J. Schultens).

Vie de Timour*.... éd. Manger. Leeuwarden, 1767. 2 vol.

Voc..... Vocabulista in arabico pubblic. da Schiaparelli. Florence, 1871. Voyez ma Préface, p. x.

Voyage pour la Rédempt..... Relation en forme de Journal, du Voyage pour la Rédemption des captifs, aux Roiaumes de Maroc et d'Alger, pendant les années 1723, 1724, et 1725. Paris, 1726.

Voyage dans les Etats barbaresques. Paris, 1785. L'auteur de cette relation a souvent copié celle dont le titre précède.

Werne.... Reise nach Mandera. Berlin, 1852.

Weijers.... Loci Ibn Khacanis de Ibn Zeidouno. Leyde, 1831.

Wild.... Neue Reysbeschreibung eines gefangenen Christen. Nurnberg, 1613.

Windus.... A journey to Mequinez. Londres, 1725. Le nom de l'auteur se trouve à la fin de la dédicace.

Wittman.... Travels in Turkey, Asia-Minor, Syria, and across the Desert into Egypt. Londres, 1803.

Woltersdorff.... Notes de ce voyageur sur des noms de vêtements, man. de l'Académie royale des sciences à Amsterdam, n° 39 du Catal. de M. de Jong, à la fin.

Wright.... Opuscula Arabica, collected and edited from MSS. in the University library of Leyden. Leyde, 1859.

Ya'coubi*.... Kitâb al-boldân éd. Juynboll. Leyde, 1861.

Yâcout*.... Dictionnaire géographique éd. Wüstenfeld. Leipzig, 1866 et suiv. 6 vol. La plupart des citations tirées de cet auteur m'ont été fournies par M. de Goeje. J'ai exploité moi-même la mine féconde qu'on trouve t. I, p. 835—6, à savoir la nomenclature des oiseaux et des poissons, que Cazwînî (II, 118—120) a copiée; mais l'orthographe de quelques uns de ces mots est si incertaine, que j'ai dû les omettre. Lorsque, p. e., le nom d'un poisson est dans les différents man. صبر, قبح ou قمح, ou celui d'un autre جبر, حبر, حبثر, حينر ou جثر, on cherche en vain un fil pour se diriger dans ce dédale de variantes ou de fautes.

Yanguas.... Diccionario de antigüedades del Reino de Navarra. Pampelune, 1840. 3 vol. Adiciones, *ibid.*, 1843.

Zahrâwî.... La 1re macâla de son Taçrîf et deux tiers de la 2e, man. de St.-Pétersbourg. M. le Baron de Rosen m'en a fourni quelques extraits.

Ztschr..... Zeitschrift der deutschen morgenländischen Gesellschaft, t. I—XXII. Je n'ai emprunté à l'article de M. Wetzstein, t. XXII, p. 69 et suiv., que ce qui me semblait nécessaire, et j'ai laissé de côté, comme étrangers à mon but, ceux de Wallin, t. V, p. 1 et suiv., t. VI, p. 190 et suiv., p. 369 et suiv. Quant aux volumes parus lorsque la rédaction de mon travail avait commencé, je ne m'en suis servi qu'incidemment.

Ztschr. Kunde.... Zeitschrift für die Kunde des Morgenlandes. 7 vol.

LISTE DES RELATIONS QUI NE SONT D'AUCUN USAGE POUR LA LEXICOGRAPHIE.

Arlach (D'), Le Maroc et le Riff en 1856. Paris, 1856.

Augustin (Freiherr von), Marokko in seinen geogr., histor. etc. Zuständen. Pesth, 1845.

Bœumen (Von), Nach Marokko. Berlin, 1861.

Baumgarten, Peregrinatio. Nurnberg, 1594.

Blakesley. Four months in Algeria. Cambridge, 1859.

Braithwaite, The history of the Revolutions in the Empire of Morocco. Londres, 1729.

Cirni, Successi dell' Armata della M^{ta} C^{ca} destinata all' impresa di Tripoli di Barberia, Della presa delle Gerbe, e progressi dell' armata Turchesca. Florence, 1560.

Croisières et négociations de Mr de Kinsbergen, avec des détails sur Maroc, par M^r le Bon de Schœning, rédigés sur son journal allemand par de Champigny. Amsterdam, 1779.

Dan. La traduction hollandaise (Amsterdam, 1684) est augmentée d'un second volume par S. de Vries, Handelingen en geschiedenissen, voorgevallen tusschen den Staat der Vereenighde Nederlanden en dien van de zee-roovers in Barbarijen, avec un Aanhangsel, behelzende de rampzalige en zeer gedenkwaardige wedervaaringen van een slaaf etc., in 't Fransch beschreven door Monsr Gallonge, die zelve deze rampen heeft geleden.

Dandini, Voyage du mónt Liban. Paris, 1685.

Daveyro, Itinerario de Terra Sancta. Lisbonne, 1596.

Davies, Algiers in 1857. Londres, 1858.

Desjobert, l'Algérie en 1844. Paris, 1844.

Dumont, Histoire de l'esclavage en Afrique de J.-J. Dumont. Paris, 1819.

Edwards (Matilda Betham), Through Spain to the Sahara. Londres, 1868.

Flaux (De), La régence de Tunis. Paris, 1865.

Florian Pharaon, Voyage en Algérie de S. M. Napoléon III. Paris, 1865.

Gérard (Jules), l'Afrique du Nord, 2e édit. Paris, 1861.

Hackluyt. Les relations dans Vol. II, Part. 2, de ses navigations. Londres, 1599.

Hardman, The Spanish campaign in Morocco. Edimbourg, 1860.

Heine, Sommerreise nach Tripolis. Berlin, 1860.

Histoire véritable des dernières guerres advenues en Barbarie: et du succéz pitoyable du Roy de Portugal dernier, Don Sebastien. Trad. de l'espagnol. Paris, 1579.

(Jardine) Bemerkungen über Marokko; desgleichen über Frankreich, Spanien und Portugal. Von einem englischen Offizier. Leipzig, 1790. Dans la préface on lit que l'auteur est le major Jardine.

Journaal wegens de rampspoedige Reys-tocht van Capⁿ H. C. Steenis in 1751. Amsterdam s. d.

Lambrechts, Journael etc. in de Jaren van 1735, 36 en 37. Man. de Leyde (man. latins) n° 925.
Landa, La campaña de Marruecos. 2ª edic. Madrid, 1866.
Metzon, Dagverhaal van mijne lotgevallen te Algiers. Rotterdam, 1817.
Murray (Mrs. Elizabeth), Sixteen years of an artist's life in Morocco, Spain, and the Canary Islands. Londrès, 1859. 2 vol.
Nouveaux voyages sur toutes les côtes de la Barbarie et de l'empire de Maroc, dans la haute et la basse Egypte, sur les côtes de la Mer rouge, en Nubie et en Abyssinie, et dans le pays de Sennaar, extrait des Voyageurs les plus modernes et les plus accrédités. Paris, An VII, 2 vol. Ce n'est qu'une compilation.
Pfeiffer, Reizen en vijfjarige gevangenschap in Algiers. (Uit het duitsch). Leeuwarden, 1834.
Rasch, Nach den Oasen von Siban. Berlin, 1866.
Russell, History of the Barbary States. Edimbourg, 1835.
Saugnier, Relations de plusieurs voyages à la côte d'Afrique, à Maroc, etc. Paris, 1792.

Schiltberger, Reisen, herausg. von Neumann. Munich, 1859.
Settala, Ragguaglio del Viaggio compendioso. Milan, 1805. (Est Caronni).
Tavernier, Voyages.
Turner, Journal of a Tour in the Levant. Londres, 1820. 3 vol.
Verdun (De) de la Crenne, de Borda, et Pingré, Voyage. Paris, 1778. 2 vol.
Walmsley, Sketches of Algeria during the Kabyle war. Londres, 1858.
Weber (Von), Ein Ausflug nach dem französischen Nord Afrika. Leipzig, 1855.
Wingfield, Under the palms in Algeria and Tunis. Londres, 1868. 2 vol.
Wingrove Cooke, Conquest and colonisation in North Africa. 1860.
Zuallart, Le très-dévot Voyage de Jérusalem. Anvers, 1608.

LISTE DES MOTS ARABES CHEZ PEDRO DE ALCALA DONT L'ORTHOGRAPHE EST INCERTAINE.

Aburgudiça ranacuajo — renacuajo.

ب et بّ

Tabadô çaherimiento.
Baqç desmochado.
Pizlical floretada — paperote.
Topahxáx vicio por regalo — *mupahráx* vicioso en comer.

ط ou ت

Tavil atruendo.
Tabiq baile uno solo.
Tallîta enbarradura.
Taggui inquieto — *tagguiên* inquietacion.
Tiça negociacion.

Taxît. Ochúp a taxît sedefia cosa de lino.
Talabrî turnio de ojos — visojo.

ش ou چ

Xik aguinaldo.
Xumâni (pl. *xumânît*) bofetada.
Jezêm çanahoria silvestre; me semble une faute pour جَزَر.
Juhê refrenamiento.
Xazirî, précédé de خمار, sauco arbol.

ح ou ه

Halôn (pl. halâlin) bollo de pan.
Ahquâ cantar el buho — parpadear las aves.
Tehaudûn ceño en los ojos — *muhâuden* ceñudo.
Hauzat mohatrar.

ح

Kaçan (pl. *kiçân*) dissoluto en vicios.
Izikbât (sic) cotejamiento.
Mukârhel, mais le pl. *murkarhelin*, espacioso.
Kayçarâ gayovero.

ذ, ز ou ص

Dàrgua (pl. *durâq*) bruxa.
Dedt cometa.
Adhân mas temprano.
Dia sacrilegio.

Rica (*Bi*) entricadamente.
Râuja (pl. *raguagie*) mendrugo.

ص س ou ز

Mêzqueria (*Bi*) flacamente.
Çavia mencion.
Cehue (pl. *cehuit*) rima o rimero de ropa.
Tazhir sancamiento.
Auçarah triste estar.
Zimpi vino agua pie.

ع

Aâçâ adulterar contrahazer.
âçâr aparejar; *guaçâr* aparejar; sous *desparejar azçar* avec la négation. *Guaçâr* popar.
Aâdi adivas.
ârraq desalbardar.
iunquîa. *Fulin bal iunquîa* envararse.
Aâzel rasgar.

غ ou و

Guaçâr voyez sous le 'ain.
Gazia avion — trigo ruvion.
Gudeuâ era boç del cuervo.
Guaçuâ artimaña.
Guarguia cimitarra — daga arma.
Guçâra hollin — *guaçâra* hollimiento.

Goç nueza yerva. Comme il donne قثّـنـ dans le même sens, il paraît que c'est une corruption de ce dernier mot, qui, à son tour, est une altération de قثـلـمـ.
Guarmag sovajar — *taguarmûg* sovajadura.

ى ou ك,

Carârit bava.
Aztacâh et *aztaquââ* cobdiciar.
Câleb despagamiento de algo.
Carç dexo de ballesta — lexo de vallesta. Le sens de ce terme espagnol (car dexo et lexo sont deux formes du même mot) est inconnu; feu M. Lafuente y Alcántara m'a écrit dans le temps qu'il a parcouru en entier le Tradado de Ballesteria par Alonso Martinez Espinar, sans y trouver.
Caddab enerizarse por frio — enerizado — temblar — temblar para caer — *tacadâb* temblor para caer.
Acuâ ensalmar o enxalmar — enxalmar — *quêi* ensalmo.
Macrâd enano — ombro enano.
Cârm gota.
Calaeândar hoguera llame de fuego.
Carxit mochacharria muchos mochachos.
Caquid necessario.
Curni plazer.
Queceb raygar.
Cuchên solitario ave.

ل

Lip lagrimal del ojo.
Lahlâla (pl. *lahalit*) llama de fuego.
Lapôrio unicornio animal.

م

Mumdi descaminado — *mumdi* errado o perdido.
Mavin estuche.

ن

Ançâa dezir bien en dicha.
Manaabin (pl. *manaâbinîn*) dotado por (*et* de) gracias.
Nenfêd, anfêdt, anfêd, aparejar o buscar, *nenfêd, nefêtt, enfêd,* buscar para pagar. Les termes espagnols sont fort obscurs; M. Simonet et M. Eguilaz n'ont pas pu me les expliquer.

Anha refrescar.

Manâh relox del sol. Voir mon article مَنَاخ sous نوخ.

Maliáin adivas.
Clatôç. aúcel clatôç clarea de especias e vino.
Mídbi consiguiente.
Mezêle consequencia.
Makort (pl. *makâguit*) cimitarra.
Aghar encobar casi corvar — *maxhôr* encobado asi como conejo.
Maniôh cuechado.
Moâguaja. Çôra moâguaja escorche en la pintura.

Yaíç a rrâya favorecedor del pueblo.
Maicâni izquierdo.
Ichimâyl lagrimal del ojo.
Maguíl. Çuf bile maguíl lana suzia.
Tazhê macicez.
Manaávin mandado de palabra.
Tenctl orilla de lienço.
Tazeit pega de pez.
Teheleguin quixones yerva de comer.
Aguêm robar los enemigos — saltear a los enemigos.
Gelet rechaçar — *maxlâd* (pl. *in*) rechaça.
Tapaáxur saynete para cevar.
Ingihâra tarreñas chapas para tañer.
Vayna vaso pequeño.

ا

آنوا plongeon (oiseau), Bait. I, 16 a; Bg 862 آتو (àtou).

آخرساج espèce d'arbre, Bait. I, 18 f.

آخور écurie, Bc; آمير آخور grand écuyer, Maml. I, 1, 119, Bc.

أرغيس (berb.) l'écorce de la racine de l'épine-vinette; — l'épine-vinette même, ou un arbuste qui lui ressemble, Gl. Esp. 57.

آرقان (berb.) elaeodendron argan, Gl. Edrîsî.

آركان autre forme du même mot dans A de Bait. II, 444 a, où B a la forme ارجان.

آرنج espèce d'étoffe fabriquée dans le Khowârezm, de Jong.

آرة (esp.) pl. آرات pierre sacrée sur laquelle on étend le corporal, Alc. (ara del altar).

آزرود (A) ou ازرور (B) ou ازرود (S) (berb.) = حندقوقا, Bait. I, 31 b.

آشة ماشة Voyez sous ماشه لاشه.

أَاطْرِيلال chez Freytag; corrigez الاطريلال, Bait. I, 2 b; cerfeuil (plante potagère), Bc; — corne-de-cerf (plante sauvage et cultivée), Bc.

آفراج, آغراج, آفرق, آفراك, آفراك (berb.) l'énorme enceinte de toile qui, dans les pays musulmans, entoure la vaste tente du souverain; — tout ce qui se trouve dans cette enceinte, c.-à-d., les tentes du sultan, ou plutôt son énorme tente qui ressemble à une ville avec des murailles et des tours de toile, Gl. Esp. 105, 389; ajoutez Abou'l-Walîd 797, 7: دائرة المحلّة. Chez Daumas V. A. 402 التى يسميها اهل المغرب افرق ferrag, campement. En esp. alfaneque, mais correctement alfareque, Cron. de D. Alfonso XI, p. 401, l. 34.

الاكفار (berb.) nom d'une plante, Bait. I, 4 b.

الاكشرو (berb.) nom d'une plante, Bait. I, 5 c (leçon de A).

الامليبيس (berb.) nom d'un arbuste, Bait. I, 5 b (leçon de A); = صفيراء (voyez), A. R. 50, 258.

أَبْ chêne, Most. sous بلوط:بالعربية أَبٌ مشدّد الباء.

اباراط. Selon Auw. II, 112, 2 a f., il y a deux espèces de lin, dont l'une est ouverte (مفتوح) et s'appelle الابار; plus loin, 113, 21, ce mot est écrit الابازيل. Je crois devoir lire dans les deux endroits الابارط, qui est le latin aperto, esp. abierto. Un copiste, quand il écrit un mot qu'il ne connaît pas, change facilement ط en ل; dans le premier passage le nôtre aura sauté le ط par mégarde.

اباريقون arbousier, Most. sous ابيه قاتل.

ابازيل. Voyez اباراط.

أَبَالَة ou أَبِيَالَة. Le premier est uvella, dimin. du latin uva. Ibn-al-Djezzâr le donne dans son Zâd al-mosâfir sous عنب الثعلب, où le mot est écrit par erreur الببلله. Dans un autre ouvrage il dit: عنب الذئب هو ابيالة كنينة, uviella (esp. uvilla) canina.

ابجد. Voyez ابوج.

أبد V se caser, s'établir, s'installer, Bc. — Voc. sous perpetuari.

أَبَد le second appel du moëddzin une heure avant le lever du soleil (on l'appelle ainsi parce que le mot ابد s'y trouve au commencement), Lane M. E. I, 103.

ابدًا, pour jamais, pour toujours, Bc. — الى الابد sans négation, jamais, Bc, 1001 N. I, 43, 2.

اِبْدَة *idiot*, stupide, Bc.

الابيد. أَبِيد *joubarbe* ou *jombarbe* (plante), Bc.

اِبِر.

أَبْرَة espèce de pain („abrò, ein sehr weisses, aus fein gesiebtem Durramehl gebackenes Brod, dünn wie eine Oblate") Werne 12; du pain séché, Burckhardt Nubia 323; le sac de cuir qui le contient, *ibid*. 203. D'Escayrac, 418, écrit ebrek.

أَبْرَة *aiguille* = chose d'aucune valeur, Abd-al-wâhid 171, 10. — ادواء الابر *des maladies aiguës*, Auw. II, 89, dern. l. — بيت الابرة *boussole*, Bc. — *Aiguille*, poisson de mer, Alc. (aguja pescado) — *Giroflée sauvage*, Most. sous والبرّي منه يعرف (بخبيرى = جيبرى)..., بالابرة *géranium, bec de grue*, Bc; *herbe à Robert*, id.; Bait. I, 10 e; le Most. sous ابرة الراعي identifie le ابرة الراهب ou ابرة الراعي avec le شكاعى, ce que Bait. désapprouve.

أَبَار (pers. آبار, cf. Vullers) serait *l'étain*, قصدير, selon le Most. sous أسرب ; mais selon le Gl. Manç. c'est le *plomb* (ابار هو الرصاص الاسود) ; de même Bait. I, 10 e, 496 a et M. — اشياف الابار *sorte de collyre*, M. — Voyez ابارط.

أَبَار *celui qui cultive des palmiers*, Kâmil 136, 2 a f.

أَبَارَة *étui à aiguilles*, Bc.

مِئْبَر *carrelet*, grande aiguille carrée, Bc. (Biffez l'article *almavar* dans le Gl. Esp. 161. M. Simonet m'informe qu'il doit avoir écrit indistinctement, mais que le mot qu'il a eu en vue est *almarâz*. C'est donc المخراز).

مِئْبَرَة *gros carrelet de cordonnier*, Bg (sous *aiguille*). — *Etui*, Hbrt 82.

ابرافيطوس (N), ابرافيطوس (Lm), pierre qu'on tire de l'Inde, Most.

أَبْرِيلَه (apopores (pl.) chez Isidore; port. *abobara, abobora, abobra* (citrouille), Simonet 281—2), au Maghrib *couleuvrée, bryone* (plante), nommée ainsi parce que sa racine ressemble à une petite citrouille, Gl. Manç.: فاشرا يسمى بالمغرب ابريله (sic) ومعناه قرعة وانباغان اعجميتان وفي الكرمة البيضاء ; cf. Auw. et Ibn-Djoldjol chez Simonet. C'est un dimin. esp.

ابرسبم *fil de soie*, Bc.

أَبْرَشْمَة *colle*, Voc. (chez Alc. بَرْشُمَة, voyez).

أَبْرَشِيَّة *archevêché, diocèse*, Bc, M, Hbrt 150 (cf. Errata); دار الابرشية *palais de l'archevêque*, Bc. C'est un mot grec, M, ou plutôt le b. lat. parochia, qui vient de παροικία.

أَبْرَجِين (esp.) *ribaudequin*, ancienne machine de guerre pour lancer des flèches ou des pierres; aussi: une espèce de couleuvrine de très-petit calibre, Alc. (passabolante, robadoquin). Voyez le Gloss. sur le Catálogo de la R. Armería sous *ribodekin*; Ducange sous *ribaudequinus*. Chez Yanguas I, 218, 6 *ribaudoquin*. Le mot se trouve souvent chez Pulgar, Cron. de los Reyes Cat. (conquête de Grenade).

أَبْرَمِيس ἄβραμις, poisson du Nil, Gl. Edrisi.

أَبْرَنْج signifie en effet *catapuce*, car le Most. l'explique par le terme espagnol الطارتقه (tartago). — جوز الابرنج *noix vomique*, Most. sous جوز الفي : قبل هو جوز ابرنج, Bait. I, 129 c; voyez ce mot. — ابرنج =, بَرْنَج.

اِبْرَنَق, Most. sous ce dernier mot.

أَبْرُطَن (ἀβρότονον, esp. *abrotano*) *aurone*, Simonet 234.

أَبْرِيز. On dit ذهب ابريز, Mi'yâr 5, 5 a f., Edrisi (Rome).

أَبْرِيزى. Cet adj. rel. (ex obryzo) se trouve dans L sous *obridium* (sic).

أَبْرِيسَم *soie mêlée de coton*, Burton II, 169 n.

أَبْرِيق *pot de terre ou de métal, avec un col un peu allongé, une anse et un bec; aiguière*, Bc, Burckhardt Arabia I, 76, et Nubia 358, Lane M. E. I, 212, II, 22. Il y a une espèce qui s'appelle ابريق الفقير, Descr. de l'Eg. XVIII, part. 2, 417. *Coquemar, vase pour faire bouillir l'eau*, Bc. ابريق القهوة *cafetière*, Bc, ابريق الشاى *théière*, Bc.

أَبْرِيل (voyelles dans le man. de l'Escurial dans le texte Müller L. Z. 44, mais أَبْرِيل dans le Voc. et *april* chez Alc.) *avril*.

أَبْرِير (berb.) *cigale*, Dict. berb., Daumas V. A. 432, *sauterelle*, Bc, Ht, Roland, *grillon*, Pagni MS (*bobeis*). Cf. بزبز et بزبز.

أَبْسَارِيَّة (ὀψάριον), aussi بَسَارِيَّة (voyez), *fretin, poisson-*

ابو

naille, de Sacy, Abdallatif 285—8, Yâcout I, 886, 11 (cf. les notes dans le V° vol.)

ابش V c. الى p. *se réunir auprès de quelqu'un*, Gl. Bayân.

ابط.

الأبْطَى الأبْطَى *basilique, veine de la partie interne du bras*, Gl. Manç.; العرق الابطى *chez* Bc *sous* basilique.

ابڤ I, *nom d'act.* اباقة, Voc. — *Se volatiliser*, Prol. III, 197, 15 et 3 a f., 198, 2.

ابل.

أبَلَّة *figues comprimées en masses*, Abou 'l-Walîd 150, 5 (où il faut substituer القدرة, comme on trouve chez les lexicographes arabes, à الفردة).

طير ابابيل *huppe (oiseau)*, Bc (Barb.), Dombay 62. — *Grillons noirs*, Pagni MS.

أبْلاية (*esp.* playa) *plage, rivage de mer plat et découvert*, Edrîsî Cl. V, Sect. 2: ومنه الى حلق وادى جلام (A) ۱۲ ميلا وهو على ابلاية مكشوف ولا يحمل المراكب الكثيرة (الكبيرة A) ومنه الى موقع نهر قبو ٦ اميال وهو ابلاية ايضا لا يستر (لا ستر فيه A). Encore une fois même Cl. et Sect. — *Parade?* Richardson Morocco I, 109: « A troop of these haughty cavaliers assembled with their chiefs almost daily on the playa, or parade».

أبلنتاين (roman) *plantain*, Voc. Chez Alc.

أبليس مجلس ابليس *sabbat, assemblée de prétendus sorciers*, Bc.

أبليلج *belléric (espèce de myrobolans)*, Bc (= بليلج).

ابن.

أبنة *bardache, jeune homme qui se livre aux pédérastes*, Bc.

ابان pl. ات, Prol. II, 16, 3.

مأبنة, *vulg.* مَيبَنة, *impudeur*, Voc.

أبه I, *faire attention à*, souvent c. الى chez Abou 'l-Walîd, p. e. 411, 30, 585, 10.

عمل أبهة *faire le gros dos, l'homme important*, Bc.

أبّ *père, titre des religieux, prêtres*, Bc. — *Patriarche*, Bc. — الآباء اباء الكنيسة *pères de l'Église*, Bc.

3

ابو

السواح *pères des déserts, anciens anachorètes*, Bc. — ابًا عن جد *père nourricier*, Bc. — ابًا من الرضاع *de père en fils*, Bc, de Sacy Chrest. I, 141, 2; *héréditaire*, Bc. — Exemple de بًا أبّه, Gl. Fragm.; بأبّه, *ibid.* — لا أبا لكم لا أب لأبيكم, *sorte d'imprécation, comme* Khallic. X, 70, 3 a f.

ابو باغة *testacé*, Bc.

برنص — *lézard*, Bc, Hbrt 69, Guyon 223 (*boubrès, Agama colonorum*).

براقش — *lézard*, Voc.

البراهين — *argumentateur*, Bc.

البصير — *aveugle*, de Jong.

البياض — *noir*, de Jong.

تلوّف — *grimacier*, Bc.

تَلّيس — *cauchemar*, Ht, Roland, Delap. 3. — *Héméralopie*, Jackson Timb. 333, 431. — *Aveugle*, Voc.

تمرة — عصفور السياج *sorte de petit oiseau*, Man. Escur. 893. Freytag, *sous* تمر, a أبن تمرة, *oiseau plus petit que le moineau*.

ثمرة — باشف *accipiter frigillarius*, Payne Smith 1117.

ثومة — *allium sylvestre minus*, Pagni MS.

جبه — *qui a un grand front*, Alc. (*ombre de gran frente*).

جدى — *imbécile*, Daumas V. A. 103.

جرادة — *sorte d'oiseau de proie, nommé aussi* البصير, *et en Syrie* باذنجان, Man. Escur. 893, où l'auteur le nomme avec الباشق واليويو والعفصى. Il y a donc deux fautes dans l'article de Freytag: ابو جرارة *avis in Syria* القصير *appellata».* Daumas, Sahara 316, confirme l'orthographe que j'ai donnée, quand il dit: «Une espèce d'oiseau que les Arabes appellent bou djerada, le père de la sauterelle, et qui semble avoir quelque rapport avec le corbeau».

جعل وهو ابو جعران — *ver luisant*, L (*cicindela*).

الجلاليب — *le mois Dzou-'l-ca'da*, Domb. 58.

الجلد —   »   »   Hœst 251.

ابو جنب point de côté, Daumas V. A. 425. — Ecrevisse de mer, homard, Bg 346, Daumas V. A. 432; ses noms busneb et mugeneb chez Pagni 94 semblent des altérations de ce mot.

جنيب — crabe, Cherb.

جَهْران — scarabée, Alc. (abadejo).

الجهل — ignorantissime, Bc.

جُوَى — nom d'une plante qui a une mauvaise odeur, M.

خَبوس — nain, Voc.

حُبَيْبَة — nom d'un petit oiseau à gorge rougeâtre et qui chante agréablement, Richardson Morocco II, 269, Sahara II, 29; espèce de fauvette, Pellissier 450 (bou-habibi).

خديج — cigogne, Bc, Abou 'l-Walîd 797, 9, cf. Payne Smith 1363, où l'on trouve encore ابو الخديج et ابو خديش.

خريش, au Maghrib, buglose (plante), Gl. Manç. sous لسان الثور.

الخصين — (renard) cf. Niebuhr B. 157, Lane 1001 N. II, 62 n.

حفص — espèce de datte, Rohlfs 55, mais 116 c'est Bu-Haffe.

حلّف — panaris, tumeur phlegmoneuse au bout des doigts, Alc. (panarizo del dedo).

حمرون — rougeole, Domb. 89, Daumas V. A. 425.

حنكبين — reptile qui ressemble à une araignée, Burckhardt Syria 598.

الحناء — sorte d'oiseau, Yâcout I, 885, 6.

الخيل — protée, qui change continuellement de forme, Bc.

الخديج et ابو حديج voyez ابو خديش.

خراش (? khrech), bourrache, Prax R. d. O. A. VIII, 346.

خلل — bécasse, Bc. (Barb.), Domb. 61.

مخلوف — espèce de datte, Rohlfs 116.

خناجر — capucine (fleur potagère), Bc.

ختو — arbouse, Domb. 69.

ابو مخيط anguille, Roland. — Bécassine, Daumas V. A. 432 (Bou mekhiyett).

دبّة — qui a une descente, hernie, Bc.

دحّاس — envie (au doigt), Domb. 89.

دردان — grillon, Bc.

ريال مدفع — piastre à colonnes, colonnade, Bc. (les Arabes ont pris les colonnes d'Hercule pour des canons, مدفع).

دقيق — cigale, Bc. — Papillon, Bc.

دينار — sorte d'oiseau, Yâcout I, 885, 6 et 7.

ديك (حسك =) (plante), Most. sous ce dernier mot; voyez ديك.

ذرّ — homme, Valeton 71, n. 5.

ذقن — un homme qui a la barbe bien fournie (aussi ابو الذقون), Bc. — Aigle, Bruce V, 155.

رأس — qui a une grande tête, Alc. (ombre de gran cabeça). — Lanius dealbatus, Tristram 398.

الربيع — huppe (oiseau), Bc.

أربعين — scolopendre (insecte), Bc.

رغوة — mousseux, Bc.

رقيق — grillon, Alc. (grillo especie de cigarra).

رقص — espèce de sauterelle inoffensive, R. d. O. A. XII, 379.

مرقال — corbeau, Lettre à M. Fleischer 108.

ركبة — herbe dont mangent les chameaux et aussi les hommes, Richardson Central I, 202, 233, II, 53 (rekabah), Barth I, 294, 313 (rékkeba), gazophyllum album, R. d. O. A. XIII, 90 (recbah), andropogon laniger, Colomb 28 (rokba).

ريشة — poisson volant, Roland.

ريق — la boisson qui fait venir l'eau à la bouche, le vin, Fleischer sur Macc. II, 782, 19.

ريالة — bave, salive qui coule de la bouche, Bc.

ريون — lézard vert, Cherb., Pagni MS.

زبل — escarbot, Bc.

زراد — francolin, Bc, Domb. 62.

زنبيق — geai, Daumas V. A. 432.

أبو زعسقذ («père de l'amertume») *la noix vomique*, Prax R. d. O. A. VIII, 347.

زَعِيكةَ — *arsenic*, Cherb.

زُقَّاعْ — *rougeole*, Cherb. Chez Roland ابو سُكَّار.

زَلُوف — *tête de mouton*, Daumas V. A. 350.

زمزَم — *guêpe*, Hbrt 71 (Alg.).

زبد — *hercule*, homme robuste, Bc.

ستّة — *qui a six doigts*, Alc. (ombre de seys dedos).

سُكَّرِي — *petites dattes dures et fondantes*, comme du sucre pur, Marmol I, 13 b, II, 68 c, Jackson 19, id. Timb. 3 n., 80, Godard I, 177, Rohlfs 55. Cf. سُكَّرِي.

مسلّة — *bécasse* (la longueur de son bec est comparée à une grosse aiguille d'emballage), Cherb.

ابو شلواب — voyez سَلُواب.

سيّار — *crible*, Domb. 93, Daumas V. A. 370.

شباك — *piastre forte*, Ouaday 675 (les Arabes ont pris les colonnes d'Hercule, qui se trouvent figurées sur les piastres, pour une fenêtre).

شحتَم — *oiseau de la famille des canaris*, Rohlfs 57.

شخَّار — *morve* (maladie des chevaux), Cherb.

شعر — *chevelu*, Bc.

شفنورة — *lippu*, qui a une grosse lippe, Bc.

شقشاني — *cigogne*, Voc., Abou'l-Walîd 786, 11.

شلال — *maladie interne et pissement de sang* (chez les chameaux), R. d. O. A. N. S. I, 188.

شَلواب — *joueur de gobelets*, Alc. (engañador con aparencias); ailleurs (juego de passa passa) il écrit ce mot avec un *sin*, et le donne dans le sens de *tours de passe-passe*.

شَمّ — (chez Freytag) voyez Niebuhr. B. 137, id. R. I, 337.

شملال — *hypocistis*, Bait. II, 579 b (AB).

شَنَاف — *bourrache*, Cherb., *echium plantagineum*, Prax R. d. O. A. VIII, 279; Bait. II, 438 b: باقريقية ابو شناق.

شُوشَة — *huppé*, qui a une huppe, Bc. — *Sauge (salvia)*, Prax R. d. O. A. VIII, 283. — ريال ابو شوشة

par abréviation ريال شوشة, *le thaler autrichien* (Theresien-Thaler), ainsi nommé parce que les Orientaux croient que les bandes au-dessus du double aigle sont des touffes de cheveux (شوشة), M (sous le *chîn*), Ztschr. XVII, 390.

ابو شواطل — *le blé*, Cherb.

شوك — *pustules*, Domb. 89.

شوكة — *citrouille*, Cherb.

صبر — *patient*, qui souffre patiemment, Bc.

صَفَار — *jaunisse*, Domb. 89.

صغير — *jaunisse*, Daumas V. A. 424.

مصقار — *sorte de poisson*, M. sous صقر.

صوف — *mouton*, Hay 44, de Jong v. Rodenburg 85.

ضوى — *nom d'un oiseau dont les serpents craignent le cri* (تخاف من صويّه اى صوته), qui est fort désagréable, M. — *Monceau de sable que le vent accumule sur le rivage de la mer*, M.

صبور — *espèce de serpent, Psammophis sibilans*, v. Heuglin dans le Ztschr. für ägypt. Sprache u. Alt., mai 1868, p. 55.

طبق — *agent de police qui arrête quelqu'un sur l'ordre d'un magistrat*; on l'appelle ainsi parce qu'il agit souvent avec violence (طبق *attaquer violemment*), 1001 N. IV, 681 et trad. de Lane III, 729, n. 9.

طاقة — *piastre forte*, Gl. Esp. 326 (les Arabes ont pris les colonnes d'Hercule, qui se trouvent figurées sur les piastres, pour une fenêtre). Chez Bc *piastre avec une couronne de fleurs*.

طويل — *dattes grosses et grasses*, propres au Tafilelt; Godard I, 177.

عروس — *espèce de datte*, R. d. O. A. N. S. I, 311.

عرف — *crêté*, qui a une crête, Bc. — *Animal de la grandeur d'une vache, avec de grandes cornes*, Burckhardt Nubia 439.

اعتراف — *confesseur*, Bc, Hbrt 154.

عزيز — *Hetrodes Guyonii* (insecte), Guyon 235.

العكّازات — *béquillard*, qui se sert de béquilles, Bc.

علّال — *gros rat*, et non pas *gerboise*, comme dans la R. d. O. A. XIII, 160, Daumas MS.

عمارة — *en berbère le nom du sacre*, Bait. II, 132 e.

أبو عُمَيْر‎ aigle de mer, Hbrt 67. Aussi أبو عُمَيْرَة‎, Domb. 62.

عُمَيْرَة‎ — émouchet, Hœst 298; chez Cherb. cet oiseau s'appelle عُمَيْرَى‎.

عُنُق‎ espèce de butor, Shaw I, 272.

عيون‎ — espèce de serpent, *Telescopus obtusus*, v. Heuglin dans le Ztschr. für ägypt. Sprache u. Alt., mai 1868, p. 55.

مَغَازِل‎ — cigogne, Bc.

غَسَالة‎ — saponaire, espèce de Clymenon Diosc., à Fez, en esp. شُبَيْرَة‎ (*jabonera*), Bait. II, 317 a.

غَطَّاس‎ — plongeur (oiseau de mer), Hbrt 68.

غَلَمْسِيس‎ — كتاب‎ *l'Apocalypse*, Bc.

فَنَات‎ — soupe à la mie de pain, Daumas V. A. 252.

الفُتُوحَات‎ — conquérant, Bc.

فَرْتُوْنَة‎ — de la viande hachée au vermicelle et aux amandes, Hœst 109.

فَارِس‎ — lion, M (sous فرس‎).

فَرْوَة‎ — châtaigne, marron, Bc, Pagni MS, Hbrt 54, Burckhardt Syria 159 (incorrectement أبو فروى‎ chez Freytag).

فَسْلِس‎ — scarabée, escarbot, Voc., Alc. (abadejo, escaravajo).

فَسْيُو‎ — roitelet (oiseau), Cherb.; chez Tristram 393 *fisseough*, *house bunting*.

القَضل‎ — crapaud, Voc.

فَقُوس‎ — espèce de datte, Pagni 150, Pellissier 149, d'Escayrac 11.

فلوس‎ — écailleux, composé d'écailles, Bc.

الفُور الأَحْمَر‎ — *centrantus ruber*, valériane rouge, Prax R. d. O. A. VIII, 279.

قَبُّور‎ — espèce de mutille; on l'appelle ainsi parce que, pour guérir de sa piqûre, qui passe pour être très-dangereuse, on enterre le malade jusqu'au cou, Guyon 235.

قَنَب‎ bossu, Bc.

قُرَيْبَة‎ — *zygophillum album* Desf., Prax R. d. O. A. IV, 196, VIII, 282.

أبو قَرْدَان‎ (ou ك؟‎ *Aboukerdan*) «oiseau tout blanc, sur deux pieds hauts et noirs, ressemblant fort à une petite grue, excepté la tête, sur le derrière de laquelle est une espèce d'aigrette comme en a le héron; son bec est long et large, et au bout formé comme une spatule», Monconys 198.

فَرْعُون‎ — coquelicot, Cherb., *papaver hybridum*, Prax R. d. O. A. VIII, 345.

قَرْن‎ — (poisson) voyez Monconys 227. — Avec *el harsh*, rhinocéros, Jackson 38, plus correctement أبو القرن الحَرِش‎.

قَرْنُون‎ — rhinocéros, Voc. — Nom d'un instrument de musique en Afrique, Macc. II, 144, 4.

مَقْص‎ — perce-oreille (insecte), Bc; *fullo*, Domb. 67; *cerf-volant*, Daumas V. A. 432.

قَصِبَة‎ — fusée volante, Bc.

قَطَابَة‎ — (? *Bukottaia*) espèce d'oiseau, Pagni 184.

قَعْر‎ — gourmand, qui laisse les plats nets, Cherb.

قَقَّاز‎ — cigale, Domb. 67, Cherb.

قَالِس‎ — plante décrite Bait. II, 317 c; on l'appelle ainsi parce que sa fleur ressemble au visage d'un homme على راسه قالس مُفَرِّج اعلاه‎.

قَلْمُون‎ — est le grec ὑποκάλαμον, qu'on cherche en vain dans les dict. de la basse grécité, mais que M. Fleischer a trouvé dans le Glossaire n° 45 de Paris. Il signifie selon ce savant (Gl. 106): «pannus cui intexti sunt κάλαμοι [en arabe أقلام‎], i. e. ῥάβδοι, virgae», قُضبان‎. En effet, Yâcout (IV, 166, 16) atteste, de même que les lexicographes arabes (voyez aussi Comment. sur Harîrî 223, 2), qu'on fabriquait cette étoffe en Grèce; mais on l'imitait en Egypte (Harîrî l. l.), notamment à Damiette (Yâcout II, 603, 14) et à Tennîs (Yâcout I, 882, 10, Cazwini II, 118, 6 a f.). Ses couleurs étaient fort brillantes et changeaient selon les différentes expositions (Harîrî l. l., Yâcout IV, 166, 16). On en faisait surtout des tapis, الفَرْش الابوقَلَمُون‎, Yâcout I, 882, 10 (cf. Cazw. l. l.), ou, par abréviation, الفَرْش القَلَمُونى‎, Yâcout II, 603, 14. — En Orient, jaspe, Bait. II, 603 a (jaspe): دزعم قوم انه ياقوت حبشى ملوّن ويسمّونه بالمشرق أبو قَلَمُون‎. Masoudi, II, 437, parle de chatons qu'il nomme الباقلمون‎ (ce qui est le même mot), et il dit qu'ils offrent à l'œil des nuances chatoyantes et variées entre le rouge, le vert et le jaune. Il est clair qu'on a appliqué le nom de l'étoffe chatoyante au jaspe; nous avons fait le contraire en donnant le nom de *jaspé* à une étoffe chatoyante. — Sorte d'oiseau, Yâcout I, 885, 16. Je crois retrouver son nom dans l'esp. *calamon*, chez Nebrija *calamun*, qui désigne un grand oiseau qui vit dans les marais; il a le cou et les jambes, qui sont rouges, fort longs, comme le héron; le bout de ses ailes et de sa queue, qui est très-petite, est blanchâtre; son bec est rouge, et son plumage, qui lui couvre tout le corps, est superbe; cf. Victor et le Dict. de l'Acad. esp. Je pense que cette dernière circonstance lui a procuré le nom de la belle étoffe dont il a été question, et si ce que j'ai dit ici est fondé, il faudra ajouter l'article *calamon* au Gl. Esp. — *Pinne marine* ou *jambonneau*, le mollusque qui fournit le صُوف البَحَر (voyez), Mocaddasi dans Içtakhrî 42, n. *h*. On lui aura donné ce nom à cause de la belle étoffe chatoyante qu'on fabrique de ses filaments.

أبو قَماجَة *linotte*, Hbrt 185.

KAMBRE — (قمري ou كمري?) espèce d'oiseau de proie (à Mosoul), Niebuhr B. xxxvi.

قنينة — nom d'une plante, Bat. IV, 77.

قوّار — *cloporte*, Alc. (oscaravajo pelotero), Pagni MS, Most. sous حديبة : يقال لها أبو قوّار (seulement dans N). Cherb. écrit بو كوّار.

كباب — *cloporte*, Cherb.

كبير — *Asa fœtida*, Sang.

كريب — certaine plante fort amère, R. d. O. A. N. S. V, 231, 232.

كوش — *pansu*, qui a une grosse panse, Bc.

كشاش — espèce de lézard venimeux, Barth I, 144.

كفل — *croupé*, qui a une belle croupe, Bc.

كلب — sorte d'oiseau, Yâcout I, 885, 6.

لبيس . — لبيس est *carpe*; Pagni MS a *Bulbìs*, tinca, c.-à-d. tanche, poisson du genre de la carpe.

لبون — *le chameau pendant le temps qu'il vit du lait* (leben) *de sa mère*, Prax R. d. O. A. V, 218; selon Davidson 92 (el bellibún), le chameau dans sa troisième année, mais d'après Prax il est sevré lorsqu'il a un an.

أبو لحية gypaëte, Cherb., Tristram 392.

لقّاز — *tarentule noire du désert*, Cherb. C, Shaw I, 283, Guyon 235.

مائة — *scolopendre* (insecte), Bc, Domb. 67.

مخاطة — *morveux*, qui a de la morve au nez (petit enfant), Bc.

مرينة — *murène* (poisson), Bc.

مقنينة — *solanum hortense*, Domb. 73.

المليح — *alouette*, Bc.

مالك — *saponaire*, Bait. II, 317 a.

نائنة — (néna) *petit lézard noir*, Barth V, 687.

نتوف — *flocons de laine ramassés par les femmes après la tonte*, Espina R. d. O. A. XIII, 155. Chez De-Gubern. 117 c'est la meilleure espèce de laine.

منجل — sorte d'oiseau, Yâcout I, 885, 16.

منفج — espèce de serpent, Hay 65.

نفع — *la racine du* درياس, Prax R. d. O. A. VIII, 281; le درياس même, Berbrugger 206, 311; plante médicinale, Daumas V. A. 132.

منقار — *bécasse*, Hbrt 184.

نقطة — *fièvre maligne*, Domb. 89.

منير — *phoque*, Cherb. (menir), Pagni MS (miulr).

هاندور — *discoureur*, Bc.

هردن — espèce d'oiseau, mon Catalogue I, 341, 7.

الهول et أبو الهولى *sphinx*, Bc.

يانسونة — *anisette*, Bc.

يكبيبى — *l'ange de la mort*, de Jong.

يموت —, en Espagne, nom d'une plante, Bait. I, 191 b; leçon de CDEL; man. de Paris 877 أبو يموت illisible dans AB.

أبوية *paternité*, Bc.

أبوج et أجه (latin albucus et albucium) *asphodèle*, Simonet 234.

أبوديافن ὑποδιάκονος, Fleischer Gl. 106.

أبوروج *mandragore*, Bc.

أبوريه pl. أبوريات *bâton, aiguillon*, Alc. (garrocha). Ce

mot est d'origine esp.; cette langue, il est vrai, n'a plus un tel subst., mais elle a le verbe aporrear (rondiner, rosser). M. Simonet veut dériver *apório* de *appodium* (chez Ducange), *baculi vel clavae genus.*

ابوس (voyelle dans N) = حَامَا اقْطَى, Most. sous ce dernier mot.

ابوطانون *sorte de bitume de Judée*, Bait. II, 310; de Sacy (Abd-allatif 276) pense que c'est ἀπotanὠn. Dans le Most sous جُمَر (par erreur pour خَمَر, comme l'auteur le dit sous كَفَر اليهودى), N porte اسْبُرْطَبُن, La اسوطين.

ابوطيلون *abutilon* (plante de la famille des mauves), Bc; chez Freytag ابوطيلون, d'après Avicenne.

ابوليس (ἐπουλίς) *épulie* (terme de chirurgie), Bc.

أبى I n. d'act. اباية, Voc.; c. من r., Koseg. Chrest. 113, 3 a f.: فان كنت راغبا فى الخلافة انا ابيت منها «si vous désirez le khalifat, je ne le désire pas, moi»; R. N. 102 r° فابى عليه من ذلك «il refusa d'accepter cela de lui»; — c. عن r., Voc, Bc sous *dénier.* — أبَى. Pour la dernière signification chez Freytag, voyez Diw. Hodz. 251, dern. l. De là on dit شاةٌ أبواءُ تَبِسَ أُبيها, ibid. 252, 1.
IV. Le passage du Diw. Hodz. que cite Freytag se trouve p. 251, vs. 22.

أبَا؟ *tuyau de roseau, chalumeau*, P. Abd-al-wâhid 27, 10.

أباة *déni* (refus d'une chose due), Bc.

أباية *fierté*, Mi'yâr 18, 3.

أبَا؟ *très-fier*, Kâmil 352, dern. l.

أبى et أبُو voyez sous I.

مأباة *déni, refus*, Bc.

أبَيالة voyez plus haut p. 1 b.

أبِيمَا نَبَكَة (grec) *hépatique* (plante), Bc.

أبيسپو (esp.) *évêque*, Alc. (obispo).

أبيون (ἄπιον) *ache* (herbe), Bc. — *Anis*, Most.: انيسون هو الابيون

اتى

أتَابَك (turc) *le tuteur d'un prince, le régent du royaume;* devint un titre que l'on conférait à des émirs d'un rang distingué; *le premier officier du royaume;* اتابك العساكر *généralissime, grand émir*, Maml. I, 1, 2.

اتابكية *la dignité d'Atabek*, Maml. I, 1, 3.

اتنب. مُتَنِبَة et اتنب voyez Vêtem. 21—23, Freytag Einleitung 314. Ce dernier dit avec raison que le اتنب était porté par les jeunes filles; voyez le vers chez Ibn-as-Sikkît, Kitâb tahdzîb al-alfâdh, man. 597, p. 193, dern. l., avec le commentaire.

اترج *poncire* (sorte de gros citron), Bc.; *cédrat, son fruit odorant*, id. Espèces: الصينى, القسطلى, القرطى, -man. L المصيبى, Auw. I, 314, 20 et suiv.

البقلة الاترجية *citronnelle, mélisse*, Bc.

اترجل ou اطرجل *chopper*, faire un faux pas, Bc.

اتل. أتلّى *qui marche à petits pas et lentement*, de là *paresseux*, Fleischer Gl. 49.

اتن (pl.) semble *tatouage*, Formul. d. contr. 1: حبشية الاصل فى وجهها بعض الاتان المعروفة فى وجوه الحبشية (écrit très-distinctement).

ات pl. اتون *fournaise*, Bc.

أنونس *sorte de poisson*, Yâcout I, 886, 8; chez Cazwînî ابونس.

أتى I, c. ب et الى اتى بالخليج الى موضع كذا, الى *conduire un canal vers*, Gl. Abulf. — أتَى *se dit en parlant de celui qui est attaqué et vaincu par l'ennemi*, Gl. Fragm. — لست اوتى من قلة الرجال «mon projet n'échoue pas à cause du petit nombre de mes soldats», ibid. — أتى dans un sens obscène, Gl. Edrîsî, Macc. II, 461, 20. — C. على *terminer*, p. e. اتى على ذكر فلان «terminer l'histoire d'un tel», Gl. Abulf. — C. على p. *tuer*, Gl. Badroun, Gl. Belâdz. (le أتى dans le Gl. Badroun n'est pas précisément *être tué*, mais il a le sens indiqué par Lane 16, 1 à la fin).

اتى 9 انف

II c. a. pour la IIIe, Voc. v^{is} concordare et convenit.

III. مُوَاتَاة complaisance, Bidp. 186, 4.

IV. أُوتِيَ عَلَى je suis puni, Macc. III, 676, 1.

أتى thé, Inventaire: ومن اق قنطار غير رطلان.

أَتّ II meubler, Bc.

V s'établir, se monter un établissement, Bc.

أَثَاثِي mobiliaire, mobilier, Bc.

أنب

مُشَبّ = مُشَمِل chez Freytag est une faute; Lane a مُشَنّب.

أنج voyez انمج.

أثر III c. ب r. faire grand cas de, Akhbâr 152, 10: مواترتك بُكْتُبك (cf. la Xe forme).

IV. Dans le sens de préférer une chose (accus.) à (على) une autre; mais l'objet est quelquefois sous-entendu. De là vient que ce verbe signifie aussi: vouloir, désirer, Gl. Fragm. — C. a. ou على ou الى p. et ب r. donner libéralement une chose à qq. Explication Quatrem. Mong. 365 et suiv.: أثر IV signifie: «préférer une personne ou une chose à une autre;» par suite: «préférer une personne à soi-même pour la possession d'un bien;» et enfin: «donner, distribuer de l'argent ou tout autre objet précieux». Il cite: الايثار بالشيء ان تعطيه لغيرك مع احتياجك اليه [cf. أثره به على نفسه est pour أثره به R. N. 47 r°: il avait préparé ces pains pour lui-même, mais il اثر بها الفقير على نفسه, et ensuite: آثرنا بها عندنا هذا الرجل الفقير] et donne beaucoup d'exemples. J'ajoute: Abbad. II, 115, 3 (cf. III, 208), Djob. 288, 14, Bat. I, 104, 232, 243, 345, II, 25, 54, 72, 138, 166, 179, 338, III, 255, 269, 337, IV, 286, Prol. II, 238, 8, Berb. I, 407, 6 a f., Cartâs 36, 4 a f., 42 med., 189, 10 a f., 221, 13, Macc. I, 590, 3 a f., 595, 16, 597, 22, Khatîb 72 v°, 86 v°. Dans plusieurs de ces passages إيثار signifie libéralité ou charité.

X faire grand cas de, Bidp. 31, 6 (cf. les notes critiques et la IIIe forme). — ʿC. a. p. et ب r. donner quelque chose à quelqu'un en particulier, à l'exclusion d'autres personnes, Berb. I, 130, 10.

أَثَر relique, ce qui reste d'un saint, Bat. I, 95. —

Pl. آثار effets (meubles, hardes), Edrîsî ١٣, 1, 1001 N. III, 8, 6 a f. — Comme أثر signifie tradition et que les traditions étaient souvent des prédictions de l'avenir (cf. Prol. II, 179, 3, 17), ce terme, proprement أثر حدثانى (Djob. 76, 18), a reçu le sens de prédiction écrite, Badroun 212, 7; Akhbâr 154, 7, Bayân II, 275, 2 et 3 (cf. 7 a f.). (Corrigez en ce sens le Gl. Badroun et le Gl. Bayân; dans Abbad. I, 306, 14, عين et أثر ont leur sens ordinaire, et l'hémistiche signifie: «A présent vous ne me dites absolument rien»). — Influence (très-fréquent), particulièrement d'un astre, Prol. I, 191, 14, 202, 17, 204, 2, II, 187, 17, III, 108, 4, Haiyân-Bassâm I, 116 r°: كان بصيرا بالآثار العلوية عالما بالافلاك والهيئة. — Sillon, L (sulcus أثر), Hbrt 178. — Pl. آثار terres dont les mêmes portions appartiennent toujours aux mêmes familles, Descr. de l'Eg. XI, 488.

أَثَرَة impression (au fig., effet produit sur l'esprit), Bc.

أَثِر préféré, Gl. Fragm., Abd-al-wâhid 109, 2, Haiyân-Bassâm III, 142 r°: وملأ قلبه وعينه بالمتعم الذى كان أثر الاشبيه عنده ⁂

أَثَارَة reste, Prol. II, 185, 4: «اثارة من النبوة un reste de l'esprit prophétique» (Sl.). — اثارة من علم, et اثارة علم seul se prennent (cf. Lane) dans le sens de prédiction, Berb. I, 23, 136, II, 11, 9 a f., Macc. II, 752, 7 (cf. Addit. et Fleischer Berichte), Ibn-Abd-al-melic 86 v°: ما ذكر لاصحابه قبل موته بمدة يتوقع من حلول الفتنة على راس اربع مائة وما بجملة فيها من اثارة. — Le sens de ce mot ne m'est pas clair Berb. I, 473, 7: il employa auprès du sultan l'intercession des hommes dévots لاثارة من الخير والعبادة (de Slane: «avec lesquels il s'était déjà lié par la pratique de la piété et des bonnes œuvres»).

مَأْثَر. Pl. مآثر productions de l'esprit, Abbad. I, 12, 6. — Tour, Bat. IV, 356 (si la leçon est bonne).

مُوَثِّر قُوَّة موثرة mordant, force, originalité dans l'esprit, Bc.

انف.

أُثْفِيَّة pl. أثافى trépied, Bc, chez Alc. (trevedes) أثافى. — Au fig. كان ثالث أثافيه (le troisième soutien de l'empire), Berb. I, 538, 5. — أثافى foyer, Hbrt 196. — Nom de trois étoiles d'Orion, Cazwînî I, 38, 17.

اثل V *tâcher de prendre* une ville, *l'investir*, Berb. II, 135, 11.

أَثَل اثل العذبة *empetrum* (plante), Bc.

أُثَال *aludel* (terme de chimie; espèce de pots ou de chapiteaux qui sont ouverts par leurs parties supérieure et inférieure, et qui peuvent s'emboîter les uns dans les autres, de manière à former un tuyau plus ou moins long), Gl. Esp. 187, Devic 28.

أثم I (*commettre un crime*) se construit avec ب de la personne contre laquelle on le commet, Freytag Chrest. 52, 4 a f.

II *rendre coupable*, Bidp. 237, 6 a f.

أُثَّمِج *gomme ammoniaque*, Gl. Manç.: قال صاحب المحكم والجيم اكثر استعمالا، ورايت فى بعض نسخه مصلحًا الاثم وهو الاشق

اج.

قُبَالَة أجَّك = قُبَالَة وَجْهَك (qui précède), *tout droit*, Voc. (recte).

اجرج ماجوج *nain*, Bc.

تَأَجَّج = اشتعال et شعاع, Payne Smith 910.

أجر II *affermer*, Bc, Hbrt 177; تأجير *location*, action de donner à loyer, Bc; أجر من باطن *sous-affermer*, Bc.
V *tâcher de mériter une récompense dans la vie future*, Gl. Djob.
VIII même sens, Recherches I, Append. LIII, 3, Gl. Badroun.
X *s'abonner*, Bc. — استاجر من باطن *sous-affermer*, Bc.

أجر *récompense dans la vie future*, Abbad. I, 112, n. 212, Freytag Chrest. 62, 7 a f., Abd-al-wâhid 15, 10, Djob. 70, 3, Prol. III, 432, 6 et 12. Comparez avec l'expression chez Lane, Selecta ٣٠, 4, où l'épouse de Mo'tadhid, qui soupçonne (avec raison) que son père, Khomârouya, est mort, dit à son mari: قال عَظَّم الله اجرك فيه فيمن قالت فى عبيده خمارويه اعظم الله اجر امير المومنين

أجر, à Damas, *pied, patte*, Ztschr. XXII, 149, Bc. De là الوز اجر *patte d'oie* (plante dangereuse), Bc.

أجرة العصفورة *nom d'une plante*, Ztschr. XXII, 92, n. 7.

أجير *journalier, celui qui travaille à la journée*, Alc. (jornalero). — *Domestique*, Bc. — *Esclave*, Voc., Alc. (siervo). — *Locataire*, si v. d. Berg 116, n. 3, a raison.

اجبار *revenu, rente*, Roland. — *Bail*, Ht.

أجيرة, pl. dans le Voc. أجارى, *servante*, Voc., Bc, Hbrt 221.

آجر دهن الآجر voyez sous دُهْن.

أجرى *en forme de briques*, en parlant de savon, d'un gâteau sucré, Gl. Edrîsî 341.

ايجار pl. ات *bail* (Hbrt 177), *location, abonnement*; ايجار بالتقدير لا بالحقيقة *reconduction tacite*, Bc. اجارة *ferme*, bail ou louage d'un bien, Bc.

ماجور pl. مواجر (voyez de Sacy Chrest. I, 465) *terrine*, Bc, Hbrt 198; *gamelle*, Bc; *vase à fleurs*, Hbrt 199; cf. 1001 N. Bresl. I, 301, IV, 139, 466, Macn. I, 39. Vase qui remplit en Egypte l'office de baquet; il sert à laver le linge, Descr. de l'Eg. XVIII, part. 2, 416. ماجور العجين *huche*, Bc.

مستأجر *fermier* (Hbrt 177), *locataire, abonné*, Bc. مستاجر من باطن, *sous-locataire*, Bc.

مستأجرات *terres affermées, louées*, Maml. II, 2, 129.

أجرواو (dans le man. de Leyde أجرّوا) (berb.) *litière*, Cartâs 144, 4 a f.; cf. Tornberg 430, qui observe qu'Abd-al-wâhid emploie le terme محفّة.

أجرومية *grammaire*, règles d'une langue, Bc. Proprement المقدّمة الاجرومية est le titre d'une courte grammaire composée par Abou-Abdallâh Mohammed ibn-Dâwoud aç-Cinhâdjî (+ 723 de l'Hégire).

اجص

اجاص، الاجاص العثمانى excellente espèce de prune à Damas, Bat. IV, 255. اجاص رطب l'espèce de prune qui s'appelle en persan شاه لوك, Most. sous اجاص: واذا قيل اجاص رطب يراد به العيون بـقر البابس . — Au السمين العلك ويعرف بالشاهلوك (بالشاهلوك l.) Maghrib ce mot, qu'on y prononce أنجاص, signifie constamment *poire*; Gl. Manç. sous يسمى : كمثرى كمثرى هو الذى يقال له بالاندلس Most.; بالمغرب الاجاص

اجف 11 اخذ

اجْاص؛ اجْاص ويعرفها العوامّ (بها + N) اجْناص (L (pirus؛ كمثرى)؛ Voc.؛ Alc. (peral et pera)؛ Hœst 305؛ Cherb.؛ Pellissier 348. Dans les 1001 N. Bresl. I, 297, اجْناص (sic) est aussi le synonyme de كمثرى. *Poire sauvage*, Domb. 71. Chez Bc prune est اجْاص et *poire* اجْناص ou اجْناص مستوي بالزود blette (poire) Bc. — اجْاص شَتَوي. Article dans le Most.: هو الزعرور ويقال له ثمر شجر الدب ويقال له اكسيس ورايت في بعض التفاسير ثمر الدب يشبه الباذنجان وهو المشتهى هكذا وجدته في كثير من الكتب وليس هو عصير الدب واما عصير الدب فهو قاتل ابيه ۞

اجاق voyez اوجاى.

أجل II *rassembler*, *réunir* c. الى p. (?), voyez de Sacy Chrest. II, ۷۹, 10 et 244, n. 62. — أجَّل لها عنه المال « il lui promit de lui payer l'argent à une certaine époque », Macc. III, 755, 17.

أجَل *oui*, Voc.

أجَّل, en Barbarie, *veuf*, fém. ۃ *veuve*, Bc, Hbrt 30, Rohlfs 142.

ماجِل pl. مواجل, au Maghrib, *grande citerne*, Gl. Edrîsî; aussi dans le Yémen, Niebuhr R. I, 330, 334, l. 1.

مياجل *temps donné pour réfléchir*, Roland.

أجم X *devenir une* أجَمَة, Gl. Belâdz.

أجَمَة pl. أجَم *marais*, Hbrt 175, *marécage*, Bc.

أجن

ماجن = ماجل *citerne*, Gl. Edrîsî.

ميجن (vulg. مَيْجَن) pl. مواجن *maillet*, Alc. (maço para majar).

ميجَنة *maillet*, Ztschr. XXII, 116. (La comparaison de Lane montrera pourquoi j'ai noté ces deux formes).

أح *ahi!* Bc.

أحبيبور voyez حبيبور.

أحد أحدى avec le génitif *l'unique*, *la plus belle*, parmi, Aghânî, 38, 8 a f. — هذا من إحدى المصيبات

« ceci fait partie d'un grand malheur, » Macc. II, 486, 17 avec la note de Fleischer Berichte 71, 72. — آحاد se dit en parlant d'une tradition qui s'appuie sur l'autorité d'un seul compagnon du Prophète ou seulement sur celle des تابعون, et que les jurisconsultes rejettent si son authenticité ne peut pas être prouvée, v. d. Berg 6. — كأنّه من احد النلس *comme s'il était un simple particulier*, Bayân, II, 68, 12.

وتنوافست السبه (?) Berb. I, 654, 6 a f.: احاديات؛ احاديات; de Slane traduit *fuyards*.

احردوس (N) ou احودوس (La) = حاشا, Most. sous ce dernier mot.

أحم أحم *hem!* (interj. pour avertir), Bc.

أحوة *ahi!* Bc. — *Fi!* 1001 N. Bresl. I, 164, 1.

اخناجي *écuyer, palefrenier* (du mongol اختمه *cheval*), Quatrem. Mong. 108, qui donne (109 a) un exemple emprunté au Mesâlik al-abçâr.

أخذ I *contenir*, Bc. — En parlant du vent, اخذت ودعدت *souffler tantôt plus, tantôt moins*, Djob. 315, 19. — اخذته البردية ou السخونة *attraper, gagner la fièvre*, Bc. — اخذته عينه *le sommeil le gagna*, voyez sous عين. — اخذته الألسنة *on le calomnia*, Haiyân-Bassâm I, 30 r°. — اخذنا مطر *la pluie nous surprit*, R. N. 61 v°. — اخذك *il vous a attrapé, trompé*, Aghânî 64. — *Contraindre, forcer*, اخذ أن, Nowairî Espagne 457, c. a. p. et ر., Gl. Fragm., Abd-al-wâhid 202, 10, Amari 441, 10 (cf. annot. crit.). — اخذ أمره بالحزم والاجتهاد *il commença son règne par*, etc., Amari 444, 13؛ اخذ في *commencer par décrire*, Macc. I, 130, 3. — اخذ البصر *éblouir*, au fig. اخذ العقل *éblouir, surprendre l'esprit par une apparence brillante*, Bc. — اخذ جزاء *subir la peine de son crime*, Bc. — اخذ حذر *se mettre sur ses gardes, prendre ses précautions*, Bc. — اخذ حلاً *se faire relever de ses vœux*, Bc. — اخذ خاطراً *prendre congé, saluer avant de partir*, Bc. — اخذ في خاطره *faire compliment de condoléance à quelqu'un sur*, Bc. — اخذ خيمة *pomper quelqu'un, lui tirer ses secrets avec adresse*, Bc. — اخذ درّيه وراح *il se* mit en chemin et partit, Bc. — أخذ دمًا من saigner, Bc. — أخذ رضاه prendre le consentement de, Bc. — أخذ روحه arracher la vie à quelqu'un, Bc. — أخذ زبدًا quintessencier, Bc. — أخذ شَعَر فلان couper les cheveux à quelqu'un, Gl. Fragm. — أخذ صحبته se faire assister (ou accompagner) de, Bc. — أخذ صورته copier, Bc. — أخذ عقله effarer, troubler; ahurir, rendre stupéfait; tourner la tête, rendre fou d'amour, Bc (cf. sous أخذ كتابا في اللوح) copier un livre sur une tablette, Amari 192, 3 a f. — أخذ نشان viser, Bc. — أخذ نفسا prendre haleine, Bc. — أخذ وجهًا se familiariser, prendre des manières trop familières, Bc. — C. الى aller à, mener à (chemin), Bc, cf. Gl. Abulf. — Prendre la route de, Becrî 114, 4 (aussi على, voyez). — C. a. p. et الى conduire, mener quelqu'un à, chez, Bc. — فَقائمًا سائرًا فَخُذْ البك المنصور أمّه أمةٌ «quant aux autres, prenez par exemple al-Mançour; sa mère était une esclave», Tha'âlibî Latâïf 75, 2 a f. — أخذ بثأره se venger, Voc. — أخذ بالمجامي rudoyer, أخذ بخاطر ou خاطر relever le courage de quelqu'un, le consoler, Fleischer Gl. 83; apaiser; choyer; complaire; chercher à se raccommoder avec quelqu'un; amadouer, caresser pour attirer à soi, Bc. — أخذ بالعين fasciner, ensorceler, Voc. — بسبيل أخذ معنى ou prendre, comprendre, interpréter, Bc. — أخذ بقلبه le courage lui manqua, Gl. Badroun. — أخذ بالمال on lui demanda compte de l'argent, Abd-al-wâhid. — أخذ بيده soutenir quelqu'un, lui prêter son appui, Fakhrî 372, 1 et 2. — C. a. p. et ب r. ordonner à quelqu'un de faire ou d'apporter quelque chose, de payer une somme, un tribut, Gl. Belâdz., de Jong, Gl. Fragm., Berb. I, 50, 52. — C. a. p. et ب de l'autre, rendre quelqu'un responsable d'un autre, de Jong, Gl. Fragm. — C. ب et في agir, Gl. Maw. — C. على p. prendre sur soi, se charger de, Bc.; — s'emparer de l'esprit de quelqu'un, Abbad. II, 120, 5; — en parlant d'un disciple, non-seulement أخذ عن شيخه mais aussi على شيخه, Abd-al-wâhid 129, 4: أخذ عليه شيئا من; أخذ عليه il lui fit promettre (ellipse de العَهْد ou de اليمين), Bassâm II, 113 v°: فإنّه واخذ عليه اذا بما أصحابه ان يكون أوّل داخل واخر خارج (cf. Abbad. II, 120, 5); — déranger la santé de quelqu'un, faire mal, Bc; — en parlant d'un cheval, l'enclouer, le piquer en le ferrant, Bc. — C. على prendre la route de; أخذ على طريق مجانة, Gl. Bayân «il prit la route du désert», de Sacy Chrest. II, ٢٥, 2 a f.; خُذْ على شمالك «prenez à gauche», Bc; aussi أخذ الى, Becrî 114, 4. — خُذوا علينا الباب gardez la porte afin que personne n'entre, Gl. Badroun. — أخذ عليه الطريق barrer le chemin à quelqu'un, Abbâr 86, 8 a f. (= Haiyân 94 r°). — أخذ على التعب s'endurcir, s'accoutumer à la peine, à la fatigue, Bc. — أخذ على خاطره se choquer de, Bc. — أخذ على نفسه ou لنفسه se tenir sur ses gardes, prendre ses précautions, Macc. I, 162, 2 a f., cf. Add. et Fleischer Berichte 177. — Reprimander, réprimander, c. على p. et l'accus. ou في de la chose à cause de laquelle on réprimande quelqu'un, Amari 673,5; Mohammed ibn-Hârith 344: أخذ عليه في الوثيقة (التي كتبها, مواضع ابانها له ثم قال لد أبدلها), Bat. I, 130; aussi c. ه r., Macc. I, 504, 7: وكان باخذ أخذًا شديدًا على مذهب المشيخة من أصحاب ورش s'élever avec véhémence contre (cf. Fleischer Berichte 192). — C. عن ولد، عن adopter, Voc. — أخذ في خاطره أخذت النار فيه prendre feu, Bc. — voyez ب خاطر. — أخذ في النعم filer doux, agir avec douceur, par crainte, Bc. — أخذت له je lui fis réciter un passage, Abd-al-wâhid 62, 9. — أخذ لمعنى ردى paraphraser, interpréter malignement, Bc. — أخذ على نفسه، أخذ لنفسه voyez في أخذ معه il commença à lui parler de, Gl. Badroun. — أخذ مع فلان consulter quelqu'un, Berb. I, 406, 11. — C. من, en parlant d'un canal, prendre ses eaux d'une rivière (ellipse de ماء), de Sacy Chrest. I, 327, 1; — profiter de, Gl. Badroun. — C. من p. réprimander, blâmer, Abd-al-wâhid 205, 9; — vaincre, subjuguer, en parlant du vin, Badroun 35, 10, Bassâm II, 113 v°: خُذْ متى على ما يجيبك. اخذت منهم جبا الاكوس je te la garde bonne, tu me le payeras, tu auras de mes nouvelles, tu éprouveras ma vengeance, Bc.

II. اخّذ بالممارسة routiner, dresser à quelque chose par routine, Bc.

V تأخّذ في نفسه, avec s'écouter, avoir trop de soin de soi, Bc.

أُخَذ charme, enchantement, maléfice qui empêche le coït (cf. Lane sous la IIe forme et sous أُخْذَة),

اخر 13 اخو

Bait. I, 290 a: les Indiens disent هذا الخمر ان خاصّة دفع السحر وابطاله وابطال الاخذ ودفع عين العاشق. اخذ وعطا اخذ فى العلو — ونظر العدوّ essor, Bc. — commerce d'argent; — correspondance, relation entre les marchands pour le commerce; — communication, commerce, familiarité, Bc.

اَخْذَة dose, prise d'une drogue, Bc. — اخذة بلاد occupation, action de s'emparer d'un pays, Bc. — L'action de carder, Alc. (cardadura).

اَخِيذَة butin, Aboul-Walîd 357, 4.

خُذْنى مَعَك (litt. prends-moi avec toi) grateron (plante), Bc.

مَأْخَذ proprement endroit d'où l'on prend quelque chose (voyez Lane); de là: source où puise un historien, Prol. I, 8, 5 a f., un jurisconsulte, ibid. 341, 10. — Proprement le chemin que l'on prend (voyez Lane), au fig., manière d'écrire ou d'improviser, de même que مهيع, qui a aussi ces deux sens, Abd-al-wâhid 104, 7 a f., 72, 3, 211, 3, Macc. I, 384, 11 et 12, Khatîb 24 v°: رونق الكلام ولطف المآخذ — L'endroit que quelqu'un occupe, Memorial hist. esp. VI, 116, 5 (où il faut lire الذى حبسوا, comme le montre le fac-simile).

آخر II c. a. p. destituer, déposer, Macc. I, 645, 6, 9 et 10 (bis), 884, 17, II, 801, 11, Cartâs 45, 2 a f., trad. 356, n. 1, l'anonyme de Copenhague 61, 69 (3 fois), 71 (3 fois), Hist. Tun. 110, Bassâm III, 33 r°, en parlant d'un câtib: تصرّف فى التأخير والتقديم، تصرّف الشغرة فى الأديم ☞

V se démettre de son emploi, Cartâs 45, 3. — Marchander au fig., hésiter, balancer, Bc.

آخَر Pl. اخارى, Bc. — الآخَر aussi, également, de mon, ton, son côté وانت الآخر رايح «et vous aussi vous partez», Bc; انا الاخر عندى من الهموم كفايتى «moi aussi, j'ai assez de soucis», voyez Habicht Gloss. II.

آخِر le meilleur, de même que بقيّة, parce qu'on met en réserve les meilleurs de ses productions (cf. Lane sous بقيّة), Abbad. I, 3, l. 6, Khatîb 147 r°: اخر الشيوخ وبقية الصدور الادبا — اخر الدهر pour toujours, Berb. II, 52, 1, 70, 7 a f.; de même اخر الايّام, Berb. II, 121, 4, 186, 6 a f. Dans une phrase négative jamais (cf. Lane), Prol. I, 258, 8, 382, 3 a f., Macc. I, 315, 21.

مآخِر (t. de marine) au vent, J. A. 1841, I, 588.

مُؤَخَّر, pl. مَآخِر et مَواخِر, poupe, l'arrière d'un vaisseau, Voc., Bc, Bg, Mc, Macc. II, 741, 2.

مُتَأَخِّر arrérages, débet, Bc.

مُسْتَأْخَر endroit vers lequel on recule, Gl. Belâdz.

أُخْر = يهوديّة, بقلة, Most. sous ce dernier mot.

اخروف voyez أقروف.

اخطبوط polype, Bc. — Sèche ou seiche (poisson), Bc.

اَخِيلَة pl. أَخَايِل épingle, Alc. (alfilel). C'est une corruption de أَخِلَّة, pl. de خِلَال, qui a le même sens.

اخليدونيا (χαλκηδών, voyez Stephani Thesaurus) calcédoine (agathe blanche), Bc.

أَخو II pour la IIIe, Voc. v° sociare.

أخ frère (d'un ordre religieux), Bc, Daumas Kabylie 67; pl. vulg. خوان (pour الاخوان), J. A. 1859, II, 264. — الهليم ثلاثة اخوة مدورة سود désigne عليم اسود. Most. sous الاسود والبليم والاملج. اخو البنات, frère, soutien, bien-aimé des jeunes filles (surnom qui flatte le plus les Arabes), d'Escayrac 294; un homme qui défend son foyer, en général un brave, Werne 50.

أَخِى chez les Turcomans en Asie Mineure, le chef d'une confrérie dont les membres s'appellent الاخيّة et sur laquelle Bat. II, 260 et suiv. donne des détails.

خُونِى (vulg.) affilié à un ordre religieux, J. A. 1859, II, 264.

خُونِيّة association, confrérie religieuse, J. A. 1859, II, 264.

أُخْت. أختنا سهيل le petit Chien et Syrius, Bc. — اخت الحرّة espèce de datte, Pagni 152 (où il faut lire Huet avec le MS).

أُخُوِيّة fraternité, confraternité, compagnie, ordre; اخويّة رهبان confrérie, Bc.

اُخُوَّة (proprement *fraternité*) *tribut annuel*, Palgrave I, 62, 65; ce que l'étranger paye aux Bédouins pour traverser le pays, Burton II, 113; chez Burckhardt Syria 301, *khone*.

اَخِيَّة *lacet, cordon de fil ou de soie*, Bc; pl. ات, Edrisi Clim. I, Sect. 7: ولـهـم اخـبـيـات وانـشـوطات جـذبـونها بـايديـهم اذا احسّـوا بان الـحـوت دخـل فى ويـجـبـلون عليها حـتى يـلقـوا الاخبيات فى شـبـاكهم اعناقها, ibid.

اخوند voyez خوند.

اخبليا (latin des botanistes aquilegia; voyez sur l'origine de ce nom le Dict. de Littré, v° ancolie) *ancolie* (plante), Bc.

اخبينو (ἐχῖνος θαλάσσιος) *hérisson de mer*, Payne Smith 1006 (où il faut lire ainsi, au lieu de اجبينو).

اخبنوس (ἔρινος) *Campanula erinus*, Bait. I, 18 e.

اداد (*Chamaeleon albus*) est un mot berbère, Bait. I, 19 b, 51 b. Freytag n'avait pas d'autorité pour les voyelles qu'il donne. Cf. Léon 774 (addad).

ادب II *accoutumer* (Alc. *bezar costumbrar*) quelqu'un à quelque chose, c. a. p. et على r., Bidp. 271, 9. — C. ب r. *s'appliquer à*, Macc. I, 560, dern. l.: أدّب بالحساب والهندسة (les voyelles dans l'éd. de Boulac). — T. de jardinage, *serfouir, gratter, remuer légèrement la terre avec la serfouette*, L (*excodico*, cf. Ducange).

V c. ب de la personne dont on apprend, Khatib 19 v°: قَرأ على والده وتأدّب. — C. ب r. *pratiquer, observer*, de Sacy Chrest. II, 401, 6: وانّما نأدب الى النّخ «le prophète n'a invité à pratiquer cette règle de civilité, que parce que» etc.; Cartâs 112, 9: تأدّبوا بآداب اعل العلم. — C. مع ou ب p. *montrer pour quelqu'un les égards que l'étiquette ou la politesse réclame*, Maml. I, 1, 250; تأدّب للجندى «l'officier ne voulut pas, par politesse, ان يذكر اسمه que l'on prononçât son nom», ibid. X c. a. p. *prendre quelqu'un pour précepteur*, Macc. I, 529, 18: استأدبوا لوليده «il le prit pour précepteur de son fils»; de même Haiyân 35 r°.

أدَبٌ *l'art de la guerre*, J. A. 1848, II, 195, n. 2; aussi ادب الحروب, آداب الحروب ibid. 196, n. 2. — *Exercice*, Edrisi Clim. II, Sect. 6: les dromadaires de Mahra, qui sont fort intelligents, تعلم ما يراد منها. — *Châtiment*, Alc. (*castigo en los malos, castigo con riña, castigo con pena*), Becrî 166, 3 a f., 170, 7; *châtiment correctionnel*, Cairawânî 620: وما يـرجـع البهما من ادب وتعزيز (cf. Vincent Etudes 63, 6 a f.). Sur الادب (Khallic. 1, 364, 1 Sl.) voyez la trad. de M. de Slane II, 45, n. 6. — بيت الادب *lieux d'aisances, latrines*, Bc, Hbrt 191.

مأدبة *discipline*, Ht.

مؤدّب *censeur* (garde des mœurs), Bc; celui qui châtie, réprimande, corrige, Alc. (*castigador*). — Celui qui gouverne le vaisseau à la proue, Alc. (*governador de la proa*, Nebrija *proreta*).

مؤدّب *obéissant* (cheval), Daumas V. A. 184.

مأدبخانة *commodités* (privés d'une maison), Bc.

أدر.

آدَر, أدَر *écrit*, a dans le Voc. le pl. آدار.

ادرومالى (gr.) *hydromel*, Most. sous عسل, Sang.

ادريبيس (B) (berb.) *Thapsia*, Bait. I, 19 e.

ادم II ب الخبز أدم *manger quelque chose avec son pain*, Bc. V c. ب r. *manger quelque chose comme assaisonnement avec le pain*, Voc., Bait. dans de Sacy Chrest. I, 148, 4 a f., où A porte aussi: يتأدّم به مملوحا; mais dans B c'est: مع الخبز, ce qui est préférable.

ادام *sauce*, Hbrt 15 (Alg.), *bouillon*, Hbrt 13 (Alg.). — Vivres que les souverains avaient le droit d'exiger de leurs vassaux, Alc. (*conducho*).

أديم au fig., en parlant de la surface et de la couleur du vin, Gl. Mosl.

ادامى *vendeur de* (ادام) *tout ce qu'on mange avec le pain*, Bait. I, 48 d: وقد يتّخذ الادّاميـون بالشام منه اخلاطا باللبن.

آدمى *bien élevé, poli, délicat dans ses procédés*, Bc, Ztschr. XXII, 119; on dit au pl. اوادم, ناس اوادم *des hommes polis, la bonne compagnie*, ou simplement اوادم, ibid.

أدو

II *fournir, pourvoir de ce qui est nécessaire*, Bc.

أَدَاةٌ. — كامِل الاداة *agrès*, Bc. — أَدَاةُ المركّب *fourni*, garni, Bc. — أَدَوات *proprement instruments*, au fig. *connaissances*, parce que ce sont les instruments dont on a besoin pour exercer un métier ou remplir une fonction, pour bien écrire, etc., Abbad. II, 29, n. 2, Gl. Bayân, Berb. I, 475, 11, 498, 5, 517, 6 a f, 518, 13, Macc. II, 514, 16, de Sacy Dipl. IX, 495, 9, Chec. 223 v°: je ne puis pas écrire aussi bien que je le voudrais, لِعَدَمِ تَوَفُّرِ الاداوات «parce que je ne possède pas assez de connaissances», Khatîb 114 r°: كانَ الغالبَ على ادواتهِ علمُ اللسان. — *Particule* (v. Lane), أداةُ الحَصْر *particule restrictive*, Macc. I, 48, 4 (cf. Add.); أداةُ التعريف *l'article*, Bc.

أَدَاوَةٌ. اداوات المركّب *gréement*, ce qui sert à gréer un vaisseau, Bc; جَهَّزَ المركبَ بجميع الاداوات *gréer*, Bc; نوعُ الاداوات *dégarnir*, ôter ce qui garnit, ce qui orne, Bc, qui donne اداوات comme pl. de أداة.

أدى II. Pour لِ الاتاوة أدَّى *payer tribut à*, on trouve aussi أدَّى لِ seul, Gl. Abulf. — كلُّ تُؤدّى عنه الحاجّةُ «de toutes ces choses résulte la preuve de l'existence de Dieu», Abbad. I, 308, 12 (passif de أدّى *apporter*).

— C. عن, avec ellipse de الخَبَر (cf. Lane sous la Ve forme), *indiquer*, Valeton ٥, 5, cf. 7, n. 6.

V *être payé*, Voc.

أدِي *voici*, Bc.

أَدَاةٌ. أداةُ الحروف (cf. Lane) *proférer les lettres*, Prol. II, 388, 11, 12 et dern., 389, 2. — الاداة *le mode de récitation adopté pour la lecture du Coran*, Prol. II, 357, 6, 13, 358, 3, Macc. I, 606, 19.

تَوْدِيَةٌ (pour تَأْدِيَة) *payement*, Alc. (paga pago de deuda).

مُوَدًّا *endroit où l'on paye le tribut, l'impôt*, Gl. Belâdz.

مَوَدَّة (sic) *tribut, impôt*, Ht.

اِذَنْ. اذ ذاك الوَقت *alors*, Amari 195, 9. — اذ انّه *car*, Bc. — اذ لم *à moins que, si ce n'est que*, Bc.

اذا اقل *tout* (omnis), Voc.

اذن

اذريون voyez Sontheimer Bait. 1, 582, n. 4. = اذريونة بخور مريم, Most. sous ce dernier mot.

آذَق, chez Chec. 200 r°, 210 r° et ailleurs pour حاذِق, «du vinaigre âcre». Plus corrompu encore, par suite de l'*imâla*, dans le Voc., où l'on trouve خَلّ حاذي, à côté de خَلّ اِيذي.

اذن II *chanter* (coq), Hbrt 65.

IV c. بِ r. *annoncer une chose* (Lane) est fréquent, mais on dit aussi اَذَنَهُ بِهِشَام «il lui annonça Hichâm», Koseg. Chrest. 101, 5 a f.

V. تَأذَّنَ باكرامهِ *il lui témoigna beaucoup d'égards*, Prol. III, 8, 6.

اذن *ordre, commandement d'un supérieur* (cf. Lane), Alc. (mandamiento del señor). — *Passe-port*, selon la trad. de M. de Slane Berb. II, 496, 2 a f.; chez Bc بَيْت للاذن. — اذن للعبور *salle d'attente, antichambre*, Tha'âlibî Latâïf 14, 11.

اذن *l'oreille d'une charrue*, Alc. (orejas de arado). — *Le devant de la tête du pourceau*, Alc. (pestorejo de puerco). — «La *Vudne*, qui est semblable au pourpier, mais les feuilles sont plus grandes; on la mange crue, et elle a un goût aigret», Vansleb 99. — اذن الارنب *cyclamen, pain-de-pourceau*, Bc; *buplerum, percefeuille*, Bg. 835; اذان الارنب idem, Bc, *Cynoglosse, langue-de-chien*, Bc, Bg 846, Bait. I, 23 b. اذن الثور *Echium plantagineum*, comme il résulte de la fin de l'article de Bait. II, 438 b بافريقية., voyez plus haut sous (ابو شناف). — اذن الجدي *Cacalia*, Bait. I, 156 b: كان بعض مَنْ مضى من الشجّارين بالاندلس تسمّيه باذن الجدي — en Syrie, اذان الجدي *Plantago asiatica* (S), Bait. I, 23 d: اذان الجدي هو لسان الحمل الكبير بدمشق وما والاها من ارض الشام وعامّة الاندلس تسمّي النوع الصغير منه اذن الشاة ايضًا, *oudnîn-el-djediân*, Cynoglossum cheirifolium, Prax R. d. O. A. VIII, 279. — اذان الحمار *consoude*, Bc. — اذن الدب *Statice*, Prax R. d. O. A. VIII, 283; *cortuse*, Bc. — اذن الشاة voyez sous اذان الجدي; *cynoglosse*, Bc. — اذني الشيخ *Umbilicus horizontalis*, Prax R. d. O. A. VIII, 280. — اذان العود, 1001 N. IV, 173, 1, Bresl. III, 144, XII, 63, ne m'est pas clair. — اذن العبد

(*alisma*) chez Freytag se trouve dans A. de Bait. I, 23 c, mais B et Sonth. donnent اَلْعَنْز اَذَان, ce qui semble la bonne leçon. — اَذَان الغار voyez 4 articles chez Bait. I, 21—23; l'auteur du Most. (sous حشيشة الغار اَذَان) pense que c'est une espèce de ce qu'on nomme en esp. بلينْد (velefio); *Lanium amplexicaule* L., Prax R. d. O. A. VIII, 279; *morgeline* ou *alsine*, Bc; *myosotis*, Bc; *piloselle* ou *oreille de rat*, Bc. — اَذَان القسيس, en Espagne, *Cotylédon*, Bait. I, 23 f, ou au Maghrib en général, id. II, 330 b (AB اُذْن القسيس), Bc, en Egypte et en Syrie une espèce de *Sempervivum*, id. II, 449 c. — اَذَان القاضى ou اُذُنِي القاضى espèce de beignets qu'on appelle en esp· *orejas de abad* (oreilles d'abbé), Alc. (hojuela de massa tendida, lasanna o orejas de abad, orejas de abad), Macc. II, 515, 19; — *cotylédon*, Bc. — اُذُن القَلْب *oreillette*, cavité du cœur, Bc. — اُذُن النَعْجَد nom d'une plante, Daumas V. A. 381. — اُذُن يهودا *oreille-de-Judas*, champignon de sureau, Bc. — اُذُن صاحب *crédule*, Voc. — ذكر من التَجَهل أَذَنَّه *effleurer une matière*, Bc.

أَذَنَّة nom d'unité de أُذُن, Koseg. Chrest. 33, 10.

أُذَيْنَة au Maghrib, le nom du *Sempervivum maius*, Most. sous حي العالم.

أُذُنِي *auriculaire*, Bc.

أُذَيْنِ *Sempervivum maius*, Pagni MS (*Uden* h. e. *auricula*).

تَوْذَنَة (pour تَأَذَّنَة) *chant du coq*, Daumas V. A. 245.

مَأْذَنَة *mosquée*, Werne 31. — Dans le chapelet des musulmans *fragment très-allongé qui tient la place de la croix dans le chapelet des catholiques*, Ouaday 683 et suiv.

أذى II *nuire à quelqu'un par* (ب احدًا), *maltraiter, faire du mal à quelqu'un, offenser, blesser, infester, incommoder, tourmenter, molester; — endommager; — faire mal; causer un mal, une maladie*, Bc.

V *se faire du mal*, Bc.

أَذًى؟ *insalubrité*, Bc. — *Virus*, Bc. — زاد في الاذاء *empirer, devenir pire*, Bc.; زوّد في الاذاء *empirer, faire devenir pire*, Bc.

أَذِيَة الآذِنَة *proprement ceux qui tourmentent, et*

de là (l'adjectif pour le substantif) *les cousins* (moucherons), Bassâm I, 150 v°, 151 r°.

أَذِيَّة *malfaisance, méfait; — malignité* (qualité nuisible); — *causticité; — virulence; — méphytisme*, Bc.

أَذَاةٌ = أَذَاذَة, Lettre à M. Fleischer 132; dans le Voc. اَذَايَة; il a aussi أَذَايَّة.

آذِي (poét.) *ondes, vagues*, non-seulement de la mer, mais aussi d'une rivière (P. Becrî 129, 14, P. de Sacy Chrest. II, ١٣٨, 7) et même d'un torrent (P. Abbad. I, 50, 12).

مُؤْذِ *malin; — venimeux; — caustique, mordant; — méphytique; — malebête (individu dangereux); —* سلاح مؤذ *arme offensive*, Bc.

مُؤْذِ *insalubre*, Bc.

مُؤْذَى *fâché, ennuyé*, Alc. (estomagado por enojado).

اراخس *vesce* (espèce de grain), Bc.

ارفبا (?). Alc. donne «eráfia almorfôá» pour «trasmontaña yorva»; mais trasmontaña comme nom d'une plante n'est pas dans les dict., et aujourd'hui, comme me l'a écrit M. Lafuente, on ne le connaît pas en Espagne.

أُرَاقِى Most. sous ce mot: هو حجر الأرَاقِ وهو عاقرا! dans N; dans Lm: هو حجر الاراق وهو عاقرا عن مسيح بن حكيم وهو عانو؛

اراقيطون *persicaire* (plante), Bc.

ارانوش *réglisse*, Most. sous سوس.

أُرَانِيبُوس *pierre qui ressemble à l'ivoire*, Most.

أرب II *aller de biais, biaiser, aller en ligne oblique*, Gl. Edrîsî; Gl. Manç.: توريب وتأريب معناهما الميل والتحريف بين الطول والعرض وكذلك الـوراب والموارَبة بالهمز والـواو منقولة متعارفة واصلها فى اللغة بالمأدتين معًا المُخادعة والمُخاتلة؛

III Même sens.

أَرْب. Chez Alc. (sous les adverbes) أَرْبًا أَرْبًا *miembro a miembro* = إِرْبًا إِرْبًا chez Lane.

مَأْرَبَة وفيه مَأْرَب أخرى «il avait d'autres choses

اربانه 17 أرخول

à faire ailleurs », Müller 27, 9 a f. — قصيّت منه مآربى «j'obtins d'elle tout ce que je désirais » (dans un sens obscène), de Sacy Chrest. I, ٧١, 7 a f.

مُورَبى ou مُوَرَّبى *des ornements en forme de cercle*, Gl. Edrîsî.

اربانه est, dit-on, = زَرنَب, Most. sous ce dernier mot.

اربيان *homard, grosse écrevisse de mer*, Bc; Bait. I, وقال غيره ان الاربيان هو الجراد وقيل هو الجراد البحرى ويقال ايضا روبيان : 30 e, puis il renvoie à ce dernier mot; chez Bc جراد البحر est *langouste* (écrevisse de mer); — *squille* (crustacé qui ressemble à la chevrette), Bc; — *crabe*, car Bait. I, 506 e, dit que روبيان est ce qu'on nomme en Espagne *camaron*. Au Maghrib on ignorait quel crustacé était désigné par ce terme (voyez sous وزف) qui appartient au dialecte de la Syrie, Bait. l. l. — (من لغة اهل الشام). بهار اربيان *chrysanthemum*, Bc; cf. Bait. l. l.

ارتدكسى (gr.) *orthodoxe*, Bc. — ارتدكسية (gr.) *orthodoxie*, Bc.

ارثقة (gr.) *hérésie, schisme*, Hbrt 197.

ارثماطيقى (gr.) *l'arithmétique*, Prol. III, 88, 4, Simonet 256.

ارثولان *ortolan* (petit oiseau), Bc.

ارج.

أرَج (*bonne odeur*), pl. آراج, Mi'yâr 22, 4.

تاراج *déprédation*, Ht.

خبر التواريج 1001 N. IV, 203, 5 (même leçon dans l'éd. Fleischer).

أرج بَسْت (?) expliqué par يريه نيبك وي (?), Ibn-al-Djezzâr.

أرجيلبطه (?) *mandragore*, Simonet 256; dans le Most. (même article) La ارجيليطه N ارجيليطه.

ارجيفون (si telle est l'orthographe véritable; beaucoup de variantes), plante connue sous ce nom, non pas chez les Berbères, comme traduit Sontheimer, mais chez les teinturiers (الصبّاغون), Bait. I, 27 b.

ارخ II c. ب *dater de* (commencer à compter d'une certaine époque), de Sacy Chrest. I, ٨٨: قد كانت اليهود تورّخ اوّلاً بوفاة موسى ثمّ صارت تورّخ بتاريخ

«l'ère dont les Juifs faisaient usage primitivement, commençait à l'année de la mort de Moïse; dans la suite ils adoptèrent l'ère d'Alexandre». Le Voc. donne ce verbe sous *kalendarium*. — أرخ اليوم *calculer, déterminer par le calcul le jour où quelque chose a eu lieu*, Holal 78 v°: ذكر ان رجلاً من الصالحين بباجاية أنشد فى منامه هذين البيتين فورّخ اليوم فوجد يوم مقتل ابى دبوس. — C. a. *mettre, graver une épitaphe* sur un tombeau, Voc. (cf. تاريخ).

V, en parlant d'un tombeau, *recevoir une épitaphe*, Voc. (القبر يتورّخ).

أرخة, pl. أت et أراخ, *génisse*, Voc., Alc. (eral de un año, eral ternera); لحم الأرخة *de la génisse*, Hbrt 15 (Alg.).

سنة تاريخه (Ghadamès 17) سنة التاريخ. تاريخ (Catal. des man. or. de Leyde, I, 154, 4 et 5 t. a., Bc), *la présente année*; شهر التاريخ, يوم تاريخه, *le mois, le jour, duquel sont datées les présentes*, de Sacy Dipl. IX, 470, 11, cf. 5 a f., Catal. I, 154, 2 t. a. Chez les chroniqueurs عام التاريخ (ou تاريخه) ou سنة التاريخ est *la susdite année*, Müller L. Z. 13, dern. l., 30, 3, 35, 2, 10, 36, 3 a f., 37, 3 et 3 a f., 38, 2, 39, 10 et 5 a f., 40, 10, 42, 4 a f., 43, 5 a f., 47, 4, Khatîb 67 v°, l'équivalent de عام التاريخ المذكور قبل هذا, Müller L. Z. 10, dern. l., 13, 2 a f., 15, 10, 2 a f., 19, 3, 20, 9. — أمس تاريخه *hier*, 1001 N. Bresl. IV, 159. — قبيل تاريخه *auparavant*, 1001 N. III, 617. — وكتب فى التاريخ ou صح فى التاريخ علامة, voyez Macc. III, 325, 7 et 8. — *Epitaphe* (parce qu'elle contient la date de la mort du défunt), Voc., Bait. I, 493 c (Edrîsî): رخام المقابر اعنى الذى تُكتب فيه التواريخ, وسألتُ العجوز القيمة على :Abdarî 28 r°: على القبور الدار عن قبره فاخبرتنى انه الذى فى وسط البيت المقابل للباب فنظرت تاريخه فوجدته لغيره, Djob. 44, 1 et 9, 125, 14, 281, 4, 11 et 13. — *Répertoire*, Alc. (reportorio libro en que esta algo).

أُرْخُول pour أُرْخُون (ارخن chez Bc), ἄρχων. Le pl. أراخنة دمشق, Catal. des man. or. de Leyde I, 156, 12, où l'on trouve l'explication: les principaux chrétiens de Damas.

أرد hippopotame, Bc.

أردشوكة artichaut, Bc. (cf. Oosterlingen 18 et suiv., où j'ai dit que ce n'est rien autre chose qu'une transcription de l'ital. articiocco; de même Devic 37).

أردشيردار (pers. أَرْدَشِيرْدَارُ), espèce d'Origanum maru, Bait. II, 503.

أردمون (esp. artemon, ital. artimone) artimon, Gl. Djob.

أَرْدَهَالِيجُ (pers. أَرْدَهَالَه = خَبِيصُ, Payne Smith 1182.

أرز

أَرُزّ. Le pl. أُرُوزُ, Saadiah ps. 29.

أرز (arez) parfum qui vient de Mokha, Burckhardt Arabia II, 402.

أَرُزَّة un plat de riz, Gl. Fragm.

أُرَزِيّ frelon, Daumas V. A. 432 et MS.

أروز riz, Calendr. 50, 1.

أُرُزَّة chardon-de-Notre-Dame, caille-lait (plante), Gl. Esp. 391.

أرسعن = بسباسة, Most. sous ce dernier mot.

أرشفسك ou أرشفشك archevêque, Amari Dipl. 45 et 23.

أرشاش ou أرشاس (asphodèle), voyez اشراس.

أرشفشك voyez أرسفسك.

أرشميسه en Ifrikiya = اسطوخودوس, Most. sous ce dernier mot.

أَرْشِيدة pl. أرشى chantre, choriste, Bc.

أَرْض pavé, L (pavimentum). — الارض الكبيرة la France, Abbad. III, 189. — الارض المقدّسة chez les alchimistes, un coagulum des natures supérieures et inférieures, Prol. III, 207, 12.

أَرْضِي terrestre, — foncier, — territorial, Bc.

أرضي شوكي (artichaut) voyez Oosterlingen 18 et suiv. et cf. sous أردشوكة.

أَرْضَبَّة fonds (le sol d'un champ), Bc. — Fond d'une étoffe, d'un châle, Bc. — Plancher (partie basse d'un appartement), Bc. — Lie (ce qu'il y a de plus grossier dans une liqueur, et qui va au fond), Most. sous دردى للخل; هو ارضينه sous دُرْدِيّ للخمر: — Ne m'est pas clair Bait. I, 137 a: البسباسة مركّبة من جواهر مختلفة لما فيها — من الارضيّة الكثيرة الباردة واللطافة والحرارة اليسيرة. Pot de chambre, Bc.

أُرْطَة (turc اورتة ou اورته) pl. أُرَط, en Egypte, bataillon (d'environ mille hommes), Bc.

أُرْطَى jasmin jaune, selon Auw. I, 431, 20. — Ephedra, Prax R. d. O. A. IV, 196.

أرطبين = طين أَحْمَر, Most. sous ce dernier mot.

أَرْغَل hautbois, Bc, pl. أَرَاغِل, Freytag Chrest. 74, 7; أُرْغُل espèce de flûte champêtre, voyez Descr. de l'Eg. XIII, 456 et suiv., Lane M. E. II, 89, 90.

أرق.

أرق. Pour l'hébreu תולעת, Saadiah, comment. sur ps. 95, a أرق الريم وفي القرون; cf. Abou'l-Walid 789, 27.

أرقطيون bardane, glouteron (plante), Bc, — persicaire (plante), Bc; cf. Bait. I, 25 c et d.

أَرْقَعْلش réglisse, Most. sous سوس (seulement dans N).

أرغن = أرقنو orgue, Hist. Tun. 111: كان عاكفًا على الملاهى وجلبت له الآلة المعروفة بالارقنو.

أَرْقُونِس (La) = ارقنون (N) عرعر, Most. sous حبّ العرعر.

أَرَك archevêque, Amari Dipl. 1 et 7; proprement بشقفه, car c'est ainsi qu'il faut lire ibid. 14.

أَرَاك. Le nom de cet arbre est chez les botanistes Capparis sodata, et la description qu'en donne Barth, I, 324, s'accorde avec celle qu'on trouve chez Lane (Barth écrit lirāk; c'est أراك avec l'article arabe; ailleurs V, 97, il écrit irāk); il porte aussi le nom de سواك; voyez mon article sur ce mot. — Edera, trad. latine d'une charte sicilienne, Amari MS.

أَرِيكة coussin en cuir, Voc.

أركين de Montréal (?), J. A. 1845, II, 318, 4 a f.

أرماك espèce de bois, voyez Bait. I, 26 b, 148 a, où il faut lire الأرماك avec AB.

أُرْمَك (pers.) *manteaux ou casaques de laine*, Bat. IV, 232, dern. l.

أرمليطة *betterave*, Auw. II, 420, 2 a f.

ارن.

اران sorte de poisson, Yâcout I, 886, 2.

أَرْنَب non-seulement *lièvre*, mais aussi *lapin* (cf. Lane sous le ر), Pagni 98, Bc. (*lapin* aussi ارنب بَلَدي).
— Sur الارنب البحري voyez Bait. I, 29 b.

أَرْنَبَة *aine* (partie du corps entre le haut de la cuisse et le bas-ventre), Bc.

أَرْنَبِي *qui appartient au lièvre*, Alc. (lebruno cosa de liebre). — *Fricassée, ragoût de lièvre, civet*, Alc. (lebrada).

ارنبة = ارنبة *aine*, Bc.

أَرْنَبِيَّة *coiffure épaisse à l'albanaise en forme de turban*; les dames franques d'Alep la portent généralement et c'est une espèce de gros bourrelet recouvert en châle de cachemire, Bc, Bg 805.

أَرُن (ἄρον). *Arum, pied-de-veau* (plante), Bc, Bg, Auw. I, 468, 14, 472, 7, 475, 4 (l. بارون).

أرون pl. أَرَاوِين *grand panier pour la farine ou le pain*, Alc. (nassa para trigo, panera para guardar pan). Dans le dialecte de l'Andalousie *horon* est: panier de sparte, grand et rond. — Comme *oron* en esp. (cf. Victor); *gabion*, espèce de panier qu'on remplit de terre, et dont on se sert pour empêcher la rivière de déborder, Alc. (oron lleno de tierra).

أُرَيْد بَرِيد (pers.) espèce de drogue, Bait. I, 26 c (AB), Dict. pers. de Vullers.

أُرْيَل *cerf*, Bc (= ايّل); en Syrie *cerf*, en Nubie *bouquetin*, Burckhardt Nubia 251.

سمك أريوان *truite*, Bc.

آزاد ou أزاد (pers. آزاد *noble, excellent*, et aussi *blanc*). الرُّطَب الازاد *excellente espèce de dattes*, Gl. Fragm. — النسوس الازاد *le lis blanc*, Bait. II, 68 c (en pers. l'adj. ازاد, employé substantivement, signifie aussi *lis*).

الرُّطَب الازادي. ازادي, Badroun 269, 9 = رطب ازاد *ibid.* l. 12.

أَزَاز (toutes les voyelles dans La), *thymélée, garou, trentonel* (plante), Most.

ازب.

أَزَب (syr. ܐܙܒ) *pilus pubis*, Payne Smith 1338.

أزاب (hébr. אזוב) *hysope*, Saadiah ps. 51; Payne Smith, 1110 et 1111, a أزب.

مِيزَاب. Pl. ميارب, Mi'yâr 22, 12. — *Cataractes*, en style sacré, pluies excessives, Bc.

أزبنطوط *bandit*, Bc.

أزر II, *lambrisser*, Gl. Djob., Gl. Belâdz.

V *être lambrissé*, Gl. Djob.

أَزَر. Sur les phrases telles que ازر شدّ, *être plein de courage, d'énergie*, voyez Quatrem. J. d. S. 1847, 481.

إِزَار, à Valence, sorte de petite poire, Macc. I, 110, 11; cf. de Gayangos trad. I, 374. L'orthographe et les voyelles de ce mot sont à présent certaines grâce au Voc. (v° pirus).

إِزَار proprement *vêtement qui couvre la partie inférieure du corps, depuis la ceinture jusqu'à mi-jambes*. En ce sens ce mot arabe se trouve déjà chez Hérodote (VII, 69), qui dit en parlant des Arabes dans l'armée de Xerxès: Ἀράβιοι δὲ ζειρὰς ὑπεζωσμένοι ἦσαν. Cf. Vêtem. 37. Porter l'*izâr* très-long et le laisser traîner, الازار سَحْبُ (cf. سَحْبُ الذَّيْلِ), était considéré comme un indice de vanité, d'orgueil, Djob. 219, 2 a f. — Sur ازار dans le sens de *grand voile dont les femmes s'enveloppent tout le corps*, voyez Vêtem. 25 et suiv. Dans le Voc. «linteamen de lino, Xristianorum». — *Femme honnête*, Ztschr. XXII, 333.

— *Manteau d'homme*, voyez sous تَأزُر. — *Voile qui couvrait la Ca'ba*, voyez Azraki 175, 3 a f. — 179, Burton II, 236. — *Rideau*, Ht, Barbier, Martin 77. — *Drap de lit*, Alc. (savana lienço), Hœst 266, Domb. 93, Bc (Barb.), Ht, Delap. 99. — *Lambris*, Gl. Esp. 143; ميزان الأزر voyez sous ميزاب.

أَزْبَر *romarin*, Domb. 73.

أُزَيْر dimin. de إزار, Kâmil 507, 6.

تَأْزِير et تَأْزِيرة chiffon, friperie, Cherb. (تَازِيرة pl. تَأْزِيرِ), R. N. 36 v°: les gens chez lesquels Ismâ'îl demeurait, lui dirent: (sic, l. قد عَيَّنْنَا بهذا المَازِر (التَازِير); prends ces cinq dinârs et va acheter d'autres habits à Cairawân; plus loin: وهو يريد ان يخرج الى وكان يهجم الى الجزيرة في كساء وتازيرة; ibid. 43 r°: Pl. — تَوَازِر effets, الجامع وعليه تَازير مرتديًا بَازار آخر costume, Cherb. Dial. 3.

مِئْزَر vêtement semblable au اتب, mais porté par les jeunes filles quand elles étaient déjà trop grandes pour porter le اتب, Freytag Einleitung 314, 315. — Caleçon, Vêtem. 38--40, Bc. — Manteau, Vêtem. 41, Khallic. I, 671, 21 Sl., Athîr XII, 161, 8. — Une pièce d'étoffe que l'on roule autour du turban, ou dont on enveloppe ses épaules; — espèce de toque ou de voile en soie, que les Maures et les Mauresques roulaient autour de la tête, en laissant pendre les bouts des franges sur les épaules, Vêtem. 42–46, Maml. II, 2, 224, 1001 N, IV, 309, 14. — Serviette, R. N. 59 r°: il lui apporta trois têtes de mouton pour le dîner فوضعت المِئزر بين يديه ثم اخذت رأسًا (ajoutez فشققه) es-suie-main, R. N. 72 r°: خرج الى الحمام وبيده سدنل ومئزر.

مِئْزَرَة manteau, Nawawi 359, dern. l. — Pagne, Vêtem. 40 (dans ce passage de Bat. l'édit. (IV, 23) porte تنور au lieu de مئزر).

أَزْغُوغ revenant, fantôme, Cherb.

أَزِف

آزِفَة grande calamité, Abdoun vs. 47.

أَزَل Calligonum comosum, plante qui ressemble au blé sarrasin et qui forme avec le درين la nourriture principale des chameaux, Desor 23. — Azâl, Ephedra, Prax R. d. O. A. IV, 196.

أَزْنَكَان et أَزْنَكَن ocre (terre ferrugineuse dont on fait une couleur jaune), Bc; restituez أزنكن Bait. I, 28 b (AB اونكن, N ارنكن) et Most. sous طين أحمر (La ارنكن).

أَزَنِي = يَزَنِي, Diw. Hodz. 41, vs. 22.

أَزَى II, aor. يَزِى, suffire, Bc (Barb.); يَازَى ou يَزَى assez, Bc (Barb.).

اِزَآ. اِزَا ذلك اِزَا en échange de cela, Berb. I, 476, 12, 564, 4 a f.

اِزَاى comment? Bc (Egypte).

أَس as (point seul marqué sur une carte); أس الدينارى as de carreau, Bc.

أَس non, ou pas, point, Voc. 13 (492 ايس).

أُس (ess) chut! Delap. 184.

أَسّ I prendre racine, s'enraciner, Alc. (arraigar).
V passif de la IIe, Voc. (v° fundamentum).
أُسّ en algèbre l'exposant d'une puissance, Prol. III, 97, 15. — Dans l'opération sur la زايرجة, le nombre de degrés qui se trouve entre la fin du dernier signe du zodiaque et le degré du signe qui est l'ascendant au moment de l'opération, de Slane trad. des Prol. I, 248, n. 2, sur Prol. I, 215, 3 a f.

أَسِيس remplaçant, substitut, Roland.

أَسَاسِى fondamental, Bc.

أَسَارَاك (berb.) grande enceinte = القوراء الفسيحة, Berb. I, 412, 5 a f., اساراك الميدان ibid. II, 515, 6 a f. (de Slane s'est trompé dans sa trad. II, 339, IV, 425).

أَسَارُون (ἄσαρον) cabaret ou Oreille d'homme (plante qui entre dans la thériaque), rondelle, Bc.

أَسَالِيُون lentille (légume), Most.

اِسْفِراج voyez أَسْمَرْفَنْج.

أَسْبَلْطَة (esp.) épeautre, Alc. (espelta specie de trigo).

أَسْبِنَاخ épinards, Alc. (espinaca); c'est la forme vulgaire, Most.

أَسْبِيدَرِيك ou أَسْبِيدَارِيج airain, cuivre rouge, Bc (avec نحاس), Hbrt 170.

أَسْبِيدْبَاج (pers. أَسْبِيدبا) espèce de soupe composée de bouillon et de petits morceaux de viande, avec des épinards, de la fleur de farine, du vinaigre, etc.; voyez de Jong sous دوغباج et les dict. persans. L'orthographe ordinaire est أَسْفِيدْبَاج.

أَسْبِيُوش = أَسْفِيوش, Payne Smith 1159.

أَسْت (cul) pl. أَسْوَت, Bc.

أُسْتَاذْ et أُسْتَاذْ اِسْتَاذْ artiste (qui travaille dans un art où le génie et la main doivent concourir), Bc; titre qu'on donne à ceux qui travaillent le cuir ou les métaux, Lyon 286. — Musicien, Alc. (juglar). — Maître d'école, docteur, professeur, Voc., Alc. (escolastico o maestreescuela, dotor que enseña, catedratico); اِسْتَاذْ الجماعة professor publicus, Macc. III, 40, 16, Khatîb 33 r°: لازم استاذ لجماعة ابا عبد الله الفخّار وقرأ عليه قرأ على: de même, استاذ الجملة id. 39 r°: العربيّة. — الاستاذ ابى محمد الباهلى استذ لجملة ببلده Professeur de prestidigitation, Harîrî 326, 5, Ztschr. XX, 506 (2 fois). — Patron (protecteur, défenseur, le saint dont on porte le nom), Bc. — Livre de raison, livre d'extrait, grand livre, registre où les négociants portent tous leurs comptes par doit et avoir, M v° شَطَبْ

أُسْتَاذَةْ pl. أَسَاتِيذْ celle qui enseigne la musique, le chant, Koseg. Chrest. 130, 2 a f.; directrice d'une bande de musiciennes, Alc. (tañedor (l. tañedora) principal); musicienne, Alc. (tañedora).

اِسْتَاذَارِيَّة pl. اِسْتَادَار، اِسْتَدْدَار، اِسْتَادَار، اِبْسْتَاد الدار ou اِسْتَادَادَارِيَّة, voyez sur cette charge Maml. I, 1, 25 et suiv.; اِسْتَادَار الصحبة ibid.; اِسْتَادَار العَالِيَة ibid. (Meursinge 22, 17 et 32, n. 103) ibid.

اِسْتَادَارِيَّة الدار ou اِسْتَادَارِيَّة la charge de l'ostâdâr, ibid.

اِسْتَرْلُومِيقَى et اِسْتَرْلُومِيقَا (gr.) astronomie, Simonet 259.

أُسْتَرِيدِيَا (ὀστρείδια, pl. de ὀστρείδιον, dimin. de ὄστρεον) huître, Bc, Pagni MS. (ostridi).

الاستنبوتى: nom d'un fruit, Ibn-Loyon 14 v°: نوعان احدهما اكبر من الليمون محدّد الطرف تشبيه حمرة والثانى مدوّر على شكل البطيخ الابيرى ❊

أُسْتِيبِيَة (esp. estepa) pl. استيب lédum, lède, espèce de ciste, Alc. (xara mata conocida).

أُسْتِبِيخَارَة (στιχάριον, voyez Stephani Thesaurus et Ducange) chemise, robe sacerdotale, Bg.

أُسْخِفَان nom d'une plante, Bait. I, 42 b (AB).

أَسَدْ, chez les alchimistes, or, le roi des métaux, de

même que le lion est appelé le roi des animaux, Devic 10. — اسد الارض Daphne oleoides, Most. sous مازريون, Bait. I, 48 c, 346 b et c. — اسد العدس Orobanche cariophyllea, Bait. I, 48 b, Bc.

أَسَرْ I. أَسَرُوا عَلْجًا بِعَلْم pour أَسَرُوا عَلْجًا بِعَلْم, Amari 432, 8. — خَشِيَ أَنْ تَأْسِرَهُ البَيِّنَات «il craignit qu'on trouvât assez de preuves pour le faire condamner», Berb. I, 416, 4 a f.

VIII faire prisonnier, Alc. (cativar).

أَسْرْ servitude, Alc. (servidunbre).

أَسَرُهْ بَقَرْ (de ἄσαρον, pour lequel le Most. donne le nom esp. أَسَرُهْ, et de βάκχαρις, en esp. bacaris ou bacara) nard sauvage, Alc. (asarrabacar yerva), cf. Gl. Esp. 374.

اسار. Le pl. اًت, Saadiah ps. 2.

أَسِيرة fem. s esclave (homme ou femme), Alc. (esclavo, esclava). — أسير التقليد imitateur servile, Bc.

تَأْسِيرْ ténesme, épreintes fort douloureuses qu'on sent au fondement, avec des envies continuelles et presque inutiles d'aller à la selle, Alc. (puxo de vientre).

مُوسِرْ (?) religieusement, Alc. (religiosamente, moâçar).

اِشْرَاس voyez اِشْرَاس.

أَسْرَفْ (plomb) s'emploie pour اسرب, comme l'auteur du Most. l'atteste formellement.

اِشْرِيَا voyez أَسْرِيَا؟

اِسْرِيقُون voyez زرقون.

أُسْطَى ou أُسْطَى vulg. pour أُسْتَاذْ (voyez Lane sous ce dernier mot), 1001 N. III, 463 (Bresl. اسطى), IV, 466, 8 a f., 468, 5.

أُسْطَمْ أَطِيقُوس Aster Atticus, Bait. I, 35; l'auteur du Most. l'a sous le س, mais il dit qu'on l'écrit aussi avec le ا.

أُسْطُرَاسَة styrax, Most. sous ميعة سائلة.

أُسْطَرَاغَالِس ἀστράγαλος, Bait. I, 37 c (AB) (Freytag غيلس).

اسْطُرلاب, au pl. ات, Voc.

اسْطَرنِيُون (B) ou اسْطَرنِبِيُون (A), nom d'un mois, Edrîsî Clim. VI, Sect. 1, en parlant de l'océan: وأيّام سفرهم chez Gregorio 48, 1 le nom du mois que l'éditeur a laissé en blanc, est اسطرّيون, et M. Amari m'écrit qu'à son avis le terme en question est une altération de *septembre*, peut-être de στεβριον; mais dans ce cas il est étrange qu'Edrîsî ait écrit *septembre* au lieu de *juillet*, car اوسو est *août*.

اسْطُقُسْ chez Freytag, a les voyelles اُسْطُقُسْ dans le Voc. (pl. ات) et chez Alc. (elemento, ayre el elemento), qui donnent aussi (Alc. sous *elemental*) l'adjectif اُسْطُقُسِي.

اُسْطُوَان *portique*, *vestibule*, Voc., Alc. (antepuerta de casa, portada de casa), Ht, Bat. I, 62, 87, etc. — *Petit portique dans l'intérieur d'une maison*, Alc. (portal pequeño de dentro de casa). — *Balustrade*, Ht.

أَقَلّ الاسْطُوانَة *les stoïciens*, Bc.

اُسْطُوخُودُوس *stechas*, Bc, Most. La; N et Gl. Manç. اُسْطُوخُدُوس; اسطوخوس Bait. I, 33 b (AB).

اُسْطُول non-seulement *flotte*, mais aussi *vaisseau*, *bâtiment*, *galère*, Maml. I, 1, 157, Voc., Müller 29, 32, Prol. II, 325, 2 a f., Berb. I, 207, 306, 314, 2, 327, 331, 401, 2 a f., 441, 2 a f., 464, 4, 506, 5.

اُسْطُولِي qui appartient à une flotte, Maml. I, 1, 157. — *Un soldat de la flotte*, ibid.

أَسْفَارَنْج *asperge*, Calendr. 33, 3; voyez اسفراج.

أَسْفَانَاخ *épinards*. Cette forme se trouve: Chec. 182 v°, 197 v°, Djauzî 144 v°, Bait. I, 34 b (A), Auw. I, 67, 5 a f.

أَسْفَرَاج (*asperge*) est un mot propre au dialecte du Maghrib (asparagus), Macc. II, 87, dern. l., Bait. II, 570 h. Dans Ibn-al-Djezzâr (Zâd al-mosâfir), le Voc. et chez Alc. (esparajo) اسْبَرَّة, nom d'unité ة; avec جِبلى *asperge sauvage*, Alc. — Dans L c'est une autre plante, car il donne ce mot sous acantelos et acantos. Le grec ἄκανθος signifie *acanthe*, *branche-ursine*, et *acacia*.

اسْفَرَك espèce de *camphre*, Bait. II, 334.

أَسْفَرْنِبَة *panais*, *pastenade*, Alc. (çanahoria); cf. Gl. Esp. 224.

اسْفَنْج ou اسْفَنْجَة. سَفَنْج, سِفَنْج, اسْفَنْجَة, اسْفَنْجَة حَرِيّة *éponge*, Most., Bait. I, 45 b, Chec. 191 v°, Auw. I, 440, 9. La forme سَفَنْجَة 1001 N. III, 278, 459, Bc. — حجر الاسفنج ou السفنجة *cystéolithe*, *pierre d'éponge*, Bc, Most.: حجر الاسفنج هو البحر. — Espèce de *beignets* qu'on mange avec du miel; c'est de la pâte à pain très-molle et très-levée, qu'on fait frire dans de l'huile; ces beignets ressemblent à nos *pets de nonne*, L (crustula اسفنج من عجين), Alc. (boñuelo, et ة), Haedo 25, 1, 26, 2, 29, 1 (asfinge), Pagni 153, Hœst 109 (سفنج), Jackson 132 (sfinge), J. A. 1830, I, 320 (sfenge), Cherb. (سفنج), R. N. 80 r°, 97 v° (سفنج).

سفنجى *spongieux*, Bc.

استفنج *éponger*, Ht.

أَسْفَنْد *rue sauvage*, *Peganum harmala* (= حرمل), Sang.

أَسْفَنْدان. شجر الاسفندان *érable*, Bc.

اسْفِيداج *fard*, Bc. — Avec le ن, en Egypte *chou-fleur* (sans doute parce que, par sa couleur, il ressemble à la céruse), Most. sous كرنب شامي: واصل مصّر: يسمّونه الاسفيداج; ainsi dans N; dans L le mot est laissé en blanc et il porte الاسعداج.

الاسفيدباج السادج pl. ات, Chec. 192 r°. — voyez sous مصلوق.

اسْفِيدُورج (pers. سپيد برگ, à feuilles blanches) *peuplier blanc*, Payne Smith 1228.

اسْفِيرِيَا, aujourd'hui سفيريّة, *mets composé de viande, d'œufs et d'oignons*, Cout. 44 r°: فقال لكاتبه أن عشتُ قليلاً لاطعمنّك اسفيريا من لحوم هذه الجزر ما اكلت مثلها قط, Martin 80, Cherb.

اسْفِيل (de l'italien *staffile*?) *lanière tressée* dont on se sert pour frapper les criminels, Hœst 118, 240, Gråberg 204, Miss. hist. 62 a, 294 a et b, 295 b, 299 b, 325 a (*sofeles*).

اسفينار *moutarde blanche*, Ibn-al-Djezzâr.

اسفيوش chez Freytag (*Psyllium*) et dans Payne Smith 1159, est dans le Gl. Manç. أَسْفِيُوس; aussi avec le ﺹ dans les deux man. du Most. (sous بزرقطونا), dont l'auteur dit qu'il l'a trouvé avec le *sin* et aussi avec le *chin*. Selon le Most. et Bait. (I, 132 k) c'est un mot persan; cf. Vullers sous اِسْپَغُول.

اَسْكالة ،سقالة ،اصقالة ،اَسْكَلَة (pl. أساكل) (esp.), *échelle, escalier volant* ou peut-être *planche*, Gl. Edrîsî, M. Pl. اساقل ou اساقيل; dans les 1001 N. Bresl. IV, 7, 4 a f. lisez الاساقل, au lieu de الاساقى, comme le montre la comparaison de X, 254, 4: فوُجِد مركبا سقالتها ،اساقيلها où Macn. (IV, 269) a مجذوفة. — Sorte de machine de guerre, *scala ambulatoria*, couverte de planches en guise de toit, Gl. Edrîsî. *Échelle, port*, ibid., M. — Cf. صقالة, sous صقل.

اَسْقالَبْرة (esp.) *escalier*, Alc. (escala o escalera).

اَسْقَلاطون (Macc. I, 102, 6) voyez سقلاطون.

اسقلموس espèce de poisson, Cazwînî II, 119, 20.

اسقمرى *maquereau* (poisson), Bc.

اسقندليون et اسقندفليون *berce* (plante), Bc.

اسقربوط *scorbut*, Bc.

اسقوفية *bonnet de nuit*, Bc.

اسقيل chez Freytag (*Scilla*) est avec le ش dans le Most.

اَسْكَرجَة (pers.). Freytag a considéré une étymologie (fausse) de Djawâlîkî (r.) comme la signification de ce terme, qui n'est qu'une autre forme de سُكُرْجَة *écuelle*, Djawâl., Bait. I, 11 b.

اسكرفاج voyez اسكلفاج.

اَسْكَفينة (esp.) *râpe* (espèce de lime), Alc. (escofina para limar madera). Chez Lerchundi اِشْكِرْفِينَة.

اَسْكلفاج *râpe* (espèce de lime), Haiyân-Bassâm I, 174 r°: نزل ل في بعض اسفاره منزلا واستدعى ماء لغسل رجليه

اسقالة voyez اسكلة.

limer). Le Voc. et Alc. ont en ce sens اسكلفاج, pl. ات ou (Alc.) أَسْكَرافِع (escofina para limar madera, rallo). Chez Roland سقرفاج *râpe à sucre*. Ce mot se rencontre aussi, sous la forme que j'ai indiquée en premier lieu, chez Albucasis 188, 3, et son éditeur, Channing, en a cru trouver l'origine dans *scolopax*. Ce dernier mot, en grec σκολόπαξ ou σκολώπαξ, désigne la bécasse, et les dict. grecs et latins ne lui donnent pas d'autre sens. Il se peut, toutefois, qu'il soit devenu le nom d'un instrument dont la pointe ressemblait au bec long, droit, grêle et cylindrique de la bécasse, car Albucasis dit que pour enlever les racines des dents, on se sert de pinces „dont l'extrémité ressemble au bec du faisan", après quoi il ajoute: يكون قد صنعت (الكلاليب) كالبرد (كالمبرد ا.) او كالاسكلفاج

اسكاملة *escabeau, tabouret*, Bc.

اسكورية voyez اشكورية.

اسكوس voyez سكوس.

أَسْكيم (gr.) *bonnet des prêtres grecs*, Bg; Vansleb 307 (Coptes): « L'Askim, ou l'Habit Angélique, appelé en grec σχῆμα; lequel néanmoins peu de religieux portent, parce qu'ils n'ont pas tous assez de force, comme ils disent, pour faire la pénitence, que les canons y ont attachée. Car ceux qui le portent sont obligés de se prosterner le visage et le ventre contre terre, et les bras en forme de croix, trois cents fois tous les soirs, avant que de se coucher; outre les jeûnes et les autres mortifications, qui en sont comme un apanage ».

أَسْلاس *obscurité*, Domb. 55, Ht.

اسمانجون (pers. de اسمان et گون) *couleur bleu de ciel*, Abou'l-Walîd 217, 12.

اسمانجونى *qui est bleu de ciel, azuré*, Relation des Voyages, Quatrem. J. d. S. 1846, 519, Abou'l-Walîd

اسمس 24 اشر

320, 9, Most.: الاسمانجونى هو السوسى ايرسا, id.: «Le rubis semendji, بنفسج وهو نوار صغير اسمانجوفى ou ismendji (hyacinthe)», R. d. O. A. XIII, 81.

اسمانجونيّة *couleur bleu de ciel*, Müller S. B. 1863, II, 3, 8 a f.

أَسْمَس *repas, festin*, Voc.

اسا II c. a p. et ب r., pour la IIIᵉ, *donner une aumône à quelqu'un*, Voc.

V. يتاسا (sic) لم نعيم *il n'avait pas joui de l'opulence*, Cartâs 134, 1.

أَسْوَان. Le pl. أَسَاوَى, Diw. Hodz. 202, vs. 41.

أَسَاة (*médicament, remède*) pl. اساءات, Mi'yâr 6, l. 6.

أَسِيَّة pl. أَسَايَا *colonne*, Abou'l-Walîd 70, 16 et 17.

مُوَاسَاة proprement nom d'action de la IIIᵉ forme, *assister; substantivement bienfaisance, charité*, Gl. Edrîsî. — *Hospitalité amiable*, Ztschr. XX, 502. — *Gratification, libéralité qu'on fait aux ouvriers, aux soldats, soit en vivres, soit en argent*, Auw. I, 534, 2, Çalât 32 rº: واجزل لهم الزيادة فى بركاتهم والنماء فاقتنوا اسماءه فى زمام العسكرية 34 rº, لهم فى مواساتهم واعدّ من القمح والشعير للمعلوفات 37 vº, للمواساة والمواسات للعساكر ما عاينته مكدّسا كامثال للجبال 43 vº: وكثرت البركات منه للموحّدين والاجناد فى اعطياته باتّصال المواساة 45 rº, واتّصال الاحسان منه بمواساته وانسابت عليهم الارزاق والصيافات 53 vº, فى كلّ شهر والمواسات بكلّ برّ مستعجل. Dans quelques-uns de ces passages, l'auteur emploie مواسات comme un pluriel.

أَسَى I, aor. i, c. على p. *infester, incommoder, tourmenter*, Be, 1001 N. Bresl. X, 265, 8, où تؤسى semble pour تتأسى.

أَشْ (cf. Freytag), Abou'l-Walîd 807, 13. اش حال *combien de fois?* Be (Barb.) اش ما *quidquid*, Voc. — باش حال *combien?* (lorsqu'on donne le prix), Be (Barb.). — اش كون *qui, quel homme, quelle personne?* Be (Barb.). — عن اش *pourquoi?* Voc. — اشحال *quantum*, Voc.; اش ما *quanto magis*, Voc.

اش «exe como en el juego del axedres», Alc. Feu M. Lafuente y Alcántara m'a écrit qu'on ne sait plus en Espagne ce que *exe* signifiait au jeu des échecs. Je soupçonne que c'est l'équivalent de كش (voyez), qui signifie *en échec* (p. e. le roi est en échec).

أَشْ *chut!* Be.

أُشّ *libertinage*, Berb. I, 641, 3 a f.

أشاشا *staphisaigre, herbe aux poux*, Be.

أَشَارَس *espèce de poisson*, Slane *sparus*, Becrî 41.

أَشْبِطَانَة, en Espagne, *espèce de lis*, [de Sacy Abdallatif 38 d'après Bait. I, 118 c; leçon de D; B اشبطانة (sic), L اسبطانة.

أَشْبِلْط (ἄσφαλτος) *asphalte*, Abou'l-Walîd 235, 20.

أشبلينيات *poisson du lac de Bizerte*, Gl. Edrîsî.

أَشْبِين (ou شَبِين), pl. أَشَابِين, *compère, parrain*, Be. — *Personne qui accompagne l'épouse le jour de ses noces* (chez les Coptes), Lane M. E. II, 370, M, qui dit (sous le chin) que c'est un mot syriaque.

أَشْبِينَة (ou شَبِينَة) *commère, marraine*, Be. — *Compagne de la mariée*, M.

أَشْتَنْب (esp. *estopa*) *étoupe*, Voc., Ibn-al-Djezzâr. Chez Ibn-Loyon اصطب, chez Alc. أَشُوب

أَشْتَرْبَان (pers.) *chamelier*, de Jong.

أَشْتَرْغَاز (pers. de أُشْتَر *chameau* et غَار *épine*) *leucacanthe*, Be.

أَشِج voyez وَشَق

أَشَر II *dénoter, indiquer*, — *coter* (marquer par lettres ou par nombres des pièces), — *figurer* (représenter allégoriquement), — *ébaucher*; — c. على *marquer* (mettre une empreinte, une marque, sur une chose pour la distinguer); اشر بظهور شى *signaler* (avertir par des signaux que l'on aperçoit un objet), Be. (On voit que le peuple a formé ce verbe de اشار).

IV *rendre insolent*, Abbad. I, 255, 3, cf. III, 123.

مُؤَشَّر *denté*, en parlant de feuilles, Bait. I, 201 b.

أَشْرَاس *asphodèle*, Bg; chez Sang. اسراس (on dit aussi قيل هو الارشاس: خنثى); سبراس «Bc رسراس», Most. sous الارشاش dans N, الارشاش dans La; ensuite: ورايت انه يعرف اشراس dans La, N اشراسن, lisez اشراس.

أَشْرَكٰى espèce de mouton en Abyssinie, dont la peau fournit le cuir qu'on appelle شَرَكٰى, Macc. II, 711, 13; cf. Gl. Esp. 242.

أشريا (?), Most. sous أورشبا (*lis blanc*): وهذا عند الريبى وهو اسريا leçon de N; Lm والبرى هو اشريا.

أَشْفَى, أَشَافى comme adjectif; ابر اشافى *alênes*, Inventaire (la copie porte par erreur احافية).

أشْق voyez شَقّ.

أَشْفَارُ (esp.) pl. أَشَافِر lieu où se met l'amorce ou la mèche d'un fusil, Alc. (esquero de yesca; cf. Victor).

أشْفَاقُور et و *colère, mauvaise humeur*, Voc. (stomacatio).

أشْغَالانس قَنَدَ = *galbanum*, Most. sous ce dernier mot.

أشْكَالِيَة ou أشْكَالِيَة (b. lat. scandula et scandella (voyez Ducange), esp. escaña) *épeautre; speltum* dans la traduction d'une charte sicilienne *apud* Lello 13 (ك); *far et scandula* dans L (ش); répond à χόνδρος, Most. sous حَنْدَرُوس (La ق, N ك), Auw. I, 23, 11 et 12, et à علس, Bait. II, 206 e, Auw. II, 26, dern. l.; se trouve aussi Auw. I, 661, 15, II, 30, 1, Aboul-Walîd 779, 792 (ي); Auw. II, 30, 10 c'est اشكلى. Signalé comme un mot esp. بعجمية par. Bait. l. l. (الاندلس).

أشْقَطير (esp. escudero) *écuyer*, Voc.

أشْقَمُونِيا *scammonée*, Alc. (escamonea).

أَشْقُولُوفَنْدَريُون (σχολοπένδριον) *cétérac, doradilla* (plante), Bc.

أشْقيطن *collyre*, Voc.

أشْقيل (gr.) *scille, squille*, Most.

أشْكَالَة (scala chez Ducange n° 3), pl. أشَاكِل et ات, sorte de vase où coupe, L (ampulla, caucum; cf. Ducange), Voc. (cifus).

أشْكَالِيَة voyez اشْقَالِيَة.

أشْكَامَة (esp.) pl. أشَاكِيم *écaille* de poissons, Alc. (escamosa l. so) مَلِىء من اشاكيم; cf. sous les adverbes escama a escama). Dans le Voc. اشكامة est *branchia, ouïes* d'un poisson. — *Ecaille, petite partie mince et légère qui se détache du cuivre*, اشكامة من نحاس, Alc. (escama de cobre). Aujourd'hui رشكامة selon Lerchundi.

أشْكَان (esp. escaño) pl. أشَاكِن *banc à dossier pour trois ou quatre personnes*, Voc. Le pl. أشاكين chez Djob. 63, 10, car c'est ainsi qu'il faut lire en cet endroit au lieu du اشاكير du man., que l'éditeur a changé mal à propos en اشاكيز; par conséquent il faut biffer l'article شكر dans le Gl.

أشْكَرجُون pl. ات *hérisson*, Voc.

أشْكَرلَاط (man. Ga du Holal 14 r°, Macc. I, 137, 20) ou اشكبلاط (1001 N. X, 305, 2 a f.) *écarlate; shkalat,* drap d'Irlande, Jackson Timb. 347.

أشْكَرى sorte d'étoffe, Holal 9 v°: مائتا شقة من اشكرى où le man. de Paris porte اشكر et Ga اشكرلاط. — أشْكَرِيَة est *vestimentum* dans le Voc. (seulement dans la 1re partie).

أشْكلى voyez اشقالية.

أشْكُورِيَة (σχωρία, esp. escoria) *scorie*, Voc., Most. sous خبث الحديد: ويعرف بالاشكورية chez Alc. (escoria) avec le *sin*.

أشْكِبلاط voyez اشكرلاط.

أشْكل voyez Ztschr. XVIII, 695, n. 1.

أشْنَان voyez Lane et des renseignements très-précis chez Rauwolf 37 et suiv.; sur l'espèce اشنان العصافير ou القصارين voyez de Goeje sur Edrisi 37, n. 1. — اشنان داود *hysope* (plante), Bait. I, 53 e.

اشنة 26 اصفهان

الْهَنْدَقُوقا وهو يُطَيِّبُ اليَد lotus (plante), Gl. Manç. رَائِحَة اليد اذا غُسِلَتْ به۰

أَشْنَة (الاشنة البُسْتانِيَّة = شِيمة (Bait. II, 116 b), voyez ce mot.

أَشُو (berb.) quoi? Alc. (que cosa); cf. Dict. berb. sous quoi; selon Hanoteau (Grammaire kabyle 67 n.), c'est une altération de l'arabe أَشْ.

أَشُوب (esp.) étoupe, Alc. (estopa); أشوب القنّب étoupe de chanvre, id. (cañamazo). Sous « sedeña cosa de lino » il a: ochûp ataxît(?). Dans le Voc. أَشْتَب. Chez Lerchundi اشطوبي لشطوب.

أَشْبِينَة (esp.) oursin, hérisson de mer, Alc. (echino [lat. echinus, aujourd'hui: equino] por olechino [M. Simonet soupçonne que c'est une faute d'impression pour alochino, echino avec l'article arabe], echino este pece).

أَصَاص thymélée, garou, trentonel (plante), Most. sous ازار (voyez ce mot): قيل هو الاصاص.

أَصْفَهان ou أَصْفَهان mode de musique, Hœst 258, Descr. de l'Eg. XIV, 25.

اصفهاني ou اصبهاني étoffe de soie qui tire son nom de la ville d'Ispahan, Gl. Edrîsî. On la fabriquait aussi à Alméria, Macc. I, 106, 2. — Le كُحْل, chez Bc اصفهاني antimoine, s'appelle aussi simplement اصفهاني, Ztschr. V, 238.

أَصْداك أَشُوشُو, s'il faut transcrire ainsi le terme qui chez Alc. est azâdaq (ou azdâq, ou azdîq) axûxu, énigme, Alc. (cosa e cosa, pregunta de ques cosa y cosa, ques cosa y cosa). Je soupçonne que c'est une expression berbère plus ou moins altérée. Dans le Dict. de cette langue je trouve تِيدَاكْ, ces, celles-là, et أَشُو, que, interrog. (quelle chose), quoi, interr. (quelle chose). L'expression dont il s'agit signifierait donc proprement: ces choses quelles (sont-elles?), et elle serait en quelque sorte l'équivalent des termes espagnols qu'Alc. donne pour énigme.

أَصِر

اصبرية sorte d'étoffe à Naisâbour, dont on fabriquait des منديل, de Jong.

مَاصُورة pl. مَوَاصِير, du persan ماشور, ماسور, ماشور, ماسور, qui signifie proprement tuyau (voyez Ztschr. XII, 333—335). On l'applique à plusieurs sortes de tuyaux ou à d'autres objets qui en ont la forme.

حُقْنة ماصورة canule (petit tuyau au bout d'une seringue), Bc. — Canon de fusil, Bc, Hbrt 135. — Petit tuyau en or, qui fait partie de la coiffure des dames, Lane M. E. II, 409. — Pipe pour fumer, Bg (au Liban, مسورة). — Aiguillette (tresse, cordon garni de métal en pointe par le bout pour attacher), Bc. — Bobine de tisserand, Bg. (à Jérusalem, مَصُورة). — ماصورة للحياكة navette (instrument de tisserand), Bc. — Tresse de trois fils, Alc. (crisneja de tres cuerdas). — Ceci peut servir à corriger et à compléter ce que j'ai dit Gl. Esp. 312.

أَصْطَب (esp.) étoupe, Ibn-Loyon 40 v°, en parlant du lin: ومشاقة الاطلب, mais il faut corriger comme je l'ai fait, car مشاقة signifie étoupe, et l'autre mot est l'esp. estopa, dans le Voc. أَشْتَب. Cf. Lane sous صطب.

أَصْطَبْل pl. ات, Voc., de Sacy Chrest. II, ff, 1.

أَصْطَرمية (Freytag). Ce mot, que Golius a entendu au Maroc et que j'ai trouvé seulement chez les voyageurs, est chez Domb. 94 سطرميه, suturmijah, usturmijah; Hœst 153 sing. estermia, pl. stermiat (63, 152), Grâberg 49 stormie. Mul [= مُولَى] Stormia, « l'employé qui prend soin des accoudoirs ronds de l'empereur », Pflügl LXIX, 19.

أَصْطُماخِيقُون (στομαχικόν) pl. ات stomachique, sorte de remède purgatif, Bait. I, 428 a: اهل الهند يخلطون بأدويتهم الكبار المعجونات والاصطماخيقونات وغيرها من الادوية المسهلة۰

أَصْطُوخة lustrine (étoffe de soie brochée), Bc.

أَصَف nom d'un arbre qui croît dans les fentes des rochers et dont Burckhardt (Syria 536 et suiv.) donne la description (aszef). — Nom d'un instrument de musique, Casiri I, 528 a.

أَصْغَرَنِي sorte de poisson, Burckhardt Syria 166.

أَصْفَهان voyez اصبهان.

اصفهاني voyez اصبهاني.

اِسْقالَة أَصْقالَة voyez.

أَصْل II c. مِن, Prol. II, 145, 4: Toutes ces traditions sont saines, على ما اصّلتْه مِن الاحتجاج بأخبار عاصم «c'est ce que j'ai constaté par des preuves tirées de ce que nous connaissons de la vie d'Acim». — Dans le Voc. sous cautio; cf. تأصيل.

V. أَصَّلَ أموال متأصّلة immeubles (biens en fonds, maisons, terres), Abd-al-wâhid 210, 12. — Dans le Voc. sous cautio; cf. تأصيل.

X. ثغرة ليست مستأصلة une brèche qui n'allait pas jusqu'à terre, Akhbâr 11, 6.

أَصْل. اصل عطائه sa solde ordinaire, Gl. Belâdz. — بلد اصله la patrie de ses ancêtres, Macc. I, 529, 16. — اصل لسان langue mère (d'où dérive une autre langue), Bc. — اصل الماء hydrogène (gaz), Bc. — ما الاصول tisane, Bc. — اصل n'est pas toujours original (aussi اصل الكتاب; Bait. II, 542 a, en critiquant un article d'Ibn-Djazla: عنده ترجمة كان الاولى ان تنسقط من اصل الكتاب), opposé à copie; il signifie aussi quelquefois copie, exemplaire; voyez Voc. Macc. I, 607, 12; Abdart 83 r°: فكتّمته في قراءة جامع البخاري عليه واتيته بأَصْل منه اشتريته فاستغربه حالى في ذلك وقال لى ان اردت ان تَنْقُرا في اصلى وينوفر عليك ما تشترى به فافعل فقلت اريد ان اقرأ هذا الكتاب في اصل يكون في ارجع اليه. — Une chose acquise d'une manière plus ou moins illicite (شيء فيه شبهة) s'appelle فاسد الاصل, R. N. 102 r°; pour exprimer le contraire, on dit شيء له اصل, ibid. — هذا زيت له اصل Qualité bonne ou mauvaise, Bc (sous acabit), plus souvent bonne qualité; 1001 N. I, 290: الاصول محفوظة (trad. de Lane: «noble qualities are held in remembrance»); peut-être Roland, qui traduit par façon, manière, a-t-il eu en vue le même sens. — Comme pied en français (tout l'arbre, toute la plante), Becrî 32: من النارنج الف اصل «mille pieds d'orangers»; ibid. 116, 9, Auw. I, 505, 9 (où il faut lire اصل avec le man. de l'Esc. et celui de Leyde), 131, dern. l.; Berb. II, 138, 1: الاصل 1 chou, 1 laitue, 1 rave.» — الواحد من الكرنب ومن الخسّ ومن اللفت اصول الدين = الاصلي Macc. I, 486, 3 a f. الاصلان = اصول الدين et الفقه, Macc. I, 585, 6, 621, 2 et 8, 940, 2, III,

122, 14, Autob. 198 v°: قرأ المنطق والاصلَيْن على اخذت عنه الاصلَيْن والمنطق, ibid.: الشيخ أبى موسى ثم قرأت المنطق 202 r°, وسائر الفنون الحكميّة والعقليّة Khatîb 24 v°: ربما بعده من الاصلَيْن وعلوم الحكمة. De même كان مضطلعًا بالاصلَيْن قائمًا على العربيّة الاصوليّان, de Sacy Gr. I, 379, Athîr X, 400, 5 a f: غارما بأُصولَىَّ الدين والفقه, mais au lieu de غارما il faut lire عارف, comme on trouve chez Nowairî Afrique 52 v°, Macc. I, 551, 13 (cf. Add.). ولَه اصل et pour cause, pour bonne raison, Bc. — من اصل à-compte sur, en déduction de, Bc. — أَصْلًا (sans négation) aucunement, jamais, point du tout, Bc. — اخرج له مقرونًا بغيره لا اصلًا, Prol. II, 146, 3: لا اصلًا («pas uniquement sur son autorité»), de même 149, 12.

أَصْلِيًا أَصْلِيَّة primordialement, Bc.

البيت الاصلاني = الاصلي = الاصلي la maison paternelle, 1001 N. Bresl. X, 282 (Macn. الاصلى).

أَصِيل dans le sens de noble, (cheval) de race, forme au pl. أُصُل (1001 N. Bresl. III, 384), أَصَلاء (Macc. I, 801, dern. l., 802, 8), et أُصالًا (Bc sous condition et sous race). — البَرّ الاصيل la terre ferme, le continent, Bc, 1001 N. I, 113.

أَصالة origine, Khatîb 4 v°: وكلُّ طبقة تنقسم الى من سكن المدينة بحكم الاصالة والاستقرار, وطرًا عليها ونعبت الى ان اذكر, ibid.: ممّا يجاورها من الاقطار الرجل ونسبه واصالته وحسبه ومولده, 19 v°, etc.; surtout noble origine, Voc., Khatîb 14 v° (après avoir nommé les tribus arabes établies à Grenade): وكفى 23 v°: بهذا شاهدًا على الاصالة ودليلا على العروبيّة — بالاصالة entièrement, Bc. مِنْ بيت خير واصالة

تأصيل pl. ات obligation, billet de reconnaissance d'une dette, Voc. (cautio; cf. Ducange cautio n° 1).

أَضالَة est omnis dans le Voc.

أطريال (terebella) sorte de tarière, Aboul Hhassan Ali, de Maroc, Traité des instr. astron., traduit par Sédillot, II, 549 et suiv., avec la figure. Aussi طَريال (voyez).

اُطْرُبَشِيرَة manteau, Voc.

أُطْرُبَشِين (esp. travesaño) pl. ات barre pour fermer et assurer une porte, Voc.

اطرجل (ou أَتَرجَل) chopper, faire un faux pas, Bc.

أُطْرُطْغ est expliqué dans le Voc. par *ofa* (offa) et son synonyme est ثُرْد ou ثَريد. Du latin *attritus*, selon M. Simonet, 260, qui fait remarquer que le Voc. donne aussi (p. 477 gl.) un verbe *atridar* = دَقّى.

أُطْرُمالَة (voyelles dans A) nom d'une plante, Bait. I, 55 i.

أُطْرُنَكَة dans le Voc., sans explication.

أُطْرُون *aphronitre, écume de fleur de nitre*, Gl. Esp. 59.

اُطْرِيفَل et اطرِيفال *myrobolans. — Médicament composé ou électuaire, dans lequel entrent les myrobolans*, Sang., Gl. Manç.: اُطْرِيفَل دَواء مُركّب فيه لا مَحالَة بعض الهليلجات او كلّها ويزاد فيه بحسب للحاجة من الغاه, Gildemeister, Catal. des man. or. de Bonn, p. 55: «Quomodo paretur اطريفل e tribus myrobalani speciebus». Un de ces électuaires s'appelle اطريفل اسحق, car c'est ainsi qu'il faut lire Becrî 27, 11; un autre الاطريفل الصغير, Sang., Chec. 213 v°: ومن أجود الادوية لارواح المبواسير اخذ الاطريفل الصغير ويكون انقاع الهليلجات التي يتركب منها الاطريفل بدهن للجوز بدلاً من السمن. Ce mot vient de τρυφερόν (délicat); cf. Ducange sous trife- ron. — *Trèfle d'eau* (plante médicinale), Bc.

أُطْمَة (de ατμή, *fumée, vapeur?*) pl. اطام *volcan*, Ha- maker apud Weijers 183, Amari 1, l. 8, 4 a f., 2 a f., 2, l. 4, l. 9, 4 a f., 145, 3, 424, 4 a f.

أَطْواسِنا avec ces voyelles dans le Gl. Manç. qui l'ex- plique ainsi: استشعار الطَراوة لِصِغَرِ السِّنّ من أجل الغضاضة التي تلزمها فيقال طَرُوّ اللحم وغيره بالهمزة وطَرُوّ بالواو وطَرِيّ بالياء وطَراوة وطَرآءة ضدّ نَبَل.

أَطْيَط *noix d'arec*, Most. sous فوفل: وقيل هو الاطيط. Chez Freytag اطيوط.

أَظار est employé comme un pl., *nourrices*, Prol. I, 336, 1, III, 307, 6.

أَعاراطِس (Lm طِبس) *certaine pierre qu'emploient les cordonniers*, Most.: الزُّفَراوي هو حجر تستعمله الأساكفة ومذاقته غير قابضة ولا حريفة جدّاً.

أَغا (turc), suivi d'un génitif أغاة ou أغة (cf. Fleischer Gl. 85), pl. اغاوات, *agha, commandant turc, — exempt*, Bc. — *Eunuque*, 1001 N. Bresl. IV, 375, VII, 96 (dans ces deux passages l'éd. Macn. a طواشى).

أَغارِقَه (esp. *agarico*) *agaric*, Most.: اغاريقون هو اغارقه.

أَغافِت = غافِت, Payne Smith 995, 997.

أَعالُوجَن ἀγάλλοχον, Most. sous عود.

أَغَرَسْطَس (gr.) *sorte de graminée*, voyez Gl. Edrisi.

أَغْرِيل ou أَغْريل (altération d'une forme romane dérivée du lat. *glis*, en prov. *glire*, en esp. *liron*) pl. أُغَيْلِيات *loir*, Voc.

أَغرِيل (esp.) *grillon*, Alc. (grillo especie de cigarra).

أَغَشْ (Alc.) et أَغَشْت (Augustus) *le mois d'août*, Simonet 237.

أُغَشيبة = لَغْشيبة. Voyez ce mot.

أَغْلال (berb.) *limaçon, escargot*, Domb. 67, Roland, Hbrt 68, Most. sous حلزون (seulement dans N): وتسمّى بفاس المغرب من فاس وتلمسان اغلال. Dans le Dict. berb. *limaçon* est أَبَرْجَغْلال et أَجْغَلال.

أَفّ V c. من *s'ennuyer de quelqu'un, de quelque chose, en éprouver du dégoût, s'en lasser*, Abd-al-wâhid 92, 6 a f., de Slane Prol. I, LXXVI a.

أُفّ *paucitas* chez Freytag doit être biffé, voyez Fleischer sur Macc. II, 820, 5 Berichte 203.

أَفام *dette*, Ht, Roland.

أَفْرِنَاجِيَّة ou فَرْناجِيَّة *espèce de machine de guerre*, Mong. 136 b, 137 a.

فَرِنْطال et أَفْرِنْطال (esp.) pl. ات *espèce de coussin qu'on met sous la courroie qui assujettit le joug à la tête*

أُفْروطَة

des bœufs, de peur qu'elle ne le blesse, Alc. (frontal de arar, frontal, melena de buey). Aujourd'hui on dit encore *frontal* en valencien, mais *frontil* en castillan.

أُفْروطَة (esp.) *flotte*, Alc. (flota de naves), Cartâs 222, 9 et 9 a f., 223 med. et 8 a f., 224, 2 a f., 225 med., etc. (seulement en parlant de la flotte des chrétiens).

أُفريقيّة *poulet à l'huile d'olives*, R. N. 69 v°: فعملت (prépara) اخــتُــه ليلةً من الليالى دجاجة افريقية (sic) فقال سليم انا اشتهى افريقية r°: 91, ووجّهت بها اليه فقدّم اليمّ ثردة بدجاجة طيّب (sic), et ensuite: بزيت طيّب وعليها زيت طيّب وقال لسلام كلْ يا سالم يا صاحب الامريقية (sic) ✱.

اَفيس nom que les Africains (الافريقيون) donnent à l'*hyène*, Aboû'l-Walîd 799, 10.

أفْسَنْتين (*absinthe* chez Freytag), la première lettre a un *kesra* dans le Voc.

أفْطَهَاج *absinthe*, Most. sous أفسنتين (dans Lm il n'y a pas de ج).

أفق.

أُفُق *hémisphère*, Voc. — افق الملائكة chez les Soufis, *la station la plus élevée à laquelle l'âme puisse atteindre*, Prol. III, 64, 3: الافق الاعلى افق الملائكة = أُفقى et أُفقى vers chez Weijers 192. — *Horizontal*, Bc. (sans voyelles).

أفْليو (latin pulegium) *pouliot*, Domb. 73; voyez sous la racine فلى.

افلنجمشك = فرنجمشك, Bait. II, 254 b.

أفْلَنْجَة ou فلنجة (pers.); voyez les dict. persans sous ces deux mots; Most.: قيل انها حشيشة تقع فى الغالية وفى فلنجة وهى مثل حبّ الفرقل واكبر لها عيدان صغار مثل الصعتر واكبرها أجْوَدُها وهو الزنب الزنب. Au lieu de بالزاء وهو ارجل (Lm رجل) الجراد lisez الزرنب; cf. Bait. I, 525 b: الدمشقى الزرنب.

اقروف

يسمّى ارجل الجراد. Voyez aussi Bait. II, 261 a, 344 b.

أفْلوس *obier* ou *aubier* (arbrisseau), Bc.

أفُه et أفْه *fi!* Habicht Gl. II.

أفونيموس *fusain* ou *bonnet à prêtre* (arbrisseau), Bc.

أفيثْمون *épithyme*, Gl. Manç. v° كشوث, Calendr. 67, 6.

أفيون. روح الافيون et دهن الافيون *laudanum* (extrait, préparation d'opium), Bc. — *Les feuilles séchées du hachich qu'on fume*, Maltzan 141.

أفيونى *preneur d'opium, qui fait usage de l'opium pour s'égayer*, Bc, 1001 N. Brcsl. VII, 43.

أق اغاج (turc) *orne* (arbre), Bc.

أقْتَرمَه (turc) *prise*, *vaisseau*, *marchandises prises*, Bc.

أقْحْوان voyez sous قحو.

أقْديميا chez Freytag doit être biffé; أقليميا chez Rhazès n'est pas une faute, comme Freytag a pensé; c'est la bonne leçon; Freytag lui-même l'a sous le ق.

أقرَاباذين ou قرَاباذين (grec selon Hâdjt Khalfa I, 378, 10; conjectures sur son origine Ztschr. V, 90, n. 2) *médicament composé*, Bc. — *Pharmacopée*, Catalogue de Loyde III, 255, chez Bc اقراباذينات.

أقْرشْتَه (esp. cresta) *crête du coq*, Voc.

أقْرَنْبِد *nu*, Voc.

أقْروف et أخْروف pl. أقارف *espèce de coiffure, en usage au Maghrib, bonnet haut, de forme conique*, Voc. (capellus), Mohammed ibn-Hârith 275: فلمّا قدم قرطبة ولّاه الامير (Abdérame II) رحّه القضاء فجلس للحكم فى المسجد وعليه جبّة صوف بيضاء وفى راسه أقْروف ابيض وغفارة بيضاء (lo man. a toutes les voyelles de اقروف). C'était un costume extrêmement simple, car l'auteur ajoute: فلمّا نظر للخصوم اليه احتقروه. Ce terme désigne au contraire une coiffure faite d'une étoffe précieuse chez Abbâr 162, dern. l. Chez Bat. II, 379, c'est le synonyme du persan بُغْطَاق qui désigne: une coiffure en or, brodée de perles ou ornée de pierreries, dont se servaient les princesses mongoles, et dont l'extrémité ou appendice traînait jusqu'à terre (J. A. 1847, II, 170). Voyez aussi Bat. II, 388, III, 229. Deux fois avec le خ dans le man. Gayangos de Bat.

اُقْرِيطَشِى proprement *qui vient de l'île de Crète*, épithète du narcotique appelé *bendj*, 1001 N. Bresl. IV, 146, 389. Employé substantivement, c'est le synonyme de *bendj*, *ibid.* VII, 282 (où l'éd. Macn. a بنج).

اَقْرِيون, اَقْرِيونَش, اَقْرِيولَش, *cresson*, de ἄγριον = ἀγριοκάρδαμον, Simonet 234; chez Alc. (berro yerva) fiucuriôn.

اَقْسَمَا (gr.) *oxymel*, 1001 N. Bresl. II, 101, 104 (= Macn. I, 189).

اَقْسِبِين *liseron*, *liset*, Bc.

اَقْطِن (Freytag) appartient au dialecte du Yémen, Bait. I, 71 c: اقطن بكسر الطاء هو الماش بلغة اهل اليمن, II, 465 b.

اَقْلِومِيَة حارس الاقلومية *marguillier*, Bc.

اَقْلَى (roman, Simonet 253) pl. ات *aiguillon*, Voc.

اَقْلِيم *district, étendue de juridiction*, Gl. Edrîsî, *province*, Bc. الاقليم المصرى الاقليم الصعيد *l'Egypte*, الاقليم الوسطانى *Moyenne Egypte*, الاقليم البحرى *Basse Egypte*, Bc.

اَقْلِيمِيا ou قلميا (καδμεία) *cadmie*, Most., Gl. Manç., Bait. I, 43 a et b, II, 314, Bc.

اقنوم.

اقنومى *hypostatique*, Bc.

اَقْنِين voyez قنين.

اَقْوَال (berb.) instrument de musique dont on se sert en Afrique, Macc. II, 144, 4; c'est un tambour de terre glaise qui a une peau tendue sur un seul fond; voyez Hœst 103, 262, et la figure Tab. XXXI, n° 9; il écrit أَقْوَال.

اَقْوِى (esp.) *piquette* (boisson faite avec de l'eau jetée sur le marc du raisin), Alc. (agua pie).

اَكَابَر *grande caravane*, J. A. 1840, I, 380, 8: ثم ورد فى بلد تنبكت فى رفقة اكابر, cf. l. 14; Barth V, 32 donne *ákābar* au sing., *ákuabīr* au pl.; Ghadamès 164: «La caravane marocaine [qui se rend à Tombouctou] se nomme *Akabar*»; cf. 192; incorrectement *akkabah* chez Jackson 24, 61, 62, 75 et souvent dans son Timb., et chez Gråberg 144. C'est sans doute un mot étranger (cf. Barth l. l.) et nullement le pl. de l'arabe اَكْبَر, comme l'a pensé d'Avezac (J. A. l. l. 385).

اكتمكت (chez Freytag), voyez Bait. I, 73 b, 294 a; dans le Most. N أَكْتَمَكْتَا (très-corrompu dans Lm).

اَكْتُوبِر *le mois d'octobre*.

اَكْتُوبِرِى *poisson qui paraît en octobre dans le golfe de Tunis*, Becrî 41, 10 a f.; aujourd'hui le poisson qui y paraît dans ce mois, s'appelle *chelba*; c'est une espèce de dorade, de Slane.

اَكْتُورِيَّة (pour اَكْتُوبِرِيَّة) *maladie qui atteint les étrangers à Tuggurt en octobre*, Carette Géogr. 247.

اكد voyez وكد.

اكديش voyez sous le ك.

اُكْرَة (pour كُرَة, cf. Fleischer Gl. 40) pl. اُكَر *boule*, — *pommette* (ornement en forme de petite pomme), Bc. — اُكَر البَحْر *pilae marinae*, Bait. I, 74 b, qui ne parle pas de la mer indienne (Sonth. 75, 4), mais de بحر المهدية (AB) et qui compare les racines des éponges au اُكَر القيروان, — I, 45 b. ليف اُكَر البحر, auxquels sont comparées les grenades, 1001 N. IV, 249 (= Bresl.); j'ignore ce qu'il faut entendre sous cette expression.

اكرار *grand héliotrope, tournesol*, Bc, est un terme qui appartient au dialecte de Nedjd, Balt. I, 75 c: عند عرب نجد للنوع الكبير من الطرنشولى الذى لا يثمر

الشوم عندهم وهـو اللون الـلازوردى الثم; au lieu de الشوم lisez (var. الثُّنُوم).

اكربايا ou اكرباى, terme dont se servent les Persans dans les 1001 N. pour confirmer ce qu'ils disent. Il paraît être du persan corrompu; voyez Fleischer Gl. 69 et son édit. des 1001 N. XII, préface p. 92.

AKRECHT ARNEB *paronychia*, Prax. R. d. O. A. IV, 196.

اكرنب voyez كرنب.

اَكْرِيخ pl. اَكَارِيخ *mèche*, J. A. 1850, I, 246, 247.

اَكْسِيجِين (gr.) *oxygène*, M.

اَكْسِبِيس voyez plus haut sous شتوى اِجَّاص.

اكل I au fig. *corroder, ronger peu à peu, miner, consumer peu à peu, caver* (p. e. اكل المـاء الصخرة « l'eau a cavé le rocher »), Bc; اكلتهم السنون « quelques années de disette achevèrent leur ruine », Berb. I, 41. — *Dévorer, lire avidement*, Bc. — *Mordre, piquer*, en parlant d'insectes, R. N. 48 v°: فاذا عنده من البراغيث امر عظيم قال فاقبلت المحرّ كُلّما اكلوى ورَبَّما ركبوا فى مراكبهم — *Piller*, Edrisî Cl. I, Sect. 7: *ibid.*: وتعرضوا للسفن فاكلوا متاعها وقطعوا على اهلها لكن اهل الجزيرة اكلوا متاع الغوّاصين والتجّار القاصدين البحر, Cartâs 204, 4 a f., en parlant d'un roi: اكلهم لا — اكل القوى الضعيف Gl. Abulf.: وسعى حربهم — اكل العرض *incorruptible* (au fig.), Bc. — باكل برطيلا voyez sous عرض. — اكل عصا *recevoir la bastonnade*, Bc, Jackson Timb. 325; de même اكل ضربًا, اكل قتلة *être battu, recevoir des coups*, Bc; اكل طريحة, Daumas V. A. 480, 2 a f.; اكل مائة عصا *il a reçu cent coups de bâton*, Bc. — اكل كفّيه ندمًا *se mordre les doigts par regret*, Bc. — اكل الميراث *succéder à, hériter de*, Bc. — اكلفنا مشبعة كرامتكم *vous nous avez bien fait suer* (travailler), Bc.

III (au lieu de la IIe) *donner à manger*, Voc.

V *être rongé*, Bait. I, 13 a: إن وضع مع الثياب حفظها. — *Incorrectement, actif* c. فى من التَّأَكُّل *ronger*, Most.: (N ش) نشارة الخشب هو الذى ينتشر من الخشب مِنْ قِبَل تَأَكُّل السوس فيها.

VII *se manger, être mangeable*, 1001 N. Bresl. IX, 296, 8.

VIII (vulg. اتّكل et اتّاكل) *se manger, être mangeable*, Bc.

اكلُ السريرة. أكْل *remords*, Bc.

أكلَة *repas*, Bc, Hbrt 11. — *Pâture*, Bc. — *Mangeure* (endroit mangé d'une étoffe, d'un pain), Bc. — *Ver rongeur, remords*, Bc. — *Cancer*, Domb. 88, Bc; L a أكلة en ce sens (cancer). — *Gangrène*, Bc. — *Chancre, ulcère*, Bc, Ht.

أكلة *terres du beylick occupées, à titre de bénéfices militaires, par des Turcs*, Dareste 87 (cf. Lane).

أكلة voyez أكلة.

أكّال *corrodant, corrosif, mordicant, rongeur*, Bc.

اتّكال اللحم *cautérique* (qui brûle les chairs), Bc.

دواء أكّال *remède consomptif* (qui consume les humeurs, les chairs), Bc.

آكِل plante qu'on mêle au tabac quand il est trop fort, Daumas Sahara 192 (*akil*). — آكل يقبل (?) *quelepequil* urèbre (petit ver qui s'engendre et se roule dans les feuilles de pampre, etc.), Ale. (*gusano rebolton*).

تَأْكُولَة *chancre*, Bc.

تَأْكُلِي *chancreux*, Bc.

مَأْكَل pl. مَآكِل *aliment*, Voc.

مَأْكَلَة *aliment, repas, festin*, Ht.

يَأْكُل سَكوت *espèce de moucheron qui ne bourdonne pas, mais qui mord en silence*, van Karnebeek dans la Revue « de Gids » de 1868, IV, 141 (*Jakul oskud*, « qui mange sans parler »).

أُكْلُك pl. أتَالك *tablier de taffetas des femmes*, Bg.

اكليروس ou اكليريس (gr.) *clergé*, Bc.

اكليركى (gr.) *clerc*, Bc.

اكليم pl. اكاليم *tapis*, Bc; كليمات *espèce de tapis*, Descr. de l'Eg. XVII, 388.

اكم وبصان من ذلك بالاكمة *butte*, Auw. I, 249, 19: أكَمَة.

(car c'est ainsi qu'il faut lire) «ce contre quoi on peut se prémunir en le buttant» (Clément-Mullet).

أَكَمِي العُمْرَة الأَكَمِيَّة la visite sacrée dans le mois de Redjeb, ainsi nommée parce qu'elle commence à partir d'une petite hauteur (أكمة), qui est en face de la mosquée d'Aïcha; voyez Bat. I, 383.

أكيون buglose des bois, Bc.

أَلَّا courage! Bc.

أَلَّا certainement, Ztschr. XI, 676: حوشوا الهوى عنّى ألَّا يجرح الهوى «loin de moi l'amour! Certainement l'amour blesse». A expliquer par une ellipse: ما هو ألَّا, (ibid. n. 1). Aussi isolément, p. e.: «Me connaissez-vous? تعرفنى; réponse: certainement, ألَّا», Bc. — De même وألَّا ou فألَّا, dans des phrases comme celles-ci: فإن لم يفعل فألَّا سرْت اليه «s'il ne le fait pas, certainement je marcherai contre lui», Valeton 69, n. 6 (cf. ٣, 1); Fakhrî 372, 2; R. N. 98 rº: ان لم تنصرف والَّا فقأت عينك الاخرى «si tu ne t'en vas pas, certainement je te crève aussi l'autre œil»; 1001 N. Bresl. IX, 345: اذا لم تقلعى والَّا قتلتك «si tu n'ôtes pas tes habits, certainement je te tue»; voyez aussi sous درك VI; Ztschr. XX, 487, 8: ولولا خوف الاطالة والَّا ذكرت جميع اسماء الكتب «si je ne craignais de devenir trop long, j'indiquerais certainement les titres de tous ces livres». و الَّا signifie aussi certainement, p. e. Cartâs 118, 5, où il faut lire avec le man. de Leyde: وكلّ ما وصف به رسول اللّه صلعم امراء الزمان الَّا وقد نسبَ اليهم ألَّا أن — . mais, cependant, Gl. Edrîsî, Gl. Belâdz., Bc (sous cependant); de même ألَّا seul, Macc. I, 154, n. a, Bc (sous couper), et ألَّا, Koseg. Chrest. 89, 5 a f., Bait. I, 48 a: واذا يخرج بجلده مكان لم يبقَ فيه منه, et والَّا, شى من السباع الَّا ويهرب منه, Macc. I, 829, 2 a f. Sur الَّا mais seulement, voyez mes remarques J. A. 1869, II, 210. — ألَّا أن du moins; ألَّا كذبوا أنهم خافوا من اليمين «s'ils montent, du moins

ils n'osent le faire avec serment», Bc. — وألَّا ou, ou bien, voyez mes remarques J. A. 1869, II, 185, 186. — وألَّا suivi de ف mais mettant cela à part (de côté), alors, Fleischer sur Macc. II, 824, 1 et 2 Berichte 206. — ألَّا dans une phrase négative, au lieu de حتّى, comme on dit plus ordinairement, Ibn-Abdalmelic 162 rº: فلم يكن الَّا عن قريب ووصل. — كناب لابن حسّون بأنّ يفعل الخ ما ذا والَّا — autrement (si non, sans quoi), Bc.

الأَوَى déiste, Bc.

ألَّا بالغى (turc) truite (poisson), Bc.

أَلَاجَة (turc) bariolé, Bc. — Etoffe de soie rayée, Bc; Descr. de l'Eg. XVII, 308: «des étoffes de soie et coton de deux qualités, l'une appelée alâgâ Châmy, et l'autre, alâgâ Hendy»; cf. Browne II, 264; étoffe en coton, Ghadamès 40. كَساوى الاجنة étoffe assez grossière en soie et coton, Ouaday 337, cf. 341.

الاسفاقس (ἐλελίσφακος) sauge (plante), Bait. I, 77 b (qui dit avec raison que les deux premières lettres sont radicales), Most. Pas à sa place chez Freytag.

الاطى sapin, Bait. I, 78 c.

الاطينى (gr.) linaria elatine, Bait. I, 76 b, velvote ou élatine, Bc; الاطينى ذكر véronique, Bc.

الاى (turc) appareil, cérémonie, pompe, Bc; بالاى en grand cortège, en grande pompe, Bc. — الاى جاوش héraut d'armes, Bc. — الاى مدافع batterie, Bc. — Régiment, Bc; أمير الاى colonel, Bc.

ألب II rassembler une armée contre quelqu'un c. على p., Nowairî Espagne 466, Ibn-Khaldoun man. 1350, IV, 3 vº. — ألب على فلان exciter le peuple, le public, contre quelqu'un, Autob. 231 vº: فاتّفقوا على شائعة فى التاليب والسعاية فى, Amari 435, 3 a f. (cf. annot. crit.), 436, 10 (prononcez فَالَّب).

V se liguer contre quelqu'un c. a. p. (Lane d'après T), Macc. II, 266, 11, Amari 435, 8 a f. (cf. annot. crit.; bon dans A). — Rassembler une armée contre quelqu'un c. على p., Bidp. 4, l. 7.

اَلْتَمَاق (corruption du turc طُومَاق, pl. ات), en Espagne, *botte*, Vêtem. 49. Comparez plus loin تَمَاق.

اَلْتُون (turc) *fil d'or*, Bc.

اِيْلْچِى ou الشى الْچِى (turc), pl. et اَلْچِيَّة *ambassadeur*, Bc, M. الْچِيَّة

الخ. En lisant, on prononce الى آخره, mais le vulgaire dit الْجِى, M.

الف I *s'apprivoiser*, Bc.

II (chez Alc. et Bc وَلَّف dans toutes les acceptions que je donne sur leur autorité) *apprivoiser*, Bc, Ht, Hbrt 66; *accoutumer*, Ht, Hbrt 66. — En général *préparer, apprêter*, mettre une chose dans l'état convenable à l'usage auquel on la destine; le sens particulier est déterminé par le substantif qu'on joint à ce verbe. Ainsi en parlant de viande, c'est *assaisonner, accommoder*; en parlant de bois, *limer*, ou *raboter*, ou *travailler artistement* (مؤلّف الصنعة خشب, Berb. I, 412, 2 a f.); en parlant de cuivre, *battre*; en parlant de verre, *facetter, tailler à facettes*, Gl. Edrîsî. — En chimie, *amalgamer*, ibid. — *Orner, parer*, Alc. (apañar ataviar). — *Forger* (controuver), Bc. — *Renfermer le bétail dans l'étable*, Alc. (apriscar). — *Commander des soldats*, Alc. (capitanear gente). — *Débaucher* (entraîner à des parties de plaisir, et aussi: faire quitter le service de quelqu'un; *embaucher*), Bc. — C. على *adapter* (appliquer, ajuster une chose à une autre), Bc. — وَلَّف حَالَه (dans le Kasraouan) *s'apprêter à*, Bc.

V *s'apprivoiser*, Bc, Hbrt 66. — *Se ranger*, en parlant de cavaliers, Müller L. Z. 4, 1. 11. — Quasi-passif de la IIe, Voc. v° compilare.

VIII *être égal, uniforme, ne pas varier*, Abd-al-wâhid 121, 9: اِتَلَاف أَوَانه, en parlant du printemps, où اوان *est saison*; l'auteur parle de l'égalité de la température au printemps, et اِتَلَاف est l'opposé de اختلاف dans la phrase qui suit. Hoogvliet (150, 3 et n. 185) ne me semble pas avoir saisi le sens de ce passage.

X c. a. p. *chercher à s'assurer l'amitié de quelqu'un*, Haiyân 40 r°: فاستالف عوسجة من اهل الخليج والتاكرني وعافته, Akhbâr 68, 2 (= Bayân II, 44, 16),

71, 1, Cartâs 54, 7, Cout. 41 v°: اِنْ اَمْكَنَنى اَن اِسْتَالِفَه بهذه المصاوره الى الطاعة فعلت. Dans le passage Berb. I, 295, 6 a f. on lit اِسْتِلَافًا بهم, mais il faut y substituer لهم.

اَلف. Pl. du pl. الآفات; صاحب الآفات *millionnaire*; ou خَيْر مِن اَلْف دينار, Bc. — *par milliers*, بالآلافات ou خَيْر من الف دينار seul, noms de la *pimprenelle* chez le peuple en Espagne, Alc. (pinpinella وهو نبات له ورق شبيه ب الف دينار), Bait. I, 95 c: بورق النبات الذى يعرفه عامة المغرب خير من الف دينار, ainsi dans A; B ajoute دينار après وهو كزبرة الثعلب الف, mais sans nécessité absolue, comme le prouve II, 62 c, où AB portent: هذا النبات تسميه عامتنا. — ذو الف ورقة. — بلاندلس خير من الف (Bait. I, 474 e) ou الف ورق (Alc. milhoja verde) *mille-feuille*, et aussi *Stratiotes sauvage* (Bait. l. l., après avoir dit que c'est Myriophyllum: وقد يسمى ايضا اسطراطيوطس البرى بهذا الاسم).

الف. Paroles de Mamoun: ذاك غرس يدى والف ادبى avec la traduction: «Hic est satio manus meæ et disciplinæ meæ excultus», Gl. Fragm.; mais je suppose que le mot a ici sa signification ordinaire, celle de *compagnon*, et qu'il faut traduire: «mon compagnon, mon égal, en savoir-vivre». — Coll. *amis*, Gl. Mosl.

اَلِف *A.B.C.* (petit livret de l'alphabet), الف باء Bc. الالف واللام *l'article*, Bc.

الِفَة *compagne, femelle d'oiseau*, Bc.

اُلْفَة *intrigue de galanterie, galanterie* (commerce amoureux), *commerce* (union des sexes), Bc.

اَلْفى *du prix de mille piastres*, vers dans la Descr. de l'Eg. XIV, 138, où il est question de la دكّة (تكّة) d'une jeune fille. — تاجر الفى *un marchand qui possède mille bourses* (trad. de Lane), 1001 N. IV, 640, 9, 683, 3 a f.

تَاْلِيف *synthèse*, Bc.

تَاْلِيفَة *pièce* (ouvrage en vers ou en prose), Bc.

تَاْلِيفى *synthétique*; تَاْلِيفيا *synthétiquement*, Bc.

تَوْلِيف (pour تَاْلِيف) *embauchage*, Bc.

مُوَلِّف *orateur*, Alc. (orador que haze oracion). — *Râpe (espèce de lime)*, Alc. (escofina). — *Embaucheur*, Bc. — مُوَلِّف الْكَذِب *forgeur (qui controuve)*, Bc.

مَأْلُوف *auquel on est accoutumé, qu'on mange ordinairement*; Auw. I, 67, 9 nomme le riz parmi المَأْلُوف الحُبوب. — المَالُوفَة doit avoir un sens qui ne m'est pas clair 1001 N. I, 365, 7.

مُؤْتَلِف (*homonyme*) se dit d'un *isnâd* dans lequel le nom d'un des rapporteurs s'écrit comme celui d'un autre rapporteur, mais se prononce différemment, de Slane Prol. II, 483.

الْفَنْسِيَة *éléphantiasis*, Alc. (elefancia dolencia).

القّ V et VIII chez les poètes *briller*, en parlant de fleurs, (V^e forme) P. Abbad. I, 24, dern. l. et 32, n. 106, P. Macc. II, 409, 3, et (VIIIe forme) P. Macc. II, 371, 3.

الكسيني (ἐλξίνη) *pariétaire*, Payne Smith 1016.

أَلْكِي *espèce d'exercice militaire*; voyez J. A. 1848, II, 221.

ألم II *affliger, faire de la peine à quelqu'un, contrister, mortifier*, Voc., Bc, *torturer, tourmenter*, Hbrt 214.

V *être supplicié*, Hbrt 214.

ألم (olmus) *orme*, Cherb. C.

ألم *peine afflictive, corporelle, tourment, supplice, torture*, Bc, Hbrt. 214. — الم يسوع المسيح *la Passion*, Bc, chez Hbrt 153 الالم seul. — جمعة الآلام *le vendredi saint*, Bc. — زهرة الآلم *grenadille ou fleur de la Passion*, Bc. — أظهر الم *éclater, montrer son ressentiment à découvert*, Bc.

أَلْمَيِم (t. de marine) *espace vide en avant du gaillard d'arrière*, J. A. 1841, I, 589.

النّنجّخ (esp. avec l'art. ar.) *souchet*, Alc. (juncia).

النّجّوج voyez Freytag sous لجّ, Macc. I, 90, 14, 364, 1.

أله II *déifier, diviniser, apothéoser*, Bc. (aussi dans Freytag, mais comparez Lane).

V *se proclamer Dieu*, Macc. II, 131, 2 a f. — *Déifier*, Voc. — Voyez plus loin تألّه.

الآلهَة *déesse*, Bc.

اللّهم. Ibn-Khaldoun et d'autres écrivains maghribins oublient quelquefois la règle qui prescrit de faire suivre le mot اللهم par la particule الّا, p. e. Prol. I, 11, l. 13, 402, 2 a f., 403, 11.

تألّه *amour-propre (proprement l'adoration de soi-même)*, Prol. I, 300, 7, II, 293, 4. Mais dans le passage Berb. I, 641, 3 a f.: والتأله على النديم (dans notre man. 1351 والتأته), il faut lire والتّابه (cf. Lane sous أبه V).

الْهُنَاكَ vulg. pour هَنَّاك, الى هَنَّاك, *illic*, Voc.

الى. Quand cette particule a le sens de *jusqu'à*, on y joint quelquefois la copulative, p. e. Bidp. 243, 2 a f.: ومنذ مجيئه والى الآن لم يطلع له على خيانة (comme en hébreu וַיִּקַח). — Quand الى est répété, il signifie *jusqu'à* — *ou jusqu'à*, p. e. Maml. I, 1, 34: عدة من ماتى الى مائة فارس الى سبعين فارس «un nombre de deux cents, cent ou soixante et dix cavaliers». — Synonyme de عند, si l'on veut (cf. Lane), p. e. Macc. I, 578, 10 et 16: رجل الى جانبه «un homme qui se trouvait à côté de lui». — Synonyme de بعد *après*, p. e. Akhbâr 44, 8: مات الى ايام بسيرٍ «il mourut peu de jours après»; P. Macc. I, 465, 11: on n'y fait attention الى زمن «que longtemps après». — *Selon, eu égard à, à proportion de*, p. e. Prol. II, 48, 15: وكانت دنانير الفرس — ودراهمهم بين ايديهم يردّونها فى معاملتها الى الوزن *Quand on parie*, الى signifie *contre*, p. c. 1001 N. Brosl. IV, 177, 10: والرهان بيني وبينك بستان النزه (car c'est ainsi qu'il faut lire, comme Lane l'a dit avec raison, et non pas وقصر; Lane traduit (II, 370): «and our wager shall be, that I stake the Garden of Delight against thy pavilion, the Pavilion of the Pictures»). — الى à la place de لِ, p. e. انقاد له = انقاد اليه, ردّى للجواب = ردّى الى الجواب etc., voyez Fleischer sur Macc. I, 310, 3 a f. Berichte 181, 182. — كان الى *atteindre, parvenir à*,

الى   35   ام

p. e. Tha'âlibî Latâïf 68, 7, où Ali dit pour prouver que les hommes deviennent plus petits de génération en génération: كنـت الى منكب أبي وكان الى كـان منكب جـدّى — *appartenir à*, pour وذكروا ... مصمومـا الى, comme le prouve Belâdz. 132, 3: ولز ... أن الجزيرة كانت الى قنسرين, comparé avec l. 6: Mais on supprime souvent le verbe كان et on dit: تنزل قنسرين وكورها مصمومة الى حمص حتى الج الزراعة وما اليها «les grains et ce qui y appartient», Auw. I, 10, l. 10; de même مَن اليهم Berb. I, 2 (2 fois), 3, 28, 139; Holal 31 v° après l'énumération de plusieurs villes du الثغر الأعلى: وما الى ذلك كلّه Çalât 57 v°: فاحتشد جميع اهل شرق الاندلس ومن البه; Rutgers 130, 13, 131, 2; Berb. I, 32, 41, 45, etc.; Bat. IV, 273; Amari Dipl. 87, 3, 88, 5 et 6, 89, 7, 131, 8; d'autres exemples dans mes Recherches I, 75, n. 1, 1re édit. Cette locution elliptique, qui est bien plus fréquente que ne l'a cru Weijers (*apud* Rutgers 134) et que de Jong a confondue avec celle qui précède, a été changée mal à propos par quelques éditeurs, p. e. par de Sacy Dipl. IX, 470, 2, par les éditeurs de Bat. II, 138 (cf. la note), et par Fleischer, note sur Amari 497, 4 (Fleischer a reconnu son erreur dans l'Appendice). — Autre ellipse, R. N. 99 v°: فقالوا الشيخ يدعوك فقال اليه; ici le verbe *je vois, j'irai*, a été supprimé. — Sur les phrases telles que كان الى الطويل ما هو voyez sous ما.

الى vulg. pour الّذى *qui*, Bc.

الوى = عُود *bois d'aloès*, P. Macc. II, 776, 15, avec la note de Fleischer Berichte 195.

أَلِيَة الحَمَل. *les Pléiades*, Dorn 47.

البيسى *ellipse* (t. de géométrie), Bc.

أَمّ, vulg. pour اُمّ, *nonne*, Voc.

أَمّ I c. ب p. *être imâm en même temps qu'un autre, être son collègue dans l'imamat*, Freytag Chrest. 118, 13.

أُمّ *exemplaire, copie*, Voc., Most. sous بطليمس: والطويل منه المقلونيا المؤلَّف رايته فى اُمّ اخرى الملوتيا *id.* sous محروت après avoir cité un passage d'Abou-Hanifa: رايتـه فى اُمّ اخرى يقول أبو حنيفة; le copiste du man. N nomme dans la suscription l'exemplaire dont il s'est servi: الاُمّ المنتسخ منها; voyez encore un exemple sous خروج. — اُمّهـات كتب الحديث *re-cueils authentiques de traditions*, Prol. II, 400, 1; aussi الامّهـات الكُتُب, Macc. I, 565, 7, ou الامّهـات المكتوبة, Prol. II, 401, 5, ou الامّهات seul, Prol. II, 351, 3, 15, 401, 8, Mohammed ibn-Hârith 220, en parlant d'un traditionnaire: فلمّا انصرفت الى الاندلس طلبت امهاته وكتبه فوجدتها قد ضاعت بسقوط عم اهلها. — En alchimie, الامّهات = الطبائع *les natures*, Prol. III, 202, 6. — الاُمّ الجافية (t. d'anatom.) *dure-mère*, Bc. — الاُمّ الرقيقة (t. d'anatom.) *pie-mère*, Bc.

اُمّ بريص = سام ابريص *lézard gecko*, Sang.

اُمّ البلاد — *mère-patrie*, Bc.

اُمّ البونة — *Salvia verbenaca* L., Prax R. d. O. A. VIII, 279.

اُمّ البويه — *caméléon*, Bg; cf. sous بويه.

اُمّ ثمرة = باشق *accipiter frigillarius*, Payne Smith 1117.

اُمّ جلبيبة — *bécassine*, Hbrt 185.

اُمّ حبيش — *lézard*, Voc.

اُمّ الحسّن — *rossignol*, Voc., Alc. (ruyseñor), Domb. 61, Daumas V. A. 432; اُمّ حسّن Müller 24; اُمّ الحسّن Hbrt 67. Dans L اُمّ الحسّن est filomela (irundo), et on sait que hirundo signifie *hirondelle*. Chez Pagni MS (Humclassèn) c'est *calandra* (espèce d'alouette).

اُمّ الحلال — *amni* (plante), Bc.

اُمّ خلول (ou اُمّ الخلول) *moule* (petit poisson enfermé dans une coquille), Bc (cf. sous *ostracé*).

اُمّ اربعين واربعين — chez Freytag; Bait. I, 309 g donne اربع, au lieu de اربعة.

اُمّ الروبية — *Marrubium vulgare* L. et aussi *Marrubium alysson* L., Prax R. d. O. A. VIII, 343; cette plante s'appelle aussi *marroubia* (*ibid.* 346), dont اُمّ الروبية est sans doute une corruption.

اُمّ الاسنان — sorte de poisson, Yâcout I, 886, 11.

أم شِهِر sorte de verroterie, Burckhardt Nubia 269.

عُبَيْد — poisson du Nil, Gl. Edrîsî, Ztschr. für ägypt. Sprache u. Alt., mai 1868, p. 55. Aussi أم عُبَيْدَة, même Journal, juillet 1868, p. 83, Seetzen III, 498; ce dernier dit que ce poisson a des menstrues comme les femmes. Vansleb 72 a *Abeïde* parmi les poissons du Nil.

أم عَلِيّ — *cloporte*, Bc.

أم عَوْف = عُوَيْف, *sauterelle*, Gl. Fragm. 62.

أم غُوَيْف, aussi أم قيس et بقرة بنى اسرائيل, nommé parmi les insectes, Man. Escur. 893.

أم غَيْلان — *épine-arabique*, Bc; nom que le peuple donne à l'arbre طَلْم, Bait. II, 163 b.

أم مُغَيْلان — diablesse invisible dans le désert, laquelle enlève les traînards des caravanes afin de jouir de leurs embrassements, Burckhardt Syria 452, qui écrit *Om Megheylan*, et qui dit que le mot dérive de غُول.

أم القَرْن — *rhinocéros*, Bc.

أم قَسْطَل — voyez la glose dans de Sacy Chrest. II, 379, n. 52.

أم قُوَيْق — *chouette*, Bc, *hibou*, Sang.

أم قيس voyez أم غُوَيْف.

أم الكتاب — dans le Coran III, 5, signifierait, selon les Prol. III, 45, 11: *la majeure partie du livre*, معظمه وغالبه. — *La science ou prescience de Dieu*, Lane M. E. II, 255 n.

أم كِرش — *pansu*, qui a une grosse panse, Bc.

أم اللَّيْل — *hibou*, Daumas V. A. 431.

أم منقار — *bécasse*, Hbrt 184.

أم الناس — arbre dont la résine noire est l'encens du Soudan, Prax 20, 21, R. d. O. A. XIII, 83.

أم وجع الكبد — nom d'une plante, voyez Bait. I, 82 b.

أم الأولاد — *matrice*, Bc.

أمَّه (sic) *maman*, Bc.

أُمِّى *laïque*, Alc. (lego no sagrado).

أمَم *chemin*, Voc.

أمَام. امام روميّة *le pape*, J. A. 1845, II, 318.

أمَامَة *bouquin de pipe*, Cherb.

أميمَة. Le pl. امائم, Kâmil 274, 2 et 3.

أمّوى *maternel*, Bc.

مأموم *sous la direction d'un imâm*; J. A. 1852, II, 215, 2: صلّى ماموما بجامع البلد »il fit la prière tandis qu'un autre que lui était imâm«; R. N. 77 r°: il avait promis de prier pour le défunt, mais quand on voulut procéder à la cérémonie, il s'y refusa en s'en déclarant indigne; on lui rappela sa promesse فقال لهم انّما اردت بذلك ان اصلى ماموما فتقدّم عليه سعدون الخولانى وكان قد جاء من المنتثير مع جماعة من الشيوخ لحضور الجنازة ✽

أمَّا *quel? quelle?* Bc (Barb.).

أماج *la distance à laquelle un arc peut lancer une flèche*, Amari 334, 6 a f.

امارانطون *amarante*, Payne Smith 1013.

اماريطون (Bait. I, 81 b) ou اماريطن (Most. sous اقحوان) est une altération de أمارَنْطُس, *amarante*.

اماريقون (ἀμάρακον) = الاقحوان الابيض, Most. sous اقحوان.

أمّال et امالا *donc*, Bc.

أميكون, أمْنِكَة, أمانِكَة et, en Espagne, *gesse*, l'ἀφάκη de Dioscorides. M. Simonet m'apprend qu'une note marginale du man. de Tolède de la trad. arabe de cet auteur porte sous هو الامانكة التى يعلفها البقر: افاق, et qu'on lit chez Ibn-Loyon, 34 r°: الأمْنِكَة يشبه نباتها للحمّص لاكن ورقها اجلّ واشدّ خضرة وارطب وشلوقها كالفول وباكلها البقر وقد ياكلها الانسان مطبخنّة كالفول ✽

أمبارج (vulg. pour البارح) et أمبارحة *hier*; اوّل امبارج (البارح) avant-hier; اولة أمبارحة *avant-hier soir*, Bc.

أمْبِيق = انبيق *alambic*, Bc.

أمد II c. a. p. *accorder à quelqu'un un ajournement, une surséance*, Voc.

أمدريان nom d'une plante, voyez Bait. I, 80 c.

I. أمر له في il ordonna de lui donner, Ictifâ 165 v°: — وأمر له بقشتالة في قرى ومزارع وأرضين ذات مراجع Congédier, Alc. (dar licencia).

II conférer à quelqu'un le titre d'émir ; de là مؤمر portant le titre d'émir, Gl. Edrîsî. — Donner à celui à qui l'on parle le titre d'émir, de Jong. — أمر أهل البلد في أنفسهم il autorisa les habitants à se gouverner eux-mêmes, Berb. I, 253.

V c. على régenter, aimer à dominer, à faire prévaloir son avis ; يتأمر impérativement, magistralement, Bc.

VI معه conspirer, Bc.

VIII (obéir) c. ل, Voc.

X. c. a. p. et ر. demander la permission de quelqu'un pour, Gl. Belâdz.; c. ل p. (?), Bat. IV, 238 ; je crois devoir y lire السلطان, au lieu de للسلطان.

أُمْر circonstances difficiles, Aghânî 20, 5 : قومنا على أمر. — Ce que l'on doit faire nécessairement, P. Koseg. Chrest. 146, 9 : Je donnerais volontiers ma vie pour elle, إن كان ذلك من أمري si cela était nécessaire». — أمر est quelquefois un mot explétif comme حق (فيه = في حقه), p. e. Abbad. I, 313, 7 a f.: في قبولها — راغبًا في قبول أمرها. — Chez Alc. أمر correspond à licencia, à savoir à licencia en général (como quiera), c'est-à-dire congé, et à licencia en mala parte, congé qu'on donne à un domestique dont on est mécontent, etc.; أعطى أمر licencier, congédier, Alc. (dar licencia, — dar licencia el capitan, — licenciar como quiera). — En Afrique الأمر est le calife, Çalât 23 v° : وسقى الله تعلى بركة الـ; id. 28 r°: لما وصل الأمر العزيز أدامه الله أن الخ, خبر هذه الوقيعة الى حضرة الأمر العزيز أدامه الله برباط الفتح بسلى, Amari Dipl. 19, 7, 20, 8, 21, 4, 39, 1 ; اختار منهم الأمر الكريم, Çalât 28 r°; aussi الأمر الكريم. Mais الأمر seul avait le même sens, comme le prouve une note marginale sur Abd-al-wâhid 199, n. 1, Abbad. II, 190, 11, Abbâr 242, 12, Berb. I, 393, dern. l., l'anonyme de Copenhague 50: "لوعلم الأمر بمكانكم لزاد في احسانكم"

Çalât passim. — أمر الله (proprement le décret de Dieu, ou (voyez Lane) le châtiment de Dieu) la peste, Mouette 402.

أمري impératif, qui exprime le commandement, Bc.

أمير chevalier, — marquis, — pair, Bc. — الأمير الكبير, voyez sur cette dignité Maml. I, 1, 3. — أمير الأمراء colonel, Bc. — أمير الآلاى duc, Bc. — أمير عساكر ou أمير باريس maréchal, Bc. — أمراء عساكر qu'on trouve aussi écrit comme un seul mot, ce qui vaut mieux, épine-vinette, Bc, Sang., Most. (N. ريس L أميرباريس) qui a sous حمص :حمص Bajt. I, 79 (أميرباريس dans AB et non pas أميرياريس comme chez Sonth.). — أمير البحر amiral, Abou-'l-mahâsin, II, 116, 10, Bc; — capitaine de port, Arab. Heur. 41, Bruce I, 249, Burckhardt Arabia I, 44, 91, Burton I, 174. — أمير جبابة percepteur, vers chez Bassâm III, 179 r°:

أقمت بأرض قرطبة كأنى أمير جبابة أو قهرمان

أمير الحاج mode de musique, Hœst 258.

أميري nom d'une étoffe qu'on fabriquait dans le Khowârezm, de Jong. — Épithète d'une excellente espèce de pomme à Ghazna, de Jong. — الدينار الأميري, Khallic. I, 664, 3, nom que le peuple de Bagdad donnait aux dînârs des derniers califes; ces dînârs se distinguaient des anciens en ce qu'ils portaient le titre d'émir (أمير المؤمنين) et que leur module et leur poids étaient plus considérables; voyez la trad. de M. de Slane II, 651, n. 2.

أمارة = قصب (voyez) espèce de millet, Barth I, 156.

أمارة chevalerie (dignité de chevalier), — commanderie (bénéfice affecté à un ordre militaire), — pairie, Bc. — أمارة البحر amirauté, Bc. — L'administration des finances, Berb. I, 432, 2. — Pl. أمائر signal, Gl. Esp. 141, 142. — Signalement, Bc, Roland ; أعطى أمارة signaler (faire ou donner le signalement), Bc. — Signe, marque, qu'une personne apporte en naissant et qui est regardé comme un heureux présage, Alc. (señal de virtud en los niños), Cartâs 193, 15. — Cri de guerre, Prol. II, 156, 8. — Convention, accord, pacte de deux ou plusieurs personnes, Amari

Dipl. 63, dern. l., 64, 1; on trouve une وثيقةَ الأمانِ dans le Formul. d. contr. 10.

أَميرِيَّةُ البَحرِ amirauté (dignité d'amiral), Bc.

مَأْمُورِيَّة mission; مَأْمُورِيَّةُ الرَسُولِ message, Bc.

مُؤَامَرَة conjuration, conspiration, Bc. — Ordre donné par écrit à un employé de restituer certaines sommes qu'il s'est appropriées et qui y sont spécifiées, Khallic. IX, 40, 7 a f., 41, 2.

مُتَآمِر conspirateur, Bc.

أَمْسِ. اوّل امس, اوّل من امس, اوّل امسّين, اوّل من اوّل امس et اَمْسَين avant-hier, Voc.

أَمْسِيّ qui est de la veille, Bc.

أَمْسُوخ prêle, queue-de-cheval (plante), Bait. I, 80 d; s'écrit aussi أَمْسُوخ Bait. II, 599 b (ABS), 604 d (AB).

أَمْشِيبِش (berb.) chat est en usage parmi les Maures d'Alger, Ztschr. XII, 182.

أَمْشِيبِشْترو (berb.) menthe sauvage, Domb. 73.

أَمع, etc., voyez Gl. Mosl.

أَمَل II c. في r., désirer, Gl. Fragm.

V se construit avec l'accus. (Lane, Voc.), et non pas avec من, comme le dit Freytag; dans Bidp. 14, 1 lo من signifie à cause de. Bc a la constr. avec في.

مَأْمُول intention, volonté, désir, Ht.

أَمِن II c. a. p. et على r. confier une chose à quelqu'un, Voc. — Chez Alc. seguir acompañando (qui est assequor chez Nebrija). Je ne sais comment cette expression peut s'accorder avec les significations bien connues de أَمِن.

V jouir de sécurité, Voc., Amari Dipl. 227, 9, 228, 2 a f.

VIII c. a. p. et على r. confier une chose à quelqu'un, Voc.

X c. الى p. (cf. Lane) se rendre à quelqu'un, après avoir obtenu l'amân, Akhbâr 16, 2, Amari 228, 10, Athîr VII, 3, l. 5, 69, 3. — C. a. p. et على r. con-

fier quelque chose à quelqu'un, Voc., Bc. — C. من être à couvert de, se mettre à couvert de, Bc.

أَمْنِيَة assurance, sécurité, état où l'on est hors de péril, Bc.

أَمَان l'action de goûter les mets et les boissons qu'on sert aux rois et aux grands seigneurs, Alc. (salva de lo que se come o beve = ذَوْق). C'est proprement la sécurité qu'on procure aux rois en goûtant les mets avant eux; cf. l'esp. salva. — Espèce de toile de coton, Descr. de l'Eg. XVII, 369.

أَمُرُون. Après avoir parlé du لامُرُون, Auw. I, 315, 6 et 7 dit, selon le man. de Leyde: ومنه نوع اخر املس القشر في قدر بيض الدجاج ولونه اصفر ويعرف بالامرون. Comme on ne peut pas lire باللامرون, attendu que le لامرون a déjà été nommé et décrit l. 4, le mot أمرون, si toutefois la leçon est bonne, doit désigner une espèce de cédrat.

أَمِين vérificateur des poids et mesures, Alc. (almotacen, fiel de los pesos, fiel de las medidas del pan). — Architecte, celui qui a l'inspection des bâtiments, Alc. (juez de los edificios = عَرِيف), Çalât 45 v°: وبناه بالحمى والجبار من الارض الى ان علاه على حاله الآن على يدى أمَنائِه الاخيار. — Inspecteur des eaux, celui qui règle la distribution des eaux, Yanguas II, 432, 7, Adic. 358, 359. — Chef de corporation, Hœst 144 (où il faut substituer أمان à امان), Pananti II, 65, Het Rijk en de stad van Algiers (Amsterdam, 1830) 42, d'Escayrac 176, l. 1, Daumas Mœurs 150 n., Carteron 175, Macc. I, 589, 18: وكان ابوه امين العَطّارِين; Chec. 208 r°: شاهدت امين الفَخّارِين ببلدنا بغرناطة ce sont les أَمنَاء الاسراني d'Abd-al-wâhid 207, 2 a f. — Intendant; امين الكُمرُك intendant des douanes; امين الكَلار cellérier, Bc. امين الأمناء surintendant; امين السلطان trésorier du sultan, Charant 49; امين الصندوق caissier, Bc. — Percepteur, Gräberg 210; au Maroc on trouve dans chaque grande ville un chef des percepteurs, qui s'appelle أمين الأُمناء Pflügl LXIX, 23. — Le chef de la déchera, Daumas Kabylie 48; أمين الأُمناء le président de la djemmâ et le chef de toute la tribu, ibid. 49.

أَمَانَة discrétion, Gl. Badroun, cf. Gl. Belâdz. —

أمنف   39   انبولس

Indifférence, Gl. Mosl. — *La fonction de* أَمِين, dans les différentes significations qu'a ce dernier mot, p. e. *la fonction de vérificateur des poids et mesures*, Alc. (fieldad oficio del fiel de los pesos), *la fonction de chef de corporation*, Macc. I, 589, 19, *intendance, fonction d'intendant*, Bc, Mohammed ibn-Hârith 228: وقد تكررت الامانة وقضاء الكور فى نصل عمر كان قد ولّاه امير المؤمنين السوىّ et 347: ابن شراحيل والنظر فى اموال بعض كرائمه وقلّده اسباب الامانات فى الامانة. — بعض الكور وولّاه قضاء كورة البيرة *symbole, formulaire qui contient les principaux articles de la foi,* p. e. *le credo ou symbole des apôtres* (Bc), *le symbole de Nicée* (Prol. I, 421, 1). — Chez les Druzes *l'engagement souscrit par les initiés*, de Sacy Chrest. II, ۱۳, 4 a f. et 272.

أَمِينَة *gouvernante, femme qui a soin d'un ménage*, Bc.

مَأْمُون et مَأْمُونَة *sarriette* (ainsi nommée للأمين بن غائلتها), Sang.

مَأْمُونِى البطيخ المأمونى *espèce de pastèque à Merw; elle est extrêmement sucrée et de couleur rouge,* Bait. I, 146. Peut-être emprunte-t-elle son nom au calife al-Mamoun.

مَأْمُونِيَّة (cf. Lane) *massepain;* voyez le dict. de Vullers; 1001 N. II, 67, 11; en esp. „bollo maimon" signifie: „massepain aux confitures".

أَمْنُق (b. lat. amignus, Simonet 250) *espèce de chaussure,* L (caligo وصبّاط ونعل أَمْنُق), Voc. (sotular).

أَمْنَكَة voyez أمانكة.

أمى.

أَمَايَة, فى العين *taie, pellicule qui se forme sur l'œil*, Bc.

أَمِيرُون (de l'adj. latin amarus, cette plante ayant un goût amer, Simonet 250; esp. almirón et amargón) *chicorée sauvage,* Gl. Esp. 166, Auw. II, 365, 19; عُشْبَة الأَمِيرُون est aussi dans L (deux mots après arundo), mais le terme latin est endommagé et illisible.

أميكون voyez أمانكة.

أَنْ pour أَنْ, إِلَى أَنْ, Prol. II, 308, 10 avec la note de M. de Slane. — Voyez sur أن avant un prétérit dans des phrases comme امره ان نادى فى الناس «il lui ordonna qu'il fît cette proclamation", رأى ان كتب, Fleischer sur Macc. II, 485, 2 Berichte 71.

أَنْ. ان — وان *soit — soit*, Meursinge 45, n. 196, 5 a f.; ان كسب وان خسر يندم «qu'il perde ou qu'il gagne, il aura des regrets», Bc.

أَنْ.

أَنِّيَّة (t. de philos.) *une chose dont on peut dire seulement qu'elle est. Chez les Soufis c'est Dieu, ou plutôt, parce qu'ils sont panthéistes, tout ce qui existe.* Lettre à M. Fleischer 75, où j'ai suivi les savants qui prononcent أَنِّيَّة; mais le Voc. donne أَنِيَّة (esse).

أَنَّ II *gémir,* Alc. (gemir con dolor, gemir con otro, avec le participe مُؤَنِّن sous gemidor el que mucho gime). Le Voc. a نَوِّن الضَّى sous amittere; mais je crois que c'est proprement: *pleurer la perte* d'un jeune homme.

أَنّان. En parlant d'une femme mariée, أَنَانَة signifie: الّتى تصبح تَأَنّ (تَئِنّ) فتقيل جنى مخذى رأسى لتنظر هل يحبّها زوجها ام لا, R. N. 31 rº.

أَنَا *quel? quelle?* Bc (Eg. vulg.).

أَنَانِيَّة *égoïsme*, Bc.

أَنَاغَالِيس *anagallis, mouron,* Most., Bc.

أَنَاغُورس (ou روس) *anagyris, bois-puant,* Bait. I, 83 c, Bc.

أَنْبُوب voyez sous نَبّ.

أَنْبَار (*grenier*) pl. ات, Bat. III, 148, ou انابير, Bc.

أَنْبَجَانِيَّة *sorte d'étoffe de laine grossière et velue,* Ztschr. IV, 392.

أَنْبَر pl. انابر *pont, étage de navire,* Bc.

أنبولس *persil sauvage,* Most. sous بطراسليرون

أَنْتَ, au fém. non-seulement أَنْتِ, mais aussi أَنْتِى, Bc, 1001 N.

أَنْتَلَة est selon Bait. I, 95 c « un mot espagnol; c'est en effet l'esp. *antora*. Au reste, Freytag et Sontheimer ont péché contre la grammaire en écrivant انتلة السوداء et البيضاء انتلة; l'article est de trop; voyez Bait. I, 95 c (AB), 96 a (AB); Bc: *antore* ou *antitoré*. انتلة سودا وبيضا. Cf. Dodonæus 791.

أَنْتَمَاط Le Voc. a أنْتَاط, pour *privignus*. D'après une très-belle correction de M. Simonet, il faut lire أَنْتَنَاط, l'esp. *entonado*, qui signifie précisément: *beau-fils, celui dont on a épousé le père ou la mère*.

أَنْتُوبِيَا *endive*, Bait. I, 96 g.

أَنْتِبَاس espèce de poisson, en anglais *leech*, Burckhardt Syria 166.

أَنْتِيمُون *antimoine*, Bc.

أَنْتِيمُونِى *antimonial*, Bc.

أَنَث II. تَأَنَّثَ être effeminé, Tha'âlibî Latâîf 30, 3; بِتَأَنَّث d'une manière efféminée, Alc. (mugerilmente).

أُنْثَى فِى ذَكَرٍ l'un dans l'autre, Djob. 195, 8; Wright a cru qu'il faut lire ذَكَرًا فِى أنثى, comme chez Macc. I, 124, 16 (ajoutez Bc: visser, faire entrer l'un dans l'autre en vissant, رَكَّبَ ذَكَرَ فى أنثى); c'est une erreur; on dit l'un et l'autre, comme le prouve ce passage de 1001 N. Bresl. X, 236, 3 a f., où il est question d'un luth composé de 32 pièces: ثُمَّ رَكَّبَتْهُ الخَشَبَة فى بعضه على ذَكَرٍ وانثى dans l'éd. Macn. IV, 262, 3: فَرَكَّبَتْهُ الصبيَّة ذَكَرٍ فى انثى وانثى فى ذكر; صُورَة ذَكَر فى أنثى Chez Alc. (corchete de vestidura), pl. وذُكُور إنَاث, est *agrafe* (cf. Victor: «corchete macho y hembra, crochet et portière, uncinello maschio e femina»).

أُنْثَايَة *femelle*, Bc.

أُنَاثَة non-seulement en parlant de fer (voyez Lane), comme le prouve Macc. II, 84, 12.

أَنْجَاص et أَنْجَاس voyez sous اجاص.

أَنْجَلِيكَة *angélique* (plante), Bc.

أَنْجَانِيَّة *dédicace, consécration d'une église*. Alc. traduit dedicacion de yglesia par ingênio, ce qui, comme me l'a fait observer M. Simonet, est encœniæ (ἐγκαίνια) ou encœniæ (voyez Ducange), qui a le même sens.

أَنْجِبَار *terre à potier verte*, Alc. (tierra verde de jarros); chez Auw. I, 645, 8 on trouve أَو بِالغَبَار الفَخَارِين il faut y substituer: أَو بِانْجِبَار الفَخَّارِين; le man. de Leyde porte انجبار sans points. Selon le Most., c'est le bol d'Arménie, qu'on nomme en espagnol *bolo* (طين أرميني هو الانجبار ويقال له بالعجميد بواله), et le seul man. N ajoute: ومنه هو جِلّ مُختار اغرناطة اقداح الشرب فى الصيف يتعلق بشفاه الشارب فيه وفيه l.) وله رائحة طَلِيمَة مقوية للقلب *et sa bouche*) مفرحة. Mais selon Bait. II, 175 a, le انجبار (leçon de AB) est en Espagne ce qu'on nomme ailleurs *terre de Hidjâz* (الطين الحجازى) AB; ce qui suit chez Santh.: «von Damaskus», est une lourde bévue; la phrase est terminée et Bait. cite l'auteur ad-Dimachkî) et on l'y emploie au lieu du bol d'Arménie. — عربى *tormentille* (plante), Bc. — Chez le vulgaire c'est, selon le M (sous جبر), une altération du turc رنجبار, *pauvre, misérable*, à Alep زنجبال; il aurait dû dire: du pers. رنج بر, qui gagne sa vie en travaillant, manœuvre.

أَنْجَرَك (pers.) *marjolaine*, Bait. I, 96 d (AB). Un mot que Freytag donne en ce sens, n'existe pas.

أَنْجَرَة حَرْشَاء *pariétaire* (plante), Bait. I, 395 a.

أَنْجَق (turc) *à peine, presque pas*, p. e. انجق يعرف «à peine sait-il lire», Bc.

أَنْجَبِيدَة *marrube* (plante), Bc.

أَنْجِيل, أَنْجِيلِى *évangélique*; شَمَّاس انجيلى *diacre*, Bc. — *Évangéliste*, Voc.

أَنَج. تَأْنَاخ تَانَاخُمْ se trouve dans un vers comme une variante de فَقْدَانَكُمْ, voyez Wright 132.

اندرونيا à Damas, *Hypericum maius*, Bait. I, 504 b.

اَنْدِيشَة galon, Hbrt 20; اندِيشَة صَفْراء galon d'or, اندِيشَة بَيْضاء galon d'argent, Bc.

اَنْدِقْتِس (t. de chronologie) indiction, Gregor. 34, 48.

أنس II civiliser, policer, Bc. — Tenir compagnie, Ht (sous le و). — C. a. p. divertir, amuser, Voc. — يؤنس فلاناً بامرأة (II ou IV?) donner à quelqu'un une femme pour compagne, Becrî 102, 8 a f.

III c. a. p. divertir, amuser, Voc.

IV c. a. p. tenir compagnie à quelqu'un, Fleischer sur Macc. I, 272, 2 Berichte 181. — C. a. p. divertir, amuser, Voc.

V c. ب se consoler par, Alc. (consolarse), Abbad. I, 392, 6, 410, n. 75. — Se divertir c. مع p., Voc.

VI c. ب ou مع p. se divertir, Voc.

X c. ب ou مع p. se divertir, Voc.

أُنْس consolation, Alc. (consolacion, solaz o consolucion). — Divertissement, amusement, Voc, Berb. II, 129, 9: sa sœur lui envoya «انواع التحف والانس et tout ce qui pouvait servir à l'amuser». — Quand on boit à la santé de quelqu'un, on dit آنَسَك, 1001 N. I, 395, 7. — مجلس الانس ou الانس seul réunion de grands seigneurs et d'hommes de lettres, où l'on s'entretient de littérature en buvant, Abbad. I, 78, n. 29. — La dévotion (proprement الانس بالله), Maml. I, 2, 252. — أُنْس النَّفَس nom d'une plante, Bait. I, 91 b (AB).

أُنْسَة (esp.) once (animal), Alc. (onça animal peregrino).

أُنْسَة civilisation (état de ce qui est civilisé), Bc; بانسَة honnêtement, Bc.

أنسِي. Les formes du pl. أناسي et أناسي chez Freytag sont fautives; il faut أنسي et أُنْسي, Ztschr. XII, 81, n. 39. — En anatomie: الجانب من كلّ عضو الذى يلى عمود البدن, Gl. Manç.

أنسِيّة sociabilité, Bc. — Politesse, manières polies, Haiyân-Bassâm I, 14 r°: فامتحى لذلك رسم الادب عن الحضرة وغلب عليها العجمة وانقلب اهلها من الانسية المعارفة (المتعارفة l.) الى العامّية الصريحة.

إنسان. Le fém. إنسانة se trouve dans des vers

burlesques de Motanabbi apud Macc. I, 607, 2 a f.

إنسانى bienfaisant, humain, Ht.

إنسانيّة politesse, Macc. I, 891, 9.

أَنِيس honnête, civil, poli, Bc. — Domestique, privé (animal), Voc. — الأنيسان deux étoiles du Triangle, Sédillot 132, Alf. Astr. I, 55.

آنِسَة pl. أوانِس domestique, privé (animal), Voc.

مأنَس et مأنَسَة l'endroit où se tient l'انس Gl. Djob., Calâïd 210, 2 a f.

مُونِس nom d'un instrument de musique, Macc. II, 144, 1. — مونِسات des endroits qui permettent une interprétation moins rigoureuse, Müller S. B. 1863, II, 8, l. 7.

مأنوس domestique, privé (animal), Bc. — Révéré, consacré par la dévotion, Maml. I, 2, 252.

أنسى. انا بنفسى, أنى انسَى, انسَى, vulg. en Esp. pour moi-même, Voc.

أنف V. تأنف لهشام il fut indigné de la position de Hichâm, réduit etc., Berb. II, 44, 11.

أنف le sillet du luth (عود), Descr. de l'Eg. XIII, 227; le mot a un sens analogue quand il s'agit de l'instrument de musique appelé قانون; voyez Lane M. E. II, 78. — أنف أحْدَب busqué (chanfrein), Bc. — أنف الشمعة moucheron (bout de mèche de chandelle qui brûle), Bc. — أنف العجل Antirrhinum Orontium, Bait. I, 89 c. — على رغم انف ou على انف au nez de, à la face de, en bravant, Bc. — كَسَر أنفَه donner sur le nez, mortifier, Bc. — انكسر أنفُه se casser le nez, ne pas réussir, Bc.

أنف = آنف primitiæ, Gl. Mosl.

أنفى nasal, Bc.

أنيف doux, en parlant d'une gazelle, 1001 N. Bresl. III, 332.

مُسْتَأنَف. فى المستانف dans la suite, plus tard, Gl. Fragm.

أنفاق est bien une transcription de ὀμφάκιον, mais ne

signifie pas *uvæ acerbæ*, comme le dit Freytag. En grec et en arabe c'est *de l'huile d'olives non encore mûres*; Most. sous زيت: الانفاق هو الذى ; cf. Bait. sous زيت au commencement, Sang. 305, et restituez زيت انفاق Auw. II, 639, 4.

أَنَف. اَناق sorte d'étoffe, Macc. II, 711, 2.

مانوق semble signifier *vieux*, *caduc*, 1001 N. Bresl. X, 263: شيخ كبير مانوق, où l'éd. Macn. porte شيخ هَرِم; encore une fois p. 264, où l'éd. Macn. donne de nouveau هَرِم.

أنقون (pl. anâquin, l. anâquin), *hanche*, Alc. (cadera o quadril), semble formé de l'esp. *anca*, ou plutôt de l'augmentatif *ancon*.

أنك est écrit انوك dans le Most. sous أسرب; sous قصدير La a انوك, N. أنك.

انكليز et انكليس *anguille*, Bc, Gl. Edrîsî; à Antioche انكلس *grande anguille*, Man. Escur. 893.

أنكليّة *sentine*, Voc.

أنكُوسا *anchusa*, Most. sous حَلم.

أنكُوش (esp. *langosta*) *langouste*, *écrevisse de mer*, Pagni 94 et MS.

أنلى (berb.) espèce de millet, *Pennisetum typhoïdeum*, en allemand *Negerhirse* ou *Negerkorn*, Barth I, 361, 523, V, 494, 682 (*éneli*), Bat. II, 364, III, 130, IV, 112, 378, 386, 394, 395, Jackson Timb. 24 (*allila*).

أنموذج (pers.) *formulaire*, — *modèle*, Bc.

ENMIRI espèce de dattes jaunes, Descr. de l'Eg. XVII, 121.

أنوبروخيس *sainfoin*, Bc.

أنى.

أنِّى, vulg. en Espagne pour أنا, pronom de la 1re personne, par suite de l'*imâla*, L (p. e. sous i: in mundo sum أنّى فى الدنيا), Voc.

أنّا *vase de nuit*, Prol. I, 27, 3.

أنَّى لمثلى ببراعة للخطاب أنَّى « comment un homme

tel que moi pourrait-il s'exprimer avec élégance? » Abd-al-wâhid 125, 13 et 14. — واتى لله على ما لحق عرشه من ذل, وعزَّ من ذل « comment Dieu peut-il laisser détruire son trône et avilir sa gloire? » Recherches I, 185, 9 1re édit. — أنّى وكيف « dites seulement ce qu'il faut faire », Badroun 294, 15.

أنيسون (*anis*) sans voyelles dans Freytag, أَنَيْسون n. d'un., ة, dans M, est dans le Voc. أَنِيسون Le vulgaire dit بَانسون, M.

أهـ abréviation pour انتهى, éd. égyptienne de Macc., etc.

أهَ. Selon Abou'l-Walîd, 169, 3, le n. d'act. est أُهَّة, avec le *dhamma*.

أهب.

أُهبة (pour عبد الحرب) *l'armement* d'un soldat, Bc; Nowairî Espagne 476: فيقال انه كان يشرب مع جاريتين له فاتاه محمد وهو على اهبة فقتله — *Costume*, Maml. II, 2, 71, 4 a f., pl. أهب ibid. 72, 3.

أهتنس très-grand arbre à feuilles épineuses et piquantes qui vient du Soudan, Richardson Sahara II, 255, qui écrit le mot en caractères arabes.

أهل II. *Il l'en jugea digne* n'est pas seulement أقله لذلك, mais aussi اقله الى ذلك, Abbad. I, 18 dans la note. — *Préparer le dîner*, 1001 N. Bresl. VII, 78 (Macn. طَبأ), Macn. IV, 40, 5 a f.

V بفلان *s'allier à quelqu'un en épousant sa fille*, 1001 N. Bresl. III, 331, 2.

X (cf. Lane) *mériter*, Alc. (merecer de otro), *mériter*, *gagner*, *encourir*, *attirer sur soi*, *tomber en*, Bc; c. a. p. 1001 N. I, 53: يا ملعونة أنتى تستاهلى مَن يكلمك « maudite, mérites-tu que quelqu'un te parle? » c. a. r. ibid. 74, c. ب r. ibid. 23, 3 a f.; مُستأهل c. ب *digne de*, Voc.

أهل الدار Les أهل الدار formaient la 6e classe dans la hiérarchie des Almohades (sans autre explication), Holal 44 v°. — اهالى البلاد *peuple*, *habitants*, Bc; à Médine les *Ahali* sont ceux qui y sont nés et qui y ont des maisons et des familles, Burton I, 360, II, 7.

أَقْلِيّ cultivé, en parlant d'un arbre, l'opposé de بَرِّي sauvage, Auw. I, 225, 16, 419, 23, 423, 17, 424, 12. — En parlant d'un district, peuplé, habité (= آهِل chez Lane), Haiyân 103 v°: وأَحْرَقْتَ قُرًى الناحية الاهلية الى حد الخطة المنسوبة للأمير المنذر. — Subst. famille, Alc. (casa por la familia, familia).

أَهْلِيَّة alliance, union par mariage, — parenté, qualité de parent, Bc.

أُهَيْل petits enfants, P. Akhbâr 160, 5.

طاعن آهل habitant à demeure fixe, l'opposé de ظاعن, Berb. I, 150, 178, 180.

اهليلج voyez اهليلج.

اهليلج coll., nom d'unité ة, aussi اهليلج, pl. ات, ou اهليلجات ou هَلاَلِج. Le Gl. Manç., qui place ce mot sous le ه (de même que Bait. II, 572 b), dit qu'on prononce اهليلج et اهليلج. Il nomme, de même que le Voc., trois espèces de myrobolans: 1° كابُلي (myrobolan chebale, Bc), 2° أَصْفَر (myrobolan citrin, Bc), 3° شَعِيرى (ou هِنْدى Bg 864), qu'on appelle ordinairement الأَسْوَد; quand Rhazès parle du أَسْوَد, il a en vue le كابُلي. Chez Bc اهليلج أملج myrobolan emblic. Ce mot étant étranger et un peu long, il a été altéré en اهليج ou اهليج, Bg 864; le man. D d'Edrîsî Clim. I, Sect. 6, nomme الاهليلجات parmi les produits de la Chine, tandis que ABC portent الاهليلجات; le nom d'unité اهليلجة Akhbâr 102, 2; chez les voyageurs hegligg ou heglig, Ouaday 358, d'Escayrac 79, Browne I, 377, II, 42. Une autre corruption est قَرَالِج chez Alc. (mirobalanos especie). — En Esp. prunes, Voc.; Gl. Manç.: هذا يُوقِعون واهل الاندلس; الاسم على عيون البقر on sait que le myrobolan est gros comme la prune. — هُلَيْلِجَة tumeur qui s'étend sur l'oreille du cheval sous forme d'un myrobolan, Auw. II, 600, 12 et suiv. — هُلَيْلِجَة espèce de projectile, Reinaud F. G. 44; il avait selon toute apparence la forme d'un myrobolan.

أَهْنَا vulg. pour قِتَنَا; مِنْ اِقْتَنَا; أَقْتَنَاكَ; ibi; مِنْ اِقْتَنَاكَ citra; ultra (dela), Voc.

.أوب

أَوْبَة = وَيْبَة, Gl. Djob. — Tente, Bc.

مَآب. لمَآب هو il est sur le point de mourir, de Jong, Gl. Fragm. (cf. p. 129), Cout. 5 r°: تَوَقَّفْ فِي Ictifâ السير ليكون دخوله فى اِيَّامى فان اخى لمآبه. حتى وصلوا والوليد لمَآبه 128 v°

أوْباش (esp. uvas) raisins, Most. sous كرم: وبقال لفقاحه. (N) أوبش (س).

أَوْج mode de musique, Descr. de l'Eg. XIV, 29, M.

وَحَاق (Hbrt 196), أَوْجَاق, أَحَاق (voyez Freytag sous le و) (turc) foyer, Hbrt 196, Roland, fourneau, Ht; caste, famille, province, Roland; bien-fonds héréditaire, v. Richter 285; corps, régiment, brigade, Ht, Hist. Tun. 93, en parlant d'un dey: ورتَّب اوجاني الصباحية بتونس والكاف والقيروان وباجة لتأمين السبل – un page, Maml. I, 1, 108.

.اود

أَوَّد. La phrase أَوَّدَ فلان قرى, proprement fortifier ce qui chez quelqu'un est courbé, s'emploie dans le sens de suppléer à ce qui manque à quelqu'un, Abbad. III, 170, n. 123. — Epine du dos, Voc.

مُتَأَوِّد flexible, épithète du javelot, Abbad. III, 161.

قوَّم المنآد fig. rétablir, réparer, ce qui est en mauvais état, Berb. I, 142, 5.

أودورمالى hydromel, Sang.

أورساليس persil sauvage, Most. sous بطارسالبون.

أورشِينا (les voyelles dans N) lis blanc; il en existe deux sortes الربيعى والبرى, Most.

أورم rue sauvage, Domb. 73. Ce mot est d'origine berbère, car on lit dans le Most. sous سَذَاب, mais seulement dans Lm: أُرْمى بالبربرية.

أورمالى hydromel, Sang.

اوريطى (grec) *aorte* (grosse artère du cœur), Bc.

اوز V c. على *faire la nique, se moquer*, Bc.
دعنا من كثير الاوز *compliment*; اوز *complimenteur*; laissons là les compliments; — *persiflage*, Bc.

اَوْز pl. اَوَازْ اَت (t. de musique) *ton*, Descr. de l'Eg. XIV, 24.

اَوَز ou وَزّ عِرَاقِى *grue*, Bc, 1001 N. III, 239, 15. Pour désigner l'oie, on dit اوز بَلَدِى, 1001 N. Bresl. II, 156, 6.

وَزَّاز *celui qui prend soin des oies*, car chez Alc. *ansareria* (endroit où l'on nourrit ou élève les oies) est وَزَازِين (cf. Gl. Esp. 357, 358).

اوزان nom d'un instrument de musique d'origine étrangère que l'on frappait dans les marches des sultans mamlouks, Maml. I, 1, 136.

اَسْ. Le myrte signifie chez les poètes *la barbe de la joue*; voyez J. A. 1839, I, 170. — Les restes, le cadavre d'un homme, P. Koseg. Chrest. 80, 7 a f.

اوسانون (N) = اوسانو (La) ou حَجَر اللازورد, Most.

اُوسَعَاطُس (les voyelles dans les deux man., mais Lm a طوس) = حَجَر لجيّد, Most.

اوسط *août*, Amari 166, 3 a f., 168, 4, 169, 2. Aussi اوسو; voyez sous اسطرين.

اوسيد est la leçon de Bait. I, 98 f (AB) pour le اوسيدن de Freytag.

اوشاقى *un page*, Maml. I, 1, 108.

اوضة (turc), pl. اوض et اوضات, *chambre*, Bc, 1001 N. Bresl. X, 456; اوضة السرّ *cabinet* (lieu de retraite et de travail), Bc; جماعة اوضة *chambrée* (soldats qui logent ensemble), Bc; اوضة باشى *chef de chambrée*, Bc.

اوطوماطون (grec) *automate*, Bc.

اوف.

اوف وأوفُّ (vulg.). عاد *adhuc*, Voc.

آفَة *peste*, Voc. (*pestilencia et ocasio*; le second mot dans le sens du premier). Au pl. *des cas de*

peste, Müller S. B. 1863, II, 9, l. 11. — آفَة النَّجْم, dans la vigne, *la rougeur des feuilles, le rougeau*, Auw. I, 583, 12; cf. Clément-Mullet I, 547, n. 1. — *Vipère*, Bc, 1001 N. I, 31, 543, II, 101, 241, 13 (où l'éd. Bresl. VII, 306, 2 a حَيَّة), III, 32, 2 a f., IV, 379, 1, et Bresl. IV, 131, 5; *basilic* (serpent fabuleux dont le regard tue), Bc. — *Dragon de vertu*, Bc.

مَوُّف *infecté de peste, pestiféré*, Müller S. B. 1863, II, 7, l. 11, 9, l. 10, 11, l. 9. Aussi dans le Voc., où il faut prendre *ocasionatus* en ce sens.

اوفوقوسطيس et اوفقسطيدس ὑποκιστίς, Payne Smith 998.

اوقَة (pour اوقية) *oke* ou *ocque*, poids turc de deux livres, Bc.

اول II. «ولا يتأوَّل فيه امرٌ» « et l'on n'aura recours à aucun prétexte pour en éluder l'observation », de Sacy Dipl. IX, 487, 2. — *Gloser, censurer, interpréter en mal*, Bc.
V *interpréter les songes*, Alc. (*divinar por los sueños, soltar sueños*). — *Avoir une opinion*, Alc. (*opinar pensar opinion*), *interpréter malignement* تَأَوَّل *commentaire, interprétation maligne*, Bc), Calâïd 191, 17: «فسارًا الى بابه فوجداه مقفرًا من حُجّابه فاستغربا خلوّة «من خول» وظنّ كلّ واحد منهما وتأوَّل» (il avait son opinion là-dessus, il interprétait cela malignement).

آلَة. Comme آلَة est le synonyme de أدَاة (Lane), آلات (proprement *instruments*) signifie au fig., de même que أدَوات, *connaissances*, parce que ce sont les instruments dont on a besoin pour exercer un métier ou remplir une fonction, pour bien écrire, etc., Abbad. II, 29, n. 2, Mohammed ibn-Hârith 217: «أن يكون لها آلات واستجماع الخُطب وهذه, id. 351: الَةٍ — موصوفًا باكرم الصفات وموسوما بافضل الآلات» — مركب *agrès*, Bc. — *Equipage royal, les emblèmes de la royauté*, Prol. II, 42, 9 et suiv., Berb. I, 68, 395, 9 a f., 398, II, 139, 3 a f., 142, dern. l., 143, 1, 145, 6 a f., 165, dern. l., 168, 9, etc., Macc. I, 214, 1, Koseg. Chrest. 100, 3 a f. — آلَة الطرب *symphonie*, Bc; آلَة seul *musique*, Bc, Hbrt 97, *harmonie*, Hbrt 97, *sérénade*, Bc; الآلَة *orchestre*, Bc.

آلِيّ auxiliaire, عِلْم آلِيّ « science auxiliaire », Prol. III, 258, 3.

آلَتِيّ instrumental, Bc. — *Joueur d'instrument, musicien*, Bc, Descr. de l'Eg. XIV, 133, Hbrt 97, Lane M. E. I, 285, II, 71; آلَاتِيَّة *musique, compagnie de personnes qui font profession de la musique*, Bc.

إيَالَة *gouvernement* (territoire dépendant d'un gouverneur), Bc.

وَأَل et أَوَّل أَوْلَانِيّ، voyez sous وَأَل.

أَوَال (indien) *requin*, Palgrave II, 321.

تَأْوِيل pl. ات, de Sacy Chrest. II, ۸۰, 7 a f. — *Paraphrase, interprétation maligne*, Bc. — *Système*, Cherb. Dial. 19, 31, *arrangement*, id. 71, *plan*, id. 75; بِالتَّأْوِيل *régulièrement*, Martin 44. — *Confortable; convenance; service*, Roland. — *Instrument*, Voc. (écrit تَبِيل).

تَأْوِيلِيّ *interprétatif*, Bc.

مَآل « التكفير بمآل الرأي regarder comme infidèle quiconque professe une opinion ayant une tendance vers une fausse doctrine » (de Slane), Berb. I, 300, 5 a f. (expression elliptique, cf. مآل إلى التجسيم ibid. 302, dern. l.); cf. *ibid.* 358, 6 a f. — حَالًا ومَآلًا *dans le présent et dans l'avenir*, Ghadamès 21.

مَؤُول *ayant besoin d'explication*, c.-à-d., *ayant un sens caché, allégorique, mystique*, Macc. I, 571, dern. l.

أُولَار *de la veille*, 1001 N. Bresl. IX, 315: طبيخ اولار = Macn. III, 196: طبيخ بائت.

أُولَاق (mongol?) *des chevaux*, Mesâlik al-abçâr apud Quatrem. Mong. 259 b.

أُون I. يَئُون = آن يَئِين, 1001 N. III, 452: الاوان « le temps est venu ».

إيوَان masc. et fém., Gl. Badroun. — لِجَام إيوَان voyez Auw. II, 595, 13.

اونوطيلون chez Freytag est une faute pour اوبوليليلون qu'il a aussi.

أَوَى V c. على *soupirer pour une chose que l'on n'a pas*, Bc.

اي *exclamation de celui qui admire*, 1001 N. I, 64, 5. — آي *oui*, Voc.

أَوَى I. وَهم يَأْوُون بِدَعْوَتِهِم إلى بَنِي أُمَيَّة « ils reconnaissaient les Omaiyades pour califes », Abbad. II, 6. — *Avoir soin*, Roland. — *Déposer* (mettre une chose en quelque endroit), 1001 N. Bresl. IX, 359, 4 a f. (où Macn. a حَطّ), Macn. II, 475.

IV *forcer à chercher un asile, une retraite*, Macc. III, 132, 4.

V *recéler, donner retraite à des coupables, les cacher*, تَأَوَّى مُذْنِبِين, Bc.

مَأْوِيَّة *hospitalité*, Bc (sous *inhospitalité*).

أَي.

أَيّ (vulg. إيش) أَيّ شَيّ *pourquoi*? exemple dans le Gl. Fragm. — أَي مَتَى ou إيمَتَى *quand, dans quel temps*? Bc; مِن أَي مَتَى *depuis quand*? Bc. — أَيّ الناس *vilain, roturier*, Alc. (villano no hidalgo).

أَيَّة *ici*, Voc.

آيَة, أراه آية سلطانه, Berb. II, 168, 3, semble signifier: « il lui montra un verset du Coran dans lequel il était prédit qu'il régnerait ».

أَيَا ou أَيَا بَعْد *hé bien, voyons, allons*! Alc. (ea pues).

أَيَّا, dans des livres non classiques, est employé à la place d'un nom au nominatif, p. e. Koseg. Chrest. 78, dern. l.: « ولا لنا أمير سواك ولا مُقدّم الّا أيّاك » au lieu de أنت; 1001 N. I, 99, 10: وأيّاه فتقاتلا, au lieu de وهو.

أَيْت (berb.) *gens de, tribu de*. Proprement, comme l'a observé Carette (Kab. I, 71, 72), أيت ne répond pas à بنو ou à أولاد, mais à أهل, car on ne dit pas seulement أيت منصور, mais aussi *aït-ou-adrer*, les gens de la montagne, *aït-ou-acif*, les gens de la rivière; aussi Ibn-al-Athîr (X, 406, 5 a f. et suiv.) le traduit-il par أهل. Cependant Ibn-Khaldoun (Prol. I, 241, 10 et 11) l'explique par بنو; cf. Berb. II, 101, 14. Dans la hiérarchie des Almohades, la 1re classe s'appelait أيت عشرة, la 2e أيت خمسين, la 3e أيت سبعين; voyez Ibn-al-Athîr l. l.

أَيَّد II *justifier* (prouver la bonté, la solidité d'un avis, la vérité d'un fait), Bc; cf. تَأْيِيد *confirmation*, de

Sacy Chrest. II, 188, dern. l.; تأييدًا لقولك « à l'appui de ce que vous dites », Bc. — C. ب p. *se faire aider par*, Abbad. I, 223, 9 et 11, II, 132, 3.

أَيْد *géant*, Voc.

اِيد, au Caire, pour يَد (*main*), Burckhardt Prov. 25, Bc.

مُوَيْدِي, par abréviation مَايْدِي ou مِيدِي, *médin*, petite monnaie d'Egypte. Ces demi-dirhem ont été nommés ainsi d'après le sultan mamlouk es-chaikh, qui avait pris les titres de السلطان الملك المؤيد أبو النصر الشيخ; ils se fabriquent avec des feuilles de billon, aplaties ou planées à coups de marteau, et ils sont plus minces qu'une feuille de papier, Descr. de l'Eg. XVI, 293, 294. Maydin, v. Ghistele 155 («omtrent dry groote vlaems», au Caire), Baumgarten 35, Coppin, Roger, Schweigger 267, Vansleb 211, Mantegazza 25 (3½ soldi).

أير.

أَيْرة *blouse*; Ouaday 466: « Les Fôriens n'ont que des vêtements de moyenne ampleur, analogues aux *eireh* ou blouses des *saïs* ou grooms d'Egypte»; *ibid.* 524: «une sorte de blouse bleue semblable aux *eyré* des domestiques en Egypte».

أيرار espèce de datte à Segelmessa, « qui n'a pas sa pareille dans tout l'univers», Bat. IV, 376.

أيرِس (س chez Freyt. et Bc) *iris*, Auw. I, 31 (aussi dans le man. de Leyde).

أَيْس *est*, Aboû'l-Walîd 805, 29.

أيس *non*, ou *pas*, *point*, Voc. 492 (13 اس).

أيس I *courir la chance*, *hasarder*, — *jouer de son reste*, *prendre le moyen extrême*, Bc.

أَيَاس (c'est ainsi que prononce Alc.) *espérance*, Alc. (fiuza); قطع الايَاس *faire perdre l'espérance*, Alc. (desafuziar a otro), mais ordinairement cette expression signifie: *désespérer*, perdre l'espérance, Bc, Ictifâ 166 r°: فلما قطع ايَاسه من الظفر به رجع خاسئًا على عقبه (l. عقبه), Cartâs 223, 12, 227, 9 a f, 1001 N. I, 55, Bresl. III, 233, dern. l., IV, 97, Daumas V. A. 354; c'est donc l'équivalent de ايس. — أَيَّس رمى للاياس *désespérer*, réduire au désespoir, Bc.

أيش ايش ما كان يكون *quel qu'il soit*; *quelle qu'elle soit*; قدّ ايش et ايش قدّ, interrogatif, p. e.: «quelle est la distance d'Alep ici?» مسيرة حلب قدّ ; ايش قدّ من هون الى حلب, ou bien: ايش من هون — admiratif, *que*, *combien!* p. e. ايش قدّ كويس خطّه «que son écriture est belle!» — ايش قدّ يستعجل « comme il se dépêche! » — بقدّ ايش ou بايش *combien?* (lorsqu'on donne le prix); — من ايش لايش « combien veux-tu gager?» — وقت ايش *quand* (Barb.), Bc.

أَيْشِير (berb.) *enfant*, *jeune garçon*, fém. ۚ *jeune fille*, Daumas V. A. 354, 435, etc., Chénier III, 169.

أيفاريقون (grec) *hypericum*, *millepertuis*, Alc. (coraçoncillo yerva).

أيكر (grec) *acore* (= ودج); aussi: *racine de l'Iris faux acore*, Sang.

أيلاوش (εἴλεος) *douleur iliaque*, J. A. 1853, I, 346, Chec. 194 r°: القولنج المسمّى أيلاوش وتفسيره ربّ سلّم وهذا القولنج اصعب انواع القولنجات واكثرها ويقال أن من اسمائه المستعان منه.

إِيلَجِي voyez إِلَجِي

اين.

ou أَيْنَ هَذَا مِنْ ذَاك aussi ايْنَ هو ذاك *lequel?* Bc. — a encore d'autres sens que ceux qu'indique Lane; p. e. وأين امير المومنين عن بنات الاحرار « pourquoi le calife ne pourrait-il pas posséder comme concubines les filles des hommes libres?» Badroun 216; — أين انت عن فلان «pourquoi n'allez-vous pas trouver un tel?» Macc. I, 473, 14; — un vizir, voulant recommander quelqu'un pour cadi, dit: أين انت من ابن الطفيل «pourquoi ne désignez-vous pas Ibn-at-Tofail pour cet emploi?» R. N. 16 v°; فينك, وين *où es-tu?* Bc.

أَيْنَا (vulg.) *quel? quelle?* p. e. أينا هو الاحسن « quel est le meilleur?» Bc.

أيه *comment! quoi!* 1001 N. I, 63, 6, Bresl. II, 114, 11. — *Que, quoi, quelle chose?* — *comment?* (employé pour faire répéter un discours qu'on n'a pas compris), Bc. — *Oui*, Bc. — هو ايه *morbleu!* Bc. — يجى لك من دا ايه « quel profit vous reviendra-t-il de cela? » Bc.

اَيُوَا est une corruption de اَىُّ واللّٰه, mais s'emploie souvent pour *oui*, Burton I, 70, Habicht Gl. I, Bc.

ب et پ

ب près de, Maccarî I, 342, 1: وبهذه المدينة معدن. — On dit: المدينة بغرناطة, Haiyân 92 v°, القصّة id. 93 r°, *la ville de Grenade, la ville de Cordoue.* — Exemple de ce qu'on appelle le c.-à-d., 3§ سنن ونثلثون نسخة بالتوراة : باء الملابسة manuscrits qui contenaient le Pentateuque, Gl. Abulf. — Après بَعْد : بطلميوس الذى كان بعد الاسكندر c'est = Ptolémée II); بطلميوس واحد الذى) de كان مدته بعد الاسكندر بمدة بطلميوس واحد même; كان هذا بعد ذلك باربعة ايام, Gl. Abulf. Ellipses: بالله عليه « je le conjure par Dieu », Rutgers 192, 3 a f.; ومن لنا بذلك « qui nous garantit cela? » 1001 N. I, 59, 3 a f.; قلت بعينى ولا بروحى « je disais: j'ai perdu un œil, mais non pas la vie », *ibid.* 101, dern. l.

باب *le pape*, Amari 341, 6, 10, Gl. Abulf.

بابا جَدَّال بابا *antipape*, Bc. — En berbère et en turc *père*, Bat. II, 416; aussi dans la langue des Foulah, Foulan ou Fellatah, Hodgson 105, et en arabe, Cherb. Dial. 32, M.

  بابُوى *papal*, M.
  بابَوى *papal*, Bc, M.
  بابَاوَة *papauté*, Bc.

بابازى قماش بابازى *bombasin* (étoffe de soie), Bc.

بابانومو *ébénier*, Burckhardt Nubia 473.

باپاهيغو (esp.) *bec-figue* (oiseau), Alc. (papahigo).

بابلى Babel étant considéré comme le siége de la magie (cf. Lane trad. des 1001 N. I, 213), on dit عيون بابلية *des yeux enchanteurs*, 1001 N. I, 58, Bresl. X, 259, dern. l., où l'éd. Macn. porte mal à propos ببليط; il faut aussi substituer بابلية à ببلية

Macn. IV, 260, 1, et dans le même passage Bresl. X, 232, 6.

بابوج, pl. بوابيج, est en arabe la forme ordinaire de ce mot persan, celle que donnent Bg (sous *pantoufle*) et Bc, et non pas بابوش, comme chez Freytag. Voyez Vêtem. 50 et suiv. — حقّ بابوج *paraguante* (présent fait en reconnaissance de quelque service), Bc. — سمك بابوج *barbeau ou barbot* (poisson), Bc.

بابونج *Cotula*, Prax R. d. O. A. VIII, 346 (cf. Bc sous *cotula*). — Melampyrum parvum, Rauwolf 118.

بابون n. d'un ة, *frelon*, Alc. (abejon, abispon); cf. Simonet 264.

بابونق, en Ifrîkiya, sorte de camomille, Bait. I, 106 b.

پاپى (esp.) *bouillie pour les enfants*, Alc. (papas para niño).

پاج, t. de musique = نَمْ, Gl. Mosl. LXI, 11.

بادنجيم *morue*, Hbrt 69 (Alg.).

بادرى (ital. padre) *père* (titre des religieux, prêtres), Bc.

بادستر *castor*, Alc. (castor animal), cf. Bc.

بادنجان فرنجى = بادنجان *tomate*, Bc.

بادهنج ou بادقنج *tuyau semblable à celui d'une cheminée servant de ventilateur*, Bc, Bat. II, 300, 1001 N. Bresl. II, 127, 132, etc., Macn. I, 201: بادهنج الى جانب المطبخ

بادنجان = بادنهجان *aubergine*, Bc.

بادرنبويه (pers. بادرنك بويه) *citronnelle*, *mélisse* (cf. chez Freytag بادرنجبويه), Chec. 194 v°, Auw. I, 650, 9, 12, où Banqueri a changé à tort la leçon du man.

بادرنجة. Ibn-al-Djezzâr: بَادروج هى الـبَـادرنـجـة والبَاذرنْجُويَة ۞

باذِشغام (pers.) exanthème, pustules rouges et nombreuses qui deviennent quelquefois des ulcères, Gl. Manç. sous سعفة (le man. porte un ة au lieu du ف).

باذنجان orificium, L. — Sorte d'oiseau de proie, que l'on nomme aussi جرادة, أبو, et en Syrie البصير, Man. Escur. 893.

باذوق sorte de pierre précieuse, Gl. Edrîsî.

بار

بار, chez les Druzes, voyez de Sacy Chrest. II, 246, n. 72.

بارة (esp.) pl. ات verge, baguette que portent les officiers de justice, les ambassadeurs, etc., Alc. (vara de justicia, vara de enbaxador); صاحب البارة bedeau d'église, Alc. (pertiguero de yglesia). — (Pers.) dans le عُود, les côtes dont est composé le قصعة, Descr. de l'Eg. XIII, 228. — Para (monnaie), M.

بئر عَرَبى Un بئر عَرَبى est un puits rond dans le fond, avec une ouverture allongée; un بئر فارسى est un puits de forme oblongue à l'orifice et à la base, Auw. I, 142, 9 et suiv. — Espèce de terre jaune tirant sur le blanc et bourbeuse, Auw. I, 92, dern. l.; «sans doute parce qu'elle est bourbeuse comme la terre qu'on extrait du fond du puits quand on en fait le curage», Clément-Mullet. De là التربة البئرية, car c'est ainsi qu'il faut lire avec le man. de Leyde chez Auw. I, 96, 9, et الارض البئرية ibid. 125, 8. — بئر الجفن sentine (partie basse d'un navire où s'arrêtent les ordures), Alc. (sentina de nave). — Abyme, Bc.

بثرى voyez sous بئر.

بيّار celui qui creuse un puits, Voc.

باريا betterave, Hbrt 48 (Alg.).

بارِسْطور Most sous بلسان: يسمَّى الرقيق الموجود فى; شجيرته بارسْطور ainsi dans N; La بارسْطور.

بارقليط (grec) paraclet, Bc.

بارنامج = بَرْنَامَج, M.

بارنج espèce de melon dans le Khowârezm, de Jong.

باس

بارُود salpêtre, Reinaud F. G. 13 et suiv., Quatremère J. A. 1850, I, 220 et suiv. — De même que نفط, composition incendiaire, J. A. 1849, II, 320, n. 2. — Poudre à canon, Alc. (polvora), Macc. II, 806, 15, Bc. — بارود أبيض nitre, Bc. — بيت بارود giberne, Bc. — بارود طلاقى fusillade, Bc. — عمار بارود cartouche, charge; avec للمدفع gargousse, Bc. — لعب البارود fantasia; voyez Hœst 112, Jackson 148, Richardson Mor. I, 109, Burton II, 88. — ملح البارود nitre, Bc; salpêtre, Alc. (salitre sudor de tierra), Bc.

بارودة, pl. بارود ou بواريد, fusil, Bc, M.

باروديّة vitriol, Hœst 270, Domb. 102, Ht.

بواردى fusilier, Bc.

بارون baron, avec l'adjectif بارونى, J. A. 1845, II, 318.

باز (faucon), pl. ات, Bc, P. 1001 N. I, 22, 10. — Petite timbale, Descr. de l'Eg. XIII, 523, Lane M. E. I, 372, II, 87. — حقّة باز joueur de gobelets, escamoteur, fourbe, Bc.

بازيّة fauconnerie, Bc.

بازار nom d'une plante qui croit en Syrie; c'est aussi en Orient le nom d'une sorte de mets fait de lait caillé et dans lequel entrent les racines de cette plante, Gl. Manç.: هو خلاط يتّخذ بالمشرق من الشيراز واصول نبات تجلب من الشام تسمّى نبات البازار — وهم يفضّلونه على خليط التبر مع استعمالهم التبر ايضا (Pers.) bazar, marché public; — marché, accord pour une vente, Bc.

بازركان vaisseau marchand, Domb. 101, Hbrt 126. — Marchand, marchand d'étoffes, M.

بازهر (pers.) ne signifie pas seulement bézoard, mais aussi, comme بازرد, galbanum; Most. sous قنّة (galbanum): هو البازرد ويقال له بازهر اى نافى السمّ كما يقال لحجر من الاحجار بازهر لهذه العلّة ۞

باس VIII craindre, Voc.

بأس. L'expression لا بأس به signifie qu'une personne ou une chose est très-bonne, excellente, p. e. Ibn-Abdalmelic 125 r°: وكان كاتبا وافر الحظّ من الادب

باستراك 49 بب

وكانَ نَحْوِيًّا حَاذِقًا :°r 149 id. ,يَقْرِض شعرًا لا بأس بهِ ,Mohammed ibn- وصنَّف في العربيَّة مختصرًا لا بأس به Hârith 311. وكان من اهل الرواية لا بأس به وقد سمعت وهى لا بأس بعلمها ولا تقصيم :328 id. ,منه وكتبت عنه (pour exprimer: il faut absolument connaître ces fetwas), Abdarî 43 v°, après avoir dit que les habitants du Caire sont très-mauvais: وقد سمعتُ من حالٍ (مِمَّنْ جالَ .l) في صعيد مصر وريفها ان اهلها لا Khaṭîb ,بأس بهِم وانَّهم اشبه حالًا من المذكورين بكثير ذكر ابن الزبير انَّ قومًا بغرناطة يُعْرَفون بهذه :°r 22
Fakhrî 345, المعرفة فإن كان منهم فلهُ أَوَّلِيَّةٌ لا بأس بها dern. l., Prol. II, 147, 9, 155, 5, 158, 5, 160, 15, Macc. I, 526, 11, Amari 668, dern. l. — *Maladie*, Voc. تَنبِيس dans les vers, Kâmil 308, 5:

نحن قتلنا مصعبا وعيسى وابن الزبير البطل الرئيسا
عدنا أدقْنا مضر التنبِيسا ۞

باستراك *grive*, Hbrt 184.

باسطوس voyez un passage du Most. sous قَصَب.

باسليقون , كمون كرمانى = , Most. sous ce dernier mot. — مرهم الباسليقون *emplâtre que les Grecs appelaient* βασιλικόν *et* τετραφάρμαχον, Payne Smith 1433.

باش *pour*, *afin*, Bc (Barb.). — (Turc) *chef*, باش التجّار 1001 N. Bresl. VII, 51, dern. l., où Macn. (II, 70, 2 a f.) a رئيس التجّار ; باش سيّاس السلطان *écuyer cavalcadour*, Bc; باش متفرقة *fourrier*, Bc.

باشا , au pl. aussi باشاوات, M, Bc. — داود باشا *boulette* (petite boule de chair hachée, d'oignon et de persil), Bc.

باشادور (esp. *embajador*) *ambassadeur*, Bc (Barb.).

باشاورات *bourre d'une arme à feu*, Bc (Barb.).

باشخانة (pers. پشه خانه) *moustiquaire* (garniture de lit pour garantir des cousins), Bc; cf. plus loin پشخانه.

باشلق (turc) *têtière* (partie de la bride), Bc.

باشكة *anneau garni d'un bouton et d'une boutonnière, qu'on met au bout d'une chaîne et qui entoure le pied d'une bête de somme quand on l'attache*, M. — *Collier*

qu'on met au cou des criminels, 1001 N. Bresl. II, 204, 6.

باط (vulg., formé de اباط, pl. de ابط), pl. ات, *aisselle*; — باط حشيش *fascicule*, ce qu'on peut porter d'herbes sous le bras, Bc.

باغة *écaille*, Bc; chez Roland بَغَا.

باغى *écailleux*, Bc.

بَغْلى voyez باغلى.

ابو قلمون voyez باقلمون.

باقة (ou باكة?) (esp.) *linge pour envelopper la gorge*; — *bandelettes que portaient les hommes d'église ou de justice*, Alc. (beca).

باقيّة *écuelle en bois pour mettre du beurre*, Cherb. Semble d'origine berbère; le Dict. berb. a تبقيّة *plat de terre* (dans lequel se servent les aliments).

بالوزة *crème*, Cherb., Ht (cf. پاوزة). — بالوزة *colle de farine*, Bc.

بالوس (pers.) *espèce de camphre*, Bait. II, 334; il faut lire de même dans le Most. sous كافور, où le mot est altéré dans les deux man.

بالوط pl. بوالط *ballot*, Bc.

بامة = بامية (*bamia* ou *Alcœa Ægyptiaca*), Bc.

بأه . فعل الشيء على البأه والعلمى *faire une chose tambour battant, au vu et au su de tout le monde*, Bc.

پاوزة *crème*, Bc (Barb.); cf. بالوزة.

باينتخت (پاى تخت pers.) *capitale*, Bc.

بايرة = پايرة, mot qui, chez les Mongols, désignait *une tablette d'or qui portait l'empreinte d'une tête de lion, et qui était remise aux grands dignitaires, aux courriers, etc.*, Maml. II, 2, 159.

بايّة (pers. پايه) *grade*, *degré d'honneur*, *dignité*, M.

بب .

بَبّة *bébé*, nom qu'on donne à un très-petit enfant, Tha'âlibî Laṭâïf 27, dern. l.

ببمة 50 بتع

ببمة (lat. et esp. upupa) *huppe* (oiseau), Voc.

بمر *panthère*, Bc, Hbrt 64. — Chez Edrîsî c'est le nom d'un animal du Nord, du *castor*, je pense, que Pline appelle *bibris*, *bebrus* chez un ancien commentateur de Juvénal (voyez Ducange sous *bever*). Dans toutes les langues du Nord, ce quadrupède porte encore le même nom. Edrîsî dit (Clim. VII, Sect. 3, Norwège): وفى هذه الجزيرة للحيوان الذى يقال له البمر وبها منه كثير جدًّا لكنّه اصغر من بمر (فبمر B) فم الروسية Sect. 5, Russie: وفى وسطها جبل عال فيه وعول مشهورة القبر; leçon de A; B الفبر; Sect. 6: وفى غياضه للحيوان المسمّى البمر; leçon de B; A البمر. La leçon فبر peut aussi se défendre, car on disait également *fiber*; voyez Ducange l. l.

بمرة *pantoufle* de cuir verni et brodée en argent ou en or, Michel 76, 232, 235, 273; «*babra*, souliers très-minces à semelles souples,» Dunant 201.

بمرين (dimin. esp. de bobra, comme calabacin de calabaza; apopores (pl.) chez Isidore, port. abobara, abobora et abobra, Simonet 281—2) *citrouille*, Voc.

بمش (esp.) البمش *las bubas*, *le mal vénérien*, Lafuente Codices de Tetuan 70.

بمغال, M, et بمغان *perroquet*, Bc.

بموش *escargot*, *limaçon*, Domb. 67, Pagni MS (qui donne *babaluci* comme le mot turc), Guyon 229, Daumas V. A. 357.

بميرة (esp.), pl. بباتر et ات, *mentonnière* (partie d'un casque sous le menton), Alc. (bavera).

بَتَّ I. بَتَّ الامر *conclure*, *prouver bien*; — امر *décision*; — بَتَّ الرأى فى امر *décider*, porter son jugement sur une chose, Bc.

البتّ ما يكون له منفعذ فى هذا *certainement il aura du profit à cela;» بَتًّا *décisivement*; بَتَّ *expressément*, formellement, Bc. — فى بَتّ حمتا à part, Gl. Belâdz. — Sur le vêtement qui porte ce nom, voyez Vêtem. 54; c'était aussi *un grand manteau de femme*, Ibn-as-Sikkît 527: البتّ كساء أخضر

T. d'archit., pl. بُتُوت, *sommier*, Ztschr. XI, 479, n. 5; aussi خَشَب بُتُوتى.

بَتَى *décisif*, *définitif*; بتيا *en définitive*, Bc.

بَتْيَة ou بَتِّيَة, pl. ات ou بَتَاتِى, *tonneau*, *baril*, *barrique*, Edrîsî, Introd. xi, n. 1, M, Ht, Roland; Hbrt 77, 129, Amari Dipl. 200, 1001 N. IV, 294, 7 a f., 307, 7 a f., cf. Bernstein, Lexicon Syriacum Chrest. Kirschianæ, 80, 577 et suiv. — *Muid* (tonneau qui contient un muid), Bc. — La constellation que les Espagnols appelaient *tinaja*, mot qui a le même sens, Alf. Astron. V, 181, où le terme est expliqué ainsi: «Tynaia dicen en arábigo *betya*, et en ella tienen los omes guardadas todas las cosas cosrientes que son necesarias para ueuer, assí cuemo uino ó agoa, et otras cosas, assí cuemo farinas et legumbres, et otras cosas que toman los omes á pro.» — Appareil pour apprendre aux jeunes soldats à tirer; on disposait au-dessus d'une table appuyée sur quatre pieds, et qui s'élevait à hauteur d'appui, une espèce de *baril* fermé par une peau de vache; la peau servait de cible, J. A. 1848, II, 218, 219.

بتّونى voyez sous بَتّ.

بتنمت II c. مع p. *chuchoter*, parler tout bas avec quelqu'un, Bc.

بنج, écrit plus loin بنح, *cistus*, Gl. Manç. sous لحية التيس.

بتر II *couper la queue*, Voc.

V (Lane TA), Diwan d'Amro'lkaïs ۱۳, vs. 10.

باتر, pl. بواتر, بَتْراء pl. بتر, et les autres adjectifs de cette racine qui signifient *tranchant*, sont souvent employés substantivement dans le sens d'*épée tranchante*, Abbad. I, 84, n. 62.

بتور *hélénie* (plante), Most. sous راسن.

أبتر *tranchant*, P. Koseg. Chrest. 76, 5.

مبتّر *incomplet* (livre), Mong. 8.

بترك (gr.) *patriarche*, Prol. I, 131, 13, 1001 N. II, 118.

بتع.

بَتَع pour متَّع, 1001 N. Bresl. IX, 242, 9, où Macn. a متاع. — بتع اكل *goinfre*; — بتع اخبار

nouvelliste (curieux de nouvelles, qui les débite); — بتاع شريط *rubanier* (qui fait des rubans); — بتاع فتّة *soupier* (qui aime la soupe); — بتاع قلوع *voilier* (qui travaille aux voiles d'un vaisseau); — بتاع قباسات *systématique* (qui fait des systèmes); — بتاع كلام *phrasier* (faiseur de phrases), Bc.

بَتَاعَة *de* (comme بناع ou متاع), 1001 N. Bresl. IV, 42, 10: وهذا المال والحمول بتوعك («sont de vous»), 49, 5 a f.: وتقطّعت للجبال بتوع المراسي («les cordes des ancres»), VII, 57, 5, etc.; بتوعهم *les leurs*, Bc.

بَتَاعَة *quelque chose*, 1001 N. Bresl. IX, 371, 3 a f.: هل عليك مثل عليك بتاع من المال، où Macn. a: («dois-tu de l'argent?»).

أَبْتَعُ *universel*, Ht.

بتل V *se faire ermite*, Voc. (cf. Lane).

بَتَلًا بَتَلَ *irrévocablement*, Formul. d. contr. 3: quelqu'un lègue le tiers de son argent aux pauvres بتلا لا رجوع فيها.

بَتُول *puceau*, garçon vierge, Bc.

بتولا *bouleau* (arbre), Bc.

بَتُولِي *virginal*, Bc.

بَتُولِيَّة *virginité*, Bc.

مُتَبَتِّل *ermite*, Voc., Alc. (ermitaño); cf. Lane sous بتل V. — Nom d'un animal (fabuleux?), 1001 N. Bresl. XI, 118, 3 a f.

بثر II *causer, faire naître, des pustules*, Bait. I, 145 a: مبثّرة للفم «faisant naître des pustules dans la bouche,» 146: يبثّر الفم يكثره حلاوته.

بَثْرَة *bouton, pustule*, Bc. — *Ulcère*, Voc. — *Gale* (maladie de la peau), Voc.

بُثُور *scatebra*, L (cf. باثر dans Freytag).

بثق VII الانبثاق signifie chez les chrétiens الصدور والخروج, M.

بج I *saigner* (tirer du sang en ouvrant la veine), Voc.

بج *sorte d'oiseau aquatique*, Yâcout I, 885, 15, avec la note dans le V° vol.

باجّ *fou, sot*, Voc.

مَبَجّ pl. ات *clepsydre*, Voc.

باجم I, aor. a, n. d'act. باجم et بِجَاخ, *mettre bas, faire des petits*, en parlant de chiens ou d'animaux féroces, Voc.

V *causer de la joie* (?), P. Abbad. I, 42, 2 a f.; la leçon est incertaine; Ibn-Bassâm donne يَاجمْ.

بجد.

بِجَاد est proprement le nom d'une étoffe, dont on trouve la description chez Ibn-as-Sikkît 527.

بَجْدَق *herbe aux puces, Psyllium maius erectum*, Bc (chez Freytag بَخْدَق).

بجر.

بُجُور *concombre*, Payne Smith 1239.

بَجَع *cygne*, Bc; — *pélican*, Seetzen IV, 482, et lisez ainsi Yâcout I, 885, 17 (= Cazw. II, 119, 12), n. d'un. ة, M.

بجع.

باجيع *plante à fleurs rouges*, Carette Géogr. 137, *Moricandia suffruticosa*, Prax R. d. O. A. VIII, 282.

بَجْغَط et بَشْغَط c. على *appeler, crier*, Voc.

بجق I *bavarder*, Bc.

II *baliverner, radoter* (Syrie), *verbiager*, Bc.

بَجَقَة *baliverne, bavardage, radotage, verbiage*, Bc.

بَجَّاق *bavard*, Bc.

بجل II *solenniser, célébrer avec solennité*, Bc.

V *être honoré*, Voc.

بَاجَلَة *ulcère dans le membre génital, chancre*. M.

بَجَلْعَان *crevasses* (maladie du cheval), Bc.

بَجَم *gland*, Bc.

بَجْمَاط = بشماط *biscuit*, Cartâs 36, 7 (où il faut lire avec le man. de Leyde, au lieu de اشبد, شبد), mot usité en Ifrîkiya, M.

بَجْمَقْدَار (du turc بشمق *sandale*, et du pers. دار) *un officier qui avait la charge de porter les sandales du sultan*, Maml. I, 1, 100.

بجن II *battre la terre, le pavé, avec la hie*, Alc. (pisar

con pison (پ). — *Clouer;* باجّن المسمار est *recourber la pointe d'un clou après l'avoir enfoncé*, M.

باجّون (esp.) pl. أت hie, *demoiselle (instrument de paveur),* Voc., Alc. (pison پ).

باجّون (esp.) pl. بجاجين *queue des fruits*, Alc. (peçon de fruta پ). Dans le Voc. le terme *ficuum mota*, qui y est traduit par غُرْس, عرجون et باجّون, doit. avoir le même sens, mais je ne connais ce *mota* ni en b. lat., ni en catalan, ni en espagnol. — *Mamelon, petit bout des mamelles,* Alc. (peçon de teta پ; despeçonar quitar el peçon قطع الباجّون).

بَجَاوَة, chez Freytag, est la prononciation moderne, anciennement بُجَاوَة, Ztschr. I, 65.

بجح II *enrouer*, Voc., Bc.

V *s'enrouer*, Voc.

VII. انبجح حسّه *s'enrouer*, Bc.

بَجَح vulg. pour بَجْحَام, M.

بَاجِح *enroué*, Payne Smith 1386.

أَبْجَح *enroué*, Voc.

مُتَبَجِّح *enroué*, Bc, Hbrt.

بَجَح I *perdre la voix; se débattre en expirant,* Cherb. C. — *Enrouer, rendre la voix rauque,* Alc. (enronquecer a otro). — *Desserrer, relâcher*, Bc.

II *s'affermir (domination),* comme M. de Slane lit avec raison Prol. III, 91, 3; cf. Lane. — *Se réjouir*, 1001 N. I, 450, 4. — *Se divertir, s'ébattre, s'égayer, se faire fête de, se promener,* Bc. — *S'enrouer,* Alc. (enronquecerse).

بَجْحَة *divertissement*, Hbrt 226, Bc, *gaîté*, *partie (divertissement), régal (grand plaisir), ribote;* كلام بَجْحَة *goguettes (propos joyeux),* Bc.

بَجُوح pl. بَجَالِح *joyeux, gai,* Hbrt 226, Bc, *jovial, riboteur, Roger-bontemps, bon vivant,* Bc.

بُجُوحَة *enrouement*, Bait. I, 195: بجوحة الصوت «l'enrouement de la voix;» lisez de même J. A. 1853, I, 345, 1.

تَبَجُّح *enrouement*, Alc. (enrronquecimiento, ronquedad). — *Aphonie*, Cherb. C.

مَبْجُوح *enroué*, Alc. (ronco), Domb. 108, Hbrt 35, Ht. — *En bon état, en bonne santé*, Cherb. C.

مُنْبَجِح *rauque*, Ht.

بَحَّر I *semer clair, de loin à loin,* Bc (pour بَحْتَر, à ce qu'il semble).

مُبَحْتَرَى *mets fait d'aubergines, etc., et d'œufs*, M.

بحث I *caver, creuser, fouir, miner*, Bc. — C. عن *expliquer*, Berb. II, 7, l. 9. — Dans le sens d'*examiner, faire des recherches sur*, ce verbe ne se construit pas seulement avec عن, mais aussi avec على, Abbad. I, 249, 10; j'ai révoqué en doute cette construction III, 99, mais on en trouve un autre exemple Ztschr. XX, 486, 2 a f. (où بحشت, pour بحثت, est une faute d'impression), et le Voc. la donne également. Aussi avec l'accus.; بحث الأمر *ballotter une affaire,* la discuter, بحث الدعوى *approfondir une chose,* بحث المسئلة *aborder une question,* Bc; *étudier un livre* (c. acc.) *sous la direction* (على) *d'un professeur*, Macc. I, 829, 3: بحث على الشيخ علم الدين المحرّر الرافعي; cf. l. 5. — C. على p. *examiner la conduite de quelqu'un*, Çalât 21 r°: رفع الى امير المؤمنين انّم يشربون الخمر — فتأثّر الخليفة لقوله وبحث عليهم ۞

III *examiner* c. على, Voc. — *Critiquer, examiner un ouvrage,* Bc.

IV *chercher la trace*, Alc. (buscar por rastro).

بَحْث فِي الطَّبِيعَة *observation sur les choses naturelles*, Bc.

بَحْثِي *critique (adj.)*, Bc.

بَحَّاث dans le Voc. v° scrutari. — *Le convive qui, l'œil sur ses voisins, les prévient, va prendre le morceau qu'ils avaient choisi et qu'eux-mêmes allaient prendre*, Daumas V. A. 314.

بَاحِث *critique sévère, mais équitable,* Bc. — *Enquêteur (juge commis pour les enquêtes)*, Bc. — *Chercheur d'or*, Gl. Edrîsî.

مَبْحَث *preuve*, 1001 N. II, 424, 9.

مُبَاحِث *critique*, Bc.

بحج V *se vanter*, Voc.

بحر II dans le Voc. v° mare. — *Gagner la pleine mer*, Alc. (engolfar). — *Jeter à la mer*, Daumas V. A. 366. — *Cultiver*, Cherb. Dial. 16. — *Regarder, contempler*, Ztschr. XXII; 122, 148.

بحر

V dans le Voc. v° mare. — *Se jeter en pleine mer*, Alc. (engolfarse). — *Abonder* (voyez la Xe), Macc. I, 81, 3 a f.: تبحّر العمران, Berb. II, 84, 13: كان له شعر يتكلّم به متبحّرا, Macc. I, 464, 13: تبحّر عمارتها (*abondamment*).

X *devenir une mer, être entièrement inondé*, Ztschr. XVI, 594, Berb. I, 50, 1: المرج المستبحر, où l'on peut traduire avec de Slane: «marais formé par les eaux de la mer.» — En parlant d'une mer, *s'élargir*, Prol. I, 77, dern. l. — En parlant d'un fleuve, *être grand comme une mer*, Abbad. II, 250, 5 a f. — Au fig., *être inondé par* (ب), *être abondamment pourvu de*, Mi'yâr 22, 2 (où il faut substituer واستبحر à (واستبحر), Berb. I, 153: مصر كبير مستبحر بالعمران «une grande ville abondamment pourvue de tous les produits de la civilisation nomade.» Mais pour exprimer qu'une ville est remplie d'habitants et qu'elle possède en abondance les produits de la civilisation, on dit aussi: استبحرت في العمران (في العمارة), Berb. I, 221, 267, 4 a f., II, 73, 9 et 10, 80, 4 a f., 81, 7, ou bien: استبحر عمرانها, Berb. I, 184, 197, II, 49, 3 a f., 72, 7 et 12; une telle ville est بلد مستبحر العمران (العمارة), Berb. I, 122, II, 66, 4 a f., Macc. I, 340, 13. — Dans le sens de *s'étendre*, ce verbe s'emploie en parlant de villes, Berb. I, 125, 2 a f., de jardins, Macc. III, 49, 22, mais aussi en parlant d'autres choses, p. e. de la guerre, Haiyân 106 r°: فوقعت الحرب واستبحرت (واستنجرت). — Par ellipse (pour استبحر في العلوم) *acquérir des connaissances très-profondes*, Haiyân 34 r°: ولقى جماعة من أهل النظر فاستبحر.

بَحْر, *mer*, est fém. chez Abdarî; voyez le passage sous دُكَّان. — *Etang*, Abbad. I, 97, n. 126 et 127, Mi'yâr 22, 7. — *Bas-fonds sablonneux*, Ghadamès 132. — بحر بلا ماء *désert*, Jackson 239; ce terme ou بحر ملح *flaque large et ondée de sel nitreux sous laquelle se trouve de la boue durcie*, Burton II, 73. — البحر الفارغ *reflux*, Bc (Barb.). — بحر السّرج *le fonds de la selle, la partie entre le pommeau et le troussequin*, Bc, Koseg. Chrest. 69, 3 a f., 1001 N. I, 368, III, 285. — T. d'archit., espèce de cartouche, d'ornement de mosaïque ou de peinture, qui portait une inscription ou des figures d'hommes, d'animaux, etc., Edrîsî 113, 3—6, 210, 2; cf. Gl. Esp. 71. — *Degré*, *marche d'un escalier* (?), 1001 N. Bresl. II, 152, 3 a f.: كانت معلّقة عن الارض سبع أبحر.

بَحْرة. A Damas بَحَرات signifie: 1° les *bassins de marbre*, remplis d'eau courante et souvent ornés de mosaïques, qui se trouvent dans les salles des maisons; 2° les *réservoirs* qui se trouvent dans toutes les rues, Ztschr. XI, 476.

بَحْرِيّ *galérien*, Alc. (galeote). — *Garde du port, de la plage*, Perron, Khalîl, V, 541. — Ce n'est pas seulement en Egypte qu'on emploie ce mot dans le sens de *septentrional*. On le trouve aussi avec cette acception dans une charte sicilienne, parce que, dans la province de Palerme, la mer est au nord, Amari MS; de même en Algérie, Daumas V. A. 435; dans le Sahara, *vent du nord*, Richardson Sahara II, 456. — *Espèce de faucon*, Gl. Esp. 232, le meilleur pour les oiseaux de marais, Margueritte 176. Ce renseignement explique peut-être l'origine du mot. Margueritte en donne (p. 186) la même étymologie que Tamarid et le Père Guadix; selon lui, ce faucon aurait été appelé ainsi parce qu'il vient de l'autre côté de la mer; mais peut-être le mot dérive-t-il de بحر dans le sens de *marais, flaque, étang*. — *Tortue*, Ibn-al-Djezzâr (Zâd al-mosâfir): البحرى وهو القلبق.

بَحْرِيَّة *vent du nord*, Djob. 116, 2 a f.

بَحْرَان. L'auteur du Gl. Manç. dit que ce mot signifie en grec: غارق في المناجوة بين المتغالبين — *évanoui*, Bc. البحران

بَحِيرَة (ou بُحَيْرَة؟) = بَحْر comme t. d'archit., Gl. Esp. 71.

بَحِيرَة (*lac*), pl. بَحَائِر, Bc. — Avec le même pl., *plaine*, Richardson Mor. II, 118; Renou 33: «*Bh'îra*, diminutif de بحر [lisez de بحرة], ne s'applique qu'aux plaines unies;» Marmol II, 234 a (Bône): «Tiene unos llanos donde llaman el Bahayra que se estienden catorze leguas en largo,» etc.; Barth W. 241 parle d'une «weite Thalebene,» qui s'appelle *bah'iret er Remada*; l'anonyme de Copenhague 22: le sultan vint à Miquenès (l. بحيرتها) في بحيرتها الكبرى — ووصل مدينة فاس — فنزل بالبحيرة وارتاح بها فوصل الكاف وحصن بها; Hist. Tun. 107: ثلاث ايام. — آله وماله ونزل بحيرة الكاف في بحر الحرشيين — *Jardin potager*, Quatremère J. d. S. 1847, 484 (sur Cartâs

17, 1); l'explication de Nowaïrî qu'il cite et selon laquelle بحيرة signifie, dans le dialecte africain, بستان كبير, se trouve aussi chez Ibn-al-Athîr X, 407; Ht, Roland, Delap. 144; Jackson 95 n.: «*bahaira, kitchen garden;*» Miss. hist. 612 b: «*Una ribera de huertas llamada Baharrar;*» R. N. 70 r°: وذكر ان اخّا له اشتكى ارنبًا افسدت عليه بحيرة له بجوار قصر الطوب فدعا عليها فلم تلبث الّا يسيرا حتى مائت Amari 8, dern. l. (l'éditeur qui, dans le J. A. 1845, I, 98, a traduit بحائر par *étangs*, s'est trompé); Macc. III, 751, 2 et 4. Forme berbérisée تبحيرت, *jardin potager*, Dict. berb.; «*thebhairt* (Arabic) garden,» Hodgson 93. — بحيرة الزيتون *plantation d'oliviers*, Berb. II, 321, 8; le pl. بحائر الزيتون Bat. IV, 376.

بحّار *jardinier*, Quatremère J. d. S. 1847, 484, Roland.

بحّاري *manœuvrier* (matelot qui entend la manœuvre), Bc.

بحرورش. البحرورش يصبّ *il grêle*, Martin 171.

بخشّش dans le Voc., sans explication.

بخل *autant que*, Voc. (quantum). C'est, à ce qu'il paraît, une altération de بحال.

بخلق I. بخلق عينيه *écarquiller les yeux*, Bc, 1001 N. Bresl. I, 172, 7, II, 69, 2; عين مبخلقة *œil fixe*, ouvert et immobile, Bc.

بخّ I *asperger en soufflant de l'eau que l'on tient dans sa bouche*, c. على, بخّ التتن *mouiller le tabac avant de le couper, en prenant de l'eau dans sa bouche et la faisant jaillir dessus*, Bc; en ce sens 1001 N. Bresl. VII, 277, en parlant d'une broderie: قطعته وبخّته بالماء وصقلته; avant de repasser le drap, nos tailleurs le mouillent de la même manière, Fleischer dans Gersdorf's Repertorium 1839, p. 433; *injecter, introduire une liqueur avec une seringue ou la bouche dans une plaie, dans les veines, seringuer* Bc. — *Boire*, en parlant de papier, Hbrt 142.

بخّ بخّ sur les monnaies, voyez Ztschr. IX, 606 et suiv., X, 818 et suiv., XI, 143 et suiv.

بخّة *aspersion, injection*, Bc.

بخّى, en parlant d'une monnaie, voyez Ztschr. IX, 611 n.

بخبخ I *se moquer de*, Hbrt 239.

بخبخة *bourbier*, Berbrugger apud de Slane trad. de l'Hist. des Berb. III, 276, *marais*, Carteron 378.

بخت I. بخت c. ب *être heureux par*, Voc.

II et IV *rendre heureux*, Voc.

VII *s'aventurer, se hasarder*, Alc. (aventurarse).

بخت pl. بخوت, Voc.; pl. du pl. بخوتات *bonne-aventure* (vaine prédiction), Bc, *augure*, Ht.

بختى, بخت, voyez sur l'origine de ce mot, Edrîsî ٢٧, 2 et suiv. Palgrave I, 325: بختى (sic) or Bactrian, two humped, clumsy, coarse-haired, upland Persian beast.»

مبخّت *destiné à être heureux*, Berb. I, 444, 6 a f.

مبختّ *devin, sorcier*, Alc. (hadador).

بختري nom d'un grand nombre de plantes qui appartiennent au genre Erodium, Ztschr. XXII, 92, n. 7.

بخر V *exhaler une bonne odeur*, Badroun 273, 1. — Dans le Voc. v° vaporare.

بخرة. Le Voc. a لحية ان بخرة وبخّر sous barba, sans explication.

بخار *fumées*, vapeurs qui s'élèvent au cerveau; بخارات *rapports*, vapeurs qui sortent de l'estomac, Bc. — *Haleine*, Alc. (aliento). — بخاري في تمه *il a l'haleine mauvaise*, Bc.

بخور *encens*, au fig. *flatterie*, Bc. — بخور البرّ encens d'une qualité inférieure, Lane M. E. I, 207. — بخور جاوى *benjoin*, Gl. Esp. 239. — بخور جاوى idem, Bc — بخور سوداني *élémi*, Gl. Esp. 259. — بخور مورشد; c'est ainsi qu'il faut lire avec AB Bait. I, 124 d, au lieu de مورشلة, comme donne Freytag, car c'est l'esp. *morisco* (moresque); c'est le synonyme de تاسمغنت, *la racine du* thelephium imperati L., qu'on brûle en guise de parfum

بخّوري *vendeur de* بخور, Casiri I, 145, n. a.

بخّورية *cassolette*, Ht. — Les femmes maronites

باخس 55 بد

donnent ce nom à un châle de Lahouri, dont on se ceint en laissant les deux bouts flotter par devant, Bg 807; cf. 574 v° moucher.

بخيرى, pl. بَخَارِي, dans l'Asie mineure, *conduit, évent, par lequel monte la fumée*, Bat. II, 337.

بَخَّار (c'est ainsi qu'il faut lire, Daumas MS) *celui qui souffle sur les mets*, Daumas V. A. 315.

بَخُّور vulg. pour, pl. بَخَاخِير, M, Bc.

بَخَّارة *soufre*, Bc (Barb.).

مِبْخَرَة (*cassolette*) voyez ses formes chez Lane M. E. I, 221, 307. — *Bassinoire*, Delap. 77.

بخس I *dénigrer, déprécier, déprimer, mésestimer, rabaisser*, Bc, 1001 N. I, 14, 3 a f.; بخس ثمن الشى *avilir, déprécier*, Bc.

IV *mésestimer*, Alc. (estimar un poco).

VII quasi-passif de la Ire, Voc. v° fraudare.

بَأَبْخَس ثمن à *très-bon marché, au plus bas prix*, Bc.

مَبَاخِس *terres qui ne sont pas arrosées d'une manière artificielle, mais seulement par l'eau de la pluie*, Gl. Belâdz. 15.

بخش I *trouer, percer, creuser*, Bc, Hbrt 84, 178, M, J. A. 1849, II, 312, n. 1, l. 3 et suiv., 1001 N. Bresl. IV, 13, 8.

بَخْش et بَخُّوش et أَبْخَاش, pl. بُخُوش *trou, œillet* (petit trou pour passer un lacet, etc.), *creux* (trou dans la terre), Bc, Hbrt 178, M, J. A. 1849, II, 310, n. 1, 312, n. 1, Prol. II, 353, 8, 10, 11, 16 et 18, 354, 3; restituez le même mot chez Koseg. Chrest. 65, 8 a f.; بخش البرميل *bonde* (trou rond à un tonneau), Bc; بخش فى مركب يدخل منه *voie d'eau* (ouverture par laquelle l'eau entre dans un vaisseau), Bc; — *postérieur*, Hbrt 3; — *bassinet* (d'une arme à feu), Domb. 81.

بَخْشى *un lama*, Mong. 184 et suiv.

بَخَّاش pl. بَخَاخِيش *insecte*, petit animal dont le corps est divisé par étranglements ou par anneaux, Cherb.

مِبْخَش *vilebrequin, vrille*, مِبْخَش كبير *tarière*, Bc.

بخشش I *étrenner, donner*, Bc, M.

بَخْشِيش (pers.) pl. بَخَاشِيش *pourboire, étrenne, gratification*, Bc, M.

بخع I c. a. p. *désappointer* quelqu'un, ou *le rendre honteux*, M.

II c. a. p. *blâmer fortement*, M.

بخق. Biffez chez Freytag l'article بَخَّق; le mot qu'il a eu en vue est بَخْنَق, Vêtem. 55, n. 1.

بخل I. بخل على فلان بشىء *refuser une chose à quelqu'un*, Bc.

V dans un vers, Kâmil 205, 7.

بَخَل *inhabileté, incapacité*, Alc. (inabilidad).

بَخِيل *inhabile, incapable*, Alc. (inabile).

أبخل من كلب *plus avare*; أبخل *plus avare qu'un chien* (prov.), Bc; Haiyân-Bassâm I, 142 v°: أجلهم

(الحلهم ل.) بدرهم وكسرة ۞

بَخْنَق pl. بَخَانِف voyez Vêtem. 55, 56, Defrémery Mémoires 324; Ibn-as-Sikkît 526: قالت العامريّة البُخْنَق خرقة تَقَنَّع بها المرأة وأخيط طرفها تحت حنكها وتُحَيَّط معها خرقة على موضع الجَبْهَة. Aujourd'hui en Algérie, où l'on prononce بَخْنُون, *un linge*, Martin 154, *une coiffe de femme*, Daumas Sahara 266. M: وجلباب للجراد الذى على اصل عنقه. ومنه البخنف عند العامّة وهو ما يُلْبَس على مقدّم اصل العنق من الحُلَى ۞

بد I *dissiper*, n. d'act. بَدّ et بَدَّد, Gl. Mosl. — C. a. p. = أفرجه وأوسعه, M.

II *prodiguer, dépenser avec excès*, Alc. (gastar en mal, gastar demasiado), Bc; on dit بَدّد فى الاموال 1001 N. IV, 695, l. Mais بدّ الاموال signifie aussi: *jeter des pièces de monnaie parmi le peuple*, Macc. I, 675, dern. l., 694, 4. — *Répandre*, Roland.

X. استبدّ برأيه *présomption*, Bc. — استبدّ على الدولة ou على السلطان, en parlant d'un premier ministre, *accaparer toute l'autorité du souverain*, Prol. I, 20, 6, Berb. I, 361, dern. l., 500, 2, 4 (voyez des expressions analogues dans mon Introduction au Bayân, I, 98, 99). — C. ب *suffire*, Voc.

بَدّ pl. بُدُود *pressoir, grande machine servant à presser des olives ou du raisin, moulin à huile*, L: Prælum عَصَّارَة الزيت والشراب وهو البَدّ, Alc. (molino de azeyte, alfarge حَاجَر البَدّ), Payne Smith 433, 450. Ce mot est araméen, syr. ܥܰܡܳܐ, chez Buxtorf בַּד, et on le trouve chez l'auteur de la chronique samaritaine connue sous le nom de Liber Josuæ, qui dit dans son langage incorrect, p. ०३, dern. l., éd. Juynboll: ودرسوا كثير من السامرة تحت حَجارات البَدّون; mais l'éditeur, qui ne le connaissait pas, l'a changé d'une manière fort malheureuse. Scaliger, qui cite ce passage dans son Dict. arabe man. et qui indique l'origine du terme, aurait pu le préserver de son erreur. (Cet illustre savant a aussi fort bien expliqué le passage p. ०१, 16, et Juynboll a eu tort de le contredire, p. 346, n. ћ.) C'est par les Arabes de Syrie, les compagnons de Baldj, que ce mot doit être venu en Espagne.

بُدّ. Au lieu de لا بُدَّ لَهُ مِن, on a dit d'abord dans la langue vulgaire: لا بُدَّ مِن, p. e. P. Prol. III, 382, 6 (cf. la trad.):

واما البدا لا بدّها من فباعل

«Dans les événements imprévus, il faut des hommes d'action.» Dans la suite, on a retranché la négation لا et le مِن avant le substantif ou le أن avant le verbe. Aujourd'hui on emploie ces expressions qu'on trouve chez Bc: بُدّى *avoir à* (être dans l'obligation de); — بُدّى يقول *vouloir dire*; — بُدّى اروح *il faut que je m'en aille*; — بُدّك تروح *il faut que tu partes*; — ايش بُدّك تقول *que voulez-vous dire?* — ايش ما بقى بُدّى شى *il ne me faut plus rien*; — بُدّى كفيل بُدّى ضامن ou بُدّنا نعمل *que faire à cela?* — بُدّى *sujet à caution*; — من كل بُدّ *assurément, certainement*, — *à toute force, absolument*. — Dans le sens d'*idole*, بُدّ ne semble être rien autre chose que *Bouddha*; la signification de *temple* en dérive, Gl. Belâdz.

بدد *nom d'une plante*, Bait. I, 125 d; leçon de BDE; AC بدد; Sonth. بُدد et بدد, mais l'ordre alphabétique montre que la seconde lettre est un *dâl*.

بَدّاد *meunier d'un moulin à huile*, Alc. (molinero de azeyte), comme בַּדָּד en araméen (voyez Buxtorf).

بَدَأ I c. ب p. *attaquer un tel, avant d'attaquer les autres*, Nowairi Espagne 447. — بدأ بامراة *jouir le premier d'une femme*; on dit dans un sens analogue بَدَأت بامره, Gl. Badroun. — C. a. p. et ب r. ولا تبدأه باخبار عن شىء حتى يكون هو السائل لك «ne lui parlez jamais le premier de quoi que ce soit, à moins qu'il ne vous interroge,» de Sacy Chrest. II, 420. بَدَأها بذكر سهيل «il lui parla d'abord de Sohail,» Gl. Badroun. وانما بدأتك بما «j'ai seulement commencé à vous traiter de la manière que vous savez, parce que je désirais» etc., Bidp. 165, 3.

IV. ايضاً فى ذلك واعاد *revenir sur une chose à plusieurs reprises*, Hoogvliet 48, 12 et 13, Prol. III, 263, 13, où l'auteur dit par inversion: اعاد فى ذلك, لا يُبْدِىء ولا يُعيد. وابدأ (Un exemple de l'expression *ne rien dire, se taire* (cf. Lane), se trouve Abbad. II, 9, 7, où il faut corriger ma note.)

VIII c. ب p. هو الذى ابتدأ فى دولته بأرباب الوظائف من الأمراء والأجناد «il est le premier sultan qui ait conféré les offices de sa cour à des émirs et à des militaires,» de Sacy Chrest. II, 188, 8. — C. a. p. et ب r., comme la Ire forme, ابتدأ بالكلام «il lui parla le premier,» Bidp. 16, 8; ابتدأ بالاحسان «il lui prodigua d'abord des bienfaits,» Becri 125, 2 a f.; وانا مبتدئكما بالنصيحة قبل لحُكومة بينكما «je vous donnerai un bon conseil avant de» etc., Bidp. 188, dern. l.

بَدْأ = بَدْع *innovation*, Gl. Abulf.

بَدْى «لا بُدّ لك من غلّة بَدْئة بَدى «il te faut absolument la récolte par anticipation,» Bat. III, 429.

مَبْدَأ *ouverture d'une partie d'échecs*, van der Linde, Geschichte des Schachspiels I, 104.

مَبْدِى *العلّة المبدئة la cause première*, Bc.

ابتدائى *subjectif* (qui appartient au sujet de la phrase), Bc.

مُبْتَدَأ *nominatif*, Alc. (nominativo), Bc.

مُبْتَدِى *commençant* (qui est aux premiers éléments d'un art, d'une science), Alc. (novicio nuevo en cada arte, et مبتدى فى السلاح ombre nuevo en las armas), Bc. — الفصل للمبتدى وان احسن المقتدى « le principal mérite est au modèle, quelque parfaite que soit l'œuvre de l'imitateur, » Bc.

بَدَائِق (?) = أَبْهَل, Most. sous ce dernier mot; leçon de Lm; N بدائف ou بدائف (ف) maghribin = (ى).

بَخْشَانِى *rubis-balais*, Maml. II, 1, 71.

بدر II, avec الى عند, *aller dès le matin chez*, Bc.

V *être pleine*, en parlant de la lune, 1001 N. Brosl. III, 332, 7.

VI avec l'accus. de l'endroit vers lequel on s'empresse d'accourir, Weijers 55, 6, cf. 196, n. 357, Abbad. I, 201, 3 a f.

VIII avec l'accus., Haiyân-Bassâm III, 49 v°, فابتدروه وجموا به 116 r°: فابتدروا للخروج عنها, Rech. II, App. p. XLVII, l. 4 a f.: ابتدر رجاله.

بَدَر *nœud*, Voc.

بَدْرَة *bourse*, Voc., qui prononce بَدَرَة pl. بَدَر. Le passage d'Abou-Sa'îd, cité inexactement par Freytag, a été publié et traduit par Quatremère Becrî 41, 42. — Dans l'arabe vulgaire بَدْرَة est: *une somme d'argent qu'un émir ou un autre personnage considérable jette au peuple*, Lane trad. des 1001 N. II, 508, n. 1.

بَدَرَات (pl.) *signes qui apparaissent bientôt*, Gl. Mosl.

بَدْرِى pl. بَدَارِى *précoce*, Bc, Hbrt 51. — *Matinal*, Bc. — بدرى الضان *agneaux*, 1001 N. Brosl. X, 222, 11. — بدارى *prémices*, Bc. — Adverbe (que Marcel prononce *bedry*) *de bon matin, de bonne heure*, Bc (Eg.), 1001 N. Brosl. IX, 273, 6, 318, 2 a f.; كمان الوقت بدرى « il est encore de bonne heure, » Bc.

بَدْرِيَّة *matinée*, Bc.

بَدَارَة *latte, pièce de bois longue, étroite et plate*, Bc.

بَادِرَة pl. ات *sottise, maladresse*, Alc. (desaliño; voyez Victor).

تَبْدِيْر *précocité*, Bc.

مُبَادَرَة الاعتدال *précession des équinoxes*, mouvement rétrograde des points équinoxiaux, Bc.

بَطْرَشِيل (βατραχίς), pl. بَطْرَشِين et بَطْرَشِين aussi بَدْرَشِين, بَطَارِشِيل, بَطَارِشِين, بَطَارِش, *chape* (large vêtement d'église en manteau), Bc, *étole* (ornement de prêtre), Bc, Bg, M.

بَدْرَق *prodiguer, dissiper*, Hbrt 219, M.

بَدَاسْكَان, بَدَاسْقَان, بَدَسْكَان, بَدَسْقَان (*spartium iunceum*). Telles sont les formes de ce mot, que Freytag écrit à tort بَدَاسْفَان, Bait. I, 125 c. On trouve بَدَسْكَان Bait. II, 380 a (AB), 384 d.

بدع II *déployer son éloquence*, Bc. — C. على p. *faire du tumulte contre quelqu'un*, Voc.; c. a. ou c. على *crier, appeler*, Voc.

VIII *renouveler*, Abbad. I, 243, dern. l.

بِدْع (بِدْع) *façon; simagrée*; — *tour de force*, Bc. — ببدع *ingénieusement*, Bc.

بِدْعَة *paradoxe*, Bc. — *Tumulte*, Voc.; عمل البِدَع (car je crois que c'est ainsi qu'il faut prononcer) *faire le diable à quatre*, Bc. — *Portentum (signum, miraculum)*, L.

بِدْعِى *paradoxal*, Bc.

بَدْعِيَّة pl. بَدَاعِى *gilet ouvert par devant et que l'on porte sous la veste appelée* غَلِيلَة, Cherb., Ht, Carteron 176; selon Maltzan 19, *Bdaya* est à Alger = *Kbaya*, à Tunis *gilet*. Lyon 6 écrit *bidrïah*, parce qu'il a mal entendu et qu'il a pris le ع pour un ر. (Ceci peut servir à corriger ce que j'ai dit Vêtem. 56.)

بَدِيع *ingénieux, spirituel*, Bc.

بَدِيعَة pl. بَدَائِع, dans le sens indiqué par Lane, voyez Orientalia I, 391, n. a. — *Invention* (chose inventée), Bc.

مُبْتَدَع *commencement*, Bc.

مُبْدَع (وهو مبدع لجال جيد لخصال *extrêmement beau*), Antar 7, 4.

بدل I. بدل القصاص *commuer, changer la peine*, Bc. — Chez les chrétiens, en parlant d'un prêtre, *revêtir les habits sacerdotaux*, M.

II *transformer*, Alc. (trasformar), p. e. بدل الصورة id. (trasfigurar). — *Défigurer*, Alc. مُبَدَّل desfigurado, تبديل desfiguramiento). — *Transvaser, verser d'un vase dans un autre*, Alc. (trassegar vino o cosa liquida). — *Changer, et par conséquent, corrompre la religion*, Abd-al-wâhid 141, 10; celui qui le fait est un مُبَدِّل, ibid. 137, 3 a f. — *Changer de religion, apostasier*, Cartâs 223, 13. — *Changer de logis, déménager*, Alc. (mudar casa a otro lugar, تبديل mudança de casa a otro lugar). — La signification que Freytag a notée sur l'autorité de Reiske: *Venerem præposteram in podice exercuit*, se trouve aussi chez Alc. (cavalgar macho a macho, hazerlo el honbré al otro). — *Revêtir quelqu'un des habits sacerdotaux*, M. — بَدَّل اللون *changer de couleur* (pâlir, rougir), Alc. (mudar el color). — مبدَّل الوجه *personne masquée*, Alc. (homarrache). — بدّل الموضع *transposer*, Bc.

V, en parlant d'une chose, *être changée contre* (ب) *une autre chose*, P. 1001 N. I, 44, 9:

والنّومُ من عيني تبدَّل بالسهر

(où النوم من عيني est l'équivalent de نوم عيني). — *Echanger une chose* (من) *contre* (ب) *une autre*, Gl. Mosl., P. Abbad. I, 59, 7:

تبدَّلت من عزّ طول البنود بذلّ الحديد وثقل القيود

— تبدَّل الاتراح بالافراح او الافراح بالاتراح على غفلة *péripétie*, Bc. — *Changer d'habits*; — *se déguiser, se travestir*, Bc. — *Revêtir les habits sacerdotaux*, M. — *Se défigurer*, Alc. (desfigurarse). — *Changer de couleur, pâlir*, Alc. (demudarse de miedo). — En parlant de deux personnes du sexe masculin; *commettre le péché contre nature*, Alc. (dormir uno con otro).

VI *se relayer, se relever*, Bc.

VII *être changé*, Voc., Aboû'l-Walîd 774, 1; le n. d'act. *métamorphose*, Bc.

VIII *se permuter* (lettres), Aboû'l-Walîd 132, 21: ابتدال, 338, 11, 352, 31: cette lettre يبتدل من صاحبه, et ailleurs, Payne Smith 1286.

X *substituer* une chose (ب) à une autre (accus.), Valeton ۱۹, 6: انّا خلّعنا اباك وملّكناك لتستبدل اساءته باحسانك, cf. 34, n. 4.

بَدَل *équivalent*, Bc. — Voyez sur les saints nommés الأبدال Ztschr. XX, 38, n. 50, de Slane trad. d'Ibn-Khallic. III, 98.

بَدْلَة *habillement, costume*; c'est ainsi qu'il faut modifier ce que j'ai dit Vêtem. 396, n. 2; cf. Lane 174 c, Gl. Fragm. sous بدن; بدلة الكاهن *ornements, habits sacerdotaux*, Bc, M. — *Habit, vêtement*, Bc, Hbrt 19. Cependant M. de Goeje, dans le Gl. Fragm., s'est trompé en attribuant cette acception aux deux passages des 1001 N. qu'il cite; le terme en question y signifie *habillement*, comme toujours dans les 1001 N., et c'est sa signification véritable, celle qu'indique le M. En outre, de Goeje a eu tort de croire que بدنة est une autre forme de بدلة, et il aurait dû substituer le second mot au premier dans le texte qu'il publiait. — *Relais* (chiens, chevaux, qui doivent en remplacer d'autres), Bc.

بَدْلَة *chasuble*, Bg.

بَدَال, dans le dialecte de l'Egypte et de la Syrie, pour بدل *au lieu de, en échange de, autre que*, Burckhardt Prov. n° 143, Bc, M.

بَدِيل = بَدِيلَك, Aboû'l-Walîd 803, 24, Payne Smith 1289. — *Epouse qui en remplace une autre*, M.

بادلان est proprement l'ital. *patella* (patelle, lépas); Pagni 93 écrit *badalà*, en ital. *patella*; chez Bc بادلان est *huître*.

اِبْدال *substitution* (action de substituer ses biens), Bc.

تَبْدِيل *déguisement, travestissement*, Bc.

مُتَبَدِّل *changeable, variable*, Alc. (mudable cosa que se muda).

بَدْلاقَة (esp. *verdolaga*, lat. *portulaca*) *pourpier*, Hbrt 47. Cf. بَرْدَلاقَة.

بدن II *rendre corpulent*, Voc.

V *devenir corpulent*, Voc.

بَدَن (*corps*) s'emploie aussi en parlant d'une plante, par opposition à la racine, Auw. I, 115, 15, où il faut lire وابدان avec le man. de l'Escur. et celui de Leyde. — *Une courte tunique sans manches* (Vêtem. 56 et suiv.), en usage dans l'Occident aussi bien que dans l'Arabie, Macc. II, 204, 17, R. N. 64 r°: وذكر الشيخ الخ — انه انّما كان عيشه من كدّ امراته كانت تشترى الكتان فتغزله وتنسج منه ابدانا فتبيعها *robe de soie portée par les juives*, Daumas V. A. 487; — cf. Gl. Esp. 238. Sorte d'ornement que les femmes portaient sur la poitrine; Aboû'l-Walîd 92, 15, en expliquant רְהָטִים (Isaïe III, 20), qu'on traduit par *amulettes*: هو صنف من لحلي تعلّقه النساء على صدورهن ويسمّى بالبدنات تشبيهًا بالدروع القصار إلى تسمَّى بدنات. — Dans l'Arabie Pétrée: *le bouquetin des Alpes*; dans la Haute Egypte = بُيْتَل (proprement بُيَيْتَل), Burckhardt Nubia 22, id. Syria 405, 571. — *Courtine*, pl. بَدَنات et ابدان, Mong. 252, Amari 156, 5.

بَدْنَة *corps* (partie d'habit du col à la ceinture), Bc.

بَدَنِيَّة *grande pierre de taille*, M.

بَدِنْجَان = باذِنْجان, P. Macc. II, 423, 9.

بدو.

بَدِيهَة = بَدْهَة, pl. بَدَهات, Gl. Mosl.

بَدِيه *simple* (sans déguisement, sans malice), Bc.

بَدَاهَة *simplicité* (niaiserie, bêtise, facilité à se laisser tromper), Bc.

بالبَدِيهَة *A l'improviste* est aussi بَدِيهَة, Voc. — غَمْرُ البَدِيهَةِ, au propre en parlant d'un coursier rapide, s'emploie au figuré pour désigner un homme qui prévoit tout, qui n'est jamais pris au dépourvu. Ce que Lane a d'après le TA «a man who takes by surprise with large bounty» est la traduction du vers d'at-Tirimmâh: غَمْرُ البَدِيهَةِ بِالنَّوَالِ, ce que Zamakhchari explique par: اى يفاجى بالنَّوَالِ الواسع, Gl. Mosl.

بدو. I. Pour exprimer: *changer d'avis*, on ne dit pas seulement بدا له في الامر (voyez Lane), mais aussi simplement: بدا له, p. e. Haiyân 49 r°: حتى رجع عن المعصية وفرَّق جمعه وسكّنت جهته مُدَّة ثُمَّ بدا له وهاج الفتنة وابتغى الفساد, Cartâs 165, dern. l. Il ne faut pas confondre ces expressions avec une autre, à savoir بدا له ذلك, qui signifie: *trouver bon de faire une chose*, p. e. بدا لهم أمر الاِنْتِقَالِ «ils trouvèrent bon de partir,» Belâdz. 16, 7 a f.; الاِنْتِقَال في (cf. le Glossaire) exprimerait précisément le contraire; Bayân, Introd., 104, l. 16: جاور اهل الشرك ثم بدا له غير ذلك; Haiyân 11 v°: والامام على اهل القبلة ثم بدا له عن (قَبْرٍ.l) ذاك اخرًا ففارق مجاورة الكفرة ✽

III. بادى احدًا ب *prendre l'initiative à l'égard de quelqu'un*; مباداة *initiative*; بادى احدًا بالخير *prévenir quelqu'un par de bons offices*; بادى احدًا بالشر *attaquer quelqu'un*, être agresseur, Bc. — باداء بالمتألوف *payer quelqu'un d'ingratitude*, M.

IV. Le scoliaste de Moslim explique les mots في أَشْبَاحِ ظُلْمَانٍ «sous la forme d'autruches,» par في أَبْدَاءِ ظُلْمَانٍ, Gl. Mosl.

V c. عن r. *se détourner de*, M.

بَدْو *commencement*; — *A. b. c.* (commencement d'une affaire, d'une science), *alphabet* (fig., éléments; commencement); — *préambule*; — *prélude*, Bc. — Comme quasi-pluriel de باد, *agriculteurs*, Gl. Edrîsî, Voc. — «Manière de forcer l'autruche; «dans le *bedou*, le chasseur doit prendre l'autruche avec le même cheval, sans relai ni rabatteur,» Margueritte 74.

بَدَوِي *agriculteur*, *paysan*, *villageois*, Gl. Edrîsî, Voc. (rusticus).

بَدَوِي *grande chemise bleue ou noire*, ouverte par les côtés en guise de manches, et depuis le haut jusqu'en bas. Elle est portée par les femmes au Caire et par les femmes fellâh. Ordinairement elle est en toile de lin assez grossière, souvent en toile de coton ou de fil, parfois en *chôch* ou grosse mousseline. Elle se met par-dessus le vêtement, Ouaday 57 n., 364, 394—5 (beddâouy, 364 beddâouyeh).

باد *saillant*, Gl. Edrîsî. — Seul ou avec بالشرّ *agresseur, assaillant*, Bc.

بادِيَة *contrée, campagne, territoire d'une ville*, Gl. Edrîsî. — *Agriculteurs*, ibid., Voc. — Dans le Voc. *rusticitas*.

بدوح. Ces quatre caractères, qu'on rencontre fréquemment au bas de l'adresse d'une lettre ou gravés sur des cachets, forment une espèce de talisman. Ses principales vertus sont: si un voyageur porte sur lui le mot بدوح, il peut marcher tout le jour sans jamais se fatiguer; — si une femme enceinte, dont on craint l'avortement, porte sur elle le mot بدوح, son enfant arrivera à terme; — une lettre sur l'adresse de laquelle se trouve ce mot, doit parvenir sûrement à sa destination; — ce mot sert encore à faire naître l'amour. Il représente les nombres pairs, qui sont

بذخ   60   بذل

بذل I. Au lieu de بَذَلَتْ نَفْسَها (voyez Freytag), on dit aussi simplement بَذَلَتْ, Abbad. I, 393, 3. — La phrase que cite Freytag: بذلوا السيف فيمن ظهر, est empruntée à Macc. II, 801, 14; بذل من المسلمين فيما السيف passer au fil de l'épée, Bc, Haiyân-Bassâm III, 49 v°. — بذل خطّه بشىء promettre une chose par écrit, Gl. Fragm. — بذل وجهه prostituer son honneur, sa dignité, Bat. I, 240. — Offrir, Abbad. II, 174, n. 98, Gl. Belâdz., Haiyân 74 r°: وقال له (épargner) قد وفّر الله عليك لخمس مائة دينر التى كنت تبذلتها; dans le Cartâs 92, 6 a f. et 5 a f., on trouve les constructions incorrectes: بذل اليد بمال et بذله بمال. — Chez Alc. la racine نَبْل avec ses dérivés est constamment, sauf une seule exception (انذبال marchitura), بَذْل, par transposition.

II avilir, P. Becrî 96, 12 مُبَذَّل vil). — تبذيل prodigalité, Bc.

V se sacrifier soi-même, J. A. 1835, II, 419 n., Khatîb 72 r°: مختصر الملبس والمطعم كثير التبذّل. — Se prodiguer, يعطم الانتفاع به ف ي باب التوسعة بالسلف se rendre familier, J. A. l. l., Abbad. III, 172, n. 131. — تبذّل ف ى لباسه se vêtir d'une manière très-simple, Meursinge ٣٢, 8 a f. (l'explication de Weijers dans sa note sur ce passage, p. 99, est inadmissible parce que l'auteur veut louer le personnage dont il parle); de là متبذّلا, en négligé, l'opposé de متجملا, en habit de gala, Macc. II, 404, 13. — Se prostituer, s'abandonner, Weijers apud Meursinge 99. — متبذّل لهم (لهم؟) livré au chagrin, J. A. l. l.

VII être donné, Voc.

VIII. ابتذل نَفسه sacrifier, prodiguer sa vie, J. A. 1835, II, 418 n.; mais aussi: prostituer son honneur, sa dignité, Djob. 299, 11, Mâwerdî, 157, 4 (lisez مَصُونًا, au lieu de منصوبا). — Se prodiguer soi-même, se rendre familier, Macc. II, 25, 16, Prol. I, 377, 11. — Être simple et sans affectation dans ses manières, Khatîb 60 v°: مطروح التصنّع مبتذل; avec اللباس se vêtir d'une manière très-simple, Khatîb 247 r° (= Macc. III, 27, 18): وكان مبتذل اللباس

---

regardés comme heureux: 2468, ou 8642. Voyez de Sacy Chrest. III, 365—6, Reinaud Descript. des monuments II, 243, J. A. 1830, I, 72, Bg 17, 18, Godard I, 169, et surtout J. A. 1848, II, 521 et suiv.

بذخ II c. a. faire vivre quelqu'un dans l'abondance, dans le luxe, Voc.

V c. ب vivre dans l'abondance, le luxe, Voc. (deliciari, in cibo, potu et huiusmodi = تنعّم).

بَذخ est deliciæ (= نعيم) dans le Voc.; luxe, Ht (avec le dâl).

بذر I semer, aussi au fig.: semer, répandre, distribuer de l'argent, بذر المال, Bc.

IV dissiper, Voc.

V être dissipé, Voc.

بذار semaille (action, temps de semer); — semailles (grains semés), Bc.

بَذّار prodigue, dissipateur, Hbrt 219.

مَبذر endroit où l'on sème, Mi'yâr 26, 2 a f.

بَذْرَق prendre un guide, une escorte, Berb. II, 81, 6 a f.; ce verbe semble avoir le même sens dans le passage Berb. II, 66, 5 a f., qu'on trouve écrit de la même manière dans notre man. 1350, mais qui me semble altéré; peut-être faut-il lire: ويبذرق على هذا الأمر الدوادوة («dans cette affaire il prend pour guides les D.»). C. ب p. servir de guide, d'escorte, à quelqu'un, le conduire, Berb. II, 81, 1, Autob. 206 v°: فأقمت عنده ليالى حتى قيّضًا لى الطريف وتندرق لى (بَذْرَقَ فى l.) مع رفيق من العرب وسافرت الى قصته 224 v°: وبعث معى ابن اخيه عبيسى فى جماعة من (يبذرق l.) سويد يندرق ى ويتقدّم الى احباب حصين 229 r°: وتندرق (يبذرق l.) فى بعضهم الى حلّة اولاد عريف 237 r°: ونـزلـنـا بساحل القصّير ثم تدرقنا (بذرقنا l.) مع اعراب تلك الناحية الى مدينة قوس. Le n. d'act. بَذْرَقَة dans le sens de fournir des guides, Mong. 259 b. Au fig., Bait. I, 148 a: وينبغى لهؤلاء ان يجتنبوا ان يأكلوا معه جبنًا او لبنا او خبز فطير («خبزًا فطيرًا) لأنّه يسرع بِبَذْرَقَةِ هذه الى الكلا, «conduit par ces mets, le melon entre vite dans les reins»).

— = بذرى, prodiguer, dissiper, M.

بر

على هيئة اهل البادية. — Au passif, *être prodigué, avili*, J. A. l. l.; de là ابتذال *avilissement*, Djob. 342, 7. — *Employer des mots bas, vulgaires*, Macc. III, 755, 26; *un mot bas est* المبتذل في ألسن العامّة, *ibid.* l. 27; de même مَثَل مبتذَل *un proverbe vulgaire*, J. A. l. l.

X *profaner*, Gl. Maw.

بَذْل, fém. ة, *creux, usé*, Khatîb 103 rº: قدم عليه بِذْل, في هيئة رثّة بذلة ۞

يَبْذَلْ *déroger, faire une chose indigne de*, Gl. Maw. — *Boucle d'oreille*, Voc.

بَذَّال *prodigue*, L (prodigus).

بر

I *honorer*, Voc. — Lane a soupçonné avec raison qu'on ne dit pas seulement بَرّ والدَه, mais aussi بَرَّت بوالدها, Gl. Mosl. — On ne dit pas seulement يَمِينَه, mais aussi بَرّ في يمينه, Gl. Abulf. — بَرّ الأرضَ *bouleverser le terrain* (pour en extraire les racines des plantes), Cherb. Dial. 18.

II *décharger d'une accusation, renvoyer quitte et absous, justifier, disculper, excuser*, Bc; *absoudre*, Hbrt 213; بَرَّر نفسه *se justifier*, Bc. — C. a. *effrayer quelqu'un*, Voc.

IV. «اترون ما ابرّ الكلاب بالهنّ» *videtisne quam pii sunt canes erga cunnum?* » Macc. I, 472, 5.

V *se justifier, se disculper*, Bc, Ht; *être reconnu innocent*, Hbrt 213. — C. من ou c. ب *s'effrayer de*, Voc.

VII *être honoré* c. عند, Voc.

بَرّ الأبرار (*les justes*), nom qu'on donne au cri du moëddzin dans le mois de Ramadhân, parce qu'il commence par les paroles du Coran (Sour. 76, vs. 5): انّ الأبرار يشربون, Lane M. E. II, 264. — Sur les monnaies: بر بكول اللـه *poids très-juste*, et بر جيّد *juste d'après le poids divin*, Ztschr. IX, 833. — بَرّ مصر *Egypte*, بَرّ الشام *Syrie*, Bc; tout le Soudan s'appelle souvent بَرّ (*continent*), Burckhardt Nubia 263. — *Rive, rivage, bord* d'une rivière, d'un lac, de la mer, Bc, Macc. I, 833, 1; حُرّاس البَرّ *garde-côte*; تبع البَرّ *ranger* (aller le long de); جانب البرّ *border*

la côte, Bc. — Ce بَرّ *hors d'une ville ou d'une maison*, *la banlieue d'une ville*, Notices XIII, 205, Maml. II, 1, 80. — بَرّ adv. *hors de*, 1001 N. I, 3, 4 a f.: وقد برزتُ بَرّ مدينتي — بَرَّا *hors, dehors*, Alc. (fuera), Bc, 1001 N. I, 46, 7 a f.; quand on ordonne à quelqu'un de s'en aller, on dit: *barra, barra!* Mocquet 167 (mal expliqué), Richardson Central I, 119; dans le Voc. بَرَّا; — بَرَّا من *hors de*, p. e. بَرَّا من البلد «hors de la ville,» Bc; déjà dans le R. N., où cette expression est fréquente, p. e. 98 vº: فراى في منامه قائلاً يقول له اذا كانت الليلة الآتية تبيتن برّا من القصر فترى ما سألتن فلما كانت الليلة الآتية بات برّا من القصر واختلس; — cet adverbe بَرّا a reçu le sens d'un substantif; *l'étranger, le pays étranger*, comme nous disons *le dehors*, p. e. جلب من برّا «faire venir de l'étranger,» Bc; من برّا *par dehors, extérieurement*, Bc; برّا لبرّا, جهة برّا, *dehors, en dehors*, Alc. (hazia fuera). — (Esp.), avec le nom d'unité بَرّة, *échauboulures, boutons*, Alc. (barro de la cara).

بِرّ, *honneur*, Voc.

بَرّ a chez Ht les mêmes significations que بَرّ, à savoir: *bord, terre, jachère, pays inculte, désert, le dehors*. — *La banlieue d'une ville*, Gl. Esp. 63. — Voyez sous بَرّ, dern. phrase.

بُرّة (esp.) pl. ات *massue, masse*, Alc. (porra para aporrear, maça de portero).

بَرى est constamment chez Alc. بَرَى; aussi dans le Voc. 36, mais 380 بَرَّى. — Epithète d'une sorte de bois d'aloès, Bait. II, 225 a.

بَرِّيّة *terre ferme*; — *plaine*, Gl. Edrîsî; *campagne, champs*, Bc.

بَرَّا (t. de marine) *étai ou bras de la vergue amarrée à l'arrière du bâtiment*, J. A. 1841, I, 588.

بَرَّاء *ce qui est hors d'une ville*, Notices XIII, 205. بَرَّان = بَرَّانى, Gl. Esp. 69.

بَرَّانى *extérieur, externe*, Bc; القوس البراني d'une porte, Cartâs 22; المدينة البرانية, *l'opposé de* المدينة الداخلة, Haiyân-Bassâm 49 rº. — *Qui est hors d'une* ville, Notices XIII, 205; دار البرّانيّة, Macc. I, 471, 3 a f. — *Paysan*, Cherb. Dial. 129. — *Étranger*, Voc., Alc. (avenedizo, estraño, estrangero, forastero), Bc, Ht; en Algérie les Berranis sont des Arabes ou des Kabyles qui viennent exercer momentanément leur industrie dans les villes, Daumas Mœurs 4, 8; comparez sous الامور البرّانيّة;بَلَدى les affaires étrangères, Bc. — *Celui qui est banni de sa patrie*, Alc. (desnaturado de la tierra). — *Qui se traite hors du palais*, Notices XIII, 205. — En parlant d'un dignitaire, *celui qui occupe une place hors de la cour, et n'est point attaché à la personne du souverain*, Notices XIII, 205. — ارض برّانيّة *champ isolé*, qui est éloigné d'endroits habités, Auw. I, 92, 6 et 7. — مدخول برّانى ou برّانى seul, *casuel, revenu fortuit*; — *tour du bâton (profit illicite)*, Bc. — *Taxe, contribution accessoire*, Notices XIII, 205. — *Vent du nord-est*, Alc. (viente entre oriento y cierço), Bc; chez Hbrt 164 — *Sauvage*, القطّ البرّانى *le chat sauvage*, Jackson 37.

بَرَّانِيَّة *tour au dehors de la muraille d'une ville*, Alc. (albarrana torre).

برارة *innocence*, Hbrt 213.

بُرُورَة pl. بُرُور et بُرُور, *aubépine*, Alc. (espino arbol); — espèce de laurier, Alc. (mostajo arbol).

أَبَرّ. Lane dit qu'il n'a pas trouvé la signification indiquée par l'étymologie: *plus pieux, le plus pieux*, dans les dict. des indigènes. Je crois qu'elle est dans le passage Abbad. II, 162, 7, pourvu qu'on y lise avec Maccarî: أَبَرّ القرب (leçon que j'ai rejetée à tort III, 221). داراة أن وازارة أَبَرّ الأقرب «il (le sultan) me démontra que, si je voulais être son vizir, je ferais la plus pieuse des œuvres méritoires.» La leçon du texte, أَبَرّ لقرب, est insoutenable, car أَبَرّ ne donnerait pas de sens, et le pronom dans لقرب ne se rapporterait à rien. Je lis de même Prol. I, 27, 4 كان بيحيى بن اكثم أَبَرّ الى الله من ان يكون فيه a f: شى ممّا كان يرمى به من امر الغلمان «il était trop pieux envers Dieu, pour être coupable de,» etc. La leçon du texte, أَبَرَّ, est mauvaise; elle ne peut pas signifier: «trop pur devant Dieu,» comme traduisent de Sacy (Chrest. I, 383) et de Slane, parce que

بَرَى seul, sans من العيب ou quelque chose de semblable, n'a pas le sens de *pur*, mais seulement celui de *libre*.

بَرَّة honneur, Voc.

مبرّر (formé de l'esp. barro, بَرّ) *qui a la figure couverte d'échauboulures, de boutons*, Alc. (barroso).

مبرور *pieux*, en parlant d'un homme, Cartâs 2, 4 a f., Gl. Amari Dipl.

برى. I *livrer, remettre, abandonner, céder* une chose (ب) à (الى ou ل) quelqu'un, Mohammed ibn-Hârith 219: le cadi reproche à Yousof al-Fihrî de s'être approprié deux jeunes filles qui appartenaient à Abdérame, فتقدّم الفهرى وقال والله ما رايت لواحدة منهما وجهًا فاقبضتها وتبرى بهما البيع (les voyelles sont dans le man.); فقال له يقول لك الامير اصلحه الله تبرّأ بالديوان :280 الى قاضى عمرو بن عبد الله (même observation); 338: فقلت له البتيم حتى رشيد وقد اطلعتك من الولاية وتبرّيت له لجميع (جميع I.); Khatîb 103 rº: ما كان له عندى شرك اخوته في شى من ميراث ابيه الا ان كان لم يحضر الفتح فبرى به البيع. On dit dans le même sens بَرِى من شى الى فلان, Berb. I, 538, 13, 601, 14, 658, 2 a f.

IV *cautionner, répondre pour*, Alc. (sanear la cosa). — ابرأ ذمّته من فلان ou ابرأ عن فلان *tenir quelqu'un quitte de*, Bc.

V c. من r. *renoncer à*, p. e. au califat, Gl. Belâdz., Nowairî Espagne 486: قد كنت تبرأت لى من الخلافة en ma faveur); dans le même sens تبرّأ له seul *abdiquer en faveur de quelqu'un*, ibid.: تبرّأ له «ال .وسلّم الامر الى ولده. On dit aussi: تبرّأ بالامر الى ابنه renonça au commandement en faveur de son fils,» Haiyân 16 vº. — C. من r. *s'excuser d'accepter* une chose, Berb. II, 113, 1. — تبرّأ من ذمّه *il déclara qu'il ne le protégerait pas*, Berb. I, 639, 3. — C. من p. *rompre tout commerce avec quelqu'un*, Berb. I, 445, 4: نادى في الناس بالبراءة من ابى زيد فتبرّءوا منه. — C. الى p. et من r., dans le sens indiqué par

Lane, qui cependant n'a pas la construction c. الى p.: *déclarer à quelqu'un* (الى الله *prendre Dieu à témoin*) *qu'on est innocent de*, Berb. II, 406, 2 a f.: وتَبَرَّأ الى الله من اخفار, II, 319, 7: السلطان من ذلك ذَمَّتهُ. — C. الى p. et من r., en parlant d'un dépôt, *dégager sa responsabilité en rendant* ce dépôt à la personne à laquelle il appartient, Badroun 182, 5 a f., Berb. I, 643, 2 a f. — C. الى p. et من, comme la Ire forme: تبرَّأت البيع من نفسى «j'ai livré ma propre personne au roi,» Gl. Badroun. — C. الى p. et ب r. *livrer* une chose à quelqu'un, Haiyân 61 r°: فوائَّقَف كُرَيَّب بن عثمن بالايمان المغلظة على التبرُّؤ بالبيع بالمدينة وتصبيرها فى يده (التبرُّه l.). — Dans les ventes, voyez sous بَرّ.

X. On dit en parlant d'une femme اَستنبَرأت, quand le temps de l'attente ou retraite légale est passé pour elle, Gl. Bayân. — «Quand un homme qui vient de mourir a eu une négresse pour concubine, celle-ci doit porter le deuil pendant deux mois et six jours, et c'est ce qu'on appelle اَستنبَرأ,» Hœst 106. — Le sens de ce verbe ne m'est pas clair dans ce passage de Macc. II, 521, 6: وكان يرى ان الطلاق لا يكون الّا مرَّتين مرَّة للاستبراء ومرَّة للانفصال ولا يقول بالثلاث وهو خلاف الاجماع.

بَرْد *frai*, altération par le frottement, Bc.

بَرأ *cure* (traitement pour guérir), Bc. — *Justification*, Bc. — يمين البراء *serment de renonciation ou d'excommunication;* il consiste dans ces mots: بَرئتُ من حول الله وقوَّته ودخلت فى حول نفسى وقوَّتها ان كان كذا وكذا, de Sacy Chrest. I, ٥, 2 a f. et suiv.; on dit بالبراء حلف *faire le serment de renonciation,* ibid. 37, n. 15. — نادى فى الناس بالبراءة من فلان *il fit proclamer qu'il avait mis un tel hors la loi,* Berb. I, 445, 4, II, 44, 6 a f. — *Stipulation ajoutée à un contrat, en vertu de laquelle l'acheteur prend sur soi le risque des défauts que la chose vendue pourrait avoir;* faire une telle stipulation est تَبَرَّأ, v. d. Borg 78. — Vulg. بَرا ou بَرَأ, pl. بَرَوات et بَرَاوات

(le Voc. donne بَرَا, pl. ات, et بَرَا, pl. بَرَوات, Alc. prononce barâ), *quittance,* Gl. Esp. 63, Edrîsî Clim. II, Sect. 5: فلذلك لا يجوز احد من عذاب الى جدَّة. حتَّى يظهر الربَّانى البراءة ممَّا يلزمه. C'est, comme l'indique l'étymologie, la signification primitive de ce terme, mais on l'emploie aussi pour désigner plusieurs sortes d'écrits. Il signifie donc encore: *diplôme,* Bc; — *brevet* (expédition d'une grâce royale), Bc; — *mandement, billet portant ordre à un comptable de payer,* Alc. (carta de pago), Bat. III, 407; — *assignation, mandat délivré à un militaire, et dont il devait percevoir le montant sur le revenu de tel ou tel château, de tel ou tel village* (on payait en nature), Ibn-Rochd cité par Amari Dipl. 416, n. j, notes sur Bat. III, 459; — *billet de logement* (écrit portant injonction à un habitant de loger un ou plusieurs militaires), l'anonyme de Copenhague 51, 52 (arrivée du calife almohade al-Mançour avec son armée en Espagne): ولقيه وَالى اشبيلية ومع (مع l.) وجوه الناس من اهلها ثمّ قفا متنقَّدما برسم اعداد ديار النزول — ثمّ امر الشيخ ابو بكر بن زهر — بتنفيذ البراوات فى العيار المنزلة. — *passe-port,* Bat. I, 112; — *contrat,* Alc. (contrato); — *bulle du pape,* Bc; براة متنع الغفران, Alc. (bula); — *bref* (lettre du pape), Bc; — *lettre,* Gl. Esp. 63.

بُرَيَّة *lettre,* Bc.

بَراتلى *brevetaire,* Bc.

بَرَّآن *célibataire,* Gl. Esp. 69.

تَبرَّة *justification, défense,* Bc. — *Innocence,* Bc. — *Quittance,* Bc. — Espèce d'excommunication, par laquelle les tolbas punissent l'immoralité, Tristram 204 (tebria).

مُبَارَأة *ordonnance sur un trésorier, rescription sur un receveur,* Alc. (libramiento de dineros; il écrit: mubâra, pl. mubarât).

بَراشكة (esp. borrasca) *ouragan,* Bc (Barb.), Lerchundi.

بَرى et بَرْبا (copte p'erpe, le temple), pl. بَرَابى et بَرَابيات, *ancien temple des Egyptiens* (et non pas pyramide ou obélisque), Gl. Edrîsî, Quatremère Recherches sur l'Egypte 278, Djob. 57, 19, Browne I, 30. Bc a: *pagode* (temple d'idole) بربى, pl. برابى.

بَرْباوَى hiéroglyphique; قلم بَرْباوى hiéroglyphe, Bc. بَرْباوِيَّة (l'écriture des berba) caractères hiéroglyphiques, Quatremère Rech. sur l'Eg. 278.

بَرْبَارِيس = بِرْبارِيس épine-vinette, Chec. 199 vº.

بَرْبارِين (N; La بِرْمارِين (sic)) Virga pastoris, Most. sous شِبهان دارو.

بَرْباشْكُه ou بَرْباشْكُو (esp. verbasco) Verbascum undulatum, bouillon-blanc, Bait. I, 184 c art.: بوصير وعَمَّتْنا بالاندلس تسميه بالبرباشكه باللطينية leçon de A; B بالبرباشكو. Alc. (gordo lobo yerva o nenufar) écrit بَرْباشْكَة, nom d'unité بَرْباشْكَة.

بَرْباطَة nom d'une plante, Most. sous اشنان: ابن جناح رايت فى بعض التراجم انه البرباطة mais l'auteur du Most. ajoute: وهذا خطاء والاشنان هو الحمض.

بَرْبانَغ (esp.) verveine; c'est ainsi qu'écrit al-Ghâfikî chez Bait. I, 129 d (AB); Alc. (verbena) verbêna; Bait. بِرْبِينا Bc.

بُرَيْج لبّة الخبز yeux, vides, trous dans la mie de pain, Bc.

بَرْخَتى caméléon, Bc, Hbrt 69.

بَرْبَر I rugir (lion), Berb. I, 107, 1. — Bougonner (gronder, murmurer entre ses dents), grogner, grommeler, marmonner, marmotter, Bc. — Barbariser (pécher contre la langue), Bc. — Se couvrir, Daumas V. A. 115.

II se berbériser, Holal 5 rº: فتبربرت ألسنتهم لمجاورتهم. — Parler berbère, Voc. البرابر وكونهم معهم ومصاهرتهم اياهم.

بربرا mille-feuille, Bc.

بَرْبِير (gr.) papyrus, Amari 9, 1.

بِرْبيرِيَّة entraves pour les chevaux, Alc. (guadafiones).

مُتَبَرْبِر barbare, sauvage, grossier, Bc.

برش I picoter, Daumas V. A. 475.

بُرَيْبِشات C'est ainsi qu'il faut lire, d'après une correction fort heureuse de M. Simonet (268), dans Auw. II, 51, 9, au lieu de بريشات. C'est l'esp. bar-

becho, qui signifie guéret, terre labourée pour être ensemencée. Selon Auw. on donne ce nom aux terres dans les montagnes sur lesquelles on a brûlé les broussailles et où l'on sème dans la même année.

بَرْبَط barboter, agiter l'eau avec les mains, Bc.

بَرْبَط forme au pl. بَرابِط, Gl. Fragm.

بَرْبَط turbo, Voc., mais en quel sens? (cf. Simonet 284).

بَرْبَكا nom d'un instrument de musique, Casiri I, 528 a.

بَرْبَنْد (pers.) collier de cheval, dans le Commentaire sur le Dîwân d'al-Ferazdak (Wright).

بَرْبُوشَة couscous grossier dont se nourrissent les nègres en Algérie, Cherb.

بِرْبينَة et بِرْبِينا (verveine) voyez بَربانَغ.

برت

بَرُوتا, syr. ܒܪܘܬܐ, hébr. בְּרוֹשׁ, cyprès; voyez le Thesaurus de Gesenius I, 246 b, 247 a; Saadiah, ps. 104, a aussi بَرُوتَة ou بَرُوتَة = בְּרוֹשׁ.

بَرْتَال, pl. ات et بَراتِل, est dans le Voc. collis, qu'il faut prendre dans le sens de col, passage étroit entre deux montagnes. C'est le dimin. (portellus) du b. lat. portus, esp. puerto, a. fr. port, qui a le même sens.

بَرْتَقان (altération du nom propre Portugal) coll., n. d'un. ة, orange, Bc, M; شجر البرتقان oranger; محلّ البرتقان orangerie; شراب البرتقان orangeade; مرّبة البرتقان orangeat, Bc.

بِرْتَقَبِر (esp.) pl. بِرْتَقِيرِس bedeau d'église, Alc. (pertiguero de yglesia).

بَرْنَن En parlant d'un lion qui guette sa proie, on dit: اسد على براثنه رابض, Macc. I, 246, 14; de là au fig., en parlant d'un homme: قـعـد عـلى بـراثـنـه للتوثّب عليه, Berb. II, 260, 3.

برج II ceindre, fortifier avec des tours, Voc., Alc. (torrear), Djob. 207, 16: حصن مبرّج مشرّف. V être ceint, fortifié avec des tours, Voc.

بُرْج phare, Domb. 97, Ht. — Habitation en pierre

برجار 65 برجين

dans un jardin, Pellissier 102; maison à la campagne, Delap. 144, Ht; à Bairout, grande maison, M. — برج الاشارة télégraphe, Bc. — برج طيور volière (petit colombier), Bc. — برج النواقيس clocher, Bc. — برج نمرود tour de Babel, Bc.

بُرْجَة pl. بُرَج trou, mais ouvert seulement d'un côté, Voc. (faute pour فُرْجَة? Mais le mot se trouve dans les deux parties).

حمام بَرْجِى pl. حَمَامَة بَرْجِيَّة, حَمَام بَرَاجِى ou بَرْجِيُّون, colombe qu'on nourrit dans un colombier (بُرْج حَمَام), ayant l'habitude d'en sortir et d'y revenir, Alc. (çorita paloma, paloma palomariega).

بَرِيج quartier de fruit, Roland.

بُرَيْجَة guérite, Ht.

بَرَّاج gardien d'un colombier (بُرْج حَمَام), Maml. II, 2, 119 (2 exemples), Fakhrî 44, 4 a f. et suiv., 1001 N. I, 514, 3 a f., III, 417.

بَارِجَة pl. بَوَارِج (altération du mot indien بَيْرَه), aujourd'hui en hindostani بيرا) barque dont on se servait dans l'Inde, Gl. Belâdz. Selon Baidhâwî II, 30, 2 a f., ce serait un adjectif arabe, et l'on dirait سفينة بارجة dans le sens de: bâtiment découvert; mais cette étymologie est sans doute erronée.

مُبَرَّج festonné, Roland.

بِرْجَار pl. ات et بَرَاجِير = بِهْكَار, فَرْجَار, compas, Payne Smith 868.

بَرْجِيلَة, بَرْجَالَة (esp.). Le premier mot est modius dans le Voc. (= مَكّ et مَكَّوك). En esp. barchilla, autrefois barcella, signifie: mesure de grain qui est le tiers de la fanègue; selon Berb. II, 137, 9 a f., برشالة désignait à Tlemcen une mesure de 12½ رطل, qui est le même terme, se trouve quatre fois chez Ibn-al-Khatib (apud Casiri II, 254, 3 a f. où il faut lire واقليم برجيلة قيس, au lieu de واقليم بن حبيبلة قيس, 2 a f.) comme le nom d'une certaine étendue de terrain. C'est le b. lat. parcella, que les langues romanes ont aussi avec des altérations très-légères. Certains districts dans la province d'Elvira, qui furent répartis entre les tribus après la conquête arabe, reçurent le nom de barchîla de Caïs, etc. Pris collectivement, on leur donnait le nom de

البَرَاجِلَة, qu'on rencontre souvent chez les historiens. Après que les Espagnols eurent reconquis l'Andalousie, le terme barchela se conserva encore quelque temps. Voyez les excellents articles de M. Simonet, 269, 270.

بِرْجِس est proprement le nom d'une étoffe; voyez Ibn-as-Sikkît 527. Au reste comparez Vêtem. 58.

بَرْجَس I ou بَرْجَسَة, دار على البرجسة folâtrer, s'amuser, 1001 N. III, 197, 10: وهَا يأكلان وبيرجسان (Lane traduit: to frolick), où Bresl. IX, 317, 6 porte: وهم يأكلوا ويدوروا على البرجسة. بَرْجَسَة voyez ce qui précède.

بِرْجَاس. L'exercice du birdjâs était presque la même chose que ce qu'on appelle à présent لَعْب الجَريد; ceux qui y prenaient part étaient montés sur des chevaux et se combattaient ou se poursuivaient en se jetant des bâtons, Lane M. E. II, 136 d'après le Roman d'Abou-Zaid.

بِرْجَاسَة demi-vertu (femme équivoque), Bc (Eg.).

بَرْجَلَة (et بَرْجِلَة) pl. بَرَاجِل grenier, galetas, mansarde, Alc. (desvan de casa).

بِرْجُون pl. ات engelure, Alc. (friera de pies) (aussi بِرْيان).

بَرْجَالَة voyez بَرْجِيلَة.

بَرْجِين sac, Voc. Chez Alc. on trouve بُرْسُون, pl. بَرَاسِين, grand panier de sparterie (seron de esparto), et aussi paillasse (xergon); chez Espina, R. d. O. A. XIII, 145, بُرَيسِيل, espèce de grand sac fait de sparterie. M. Simonet (284) considère avec raison le بُرْسُون d'Alc. comme un augmentatif du b. lat. bursa (sac), et il compare l'esp. bolsa, dans le sens de saccus sparteus reticulatus. بُرَيسِيل est un dimin. du même mot. Quant au برجين du Voc., M. Simonet (270) y croit reconnaître le b. lat. bargella ou bargilla, cat. et val. barjóla, cast. et port. barjuleta. Il a peut-être raison; cependant on pourrait se demander si ce terme n'aurait pas la même origine que les deux autres.

بِرْجِين sorte de grenade, Voc. sous malgranatum; lisez

de même, d'après une correction de M. Simonet (285), Auw. I, 273, 16 (où notre man. n'a pas de points), au lieu de ترجمون; on trouve برجون expliqué par grenade sauvage I, 429, 5.

برج I. بَرَجَ من موضعه débarrer (changer de place), Bc. — S'écouler, passer (temps), p. e. لقد برج زمان « il s'est déjà passé bien du temps, » Bc. — Faire des progrès, Hbrt 116.

II crier, proclamer, annoncer une chose au nom de l'autorité, Abbad. I, 203, n. 40, Gl. Bayân, Gl. Djob., L (insinuat يبرج ويقول, precono), Voc., Bc, Ht, Bat. IV, 145, 146 (في الناس); c. ب r., comme je l'ai dit ailleurs; aussi Tohfat al-'arous (man. 330, 158 r°): c. على يَبْرج كلّ منّا بحبّه وشكا ما يَقْلبه, p., Voc., Müller L. Z. 37, 1: فبرج الأمير على أهل ايام مَبَرَّجِيْن. Chez Alc. نجدها غرسان غرناطة وخرج بان des jours qui ont été annoncés par un crieur public et pendant lesquels il y aura des élections (dias pregonados para eleciõn). Formul. d. contrats 8: وثيقة التبريج برج فلان بن فلان في الجنان والبطيخ الكائن له بموضع كذا تبريجا صحيحا يمنع له التصرّف فيه والاشتغال فيه بكلّ وجه من الوجوه وجعل له فيه زين الله ورحمه فبإجماع ما أكل منه كالدم والاحم الخنزير (pour والاحم الخنزير, والحم الخنزير), plus correctement. — Je ne crois plus que cette signification est d'origine berbère; je pense plutôt que برج est proprement rendre manifeste, public, le causatif de برج être manifeste.

بَرِيج (L, Voc., Alc. borêh et burêh), proclamation, cri public, L (preconium), Voc., Alc. (pregon del pregonero), Ht, Macc. III, 48, 14; publication d'une loi, Alc. (publicacion de ley). بالبريج publiquement, Alc. (placeramente, bal burêh).

بَرَّاح crieur public, Abbad. I, 203, n. 40, Gl. Bayân, L (preco), Voc., Bc, Ht, Roland, Carette Kabylie I, 230, Berbrugger 312.

يبروح voyez sous le ى.

• برخ

بُرَاخ (pl.) doit désigner des objets faits de verre; dans le man. de l'Escurial 497, le verrier nomme: القناني والكاسات والبراخ الخ (Simonet).

برد

بِرْخَانَة pacotille (petite quantité de marchandises); جَهَّز برخانة « il se fit une pacotille, » Bc.

برد I gagner du froid, Bc. — Rafraîchir, devenir frais, Bc. — Se rafraîchir, Bc. — S'engourdir (au fig.), Bc. — بردت همّته il se découragea, et aussi: son zèle s'est ralenti, Bc. — برد عليه الضرب la douleur que les coups lui avaient causée, commença à se calmer, 1001 N. II, 226, 6 a f. — بَرَد c. على est dans le Voc. superfluere.

II. بَرَّد همّته engourdir l'esprit, le courage, et aussi: refroidir le zèle, Bc. — بَرَّد الخُلْق apaiser la colère, Bc. — Se refroidir, Alc. (resfriarse). — Grêler, Bc. — C. acc. dire des fadeurs, Voc. — بَرَّد المُلْك affermir son empire; بَرَّد عنه négliger, M.

III c. ـ p. accueillir mal, froidement, faire mauvaise mine, mauvais visage à quelqu'un, Bc.

IV rafraîchir, Voc. — C. الى p. et ب r. envoyer une dépêche par la poste à quelqu'un, ابرد الى ابن « il envoya la lettre à Ibn-Hichâm par la poste, » Maml. II, 2, 87. — C. الى p. et acc. r. imposer un fardeau à quelqu'un, أبرد الى ما ناء « on m'imposa un fardeau qui me terrassa, » on me fit payer des sommes si considérables, qu'on me ruina complètement, Abbad. II, 160, 10, cf. III, 220. — قال شيئًا باردًا dire une platitude, Macc. I, 609, 6 avec la note de Fleischer Berichte 204.

V dans le Voc. sous frigescere et infrigidare. — C. على dire des fadeurs, Voc.

VI faire la bête, dire ou faire des bêtises, goguenarder; c. على p. dire des fadeurs ou des fadaises à quelqu'un, lanterner; على الناس dire ou faire de mauvaises plaisanteries, Bc.

VII être limé, Voc.

X chercher la fraîcheur, Berb. I, 153, 9. — Juger qu'une chose ou une personne est sotte, Gl. Esp. 66.

بَرْد refroidissement, Alc. (resfriamiento). — Rhumatisme, Daumas V. A. 425. — Fluxions de poitrine, Cherb. Dial. 25. — Mal vénérien, Hœst 248. — برد العَجُوز (le froid de la Vieille), sept jours qui commencent le 7 février, « pendant lesquels on sent le matin un froid un peu rude; l'air est couvert ordinairement de nuages; les pluies y sont fréquentes, et les vents impétueux y règnent fort pendant ce temps-là, » Vansleb 35. — بَرْد وَسَلَام *plantain*, Most. sous لِسَان الحَمَل, Bait. I, 131 b.

بَرْدَة *rafraîchissement*, Macc. II, 303, 5 (les voyelles dans le man. de Homaidî 43 v°). — *Bordat*, ou mieux *berdé*, petite étoffe d'Egypte en laine, Bc. — (Pers. بَرْدَه) *portière* (espèce de rideau devant une porte), Bc; cf. بَرْدِيَة à la fin.

بُرْدَة voyez Vêtem. 59 et suiv. La *borda* que le Prophète avait portée et qu'il avait donnée au poète Ca'b ibn-Zohair, devint plus tard la propriété de Mo'âwia, qui l'acheta de la famille du poète pour la somme de 600 dînârs (Tha'âlibî Thimâr al-coloub, man. 903, 9 v°; 40,000 dirhems, Aboulfedâ I, 170). Elle devint un des insignes du califat et on l'appelait souvent *la borda* par excellence, البُرْدَة, p. e. Athîr IX, 442, 1 et 5 a f., X, 20, 13, 428, 7 a f., Aboulfedâ II, 96, 6, III, 160, 6 a f., 170, 4. Comme elle était très-vieille et très-usée, on disait proverbialement: أَخْلَق مِن البُرْدَة et اعْتَق مِن البُرْدَة Tha'âlibî l. l., Freytag Prov. III, 139. Lors de la prise de Bagdad, elle tomba entre les mains des Mongols (Aboulf. I, 170); cependant les Turcs prétendent que leur sultan Selim la trouva en Egypte; ils la nomment *khirca cherif* (Burton I, 142), et aujourd'hui encore cette relique plus ou moins apocryphe est exposée dans le sérail de Constantinople (J. A. 1832, II, 219). — Proverbialement: خلع بردته وسلخ جلدته = changer de mœurs, se corriger, Bassâm III, 179 r°. — A Damas, *rideau*, Ztschr. XI, 507, n. 31; cf. بَرْدِيَة.

بَرْدِي On faisait des habillements de papyrus; Beerî 84, 10: لباسهم البردى. De Slane cite dans sa note sur ce passage les paroles de Juvénal, Sat. IV, vs. 24:
    Hoc tu
    Succinctus patrio quondam, Crispine, papyro.
Cette coutume existe encore aujourd'hui; voyez Barth III, 265. — En Espagne, *sagette, glaïeul, flèche d'eau, fléchière aquatique*, Alc. (enea yerva ensordadera, espadaña yerva); cf. Gl. Esp. 66.

بَرْدِيَة terme du jeu d'échecs, Voc. v° scacus. C'est quand le roi seul reste à l'un des joueurs, comme le montre le persan بَرْد.

بَرْدِيَة est donné par Lane (v° بردى), qui cite la phrase empruntée à l'Asâs: لها ساق بردية, comme un nom relatif de بَرْدِي; mais c'est une erreur. بَرْدِيَة est le nom d'unité de بَرْدِي. Mes man. de l'Asâs portent: لها ساق كأنها بردية, et c'est ainsi qu'il faut lire; de même dans le Most. (v° بردى): يسمى ساق البردية. — البيضاء العنقرة *Fièvre, frisson de fièvre*, Bc, Hbrt 36. — (Au lieu de البرادى Badroun 269, 10, lisez البرانيين, pl. de بردون).

بَرْدِيَة espèce de *tambour*, Ouaday 367, 396.

بَرْدَان *fou, sot, un homme qui dit des sottises*, et de là *un bouffon*, Gl. Esp. 66.

بَرْدَايَة *rideau*; — *portière* (espèce de rideau devant une porte), Bc. A Damas on prononce بَرْدَايَة, Ztschr. XI, 507, n. 31. — Espèce de gaze qui couvre la gorge, Bg 806.

بُرَاد *limaille* (parties de métal que la lime détache), Alc. (limaduras de hierro).

بَرُود signifie bien proprement *collyre rafraîchissant*, mais on l'a appliqué à toutes sortes de collyres, Gl. Manç.

بُرُود *flegme*, au fig., *froideur*; — *froid*, au fig., *air sérieux et composé, air de froideur, indifférence*; — *refroidissement, diminution de chaleur*, au fig., *diminution de passion, d'amitié*; — *relâchement, tiédeur*, au fig., *ralentissement d'ardeur, manque d'ardeur*, Bc.

بَرِيد *soupe à la semoule*, Daumas V. A. 252. — *Feuilles légères de pâte au beurre*, ibid. 253. — En parlant d'un chemin très-étroit, on dit: طريق عرض بريد, Macc. I, 392, 10, c.-à-d.: un chemin qui est justement assez large pour qu'un mulet de la poste puisse y passer. — *La poste, des mulets ou des chevaux établis à de certaines distances pour le transport des courriers et des dépêches* (pl. ات, Gl. Fragm.), Maml. II, 2, 87 et suiv.; c'est une dissertation importante sur la poste en Orient; aussi *poste* dans le sens de: *établissement de chevaux, placé de distance en distance, pour le service des personnes qui veulent voyager vite*, Bc; على البريد ou سار في البريد *aller en poste*, Bc. — *La direction de la poste*, de Sacy Chrest. I, ٥١, 4 a f.

بَرَادَة *froideur* (accueil froid), Bc. — *Sottise, bêtise*, Bc, Hbrt 238; *mauvaise plaisanterie, goguenarderie, lanternerie, fadaise, fadeur* (manque de grâces et louange fade), *fagot* (sornette); — *monotonie*, Bc. — *Fraction de tribu*, Pellissier 128, 133 (berada).

بَرْد

الهـوا بُرودة‎ *frais, fraîcheur, froid agréable;* الهواء بُرودة‎
l'air est frais; على البُرودة‎ *fraîchement,* Bc. — *Humidité,* Domb. 55. — *Fièvre,* Hbrt 36 (Alg.). — *Insipidité, sottise,* Voc., Alc. (desgracia en hablar). — *Incivilité, rusticité,* M.

بُرودِيَة‎ *froideur,* p. e. بيني وبينه بُرودية‎ «il y a de la froideur entre nous,» Bc.

بُرَيدي‎ *courrier de la poste,* Maml. II, 2, 90, Bc, Badroun 265, 3 (et non pas *legatus,* comme chez Freytag).

برّاد‎ *frileux,* Bc. — *Théière,* Domb. 92.

برّادة‎ (chez Alc. pl. بَرَاريد‎) *jarre à deux anses,* Alc. (jarro con dos asas). — *Pot de terre avec goulot,* Hbrt 199; *pot de terre, de forme ronde, avec goulot, étroit et allongé,* Bc; cf. Gl. Esp. 68. — En esp. et en port., *albarrada* signifie, entre autres choses: *muraille de pierres sèches.* C'est en ce sens qu'on trouve le pl. بَرَاريد‎ chez Macc. II, 148, 16: الحَصَى الملوّن العجيب الذي يجعله رؤساء مراكش فى البَرَاريد‎. L'origine de cet *albarrada* (cf. Gl. Esp. 68) est donc trouvée.

برّادية‎ (comme برّادة‎) *vase en terre poreuse, qui sert à rafraîchir l'eau,* Burton I, 382. — *Vase qui sert principalement à conserver l'eau de vie, le vinaigre et autres liquides,* Descr. de l'Eg. XVIII, part. 2, 415.

بَارِد‎ *flegmatique, au fig., froid,* Bc. — *Froid, sec, incivil, sévère,* Bc. — *Tiède, sans ardeur,* Bc. — *Faible;* تتن بارد‎ *tabac faible, qui a peu de goût,* Bc. — *Languissant;* كلام بارد‎ *style languissant;* عُذر بارد‎ *mauvaise excuse,* Bc. — *Lent, nonchalant, paresseux,* L. (segnis عاجز بطى بارد‎). — *Fade, plat* (sans sel, sans saveur, sans agrément), *insipide* (personne, discours), Voc., Bc. — *Monotone,* Bc. — *Sot, fou,* Gl. Esp. 66, Gl. Fragm., *saugrenu, goguenard, bête* (personne stupide); بارد الوجه‎ signifie aussi *un sot,* Burton I, 270, 1001 N. Bresl. IV, 266, de même que بارد اللحية‎, 1001 N. Macn. III, 636. — Alc. a plusieurs de ces significations, car chez lui بارد‎, pl. بَرَّاد‎, est: desdonado, desgraciado en hablar. Le premier mot est chez Victor: sot, incivil, lourdaud, malplaisant, messéant, insipide, fat, rustique, malgracieux; le second: malgracieux, malséant, sot, fat, maussade. — على البَارِد‎ *froid, sans mettre au*

بَرْدَاق‎

feu, Bc. — عمل الحامى والبارد‎ *employer le vert et le sec, employer tous les moyens de succès,* Bc. — *Scrofule,* Daumas V. A. 425 (et MS.). — Le plur. بَوَارِد‎ est le synonyme de مبرّدات‎ (voyez) et signifie: *herbes et drogues rafraîchissantes,* Prol. I, 25, 6: اللحم المعالج بالتوابل والبقول والبوارد والحلوى‎. On l'applique aussi à différents plats apprêtés avec du vinaigre, avec des sauces piquantes, Bait. I, 497 a: أو من بعض البوارد الحامضة كالهلام والقريص ونحوه‎, Auw. II, 185, 6, 209, 1; طبق بوارد‎, 1001 N. II, 449, Bresl. VIII, 211, où Macn. II, 396 a مبرّدات‎. طبق‎ Selon Richardson et Meninski, qui disent à tort que ce mot est persan, c'est spécialement: une composition de vinaigre, de moût et de pain, qu'on fait cuire ensemble.

بَارِدَة‎ pl. بَوَارِد‎ *froid* (subst.), Voc. — *Sottise, incivilité, rusticité,* Alc. (desdon).

مَبْرَد‎. *Khassa mebred, mousseline grossière,* Ghadamès 40; *mabret, mousseline,* Espina R. d. O. A. XIII, 153.

مُبَرَّد‎, à Grenade, *bouilli* (viande bouillie), Chec. 196 r°: وهو الذى نعرفه نحن بالمُبَرَّد وهو لحم وماء وملح لا مَزيد‎. L'anecdote racontée par Tha'âlibî Latâïf 33, 4 a f. et suiv., montre que déjà au 3e siècle de l'Hégire ce mot avait ce sens en Orient, et qu'il est l'équivalent de لحم مبرّد‎.

مُبَرَّدات‎. Le pl. مبرّدات‎ *herbes et drogues rafraîchissantes,* Bc. — Aussi dans une autre acception, voyez sous بارد‎ (طبق بوارد = طبق مبرّدات‎).

مَبْرود‎ *celui qui a un tempérament froid* (l'opposé de مَحْرور‎, celui qui a un tempérament chaud), Bait. I, 17, Auw. I, 257, 4 (où il faut lire avec le man. de Leyde بآكله‎, au lieu de بيوكل‎).

بَرْدَار‎ pl. بردارية = برددار‎, Fleischer Gl. 49.

بَرْدَاق‎ pl. برادِيق‎ (Bg. v° cruche) ou بَرْدَق‎ (Bg v° pot) (turc) *petite cruche en terre poreuse, qui sert à rafraîchir l'eau* (les Provençaux l'appellent aussi *bardaque*); *petit pot de terre en forme d'un gobelet pour toute espèce de besoins,* Haedo 22 b, Thévenot I, 517, État des Royaumes 37, Vansleb 402, Niebuhr B. 6,

بردخ

R. I, 162, 330, Browne I, 236 n., Descr. de l'Eg. XII, 472, Fesquet 40, Bg.

بَرْدَخ *presser, mettre en presse*, Bc. — *Polir, rendre luisant*, Hbrt 87.

بَرْدَدَار (pers. پَرْدَهْ دار) pl. بَرْدَدَارِيَّة *proprement celui qui tient la portière de l'appartement, huissier de la porte*, de Sacy Chrest. II, 179.

پَرْدَشِين *raisin muscat*, Alc. (moscatel uva), qui écrit perdichin.

بَرْدَق voyez بُرْدَاق.

بَرْدَقَان pour بُرْتُقَان, *orange*, M.

بَرْدَقُوش pour مَرْدَقُوش, *marjolaine*, Bc, 1001 N. I, 118, 10.

بَرْدَلَاقَة (lat. portulaca) *pourpier*, Pagni MS. Cf. بَقْلَاقَة

بَرْدَلُو *verdier* (oiseau), Pagni MS. (berdelùm).

بَرْدُو »Nous passâmes ainsi deux jours, ayant vent de bouline et marchant sur le flanc. C'est ce que les marins moghrébins de la Méditerranée appellent *bôrdo oua la bôrdo*,» Ouaday 605; cf. l'esp. et l'ital. bordo.

بَرْدُون et بَرْدُول (Domb. 62), بَرْدُون et بَرْدُوَل (Hbrt 67), *chardonneret*, Bc, Ht.

بَرْدُون voyez ce qui précède.

بَرْدْيُوت *remplaçant de l'évêque ou chef des curés*, M, qui dit que c'est grec.

بَرْذَق I c. من et عن من *fuir*, Voc.

بَرْذَقُون *jeune homme*, Voc.

بَرْذُن I c. a. *se servir d'un cheval de race comme d'un cheval de bât* (بَرْذُون), Kâmil 272, 3:

لله در جياد انت ساقتها برذنتها وبها التحجيل والغرر

بَرْذُون, pl. بَرَاذِين, chez Alc. dans le Voc., *bardêun, non-seulement cheval de bât, mais aussi mulet de bât*, Gl. Esp. 67, Ztschr. XVIII, 525.

برز I. En parlant des habitants d'une ville, برزوا للدخول ou برزوا للقاء فلان *sortir en grande pompe à la rencontre d'un prince ou d'un autre personnage con-* sidérable, Bassâm II, 111 r°: وقد برز الناس للدخول (dont on attendait l'arrivée à Cordoue), Bat. I, 19, II, 67. برز seul a le même sens, Macc. III, 48, 14, Müller 25, 7 a f., 32, 5. *A la rencontre de devrait être* الى, *mais dans le Cartâs, où les prépositions* الى *et* على *sont souvent confondues, on trouve* 155, 19: برز عليه اهل البلد. Une telle marche s'appelle بَرْز, Cartâs 222, 1, *mais plus ordinairement* بُرُوز, Djob. 238, 13, Müller 40, 4 a f., Berb. II, 263, 15, Bat. IV, 90, Cartâs 252, 7. — *Faire une procession*, Voc., Macc. I, 376, 12: البروز الى الاستسقاء «*faire une grande procession pour demander de la pluie*;» dans le même sens برز الى الله (proprement *comparaître devant Dieu*), ibid. l. 14; يوم البُرُوز *jour de procession*, Mohammed ibn-Hârith 210: كان المنذر بن محمد رحمه شديد الاعظام لبقى بن مخلد دخل عليه يوم البروز فى المصلى فمنعه من تقبيل يده الخ. — *En parlant de troupes, défiler devant le prince ou le général*, Holal 58 r°: فميزوا وبرزوا وتجميت الناس, Cartâs 238, 3, ibid. 241, 4: بَرْزُوا من كثرة عددهم بها عليها «*les soldats défilèrent avec leurs prisonniers devant la ville*;» aussi en parlant de bâtiments de guerre, ibid. 243, 5 a f. De la البُرُوز *l'action de défiler*, Cartâs 238, 3, Macc. I, 230, 18; comparez sous بَرْز. — *Sortir des rangs pour appeler un ennemi au combat*, Recherches II, 65; طلب للمبرز *appeler au combat*, Bc. — برز له *ramasser le gant*, Bc, 1001 N. III, 331, 5. — *Éclore (sortir de la coque)*, Bc. — *Jaillir (eau)*, Bc. — *Se montrer* c. على, برز على شريش وقاتلها «*il se montra devant Xeres et l'attaqua*,» Cartâs 241, 8 et 9, 252, 4. Dans un sens un peu différent, mais qui est au fond le même, Macc. I, 273, 9 et 10: un employé s'était rendu coupable de malversation, فلما ضم الى الحساب أبرز عليه 3 آلاف دينار — ولزم الاقرار بما برز عليه (ici est: contre lui, à son préjudice). — *Saillir* (s'avancer en dehors, déborder le nu du mur), *sortir* (être de relief), *bomber* (v. n.), Bc, p. e. بارزة النهد, 1001 N. I, 57; «الصبى الذى نبرز مقعدته *un enfant qui souffre de prolapsus ani*,» Bait. I, 172 a. — *Parer*, برزت الماشطة العروس, M.

II. En parlant d'un cheval, *devancer un autre*

cheval *à la course*, non-seulement avec على, Badroun 121, dern. l., mais aussi avec عن, ibid. 3 a f., si la leçon des man. est bonne; mais je serais tenté de substituer على à عن (dans le Gl. il faut lire برز II, au lieu de I). — La signification que Lane donne comme vulgaire, sur l'autorité du TA: *se résoudre à se mettre en route*, ou plutôt: *se mettre en route* (Fakhrî 275, 9 et 10, Freytag Locm. 52, 8 a f., où il faut lire ainsi) peut s'appliquer aux deux passages cités dans ma Lettre à M. Fleischer 152, 3 et 5. Il reste donc douteux si ce verbe signifie aussi *faire partir*, ibid. 151; cependant ce sens serait conforme à l'analogie. — Comme la Ire forme: *sortir en grande pompe à la rencontre d'un prince ou d'un autre personnage considérable*, Müller 17, 2 a f., 24, 3 a f., 25, 6, où تبريز a le même sens que برز, l'anonyme de Copenhague 6 (prisonniers de Béja transportés à Coïmbre) فعل (ابنى الرنك النصرانى) لنا تبريزا عظيم; (pour: تبريزا عظيما), 8 (après une victoire): رجع العسكر الى اشبيلية بالتبريز الـهم والعلامات والطبول, — En parlant d'un sultan, *marcher en grande pompe vers (الى) une ville*, Cartâs 202, 14: سار امير المسلمين الى مراكش فنزل بجبل جليز ثم زحف اليها وبرز اليها احسن تبريز ووصف جيوشه 18:, — فوقف المنصور بجليز مبرزا باحسن التبريز 212, 7 a f. (اليها = عليها), 216, 2 (de même).

III *sortir des rangs pour appeler un ennemi au combat*; celui qui le fait est un مبارز, Recherches II, 65, 66; ce que j'y ai dit est pleinement confirmé par Burton I, 290: « The *mubariz* is the single combatant, the champion of the Arabian classical and chivalrous time;» on applique même ce mot à un chien, à un «dog-hero,» ibid., مبارزة *duel, combat singulier*, Alc. (lid en trance de armas), Hbrt 243, Bc (aussi براز).

IV *montrer*, Voc., *rendre public*, Nowairî man. 273, 138, en parlant de l'amour: ابرزتُ الألسن «les langues l'ont rendu public;» cf. Macc. I, 273 sous la Ire forme; — *ouvrir un hôpital au public*, Djob. 48, 5, *ouvrir ses cuisines au public*, Gl. Belâdz.; de là, en parlant de bains, مبرز للناس *publics, où tout le monde a le droit d'aller*, Gl. Edrîsî (mais c'est la IVe forme et non la IIe), Macc. I, 355, 11; — ابرز لهم نفسه *il se fit connaître à eux*, Gl. Bayân; dans cet endroit l'Akhbâr 13, 6 a f. a اسمه, au lieu de نفسه; — en parlant d'une femme, ابرزت له خدّها *elle lui donna sa joue à baiser*, Abbad. I, 45, 6; — ابرز الاموال للناس *il donna beaucoup d'argent au peuple*, Cartâs 73, 11. — C. a. p. *donner à quelqu'un une marque de préférence, d'estime, d'égard*, Akhbâr 49, 6: وقد ابرزناك ان تقتَّل بالسيف «nous vous donnerons une marque d'égard en vous faisant périr par l'épée» (et non pas de la manière infamante dont les autres ont péri).

V et VII *apparaître, se montrer*, Voc.

برز voyez sous برز I.

بُرْزَة, chez les Bédouins, *petite tente où les nouveaux mariés passent la première nuit*, Ztschr. XXII, 105, n. 44. — M. ,ما تنتقش به برزة العروس

بِراز et بيت البراز et بيت المبراز *lieux d'aisances*, Payne Smith 1442.

بروز, en parlant de soldats, *l'action de défiler*, voyez sous برز I; mais ce sens s'est modifié et l'on applique aussi le mot بروز à: *des régiments de cavalerie et d'infanterie en grande tenue rangés en deux files*, Cartâs 156, 2–4. On dit en parlant du prince sur l'ordre duquel une telle parade a lieu: جعل بروزا, ibid., ou ضنع بروزا, ibid. 64, dern. l. Cependant cette dernière expression s'emploie aussi en parlant des habitants d'une ville qui sortent en grande pompe à la rencontre d'un prince, ibid. 156, 18 et 19 (cf. sous برز I). — *Lice, lieu préparé pour les tournois*, Alc. (liça trance de armas = شاپم). — بروز دم *pissement de sang*, Bc. — موضع البروز من الزهر *pistil (partie femelle de la fleur qui renferme la graine)*, Bc.

بُرازى *excrémenteux, fécale*, Bc.

بَرّاز *celui qui a la coutume de sortir des rangs pour appeler un ennemi au combat, qui en fait son métier*, l'esp. *campeador*, Recherches II, 66. — *Celui qui se montre souvent*, Voc.

بارز *en relief*, Bc.

مبرز, *à Couç en Egypte: grande plaine située près de la ville et entourée de palmiers, où les pèlerins et les marchands emballaient leurs bagages et leurs marchandises et les faisaient peser*, Djob. 62, 10–13.

مُبْرِز *excellent*, chez Freytag, est une faute; il faut مُبَرِّز, Meursinge 90.

بَرزخ

مُبْرَز = مُبْرَز Voc., *en vue, exposé à la vue*, Koseg. Chrest. 75, 6 a f.

مُتَبَرَّز *endroit en plein air où l'on fait ses besoins*, Gl. Belâdz. 35.

بُرْزَخ = بَرْزَق = زرنب, Payne Smith 1158.

بَرْزَخ *purgatoire*, Voc., Alc. (purgatorio de animas) qui prononce بَيْزَخ; cf. Prol. III, 55, 3. — Chez les Soufis, *le lieu qui est situé entre le monde matériel et le monde spirituel*, Macc. I, 569, 2 a f., cf. de Slane Prol. III, 194, n. 5; بَرْزَخ العلم, Prol. III, 144, 2. — *Péninsule*, M.

بَرْزَخِيّ, chez les Soufis, voyez Prol. III, 142, dern. l. avec la note de M. de Slane.

بَرزَق

بَرْزَقَة *rendre la vue plus perçante*, M.

بَرْزَقَة pl. بَرَازِق *des pains de froment minces, sur lesquels on a étendu du dibs ou du beurre et répandu du sésame*, Ztschr. XI, 517, M, R. N. 61 vº: فاذا يَتَمَر بُزْنِى وبِرَازِق تَفُور حَرَارَةً ما كنت اقدر على اكلها من شِدَّة حرارتها

برس

V تَبَرَّس *donner contre un écueil, échouer* (navire), Alc. (encallarse la nave). N'ayant jamais rencontré ce verbe et n'en connaissant pas l'origine, j'ignore si la dernière lettre est un س, un ز ou un ص.

بَرس *tarentule*, Bc (Barb.).

بروسى pl. بروسيّات *ancre*, J. A. 1841, I, 588.

بِرسِنم en Ifrîkiya, *Aristolochia rotunda*, Bait. I, 525 c; leçon de ADL; ES برسيم, comme dans le man. 13 (3); H بيرسم.

برسم

بِرْسام. Comme la maladie indiquée par ce terme est ordinairement accompagnée de délire (cf. Lane et Gl. Manç.), le mot برسام a reçu le sens de *délire*, Gl. Manç.: واوقعتْه العرب على اختلاط الذِّهن من اى ومن البرسام الذى, Macc. III, 426, 16: سبب كان يَجْرى على لسانه بين الجدّ والفُكاهة والجِهالة والجانةَ قوله وقفت من الكتاب المنسوب لصاحبنا الى 427, 9: الخ

71

وزكرياء البرغواطى على برسام محموم، واختلاط مذموم، وانتساب زئبقِ في رِدم, Müller 30, 10, Alc. (frenesia, barcâm, l. ç). — Dans L بَرسَم est *léthargie* (litargia).

بَرَاسيم Le pl. بَرَاسيم *luzernières, terres semées en luzerne*, Maml. I, 1, 16, 8 a f.

بِرسِيمة *luzernière*, Bc.

بَرسامى *pleurétique*, Bc.

بَرسَن

I *accuser faussement, calomnier*, Voc., Alc. (caluniar).

II quasi-passif de la Iʳᵉ, Voc.

بِرسِنة *accusation, calomnie*, Alc. (acusacion, calunia).

تَبرسِن *accusation, calomnie*, Alc. (acusacion, calunia).

مُبرسِن *accusé*, Voc., Alc. (acusado).

مُبرسِن *accusateur, calomniateur*, Voc., Alc. (acusador, caluniador, malsin).

برسون voyez برجين.

برسيانا *nom d'une plante*, Bait. I, 130 d; en persan برسيان est *Virga pastoris et capillaire*; ou برسيان داور = بطباط, Payne Smith 1250.

برسيل voyez برجين.

برسباوشان voyez برسباوشان.

برش

I, aor. o, *déteindre* (se déteindre, perdre sa couleur), Bc.

II et V dénominatifs de بَرَش, Voc. (vº lentiginosus).

بَرَش «*gomme odorante qui vient de l'Inde; elle sert comme parfum, et comme remède pour ceux qui ont pris du bendj*,» Pagni 204; espèce de conserve enivrante, Lane M. E. II, 42, 1001 N. II, 66, 4: كان يتعاطى الافيون والبرش ويستعمل للحشيش الاخضر

— Pl. بروش *sceau ou godet d'une roue hydraulique, auget*, Bc. — Même pl. *petit pot de terre sans anse, ayant le goulot presque égal au ventre, servant à mettre le lait caillé*, Bc.

بَرش *natte faite de feuilles de palmier*, Lane trad. des 1001 N. I, 483, n. 18, Ouaday 356, 358, Vansleb 310, 1001 N. I, 293, 2 a f., 343, 7, 406, 7 a f.;

Werne 73: « On m'avait déjà indiqué une tente faite de nattes et appelée pour cette raison *birsch*. »

بَرْشَة pl. بِراش *galiote* (long bateau couvert), Bc, Hbrt 127. Marmol a trouvé en Egypte de très-grandes barques qu'il nomme *burchos* ou *burchios*, I, 18 b, 22 b, III, 109 d, 112 a. Elles pouvaient contenir sept à huit mille boisseaux de blé et plusieurs milliers de moutons.

بَرْشَة (esp.) pl. بَرْش *bourse*, petit sac pour mettre l'argent, et *bourse*, peau des testicules, Alc. (bolsa, vayna de genitivos), Simonet 286.

بُرْشَان, n. d'un. ة, *hostie*, *pain d'hostie*, Payne Smith 1429, Roger 432, Hbrt 155; — *pain à cacheter*, M, Hbrt 108, Bc.

بِرْشَانِي *Emâme* (عَمَامَة) *Bersciani*, le turban de cérémonie des Beys, qui ressemble à un pot de fleurs renversé, Vansleb 348.

بِرِيشَانَات dans Auw. II, 51, 9, est une faute; lisez بَرْبِيشَات (voyez).

أَبْرَش *truité* (marqué de petites taches rouges), Bc.

بِرْشَالَة voyez بِرْجَالَة.

بِرْشِيَاوْشَان voyez بِرْشَاوْشَان.

بَرْشَاوِيش (et non pas بَرْشِيَاوِش, comme chez Freytag) *Persée* (constellation), Dorn 47; chez Cazwînî I, 33: بَرْشِيَاوِش وَهُوَ حَامِل رَأْس الْغُول; Alf. Astr. I, 13 en latin: « perseus portans caput algol, » en arabe: « uarseus hamul raz algol. »

بِرْشْتَه (Bc) ou بِرِشْتَه (Bg) (pers. بِرِشْتَهْ *cuit*). بيص *œufs à la coque*, Bc, Bg, Hbrt 17.

بَرْشَط pl. بَرَاشِط *faisceau*, *fagot*, Alc. (hace de cosas menudas atadas, haz de leña, manojo o manada).

بَرْشَعْنَا (syr.) sorte d'ancien médicament composé, M.

بَرْشَم I *river* (rabattre la pointe d'un clou), Bc. — *Enclouer* un canon, Bc.

بِرْشَمَة *bitume*, Alc. (betun). — *Colle*, Alc. (engrudo de harina). Dans le Voc. أَبْرَشْمَة.

بِرْسِيم en Egypte, *trèfle*, M (= بَرْسِيم).

بِرْشِيمَة *brosse, vergettes*, Bc. — Expliqué dans le

M. par مِنْدَف الكِتَّان والفُرْشَة بلسان العَامَّة.

بِرْشَن I *cacheter* une lettre, M; formé de بِرْشَان que j'ai donné sous برش.

بِرْشِيَان دَارُو *Polygonum*, Most., qui a ce terme sous le رن, mais qui ajoute: وَادْخَلَه كَثِيرٌ مِن الأَطِبَّاء فِي حَرْف البَاء, ce qui est bon, car ce sont les deux mots persans بَرْسِيَان et دَارُو.

بَرْشِبَاوْشَان (voyelles du Gl. Manç., qui cependant n'a pas le premier *élif*, et du Most., mais La a ش) (pers.) *capillaire*, Most., Gl. Manç., Ducange v° *barscoasan*, chez Bc بِرْشَاوْشَان et بَرْسِيَاوْشَان — *Sang-de-dragon*, Most. v° دم الأخوين.

BRAXÎQ, n. d'un. *braxica*, est chez Alc. « colleja yerva. » Si ce mot *colleja* désignait réellement « une espèce de chou, » comme le prétend M. Simonet (287), on pourrait reconnaître avec lui dans *braxica* le latin brassica, en changeant toutefois l'accent, comme il veut le faire. Mais à ma connaissance, *colleja* n'a rien de commun avec un chou. Selon Dodonæus (274 b) on donne à Salamanque ce nom à la Lychnis silvestris septima Cretica, et chez Colmeiro on trouve: colleja comun, *Silene inflata* Sm., et colleja de Valencia, *Statice Limonium* L.

بَرْشَبِيل (Simonet d'après des man. de l'Escur.) et بَرْشِين (esp.) *persil*, Alc. (perexil).

برص II *rendre lépreux*, Voc. V *être lépreux*, Voc.

أَبْرَص (sic) *lèpre*, L (lepra).

مَبْرُوص *lépreux*, L (leprosus), Voc.

بَرْصِهَان ? nom d'une pierre précieuse, 1001 N. Bresl. III, 120, 4 a f.

بِرْطَاب *vase au moyen duquel on brûle son ennemi de près*, Reinaud F. G. 37 et Planche I, fig. 9.

بَرْطَاسِي *espèce de fourrure qui vient de Bortâs, pays et ville au nord de la mer Caspienne*, Yâcout I, 567, 4: تُنْسَب اليها الفِرَاء البُرطَاسِي, Khallic. XI, 134, 13f الفِرْجِيَّة البَرْطَاسِي, mais lisez البُرْطَاسِي.

بِرْطَانِيقِى (βρετανική ou βεττονική) nom d'une plante, M; c'est une espèce d'oseille, voyez le dict. de Vullers et Simonet 288.

بَرْطَش I *être courtier*, M.

بَرْطَش *seuil* d'une porte, M.

بَرْطَع I *galoper*, Hbrt 183, 1001 N. I, 8, 8 a f., Bresl. I, 168, 2.

ماء برطاع (AB) *remède pour ceux qui ont dans le gosier une arête ou un osselet*, Bait. II, 483 c.

بَرْطَل ou بِرْطِل (esp. portal), pl. بَراطِل, بَراطِيل, *vestibule, portique*, Voc., Alc. (portal de fuera (et de dentro) de casa, patin entre colunas), Macc. I, 253, 7, Khatib 110 r°: خاص (جلس ا.) باس مع اصحابه في المجلس العلي — واصطفقت الصقالبة والعبيد بالبرطل — بَرْطَل ou بِرْطِل (esp. pardal) المتصل لتخدم ارادته en Espagne, aujourd'hui au Maroc بَرْطِل, pl. بَراطيل, *moineau*, Voc., Alc. (pardal o gorrion, gorrion, بَرْطال الديار pl. بَراطيل الديار), Domb. 61, Bc (Barb.), Most. v° زبل البراطيل وزبل البراطيل: c'est زبل العصافير, الدورية في صناعة الحلب احسن من زبل البراطيل البرية. Dans le Calendr. 59, 3, on trouve le pl. فراطل, avec le fâ. Proverbos: كل برطال على شبوله, en castillan: cada gorrion con su espigon; جراد في يدك احسن من برطال, la Torre.

بَرْطَم I *baragouiner* (parler mal, confusément), Bc.

بَرْطَمَة *baragouin*, Bc.

برطوم *trompe, museau de l'éléphant*, Bc; — رخى برطومه *faire la moue*, Bc.

بَرْطَنْكَى (pers. بَرْتَنْك) *sangle par-dessus la selle*, Wright 7, 24.

بَرْطُوشَة pl. بَراطِيش *savate, vieux soulier*, Bc. Dans le vers cité par Soyouti *apud* de Sacy Chrest. I, 146, 1, le dernier mot (بَراطِيشا) est dans notre man. 113 بَراطِيشا, et dans notre man. 376 بَراطِشا. C'est la leçon véritable, et de Sacy s'est trompé, je pense, en disant qu'on emploie en Occident un mot بَرْقُوش, pl. بَراقِيش, qui signifierait *savate*. Remarquez encore

que le vers en question n'est nullement d'un poète maghribin, comme de Sacy semble l'avoir supposé.

بَرْطِيز pl. بَراطِيز *croupière*, Bc.

بَرع I *être éloquent*, Voc.

II et V dans le Voc. sous *excellere* et sous *facundus*.

بَرَاعَة *génie* (inspiration, faculté de créer), Bc. — *Eloquence*, Voc. — = בְרָכָה, *bonne et franche volonté*, Saadiah ps. 54, ps. 68 dans le commentaire.

بَارِع Le pl. بُرَعَى, Ibn-Dihya 7 r° (Wright).

تَبَرَّعَات *des actes purement facultatifs* (de Slane), Prol. I, 71, 10; 403, 14.

بَرْعَم.

بَرْعُومَة et بَرْعُوم. Le pl. بَرَاعِيم, Kâmil 450, 5, Abou'l-Walîd 570, 30, 654, n. 23.

بَرْغَالِى (pour بَلْغَارِى) *cuir de Russie*, Bat. II, 445, avec la note de Defrémery J. A. 1850, II, n. 2.

بَرْغَث I c. a. et II dans le Voc. sous *pulex*.

بُرْغُوث, بَرْغُوت, et (M) avec le ت, بَرْغُوث البَحْر *chevrette, crevette*, Pagni MS, Burton I, 213. — شجرة البراغيث (Lm), غَافِث (N), *eupatoire*, Most. v° غَافِث; la 4e espèce (je cite d'après N, car ce passage manque en partie dans Lm): هو الذى تعرفه العامة بشجرة البراغيث ويقال لها بالجمبذة البلغقرة. Mais selon Bait. II, 151, les anciens médecins se sont trompés en disant que c'est *eupatoire*; c'est en vérité *conyse*; Bc a حشيشة البراغيث *conyse*. A Jérusalem et dans les environs, on donnait le nom de حشيشة البراغيث à la semence du دوقس ou *Athamanta cretensis*, Bait. I, 463 a.

بَرْغُوثِى *herbe aux puces, Psyllium maius erectum*, Bc. — *Noirâtre*, Alc. (loro que tira a negro).

مُبَرْغَث *plein de puces*, Alc. (pulgoso lleno de pulgas).

بُرْغُل (pers. بُرْغُول), pl. بَرَاغِيل, n. d'un. ة, *froment bouilli, séché et concassé, préparé avec de la graisse ou du beurre, que l'on mange avec du lait aigre ou avec de la viande; c'est le dîner ordinaire des paysans arabes*, Ztschr. XI, 483, n. 10, Haedo 13 c

بَرْغَة

(burgu), 30 a (gorgu, lis. borgu), d'Arvieux III, 280, Morgan II, 268, Erath 158 (gurgus, lis. burgul), d'Escayrac 287, Daumas V. A. 252, Bc, Ht, M;

بَرْغَل مُفَلْفَل *gruau de blé, apprêté en pilau*, Bg. 262.

بَرْغَة pl. ات *sandale de corde*, faite avec du chanvre ou du sparte, Alc. qui écrit pârga (alpargato, esparteña). Dans le Voc. *avarca*, ce qui confirme ce que j'ai dit (Gl. Esp. 373) sur l'origine basque de ce mot. — Pl. ات *cabane construite de paille, hutte, baraque*, Alc. (casa pagiza pequeña); cf. Gl. Esp. 236; je continue à croire (cf. Simonet 271) que ce mot est d'origine berbère.

بُرْغَى (turc بورغى) pl. بَراغى *vis*, Bc, Hbrt 85, M; — *tire-bourre*, Ht.

بُرْشِيس *porphyre* (sorte de marbre rouge ou vert et tacheté), Bc.

بَرَقَ I c. على ou في *sauter sur une personne qui est couchée ou assise*, Voc.

II, en parlant des plantes, *bourgeonner, pousser, germer*, Voc.

IV, au fig., *faire apparaître subitement comme la foudre*, Gl. Mosl.

V quasi-passif de la IIe dans l'expression بَرَّقَ عَيْنَيْهِ تَبَرَّقَ العينُ, Voc.

بَرْق *brillant* (éclat, lustre), Bc. — *Paillette, petite plaque en or*, Bc, Lane M. E. I, 67, II, 401, 409, Descr. de l'Eg. XVIII, part. 1, 113. — حَجَرُ البَرْقِ *aventurine* (pierre précieuse semée de paillettes d'or), Bc. — = عِنَبُ الثَّعْلَبِ, Most. sous ce dernier mot.

بَرْقَا (nabatéen). بَرْقَا مِصْرِى (AB), nommé dans l'Agriculture nabatéenne, est un légume qui a reçu ce nom parce qu'il a été apporté d'Égypte بَقْلَة جِلْبَنْت (بن مصر), voyez Bait. I, 130 b.

بَرْقَة *petite plaque*, 1001 N. III, 429: أطلعت من جيبها برقة صغيرة من الصفر مثل الدينار.

بَرَق pl. بُرَاق *soufflet* (coup du plat de la main), Voc.

بَرَقَان ? *le pistachier mâle*, Auw. I, 267, dern. l.; le man. de Leyde porte الوَرَقَان.

بُرَاق *sorte de poisson*, Burckhardt Syria 166.

بَرِيق = حَبُّ القُرْطُمِ, Most. sous ce dernier mot.

بَرُوقَة *être tout à fait ouvert, en parlant des yeux*, Voc.

بُرَيْقَة pl. ات *burette, vase à petit goulot pour l'eau, le vin, à la messe*, Bc (= إبريق).

بَرُّوقَة (esp. berruga) ou بَرُّوقَة (val. borruca), pl. بَرارِيق, *verrue*, Voc., Alc. (berruga), Gl. Manç. v° ومنها ليتنة متغلغلة تسميها العامّة البَراريق: تَلاليل

بَارِقَة pl. بَوارِق substantivement *nuage qui renferme des éclairs*, P. Weijers 34, 3; — *éclair*, P. de Sacy Chrest. I, ١٩, dern. l. — بَوارِق الكافور والمسك ? 1001 N. Bresl. XII, 223, 9.

بَوْرَق, ainsi au Maghrib (Alc., Gl. Manç.). Selon le Gl. Manç., la 4e espèce (cf. Lane), le *miçri*, s'appelle aussi natron et الخُبْز. D'après Bait. I, 187 c, le *miçri* est de deux sortes: le natron et le بورق الخُبْز; ce dernier porte ce nom parce que les boulangers en Égypte, après l'avoir dissous dans de l'eau, l'étendent sur le pain avant de le cuire, afin de donner plus de lustre et d'éclat à la croûte. L'espèce dite البَوْرَق الزَّبَدِى est la meilleure de toutes. Il y en a aussi une qui s'appelle بُورَق العَرَب et qu'on tire d'as-Chihr (الغرب A) وهو يكون في (من B) شجر (شَجَر, l.) العرب (الغرب A) ✱

بُورَقِيَّة *élément nitreux*, Auw. I, 127, 17, où il faut lire avec le man. de Leyde, II, 156, 5 a f. بُورَقِيَّة

بُورَق = بُوراق *borax*, Bc.

أَبْرَق, à Malaga, *Raia pastinaca*, Bait. II, 100 b. — *Onagre*, s'il faut en croire Casiri I, 151.

تَبارِيق (pl.) *assaisonnement, de l'huile ou un peu de graisse*, M.

مُبَرَّق *couvert de verrues*, Alc. (berrugoso), dérivé de بَرُّوقَة (voyez).

بَرْقَمَة *certaine incision faite à la branche pour l'insertion, quand on greffe les arbres*, Ibn-Loyon 22 r°: الضَّرب الأوّل تركيب الشَّقّ وما يتبعه وابرى من القلم نحو اصبع من جهتيه كالازاز واقطع وغلظ يكون بين البرقتين مثل ثقفا السكين لاحدى الجهتين واذا ثقفا جلدته تلصق بجلدة الفرع معًا فتلتصف والبرى لا يبلغ مخ القلم الا لدى طرفه فأنتفهم

بْرقش ‎ 75 ‎ برك

هـكذا يقال له الترقيب ويقال للبرية برقية (Le man. a distinctement الترقيب, et non pas التركيب). Faut-il substituer à ترقيبة بُرقية؟

بَرْقَشَ I *tacheter, taveler, moucheter*, Bc.

برقش sorte de poisson, Yâcout I, 886, 6.

بَرْقَش, que Freytag a trouvé chez de Sacy Chrest. I, 146, doit être biffé chez lui et dans le M, qui l'a suivi; voyez mon article بَرْطوش.

بَرْقُوش *verrue*, Domb. 89; altération du pl. esp. *berrugas*; comparez بَرُّوقة

برقط

بُرَقْطَة *éclat du teint*, M.

برقع II *se déteindre et se salir* (étoffe), M.

بُرْقَع voyez Vêtem. 64 et suiv.; blanc dans tout le Hidjâz, Burton II, 15; en Syrie les femmes ne portent pas ordinairement ce voile égyptien, Burckhardt Syria 407, 659 n. Porté quelquefois par des hommes, de peur du mauvais œil, ou quand, à cause de leur beauté, ils redoutaient pour eux-mêmes les enchantements des femmes, Defrémery Mémoires 329. — برقع الزرد *visière de mailles*, 1001 N. III, 331, 11. — *Petite pièce d'étoffe, avec deux trous pour les yeux, qu'on met à la tête des chevaux* (Lane); exemples: Auw. II, 533, 3 et 4, 8 et 9, 557, 3, Cout. 25 r°: فقال له — ما فعلتْ غُفيرتُك التي كنتَ تختلف الَّتِي بها وانا ولدٌ فقال له قُطِعتْ منها جِلْدٌ وبرقعـا لبغلك الاشهب. L'explication de Burckhardt, que j'ai citée Vêtem. 64, n. 1, n'est pas exacte. — Le *voile* ou *rideau de la porte de la Ca'ba* est appelé par les savants برقع سِتْنا فاطمة, et par le peuple برقع الكعبة, parce qu'on dit que Fâtima Chadjara ad-dorr, l'épouse du sultan aç-Çâlih, a été la première personne qui ait envoyé un tel rideau pour couvrir la porte de la Ca'ba. Il est en brocart noir et brodé, avec des inscriptions tirées du Coran en lettres d'or, Lane M. E. II, 272, Burton II, 235, Ali Bey II, 78. — برقع

برقع أم حبيب et برقع أم على, sortes d'oiseaux, Yâcout I, 885, 7.

مُبرقع *mode de musique*, Descr. de l'Eg. XIV, 29.

بَرْقَقَ I. برقق عينيه *clignoter*, Bc.

بَرْقَقَة *clignement, clignotement* (mouvement rapide, continuel, involontaire des paupières), Bc.

برقوق proprement *abricot*; du temps d'Ibn-al-Baitâr, en Espagne et dans le Maghrib *abricot*, en Syrie *prune*; aujourd'hui partout *prune*. Il est singulier que Lane (191 a) se soit trompé sur l'étymologie de ce mot, qui avait déjà été indiquée par Golius. Cf. Gl. Esp. 67, 68.

برك I *s'accroupir* (se baisser le derrière près des talons), Bc, M. — *S'abattre*, en parlant d'un cheval: «il butte et il s'abat,» Daumas V. A. 190. يعثر ويبرك — *Abattre, renverser*, Ht, Roland. — برك الشتاء *l'hiver commença*, Akhbâr 82, 8; cf. Lane sous بَرْك (194 a).

— Chez Alc. بَرَك signifie *solapar*, c.-à-d., *croiser*, en parlant d'une partie d'habit qui se double sur une autre. C'est ce qui explique cette expression Macc. II, 169, 9: اخرجى مِن بَركَة قباك كتابا, car le *cabâ* croise sur la poitrine (Vêtem. 360, 361); comparez sous بَرَكَة.

III. باركه بالحرب *il le combattit sans relâche*, Cartâs 107, 7 a f. — *Bénir* aussi c. في r., p. e. بارك الله في. — C. ل p. عمّتك «que Dieu bénisse vos soins!» Bc. — C. ل p. *complimenter* quelqu'un pour une fête, *souhaiter la fête à quelqu'un*, Bc.

V. تبرّك بِسِرّ *recevoir un sacrement*, Bc.

بَرَكَ voyez بُرَكَة.

بَرَك a le pl. بِراك, Alc. (laguna, lavajal). — *Le bois de la charrue*, M.

بَرَك *bagage*, Maml. I, 1, 253; dans le Fakhrî, 350, 6 et 8, بَرْك.

بَرْك pl. أبراك (cat. *bruc*, esp. *brugo*, b. lat. *brucus*, de βροῦκος ou βροῦχος) *puceron*, Voc.

بَرَكَة voyez بَرَكَة. — *Rosace, rond de fleurs au milieu d'un châle*, Bc (du pers. بَرَك, *feuille* d'un arbre?).

بَرَكَة *cette partie d'un habit qui se double sur une autre et qui couvre la poitrine*, Macc. II, 169, 9; comparez sous برك I. Je ne sais pas s'il faut mettre cette signification en rapport avec بَرَكَة, *poitrine*, qui ne s'emploie qu'en parlant de la poitrine du chameau;

cependant je serais porté à le croire. — Comme *sinus* en latin, *sein* en vieux français, *baie*, Lane trad. des 1001 N. III, 107, n. 72. — Bassin d'un bain, Bc. — Le marché au bétail, R. N. 91 v°, 92 r°: ورجعت اكتب فى المركة (sic) فباعوا رأسًا وشرطوا فيه عيوبا فأبى المشترى ان يقبله بتلك العيوب فلما كان آخر النهار باعوه من رجل ولم يذكروا له العيوب التى ذكروا للرجل الأوّل فقلت لهم غدوة ذكرتم امس ان به عيوبا والساعة تبيعونه بلا عيب فقال بعضهم لبعض من اين جئتم لنا هذا قال فتركت المركة (sic) ورجعت النخ *

بَرَكَة, vulg. aussi بِرْكَة, *bénédiction, faveur du ciel*, Voc., Bc (cf. Lane), p. e. Ibn-Abdalmelik 116 v°: Quand al-Mançour l'Almohade eut fait frapper les grands dînârs connus sous le nom de Ya'coubîs, il en envoya 200 au savant et lui fit dire: هذا البركة التى خرجت فى هذا الوقت وقد أردنا ان تكون اوّل موصل بشىء منها. De là: *ce que quelqu'un a reçu de Dieu, ce qu'il possède, ses moyens*, 1001 N. I, 309, 12: Je ne puis vous donner autant que je voudrais, car je ne suis plus riche; خذ هذا لكن على حسب البركة «mais prenez ceci; (je vous le donne) selon mes moyens.» — *Provisions de bouche*, Ztschr. I, 157 (بُركَة), car en avoir est une faveur du ciel. — Faveur du ciel qu'on reçoit par l'entremise d'un homme, *cadeau, gratification*, Gl. Esp. 73, 388—9, Çalât 19 v°: أمر (امير المومنين) للناس الوافدين فى مدّة هذا (l. هذه) الايام ثلاث مرّات بالبركة ونال وكذلك انال, *ibid.* جميع الناس معه الانعام الذى عوده الفعلة والبنّائين والصنّاع وخبيرات بركات حين استحسن ما صنعوه, 28 v°, 31 r°, 32 r°, 43 v°, 45 r°, 54 r°, 57 r°, 70 r°, 72 v°, etc. — Propriété bénie, *qualité salutaire, vertu*, p. e. de l'eau d'une source, Becrî 64, 6 a f. — Chez les chrétiens, *pureté, sainteté*; *dîme*; كلمة البركة *la bénédiction prononcée par le prêtre à la fin du service*, M. — Comme ce terme signifie aussi *abondance*, on l'emploie adverbialement en Barbarie dans le sens d'*assez*, Bc, Roland; *barca, assez, laisse-moi tranquille*, Carteron 39; بركتى *j'en ai assez*; de même بركاك, etc., Roland. — *Amulette* (versets du Coran que l'on porte sur soi comme préservatif) R. d. O. A. N. S. XVII, 170. — Prov. الحركة بركة والتوانى هلكة *l'activité est une source de*

biens, la lenteur une source de maux,» Bc. — حبّة البركة *nielle, herbe aux épices*, Bc; — *la semence de la fleur du fenouil*, Lane M. E. I, 383 n.; cf. sous حبّ

بَرَكَة (canard) était la prononciation espagnole (Alc. *anade, pata*; dans le Voc. (بَراكَة, pl. بَراكَة). Selon Shaw I, 275, 277, ce n'est pas un nom spécifique, mais générique. Chez Ht *canard* est بَرّك, pl. بَرّك. — *Sarcelle, cercelle*, Alc. (cerceta ave).

بَرَكى arbre dans l'Inde, *jacquier*, Bat. III, 126—7, IV, 228.

بَرَكَان, pl. بَراكين et بَراكين, *volcan*, M, Weijers 51, 3, avec la note de Hamaker 182—4, Quatremère Becrî 51, Abbad. I, 316, 1, Amari 1, 2, 135, 136, 144, 424, Djob. 34, 9, 324, 8, 327, 2 a f., 331, 20, Cazwini II, 144, 11, 12 et 14.

بروك المرتس *les présents que les aghas et les caïds se font donner par leurs sujets*. En esp. *alboroc, alboroque*, est: *pot-de-vin, épingles, ce qui se donne par manière de présent au delà du prix convenu*, Gl. Esp. 73—4.

بُرَيك (nom propre). حساب بُرَيك *mémoire d'apothicaire, mémoire porté trop haut*, Bc.

بُرْكان cette espèce de *gros camelot* que les Français appellent *bouracan*, les Espagnols *barracan*; *un manteau fait de cette étoffe*. Plus tard on a appliqué ce nom à des manteaux faits d'étoffes plus fines et plus précieuses, mais qui étaient taillés à la façon des anciens barracâns, Vêtem. 68 et suiv. Chez Mohammed ibn-Hârith 319 on lit: فسألى ان اشترى له. كساء بُرْكان Telles sont les voyelles du man. qui en général est très correct; si elles sont bonnes, بَرْكان, de la seconde déclinaison, est l'apposition de كساء; mais j'aimerais mieux prononcer بُرْكان كساء «un kisâ fait de bouracan.»

بَرّك *coq*, Domb. 63, Bc (Barb.).

أبرك *plus béni, plus heureux*, 1001 N. I, 58, 6: ما رأيت عمرى ابرك من هذا النهار; quand quelqu'un a dit: سنة مباركة «je vous souhaite une bonne année,» la réponse est: ابرك السنين عليك, Bc.

مُبَرَّكَة *béatitude*, Ht.

مَبْرُوك béni; — شيء مبروك pain, au fig. fam. et par ironie, chose profitable, Bc.

مُتَبَرِّك béat (qui fait le dévot), Bc. — داء المبارك syphilis, Bc; aussi مبارك seul Sang., Bc, Ht. — الحشيشة المباركة benoîte (plante), Bc.

بَرْكَاسَة demi-vertu (femme équivoque), Bc (Eg.).

برکستوان a le pl. en ات, Maml. I, 2, 79, où Quatremère traduit caparaçons, Freytag Chrest. 101, 2 a f. Aussi برکستبان, J. A. 1849, II, 319, n., l. 10.

بَرْكَل I agiter, ébranler, secouer, Bc.
II être agité, rouler (être agité par les vagues), Bc.

بَرْكُوكِس voyez المتحمص وهو البرکوکس. Chec 193 rº: متحمص dans Freytag.

بَرَل (fr.) برلان لعب البرلان brelan (jeu de cartes), Bc. Brol faraoun, nom d'une plante, R. d. O. A. VII, 286.
بُرُولَة mode de musique, Hœst 258.

بَرْلِس en Egypte, herbe aux puces, l'espèce dont la semence est rouge, M. vº اسغيوس; l'adj. برلسية, M. vº برقطونا.

بَرْلَنْت (ital.) برلنت الماس brillant (diamant à facettes), Bc.

بَرْلُوجَة cigogne, L. (ciconia); cf. بَلُّوج.

بَرَم I croiser (tordre légèrement les fils), Bc. — Rouler du fil sur un peloton, Bc. — Entortiller, Bc. — برم الشعر crêper, friser, Bc. — Tourner, se mouvoir en rond, tournoyer, tournailler, pirouetter, valser, Bc, M. — Parcourir, p. e. برم المدينة كلها il a parcouru toute la ville,» Bc. — برم برمة faire un tour de promenade, Bc. — Tourner, mouvoir en rond, Bc; c. ب r., 1001 N. III, 420, 3: برمت بالابريق في الهواء.
— من برم r., Bc (s'ennuyer); cf. la Vᵉ forme.
II tordre, tortiller, Bc; tordre en serrant, Hbrt 79. — Tournoyer (tourner en faisant plusieurs tours), Bc. — Faire tourner, faire mouvoir en rond, M. — Synonyme de la IVᵉ, Voc. (vº expeditus).
IV solliciter avec instance, Bc, c. a. p. et ب r., Mohammed ibn-Hârith 272: ابرمت الامير في اطلاق ابن اخيها وكانت مدلة عليه لمكانها من ابيه فتقال لها

نكشف اهل العلم عمّا يجب عليه في لفظه ثم يكون ; chez Bc c. على p. et ب r.
V c. من r., Autob. 208 rº: تبرم من الاغتراب, Müller 40 (= Bat. IV, 369), Macc. I, 941, 3, III, 830, 11. — Quasi-passif de la IIᵉ, quand celle-ci a le sens de la IVᵉ, Voc.
VII. انبرم الشعر friser, v. n., être frisé, Bc.
VIII = VII chez Lane, 2º signification, Gl. Fragm.
X dans le sens de la Iʳᵉ; une femme dit: فيقين انا وبثينة نستبرم غزلا لنا, Koseg. Chrest. 147, 5; peut-être: tordre, tresser des fils.

بَرَم acacia (arbre), comme traduisent Banqueri et Clément-Mullet, Auw. I, 28, 2, II, 295, 21. — La fleur jaune et odorante de l'arbre nommé الشجرة ابراهيم (voyez), Bait. I, 132 i, II, 86 j. — Le thym à longues feuilles, Bait. I, 308 b: الصعتر الطويل الورق, المعروف بالبرم, où A porte بـ. — Espèce de dattes, Niebuhr R. II, 215.

بَرْمَا espèce de sucrerie (حلواء), M; il est en contradiction avec lui-même, car il dit d'abord que ce mot est une altération du turc بورمة, et ensuite il lui attribue une étymologie arabe (ومعناه مبروم).

بُرْمَة pot de terre pour l'eau, Pallme 32, 157 (où il faut lire burma, au lieu de burna), Werne 17; petit vase à conserver l'eau, Descr. de l'Eg. XVIII, part. 2, 415. — Gourde, Burckhardt Nubia 201. — Foret, vrille, Bc, Hbrt 203. — Tire-balle (instrument pour tirer une balle d'un fusil), Bc. — Vis, Bc. — Lumière d'une arme à feu, Bc. — Pirouette, Bc. — Tour de promenade, Bc.

برمون quatre-temps (trois jours de jeûne dans chaque saison), Bc, Hbrt 154.

بَرَام Descr. de l'Eg. XVII, 199: «On fabrique à l'extrémité méridionale de l'Egypte, dans les déserts voisins de la cataracte d'Eléphantine, des vases de terre ollaire connue dans le pays sous le nom de pierre de Baram, du nom du lieu où sont situées les carrières qui la fournissent.» Au lieu de pierre de Barâm, حجر البرام chez Bait. I, 289 f, on a dit tout court, dans le sens de terre ollaire; mais il n'est pas certain que Barâm soit le nom d'un lieu, et on lit chez Salaheddin, La Turquie, p. 62 (cité dans le Ztschr. XXV, 533—4, n. 8): «La serpentine était connue des anciens sous le nom de Baram»

برمسى 78 برنامج

(dans les autres passages cités Ztschr. l. l. et XXIII, 586, بَرَم ou بُرَم (Yâcout IV, 572) signifie *pots*). Quoi qu'il en soit, *barâm* signifie *serpentine*, ou plus exactement *serpentine ollaire*. Edrîsî Clim. III, Sect. 5, en parlant de Haurâ, bourg situé sur le rivage de l'Égypte du côté du Hidjâz, à l'est d'al-Colzom: وعندهم معدن يقطعون فيه البرام ومنه يتجهزون به الى سائر الاقطار .Bait. I, 491; في قُدُر بِرام Djauzî 146 v°: في طنجير برام ،ويتجعل في قدر برام: *ibid*.

بِرَام Le *ricinus* de Freytag est bon, mais le *capitulum mammarum, papilla* de Golius est une erreur. Les lexicographes arabes expliquent بَرام par قُراد (voyez p. e. une glose marginale sur Djauharî v° القُراد), et Golius, au lieu de prendre ce dernier mot dans le sens de *ricinus*, l'a pris dans un autre qui ne convient pas.

بَريم voyez Vêtem. 71—3; ajoutez: Defrémery Mémoires 153, où bezim doit être changé en berîm, comme Defr. l'a observé p. 323, Bg 802 (même faute), Palgrave II, 80. — *Bague*, Daumas V. A. 173.

بَريمَة pl. بَرائِم est la forme qu'on emploie aujourd'hui en Algérie au lieu de بَريم, *corde en poil de chameau ou de chèvre, avec laquelle les Arabes se ceignent la tête par-dessus le haïk*, Dict. berb. v° corde, Cherb., Prax R. d. O. A. V, 220, Carette Kabylie I, 380, Carteron 61.

بَرّام *chaudronnier*, Alc. (calderero). — *Cordier*, M.

مُبْرَم (espèce d'étoffe, voyez Lane) forme au pl. مَبارم, Tha'âlibî Latâïf 114, 4, 119, 7.

مَبْروم pl. مَبارم *corde*, Gl. Esp. 304. — *Rouleau (bois cylindrique)*, Bc. — *Bistourné* (cheval), Daumas V. A. 189. — Nom d'une graminée, Prax R. d. O. A. VIII, 282.

برمسى *sorte d'oiseau*, Yâcout I, 885, 14; chez Cazwînî برسى.

بَرْمَكى Barmécide, = *généreux*, M. — البخور البرمكى espèce de parfum qui tire son nom des Barmécides, J. A. 1861, I, 119.

بَرْمَكِيّة même sens, J. A. l. l.: رفيعة et بَرمكيّة

والاظفار الفرشينة ;Bait. I, 57 a: البخّورات والبرمكيات II, 145 ;تدخل فى الندود والاعواد والبرمكية والمثلثة ويَنَفَعُ منه (يعنى من صمغ الصرو) يسير فى السدّ a: والبرمكية والمثلثة ۞

بِرْميل (esp. *barril*) forme au pl. بَراميل, Voc., M, Bat. III, 235, 385, Bc.

بَراميلى *tonnelier*, M, Bc. Chez Ht براملى.

برن II *forer, percer avec la vrille*, Alc. (barrenar, taladrar).

برن (esp.) *espèce de chêne*, Alc. (borno arbol).

بَرْنى (espèce de dattes), aujourd'hui *birnî*, Burckhardt Arabia II, 213, Burton I, 384. — Espèce de raisins, Burton I, 387 (birni).

بَرْنى pl. بَرانى *espèce de faucon*, Gl. Esp. 243, Guyon 221 (borni).

بُرْنِيَّة, au Maghrib بَرْنِيَّة, car ces voyelles se trouvent dans le Gl. Manç. (in voce) et l'esp. a *albornia*. — L'esp. *bornia* chez Alc. (de *Hibernia*); Victor: «manteau ou robe fourrée de peau de loup, ou d'autre peau velue, capote, vêtement rustique à la façon des Irlandais;» l'Acad.: gros drap de laine de différentes couleurs, dont on faisait des manteaux qui portaient le même nom.»

بُرون pl. بَرانين *cruche*, Voc.

بَرينة (esp. *barrena*), pl. ات, et بُرَيْنَة pl. بَرانين, *tarière, vrille*, Gl. Esp. 375—6, Auw. I, 561, 2, Voc.; cf. Simonet 272.

بَرْناجة (esp. *borracha*) pl. بَرانيج *cuve, tonneau, pour le vin*, Alc. (bota de vino).

بَرْنامِج et بَرنامَج (Alc.), (pers. بَرْنَمَد), pl. ات (Alc.), *table d'un livre, table des chapitres*, Domb. 78, Ht (qui écrivent بَرناميج), Abbad. II, 166, 8, nommée aussi برنامج الفصولى, Alc. (recapitulacion). — *Répertoire de jurisprudence*, précis des opinions des jurisconsultes d'une secte par ordre de matières. Dans ces ouvrages on expose en peu de paroles, et avec le moins de remplissage possible, les questions dont on traite et les preuves qu'on y emploie, Prol. III,

11, n., dern. l., 13, dern. l., 250, 6. — *Répertoire où l'on note les noms de ses professeurs, des détails sur leur vie, et les traditions qu'ils ont communiquées*, Macc. I, 809, 3, 818, 2, 843, 8, 874, 4, II, 659, 12, 769, 18, Autob. 198 r°. — Chez Alc. «nota de formulario,» que Nebrija traduit par *formula*.

بَرْنَمَج « belle plante à larges feuilles, » Richardson Central I, 180.

بَرْنَج (je ne sais si ces voyelles, données par Freytag, M et Sang., sont bonnes; pers. بُرْنَج et بُرْنَجِي) *graines, provenant de l'Inde et de la Chine, et qui sont fortement purgatives*; — le *Myrobolan chébule*, Sang. Cf. Bait. I, 129 c et plus haut أبرُلج.

بَرْنَجَاسِف (pers.) *armoise, herbe de la Saint-Jean*, Most. v° قيصوم, Bait. I, 283 h, Sang., Bc, Bg 813. Au Maghrib, selon le Gl. Manç., on ne savait pas au juste ce que c'est.

بَرْنَجَاسَك même sens, Bg 813.

بَرْنَجَق (turc) *gaze (étoffe très-claire)*, Bc; *crêpe*, Bg (بَرْنَجَكْ); chez Bc *crêpe est* بَرْنَجَق (قرة برنجق); cf. Burton II, 15 (burunjuk). — *Ecrit* بَرْنَجَكْ, *turban noir des Mauresques*, Cherb.; l'imâm de Constantine: البرنجك هو قطعة سوداء أقل طولها ثمانية أذرع تشدّ بها المرأة رأسها ✻

بَرْنَجَمَشْك voyez برنجمشك.

بَرْنَس I c. a. *rendre pauvre, misérable*, Voc. II *être pauvre, misérable*, Voc.

بَرْنَس, aussi بَرْنُوس et بَرْنَوس, *Vêtem.* 80, Voc., Cartâs 178, 7 a f., pl. بَرَانِيس, Gl. Edrîsî. Voyez Vêtem. 73 et suiv. Dans le sens de قلنسوة طويلة *bonnet haut*, qu'on mettait sur la tête des criminels quand on les promenait publiquement, J. A. 1847, II, 420, Athîr VIII, 69, 4 a f., 205, 2 a f. (lisez: برانس ولبود), IX, 412, 3, 413, 7 a f.; nommé المُسْتَخَلَة, Khallic. XI, 73, 7. — *Capuchon*, Augustin 9. — « Le bernous rouge, marque du commandement, » Martin 89. — حقّ البرنس ou بروك البرنس *les présents que les aghas et les caïds se font donner par leurs sujets*, Sandoval 322. — بَرْنَس الجَنين *arrière-faix, tunique qui enveloppe le fœtus*, Bc, M.

بَرْنُس voyez بَرَانِس. — Pl. بَرَانِس *pauvre, misérable*, Voc.

بَرْنَش I *grimacer*, Bc.

بَرنَصَال, Amari Dipl. 76, 8, est, selon l'éditeur (411, n. 8), l'italien *baroncello*, *fripon*, *coquin*.

بَرْنَق et بَرْنَك = بَرْنَج (voyez), Bait. I, 129 c.

بَرْنَن I *bourdonner*, Alc. (zunbar). — *Forer, percer avec la vrille*, Cherb. C; comparez بَرْن.

بَرْنِيتَة *vrille*, Cherb. C; comparez بَرْنِيَة.

تَبَرْنُن *bourdonnement*, Alc. (zunbido).

بَرْنَى voyez برنى.

بَرْأَوب « *plante qui porte une poudre qui sert pour la teinture,* » Vansleb 99; « elle a une petite tige potelée, comme un champignon, et à la cime un bouton de la grosseur d'une noix, lequel est plein d'une poudre, dont les teinturiers se servent pour la teinture. Ses feuilles sont aussi minces que celles du pavot, » id. 333.

بَرْنَبِى vulg. بَرْنَبِى, espèce de gomme odorante, Pagni 204, où il faut lire avec le Ms.: « volgarmente si dice *Barnabì o Bernabì*. »

بَرْنِيطَة et بَرْنِيطَى voyez plus loin.

بَرْنِيق *hippopotame*, Bc, Burckhardt Nubia 61.

بَرْنُوفَنج *Origanum maru*, Bait. I, 132 h.

بَرْهَلْبِى (syr.) ܨܢ ܢܚܡܐ ou ܨܢܕܚܡܐ, *filius dulcis*, Payne Smith 587, 605) *fenouil*, Most. sous رازيانج, Bait. I, 131 c.

بَرْهَم pl. بَرَاهِم, pour مَرْهَم, *emplâtre*, Gl. Esp. 88, Voc.

بَرْهَن I c. عن r., Bc (v° *argumenter*), Gl. Maw.

بُرْهَان *prodige, miracle*, Bat. III, 81 (parce que c'est une preuve de la puissance surnaturelle d'un saint).

بُرُو sorte de *poisson*, Yâcout I, 886, 2.

بَرَاوى *bourrache*, Bc.

بَرْوَاز et بَرْوَاس (pers. پَرْوَاز), pl. بَرَاوِيز, *cadre (sorte de*

بَرْوَال bordure de bois autour d'un tableau); — *châssis* (ouvrage de menuiserie sur lequel on adapte du vitrage, de la toile, ou du papier huilé); — *tableau* (ouvrage à cadre, filets et accolades), Bc.

بَرْوَال. « Quand ils réunissent ces laines en suint, les marchands les battent pour en faire tomber le fumier qui emporte alors des morceaux cotonneux; on lave ces morceaux et l'on en retire la laine brisée dite *berroual*, » Godard I, 210.

بَرْوانَه (*chambellan*) s'écrit aussi بَرْوانَا; chez les Turcs Seldjoucides de l'Asie-Mineure, *le principal ministre*, Maml. I, 2, 57.

بَرْوانِيا (grec) *bryone, couleuvrée*, Bait. I, 131 e.

بَرْنِيطَة (esp.) *sorte de drap noir très-gros*, Alc. (bruneta paño).

بَرَى I. Au fig. رَاش وَبَرَى *faire du bien et du mal*, Abbad. III, 171, n. 129; comparez aussi avec les deux phrases que j'y ai citées, Macc. II, 758, vs. 47: بَرى العُصَاةَ وَرَاشَ الطَائِعِين « il fit du mal aux rebelles, du bien à ceux qui lui obéissaient. » Dans le vers Prol. III, 402, 15, de Slane traduit *tourmenter*. — *Couper*, en parlant de pierres tranchantes, Becrî 54, 13. — *Planer* (unir, polir), Bc. — *User* (diminuer par le frottement), Bc. — L donne: *curat*

يَفْرُح وَيَبْرِى وَيَحْصِنَ ۞

II *monter sur une montagne*, Alc. (amontar).

III est le synonyme de عَارَض, non-seulement dans le sens de *rivaliser avec, imiter*, mais aussi dans celui de *être vis-à-vis de*, Amari 338, 1, où il faut restituer la leçon du man. (cf. l'Appendice).

IV comme la Ire, *tailler une plume*, Voc., Alc. (cortar pendola, tajar pendola).

VII se construit aussi avec ل, Voc. v° *prevenire*. — *S'élimer, s'user*; le n. d'act., اِنْبِرَاء, *usure* (détérioration par l'usage), Bc.

بَرَاءَ voyez بَرَّاء sous بَرَأ.

بَرْيَة *incision*; voyez sous بَرْمَة.

بَرْيَة *taille* (manière de tailler une plume), Bc.

بَرْيُون pl. ات *engelure*, Alc. (friera de pies) (aussi بِرْجُون).

بَرْيَانِى (pers.) *pilau de viande avec beaucoup de beurre fondu*, Burton II, 280.

بز

أَبِيرِيَّة *verrues*, L (verruce الأَبِيرِيَّة).

مِبْرَا *canif*, Hbrt 112 (écrit مِبْرَاء); lisez de même, au lieu de مِبْدَل, chez Payne Smith 1134. — *Plane* (outil), Bc.

مِبْرَاة *corne d'un cerf*, Diwan d'Amro'lkaïs ٣٣, vs. 16.

بَرْنِيطَة, بَرْنَة, ـــة, et بَرْنِيطَة, بَرْنَة (esp. Delap. (birreta), ou ital. Daumas (berretta)), pl. بَرَانِيط et ات, بَرَانِط *chapeau des Européens*; en Algérie les Arabes désignent par ce mot les képis des soldats français et même en général, toute coiffure française, Bc, Bg 165, 799, Hbrt 21, Daumas Kabylie 234, 349, Delap. 79.

بَرَانِيطِي *chapelier*, Bc, Hbrt 83.

بِرْغَلَة (Daumas MS) *cousin* (insecte), Daumas V. A. 432.

بِرْنِس *espèce de chêne*. C'est ainsi que je crois devoir lire chez Bait. I, 132 f, 183 d, où mes man. portent برنس ou برنس sans points, car Bait. dit que c'est un nom grec, et l'on y reconnaît facilement πρῖνος, *yeuse, chêne vert*. Seulement il semble le confondre avec une autre espèce de chêne, puisqu'il donne شرير, le latin *suber*, c.-à-d. *liège*, comme le nom de cet arbre dans la 'adjamîya al-Andalos.

بِرْيُو *crottin des chèvres et des moutons*, Cherb.

بَزّ I *bourgeonner, boutonner*, Bc.

بِزّ pl. بَزَاز et أَبْزَاز, *tétin, bout de la mamelle*, Bc, Ztschr. XXII, 134; chez les quadrupèdes, *trayon, bout du pis*, Bc. Par extension, *mamelle, téton*, Bc, M, Hbrt 3, Ht, Payne Smith 1284, 1001 N. Bresl. I, 342, synonyme de نَهْد, Bc, 1001 N. Bresl. IX, 278, بِزِّين, où Macn. a نَهْدَين; chez les quadrupèdes, *pis, tétine*, Bc. — Appliqué à une pipe, *embouchure, bouquin*, Bc, M, Ztschr. XXII, 134; بِزّ كَهْرَبا *bout d'ambre* (pour une pipe), Bc. — *Jet* (bourgeons, scions), Bc. — بِزّ الخادم (mamelle de négresse) espèce de dattes longues, noirâtres entre le rouge et le blanc, Pagni 151 (sic). — ابزار الغُنْد à Tunis et aux environs = حَتَّى العَالِم الصَغِير, Bait. I, 10 d (AB). — حشيشة البَزَاز *dent-de-chien* (plante), Bc. — بَزَاز الكَلْبة *lampsane, herbe aux mamelles*, Bc.

بزبز

بزّة mamelle, Bc.

بزبز (berb.) cigale, — sauterelle, — grillon; voyez بزبز et زبزب; la forme بزبز Domb. 67.

بزبوز

بزبوز pl. بزابيز cannelle (robinet mobile), Bc. — Le pl. eaux, jets d'eaux, cascades, Bc.

بزبازة = بسباسة macis, Bc.

بزّ, chez Freytag (copié par M), n'existe pas. Freytag l'a pris dans Berg, qui s'est laissé tromper par une fausse leçon; voyez Gildemeister, Catal. des man. or. de Bonn, p. 120.

بزادى L donne: achates ياقوتة بزّادى وهو الجزع berillus حجر بزّادى وهو الياقوت الملون بسواد وخضرة iacyntus قصّ سماوى البزادى.

بزدرة le métier de fauconnier, et aussi celui d'agriculteur, M.

بزدار pl. بزدارية et بزّادرة = بازدار fauconnier, Maml. I, 1, 251.

بزر II dissiper son bien, Bc. — Voyez la Ve forme.

V quasi-passif de la IIe, être épicé, Voc. — Se prodiguer, Cherb. Dial. 5: ولش ما ذا بيى نتبزّر عليهم تبزيرة مليحة, trad. littér.: «mais combien cela (serait) agréable) à moi (que) je me prodiguasse pour eux d'une prodigalité bonne;» trad. libre: «mais j'aurais voulu les recevoir avec un peu plus de pompe.»

بزر pepin, Hbrt 52, noyau, Ht. بزر اللتّان = seul وقد خصّ به حبّ اللتّان grain de lin, Bait. I, 134; دهن البزر ;فصار اسمًا له علمًا huile de lin, Most. sous دهنه دهن البزر والبزر اسمه: بزر اللتّان ودسمّى Gl. Manç.: دهن بزر اللتّان ويقال ايضًا دهن البزر. — Le pl. أبزار et أبزار (سرنجان Colchicum autumnale), Sang. — Le pl. du pl. بزورات drogues, épices, 1001 N. Bresl. X, 134, 5, où Macn. a انواع العطّارة. — Bezrebât, graine qu'on envoyait d'Egypte à Jérusalem pour en faire des chapelets qui étaient achetés par les pèlerins de la Chrétienté, Descr. de l'Eg. XVII, 314. — بزر خريسانة barbotine (semence, poudre contre les vers), semencine, Bc. — بزر قبّار câpre, Bc. — بزر قطونا ou, d'après le Gl. Manç., cf. Ca-

lendr. 67, 5, بزرقطوننا ou بزرقطونا, herbe aux puces, Gl. Esp. 365. — ماء البزور tisane, Bc; ماء بزورات de l'eau saturée de noyaux broyés, Ztschr. XI, 514—5, où l'on trouvera des détails.

بزرة graine, — pepin, Bc.

بزورات = بازار bazar, Bc. — بزورات, comme drogues, épices, 1001 N. Bresl. X, 132, 12, où Macn. a انواع العطّارة

أبزار pl. أبازير épice, Voc., Alc. (especia de especiero).

شراب مبزّر ,مبزّر vin épicé, Alc. (vino con especias).

مبزرة pl. مبازر endroit où l'on vend des épices? Voc. v° salsamentum.

بزرك (pers.) mode de musique, M.

بزع II orner, embellir, Voc.

V être orné, s'embeller, Voc.

بزيع pl. بزاع beau, Voc.

بزاعة beauté, Voc.

بزغ II c. a. dans le Voc. sous oriri.

مبزغ l'endroit où la lune se lève, Gl. Fragm.

بزق II saliver (rendre beaucoup de salive), Bc. — C. a. Voc. sous spuere. — بزق ايره fecit ut semen emitteret penis, 1001 N. Bresl. XI, 110, 3 a f.

V dans le Voc. sous spuere.

بزاق القمر sélénite, Bait. I, 499 d.

بزّاق dans le Voc. sous spuere. — Escargot, Hbrt 68.

بزّاقة limace, Bc, limaçon, Bg. — Doit désigner un objet fait de verre; dans le man. de l'Escurial 497, le verrier nomme: الفوانيس والقناديل والبزّاقات والقنافل الخ (Simonet).

مبزق (pour مبزغ) lancette, Domb. 90.

بزل I, 3e signif. chez Freytag et Lane, n. d'act. بزل et بزّال, Gl. Mosl. — En chirurgie faire une incision dans l'hypocondre d'un hydropique, ou bien, dans la vessie de celui qui a une hernie, afin d'en faire sortir la sérosité, Gl. Manç. in voce.

بزم

بَزُولَة, pl. بَزَازِيل et بَرَازِل, *mamelle*, M (Eg.), Domb. 86, Hbrt 60 (Tunis), Cherb.; selon Hœst 224, seulement en parlant des mamelles d'une vieille. — بَزُولَة الأبْرَيْق *tuyau*, M. — بَزُولَة النَّحْلَة plante de la famille des joubarbes, qu'on appelle, en Normandie, *pain de souris*, et, dans d'autres provinces, *raisin d'ours*. A cause de la forme de ses feuilles, les Arabes la désignent par le nom de *mamelle de la chatte*, Cherb. — بَزُولَة النَّعَاجَة (le pis de la brebis) *Thrincia tuberosa*, Prax R. d. O. A. VIII, 279, Daumas V. A. 382.

بزم

بِزِيم (pour أبْزِيم) et بَزِيمَة (Ht, Roland), pl. أبْزَمْ (Alc.) et بَزَائِم, *boucle*, Vêtem. 151, n. 6. Dans le Voc. أبَازِين et بَزِين, pl. أَبْزِنَة, بُزُون, أَبْزِين et بَزِين.

بزن

بَزِين et بَزِينَة (espèce de mets) semble une abréviation de زَبْزِين; voyez ce mot. — Voyez بَزِيم — Sorte d'oiseau, Yâcout I, 885, 5; chez Cazwînî بُرُونِي.

بَرَازِين pl. بُزُون les parties honteuses de la femme, Alc. (coño).

أبْزَن *baignoire, vaisseau dans lequel on se baigne*, Chec. 217 v°: وامّا الاستحمام فى الابزن وهو الحَوْض.

بزو

بَزْوَة *hernie*, Voc., Alc. (potra de vinças rompidas, potra de venas torcidas, cf. șana potras) qui l'écrit constamment avec le *p*.

بَزْوِي *celui qui a une hernie*, Voc., Alc. (potroso, quebrado potroso).

بَزْوَنْك (pers. بَزْوَنْد) *maquereau*, qui fait métier de prostituer des filles, M.

بس I c. ب r. *étendre* du beurre, du miel, sur du pain, 1001 N. Boul. II, 555, 4: بَسَّتِ العَيْش بِالسَّمْن والعَسَل, où l'éd. Macn. porte par erreur بست. — *Baiser*, Voc.

VII *recevoir un baiser*, Voc.

بَسّ (pers. بَس), adverbe, *assez, c'est assez*, Bc,

1001 N. Bresl. II, 112, 2 a f.; aussi avec les pronoms, بَسَّى, بَسَّك, بَسَّه, suivi d'un verbe à l'aoriste, p. e. بَسَّكْ تَتَهَزَّا على «vous vous êtes déjà assez moqué de moi,» voyez Habicht Gl. II. — *Seulement*, Bc; بس لا تتعوّق «pourvu que vous ne tardiez pas,» Bc; dans le Voc. بَسّ *tantum*.

بَسَّة, pl. ات et بَسّ, *un baiser*, Voc.

بَسِيسَة et بَسِيسَة. Voici les descriptions que j'ai trouvées de ce mets: R. N. 6 r°: ثم عمدت (الكَاعنَة) الى دقيق شعير مقلوّ فامرت به فلتّ بزيت والبربر فلشترى بدرهم شعيرا :id. 36 r° يسمى ذلك البسيسة وبدرهم زيتا وبدرهم ...ثَما ثُم عمل من ذلك بسيسة (un mot rongé); Léon 561 (Tunis): «Mercatores et reliqui fere cives pulte quadam vilissima ex hordei farina in massam propemodum redacta vescuntur; huic aut oleum, aut malorum citreorum ius infundunt; pultem vulgo *Besis* appellitant;» Marmol II, 241 c (Tunis): «Otra comida usan los trabajadores y gente pobre que llaman *bacis*, que es la propria harina de cevada cruda mojada en agua y azeyte y rebuelto todo con çumo de naranjas, o de limas, y esto tienen por muy fresco y saludable;» Ryn-Acker 12 (Tunis): «Het Broot datse backen is van fatsoen als een Pastey, daer zy wat Meel, Garste, Olie en Citroenen by doen, en noement *Besis*;» Voyage dans les Etats Barbaresques 151 (Tunis): «Ils ont des mets singuliers, tels que leur *Besis* qui est fait avec de l'eau, de la farine d'orge, de l'huile et du jus de citron;» d'Escayrac 9: «*Bsissa*, biscuit fait de la chair de dattes sèches, mélangée et pétrie avec de la farine;» Prax R. d. O. A. V, 211: «*bsiça*, mets fait avec le blé et les dattes *degla*, à l'usage des caravanes;» id. X, 314: «blé, graines d'anis et de fenugrec, du *Nigella sativa* et de l'anis.» Le mot بَسِيسَة signifie aussi: *la farine qui provient du fruit du Nebek*, Burckhardt Syria 603; Bg 269: «بَسِيسَة farine faite avec du fruit sec de *Nèbek* ou Rhamnus Lotus, qui vient en abondance dans le Wâdi-Feyrân; les bédouins de ces contrées la conservent dans des sacs de cuir, et s'en servent surtout dans leurs voyages; ils la délayent dans du lait doux, et la mangent comme un brouet très-nourrissant et rafraîchissant.»

بَسَّاس *bassin de chaise percée ou pot de chambre*, Alc. (bacin o servidor, servidor bacin, potro para orinar). Il écrit baciç et beciç. Dans la première

بسمس 83 بسر

partie du Voc.: بَسَاس latrina; cette explication ne me paraît pas exacte; dans la seconde partie: *pot* (olla). بَسَّاس, prononcé bassîs à la manière espagnole, me semble bacis, le plur. du cat. bací (esp. bacín). Chez Alc. le pl. du mot arabe est baciçí, baciçít (ات), beccín; dans le Voc. ات. — Sorte de poisson, Yâcout I, 886, 7; mais les voyelles, et même les consonnes, sont incertaines, car les man. de Cazwini portent نَسَاس ou نَسنَاس.

بَسُوس réglisse, Roland (altération de سُوس).

مُبَسَّس pain cuit au beurre, Daumas V. A. 252.

•بسمس.

بَسْبَاس (L, Voc. et Alc. (بَسْبَاسَة), بسباسة, au Maghrib *fenouil*, mais chez les Arabes c'est une autre plante, Gl. Manç. v° رازيانج (بَسْبَاس), fenouil au Maghrib et en Espagne, Baït. I, 140 a, Most. sous رازيانج (=رازيانج) et sous قشر أصل الرازيانج L (maratro), Voc., Alc. (hinojo), Pagni MS, Bc, Calendr. 33, 4, où l'ancienne traduction latine a *fenuculum*, Haiyân 10 r°: دخل على شَرْب من اخوانه و Cartâs 19, 2 a f. (la note de Tornberg 368 est erronée); — باشبيلية ينتقلون بيسباس رطب البَسْباس الصَّخْرى et الرُومي *fenouil des jardins*, Auw. II, 260, 15; — بسباس البحر *Fœniculum marinum*, Pagni MS. — *Macis*, Alc. (macias una especie, mais lisez bizbâç, au lieu de bizbaâ), Bc, Baït. I, 137 a, Bat. IV, 243. — *Anis*, Prax R. d. O. A. VIII, 280. — بسباس الهند *sassafras*, Pagni MS.

بَسْبِيس et بَسْبِيسَة *Meum athamanticum*, Gl. Manç.: مَرّ (مو.ا.) هو المعروف بالمغرب بالبَسْبِيس والتَرْبِيع واهل بجاية يسمّون حبّة كَمُّون للجبل ويستعملونه في الطبيخ والعلاج. Le changement de مر en مو est justifié par Baït. I, 202 c, où l'on trouve que quelques botanistes de Séville donnent au *meum* le nom de البُسَيْبِيسَة, car c'est ainsi qu'il faut lire au lieu de البِسْبِيسَة (AB), et où il est aussi question du كَمُّون للجبل. Prax R. d. O. A. VIII, 280, qui donne la prononciation actuelle *bsïbsa*, dit seulement que c'est une ombellifère; l'explication de Daumas V. A. 381 est erronée.

بَسْت (pers.) pl. بُسْتَان *vanne à l'embouchure d'une rivière ou d'un ruisseau*, M.

بُسْتَرْنَكَة *bistorte* (plante), Bc.

بُسْتَان I c. a. dans le Voc. sous *viridarium*; *faire un jardin*,M.

II *crotter dans les jardins*, Ibn-Loyon 15 r°: للنَّار بَرَى لا يتبستن. La II° forme est aussi dans le Voc. sous *viridarium*.

بُسْتَنْجِي *jardinier*, Bc. (termin. turque).

بُسْتَانْبَان (pers.) *jardinier*, de Jong.

بُسْتَنْجِي pl. يَّة *bostangi* (jardinier turc, ou garde des jardins du sérail), Bc.

بُسْتَان كَار *mode de musique*, M.

بُسْتَانِينِى *jardinier*, 1001 N. III, 352.

بُسْتِنَاج (lat. *pastināca*) *Gingidium, fenouil sauvage, persil sauvage*, Gl. Esp. 240; Auw. I, 50, 14 et 15, où il faut lire: وللجزر البرّى المنتن الرَّائحة الذى (le man. de Leyde porte يُدعى البُستناج, وللجزر au lieu de وللجرد de Banqueri); Baït. I, 4 b: النَّبِيَات; voyez aussi sous غُرَيْرَاء المعروف بالاندلس بالبُسْتِنَاج.

بُسْتُوقَة *grand pot de terre vernissée*, Bc.

بَسْتُونِى (ital. *bastoni*) *pique* (une des deux couleurs noires des cartes), Bc.

بَسْتِيف pl. بَسَاتِفَة *parasite*, Bc.

بَسَّد (*corail*) est écrit بَسَد dans les deux man. du Most. et dans le Gl. Manç.; dans Baït. A I, 137 b بَسَّد, chez Bc بَسَد.

•بسر.

بُسْر *les dattes quand elles jaunissent*, Prax. R. d. O. A. V, 212 (bisir); — *dattes rabougries*, Bc; — بسر السكر voyez sous جَيْسُوان. لك بسر *cancamum* ou *cancame* (espèce de gomme), Bc. — حَجر البُسْر voyez Baït. I, 293 b (il l'épelle).

بَسَارِيَّة *alevin, frai, fretin, goujon, poissonnaille*, Bc; — dans le vulgaire pour صير, «est une mœnide ou ménole,» Ouaday 579, 716; — *sardine*, Bg (v° poisson). C'est ὀψάρια, gr. mod. ψάρι, et l'on écrit aussi أبْسَارِيَّة; voyez de Sacy Abdallatif 285—8.

بسط 84 بسط

ou باسُور باسُرر (cf. Lane) *fic* (ficus, marisca), Alc. (higo dolencia abaxo, cabrahigo enfermedad); (بواسير Zahrâwî 114 v°, dans son chapitre sur les maladies de la verge de l'homme: المواصير وتسميها العامّة البغيّة وعلامتها قروح غائرة حتّى الاحليل وربّما نفذت بعضها الى بعض اذا طالت المُدّة ۞

سيلان باسوري باسُوري *hémorroïdal*, p. e. «flux de sang hémorroïdal,» Bc.

بسط I *étendre*, au fig., بسط الغارات على الأقاليم, Haiyân 77 v°. — *Etendre par-dessus, couvrir*, Macc. I, 641, 3: مجلس مبسوط بالورد; Djob. 290, 2 a f.: ميدان كانّه مبسوط خِزًّا لشدّة خضرته; Macc. I, 124, 5: ونوع يُبْسَط به قاعات ديارهم يُعْرَف بالزليجى. — Au lieu de يدّه, on emploie بسط seul, p. e. Cout. 2 r°: فبسط ارطياس الى ضياعهم فقبضها. — On dit بسط يده بالقتل, Gl. Abulf. — Au lieu de بسط يده الى فلان بالسُوء (Coran LX, 2, voyez Lane), on dit aussi: بسط يده على فلان, Haiyân 62 v°; بسط يده على الرعيّة واكتسب الاموال ou simplement بسط على فلان, Haiyân 7 v°: جاهَرَ فبسطوا على id. 20 r°: بالخلعان وبسط على اهل الطاعة, ou بسط الى فلان واحدثوا الاحداث المنكرة; Haiyân 37 v°: بسط الى الرعيّة بكلّ جهة وامتدّ الى اهل الاموال. — Pour exprimer que quelqu'un est libéral, qu'il aime à donner, on dit: يبسط يَدَه, بَسْط الأيْدى للخير, Macc. II, 404, 19. — L'expression بَسْط الأيْدى signifie *joindre les mains*, mais en ce sens que les paumes et les pouces des mains droites se touchent sans serrement; on le fait quand on contracte un engagement qui doit être sacré; voyez Jackson Timb. 289 et comparez Abd-al-wâhid 134, 3 a f., qui dit en parlant du Mahdî: بسط يدَه فبايعوه على ذلك. — De même qu'on dit: بسط البد لسانه بالسوء (Coran LX, 2, voyez Lane), on dit: بسط لسانه فى فلان, Gl. Fragm., Amari 673, 10; ou فى شى ibid. l. 3 et 4 (cf. annot. crit.); ou فى شى, Haiyân 15 v°: بسط

لسانه فى ذمّه وعيبه. — *Donner en abondance* (cf. بسط اللهُ الرزقَ chez Lane, Macc. I, 943, 1), Nowairî Afrique 28 r°: بسط العطاء فى الجُنْد; Mohammed ibn-Hârith 208: كان ممّن بُسِطَت له الدنيا («il était du nombre de ceux qui possédent de grandes richesses»); — *donner*, Akhbâr 27, 4 a f.; — *accorder*, p. e. l'amân, Haiyân-Bassâm III, 63 v°: بسط الامان لاهلها; Akhbâr 48, 2 et 3. De même qu'on dit بسط عليهم العدل (Lane, Abd-al-wâhid 66, 6), on dit: بسط له الانصاف ووعده ايّاه, Akhbâr 121, 6, et بسط عليه العذاب, *il le mit à la torture*, Gl. Fragm., Berb. I, 385, 15 et 16, 539, 6. — *Détacher*, Formul. d. contr 5: قد رأينا وعلمنا فى فلان جرحا — كبيرا فوق راسه قد بسط للجلد وحفر اللحم بسط وجهَه *défroncer le sourcil*, Bc. — *Raréfier (dilater)*, Bc. — C. a. p. *traiter quelqu'un avec bienveillance, lui parler poliment, gracieusement*, Haiyân 27 r°: دخلت عليه يوما مجخلا وبسطنى وذاكرَنى, Abd-al-wâhid 171, 15, 175, 3, Macc. I, 236, 8. Aussi c. الى p., Gl. Fragm. De même بسط جانبَ فلان, et جعل يبسط جانب ابن عمّار, Bassâm II, 113 v°: فسأله عُمر المسير, Haiyân 68 v°: بسط لفلان جناحَه معه الى ببشترى لباسى به فعمل وأقام عنده ايّاما بسط له فيها جناحَه. — *Harnacher*, Ht. — Le sens du nom d'action ne m'est pas clair dans ce passage de Macc. I, 859, 4: وكان شديد البسط مهيبا جوهريّا مع الحماية والغزل.

II بسط يدَه فى الاموال وجعل البد النظر فى جميع الامور «il lui donna plein pouvoir sur l'argent,» Khatîb 68 v°. — تبسيط *développement*, Bc.

IV *égayer, réjouir, divertir, dérider*, Hbrt 226, Bc; ابسط لحضار «produire un grand effet sur les spectateurs, leur plaire,» Bc.

V. Macc. I, 598, 21: كان يتبسّط لاقراء سائر كتب العربيّة, leçon de tous les man. et de l'édit. de Boulac; l'éditeur veut lire فى اقراء, ce qui, à coup sûr, serait plus logique. — C. ل p. *traiter quelqu'un avec bienveillance, lui parler poliment, gracieusement*, Macc. I, 132, 17. — *Se réjouir*, Delap. 142. — *Exercer un pouvoir absolu, illimité*, Fakhrî 227, dern. l.: تميل

أنّ الخَبَّيزَرَان كانت متبسَّطة في دولة المهدى تأمر وتنهى وتشفع وتبرم وتنقض ❊

VI, en parlant de deux personnes, *s'entretenir librement, sans contrainte*, Freytag Chrest. 114, 1.

VII. Modifications de la signification primitive *être étendu* ou *s'étendre*: Si nous voulions raconter tout cela, انبسط هذا التأليف «cet ouvrage deviendrait trop étendu, trop long,» Nowairî, man. 273, p. 157;

الى الشروع فى علم صالح من الطبّ ينبسط بها القوى فى المدخل «joignez à cela qu'elle avait acquis des connaissances considérables en médecine, de sorte qu'elle pouvait s'étendre (parler au' long) sur les éléments de cette science,» Haiyân-Bassâm dans mes Notices 182, note, l. 3 (afin qu'on ne change pas en لها, j'observerai que le man. B a les mêmes leçons); ولا اطاعه بشر، ولا انبسط له من قريةٍ من (= personne ne se déclara القرى احدٌ ولا انتشر pour lui), Ictifâ 165 v°; انبسط الى الدُّكَّان (il se glissa vers), Catal. des man. or. de Leyde I, 155,

كان الناصر كَلِفًا بانبساط مياه الارض واستجلابها 11; من ابعد بقاعها (= faire creuser des canaux d'irrigation), Macc. I, 374, 3 a f.; انبسط *surface plane* (d'un miroir), Prol. III, 65, 12; لم ينبسط فى السباحة (= il ne se mit pas à nager), Macc. I, 472, 17. — *Être bien aise, s'amuser, se réjouir, se divertir*, Voc., Bc; بانبساط *gaîment*, Bc. — C. الى r. *chercher à s'emparer de*, انبسطوا الى اموال الرعية, Haiyân 62 v°. — C. الى p. *traiter quelqu'un avec bienveillance, lui parler poliment, gracieusement*, Gl. Belâdz., Gl. Fragm., Becrî 120, 6 a f. (de même c. مع p., voyez plus bas). — C. ب r. *déclarer ouvertement*, Gl. Badroun. — C. ب r. et على p., انبسطوا بالغارات على اولى الطاعة «ils firent des incursions contre ceux qui étaient restés fidèles au sultan,» Haiyân 69 r°. — C. على p. *être fier envers quelqu'un*,

وانبسط كثيرًا على اصحابه واستخفّ بهم, Haiyân 22 r°; — *dominer sur quelqu'un*, وامتنع عدو وعدو معه, ومن انبسط اهل الباطل عليهم Haiyân 24 r°; — *s'opposer à quelqu'un*, واتّفق ايضا عليه ان عبد الرحمن بن المنصور انبسط على اخيه عبد الملك أوَّل دولته بصحنة (l. بصحبة) طائفة تُخُلّ به فعرف عيسى اخاه عبد الملك بذلك فحمله على كفّ يد عبد الرحمن, Haiyân-Bassâm I, 30 r°. — C. مع p. (de même que c. الى p.) *traiter* quelqu'un *avec bienveillance, lui parler*

poliment, gracieusement, Gl. Fragm., Macc. I, 132, 16, 828, dern. l., 1001 N. I, 82, Çalât 76 v°: الى ما كان عليه رحمه من وقار وهيبة، ووفاء لاصحابه فى الحضور منه والغيبة»، مع انبساط معهم فى طعامه وانعامه عليهم. — C. من *être content de, se plaire à, prendre plaisir à*, Bc.

بَسْط *extensibilité*, Bc. — *Plaisanterie, ébat* (passe-temps), Bc; اصحاب الهزل والبسط *bouffons*, Gl. Manç.

مبسط. — *Breuvage ou pilules faites avec les feuilles du chanvre*, Bc, Burckhardt Arab. I, 48 n, Lane M. E. II, 40. — *Numérateur* (t. d'arithm.), Bc.

بَسْطَة *contentement*, Cherb. Dial. 7. — *Pièce d'étoffe*, Ht, Roland, Delap. 103, Bc (Barb.). — A Malte, *pli qu'on fait dans les vêtements de ceux qui sont en âge de croissance, afin qu'on puisse plus tard les élargir ou les allonger*, Vassalli Lex. Melit. — اصحاب البسطات semble signifier *apothicaires*, Macc. I, 934, 20: وكان يعتمد عليه فى الادوية والحشائش وجعله فى الديار المصرية رئيسا على سائر العشابين واصحاب البسطات. — *Piédestal, socle*, pl. بسط, Bc. — *Palier* (endroit d'un escalier où les marches sont interrompues par une plate-forme), Bc.

بَسْطى *vendeur de* بسط (dans le sens de: breuvage ou pilules faites avec les feuilles du chanvre), Burckhardt Arab. I, 48 n.

بسطانى *colporteur*, Bc.

بسطوية *pièce de drap*, Bc.

بِساط *étendue, longueur*, Ht; وجعلت بساطا ممدودًا «on les plaça en une longue file,» Tha'âlibî Latâïf 74, 13.

بِساط pl. aussi ات, Alc., Bc. Au fig., Autob. 199 v°, en parlant de la peste noire: ثم جاء الطاعون على قد (ou قدر) بساطك مدّ رجليك Proverbe: العارف فطوى البساط بما فيه «mesurez votre dépense à vos revenus,» ou «vos entreprises à vos forces,» Bc. — *Oreiller*, Alc. (cabeçal o almohada de cabeça). — *Proprement: le tapis sur lequel sont assis le souverain et ses conseillers; de là: la cour, le lieu où est le souverain avec son conseil*, Berb. I, 634, 10: وقد ثيب له من ولاية السلطان ومخالطته حظ ورفع له بِبِساطه مَجْلِس ومخالضته (lisez ومخالصته) *avec notre* man. 1351 *et celui de Londres*); II, 166, 4, en parlant

بسط — 86 — بسفائج

du sultan: فاختصّه بإقباله ورفع مجلسه من بساطه;
379, 7, 392, 2 à f., 437, 7; Cartâs 156, dern. l.:
فرّ من بساط الناصر كثير من الاشياخ الذين قام الامر
بِهِم, Macc. II, 456, 2; Amari Dipl. 125, 2, 139, 5,
176, 4: والقنصل الذى يتعيّن منهم للاقامة بالحضرة
العلية له ان يدخل البساط العلى مرّتين فى كل شهر
لسبب قضاء حوائجه; en d'autres termes 130, 4:
الشرط السادس عشر ان يدخل قناصرتم لمعاينة
البساط الكريم مرتين فى الشهر وان يُنعم عليهم بالكلام
مع المقام العلى اسماء الله. — *Parterre, carreau ou
compartiment de fleurs*, Macc. I, 639, 8: وقد مشى
احدهم على بساط نرجس, où Ibn-al-Khatîb (man. de
Paris) a روّض لرجس, mot qui a quelquefois le même
sens. — بساط الغول, nom d'une plante qui s'appelle
aussi طرفة (AB), Bait. II, 159 b.

خط بسيط تبسيط *écriture allongée*. Le Voc.,
qui donne cette expression v° *litera*, l'explique par
«tirada;» Ducange explique «tirare» par «producere,
allonger,» en citant ce passage tiré d'un inventaire:
«Unum librum in pargameno scriptum de litera tirata
et in lingua Francies.» — *Simple, non composé*, note
Mong. CLIV. — *Simple, naturel, franc, sans affectation, rond, sincère, sans déguisement, sans malice,
ingénu, naïf, bonasse* (simple, sans malice et de peu
d'esprit), Bc, *qui a de la bonne foi, probe*, Hbrt 231.

بسيطًا *simplement* (d'une manière simple, sans ornement); بالبسيط *uniment* (simplement, sans façon);
historiquement (d'un style, d'une manière historique),
Bc. — *Naïf, qui imite bien la nature, la vérité*, Bc.
— فى البسيط *largement, au large, d'une manière large*,
Bc. — *Horizontal;* ساعة بسيطة «cadran horizontal,»
Bc. — C. ب *parlant au long sur*, Mi'yâr 11, 4. —
Surface, البسيط, Prol. I, 156, 9. — *Terre
ferme, continent*, Prol. I, 93, 14. — *Parterre, carreau ou compartiment de fleurs*, Macc. I, 639, n. a
(aussi dans l'édit. de Boulac).

بساطة *l'état d'une substance simple, non composée
de parties, simplicité*, Mong. CLIV, Voc, Bc, Prol.
II, 306, 14, 353, 1. — *Naïveté, ingénuité, simplicité;* ببساطة *naïvement, naturellement, rondement,
uniment, franchement, sans artifice*, Bc; *bonne foi,
probité*, Hbrt 231. — *Gaîté* (enjouement de style),
Bc. — بساطة الوجه *affabilité*, Bc.

بُسَيْطَة *simple, herbe médicinale*, Bait. I, 36 c:
Dioscorides et Galien ne nomment pas cette plante
في بسائطهما.

باسط *raréfactif, raréfiant*, Bc.

أبْسَطُ *plus large, plus grand*, Djob. 178, 16.

مَبْسُوط De même qu'on dit مبسوط اليد, on dit
مبسوط الانامل, *libéral, qui aime à donner*, 1001 N.
I, 199, 5. Aussi مبسوط seul, avec ب de la chose
qu'on donne, Macc. III, 675, 18: كان مبسوطا بالعلم
مقبوضا بالمراقبة. — *Etendu, grand, large, de grande
dimension*, en parlant de pierres, Djob. 84, 9, 164,
10, de créneaux, Djob. 98, 7, de plats, Djob. 152,
20, de morceaux de bois, Djob. 154, dern. l., de
richesses, Gl. Edrîsî, d'une caisse, تابوت مبسوط متّسع,
Djob. 102, 16. Ces dernières paroles se trouvent aussi
chez Bat. I, 320, et les traducteurs les ont rendues
par celles-ci: «une caisse plate et de grande dimension;» mais je doute que مبسوط signifie «plat.» Il
est vrai que l'auteur du Most. (v° السقنقور,
seulement dans N) dit en parlant du scinque: وذنبه
كذنب السلباحة مبسوط, et que l'épithète «plat»
peut s'appliquer à la queue de l'anguille; mais il ne
convient pas à celle du scinque, qui, d'après Edrîsî
(١٨, 5), est précisément le contraire, à savoir ronde,
مستدير (cf. dans Shaw II la planche n° 8). — *Gai,
allègre*, M, Domb. 107, Hbrt 226, Bc. — *Content
(c. ب de)*, Bc, Ht, Prax 10: «On compte dans cette
ville une quarantaine de marchands qui ont fait ainsi
leur fortune, qui sont satisfaits, *mabsoutin*, suivant
l'expression arabe,» 1001 N. III, 19, 13, Ztschr.
XXII, 79, 17. — *Aisé, assez riche, cossu* (riche),
Bc, *riche*, M, Roland. — *Bien portant, sain, en
bonne santé, gaillard, dispos*, Bc, M.

بَسْطَار *bottines des paysans*, Bg 801.

بِسْطَال (esp.) *pastel*, Alc. (pastel para teñir). — Pl.
انت *pâté, mets mis en pâte*, Alc. (pastel de carne).

بَسْطُرْمَا (turc پاسْطُرْمَه) *viande désossée, battue, salée,
pressurée et séchée à l'air*, M.

بَسْطُرُون *outil de charpentier*, يصطحّم به حرف الخشب, M.

بَسِغِيرا *fougère* (plante), Bait. I, 140 b, qui explique
ce mot par السرخس.

بسفائج *polypode* se trouve aussi chez Bc.

بِسْفَارِذَانَج le fruit du مُغَاث, M.

بِسْفَايِج polypode, Bait. I, 135 b, Bc, Bg.

بِسْكِير. Dunant 202, en parlant des femmes de Tunis: « *beskir*, grand et long mouchoir brodé qui enveloppe le menton et le bas du visage, et dont les bouts, noués derrière la tête, tombent jusqu'aux genoux;» Michel 103: « le baskir relevé jusqu'aux yeux. »

بسل I *jurer*, en parlant de deux choses dont l'union est choquante, Bc.

II *babiller*, Ht, Roland.

بِسَلَّى Lane a noté بِسَلَّى, espèce de pois, *pisum arvense* L., en ajoutant qu'aujourd'hui on écrit plus ordinairement بِسَلَّة. Cette dernière forme se trouve chez Bait. I, 252 b: الغافقي ومن الجلبان صنف كبير يُؤكَل الا مطبوخًا ويسمّى البسلة, chez Auw. II, 129, 2 a f., où il faut restituer ce mot qui est dans le man. (voyez n. 2), 130, 12, 17, 18, où il faut substituer trois fois البسلة à السلة, 713, 14, où il faut restituer le البسلة du man. (voyez n. 1), et chez Bc. La forme بِسِلَّة se trouve chez Bat. IV, 335 (بَسَلَّة dans l'édit.). On écrit aussi بِسِيل, Bait. II, 102 b: والبسيل وهو الجلبان الكبير et بسيلة, Touneet dans Cabbâb 75 r°: والبسيلة وهو البسيم, Most. ترمس يعرف البسيلة عن ابى حنيفة بالعربية للمرارة وقال وكل كريه بسيل الّذي فيه, Bait. I, 140 c (AB; biffez le بسماء de Sonth.), II, 102 b: الجلبان المعروف بالبسيلة (AB); Auw. II, 99, 3; chez Ht بَسِيلَة. Cf. Descr. de l'Eg. XVII, 89 (besilleh). L'étymologie proposée par Abou-Hanîfa est sans doute erronée. Le mot n'est ni d'origine arabe, ni d'origine persane (cf. la note sur Bat. l. l.), car le بِسَلَّة des dict. persans n'est qu'une mauvaise prononciation de بِسَيلَة. Il dérive du latin « piselli, » diminutif de « pisum, » qui s'est conservé dans l'italien « piselli » et dans le français « binailles. »

بِسَلَّة voyez بِسَلَّى.

بِسِيل et بَسِيلَة voyez بِسَلَّى.

بَسْأَلَة *monotonie*; — *maussaderie*, Bc.

بَسَّال pl. ة *homme brave, courageux*, Macc. II, 378, 4.

باسل *insipide*, Domb. 105, Hbrt 14, Ht. — *Bavard*, Ht. — *Monotone*, Bc. — *Maussade*, Bc.

بسم II c. a. *faire sourire*, Voc.

بَسِيم à Tunis espèce de pois, *pisum arvense* L.; voyez sous بِسَلَّى.

بَسِّوم = بَسُّون *chat*, M.

مِبْسَم *bouquin, embouchure de pipe*, Bc (Barb.).

بسن

بَسِّين et ة, *chat*; c'est peut-être une altération de بَسُّس, dimin. de بَسَّ, M.

بَسُّون et بَسُّون الملك, sorte de breuvage empoisonné, Cout. 31 v°.

بِستناج = بِسْنَاج, Gl. Esp. 240.

بِسْنُوقَة = خابية, Payne Smith 1172.

بِسبِسْت (esp.) *bissextil*, Alc. (bisiesto).

بش ou بش تُعَا, vulg. pour بَأْتِي شَيْء, *comment*; تُعَرَف «comment vous nommez-vous?» Voc.

بش I, aor. a, n. d'act. بَشَاشَة, c. الى p., *aller joyeusement à la rencontre de quelqu'un, parce qu'on est bien-aise de le voir*, Voc. — بش بالشعب *se populariser (se familiariser)*, Bc. — بش الذبان *émoucher, débarrasser des mouches, les chasser*, Bc.

II *caresser, flatter, faire un bon accueil*, Alc. (halagar, regalar halagando).

VII *commencer à s'égayer après avoir été affligé*, Bc. — انبَش في وجه فلان semble signifier *sourire à quelqu'un*, de même qu'on dit en ce sens ضحك في 1001 N. I, 651, 7: انبش في وجهه وحيّاه وجه فلان أعظم التحيّات; cf. Lane sous la Iᵣᵉ forme et ci-dessous.

بَشُوش affable, Hbrt 233, Bc, *courtois*, Bc. — *De bonne composition (d'humeur facile), agréable*, Bc. — *Enjoué, riant*, Hbrt 226, Bc; chez Bc *riant (gracieux, qui marque de la gaîté* = ضَاحِك). — وجه بَشُوش *air* doux, agréable, gai, serein, Bc. — Le Voc. a ce mot sous « asurgere » et sous « preceps. » حَوْمَل, Most. sous ce dernier mot (dans N; La يبشوش).

بَشَاشَة affabilité, Bc, Ht, courtoisie, Bc. — Enjouement, bonne humeur, Bc. — بشاشة الوجه douceur du visage, Bc. — بشاشة الايمان l'influence excitante de la foi, Prol. III, 34, 6 (où il faut lire بشاشته, de Slane), Berb. II, 13, 10; aussi avec le sens d'influence excitante dans l'expression بشاشة الدعوة, Berb. I, 303, 10.

بَشْبَش les feuilles de la coloquinte, Bait. I, 142 b; selon A c'est un mot esp.: بعاجمية الاندلس, mais ces paroles ne sont pas dans B; c'est un mot persan, M.

بَشْت ou بِشْت, pl. بُشُوت, étoffe de laine brune, c'est-à-dire avec la couleur naturelle de la laine, qui sert à l'habillement des paysans et des femmes, Descr. de l'Eg. XII, 280, 449 (bicht). — Casaque des Arabes du désert, qui descend jusqu'au bas de la jambe, et qui s'appelle « zeboun » quand elle est plus longue et de quelque prix, Bg 802 (bischtê); manteau de laine blanc, Ztschr. XXII, 130; 1001 N. I, 877, 3 a f.: والبسه لقولى قصيرا بشتا ازرق فى ركبتيه C'est une espèce d'*abdâ*; 1001 N. Bresl. IX, 216: بشت وعليه قطيفة, où l'édit. Macn. porte عباء; M l'explique par خاصعة واسعة. Chez Seetzen « bûscht, » chez Rousseau « bichte, » comme l'a observé M. Defrémery Mémoires 159, qui a aussi dit avec raison que c'est le « boush » de ce passage de Burckhardt cité Vêtem. 92: « Les *abbas* de Bagdad sont les plus estimés; ceux qu'on fabrique à Hamah, à manches courtes et larges, sont nommés *boush*, » et le « wischt » du passage de Wild cité Vêtem. 433. En effet, ce voyageur écrit souvent *w*, au lieu de *b*, p. e. « Wascha » pour Bascha, « Wullach » pour Boulac (p. e. p. 154). Un autre ancien voyageur allemand, Schiltberger, écrit de même « Wyasit » pour Bajazet. — *Cuirasse, cotte de mailles*, Payne Smith 1526, Bar Ali éd. Hoffmann n° 4355. — بِشْت *bardache*, Bc, M (cf. le pers. پُشْت).

بَشْتَخْتَة (turc پَشْتَخْتَه) *cantine* (coffret de voyage à compartiments), *nécessaire* (boîte, étui renfermant ce qui est utile à l'usage d'une personne); بشتختة حريم *toilette* (table chargée des petites choses qui servent à l'ornement, à l'ajustement des femmes); ساعة بشتختة (turc ساعتى پشتختة) *pendule*, Bc.

بَشْتِناج = بِستِناج, Gl. Esp. 240.

بَشْخانَة (pers. پَشَّه خانه) pl. بشاخين *moustiquaire*, garniture de lit ou de chambre pour garantir des cousins (appelés en persan پَشَّه); — *le lit, ou la chambre, qui a un moustiquaire*, Fleischer Gl. 56 et dans son éd. des 1001 N. XII, Vorwort 92; ajoutez aux passages qu'il cite 1001 N. Bresl. XII, 76, 8. Chez Bc *moustiquaire* est بشخانة, et sous *dais* (poêle en ciel de lit) il a بشاجانة; je suppose que c'est une faute d'impression pour بشاخانة.

بشر I *racler, ratisser des peaux; — gratter une écriture pour l'enlever de dessus le papier, effacer des mots avec un grattoir; aussi: raturer, effacer ce qui est écrit, en passant quelques traits de plume pardessus*, Lettre à M. Fleischer 78—81, L (derado, eradit), Voc.: « radere pergamenum vel simile. »

II *donner un présent à celui qui apporte une bonne nouvelle*, Alc. (albriciar). — بشر بالردى *voir en noir, prévoir des malheurs*, Bc. — *Escrimer, faire des armes*, Alc. (blandear esgremir, esgremir blandeando).

III *toucher*, Lettre à M. Fleischer 210; de même qu'on dit: باشر الماء بعضوه للطهارة, Berb. II, 425, 9 a f., on dit: يباشر الهواء براسه كالمتداوى به لصحته, Becrî 24. — *Tenir la main à, soigner, faire exécuter*, Bc; باشر دعوة *soigner une affaire, s'en occuper*, Bc; باشر الامر *procéder à quelque chose*, Bc; باشر الشىء بنفسه *exécuter soi-même une chose*, Bc; باشر قبض المال « *recevoir l'argent en personne*, » Berb. I, 440, 9. — *Entreprendre* (s'engager à faire quelque chose à certaines conditions), Bc. — باشر الاستادارية *remplir les fonctions d'ostâdâr*, Maml. I, 1, 27. — C. a p. *avoir des rapports personnels avec quelqu'un*, Prol. I, 248, 11, 317, 4, Berb. I, 483, 7 a f., 484, 3, II, 512, 2 a f. — C. a p. *tâcher de tuer soi-même quelqu'un*, Berb. II, 430, 11: اقتحموا عليه الدار وباشره مولاه محمد بن سيد الناس فطعنه واشواه ✿

V *se réjouir*, Diw. Hodz. 222, 3 a f.

VII *quasi-passif de la I*re, Voc. v° radere.

X *non-seulement* c. ب r. (Lane, Voc.), *mais aussi* c. ب p., Haiyân-Bassâm I, 30 v°: فلما وصل اليه, اظهر الاستبشار به, Bidp. 15, 2.

بشر *une vallée qui produit des herbes qu'on mange crues*, c.-à-d., qui ne produit que des herbes de nulle valeur, si cette explication, donnée par de Sacy, Chrest. II, 434, est bonne.

بَشَّرَ. On dit العَقْرِيَّة فِي الابْشَارِ («punition sur la peau nue») et ضرب الابشار *fouetter*, Gl. Belâdz. — البَشَرِيُّون = البشر *anthropomorphites*, Gl. Abulf.

بَشَرَة *écorce*, Gl Edrisî.

بُشْرَى *précurseur*, en parlant des événements, Bc.

بَشَرِيّ *corporel*, Bc. — بَشَرِيًّا *humainement* (suivant le pouvoir, la capacité de l'homme), Bc.

بَشِير *avant-coureur, précurseur* (qui précède quelqu'un, qui annonce l'arrivée), Bc. — بشير الحوت *les écailles* d'un poisson, Domb. 69.

بِشَارَة *précurseur*, en parlant des événements, Bc. — *Ambassade*, Ht. — بشائر الاثمار *primeurs, fruits précoces*, Bc. — Dans l'expression دَقَّتِ البَشَائِرُ ou ضربت البشائر (cf. de Sacy Chrest. I, 91, Maml. II, 1, 148), بَشَائِر n'est pas, je pense, le pl. de بَشِيرَة, comme l'a cru Freytag, mais de بَشَارَة. — عِيد البِشَارَة chez les chrétiens, *la fête de l'Annonciation*, Bc, Lane M. E. II, 363.

بَشَّار dans le Voc. sous *radere*.

بَشَّارَة *papillon*, Hbrt 70, Bc, sans *techdîd* chez Bg.

بَاشُورَة pl. بَوَاشِير *bastion*, ou plutôt, parce que les Orientaux ne paraissent pas avoir connu les bastions proprement dits, ouvrage avancé, d'une forme plus ou moins irrégulière, et séparé du corps de la place; aussi: retranchement isolé, surmonté d'une plateforme, et que l'on élevait en rase campagne pour arrêter la marche d'un ennemi et le combattre avec avantage, Mong. 252—5. — *Guérite*, Ht.

تَبْشِير *attaque, assaut d'escrime,* ou *levée, l'action de lever la lance dans la course de bague,* Alc. (esgrimidura, levada en algun juego).

مُبَشِّر *avant-coureur, précurseur,* qui précède quelqu'un, qui annonce l'arrivée, Bc. — مُبَشِّر الصَّيْف *salade*, Ztschr. XI, 521. — المُبَشِّرَات *les pronostics, la vision que voit l'homme saint,* Prol. I, 187, 15—17.

مُبَاشِر *intendant*, Hbrt 207, Bc, Maml. I, 1, 27,

Macc. III, 109, dern. l., Amari Dipl. 189. — *Commissaire nommé par le gouvernement pour terminer une affaire spéciale*, Bc. — «Les Mebascerins, ou écrivains coptes,» Vansleb 93. — *Ambassadeur, courrier*, Ht. — مباشر لطبع كتاب غيره *éditeur*, Bc. — مباشر العسكر *commissaire-ordonnateur, intendant militaire, celui qui ordonne les payements*, Bc. — معمار مباشر *entrepreneur,* qui entreprend à forfait un édifice, une besogne, Bc.

مُبَاشَرَة *manutention* (soin de régler, de surveiller certaines affaires); — *intendance;* — *entreprise*, Bc.

بشرف *prélude*, Salvador 23 (becheraf); cf. Hœst 258 (báscheraf).

بَشْرُوش, nommé par Cazwînî II, 119, 11 parmi les oiseaux, est le *flamant, phénicoptère* chez Pagni MS (bacerux); de là le nom français *bécharu*.

بَشْرِير sorte d'oiseau, Yâcout I, 885, '14.

بَشَطَ II, *s'accroupir*, semble pour بَسَطَ, M.

بُشْط (pers. پُشْت) *bardache*, M.

بُشْوَطَة *poisson sec et salé*, Alc. (pescada).

بشطر.

بَشَاطِر *hoyau;* — *pelle de bois à remuer les grains*, Alc. (açadon de muchos dientes, pala de grandes dientes), la Torre.

بُشَيْطَرَة *scabieuse* (plante), Alc. (escaviosa yerva).

بشطل.

بَشَاطِل (roman) *une paire de pistolets*, Bc.

بَشِعَ II *enlaidir*, Bc. — C. a. et على *exagérer*, Voc. — C. a. et على dans le Voc. v° *aborere* (abhorrere).
V c. على dans le Voc. v° *aborere* (abhorrere).
X c. a. p. *trouver quelqu'un laid, difforme*, Cartâs 43, 11, Voc. *aborere* (abhorrere).

بَشِع *maussade*, Bc.

بَشِيع *honteux, qui cause de la honte*, Mohammed ibn-Hârith 317: فاخطأ خطأين بشيعَين. — *Fade*, Ht.

بَشَاعَة *laideur*, Bc, *difformité, forme hideuse* (ببشاعة *hideusement*, Bc), Prol. I, 58, 2 a f., Khatîb 14 v°: بشاعة قرابس السروج. — *Caractère hideux* d'une maladie, Chec. 187 r°, en parlant d'un malade très-

بشغط

amaigri: فرايتُ شخصًا كاد المرضُ يُذْهِب نفسَه لبشاعته ۞

اَبْشَعْ. اِبْشَع ما يكون à faire pitié, très-mal, Bc.

بَشْغَط et بَجْغَط c. على crier, appeler, Voc.

بَشْكَراين (?) chamæleon albus. Sous le mot même, Bait. I, 142 c (AB) dit qu'il est espagnol (بجميعة الاندلس), de même I, 346 a, où A porte بشكرانية, et B aussi, à ce qu'il paraît, mais sans points; I, 51 b C a الشكراس نسخة بالشكراين (sic), B بشكراين A بشكراين, D. بسكراين L بشكرانه, E بشكابن.

بَشْكَلون semble l'esp. escalona, fr. échalote, Ibn-Loyon 39 vº (texte): وان زرعت الجزء من بصلة قامت على التتمة وبشكلونا هذه تسمى. Je ne crois pas avec M. Simonet (274) que ce soit un mot hybride contracté, بَصَلَة et (lat.) ascalonia; à mon avis les Arabes, en adoptant escalona, y ont ajouté un b, comme ils l'ont fait pour d'autres termes esp., p. e. بُبَبَ, upupa, بَلَبْرُ ou يَلَبْرُ, alabrum ou alibrum.

بَشْكير nappe, Bg, Espina R. d. O. A. XIII, 157, M.

بَشَل II c. a. Voc. vº curiosus.

V c. على Voc. vº curiosus. — Flatter, Voc.

بَشَالَة curiosité, désir indiscret de savoir les affaires, Voc.

بَشَّال curieux, indiscret, Voc.

بَشْلُر (esp.) bachelier, Alc. (bachiller); il a aussi « bachilleradgo » (baccalauréat), qu'il transcrit avec les mêmes lettres.

بَشْلَشْكَة (N. جنطيانا) gentiane (plante), Most. vº Bait. AB I, 142 d, 261 a, qui dit que c'est un mot espagnol; II, 408 e A بشليشكه B بلشكه. C'est une altération de basilica, un des noms de la gentiane; voyez Simonet 275, Dodonæus 599 a.

بَشْلَق (turc) (باشلق) cape (capot), Bg.

بَشَم II c. a. Voc. sous crapulari; مُبَشَّم dégoûtant, causant du dégoût, en parlant de mets, Alc. (hastioso cosa del comer). — بَشَم المِسْمار recourber la pointe d'un clou après l'avoir enfoncé, M.

V Voc. sous crapulari, probablement dans le même sens que la VIIe.

VII se gorger, se remplir jusqu'à la gorge, Bc.

بَشَم, pl. ات et بُشُوم, indigestion, Voc., Hbrt 34, Bc, L crapula et nausia (pour nausea). — Dans le Hidjâz: des grains noirs qui viennent du Yémen et dont on se sert pour guérir les maladies des yeux, Bait. I, 141 b, 208 g, 249 e, 282 a.

بَشْمان pl. ات profil, Alc. (perfil).

بَشَم, voyez sur cet arbre Burckhardt Arab. II, 124. — Chez les Bédouins baume, Burton, II, 143.

مَبْشوم gorgé de nourriture jusqu'au dégoût, Alc. (harto con hastio), M; le Voc. a aussi ce participe vº crapulari.

بشمق voyez بشماق.

بَشْمَط I et II Voc. vº biscoctus.

بَشْماط pl. بَشامط biscuit; le peuple du Maghrib (عامة المغرب) a altéré de cette manière le mot كعك شامي (AB), Bait. I, 354 b. Most.: بقسماط leçon; الزهراوي هو البشماط ويعرف بالرومية بكسمانديا et voyelles de N; La يكسمانديا. C'est παξαμάδιον, Fleischer Gl. 71. La forme plus correcte, بقسماط (voyez), est en usage en Egypte, et Bc dit que بشماط est employé en Barbarie; cependant on trouve aussi ce mot chez Macrîzî (Maml. I, 2, 71). Çabbâh وبعنى (التونسي) بالبشماط الذي يسمى في بلادنا 78 vº: بشماط Voc.; Hbrt 129 القراجل وهو كعك غير محشو biscuit de mer, Alg.); Domb. 60 (جماط).

بَشْماق ou بَشْمَق (turc) pantoufle, portée seulement par les femmes et les faquîhs; ces pantoufles sont de toutes les couleurs, mais les hommes ne portent que les jaunes dites القيسرى, notes man. de l'imâm de Constantine (بشمار); Prax R. d. O. A. VI, 339: «Dans le harem, les femmes de Tunis chaussent des pantoufles en maroquin rouge ou vert appelées bechmak;» Carette Géogr. 96; Dunant 201; Daumas V. A. 488.

بشن

بَشْمَقْدَار l'officier qui portait les pantoufles du sultan, Maml. I, 1, 100.

BASCHMAOUT, drap fin d'Angleterre, Descr. de l'Ég. XVIII, part. 1, 288.

پشن II (de l'esp. pestaña) clignoter, cligner des yeux, remuer les paupières, Alc. (pestañear, pestañeador), مُپَشِّن.

بِشْنَة le gros millet blanc; voyez Bait. I, 141 a, Jackson Timb. 24, Ten Years 23, Daumas Sahara 295, Richardson Sahara I, 334 n., Davidson 23, 25, Blaquière I, 40 n., Rohlfs 87, Ghadamès 333, Bargès 137.

بَشِين sorte de poisson, Yâcout I, 886, 7. — بَشِين et پاشِین، پیشِین، pers., mot dont se sert le peuple dans le sens de السَّلَف, M.

يَشْبِنَة (esp. pestaña) pl. يَشَاشِي cils, poils des paupières, Alc. (pestaña del ojo).

بَشْنَاقَة = بُستنای, Gl. Esp. 240.

بَشْنَق II se passer un mouchoir sous le menton, Bc.

بَشْنُوقَة a probablement le même sens que ضَارِبَة (ci-dessous), 1001 N. Bresl. II, 45: وكل امرأة ضَارِبَة بَشْنُق, où Macn. (I, 165, 3 a f.) a ضَارِبَة لِثَامَ et وكلهن ملثمات l'éd. de Boulac (I, 60).

بَشْنُوقَة mouchoir passé sous le menton, Bc.

بَصّ I c. ل lorgner, regarder de côté, comme à la dérobée, Bc. — C. فى mettre le nez dans, commencer à étudier, Bc.

II regarder fixement, fixer, Alc. (mirar en hito).

بَصِيص luisant, brillant dans l'obscurité, Ztschr. XXII, 123. — بَصِيص الضَوء lueur, clarté faible, au fig., légère apparence, Bc. — Couleur changeante, mélangée, Alc. (trocatinte).

بَصَّاص lorgneur, Bc. — Péteur, péteux, Bc. (Barb.).

بَصْبَص I, dans le sens de remuer la queue, en parlant d'un chien, se construit c. الى p., Bat. II, 60, R. N. 61 v°: ce chien n'aboyait pas quand il voyait arriver des étrangers, بل يبصبص اليهم. — C. على p. lorgner, regarder de côté, comme à la dérobée, jouer de la prunelle, lancer des regards, jeter des œillades

بصر

à quelqu'un, lui lancer un coup d'œil pour lui faire signe, Bc.

بَصْبَص, n. d'un. ة, hochequeue, Alc. (pezpita o chirivia ave), Cazw. II, 119, 1.

بَصْبَصَة lorgnerie, Bc.

بُصَيْبِير (semble formé de بَصْبَص (voyez) et de la termin. esp. ero) oiseleur, Alc. (caçador de aves, paxarero caçador de aves).

بَصْبُوص الليل ver luisant, Payne Smith 910.

بَصْبُوصَة charbon ardent, Ztschr. XXII, 123.

بَصَر I. La construction incorrecte c. a. dans le Voc. روى للحديث كثيرا IV c. a. étudier, Haiyân 27 r°: وطالع الرأى وابصر العلم وتفقَّه ونظر فى السنن ☆.

V ne se construit pas seulement c. فى r., mais aussi c. ب r., Fakhri 373, 6 a f.: ثم تبصَّر باسباب الوزارة, 374, 2 et 3.

VII être vu, Voc.

بَصَر (espèce d'huitre, cf. Freytag) voyez Bruce I, 209, 330, qui écrit « bisser ».

بُصْرَة le poisson à coquille (زنفيات) quand il est séché, Burckhardt Syria 532 (bussra).

البُصَيْرى nom qu'on donne en Syrie à une sorte d'oiseau de proie, que l'on nomme aussi أبو جرادة et بالدجاج, Man. Escur. 893.

بَصِيرة plan, projet (= رأى), c. فى de faire quelque chose, Haiyân 61 r°: واستاحكمت بصيرته فى القتال, وانه على خلاف رايهما وبصيرتهما Macc. I, 62 v°, Amari 185, 12, où il faut lire ويبصرته au lieu de ونصرته (le man. porte وبصرته, sans point). — راجعوا بصائرهم ils revinrent à des sentiments plus sages, Berb. I, 27. — على بصيرة en connaissance de cause, Bc, Coran XII, 108. — ذوو البصائر فى التشيع des hommes qui épousent les intérêts du parti chiite, Fakhri 286, 12. — اهل البصائر semble avoir reçu le sens d'hommes braves, courageux, Haiyân 56 r°: وتَقَدَّم على القتال ثناب اهل البصائر وصبرا وجود وكاد البلاء باهلها يعظم لولا 61 r°: القوم حتى هزموهم ان ثاب اهل البصائر من رجال السلطان والنخبة بينهم فانهزموا عنه وثبت 102 r°, وبين العسكر حرب عظيمة هو على قتال الطاغية فيمن بقى معه من اهل البصائر,

R. N. 16 v°: فلما صار الى مدينة القيروان امر ابا كريب بقتالهم فاجتمع الى ابى كريب اهل البصائر وخرجوا لقتالهم, Amari 452, 8, Athîr VII, 196, 3 a f.

باسور voyez باصور.

بَواصرى *hémorroïdal*, Bc.

مُسْتَبْصِر, المستبصرون فى التشيّع où d'autres historiens ont غلاة الشيعة, Gl. Fragm.

بصطى. قبلان بصطى *léopard*, Bc.

بضع I = شَقّ, Aboû'l-Walîd 104, 18 et 19; c'est étrange, mais il l'atteste formellement.

بَضْع n. d'act., بَضَقَة, Koseg. Chrest. 64, 11. — *Semen cicere*, Macc. II, 255, 6; cf. Add. et Corr. et Lettre à M. Fleischer 189.

II *saliver, rendre beaucoup de salive*, Bc; sous « *salivoso* » (qui rend beaucoup de salive) Alc. a مُبَضِّق, mais il faut y substituer مِبَضِّق. — *Conspuer, cracher sur*, Alc. (escopir a otro).

بَضْقَة *crachat*, Alc. (escopetina que se escupe).

بَضّاق *cracheur, qui crache souvent*, Bc.

بصل *échalote*, Alc. (escalonia cebolla); chez Bc. بصل, chez Bait. I, 143 البصل العسقلانى; صغير اخضر *ciboule*; aussi بصل الفار, Bc. شتل بصل الفار, *la scille maritime*, a été nommée ainsi parce qu'elle tue les rats, Most., Auw. II, 385, 17, 18. On l'appelle aussi ويسمى بصل (اشقيل v°): بصل الخنزير Most. v°; بصل الخنزير الفار لانه يقتل الفار وهو بصل الخنزير, Gl. Manç.; بصل الفار هو العنصل وهو ايضا بصل الخنزير Auw. I, 489, 7 et 8; Alc. (albarrana cebolla; cf. simiente de puerros); — ou بصل البَرّ, Auw. I, 50, 2 a f.; — ou البصل البرّانى, Auw. II, 386, 5; — ou البصل لخار Auw. II, 386, 4; — ou بصل فرعون, Renou 264. — بصل المقدونس l'*iris Macedonica* de Pline, Auw. II, 277, 5 a f.; cf. Clément-Mullet II, 267, n. 2. — *Radis*, Hœst 138.

بَصَلِيّة *mets composé de viande et d'oignons*, M.

بُصَيْلَة *échalote*, Pagni MS.

بَصَايِلَة *gros oignon*, Cherb.

بَصِيلَة *scille*, M.

بصم I *imprimer, faire une empreinte sur des étoffes*, Bc, Hbrt 88, *gaufrer* (empreindre), Bc, M; formé du turc بَصْمَقْ *imprimer*.

بَصْم *impression, empreintes sur la toile*, Bc.

بَصْمَة même sens, et *toile imprimée*, Bc, M.

بَصْمَا *sorte de sucrerie*, M.

بَصَّام et بَصْماجى *imprimeur sur toile*, Hbrt 88.

بضع V *trafiquer*, Amari Dipl. 70, 3 a f., 71, 2.

بُضْع est proprement *hymen*, le repli membraneux qui se trouve ordinairement, chez les vierges, à l'entrée du vagin, Gl. Mosl.

بَضْعَة pl. بِضَاع *poumon*, Voc. (pulmo); L a بَضَع sous *pulmu*. — بضعة الرِّجْل *gras de jambe, mollet*, Domb. 86, qui écrit. بطعة; chez Hbrt 5 بَطّة الساق. L'étymologie, qui condamne ces deux manières d'écrire, montre que c'est بضعة; comparez بَضَاعَة. — بضعة الخُبْز *mie, partie molle du pain*, Domb. 60, Bc (Barb.), qui écrivent incorrectement بطعة.

بِضَاعَة pl. بَضَائِع avec من لحم, *morceau de viande*, Voc. — Pl. بَضَائِع *viande sans os*, Alc. (carne sin huessos, desossado, pulpa carne sin guesso). — *Viande maigre*, Alc. (flaca cosa magra, magra cosa). — *Poumon*, Voc. — بضاعة الساق *gras de jambe, mollet*, L (sura). — مَفْصِل السَّاقى وبَضَاعَتُه. — *Membre viril*, 1001 N. II, 391, 6 a f.; cette signification est certaine par l'anecdote 392, 1 et suiv.

بِضَاعَة. On dit: مع وفور بضاعتهم من الحديث « bien qu'ils eussent acquis des connaissances très-étendues dans la science des traditions, » Prol. III, 6, 5; كانت بضاعته فى الحديث وافرة, Autob. 198 r°; et pour exprimer le contraire: كان قليل البضاعة من العربية, Khallic. I, 242, 8 Sl. De même: لاجل قلّة بضاعتى وعدم استطاعتى « à cause de mon insuffisance, » Bc; — *Métier, profession, gagne-pain*, Voc., Abbad. I, 297, 3, Khatîb 29 r°: كتاب شحنّا بالبركات المسمَّى يشعر مَنْ لا شعْرَ له ممّا رواه عمَّن ليس الشعر له بضاعة.

بط II *aplatir*, Hbrt 194, Bc; cf. 1001 N. Bresl. IX, 385, 9 (هشم Macn.).

بطا

V s'aplatir, Bc.

بَطَّ oison, au fig., idiot, Bc. — بَطَّة البَحْر, macreuse (oiseau aquatique), Bc. — البط الصيني parmi les oiseaux, Yâcout I, 885, 15.

بَطَّة pâté, goutte d'encre sur le papier, Bc.

بَطِيط pl. ات, mule, chaussure sans quartier, Payne Smith 1521 (5 fois), Bar Ali éd. Hoffmann, n° 4349.

بَطَاطَا, n. d'un. ة, plante dont le fruit s'appelle القَلْقَاس الاِفْرِنْجي, M.

بَطِيَّة = بَتِّيَّة tonne, Mc. — Hune, sorte d'échafaud au haut du mât, 1001 N. I, 103, 6 a f. (= Bresl. I, 261, dern. l.).

بَطَّاط qui ne fait rien, Voc. v° osciosus, où on lit يَمْشي رَطَّاط بَطَّاط; mais je soupçonne que l'éditeur a eu tort d'ajouter le point et que l'expression est: يَمْشي رَطَّاط بَطَّاط, dans le sens de: battre le pavé, flâner.

مُبَطَّط plat, écrasé (trop aplati); مبطط الانف camus, qui a le nez court et plat, Bc.

بَطُوَ IV. اذا ابطأ انْقَاعد « quand il a été trempé longtemps, » Tha'âlibî Latâïf 94, 9.

X. لا تستبطئني attendez un peu, je reviens à l'instant, Lettre à M. Fleischer 80, 6.

بطى L donne in preceps يَخَوَّف ثُمَّ يُبطَى; mais je ne comprends pas comment ce mot aurait reçu un tel sens.

بَطَّط I plonger dans l'eau, s'enfoncer entièrement dans l'eau, en sorte que l'eau passe par-dessus la tête, en parlant d'une personne qui nage, 1001 N. I, 63, 3. Proprement en parlant d'un canard (بَطّ) qui plonge; voyez بَطَّبَط chez Lane (sous بَطّ). L'explication donnée par Habicht (Gloss. I) est erronée.

بَطْبَط, n. d'un ة, limaçon, Alc. (caracol) (ce que donne Simonet, 291, n'explique nullement l'origine de ce mot).

بَطْبَاط, polygonum, est une abréviation de شَبَطْبَاط (voyez), qui est le mot syriaque ܡܨܡܨܡܐ.

بطح I ne signifie pas seulement, comme les dict. pourraient le faire croire: « jeter quelqu'un la face contre terre, » car on dit aussi: بُطْحًا على اقفائهم, Bat. III,

93

بطخ

301, et: ثم بطح على ظهره وطلع السودان فوق السرير, R. N. 64 r°. — Comme verbe neutre, s'étendre, se coucher sur le ventre, coucher la face contre terre, Bc. — Frapper, 1001 N. Bresl. IX, 385, 2 a f. où رجعوا منهزمين مبطوحين, رجعوا منهزمين مبطوحين l'éd. Macn. III, 229, 6 a f. porte: مصروعين; I, 888, 5 a f. Macn.: فوقع على وجهه فاجاءت ۞ جبهته على جدار شجرة فبطحته وجرى منه الدم ۞

V c. ل r. entreprendre, M.

بَطْحَة pl. بِطَاح plaine, plate campagne, Voc., Alc. (canpo raso como vega, vega canpo llano). — Place, lieu public entouré de bâtiments, J. A. 1852, II, 222, 9.

بَطْحَاء voyez sous أَبْطَح.

بَطْحَى. Après « montaña deletable, » (voyez), Alc. a cet adjectif sous « montaña cosa asi. »

بَطِيحَة la femelle du ver à soie quand elle est devenue papillon, M.

أَبْطَح pl. أَبَاطِح vallée, Abbad. I, 144, n. 415. — بَطْحَاء pl. بِطَاح bas-fond, long ravin, Ouaday 722; — bras de rivière, Barth V, 148; — vallée, belle et agréable vallée, Abbad. I, 144, n. 415, Alc. (montaña deletable); — jardin, d'Escayrac 16 (beda).

بطخ

البَطيخ, pl. بَطَاطيخ, بَطيخ, en Esp. بِطِّيخ, Voc.; — البطيخ البرى coloquinte, Most. v° حنظل; استنبوتي voyez sous الابيري, Auw. II, 234, 15 et 16; — بَطيخ الحوا, Gl. Manç.: لُفَّاح هو ثمر النبات المسمى البيروح ويسمى بالمغرب بطيخ الحوا; distinctement dans le man. mais sous بيروح il porte aussi distinctement البطيخ لخراساني لَخْخًا, nom que porte dans l'Irâc le petit melon rond, à raies rouges et jaunes, qu'on appelle دستبويه et que le peuple en Egypte nomme البطيخ الأخضر, Bait. I, 149 a; — pastèque, Bc (Kasraouan); — البطيخ السكرى, Auw. II, 18, 15; — le بطيخ Suri (« h. e. Christianorum »?) ou الطَّريل, البطيخ pepo luteus, vulgo hyemalis, Pagni MS; — العقاقى, Auw. II, 18, 16; — « Batâk el Kabs, » pepo maximus, Pagni MS; — البطيخ المأمونى voyez مأمونى

بطد

sous ; امن — بطيخة الهنْد citrouille, Voc.

بطد nom d'une plante qui croît dans les environs de Séville, voyez Bait. I, 149 b (AB).

بطر I folâtrer, badiner, jouer, faire le fringant, Bc.

V chez Gildemeister, Catal. des man. or. de Bonn, p. 50: فاشيعها حتى اذا ما تبطّرت.

VI = I chez Lane, Abbad. I, 257, 8.

بطر bétel, Bc.

بطران gai, allègre, gaillard, folâtre, fringant, égrillard, vif, guilleret, homme sans souci, pétulant, Bc.

بطير ? Formul. d. contr. 8: للجنان والبطير الكائن بموضع كذا

بطيرة piment, mille-graine, Bc.

بطار Voc. v° desevire.

بَطَّاريَة t. de mer, pont, étage de navire, M.

باطرية même sens, Hbrt 126.

باطور pl. بواطير sorte de natte, M.

بَيْطَر I ferrer un cheval, Hbrt 85, Bc.
II Voc. sous minutor, menescal.

بَيْطَرِق مدرسة الطبّ البيطرى école vétérinaire, Bc.

بَيْطَرانى épicurien, adonné aux plaisirs, Bc.

بَيْطار forme au pl. 8 ou بَيَاطِرَة, Bc.

بَطْرَخَة, pl. بَطَارِخ, ital. bottarga, prov. boutargue, œufs de poisson salés, Bc, M, Macc. I, 694, 15, avec la note de Fleischer dans les Add. et Corr. p. CXXIX, 1001 N. IV, 468, 7 a f., avec la note de Lane III, 616, n. 7; — aussi: le muge ou mulet, dont les œufs sont ainsi salés, Quatremère J. d. S. 1848, 44—5. Selon ce dernier: de ταρίχιον ou ταρίχιν, précédé de l'article copte; d'après Pihan, Append. p. II, de ῶα ταρίχα, « œufs salés; » dans les glossaires cités par Fleischer Gl. 70: βοταριχον et ουταριχόν.

بطاريخ pl. بطاريخ même sens, Payne Smith 1517.

بطراخون, بطراخة pl. بطراخ, بطراخون même sens, M.

مُبَطْرَخ œuve, (poisson) qui a des œufs, Bc.

بطرس

بطارس (πτέρις) fougère (plante), Bc.

بطرساليون (πετροσέλινον) céleri sauvage, Bc, Most. in voce; dans M بطراساليون; cf. sous le ف.

بطرشيل voyez بدرشين — بَطْرَشين et بَطْرَشيل πετροσέλινον, Payne Smith 1226.

بطرق

بَطْرَقَة patriciat, dignité de patrice, qui existait aussi parmi les musulmans et dont une couronne (تاج البطرقة) était la marque, Gl. Fragm.

البَطْرِقان بِطْرِيقت les deux courroies avec lesquelles on attache la sandale, M.

بطرك

بَطْرَكِيَّة dignité de patriarche, M. — Ce mot et بَطْرَكْخَانَة la résidence du patriarche, M.

بَطْرُوش (du nom de lieu Pedroche), n. d'un s, châtaigne sèche, Alc. (castaña pilada, pilada castaña).

بَطْرَيَرْك patriarche (premier évêque chez les Grecs et les Coptes), Bc, M. — Chez les juifs, savant, M.

بَطْرَيَرْكى patriarcal, Bc.

بطس

بَطْسَة (espèce de navire) voyez Gl. Esp. 70, Amari Dipl. p. XXIII, n. 5. — Mesure pour l'eau-de-vie, équivalente à peu près à une pinte, Descr. de l'Eg. XII, 441, XVII, 236; chopine, mesure de liquides, demi-pinte, Bc.

بطش I, saisir, a aussi ce sens dans ce proverbe chez Bc: بالساعدين تبطش الكفان, « c'est par le moyen des bras que les mains peuvent agir» (litt. saisir, cf. Prol. I, 175, 11), c.-à-d.: protégez les talents, ils fleurissent. Ce verbe semble aussi se construire avec l'accus., voyez Lane; je crois donc que chez Djob. 312, 15, où il est question d'un apostat et où l'on trouve: وهو بطش, il faut lire بها قد بطس ورجس وقد عقد الزنّار, dans le sens de: il avait été saisi par Satan; cf. l. فما زال الشيطان يستنهيه ويغريه الى ان نبذ دين 13: الاسلام. — C. ف p. et ب r. assener (porter) un coup violent, Bc. — Faire une chose avec précipitation, Alc. (apresurar), c. ب r., بطش بالفرار prendre précipitamment la fuite,» Sadi Gulistan 30, 6 éd. Semelet, ou c. في r., Voc.

II *donner un coup de poignard*, Alc. (dar puñalada).

VII c. على p. *tomber avec force sur quelqu'un*, 1001 N. I, 110, 6.

بَطَّش بِيَطَّش *rapidement*, Voc.

بَطْشَة *un seul coup*, 1001 N. I, 365, 4 a f. (je rétracte le changement proposé Vêtem. 267, n. 3).

Btach. Parmi les ouvrages de sparterie, Espina, R. d. O. A. XIII, 145, nomme: «des *btach*, pour chameau.»

بَطْشَى *triomphant* (*superbe, pompeux*), Bc.

بَطَّاش *grand navire à deux mâts*, Domb. 100.

بَطُوش *rapide*, Voc.

بَطَّاش *rapide*, Voc. — Pl. بَطاطِش *poignard*, Alc. (puñal arma; ضرب بالبطاش dar puñalada).

بطق II Voc. v° cedula.

بِطاقَة *en général billet, lettre*, Abbad. I, 209, n. 55. — *Epitaphe*, Alc. (petaflo).

بطل I *cesser*, v. n., p. e. بطل يحكى (*cesser de parler, déparler*), Bc, بطلت من السير de Sacy Chrest. I, ۱۰۰, 6, et v. a., *faire cesser*, Bc (v° *rompre*, *faire cesser*, *rendre nul*), بطل الجمعة «il n'y eut pas d'office le vendredi,» Athîr X, 339, 9. — *Echouer, ne pas réussir*, Bc.
— *Rater*, Ht. بطل صوته «il perdit la voix, en parlant d'un homme atteint de paralysie, Aghânî 29, 8 a f. sq.; بطل منه مشيه = il ne fut plus en état de marcher, Bait. I, 202 c. — *Se dissoudre, se séparer, se rompre*, Bc. — يَبْطُل *révocable, sujet à la révocation*, Bc. — *Etre privé de sentiment, de mouvement*, en parlant d'un paralytique, Aghânî 29, 11, ou d'un membre atteint de paralysie, Aboulfeda III, 274, dern. l.: فاصاب يوسف المذكور فالج وبطل جانبه الايسر, Amari 442, 2 a f., Ztschr. XX, 489, 10. — *Raconter des anecdotes*, Ztschr. XX, 498.

II *dissoudre, détruire*, Bc. — *Déconcerter, rompre les mesures, les desseins*, Bc. — *Oter, faire cesser, faire passer un mal, etc.*, Bc. — بطَّل العزيمة *déprier, désinviter, révoquer une invitation, contremander*, Bc. — بطَّل العادة *se désaccoutumer, se déshabi-*

tuer, Bc. — *Falsifier*, Alc. (falsar). — *Cesser*, v. a., *faire cesser*, Voc., Bc, Macc. II, 358, 7, 1001 N. I, 251, 15: بطَّل خياطته «il cessa de coudre,» 337, 2: بطَّلت البكاء «elle cessa de pleurer,» 843, 7: بطَّل عنه الضرب «il cessa de le battre,» IV, 161, 2 a f., I, 661, 2 a f.: يبطِّل هذا الكلام «cessez ce discours,» 888, 10: بطَّل الشغل «cesse le travail.» — *Cesser*, v. n., بطَّلت اروح الى عنده «j'ai cessé d'aller chez lui» (aussi: «j'ai renoncé à aller»), Bc. — *Rester oisif, fainéanter, chômer, ne rien faire*, Voc., Bc, p. e. يبطِّل في نهار العيد Bc. — *Vaquer, être en vacances*, Bc. — *Estropier*, Voc.

IV *dissoudre, détruire*, p. e. ابطال الشركة «dissolution d'une société,» Bc. — *Déjouer, empêcher de réussir* (*un projet*), Bc. — *Etouffer, faire cesser*, Bc. — *Neutraliser, rendre nul*, Bc, Cazwînî I, 239, 4 a f. — الغرور ابطل العادة *désaccoutumer, déshabituer*; — التناسب *désinfatuer, désabuser un homme infatué*; — قوله *réfuter*; — الضربة *parer, éviter un coup*, Bc. — *Emousser, ôter le tranchant, la pointe*, Alc. (despuntar la punta, enbotar a otra cosa, rebotar lo agudo). — *Estropier*, Alc. (lisiar o dañar, mancar de manos).

V. فتبطَّل عند الضرب «on cessa de le frapper,» 1001 N. I, 189. — *Vagabonder*, Alc. (andar vagando). — *Etre estropié*, Voc.

بَطَل *héron*, Mc, Daumas V. A. 431.

بَطَل *athlète, homme robuste*, Bc. — *N'ayant rien à faire*, Tha'âlibî Latâïf 123, 10. — *Licencieux* (poète), Gl. Fragm.

بَطَلَى *héroïque*, Bc.

بُطْلان *l'action d'émousser, d'ôter le tranchant, la pointe*, Alc. (rebotadura en lo agudo). — *Blessure, fracture qui résulte d'un coup*, Alc. (lesion como quiera). — *Paralysie*, Alc. (perlesia dolencia). — *Etre estropié*, Voc.

بَطَّالَة *nullité, défaut qui rend un acte nul*, Bc. — *Vacations, cessation des séances des gens de justice*; بطَّالة الكتاب *congé dans un collège, exemption de classe*, Bc; *vacances*, Hbrt 116; dans le Voc. sous cessare et sous osciari. — *S'occuper de choses frivoles, ou se livrer à des plaisirs défendus par la morale, à la débauche*, Gl. Badroun, Abbad. I, 276,

n. 97. — اهل الـبـطـالـة *les plaisants, ceux qui cherchent à faire rire*, Djob. 267, 2 a f.

بَطَّال fém. ة *vain, inutile, chose oiseuse, qui n'est bonne à rien*, Bc, *nul*, Roland, 1001 N. I, 330, 13, حُجَّة بَطَّالة 1001 N. III, 204; *très-commun, de peu de valeur*, Bc. — *Désœuvré*, Bc, *qui est sans travail*, 1001 N. III, 425, IV, 467. — *Qui est en congé*, Hbrt 116, *qui est en vacances*, Bc; en parlant d'une terre, *qui est inculte, qui est en friche*, l'opposé de عَمَّال, «terra non laborabilis,» ancienne trad. latine d'une charte sicilienne chez Lello 14; en parlant de papier, *qui est vide, qui ne porte pas d'écriture*, 1001 N. I, 314, 13. Lorsqu'il n'y a pas de nom géographique sous telle ou telle combinaison de lettres, Yâcout écrit بَطَّال, *rien*, comme il écrit ailleurs خال; voyez V, 53. — *Homme stupide, niguad*, Light 15. — A Médine le peuple donne le nom de الـبـطـالـين à la dernière classe des eunuques, qui sont les bedeaux de la mosquée et auxquels est confié le soin de la nettoyer, Burton I, 357.

باطل. En parlant d'un homme: ذهب باطلاً == (chez Lane sous I) بطل, ذهب دمه بطلاً, Diwan d'Amro'l-Kaïs ٣٩, 11. — *Frivole*; شيء باطل *futilité, bagatelle*, Bc. — *Superstitieux* (où il y a de la superstition), Bc. — *Gratuit, donné pour rien, gratis*, Gl. Esp. 235, Voc. — بِباطل *faussement*, Alc. (falsamente); حلف في الباطل *jurer faux*, Alc. (jurar falso). بالباطل, باطلاً, *en vain, en pure perte*, Alc. (envano o en vazio), Bc. ذهب بالباطل ou في الباطل *s'en aller en fumée*, Bc.

بَوَاطِلِي *faux, trompeur*, Alc. (falsa cosa que engaña, tranposo).

أباطيل (chez Bc, v° vanité, comme pl. de باطل) *lanternes, fadaises, contes*, Bc.

مُبَطِّل *faussaire*, Alc. (falsario).

مُبَطَّل *émoussé, sans pointe*, Alc. (boto no agudo, rebotada cosa). — *Estropié*, Gl. Esp. 235—6, Voc. — *Faible, languissant*, Alc. (flaco que no se puede tener).

بَطْلَمِيس (τελλίνη avec l'article copte) *clou de mer (coquillage), morpions de mer*, Bc; dans le M بَطْلِيْنُوس et بَاطْلِيْنُوس, n. d'un. ة.

بطم I *enter, greffer*, Bc.

بطميس *sorte d'oiseau*, Yâcout I, 885, 17.

بطن II. بَطَّن بِقْطن *ouater*, Bc. — بَطَّن بِفِروة *fourrer, garnir de fourrures*, Bc; بَطَّن seul a le même sens, Alc. (enforrar vestidura, مُبَطَّن لباس vestidura enforrada, enforrada vestidura). — *Couvrir de peau, doubler de peau*, Alc. (enpellejar cobrir de pelleja). — *Vêtir, couvrir d'une saie*, Alc. (ensayalar). — C. على *cacher*, Voc. — *Plafonner*, Cherb. Dial. 71, تبطن *plafonnage*, ibid. 70. — En parlant d'un édifice, *couvrir de certaines pierres*, Edrîsî ٣١١, 7 a f.: — ووجد هذه الصومعة كلّه مبطّن بالكذّان اللكى. *Enlever la corne du pied du cheval qu'on ferre*, Auw. II, 562, 14, 15, 17. — *Fouler, donner un apprêt aux étoffes*, Alc. (batanar). En ce sens ce verbe n'est pas d'origine arabe; c'est, comme M. Simonet, 274, l'observe avec raison, l'esp. batanar (formé du subst. batán), b. lat. bataro et batere, lat. batuere.

III c. a. p. *se concerter secrètement avec quelqu'un, comploter avec quelqu'un*, Gl. Bayân, Berb. I, 337, 5, Haiyân 95 r°: اظهر اللعين عمر بن حفصون النصرانية وباطن العجم نصرى الذمّة.

IV. ظهر بكتامة يدعو للرضى من آل محمد وبيبطّن «tandis qu'il travaillait en secret à servir les intérêts de الدعوة لعبيد الله المهدى,» Aghlab. 60, 6. — Ce verbe ne m'est pas clair dans ce passage de Mohammed ibn-Hârith 317: وتوفى الامير رحمه وموسى ابن زياد خاملٍ وذلك انه نظر فيما يعنيه ويتكلم فيما لم يستشر فيه من مهمات الامور وعظيمات الاشباه مما تنبنى به للخلافة وتقوم به الامارة وابطن من ذلك شيئاً فاعقبه الله فى ذلك بشرِّ عُقْباً.

V c. على p. *tromper*, M.

X. Comparez avec Lane: Berb. II, 331, dern. l.: واتّخذ منه ثوباً في الجمع والاعياد يستبطنه بين ثيابه «qu'il portait caché entre ses autres habits;» Most. v° جفن البلوط (ثمره): هو المستبطن لقشرة ثمره == استبطن بِاشْهَب بازل. — الملفوف على نفس جرم البلوط بُلَّى بِاشْهَب بازل (voyez Lane sous بازل), Gl. Belâdz.

بَطْن *fœtus, embryon*, Prol. I, 200, 15: «l'enfant qui est ان ذا بطن بنت خارجة اراها جارية

بطن 97 بطن

dans le sein de (ma femme) Bint Khâridja est une fille; je vois cela d'ici.» — *Portée, ventrée, tous les petits qu'une femelle fait à la fois*, p. e. هم من فرد بطن «ils sont de la même portée,» Bc, Bidp. 217, 7; نَقِيسَة من أوّل بطن *femme qui accouche de son premier enfant*, Alc. (primeriza muger en parto). Quand on parle de plantes, d'arbres fruitiers, etc., chaque *cueillette* ou *récolte* s'appelle بطن, Auw. I, 172, 2 et dern. l., II, 128, 19 et 20. — اخذ = لحقّته البطن بطنه chez Freytag, 1001 N. I, 170, 12 et 13. شرب دوا مشى بطنه اربع مرات *aller par bas*; خمس مرات مشى «il a pris un remède qui l'a fait aller quatre ou cinq fois,» Bc. — *Le milieu*, في بطن السوق «au milieu du marché,» 1001 N. I, 233, 7 a f. *L'intérieur*, p. e. طلب بطن الارض «vouloir se cacher dans les profondeurs de la terre,» Berb. II, 522, 5 a f.; Haiyân-Bassâm I, 23 v°: ils se cachèrent في بطون الارض حتى قلّ بالنهار ظهورهم, *Cavité, creux, vide*, 1001 N. III, 48, 5 a f., où il est question d'une caverne: فرابتها خالية البطون, Lane: «with vacant cavities.» بطن «s'applique à presque tous les canaux qui parcourent l'intérieur des terres dans la direction du sud au nord. On appelle بطن la partie des terres située entre le Nil et la chaîne libyque,» Descr. de l'Eg. XVI, 13. — *Andouille, boyau de porc farci*, chez Alc. محشى بطن, Gl. Esp. 236, mais بطن seul, ou بطن خنزير a le même sens, Bait. II, 51 c: وهو سمك يخرق الطرق منه ان أخذ وضمّر في بطن خنزير وخيط البطن الخ c'est la traduction d'un passage de Dioscorides, et le texte grec porte: ἐὰν ἐμβαλὼν εἰς ὑείαν κοιλίαν κατάρράψῃς. — *Ballon, vase distillatoire*, Auw. II, 393, 5 et suiv., 397, 3. — بطون الدماغ *les ventricules du cerveau*, Prol. II, 364, 13, Gl. Manç. v° سكنة; بطنا القلب *les ventricules du cœur*, Gl. Manç. v° بطن: في بطون الدماغ تجاويف علوة بخارا يسمّيه الاطبّاء روحا نفسانيا وبطنّا القلب تجويفان فيه علو دما وهو الايمن والاخر وهو الايسر علو دما رقيقا وبخارا يسمّى الاطبّاء مجموعها روحا حيوانيا. — بطن الساق *jarret, partie postérieure du genou*, Bc. — بطون الاوراق poét. = *les livres*, Cartâs 120, 2 a f. — داء البطن *boulimie, maladie, grande faim avec défaillance*, Bc. — عبد البطن *gourmand*,

Bc. — على ان تقيموا ببلادها فتنقلبوها بغاراتكم ظهرا *renverser sens dessus dessous*, Nowairî 170 v°.

بَطِن (Alc. patîn) (b. lat. patinus) pl. ات *chaussure de bois, sabot, galoche, patin*, Voc., Alc. (abarca de palo, çucco calçado, galocha). — Même pl. (lat. patina) *plat, écuelle*, Alc. (vaso para manjares).

بَطْنَة اهل البَطْنة *ceux qui ont une grosse panse, qui peuvent manger beaucoup*, Macc. II, 205, 1. — بَطْنَة الفَرَس, t. de médec., *le fumier dans lequel on enfouit les bouteilles remplies de médicaments*, M.

بَطْنى *pansu, qui a une grosse panse*, Voc., Alc. (pançudo). — استسقاء بطنى *ascite, hydropisie du bas-ventre*, Bc.

بَطْنِيَّة *ceinture* (ce dont on ceint le milieu du corps), Voc.

بَطْنَنَة *gourmandise*, Hbrt 245.

بَطْنانِي *gourmand*, Ht, *glouton*, Bc. — *Epicurien*, Bc.

بَطْنِينِي *gourmand*, Hbrt 245.

بطنجها *bedaine, gros ventre*, Bc.

بَطَّان *plafond*, Cherb. Dial. 71.

يَطَّانَة (esp.) *patène, vase plat qui couvre le calice*, Alc. (patena de calice). — *Petit plat, écuelle*, Alc. (platel); comparez Cartâs 37, 5. — *Ustensiles*, Alc. (xarcia de casa; sous sarcia seulement le pl. بطانات). — *Minuties, bagatelles*, Alc. (menudencias).

بَطَانَة *basane, peau de mouton préparée*, Gl. Esp. 231—2. — البَطَائِن semble avoir été le nom d'une étoffe, Gl. Esp. 61—2, Tha'âlibî Latâïf 72, 12 et suiv., Bibl. geogr. Arab. I, 168, 1, où la trad. pers. porte أستر, c.-à-d., *une étoffe mince dont on se sert pour doubler les habits*, et cette signification, qui est en harmonie avec l'étymologie, semble la véritable. Les renseignements que donne Tha'âlibî font penser que les بطائن étaient des mousselines d'une finesse extraordinaire, dans le genre de celles que l'on fait encore dans l'Inde et que l'on transporte dans des bambous; voyez Das Ausland 1872, n° 4, p. 95 a. — *Gourmandise*, Hbrt 245. — *Pièce de bois s'élevant en dedans de l'étrave et de l'étambot, auxquels elle adhère, et placée là pour lier fortement l'étambot et* l'étrave à la quille; l'esp. «albitana» a ce sens, Gl. Esp. 71. — *Grand filet pour pêcher; le port.* «alvitana» a cette acception, Gl. Esp. 188. — حَرَّقَ على البطائنة *tourner le dedans en dehors*, Alc. (bolver lo de dentro afuera).

بَطَانِيَّة *peau garnie de sa toison*, Espina R. d. O. A. XIII, 155, qui écrit d'abord «btana,» ensuite «batania;» *couverture bariolée en laine*, Gl. Esp. 62, De Gubern. 117. — *Douillette* (sorte de vêtement), Bc.

بطّينى *pansu, qui a une grosse panse*, Voc. — *Gourmand*, Hbrt 245 (بَطّينى), Bc.

فى باطنه *secrètement*, Haiyân 15 v°: وتراخى عبد الرحمن فى باطنه عن سدّ حبيس ولده محمد فكسره وانطلق هاربا عنه فى الليل 16 v°. — *Mental; mentalement*, Bc. استأجر من باطن، اجر من باطن *sous-affermer, donner, prendre à sous-ferme*, Bc. — Ce mot ne m'est pas clair dans ces deux passages des 1001 N.: IV, 259, 12: وكان نور الدين باطنه بكر عمره ما شرب خمرا قط ألّا فى تلك الساعة (de même dans l'éd. de Bresl.); Bresl. IV, 77, 1, où il est question d'un navire: واكريت لها ريس من باطى.

باطنى *intestin*, Bc.

باطنى *hostile*, Ht.

مُبَطَّنة *un habit fourré*, Gl. Badroun, Bibl. geogr. Arab. I, 138, 10, Yâcout II, 792, 14.

بطونيكا (βετονική) *bétoine*, Bc.

بطلى

باطلى *plat de bois, jatte*, Ztschr. XXII, 150.

بظر

بَظْرة *femme*, Voc. (بَضَرة).

بَعْبَر I *roucouler*, Voc., Alc. (arrullar, cantar la paloma). — *Aboyer*, Voc.

II Voc. v° latrare.

بَعْبَع I, en parlant d'un chameau, *rendre un son qui ressemble au glouglou de la bouteille*, 1001 N. I, 720, 2 a f., où Lane traduit: «to utter a gurgling noise.»

بَعْبَع *criard, qui crie souvent*, Bc.

بعبلة *brut, qui n'est pas poli*, Bc.

بعبوش avec ابن ادم, *un magot d'homme* (terme injurieux), Cherb.

بعبوص لخُرُوف *reseda alba* L., Prax R. d. O. A. VIII, 342. Chez Pagni MS, qui dit que ces mots signifient «agni cauda,» *orobanche*. Comparez بعضوص.

بعث I c. عن p. *envoyer chercher* quelqu'un, Lettre à M. Fleischer 38, Berb. I, 70, 3; dans le même sens c. ل p. ou r., Müller L. Z. 43, 1, 53, 6. — بعث seul *envoyer une armée*, Macc. I, 126, 2. — C. a. p. *employer quelqu'un comme soldat dans le* بعث, dans l'armée, Akhbâr 3, 2 a f. — وبعثه على الخيل et على الرجالة *il lui donna le commandement de la cavalerie, de l'infanterie*, Akhbâr 87, 7, 8, 9, 11. — بعث كلمته *il étendit sa domination*, Berb. I, 61. — *Répandre une odeur*, Lettre à M. Fleischer 223. — *Fâcher, mettre en colère*, texte chez de Slane Prol. I, LXXVI a.

VII *se mouvoir*, Macc. I, 472, 19; Abbad. I, 305, 6 a f.: ما تنبعث متى جارحة من الجوع «je ne puis remuer aucun de mes membres à cause de la faim» (c'est ainsi qu'il faut corriger ma traduction 340, 18). — *Procéder, en parlant des personnes divines*, Bc. — *Provenir, en parlant d'un arbre qui provient d'un noyau*, Auw. I, 264, 16; *pousser, en parlant d'un arbre, sortir, en parlant de bourgeons*, Auw. I, 179, 17, 286, 9 (où il faut lire le man. de Leyde فليبقلم, au lieu de فلتنقام). — *Ressusciter* (v. n.), Gl. Badroun, Voc., Bc. — *Se fâcher, se mettre en colère*, Autob. 216 v°: quand on eut raconté ces choses — انبعث لها السلطان وسطا بنا واعتقلني. De même qu'on dit بشر (Lane), on dit: انبعث فسوقًا, Gl. Fragm., et انبعث ببيتين «il improvisa, récita, deux vers,» Haiyân 47 r°. — *Exciter, faire naître*, منبعث تلك الفتنة, Abbad. I, 244, 3, 265, n. 39.

بَعُوث. On dit souvent: بَعَث البَعُوث *envoyer des corps d'armée vers la frontière*, Prol. I, 338, 2 a f., II, 17, 9, 148, 8; mais البعث a aussi reçu le sens de *service militaire obligatoire*, p. e. Berb. I, 49: ضرب الموحدون على رياح البعث مع عساكرهم; de même ibid. I, 54: ضربت عليهم البعوث.

بعثة رماة *un corps d'archers*, Gl. Bayân. — بَعْثَة اموال *un tribut*, Akhbâr 151, dern. l.: صالَحَ قوما اخرين على بعثة اموال ضُرِبَت عليهم

باعث بقوّة باعثة *impulsif* (qui agit par impulsion); قوّة باعثة *force impulsive*, Bc.

مُبْتَعَث et مَبْعَث = مَبْدَأ للخروج, Gl. Manç. sous le premier mot.

بَعْثَر I se construit aussi c. عن r., Haiyân-Bassâm III, وقع عشام على: ٣٠ ,140 ;وبَعْثَر عن نخاثر الاملاك ر°, 4 ;ودافع ولد المظفر ابن أى عامر وبَعْثَر له عنها وزيره حكم 141 r° il faut lire فيعَثَّر عنها, au lieu de فيعتْر عليها, حكم leçon de A (dans B ces paroles manquent). — *Visiter*, Freytag Chrest. 121, 7 a f.: اراد المسير الى مكّة ليبعثر قبر النّبى — *Penetro* (inrumpo), L. والمدينة وبعثرها قبر النبى Precipito *et* ادحو وادخو L. — Involvo أبَعْثَر L.

بَعَجَ I *chaponner, châtrer un coq*, Bc (Barb.).

بَعْجَة *crevasse* (fente de ce qui crève), Bc. — *Hernie*, Daumas V. A. 425.

بَعّاج (proprement creveur) espèce de *magicien* au Maghrib, qui emploie la magie pour crever le ventre des bestiaux et des esclaves; voyez Prol. III, 131, 15 et suiv.

مَبعوج ديك مبعوج *chapon, coq châtré*, Domb. 62, Hœst 296, Hbrt 65, Bc (Barb.).

بعد I c. عن, chez les géographes et les voyageurs, n'est souvent que la négation de « être situé sur le bord de la mer ou d'une rivière, » et signifie: *être situé à une petite distance de*. De même بَعُد *petite distance*, بعيد et متباعد *situé à une petite distance*, Gl. Edrîsî. — *Vivre loin du prince, de la cour, appartenir à une classe inférieure de la société*, l'opposé de قرب, souvent, p. e. Bidp. 277, 6. — *Être invraisemblable* (cf. Lane), *être impossible*, Bassâm II, 113 v°, Bait. II, 385 c, Prol. II, 181, 7, 227, 14, se construit c. على p., 1001 N. I, 89, 2 a f.: ما يبعد على قتلك *il ne m'est pas impossible de vous tuer* (je puis vous tuer), Auw. I, 420, 3, où il faut lire avec le man. de l'Esc. et celui de Leyde: ان الذى

بعد عليك من هذا « *ce qui pour vous est invraisemblable,* » ibid. l. 5. — *Être profond*, Amari 440, 6: وافصى بأم الى حرف خندق عظيم كالحفرة من بعد قَعْره (la leçon قَعْره, proposée par l'éditeur, au lieu du قَعْره du man., est bonne; le قَعْره de Fleischer (ann. crit. 62, dern. l.) ne donnerait pas de sens); comparez ci-dessous أبعَد et بعيد.

II *aliéner*, Alc. (ajenar, enagenar).

IV. ويبَعِّد ذلك أن « *ce qui prouve qu'il n'en est pas ainsi, c'est que,* » Macc. I, 941, 18.

VI. On dit: تباعد ما بينهما وبين اهلهم *ils se sont brouillés avec leurs familles,* » Gl. Belâdz.

VIII *se reléguer, se retirer, se séquestrer, s'exiler* (au fig.); عن بعضه *s'écarter, ne plus joindre*, Bc.

بَعْد. Dans le passage J. A. 1849, II, 271, n. 1: وتعمد الى قطع جلود اى جلود شتّت بعد جلود الغنم Quatremère (J. A. 1850, I, 265) veut changer ce بعد, qui se trouve en effet dans nos deux man. Je crois qu'il se trompe. A mon avis بَعْد a ici sa signification ordinaire, *après*, et le sens est: « il faut prendre de préférence des peaux de moutons, mais, » etc. — فى بعد يوم *un jour plus tard*, Bc. — ثم هلك خالد فى بعد. Berb. I, 70, 4: بَعْد = بعد تلك الايام. — Exemples de بَعْد, *encore*, dans des phrases affirmatives: Gl. Belâdz, Gl. Fragm.; بعدك « vous dormez encore, » بعد بكّير ناثم *il est encore de bonne heure* (Kasraouan), Bc. — يا بَعْلى s'emploie dans le sens de: qu'il vous soit donné de me survivre! M. L'amant s'en sert en parlant à son amante, 1001 N. Bresl. III, 193, 4 a f., 194, 1, 254, 4.

بُعْد voyez sous بَعد I. Le pl. أبْعاد, Abou'l-Walîd 364, 10. — En musique أبْعاد *intervalles*, Descr. de l'Eg. XIV, 17; البُعْد الكُلّى *octave*, Bc.

بُعْدَة فى البعدة *au loin, dans un pays éloigné*, Bc.

بعدَين *après coup, trop tard*, Bc.

بَعاد *éloignement, absence*; بعاد عن القواعد *licence, écart des règles, de l'usage*, Bc.

بعيد بعيد عن بعضه voyez sous بَعد I. — *clair-*

semé, Bc. — الفرق بعيد *il s'en faut beaucoup*, Bc;
de même ان تفلحوا بعيدًا « *il s'en faut beaucoup
que vous soyez heureux,* » Abd-al-wâhid 221, 4. —
بعيد عنكم البعيد ou البعيد *Dieu nous en préserve!
loin de vous un pareil malheur!* بعيد عنّا *Dieu nous
garde d'un pareil malheur!* Bc. — Dans les 1001 N.,
Chéhérazade, quand elle rapporte une imprécation,
emploie souvent البعيد au lieu du pronom de la 2ᵉ
personne, afin de ne pas avoir l'air de maudire son
époux, le sultan, auquel elle raconte ses histoires,
p. e. III, 426, 3 a f.: فقال له الله تخيب البعيد au
lieu de تخيبك صارت تقول له ان; IV, 679, 2 a f.: شاء الله يكون اكلها سمًا يهرى بكرش البعيد au lieu
de وقال للمقدم الله تخيب; Bresl. IX, 255, 10: بدنك كعبك وسفرتك, au lieu de كعب البعيد وسفرته, comme
l'éd. Macn. porte en cet endroit. — *Profond* (l'opposé
de قريب), Djob. 64, 8, 67, 4, Holal 59 vᵒ:
من حافة بعيدة المهوى طن في الارض وطية متصلة
البعيد, *Haut*, en parlant d'un arbre, Bat. IV, 367. —
والغريب *les petits, le peuple, et les grands*, très-souvent, p. e. Bidp. 206, 6. — قريب من بعيد *collatéral,
parent hors de la ligne directe,* Bc.

ابعد *plus invraisemblable,* Auw. I, 420, 7. — *Plus
profond,* Abdarî 81 rᵒ: وماؤها في آبار عميقة ما رايت
ابعد منها

مبعود Voc. vᵒ *elongare*.

متباعد voyez sous بعد I.

بعر

بعرة est chez Alc. « *coraje*, » et ce mot esp. signifie soit *courage*, soit *colère*.

بعير le nom du *plongeon* en Esp., Bait I, 16 b,
mais la leçon est incertaine; البعيرة dans B, S النغر A.

بعزق I, *prodiguer, dissiper,* Hbrt 219, chez Bo
المال

بعزقة *profusion, excès de libéralité, de dépense,* Bc.

بعضوص *queue*; Hugonnet 218 cite le dicton:
Meslem bla burnouss,
Ki kelb bla bassous.
« Un musulman sans burnous, (est) comme un chien
sans queue. » — بعضوص الخروف *salsola muricata*,
Prax R. d. O. A. IV, 196. Comparez بعوض.

بعض II *exposer en détail, détailler,* Aghânî 75, 2 a f.
V c. من r. et ل p. *réserver la partie d'une chose
pour quelqu'un,* Gl. Fragm.

بعض *isolement,* Berb. I, 153, 2: مصر كبير مستجمع
بالعمران البدوى معدود في أحاد الامصار بالصحراء صاح
على بعضهم — في ظل الملك والدول لبعضه في القفر
ou ببعضهم في قلب *l'un portant l'autre, le fort portant
le faible,* c.-à-d., *l'un étant compensé par l'autre,*
Bc. — زى بعضه *cela revient au même,* Bc.

بعوض *petit insecte qui se forme de la graine du
caprifiguier,* Auw. I, 573, 14.

تبعيض *assortiment,* Ht.

بعط

باعوط *morpion* (sorte de vermine), Bc.

ابعاط. Cf. avec Freytag Abou'l-Walîd 100, 30:
الابعاط هو الغلو في الجهل وكلُّ امر قبيح ينسب الى
الابعاط

بعل III *épouser une femme,* Gl. Badroun.

بعل dans le sens de *terrain qui n'est pas arrosé
artificiellement,* l'opposé de سقى (comme « *siccanea* »
et « *rigua* » chez les Romains; chez Alc. « sequero o
sequedad; » voyez Lane et le Gl. Belâdz.), vient de
بعل, le nom de l'ancien Dieu syrien, Ztschr. XI,
489. En Syrie on dit encore بعل ارض, et tout ce
qui croît sur de tels terrains s'appelle بعلى; ainsi on
parle de figues, de raisins, de grenades de Baal,
ibid. Burckhardt Syria 297 donne: بعال de *Boal,
des champs arrosés par la pluie.* » L'auteur du Gl. Belâdz.
(14) a ajouté à tort une troisième signification à
celles qu'a données Lane. Dans le passage de Mâwerdî qu'il cite, le mot ظ le sens que Lane a donné
en second lieu; ما y est pour الاشجار, car il faut faire
attention à la l. 6: والاشجار ينقسم اربعة اقسام

بعلى *adjectif relatif de* بعل *dans le sens qui précède,* p. e. غيط بعلى « *un jardin ou verger qu'on
n'arrose pas,* » تين بعلى, بصل بعلى, etc., de Sacy
Chrest. I, 226—7.

بعلبكى (de Balbek) *étoffe de coton blanche; — une
étoffe de soie,* Vêtem. 82—3, n. 1.

بعى I, aor. a et i, *bêler,* Bc.

بعى بعى الغنم *bêlement, cri des moutons,* Bc.

بغت I, au passif: *il fut surpris par la mort, il mourut subitement*, Macc. II, 24, 9.

بَغْدَدَ II *faire le gros dos, faire l'homme important, faire de l'embarras, se pavaner;* فى المشى *se carrer, marcher d'un air arrogant*, Bc. Formé du n. pr. بَغْدَاد.

بَغْدَدَة *façon, afféterie*, Bc.

بغر.

بَغَار *espèce de poisson qu'on appelle pagre sur les côtes du midi de la France*, Domb. 68 (cf. Ducange v° pagrus).

بَغِير *des gâteaux qu'on trempe dans du miel et du beurre fondu; on les mange chauds*, Kennedy I, 80, 145, de Jong van Rodenburg 263.

باغر *espèce de poisson*, man. de l'Escurial 888, n° 5 (Simonet). Voyez بَغَار.

بَغْرَمَة *carcan*, Ht.

بغض.

بُغْضَة, et non pas بِغْضَة comme dans la langue classique, est la prononciation du peuple, Voc., Alc. (enojo ira que dura, ira envejecida, hastio enojo, malquerencia), Bc (v° animosité).

بَغِيض *haïssant*, Voc. (cf. Lane).

بَغِيضَة *raucité, enrouement*, L (raucedo خَشِينَة واحِدَة (وَخَّة ل) وبَغِيضَة).

بَغَّاض *qui hait beaucoup*, Voc.

أَبْغَض c. الى p., Koseg. Chrest. 79, 6: وكان الناس اليه من يَذْكُر لحارث بالشجاعة (celui qu'il haïssait le plus).

مَبْغُوض *haineux*, Daumas V. A. 165.

بُغْطَاق *une coiffure en or, brodée de perles ou ornée de pierreries, dont se servaient les princesses mongoles, et dont l'extrémité ou appendice traînait jusqu'à terre;* voyez J. A. 1847, II, 169—171, 1850, II, 157—8.

بغل.

بَغْلَة *Quand il y a quelque chose de trop, on dit* proverbialement: زِيدَ فى الشطرنج بَغْلَة, Tha'âlibî, Yawâkit al-mawâkît, chap. 53, *parce que, parmi les pièces du jeu d'échecs, il n'y a pas de mule. — Bâtiment de plus de cinquante tonneaux,* Burton I, 173. — بغلة الحائط *éperon de muraille*, Bc.

درام بغليّة بَغْلِى *dirhems persans, qu'on appelle aussi* وَافِيَة, Gl. Belâdz. — (Berb. أَبْغَلِى dans le Dict. berb.) *ciment, mortier*, Voc., Alc. (lama de lodo, lodo tierra sovada, مَوْضِع البَغْلِى lamedal), Domb. 94, Hbrt 191, Ht, Cherb. Dial. 67 (بَغْلِى), Bc (باغلى Barb.).

Baglitüneç, bourrache (plante), Alc. (borraja) بَغْلِى (? تُونِس).

بَغِيلَة *chevalet de passementier; — table plus longue que large, sur laquelle se placent, pendant le jour, les effets de litterie*, Cherb.

بَغْلُوطَاق ou بَغْلَاطَاق (pers.), pl. بَغَالطِيف ou بَغَالطِق *une tunique sans manches, ou à manches très-courtes, qu'on portait sous la* فَرجِيَّة. *Elle était faite de coton de Balbek blanc, ou de petit-gris, ou de satin; quelquefois elle était ornée de perles, et même formée tout entière de pierreries*, Vêtem. 81—4.

بَغْمَة (turc بُوغْمَق), pl. بَغَم, *collier*, Payne Smith 1384, M.

بَغْنَج II *so dit du vendeur qui fait beaucoup de façons, qui refuse longtemps d'accepter le prix qu'on lui offre*, M.

بغنس.

بَغْنَسَة *lourdise, défaut du niais, du timide*, Bc.

بَغْنُوس *novice, apprenti, peu exercé, peu habile*, Bc.

بَغَى I c. a. p. *calomnier*, Akhbâr 142, 5. — *Demander avec arrogance, insulter*, Ht; c. على p. *insulter*, Bc.

البُغَاة ou أهل البغى بَغِى *sont les novateurs, les hérétiques, qui sont en hostilité ouverte contre les orthodoxes*, Ztschr. XIII, 708, d'après Mâwerdî 96 et suiv.

بَغِيَة *ambition, désir*, Bc.

بُغَاة, Bait. II, 143 c: وهذا لحيوان بغَاء لحيوان وذلك انه لا يُرَى بيد حيوان من غير جنسه الّا وعلاه.

où ce terme semble signifier: *celui qui débauche les animaux, le séducteur des animaux*.

بَغَى voyez بَغَى.

بف

بَقّ (esp. bofe) pl. ات, *poumon*, Voc.

بَقّ *milan*, Pagni MS.

بَقْتَ et بَقْتَه (pers. بافته) *bafetas, toile de coton blanc des Indes*, Bc, M, Vêtem. 31; chez Burckhardt Nubia 286: بَقْت, *cambric from Madras and Surat*; بَقت عندى *basin, sorte de toile de coton très-forte*, Bc.

بَقّ I *revomir*; بَقّ الأكل *rendre par la bouche ce qu'on a avalé*, Bc. — En parlant de papier, *boire*, Hbrt 112, Bc.

بَقّ est proprement *cousin*, بعوض [Bc *cousin*], et dans les ouvrages de médecine ce terme est ordinairement employé en ce sens, mais quelquefois aussi dans celui de *punaise*, qu'il a au Maghrib, Gl. Manç.; *punaise*, Voc., Alc. (chinche o chisme), Domb. 67, Martin 7, Ht, Bc. — شجرة البقّ. L'orme porte ce nom en Irâc, Most v° دردار, et aussi en Syrie, Bait. I, 190 c.

بَقّ pl. ات بتّى *extrémité*, Voc.

بَقّ (ital. bocca) *bouche*, Bc.

بَقْن (var. بقن) nom que les indigènes donnent au poisson qu'ils pêchent dans le lac Tsâd, Gl. Edrîsî.

بَقّة *espèce d'arum*, Daumas V. A. 380.

مَبَقّ pl. مَبَاقّ *terrain où il y a beaucoup de cousins, marais*, Gl. Belâdz.

بَقَالِيو et بَقَالَو (esp. bacallao) *merluche, morue sèche*, Bc, M (Maghrib).

بَقْبَقَ I *bavarder*, Bc.

بَقْبَقَة *bouillon, rondeur, bulle d'une liqueur agitée par le feu*, Bc. — *Bavardage*, Bc.

بَقْبُوق *bavard*, 1001 N. I, 289, dern. l.

بَقْبُوقَة *cloche, ampoule sur la peau*, Bc.

بُقَيْبِقَة *bosse, élevure par suite de contusion; cloche, ampoule sur la peau; vessie, petite ampoule sous l'épiderme*, Bc.

بَقّق II *réunir en paquets*, M; مَبَقَّق *réuni en un paquet*,

renfermé dans une بَقاجَة, Maml. I, 1, 13, part. 2, 204.

بَقْش, بُقَم (turc), pl. بَقَجَة, بُقَجَة, بَقْشَة, بَقْجَة, ne désigne nullement «*un miroir*» (Freytag), mais: *un morceau carré de toile doublée et de couleur, servant à envelopper des habits*, Bc, *des étoffes, ou des papiers, p. é. ceux de la chancellerie*, Maml. I, 1, 12—3, 218 et suiv., 252, part. 2, 204, Bat. IV, 232, 1001 N. I, 422; *ballot, gros paquet*, Hbrt 101; بَقْجَة حوائج *paquet de hardes, de linge*, Bc. — *Châle carré, avec un rond* (بركة) *au milieu*; بَقْجَة فرماي *châle de cachemire*; بَقْجَة *châle de Perse à grandes raies*, Bc. — تنن بَقْجَة *carotte de tabac*, Bc. — = بَقْعَة, M (en quel sens?).

بَقاجار (esp. pegujar, pegujal) pl. بَقاجار *pécule d'un esclave, d'un fils*, Alc. (pegujal de siervo, de hijo). — *Moisson*, Alc. (miese).

بَقْدَنوس = بَقْدُونِس, M.

بَقَر I (*fendre, ouvrir*) بَقَرت لم حديثى «je leur dis qui j'étais,» Macc. I, 481, 14.

بَقَر *personne stupide, oison, idiot, bête, brute, automate*, Bc. — البَقَر الأبيض *l'antilope*, Denham III, 230. — البَقَر الأحمر *animal sauvage qui a des cornes prodigieusement longues et qui tient le milieu entre le bœuf et l'antilope*, Denham II, 46. — بَقَر الوحش a un sens très-vague (voyez Lane); *espèce de cerf des déserts de l'Arabie*, Bc; *biche, femelle du cerf*, Bc; *cerf*, Hbrt 62 (Barb.); *bubale, antilope bubalis*, R. d. O. A. N. S. VII, 177; *le mouflon*, Pellissier 450. Voyez aussi J. A. 1843, I, 192, n. 1, Marmol I, 24 d—25 a, Shaw I, 255, Lyon 76, Daumas Sahara 259, Richardson Sahara I, 367, Ghadamès 129.

ام غريفة et ام قيس بَقْرة بنى أسرائيل, aussi بَقْرة parmi les insectes, Man. Escur. 893.

بَقَرِى لحم بَقَرى *la chair du bœuf*, Bc. — *Fait de cuir de bœuf*, Gl. Esp. 231.

بَقّار, avec l'article, *bouvier, constellation près de la grande Ourse*, Bc.

باقر *bronze*, Hbrt 171.

باقور pl. بواقير, *troupeau, aussi en parlant d'ânes*, باقورة *Payne Smith* 1310.

بَغْراج (var. بَغَراج) nom d'un petit animal quadrupède, Gl. Edrîsî. — Voyez بَكْر.

بَكْرَج voyez بَكْرَج

بَقْرَنِيَة (esp.) enclume, bigorne, Alc. (vigornia de albeitar), Domb. 95, Hbrt 85.

بَقْرُور (en copte, avec l'article, πεκρουρ) grenouille, Ztschr. für ägypt. Sprache u. Alt., juillet 1868, p. 84, n. 18.

بَقْرَماوِى limonadier, Ztschr. XI, 514.

بَقْسمار sorte de poisson, Yâcout I, 886, 3; var. بقشمار chez Cazwînî.

بَقْسِماط (παξαμάδιον) biscuit, Bc, Bg (بَقْسِماط), Macc. II, 713, 2. Comparez بشماط. — Du pain bis, Bg. — Pain épais en forme de quarré long, Bc.

بَقْشَلَة voyez بَقْجَة.

بَقْشِيش (pers. خشيش) pl. بَقَاشِيش pourboire, petite libéralité, Bc, 1001 N. I, 647.

بَقْص = بَقْس buis; c'est ainsi qu'il faut lire Auw. I, 429, 1, où le man. de Leyde porte: روى شجر البقص 431, 9 (L sans points), 575, 2 à f. (même remarque).

بقط II (ce verbe maghribin, qu'Alc. écrit avec un p, semble formé de l'esp. pegado, partic. passé du verbe pegar) coller, unir avec de la colle, Voc., Alc. (apegar, encolar, engrudar, juntar, apegado مبقط, engrudada cosa id., encoladura تبقيط, engrudamiento id., pegamiento id., plegadura id.), Roland, Ht. — Souder, joindre par le moyen de la soudure, Alc. (pegar soldando, soldar, soldadura con plomo تبقيط). — Allumer, Cherb. Dial. 26.

V quasi-passif de la II° dans le sens de coller, etc., Voc.; — مرض يتبقط maladie contagieuse, Alc. (contagion dolencia que se pega).

بَقْط tribut, consistant en esclaves, que les Nubiens devaient payer tous les ans, ou tous les trois ans, Gl. Belâdz.

بَقُّوطَة (esp.) pilori, carcan, Alc. (picota para enpicotar, palo para assaetear o picota, cf. enpicotar).

تَبَقُّوطَة pl. تَبَقُّوط l'action de coller, Alc. (pegamiento de dos cosas).

بقع I tacher, salir, Ht.

II tacher, souiller, salir, faire une tache, Hbrt 199, Bc, Roland.

بُقْعَة, pl. بُقَع et بِقَاع, province, pays, contrée, Voc., état, Alc. (estado). — Mêmes pluriels, tache, souillure, marque qui salit, macule, Hbrt 199, Ht, Delap. 78, Bc, Auw. II, 317, 18, deux exemples sous بَقْع; — maille, tache sur l'œil, Bc. — بُقَع huttes, Carette Géogr. 151, 152.

بِقَاع. Biffez chez Freytag la signification « terra alta et late patens, » Fleischer sur Macc. I, 624, 9 Berichte 207. — Espèce de champignon, Daumas V. A. 381; mais je soupçonne que c'est une faute et qu'il faut lire فَقَّاع.

باقِعَة un homme dont les regards exercent une influence funeste sur les personnes ou les objets qu'il contemple avec plaisir, un homme qui a le mauvais œil, Haiyân-Bassâm I, 23 r°: (l. باقِعَة) وكان على عين شديد الاصابة بعينه لا يكاد يفاتحها على شى يستحسنه الّا اسرعت اليه الافت الآخذ (l. الآفة) له فى ذلك نوادر عجيبة ولربما قال للنفيسة من نسائه وارى محاسنك عن عينى ما استطعتى الخ

أَبْقَع. «Begâa » [بَقْعاء] vache de couleur pie, R. d. O. A. XV, 118.

بقل I (voyez Lane); on dit: بقل عذارُه, Macc. II, 310, 12. II c. a., Voc. v° olus.

بَقْل pl. بُقُول salade, mélange d'herbes assaisonnées, Alc. (ensalada de yervas). — البَقْل الاحرش, Auw. I, 50, 7 à f., où Banqueri traduit hieracium; cf. sous بقلة. — (بقلة دستى B; A بَقل دَستى). Sous le nom de البقل الستبى on entend tous les légumes qui viennent sans culture; mais بقل دستى désigne spécialement le تَفَاف [c.-à-d. le sonchus tenerrimus L.], Bait. I, 155 k. — بقل الروم arroche des jardins (atriplex hortensis), Most. v° قطف, سرمق Gl. Manç. v° قطف, Bait. I, 155 b (où nos man. ont à la fin de l'article: وهو بقل الروم), Auw. II, 158, 16.

بَقْلَة féverole (petite fève de marais), Bc. — Synonyme de السرماق; بَقْلَة voyez ci-dessous. — Avec 'article, en Syrie Daphne alpina, Bait. I, 468 b. —

بقلة *Fièvre cérébrale*, Ht; chez Roland بَقْلَةٌ حَرُّوبَّة. — بقلة *pourpier de mer*, Bc. — بقلة خَرْشَاء *plantain*, R. N. 50 v°: بقلة حامضة. البقلة للخرشاء وهي لسان الحمل *ressemble à* الكرنب الخراساني, Bait. I, 155 h (Sonth. a confondu deux articles en un seul). — بقلة حَمْقَاء برّيّة *telephium* ou *orpin*; aussi: *ferula assœ fœtidœ*, Bait. I, 155 m. — بقلة خُرَاسَانِيَّة *rumex obtusifolius*, Most. v° حَمَّاص. — بقلة ذَقَيْقَة *arroche des jardins* (*atriplex hortensis*), Auw. II, 158, 16. — بقلة الرَّمْل voyez Bait. I, 154 c. — بقلة الرُّمَّان *ellébore*; on l'appelle «herbe des archers», parce que le suc de cette plante, préparé d'une certaine manière, servait à empoisonner les flèches; voyez Bait. I, 155 n, Gl. Manç. v° كندش, Mendoza Guerra de Granada 27 éd. Baudry. بقلة seul avait le même sens, comme «yerba» en esp. (Mendoza: «herido de dos saetadas con yerba»); Alc. le donne sous «yerva de vallestero.» De là vient que بقلة est «venenum» dans le Voc. — بقلة الضَّبّ = بقلة عَرَبِيَّة, التَرَنْجان البَرِّى, Bait. I, 155 f. — *blette*, Bait. I, 154 b. — بقلة عَائِشَة *à Alexandrie*, *brassica eruca*, Bait. I, 244 b (ويسمونه بقلة عَائِشَة). — بقلة الكرم *grassette*, *orpin* (joubarbe des vignes), *reprise* (téléphium ou orpin), Bc. — بقلة الأَوْجَاع *cacalia*, Bait. I, 156 b. — بقلة يهودية désigne, selon Bait. I, 155 e, plutôt l'*eryngium*, que le قرصعنة *sonchus*.

بَقْلاوَة ou بَقْلاوُو (M) (turc) «pâte faite avec de la fleur de farine, bien pétrie, ensuite étendue en feuilles très-minces qu'on oint de beurre, et que l'on couvre d'une couche de noix concassées, trempées dans du miel; on place ensuite ces feuilles les unes sur les autres jusqu'à une certaine épaisseur, on les coupe en triangles et les cuit au four sur un plateau; enfin on verse dessus du sucre, de la cannelle et du miel,» Bg. 266, n° 84; comparez la description de Lane trad. des 1001 N. I, 610, n. 22; «tourte, gâteau feuilleté au miel et aux amandes,» Bc; Daumas V. A. 253, Burckhardt Arab. I, 58, Hbrt 16, 1001 N. I, 579, III, 215.

بَقُّول *mauve*, Domb. 74.

بَقَّالَة *métier de revendeur*, Alc. (regatonia).

بُقَالَة *pot de terre*, Roland; chez Ht بَقَالَة, mais c'est sans doute pour بُوقَالَة (chez Lane).

بُقُولِى *légumineux*, Bc.

بَقَّال *une personne qui tient boutique, marchand en détail, revendeur en détail et de la seconde main*, Alc. (tendero que vende en tienda, regaton). Chez Koseg. Chrest. 26, 4 et 5, le «baccâl» vend du papier. باقل *anabasis crassa*, Prax R. d. O. A. IV, 196 (bâguel), *anabasis articulata*, Colomb 27 (baguel).

باقلى ou باقلي *sorte d'insecte*, voyez Payne Smith 1479.

باقلا et باقلى. Du nom d'unité باقلاة on forme le pl. باقلاعات, Abd-al-wâhid 163, 16. — باقلا مصرى *colocasie*, Bc (cf. Lane). — Les paroles 1001 N. Bresl. IX, 237, 6: ووقفت بالباقلى على الباب doivent signifier: «elle se plaça près de la porte la figure dévoilée» (comme font les filles de joie), car l'éd. Macn. porte en cet endroit, III, 439, dern. l.: ووقفت على الباب مكشوخة الوجه; mais je ne suis pas en état d'expliquer l'origine de cette expression singulière.

بَاقُول *cruche de terre poreuse pour l'eau*, Jackson 40.

بُوقَال *cruche*, Hodgson 85. Golius avait comparé l'esp. «bocal,» et Lane suppose que ce mot vient de بُوقَالَة, mais c'est une erreur. Le mot roman ne vient pas du mot arabe, ni le mot arabe du mot roman; ils dérivent tous les deux du grec βαύκαλις ou βαυκάλιον; voyez Ducange et Diez.

مَبْقَلَة *forme au pl.* مَبَاقِل, Gl. Edrîsî.

بقم II c. a. et V, Voc. sous *bresillus*; probablement (cf. مُبَقَّم chez Freytag) *teindre, et être teint, avec du brésil*.

بَقَم (*brésil*) est dans le Voc. بَقَم, pl. بُقُّم; aussi بقم اصفر *bois de fer*; بقم حديدى, Bc. — بقم صبى *chandelle*, *bois jaune des Antilles*; بقم قبرصى *bois de rose, de Rhodes, de Chypre*; بقم مرجانى *bois de corail*; بقم مور *campêche*, Bc.

بُقَّم *Datura Metel*; c'est ainsi que Bait. I, 153 d prononce ce mot.

بقن voyez بقف.

بَقُّون *bourdon*, Alc. (zangano), qui écrit poqçôn. Peut-être est-ce l'augmentatif esp. (on) de *fucus*.

بقونس sorte de poisson, Becrî 41; « ce nom n'est plus connu à Tunis, » de Slane.

بقى I c. على p. *être en reste de, rester débiteur de*; on dit: بقى لك عليه مية غرش « il vous est redevable de cent piastres, » Bc; Alc. (alcançar en la cuenta) a sans doute en vue la construction c. ل p., quand il traduit: *être créancier d'un reliquat de compte.*

— *Se réserver,* p. e. ابقى اعمل هذا فى وقته ومحله « je me réserve à faire cela en temps et lieu, » Bc. — Pour exprimer l'idée de continuité on dit: يبقى يسلك « il marche continuellement, » Koseg. Chrest. 91, 11, ما بقى ينفع « ce qui est d'une utilité permanente, » 1001 N. I, 50, 7. — Dans les phrases négatives et interrogatives, il faut quelquefois traduire *plus*; voyez Bc sous ce mot, Koseg. Chrest. 90, 2: لا ابقى اتخلّى عنه « je ne puis plus lui retirer ma protection, » 1001 N. I, 16, 11: ما بقيتن تعرفنى « ne me connaissez-vous plus ? » — Vulg. بَقَى كان j'avais presque fait cela, Voc. — Vulg. بَقَى et يِبْقَى *donc*, Bc.

II *ajourner*, Roland (qui écrit par erreur بقّى).

IV *confirmer dans une dignité*, Bc. — *Epargner une chose, l'employer avec réserve, la ménager*; ابقى على محبته *cultiver l'amitié de quelqu'un, l'entretenir*, Bc. — ابقى معه *garder pour soi*, Bc. — ابقى الى غير وقته *garder, réserver pour un autre temps, suspendre, remettre, proroger*, Bc. — ضربتها لا تُبْقَى *les coups qu'elle porte sont mortels*, Bat. IV, 32. — *Laisser*, p. e.: ce monarque bâtit des villes et de beaux édifices, وابقى الآثار العظيمة, Gl. Abulf.

V. المال المتبقى proprement « la somme qui reste, » c.-à-d.: la somme dont il reste débiteur; voyez Lettre à M. Fleischer 211.

بَقِيّة *restes qu'on dessert d'une table*, Alc. (relieves de la mesa). — بقيات الصالحين *reliques des saints*, Alc. (reliquias de santo). — T. de chimie, *résidu, sédiment, ce qui reste d'une substance soumise à une opération*, Bc. — *Le reste d'une dette*, en esp. « albaquia, » Tantâwî Ztschr. Kunde VII, 54: ودائمًا اعمل مصر يماطلون الباشا فى الخراج فترامى عليهم البقايا دائمًا. — *Dépôt, lieu où restent des soldats, des recrues d'un corps*, Bc. — T. de musique, *intervalle moins grand que le diatonique*, Descr. de l'Eg. XIV, 123. — بقيّة الفقهاء, الناس, بقيّة القوم, etc., *non-seulement en parlant de plusieurs personnes*, mais aussi en parlant d'un seul homme (Lane), exemples: Gl. Fragm., Abbad. II, 157, 4, III, 168, dern. l. Un chaikh est nommé البقيّة Müller 42, 2 t. a.; en parlant de plusieurs personnes: وليست فيهم بقيّة, Akhbâr 13, 3. — De même qu'on dit au pl. اولو بقيّة (voyez Lane), on dit au sing. ذو بقيّة, Akhbâr 82, 2.

باقى *arrérages*, Ht.

باقيّة = بركة *cadeau, gratification*, Gl. Esp. 289. — *Vesceron (vesce sauvage)*, Bc; c'est vulg. pour بِقَّى.

M, ou بيقيّة. — Pl. بواقى *non-valeurs, ce qu'on n'a pas recouvré ou levé d'impôts*, Bc.

بقيار (pers.) *sorte de turban*, Maml. II, 2, 76; le passage d'Ibn-Khallicân que cite Quatremère se trouve dans l'éd. VIII, 65, 3—6; ajoutez-y un autre, XI, 136, 9. C'était le gros turban des vizirs, des câtibs, Maml. l. l. 71, et des cadis, Vêtem. 85, 1 et 2.

بكّ I *vomir*, Bc. — يبقّ (ou يبقّ ?) (esp. picar) *piquer*, Alc. (picar: nipiq, pequèqt, piq).

بك *as* (point seul marqué sur une carte), Bc.

بكّة (ou بقّة ?) (esp.) *piqûre*, Alc. (picada).

بكاسون *bécassine*, Bc.

بكبك II c. على p. *insister, supplier*, M.

بَكْبَك I (réduplication de بكّ) *hacher, couper en petits morceaux*, en parlant de viande, Alc. (picar como carne; il traduit « picar carne » par قتّت).

بكتت V. *être réduit au silence*, Voc.

بكر III *attaquer l'ennemi de bon matin*, Amari 335, 3.

IV *déflorer, ôter la virginité*, Voc.

V Voc. sous manicare.

X *déflorer, ôter la virginité*, c. a. p. 1001 N. Bresl. III, 83, 4, c. ب p. XI, 127, 3.

ابكار *prémices*, Bc. — للخلّ البكر بكر, qu'on trouve quelque part dans les 1001 N. (j'ai noté Macn. IV, 331, mais cette citation est fautive), doit signifier « du vinaigre âcre, » car l'éd. Bresl. (Fl.) porte en cet endroit للخلّ الحادق (pour الحادق).

بكر

بَكْرَة الوَجِيعَة estrapade (supplice), Bc.

بُكْرَة pl. بُكَر voyage qu'on fait au matin, Abbad. I, 163, n. 534. — على بكرة matin, de bon matin, Bc. — Demain; بعد بكرة après-demain, Bc.

بُكْرَى de bonne heure, de bon matin, Bc (Barb.).

بُكْرَى premier-né, Bc. — Virginal, Bc.

بُكْرِيَّة vierge, M.

بكار certaine fleur, 1001 N. Bresl. I, 298, 6.

بكار orifice d'un réservoir ou bassin, Auw. I, 147, 3 a f., 148, 1, 6 a f., 2 a f., 149, 2, 13, 150, 1, 2 a f., 151, 11, 13, 17, 18, 4 a f., 2 a f. Banqueri compare avec raison l'esp. «piquera;» mais au lieu de dériver ce dernier de بكار, il aurait dû dire que بكار est la transcription de piquera.

بكارى (pl.) prémices, Bc.

بُكُور prémices, Hrbt 160. — Figues de printemps, Hœst 254, incorrectement 304.

بَكِير, pl. بُكَّار, Voc., Alc., pl. بكر, Bc, précoce, hâtif, Voc., Alc. (temprano, higo temprano تينة بكيرة, pl. تين بكير), بكير, pl. (بكار), Hbrt 51, Bc, M, Auw. II, 146, 4, 147, 4 a f., 3 a f., II, 151, 12. — Estival, qui appartient à l'été, Alc. (estival cosa de estio). — Vierge, Voc. (seulement dans la 1re partie).

بَكِيرَة sorte de poisson, esp. albacóra, Lerchundi. C'est le nom d'un poisson de mer semblable à la bonite (Nuñez) ou au thon (Moraes, Vieyra).

بُكُورَة virginité, Voc.

بُكُورِيَّة virginité, Voc., Bc; حجاب البكورية hymen (membrane, pellicule au col de la vulve des vierges), Bc.

بَكِّير matin, de bon matin, Bc. — Précoce, M. Le fém. ة, quadrupède né au commencement de l'année, M.

بَكَّار pl. بَكَاكِير poulie, Gl. Esp. 60. — Instrument avec lequel on bandait l'arbalète, Alc. (armatoste).

باكر صلاة باكر matines, Bc.

باكور substantivement palmier précoce, Auw. I, 20, 19. — Prémices, Hbrt 160; باكورة prémices, primeurs, Bc. — Figue précoce, Gl. Esp. 61. — Au fig., Mo-

hammed ibn-Hârith 349: في حداثة السنّ وباكورة العمر Berb. I, 143: وقد كانت باكورة الفتح لأوّل الاسلام Bâton crochu, M.

أَبْكُر, n. d'un. ة, prunier et prune, Alc. (ciruelo arbol, ciruela fruta). Corrigez ce que j'ai dit dans le Gl. Edrîsî 353, car la Torre donne أَبْكُرَة pour ciruela (fruta).

تَبْكِيرَة matin, de bon matin, Bc.

بَكْرَج pl. بَكَارِج cafetière (vase pour le café), Hbrt 202, M, Bc, Lane M. E. I, 205 n., II, 39, Ztschr. VIII, 348, n., l. 12, 1001 N. IV, 582, 9 a f. Aussi بَقْرَج Domb. 92, Hbrt 202, et بَقَارِج Cherb., Ht, M (Alg.).

بكش

بَكُّوش muet, Hbrt 8 (Alg.), Bc (Barb.), M (Maghrib).

بكع

بَكَّعَة très-grande somme d'argent, M.

بكل

بكل II boutonner, passer le bouton dans la boutonnière, M.

بُكْلَة vase commun, Descr. de l'Eg. XVIII, part. 2, 417. — Pl. بُكَل boutonnière, M. — بكلة الشمس et القمر coup de soleil, de lune, Daumas Mœurs 353 et V. A. 426. — Le sens de بكلة est incertain dans ce passage cité Vêtem. 318, où il est question du manteau de Saint-Louis: وفي استلائه اجر تحته سنجاب وفيها شكل بكلة ذهب ة

بُكْلَة (fr. boucle) boucle; — agrafe, Bc.

بكم II rendre muet, Voc., Alc. (enmudecer (et mudecer) a otro, enñudecer (sous les noms); (تبكيم).

V devenir muet, Voc., Alc. (enmudecerse).

VII être réduit au silence, Merx Archiv I, 154, n. 6, aussi chez Abou'l-Walîd.

VIII devenir muet, Alc. (mudecer).

بُكُومَة mutisme, Voc., Alc. (enñudecer sous les noms).

أَبْكَم stupide, 1001 N. I, 46, 7 a f., p. e. en parlant du hibou, vers d'un poète qui n'avait rien reçu d'un grand seigneur (apud Haiyân 9 v°, 98 v°):

لا تنكرى للبين طولَ بكاءى   فالبين بَرَّحَ فى وعزَّ عزاءى
ابغى نوال الاكرمين معاولا   ابغى نوال البومة البَكْماء
— Sourd, qui n'est pas sonore, Bc.

بكى I. بصوت يبكى *plaintivement, d'un ton plaintif*, Bc.

V *pleurer*, Voc., Çalât 22 r°: واطنعموا فى التشكّى بالتبكّى ☆

بكا *deuil*, Ht.

بكاية *jérémiade* (plainte), Bc.

البكّاءون بكّاءون *les pleureurs*, classe d'hommes pieux qui pleuraient leurs péchés après avoir lu le Coran; R. N. 75 v°, en parlant d'un homme qui pleurait toujours après avoir lu des versets du Coran: وذُكر وكان ...؛ Khallic. I, 134, 6 Sl.: عند انه كان من البكائين — القاضى بكار احد البكائين التالين لكتاب الله تعالى *Faisant verser des larmes*, Gl. Fragm., Aghâni 41, 2.

بكّاى *pleureur*, qui pleure souvent, beaucoup;

شج بكّاى *pleure-misère*, *pleure-pain* (avare qui se plaint toujours de sa misère), Bc.

مَبْكى pl. مباك *temps où l'on pleure, jour de deuil*, Gl. Mosl.

بلّ الريق I. بلّ شوقه من — *étancher la soif*, Bc. — احد *satisfaire son désir de voir quelqu'un, jouir de la vue de quelqu'un, le voir, s'entretenir avec lui*, Bc, 1001 N. II, 63, 2 a f., Bresl. III, 242; dans un sens un peu différent, Macn. I, 872, en parlant de nouveaux mariés: بلغ اربه منها وبلّت شوقها منه

V *se mouiller*, Bc.

VII *se mouiller*, Voc., Alc. (mojarse). — *S'imbiber* (devenir imbibé), Bc.

بَلّ (ces voyelles dans les deux man. du Most.; chez Bait. I, 71 ◗ B بَلّ A, بُلّ I, 168 b A بُلّ). Les médecins et les botanistes arabes ont désigné par ce mot trois choses qui n'ont rien de commun ensemble, mais qu'ils confondent souvent. Il signifie 1° *sureau*, Ibn-Djoldjol, cité dans le Most. v° بلّ:

« On l'appelle en espagnol شبقة [les voyelles dans N; c'est سابوقو aujourd'hui par élision سابوق sauco,» sureau], et l'on dit que c'est اقطى [ἀκτῆ, sureau]; » — 2° *le concombre indien*, Bait. I, 168 b (confondu avec ce qui précède Bait. I, 71 b, Most v° بلّ حاما v° —

—3° *le fruit de l'aspalathe*, Most. v° دارشيشعان: اقطى)؛ وله ثمر يقال له البل ☆

بلّ (esp.) pl. ابلال *bâton*, Alc. (palo, palo que se arma la red). — *Pilori, carcan*, Alc. (palo para asaetear o picota). — *Coup de tison*, Alc. (tizonazo). — بلّ الدجاج *poulailler, lieu où les poules se retirent la nuit*, Alc. (gallinero donde duermen las gallinas); c'est proprement *la perche sur laquelle dorment les poules*. — Il y a conformité parfaite entre le valencien « pall,» que Ròs explique par « perche,» et le mot arabe.

بلّ. Pour indiquer qu'une côte est exposée aux incursions ennemies, Ibn-al-Khatîb (Mi'yâr 5, 1) dit qu'elle est: بلّ مارد؛ cf. 27, 5: بلّ الغارة البحرية ☆

بلّ (leçon et voyelles de B; A البل بُلّ مَرِين est le nom que le peuple du Maghrib donne à un animal marin, qui, à en juger par la description, est le *veau marin*; voyez Bait. II, 117 d. Je pense qu'en Espagne on a nommé autrefois cet animal « pollo marino » (pollo dans le sens du latin *pullus*).

سقط ما فى عينه بَلَّة بَلَّة *tomber mort*, M.

بلالة *faible reste* (v. Lane), Macc. I, 340, 17, بلالة خمير II, 717, 8, 17, بلالة العيش, Berb. I, 687, 8 a f.

بُلّة *moiteur, mouillure*, Bc.

بُليلة synonyme de زلابية, 1001 N. III, 437, 6 a f., 438, 1. — « Ces jeunes filles vendent aussi des pois chiches et des lupins bouillis; on aime les uns et les autres pour le déjeuner et on les appelle بليلة,» Burckhardt Nubia 259. — *Simple bouillie de dokhn*, d'Escayrac 287, 417, Pallme 82; *froment bouilli simplement*, Bc.

ابليل *sorte de poisson*, Yâcout I, 886, 3.

بلارج (πελαργός), *cigogne*, a les voyelles بُلارج dans B de Bait. II, 244 k (où le titre de l'article doit être قالرعوس (AB), 'c.-à-d. πελαργός), بَلارج dans le Dict. berb., بُلارج chez Domb. 62, بلرج, Calend. 59, 2, belerdj Tristram 400, belardje Shaw II, 172,

بلاندرة 108 بلم

b'elharge Jackson 67. Corrompu en أرش Hœst 295.

بَلاندرة (esp. balandra) brik (sorte de navire), Bc (Barb.).

بَلاَى pierre à aiguiser les outils (pierre du Levant), Cherb.

بلب

بُلْب (esp.) poulpe (animal marin de la classe des mollusques), Alc. (pulpo pescado).

بَلْبَة huile inférieure qui provient du marc, Pellissier 351; « belba-fi-toura, » huile encore plus grossière, celle que l'on extrait par une seconde pression du marc, ibid.

بَلْبَة (esp. vulva) pl. بُلَب vulve, matrice, Voc.

بَلاَبِى pois chiches lorsqu'ils sont grillés, Cherb.

بَلْبَرَة (b. lat. alabrum ou alibrum, Simonet 87) dévidoir, Voc., Alc. (devanaderas), qui a بَلِيبَر.

بَلْبَز I être encore en bouton (rose, œillet), Cherb.

بَلْبُوزَة bouton de fleur, Cherb.

بَلْبَشِيح est une ombellifère, Prax R. d. O. A. VIII, 281.

بَلْبَل I chanter (rossignol), 1001 N. Bresl. III, 120, 5, IX, 4, l. 4. — (Réduplication de بَلّ mouiller, Bc.

بَلْبَل sorte de bierre rouge, dans laquelle entre du millet; c'est une boisson enivrante, Pallme 48, Werne 23, Barth III, 525; chez Burckhardt Nubia 201 et chez d'Escayrac 417 أمّ بلبل.

بَلْبَال ephedra, Prax R. d. O. A. IV, 196; salicornia fruticosa, Ghadamès 330; « Bel-Balla » ibid. 128 et « Belbala » ibid. 291 sans explication. Cf. Gl. Esp. 243.

بَلْبُولَة cannelle, robinet mobile, Bc.

مُبَلْبَلَة en Egypte, pastilles d'ambre, Antâkî v° نَدّ: واهل مصر تجعله اقراصا يسمّونها المُبَلْبَلَة.

بَلْبَشَة pourpier, Pagni MS (blebxè).

بَلْبُوس (βολβός) ornithogale, plante aussi appelée churle; terre-noix (plante bulbeuse), Bc; pl. بَلاَبِيس lis sauvage, Payne Smith 1033.

بَلْبُوش (βολβός). C'est ainsi que ce mot est écrit dans le Gl. Manç. (in voce), où on lit qu'il désigne toutes sortes de plantes bulbeuses, celles qui sont bonnes à manger aussi bien que celles qui ne le sont pas. Dans Bait. I, 162 b, A a aussi le ش, mais dans B c'est un س.

بلم II fermer une porte avec un بلم, Voc. — Transplanter, Alc. (trasponer plantas).

V être fermé avec un بلم, Voc.

بلم pl. أبلاج cette serrure de bois que les Arabes nomment aussi ضَبّة, Voc., Alc. (aldaba o pestillo, pestillo, cerradura de pestillo, serradura de madera), Cartâs 39, 3 a f. (où Tornberg s'est gravement trompé sur le sens de ce mot; voyez sa note p. 372).

بليم cabine d'un navire. Ce mot, qui se rencontre dans les Merveilles de l'Inde, ouvrage arabe qui a été rédigé vers le milieu du X° siècle et dont M. Schefer possède un man., est le malais بيلق, cabinet, pièce d'un logis, pavillon, Devic 84.

بلوج, n. d'un. ة, pl. بَلاَلِيج (semble une autre forme de بلارج πελαργός), cigogne, Voc., Alc. (cigueña), والثقالق ايضا جمع لقلق وهو: Gl. Manç. v° لقالق الطائر المسمّى البُلُوج, Calendr. 33, 7, 41, 9, 50, 3. Chez Hbrt 67, Ht et Bc. بُولُوجَة, coll. بُولُوج. Dans L بُرْلُوجَة. Aussi بلوغة (voyez).

ابلوج (seul) sucre en pain, Bc. — أبلوج سُكَّر pain de sucre, 1001 N. I, 68, 8, Bresl. I, 150, 4, X, 230, 8; aussi ابلوج seul, Bc.

بلجار = برجار (voyez) compas, Payne Smith 868.

بلم.

بَلَم les dattes vertes, Prax R. d. O. A. V, 112; — une sorte de datte qui ne mûrit jamais, Bc; — datte mûre et fraichement cueillie, Bc; — datte qu'on laisse sécher sur l'arbre et qu'on mange au dessert, Burton I, 385, datte sèche, d'Escayrac 9; — « bla halef » (?) dattes avortées, ibid. 10.

بَلَحِيّات toutes sortes de parfums dans lesquels entrent les dattes dites بَلَح, Bait. I, 167 a (v° بلح): ويدخل في ضروب من صنعة الطيب كلّها تنتسب اليه يقال لها البلحيّات. Ce renseignement peut servir à expliquer le passage de Tha'âlibî Latâïf 94, 6.

بُلَيْحَة voyez l'article qui suit.

بلخ

بُيَيْحَآء gaude, *herbe-à-jaunir*, *Reseda Luteola* L.; Bait. I, 167 d, qui épelle le mot, dit qu'on nomme ainsi à Alexandrie la plante qui porte au Maghrib le nom de لَيْرُون, mot qui signifie en effet *gaude*. Dans la Descr. de l'Eg. XV, 207: «blyhah, gaude, Reseda Luteola Lin.» (inexactement beleghah, *ibid*. XVIII, part. 2, 384). Sang. donne: «بُلَيْحَة الصَبَاغ plante tonique et carminative; elle sert aussi à teindre en noir ou en vert les étoffes qui sont jaunes. Elle ressemble, dit-on, à la Roquette.»

بلخ

بَلْخِيَّة. C'est ainsi qu'il faut prononcer ce mot qui chez Freytag est بَلْخِيَّة, car c'est *l'arbre de Balkh*, الخلاف البَلْخي *le saule de Balkh*; voyez Bait. I, 167 c, 183 b.

بلختة (esp. *pleita*) *clayon*, *éclisse*, *moule d'osier à égoutter les fromages*, Alc. (*cincho para esprimir*); au mot «*encella*,» qui a le même sens, il prononce بلختة.

بلختة. C'est ainsi qu'il faut prononcer le nom de cette plante, qui chez Freytag est بِلَخْتَة; voyez Bait. I, 167 b, qui épelle le mot.

بَلَخْش, aussi بلخاش, *rubis balais* (cf. Gl. Esp. 233—4), vient du mot *balakhchân*, qui est employé souvent pour désigner la province de Badakhchân, Maml. II, 1, 71; Bat. III, 59: الياقوت البدخشى والعامّة يقولون البلخش ۞

بلد I. Le Voc. donne non-seulement بَلَّد, mais aussi بُلُودة comme n. d'act. de بَلَّد.

II c. a. *rendre indolent*, *apathique*, Voc., Bait. I, 209, en parlant de la pomme: يبلد ويكسل (le *techdîd* dans A). — *Obduro*, أَبْلَد وأقحَم, L.

IV. ما ابلدك *que tu es indolent!* 1001 N. Bresl. I, 179, 2.

V, en parlant d'un cheval, *manquer d'énergie*, Auw. II, 550, 18; aussi *devenir docile*, *ibid*. II, 543, 3. — En parlant d'une épée, *être émoussé*, P. Abbad. II, 78, 2.

VI *caliner ou se caliner*, *prendre ses aises*, *être indolent*, Bc.

X c. على *s'endurcir au crime*, *au vice*, Bc.

بَلَد *champ*, *pièce de terre*, Burckhardt Arabia I, 122, II, 209 n. (pl. بُلْدان). — Le pl. بلاد *canton*, Bc. — Le pl. البُلْدان a quelquefois le sens de *les habitants des villes*, p. e. 1001 N. I, 704; الأعراب والبلدان. En Espagne البلدان est aussi le synonyme de البلديون, mais dans le sens de: *les Arabes de la première invasion*, par opposition à *ceux de la seconde invasion*, *les Arabes de Syrie*, p. e. Akhbâr 45, 7: الشام والبلدان. — L'expression بلد بلاد, Akhbâr 94, 5, semble signifier: «Dieu donne le pouvoir selon son bon plaisir.» — ابن بلد, pl. اولاد بلد *citoyen*, *bourgeois*, Bc. — ابن بلاد *compatriote*; هو ابن بلادي «c'est mon compatriote,» Bc. — ابن البلاد *indigène*, Bc.

بَلَدَة. En astron. بلد الثَّعالب est: cette partie du ciel qui se trouve entre le second فرع (la première et la seconde étoile de Pégase) et le signe des Poissons, Alf. Astr. I, 145.

بَلَدِي (de بَلَد dans le sens de «grande étendue de pays, province»), en parlant d'hommes, *regnicole*, l'opposé de غريب et de بَرَّانى, «étranger,» Gl. Esp. 232—3, Carteron 175: «Toute la population indigène de l'Algérie se divise en deux classes, celle des «Beldis» et celle des «Berranis.» Les premiers sont les Arabes qui ne quittent pas leur pays et restent à cultiver dans leur douar natal. Les Berranis sont les Arabes qui changent de pays et vont chercher la fortune ou du travail dans les villes ou hors de leur tribu;» — en parlant de monnaies, *celles qui ont été frappées dans le pays même et non pas à l'étranger*, Gl. Esp. 233; — en parlant de plantes, *indigène*, l'opposé d'exotique; un grand nombre de noms de plantes sont composés avec cet adjectif, p. e. *le gingembre baladi*, qui est *l'aunée*, Gl. Esp. 233; Bc: *indigène* (qui croît naturellement dans un pays); *du pays*, qui est production du pays; قطن بلدى *béledin*, *coton du Levant*, Bc; en Syrie المَعَز البلدى et البقر البلدى sont les meilleures espèces de chèvres et de bœufs, Ztschr. XI, 477. — (De بلد dans le sens de «ville») *citoyen*, *bourgeois*, Voc., Bc.

بلر

بَلَدِيّ nationalité, Bat. IV, 329. — Possessions territoriales, Macc. II, 142, 15.

بُلَيْد, au pl. بُلْدَاء, Voc., Bc, et بُلْد, Voc.

بلر

بَلَّار, nom d'unité ة. Golius avait considéré بَلَّور comme une transposition de βήρυλλος; il lui avait attribué la signification de *béryl* ou *aigue-marine*, et en citant Pline H. N. xxxvii, 5, il avait expliqué comment ce mot avait reçu le sens de « cristal. » Lane n'admet pas le sens de *béryl*, et il semble regarder la ressemblance de بَلَّور avec βήρυλλος comme fortuite; mais ce qui prouve que Golius avait raison, c'est qu'Alc. traduit «beril piedra» par بَلَّور. — *Cristal*, Voc., Alc. (cristal piedra preciosa), Abbad. I, 40, 6 a f. et 87, n. 79, 1001 N. I, 119, 8 a f. Aujourd'hui on prononce بَلَّار en Algérie, Hbrt 173, Ht, Daumas V. A. 170.

بَلَّارة *coupe en verre*, Prax R. d. O. A. VI, 290.

بَلَّارِي *cristallin*, Voc.

بَلَّور *cristal*, Voc.

بَلَّور *ornement de femme*, voyez Lane M. E. II, 404.

بَلَّوري *cristallin*, Voc. (بلّوري, Bc — سندروس بلّوري *copal*, gomme d'une odeur agréable qui entre dans le vernis, Bc.

بلرج voyez بلارج

بلس

II c. a., V et تَبَلَّس, Voc. v° diabolus.

IV c. a. *éloigner*, Voc.

VII *s'éloigner*, Voc.

بَلَس *long poignard*, Burton II, 8. — (Voyelles incertaines) sorte de poisson, Yâcout I, 886, 2.

بَلَس pl. بَلَس *figue*, Voc. 2e partie; dans la 1re *figuier*.

بَلَس aujourd'hui *tapis de Nedjd grossièrement tissu*, Palgrave II, 19. Cf. J. A. 1849, II, 321, n., l. 6 a f., 323, n., l. 4; dans ce passage, Quatremère, J. A. 1850, I, 270, veut à tort changer la leçon.

بَلِيس vulg. pour إِبْلِيس, Gl. Esp. 238–9.

بَلِيس expliqué par كَرَّاث الكَرْم, Ibn-al-Djezzâr.

بلش

مُبَلَّس *possédé, tourmenté du démon*, Alc. (demoniado).

مُبَوَّلَس même sens, Alc. (diabolico, endemoniado o endiablado).

بَلَسَان *sureau*; بلسان صغير *hièble*, Bc. — حَبّ البَلَسَان. Selon Bait. I, 140 c, les droguistes entendent sous ce terme le fruit du bachâm; mais probablement il s'agit de la liqueur qui découle du bachâm; voyez Lane sous ce dernier mot.

بلسطين *sorte d'oiseau*, Yâcout I, 885, 8; chez Cazwînî بلطين.

بلسقية (φλασκίν) *bouteille*, Fleischer Gl. 72.

بَلَسْكَة *giberne* (boîte aux cartouches), Bc (Barb.), *cartouchère des Kabyles, en cuir de différentes couleurs*, Cherb.; *porte-pistolets*, Carette Kab. I, 289.

بلسكى = بلسك (*grateron*, Bc), Bait. II, 440 a, où il renvoie à la lettre B, c.-à-d. à I, 169 c.

بَرْسَم et بَلْسَم, I et II, Voc. v° mutus.

بَلْسَم pl. بَلَاسِم *baume*, Bc. — *Balsamine*, Hbrt 50; chez Bc بلسم زهر. — بلسم اسرائيل *baume de Judée*; بلسم التعطيلية *opobalsamum*; بلسم أبيض *baume de Copahu*; بلسم مائع *stacté* (myrrhe stactée); بلسم هندي *baume du Pérou*, Bc.

بَلْسَمِيّ *balsamique*, Bc.

بَرْسَم (écrit بَلْسَم) *mutisme*, Voc.

مُبَرْسَم et مُبَلْسَم *muet*, Voc.

بَلْسَمِينَة *balsamine*, Bc.

بلش I, aor. i, c. ب *enticher* (faire adopter une opinion); بلشد ب *infatuer* (prévenir excessivement en faveur de ce qui ne le mérite pas), Bc. — بلش في *jeter, mettre dans l'embarras*; aussi في بلشة; دعوة رديئة بلشه بلشة *laisser un os à ronger, susciter un embarras*; بلش في *se trouver dans l'embarras*, Bc.

VII c. ب *se coiffer de, s'engouer de, s'entêter de*, *s'infatuer, se passionner pour*; حَبّ *s'amouracher de*, Bc. — *Se trouver dans l'embarras*; انبلش في بلشة عظيمة «il est tombé dans une affaire fâcheuse, dans un grand embarras,» Bc.

بلش *espèce de roseau*; voyez sous قَصَب (Most.).

بَلْشْنَة embarras, affaire fâcheuse, Bc; cf. بلش I et VII.

بَلاش, vulg. pour بِلا شَىء, gratis, pour rien; aussi بِالْبَلاش, Bc.

بلاش et بلايش = حَرَّمَل, Most. sous ce dernier mot.

بَلِّيش pl. بَلالِش grand panier où l'on garde le pain, la farine, etc., Alc. (nassa para trigo, sera de esparto).

بَلَشْتِيْرة (esp. ballestera) embrasure, créneau, meurtrière, ouverture pour le canon et autres armes, Voc.

بَلَشُون et بَلَشُوم, héron, sont formés d'un mot copte, qu'on trouve écrit, avec l'article, ⲡⲓⲉⲗϫⲟⲟⲩ, ⲡⲓⲉⲗ-ϫⲱⲃ et ⲡⲓⲉⲗϭⲱⲃ, Ztschr. für ägypt. Sprache u. Alt., 1868, p. 56, 84. L donne honocrotalus, بَلَشُون, et l'on pense que ὀνοκρόταλος est le cormoran.

بلص I, aor. o, faire une avanie à quelqu'un, rançonner (exiger plus qu'il ne faut), Bc, opprimer, vexer, Ht, Hbrt 210, M, Amari Dipl. 207, 5.

بَلَص avanie, vexation, Hbrt 210, Bc, M, taxe, contribution, Ht. — Outil d'orfèvre; c'est آلة مَحفورة تُطْبَع عليها رقاقة الذهب أو الفضّة لكى تتشكّل بشكلها, M.

بَلْصَة, pl. بلص, بَلَصات et بَلَاصَن, même sens que le premier بَلَص, Hbrt 210, Bc (aussi concussion, exaction, extorsion, maltôte), Bg, de Sacy Chrest. III, ١٣٩, 2, Ztschr. XI, 438, n. 2.

بَلَّاص exacteur, maltôtier, Bc. — Pl. بَلَاليص cruche, Bc, sorte de jarre qui se fabrique dans le Ça'îd, où l'on met l'huile et d'autres liquides, Descr. de l'Eg. XVIII, part 2, 416, XII, 433, 471; aussi: une mesure d'huile, ibid. XVII, 230, 232.

بَلْصَم I embaumer, Payne Smith 1320.

بَلْطَم I bredouiller, parler d'une manière peu distincte, sans articuler, Bc.

بلصام beau diseur, beau discoureur, qui affecte de bien parler, Bc.

تَبَلْصَم bredouillement, Bc.

مُبَلْصَم bredouilleur, Bc.

بلط II fouler, battre, aplatir, Prol. II, 320, 10, 321,

5. — Louvoyer, aller tantôt d'un côté et tantôt de l'autre pour profiter du vent, Bc, Ht, Hbrt 130. — Dans le Voc. sous via et sous inverecundus.

V (dénominatif de بَلْط) s'enfuir, Gl. Belâdz. — Dans le Voc. sous via et sous inverecundus.

VI faire le diable (enfant), polissonner, Bc.

كان يُلَقَّب البلط et بَلَّط. Dans la phrase: لشدّته وصلابته, Berb. I, 43, dern. l. (cf. 333, 10, 336, 4), il faut traduire hache (voyez Lane), et non pas «pavé,» comme l'a fait de Slane, qui a cru à tort que بلط est l'équivalent de بلاط.

بَلَط pl. أَبْلاط route, chemin, Voc.

بلط, Bc, وَلَد بلط ou بَلَط, M, démon, enfant vif, pétulant, Bc.

بَلْطَة pl. بلط hache, Hbrt 84, Bc, M. — بَلْطَة خلطة بَلطَة barreau (sorte de barre), Bc. — خشب pêle-mêle, Bc.

بَلَطي (cf. Lane) voyez le Gl. Edrîsî; Bc: barbue (poisson plat du genre du turbot; et turbot; Vansleb 72: «Le «Bulti» qui après la Variole est le meilleur poisson du Nil, et celui-là a des écailles;» cf. Browne I, 101—2, Seetzen III, 274. Chromys nilotica Cuv., Ztschr. für ägypt. Sprache u. Alt., mai 1868, p. 55.

بَلَطي effronté, Voc.

بَلْطِيَّة = le poisson nommé بَلَطي, Bc, 1001 N. Bresl. X, 232, 259.

بَلْطَجي (turc بالْطَجي) sapeur, Bc, M.

بَلاط (palatium) palais ou tente impériale, Maml. II, 1, 278, Akhbâr 5, l. 5, 12, 1, 21, 6. — (B. lat. baletum) pl. أَبْلِطَة et galerie couverte, Gl. Edrîsî; — nef couverte, comprise dans une mosquée, ibid. Le بلاط الوليد semble avoir été une des nefs dont se composait la grande mosquée de Damas, bâtie par le calife omaiyade al-Walîd, mais les Bédouins désignaient cette mosquée par ce nom, de Slane Prol. I, 360, n. 3. — حَجَر بلاط grès (pierre qui sert à paver), Bc.

يَلْبُط espèce de laurier, Alc. (mostajo arbol). — زَعرور متاع يلبط (de) fruit de l'aubépine, Alc. (majuela fruta de cierta yerva).

بَلِيط pl. بُلَطَاء effronté; espiègle, lutin (enfant

bruyant), *démon (enfant vif, pétulant)*; ولد بليط *enfant diable, enfant turbulent*, Bc.

بَلاطَة *effronterie*, Voc. — *Herbe aux mites*, Bc. — Dans un autre sens, voyez sous مُطْفَحَة.

بلاطو (esp.) pl. بلاطوس *plat (sorte de vaisselle)*, Alc. (plato).

بلاطية (b. lat. *poletum, poleticum*, gr. πολύπτυχον), en Sicile, *rôle de serfs ou vassaux appartenant à une même seigneurie ou à un même monastère*, J. A. 1845, II, 319, 9, 336.

بَلِيطَة *manteau de femme*, Roland (cf. بَلُّوطَة).

بَلُّوط (*gland*). Le pl. ات, Abd-al-masîh al-Kindî 36. Le Voc., qui prononce بَلُّوط, donne le n. d'un. ة et le pl. بَلَاليط, qui se trouve dans le Gl. Manç. v° فرزجة et chez Roland (بلالط). — بلالط *boutons de fleurs*, Roland. — بَلُّوطَة العين *pupille, la prunelle de l'œil*, Domb. 86.

بَلُّوط pl. بَلَاليط *casaque d'homme*, Alc. (sayo de varon).

بَلُّوطَة pl. بَلَاليط *jupe de femme*, Alc. (saya de muger). Il paraît que c'est l'esp. « pellote » (cf. Gl. Esp. 304, 3—5). Cf. بَلِيطَة.

بَلُّوطى (βαλλωτή) *Ballota nigra*, Bait. I, 166 e, II, 64 e.

بَلَاليط *pavage*, Roland. — *Fossés creusés dans les champs pour l'écoulement des eaux*, Ibn-Loyon 3 v° dans le texte بالبلاليط العماق, avec cette note marginale: البلاليط تسمى السباجات وهى للحفر المستطيلة لينزل الماء اليها ٭

تَبْليط *carrelage, pavage, pavement*, Bc. — *Autel*, Ht.

تَبْليطَة *soubassement, espèce de piédestal continu servant de base à un édifice*, Bc.

مبلط comme synonyme de جاحظ et pour expliquer le syriaque ܡܨܚܨܚ, Payne Smith 1425.

مُبَلِّط *carreleur, paveur*, Bc.

مَبْلَطَة *chênaie, lieu planté de chênes*, Voc.

مَبْلَطَة *grande route pavée*, Voc., Macc. I, 124, 2 a f.

بَلْطار (esp.) pl. ات *palais (partie supérieure du dedans de la bouche)*, Alc. (paladar de la boca).

بلطح

مُبَلْطَح vulgaire pour مُفَلْطَح, M (sous ce dernier mot).

بلظ,

بُلَيْظ *ivoire*, Ibn-al-Djezzâr: علج هو البليظ وهو عظم الفيل. M. Simonet, qui m'a fourni ce passage, croit que c'est *pulido (politus)*.

بلع I *absorber*, Hbrt 174, Bc. — *Submerger*, Ht. — *En tenir, être dupe*, Bc. — Chez Alc. « paladear el niño; » Nebrija donne : « paladear el niño quando mama, lallo, » et il prend lallo dans un autre sens que nos dict. latins, car il le traduit par « mamar, o apoyar las tetas. » — *Se rendre coupable de concussion*, Alc. (cohechar). — بلع ريقه *respirer, prendre haleine, avoir quelque relâche*, Bc., Macc. I, 825, 3 a f., avec la note de Fleischer Berichte 258. — بلع المرّ *avaler la pilule, faire ce qui répugne*, Bc. — بلع بعينه *dévorer des yeux, regarder avec attention*, Bc.

VII *être avalé*, Voc.

بَلْع *trait (ce qu'on avale d'une gorgée)*, Bc. — *Gloutonnerie*, Alc. (gargantez, tragonia). — *Concussion, exaction injuste*, Alc. (cohecho, cohecho de juez).

بَلْعَة *grand repas*, Alc. (comida grande).

بُلُوع *pilule; bol ou bolus (petite boule composée de drogues médicinales)*, Bc. — *Hameçon*, Hbrt 77.

بَليع *englouti*, Gl. Badroun.

بَلَّاع *concussionnaire*, Alc. (cohechador). — ارض بَلَّاعة *terres absorbantes*, Bc.

بَالُوعة pl. بَلَاليع *tourbillon d'eau*, Alc. (remolino de agua).

بَالُوعَة *lunettes (ouverture ronde des latrines)*, Bc.

مُبْلِع *tourbillon d'eau*, Alc. (remolinado de agua).

مُبْتَلِع *glouton*, Hbrt 245.

بلعم

بُلْعُوم Le pl. بلاعيم, Diw. Hodz. 191, vs. 50.

بلغ I (ellipse de غايته) *faire tous ses efforts pour*, في وذلك, Bidp. 239, 9: وابلغ لك في الكرامة (cf. 211, 2: شرف وبلغ. — (Aussi par ellipse), يمنعني من كثير ممّا اريد ان ابلغه من كرامتك. — (Aussi par ellipse) *parvenir à de grands honneurs*, Akhbâr 25, 3 a f.: شرف وبلغ. — (Aussi par ellipse), en parlant de choses, *être en assez grande quantité pour être sujettes à l'impôt*, Gl. Maw. — C. ب p. *élever quelqu'un aux honneurs*, Akhbâr 82, 5.

II (par ellipse) *faire parvenir à sa destination*, Gl. Bayân, Akhbâr 76, 11. — (Par ellipse) *transmettre des traditions*, P. Macc. II, 663, 16 et 18. — *Répéter les paroles de l'imâm* (cf. مُبَلِّغ), Maml. II, 2, 72, l. 2; Lobb al-lobâb 252, où le mot المُكَبِّر est expliqué par المُبَلِّغ تكبيرَ الامام, mais il faut prononcer المُبَلِّغ; de même Koseg. Chrest. 119, 10: وكان القاضى يُبْلِغ عند التكبير prononcez يُبَلِّغ. — *Dicter une lettre*, Hbrt 107. — بلّغ الامر *référer, faire un rapport*, Bc. — بلّغ لحاكم شيئًا *dénoncer, faire connaître à l'autorité*, Bc.

III *exagérer*, Bc; بالغ فى وصف الشى *charger, représenter avec exagération*, Bc; dans le même sens بالغ فى شى, Nowairî Espagne 448: وله مناقب كثيرة بالغ اهل الاندلس فيها حتى قالوا يشبه بعمر بن عبد العزيز. — بالغ الثمن *payer un prix excessif*, Haiyân-Bassâm dans mes Notices 181 n., l. 5 a f.: وهو اوّل مَن بالغ الثمن بالاندلس فى شراء القينات afin qu'on ne soit pas tenté de lire بالغ فى الثمن, j'observerai que le man. B n'a pas فى, et que le Voc. (v° *excedere*) donne aussi la constr. avec l'accus.

أبْلَغ *mal vénérien*, Palgrave II, 31.

بُلْغة, pl. ات Voc., ou بُلَغ Bc, ou بَلاغي Domb., au Maghrib *sandale faite de sparte*, Voc. (*avarca d'espart*); Ibn-Abd-al-melic 166 r°, dans son article sur Ibn-'Ascar, l'historien de Malaga (né vers 584, mort en 636), cite des vers de ce savant في صفة النعل المتَّخذة من الحَلْفاء وفى التى يسمّيها اهل الاندلس وبعض صاقلُهَا من اهل العدوة بالبُلْغة (sic) وفى من قصيدة طويلة فى مدح المامون ابى العَلَاء بن المنصور من بنى عبد الموّن. Dans le poème on trouve le vers:

لتَبْليغها المصطرّ تُدْعى بِبُلْغَة (sic)
وان قُسْتَ بالتشبيه شِبْهَتها نَعْلا

Aujourd'hui ce mot est encore en usage au Maghrib et en Egypte. On le prononce بُلْغة, Ouaday 598, Bc, mais plus ordinairement بَلْغة, et il désigne une espèce de chaussure qui ressemble, soit à nos souliers (l'imâm de Constantine: وامّا البلغة فهى تـقـرب من النعل الرومى, Dict. berb., Ouaday 598, Prax 4, 7, *bottine*, Bc), soit à des pantoufles ou babouches (Sandoval 308, Pflügl LXVII, 6, Descr. de l'Eg. XVIII, part. 2, 388).

بَلَغ *maturité*, Bc, de Sacy Chrest. II, ٢٩, 11. — *Puberté*; بلاغ السنّ *âge mûr, nubilité*, Bc. — بلاغات *des nouvelles*, Cout. 44 r°: بلغت الوزراء واكابر الناس عنه بلاغات منكرة ؟

بليغ *ferme, énergique* (style); *pathétique*, Bc. — *Grave, profond* (blessure), 1001 N. I, 82, 4; بليغًا *grièvement, mortellement*, Bc.

بلوغة *cigogne*, Abou'l-Walîd 786, 11; c'est une autre forme de بُلْوجة (voyez).

بالغ *esclave de quinze ans, et au delà*, Burckhardt Nubia 290; cf. d'Escayrac 506. — جرح بالغ *blessure profonde*, Bc. — شديد بالغ *intense*, Bc. — قاصر بالغ *chose finale*, Alc. (final cosa); القاصر بالغ *pour conclure*, Alc. (en conclusion).

الا بالغى (turc) *truite*, Bc.

أبْلَغ *plus expressif*, Bc. — ابلغ غاية *le dernier degré*, Bc.

تـبْليغ = تَعْريف *notification, visa d'un fonctionnaire*, Bat. III, 407. — Figure de rhétorique par laquelle on indique qu'un poète a employé un mot oiseux à cause de la rime, Gl. Badroun.

مَبْلَغ *action* (somme, effet de commerce), Bc.

مُبَلَّغ *celui qui a été averti, qui a reçu un ordre*, Bat. III, 427, où je crois que la traduction: « par crainte que l'individu averti ne nie d'avoir reçu l'ordre, » est bonne; mais dans ce cas il faut prononcer يُنْكَر المُبَلَّغ, au lieu de يُنْكِر المُبَلِّغ.

مُبَلِّغ *référendaire*, Bc. — *Dénonciateur;* مبلغ للحاكم *indicateur* (qui fait connaître un coupable), Bc. — *Celui qui* (le fonctionnaire qui) *écrit son visa*, Bat. III, 407. — *Un fonctionnaire attaché à une mosquée, et qui répète, d'une voix sonore, une partie des paroles destinées à annoncer la prière, et qu'a prononcées l'imâm ou le khatîb*, Maml. II, 2, 79; cf. Descr. de l'Ég. XII, 228, Burton I, 298.

مُبَالِغ *exagéré* (qui exagère); — *amplificateur; déclamateur qui exagère;* — *recherché* (opposé à naturel), Bc.

بُلْغَارِي *cuir de Bulgarie, cuir de Russie*, Vêtem. 156, n. 1, J. A. 1850, II, 195, n. 2; dans B de Bait., sur la marge de l'article الدُهن الرومي: خلنج يدهن به البلغاري مستخرج من هذه الشجرة

بلغري (ital. *pellegrino*) *pèlerin*, Gl. Djob.

بَلْغَم I *cracher, pousser dehors la pituite*, Voc., Alc. (escopir gargajos, gargajear).

II Voc. v° fleumaticus.

بَلْغَم forme au pl. بَلاغِم, Alc. (gargajo). — البلغم الغليظ *gourme* (maladie, mauvaises humeurs), Bc.

بَلْغُوظَك *nom d'une plante à Barca et à Cairawân*, Bait. I, 4 b (AB).

بلفك *tour, tromperie, surprise*, Bc.

بلق II c. a. et V, Voc. sous variare et sous ocrea.

IV *fermer la porte*, Abou'l-Walîd 97, 14 et 15.

بُلُوقَة *variété de couleurs*, Voc.

بُلُوق pl. بَلَالِيق *botte* (chaussure), Voc.; anc. port. *baluga et balegoens*, Simonet 283.

بَلِيق pl. بَلَالِيق *espèce de poème populaire comique et licencieux*, J. A. 1839, II, 164, l. 10, *ibid.* 1849, II, 249, 1001 N. Bresl. I, 161, 7.

البُلْق أَبْلَف. *Les jours dits* sont au nombre de quarante, dont vingt sont avant les « nuits noires, » 22 novembre—11 décembre, et vingt après ces nuits, 21 janvier—9 février, Calendr. 28, 107. — *Sorte d'oiseau*, Yâcout 1, 885, 5. — العَيْن البَلْقَاء *impudence et indocilité*, M.

بلم

ابيلق « *D'autres épiciers préparent l'aloès avec des écorces du bois qui est appelé* الابيلق (un peu bigarré de blanc et de noir), » J. A. 1861, I, 10.

بَلْقَار (esp.), pl. ات, Voc., ou بَلاقِر, Alc., *pouce* (le gros doigt de la main), Voc., Alc. (dedo pulgar). — *Orteil* (le gros doigt du pied), Alc. (pulgar de pie o mano). — *Pouce, mesure, douzième partie du pied*, Alc. (pulgada medida). — Le قُصَيْب (voyez) *quand il est court, c.-à-d., une sorte d'instrument fait en forme de grue, dont les laboureurs usent pour mesurer les terres et fossés.* — *Foie de chèvre*, Most.: كبد الماعز يراد بكبد الماعز الزيادة التي وهي التي تسميها بالبلقار ومعناه الابهام؛ العامة بالبلقان, la voyelle est dans N; La بالبلقان, ce qui est une faute; le juif qui a ajouté des notes espagnoles au man. L, traduit: *pulgarejo de cabras de asadura*.

بَلْقُون (esp. pulgon) *tigre, liset*, petit insecte qui ronge la vigne, Auw. man. de Leyde 123 r° (dans l'édition de Banqueri, I, 509, une dizaine de pages manquent): قال ع تنقى للفان بعد الزبير من قشرها اليابس فإن فيه يتكوّن الدود والبلقون ۞

بلكك. بلك *sorte de poisson*, Yâcout I, 886, 6.

بُلُك (turc بولك) pl. ات *corps de troupes;* — *intermédiaire* (سفير), M.

بُلُكْبَاشِي (turc) *commandant d'infanterie*, M.

بَلْكِي ou بَلْدَكَة (turc) *peut-être*, Bc, M.

بلم I, aor. a, *abrutir, abêtir, rendre bête*, Bc.

IV ما ايلمك *que tu es bête!* 1001 N. Bresl. IV, 267, 12 (mal expliqué dans la note).

VII *s'abêtir, devenir bête.*

بلم *bête, stupide*, sans ة *en parlant d'une femme*, 1001 N. Bresl. IX, 217, 4 a f.: وكانت التجارية بلم غشيمة ۞

بَلَمَة *brochet*, Hbrt 70.

بلمى *sorte de sycomore*, Bait. I, 256.

بَلَّام *caveçon*, Bc; dans M كِمَام التَّوْر.

بليم *osier*, Ht.

بَلَم et بِيلَم osier, Domb. 69.

أَبْلَم bête, stupide, 1001 N. Bresl. XI, 105, 3 a f., 141, 10.

أَبْلَمَة. Voyez sur l'expression شَقّ الأُبلمة les auteurs cités Abbad. III, 99, 1—3; elle se trouve Abbad. I, 248, 12 (corrigé III, 98, 3 a f.), Berb. I, 362, et il faut lire de même, avec notre man. 1350, II, 42, 4 a f.

بَلْمَطِح vin, Voc.

بلمو sorte de poisson, Cazwînî II, 119, 18.

بلن بَلَان (ou بُلِين? bulîn) aubin, blanc d'œuf, Alc. (clara de huevo).

بَلَان l'art de laver les femmes dans le bain et de tresser leurs cheveux, 1001 N. IV, 482, 8 (cf. la trad. de Lane).

بَلَان (bain chaud, ne vient nullement de la racine بلّ (Freytag, Lane), mais de βαλανεῖον), garçon de bain, se trouve 1001 N. I, 244, 409, 693, Bresl. IV, 352, 353. Le fém. بَلَّانَة 1001 N. I, 425, IV, 482, Lane M. E. I, 244, II, 53; coiffeuse; dame d'atours, Bc. — (Βάλανος) gland de mer, pouce-pieds (coquillage), Bc.

بَلَان nom d'une plante, Bait. I, 169 b (qui épelle le mot), selon Rauwolf 287 hippophaë Diosc.; selon M, qui prononce بَلَان, n. d'un. ة, épithyme; il ajoute que le vulgaire le nomme شوشة البلان.

بَلَّانَة (esp.) pl. بَلَالِين baleine, Voc., Alc. (vallena de la mar).

بَلَنْبِينَة (esp. palomina, pour palombina) colombe, fiente de pigeon, Voc.

بَلَنْتَاين (esp.) plantain, Alc. (llanten yerva), Auw. II, 321, 3; dans le Voc. أَبْلَنْطَاين.

بِامْنَجَاسِف = بِرَنْجَاسِف, Bait. I, 170 b et 283 h, II, 113 b.

بَلَنْط C'est ainsi qu'Abou'l-Walîd, 84, 28 et suiv., prononce le nom de cette pierre, qui s'appelle selon Freytag بَلَنْط.

بلى I. بلهان بلهة comme nom d'action, 1001 N. I, 276, dern. l. — Au lieu de بَلَه, le Voc. (sous ebetare) a بَلَه, avec le nom d'action بُلُوقَة.

II abêtir, rendre bête, Voc., Bc.

V devenir imbécile, stupide, Voc., Alc. (bovear, embovecerse), s'abêtir, devenir bête, Bc.

VI. تَبَالَهْنَ بِالعِرْفَان لَمَّا عَرَفْنَنِي «elles feignirent de ne pas me connaître,» P. Aghânî 84, 10.

بَلَه bêtise, folie, démence, Alc. (boveria, modorria o boveria, locura), Athîr X, 404, 7 a f.

أَبْلَه imbécile, idiot, stupide, fou, Alc. (bovo, bavoso, bausan, loco como bovo, modorro o bovo), Bc.

بلى et بلو II c. a. dans le Voc. sous tribulari, par conséquent = IV dans les dict.

IV c. a. donner à des feuilles de papier l'apparence de la vétusté, Prol. II, 198, 10.

VIII. المُبتَلَى بِها = l'amant de sa femme, Becrî 33, 3 a f.

بَلَاء. أَصْحَاب البلاء les lépreux, Ztschr. XX, 493, souvent dans le R. N.; cf. مُبْتَل.

بَلْوَى pauvreté, P. Macc. I, 633, dern. l. — Dans les Prol. ce mot a souvent le sens de حَاجَة, besoin, ce qui est nécessaire, p. e. II, 1, dern. l.: وما تعمّم به البلوى فى معاشهم ومعاملاتهم, 202, 1, 213, 4, 240, 12, 266, 3. — Sorte d'oiseau, Yâcout I, 885, 16; chez Cazwînî بلبو.

بَلِيَّة aventure galante, intrigue amoureuse, Aghânî 64, 13. — اهل السيلايا ceux qui ont des maladies, Edrîsî Clim. III, Sect. 5.

بَال périssable, Bc.

مُبْتَل lépreux, Bc, 1001 N. III, 424, 6 a f. La forme du passif, مُبْتَلَى, serait plus correcte, et l'on pourrait prononcer ainsi le مبتل de Bc; mais dans les 1001 N. c'est مبتل, et le vulgaire (voyez Lane) dit ابتنى pour ابتلى. — Vérolé (qui a la vérole), Bc.

بلوطار thrincia tuberosa, Prax R. d. O. A. VIII, 279.

بلبّاط (پ chez Alc.) (esp. poleadas), pl. ات et بَلَاوِيط,

espèce de bouillie qu'on mangeait avec de l'huile, Voc. (pultes), Alc. (puchas), Macc. II, 204, dern. l.

بلبان = حلبيانا erysimum, Payne Smith 1282.

بلْبيان expliqué chez Ibn-al-Djezzâr par سايسرج ou سانبرج; s'il faut lire شاغنرج, c'est *fumeterre*.

بلبطش, en Espagne, *blette* (amaranthus blitum), Bait. I, 154 b.

بَلْبُول *mantelet, petit manteau*, L (mantica). C'est évidemment *palliolo* (le dimin. de *pallium*; l'ancien esp. avait encore *pallio*; voyez le Glossaire que Sanchez a ajouté au 2ᵉ volume de sa Coleccion), et le témoignage de L est fort important pour corriger le texte de Macc. I, 252, 3 a f. On y lit qu'Ordoño portait un vêtement qui, dans les man., est nommé بلبيون ou بلبيون, dans l'éd. de Boulac بَلْبُوَال بلوان. Il faut lire بَلْبُوَال; c'est le dimin. esp. en *elo*.

بليون (esp. *pailon*, augmentatif de *paila*) pl. بَلَايِين *seau, baquet*, Cherb., Ht. — (Fr. ou ital. *billione*) *billion, mille millions*, Bc.

بلينجى *tonnelier*, Roland (du premier بليون avec la termin. turque جى).

بمبة (ital. *bomba*) coll. بَمْب *bombe*; ضرب عمب *bombarder*; ضَرَّاب البمب *bombardier*, Bc.

بن I c. a. a une signification qui m'est inconnue R. N. 31 rᵒ, où on lit que بتّانة, en parlant d'une femme mariée, signifie: التى تبين وَلَدَ غَيْرِكَ عندك.

II dans le Voc. sous *sapidus*.

V c. ب p. *adopter* selon de Sacy, *être attaché à* d'après Fleischer, Gl. Abulf. — Dans le Voc. sous *sapidus*.

X *savourer*, Roland.

بن *saumure de carpe*, le مُرَى (voyez) du poisson dit بُنّى, selon le Gl. Manç. sous ce dernier mot; il a aussi cet article: بن هو مُرَى الحوت يُتَّخَذُ حوت مُعَفَّن وملح وعصير العنب ويترك فيصير كالحُقر لونا وقواما ويَسْخُن جِدًّا ولا يُسْكِرُ. On prépare donc le « bonn » avec du poisson pourri, du sel et du moût,

qu'on laisse reposer jusqu'à ce que la saumure ait acquis la couleur et la consistance du حقر (?). Golius n'avait pas bien compris le sens de ce mot, mais du moins il n'était pas tombé dans la singulière erreur de Lane, qui a confondu deux significations, celle de *saumure*, et une autre entièrement différente, celle de *fève du cafier*, en une seule. — Non-seulement *fève du cafier* (pl. أَبْنَان, Bc), mais encore *café* (liqueur), Hbrt 12; aussi dans le Yémen, Niebuhr B. 52. بن جازى *moca* (café de Moca), Bc.

بنّة الرجل *orteil, doigt du pied*, avec بنان comme coll., Domb. 86. — *Saveur, goût*, Hbrt 14 (Alg.), Roland.

بنّة *saveur, goût*, Voc., Hbrt 14 (Alg.). — بن coll. *coque ou peau couverte de piquants, qui enveloppe la châtaigne et le gland*, Alc. (erizo de castaña o de bellota).

بُنْتَى (cf. Gl. Edrîsî, Bruce V, 211) est en bornouen le nom général des poissons, Denham I, 260. بُنْتيّة سمكة 1001 N. Bresl. IV, 325, 4 a f. = بُنْتَى *ibid*. 324, 10.

بنان *orteils, doigts des pieds*, Voc.

بَنُون *dessert*, Hbrt 16 (Alg.), M (Maghrib).

بَنِين, fém. ة, pl. بنّان, *agréable au goût, délicat, savoureux, exquis, excellent, succulent*, Prol. III, 412, 2 a f., avec ma note dans le J. A. 1869, II, 208, Voc. (sapidus); je crois devoir attribuer le même sens à ce mot dans un passage des 1001 N. I, 730, 2, où on lit que deux ermites ne se nourrissaient que de mouton et de lait de brebis, متجرّدين عن المال والبنين « en renonçant à l'argent et aux mets délicats, » car il me semble qu'on ne peut pas traduire ici: « et aux fils. » — *Gracieux*, Alc. (gracioso). — *Vené, qui commence à se gâter et à sentir* (viande), Alc. (manida asi como gallina).

بَنِين *souci* (fleur), Pagni MS.

بَنُّون pl. ات *vexillum*, Voc. Ce mot doit appartenir à un dialecte espagnol qui avait la forme *pennon* = fr. pennon, prov. peno, penon (Raynouard IV, 409 a), ital. pennone, a. cat. panó, esp. pendon.

بتّانة voyez sous la Iʳᵉ forme du verbe.

بَنْبَةٌ (esp.) *pompe* (machine pour élever l'eau), Alc. (bonba para agua); chez Lerchundi بومبة.

BENBAZAR *mousseline de Smyrne*, Daumas Sahara 199.

بَنْبَن (esp. pampano) *pampre, branche de vigne avec ses feuilles*, Ibn-Loyon 15 r°: وغرس قضبان الدوالى الأحسن منها الذى يقال فيه البَنْبَن من الدوالى، البَنْبَن هو الذى بخرج id. 25 r°: في العود البالى من الدّالية ويقال له النَّبُوط ولكثير من الشنابل (?) ✩

بَنْتَفِيلُون (πεντάφυλλον) *tourmentille* (plante), Alc. (sicteenrama yerva).

بَنْتَن I c. على *menacer*, Voc.

بَنْتُومَة (Most. L) ou بَنْتُومَة (Most. N), en Espagne, *gui*, plante parasite qui naît sur les branches de certains arbres, de l'olivier, de l'amandier, du grenadier, etc., Bait. I, 180 c, 471 c, II, 222 f, Most. in voce, Ibn-al-Djezzâr.

بنج II c. a. *mettre du bendj dans un mets*, 1001 N. IV, 171, 4: وعملت من جملة ذلك طبقا صينيا فيه — C. a. *appeler des oiseaux*, Voc. حلاوة — ووضعت فيه البنج وبنّجتَه.

V *s'enivrer avec le bendj*, Mong. 126 a, Voc., 1001 N. III, 278, 5 a f. — *Être appelé* (oiseau), Voc.

بَنْج, le pl. بُنُوج dans le Voc. — *La pâte ou la liqueur extraite de la plante* bendj, Mong. 126 a. — جاورس, on Ifrîkiya, *millet*, Gl. Manç. v° السودان.

بَنِج (b. lat. panicium, esp. panizo) *panis, panicum, espèce de millet*, Voc.

بَنَاجَة (lat. vinacia, prov. vinaci), pl. بَنَاتِج et ات, *vinasse, marc de raisin*, Voc., Alc. (pie de uvas pisadas). — *Marc en général, ce qui reste des fruits pressés*, Alc. (burujo de algo).

بَنُوج, n. d'un. ة, sorte de *pêche* dont la chair se détache aisément du noyau, Alc. (prisco como durazno).

بِنْجَاك *le cheviller du luth*, Descr. de l'Eg. XIII, 227.

بَنْجَر *betterave*, Bc, Hbrt 48, Ht, Vansleb 100.

بَنْجِير nom d'un arbre inconnu dans le nord-ouest de l'Afrique, mais qu'on trouve dans les montagnes de Grenade, Gl. Manç. v° غبيرا.

بَنَّاكْشُتْ et بَنَاكَنْكُشُتْ (pers.) *vitex, agnus-castus*, Bc.

بند II Voc. sous *vexillum*. — Voc. sous *balista*.

V Voc. sous *vexillum*.

بَنْد *cordon* (tresse, ruban), Bc. — *Courroie pour chaussures*, Bc. — *Ceinture*, Not. et Extr. XIII, 295. — بند السيف *baudrier*, Hbrt 134. — *Au jeu des échecs*, *pion mené à dame*, البيدق اذا صار فرزانا M; autrement chez Lane. — بنود الرمح *les manœuvres avec la lance*, J. A. 1848, II, 201, Catal. des man. orient. de Leyde III, 297, 4 a f.; بنود seul a le même sens, J. A. l. l. 202.

بند مُصَلّبَة بَنْدَة *baudrier*, Alc. (vinda vanda al traves; dans mucâlaba, il faut mettre une cédille sous le c).

بَنْدَنِيّة, pour بَدَنِيّة, *grande pierre de taille*, M.

بَنَاد (?) *légion* (?), Gl. Fragm. (leçon incertaine).

بَنَّاد *porte-étendard*, Voc.

بَنَادَة (esp.) pl. بَنَادِيد *pâté, sorte de pâtisserie qui renferme de la chair ou du poisson*, Alc. (enpanada de carne, de pescado).

بَنْدَارِيّة (pers.) *draperie, rideau*, Gl. Esp. 70—1.

بَنْدَر *chef-lieu; place* (lieu de commerce, du change de la banque), Bc.

بَنْدَق I *tirailler* (tirer d'une arme à feu souvent et sans ordre), Bc; — c. على p. *fusiller*, Bc. — En parlant d'une femme, *mettre au monde un bâtard* — la تَبَنْدَق او تَبَنْدَق الشىء او الأمر M. (بُنْدُوق), *chose, l'affaire a mal tourné*, M.

II *être mis, formé, en petite boule, en pilule*, Voc. — Voyez sous I.

بُنْدُق *aveline*, aussi (pour شجرة البندق) *coudrier, noisetier*. Dans les 1001 N. Bresl. VII, 112, 9, où il est question d'une femme qui était fâchée contre une autre, on lit: ولبستها لباسا من خشب البندق «elle lui fit mettre un caleçon de bois de coudrier et une chemise de poil.» Je pense qu'il s'agit des branches fendues du coudrier, dont on fait de petits paniers très-fins et dont à la rigueur on peut faire aussi des vêtements. — Non-seulement *balle* en terre, en verre ou en métal, qu'on lançait au moyen de l'arbalète, mais aussi (pour قَوْس البُندُق) *arbalète*, J. A. 1848, II, 218 (cf. Mong. 291 b, 292 a, et chez Lane بُندُقانى). — Comme après l'invention de la poudre, le nom de plusieurs armes à jet jusqu'alors en usage passa aux armes à feu qui les remplacèrent, بندق, «arbalète,» a reçu le sens de *fusil* et de *pistolet*, J. A. l. l., Rutgers 189, 3; cf. بندقية. — En général *boules de toute sorte qui sont de la grosseur de l'aveline* (Lane; cf. Djob. 272, 5, 6 et 8, Gl. Esp. 72), spécialement *pilules*, Voc. (بَنْدَق), Gl. Manç. v° الدواء تصيره على هيئة بندقة est بنْدَقَ. البُنْدُق. — *Fascicule*, Voc. (بَنْدَق).

بُنْدُقى *sequin de Venise*; cette petite monnaie d'or a cours au Maroc, où elle vaut fr. 9, 60, Hay 37, Pflügl LXIX, 22.

بُنْدُقيَّة coll. بُنْدُق *fusil*, Bc, Ztschr. XXII, 126, n. 1, Rutgers 138; بندقية مفردة *fusil à un coup*, Bc; بندقية جوزة *fusil à deux coups*, Bc; aussi بندقية بروحين, Burton II, 104.

بُندُقى, pl. بَنَادِيق, fém. ة, *bâtard*, Bc (Syrie), Hbrt 30, M.

بندَّاق *tireur* (militaire, celui qui tire des armes à feu), Bc; chez Lyon 303 «bendag.»

بَنْدير ou بَنْدير (esp.) pl. (Voc.) بَنَادر *tambour de basque*, Voc., Alc. (pandero para tañer), Høst 262, Dict. berb., Adams 119, Daumas Mœurs 285, Salvador 41, Descr. de l'Eg. XIII, 511.

بُنْدِيرَة (esp. bandera; cf. Lane sous بَنْد) *pavillon, étendard*, M.

بَنْدِيكُسْتى *pentecôte*, M.

بَنْزَهير *bézoard*, Bc; حجر البنزهير, Lane M. E. I, 395.

بنس.

pl. بَنَانِيس *vase*, Voc.

بنش.

بُنَّيْش pour بُنِّش, Abd-al-wâhid 40, 7; chez Cout.

42 r° بنس (mais c'est une faute): فسّم له الجنس الذى دعا به ليشريه ذات. Dans le premier passage, toutefois, je serais tenté de lire بِيش (aconit, napel).

بَنِيش et بَنِيبَش, dans M بنش et بُنُش, (du turc «binmek,» «monter à cheval;» c'était donc dans l'origine un habit que l'on portait quand on était à cheval) robe de drap, à manches longues et fendues, que les hommes mettent par-dessus la «djobba,» ou qu'ils portent au lieu de ce dernier habit, Vêtem. 88—90, Bc v° *manteau* et *robe*. — (Même origine) بنيش *cavalcade*, Bc.

بِنْصَر n'est pas le quatrième doigt chez Alc. (بِنْصَر), mais *le petit doigt* (dedo meñique).

بَنْط (ital. ponte) *pont*, t. de mer, *tillac*, Bc. — *Bassin d'un port de mer*, Bc. — بَنْط (esp.) pl. أَبْنَاط *point* (qui termine une phrase), Alc. (punto que cierra la sentencia).

بَنْطة (esp.) *hôtellerie, cabaret isolé pour les voyageurs*, Alc. (venta taverna en el camino).

بَنْفَسَج (Voc.) بَنَفْسَج. Les poètes comparent le duvet qui naît sur les joues à une violette; c'est une espèce de ressemblance entre la couleur de ce duvet et celle de la violette qui a autorisé l'emploi de cette métaphore, J. A. 1839, I, 171—2. — جدر بنفسج *serpentaire* ou *vipérine de Virginie*, Bc. — قرم بنفسج *iris*, Bc.

بَنَفْسَجى (Voc.) بَنَفْسَجى *violet* (couleur pourpre tirant sur le bleu foncé), Voc., Bc, Ibn-Iyâs 88: قباء بنفسجى. — *Violat* (où il entre de la violette), Bc. — خشب بنفسجى *palissandre*, Bc.

II. Khatîb 113 v°: وفى المقدّم مشاعر زئنة ولفيف بُنْق للحشم بالرايات المصبغات والاعلام المنبقات, et dans le Holal 54 r°, où l'on trouve le même passage, الاعلام المنبقة. Un tel mot m'est inconnu, et comme بَنِيقَة (voyez) signifie «raie,» il faut peut-être lire dans le premier texte, المُبَنَّقَة, المُبَنَّقات dans le second, et traduire: «des drapeaux rayés.»

بَنِيقَة pl. بَنَائِق, au Maghrib: *réseau de forme ronde, fait de toile et brodé sur le devant de soie de couleur, dont les femmes enveloppent les cheveux*, Vêtem. 90—2, Gl. Esp. 64, Voc. (بُنَيْقة *capellus* mulierum). — Espèce de vêtement de dessus, porté par les hommes, Cout. 17 rº: خرج البه كلب من دار نجاور مقبرة قُريش فقبض على بنيقة محشو مروى كان يلبسه مخرقه (sic, au masc.; cf. sous حشو); dans la suite du récit, cette banica est nommée un ثوب. — *Raie* d'une chemise, Barth V, 704. — *Lé* (largeur d'une étoffe entre ses deux lisières), Macc. II, 711, 14 et 15, où il faut substituer deux fois بنيقة (Boul.) à نبيقة. — T. de charpenterie; voyez Gl. Esp. 64.

بَنْقَاجَة *belette*, Voc. C'est, comme me l'apprend M. Simonet, un mot aragonais, *paniquesa*.

بَنَك V بنك النَعيم, النَعمان, النَعمة, *amasser des richesses*; aussi *en jouir*; voyez les exemples que j'ai donnés J. A. 1869, II, 153—4, et ajoutez-y Khatîb 141 rº: ومتبنك (l. ومتبنك) التّرف ❋

بَنْك (esp.) *banc* (long siége), Alc. (banco, escaño de assentar; il écrit sous banco en arabe: bánco, pl. bancuit, c.-à-d. بَنْكَوات; mais sous escaño il a banq, pl. bonuq, c.-à-d. بُنُك, et bancult), *canapé*, Martin 13; بنك رمل *banc de sable*, Mc. — *Condition* (état de l'homme quant à la naissance), Bc. — *Guise* (manière, façon d'agir), Bc. — بنك للخدامين *livrée* (habits des valets), Bc. — Quant à *nascaphthon*, chez Freytag بَنْك, dont il est question Bait. I, 180 b, ce mot est écrit بَنْك dans le Gl. Manç.

بَنْكَك (vinca pervinca chez Pline, esp. pervinca) *le grand liseron*, Gl. Esp. 72; il faut lire ainsi (au lieu de نبكك) Auw. I, 31, 2 (où le man. de Leyde a البنكك), II, 321, 11 et 13.

بنى I *relever, rétablir ce qui était tombé en ruine*, Bc, Abd-al-wâhid 256, 4, en parlant d'un cloître: فهدما المسلمون وبنوة مسجدا Bayân II, 127, 6 a f. — *Maçonner, boucher*, Ibn-Abd-al-melic 145 rº: الّوم ابو موضعا من داره وبناه عليه ولم يترك منه الّا موضع بنى امره على. — يدّخل منه الطعام والشراب البه *résoudre, arrêter, décider, former un projet, régler que, arrêter, décider que*, Bc; aussi بنى على *seul*, Becri 64, 2. — بنى الامر على ان *compter sur, faire fond sur* (comme en hollandais: hij bouwde er op, dat), Abd-al-wâhid 93, 3 a f.; de même بناء منذ أن

Abbad. II, 38, 14. — C. على *poser, établir pour véritable, pour constant un fait*; بناء على ذلك *cela posé*, Bc. — بناء عليه *à ces causes, partant, par conséquent*, Bc. — بناء على ان *attendu que*, Bc. — *Se cabrer* (cheval), Daumas V. A. 190.

VII *être bâti*, Voc., Mohammed ibn-Hârith 317: عظيمات الاشياء ممّا تنبنى به للخلافة وتقوم به الامارة ❋

VIII معمان *convenir, faire une convention, se mettre d'accord de*; aussi ابتنوا ان *ils convinrent de*, Bc. — *Diffamer*, L (traduco (infamo)); s'il n'avait pas ابتنى, avec toutes les voyelles, on serait tenté de lire أَبْتَنى, car Alc. donne نى II en ce sens.

بنية *filiation* (relation des fils au père), Bc.

بنيان *ce qui est bâti en pierres* (par opposition à طين, ce qui est bâti en mortier), J. A. 1849, II, 279, dern. l. بنيان الله *le corps humain*, Abrégé du Thimâr al-coloub de Tha'âlibî 5 rº.

بنّاء forme aussi au pl. بنّاآت, Edrîsî ٩١, 3, ٢٠, 12. — *Tente*, Gl. Badroun, Gl. Bayân (aussi chez Lane); ayant négligé de consulter ces glossaires, Fleischer a voulu changer à tort le texte dans Amari 487, 13. — *Délibération, résolution*, Bc.

بنّاء *édifice*, Voc. — *Architecture*, Alc. (edificacion la mesma arte).

بنّى البَحْر بنى *lupins*, Lane M. E. II, 18, qui explique l'origine de ce nom.

بنوة *batiste de Madras et de Surate*, Burckhardt Nubia 286.

بنوة الذخيرة *adoption*, Bc.

بنيّة *édifice*, Voc. — بنيّات الطريق (cf. Lane et Djob. 302, 15), au fig., *les sectes nouvelles et hétérodoxes*, Djob. 76, 5, 251, 6, Macc. I, 536, 2.

بنيّتة *petite fille*, Voc, Alc. (hija pequeña, moça).

بنّاء *celui qui a l'inspection des bâtiments*, Domb. 104. — بنا كركر *nom d'un oiseau indien*, Tha'âlibî Latâîf 125, 4; je présume que c'est l'expression arabe-persane بَنّا وكارْكَر, qu'on trouve chez Richardson et qu'il traduit par « builder and workman. »

بان forme au pl. بناء, Gl. Badroun, et بنّاء, Nowairî Espagne 468.

ابْن. الأَبْنَاء, de même que الوَلَد (voyez), *les infants, les princes mérinides*, souvent Berb., p. e. II, 509, 4. — ابنه في الاعتراف *pénitent* (qui confesse ses péchés à un prêtre), Bc.

ابن ابيه *bâtard*, Ztschr. VI, 314 n.
اوادم — *qui est d'une honnête naissance*, Bc.
بلاد — *compatriote*, Bc.
بلد — *bourgeois*, Bc.
الجيل — *séculier* (mondain, laïque), Bc.
حُرَّة — *homme d'honneur*, Bc.
حَرَام — *bâtard*; — *chenapan* (vaurien), *coquin* (voleur, fripon), Bc.
الحوت — *baleineau* (petit d'une baleine), Bc.
Ben-drag, *pourpier*, Prax R. d. O. A. VIII, 283.
ابن الذخيرة — *adoptif*, Bc.
زنا — *bâtard*, Bc.
الزوج — *beau-fils*, (celui dont on a épousé le père), Bc.
السمان — *sorte d'oiseau*, Yâcout I, 885, 10.
ساعته — *instantané* (qui ne dure qu'un instant, qui est produit à l'instant même), Bc.
عشرة — *homme aimable en société*, Bc.
المعودية — *filleul*, Bc.
فكه — *vert galant* (vif, alerte et robuste), Bc.
المدينة — *citadin*, Bc.
المرغة — *sorte d'oiseau*, Yâcout I, 885, 10; var. dans Cazwînî المرغنة.
ناس — voyez ناس.
يومه — *éphémère*, Bc.
ابناء العصر — *génération* (peuple), Bc.

بنو الدُّبَاب est dans L *filii institutorum*. Il prend *instituior* à peu près dans le sens de notre *instituteur*, car sous l'*i* il l'explique par *doctor*. Le terme *filii institutorum* semble donc signifier *écoliers*, et si on les appelait par dérision *fils des mouches*, la langue hollandaise offre une expression tout à fait analogue, car elle désigne par le nom de *naainuggen*, littéralement « cousins ou moucherons qui cousent, » les petites filles qui sont à une école où elles apprennent à coudre.

ساسان — voyez ساسان.
سليمان — *huppes* (oiseaux), ainsi nommées parce qu'on croit que Salomon les a reçues d'Ophir et d'autres pays lointains, Buckingham I, 233.

بنْت *reine* au jeu de cartes, Bc. — *Rejeton* au pied du dattier femelle, Prax R. d. O. A. V, 214. — البنات *la queue de la grande Ourse*; aussi *la queue de la petite Ourse*, Bc. — البنات *nom qu'on donnait*

dans l'île de Sawâkin aux *écueils*, Bat. man. de M. de Gayangos 102 v°; l'édition (II, 163) porte النبيات.
بنت الاذن — *parotide* (glande au-dessous des oreilles), Bc.
خبالة — *espèce de dattes*, R. d. O. A. N. S. I, 311.
الرمل — *expliqué de différentes manières par les scoliastes*: *serpent — biche sauvage — gazelle — biche de l'espèce nommée par les Arabes vache sauvage*, de Sacy Chrest. II, 385.
السبع — *espèce de dattes*, Niebuhr R. II, 215.
المعودية — *filleule*, Bc.
غذاء —, suivi du gén., en poésie, *nourrisson de*; p. e. le vin est غذاء الكَرْم, بنت غذاء الكَرْم *une jeune fille*, بنت غذاء الكلة, Gl. Mosl.
الكتاب — *écolière*, Bc.
بنات الادب — *muses* (belles-lettres), Bc.
الرعد —. Les champignons portent ce nom, parce que l'on croyait qu'ils sortaient de terre par l'effet du tonnerre, Bait. I, 181 c: لان الارض تنشق عنها بالرعد ✽
الافكار —. On emploie cette expression quand il s'agit d'un texte qu'on peut interpréter de différentes manières, Tantâwî dans Ztschr. Kunde VII, 200.
اللهو — *les plaisirs*, Gl. Mosl.
الليل — *épinyctide*, pustules fort douloureuses qui s'élèvent pendant la nuit sur la peau, et se dissipent avec le jour, Sang.
نعش —. Dans les expressions بنات نعش الصغرى et الكبرى chez Freytag, il faut lire النعش, comme chez Bc.

مبنى pl. مباني *fondement* (fondation, base), Bc. — *Edifice*, Voc., Weijers 54, 4 et 194, n. 349. — *La construction d'un poème ou d'un vers*, Abbad. I, 315, 15, Abd-al-wâhid 53, 13.

مبنى. « Si les laines proviennent de la tonte de l'animal vivant, elles sont dites *mabenna*, » Godard I, 209.

بنبار (esp. puñal), au Maghrib, *poignard*, M.

بهت I c. a. Voc. sous *obstupescere*.

بهت I, chez Lane *regarder d'un air étonné*, chez Bc *bayer, regarder la bouche béante en contemplant*, se construit avec في, P. Macc. II, 391, 3 a f.: quand celle que j'aime est absente, أبهت في الكاس لست اشربها

ou avec الى, Koseg. Chrest. 95, 9: هو اليها باعْتٍ. — *Feindre*, Bc. — Le pass. se trouve dans L sous *conpungur* (c.-à-d. compungor), qu'il prend en plusieurs sens, car il traduit: اخشع واحترق وابهت وانوجع. Il a aussi بَهَتَ *conpunctio (stimulus)*, et بُهِّتَ *conturbatio*. — ضعف = بَهَت اللُّون, M.

III (cf. Lane) simplement *calomnier*, de Sacy Chrest. II, ۱,f, dern. l., Macc. II, 127, 5 (aussi dans Boul.).

IV *étonner*, *stupéfier*, Gl. Djob., Macc. II, 299, 6 a f.

بَهْتٌ, aussi بَهْتَة et باعْتٌ, est une pierre qu'on trouve dans l'Océan Atlantique, et qui était renommée dans l'Afrique occidentale, où elle se vendait à très-haut prix. Sa couleur ressemble à celle de la marcassite, et les Orientaux lui attribuaient des qualités merveilleuses; voyez Edrîsî ۲۸, dern. l. et suiv., Cazwînî I, 211, 2 a f. et suiv., 213, 10 et suiv. On dit que c'est l'*adîtite* ou *pierre d'aigle*, Bait. I, 294 b (la bonne leçon dans A). — Voyez sous I.

بَهْتَة voyez بَهَتَ. — Voyez sous I. — *Feinte, faux-semblant, grimace* (dissimulation), *mine* (mouvements de visage, gestes affectés), *momerie* (jeu joué, affectation, déguisement de sentiments), *parade* (vain semblant, étalage plein de fausseté), *simagrée*; — *chattemite*, qui a l'air doux, humble, flatteur pour tromper; عمل البهتة *faire la chattemite*; — صاحب بهتة *grimacier, hypocrite*, Bc.

بَهتان *grimacerie, dissimulation*, Bc.

بَهْتَ باعْتٌ voyez. — *Pâle, de couleur matte*, Hbrt 81, Bc; نبيذ باهت اللُّون *vin paillet* (qui est rouge pâle, faible), Bc.

بَهْتَنَ I c. على *être arrogant*, Voc. — C. على *menacer*, Voc.

بهج.

بَهَج est le nom d'une espèce d'*orchis*, qui s'appelle aussi مستعجلة (voyez), Bait. I, 182 b (AB).

بَهْجَة *cortége*, 1001 N. I, 369, 2 a f., 558, 5 a f.

مبهج *pittoresque*, Bc.

بَهْدَلَ I *insulter, outrager, traiter ignominieusement, bafouer, dégrader, gourmander, gronder, honnir, malmener, maltraiter, tancer, vilipender*, Bc, Hbrt 242, Bg, Chorb. B, M, Vêtem. 272, n. 10, 1001 N. Bresl. IX, 376, 385, XI, 23.

بَهْدَلَة *insulte, outrage, injure, infamie, honte, sévices, vilenie*, Bc, Hbrt 242, Ht, Vêtem. 273, n. 10, 1001 N. Bresl. IX, 298, 385.

بَهَرَ I c. من p. *remporter la victoire sur* quelqu'un, Abd-al-wâhid 220, 8.

VII *être beau, admirable*, Matmah 64 r°: الاحتفال الذى اشتهر ذكره وانبهر امره ۵.

بَهْرُورَة *très-petit charbon ardent* (جمرة), M.

بَهار ne signifie pas ordinairement au Maghrib « buphthalmum » ou « œil-de-bœuf, » plante qu'en Espagne les botanistes nommaient مغارجه (esp. *magarza*) et le vulgaire الغراب خبز (Bait. I, 181 f), mais *narcisse, narcissus tagetta L.*, Prax R. d. O. A. VIII, 279; *jonquille*, Roland; Macc. II, 198, dern. l.: بَهار وهو :15 ,465 النرجس والبهار عند الاندلسيين النرجس; l'esp. *albihar* est chez Nuñez « narcisse » et aussi « buphthalmum, » chez Nebrija et Victor seulement « narcisse. » — Voyez بَهار. — بَهار ابريان *chrysanthemum*, Bc.

بِهار *sac fait de peau de veau*, ou selon d'autres, *sac fait de la peau du cou du chameau*, Badroun 137, 6 et 7; *peau de bœuf qui contient deux ardebs, mesure d'Égypte*, Macrîzî cité par Quatremère Becrî 230. Cf. Lane. Aujourd'hui encore c'est le nom d'une mesure de capacité (420 (anciens) livres de Hollande) pour différentes espèces de marchandises, telles que le fer, l'acier, le café, les épiceries, Niebuhr B. 208 210 (prononcé à présent, mais incorrectement, بَهار), Quatremère l. l. — *Épiceries, drogueries*, Quatremère l. l., Bc, Hbrt 18, 77, Amari Dipl. 186, 2 a f. et ailleurs, 1001 N. Bresl. IV, 45, 9, Macn. II, 684, dern. l. Dans le même sens بِهارات, Bc, Hbrt 77 (incorrectement بِهرات), 1001 N. I, 579, 13, II, 67, 1, Bresl. III, 369. On prononce incorrectement بَهار — *Poivre*, Hbrt 18 (بَهار). — *Les droits de douane*, de Sacy Chrest. III, 379, n. 159, 383, 11, 384, 2; cf. Quatremère l. l. — Quant au poisson بَهار, voyez Edrîsî trad. Jaubert I, 134.

بُهور aussi بُهور, لعب البُهور *astiludere*, et لعب astiludium, Voc.; de l'esp. *bofordo* ou *bohordo*, qui désignait une lance courte que les chevaliers jetaient,

بهرج

dans les tournois, contre une espèce de charpente, que l'on pouvait renverser si on la frappait fortement et avec adresse (ce qui s'appelait: lanzar á tablado); le verbe est *boford ar, bohordar;* voyez le dict. de l'Acad. esp., et Catálogo de la Real Armería, Glosario p. 15, 64.

بَهَارَة *marinade, sauce de sel, vinaigre et épices,* Bc.

أَبَهَرَتَا الدِمَاغ *carotides,* les deux artères du cerveau, Bc.

Mebouher, ne voyant pas clair la nuit (cheval), Daumas V. A. 189.

بَهْرَج I *altérer, falsifier,* Maml. II, 2, 269, Voc. (falsare), c. على r., Gl. Maw. — En parlant de témoins, proprement *les déclarer de mauvais aloi, les déclarer suspects, corrompus, subornés,* Macc. III, 201, 14: فقام بالوظائف وصدع بالحق وبهرج الشهود فريف منهم. — C. a. *orner, parer,* Voc. — ما ينبغي على سبعين. *Brillanter, semer de faux brillants,* Bc.

II *être altéré, être de mauvais aloi,* Maml. l. l., Voc. — En parlant d'une femme, *se parer avec excès, se livrer à une coquetterie pleine de hardiesse,* Maml. II, 2, 269, Voc. — *Se donner des airs de grand seigneur,* Cherb. C. — C. ب r. *être fier de,* Les oiseaux et les fleurs 14, 3 et 6; c'est la traduction de Garcin de Tassy; elle est bonne, et Freytag n'aurait pas dû proposer de la changer.

بَهْرَج *un métal altéré, de mauvais aloi,* Maml. II, 2, 269, Abd-al-wâhid 125, 12; au fig., *la fausse monnaie de l'érudition,* Prol. I, 34, 9.

بَهْرَجَة *concetti, pensées brillantes, mais fausses,* Bc.

بَهْرَجَان *clinquant, oripeau, similor,* Bc.

بَهْرَجَانِي *ouvrier qui prépare le clinquant d'or,* Descr. de l'Eg. XVIII, part. 2, 403.

بَهْرَج = بَهْرَج, Payne Smith 1111.

تَبَهْرَج *faux-brillant,* Bc.

بهرم

بَهْرَمَان, de même que بَهْرَام, *carthame,* Bait. I, 183 c, Abou'l-Walîd 228, 32.

الباقوت البَهْرَمَانِي *escarboucle,* 1001 N. II, 131, de même qu'on dit ياقوت بَهْرَمان, 1001 N. Bresl. V, 312.

بَهْرَامَج *jasmin sauvage* (طبان), Auw. I, 312, dern. l.,

122

بهل

où le man. de Leyde porte الهرامج, au lieu de الهواء; je lis البَهْرَامِج.

بهش

بَهْش *espèce de chêne,* Bait. I, 132 f, 183 d; voyez ce que j'ai dit sous برينس, dont c'est le synonyme. — L'autre sens (voyez Freytag) est indiqué par Bait. I, 183 d, en ces termes: والبهش ايضا عن ابى حنيفة وهو رطب المقل قال الزبير بن بكار المقل اذا كان رطبا ولم يدرك فهو البهش ۞

بهظ (pour بهظ) I, c. a. p. et ب r., *surcharger,* en parlant d'impôts excessifs, Berb. I, 57: بهظصوم. بهضم بأقتضاء المغرم, II, 198: بالتكاليف.

بَهْط chez Freytag, est dans le Gl. Manç. (in voce) بهطد (sic).

بهظ I voyez بهض.

بهق II c. a., V et VII, Voc. sous *morphea.*

بَهَق (*vitiligo alba*) voyez Niebuhr B. 128, 130 n.; بهق ابيض واسود *« lichen blanc et noir;* c'est, à vrai dire, un certain état de la peau chez les lépreux, laquelle varie de couleur entre le blanc et le brun, Sang.; Gl. Manç.: بهق اسود هو بقع سود فى سطح الجسم غير ذاتية ولا خشنة · بهق ابيض هو بقع بيض فى سطح الجلد رقيقة اقل من الوضح ۞

أَبْهَق *sorte d'oiseau,* Yâcout I, 885, 6 et 20.

مَبْهُوق *celui qui a l'espèce de lèpre nommée* بَهَق, Voc.

بهل III. Comparez avec Lane le Gl. Belâdz.

IV *éblouir, surprendre l'esprit par une apparence brillante,* Bc.

VII *bayer, regarder la bouche béante en contemplant,* Bc.

أَبْهَل *fou, idiot,* 1001 N. III, 424, 7, où Bresl. IX, 207, 12 a la même leçon. C'est évidemment une transposition de أَبْلَه.

أَبْهَل (cf. Lane) *sabine,* Alc. (sabina yerva conocida), Bc, Sang., Bait. I, 5 d, Gl. Manç.: هو ابهل, Auw. I, 16. أبهل *même sens,* Payne Smith 1159.

بهلل

بَهْلَلَة pasquinade, raillerie satirique, Bc. — Imbécillité, Hbrt 239.

بَهْلُول (proprement celui qui rit beaucoup et souvent) réjoui (personne de bonne humeur), Roger-bontemps (qui ne songe qu'au plaisir), Bc. — Pasquin (bouffon), paillasse (mauvais bouffon), Bc. — Idiot, Prol. I, 201, 4, 202, 6 (cf. l. 9), benêt (niais, sot), dadais (nigaud), Bc. Le fou de Hâroun ar-Rachîd, qui était un homme d'esprit, s'appelait بهلول دانه («fou-savant»), Niebuhr R. II, 286.

بَهْلَوَان (pers. پ) héros, Ht (پ), 1001 N. II, 619, 1 et 13, 622, 10, 654, dern. l. — Chez les Persans et les Turcs lutteur, Not. et Extr. XIII, 180; athlète, Bc. — Pl. ات (Alc., Bc) ou بهالوين (Bc, Not. et Extr.) bateleur qui danse sur la corde, fait des tours de passe-passe, ou montre la lanterne magique, Not. et Extr. XIII, 181, Alc. (boltejador, trepador en cuerda, engañador con aparencias), Hbrt 89, Bc, Browne I, 136, Lane M. E. II, 121. — Tours de passe-passe, Alc. (juego de passa passa). — عَكَّاز البَهْلَوان échasses, Bc.

بَهْلَوَانِيَّة l'art du funambule, Not. et Extr. XIII, 131, batelage, métier, tour de bateleur, Bc.

بَهْلَوِي (pers.) héros, Ht.

بهم IV hébéter, rabêtir, rendre bête et stupide, Bc.

VII c. على p. (pour) être douteux, incertain, obscur, 1001 N. I, 346, 13: ورأته قد اختفى وكثر نحوله ورق الى ان صار كالخلال وانبهم عليها امره فلم تتحقق انه هو

X. استبهم obscurité, défaut de clarté du discours, Bc.

بَهام pl. ات pélican, L (pelicanus), Alc. (pelicano ave). — Chouette, L (ulula وبهام).

بَهيم animal, bête, nigaud, homme stupide, grossier, sot, Bc, Hbrt 238. — Ane, Pagni 60, Prax R. d. O. A. VIII, 348, Richardson Mor. I, 219. — La lie du peuple, Gl. Bayân.

بَهَامَة bêtise, sottise, Bc, Hbrt 238. — Brutalité, Bc.

بَهِيمَة brute, pécore, stupide, sot, Bc. — Le pl. البَهائِم gros bétail, Hœst 293, Alc. (ganado mayor, cf. ganadero de ganado mayor صاحب بهائم).

باهم الرجل orteil, gros doigt du pied, Bc.

أبْهَم ابلم ما يكون bête comme un pot, très-bête, Bc. — Fém. بهماء, Becrî 16, 4: في بهماء تلك الصحارى «dans une partie inconnue de ce désert» (de Slane).

إبْهام amphibologie, Bc.

مُبْهَم une tradition provenant d'un rapporteur dont on ne connaît que le nom, de Slane Prol. II, 484.

مُبْهَم imbécile, sot, stupide, Ht.

بَهْمَن بهمن ابيض et بهمن احمر, béhen rouge et béhen blanc, voyez Bait. I, 182 c, Rauwolf 288. Dans le Most. on lit que, selon quelques médecins, c'est ce qu'on nomme en esp. البوطانية; mais c'est une erreur, de même que «escorçonela» (scorzonère), terme par lequel le juif, qui a ajouté des notes au man. L du Most., traduit le mot arabe. Le fait est que, selon le Gl. Manç., le bôhen rouge et le béhen blanc étaient inconnus à cette époque au Maghrib aussi bien qu'en Orient, et qu'on y substituait d'autres plantes médicinales.

بَهْمَن = بَهْمَان, Bc.

بَهْمُوت pl. بَهَامِت fosse profonde, Voc., Domb. 99.

بَهْنَانَة voyez l'explication de ce mot dans Macc. I, 630, 3 et 4.

بهو III c. ب être fier de, Abbad. I, 244, 13, 266, n. 46, Müller 20, 6 a f.

IV (vulg.) embellir, P. Prol. III, 421, 2.

VI se pavaner, Bc. — Dans la signification ordinaire, c. ب r., de Sacy Chrest. II, 18, 9 a f.: ب. — C. — وينباهى الملوك من الاعاجم بلبس هذه الجلود être fier de (= III), Müller 20, 6 a f.; faire parade de, Bc. — C. ب affecter, faire un usage fréquent et prétentieux de, Bc.

بَهْو pl. أبْهاء est (cf. Macc. I, 361, 21, Becrî 24, 6 et 7) le synonyme de بَلاط, et désigne, comme ce dernier: une galerie couverte, Macc. I, 232, 6, 236, 14, 251, 4 et 10, 253, 7 et 14, 254, dern. l., III, 348, 10, Ibn-al-Khatîb, man. 11 (1), 20 rº: وفي المسقف عن يسار الداخل البهو المطل على البلد, et ensuite وبهذا البهو كان مثول السلطان يوم الكائنة: 20 rº, Lafuente, Inscripciones de Granada, 128, 12, ou une nef couverte, comprise dans une mosquée, Becrî 24,

7, Macc. I, 361, 20 et 21, 370, les 3 dern. l., Haiyân-Bassâm 1, 9 v° (où il est question d'une mosquée): فدخل من باب الـوزراء الـغـربي ــ فاستقبله اصحابه وقـدّموه الى بهو (بهو l.) السابـاط فاجلس هنالك على مرتبة لا تصلح الّا لسواد — Nom propre d'un palais, Macc. I, 380, 12. — *Château, forteresse*, Müller 34, 4 a f.: وحبّبينا بها بَهوَ خيران, c.-à-d., « le château de Khairân, » قلعة خيران, Macc. I, 102, 1. — *Flamant* (oiseau), Guyon 219.

بَهَاء *balsamine*, Domb. 72, Hbrt 50 (Alg.); chez Roland بَهَّة.

بَهِيّ *riche, magnifique*, Bc.

باهِيَة *espèce de dattes*, Prax R. d. O. A. V, 212.

بو *mannequin; figure d'homme en osier, en bois*, Bc.

بو (pers. بُوي), *odeur*, P. Macc. II, 815, 15 (cf. Add. et Corr.). بو الماء *cardamome*, Most. v° قاقلة.

بوأ.

مُتَبَوَّأ pl. ات *endroit où l'on demeure, demeure, maison*, P. Müller 40, 8, Gl. Edrîsî.

بوب II. بوّب الدار *garnir une maison d'une porte*, Gl. Belâdz, de Jong. باب مبوّب من خشب *une porte faite de bois*, Gl. Belâdz, Bc. — *Diviser en chapitres* (Fr., Lane); on dit: وذكرت الاسماء على الحروف المبوبة « j'ai placé les noms des hommes illustres dans l'ordre des lettres de l'alphabet, dont chacune forme un chapitre, » Khatîb 4 v°. C. على, Prol. II, 396, n. 12: بوبوا على كلّ واحد منها « c'est sous ces divers titres qu'on a classé les traditions; » Abbad. I, 202, 9: وربما اجريت ذكر احدها غير مبوّب عليه « parfois j'ai fait mention de quelques-uns d'entre eux sans leur consacrer un chapitre spécial. » — *Estimer, présumer*, Voc.

V *être divisé en chapitres*, Voc. — *Quasi-passif de estimer, présumer*, Voc.

باب عقد لابى الحسين على حجابته وفوّض اليه فيما وراء بابه « le sultan nomma Abou-'l-Hosain son hâdjib et lui confia le gouvernement du palais, » Berb. I, 469, 2 a f., 542, 8. — *Défilé* (passage étroit), Gl. Fragm.; cf. Sev. Voy. to Barb. 32 n.; *petit défilé*, Daumas Sahara 154. — *Forteresse dans un défilé*, Gl. Fragm. — باب من السحر *une opération de magie* (Lane), 1001 N. I, 97, 4 a f.: وحفظت منه (من السحر); on dit: مائة وسبعين بابا من ابواب فتح عليه بابًا *tâcher d'enchanter quelqu'un par une opération magique*, 1001 N. I, 100, 14: وكلّما افتح عليه بابا يفتح على بابا الى ان فتح على باب النار ابواب الحرب, *manières de faire la guerre, ruses de guerre* (Lane, Gl. Bayân, 1001 N. II, 111, 12 et 13), on emploie aussi le verbe فتح, Müller L. Z. 35, 2 et 3, c. على p., ibid. 27, 3 et 4. — *Catégorie* (Lane), بابه *catégoriquement, à propos, avec précision*, Bc. — *Sujet, matière sur laquelle on écrit*, Khatîb 31 r°: رايت فى ذلك الرقّ اوهامًا تدلّ على عدم شعور بهذا الباب — فى هذا الباب *à ce sujet, à ce propos*, Bc, فى باب فرط النفسوة *à peu près*, Abbad. I, 242, 5 a f. — *Classe d'articles d'un compte* (Lane); en ce sens, en parlant d'un roi: ومَن ورث العُلى بابًا, P. Calâïd 54, 6 a f. — *Au fig.*, واستندت فى بابا « les portes se fermèrent devant moi, » c.-à-d., je n'étais plus en état de faire mon devoir; cette phrase a donc le même sens que celle qui précède: وقد غاب عنّى الصواب, Koseg. Chrest. 73, 2. — *Ouverture, proposition*; فتح له بابًا *faire des ouvertures à quelqu'un*, Bc. — *Condition, état de domesticité*; فتّش على باب *chercher une condition*, Bc. — Voyez sous السعر. باب لكذا *propre à*, Voc.; cette prononciation, بابٌ, prouve qu'Alc. a en vue le même mot quand il traduit « conveniente » par « bîba. — الباب *la cour, la résidence d'un souverain avec sa suite*, Gl. Fragm. — Duel البابان *la vie présente et la vie future*, الدنيا والآخرة, Prol. II, 136, 3. — Pl. الابواب *la sublime Porte*, la cour de l'empereur des Turcs, Hist. Tun. 104. الباب الاعلى *la cour*, Bc. — باب انتصار ou نصر *arc de triomphe*, Bc. — باب الرزق *gagne-pain*, Bc. — باب سرّ *porte secrète*; — *dégagement* (issue secrète), Bc. — باب السعر. Quand le courtier met une jeune esclave aux enchères, il dit: من يفتح باب السعر فى هذه الجارية « qui est-ce qui fera la première offre pour cette jeune fille? » 1001 N. II, 217, 2; ibid. III, 78, 6 a f.: جاء التجار وفتحوا باب سعرها وتزايدوا فيه « dans le même sens فتح الـبـاب, ibid. II, 217, 3, I, 291, dern. l., ou فتح بابها, ibid. I, 291, 13: ففتح بابها الـمُنادى اربعـة آلاف دينار وخمسمائة; Bc donne la même phrase et il traduit: «le crieur ouvrit les enchères sur la mise à prix de 4,500 dinârs.» Quand la chose mise à l'enchère est adjugée au plus offrant et dernier enchérisseur, on dit: وقف الباب على عقبه 1001 N. Bresl. X, 262, 3 a f.: بـلـغـنـى ان التـجـار ترايدوا فى الجارية الى ان بلغ ثمنها ٩٥٠ دينارا ووقف البيع البـاب على عقبه, où l'éd. Macn. porte: باب السلطان la cour, Gl. Fragm. — على الاچجاب والـقبـول, باب كبير grand état de maison, Bc. — باب كاذب fausse porte, Bc. — باب الكُمّ avant-manche, L (antemanica, cf. Ducange), Mohammed ibn-Hârith 224: فـقـومـت هـكـذا (واشار ابن لَيَـانة مجمع باب كُمّه على كُوعه) ولم يُكشَف لها ذراع l'anus, Voc. — على باب الله ou على باب نصر باب الكريم à la grâce de Dieu (sans provisions, sans argent), d'Escayrac 450, au hasard, Bc, 1001 N. III, 446, 4; à la boulevue (vaguement), Bc. Cette expression, comme me l'a fait remarquer M. Amari, a passé dans l'italien, langue dans laquelle «alla ballà» ou «alla babballà» signifie: inconsidérément, négligemment, imprudemment. — الباب qui a le pied à l'étrier, qui est sur le chemin de la fortune, Bc. — فتح له باب حسنا ouvrir à quelqu'un une belle carrière, lui fournir une belle occasion de, Bc. — من باب اولى à plus forte raison, Bc. — الثقة de confiance, par confiance dans la discrétion, la probité de quelqu'un, Bc. — من باب الكرم à titre de grâce, comme une grâce, Bc.

بابة, de même que باب, catégorie, classe, P. Macc. I, 559, 9 (cf. Add. et Corr.): لست من بابة اهل البلد «je n'appertiens pas à la catégorie des Baladîs.» — (Esp.) bave, salive qui coule de la bouche, Voc., Alc. (bava, cf. bavear, escopetina que se sale). — (Même orig.) limaçon, Alc. (limaza o bavaza o bavosa).

بابا et بابىّ valet, Maml. I, 2, 194—5, 1001 N. Bresl. II, 187, 9.

بُوَيْبَة guichet (petite porte dans une grande), Bc. — بويبة خفية فى قلعة poterne (porte secrète dans un fort), Bc. — بويبات coup d'essai, premier essai, Bc.

بَيَّاب désert, P. Cartâs 251, 9 a f., 252, 8 a f.

بَوَّاب au pl. gardes du Bey, qui se tiennent constamment auprès de sa tente, Richardson Mor. II, 216. — عنق الـمَـوّاب côlon, le deuxième des gros intestins, Bc.

بوَّابة fausse porte, petite porte par laquelle on ne passe pas ordinairement, Müller L. Z. 121. — Partie d'une porte, selon Quatremère Maml. II, 2, 138, panneau de porte, mais c'est une erreur; Müller l. l. a prouvé que c'est: portail, ornements d'architecture autour d'une porte. — Porte d'une ville ou d'une rue, Bc, Müller l. l. — بوابات الـمدينة les barrières d'une ville, Bc.

مبوَّب (cf. بابة) baveux, Alc. (bavoso).

بوج II louvoyer, Bc (Barb.), Ht. — Se diriger, Roland.

بوجة (hindostani بوجها) palanquin, Alc. (andas para bivo), la Torre, Bat. III, 386, IV, 308 (cf. la note III, 464; le témoignage d'Alc. lève tout doute sur la signification de ce mot). — عـجـلـة على بوجة char dont on se servait dans les combats ou dans les courses, Alc. (carro para pelear o correr).

بوجى cabestan, Hbrt 128 (Barb.), Ht. — T. de marine, arrive, ou va sous le vent, J. A. 1841, I, 588.

بوح I, révéler, n. d'act. aussi بوحة, Gl. Mosl.; بلج, بسره, non-seulement c. الى p., mais aussi c. ل p., Abbad. I, 67, 3 a f.

IV révéler, c. ب r., 1001 N. I, 8, 5 a f., c. ب r. et ل p., ibid. l. 2 a f. — C. ل p. et acc. r., ou c. d. a., permettre à quelqu'un de faire usage de quelque chose, Macc. I, 473, 15: اباح له الكتاب (= il lui prêta le livre); Abbad. I, 45, 7; ibid. 44, 2 a f. (hémistiche): اباح لطيفى طيفها الـخـدّ والنـهـدا (permit de baiser ses joues et son sein). — C. a. p. permettre à tout le monde d'accuser quelqu'un, Cout. 36 r°: فلمّا تكرّرت الشكوى به بعث فيه وابـاحـه C. d. a. permettre à quelqu'un de piller une ville, etc., Gl. Fragm.; اباح له الاباحات il lui accorda la permission de mettre tout au pillage, Akhbâr 31, 3. — اباح دم فُلَان il permit de le tuer sans forme

بوخ

de procès, de Sacy Chrest. I, ٥۴, 2 et 3. — Voyez ci-dessous اِباحة.

X *prendre une ville, s'en rendre maître par la force des armes*, Khatîb 172 r°: استنباح المدينة وربضها عنوة وجلأ اهلها الى قصبتها المنيعة ۞

اباحَة dans le sens de باحة, *haute mer*, 1001 N. III, 39, 14. — *Privilège*, Bc. — رمى اباحة عليه ب (ou في) *porter un défi à quelqu'un*, Bc.

اِباحي *celui qui croit ou qui enseigne que tout est permis*, de Sacy Chrest. II, ۱۹, 1, cf. 96.

مباح, *en parlant de fruits, etc., ce qu'on peut prendre et manger sans qu'il en coûte rien*, Cazwînî II, 234, 3: الثمار المباحة يعيش بها الفقراء; dans le passage correspondant de Tha'âlibî Laṭâïf 112, 2 a f.: الثمار التي هى مبذولة للجميع يتبعّش اغنياء الفقراء والـغـربـاء باجتنائها وجمعها وبيعها, Khallic. I, 671, dern. l.: وقال لخادمه اجمع لى المباح فجمع له فاكلة ثلثة ايام ۞

استنباحة *privilège*, Bc.

بوخ

بواخ *vapeur*, Bc, Hbrt 166. — *Transpiration*, Bc.

بود

بوّد *moucheron*, Voc. (bibio, moscaleo de vino; chez Isidore: bibiones, qui in vino nascuntur; cf. moscalho dans Raynouard).

بادّة, en Omân, *réservoir*, Niebuhr B. 148.

بوداق. بوداق ديش (turc) *frêne*, Bc.

بودقة pl. بوادق, de même que بوطقة, *creuset*, Bc, Bg, M, Edrîsî Clim. I, Sect. 8: (sic) وهم يسبكونه في البوادق وبها (ارمينية), Ibn-Chiḥna man.: بـنـار اروات البقر ۞ بُحَيْرَة تعرف ببحيرة كنودان بها تراب يتخذ منه البوادق, 1001 N. IV, 5, l. 8; 11 et 13. — *Scorificatoire*, tête ou écuelle à scorifier, Bc. — *Noix de pipe*, bout de pipe dans lequel on met le tabac, Bc.

بوّذر I c. a. *blâmer*, Voc.

II *être blâmé*, Voc.

بورانى

بوذَرَنج (N) = بوذَرَنج (La) ou الخشخاش الاحمر, Most. sous ce dernier mot.

بوذَة (cat. bova et boga, sard. buda, Simonet 288) *sagette, glaïeul, flèche d'eau*, Voc., Alc. (espadaña yerva). Dans le Voc. c'est „boa," et boa (voyez p. 97 sous خُبَيْس) „est herba similis iunco."

بوذِيان et بوذِيان = خشخاش ابيض, Most. sous ce dernier mot.

بور I *ne pas trouver d'acheteurs à cause de son abondance*, Becrî 6, l. 10.

II *mettre une terre en jachère*, Voc.; le part. مَبُور *qui est en jachère*, Most. v° نمّام: وقبل ان من النمام نوع ثالث ينبت فى المواضع المبوّرة (ainsi dans les deux man., pour نوعا ثالثا). — Dans le Voc. vincere (in verbo), ce qui semble signifier *vaincre dans la dispute*. — *Discréditer*, Bc.

V Voc. sous incultum; *être en jachère* (terre), Auw. I, 89, 3 a f.; — *devenir stérile*, Alc. (esterilo hazerse). — *Tomber en discrédit*, Bc.

بار même sens que بائر, et بَوَر, بُور, Gl. Belâdz.

بور *terre élevée entre deux sillons*, Alc. (loba entre sulco e sulco), avec le pl. أبوار, qu'Alc. donne aussi sous „erial tierra non labrada," et qui est pour أبوار. — *Rebut*, Bc.

بورى forme au pl. بوريات, Voc., ou بوارى, Carṭâs 17, l. 17. *Poisson en général*, Alc. (pece pescada generalmente = حوت).

دار البوار = خَراب, Gl. Belâdz., Gl. Fragm. — („orcus" chez Freytag) est le nom qu'Ibn-Haiyân 105 v° donne à Bobastro, la résidence d'Ibn-Ḥafçoun. — *Déchet, diminution d'une chose en qualité, en valeur*, Bc. — *Rebut*, Bc.

بوراك *petit pâté*, Martin 79.

بورانية et بورانى. L'esp. alboronia, qui en dérive, désigne: un mets composé d'aubergines, de citrouilles, de pommes d'amour et de piment; voyez Gl. Esp. 73, 388; aussi بوران, „aubergines à la Bourân," dans un vers chez Masoudî VIII, 395; Daumas V. A. 251: „El beraniya. Poitrine de mouton coupée en morceaux, accommodée avec du beurre, des œufs, des artichauts sauvages, du fromage pilé et beaucoup d'épices. On fait cuire avec du feu dessus et dessous; c'est très-bon. » — بورانى espèce de *meloukhia*, Mehren 25.

بورمة (turc) *culasse*, fond d'une arme à feu, Bc.

بوز II *faire la moue, la mine, témoigner du mécontentement, bouder*, Bc, M. — *Discréditer, tarer, causer du déchet, de la tare*, Bc. — *Distribuer les coquilles ou petits cailloux dans les trous ou cases de la mancala*, Lane M. E. II, 56.

V *tomber en discrédit, se décréditer*, Bc.

بُوز (pers.) (بُوز) pl. أبْواز *mufle, groin, hure, museau*, Payne Smith 1101, Bar Ali éd. Hoffmann, n° 4056, Hbrt 61, Ht, Bc, M. — *Glace*, Hbrt 167, Bc. — *Obus*, Bc (Barb.).

بُوزَة. En divers lieux et temps, on s'est servi, pour préparer cette boisson enivrante, de millet, d'orge noir, de gruau de seigle, de houblon, de dattes, etc.; voyez J. A. 1850, II, 67, Lyon 172, Hornemann 88, Burckhardt Nubia 132, 201, Richardson Central II, 141. Chez Bc: *bière blanche, dans laquelle entre du millet, et* زيثم (boisson d'orge). La manière dont les Egyptiens préparent aujourd'hui cette liqueur a été décrite par Lane trad. des 1001 N. I, 134. — *Partie de plaisir où l'on boit de la bouza*, Burckhardt Nubia 302. — *Cabaret où l'on boit cette bière*, 1001 N. Bresl. IX, 267, dern. l.; voyez sous بوظة.

بَوّاز *fretin, choses, êtres de rebut*, Bc.

تَبْويز *moue* (grimace en allongeant les lèvres), Bc. — *Rebut*, Bc.

تَبْويزة *moue; humeur, petite bouderie*, Bc. — *Racaille, chose de rebut*, Bc.

مَبْوَز *affreux, maussade*, Ht; لحال مبوز «le temps est affreux,» Delap. 30, Roland 598.

بوزيدان «inconnu au Maghrib; ceux qui pensent que c'est l'orchis se trompent gravement,» Gl. Manç.; cependant on semble avoir cru assez généralement que c'est l'orchis, et Alc. (*satiriones yerva*) traduit de cette manière le terme arabe; cf. Bait. I, 183 f.

بوس II *baisotter, baiser souvent*, Bc.

VI *se baiser, s'entre-baiser*, Bc, 1001 N. I, 211, Bresl. III, 241.

بُوس voyez sous بوص.

بُوسَة *baiser*, Bc, 1001 N. Bresl. VII, 61.

بَوّاس *baiseur* (qui baise volontiers), Bc.

I c. a. Voc. sous *emoreydas*.

II *avoir des hémorroïdes*, Voc.

بوسَليك (pers.) *mode de musique*; on dit aussi بوسريك, M.

بوسنون (dans N; dans La la première lettre est sans point) *menthe*, Most. v° نعنع.

بوش II *empeser, mettre de l'empois*, Bc. — بوش القماش *catir, donner le cati*, Bc. — *Mettre au pacage*, M.

بوش *empois*, Bc. — *Cati, apprêt des étoffes pour les lustrer, les affermir*, Bc. — *Drap rouge*, Barth V, 713 (au lieu de بوش, Vêtem. 92, il faut lire بُشْت; voyez ce mot). — *Petit tonneau*, Domb. 93, M (Eg.); cf. Gl. Esp. 74. — *Troupeaux mis au pacage*, M. —

بوش دربندى est le nom d'un cataplasme qu'on tire d'Arménie et qu'on applique sur les enflures. On dit que c'est une plante qu'on réduit tout entière en pâte; mais selon d'autres ce sont les feuilles d'un arbre qu'on broie; voyez Bait. I, 184 b, Ibn-Djazla, M. — كلام بوش على البوش *en pure perte*, Bc; بوش *parole en l'air, billevesée, calembredaine*, Bc; أمر بوش *chose vaine, inutile*; en ce sens c'est le turc بوش, M.

بُوشَة *chaudron*, Mehren 25.

بُوشِيَّة *pièce d'étoffe* (شملة) *qu'on roule autour de la tête*, M.

بَوّاش *empeseur*, Bc.

تَبْويش *empesage*, Bc.

بوشاد est écrit avec le *dzâl* dans les deux man. du Most. et expliqué par السلاجم البستانى.

بوشونت (esp.) pl. ات *bute, butoir*, outil de maréchal pour couper la corne superflue, Alc. (*puxavante de albeytar*).

بوص

بُوص *fondrière, mare*, Alc. (*pecina de barro, bâuç*). Je crois que ce mot est d'origine espagnole: *pozo, puits, poza, mare*.

بُوص coll., nom d'unité ة, «nom applicable à tous les roseaux, mais plus particulièrement à l'*arundo*

بوصلة

ægyptiaca, qui fournit de „kalams» à bon marché les écoles de l'enfance,» J. A. 1848, I, 274; roseaux, Descr. de l'Eg. XII, 283, 400; cannes, roseaux à nœuds, Bc; Antâkî v° قصب ― او قَشْ والقصب امّا الخ ― ; 1001 N. II, 600, 1: وهو المعروف تُنْسَجُ منه البواري; de Sacy Chrest. I, 276, 15. Ecrit بوز Ztschr. XXII, 134. — (B. lat. bussa, buza, etc., Ducange I, 822, a. fr. buse, busse, ital. buzo, buzzo) pl. أبْواص espèce de très-grand navire à trois mâts, Voc. 2de partie; dans la 1re بوس.

بوصِي marin, homme de mer, Gl. Mosl.

بوصلة (ital. bossola, bussola) boussole, Bc. — بُوصَلة morceau de papier sur lequel on a écrit quelque chose, mémoire, M.

بوط.

بوط (pers. بُوتَه), pl. أبواط Auw., أت Alc., creuset, Alc. (crisol de platero; sous fusor para fundir, il donne gôt, avtât, mais il faut lire: bôt, butât), Auw. II, 409, 13. — (B. lat. butta, butis, buttis, cat. embut, esp. embudo, Simonet 291) entonnoir, Voc.

بُوطة (pers.) pl. بوط rond, rosace sur une étoffe, M. — La rétribution que les joueurs donnent à celui qui tient un jeu, M.

باطية pl. بَواطي vase de terre, de porcelaine ou de cristal, dans lequel on sert le vin, Catal. des man. or. de Leyde I, 303, 4, 1001 N. I, 578, 8 a f., II, 283, 3, IV, 714, 11, Bresl. III, 123, 12, IV, 360, 12, cf. le texte dans Fleischer Gl. 65, 3 a f. des notes, ou qui contient une eau de senteur, 1001 N. III, 449, 11.

بوطانية Ce nom de la couleuvrée noire est souvent donné comme un mot de la langue espagnole, حميمة الاندلس (Most. v° هزارجشان, Bait. I, 190 e, II, 243 b, Auw. I, 454, dern. l., où il faut restituer le mot, II, 384, 9), qui semble l'avoir perdu; selon Vullers (Dict.) c'est βατανούτα, que Dioscorides donne comme un des noms de cette plante. Les Arabes l'avaient adopté, comme le prouve ce passage du Gl. Manç. v° الكرمة السوداء وتسمّى بالمغرب (فاشرشتين): البوطانيذ والميمونة عند العامّة.

بوق

بُوطَقَه (creuset) forme au pl. بَواطِق, Bc, Gl. Esp. 188, 1, Gl. Manc. v° اقليميا: هو خبث لطيف يَحْتَبِّ على جوانب البواطق عند سبك الذهب والفضة.

بوظ V être de mauvais débit (marchandise), M.

بُوظَة, 1001 N. III, 456, 10: ونشرب بوظة, est l'espèce de bière qu'on appelle ordinairement بوزة (voyez), et l'édit. de Bresl. IX, 268, 4 porte en effet en cet endroit بوزة. — Cabaret où l'on boit cette bière, 1001 N. III, 456, 7: وقُلْ له زمان ما اجتمعنا بك في البوظة, où l'éd. de Bresl. IX, 267, dern. l. porte البوزة. Le pl. بوظ, Maml. II, 2, 164: وابطال للخمامير والبوظ; mais Quatremère n'a pas saisi le sens de ce mot, car il traduit: «il supprima les cabarets et les lieux de prostitution.»

بوع II c. a. et V, Voc. sous pasus (passus).

باع pl. aussi أت, Bc. — Un pas, Voc., Lettre à M. Fleischer 81, 17; en parlant d'un chien de chasse, طويل الباع qui fait de grand pas, qui court vite, Müller 31, 8; cf. chez Lane 275 b باع et تبوَّع ═. رحب الباع طويل الباع et مَدّ أبواعه ne signifient pas seulement généreux, mais aussi puissant, M (مقتدر); le premier chez Bc: qui a les bras longs, qui a du pouvoir, du crédit, ضيّق الباع, قصير الباع, ou قاصر الباع, non-seulement avare, mais aussi faible, M (قاصر); le premier chez Bc: qui a les reins faibles, qui manque de moyens.

بوع poignet, jonction du bras et de la main, Bc.

بوغاز (turc) pl. بَواغيز bras de mer, détroit; — embouchure d'un fleuve, Bc.

بوعاضة lessive, Bc. (Barb.).

بوق I sonner de la trompette, Hbrt 97.

II sonner de la trompette, corner, sonner d'un cornet, Voc., Bc, Abou'l-walîd 326, 15, 1001 N. Bresl. IV, 337, 1; — trompetter, publier à son de trompe, Bc.

باي (Daumas MS) poterie, Daumas V. A. 488.

بوق vient sans doute du latin buccina (cf. βυκάνη); mais il n'en est pas moins vrai, quoique M. Simonet (83, 282) soit d'un autre avis, que les Espagnols ont reçu leur *albogue* des Arabes, et que, par conséquent, Engelmann avait raison de le noter dans le Gl. Esp. Description de cet instrument de musique Prol. II, 353, dern. l. et suiv.; بوق شامي, Bait. I, 269 c: وله زعم — يشبه افواه الابواق الشامية — *Porte-voix,* Bc. — ضرب البوق *emboucher la trompette, prendre le ton sublime,* Bc. — *La coquille du limaçon,* parce qu'elle ressemble à l'instrument de musique, M.

باقة *fagot,* Hbrt. 196, Ht. — *Girande, girandole, amas de jets d'eau, de fusées réunies,* Bc. — *Bouquet est* باقة, Hbrt 50, Bc, باقة seul, Ht. — باقة سلاح *trophée,* assemblage d'armes arrangées avec art pour servir de monument, d'ornement de triomphe, Bc.

بوقة (esp.) *œil* (nom d'un poisson), Alc. (boga pescado), Domb. 68, man. de l'Escurial 888, n° 5, Cartás 17, l. 17, mais la leçon y est incertaine, et l'éditeur (trad. p. 25, n. 18) a noté ces variantes: الشموية المشترقة البسوقة; elles font penser plutôt au mot esp. besugo, qui désigne un autre poisson, le rousseau; cependant ce dernier porte un autre nom arabe chez Alc.

بواق *un trompette, un homme qui sonne de la trompette, un corneur,* Voc., Alc. (alboguero, tañedor de trompeta), Hbrt 97, Bc, 1001 N. Bresl. IV, 336, 12, 13, 337, 7, 2 a f. — *Joueur de harpe,* Alc. (harpador). — Espèce de *chat sauvage,* qu'on nomme ainsi parce qu'il précède le lion comme un trompette, Pagni 135; c'est donc caracal.

بواقة, pl. بواقف et بوافق, *trompette, cor de chasse, clairon,* Voc., Alc. (trompa o trompeta de derecha, trompeta de bueltas), Müller L. Z. 16, 12, où il faut lire ainsi avec le man. (cf. la note p. 121); le témoignage du Voc. ne laisse aucun doute à cet égard; il donne aussi ضرب البواقة *sonner de la trompette.*

باققة جائققة *dire des choses qui sont pénibles, fâcheuses, humiliantes pour quelqu'un,* Akhbâr 26, 10.

مبيق et مبيق, pl. ات, seul, *péché mortel,* Alc. (mortal pecado, pecado mortal).

مبوقة *fenêtre ronde,* M.

بوقاعين *cousins* (moucherons), Payne Smith 1167.

بوسطة (esp. avucasta, de avis casta, comme avutarda de avis tarda, Simonet 288) pl. بوقسط espèce de canard gris, Alc. (abucasta ave).

بوقشم (berb.), à Bougie et dans les environs, nom d'une plante, Bait. I, 191 b, qui épelle le mot.

بوقل II. et بوقلة, Voc. sous columba. Dans la 1re partie il a بوقلة columba; M. Simonet (274) en a conclu que ce mot signifie cela, et il propose de le dériver d'avicula. Mais dans la 2de partie, dont l'autorité est bien plus grande, la 1re n'étant qu'une espèce d'index, le Voc., après avoir donné deux mots pour columba, ajoute: بوقل يتبوقل. Selon la méthode de ce lexicographe, cela indique ce que fait le pigeon, c.-à-d., *roucouler,* et بوقلة est le n. d'act., *roucoulement.*

بوقل pl. بوافل, *cruche,* Voc.; cf. sous بقل.

بوقنبار. Ce mot singulier, que Freytag a trouvé chez Hœst 303 comme le nom d'une espèce de raisin, signifie, à en croire Gråberg 109, qui écrit bu-cniar, « grosses têtes » [?]. Serait-ce le même que « puculiâl, » qu'on trouve chez Alc. (moscatel uva), avec le sens de « raisin muscat? »

بوقير *espèce d'oiseau aquatique,* Gl. Edrîsî.

بوك.

باكة pl. بواكة aujourd'hui en Syrie *grand magasin,* M, Ztschr. XI, 498.

بول I. بال على نفسه *pisser dans ses culottes,* 1001 N. IV, 166, 14.

V dans le Voc. sous mingere.

بال. Le pl. ابوال chez Saadiah, comment. sur ps. 73. — *Etat, condition,* etc. (Lane). On dit: ما بال هذا *que signifie ceci?* R. N. 43 r°: فدفع اليه الصرة فقال له الشاب ما بال هذه الصرة « que signifie cette bourse? » cf. Akhbâr 32, 3. — De même que حال, dont بال est le synonyme, chez les mystiques *extase, ravissement d'esprit,* Koseg. Chrest. 57, 8 a f., où il faut lire بالبال. — Chez Lane ليس هذا من بالي « cela m'importe peu; » dans le même sens: ما على بالي, Bc; كان من السلاطان على بال « le sultan faisait cas de lui, » Freytag Chrest. 135, 8 a f.; ما على بالم من شيء *insouciant,* Bc. — *Attention* (Lane), aussi ديران بال, Bc; *faire attention à,* القى بالا الى chez Lane, est aussi: ل بالأ الفى, Akhbâr 26, 7, Macc. I, 465, 11; بالَه رمى, Voc.; اعطى بالَه ل, Hbrt 225, Bc; خَلّى بالَك ل, 1001 N. Bresl. IX, 264, 7: خلّى بالك للباب «faites attention à la porte pendant que je me déshabille,» c.-à-d., regardez vers la porte, tournez votre visage du côté de la porte, التفت الى جهة الباب, comme porte l'éd. Macn.; دار بالَه على, pour ادار, Bc; ردّ بالآ, Hbrt 225; فتفقّدتها وجعلتها متى, Bait. II, 17 a: الشىء ببال, et enfin: جعله من بالَه, Akhbâr 44, 2; Mohammed ibn-Hârith 274: انظروا الى واجعلونى من بالكم, R. N. 71 v°: فجعلت ذلك الرجل من بالى وطلبته; aussi: *s'occuper d'une chose,* بكلّ حيلة فلم اقدر عليه, *s'y appliquer,* R. N. 77 r°: ceux qui avaient des disputes venaient les lui exposer afin qu'il les mît d'accord فاجعلن من بالى حفظ ما يطلبه كلّ واحد منكم وما جنتى به. Par ellipse, le verbe ayant été supprimé: بالَك *attention! gare!* Rijn-Acker 15, Fréjus 57, Dan 391, Aranda 30, Afgest. I, 338, Ormsby 27, Bc, Bg; بالك والفرس «prenez garde à ce cheval!» Bc; بالك ثمّ بالك من انك تعمل «gardez-vous bien de faire,» Bc; بالك ثمّ بالك من انك لا تعمله «ne manquez pas de faire cela,» Bc. Autre ellipse: على بالى *je fais attention, je fais bonne garde,* Ali Bey I, 14: une sentinelle crie toutes les cinq minutes: *assassa* [عساسا], et une autre lui répond: *alabâla.* — *Souvenir, mémoire,* Bc, Ht. — *Idée, pensée,* Ht, Bc; «quelle était votre pensée lorsque,» حين etc., Gl. Badroun. — له بال *considérable, important,* Nowairî Afrique 48 v°: فاجمعوا له شيًا له قدر; dans le passage correspondant, Ibn-al-Athîr IX, 427, 4 صادق مددا اتاهم من; Hist. Tun. 118: ارضاه له بال; on dit aussi: له بال لا ou به *peu considérable, de peu d'importance,* Auw. I, 47, 3, Amari 385, 1, 623, 8. — بالى عندك *j'étais inquiet de vous,* Bc. — منه لبالَه *de son propre mouvement, spontanément,* Bc.

بألَة (esp.), pl. ات et بَوَائل, *pelle de bois à remuer les grains,* Voc. (pala), Alc. (pala para traspalar, pala de grandes dientes; cf. traspalar), Bc (Barb.). —

Grande cuiller de bois, Alc. (hataca para mecer). — (Ital.) *balle, ballot,* M. — بالَة جوخ *pièce de drap,* Bc.

بَوْلَة *l'action d'uriner,* Alc. (meada de meados, cf. Victor), ou, comme synonyme de بَوْل (qu'Alc. donne aussi comme le coll. de بَوْلة), *urine,* Alc. (meados las orinas, orina).

بَوّالَة *vessie,* Hbrt 4 (Alg.), M (Maghrib).

مَبْوَل pl. مَبَاوِل *pissoir, lieu destiné pour pisser,* Alc. (meadero donde mean).

مَبْوَل *vase de nuit,* Hbrt 203.

مَبْوَلَة *vessie,* Alc. (bexiga de la urina), Bc.

مَبْوَلَة *cathéter, sonde creuse de chirurgie,* Gl. Manç. in voce: الآلة المسمّاة بالقشاطير تدخل فى القضيب لدفع حجر او نحوه. — *Vessie,* Hbrt 4.

بُولاد (ou ذ) *rasoir,* M.

بُولاَل (ب chez Alc.), n. d'un. ة, *papillon,* Voc., Alc. (mariposa); L le donne comme un mot roman, car il a: avicule بالبولاّلة يعنى بها الأعجمى où الفرش est pour الفراش. M. Simonet m'a communiqué cette note: «D'après le P. Lerchundi, les Marocains donnent le nom de *paulilla,* بُوْلِيلَة, au papillon qui, à l'état de chenille, était ver à soie.» C'est une corruption de *papilio.*

بُولَّق I c. a., Voc. sous osciari (otiari). II *ne rien faire, fainéanter,* Voc.

بُولِيس (βολίς) *sonde pour connaître la profondeur de l'eau,* Bc, Fleischer Gl. 71, la Torre.

بُولِيصَة (ital. polizza), pl. بَوَالِص et بَوَالِيص, *effet de commerce, lettre de change,* Bc.

بُولِيطى (βουλευτής) *sénateur,* Amari 167, 4.

بُولِيمُوس (βούλιμος) *boulimie, grande faim avec défaillance,* Bc.

بُومَا دُورَا (roman) *pomme dorée, pomme d'amour,* Bc.

بُومْبَة (ital. bomba) *obus, petite bombe,* Bc.

بون

بون sorte d'oiseau, Yâcout I, 885, 14.

بونانبة fleur de farine d'épeautre, Payne Smith 1014.

بوة

بوة hulotte, espèce de hibou, Bc.

بوو pouf, mot qui exprime le bruit sourd d'un corps qui tombe, Bc.

بويه caméléon, Shaw I, 267 (bouia); أم المويه chez Bg; chez Hœst 248, 299 بوة; chez Marmol I, 29 d « El Lebuya. » پويه (pôya) petit pain, Alc. (bollo).

بيبروز poireau, Domb. 60, Bc (Barb.).

بيبط vanneau, Domb. 63, Tristram 402, Daumas V. A. 430. Chez Cherb. بيبيط.

بيبين (Voc.; بَيبين chez Freytag est une faute) est la transcription du latin «vimen,» auquel il correspond dans le Voc., le v et le m ayant été changés en b; en Espagne, toutefois, vimen, de même que l'esp. mimbre, qui en dérive, ne signifiait pas «branche d'osier,» mais osier, l'arbrisseau même. بيبين avait le même sens; voyez Bait. I, 122 d, 381 b: بادامك وهو المعروف عند عامة الاندلس بالبيبين

بيبونج = بادونج, Voc.

بيت I dormir, Gl. Fragm. — Faire la garde pendant la nuit, Ibn-Abd-al-melic 30 r°: وحُكي عنه انه كان ايّام الفتنة عالقة ربّما طُلب بالمبيت في السور او نحو ذلك ممّا يجمع اناس اليه فكان لا يفارق كتابه ولا باتَّمت. يَفتر عن دَرس دولته. Comparez sous Aussi: faire la ronde pendant la nuit, Alc. (rondar).

II dans le même sens que la Ire, coucher, passer la nuit dans un endroit, Bc. — C. a. faire coucher, Voc., Bc; بيّته برا faire découcher quelqu'un, Bc. — Mettre de l'eau rafraîchir au serein, Alc. (serenar poner al sereno).

V c. في ou عند passer la nuit dans, chez, Voc.

X. استبيات الرأي dormir sur une affaire, prendre du temps avant de former une résolution, consulter le chevet, Kâmil 527, 8.

بيت

بيت maison, établissement de commerce, compagnie, Bc. — Ordre de chevalerie, Maml. I, 2, 25. — Appartement, ensemble de pièces de suite, Bc. — Ermitage, habitation d'un ermite; de là اهل البيوت , بيوت (pl. de voyez), اهل البيتات, اهل البيوتات, اصحاب البيوتات, ارباب البيوتات, ارباب البيوت, البيوتات, ermites, anachorètes, Abd-al-wâhid, Préface xx, Haiyân 9 r°: كان يتفقّد اهل البيوتات والشرف بعطائه, Bat. IV, 346, Cartâs 143, 2, où je crois devoir ajouter والبيوتات (اهل بيتات), 275, 10, où il faut lire اهل comme Quatremère a donné, Maml. II, 2, 33, 2 a f., au lieu de البيوتات, 277, 8 a f. — Cachot, Miss. hist. 71 a (deux fois) et b, 84 b, 231 a, 473 a, 556 a, etc., Berb. II, 557, 8. — Quand on parle de moulins, on nomme chaque moulin un بيت, Cartâs 395 de la trad. lat., 9 a f.: بيوت ثمان الارحاء بيت. — Lieu où les guêpes, les abeilles, les frelons construisent des gâteaux et des alvéoles, Auw. I, 633, 16, où le man. de Leyde porte: الزنابير (l. بيوت) تنوت وعلى; بيت الزنابير chez Bc guêpier; de même والنحل والدبر; بيت النمل fourmilière, Bc; cf. Lane 280 b à la fin. — Alvéole, cellule de l'abeille, Bc. — Alvéole, cavité où est la dent, Bc. — Famille noble, voyez Lane 280 c; بيت بنت fille de bonne maison, Bc. — Epouse, Abou'l-Walîd 92, 8 et 9. — En poésie: بيت d'une stance, مشحكة, Prol. III, 390, 8, 9, 11; le duel بيتتان = المَوَاليا, quatrain, Prol. III, 429, 12, avec la note de M. de Slane. — Etui, fourreau, gaîne, Bc. — Petite bourse de cuir pour le tabac, le briquet, la pierre à fusil et l'amadou, Barth V, 19, 705. — Figure carrée dans le tissu d'une étoffe, Gl. Fragm. — Carré d'un champ, Gl. Fragm. — Carré en termes de guerre; c'est le centre d'une armée, Gl. Fragm. — Carré en termes de jardinage, 1001 N. I, 877, 4 a f.: بيوت الاشجار; spécialement: butte s'élevant avec un plan incliné faisant face au soleil, couche en ados, Auw. II, 215, 14 et suiv.; cf. Clément-Mullet II, 208, n. 1. — Carré, case de l'échiquier, Macc. II, 673, 1, 1001 N. Bresl. XII, 140, 4 a f.; de la zâyirdja, Prol. I, 214, 9 et suiv.; de la mancala, Lane M. E. II, 56, et d'autres tableaux sur lesquels on joue, ibid. 60. بيت بنائه, en parlant d'une pièce de l'échiquier, signifie: la place qu'elle occupe au commencement du jeu, Macc. I, 882, 3. — Case d'un pot, d'une boîte, etc., Macc. I, 655, les deux dern.

l. — En parlant d'une حلقة, c.-à-d., d'une enceinte que formaient des chasseurs, pour enfermer ainsi une multitude d'animaux sauvages, le mot بيت désigne: *la partie de cette enceinte qu'occupe chaque chef de chasseurs*, 1001 N. I, 31, 2: واذا بالغزالة دخلت لبيت الملك. On ne peut pas traduire ici: «la tente du roi,» car il n'a pas été question de tentes, et il n'est nullement vraisemblable que le roi soit allé à la chasse avec des tentes. — *L'espace situé entre la poignée et les extrémités de l'arc*, J. A. 1848, II, 208. — *T. de musique, degré du son* (= مَقَام), Descr. de l'Eg. XIV, 37, n. 1. — بيت الابرة *boussole*, Bc, Niebuhr R. II, 197. — بيت الادب *lieux d'aisances*, Bc. — بيت الاكل *salle à manger*, Bc. — بيت انس *élément*, au fig., *chose, lieu, etc., qui plaît le plus*; هو في بيت انسه «il est dans son élément,» Bc. — بيت اوّل *le premier des appartements chauds d'un établissement public où l'on prend des bains; en hiver on s'y déshabille*, Lane M. E. II, 45. — بيت بارود *giberne, boîte aux cartouches*, Bc. — بيت البزر *capsule, ce qui renferme la graine des plantes*, Bc. — بيت التحف *musée*, Bc. — بيت الحرس *corps de garde, lieu où se tiennent les soldats de garde*, Bc. — بيت الاخبار *coquille*, Lyon 128, 249. — بيت اللوت *télégraphe*, Bc. — بيت الخدمة *sacristie*, Bc. — دكّة *coulisse, rempli pour passer un cordon, une ceinture de caleçon, etc.*, Bc. — بيت الرهن *mont-de-piété*, Bc. — بيت الراحة *latrines*, Alc. (necessaria o privada, privada), Hbrt 191, Bat. man. Gayangos, 9 v°, où l'édit. (I, 63) a le synonyme بيت الخلاء. — بيت طيور *pagode, temple d'idole*, Bc. — بيت صنم *volière*, Bc. — بيت عقد *appartement voûté en pierres*, Bc. — بيت عكس *mauvais lieu, maison de débauche, tripot*, Bc. — بيت العين *orbite, cavité dans laquelle l'œil est placé*, Bc. — بيت فساد *bordel*, Bc. — بيت الفواكه *fruitier*, Bc. — البيت المقدس *sanctuaire, le lieu saint, lieu où est le maître-autel*, Bc. — بيت القمار *loterie*, Bc. — بيت القعود *salon*, Bc. — بيت مال était ou une certaine somme d'argent très-considérable, Macc. I, 373, 15: فكان مبلغه ١٥ بيت مال, comparez خزانة. — بيت المونة *cellier*, Bc. — بيت الغار *serre*, Bc. — بيت للنبات nom d'un artifice qu'on suspend à une plaque clouée sur un très-grand bouclier, et c'est un moyen de combustion; voyez Reinaud F. G. 37; — *chambrette inférieure du four, servant à recevoir le combustible*, J. A. 1830, I, 319. — اهل بيت *les Bédouins*, l'opposé de اهل حيط «les citadins,» Burton II, 113.

بيتة *famille noble*, Macc. II, 432, 6 avec la note de Fleischer Berichte 50, I, 816, 4, II, 588, 16, Cout. 23 v°: ولم يزل بنو نادر يسفلون حتى انقطعت بيتتهم (voyelles du man.), Cartás 14, 8 a f., J. A. 1852, II, 221, 2 a f., 223, 3. — من بيتة *de bonne maison, d'une haute naissance*, Voc. — اهل البيتات *ermites*; voyez sous بَيت au commencement.

بيتنى *domestique, de la maison*, Bc. — *Domestique, privé* (animal), surtout en parlant des pigeons, حمام بيتى, Alc. (paloma duenda o çorita, paloma çurana), 1001 N. II, 66, dern. l.

بيتونة *famille, famille noble*, Voc., Gl. Edrîsî (où est donné à tort comme un pl. de بيت), Haiyân 23 v°: ابنا مهلب من بيتونات البرابرة بكورة فبدر لاول وقته, Haiyân-Bassâm III, 142 r°: البيرة بعداوة الاحرار وتنقّص الفضلاء والميل على اولى البيتونات بالاذى, Berb. I, 161, 1, 164, 2 a f.; aussi: *haute naissance*, Voc.

بيتونى *d'une haute naissance*, Voc. — *Domestique, privé* (animal), Bc.

On dit بيات الروم «attaquer, surprendre les Grecs pendant la nuit,» Amari 224, 6.

بيتنة *serrure*, Bc (Barb.).

بيات *cabaretier*, Casiri I, 145, n. a.

بيوت = بيت, 1er sens chez Lane, M.

كلام بائت طبيخ بائت *réchauffé*; *mets réchauffé; réchauffage, vieux propos donnés pour du neuf*, Bc. — Pl. ة et بيات *soldat ou agent de police, qui fait la garde pendant la nuit* (cf. sous la I™ forme du verbe), L (excubitor (vigilator)), Alc. (escuchas del campo), Haiyân 71 v°: اسرى من مدينة استجة عليه ليلا — وارسل اصحابه لافساد مضرب الامير عبد الله ولم يكن فيها ليلتئذ غير الباتية (الباتنة .l.) من الغلمان ورماة المماليك, Macc. I, 135, 11, Müller L. Z. 16, 6 (pl. بيات, comme chez Alc.).

بائتة *gîte, le lieu où l'on couche ordinairement*, Macc. I, 830, 10.

مبيتة *de trois nuits*, Alc. (tres nochal cosa مبيتة).

مَبِيتَة pl. مَبَايِت soirée, nuitée où l'on se divertit par des chants et des danses. Ces sortes de fêtes n'étant données que par des femmes de mauvaise vie, les hommes y sont admis, Cherb., Barbier Vocab. et p. 19, Roland, Maltzan 35 (nbita).

بيبراس nom d'une plante, Daumas V. A. 381. Serait-ce une altération de ابو براص ?

بَيَّخَ I s'entabler (se dit du cheval dont les hanches devancent les épaules), Bc.

بيد.

بَيْدَاء. Le Voc. donne le pl. بَيَادى.

بَيْدَام est interim dans le Voc., tandis, pendant, en attendant, Alc. (en tanto, en tanto que, entre tanto, mientras o mientras que).

بَيْدَر أَيَّامَ بَيْدَرِهِم بَيْدَرْ «pendant la saison où ils battent le grain,» P. Tha'âlibî Latâïf 6, 3. — Meule, monceau, pile de blé fauché ou de paille, Bg.

بَيْدَسْتَر = بادستر castor, Bc.

بَيْدَق ou بيدق II. De même que, dans le langage du jeu d'échecs, on a formé تَفَرْزَن de فِرْزان, «devenir firzân,» Ibn-al-Habbârîya a formé de بَيْدَق, le verbe تَبَيْدَق, devenir pion, apud Khallic. VII, 109, 7:

وَاذَا البِيَادِقُ فِى الدَسْتِ تَفْرَزَنَتْ
فَالرَأىُ أَنْ تَتَبَيْدَقَ الفِرْزَانُ ۞

بيدق ou بَيْدَق (pion), le pl. بَيَادِق P. Macc. I, 882, 3. — (Autre forme de بودقة, etc.) creuset, Gl. Djob.

بِير hydromel, L (idromelum).

بيراط crème cuite, Bc.

بيرزد = بارزد, Payne Smith 1275.

بَيْرَقْدَار (pers.) porte-enseigne, porte-drapeau, Bc.

بيرم est en persan (voyez Vullers) le nom d'une étoffe de coton; Bat. IV, 2: وَمَائَةُ ثَوْبٍ بِيْرَمِيَّةٍ وَهِىَ مِنَ القُطْنِ. Aujourd'hui on donne le nom de بَيْرَمَة à une chemise de femme, faite de coton et teinte en indigo, Ztschr. XXII, 94, n. 15.

بَيْرَمُون vigile, veille de fête, Bc, aussi بَارَمُون, M.

بِيرَة bière, Bc.

بِيرُواسَة semble le pers. باروجه ou چاروجه, vase dans lequel on porte de l'argile ou de la terre, Ztschr. XX, 497, n. 2.

بيرون vendange, Voc.

بير.

بيز alêne, Roland. — بيز السفرة nappe, linge dont on couvre une table, Bc.

بَيَّاز (de باز) fauconnier, Voc., Daumas R. d. O. A. N. S. III, 240.

بَيَّازِى fauconnier, Alc. (halconero).

بَيْزَرْخ voyez بَزْرْخ.

بَيْزَر chasser avec le faucon, Voc.

بَيْزَرَة fauconnerie, Voc.; Ibn-al-Khatîb écrivit un livre de fauconnerie intitulé البَيْزَرَة, Macc. III, 655; اصحاب بَيْزَرَتِه ses fauconniers, Berb. I, 412.

بَيْزَرِى fauconnier, Voc.

بيس espèce de poisson de rivière, man. de l'Escurial 888, n° 5. M. Simonet, qui m'a fourni ce renseignement, croit que c'est l'esp. pez.

بَيْسار voyez بيصار.

بَيْسُوس pl. بَيَاسِيس espèce de candélabre, Bat. II, 263, 294.

بيش «plante inconnue au Maghrib; cependant on dit que c'est celle qu'on connaît dans les montagnes de Grenade,» Gl. Manç, c'est-à-dire l'aconit ou napel, Bc; cf. Mendoza Guerra de Granada p. 27 éd. Baudry. Chez Abd-al-wâhid 40, 7, il faut peut-être lire بيش, au lieu de بنش. Cf. Bait. I, 120 a, 199 b, Belou 216. — تُرْبَة البيش antore ou antitoré, Bc. — Creux qu'on fait dans la terre quand on plante, M. — Frange, M.

بِيشَّة (esp.) membre viril, Alc. (pixa).

بيشون héron, Hbrt 184; c'est = بَلْشُون, بَلْشُوم (voyez).

بَيْصار ou بِيسار, aussi قَيْسار, n. d'un. ة, fèves cuites avec du beurre et du lait, Voc. (قَيْسار et بَيْسار, avec le n. d'un., faba cocta, fresa), Alc. (manjar de havas, payçar), Daumas V. A. 252 (auquel j'ai emprunté ma définition; il écrit: bissar); Mehren 25: بيسار mets composé de meloukhia, de fèves et de viande;» Mokaddasî 183, 18 (بيسار); Nowairî Afrique 19 v°: فمن ذلك انه بلغ امَّه جلاجل انّ اخت عامر ر°: 20 ابن نافع قالت والله لاجعلن جلاجل تطبخ الفول بصارا (sic) فلمّا طفر ابنها زيادة الله بالقيروان امرت جلاجل بيصارا (sic)؛ بغول قطبخ بصارا il faut lire deux fois R. N. 62 v°: وخرج ليلةً ليتوضّا فوجد بعض الزوّار طبخ بيسارا وغرفه فى صحفة وجعله فى سطح ليجمد لم يمر به جَبلةُ فوجده قد جمد فقال مساكين جمد لم فصبّ فيه الماء من ابريق كان معه ثم مضى فجاء القوم فقالوا مَن افسد علينا قيصارنا........ فيه الماء فقال لم جبلة انا فلا تظلّوا الا خيرا ظننت انه فسد قيصارنا au lieu de عليكم فاردت ان ازيدكم فيه الماء (distinctement dans le man.) il faut lire قيصارنا ou بيصارنا؛ après ce mot on lit les lettres واو, qui sont biffées; puis il y a un blanc, qu'on pourrait remplir en ajoutant وصبّ. L'auteur raconte cette anecdote afin de prouver que Djabala était trop occupé de la vie future pour faire attention aux choses de ce monde.

بيصمون nom du *bendj* chez le vulgaire en Espagne, Most. v° بنج: وتنقّل لها العامّة البيصمون.

بيض II blanchir, plâtrer un mur (Lane sans citation), Voc., Alc. (enessar como encalando, enluzir pared o otra cosa, enxalvegar, encaladura تبييض), Cartâs 32, 5 et 8, 1001 N. I, 634, Martin 7; بيّض السقف plafonner, Bc. — Etamer, enduire d'étain (Lane sans citation), Bc. — عرض احد وجد بيّض ou بيّض وجهه blanchir, justifier, faire paraître innocent; s'excuser, se justifier, Bc. — بيّض الحافر dessoler, ôter la sole, Alc. (despalmar las bestias).

V être blanchi, plâtré, Voc. — Etre mis au net (un brouillon), Voc.

IX être affecté d'une taie (œil), R. N. 104 v°: وكان وابيضّت, et ensuite: (بياض voyez), بعينيها ببياص عيناها وكانت لا تبصر ۞

بَيْض ponte, temps de pondre, œufs pondus, Bc. — Le cœur d'un chou, Bait. II, 361: بيضة الذى يسمّى جمّارة — واذا طبخ بيضة الذى هو ثمره — لانّ فى بيضه نفخة. — Semence, liqueur séminale, sperme, 1001 N. II, 65, 6 a f. et suiv. (4 fois), 66, 1; Freytag a بَيْظ dans cette acception. — Bourse, peau des testicules, Bc.

بَيْضة الرِّيح œufs non fécondés, œufs stériles, Auw. II, 716, 14 et suiv. — بيض الدجاج espèce de raisins rouges, ainsi nommés parce qu'ils ont la grosseur d'un œuf de poule, Richardson Morocco II, 171; mais selon Hœst 303 (où Reîd est une faute d'impression, pour Beîd), ils ne sont pas plus gros qu'un œuf de pigeon. — بَيْض حَمام espèce de dattes, ainsi nommées parce qu'elles ont la forme d'un œuf de pigeon, Pagni 150. — Chez les alchimistes, بيضة, œuf, signifie: le composé tiré de l'animal; voyez Prol. III, 205, 14 et suiv. — Au fig., ville natale, Macc. I, 113, 21. — Vessigon (tumeur molle au jarret du cheval), Daumas V. A. 190. — Dans le sens de testicule, pl. بَيْض et بَيْضات, Bc.

بَياض cheval qui boit dans son blanc, Bc (se dit d'un cheval qui a le tour de la bouche blanc, et le reste d'une autre couleur). — Toileries, marchandises de toiles, Bc. — ليس البياض prendre les habits blancs, dans le sens de: se dévouer à la mort; ce symbole signifie le dévouement à la mort, parce que les linceuls dont on se sert pour ensevelir les morts, doivent être blancs; voyez Hamaker, Takyoddini Ahmedis al-Makrizii Narratio de expedit. a Græcis Francisque adversus Dimyatam susceptis, p. 127, de Sacy Chrest. I, 499. On dit aussi: امره بلبس البياض, quand on a résolu de mettre quelqu'un à mort, de Sacy Chrest. I, 52. — بياض pays qui n'est ni cultivé, ni habité, chez Lane; en ce sens le pl. بياضات, Bait. I, 37 b: ينبت في الارض الرملة وفى البياضات من الجبال. — Transcription, mise au net, en général livre, exemplaire, Mong. 4 et suiv. — Blanc de chaux, eau dans laquelle on a délayé de la chaux, et dont on peint les murailles, Cartâs 35, 16: ثم لبسوا عليه بالجصّ وغسل عليه بالبياض ودلك فنقصت تلك النقوش كلّها وصارت

بيض, Holal 78 v°: فتناولْتُ بـيـاضـا مـن بقـايـا جيار
1001 بياض سُلْطَانيْ وكتبت تحته (sur une muraille).
N. I, 210, 3 a f., est encore aujourd'hui au Caire le
nom de la meilleure espèce de plâtre; voyez la trad.
de Lane I, 424. — بياض الوجه *craie blanche*, Domb.
102. — *Céruse*, aussi بياض جلوى parmi le vulgaire
en Espagne, Gl. Esp. 70, Calendr. 101, 2, L (cerussa
البياض لتعطيل النساء). — *Taie sur l'œil*, certaine
tache blanche et opaque qui se forme quelquefois sur
l'œil; en parlant d'un cheval: «il البياض على عينه
a une taie sur l'œil,» Daumas V. A. 190; cf. Auw.
II, 569, 19 et suiv., I, 532, 3 a f.; Bait. I, 43 a:
فرضت R. N. 80 r°: تقلع البياض من العين قلعًا حسنًا
بالجدرى فاتى على بصرها وطلع عليه بياض فكنت لا
ترى قليلا ولا كثيرا Calendr. 83, 6; voyez aussi sous
la IX° forme du verbe. — على بياض *en blanc, sans
écriture*; ورق متختوم على بياض *blanc-signé ou blanc-
seing*, Bc. — يا بياضك من يوم *quel beau jour que
celui-ci!* وا بياض وابن عبّاد زائرى «quel beau jour
que celui-ci, puisqu'Ibn-Abbâd vient me rendre visite,»
Abbad. III, 89, 4 a f., 91, n. 79; cf. Bc. sous
أبيض. — بياض البردى *la substance blanche qui se trouve
sous l'écorce du papyrus ou du jonc, et compose la
tige*, J. A. 1850, I, 245. — بياض مقارب *premier plan
ou dessin, ébauche*, Alc. (il donne ce terme sous falso
assi, et le mot qui précède est: falso dezidor, كاذب;
l'expression arabe ne peut pas signifier cela, et l'article qui suit est falsa traçadura مبيّض; je crois donc
qu'il faut placer l'article «falso (falsa) assi» après
falsa traçadura). — بياض القلب *candeur, pureté
d'âme*, Bc., بياض اهل المدينة ou بياض الناس
ou بياض العامّة ou البياض, *ceux qui sont à leur aise,
qui ont de l'aisance, qui ont une fortune suffisante
pour se procurer les commodités de la vie*, Gl. Bayân.
— اكل بياض *manger du laitage et des œufs, ne pas
faire maigre rigoureusement*, Bc. — Par antiphrase
(per contrarium, comme dit le Voc.), *charbon*, Voc.,
Cartâs 358 de la trad., n. 3: كانت امطار عظيمة بِبلاد
المغرب وثلوج كثيرة فعدمت فيها البياض والحطب فبيع
البياض بمدينة فاس درهمين للرطل, Amari 348, 4: le
roi d'Aragon permettra qu'on importe dans les pays
musulmans للحديد والبياض وللخشب وغير ذلك; cf. sous
أبيض. — Aussi par antiphrase, *poix*, Voc., Bc;
brai, sorte de goudron, Bc.

بيوض dans le Voc. sous ovum, avec l'explication

«posta',» qui semble venir de ponere (ova), fr. pondre; faut-il donc traduire *œufs pondus?*

بياضة العين *conjonctive, membrane*, le *blanc
de l'œil*, Bc. — *Taie sur l'œil*, Daumas V. A. 425;
— بياضة في العين *cataracte, humeur, tache sur le
cristallin de l'œil*, Bc.

البيَاضي *les cultures qui n'ont besoin d'aucun arrosement jusqu'à la récolte sur les terres qui ont été
inondées par le Nil*, Descr. de l'Eg. XVII, 17.

بيّاض *l'ouvrier qui fait cuire la soie*, Prax R. d.
O. A. IX, 215. — بيّاضة *pondeuse (qui pond)*, Bc.

أبيض القلب *candide, franc, libre, sincère,
loyal*, Bc. — En Egypte صباحكم ابيض ou نهارك ابيض
bonjour, Bc. — كتبتُمْ بيضاء voyez Lane; en ce sens
بيضاء seul, P. Akhbâr 163, 6. — ابيض substantivement et par antiphrase: *charbon*, Hbrt 196 (Barb.);
le pl. بيض, Hœst 222; cf. بيضاء à la fin. — بيضاء
seul et substantivement: *lèpre*, de Jong; — la petite
pièce de monnaie appelée *blanca* en espagnol; ces
blancas sont aussi nommées الفرود البيض, Gl. Esp.
62; le pl. بيض, *pièces d'argent*, Harîrî 374, 1; — *anthyllis cytisoides*, arbrisseau rameux dont les feuilles
sont blanchâtres, Gl. Esp. 62.

أبيضاني *blanchâtre, tirant sur le blanc*, Bc.

تبييض *étamage*, Bc.

مبيضة *blancherie, blanchisserie, lieu où l'on blanchit*, Bc.

مبيّض *blanchi avec de la céruse*, Alc. (alvayaldado).
— *Premier plan ou dessin, ébauche*, Alc. (falsa traçadura).

مبيّض *celui qui blanchit une muraille avec de la
chaux*, 1001 N. I, 634. — مبيّض النحاس *étameur*, Bc.

مبيضة *transcription, mise au net, en général livre,
exemplaire*, Mong. 4 et suiv. Chez Lane c'est مبيضة;
la prononciation que j'ai donnée est dans le Voc.
(v° nota, et بيّض *notare*).

بيضنجان = بادنجان *mélongène, aubergine*, Bc. —
بيضنجان قوطة *pomme dorée, pomme d'amour*, Bc.

بيع I c ق p. (*vendre à*), Akhbâr 45, 9 (où il faut lire:
ويبيعاق في رجاله), 10; c. على p., Gl. Maw., Ztschr.
XX, 509, 5; c. a. p. et ب r., ibid. 510, 9. — باع

بيع 136 بيلقانبة

من نفسه الله *il fit à Dieu le sacrifice de sa vie*, Bat. IV, 30, 196, Berb. I, 127, 128, ou simplement باع من الله, P. Berv. II, 289, 8 a f.; chez Bc: حمل حملة مَن باع نفسه باخس ثمن «il chargea l'ennemi en désespéré.» — يُباع *aliénable, vendable*; لا يُباع *inaliénable, invendable*, Bc.

II *vendre, aliéner*, Ht. — *Concéder, approuver*, Voc. — *Canoniser*, Alc. (canonizar). — *S'humilier*, Roland.

III c. على p. *faire un complot* avec (مع) d'autres personnes *contre* quelqu'un, Bidp. 242, 4.

IV c. الى p. *vendre à*, Amari Dipl. 207, 1 et 2.

VIII *vendre*, J. A. 1844, I, 411.

بيع Le pl. du pl. بيوعات, Formul. d. Contr. 2: اشتراه منه بثمن كذا بيعا صحيحا قاطعا سلك به ما جرت عادة المسلمين في بيوعاتهم. — *Loyer* (Lane), cf. Gl. Belâdz.

بيعة *une vente*, Bc. — *Forfait*, marché à perte ou à gain, Bc. — *La chaîne* d'une toile, Voc. — Le mot بيعة, *église*, se prononçait en Espagne بَيْعة, Voc., Alc. (iglesia); il signifiait aussi *synagogue*, Alc. (sinagoga ayuntamiento de judios).

البيعة المقدّسة بيعة *l'Eglise*, l'assemblée des fidèles, Bc.

بياعة *commission*, ce qu'un commissionnaire perçoit pour son salaire, M.

بيّع *regrattier*, petit marchand, Bc; dans le même sens que بيّاع (voyez), *celui qui vend des légumes, du poisson en saumure*, etc., 1001 N. Bresl. I, 193, 5 et 6, où il n'est pas nécessaire de changer بيّع (voyez aussi Lane) en بيّاع, comme le veut Fleischer Gl. 30.

بيّاع *marchand, débitant, vendeur, revendeur*, Voc., Bc, Hbrt 102, *marchand en détail*, Hbrt 100, Macc. I, 687, 12. On ajoute souvent le nom de la chose que débitent ces marchands en détail, p. e. بياع الارز, 1001 N. III, 129, بياع الماء *ibid.* II, 66, بياع الحشيش *ibid.* 515, بياع الجلاب = سقّاء, Ztschr. XI, 513, et une foule d'exemples chez Bc. Spécialement: *celui qui vend des légumes, du poisson en saumure, du fromage, des câpres, des olives*, etc., Fleischer Gl. 30. — *Commissionnaire*, qui trafique par commission,

Bc. — *Espion*, Hbrt 140, Ht (qui prononce بيّاع).
— Le fém. بيّاعة chez Bc; بيّاعة قشطة *crémière*.

متاجر بائعة *des marchandises qui trouvent aisément des acheteurs*, Gl. Edrisî.

مَباع *l'endroit où l'on vend quelque chose*, Gl. Belâdz.

مَبيع *une vente*, Hbrt 102.

بيك (turc), *bey*, forme au pl. بَيْكَوَات, Bc, M, et بَيْكات, M.

بيك *outil de maçon à deux têtes pointues pour tailler les pierres*, M, qui dit que c'est en persan بيك; je crois que c'est le français *pic*.

بيكاسون *bécassine*, Bc.

بيكر I *compasser, bien proportionner*, M.

II quasi-pass. de I, M.

بيكار (*guerre, combat, campagne*) forme au pl. بيَاكِر, Maml. I, 2, 18.

بيكار, de même que بركار, pers. پرگار, *compas*, Bc, M, 1001 N. III, 91, 5, Bresl. I, 249, 3; قاس بالبيكار *compasser*; على البيكار *par compas et par mesure*, au fig., avec beaucoup d'exactitude; مشى على البيكار *compasser ses actions, les bien régler*; نظره على البيكار *avoir le compas dans l'œil, mesurer juste à la vue seule*, Bc.

بيكارى *compassé, bien proportionné*, M.

بيكارية pl. بَوَاكِر *plaque*, comme traduit Quatremère, Maml. II, 2, 70, 7 a f., 6 a f., 71, 6 et 9; peut-être cette plaque a-t-elle été nommée ainsi, parce qu'elle avait la figure d'un cercle décrit avec le compas.

بيلسان *sureau*, Bc (= بلسان), Hbrt 183, qui donne aussi بيلاسان.

بيلقانبة. Dans l'éd. de Bresl. des 1001 N., I, 149, 8, on trouve nommé parmi les pâtisseries: ومشبك بيلقانبة; l'édit. de Macn. et celle de Boul. n'ont pas le second mot, et comme le masc. مشبّك ne s'accorde pas avec la forme du fém. de l'autre mot, je serais tenté de lire بيلقانية. C'était peut-être une pâtisserie qui tirait son nom de la ville de Bailacân, dans la Grande Arménie.

بِيلَة (Alc. et Lerchundi پ) (esp.) *le bassin d'une fontaine*, Alc. (pila de agua; Wright, Gl. Djob., a traduit pila par «auge,» comme il a trouvé dans le dict. de Nuñez; mais Victor donne «un bassin de fontaine;» en ital. pila a la même acception), Macc. I, 126, dern. l. et toute la page 127, Djob. 50, 14, 199, 15. Dans le Cartâs 36, 8 a f.—37, 14 (cf. 41, 15) on trouve la description d'une خَصَّة et d'une بِيلَة. Chez Alc. ces deux mots sont synonymes; il traduit l'un et l'autre par «pila de agua.» Defrémery (Voyages d'Ibn Batoutah dans l'Asie-Mineure p. 49) a dit que khaçça désigne le bassin supérieur d'une fontaine, et que bîla en indique le réservoir ou le bassin inférieur; mais c'est, de son propre aveu, un *lapsus calami*, et c'est le contraire qu'il a voulu dire; en effet, on lit dans le Cartâs (37, 1 et 2): «Quand la bîla est pleine, l'eau descend dans la khaçça.» — *Fonds baptismaux*, Alc. (pila de bautizar). — *Poisson* (الحوت), M.

بَيْلُون sorte de *terre argileuse* dont on se sert au bain, comme de savon; *cimolie*, Bc.

بِيلِيك. بِيلِيك مركب *vaisseau de guerre*, Bc.

بين I, dans le sens de *se manifester*, etc., aor. *a* chez Bc, et le n. d'act. بَيْنُونَة, Haiyân 78: كان مع بسالته شاعرا محسنا قديم البيوتة (l. البينونة) مكانه في المصاق بعهد الامير محمد ۞

II *spécifier;* — *vérifier;* — *convaincre*, Ht. — Chez Alc. aprovar; c'est dans le sens de *prouver* (Nebrija, Victor), car telle est la signif. du verbe arabe; Lane: بَيَّن *he proved it*; Voc. probare. — بَيَّن حكمه *faire claquer son fouet, faire valoir son autorité*, Bc. — بَيَّن دعوى *plaider une cause*, Bc. — بَيَّن صورة *rendre, représenter une figure*, Bc. — بَيَّن اللفظ *articuler, prononcer nettement*, Bc.

III c. من *contraster, faire un contraste*, Bc. — *Distinguer le vrai et le faux*, Mohammed ibn-Hârith 334: كان القاضى شديد المباينة في الحق قليل المداراة فيه. — C. a. *surpasser*, Gl. Maw. — C. r. *montrer, manifester*, Haiyân 69 r°: بَايَن سعيد بن مستنة ثم بَايَن آخر ذلك كله ۰ر 69 بخلعان الامير عبد الله بالانتكاث وجاهر بالخلعان ۞

IV avec عن نفسه *plaider sa cause*, R. N. 73 r°, en parlant d'un cadi qui avait été arrêté: أبان عن نفسه وكشف عن الشبه المرفوعة عليه ۞

V *se distinguer, se signaler, se produire, se faire connaître, ressortir, produire de l'effet par contraste*; avec غيرى *marquer, être marquant*, Bc. — *Paraître à travers un corps transparent*, Alc. (trasluzirse). — *Être prouvé*, Voc. — *Être expliqué*, Voc. — C. a. *apercevoir, voir, voir distinctement, découvrir*, Gl. Edrîsî, Becrî 121, 4, Most. v°: سندروس ويقال ان اهل الهند يغرغرون على موتاهم ليتبيّنوا منهم (مَن هُمْ l.) فى كلّ وقت; chez Badroun ۹۱, 3 (cf. notes 54) on peut traduire simplement *voir*.

VI c. من *contraster, faire un contraste*, Bc. بَيْن بَيْن «entre Baçra et la Mecque,» بين البصرة الى مكة Gl. Abulf. — بَيْنَم لِبَيْن, ou بَيْنَم بالبَيْن, ou avec لـ, ou avec مع, est dans le Voc. *ad invicem*, synonyme de بَعْضهم لبعض. — بين البينين *entre deux*, Bc.

بَائِنَة *intervalle*, Ht.

بَيْنَة (esp.) *peine, châtiment*, Alc. (pena).

بَيَان *distinction, explication*, Bc. Quand un mot est écrit indistinctement dans un man., on le répète sur la marge, en ajoutant: بيان. — *Compte, récit, rapport*, Bc. — *Document, preuve, renseignement, adresse, mémoire, état, inventaire, factum, mémorial, placet*, Bc, Gl. Belâdz. — *Programme*, Bc. — *Tableau, ouvrage contenant la description d'un pays, d'un art, d'une science*, Bc. — بيان البيت ou بيان, *adresse, indication du domicile*, Bc. — بيان المطرح *relevé*, t. de finance, de commerce, *extrait des articles*, Bc. — بيان الاسعار *tarif*, Bc. — بيان كتاب *prospectus*, Bc. — علم بيان *inventaire*, Bc. — علم بيان الدفع *bordereau*, Bc.

بَيَانِى *caractéristique*, Bc.

بَيُونِى (de Bayonne) *galion, sorte de vaisseau de haut bord*, Alc. (galeon).

بَيِّنَة dans le sens de *témoignage*; le quasi-pl. بَيِّن dans le Voc. — *Témoin*, Voc., Mohammed ibn-Hârith 238: زدّني بَيِّنَة «citez un second témoin.»

تَبَايُن *contraste*, Bc.

تَبْيِين *spécification*, Bc.

مُبَايَنَة. حرف المباينة *adversatif*, particule adversative, qui marque l'opposition, la différence, Bc.

مُتَبَايِن pl. مُتَبَايِنُون *des souverains indépendants* (de Slane), Berb. I, 442, 2. — عـدد مـتـبـايـن, t. de mathém., *aliquante*, nombre qui n'est pas exactement contenu dans un autre, Bc.

بِيْنِبْ. C'est ainsi qu'il faut prononcer ce mot que Freytag écrit بَيْنَبْ; Bait., I, 468 a, l'épelle. C'était en Espagne la δάφνη ἀλεξανδρεία et aussi la *chamædaphne* de Dioscorides. Chez Bc *thymélée, lauréole, garou*; sous *lauréole* il a aussi les voyelles que donne Freytag.

بِيْنْبَاشِي *chef de bataillon*, Bc.

بَيْة (turc) pl. ات *bey*, Bc.

ت

تَا, abréviation de حتى, *afin de*, *afin que*, Bc.

تَابَلْكْحُوت *centaurea fuscata* Desf., Prax R. d. O. A. VIII, 281. — *Huile faite d'olives vertes*, Jackson 85 (tabaluht).

تَابَان, en pers. un adjectif, « brillant, » est employé à Damas comme un substantif, *le brillant* d'une lame, Ztschr. XI, 520, n. 43. On y dit aussi: « une lame de tâbân, » dans le sens de: un vrai damas, *ibid.* 485.

تَابُوت *reliquaire*, Alc. (reliquario), cf. Djob. 102, 16; — *endroit où l'on garde les reliques*, Alc. (sagrario secreto del templo). — *Hune, gabie*, Alc. (gavia de la nave). — *Poupe, arrière de vaisseau*, Alc. (popa de nave o navio). — *Petit monument oblong et en bois, qu'on élève sur la voûte d'un tombeau*, Lane M. E. I, 359. — Espèce de *machine hydraulique*, Lane, M. E. II, 31.

تَوَابِيت *lucellum*, L, mot que Ducange explique par *feretrum*.

تَاخَتَج (pers.) sorte d'étoffe qu'on fabriquait à Naisâbour, de Jong.

تَارْشْتَة (Daumas MS) *vermicelle*, Daumas V. A. 252 (tarecheta).

تَازُرْت (berb.) sorte de poisson au Maghrib, Bat. II, 217.

تَازُرْدِيَة, زَرْدِي (berb.) *raton de l'Atlas*, Cherb.; sans le préfixe, *raton*, Roland; *zerdi*, *Herpestes Numidicus* Cuv., *the Numidian ichneumon*, Tristram 383; *zordani*, *mus Barbarus* Linn., *the striped mouse*, id. 385.

تَازِي est le mot berb. pour *maison*, Becrî 157, 1; *taskha*, maison, Lyon 315; *tezaka*, cabane, Daumas Kabylie 22; *teschka*, *chambre aux provisions*, Barth V, 712.

تَاسَرْغَنْت (berb.) *la racine du telephium imperati* L., qui croît spontanément dans l'ouest de l'Algérie et principalement dans le Maroc, et qui entre dans la composition des parfums, Bat. IV, 394, Léon 774 (tauzarghenta), Marmol III, 21 d (tansarguent), Prax 4, 21 (serghin) et dans la R. d. O. A. V, 20, VI, 341, *ibid.* XIII, 85 (serghrin), Carette Géogr. 94 (serrîn), Tristram 155 (s'rrhine), Daumas Sahara 285 (acerrîa); Bait. I, 124, en parlant du البربير: بخور البربير, leçon de B; وبالبربرية أوسرغنت وبقال سرغنت أيضا A اوسغند; II, 11 c, où il faut lire avec A: سرغند, بخور, وسرغند أيضا وبقال أسرغنت, nom berbère du البربير. On trouve تاسرغنت comme le nom propre d'une femme, Berb. II, 239, 11. Capell Brooke II, 86, 87: « a root called *tasserint*; it is employed in washing hayks and woollen stuffs; being collected and dried it forms an article of some considerable trade. It is also, I believe, used by the Moorish women for the purpose of rendering themselves plump; and is sometimes mixed with the kouskousu for this purpose. The root is something like horseradish.»

تَاسْكَرَة (berb.) *platane*, Cherb. — Une carduacée mangée par tous les bestiaux, Prax R. d. O. A. VIII, 280 (teskra); *carduus sphærocephalus*, Pagni MS (tesekûra).

تَاسَلْغَة (berb.) *globularia alypum* L., *turbith*, Prax R. d. O. A. VIII, 281.

تَاسُمَمْت (berb.). C'est ainsi qu'il faut lire, à ce qu'il semble, au lieu de تاسممت chez Golius et Freytag; c'est du moins la leçon de nos deux man. de Bait. I, 202 d.

تَاسُومَة pl. تَوَاسِيم, chez Alc. تَوَاسِن (pour تَوَاسِم) comme le sing., pl. ات, espèce de chaussure, *sandale*, *pantoufle*, *soulier*, Vêtem. 104, Bc, Bg, Hbrt. 21, R. N. 78 v°, 1001 N. III, 468, 9; تسومة خفيفة *escarpin*, Bc; تسومة مكعبة *soulier en pantoufle*, Bc.

تاسى السمت (ainsi chez Quatremère et dans la trad. de M. de Slane, où le texte de Becrî, 182, 17, porte التاس انسمت (تاسى النسمت) ou انسمت *ibid.*, dern. l.), chez Prax R. d. O. A. IV, 135 (Tougourt), *timchemt*: « La pierre qui entre dans les constructions est tendre; c'est un sulfate de chaux terreux qui, par la cuisson, donne le plâtre gris appelé *timchemt*; » cf. *ibid.* V, 68; Tristram 155: „ *tinschund*, powder of a limestone, in which there is much chalk and very little sulphate of lime." Longue dissertation sur „le *timchemt* ou calcaire saharien," Carette Géogr. 271 et 272. On y lit: „Il en existe une carrière assez considérable dans la montagne voisine du village de Bou-Noura," ce qui peut servir à corriger le nom propre dans le passage de Becrî; وفى بونو معذن للناس انسمت ايضا.

تاغنطست (berb.) (*pyrèthre*) (cf. de Goeje sur Edrîsî p. 14) s'écrit aussi تبغنطسن; l'auteur du Gl. Manç. dit que le عاقرقرحا est inconnu au Maghrib, et que beaucoup d'auteurs se sont trompés en pensant que c'est التبغنطسن, تغندس, qui est donnée par le Most., se trouve aussi chez Alc. (tagândeç sous politre rayz conocida). *Gantâs* chez Carette Géogr. 255, قنطس chez Cherb.

تافرة (berb.) *grès*, Cherb.

تافسيا *thapsia*, voyez ثافسيا.

تاتفغة (berb.) espèce de *chardon*, Daumas V. A. 381.

تافغوت (berb.) *carduncellus pinnatus*, Prax R. d. O. A. VIII, 281.

تافرة pl. توارق *vas*, Voc., *boîte*, *petite boîte*, Alc. (buxeta, têqra, pl. tequêr). M. Simonet pense que c'est un dimin. de *theca*, *thecula* ou *thecella*.

تاك *celle-là*, Bc (Eg.).

تاكسافهر *pierre à aiguiser*, Most. v° حجر المسن: ومنه; leçon de N; ما يسمى تاكسافهر وهو نوع من هذه dans La la première lettre est ب.

تاكوت (berb.) a les voyelles تاكُوْت dans N du Most. (v° فربيون), dans le Gl. Manç. (même article) et dans B de Bait. II, 248 b; écrit تكوت, Inventaire, تِكْوُت, A de Bait. II, 249, تيكَوْت, B de Bait. *ibid.* Proprement *euphorbe*, Becrî 152, 6 a f., Most., Gl. Manç., Bait. I, 201 c (بالمغرب الاقصى), II, 248 b (où il faut lire avec AB التاكوت, au lieu du البالور de Sonth.), 249; cf. Tristram 155: „another dye, a purple, peculiar to Guerrara, is the seed of the *tak'ouit*, a desert plant, which I was unable to identify;" mais dans l'Inventaire, où on lit: ومن تكوت قنطار ونصف, ce mot doit avoir un autre sens, car le فربيون y est nommé dans un autre endroit. En effet, on a appliqué ce terme à d'autres substances dont on se sert pour tanner ou pour teindre; Bait. I, 14: بعض اطبّاء المغرب حبّ الاثل اليوم فى زماننا هو تاكوت الدبّاغين porte ce حبّ الاثل le يستعمل فى دباغ الجلود بالمغرب الاوسط, id. I, 201 c; Godard I, 215: « le *takahout*, teinture noire de Tafilet, provenant d'une gale de la mimosa. » Chez de Jong van Rodenburg 286, *takaöet* est „une teinture jaune." — Je ne sais si Guyon 211, n. 3, a en vue le même mot, quand il dit que les Arabes font de la Reaumuria vermiculata un mélange avec du shée, auquel ils donnent le nom de *t'gout*.

تالسب (grec) *jon-thlaspi* (fleur), Bc.

تالغودة nom d'une plante, Daumas V. A. 380.

تالمّة espèce de *scorsonère*, Daumas V. A. 382; *salsifis sauvage*, *ibid.*

تالّة *podospermum resedifolium*, Prax R. d. O. A. VIII, 343.

تأم pl. اتوام توم *jumeau*, *jumelle*, Bc. *double*, Ouaday 632 (« *teyman* » ou „ *tymán* »).

تامجانت (berb.) espèce d'arbre, Becrî 156, 2.

تامشاورت (berb.) (*meum*) est écrit ainsi dans A. de Bait. I, 202 c; Sonth. س; B تامساووت.

تامكسود (berb.) = قديد en arabe, Chec. 195 v°: اللحم الذى يتّخذ بالملح وبعضهم بالملح والتابل ولكلّ ويجفّف للشمس ويُرفع ونسمّيه نحن القديد.

تانبول ، bétel, Bc.

تانغث (?) expliqué par شبرم, Ibn-al-Djezzâr.

تانفيين (berb.), chez Golius et Freytag, est écrit de cette manière dans A de Bait. I, 201 b; B تانفقيىن (sic), Sonth. تالغيىن.

تانفقولت (berb.) cuivre, Gl. Esp. 348.

نب X. On dit: استنتب له ذلك, dans le sens de: « il trouva une occasion favorable, » Berb. I, 615, 5, cf. II, 134, 4 a f.; استنتب له الامر قليلًا « son entreprise eut d'abord quelque succès, » Prol. I, 286, 16.

تبيب huppe (oiseau), Cherb., Jackson 70, id. Timb. 334, Tristram 398, Pagni 66 (qui, en expliquant ce mot par « chirurgien, » le confond avec طبيب); souvent le pic-vert, J. A. 1850, I, 395.

تبانذكة tablier que portent les serruriers, Domb. 96.

تبر

تبور = تبار de la langue classique, Voc. (écrit تبور).

تبرنة (roman) taverne, auberge, Hbrt 188, Ht.

تبروري grêle, Hbrt 166 (Afrique), Bc (Barb.), Barbier, Cherb., Ht.

تبرزق، تبرزاق = الخّم sceau, Payne Smith 1162.

تبرة pierre à bâtir, Ht.

نبس

تبسى ou طبسى plat, Martin 79, pl. تباسى, Bc; assiette, تبسى, Ht, qui écrit le pl. تيباسى. Cf. sous le ط.

اتبس à peine, Ht.

تبع I dépendre, être dépendant, en parlant d'une chose; ressortir à, être du ressort, de la juridiction de, Bc. — Compéter, appartenir à, p. e. كل ما يخص له « tout ce qui compète et appartient dans la succession; » يتبعنى منه النصف « il m'en appartient une moitié, » Bc. — Accompagner le chant, p. e. انا اغنى وانت اتبعنى « je chanterai, accompagnemoi, » Bc. — Côtoyer, aller le long de, p. e. البرّ et جانبًا, Bc. — S'accommoder à, se conformer, se soumettre, se rendre conforme à, Bc, Alc. (convenir a otro). — C. a. p. éclairer, épier la conduite, Bc. — Dans le Voc. inducere, synonymes أدى et استقرى. — L'expression تبع العشرين من سنّه, dans mes Notices 181, note, l. 3, semble signifier: « il comptait environ vingt ans; » les mêmes leçons dans le man. de M. de Gayangos.

III se conformer, se soumettre à (cf. sous la Ire), Bidp. 86, 1, 206, 7, où il faut lire والمتنابعة, au lieu de والمبالغة, cf. les notes crit. — C. فى r. continuer à faire une chose, Haiyân 13 vº: وتابع فى تعليل للحصى واللطائف حتى افق من علته ۞

V poursuivre, continuer ce que l'on a commencé, Bc. — Dans le sens d'observer, etc., ce verbe se construit ordinairement c. a. p., mais aussi c. على p., p. e. كان البد ديوان التوقيع والتتبّع على العمال, Gl. Fragm. — Revoir, corriger, Notices 20 et suiv.

VI. Biffez chez Freytag la 1re signification, qui appartient à la IIIe forme, Gl. Belâdz.

VII s'accommoder, s'accorder, Alc. (abenirse, convenirse con otro).

VIII dans le sens de la Ve, Haiyân 91 vº: رحل العسكر متّبعًا اوطان المخالفين. — Obtenir, impétrer Alc. (conseguir).

تبع. On dit: تبع مَن هذه الفرس « à qui appartient cette jument? » تبعنى « elle m'appartient, » Bc.
تبع accessoires, v. d. Berg 48. — Subordination; subordonnément, en sous-ordre; جعله تبعًا على التبع subordonner, Bc. — Suivant, selon, à proportion, p. e. تبع ما يقول لى « c'est suivant ce qu'il me dira, » Bc. — Remise, renvoi au lendemain, Alc. (entrepostura de dia).

تبعى servile, littéral, Bc.

تبعيّة suite, ce qui suit, Bc. — Dépendance, Bc. — Subordination, Bc. — Servilité, exactitude servile, Bc. — Vasselage, Bc. — بالتبعيّة conséquemment; accessoirement, Bc. — تبعيّة اسم لاسم apposition, Bc. — تبع consécutif, Gl. Manç. in voce: معناه متتابع

اى مستوال ۞

تبغ , épithète d'un chien de chasse, *qui poursuit vivement le gibier*, Dîwân d'Amro'lkaïs ٣١٠, vs. 14.

تباع امَة *amant de servantes*, Kâmil 516, 15; تباع صغار *pédéraste*, 1001 N. Bresl. VII, 54, 2. — تباع الشمس *helianthus annuus L.*, Prax R. d. O. A. VIII, 283.

تابع *domestique, valet*, Gl. Belâdz., Haiyân-Bassâm III, 142 r°; pl. أتباع *gens, domestiques mâles*, Bc. — *Ecuyer*, Voc. — *Satellite, suppôt*, Bc. — *Vassal*, Bc. — *Accessoire, secondaire*, Bc. — *Immédiat*, Bc. — *En sous-ordre, subordonnément*, Bc. — ل *mouvant, qui relève d'un fief*, Bc. — *Succursale, petit établissement fait pour aider au plus grand*, Bc.

تابعة pl. توابع *appartenance, ce qui appartient à, ou dépend d'une chose, d'une terre*, Bc, Gl. Maw. — *Corollaire, conséquence tirée d'une proposition*, Bc. — *Démon d'une femme*, voyez sous قرينة. — *Satellite, petite planète qui se meut autour d'une grande*, Bc. — *Queue* (de quadrupède), Hbrt 58 (Alg.).

اتباع *usages établis*, Roland.

تتبيع *terme technique que l'on emploie quand un poète, au lieu de nommer un objet, le fait connaître par l'énumération de quelques-uns de ses attributs*, Gl. Badroun.

متابع *une tradition qui correspond à une autre, soit pour le sens, soit pour les expressions; mais elle ne reçoit pas cette désignation à moins que les deux traditions ne proviennent du même Compagnon*, de Slane Prol. II, 482.

تبغ *tabac*, M.

تبل

تبل = تبل, Diw. Hodz. 30, vs. 19.

تبول *assaisonnement*; تبول فلفل *poivrade*, Bc.

تابل. Le pl. توابيل dans le Voc., et أتابل chez Bait. I, 85, l: يبيعه البقال مع الاتابل — *Coriandre*, Bc, Pagni MS, Prax R. d. O. A. VIII, 345. — *Sorte d'achillea, dont la feuille bouillie est bonne à manger, et dont la graine forme une pâtée très-nourrissante, qu'on emploie pour donner de l'embonpoint aux filles à marier*, Pellissier 347. — التابل الرومى هو بزر الجزر البرى (l. الجزر), Ibn-al-Djezzâr.

تبليوة *nom d'une plante*, Daumas V. A. 380.

تبن II (de l'esp. tapon, « bouchon ») *boucher une bouteille, etc.*, Voc.

V *être bouché* (bouteille, etc.), Voc.

تبن ou تبن *forme au pl.*, أتبان, Maml. I, 1, 120. — Le تبن مكة est le الاخر *andropogon schœnanthus*, Bait. I, 202 f; on l'appelle aussi تبن حرمى, Most. v° الاخر. — طريق التبن *voie lactée*, Bc.

تبان *bourrelier*, Prax R. d. O. A. VI, 276. — *Grenier à foin*, M.

تبن pl. تبابين *clepsydre*, Voc.

التبانة تبانة (ou درب) درب *voie lactée*, Hbrt 161, Bc, M.

توبال = تويال, Payne Smith 185.

تبودكى, aussi avec دجاج, *celui qui vend les tripes des poulets*, M, qui dit que c'est persan.

تترى et تتر *courrier*, Bc, M.

تترية *un kabâ, fait à la façon tatare; il était composé de soie unie et garni de bordures d'étoffes d'or*, Notices et Extr. XIII, 213.

تتن *tabac*, Bc, M.

تجر

تجر III c. a. p. et ب r. *commercer, trafiquer*, Gl. Edrîsî, Voc., Bc, Valeton I, 3 (où il faut ajouter الله, voyez p. 100) et 19, n. 6; يتاجر فيه *commerçable*, Bc. — C. a. p. *lésiner avec quelqu'un*, Berb. II, 42, 7 a f.: والوالد لقد تاجرنى فيما اعديت اليه حظًّا للغنيم «Par Dieu! il a lésiné avec moi et a voulu déprécier mon cadeau» (de Slane).

تجار. Vers de Ferazdac dans de Sacy Chrest. I, 256, 1:

ان الشباب لرابح مَن باعه   والشيب ليس لبائعه تجار

«Certes, celui qui achète la jeunesse fait une heureuse spéculation; mais à acheter les cheveux blancs, il n'y a rien à gagner.»

تجارة *forme au pl.*, تجائر, *marchandises*, Gl. Edrîsî. — En parlant d'une personne en pouvoir d'autrui, *le pouvoir de disposer de son pécule*, v. d. Berg 32.

تِجَارِيّ *commercial, mercantile*, Bc.

تَاجِر en Espagne particulièrement: *bijoutier, joaillier*, Alc. (joyero que vende joyas); — en Egypte: *marchand drapier*, et aussi: *marchand d'habits, d'armes, etc.*, Lane M. E. II, 16.

مَتْجَر pl. مَتَاجِر *marché*, Gl. Edrîsî. — *Pacotille, petite quantité de marchandises*, Bc.

مَتْجَر *marché*, Abdarî 117 v° (Oran): وهي مرسى تلمسان واقطارها ومتجر تلك النواحى les voyelles sont dans le ms.

تجه

تِجَاهَة *vis-à-vis*, Voc.

تخت

تَخْت adv. خرج من تخته *se mettre hors d'atteinte*, faire en sorte qu'un autre ne puisse vous atteindre, Koseg. Chrest. 69, 5. — تحت الليل *à la faveur de la nuit*, Bc. — Comme on dit: فلان تخته فلانة «un tel a une telle pour épouse,» on dit aussi, mais improprement: ماتت تختها زوجان «deux époux, qu'elle avait eus, étaient morts,» Bat. IV, 143. — من تحت en cachette, en-dessous, sous main, secrètement; تحت لتحت *rire sous cape*, Bc.; فوق تحت à *l'envers, le dessus dessous*, Bc. — Subst. *parties honteuses*, 1001 N. IV, 485, 12, 486, 10. — *Le milieu et le devant d'un vaisseau*, Burton I, 168 n.

تَحْتَى, avec l'article, *le doigt annulaire*, Domb. 86.

تَحْتَانِى *subalterne*, Bc. — *Couvert, dissimulé*, Bc. — هذا الغرض له تحتاني «il y a dans cette affaire un dessous de cartes,» Bc. — Nom d'un vêtement qu'on portait sous un autre, Aboulf. Ann. V, 344: تحتاني أطلس أصغر. En comparant les paroles *ibid.* V, 80 et 294: قباء أطلس أصغر تحتاني, je serais porté à croire que c'était une espèce de *kabâ*. Cf. تحتانية.

تَحْتَانِيَّة nom d'un vêtement qu'on portait sous un autre, Vêtem. 94—5. Cf. تحتاني.

تحف

تَحَّف II *enjoliver*, Bc.

مُتَحَّف *donné en cadeau*, Voc.

تحن

ضاعت تحانته *perdre contenance*, Bc.

تخ

تَخَّ I *pourrir* (bois, etc.), Bc.

تَخَاخ *lambeau, partie détachée d'une chose usée*, M.

تَخِن *pourri*, Bc.

دَخَارِيص pour دخاريص chez Bar Ali éd. Hoffmann n° 4242.

تَخَّت II Voc. sous *tornum*. — *Parqueter, mettre du parquet dans un lieu*, Bc.

تَخْت *bois de lit, châlit, couche* (le seul bois de lit); *couchette* (petit lit), Bc, Hbrt 203. — *Echafaud pour placer des spectateurs*, Bc. — *Arbre de pressoir*, Alc. (viga de lagar); aussi: *pressoir*, Voc., Alc. (lagar de viga, prensa, torno para prensar), Domb. 96. — *Gros, épais*, p. e. رجل تخت *gros homme*, Bc. — تخت رمل *tablette de géomancien*, 1001 N. I, 866, 2 et 3, II, 237, les 3 dern. l. (2 a f. التخت الرمل); ضرب لفلان تخت seul, *ibid.* II, 46, 5. On dit تخت رمل, *faire pour quelqu'un une opération de géomancie*, *ibid.* II, 122, 6, 237, dern. l., III, 222, dern. l.

مُتَخَّوت *triste*, Voc.

تَخْتَبُوش (pers.), en Egypte, *une des pièces du rez-de-chaussée*, Lane M. E. I, 21, II, 225; elle sert de salon pour les hommes, Burton II, 195.

تَخْتَة (pers.) pl. تَخَاتِي *planche*, M, Abou'l-Walîd 649, n. 76.

تَخْتَرَوَان pour تختروان, *litière* (Lane sous تخت), 1001 N. IV, 611, 4 (= Boul.) et constamment dans ce récit.

تخم

تخّم II *causer une indigestion*, Voc. — *Borner, aborner un champ, une route*, L. (terminio (finio)), Alc. (deslindar heredades, mojonar camino, deslindador (مُتَخِّم), Abou'l-Walîd 122, 1.

IV *causer une indigestion*, Voc.

VIII *souffrir d'une indigestion*, Voc.

تُخْم *district*, Bc. — *Chaos*, L (kaos تخم وظلمة).

تُخْمَة *pituite*, Domb. 87. — *Tristesse*, Voc.

مُتَخَّم *triste*, Voc.

تَدّ pl. تُدُود *mamelle*, Voc.

تذر

بين التذر والقفر *périnée, espace entre l'anus et les parties naturelles*, Bc.

تراخور‎ severelle (poisson), Burckhardt Syria 166.

ترارية‎ (lat.) dans une charte sicilienne, *seigneurs terriers (terrarii), vassaux*, J. A. 1845, II, 318, 2 a f., 319, 7; cf. 334.

تراكل‎ (Daumas MS), faucon, le plus grand des oiseaux de race, Daumas R. d. O. A. N. S. III, 235 (terakel); terakell = عازم‎, femelle du lanier grande espèce, Margueritte 176; Guyon 221 écrit *tarkli*.

ترب‎ II *crépir, enduire de mortier* (un mur), Alc. (enbarrar). — *Etre réduit en poussière*, M.

IV *enrichir*, Voc.

تربة‎, que de nos jours on prononce quelquefois تربة‎, *argile qui remplace le savon*, Alc. (greda para adobar paños = تفلة‎), Daumas Sahara 243 (terba). — *Terre blanche qu'on substitue au plâtre*, Carette Kab. I, 307. — *Terre grisâtre, spécifique des maladies syphilitiques*, d'Escayrac 92 (tereba), Ghadamès 351. — تربة برقة‎ (terre de Barca) espèce de terre qui est d'un blanc tirant sur le jaune; il s'en exhale une odeur sulfureuse, Auw. I, 97, 7. — تربة العسل‎ est un des noms de la *garcinia mangostana*; on l'a appelée ainsi, surtout dans l'est de l'Espagne, parce qu'elle servait à faire fermenter le miel; Most. v°

هو تربة العسل وهو حب كالحمص ابيض: جوز جندم الى الصفرة ــــ وهى التربة التى ينبذ بها العسل فيشتد‎ Becrî 5, 1. 15; Chec. 217 r°: c'est dans l'est de l'Espagne qu'on emploie le تربة العسل‎ pour faire fermenter le miel; Bait. I, 274 b, où l'on trouve aussi التربة‎ seul dans le même sens. — *Mausolée* ou *mosquée construite sur un tombeau*, Vêtem. 330, n. 6, Ryn-Acker 25, Thévenot I, 298, Djob. 42, 10 etc., très-souvent chez Bat., *mausolée*, Bc.

تربى‎ *fossoyeur*, Bc, Hbrt 215, Lane M. E. II, 295 n.

تراب‎ *mélange de chaux et de sable, mortier*, Gl. Bayân 30. — تراب ارمنى‎ *bol d'Arménie, pierre arménienne*, Bc. — التراب السلوقى‎ *terre de Thessalonique* (Clément-Mullet), Auw. I, 97, 3 a f. — تراب الشاردة‎ (AB) *terre d'ach-Chârida*, qui est le nom d'une île près d'Iviça (je suppose que c'est Formentera); cette terre sert à tuer les sangsues, Bait. I, 208 b.

تراب صيدا‎ *terre de Sidon*; on la tire d'une caverne qui se trouve près d'un village du territoire de Sidon, et l'on s'en sert dans le traitement des fractures,

Bait. I, 207 c. — تراب الفخار‎ *argile, glaise*, Bc. — تراب الهالك‎, chez Freytag et Bc, est une faute contre la grammaire; il faut التراب الهالك‎, Bait. II, 57 h, 104 b.

ترابة حمراء‎. تَرابيّة‎ *rocou* ou *roucou*; — *rubrique*, sorte de terre rouge, Bc.

ترابى‎ *terreux, mêlé de terre*, Voc., Bc. — *Gris*, Ht. — اصحاب الاعمال الترابية‎ *les géomanciens*, Bait. II, 15.

تربية‎ espèce de terre laxative, Pallme 121.

متترب‎ pl. متارب‎ *terroir, cru, terre considérée selon ses qualités*, Alc. (terruño linage de tierra).

متربة‎ chez Macc. I, 515, 2, pour مضربة‎, *marteau*, Lettre à M. Fleischer 62.

تُرباعَة‎ la *chaussure* d'été du voyageur; elle consiste en une semelle de peau de bœuf ou de chameau, fixée par quatre ou cinq bouts de ficelle noués sur le pied, Carette Géogr. 181, Sandoval 311.

تربد‎ (le تربد‎ de Freytag n'est pas correct; le syriaque a l'*i* long) *convolvulus turpethum*, voyez Vullers et Payne Smith 1452. — تربد معدنى‎ *turbith, minéral*, précipité jaune de mercure.

ترس‎ I = درس‎ (voyez) *barrer, fermer avec une barre par derrière, bâcler*, تربس الباب‎, Bc, 1001 N. I, 322, 4 a f.; — *barricader* une porte, une fenêtre, Bc.

تربس‎ *verrou*, Bc.

تربل‎ *œdème*, enflure des membres et autres parties du corps, par suite de mauvaises digestions, d'hydropisie, etc., Sang. — *Médicament purgatif* = تربد‎, Sang.; *torboul, drogue*, Descr. de l'Eg. XVII, 394.

تربنتينا‎ ou تربنتبينا‎ *térébenthine*, Bc, M.

تربمبيك‎ outil pour tailler les pierres, M.

ترتم‎ I *bredouiller*, Ht. — En Syrie, *s'enfler* (chair), M.

ترجم‎ I. ترجم الكتاب‎ *diviser un livre en chapitres*, Voc. — *Intituler* un livre, un chapitre, avec ب‎ du titre, Gl. Badroun, Prol. II, 296, dern. l., 401, 13, 14 et 15.

ترجمة‎, *traduction*, a le pl. تراجيم‎ chez Abou'l-Walîd 703, 13 et ailleurs. — *Les lignes qui se trou-*

vent en *tête d'une lettre* et qui contiennent le nom de celui qui l'a écrite, ainsi que le nom de celui à qui elle est adressée, ترجمة عنوان الكتاب, Macc. I, 237, 3. — *Trait de plume*, Alc. (caso de letra, que Nebrija traduit par ductus littera). — *Editio* ترجمة.

ترجمة, L. — *Epitaphe*, Alc. (petafio). — *Enigme?* Macc. I, 503, 6, en parlant d'un Soufî: وكان صالح. — الفكرة في حلّ التراجم, *L'emploi de drogman*, Amari Dipl. 143, dern. l., 203, 8 (le premier ترجمة). — *L'argent qu'on donne au drogman pour ses services*, Amari Dipl. 106, 9, 203, 7, 8 et 9.

تُرْجُمَان. Le Voc. donne comme pl. تَرَاجِمَة et تَرَاجِم Bc. تراجمين. — *Dictionnaire, glossaire*, Bc.

مُتَرْجَم. Bien que l'on dise: تَرْجَم فلانًا «écrire un article biographique sur quelqu'un» (Lane, Macc. I, 547, 14, 582, 7, Meursinge ١٣٣, 2 et 125), on dit cependant: المترجم به, pour exprimer: *celui dont traite cet article*, Khatîb 30 r°, 33 v°, 36 v°.

ترح I est employé par Saadiah pour אטם (Niphal de אטם, *recessit*) dans ps. 78, vs. 57, et ps. 129.

تُرَاح est الماعز الجبلي, Man. Escur. 893 (cf. Casiri I, 319 a).

تُرْدَة (esp. tordo) *grive* (oiseau), R. N. 48 r°: وفتح الجراب فاخرج منه منديلا فيه اثنتا عشرة تردة ما (sic) رأيتها مثل بياض شحومها وهي مسلوقة et chez Alc. *tordo* est زرزور. Cf. l'article qui suit.

تُرْدَلَّة (esp.) pl. تَرَادِل *espèce de grosse grive*, Alc. (tordencha (l. tordella ave) conocida). Cf. l'article qui précède.

ترز.

تِوَاز *dessert*, Ht.

تَرْزَازُو (berb.) *guêpe*, Pagni MS, où l'on trouve Ferzêau, mais il faut changer le F en T, car dans le Dict. berb. *guêpe* est أَرْزَاز, تَرْزَازْت.

تُرَس I, n. d'act. تُرُوس, c. على, doit signifier: *être accoutumé à* dans ce passage d'Edrîsî Clim. V, Sect. 1: ومرساها تُرُس لا تدخله المراكب الّا عن معرفة وتروس على ركوب الجوّ. J'ignore comment ce verbe a reçu ce sens, mais tous les man. (ABC) sont d'accord.

II c. ب *bloquer*, Berb. II, 146, 7, où le man. 1350 a la même leçon; mais je soupçonne qu'il faut lire عوس, comme porte ce man. dans le passage II, 155, 5, et comme on lit dans le texte II, 279, 5.

تُرْس *barre d'une porte*, Abou'l-Walîd 113, 1 et 2; chez Lane (sous مِتْرَس) تُرْس. — *Fantassins*, Martin 23.

تُرْس. تُرْس الغدر (le bouclier de perfidie); ce bouclier, que le guerrier attachait à son cou, était percé par le milieu, et l'on pouvait y faire passer le fût d'une arbalète. L'archer tenait le bouclier dressé devant lui, et au moment où son adversaire s'y attendait le moins, il lui décochait un trait, J. A. 1848, II, 223. — *Un mantelet*, une sorte de machine composée de plusieurs madriers, derrière laquelle on se mettait à couvert des traits et des pierres, Freytag Chrest. 131, 11; cf. sous طارقة. — سمك التُرس *raie*, poisson de mer plat; — *turbot*, Bc.

تُرْسَة *tortue*, Ht; «poisson rond comme un bouclier, et qui mange les petits du crocodile, quand il peut les attraper,» Vansleb 79; Seetzen III, 502, IV, 518; Ztschr. für ägypt. Sprache u. Alt., mai 1866, p. 55, et juillet p. 83. *Trionyx ægyptiaca* Geoffr.

تَرْنِيس *infanterie*, Hbrt 138.

تَرَّاسَة *fantassin*, Bc (Barb.), Hbrt 43, 138, Cherb., Barbier, Ht, Roland Dial. 566, Delap. 177; Poiret I, 147: « deux Déras, ou soldats Maures. » — Pl. ون *charretier*, qui conduit une charrette, une charrue, Bc. — *Celui qui se sert d'un levier pour soulever des fardeaux, chargeur et déchargeur de marchandises*, Fleischer Gl. 74, n. 3.

مَتْرَس pl. مَنَارِس *barricade* (aussi متْرس), Bc. — *Barbacane*, Burton I, 374. — متْرس وراى *retirade*, t. de fortification, *retranchement derrière un ouvrage*, Bc; cf. Rutgers 166, 7 et 10. — *Levier*, Fleischer Gl. 74, n. 3 (aussi متْرس). — Au pl. *bastingages*, Ht.

مُتْرَسَة *rempart*, Bc.

مِتْرَاس pl. مَتَارِيس *fléau, barre de fer mobile derrière une porte, verrou*, Bc, Fleischer Gl. 74, n. 3. — *Boulevard, rempart, retranchement, épaulement*, Bc, *retranchement, redoute*, Hbrt 143; au pl. *ligne, retranchement, circonvallation*, Bc; Barth I, 37: « Die Reste einer Befestigungsmauer, Namens Mátarîs. » نصب متاريسه *dresser des batteries, prendre des mesures pour*, Bc. — Voyez deux fois sous منْرس.

تَرْسانَه, l'ital. *darsena*, voyez Gl. Esp. 205—6.

تُرْسْتُوج *mullus barbatus* (poisson), Bait. II, 159 c, où A et B portent: طوستوج et يقال الغافقي تُرْسْتُوج.

تَرْسْخَانَه. Les Egyptiens ont altéré de cette manière l'ital. *darsena*, qui vient de دار صِناعَة, *arsenal*, Gl. Esp. 205—6.

تُرْشُم ou تَرْشُم (ܬܪܫܡ) nom d'un remède purgatif, Payne Smith 1453.

تَرْش.
            تَرْش pl. تُرُوش *écueil*, Gl. Edrisî, Ht.
            تُرْشي (pers.). Thévenot II, 181: « Ils (les Persans) font encore du Torschi ou confiture en vinaigre avec cette graine (graine de térébinthe), dont ils mettent les grappes toutes entières à confire dans le vinaigre; » Ouaday 576 (Tripoli): « du tourchy de Bâdindjân, c.-à-d. des pommes tomates confites dans le vinaigre; pour les Tripolitains c'est un mets fin et recherché; » Ten Years 89: « tarshia, a dish made of red pepper, onion, oil, and greens; » *cornichons*, Roland.

            تَراش (pers.) *couteau*, M; قلم تراش *canif*, Hbrt 112.

تَرْشْرَش espèce d'arbre épineux, Burckhardt Syria 393.

تَرْشُم voyez تَرسم.

تُرْغُل (aussi دُرْغُل) et تُوَغَّل *tourterelle*, Hbrt 66 (Alg.), Bc, *biset*, *ramier*, Bc.

تَرف.
            تَرْفَه *cassolette*, comme traduit de Sacy Chrest. I, 179, 1.

            تَرْفاس, qu'on prononce تِرْفاس (Léon 772, Marmol III, 1 d, Hœst 308, Lyon 37, Jackson 80, Carette Géogr. 259, Prax R. d. O. A. VIII, 283), تَرْفاس (Hbrt 18) et تُرْفاس (Domb. 61, Tristram 170), *truffes*, est un mot d'origine berbère, Bait. I, 208 d.

تَرْفَس *s'empiffrer*, manger beaucoup, devenir extrêmement replet, Bc.

            مُتَرَفِّس *rebondi*, arrondi par embonpoint; مُتَرَفِّس الوَجه *mouflard* ou *moufle*, qui a le visage gros et rebondi, Bc.

I

تَرق.
            تَرْقُوَه pl. تَراقي *anse d'un vase*, Voc.

تَرك I exprime encore autre chose que l'idée de « cesser de; » تَرك العَمائم, Macc. I, 137, 12, est: *ne pas porter le turban*. — *Abroger*, *mettre hors d'usage*, *abolir*, Bc. — Dans le sens de جعل (Lane) aussi: *mettre*, *placer*, ou *croire*; تَرَكه يفعل كذا = جعل, Gl. Fragm. — C. ﻓﻲ *confiner dans*, *reléguer dans un lieu*, Bc. — تَرَك نَفسه *se négliger*, *n'avoir pas soin de soi*, Bc. — تَرَك من باله *perdre de vue*, *cesser de suivre une affaire*; — *s'étourdir sur*, *se distraire de*, Bc.

VII quasi-passif de la Ire, Voc. in *dimitere*, Abou-'l-Walîd 516, n. 99.

            تَرْك pl. *terak*, *anneaux d'oreille*, dont la partie inférieure est ornée de ciselures, Cherb.

            تُرْكي *blé de Turquie*, *maïs*, Pellissier 345 (incorrectement *terki*). — *Mode de musique*, Hœst 258.

            تُرْكِبَّه *blé de Turquie*, *maïs*, Domb. 60.

            تُرَّاك = تَرْك, Wright 79, 9.

            تَرَائِكَه sont les six ou sept œufs que l'autruche abandonne sans les couver, Calendr. 90, dern. l.

            تارِك *nonchalant*, *négligent par paresse*, *mollesse*, Bc. — On nomme une femme تارِكَه فاعِلَه, *faisant et ne faisant pas*, pour donner à entendre qu'elle est variable dans ses résolutions, Macc. II, 541, 13.

            مَتْرُوك *isolé*, à qui personne ne s'intéresse, *négligé*, *oublié*, *méprisé*, Bc.

            مُتارَكَه *armistice*, *trêve*, Bc, Ht; cf. Lane sous la IIIe forme et Amari 203, 7.

            تَرْكاش (pers., تِرْكَش) pl. تَراكيش *carquois*, Maml. I, 1, 13, Nowairî, man. 273, p. 637: بالقِسى والتراكيش.

            تَرْكُمانِيَّه nom d'un vêtement de femme, 1001 N. Bresl. X, 355, 9, 361, 7.

            تَرْليك ou تَرْليك (pers.) pl. تَراليك *en Syrie*: *gilet ou camisole à manches*, *corset à manches*, Bg 799, 806; — *en Egypte*: *soulier de maroquin sans talon*, *chausson en peau*, Bg 727, 799, Bc, Hbrt 21.

19

ترم.

ترْم, Ht, تُرْم, Roland, تُرْمَة, Cherb., *anus*.

ترما. بفجّة ترما شالة ترما et châle de cachemire, Bc.

ترماخية se trouve 1001 N. Bresl. IX, 270, 2, où l'éd. Macn. porte بَوّابة, *portière*.

تُرْمبة (ital. tromba) *pompe*, Bc.

ترمس.

تُرْمَسَة *pastilles*, synonyme de اقراص الملك (voyez), Sang.

تُرْمُوس, n. d'un. ة, *lupins*, Voc.

ترمنان *eupatoire*, Bc.

ترمنتين *térébenthine*, Bc; chez Alc. (trementina) et Ht avec le ة.

ترن.

تُرِين *semblable*, *égal* (نظير), M.

تُرنج. Une variété de ce fruit porte le nom de ترنج سُلْطانّى, 1001 N. Bresl. I, 147, dern. l.

تُرنجى adj. de ترنج, Voc. sous *citrinum pomum*. — *Canari*, *serin*, Bc. — Espèce de grandes dattes, Pagni 136 (trungi); p. 149 parmi les dattes: « *trurg* (*sic*), cioè cedri, lunghi, rossi, oscuri, grassi, e saporiti. » وهو بَأذرنجويه ترنجانى adj. de ترنجان, Most. v° للبقم الترنجانى ☙

ترنجبيل *genêt d'Espagne*, à fleurs jaunes, odorantes, Bc. — ترنجبين = Payne Smith 1471.

ترنجبيل *citronnelle*, *mélisse*, Alc. (torongil yerva abegera). C'est proprement ترنجان, qui en val. est devenu tarongina, en esp. torongil† cette dernière forme a été adoptée par les Maures de Grenade.

ترنشان *aubifoin*, *bluet*, Bc.

ترنكر (l'esp. atracar?) *aborder un vaisseau, y monter par force*, Bc (Barb.).

ترنكبيت (esp. trinquete) *mât de misaine*, Hbrt 127 (Alg.).

ترْه.

تُرَوّهَة = تُرَّهَة, Voc. (fabula).

ترهفلة plante qu'on employait au Maghrib à la place du غافت, avant qu'on eût reconnu cette dernière plante, Gl. Manç. v° غافت. Dans le Most. le nom berbère du غافت est ترملان (Lm) ou ترهلان (N).

تِرْياق *rance*, Alc. (rancio); il donne dans le même sens: *calil* (قليل) *atatariôq* et متريّق; le verbe *atariôq* est chez lui *rancir* (enranciarse) et, *faire devenir rance* (enranciar otra cosa).

ترياق خمسيني, dans le Voc. sous *triaca*, semble signifier: *une thériaque composée de cinquante ingrédients* (cf. Lane). — ترياق الاربعة *diatessaron*, Bc; le Voc. a اربع ترياق sous *triaca*. — ترياق العراق est le grand antidote dont on se sert intérieurement aussi bien qu'extérieurement, Burton II, 108. Chez Bc: الى ان يجى الترياق من العراق يكون الملسوع مات «celui que le serpent a touché mourra avant que la thériaque arrive de l'Irak;» Bâsim 53: il nous tuera ويبين ما يجى الترياق من العراق يكون الملسوع فارق c.-à-d., nous nous repentirons trop tard de notre imprudence. — الترياق العسكرى tire son nom de la ville d'Ascar-Mocram en Perse, Gl. Manç. v° ترياق.

ترياقى *thériacal*, qui a la vertu de la thériaque, Bc. — *Celui qui prend habituellement des thériaques*, 1001 N. Bresl. VII, 43, 9.

تُربال pl. ات *tambour de basque*, Voc. M. Simonet pense que c'est le cat. *trillo*, qui signifie: carillon, battement de cloches à coups précipités, avec une sorte de mesure et d'accord. On aurait donc appliqué ce nom au tambour de basque, à cause du bruit que font ses grelots.

تزم (tezem), Ht, ترْمَة (tezma), Delap. 77, *bottes*.

تسال *fil de fer*, Ht.

تستربة (de Toster) la plante dite ظُفرى (hieracium pilosella, selon Sonth.), Bait. I, 177 a, où il faut lire ainsi avec le man. B, car on trouve dans le man. 13 (3) sous طفرى: وتسمّى التستربة لانّها كثيرا ما توجد ببلاد تستر ☙

نسع ‏II *nonupler, répéter neuf fois*, Bc.

تَساعِي ‏شاش تساعى, Aboulf. Ann. V, 80, 294, 304, *un châch de neuf coudées* (cf. ثُلاثى chez Lane et عُشارى). — *Un chameau qui fait le trajet de neuf jours en un seul*, Jackson 40. — تساعيات *des traditions qui ont été transmises successivement par neuf traditionnaires*, Macc. I, 844, 4 a f., Hâdjî-Khal. II, 286, Abdarî 28 v°: وبعض احاديثه التساعية.

تِشْرِين *ou au pl.* تَشارِين, *automne*, Gl. Fragm. — *Le plur. les feuilles de mûrier avec lesquelles on nourrit les bêtes de somme dans cette saison*, M.

تَشْمِيزَج (pers.) *des grains noirs qui viennent du Yémen et dont on se sert pour guérir les maladies des yeux*, Baït. I, 208 g, 282 a, II, 351 j (*la bonne leçon dans* B). Altéré en تشمیریج, Gl. Manç. in voce: حبّة سوداء تُجْلَب مع الكافور وتوجد بالاندلس ويسمى حبّة الذيس; نباتها عندما الذيس بفتح الدال هاهنا الشونيز وقد يُسَمَّى بذلك التشمريج: سوداء وقد تقدّم ✻.

نطلوس, *un pl.* تطلسات, *etc.* M. Wright *m'apprend qu'il a trouvé ces formes*, = طيطلوس (*voyez*), τίτλος.

تعب I *labourer, avoir beaucoup de peine*, Bc.
II c. a., *dans le sens de la IV*e, Voc. *sous* laborare.
IV *molester, vexer, tourmenter*, Alc. (molestar), Macc. I, 591, dern. l., 592, 2. — *Travailler, tourmenter, causer de la peine, incommoder, gêner*, Bc. — *Surmener, excéder une monture par une marche forcée*, Bc. — اتعب جهدة *s'intriguer, se donner beaucoup de peine pour réussir*; — *se battre les flancs, faire beaucoup d'efforts inutiles*, Bc. — اتعب لخلق بالتكاليف *charger d'impôts*, Bc. — اتعب السرّ *peiner, causer de l'inquiétude*. — اتعب سرّه *déranger quelqu'un, l'importuner, le détourner de ses affaires*, Bc.

تَعَب *pl.* اتعاب *exercice, peine, fatigue, labeur, veilles* (grande et longue application au travail d'esprit), Bc. — *Incommodité, malaise, mal-être*, Bc. — *Sujétion, assujettissement, assiduité gênante*, Bc.

تَعِب *laborieux, difficile, pénible*, Voc., Bc. — c. على *onéreux*, Bc.

مُتْعِب *dur, difficile, incommode, pénible, rude, laborieux*, Bc.

مَتْعوب. Cette forme, que les lexicographes arabes désapprouvent, se trouve dans le R. N. 58 r°, dans le Voc. et dans Alc. (fatigado).

تعنبط *espèce de pigeon sauvage*, Man. Escur. 893.

تعتع I *broncher, faire un faux pas*, Macc. I, 147, 10, *où il faut lire* تَعْتَعَ, cf. Lettre à M. Fleischer 20.
II *être ébranlé, remué, s'ébranler*, Bc.

تَغْرو *sorte de bête de somme dans le Khorâsân, qui s'engraisse en voyage*, Fakhrî 70, 10.

تعس.
تَعْس *malheur*, Hbrt 220.
عن تعس *difficilement, à peine*, Voc.
تَعْسَة *malheur*, 1001 N. IV, 724, 12.
تَعيس *pl.* تَعَساء *infortuné, malheureux*, Ht, 1001 N. I, 844, 13, III, 286, 7, Bresl. II, 211, 12.
مَتْعوس *pl.* المَتاعيس: *ceux que Dieu a fait tomber, c.-à-d. les démons*, 1001 N. I, 489, 11. — نجّار متعوس *gâte-bois, mauvais menuisier*, Bc.

تغتغ I *balbutier*, Bc.

تغر.
تَغار *le vase ou la fosse qui reçoit le suc de ce qu'on presse*, Abou'l-Walîd 293, n. 48.
تاغر *espèce de poisson, man. de l'Escurial 888, n° 5, distinct du* بغر, *qui y est nommé aussi* (Simonet).
تيغار *pl.* تياغير (M) *grand pot de terre vernissée*, Bc; cf. طيغار.

تَغَنْدَسْت *voyez* تَاغْنَدَسْت.

تَفَّ I *cracher*, Bc.

تِفاف (berb.) *sonchus tenerrimus* L., Prax R. d. O. A. VIII, 348, Pagni MS, Daumas V. A. 383, Baït. I, 155 e et k, 211 e, 367 b, II, 570 c.

متفّة *crachoir*, Bc.

تَفايا, *au Maghrib, espèce de mets composé de viande*,

d'assaisonnement, d'eau, d'adiante, d'huile et de sel; dans la التَّفَايَا الخُضْرَاء l'adiante est fraîche, tandis qu'elle est sèche dans la التَّفَايَا البَيْضَاء, Lettre à M. Fleischer 155.

تَفْتَفَ I *faire le fanfaron*, Alc. (fanfarrear). — *Tâtonner, être incertain*, Cherb. C. — *S'occuper de riens*, id. — *Anonner, parler, lire en hésitant*, Bc. — *Crachoter*, Bc.

تَفْتَفَة *crachotement*, Bc.

تَفَاتَفَة pl. تَفْتَفَى *hableur, fanfaron*, Alc. (deslenguado que habla mucho, fanfarron).

تَفْتِيفَة *chose de mince valeur*, Cherb. C.

تَفْتَافِي *qui s'occupe à des bagatelles*, Cherb. C.

تَفَحَ

تَفْيِحَة *talisman*, ou plutôt conjuration pour chasser le démon. Cette opération consiste à prendre un mélange de miel et de farine, connu sous le nom de *thammina*, et à en parsemer la cour d'une maison en prononçant une certaine formule, Cherb.

تَفَاح aussi: *ornement en forme de pomme, de boule*, Cartâs 31, 6 a f. — تَفَاحَة أبونا آدم *pomme d'Adam*, éminence au-devant de la gorge, Bc. — تَفَاح الأرض, Voc. الأرض *pomme de terre ou morelle tubéreuse*, Bc. — تَفَاح الطرابلسي espèce de pomme douce, jaune, d'un goût et d'une odeur excellents, la meilleure au Maghrib, Becrî 116, 10, Cartâs 23, 10–12. — تَفَاح أيومي voyez أميري. — تَفَاح جَعْفَر, Voc. — تَفَاح طَلْحَى, Cartâs 23, 12. — تَفَاح جِلْيَانِي grande et excellente espèce de pomme, qui tire son nom de la forteresse de Djilyâna dans le district de Guadix, Voc., Macc. I, 94, dern. l. — 95, 2. — تَفَاح الجِنّ *mandragore*, Most. et Ibn-al-Djezzâr v° يبروج, Bait. I, 210 c, Pagni 204, où il faut lire avec le man.: Tfâ al giân; Bg écrit تَفَاح الجِنّ. — تَفَاح دَامَانِي, 1001 N. IV, 249, 2 a f. (Bresl. تَفَاح شَعْبِي = تَفَاح رَبِيعِي voyez), Gl. Esp. 352. — تَفَاح رَخَامِي, Auw. I, 330, dern. l. — تَفَاح رَبَاشِي, Chec. 198 r°. — Auw. I, 670, 17. — وَامَّا التَفَّاح الرِبَاشِي وهو الَّذِي نَعْرِفُه بِالمُرَّيْش فَمِنْه شَتَوِي وَمِنْه عَصِيرِي سُكَّرُوق, 1001 N. IV,

249, 2 a f. — تَفَاح شَامِى excellente espèce et d'une odeur très-agréable, Tha'âlibî Latâïf 95, 7 et suiv., Auw. I, 330, 2 a f. dans le man. de Leyde, où l'on trouve après وَتُفَه: وَمِنْه عِطْر يُعْرَف بِالشَّامِي, 1001 N. I, 56, 13. — تَفَاح شَعْبِي, Gl. Esp. 352, Calendr. 58, 2; lisez de même Auw. I, 309, dern. l. (man. L السَّعْبِي sic), 330, dern. l. (correctement. dans L); l'arbre qui donne cette espèce ne porte pas de fleurs, et ces pommes sont sans pepins, *ibid.* 331, 1 et 2, 333, 13 et 14 (la bonne leçon dans L). — تَفَاح العَشِقَ *momordica balsamina*, Domb. 73. — تَفَاح عَلِيَنِي (?), Auw. I, 330, dern. l. — تَفَاح فَاخِي, 1001 N. Bresl. I, 147, 4 a f. (où l'éd. Macn. a شَامِى). — تَفَاح فَارِسِي, dans un autre sens que chez Freytag, à savoir comme le nom d'une pomme d'hiver, Auw. I, 670, 17, où le man. de Leyde a والفَارِسِي (et 6 autres mots) après وَالرُّومِي. — تَفَاح كِلَاخِي, Cartâs 23, 12. — تَفَاح لِشِي (?) espèce de pomme d'hiver, Auw. I, 670, 17; mais le man. L porte اللِّسِي (sic) — تَفَاح مَايَى ou مَاءٍ (*citron*); Bait. I, 211 d, dit sur l'origine de ce nom: مَنْسُوب إلى بِلَاد مَاه, et que, par conséquent, il ne vient pas de ماء, eau; restituez ce mot Auw. I, 314, 14. — تَفَاح مِسْكِي, 1001 N. IV, 249, 2 a f., Bresl. I, 147, 3 a f. — تَفَاح مَوْز, nommé dans le Voc. et dans le Calendr. 101, 2, est pour مَرّ. — تَفَاح, *grenade*, comme on lit Calendr. 75, 4, où je n'aurais pas dû changer la leçon. — شَرْقِي التَفَّاح, Calendr. 45, 2 (car je crois à présent avec M. Fleischer que cette leçon est bonne) *vent d'est qui souffle en Espagne depuis le 13e jusqu'au 16e avril et qui est souvent pernicieux pour les fleurs des pommiers.*

تَفْيِيحَة *azérole*, Prax R. d. O. A. VIII, 280.

تَفَّر (berb.) *la femelle du faucon*, Voc. L'esp. atahorma, qui en dérive, désigne: une espèce d'aigle qui a la queue blanche.

تَفْقَة voyez sous وَفَقَ.

تَفَكَ

تَفِيك *bourre de fusil*, Ht.

تَفِلَ I n. d'act. تَفْلًا, Niebuhr B. XXXIII. تَفِلَ est souvent pour ثَفَلَ (voyez).

تغلايس

تَفَل. Le pl. تَغالي, Dîwân d'al-Akhtal 18 ro (Wright).

تَغَلْدان (ar.-pers.) crachoir, Bc.

مِتْفال. Le pl. متافيل, Dîwân d'al-Akhtal 7 vo (Wright).

تَغلايس (Daumas MS) entorse, Daumas V. A. 426.

تَفَنْكَ (turc تُفَنْكْ, fusil) cf. Bc sous biscaïen et carabine; تَفْنِكَّا fusil; suivi de مُجَوَّز ou de جِفْت, fusil à deux coups, Bc.

تفه

تَفَاهَة fadeur, Bc, goût fade, Prol. I, 160, 9.

تَقَر

تَاقَرَة voyez تَقَّر.

تَقَس

تَقْنِيسَة voyez sous طَقَس.

تَقَل, aor. i, mariner, tremper dans la saumure, Bc.

تَقْلَة culbute, Bc; semble une altération de تَقْلِبَة, que Bc donne dans le même sens.

تَقَن I, aor. i, raisonner, se rendre raison de, Bc.

IV finir, mettre la dernière main à, Bc. — أتقن قِرَاءَة الكِتاب lire un livre avec beaucoup d'attention, Bidp. 3, l. 4. — Raisonner, se rendre raison de, Bc. — أتقن في شيء faire très-bien une chose, Bc.

تَقَنَ. Pour la signification qui chez Lane est la seconde, cf. Macc. I, 488, 12 et 13.

تَقَانَة dans le sens de اتقان, Voc., solidité, Akhbâr 12, 5.

أتقن plus habile, plus exercé, Khatîb 27 ro: اعلى عصره خطًا ☼

اتقان justesse, précision exacte; — réflexion, méditation sérieuse; — من غير اتقان à la légère, inconsidérément, Bc. — Le fini, terme d'arts, Bc, Prol. II, 339, 9, 341, 14, 342, 2, 343, 3 a f.

مُتْقَن étudié, fait avec soin, Bc.

مُتْقِن possédant des connaissances solides, de Sacy Chrest. I, 114, 9.

مُتَقَّن raisonné, appuyé de raisons; — réfléchi, fait ou dit avec réflexion; — étudié, fait avec soin, Bc.

تَقَى

تَقِيَّة proprement prudence; de là: cacher sa religion par prudence et feindre qu'on en a une autre; cf. Beorî 136, 4: يُظْهِرُ دِيَانَةَ الإِسْلامِ وَيُسِرُّ الَّذِي; se conformer extérieurement à l'islamisme, comme font les Chiites, les Druses, etc., Palgrave II, 366, Burton I, 66, Gl. Fragm.

تَقْوَى pieux, Bc.

تَكَّ I faire tic tac (montre), M.

تَكَّة voyez Vêtem. 95—99. — Tic tac, M.

تَكْبِيت testudo, L (sans voyelles).

تَكْتَكَ I petiller, décrépiter, éclater avec un bruit réitéré comme le sel dans le feu, Bc, Ht. — Frémir (eau prête à bouillir), Bc.

تَكْرِينَة (berb.) chardon d'Espagne, Gl. Esp. 346.

تَكْرُورِي en Afrique, en Orient حَشِيش, espèce de chanvre bâtard, qui, comme l'opium, possède des vertus somnifères, et que l'on fume avec le tabac, R. d. O. A. IV, 78, 136, Daumas Sahara 128, d'Escayrac 225, Cherb. 541, col. 1, id. Dial. 14. تَكْرُونِي chez Richardson Sahara I, 316, semble une faute.

تَكْفُور (armén. tagavor). Les écrivains arabes désignent par ce titre, qui signifie roi en arménien, non-seulement les rois de Sis ou de la petite Arménie, mais aussi les empereurs grecs de Constantinople et ceux de Trébizonde, Not. et Extr. XIII, 305, J. A. 1850, II, 171, Bat. II, 393, 427.

تَكَل

تَكْلَى espérance, Alc. (esperança de algun bien).

تَكْلاوات (? plur.) genre de vêtement porté dans l'Inde et en Egypte par les émirs, Not. et Extr. XIII, 213. Dans les man. la première lettre est sans points.

تَكْنَة baquet, Ht. — A Baçra, espèce de navire, Niebuhr R. II, 203, 204 n.

تَكَوْت voyez تَاكَوْت.

تَكِيَّة pl. تَكَايَا couvent où l'on reçoit aussi ordinaire-

تل

ment des voyageurs pauvres ou des personnes recommandées, qui y trouvent l'hospitalité gratuite, Niebuhr R. II, 283, B. 21, Descr. de l'Eg. XVIII, part. 2, 319, Ht (hospice), 1001 N. II, 87, 4 a f., Ztschr. XVI, 654, Burton I, 84, 408: «La تكبة de l'Inde, de la Perse et de l'Egypte ressemble à la زاوية d'Afrique,» Hist. Tun. 132: ومنها التــكــبــتــيـن الشهيرتيـن لمـأوى الغفراء والمساكين. Selon Fleischer, dans Gersdorf's Repertorium 1839, p. 433, ce mot vient de اتكا, et il ajoute qu'il faut le prononcer, non pas تكبة, mais تكبّة. Ce qui montre que cette opinion est erronée, c'est le pl. تكايا, qu'on trouve dans un passage cité par Reiske Aboulf. II, 424, car on sait que cette forme du plur. appartient aux féminins de la forme فعيلة qui viennent d'une racine défectueuse, tandis que تكبّة ne peut pas donner au pl. تكايا.

تَلّ I, dans le sens de *traders* (cf. Lane), se construit c. ب et على, Voc. — *Traîner, tirer après soi*, Haiyân 4 v°: فارجلوا وتلّوه نَحَنوا, Haiyân-Bassâm I, 174 v°: نتلّ الى, Berb. I, 363, 8 a f.: وامر بتلّه الى محبسه مصرعه, 463, 7, 490, 10, 529, 2, 539, 6, etc.

تَلّ *haut plateau*, Berb. I, 4, 1. 7. — *Terre élevée entre deux raies ou sillons*, Alc. (lomo entre sulco e sulco). — *Rigole pratiquée entre deux raies ou sillons*, Voc. (aqueductus), Alc. (cavalillo entre sulco e sulco).

تَلّة *monticule, hauteur, tertre*, Bc. — *Haut plateau*, Berb. I, 32, 7. — *Tissu fin et brodé dont se couvre la nouvelle mariée*, M.

تليل, en Egypte, espèce d'oiseau, Ztschr. für ägypt. Sprache u. Alt., mai 1868, p. 56, et juillet, p. 84.

تلال pl. تلائل *collier*, Voc.

تلّى *lama*, Lane M. E. II, 94.

تلّب *calomnie, crime, perte*, Ht.

تلتل.

تلتلة pl. تلائل *babil, caquet*, M.

تليتلى (تُلَيْتِلى?) «*petits grumeaux de pâte que les Mauresques pétrissent avec leurs doigts et qui ressemblent aux pâtes d'Italie. On mange le tlitsli avec le potage ou avec les ragoûts*,» Cherb.

تلثى *panthère*, Bc (Barb.), *tigre, léopard*, Hbrt 64, Domb. 64 (تلثى); chez Ht تلثى.

تلج IV, que Golius a noté dans le sens de *réjouir*, ne doit pas être changé en افلج, comme propose Freytag, mais en اتلج; voyez Lane sous تلج IV et Abdal-wâhid 114, 8 et note a.

تلد.

تلد تلد *bien, fortune*; لا له ولد ولا تلد «*il n'a ni enfants ni biens*,» Bc.

تلس.

تلّيس, lat. trilicium (trilix), ital. traliccio, esp. terliz, fr. *treillis*, espèce de grosse toile dont on fait des sacs, et dont s'habillent les paysans, les manœuvres, etc., Aboû'l-Walîd 805, 4. De là, avec le pl. تلاليس ou تلاليس, *sac*, «*long sac fait de crin et de laine, à rayures jaunes et noires*,» Carteron 57, cf. Wingfield I, 195, sac noir, ou à raies blanches et noires, fait de poil de chèvre, dont les paysans se servent pour porter leur blé au marché, Burckhardt Prov. 68, 97, sac en laine et en lanières de palmier, Daumas Sahara 96, 136, sac tissé en feuilles de palmier, id. 198; «double sac dans lequel on met le grain et quelquefois le charbon; contenance, deux sacs; le tellîs se compose d'un carré long dont les deux petits côtés sont cousus sur le milieu de la pièce; on obtient ainsi deux fourreaux qui ont chacun une extrémité fermée; l'étoffe est une laine rayée,» Cherb. — *Sac de blé*, certaine mesure de blé, Burckhardt l. l. — *Tapis grossier à diverses couleurs*; «lorsque l'Arabe n'a plus à se servir du tellîs comme sac, il le découd et en forme un tapis long,» Cherb. Cette espèce de tapis, en copte θαλις, sert aussi de *caparaçon* ou de *courte-pointe*, Gl. Esp. 349, 350. Le tellîs était encore un habit de deuil, Bat. II, 35, et les ermites s'en habillaient quelquefois, Cartâs 178, 7 a f.

تلّيسة, *sac*, était déjà en usage du temps du calife abbâside al-Mançour, Gl. Belâdz. — *Tapis* (cf. تليس), Jackson Timb. 23.

تلع

تِلْبِيسَى («du sac») espèce de dattes, Prax R. d. O. A. V, 212, qui écrit telsîn.

تلع

تَلَّع pl. تلاليع nuage de poussière, M.

تَلْغُودَة racine qui ressemble passablement à la pomme de terre, mais dont le goût est peu agréable; les Arabes bédouins s'en nourrissent dans les temps de disette, Cherb.; *bunium ferulæ-folium* Desf., Prax R. d. O. A. VIII, 344.

تلف

تَلَف I n. d'act. تَلاف, Abd-al-wâhid 94, 3 a f., Macc. I, 133, 10, Amari Dipl. 71, 3. — *Tomber, dégénérer, se perdre, se débaucher, tourner mal, devenir mauvais*; — *s'éventer, se gâter à l'air,* Bc. — *Gâter*; تلف آلَة *détraquer, dérégler, déranger une machine,* Bc.

II *faire périr,* P. Prol. III, 363, 4. — *Perdre, égarer,* Ht. — *Gâter, endommager,* Hbrt 194.

VII *s'égarer, se perdre,* Voc., Alc. (errar andar perdido, errar de lugar, herrar el camino, perderse como en camino), Ht. — *Vaciller, chanceler,* Alc. (desatinar). — *S'embarrasser, se troubler, se brouiller,* Alc. (embarvascar, qui est, je crois, pour embarbascarse, car les signif. de l'actif embarbascar ne peuvent convenir à (انتلف.

تَلَف *dégénération,* Bc. — *Prodigalité,* Ht.

تَلْفَان *vicié,* Bc.

تلاف *perte; — dégât; — perversion; — tort; — consomption, état des choses qui se consument par le feu,* Bc, cf. Abou'l-Walîd 358, 11, 773, 7, 803, 20. تلاف صنعة *prodigue,* L (prodigus). — تلاف صنعة *gâte-métier;* تلاف ورق *gâte-papier;* تلاف الاولاد *gâte-enfant,* Bc.

متلف البيت *gâte-ménage,* Bc.

مُتَّلِف *perdu, égaré, errant,* Voc., Alc. (descaminado, erradizo, mestenco o mostrenco), Roland, Abou'l-Walîd 773, 8, P. Prol. III, 425, 8. — (Egaré) = *le lion,* Margueritte 144.

تلم

تَلْمَذ *thymus inodorus* Desf., Prax R. d. O. A. VIII, 281.

تلمذ II c. ل p. *devenir le disciple de,* Fakhrî 306, 1.

تم

تَلْمِيذ est très-souvent un collectif chez Ibn-Khaldoun, *disciples, élèves,* Prol. II, 378, 2, 8, 9, 10, 12 et 15, 379, 1, III, 7, l. 7, 3 a f., Berb. I, 237, 12 et 13, 268, 4 a f., 300, 2 a f., Autob. 195 v°, 208 r°. — *Novice,* qui a pris nouvellement l'habit de religieux dans un couvent, Bc. — تلميذ العماد *catéchumène,* celui que l'on dispose au baptême, Bc. — تلميذ الكاهن *pénitent,* qui confesse ses péchés à un prêtre, Bc.

تلو

تَلْوَة *marc de café,* Roland; chez Bc تَنْوَة.

تَلَى *fil d'or ou d'argent,* Bc.

تَالِي, تال, suivi du gén., *après,* Gl. Abulf.

تم

تَمّ I, en parlant d'un arbre, *avoir toute sa croissance,* Mohammed ibn-Hârith 221: غرس ذلك الرمان حتى علق وأثمر وتمّ. — *Avoir lieu, arriver,* Bc, Ztschr. XX, 510, 16 et dern. l. — *Rester,* Bc, Amari 633, 3 a f., 1001 N. I, 344 (Boul. سكت), 345 (Boul. استمرت), Bresl. VII, 295, 6 a f., lisez de même 314, 3 a f., X, 333, 2, 341, 2 a f.; تمّ في موضعكم «restez à votre place;» تمّ على حاله *se maintenir dans le même état, se conserver, ne point vieillir ou se gâter;* تمّوا على لغدا *adieu;* الامر تمّوا في حراسة الله او خير *l'affaire est remise à demain;* يتمّ يسكر «il ne fait que s'enivrer;» تمّيت على ايش (pour تممت) «décidément, que voulez-vous?» Bc. — (Arithm.) *additionner,* Bc, Hbrt 122.

II *approuver complètement,* de Sacy Dipl. IX, 486, 3 a f.

VI (voyez Lane et Gl. Belâdz.) non-seulement c. ب p., mais aussi c. على p., Haiyân-Bassâm I, 11 r°: تنتشر له son règne avait duré 47 (l. 49) jours فيها طاعة ولا تتنافس عليه جماعة

تمّ sur les monnaies *poids parfait,* Ztschr. IX, 833. — تمّ *ici,* Bc (Barb.), pour ثَمَّ.

تُمّ pl. اتمام *bouche, gueule,* Bc, Hbrt 2, 63, Burckhardt Syria 40; تمّ ملوّن *grimace,* Bc; سلّم تمّك (pour الله يسلّم) *bravo!* Bc.

تَمّة *addition,* première règle de l'arithm., Bc, Hbrt 122. — *Totalité,* Bc.

تَمَام *inauguration, consécration d'une église*, Alc. (dedicacion de yglesia). — صدّه تمام *en plein, directement vis-à-vis*, Bc. — في وقته تمام *à point nommé*, Bc.

تَميمَة « *ornement pour la tête et en même temps une amulette protectrice. Chaque tamymeh a ordinairement un petit grelot qui bruit lorsque la femme marche, remue ou tourne la tête,* » Ouaday 335. — *Collier*, Voc.

تَمامِي. علّة تَماميّة *cause finale*, Bc.

تَمّام. « *Le Scheik choisit dans chaque famille des auxiliaires, nommés Tammann (l. m), pour l'instruire, le renseigner sur tout ce qui se passe et faire exécuter ses ordres et ses condamnations,* » Carteron 442 (Kabyles).

اَتَمّ *comparatif*, Cartâs 33, 7 a f.: باحسن شراء واتمّ ثمن ۞

تَتِمَّة *est chez* Bc.

ذَمَاتَنْت dans le Voc. sans explication; *tomate?*

تَمْتَم *bégayer, balbutier, bredouiller*, Bc, Ht.

تُماتَة *tomate*, Hbrt 55, Bc.

نمر II *étriller, panser un cheval*, Bc, 1001 N. IV, 713, 11. Selon le M, la véritable orthographe est طَمَّر (voyez).

تَمْر. تمر البرّ *les dattes du Soudan*, Burckhardt Nubia 263. — تمر حنّة *réséda*, Bc.

تَمْرَة *gland, l'extrémité de la verge*, M.

تَمْرِي *fait de dattes* (vin), Gl. Mosl. — Espèce de raisin rouge qui a la grosseur d'une datte amincie à chaque bout, Auw. I, 646, 13 et 14, où il faut lire avec le man. de Leyde: مثل العذاري الابيض او الاسود او التمري الاحمر وهو قدر التمر محدود الطرفين. — Espèce de نبق, Burton I, 388. — Espèce de médicament composé contre les maladies de l'estomac, Gl. Manç.: تجري دواء مركّب من ادوية المعدة.

تَامُور sorte de ماعز جبلي, Man. Escur. 893 (cf. Casiri I, 319 a).

مُتَمَّر *nom d'une étoffe*, Maml. II, 2, 77; Quatremère croit que c'était une étoffe sur laquelle étaient représentées, en broderie, des dattes.

Tamarzouga *salvia verbenaca L.*, Prax R. d. O. A. VIII, 279.
Temourdi *verbena nodiflora*, Prax R. d. O. A. VIII, 283.

تَمَسَّح I *devenir insensible comme le crocodile* (parce qu'il est couvert d'écailles), M.

حبقة التمساح dans le Voc. pl. ات. — *calament* (plante), Bc.

تَمْغَرَة *repas, festin*, Voc.

تمق.

تُمَاق (turc طُومَاق) *botte de cavalier*, Bg, Ht, Cherb., Daumas Sahara 299, Mœurs 262, Pflügl LXVII, 7, Bat. II, 127.

تمك.

تمك *expliqué par anis sauvage*, Auw. II, 261, 16; synonyme de ابرة الراعي (*terme qui désigne deux plantes différentes*), Bait. I, 10 c: يسمّى بهذا الاسم نبات يقال له الجحلف وهو نوع من التمك حربث, Bait. I, 304 d, où التمك est la leçon de ACDEL; Clément-Mullet II, 251, n. 1: « Chald. תִּמְכָא, qui, entre autres interprétations, reçoit celle de *gingidium*, suivant Sprengel, *daucus gingidium*, et suivant M. Féo, *daucus visnaga*, l'herbe aux cure-dents, fenouil annuel. »

تمن.

تَمْنَة *vase à lait*, Mehren 26.

تَمّين et تمان *espèce de geranium*, Bait. II, 232 b: والنوع الاوّل منه يعرف بثغر الاسكندرية بالتمان وبالتمين ايضا بالتصغير سمعته من عرب برقة وهو بظاهر الاسكندرية من غربيّها بالحمّامات وغيرها ۞

تمسندة, variante تمسندة, *nom d'un ustensile*, Bat. III, 252.

تن.

تَنِّين. Le pl. ات dans le Voc. — *Trombe, colonne d'eau et d'air mue en tourbillon par le vent*, Bc.

تنباك *tombac, métal composé de cuivre et de zinc, similor*, Bc; « c'est le malais تمباك, *cuivre*, qui est d'origine hindoue, » Devic 221.

تنبقية *bonnet sans poil, rembourré de coton*, Bc.

تَنْبَل (pers.) *paresseux* et *stupide*, M, *ganache*, au fig., *qui a l'esprit lourd*, Bc.

تَنْبُور (esp. atambor, tambor) *tambour*, Gl. Esp. 375.

تَنْبُول *bétel*, Bat. I, 247, 366, II, 184, 204, Not. et Extr. XIII, 208.

تنتواس *sorte de pierre*, voyez Becrî 182, 4 a f.

تنج.

تَنْج, et plus communément دار التَنْوج, *lupanar*, Cherb.

تَنْجَرَة *marmite*, Bc, Ht, M (cf. sous le ط).

تنج *coriandre*, Most. v° كزبرة (distinctement dans les deux man.).

تَنْدُو *le fruit de l'ébénier*, Bat. III, 127.

تنر.

تَنُّور *tuyau de fontaine, orifice*, Gl. Esp. 210—212, Abdarî 53 v°: وعلى البئر تنور من رخام, Auw. I, 656, 20. — Une grande lampe ou plutôt un grand vase qui contient plusieurs lampes et dont on orne les mosquées, selon l'explication de Silv. de Sacy (cf. Wilken Gesch. der Kreuzzüge I, 296), de Sacy Druzes I, CCCXLIV, CCCLXV, Athîr X, 192 bis, 6 = Khaldoun Tornberg 11, 2 a f., Macc. I, 341, 16, Bat. III, 251 (où la traduction doit être changée), Khallic. VIII, 35, 14 et suiv. En syriaque ce mot a aussi cette acception. — *Cuirasse*, de Goeje dans la Revue critique de 1867, p. 404.

تَنْنِير *long tuyau de coton ou d'autre chose, dont on se sert pour donner de l'air à celui qui creuse un puits*, M; il dit que c'est une altération de تنين (?).

تَنُّورَة, dans le sens de تَنُّور, *four pratiqué dans le sol*, Ztschr. XI, 516, n. 41. — *Pagne*, Bat. IV, 23, où le man. de M. de Gayangos porte مئزر, M, cf. Vullers.

تَنُّوْرِي. قادوس تنورى, Cartâs 41, signifie ٮں qui ressemble au تنور البئر, comme le prouve ce passage Auw. I, 656, 20: قوادیس مثل تنور البئر.

تَنُّورِيَّة *espèce de mets*, Djauzî 145 v°, 147 v° (sans autre explication). — *Pagne*, M.

تنسوخ *pastille du sérail*, Bc.

تَنَك (turc تَنَكَه) *fer-blanc*, Bc, Hbrt 85; — « le tének jaune ou cuivre jaune en feuilles, » Ouaday 339.

تَنَكَه (pers.) *nom d'une monnaie persane, dont le poids, en dinârs du Maghrib, est de deux dinârs et demi*, Bat. I, 293, III, 187.

تَنَكَه = تَنَك, *fer-blanc*, Hbrt 171.

تَنَهَّى (cf. pers. تَنَها) *se retirer à la campagne pour s'amuser et manger*, M. — *Salon de réception*, Hbrt 192, Humbert Arab. anal. ined. 118.

تَنْوَة *marc de café*, Bc; chez Roland ثَلَد.

تَهْتَه *ânonner, parler, lire en hésitant, balbutier, bégayer*, Bc, Hbrt 8.

تهج *espèce de grenade*, de Jong.

تَهَم I (= اتهم) *soupçonner*, Voc. — C. a. p. et ب r. *accuser*, Bc, Hbrt 211.

VI *s'entr'accuser*, Bc.

تُهَمَة *imputation, accusation sans preuves*, Bc, Hbrt 211, Roland.

تَهَّام *soupçonneux*, Voc.

مُتَّقَافَمَة *récrimination, accusation, reproche pour en repousser un autre*, Bc.

توا *tout à l'heure, il n'y a qu'un instant*; توا راح, il *vient de partir, il est parti tout à l'heure*; » طلع توا « *il ne fait que de sortir, il vient de sortir*; » توا كان هون « *il était ici à l'instant, il n'y a qu'un moment*, » Bc (Syrie).

توب II *convertir*, Voc., Bc.

IV c. a. p. et عن r. *corriger une personne d'une mauvaise habitude*, Bc.

c. من *faire pénitence pour*, Koseg. Chrest. 20, 7 a f. — *Indulgence, rémission de la peine due à un péché*, Alc. (indulgencia de pecado). — التَوْبَة ما « *je jure bien de ne plus mentir*, » Bc.

تَوَّاب *pénitencier*, Alc. (penitenciario que la da).

توث « *espèce de mûre petite et blanche*, Morus alba L.; elle est d'un goût agréable et doux, mais un peu insipide,» Richardson Sahara I, 136. — *Sycomore*, Alc. (higuera moral). — *Verrues*, Bait. II, 51 c: التى يقال لها باليونانيّة ثوموا (θύμος) وتسميهم الاطبّاء بالعربية التّوت; de la paupière, Sang., Auw. II, 580, 5 a f. et suiv. (avec la note de Clément-Mullet II, part. 2, 119, n. 2), 585, 24; du milieu interne du sabot du cheval, le *crapaud* des auteurs français, II, 634, 22 et suiv. (Clément-Mullet II, part. 2, 174). — توت أَرْضَى *fraise*, Bc. — توت السِّيَاج *mûre sauvage*, *le fruit de la ronce*, Ztschr. XI, 524, n. 47. — توت شامى n'est pas seulement le nom de la mûre noire et douce (Lane, Ztschr. XI, 524), mais aussi celui d'une espèce de mûre amère, man. de Leyde d'Ibn-al-Auwâm après I, 292, 19 du texte imprimé: من التّوت حلوٌ ومنه مرّ يعرف بالشامى; cf. Djauzî 143 v°. — توت عَرَبى *la mûre blanche*, synonyme de فرصاد, Bait. II, 255 b, Auw. I, 289, 7 et 8; — *mûre amère*, Pagni MS: «tutharbi, mora acida;» il a aussi, mais sans doute par erreur, «harbi» soul, «morus, arbor ferens mora.» — افرنجى ou توت فرنجى *fraise*, Hbrt 182, Bc, Ztschr. XI, 524, n. 47. — توت القلع *fraise*, Ht.

توتل II *vaciller, chanceler*, Ht.

توتيا, *tutie*, aussi توتيّة et توتيآء, Bc. — توتية البحر et توتيّة بحرية *châtaignes de mer, oursins,* hérissons de mer, coquillages couverts de pointes, Bc; توتيا بصرية *voyez sous* توتيا محمودى *vitriol blanc,* Bc. — توتيا محمودى Most. v°: ومنه صنف يقال له التوتيا البحرى منسوب الى البحر ومنه التوتيا المحمودى يكون بالشام وافريقية والاندلس; حجر التّوتيايى *calamine, pierre calaminaire,* Bc. — روح التوتيا *marcassite,* Burckhardt Nubia 271.

توج. تاج, selon la définition que l'on trouve Alf. Astr. V, 182: couronne qui va d'une oreille à l'autre en forme de demi-cercle. — Ornement de tête des dames, décrit par Lane trad. des 1001 N. I, 424, n. 29. — Bonnet haut et rouge, étroit sur le front, mais qui s'élargit en s'élevant; en haut il est plat, mais composé de douze plis, selon le nombre des Imâms; du milieu du sommet s'élève une sorte de tige étroite et roide, ayant une palme de longueur. Ce bonnet était en usage en Perse sous le règne des Sofis, Vêtem. 100—4. — *Guirlande, couronne, feston de fleurs,* Alc. (alguirnalda). — تاج البابا *tiare,* Bc. — تاج اسقف, ou تاج seul, *mitre,* ornement de tête d'évêque, Alc. (mitra de obispo), Bc, Bg. — تاج عامود *chapiteau,* haut de colonne posé sur le fût, Bc.

توج (pers.) *bronze,* mélange de cuivre, d'étain et de zinc, Hbrt 171, 1001 N. Bresl. VII, 110, 6; chez Bc توج ثلاثة معادن; — *fonte,* mélange de métaux, Bc.

متيجة *la plaine de la Métidja; lieu de ceinture,* Roland.

متيّج pour متتوّج, Alc. (leon coronado) (اسد متيّج).

توجدة, au Maghrib, *cacalia,* Bait. I, 156 b v° بقلة: سمعتُ ذلك ببعض بوادى افريقية عند العربان: الاوجاع. توجده: اسمًا للنبات المسمّى بالمغرب توجده leçon de B; A

تودرى (A) = تودريج (BS) ou تودريج, Bait. I, 217 b, le second, Payne Smith 1051; aussi تدرج, تودرج, تودرى, ibid. 1440.

نور pl. أنوار *chandelier,* Lettre à M. Fleischer 235—6, Gl. Fragm.; dans le Voc.: candelabrum modicum; Selecta ٣٤, 2 a f., ٣٠, 1.

نوررى espèce d'arbre dans le pays des nègres, Becrî 179, 7 a f.

نور II *voyez sous* نوز.

نوز (pers.) est selon le dict. persan de Richardson: «the thin bark of a tree, like the papyrus, which is wrapped round bows by way of ornament, or to make them more smooth,» et selon le Borhân câti, cité par Quatremère J. A. 1850, I, 244: «l'écorce d'un arbre avec laquelle on recouvre les flèches, les selles de chevaux» (cf. Vullers). Cet arbre est, selon Hamza Ispahânî 197, dern. l., le خَدَنْك, c.-à-d. (selon Richardson), le peuplier blanc. Dans le man. B de Bait. on trouve une note marginale sur l'article خلنج, où on lit, entre autres choses: يُحكى انه شجر II عظام وقشر النــوز الذى يُعمل على القسىّ لحاؤه est certain qu'en parlant du خلنج, l'auteur de cette note a eu réellement en vue le خدنك. Selon Bait. I, 340 g, نور est, dans un certain dialecte, le nom du خَرّ رومى (voyez), terme qui désigne le peuplier blanc selon quelques-uns, et selon d'autres le peuplier

noir; puis il ajoute: وله قشر اصفر يُبْطَّن به القِسْي.
Je ne sais si l'arbre dont il s'agit est réellement une
espèce de peuplier, mais ce qui est certain, c'est que
de ce mot توز on a formé le verbe تَوَّز *recouvrir un
arc de cette écorce;* Gl. Manç.: صمغ هو صمغ للجور
الرومي المسمَّى توزًا تَتَنَوَّز به القِسْي ; dans le
Voc. تَوَّز est: balistam nervare vel pingere. —
Dans un certain dialecte = حَـوَّر رومي ; voyez plus
haut. — Le توز, probablement l'écorce dont il a été
question, se trouve aussi nommé parmi les substances
employées comme combustibles, J. A. 1850, I, 243—4.

تَـوْزَى chez Freytag doit être changé en تَـوْزَرَ,
et le nom de la ville dont il s'agit est تَوْز ou تُوج;
voyez les dict. géograph. et le Lobb-al-lobâb. الثَّبَاب
التَّوْزِيَّة, Tha'âlibî Latâïf 110, 2; تَوْزَى توج, *ibid.*
132, 12.

تُوسَن ماعز جبلى, *sorte de* جبلى, Man. Escur. 893 (avec نـ,
cf. Casiri I, 319 a).

تُوفَالَتْ *thapsia villosa L.*, Prax R. d. O. A. VIII, 280.

تَوَق I. Dans le Voc., mais seulement dans la 1re partie,
تَوَق est „desolari." Je soupçonne que c'est une faute
pour „desiderare."

II *faire désirer,* Gl. Djob.

V chez Lane; un exemple dans le Gl. Djob.

تَوْق pl. أَتْوَاق *désir de voir quelqu'un,* Bc.

تَوْقَة *crampon,* Bc.

تَائِق *preparatus,* L, synonyme مُعَدّ.

مُتَـوِّق *delicatus,* L; il a le fâ, mais c'est une
faute; synonyme نَاعِم.

تَوَلْوَل *rossignol,* Voc.

تُومَع (θύμος ou θύμον) *thym,* Payne Smith 1391; Alc.
(tomillo yerva) écrit *tôma.*

تُومُون (θύμον) *thym,* Most. v° حاشا; le mot est plus
ou moins altéré dans les deux man., et ce que l'auteur ajoute prouve qu'il ne connaissait pas la véritable orthographe, qui cependant est certaine.

تُون = تِنّ *thon,* Domb 68, Yâcout I, 886, 5.

تُونِسِى (de Tunis) *toile de lin,* Alc. (olanda lienço),
ainsi appelée parce que celle qu'on fabriquait à Tunis
était la meilleure, Vêtem. 180, n. 2, De Reyse naer
Africa, Tunis, Algiers etc. (Haarlem 1650), p. 11.

تُونِيبَة (χιτών, χιτωνία, χιτώνιον) pl. تُون *aube,* vêtement en toile pour les prêtres, *soutane, surplis,* Bc.

تَوَه I, chez Bc aor. *a, i* et *o,* تَاه عن الطريق, comme
تَاه seul, *perdre le chemin, s'égarer;* aussi: *s'égarer,
se perdre* (chose), Bc.

II تَوَّه عن الطريق, comme تَوَّه seul, *faire perdre
à quelqu'un sa route,* Bc.

تُوه *pouah!* interj. qui marque le dégoût; تُوه عليك
fi! Bc.

تُوهَة *fille* (بنت), M.

تُوِيزَة (berb.) «*corvée* qui consiste à faire labourer pendant un jour les charrues d'une tribu au profit du
caïd; ce même droit est en usage pour tous les propriétaires ou locataires de terrains; elle variait du
temps des Turcs suivant les localités,» Martin 139,
n. 2; de même chez Cherb.; en Algérie, sous la
domination des Turcs, «la touiza était une corvée
que chaque charrue devait à l'Etat, et qui faisait
partie de la contribution,» R. d. O. A. XI, 107; cf.
Sandoval 322 (thuiza), Daumas Kabylie 58, 66; —
tribut, impôt, Barth V, 701 (téussit); impôt qu'on
payait au caïd à l'occasion d'un mariage, d'une circoncision, etc., Sandoval 283 (thaussa). Sans le préfixe, *eussa, impôt,* Daumas Sahara 9, 45, 162.

تُوِينَغَة et تُوِينِبَة *bec-figue* (oiseau), Bc.

تِيبَتْ I. *Teibêt* est chez Alc. «calar lo cerrado,» c.-à-d.,
ouvrir avec un couteau ou un autre instrument une
chose qui est fermée, y faire une fente, un trou;
surtout en parlant du melon, le sonder, l'entamer,
pour le goûter. Le verbe arabe a-t-il été formé de
تابوت?

تِير, *poutre,* forme au pl. تِيرَات, Payne Smith 1408,
Bar Ali éd. Hoffmann n° 4117.

تَبَّار. Le pl. اتّ, Abou'l-Walîd 700, n. 67, اتبار
chez Saadiah ps. 43 et 88. *Torrent,* au fig., en parlant des affaires, des passions, *tourbillon,* au fig.,
Bc. — Voyez طَبَّار.

تِيبِرْاَنْتِي (esp. tirante) bretelles, Delap. 77.

تِبَّس II c. a., Voc. sous ignorare, probablement: déclarer que quelqu'un est un ignorant, un imbécile.

تَبِّس ignorant, Voc., godiche, niais, nigaud, Bc, bête! Hbrt 238. — تبس جبلي chevreuil, Bc.

تَبْسَنَة niaiserie, nigauderie, Bc.

تِيع

تِيعْ تِيعْ cri pour appeler les poules, M; il prétend que c'est pour تَعَال, ce qui est fort improbable.

تَبْعُون plante à plusieurs tiges et à feuilles lancéolées, qui, pour la forme et l'odeur, ressemble un peu à la verveine, Palgrave I, 253.

تَبِغْنَطَسْتَ voyez تَاغَنْدَسْت.

تَبِكوت voyez تَاكوت.

تِيل

تِيل pl. تِيلَان ganse de soie, Cherb.

تَبِيل pl. ات corde de métal, fil de métal, d'or, d'argent, de fer, Bc, Hbrt 86; corde de laiton dans les instruments de musique, Descr. de l'Eg. XIII, 228, n. 3, où l'on trouve تَلّ tell; cf. تَال sous تِيل. — Filasse de chanvre, Bc.

تِيلَار pl. ات instrument sur lequel on coud la reliure d'un livre, M.

تِيمَسْنَدَة voyez تَيْسَنْدَة.

تِيمَقْ et تِيمَط, en Espagne et au Maghrib al-akçâ, crocodilium Diosc. (III, 10), Bait. II, 253 b: المعروف بالتيمق والتيمط ايضا بلا شك ببلاد الاندلس والمغرب الاقصى ۞

ث

ثَارِيقة laurier, Sang.

ثَافْسِيَا thapsia asclepium, Bait. I, 225 b; le Most. a ce mot sous le ت, mais il ajoute: ادخله الرازي في باب الثاء (distinctement dans N); dans le Gl. Manç. sous le ث: ويقع في كثير من الكتب بالتاء المثناة il a les voyelles ثَافْسِيَا.

تِين. Sur les différentes espèces de figues on trouve ce passage dans le Most., que je publie tel qu'il est dans le man. L, en ajoutant les variantes de N: ابو حنيفة اجناس التين كثيرة منها الحلداسى (حج N) وهو اسود شديد للحلاوة، ومنه القلارى وهو ابيض وبابسه اصفر، ومنه الطيار وهو اكبر تين رآه الناس كميت، ومنه (وهو N) الفلجانى (العبلجانى N) وهو اسود بلى الطيار في الكبر، ومنه الصدى على فعل (فَعْلى ou بَعْلى N) وهو ابيض الظاهر اكحل للجوف، ومنه الملاحى وهو تين صغار، ومنه الوحشى وهو ما تباعدت منابته، ومنه الازغب وهو اكبر من الوحشى عليه زغب Autres espèces: سَبْتِى (de Ceuta), Cartâs 23, 8; — سَاجْزِى (de Sidjistân), Tha'âlibî Latâïf 121, 5 a f.; — شَعْرِى voyez sous ce mot; — قُوطِى (des Goths), Macc. I, 123, 5, où on lit que cette espèce était propre à Séville, de même que le شعرى; l'une et l'autre sont nommées par Aviñon, Sevill. Medic. (cité par Colmeiro 232): «y aquí en Sevilla hay muchas maneras de figos, ca hay figos xaharies y doñegales y brevales y coties;» — مالْقى (de Malaga), Macc. I, 123, 7. — Tin et tin luggudēni, figue sèche, Pagni MS. — Noms du fruit du sycomore: التين الاحمق et التين الذكر, Most. v° جميز. — Noms du cactier, raquette, figuier d'Inde, selon Sang.: تين الرُقع (aussi dans La du Most. sous الرفع, où N porte تين الزرفع), صرفندي تين هنّدى (Bc mangle).

تِبَّانِى Voc. dans la 1re partie vendeur de figues, dans la 2de celui qui achète des figues.

تِيه V Voc. sous perplexus.

تِيه dédale, labyrinthe, Bc. — Indifférence, état d'une personne indifférente, Bc.

ثَال

ثَال ثَال petit palmier; — délire qui n'a pas de suites, folie passagère, Sang.

ثَالِل I c. a. Voc. sous veruca.

ثَأْلُولَة verrue, poireau, Bc.

ثَوْلُولَةٌ verrue, Bc, durillon, cor, Ht.

ثَوَالِيلٌ pl. ثَيْلُولَةٌ verrue, Voc.

ثبت I. On ne dit pas seulement ثبت بالمكان (Lane), mais aussi ثبت مكانَهُ, tenir bon, résister, Bc. — ثبت لَهُ il l'attendit, Akhbâr 71, dern. l.; aussi فصار على البعد Mohammed ibn-Hârith 277: بالعجمية كَلَّموا القاضي يَثْبُت على أَكَلِّمه عليه — Etre inscrit, Abbad. I, 220, 9; cf. ثابت. — Avec صفة ou صورة, Djob. 142, 2 a f.: زوى وجهه للحين عنهما مخافة أن تثبت له صفة فى اعينهما «il détourna aussitôt d'eux son visage, de peur que sa figure ne fût constante dans leurs yeux,» c.-à-d., de peur qu'ils ne gardassent de sa figure un souvenir distinct; id. 143, 2: على انه لم تثبت له صورة فى نفسه «(il regretta) que la figure de cet homme ne fût pas devenue constante dans son âme,» c.-à-d., qu'il n'eût pas gardé de sa figure un souvenir distinct; le لَهُ se rapporte à l'autre personne.

II soutenir, assurer que, affirmer, Bc. — Prouver, avérer, vérifier et prouver la vérité de, justifier, prouver la bonté, la solidité d'un avis, la vérité d'un fait; ثبت انه كان موجودا فى موضع اخر «prouver l'alibi,» Bc; prouver aussi chez Roland. — Sceller, fixer dans un mur avec du plâtre, etc., plomb fondu, Bc. — Cautionner, répondre pour, Alc. (sanear la cosa). — Chez les chrétiens, confirmer, donner la confirmation, le sacrement de l'Eglise qui confirme dans la grâce du baptême, Bc, Hbrt 154. — T. de couture, Prol. III, 309, 13, où de Slane traduit: faire un surjet. — ثبت عليه convaincre un accusé, Bc. — Intransit. c. فى persister; tenir bon, tenir ferme, faire bonne contenance, montrer de la résolution; c. مع ou خدامه tenir tête à quelqu'un, lui résister, s'opiniâtrer, Bc. — Etre bien en selle, être affermi dans son poste, Bc.

IV constater, montrer, démontrer, prouver, avérer, vérifier et prouver la vérité de, Bc; اثبت دَيْنَتَه prouver sa créance, Inventaire: les créanciers réclamant ce qui leur était dû, l'héritier تَرَافَعَ مَعَهم لمجلس الشرع العزيز فكَلَّفهم الشرعُ باثبات ديونهم فاثبتوها اثبت حقَّه se faire valoir, soutenir sa dignité, ses droits, Bc; اثبت الصيعة عند القاضى «il fit valoir auprès du câdi les droits qu'il avait sur cette terre,» Akhbâr 128, 2 et 3; اثبت مسألة soutenir une thèse, Bc; اثبت شرعًا valider, rendre valide; اثبت عنده persuader, déterminer à croire, Bc; اثبت عليه convaincre un accusé, Bc, Domb. 122 (اثبات convincere). — Lancer des flèches avec justesse, Gl. Badroun. — Frapper le but auquel on vise, P. Berb. I, 393, 12. — Ranger en bataille, Macc. I, 317, 14: اثبت جمعك لنا «rangez vos troupes en bataille contre nous.» — C. a. voir distinctement, Lettre à M. Fleischer 31. — C. a., aussi اثبت معرفة et اثبت معرفة عينه connaître, connaître personnellement, ibid. 30, 31. — C. a., aussi اثبته معرفة et اثبت صفته, reconnaître, ibid. 31.

Fragm. hist. Arab. 414, 10. — اثبت قوله approuver ce qu'un autre a dit, Abdarî 90 r° et v°: je lus sous sa direction les Séances de Harîrî, sur lesquelles il faisait de bonnes critiques مواضع عديدة وذاكَرتُه فيها اثبت النون — كنت انعقبها فأَثْبَت تعقيبها قولى واستحسنه donner le noun de l'aoriste au verbe, dire يفعلون, comme dans la langue classique, et non pas يفعلوا, comme dans la langue vulgaire, Abdarî dans le J. A. 1845, I, 406 (trois fois). — Chez Mohammed ibn-Hârith 261 on trouve l'expression singulière: هذا الرجل اثبته على اعدائك كأنى اراه قد صار فى عددهم, ce qui doit signifier: vous vous êtes fait un ennemi de cet homme (le ة est dans le man.). — Liquider, rendre clair, Bc.

V c. فى, expliqué par Lane; cf. Macc. I, 884, 11: كان متثبتًا فى فقهه لا يستحضر من النقل الكثير ولكنّه يستحضر ما يحتاج اليه; Mohammed ibn-Hârith 268: تتثبت القضاة عن سرعة التنفيذ. — C. ل ou فى examiner une chose avec soin, Berb. I, 608, 8 a f., II, 119, dern. l.

VII Voc. sous afirmare.

ثَبَت document, témoignage écrit, Gl. Belâdz. — Inventaire, Gl. Fragm., de Sacy Chrest. I, ۳ول, 8; ثبت خرج mémoire des dépenses qu'on a faites, Fakhrî, 344, 6 et 7.

ثَبَات signature, de Sacy Dipl. IX, 486, 10: كما التزم له الملك المكرم من ذلك ما احكم رسمه بالثبات. — efficacement, Alc. (eficacemente).

نبثب

تُبَات assoupissement long et profond, Bc.

ثُبُوت fixation, t. de chimie; — fixité, propriété de n'être point dissipé par le feu, Bc.

ثَابِت écrit (partic. d'écrire), Abbad. I, 391, 5, واثق كلّ واحد Inventaire, en parlant des créanciers: منهم بعقده ثابتا بحكم الشرع (tribunal). — En parlant d'une graine, bien saine, Auw. I, 23, 3.

اثْبَات preuve, Roland.

تَثْبِيت sanction, Bc. — Confirmation, sacrement de l'Eglise qui confirme dans la grâce du baptême, Bc, M.

مُثَبِّت blessures graves, Berb. II, 341, 3 a f.: وصائر السلطان مثبتة الى اخر النهار ثم قصى رحه. — Celui qui tient à la doctrine de ceux qui enseignent la prémotion physique, sans nier tout à fait le mérite des actions, de Sacy Chrest. II, 471–2.

مَثْبُوت pour مُثْبَت, Gl. Abulf.; constant, certain, indubitable; — réglé, décidé, jugé, Bc.

نبثب.

تَبْثَب pl. تَبَاثِب qui consedit firmius aliquo loco (cf. Freytag), P. Abbad. I, 320, 5.

نبج.

نَبَج. كان على نَبَجٍ من faire une chose, cultiver une science, avec un grand empressement, Prol. I, 24, 17, III, 92, 16, où il faut substituer نَبَج à نهج; comparez dans la trad. III, 128, n. 4; toutefois ce n'est pas le nom d'action du verbe نَبَج (qui est نُبُوج), comme l'a pensé de Slane, mais le substantif نَبَج, dans le premier ou le second sens chez Lane, proprement: être sur le dos, le sommet de.

نَبَّر II c. على pervertere veritatem, synonyme de ردّ عن الحقّ, Voc. — C. على attribuer, Voc.

III مُثَابِر se dit d'un Soufi qui est continuellement en extase, Djob. 286, 21. — C. a. disputer avec, Voc.

نبط V, متنبِّط avec بالمكان, rester où l'on est, et de là celui qui tarde, qui diffère à faire quelque chose, Gl. Manç.: متنبِّط هو ضدّ العجلان من تنبط بالمكان اذا اقام به Koseg. Chrest. 107, 5: وكان كارها للخروج (ومتنبّطا) c. عن r., Cartâs 217, 4.

مَتْبُوط qui a l'estomac surchargé par une trop grande quantité d'aliments, Alc. (ahitado).

تَحَاجَة Le nom d'action, ou, si l'on veut, le subst. Macc. I, 371, 13.

نَاجَل VII = اتّسع, Ibn-Doraid (Wright).

نَخَب n'existe pas, mais on trouve:

مُنْخَب pour مُثْقَب, tarière, J. A. 1849, II, 312, n. 1, l. 3.

نَخَّن II épaissir, rendre épais, Voc., Bc; répaissir, Bc. — Grossir, rendre gros, exagérer, Bc. — Condenser, Bc.

نَخَن. Comparez sur le vers d'al-'Adjdjâdj, cité par Lane, la note sur Tha'âlibî Latâïf 22, n. c.

نَخِين son bourdonnant (de Slane) d'un instrument de musique, Prol. II, 354, 3.

تَخَانَة تَخَانَة عقل stupidité, Bc.

ندى.

نَدًى. Le pl. أَنْدَاء, voyez sous حَاجِر, et نَدَايَا, Abou'l-Walîd 703, n. 95. A en croire Hœst 224, ce mot ne s'emploie au Maroc qu'en parlant des mamelles d'une nourrice.

نر.

أَنْرَار épine-vinette, Bait. I, 16 c.

نرب.

نَرَب épiploon, membrane qui couvre les intestins; ذرب الصفاق péritoine, membrane souple qui revêt intérieurement le bas-ventre, Bc; — intestins, Gl. Fragm.

نَرْبَة pl. نُرَاب bottine de femme, Alc. (botin de la muger).

نرد II dans le sens de I, 1, Voc. (ofas facere); voyez un exemple sous مَلْبُق.

VII Voc. sous ofas facere.

نُرْدَة pl. نُرَد bottine de femme, Alc. (botin de la muger).

نَرَّاد Voc. sous ofas facere.

مُنَرَّد plat, Daumas V. A. 317 (metred), grand

plat d'argile, Mehren 35 (مترد), R. N. 58 r°: quand il eut préparé une كنافة افرغ عليها الزبد والعسل. الكثير في مترد كبير (sic) مَثَارِد *petites tables en bois*, Carette Kab. I, 481, 484 (mtâred).

ثرو IV *enrichir*, Voc.

V *être grand, abondant, riche* (héritage), Berb. II, 463, 12.

ثَرْوَة *opulence*, Voc., Bc, Abd-al-wâhid 152, 5, 216, 13, Amari 328, 4 a f., où il faut lire والثروة au lieu de والشروة, et non pas والسراوة, comme le veut Fleischer dans les Annot. crit. On dit aussi: غلام من ثروة اهل البلد « un jeune homme appartenant à une des familles les plus riches de la ville, » Prol. III, 405, 15.

ثَرَاوَة *opulence*, de Sacy Chrest. II, 36, 5 a f.

ثُرَيَّا, aussi ثُرَيَّة, pl. ثُرَيَّات, *lustre*, sorte de chandelier de cristal, etc., suspendu, Bc (cf. Lane), se trouve: Gl. Bayân, Gl. Djob., Voc., Bait. I, 402, en parlant de la fleur de la cassia fistula: وهو متدلى بين تضاعيف الاغصان كأنها ثريًا مسرودجة (sic AB) Ictifâ 163 v°: ayant enlevé les cloches des églises, امر ان تركب تلك النواقس ثريات وتوقد في جامع بلنسية, Macc. I, 360, 10, 361, 5, 362, 13, 14, 15, 17 et 2 a f., 363, 2, 367, 6, 368, 2, Khatîb 143 r°, en parlant de la mosquée de l'Alhambra: واحكام انوار (انوار l.) وابداع ثراها (ثرياها l.) Bat. II, 263, Cartâs 30, 14, 38, 19, 279, 7 a f., 280, 13, 1001 N. Bresl. VII, 317. — *Comète* (ثرية sic), شَجَرُو الاندلس)), Ht. — Chez les botanistes andalous *senecio vulgaris*, Bait. I, 102 e. — مِرْفِق الثريا *l'étoile* γ *de la constellation de Persée*, Dorn 47, Alf. Astron. I, 37 (autrement chez Freytag sous رقيب — مِرْفِق). *étoile de la constellation du Cocher*, ainsi appelée parce qu'elle se lève sur plusieurs endroits en même temps que les Pléiades, Cazwînî I, 33, 11. — مُعَصَّم الثريا *étoile de la constellation de Persée*, Dorn 47, Alf. Astron. I, 37. — عَاتِق الثريا *étoile de Persée*, Dorn 47. — مَنْكَب الثريا *la 21ᵉ étoile de Persée*, Alf. Astron. I, 37.

ثَرَى VII Voc. sous *rigare*.

ثَرَى comme *terre* dans le sens de *sépulture*, Gl. Badroun, Bc, qui donne aussi l'expression: ثَرَاهُ طاب « que la terre lui soit légère! »

نعب.

ثُعْبَان avec l'art. *le Dragon*, constellation, Bc. — Nom d'un superbe collier, Berb. II, 116, 7. — ثعبان البحر, Bc, سمك ثعبان, Hbrt 70, Browne I, 101, ثعبان الماء, Vansleb 72, *anguille*.

نعلب.

ثَعْلَب. La plus noble espèce du renard est, selon Bait. I, 227 f, الحرزى; leçon de A; B الخرزى. التعلبيات = الهُلْبَة, nom de plusieurs étoiles de la grande Ourse, Cazwînî I, 30, 13.

مُتَّعْلِب *prudent, fin*, Alc. (recatado).

نغر III, en parlant de guerriers, *se tenir sur les frontières*, Macc. II, 699, 4, 705, 4 a f., 706, 5, Amari Dipl. 165, 2, 181, 2, 210, 1, 221, Prol. I, 298, dern. l.; il faut lire de même Berb. II, 334, 6, 335, 9.

ثَغْر *gencive*, Voc. — *Place frontière*, Bc, Gl. Belâdz.; *place, ville de guerre, forteresse*, Bc. — الثغور الاربعة *les quatre points cardinaux*, J. A. 1848, II, 196, n. 1.

ثَغْرِى *homme de la frontière*, Voc.; de là vient le nom des Zegris, qui est bien connu par les romances mauresques, et celui des Tagarinos, c.-à-d., des Mauresques d'Aragon.

نغو.

تَاغ (cf. Lane). Ibn-al-Khatîb 29 r° dit en parlant d'un imposteur: تَبِعَه تاغية وراغية من العوام.

نفا. *cresson de fontaine, Sisymbrium Nasturtium*, Sang., Bait. I, 228 b, 299 b, Most. sous حرف: واهل المجاز يسمونه الثفا.

نفر. ثَفَر *bât de l'âne*, Mehren 26 (ثفر).

نفل. ثُفْل s'écrit très-souvent تُفْل, p. e. Voc., Bc v° *drèche*, Prol. III, 204, 1, (تفل) chez Lane M. E. I, 383); Quatremère, dans le J. A. 1850, I, 226, a même cru que cette orthographe était la bonne, mais

Rœdiger, dans le Ztschr. V, 395, a observé qu'il s'est trompé. Au pl. أَثْفَال, Voc., Cartâs 16, 14, J. A. 1. l. — Ordure des intestins, Mehren 26 (ثَفَل). — ثَفَل الحَدِيد scorie du fer, Voc. — ثَفَل الشَّحْم cretons, résidu de la graisse de porc fondue, Voc.

ثفن

مُثَفَّن piqué à la rotule (cheval), Daumas V. A. 190.

ثفى

ثَفَايَة foyer, Hbrt 196.
أُثْفِيَّة voyez sous أثف.

ثقب I n. d'act. ثُقُوب, Abbad. I, 267, n. 51. — Greffer par térébration (cf. تَثْقِيب), Auw. I, 19, 14, 406, 2 a f., où le man. de Leyde a النَّقْب, c.-à-d. الثَّقْب après التَّرْكِيب, 407, 1, où il faut substituer الثَّقْب à النَّقْب. — ثَقْب القَدَح trépaner, Bc.

ثَقْب marque de petite vérole, Hbrt 34. — Anus, 1001 N. I, 260, Bresl. XI, 442, 450.

ثَقْبَة anus, 1001 N. Bresl. II, 56. — Dans la greffe la térébration de Columelle (IV, 29, 13), Auw. I, 19, 10.

ثَقَّاب qui perce souvent ou beaucoup, Voc.; ثَقَّاب أَعْيُن oculiste, Wright 105, 2 a f.

ثَاقِب الحَجَر polypode, Bait. I, 227 c.

مِثْقَب trépan, instr. de chir., Bc.

مُثَقَّب poreux, Becrî 156, 8 a f.

مُثَقَّب gros fil d'archal, que le faiseur de tuyaux de pipe introduit dans le tuyau, Descr. de l'Eg. XII, 486.

مُثَقَّب est chez Alc. cavadiza cosa, ce qui se dit du sable qu'on tire en creusant.

ثقف I. De même qu'on dit: ثَقَف الشَّيْءَ «être habile dans une chose» (Lane), on dit ثَقَافَة البَحْر entendre bien la navigation, Prol. II, 34, 2, 3, 7.

II s'emploie aussi en parlant de kalams, de Sacy Chrest. II, ١٣٩, 8: أَعْدَدْتُ مِنَ الأَقْلَامِ كُلَّ مُثَقَّف «choisissez d'abord des kalams bien dressés» (de Sacy). En parlant de poèmes, مُثَقَّفَة الأَطْرَاف polis, Berb. I, 24, 8. — ثَقَّف حَالَه se corriger, s'amender, régler sa conduite; ثَقَّف سِيرَتَه rectifier sa conduite; ثَقَّف الأَخْلَاق réformer la conduite, les mœurs, Bc. — N. d'act. تَثْقِيف et ثِقَاف, mettre en bon état, p. e. un pays, ou mettre en état de défense, en parlant d'une forteresse ou de ses portes, de frontières, etc., Cout. 6 v°: وَأَمَرَ كُلْثُومَ بِتَثْقِيفِ أَمْرِ أَفْرِيقِيَّةَ فَثَقَّفَهَا جَهْدَهُ, Haiyân 85 v°: حَصَّنَ قَصَبَتَهَا وَثَقَّفَهَا وَشَحَنَهَا بِالأَقْوَاتِ et يَثْقَفُونَ: Çalât 2 v°: يَسِيرُونَ طُولَ لَيْلِهِمْ عَلَى الأَسْوَارِ ونظر id. 47 v°, أَبْوَابَ المَدِينَةِ بِالثِّقَافِ طُولَ النَّهَارِ، في تَثْقِيفِ بِجَايَة وَانْظَارِهَا، رَيْتُ مَا وَجَّهَ لَهَا مَن اخْتَارَه وَتَرَكَا (السَّيِّدَانِ) في id. 70 v°، لِحِمَايَةِ دِيَارِهَا وَاقْتَدَارِهَا، البِلَاد المُفْتَتَحَة مِن المُوَحِّدِينَ وَالأُمَنَاءِ مَن ثَقَّفَهَا وَضَبَطَهَا ثُمَّ تَقَفَّد البِلَاد وَأَحْكَمَ ثِقَافَهَا, Khatîb 68 v°, لِلْأَمِيرِ العَزِيز Macc. I, 250, 18, Berb. II, 114, 9 a f., 118, 11, 140, 6 a f., 171, 6, 257, 11, 283, 8 et 10, R. N. 102 v°, en parlant de la police pendant la nuit dans une ville: وَكَانَ مَعَدٌّ قَدْ ثَقَفَ البَلَدَ تَثْقِيفًا شَدِيدًا (Ma'add est le nom du calife). — Arrêter, empêcher d'avancer, de se mouvoir, Bc; arrêter, faire prisonnier, emprisonner, n. d'act. تَثْقِيف et ثِقَاف, Abbad. I, 152—4, II, 15, Gl. Bayân, Gl. Djob., L (truserat وَثَقَّف et سَجَّن, le part. pass. abstrusum, convinctus), Voc. (includere), Alc. (encalcelar), Recherches I, Append. LI, 7, LXVII, 4 a f. et n. 13, Macc. II, 451, n. s, 562, 20, 741, 3, Khallic. X, 28, 10 Wüst., Aboul-Walîd 403, 12, Cartâs 49, 16, 52, 11, 99, 9, 103, 8 a f., 197, 5, 262, 3, 264, 8, 268, 10 a f., 270, 15, 271, 3. — Séquestrer, mettre en séquestre, Cout. 29 v°: quand il fut mort, وَجَبَ عَلَى القَاضِي تَثْقِيفُ المَالِ وَتَحْصِينُه.

III manier les armes (Lane), voyez J. A. 1869, II, 155.

V être emprisonné, Voc. — Être séquestré, être mis en séquestre, Amari 393, 2 (biffez, dans les Annot. crit., la note de l'éditeur, qui n'a pas remarqué que le تَثَقَّف de Bc est pour تَثَقَّف).

ثِقَاف adresse (cf. Lane), Haiyân-Bassâm III, 3 v° (dans B, car dans A il y a une lacune): فَارِسٌ بَرَزُوا فِي البَسَالَةِ وَالثِّقَافِ. — Circonférence, circuit, enceinte, p. e. d'un faubourg, Becrî 103, 3 a f. Dans le Calendrier, chaque jour du mois a son جَدْوَل, et l'introduction et la conclusion, qui se trouvent au commencement et à la fin de chaque mois, sont مَا لَمْ يَدْخُلْ فِي 1, 16, لَا يَدْخُلُ فِي ثِقَافِ جَدْوَلِه

ثقف ثقاف 24, 8, 32, 8, etc. — آلة ثقاف *ce dont on se sert pour lier;* ainsi des menottes sont un آلة ثقاف, Aboû'l-Walîd 799, 17. — *Prison*, Abbad. I, 153, Aboû'l-Walîd 786, 16.

ثَقَافَة *acidité* du vinaigre, Auw. I, 586, 20. — *Adresse*, Macc. I, 617, 6; de là اهل الثقافة *ceux qui font des tours d'adresse* (en combattant contre des bêtes féroces), Notices 232, 2 a f. — ثقافة مكان حصن signifie que l'endroit où se trouve la forteresse a été choisi fort ingénieusement, Gl. Edrîsî.

تثيقاف *figure de géomancie*, dont la forme est celle-ci: ≡; on dit qu'elle représente l'intelligence, M.

ثقل I. Le n. d'act. ثقولة dans le Voc. — *Accabler, surcharger*, Bc.

II. ثقل البدن *rendre le corps lent et pesant*, Gl. Fragm.; — ثقل لحمل *surcharger, charger trop*, Bc. — ثقل عليهم بالتكاليف *fouler, opprimer, surcharger d'impôts*, Bc; — ثقل اللسان *empâter la langue*, Bc; — ثقل المرض *envenimer un mal, une plaie*, les rendre difficiles à guérir, Bc. — c. على p. *charger, peser sur, accabler, surcharger, outrer, surcharger de travail*, Bc. — C. على p. *peser, être à charge, déranger, gêner, importuner, ennuyer*, Lettre à M. Fleischer 192, Voc. (tedium facere). — *Honorer*, L (honesto ونقّر واثقل, le part. pass. honestatus).

III *contre-peser, contre-balancer, servir de contre-poids*, Bc.

IV c. على *trouver une chose incommode*, Cartâs 217, 3 et 4. — *Honorer*, L (honesta اثقال).

V *s'appesantir, devenir plus pesant*, Bc.

VI *être grave, sérieux*, Mohammed ibn-Hârith 307: وكان عمرو بن عبد الله وقورا ساكنا متثاقلا واستعمل النوم — *Être dans la torpeur*, Becrî 184, 3 a f.: وانثاقل حتى كأنه مغمى عليه — *Être de mauvaise humeur*, Calâïd 199, 333, 2 a f., 1001 N. Bresl. IV, 145, 3 a f. — C. عن p. *trouver quelqu'un importun et se détourner de lui*, Aghânî 54, 8, Nowairî Espagne 466: تثاقل عنك ابراهيم ; c. عن r. *trouver une chose incommode*, Cartâs 145, 10 et 11; aussi c. على p., Haiyân-Bassâm I, 128 r°: وشكا القاسم اميره الى et c. على r., Cartâs 217, 2, où il faut lire avec d'autres man. فتثاقلوا au lieu de تثاقلوا. — C. على p. *ennuyer quelqu'un*, 1001 N. I, 175, 14, 302, 16.

X c. a. p. *trouver qu'un homme a peu d'esprit, le trouver ennuyeux; avoir de l'aversion pour quelqu'un*, Becrî 46, 4, Macc. I, 137, 4 et 7, 473, 12, 511, 16, II, 506, 11. — تستثقلوني *vous suis-je suspect?* Bc.

ثِقْل pl. اثقال *charge, ce qui nécessite une dépense*, Bc.

ثَقِل *pesant, lourd*, Voc.

ثُقَل *gravité, importance des choses*, Bc.

ثَقَل *objets précieux*, Koseg. Chrest. 117, dern. l.: تسع نوق مجنوبة مزينة بثقل — Le pl. اثقال *ce dont on a besoin dans la guerre*, les armes, etc., Abbad. I, 285, n. 144. — اثقال semble signifier *affaires d'Etat* chez Mohammed ibn-Hârith 292: توفّى الكتابة واضطلع بالاثقال.

ثقل الغظ *hiatus*, Bc.

ثَقْلَة تعب ثقلة *endosse, le faix, la peine d'une chose*, Bc. — ثقلة اللسان *empâtement de la langue*, Bc. — *Dérangement, importunité, incommodité*; حلّ ثقلة عند *débarrasser quelqu'un, cesser de le gêner*. Demande: «Pourquoi ne venez-vous point chez nous?» Réponse: حامل ثقلة «c'est pour ne point vous être à charge,» Bc.

ثِقَال *contre poids, balancier, perche de danseur de corde*, Alc. (apesgamiento, contrapeso para saltar).

ثقيل *accablant, fatiguant*, Bc. — *Exigeant, qui exige trop*, Bc. — *Dur, sans grâce, lourd, empesé, guindé*; ثقيل عقله il a l'esprit épais, Bc. — *Lourd, ennuyeux, qui a l'esprit pesant, fâcheux, importun, gênant, incommode, trouble-fête*, Voc., Bc, Macc. I, 531, 17—19, Khallic. I, 384, 16 Sl.; *ennuyeux* est aussi ثقيل الروح, Voc., Alc. (enojoso a otro), et ثقيل الدم, Bc. — *Pataud, grossièrement fait, villageois grossier*, Bc. — *Laid*, Bassâm III, 6 v°: لحية طويلة وتلعة ثقبلة — *Malsain*, Bat. III, 126, en parlant de l'ombrage d'un arbre qui est trop feuillu pour que l'air puisse y pénétrer. — *Grave, important, de conséquence, sérieux*; امر ثقيل *affaire de conséquence;* رجل ثقيل *homme d'importance, de qualité, de savoir, de capacité*, Bc, *d'importance*, 1001 N. Bresl. II, 138, 1, IV, 376, 6, *honestosus*, L; من الثقال *huppé, apparent, considérable*, Bc. — *Grand, nombreux* (armée), Haiyân 78 r°: ركب الى قرطبة في فنهض بالعساكر, Nowairî Afrique 33 r°: سريّة ثقيلة

ٱلثَّقِيلَة, 1001 N. II, 61, 2 a f. — *Profusément orné d'or;* quelquefois on ajoute الذهب ou ذهبي, Lettre à M. Fleischer 200—1. — *Buis, instrument dont les cordonniers se servent pour différents usages,* pl. أت, Alc. (box de çapatero). — *Boulet, boule de fer dont on charge un canon,* Domb. 80. — الثَّقِيل الأَوَّل *espèce de mélodie,* P. Macc. II, 634, 9. — تَثْقِيل *fessu,* Bc. تَثْقِيل على الخاطر *choquant,* Bc. — الإرداف, dans le قنبور, *la partie de la corde la plus éloignée du chevalet,* Descr. de l'Eg. XIII, 308.

ثِقَالَة ثَقَالَة *gravité, pesanteur,* Bc. — *Dureté, manière de peindre sèche, sans grâce,* Bc. — *Importunité,* Bc. — *Lest* (t. de marine), Ht (qui écrit سقالة).

ثَقَالَة ثَقَّالَة *pendule, poids d'une horloge;* ثَقَالَة الساعة *balancier, pièce d'une pendule,* Bc. — خيط الثَّقَالَة *fil à p'omb,* Auw. I, 148, 8 (où il faut insérer خيط qu'on trouve dans le man. de Leyde), 14, Ibn-Loyon وعليه خيط ثَقَّالَة في طرفه فإن وقف خيط 4 v°: الثَّقَالَة على الخَطّ الذي في وسط المرجيقل الخ *ibid.:* وعلى ذلك الخَطّ خيط ثَقَّالَة في طرفه) *le* ● *est dans le man.*)

أَثْقَل est le comparatif de ثقيل dans presque toutes ses significations, p. e.: *plus nombreux,* 1001 N. II, 61, dern. l. Il signifie: *de très-mauvais augure* chez Macc. I, 532, 20.

مُثَقَّلَة *fardeau, calamité,* Gl. Mosl.

ثلل

ثَلَّة pl. ثِلَل et ثُلَّة pl. ثُلَل dans le même sens que ثَلَّة, *troupeau de brebis,* ou *de brebis et de chèvres,* Gl. Belâdz. p. 99.

ثلب

ثَلْب, en parlant d'un chameau, est du genre commun et n'a pas le ة du féminin, selon un scoliaste; au pl. on dit مَثَالِيب. Voyez le Diwan d'al-Hâdira p. ۴, dern. l., p. ٥, l. 1 éd. Engelmann (à la p. ۴, l. 2 a f., il faut substituer بأنبيغَ, comme porte le man., à باينق).

ثَلب (?) *nom d'une plante,* Bait. I, 228 c; leçon de DLS; ABE ثلث.

مَثْلَبَة *endroit où l'on dénigre* (ثـلـب *est dén* er chez Bc), *où l'on cherche à diminuer la réputation de quelqu'un,* de Slane Prol. I, p. LXXV, col. 1, 2 a f.

مَثَالِيب voyez sous ثَلْب.

ثلث

ثَلَّث II *tiercer, donner aux terres le troisième labour, la troisième façon,* Alc. (sous barvechar il a عبر, et ثَلَّث, c.-à-d.: donner aux terres le premier, le deuxième et le troisième labour; terciar barbecho, terciazon de barvecho (تَثْلِيث), Auw. II, 128, 23. — ثَلَّث بالأمير عبد الله «Abdallâh fut le troisième émir sur lequel il composa des poèmes,» Haiyân 31 v°.

V *être triplé,* Voc.

ثَلَث (?) *nom d'une plante,* voyez ثلب.

ثُلُث *lettre capitale;* قلم ثلث *majuscule,* Bc; قلم الثُّلُث *écriture en lettres très-grosses,* Macc. II, 705, 19, 1001 N. I, 94, 10.

ثُلْثَى *panthère,* Ht, M (en Ifrîkiya); d'autres écrivent ثُلْثِى (voyez).

ثُلَاثِى pl. ثَلَاثِى *galiote, petite galère,* Alc. (galeota pequeña), Bat. IV, 92: ويتبع كل مركب كبير منها ثلاثة النصفى والثلثى والربعى ۞

ثَلَاث الرِفَاع *mardi gras, du carnaval,* Bc. — ثَلَاثَة في ثَلَاثَة ou ثَلَاثَة في مثله *le carré de trois,* Bc.

ثَلَاثِى *un chameau qui fait le trajet de trois jours en un seul,* Jackson 40. — ثُلَاثِيَات *des traditions qui ont été transmises successivement par trois traditionnaires,* Abdarî 98 r°: قرأت عليه ثلاثيات البخارى (cf. نسائى, etc.). وكتبتها من أصله

ثَلُوثِيَّة *Trinité* (un seul Dieu en trois personnes), Voc.

ثَالُوث. زهرة الثالوث *pensée* (fleur), Bc.

تَثْلِيث *triangle,* Payne Smith 1511, 1516. — « Chez les astrologues il y avait quatre trigones ou triplicités, dont chacun se composait de trois signes du zodiaque, éloignés de cent vingt degrés l'un de l'autre. التَّثْلِيث, *le trine ou trine aspect,* c'est quand une planète est éloignée d'un astre du tiers du zodiaque. Le التَّثْلِيث الأَيْسَر, *le trine sinister,* est celui dont les degrés se comptent en suivant l'ordre des signes; le التَّثْلِيث الأَيْمَن, *le trine dexter,* en est le contraire,» note de M. de Slane sur Prol. II, 186.

تلم

تَثْلِيثِى *qui croit à la Trinité*, M.

مُثَلَّث, dans le sens de *triangle*, forme le pl. en ات, Voc., Bc مساحة المثلثات (*trigonométrie*). — المُثَلَّث *Triangle*, constellation; l'étoile qui est au sommet du Triangle se nomme رأس المثلث, Cazwinî I, 35, Dorn 51, Bc, Alf. Astron. I, 13, où ce mot est altéré en « alcedeles. » — *Liqueur*, boisson qui a pour base l'eau-de-vie, l'esprit de vin; *rossolis* (liqueur), Bc. — *La chaîne* d'une toile, Voc. — *Tragopogon crocifolium*, Bait. II, 160 a, 329 h. — الحَبّ المُثَلَّث *pilules composées d'aloès, de myrrhe et de rhubarbe*, M.

مُثَلَّثَة synonyme de مُثَلَّث dans le sens d'*espèce de parfum composé* (cf. Macc. II, 221, 2 et 3), Bait. I, 57 a: والاطفار الغرشية تدخل في الندود والاعواد المثلثة والبرمكية, II, 145 a, en parlant du صبغ الصدر: ويقع منه يسير في الند والبرمكية والمثلثة. — *Plat composé de riz, de lentilles et de froment*, Payne Smith 1174. — Chez les astrologues *trigone*, *triplicité*, Prol. II, 186, Gl. Abulf.; cf. sous تَثْلِيث.

قَسَّم مثالثة مثالث *tiercer, séparer une chose en trois*, Bc.

مُثَلُّوث *lime ou instrument en bois à trois côtés*, M.

ثلج II *neiger*, Bc. — *Refroidir par la neige*, Auw. II, 75, 5: وينبغى ان لا يزرع العدس في الارض المثلجة ولا الحارة, je crois devoir lire المُثَلَّجَة. — *Glacer, congeler*, Bc; ماء مثلّج *de l'eau glacée*, Prol. I, 25, 6; عنبرى مثلّج *glace, liqueur glacée*, Bc. — *Glacer ou se glacer, se prendre par le froid*, Bc. — Cf. مُثَلَّج.

ثلج *glace, eau durcie par le froid*; بحر الثلج *la mer Glaciale*; سرداب الثلج *glacière, lieu où l'on conserve la glace*, Bc. — قطعة ثلج *glaçon*, Bc. — ثلج صينى ou ثلج الصين (*la neige de Chine*) *la fleur de la pierre Assios*, *le salpêtre*, Bait. I, 42 c, 229 c, 293 f; cf. Reinaud F. G. 14; Quatremère dans le J. A. 1850, I, 222, veut lire ملح, au lieu de ثلج, « ce qui, dit-il, « répond parfaitement à l'expression persane ملح صينى, et Sontheimer semble avoir trouvé ملح dans son man. de Bait. I, 42 c, où nos deux man. portent ثلج; mais ce qui prouve que ثلج est la leçon véritable, c'est que Bait. a placé l'article ثلج صينى sous le ث.

مُثَلِّج *neigeux, chargé de neige*, Bc.

ثم

مُثَلَّج du taureau = موضع خشبة, Abou'l-Walîd 726, 11.

تلع I *herser, passer la herse dans un champ*, Bc.

تلع *herse, instrument de laboureur*, Bc.

تلم I c. a. *porter atteinte à, blesser*, p. e. تلم الخَجبة « porter atteinte à, blesser l'amitié, » تلم الصيت « blesser l'honneur, décréditer, faire tort à, ternir la renommée de quelqu'un, » Bc.

VII. انثلم الصيت « sa réputation a été blessée, a reçu une atteinte; » انثلام الصيت « brèche à l'honneur, » Bc.

ثَلْم *sillon*, Ht. مثلم. المثلوم était dans l'Irâc un dînâr dont on avait coupé un petit morceau et qui avait cours dans le commerce, de même que ce morceau qui s'appelait قراضة, Khallic. I, 621, 4 a f. Sl.

ثم

ثَمَّ ou ثَمَّا *il y a*, Bc (Barb.).

ثَمَّ a un sens particulier dans le n° XL des diplômes publiés par Amari; l'éditeur pense que c'est *parfois*, ce qui semble bon.

ثَمَّا voyez ثَمّ. — ثَمَّاك *là*, Bc (Barb.).

ثَمَّةْ = ثَمَّ *là*, Macc. I, 917, 21, II, 52, 11.

ثمام *espèce d'arbre*, J. A. 1853, I, 165.

ثمد

ثَمَاد « *puits peu profond, qui donne de l'eau quand les pluies sont abondantes*, » Prax R. d. O. A. VII, 271, 278; Djob. 64, 7: وهذا الماء ثماد يُحفر عليه في الارض فتسمح به قريبًا غير بعيد ☆

ثَمُودَة *truie*, Domb. 64.

الثُمَّد Un poète nomme ainsi les larmes (= بالدَّمع), Gl. Mosl.

ثمر II *posséder*, P. de Sacy Chrest. II, ١٤٨, 3: وما أُثْمِر من مال من ولد ☆

— مُثْمِر بانواع الفواكة, Djob. 151, 2: IV e. ب r., *Faire qu'un arbre porte des fruits*, P. Abd-al-wâhid

ثمل

81, 1. — *Croître*, en parlant d'un arbre, Alc. (arbolecer).

ثَمَر, *arbres*, semble, de même que اغصان, « branches, » le nom d'une division dans les poèmes dits موشحات, Bassâm I, 124 r°: وبضع عليها الموشحة دون ثمر فيها ولا اغصان. Le mot est écrit indistinctement et sans points. — ثَمَرَة *produit, rapport de la terre*, Gl. Belâdz.

ثَمَرَة *fruit*, Alc. (fruto de cada cosa).

ثَمَارَة *fruit*, au propre et au fig., Alc. (fruto de cada cosa, fruto razonal).

ثَمَارَة pl. ثِمَار *arbre fruitier*, Alc. (frutal arbol de fruta).

مثمر *olive noire*, Auw. I, 686, 9, 687, 20.

مَثَامِر *fruits*, Cartâs 108, 10 a f.

ثمل II c. a. et V, Voc. sous temulencia.

ثَمَل *fondations*, Ht.

ثَمْلَة *crapula*, L, temulencia, Voc.

مَثْمُول *ivre*, Voc.

ثمن II *apprécier, évaluer, estimer, fixer la valeur de, priser, mettre le prix à une chose*, Bc, Amari Dipl. 206, 9; لا يُثْمَن *inappréciable, impayable*, Bc. — *Faire compte de quelqu'un, l'estimer, l'avoir en quelque considération*, Alc. (hazer cuenta de otro). — *Enchérir, rendre plus cher*, Voc. — ثمن لأبيات *faire une glose en octaves sur la pièce d'un autre auteur*, Macc. I, 917, 22 (cf. Lettre à M. Fleischer 146).

IV c. ب r. *tirer un grand prix de*, Gl. Belâdz. — *Estimer, évaluer, apprécier*, Ht.

ثُمْن *nom d'une pièce de monnaie, proprement* ثمن الدينار, Berb. II, 138, 3; Mocquet 179: « Chaque *tomin* vaut demy reale; » Laugier 251: *temin* ⅛ du pataca chica, 29 aspres (à Alger); huitième du rial paceta; — pièce de 25 cts., Cherb.

تَثْمِينَة *huitième du* مد, Ztschr. XI, 479, n. 6.

تَثْمِينَة pl. تَثَامِين *cruche, pot*, Alc. (cangilon vaso de barro, cantarillo). C'était sans doute, dans l'origine, une mesure pour les liquides, qui contenait la huitième partie d'une autre mesure, de même que l'esp. « azumbre, » qui vient de الثُمْن, désigne la huitième partie d'une « arroba. »

Tomina semoule grossière, grillée dans une casserole en terre et plongée dans du beurre et du miel bouillants, Daumas V. A. 253.

تَثْمِينَة *évaluation, estimation*, Bc.

تَثْمِيني *estimatif*, Bc.

مُثَمِّن *estimateur*, Bc.

ثنط.

انتناط dans le Voc. est une faute; voyez انتاط sous l'*élif*.

ثنى I. ثَنَى لِفلانٍ وِسَادَةً est une marque de politesse envers celui qui nous rend visite, et on le fait afin qu'il puisse s'asseoir plus commodément, Khallic. X, 108, dern. l., 131, 5, cf. Koseg. Chrest. 133, 8 et 9. — *Rendoubler*, replier une étoffe pour la raccourcir, la mettre en double; *remplir, faire un rempli; plisser*, faire des plis à du linge; ثنى كعب النصرمة *éculer, plier les quartiers d'un soulier en dedans*; ثنى حافيه برنيطته *retaper*, retrousser les bords d'un chapeau contre la forme, le remettre à neuf, Bc. — *Se courber, se tourner vers* (الى), Abbad. I, 57, 3. — C. ب r. *faire une chose pour la seconde fois, la répéter*, Abbad. II, 103, 2 a f., cf. III, 206; Lane n'a que la II° forme en ce sens, mais dans ce vers c'est la I°, comme le montre la mesure.

II *donner aux terres le deuxième labour, la deuxième façon*, Alc. (arar vinando, barvechar, cf. sous ثلث II, cavar segundario), Auw. I, 66, 14, II, 128, 23. — C. ب r. *nommer une chose en second lieu*, Macc. II, 204, 3 a f. (l'opposé de بدا dans la ligne précédente; cf. ذكر dans la l. 20). — C. ب p. *traiter quelqu'un de la même manière qu'un autre*, Freytag Chrest. 122, 4: le sultan avait déjà tué un de ses deux prisonniers d'un coup de sabre, et l'autre له — لم يُشَقَّ (يَشَقَّ l.) في انه يثنى به الـوزار *il lui donna le titre de Dzou'l-wizâratain*, Haiyân-Bassâm I, 192 r°: كان له بسليمان اتصال فثنى له الوزارة مَثْنَى. — *Diffamer, diminuer la réputation*, Alc. (enfamar de buena fama). — C. a. dans le Voc. sous lascivire.

IV c. ب p.? Haiyân 49 v°, 50 r°: فكان اوّل مَن

اظهر لخلعان بها واثنى باهل المعصية وسعى فى تعريف الكلمة كُرَيْب بن عثمان بن خلدون. — *Avoir une bonne réputation*, Voc.

V Voc. sous dualc.

VII *grimacer*, faire des faux plis, Bc. — Voc. sous lascivire.

ثَنِيَّة *pli*, endroit où le genou, le bras se plient; ثَنِيَّة الركبة أو الذراع *repli*, pli redoublé; *rempli*, pli fait à une étoffe, etc., pour le rétrécir, la raccourcir; *rebord*, bord élevé et ajouté, Bc.

ثَنْيَة *réputation*, renommée, Voc., Bc.

ثَنِى *entrant dans la seconde année* (poulain), Wetzstein dans le Ztschr. XXII, 74, 9. — *Ayant deux dents*, Voc.

ثَنِيَّة «est un mot que nous avons traduit par col, quoiqu'il exprime plus généralement le point de passage d'une route sur une crête,» Daumas Kab. 316;
« *steep ascent* (= عَقَبَة), *winding*, since the rapidity of the hill-rise renders a corkscrew arrangement of the path often necessary,» Palgrave I, 346. Les *ports* (البَرْتَات ou البَرْت) *des Pyrénées*, c.-à-d., les points les plus bas qui servent de passage de l'Espagne en France et dont la hauteur moyenne est de 2,766ᵐ au-dessus du niveau de la mer, sont les ثنايا de cette chaîne de montagnes, Prol. I, 119, 2 a f., Khaldoun Tornberg 9, 7 a f. (l. الغُصَيْنة غربًا et 6 a f. (l. الثنايا au lieu de البقايا). — *Chemin, route*, Hbrt 41 (Alg.). — Le pl. ثنايا *dents de devant et dents de lait, premières dents*, Bc.

ثُنَاثَى *une tradition qui a été transmise sur l'autorité de deux séries de traditionnaires*, Abdârî 28 v°: قرأت عليه بعض الاحاديث الثُنَائِيَّة الاسناد من حديث مالك ۞

ثَانٍ *de son côté*, Gl. de Habicht sur les 1001 N. III, p. 32 (au lieu de 336, lisez 386). — *Opposé*, en parlant de la rive d'un fleuve, etc., 1001 N. III, 56, 14 et 15: الساقية الثانية *la rive opposée du ruisseau*, I, 771, 5 a f., 772, 5, 795, dern. l.: حتى وصل الى البَرّ الثانى, IV, 674, 10 et 11: البَرّ الثانى. — ثانى حشيش *regain, second foin*; — ثانى عمارة *reconstruction*; — ثانى مَرَّة *derechef, de nou-*

veau, نبيذ ثانى *piquette, petit vin, méchant vin*; — كلّ يوم وثانيه *journellement*, Bc. — قرأ ثانيا *lire jusqu'au bout*, Alc. (leer hasta el cabo).

ثانية, pl. ثَوَانٍ et ثَوَانِى, *seconde, soixantième partie d'une minute*, Bc, M; dans un traité sur l'astrolabe, qui est antérieur au 7ᵉ siècle de l'Hégire, man. 591 (3) (Catal. III, 98): وتنقسم دوائرها الى دقائق وثوانى, Macc. I, 765, 11 (cf. Add. et Corr.).

اَثْنِينِيَّة *dualité*, Prol. III, 75, 11.

تَثْنِيَة t. de chir.; c'est, lorsqu'après avoir arrêté le sang qu'on tire par l'ouverture de la veine, on recommence la saignée un peu plus tard, sans ouvrir de nouveau la veine, Gl. Manç.: تَثْنِيَة (sic) هو المُعَاوَدَة والمراد بها فى الفصد وهو ان يقطع اخراج الدم قبل استيفاء الغرض ثم يترك ساعة او يوما ثم يحل الموضع من غير تكرار بضع ثم يرسل الدم ۞

مَثْنَى, يوم مثنى, *le jour de redoublement*, Berb. II, 395, 5 a f., «doit signifier le 30 de Dzou'l-hiddja, mois qui, dans les années embolimiques, compte un jour de plus que dans les autres années,» note dans la trad. IV, 245, n. 1. — المَثَانِى, quand on parle du Coran, comparez avec Lane: Prol. III, 323.

مُثَنَّى, Haiyân-Bassâm I, 114 v°: فتسمى بالوزارة ايامه منفردة ومُثَنَّاة أرذل الدائرة (gardes) واخابث النُظَار, ce qui signifie qu'ils prirent le titre de vizir et celui de Dzou'l-wizâratain; cf. ثَنَى II.

مُثَنَّاة *demi-pièce d'une étoffe*, Hœst 269.

اِسْتِثْنَاء *prescription, manière d'acquérir la propriété ou d'exclure une demande en justice; extinction d'une dette à défaut de demande de son payement dans le temps fixé*, Bc.

ثوب I *retourner, revenir*; on dit: ثابت للحال ودالت الدولة «l'ancienne situation retourna, on se retrouva dans l'ancienne situation,» Macc. III, 680, 5. De même qu'on dit: كَمَرَّم على القتل ثياب اهل البصائر, Haiyân 56 r°, on emploie ثاب seul dans le sens de *retourner au combat*, Haiyân 61 r°: وكاد البلاء باهلها يعظم لولا ان ثاب اهل البصائر من رجال السلطان, et والتحمت بينهم وبين الفسقة حرب عظيمة, Macc. I,

228, 8. — De même qu'on dit: ثاب اليه عقله (Lane, de Sacy Chrest. II, 382, 3 a f.), on dit: ثاب اليه ذهنه «son esprit revint à l'état naturel,» Bat. IV, 234, ثاب له لبّ, Abou Nowâs I, poème 5, vs. 8 éd. Ahlwardt, et aussi: ثابت همّته se remettre, reprendre courage, Macc. II, 13, 4; ثابت نفسه se remettre, revenir du trouble, Hist. Tun. 139: les grands, qui avaient été frappés de stupeur par la mort subite du Pacha: اجتمعوا حين ثابت نفوسهم للشورى; aussi ثابوا لانفسهم, Abbad. II, 198, 9 (cf. III, 233): ثم ثاب العسكر من المسلمين لانفسهم وحملوا على محلّة الافرنش حملة صادقة. L'expression ثابت نفسه signifie aussi simplement: *prendre courage*, Macc. I, 142, 14; de même ثابت اليه ثقة prendre confiance, Macc. I, 160, 16. — ثابت له همّة ملوكية «une ambition, digne de son illustre naissance, s'éveilla en lui,» Macc. II, 389, 10. — C. نحو venir vers, P. Macc. I, 633, 10. — Se présenter, Macc. II, 16, l. 18 (cf. Add. et Corr.): ثابت له غرّة في اليمانية «l'occasion de surprendre les Yéménites se présenta à lui;» ibid. I, 231, dern. l.: ما ثاب الى في امر الخشب «ce qui se présente à mon esprit pour ce qui concerne le bois.» ثاب رأى في concevoir le projet de, Berb. I, 62, 9, II, 522, 3 a f., Macc. I, 257, 16, 277, 7; aussi ثابت ارامهم في, Berb. II, 430, 6 et 7, et ثاب نظره في, Macc. II, 719, 13. — C. على p. semble signifier: *se tourner contre quelqu'un et le vaincre*, P. Macc. I, 582, 18.

IV se remettre et retourner au combat, Haiyân 103 rº: ثم آثاب اصحاب السلطان وكرّوا على الفسقة فهزموهم.

ثَوْب, en Egypte: robe ample et flottante; la largeur de ses manches égale à peu près la longueur de la robe elle-même; elle est faite de soie et ordinairement de couleur d'œillet, de rose ou de violette. Quand les dames veulent sortir, elles se revêtent d'abord de cette robe, pour former la تزييرة, c.-à-d. le costume qu'elles mettent par-dessus leurs autres habits quand elles se montrent en public. Quelques femmes du peuple portent aussi un ثوب de la même façon, mais en lin, Vêtem. 106. Chez les Bédouins du Hidjâz: chemise ou blouse de coton bleue, qui leur tombe de la tête aux pieds, Burton II, 114; les femmes de ces Bédouins portent aussi un tel ثوب, mais il est plus large, ibid. 115. A Médine: chemise blanche de femme à manches énormes, qu'on porte sur la صدّيريّة, id. II, 15. Dans l'intérieur de l'Afrique: grande chemise ou blouse de coton, ordinairement bleue, ou bleue et blanche, à manches très-amples; portée par les hommes et par les femmes, Vêtem. 107, Voyage au Darfour trad. par Perron 206, Richardson Central I, 315, 317, id. Sahara II, 207. — Froc, habit de moine, Alc. (mongil vestidura de monge); ثوب الراعب chez Bc. — Voile ou rideau de brocart, dont ou couvrait la Ca'ba en hiver, du temps d'Othmân, Burton II, 236. — Dépouille, peau de serpent ou de ver, Bc; la dépouille du serpent s'appelle aussi ثوب الحيّة, Bc, et ثوب الحنش, Pagni MS. — ثوب التعلب pimprenelle, Bait. II, 62 c (AB). — ثوب الفرس robe d'un cheval, son poil, sa couleur, Bc. ثَوَّاب. L'expression فلم يكثر ثوابه, Tha'âlibî Latâîf 30, 10, signifie: «sa peine fut presque inutile.» — Œuvre pie, charité, Bc.

ثَوَّاب rémunérateur, qui récompense avec justice (Dieu), Bc.

مَتْثَابَة manière, façon, Macc. II, 641, 18. — تشابه est quantum dans le Voc., comme, de Sacy Chrest. II, ١٣٢, dern. l., ١٣٣, 5, Mâwerdî 390, 3 a f., souvent dans les Prol.

ثور I se lever, en parlant d'un chameau (Lane), exemple: 1001 N. I, 181, 5, où il faut substituer ثار à ثأر (éd. Boul. I, 66, 9 a f. يثر). — Dans le sens de se jeter sur quelqu'un, non-seulement c. ب p., mais aussi c. على p., Gl. Fragm. — S'emporter, s'abandonner, ne pouvoir plus être retenu, Bc. — Déborder, sortir hors du bord, Bc. — Détonner, s'enflammer avec éclat, Bc. — C. على se déchaîner, s'emporter contre, Bc. — Se révolter, c. على p. contre quelqu'un, constamment chez les auteurs maghribins. — Avec ou sans بنفسه, régner en prince indépendant; les petits rois de l'Espagne arabe au XIe siècle sont appelés très-souvent ثار (pl. de ثائر), Gl. Edrîsî. — ثار الحرب «la guerre s'alluma»; ثارت فيه الحميّة «la moutarde lui monte au nez, il s'échauffe;» ثارت في راسه النخوة «il fut piqué d'honneur,» Bc.

III c. على p. (Freytag) ou c. a. p. (Lane), exemples de l'une et de l'autre construction dans le Gl. Fragm.

ثول 167 جار

X. Par une faute d'impression, Lane renvoie à la Ire forme, au lieu de renvoyer à la IVe; exemples de *déterrer, exhumer*: Gl. Belâdz. — C. على´ p. *se jeter sur* quelqu'un, Gl. Fragm.

ثَوْرَة *fougue, ardeur, impétuosité,* Bc. — *Explosion, détonnation, inflammation subite avec éclat,* Bc. — *Haut rang,* Cout. 12 v°: كان له ثورة وسيادة في القحطانية ✩

ثَوَرَان صفرا *éruption d'un volcan,* Bc. — *débord, débordement de bile,* Bc.

ثِبَار *tumulte,* Berb. I, 397, dern. l.

ثَائِر *bouillonnant,* Bc. — Surnom qu'on avait donné à un personnage, parce qu'à cause de ses talents précoces il avait été admis parmi les الفقهاء المشاورين في الاحكام, quoiqu'il ne fût pas encore en âge, Haiyân 6 v°.

ثَوْرَة *bourrasque, caprice, mauvaise humeur,* Bc.

مُتَثَوِّر *urine dans laquelle se trouvent des substances étrangères,* Gl. Manç. in voce: يريد به من البول الذى يتحرك فيه اشياء غريبة عنه مداخلة له من غير اتصال والصواب ان يكون من صفة الاشياء المتحركة لانه من ثار يثور اذا تحرك ✩

ثول VII, non-seulement c. على, mais aussi c. الى p., Abbad. I, 324, 8. — انثول *demeurer stupéfait,* M.

ثَوْم est, selon le Most. (in voce) et Bait. I, 233 b, le الحَبَّة, *terme qui signifie ail serpentin,* Bc. A l'article بستانى ثوم, le Most. dit que c'est الثوم الكرانى et الربعى; N (leçon de La; الثوم الريفى — ثوم حلو *rocambole, espèce d'ail doux,* Bc; — Auw. II, 200, 17—19: ومنه بستانى ومنه ثوم برى احمر كبير الحب ويسمى المقشطنوى ومنه الصقلبى والكرانى والسبانى; l'espèce dite المقشطنوى est aussi nommée ibid. 201, 18, 202, 8, 3 a f. — *Froment* (cf. Lane),

Most. (v° حنطة) d'après Abou-Hanîfa: الحنطة الغوم وزعم بعض الثقات انها الثوم ايضا ببدل الفاء ثاء ✩

ثُومَة *globule au sommet de la bombe du casque,* Ouaday 424, cf. 431. — ابو ثومة (à tête d'ail) *sabre à pommeau en sphère d'argent,* Ouaday 340, d'Escayrac 374: « La forme du sommet de la poignée est celle d'une croix. Cette croix se termine en général par une sphère de plomb ou d'argent, de la grosseur d'une forte gousse d'ail, d'où le nom d'abou-thoum donné aux armes de cette nature. »

حشيشة الثومية voyez sous حشيشة.

ثُومِيَّة = ثوم برى, *ail serpentin,* Most. sous ce dernier mot.

مُثَوَّم *plein d'aulx,* Alc. (ajado lleno de ajos).

مَثْوَمَة *terrain semé d'aulx,* Voc.

مُثَوَّمَة est chez Alc. « almodrote; » Victor: « almodrote de ayos y queso, une sorte de sauce blanche faite avec des aulx et du fromage; aucuns veulent que ce soit un tourteau fait de plusieurs matières, comme de farine, lait, vin, fromage et herbes; mais en effet c'est une sauce crue, et non pas cuite, comme serait un tourteau; » Nuñez: « almodrote, sauce faite avec de l'huile, de l'ail, du fromage, etc., pour les aubergines. » Le pl. مثومات Macc. II, 204, 4 a f.; il paraît que l'espèce dont il y est question, est une sauce, faite avec (de l'ail et) du fromage, pour un poulet gras.

ثُومُس est chez Bait. (in voce) le nom grec du *thym* (θύμος); Alc. (tomillo yerva) écrit *tôma*.

ثوى I. Le nom d'act. مَثْوَاة dans le Gl. Belâdz.

IV *enterrer, mettre en terre un mort,* P. Badroun 226, 10.

ثَوِى *aubain, étranger non naturalisé,* Bc.

ثيل.

ثَال *fil de fer,* Ht; chez d'autres تيل (voyez).

ج

جَأَر I (cf. Lane). On dit en parlant du peuple, quand il est ému par les paroles d'un prédicateur: ضجّ الناس بالبكاء وجأروا بالدعاء, Macc. I, 376, dern. l.,

جـ *abréviation pour* جواب *réponse,* Bc.

جَأْجَأ I s'emploie au fig. dans le sens d'*appeler,* Berb. I, 44, dern. l., 56, 5, 87, 178, 206, etc.

et en parlant d'un prédicateur qui fait la prière pour le sultan: جَأَر بالدعاء للسلطان, Berb. I, 428, 12.

جاركون (pers. جَارْكُون) *macis, écorce intérieure de la muscade*, Most. v° بسباسة, Bait. I, 238 d.

جاروت *instrument qui sert à aplanir la terre et qu'on fait tirer par des bœufs*, Ibn-Loyon 3 v°: الآلة التي تعدل بها الارض آلة تسمّى للجاروت تجرّها البقر وهي معروفة عند اهل الفلاحة قال ذلك ابن بصّال ۞

جَاف. جَوَف, voyez ce qui suit ici.

مُجَّاف *dépourvu d'esprit, imbécile*, Abou'l-Walîd 90, 4, où il dit: وهو الذي كائن لا قلب له فى جأفه لضعف عقله وللجأف مثل للجوف ۞

جَالِيش, aussi شَالِيش (ancien mot turc ou du persan چلیش, *guerre, bataille*?), *grand drapeau, surmonté d'une touffe de crins.* Les sultans turcs, p. e. les sultans mamlouks d'Egypte, lorsqu'ils se préparaient à faire un voyage ou une expédition, avaient la coutume de suspendre cet étendard, quarante jours avant leur départ, à l'édifice appelé «tablkhânât,» Maml. I, 1, 225—6, 253. Aujourd'hui les différents ordres de derviches en Egypte donnent ce nom à leurs bannières. Ce sont des perches longues de vingt pieds et surmontées d'un ornement de cuivre large et conique, Lane M. E. II, 250, 272. — *Avant-garde*, par extension, parce que ce drapeau, lorsque le sultan se mettait en campagne, était constamment en tête de l'armée, Maml. I, 1, 226, Vie de Saladin 105, 189, 190, 194, mais Schultens n'est pas coupable de la lourde bévue que lui attribue Freytag (I, 295 b), car il n'a pas traduit le terme en question par «sagitta,» mais par «sagittarii,» ce qui, jusqu'à un certain point, est bon, car il résulte de plusieurs passages que ces soldats de l'avant-garde étaient réellement des archers. — *Porte-drapeau*, M, qui a aussi *lancier et protecteur.*

جَالِيشِيّ, aussi شَالِيشِيّ et شَالِشِيّ, *celui qui est à l'avant-garde*, Maml. I, 1, 227,-253, Vie de Saladin 68, Freytag Chrest. 120, 1.

جام. On lit dans le Gl. Manç. que, suivant l'auteur du Mohcam, c'est *un vase d'argent*, mais que Rhazès l'emploie pour indiquer *un vase de verre* ماه الزجاج dans le man., mais lisez اناه). — جامات *les formes*

qui reçoivent le sucre quand il est cuit, Gl. Manç.: قوالب الجَامَات aussi طبرزد هو قلوب للجامات, Auw. I, 393, 15—17: man. L) ثم يعاد الى الطبخ حتى يبقى يذهب منه الربع ثم تُفْرَغ منه قوالب الجامات معمولة من فخار. جامات *pièces de verre, vitres*, 1001 N. Bresl. XI, 445, 1: ومسقف للحمام بجامات ملوّنة ومستقف. جام للجامَجامة *ventouse, vaisseau que l'on applique sur la peau pour raréfier l'air, attirer les humeurs*, Bc.

جَامَكِيَّة (cf. Freytag 307 a) (pers. جامگی, de جامه, «habit,» proprement «argent pour la garde-robe»), pl. جَوَامِك et (Bc) جَامَكِي, *paye, solde, traitement, appointements, gages*, Bc, Rutgers 127, Fleischer Gl. 87, Descr. de l'Eg. XI, 508, Maml. I, 1, 161, Nowaïrî Egypte, man. 2 n, 24 r°: ولم يَاخذ جامكية; جَوامك المدارس, Macc. I, 694, 13: ولا ليس تشريفا *honoraires d'un professeur*, Abd-al-wâhid 172, 12. *Donner des appointements, des gages*, s'exprime au moyen des verbes: اطلق له, Bc, عمل له اعطى, Fleischer l. l., قرّر, وصل, وضع له, Rutgers l. l.

جَامُوس. جَامُوسِي الالبان الجاموسية *du lait de buffle*, Bat. I, 60; جلد جاموسي *buffle, son cuir*, Bc.

جاميلون (grec) *chamœmelum*, Most. v° بابونج.

جانت قبطة (lat. *centum capita*, chardon-roland, cent-têtes). Most. sous ومنه سطر اطيقوس (aster atticus): الجانت; leçon de La; N نوع يعرف الجانت قبطة قبل قبطة قال غيره: فو; id. sous قنبلة; ليس به *même variante dans N.*

جَانْدَار (pers. «écuyer, celui qui porte les armes»), aussi جَنْدَار, pl. جَانْدَارِيَّة et جَنَادِرَة. En Egypte, sous les Mamlouks, et au Maghrib, sous les Mérinides, les djândâr étaient huissiers de la porte, valets de pied et bourreaux; voyez Maml. I, 1, 14, Prol. II, 14, 3 et suiv.

جانطيان *gentiane*, Bc.

جاودار *seigle*, Bc.

جَاوَرْس = جَاوَرْش, Most. sous ce dernier mot: الزهراوي. رايته بالشين وبالسين.

جاورى benjoin; جاورى برى impératoire, benjoin sauvage, Bc. Voyez جاوى et جَوْرى.

جاوش (turc) massier, officier qui porte une masse en certaines cérémonies; جاوش الآى héraut d'armes, Bc. Cf. جاويش.

جاوشير (pers. گاوشیر) panaces Heracleon, ferula opopanax, Bait. I, 235 b; — opopanax, la gomme de cette plante, Bc, Bait. II, 388 c: صمغ يشبه الجاوشير.

جاويش voyez جاوش.

جاوى benjoin; c'est proprement لبان جاوى « encens javanais, » appelé aussi بَخُور جاوى, « parfum javanais, » c.-à-d., encens ou parfum de Sumatra, car les Arabes donnaient à cette île le nom de Java, et c'est elle qui produit le benjoin le plus blanc et le plus beau; voyez Gl. Esp. 239; — impératoire, benjoin sauvage, Bc.

جَاويش ou جاوُوش (turc), pl. جاويشية. En Egypte, sous les Mamlouks, les جاويشية, au nombre de quatre, étaient des soldats de la milice, distingués par leur courage, et qui avaient l'emploi de chanter devant le sultan, dans ses marches solennelles. Ils se partageaient en deux chœurs, dont chacun répétait un refrain différent. Aussi: un officier d'un rang inférieur qui était chargé de missions de plus d'un genre, Maml. I, 1, 136.

جَبّ vase qui sert à puiser de l'eau, Descr. de l'Eg. XVIII, part. 2, 416.

جَبّ, puits, a chez Bc le pl. جِبَبْ. — Basse fosse, cachot obscur et profond, prison, Gl. Esp. 125, Bc; le pl. جُبُوب chez Bat. IV, 47. — Avec le pl. أَجْباب arbrisseau, Hbrt 51; M: ويُطْلَق عند العامّة على الخَصّ المنفردة من النبات كالآس ونحوه ※

جُبَّة pl. جباب poche, Ht, Mc; cf. Gl. Esp. 127.

جُبَّة dans le dialecte de l'Egypte pour جُبَّة.

جُبَّة voyez Vêtem. 107—117.

جَبَانَة sot, fou, Voc.; dans la 1re partie جَبَانَة.

جَبَّاب fripier, Gl. Esp. 144.

جبا.

جَبّ sommet, cime, Booms 54, 73 (djeb).

لم يستأنس به II, fig. et vulg., M.

جِبَاجِبَاب est قطعة عتيدة من الهشيم, M; je ne sais pas bien comment il faut traduire.

جبح.

جُبْح (Voc., Alc.), ruche, forme aussi au pl. جِبَاح, Voc., Alc. (colmena, corcho de colmenas), Akhbâr 28, 9, Macc. II, 10, 2; il faut donc substituer جباح à جناح chez Auw. II, 722, 5 (lisez aussi تسميها, 723, 1 et 3, comme partout dans ce passage جبح à جنح, et أجباح à أجناح. En outre, le témoignage de cet auteur montre que ce terme appartient à la langue vulgaire et qu'il désigne une ruche faite de liège, ce qui est aussi le sens de « corcho de colmenas » chez Alc. (Victor, Nebrija: alveus, alvear). — Pl. جِبَاح bouchon de liège, Alc. (tempano de corcho; dans les ruches tempano est le bouchon de liège rond qui les ferme par en haut, Acad.). Le sens propre de جُبْح semble donc être liège.

جَبَّاح gouverneur de mouches à miel, Voc., Alc. (colmenero).

مَجْبَحَة pl. مَجَابِح endroit où il y a des ruches, L (alvearia), Voc., Alc. (colmenar).

جبخ II avec الخَدّين frapper les joues, Voc. V quasi-pass. de II, Voc.

جَبْخَة pl. جَبَابِيخ, Voc. sous percutere genas. Chez Alc. chupáka, pl. chupak, signifie: le son qui se fait avec la bouche quand elle est remplie de vent, comme lorsqu'on dit: pouf (buchete sonido, cf. Victor). — Avec le pl. جَبَابِيخ écume, Voc.

جَبَخَانَة (turc طوپخانه) munition de guerre; — parc, endroit où l'on place l'artillerie, les munitions; — جبخانة مركب sainte-barbe, t. de mer, endroit où l'on met la poudre; — حطّ للبخانة في محل parquer, mettre l'artillerie dans un parc, Bc.

جبدلى veste, gilet, Ht (جَبْدَلى); « djabadoli, gilet soutaché d'or ou d'argent, » Michel 109, 76 (190 par erreur djaboli); chez Roland جَبَضُولى.

جبذ I (ordinairement avec le *dâl* dans la langue vulgaire, de même que les mots qui en dérivent) *tirer une épée de son fourreau*, Voc., Prol. III, 416, 9. — *Attirer*, L (adtraxi), p. e. quand on attire l'ennemi dans une embuscade, Cartâs 243, 2. — *Fléchir, courber, tendre l'arc* pour tirer la flèche, Alc. (frochar arco). — *Provigner* Alc. (acobdar vides). — Dans L *traicio (transfero, infero)*. — Dans L *carpit* يَكْسِر ويَفْتَتْ ويُجْبِذُ ويُرْبِز — *Ouvrir la bouche, bâiller*, Alc. (boquear). — Dans le Voc. on trouve: يَتَجَبَّذ, avec le sens de: *il est à l'agonie*; mais comme un tel verbe n'existe pas, je crois devoir substituer un *djim* au *hâ*. — Rayer, Daumas V. A. 152.

III *tirer, serrer*, Prol. III, 363, 9.

VII *être tiré du fourreau* (épée), Voc.

جَبْذ رَسَن، جَبْذ *maquerellage*, le métier de débaucher et de prostituer des filles, Voc.

جَبْذَة n. d'un. de جَبْذ (l'action de tirer), Vêtem. 59. — *Provin de vigne*, Alc. (mugron o provena de vid, provena o mugron de vid, rebite). — *Paquet*, Bc (Barb.).

جَبَّاذ dans le Voc. sous trahere. — « Ces djebbâd ou pauvres hères qui tirent l'eau des puits et la jettent dans les rigoles d'arrosage, » Ouaday 556. — Pl. جَبَابِذ *ceinture*, Alc. (cincho como ceñidura, cinta o cinto). — *Brayer*, bandage destiné à contenir les hernies, Alc. (tirabraguero). — *Corset en laine sur la chair*, Godard I, 149 (djabad). — Pl. جَبَابِذ *croc d'une arbalète*, Voc. — *Alfonsin*, instr. de chir. pour tirer les balles, Bc. — جَبَّاذ رَسَن *maquereau*, celui qui débauche et prostitue des filles, Voc.

جَابِذ pl. جَوَابِذ semble signifier proprement: une charrue et une paire de bœufs qui la tirent; — *charrue*; — *paire de bœufs*; — *charrue* dans le sens de: *l'étendue de terre qu'on peut mettre en valeur avec une charrue*; — *une redevance annuelle que paient les Arabes pour les terrains qu'ils cultivent*; en Algérie elle est de 25 francs par huit hectares, c.-à-d., ce que peuvent labourer deux bœufs, Gl. Esp. 292—3.

مَجْبُذ *subductus*, L.

مَجْبُوذ *brodé*, Roland; شغل المجبوذ *travail en or, brodé en or*, Delap. 93.

جبر I, au fig., جبر كَسْرُو *rétablir une personne dans l'état où elle était auparavant, la dédommager des pertes qu'elle a faites*, Freytag Chrest. 38, 2. Chez Tha'âlibî Latâïf 3, l. 12, il faut lire: ويَجْبُر مَنْ كَسَرَه, au lieu de ويَجْبُر, « des livres plus beaux que celui-ci et qui corrigeront les fautes que celui-ci renferme. » جبر القلوب المنكسرة *consoler les affligés*; جِبْرَان، جُبْرَان ou خَاطِرُه جبر *consoler*, n. d'act. قَلْبُه جبر *consolation*; جبر خَاطِرُه est aussi: *contenter, apaiser quelqu'un par un don*, Bc, M. On dit encore: جبر الله كل غريب الى وطنه « que Dieu rende à son pays chaque personne qui en est absente! » Djob. 340, 3 a f. — *Suppléer*, جبر الكيس « il suppléa l'argent qui manquait dans la bourse, » Macc. I, 261, 12 (cf. 269, 18—20, même histoire); Cout. 30 r°: ارى للامير l'anonyme de Copenhague 35: après une déroute, le calife ضاعف فاشتد id. 63: لم يَجْبُر ما تلف في حربهم من اسلحتهم عزم الناصر لدين الله على جَبْر الآلات واقامتهم اضعافها فجبرت الجانيق والاكبش والسلاليم على اضعاف ما كانت. — *Rendre, restituer*, l'anonyme de Copenhague 41: الى ان فاتحها المنصور عَنوة وجبرها للاسلام بجَدّ لحسام c. a. r. et على p., Cout. 30 r°: وجبر محمد الامير وجبر الله عليهم احوالهم, Çalât 31 r°: المال على الايتام. — *Trouver, rencontrer, retrouver*, Voc., Hœst 182, Domb. 127, Prax 15 n., Ht, Bc (Barb.). — Dans les 1001 N. II, 66, 1: كان عندى وجبر doit signifier: *je l'avais, mais je ne l'ai plus*. — C. على *être orgueilleux envers quelqu'un*, Voc. — جبر *étriller*, Bc. — يوم جَبْر البَحْر *le jour où l'on coupe la digue du canal*; voyez Lane M. E. II, 292.

III. جابَر dans le sens de l'italien « *conforto*, » *consolation, soulagement, confort*; جابَرَة *avoir des bontés pour quelqu'un*; مجابَرَة *des bontés*, Fleischer Berichte 252 et 309 sur Macc. I, 769, 14. — *Trouver*, 1001 N. Bresl. IV, 374, 2 a f.

IV *recouvrer, acquérir de nouveau une chose qu'on avait perdue*, Voc., où la construction est: c. a. et c. على, Alc. (cobrar lo perdido).

V. On dit: تَجَبَّر في نفسه *être orgueilleux de soi-même*, Tha'âlibî Latâïf 13, 2 a f.; — بِتَجْبُر *impé-*

جبراس — جبل

rieusement, avec hauteur, Bc; — تجبّر *inflexibilité*, Bc. VII c. ل *recouvrer*, Voc. — *Se trouver, se rencontrer*, Bc (Barb.).

جَبْر *force, contrainte*; جَبْرًا وقَهْرًا *de force, par contrainte, violemment*, Bc. — *Orgueilleux*, M.

جَبْر *holosteum umbellatum* chez les botanistes andalous, Baït. I, 98 e, 243 b. — *Etrille*, Bc. — الجَبْرة *algèbre*, Alc. (algebra arte).

جَبْرى *algébrique, de l'algèbre*, Bc.

جَبْرِيَّة *dédommagement, indemnité, argent qu'on donne à quelqu'un pour le dédommager de la perte qu'il a faite*, Rutgers 150, 16; cf. la note p. 151 à la fin.

جَبْرَتى *algébriste*, Bc.

جبيرة (cf. Lane) *éclisse, bâton plat pour fixer les fractures*, Bc (aussi جبائر); — *attelle, bande pour maintenir une fracture*, Bc; « *djebira, bandage inamovible, composé d'attelles en bois, de la longueur du membre, lesquelles sont réunies parallèlement entr'elles par des fils de laine ou bien appliquées et fixées sur une pièce de laine ou de cuir*, » Ghadamès 344. — (Formé de جيب, *poche*, et de la terminaison portugaise « *eira* ») *sac en cuir, giberne, que le cavalier suspend à l'arçon de sa selle, et qui tombe librement comme la sabretache*, Gl. Esp. 125—6; — *portefeuille, ibid.* 127, Dunant 64: « *Le Secrétaire du bey porte le titre de Saheb-el-Djebira (Porteur du portefeuille).* »

جبيرة *portefeuille*, Gl. Esp. 127.

جبّار Le pl. aussi جبابر, Kâmil 347, 6. — *Inflexible*, Bc.

جابر *chirurgien renoueur*, Alc. (concertador de guesos).

جُبَيْرة *espèce de poisson*, Gl. Belâdz.

تجبير *espèce de kouskousson inférieur au* محور, Cherb. — « *Le réal madjbour, monnaie d'Alger,* » Prax R. d. O. A. IV, 137.

الجبار voyez sous le ١.

جبراس *le dessin sur la poitrine du vêtement nommé* عباءة, M sous شرب. Ce mot semble d'origine turque; dans cette langue on donne le nom de جبراسلر aux carrés de l'échiquier.

جبز I (F). 1001 N. Bresl. IV, 139, 2: فحظ الطبّاخ قدامهم الطعام فأكل حتى جبز الجميع وحبس الزيدية où جبز الجميع doit signifier *manger tout*; mais comme je n'ai jamais rencontré ailleurs un tel verbe, je doute que la leçon soit bonne.

جبس II *plâtrer, replâtrer*, Voc., Alc. (enessar cobrir de yesso), Hbrt 191, Bc. — *Sceller, t. de maçon*, 1001 N. II, 104, 9; تجبيس *scellement, t. de maçon*, Bc.

جِبْس pl. جبوس, dans le Voc. = جِبس *gypse, plâtre*; L: gipso جَصّ وهو الجبس.

جبس سلطاني *plâtre pulvérisé*; il est très-fin et très-blanc, Descr. de l'Eg. XII, 402. — جبس الفَرَّانين, en Ifrîkiyah, espèce de gypse blanc, mais tirant sur le rouge, Baït. I, 242 b (AB), 249 f (AB).

جبس, à Alep, *pastèque*, Hbrt 48, Bc, Ztschr. XI, 523, n. 46.

جبسى *gypseux*, Bc.

جبّاس *plâtrier, qui fait, qui vend le plâtre*, Bc, Abbad. II, 233, 10, Cartâs trad. 50, n. 1.

جبّاسة *plâtrière, où l'on fait le plâtre*; *carrière d'où on le tire*, Bc. — *Meule pour broyer le plâtre*, Burckhardt Prov. n° 106 et n° 502. — *Four à plâtre*, Descr. de l'Eg. XVIII, part. 2, 139. — *Le quartier des fours à plâtre*, Descr. de l'Eg. XII, 401.

تجبيس *plâtrage, ouvrage en plâtre, replâtrage*, Bc. — Voyez sous la IIe forme.

متجبّس *ressemblant au plâtre*, Baït. II, 161 b.

قطعة جبسين . جبسين *plâtras, débris de vieux plâtres, de vieux murs*, Bc.

جبقن (turc چاپقون) *amble, sorte d'allure du cheval*; — *ambleur, cheval qui va l'amble*; — راح جبقن *ambler, aller l'amble*, Bc.

جبل I *pétrir de la terre*, etc., Bc, M, Freytag Chrest. 63, 8.

II et V Voc. sous *montuosus*.

جبل نار جبل *volcan*, Bc.

جبلى (pour خنزير جبلى) *sanglier*, Gl. Esp. 288.

— Espèce de datte, celle qu'on mange ordinairement, Burckhardt Arab. II, 212, Burton I, 384.

جَبْلِيَّة substance qui ressemble à l'encens ou au benjoin, et dont les Africains se servent pour faire des fumigations, Jackson Timb. VII.

ضرب عليه جبلة traiter quelqu'un avec orgueil, M.

مجبل endroit où l'on pétrit l'argile, M.

مجبل montagneux, Voc.

مجبال monceau d'argile récemment pétrie, M.

جبلين (esp. cebollino) ciboulette, civette, Auw. II, 192, 1.

جبن II cailler, coaguler, Bc, M; حليب مجبن lait caillé (sans feu), Bc; — Voc. sous caseus.

V devenir lâche, Amari 207, 5, où la leçon du texte est confirmée par nos man. 12 b et 783 du al-Fath al-Cossî.

VII même sens, Aboû'l-Walîd, 297, 33.

X c. a. p. déclarer que quelqu'un est lâche, l'accuser de lâcheté, Abbad. I, 256, dern. l.

جبن القريش et جبن النور espèces de fromage, Mehren 26.

جبن cimetière, Gl. Bayân.

جبنة forme au pl. جبن, أجبان, Voc.

جبني caseux, de la nature du fromage, Bc.

ما كتب على التجبين جبين destinée, Bc.

جبانة fromagerie, Bc.

مجبنة ce dont on se sert pour coaguler le lait, M. — Le temps de l'allaitement, M.

مجبنة espèce de beignet fait avec de la farine et du fromage, Gl. Esp. 172; dans le Voc. « caseata. »

جبناجوية pouliot (plante), Bc.

جبى VII من الماء craindre l'eau, M.

جباء qui traite un autre d'une manière indigne, Gl. Mosl.

جبى I quêter, demander et recueillir des aumônes, Bc. — Extorquer, Bat. IV, 198.

IV c. a. et VII Voc. sous reditus.

VIII c. a. p. choisir quelqu'un pour compagnon, Voc.

جبا (حلية), ornement, M.

جبية quête, Bc.

جباية la gratification que recevaient les guerriers nomades qui levaient, dans les provinces éloignées de la capitale, les impôts pour le gouvernement; cette gratification s'élevait ordinairement à la moitié de la somme perçue, Berb. II, 406, 5, cf. la trad. IV, 262 n.; cependant de Slane n'a pas traduit exactement ici, parce qu'il a mal à propos coupé une phrase en deux. Les paroles: واستكثر جبايتهم فنقصهم الكثير منها signifient: « Jugeant que la gratification qu'ils recevaient comme collecteurs était trop considérable, il la réduisit beaucoup. » — Payement d'une dette, 1001 N. I, 208, 1 (où il faut lire ainsi avec l'édit. de Boul. et celle de Bresl.). — Répartition dans une chasse aux esclaves, Ouaday 471. — Payant tribut, Berb. II, 225, dern. l.: وصار بنو راشد خولا للسلطان وجبايةً ☆

جباة pl. جاب receveur des contributions, collecteur, Gl. Badroun, Bc. — Quêteur, Bc. — Archer, Ht.

مجبى pl. مجابى non-seulement tribut, imposition, Bat. I, 49, etc., mais aussi revenu, Voc. (reditus), Bat. I, 71, en parlant de l'hôpital au Caire: ويذكر ان مجباه الف دينار كل يوم. — Espèce de four pratiqué dans le sable, Burckhardt Arab. II, 115: « Our guides bought a sheep of them, and roasted it in the Medjba, a hole dug in the sand, and lined with small stones, which are heated; » dans l'index مجباة.

جثر ne signifie pas: tente (Freytag), mais parasol, Mong. 206 et suiv.

جثث.

جثة. Le pl. ات, Payne Smith 1365. ذو جثة corpulent, 1001 N. Bresl. IV, 26, 7.

جثليق = جاثليق, M.

جثم I, au fig., جثم على المدينة بعساكره, Berb. I, 615, 2 a f., et simplement جثم على المدينة, 622, dern. l., 639, 14.

IV = II, P. Kâmil 223, 5.

جثمان. Le pl. ات, Aboû'l-Walîd 127, 23.

جَاجَعن

جَائِثم. Exemple du pl. جُثُوم (Lane): P. Kâmil 527, 1, P. Abd-al-wâhid 227, 7. — En parlant de montagnes, *très-grand, de grandeur démesurée*, Berb. I, 81, 1, 625, 4.

جَاجَعَن I c. a. Voc. sous baburius (sot, fou).

جَاجَعَنَة *sottise, folie*, Voc.

جَاجَعُون *sot, fou*, Voc.

جحم.

أَجْحَم, fém. جَحْمَا بَطن *bedaine, gros ventre*, Bc.

جحد I *abjurer, renoncer à une fausse religion, une erreur, une opinion*, Bc, Hbrt 157, Ht. — *Dissimuler, cacher, céler ses sentiments, sa pensée*, Alc. (disimular en cobrir lo que es, retener secreto). — Voyez sous جُحُود.

IV *cacher, céler*, Alc. (encubrir).

VII c. عَن et فِى, Voc. sous negare.

جَحْدَة *négation*, Alc. (negacion). — بِجَحْدة *secrètement* Alc. (escondidamente, et دَخَل بِجَحْدة *entrar escondidamente*).

جُحُود, P. dans les Fragm. hist. Arab. 239, 7, ne signifie pas: *avare recusans*, comme on lit dans le Gloss., car ce sens ne conviendrait pas, mais *ingrat*. On dit جحد النَعْمَة dans le sens de *être ingrat*; voyez le Voc. sous ingratus et ingratitudo. جُحُود est le pl. de ce جَحُود, ou bien de جَاحِد, voyez le Gl. Fragm.

جَحَّاد *qui nie souvent ou beaucoup*, Voc.

جَحَّد pl. جَحَّادِين *renégat*, Hbrt 157, Bc, Gl. Mosl.

مَجْحُود *caché, secret*, Alc. (escondida cosa, secreta cosa, عَدُو مَجْحُود *enemigo privado*, عَمَل مَجْحُود *hechos privados*).

جَاحَلِب nom d'une plante, Bait. I, 243 d.

جاحر IV *forcer quelqu'un à se retirer* dans (cf. Lane), Haiyân 61 v°: فهرموا للحبيب كزيبًا واصحابه واجحروم ثم استظهر v°: 85, فِى المدينة وغلق ابوابها على نفسه اهل العسكر عليهم فقصوم (l. ففصوم) واحروم ونصبوا وغلبهم على ريض للحصن فاحرم *ibid.*: المنجنيق عليهم

جاحف

داخله, 87 v°, 91 v°. Dans ces passages le man. porte par erreur أجحر; la même faute se trouve Berb. I, 26, 7 a f., 61, 8 (la conjecture présentée par l'éditeur sur ce dernier passage, dans l'errata joint au second volume, n'est pas bonne).

VII *se retirer* dans, proprement en parlant d'animaux qui se cachent dans leur caverne, L (conpulit in urbe انجحر فى المدينة, avec un petit hâ sous le grand), Gl. Mosl., Abou'l-Walîd 222, 29, Çalât 60 v°: فكلّما مرّ الموحّدون بمدينة من مداثنه او حصن من حصونه انجحر الاشقياء الذين يضبطونها وفرّ الى مرسية وانجحر v°: 58, فيها انجحار الثعالب ; dans ce dernier passage, le man. porte par erreur انجحر; la même faute se trouve Haiyân-Bassâm III, 143 r°: فانجحى فى وكرو الى ان نزل, et Hist. Tun. 98: وفرّ محمد اغا الى صاحبه بامان على اسوء حال فانجحرًا بالقصبة

مَجْحَر. Freytag et Lane donnent مَجْحَر dans le sens de *lieu où l'on se retire, asyle*. Chez Nâbigha, *apud* de Sacy Chrest. II, ۱۴۴, 3 a f. (cf. 440), on trouve مَجْحَر en ce sens, mais je me tiens persuadé que c'est une faute et qu'il faut lire مَجْحَر.

جاحش.

جَحْش Le pl. أَجْحَاش (voyez Lane) aussi dans le Voc. — Au fig., *ignorant*, Bc. — Pl. جُحُوش et جَحُوشة *tréteau, pièce de bois étroite portée sur quatre pieds*, Bc, M.

جاحف IV. Lane a bien le sens: «he imposed upon him that which he was unable to do,» mais il faut y ajouter la constr.: c. ب p., Abbad. III, 150. — احجف المصنف فى ترجمته جدًّا Macc. I, 600, 2 a f., dans le sens de: il ne lui a pas du tout donné les louanges qu'il mérite. — Ce verbe ne m'est pas clair Berb. I, 518, 15, بُو احجف, qui n'existe pas, est une faute d'impression. Peut-être faut-il lire فَأَحْجَم.

جَحْفَة «Djaafa, chaise en osier recouverte de peaux et de châles du Soudan, du Caire et de Tombouctou,» Denham I, 31; on place ces chaises sur des chameaux et les dames s'en servent en guise de palanquins; voyez Barth V, 122, avec la gravure.

Ce terme africain se trouve aussi dans le man. d'Ibn-Batouta que possède M. de Gayangos, là où l'édit., III, 376, dern. l., et 386, 2, porte محفّة. Je crois que جاحفل est la véritable leçon, et je considère محفّة comme une glose.

جاحفل.

جَحْفَلَة *armée*, Voc.

جاحلق, اِبْنَه الرَاعى = جاحلق, Bait. I, 10 e; leçon de BDE; حاجلق AC; خليف L.

جاحم.

جَاحِيم *chez les chrétiens aussi tombeau*, M.

مُتَجَحِّم, *cuit ou rôti à la poêle*, se trouve chez Freytag; mais il aurait dû citer de Sacy Chrest. I, ١٣٨, 6 a f. et suiv.

جَحْمُومَة (berb., voyez Ztschr. XII, 179) *merle*, Bc (Barb.), Roland.

جخ I *avoir du faste, du luxe*, Hbrt 219, *égoïser, parler trop de soi, faire figure, jouer un rôle brillant, faire le monsieur, faire l'homme d'importance, se panader, se carrer, marcher avec ostentation, piaffer, se prélasser, affecter un air de dignité*, Bc, M.

جَخّ *vanterie*, Bc.

جَخَّة *luxe, faste*, Hbrt 219, *emphase, faste, ostentation, parade, piaffe, pompe, représentation*, Bc, M.

جَخَّاخ *fastueux*, Hbrt 219.

جخجور voyez شخشور.

جَخْدَن I dénominatif de جُخْدُون (voyez), Voc.

جَخَادِين pl. جُخْدُون *grenouille*, Voc., Alc. (rana). Aussi جَخْضُون, Voc. part. 1.

جَخْضُون voyez ce qui précède.

جَخْنَة *femme stupide*, M (وعند العامّة في الطرفاء التي لا خبر فيها).

جد I: On dit: جَدّ هَذَا متى *ceci me paraît grave, important*, Macc. I, 216, 18, où la correction de Fleischer (Add. et Corr.) est confirmée par Boul. — Au lieu de جَدَّ فى أنْ, *tâcher de*, on dit aussi جَدَّ, Macc. I, 432, 9. On dit encore جَدَّ السَّيْرَ, *hâter le pas, presser sa marche*, pour جدّ في السير ou أجَدّ السيرَ, Nowairî Afrique 45 r°; وجدّ السير id. Espagne 449: جَدَّ سير, Cartâs 195, 15, 196, 11 a f., 197, 9 a f., 203, 10 a f., 233, 12 et dans beaucoup d'autres endroits de ce livre. — *Amplifier, augmenter*, Ht. — C. في est dans le Voc. «loqui per alium;» mais je soupçonne que c'est une erreur, ou que l'explication latine a été altérée par le copiste, car جدّ في كلامه signifie: *parler sérieusement* (v. Lane).

II. جدّد له ثوبا *il lui fit présent d'un habit neuf*, Vêtem. 329; — جدّد الخيل *remonter, donner de nouveaux chevaux*, Bc; — جدّد له زادا *il lui fournit de nouvelles provisions*, Cartâs 6, l. 9 et 10; جدّد *ravitailler, remettre des vivres, des munitions dans une place*, Bc; جدّدنا فيه الماء والحطب والزاد, Djob. 32, 9. — *Recommencer à boire*, P. Prol. III, 409, 14. — Chez Alc. cette forme, ou peut-être la IIIe, a le sens de «batallar por la lei,» *combattre pour la loi*, ce qui peut s'entendre de plus d'une manière.

III. جادّ القتالَ *il le combattit énergiquement*, Gl. Fragm. — Voyez sous la IIe forme, à la fin.

V c. ل r. *faire des efforts pour*, Haiyân-Bassâm I, 9 r°: وانكر الوزراء المدبّرون قرطبة أمْرَه فتجدّدوا لطلبه وطلب دغائه وسجنوا ٥

X. استجدّ قصيدةً *il composa un nouveau poème*, Abd-al-wâhid 101, 10; استجدّ النساء في زمانه الطرحة «de son temps, les femmes *adoptèrent l'usage de la tarha*,» de Sacy Chrest. II, 269. — استجدّ في همّة *appliquer son esprit, son attention à quelque chose*, Abbad. II, 251, 10. — Il faisait cela, يستجدّ بذلك خلالًا *pour le pousser à acquérir des talents*, Berb. II, 151, 2 a f.

جَدّ (vulg. جِدّ, M) *grand-oncle*, Alc. (tio hermano de aguelo, de aguela). — *Généalogie*, Alc. (abolorio). — جد البَقر *limace, limaçon*, Voc. جَدّ (vulg. جِدّ, M). باجِدّ *efficacement*, Alc. (eficacemente). — من جدّ *sérieusement*, Bc.

جَدَّة grand'tante, Alc. (tia hermana de aguelo, de aguela).

جِدِّي sérieux, Bc.

جِدِّيَّة nouveauté, Bc. — Fraîcheur, vivacité, nouveauté de coloris, Bc.

جَدِيد novice, Alc. (novicio). — Nouveau venu, nouvellement arrivé dans un pays, Alc. (nuevo en la tierra). — Au fig., en parlant du visage, du front, pur, sans tache; voyez Gl. Mosl. — Nom d'une monnaie de cuivre; on appelle ainsi les pièces de cuivre qui furent fabriquées, soit sous al-Moaiyad pour servir d'appoint aux dirhems dont il avait élevé le titre, soit à une autre époque pour suppléer à la rareté de la monnaie d'argent, Descr. de l'Eg. XVI, 299; «monnaie de cuivre; douze أجداد valent un parât," ibid. XVIII, part. 1, 104, n. 1; «le djadid vaut neuf paras," M; dix de ces pièces valent un نصف فضة, Lane trad. des 1001 N. III, 526, n. 56; 1001 N. III, 461, 3, IV, 688, 3. Le pl. est أجْداد (voyez plus haut), et جدد, 1001 N. Boul. II, 347, 3, qui se prononce régulièrement جُدَد, mais ordinairement جَدَد, M, selon Lane, l. l., جَدَّد. Aujourd'hui cette monnaie n'a plus de cours, Lane l. l. — Sac que portaient les Bohémiennes et qui renfermait les matériaux de leur divination, Vêtem. 260, n. 7. — Nom d'un impôt = هلالي, Mehren 26.

جُدَيْدَة nom d'une pièce de monnaie, Palgrave II, 178.

جدائد (pl.) sillons, Aboû'l-Walîd 123, 9.

جادّ distingué, illustre, Roland.

جادّة réformation, Alc. (reformacion).

مُجَدَّد nouveau, neuf, inexpérimenté, novice, Bc.

مُتَجَدِّدات choses arrivées récemment, ce qu'il y a de nouveau, Freytag Locm. 52, 1: يطالعد بالمتجددات جميعها ٭

جدب I c. في dire du mal de, Daumas V. A. 165, 167.

جَذِب أجْذَب femme stupide, M.

تَجْذَب vulg. pour تَجْذَب.

مَجْذُوب, fém. ة, stupide, M.

.جدر

جَدْرِي farcin, sorte de gale, de rogne qui vient aux chevaux, Daumas V. A. 189.

جِدار. Le pl. ات, Aboû'l-Walîd 125, 17. — La terre autour de la maison, M (والجدار عند العامّد ما) (حول البيت من الأرض).

جَدَارَى voyez جَوْذَر. — Espèce de serpent, Zamenis florulentus, v. Heuglin dans le Ztschr. für ägypt. Sprache u. Alt., mai 1868, p. 55.

جَدْوَار voyez sous جدوار هندى — درونج zédoaire, Bc.

مُجَدَّرَة riz avec des lentilles, pilau aux lentilles, Bc, Burckhardt Arab. I, 64, M; ce mets, disent-ils, porte ce nom, parce que les lentilles dans le riz ressemblent à un visage marqué de petite vérole. — المُجَدَّرَة البَيْضَاء grains de porcelaine blanche avec des taches relevées en bosse, Lyon 152.

جدس.

جُدَاس feu Saint-Antoine, espèce de maladie, Alc. (huego de San Marçal).

جدف II sacrer, jurer, blasphémer; جدف على الله blasphémer, Bc.

تَجْدِيف sacrilège, action impie, Bc.

تَجْدِيفِي blasphématoire, Bc.

مُجَدِّف sacrilège, celui qui commet une action impie, Bc.

جدل I tresser, Hbrt 22, Bc, 1001 N. II, 256, dern. l. — Tricoter, Bc.

III c. a. p. combattre un ennemi, Abbad. I, 324, 1: جادلهم بالسيف, Nowairî Egypte 2 o, 116 r°: زالوا يجادلونهم ويقاتلونهم ٭

جَدَل tricot, ouvrage tricoté, Bc.

جَدَل . جَدَل par le simple plaisir d'argumenter (de Slane), Prol. II, 332, 16.

جِدَال argument, Alc. (argumento).

جَدْوَل colonne d'un livre (Lane), Voc., Hbrt 110,

Bc, Amari 695, dern. l., Prol. III, 107, 10, cf. I, 214, 8. Dans le Mosta'înî, *l'article* sur chaque plante, qui est divisé en cinq colonnes, porte le nom de جدول; voyez le Catalogue des man. or. de Leyde, III, 248, 1 et suiv. — *Tableau*, écrit dont les pages, ou dont quelques pages sont divisées en plusieurs colonnes, Catal. des man. or. de Leyde, III, 82, 83, Khatîb 33 v°: وله بصر بمناصع التعديل وجداول الابراج («tableaux des signes du zodiaque»). Dans le Calendrier de Cordoue, le tableau qui contient les remarques sur chaque jour du mois porte ce nom, quoiqu'il ne soit pas divisé en colonnes, et les remarques générales qu'il donne à la fin de chaque mois, y commencent pas ces mots: وفي هذا الشهر ممّا لم ينتظم على الجدول ولم يدخل في ثقاف الايام; dans l'ancienne traduction latine: «ex eis que non applicantur ad tabulas.» — Comme les tableaux talismaniques sont écrits en colonnes, جدول a reçu le sens de *talisman, amulette*, Daumas Kab. 290. De là علم الجدول *la science des tableaux talismaniques*, qui se font avec des caractères arabes, syriens, etc., Berbrugger 35. Dans les 1001 N. I, 423, 2 a f., الجداول seul a ce sens, ou peut-être celui d'astronomie, d'astrologie, ou bien encore de l'art de composer des calendriers (voyez plus haut). On applique aussi le nom de جدول à des talismans d'un autre genre, qui sont chargés de caractères, p. c. à une petite main en or ou en argent, qui représente la main droite de Mahomet; on y trouve des caractères et on la porte suspendue au cou en guise d'amulette, de Jong van Rodenburg 170, 276. La barbe et les griffes du lion servent aussi de جدول ou amulettes, id. 171. — *Ecriture cursive, calligraphie*, Gräberg 171. — *Cordeau, corde pour aligner, ligne*, Bc, Hbrt 83. — *Niveau, instrument pour connaître si un plan est horizontal*, Bc. — *Equerre*, Bc. — جدول ذهب *compartiment, dorures à petit fer sur un livre*, Bc. — جدول لقياس الزوايا *alidade, règle mobile pour mesurer les angles*, Bc. — J'ignore quel sens il faut attribuer à ce mot dans les 1001 N. IV, 260, 4, où les cuisses d'une belle jeune fille sont comparées à الجداول الشامية.

جَدْوَل I (dénom. de جَدْوَل جَدْوَلٌ). *creuser un canal*, de Sacy Chrest. II, ٣, 6. — *Diviser la page d'un livre en colonnes*, Voc. — *Marger, compasser les marges d'une feuille d'un livre*, Bc.

جَدِيل. Le pl. أَجْدِلَة, Kâmil 238, 10. — Des tentes من ثياب الكتان وجدل القطن, Berb. I, 435, 5 a f.; de Slane traduit *cordes*, mais la construction semble indiquer que جدل a ici un autre sens et qu'il faut penser plutôt à la matière dont ces tentes étaient faites. — D'après Tebrîzî, le جديل était proprement un وشاح en lanières de cuir tressées, dont les femmes esclaves seules se servaient, et non pas les femmes arabes; quelquefois, cependant, on donnait ce nom au وشاح de ces dernières, Vêtem. 117.

جَدِيلَة pl. جَدَائِل, *tresse, tissu plat de fil, etc.*, entrelacé, Bc; dans les 1001 N. I, 904, 3 a f., 907, 10, les جدائل الشعر sont des tresses de soie avec lesquelles on attache les cheveux; dans l'édit. de Breslau III, 284, 8, خيوط الشعر. — *Tresse, cheveux tressés*, assujettis sur trois brins de soie, Bc, M; Burton II, 16, en parlant des femmes de Médine: «The hair, parted in the centre, is plaited into about twenty little twists called jadilah.»

جدالي *polémique*, qui appartient à la dispute littéraire et morale, Bc.

جَدَّال *tricoteur*, Bc. — الجدّال, par transposition pour الدجّال, *antéchrist*; بابا جدّال *antipape, faux pape*, Bc.

مِجْدَل *bandoulière*, Burton II, 115. Dans l'Inventaire il est question de مجادل حرير أحمر.

مِجْدَال (cf. Lane) «des midjdâl ou sortes de pierres de taille,» Ouaday 712 n. — *Glane d'oignons, etc.*, M.

مَجْدُول *petite tresse de cheveux*; Burton II, 115, en parlant des femmes des Bédouins: «The hair is twisted into majdul, little pig-tails.» — Baudrier, Barth V, 718.

مُجَدْوَل *réglé, compassé*, Bc.

جدم.

كَذَم *cheville du pied*, Domb. 87.

مُجْدَامَة *lézard*, Hbrt 69 (Alg.).

جدن II *aviver, rendre plus frais, plus net*, Bc.

جدو IV, dans le sens de *donner*, c. على p. et ب r., Zauzanî, dans son Commentaire sur le 4° vers de la Moallaca d'Amrolkais: ولا يجدى على صاحبه بخير.

جدول

جَدْوَى profit, gain, avantage, Bat. II, 399. — Signifie aussi *pluie*, quoi qu'en dise le TA (chez Lane), Gl. Mosl.

جدول voyez sous جدل.

جدي.

جَدْي. En Espagne le peuple prononçait ce mot جِدي, Voc., Alc., et il désignait en général: les jeunes bêtes à quatre pieds qu'on mène paître, Alc. (hijo de animal manso). — جَدْي الوَعِل *daguet, jeune cerf qui est à sa première tête*, Alc. (enodio hijo de ciervo). — الجَدْي, proprement le *Chevreau*, l'étoile α de la petite Ourse, appelée ordinairement l'étoile polaire, a servi à marquer le *septentrion*, Reinaud Aboulf. cxciv, J. A. 1848, II, 196, n. 1.

جادِقي, *safran*, s'écrit, selon Bait. I, 239 a, avec le *dâl* et avec le *dzâl*.

جذب I. Le n. d'act. جُذُوب, Koseg. Chrest. 106, 10, où il faut prononcer de cette manière, et non pas جَذْب. — *Allécher*, attirer par la séduction, Bc. — *Ebranler*, étonner, toucher, Bc. — يَجْذِب *piquant*, qui plaît, qui touche vivement (avec le *dâl*); — *électrique*, Bc. — جذب أحدًا إلى *résoudre quelqu'un, le déterminer à*, Bc. — جذب المركب *donner, au moyen du gouvernail, une autre direction au vaisseau*, 1001 N. III, 55, 3. — جذب القلب *charmer*, Bc. — جذب الهوا *aspirer, attirer l'air avec la bouche*, Bc. — جذب بضبعه proprement *tirer quelqu'un par le bras*, en parlant d'une personne qui est par terre et qu'on veut remettre sur pied; au fig., *tirer quelqu'un de l'obscurité et l'élever à de hautes dignités*, Abbad. I, 346, n. 117, Lettre à M. Fleischer 96, Tha'âlibî Latâif 121, dern. l. — جذب للطريقة *faire venir à son point, à l'état qu'il convient*, Bc.

II *tirer l'épée du fourreau*, 1001 N. Bresl. IV, 153, 2: سيوف مجذبة.

V voyez plus loin le n. d'act.

VII *se laisser attirer*, Cazwînî I, 239, 2 a f., Nowairî, man. 273, p. 138: quand on aime, رَقَّت القلوب وانجذبت الخواطر. — *Tressaillir*, Bc; voyez plus bas le n. d'act.

جَذْب, chez les Soufis, *attraction par Dieu*, M (عبارة عن جذب الله تعالى عبدًا الى حضرته). — *La danse, les gestes, etc., du* مجذوب (voyez), parce qu'on croit que c'est une espèce de catalepsie, Berbrugger 278. — جذب القَلْب nom d'une maladie, بــحـس M, صاحبها كأن قلبه يَنْجَذِب الى اسفل.

جَذْبَة n. d'un. du n. d'act. جَذْب, Gl. Badroun. — *Convulsion, tétanos*, Payne Smith 1152, où il faut lire ainsi, au lieu de جَذَبَة; جَذْبَة من الرحمن *proprement « attraction par Dieu; »* on dit اخذتْه جذبة من الرحمن, 1001 N. II, 370, 6 a f., *tomber en extase et en convulsion*, parce que l'exaltation religieuse cause des convulsions; voyez مجذوب. — Dans le même sens que مجذوب, *benêt, bêta, bête, butor, idiot, niais*, Bc (avec le *dâl*). — جَذَبات *appâts*, Ht.

جاذِب pl. جَوَاذِب *appas, attrait* جاذِب القلوب *attrayant, appas, attraits*, Bc. — *Epispastique, vésicatoire*, M.

جاذِبي *attractif*; — *sympathique*, Bc.

جاذِبيّة *attraction*; — *sympathie*; — جاذبية تظهر فى الاجسام عند دعكها *électricité, propriété d'attraction des corps frottés*; — جاذبية المغناطيس الانسانية, *magnétisme animal*, Bc.

تَجَذُّب *convulsion, tétanos*, Payne Smith 1152, où il faut lire ainsi, au lieu de تَجَذُّب. — *S'étirer, étendre les membres pour en rétablir la souplesse, quand on se repose ou qu'on se réveille*, M, qui dit que le vulgaire emploie التَّجَذُّب, avec le *dâl*, pour التَّجَذُّب, dans le sens de التمطى.

مُجْذِب pl. مَجاذِب *attrait*, P. Macc. I, 832, 21.

مَجْذُوب pl. مَجاذِيب, chez les Soufis, *celui que Dieu a élu et qui obtient sans aucune peine tous ses bienfaits*, M; — « *convulsionnaire*, l'individu qui tombe, sous l'empire de certaines circonstances, dans un état qui rappelle tout à fait celui des convulsionnaires de Saint-Médard, » Berbrugger 100. En général, un مجذوب est un fanatique qui a des extases, qui croit avoir des apparitions, des inspirations, ou un aliéné, un fou, un idiot, et l'on sait que, pour les Orientaux, les aliénés sont des inspirés et des saints; le mot se trouve: Lane M. E. I, 347, II, 193, Ztschr. VII, 23, n. 4, 1001 N. II, 369, 7 a f., 371, 1, III, 419, 2 a f., 427, 3 a f. De là: *benêt, bêta*,

جذر 178 جذم

bête, dadais, hébété, imbécile, jocrisse, niais, Bc (à une seule exception près, avec le *dâl*), Hbrt 239.

اِجْذاب *entraînement;* — *gravitation;* — *tressaillement,* mouvement soudain et convulsif des nerfs, Bc.

جذر,

جَذْر *souche, le bas du tronc et les racines, tronc, la tige d'un arbre sans les branches,* Bc (avec le *dâl*). — *Eteule,* Edrîsî ٦., 6 a f. (avec le *dâl*). — *Poutre,* Voc. (جَذْر). — *Exposant,* t. de mathém., Bc (avec le *dâl*). — جذر بنفسج *serpentaire ou vipérine de Virginie,* racine diurétique, Bc (avec le *dâl*). — جذر العقرب « *racine du scorpion;* on peut, après l'avoir placée dans la main, y mettre un scorpion, il restera immobile et comme étourdi, on n'aura pas à en redouter la piqûre, » d'Escayrac 85.

جَذْرَة *souche,* Ht; *racines,* Martin 105.

جُذْرَة *poutre,* L (trabem, avec *dâl*). — Pl. جُذُر *souche de vigne qui a peu de rejetons,* Alc. (vid sin braços; cf. Victor).

جُذُورَة (n. d'un. du pl. جذور; cf. Gl. Edrîsî 353) *souche,* Ht.

جَوْذَر *espèce d'arbrisseau épineux,* dont le fruit porte le nom de ظُمخ (voyez) et dont on trouve la description chez Baït. I, 274 c, II, 178 c. Cette description montre que cet arbrisseau est le même que celui qui porte le nom de « ajdaree » chez Richardson Central I, 37. « L'ajdaree, » dit-il, « est un buisson épineux, qui, vu à distance, rappelle tant soit peu l'aubépine d'Angleterre. Quand on en approche, on trouve que les feuilles sont ovales et en forme d'avelines. La baie, appelée *thomakh,* a presque la grosseur de la cénelle, mais elle est aplatie aux côtés; on en fait usage comme d'un médicament, car c'est un puissant astringent dans la diarrhée. » Ailleurs, p. 180, il écrit « jadâree. » Prax, R. d. O. A. VII, 263, dit que cet arbre « donne un fruit de la grosseur d'un petit pois, qui devient noir en mûrissant. Ce fruit est mangé par les Arabes. On voit sur l'écorce de la racine de cet arbre des excroissances, d'où sans doute le nom de *djedâri,* qui signifie couvert de boutons. [La manière dont Baït. écrit le mot, prouve que cette étymologie est erronée]. L'écorce de la racine du *djedâri* est employée, par les Arabes, pour teindre en noir la soie bleue, et pour le tannage des peaux de mouton qu'elle colore en rouge. » Pellissier 161: « *djedri,* espèce du genre *mespilus,* dont la racine teint en rouge. » Espina R. d. O. A. XIII, 147: « *djeḍêri,* le lentisque de la Provence et de l'Algérie. » Chez Barth I, 144 « el djederia. » — Ce qui précède explique pourquoi « *gedâry* » désigne aussi une « drogue pour la teinture, » Descr. de l'Eg. XII, 126.

جذع I (voyez Freytag sous le n° 5) s'emploie réellement pour جذع, Valeton 12, n. 8.

جِذْع *tronc de palmier.* On attachait les criminels, pour les faire mourir, à des troncs de palmiers; Berb. I, 603, 11 et 640, 11: صلبهم في جذوع النخل ; P. 1001 N. I, 627, 8: si tu dis cela encore une fois, لأصلبنك في جذع من الشجر . De là vient que le mot جذع a reçu le sens de *croix,* Gl. Bayân, Athîr VIII, 302, 17, Macc. I, 666, 18, II, 11, l. 13, Berb. I, 540, 6, II, 325, 3 a f., Cartâs 168, dern. l.

جَذَع *le chameau de trois ans,* Daumas R. d. O. A. N. S. I, 183, *de cinq ans,* Prax R. d. O. A. V, 219. — Avec le pl. جُذْعان *brave,* Bc, *fort, solide, vaillant,* Ht.

جَلْعَة *poulain, jeune cheval,* Domb. 64, Ht.

جَلْعَنَة *bravoure,* Bc.

جذف.

جَذّاف *rameur,* Bat. IV, 59, Maml. I, 1, 142, 3 a f.

جَذِلَ I, *se réjouir de,* se construit c. ب, Becrî 188, 4.

جذم II c. a. p. *rendre quelqu'un lépreux, éléphantique,* Voc., R. N. 75 r°: وذلك ان امراة سقفت زوجها شيئا فجذمته ; l'ensemble du récit ne laisse aucun doute sur ce sens.

V *devenir lépreux, éléphantique,* Becrî 148, 4 a f., R. N. 75 r°: فاذا تجذم ثقب حسنه.

جِذْم *tribu,* Berb. I, 86, dern. l.

جُذْم *lèpre,* Voc.

جُذْمَة *dartre,* Bc.

جُذام *feu Saint-Antoine,* espèce de maladie, Alc. (huego de San Anton).

جُذّام *dartre,* Bc.

جُذامى *dartreux,* Bc.

أجْذَم lépreux, Voc.

مُجَاذِم et ون pl. مُجْذَام, lépreux, Voc., Alc. (leproso).

جَرّ exclamation pour chasser un chien, Mehren 24.

جَرّ I *tirer* l'or, l'argent, Bc. — *Charrier, porter des glaçons, en parlant des rivières*, Bc. — *Remorquer, prendre à la remorque*, Gl. Esp. 291. كان له ما — جَرَّ من الى *son territoire s'étendait depuis — jusqu'à*, Becrî 130, 1. — C. الى *tirer sur, avoir quelque rapport, quelque ressemblance avec*, Auw. I, 42, 10: أرضًا حمراء تجرّ الى الدكنة ; *dans le man. de Leyde* خرج يجرّ للجيش ; je crois devoir lire ساجر ·تجر « *il se mit en marche à la tête d'une armée*, » Koseg. Chrest. 103, 1. — جَرَّ رِجْلَيْه ou رِجْلَه *traîner la jambe, se traîner, marcher avec grande peine et très-lentement, en parlant d'un malade, d'un homme estropié, ou d'une personne qui va quelque part contre son gré*, Gl. Fragm., Ztschr. XXII, 83, dern. l. (où Wetzstein traduit: « mühsam seine Füsse schleppen »), Macc. III, 135, 11: فقام يجرّ رجله كأنّه مبطول. Dans le même sens جَرَّ أطنابَه, R. N. 63 v°: le cadi Ibn-'Abdoun ayant reçu une forte réprimande, مضى وهو يَجُرّ أطنابَه ou بِرِجْلِه جَرَّ رِجْلَ فلان, proprement «*tirer quelqu'un par la jambe,* » signifie: *tirer quelqu'un dehors, le mettre dehors, le forcer à quitter l'endroit où il est*, Gl. Fragm. جَرَّ بِساقه *écarquiller, tortiller les jambes en marchant*, Alc. (çancajoso, çanqueamiento, çanqueadora cosa). — جَرَّ رَسَنَه, proprement « *traîner son licou,* » *agir en toute liberté, faire tout ce qu'on veut*, Abbad. III, 10. — جَرَّ يَدَه على *passer la main sur*, Cartâs 120, 17 et 3 a f.: «جرَّ يده على الأسد وسكَّنه *il passa la main sur le dos du lion, le caressa de la main, et l'apaisa*. » De même جَرَّ بِيَدِه على, R. N. 82 v°: بيَدِه على وجَرَّ كان يجرّ على انسان منهم v° 104, راسه ودطا له بيده فيبرأ.

IV. أَجَرَّ الرواحل جَرير, *mettre aux chameaux le* c.-à-d., *le cordon qui leur passe sur le nez* (voyez Lane à la fin de l'article جرير), *pour les empêcher*

de ruminer, Gl. Belâdz. — بالأجْرار *successivement*, Alc. (subcessivamente).

VII c. الى *se traîner vers*, Mohammed ibn-Hârith 241: فلما بصر به الشاهد وهو في مرصد وكربه بعاليه انجرَّ الى — الموت جثَّا على ركبتيْه وجعل ينجرّ اليه انجرَّ بنا — *se retirer en arrière, reculer*, Bc. وا *l'entretien nous entraînait vers*, Macc. I, 47, 19; cf. Add. et Corr., et Fleischer Berichte 157. — وانجرّت على الجيش الغرناطي الهزيمة *l'armée de Grenade fut mise en fuite*, » Khatîb 92 r°.

VIII. اجتر نفسَه *soupirer*, Amari 194, 10.

X *traîner après soi, entraîner*, p. e. l'ennemi qu'on attire dans une embuscade, Nowairî Egypte, man. 2 o, 115 r°: انهزم المسلمون امامهم الى جهة المدينة استجرارًا لهم; *dans la suite on lit que les ennemis tombèrent en effet dans une embuscade*; Haiyân-Bassâm I, 8 r°: استخبَى (l. اج) المرابرة حتى اذا تمكّنوا منهم عطفوا عليهم.

جَرّة (*cruche*), le pl. aussi جُرر chez Bc. — *Trace*, Roland (Cherb. جُرّة, Bc sans voyelles), *trace, marque que laisse une voiture*; جرّة المركب *sillage, trace du vaisseau en naviguant*; أتباعه راحوا في جرّته *ils furent tous renversés par le contre-coup de sa disgrâce*, » Bc. — (Esp. *cerro*) pl. ات et جُرر, *quenouillée de laine ou de filasse, la quantité de laine, de filasse, nécessaire pour garnir une quenouille*, Alc. (cerro de lana o lino; cf. Victor); dans le Voc. «*linum.*» Ce mot est encore en usage au Maroc, où l'on dit proverbialement: «عينيْن بَرَّه ما يغزلوا جَرَّه (Lerchundi).

جِرّة *trace, piste*, Cherb.; voyez جَرّة.

جَرير. Le pl. جُرر, Kâmil 112, 11.

جَراري (pl.) *instruments qui tiennent lieu de charrues*, Ouaday 380.

جَرّاريّ *épithète d'une espèce de melon qui a été nommé ainsi parce qu'il ressemble à une* جَرّة *jarre*, Auw. II, 223, 4 a f.

جَرّار. Un جيش جرار *se compose, selon Masoudi, d'au moins 12,000 hommes*, Mong. 250. — *Rapide* (torrent), Voc., Mong. 250. — *Abondant* (source), Mong.

250. — شهرا جِرارا *pendant plus d'un mois*, Gl. Belâdz. — ناس جِرار *escrocs*, Burton I, 119. — *Tiroir*, M. — *Timon*, pièce d'une voiture, Bc. — جِرازُ المِدْفَع *affût, machine pour soutenir et mouvoir le canon*, Bc.

جَرّارَة. On trouve cette espèce de scorpions à 'Ascar Mocram, Bait. II, 454, et en général en al-Ahwâz, Tha'âlibî Latâif 107, 5 a f. — *Traineau*, Alc. (narria o rastra).

جارُور (cf. Freytag). جارُور البابِ *gond*, Bc. — *Tiroir*, M. — *Targette d'une fenêtre*, M.

جارُورَة *morceau de bois qu'on attache au* نَوْرج *et avec lequel on le tire*, M.

مِجَرّ *armée*, Abou'l-Walîd 374, 5 (عسكر). — Pl. انت *torrent, courant d'eau*, Alc. (raudal venage del agua). — *Cassette*, Domb. 93.

مَجَرّ *trait*, longe avec laquelle les chevaux tirent un carrosse, Bc.

مَجَرّة, comme almanjarra en port., qui en dérive: *la poutre d'un moulin ou d'une machine hydraulique, à laquelle on attache la bête, qui la fait tourner*, Auw. I, 146, 3 a f., 147, 1 (le man. de Leyde a la bonne leçon).

جَرُؤَ I c. على p. *oser résister à quelqu'un*, Gl. Fragm., de Sacy Chrest. II, vf, 3.

IV c. a. p. et c. r. *exciter quelqu'un à*, Abbad. I, 254, 13, cf. III, 104.

V. Bc (*oser*) a la construction c. ب. — *Empiéter, entreprendre sur les droits de quelqu'un*, Bc.

VI *être hardi*, Koseg. Chrest. 20, 3, 1001 N. I, 73, dern. l.

VII Voc. sous audere.

VIII c. على p. *oser résister à quelqu'un*, Gl. Fragm., Abbad. I, 51, 11. Le Voc. (sous iniuriari, c.-à-d. iniuriare) a la constr. c. ل et على.

X *oser*, p. e. ما يستنجري يمشي بالليل «il n'ose marcher de nuit,» Bc.

جَراءَة *hardiesse, audace*, Abbad. II, 158, 7, cf. III, 219.

جَرِيء Le pl. أجرِئاء (voyez Lane): Abou-Hammou 88: dans cette forteresse vous établirez أجرئاء اجنادِك. — جري اللسان *qui a la parole haute, qui parle avec arrogance ou avec hardiesse*, Bat. IV, 158 (où le texte porte par erreur جرى, et la traduction, «éloquent»).

جُرأة *courage guerrier*, Bc.

اِجْتِراء *licence, liberté trop grande, contraire au respect*, Bc. — باجتراء *criminellement*, Bc.

جَرابوج nom d'un fruit; voyez Burckhardt Syria 282.

جَراسِيا (κεράσια, pl. de κεράσιον, b. lat. cerasea) *cerise*, Gl. Edrîsî 353, 3; Most.: قراسيا هو جراسيا بالجيم Bait. I, 247 d: قراسيا في القراصيا البعلبكى عند اهل صقلية; II, 282 b, il atteste de nouveau que les Siciliens disent جراسيا pour قراصيا, et il ajoute qu'à Damas les cerises se nomment قراصيا بعلبكى; Ibn-Loyon 8 v°: القراسبا (sic) والجراسبا بالجيم حَبّ الملوك

جِرافِن (esp.) *gerfaut, oiseau de proie*, Alc. (girifalte, halcon girifalte).

جَرِب II c. a. *rendre quelqu'un galeux*, Voc.; cf. مَجْرَب.

جَرَب. La tribu des Mkhâlif, qui se livre au brigandage, est nommée: Mkhâlif el djerb, les Mkhâlif galeux, Carette Kab. I, 46. — كشوت = جرب التَّنِّين, Most. sous ce dernier mot.

جُرْبَة المَدافِع *batterie*, Niebuhr R. I, 403.

جَرْبَة *gale, rogne*, Voc., Alc. (sarna), Bc.

جَرْبِي. On fabrique dans l'île de Djerba des tissus de laine et de laine et soie: burnous, haiks, djobbas, couvertures, châles, ceintures, etc., qui sont très-fins, très-blancs et très-moelleux; ils sont les plus renommés de la régence de Tunis et ils ont même une grande réputation dans tout l'Orient; voyez J. A. 1852, II, 171, Berb. I, 576, 5 a f, d'Arvieux IV, 19 (où il faut lire «brenis» بَرانِس, pl. de بُرْنُس, au lieu de «bremis»), Blaquiere II, 139 n., 183, Carette Géogr. 219, Prax R. d. O. A. VI, 348, Ewald 112, Pellissier 173, Barth Wander. 260, de Gubern. 118. Le mot جَرْبِي, de Djerba, est donc devenu le nom d'une étoffe; جُبّة جربية Vêtem. 118 (dans ce passage il faut lire: تَحَلّ (يحلّ) et وتَصبيرها (ونصيرها); le mot que Marmol, cité p. 119, écrit «gerivia,» est جَلّابِيَة; Daumas Sahara 265: «des haik, nommés djerbi ou figuigui [فيكيكي, voyez], teints à raies rouges, avec du kermès.» Tristram 94 donne « djerbi » dans le sens de *couverture de lit*. Chez Hœst, 266, on trouve que le lit a deux couvertures, la كتيفة [lisez قطيفة] et la شَرْبِيَّة, et un peu plus loin, 267, il dit que ces deux mots signifient des tapis de laine; mais je pense qu'il a mal écrit ce mot, ce qui lui est arrivé souvent, et qu'il a eu en vue جَرِبِيَّة.

جَرِبى *psorique, de la nature de la gale*, Bc.

جَرِبيَّة voyez جُرْبى à la fin.

جَرْبان *plante épineuse*, M.

جَرابيَّة voyez جِرابة.

جَرَبّان *cette large pièce d'un vêtement qui couvre le derrière, les fesses*, Khallic. VII, 68, 6–9, où ce mot est expliqué.

جِراب Pl. ات, Bc, et جِرْبان, Burckhardt Nubia 264. — جراب الراعى *guêtre*, Bc. — جراب للرّجلين *le troisième estomac* d'un animal ruminant, M (sous قبّ).

جَريب Le pl. جُرُب, Kâmil 238, 11.

جُرَابَة (Cherb.) ou جْرَابَة (Hbrt), forme moderne de جَوْرَب, *bas, chaussette*, Bc, Cherb, Hbrt 21, Bâsim 112: انه ليس جراباته فى رجليه ثمّ. Chez Cherb. aussi جُرَابَيَة.

جارب *expert*, Ht.

تَجْرِبَة *tentation*, Bc. — *Tribulation, croix, affliction envoyée par le ciel*, Bc. — *Epreuve, feuille tirée d'une planche, d'une estampe pour en corriger les fautes*, Bc. — على التجربة *à l'épreuve*, qui résiste, Bc. — *Examen*, Alc. (esamen, profesion en algun oficio): — الرهبنة تجربة ou الرهبنة *noviciat*, Bc.

تَجْرِبى *expérimental*; — طبّ تجربى *empirisme*, Bc.

مُجَرَّب *examiné*, Alc. (professo en algun oficio). — *Galeux, rogneux*, Alc. (roñoso lleno de roña, sarnoso lleno de sarna).

مُجَرِّب *examinateur*, Alc. (esaminador). — علم المجرّب *empirisme*, Bc.

مجروب pl. ون et مَجارب, *galeux, rogneux*, Voc.

جربز I c. ل p. *tromper*, Merx Archiv I, 183, n. 6.

جربنديّة semble signifier: *sac, valise, portemanteau*,

1001 N. III, 464, 13: رأى حاويا معه جراب فيه عابين وجربنديّة فيها امتعته ♦

يَرْبوز = جَرْبوز *blette*. On trouve cette forme dans le dict. persan de Richardson et dans l'Ibn-al-Baitâr de Sontheimer I, 154 b, 247 c, où nos man. portent جَرْموز (B par erreur avec le *râ*).

يَرْبوع = جَرْبوع *gerbo, gerboise, loir*, Berb. I, 551, 1, Ztschr. XII, 184, Hbrt 64, Bc.

جرثم.

جُرْثومَة. Comme ce mot signifie proprement « racine », le chef des rebelles, Omar ibn-Hafçoun, est appelé جراثيم الضلال, جرثومة الضلال, Haiyân 107 r°; de même الفتنة من العرب, Berb. I, 137, 1, dans le sens de رؤوس النفاق من العرب, qui précède, « les boute-feux de la sédition. » — *Noble origine*, Voc. — On dit: ركب الجراثيم الصعبة, Abbad. I, 221, 1 (cf. III, 77), ce qui semble signifier proprement: « traverser sur sa monture des chemins raboteux, » au fig.: « affronter toutes sortes de périls. »

جرج.

مُجَرْجَج et جَرْج voyez sous شرش.

كرْكاع *noix*, Domb. 71.

جُرْجانى *étoffe de soie qui tire son nom de la ville de Djordjân*, Gl. Edrîsî; on la fabriquait aussi à Almérie, Macc. I, 102, 6.

جَرْجَر I *bavarder*, Hbrt 239. — *Tirailler, tirer à diverses reprises de côté et d'autre*, Bc.

جَرْجَر الجَرْجَر المصرى *lupin*, Most. v° ترمس (les voyelles dans N).

جَرْجار *olive très-mûre et qui n'a plus rien d'amer*, M.

جَرْجَر *bavard*, Hbrt 239 (Alg.).

جَرْجَر *fenouil*, Most. v° رازيانج. — Dans l'île de Sawâkin, *sorte de millet*, dont le grain est très-gros, Bat. II, 162.

جَرْجير *cresson*, Ht; chez Bc جرجير الماء. — « Girgir Sukarra, » *eruca sylvestris lutea*, Pagni MS. — Dans le passage de la Chrest. de Silv. de Sacy, cité par Freytag, I, ∞, 7 a f. de la 2e édit., on ne trouve pas, comme il dit: للجرجير المتوكليّة, ce qui serait contre la grammaire, mais le second mot a la copulative; ce sont donc deux plantes différentes, et جرجير a ici son sens ordinaire, celui de « roquette. »

تُجَرْجِرْ préparation à la roquette, Auw. II, 410, 12, 414, 20 et suiv.

جَرْجِرِينج trèfle, Payne Smith 1159.

جَرْجِس, chez Freytag, est dans le Gl. Manç. pl. جَرَاسِيس, aussi Payne Smith 1167.

جَرْجُوق nom d'un arbre d'où l'on tire une sorte de miel, Burckhardt Nubia 437.

جَرْجَم I décharner un os, M.

جَرَاجِم amygdales, Domb. 84.

جرح II rosser, battre violemment, Alc. (aporrear). — Appeler d'un jugement, Alc. (apelar). تجريح apelacion).

VII recevoir une blessure, être blessé, Voc., Bc, Aboû'l-Walîd 103, 32, 104, 1, 1001 N. I, 82, 4.

X c. ه p. se rendre odieux à, Cout. 32 v°: اثنان قد استبلغا فى الاستجراح الى محمد فى رضى طروب ۞.

جَرْح, Le pl. أَجْرُح, Aboû'l-Walîd 104, 1, et le pl. du pl. جُرُوحَات, Bc, Most. sous شلديرو: يربه حشيشة تجبر الجروحات — l'ulcère du Yémen, Burton I, 373.

جَرْحَة, pl. جِرَاح et جُرُوح, جُرُوحَات blessure, Voc., Aboû'l-Walîd 453, 23. — Envie, jalousie, L. (libor (zelus ut invidendo)). — Pl. جِرَاح bube, petite élevure sur la peau, pustule, bourgeon qui vient au visage, Alc. (buva). — On trouve nommés les جرحات et les اغصان comme les parties, les membres, dont se compose le genre de poème nommé مُوَشَّح, J. A. 1839, II, 163, 3 a f., 164, 4 a f. Je ne sais si la leçon est bonne.

جُرْحَة conduite blâmable par laquelle on se rend indigne de remplir un emploi, de succéder à la couronne, etc., Müller 44, 6, Çalât 39 r°: وعند الانصراف منها فى الطريق ظهر من جرحة محمد المخلوع ما وجب (اوجب l.) عليه اثر ذلك للخلع وذهب فى جانبه الصلح من شرب الخمر المحرمة وظهور السكر عليه وذلك id., 40 r° et v°: ولما تَمَادَى انه تقبّاها على ثيابه

المرض امر امير المومنين رضّه باسقاط محمد الذى كان ولىّ العهد من الخطبة — وفهم الناس ان الجرحة الموصوفة بسببها, Prol. I, قد قصى بها، وأسقط من الخطبة 389, 2 (de Slane, dans sa trad., a cru à tort que ce terme a dans ce passage le sens de تجريح).

جِرَاح (voyez Freytag) blesser ou être blessé, Vie de Timour II, 366, 4, Koseg. Chrest. 87, 2 a f., Auw. I, 599, 1, où il faut lire ainsi (man. de Leyde الجراح).

جِرَاحَة علم الجراحة chirurgie, Bc.

جَرِيحَة pl. جَرَائِح chose étrange, M.

جَرَاحِى chirurgical, Bc.

جَرَّاح qui blesse souvent ou beaucoup, Voc.

جَارِح pl. جَوَارِح carnassier, rapace, vorace; طير جارح oiseau de proie, Bc.

جَارِحِى chirurgien, Ht.

جَوَارِحِيَّة sorte de jeu d'échecs sur un tablier de $7 \times 8 = 56 + 12 = 68$ cases, van der Linde, Geschichte des Schachspiels I, 108.

جرخ II s'emploie quand on invite un homme à faire une chose et qu'il ne la fait pas, M.

جَرْخ pl. جُرُوخ une arbalète avec laquelle on lançait, soit des flèches, soit le naphte, Mong. 285; J. A. 1848, II, 213, 1850, I, 254, Amari 206, 8, 334, 1. — Roue, Bc. — جرخ فلك cheval de frise, Bc. — جرخ الشمس hélianthème, Bc.

جَرْخِى arbalétrier, Mong. 285, Amari 107, 12, Bat. IV, 92.

جرد I. جرد القوم il les mena tous en avant, jusqu'au dernier, M.

II seul déchausser, ôter la chaussure, de même que جرّد السباط, Alc. (descalçar). جرّد السلاح désarmer, ôter les armes, Alc. (desarmar). — Dépouiller, dévaliser, Voc., Alc. (despojar robar). — ويجرّد العشب عنه on arrache les mauvaises herbes, Auw. I, 311, 8. — Détacher, mettre séparément pour quelque dessein, Bc. — Rassembler des troupes, Hbrt 137, نغلان contre quelqu'un, Fragm. hist. Arab. 243, 5; dans ce passage on peut aussi traduire: *envoyer un détachement de cavalerie* (une جريدة) *contre quelqu'un*, car Freytag a جرّد لفلان en ce sens; mais je crois qu'en tout cas le Gloss. attribue à tort à cette expression le sens de: « tirer l'épée contre quelqu'un. » — *Abstraire*, considérer séparément les choses réellement unies, Bc; جرّد منها صورا اخرى « leur donne, par abstraction, d'autres formes » (de Slane), Prol. II, 364, 14. — جرّد كتابا من كتاب اخر *extraire un livre, en faire un abrégé, un sommaire*, Meursinge 22, 12. — *Consacrer*, dévouer, destiner, employer quelque chose à un certain usage, Abbad. I, 243, 14: جرّد نهاره لابرام التدبير واخلص ليله لتعاطى السرور « il consacrait ses jours à la conduite des affaires publiques, et ses nuits au plaisir. » — Le calife Omar II ôta au gouverneur de l'Ifrîkiya le droit de nommer celui de l'Espagne, et وجرّد اليها عاملا من قبله , et envoya dans ce dernier pays un gouverneur nommé par lui-même, » Macc. I, 156, 11. — L'expression جرّد القرآن a été notée par Lane; on dit: علمت القرآن تجردة , Amari 180, 10, 331, 2 a f. (cf. Annot. crit.), ce qui semble signifier: j'avais appris par cœur le Coran, mais sans y joindre l'étude des traditions juives ou chrétiennes. Le verbe جرّد seul s'emploie aussi en ce sens, 1001 N. Bresl. III, 170, 3, en parlant d'un enfant qui était à l'école: ختم وجرّد وقرأ فى العلم والنحو والفقه وسائر العلوم — *Exercer un cheval*, le mettre en haleine, Bc. — (Dénominatif de جريدة , voyez) *inventorier*, Cherb. Dial. 206. — جرّدت له عن ساعدى *préparer*, Voc. — Voyez تجريد et متجرّد .

V. تجرّد فى عساكره « il partit en détachement avec ses troupes, » Bat. III, 257, comme on dit سار تجريدة , de Sacy Chrest. II, 55, 4 a f. — C. عن ou من r. *quitter, abandonner, renoncer à*, 1001 N. I, 730, 1, en parlant de deux ermites: ils ne se nourrissaient que de mouton et de lait de brebis, متجرّدين عن المال والبنين « en renonçant à l'argent et aux mets délicats » (cf. sous بنين); تجرّد عن الخدمة *quitter, abandonner le service, se retirer du service*, Bc (aussi c. من); تجرّد عن الدنيا *quitter le monde, embrasser la vie religieuse* (aussi تجرّد للعبادة , Lane, Macc. III, 109, 20), *aller vivre dans la retraite et la pauvreté*, Bat. III, 159: تجرّد عن الدنيا جميعا ونبذها ; R. N. 19 r°: كان متجردا من الدنيا زاهدا فيها ; ibid. 19 v°: تجرّد seul a le même sens, Macc. I, 583, 7. Selon les paroles qu'on trouve chez Macc. III, 164, 2, التجرّد est: se détacher de tout, excepté de Dieu, que l'on considère comme son seul ami. On y lit qu'il y a quatre preuves de l'amour de Dieu; la première est الافلاس , « la pauvreté, » et c'est التجرّد الا عنه كالخليل . Quand en voyage on ne porte rien avec soi, c'est un signe qu'on est un véritable متجرّد , Macc. I, 939, 21. Le terme التجرّد a donc le sens de *pauvreté*, mais seulement quand il est question d'un homme pieux qui renonce de son plein gré aux biens de ce monde, p. e. Macc. I, 911, 20: خرج من الاندلس على طريقة الفقر والتجرّد , et dans la ligne suivante: واظهر الزهد والعبادة ; aussi comme synonyme de فقر chez Macc. I, 583, 3 a f.; الفقراء المتجرّدون , Bat. I, 107, 176, Macc. I, 583, 17. Un متجرّد passe sa vie dans le célibat, et dans certains passages on peut même traduire ce terme par *célibataire*, Bat. II, 90, en parlant de fakîrs attachés à une zâwia: منهم المتزوجون ومنهم الاعزاب المتجرّدون ; ibid. 261, IV, 319: وكان متجردا عزبا لا زوجة له ; cf. Defrémery Mémoires 151. On donne souvent aux Soufis le titre de متجرّد , Macc. I, 5, l. 9, 583, 5, Autob. 202 r°: العالم الصوفى المتجرّد ابو عبيد الله , ce qui signifie ordinairement: *celui qui a quitté le monde*; mais quelquefois aussi: *celui qui a dégagé son âme des entraves corporelles*, car tel est le sens de تجرّد chez les mystiques, Prol. I, 206, 4. Enfin on dit encore: كان قائما على قدم التجرّد , dans le sens de كان متجرّدا ou تجرّد , Bat. IV, 23. — C. عن p. *quitter quelqu'un*, p. e. en parlant d'un général qui quitte l'ennemi sans l'attaquer, Akhbâr 97, dern. l.

VII quasi-passif de جرد dans le sens de *radere* et dans celui de *rodere*, Voc. — *Se détacher*, Gl. Manç.: خراطة هو ما ينجرد من البغى عند الاسترسال . — *Se mettre en haleine* (cheval), Bc.

جرد

جرّ est à Bengazi le nom du *barracân*, Hamilton 12 (longue description). — *Raclure, ratissure, ce qu'on ôte en raclant, en ratissant*, Alc. (raedura). — *Terrain élevé et fort éloigné de la mer*, M. — جَاءَ القَوْمُ جَرْدًا ou جرّد العصا *ils vinrent tous et sans qu'un seul restât en arrière*, M. — Le pl. جُرُود *troupes de soldats*, M. — خصيةُ الجرد *castoréum, matière tirée du castor*, Bc.

جَرْدَة *raclure, ratissure*, Alc. (rasura o raedura).

جَرَاد. Espèces de sauterelles: جراد أحمر, جراد سمان, جراد خَبَّفَان (aussi chez Lane), مُكَنّ, جراد عصفور طَيّار ou جراد نَجْدِيَّات, Niebuhr B. 162; et جراد نَحَّاف, Burckhardt Syria 238, Bg 703; جراد البَقَل, Casiri I, 320. Les sauterelles ont leur sultan, سلطان الجراد, Jackson 51, 55. — De même qu'on donne en espagnol le nom de «langosta de la tierra» à la sauterelle, et celui de «langosta de la mar» à la langouste, جراد البحر signifie: *langouste, écrevisse de mer*, Alc. (langosta de la mar, langostin pescado de la mar), Bc, Bait. I, 246 c; — *poisson volant*, Niebuhr B. 167, Burton I, 213. —

جراد إبليس est, dans le Hidjâz, la plus petite espèce de sauterelle, Burton II, 116 n. — *Bourse*, Hbrt 103.

جَرِيد *bâton, canne, espèce de javelot sans pointe*, Bc; — *zagaie*, Ht. — A Tripoli d'Afrique et à Morzouk, espèce de *barracân*, celle qui est la plus fine, Vêtem. 120.

جَرَّادَة *racloir, ratissoire, instrument pour racler, ratisser*, Alc. (raedera para raer).

جَرِيدَة *bâton, canne, espèce de javelot sans pointe*, Bc, M. — (Cf. Lane sous جريد) *taille, bois pour marquer par des entailles ce que l'on fournit ou reçoit*, Bc. On dit: vendre ses marchandises بالجريدة ou بالجريد, *à la taille, à crédit*, Gloss. de Habicht sur le IIe volume de son édit. des 1001 N. — *Liste, tableau, état, inventaire, registre, tarif*, M, Cherb. Dial. 82, 204, Martin 136, Ht, Prol. I, 325, 11, 326, 3, Ztschr. XX, 494, 3 a f., Ghadamès 19: الجريدة الملصقة بهذا الشروط «le tarif ci-annexé;» c'est dans une pièce de vers, publiée par de Sacy Chrest. I, 281, que Freytag a trouvé l'expression: جرائد مرضة; de Sacy traduit: «des registres ex-

posés à la vue des coupables.» جريدة العسكر *le rôle des soldats*, Fakhrî 165, 1. جريدة الخراج *le registre de l'impôt foncier*, 1001 N. II, 397, 4 a f. — رجال الجرائد dans une charte sicilienne publiée par Noël Des Vergers J. A. 1845, II, 318; l'éditeur observe (*ibid*. p. 334): «Il restera encore à déterminer une classe particulière d'hommes désignés dans notre diplôme par رجال الجرائد, *les hommes des chartes*, car le mot جريدة répond à la signification des mots charte ou instrument dans tous les documents arabes que je possède. Ne pourrait-on pas supposer qu'il s'agit ici des *cartularii*: «Servi, dit Ducange, per chartulam seu epistolam manumissi»?» Amari MS: «Des Vergers s'est trompé: رجال (أهل) الجرائد, signifie *villani* ou serfs de la glèbe. Du reste, جريدة, dans les chartes arabes de la Sicile, signifie aussi bien *Platea* des villani [Ducange: *platea*, ager cum mansione, seu domo], que description des confins d'une propriété.» — جريدة *sans bagage, sans pages, sans suite*, Athîr VII, 350, dern. l.: فاتبه كتاب أبيه إبراهيم بأمره بالعود الى أفريقية فرجع اليها جريدة في خمس قطع شواني (au lieu de يَامِر, le texte porte يَامر; j'ai corrigé d'après Amari, qui a publié ce passage); id. IX, 10, l. 13: فيجرّد الفرنجي عسكره من انثقاله وسار جريدة; Freytag Chrest. 98, 2 a f.: وصل جريدة وبخلف عنام الغلمان والخشد (l. وتخلّف); cf. 117, 2, 120, 10, 126, 2, 12 et 8 a f., 136, 15. — بدّه يرمى جريدة قدامك *il veut parvenir à se faire honneur, il veut se faire un mérite, auprès de vous*, Bc, M: ومن كلام المولّدين ضرب فلان قدّام فلان جريدة أى فعل لم فعلةً حسنةً ☼

جرادى *sorte d'oiseau*, Yâcout I, 885, 5.

جُرَيْدَات (pl.) *petites sauterelles*, Abou'l-Walîd 777, 7.

جَرَّاد *étranger qui vient dans une ville pour y faire des achats*, M.

أجرودى vulg. pour أجرد, *ras*, M.

تَجَرُّد = تَجَرَّد *quitter le monde, embrasser la vie religieuse, aller vivre dans la retraite et la pauvreté*; chez Bat. IV, 23, deux man. (voyez p. 453 des notes) portent: كان قائما على قَدَم التجريد, tandis que d'autres donnent التجرّد; la même expression dans le Cartâs 98 de la traduction, n. 10; hémistiche chez Macc. I, 50, 15: ورضتُ النفسَ بالتجريد رفقًا; Khatîb 78

جرد ∴ وانقطع الى تربة الشيخ ابي مدين بعباد تلمسان موثرا للخمول ـــ داعيا مذهب التجلة (؟) من التجريد والعكوف بباب الله. Quelquefois on peut traduire *célibat* (voyez sous جرد V), Defrémery Mémoires 151. Dans d'autres passages, surtout quand il est question de Soufis: *se délivrer de la conscience de sa propre individualité*, ce qui, d'après leur système, est nécessaire pour rendre possible l'union de l'âme avec la divinité; voyez la note de M. de Slane, trad. d'Ibn-Khallic. II, 155, n. 4, dans le texte I, 417, 5. Dans le passage des Prol., III, 144, 11, le même savant traduit: *le dépouillement des sentiments mondains qui préoccupent l'âme*. — Ce terme doit avoir un tout autre sens chez Macc. I, 693, 5, où on lit qu'au Caire un homme pauvre peut faire tout ce qu'il veut من رقص فى وسط السوق او تجهيد او سكر من مردان او صحبة مردان او حشيشة; évidemment il s'agit ici d'un plaisir, d'un divertissement. — علم تجريد الوجود *ontologie*, Bc.

تجريدة عساكر, تجريدة *détachement*, troupe de soldats, Bc; سار تجريدا *il partit en détachement*, de Sacy Chrest. II, 55, 4 a f.; *armée*, Hbrt 137. — *Expédition*, entreprise militaire; *campagne*, suite d'opérations militaires pendant l'année ou moins, Bc. — *Dyssenterie*, M.

تجريدى *abstractif*, Bc.

مجرد *racloir, grattoir*, Alc. (rascador para rascar). — *Herse*, Auw. I, 32, 14, II, 389, 2, 457 à la fin et suiv., à la figure, 459. — *Espèce de plaque sur laquelle on cuit le pain*, Payne Smith 1515.

فيلسوف متجرد, مجرد *gymnosophiste*, Alc. (filosofo desnudo). — الذى جرد عن ثقله est: النبيذ المجرد et وأدرك, Gl. Manç. v° نبيذ, *du vin dégagé de la lie et qui a pris du corps*. — Dans le sens de متجرد, *qui a quitté le monde*, etc., Macc. I, 621, 9: وكان زاهدا متورعا حسن الطريقة متدينا كثير العبادة فقيها متعففا مجردا. — *Pauvre*, en parlant, non pas de celui qui l'est volontairement (cf. جرد V), mais de celui qui l'est par la force des circonstances, Macc. I, 693, 3 et 9. — On dit: بمجرد النظر اليه *à vue d'œil, à la simple vue, à la seule vue*, Bc; لا يصح لهم من اسم اليهودية الا المجرد الانتماء فقط «le nom de juifs ne leur convient qu'en raison de leur origine,»

de Sacy Chrest. I, ا٦, dern. l.; cf. I, ا٥ف, 1, Hamâsa 20, 19, Prol. I, 8, 2 a f., 9, 4, 248, 17, Cartâs 364 des notes, 4 a f., Fakhrî 376, 8. — بمجرد ما *aussitôt que*, Bc. — مجردا *métaphysiquement*, Bc. — مجردا فقط *purement et simplement*, Bc.

متجردة pl. متجارد, *herse*, Voc.

متجرد *en haleine, en exercice* (cheval), Bc. — مجرود على السفر *habitué à voyager*, M. — *Ustensile en fer pour porter le feu*, M.

جردق et جردقة, جردقة, جردقة, pl. جرادق et جراديق, cf. Harîrî 138, 7 et 8 du Comment. A Fez les جراديق étaient ce qu'on nommait فطائر à Tunis, والفطائر رغائف رقاق تطبح فى التنور, Cabbâb 78 v°: وتسمى عندنا الجرادق Bat. III, 123, en parlant de Moultân: وخبزهم الرقاق وهو شبه الجراديق. A Damas on donne le nom de *djardaca* à une pâtisserie de froment, qui est mince, puisqu'elle est à peine de l'épaisseur du dos d'un couteau, grande, ronde, cuite dans de l'huile d'abricots et arrosée de *dibs* tirant sur le brun; on ne la mange qu'au mois de Ramadhân, Ztschr. XI, 517—8.

جردم I *décharner un os avec les dents*, M.

جردون pl. جراديـن, aussi avec le *dâl*. Ce terme existe, quoi qu'en dise Freytag. *Rat de Pharaon*, gros rat des champs, Hbrt 64, Bo, M, 1001 N. Bresl. VIII, 8: جردون اى فار ☆

جرذ

جرذة fém. de جرذ, Abou'l-Walîd 227, 8.

جرذانة *souris*, L (mure). C'est le n. d'un. formé à la manière vulgaire de جرذان, pl. de جرذ.

جرز II *avaler*, Voc.

جرز *verge de fer, d'or*, Bc.

جرز *audacieux, hardi*, Ht.

جرزة *gerbe, faisceau de blé coupé*, Bc; حطب *fagot, fascine*, Hbrt 196, Bc, qui donne le pl. جراز; اقلام جرزة *faisceau de calams*, R. N. 70 r°.

جرازة *gloutonnerie, voracité*, L (voracitas, glubie, ingluvies), Voc. (ingluvies).

جَرْزُون chez les Egyptiens par transposition pour زَرْجُون sarment, Hbrt 196.

جَرْزِيانُوا aloë americana, Domb. 74.

جرس I voyez sous la IIe forme.

II *promener ignominieusement, promener un criminel par la ville*, Maml. I, 2, 50, Bc, Macc. I, 135, 6, 1001 N. IV, 233, 7 a f., 493, 4, Bresl. IV, 146, 4. Quatremère (Maml. I, 2, 106) a soupçonné que, lorsque l'on promenait ignominieusement un criminel, il était précédé d'une sonnette, جَرَس, au son de laquelle on proclamait la faute qui avait attiré sur ce malheureux la vengeance du prince, et que cette circonstance a motivé l'emploi de ce verbe. Mais il n'en est pas ainsi; le fait est qu'on attachait des sonnettes, جَرَس, au bonnet haut dont on couvrait la tête du criminel qu'on promenait en public; c'est par suite de cet usage que جرس a reçu le sens dont il s'agit. C'est ce qui résulte d'un passage de Masoudî, cité J. A. 1847, II, 420, où on lit qu'un personnage fut promené ignominieusement, ayant la tête couverte d'un bonnet haut, garni de bandes et de sonnettes, جلاجل. Tavernier (cité *ibid.* 421) atteste aussi que le supplice ordinaire pour ceux dont on a découvert la tromperie, est de leur mettre sur la tête un bonnet haut, avec une clochette pendue au cou. Quelquefois, mais abusivement, on emploie la Ire forme, nom d'act. جَرَس, 1001 N. Bresl. IV, 160, 6: انا الذى امرت جعفر البرمكى بضرب المشايخ وتجسيم — *Pilorier*, mettre au pilori, Bc. — *Diffamer, noircir, tympaniser*, décrier quelqu'un hautement (le *hâ* est une faute d'impression); جرس نفسه, *se noircir, se rendre infâme par quelque méchante action, se prostituer*, Bc. — *Placarder* quelqu'un, l'attaquer par des critiques injurieuses, Bc. — *Faire un esclandre*, quereller, Bc.

IV. On dit اللجام المُجَرِس «une bride qui rend un son,» Calâïd 96, 17, parce qu'on attachait des sonnettes aux brides des chevaux.

جَرَسَة voyez جَرَس.

جَرَس *cloche* d'une église chrétienne, Voc., Hbrt 156, Berb. I, 392, 11. — *Timbre*, cloche frappée par un marteau, Bc.

جَرَسَة *décri, perte de la réputation; scandale*,

éclat que fait une chose honteuse à quelqu'un, Bc (sans voyelles), 1001 N. IV, 465, 3 (où Bresl. X, 447, 5, a جرس) et 7 (où Bresl. a aussi جرسة). — *Esclandre*, accident qui fait de l'éclat avec honte, Bc. — *Insulte, outrage*, Hbrt 242 (جرسة), Bc; *infamies*, paroles injurieuses, Bc.

جَرَسَة *campanule ou gantelée* (plante), Bc.

جراسيا voyez plus haut p. 180 b.

جَرَّاس dans la 1re partie du Voc., sans explication; *carillonneur?*

مَجَرِس *herse*, Ht. Je crois que c'est une faute de l'auteur, ou peut-être du peuple; le mot véritable est مَجَرَّد (voyez).

مُجَرَّس *infâme, flétri par la loi, l'opinion, déshonoré, repris de justice*, Bc.

جرش II *piler grossièrement*, Voc.

V quasi-passif de la IIe, dans le sens qui précède, Voc.

جَرِيش. دق جريشا *piler grossièrement*, Bc.

جَرِيشَة *espèce de mets*, Palgrave I, 73.

جَارُوشَة et جَارُوشَة, pl. جَوَارِيش, *moulin à bras pour le blé*, Bc, M.

جَوَارِش. Gl. Manç.: جوارش معناه الهاشم اسم اعجمى وقد نطق به بعض اللغويين جوريشا وعلى السنة اللغويين فى اثناء الكلام الجوارش بفتح الجيم وترك النون فلعله جمع جورش هذا المعرب على قلة استعماله. On trouve جوارشات chez Chec. 182 r°, 188 v°. — *Légumes, graines qui viennent dans des gousses*, M. — جَوَارِش *sorte de sucrerie*, M.

جرص II pour جَرَس, *promener un criminel par la ville*, Bc.

جَرَص pour جَرَس, Payne Smith 1141.

جرط

جُرْط *ornement*, Voc.

جرع I dans le Voc.: *bibere amaritudinem in inferno*.

V vulg. pour تَجَرَّعَ, M.

VII Voc. sous bibere.

جَرْعَة. هو جرعة عسل = طريف فى الغاية, M.

جَرْفًا ou جَرْعَى, pour اجْرَعاء, contrée, terrain, P. Macc. II, 447, 2 (cf. Add. et Corr.), plaine (de Slane), P. Prol. III, 371, dern. l. (voyez la correction de ce vers dans la trad.).

جَرَف I râteler, ôter les ordures avec le râteau, amasser avec le râteau, Bc. — جَرَف الأرض houer, Bc. — N. d'act. جَرِيف, disperser, Mehren 26.

V se laisser émier? voyez Gl. Edrîsî.

جُرْف ou جُرُف semble signifier proprement (cf. Lane): pente roide, le penchant d'une montagne, d'un précipice, le bord escarpé d'un torrent, d'un fossé; mais on a appliqué ce mot à ce qui est au-dessous et au-dessus de la pente, de sorte qu'il a reçu le sens de ravin ou fossé, et celui de falaise ou rocher escarpé. — Dans le premier sens: Athîr VIII, 412, 4 a f.: ووصل المنهزمون الى جرف خندق عظيم كالحفرة; Most. v°بريه شلديره:; فسقطوا فيها من جرف السيف; وقد تنبتت كثيرا على أجراف السواق والسباجات Bait. I, 42 a: ينبت في مواضع خشنة وأجراف قائمة; c'est la traduction d'un passage de Dioscorides, IV, 144, dont le texte porte: φύεται ἐν τραχέσι τόποις καὶ κρημνώδεσι; dans le Voc. ripa. — Ravin ou fossé, Gl. Edrîsî 277, 387—8; R. N. 85: Abou-'l-Fadhl ayant été tué dans la bataille, اختذت ابا الفضل رميته في جرف ورمته عليه خوفا ان يظهروا عليه فيشتفوا منه. — Falaise, rocher escarpé, hauteur, colline, Gl. Edrîsî; « djerf, haute falaise, » Pellissier 175; « djerf, escarpement, » Carette Kab. II, 400; « djerf désigne non-seulement les falaises du bord de la mer, mais tous les escarpements ou la colline qui les présente, » Renou 221; l'expression عيون الاجراف est rendue par fontes rupium dans l'ancienne traduction d'une charte sicilienne chez Lello 19, Amari MS; on trouve comme nom propre طَرْف الجُرْف ou رأس الجُرْف, et c'est, dit Barth W. 258: « ein hochfelsiger Kap; » certaine montagne est nommée par un auteur « Djerf-el-Gueléah, » et par un autre, « Djebel-el-Klie, » R. d. O. A. VII, 296; R. N. 97 v°: فقلت له هل رايت الشيخ ابا الحسين فاشار الى جرف على شاطئ البحر وقال هو تحته يصلى Athîr X, 409, 8 a f.; Auw. I, 46, 7 a f. — Quai construit pour s'opposer aux empiétements du fleuve, digue, de Sacy Chrest. I, 230, Koseg. Chrest. 121, 5, Akhbâr 114, 5; lisez de même Djob. 83, 16 et Auw. II, 556, 4 a f.; l'explication que Rousseau a donnée de ce mot dans le J. A. 1852, II, 169, est erronée, mais il résulte de ce qu'il dit que مجاز الجرف signifie: « le passage de la digue. » — Alluvion, accroissement du sol par le dépôt latéral des eaux, pl. جروف, Bc; je crois que ce mot a ce sens chez Bait. II, 177 b, où on lit qu'une plante croît في الجروف الساحلية; peut-être l'a-t-il aussi dans le passage d'Ibn-Haucal, cité Gl. Edrîsî 277. — جرف رمل banc de sable, Bc.

جَرْفَة rocher, Becrî 113, 11.

جَرْفَة alose, Léon 552, en parlant du lac de Bizerte: « Post mensem Octobrem genus quoddam piscis capitur quod apud Afros Giarapha appellatur; eundem piscem esse crediderim, qui Romanis Laccia appellatur: tum enim pluvialis aquæ accessione, huius fluminis aqua dulcis efficitur, qualem maxime huiusmodi pisces amare dicunt. » Edrîsî ‖o, 2 nomme un poisson de ce lac, dont le nom est dans les man. جَرْخَة ou جرجه; peut-être faut-il lire جوجة.

جَرْفِي sorte de raisins, Hœst 303.

جَرَّاف miraillet, raie, lisse, Pagni MS (geràf, occhiata). — Creux, Ht.

جَرَافَة = زرَافَة giraffe, Hbrt 63.

جَرَّاف râteleur, Bc.

جَرَّافَة pl. جَوَارِف traîneau, sorte de grand filet pour prendre du poisson, L (retia, sagena (retia), tragum), Voc. (sagena). Ce mot s'est conservé en esp., algerife, et en port. algerive; corrigez ce que j'ai dit sur leur origine dans le Gl. Esp. 124. — جَرَّافَة سلطانية nettoyage des canaux, travail du serf, Mehren 26.

الطاعون الجارف, جارف la grande peste noire qui désola l'Asie, l'Afrique et l'Europe en 1348 de J. C., Prol. I, 51, 3 a f., Berb. I, 78, 270, 476, 7 a f., II, 366, 2 a f.

مَطَر جَارُوف aussi en parlant de la pluie, Payne Smith 1141. — Ratissoire, Bc.

أَجْرَف sorte d'herbe, Burckhardt Arab. II, 396.

مِجْرَفَة pelle, Bc, Hbrt 178, 197, Mehren 26, Auw. I, 108, 9 a f, 5 a f. — Houe, Bc, 1001 N. Bresl. III, 259 (où l'éd. Macn. I, 889, a قَفَس).

جرق.

جَرْقَة mode de musique, Salvador 32; c'est peut-être جركة (voyez).

جَرَاكى *créature*, protégé, homme qui doit sa fortune à un autre (= شِرَاق), Bc.

جرڪش

جَوكَة *chanterelle*, corde la plus déliée, la plus aiguë d'un violon, Bc.

مجركش *brodé*, Hbrt 83; c'est peut-être une faute pour مُجَرْكَش, qui a ce sens.

زَرْكَش = جَرْكَش *broder d'or*, Fleischer Gl. 49, 50, Bc.

جرم I *mettre à l'amende*, Bc, Hbrt 214, M. — جَرَّمَ *désosser*, M. — c. على dans le Voc. *audere*; probablement: *oser résister à quelqu'un*, ainsi que جَرَا على, qu'il donne sous le même article. — جرن = *battre le blé avec la machine* النورج, Mehren 26.

II c. a. p. *imputer un crime à quelqu'un*, M.

V *commettre un crime* est dans Lane; exemple: Bayân II, 284, 13.

جَرْم. Beaucoup de voyageurs parlent de cette espèce de barque, dont on se sert en Egypte. Belon 231, qui écrit par erreur «gerbes,» dit que, sur le Nil, ces barques sont de trois ou quatre sortes, et il les décrit; Coppin 169 («germe»): «barque plate et découverte, comme celles qui portent le sel sur le Rhône;» d'Arvieux I, 183: «germes; ils n'ont point de pont; ils sont longs à peu près comme ceux qui apportent le bois à Paris;» Vansleb 106: «germes, très-longues barques, faites pour décharger les vaisseaux et pour les tirer hors des bancs de sable;» Turner II, 307: «the boat was a large three-masted jerm, without covering, as usual in these vessels, but with a large capacious deck;» voyez aussi Ghistele 189, 235, Schweigger 256, Mantegazza 82 et ailleurs, Browne I, 51, Fesquet 60, v. Richter 7, Amari Dipl. 424, n. aa.

جرم محذوف *projectile*, corps lancé, Bc. — Proprement *corps*, s'emploie dans le sens de *volume*, *l'étendue*, *la grosseur d'un corps*, Haiyân-Bassâm III, 49 rº: صخمى عظيمة الجرم, Abd-al-wâhid 182, 14. — Le pl. أجرام *gros blocs de pierre*, Prol. II, 206, 2; *vastes édifices*, Prol. II, 201, 2 a f, 319, 13, 323, 11. Dans les 1001 N. III, 29, 5 il est question d'un monstre qui avait deux oreilles مثل الجرمين; je crois que cela signifie: «comme deux gros blocs de pierre;» Lane, qui avait la même leçon sous les yeux, car

elle se trouve aussi dans l'éd. de Boul., traduit «mortier;» mais جرم n'a jamais ce sens. — جرم seul, sans فلكى, a aussi le sens de: *corps, globe, disque des planètes*, Bc; جرم البرية, dans un vers, en parlant du roi de Perse, semble signifier: *celui qui, parmi les mortels, est le corps céleste, le soleil*; voyez notes sur Badroun 45. — حسّ جرم *grave, bas et profond* (ton), Bc.

جُرْم *audace*, Voc.; dans L *abstinatio* (pour obstinatio) — عَلَشُّ الأجرام (pour قَسْوَة) *s'encanailler*, Bc.

جُرْمَة *truelle*, Hbrt 83, Ht.

جُرْمَة *grand vase dont se servent les vinaigriers*, Descr. de l'Eg. XII, 437.

جُرْمِيم (de جُرْم avec la termin. esp. «ero») *audacieux*, Voc.

جُرَيْم *audacieux*, Voc.

جَرَامَة *audace*, Voc.

جَرِيمَة. سَاجِن لِلْجَرَائِم *la prison pour les crimes*, pour ceux qui ont commis des crimes, Khallic. I, 107, dern. l., 108, 1. De Slane, dans une note sur la trad. de ce passage, soupçonne que cette prison a été nommée ainsi pour la distinguer du مُطَبَّق ou prison d'Etat. — *Tort qu'on fait à quelqu'un*, Voc. (iniuria). — *Accusation*, Roland. — *Amende*, Quatremère dans le J. d. S. 1843, 397—8, Hbrt 214, Bc, M, Macc. II, 159, 4 (cf. Add. et Corr.).

الفواكه الجرومية جرومى semble signifier *les fruits à pepin*, Edrîsî, Clim. II, Sect. 6: من الفواكه الجرومية الموز والرمان والتين والعنب ونحو ذلك ۞

جَرِيمَة *queue*, Domb. 66, Bc (Barb.).

أجرم *le plus criminel*, Abbad. I, 51, 3 a f. (cf. III, 21).

تَجْرِيم. On a vu, par le témoignage de Vansleb, que les barques nommées «djerm» servent à décharger les vaisseaux, et je crois que تَجْرِيم signifie proprement: *transporter à terre, sur des* djerm, *les marchandises qu'on a retirées du vaisseau*; mais dans Amari Dipl. 132, 4 (cf. 424 aa) ce terme signifie: *l'argent qu'on paie pour ce transport*, de même que تَفْرِيغ qui suit, proprement «décharger les marchandises,» a ici le sens de «l'argent qu'on paie pour décharger les marchandises;» les expressions من أَجَرِ et من غَيرِ زِيادةٍ مُعتادةٍ ne laissent aucun doute à ce sujet.

مُتَجَرِّم gueux, vagabond, coquin, Bc. — Forçat, galérien, Bc. — Dans L distinctement *brocc*, que je ne comprends pas. Scaliger en a fait *brocus*; mais je ne vois pas comment le mot arabe aurait reçu le sens qu'a le latin *broccus, brocchus*, etc.

جرمز

جَرْمَز, جَرَامِيز, جمعتُ جَرَامِيزِي, de Sacy Chrest. II, 419, 16, où l'éditeur traduit: «je me hâtai de ramasser tout ce que je possédais;» جمع نها جَرَامِيزَ, Berb. II, 93, 7, où de Slane traduit: «il prit ses mesures en conséquence.» — Voyez جرموز.

جَرْمَشَق «espèce de bois; je crois que c'est *érable*,» Lane M. E. I, 201.

جَرْمَقَانِي (?) espèce de *gentiane*, Bait. I, 260 b; leçon de A; dans CEL la première lettre est un ح, et dans BD un خ. — Espèce de *sauterelle*, Casiri I, 320 a.

جرن

جُرْن bassin, pierre creuse (= حوض), auge, pierre creusée, auge de puits, Bc; Bait. I, 42, dern. l.: on fait de cette pierre (lapis Asius) des bassins, اجران, dans lesquels les goutteux mettent les pieds pour adoucir leurs souffrances; Macc. I, 655, 3: il avait un jardin où il se divertissait et où il y avait un grand bassin de marbre, fait d'une seule pièce. Il paraît que جرون s'emploie, dans le sens de *sarcophage*, comme un singulier, Masoudî II, 379, Abou-'l-mahâsin I, 43, 8. جرن المعودية fonts baptismaux, Bc. — Bassinet, partie creuse d'une arme à feu, où est l'amorce, Bc. — Fosse, Ouaday 87 (déjà cité dans le Gl. Edrîsî, mais il n'est pas nécessaire d'attribuer aussi à ce terme le sens de *puits*, car dans le passage d'où nous avions conclu, M. de Goeje et moi, qu'il avait cette signification, il peut fort bien avoir celui de *bassin* ou *auge*). — Grange, bâtiment où l'on serre les gerbes, Bc. — Mortier de bois, Ztschr. XXII, 100, n. 35, avec les pl. جرون; اجران et جران, Bc, Bg. — Moulin à café, Mehren 26.

جُرَيْنَة (esp. *cherna*) espèce de turbot, Alc. (merino pescado); Lerchundi écrit جُرَنَيْة.

جُرَان, n. d'un. ة, *grenouille*, Hbrt 68 (Barb.), Pagni MS, Daumas V. A. 432; *crapaud*, Ht.

جرون voyez جَرْن.

جُرَيْس sorte d'oiseau, Yâcout I, 885, 13; chez Cazwînî جِرِيس.

جُرَانَة est dans la 1re partie du Voc. «brandola,» et dans la 2e «brandar;» *brandon, torche*.

جُرَيْنَة endroit où l'on vend le blé, M.

جروان magasin de blé, Mehren 26.

جُرَان houe à longue manche, Barth V, 263.

جُرُون (esp.) pl. جُرَان sorte de bordure découpée, au bas d'un habit, Alc. (giron de vestidura).

جَرْنُوب (AB, S جربوب) = الأملس للطريق, Bait. I, 247 b.

جُرَنْبَر nom d'une plante, Daumas V. A. 380, *carlina gummifera*, Prax R. d. O. A. VIII, 280.

جُرَنْبَط *genette*, espèce de civette dont la peau s'emploie en fourrures, Gl. Esp. 276.

جرم

جِرَاهِيَّة publiquement, Diw. Hodz. 72, vs. 9.

جَرْهَم II c. r. على oser, M, Bâsim 65: من كان رسولُ شرع قديم ابقيه وزيد في جامكيته ومن كان طاري على الشرع اسقط علقته وجرهمه (وَجَرَّسَه =) في بغداد حتى لا يبقى احد يتجرهم على الشرع ۞.

جرو

جَرْو poire à poudre, Domb. 81, Ht.

جرو, le pl. جروات dans Bc. — Espèce de chien qui ressemble au basset, Gråberg 131. — Avec le pl. أجراء, le fruit du أبيض خشخاش, Most. sous ce dernier mot.

جِرَاوة sachet, espèce de giberne, où l'on renfermait les balles qui servaient à tirer l'arbalète, Maml. II, 1, 76, cf. Mong. 285 b.

كرونش *nasturtium aquaticum*, Domb. 74.

جِرْوِيا *chervis, chiroui*; c'est l'esp. *chirivia*, qui vient de كراويا, Gl. Esp. 254.

جرى

جرى I *trotter*, Alc. (trotar). — Ce verbe s'emploie en parlant, non-seulement d'un vaisseau, mais aussi des personnes qui se trouvent dans un vaisseau, *naviguer*, Gl. Edrîsî, Tha'âlibî Latâïf 73, 8, où il faut prononcer نَاجِرِي, et non pas نُجرى, comme l'a fait l'éditeur. — En parlant du vent, *souffler*, Gl. Edrîsî. — *S'introduire* (usage), Bc. — *Valoir*, v. d. Berg 71, n. 1. — جَرَى فِي أَمْر *sollicitations, soins, démarches, diligences pour le succès d'une affaire*, Bc. — اخذ يجرى على قانون النحو *il commença à parler selon les lois de la grammaire*, Macc. I, 137, 4 — مَنْ جَرَتْ عَلَيْهِ الْمُوسَى *celui sur le visage duquel le rasoir a passé*, c.-à-d. *celui qui a atteint l'âge de puberté*; ما جرى عليه النيل *ce qui a été mesuré*, Gl. Belâdz.

II, comme la Ire, *courir*, Alc. (correr cavallo, correr otra cosa). — جَرَى الْأَرْضَ *faire des incursions dans un pays*, Voc. (cf. تَجْرِيَة). — جَرَى لَهُ ابْنَهُ وِلَايَتَهُ الْعَهْدَ *il nomma son fils son successeur au trône*, Bat. IV, 309; mais la leçon est incertaine et semble mauvaise; voyez la note. — *Couvrir*, spécialement en parlant d'une maison qu'on couvre de tuile, d'ardoise, etc., Lettre à M. Fleischer 183—4.

III. جارى الكلام *entrer en conversation avec quelqu'un*, Gl. Fragm.

IV signifie *faire courir*, en parlant d'un cheval; mais on dit, par suite d'une double ellipse: اجرينا اجرينا خَيْلَنَا قَرْمُونَة, Cartâs 233, 13, dans le sens de: اجرينا خَيْلَنَا الى قَرْمُونَة, «nous fîmes courir nos chevaux vers Carmone.» — *Donner cours*, Bc. — C. على p. (cf. Lane) *pourvoir aux besoins*, *à la subsistance de* quelqu'un, Tha'âlibî Latâïf 78, 8 (où les paroles فيجرى عليهم sont l'équivalent de فيجعل صدقته لهم, qu'on trouve chez Khallic. IX, 134, 4 et 5 Wüst.), 1001 N. III, 204, 4 a f.; *assigner un traitement*, p. e. أجرى على من بيت المال كفايتى وزيادة «il m'assigna sur son trésor un traitement plus que suffisant pour mon entretien;» نجرى عليك لجرايات, «nous vous assignerons un traitement,» Fleischer Gl. 86. — أجرى زيدًا مجرى عمرو *il traita Zaid de la même manière qu'Amr*, Hamâsa 45, 6. — Dans le Holal 33 v°, où il est question des démêlés de Yousof avec les juifs de Lucéna (cf. mon Histoire des musulmans d'Espagne IV, 255):

اجرى مَسْئَلَتَهُمْ معه على وجه تركَهُمْ فَفَعَلَ «jugea le différend que ces juifs avaient avec le monarque en ce sens qu'il leur permettrait de rester où ils étaient; ce qu'il fit.» — *Faire valoir*, v. d. Berg 71, n. 1. — *Atténuer* les humeurs, Bc. — *Couvrir* (comme la IIe, voyez), Lettre à M. Fleischer 183—4. أجرى الحق *faire droit à chacun*, *rendre la justice*, Bc. — أجرى ذكر الشىء *faire tomber la conversation sur quelque chose*, Bc. — أجرى الريق *faire venir l'eau à la bouche*, *exciter en parlant le désir d'une chose*, Bc. — أجرى الطبيعة *faire aller à la selle*, *procurer des selles*, Bc. — أجرى عادة *introduire un usage*, Bc.

V dans le Voc. sous predari.

VI. Chez Meursinge 23, 2: لَمَّا كنت بمكة تجاريت ; مع بعض الفضلاء الكلام فى المسئلة ; comme la VIe forme de جرى ne présente pas ici un sens convenable, je lis تجاريت, en comparant l'expression جارى الكلام (voyez sous la IIIe), et je traduis: «j'entrai en conversation avec un savant sur cette matière.»

جرى et جَرْى (vulg.) *foire, cours de ventre*, Lettre à M. Fleischer 224, dans le Voc. جَرْى البطن dyssenterie, espèce de flux de sang, Alc. (lluvia sangre).

جَرْيَة *carrière, lieu destiné à la course*, Alc. (carrera o corrida, corrida o carrera).

جَرَيَان (pour جَرْيَان) *dyssenterie*, M.

جَرَيَان *accident*, Voc.

جِرَايَة *draperie de canapé en brocard*, Ht. — Dans les 1001 N. Bresl. X, 433: وجرايات وقماش فاخر ينقل الى الزلال, ce terme semble être à peu près l'équivalent de قماش.

جَرَّاء *polissoir*, instrument pour polir, Alc., qui donne: polidero para polir, jarrí; je pense que c'est pour جَلَّاء, qui peut fort bien avoir ce sens; *ll* a donc été changé en *rr*.

جَرَّايَة *roulette*, Cherb.

جَارٍ *traitement*, *appointements*, Fleischer Gl. 86, Gl. Maw., Gl. Belâdz.

أجْرَاء *traitement*, *appointements*, Djob. 38, 5 (où

جريوات ‎ 191 جزر

il faut lire جميع في به, comme porte le man.), 46, 13 et 15, 273, dern. l., 274, 3 et 4.

تَجْرِيَة ‎ incursion, course de gens de guerre en pays ennemi, Voc., Alc. (rebato); cf. جرى II.

مَجْرى, avec ou sans ماء ou الماء, fil, courant d'eau, ruisseau d'eau vive, rigole, aqueduc, Bc, Hbrt 174, Ht, Gregor. 36. — Cloaque, égout, Voc., Alc. (albañar de casa, alvañar, caño o albañar), مجرى الاقذار Abbad. I, 306, 7. — Saignée, ouverture faite à un canal, Alc. (espiradero de agua, sangradera de agua cogida). — Canal, conduit dans le corps; couloir, canal de la bile; vaisseaux, veines, artères, petits canaux; مجرى البول urètre, canal par lequel sort l'urine, مجارى الرية bronches, vaisseaux du poumon qui reçoivent l'air; مجارى الليمون veines lactées, veines qui contiennent le chyle, Bc. — Coulisse, rainure de châssis ou volet pour le mouvoir en glissant, Bc. — مجرى الدخان tuyau de cheminée, Bc. — Carrière, lieu destiné à la course, hippodrome, Abbad. I, 172, 3 a f., Becrî 42, 14. — مجارى السحب les endroits où se meuvent les nuages, Berb. I, 295, 12. — Le مجرى d'un navire, c.-à-d. l'espace qu'il parcourt en un jour, est de cent milles, Djob. 31, 11. — مجرى المراكب port, L (portus). — Fait, événement, Bc, 1001 N. I, 235, 3 a f.; mésaventure, accident malheureux, Bc. — مجرى الخطاب la nature de la matière, du sujet sur lequel on parle, Cartâs 112, 18. — Métropole, capitale, Alc. (madriz de las cibdades).

مُجْرٍ, piqueur, en termes de manége, Gl. Fragm. — Allant, qui aime à aller, Bc. — Solliciteur, employé à solliciter les procès, les affaires d'autres, Bc. — مجرى القيح suppuratif, Bc.

مَجْرَاة coureur, léger à la course, Bc.

مَجْرَى = مَجْرَاة carrière, P. Kâmil 486, 7; — conduit, Fakhrî 371, dern. l., 372, 2 et 4.

مَجْرَاة est l'équivalent de مدفع ressort, J. A. 1848, II, 214, n. 2, Machârî' al-achwâc 97, 11 éd. de Boulac: القوس المركبة على المجراة; de là vient que ce terme a servi à désigner une espèce d'arbalète, l'arbalète à ressort, dont on trouve la description J. A. l. l.

جريوات courges, Martin 101.

جَزّ VII être tondu, Voc.

جَزّ nom d'une étoffe de soie, dont la matière première est teinte de quatre ou cinq couleurs différentes, Bat. IV, 2.

جُزَازَة les restes des feuilles de mûrier, ce que les vers à soie n'en ont pas mangé, M.

جُزَازَة petit morceau de papier, sur lequel le voyageur note dans son auberge les mets et les boissons qu'il désire avoir, Harîrî 282—3.

جَزَّاز tondeur, Voc., Alc. (tresquilador de ganado), Bc.

جَزَاز et جَزَّاز couteau de cordonnier, Payne Smith 1134.

جَزَّأ II doser, mettre les doses, Bc.

X. ما يستنجزأ به ce dont on peut se contenter, Abou'l-Walîd 58, 14, 308, ·12.

جُزْء acte, partie d'une pièce dramatique, Bc. — Le pl. أَجْزَاء matériaux pour composer un ouvrage, Bc. — Chez les chrétiens, matines, première partie de l'office divin, Alc. (maytinadas). — جزء من غنم troupeau de gros bétail, Alc. (manada de ganado mayor). — الجزء الكلى, chez les alchimistes, semble signifier: la réunion des éléments formant le sujet sur lequel on opère, de Slane, note sur Prol. III, 205, 2. — جزء كلمة syllabe, Bc.

جُزْئِى de peu d'importance, M; امور جزئية moyens secondaires (de Slane), Prol. I, 182, 1. — قضية جزئية du particulier au général, Bc.

جُزْئِيَّة échantillon, Macc. I, 572, 1.

جُزْوِى. شىء جزوى bagatelle, babiole, chose puérile, Bc.

أَجْزَائِى, ou avec le suffixe turc أَجْزَاجِى, droguiste, M.

أَجْزَائِيَّة boutique de droguiste, M.

جُزْدَان (pers., composé de l'arabe جُزْء et du pers. دان) portefeuille, Hbrt 112, Bc; dans le M جُزْدان.

جزر

جَزَر. Dans le Cartâs 105, 5 a f. on trouve le barbarisme جَزُور, pour جَزَائِر, îles.

جَزَر ivette (plante), Alc. (pinillo yerva conocida). — جزر الشيطان nom d'une plante, Bait. I, 2 b.

جُزّار ‍ canari, serin, Hbrt 66, Bc.

طَلَام لِلْجُزُرِ جَزُور est une expression poétique pour indiquer un homme généreux, hospitalier, parce qu'afin de régaler ses amis et ses hôtes, il fait tuer beaucoup de chameaux, Badroun 138, 4, 139, 3 et suiv.

جَزِيرَة, avec ou sans النخل, oasis, Gl. Edrîsî, Becrî 16, dern. l., Lyon 345. — ارض الجزائر voyez جزيرى.

جَزِيرِى Auw. I, 95, 3: والتربة الجزيرية تكون من الانهار الكبار (dans le man. de Leyde on trouve به بمقربة après تكون); Clément-Mullet veut lire, avec raison je crois, الجزيرية, et traduire: terres d'alluvion, en comparant II, 19, 3 a f.: ارض الجزائر التى تركبها الامياه من الانهار الكبار, mais dans ce cas, je crois devoir lire de même Auw. I, 94, 13, où l'édit. et le man. de Leyde portent الجزيرى, et où l'on trouve l'explication: du sable fin, mêlé de beaucoup de terre végétale, 272, 6 (الجزيرى édit. et man.), 295, 6 (éd. الجديدية man. الجزيرية), 12 (éd. الجديدية man. الجزيرية), 325, 6 (éd. الجديدية man. الجزيرية).

جَزَعَ I. انفّه جَزَعَ, au fig. briser la puissance de quelqu'un, Berb. I, 2, 1. 1 et 2.

II proprement: orner des couleurs du جَزَع, de l'onyx, c.-à-d., de noir et de blanc (voyez Lane sous جَزَع); dans le Voc. «variare;» chez Djob. 149, 5 a f., il est question d'une chaire couverte d'une كسوة مجزَّعة مختلفة الالوان. En parlant d'un cheval, signifie, à ce qu'il semble, tigré, tavelé et moucheté à peu près comme un tigre; L donne à la fin, parmi les noms des chevaux de telle ou telle robe: musuco مجزَّع. Mais en parlant de viande, مجزَّع signifie entrelardée, mêlée de gras et de maigre, Gl. Manç.: لحم مجزَّع هو الذى يخالطه الصنف من الشحم المسمى سمينًا عند العرب, de même sous مجزَّع, de parlant de bois c'est veiné, qui a des veines, Becrî 177, 7 a f. En parlant de marbre, il a quelquefois le même sens, Djob. 92, 7, où il est question de cinq colonnes de marbre, dont trois étaient rouges et deux vertes: فى كل واحدة منها تجزيع ببياض — كأنّه فيها تنقيط elles étaient donc veinées de blanc, ou plutôt, comme l'indiquent les dernières paroles, tachetées de blanc;

cf. 86, 8—10 et 47, 10; dans ce dernier passage il est question de deux drapeaux noirs فيهما تجزيع «tachetés de blanc.» De même الرخام المجزَّع chez de Sacy Abdallatif 227, col. 1, dern. l. Mais ordinairement, comme le dit Sprenger dans le Ztschr. XV, 409, le terme الرخام المجزَّع signifie: du marbre blanc incrusté d'arabesques de marbre d'une autre couleur, et cette mosaïque n'est pas seulement tracée sur le sol des appartements, mais aussi sur des colonnes et sur des moulures. Chez Bc مجزَّع بالاحجار الملوّنة est orné de mosaïques. Ztschr. XV, 411 à la fin: ومن اعجب شى فيه تالبف الرخام المجزَّع كلّ شاملة الى اختها. Chez Djob. 85, 7 et 8, مجزَّع est le synonyme de ترصيع, mosaïque. L'expression الرخام المجزَّع se trouve encore: Djob. 41, 2 a f. (avec البديع الترصيع), 80, 2 dern. l., et ailleurs, Nowairî Espagne 468, Bat. I, 310, 317, II, 434, III, 53, 1001 N. I, 369, 6 et 7.

جَزْع agate, L (achates ياقوتة برادى وهو الجزع). — Pavé, L (pavimentum).

جَزْعَة conque de Vénus, Bc.

مجزَّع voyez sous جزع II. — Sorte de poisson, Yâcout I, 886, 10.

مُجَزَّعَة faux onyx, Gl. Edrîsî.

جَزَفَ III ne parler d'une chose que par conjecture, Aghânî 29, 6 a f.: فلما ادراكه دولة بنى العباس فلم يبره احد سوى ابن خرّدانبه ولا قاله ولا رواه عن مجازفة; Khallic. I, 287, 6 a f. Sl.: احد وانّما جاء به مجازفة وكان اذا سُئل عن عمره يَقول انا اعيش فى الدنيا مجازفةً لأنّه كان لا يحفظ مولده; je crois qu'il faut traduire: «Quand on lui demandait quel âge il avait, il répondait par conjecture, car il avait oublié l'année de sa naissance: «Je suis au monde depuis tant ou tant d'années»;» Prol. II, 195, 2 a f.: c'est une pièce forgée à plaisir, car elle ne renferme pas une seule prédiction qui soit vraie, à moins qu'on ne l'interprète d'une manière allégorique, ainsi que font les gens du peuple, او يجازف فيه من ينتحلها من الخاصّة «ou qu'on ne l'explique au moyen de conjectures, à l'exemple des gens haut placés, qui y attachent de l'importance» (de Slane). Aussi, de même que la VIe, Macc. II, 93, 4 a f., en parlant de savants, et surtout de traditionnaires: *ne pas distinguer le vrai d'avec le faux, les traditions authentiques d'avec celles qui ne le sont pas, soit par légèreté, soit par un manque de discernement et de critique, soit par mauvaise foi*, Macc. I, 5, l. 15, II, 95, 1, Meursinge ١٣١, 12. Au pass., جَوَّزَ فى حِسَاب *se laisser tromper sur un compte*, Mâwerdî 375, 8.

VI voyez la IIIe, à la fin.

جَزِل I Voc. sous magnanimus.

II c. a. Voc. sous magnanimus.

IV. *Combler quelqu'un de biens, de faveurs*, est aussi اجزل العطاء عليه, اجزل عليه بالعطاء, Bc, et أجزل عطاءه, de Sacy Chrest. I, ٣, 5. — *Faire festin*, L (epulor).

X. مستنجزل الثمر *portant des fruits en abondance*, P. Abbad. II, 51, 2 a f.

جَزْل. Dans le Voc. جَزْل, pl. جُزَّال, *magnanime*. — Dans le sens de جَزْل الرَّأْى chez Lane, *qui a le jugement solide, sain*, Khatîb 17 r°: وكان جزلا قوى القلب شديد للحزم فقال للصيد بغراب أكبس فاتّخذ الليل جملا ۞

جِزْل pl. أَجْزَال *traitement, honoraire, salaire*, Payne Smith 1421.

جَزَالَة *magnanimité*, Voc.

جُزَيْل, par extension, *le petit de chaque oiseau*, Aboû'l-Walîd 131, 6—9.

مُجَزَّل (chameau) = أَجْزَل (de جَزْل), Diw. Hodz. 208, 19.

جزم VII *passer le pas, faire malgré soi*, Bc.

جَزْمَة *tronc*, Voc.; — *madrier*, Cherb. — (Turc چزمه), pl. جزم et ات, *botte*, Bc, Hbrt 21, Cherb., Bg, M, Ztschr. XXII, 76, 15.

جَزْمَاتِى *bottier*, Bc, Hbrt 78.

جَازِم *décidé, d'un caractère ferme*, Bc. — Dans le sens de جَزْم chez Lane, أَمْرًا جَازِمًا *comme une chose décidée, arrêtée*, Amari Dipl. 209, 5, 217, 6, 229, 2, car c'est ainsi qu'il faut lire trois fois, au lieu de حَازِمًا.

جَزْمَازِج. C'est ainsi qu'il faut écrire le nom du fruit du tamaris, que Freytag a écrit par erreur avec le rá, Payne Smith 1159. Chez Bait. I, 13 b (AB) جزمازى et aussi كزمازى (cf. Freytag sous le ك). Ce mot est d'origine persane, كزمازك, aussi avec le ك.

جزن

جَزِينَة *marc de raisin*, Bc.

جَزْوِيرَة pl. جَزَاوِر (altération de l'ital. giustacuore?), dans le dialecte de Malte, *petit jupon en toile à raies bleues et blanches et à petits plis; il est ouvert d'un côté, et attaché avec de petits rubans*, Vêtem. 121.

جزى I. جُزِيتُمْ خَيْرًا, formule de politesse dans le sens de: *non, je vous remercie*, Gl. Badroun.

II, comme la Ire, *récompenser, rémunérer*, Alc. (galardonar); dans le J. A. de 1869, II, 168, j'ai dit que la IIe forme se trouve avec cette acception dans le vers Prol. III, 228, 12; mais il vaut mieux prononcer: أَنْسَى أُجْزِى; — *payer une dette*, Alc. (satisfazer por la deuda). — *Prendre à ferme, à cens*, Voc. (conducere, et sous census: جَزَّى قَاعِدَ الدَّار); جَزَّى أَرْضًا *demander une terre en concession*, et أَصْحَاب التَّنْجِيَة متاع الارض *les concessionnaires de terrain*, Cherb. Dial. 36, 37, 42.

V *être concédé*, en parlant de terrains, Cherb. Dial. 33.

VI *être récompensé*, Bc.

VIII c. ب, Voc. sous suficere.

جِزْيَة. *Les Bédouins, et même les chefs dans les villes, appliquent ce terme à l'argent qu'on extorque aux voyageurs, sans en excepter ceux qui sont musulmans*, Burton I, 227.

جَزَاء *cens, redevance en argent que certains biens devaient annuellement au seigneur du fief dont ils relevaient*, Voc. — *Prime, prix pour encourager le commerce, l'importation, la fabrication*, Bc.

جَزَائِى *rémunératoire*, Bc.

جس I *faire tinter les cordes*, Descr. de l'Eg. XIII, 322 n., جسّ اوتار العود, Macc. II, 516, 14, جسّ العود, 1001 N. Bresl. I, 182, 13 et 14, cf. *ibid.* 173, 11, et جسّ seul, Macc. II, 84, 15: وامره بالغناء فجسّ ثمّ اندفع فغنّاه; selon Habicht, dans le Gloss. sur le Ier volume de son édit. des 1001 N., *préluder*.

جسا 194 جسر

On dit aussi: تجسّ بنانه لحْنًا, P. Macc. II, 516, 6.
II *tâter, toucher, manier doucement une chose,* Voc., Bc. — تجسيس *espionnage,* Bc, Abou'l-Walîd 664, n. 34.
IV c. d. a. *faire toucher,* Abou'l-Walîd 368, 22.
V, *épier, espionner,* se construit c. على p., Voc., de Sacy Chrest. II, ٥١, 10 et 11, R. N. 63 r°: تجاسا صاحب المحرس يتجسّس عليه Aussi c. ب, Voc.
جسّى *tactile,* Bc (le *hâ* est une faute d'impression).
جاسوس *sentinelle,* Hbrt 143. = لخشاخاش الزبدى *papaver spumeum, gratiola officinalis,* Bait. I, 238 c, où جاسوس est la leçon de ACDELS, tandis que B porte جاسيوس, et où l'auteur renvoie à I, 370 b.
تجسّ *tact, sens du toucher,* Bait. I, 1: وهو الجسّ الى الخشونة ما هو؟
مجسّ *sonde, instrument pour sonder les plaies,* Bc.
تجسّة *tact, sens du toucher,* Macc. II, 799, 7.

جسا I. Le n. d'act. est écrit جساوا dans notre man. du Kâmil 816 (éd. 716, n. *a*).

جسا = جَسَّد *safran,* Sang.
جَسّا؟ *induration des paupières, sclérophthalmie,* Sang.

حسست est un mot persan qui signifie *recherche, investigation, disquisition;* mais c'est aussi le nom d'une science, d'une branche de la controverse, Khallic. I, 669, 1 SI.: كان اماما فى فن الخلاف خصوصًا التجسيست
وهو اول من افرده بالتصنيف ومن تقدّمه كان يمزجه بخلاف المتقدّمين

جسّد II *corporifier, donner un corps à ce qui n'en a pas,* Alc. (encorporar hazer cuerpo). — *Teindre avec du safran,* Gl. Mosl. — *Teindre de sang,* Gl. Mosl.
جَسَد, *corps,* semble avoir le sens de *boule, pelote,* chez Bait. I, 51 a: الاشنة فى طبعها قبول الرائحة من كلّ ما جاورها ولذلك تجعل جسدا فى الذرائر اذا جعلت جسدا فيها لى تطبيع فى الثوب, ce qui signifie, je crois: «Une propriété de la mousse, c'est qu'elle prend l'odeur de tout ce qui l'avoisine; pour cette raison on la met comme une pelote [comme une boule que l'on fait avec de la mousse pressée] dans les parfums pulvérisés, et quand on fait cela, ces parfums ne tachent pas les habits.» — Chez les alchimistes, *le corps sur lequel on projette l'élixir,* Prol. III, 192, 8. — Avec le pl. جسود, *matière, substance,* Edrîsî, Clim. III, Sect. 5: حبال الليف والحسر ويوصل بينهما بالجسود الماسكة *Fête-Dieu,* عيد الجسد — . بينهما بالجسود الماسكة *fête du Saint Sacrement,* Bc.
جسدان vulg. pour جزدان (voyez), *portefeuille,* M.
تجسّيد *sang,* Gl. Mosl.

جسر I a aussi le n. d'act. جَسَر, Abd-al-wâhid 45, 7 a f., Edrîsî, Clim. VI, Sect. 1, en parlant de l'Océan: والقوم الذين يسلكونه لم به معرفة وجسر على ركوبه dans le Voc. جَسَر (pour جُسْر), *audace.* — Voyez sous la II° forme à la fin.
II. En disant que ce verbe se construit c. a. p., les lexicographes ont oublié d'ajouter: et c. على r., Voc., Abbad. I, 256, 5 a f. et suiv., III, 167, 9, Haiyân-Bassâm 141 r°: وجسر (l.) هشامًا على الفتك بالعالمين. En parlant d'un livre: *inspirer à quelqu'un le désir de connaître ce livre,* Macc. I, 828, 17: وهو الذى جسّر الناس على مصنّفات ابن مالك — . Dans le sens de la I°, *oser,* Bc. — *Construire un* جِسْر, *une chaussée, une digue,* Maml. I, 2, 153, où Quatremère dit que c'est la II° forme; mais je crois plutôt que c'est la I°, qui signifie aussi: «construire un جسر, *un pont*" (Freytag, Lane).
V c. على ou ب *avoir la hardiesse de,* Bc. — C.
VI *s'émanciper, prendre trop de liberté,* Bc. — C. ب *se permettre de, prendre la liberté de,* Bc. — C. على *attenter à,* Bc, Ht, p. e. تجاسر على القصد بقتل احد «attenter aux jours de quelqu'un,» Bc.
جِسْر. Quelquefois, comme l'a observé de Sacy, Chrest. I, 69, il y a entre جسر et قنطرة cette différence, que le premier mot signifie *un pont de bois ou de bateaux,* et le second *un pont de pierres, formé d'arches;* ibid. 68, dern. l.: لا يصل عدوك البك الا على جسر او قنطرة فاذا قطعت الجسر او اخريت القنطرة لم يصل البك عدوك; mais ordinairement ces deux mots sont synonymes, Macc. I, 96, 18: القنطرة المعروفة بالجسر, et جسر signifie très-souvent *un pont de pierres, formé d'arches;* voyez Hamaker Fotouh Miçr 161. — Dans le sens de *chaussée, digue, levée,*

le pl. est aussi جُسُورَة, Bc, Amari 616, 7 et dern. l., 617, 1. — *Poutre*, Hbrt 191 (جُسُر), *sommier*, Ztschr. XI, 479, n. 5 (جِسْر), avec le pl. جُسُورَة.

جِسَار — جُسَّار *attaque, agression*, على فلان, Abbr. I, 322, 4 a f.

جَسَّار. La signification de *homo audax* (Lane TA) est aussi dans le Voc. — *Ouvrier qui fait des chaussées, des digues*, Gl. Belâdz., Voc.

جسم

جِسْم. جِسْم من غير جسم, اسْم *fictif*, Bc. — *Tige*, Ht. — Espèce de *ver qui attaque les plantes*, Auw. II, 88, 17, 23. Banqueri a entendu dire que, dans l'arabe vulgaire, ce terme a encore ce sens. Clément-Mullet (II, 86, n. 2) croit que c'est la transcription de l'hébreu גזם, mais ce mot serait devenu جذم ou جزم en arabe, et en outre il a un autre sens, puisqu'il désigne une espèce de sauterelle.

جِسْمِيَّة *anthropomorphisme*, Berb. I, 358, 5 a f.

جُسْمَانِي *corporel*, Voc., Bc. — *Anthropomorphite*, Gl. Abulf.

جاسيم *aunée* (plante médicinale), Bc.

تَجْسيم *relief, ouvrage relevé en bosse*, Bc. — T. de chimie, *corporification*, action de rendre le corps aux esprits, Bc.

مُجَسَّم *en relief, en bosse*, Bc, الاشكال المُجَسَّمَة « des figures en relief, » Prol. II, 321, 8 ; mais dans les 1001 N. I, 373, 9, les صُوَر مُجَسَّمَة, dans lesquels se trouvent des instruments de musique qui rendent des sons harmonieux lorsque le vent vient à les frapper, semblent être *des statues*. — T. de mathém., *solide, corps à trois dimensions*, Bc; pl. ات, Prol. III, 102, 2; مُجَسَّم زائد قطع زائد *hyperboloïde, solide*; قطع مكافئ مُجَسَّم مكافئ *paraboloïde*, solide formé par la parabole; علم قياس المُجَسَّمات *stéréométrie*, science de la mesure des solides, Bc.

جَشَأ II *causer un rot*, Bait. I, 109 à la fin: نفع المعدة الباردة الرطبة وعصم الطعام الغليظ ويُجَشِّى جُشَّة طَيِّبًا (les voyelles dans A), où Sontheimer traduit avec raison: « et cause un rot agréable. »

VI c. a. p. et ب r. *accabler* quelqu'un *de*, Payne Smith 1293: الصيف يتجاشا خاصمَه بالباطل.

جشر

جَشْر pl. أجْشار, Becri 153, 11, a le même sens que مَجْشَر ; voyez ce mot; L: *compitum* (vicus) قَرْيَة, et جَشْر ومَجْشَر, *predium* (possessum).

جَشَّار, pl. ات, et جَشِير ne signifient pas *troupeaux* (Freytag) et encore moins *une écurie* (Quatremère Maml. I, 1, 201). Ces deux mots ont le sens que جَشَر a dans la langue classique (voyez Lane), car ils désignent: *des chevaux et des bœufs qui sont habituellement au pacage, sans retourner à l'écurie pendant la nuit*. C'est ce qui résulte de plusieurs passages cités par Quatremère, mais surtout de celui de la Vie de Saladin, que Freytag a noté, car on y lit (p. 157): قيل له أن طرابلس قد خرجوا جِشَارُهُم وخيلهم الى مرج هناك وأبقارهم ودوابّهم وأنه قد قرر مع عسكره قصدهم فخرج على غرة منهم وهاجم على جِشَارِهم فأخذ منهم من الخيل أربع ماية رأس وماية من البقر دشار. Afin de faciliter la prononciation, on dit aussi (voyez).

جِشَار, pl. جُشُر, a le sens de مَجْشَر ; voyez ce mot. Pour adoucir la prononciation, on dit aussi دِشَار (voyez).

جَشِير voyez جَشَّار.

مَجْشَر. L'étymologie montre que ce mot a signifié dans l'origine: lieu où l'on mène paître les bestiaux, pacage; mais on entend sous ce terme: *une propriété où il y a des serfs, des bêtes de somme, des bœufs, des moutons, etc., une métairie, un hameau*. Dans le Voc. « mansio » est دَوَّار, دِشَار, — mots qui ont le sens que je viens d'indiquer — et مَجْشَر (pl. مَجَاشِر) et مُجَشَّر ; ce dernier mot est expliqué dans une note par « locus in quo fit mansio, » mais je crois que cette note n'a été ajoutée que pour expliquer la forme du mot, et qu'il a le même sens que les autres. L donne: جَشْر ومَجْشَر *predium* (possessum), مُجَيْشِر *prediolum*, مَجَاشِر *parrociis*. Dans le Cartâs 195, 2 a f.: عمارة القرى والمجاشر للخالية, où deux man. donnent le synonyme المَداشِر. Cout. 16 v°. ادفعْ البهم المَجشر (المَجشر l.) الذى على وادى شَوش وما فيه من البقر والغنم والعبيد; chez Macc. I, 169, 14: سلّم البه المَجشر الذى لنا على وادى شوش بما لنا فيه من العبيد والدوابّ والبقر وغير ذلك, mais il faut lire المَجشر, comme porte l'édition de Boulac. Mohammed ibn-Hârith 283: حكم عَمرو بن عبد الله على هاشم بن عبد العزيز فى مَجشر (sic) كان فى بده بجانب حيّان. Macc. III, 132, 4, Cartâs 192, 7, Bat. III, 400, 401 (deux fois), 402, Berb. II, 464, 4 a f. Dans les documents espagnols du moyen âge on trouve souvent ce mot sous la forme « machar. » Dans un diplôme d'Alphonse X, publié dans le Memorial histórico español I, 300, on lit: « un villar que le dicen Muchar (l. Machar) Aluchar; » on voit donc que « machar » désignait un hameau ou village. Dans une donation faite par le même monarque au conseil de Séville, qui a été publiée en 1630 par Espinosa, Historia de Sevilla, t. II, fol. 16 v°, et en 1851, comme si elle eût été inédite, dans le Memorial hist. esp., t. I, p. 13 et suiv., on trouve mentionnés plusieurs hameaux ou métairies, dont les noms sont composés avec ce « machar, » p. e. Macharaxarifi (variante: Asarafy), Machar Abelnohemen, var. Aben Noomen مَجشر ابن النعمان, — Machar Abnelget ابن الجَدّ, nom d'une famille bien connue à Séville, — Macharalhausen, var. Machar Alhanseni, mais il faut lire Alhauseni, الهَوزَنى; c'est aussi une noble famille sévillane, — Machar Azubeydi, الزُبَيدى. Dans le Repartimiento de Sevilla, qu'Espinosa a fait imprimer au commencement de son second volume, ce mot est très-fréquent, mais quelquefois il est altéré en « macar; » voyez fol. 2, col. 1, fol. 4, col. 3 (Macar Alcorahi, l. Machar Alcorachi, مَجشر القُرَشى), fol. 5, col. 2, 3 et 4, fol. 6, col. 4 où il faut changer Malharapcadi en Macharalcadi, مَجشر القاضى, fol. 9, col. 4, fol. 10, col. 1, fol. 16, col. 2 et 3, fol. 24, col. 4. Le mot أجشار a le même sens que مَجشر, car on lit chez Becrî 153, 11: وهو بلد واسع يسكنه un قصر est un village de Cabyles entouré d'une muraille (cf. Gl. Edrîsî), et c'est à peu près comme on trouve dans le Cartâs

192, 7 et 195, 2 a f.: القُرى والمَجاشر. Enfin, on pourrait se demander si le mot « masserie, » dont on se sert en Barbarie selon quelques voyageurs et que j'ai identifié (Gl. Esp. 384) avec le bas latin « massaria, » n'est pas plutôt ce مَجشر. Il a le même sens, et Lambrechts, p. 36, le donne même dans son acception primitive, car il dit qu'il signifie: le lieu où l'on mène paître les bœufs et les moutons (« een Massereij, of veeplaats van runders en schaapen »). Cependant la terminaison ie devrait être expliquée, et comme je ne suis pas en état de le faire, je n'ose pas décider cette question. Remarquez encore qu'afin de faciliter la prononciation, on dit aussi مَداشِر, au lieu de مَجاشر, du sing. دَشرة (voyez).

جشع

جَشَّع qui satirise, Diw. Hodz. 259, vs. 2 et l. 6 (lisez ainsi avec le man.).

أجشَع voyez Lane; un exemple chez Chanfarâ dans de Sacy Chrest. II, ١٣٥, 4 a f.

مُجشَّع satirisé, Diw. Hodz. 259, vs. 2, l. 6 et 7.

جشم I. Le Voc. a sous « compescere » les verbes كظم, جشم Ire et IVe forme; mais comme les deux derniers ne signifient rien de semblable, je crois qu'ils ne sont pas à leur place et qu'il faut les mettre sous « conpellere, » qui précède. — جشم مَؤنة éprouver des inconvénients, de la peine, Haiyân 27 v°: quand l'émir était entré par la porte de la mosquée et qu'il se rendait à la Makçoura, les fidèles devaient se lever, — فيجشم صلحاؤهم من ذلك مؤنة — جشم على قلب فلان causer à quelqu'un de la peine, du chagrin, Haiyân 41 v°: فارتفع من هذا الوقت ذكر سوّار وبعد صيته وجشم على قلوب اعدائه أقل الحاضرة وأخذ يخنقهم.

IV voyez sous la Ire.

V s'exposer à des inconvénients, des difficultés, p. e.: je me rendrai vers vous, ولو تَجشّمت بين الطين والماء dussé-je m'exposer à des inconvénients (en marchant) entre la boue (de la route) et l'eau (qui tombe du ciel), » P. Macc. II, 520, dern. l. — C. a. r. supporter, souffrir avec patience, P. Tha'âlibî Latâïf 36, 10: تَجشّموا ألم العيون للذّ الآذان « ils supportent patiemment le mal que la vue de sa laideur fait aux yeux, afin de faire jouir les oreilles de la beauté de ses vers et de son chant;» Abbad. II, 238, 2 (cf. III, 245): وﻟﻢ ﻳﺘﺠﺸﻢ اﻟﻤﺸﻘّﺔ اﻟﻤﻬﻢ «et il ne prend pas la peine d'aller chez eux.» — C. a. *prendre la peine de*, Macc. II, 516, 15, corrigé par Fleischer Berichte 82 (cf. Lettre à M. Fleischer 219): وﻻ أﺗﺠﺸﻢ ﺗﻜﻠﻴﻔﻪ اﻟﺪﺧﻮل ﻓﻲ ﺗﻠﻚ اﻟﻤﺴﺎﻟﻚ, où Fleischer traduit: «und ohne dass ich mich der Mühe unterzog, ihn zum Eingehen auf diese Weisen zu nöthigen.» Chez Macc. I, 245, 16: nous résolûmes de passer devant cette porte ﻟﻨﺮى ﻧﺠﺸﻢ ﻟﻠﺨﻠﻴﻔﺔ ﻟﻪ; si le pronom dans ﻟﻪ se rapporte au chaikh Abou-Ibrâhîm, le sens est: «pour voir la peine que le calife s'était donnée pour lui;» telle semble avoir été en effet l'idée de l'auteur; mais il s'est exprimé incorrectement, car selon la grammaire, le pronom se rapporte au mot ﺑﺎب (porte).

ﺷﺸﻢ voyez ﺟﺸﻢ.

ﺷﺸﻤﺔ voyez ﺟﺸﻤﺔ.

ﺟﺸﺎﻣﺔ *homme gros et gras, lourd*, Ztschr. XII, 72, 2, cf. 80, n. 20.

ﺟﺸﻤﻚ (ﭼﺸﻤﻚ) (pers.) *des grains noirs dont on se sert pour guérir les maladies des yeux*, Bait. I, 208 g, 249 e (AB).

ﺟﺸﻮ pour ﺟﺸﺎً dans le Voc.

ﺟﺸﺎ et ﺟﺸﻮة *rot*, Voc.

ﺟﺺ.

ﺟﺺّ *terre sèche et dure*, M.

ﺟﺼّﻰ *de plâtre*, Bat. I, 306.

ﺟﺼّﺎص *plâtre*, Most. v° ﺟﺒﺴﻴﻦ.

ﺣﺸﻄﻦ I dans le Voc. sous «cadera,» mais avec l'accus., d'où il résulte que c'est un verbe actif, et sous «proicere,» *jeter*. M. Simonet y voit avec raison une corruption des formes romanes de *iactare*: *getar, gitar, gettare, gittare, jeter, echar* (pour *jechar*).

II quasi-passif de I, Voc.

ﺟﺾ I vulg. pour ﺿﻢّ, M.

ﺟﻀّﺔ vulg. pour ﺿﺒّﺔ, M.

ﺣﻄﺮﻳﺔ (lat. *citrea, mala citrea*) *citron*, Ibn-al-Djezzâr v° أﺗﺮج.

ﺟﻌﺐ.

ﺟﻌﺒﺔ *étui*, Ht, Bat. IV, 224, *coffret*, Bat. II, 436. — *Tube, tuyau, canal*, Bc (Barb.), Cartâs 41, 18. — *Canon de fusil*, Cherb., Bc (Barb.), Ht.

ﺟﻌﺠﻊ I c. ب p., dans le sens de *jeter* quelqu'un *dans l'embarras*, a le n. d'act. ﺟﻌﺠﺎع, Abbad. I, 258, 3, III, 128, 8 a f. — *Brailler, gueuler, parler haut, crier*, Bc. — C. ﻋﻠﻰ p. *appeler*, Voc.

ﺟﻌﺠﻌﺔ *vociférations*; — *monotonie de sons*; — *pathos*, Bc.

ﺟﻌﺠﺎع *braillard, brailleur, gueulard, crieur*, Bc.

ﺟﻌﺪ.

ﺟﻌﺪ. ﻟﺠﻌﺪ *ce qui est dur*, (ﻣﺎ ﻻ ﻳﻠﻴﻦ), Müller 47, 8.

ﺟﻌﺪ *frisé*, Bc.

ﺟﻌﺪة *polium*. Le Most. (in voce) en nomme trois espèces: 1° اﻟﺠﻌﺪة اﻟﺤﺮاﻧﻴّﺔ, 2° اﻟﺠﻌﺪة اﻟﺠﺒﻠﻴّﺔ, 3° ﻣﺴﻚ اﻟﺠﻦ. Le Gl. Manç. en nomme deux: la grande, dite اﻟﺤﺮاﻧﻴـﺔ, et la petite qu'on appelle ﻋﺸﺒﺔ اﻟﻨﻤﻞ. — *Panais*, Bc (Barb.), Domb. 59 (staphylinus). — *Anacyclus*, Prax R. d. O. A. VIII, 284. — ﺟﻌﺪة اﻟﻔﻰ *Adianthum Capillus Veneris*, Bait. I, 126 b (pas dans nos deux man., mais chez Sonth.), 250 c (AB). Chez Freytag ﻗﻨﺎ اﻟﺠﻌﺪ, ce qui est peut-être une faute.

ﺟﻌﺪى. ﻟﻮف اﻟﺠﻌﺪى *serpentaire* (plante), Bc.

ﺟﻌﺒﺪ *populace*, Ht.

ﺟﻌﻴﺒﺪ (?). Dans le man. N du Most. on lit qu'à Saragosse la première espèce de la ﺟﻌﺪة, portait ce nom.

ﺟﻌﻴﺪى (cf. de Sacy Chrest. III, 369) *gredin, gueux, grigou, maroufle, homme de néant, va-nu-pieds, polisson, savoyard*, Bc; ﺟﻌﻴﺪى selon M, comme nom relatif de Djo'aid. Ce Djo'aid, ajoute-t-il, était un Egyptien. Coiffé d'un bonnet haut avec des sonnettes, il improvisait des panégyriques en vers, qu'il chantait en s'accompagnant d'un tambour de basque et en demandant une petite récompense. Beaucoup de personnes suivirent son exemple; on les appela اﻟﺠﻌﻴﺪﻳّﺔ, et dans la suite on donna à ce mot une signif. plus générale.

جعبدية canaille, gueusaille, populace, Bc.

أَجْعَدُ اجعد الشعر crépu, Voc., Bc, Cartâs 28, 1; L: cinciani (il veut dire: cincinnatus) أَجْعَدُ مَفْتُول مُكَسَّر ✱

جَعَر I, parmi le vulgaire, pour جَأَر, mugir, Gl. Fragm.; — bêler, Ht.

جَعَّار aboyeur, Gl. Fragm.

جَعْرَافِيَا (grec) géographie, Macc. II, 124, 6, 125, 6; Fleischer (Berichte 278) veut substituer un *ghain* au *'ain*; telle est en effet la leçon de Boul. et elle est plus correcte; mais la leçon des man. de Macc. ne doit pas être changée, car au Maghrib on écrivait réellement ce mot avec un *'ain*; voyez plus loin. صورة الجعرافيا planisphère, Prol. I, 87, 2 a f., et جعرافيا seul dans le même sens, ibid. 88, 1; de Slane (trad. I, 105, n. 1) veut lire ce mot avec un *ghain*, mais notre man. 1350 a le *'ain*, avec un petit *'ain* au-dessous, afin qu'on ne le change pas, et le Voc. a جَعْرَفِيَّة, avec le *'ain*, « mapa mundi. » Chez Amari 158, n. 4, on trouve جغرافيا, avec un *ghain*, dans le sens de *planisphère*.

جَعَز I. جَعَز pour عَجَز, M.
VII vulg. pour انعجم, M.

جعس.
جعاسى كلب جعاسى dogue, chien à grosse tête, Bc.

جَعَص VII se coucher sur le côté, 1001 N. Bresl. IX, 386, 6, où l'éd. Macn. porte اضطجع, qui a le même sens.

جعاسى قرد جعاسى magot, gros singe, au fig. homme fort laid, Bc.

جعوص qui est couché sur le côté, 1001 N. Bresl. IX, 384, 4 a f., 386, 8; dans le premier passage l'éd. Macn. porte متكى, et un peu plus loin on trouve dans les deux éditions مضطجع comme synonyme de جعوص.

جعفر.
جَعْفَرِي. — Épithète d'une étoffe de laine et soie, Macc. I, 231, 4: مجالس سروجها خز جعفري عراق; Épithète d'une espèce d'or, Auw. I, 578, 4: الذهب الخالص الجعفري ✱

جعفل.
جعفيل orobanche, Bc, Bait. I, 48 b (A), 250 b (AB), 309 c (AB), 344 c (AB), 420 c (AB), II, 568 c (A).

جعل I *réduire en, changer en, résoudre une chose en une autre*, Bc (cf. Lane 430 b à la fin), Khallic. I, 177, dern. l. Sl. — *Promettre*, Abd-al-wâhid 84, 6 et 7: وجعل لهم اموالا عظيمة على ان يوازروه على امره « il leur promit des sommes considérables s'ils voulaient aider au succès de son affaire, » id. 86, 6; dans ces deux passages on pourrait aussi traduire *donner* (Lane 431 a au commencement), mais le sens de *promettre* est certain par les passages qu'on trouve Abd-al-wâhid 67, 15, Akhbâr 72, 8. — *Poser*, *poser un cas hypothétique*, Bc. — *Fonder, instituer, donner des fonds pour un établissement*, Bc. — *Faire*, joint avec des infinitifs, p. e. اجعله يعدلك « je vous ferai donner par lui, » Bc. — *Feindre, faire semblant*, 1001 N. I, 4, 1. 3: اجعل انك مسافر للصيد والقنص انت جعلت; ibid. 47, 3; II, 79, 7: واختف عندى; جعل نفسه انه نائم ibid. 6 a f.: جعل نفسه ميتا; ibid. 342, 5: جعل نفسه حكيما « il feignit d'être (il se donna pour) un médecin. » — *Inciter, pousser, exciter*, Alc. (incitar). — C. الى p. et acc. r. *confier une chose à quelqu'un, la commettre à la fidélité, au soin, à l'habileté de quelqu'un*, Abd-al-wâhid 82, 2 a f.: جعل اليه جميع امورها خارجها وداخلها, Bidp. 264, 9, Nowairî Espagne 475, 476. — C. على p. *imposer une marchandise à quelqu'un, le forcer de l'acquérir au prix qu'on lui fixe*, Haiyân-Bassâm III, 140 vº: فوصل اليه منها بعض اسباب من ذخائر وثياب وجرت على الناس بها خطوب وجعلها على اهل اليسار واعيان التجار بقيمة سعرت. — جعل له عهدا ان *il s'engagea envers lui à*, Bidp. 240, 2 et 5.

II (dénominatif de جَعْلٌ, voyez) *payer une amende*, Alc. (lastar pagar pena, penar en dinero).

IV *déposer, confier à quelqu'un, lui remettre*, Alc. (deponer fiando de otro).

VII c. على est dans le Voc. concitare; c'est peut-être le passif, *être incité, excité contre*.

X *demander, exiger une récompense*(?), Gl. Fragm.

جُعْلٌ. Le pl. أَجْعُل, Abou'l-Walîd 409, n. 92, Payne Smith 1421. — Même pl. *imposition, impôt*, tribut, Alc. (imposicion). — *Forfait, traité pour un ouvrage à un prix convenu*, Alc. (destajo a hacer).

جَعَل *peine pécuniaire, amende*, Alc. (pena de dinero).

جُعَل pl. أجْعَال *peine, châtiment*, Alc. (pena generalmente); *jugement, sentence qui prononce une peine*, Alc. (censura el juyzio); *peine pécuniaire, amende*, Alc. (penal cosa de dinero). — *Ver luisant*, L (cicindela جُعَل وهو ابو جُعْران).

جَعَالَة *gratification, récompense surérogatoire*, 1001 N. III, 593, 4 a f. — *Bonne action*, Ht.

جاعل حِجارة *lapidifique, se dit des substances propres à former les pierres*, Bc.

مَجْعُول *salaire*, M.

جعلس.

جَعْلوس *étron*, Bc.

جَعْلَك *bouchonner, chiffonner, froisser du linge*, etc., Bc.

جَعْلَل *se balancer*, Ht.

جعم.

مَجْعُوم *maigre*, Voc. — *Galeux*, Alc. (sarnoso animal).

جعمص I *se pavaner*, Mehren 26.

جعمص *pitaud, paysan lourd et grossier*, Bc.

متجعمص *rogue, fier, arrogant*, Bc.

جعو VII *s'accroupir d'une manière irrespectueuse*, M.

جعفجع.

جَعْفَجْعَة pl. جَعَاجِع *cheveu*, Voc.

جَغْراف *géographe*, Bc, M.

جَغْرافي *même sens*, M, *et géographique*, Bc.

جَغْرافِيا et جَغْرافِيَة *géographie*, Bc, M; comparez جعرافيا.

جَعَل مَعْغَل *tripes, nom d'un mets*, Mehren 26.

جغلل.

مجغلل *grassouillet*, Bc.

جغم.

جَغْمَة *gorgée*, Ht.

جغن

جَغَانَة *nom d'un instrument de musique*, Khallic. IX, 37, 7 a f. C'est une espèce de masse ou de sceptre, auquel sont attachées trois cymbales, qui produisent une sorte de musique quand on les met en mouvement; voyez dans les dict. persans جَغَان et جَغَانَه.

جَغْنُوق *bavard*, Mehren 26.

جف

جَفَّ I se construit avec عن, Bait. II, 118 d: يَنْبُت كثيرًا بمركة النيل اذا جَفَّ عنها الماء. — On dit: جَفَّ القَلَم بما هو كائِن, Badroun 177, 14 et 15, dans le sens de: Dieu a décidé ce qui arrivera, — Dieu sait ce qui arrivera, je ne puis pas encore vous dire ce que je ferai. — جَفَّ s'emploie en quelque sorte comme un verbe transitif et se construit alors avec على, Prol. I, 198, 7: حين يَجِفُّ عليه الهواء, proprement: quand l'air le sèche, quand il se dessèche par l'action de l'air. — ثوبه يَجِفُّ عليه = son habit est trop long pour lui, de sorte qu'il traîne, M.

II *éponger, nettoyer avec une éponge*, Voc. (sicare cum spongia), Alc. (esponjar coger con sponja algun liquor), تَجْفيف *esponjadura*, Cout. 25 r°: وحُكيَ لنا أنَّ عبد الرَّحْمن بن للحكم احتلم بمدينة وادى الحجارة وهو غازٍ الى الثغر فقام الى الطُّهْر فلمَّا تقضَّى طُهْره والوصيف يُجَفِّف راسه دعا الحَـ ۞. Ce qu'on appelle en hébreu מַהְפֶּכֶת, c.-à-d., « lignum duplex, cui collum, manus pedesque captivi ita inscrebantur, ut curvus sedere cogeretur et neque collum tollere, neque manus pedesque movere posset » (Gesenius), se nommait en Espagne رجف, Abou'l-Walîd 781, 22.

جَفَّة *nom d'une plante*, Jacquot 183 (jeffa, sans autre explication).

جَفاف فى دماغه, جِفَاف *un dérangement dans le cerveau*, de Sacy Chrest. I, ۲۱, 5; de Sacy (p. 204) observe que c'est proprement *sécheresse*, et que les Persans disent de même خشك مغز ou خشك سر pour *fou*. — *Veille*, M.

جَفَافَة (pl. ات dans le Voc., chez Alc. jaftêif, mais c'est peut-être une faute pour jaffêfîf) *éponge*, Voc.,

Alc.; ce mot se trouve dans l'Evangile Mozarabe selon saint Jean (man. de Madrid), dans le récit de la passion, là où les rédactions orientales ont اسفنداجة (Simonet); — سطح الجَفَّافة pavement de salle fait de petits carreaux peints, comme ouvrage de marqueterie, ou damasquinés et émaillés de plusieurs couleurs, appelé ainsi parce qu'on le torchait régulièrement, Gl. Esp. 145—6.

تَجْفاف. Quatremère dans le J. A. 1850, I, 268, veut que dans un passage d'un livre sur l'art militaire, le mot تَجَافيف désigne: *des pièces de feutre, bien rembourrées, dont on doublait les cuirasses des cavaliers et les caparaçons des chevaux.*

مُجَفَّف *spongieux, plein de petits trous comme l'éponge*, Alc. (espongiosa cosa).

جَفْتٌ (du pers. جَفْتَه « courbé, incliné? »), que Freytag a noté comme le nom d'un instrument de chirurgie, mais en doutant de la leçon, est bon; on le trouve comme le nom d'un instrument dont se servent les jardiniers, chez Auw. I, 639, 6. L'édition porte en cet endroit للمعى (sic); mais dans le man. de Paris on lit, selon Clément-Mullet, للفبِن, et dans celui de Leyde je trouve للجفت. Il paraît que cet instrument est identique avec celui qui, à la ligne 3, est appelé un منقار لطيف, « un instrument ou une pointe de fer mince. » تفنكة جفت *fusil à deux coups*, Bc.

جَفْتا, pl. جَفَتات ou جَفْتنيات, *palissade*, Mong. 287 b, 288 a, Amari 207, 10, Athîr XII, 4, l. 3 (en publiant le même passage, Amari 313, 3, faute d'avoir connu la note de Quatremère, a donné une mauvaise leçon; Fleischer, dans l'Appendice d'Amari 30, montre aussi qu'il ne l'a pas connue), Amari 338, 2 (où il faut lire الجفاتي).

جِفْتتا. On donnait le nom de الجفتتا à deux pages roux, vêtus d'une robe de soie jaune, avec une bordure d'étoffes d'or, et un bonnet de même étoffe. Ils étaient montés sur des chevaux blancs, qui portaient un ornement de cou semblable à celui qui parait le cheval du prince, et précédaient le sultan dans ses marches solennelles. Ils tenaient des bandes d'étoffes d'or, dont les extrémités enveloppaient le prince, dans la crainte qu'il ne se rencontrât quelque trou qui fît broncher le cheval du sultan, Maml. I, 1, 135.

جفتلك (turc) *ferme, domaine, bâtiments loués à ferme*, Bc.

جفر I (cf. Lane 432 c, à la fin). « Vers le milieu du printemps passe le rut du » فَحَل (chameau), يجفر, R. d. O. A. N. S. I, 181.

جفر *dur*, M (الجاسي).

جفير *fourreau* d'une épée, 1001 N. I, 668, 11, III, 315, 2.

جفارة «(*pourtour, circonférence*) *plaine*,» Prax R. d. O. A. VII, 261.

مجفر *écheveau de coton*, M.

جفس, en parlant d'un homme, l'opposé de لَيِّن, لَيِّن العريكة, M.

جفل I, n. d'act. جَفَل, *s'ébrouer, ronfler par frayeur, souffler avec force, en parlant d'un cheval*, Bc.

IV. أجفال dans le sens de *terreur*, Maml. II, 2, 146.

جَفْلَة est donné dans le sens de *fuite* par Quatremère Maml. II, 2, 145. Je ne sais si ce terme a ce sens dans le premier passage qu'il cite, mais dans le second il semble avoir plutôt celui de *frayeur*, indiqué par Lane.

جَفْلَة *taille, bois pour marquer par des entailles ce que l'on fournit ou reçoit*, Bc.

يبرز اليها الجفلى من اهل البلد. On dit: الجَفَلى Berb. I, 429, 10, ce qui signifie: tous les habitants de la ville, sans distinction d'âge ni de rang.

جَفُول *ombrageux* (cheval), Bc.

جفيل *peureux*; — *ombrageux* (cheval), Bc.

جافل, pl. جُفَّل (que Quatremère prononce à tort جُفَل) et جَفَلة, *un fugitif, un émigré*, Maml. II, 2, 145.

جفلاطة pl. جفلاط *coup dans l'eau*, Alc. (çapatazo en el agua). Sur l'origine voyez Simonet.

جفن II *clignoter, remuer fréquemment les paupières*, Alc. (parpadear con los parpados). — *Mettre dans un vaisseau* (جَفن), *embarquer*, Amari 175, 7 (bonne correction de l'éditeur).

جَفْن (paupière). En chirurgie قَلْع الأجْفان est ce qu'on appelle تَشْمير, c.-à-d.: *couper une partie de la paupière supérieure quand elle a trop de cils*, Gl. Manç. in voce (voyez le texte sous تشمير). — Pl. أجْفان et جُفُون, *navire, vaisseau*, Gl. Bayân, Gl. Djob., Voc.; on dit dans le même sens أجْفان المَراكب, Amari Dipl. 34, 2 a f. — *L'enceinte, l'espace qui est clos, entouré,* d'une ville, Edrîsî, Clim. V, Sect. 2: وبق مدينة عامرة لجفن رائقة لحسن كثيرة المياه والأشجار de là جفن المدينة ou جفن البلد, dans le sens de *la ville*, Abbad. II, 6, dern. l., 24, 11, 174, 12, 187, dern. l.; ou *l'enceinte* d'un château, d'une forteresse, l'anonyme de Copenhague 48: ولمّا رأوا جنود الله ما لا قِبَل لهم به ألقوا بيد الاستسلام صاغرين, وأن يتخلّوا عن جفن الحصن مجرّدين,, id. 52: وركب من الغدا (الغد l.) ومشى الى الحصن الفرج فأعجب بصورته وصفه واحتفال بنائه ورجع من جفنه مشى الى الجامع الكبير. — *Ville*, par opposition à la forteresse, au château, qui la domine, deux passages d'Ibn-al-Khatîb, cités Abbad. II, 6, n. 22, Abbad. III, 186, Khatîb 147 v°: فدخل جفنها واعتصم مَن تأخّر أجلُه بقصبتها. — *Espèce de chaussure rustique couverte de morceaux de laine*, Sandoval 312.

جَفْنة (cf. Lane sous جَفْن), pl. جِفان (aussi Saadiah ps. 78, vs. 47, ps. 105), selon le Most., sous كَرْم, le synonyme de ce dernier mot (de même Aboû'l-Walîd 143, 11), signifie *souche de vigne*, Auw. I, 13, l. 13, 182, dern. l., 183, 3, 185, 23, 186, 4, 12 et 13. On dit العنب جِفان *la vigne en souches*, par opposition à العرائش *la vigne montante*, ibid. I, 185, 20. — Comme Freytag donne l'explication: «scutella lignea,» je ferai observer que cette espèce de plat n'est pas toujours en bois; chez Daumas Kabylie 203: «djefana, énorme plat en terre;» Ibn-Iyâs 386: طلب جفنة فيها نار. — Pl. جِفان, *vaisseau de guerre*, Bc (Barb.). — Nom d'une plante, Carette Géogr. 137, *gymnocarpos decandrum* Desf., Prax R. d. O. A. VIII, 282.

جَفَنِيّ *naval*, Alc. (naval).

جفو I c. a. *se détourner de, s'éloigner de, abandonner,* *quitter,* notes de Fleischer sur Macc. II, 77, 11, dans les Add. et Corr., et dans les Berichte 273—4. Les Arabes disent, comme l'a prouvé Fleischer: جَفَتْ جفوني النوم, «mes paupières ont abandonné le sommeil,» quand nous disons: «le sommeil a abandonné mes paupières;» on peut donc prononcer chez Macc. II, 195, 7, comme le veut ce savant (dans les Add. et Corr.): جفا جفني المنام; mais المنام, comme j'ai fait imprimer («le sommeil a abandonné mes paupières») est bon aussi, car on trouve dans un vers Prol. III, 398, 13: جفا جفوني النوم; le *dhamma* est dans notre man. 1350, et sans doute le poète a prononcé ainsi, car autrement il aurait écrit جَفَتْ. — On dit جفا جنبُه عن الرقاد dans le sens de جفا الفراش (chez Freytag et Lane), 1001 N. II, 101, 5. — *Blâmer*, Voc.

II (cf. Lane) signifie réellement, comme l'a dit Golius: *iniuria affecit, duriter et inique tractavit; traiter quelqu'un durement,* Bc; ce sens est classique; on le trouve dans un vers de الأعشى, cité Khallic. I, 136, 2 Sl., où le man. de Leyde porte نُجَفَّى; voyez aussi Gl. Mosl.

III *traiter quelqu'un avec rigueur, maltraiter, rudoyer*; جافَتْه *être cruelle*, en parlant d'une maîtresse qui est cruelle pour un amant, Bc.

VI *se déranger, changer de position*, Becrî 159, 4. — C. عن r. *se détourner de, s'abstenir de,* Macc. I, 55, 11, 75, 2, 634, 2, II, 164, 8, 273, 4, 434, 12, Khatîb 24 r°: لم يكن من اهل نباهة ووقع لابن عبد الملك في ذلك نقلٌ كان حقُّه التجافي عنه لو وُفِّق Prol. I, 160, 16, 229, 6, Berb. II, 64, 8, 128, 8, 316, 7 a f., 318, 13, 323, 5, 334, 2 a f., Amari 687, 8. Quelquefois: *ne pas vouloir,* Abdarî 58 v°: j'avais loué une maison à la Mecque, mais elle était encore occupée par des Tunisiens, فتجافيت عن التضييق عليهم, Berb. I, 12, l. 16: في السكنى معهم وانتظرت خروجهم ; — c. عن p. *s'abstenir de, de faire du mal à quelqu'un, de le molester, de lui nuire,* Haiyân-Bassâm III, 50 r°: فتجنّب الكفرة عن عنان وخرجوا يريدون مدينة منشون فتجافى (leçon de B, A mais la V° forme n'est pas en usage), Berb. I, 105, 9, 524, 5 a f., II, 103, 7 a f., 295, 3 a f., Macc. II, 63, 2 a f.; — تجافى عن ذَمّ *il s'abstint*

جفى

de lui ôter la vie, *il épargna sa vie,* Berb. I, 597, 10, II, 22, 9. — C. عن *s'éloigner de, quitter, abandonner,* Berb. I, 649, 14, II, 181, 12; تجافى عن ملك الحضرة «il abandonna la possession de la capitale, il renonça à la possession de la capitale,» Berb. I, 657, 3 a f.; تجافى عن الامارة «il renonça au pouvoir, il abdiqua,» Berb. I, 620, 6 a f. — C. ل p. et عن r. *céder quelque chose à quelqu'un,* Bayân II, 283, 11, Berb. I, 552, 11, 581, 11, 583, 3, 595, 10, II, 98, 10, 124, 4 a f. et ailleurs, Bat. III, 340. — C. عن r. *avoir de l'aversion pour,* Berb. I, 367, 11: وضمن هو تخريب المساجد لتتجافى عنها, 488, 5, II, 179, 1, 192, 6; تجافى بهم المنبت عن الحضارة والامصار بعض الشىء «ils étaient peu disposés par leur origine à rester dans des villes et à séjourner dans des établissements fixes» (de Slane), Prol. I, 298, 9 et 10. — C. عن p. ou r. *pardonner,* de Sacy Gramm. I, 78, 11, Commentaire sur Harîrî 413, 7, Berb. I, 42, 8; c. ل p. et عن r., Badroun 296, 6 (où il faut lire ainsi; voyez les notes p. 127—8). — C. ب *éloigner, écarter,* Gl. Mosl.

X c. a., en parlant d'un versificateur, *penser qu'il est dur et sec, qu'il n'est pas* حلو المنزع, Macc. II, 560, 19.

جَفْوَة كانت جفوة بين السلطان وبين خالد *brouillerie, mésintelligence,* Berb. II, 185, 5 a f.

جِفْوَة اعطتْه عين جفوة *cru*auté, *rigueur, d'une maîtresse;* الحفوة *elle est cruelle, elle le traite avec rigueur, elle le regarde d'un air de rigueur,* Bc.

جافٍ جافية على العاشق *dur, inhumain, insensible; maîtresse cruelle pour un amant,* Bc. — *Lourd,* p. e. en parlant de bâtiments de transport, de quartiers de pierre, d'armes, Gl. Edrîsî. — *Stupide,* Voc. *Ennuyeux,* Voc. — الأم الجافية *dure-mère, membrane extérieure qui enveloppe le cerveau,* Bc.

أَجْفَى *laid, difforme,* Macc. I, 306, 1: انسان رث الهيئة مجفو الطلعة ❊

جفى

جفى *épaisseur,* M.

جَقّ

جَقَّة *aigrette,* Bc.

جَقَّة *boyau, tripe,* Bc.

جَقْجَق

جَقْجَقَة لسان *bavardage,* Hbrt 239 (Syrie).

جَقْرَم *orner,* Voc.

جَقْشِير (turc چاقشير, ou mieux چاقشر) *pantalon de drap,* Vêtem. 121—2. Comparez شاخشور.

جَقَل II Voc. sous *cicada.* — En parlant du chacal, *marcher avec peine pour avoir trop mangé,* M.

جَقَل (pers. شغال) *chacal,* M.

جِقَالَة (roman), en Espagne, *cigale,* Voc., Alc. (cigarra, chicharro), Bait. II, 128 d (v° صرصر): وفى الجقالة عند اهل الاندلس بالجيم والقاف وفى الزيز ايضا ❊

جقم *têtu, obstiné,* Bc.

جَقْمَق (turc چَقْمَق) *chien, pièce d'un fusil,* Bc.

جَكّ جعل فيه جكّ البَنّاء للحائط I, t. de maçon, est جَكًّا, M; voyez ce qui suit ici.

جَكّ t. de maçon, est تقعير يكون فى الحائط كالزاوية المنفرجة فيميل بها الى الخارج منحرفا عن مسامتة الباقى, M. — Pl. جُكُوك nom d'un instrument de musique, comme جُوك et جُوى, M.

مِجَكّ *fourchette,* Domb. 93.

جَكَال (pers. شغال) *chacal,* Bc.

جَكَر I *se mettre en colère,* M.

III *taquiner, faire pique à quelqu'un, asticoter, faire enrager, pointiller,* Bc, 1001 N. Bresl. III, 198, 2 a f.

VI quasi-passif de la III°, Habicht Gl. III.

جَكَر *taquin, mutin, contrariant,* Bc.

جَكَارَة *taquinerie, caractère mutin, contrariant, action de taquin,* Bc, Antar 15, 8; *dépit;* جكارة فيك *pour vous faire dépit, exprès pour vous faire pique,* Bc.

جَاكِر *taquin, mutin, contrariant,* 1001 N. Bresl. III, 235, 11.

جَلّ I *être grand, haut* (prix), Macrîzî, man. II, 358: ما يجلّ أثمانها ❊

II. Lane a l'expression: سحاب يجلّل الارض بالمطر; chez Badroun 221, 8, السحب المجلّلة indique les drapeaux noirs des Abbâsides.

IV c. a. p. et عن r. *honorer trop quelqu'un pour*, Abd-al-wâhid 142, 16: اجلّ ابا حفص هذا عن الوزارة «il honorait trop cet Abou-Hafç pour lui donner l'emploi de vizir,» Macc. II, 110, 13. — C. a. p. et عن r. *éloigner*, Voc.; l'auteur (ou le vulgaire) a donc confondu ce verbe avec أجلى.

V c. a. *s'envelopper de*, Macc. II, 431, 2 a f. (cf. Fleischer dans les Add. et Corr., et Berichte 49, 50). — En parlant d'oiseaux, *voler au-dessus de* (cf. Lane sous la IIe), c. a., Macc. I, 501, 4, c. على, Djob. 97, 15.

جلّ nom d'une plante dans le Sahara, Carette Géogr. 55 (djel). — الجلّ من الارض *enclos*, M.

جلّ ليس بجلّ (proprement: *pas assez*) *non-seulement*, suivi de ولكن, *mais encore*, Ztschr. I, 157.

جلّة *embonpoint excessif*, Alc. (gordura).

جلّ est aussi un adjectif, *grave, formidable*, للحادث الجلل, P. Berb. I, 337, 4 a f. (car c'est ainsi qu'il faut lire, au lieu de الخلل), مغزى جلل, P. Abbad. II, 51, dern. l. — *Clarine*, clochette pendue au cou des animaux, Bc. — Selon Marmol III, 5 b, *gelel* signifie: *de l'or très-fin*.

جلال Cf. avec les dict. Abou'l-Walîd 134, n. 86: وتقول العرب بجلال هذا الامر اى بسببه ومن اجله ۞

جلال, pl. de جلّ dans la langue classique, est un sing. dans la langue moderne, *couverture en laine plus ou moins ornée de dessins, très-large, très-chaude, et enveloppant le poitrail et la croupe du cheval*; — *ornement de soie que l'on étend sur la croupe des chevaux aux jours de fête*; — *bardelle, sorte de selle de toile et de bourre*, Gl. Esp. 278.

جليل pl. جلال *charnu, gras*, Alc. (carnudo o carnoso, gorda cosa). — الصخر الجليل *de grosses pierres de taille*, Becrî 17, 8, 47, 4, 52, 14 et 15, 56, 9 et 10, 143, 2 a f., 145, 3 a f., où de Slane remarque: «Nous savons que les anciennes constructions de cette ville sont en grosses pierres, régulièrement taillées.» — *Solennel, pompeux*, Bc. — *Glorieux, qui jouit de la gloire céleste*, Bc.

جلالة *solennité, cérémonie, pompe*, Bc, *splendeur*, de Jong. — *Solennité, qualité de ce qui est solennel*, Bc. — *Majesté*, Bc. — *Gloire, béatitude céleste*, Bc — *Révérence*, titre d'honneur, Bc.

جلالاتى *fabricant et vendeur de couvertures de cheval*, M.

جلّى s'emploie comme un adjectif, de même que جلل, جلى الامور, P. Abbad. II, 57, 7.

جلاية = جلّة *boue, limon*, Mehren 26.

حلاو. «Des graines de جلاو,» dans une lettre chez Richardson, Sahara I, 319, qui avoue qu'il ignore le sens de ce mot.

حلب I. جلب بضاعة الى *importer*, faire venir des marchandises du dehors, Bc, Vêtem. 127, 11, particulièrement des esclaves, Amari 197, 4. انا اجلب عاليك dans le sens de: *je suis un marchand d'esclaves*, 1001 N. Bresl. III, 306. — *Faire venir quelque chose d'un autre endroit*, Nowairî Espagne 468, en parlant d'un jardin; جلب اليها انواع الفواكه; Khaldoun man. IV, 8 v°: جلب نباتا اليها الماء *naturaliser une plante exotique dans un pays*, Bc. — *Mêler?* R. N. 100 v°: هذه رائحة الساورد (sic) به الكافور لجلوب, mais la leçon est peut-être altérée.

II *sauter, franchir, enjamber*, Bc. — *Cabrioler, faire des cabrioles*, Bc. — *Arroser d'eau rose* (جلّاب), 1001 N. Bresl. II, 180, 7.

IV dans le sens de la Ire, Voc. (aportare). — C. على *faire des incursions dans*, Berb. I, 12, 52, 60, 68, 79 etc.; aussi c. ڢ, ibid. I, 137. — C. على r. *s'emparer de, se rendre maître de*, Gl. Belâdz.

V. Lane a déjà observé que la signification attribuée à cette forme par Golius ne se trouve dans aucun lexique. Le fait est que la Ve forme n'existe pas du tout. On la trouve bien dans l'édit. des Berb. et dans celle des Prol., mais c'est une faute pour تخلّب (voyez), avec le hâ.

VII *s'assembler, se réunir*, Gl. Edrisî, Djob. 122, 16, Çalât 33 v°: وتجنّد ما وڢق عنالك واتجلب اهلها اليها. واتجلب اليه الطلبة من كل مكان, 42 r°: فى اقرب مدّة.

VIII *importer*, Vêtem. 128, 10; اجتلاب بضائع *importation de marchandises*, Bc. — *Faire venir* quelque chose *d'un autre endroit*, Nowairî Espagne 463: اجتلب الماء العذب الى قرطبة. — *Raconter*, Akhbâr 85, 2. — جرى فى اجتلاب المحبّة *chercher à se faire aimer*, Bc — دواء لاجتلاب دم للحريم *hémagogue*, remède pour provoquer les règles et le flux hémorroïdal, Bc.

X *attirer*, Voc. — *Attirer, gagner par des bienfaits*, Maml. I, 1, 198. — Dans le sens de جلب الى نفسه et de اجتلب (voyez Lane sous la Iʳᵉ forme), *s'attirer* (comme on dit: s'attirer une méchante affaire), *s'exposer sans nécessité à une opération dangereuse*, Gl. Fragm. — C. ل *se laisser attirer vers*, Ztschr. XX, 491, n. 1: فاستجلب له خلق كثير. — *S'approprier*, Djob. 76, 10.

جَلَب *étranger*, que l'on tire du dehors, Bc. — Le pl. أَجْلاب (cf. Lane) *marchands d'esclaves*, Notices XIII, 287. — Onzième mois musulman, Roland; mais voyez sous جلد. — Grande cérémonie chez les nègres d'Algérie, décrite par Rozet II, 145 et suiv.

جلبا *jalap*, racine purgative, Bc.

جَلْبَة *traite*, transport de marchandises d'un pays à un autre, Bc. — Pl. جلب, *bande*, lien plat et large de fer, Bc. — *Cerceau*, Bc. — Pl. جلاب et جلبات, grande *barque* ou gondole, faite de planches jointes avec des cordes de fibres de cocotier; on en fait usage dans la mer Rouge, Gl. Djob., Bat. II, 158, Gl. Esp. 276. — Nom d'une drogue, Descr. de l'Eg. XVII, 394 (galbah), probablement *jalap*, chez Bc جلبا et جلابا.

جلبى espèce de datte, Burckhardt Arab. II, 213.

جلبى (turc) جلبى المزاج *dégoûté*, difficile, délicat, Bc.

جُلْبان (cf. Lane sous جُلْبان), n. d'un. ة, *haricot*, Alc. (fasola legumbre). — « C'est une espèce de gesse (*lathyrus sativus*), que l'on sème, comme le trèfle et le fenugrec, sur les terres que l'inondation a couvertes, » Descr. de l'Eg. XVII, 88.

(*pois*) est la forme qu'on trouve dans le Voc., qui donne le n. d'un. ة et l'expression جُلبان التحبّش. — Dans l'Irâc *épeautre*, J. A. 1865, I, 200, 201.

جلابا *jalap*, racine purgative, Bc.

جَليبة *un troupeau de gazelles*, R. d. O. A. N. S.

I, 305. — ابو الجَلائِب *onzième mois musulman*, Domb. 58; mais voyez sous جلد.

جُلْبِينَة vulg. = جُلْبان, M.

جَلَّاب *celui qui importe des marchandises*, p. e. des drogues, *dans un pays*, Bait. I, 191 a وبذكر, 205 b لة (للجلابون), اند *marchand*, Gl. Edrîsî, particulièrement *marchand d'esclaves*, ibid. — Nom d'un vêtement qui s'appelle proprement جَلّابيّة (voyez).

جُلّاب *l'eau dans laquelle on a laissé tremper les raisins secs*, M.

جَلّابِيّة nom d'un vêtement qui s'appelle proprement جَلّابيّة (voyez).

جَلّابِيّة doit signifier, soit un vêtement que portent les جَلّاب, les marchands d'esclaves, soit un vêtement que ceux-ci font porter aux esclaves; si cette dernière explication est la véritable, on peut comparer l'esp. *esclavina*, qu'Alc. traduit par جَلّابيّة et qui signifie *robe de pèlerin*, mais qui, dans l'origine, désignait un vêtement dont les Slaves, ou les esclaves, faisaient usage (cf. Ducange, vᵒ *sclavina*, et le Dict. de l'Acad. esp., vᵒ *esclavina*). Dans le Voc. جَلّابِيّة est *capa*. Chez l'anonyme de Copenhague 114: اشترى ببعضها (يعنى ببعض الدنانير) جلابية وكان عنده أخرى يلبسها. Selon les voyageurs, c'est une sorte de chemise ou plutôt de sac, fait de laine ou de toile grossière, et que l'on porte ordinairement sur la peau nue. Il est brun, ou à raies brunes et blanches, ou noires et blanches, et il n'a point de manches (d'autres disent qu'il a des manches courtes et étroites), mais des trous en haut et aux côtés pour y passer la tête et les bras. Il descend, soit jusqu'à la ceinture, soit jusqu'aux genoux; il est garni d'un petit capuchon, et c'est l'habit des pauvres dans le nord de l'Afrique. Voyez Vêtem. 123, l. 19 jusqu'à la fin de la p. 124, car les passages que j'y ai cités se rapportent à la جَلّابيّة et non pas au جلباب; ibid. p. 119, où *le gerivia* de Marmol est une légère altération de جلابية prononcé à la manière espagnole (Alc. écrit *gelibía* et l'on trouve *chilivía* dans la Miss. hist.); ailleurs (II, 148 c) le même auteur écrit *giribía*, et chez les auteurs portugais on trouve aussi un *r*, au lieu d'un *l* (*algerevia*, *algeravia*, *aljaravia*; voyez Sousa, Vestigios da lingoa

Arabica em Portugal, augment. por Moura, 46); Jackson Timb. 200 n. (jelabea); Davidson 12 (jelábíyah); Buchser. C'était dans le Maroc le vêtement des esclaves chrétiens, Miss. hist. 71 b, 73 a, 360 a etc., 614 a.

Ce mot a été altéré en جَلَّابِيَّة, car Shaw (dans mes Vêtem. 123) écrit *jillebba*, et Daumas, Sahara 47, 242, Mœurs 370, *djellaba*. Chez Carette Géogr. 109 on lit que la *djellâba* est la première blouse des Touareg qui en portent trois. « Elle est, » dit-il, « rayée de blanc et de rouge, brodée en soie verte; » cf. *ibid.* 217, R. d. O. A. N. S. X, 538, Jacquot 207, Jackson Timb. 29. Enfin ce mot a été altéré encore davantage, car on trouve aussi جَلَّاب. Le Dict. berb. donne: *chemise de laine* أَجْلَابْ, et *petite chemise de laine* تَجَلَّابْتْ. De même chez Löwenstein 128 (gelab). Hay écrit aussi ordinairement *gelab* (p. e. p. 3), mais une fois (p. 53 b) *jelabea*. Voyez aussi Barth IV, 449.

جلب *celui qui importe des marchandises dans un pays*, Müller 10, 4.

تَجْلِيبَة *cabriole*, saut léger, Bc.

جلب *fouet*, 1001 N. Bresl. I, 179, 13; cf. Fleischer Gl. 84 n. Comme les Coptes en ont fait τμκκλαβι, on semble avoir prononcé مَجْلَب.

مَجْلَوب *exotique*, étranger, Bc.

مِنْجَلِيبَة *pupitre*, Bc, mais sous *lutrin* c'est مَنْجِلِيبَة.

جَلْبَارَة *castagnette*, Bc.

جلبرة *poisson du Nil chez Edrîsî*, mais chez Cazwînî on trouve حلبون, Gl. Edrîsî.

حلبط

جَلْبُوط *le petit d'un oiseau avant qu'il ait tout son plumage*, M.

جَبْر آفَنْك, جَلْبَيْنَك (pers. دَ.هَنْك, etc., chez Vullers « semen fruticis spinosi خار زرد dicti, cuius radix nomine زرد تربد nota est »). Selon le Gl. Manç., le جلبينك (sic) est une plante inconnue au Maghrib, et la divergence d'opinions chez les botanistes maghribins prouve que cet auteur a raison. D'après le Most., c'est le جوز القى (article sur ce dernier mot), et dans l'article كنذى, il dit que c'est *artichaut*. Chez Bait. I, 252 c, qui donne toutes les voyelles, Sonth. traduit *reseda mediterranea*; cf. I, 370 b à la fin,

où il faut lire de même avec le man. A. Ailleurs, II, 57 f, Bait. dit que c'est le synonyme de سمسم برى, et Sonth. traduit *cerbera manghas*. Enfin Ibn-al-Djezzâr (in voce) croit donner le nom esp.: بالعجمية اروقة ✽

جلاجل

جَلَاجِل pl. جَلَاجِل *balayures, crotte, boue*, Alc. (cazcarrias).

جَلَاجِل *loriot*, bouton à la paupière, Bc, M.

جَبَل الجلاجلة. جَلَاجِلَة *le mont Calvaire*, Bc.

جَلْجَلَان est, selon le Most. (v° سمسم), un mot indien qui signifie *coriandre* (كزبرى). — *Sésame*; mais on donne aujourd'hui d'autres voyelles à ce mot; Prax R. d. O. A. VIII, 345: « djeldjelan, le sésame; on fait du nouga avec du miel et du sésame; » *gilgillân* chez Lyon 273 (« a small pea »); « djeldjellâne, espèce de millet, » R. d. O. A. N. S. V, 231. Chez Niebuhr B. 142 n., qui explique *djildjylári* par « sésame indien, » il faut lire *djildjylân*. — En Espagne aussi cette espèce de *condrille* que les Grecs appelaient *sesamoides micron*, Gl. Esp. 146. — *Chicorée sauvage*, Bc. — Ce qui chez Freytag est جلجلان حبشى, est chez Bait. I, 254 d (AB) جلجلان الحبشى.

جلح I *animosus fuit*, Payne Smith 1352. — Bâsim 39: امس جلحت للخدادين واليوم جلحتنا ; l'ensemble du récit montre que ce verbe doit signifier *empêcher quelqu'un de travailler, d'exercer son métier*.

جَلْحَة *chauveté*, Bc.

حلحم I *être ulcéreux* (paupière), M.

جلخ I, plus ordinairement II, *aiguiser*, M.

جَلْخ *pierre à aiguiser*, M.

جلد I, en parlant d'un nourrisson, *épuiser le lait de la mamelle*, (حتى لم يبقَ غير الجِلْدْ), M.

II *couvrir de cuir*, Voc., Alc. (encorar), Gl. Fragm.; مُجَلَّد en parlant de tours de bois employées dans les sièges, Mong. 134 a; Quatremère pense que c'est: *couvert de cuir bouilli* (imperméable au feu). — *Couvrir de croûte* une tourte, un pâté, etc., Alc. (encostrar poner costra). — La signification donnée en dernier lieu par Lane, comme celle qui est aujourd'hui en usage, est aussi dans le Voc.: *confortare* = صبر

جلد

— *Geler, endurcir par le froid*, Bc. — *Prendre, se geler*, Bc. — *Se racornir, se retirer, se durcir*, Bc.

V *patienter, attendre avec patience*, 1001 N. Bresl. IV, 40, dern. l. — *Être couvert de cuir*, Voc. — *Geler, se geler*, Bc.

VII *être fouetté*, Voc.

جَلْد. Dans l'expression proverbiale citée par Freytag: ليس له جلد النمر, le mot ليس n'est pas le prétérit de la IVe forme, comme il semble l'avoir pensé, mais l'impératif de la 1re, Valeton 44, n. 5. — *Outre*; جلد دهن *une outre de beurre*, Cherb. Dial. 164. — *Une feuille de parchemin ou de papier*, Gl. Badroun. — جلد الفرس espèce de pâtisserie. « جلد الفرس (ou قمر الدين) est une composition de pâte d'abricots séchée, étendue et pliée en feuilles, laquelle ressemble exactement à la chose d'où elle tire son nom. Les Turcs et les Arabes s'en servent en voyage; ils dissolvent cette pâte dans de l'eau et la mangent comme une délicatesse avec du pain ou du biscuit,» Burton I, 191; Bat. I, 186, III, 425; les traducteurs de Bat. rendent ce terme par *pénis du cheval* (en forme de saucisse); je crois que c'est bon (cf. Lane) et que Burton a entendu cette expression de la même manière; mais au reste la pâtisserie dont parle Bat. se compose d'autres ingrédients, à savoir de suc épaissi qu'on fabrique avec les raisins, de pistaches et d'amandes. — جلد النحاس, nom d'une grande fête dans le Darfour; voyez Browne I, 356. — ابو جلد, nom du onzième mois musulman, lequel a été appelé ainsi d'après la personne qui, pendant ce mois, parcourt les maisons couverte de peaux crues et avec des cornes au front, Hœst 251; mais Roland nomme ce mois جَلَب, et Domb. 58, ابو الجلاديب.

جَلْد *le firmament*, Saadiah ps. 148. — Nom d'un animal à cornes, grand comme un veau, Burckhardt Nubia 439.

جَلْدَة *coup de fouet*, Bat. IV, 52, 1001 N. I, 52, 6.

جِلْدَة *bourse à tabac*, Bc. — جلدة الفروج nom d'un mets, Macc. II, 204, 8. — Le vulgaire dit جلدة فلان, pour exprimer: *un tel est extrêmement avare*, M. تشبيها بالجلد الذى لا وسم فيه ولا ندى.

جَلَدَة, dans le sens de *fermeté, force*, etc., chez Müller S. B. 1863, II, 35, l. 12, est une manière d'écrire défectueuse, pour جَلَادة.

جِلْدِى *cutané, de la peau*, Bc. — *Coriacée, qui a la consistance du cuir*, Bc.

جَلِيد *gelée, grand froid qui glace*, Voc., Bc. — الدنيا جليد *il gèle*, Bc. — *Humeur aqueuse (ou humeur vitrée?) de l'œil*, Gl. Manç.: جليد هو الماء الجامد شبيهًا به الرطوبة الوسطى من رطوبة العين (جليد وجمر المها). — *Cristal*, L (cristallus فنسميت البه). — جلادة حتى ما لى جلادة *je n'ai pas la force de; je ne suis pas en train de, en humeur de*, Bc.

جَلِيدَة *bruine, frimas*, Saadiah ps. 147.

جُلُودِى *corroyeur, peaussier, artisan qui prépare les peaux*, Bc.

جَلَّاد *bourreau*, Bat. III, 218, 1001 N. II, 689, 691. — *Peaussier, artisan qui prépare les peaux*, Voc., Alc. (pellegero que las cura). — *Marchand de peaux*, 1001 N. I, 258, 4 a f.

جَلَّادَة *fouet*, Voc.

أَجْلَد *séant à un homme d'un caractère ferme*, P. Aghânî 62, 4.

تَجْلِيد *cristallisation*, Bc. — *Couverture d'un livre*, Hbrt 111.

تَجْلِيدَة *reliure, manière dont un livre est relié*, Bc.

مَجَلَّد (vulg. pour مُجَلَّد) *fouet*, Fleischer Gl. 84 n.

مُجَلَّد *couverture d'un livre*, Hbrt 111.

مُجَلَّد *coriace*, Bc. — *Volume*; le pl. ات se construit avec des noms de nombre masc., Gl. Abulf. — Dans les Prol. III, 4, 1, où on lit que la doctrine des Dhâhirites a disparu du monde et qu'on n'en trouve plus rien excepté dans les الكتب المجلدة, de Slane (trad. III, 5, n. 3) lit avec un man., l'édit. de Boulac et la traduction turque, المجلدة, «les livres reliés,» c.-à-d. ceux dont on ne se servait plus, car les livres qu'on étudiait dans les écoles étaient toujours en cahiers détachés. — مرقة مجلدة *gelée, suc, jus coagulé*, Bc.

جلز

جِلَّوْز. Le n. d'un. ة, Voc., Alc. (avellana).

جَلَّوَاز. Le pl. جَلَاوِزَة gendarmerie, Bc, et le pl. est aussi جلاويز, Abou'l-Walîd 407, n. 48.

مُجَلْوِز celui qui récite les excellentes actions des Compagnons du Prophète dans les mosquées, M.

جلس I *être prêt à recevoir des visites*, R. N. 88 rº: فصبيت اليه فوجدت الباب مردودا بلا حديدة وكانت جلس على الكرسى — علامة جلوسه فدخلت واستاذن *monter sur le trône*, Bc; de même جلس seul, p. e. en parlant d'un usurpateur, 1001 N. I, 80, 8: قتل الوزير والدى وجلس مكانه — C. ل p. (cf. Lane) *est proprement s'asseoir en se tournant vers quelqu'un*, Gl. Badroun, de Jong, Gl. Belâdz., Bat. II, 86 (deux fois), Khallic. I, 178, 20 Sl., IX, 132, 4 Wüst., Amari 652, 6, Cartâs 77, 10, J. A. 1849, I, 189, 7 a f.: جلس للعلم, *en parlant du sultan qui donne audience à ses sujets*, Mohammed ibn-Hârith 239: فقال لبعض مّن يجلس اليه (يعنى الى القاضى) دلَّوْنِى على القاضى, 284: وهو جالس فى ركن المسجد مع من, 285, 298, R. N. 57 rº, جلس اليه من اهل الخواتم والخصومات, en parlant de deux docteurs: وكنت اجلس الى حلقتهما, et ensuite: جلست اليهما على سبيل العادة — C. الى r. جلس الى الطعام *s'asseoir pour dîner*, Gl. Badroun, جلس الى الارض *s'asseoir par terre*, ibid. — C. عن, Chec. 187 rº: جلس عن التبرز سبعة ايّام, «il fut sept jours sans aller à la garde-robe.»

II *asseoir*, M, Voc., Alc. (asontar, asentar a otro), Auw. I, 188, 21: ويدرس باليد ويَجْلِس تَجْلِيسًا جيدا معتدلا (Banqueri: «aquella tierra, la qual apretada y asentada regularmente con la mano;» Clément-Mullet: «tout étant assis d'une manière stable et de niveau»), 688, 3. — جلّس فى منصب *installer*, mettre en possession d'un office; تَجْلِيس اسقف *intronisation, installation d'un évêque*, Bc. — Verser d'un vaisseau dans un autre, Alc. (enbrocar como vaso). — Rendre un bâton droit, M. — Toucher, donner contre un écueil, sur le sable, en parlant d'un navire, Alc. (encallar la nave, تجليس *oncalladura de nave* (échouement)), Bat. II, 235, 1, où il faut prononcer مُجَلَّسَة comme le prouvent le témoignage d'Alc. et l'emploi de la Vᵉ forme (voyez), au lieu de مُجْلَسَة, comme on lit dans l'édit. — جلّس بزر القزّ *les œufs des vers à soie tardèrent en partie à éclore*, M.

IV *introniser* un évêque, Bc.

V *toucher, donner contre un écueil, sur le sable, en parlant d'un navire*, Bat. IV, 186. — *Être en bon état* (affaire), M.

جِلَاس pl. أَجْلَاس *leçon d'un professeur*, Meursinge 22, 7.

جَلْسَة est ce qu'on appelle un «nom d'une fois,» et جلسة الخطيب est l'action de s'asseoir du khatîb entre les deux parties de la khotba. Comme elle est de très-courte durée, on emploie proverbialement cette expression pour indiquer *un moment très-court, un instant*, Djob. 204, 10: جلسة للخطباء المضروب بها المَثَل فى السرعة, Macc. II, 312, 8 (cf. l. 5), 426, 12 avec la note de Fleischer Berichte 48—9. — *Session*, séance d'un corps délibérant, Bc. — *Leçon d'un professeur*, Macc. Introduction, p. c, l. 8. — *Droit d'occupation*, Ht; Dareste 130: „Le *habous* est de sa nature inaliénable; mais si l'immeuble dépérissait entre les mains de l'usufruitier, si la ruine des bâtiments était imminente, sans que le possesseur actuel pût faire les dépenses exigées, la vente, ou plutôt l'aliénation avec un titre spécial, était décidée et autorisée par une délibération du *midjelès* (réunion du mufti et des kâdis). Le contrat de vente qui intervenait alors au profit d'un tiers portait le nom d'*ana* [عَنَاء] ou *djelça*. Il emportait obligation pour l'acquéreur de faire les améliorations exigées et de payer à perpétuité une rente annuelle qui prenait la place de l'immeuble dans les transmissions successives dont il pouvait être l'objet, et continuait de grever la propriété dans quelques mains qu'elle résidât."

جُلُوس *avènement à une dignité suprême*, Bc. — جلوس اسقف *intronisation*, installation d'un évêque, Bc. — *Séance*, droit de prendre place dans une assemblée, Bc.

جِلِّيس, à Grenade, *marchand de soie*, Gl. Esp. 275–6.

جَلِيسَة *fille d'honneur*, près des princesses, Bc.

جَلَّاس pl. جَلَالِيس *espèce de siège de nattes de sparte*, Alc. (posadero). — *Lampe*, Bat. II, 263,

Bâsim 11: واوقد شمعتى واشعل لجلاس والسراج, 22, — .etc ,24 ,واخذ سيرج للجالس وزيت للسراج :23
Pot de chambre, Domb. 92 (كُلَّاس).

جالس pl. جُلّاس *assistant, qui est présent en tel lieu*, Bc. — *Droit, qui n'est pas courbé*, M.

جوالس *grémil (plante)*, Bc.

جواليس *mortier de bouc*, Mehren 27.

مجلس *conseil municipal*, Palgrave II, 330, 378. — En Algérie, *le tribunal d'appel formé par les cadis et les muftis*, Berbrugger 11, Carteron 83, comparez sous جَلْسَة. — *Palais*, Voc. *La salle où un professeur donne ses leçons, où il fait un cours*, Macc. I, 473, 6. — *Leçon d'un professeur, et ce qu'il dicte pendant une leçon*, Macc. I, 244, 21, 245, 11, Khatib 21 v°: ودرس الاحكام لجوبة (sic, avec كذا) وعرضها: وسمعت منه مجالس, Abdari 19 r°: فى مجلس واحد, Meursinge ٣٩, 14: وقد أملى عدّة, من كتاب التيسير, On dit aussi مجلس العلم, Macc. I, 483, 1. — Chez les Druzes, *chapelle où se réunissent leurs* عقّال, M. — *Un acte complet de ce qu'on appelle un* ذِكْر, Lane M. E. II, 212. — Le pl. مجالس *les fondements d'un édifice*, Ibn-Loyon 4 v°: ميزان الأزر الّذى بايدى البنّائين لاخراج الماء من المجالس عند رمى السطوح. — *Titre, certaine qualification que l'on donne par honneur, comme nous disons Son Excellence, sa seigneurie, p. e. en parlant d'un ambassadeur*, Rutgers 167, 13 (cf. 172): المجلس السامى حسين, de même Amari Dipl. 219, 1; en parlant d'employés du gouvernement, جاوش, المجالس السامية, ibid. 214, d'un négociant, ibid. 212, 2. — La dernière signification que donne Lane est bonne, car on trouve dans le Gl. Manç. (in voce): كناية عن الدفعة الواحدة للبراز, et chez Bc: «*selle, terme de médecine, évacuation faite en une fois;*» mais le sens de «*latrines*,» que lui attribue Freytag, repose, je crois, sur un malentendu. — مجلس السرج *la partie de la selle sur laquelle on est assis*, Macc. I, 231, 1 et 4. — مجلس النظر *réunion de savants qui discutent*, Macc. I, 485, 2, et مجلس *seul discussion*, ibid. 505, 12. — امير مجلس *était le titre d'un employé à la cour des sultans mamlouks; il avait sous sa dépendance les chirurgiens, les médecins et autres, et il tirait* son nom du droit qu'il avait de s'asseoir durant les audiences que donnait le sultan. Sa charge était désignée par le mot de أمرة مجلس, Maml. II, 1, 97.

صاحب المجالس — était en Espagne le titre d'un employé qui indiquait aux hôtes de son maître les chambres qu'ils devaient occuper, Nowairî Egypte, 2 o, 114 v°: Les musulmans, assiégés par les Espagnols dans la forteresse de Tiscar, conclurent la paix avec eux, à la condition que les deux parties belligérantes demeureraient en commun dans le château. Par conséquent, le châtelain musulman invita les Espagnols à lui envoyer à minuit cinq cents de leurs meilleurs chevaliers; mais فلمّا دخلوا لحصن فرّق صاحب المجالس وقتلهم عن اخرهم ولم يشعر بعضهم ببعض ☼

مُجلَّس *reposé*, p. e. en parlant d'eau qu'on a laissé reposer quelque temps parce qu'elle était trouble, Alc. (reposada cosa como agua).

مُجالِس, à la cour de Maroc, *celui qui a le droit de s'asseoir en présence de l'empereur*, Høst 181. Du temps de ce voyageur, ces personnes étaient au nombre de cinq.

كلسبون ou جلسبين *espèce de carpe*, Seetzen III, 496, IV, 516.

جلط I *érafler, écorcher légèrement*, Bc.

II est dans le Voc. *radere*, avec la note: *enpeguntar (marquer les bêtes à laine avec de la poix) ho (ou) espalmar* (chez Victor: «*espalmar*, c'est donner une couche de suif au bas du vaisseau par dehors, afin qu'il glisse et coule mieux sur l'eau;» à peu près de même chez Nuñez; mais selon le Dict. de l'Acad. française, espalmer signifie: «nettoyer, laver la carène d'un bâtiment, d'une embarcation, avant de l'enduire de suif ou autre matière»).

جَلْطَة *érafure*, Bc. — *Morveau*, M.

جُلْطَة pl. جُلَط دم جلطة *caillot, masse de sang caillé*, Bc.

ابو جليط *le troisième estomac d'un animal ruminant*, M. sous قب.

جلعد

جَلْعَد. Le pl. جلاعيد, P. Kâmil 141, 18, 143, 18 et suiv.

جلغ.

جلغ = جَلْغ‎ pierre à aiguiser, M.

جلاغة‎ strasse, bourre ou rebut de la soie, M.

جلف‎ V semble être en usage; Haiyân-Bassâm I, 143 rº: il fit pour la seconde fois le pèlerinage de la Mecque malgré le mauvais état de sa santé وعلى ناصّه في (sic) تحلف‎; je crois devoir lire تجلف‎ et traduire: « et quoiqu'il eût fait de grandes pertes d'argent. » — Dans le passage Amari 121, 11, il ne faut pas lire تجلفم‎, comme le propose l'éditeur, mais تخلفم‎; voyez sous خلف‎ V.

جلف‎. Tristram 341: « Les récoltes sont ici très-précaires par suite de la sécheresse, et les Arabes les appellent djelf, ou champs abandonnés à la grâce de Dieu » [?].

جلفة‎ grumeau, portion de sang, de lait caillé, Bc (sans indication de voyelles).

جلفة‎ excellente race de chevaux qui tire son origine du Yémen, Ali Bey II, 276 (djelfé; cf. le dict. persan de Richardson).

جلفى‎ yelek à longues manches, Lane M. E. II, 95.

جلفى‎ dans le sens de جلف‎, stupide, sot, Gl. Fragm.

جليف‎ dans le sens de lolium (زوان‎), voyez Bait. I, 255 b. — Dans le passage du Câmous, cité par Freytag, il faut lire كالارز‎ (« comme le riz »), au lieu de كالارزن‎, leçon de l'édit. de Calcutta.

جلف‎ la boucle de cheveux qui couvre la tempe, Lane M. E. II, 95.

أجلف‎, جلف‎, rustique, grossier, etc., Gl. Mosl.

جلفت‎ (les voyelles dans L) pomme acide, Most. vº والجلفت التفاح الحامض وهو دخيل في شعر لابن: تفاح الرومى

كأنما عَضَّ على جلفت ⁕

جلفط.

جلفاط‎ calfat, celui qui calfate, Djawâlîkî 49, 3 a f. Pl. جلافطة‎ Bat. IV, 293.

جلق‎ I mal élever un garçon, le gâter, M.

جوالق‎ pl. جوالق‎ coffre, Voc. (arca, eax). — Grand sac pour les grains, la farine, Bc. — Sur l'arbrisseau qui porte ce nom, on peut voir Gl. Esp. 371—2; ajoutez Edrîsî chez Bait. I, 408, qui dit en parlant du دارشيشعان‎: وهو نوع من انواع الجوالق‎. جوالق‎ Dans Berb. I, 502, 2, on trouve un duel جواليقين‎; mais notre man. 1351 porte correctement جوالقان‎.

جلك.

جليكة‎ altération du mot turc يلك‎ (voyez), Gl. Esp. 291.

جلم.

جلم‎ (ciseaux), le pl. أجلام‎, Voc., Bc.

جلنار‎, n. d'un. ة, Abbad. I, 89, n. 86. شجرة الجلنار‎ est le balaustrier ou grenadier sauvage, le grenadier à fleur double qui ne porte point de fruit, et جلنار‎ est la fleur double de ce grenadier, Bc, Auw. I, 280, 14 et suiv. — Tournesol, Alc. (tornasol yerva) qui prononce جلنار الارض‎ — جلنار‎ (écrit جلنار‎) = (voyez), Gl. Manç. sous ce dernier mot.

جلنك‎, aussi شلنك‎ (turc), aigrette d'argent qui se porte à la guerre sur le turban, comme récompense de la valeur, Bc.

جلو‎ I. جلا في الخدمة‎, « il se distingua dans l'administration, » Berb. I, 401. — C. a. p. faire la toilette d'une femme, la parer, Koseg. Chrest. 143, 10. — En médecine purger, Bait. I, 24 c, en parlant de l'eau de riz: قوتها تجلو وتحلل‎, 28 c: يجلو جلاء حسنا‎.

II mettre dans son jour, dans la situation la plus favorable, Bc. — Chez Moslim: Quand ils cherchent un refuge dans une forteresse, جلي بخوف عليهم‎, ce que le scoliaste explique par طلع عليهم بخوف اى‎ حاصرهم فيه‎. L'éditeur compare l'expression جلي البازى‎ chez Lane.

IV montrer, Voc. (ostendere), manifester, rendre manifeste, c. عن‎ r., Rutgers 175, 6 a f., où les voyelles doivent être corrigées de cette manière: أجلت هذه الحروب عن عزيمة ابن السيد‎. — Comme la Ire, *polir*, Voc. — C. a. p. et من r. *priver* quelqu'un *de*, Mohammed ibn-Hârith 237: ‏أن لم يجد سبيلا الى تجريحهم طلب أذاهم فى غير ذلك حتى يجليهم من أموالهم‎; les voyelles sont dans le man.

V *se manifester*, Bc. — *Se montrer parée*, en parlant d'une épousée, de Sacy Chrest. I, 243, 3, ها, 4. En parlant de fleurs fraîche écloses, on dit والازهار ‏قد تجلّت من كمامها‎, Calâïd, man. A I, 157. — Comme verbe actif, *lever son voile*, en parlant d'une femme, P. Abd-al-wâhid 173, 7. — Pour ‏تجلّل‎, *se couvrir, s'envelopper*, P. Macc. II, 546, 9; cf. la note dans les Add. et Corr.; la leçon du texte est aussi celle de l'édit. de Boulac.

VII *se dérouiller, se polir*, Voc., Bc. — *Se manifester, se montrer*; on dit: ‏فتجلّت الهزيمة على يغموراسن‎ Hist. des Benou-Ziyân 95 rº, ‏انجلت الهزيمة عليه‎ ibid. 98 rº. — *Aller en exil*, Macc. II, 364, 13, Abou 'l-Walîd 773, 10. — *Se modérer, se contenir*, Alc. (mesurarse).

VIII, dans le sens de *regarder, considérer*, se construit aussi c. ه r., Abbad. III, 5, l. 12.

‏مطلع ابن جلا‎ (voyez Lane); ‏ابن جلا‎ *l'endroit où se lève le soleil, l'orient*, Macc. II, 101, 14.

‏جلو‎ pl. ات *apparition*, Alc. (aparecimiento).

‏جلاء‎ *sorte de poisson*, Yâcout I, 886, 6.

‏جلوى‎. Selon le Most., le peuple en Espagne donnait le nom de جلوى à ‏بياض‎ *à la céruse*, Gl. Esp. 70; comparez ‏ذواء‎ ‏جلّاء‎ chez Lane et plus loin notre article ‏جلّاء‎.

‏جلوى‎ pl. ‏جلاوى‎ *voile de femme*, Voc.

‏جليبة‎, ‏جليبة خبر‎ *lumières, éclaircissements, indices*, Bc. — ‏جليبة لخبر‎ *renseignements certains*; ‏ما وقعت له على جليبة خبر‎ «je n'ai pu en avoir de nouvelles positives,» Bc, cf. Gl. Fragm. — ‏بجليبة خبر‎ ou ‏على جليبة خبر‎ *en connaissance de cause*, Bc.

‏جلّاء‎ *qui rend luisant, faisant luire*, Bait. I, 187 c: ‏وهو ملح محرق جلّاء قطّاع‎. — *Celui qui décape ou blanchit*, Descr. de l'Eg. XVI, 466, n. 1. — *Polissoir*, voyez ‏جرّاء‎ sous ‏جرى‎.

‏جال‎, *émigré*, a aussi le pl. ‏جلّاء‎, Bassâm III, 1 rº: ‏فاصبحوا طرائد سيوف، وجلاء حتوف‎. En Espagne on semble avoir dit ‏ارباب لجالى‎ dans le sens d'*émigrés*. Ibn-al-Khatîb, 186 vº, raconte qu'Ibn-Mardanîch avait ordonné de confisquer les biens de ceux qui se permettraient de quitter l'endroit où ils demeuraient. Or, il arriva qu'un homme de Xativa, qui avait été ruiné par l'impôt, s'enfuit à Murcie, où il reçut la nouvelle que ses enfants étaient en prison et que son champ avait été confisqué, parce qu'il avait enfreint la loi qui défendait l'émigration, ‏من‎ ‏واخذت الضويعة‎ ‏ايديهم فى رسم لجالى‎. Après plusieurs aventures fâcheuses qui lui arrivèrent, cet homme voulut retourner à Murcie (187 rº), ‏فقبيل لى عند باب البلد كيف اسمك فقلت محمد بن عبد الرحمن فاخفنى الشرط وحملت (ajoutez الى) القابض بباب القنطرة فقالوا هذا من كنيته من ارباب لجالى بكذا وكذا دينار فقلت والله ما انا الّا من شاطبة وانما اسمى وافقت ذلك الاسم ووصفت له ما جرى علىّ فاشفقت وضحكت متى وامر ارباب بتسريحى‎ Cependant je ne suis pas sûr que ‏لجالى‎ signifie *émigrés*, et comme après tout on avait pris cet homme pour un autre, rien ne nous force à traduire ainsi. Peut-être l'expression dont il s'agit signifie-t-elle: *ceux qui devaient payer la capitation*, la ‏جالية‎. — T. de médec., ‏جلّاء‎ = chez Lane, M. — *Accident*, Voc.

‏جالية‎ ‏بابل‎ ‏الجالية‎ *la captivité de Babylone*, de Sacy Chrest. I, ٩٠, 10: ‏كانوا وقتئذ عودة من الجالية‎ ‏ببابل الى بيت المقدس ينصبون الخ‎. — *Non-seulement capitation* (Bc, note Maml. II, 1, 132), mais aussi: *contribution, taxe, livraison de denrées imposée par l'ennemi lors d'une invasion, d'une conquête*, Bc.

‏تجلّ‎ *transfiguration, changement d'une figure en une autre*; se dit de Jésus-Christ, Bc.

‏مجلّى‎, pl. ‏مجال‎, est *catedra* dans le Voc., et sous ce mot latin il faut entendre ce qu'on appelle aussi en arabe ‏منصّة‎, c.-à-d. *le siége élevé et orné, sur lequel l'épousée se montre dans sa parure et sans voile à son époux* (‏تتجلّى على زوجها‎), car ‏مجلى‎ se trouve en ce sens dans le Mi'yâr ٥, 11 et ٢٨, 3 a f. (où il faut prononcer الْمَاجَلِي, au lieu de الْمَجَلِّي).

مُنْجَلِي *mesuré*, *grave*, *modeste*, Alc. (mesurado).

الْجَلَاة, de même que تَجَلَ, *épiphanie*, Alc. (aparicion fiesta).

مِنْجَلِيَة *lutrin*, Bc, mais sous *pupitre* c'est مِنْجَلِيَة.

جَلِينَس espèce d'*éponges*, Pellissier 364 (gelines).

جم

جَم, substantivement, *multitude*, *grand nombre*, Bidp. 238, 4: جَم غَرِير وجَمع: Bc اَعوانِي جَم غَفِير كَثِير «amas considérable de peuple.» Pl. اَجْمَام, *cohortes*, *bataillons*, Çalât 30 r°: فَتَقَطَّعَن فِي حَافَاتِ ذَلِك الوَادِي اَجْمَامُهُمْ. — En parlant d'eau douce, les poètes disent العَذْبُ الجِمَام, P. Macc. II, 184, dern. l., P. Prol. III, 370, 2 (corrigé dans la trad.).

جُمَّة a dans le Voc. (coma) le pl. جِمَم, pour جِمَام, à ce qu'il semble, car la forme du pl. فُعَل n'appartient qu'à la forme فُعْلَة du sing. — Chez Alc. ce mot signifie: *cheveux du haut du front*, *toupet* (cabellos sobre la frente, copete de cabellos) et *cheveux de derrière attachés avec un cordon et couverts d'un ruban roulé tout autour* (coleta). Chez Ht, qui prononce *djemma*, *chignon de femme*. — *Touffe*, *assemblage de branches*; Lane soupçonne avec raison que tel est le sens de ce terme, et non pas « bouton, » comme le Kenz al-loghaa donne à entendre; ce qui le prouve, c'est un passage d'Ibn-al-Auwâm où il est question du pin, mais qui est gravement altéré dans l'édition, I, 286, 9—13; il faut le lire ainsi avec le man. de Leyde: فَاذَا انبعَث فَلْيَقَلِّم اغصانَه فِي كُلِّ عَام فِي زَمَن الرَبِيع حتى يَرجع اَعلَاهَا اِلَى جُمَّة صَغِيرَة فَاِنَّ بَهَذَا التَدبِير يَكبر شَجَرُها ويَعظم. — *Houppe*, assemblage de plusieurs filets de laine, de soie, etc., liés ensemble de manière à former une touffe, un flocon, Alc. (flocadura). — *Fronteau* ou *frontal*, cette partie de la têtière qui passe au-dessus des yeux du cheval, Alc. (frontal de frente cavallo). Le fronteau a reçu ce nom parce qu'il était garni d'une houppe.

جمع

حَمَاجَم I c. على r. *faire allusion à* (tecte indicavit rem), Gl. Badroun.

جَمْجَم chez Freytag, جَمَاجِم dans le Dict. pers. de Vullers, qui donne l'explication: *soulier de derviche*, *fait de coton et dont la semelle consiste en une vieille pièce d'étoffe*. Defrémery, *Mémoires* 325, cite un passage de l'opuscule d'Albert Bobowski, publié par Th. Hyde, où on lit: «gjemgjema vel naalîn, i. e. calopodia altiora vel depressiora.» Dans le Fakhrî, 361, 13, c'est la chaussure d'un homme du Sawâd.

جَمْجَم (les voyelles dans A et B) racines qui viennent de la Chine et dont la forme ressemble un peu au gingembre. Quelques médecins disent que c'est le *béhen blanc*, et la vertu de ces deux plantes est en effet à peu près la même, Bait. I, 259 b (mal traduit par Sonth.).

جَمْجَم *réticence*, *figure de rhétorique*, *chose omise à dessein dans le discours*, Bc. — Au lieu de جُمْجُمَة, *crâne*, Voc.

جُمْجُمَة (proprement *crâne*) *cône*, *fruit des pins*, Auw. I, 285, 7, Most. v° حَبُّ الصَنَوبَر: يُرَاد هنَا بَحَب الصَنَوبَر الكَبِير المَعرُوف بِصَنَوبَر الجَمَاجِم. Aussi le fruit de l'arbre appelé خَلَنْج, Fleischer Gl. 65, n. **. — Le pl. جَمَاجِم *consoude* (plante), Bc.

جُمْجُومَة *merle*, Hbrt 67 (Alg.).

جمح

II Voc. sous *efrenis*.

جَمْحَة. Dans les 1001 N. I, 68, 8, on lit جَمْحَة خَلْج, ce qui doit signifier: *une boule de neige*, comme porte l'édition de Boulac (I, 28, 6 a f.); mais je ne conçois pas comment جَمْحَة pourrait avoir ce sens, et comme le man. de Maillet, cité par Fleischer Gl. 65, n. **, porte en cet endroit جَمْحَة خَلْج, ce qui donne un sens raisonnable, quoiqu'entièrement différent, je crois que le جَمْحَة ثَلج de l'édit. Macnaghten n'est qu'une corruption de cette leçon.

جَمُوح. Le Voc. donne le fém. ة et le pl. irrégulier جَمُوح الَى العُلبا حَرُون عَن. — Au figuré, p. e. الدَنِس «un homme qui s'élance vers tout ce qui est noble et qui se révolte (se cabre) contre tout ce qui est vil,» P. Macc. II, 543, 11; كَان جَمُوح الاَمل «il se laissa emporter par l'ambition» (de Slane), Berb.

جمد

وكان جموحا للرياسة طامحا الى الاستبداد، I, 454, 2 a f.; ibid. II, 93, 4.

جمد I *se refroidir*, Alc. (resfriarse). — C. على r. *persévérer dans*, Berb. I, 300, 7 a f. — جمد الرصد *l'enchantement est défait, brisé*, 1001 N. Bresl. III, 364, 1. — جَمِدَ *être stupéfait*, M.

II *refroidir*, Alc. (refrescar enfriar, resfriar a otra cosa).

V *s'engrumeler, se mettre en grumeaux*, Bc.

VII *se cailler; — se congeler;* — الانجماد *figement, — cristallisation*, Bc.

جَمْد *refroidissement*, Alc. (resfriamiento). — *Glaçon, morceau de glace suspendu aux gouttières*, Alc. (cerrion de caranbano). — جمد الدم *apoplexie*, L (apoplexia).

جُمْد *rafraîchissement*, Alc. (refrescadura). — T. de médec., *engourdissement général*, M.

مجرّد جماد اللفظة dans le sens de جماد اللفظة Abou'l-Walîd 308, n. 59. — *Coagulation*, Bc. — *Suie de la cheminée*, Voc., Cherb.

جَمَاد pour جَمَادَى chez le vulgaire, qui dit جماد الآخر et جماد الأوّل, M.

جُمُود *refroidissement*, Alc. (resfriamiento). — *Fraîcheur*, Alc. (frescor o frescura).

جميدة est le عقيد (voyez) quand il est séché sans être cuit, Burton I, 239 n.

جُمُودَة *consistance, épaississement*, Bc.

جمّاد, t. de médec., *engourdissement général*, M.

جامد *tiède*, Alc. (tibia cosa). — جامد الظهر *qui a bon dos, qui est riche, capable de supporter*, Bc. — موضع جامد, pl. جُمّد, *lieu pour rafraîchir*, Alc. (enfriadero lugar).

مُجَمِّد دواء مُجَمِّد *remède incrassant*, qui épaissit le sang, les humeurs, Bc.

البحر المنجمد *la mer Glaciale*, Bc.

جَمْدار, mal expliqué par Freytag et par M, qui l'a copié, est le persan جامه دار ou جامدار, et signifie proprement: *maitre de la garde-robe*, de Sacy Chrest. I, 135, II, 185, 186, Fleischer Gl. 50, 51. Ce terme existe encore aujourd'hui, p. e. dans les Etats de l'Imam de Mascate, où il signifie *commandant*, et dans le Beloutchistan, Maml. I, 1, 11.

جامدان (pers. جامه‌دان) *portemanteau, valise*, Bc, 1001 N. Bresl. X, 429.

جمر II *embraser, brûler, réduire en braise*, Alc. (abrasar). — *S'embraser*, M.

V *s'embraser*, Alc. (abrasarse).

جَمْرَة voyez جَمْرَة.

جَمْرَة. Au figuré, خمدت جمرتهم, mot à mot: «leur charbon fut éteint,» dans le sens de: «ils perdirent entièrement leur puissance,» Maml. I, 1, 41. — Sur الجمرات الثلاث voyez Lane; selon le calendrier de Cordoue, la première tombe le 8 février, la seconde le 14, la troisième le 21; celui que Hœst a traduit (p. 252—3) donne la première sous le 7 février, la seconde sous le 17, et la troisième sous le 21. — *Carboncle, pustule*, Hbrt 37, *tumeur pestilentielle*, Jackson 281—2; فرخ جمر *charbon, gros furoncle, tumeur pestilentielle*, Bc.

أجامرة *escarboucle*, Bc. — Pl. جمرى ياقوت جمرى *homme turbulent*, Mong. 226—7, où Quatremère avoue qu'il ignore l'origine de ce terme; je crois qu'il faut le dériver de جَمْر, le collectif de جَمْرَة, «charbon,» et qu'il signifie proprement «boute-feu.»

جامور voyez جمور.

جَمّار Le pl. جَمَامِير *aromates*, Bargès 423.

جُمّار, proprement *palmite*, signifie par extension: *parenchyme, moelle, pulpe des fruits, des plantes*, Bc; جُمّارة *la masse blanche et tendre du chou-fleur*, qui sert d'aliment, Bait. II, 361, en parlant du chou-fleur: وبيضه, et plus loin: جمارته الناشقة في وسطه

الذى يسمى جمارة ⁂

جامور, pl. جوامير et جوامير ات, est dans la 1re partie du Voc., où ce mot est écrit جمور, *sumitas*, et dans la 2e, *turris*. Chez Alc. *chapiteau* (chapitel). Cf. Bat. II, 13 (dans la trad. *corniche*), 406 (trad. *chapiteau*); Abdarî 39 rº, en parlant du phare d'Alexandrie: وفى اعلاه جامور كبير عليه اخر دونه وفوق الاعلى قبة ملبحة; dans un ouvrage d'Ibn-al-Khatîb, man. 11 (1), 21 rº: الطعن فى نحر الجوّ بالجامور الهائل.

عود الجمر بِجَمَر, bois de senteur, Gl. Edrîsî.

مُنَجْمَر = مُنَجْمَار, L (turubulum (et turibulum)).

جمز I *sauter* (gazelle), Ztschr. XXII, 362, M.

VII est *complere* dans le Voc.

جَمَّاز, fém. ة. Je crois que dans le passage des Fragm. hist. Arab. p. 481, qui a embarrassé l'éditeur (voyez le Glossaire) et où on lit: وكان محمد بن عبد الملك الزيّات يتولّى ما كان أبوه يتولّاه للمامون من عمل الفساطيط وآلة الجمّازات, le dernier mot a son sens ordinaire, et qu'il faut traduire: « l'équipement de ces chamelles qui portent le nom de *djammâzât* » (voyez sur ces chamelles un passage curieux et important chez Tha'âlibî Latâïf 15, 11 et suiv.; chez Ht et chez Hbrt 60, ce mot est rendu par *dromadaire*); mais dans l'explication من آلات الجمال, que Lane dit avoir trouvée dans le TA, il doit y avoir une faute que ce savant n'a pas réussi à corriger.

جميز جَمِّيز sorte de sycomore qui a de gros fruits, Bc. — جمّيز باط espèce de figue, Mehren 26.

جَمَّازَة dans le Câmous, جَمَّاز chez Djauharî, *veste ou camisole en laine*, Vêtem. 125; Ibn-as-Sikkît 527: الجمَّازة دُراعة قصيرة من صوف J'ignore pourquoi Lane a omis ce mot, qui est classique.

جمس جماس est le nom de l'espèce syrienne du doronic; mais Zahrâwî dit qu'il ignore si la première lettre de ce mot est un *djîm*, un *hâ* ou un *khâ*, Most. v° درونج.

جَمَسْم chez Freytag d'après Avicenne, est une mauvaise leçon dans l'édition de cet auteur; il faut y substituer l'article qui suit.

جمسفرم (pers. جَمَسْفَرَم) *basilic giroflé*, Sang., Bait. I, 258 c.

جمش جِماش *sédiment*, M.

شَمْشَك = جَمْشَك (voyez).

جمع I, dans le sens de *réunir, assembler, convoquer*; construction incorrecte c. ب p., au lieu de l'accus., Cartâs 80, 10 a f. — Par ellipse (on ajoute quelquefois (الجموع), *réunir des troupes, une armée*, Abbad. I, 283, n. 135, Gl. Badroun, Gl. Belâdz, Gl. Fragm. *Contre* un ennemi ou *contre* une ville s'exprime par ل, Gl. Belâdz., Akhbâr 36, dern. l., ou par الى, Abbad. I, 283, n. 135, Amari 218, 4, où Fleischer a eu tort de changer الى en على; cette dernière préposition ne s'emploie pas dans cette locution. — Peut-être y a-t-il une ellipse de la même nature dans le passage Abd-al-wâhid 116, 2 a f., où on lit en parlant du Prophète: "فلقد صلح بتوحيده' وجمع على وعده ووعيده". J'ai changé ce جمع en أجمع, comme l'avait fait Hoogvliet (135, 3), qui traduit (p. 140): « Etenim in clarissimâ luce collocavit Dei unitatem, et statuit id quod credendum est de promissis eius minisque;» mais أجمع على ne peut pas signifier cela. Peut-être est-il ici pour جمع الناس, et l'on pourrait traduire: « il a réuni les hommes en leur faisant connaître les promesses et les menaces de Dieu.» — En arithmétique, *additionner*, Bc, Hbrt 122, Abd-al-wâhid 116, 11. — جمع بينهم *aboucher*, rapprocher des personnes pour conférer, Bc; جمع بين وبين *amalgamer*, mélanger, et aussi: *confronter*, mettre en présence pour interroger, Bc. — جمع حواسّه *reprendre ses esprits, se recueillir*, rappeler ses sens, ses idées, Bc. — جمع أجمع خاطره, dans la même acception, Bat. III, 250 («sois tranquille!»). — جمع دراهم نقد *réaliser sa fortune*, changer ses propriétés contre de l'argent, Bc. — كنّا جمعنا رأينا على أن *nous étions convenus de*, Bidp. 260, 7; — جمع الآراء *aller aux voix*, Bc. — جمع القرآن *savoir par cœur tout le Coran*, Gl. Fragm.

II *compiler*, faire un amas de choses lues dans les auteurs, Bc; je crois que ce verbe a ce sens Prol. III, 226, 9: التحليق والتجميع وطول المدارسة. — جمع الجمعة *présider au service, aux prières publiques, le vendredi*, Holal 65 v°: فبنى للخليفة عبد المومن بدار الحجر مسجدًا جمع فيه الجمعة ❊

III, dans le sens de: *avoir un commerce charnel avec*, ne se construit pas seulement avec l'accus., mais aussi avec مع, Edrîsî, Clim. III, Sect. 5: فإن الرجل ينتعظ انعاظًا قويًّا ويجامع مع ما شاء; dans le chapitre d'Alc. intitulé: Del pecado de la luxuria: في الوقت الذي تجامع مع امرأتك ❊

IV, comme la Ire, *additionner, réunir*, Ht. — *Cueillir*, p. e. des olives, *récolter, moissonner*, Alc.

(ordeñar como azeituna, coger fruto, اجْماع encogimiento). — *Passer des soldats en revue*, Alc. (alardear). — *Rimer*, avoir la même consonnance, Alc. (consonar una letra con otra). — Dans le sens de *résoudre d'un commun accord de*, on disait anciennement: اجمعوا أمْرهم على, p. e. Bidp. 184, 9: زعموا ان جماعة من الكراكى لم يكن لها ملك فاجمعت امْرها على ان يملّكن عليهن ملك اليوم 249, 10: فلما اجمعوا أمْرهم على ما ائتمروا به ; chez Bc on trouve en ce sens par ellipse اجمعوا على; mais plus tard on a dit اجمع أمْرهم على, p. e. Abd-al-wâhid 65, 3: اجمع امر اهل اشبيلية واتفق رأيهم على اخراج محمد والحسن عنها. De même la phrase ancienne اجمعوا رأيهم على (très-rarement c. ب r.), qui a la même acception, Gl. Fragm., est devenue plus tard: اجمع رأيه على, p. e. Cartâs 34, et même رأيهم على, Abd-al-wâhid 162, 20 et 21. Le scoliaste de Moslim construit اجمع بالشيى, comme أزْمَعَ بالشيى, Gl. Mosl.

V, en parlant de l'eau qui se congèle, Aboû'l-Walîd 202, 6.

VII *se rassembler*, Voc., Aboû'l-Walîd 791, 21; le n. d'act. *agrégation*, *association*, *assemblage*, Bc. — Dans le Voc. sous *pluralc*. — *Ramasser*, *rassembler*, Alc. (allegar algo). — *Se détourner de* (cf. Lane), Macc. I, 315, dern. l.: فاجمعت عن علي النفوس وتوالى عليه الدعاء. — *Devenir* ou *être austère* (par ellipse; c'est proprement *se détourner*, et il faut sous-entendre: du monde, des plaisirs), Macc. II, 227, 8, Meursinge 22, 7 (l'explication que propose ce savant, p. 30, n. 91, me paraît erronée).

VIII *se pelotonner*, Bc. — *S'ameuter*, se réunir séditieusement, Bc. — Dans le sens de *rencontrer quelqu'un*, *faire la connaissance de quelqu'un*, aussi c. على p., 1001 N. III, 12, 8 a f., 39, 1, Tantâwi dans le Ztschr. Kunde VII, 54: اجتمعت على غيره بسيّدى « par l'entremise de Fresnel je fis la connaissance d'autres Francs.» — C. ب p. *s'allier*, s'unir, *se coaliser*, Bc. — اجتمع بين وبين *confrontation*, action de confronter des témoins, des accusés, Bc. — C. على *comprendre*, *renfermer en soi*, Gl. Edrîsî. — C. على ou في *convenir*, reconnaître une chose, en demeurer d'accord; لا بدّ من الاجتماع في ان « il faut convenir que,» Bc. — اجتمع قلبه *son cœur resta inébranlable* (de Slane), Becrî 123, 15. — اجتمع للوثبة *se ramasser*, se replier sur soi-même pour s'élancer, Bc. — اجتمع وجهه dans le même sens que اجتمع seul chez Lane («he attained to his full state of manly vigour, and his beard became full-grown»), Notices 181, note, l. 2 (où le man. B. porte aussi: كما اجتمع وجهه). — مدينة مجتمعة الكور *une ville dont dépendent plusieurs districts*, Gl. Edrîsî.

X. Le n. d'act. dans le sens de *force*, *vigueur*, *énergie* (cf. chez Lane la phrase استجمع الفرس جريا), Mohammed ibn-Hârith 217: وهذه الخطب لها آلات واستجماع. — *Reprendre ses esprits*, *rappeler ses sens* (cf. sous la Ire جمع خاطره, جمع حواسّه, et l'allemand *sich fassen*), Abbad. I, 66, 5 a f. — استجمع للامارة *être assez âgé pour exercer le pouvoir*, Berb. I, 598, 7 a f. (cf. la VIIIe dans le sens de: avoir l'âge viril). — C. a. *réunir*, Gl. Belâdz., réunir en soi, Berb. I, 599, 3. — C. a. *achever*, p. e. فتح مصر, «la conquête de l'Egypte,» Gl. Belâdz. — C. a. *résoudre de*, p. e. الرحلة, «de se mettre en voyage,» Berb. I, 597, 8 a f.

جَمْع *addition*, première règle de l'arithmétique, Bc, Prol. III, 95, 11. — التجميع *la concentration de ses pensées*, *le recueillement*, Prol. I, 199, 5, dans le même sens que جَمْعة الهَمّ, ibid. l. 3 et 4. — L'expression جمعا, que de Slane a omise dans sa traduction, ne m'est pas claire, Berb. I, 625, 9 et 10: وهذا الزاب وطن كبير يشتمل على قرى متعددة متجاورة جمعا جمعا يعرف كل واحد منها بالزاب — Sous le règne des Almohades on donnait le nom de الجموع aux troupes qui recevaient une solde et qui étaient en garnison à Maroc sans jamais quitter cette capitale, Abd-al-wâhid 248, 12 et 13.

جَمْع *coup de poing*, L (alapa), Alc. (puñada herida de puño).

التجمُّع جُمْعَة *les cérémonies des vendredis pour les morts*, 1001 N. II, 467, dern. l., avec la note de Lane dans sa traduction, II, 633, n. 3. — جُمْعَة الأربعين *le vendredi qui complète ou qui suit la période de quarante jours après les funérailles*, Lane trad. des 1001 N. II, 633, n. 3. — جمعة الآلام *le vendredi saint*, Bc. — جُمَعِيّ voyez خادم الجُمَع.

جَمْعِيّ cumulatif, Bc.

جَمْعِيّ ou خَادِم الجُمْعَة, semainier, celui qui est de semaine pour officier dans un chapitre, Alc. (semanero).

جَمْعِيَّة assemblée, cercle, comité, communauté, corps, diète, réunion, société; جَمْعِيَّة اهل بلد commune, corps d'habitants d'un village, des bourgeois d'une ville, Bc. — Addition, première règle de l'arithmétique, Bc, Hbrt 122.

جَمْعِيَّة réunion qui a lieu chaque semaine ou chaque vendredi, M.

جَمْع espèce de datte, Burckhardt Syria 602.

جَمَاعَة Le pl. جَنَائِع troupes, Gl. Abulf. — Sous le mot الجَمَاعَة on entend *les décisions concordantes des docteurs musulmans du temps des premiers califes*. Ces décisions sont, pour les orthodoxes, la troisième source de la jurisprudence, après le Coran et la Sonna; mais les Chiîtes les rejettent, parce qu'ils nient la légitimité des trois premiers califes dont les décisions forment la plus grande partie de la djamâ'a. De là vient que *la doctrine orthodoxe* s'appelle مَذْهَب السُّنَّة والجَمَاعَة, Bat. II, 12, ou simplement السُّنَّة والجَمَاعَة, Becrî 97, 15, 147, 5 a f., Cartâs 18, 14, 76, 4, 8 a f., 85, 7, tandis que *les orthodoxes* portent le nom de اهل السُّنَّة والجَمَاعَة, Bat. II, 61. الجَمَاعَة, par abréviation pour جَمَاعَة المسلمين, Macc. I, 359, 14, est proprement *la communauté musulmane*, p. e. Abbad. I, 222, 5 a f.: وَمَالَتْ نُفُوسُ اهل قُرْطُبَةَ فِي نَصْبِهِ إِمَامًا لِلْجَمَاعَةِ, « imâm de la communauté musulmane, » c.-à-d. calife; Berb. I, 98, 5: وَأَنَّ دَعْوَةَ هَذَا الرَّجُلِ قَادِحَةٌ فِي أَمْرِ الجَمَاعَةِ وَالدَّوْلَةِ « et que les entreprises de cet homme portaient atteinte aux intérêts de la communauté musulmane et à ceux de la dynastie. » Mais أَمْرُ الجَمَاعَة signifie aussi *l'unité de la communauté musulmane, de l'empire*, p. e. Berb. II, 48, 7 a f.: وَلَمَّا افْتَرَقَ أَمْرُ الجَمَاعَة بِالأَنْدَلُس وَاخْتَلَّ, et الجَمَاعَة seul a le même sens, p. e. Fragm. hist. Arab. 2, l. 7; Haiyân 2 r°: المستمسكون بالجَمَاعَة; 14 v°: il était très-rebelle مع اظهار الانحراف الى الجَمَاعَة وطاعتُه للامير عبد الله; Abbad. I, 224, 4, 244, 3. On dit aussi dans cette acception سلطان الجَمَاعَة, Haiyân 38 r°: قَوِيَتْ طَمَاعِيَتُهُ فِي هَدْمِ سُلْطَانِ الجَمَاعَةِ, Abbad. I, 252,

5 a f. Pour désigner les partisans de l'unité de l'empire, on dit: اتِّفَاق اهل الجَمَاعَة, Haiyân 1 v°: اهل الجَمَاعَة بالاندلس لتحيين انتشار المخالفين له باكثرهم. Le califat de Cordoue est souvent appelé الجَمَاعَة, par opposition à الفِتْنَة, c.-à-d. au règne des petits princes qui, après la chute du califat, se disputèrent ses débris, p. e. Abbad. I, 220, 4 a f.: المُتَّصِل الرِّئَاسَة فِي الجَمَاعَة والفِتْنَة, Berb. II, 30, 2 a f.: cf. *ibid*. 53, 5: وَلَمَّا افْتَرَقَتِ الجَمَاعَة وَتَنَثَّر سِلْك الخِلَافَة; وَلَمَّا انتثر سِلْك الخِلَافَة بِقُرْطُبَة وَكَانَ أَمْرُ الجَمَاعَة لِلطَّوَائِف. En général, الجَمَاعَة est *l'état d'unité et de paix intérieure*, tandis que الفِتْنَة est *l'état de troubles, de séditions*; voyez Belâdz. 413, 3 a f., 424, dern. l., et 425, 1, Fragm. hist. Arab. 21, 4. — الجَمَاعَة est particulièrement: *la communauté musulmane réunie pour prier en commun, la communion des fidèles*, p. e. Haiyân 16 v°: وَاقْبَلَ عَلَى التَّنَسُّك وَالعِبَادَة وَحُضُور الصَّلَوَات فِي الجَمَاعَة والأَذَان والصَّلَاة بِأَهْل حِصْنِهِ عِنْدَ, R. N. 88 r°: كُنْتُ فِي حَلْقَة الدِّينَوَرِيّ مَغِيب الأَتَمّ يَوْمَ الجُمْعَة حَتَّى ذَمَّتْ عَنِ الشَّمْسِ تَغِيبُ فَقُمْتُ لِأَنْصَرِفَ فَقُلْتُ فِي نَفْسِي لَيْتَنِي لَوْ قَعَدْتُ حَتَّى يُصَلِّيَ المَغْرِب فِي جَمَاعَة ثُمَّ يَنْصَرِف وَهُوَ يَعْلَم مَا جَاءَ فِي فَضْل الجَمَاعَة. Dans le Cartâs 124, 8, on lit que les députés de Séville étaient restés un an et demi à Maroc sans pouvoir obtenir une audience du calife, lorsqu'enfin ils le rencontrèrent dans le Moçallâ le jour de la fête des sacrifices; فَسَلَّمُوا عَلَيْهِ سَلَامَ جَمَاعَة, c.-à-d., « ils le saluèrent avec toute la communauté; » ثُمَّ بَعْدَ. On dit جَمَاعَة صَلَّى, *prier en commun*, Bc; شَهِدَ الصَّلَوَات جَمَاعَة « il assistait aux prières que l'on faisait en commun, » Fragm. hist. Arab. 270, 8, et la leçon du man. ne doit pas être changée, comme l'a fait l'éditeur. L'endroit où l'on prie en commun s'appelle مَسْجِد الجَمَاعَة, Ibn-Cotaiba, Kitâb al-ma'ârif, 106, 13; cf. Amari 38, 6 a f.: بها مسجد للجماعات; mais il semble qu'il faut entendre sous ce terme plutôt *une chapelle* qu'une grande mosquée, car le مَسْجِد الجَمَاعَة à Coufa, dont parle Ibn-Cotaiba, était dans le palais du gouvernement, et le mot الجَمَاعَة seul s'emploie dans le sens de *petite mosquée, chapelle*, Gl. Edrisî. — *Paroisse, quartier* d'une ville, Alc. (collacion de ciudad; le synonyme est رَبَض). جَمَاعَة, pour جَمَاعَة اليهود, *le quartier des juifs*. Los Espagnols, quand

ils se furent emparés de plusieurs villes musulmanes, ont aussi donné ce nom au quartier habité par les Maures, Gl. Esp. 144—5. — *Conseil municipal*, pour جماعة المشيخة, « *la réunion des anciens*, » Gl. Esp. 144, Alc. (ayuntamiento concejo, concejo). — A Cordoue, sous les Omaiyades, *le conseil d'Etat*, Haiyân-Bassâm 157 r°: après la chute de cette dynastie, le peuple de Cordoue voulut donner le pouvoir à Abou-'l-Hazm ibn-Djahwar, وأبى من ذلك فألحّوا عليه حتى اسعفهم شارطًا اشتراك الشيخَين محمد بن عباس وعبد العزيز بن حسن أبى عمّه خاصة من بين الجماعة فراوا مشورتهما دون تأمير, Abbad. I, 248, 5. — Chez les Almohades, *les dix premiers partisans du Mahdî Mohammed ibn-Toumart*, Abd-al-wâhid 135, 5 et 6. Leurs fils s'appelaient ابناء الجماعة, Çalât 52 v°: في جملة من اعيان رجال الموحدين اعلم الله وابناء الجماعة, 73 r° et v°, كافى بن يحيى بن الشيخ المرحوم أبى حفص aussi اشباخ الجماعة, 74 r°; une fois je trouve: 73 r°: ابناء شيوخ الجماعة, mais sans doute il faut lire الجماعة. — *Tribunal*, Poiret I, 21 (jument). — *Ordre, corps qui composent un état; ordre, compagnie, confrérie*, Bc; *corporation*, si je ne me trompe, dans Freytag Chrest. 134, 3 a f.: رجل حلى حجار من اهل باب الاربعين يقال له يعقوب وكان مقدم الجماعة. — *Ecole, secte, doctrine*, Bc. — *Suite*, ceux qui suivent, qui accompagnent, qui vont après ou avec quelqu'un, Bc. — *Monde*, les domestiques ou ceux qui dépendent de quelque famille, Bc. — En arithmétique, *somme*, Berb. I, 163, 6. — Chez Alc. *pujar*. Ne trouvant pas un tel substantif dans les dict., j'ai consulté M. Lafuente, qui m'a répondu ceci: «Je crois que l'on ne peut guère être autre chose que ce qu'on appelle en Andalousie *peujar* et en Castille *pegujal*, ce qui veut dire *les semailles* et aussi *la récolte*.» Ce serait alors *récolte*; cf. Alc. sous la IVe forme. — En géomancie, le signe ≡, M. جماعة بيت, *tous les habitants d'une maison*, Bc. — علم الجماعة, Berb. II, 10, l. 10, est l'an 44 de l'hégire (661—2 de J. C.), quand, après les guerres civiles, tous les peuples de l'islamisme se trouvèrent de nouveau réunis sous l'autorité d'un seul calife, Moâwiya, de Slane dans sa trad. III, 192, n. 1. — قاضى الجماعة, voyez sous قضى.

جماعى *orthodoxe, catholique*, L (ortodoxus, katholicus (universalis)).

جماعى *vénérien*, Bc.

جمّاع « *nattes avec lesquelles on construit des bordigues sur la plage de Sfax*, » Espina R. d. O. A. XIII, 145 (djema). Ces bordigues semblent avoir reçu ce nom, parce qu'elles *rassemblent* et retiennent les poissons. — جمّاع عسكر *recruteur*, Bc. — جمّاع العلف *fourrageur*, Bc.

جمّاعة *qui fait une collection*, p. e. de livres, جماعة للكتب, Macc. I, 249, 2 a f., III, 272, 15, Berb. I, 366, 5 a f.; جماعة للمال *qui amasse de l'argent*, Berb. I, 502, 7 a f. Mais ce mot s'emploie aussi absolument et signifie alors: *qui amasse beaucoup de connaissances*, Abdari 108 r°, en parlant d'un savant: راوية جماعة, Khatîb 26 v°. Il doit avoir un autre sens Berb. I, 227, 7, où on lit en parlant d'un prince: كان جماعة مولعا بالبناء; probablement: *qui rassemble des objets rares, excellents, un curieux*.

جامع *compilateur*, Bc. — *Lieu de réunion*, Becrî 112, 12 (où de Slane traduit à tort «mosquée»). — الجامع, en parlant d'un Soufi éminent, Macc. I, 586, dern. l., semble signifier: *réunissant toutes les vertus, toutes les qualités excellentes*. — *Mélanges*, pièces de prose ou de poésie que l'on recueille en un même volume; *recueil, réunion d'écrits, de pièces*, Bc. — جامعة فنون *miscellanées*, Bc. — *Concis, qui fait entendre beaucoup de choses en peu de mots*, Djob. 40, 17: وخطب للخطيب بخطبة بليغة جامعة. Lane ne donne pas جوامع seul dans le sens de الكلم, mais Freytag a eu raison de le faire; voyez Abbad. I, 207, 2 a f.; جوامع للخلال dans le même sens, Berb. I, 388, 12 et 13. — جامعة, t. de marine que je ne connais que par le portugais; dans cette langue le mot *chumeas, chimeas* ou *chûmbeas* désigne: *pièces de bois qu'on cloue au mât quand il s'est fendu*, Gl. Esp. 256—7. — صلّى الجامع doit signifier: *le service est fini*, R. N. 82 v°: Allant à la mosquée un vendredi, je rencontrai un chaikh, فقلت له يا شيخ هل صلى الجامع فقال نعم صلينا الجمعة فانصرف; c'était le diable qui voulait me détourner de mes devoirs religieux, car ayant continué ma route et étant entré dans la mosquée, je vis que l'imâm n'était pas encore en chaire. — جامعة الصلاة نادى بالصلاة et النداء

جَامِعَة ; c'est lorsque l'imâm appelle tout le monde à la prière, ce qu'il ne fait que dans les occasions solennelles, p. e. pendant les fêtes, les éclipses, ou lorsqu'il a à faire au peuple une communication importante, Gl. Belâdz., Gl. Fragm. (mais pour ce qui concerne le second passage qui y est cité, voyez sous جَمَاعَة), Bayân I, 55, 16, Djob. 161, 5.

جَامِعَة voyez sous جَامِعَة.

جَرَوْمَع *ermitage*, Alc. (ermita).

أَجْمَع *parfait, qui a beaucoup de qualités*, Tha'âlibî Latâîf 75, 12: ولم يكن فى بنى مروان اشجع ولا أدب ولا احلم ولا اجمع — Comparatif de جَامِع dans le sens de *qui réunit*, Macc. I, 512, 6: كان ابن حزم اجمع اهل الاندلس قاطبةً لعلوم الاسلام

إِجْمَاع *convocation*, Bc. — *Unanimité*, Bc. — *Récapitulation*, Alc. (recapitulacion).

مَجْمَع. On dit مَجْمَع سوق dans le sens de *marché, la réunion de ceux qui vendent et qui achètent dans le marché*, Becrî 49, 4 a f. — *Caisse, comme* traduit Quatremère Maml. I, 1, 13, l. 6 et 10 des notes — *espèce de boite, distribuée en plusieurs compartiments, pour y mettre séparément différents objets*, Ztschr. XX, 497, dern. l.; — *écrin rond*, M; — *écritoire en faïence ou en marbre, distribuée en quatre et quelquefois en six compartiments pour recevoir les encres de différentes couleurs*, Cherb. — *Cloche*, Voc. (parce qu'elle sert à rassembler le peuple); aussi مَجْمَعَة. — Dans le sens de جَامِعَة, *menottes, fers qu'on met aux poignets d'un prisonnier*; dans le Voc. c'est مُجَمَّع, pl. مَجَامِع, chez Alc. (esposas prision de manos, prision de manos) مَجَامَعَات, pl.; on trouve مَجَامِع dans 'Abou'l-Walîd 799, 18. — Le pl. مَجَامِع, t. de marine, *les dernières varangues d'un vaisseau, où les pièces de bois se rapprochent le plus les unes des autres, parce que la proue va en s'arrondissant*, Gl. Esp. 171. — مجمع البطنين, t. de médec., M (sans explication). — مجمع الحواس *sensorium, partie du cerveau réputée le siège de l'âme; organe de la sensibilité*, Bc. — مجمع النور est, suivant le M, مُلْتَقَى عصبتين مجوفتين أودعت فيه القوّة الباصرة Notre professeur d'ophthalmologie, M. Doijer, auquel j'ai traduit cette définition, m'a dit qu'elle est un non-sens, mais que le terme arabe signifie peut-être ce qu'on appelle la *macula lutea*. — اخذ بمجامع ثيابه, comme بَجْمَع ثيابه chez Lane, Gl. Fragm.; فاخذ بمجامع ثيابه Freytag Chrest. 39, 11. Au figuré: اخذت محبّته بمجامع قلبي, ce qui signifie وقد وجدت لكلامها عذوبةً جمعت اجزائه, Gl. Fragm.; قد غلب بمجامع قلبي اخذ وقد , 1001 N. I, 84, 4; Bassâm ابن عمّار على نفسه واخذ بمجامع النسه II, 113 v°.

مُجَمَّع *pièces de rapport, unies et arrangées sur un fond*; اجزاء مُجَمَّعَة *pièces rapportées*, Bc.

مُجَمَّعَة *cloche*; voyez مَجْمَع.

مَجْمُوع, en parlant d'un village, d'une ville, semble avoir le sens de جَامِع, *grand, bien peuplé*, Abdarî 81 v°: وفي قرية مجموعة عامرة, 117 v°: بُلَيْدَة مجموعة. — *Ramassé, trapu, vigoureux*, Bc. — مجموع حشائش يابسة *herbier*, Bc.

إِجْتِمَاع *conjonction, rencontre apparente des astres*, Bc, Gl. Abulf.; avec l'article: *la conjonction du soleil et de la lune*, de Sacy, Chrest. I, ٢١, 4 a f.; أستخرج الاجتماعات ب «trouver les conjonctions des astres au moyen de,» Bc. — *Incorporation*, Alc. (encorporadura de colegio). — *Synagogue*, Alc. (sinagoga). — En géomancie, le signe ⋰, M.

إِجْتِمَاعِيَّة *société, assemblage d'hommes unis par la nature et les lois*, Bc.

مُجْتَمَع *réunion, assemblée*, Gl. Edrisî.

جَمَقْدَار (composé du turc جومق et du persan دار) *porte-massue. Sous le règne des sultans mamlouks, il se tenait, pendant les marches de cérémonie, près du sultan, du côté droit, ayant la main élevée, et portant une arme semblable à une massue, dont l'extrémité était grosse et dorée. Il avait les yeux fixés sur ceux du sultan, et ne les détournait sur aucun autre objet, jusqu'au moment où le prince quittait son audience*, Maml. I, 1, 138.

جمل I *récapituler*, Bc. — C. ـ *envelopper, comprendre dans*, Bc.

II *sommer, faire la somme, additionner*, Voc., Alc. (contar sumando, montar en suma, numerar o contar, sumar en la cuenta). — *Rendre, rapporter, produire tant de revenu*, Alc. (rendir por rentar).

IV. L'expression اجمل عشرته ou عشرته semble signifier: *il le traita avec bienveillance*, Haiyân-Bassâm III, 3 v°: Beaucoup d'émigrés de Cordoue allèrent se fixer à Valence, فألقوا بها عصى التسيار واجمل عشرتهم بها المنازل والقصور (فتبوّؤا B) وبنوا ; mais ce qui rend ce passage obscur, c'est que le verbe اجمل (la voyelle dans le man. B) y manque de sujet; Haiyân 67 r°: les habitants de Pechina, menacés d'être attaqués par Sauwâr, demandèrent la médiation des Ghassânîs, وهم اقدر على اصلاح ما يقع بينهم والرغبة اليه في الانصراف عنهم وموافقتهم على اجمال عشيرتهم اجمل موعده. — L'expression فاسعفهم الغسانيون بذلك signifie: *il lui fit de belles promesses*, Recherches I, App. XLI, 3 (où il faut biffer la note 3), Haiyân-Bassâm I, 120 r°: اجمل مواعد, *ibid.* 127 v°: واحسن تلقى الناس واجمل مواعيدهم ☼

V proprement *s'embellir*, *se parer*. On emploie تجمّل en parlant d'une armée *pourvue de toutes les choses qui lui sont nécessaires*, *bien équipée*, Weijers dans Valeton 77, n. 4, qui cite Aboulf. IV, 304, 8: وضعفت نفوس الفرنج بما شاهدوا من كثرة عساكر الاسلام وتجمّلها, 336, 10; وعسكره فى غاية التجمّل; ajoutez Maml. I, 1, 34, 2 a f. Ce nom d'action se prend aussi dans le sens de *pompe*, *luxe*, *faste*, *magnificence*, Weijers l. l., qui cite Aboulf. IV, 622, 11: وكان يذخر فى مطابخهم كل اربعائة راس غنم وكانت سماطاته وتجمّله (وتجمّلـ l.) فى الغاية القصوى, Fragm. hist. Arab. 361, 16: وكان اذا راى تجمّله وكثرة دنياه يقول الحج. De là: تجمّلات *objets de luxe*, Macc. I, 656, 6: ثيابه وحلى نسائه وفرش داره وغير ذلك من التجمّلات, Amari 312, 3 (lisez de même Athîr XI, 273, 12). — *Se distinguer*, Macc. I, 302, 11: j'ai rassemblé une superbe bibliothèque, لاتجمّل بها بين اعيان البلد. — C. ب ر. *se faire honneur de*, *se tenir honoré de*, Berb. I, 521, 2: كان يتجمّل فى المشاهد ومكانه من سريره «dans les cérémonies publiques, le sultan se faisait honneur d'avoir ce prince près de son trône.» — *Être courtois*, *civil*, *gracieux*, et *courtoisie*, R. N. 71 r°: وكان من ذوى التجمّل والانفس الشريفة. C. ل ج p. *envers quelqu'un*, Haiyân 30 v°: Abdérame était mécontent de son grand-père qui lui avait donné un cadeau moindre que celui qu'il lui avait promis; mais il sut cacher son dépit, ou comme il dit: تجمّلت له (لتجدى) باظهار المسرّة للعطيّة (le man. porte par erreur un *hâ*, au lieu d'un *djim*). Dans le dicton: اذا ذهب اهل الفضل, Valeton 38, 2 a f., qui a embarrassé Weijers (*ibid.* 77, n. 4) et qui en effet est ambigu, ce mot a peut-être ce sens, que Weijers n'a pas connu. Aussi: *courtoisie feinte* (cf. la IIIe forme chez Lane), Diw. Hodz. 136, 8, Haiyân-Bassâm I, 23 r°: فانقلب سريعا عن التجمّل الذى كان بظهره لاهل الاندلس, *ibid.* 192 r°: وكان اول امره مجاملا لابن عمّه منذر بن يحيى التجيبى يظهر موافقته ويكاتمه من حسده اياه ما لا شىء فوقه حتى خذله تجمّله. — Comme quasi-passif de la IIe, dans le sens d'*additionner*, Cartâs 37, 3 a f. et dern. l. — *Être réuni*, Abou-Hammou 82: le ministre des finances يعرف بما تجمّل وتحصّر من ماله

تجمّل nom d'une pièce qu'on a ajoutée, dans le grand jeu d'échecs, aux pièces du jeu d'échecs ordinaire; chaque camp en avait deux, Vie de Timour II, 798, 2 a f.; voyez sur leur marche van der Linde, Geschichte des Schachspiels I, 111. — جمل الله *giraffe*, Lyon 127. — جمل البحر *pélican*, Vansleb 102, Bruce I, 80. — جمل الريباح *caméléon*, Macc. I, 901, 11. — المثل المضروب a passé en proverbe, فى جمل مصر, Abd-al-wâhid 120, 14; mais de même que Hoogvliet (p. 147), je dois avouer que ce proverbe m'est inconnu. — جمل اليهود *caméléon*, Man. Escur. 893, Payne Smith 1368; le جمل اليهود de Freytag est une faute. — ذكر من التجمل انّه *fleurer une matière*, يعرف من التجمل اذا n'en connait que la superficie, il n'en a qu'une légère connaissance, Bc. — شوك الجمال *chardon à chameau*, *leucacanthe*, Bc.

Gêmal. C'est ainsi qu'Alc. écrit un mot qui signifie: *tascos de lino*. *Tasco est taille, pignon*, ce qui se détache du chanvre qu'on espade.

جُمَّل. Dans le Gl. Edrîsî, nous avons dit, M. de Goeje et moi, que le mot جمل est employé comme un singulier dans le sens de جملة, *quantité*, *grand nombre*, mais qu'à défaut de témoignages, nous ne pouvions décider avec quelles voyelles il faut le prononcer. Il paraît que c'est جُمَّل, car dans l'excellent

جمل

man. de Mohammed ibn-Hârith, je trouve, p. 294, avec toutes les voyelles: ومعه جُمَل من الناس قد معه ركبوا. Il faut donc admettre que le mot جُمَل, plur. de جُمْلَة, a été employé comme un singulier. Autres exemples: Bat. III, 316, Haiyân 2 r°: وصَف جملا جملا — جمل من محاسنه pièce par pièce, Prol. III, 110, 2, avec la note du traducteur.

جُمْلَة chamelle, Voc.

جُمْلَة. On dit: كان من جملة اصحابه, comme nous disons: du nombre de, parmi. De là: suite, cortège, p. e. في جملة المنصور. Aussi dans le sens de اهل, habitants, p. e. من يكون في جملة القصبة, où un autre auteur écrit: من اهل القصبة, Gl. Fragm. — Série, suite d'objets, Bc; جملة الصالحين catalogue des saints, Voc. — Système, réunion d'astres, de parties, Bc. — Ensemble, réunion, harmonie, Bc. الجملة الفاضلة comme titre honorifique qu'on donne à un fakîh, Müller 42; peut-être dans le sens de: celui en qui sont réunies toutes les qualités excellentes. — En Egypte, nom d'une mesure pour la farine, comme كارة (voyez) à Bagdad, Khallic. IX, 94, 13. — Addition, première règle de l'arithmétique, Bc. — Sous جملة صغير on entend cette valeur des lettres d'après laquelle ا est 1, ى 10, ق 100, غ 1000, tandis que dans la جملة كبير on commence par le ى, de sorte que ى est 1, ك 2, et ainsi de suite, Ztschr. XII, 190. — Le pl. جُمَل parties, chapitres d'une science, جُمَل من الفقه, Abd-al-wâhid 170, 15. — جملة en commun, en société, de compagnie, ensemble; aussi جملة suivi du génitif, de compagnie avec, l'anonyme de Copenhague 24; — ومشوا جملة المجاهدين en bloc, sans compter, Bc; بالجملة chez Mc, chez Alc. شرى بجملة acheter en bloc (mercar en uno). — جملة واحدة entièrement, Abd-al-wâhid 225, 5; aussi على الجملة, Berb. I, 416, 7 a f. بالجملة en tout, tout compris, Bc. بالجملة en général, généralement, Bc. — entièrement, de Sacy Chrest. I, ١٣٠, 3; — enfin, finalement, Koseg. Chrest. 97, 9. — في الجملة en gros, Bc; — avec la copulative, en un mot, de Sacy Chrest. I, ١٢٤, 12.

جُمْلَة turban, Dunant 201. (djémala), Michel 76, 181 (djemala).

جملياً sommairement, Amari 157, 2.

جمن

جَمَلُون, dans M aussi جُمْلُون et جَمْلُول, pl. ات et جَمَالِين, toit en dos d'âne, voûte en ogive, Maml. II, 1, 267, Gl. Esp. 288, M: سقف محدّب مستطيل فان كان مستديرا فهو قبّة وهو من اصطلاح العامّة ويطلقونه من et جملون من سيوف على بيت من الخشب ايضا تغنك voûte d'acier, au fig., sabres, fusils croisés de deux rangs de soldats, Bc; جملون pignon, mur d'une maison terminé en pointe, et qui porte le haut du faîtage, Bc; حوانيت الجملون, Ztschr. VIII, 347, n., 2 a f., où Fleischer traduit: « les boutiques de la basilique. »

جمل الظهر échine, partie de l'animal depuis le milieu des épaules jusqu'au croupion, Bc; j'ignore si la voyelle de la première lettre est réellement un fatha.

جُمَّال câble, 1001 N. Bresl., XII, préface, p. 86.

جَمِيل. L'esp. «jamila,» qui en dérive, signifie: l'eau qui découle des olives amoncelées, Gl. Esp. 290. — Bien, services, bienfaits; bienfait, des bontés, Bc.

جَمَّالَة caravane composée exclusivement de chameaux, Espina R. d. O. A. XIII, 150 (djemala). Faut-il considérer ce mot comme un pl. de جَمَل, chameau?

جَمِيلَة bonté, politesse, 1001 N. III, 442, IV, 482. — Sorcière, Werne 45.

اجمال relevé, t. de finance, de commerce, extrait des articles, Bc.

اجمالي tradition se rapportant à plusieurs choses, de Slane Prol. II, 482.

تجمل pl. ات voyez sous la V° forme.

مُجْمَل sommaire, extrait, précis, Bc.

مُجَمَّل nombreux, Alc. (numeroso).

جملح nom du galéopsis en Espagne, Bait. II, 229 c (Sonth. الجلم, mais dans les man. بجيين); Bc a aussi ce mot. Ibn-Djoldjol donne جملجوا comme le nom latin, avec l'épithète arabe المنتن (le puant).

جمن

جمن ou جُمُون nom d'un fruit, djambou, Eugenia Jambu, Bat. II, 191, III, 128, IV, 114, 229.

جمهر.

جمهور *république*, Bc, Ht.
جمهوري *républicain*, Bc, M.
المجمهرات sont sept caçîdas, qui tiennent le second rang après les sept Mo'allacât. Elles ont été composées par an-Nâbigha ad-Dzobyânî, 'Obaid ibn-al-Abraç, 'Adî ibn-Zaid, Bichr ibn-Hâzim, Omaiya ibn-abî-ç-Çalt, Khidâch ibn-Zohair et an-Namir ibn-Taulab, M.

جن I, dans le sens de *devenir fou*, est chez le vulgaire, non pas جُنَّ, comme dans la langue classique, mais جَنَّ, M, Bc; pour exprimer un haut degré de folie, le vulgaire dit: جَنَّ وفَنَّ, M; جَنَّ est aussi chez Bc: *sauter aux nues*, *s'emporter*; جن بـ *idolâtrer*, *aimer avec passion*; c. على p. *être fou de quelqu'un*, *l'aimer beaucoup*.

II *transporter*, *mettre quelqu'un hors de lui-même*, Bc.

جَنَّة dans le Voc. sous « *ludere*;» ملعب, « *locus ludi*,» précède.

جتيّة *déesse*; *fée*; *nymphe*; *sirène*, Bc.

جنان بنظم الشعر *extravagance*, *folie*, *fureur*; *métromanie*, Bc.

جِنان, le pl. de جَنَّة dans la langue classique, est dans la langue moderne un singulier, *jardin*, Bc, Cherb., R. N. 53 r°: دخلت الى جنان فيه نر قد دخلت هذا طاب اجمع (mais plus loin comme un plur.: 98 v°, ولا تأخذ مزرعة ولا جنانا 95 v°, الجنان الفول الاخضر من جنانك وأحمله الى الغدامسى, Khatîb 149 v°: دفن في الجنان المتصل بداره, charte sicilienne, où l'ancienne traduction latine, *apud* Lello 23 et passim, porte «*vinea*,» Hist. Tun. 127: الجنان لكافل, diplôme chez Ali Bey I, Plate VII: العنا على خدينا. Le plur. est جنان السمالية وعرصتد على باي لخلقى, جنانات, Cherb., Ibn-Batouta, man. de M. de Gayangos, 281 v°. — *Forêt*, L (*nemus* (silva opaca)). — *Pré*, L (*pratum* وَمَرج).

جنون الصبا « *les folies de la jeunesse*,» Berb. II, 243, 1. — جنون النبات *végétation abon-*

dante, M. — مرض الجنون *l'épilepsie*, Daumas V. A. 421.

علق الجنينات pl. جَنَائِن *jardin*, Bc. — *ver de terre*, Bc. — Chez Lane c'est le diminutif جُنَيْنَة, que le vulgaire, dit-il, prononce جِنَيْنَة; mais Bc, à en juger par le pl. جنائن, semble donner جُنَيْنَة. Dans le M c'est جُنَيْنَة, pl. اتى, *jardin où l'on cultive des arbres fruitiers et des fleurs*.

جُنَيْنَاتي *jardinier*, M.
جَنَائِنِي *jardinier*, Bc.
جَنَّان *jardinier*, Voc., Cherb., Macc. I, 446, 12, 581, 11, 586, 18, II, 328, 17, Ibn-Loyon 9 v°.

مجن (pour مجنون), que les puristes condamnent, se trouve dans L (*arepticius*, ce qui est = *dæmoniacus*, voyez Ducange).

مجنّن *épileptique*, Jackson 153.

مجنّنة *tapis*, dans la 1re partie du Voc., mais dans la 2e c'est مجنّبة.

جناريوه *janvier*, Amari 168, 8.

جنب I. جنب له الجياد *il lui donna des chevaux de main*, *il les lui envoya en cadeau*, Berb. I, 435, 7 a f., II, 230, 10, 267, 13, 391, 6 a f., 431, 12; aussi c. الى p., Berb. II, 292, 13. — *Remorquer*, *prendre à la remorque*, Berb. II, 386, 2 a f. — *Border*, *garnir le bord*, *être sur le bord*, Bc.

III *s'avancer*, Ht; probablement: *s'avancer le long de*, *en côtoyant*, comme جانَب البرّ, *border la côte*, chez Bc.

V c. عن *se mettre à l'écart*, *s'écarter*, *se garer*, Bc.
VI. تجانبوا *s'éviter*, Bc.

جَنب *aile*, *côté d'une armée*, Bc. — جَنْب *à côté*, *joignant*, *contre*, *près*, *auprès*; جنبي «*à côté de moi*;» بيتي جنب قعد «*il s'assit près de lui*;» بيته جنب بعضها «*ma maison est contre la sienne*;» *côte à côte*, *près l'un de l'autre*; — *le long*, *sur les bords*, *en côtoyant*, Bc. — خلى عن جنب *mettre à part*, *séparément*, Bc. — في جنب *en comparaison de* (Lane d'après le TA), Freytag Chrest. 55, 5, R. N. 58 v°: فقال لى فانّها صغيرة حقيرة, *mes péchés sont énormes*,

جنب — aussi: *qui est à côté de, qui vient en même temps que,* Bidp. 244, 7: وكانَ مـ — مـحتملا لـكـلّ ضـيـر في جنب منفعة تـصـلُ البلى للجنب *de part en part, d'outre en outre,* Bc.

جَنْبَة. 1001 N. II, 101, 1: اشترى لك جنبة بأسمين, où Lane traduit *panier.* — جنبات, si la leçon est bonne, doit avoir un sens qui m'est inconnu chez Bait. I, 65, 1: ويستخرج عصارته بلولب وجنبات; c'est la leçon de A; dans B la première et la troisième lettre n'ont pas de points; dans Boul. وخشبات.

جَنْبِيّة, mot dont les Mecquois se servaient déjà du temps d'Ibn-Batouta, *poignard recourbé,* Gl. Esp. 290, Buckingham II, 195. — Pl. جنابي, *pente d'une colline ou montagne, côte,* Alc. (ladera de cuesta).

جَنَاب. جناب الجبل *versant de montagne,* Roland. — *Portion,* Roland. — Comme titre d'honneur: *seigneurie,* Roland, *excellence,* Ht, Bc, *sérénissime,* Bc, *altesse,* Ht; on donne ce titre aux employés du gouvernement, de Sacy Chrest. I, ١٥٨, 1, Amari Dipl. 214, à la mère du calife, Djob. 224, 16, etc. On dit aussi جنابك *votre seigneurie, vous,* p. e. حاشا جنابك من البخل «loin de moi l'idée que vous soyez avare,» Bc. الجناب العالي *altesse,* Bc. En parlant de Dieu, p. e. جلّ جنابه تعالى عن أن «la majesté divine est trop grande pour que,» Bc. Au figuré: جناب الشريعة محترم «la majesté de la loi divine était respectée,» de Sacy Chrest. II, ١٣, 11. غَضّ مِن جنابه *manquer au respect que l'on doit à quelqu'un,* Hist. Tun. 97: فلمّا قدم على شعبان أنف من القيام لـه وغـضّ مـن جنابه فكان ذلك سبب العداوة; de même 104 et 118.

جَنِيب. Dans le Voc., avec le pl. جُنُب, *cui accidit* (accidit) *pollucio.* — Au duel, الجنيبان, *les deux fattières d'un palanquin,* les deux perches en forme d'arc qui sont au haut d'un palanquin et qui se croisent au milieu pour soutenir la toile, Ztschr. XXII, 157, 4.

جَنِيب. On avait la coutume de conduire derrière le sultan plusieurs chevaux de main, جنائب, superbement équipés, Maml. I, 1, 192, Amari 448, 4 a f., de Sacy Chrest. I, ٧٠, 7. — Le pl. *chevaux, cavaliers,* Calâïd 190, 3 a f.: عقد فلمّا أصبح (l. أصبح).

. كتائب, وقائد جنائب, وصاحب ألويه. — *Ayant* une chose *à son côté*; جنيب عكاز «ayant un bourdon à son côté,» Müller 50, 3.

جَنَابَة *impureté,* ce qu'il y a d'impur, de grossier, d'étranger dans un corps, Bc.

جَنَابِيّ. Dans de Sacy Chrest. I, ١٣٣, 9, للحضرة الجنابيّة semble au premier abord un titre d'honneur, «son altesse;» mais pensant à d'autres mots dérivés de cette racine, l'auteur a employé par antiphrase le mot جناب dans le sens d'*impur.*

جَنَّاب *le fâcheux qui, pour manger à son aise, se fait une plus large place en jouant des coudes,* Daumas V. A. 315.

الجنابيّات جنابيّة sont les pierres posées de champ sur les deux côtés de la tombe, et qui en forment l'encadrement latéral, Brosselard, Mémoire sur les tombeaux des émirs Beni-Zeiyan etc. 19.

جانب *aile, côté d'une armée,* Bc. — *Quartier, partie latérale d'un soulier, d'un sabot,* Bc. — Au duel الجانبان *les deux parties intéressées,* Macc. II, 230, 18. — Pour ce qui concerne le sens de *tractus, regio,* etc., il faut remarquer l'expression: انطلق الى جانبه *il passa son chemin, il continua sa route,* Bidp. 274, 7. — Quant à l'expression اخاف جانبكم (chez Freytag), comparez Amari Dipl. 24, 9: وخوّفناهم جانبكم وعقوبتكم لما على سوء فعالكم. — Dans le sens de *partie, portion* (cf. Lane), surtout *une grande partie,* voyez Fleischer dans Gersdorf's Repertorium 1839, p. 433 (où il cite de Sacy Chrest. III, 380, 4 a f. et Bc sous «*partie*») et dans son édit. des 1001 N., XII, préface, p. 93, où il a corrigé ce qu'il avait dit dans son livre de Gloss. Habicht. 87; جانب من ما في ملكه الا جانب «partie de marchandises;» بضائع منه «il ne le possède qu'en partie;» *partie, somme d'argent due,* وفى جانبًا «acquitter une partie;» à-*compte,* Bc; مضى من الليل جانب, جانب من المبلغ Freytag Chrest. 44, 4 a f.; Meursinge 24, 9, Berb. I, 148, 2, 196, 5 a f., II, 121, 1, 1001 N. II, 66, 7 a f., 577, 12, 627, 7 a f., III, 195, 218, 3 a f.; là où l'édit. de Bresl., IV, 372, porte جانب من, l'édit. de Macn. a من الجيش. — بعض On dit aussi اقتطعوهم جانب الودّان والمولاة «ils leur conservèrent une certaine apparence d'amitié et d'attachement.» (de Slane), Berb. II, 128, 6; كان من الكرم والعطاء على جانب عظيم, pour exprimer: il était très-généreux, très-libéral, 1001 N. Bresl. VII, 259; كان على جانب من الحيرة «il était dans un grand embarras,» de Slane Prol. I, p. LXXV a. — *Honneur* (cf. Lane), Djob. 60, 7: وكان يحافظ على جانب هذا; السلطان العادل وقع في جانبه De là *blâmer quelqu'un*, Akhbâr 144, 2, ou (même histoire) Bayân II, 105, 5 a f. — Titre d'honneur (comme جناب), *excellence*, *altesse*, etc., الجانب الكريم, Amari Dipl. 106, 4 (où l'ancienne traduction latine, p. 306, porte: dominus rex), ibid., 2 a f. — جانب, الجانب العلي, 108, 4. — *à côté*, *auprès*, Bc. على جانب n'est pas seulement *à côté de*, mais aussi *autour de*, 1001 N. I, 60, dern. l.: عملت الخضرة على جانب الجرة. — في جانب à l'égard de, Amari 389, 9: فامر روم ان يصعدوا. Aussi pour في, dans, Koseg. Chrest., préface, p. XIII (où le pronom se rapporte aux mots «chevaux et dromadaires»): المنابر فتكلموا في جانب الموحدين بسوء. De même في جوانب, Berb. II, 249, 5: وصار يسوق عليها في جانب الاقطار تلك الملعنة, 281, 15.

أجنب Un Arabe donne le nom de اجنب à celui qui n'est pas de sa famille, p. e. Bat. IV, 388: والنساء هنالك يكون لهن الاصدقاء والاصحاب من الرجال الاجانب «dans ce pays, les femmes ont des amis et des camarades pris parmi les hommes étrangers à leur famille.» — D'un autre genre, Auw. I, 102, 12, après avoir parlé de la fiente de pigeon: واما زرق غيرها من الطيور الاجانبية الاجانب (l.) ؟.

أَجْنَبِيّ Un Arabe donne le nom de اجنبي à celui qui n'est pas de sa famille, p. e. Bat. IV, 389: وكذلك للرجال صواحب من النساء الاجنبيات «les hommes, de leur côté, ont des compagnes qu'ils prennent parmi les femmes étrangères à leur famille;» 1001 N. I, 245, 4 a f.: فانى اخاف ان تتدخل على امراة اجنبية فتروج زوجك. — Accessoire, Bc. — C. n'appartenant pas à, كلام اجنبي عن العقد v. d. Berg 42. — Un tiers, une troisième personne, v. d. Berg 70, n. 1.

مجنّب tapis, dans la 2e partie du Voc., mais dans la 1re c'est مجنّب; comparez مجنّب chez Lane.

مجنبة n'est pas seulement *aile d'une armée*, mais aussi: *aile d'un édifice*, R. N. 97 r° (en dehors d'une mosquée): اخذ عصاه وجاء الى العمود الذي في المجنبة; *côté* d'un bassin, Macc. I, 374, 6; *aile*, *appendice*, Maml. II, 2, 70, 7 a f.

جنبذ ou جَنْبَذَ I, verbe dénominatif, *remplir une mesure de capacité de telle manière que le contenu forme une جَنْبَذَة*, c.-à-d., *une espèce de voûte ou coupole*. Al-Cabbâb, 118 r°, cite cette décision de Mâlik: لا يطفف ولا يجلب فان الله تعالى ويل للمطففين (83, 1) فلا خير في التطفيف ولاكن يصب عليه حتى يجتنبذ فاذا اجتنبذه ارسل يده ولا يمسك; ensuite il donne cette remarque du cadi Abou-'l-Walîd ibn-Rochd: وقع في الرواية حتى يجتنبذه ولم يمسك والصواب يجنبذه فاذا اجنبذه قال بعض اهل اللغة الجنبذة المكان المرتفع من الارض وانما قلنا هو الصواب لأن الاجتباذ هو الجلب الذي منع منه. Se fondant sur ce passage, de Goeje (Gl. Fragm.) a dit que le verbe dénom. est أَجْتَنَبَذَ; je crois qu'il s'est trompé, mais il faut observer ceci: le texte de Mâlik porte اجتنبذ et يجتنبذ, la VIIIe forme de جبذ ou جبد; c'est une faute, dit Ibn-Rochd, qui cite les premiers et les derniers mots du passage en question (cf. Abbad. I, 18, n., l. 6), car cette VIIIe forme de جبذ signifierait: «faire en sorte que la mesure reste rase», et c'est justement ce que Mâlik défend. Il faut donc lire, dit-il, يَجَنْبِذ et فَاذا جَنْبَذَه, — car il me semble que dans le فاذا اجنبذه du man., l'*élif* est de trop et que cette lettre provient de la fausse leçon اجتنبذ du texte de Mâlik.

جُنْبَذ (pers. گنبذ), en Perse, *temple du feu*; — *voûte*, *coupole*; — *chapelle sépulcrale*, Gl. Fragm.

جُنْبُذ, proprement le même mot que celui qui précède, au fig. *calice d'une fleur qui n'est pas encore éclose*, Gl. Fragm., Bait. I, 265 e, où il faut lire avec nos man.: جنبذ الرمان (B avec le *dâl*), Most. v° الرمان زهر, le pl. ات, Abou'l-Walîd 570, 29 et 30.

جُنْبَذ, moins correctement جُنَيْبِذ, *édifice voûté*, Gl. Fragm. — *Colline*, plus haut sous le verbe.

مُجَنْبَذ *voûté*, en forme de voûte, Gl. Fragm.

جنبر. جنبل et جنبر voyez sous جنبر.

جنست اوريةٌ centaurée, Ibn-al-Djezzâr v° غافتٍ.

جانست قبطه voyez جنست قابطة.

جنتبيان voyez شنتبيان.

جَنَج coup sur la tête, Domb. 90 (كَنَكْ).

جنّاجباسة est reptile dans le Voc. (seulement dans la 1re partie); c'est millepieds, scolopendre, Zahrâwî 228 r°: لدغة العقرب التي تسمّى العقريانا وتسمّى اربعة واربعين وتسمّى عندنا بالجنباساسة وهي دابّة لها ارجل كثيرة صغار متفارقة (sans points diacritiques dans le man). Alc. a sans doute en vue le même mot, quand il donne « gubcipicha » sous « cientopies serpiente » (millepieds), et je crois que ces deux formes sont des altérations de l'esp. cientopies.

جُنَاجَر (pers. جُنَاجَر) dipsacus fullonum (Sonth.), Bait. I, 265 f, qui épelle le mot.

جَنَاجَقَ I c. a., aussi شنشف, déchirer, Voc.

II être déchiré, Voc.

مُجَنَاجَق vêtu de haillons, de guenilles, Alc. (pañoso vestido de remiendos; il a munchêncheq, mais je crois que le n est de trop).

جَنَاجَل humulus lupulus (Sonth.), Bait. I, 265 c. —

جَلَاجَل loriot, bouton à la paupière, M.

جَنَاجِلين, جَنَاجِليل, جَنَاجِلى chez Alc., altérations de جَلَاجَلَان (voyez).

جنج I. Dans le vers chez Macc. II, 776, 11, où Fleischer lit فَيَجْنَج, ce verbe serait, selon ce savant (Berichte 194), un dénominatif de جَنَاج et signifierait demeurer à côté de, c. a.

II c. a. courber, Voc. — Saigner un cheval au flanc, Auw. I, 34, 7 a f., II, 672, 15. — Séparer quelques pièces d'un troupeau pour les voler, Alc. (atajar ganado, et تَجْنِيج atajo de ganado).

IV, au passif, en parlant d'un vaisseau, de même que la Ire, demeurer à sec, Gl. Belâdz.

جنج ténèbres, Voc.

جنحَة crime, M.

جَنَاح, Pl. أَجْنَاح, Voc., Alc., Abou'l-Walîd 799, 36, جُنُح, Bc. Pour indiquer la vitesse d'un cheval, on dit en parlant du cavalier: طار بجنَاح, Calâîd 192, 12. — Pl. أَجْنَاح, troupe, nombre plus ou moins considérable de gens assemblés ou d'animaux; بعث جناحا من جيشه « il envoya un détachement de son armée, » Müller L. Z. 50, 8; جناح من خيل « un détachement de cavalerie, » Alc. (escuadra batalla; il a aussi ce terme sous « atajo de enemigos, » et peut-être faut-il entendre sous ces mots espagnols: un détachement ennemi qui coupe le chemin); جناح من بقر « troupeau de vaches, » Alc. (hato de vacas), جناح من ضان « troupeau de moutons, » Alc. (hato de ovejas), aussi جناح من غنم, Alc. (manada de ganado menudo), et جناح seul, Alc. (rebaño de ganado). — Pan d'un bournous, de Slane, note sur Becrî 159. — Pl. أَجْنَاح, morceau d'un vieux fer de cheval,' Alc. (callo de herradura). — Pl. أَجْنَحَة crochet, Gl. Edrîsî. — Pl. أَجْنَاح, nom d'un instrument de musique, harpe, Alc. (harpa instrumento), manicordion, Alc. (monacordio); جناح من عشرة اوتار instrument de musique à dix cordes, Alc. (diez cuerdas instrumento musico). — En anatomie, le pl. أَجْنَحَة les os qui sont à côté des vertèbres, Gl. Manç. v° سناسِن. — Pl. أَجْنَاح aunée (plante), Alc. (ala yerva conocida, enula yerva o ala), Most. sous راس: راس العجمية الّتى « c'est ce qu'on nomme en espagnol ala, » Gl. Manç.: راس هو النبات المسمى والجناح مطلقًا عند عامّة, Bait. I, 266 c: بالجناح « le mot djanâh seul désigne l'aunée chez le vulgaire en Andalousie » (Sonth. a traduit ces paroles d'une manière ridicule), 476 b, Auw. II, 313, 6, 11, Bc; جناح شامى aunée, Sang. L'expression الجناح الاحمر signifie peut-être arbousier, car l'auteur du Most. dit sous قاتل ابيض, qui signifie « arbousier: » — وراءيت انه الجناح الاحمر. — جناح السمك nageoire, Bc (cf. Lane). — جناح طاحون volant, aile de moulin, Bc (cf. Lane). — جناح التنس ne signifie pas seulement cynara scolymus, Bait. I, 266 c, mais aussi: le froment de Barbarie, Shaw I, 213, Rozet I, 209. — جناح الهيكل est chez Alc. « velo de templo » (pl. أَجْنَاح); جناح semble donc avoir le sens de voile, Berb. II, 85, dern. l., 203, 4. Chez

جند 224 جنس

Bc جناح الهيكل est *pinacle*, la partie la plus élevée d'un édifice, comble en pointe.

جُنَاح *peine*, *difficulté*, Calâïd 192, 12.

جانِح *aile*, M.

جَانِحَة. Le pl. جوانِح *nageoires*, Ht.

مُجَنَّح. Dans l'expression ناقة مجنَّحة الجبِيبين que Lane donne d'après le TA, je soupçonne qu'il faut substituer الجَنْبَيْن, « les deux flancs, » à الجبين. — ثياب مجنَّحة *des vêtements à grands pans*, Becri 159, 7, avec la note de M. de Slane.

جند II. جند أرضًا et جند جُندًا *faire d'une province un djond*, c.-à-d., *une division militaire*, Gl. Belâdz. — *Mobiliser les soldats d'un djond ou division militaire*, *les envoyer en expédition*, Akhbâr 56, 9:

ثم لمَّا جُند جُند قنسرين صار الصميل فيه ☼

V *s'engager*, *s'enrôler*, *entrer dans l'armée*, Gl. Maw.

جُنْد. « جُندي ou جند s'applique à présent en Egypte exclusivement à un *cavalier*, par opposition à عَسْكَري, *fantassin*, » Burckhardt Nubia 482, M.

وقيل هو جند. جند *crocus*, Most. sous زعفران.

جُنْدي *cavalier*, voyez sous جُنْد. — Titre d'un employé chargé de prendre soin de tout ce qui concerne les caravanes, Browne I, 295 (gindi).

جُنْدِيَّة *armée*, Gl. Fragm. — *Le service militaire*, Voc., Macc. I, 709, 18 et 19, Haiyân 21 r°: فصار بالمَصاق للخدمة الجنديَّة بقرطبة وتصرف فى الجنديَّة ibid. 21 v°: (وتتصرف فى للخدمة الجنديَّة), Khatîb 114 r°: للذين بأنواع العجنديَّة. — *Harnais*, *couverture de cheval*, Alc. (guarnicion de cavallo, paramentos de cavallo, جنديَّة فرس cavallo encobertado).

جَنَادَة (*défenseurs*, *milices*?) est le nom que reçurent les membres d'une société qui avaient adopté les pratiques religieuses d'un réformateur, Berb. I, 97, 3 a f., avec la note dans la trad. I, 154.

مُجَنَّد *soldat*, Abbad. I, 322, 3 a f., II, 159, 3 a f., Macc. III, 366, 10, l'anonyme de Copenhague 32, 90, 95, 107, 115.

جُنْدَب, chez le vulgaire, sorte d'oiseau qui saute beau-coup, qui ressemble à la sauterelle, et qu'on appelle aussi قَبُوط, M.

جُنْد بَادَسْتَر. C'est ainsi qu'Alc. (cojon de castor animal) prononce le nom du *castoréum*; chez Bc جُنْد بَأَسْتَر; بادستر dans le Voc. — *Le castor même*, Macc. I, 122, 5, mieux chez Bc حيوان جندبادستر c.-à-d. *l'animal qui donne le castoréum*.

جندل. مُجَنْدَل *pierreux*, Voc.

جنر

جنارة (κινάρα) *artichaut*, Bc.

جُلنَّار, pour جُلَّنَار, *balauste*, *fleur du grenadier sauvage*, Bc.

جنز II. جنَّز الميت, en parlant d'un prêtre chrétien, *prier pour un mort quand on l'enterre*, M.

جَنَاز, comme جِنَازَة, *convoi*, Bc.

جِنَازَة. Prov. « الميت الكلب والجِنَازَة حامِضة » il y a beaucoup de bruit pour peu de chose, » Bc.

جَنَائِزِي *funèbre*, *mortuaire*, Bc.

جَنْزَبِيل, pour زنجبيل, *gingembre*, Bc.

جنر I (cf. زَهَر) *effleurer*, *tomber en efflorescence*, Bc. — *Enchaîner*, Bc, Hbrt 142.

جَنْزَرة *efflorescence*, t. de chimie, enduit salin, semblable à de la moisissure, qui se montre à la surface des métaux, Bc.

جِنْزَار (pour زِنجار), *vert-de-gris*, *verdet*, Bc, Hbrt 171, Ht, M.

جنزير (pers. زنجير) pl. جَنَازِير *chaîne*, Bc, Hbrt 142, M, Habicht Gloss. sur les tomes I et II de son édit. des 1001 N. — *Cordon*, *bord façonné autour d'une pièce de monnaie*, Bc.

جنس II. Abou'l-Walîd emploie bien la construction indiquée par Lane, c. a. et ب, 418, 649, 684, 699, mais il a aussi وبين, جنَّس بينه وبين, 412, 6.

III c. a. est dans le Voc. asimilare. On emploie en effet cette forme dans le sens de la seconde: *assimiler une chose* (acc.) *à* (ب) *une autre*, Macc. II, 646, 21, où il faut lire مجانسة, au lieu de محاسن; voyez Fleischer Berichte 161.

V *être homogène*, Aboû'l-Walîd 191, 3, mais un autre man. a la Xe.

VI. مُتَجَانِس *homogène, similaire*, Bc. — حُسْن تَجَانُس اللَّفْظ *parallélisme, symétrie d'expression*, Bc. — كَيْف تَجَانَس مَع المُتَجَانِسِين Si Ali est Dieu, « comment a-t-il pris la nature humaine? » Ztschr. III, 303.

X voyez sous V.

جِنْس Le pl. جُنُوس *nations*, Roland. — طَرِيدَة مِن جِنْسَيْن *galère à deux bancs*, Alc. (galea de dos ordenes); طَرِيدَة مِن ثَلَاثَة أَجْنَاس *galère à trois bancs*, Alc. (galea de tres ordenes).

جِنْسَة *gentiane*, Alc. (genciana yerva).

جِنْسِي *sexuel*, Bc.

جِنْسِيَّة *homogénéité*, Macc. I, 882, 8.

جِنْسِيَانَة *gentiane*, Bc.

DJENGRON espèce de *grand panier* servant à renfermer des poissons ou des fruits, Espina R. d. O. A. XIII, 145.

جَنْفَس *moire, satinade*, Bc, *taffetas*, Hbrt 203.

جَنْفَص.

جَنْفَاس et جَنْفِيص (κάνναβις) *canevas, serpillière*, Bc, M.

جَنْفَصَة et جَنْفِيصَة *banne, grosse toile qui couvre un bateau*, etc., Bc, M.

جَنْقَل.

جَنْقَل (pers. جَنْكَل, *croc, crochet*) *croc-en-jambe*, Daumas V. A. 361.

جَنْقَلَة *alcyon, goéland*, Bc.

جَنْك II *marcher sur des mules ou pantoufles*, جَنْكَة, Alc. (chanquear). — (Formé du pers. جَنْك, *guerre, combat*) *être en colère*, M.

جَنْك ou جَنْك (*harpe*), au pl. جُنُوك, M, Maml. I, 2, 68. — جَنْك (pers. جَنْك) *guerre, combat*, M.

جَنْك *classe de danseurs publics, jeunes gens et garçons, ordinairement Juifs, Arméniens, Grecs et Turcs. Leur costume est en partie celui des hommes, en partie celui des femmes, et ils portent les cheveux longs et tressés*, 1001 N. IV, 694, 9 a f., avec la note de Lane dans sa trad. III, 730, n. 22. Le nom d'unité est جَنْكِي, *musicien*, Vie de Timour II, 876, 10, *danseur*, Bc. Dans la Descr. de l'Eg. XIV, 182, on trouve cette explication: « des femmes juives qui enseignent à danser, et qui quelquefois, montées sur des ânes, suivent le cortége des noces en jouant du *rebâb* ou du *târ*. »

جَنْكَة (esp.) pl. جِنَاك *mule, pantoufle*, Voc. (sotular), Alc. (calçado, chinela calçado). M. Lafuente m'a expliqué le mot esp. *chanco* de cette manière: « C'est proprement un soulier avec une semelle de bois; mais en Andalousie on dit communément: « andar en chancos, » ou « en chanqueta » dans le sens de: porter des souliers ou pantoufles sans talon, ou avec le talon doublé. » Chez Alc. جَنْكَة est aussi « xostra de çapato, » terme que M. Lafuente explique ainsi: « C'est une semelle de bois, de même que chanco, et je crois même que, dans quelques districts, ce mot signifie simplement semelle. » Cf. Müller L. Z. 96. Au Maroc on emploie encore جَنْكَة dans le sens de « vieux soulier fort usé, savate » (Lerchundi).

جَنْكَنا pl. جَنْكَان *jongleur, bohémien*, Ht.

جَنْكُونِي. بَنَات الجَنْكُونِي, expression dont j'ignore l'origine, mais qui semble signifier *fesses*, Bâsim 68: فَضَرَبُوه عِلْقَة عَلَى بَنَات الجَنْكُونِي

جَنَة (du nom propre Chine), au Maghrib, *orange*, M; cf. چِينَة.

جَنَوِي (berb.; أَجَنَوِي *sabre*, Dict. berb.; adjenéwi, coutelas, Venture 434; adjenowee, sword, Vocabulaire berb. dans Hodgson 85) *sabre très-long*, R. d. O. A. N. S. X, 551; — *couteau*, Domb. 81, Jackson 191; le pl., Inventaire: ومن الجَنَوِي افلامينك ١٨ طَرِيدَة « 18 douzaines de couteaux hollandais » (le négociant hollandais a ajouté à la traduction de Schultens l'explication: messen).

جَنَوِي. وَرَق جَنَوِي *papier très-fin*, Bc.

جَنَوِيَّة pl. ات *palissade*, Mong. 288 a, Freytag Chrest. 131, 11.

جَنَى I semble signifier aussi, comme la IVe, *faire cueillir, rendre propre à être cueilli*, Abbad. I, 308, 11, où le pronom de la 2e personne se rapporte à la

terre: جَنى نَمارِك ;مَنْ جَنى نَمارِك dans la note p. 344, n. 101, j'ai soupçonné que c'est la IIe forme, mais je n'ai pas rencontré cette dernière ailleurs avec cette signif.
— De même qu'on dit جَنى شَرًّا (cf. Lane), on dit جَنى حَرْبًا « causer une guerre, » Badroun 151, 3 a f., جَنى ضَاجِرة « causer de l'ennui, » P. Macc. II, 550, 19.

IIe voyez sous la Ire. — جَنى احدًا جِنَايَةً imposer une amende à quelqu'un, Fakhrî 187, 13.

IV, avec deux accus., faire cueillir, notes de Fleischer sur Macc. I, 700, 17 (Berichte 241), II, 188, 6, Lettre à M. Fleischer 171, Abbad. I, 62, 3 (cf. III, 25), Macc. II, 442, 10. — Voyez sous مُجْنى.

V c. على p. et ب r., accuser quelqu'un de, lui imputer une chose digne de blâme, Berb. I, 439, 9 a f., 478, 9 a f., II, 369, 4 a f.

VII être cueilli, Voc.

بُجَنى Le nom de l'arbouse est العِنَبَآء الأَحْمَر (voyez), mais on trouve العِنَى الأَحْمَر dans le Most. (v°), et chez Bait. I, 265 d, sous le djtm. جَنى الوَرْدَة, qu'il traduit par « enfant [fruit] de la fièvre, » enflure du foie, Werne 43.

جَنى embryon, Domb. 76.

جَنَاء cueillette, récolte annuelle des fruits, Bc.

جَنَايَة. Le pl. fruits, dans ces paroles du Prophète citées Auw. I, 2, l. 1: اطلبوا الرزق فى جنايات الارض, où le man. de Leyde porte جَنَايَات. — Une amende imposée à des gens que l'on veut punir, Maml. I, 1, 199; mais dans le dernier passage qu'on y trouve cité, et peut-être dans d'autres, il faut lire الجِبَايَات, avec le bâ, qui signifie « impôts; » Fakhrî 187, 13, 16, 365, 6 a f.

مُجْنى malfaiteur, homicide, sacrilége, Voc. (sous peccare), Alc. (maleficio hazedor de mal, malhechor, omeziano que mato padres, omiziano de qualquiera, sacrilego).

جهاركاه (pers.) le quatrième mode de musique, M.

جهاركى Ce mot qui en apparence est persan, mais que je ne trouve pas dans cette langue, est expliqué de cette manière dans le Gl. Manç. (in voce): عروق جم

226

فى الشفتين تُفْتَصَد فى حلل الفم, au lieu de حلل, Je lis علل, et je traduis: « Ce sont des veines dans les lèvres que l'on saigne dans les maladies de la bouche. »

جَهْبَذ, aussi جَهْبَذ (pers. كَهْبَذ, composé de كَدّ, creuset, et de بَذ, sanscr. pati, seigneur, directeur, proprement: directeur du creuset), pl. جَهَابِذَة, celui qui examine les pièces de monnaie pour séparer les bonnes des mauvaises, essayeur, vérificateur, changeur; — en général: celui qui discerne le bon du mauvais, le vrai du faux, p. e. تاجر جهبذ « un marchand qui discerne les bonnes marchandises des mauvaises, » Macc. I, 372, 4, un homme qui connaît à fond les affaires et qui en pénètre les circonstances les plus subtiles, un critique judicieux, Gl. Fragm.; les auteurs qui y sont cités ont corrigé les fautes de Meninski, de Freytag, etc.; Macc. I, 47, 8, 465, 13, 590, 14, Prol. I, 355, 12, II, 344, 9, 404, 1, III, 19, 15, Berb. I, 654, 6, Khatîb 30 r°: مقدم فى جهابذة الاستانيين.

جَهْبَذَة la perception et l'administration des revenus ou des taxes publiques; كاتب الجهبذة le ministre des finances (= صاحب الاشغال الخراجية), Fleischer, Beiträge zur arabischen Sprachkunde p. 96, 97 (note sur de Sacy Gramm. I, 18, l. 17 et 18), qui cite Abou-'l-mahâsin II, 174, dern. l., et Macc. I, 134, 7 (cf. l. 9). Mais dans le passage du Traité de Rhétorique par Ibn-al-Athîr, cité Maml. I, 1, 199: الجهبذة والصدقات والهوالى وسائر وجوه الجنايات (الجبايات l.), ce terme doit désigner un genre d'impôt.

جهاجندم espèce de blé comme le froment, qui s'appelle en persan گندم, Payne Smith 1509.

جهد I c. ب p., ou c. على p., insister auprès de quelqu'un, Koseg. Chrest. 107, 11: فجهدت به ألّا يخرج; R. N. 77 r°: فجهدوا عليه فأبى. — جهد حَقَّه insister sur son droit, Gl. Belâdz.

II c. a. p. et على r., forcer quelqu'un à faire une chose, Cartâs 91, 9, où il faut lire, je crois, avec le man. de Leyde: وجهدهم على بناء مسجد فيه.

III maintenir, Ht.

IV encourager, animer, Alc. (esforçar a otro). — اجهد نفسه faire tous ses efforts, Gl. Belâdz., Bidp.

25, 1؛ اجهد بدنَه فى العمل fatiguer excessivement le corps par le travail, Bidp. 279, 4 a f.؛ اجهد رايَه = اجتهد رايَه, que Lane a sous I, Gl. Maw.

V, Diwan d'Amro'lkaïs ۱۳, vs. 11: ان تجتهدْ عدْوهُ, où M. de Slane traduit: «cum urgebatur cursus eius.» — Se livrer à des pratiques de dévotion, de piété, Cartâs 224, 14; peut-être faut-il lire مجتهدا dans ce passage, mais cette leçon ne se trouve que dans un seul man.

VIII se livrer à des pratiques de dévotion, de piété, Cartâs 180, 13. — اجتهد برايَه et اجتهد seul = اجتهد رايَه, que Lane a sous I, Gl. Maw.

جَهْد manque de vivres, Gl. Bayân. — Grande faim, Bait. I, 47 d.

جهيد. بكلّ جهد جهيد à peine, ou à grand' peine, Bc.

جهادى nom d'une monnaie d'or turque, M.

مجاهد. ابو المجاهد titre d'un roi musulman du Bengale, J. A. 1823, II, 274, 288.

مجاهدة poursuite, soin pour le succès, Bc. — Avec l'article, ou مجاهدة النفس, Macc. I, 585, 13, le combat spirituel, le combat qu'on livre à soi-même, en se détachant de tout excepté de Dieu, Ztschr. XX, 41, n. 56, Khallic. I, 417, 5, Bat. IV, 63, Cartâs 180, 6, Macc. I, 568, 12, III, 679, dern. l., Prol. II, 163, dern. l., III, 61, 3, 4 et 5, 62, 8 et 17, 63, 13, Khatîb 86 r°: المجاهدات (ajoutez ذَوى) شيخ وارباب المعاملات — اصبر الناس على مجاهداته وادومهم titre du صاحب المجاهدات — على عمل وذكر الخ sultan Baber sur une médaille, J. A. 1823, II, 288.

اجتهاد; الاجتهاد فى الشرع; les jurisconsultes de cette classe ont le droit d'interpréter le Coran et les traditions, et ce droit n'appartient qu'aux compagnons du Prophète (صاحب), à leurs disciples (تابع) et aux six imâms; — الاجتهاد فى المذهب est l'autorité dans l'école, et الاجتهاد فى المسائل est le droit de décider certains points de jurisprudence; voyez v. d. Berg 7—9.

مجتهد, en Perse, le chef de la doctrine chiïte, le chef de l'Église persane, Defrémery Mémoires 411, n. 1, Fraser Khorasan 483.

جهر I. جهر être nyctalope, Richardson Sahara I, 322, qui donne جُهْر dans le sens de nyctalopie, mais il faut جَهَر.

II éblouir, priver de la vue (البصر) par trop d'éclat, Bc, Hbrt 162, Ht.

IV éblouir, Hbrt 162.

V être ébloui, Bc, Hbrt 162.

VI c. ب r., faire une chose blâmable en public, sans se gêner en aucune manière, Vêtem. 274, n. 14.

برشهير, ou شهير شهر ou جهر, ou selon un autre tour, machine dont se servent le tourneur et le potier, Payne Smith 1453 (deux fois), 1513.

جهر nyctalopie, Avicenne I, 350; cf. sous la Iʳᵉ forme.

جهر dans le sens de جهير (cf. Lane), haut, clair, sonore; بصوت جهر عل «à haute et intelligible voix,» Bc (sans voyelles).

جهر, dans le sens de جهر et de جهارة, aspect, Haiyân 27 r°: الجميل الرواء حسن الجهرة.

جهرة petite mouche dans l'intérieur de l'Afrique, dont la piqûre est très-dangereuse pour le bétail, Pallme 74 (johara).

جهورى nyctalopie, Auw. II, 577, 4, avec la note de Clément-Mullet II, 2, 115, n. 2. Le Voc. donne cette forme sous «cecus.»

جهورى semble avoir chez Ibn-al-Khatîb le sens que le TA (chez Lane) attribue à جَهْوَر, audacieux. Dans un passage de cet auteur, cité par Macc. I, 859, 4, on lit: وكان شديد البسط مهيبا جهوريا مع الندابة والغزل, et dans un autre (chez Macc. III, 757, 26): بدويا فحا جهوريا ذاهلا عن عواقب الدنيا والآخرة الخ.

جهورية être clair, net, aigu, en parlant de la voix, Khatîb 61 r°: جهورية الصوت وطيب النغمة. — Audace (cf. l'article qui précède), Khatîb 177 r°, en parlant de Mohammed Iᵉʳ de Grenade: هذا الرجل كان آيَة من آيات الله فى السداجة والسلامة والجهورية جنديا تغريبا شهما الخ.

جهرم II se targuer, se prévaloir; c. على p. braver, narguer, Bc.

جهز

جَهْرَمَة bravade, action, parole par laquelle on brave quelqu'un, Bc.

جهز II, en parlant d'un cadavre, voyez Lane, Cartâs 277, 5 a f., Berb. II, 116, 7 a f., 153, 7 a f., etc.; on emploie جَهَاز dans le sens d'un n. d'act., Koseg. Chrest. 44, 10: فحضر غسله وجهازه ورفعه. — De même qu'on dit جهّز مركبا, on dit جهّز عسكرا armer un vaisseau, l'équiper, Bc (للحرب), Bat. II, 236, Cartâs 153, 15 et ailleurs. — En parlant d'un cheval, harnacher, Bat. II, 311, IV, 221; voyez aussi sous جَهَاز. — Apprêter, préparer, Bc, Hbrt 11, p. e. des mets, 1001 N. I, 65, 7 a f.; جهّز comme n. d'act., dans le sens de se préparer, Cartâs 145, 5 a f.: وأمر الموحدين وسائر الأجناد بالحركة وللجهاز للجهاد on dit aussi: جهّز شغله «il a bien arrangé son affaire,» Bat. III, 413. — Envoyer quelqu'un, après l'avoir pourvu des choses nécessaires, ou simplement envoyer, Alc. (espedir), 1001 N. I, 81, 7 a f.: فجهّزى جهز اليّ فى ستة مراكب, de Sacy Chrest. I, ٢٨, 5: ضيّق بالعساكر, Nowairî Egypte, man. 2 k, p. 99: عنقه وجهزت رأسه الى البلاد. — Dépenser, Alc. (espender, synonyme de انفق).

IV, au fig., décider, Khattb 18 r°, en parlant d'un excellent cadi يوحى الاجهاز فى فصل القضايا

V. يَتَجَهَّز بالعسكر الى marcher à la tête de l'armée vers, Çalât 81 v°. — S'approvisionner, Abdarî 49 r°: ومنه يتجهز من تفقده شى من زاده الى مكة «c'est à Yanbo' que les pèlerins auxquels il manque quelque chose de leurs provisions, s'en procurent pour se rendre à la Mecque;» cf. sous la VIIIe; Amari Dipl. 20, 2, où la traduction de l'éditeur est inexacte.

VIII? s'approvisionner, Abdarî 48 r°, après avoir dit que les marchands d'Egypte et de Syrie apportent beaucoup de blé à Aila pour le vendre aux pèlerins: (من ايلة) وكثير من الحجاج من يجتهز منها c.-à-d., mais comme je n'ai jamais rencontré ailleurs la VIIIe forme de ce verbe et que la Ve a en effet ce sens (voyez), je crois devoir lire يتجهّز.

جَهَاز pl. ات harnais, Bat. III, 222, Holal 9 r°:

جهل

وسبعون فرسًا منها خمسة وعشرون مجهزة جهاز محلّى بالذهب. — Provision de blé, Abdarî 48 r°: وقد كان كثير من الناس رجوا رخصها لرخص الشام فلم يكملوا جهازهم من مصر فلمّا اتينها (اتيناها l.) بلغت بها وبيع الدقيق الخ. — Marchandises, Gl. Edrîsî.

جهاز pl. ات bassin de chaise percée, pot de chambre, Alc. (bacin pequeno, potro para orinar). Le Voc. a sans doute en vue le même sens, quand il donne ce mot, avec le pl. أجهزة, sous «latrina.»

سفينة جهازية navire marchand, Gl. Edrîsî

جاهز prêt, préparé, M.

مجهّز مَدافع مجهّزة batterie, plusieurs canons réunis et disposés pour tirer, Bc.

جهش I. جهش بالبكاء fondre en larmes, Berb. II, 139, 10, 215, 2.

IV. اجهش باكيا fondre en larmes, Ibn-al-Abbâr, man., 64 r°.

جهل I s'engourdir, devenir pesant et paresseux, Alc. (entorpecerse). جهل نفسه se méconnaître, oublier ce que l'on a été, ce qu'on doit de respect à, Bc. — En parlant de vin pur, on dit جهلت, c.-à-d., être très-fort; quand on y a mêlé de l'eau, c'est حلمت, Gl. Mosl.

IV engourdir, hébéter, Alc. (entorpecer).

V dans le Voc. sous ignorare; feindre d'ignorer, Gl. Mosl.

VI ne faire semblant de rien, cacher son dessein, Bc. — Devenir obscur, caché, peu connu (homme), Holal 69 r°, en parlant d'Ibn-Hammâd qui avait été dépossédé et emmené à Maroc par Abd-al-moumin: تجاهل وتجاقل واشغل نفسه بالصيد

X, au passif, être inconnu, Gl. Mosl. — Au fig., استجهل فى الحرب être, en temps de guerre, brave jusqu'à la témérité, Gl. Mosl.

جهل (proprement ignorance) ne pas reconnaître la différence entre le bien et le mal, Haiyân-Bassâm 28 v°, en parlant d'un homme qui avait tué sa mère: والاخبار شائعة عن جهله وفظاظته. — Engourdissement, lenteur, pesanteur d'esprit, stupidité, Alc. (entorpecimiento, torpedad o torpeza). — *Folies, excès, écarts de conduite;* ذُنُوب الجهل *péchés de jeunesse*, Bc; = الصِّبا, Gl. Mosl. — Au plur. أجهال ou جُهُول, mais chez Chanfarâ أجهال, *passions, désirs insensés,* de Sacy Chrest. II, ١٣١, 1, 386, n. 64, 388, l. 1—4.

جَهَالَةُ الصِّبا *fredaine, folie de jeunesse,* Bc; *folies de jeunesse,* Haiyân-Bassâm III, 28 v°: فاتجد الصبا على الجهالة وقواه الشيب على المعصية — *Amour illicite, coupable,* 1001 N. Bresl. XII, 215, 9.

جَاهِل, Le pl. جَهَلَة, Diwan d'Amro'lkaïs 112, 13, Kâmil 218, 20, Abou'l-Walîd 350, n. 66. — *Lourd, gauche, stupide,* Alc. (torpe cosa). — *Jeune, étourdi, évaporé,* Bc. — *Idolâtre,* Daumas Sahara 110, 120. — Chez les Druzes, *laïque,* v. Richter 132.

جَاهِلِيّ (cf. Lane) *existant du temps du paganisme, avant l'islamisme,* p. e. une ville, une muraille, un torrent, un puits, etc., Ztschr. XV, 384—5.

تَجاهُلُ العَارِف, t. de rhétor.; c'est quand celui qui parle demande une chose qu'il sait, comme s'il ne la savait pas. Ce vers en est un exemple: «Dites-moi, je vous en conjure, ô gazelles de la plaine: Ma Laïla est-elle une gazelle comme vous, ou bien appartient-elle au genre humain?» M (sous سروق).

مَجْهَل, «Il fut tué quelque part dans ces ravins et ces montagnes وصار ذلك سبب مجهل مصرعه, et c'est pour cette raison qu'on ignore où (l'endroit précis où) il fut tué,» Haiyân-Bassâm I, 172 r°.

مَجْهَلَة *une chose que l'on ignore,* Prol. I, 44, 4. — Dans le sens de مَجْهَل, *désert* etc., Gl. Djob; on lit المفاز المجهلة Berb. II, 80, 2 a f.

مَجْهُول *obscur, caché, peu connu* (homme, vie, naissance), Bc. — مجهول الاسم *anonyme,* auteur qui ne s'est pas nommé, Bc. — صيغة المجهول *la voix passive,* Bc.

جَهَّم On dit تجهَّم في وجه فلان *regarder quelqu'un d'une manière austère, le regarder en fronçant le sourcil,* R. N. 73 v°: وابو الغصن يتجهَّم في وجه الشاب. Ce verbe s'emploie aussi en parlant du visage, تجهَّم وَجهَه, Abbad. II, 40, 9 et n. 10.

جَهْم *un homme laid, désagréable à la vue,* 1001 N. Bresl. VII, 162, 13, où il est question d'un nègre.

لِيَجْهَم جَهْنَم *cela m'est égal,* employé pour témoigner qu'on ne regrette pas la mort d'une personne, son départ, la perte d'un objet quelconque, Bc. — حَجَر جَهَنَّم *basalte,* Burton II, 74.

جَهَى II *prélever,* lever préalablement une certaine portion sur le total, Bc.

جَوّ *un espace vide,* Prol. II, 209, 9: فانتبهوا الى الجو; بين الحائط الظاهر وما بعده من الحيطان dans le Voc. *spacium;* chez Bc *vague, le milieu de l'air.*

جُوَّا, vulgairement pour جَوّ, p. e. à Médine: «le *juwwa* et le *barra,* la ville et les faubourgs,» Burton II, 18; comme adverbe: *dedans;* دخل الى الجوا «il s'enfoncer, pénétrer plus avant;» انسل وفات الى الجوا «il se glissa dans l'appartement;» لجوا *avant,* profondément, Bc, cf. M.

جَوّى (جَوَّى؟) قطع جوّاة حافر الدابّة *desseler, ôter la sole,* Bc.

جاوشير = جُوانشير *opopanax,* Bc.

جُوانبيرَة (?). C'est ainsi que M. Wüstenfeld (Yâcout V, 218) veut lire avec un man. dans Yâcout II, 837, 20, et ce mot, composé des termes persans جوان *jeune* et پير *vieille,* signifierait *sorcière.* Cette composition, *jeune-vieille = sorcière,* serait assez étrange; il faudrait prouver d'abord que les Persans l'ont eue; leurs dict. ne la connaissent pas.

جوب II *répondre,* Ht; c. على p., Rutgers 189, 18; c. على p. et ب r. *ibid.* 197, 12 et 13.

VII *se fondre* (neige), Gl. Fragm.

X *sonner, rendre un son,* Voc.; الرعد يستجيب *il tonne,* Voc.

جابا *gratis,* Bc, Burckhardt Arabia I, 51 (djebba).

جَوْبَة *marais,* Gl. Edrîsî et p. 388.

جَوَاب *seul,* dans le sens de جواب الشرط (cf. Lane), *la proposition corrélative qui vient après une proposition suppositive exprimée par* لَوْ ou إِنْ, etc.; on dit p. e. que cette proposition corrélative est جواب لَوْ le جواب de لَوْ, Lettre à M. Fleischer 17. — Comme *réplique* en français: *les sons de l'octave supérieure,* Descr. de l'Ég. XIV, 125.

جَوابِرو (composé de جَوَاب et de la terminaison esp. *ero*) *celui qui répond,* Voc.

ذَاهِبًا وجَائِبًا ،جَائِب *continuellement*, Berb. I, 607, 2 a f.

مَجَابَة *solitude aride, désert*, Gl. Edrisî.

مُجِيب *défendeur*, opposé à demandeur, Bc.

مَجِيبَة *transport*, Ht.

مُجَاوِب *réciproque*, Ht.

مُجَاوَبَة *défenses, réponses en justice*, Bc.

جوبان pl. جَوَابِنَة. Dans Freytag Loem. 68, 6 et 7, un émir des Turcomans dit: انا اكسرهم باجوابنة الذين معى وكان عندنم سبعين الف جوبان غير الخيالة من التركمان. C'est le mot turc چوپان, *berger, pâtre*.

جَوْنَارِيَّة *vase dont on se sert dans la haute Egypte pour faire nicher les pigeons*, Descr. de l'Eg. XVIII, part. 2, 416.

جوج

دَجَاجَة pour جَاجَة, à Damas et au Maghrib, M; جاجة قرنبيط et جاجة لخرش *bécasse*, Bc.

جَوْجَة *poisson du lac de Bizerte*, Edrisî 110, 2; mais peut-être faut-il lire جَرْفَة (voyez).

جَوْجَان *serviteur, domestique*, Hbrt 221.

جَوْجَانَة *servante*, Hbrt 221.

جَوْجَج I *balancer avec une balançoire, brandiller, balancer dans une brandilloire*; aussi جَوْجَج, Bc.

II *se balancer avec une escarpolette, se brandiller, se balancer avec une corde*, Bc.

جَوْجَج I voyez l'article qui précède.

جوجخانة *balançoire, brandilloire*, Bc.

جَوْجَل c. مَع *est dans le* Voc.: *habere secretum*.

جَوْجَلَة, chez le vulgaire au Maghrib, *boucle d'oreille*, Abou'l-Walîd 793, 32; cf. ce qui suit.

جوجن

جَوَاجِن *boucles d'oreilles*, Domb. 82; cf. ce qui précède.

جَوْجُو I *piauler ou pépier*, Alc. (cantar piar).

جَوْجُو *merle*, la Torre, جَوْجُو, Lerchundi.

جَوْحَذَر 1001 N. Bresl. VII, 83, 2 a f.: Entendant qu'on frappait à la porte, Alâ-ed-dîn dit à Zobaida: «ارسل الى الوالى او الجوحذر». Peut-être ton père الجوحذر. Dans les dict. pers. on trouve جَوَكِى دار, *officier du guet*, et je crois que ce جوحذر en est une altération.

جَوْخ II. مُجَوَّخ *formé de* جاخنت *bandes*, Maml. II, 2, 71, l. 3 et 9.

جَوْخ pl. أَجْوَاخ (turc چوقه) *drap*, Bc, Hbrt 19, M, Macc. I, 692, 2 a f., de Sacy Chrest. I, 87, II, 267, 12, Amari Dipl. 187, 6.

جَاخَة *bande*, Maml. II, 2, 71, l. 3 et 12. Je crois qu'il faut lire de même dans les 1001 N. Bresl. II, 34, 8.

جُوخَة nom d'un vêtement de drap. Macrîzî rapporte que, dans sa jeunesse, le drap n'était porté habituellement que par les Maghribins, les Francs, les habitants d'Alexandrie et quelques personnes du menu peuple de Miçr; les hommes distingués ne portaient une *djoukha* que les jours de pluie. Plus tard, ajoute-t-il, la cherté des autres étoffes contraignit les gens des hautes classes à se servir de drap et l'usage en devint général en Egypte; voyez Vêtem. 127—131. *Veste en drap*, Bc. Chez Cañes (cité Vêtem. 131): «vêtement de drap ressemblant à une redingote;» *par-dessus* chez Woltersdorff («ein Rock den die Türcken über alle Kleider anlegen, und welcher das eigentliche Kleid ausmacht»); la *djobba* en drap, comme on la porte en hiver, Bg 800; «à présent on désigne par *tchoukha* le par-dessus à manches pendantes que portent les Persans; mais jadis ce mot s'appliquait spécialement à l'habit de moine,» de Khanikof dans le J. A. 1865, I, 317; cf. Ztschr. XXII, 79, 5, où Wetzstein traduit *manteau rouge*.

جُوخِى *drapier, fabricant, marchand de drap*, Bc, Hbrt 82, Vêtem. 127.

جَوَّاخ même sens, M.

جود I, dans le sens de *donner libéralement*, c. على p., Voc., c. a. p. et a. r., Müller 21, 16. En parlant d'une femme, جادت بالوصل *accorder ses faveurs*, Bc.

II. جَوَّد الأَكْل *manger copieusement*, 1001 N. I, 273, 10. — *Exprimer ses sentiments d'une manière distincte, élégante*, Abbad. I, 43, dern. l.: وقد رُدْتٌ «الذى شَجَوَّها، وجَوَّدت طربها ونَفَوَّها». — *Lire bien, distinctement*, Voc. — *Lire ou réciter le Coran en*

جود 231 جور

psalmodiant, *le chanter* (comme c'est la coutume), Abd-al-wâhid 263, 3, Macc. I, 583, 6, 597, 14, Bat. II, 3 (deux fois), Khatîb 28 v°: البم انتهت الرياسة تجويد r°: 30 بالاندلس فى صناعة العربية وتجويد القران معرفة بكتاب الله وتحقيقها, *ibid.*: القران والامتياز بتحمله لحقه واتقانا لتجويده ومثابرة على تعليمه. Le verbe جوّد seul a le même sens; التجويد seul signifie par conséquent: *l'art de réciter le Coran en psalmodiant*, Burton I, 83 n. (« Koran chaunting »), Macc. I, 550, dern. l., III, 40, 15, et celui qui possède cet art est un مجوّد, Macc. I, 896, 11, Bat. I, 358. — مخاطب جاريته *Chanter des chansons*, Cout. 48 v°: بزريعة المعروفة بالاثنم وكانت واحدة زمانها فى التجويد بأن تغنى — — فاندفعت وغنّت, *après quoi on trouve le vers qu'elle chanta*.

III *chiffonner*, Ht.

IV ياكل ويجيد *il mange copieusement*, Badroun 221, 11.

V dans le Voc. sous meliorare.

X *choisir avec grand soin* (cf. Lane), Berb. I, 502, 1, 609, 8 a f.

جود *service*, *assistance*, *bons offices*, Bc. — *Petite outre dont le cavalier se sert en voyage*, Ztschr. XXII, 120.

جوْدة (عقّال), chez les Druzes, *l'état des initiés quand ils sont absorbés dans les choses de la religion*, M.

جوْدة عمل معه جودة عظيمة; *générosité*, *libéralité*; « il lui a rendu un grand service, » Bc.

جواد Mehren 27 renvoie à ترجيل, où il a *souliers de paysan*.

جوّاد dans le Voc., pour جواد, *généreux*, *libéral*.

جوّيد, fém. 8, pl. أجاويد, chez les Druzes, *l'initié qui est absorbé dans les choses de la religion*, M.

جيّد *bon*, dans le sens de *grand*, *considérable*, Abdari 48 v°: وعن يمينه فى ناحية البحر على مسافة جيّدة احساء اخر غزيرة « *à une bonne (grande) distance*. » — En Algérie, avec le pl. جواد, *noble*, *membre de la noblesse d'épée*, Daumas V. A. 150,

Sahara 83, 214, 215, 256, Kabylie 460, Mœurs 24, Sandoval 266, 272.

اجاد، اجاد الماء *veine d'eau*, *petite source qui court sous terre*, Alc. (vena de agua). Il écrit: « Ijêd almî, » ce qui ne peut être autre chose que اجاد الماء; mais je ne comprends pas de quelle manière il faudrait mettre ce terme en rapport avec la racine جاد, et je ne vois pas non plus à quelle autre racine il appartiendrait.

أجوّد *coursier*, Cartâs 159, 5, de même que جواد, comme portent d'autres manuscrits.

تجويد voyez sous la II° forme.

مجوّد voyez sous la II° forme.

مجواد *coursier rapide*, *noble*, Gl. Mosl.

جوذاب. Comparez avec Lane (395 c) cet article du Gl. Manç.: جوذابة الجوذاب صنوف من الاطعمة تتّخذ من الارز ومن رقاق الخبز وتتّخذ ببقل وبغير بقل ويسكر وبغير سكر وبعضها كلّها ما ينوضع فى تنور الـ.... (lacune) ويعلّق عليها حيوان كالاوز والجدا والخرفان وتشوى فيقطر دهنها عليها لا بد منها وإلّا فليست بجوذابة. Chez Djauzî 146 r° on lit: جوذاب الخبز ينفع الشعّال, et un peu plus loin: جوذاب الخشخاش.

جور I c. على *entreprendre sur*, *usurper*; جار على ارض غيره *empiéter*, *usurper sur le terrain d'autrui*, Bc. — Prov.: الجار ولو جار « il faut ménager son voisin, quand même on aurait à se plaindre de ses procédés, » Bc.

II c. الى *cingler vers*, de Sacy Chrest. II, 56, 3; c. عن, جور عن عدن, *il évita Aden*, ibid. l. 8. — *Creuser*, Bc, Hbrt 178, Ht.

III. جاور الكذب *inventer*, *débiter des mensonges*, Bidp. 20, 4 a f.

V = I, *être injuste*, etc., Gl. Maw.

X c. بـ ر., *s'appuyer sur un témoignage*, Abd-al-wâhid 141, 3 a f. — *Déclarer injuste*, *tyrannique*, قامت عليهم القيامة واستجوروا, Haiyân 54 v°: استجور سلطان للجماعة وتشوّفوا الى الفتنة, Abbad. I, 169, 3 a f. (j'ai corrigé le texte et la traduction de ce passage, III, 30 et 31).

جَار. Voyez un proverbe sous la Ire forme du verbe. — جَارُ مُحْيِى الدِّين, « le voisin de Mohyî'd-dîn, » est le nom que *les cornichons* portent à Damas, parce qu'on les confit à Çâlihîya, où Mohyî'd-dîn ibn-al-'Arabî, le célèbre Soufi et le plus grand saint des Turcs, a son mausolée et sa mosquée; ce saint et les cornichons sont donc voisins, Ztschr. XI, 520. — جَارُ النَّهْرِ *épi-d'eau* (plante), Bc, Bait. I, 238 b, II, 43 b.

جُور Le pl. أَجْوَار dans le Voc.

جَارَة *voisinage*, 1001 N. I, 9, 1.

جُورَة *voisinage*, Voc. — *Creux, cavité, trou en terre*, Bc, Hbrt 178, *fovea* chez Castel, *fossa* chez D. Germ. de Siles., 1001 N. Bresl. IV, 275, 4, Auw. I, 200, 7, où le man. de Leyde porte الجُور, mais peut-être faut-il lire الخَوْنَة; *cave, caveau*, Ht. *Poète*, Mehren 27.

جَوْرِى *attentatoire*, Bc. — Épithète du bois ;de sandal blanc, voyez مَقَاصِرى sous قَصْر. — بَخُور جورى *benjoin*, Bc.

جُورِى adj. rel. de جُور (pers. كُور, nom d'une ville en Perse, qui reçut plus tard celui de Fairouzâbâd. Elle était si renommée pour ses roses rouges, الوَرد الجُورى وهو اجوَد اصناف الوَرد الاحمر الصَّادق, Yâcout II, 147, 11, et pour l'eau qu'on en tirait par distillation, Aboulfeda Géogr. 325, qu'on l'appelait « la ville des roses, » بلَد الوَرْد, Lobb al-lobâb v. b. De là chez Bc: ورد جورى *rose rouge de Damas*, et aussi لون جورى *incarnat*, adj., et لون جورى *incarnat*, subst., Bc, Hbrt 81.

جَوَرَان *empiétement*, Bc.

جورَايَة *mouchoir de mousseline blanche, brodé d'or ou de soie*, Bc.

جِوَار, au fig., جِوَارُ المُظَافَرَة *la proximité du triomphe, le prochain triomphe*, Berb. II, 262, 1; الجُوَار seul dans le même sens, Berb. I, 549, 7, où il faut lire ainsi, au lieu de الخُوار, avec notre man. 1351, le man. de Paris 74² et 74³, le man. de Londres et l'édit. de Boulac. — جُوَارَ *à côté de*, Voc.

جَائِر *despote*; — *despotique*; — *usurpateur*, Bc. — T. de cordonnier, *grande forme en bois pour les souliers*, M. — (*Irrésolu* chez Ht est une faute; il faut حَائِر, avec le *hâ*).

مُجِيم *mauve*, Daumas V. A. 381.

مُجَاوِر A Médine on donne aujourd'hui le nom de مُجَاوِرون à ceux qui habitent cette ville sans y être nés, Burton I, 360, II, 7. — *Gardien du tombeau d'un saint*, Burton I, 95 n.

جوز I (proprement *être permis*) doit se traduire quelquefois par *mériter*, p. e. Macc. I, 142, 8: كان يَنْظِم ما يَجُوز كَتبه « il composa des vers qui méritent d'être rapportés. »

II *traverser, percer, transpercer*, Alc. (atravesado, جَوَّز, passar con tiro o herida). — *Ficher, faire entrer par la pointe*, Alc. (hincar traspassando). — *Éprouver, mettre à l'épreuve*, Alc. (tentar). — Dans l'Église chrétienne, *donner, conférer les ordres*, Alc. (ordenar de orden sacro, جَوَّز ordenado de orden sacro, synonyme de فَقِيه; aussi: graduado por ordenado). — *Canoniser, déclarer saint, inscrire au catalogue des saints*, Alc. (canonizacion تَجْوِيز, canonizado مُجَوَّز). — *Subir un examen pour obtenir un emploi ou pour être reçu dans un corps de métier*, Alc. (profession hazer en algun officio). — جَوَّز عَقْدًا *passer un acte*, Delap. 7. — Par transposition pour زَوَّج, *accoupler, marier*, Bc.

III. La signification que Freytag attribue en dernier lieu à cette forme: « aufugit ex periculo, c. مِن, » est peut-être empruntée au passage Bidp. 177, 8: وَمَا أَرَانَا نُجَاوِزُ عَقَبَةً مِنَ البَلاءِ إلَّا صِرْنَا فِى أَشَدَّ مِنْهَا mais dans ce cas elle doit être biffée, attendu que مِن dépend de عَقَبَة, et non pas de جَاوَز, verbe qui a ici son sens ordinaire.

IV, *permettre*, aussi c. a. p. et الى r. (il lui permit de), Gl. Abulf. — Dans le sens de la Ire, *passer, traverser*, Abbad. II, 10, 5, 196, 7. — Ce verbe ne s'emploie pas seulement quand un poète ajoute un second hémistiche au premier hémistiche d'un autre poète (Freytag), mais aussi quand un poète ajoute lui-même un second hémistiche au premier, dans un poème de sa composition, Abbâr 86, 6 a f. (cet auteur a copié Ibn-Haiyân, 94 r°). — Des exemples de l'expression incorrecte اجَاز على جَرِيح, pour أَجْهَزَ, se trouvent dans le Gl. Belâdz.

V, *employer un mot figurément*, se construit c. ب, Baidhâwî II, 48, 3 a f. — *S'exprimer d'une manière impropre, dire ce qui n'est pas strictement vrai*, Abbad. I, 317, 4 (cf. III, 158). — *Détourner le sens d'un mot*, Gl. Manç.: dans trois passages du al-Kitâb al-Mançoûri le n. d'act. الانتِجاب ne signifie rien autre chose que الايلاد, ce qui est contre l'usage, فغيه تحريف. — وَتَجَوَّز غير معارف, *Par transposition* pour تَـزَوَّجَ, *se marier*, Bc.

VI, dans le sens de *dépasser, outre-passer*; on dit: il fit jeter en prison ces deux personnages وتجاوزهما «et en outre quelques autres,» الى نفر غيرهم (l. غيرهما), Haiyân-Bassâm I, 10 vº. En parlant du serment de fidélité prêté à un sultan qui vient de monter sur le trône: ثم دعا الناس الى البيعة فابتدروها مسارعين وتجاوزت خاصتهم الى العامّة, Haiyân 3 rº, pour indiquer que ce serment fut prêté, non-seulement par les grands, mais aussi par le peuple en général. لا يتجاوزهم هذ الصناعة, Becrî 149, 1, dans le sens de: «d'autres n'exercent pas ce métier.»

X c. a. p. *prier quelqu'un ou lui ordonner de réciter le second hémistiche d'un vers, après qu'on en a soi-même récité le premier*, Berb. I, 432, 9. — C. ل *vouloir pénétrer jusqu'à*, Gl. Bayân.

جاز, *par transposition* pour زاج, *vitriol, couperose*, Bc.

جَوْز *nœud de la gorge*, Alc. (nueç del cuello). — جوز أرقم *est la plante qui, chez les Berbères, porte le nom de* الاكشار, Baït. I, 275 d. — جوز ارمانيوس *nux Abyssinica*, Baït. I, 273 c. — جوز بَوَّا (*muscade*); ou trouve aussi dans les man. جوز بُوَا, de Jong, et جوز بَوَّا, Most. (où N a بَوَّى). — جوز جندم (pers. كندم) *mangostan*, Baït. I, 274 b, qui atteste que le *djîm* du second mot se prononce avec le *dhamma* chez Freytag est une faute); aussi جوز كندم Baït. ibid., Most., et جوز عندم, Most. — جوز الحَبَشْخ *nux Abyssinica*, Baït. I, 272 e. — جوز الحَلْقِ *pomme d'Adam*, éminence au-devant de la gorge, Bc. — جوز حنا *synonyme de* الاذخر, Most. sous ce dernier mot: جوز لحمس, رايت الطبرى قد سمّاه جوز حنا *nom d'une noix indienne*, décrite Baït. I, 271 c. — جوز رب *synonyme de* جوز ماثل, Baït. I, 269 c.

جوز الرُّقَع *Elcaia iemanensis* Forsk., Baït. I, 271 b. — جوز الريح *nom d'un fruit décrit* Baït. I, 272 c; leçon de AB (S المريحى), qui est peut-être bonne, car on lit dans cet article: جوز — نفع من القولنج الريحى. جوز ماثل, Gl. Manç.: *synonyme de* ماثل الزنم. جوز شرق *nom de plante معروف بستمى الزنم* *muscade*, Pagni MS. جوز الشرك *nux Abyssinica*, Baït. I, 272 e. — جوز صنوبر *pomme de pin, cône*, Bc. — جوز عبير *nom que portent certains grains ronds et rouges, qui ressemblent aux fruits du myrobolan emblic*; voyez Baït. I, 271 d. — جوز عندم voyez جوز كندم. — جوز القزّ *cocon, coque de ver à soie*, Bc. — جوز القَطَا, *synonyme de* جوز الأنهار, *sedum cepœa*, *ainsi nommé parce que les oiseaux qui portent le nom de katâ aiment à manger les fruits de cette plante*, Baït. I, 272 b et d. — جوز كندم voyez جندم. — جوز الكَوْثَل جندم. — *noix d'une plante indienne*, voyez Baït. I, 273 b; dans le dict. pers. de Richardson: *the physic-nut*, c.-à-d. *la semence de Curcas purgans, espèce d'euphorbe*. — جوز ماثا, *synonyme* de جوز ماثا هو جوز ماثل باللام عن, Most.: جوز ماثل ابن الجزار فى كتاب السمائم, Baït. I, 269 c; — *colchicum ephemerum*, Most. sous ابن جلجل: سورنجان. — الافيرمارون هو جوز ماثا *synonyme de* جوز ماثر, Baït. I, 269 c (AB). — جوز ماثل *sedum cepœa*, Baït. I, 272 d. — Au lieu de جوز الهند, *coco, fruit du cocotier*, on dit aussi جوز هند, Baït. I, 275 b, et جوز عندقٍ, Bc. Pagni MS donne ce dernier terme dans le sens de *muscade*. — جَوْز لِقَاحَة *couleur fauve*, Alc. (leonado color). — Par transposition, pour زوج, avec le pl. أَجْوَاز, *couple, paire; pair; mari*, Bc. — ضَرْب اجواز *ruade*; ضَرَب جوز *lancer des ruades*, Bc.

جازة *mariage*, Bc.

جَوْزة *noyer (arbre)*, Bc. — *Flocon, houppe*, Alc. (bivos de toca). — *Noix de l'arbalète*, Voc.; le b.-lat. (nux, voyez Ducange) et les langues romanes (ital. noce, esp. nuez, cat. nou) avaient le même mot en ce sens, et selon le Dict. de l'Acad. franç. *noix* signifie: *la partie du ressort d'une arbalète, où la corde est arrêtée quand elle est tendue*; comparez J. A.

1848, II, 208. — جوز الحَلْق *pomme d'Adam*, M
(cf. sous جَوْز). — Par transposition, pour زوجة, *épouse*, Bc.

جَوْزِيّ *fait de noix*; حَلاوة جوزية *nougat*, Bc. — *Fauve*, Alc. (leonado color). — *Espèce de datte*, Niebuhr R. II, 215 (deux fois).

جَوْزِيّة *sauce pour le poisson, faite de noix et d'épices*, Alc. (nogada salsa).

جَوْزِيّ = جَوْزانى, *la meilleure espèce de raisins*, M.

جوزك وإلّا فرد, جوزوك وإلّا فردوك, aussi جوزوك (où جوز est pour زوج), *pair ou non, t. de jeu, pair ou impair*, Bc.

جيز *nymphe, premier degré de la métamorphose des insectes*; — *fève, nymphe de ver à soie*, Bc.

جيزة, pour جائزة, pl. جواز, *solive*, Voc.

جيزة, par transposition pour زيجة, *mariage*, Bc.

جَواز. أعطنى خبزًا بالجواز «donne-moi du pain avec quelque chose pour le faire passer,» Daumas V. A. 351. — Dans les actes notariés, جواز أمرٍ *capacité de contracter*, J. A. 1840, I, 381, 1, de Sacy Chrest. II, ۳۸, 2, Amari Dipl. 109, dern. l., Gregor. 42: وقبل ذلك بعضهم من بعض قبولا (قبل l.) طوع وجوان (وجواز l.) أمرٍ. C'est le synonyme de الحالة الجائزة شرعًا «l'état voulu par la loi» (voyez sous جائز). Le mot جواز seul s'emploie dans le même sens, Macc. III, 122, 4, Amari Dipl. 96, 2 a f., 180, 1, Formul. d. Contr. 2: أشهد على نفسه فلان بن فلان وهو بحال الصحّة أشهدني فلان بن فلان *ibid.*, والطواع والجواز والرضا انه, 3, 5, 7, 8. Chez Ht *légalité*.

جواز *examen*, Alc. (esamen). — Chez Alc. ce mot signifie aussi: «comunalia mediana;» s'il faut lire «medianía,» qui est en effet le synonyme de «comunalía,» le sens est: *modération, retenue, mesure*.

جَوِيز *solive*, L (laquearia, tignum (trabes tecti, ut stipes), trabes). Je soupçonne que cette forme irrégulière, qu'il donne trois fois avec toutes les voyelles, est une altération du pl. جَوائِز.

جائز. لى خاطر جائز *mon décret est valable, j'ai plein pouvoir*, Gl. Fragm. — الحالة الجائزة شرعًا *l'état voulu par la loi, la capacité de contracter*, J. A. 1843, II, 219, 6 (comparez sous جواز); aussi الحال, Amari Dipl. 149, 2 a f.

جائزة *solive*; les dict. ne donnent en ce sens que la forme جائز; mais جائزة est beaucoup plus usité chez les auteurs du moyen âge de la littérature arabe, Gl. Edrîsî, Voc., Alc. (viga), Domb. 90.

إجازة. ذكر أنّ الموصل كانت اجازة لشاعر طائى «que le gouvernement de Mossoul avait été donné à,» Khallic. I, 180, 2 Sl. — *Examen*, Alc. (esamen, profesion en algun oficio). — *Canonisation*, Alc. (canonizacion).

أجْوز *plus permis*, Gl. Maw., Abou'l-Walîd 62, 8.

تَجْويز *clergé, l'ordre ecclésiastique*, Alc. (clerezia orden). — تجويز فى علم الشعر *licence, liberté poétique*, Bc.

تجاز est rendu par *vadum* ou *locus* dans la traduction latine d'une charte sicilienne *apud* Lello p. 9 et passim. — *Galerie, allée de communication*, Alc. (portal para passear), Bc. — *Passage, péage, droit qu'on paie sur un vaisseau, une barque*, Alc. (passage de nave o barca). — *Baie, golfe*, Ht.

مجوز, vulg., par transposition pour مزوج, *double*; تفنكة مجوزة *fusil à deux coups*, Bc.

مجوز *examiné*, Alc. (professo en algun oficio). — *Passager sur un navire, une barque*, Alc. (passagero de nave o barca).

مجوز *examinateur*, Alc. (esaminador).

مُجَايِزة. J'ai soupçonné, Gl. Esp. 172, que le terme esp. *almojaya, pièce de bois saillante fixée par une extrémité à un mur*, est une altération de المجايز, proprement «la saillante.»

جوزينق forme au pl. ات, Becrî 158, 5 a f.

جوش, t. de marine, *amure*, J. A. 1841, I, 588.

جاوشير = جوشير, *opopanax*, Most. sous le dernier mot.

جوشيصبا (?) *nom d'un arbre et de son fruit dont il est question* Bait. I, 375 g (AB), où on lit que, selon Edrîsî, c'est un mot persan.

جوط

جُوط ver luisant, Voc.

جوع

II n'est pas seulement جُوَّع, mais aussi جِيَّع dans le Voc.

جُوعان. Le pl. جَواعِن dans Bc.

جِيعان qui a faim, affamé, Voc., Bc, 1001 N. Bresl. III, 374, 3.

مَجَوَّع qui a faim, affamé, Alc. (hambriento).

مَجَوَّع est avarus dans le Voc., et dans une note: multum cupidus.

جوف

II et V dans le Voc. sous venter.

جَوْف estomac, Alc. (estomago), Pagni MS. — جوف الجَفْن sentine, fond de cale, Alc. (sosota de navio; chez Victor ce mot est sota de nave). — Nord, Gl. Edrîsî, Voc.

جَوْفي septentrional; signification très-fréquente chez les auteurs maghribins; ريح جَوْف vent du nord, Voc. — Sombre, obscur, Alc. (sombria cosa).

جَوْفاني gourmand, Ht; le glouton envieux et maussade qui voudrait être seul à table pour tout dévorer, Daumas V. A. 315.

عرق أجوف وريد اجوف أسفل وأعلا. أجْوَف veine-cave inférieure et supérieure, les deux plus gros vaisseaux du sang, Bc.

تَجْويف pl. تَجاويف cavité; — ventricule, cavité dans le cerveau, le cœur; تجويف الاذان labyrinthe, cavité de l'oreille, Bc.

جوق

جَوَّق dans le sens de جَوْقَة bande, troupe, Dict. de Richardson, avec le pl. أجْواق, M, Fleischer Gl. 72, n. 1, Abou'l-Walîd 628, 30, 629, n. 73, Saadiah ps. 22. — A la Mecque, morceau de musique que les jeunes gens chantent en chœur et en frappant des mains, Burckhardt Arab. I, 399, II, 39.

جَوْق instrument de musique, = طنبور, M.

جَوْقَة, bande, troupe, forme au pl. جُوَق; dans un passage d'Ibn-Iyâs, cité Maml. II, 2, 212, on lit: الشقف للحرير التي كانت تدخل على جُوَق المَغْرِبِيِّن

جوقة كلاب meute de chiens, Payne Smith 1884. Spécialement: une bande ou troupe de chanteuses, 1001 N. Bresl. VIII, 289, 7, 290, 2; au plur. جُوَق, ibid. IV, 156, 1: ثلاث جوق مغاني جوار II, 180, 13.

جَوَّاق flûte, Hbrt 97 (Alg.), Daumas V. A. 374, flageolet, Martin 35; voyez Salvador 13, 40.

جوك

جاك craie blanche, Hbrt 172 (Alg.).

جَوْك partie de jeu, M.

جَوْك est aussi dans le M le nom d'un instrument de musique (= جَكّ et جُوق); mais dans les passages que Freytag a en vue, il a un tout autre sens (cf. Ztschr. VIII, 617), car il y signifie: une sorte de génuflexion, usitée chez les Mongols, et par laquelle les inférieurs témoignaient à leur supérieur leur soumission et leur respect; on dit ضرب له الجُوك, Mong. 322, Maml. I, 2, 109, cf. le Dict. pers. de Vullers. — (Du cat. et val. soca, fr. souche, selon Simonet) tronc, souche, Alc. (tronco de arbol, chuq, pl. chuqît, tronco pequeño, chucayâq, pl. it). D'après le P. Lerchundi, جُوك s'emploie encore en ce sens, mais rarement, au Maroc.

جُوكان (pers.) crosse, bâton courbé par le bout pour pousser une balle, une boule, bâton crochu par un bout pour ramasser le djérid, Bc, Maml. I, 1, 122 et suiv., 1001 N. I, 27, 11 a f. et 6 a f.

جُكُنْدار, ou جُوكَنْدار, ou جوكاندار (pers.), l'officier qui porte le djoukân (voyez) du sultan, de Sacy Chrest. I, 279, 504, Maml. I, 1, 121—2.

جول

جال I, dans le sens de parcourir, se construit parfois avec l'accus., au lieu de la construction ordinaire avec في, Haiyân 104 v°: وجال العسكر الساحل كلّه, 106 r°: وجال العسكر تلك الجهات كلها, Khatîb 34 r°: جال الاندلس ومغرب العدوة.

II aller en pèlerinage, Alc. (peregrinar a qualquiera cabo), et مُجَوِّل pèlerin, Alc. (peregrino mucho tiempo, romero; l'un et l'autre = حاجّ).

III. جاوَلوا نَهْوْا «ils s'exercèrent à des combats simulés,» Khatîb 65 r°. — C. a. p. combattre quelqu'un, Berb. II, 536, 3 a f.

جون

V *errer çà et là*, *traverser* un pays *en tout sens*, Gl. Edrîsî. On dit بالبلاد تجوّل, Gl. Djob., Abbad. II, 82, 2, ou في البلاد, Djob. 13, 2 a f., Haiyân 102 v°: فصار بارس التجوّف وتجوّل في بلاد النّصارى هناك, ou على البلاد, Voc., Holal 32 r°: Yousof passa en Espagne pour la quatrième fois بَرْسِم التجوّل عليها (un peu plus loin: جال في ولمّـا والنّظر في مصالحها بلادها). Mais تجوّل seul a le même sens, Abbad. II, 141, 5, Djob. 11, 3 a f.

X. استجال بفرسه حول العسكر *il fit à cheval le tour du camp*, Ibn-Hichâm 441, 4.

جَوْلَة *combat*, Berb. I, 49, 5 a f., 51, 16, 69, 1, 80, 12, 620, 4, II, 51, 4; *lutte* (dans un palais), I, 346, 2. Je ne sais si ce mot a le même sens chez Haiyân 17 r°: واجتهد في الدفاع عن نفسه حتّى غرّته الدولة وانقشعت عنده للجولة فالقى بيده ونزل الى الخليفة عبد الرحمن. — مشى لجولته, *sortir pour un besoin, faire ses besoins*, Voc. (egerere et mingere).

جَوْلان *qui coule*, et subst. *eau courante*, Gl. Mosl.

جَوَالَة *impôt*, Bc, M (ce mot est peut-être une altération de جَوَال, le pl. de جاليَة).

جائل جائلة دَسَاتِر *chevilles tournantes* (d'un instrument à cordes), Prol. II, 354, 8.

مَجَال, pl. ات, *l'étendue de pays qu'une tribu bédouine parcourt habituellement*, Berb. I, 16, 8, 18, 6, 31, 2 et 3, 45, 9, 47, 6 a f., 5 a f., 53, 5 a f., 55, 6 a f., etc. — Employé comme n. d'act. de la Iʳᵉ forme du verbe, Gl. Edrîsî, Gl. Belâdz., Berb. I, 35, 5, 64, 6, Müller L. Z. 3, 4 a f. — *Circonférence, étendue*, Gl. Edrîsî. — *Galerie, portique ou vestibule*, à ce qu'il semble, Amari 390, 4: المجال الذي بجامع طرابلس من جهة جوفه ❊

مَجَوَّل *pèlerin*, voyez sous la IIᵉ forme.

جومطريقى et جومطريقا (gr.) *géométric*, Mm. Escur. 535.

جون II *circumfodere*, Voc.; *approfondir*, rendre plus profond, creuser, Bc. — *Enfiler*, engager dans la perte; *enjôler*, cajoler; *attraper, tromper, duper*, Bc.

V dans le Voc. sous circumfodere. — *S'enfoncer*, Bc, *pénétrer bien avant vers le fond, vers l'extrémité*, Fleischer dans son édit. des 1001 N. XII, Préface, p. 93, p. e. s'enfoncer dans une caverne, 1001 N. Bresl. IV, 107, 8. En parlant de la mer, *s'enfoncer dans la terre*, c.-à-d. *former un golfe*, Gl. Edrîsî. On dit aussi, en parlant du territoire d'une forteresse: وقد تجوّنت نواحيها واقتطارها, Abbad. I, 55, 9 (cf. III, 13), pour indiquer que ce territoire est d'une grande étendue (cf. III, 23). Figurément, *s'enfoncer dans la débauche, s'y donner tout entier*, de Sacy Chrest. I, ١٥١, 4 (mal expliqué par l'éditeur, p. 471). *Pénétrer, approfondir, avoir une connaissance profonde; s'enfiler, s'enferrer, se nuire à soi-même; se tromper* (Kasraouan), Bc.

جان *airain, cuivre rouge*, Hbrt 170.

جَوْن pl. أجوان *golfe*, Voc., Bc, M (جُون), Gl. Edrîsî; جَوْن *en côtoyant le golfe*, Gl. Edrîsî. — Avec l'article, *l'étoile* ε *de la grande Ourse*, Cazwînî I, 30, 6, Dorn. 43.

جَوْنَة *petit vallon entre deux montagnes*; au fig., *l'orbite, la cavité de l'œil*, Gl. Manç. (in voce): جَوْنَة العين. — Ansc, الوهدة بين الجبلين استعارها لنقرة العين. — *petit golfe, baie, cale, abri pour les vaisseaux*, Bc.

جَوان (pers.) *jeune homme*, 1001 N. Bresl. VII, 291, 6 et 12; cf. l'article qui suit.

جوين *profond*, Bc. — Dans les 1001 N. Bresl. VII, 283, 3, ce mot signifierait, selon Habicht, « un homme qui a été trompé, » parce qu'il a trouvé dans Bc le verbe جون avec le sens de « tromper; » mais Fleischer, dans Gersdorfs Repertorium 1839, p. 433, observe avec raison qu'on ne peut pas former un فَعيل de جون; il pense que جوين est plutôt une forme arabe ou un diminutif du persan جَوان, *jeune homme*, qu'on trouve 1001 N. VII, 291, 6 et 12. Au reste, il croit qu'il faut lire aussi جوين, au lieu de حزين, 1001 N. VII, 284, 9.

جوينة *cygne*, Hbrt 66.

جادن Ibn-Khallicân emploie ce mot en parlant de Zamakhcharî, I, 279, 16 Sl.: وهو يمشي في جادن خشب لان أحدى رجليه كانت سقطت من الثلج, et de même dans un autre passage, VIII, 80, 9 a f. Wüst. L'emploi de la prép. في me fait penser qu'il s'agit d'une *jambe de bois*, et non pas d'une béquille; je crois aussi que si l'auteur avait voulu désigner une béquille, il se serait servi d'un mot plus ordinaire.

تجوين *renfoncement*, Bc.

جوه.

جاه honneur, Voc. — *Faveur*, bonnes grâces, Bc. — *Force, violence* (quand on force quelqu'un à payer une contribution), Macc. I, 687, 3 a f. — *Etoile polaire*, J. A. 1841, I, 590.

جَوْهَرَ I *orner de pierreries*, Vêtem. 96, n. 2, Abd-al-wâhid 80, 3 a f., 1001 N. III, 109, 249, 360. — Avec l'accus. et الشَّرَابَ est *gaudere* dans le Voc.

C. a. = صيّرَ جوهراً, M.

II = صار جوهراً, M.

جَوْهَر d'une épée, voyez Lane; selon Wetzstein, dans le Ztschr. XI, 520, n. 43, le جوهر d'une chose est *son essence*; on taille un diamant brut حتى يتلع جوهره, c.-à-d. son éclat, se montre,» et l'on polit une lame jusqu'à ce que son جوهر apparaisse. — *Acier ondulé*, 1001 N. IV, 728, 8: ودكان له سيف قصير من الجوهر; cf. la traduction de Lane, III, 732, n. 35. — Chez Rhazès, *tout le corps*, sa substance et sa forme, Gl. Manç.:

جوهر كلِّ شيء أصله والمراد هنا جملة البدن المؤتلفة من مادة وصورة — *Parenchyme*, moelle, pulpe des fruits, des plantes; — جوهر المخّ *parenchyme*, substance propre de chaque viscère, Bc. — *Imago*, مثال جوهر الدُرّ L. — وصورة وجوهر *perle*, Domb. 83; mais je crois qu'il faut dire الجوهر الدُرّ — جملة الجوهر *fausse perle*, Domb. 83. — جملة الجوهر اللّبْل, chez Rhazès, *l'action qu'exerce la nature d'une chose, nature qui lui est propre et qui ne provient pas d'une cause connue*, Gl. Manç.: جملة الجوهر كناية عن الفعل الواقع عن طبيعة الشيء لخاصّة به لا عن سبب معروف. — Le n. d'un., au fig., *la perle des hommes, le meilleur des hommes*, Bc; — *substance*, Voc.

جَوْهَرِيّ *substantiel*, Bc. — *Sacramental*, au fig. (mot), essentiel, décisif, Bc.

جَوْهَرِيَّة dans le Voc. sous *gaudere*; cf. sous la Ire forme.

جَوْهَرْجِي *oaillier, bijoutier*, Bc, M.

جَوْهَرْجِيَّة *bijouterie*, commerce de bijoux, Bc.

جَوَاهِرِيّ *diamantaire*, Bc.

جَوَاهِرِيَّة *joaillerie*, pierreries, art du joaillier, Bc.

جَوَاهِرْجِي *bijoutier, diamantaire, lapidaire*, Bc.

جَوَاهِرْجِيَّة *joaillerie*, pierreries, art du joaillier, Bc.

مُجَوْهَر, en parlant de pois chiches, *qui ont été grillés jusqu'à ce qu'ils aient reçu la couleur jaune et brillante qui leur convient, les petits points obscurs et le goût fin*, Ztschr. XI, 520, n. 43.

جوى.

جِيَّة *puanteur*, M.

جَبَا .جَاءَ I se construit avec من, de même que دَخَلَ, 1001 N. I, 86, 7: اطّلع من المكان الذي جئتَ منه

— *Venir bien, croître comme il faut, réussir* (arbre), Auw. I, 320, 11, où il faut lire وتجيء avec le man. de Leyde. — C. acc. *monter à, se monter à*, Gloss. de Habicht sur le IVe volume de son édition des 1001 N. — *Remplir, occuper*, p. e. جاء الصندوق «il se trouva que le coffre remplissait exactement l'espace du magasin,» ibid. — جاء في بطنه «il le *blessa au ventre*,» Cartâs 268, 4 a f. — جاء الحديث عليه «ce fut son tour de raconter,» Koseg. Chrest. 71, 3 a f.: الآن جاء لجدّ في قطع حبائلي «à présent c'est pour vous le moment de faire tous vos efforts pour briser mes liens,» Bidp. 224, 4 a f. — جاءت طريقهم على تلك الدار «leur chemin les mena vers cette maison,» 1001 N. I, 67, 8. — مهما جاء عليه انا اوزنه عنده «quelle que soit sa quote-part de la dépense, je payerai pour lui,» 1001 N. I, 60, 5 a f. — C. على *aller à, convenir, être juste à*, p. e. ما تجي عليك هذه البدلة «cet habit ne vous va pas, il n'est point juste à votre taille,» Bc. — جاء على ميله *être du goût de quelqu'un*, lui plaire, Bc. — C. على et ب *coûter*, p. e. جاء على بكذا «il m'a coûté tant,» Voc. — جاء لَه من *valoir, rapporter du profit*; ايش قد يجيبك من وظيفتك «combien vous vaut votre place?» يجي لك من دا ايه «quel profit vous reviendra-t-il de cela?» Bc. — جاءت نفسه *revenir à soi, reprendre ses esprits*, Aghâni 52, 7. — جاء من قدرك ان تتكلّم بهذا الكلام «vous convient-il de parler ainsi (osez-vous bien)?» Bc. — خذ مني على ما يجيبك «je te la garde bonne,» Bc.

جيب .جَاءَ. من اليوم وجاى, « à compter de ce jour et en avant, » de Sacy *Dipl.* IX, 471, 5 a f.

جِيب I c. accus. Dans la langue vulgaire on a formé ce verbe de جَاء suivi de la préposition بـ, et il a les mêmes significations que ce dernier: *amener, apporter, porter, rapporter,* produire (arbre), *faire venir, produire des témoins* (شُهودًا), *donner, valoir, rapporter du profit, mettre bas, faire des petits,* Bc. On le trouve déjà dans le R. N.; voyez les passages de ce livre que je cite sous بَرَّكَ et sous حَاشَكْ. Mais le peuple a plus ou moins oublié l'origine de ce verbe; de là vient qu'on trouve chez Bc les expressions suivantes: c. لـ *procurer, causer des désagréments,* etc.; — c. لـ *représenter, exhiber, mettre une chose sous les yeux;* — جاب على باله *repasser dans sa mémoire;* — جاب العيب عليه *s'en prendre à quelqu'un,* lui attribuer le tort, le rendre responsable de; — جاب في عقله *représenter,* offrir l'image, l'idée; — جاب للطريقة *ranger à la raison, mettre à la raison, réduire à la raison, au devoir;* — جاب مغيبته *parler mal de quelqu'un en son absence, médire.*

II *appeler,* Voc.

V *être appelé,* Voc.

جَيْبَة, pl. جِيَب et جِبَاب, *poche,* Bc, M.

جَبَّاج *lâche,* Daumas V. A. 102, Mœurs 141 n.

جِير II *faire de la chaux,* Voc. — Le sens que Lane donne d'après le TA se trouve aussi chez Alc. (encalar con cal; تَجْييِر encaladura).

جِير, *chaux, plâtre,* est proprement un mot vulgaire, car on lit dans le Gl. Manç.: الجِيَار هو الكِلس المُسمَّى عند العامَّة بالجِير. Cependant on le trouve chez de bons auteurs: Becrî 56, Most. v° حِجَارة مشوية Bait. I, 293 e, II, 387 b, Bat. IV, 393, Auw. I, 97, 10, R. N. 69 v°, Cartâs 39, 6 a f. (car c'est ainsi qu'il faut lire, voyez 55, n. 9), 5 a f.; cf. Müller S. B. 1861, II, 99. Le pl. أَجْيَار dans le Voc. — جير سُلطَانى *la chaux du plus beau blanc,* Descr. de l'Eg. XII, 400. — حجر الجير *pierre calcaire,* Bc.

جِيرى *giroflée,* de même que خِيرى. L'auteur du Most. dit (sous le *djîm*) qu'il a trouvé ce mot écrit avec le *hâ,* le *khâ* et le *djîm.*

جَيَّار *chaufournier, ouvrier qui fait la chaux,* Voc., Bc, Hbrt 190, Abbad. II, 233, 11, Macc. III, 137, 16, Çalât 9 r°.

جَيَّارة *four à chaux,* Descr. de l'Eg. XVIII, part. 2, 139.

مُجَيَّر, en parlant d'un terrain, *plein de cailloux,* Alc. (aguijeño), Auw. I, 240, 11.

جيس

جِيس *pet,* Bc.

جِيسُوس *pistacia vera,* Bait. I, 276 b; leçon de BCDELS; A جربوس.

جيسوان ne signifie pas, comme on lit chez Freytag, une excellente espèce de palmier, mais c'est le nom que porte dans l'Irâc une espèce de datte très-mûre et très-molle, Most. (v° بسر): بُسْر النَّخل يُعرَف بالعراقي, الجيسوان (Lm للجيسوان, N التجّيسُوان), Bait. I, 139 c: بسر الجيسوان وبسر السكر وما أشبههما من البسر المنتهى فى النضيج الشديد الهشاشة ❊

جيش I. جاش الشِّعر فى خاطره *entrer en verve* (poète), Bc. — Dans le sens de la II°, *rassembler des troupes* contre (على) quelqu'un, Akhbâr 44, 11: فجاشوا عليه بما لا طاقة له به ❊

II. On dit: جيَّش عليهم صِقِلِّيِّين « il enrôla (et envoya) contre eux des soldats de Sicile, » Amari 172, 10; cf. 174, 3 et 175, 3 a f.; mais aussi, dans le sens de *faire une expédition,* جيَّش مع الصقلِّيين ibid. 168, 3, et جيَّش سلطان افريقية برّا وبحرًا, 169, 5 a f. — *Mettre des troupes dans une place pour la défendre,* Alc. (guarnecer de gente).

X. c. a. p. *demander du secours à quelqu'un,* Haiyân 63 v°: فاستجاشوهم على جَعْد (contre Dja'd), 90 v°: رهبوهم لاستجاشته الغوغاء ils se soumirent à lui, car. Aussi c. بـ p., Ibn-Khaldoun, man. 1350, IV, 19 v°: استجاش بابن ادفونش والسفلة.

جَيْش *bande de partisans, de maraudeurs,* Barth

I, 139. — Le pl. جُيُوش *échecs, les pièces avec lesquelles on joue aux échecs*, 1001 N. Bresl. X, 98, 11. — *Bruit, grand bruit*, M.

دَنَانِير جِيشِيَة , جِيشِيَّة On trouve nommés des Maml. I, 2, 201.

جيّف II *étouffer*, Bc (Barb.), Ht, *étrangler*, Hbrt 215. Chez Jackson Timb. 338, « m'jeefah » (مُجَيَّفة), *étranglé*.

جِيفَة. Chez Bc (sous *cadavre*) le pl. est جِيَف ; dans le Holal. فهلكوا جوعًا حتى اكلوا جِيَاف , 62 r°: للجِياف. — *La viande de bêtes mortes de mort naturelle*, Alc. (carne mortezina), Hist. des Benou-Ziyân

96 r°: حتّى اكلوا الجِيفة والحشرات.

جِيفِيّ *cadavéreux*, Bc.

جِيل *les individus de race nomade*, l'opposé de الحضر, «les citadins,» Berb. I, 1, dern. l. — *Ordre de chevalerie*, p. e. l'ordre du Temple, Gl. Edrîsî, p. 335, l. 11. ابن الجيل *séculier, mondain, laïque*, Bc.

جِيلِيّ *séculaire, qui se fait de siècle en siècle*, Bc.

جِيلَكَة (turc يَلَك) *camisole* (Barb.), Bg.

جِينَة (du nom propre Chine) *oranger*, J. A. 1843, II, 220, 5; cf. جَنَة.

ح

ح, plus exactement خ, pour الخِ, etc., Macc. I, 855, 14 et 16 (aussi dans l'édit. de Boulac), avec la note de Fleischer Berichte 261.

حَا *haïe, cri des charretiers pour animer les chevaux*, Bc.

حَارُون *castor*, Most. v° جنْدبادستر, Bait. I, 278 e.

حاسرين *espèce de jasmin et d'églantier*, Auw. I, 313, 4 et suiv. (cette leçon, qui est celle du man. de l'Escur., est aussi dans le man. de Leyde).

حاشبيش est, selon le dict. pers. de Richardson, une *espèce d'euphorbe*. Selon Bait. I, 277 b, c'est un remède persan dont l'essence est une noix qui est plus forte que l'euphorbe. Chez Sonth. c'est aussi حاشبيش ; dans mes man. AB et dans Boul. حاسيس. Selon le M c'est un remède arménien.

حَامَا أقْطِى (χαμαιάκτη) *sambucus ebulus*, Most. in voce (dans N une fois حامى).

حامالاون (χαμαίμηλον) *camomille*, Most v° بابونج

حَانِبَة pl. حَوَانِب. A Tunis on donne ce nom à des spahis d'élite attachés en tout temps à la personne du bey et qui ont des fonctions analogues à celles des corps de la gendarmerie en Europe, Hist. Tun. 99, en par'ant du dey Mohammed Tâbâc: فاختتم بجمع من الترك اسكنهم معه بالقصبة واعصوصب بهم ولقبهم بالحوانب جمع حانبة, Ten Years 27, 32, 38, 125, 138, 161, 259 etc. (hampers), Algest. II, 102 (hambi comme pl.), 169 (hamba comme sing.), etc., R. d. O. A. III, 318, VIII, 9, Pellissier 53, 376 etc., Dunant 76.

حَبّ I *jouer, folâtrer en amour, caresser et embrasser*, Alc. (retoçar; cf. Victor).

II *rendre amoureux*, Alc. (enamorar a otro). — *Grener, produire de la graine, beaucoup de grains*, Voc., Bc, Auw. I, 646, 2 a f.; حبّب للجلد *greneler, faire paraître des grains sur le cuir*; مُحَبَّب *bien grenelé*, Bc.

IV, dans le sens d'*aimer*, se construit quelquefois avec في, au lieu de l'accus., les auteurs ayant pensé à رغب plutôt qu'à أحبّ ; voyez Macc. II, 247, dern. l. et note f, Lettre à M. Fleischer 123. — أحبَّه على غَيْره *il le préféra à un autre*, Freytag Chrest. 76, 4 (Lane a la X° forme construite de cette manière).

V c. ل p. *se faire aimer par quelqu'un*, Voc.

X *se faire aimer*, Alc. (ganar amor de otro).

حَبّ. Le pl. du pl. الحُبُوبات *les grains*, le blé, l'orge, etc., Bc. — *Pilules*, nom d'unité ة, pl. حُبُوب ; حبّ الصفراء *pilules cholagogues* ; حبّ المعدة *pilules stomachiques* ; حبّ النساء *pilules hystériques*, Bc. — *Siphilis, vérole, maladie vénérienne*, Bc (par abréviation pour حبّ فرنجي). — *Cerises et cerisier*, Alc. (guindal arbol et guinda fruta) (par abréviation pour

حب

(حب الملوك); dans le Voc. cerisier est شجيرة الحب. —
Le pl. حُبُوب nom d'un mets qu'on prépare au Caire
le jour d'Achoura et dont on trouve la description
chez Lane M. E. II, 186. — حب بَرَد grêlon, grain
de grêle, Bc. — حب البَرَكة nom d'une graine petite
et noire, Ztschr. XI, 519; dans la Descr. de l'Eg.
XVII, 382 ; حب البَرَكة; cf. sous بَرَكَة. — حب البلسان
voyez sous بلسان. — حب التفاح hydromel, L (idromelum حب التفاح ; بِيبرْ فِ حَبّ التفاح). — حب الرأس staphisaigre, herbe aux poux, Gl. Esp. 31. — حب الرَّشاد
voyez Lane sous ce dernier mot. — حب رشيد signifie, selon Prax R. d. O. A. VIII, 346, la même
plante que le terme qui précède, à savoir lepidium
sativum L., cresson alénois. — حب الزُّلَم les racines
du souchet comestible, amandes de terre, Sang., Alc.
(chufas specie de juncia), Rauwolf 63, Bait. I, 279
c et d, 536 d, Most. in voce, Gl. Manç. sous زر. Au
Maghrib on prononçait الزُّلَّم حب, car la première
voyelle est un dhamma dans les man. du Most. et
du Gl. Manç., et un u chez Alc. — حب السُّلطان
cerises, Hœst 305; cf. حب الملوك. — حب السُّمنة
cannabis sativa, Bait. I, 279 e, de Sacy Chrest. I,
٨٢, 4. — حب الشوم cornouille, Bc. — حب الصنوبر, staphisaigre, herbe aux
poux, Most. sous ce dernier mot. — حب الصنوبر
pignon, amande de la pomme de pin, Bc. — حب
الظاهر les graines du vitex ou Agnus-Castus, Bc. —
حب العَبّ sorte d'ornement de femme, M (sous عب).
— حب العَرعَر genièvre, graine du genévrier, Bc. —
حب العَرَق le bouton de la sueur, Daumas V. A. 425.
— حب عزيز, moins bien حب العزيز, les racines du
souchet comestible, amandes de terre, Léon 580, Marmol II, 288 c, Rauwolf 63, Voyage dans les Etats
barbar. 170 (où il faut lire «habbazis,» au lieu de
«halbazis»), Pagni MS, Descr. de l'Eg. XII, 170,
Prax 24, Ztschr. XI, 524, Bait. I, 279 d (où il faut
biffer l'article, qui n'est pas dans AB). En sicilien
Cabbasisa. Le terme Babbagigi, que la Crusca donne,
d'après les Voyages de Targioni, comme le nom d'une
racine que l'on apporte à Chypre de Damiette et que
l'on mange rôtie au four avec des pois chiches, est
une altération du même terme arabe. — حب الغُول

les fruits du storax; en Syrie on en fait des rosai-
res, Bait. II, 86 k, 182 b. — حب أفرنجى ou حب فَرَنجى
siphilis, maladie vénérienne, Sang., M. — حب الفُقْد,
ou, comme prononce Bait. II, 260 c, الفَقَّد, ne
désigne pas seulement les graines du vitex ou Agnus-
Castus, Bait. I, 282 c, Bc, mais aussi l'arbuste même
qui porte le nom d'Agnus-Castus, Bc. — حب الفَهم
anacarde, Sang. — حب القنا les baies du solanum;
ainsi chez Antâkî; chez Bait. I, 283 b, A porte العنّا,
B القنا, DLS الفنا. — حب القَرع, chez Bc دود حب
القَرع, vers cucurbitains; on les a appelés ainsi parce
qu'ils ressemblent aux graines des courges, Gl. Manç.
in voce: هو صنف من دود النبطن قصير عريض يشبه
حب القرع ثقل اليه الاسم وتُعرف ; Bait. I, 7 a, 49,
52, où اخبر حبّ القرع est la traduction des paroles
de Dioscorides: ἄγει ἕλμινθα πλατεῖαν; Chec. 199 rº:
وخاصّة الجوز النفع من حب القرع, Bayân I, 295,
3 a f. — 296, 3. — حب القرمز coccus ou kermès, Bc.
— حب القَلْب datte d'un petit palmier, Sang. —
حب القَلَت (et non pas القَلَنت, comme chez Sang.,
car Bait. I, 282 i, dit que le lâm a le fatha) sorte
de vesce ou ers, haricots de l'Inde, Sang. Bait. I,
282 i. — حب الفُلْفُل. Dans son article sur ce terme,
Bait. I, 282 g, ne dit nullement ce que Sonth. lui
fait dire, mais il se borne à renvoyer au ق, c.-à-d.
à l'article قلقل (II, 312 e). — حب الكُلَى, chez le
vulgaire en Egypte, le fruit de l'anagyris ou bois-
puant, Bait. I, 83 c, 279 b, 355 e (où «Elhalâw»
de Sonth. doit être changé en حب الكلى, leçon de
AB), II, 132 g. Aussi cette plante même, Bc. —
حب الكَوكلان genièvre, graine du genévrier, Bc. —
حب اللهف le fruit du coqueret ou alkekendje, Bc;
mais dans nos man. de Bait. la dernière lettre de ce
mot est constamment, si je ne me trompe, un wau,
et non pas un fâ; il dit que c'est un terme de la
langue vulgaire de l'Espagne ou en général du
Maghrib, I, 281 e, II, 182 c, 339 e (où il n'est pas
question d'Arabes, comme chez Sonth., mais de عامة
المغرب). — حب مُسْكى muscadin, pastille musquée,

Bc. — حَبّ المُسْك ambrette, petite fleur, *Hibiscus Abelmoschus L.*; nous disons « ambrette, » mais la dénomination arabe est bonne aussi, car cette fleur sent l'ambre et le musc, mêlés ensemble, Gl. Esp. 31. — حَبّ المَلِك voyez ce qui suit. — حَبّ المُلُوك est au Maghrib le nom des *cerises*, L (*cerasus*), Voc., Most. sous وهو لحبّ الملوك (N الملك) الذى قراسيا: عندنا, Macc. I, 121, 16, II, 409, 16, Bat. I, 186, II, 391, Auw. I, 20, Bait. I, 282 b, II, 282 b, Calendr. 58, 1, où l'on trouve للحَبّ المُلُوك, comme dans le Most., au lieu de حَبّ المُلُوك; c'est comme on dit الماء الورد (p. e. 1001 N. Bresl. II, 98, 6). On dit aussi حَبّ المَلِك, Auw. I, 133, 5 a f., Shaw I, 223, cf. la leçon du man. N dans le passage du Most. que j'ai cité, comme on dit, حَبّ السلطان, Hœst 305, non pas, comme le prétend ce voyageur, parce que le sultan seul a ces fruits, mais parce qu'ils sont exquis et délicieux, un manger de roi, Ibn-Loyon 8 v°: القراسيا حَبّ المُلُوك ويقال حَبّ الملوك لأنّه بلاك فى الفم لرطوبته. Le terme المُلُوك signifie en outre: *l'amande du grand pin à pignon,* Bait. I, 282 b, Auw. I, 269, 4. Chez les médecins en Orient, *Euphorbia Lathyris,* Bait. I, 282 b, II, 459 b. Nom d'une *graine purgative,* Descr. de l'Eg. XII, 136. — حَبّ المُنتن nom d'un médicament composé et purgatif, dont Rhazès donne la recette, Gl. Manç. — حَبّ النعام, parmi le vulgaire au Maghrib, *les fruits de la smilax aspera,* Bait. II, 256 b. — حَبّ النيل ne signifie pas « scammonée, » comme on lit chez Freytag, car Bait. I, 279, l. 6 et l. 14, l'en distingue, mais *indigotier,* comme traduisent Sontheimer (Bait. I, 278 f, II, 184 c) et Clément-Mullet (Auw. II, 307, 20). Alc. donne: *maravillas* حَبّة النيل; en espagnol *maravilla* désigne un grand nombre de plantes. — حَبّ الهال *cardamome,* Bc, Burckhardt Nubia 261. — حَبّ الهان même sens; aussi: *graine de paradis,* Sang. — Termes dont l'orthographe est incertaine: حَبّ الميسم dans AB de Bait. I, 280 c, حَبّ البَشَم chez Sonth. (il traduit: *Amyris Opobalsamum*), chez Ibn-Djazla, man. 576, حَبّ المَعسم (sic); — *Habelcudùl, pariétaire,* Pagni .MS; — *Habel mickenes, les petites baies de la Cassia Monspeliensium,* Rauwolf 288.

حَبّ = زيبر *vase à lait,* Mehren 27. — حَبّ الصبيبان, aussi حَبّ الصبيبان, en Espagne *galium aparine,* Bait. I, 170 a, comme Φιλάνθρωπος en grec (Diosc. III, 94). — حَبّ العَبّ (aussi حَبّ) *ornement en or dont se servent les femmes,* M.

حَبّ. Avec l'article, *les amours,* l'objet aimé, Bc. — حَبّ الصبيان voyez l'article qui précède. — اصحاب الحَبّ *ceux qui ont un amour passionné pour Dieu,* Macc. III, 675, 23.

حَبّة est l'équivalent de *pièce,* dans le sens de *chacun, chacune,* comme on dit: « ces oranges coûtent vingt-cinq centimes la pièce, » Gl. Edrîsî, Berb. II, 138, 4. — Nom d'une très-petite monnaie, Tha'âlibî Latâïf 31, 10. Prov. حَبّة بلا حَبّة ما تساوى حَبّة « l'amour sans un liard ne vaut pas un grain de blé, ne vaut rien. » C'est ainsi que ce proverbe se trouve au commencement des 1001 N. (j'ai négligé de noter la page); on le rencontre aussi chez Freytag Proverb. III, 89, n° 529, mais écrit d'une manière incorrecte. Le duel حَبّتان, Becri 62, 13. — Nom d'un ornement de femme; c'est une sorte de grain de chapelet en or et ayant la forme d'un cube auquel on a coupé une partie de chaque angle, Lane M. E. II, 409. Davidson 96 traduit le mot par *coquille,* et il parle d'une petite « habba » qui consistait en une pièce ronde d'agate. حَبّة جديدة *des grains de chapelet noirs et ovales, avec des lignes circulaires blanches ou d'un bleu clair,* Lyon 152. Cf. حَبّة القلادة من شعره (أم القلادة) = la plus belle partie de sa poésie, Gl. Mosl. — Peste, Domb. 89, Ht. — *Baisement,* Daumas V. A. 357. حَبّة البَرَكة voyez sous بَرَكَة et sous حَبّ. حَبّة النَّدى *bouillie,* Payne Smith 1251. حَبّة الحُلْوة (Freytag omet mal à propos l'article du premier mot, Gl. Edrîsî), *anis,* est, selon Bait. I, 281 g, un terme dont on se servait en Espagne. — حَبّة حلاوة même sens, Bc (Barb.). — حَبّة السمنة « plante inconnue au Maghrib, » Gl. Manç. in voce; c'est *cannabis sativa,* voyez sous حَبّ. حَبّة السَّنَتْ *bouton d'Alep,* sorte de maladie éruptive, Guyon 241. — حَبّة سَوْداء, ou الحَبّة السَوداء, ne signifie pas seulement *nielle, herbe aux épices,* mais c'est aussi le synonyme de بَشَم et de تشميزج (voyez ces mots); il désigne par conséquent: *des grains noirs*

حب

qui viennent du Yémen et dont on se sert pour guérir les maladies des yeux, Bait. I, 282 a, II, 351 j, cf. le passage du Gl. Manç. que j'ai cité sous تشميزج. Aussi: *la semence de la fleur du fenouil*, Lane M. E. I, 383 n., II, 308. — حبة العين est le synonyme de حشم (voyez), Sang., Ouaday 332; — *prunelle ou pupille*, Bc, M. — حبة قنيدية *Coccus cnidius*, Bait. I, 282 e (AB), cf. II, 488 f. — حبة الملوك *épurge* (plante), Bc. — حبة النيل voyez sous حب. — على حبة *sur la pointe d'une aiguille*, *sur rien*, Bc.

حبة. Selon Lampriere 383, les femmes au Maroc se servent, afin de prendre de l'embonpoint, d'une graine qu'elles nomment, dit-il, «Ellhouba;» elles la réduisent en poudre et la mangent avec le couscoussou.

حبّي *amical;* — *charitable;* — *sentimental*, Bc.

حبّة *collier qui descend jusqu'aux pieds*, Hbrt 23.

حبب *écume*, Voc.

حبيب, pl. حبائب Bc. — حبيبة pl. حبائب. Le Voc. traduit *bruxa* par حبيبة (amante), قرينة (compagne) et كابوس (incube selon les dict.). Il est donc évident qu'il prend *bruxa*, non pas dans le sens de *sorcière*, que *bruja* en espagnol, mais dans celui de *succube*, démon qui, comme on a cru longtemps, prend la forme d'une femme, pour avoir commerce avec un homme.

حبابة *écume*, Voc.

حبوبة *bubon, bouton de peste*, Hbrt 37. — *Peste*, Bc (Barb.), Hbrt 36, Roland, Daumas Mœurs 55. — حبوبة الكرش *diarrhée*, Daumas V. A. 426.

حبّاب *marchand de blé*, car selon Burton I, 374, سوق الحبّابة signifie «marché au blé,» et dans cette expression حبّابة est le plur. de حبّاب, littéralement «le marché des marchands de blé.»

حبيبة *esclave favorite, concubine*, Barth III, 359.

تحبيب *granulation* qui survient à la partie intérieure de la paupière du cheval, Auw. II, 581, 13.

محبّ *aimant Dieu, pieux*, Djob. 249, 11, Macc. I, 588, 19, 939, 16, II, 666, 11. C'est surtout aux Soufis qu'on donne ce titre. — المحبّان (*les deux amants*)

حبّورة

nom de deux étoiles de la queue du Capricorne, Cazwini I, 37, 20, Alf. Astr. I, 79 (amantes).

بسرّ محبّتك et محبّتك فيك, بمحبّة *à votre santé*, Bc. — محبّة النفس *moi* (subst.), *le moi humain*, Bc. — بمحبّة *familièrement*, Alc. (familiarmente). — على محبّتك *par votre bonté, grâce à votre bonté*, 1001 N. II, 120, 8 (dans la trad. de Lane: «through thy kindness»).

محبّب *grenu, plein de grains*, Bc, Auw. I, 323, 4, Most.: فقاح الورد هو بزر الورد والذي في وسط; ainsi dans le man. La; dans le man. N: الورد الاصفر المحبّب. — وهو الصغرى للحبّة التي في وسط الوردة Chez Bat. III, 11, l'expression الرمان المحبّب semble signifier: une espèce de grenade qui contient une très-grande quantité de grains. Les traducteurs (III, 454) en ont donné une autre explication, mais elle me paraît inadmissible. — En parlant d'un mors, لزمة محبّبة, peut-être *mors à bossettes*; voyez sous لزمة.

محبوب ou تحبيب, *zr محبوب*, pl. محابيب, *sequin*, monnaie d'or au Levant, Bc, Hbrt 218, *sequin d'Egypte*, 5 fr. 58 c., Roland.

متحابّ. الاعداد المتحابّة, *les nombres amiables*, sont 220 et 284; on leur attribue des vertus merveilleuses dans l'art talismanique; voyez Prol. III, 129, 13 et suiv., avec les notes de M. de Slane.

مستحبّ (l'opposé de مستحقّ, «ce qui a été ordonné par une loi») *ce qui est devenu une coutume générale, ce qui a été adopté généralement, sans avoir été commandé par une loi*, Vêtem. 174, n. 7.

حبّور *coquelicot*, Voc., Alc. (hamapola, en arabe happapávra, coll. happapávr), Ibn-al-Djezzâr, Zâd al-mosâfir: شقيق النعمان وفي الحبّور. Je rétracte ce que j'ai dit dans le Gl. Esp. 284 avant de connaître le Voc. et l'article d'Ibn-al-Djezzâr; je crois à présent que les Arabes d'Espagne ont formé ce mot du latin *papaver*, en y ajoutant un *ha* au commencement, peut-être par l'influence de l'arabe حبّ. Les trois *p* d'Alc. plaident pour une origine latine; mais il n'en est pas moins vrai que les formes esp. doivent leur origine à la forme arabe. Lerchundi écrit حبّيبور, et Domb. 73, qui traduit *bluet*, احبّيبور.

حباحب 243 حبر

حَبَاحَب I. حبّحب العنقود cueillir les raisins d'une grappe un à un, M.

حَبْحَب, dans le Hidjâz et notamment à la Mecque, pastèque, melon d'eau, Ztschr. XI, 523, n. 46, XVIII, 555, l. 1.

حُبَاحِب, proprement ver luisant, est devenu (Bait. II, 318 a) le nom de la plante appelée en espagnol colleja, chez Colmeiro Silene inflata Sm., qui est très-proche des Lychnides, et que les auteurs plus anciens désignaient par le nom de Lychnis. La λυχνίς, dont le synonyme est λαμπάς chez Dioscorides, a reçu ce nom parce que « sa fleur luit presque comme une flamme » (Dodonæus 271 a), et c'est aussi pour cette raison que le nom de ver luisant lui a été appliqué.

حباحر

حُبَاحِر volvulus, passion iliaque, colique de miséréré, Bc.

حبر II. حبَّر الكلام polir le style, le rendre clair, Bc. Avec ou sans complément, ce verbe signifie: écrire avec élégance, ou simplement écrire, voyez ma note dans l'édition que Lafuente a donnée de l'Akhbâr 81, n. 1; Mohammed ibn-Hârith 281: كتب بطاقة وحبّرها (plus loin: وقد أحكم البطاقة), حبّر خطبة, Djob. 77, 11, Macc. I, 241, 3 a f.; Mâwerdî 171, 7, où il faut lire ولم يجر ان يحبر به حكمًا au lieu de يجبر; cf. Macc. I, 54, 19. Le nom d'act. التَحْبِير est le synonyme de الإنشاء, Macc. I, 385, 3 a f., et le partic. مُنْشِى de مُحَبِّر, Calâïd 210, 16.

V être orné, Voc.

حِبْر sépia, Bait. II, 74 b, qui dit en parlant de la matière colorante que répand la sèche: وقد يُكتب به كالحبر ولذلك يسمّيه قوم الحبر peut-être a-t-il le même sens chez Auw. I, 645, 7. — Prélat, Hbrt 150 (qui l'écrit avec le kesra, cf. Lane), Bc; pontife, Hbrt 150, Bc; للحبر الأعظم le souverain pontife, le pape, Hbrt 150, Bc; aussi الحبر الأكبر, Hbrt 150.

حَبَر nom d'une étoffe, de même que حَبْرَة, R. N. 21 v°: وكان لباس البهلول قلنسوة حبر الخ, 39 v°: قلنسوة حبر, Descr. de l'Eg. XII, 170: « Etoffe habar de Mehalleh. »

حَبْرِيّة pontificat, dignité de grand pontife, de pape, Bc.

حِبَرَة. Dans la langue classique, ce mot, comme Freytag (Einleitung; 310 et 311) l'a observé avec raison, n'est pas le nom d'un vêtement, comme on l'a dit et comme on trouve aussi chez Lane, mais celui d'une étoffe rayée qu'on fabriquait dans le Yémen; voyez Azrakî 174, 1, où il est question de la Ca'ba: فكساها الوصائل ثياب حبرة من عصب اليمن; cf. les 3 dernières lignes de cette page et 176, 1, 177, 9, 180, 8, Ibn-Hichâm 1012, 11, 1019, 9. La meilleure espèce venait d'al-Djanad, Azrakî 175, 9 et 10 (où Wüstenfeld a eu tort de prononcer al-Djond). Pour le sens moderne de grand voile ou manteau, en soie, en taffetas ou en châle, dont les femmes se couvrent quand elles sortent, voyez Vêtem. 135—6. On trouve ce terme avec cette acception dans les 1001 N. IV, 319, 4 a f., Bresl. IX, 263, où l'édit. Macn. a le synonyme إزار. En Algérie il a le même sens, de Jong van Rodenburg 170, et chez Bg on trouve sous voile: حبراية voile noir ou de couleurs obscures, dont les pauvres femmes chrétiennes se couvrent quand elles sortent. » — حِبَرَة taffetas, Hbrt 203, Bc.

حِبْرِي qui appartient à un savant juif, M. — Pontifical, Bc.

حُبَارَى pl. حُبَارَى outarde, Bc.

حِبْرَوِي, vulg. pour حِبْرِي, qui appartient à un savant juif, M. — قدّاس حبروي grand'messe, Bc.

حُبَارَى aubère, mot qui dérive du terme arabe et par lequel on indique un cheval dont le poil est couleur de fleur de pêcher, entre le blanc et le bai. On l'appelle حُبَارَى, moins à cause de la ressemblance de sa couleur à celle du plumage de l'outarde, qu'à celle de la chair de cet oiseau quand elle est cuite, Gl. Esp. 286.

حَبَّار fabricant d'encre, Descr. de l'Eg. XVIII, part. 2, 403.

مُحَبَّر. Chez Ibn-al-Athîr, X, 410, 6, on trouve le nom propre berbère تاجرّت, et Nowairî (Afrique), qui a copié ce passage, observe: وتاجرّت ينطلق بها

حبيرمان

, بجيم محبّرة (sic) بين اللّاف والجّيم وكذلك اجادير ce qui signifie qu'il faut *prononcer* le g berbère en lui donnant un son qui tient le milieu entre le ج et le ك.

محبرة sorte de poisson, Cazwînî II, 119, 3 a f.; chez Yâcout مخيبر.

حبيرمان , رمّان , 1001 N. Bresl. II, 87, 98, est pour حَبّ

حبس I. Au figuré *rendre stupéfait*, comme on dit en latin: *tenet me spes, cupiditas*, *teneri metu*, de Jong. — *Occuper un défilé*, Çalât 57 v°: وحبس مضيقًا — فى الطريق عليهم لا يمكنهم الجواز فيه الّا بعد مقارعة *Isoler*, p. e. les lépreux, les séparer de la société d'autres personnes, leur assigner un quartier qui leur est propre, Gl. Fragm. — *Soutenir*, Voc. (tenere et sustentare), Alc. (sostener). — Ce verbe se construit avec على de la personne à laquelle le legs est destiné, Gl. Edrisî. — C. على p, pour حبس نفسه, *s'attacher à quelqu'un*, poète populaire Prol. III, 422, 13: قليل مَن عليه تحبس ويحبس عليك il y a bien peu de belles à qui tu puisses t'attacher et qui s'attachent à toi;» de Slane traduit: « se confier à, avoir confiance en,» mais je crois qu'il se trompe. — حبس حالة *se claquemurer*, Bc. — حبس دموعه *retenir, dévorer ses larmes*, Bc. — حبس الدم *étancher*, arrêter l'écoulement du sang, Bc. — حبس فى دير *cloîtrer*, Bc; حبس نفسه *se cloîtrer, entrer dans un monastère et y prendre l'habit*, Becrî 36, 15 et 16, Prol. I, 420, 8, Edrisî, Clim. III, Sect. 5 (Jérusalem) بيوت كثيرة منقورة فى الصخر وفيها رجال قد — حبس نفسه على فلان — ;حبسوا انفسهم فيها عبادة *s'attacher, se dévouer entièrement à quelqu'un*, Bokhârî, man. II, 168 r°: تحبس ابو بكر نفسه على النبى — لصحيبته «le pré qu'ils ont occupé,» car c'est ainsi qu'il faut lire dans le Mem. hist. VI, 116, 5, comme le montre le fac-simile de ce diplôme. — حبس نفسه *retenir son haleine*, Bc.

II se construit avec على de la personne à laquelle le legs est destiné, Gl. Edrisî. — *Emprisonner*, Gl. Fragm., Khatîb 52 r°: فامر بتحبيسه , mais il faut corriger بتحبيسه.

IV se construit avec على de la personne à laquelle le legs est destiné, Gl. Edrisî. — Dans le sens de la Ire forme, *retenir*, de Sacy Chrest. II, 461, 2, Nowairî Afrique 23 r°: فاحبست لنا ستمائة دينار, et ensuite: وانّما احبست هذا المال حتى احاسبهما.

V dans le Voc. sous stabilire.

VII. احتباس البول *rétention d'urine*, Bc.

VIII, au figuré, *rester stupéfait*, comme on dit en latin: *teneri metu*, de Jong. — *Tarder, aller lentement*, Voc. (tardare), synonyme de أبطأ, Bidp. 211, 5. — *S'attacher, saisir*, Alc. (asirse). — *Tenir*, v. n., en parlant d'une chose collée sur une autre, Gl. Mosl. — C. ب dans le Voc. sous *sustentare*. — C. عن et من *s'abstenir de*, Voc. — احتبس اللبن se trouve chez Alc. sous «retesar las tetas.» En espagnol, *retesarse, s'endurcir*, se dit des mamelles des animaux, surtout lorsqu'elles sont trop chargées de lait. — احتبس لسانه *devenir ou être bègue*, Voc.

حَبْس. حبس العروق *engourdissement, spasme, contraction, retirement de nerfs*, Alc. (envaramiento de nervios); حَبْس seul dans le même sens, Alc. (oncogimiento de nervios). — حبس الغذا *diète*, l'action de se priver d'aliments pour rétablir sa santé, Voc. — حبس, dans le sens de *fantassins, soldats à pied*, voyez Gl. Belâdz., p. 27, l. 6 et suiv.

حِبَاس. On donne ce nom à deux bandes de laine noire, dont on attache l'une sous le genou, l'autre au-dessus de la cheville du pied, quand on a été mordu par un serpent, Burton II, 108.

حَبِيس, pl. حُبَسَاء, chez les chrétiens, *hermite, anachorète*, Bc, Hbrt 151, M.

حَبِيسَة *chaîne qu'on porte au cou*, M.

حَبّاس *celui qui retient*, Wright 109, 5, 131, n. 25, xvi, dern. l., xvii, 1.

مَحْبَس *réservoir*, Alc. (lugar en que algo se recibe, retenedero), Becrî 30, 3; *bassin*, Ht; *cuve, baquet*, Cherb., Martin 123. — *Vase, pot*, Voc., Ht, Auw. I, 187, 12, où il faut lire avec le man. de Leyde: القصارى والمحابس والقدور 439, 19, 485, 1, où il faut lire avec notre man. محبس , au lieu de

مَحْبِس النوار ؛ مجلس pot de fleurs, Roland, et مَحبِس seul dans le même sens, Dict. berb. — Etable (Lane TA), Abou'l-Walîd 686, 11. — Cage, à ce qu'il semble, مَحابِس للعُقاب, 1001 N. II, 179, 5. — Pincettes, Voc. — Anneau, bague sans chaton, jonc, bague unie, Bc, Hbrt 22, M.

مَحبُوس cloîtré, vivant dans un monastère, Edrîsî, Clim. III, Sect. 5 (Jérusalem): رجال (الكنيسة) وفيها — ونساء محبوسون يبتغون بذلك اجر الله سبحانه, مَحبُوس العُرُوق aussi محبوس seul, engourdi, celui qui a un spasme, une contraction, un retirement de nerfs, Alc. (encogido de nervios, envarado de nervios). — محبوس اللِّسَان bègue, Voc., Alc. (ceccoso (cf. cecear), tartamudo).

مَحْبِيسَة vase de nuit, Ht.

احْتِبَاس, t. de médec., constipation, M.

حبش

حَبَش pastèque, melon d'eau, Ztschr. XI, 523, n. 46.

حَبَشِي المَعدنِي éthiops, mélange de mercure et de soufre, Bc.

حَبْشِيَّة espèce de haricot tacheté de noir et de blanc, de la grosseur d'un œuf de pigeon, Auw. II, 64, 15.

حُبَّاشَة serin, oiseau jaune des Canaries, Bc.

حَب أحبُوش synonyme de حَبُّ القُلقُل, car le Most. dit sous ce dernier mot: وهو الأحبوش (la voyelle dans N).

أحَابِيش Abyssins, Macc. III, 683, 10.

حبض

مُحَبِّض joueur de farces, Lane M. E. I, 250, II, 123.

حبط

حَبَط I, manger trop, ne s'emploie pas seulement en parlant d'animaux, mais aussi en parlant d'hommes, Tha'âlibî Latâif 108, 10.

حبق

حَبَق I. Celui qui veut témoigner son mépris pour ce qu'un autre vient de dire, lâche un pet, حبقة عظيمة Athîr X, 186, 4 et 5; de là l'expression حبق لفُلان على فُلان, Macc. II, 470, 5, ou

ibid. l. 6, qui répond à l'expression espagnole: « peer en desfavor de otro. »

حَبَق, n. d'un. ة, Bc, basilic, Alc. (albahaca, qui est formé par transposition du mot arabe), Bc. — Menthe d'Arabie ou menthe sauvage, Gl. Esp. 339, l. 9. — Laurier-rose, Most. v° دفلى: أبو حنيفة عن حبق بُستانى — menthe, Most. v° نَمّام. — حبق تُرُنْجانى, car c'est ainsi qu'on lit dans AB Bait. I, 283 l, ne signifie pas seulement mélisse ou citronnelle, mais aussi une autre plante, car à la fin de cet article, AB portent: وقد ذكروا حبقة — ايضًا نوعًا اخر من الريحان يسمى بذلك التُّفّاح calament, Bc. — حبق الحُسُور, par plaisanterie, les parties naturelles de la femme, 1001 N. I, 63, 12. — حبق رَيْحانى. Dans AB de Bait. on trouve après I, 283 n, cet article qui manque chez Sonth.: — حبق ريحانى هو الحبق الرقيق السُورى الكرمانى et الحبق الصَعْتَرى (cf. Lane), Most. v° ويقال له بقرطبة الحبق الصعنبرى ويقال له شاهسبرم حبق العَجَب synonyme de حَبّ. الحبق النِرمانى النَّبيل (voyez), Auw. II, 307, 21 et 2 a f. — Le nom de la marjolaine diffère dans les man. de Bait. I, 283 f. On trouve حبق الفَنا dans E, mais A porte الفَى, L الفَتا, BD الغَنا, S الفَثا. L'autre nom de cette plante, حبق الفيل (car c'est ainsi qu'il faut lire I, 283 g), semble à Bait. une altération (تصحيف) de celui qui précède. — Habkdelzèl, mercurialis, Pagni MS. — سَقى الحَبَقَة boire, boire beaucoup de vin, se mettre en pointe de vin, se griser, godailler, boire avec excès, se mettre en goguettes, en belle humeur, Bc.

حُبَيْقَة, chez le vulgaire en Espagne, pariétaire, Bait. I, 308 c.

مَحبَقة pot de fleurs, Domb. 75.

حَبقالَة, composé de l'arabe حَبَق et de la terminaison diminutive espagnole ela, signifiait pariétaire chez le vulgaire en Espagne, de même que حُبَيْقَة, Bait. I, 308 c, qui dit formellement que c'est le diminutif de حَبَق (تصغير حبق).

حبك I *border* une robe, une jupe, Voc. (suere, et dans une note capzar; le catalan capsar répond au castillan cabecear, qui a le sens que j'ai donné), Prol. III, 309, 12.

II *entrelacer;* حبّك الخيط *mêler du fil,* de la corde, etc., Bc.

V *se mêler, s'embrouiller* (fil, etc.), Bc.

VII *être bordé* (robe, jupe), Voc.

VIII. مُحْتَبِك *entrelacé,* Bc; *se mêler,* en parlant d'étoiles, *scintiller,* P. 1001 N. I, 21, 8, parce que la scintillation, c.-à-d. la rapidité d'agitation qu'on observe dans la lumière des étoiles, surtout lorsque l'atmosphère n'est pas tranquille, produit l'illusion d'un mélange d'étoiles. Le synonyme اشتبك s'emploie de la même manière. — *Être plein, rempli,* p. e. احتبك السوق بسائر اجناس الجواري 1001 N. I, 291, 6; aussi absolument: *être plein de monde, ibid.*, l. 9, I, 20, 8.

حبك *tissu,* petit ouvrage tissu, Bc. — Voyez حبكة.

حبكة *passement,* Bc. — *Reliure,* manière dont un livre est relié, Bc. — Selon Burton I, 232, on donne le nom de *habak* à des cordons de soie cramoisie qu'on passe sur l'épaule et qui portent l'épée. C'est peut-être حبك, pl. de حبكة.

حباكة *tissu,* petit ouvrage tissu, Bc. — صنعة الحباكة *passementerie,* Bc. — حباكة الكتاب *nervure,* parties élevées sur le dos d'un livre, Bc.

حبل I, *être enceinte,* a aussi le n. d'act. حَبَالَة, Voc.; chez Alc. et Bc comme substantif, *conception.*

II *engrosser,* Alc. (enpreñar a hembra), Bc. — C. acc. dans le Voc. sous funis, probablement: *faire des cordes.*

V dans le Voc. sous funis, probablement quasi-passif de la II° dans le sens qui précède. — *S'enchevêtrer* (cheval), Bc.

حَبْل. Le pl. حَبَائِل (cf. Lane) chez Bc sous *lien.* — *Cordage,* assemblage de cordes pour la manœuvre d'un vaisseau, Bc. — حبل التوم *glane d'oignons,* Alc. (ristra o riestra de ajos). حبل السرة *cordon ombilical,* Bc. — حبل اللؤلؤ *collier de perles,* Bc. — حبل المساكين *le grand liseron,* proprement « corde des pauvres, » de même qu'une espèce de clématite s'appelle en français « herbe aux gueux, » parce que les mendiants se servent de ses feuilles pour faire paraître leurs membres livides et ulcérés, Gl. Esp. 72; ajoutez Bait. II, 299 b; *lierre,* Bc. — Au figuré, وصل حبله بحبل فلان ou وصل حبله بفلان, *lier amitié avec quelqu'un,* de Jong. — حبله طويل *homme lent, lambin,* Bc.

حَبْلَة *cordage, corde; amarre,* cordage pour attacher; *longe de corde ou de crin; laisse,* corde pour mener les chiens, Bc. — طوّل الحبلة *tirer en longueur une affaire,* chercher à la prolonger, Bc.

حبالة *conception,* Alc. (concepcion en la hembra), Bc.

حبالة, le pl. حبال dans la rime, Gl. Mosl. — *Captivité,* Berb. I, 57, 7.

حبّالة *corderie,* lieu où l'on fait les cordes, art de les faire, Bc.

تحبّل est chez Alc. « rebuelto, » et Victor explique ce dernier mot par: *enveloppé, révolté, mêlé, embrouillé, brouillé, troublé, embarrassé.*

حبن.

حبن, *oléandre,* est un mot du dialecte d'Omân, Bait. I, 281 d (AB).

حبهان, pour حبّ هان, *cardamome,* Bc, 1001 N. II, 66, 6 a f.

حبو III. La première signification chez Freytag est bonne, car Bc donne aussi: حابى احدًا *faire acception de personnes.* — C. a. p. et ب r., comme la I°, *favoriser, gratifier quelqu'un de quelque chose d'avantageux, l'en doter,* P. Abd-al-wâhid 112, 9.

VI, avec مع, *faire acception de personnes,* Bc.

حلّ وقاره = حلّ حبوته . حبوة *faire disparaître la gravité de quelqu'un, le rendre sot,* voyez Gl. Mosl.

حت

حتّ I *casser des noix, des amandes,* Beert 41, 3.

حتّة pl. حتّت (ainsi dans M; voyez Lane; Bc n'a pas de voyelles), en Egypte (M), *déchiqueture, taillade; tranche; — mie,* particule négative = لا; le pl. حتت *débris, restes d'un pâté, d'un repas,* et

حــــتن

comme adverbe (pour حَتَتًا) *menu, en petits morceaux*, Bc. (Comme ces significations se laissent dériver aisément de la racine حتّ, je rétracte la conjecture que j'ai proposée Gl. Esp. 267, dern. l. 5; je ne crois pas non plus avec M que c'est pour حَتْرَة).

حُتَاتٌ *débris*, restes d'un pâté, d'un repas, Bc.

حَتَّى, dans le sens de: *afin que*, est quelquefois suivi d'un n. d'act., au lieu d'un aoriste, p. e. Berb. I, 530, 8: ثم جمع الايدى حتى قَطْع اخبياط واقلاع شجراتهم (lisez واقتلاع, avec notre man. 1351) «ensuite il réunit un grand nombre d'individus, afin qu'ils abattissent les palmiers et les plantations de ses ennemis.» — Dans le sens de *même*, on dit aussi حتى, p. e. حتى الاولاد, «même les enfants, jusqu'aux enfants,» Bc. — *Avant que*, Gl. Badroun. — Après une proposition négative, *au contraire*, Macc. I, 238, 2 a f.: ولم يكن ذلك الى الفؤاد والاجناد حتى بشركم بالمهجة والاولاد. Mâwerdî 24, 6, 38, 5. — *Et surtout si*, Prol. III, 198, 3 a f.: واعلم ان هذه الطبيعة اذا حلّ لها جسد من قرابتها على ما ينبغى من الحلّ حتى يشاكلها فى الرقّة واللطافة انبسطت فيه «sachez que, si un corps ayant de la parenté avec cette nature se dissout dans elle d'une manière convenable, et surtout s'il lui ressemble par la ténuité et la subtilité, elle s'étend dans ce corps» (de Slane). — Après une proposition négative, *et encore moins*, Prol. III, 193, 10: Quelques traités sur l'alchimie portent le nom d'al-Ghazzâlî, mais on les lui attribue à tort, ان (لِأَنَّ) الرجل لم تكن مداركه العالية لتقف على خطاء ما يذهبون اليه حتى ينحله «la haute intelligence de cet homme aurait été incapable d'adopter les doctrines erronées des alchimistes, et encore moins de les professer» (de Slane). — Suivi de ولا, *pas seulement*; حتى ولا شفته «je ne l'ai pas seulement vu»; ما عملت هذا حتى ولا افتكرت فيه, *non-seulement je n'ai pas fait cela, mais je n'y ai pas même pensé,*» Bc. — Après la particule négative ما, *à peine — que*, p. e. ما لحتى شربة حتى وقع «à peine l'avait-il bu, qu'il tomba,» Bc; ما جاء الليل حتى ألخ, Nowairî Espagne 450. — Dans le sens de اذ, R. N. 78 r°: بينما هو جالس وعنده بعض اصحابه حتى أتته فهم فى اليوم الثانى جالسا 79 r°: ثلاث رواحل تمر

جـــالـــس 1.) فى الجامع حتى راى رجلا من اهل منزله فهم فى العقد جلوس حتى اتام الرجل, *ibid.*: يُدَوِّر عليه et très-souvent dans ce livre.

حَتَحَتْ (réduplication de حَتَّ) *déchiqueter, découper par tailladas, émincer*, couper par tranches minces, Bc.

حتم II c. على r. *persévérer dans*, M.

حنرب.

حِترَاب synonyme de جزر برَى, Most. sous ce dernier mot.

حَتْرُوس *bouc*, Hoest 293; chez Cherb. et Ht عَتْرُوس

حتنف fém., Abbad. II, 159, 7.

حــتــك.

مَحْتَك pl. مَحَاتِك *lieu où les animaux se frottent et se grattent, lieu où on les frotte et les lave*, Alc. (rebolcadero, rebolvedero, estregadero para estregar las bestias). Ce mot, qui dans le Voc. est مَحْتَكّ, est évidemment une altération de مُحْتَكّ, le partic. passif, dans le sens d'un nom de lieu, de la VIIIe forme de حَلَّ.

حتم I *trancher*, décider hardiment, avec présomption; — *dogmatiser*, parler par sentences; — c. على r. *déterminer de* ou *se déterminer à*, Bc.

II. مُحَتَّم *tranchant*, qui décide hardiment, Bc. — مُحْتَتَم *imposés*, Roland.

IV dans L *prefinitio* وتحديد (sic) اختْتام, tandis qu'il a sous *prefinitus* محدود محتوم.

حَتْم *coercition*, Bc. — حَتْمًا *décisivement, indispensablement*, Bc, Bat. III, 409:

فانت الامام الماجد الاوحد الذى
سجاياه حَتْمًا أَنْ يقول ويفعلا

Ce vers, que les traducteurs n'ont pas compris, signifie: «Car tu es le chef illustre, l'unique, dont le naturel est indispensablement de faire ce qu'il dit.» — بتًا حتمًا *expressément, formellement*, Bc.

حَتْمِى *coercitif, — décisif, — impératif*, Bc.

حَتَّام *dogmatiseur*, Bc.

خَانَبَّة le jugement, le décret de Dieu, Catal. des man. or. de Leyde IV, 246.

خَتْمَل vulg. pour خُتْفَل, M.

حتى

حَتَى (cf. Lane) est, selon Bait. I, 283 o: cette partie du fruit du palmier nain que l'on mange et qui entoure le noyau, هو الذى يؤكل من المقل المَكّى وداخله العجم ✻

حَاتِبَة mesure à Ouârgla et dans l'Ouad Mezâb, Carette Géogr. 207—8, Jacquot 270.

حث I se construit aussi c. الى r., حَثّ الى الشَّرِ الى instigation, sollicitation à faire le mal, Bc. — حثّ السَّير presser sa marche, Gl. Bayân. Le verbe حثّ seul s'emploie dans le même sens, P. Macc. II, 373, 12, aller vite, trotter, en parlant d'hommes, 1001 N. Bresl. XII, 267, 3, ou d'animaux, Macc. I, 557, 7. — Quand l'objet de ce verbe est « le vin, les coupes », etc., il signifie: les présenter rapidement, de sorte que les coupes se suivent avec vitesse, Weijers 48, 5, avec la note p. 169, l. 1 et suiv., note de Fleischer sur Macc. I, 457, 3, dans les Berichte 188, Gl. Mosl., Macc. I, 663, dern. l., II, 558, 5 a f., Haiyân-Bassâm III, 50 v°: la jeune fille ayant commencé à chanter فصار من الغريب ان حث شَرِبه هو ممن دينه حَثّ, ibid. 142 r°: عليه واظهر الطرب منه الكَأس ✻

VIII exciter les captifs (les esclaves) au travail, Nowairî Egypte, man. 2 o, 114 r°: فكان المسلمين يحتناجون فى كلّ يوم لقوت الاسرى وقوّت مَن يحتثّهم. En parlant de coupes, etc., = I (voyez), Gl. Mosl.

X inviter, exciter quelqu'un à se rendre quelque part, Berb. II, 351, 6 a f.; exciter quelqu'un à venir, يَسْتَحْتُّهُ بالعسكر (« avec l'armée »), Haiyân 55 v°. — En parlant de vin, de coupes (cf. sous la Ire forme), être présenté rapidement, P. Macc. II, 508, 15.

حنحث

حَنْحَوثى et حُنْحَوث très-avare, M.

حج

et حَمَى I verser beaucoup d'argent, le donner à pleines mains, Prol. II, 150, 5, 151, 4.

حجّ I. حجّ عن فلان faire le pèlerinage comme remplaçant d'un autre, R. N. 92 r°: وقلت له يوما انى لا اعلم اسم المرأة التى احجّ عنها وذلك عند الاحلال فقال لى اهل (sic) بسم الله وقُل الهمّ عن ميمونة. On voit que la dernière expression est elliptique: احجّ عن ميمونة. — Prov. حتى يحِجّوا القيقان trois jours après jamais,» «la semaine des trois (quatre) jeudis» (jamais), Bc. — Le passif حُجّ se laisser convaincre, Prol. I, 350, 15.

III. حَاجَم عنه il cherchait à le défendre contre ceux qui l'accusaient, à le disculper, Berb. II, 551, 4 a f.

V chercher midi à quatorze heures, chercher des difficultés où il n'y en a pas, Bc. — تَحَجُّم alibiforain, propos qui n'a pas de rapport à la chose dont il est question, Bc.

VI verbaliser, dire des raisons, Bc.

VIII c. عن dans le Voc. sous disputare. — S'excuser, Alc. (escusarse); c. على r. s'excuser sur, Bc, Hbrt 115. — C. على exciper de, Bc. — C. على alléguer pour motif que, motiver, Bc. — احتجّ باحتجّة ou احتجّ على حجّة se couvrir d'un prétexte; احتجّ فى فعله على ان prétexter, Bc.

حجّ et حِجّ, qui est proprement l'hébreu חַג, fête, se trouve encore en ce sens dans حجّ الاسابيع, la fête des semaines, de la Pentecôte, chez les juifs, de Sacy Chrest. I, ٨, 3. — Pèlerinage, dans le sens de lieu où un pèlerin va en dévotion, Gl. Edrîsî. — حجّ الشَّى la caravane de la Mecque, Bc. — حجّ vulg. pour حَاجّ, M.

حَجّة. L'expression حِجّة الله, que Lane a mal traduite, signifie: la visite à Dieu, c.-à-d., à la maison de Dieu, Gl. Fragm. — Le nom du dernier mois, ذو الحِجّة ou ذو الحَجّة, est aussi chez les écrivains de la décadence: 1° ذو حَجّة, sans article, Bayân I, 273, 6, Cartâs 5, l. 3; 2° الحِجّة seul, Rutgers 174, Ztschr. XVIII, 556, n. 1, Macc. I, 876, 17, II, 800, 12, 808, 18; 3° حَجّة, sans ar-

حم 249 حاجب

ticle, Ztschr. XVIII, 556, n. 1, Hist. Tun. 95, 2, 96. — Vulg. pour حَاجَّة, M.

حَجَّة voyez ce qui précède.

حُجَّة *titre*, acte qui établit un droit, Bc, Gl. Fragm.; *contrat*, convention notariée, Bc, *acte notarié*, J. A. 1843, II, 218 et suiv.; 1001 N. I, 427, 5, II, 82, 13, 473, 4 a f., III, 426, 6 a f., 661, 2 a f., IV, 197, 13 et 15, 233, 2 a f., Macc. III, 656, 1, *contrat de vente*, M; توكيل حُجَّة *compromis*, soumission à l'arbitrage, acte qui la contient, Bc; حَاجَّة المعمودية *baptistère*, extrait baptistaire, Bc; صورة حُجَّة *ampliation*, double d'un acte, *expédition*, copie d'un acte, Bc. — *Excuse* (Hbrt 115), *prétexte*, *défaite*, *détour*, *faux-fuyant*, *subterfuge*, Bc. — *Cassade*, mensonge pour rire ou pour s'excuser, Bc. — *Masque*, au fig., apparence, Bc. — *Incident*, mauvaise difficulté dans les disputes, Bc. — *Acte*, décision juridique, Bc, *sentence légale* du cadi, Descr. de l'Eg. XI, 512; حُجَّة البَحْر est le nom du document écrit par le cadi et dans lequel il atteste que, l'eau du Nil étant devenue assez haute, on a ouvert le canal; ce document est envoyé à Constantinople, Lane M. E. II, 295. — *Procès*, Meursinge 26, 1 (cf. 42, n. 174). — *Affaire*, Alc. (hazimiento por negocio, negociacion; il traduit aussi ces deux mots par شُغْل). — En parlant d'un homme pieux, كان ورعًا حُجَّة, Khallic. I, 299, 12 Sl., où de Slane (trad. I, 587) observe que les hommes pieux sont appelés ainsi, parce que Dieu les présentera le jour du jugement dernier, afin de réfuter les pécheurs qui prétendraient qu'ils n'ont connu personne qui leur donnât l'exemple de la sainteté; il compare I, 295, 10 et 11: أنّى لا أحسب يا حُجَّة بسفين الثوري يوم القيامة حُجَّة من الله على الخلق يقال لهم لم تدركوا نبيكم — فلقد رأيتم سفين الثوري ألا اقتديتم به — Chez les traditionnaires, *celui qui connaît 300,000 traditions avec tout ce qui s'y rapporte*, à savoir leur texte, leur *isnâd*, le degré de confiance que méritent leurs rapporteurs et le temps où ils ont vécu, M. — Chez la secte des ultra-Chiites qui portent le nom de المأذون السبعية quand il n'y a pas d'imâm, M.

حِجَاج *pèlerinage*, Voc. (écrit حَجَّاز).

ou أم الحَاجِّيَّاجَة (سنونو), حَاجِيَّاجَة *hirondelle* nommée ainsi parce qu'elle fait le pèlerinage de la Mecque, M; cf. l'article qui suit; l'hirondelle de Syrie est plus petite que la nôtre.

حَاجّ. On donne aussi ce nom aux chameaux qui ont transporté les pèlerins à la Mecque, Relation of a Journey begun An: Dom: 1610, p. 124: «All are called Hadges: and so call they their Camels, hanging as many little chaines about their forelegs, as they have been times there.» — Nom d'un oiseau qui est appelé ainsi parce qu'il accompagne les caravanes qui vont à la Mecque, et qui, pour cette raison, est considéré comme sacré. Il est à peine aussi grand qu'un merle, et son plumage est de couleur cendrée. Il se nourrit d'escarbots et d'autres insectes, Gl. Esp. 138, cf. l'article qui précède. — Nom d'une plante, Bait. I, 179: الحشيش المسمى للحاج. — شَجَر شَجَر voyez sous للحاج.

كرنب الكرنب للحاجي voyez sous حَاجّي.

مَحَجَّة *endroit vers lequel on se rend*, Müller 5, l. 10. — *Rue*, route, Domb. 97. — *Place publique*, Ht.

مَحَجَّة *route*, a dans le Voc. le pl. irrég. مَحَاجِّ.

مَحْجَى pl. مَحَاجِي *retirade*, t. de fortification, *retranchement derrière un ouvrage*, Rutgers 166, 7 et 10.

حاجب I, en parlant d'un prince, *le tenir renfermé, le séquestrer de la société des hommes, le soustraire à tous les regards*, Maml. I, 1, 10.

VII dans le Voc. sous velare; *être caché*, Abou'l-Walîd 545, 24, Kalyoubî 44 éd. Lees. — *Être retenu*, c. عن p., Abou'l-Walîd 296, 22: فلا ينحجب عنك الغيث, 325, 23.

VIII c. ب r. *se couvrir d'une cuirasse, d'un casque*, Cartâs 149, 8.

حِجَاب، حِجَاب البكورية *hymen*, membrane, pellicule au col de la vulve des vierges, Bc.

حَاجَّاب vulg. pour حُجَّام, M.

مَحْجُوب *invulnérable*, Bc.

مَحْجَبَة vulg. pour مَحْجَمَة, M.

احْتِجَاب *invulnérabilité*, Bc.

حَجْر I c. a. et على, Voc. sous tutor testamentarius (cf. Lane). — C. على r. *se réserver l'usage de,* Içtakhrî 42, 8. — حجر على موضع *interdire au public l'entrée d'un lieu;* حجروا على انابر, «ils fermèrent leurs greniers,» Bc.

II. La constr. n'est pas seulement حَجَرَ حَوْلَ أَرْضه (Lane), mais aussi حجر على ارضه, Gl. Maw. — C. a. et على dans le Voc. sous tutor testamentarius. — C. على p. et في r. *ôter à quelqu'un la faculté de disposer de quelque chose.* Dans le Formul. d. Contr., p. 6, on trouve deux وثيقة التحجير. Le premier est conçu en ces termes: حجر فلان — على زوجته — في جميع مالها وماله و ومنعها من البيع والشرى والهبات وجميع انواع التصريفات فانه حجر عليها تحجيرا يمنع لها التصرف. Dans le second on lit aussi: تحجيرا صحيحا. — تَحْجِيرٌ رسم التحجير *saisie, arrêt,* Roland. — *Pétrifier, convertir en pierre,* car Bc a تحجير *pétrification,* changement en pierre, et مُتَحَجِّر *pétrifiant;* il a aussi تحجير *lapidification, formation de pierres.* — *Paver,* Alc. (enpedrar). — تحجير الطريق *encaissement d'un chemin,* Bc. — *Lapider,* Voc. — Voyez مُتَحَجِّر.

V c. على = VIII, 2e signif. chez Lane, Gl. Maw. — Dans le Voc. sous lapidare. — *Se cristalliser,* Baît. I, 187 c.

VIII, en parlant de copies du Coran, dans lesquelles il n'y avait ni points-voyelles, ni points diacritiques, فيتحجر «en sorte que la lecture en fut limitée,» de Sacy Chrest. I, 234, n. 11.

حَجْرٌ. Chez Ht ce mot, qu'il prononce «hhedjer,» est *genou,* et chez Roland on trouve «hèdjeur,» *genoux,* au pl. L'explication de cette signification, qui paraît assez étrange au premier abord, se trouve chez Paulmier, qui donne: «Sur les genoux (un enfant); على حجر.» On voit donc que ce terme ne signifie pas *genou,* mais qu'il a son sens ordinaire, celui de *giron.* Un enfant dort sur les genoux de sa mère = dans le giron de sa mère.

قطعة نسيج مربعة يعلقها كاهن الروم على حَجْره جانب فخذه الايمن وقت التقدمة M. — تَحْجِرَة.

حِجْر. On trouve ce mot employé comme fém. là où il a le sens d'un n. d'un., Gl. Abulf. — Le pl. أَحْجَار *les pierres de la tombe,* Gl. Mosl. — *Meule,* et aussi *moulin,* Gl. Esp. 110, 111. — *Pierre précieuse,* de Sacy Chrest. I, 245, Amari Dipl. 150, 4. — *Pièce du jeu des échecs,* 1001 N. IV, 194, 195; chez Bc on trouve بيت حجارة السطرنج *case,* t. de jeu, place pour poser un pion; حجر دامة *pion,* petite pièce du jeu de dames, Bc. — *Un boulet,* parce que, lorsque les canons prirent la place des balistes, les premiers jetaient des boulets de pierre, J. A. 1850, I, 238. — Joint à un autre mot, ce terme, comme *Stein* en allemand et *pierre* en français, s'emploie pour désigner *un château,* p. e. حجر أبي خالد «le château d'Abbu-Khâlid,» حجر النسر, qu'on traduirait en allemand par Goyerstein, Lettre à M. Fleischer 213—4. — الحجر *la grêle,* lorsque les grains sont gros, Martin 171. — En Egypte, *pipe* (pour fumer le tabac), M; cf. sous حَاجُرَة.

حجر ارمنى *lapis Armeniacus,* Baît. I, 292 f; dans le Most. (sous حجر اللازورد) on lit que حجر ارمينى est le grec ارمينياقون et que ce terme signifie *lapis-lazuli.*

الاسفنجى — *cystéolithe,* pierre d'éponge, Baît. I, 288 c.

افريقى — *lapis Phrygius,* Baît. I, 286 b.

الالماس — *diamant,* Bc.

اناخاطس — voyez Baît. I, 289 h (AB).

بارق — voyez Baît. I, 293 d.

بَحْرى — *la coquille du hérisson de mer ou oursin,* Baît. I, 292 c. Sonth. écrit à tort البحرى, avec l'article, qui n'est pas dans AB, et il a mal traduit la fin du passage. Le texte porte: وهذه صفة القنفذ البحرى وفى خزفه يرمى بهنا البحر وقد تتناثر شوكها وذهب ما في جوفها من اللحم وهي كثيرة في ارض المغرب ۞

البرام — voyez ce dernier mot.

البسر — voyez Baît. I, 293 b (il l'épelle).

البقر — *concrétion pierreuse,* qui se forme quelquefois dans la bile du taureau; cela constitue une espèce de bézoard, Baît. I, 291 f, Sang.

بلاط — *grès,* pierre qui sert à paver, Bc.

البلور — *cristal,* Baît. I, 289 g.

البهتت — voyez ce dernier mot.

بولس — *lapis Pauli,* voyez Baît. I, 291 c.

التوتيا — *calamine,* pierre calminaire, Bc.

الاثداء — *lapis mammarum,* Baît. I, 288 e.

ثراق — *lapis Thracius,* Baît. I, 287 c; ainsi dans D, altéré dans les autres man.

الجُدَرى — *pierre qui guérit la variole,* Sang.

الحجر الجفاف *pierre ponce*, Bait. II, 332 c, où les premiers mots sont: هو الفينك وهو الحجر للجفاف.

حجر جهنم *basalte*, Burton II, 74.

— حبشى *lapis Thyites*, Bait. I, 285 b. *Jais*, Most. v° حجر السبج.

حديدى — synonyme de خماهان, Bait. I, 289 i.

الحاكوك — *pierre ponce*, Bc.

محك — *pierre de touche*, Bc.

الحمّام — espèce de pierre qui se forme dans les baignoires, Bait. I, 291 e. — *Pierre ponce*, Alc. (esponja piedra pomez). — Espèce de râpe, faite d'argile cuite, avec laquelle on frotte la plante du pied du baigneur; voyez Lane M. E. II, 50.

الحوت — est quelque chose qui ressemble à une pierre et qu'on trouve dans la tête de certains poissons, Bait. I, 292 b (هو شبيه بالحجر يوجد فى راس حوت).

الحيّة — *serpentine*, Bc, Bait. I, 289 b, Monconys 362: «pierre grise et toute peinte, en ronds ou chalumeaux; on la nomme *Agar* et *Haye* (l. *Agar el Haye*), qui veut dire pierre de serpent.»

حيوانى — sur le dos de l'écrevisse de mer, Most. in voce.

خراسان — *tripoli*, pierre tendre servant à polir, Bc.

خزفى — *lapis luteus*, Bait. I, 288 d.

حجر الدم الشادنج — *hématite, sanguine*, Bc, Most. sous (seulement dans le man. N), Bait. I, 293 h, Sang.

الديك — concrétion pierreuse qu'on trouve dans le corps du coq; voyez Bait. I, 290 c.

الراسختج — *antimoine*, Bc.

رصاصى — *lapis plumbeus*, Bait. I, 289 d (Sonth. donne par erreur الرصاصى; l'article n'est pas dans AB).

الحجر الركنى — voyez sous le second mot.

الأزرق — *béryl* ou *aigue-marine*, pierre précieuse, Bc.

حجر الزناد — *pierre à briquet*, *silex*, Sang., Bait. I, 291 b, où il faut lire ainsi, avec AB, au lieu de حجر الزيادة.

السبج — voyez ce dernier mot.

حجر السحر — pierres qui ont la forme de membres du corps humain et dont on se sert dans les opérations magiques, Marmol I, 31 b, d'après Ibn-al-Djezzâr.

حجر الرخم السرططيط — *marbre*, Bait. I, 293 g; شطوط BD; سطريط L; شطريط A; leçon de CE (AB); man. 13 (3) et Antâki حجر الشريط.

السفنجة — *cystéolithe*, pierre d'éponge, Bc.

الأساكفة — *lapis calceolariorum*, Bait. I, 286 c.

سليمانى — *calamine, pierre calminaire*, Bc.

السلوان — voyez Bait. I, 287 a.

الحجر السلوقى — nommé Bait. I, 290 a, l. 1; leçon de DE; سلوق B; صوق A.

حجر مسن (et مسّن) *pierre (meule) à aiguiser*; — *grès*, Bc.

السنونو — pierre qu'on trouve quelquefois dans le nid des hirondelles et qui est bonne contre la jaunisse, M.

سيلان — *grenat*, pierre précieuse rouge, Bc.

الشبّ — *alun*, Bc.

شجرى — *corail*, Bait. I, 294 c (l'article chez Sonth. est de trop), Aboû'l-Walîd 345, 15, nommé ainsi لانه شجر يتحجر بعد اخراجه من الماء.

شقاف — *pierre ponce*, Bait. I, 293 c (AB).

مشقق — *lapis schistus*, Bait. I, 284 c.

الشكوك — *pierre de scandale*, Bc.

شمسى — *girasol*, pierre précieuse, Bc.

الصاعقة — *céraunias*, pierre de foudre, Bc.

الحجر الأصمّ — *pierre à briquet*, *silex*, Bait. I, 291 b.

حجر صوان — *granit*; — *silex*, Bc.

الطالقون — voyez le second mot.

طاحون — *meule*, Bc.

طرابلس — *tripoli*, pierre tendre servant à polir, Bc.

حجر الطور الشادنج — *hématite, sanguine*, Most. v°, Bait. I, 293 h.

عثرة — *pierre d'achoppement*, Bc.

اعرابى — *lapis Arabicus*, Bait. I, 287 d.

عراقى — voyez Bait. I, 290 b.

عسلى — *lapis melitites*, Bait. I, 284 b.

حَاجَر العُقَاب aétite ou *pierre d'aigle*, Bc, Bait. I, 73 b, 294 a.

عَين الشَّمْس — belle espèce de *spath calcaire*, Burckhardt Syria 394.

غَاغَاطِيس — *lapis Gagates*, Bait. I, 288 b; dans les deux man. du Most. avec deux 'ain.

الفَتيلة — *amiante*, Bc.

الأفروج — voyez Bait. I, 292 d.

الحجر الذي يُجْلَب من بلاد مورمعنار — فروعيوش est Most. in voce.

الفلاسفة — *grand-œuvre, la pierre philosophale*, Bc.

قبري — voyez sous قبر.

قبطى — *lapis morochtus*, Bait. I, 284 d. — Espèce de pierre très-grande et très-forte, Gl. Esp. 311.

القَمَر — *sélénite*, Bc, Bait. 285 d; aussi الحجر القمرى Bait. I, 144 f.

الحجر الأكبر — *grand-œuvre, la pierre philosophale*, Ztschr. XX, 502.

الكريم — même sens, Bc.

المُكَرَّم — même sens, Bc, Ztschr. XX, 502, Prol. III, 229, 14.

حاجر الكَرْك voyez Bait. I, 289 j; Λ donne parfois الكُرْك avec le râ, et cette leçon se trouve constamment dans B.

الكَلْب — voyez Bait. I, 287 b.

الكَوْكَب — *astroïte*, Bc.

الكَىَّ — *pierre infernale*, Bc.

اللَّبَن — *galactite* ou *pierre de lait*, Bc; aussi حجر لبنى Bait. I, 284 a.

الماسكة —, en Egypte, la pierre dite بهت (voyez), Bait. I, 294 b.

المطر — voyez Mong. 429 b.

منفى — *lapis Memphites*, Bait. I, 289 e.

المَها — *cristal*, L (cristallus). — *Saphir*, L (saffirus).

النسر — *aétite* ou *pierre d'aigle*, Bc, Sang., Bait. I, 73 b, 294 a.

النشاب — *bélemnite, pierre de lynx*, Bc.

النار — *pierre à briquet, silex*, Bait. I, 291 b.

النور — *pierre de Cologne*, phosphorique, Bc.

حاجر النوم voyez le Most. p. 54.

الهر — *pierre du chat*, Hbrt 172.

الهش — *pierre ponce*, Bc.

عِنْدِى — *lapis Indicus*, Bait. I, 289 c.

الوِلادة — *aétite, pierre d'aigle*, Bc, Sang., Bait. I, 73 b.

يَمَانى — *agate*; — *hyacinthe*, Bc.

يَهودى — *pierre judaïque*, Bc, Sang., Most. in voce, Bait. I, 285 c.

حجر ظفر *sardoine*, pierre précieuse, Bc. — فحم حجر *charbon de terre*, Bc. — كحل حجر *antimoine*, Bc. — الحجَارة الجَبِيرة (telle est la bonne leçon) *pierres de la mer Morte*, voyez Bait. I, 286 d. — الحجارة المصرية chez Bait. I, 293 d, où on lit que le الحجارة المصرية a la forme de حجر بارق. J'ignore si ce sont les grosses pierres qu'on appelait *mazari* ou *ladrillo mazari* en Espagne (voyez Gl. Esp. 310, 311). — حجارة الماس *girandole*, assemblage de diamants, Bc.

حِجْرة (*jument, cavale*, cf. Lane sous حِجْم) se trouve Koseg. Chrest. 80, 2 a f.

حُجْرة d'une mosquée. On lit dans le Cartâs, 43, 5, qu'un khatîb s'assit في حجرة الجامع, où il attendit le moment où les moëddzins allaient annoncer l'heure de la prière, lorsqu'il monta en chaire. Ailleurs, 35, 5 a f., la «hodjra» de la mosquée est nommée encore une fois, mais notre man. porte حاجر, c.-à-d. حَجَر, au pl. Enfin on lit, 38, 1, que les حجر de la mosquée pouvaient contenir environ 1500 personnes qui priaient. Je ne sais pas au juste comment il faut traduire ce mot. — *Petite maison*. Dans une charte arabe-sicilienne, il est question d'une حجرة qui se composait d'un بيت, d'un سقيف, d'une قاعة, d'un puits et de deux غرفة, et M. Amari observe: «Sans doute c'est la χοῦτζρα d'une charte grecque de 1170, apud Morso, Palermo antico, p. 386, où l'explication «petite maison» suit dans le texte. Le ج est rendu constamment par τζ.» — *Caserne*, Bc. — A Bagdad et en Egypte il y avait auprès de l'hôtel du vizir un lieu très-grand qu'on nommait الحُجَر, «les chambres.» C'était là que demeuraient les jeunes esclaves attachés particulièrement au service des califes et qu'on nommait الصِبيان الحَجَرِيَّة, ou الغِلْمان الحُجَرِيَّة (Khallic. VIII, 43, 11), «les jeunes gens des chambres;» voyez de Sacy Chrest. I, 156, n. 37. Chez Khallic. I, 516, 19, ils portent le nom de الحُجَر, صبيان ce qui revient au même; on y lit que chacun d'eux était pourvu d'un cheval et d'armes, et qu'il était obligé d'exécuter sans hésiter chaque ordre qu'il recevait. Cet auteur les compare aux templiers et aux hospitaliers. — *Le rebord, le bord élevé* d'un astrolabe, Dorn 19, 27, Alf. Astron. II, 261: «alhogra, la armella que es sobre la tabla mayor dell astrolábio.»

حَجَرَة *pierre*, Bc. — *Masse de sel*, Barth V, 26. — حَجَر البَرْق *aventurine*, pierre précieuse semée de paillettes d'or, Bc. — حَجَر الرَّسْم *crayon*, Bc. — حَجَر القَدَّاحة *la pierre du briquet*, Bc. — حَجَر القَصَبة *noix de pipe*, bout de pipe dans lequel on met le tabac, Bc; cf. sous حَاجَر.

حَجَرة pl. أَحْجار *basque, queue traînante* d'une robe, etc., Alc. (haldas).

حَجَرِي *pierreux*, Bc. — *Rocailleux* (style), Bc.

حَجَرِي voyez sous الحَجَرِيَّة; chez Freytag est une faute.

حَجَرِيَّة *mélange de chaux, de petits cailloux et de sable,* qu'on étend sur les terrasses des maisons; on l'aplatit, on le fait sécher et il devient dur comme le roc, M.

حِجَار *mouchoir*, Roland.

حِجَارِي *de pierre*, Gl. Edrisi.

حَجَّار *tailleur de pierres*, Bc, Maml. I, 1, 140. — *Celui qui lance des pierres, à l'aide des machines*, Maml. l. l.

حَاجِر. Le pl. حَوَاجِر chez Bait. II, 32 c: فانّ الورل يأوى فى البرارى والحواجر, où ce mot peut avoir un des sens que Lane donne sous حَاجِر. — Dans le passage Belâdz. 347, 6, ce terme signifierait, selon le Gloss.: *chemin pavé*, depuis la porte de la mosquée jusqu'à la chaire; mais une telle signification est plus que douteuse, et je crois devoir lire, avec le man. A, حاجز (voyez ce mot).

حَنْجُورَة *larynx*, Domb. 85.

تَحْجِيرات (pl.) *poudres pour noircir les bords des paupières au-dessus et au-dessous des yeux*, Bait. II, 110 c: وهو اذا أُحْرِق يدخل فى كثير من اكحال العين الجالية وفى كثير من شيافاتها وادوينتها وتحجيراتها

مَحْجَر pl. مَحَاجِر *carrière*, lieu d'où l'on tire la pierre, Bc. — *Terrain pierreux*, Burton II, 70; le pl., de Sacy Chrest. II, ٥, 7 a f.

مَحْجَرة pl. مَحَاجِر *endroit où il y a beaucoup de pierraille, lieu pierreux*, Alc. (cascajal lugar de cascajo, pedregal lugar de piedras).

مَحْجَر *pierreux*, Alc. (pedregoso), Roland, Djob. 189, 12 (où Wright a eu tort de changer la leçon du man.), Auw. I, 90, 7, 97, 9 (où il faut lire المحجر avec le man. de Leyde), 295, 7 (même observation). — *Squirreux*; ورم محجر *squirre, tumeur dure sans douleur*, Bc.

مَحْجَر *environs*, Ht.

مَحْجَر *pupille*, Alc. (pupilo menor de edad); *orphelin*, Domb. 77 (fém. ة), Ht.

حَاجْرِيس *petits cailloux*, Delap. 161.

حَاجَر I. L donne: *compello (cogo)* احجر وأحى وأعلم.

VII c. عن *abandonner* (Lane TA), exemple dans le Gl. Mosl.

VIII *se défendre* (Lane TA), exemples dans le Gl. Mosl.

حَجْر كتاب *quittance*, Gl. Mosl.

حُجْرة. L'expression اخذ بحجزته (au propre chez Ibn-Hichâm, 227, 8) n'a pas seulement au figuré le sens qu'on trouve chez Lane, mais aussi celui de *retenir, empêcher*, qu'on trouve très-souvent dans l'Hist. des Berb.; mais dans la première partie de ce livre, de Slane a fait imprimer à tort ce mot avec un *ré*, au lieu d'un *zâ*, p. e. II, 117, 7 a f., 126, 10, 127, 4, 150, 4, 158, 11, 159, 1, 160, 5, 251, 8 a f., 259, dern., 260, 5; dans la suite on trouve le mot avec un *zâ*. Aussi اخذ بحجزانِهِ, Prol. I, 165, 8, et بحجزهم, Macc. I, 4, l. 5. Cette expression, prise en ce sens, est quelquefois suivie de عن; comparez اخذ بأذياله عن, Berb. II, 292, 12.

حاجِزْ

حِجَازِي حَاجِزَارِى espèce de raisins ronds et doux, mais insipides, Burton I, 387. — Mode de musique, Descr. de l'Eg. XIV, 23. — Fabricant d'entraves de chameaux, Prol. I, 241, 1, avec la note de M. de Slane. — بَن حجازى moca, café de Moca en Arabie, Bc.

حاجِزْ pl. حَوَاجِزْ cloison, séparation en planches, en briques; — garde-fou, balustrade (cf. Belâdz. 347, 6, où la leçon du man. A me semble la véritable, et où ce terme désigne: *un passage entre deux rangées de balustres*); *parapet*, mur d'appui sur un pont, une terrasse, un quai; *plat-bord*, garde-fou autour du pont d'un vaisseau; — *pale*, pièce de bois pour retenir l'eau d'une écluse; *vanne*, espèce de porte dont on se sert pour arrêter l'eau d'un canal; — *levée*, digue, chaussée; — *valvule*, membrane dans les vaisseaux; — *enclave*, limites, bornes; — *frein*, au fig., ce qui retient dans le devoir; حاجز للنار *garde-feu*; — حجاب حاجز, حاجز للهوا *paravent*; — *diaphragme*, Bc. — حاجز للـ *les Pyrénées*, Macc. I, 82, 17 et 19, 83, 4.

حَجَزْ *barrière*, Hbrt 181, Bc. — = מצוָה *filet*, Saadiah ps. 18, 66, 71, 91.

حجف

حَجَفْ sorte de poisson, Yâcout I, 886, 4.

حجل

حَجَلْ I *danser*, Bc.

حَجَلْ (? حُجَلْ) coll. حَجَلَة balzane, marque blanche aux pieds des chevaux, Bc.

حَجَلَة, رَبَّاتُ الْحِجَال *les dames*, Djob. 299, 11, Müller 18, 1, cf. Lane sous حَجَلْ. — *Chambre*, Hbrt 192 (Eg.). — *Entrave d'un cheval*, Daumas V. A. 190.

حِجَال anneau d'argent que les femmes se mettent au-dessus de la cheville du pied, Voc.

حجلق voyez حلق.

حجم

حَجَمْ IV *ventouser*, Voc.

حَجْمْ *volume, étendue, grosseur* (cf. Lane à la fin), Voc. (corpus, où il faut lire ainsi, au lieu de حَجْمْ), Macc. I, 95, 1, Fakhri 275, dern. l., 1001 N. III, 54, 6, J. A. 1853, I, 262, n. 2 (cf. 263, l. 1), Bait. II, 389: ابن سينا يسمّى الكمّثرى فى بلادنا نوعًا

254

حد

اطرية :Antâkî sous يُقَال له شَاه امرود كبير الحجم un وان صَغُر قَتَلَهَا فى حاجم الشعير فَهى الشعيرية livre est كتاب كبير الحجم, Bc («un gros volume»), ou au contraire لطيف الحجم, Meursinge ۱۷, 13.

حِجَامَة *ventouse*, Alc. (ventosa medicinal), Bc; chez ce dernier aussi الحجامة .جَام

مَحْجَم, pl. de مَحْجَمَة, *ventouse*, était le nom que l'on donnait en Espagne à la plante qu'on appelait ailleurs مُخَلَّصْ (voyez), Bait. II, 491 d, parce qu'elle a des fleurs bleues et renversées qui ont la forme de ventouses, نـوارًا ازرق منكوسًا كأنَّه فى شكل للحاجم, ibid. e.

حجن

VIII *être retenu, arrêté*, Gl. Mosl.

حاجنى épithète d'une espèce de basilic, Auw. II, 289, 6, 290, 18.

حجو

حِجَا, *intelligence*, a dans le Voc. le pl. اَحْجِبَة.

حَاجَى I. Dans les 1001 N. I, 102, 2, les paroles: حجّيت على راسى doivent signifier, comme Torrens a traduit: «je répandis de la poussière sur ma tête.» Dans l'édit. de Boulac (I, 41, 8) on ne trouve pas cette phrase, et dans celle de Bresl. (I, 257, 13) on lit: هَجّيت على راسى. Le verbe ordinaire est حَثَا ou حَثَى; le peuple l'aurait-il changé en حجّى?

حَدَّ I, en parlant du sanglier, *aiguiser les défenses*, Alc. (aguzar el puerco). — *Fixer*, Nowairî Espagne 476: الوقت الذى حدَّه لَه; *prescrire*, Bayân II, 217, 6 a f.: وآخذُ فى ما حَدَّ له من محاصرتها. — C. على *déplaire*, Voc.

II c. a. *calculer par approximation*, Macc. II, 771, 2 et 3. — Dans le Voc. «ferar» (ferrar, herrar), qui peut signifier *ferrer*, garnir de fer, ou *ferrer*, mettre des fers aux pieds des chevaux, ou *marquer avec un fer chaud*. — *Enchaîner*, Ht. — *Repasser du linge*, etc., passer un fer chaud sur du linge, Delap. 101.

V dans le Voc. sous acuere et sous terminare.

VII dans le Voc. sous les verbes: acuere, difinire, punire et terminare.

VIII. احتدّ كلامُه, ou احتدّ فى كلامه, *s'animer*

en parlant, parler avec feu et avec colère, *parler avec aigreur*, Bc.

حَدّ spécialement *la loi qui règle la peine applicable aux adultères*, Alc. (ley que pena los adulterios). الحُدُود sont, selon Vincent, Etudes sur la loi musulmane, p. 63: *les peines définies, déterminées par la loi, dont elle a fixé elle-même le mode et la mesure, de telle sorte qu'il est interdit au magistrat de les modifier, d'y rien ajouter ni d'en rien retrancher*. — *Règlement*, Alc. (regla que da alguno); حدود لآداب, ou حدود seul, *les règlements de l'étiquette*, Prol. II, 10, 3 a f., 11, 1, 14, 6. — Dans le sens de *borne, limite*; on trouve: فمن وقف عليه فليقف عند حدودي «quiconque en aura connaissance devra s'y conformer exactement,» de Sacy Dipl. IX, 487, 3 et 4. On dit aussi: أخرب المدينة خرابًا محكمًا الى حدّ بيوتها «il détruisit entièrement la ville, les maisons y comprises,» sans en excepter les maisons, Rutgers 149, dern. l.; cf. 151, 11—13, où Weijers cite d'autres exemples de cette locution; mais elle s'emploie aussi dans un autre sens. Ainsi on dit: ضربوهم الى حدّ الموت «ils les frappèrent, jusqu'à ce qu'ils fussent près de mourir,» Ztschr. V, 65. De même انا في حدّ الموت, p. e. «j'étais aux portes de la mort;» في حدّ التلف «Alep était sur le point de périr,» ibid.; حصل في حدّ الجنين «il est presque un embryon,» ibid. 72. Aujourd'hui on dit لحَدّ, dans le sens de *jusque*, ibid. 78. — *Le lit d'une rivière*, Alc. (madre de rio). — En logique. «Selon les logiciens arabes, on désigne une chose par le genre et la différence les plus proches, ou par la différence la plus proche, soit seule, soit jointe au genre le plus éloigné, ou par le genre le plus proche joint à une propriété, ou par une propriété, soit seule, soit jointe à un genre éloigné. La définition تعريف de la première classe s'appelle *définition parfaite*, للحدّ التام; celle de la deuxième classe, *définition imparfaite*, للحدّ الناقص; celle de la troisième classe,» etc., de Slane Prol. III, 154, n. 4. حدّ اكبر *le grand terme*, حدّ اصغر *le petit terme*, حدّ اوسط *le moyen terme*, Bc. — En astrologie. «Les astrologues partagent les degrés de chaque signe du zodiaque entre les cinq planètes. La portion assignée à chacune s'appelle *le terme* de cette planète, parce qu'elle marque la partie du signe où cet astre exerce toute son influence,» de Slane Prol. II, 221, n. 1. — *Période*, Bc; حدّ البلوغ *âge nubile, puberté*, Bc; في حدّ التكليف et في حدّ الرجال est dans le Voc. *adultus*. — L'expression ... حدود في سنة ou حدود ... سنة, qui de nos jours n'est plus en usage, a donné lieu à une discussion littéraire entre plusieurs savants; voyez Ztschr. V, 60—79, IX, 823—832. Il en résulte, je crois, qu'elle signifie chez quelques auteurs: *aux environs de, près de, vers* (cf. mon Catalogue des man. orient. de Leyde II, 280, et le Voc. où حُدُود est *circiter*), et chez d'autres: *dans l'espace de, dans l'intervalle de, dans* (cf. Macc. I, 642, 10 et n. h, où Macc., en copiant les paroles d'Ibn-al-Khatîb: ووفاته بتونس في احواز ٦٨٥, ce qui ne peut signifier que «dans l'année 685,» a changé احواز en حدود). C'est donc une expression ambiguë, de même que الى حدّ. Quant à حدود dans le sens d'*environ*, on trouve aussi: عسكر طاهر حدود اربعة الف فارس «l'armée de Tâhir se composait d'environ 4000 cavaliers;» مكث في الوزارة حدود خمسين يومًا, Ztschr. V, 65, Fakhrî 164, 3 a f., 333, 8, 334, 9. — Le pl. حدود *la partie de l'arc où pose la flèche, et qui répond à la poignée*, J. A. 1848, II, 208. — Dans le style religieux des Druzes, حدود signifie, par une allégorie fondée sur le Coran, *les principaux ministres qui forment la hiérarchie religieuse de cette secte*, de Sacy Chrest. II, 242. — (Pour حادّ) *aigre* (style, discours), Bc.

حِدّة *limitation*, Bc. — *Cresson*, Bc (Kasraouan). — كسر حدّ *neutraliser, rendre neutre un sel*, Bc.

حَدّقي *pénal*, Bc. — (Pour أحدي) *dominical*, Bc.

حِدّينة *promptitude, colère, emportement*, Bc. — *Plage, rivage*, Ht (qui écrit: hhadia).

اصحاب الحديد من الكحّالين «les oculistes qui, dans leurs opérations, se servent d'instruments de fer, les opérateurs oculistes,» Ztschr. XX, 498. — *Coin, morceau d'acier gravé en creux, dont on se sert pour marquer de la monnaie*, Gl. Belâdz. — Avec le pl. حدائد, *fer d'une flèche*, Alc. (caxquillo de saeta); *sorte de trait ou de flèche mince et très-aiguë*, Alc. (vira specie de saeta); *flèche*, Alc. (sacra, mais il faut y substituer saeta); *trait d'arbalète*, Alc. (passador tiro de ballesta).

حِدَادَة *taillanderie, art, ouvrage des taillandiers*, Bc; dans le sens de: *art des taillandiers* aussi dans le Voc. (comme chez Lane), mais dans la 2ᵉ partie il faut lire « ferraria, » au lieu de « feraria, » et dans la 1ʳᵉ il faut substituer « fabraria » (= ars ferraria, voyez Ducange) à « fabra. » صنعة الحدادة *serrurerie, art, ouvrage du serrurier,* Bc.

حَدِيدَة *outil en fer,* Bc; souvent chez Auw., p. e. I, 473, 1, 488, 19; *scalpel,* Formul. d. Contr. 5: quelqu'un a une شَجّة, et le chirurgien ضرب عليها حديدة فشرح الجلد وحفر فى اللحم; *serpette,* Domb. 96. — *Baguette de fer,* Bat. IV, 146. — *Barre de fer,* Bc; pour fermer une porte, R. N. 88 rº: فوجدت الباب مردودا بلا حديدة وكانت علامة جلوسه فدخلت ولم استاذن. — *Coin, morceau d'acier gravé en creux, dont on se sert pour marquer de la monnaie,* Gl. Belâdz. — En Espagne et en Afrique, *cuivre brûlé, oxyde de cuivre,* Gl. Esp. 132. — Le pl. حَدَائِد *entraves en fer,* Daumas V. A. 167; — *fers à repasser,* Roland. — حديدة شبّاك *espagnolette, ferrure de fenêtre,* Bc. — حديدة النار *pelle,* Hbrt 197. — نقش حديدة *des figures de stuc qui imitent la dentelle,* Afgest. I, 334 (il écrit nuksch).

حَدَادِي *épithète d'une espèce de pigeon,* Man. Escur. 893.

حَدِيدِي *ferrugineux,* Bc. — *Gris,* Hbrt 81. — *Sidéritis, crapaudine,* Bait. I, 295 b. — بقم حديدى *bois de fer,* Bc. — أحمر حديدى *alezan, de couleur fauve,* Alc. (alazan color de cavallo).

حَادّ *rigide, sévère,* Hbrt 212. — *Dur, difficile, en parlant du temps,* R. N. 63 rº: Dans un temps où les orthodoxes étaient persécutés, Djabala faisait le vendredi les prières ordinaires dans sa mosquée, tandis que le moëddzin annonçait le commencement du service divin dans la cour de cet édifice. Ce dernier lui proposa de le faire dans l'intérieur, «car,» dit-il, «le temps est dur,» فان الوقت حاد, mais Djabala lui répondit: «Tu le feras dans la cour, et si quelqu'un veut nous empêcher de faire nos prières, nous lui décocherons des flèches.» — *Prompt, colère,* Bc. — *Querelleur,* Voc. — للجانب الحاد, en parlant du قانون, *la partie de la corde la plus proche du chevalet,* Descr. de l'Eg. XIII, 308. — Le fém. حَادّة

En portugais *alhada,* qui semble l'adjectif الحَادّ, «la piquante,» employé substantivement, signifie: *mets assaisonné avec de l'ail,* Gl. Esp. 132. — *Plante amère dont on fait la sauce pour le* بَرِيس *ou* عَصِيدة, Richardson Sahara II, 283, 287 (hada); en comparant l'article عصيدة, on verra que c'est *sonchus chendriloïdes.*

أحَدّ قَلْبًا أحَدّ *plus courageux,* Bidp. 193, 7.

مُحَدَّد *pointu, qui se termine en pointe,* Becrî 146, 8 (montagne), Djob. 83, 13 (قِبَّة).

مُحَدَّد *juge du marché,* Pflügl, t. 67, p. 29 (où il faut changer «Emhabded» en «Emhadded.»)

مَحْدُود signifierait *qui se laisse aisément déterminer,* c.-à-d. *bref, court,* en parlant d'un espace de temps, dans le passage Müller S. B. 1863, II, 9, l. 14, s'il fallait en croire l'éditeur, p. 22, n. 9. Mais comme il s'agit d'un temps de peste, je serais plutôt porté à croire que محدود y a le sens de *malheureux, désastreux,* que donne Lane. De même Abdallatif 122, 2 a f., 242, 11, cf. la trad. de Silv. de Sacy 250, n. 70; Khallic. VIII, 42, 6 a f., où un livre est محدود, c.-à-d., qu'il porte malheur à celui qui le possède, وهذا الكتاب من الكتب المحدودة ما ملكه احد الا وتنغّصت أحواله; 123, 6: Abou-'Obaida violait de propos délibéré les règles de la grammaire, car, disait-il: النحو محدود, «l'observation de ces règles porte malheur.» Dans Akhbâr 144, 4, le traducteur n'a pas compris les paroles: زوائد لم يزل محدودا فى أمره; elles signifient: «il a été constamment malheureux dans ses entreprises.» — *Pointu,* Alc. (agudo), محدود الرأس, Edrîsî ٦٠, 6.

مَحْدُوثَة *mélange de sucre brûlé, de noir de fumée et d'huile, ou de coquilles de noix brûlées et d'huile, avec lequel les femmes en Algérie se teignent les sourcils,* Ztschr. V, 283 (mheudda).

مُسْتَحَدّ *fer à aiguiser,* Bg (vº ceinture).

الاستحداد هو الاسترخاء والانكسار X. Gl. Manç.

حَدّاءَة *voyez sous* حدى.

حلب V dans le Voc. sous gibosus.

حَدَب. Le pl. أحداب (cf. Lane) Diw. Hodz. 181, vs. 3; *gibbus d'une colline,* trad. latino d'une charte sicilienne *apud* Lello p. 21.

خَدَبَة *bosse;* le pl. خَدَب chez Bc. — *Tubérosité, éminence sur un os,* Bc. — *Convexité,* Bc. — خدبة اللَبِد *la partie convexe* (supérieure et antérieure) *du foie,* Abou'l-Walîd 692, 2.

خَدَبَى *bossu,* Ht.

خُدَيْبَة *bosse,* Voc.

خَدَيْبَة *bosse,* Voc., Alc. (corcoba).

خُدَيْبَى *bossu,* Alc. (corcobado).

أَخْدَب انف احدب *busqué* (chanfrein), Bc.

مَخْدُوب (vulg.) *bossu,* M.

حدث II. On trouve chez Freytag que ce verbe se construit c. ب r. et aussi c. عن r.; mais ces deux constructions ont un sens différent, comme on peut le voir en comparant Abd-al-wâhid 72, 16. Il résulte de ce passage que حدّث عن شيء signifie: *ne parler d'une chose que par ouï-dire,* et حدّث بشيء: *parler de ce qu'on a vu, entendu ou éprouvé.* — La signification: «*librum exposuit* c. ر.,» chez Freytag, est bonne, car ce verbe signifie en effet: *expliquer un livre, l'enseigner,* c. ب *du livre.* Ainsi on trouve chez de Sacy Chrest. I, 119, 6 a f. et 5 a f., que Macrîzî composa un ouvrage en six volumes sur les descendants du Prophète et sur toutes les choses qui étaient à son usage, et qu'il l'enseigna à la Mecque, وحدّث به في مكة. — C. a. p. et r. *suggérer, inspirer, mettre dans l'esprit de quelqu'un,* Bc. — حدّث نفسه بشيء *se flatter de l'espoir de faire ou d'obtenir une chose,* Gl. Bayân, Gl. Fragm. (où on lit que cette expression signifie aussi: «sibi proposuit rem, intendit, ausus est;» mais je crois que l'explication que j'ai donnée s'applique à tous les passages qui y sont cités), Abd-al-wâhid 18, 5 (= Nowairî Espagne 471), Prol. II, 177, dern. l. et 178, 1, Berb. I, 2, l. 8, Bat. IV, 160. Dans le même sens on dit: حدّثته نفسه بشيء Berb. I, 152, 13, ou avec أنّ, Abd-al-wâhid 85, 10; mais chez Bc حدّثتني نفسي بأن est: *quelque chose me dit que.* Dans le passage Athîr V, 199, 5 a f., où il faut prononcer وحدّثت, et non pas وحدّثت comme l'a fait l'éditeur (car alors il faudrait حدّث نفسه بشيء signifie *s'inquiéter d'une chose* (le بأمر qui suit, est altéré; en comparant Fragm. hist. Arab. 120, 12 et 13, je propose de lire: (وحدّثت نفسي فيها بأمر هذا الرجل). Dans Berb. I, 249, 6 a f., حدّث نفسه بطاعته signifie: *il jugea prudent de se soumettre,* et dans les Prol. I, 35, 9, حدّث نفسه ب est *soupçonner.*

III c. a. *raconter,* Voc.

IV. أحدث حدثاً *faire quelque chose,* Nowairî Espagne 476: امرهم ان لا يحدثوا حدثاً حتى بامره «il leur recommanda de ne rien faire avant qu'il ne leur en eût donné l'ordre;» R. N. 99 v°: un jeune homme s'était enfui d'al-Monastîr, parce qu'il craignait d'être trahi par al-Ghadâmesî qui l'avait vu baiser un garçon, et, étant allé à Sousa, il y rencontra quelques personnes qui arrivaient d'al-Monastîr; alors سُئِل رجل منهم هل احدث الغدامسي من بعده حدثاً او ذكر عنده شيئا «il demanda à quelqu'un d'entre eux si al-Ghadâmesî avait fait quelque chose après son départ, ou s'il avait dit quelque chose à son sujet.» Aussi: *se révolter,* Gl. Belâdz., Nowairî Afrique 18 v°: لا أحدث حدثاً. (On lit dans le Gl. Belâdz. que احدث مغيلة, Belâdz. 173, 4 a f. et suiv., a le même sens, mais cette expression signifie plutôt: *causer du dommage*). Et encore: *commettre un péché,* Fragm. hist. Arab. 45, 1. — C. ب, dans le sens de *mettre au monde, enfanter,* au fig. en parlant de la guerre qui donne des ennemis morts au vainqueur, تحدّثت لهم بالقتلى, Gl. Mosl.

V, dans le sens de *converser, s'entretenir, parler avec quelqu'un,* se construit aussi c. مع p., Bc, de Sacy Chrest. I, 9. — *Discourir,* ne dire que des choses frivoles, Bc. — C. في ou على *avoir l'inspection, l'autorité, la juridiction sur une chose,* Maml. II, 2, 108, cf. I, 1, 18, 27, 169, 203, de Sacy Chrest. II, ٧٧, 2, 5 a f., 182, 1, 188, 5 a f., 189, 3.

VI. تحادثوا, vulg. pour حدّثوا, *ils racontèrent, ils déposèrent en justice,* Catal. des man. or. de Leyde I, 154, 2 a f.

حَدَث *événement,* Gl. Fragm. — *Phénomène,* tout ce qui apparaît d'extraordinaire, de nouveau dans le ciel, dans l'air, Bc. — *Innovation, introduction de quelque nouveauté dans le gouvernement, dans l'administration,* Fragm. hist. Arab. 398, 3 a f. (= Bayân

حدث 258 حدث

I, 99, 2 a f. et Nowairî dans la traduction de l'Hist. des Berbères I, 414, où de Slane a donné un sens trop restreint à ce mot, en disant qu'il désigne: les impôts qui ne sont pas autorisés par la loi. — *Trouble, révolte*, voyez sous la IVᵉ forme, où l'on trouvera les différentes significations de أَحْدَثَ حَدَثًا. De là وَالِي الأَحْدَاث, en Orient (car je n'ai jamais rencontré ce terme chez les auteurs maghribins) *préfet de police*, proprement: celui qui est chargé de faire cesser les troubles et de punir ceux qui les excitent; aussi صَاحِب الأَحْدَاث; on dit: كَانَ عَلَى أَحْدَاث البَصْرَة « il était préfet de police à Baçra; » وَلَّاه الأَحْدَاث « il le nomma préfet de police; » aussi صُرِفَت الأَحْدَاث عَن البَلَد عُزِل « il fut nommé, » etc. (Athîr VI, 27, 1); عَنْ أَحْدَاث البَصْرَة voyez Gl. Belâdz. et cf. Gl. Fragm., Khallic. I, 272, 18 Sl. Des passages mal compris ont fait dire à de Slane que أَحْدَاث signifie « les recrues, » et Reinaud (J. A. 1848, II, 231) a aussi dit à tort que c'étaient « les gardes nationales du moyen âge. » Ce ne sont pas des personnes, mais des choses; l'expression d'Ibn-al-Athîr, qui dit en parlant d'un personnag chargé de la police sur la route qui conduisait à la Mecque et à la Mecque même, pendant la fête: هُوَ وَالِي الطَّرِيق وَأَحْدَاث الْمَوْسِم ne laisse aucun doute à cet égard. De Slane s'est trompé également quand il a conclu des paroles d'Ibn-al-Athîr (VI, 6, l. 18): كَانَ عَلَى الأَحْدَاث وَالْجَوَالِي, وَالشُّرَط وَالأَحْدَاث بِالبَصْرَة que الشُّرَط et الأَحْدَاث désignaient, de même que الْجَوَالِي, des espèces d'impôts. Le fait est que les préfets de police étaient chargés quelquefois de la perception des impôts, ou de certains impôts (Belâdz. 82, 6: كَانَ عَلَى الجِبَايَة وَالأَحْدَاث), et même des affaires religieuses (cf. Lane sous شُرَط, Belâdz. 82, 3: وَلَّاه الصَّلَاة وَالأَحْدَاث, l. 4: وَلَّاه الأَحْدَاث وَالصَّلَاة).
— *Péché*, Gl. Belâdz., Gl. Fragm. — حَدَث seul, dans le sens de رَجُل حَدَث, *jeune homme*, pl. أَحْدَاث, *jeunes gens*, Voc., Bc, Khatîb 136 rº, en parlant de Mohammed VI: كَانَ كَلِفًا بِالأَحْدَاث مُتَغَلِّبًا عَلَيْهِم فِي الطُّرُق. — *Apprenti*, celui qui apprend un métier, Khatîb 14 vº: وَالْغِنَى بِمَدِينَتِهِم فَاش حَتَّى فِي الدَّكَاكِين الَّتِي تَجْمَع صَنَائِعُهَا كَثِير (كَثِيرًا l.) مِن الأَحْدَاث كَالثِّقَافِين ومَثَلَّم. — الأَحْدَاث *les gens du bas peuple*, Gl. Belâdz.;

je crois qu'il faut traduire de la même manière les paroles citées Maml. II, 1, 124, l. 3 des notes: اِسْتَنْفَر عَلَيْه أَحْدَاث حَلَب, que Quatremère me semble avoir mal rendues par: « il souleva contre lui les jeunes gens d'Alep; » Freytag Chrest. 116, 15: حَلَب اِجْتَاز فَفَرَّى عَلَى أَحْدَائِهَا مَالًا. Peut-être était-ce dans l'origine: les jeunes gens, les gamins, et par extension: la canaille.

حَدَثِيّ *épisodique*, Bc.

حَدَثَان, qui, selon Lane, s'emploie comme un sing. et comme un plur., et qui signifie proprement: « accident, événement, » a reçu le sens de *prédiction* « faite par un devin, par un astrologue ou par un homme que l'on regarde comme un favori de la Divinité, qui annonce, soit le prochain établissement d'un empire ou d'une dynastie, soit les guerres qui doivent avoir lieu entre une nation et d'autres peuples, soit enfin la durée d'une dynastie et le nombre de souverains dont elle se composera et dont on se hasarde même à donner les noms, » définition d'Ibn-Khaldoun Prol. II, 177, 2 a f.–178, 3; mais c'est en général: *prédictions* d'un devin, d'un astrologue, etc., Macc. I, 142, 16 (= Ictifâ 127 rº), Abbad. II, 120, 4, Prol. I, 290, 7, II, 50, dern. l., 176, 3 a f., comme un sing. Prol. II, 178, 13, 193, 6. أَهْل الحَدَثَان *les devins*, Prol. I, 214, 2 a f.; كُتُب الحَدَثَان *les livres qui contiennent des prédictions*, Prol. II, 40, 12, Haiyân-Bassâm, I, 7 vº: وَكَانَ هِشَام يَقُول بِرُمُوز الْمَلَاحِم وَكُتُب الحَدَثَان. (De Sacy Chrest. II, 298) et de Slane prononcent حَدْثَان; je crois que حَدَثَان est préférable, parce que ce mot s'emploie réellement comme sing. et comme plur.). — *Deliramentum* dans le Voc.

حَدَثَانِيّ adjectif formé de حَدَثَان dans le sens de « prédictions, » Djob. 49, 21, 76, 18, Prol. II, 178, 12.

حَدِيث *ce que quelqu'un dit*, Bidp. 263, 7: صِدْق حَدِيثِك « la vérité de ce que vous dites, » Koseg. Chrest. 95, 8: وَصَارَت تُشَاغِلُه بِحَدِيثِهَا. — *Langage*, Ht. — *Négociation, conférence*, p. e. اِنْقَطَع الحَدِيث « la négociation fut rompue, » أَنَا مَا لِي مَعَك حَدِيث « je n'ai aucune affaire avec toi, » Maml. II, 2, 109. — *Autorité, juridiction*, Maml. II, 2, 109, Imâd-ed-dîn ibn-al-Athîr, 'Ibra oult'l-abçâr, man. de M. de

حدر

Gayangos, 138 r°: اِستنبتُ المَلِك العَزيز بمُلْك حَلَب. — *Bulletin*, فرع بَدَ الاتابك عنى الحديث فى المملكة Ht. — حديث النَفْس ou حديث نَفْس signifie, selon le Gl. Manç. (sous ce dernier terme): كلّ ما يُحدَّث به الانسان نَفْسَه من خير وشرّ ; il se prend donc dans le sens d'*espoir* et dans celui de *crainte, inquiétude*; exemples de la dernière signification dans le Gl. Fragm. et dans le Gl. Mosl. Le Gl. Manç. ajoute: وخصَّ الاضباء به التحدُّث بالوسواس الموحِش للنفس الذي يكون فى ابتداء المالنخوليا, et on le trouve dans le sens de *mélancolie* dans les Fragm. 561, 10.

حَدِيثَة *événement étrange*, Vêtem. 239, 10.

حَديثى *oral*, Bc.

حادث *accident, malheur*, Bc, de Sacy Chrest. II, ٢v, 2 à f., 1001 N. I, 50, 10. — *Epidémie, maladie contagieuse*, Müller S. B. 1863, II, 28, 11 et 13, 31, 4. — *Phénomène*, Bc. — *Episode*, Bc. — حادث فى الجَو *météore*, Bc.

حادثة *phénomène*, Bc.

أُحْدوثة سوء الاحدوثة عن فلان *médire de quelqu'un*, de Slane Prol. I, p. LXXV b.

مُحدَث, ou رَجل محدث, seul, *homme nouveau, parvenu, enrichi*, Bc, نَصّاب محدث *un chevalier d'industrie qui ne connaît pas encore son métier*, 1001 N. IV, 691, 8 à f. — Nom du 16° mètre, qui porte aussi le nom de المُتدارك, M, Freytag Arab. Verskunst 142.

مُحْدِث. Exemples de la signification *celui qui a commis un péché ou un crime* dans le Gl. Belâdz.

مُحدَّث *celui dont les visions et les suppositions sont toujours justifiées par l'événement*, Hariri 601, Prol. I, 200, 4.

مُحدِّث *récitateur*, Descr. de l'Eg. XIV, 230.

حدر II *rouler, faire avancer en roulant*, Voc. دوران الصلوات ما يقال من ost حَدَر, syr. סדרא, سنة الى سنة, Payne Smith 1206.

خُدَر *nœud*, Voc.

حُدور *débordement de pituite*, M.

حُدورة *pente, descente*, Domb. 97, Ht.

حَدّار *colporteur*, Bc.

تَحْديرة *pente*, Bc.

حدس I c. على r. *deviner, parvenir à découvrir par voie de conjecture*, Berb. I, 528, 10: يحدس على المرض. — واحسن المُحادسة. — *Ecacher, écraser*, Bc.

حَدْسى *conjectural*, Bc.

حدش.

حِداشة *petit bât de chameau*, Bc.

حدق II. On dit: كلّ عين الى وجهه مُحدِّقة «tous les yeux étaient fixés sur son visage,» Macc. II, 175, 15 (dans l'édit. il faut lire le partic. au passif, et ensuite مُحَلَّقة). — *Donner à une chose une forme ronde*, Macc. II, 87, 16. — *Parafer*, Alc. (parrafar); L a la IV° en ce sens, car il donne: *paragravi* أَحْدَقْتُ وحَوَّقْتُ, et Alc. a le subst. حَدَّقَة sous «caso de letra,» expression qui, selon Nebrija et le Dict. de l'Acad. esp., édit. de 1791, signifie *ductus litteræ*. Il faut penser à la signif. d'*entourer*, que le synonyme حوَّق a aussi. حَدَّقة est *parafe*, marque faite d'un ou de plusieurs traits de plume qui entourent une signature. La II° et la IV° forme du verbe, signifient par conséquent: *entourer sa signature d'un tel parafe*.

IV *parafer*, voyez ce qui précède. — *Fixer, regarder fixement*, Ht. — *Interpositio* احداق واز احة, L. *Arefacio* احدق وأَيبَس, L.

VI *s'observer mutuellement avec défiance*, de Sacy Chrest. II, ٧f, 2.

حَدَقة *parafe*, voyez sous II.

حَدَقة. L'expression فى مِثل حدقة البَعير, expliquée par Lane, a chez Macc. I, 238, 11, une signification tout à fait opposée à celle qu'il donne, car on y lit: حتى صرتُم فى مثل حدقة البعير من ضيق العيش والتغيير. On voit qu'elle signifie *être à l'étroit*, parce que la prunelle du chameau est petite. — Le pl. حَدَقات *environs*, Mi'yâr 4, l. 6. —

حدل

أَحْدَاقُ المَرْضَى (بهار), buphthalmum ou œil-de-bœuf, Bait. I, 18 b.

حديق hyacinthus orientalis, Bait. I, 97 b (où la première phrase de l'article, qui donne l'explication de ὑάκινθος et à laquelle Sonth. n'a rien compris, est: (تأويله للحدق فيما زعم بعض التراجمة), II, 16, 9 a f. (où il faut lire للحدق avec le man. A).

حَديقَة. On dit حَديقَةُ بُستانٍ dans le sens de حديقة, jardin entouré d'une muraille ou d'une haie, Djob. 177, 3, 254, 4. De même حدائفُ رياضِها, ses jardins, Vie de Timour II, 968, 7. — حديقةُ الرَّحْمٰن était le nom d'un jardin du faux prophète Mosaïlima, mais quand il eut été tué dans son voisinage, on l'appela حديقةُ المَوْت, M.

حَدّاقَة, en parlant d'une femme mariée: *celle qui dit à son époux en le regardant fixement: «une telle a reçu des robes de son mari; telle autre a reçu des bijoux du sien et il a couché avec elle;»* ce qu'elle fait pour engager son époux à en faire de même, R. N. 31 r°: التى تنظر بعينها ثم تقول فلانة كساها فلانة وفلانة حلاها زوجها وصنع بها فهى تجبره (dans le man. تخبره).

حاديق vulg. pour حَادِق, M.

حدل I *frotter* la terrasse d'une maison avec une مِحْدَلَة, c.-à-d., avec une pierre qui ressemble à un morceau d'une petite colonne, M.

V *porter une épaule plus haut qu'une autre*, Anw. II, 681, 7.

مِحْدَلَة voyez sous la Irᵉ forme.

حدو et حدى V. Les significations de ce verbe sont assez difficiles à saisir, et les explications données par Reiske (Aboulf. Ann. II, 302), de Sacy (Anthol. 39), de Slane (Prol. I, 190, n. 3), de Goeje (Gl. Mosl.) et Lane, ne me paraissent pas suffisantes. Dans le sens de *rivaliser avec* (Lane), on le trouve chez Baidhâwî I, 2, l. 2, qui dit en parlant du Coran: فتحدى باقصر سورة من سوره مصاقع للخطباء من العرب; mais il faut observer qu'il est permis de supprimer le nom de la personne avec laquelle on rivalise. Ainsi Lane donne ces paroles empruntées à une tradition: تحدى العربَ بالقرآنِ «Mahomet rivalisa avec les Arabes au moyen du Coran;» mais on trouve

260

حدو

aussi: القرآنُ الذى تحدى به النبى, Aboulf. Ann. II, 296, 10, où العَرَبَ est sous-entendu. De même: قوله مسجعاً من القوافى التى يتحدى بها, Abbad. I, 386, 3 (= Macc. II, 484, 9), où il faut sous-entendre الشعراء («il rivalise avec les meilleurs poètes»). Le sens de *défier quelqu'un*, *porter un défi*, conviendrait encore mieux à ces passages, bien que Lane ne le donne pas, et les paroles dans de Sacy Anthol. ۳۹, 6 a f.: تحدى للحواريون عيسى عم بأن يستنزل لهم طعاما من السماء, ne peuvent signifier rien autre chose que: «les apôtres défièrent Jésus de leur faire descendre de la nourriture du ciel.» — مَنْ تَحَدَّى بالقرآن, Baidhâwî I, 11, 7, est l'équivalent de: الناس, الذين تحدّاهم النبى بالقرآن; cf. I, 12, 3 et 11. Au reste, les paroles de Modjâhid, que Lane donne à la fin, sont citées d'une autre manière dans le Fâïk I, 222, où on lit: مجاهد كنت تحدى القرآن فأقرأ اى. — En théologie, التحدّم والتحدّى والتحرّى بمعنى *annoncer préalablement un miracle*, c. ب; selon de Slane (Prol. I, 190, n. 3), cette annonce est «jointe à un défi par lequel le prophète somme les infidèles d'opérer un miracle semblable;» mais dans les passages, Prol. I, 169, 1 et suiv., III, 78, 9 et suiv., 134, 6, 136, 9, Macc. I, 40, 18, 714, 14, le verbe n'a pas d'autre signification que celle que je lui attribue, et le Voc. donne aussi ب تحدى *prophetare*. C. a. p. et r. dans ce vers de Moslim (p. 10, vs. 38): يغدو فتغدو المنايا فى أسنته شوارعا تتحدى الناس بالأجل

L'explication du scoliaste n'est pas exacte, et celle du Gloss. n'est pas meilleure; mais M. de Slane (Khallic. IV, 223) a traduit avec beaucoup d'exactitude et d'élégance: «In the morning, he marches forth, bearing death on the points of his lances which, when couched, announce to the foe that his last hour is come.»

حِدَا, pl. أَحْدِيَة, forme vulgaire pour حِدَأَة, *milan*, Voc. (avec le *dzâl*), Alc. (milano); Be a حِدَا sous *vautour*.

حَدُو *le chant du chamelier*, Burckhardt Nubia 318.

حِدَاءَة *le chant de l'avant-coureur de la caravane*, Ztschr. XXII, 95, n. 21.

حَذَارِى le chant des cavaliers, des guerriers, Ztschr. XXII, 96, n. 21.

حِدَايَة milan, Bc; aussi حِدَايَة حَمْرَاء, Tristram 392.

حذر I, *éviter*, se construit aussi c. عن, Bc. — اُحْذَرْ *prenez garde à vous!* Bc.

II *admonéter*, faire une réprimande en justice, à huis clos, Bc.

V se construit aussi c. عن, Voc. sous *cavere*.

VIII c. من *se défier de*, Bc.

حَذَر et حِذْر *défiance*, Bc. — Dans le Voc. *aparatus*. — كان أخذ حذر *prendre ses précautions*; على حذر *être sur ses gardes*, Bc.

حِذْرِيَة *celui qui est très-bien sur ses gardes*, Gl. Belâdz.

حَذُور dans le Voc. sous *cavere*.

تَحْذِير *admonition*, Bc.

حذف I. حذف الخَيْلِ *couper la queue aux chevaux*, et خيل محذوفة *des chevaux qui ont la queue coupée*, Gl. Belâdz. — حذف الشعر *abréger un poème, en omettre quelque chose lorsqu'on le récite ou qu'on le chante*, Aghânî 33, 7. — حذف في الصلاة *réciter vite la prière*, Gl. Belâdz. — C. الى *confiner dans, reléguer dans un lieu*, Bc. — C. من *imputer*, t. de finance, *appliquer un payement à une dette*, Bc. — *Jeter*, lancer au loin, *ruer*, *jeter avec impétuosité*, Bc, Antar 56, 5 a f. (lisez ainsi); حذف بالحجارة *lancer des pierres à quelqu'un*; حذف بالمقلاع *fronder, jeter avec une fronde*; جرم محذوف *projectile*, *corps lancé*, Bc; dans le sens de *jeter*, *lancer*, c. ب r., Koseg. Chrest. 64, 12. — *Rejeter*, *renvoyer à un autre article*, *placer ailleurs*, Bc. — حذف الشىء الى (وقت ou زمان ou) يوم غير *ajourner*, *renvoyer une affaire à un autre temps*, Bc.

VI. تحاذفوا بالحجارة *ils se lancèrent des pierres*, Vie de Saladin 81, 10 a f. (Freytag a confondu par mégarde cette VIe forme avec la IIe).

VII dans le Voc. sous *excludere*. — *S'élider*, Bc. — *Se jeter*, *se précipiter*, *se ruer sur* (على), Bc.

حَذْفَة *jet, projection, action de jeter*, Bc.

حَذْفَة *épée*, Voc.; dans la 2e partie *ensis*, dans la 1re: حَذْفَة *ensis, lignea*.» J'ignore ce que fait ici ce *lignea*, qui ne peut appartenir à *ensis*, puisque ce mot est masculin; mais si حِذْفَة est *épée*, on pourrait se demander s'il ne faut pas lire le pl. الحَذَف (le Voc. a le pl. ات) dans ce passage des 1001 N. Brosl. XII, 317, 7: واذا بالملك قد تقدّم بعفرده وتقدّم معه بعض خواصّه وهم الجميع مشاة وملبسين طلع يبدو لهم غير جمالين للحرق Le dernier mot semble bien devoir signifier *épées*, et حُرَّقَة signifie *tranchantes*, en parlant d'épées; mais حرق n'a pas ce sens, et en outre un tel mot, emprunté à la vieille langue et employé substantivement, ne conviendrait pas à la simple prose des 1001 N.

أَحْذَفَ *élidant plutôt* (une lettre), Mufassal 197, 7 éd. Broch.

حذق II *rendre habile*, *adroit*, Voc. (*subtiliare*), Alc. (*intricar por hazer agudo* = كَيِّس). — *Rendre sur, acide*, Voc.

V *devenir habile*, Alc. (*entricarse*).

حَذِقَ = حَاذِق, Payne Smith 1381.

حَذَاقَة *esprit, génie*, Alc. (engeño naturaleza, ingenio fuerça natural; حِذَاقَة entricadamente). — *Perspicacité*, Bc (avec le dâl). — *Discrétion*, Ht.

حَاذِق *qui apprend facilement, ingénieux*, Alc. (enseñable, ingeñoso).

أَحْذَق *le plus ingénieux*, Macc. I, 798, 12.

حذم I *fendre*, Alc. (hender).

حذو I. حذى et حذى للحصان *ferrer*, mettre des fers à un cheval, Bc.

III *orienter* القلع *les voiles*, Prol. I, 94, 10.

V = VIII, *imiter*, etc., Abou'l-Walîd 136, n. 14.

VIII se construit aussi c. ب r., Hoogvliet 49, 14, où il faut lire avec le man. de M. de Gayangos: واحتذائك, le synonyme de انتعاله, qui suit. — احتذى *imiter quelqu'un*, Koseg. Chrest. 40, 3 a f., où il faut substituer un *dzâl* au *dâl*.

حَذْو. حَذْوَى est *iuxta* dans le Voc. Il donne aussi حَذْوَ حَذْوٌ (?) *circiter*.

حُذْوَة *chaussure de fellâh*, Mehren 27.

حِذَاءٌ ،حِذَاء est iuxta dans le Voc.

حِذَايَة ferrure, action de ferrer, Bc (avec le *dâl*).

حَرَّر II, chez Alc. (previlegiar, مُحَرِّر escusadora cosa, تَحْرِير escusado por previlegio, esento, previlegiado) *exempter de la règle commune, donner un privilége*, s'emploie principalement en parlant d'impôts, en *exempter une personne ou un endroit*, Bat. II, 410: مُحَرَّر من المغارم IV, 52, en parlant d'une ville: مُحَرَّرة من المغارم والوظائف 359. Le verbe حَرَّر seul se prend aussi dans le sens d'*exempter de tout impôt*, Bat. II, 410: حَرَّر له ذلك الموضع, III, 75, Macc. II, 537, 5, 702, 17, Cartâs 122, 5 a f., 124, 12, Ibn-Abdalmelic 133 rº, en parlant d'Alī ibn-Yousof ibn-Téchoufīn: فلجأ عليها (القصيدة) يَتَنَزَّوِيه كريم وكتب صلى بتحرير املاكه أن Khatîb 107 vº, dans un diplôme: كما ابتغى يَحْمَل على المجرى (التحرير ل.) في جميع املاكى (املاكه ل.) بالكور المذكورة — لا يلزمها وظيف بوجه ولا يكلف منها كلفة على كل حال, 126 vº; Hafça récita ces vers au calife (cf. Macc. II, 539):

امنن على بصل يكون للدهر عدة
تنخط يمناك فيه الحمد لله وحدّة

قال فمن عليها وحرز (وحَرَّر ل.) لها ما كان لها من ملك

Aussi: *dispenser quelqu'un de travailler*, Alc. (jubilar (cf. Victor), مُحَرَّر jubilado suelto del trabajo). Dans la religion catholique, التحرير *le jubilé*, indulgence plénière et générale, Alc. (jubileo año de remission). — *Corriger*. Quand il y a une faute dans un livre, on écrit فَلْيُحَرَّر « cette faute doit être corrigée, » Macc. I, 855, 12, et très-souvent sur la marge d'éditions qui ont paru en Orient. — حَرَّر مكتوبًا *écrire*, faire une lettre, une missive; حَرَّر الكتاب *dresser un contrat*; حَرَّر اسمه *signer*, mettre son seing, sa signature à une lettre, Bc; مُحَرِّر القضايا *écrivain de jugements*, Roland; M: والعامة تستعمل التحرير بمعنى الكتابة. — C. على *Assaisonner*, Hbrt 15 (Alg.) — C. على *examiner avec soin, regarder de près, examiner sévèrement, scruter, passer par l'alambic, éplucher, rechercher les défauts avec malice ou avec grand soin*,

Bc. — C. على *ajuster, diriger contre, coucher en joue, viser, pointer*, Bc, 1001 N. II, 113, 3 a f.: ضرب الأكرة بالصولجان وحرّرها على وجه الخليفة « en poussant la balle avec la raquette, il la dirigea contre le visage du calife;» 1001 N. Boul. I, 62, 13: حَرَّر المدفع على القلعة «il pointa le canon contre le château.»

IV *réchauffer*, Auw. I, 176, 8 et 9.

V *recouvrer la liberté*, Voc., Alc. (ahorrarse, deliberarse de servidumbre, librarse de cativo). — *Etre écrit*, de Sacy Dipl. XI, 45, 11: تحرّرت هذه الفصول المذكورة في يوم الأحد الخ, Amari 342, 2.

X *estuare* dans le Voc., et sous *calefacere* il a: الإنسان يستحرّب. — En parlant du foie, *devenir sec par suite de la soif ou de la tristesse*, Gl. Mosl.

حَرّ comme adj. *chaud* (cf. Lane sous حَارّ), اليوم حَرّ «il fait chaud aujourd'hui,» الشمس حَرّ «le soleil est bien chaud aujourd'hui,» Bc. الأرض الحَرّة, dans le sens de الحَرّة (voyez ce dernier mot chez Lane), Berb. I, 437, 9 et 10 (au lieu de السود, qui suit, il faut lire, avec notre man. 1351, السوداء), II, 84, dern. l.

حَرّ *vulve*, a le pl. ات dans le Voc.

حُرّ *homme d'honneur*, aussi ابن حُرّ, Bc. En Espagne *franc, privilégié*, Alc. (franco previlegiado). En Afrique *un blanc*, Pflügl t. 67, p. 6; الأحرار *les gens de race, les blancs purs*, par opposition aux sangs mêlés, Daumas Sahara 78, 280, 287, 323. A Maroc أولاد الأحرار, « les fils des blancs, » sont les serviteurs de la cour qui tiennent en bon ordre les armes du sultan, et qui, munis de courroies, tiennent la populace à distance pendant les audiences; ils peuvent être considérés comme une garde particulière du sultan, Pflügl t. 69, p. 5. — En parlant d'animaux, *de race, de bonne race*: dromadaires أحرار, Burton II, 16, البزاة الأحرار, Macc. II, 711, 16; aujourd'hui طير الحُرّ est en Barbarie *l'oiseau de race, le faucon*, Domb. 61, Hbrt 68 (Barb.), Bc (Barb.), Daumas Sahara 258, mais je crois que c'est proprement الحليل الحُرّ; le fém. حُرَّة *jument de race*, Cartâs 159, 6. — إرادة حُرَّة et إختيار حُرّ *libre arbitre*, Voc. — *Joue*, Voc., Hariri 129, 2, pour حَرّ الوجه (voyez). — Nom d'un animal qui habite le Sahara et qui ressemble un peu à la gazelle; son dos et sa tête sont d'un rouge pâle et son ventre est d'un beau blanc, Jackson 32, Timb. 512 (l'étymologie du mot « bézoard, » donnée par ce voyageur, est inadmissible).

— Le fém. حُرَّة, qui dans le Voc. et chez Alc. a le pl. أَحْرَار, *femme chaste et honorable*, Alc. (casta muger, muger casta e onrrada) (Bc: اِمْرَأَة أَحْرَار *femme vertueuse*), *dame*, Voc. (domina, pl. حَرَائِر et حَرَّات), *princesse, reine, impératrice*, Gl. Esp. 287, Holal 80 rº: وَكَانَتْ أُمَّ حُرَّة عَبْدَ الْوَادِيَّة ; dans les épitaphes des princesses de la famille des Benou-Ziyân, publiées par Brosselard (Mémoire sur les tombeaux, etc., p. 26, 28, 42, 70, 90, 119, etc.), celles-ci sont appelées constamment حُرَّة; — espèce de *datte de seconde qualité*, R. d. O. A. V, 210, XIII, 155—6, d'Escayrac 11, Michel 272, Dunant 89, Pagni 149 (« sbiancati, crespi, ed asciutti, ma gustosi »). — حُرّ المَال Abd-al-wâhid 153, 5 et 6, semble signifier: *de l'argent qu'on a acquis d'une manière tout à fait honorable.* — حُرّ الوَجْه, proprement *pommette*, *partie haute, éminente de la joue*, Bc (cf. Lane), s'emploie dans le sens de *joue*, Bayân I, notes, p. 118. — أَسْنَان الأَحْرَار *dents de devant*, Domb. 86, mais je crois qu'il faut ajouter l'article. — الأَسْنَان القَلِيب الحُرّ *la préparation ou culture énergique, le système de culture qui comprend trois labours et plus*, Auw. II, 10, dern. l., 11, 3 et suiv., 37, 16, 38, 22. — شَكَاة حُرّ حُرّ *maladie inflammatoire*, Lettre à M. Fleischer 182. الحُرّ *inflammation dans l'estomac des enfants, qui cause dans la bouche des espèces d'aphthes*, M. En espagnol *alhorre*, qui est l'arabe الحُرّ, signifie *croûte de lait, maladie des enfants nouveau-nés*. الحُرّ فِي مَذَاكِير الفَرَس *espèce de tubercules ou excroissances charnues sur le pénis du cheval*, Auw. II, 624, 20 et suiv. En portugais *alforra*, qui est aussi الحُرّ, « le sens de *nielle, maladie des grains*. Jusqu'ici j'avais prononcé (Gl. Esp. 116 et Lettre) حَرّ, conformément à l'étymologie (الحَرّ, *chaleur*); mais le témoignage du M et les formes esp. et port. montrent qu'on a changé le *fatha* en *dhamma*.

حُرَّة. Comparez avec l'explication de Lane celle de Burton I, 403: « حَرَّة is the generic name of lava, porous basalt, scoriæ, greenstone, schiste, and others supposed to be of igneous origin. It is also used to denote a ridge or hill of such formation. »

حَرّ voyez حُرّ.

حُرِّيّ بِلَاد حُرِّيَّة libre; «pays libre,» Bc.

حُرِّيَّة *indépendance*; بِحُرِّيَّة *librement, sans égard, sans circonspection*; حُرِّيَّة الأَدْيَان *liberté de conscience*; المُرِّيَّة حُرِّيَّة *licence, abus de la liberté*; exp. prov., *à la campagne on est libre* (on n'est point assujetti à l'étiquette), Bc. — *Privilège, franchise, exemption*, Alc. (escusacion por previlegio, essencion, franqueza por previlegio). — *Chasteté*, Alc. (castidad de la muger). — *Excellence, degré éminent de perfection*, Bassâm III, 5 vº: هَجَرَة كَانَتْ الْبَيْدَ أَنَّ عَلَى اولى البَقِيَّة وذوى الحُرِّيَّة من هذه الطَّبَقَة الأَدَبِيَّة القُرْطُبِيَّة

حَرِير *chaud*, pl. حِرَار, دُمُوع حِرَار «de chaudes larmes,» Hoogvliet 105, 4. — Espèce de *tobe* (ثَوْب voyez) *de soie*, Barth IV, 449, 466.

حَرَارَة *chaleur (échauffement) du sang*, Hbrt 35; *inflammation, ardeur aux parties échauffées du corps, phlegmasie*, Bc, Gl. Badroun, Khallic. I, 353, 3 Sl., Abdallatif 8, 4 a f. éd. de Tubingue. — *Chancre*, Daumas V. A. 424. — (Pour بَيْت الحَرَارَة) *l'appartement intérieur et principal des bains*, Lane M. E. II, 47. — *Vivacité*, Bc. — *Esprit, vivacité d'imagination*, Lettre à M. Fleischer 100, 101. — حَرَارَات *des aliments, des remèdes échauffants et excitants*, Gl. de Habicht sur son IVe volume, 1001 N. Bresl. VII, 331, 11, Macn. II, 67, 1.

حَرِير *morceau de soie*, Auw. II, 570, 16, 4 a f. — Le pl. حَرَائِر *soierie, marchandise, commerce de soie*, Bc, M. — « Sorte de bouillie qui correspond assez aux crèmes européennes, » Ouaday 401; cf. Bat. III, 131.

حَرُورِيّ. Le fém. est une épithète du vin dans un vers de Moslim (p. 32, vs. 15), *fort, généreux*, par allusion à la bravoure des Khâridjites connus sous le nom de Harourites.

الأَرْض الحَرُورِيَّة ou التَّرْبَة الحَرُورِيَّة? voyez sous حَرِيرِيّ.

جَزِيمِرِيّ

حَرَّار *tisserand en soie*, Alc. (texedor de seda, texedor

con muchos lizos), Ht, Cartâs 41, 12. En sicilien *careri*, tisserand (communiqué par M. Amari).

حَارّ. Le Voc. donne le pl. حَوَارّ. — *Inflammatoire*, Bc; on dit مرض حَارّ «*maladie inflammatoire*,» Lettre à M. Fleischer 182. — *Ingénieux, spirituel*, Lettre à M. Fleischer 100, 101. — *Acrimonieux*, Bc. — زَيْتَ حَارّ, J. A. 1849, II, 319, n., l. 4, signifie, comme l'a expliqué Quatremère J. A. 1850, I, 262—3, *l'huile que l'on extrait du lin*. — الفول الحَارّ, 1001 N. II, 186, 2 a f., signifie, selon Lane dans sa traduction (II, 405 n.): *des fèves trempées dans de l'eau pendant quelque temps et ensuite bouillies*.

حَارَّة *cresson alénois*, Sang., Cherb. — *Moutarde sauvage*, Daumas V. A. 383. — Freytag traduit ce mot par *quartier* d'une ville; c'est حَارَة, de la racine حور (chez Freytag sous حير); cependant on trouve un pl. حَوَائِر en ce sens dans le Cartâs 277, 9 a f.

تحْرِير pl. ات *privilège, exemption d'impôts*, Abou-Hammou 164: يا بُنَيّ عليك بِأَكْرَام العلماء والصالحين والتَّحْريرات للمرابطين. — Pl. تَحَارِير *dépêche*, Bc, M, Ht. — *Tir*, ligne suivant laquelle on tire au canon, Bc. — تَحْرِير *pointage*, t. de mer, désignation sur une carte du lieu où l'on est, Bc. — تَحْرِير عَاجِلة *cursive*, Bc. — فردة التحرير ou مال التحرير *impôt établi pour remplacer les avanies arbitraires*, Descr. de l'Eg. XI, 495, XII, 61.

مُحَرَّر *soyeux, fin et doux au toucher comme de la soie*, Alc. (sedeña cosa en seda), Bait. I, 273 c: وفي. Chez Macc. I, 123, dern. l., l'étoffe dite مُلْبَد, qui doit avoir été une espèce de feutre, est comptée parmi les ثياب اللباس المحرَّرة; ailleurs, II, 711, 5, l'étoffe à laquelle on donne l'épithète محرَّر, est de laine: احْرَام البرانِس الاكسية للمحرَّرة. On trouve aussi الصوف للمحرَّرة, Macc. II, 711, 4, et il est certain que les manteaux dits *kisâ* et *bornos* étaient ordinairement de laine. Il est permis de conclure de tout cela que cet adjectif ne signifie pas «fait de soie,» mais *fin et doux au toucher comme la soie*. Aujourd'hui il a un autre sens, car Bg 372 donne خطائِط محرَّر *taffetas à fleur*. — Comme substantif, nom d'une étoffe, Macc. II, 88, 10, III, 138, 11: كان قد بعث الى محرَّر لابعث به الى من يعرضه للبيع ; pl. ات, Macc.

II, 711, 3. Il parait que c'était une étoffe de laine ou de feutre fine et douce au toucher comme de la soie; peut-être était-elle mêlée de soie. — Dans le vers chez Macc. I, 280, 20: وحاكَمتُه للسيف حُكْمًا, le dernier mot ne m'est pas clair.

مَحْرُور *celui qui a un tempérament chaud* (l'opposé de مَبْرُود, *celui qui a un tempérament froid*), Bait. I, 7 a: ولا يُسْقاه للمحرورات من النساء ولا للضعيفات. 12 a: حماص الاترج بشهى الطعام للمحرورين الاسافل. Autrement dans le M, qui a: وعند الاطبَّاء من غليت على مزاجه حرارة غريبة فأخرجته عن الاعتدال ۞.

حرب III *attaquer, assaillir*, Ht. — *Escarmoucher*, Alc. (escaramuçar). — *Jouter*, au fig. *disputer*, Bc. — *Tourmenter*, 1001 N. Bresl. II, 69: le père demande: «le bossu n'a-t-il pas couché avec toi?» et la fille répond: «cessez de me tourmenter بَسَّكْ تَحَارِبْنِي بِالاحدب avec votre bossu et que Dieu le maudisse!»

IV c. acc. ou c. على *faire la guerre à*, Rutgers 126, 6 a f. et 128.

VI c. مع *jouter*, au fig. *disputer*, Bc.

حَرْب. نَادَى بِالخيل والحَرْب, Becrî 181, 2, où de Slane traduit: «Malheur! malheur! aux armes!» — *Escarmouche*, Alc. (escaramuça). — دار الحرب pour (cf. Lane), p. e. تجار الحرب «les négociants européens,» Berb. II, 257, 2. — مَرْكَب حَرْب *vaisseau de guerre*, Mc.

حَرَب *fou, qui a perdu l'esprit*, expliqué par مسلوب العقل, Tha'âlibî Latâïf 131, 5 et n. c.

حَرْبَة *lame de poignard*, Ht. — حَرْبَة فِي رَأْس التَّفكة *baïonnette*, pl. حَرْب, Bc. — Par synecdoche, comme autrefois *lance* en français, *soldat armé d'une lance*, Gl. Fragm. — *Lonchitis* ou *lonkite*, plante appelée aussi *lancelée*, Bc. Ibn-al-Baitâr, dans son article, renvoie à son article حربية; mais je ne le trouve pas dans son livre, et Ibn-Djazla, qui l'a, s'est trompé, selon Ibn-al-Baitâr.

حَرْبِيّة pl. حَرْب *méchanceté, malice*, Alc. (ruyndad).

حَرْبِيّ *guerrier, qui appartient à la guerre, militaire; belliqueux*, Bc. — Comme subst., *guerrier, sol-*

dat, *militaire*, Ht, Caillié I, 82, 88, n. 1 (qui prononce «ḥarabi»), Amari 452, 5, où je crois devoir lire الْحَرْبِيِّين. — *Brigand*, Prol. I, 288, 9 (de Slane traduit «soldat,» mais ce sens ne convient pas à ce passage). — مَرْكَب حَرْبِيّ *vaisseau de guerre*, Gl. Edrîsî; chez Amari 444, 11, il faut lire حَرْبِيّ مركب, comme j'ai trouvé dans le man. que l'éditeur indique par la lettre A, au lieu de جرى مركب. — حَرْبِيّ seul, dans le même sens, Athîr VII, 349, 9 a f. (où حَرْبِيّ est pour حَرْبِيَّة, comme l'a observé Fleischer dans sa note sur Amari 246, 3), Amari 436, 5 a f., où il faut lire: حَرْبِيّا ثَلَاثِين, car telle est la leçon du man. qui n'a pas مَرَاكِب, quoi qu'en dise l'éditeur, 459, 5 a f. Le pl. حَرْبِيَّة, *vaisseaux de guerre*, Athîr VII, 350, 7 a f. — Mode de musique, Hœst 258.

حَرْبِيَّة *balistique*, l'art qui enseigne à se servir des armes de jet, Voc. — حَرْبِيَّات (pas en usage au sing.) *vaisseaux de guerre*, Gl. Edrîsî, Amari 454, 6 a f., 3 a f.

حِرْبَاء, *caméléon*, pl. حربياوات dans le Voc. On dit en parlant d'une contrée très-chaude: الْحِرْبَاء بِعَرَائِشِهَا «même le caméléon y est brûlé,» Mi'yâr 9, 7, et au contraire en parlant d'une contrée où il y a beaucoup d'ombre: لَا تَتَأَتَّى لِلْحِرْبَاء حَيَاة «le caméléon ne peut pas y vivre,» Müller 36; cf. Harîrî 504, 519.

حِرْبَايَة *caméléon*, Bc, M. — *Harpie*, femme criarde et méchante, Bc.

حَرْبَانِيَّة la saison depuis le commencement de décembre jusqu'au milieu de février, Descr. de l'Ég. XVII, 327.

حَرْبِيّ *guerrier, martial*, Bc.

حِرَابَة *brigandage à main armée*, *commettre des crimes sur les grandes routes*, Bat. IV, 340, Prol. II, 97, 15 et 16, 98, 1, Berb. II, 97, 11, 346, 5 a f., Amari Dipl. 20, 2 a f., Cartâs 168, 3 a f., Edrîsî, Clim. V, Sect. 1: وبها خيل حرابة ورجال يغيرون على مَن جاورهم, scoliaste sur Moslim 11, dern. l. (mal expliqué dans le Gloss.). — Si la leçon est bonne, ce mot doit avoir un autre sens chez Ibn-Haiyân 95 r°, qui dit en parlant d'un traître et faux dévot: مستحق بالحرابة على اهل القبلة, ce qui semble signifier: «méritant d'être traité en ennemi par les vrais croyants.» — *Affaire*, *combat*; عمل حرابة مع *livrer bataille*, Bc.

حَرَابِي pl. (le sing. n'est pas en usage) *vaisseaux de guerre*, Gl. Edrîsî.

حَرُوبَة mode de musique, Hœst 258.

حَرَّابَة pl. (le sing. ne semble pas en usage) *brigands*, Djob. 122, 1, 180, 18; dans son Gloss., M. Wright a cru à tort que, dans ces deux passages, ce mot a le sens que je donne en second lieu; il y a celui que Lane a noté d'après le TA. — *La garde noire de l'émir de la Mecque*, ainsi nommée parce que les nègres qui la composaient étaient armés de lances («ḥarba»), Abbad. II, 127, dern. l. (où ce mot peut cependant aussi avoir l'autre signification), Edrîsî, Clim. II, Sect. 5: l'émir de la Mecque n'a point de cavalerie, mais un corps de fantassins, وتسمى رجالته الحرّابة, Djob. 96, 7, Bat. I, 381.

محرب *jouteur*, Bc; mais comme «jouter» est chez lui حَارَب, et «joute» مُحَارَبَة, je soupçonne que c'est une faute et qu'il faut lire مُحَارِب.

مِحْرَاب *appartement d'une dame, sa chambre à coucher*, Aghânî 143, 4 a f. — *Petit oratoire*, avec une niche qui indique la direction de la Mecque, Bidp. 237, 3 a f.: مَن قَتَلَ النَّاسِكَ في محرابه, Müller 49, 6 a f., en décrivant une hôtellerie: يشتمل على مأوى الطريق, ومحراب المريد, 1001 N. Bresl. III, 88, 11: فبكت الصغار في مكانها والعبّاد في محاريبها والنساء في بيوتها (pour محاريبها), Macn. I, 124, dern. l.: ونظرت المكان فإذا هو معبد ومحراب وفيه قناديل معلَّقة موقودة وشمعتان وفيه سجادة مفروشة وعليها شاب جالس — مكرسة (au lieu de مكرسة, lisez مكرَّمة, Fleischer Gl. 10), Djob. 175, 1: وقد نصبت وقدامه ختمة مكرَّسة وهو يقرأ فيه محاريب يصلّي الناس فيها (dans ce passage c'est un *pavillon* qui sert d'oratoire, et on le trouve dans le sens de *pavillon*, que Lane a noté, chez Djob. 149, 13, 151, 6, 153, 5). Dans le cimetière à Delhi il y avait un tel oratoire près de chaque tombeau qui n'avait pas de «cobba» ou chapelle funéraire, Bat. III, 149. Dans les 1001 N. II, 13, l. 14, on lit que deux personnes trouvèrent sur une montagne une source d'eau courante, un grenadier et un oratoire, «mihrâb,» et dans sa trad. (II, 239, n. 97) Lane observe: «On voit souvent, dans les pays musulmans, un petit oratoire avec une niche qui indique la direction de la Mecque, et qui se trouve à côté d'une source, d'un puits, d'un réservoir ou d'une grande jarre que l'on remplit d'eau chaque jour à l'usage des voyageurs. Quelquefois il est aussi destiné à être un lieu de repos, puisque c'est une petite chambre couverte d'un toit et ouverte vers le nord.» — *Autel*, Ht; Bc donne aussi ce mot sous «autel,» mais en ajoutant: «lieu qui correspond à l'autel, dans une mosquée, lieu où se place l'iman.» — On lit chez Djob. 81, 12, qu'il y a sur des rideaux أشكال محاريب, sur une muraille محاريب, 85, 1, cf. l. 11, 86, 7, 265, 3. Ce sont des figures qui ont la forme d'une niche; cf. Lane trad. des 1001 N. II, 247, n. 143: «Dans quelques maisons arabes, on forme ou on peint, dans un ou dans plusieurs appartements, une niche dans ou sur une des murailles, afin d'indiquer la direction de la Mecque. Mais plus ordinairement on la remplace par un tapis à prier, dont le patron offre la forme d'une niche, avec la pointe tournée vers la Mecque;» voyez aussi محاريبي. — *Titulus* رشم ومحراب, L.

محارب *brigand à main armée, celui qui commet des crimes sur les grandes routes*, Gl. Maw., Prol. II, 97, 16, 98, 2 et 4, Berb. I, 97, dern. l., Macc. III, 437, 5 a f., R. N. 44 v°: فبينما انا على ذلك اذا يقوم محاربين قد خرجوا علينا واحاطوا بنا واخذوا كل شى كان معنا وعرونا من ثيابنا واخذوا دوابنا (plus bas il les nomme السلابة) وكتفت فيمن كنف Barth I, 465, 2 dern. l.; dans un autre endroit, I, 384, ce voyageur a cru à tort que le mot est محاربي; ce qu'il ajoute sur l'émir Hâmedou n'a rien à faire avec le terme en question, et il est clair qu'il n'a rien compris au fragment de la lettre de cet émir, fragment qu'il a fait imprimer d'une manière extrêmement incorrecte, mais dont il est facile de corriger le texte. — *Jouteur*, voyez sous محرب.

محاربة *brigandage*, Gl. Maw. — *Joute*, Bc.

محاريبي خلعة محاريبي signifie, selon Bat. III, 402: *un vêtement d'honneur qui porte sur le devant et au dos la figure d'une niche*, محراب; voyez sous ce dernier mot, à la fin.

حربث. Article chez Bait. I, 304 d; c'est, dit-il, le synonyme de بلل (voyez ce mot). Le nom espagnol. est بزرور (بعجمية الاندلس) dans A, بندور chez Sonth. et de même dans B, mais sans points, Boul. بيزور.

حربق. للحريف الأملس, chez les botanistes en Espagne, *mercurialis annua*, Bait. I, 318 b. Sonth., qui traduit «ellébore,» a lu خريبق, mais c'est une erreur, car Bait. dit que c'est المهملة بالحاء, et Antâkî: ويسمى حربق بالمهملة املس

خريبيل pl. ات *autour*, Voc.

حرث.

محروث chez Freytag, qui dit que Sprengel écrit محروث. On le trouve avec le *thâ* dans La du Most., dans AB de Bait. I, 84 c, dans A de Bait. II, 226; mais avec le *tâ* dans N du Most., dans B de Bait. II, 226, et Ibn-al-Baitâr II, 491 b, dit formellement que c'est le *tâ* «avec deux points.»

حرث I. Le n. d'act. حراث, Abou'l-Walîd 45, 2, Payne Smith 1388. — *Echouer, donner contre un écueil, sur un bas-fond*, Bc, Hbrt 130, Roland Dial. 588.

II même sens, Bc, Roland. — *Faire échouer, jeter sur la côte*, Hbrt 130.

VII dans le Voc. sous *arare*.

حرث *cultivable; meuble* (terre), *aisée à remuer, à labourer*, Bc.

حرثة نهار. حرثة *journal de terre, ce que peut labourer une couple de bœufs en un jour*, Alc. (jugada de tierra, vebra [= huebra] obra de un dia).

حرثة *labourage, culture*, Ht.

حراث, à Damas, par plaisanterie, *flâneur*, Djob. 267, 2 a f., proprement: celui qui «laboure» les rues, les places publiques, etc.

تحريث *naufrage*, de Sacy Chrest. III, 341, n. 42, Hbrt 131.

محرث pl. محارث *charrue*, Belâdz. 8, 4 a f. (dans le Gloss. ce محارث est considéré à tort comme le pl. de مَحْـرَث, car ce dernier mot forme au pl. مَحَارِيث), Ht.

مَحْرَثَة *champ labouré*, Alc. (arada).

مَحَارِيث pl. مَحَارِيث, dans le sens de *charrue* (Lane), Abbad. II, 151, 4, Auw. I, 66, 13, 308, 4, 521, 2 a f., Prol. I, 258, 1, 1001 N. IV, 703. Aussi dans le Voc. et chez Alc. (arado); signalé comme un mot vulgaire par Aboû'l-Walîd 419, 27.

حرج I *se fâcher, se mettre en colère*, Voc., Alc. (correrse de lo que dizen (cf. Victor), enbravecerse, encenderse en ira, enojarse con ira; sous ensañarse il a la IIe forme, mais c'est sans doute une erreur), 1001 N. Bresl. XII, 113, 6: اغتمّ غمًا شديدًا وحرج ; حروجًا قويًا; Fleischer (Préface, p. 17) veut lire حَوْجًا, mais comme le peuple disait حَرَج (Voc., Alc.), et non pas حَرْج, il a formé régulièrement le nom d'act. حُرُوج; plus loin on en trouvera un autre exemple.

II c. على p. semble signifier, en parlant du cadi, *défendre à quelqu'un de porter plainte*, Mohammed ibn-Hârith 312, en parlant d'un juge qui donne tort à un accusateur: فحرّج على القُرَشِي ودفعه عنه (dans le man. فحرّج), 320: je voulais intenter un procès contre un tel, mais on me calomnia auprès du cadi: فكنتُ اذا اتيتُ مجلسه حرّج على امام الناس — C. على r. *défendre de, prohiber*, Hbrt 209, Bc. — C. على p. *adjurer, commander au nom de Dieu de faire*, Mohammed ibn-Hârith 261: حرّجتُ عليك بالله العظيم ألّا اذا متُّ فانهب الى قرطبة ثم الحجّ (toutes les voyelles dans le man.). Je crois que ce verbe a le même sens dans cette expression que donne Bc: وصّاه في دعوة وحرّج عليه, et qu'il traduit par: « recommander fortement une affaire à quelqu'un; » c'est proprement: « et il l'adjura » (d'en prendre soin); le M explique حرّج على par شدّد. — C. في r. *persévérer dans*, M. — C. a. p. *mettre quelqu'un en colère*, Voc., Alc. (correr a otro, enojar a otro, ensañar a otro, molestar enojando, provocar a yra). — En parlant d'une marchandise qu'un huissier-priseur vend en public, *atteindre son plus haut prix*, M.

IV c. a. p. *rendre quelqu'un triste*, Djob. 221, 3. —

Mettre quelqu'un en colère, Macc. I, 302, 14, 320, 5, 376, 3, 586, 9, II, 511, dern. l. (où il faut lire فاحرجت, cf. Add. et Fleischer Berichte 79), 1001 N. I, 214, 5 (où il faut substituer un *hâ* au *khâ*).

V *s'abstenir* d'une chose, comme d'un crime, ne se construit pas seulement c. من r. (Lane, Abdarî 111 v°), mais aussi c. عن r., Macc. I, 556, 20, Berb. II, 191, 8, 334, 2 a f. (où il faut substituer un *hâ*, comme dans notre man. 1350; au *khâ*). — *Se fâcher, se mettre en colère*, Alc. (ayrarse, enbravecerse).

حَرَج *garniture, ameublement*, Cherb.; *matériaux*, Cherb. Dial. 64, 200; جميع حَرَج الطريق, tout ce qui est nécessaire pour la route, Martin 129.

حَرَج vulg. pour حَاجِر, M.

حَرَج *prohibition*; المجنون ما عليه حرج, Bc. — *Chose indécente*, Becrî 18, 12. — *Colère*, et aussi *promptitude à se fâcher*, Voc., Alc. (ayramiento, alteracion enojo, braveza, despecho, enojo ira subita, enojo ira que dura, enojo que hombre recibe, furia o furor, molestia, saña, saña con causa), Mohammed ibn-Hârith 279: وكان الاعرج ضيق الخلق شديد الحرج, Macc. II, 49, 4, 555, 9, Abbad. II, 204, 1. — Pl. حُرْجَان (comme بَلَد de بُلْدَان, etc.), Prol. I, 240, dern. l.; il résulte de ce passage que c'étaient des objets composés de pièces de bois; comparez Lane à la fin; de Slane traduit « des bâts de chameau. »

حَرِج, pl. حَرْجَى et حَرْجَن, *en colère, courroucé, fâché*, Voc., Alc. (ayrado enojado, alterado, corrido, despechado por enojado, enojado, irado subitamente, sañudo), Abbad. II, 119, 3 a f., 1001 N. Bresl. XI, 29, 12, où il faut lire: وحرج الملك وهو حرج, au lieu de برج; dans l'éd. Macn. IV, 486, 4 a f.: وهو ممتنع بالغضب, ce qui revient au même. — *Terrible, cruel*, Alc. (terrible con crueldad).

حَرْجَة *colère, haine, aversion*, Gl. Bayân; ajoutez Alc. sous enconamiento.

حِرَاج Comparez avec de Sacy, déjà cité par Freytag: Macrîzî, man., II, 355: وينادى فيه على الثياب حِرَاج حِرَاج, 1001 N. Bresl. IV, 347, 7: ونادوا عليه حراج مَن يشترى صندوق بمائة دينار, Aranda 16: « criant *Arrache, arrache*, ce qui veut dire: Qui offre le plus? » Lane M. E. II, 16, Ztschr.

XI, 492. — *Criée*, proclamation de vente d'un bien, encan; بَاعَ حَرَاجًا *vendre à l'encan*, Bc; selon M, الْحَرَاجُ est quand la marchandise que l'huissier-priseur vend en public, a atteint son plus haut prix, et سُوقُ الْحَرَاجِ est سُوقُ الدَّلَالَةِ.

خُرُوجُ الْعَيْنِ, خُرُوج *est quand un œil est tourné en dedans*, Alc. (entortadura de un ojo, cf. Victor). Comparez chez Lane, sous la Ire forme, خَرَجَتِ الْعَيْنُ, et voyez, pour ce qui concerne le nom d'act. خُرُوج, ce que j'ai dit moi-même sous la Ire forme.

حَرَاج *triste, mélancolique*, Alc. (malenconico). — *Enclin à la colère, cruel, terrible*, Alc. (bravo).

حَارِج pl. حُرَّاج *en colère, courroucé, fâché, furieux*, Alc. (enojado, furioso).

تَحْرِيجِي *prohibitif*, Bc.

بِضَاعَةٌ مُخَرَّجَة ,مُخَرَّجَة *contrebande*, Bc.

حرجل.

حَرْجَل espèce de *sauterelle*, Baït. I, 304 b, Aboû'l-Walîd 258, 6, Payne Smith 1367.

حَرْجُول même sens, Payne Smith 1367, Man. Escur. 893, où ce mot est écrit correctement, pas جرجول comme donne Casiri I, 320 a.

حرح.

حَرِيح *lascif*, L (lascivus, libidinosus).

حَرَاحَة *impudicité, luxure*, L (inpudicitia, luxuria).

— *Saleté*, L (squalida حَرَاحَة وحراحة مَرَّتَة).

حرخ. I *s'échauffer*, Ht.

حَرْحُو جرحو الصَّخْرِ *pulmonaire*, espèce de mousse qui vient sur les chênes, sur les pierres, Bc.

حرد II *crier et tempêter*, L (baccare c.-à-d. bacchari) (تَحْرِيد وتشديد).

IV, c. a. et على, semble le causatif de حرد على فلان « être fâché contre quelqu'un, » et signifie par conséquent: *exciter, animer* quelqu'un *contre* un autre, Amari 175, 4 a f.: وأحردوا السلطان على طبرمين Bayân II, 183, 4 a f.: ils avaient commis des crimes أَحْرَدَتْهُ عَلَيْهِمْ. Ceci peut servir à corriger ce que j'ai dit dans le Gl. Bayân; dans le premier passage qui y est cité (I, 26, dern. l.), il y a une faute,

car au lieu de أجرد, il faut lire, comme dans Athîr IV, 409, 15, أَحْرَدَ.

VI. مُتَحَارِد *passionné*, Payne Smith 1300.

حردة. Chez Hbrt 83 on trouve *fripier* traduit par بَائِع حردة et par عتقى. Je ne comprends pas comment la première expression pourrait avoir ce sens, mais *tripier* conviendrait fort bien, car حِرْدَة (voyez Lane) signifie « tripe. »

حَرِيد *iratus* dans L; حريد النفس *fougueux, prompt à s'échauffer*, Mohammed ibn-Hârith 309: كَانَ قَرِبًا جَلْدًا حَرِيدَ أَنْفَسِ مَعَ كَبْرَة السِّنّ. — أَحْرَدُ = (sordidus, vilis), Gl. Mosl.

حَرَّدَ = تَحْرِيد, maladie dans les pieds du chameau, Gl. Mosl.

مُحَرِّد L: *sevus* شَرِيرٌ وَمُحَرِّد.

حردب.

حَرْدَبَة vulg. pour حَدَبَة, M.

حَرْدَبَة et حَرْدَبَة *la bosse du chameau*, M.

حَرْدَمْبَان = عنبر, Most. sous ce dernier mot (les voyelles dans N).

حَرْدُون chez Alc. (camaleon animal como lagarto) *caméléon*.

حُرَيْدِنَة *diminutif de* حردون, voyez sous حُنَيْتِشَة.

حرز I *valoir, être d'un certain prix, avoir un prix*; يَحْرِز « chaque chose a son prix; » كُلُّ شَىْءٍ يَحْرِزُ ثَمَنًا *grave, important, de conséquence, sérieux*; مَا تَحْرِز (le tâ en deux endroits différents) ou هَذَا شَىْءٌ مَا يَحْرِزُ ou *cela n'en vaut pas la peine*; شَىْءٌ مَا يَحْرِزُ *minutie, bagatelle*, Bc.

II *fortifier* une ville, Gl. Belâdz.

IV. La signification de « *préserver, garder, prendre soin de*, » s'est modifiée, car ce verbe s'emploie aussi dans le sens de: *regarder fixement*, Berb. II, 146, 3: وأقام على ذلك أربع عشرة سنة وعيون المطروب تَحَرَّزَ والأيام تستجمع لحربه (le Malheur avait les yeux fixés sur lui). — *Acquérir, gagner, obtenir*, p. e. l'argent, les armes, etc., qui se trouvent dans le camp d'un ennemi qu'on a vaincu, Fragm. hist. Arab. 420, 4 a f., ou un pays dont on a vaincu les dé-

fenseurs, Gl. Belâdz. Calâïd 209, 8: أَحْرَزَ مِنَ البلاغة
مَا. Voyez aussi Lane sous خَصَّلَ. A la fin de son article sur حرز IV, ce lexicographe cite incorrectement un proverbe qui n'a rien à faire avec cette IVe forme, et qui doit être placé sous le substantif حِرْزٌ, qui manque chez Lane. Cette faute a été corrigée dans le Gl. Belâdz.

V. تَحَرَّزَ على نفسه *prendre ses précautions*, Gl. Abulf. — *Se fortifier dans un poste, s'y retrancher, y faire des dispositions qui mettent en état de tenir contre l'ennemi*, Gl. Fragm. — تَحَرَّزَ في نقل النسخة *faire une copie avec beaucoup de soin et d'attention*, Abdal-wâhid 220, 4 a f.

VII dans le Voc. sous *custodire*.

VIII c. عن *éviter*; احتراز *circonspection*, محتنز *circonspect*, Bc.

حِرْزٌ, *amulette*, forme au pl., non-seulement أحْرَاز (Lane, Voc., Cartâs 168, 5 a f.), mais aussi حُرُوز, Voc., Alc. (nomina), Ht, Cherb. Dial. 107. Selon Ouaday 703, « *hourouz* » ne signifierait pas proprement amulettes, mais les étuis cylindriques dans lesquels ils sont placés; c'est une erreur, car ces étuis ont d'autres noms; cf. p. e. Koseg. Chrest. 73, 4 a f.:
وكان مع ستى قضبة فضّة فيها حرز كتبه للحكيم دقفان
On attache des amulettes à tout ce qu'on aime, à des animaux, à des choses inanimées (Hœst 223, où il faut substituer حرز à حرش), et surtout au cou des chevaux; voyez Jackson 247, Riley 485; de là vient que Hœst 118 donne « *hers* » dans le sens d'*ornements au cou du cheval*. Bc, sous *amulette*, prononce حرز, pl. حُرُوز, et Davidson 96 écrit aussi: « *horse, a leather charm*. » اعطيته هذا في حرز مثله je lui ai donné cela en prenant en gage un objet de même valeur, » Bc.

حرز voyez l'article qui précède.

حَرَزٌ, mal expliqué par Freytag (« *omne id quod cavetur* »), signifie: *tout ce qu'on obtient*, Gl. Belâdz., où l'on trouve des détails sur l'hémistiche que récitait Abou-Becr et qui a passé en proverbe: وَا حَرَزَا وَأَبْتَغِى النَّوَافِلَا. Lane l'explique, mais en le citant d'une manière inexacte, sous la IVe forme du verbe.

حَرْزٌ (?), pl. حرز ات et حِرَزٌ (?). En parlant d'une plante, حَرْزَةٌ من ترابه *motte, la portion de terre qui tient aux racines des plantes, quand on les lève ou qu'on les arrache*, Auw. I, 170, 4 a f., 172, 12 (2 fois), 179, 6, 184, 20 et 21, 215, 4 a f., 250, 18, 268, 9. Peut-être faut-il lire le pl. حِرَزٌ, qui aurait alors le sens de *tas, monceau*, dans Khallic. IX, 31, 7 a f.: عبد الله خرز عظام اتّخذها من الحجارة. La leçon ونصّب بعضها الى بعض في البحر المالح خرز est, selon M. de Slane (trad. III, 486, n. 16), celle de tous les man.; mais il doute qu'elle soit bonne et je suis du même avis.

حِرَازٌ *custodia* dans le Voc.

حَرَّازٌ *celui qui écrit des amulettes*, Voc.

أَحْرَزُ *plus fortifié, très-bien fortifié* (lieu), Bidp. 240, 3 a f. (corrigé dans les notes critiques, p. 106). — *Celui qui, dans l'hippodrome, remporte le plus souvent la victoire*, Bassâm III, 99 r°: احرز كلّ ميدان.

محترز *mode de musique*, Hœst 258 (*mohárza*).

مَحْرُوزٌ *en bon état* (cheval), Daumas V. A. 184 (qui écrit mal à propos un *khá*, au lieu d'un *há*).

حَرْزَقَ I. Exemple: P. Badroun 132, 4.

حَرْزُونٌ, pour حلزون, *limaçon*, Voc.

حرس I *faire la garde, faire sentinelle*, Bc; c. على de la personne à la sûreté de laquelle on veille, Amari 187, 3. Aussi c. acc. p., mais alors ce verbe a un double sens, à savoir celui de *veiller à la sûreté de quelqu'un*, *le garder*, et celui de *surveiller quelqu'un* (Bc à ce verbe sous *surveiller*), p. e. l'ennemi qui médite une attaque. On le trouve d'abord avec le premier sens et ensuite deux fois avec le second, dans un passage du R. N., 63 r°, où on lit: Quand Obaidallâh le Chiite se fut rendu maître de l'Ifrîkiya, Djabala quitta le Caçr at-toub et vint s'établir à Cairawân, فقبيل له اصلحك الله كنت بقصر الطوب تحرس المسلمين وثرابط فتركت الرباط والحرس ورجعت الى هاهنا فقال كنّا نحرس عدوّا بيننا وبينه البحر فتركناه واقبلنا نحرس الذى قد حلّ بساحتنا لأنّه أشدّ علينا (j'ai corrigé deux fautes dans ce passage, car le man. porte عدوسا et ولاته). — *Sauver, éviter, parer un coup*, Bc.

حرس 270 حوش

II c. من *prémunir, précautionner contre*, Bc.

V *faire la garde, faire sentinelle*, Cartâs 172, 16. — C. من *se défier de*, Bc. — C. من *éviter*, Bc.

VI *faire la garde, en parlant de plusieurs personnes*, Kâmil 693, 6: فمكثوا اياما على غير خنادق يتحارسون ۞

VIII *agir, parler avec circonspection*, Weijers 45, 8 a f. — *Se mettre en défense*, Bc. — *Faire la garde, faire sentinelle*, Cartâs 218, 8 a f.

X c. من *se défendre, se tenir en garde, se garantir; aviser à, prendre garde à, parer à, se précautionner contre, se prémunir, se défier de;* من الشر «*prévenir le mal;»* — c. على *garder, conserver;* على جايية *se ménager une protection, se la procurer, l'avoir en réserve*, Bc.

حَرَس Biffez dans Freytag: «*sæculum, tum tempus opportunum*, Vit. Tim. ed. Mang. I, 282,» car dans ce passage c'est حَرَس, *gardes*, comme Manger a traduit. — *Circonspection, précaution;* يحرس *studieusement;* يحرس عظيم *précieusement, avec grand soin*, Bc.

حَرَسَى pl. حَرَسِيَّة *un soldat destiné à garder une place*, Maml. I, 1, 33, de Sacy Chrest. II, v, 2. — *Agent de police*, Voc. (avec حَرَس comme pl.), Daumas V. A. 402.

حِرسان *rougeole*, Bc.

حَرَّاس *gardien*, Gl. Maw.

حريس *réservé, circonspect, prévoyant, soigneux*, Bc.

حارس *agent de police*, pl. حُرَّاس, Palgrave II, 331. — *Garde des bois, garde forestier*, Alc. (saltero o montaraç). — *Garde des jardins*, Domb. 104. — Dans les bains publics: *le maître garçon*, Lane M. E. II, 52. — الحارس *l'ibis*, de Sacy Chrest. II, 15.

أحرس *plus sûr, plus en sûreté*, Gl. Maw.

مَحْرَس pl. مَحارس *une enceinte fermée de murs et assez grande pour loger une petite garnison, où les zélés musulmans se réunissaient pour faire la guerre aux non-musulmans*, Gl. Edrîsî, Athîr VII, 196, 7, Aghlab. 49, 2 a f., 55, 2 a f., Amari 239, 5, Léon 581, où c'est un nom propre: «Machres castellum nostris temporibus ab Afris eam ob causam ad fretum Cabes conditum, ut regionem illam ab hostium incursionibus tutam servarent.» — *Caserne*,

Gl. Edrîsî. — *Un bâtiment destiné à loger les étudiants, les moines, les voyageurs et les pauvres*, Gl. Edrîsî. Je crois devoir restituer ce mot dans les 1001 N. IV, 314, 10, où il est question des rues et des مخارز d'une ville; dans l'édit. de Bresl. X, 344, 3 a f., on lit مخارس, ce qui est bon si l'on change le khâ en hâ. — *Une échauguette, une guérite en un lieu éminent dans une place forte pour découvrir ce qui se passe aux environs, ou bien un beffroi, une tour, d'où l'on fait le guet*, Gl. Edrîsî. — Au Maroc, مَحارس *garde ou escorte*, Barth I, 384.

مَحْرُوس *celui qui fait sentinelle, qui guette*, Alc. (atalayador).

حرسنة nom d'une plante dont on mange la racine, M.

حَرَش I, n. d'act. حُروش; *déterrer, exhumer, retirer un corps de la sépulture*, Alc. (desenterramiento de muerto ۞ حروش).

II *agacer, irriter*, Ht. — حرش لخلق *ameuter, soulever, attrouper le peuple*, Bc.

III voyez plus loin مُحارَشة.

V *harceler*, Abou'l-Walîd 144, 17: من تحرش آفتك في فيبت, cf. n. 27.

VI c. على p. *harceler, provoquer, et harceler, fatiguer par des attaques;* — c. في p. *faire une niche à quelqu'un*, Bc.

VIII c. في *se jouer à quelqu'un, l'attaquer inconsidérément*, Bc.

حَوْش voyez حَوْش.

حِرش, pl. أحراش et حُروش, *bois, forêt, futaie*, Bc, Hbrt 55, M, Fâkihat al-kholafâ 2, l. 10; حرش ou حبش, *forêt*, mais en Syrie on applique souvent ce terme à des endroits où les arbres sont à vingt pas l'un de l'autre,» Burckhardt Syria 266. — جاجة للحرش *bécasse*, Bc (pour دجاجة). — Le pl. حروش *des plaines couvertes de roches basaltiques*, Jackson 69, 78 n., 108 (qui écrit «harushe»). — *Melon*, Bc; en ce sens c'est peut-être حرش.

حرش, *rude*, âpre au toucher, Bc, se prononce aujourd'hui en Afrique حَرْش, chez Ht *raboteux, rugueux;* Jackson 38 donne comme un des noms du rhinocéros: «boh girn el harsh, the father of the

حرشف   271   حرف

hard horn» (أبو القرن الحُرْش). — Petite verroterie verte, ou bleue, ou jaune, Ouaday 336 (harich); Browne II, 95, écrit «hersch» et dit qu'on la fait à Jérusalem.

حَرْشَايَة *grès*, Cherb.

حَرِيش *espèce d'arme qu'on lance* (?), voyez Ztschr. IX, 547, 592, n. 129.

حَرَاشَة *aspérité, rudesse, dureté*, Bc.

حُرُوشَة *âpreté, rudesse*, Voc., Alc. (aspereza), Ht, Haiyân-Bassâm I, 173 v°.

حَرِيشَة *linge fin*, Domb. 83 (horîcha), Ht (harrîcha), Hœst 269 (haricha).

حَارِش *pustules sur la langue*, Bait. II, 438 v°; cette leçon, qui est sans doute la véritable, se trouve dans le man. E; dans les autres la dernière lettre est un *sin*.

أَحْرَش *âpre, rude au goût*, Alc. (aspero al gusto). *Intolérable*, L (intolerabilis احرش شديد الذي لا يحتمل). — L donne: *calvaria* أَجْرَد أَحْرَش; probablement (اجرد l'indique), comme *calvero* en esp. (cf. *calveta* chez Ducange), *terrain stérile*. — شَاشِيَة حَرْشَاء *coiffure grossière de fabrication européenne*, Ghadamès 42. — الحَرْشَاء *la femme qui passe pour porter malheur*, Daumas V. A. 176. — حَرْشَاء *roquette*, Sang.; = خردل برّي, Bait. I, 244 b. — Le pl. حُرْش doit désigner une certaine classe de serfs, Gregor. 36, où une autre classe de serfs est nommée مُلْس (voyez sous أَمْلَس).

تَحْرِيشَة *dessert composé de fruits secs*, Cherb.

مُحَرِّش *provocateur*, Daumas Mœurs 313, où il faut substituer «mehharechine» à «mecherahhin» (Daumas MS).

مُحَارَشَة R. N. 83 v°: وكان بيّنه وبيّنه محارشة «ils se harcelaient sans cesse,» Aboul-Walîd 143, n. 27.

حَرْشَف *artichaut*; voyez sur cette orthographe Gl. Esp. 86, 1—3.

حرص I, *désirer ardemment* une chose, se construit aussi avec على, Ibn-Batouta, man. de M. de Gayangos, 28 r°: حرصت المرأة أن تزوّجه (l'édit. I, 175, 1, porte: فرغبت في تزوّجه). — *S'appliquer*, Delap. 114, à une

chose, y apporter beaucoup d'attention, de soin, de zèle, c. في ou c. على r., Voc. — Pour la dernière signif. chez Lane, voyez Gl. Mosl.

II c. a. p. et في ou على r. *exciter* quelqu'un à s'appliquer à, Voc.

حِرْص, *âpreté*, qualité de tout ce qui est âpre, Bc.

حَرِيص. Le pl. حُرْص, Payne Smith 1181. — C. في *assidu à*, Voc. — *Intéressé, attaché à ses intérêts*, Bc. — *Désireux de faire le bien*, Alc. (codicioso de bien). — *Avide de plaisirs*, Bidp. 203, 2, Valeton II, 5; tel est le sens que Valeton attache à cet adjectif dans ces deux passages, mais peut-être y signifie-t-il plutôt: *avide de richesses*, ou *d'honneurs*.

حرّض II, *exciter à*, se construit aussi c. الى r., Abbad. I, 224, 2. Ce verbe s'emploie aussi d'une manière elliptique, sans qu'on nomme la personne, ou les personnes, qu'on excite à faire une chose, Lettre à M. Fleischer 67. — *Défier, harceler*, Ht.

V dans le Voc. sous monere.

حَاجَر مرار البقر = حرضة, Most. sous ce dernier terme.

حرطوج ? Formul. d. contr. 1, en parlant d'un mulet: قصير لحرطوج سالم من العيوب.

حرف I. حرف المزاج *déranger la santé*, Bc. On dit: حرف على فلان *déranger la santé de quelqu'un*, Ztschr. XX, 509, 15 et 18 (à sous-entendre المزاج).

II. Les paroles qu'on trouve Prol. II, 195, 3 a f.: لم يصحّ منها قول الّا على تأويل تحرّفه العامّة, doivent signifier: «ce poème ne renferme pas une seule prédiction qui soit vraie, à moins qu'on ne l'interprète d'une manière arbitraire, ainsi que font les gens du peuple»; mais bien que l'auteur ait voulu dire cela, il me semble qu'il s'est exprimé incorrectement en disant حرف تأويلا. — حرف المزاج *déranger la santé*, Voc. — *Facetter, tailler à facettes*, Alc. (arrebañar, تحريف arrebañadura, Bc محرّف taillé à facettes). — *Détourner, soustraire avec fraude, voler*, L (abstuli أنزع وأحترف), Alc. (apañar robar, hurtar), surtout du bétail, Alc. (hurtar ganado, تحريف الغنم hurto de ganado), ou des choses sa-

حرف 272 حرف

créés, Alc. (تحريف hurto de lo sagrado). — Dans
le Voc. c. a. sous artificium et sous indignari. —
Dans L: *arto* (c.-à-d. *arcto*) أَضَيِّق وأُحرِّف. — Voyez
sous III.

III c. a. p. et ب r. *donner à quelqu'un une récompense, une rétribution*, 1001 N. I, 60, 10: هل
معكم شىء تُحارفنا به «avez-vous quelque chose (de
l'argent) pour nous récompenser?» — C. a. p. *chercher à plaire à une femme, se montrer galant envers
elle*, 1001 N. Bresl. XI, 363, 4; en ce sens le nom
d'act. حراف, *ibid.* 347, 5, où je lis ما لك, en deux
mots: ما لك بالحراف «pourquoi te mêles-tu d'intrigues
galantes?» Mehren 27 donne حرف et حارف dans le
sens d'*aimer, caresser*. — *Tromper, duper, jouer un
tour à quelqu'un*; Bc donne مُحارفة sous *biaisement,
détour pour tromper*, et sous *adresse*, ruse; M:
مُحارَف في المعاملة الاحتيال طمعًا, *dupe, qui
est trompé*, Ztschr. XX, 494, 5 a f.; mais حراف se
prend dans le sens d'*être dupe*, Ztschr. XX, 494, n.
2, 495, 5 et n. 1.

V. تحرّف المزاج *la santé s'est dérangée*, Voc.

VI c. على p. *biaiser, employer la finesse, enjôler,
cajoler, subtiliser, tromper subtilement, jouer un tour
à quelqu'un*, Bc; M: يتحارف عليه في البيع وغيره احتَل.

VII *décliner*, en parlant des astres, Bc. — *Biaiser,
aller de biais*, Bc; بانحراف *de biais, obliquement*,
Auw. I, 531, 10, où il faut lire avec le man. de
Leyde: ولّـيكُن ترتيبُهم امام واحد بانحراف. — أحرف عن الاعتدال
signifie *s'éloigner du juste milieu*,
Prol. I, 159, 4; الأحرف seul s'emploie dans le même
sens et le nom d'act. peut se traduire par *les extrêmes*, comme l'a fait de Slane; voyez Prol. I, 148,
12 (où l'opposé de المنحرف, 149, 12,
150, 3, 151, 7, 152, 14, 158, 15, etc. Chez Macc.
I, 152, 6: des troupes de Berbères منحرفة الطباع
خارجة عن الاوضاع «d'un naturel singulier et qui
s'écartaient des usages reçus.» انحراف *singularité*,
manière extraordinaire d'agir, de parler, qui prête
au ridicule, Macc. II, 509, 3. — Voyez انحراف.

VIII *s'ingénier*, chercher dans son esprit des moyens
de succès, Bc.

على حرف الحانوت *plage*, rivage de mer, Bc. —
sur le devant de la boutique, Martin 32. — *Syllabe*,

Alc. (silaba). — Chez les algébristes, حُروف *signes
de notation*, Prol. III, 96, dern. l., avec la note
dans la trad. III, 134, n. 2. — علم الحرف, *science
de la lettre*, est un procédé cabalistique, consistant
à disposer les lettres de l'alphabet arabe d'une certaine manière, dans des carrés magiques, J. A. 1865,
II, 382, 1866, I, 313. — *Pivot*, Edrîsî ۱۸۳, 6, Ibn-
abî-'ç-Çalt, Traité de l'astrolabe, man. 556 (2), chap.
1: حرف العضادة الذى تستعمله في جميع الاعمال هو
حرفها المارّ بمركز الاسطرلاب المنطبق على كل واحد من
الخطّين المتقاطعَين على ظهره; de même dans le traité
de Bîroûnî sur le même sujet, man. 591 (4), qui
emploie aussi l'expression حرفة العضادة. — Doit avoir
chez les fabricants de cordons de soie un sens qui
m'est inconnu, voyez sous سنبلة.

حرف *cresson*. On lit dans le Gl. Manç.: le بابلى
est le rouge, qui est le meilleur; quant au blanc,
la plupart des modernes pensent que c'est le حرف
السطوح, et ils l'identifient avec le بابلى [ainsi chez
Baït. I, 301 b], ce qui est une erreur. حرف السطوح
thlaspi bursa pastoris, Baït. l.l. حرف مشرقى *lepidium draba*, Baït. *ibid.* c; حرف الماء *cardamine pra-
tensis*, Baït. I, 302 b.

حرف = حريف, Payne Smith 1384.

حرفة *corporation*; اهل الحرف *les artisans*, Bc; il
semble prononcer حُرَف, attendu qu'il donne le pl.

حرفة. — حرفة الأدب, proprement *le malheur de la
correction*, c.-à-d. *la leçon du malheur*, est une expression que Tha'âlibî emploie dans sa Yatîma, quand
il dit en parlant du poète Abou-Faras ibn-Hamdân:
«il reçut *la leçon du malheur* et fut fait prisonnier
par les Grecs.» On s'en sert aussi dans le sens d'*une
mort prématurée*, de Slane trad. d'Ibn-Khallic. II,
45, n. 6. Dans le vers 1001 N. I, 22, 1, il faut
lire, je crois, حرفة للحرفة, au lieu de حُرفة.

حرفى موصول حرف *particule conjonctive*, Bc.

حرفى *artisan*, Voc.

حريف *chaland, acheteur*, Ht, R. N. 28 rº: وصاحب
الحانوت انما هو بالحرفاء فاذا جاءك حريفك اليوم ولم
يجئك — *Amant*, Mehren 27, استبدل بك غيرك

1001 N. Bresl. XI, 142, 1, 151, dern. l., XII, 400, 3, 4, 5.

حَرَافَة, *âcreté*, est حَرَافَة, et non pas حَرَافَة, comme chez Freytag et Lane, dans le très-bon man. d'Ibn-al-Djauzî, qui dit en parlant de vieux fromage: وكلّما اشتدّت حرافته كان أضرّ, et dans A de Bait. I, 2 b. — Au fig., en parlant de l'odeur, Gl. Manç. in voce. — *L'âcreté et l'ardeur qui surviennent aux parties du corps excessivement échauffées, inflammation*, Chec. 187 v°: وكان خلط هذا الورم يقتضى الحدّة والحرافة, 209 v°: الحادث عن حرارة وحرافة. La première lettre a constamment un *kesra* dans cet excellent man. — *Adresse, dextérité*, Bc.

حَرُوفَة = حَرَافَة, Payne Smith 1384.

حَرَّاف, *voleur*, Voc.; l'éditeur (p. xxviii) a eu tort de vouloir changer ce mot; Alc. a aussi حَرَّاف الغَنَم *voleur de bétail* (hurtador de ganado) et comparez sous la II° forme.

أَحْرَف *le plus grand niais*, Ztschr. XX, 495, 10, où M. de Goeje avait traduit ce mot par *hals*, qui, en hollandais, signifie *niais*; mais le rédacteur du journal, qui ne le comprenait pas, l'a changé en «Betrüger» (trompeur), ce qui donne un contre-sens. Fleischer (*ibid*. XXI, 275) a corrigé cette erreur, mais sans en connaître l'origine.

مُتَحَرِّف voyez sous حَرَف.

مُنْحَرِف *réfringent, qui cause une réfraction*, Bc.

انْحِرَاف *dérive, détour de la route*, t. de marine, Bc. انحراف الشعاع *réfraction, réfrangibilité*, Bc.

انْحِرَافِي *indirect*, Bc.

مُنْحَرِف ou شبيه بالمنحرف *trapézoïde*, figure de quatro côtés dont deux sont parallèles, Bc. — ساعة منحرفة *cadran vertical*, Bc. — العضادى المنحرفة est l'alidade ou règle mobile de l'astrolabe, dont on a coupé une partie du métal des deux côtés, Wœpcke, Ueber ein in der königl. Bibl. zu Berlin befindliches arab. Astrolabium, p. 3.

حرفش

حَرْفَشَة *la grossièreté, l'état d'un homme de la plus basse classe*, Maml. I, 2, 197.

حِرْفِيش et حَرْفُوشَة, pl. حَرَافِيش et حَرَافِشَة, *un homme de la plus basse classe*, Maml. I, 2, 195—7; حَرَافِيش *canaille*, Bc; Bat. I, 86, IV, 318. Il faut restituer ce mot chez Khatîb 135 v°: كان شيطانا تميما للخلق, lisez: تميم للخلق حرفوشا, حدفوشا, et dans les 1001 N. Bresl. IV, 138, 4, 5 et 14, 139, 1; la bonne leçon se trouve 139, 12, 140, 1, 2, etc. Habicht a écrit sur ce mot une note ridicule (Gloss. du t. IV, p. 28), que Fleischer n'a pas corrigée. Chez Alc. c'est «roncero,» terme qu'il emploie dans un sens que je ne trouve pas dans les dictionnaires, à savoir dans celui de *vagabond*, car il traduit aussi «roncero» par زلّاع, qui, chez lui, est également «mostenco o mostrenco» (= مَتْلوف), «vagabond.»

حرق I *incendier, brûler, mettre le feu à*, Bc, فى العسكر «mettre le feu au camp,» فى نواحى المدينة, Gl. Belâdz., où on lit que la II° forme s'emploie en ce sens, mais je crois que c'est la I°. On emploie حَرِيق comme nom d'act., Catal. des man. or. de Leyde I, 154, dern. l.: واتّفقوا على حريقه ما يقدرون (pour يقدروا). — عليه من أماكن المسلمين *Rôtir*, brûler (soleil); *brouir*, Bc. — *Hâler*, rendre basané, Bc. — *Cuire des briques au feu*, Bcrf 50, 7, où il faut substituer un *ha* au *kha*. — *Cuire, causer une douleur âpre et aiguë*, p. e. تحرقنى عينى «l'œil me cuit,» Bc. — حرق القلب *faire mal au cœur*, causer du déplaisir, Bc.

II *attiser*, Ht. — *Ruiner*; حرّق *il est bas percé, presque ruiné*, Bc.

IV *havir, dessécher*, Bc. — احرق الدم *inflammer le sang*, l'échauffer, Bc. — احرقه للجوع «la faim lui causa une douleur âpre et aiguë,» 1001 N. I, 416, 7. — *Tirer un feu d'artifice*, J. A. 1850, I, 256—7.

V au fig., *brûler, désirer ardemment*, Djob. 330, 14: en entendant parler des lieux saints يذوب شوقا وتحرّقا. — *Être rongé par le chagrin*, Kâmil 746, 13.

VII *brûler*, v. n., Bc.

VIII. On dit احترى للحريف *l'incendie commença, se déclara*, Catal. des man. or. de Leyde I, 155, 13, 156, 1. — احترق بالشمس *se hâler, être noirci par le hâle*, Alc. (enbaçar hazerse baço). — *Se brûler*,

Bc. — *Se passionner, s'emporter*, Bc. — *Brûler de zèle*; de là اِحْتِراق *zèle*, Liber Josuæ p. 12 éd. Juynboll.

حَرَق حرق الشَّمْس *feu, supplice*, Bc. — حرق الشَّمْس *hâle*, Bc.

حَرْقَة *brûlure*, Bc, Ht, Daumas V. A. 425; ce mot s'emploie souvent par imprécation, Bc. — *Incendie*, Ht. — *Feu*, au fig., *chaleur*, *ardeur*; بحَرقَة *ardemment*, *passionnément*; تكلَّم بحَرقَة *parler avec vivacité, ou avec feu et colère*, Bc.

حُرْقَة, le pl. حُرَق, Abbad. III, 200. — Avec le même pl., *contrition, regret qu'on éprouve d'avoir péché*, Voc. — *Affection, amour*, L (affectus حُرْقَة. — (وقواء وشفاعة ومحبَّة حُرَق dans les 1001 N. Bresl. XII, 317, 7? voyez sous حَدْفَة.

حرق *espèce de scorie*, Most. v° خبث الفضّة; leçon de N, Lm avec le *khâ*.

حرقان *cuisson, douleur du mal qui cuit*, Bc.

حراق, حراق للجلد *engelure*, Bc.

حَرِيف *brûlure*, Ht. — *Douleur*, Domb. 88, Ht. — Voyez sous la Irᵉ forme. — *Ulcères*, L (ulcera).

حَرَاقَة *incendie*, Ht. — حراقة بارود ou حراقة نفط *feu d'artifice*, J. A. 1850, I, 256—7; aussi حراقة شنك et حراقة seul, Bc.

حَرَاقَة, t. d'orfévre, signifie الفضّة الخارجة من احراق المخيوط الملبّسة بها, M.

حَرِيقَة *incendie*, Bc, Hbrt 165, Ht. — *Feu d'artifice*, Bc. — *Brasier*, Ht.

حَرَّاقَة *vésicatoire*, adj., Bc. — Pl. ات et حَرَارَى et حَرَّاقَة *barque, pour* حَرَّاقَة, Voc., où ce mot est écrit avec un ك, ce qui est une faute. — حرّاق اصبع *cancer*, M.

حَرَّاق, *mèche, assemblage de chiffons demi-brûlés et préparés pour prendre facilement feu*, terme qui est signalé comme vulgaire, fait au pl. حَرَارِيف, J. A. 1850, I, 229, où Quatremère a donné une fausse explication de ce mot, M; حراريف دهن « *des mèches imprégnées d'huile*, » Catalogue des man. orient. de Leyde I, 156, 3.

حَرِيف, n. d'un. ة, au Maghrib, *ortie*, Voc., Alc. (hortiga yerva), زيت الحريق *azeite de hortigas*); Gl. Manç.: آنجرة هو النبات المسمّى بالمغرب بالحريف; les mêmes voyelles dans A de Bait. I, 181 d; Most. sous الانجرة et sous بزر الانجرة; Pagni MS (horreg et hurreha), Hbrt 47 (Alg.). — حُرَيْق المَلْسا *pariétaire*, Domb. 74.

حَرَّاقَة *vésicatoire, subst.*, Bc, M. — *Sorte de fusée, qui est employée surtout dans les siéges*, M.

اِحْراق, *t. de chimie, distillation*, M.

مُحَرِّق, *t. de médec., remède caustique*, M.

مُحَرَّقَة *holocauste*, Bc. — *Feu d'artifice*, Ht.

مُحَرَّقات *des bombes*, Macc. II, 806, 1.

مُحَرَّقَة *laine brûlée*, celle qui, ayant perdu son suint, est devenue sèche et jaune, Hœst 272.

مَحْروق *cretons, résidu de la fonte du suif et de la graisse des animaux*, Voc. — زاج محروق *colcotar, résidu de l'huile de vitriol*, M.

اِحْتِراق, t. d'astron.; c'est quand le soleil et une planète se trouvent dans le même degré du zodiaque, M.

مُحْتَرِقات *du rôti, de la viande rôtie*, Djauzî 145 v°: فصل فى ذكر المطبوخات والمحمّرات والنواشف ينفع (تَنْفَع l.) الذين فى معدتهم بلغم ⁂

حرقص I *cuire de la viande, etc.*, M.

حَرْقوص = حَلْقوص (χαλκός) (voyez) *cuivre brûlé ou calciné, avec le soufre et un peu de sel marin*, Sang., Most v° حلقوص.

حرقوص *petit morceau de viande cuite*, M.

حرك I *se remuer, se donner du mouvement pour réussir*, Bc. — *Sucer*, Ht (?).

II *exciter, animer, aiguillonner*, Bc; حرّك الناس « *émouvoir le peuple, l'exciter à la révolte*, » Bc; *exciter, faire naître, provoquer, irriter*, حرّك الاشتهاء « *irriter, stimuler l'appétit*, » Bc; محرّك الشهوة *aphrodisiaque, qui excite à l'amour*, Bc; محرّك الشرّ *promoteur d'une querelle, qui l'excite*, Bc; — *exciter à* c. الى r., Bc, الى الشرّ « *tenter, solliciter au mal*, » Bc; c. ل r., Haiyân 99 r°: فدعاهم الى اقامة الجهاد

حرك 275 حرك

على لجواب ‏.r ; وحركام لنصر الديانة , Abd-al-wâhid 101, 16; c. في r., Mohammed ibn-Hârith 322: والفتى يحركه في المجاوبة Bc. — *exciter contre* c. على, Bc. — *Pousser un cheval, le faire galoper à toute bride*, Haiyân 100 r. (voyez sous حركة); R. N. 22 v°: le gouverneur Ibrâhîm حرّك دابتك, le cadi ne le suit pas et dit plus tard pour s'excuser: حركت دابّتك ; Bc: ولو حركت دابّتى سقطت قلنسوق حرك العدى «pousser son cheval contre l'ennemi.» Ce verbe s'emploie aussi absolument en ce sens, Macc. I, 166, 3. — *Agacer*, provoquer, attaquer, Bc. — حرك القتال *engager le combat*, Nowairî Egypte, man. 2 o, 113 v°: وخرج من الفريقين فرسان يحركون القتال ; chez Bc حرك الشر . — حرك قطعة *Au jeu des échecs, jouer une pièce*, Macc. I, 481, 4. — En musique, c. a., *jouer d'un instrument*, Gl. Badroun; aussi: *frotter fortement toutes les cordes à la fois avec le plectrum et en mesure*, Descr. de l'Eg. XIII, 389, 390. Dans les 1001 N. Bresl. XII, 63, 12, on trouve حركت اذان العود, expression qui ne m'est pas claire parce que j'ignore ce qu'il faut entendre sous اذان العود, et ailleurs, Bresl. III, 144, 8, Macn. IV, 173, 1, on lit: اذان العود, avec le 'ain. — *Toucher, mettre la main sur quelque chose*, R. N. 97 v°: فوجدته قائمًا يصلّى لمجلست انتظره وطوّل فى صلاته وذلك من الضحى الى صلاة الظهر فلمّا حانت الصلاة حرّكت طرفه وقلت اصلحك الله حانت صلاة الظهر («je touchai une de ses extrémités»); Cout. 36 v°: dans une année de disette, le préfet de la capitale ne veut pas que le sultan lève la dîme; celui-ci insiste, mais le préfet répond: لا والله لا تقلّدت تحريك حبّة واحدة منه. — *Entr'ouvrir* une porte, R. N. 79 v°: اذهب الى باب حجرته فان وجدتّه غير مطبق فحرّك الباب وان وجدتّه مطبق (l. مطبقًا) فارجع — *Eveiller, faire cesser le sommeil*, Akhbâr 126, 10, Mohammed ibn-Hârith 309: خطرت عليه آخر جمعة عشّها فحركته للرواح فخرج معى الى الجامع Haiyân 88 v°: وفى هذه المدّة هلك فجأة حرّك عند الرحيل فوجد ميتًا. — *Déranger* quelqu'un, le détourner d'une occupation, de ses affaires, etc., Mohammed ibn-Hârith

325: أنّى هممت بالرجوع اليك عشيّة أمس غير انّى كرهت تحريكك. — C. a. p. et ل r. *avancer, élever quelqu'un à quelque dignité*, Cout. 31 r°: فكان أول من حركه له ولاية خزانة المال. — حرّك الاسواق *faire aller le commerce sur les marchés, le rendre animé*, Haiyân-Bassâm I, 157 v°: فملوا المساجد والاندية وحركوا الاسواق. — *Faire travailler son argent, lui faire produire intérêt*, Mohammed ibn-Hârith 327: il lui confia cinq mille dînârs وقال له حركها واتّجر بها لنفسك. — *Remuer, agiter une liqueur, brasser*, Alc. (mecer, rebolver por mecer algo, batir liquor); بالأيد *brasser, remuer avec les bras, mélanger*, Bc. — حرك مع الشر prendre *l'offensive*, et aussi: *ramasser le gant*, Bc. Absolument حرك مع فلان *chercher noise à quelqu'un*, Meursinge 26, 19. — حرك القلب *toucher, émouvoir*; حرك الشفقة *faire pitié*, فيه الشفقة *intéresser, toucher, émouvoir*; absolument: *émouvoir* quelqu'un, lui causer de l'émotion, Bc. — حركوا ذا جوار المظاهرة, ou bien الجوار seul, *ils lui annoncent la proximité du triomphe, le prochain triomphe*; voyez sous جوار.

V *se remuer, se donner du mouvement pour réussir*, Bc; Khatîb 64 v°: cet homme était encore obscur الّا انّه شهم متحرك ; chez Meursinge 26, 20 تحرّك peut se traduire par *tentative*. — *Remuer, tenter d'agir, exciter des troubles*, Bc. — *Se mettre en route*, Djob. 3, l. 9 (où il faut lire فتحرك). — *En termes de guerre, s'ébranler, se mettre en mouvement*, Bc, Nowairî Espagne 480: تحرّك بالجند, Cartâs 129, 8, etc. Aussi: *manœuvrer, faire la manœuvre*, Bc. En parlant d'un marché, on dit qu'il est متحرك quand le commerce y est animé, Gl. Edrîsî; cf. Delap. 130: يتحرك السبب «le commerce se relèvera.» — *Commercer, faire le commerce*, Cartâs 195, 3 a f.: كثرت الخيرات وتحركت التجار. — تحرّك حاله عند فلان *gagner, obtenir les bonnes grâces de quelqu'un*, Haiyân 30 r°: تحركت حاله عنده حتى اذنا من نفسه. — *S'émouvoir, se sentir ému, s'agiter*, Bc, *tressaillir* (de Slane), Prol. III, 395, 8; aussi en parlant d'un Soufi qui tombe en extase, R. N.

96 r°, où on lit qu'un قَوَّال récita un vers pieux dans une mosquée, فَتَحَرَّك محمد بن سهل الصوفي ثُمَّ استغرقه الحال فما بقى في المسجد احد الّا وبكى لصدق تَحَرَّكت فيه. On dit aussi: فلك الرجل في حركته الشفقة فتقدّم اليه «par un mouvement de compassion, il s'avança vers lui,» Bc. — *Exciter*, Ht.

حَرِك *remuant*, qui remue, qui s'agite sans cesse, Bc. — *Industrieux*, qui a de l'industrie, de l'adresse, Bc.

حَرَكَة *mouvement*, peine que l'on se donne, Bc. — *Geste*, Bc. — *Mobilité*, Ht. — *Impulsion*, Ht. — حركة الأرض, t. de médec.; c'est quand il y a un changement dans la maladie, soit qu'elle augmente, soit qu'elle diminue, M. — Proprement, «la force de se mouvoir,» s'emploie dans le sens de *force* et comme synonyme de قُوَّة, 1001 N. III, 20, 2: ولم أجد لى حركة I, 52, 7: قُوَّةٌ ولا حركة الى الصعود عليها «je n'ai pas la force de me défendre contre elle.» ادفعها عن نفسى — *Marche*, Ht, *expédition militaire*, Bat. III, 109, 192, Khatîb 44 v°: اذ كان يصاحبه في حركاته ويباشر معه الحرب 53 r°, 55 r°. On dit أقام حركة *faire une expédition*, Cartâs 69, 5 a f., etc. — حركة العساكر *évolution, mouvements de troupes*, changements de postes, marches et contre-marches d'une armée, *manœuvre*, mouvement combiné de troupes, Bc. — *Pas de charge*, Jackson Timb. 139. — Nom d'un exercice des cavaliers marocains. Ils font galoper leurs chevaux à toute bride pendant quelques minutes, jusqu'à ce qu'ils arrivent près d'une muraille; alors ils déchargent leurs fusils, et arrêtent brusquement leurs chevaux en leur faisant faire demi-volte, Jackson 45. Déjà chez Ibn-Haiyân on trouve quelque chose de semblable, 100 r°: فلمّا قرب من قيته همز فرسه فحركة جافية غير محكمة ثم امسكه. — Au jeu des échecs, *un coup*, Macc. I, 481, 5 et 6, Prol. II, 367, 15. — *Cause, motif, raison*, 1001 N. III, 49, dern. l. — *Événement grave*, 1001 N. I, 127, 14. — *S'élever successivement d'une dignité à une autre*, Haiyân-Bassâm I, 30 r°: وحب محمّد بن أبى عامر وقت حركته في دولة الحكم. — *Manœuvre, conduite dans les affaires*, Bc. — *Manœuvre*, ce qui se fait pour le gouvernement d'un vaisseau, Bc. — *Procédé*, t. d'arts, méthode pour une opération, Bc. — *Machine, instrument propre à faire mouvoir quelque chose*, Holal 66 r°, dans la description de la grande mosquée bâtie à Maroc par Abd-al-moumin: وكيفية هذه المقصورة انها وُضِعَت على حركات هندسية ترفع بها لخروجه وتخفض لدخوله وذلك انه صُنع عن يمين المحراب باب (بابٌ 1.) داخله المنبر وعن يساره باب داخله دار فيها حركات المقصورة والمنبر وكان دخول عبد المومن وخروجه منها فكان اذا قرب وقت الرواح الى الجامع يوم الجمعة دارت الحركات بعد رفع البسط عن موضع المقصورة فتطلع الاطلاع (فتصلع الاصلاع 1.). في زمن واحد لا يفوت بعضها بعضًا بدقيقة Chez Bc عدة الحركة est *mécanique*, structure d'un corps qui se meut. — *Promptitude d'esprit*, Mohammed ibn-Hârith 280: وكان لفنًا ذكيًّا من اهل النظر والحركة, 276: وكان شيخنا من اهل الحركة وفورا ساكنا, 307: متثاقلا وكان سليمن في ضد هذه الصفة كانت به, 318: له (يكن 1.) هشاشة وحركة وخفّة بدن من الحركة في الفهم ولا من البقضة (البقظة 1.). في الامور وكانت له حركة وفيه Haiyân 102 v°: ما كان لاخيه شراسة. — *Adresse, dextérité*, Notices 182, n., l. 5. — حَرَكة *Émotion*; agitation, *mouvement dans l'âme*, Bc; حركة النَّفْس *sentiment, affection, passion, mouvement de l'âme*, Bc, Hbrt 226. Chez les Soufis cette *émotion* est le commencement de l'extase, voyez sous la V° forme. — *Syllabe*, Alc. (silaba). — Le pl. حركات *manières, façon d'agir*; — *mouvements dans l'art oratoire, figures pathétiques et propres à exciter les grandes passions*; — *fonctions des viscères*; — حركات *procédure*, Bc. — حركة نعمة واعمال الدعوى *onction, mouvement de la grâce, consolations du Saint-Esprit*, Bc. — حركة ولياقة بشرية *raisons et convenances humaines, respect humain*, Bc.

حَرَكِى *inquiet*, Voc., Alc. (inquieto). — *Celui qui inquiète, inquiétant*, Alc. (inquietador).

حَرَاكِى (si c'est ainsi qu'il faut transcrire le horâqui d'Alc.) *escroc, filou au jeu*, Alc. (tranposo).

حَرَائِكِى *négociant*, Alc. (negociador).

حَارِك altera (altura?), trad. lat. d'une charte

sicilienne *apud* Lello, p. 10, et ensuite *alta montis*, et p. 11 *terterum*. Le mot *altera* est donné p. 15 pour ربوة, شرف,» Amari MS.

حَوْرَك = حارِك *garrot*, Bc.

تَحَرُّك, suivi de الاسنان, *ébranlement des dents*, Bait. I, 14. Aussi تحريك الاسنان, J. A. 1853, I, 344.

تَحْرِيك voyez ce qui précède.

تَحْرِيكَة pl. تَحَارِيك *l'action de remuer la queue*, Alc. (coleadura con la cola).

مُحَرِّك *garrot*, Bc. — Au Maroc: cavalier d'un corps de cinquante hommes, qui portaient les ordres du sultan aux officiers. Ils allaient autour du camp et des escadrons, avec un bâton à la main, pour rallier la cavalerie, et si quelqu'un fuyait ou manquait à son devoir, ils avaient le droit de le tuer, Marmol II, 100 a et d, copié par Torres 317—8. On trouve aussi ces personnages auprès des sultans de Grenade; Baeza (dans Müller L. Z. 71, 6) leur donne le nom d'*alharriques* (pour *almoharriques*) et les compare aux «ballesteros de maza» ou massiers des rois de Castille.

مُحَرِّك, suivi de القِدْر, *ustensile de cuisine servant à remuer les mets qu'on prépare dans un pot*, Chec. ولذلك امر ان تكون محاريك القدور من قضبان التين 193 vº. — *Boute-feu, celui qui excite des discordes*, M.

حَرْكَرَك *remuant, qui remue, qui s'agite sans cesse*. على الحركرك *chatouilleux, susceptible, qui s'offense aisément*; — *ric-à-ric, avec une exactitude rigoureuse*, Bc.

حَرْكَش I (vulg. pour حركت, M) *remuer, farfouiller*, Bc; M; والعامَّة تستعمله بمعنى اثاره.

II c. ب p. تعرض له, M.

حرل

حرلي, syr. ܣܕܬܐ, *vesce*, Payne Smith 1373.

حَرَالَّة *paroisse*, Voc. Comme il traduit aussi ce mot par حارة, il est clair que le terme en question est composé de حارة et de la terminaison diminutive espagnole *ela*.

حرم I c. ن r. *exclure, priver de*, Bc, de Sacy Dipl. XI, 46, 6 a f. — *Anathématiser*, Bc, Hbrt 157, *excommunier*, Alc. (محروم descomulgado), M, Bc, qui

a aussi le part. pass. dans le sens d'*interdit*, celui qui est en état d'interdiction.

II. حَرَّم على نفسه الشيء *se priver de*, Bc. — *Excommunier*, Voc., Alc. (descomulgar), Amari 421, les 2 dern. l. — C. a. dans le Voc. sous pallium.

IV c. d. a. *dénuer, priver, dépouiller de*, Bc. — Dans le sens de: *dire:* «*Dieu est grand*,» *au commencement de la prière* (voyez Lane sous la IIᵉ forme): Becrî 139, 7, Macc. I, 544, 3, II, 533, 11, R. N. 60 vº, 74 rº. De là: أحرم بالصلاة *commencer la prière* (Lane a la Vᵉ forme construite de cette manière), R. N. 77 vº: فقال السلام عليك واستقبل القِبلة وأحرم بالصلاة. Dans le même sens: أحرم للصلاة, Cartâs 179, 14, 1001 N. Bresl. XI, 445, 8 et 9, et أحرم في الصلاة, Voc. — En parlant de la Ca'ba, on dit: أُحْرِمَت. Le أحرام الكعبة avait lieu le vingt-septième jour du mois de Dzou-'l-ca'da. On relevait alors les rideaux qui la couvrent à la hauteur d'environ une brasse et demie, et cela sur ses quatre faces, afin de garantir ces voiles contre les mains qui auraient voulu les mettre au pillage. A partir de ce moment, l'on n'ouvrait plus la Ca'ba qu'après l'accomplissement de la station d'Arafa, c.-à-d., douze jours plus tard, Djob. 166, 6 et suiv., Bat. I, 395. Aujourd'hui cette expression signifie que la Ca'ba est sans rideaux, ce qui dure quinze jours, car le vingt-cinquième jour de Dzou-'l-ca'da on ôte les rideaux, et le dixième jour de Dzou-'l-hiddja on les remplace par des rideaux neufs, Burckhardt Arabia I, 255, Ali Bey II, 78.

V. De même qu'on dit: تحرَّم بالصلاة «commencer la prière» (Lane), on dit: تحرَّم بالطواف *commencer à faire le tour de la Ca'ba*, Badroun 282, 7. — *Voler, faire le métier de voleur*, 1001 N. Bresl. VII, 291, dern. l.; *faire le métier de pirate*, de Sacy Dipl. XI, 41, Amari Dipl. 194, dern. l. — Dans le Voc. sous pallium.

VII dans le Voc. sous proibere.

VIII. Lane a corrigé la faute de Golius et de Freytag qui donnent à cette forme le sens d'*être respectable*, et il a observé que c'est أُحْتُرِمَ, au passif; mais en Espagne le peuple disait *mohtarim*, au lieu de *mohtaram*, dans le sens de *respectable, honorable*; voyez Alc. sous les mots: magnanimo en las honrras, matrona muger onrrada, matronal cosa, noble, onrrado. — De même que *respecter* en français, ce verbe signifie figurément: *épargner, ne point endommager*, p. e. Bat. III, 291: Ce souverain punissait les petites fautes, comme les grandes; il n'épargnait (وكان لا يحترم احدا) ni savant, ni juste, ni noble; IV, 88. — Freytag a fait une bévue grossière en disant que J.-J. Schultens a noté sur la marge de son Golius que ce verbe signifie: « abstinuit honorare. » Schultens lui avait attribué deux significations, que Freytag a confondues en une seule, celle de *s'abstenir* et celle *d'honorer*; voyez Weijers dans Rutgers 154; et ce verbe signifie en effet *s'abstenir d'une chose par respect, se priver de l'usage de quelque chose par respect*, p. e. Rutgers 153, 24: Les Arabes qui habitaient ces contrées s'abstenaient de couper quelque chose de cet arbre, كانت يحترمون ان يقطعوا شيئا منها, parce qu'ils croyaient qu'il servait de demeure aux *djinns*; Macc. I, 688, 8: Quoiqu'il y ait deux ponts, les hommes et leurs montures passent le fleuve dans des barques, لان هذين الجسرين قد احترمنا, « car on s'abstient (on évite) de passer sur ces deux ponts, » attendu qu'ils sont situés dans l'enceinte du palais du sultan; cf. l. 9: احتراما لموضع السلطان « par respect pour l'endroit où se trouve le sultan. » احترام اللحم *s'abstenir de manger de la viande, faire maigre*, Voc. — *Etre privé de*, احتُرِم الافادة من جميع الحدود, de Sacy Chrest. II, ٣, 5 a f.: « il sera privé des avantages qu'il aurait pu recevoir de tous les ministres (de la religion unitaire). »

تحيرّم *voler, faire le métier de voleur*, 1001 N. Bresl. VI, 199, 2, XI, 395, 6 et 9.

حرم *interdit, censure ecclésiastique*, Bc, M.

حُرْمَة, dans le sens de *respect* ou *honneur*: عمل حاشا *respecter*, Alc. (acatar onrra). On dit: حاشا حرمة السامعين « sauf le respect de la compagnie, » et حاشاك حرمتك من ذلك « vous n'êtes point capable d'une semblable action (d'une mauvaise action), » Bc. Chez Alc. on trouve l'idée de *respect* modifiée, car il traduit *horma* par *faveur* (favor), حرمة الجماعة la *faveur du peuple* (favor del pueblo); cf. L: *privilegium* وتقدّم وحُرْمَة. Aussi: *marques d'honneur*, Alc. (insignias de honrra), *trophées*, Alc. (insignias de vencimiento), et *noblesse*, Alc. (nobleza). — *Asyle*, Domb. 99, Ht. — Dans le sens indiqué par Lane 555 b (== ذِمَّة), remarquez la construction Koseg. Chrest.

31, 5 a f.: je ne la vendrai pas pour toutes les richesses du monde, في لحرمتها « à cause des liens sacrés qui m'attachent à elle. » — *Une dame, une femme respectable*, Koseg. Chrest. 92, 10; يا حرمة *madame!* 1001 N. II, 427, 8. — بحرمة: *au nom de*, par, en considération, Bc. — حرمة في ou لحرمة *à cause de*; حرمة فش *pourquoi?* Voc.

حرمى الاذخر .حرمى est une espèce de schénante qui porte ce nom parce qu'elle croît dans le Hidjâz, Bait. I, 19 d.

حرمان *dénuement, privation*, Bc.

حرمانية *privation*, Bc.

حرام *malhonnête*, Bc. — *Usuraire*, Bc. — *Incestueux*, Bc. — *Vol, action de celui qui dérobe*, Bc, 1001 N. I, 233, 1, III, 475, 15, Bresl. VI, 235, 8. — *Malédiction, anathème*, Ht, *excommunication*, Alc. (descomunion). — احرام et حرام pour احرام (voyez), *pièce d'étoffe de laine blanche*; ce sont surtout les Maghribins qui en font usage; pendant le jour ils s'en enveloppent le corps, et elle leur sert en outre, soit de couverture pendant la nuit, soit de tapis; ce sont eux qui importent les « *herâms* » en Egypte, et cette couverture a reçu ce nom, parce qu'elle ressemble à l'*ihrâm* des pèlerins; voyez Lane trad. des 1001 N. III, 570, n. 21 (dans le passage auquel se rapporte cette note, حرام, dans l'édit. de Boulac, est une faute pour حزام, comme on lit dans l'édit. Macn. IV, 166), M. E. I, 227, II, 8, Bc, Descr. de l'Eg. XII, 128, pl. ات, ibid. XVII, 300, Defrémery Mémoires 153, Pananti II, 66; — *un châle qui couvre la moitié du visage*, Barth V, 270, cf. IV, 349. ابن حرام *enfant naturel, adultérin, bâtard*, Bc, Hbrt 30, 1001 N. I, 178, 15; — *garnement, vaurien, gueux*, Hbrt 220, *coquin, chenapan*, Bc; — اولاد الحرام *vauriens, voleurs*, 1001 N. I, 772, 10 et 11.

حروم *anathème; excommunication*, Bc.

حريم pl. حرايم *famille*, Voc. — Pl. ات *les harems de plusieurs personnes*, 1001 N. II, 474, 475.

حرامة, chez Freytag, doit être biffé, Fleischer, note sur Macc. I, 468, 5 et 6, dans les Berichte 189.

حرامى *coquin, voleur, brigand, bandit*, Bc, Ht, M, Djob. 303, 20, Koseg. Chrest. 74, 7 a f., Breitenbach 115 v°, Davidson 64, Burton I, 242, II, 101;

حرم 279 حرى

même sens dans le passage de la Vie de Timour, cité par Freytag. — *Bâtard*, Hbrt 30 (Alg.), Roland, Daumas V. A. 101. — En Ifrîkiya et en Syrie, *jasmin sauvage*, Auw. I, 310, 4, si la leçon est bonne.

خُرَيْبِىَ لِلْحُسْن الحُرَمِى *la beauté féminine*, Djob. 219, 12 (= Bat. II, 101).

أَحْرَم *pire*, Alc. (peor).

إحْرَام pl. أَحَارِيم (Bat. IV, 116) et أَحَارِم (Voc., Macc. II, 711, 5), *le costume du pèlerin*. Il consiste en deux pièces de toile ou de laine, préférablement blanches, longues de six pieds et larges de trois et demi. L'une, qu'on appelle le رِدَاء, couvre la partie supérieure du corps; l'autre, le إزَار, va depuis la ceinture jusqu'aux genoux; voyez Burckhardt Arab. I, 160 et suiv., Burton II, 133. C'était l'ancien costume arabe (voyez, p. e., Hamâsa 81), et aujourd'hui encore, dit Burton, les gens du peuple qui demeurent à l'ouest de la mer Rouge n'en portent pas d'autre. — *Le costume de bain*, qui est le même que celui du pèlerin, Niebuhr B. 345 n. — Au Maghrib, *espèce de voile, porté par les hommes et qui couvre la tête et les épaules, ou les épaules seules*, Gl. Esp. 109, 110, Ibn-Abd-al-melic 116 v°: Quand l'Almohade Almançor eut fait frapper les grands dînârs qu'on nomma dès lors les Ya'coubî's, il en fit offrir deux cents à un savant, enveloppés dans un morceau de papier, فلمّا صار القرطاس بيده جذب طرف احرامه الذي كان عليه وافرغ القرطاس فيه (cf. Bat. I, 18, dern. l., 19, 1). — Voyez أَحْرَم.

مَحْرَم, en général, *parent, qui est de même famille, même en parlant d'un parent assez éloigné pour qu'on puisse l'épouser*, de Jong. — Sorte d'étoffe, Maml. II, 2, 71, l. 11, 12, 18 et 19; mais la leçon est incertaine, voyez p. 76.

مَحْرَمَة pl. مَحَارِم *mouchoir*, Maml. II, 2, 76, Mehren 35, Woltersdorff, Burton II, 115, Ht, M, Ghadamès 42, Ztschr. XI, 503, etc.; — *serviette; toilette*, toile garnie, étendue sur une table, Bc. «*Maharma-foum-hezam*, fichus de soie rayés aux extrémités, portés par les femmes sur les épaules,» Prax R. d. O. A. V, 24.

مَحْرَمِيَّة *confidence*, Ht.

مَحْرَم *cette partie de la tente qui sert de demeure à la famille*, Ztschr. XXII, 100, n. 31.

مَحْرُوم *banni de la société*, Abbad. III, 45, 12, 66, n. 44. — *Excommunié, anathème*, Alc. (descomulgado), Hbrt 157.

مَحْتَرَم *favori, homme en faveur auprès d'un prince*, etc., Alc. (privado de gran señor). — *Lieu privilégié*, Alc. (previlegiado lugar).

خُرْمَدَان (pers.) خُرْمَدَان; en arabe on trouve aussi ce mot avec le *khâ*, mais plus ordinairement avec le *hâ*) *sac de cuir qu'on porte au côté et dans lequel on tient ses outils, ses papiers, son argent, etc.; particulièrement trousse de barbier*, Fleischer Gl. 51, cf. son édit. des 1001 N. XII, Préface, p. 92, Maml. II, 1, 41, 1001 N. Bresl. IX, 259, 10 (avec le *khâ*), Mehren 27.

حرمغانى (?) voyez جرمغانى.

حرن I se construit avec عن, P. Macc. II, 289, 1. — *S'obstiner*, Hbrt 240.

III *être rétif*, Payne Smith 1360.

حرن doit avoir un sens qui m'est inconnu dans les 1001 N. Bresl. IX, 270, 1.

خَرُون = حَرِن, Payne Smith 1375.

خَرَّان *rétif*, Daumas V. A. 190.

خَرُون = حَارُون *rétif*, Bc.

حرى V c. a. *avoir soin de*, Bat. I, 334: والـنّاس يتحرون كنسه «le peuple a soin de balayer cette route tous les jours.» — *Observer, faire attention à*, Bat. I, 387: كان يتحرى وقت طوافهم «il observait le moment où ils faisaient leur tournée,» et, ce moment venu, il se joignait à eux; Edrisî, article sur Rome, en parlant de Dieu: يتحرى المظالم; *le véritable but de l'histoire*, Prol. I, 50, 13. Ayant à expliquer les paroles de Tounisî: ولا يجوز بيع المشماط بالخُبْز الا مَعْنا ذلك ان يتحروا مقدار, Cabbâb dit, 78 v°: تحرّيا «il faut faire attention à la quantité de farine qui,» etc. Aussi: *observer, se conformer à*, يتحرى فيها طرق الاستدلال «on s'y conforme à la méthode démonstrative,» Prol.

III, 26, 13. — C. a. p. et بِ r., *chercher quelqu'un pour lui donner quelque chose*, p. e. se donner de la peine pour découvrir des pauvres qui se livrent à toute l'austérité des pratiques de la vie religieuse, afin de leur faire l'aumône. Pour éviter cette circonlocution, on peut traduire « تحرّى فلانًا بشىٍ » par *faire présent à quelqu'un de*; voyez Abd-al-wâhid 12, l. 15 et 16, 209, 1, et comparez dans le Catal. des man. or. de Leyde III, 246, 6 a f.: celui qui possède des connaissances ne doit pas les cacher; au contraire, il est de son devoir « أن يتحرّى به أهلَه » d'en faire part à ceux qui en sont dignes. » — C. عن ou من *s'abstenir de*, Voc., Cartâs 33, 14, 35, 5; *s'abstenir par respect de toucher à une chose, faire conscience d'y toucher*, Cartâs 25, 10 a f.

تحرّى . بالتحرّى *à peine, difficilement*, Voc. (vix, dificilis), Macc. II, 115, 3 et 4: وبالحرا أن يسلم من « à peine échappe-t-il à, » Haiyân 96 v°: وبالحرى أن « *vous trouverez difficilement l'occasion de le surprendre*; » — *à plus forte raison*, Bc, qui a aussi: بالحرى كَم *à combien plus forte raison* — *au plus, tout au plus*, Bc (Barb.).

حراوية (?) *capsule, silique*, Auw. II, 268, 5 (à la l. 6, il faut lire بِزر, au lieu de نور; voyez Clément-Mullet II, 258, n. 1).

الحارى (?) *pion, pièce du jeu d'échecs*, Hœst 112.

حز

حَزَّ, 1re signif. chez Lane, pl. حُزُوز, Bc. — T. de médec.; c'est تفرّق اتصال يكون فى وسط العضلة عرضًا, M.

حَزَّة *les vicissitudes de la fortune*, P. Prol. III, 379, 2 a f.

حِزّ pl. حُزُوز, à Malte, *le caleçon avec la* تَكَّة *ou ceinture*, Vêtem. 139. — *Morceau d'un melon, etc., coupé en long*, M.

حُزَّة pl. حُزَز *lacet pour attacher le pantalon*, Abbad. III, 233. حُزَّة الدرع *le lacet pour attacher la cuirasse*, s'il faut lire ainsi Abbad. II, 198, 4 a f., comme je l'ai soupçonné III, 233. — *Pli*, Ht, *troussis, pli pour raccourcir une robe*, Alc. (alforza, alhorza), *bord d'un vêtement*, Alc. (borde del vestido). — *Nœud*, Voc.

حَزَاز *crasse de la tête*, Bc. — Vulg., *dartres*, Gl.

Manç. sous قوابى: تسميها العامّة للحزاز, Chec. 205 v° ج. *nom d'un.* ة, avec le pl. حَزَائِر, Alc. (enpeyne), Domb. 89, Hbrt 36, Roland. — حزاز الصخر *hépatique* (plante), Bc, Bait. I, 183 e, 304 e (lisez ainsi avec AB), 545 c. Les deux man. du Most. (in voce) portent حَزَار, et le terme en question signifie proprement: *dartres des rochers*, parce que le lichen qui croît en forme de croûte sur les rochers ressemble à la maladie de la peau qui porte le nom de dartre. Golius, suivi par Freytag, a prononcé حَزَّاز الصخر et traduit « perforator petrae; » mais si cette manière de prononcer, qu'on trouve aussi chez Lane, est bonne, l'interprétation ne l'est pas, car dans ce cas حَزَّاز n'est qu'une autre forme de حَزَاز; cf. plus loin حَزَّازة.

حَزَازة voyez ce qui précède.

حَزَّاز voyez حَزَاز.

حَزَّازة *dartres*, L (impetigo), Voc. 1re partie (berbol, mot catalan qui est l'équivalent de impetigo et de l'esp. empeine; voyez le Dict. catalan d'Esteve); — *gale*, Voc. 2e part. (scabies), avec le pl. ات et حَزَائِز, qui est proprement le pl. de حَزَازة (voyez sous حَزَاز).

مُحَزَّز *dartreux*, Alc. (enpeynoso).

حزب II. Le Voc. (sous distribuere) a dans une note: *disentire*. — حزبهم اليه *il les attira vers soi* (ضمّ), M.

III. Le Voc., sous distribuere, a محازبة على.

V *comploter*, 1001 N. III, 460, 8. — C. مع p. *faire cause commune avec*, Haiyân 38 r°: وتحزّبت مع السالمة مع المولّدين (le man. porte par erreur وتخريب), 1001 N. I, 380, 3 a f.

VIII = V, Gl. Mosl.

حِزْب. Chez un poète, *apud* Abd-al-wâhid 136, 7: له النصر حزب « *il compte la Victoire parmi ses partisans* » = la victoire se déclare constamment pour lui. — *Ordre religieux*; ceux qui en sont membres s'appellent أصحاب الأحزاب, Lane M. E. II, 326—7. — عمل حزبا dans le même sens que la V e forme, *comploter*, 1001 N. Bresl. IX, 274, 13. — له حزب

حزر

مِنَ اللَّيْلِ, Khatîb 16 v°, dans le sens de: كان يَقْرَأُ حِزْبَهُ مِنَ الْقُرْآنِ كُلَّ لَيْلَةٍ, si la leçon est bonne. — *Prière, litanies.* Ainsi la prière que les enfants récitent chaque jour en quittant l'école, s'appelle un *hizb*; Lane, M. E. II, 424—5, en a donné la traduction. Beaucoup d'autres prières, composées par des chaikhs renommés, portent ce nom; voyez Hâdji Khal. III, 56, 3—60, 3. La plus célèbre est le حِزْبُ البَحْرِ, *les litanies de la mer*, qu'on appelle aussi الحِزْبُ الصَّغِيرُ (H. Kh. III, 57, 4). C'est une prière composée, en 1258 de J. C., par Abou-'l-Hasan ach-Châdzilî, et destinée à apaiser la colère de Dieu, à détourner la tempête, à demander une navigation heureuse; voyez H. Kh. III, 56, 11 et suiv., Bat. I, 40, 105, Ztschr. VII, 25, Burton I, 206. On en trouve le texte dans Bat. I, 41—44.

حِزْبَة *parti, faction, troupe*, Ht.

حِزْب. Le pl. حِزَاب *lecteurs du Coran*, Roland.

مُحَزِّب pl. مَحَازِب *réunion d'hommes*, Cartâs 113, 6.

حزر I. On dit: اِنْ صَدَقَنِي حَزْرِي «si mes conjectures ne me trompent point,» Bc, Koseg. Chrest. 91, 6: اِنْ صَدَّقَ حَزْرِي (حَزْرِي .l) اَنَّ هَذَا العَبْدَ سَيَكُونُ لَهُ شَانٌ, 1001 N. Bresl. III, 102, 1 et 2, 194, 3 (où l'éd. de Boul. et celle de Macn. ont par erreur حَذَرِى). — *Acculer*, pousser dans un coin, dans un endroit où l'on ne peut reculer, Bc.

VII *s'acculer*, se retirer dans un coin, Bc.

حَزِيرَان, et même حَزِيرَان, vulg. pour حَزِيرَان, *juin*, M.

حَزَّار *devin*, Hbrt 157.

حَزُّورَة *énigme*, Bc, M.

تَحْزِيرِى *divinatoire*, Bc.

حزط.

حزيط *malheureux*, Bc (Eg.).

حزق I. حَزَقَهُ البَوْلُ «il éprouva un pressant besoin d'uriner,» 1001 N. Bresl. VII, 176, 5, où l'édit. Macn. a ضَايَقَنِى حَصَرَ البَوْلِ.

II, en parlant du pis, *être fort rempli de lait*, M.

حَزْق *ténesme*, épreintes, envies continuelles, douloureuses d'aller à la selle, Bc.

حَزْقَة *étreinte*, Bc. — *Épreinte*, douleur du ventre, Bc. — *Hoquet*, Bc. حَزْقَةُ الحَرِّ *le plus fort de la chaleur*, M.

حَزْقَة *colérique et qui ne peut cacher ce qu'il a sur le cœur*, M.

حَزَقَ pl. حَزَائِق, suivi de الكَلْبِ, *collier de chien armé de pointes de fer*, Alc. (collar con carranças).

حَزُّوقَة, Bc, et حَازُوقَة, M, *hoquet*.

حزك II *flâner ou lambiner*, M.

حزم I *fagoter*, Bc. — حَزْمُ البَضَائِعِ *emballer*, Bc; de même حَزْمُ القِمَاشِ, 1001 N. II, 74, 5.

II *ceindre d'une ceinture*, sangler, Alc. (abarcar, ceñir, cinchar alvarda, reatar otra vez), Bc, Ht, Belâdz. 238, 3 a f. — *Ceindre l'épée à quelqu'un, le faire chevalier*, Voc. — *Retrousser son habit sous le bras*, Alc. (sobarcar). — حَزْمُ البَضَائِعِ *emballer*, Bc. — *Donner à quelqu'un de la fermeté, du courage*, Bidp. 117, 4 a f.

IV terme de marine? voyez خرم IV.

V. Dicton moderne: "حَزَمَ وَزَمْزَمَ، وجَاء للبَلَاءِ مَتَحَزِّم, il revient frais et dispos pour faire le mal," J. A. 1858, II, 597.

VII *porter une ceinture*, Ibn-Batouta, man. de M. de Gayangos, là où l'édit. II, 264, 3, porte la V° forme. — *Être emballé*, 1001 N. II, 69, 7.

حَزْمَة *bouquet, assemblage de fleurs*, Abd-al-wâhid 268, 4 a f. De là le terme injurieux dont on se sert en parlant d'une femme qu'on méprise الحَزْمَةِ الدَّخِرِ, *le bouquet puant*, 1001 N. I, 603, 8 et 9, parce qu'on compare ses charmes flétris à un bouquet dont les fleurs se sont depuis longtemps fanées, de sorte qu'elles répandent une mauvaise odeur.

حَزْمَى, aram. חִזְמֵי, *hedysarum alhagi*, Payne Smith 1003.

حِزَام, *ceinture*, forme aussi au pl. ات, Bc, أَحْزِم et حُزُم, Voc. Sur l'espèce d'écharpe ou de fichu appelé *hizâm*, qui sert habituellement de ceinture aux hommes et aux femmes, voyez Vêtem. 139 et suiv. Bc: ceinture de soie, avec deux plaques en argent ou en or, qui se ferme par le moyen d'un crochet, garnie quelquefois de pierreries, à l'usage des dames en Orient. — *Galerie du milieu*, comme la *ceinture* du phare, Gl. Edrîsî. — *Mur qui entoure la ville entière, enceinte de murailles*, Gl. Bayân, Haiyân 88 v°: غليهم الجند على الحزام الاول وضموه الى القصبة, Cartâs 181, 10 a f., Müller L. Z. 38, 2 a f. — *La bande de brocart noir, ornée d'inscriptions en or, dans la partie supérieure de la couverture de la Ca'ba*, Lane M. E. II, 271, Burton II, 235. — *Clayon, éclisse à égoutter les fromages*, Alc. (cincho para esprimir).

حِزَامَاتِي *ceinturier, qui fait et vend des ceintures*, Bc.

حَزَّام, suivi de البضائع, *emballeur*, Bc; الحَزَّامون بتوع القماش, 1001 N. Bresl. VII, 57, où l'éd. Macn. a الذين يحزمون القماش.

تَحَازِم pl. تَحْزِمَة *ceinture*, Alc. (ceñidura, cinchadura, cintura).

مُحْزَم vulg. مَحْزَم, *tablier*, Bc, Hbrt 199, qui sert à tenir lieu, dans les bains publics, du caleçon dont on fait usage en Europe, d'Escayrac 115, Lane M. E. II, 47. — *Jupon, courte jupe de dessous*, Bc. — *Peignoir, linge que l'on endosse quand on se peigne*, Bc. — *Essuie-main avec frange effiloquée*, Bc.

مَحْزَمَة vulg. مِحْزَمَة, *ceinture de cuir, où l'on met les armes*, Several Voyages to Barbary, Append. 125, Daumas Mœurs 345, Dict. berb.

مَحْزَمَة *bouquet, assemblage de fleurs*, P. Macc. II, 67, 11.

مُحْزُوم *prompt, agile*, Domb. 107.

حَزَن I *prendre le deuil*, Alc. (enlutar poner luto), c. على p., Bc.

IV. *Le nom d'act. soin*, Roland.

X. أستحزن الصوت حزين *trouver qu'un son est*, Kâmil 505, 4 (voyez صوت حزين dans Lane).

حَزَن. Le pl. حِزَان, Diw. Hodz. 214, dern. l., 215, 2. Comme adj., بلدة حزنة ارض حزنة; en parlant d'animaux, *qui a le train rude*; en parlant d'un homme, *qui n'est pas* الحلف, Gl. Mosl.

حَزَن *seul, de même que* (ثياب) الحزن, *deuil*, Alc. (luto por el muerto, luta vestidura), Bc, Roland.

حَزْنَان *qui est en deuil*, Bc.

حَزَانَة *cérémonie pendant les 40 ou 60 jours de lamentations publiques qui suivent les funérailles des grands*. « Le hazène dure 2 ou 3 heures chaque jour, dans l'après-midi. Toutes les femmes de la tribu ou de la fraction se réunissent dans la tente du mort; là elles pleurent, se lamentent et rappellent dans un chant de deuil les vertus et qualités du défunt. Cette cérémonie est présidée par la femme aimée du chef décédé, » Margueritte 206. — *Deuil*, Ht.

حُزْنَة *sol raboteux*, Gl. Mosl.

حَزَانَنِي *mortuaire*, Bc.

مَحْزَنَة *sol raboteux*, Gl. Mosl.

النغمة المُحْزِنَة, *t. de musique, ce qui rend triste ou convient à la tristesse, comme* أَحْجَاز اصفهان, M.

مَحْزُون *qui est en deuil*, Alc. (enlutado, enxergado por luto, lutado cubierto de luto).

حَزَنْبَل *mille-feuille*, Sang.; cf. Bait. I, 306 b, où A porte حُرْنَبِل (avec le *râ*), et B حرنبل.

حزو et حزى I. حزى *décharger son ventre*, M.

حَزَى, حَزَّاء (Bait. l'épelle), noms de plantes, sur lesquelles on peut consulter Bait. I, 304 f, 305 b et c, 467 c (l. الجرا avec A). Dans le Gl. Manç.: « حزى *plante inconnue au Maghrib*. » Caillié I, 59: « *haze, un holcus, dont la graine ressemble beaucoup à notre millet; il croît naturellement, sans culture, et on le mange*. » — الحَزَى *les gros excréments*, M.

حَزَّاءة *astrologue*, aussi Berb. I, 301, 9.

حَازِ, pl. irrég. حزى, Berb. I, 299, 1, 569, 10, 581, 5 a f., II, 167, 2 a f. (man. 1350 المحزى), 282, 10.

حس I c. ب *ressentir, sentir, éprouver; se ressentir de; s'apercevoir de; avoir vent de; se douter de; juger, conjecturer, prévoir*; حس في قلبه *pressentir*; حس حاله *se trouver, sentir, éprouver que l'on est dans un certain état*; حس بالشوكة *avoir la puce à l'oreille*, Bc. — C. على r. *tâter*, 1001 N. II, 231, 14, Bresl. III, 270, 13, 16, 271; 3, 4, 6. — Chez Alc., qui a aussi la VIIIᵉ forme en ce sens, « hornaguear, » verbe que Victor explique par *brûler la terre pour faire du charbon*, et Nuñez par *creuser, fouiller, pour extraire le charbon-de-terre*.

حس

II *tâter*, Bc. — *Tâtonner*, Bc, 1001 N. III, 31, dern. l. — *Epier, guetter*, Alc. (espiar). — *Faire du bruit*, en parlant d'une chose qui se casse, Alc. (sonar quebrando). — *Eveiller*, M.

IV. ما اَحَسَّ اِلَّا وَرَجُلٌ دَاخِلٌ عَلَيْهِ «tout à coup il voit entrer un homme,» Bc.

VIII voyez sous la Ire.

X *prévoir, deviner, soupçonner*, Alc. (barruntar). — *Epier, guetter*, Alc. (assechar, le partic. actif acechador, aguaitador, le partic. passif acechado, le n. d'act. acechança). — *Faire du bruit*, Alc. (sonar quebrando, sonar como quiera).

حِسٌّ ou جَمْعُ حِسٍّ، اِلَى حِسِّهِ رَجَعَ حِسُّهُ, *revenir à soi, reprendre ses esprits*, p. e. après un évanouissement, Becrî 184, 2 a f.; Cartâs 247, 11, où un homme dit en se remettant du trouble, de la crainte qu'il éprouvait: الآن طابت نفسى ورجعت الى حسى, car c'est ainsi qu'il faut lire, au lieu de حسبى, comme le prouvent le sens et la rime; Nowairî Egypte, man. 2 m, 69 v°, en parlant d'al-Mo'addham qui s'était désenivré: ولمّا انقضى مجلس الشراب ورجع المعظّم حسّه صدق. — *Tact*, au fig.; لطف الحسّ *avoir le tact sûr*, Abbad. I, 245, 1, *avoir le tact fin*, Abd-al-wâhid 210, 18, 218, 1; قليل الحسّ *indiscret*, qui n'a pas de discrétion, de prudence, Bc. — *Pressentiment*, Alc. (barruntamiento), Bc. — *Son des instruments de musique*, Prol. III, 381, 15 (corrigé dans la trad.). — *Voix*, Hbrt 10, avec le pl. حُسُون, Ht, 1001 N. Bresl. III, 254, 3, Koseg. Chrest. 95, 9: حِسٌّ خافٍ (= il gardait le silence). — *Bruit en général*, c.-à-d. aussi *grand bruit*, Fleischer Gl. 35 n., 104—5, Alc. (ruydo por estruendo), p. e. le bruit qu'on fait avec les pieds, Alc. (estruendo de pies), حس أقفاف «le bruit que font des pots de terre, etc., qui se cassent en tombant,» Alc. (ruydo de cosas quebradas). — *Bruit, nouvelle*, Alc. (fama de nuevas).

حِسِّىّ *physique*, adj., v. d. Berg 39. — *Vocal*, qui s'exprime par la voix, Bc.

حُسُون *sentiment; sensation; délicatesse*, sensibilité excessive, Bc.

حسب

حَسِيس لا حِسَّ وَلا حَسِيسَ *aucun son, aucun bruit*, 1001 N. Bresl. IV, 82, 3; aussi لا حسّ حسيس, Macn. II, 321, 4 a f., IV, 582, 8 et 9.

حَسَّاس *sensible*, Voc., Bc, *sensitif*, Prol. III, 207, dern. l.

حاسّ *sensitif*, Bc.

حاسَّة ذو حاسَّة *sensible*; عديم الحاسّة *dur, inhumain, insensible*; حَواسُّه (ou جمع) لَمَّ *reprendre ses esprits*, Bc.

حاسّى القوّة الحاسبيّة *la vertu sensitive*, Bc.

حاسّيّة *sentiment; sensibilité; pressentiment*; عدم الحاسبيّة *insensibilité, aridité*, Bc.

تَحْسِيسًا تَحْسِيسِىّ *dogmatiquement*, d'après la raison et l'expérience, Bc.

مِحَسّ (cf. Freytag) *étrille*, Payne Smith 1474.

مَحْسُوس, au fig., *palpable, fort évident, fort clair*, Bc.

مُسْتَحَسّ *sensible*, Alc. (sentible cosa), qui donne le sing. sous la forme active, et le pl. sous la forme passive; l'un ou l'autre est une faute.

حسب I c. a. r. et على e p. *porter une chose en compte à quelqu'un*, R. N. 88 r°: فرمى السلطان على القطّانين قُطْنًا كان عنده وحسبه عليهم بدينارَين القنطار. C. a. et على, *réserver une chose pour*, حَسَبها على العظائم dans le Dîwân des Hodzailites, avec l'explication du scoliaste أخزنتها, «réservons les chameaux pour les grandes occasions!» Reiske Aboulf. I, 332. — *S'arrêter à, avoir égard à*; لا تحسب كلامه شيئا «ne vous arrêtez pas à ce qu'il dit,» Bc. — *S'aviser de, penser à*; ما حسبت هذا الحساب «je ne m'en suis pas avisé,» Bc; cf. Fakhrî 270, 2. — حسب *s'attendre à une chose*; — *avoir égard à*, Bc. — حسب له حسابا *faire compte de quelqu'un, l'avoir en considération*, Bc, Antar 5, 5 a f. — *Deviner, prédire l'avenir*, Voc.

حَسَبَ *penser*, Bc, 1001 N. Bresl. IV, 152, 6: — وهو يحسب ويقول فى نفسه والله ما انا الّا امير المؤمنين. *Estimer, faire cas de*, Alc. (estimar en mucho, tener en mucho); ما حسب *compter pour rien*, Alc. (estimar en nada); seul ou avec في روحه, *se vanter, se glorifier, avoir une bonne opinion de soi*, Alc. (preciarse de si, presumir de si mesmo).

III, على نفسه, *se ménager, s'observer, se donner de garde, éviter, se précautionner*, Bc.

IV *deviner, juger par conjecture*, Alc. (divinar por instinto).

V *faire les opérations nécessaires pour prédire l'avenir*, 1001 N. II, 690, 4 a f. — *Craindre*, M. — = VIII dans l'expression احتسب بكذا اجرا عند الله, M.

VI c. مع p. *faire (régler) ses comptes avec quelqu'un*, Voc., Bc.

VII *être compté*, Voc.

VIII. Lane aurait dû donner comme la première signification (ce que du moins il n'a pas fait assez clairement): *compter, penser, croire, attendre*, voyez Harîrî 322, 6 a f. et des exemples J. A. 1836, II, 138 (dans cette note de Quatremère il y a de la confusion et des malentendus). Avec l'accus., *compter sur une chose*, J. A. ibid., ou *compter pour*, ibid., chez Bc *regarder comme, réputer, ou porter en compte*. En ce dernier sens: احتسب ولدَه عند الله, etc., J. A. 139, cf. Lane, aussi الى الله, Hamaker Pseudo-Wâkidî, notes, 190, 8 a f., et par ellipse, احتسب ولدَه, etc. On dit aussi: احتسب نفسه في سبيل الله, dans le sens de *sacrifier sa vie pour la cause de Dieu, dans l'espoir d'obtenir une récompense dans la vie future*, J. A. 139, et les étudiants en théologie sont nommés المحتسبون في ذات الله, Macc. I, 244, 3 a f., c.-à-d., ceux qui, pour mériter une récompense de Dieu, se dévouent à l'étude de la théologie; cf. le passage du Mocaffâ J. A. 140, où les derniers mots واعلمها بما في كتابه احتسابا, que Quatremère a mal traduits, signifient: « celui qui, pour obtenir une récompense dans la vie future, a étudié le plus de soin ce qui est écrit dans le livre divin. » Par un fréquent usage, ce verbe a perdu sa force. Ainsi احتسب نفسَك, Macc. II, 36, 15, ne signifie rien autre chose que: « Dites adieu à la vie! » Chez Ibn-Bassâm II, 76 r°, on lit en parlant d'un homme qui avait été nommé cadi: فاحتسب فيه جزء من عنايته « il consacra à cet emploi une partie de ses soins. » — C. بـ r. *faire entrer en ligne de compte* (cf. Lane), Belâdz. 144, 3, Berb. II, 41, 6 a f.: احتسب بثمن الوزارة التي حظي بها عن رتبة « il a fait entrer en ligne de compte ce titre de vizir avec lequel il n'a

fait que me dégrader » (Sl.). — L'expression احتسبت عليه بالمال se trouve réellement dans l'Asâs, de sorte que le doute de Lane est mal fondé; mais je crois qu'elle a été mal expliquée par le lexicographe qu'il cite, et qu'elle signifie: *je lui demandai compte de l'argent*. On trouve ce verbe en ce sens, mais c. a. p. et بـ r., Berb. I, 617, 6: ولا يحتسبون بمغارم الاراضي « on ne leur demandait pas compte de l'impôt territorial. »

حَسْب. كان حسبهم اعتصامهم بالزاهرة « ils se contentèrent de se retrancher dans az-Zâhira, » Nowairî Espagne 476. Quand on veut terminer une discussion, on dit فَحَسْبُكَ *cela suffit, c'est assez, n'en parlons plus*, Badroun 201, 1. حَسْب s'emploie sans complément et adverbialement dans le sens de *seulement, rien de plus, pas davantage*, de Sacy Chrest. II, 445, 2, Aboulf. Hist. anteislam. 50, 15: فانما كان له الرياسة ببيت المقدس حَسْب لا غير ذلك (la note de Fleischer sur ce passage, p. 210, a été corrigée par de Sacy dans le J. d. S. 1832, 415). Aussi فَحَسْب, de Sacy Chrest. I, ۴v, dern. l.: Les derniers califes abbâsides ne possédaient plus que l'Irâc فَحَسْب « pas davantage, » et حَسْبًا, p. e. لا تكون الفائدة لك حسبا ولكن لامثالكم « l'utilité ne sera pas pour vous seulement, mais aussi pour vos semblables, » passage cité par Fleischer l. l. — *Talent de deviner*, Haiyân-Bassâm I, 30 v°: خفارة عيسى بعض ذلك لقوة حَسْبِه.

حَسْب الطاقة « autant qu'il était possible, » de Sacy Chrest. I, ۱۱٥, 1; اكلوا على حسب الكفاية « ils mangèrent autant qu'il était nécessaire pour se rassasier, » Koseg. Chrest. 71, 6 a f. بحسب, حسب, على حسب, *suivant, selon*, Voc., حسب العادة « suivant la coutume, » de Sacy Chrest. II, ۷۹, 2. Dans les diplômes: حسب المرسوم الشريف, Amari Dipl. 183, 7 (cf. p. 435, n. 6, où l'éditeur prononce à tort حَسْب), حسب المرسوم الاصلي « pour copie conforme, » car c'est ainsi qu'il faut lire ibid. 209, dern. l. Dans les traductions de la Bible: حسب يحيى « selon saint Jean, » حسب التورية « selon la loi » (Simonet). حَسْب *d'après, imité de*, Bc. هذا حسبه « cela revient à peu près au même, » de Sacy Chrest. I,

1°., 7 a f. أنّ حَسْبًا *comme si*, Bc. — *Estime*, هذا حَسْبي مِنك «est-ce là l'estime que vous avez pour moi, le cas que vous faites de moi?» Macc. I, 558, 15. — Au XIV° siècle لَهُ حَسْب, «il a reçu un *hasab*,» signifiait à la Mecque qu'une personne avait reçu des deux émirs de cette ville, en présence du public, un turban ou une calotte. C'était une marque de protection pour cette personne, et elle ne cessait d'en jouir tant qu'elle restait à la Mecque, Bat. I, 354. — حَسْبك أنا فى *je vous en supplie*, Bc.

حَسْبَة *somme*, Cherb. Dial. 122. — *Partie*, article d'un compte, Bc.

حِسْبَة. شى؟ من المال عنده ى, c.-à-d., M.

حُسْبان, le pl. أت *comptes*, Maml. I, 1, 203. — قَوْس حُسْبانيَّة ou حُسْبانية était une espèce d'arc, dont il est déjà question chez Moslim, qui vivait au VIII° siècle. Je crois avec M. de Goeje (Gl. Mosl.) que le scoliaste s'est trompé en disant que le terme vient du nom d'un homme ou d'un pays, حُسْبان, et qu'il vient au contraire de l'espèce de flèches qu'on appelle ainsi (voyez Lane). Plus tard c'est devenu le nom d'une arbalète d'un genre particulier, qui fut mise pour la première fois en usage par les Persans, dans le cours de leurs guerres contre les Tartares, vers le milieu du XIII° siècle. On en trouve la description J. A. 1848, II, 214—5.

حُسْبانيّ قَوْس حُسْبانيَّة *voyez ce qui précède*.

حِسْبِنجى *chiffreur*, Bc.

حِساب, pl. أت, Alc. (cuenta), Khallic. XI, 92, 5 a f. — En astrologie, *calculer la destinée* de quelqu'un, 1001 N. III, 605, 12. — *Décharge de compte, escompte, rabais*, Alc. (descuento). — *Précaution, ménagement, prudence, égard, considération, circonspection*; قَليل الحساب *indiscret*, qui n'a pas de discrétion, de prudence, Bc; Müller L. Z. 16; 5, en parlant de généraux qui se laissèrent surprendre par l'ennemi: لم يعملوا حساب للحرب. — *Inquiétude*, Ztschr. XXII, 82, 15; صار عنده حساب «il devint inquiet,» ibid. l. 11, على بنته «pour sa fille,» ibid. 79, 17. — انا فى هذا الحساب *moyennant*, Bat. III, 1. — ما كان لى هذا فى حساب *je pensais à cela*, 1001 N. I, 87, 6. — حساب *je ne m'attendais pas à cela*, Bc.

حَسيب *prévoyant*, Bc. — Sous les Almohades les حُسَباء étaient ceux qui recevaient une pension, parce

qu'ils étaient d'une famille royale, Macc. II, 284, 20—22.

حَسَّاب *chiffreur*, Bc.

حَاسِب *calculateur d'observations astronomiques*, Amari 595, 4, 669, 12. — *Devin*, Voc., Alc. (divinadero, pronostico), Macc. III, 23, 4, 1001 N. I, 866, 5; c'est proprement: le devin qui opère en jetant par terre des cailloux ou des noyaux, Prol. II, 177, 13.

حَيْسوبى *arithméticien*, Voc.

مَحسوب *pensif*, Bc.

محسوبون عليك ع. ع. ى *ils vous sont dévoués*, Roland; 1001 N. I, 300, 15: il le remercia et lui dit: نحن صرنا محسوبين عليك (dans la trad. de Lane: «we have become dependent upon thee»). Mais on dit aussi, en parlant d'une chose, qu'elle est محسوب على, dans le sens de: *j'en suis responsable*, Jackson Timb. 233.

مُحاسِب *financier*, Bc. — *Jeton*, Alc. (contante para contar).

مُحاسَبة *comptabilité*, Bc. — *La cour des comptes*, Çalât 62 r°: رفعته أمدّ بتدوينه فى لمحاسبة; chez Becrî 30, 13, cette cour est nommée دار المحاسبات. — *Discrétion*, circonspection, retenue, *mesure*, prudence, prévoyance, réserve, Bc.

احْتساب *la police commerciale*, Maml. I, 1, 114. — احتسابات nommés parmi les revenus de l'État, J. A. 1862, II, 173, *les droits de police*, Maml. I, 1, 114, 9 a f.

مُحْتَسِب, *inspecteur des marchés et des poids et mesures*; une foule de renseignements sur cet emploi ont été rassemblés par Behrnauer, J. A. 1860, II, 119—190, 347—392, 1861, I, 1—76. — *Général d'armée et inspecteur de tout ce qui concerne la guerre*, Maml. I, 1, 114.

حَسْتَك I *flâner*, Bc.

حَسْكَس I *patiner, manier indiscrètement; tâtonner*, aussi au fig., *procéder avec timidité, incertitude*, Bc; c. على p. est تلمّسه بيده ليهتدى الى مكانه, M. — *Baragouiner, parler mal, confusément*, Bc.

حسد I *haïr*, Gl. Mosl.

VII *être envié*, Voc.

حَسَد *médisance*, Delap. 24.

حَسَّاد, P. Kâmil 121, 6.

حسدانى *jaloux*, Payne Smith 1488.

مَحْسُود *aimé*, Payne Smith 1554; c'est un syriasme, de ܚܣܡ, hébr. חָמַד.

حسر II c. a. p. et على r. dans le Voc. sous *contritio*, probablement: *faire éprouver à quelqu'un un grand regret de ses péchés*. Dans les 1001 N. I, 590, 8: حسرك الله على شبابك semble avoir le sens de: «Que Dieu vous fasse regretter d'être venu au monde!»

V *soupirer*, 1001 N. I, 96, 2 a f. — *Se plaindre, se lamenter*, Hbrt 33; على تَفَسَّد, 1001 N. IV, 326, 14. — *Avoir du regret*, J. A. 1848, II, 245, 6; c. على de, Bc, p. e. de ses péchés, c. على ou ن, Voc.; c. على *regretter, être affligé d'une perte, d'un manque de succès*, Bc, Pseudo-Wâkidî Syrie 36: يقرص اسناده c. كـ *soupirer pour une chose que l'on n'a pas*, Bc, Koseg. Chrest. 64, 6.

VII *se retirer* (rivière), *rentrer dans son lit après un débordement*, Bc, Auw. I, 54, 16, de Sacy Chrest. I, 228, 4, 231, 8 a f. L'emploi de cette forme en ce sens est condamné par quelques puristes, mais approuvé par d'autres; voyez Gl. Belâdz. — انحسر الشتاء *l'hiver est passé*, Gl. Belâdz. — C. من p. *se fâcher contre quelqu'un*, Bc.

حَسَر *brisement*; au fig. *vif repentir, attrition*, Bc.

حَسْرَة *repentance*, Bc, *contrition, regret qu'on éprouve d'avoir péché*, Voc. — بحسرة *à contre-cœur*, Bc. — بحسرة شى فلان *un tel soupire pour une chose qu'il n'a pas*, *il désire ardemment de la posséder*, 1001 N. III, 315, 7, IV, 326, 6 a f.

حسير. L'expression أرج حسير, P. Tha'âlibî Latâïf 109, 10, semble signifier *une odeur douce, suave*. — *Instigatio*, L. — حَسْناء شَرَا *polypode*, Most v° حَسْرَى; بسيلاى semble pour.

حاسِر. On dit حاسر من مغاصنته *sans cuirasse*, Abbad. I, 57, 10.

تَحَاسير (cf. Freytag), *malheurs*; J.-J. Schultens

a trouvé ce mot dans la Hamâsa de Bohtorî, man., p. 39, où le scoliaste l'explique sur la marge par الدَّوَاهى.

مَحْسور c. من p. *qui est fâché contre quelqu'un*, c. على r. *ce quelque chose;* انا محسور على ذلك *cela me perce le cœur, m'afflige extrêmement*, Bc.

حسف.

حَسِيفَة *vengeance*, Roland, Daumas Mœurs 266.

حسك II. حَسَّك الشى *garder une partie d'une chose pour le temps où l'on en aura besoin*, M.

حَسَك, *nom d'un.* ة, se trouve dans le Voc. sous «*compes*,» mais je soupçonne que l'auteur de ce livre s'est trompé dans le choix du mot latin et qu'il a eu en vue le sens de *chausse-trape* (*murex, tribulus*). Ce mot a aussi ce sens dans le passage du livre sur l'art de la guerre cité dans le Gl. Edrîsî, où l'explication qui en a été donnée est inexacte. — Au Maghrib حَسَكَة signifie *candélabre*, Gl. Edrîsî, Martin 76, de cuivre, Voc., mais aussi de cristal, Ibn-al-Khatîb, man. 11 (1), 21 r°: ودارت بالبركة الصَّنْجُونِيَّة Il من حسك البلور والشبه ما تَقْصر عنده ديار المُلْك a sans doute reçu ce nom à cause de ses branches ou pointes, d'où il s'ensuit que l'orthographe de Golius, de Dombay et de Cherbonneau, حسكة, n'est pas bonne. — *Pointes de cuivre adaptées au mors du cheval*, Auw. II, 541, 6; حسك اللجام, ibid. 553, 11, 557, 16. — *Arêtes*, Bc, Hbrt 69. — Le n. d'un., *écharde, épine, éclat de bois*, Bc. — Le n. d'un., *morceau d'argent ou d'or, tailladé en rond comme une pièce de vingt sous, que l'orfèvre intercale entre les perles des boucles d'oreilles*, Cherb.

حسل.

حَسَل *espèce de thym à longues feuilles*, Baït. I, 308 b. Quant à l'orthographe et la prononciation de ce mot, on lit dans le man. 13 (3) qu'il signifie aussi ولد الضبّ, ce qui est le sens ordinaire de « *hisl*.» — *La farine qu'on tire du fruit du palmier nain*, Baït. I, 461 b: وهو سويقة وهو الحسل (AB).

حُسَالَة *criblure, reste du grain criblé*, Alc. (*ahechaduras*).

حسم I c. من *décompter, rabattre sur une somme, dé-*

duire, *défalquer, précompter*, compter par avance et déduire, *imputer*, appliquer un payement à une dette, Bc. — Nom d'act. حَسْم et حُسُومَة, *sécher devant le feu*, Voc.

II *sécher devant le feu*, Voc. — *Torréfier*, griller, rôtir, Voc.

V quasi-passif de la IIe forme, Voc.

VII. Prol. I, 163, 2: Quand on prive l'homme brusquement de toute espèce d'aliment, تحبنتدْ ينحسم المعا. De Slane traduit: «alors les intestins se ferment tout à fait.»

حَسَام. Le pl. ات dans le Voc.

حُسُوم. Selon Haedo, 17 a et b, la période appelée «Asom» commence le 25 février et dure sept jours; on croit qu'avant et après ce temps il y aura des tempêtes, et pour cette raison on ne va pas sur mer pendant quinze jours. Dans le calendrier que Hœst a traduit, on lit, p. 253, que le «Hasúm» commence le 27 février et dure jusqu'au 4 mars. *Équinoxe*, Cherb., Martin 172.

حُسُومَة *sécheresse*, *aridité* d'une terre, Auw. I, 54, dern. l.

مَحْسُوم *sec*, *aride* (terre), Auw. I, 122, 17; L a aussi ce sens, car il donne: stirelis [c.-à-d. sterilis] (infecundus); عَقِيم et مَحْسُوم; mais il offre en outre: succina محروقة ثم محسومة, ce qui m'embarrasse, car je ne vois pas ce que ces mots auraient de commun avec le succin.

حَسُنَ I *aller chaque jour de mieux en mieux*, Alc. (mejorar cada dia). — يَحْسُن بك ذلك *cela lui sied*; يَحْسُن بك أن *il lui sied de*, de Jong. — Aor. a, *pouvoir*; ما أحسن أمشي «je ne puis marcher,» Bc. Dans la langue classique on emploie la IVe forme en ce sens.

II *améliorer le vin, en le laissant devenir vieux*, Gl. Mosl. — Dans le sens d'*approuver* (Lane sous la Xe, Gl. Belâdz., le n. d'act. chez Bc *approbation*, *applaudissement*), se construit c. a. r. et على ou p., Mohammed ibn-Hârith 238: «Vous m'avez dit: «Le célibat est nuisible à ma santé; je veux donc acheter une jeune esclave;» فحسّنت ذلك لك; Badroun 182, 5: فذاكرها أمرى — — فإن الله يحسّن عليك ذكرك (dans le Gloss. j'ai dit à tort que c'est la IVe forme). —

Raser, Domb. 120; il donne, 105, le partic. act. dans le sens de *rasé*, mais ce doit être le partic. pass. — Comme verbe neutre, *rabonnir*, *devenir meilleur*, Bc.

IV. *Savoir* (Lane), et comme *savoir* en français, *avoir le pouvoir*, *l'habileté de faire* quelque chose, p. e. Hidp. 276, 3 a f.: لا أُحْسِن الرقا «je ne sais pas la magie;» Koseg. Chrest. 56, 9: أتُحسن مثل هذا «pouvez-vous réciter quelque chose de semblable? Je puis réciter, répondis-je, quelque chose qui vaut bien mieux;» Gl. Mosl. — أحسن أمَل فلان *justifier l'espoir de quelqu'un*, Berb. I, 530, 12.

V *croître, augmenter, renchérir*, Maml. II, 2, 134. — C. ب *se vanter de*, Kâmil 118, 3. — En parlant d'une femme qui n'est pas belle, *tâcher de le paraître* (تكلّفت الحَسَن تصنّعًا), M.

X. Sous *trouver bon*, Bc a bien استحسن شيئًا, mais aussi: استحسن معنى الكلام — استحسن عنده شيًا *prendre une chose en bonne part*, Bc.

حَسَن شائعة *plante qui porte des fleurs jaunes et rouges*; elles s'ouvrent une heure avant le coucher du soleil et se flétrissent après son lever, M, probablement *belle-de-nuit*. — حَسَن يُوسُف *fard*, *rouge*, Bc.

حَسَن قبولا حسنا *agréer*, Bc. — En parlant d'une tradition, *passable*, une tradition offrant un léger défaut auquel on peut remédier à l'aide d'autres renseignements, de Slane Prol. II, 484. — حَسَنًا *agréablement*, Bc. — أقرض حسنًا, P. Berb. II, 289, 14, par ellipse pour l'expression coranique أقرض الله قرضًا حسنًا, *faire à Dieu un prêt généreux*.

حَسَنَة. Pour *aumône* on dit aussi حسنة لله, Bc. — قرض حسنة *commodat*, *prêt gratuit*, Bc. — Ce mot s'emploie, au sens moral, à peu près comme *ornement* en français, p. e., en parlant d'un prince: حسنة الأيّام «l'ornement de son siècle,» Macc. II, 699, 8, de même que جمال الأيّام, II, 700, 2; et هو من حسنات بنى مروان «il était l'ornement de la famille des,» etc., II, 399, dern. l.

حُسْنَى *double*, espèce de monnaie d'or, en espagnol *dobla hacen*, Alc. in voce. Sans doute ces pièces ont été nommées ainsi d'après le prince qui les a fait battre.

حَسَنِيَّة espèce de dattes, Prax R. d. O. A. V, 212.

حَسِين pl. ات est le nom de *la deuxième* et de *la sixième corde du luth*, qui en a sept; voyez Alc. sous *cuerda*; c'est aussi celui de *la première corde de la vielle*, Alc. (prima en la vivela). — الحُسَين mode de musique, Salvador 33, qui nomme aussi الحُسَيِن صَبَا 54, chez Hœst 258 صاف حسين; ce dernier, ibid., nomme encore حسين عاجَم.

حُسَيْنِي, en musique, *le sixième son*, Descr. de l'Eg. XIV, 18; M: لحن من ألحان الموسيقى متفرع من الدوكاه على الاصح لا اصل برأسه. — Sorte d'oiseau, Yâcout I, 885, 4.

أَحْسَن *mieux*, «il le sait mieux que toi,» يعرف احسن منك; «le malade va chaque jour de mieux en mieux;» المريض كل يوم يصير احسن واحسن *beaucoup mieux*.

إِحْسَان *cadeau, présent*, 1001 N. II, 85, 2 a f.

تَحَسّن *toilette*, Ht.

تَحَلَّس est dans le Voc. «litera;» mais c'est un malentendu; voyez l'article تَحَسِّن dans Lane; l'auteur du Voc. a eu en vue le pl. de ce mot, تَحَاسِين.

مَحْسَنَة *chanteuse*, Gl.' Mosl.

مَحَاسِن *traits, beaux endroits d'un écrit*, Bc. — *Belles et bonnes choses*, Gl. Edrîsî. — *Beaux édifices*, Macc. II, 714, 4.

حسو

حَسُو a dans le Voc. le pl. أَحْسَاء. — حَسُو البيض *des œufs mollets, des œufs cuits de manière que le blanc et le jaune restent liquides*, Gl. Edrîsî 307, 8—10.

حش II et V dans le Voc. sous *festuca*.

حَشَّة *fauchée, ce qu'un faucheron coupe en un jour*, Bc.

حَشِيش «*Axix el Hamsa* (hoc est: *herba cauterii*), *hedera*,» Pagni MS.

حَشَاشَة أَفْلَتَت (ou نَجَا) ou حَشَاشَتَه, حَشَاشَك نَفْسَه se dit en parlant d'un homme qui, par une prompte fuite, se dérobe à grand'peine à la poursuite des ennemis. Abbad. III, 85, Gl. Belâdz., Becrî 121, 10. — Pour exprimer que son fils est ce qu'il a de plus précieux et de plus cher, le père l'appelle حَشَاشَة كبدي, 1001 N. I, 12, l. 14, p. 15, l. 7; c'est proprement: *le dernier reste de mon foie, de mes entrailles*, Müller 49, 4 a f. لطيم الحَشَاشَة, semble signifier *civil, honnête, poli*; mais je ne comprends pas comment cette expression aurait reçu ce sens, et je serais presque tenté de croire que الحَشَاشَة est un *lapsus calami* du copiste ou de l'éditeur, pour الهَشَاشَة.

حَشِيشَة. Comme ce mot signifie, entre autres choses, *une paille, un fétu, un petit brin de paille* (*festuca* dans le Voc.), on l'a employé dans le sens de *touche*, petit brin de paille, dont les enfants qui apprennent à lire touchent les lettres qu'ils veulent épeler, Alc. (paja para leer, puntero para señalar). — En Egypte, *chanvre*, Bait. II, 328 b (AB). على الحشيشة *en belle humeur*, Bc; c'est comme on dit «être en pointe de vin,» parce qu'on use du chanvre pour s'égayer et pour s'enivrer. — En Egypte, avec l'article, *gaude, herbe-à-jaunir, reseda lutoola L.*, Bait. I, 167 d, II, 314 a: والحشيشة عندهم اسم للبرون. — En Barbarie, *séné*, Prax 20, Richardson Sahara I, 210. — الحشيشة, ou العشبة المغربية, *plante qu'on tire du Maghrib et qu'on emploie contre la syphilis*, M. حشيشة الاسد *orobanche caryophyllea*, Bait. I, 309 c.

حشيشة البرص — *la plante que les Berbères nomment* الاطريلال (voyez), *et aussi une autre plante*, Thelephium Diosc., Bait. I, 309 h (mal traduit par Sonth.).

حشيشة البراغيث — voyez sous برغوث.

حشيشة المباركة *benoîte*, Bc.

حشيشة البزاز *lampsane, ou herbe aux mamelles*, Bc.

حشيشة الثومية *alliaire*, Bc, Bait. I, 233 b, II, 102 c.

حشيشة الجرح *plante qu'on emploie pour guérir les blessures, et qui s'appelle aussi* حشيشة الذهب, M. لرغب في افنية ورقها يشبه الذهب.

حشيشة الحَجَل — *fritillaire*, Bc.

حشيشة الحليب — *glaux*, Bc.

حشيشة الخمور — *Bella-Dona ou Belle-Dame*, Bc.

حشيشة الخراسانية *absinthe de Khorâsân*, Bait. II, 581 b.

حشيشة الخطاطيف — éclaire, Bc.

الدبّ — vulnéraire, Bc.

الداحس — polycarpon tetraphyllum, Bait. I, 309 b.

الدّخان — tabac, Bc.

الدهن — grassette, Bc.

الدود — tanaisie, herbe aux vers, Bc.

حشيشة الدودية — scolopendre ou langue-de-cerf, Most. v° اسقولوفندريون, Bait. I, 309 g.

حشيشة الدينار — houblon, Bc.

الذهب — cétérac ou doradilla, Bc. — Plante du Liban, « que les naturalistes appellent baras;» elle luit comme la lumière d'une chandelle, mais seulement pendant la nuit, Roger 418—9, qui donne beaucoup de détails. — Voyez sous حشيشة الجرح.

الريح — achillée, espèce de jacobée; pulmonaire, herbe aux poumons, Bc.

الزجاج — pariétaire, Bc, Most., Bait. I, 308 c.

السعال — tussilage ou pas-d'âne, Bc, Bait. I, 309 d, II, 23 c.

السلحفاة —, en Syrie, alyssum, Bait. I, 1.

السلطان —, en Egypte, lepidium à larges feuilles, Bait. I, 357 c.

الاسنان — dentaire, Bc.

السواح — onagra, Bc.

الشقوقة — cimbalaire, Bc.

الشوكى — scrofulaire, Bc.

الصليب — croisette, Bc.

الطحال — cétérac; — epipactis, Bait. I, 309 e.

الطوع — prêle ou queue-de-cheval, Bc.

عبد المسيح — herbe de Saint-Christophe, Actée à épis, Bc.

العقرب —, en Egypte, heliotropium europaeum, Bait. II, 118 d (AB). — Pallenis spinosa, Prax R. d. O. A. VIII, 343.

العلق — anagallis, Most. v° اناغاليس, Auw. II, 594, 12. On l'appelle ainsi parce que les sangsues en meurent.

المعلق — cochléaria, Bc.

الفرع —. C'est ainsi que je crois devoir lire chez Pagni MS, qui donne: Chrysanthemum Mycone, Hacist el fegiarha, h. e. planta timoris. »

الافعى — galium aparine, Bait. I, 309 f (AB).

حشيشة القبال — cucubale, Bc.

القرّاص — pétasite, herbe aux teigneux, Bc.

القزاز — pariétaire, Bc.

القطّ — cataire ou herbe-au-chat, Bc.

القنطورية — centaurée, Bc.

الكافور — camphrée, Bc.

الكلب — marrube, Bc.

الملاك — angélique (plante), Bc.

اللحّاف —, en Syrie, alyssum, Bait. I, 1.

اللبن — mercuriale ou foirole; phyllon, Bc.

المبخ — nummulaire, herbe aux écus, herbe à cent maladies, Bc.

حَشِيشِيّ et حَشَّاشِيّ celui qui s'enivre souvent au moyen du hachîch; — Ismaëlien, parce que les membres de cette secte avaient la coutume de s'enivrer de cette manière, Gl. Esp. 207, Mong. 123 b.

حَشَّاشِيّ fumeur de hachîch ou tecrouri, Cherb., Daumas V. A. 103.

حَشَّاس, dans le sens de fumeur ou mangeur de hachîch, se trouve de Sacy Chrest. I, 282, 5. De là حَشَّاشِين des hommes bruyants et turbulents, Lane M. E. II, 40, 41. — Celui qui vend le hachîch, Mong. 125 b. — Faucheur, Bc; de là fourrageur; Freytag a emprunté ses citations de la Vie de Saladin à Schultens, mais il aurait dû les placer sous le sing. حَشَّاش, et non pas sous le pl. حَشَّاشِين. — Celui qui travaille dans les boucheries et qui porte le sang, les entrailles, etc., des animaux abattus au fumier, 1001 N. II, 153, 4 et 5. — Celui qui fait des cloaques, Voc. (factor cloace); peut-être aussi vidangeur. — Morceau de fer en forme de faucille et taillé en pointe aux deux bouts, avec un manche au milieu, qui remplace dans le Kordofan tous les instruments aratoires; bêche ou pelle, qui a la forme d'un petit croissant dont la partie concave offre un trou dans lequel pénètre le manche en bois de l'instrument. Le mot espagnol « aciche, » qui en dérive, signifie hachette de carreleur, Gl. Esp. 37.

حَشِيشِيّ voyez حَشَّاشِيّ.

مِحَشّة faux, faucille, Bc, Hbrt 179, Domb. 96.

مَحَشّش café où l'on fume le hachîch, d'Escayrac 233.

مَحَشّشة même sens, Lane M. E. II, 40; tabagie, Bc.

حشد I enrôler; حشد كور الاندلس «il enrôla les conscrits des différents districts de l'Espagne,» Nowairî Espagne 466. حَشْد enrôlement, Nowairî Egypte, man. 2 o, 115 v°: وكان الفرنج فى الحشد الاول قد خافوا على هذه البلاد المجاورة للمسلمين C'était sous les Obaïdites une véritable chasse aux hommes, et quand on avait attrapé les réfractaires, on les liait deux à deux; voyez R. N. 93 r°; dans ce récit on trouve ces mots: ووجّه معه عسكرًا لحشد البحريين والزويليين حشد من تونس وباديتها وصفيرة خلقًا عظيمًا. — C. ل p. se ranger du parti de quelqu'un, M.

IV réunir, rassembler des soldats, Gl. Bayân. — Mettre des troupes dans une place pour la défendre, Alc. (guarneçer de gente).

VII s'assembler, se réunir, Gl. Djob., Abbad. I, 64, 2 a f.

حَشْد pl. حُشُود armée, Alc. (real de gentes armadas = جيش). — Les conscrits sont appelés الحشود et الحشود, R. N. 93 r°: ووصل الصقلبى الى المهدية وليس معه أحد من الحشود فقال لم (له .l) السلطانان وابن الحشد فقال الصقلبى حشدت خلقًا عظيمًا فلما قربت الحرب ۰

حشّاد voyez ce qui suit.

حاشد Le pl. حشد, P. Kâmil 776, 10. — Pl. حشّاد, et sing. حشّاد, enrôleur, recruteur, R. N. 92 r°: وقال لى ابو رزين حشدنى حاشد قدمها الى رادة فبذل اهل البلد للحاشد دينارَى نبتركى فأبى بكل حيلة فاختفى ومضى الى رقادة وابو معلم الكتامى سمحرو (؟ sic) الناس من الحشودين فلما قربت منه نظر الى وقال مَن أَمَرَكم ان تجيبوا هذا وهو لا يعرفنى فقال جيبوا دواة وقرطاس (سا .l) وكتب يا معشر الحشاد لا تعرضوا لاى رزين هذا فى اى بلاد كان وأطلقنى وامر بالحشاد ان يعلق (يُفلق .l) ويُضرَب فانطلقت وانا اسمع صياحَه من الضرب ۰

مَحْشُود où il y a beaucoup de monde, Harîrî 472, 2; autre exemple sous مَحْتَل.

مُحَاشِد employé dans le sens d'un pl. de مُحْتَشِد, Diw. Hodz. 121, vs. 2.

حشر I enrôler, Gl. Belâdz. — Fourrer, au fig., faire entrer dans une affaire; fourrer, insérer mal à propos; c. فى mettre en jeu, mêler à l'insu dans une affaire; mêler, comprendre dans, fourrer dans; حشر حاله فى كل شى «fourrer son nez partout, s'insinuer indiscrètement partout,» Bc. — Serrer le bouton à, au fig., presser vivement sur une chose, Bc.

VII être rassemblé (Lane), Abou'l-Walîd 615, 28. — Ressusciter, revenir de la mort à la vie, Voc. — C. فى se fourrer, s'immiscer dans, se mêler indiscrètement de quelque chose, mettre le nez, ou son nez dans, embouquer, entrer dans, Bc.

حَشْر. Au lieu de يوم الحشر, le jour de la résurrection, on dit aussi الحشر seul, de Sacy Chrest. I, 281, dern. vers, et ce terme, de même que son synonyme القيامة, s'emploie pour exprimer l'idée de trouble, effroi, consternation, Maml. I, 1, 96. — ديوان الحشر le bureau d'administration, chargé du recouvrement et de la gestion des successions dévolues au fisc, faute d'héritiers; dérivé du verbe حشر, rassembler, réunir, parce que les biens de ceux qui décédaient sans laisser d'héritiers, étaient recueillis par le trésor, Maml. II, 1, 133. — Presse, foule de personnes qui se pressent, M.

حَشْرِى celui qui meurt sans héritiers; المواريث الحشرية, الاموال الحشرية, التَرِك الحشرية, les successions dévolues au fisc, faute d'héritiers, Maml. II, 1, 133; pour l'étymologie, voyez ce qui précède.

حِشْرِى celui qui se mêle de ce qui ne le regarde pas, M. شَيق شديد الطياشة est حصان حشرى, M, un cheval libidineux et qui s'agite beaucoup, s'il faut traduire ainsi. Chez Niebuhr B. 78 on trouve haschâri, dans le sens d'étalon qui a déjà sailli des cavales.

حَشّار receveur des contributions, Gl. Maw.

حاشر enrôleur, recruteur, Berb. I, 442, 12, II, 30, 9, 195, 4.

حشرج I. Pour râler, en parlant d'un agonisant, on dit حشرج الموت, Mohammed ibn-Hârith 308: سليمن يحشرج الموت وما اظنّه يبلغ وقت الجمعة حتى يموت ۰

خَشْرَج râle, Bc.

حَشَف V se dessécher, Bait. I, 213 a: أَجْوَدُه لِلْحَدِيث الطَّرِى الَّذِى لم يَذبل ولم يَتَحَشَّف ۞

حَشَف les fruits secs du palmier nain, Bait. I, 461 b. — Écueils, Gl. Mosl.

حَشَفَيْقَل (comme en syriaque) = شقاقل, Payne Smith 1406.

حَشَك I, en parlant d'un homme, est مندفعا نار, M. — حَشَك الوعاء remplir une boîte en pressant fortement les choses qu'on y met, M.

حَشْكَرِيشَة (ἐσχάρωσις) croûte, plaque plus ou moins dure qui se forme sur la peau, par la dessiccation d'un liquide sécrété à la surface, Gl. Manç. in voce: القشور التى تكون على حَرْقِ النار والقروح لحادة التخلط, Bait. I, 6, 15, II, 56 b; aussi avec le khâ, p. e. Payne Smith 1029, 1030.

حَشَم I c. a. p. traiter quelqu'un poliment, avec respect, M.
II c. a. p. parler poliment à quelqu'un, pour lui inspirer du respect, si tel est le sens de l'explication جَمَلته بكلام يدعو الى الاحتشام, M.

VIII. Un exemple de la constr. c. a. p. se trouve Selecta ١٢, 2 a f: Quand vous aurez dépensé cet argent, فلا تَحْتَشِمُنَا, «n'ayez pas honte de nous en demander davantage.» — Être honnête, poli; chez Bc le n. d'act. est honnêteté, politesse, civilité, et le partic. civil, honnête, poli. Dans le M le n. d'act. est respect (مَهَابة).

حَشَم était le nom d'une espèce de garde que le sultan almoravide Yousof ibn-Téchoufîn forma dans l'année 470, Holal 12 r⁰: وضَّم هَذِه السنَّة مِن جَزولة وَلَمْطَة وقبائل زَنَاتَة ومصمودة جموعا كثيرة وسمّاهم بالحشم ۞

حَشِم honnête, conforme à la bienséance, Bc.

حَشْمَة. La signification de timidité (Lane) se trouve Valeton ١٢; 11, où il faut prononcer ainsi. — Modestie, Jackson Timb. 141; décence, honnêteté extérieure, Bc, M; عليه لَحَشْمَة il a un extérieur modeste, honnête, » 1001 N. I, 67, 4 a f. — Gravité,

Bc. — Politesse, Bc. — Avec l'article, compliments d'usage en société, formules de civilités, Bc. — ثوب الحَشْمَة والدَّماثَة aube, vêtement de prêtre, L (poderis).

حَشْمَى décent, Bc.

حَشْم pl. حَشَاشِم les parties sexuelles de la femme, Alc. (coño), chez qui la dernière lettre de ce mot est un n; ailleurs il écrit aussi n pour m, à la fin des mots.

مَحَاشِم (sans sing.) les parties de la génération, Bc, 1001 N. I, 604, 16, III, 464, 5. — دُبُر لمَحْشِم sorte de hernie, Sang.

احْتِشام, avec l'article, compliments d'usage en société, formules de civilités, Bc.

مُحْتَشِم, proprement: respectable, vénérable, était le titre que portaient chez les Ismaéliens les commandants de province, et en particulier celui du Kouhistân, Defrémery Mémoires 225, n. 2.

حشن

حَشَانَة rejeton transplanté (du dattier), Prax R. d. O. A. V, 214.

حشو I est حشى dans la langue vulgaire, Voc., Bc, nom d'act. حَشَايَة, Voc., et se construit c. d. a. ou c. a. et بِ, p. e. Nowairî Espagne 479, en parlant d'un cadavre: حشى بعقاقير. — Empiffrer, faire manger excessivement; حشى روحه se farcir, se remplir l'estomac avec excès, Bc. — Fourrer, insérer mal à propos, Bc. — Interpoler, Bc. — C. بِ englober, Bc. — حشى قطنا ouater, Bc. — حشى حاله فى امر غيره enfler la dépense, Bc. — aller sur les brisées de quelqu'un, Bc.

II c. فى interpoler, Bc.

IV a dans la langue vulgaire le même sens que la Ire, farcir, remplir, Voc. — Entonner, verser une liqueur dans un tonneau à l'aide d'un entonnoir, Alc. (enbudar).

V c. d. a., comme la Ire, farcir, remplir, Gl. Fragm.

VII s'embarquer, au fig., s'engager dans, Bc. — Se fourrer, se couvrir d'habits chauds, Bc.

VIII c. بِ ou فى, se fourrer, s'immiscer dans, se mêler indiscrètement de quelque chose, s'y ingérer, Bc.

حَشَا, *viscères, entrailles*, souvent au fig., parce qu'on les regarde comme le siége des passions, les organes de la sensibilité morale, p. e. طَأْمِنْ حَشَاكَ « ayez le cœur tranquille, tranquillisez-vous, » Koseg. Chrest. 108, 1; بَرِّدْ حَشَاكَ « rafraîchis ton cœur, » c.-à-d. chasse ta douleur par le vin et l'amour, Harîrî 123, 6. — حَشَى pl. أَحْشِيَة, en général *ce qui est farci, rempli de farce*, et en particulier *du pain rempli de sucre, d'amandes*, etc., Gl. Manç.: احْشِيَة جَمْع حَشَى بِمَعْنَى مَحْشُو وَهُوَ كُلُّ مَا يُحْشَى بِغَيْرِهِ وَالْمُرَادُ بِهِ هُنَا مَا حُشِيَ مِنْ الْخُبْزِ بِالسُّكَّرِ وَاللَّوْزِ وَنَحْوِ ذَلِكَ.

حَشْو signifie en général: *ce qui est fourré, introduit, dans une autre chose*, voyez Koseg. Chrest. 121, 5 a f. et suiv. — Lane n'aurait pas dû expliquer ce mot par «coton,» mais par *ouates*; cf. sous la Ire forme; Bc a en ce sens le n. d'unité: حَشْوَة قُطْن; الثِّيَابُ ذَوَاتُ الْحَشْو «des vêtements ouatés,» Macc. II, 88, 13. Au fig., en parlant des femmes: حَشْوُ الْغَدَر ثِيَابِهِنَّ, 1001 N. I, 6, 3 حَشَوَ dans l'édit. est une faute). — *Hachis, viande hachée*, Bc; Roland a en ce sens le n. d'unité: *farce, viande hachée*. — *Sorte de pain fait de farine, de miel, de sésame et d'épices*, Gl. Esp. 59. — *Discours prolixe, prolixité*, Maml. I, 2, 105; cf. حَشْوِي.

حَشْوَة voyez l'article qui précède.

حَشَوِيّ et حَشْوِيّ. Quatremère, Maml. I, 2, 105, a tâché de prouver que ce mot signifie: *un parleur inconsidéré*, et il semble avoir ce sens dans quelques-uns des passages qu'il cite; mais dans d'autres il ne l'a pas, car اصل الحشوية ou للحشو y est le nom d'une secte. On n'est pas d'accord sur l'origine de ce nom, ni sur les opinions que professait cette secte; voyez Gl. Edrîsî. — Le Voc. a حَشْوِيّ sous ora; c'est proprement de la racine حشى.

حَشَّاء التِّبْن. حَشَّاه *empailleur*, Bc.

حَاشِيَة *hors d'œuvre, digression*; *cheville*, tout ce qui, dans les vers, n'est que pour la mesure ou la rime, Bc. Pour d'autres significations, voyez sous la racine حشى.

أَحْشَائِيّ *viscéral*, Bc.

(vulg. تَحَشَّى) تَحَشَّ *hors d'œuvre*, Bc.

(ثَوْب مُبَطَّن مَحْشُو) مَحْشُو *doublé*, L (diploide خَرَجَ الْيَدَ كَلْب مِن): *Une étoffe doublée*, Cout. 17 r°: دَارٌ تُجَاوِرُ مَقْبَرَة قُرَيْش فَلَبِسَ عَلَى بَنِيقَة مَحْشُو مَرْوِي كَانَ يَلْبِسُهُ فَحَرَقَهُ; l'emploi du pron. masc. étonne dans un man. aussi correct; peut-être l'auteur a-t-il pensé à مَحْشُو dans le sens qui suit, plutôt qu'à بَنِيقَة. — *Manteau doublé*, L (diplois (sagum, mantum, vel clamis) لِحَافٌ وَمَحْشُو).

مَحْشِيّ *farci*, voyez l'article *cuisine* dans Bg, M; وَرَق مَحْشِي *des feuilles de vigne, de laitue ou de chou, qui enveloppent un mélange de riz et de viande hachée*, Lane M. E. I, 217.

مَحْشِي *sorte de pain fait de farine, de miel, de sésame et d'épices*, Alc. (alfaxor; il écrit mohxî, mais c'est la prononciation grenadine pour mohxâ, le partic. pass. de la IVe forme, laquelle, dans la langue vulgaire, a le même sens que la Ire).

مَحْشِيَّة, en Espagne pour مَحَاشَى, *sorte de tunique ou de vêtement de dessus*, Gl. Bayân 32, n. 2, Gl. Esp. 163.

حشى I. حَشَى dans la langue vulgaire, au lieu de حشو; voyez حشو I.

II c. من *excepter de*, Voc.

III. Dans un vers, Abbad. I, 385, 8: s'ils avaient fait cela, حَاشَاهُمْ مِنْكَ خَوْزًا وَآزَارًا « cela les aurait préservés des justes reproches que vous avez à présent le droit de leur faire.»

V, *s'abstenir de*, non-seulement c. من, mais aussi c. عن, Voc. — Dans le Voc. *elongare se*, et il donne aussi cette forme sous ora.

حَاش *chameau de trois ans*, Daumas Mœurs 310 n.

حَاشَا *thym; serpolet*, espèce de thym; *ache*, Bc. — حَاشَا حُرْمَة السَّامِعِين *à Dieu ne plaise*; حَاشَا لِلَّهِ عَنِّي *sauf le respect de la compagnie*; حَاشَا جَنَابَك مِن *loin de moi l'idée que vous soyez avare*; حَاشَا حُرْمَتك مِن ذَلِك *vous êtes incapable d'une semblable action*; حَاشَا مِنْ التَّشْبِيه *sans comparaison*, expression employée par civilité et par respect, lorsqu'on indique un rapport entre deux êtres disproportionnés;

حشى

حَاشَا وكَلَّا *Dieu m'en préserve, m'en garde!* Dieu me préserve d'en avoir l'idée (je n'ai point commis cette faute); حَاشَا وكلا ان يخطر فى بالى شى كذا *loin de moi une semblable pensée,* Bc. On dit حَاشَاكَ, *sauf votre respect,* quand on est obligé de parler de sang, d'ordures, d'un maquereau, d'une entremetteuse, d'une prostituée, d'un traître, d'un juif, etc., Jackson Timb. 315—6; aussi «quand on parle d'une femme et de tout ce qui la regarde, comme étant au-dessous de la dignité de l'homme,» Martin 111; ainsi on dit dans le dialecte de l'Algérie: كنت غائب ولاكن عيالى حاشاك فى الى قبلتها منه «j'étais absent, et c'est ma femme (sauf votre respect) qui les a reçus,» Cherb. Dial. 171.

حَاشِيَة *liserage,* broderie autour d'une étoffe avec un cordonnet, Bc. — *Chaîne d'étoffe,* Ht. — *Ruban,* Bc (Barb.), Hbrt 21 (Alg.), Ht, Ghadamès 42. — *Rive,* bord d'une rivière, d'un lac, de la mer, Alc. (ribera de qualquier agua, ribera de rio, orilla de la mar). — *Retraite, diminution d'épaisseur qu'on donne à un mur,* Alc. (relex de edificio). — *Post-scriptum,* Bc. — *Les alentours* d'une ville, Gl. Belâdz. — *Alentours,* ceux qui vivent habituellement avec quelqu'un; *cour,* suite d'un grand seigneur, d'un prince, Bc, de Jong. Le meilleur pain en Espagne était le خبز الحاشية, *le pain de la cour;* on le cuisait dans le palais du sultan de Grenade, en se servant de la meilleure espèce de fleur de farine, Chec. 191 r°. Dans l'Inde الحاشية étaient *les domestiques;* voyez Bat. III, 433. — Quand on dit d'un homme qu'il est رقيق الحاشية ou الحواشى, cette expression ne se prend pas dans plusieurs sens, comme l'a pensé de Slane (trad. d'Ibn-Khallic. II, 651, n. 3, III, 148, l. 1). Chez les auteurs elle signifie toujours, comme on trouve chez Lane, *gracieux, courtois, affable,* p. e. Khallic. I, 345, 5 a f., 664, 5 Sl., VII, 104, 9 Wüst. Mais l'explication de Lane: «courteous to his associates,» implique l'idée que حاشية a dans cette locution le sens figuré d'*entourage,* tandis qu'il a son sens propre, celui d'*extrémité.* Ce qui le prouve, ce sont des expressions comme celles-ci: رقيق حاشية الطبع, Abbad. II, 71, dern. l., («courtois dans ses paroles»), Abd-al-wâhid 169, dern. l., رقة حواشى كلامه, Haiyân-Bassâm I, 49 r°, et c'est proprement: celui dont les extrémités sont fines. Chez le vulgaire رقيق الحاشية signifie aujourd'hui *qui a peu d'argent,* M. —

رقّة الحاشية, Prol. II, 360, 8, dans le sens de عيش chez Lane, *bien-être, existence agréable et commode.* — Pour d'autres significations, voyez sous la racine حشو.

حصّ

حَصَّ I *rogner, retrancher, ôter des extrémités* (Lane); au fig. حَصَّ جَنَاحَه *rogner les ailes à quelqu'un, lui retrancher une partie de sa puissance,* Berb. I, 320, 6 a f., 580, dern. l., où le texte porte par erreur حصر et notre man. 1351 يحصن, lisez يحصّ, II, 222, 3 a f., 338, 1, 414, 4 a f.; Schultens cite Ispahânî, man., 99: حَصَّ جناح الكفر. Aussi حصّ من جناحه, Berb. II, 88, dern. l. et 89, 1, mais c'est le *min* partitif, et il ne faut pas dire, comme l'a fait de Slane (trad. III, 310 n.), que ce verbe se construit avec *min.*

حُصّ pl. حُصُوص *petit morceau de citron ou d'oignon, pomme de pin,* M. اعطاء حصّه «il lui donna sa part du bien,» Bc.

حِصَّة *un bout de,* une petite partie de, Bc, qui donne le pl. حِصَص, ce qui suppose le sing. حِصَّة, forme inconnue dans la langue classique. — *Action, somme, effet de commerce,* Bc. — حصّة زمن *moment,* Bc; أصبر حصّة, 1001 N. Bresl. IX, 342, 5, 6 et 7, où l'édit. Macn. a مدّة, «attendez un moment!» 346, 7: حصّة مدّة; Macn. IV, 513, 3 a f.; Bresl. IX, 340, 1 et 373, 3 a f.: حصّة الظهر, où l'édit. Macn. porte وقت الظهر. — *Troupe de soldats, corps,* voyez ma note J. A. 1844, I, 401; les passages du Cartâs que j'y ai cités, se trouvent dans l'édit. p. 195, 7, 14, 196, 8 a f., 154, 6 a f.; ajoutez: 234, 4, 242, 11, 7 a f., Bat. III, 239, Macc. II, 804, n. *a* (aussi dans Boul.), Berb. II, 174, 8 a f., 247, 4, 251, 1, 300, 8 a f., 334, 6 et 11, Ibn-Khaldoun, man. 1350, IV, 36 r°: وكانت معه حصّة من جند السلطان ابن الاحمر, Abdarî 45 r°, l'anonyme de Copenhague 81, 120. *Garnison,* Alc. (guarnicion de gente), qui donne le pl. حِصَّات, mais chez les auteurs on trouve constamment حِصَص. — Vulg. pour حَاصَّة, M. مُحَصَّة *quote-part,* Alc. (rata parte proporcional).

حصب

حمّى حصيبة *scarlatine* (fièvre), Bc.

حصاحص

حَصْحَاص gravier, Diw. Hodz. 177, vs. 8; aujourd'hui encore حَصْحَاص a ce sens en Barbarie, Hbrt 172 (Alg.), Bc (Barb.). — مُتَحَصْحِص formé de gravier, Voc., Bait. I, 73 a: انّما يكون في الجبال والارضين المحصحصة والقليلة التراب telle est la leçon de B, et c'est la véritable; A الجَصّصَة.

حصد I couper des rognures de branches pour les planter, Auw. I, 305, 10, 3 a f. — Ereinter, rompre les reins, Alc. (derrengar, deslomar, et le partic. pass. sous derrengado et deslomado). — حَصَد, au fig., avoir le jugement sain et solide, Gl. Mosl.

VII dans le Voc. sous metere.

حَصْدَة rupture des reins, tour de reins, Alc. (derrengadura, deslomadura).

حَصَاد moisson, récolte, Bc. — (Collectif) des champs cultivés, Gl. Edrîsî. — حَصَاد gerbe ou javelle de blé, Alc. (messorio en que cogen espigas; Nebrija et Victor ont les mêmes mots sous messoria, et j'ai suivi l'explication qu'ils donnent).

حَصَّاد mode de musique, Descr. de l'Eg. XIV, 29.

حَصِيد. L'expression coranique قائم وحصيد (XI, 102) s'emploie dans une phrase négative dans le sens de personne, Abbad. I, 241, 4 a f. (corrigez ma note p. 259, n. 2). — Une autre expression coranique (XXI, 15), où le mot en question est un collectif, a donné naissance à la phrase حصيد من القتلى Berb. I, 383, 7, « une foule de guerriers moissonnés par la mort » (Sl.). On trouve aussi: أصبحوا حصائد سيوفهم « ils furent moissonnés par l'épée de leurs ennemis, » Berb. II, 5, l. 10. — Paille, Alc. (paja para la cama). — Eteule, chaume, pl. حصائد, Alc. (rastrojo o restrojo). — Rognures de branches qu'on plante, Auw. I, 304, 4 a f., 305, 9 et dern. l., 309, 4.

حَصِيدة moisson, récolte, Bc.

مَحْصَد رأى محصد jugement sain et solide, Gl. Mosl. — الحَبْل المحصد pour المحصد, ibid.

مَحْصُود éteule, chaume, Voc., qui l'explique par «restallo;» en catalan «restoll» ou «rostoll» est le même mot que «restolh» en provençal (Raynouard VI, 4 a) et «restrojo» en espagnol, «éteule, chaume.»

رجل مستحصد الرأى un homme dont le jugement est sain et solide, Gl. Mosl.

حصر I comprimer, presser avec violence, oppresser, presser, gêner, renfermer, restreindre, réduire dans des bornes, serrer, presser (Barb.), Bc. — Modifier, restreindre; c. في réduire à, borner, restreindre à, Bc. — حصر البلد se dit quand ceux qui se trouvent dans une ville en ont fermé toutes les issues; j'ai trouvé quelque part: une barque avec vingt pirates chrétiens était arrivée à Bone, وقد حصر البلد حتى قطع الدخول والخروج. — Pour la signification de compter (pas dans Lane), voyez de Sacy Chrest. I, 355, 1, Vie de Saladin 13, 8 a f.

III ne signifie pas seulement assiéger, mais aussi: soutenir un siège, tenir dans une place assiégée, résister, Bc. — L donne cette forme sous vasto; il a en outre: vastator (latro, omicida) محاضر (sic), et vastitus مخاضرة (sic) وغارة وانهاب.

IV serrer, presser, Alc. (tupir recalcando). أحصر الماء الى قادوس « il fit couler l'eau de la source par un tuyau, » Cartâs 41, 9.

V être en peine, être embarrassé, être embarrassé de répondre, 1001 N. Bresl. VI, 323, 12.

VI être assiégé; يتحاصر attaquable, Bc.

VII être comprimé; Bc donne le n. d'act. sous compression, et l'aor. sous compressible. — Dans le sens d'être restreint; on dit: أحصرت الأمور كلها تحت قبضته, ce qui signifie: « lui seul conduisait toutes les affaires, » Gl. Bayân. — C. في se réduire à, se renfermer dans, se restreindre à, Bc. — Etre en peine, être embarrassé, être embarrassé de répondre, R. N. 50 r° (après une longue dispute): فلما كان عند صلاة المغرب احصر اليهودي وانقطع عن الحجة وظهر عليه ابن سحنون بالدلائل الواضحة والحجج البالغة. On dit: احصر برياقة الماء dans le sens de: « il éprouva un pressant besoin d'uriner, » 1001 N. II, 72, 14, et ce verbe s'emploie isolément dans la même acception, ibid. III, 164, 12. — S'enfermer, entrer dans une place pour la défendre, rester, Bc. — أحصر من الشيطان obsession, état des personnes qu'on croit obsédées du malin esprit, Bc.

حصر

VIII *vérifier*, Alc. (le n. d'act. averiguàmiento). — Dans le Voc. sous obsidere.

حَضْر *oppression*, état de celui qui est opprimé, Bc. — *Modification, restriction d'une proposition*, Bc; Cairawânî, man., 628: ولم يرد بأنّما الحَصْر « en employant le mot أنّما, il n'a pas voulu indiquer une restriction;» أدَاة للحصر *une particule restrictive*, c.-à-d. un mot tel que أنّما, لَقَط, لَيْس إلَّا, Macc. I, Add. et Corr. civ a; on trouve: المنفرد بالسبق في تلك, Macc. I, 48, 4, dans le sens de: *lui seul est un tel homme*. — *Tristesse*, M. حَصْر فِكْر *tension, grande application d'esprit*, Bc. حَصْر بالحَصْر *intimement*, Bc.

حَصْر «il éprouva un pressant besoin d'uriner,» 1001 N. II, 147, 11, et dans le même sens حصل له حصر البول, *ibid*. I, 595, 10.

حَصَر *détresse, péril, embarras, peine d'esprit*, Bc; *embarras, timidité*, Badroun 273, 13.

حَصِر *forcé, gêné*, Bc.

حَصْرَة *logement d'une armée*, Alc. (assentamiento del real).

حَصَرَان *constipation*, Daumas V. A. 424. — حصران البول *rétention d'urine*, Domb. 90, Daumas V. A. 425. — *Siége d'une ville*, Voc.

حَصار *mode de musique*, M.

حَصِير. Le pl. حُصُر dans le Voc., qui donne aussi حَصِير رصاص, حصير عَبَّادي, *sans explication*. — *couverture en plomb*, Edrîsî, Clim. III, Sect. 5: جعل بأعلى السقف حصر رصاص محكمة التأليف وثيقة الصنعة والماء يصل اليها في قنوات رصاص.

حَصِيرة coll. حصير *raie, poisson de mer*, et aussi *un poisson qui tient le milieu entre la raie et le squale*, Alc. (raya pescado de los llanos, raya medio lixa).

حَصاري *sorte d'oiseau*, Yâcout I, 885, 14.

حَصَّار *ouvrier en sparte, nattier*, Gl. Esp. 357, n. 1, Voc. — *Calculateur*, Prol. III, 96, 13.

حَاصِر *maréchal général des logis*, Alc. (assentador del real).

مَحْصَرَة *natte*, 1001 N. Bresl. V, 5, 3 a f., où l'éd. Macn., I, 337, 7, a حصيرة.

حصل

مَحْصُور, suivi de من الشيطان, *obsédé du démon*, Bc. مُحَاصِر voyez sous III. انْحِصَار *dévolution*, Roland. مُنْحَصِم *dévolu*, Roland.

حصرم I *ne pas vouloir mûrir* (fruit), M.

حَصْرَم est la prononciation maghribine, pour حِصْرِم, Voc. (pl. حَصَارِم), Alc. (agro por madurar, agraz), Domb. 60. Chez Bg حَصْرُم.

حصف.

أَحْصَف *plus serré, plus compacte*, Bait. I, 178, 10.

حصكة chez Golius, mieux حسكة (voyez).

حصل I c. على r. *acquérir, gagner, obtenir, se procurer*, et aussi, *avoir*, Bc, M, de Jong, Bat. IV, 56, etc.; *rattraper, recouvrer*, Bc. — C. في *gagner, arriver à*, Bc. — C. من *résulter*, Bc. — *Mettre dans le magasin* (حاصل), *emmagasiner*, M.

II dans le sens d'*acquérir*; au lieu de حَصَّل علمًا, Holal 6 r°, حَصَّل كثيرًا من الحديث, Macc. I, 499, 6, etc., on emploie حصل seul, *acquérir, amasser des connaissances, étudier*, p. e. Khatib 23 r°: اجْتَهَد. وحَصَّل. De là مُحَصِّل *étudiant, disciple*, l'opposé de مُعَلِّم, *professeur*, Aboulfaradj 118, 3 a f., *savant*, Macc. I, 583, 9, 884, 9, surtout *celui qui connaît beaucoup de traditions*, Macc. I, 526, 1; تَحْصِيل *études, connaissances, savoir*, Macc. I, 859, 2, 884, 10, II, 520, 6, J. A. 1853, I, 268; aussi مُحَصَّل, Khatib 32 v°: «مِمَّن يَقْصُر محصله عن مدى اجتهاده» était de ceux qui ne croient jamais avoir amassé assez de connaissances;» ذو التَحْصِيل *un savant*, Abd-al-wâhid 164, 7; أهل التَحْصِيل *les sages*, Djob. 169, 12, 205, 2, 242, 2 a f.; بغير تَحْصِيل *sans intelligence, follement*, Ibn-Tofail 5, l. 7. — *Récolter, dépouiller, recueillir les fruits de la terre*, Bc. — *Recouvrer*, Bc. — *Mettre par écrit*, Calâïd 174, 19. — *Placer ou décrire une chose en un certain endroit d'un livre*, Edrîsî, Clim. I, Sect. 6: هذا البحر المحصّل في هذا الجزء. — *Décrire une chose de manière qu'on puisse se la figurer*, Djob. 37, 18. — *Compter, calculer*, Macc. I, 231, 3 a f., 232, 1, 373, 15, 374, 14, Djob.

222, 21, Mohammed ïbn-Hârith 325: فلما تبوّق حضرت , تحصيل تركته فبلغ نحو ثلثين الخ , Haiyân-Bassâm I, 174 rº: حكى ورّاقه حصّلنا قبل مقتله بسنة فبلغت; المجلّدات فى التحصيل اربعمائة الف indiquer exactement le nombre des années, Gl. Abulf. — Décrire ou raconter brièvement, en supprimant les détails (l'opposé de كيّف), Gl. Edrîsî. — C. ل p. et acc. r. procurer, faire obtenir, ménager; حصّل فى عقله خللا aliéner l'esprit, rendre fou; كلام يحصّل لمحبّة paroles insinuantes, Bc. — Voyez aussi محصّل et تحصيل.

V s'emploie dans plusieurs des significations qu'a la Ire: arriver, venir, Abbad. I, 46, n. o. On trouve ما تحصّل استخراجه « des contributions qui ont été payées, » Gl. Fragm. يتحصّل من هذا للجيش فى كلّ شهر مبلغ الخ « ce terrain produisait chaque mois une somme de » etc., Maml. I, 1, p. VIII, ما يتحصّل من التجّار « les droits qu'on lève sur les marchands, » ibid. p. 18; — يبقى لنا ان نذكر بلادا تحصّلت فى هذا الجزء « qui appartiennent à, qui doivent être décrits dans cette partie, » Edrîsî, Clim. V, Sect. 2. — Être compté, calculé, Djob. 46, 7. — S'ensuivre, dériver, procéder de, Bc; تحصّل ما الخ ان « le résultat de notre discours fut que, » Macc. I, 485, 2 a f.

مِنْجَل حَصِيل serpe, Alc. (hocino para segar).

حُصَالَة, reste, rebut, pl. حَصَائِل Alc. (desecho).

حَصَّالَة tire-lire, vase pour serrer de l'argent; tronc, pour recevoir l'argent des aumônes, Bc.

حاصل ou للحاصل pour abréger, enfin, au bout du compte, bref, en un mot, en définitif; والحاصل venez au fait; والحاصل ايش هو que faut-il en conclure? Bc. — Pl. حواصل, dépôt, lieu où l'on dépose, entrepôt, Bc, magasin, Bc, Hbrt 100, Ht, M, cf. Fleischer Gl. 88—9, Macc. I, 367, 14, Maml. II, 2, 72, l. 4, 1001 N. I, 300, II, 74, 109, 236, 416, III, 52, 78, 82, Bresl. III, 266, IV, 319, Amari Dipl. 206, 8 (l'éditeur n'a pas compris ce mot); dépôt de bois, Ztschr. XI, 511, n. 37; حاصل عين الماء château d'eau, M. — Même pl., prison, Bc, Burton I, 116. Cf. pour ces deux dernières signif. Lane sous حَوْصَلَة.

حَوْصَل ou حَوْصَلَة, proprement poche, jabot d'oiseau, est le nom qu'on a donné à un oiseau aquatique, au pélican ou au cormoran, à cause de la vaste poche qui pend de sa mandibule inférieure, de Jong (le passage de Bait. que cite Damîrî se trouve I, 341 g), J. d. S. 1871, 447. Le pl. حواصل désigne une espèce de fourrure, c.-à-d. la peau et les plumes de la poche de cet oiseau, de Jong, Bait. l. l., ou bien la peau et les plumes qui couvrent la poitrine et le ventre des vautours, Gl. Manç. حواصل للحواصل فى اللغة جمع حوصلة الطائر والمراد بها هنا جلود صدور النسر وبطونها بما عليها من الريش الزغبى ويتخذ منها فرآء خفاف (خفاف .l). مدفئة طيبة الريح وهذا فى التشبيه بعيد عَمَى. Exemples chez de Jong; Rhazès dans Bait. II, 265 b: الفنك والغاقم والحواصل معتدلة فى الحرارة وفى مع ذلك خفيفة — حوصلة. Au fig. le mot poche, jabot, signifie: la faculté de comprendre, Prol. I, 327, 3; pl. حواصل, Berb. I, 130, 11.

تَحْصِيل sagesse, modération, retenue, respect pour les convenances, Ibn-Bassâm cité dans le Tohfat al-'arous, man. 330, 158 rº, en parlant de Wallâda: على انّها اطرحت التحصيل واوجدت الى القيل فيها السبيل لقلّة مبالاتها ومجاهرتها بلذّاتها , Notices 131, 9 et 18, Djob. 224, 3 a f. — Voyez sous la IIe forme.

مُحَصِّل, قوانين محصلة عند محصّل « des règles bien connues de, » Prol. I, 94, 12. — هذا الكلام لا محصل له « est sans valeur, » Prol. I, 157, 9. — Mal criblé (grain), Alc. (grançoso lleno de granças). — Indiquer d'une manière indirecte le mot d'un logographe, p. e. dans ce logographe sur le nom عماد:
جمال وحسن والتفات ورقّة وعطف ولطف واكتمال حياته
تزيد على كلّ الملاح شمائلا وفى عدّ ما بيّنت وصف صفاته
où ما عدد donnent عماد, M. — Voyez sous la IIe forme.

مُحَصِّل receveur, Bc; employé de la douane, Bg 336; directeur de la douane, Burckhardt Syria 653. — Gouverneur d'une ville, Browne II, 251, 261. — Voyez sous la IIe forme.

مَحْصُول. Le pl. ات productions, Bc. — Avoir,

ce que l'on possède de bien, Bc. — *Obtention*, action d'obtenir, Bc.

مُتَوَصِّل est chez Alc. « papudo de papo, » ce qui signifie, en parlant d'oiseaux, *qui a un gros jabot*, et en parlant d'hommes, *goîtreux*.

مُتَحَصِّل *recouvrable*, Bc. — *Résultat*, Bc.

حصن II *mettre en sûreté des hommes, des animaux, des choses*, Gl. Belâdz., Abdarî 54 v°: ادخلوا دوابّه في مقبرة وحصنوها داخل الروضة على المقابر — C. من *préserver de*, Bait. I, 120 a: le bézoard pris d'avance, par précaution, قام السمّ القتّالة وحصّن من مضارّها. — *Fermer avec une serrure*, Macc. II, 24, 17.

IV *mettre en sûreté*, Gl. Belâdz.

V. On trouve: وختم بالدعاء وتحصّن واستعان بالله 1001 N. I, 819, dern. l. — *S'abstenir, se priver*, Ht.

VIII dans le Voc. sous *castrum*, Abou'l-Walîd 449, 16: التحصّر المختصّ في الحصون والقلاع.

حِصْن *redoute*, Bc. — *Village entouré d'une muraille*, Djob. 208, 20 et dern. l. — *Les fortifications qui entourent une ville, une enceinte de murailles*, Gl. Edrîsî 286, 388, 1001 N. II, 141, 4 a f.

حِصَان, pl. اتّ et أحْصِنَة, Bc. Le peuple prononce حُصَان, *cheval*, Alc. (cavallo), Niebuhr B. 78, Burckhardt Nubia 215. — حصان البحر *hippopotame*, Bc.

تَحْصِين *défenses, ce qui met les assiégés à couvert, fortification, ligne, retranchement, circonvallation*, Bc.

مِحْصَن. Biffez chez Freytag (et Lane) les mots: « et frænum ipsum, » qui ne se trouvent pas chez Schultens. Ce dernier donne: « ferramentum quoddam in freno equino, » après quoi il cite Ibn-Doraid, de freno, 15; c'est dans l'édit. de Wright 9, 1.

حصو et حصى حصى I, vulg. pour la IVe, *nombrer, compter*, Bc.

IV c. على p.: هذا فيما أُحصِيَ عليَّ « cet objet est un de ceux qui m'ont été portés en compte, » Tha'âlibî Latâïf 87, 9.

حَصَى حصى للحديد, Berb. II, 272, 2 a f., cf. Reinaud F. G. 74, *du gravier de fer*, c.-à-d. mi-

traille. — Chez Alc. (estrangaria de orina) *strangurie* est « dilhaçá » et « adilhaçá; » je ne comprends pas bien ce que c'est que cet « adi » ou « di. »

حَصْوَة *caillou*, Bc, pour jouer le مَنْقَلة, Lane M. E. II, 56. — *Place couverte de gravier dans une mosquée* = حصن, Burton I, 295; حصوة الحريم (des femmes), le même II, 154 n. — *Gravelle, maladie de la pierre*, Hbrt 37, Bc.

حصيّة الحمراء sorte d'oiseau, Yâcout I, 885, 11.

حَصَوِي *calculeux*, graveleux, Bc.

حض I *faire enrager, faire endêver*, Hbrt 113.

VII dans le Voc. sous *monere*.

حَصِيص *périgée*, lieu d'une planète le plus proche de la terre, Bc.

حَصَاصَة *inclinaison, disposition*, c. في, Mi'yâr 28, 10.

حضر I *se rendre*, Hist. des Benou-Ziyân 95 v°: حضر الكتّاب — Avec الى *aller à l'école*, R. N. 70 r°: فسأل ابي عنّي ان كنت احضر الكتّاب فقال له ابي نعم « il demanda à mon père si j'allais à l'école. » — C. على p. *suivre le cours d'un professeur* (cf. سمع على), Macc. I, 842, 21; aussi c. عند p., Meursinge 21, 10 a f.; on dit حضر على فلان كتابًا, Tantâwî dans Ztschr. Kunde VII, 51, 1, 4 et 5; لم احضر اخوًا « je ne suivis point de cours de grammaire, » ibid., l. 7; حضرت في النحو *ibid.*, l. 3 a f.; Be donne la construction c. والغفه. Avec في اتأذينى في كذا chez Lane cf.: ل ذكر شىء « me permettez-vous de dire une chose qui m'est venue dans l'esprit? » Gl. Badroun. حضر في شيء signifie aussi: *avoir envie de faire quelque chose*, R. N. 48 r°: الزيارة (sic) ثم نهض للقيام وقال من حضره لواصيل (nom pr.) فليقم ثم خرج من فوره وخرج معه اصحابه. — C. a. p. et ب r. *apporter quelque chose à quelqu'un*, Akhbâr 19, 2. — C. في *parler de*, وتحضر فيهم كلّ يوم محضرة « nous parlons d'eux chaque jour de réunion, » Amari Dipl. 2, l. 1. — *Etre bien peuplé, fleurir*, Gl. Edrîsî.

II *faire comparaître*, Voc., Bc, Gl. Fragm., Fakhrî 167, 12, où il y a deux fautes à corriger: فلما

بعثْنا عن بغداذ حَضَرْنا (حَضَّرْنا ا.) السلطانَ (السلطانُ ا.) هُولاكو يوماً بين يديهِ Bc, Hbrt 11. — *Apprêter, préparer, disposer*, Bc, Hbrt 11.

III. Les mots استعماله لمحاضرةِ الفهمِ Macc. I, 597, 21, signifient: «la peine qu'il se donnait pour aiguiser l'esprit de ses auditeurs.» — C. ب r. *citer une chose, un témoignage, à l'appui de son assertion*, Notices 103, 4, Tha'âlibî Latâïf 121, 5; de Jong, dans son Glossaire, n'a pas compris ce passage, et il a négligé de comparer 133, 6, où ce verbe a le même sens; — *citer, alléguer, rapporter, raconter*, Yâcout II, 391, 8.

IV. احضر كتاباً بغيرهِ *comparer un livre avec un autre*, Gl. Abulf.

V *s'apprêter à, se préparer, se disposer, faire ses dispositions pour* c. ل; *se pourvoir, se fournir*, Bc. — *Être bien peuplé, fleurir;* — en parlant de personnes, *prospérer, posséder ce dont on a besoin*, Gl. Edrîsî.

X, au pass., *être sur le point de mourir*, Prol. I, 367, 5. — *Avoir des passages présents à l'esprit, de sorte qu'on peut les citer de mémoire*, Macc. I, 884, 11, II, 517, 1, 520, 7. — استحضر لنفسهِ *recueillir ses esprits*, 1001 N. Bresl. VI, 199, 6.

حَضَر, avec l'article, *les habitants, les citoyens d'une ville*, J. A. 1849, I, 189, 5; 1852, II, 217, 3. — Sous les Almohades les الحضر ou طَلَبة الحضر أشياخ étaient les savants théologiens de différentes provinces, que ces sultans avaient réunis dans leur capitale, Abd-al-wâhid 144, 4 a f., 207, dern. l., 248, 2 a f.–249, 2; souvent chez Çalât.

حَضْرَة *résidence d'un prince*, Abbad. I, 18, 11 a f., 73, n. 7. — Comme titre d'honneur, *Excellence, sérénissime*, حضرة سيدي *Monsieur*; Adam est appelé حضرة آدم, Bc; *Sa Majesté*, حضرة الملك 1001 N. I, 95, 3 a f., Abbad. II, 189, n. 14; تعظيم للحضرةِ *monseigneuriser*, Djob. 299, 3. — *Conversation*, Jackson Timb. 233. — *Festin* ou *les apprêts d'un festin*, 1001 N. I, 211, 2 a f., 333, 6, 334, 12, 770, 2 a f., Bresl. XI, 376, 3 a f., très-souvent dans Bâsim, mais le mot y est parfois altéré en حضور. — *Nommé parmi les fêtes de famille*, Barbier 19. — Chez les Soufis, الحضرة العَمَائيّة, le plus haut degré de l'échelle des manifestations divines; الحضرة الهَبَائيّة, la manifestation par laquelle Dieu crée les choses avec la matière abstraite, qu'il convertit en substance par l'adjonction de la forme; voyez de Slane Prol. III, 99, n. 3 et 5. — حضرات الحسّ *ces manifestations de la divinité dont l'homme ne s'aperçoit qu'au moyen de son sens intérieur*, de Slane sur Prol. III, 75, 12.

حَضَرِيّ *bourgeois, citoyen d'une ville*, J. A. 1849, I, 194, 3 a f. — اللسان الحضريّ *le dialecte* (corrompu) *des villes*, voyez Prol. II, 270, 14 et dern. l., 271, 6 et 14. — الآداب الحضريّة *civilisation*, Bc.

حَضَراويّة *civilisation*, Bc.

حِضَار *école*, Voc., Mohammed ibn-Hârith 238: فقد علمتَ أنّه جمعني بكَ المنشأ والحِضار وطلب العلم. — *Rhumatisme*, Bc (sans voyelle).

حُضُور *présence d'esprit, l'opposé de* غيبة, Maml. II, 2, 100, Macc. I, 569, 22 et 23, Cartâs 42, 7 a f. — ملائكة الحضور *les anges de la mort*, R. N. 100 v°: ولمّا حضرتْ وفاتُه قال اوقدوا السراج للاضياف الذين عندنا فقدِّر انه رأى ملائكة الحضور.

حَضَارة *état prospère, brillant*, indiqué par la richesse de la parure et des vêtements, la beauté des jardins, des édifices, la splendeur des festins, etc., voyez Müller 8, Abd-al-wâhid 261, 2, 263, 11.

حَضَارِيّ *rhumatismal*, Bc.

حُضُورِيّ *intuitif*, Bc. Schultens connaissait cette signif. et il en cite deux exemples.

حاضِر. On ne dit pas seulement حاضر الجواب (Lane), *qui a la répartie prompte*, mais aussi حاضر النادر, Bc; de même (Lane avec ب), الجواب الحاضر, Macc. II, 633, 6. *Répartie prompte*, Bassâm III, 135 v°, 1001 N. I, 823, 10. Pour la signif. de *prêt, disponible, prompt*, voyez aussi Gl. Fragm. حاضر قلبه *qui a de la présence d'esprit*, Bc. السعر الحاضر, *le prix actuel du marché*, le prix actuel des denrées, Bc. — بالحاضر *comptant*, en espèces, Bc. — *De bon cœur, volontiers*, Bc, 1001 N. I, 308, 3 a f.; حاضر اقليه لكم, où l'éd. de Bresl. porte حاضراً. — *Les environs, le territoire d'une ville*, Gl. Belâdz., Selecta I, 5 a f., Freytag Loem. 61, 3: وجعل اهل الحاضر ومن كان خارج المدينة واعتصم للخوارزمية بحاضرها خارج, 16: 66, الى المدينة البلد, Aboulf. Ann. III, 244, 2, Recherches II, Append., p. LXXXIII, 12, LXXXIV, 11, Djaubarî 30 v°: يخرجون الى ظاهر المدينة الى الحاضر الذى لها.

حاضِرَة‎ *grande ville, capitale, résidence*, Gl. Bayân, Mohammed ibn-Hârith 203: فى الحاضرة العظمى قرطبة‎ Haiyân *passim*, Becrî 110, 1, Cartâs 70, 7. — *Cette partie d'une vallée qui va en pente*, Burckhardt Syria 666.

حاضُور‎ *semble invitation*, 1001 N. Bresl. XI, 390: الطُّفَيْلِىُّ الذى يدخل على الناس بلا دستور ولا حاضور‎

أحضَر‎, *comparatif de* حاضر‎, *dans le sens de prêt, disponible, prompt*; Schultens cite Sent. Ar. Gol. 92: من أنفَعِ الكُتُب‎ Prol. III, 86, 14: احصّن الناس جوابا فيه واحضرها‎ c.-à-d. qu'on peut se procurer avec le plus de facilité; de Slane veut lire à tort واحضرها‎.

مَحضَر‎ يحضر من فلان‎ *en présence d'un tel*, Gl. Abulf. — *Assemblée, réunion de personnes en société*, Macc. I, 136, 17, Abd-al-wâhid 105, 16, 1001 N. II, 68, 5, Bresl. IX, 216, dern. l. (où l'édit. Macn. a جملة‎); جميل المحضر‎ «l'ornement de la société,» P. Amari 675, dern. l. (cf. Annot. crit.). Un vizir envieux et qui n'aimait personne, est appelé محضر سوء‎, 1001 N. III, 590, 6; Lane traduit: «of inauspicious aspect,» mais je crois que c'est plutôt: «une réunion, un lieu de réunion, de tous les vices,» c.-à-d. un homme qui réunit en soi tous les vices. De là vient le sicilien *machadàr*, que je trouve chez Abela, Descrittione di Malta, p. 258, qui le traduit par «radunanza di gente.» — *Ecole*, Voc. — Les paroles وكنت يومئذٍ بمحضر من الامر‎ Bidp. 193, 5, doivent signifier: «j'avais alors beaucoup d'influence dans le gouvernement.» Le man. de Leyde porte: بمكان‎ — وكنت منه‎, *Avis*, de Sacy Chrest. I, ᴵᵛ, 12 (= 1001 N. Bresl. VII, 256): وكان احسانكَ محضراً‎, où l'éditeur traduit avec raison: «ceux dont l'avis était le plus modéré voulaient que..» محضر‎ قال‎ *comptant, en espèces*, de Sacy Dipl. IX, 470, 6 a f.; aussi محضر‎, Amari Dipl. 174, 1, 2.

مُحضِر‎ *huissier près d'un tribunal* (= رسول القاضى‎), 1001 N. II, 86, 7.

مَحضَرَة‎ *assemblée, réunion de personnes en société*, Amari Dipl. 2, l. 1. — *Ecole*, Gl. Djob., Voc., Alc. (escuela donde deprenden), R. N. 70 rº, dans la suite du récit dont j'ai copié une phrase sous la I͏ʳᵉ forme: فقال لأبي لعلّ ابنك بمحضرة على قارعة الطريق‎ «taisez-vous, on nous écoute,» Bc. اسكت الدنيا محضورة‎ .محضور‎

حاضر‎ *provisoire, rendu, ordonné par provision*; *provision, ce qu'on adjuge préalablement à une partie, en attendant le jugement définitif*, Bc.

مُحاضَرَة‎ *provisoirement, par provision*, Bc.

حاضر‎ II? Macc. I, 351, 17; Boul. comme dans les Add. et Corr.; le sens ne m'est pas clair.

حضن‎ I *prendre quelqu'un sous sa protection*, Belâdz. 339, 5 (où il ne s'agit pas d'un enfant).

II c. a. ou على‎, *couver*, Voc., Alc. (echarse las aves sobre los guevos), un man. du Kâmil dans un vers, 245, n. e, Abou'l-Walîd 153, 11, Calendr. 33, 1, Prol. I, 164, 14 et 16. — *Soigner*, L (curat).

III (cf. Lane) محاضَنَة‎ *embrassement*, Hbrt 236.

V et VII dans le Voc. sous fovere, qu'il prend dans le sens de *couver*.

حضن‎ قبله بالحضن‎ *recevoir quelqu'un à bras ouverts*, Bc. اخذ من كل واحدة حضنا‎ *il embrassa chacune d'elles*, 1001 N. I, 64, 2 a f. — *Giron*, M.

حَضْنَة‎ *couvée*, Bc.

حِضْنَة‎ *brassée*, Bc. — *Embrassade*, Bc.

حِضانَة‎, t. de maçon, *la dernière assise, qu'on pose en saillie, afin qu'elle empêche l'eau de pluie de dégoutter sur les murailles*; on l'appelle aussi دمس‎ (دمص‎), (où دمس‎ est pour دمص‎), M.

حاضن‎ وكيل‎, L: curator.

تحضين‎ *inégalité*, Cartâs 36, 4, en parlant d'un pavé: واشترط على نفسه ألا يبقى فيه تحضين ولا رقدة‎. Les verbes حضّن‎ et رقد‎ signifient l'un et l'autre *couver*; les mots تحضين‎ et رقدة‎ semblent donc avoir reçu le sens d'*inégalité* parce que les poules déposent leurs œufs dans un petit creux quand elles veulent les couver.

مَحْضَنَة‎ *œuf couvé*, Alc. (enpollado guevo).

حضو

حاضى‎ et حضَّاى‎ *jardinier*, Domb. 103, 104.

حط‎ I a reçu le sens de *mettre* (وضع‎) et s'emploie dans une foule d'expressions qu'on trouve chez Bc et dont celles-ci sont les principales: حطّ ابره‎ *bou-*

حط

cler, mettre une boucle; — حط بهارا *apprêter, épicer*; — حط تحتي النبوت *bâtonner*, donner des coups de bâton; — حط رسمال *masser*, faire une masse au jeu; — حط رسمال في اللعب *caver*, t. de jeu, faire fonds d'une certaine somme; — حط ريشا *remplumer*, regarnir de plumes; — حط السلاح *désarmer*, poser les armes, cesser la guerre; — حط السيف *sabrer*; — حط شريطا *galonner*; — حط الصواري *mâter*, garnir un navire de ses mâts; — حط الطاقي طاقين *doubler*, donner ou mettre le double; — حط العدد *chiffrer*, marquer par des chiffres; — حط علامة على *marquer*, mettre une empreinte, une marque sur une chose pour la distinguer; *noter*, faire une marque; — حط عينه على *avoir en vue* une chose, avoir des vues sur une chose, se proposer de l'obtenir; et avec على غير شي *changer de visée*, de desseins; — حط عنوانا على *étiqueter*; — حط قزاز *vitrer*, garnir de vitres; — حط القيمة *apprécier*, évaluer; — حط كتفا *prêter l'épaule*, aider; — حط وجد في *prendre à cœur*, s'intéresser vivement à; — حط يدا *emmancher*, mettre un manche; — حط الشي بالمزاد *mettre une chose à l'enchère*; — حط في راسه *se buter à*, se mettre obstinément dans la tête; *fourrer dans l'esprit*; — حط على ظهر *mettre sur le dos*, accuser de. De même حط الرحل, dans un autre sens que chez Lane, et en sous-entendant, non pas من الظهر, mais على الظهر, *mettre la selle sur le dos d'un chameau, seller*, Gl. Belâdz. — En parlant d'une tente, *la coucher par terre*, en arrachant les piquets qui la soutiennent, Gl. Edrîsî. — En parlant d'un vaisseau, حط sans complément, qui serait القلاع, « les voiles, » signifie *caler, amener, baisser les voiles*; c'est l'opposé de اقلع, « déployer les voiles, mettre à la voile, » et l'expression حط واقلع signifie, en parlant de vaisseaux, *partir et arriver*. On dit aussi حط المركب عليهم, Gl. Edrîsî, Amari 293, 11 (où la soi-disant correction de Fleischer ne doit pas être admise). — حط البنديرة *baisser pavillon*, Bc. — Le sens de *donner* une pièce à son adversaire, dans le jeu des échecs, que Freytag a noté, se trouve Vie de Timour II, 872, 3 a f.: كان يحط له بيدقا ويغلبه, ibid. 2 a f. فرسا. — *Diminuer*, réduire quelque chose, en retrancher une partie, p. e. اعطياتهم « leurs traitements, » Gl. Belâdz. — T. d'arithm., *réduire une fraction*, M. — *Payer* (cf. Lane), 1001 N. II, 82, 8 a f.; حط المال *contribuer*, payer les contributions,

Bc; حط كل واحد منهم على قدر ماله « ils se cotisèrent chacun suivant ses moyens, » Bc. — حط قدره *rabaisser*, déprécier le mérite, estimer au-dessous de la valeur; حط قيمة الشي *dénigrer*; — حط سول *mésestimer*, Bc, Auw. I, 47, 21, où محطوط est le synonyme de مذموم. — حط عن المقام *dégrader*, Bc. — *Céder*, se relâcher, *se courber*, plier, céder à la volonté d'un autre, *fléchir*, s'abaisser, se soumettre, *lâcher la main*, céder de ses prétentions, Bc. — C. على p. *imposer un tribut à*, Gl. Fragm., Abou'l-Walîd 291, 4; — par ellipse de الاقداح (mettre les coupes devant quelqu'un) *faire boire* quelqu'un, 1001 N. Bresl. III, 309, 2 a f.; — *calomnier, diffamer*, Maml. II, 2, 247, Macc. I, 586, 6, 613, 20, 829, 21. — C. عن p. et acc. r. *remettre, faire grâce à* une personne d'une contribution qu'on était en droit d'exiger d'elle; aussi sans complément حط عنهم « il diminua le tribut qu'ils avaient à payer, » Gl. Belâdz. Deux exemples prouvent que, dans ce sens, on a aussi construit ce verbe c. d. a., ce qui est assez singulier: Belâdz. 67, 14: واحضروه كتاب عثمان بما

حط (حطّ). حطّم من الحلل; Abbâr 252, 5: جملة من خراج صياعه. — C. في r. *entrer dans*, se mêler d'une chose, *tremper*, participer, être complice, Bc. — C. ل p. *baisser pavillon devant quelqu'un*, au fig.; c. ل p. et ف r. *céder*, se reconnaître ou être reconnu inférieur, vaincu, Bc.

VII *se baisser*, Djob. 299, 8. — *Diminuer en qualité, en valeur*; Bc a le n. d'act. sous *déchet*. — احتطاط القوى *prostration*, perte des forces, Bc. — *Cesser d'être présomptueux*, Alc. (desbincharse). — C. ل ou ل p. *céder à l'avis de quelqu'un*, Macc. I, 474, 16, Haiyân-Bassâm III, 3 v°: لدماثة خلقه واحتطاطه لصاحبه في سائر امره

VIII *diminuer en valeur*, Mohammed ibn-Hârith 239: احتططت لدي « tu as baissé dans mon estime. »

حطّ *posage*, travail et dépense pour poser certains ouvrages, Bc.

حطّة *mise*, ce qu'on met au jeu; dans une association; — *pause*; — *station*, pause de peu de durée en un lieu; — *abaissement, humiliation*, Bc.

حطّاط *camper*, Rutgers 179, 21.

حطيطة, avec l'article; c'est quand le créditeur remet au débiteur, qui paye difficilement, une partie de la dette, v. d. Berg 114. — En Egypte, « un

حطب

revenu en argent ou en nature sur un fonds de terre, ou le fonds de terre lui-même; ces possessions ne payent aucune sorte d'imposition,» Descr. de l'Eg. XI, 491.

حاطط *mettant, posant*, 1001 N. Bresl. IV, 32, 2; حاطط ابنه في مدرسة « il tient son fils dans un collége,» Bc. — *Cantonné*, Bc. — قوس حاططا *tirer à la posée*, Bc.

مَحَطّ *endroit où l'on met quelque chose*; voyez Bc sous bobèche. — محط العسكر *lieu de campement, cantonnement*, Bc. Le plur. مَحَاطّ, Rutgers 165, 2 a f., 171, 175, 6, me semble signifier *postes, lieux où les soldats sont placés par leurs chefs, soldats placés ou destinés à être placés dans un poste*, et non pas «machines de guerre,» comme l'a pensé l'éditeur. — *Cadence*, terminaison d'une phrase harmonique, Bc. — *Repos*, césure dans les vers, Bc.

مَحَطّة *étape, halte*, Bc, Burton II, 66. — *Position*, point occupé par une armée, un corps, Bc. — *Situation*, assiette, position d'une ville, etc., Bc.

مُستحطّ في مسحطه *à propos*, convenablement au temps, au lieu, etc., Bc.

حطب

II et V dans le Voc. sous *lignum*.

VIII *couper des vignes*, Berb. I, 26, 13, des arbres, *ibid.* 1. 16.

حَطَب. Le pl. حَطبان dans le Voc. — *osier*, Bc. — حطب القدّيسين *gaïac*, Bc. — الحطب, par mépris et par allusion à la croix des chrétiens, *la religion chrétienne*, Daumas V. A. 105.

حَطَبة *bûche*, Voc., Bc.

حطبيّة قرفة حطبيّة *casse aromatique*, Bc.

حطّاب *chantier, magasin de bois en pile*, Bc.

مَحطَب pl. مَحَاطب *le terrain où croissent des arbres dont le bois sert de bois de chauffage, bois taillis*, Ztschr. XVIII, 531.

مُحتَطب *même sens*, Gl. Belâdz., Amari 41, dern. l., Edrîsî, Clim. IV, Sect. 3: جزيرة حسنة فيها مرعى ومحتطب — *Bois de chauffage*, Becrî 26, 4 a f.

حطر

حَطَرٌ pl. حَطارى *sot, fou*, Voc.

حَطَرجَة et حَطَرشَة *sottise, folie*, Voc.

حَطَرل *sot, fou*, Voc.

حطّ

حطم I, *briser*, au fig., comme le synonyme كسر, *mettre en fuite*, Gl. Fragm. — *Pousser un cheval, le faire galoper à toute bride*, 1001 N. Bresl. XII, 175, 10; cf. dans Lane حطم المال.

II *se presser les uns contre les autres*, Abdarî 59 r°: فتجفّل الناس وحطّم بعضُهم بعضًا ورحلوا على اوق ما يكون من الانزعاج. Le ـ est dans le man.; Lane a la Ire en ce sens. — حطّم النبات *sécher de l'herbe*, Voc.

V *être séché* (herbe), Voc.

حَطمة, comme le synonyme كَسرة, *fuite, déroute*, Berb. I, 250, 14, Haiyân 90 v°: خرجت عليهم خيل الاخابث فجرت على الجند حطمة

حُطمة pl. حُطم *caduc, cassé, vieux*, Voc.

حُطام *foin*, Voc., avec le nom d'un. ة; *paille*, Alc. (paja para la cama); l'un ou l'autre Becrî 172, 5. — *Chaume, éteule*, Alc. (rastrojo o restrojo). — *Le chaume ou la jachère, le terrain qui l'année précédente a fourni une récolte et qu'on a laissé reposer un an pour le cultiver l'année suivante. Si le sol a porté deux ans de suite, il est dit* حطام بارد, *comme si le sol eût été refroidi par ces cultures successives*. Voyez Auw. II, 10, 2 a f. et suiv., avec la note de Clément-Mullet II, 11, n. 2.

حطيم, à la Mecque. Sur l'origine et la signif. primitive de ce mot on peut consulter mon ouvrage *Die Israeliten zu Mekka* p. 182. Plusieurs voyageurs du moyen âge l'emploient pour indiquer les *macâms* des quatre imâms, que Buckhardt a décrits, Gl. Djob., Bat. I, 374.

حظّ

حظّ VII *être bien-aise*, Bc. — *S'amuser*, 1001 N. II, 87, dern. l. — C. ب *être charmé de, se réjouir de*, Bc. — C. من *prendre plaisir à*, Bc, 1001 N. Bresl. IX, 378, 2.

حظّ *part*, Alc. (suerte por parte, parte), p. e. الحظّ العاشر «la dixième part,» Alc. (decima parte). — *Part à la faveur de, faveur*, Khatîb 177 r°: il était حظّا في طلب حظّه «dur pour ceux qui briguaient sa faveur» (il haïssait les intrigants et les flatteurs); كان له عندى حظّ, Macc. I, 136, 9 et 10, 137, 7, cf. 134, 3; de Sacy Chrest. II, 420, 4 a f.: quand il sera arrivé, فليس لاحد منه (من الملك) حظّ سوى «il n'y aura plus de faveur pour aucun autre que

lui;» Ibn-Hazm, Traité sur l'amour: وحط رفيع ومرتبة
سريّة ودرجة عالية. Le pl. حظوظ, Berb. I, 469, 1:
وكان من حظوظ كرامته عند الطاغية أنّ الحج aussi
suivi de الى, Haiyân 63 v°: وله الى عمر حظوظ
وصاغيّة. — Argent qu'on donne chaque jour à un
domestique pour sa nourriture ou ses gages, Alc.
(asignacion, racion de palacio, synonyme de نصيب
et de راتب). — Plaisir, ébat, passe-temps, Bc, M,
1001 N. I, 275, 2 a f., 768, II, 23, 25, III, 14, et
en plusieurs autres endroits. — في حظّي ma foi, par
ma foi, expr. adv. pour affirmer; في حظّي وبختي
sur ma parole, manière d'affirmer, Bc.

أحظّ. أحظّهم (احظّ الناس في هوى) (c.-à-d.
نفسه, Haiyân-Bassâm I, 10 r°, c.-à-d. «il avait plus
d'amour-propre qu'aucune autre personne."

محظوظ content, satisfait, Hbrt 226, bien-aise,
Bc, M.

محظوظيّة plaisir, Bc.

حظر II, comme la Ire, faire un enclos, Gl. Fragm. —
Dans le Voc. حظر الحائط est bardare, c.-à-d. couvrir
un mur avec des ronces, des pierres ou de la paille
cimentée avec de la terre, pour le conserver. — C.
على r. défendre l'importation d'une marchandise, Becrî 52,
7; aussi c. a. r., R. N. 98 v°: قال أحخذ أخي على
لبود أتى بها من الاندلس وكانت اللبود محظّرة لا يخرج
بها احد وقد سجن في المهديّة على أنّ يقتل.

حظر clandestinité, Bc.

حَظَر enclos de murailles, Akhbâr 63, 4 a f.

حظير enclos, parc, Auw. I, 509, 15, où il faut
lire حظير avec le man. de Leyde, 1001 N. III,
28, 6 a f., où il faut substituer ce mot à حصير.

حظيرة. Pour le sens: murus depressior, lorica
(Gol.), voyez Edrîsî ١٩٣, 4 a f. — Chaperon de mur
fait de ronces ou de paille cimentée avec de la terre
et des pierres, Voc. — Encadrement, Cherb. (il donne
حطيرة, mais je crois que c'est une faute).

حاظر enclos, parc, Macc. I, 689, 3 a f.; aussi dans
Boul.; Fleischer veut lire حظار.

محظور. اهل المحظور, de Sacy Chrest. I, ١٠٧, 3, où

l'éditeur traduit: les gens d'une vie scandaleuse. —
Clandestin, Bc.

حَظِيَ I. حظى, dans le sens d'acquérir, obtenir (Bc),
n'est pas du dialecte vulgaire, comme le dit Lane,
car on le trouve chez Ibn-Haiyân, dans mes Notices
181, l. 5 de la note; aussi Berb. I, 468, 6 a f., où
il faut lire avec notre man. 1351: وحظوا له من
الطاغية حظّا. Dans ces deux passages la constr. est
c. a. r.; Bc donne c. ب r. et (sous parvenir) c. على r.

V c. a. prendre pour concubine (حظّاها), Bait I,
67: وكانت له جارية قد تحظّاها وجعلها سرّيته —
مَحْضَر ;רָם‎ = épouser la veuve de son frère, Payne
Smith 1542.

حظوة haute dignité, Mohammed ibn-Hârith 203:
لمّا كان القاضي اعظم الولاة حظوا بعد الامام; les
voyelles dans le man., qui porte par erreur حظّوا.

حَظْوَى vulg. pour حظوة, M.

محظيّة pl. محاظي, concubine (cf. Lane), se trouve
chez Bc et dans Koseg. Chrest. 9, l. 13.

مُحْتَظ concubinaire, qui a une concubine, Bc.

حفّ II raser, Voc., Domb. 120, Bc (Barb.), Ht. —
Farder, Bc. — تحفيف toilette, Ht.

V faire sa barbe, Voc., Bc (Barb.). — Se farder,
Bc. — Dans le passage cité par de Jong, la leçon
me semble altérée.

VII dans le Voc. sous circumdare.

حفّة. Burton II, 81: «The Sherifs generally wear
their hair in haffah (حفّة), long locks hanging down
both sides of the neck and shaved away about a fin-
ger's breadth round the forehead and behind the neck.»

الثياب الحفّيّة. حَفّي nom d'une étoffe que quelques-uns, comme l'atteste Yâcout II, 296, 1—3, dérivent d'al-Haffa, nom d'un district à l'ouest d'Alep,
mais qui, selon Yâcout lui-même, vient de cet instrument de tisserand qui porte le nom de حفّ, et
qui sert exclusivement à la fabrication de cette sorte
d'étoffe. Du temps de Tha'âlibî, on la fabriquait à
Naisâbour et on l'appelait نيسابوري ou حفيّات
نيسابوري; voyez les passages cités par de Jong, qui
s'est trompé en plaçant ce mot sous la racine حفى.

حفد

حَفّاف barbier, Bc, Mc, Roland, Prax R. d. O. A. IX, 157.

مَحفّة, t. d'archit., Abou'l-Walîd 619, 5, qui l'emploie pour expliquer le terme hébreu גֻּלָּה, globus, globulus in columnarum capitulo.

محفدار l'officier qui a le soin de la litière (مَحفَة) du sultan, Maml. II, 1, 151. Au Maroc on l'appelle مولى المحفّة, Hœst 153.

حفد

حَفيد. Le pl. aussi أحفاد, Voc. Ce mot, dont le fém. est حفيدة (Voc., Alc.), indique différents degrés de parenté: neveu, fils du frère, Alc. (sobrino hijo de hermano), Hbrt 29 (Alg.), Daumas V. A. 436; neveu, fils de la sœur, Alc. (sobrino hijo de hermana); gendre, Hbrt 26 (Alg.); le fém. tante, Alc. (tia).

حافد gendre, Bc, Hbrt 26.

محفود, en parlant d'un hospice, où l'on est bien servi, voyez sous محلّ.

حفر I trépigner, gratter des pieds en terre (cheval), Alc. (patear la bestia). — Sculpter, ciseler, graver, Gl. Edrîsî, Hbrt 87, Macc. 397, 14 et 15. — Voyez حفير à la fin. — Decerpo, أحفر, L, ce qui est étrange; peut-être faut-il penser à decerpere virginitatem.

II dans le Voc. sous fodere.

V dans le Voc. sous fodere; comme actif, Diw. Hodz. 107, 4 a f., comme quasi-pass., Payne Smith 1348.

VIII c. على inivit feminam, Gl. Belâdz.

X c. d. a. بئراً il lui demanda la permission de creuser un puits, Kâmil 90, 9.

المقصود حفرة tombeau (cf. Lane), Khatîb 115 v°: الحفرة المحترم التربة. — Puisard, puits pratiqué pour recevoir les eaux, Bc. — Bassin, réservoir en forme de bassin, Prax R. d. O. A. VII, 273. — Bassin, vaste plaine entourée de montagnes ou de collines élevées; la ville de Morzouk se trouve dans une telle hofra, et tout le district s'appelle ainsi, Barth I, 176. — Tranchée, fosse, fossé pour se couvrir lors d'un siége, Bc.

حفير fosse, trou en terre, Voc, Bc (Barb.). — Fossé, Gl. Edrîsî, surtout fossé autour d'une forteresse, Alc. (cava de fortaleza), Cartâs 181, 10 a f., 242, dern. l., Müller 4, l. 3. — Bassin, réservoir en forme de bassin, Becrî 26, 16 (= ماجل). — Abreuvoir, Werne 53. — Cannelure, petit canal ou sillon creusé du haut en bas à la surface d'une colonne, Gl. Edrîsî. — Comme n. d'act. du verbe حفر, fossoyage, l'action de faire des fosses, Alc. (ahoyadura, cavazon, cavazon de viña).

حفيرة. Le pl. حفائر, Gl. Belâdz.

حفّار non-seulement fossoyeur, mais en général celui qui creuse en terre, Gl. Belâdz., Gl. Fragm., Bait. II, 16, dern. l.: (l. حفّارون) يأخذونه حفّارو الكروم فيأكلونه. — Graveur, Hbrt 87.

حافر, comme collectif: chevaux, mulets et ânes, Belâdz. 61, dern. l. — En Nubie, un cheval, Burckhardt Nubia 215. — الحافر, ou الحافر الأحمر, était le nom d'un rubis, qui avait la forme d'un sabot de cheval et que le sultan almohade Abou-Ya'coub avait reçu de Guillaume II, roi de Sicile. Ce sultan en orna la copie du Coran faite par le calife Othmân; voyez Abd-al-wâhid 182, 5; Holal 71 r°, en parlant de ce Coran: وكان من اغرب ما فيه الحافر الأحمر الياقوت الذى هو على شكل حافر الفرس. — Espèce de moule (mollusque bivalve), Bait. I, 293 b: على شكل الصدف المعروف بالحافر; Sontheimer traduit Klauenmuschel. — حافر المهر Colchicum autumnale, Bait. I, 277 d.

حافرة. Voyez Lane; aussi رجع في حافرته, Kâmil 161, 14 et 15.

محفر ciseau de graveur, Hbrt 87.

محفر خيط محفر? Maml. I, 1, 219; Quatremère traduit: fil tordu.

محفور البسط المحفورة, Prol. I, 324, 2, طنفسة محفورة, Payne Smith 1490; de Slane pense que ce sont des tapis couverts de dessins en relief. — اللفت المحفور voyez sous لفت.

محفارة glaisière, M.

حفز I = זרח, Saadiah ps. 48. — Le Voc. donne ce verbe, c. على, n. d'act. حفز et حفاز, sous sagio, et dans une note congregare reditus regis.

IV, dans le sens de la Ire, hâter, faire dépêcher, Macc. II, 701, 11 (cf. Add. et Corr.); Boul. a la Ire.

V *s'apprêter, se dresser à se lever*, Harîrî 17, 1, Macc. II, 413, 4: فاحتفز المجلس للدخول وقاموا جميعا لى, où l'édit. de Boul., de même qu'Ibn-Bassâm, a تحزّك. — *Se hâter*, J. A. 1852, II, 221, 9, où Cherbonneau a eu tort de changer la leçon du man.; تحفّز y a le sens de *promptitude*; c. الى *se rendre en hâte vers*, Chroniques de la Mecque éd. Wüstenfeld, II, 242, 5 a f., où il faut lire تحفّزوا, comme l'a observé de Goeje Mém. d'hist. et de géogr. orient. I, 45, n. 2.

VII *se presser, se hâter, se dépêcher*; le n. d'act. aussi *inquiétude*; *se hâter de partir*, Lettre à M. Fleischer 51—3, Voc., Abou'l-Walîd 104, 10, 241, n. 37, 569, n. 61, Saadiah ps. 104.

حافِز pl. حُفّاز, en Espagne, *agent de police*, Voc. (sagio), Chec. 206 r°: Quand je fus arrivé à Grenade, وجّهة الى الحافز ابن عبد العظيم في شان مرض أصابه ❀

حفش

حَفَش *maire noir* (poisson), Burckhardt Syria 166.

حفظ I, dans le sens de *préserver quelqu'un de*, se construit aussi c. على p. et acc. r., Haiyân 30 r°: le sultan dit à son petit-fils, dont le mulet s'était enfui: Pourquoi n'as-tu pas d'eunuque à ton service يحفظ عليك مثل هذه الصورة من زوال دابّتك. — *Garder, observer*; حفظ ايّام الاعياد « observer les fêtes; » حفظ الناموس « garder la bienséance; » même expression avec l'adj. الظاهر « garder les bienséances, le décorum, sauver les apparences; » mais la première expression signifie aussi: « conserver sa réputation, » Bc. — *Étudier*, Hbrt 112. — *Savoir une langue*, Djob. 32, 10. — C. a. p. *honorer, respecter*, Gl. Edrîsî, R. N. 84 v°: on conseille à quelqu'un de répudier sa femme qui était d'une humeur acariâtre, mais il répond: حفظتها في والدها « je la respecte à cause de son père, » après quoi il énumère tout le bien que son beau-père lui avait fait. — حفظ سعد *tenir en bride*, dans le devoir, Bc. — حفظ عهده ou حقّه *garder fidélité à*, Bc; c'est comme on dit حفظ له زماما, Koseg. Chrest. 73, 4, où il faut lire ainsi, au lieu de رماما. — حفظ الغذاء *faire diète, être à la diète*, Voc. — حفظ قلبه *soutenir le courage de quelqu'un*, Bidp. 259, 1. — حفظ لسانه *retenir sa langue*; حفظ اللسان *retenue dans le discours*, Bc.

II. De même qu'on dit, à la Iʳᵉ forme, حفظ لسانه, « retenir sa langue, » on dit: كان محفّظا للطرف لا ينظر الى شي, Fragm. hist. Arab. ٣٩, 7, proprement: *il retenait ses regards*, c.-à-d. *il ne se permettait pas de regards indiscrets*.

III *défendre, garder*, قلعة, une forteresse, Bc; *protéger une personne*, Bayân I, 163, 2.

V c. ب r. *garder une chose*, Gl. Badroun. — C. a. p. *épier quelqu'un, pour l'attaquer, le voler*, Gl. Maw.

VII dans le Voc. sous custodire, *être gardé*, Merx Archiv I, 186, n. 2.

VIII c. من *se garder de*, Voc. — احتفظ الغذاء *faire diète, être à la diète*, Voc. — C. على p. *ménager, traiter avec ménagement*, Antar 53, 3.

X dans le sens donné par Lane, mais c. على et acc., Fakhrî 153, 12: لنه ممّا جحفظ للخليفة في قبره. — C. على r. ان يستحفظ على الناس رجلا صالحا *choyer, ménager une chose*, Bc.

حفظ *sûreté*, Bc. — Les آيات الحفظ sont les versets du Coran qui servent d'amulettes; on les trouve énumérés dans Lane M. E. I, 377.

حفاظ اعل أقل لحفاظ *garnison*, Haiyân 3 v°: أحفظة. — الحفاظ اعني جند حضرته قرطبة Le pl. *étuis ou enveloppes*, Macc. I, 403, 2, 4 a f. Je n'ai pas rencontré ce mot au sing., mais peut-être ce sing. est-il حفاظ, de même que le synonyme أصونة est du sing. صوان. — *Lange*, M. — *Suspensoire, bandage pour prévenir les descentes*, Bc, M.

حفاظ pl. ات *bandage, bandes de linge, de cuir*, etc., pour fixer, Bc.

حفيظ ملاك حفيظ *bon ange*, Alc. (angel bueno).

حفّاظ *gardien*, Roland.

حافظ *gouverneur*, Cartâs 166, 6 a f., 192, 11 a f., Berb. I, 454, 4 a f. — Les حفّاظ, qui étaient les صغار الطلبة, formaient la cinquième classe dans la hiérarchie des Almohades, Holal 44 vº. — حَافِظ الأَجْسَاد et حَافِظ المَوْق, en Espagne, *teucrium scordium*, Bait. I, 233 b, II, 102 c, où AB ne portent pas الأَبْدَان, comme chez Sonth., mais الأَجْسَاد.

حَافِظَة, avec l'article, pour الحَافِظَة القُوَّة, *la faculté retentive*, *la mémoire*, Bc, Prol. I, 176, 3 et 5, Macc. I, 476, 7, 569, 17. — *Portefeuille*, M.

مَحْفَظَة pl. مَحَافِظ *sac*, Voc. (pera). — *Bourse*, Gl. Djob., Macc. III, 754, 23. — *Ecrin*, 1001 N. III, 551, 12. — *Vase long et étroit en roseau ou en bois pour le cohl*, Prax R. d. O. A. VI, 342. — *Portefeuille*, Bc, Hbrt 112, Ht.

مَحْفُوظ. نِسْبَة مَحْفُوظَة signifie *juste proportion* chez Ibn-Tofail 89, 1, et peut-être مَحْفُوظ signifie-t-il, en parlant de l'or, *dont l'alliage est en juste proportion*, Khatîb 15 rº: وَصَرْفُهُم فِضَّة خَالِصَة وَذَهَب أَبْرِيز طَيِّب مَحْفُوظ. — En parlant d'une tradition, *bonne à apprendre par cœur, celle de deux traditions désapprouvées qui l'emporte en valeur sur l'autre*, de Slane Prol. II, 482.

مَحْفُوظِيَّة *mémoire*, Bc.

مُحَافِظ *gouverneur* d'une ville, Burton I, 19, II, 10. — مُحَافِظُون *garnison*, Bc.

مُحَافَظَة *garnison*, Ht. — مُحَافَظَة القَوَانِين *régularité*, Bc.

مُسْتَحْفَظ *commandant* d'une forteresse, *gouverneur*, Athîr X, 49, 3 a f. (= Aboulf. Ann. III, 222, 3 a f, Aboulfaradj 347, 4 a f.), Freytag Chrest. 97, 12, Aboulfaradj 400, 12.

حَفَل II *amplifier*, Bc.

V c. ف. ر. *faire des efforts pour*, Amari 394, dern. l. (cf. ann. crit.).

VII *congregatus est*, Damîrî man. (Wright).

VIII, comme la Vᵉ, en parlant d'un *madjlis*, *quand il est fort fréquenté, quand il y a beaucoup de monde*, Bassâm III, 36 vº. — اِحْتَفَل بِالسَّلَام عَلَيْهِم *il les salua très-poliment*, Abdarî 5 vº. — C. ل. ر. *se préparer avec soin pour*, Gl. Belâdz., Berb. II, 337, 3 a f. — Dans la phrase بِه مَا اِحْتَفَل, Bc donne فِيه, au lieu de بِه, *ne point faire accueil à quelqu'un, ne pas faire attention à quelqu'un, le dédaigner*. La constr. c. ل p., donnée par Lane, se trouve chez Abd-al-wâhid 93, 8, où la leçon du man. doit être conservée. — C. في dans le Voc. sous solemnitas.

حَفْل *solemnitas* dans le Voc.

حَفْلَة *réunion de nobles personnes*, Haiyân 100 vº: — فَاذْكُرُوا أَفْعَل العَسْكَر قَبْح مَا صَنَعُوا فِي مِثْل تِلْك الحَفْلَة *Solemnitas* dans le Voc.

حَفِيل *considérable* (forteresse), Gl. Edrîsî.

حَافِل. Chez Bat. *magnifique, superbe* (marché, ville, mausolée, académie, festin, tapis). — Avec le compar. أَحْفَل *délicat, agréable au goût*, Gl. Edrîsî.

تَحَفُّل *assemblée, réunion*; on trouve مَجَالِس الحَافِل, Abbâr 97, 7 a f. (= Haiyân 21 vº). — *Synode*, Bc. — مَحْفِل بِيهُود *synagogue*, Bc. — *Cortége*, Bc. — *Le cercle que les femmes forment autour des cavaliers qui font la fantasia*, Martin 109. — *Pompe*, Bc.

اِحْتِفَال *cérémonie, manière honorable de traiter*, Bc.

حَفْلَجِي *vannier*, Ht.

حفن

حَفْنَة (*poignée*); on emploie comme pl. أَحْفَان et حِفَان, Gl. Mosl.

حفو et حفي I. حَفِيَ *s'émousser* (épée), Bc, (couteau), Voc., (plume), Macc. I, 394, 16.

II *déchausser*, Voc., Bc. — *Emousser*, Voc.

V *se déchausser*, Voc., Ht. — *Se déferrer* (cheval), Alc. (desherrarse la bestia), Bc. — *Se faire mal aux pieds* à force de marcher, Alc. (despearse el que anda). — *S'émousser*, Voc.

حَفَا. Selon Daumas, Mœurs 367, qui écrit *haffa*, « ce sont de véritables brûlures que les sables font aux pieds de ceux qui marchent sans chaussures. »

حَفْيَان *déchaussé, nu-pieds; — qui n'est pas ferré* (cheval), Bc.

حَافٍ *pas ferré* (cheval), Martin 97; en ce sens بَرْدُون حَافِي التَّخُف, Freytag Locm. 38, 16, où il faut lire ainsi, au lieu de الخَلْق. — *Emoussé, pas affilé*, Roland, Martin 48.

حقق I. *Les paroles*, حَقَّ عَلَيْهِم القَوْل, Berb. II, 252,

3, dans lesquelles il y a une allusion à un passage du Coran (36, 6), signifient à peu près حَقَّ عَلَيْهِمُ القَصَاصُ (voyez Lane).

II *certifier, témoigner, assurer*, Alc. (certificar), Bc. — *Accomplir, effectuer*, Bc. — حَقَّقَ عِلْمَهُ *perfectionner ses connaissances*, Amari 616, 1. — حَقَّقَ القِتَالَ ou الحَمْلَةَ ou الخُصُومَةَ, *combattre vigoureusement*, Gl. Belâdz., Gl. Fragm.; aussi par ellipse حَقَّقَ عَلَى فُلَانٍ, Haiyân 100 vº: فَلَمَّا حَقَّقَ المُسْلِمُونَ عَلَيْهِمْ.

III c. a. p. *traduire quelqu'un en justice*, Nowairî Espagne 470: حُوقِقَ وَطُولِبَ بِأَلْفِ مِائَةِ دِينَارٍ.

V *se perfectionner*, Macc. I, 494, 4: لَزِمَ ابْنَ عَبْدِ الحَكَمِ لِلتَّفَقُّهِ وَتَحَقَّقَ بِهِ وَبِالمُزَنِي, où V est: *sous la direction de*: — C. ب r. *connaître à fond* une science, un art, Haiyân-Bassâm III, 112 vº: مَا تَحَقَّقَهَا بِصَنْعَةِ الكِتَابَةِ, Abd-al-wâhid 133, 9, 170, 2 a f., 172, 2 et 3, 217, 6 et 7. Je crois que تَحَقَّقَهُ بِالرِّئَاسَةِ Weijers 53, 4, signifie de même: «connaître à fond les devoirs qu'impose la dignité de prince,» car تَحَقَّقَ ب ne signifie pas, comme l'a pensé l'éditeur (p. 189, n. 340), «être digne de.»

X *réputer digne, tenir pour digne*, Alc. (deñar tener por digno). — *Garder; garder en dépôt*, Amari Dipl. 32, 5; *garder pour soi une chose à laquelle on n'a point de droit*, Djob. 75, 19: جَعَلُوا سَبَبًا إِلَى اسْتِلَابِ الأَمْوَالِ وَاسْتِحْقَاقِهَا مِنْ غَيْرِ حَقٍّ. — *Valoir*, p. e. اشْتَرَيْهِ بِالثَّمَنِ الَّذِي يَسْتَحِقُّ «je l'achèterai pour le prix qu'il vaut,» Bc. — يَسْتَحِقُّ *il faut*, Bc (Barb.).

حَقّ, sur les monnaies, *rectitude* (du poids), Ztschr. IX, 833. — إِحْيَاءُ حَقٍّ فِي اللهِ et قَامَ فِي حَقٍّ semblent avoir eu un sens particulier chez les orthodoxes qui avaient à souffrir de la persécution des Obaidites, R. N. 82 vº: وَذَكَرَ أَنَّهُ قَامَ فِي حَقٍّ فِي وَقْتِ الغَدْرَيَاتِ فَنُقِمَ عَلَيْهِ وَشُهِدَ عَلَيْهِ أَنَّهُ قَذَفَ السُّلْطَانَ فَحُبِسَ بَعْضَ يَوْمٍ وَرُمِيَتْ عَلَيْهِ خَمْسُونَ دِينَارًا قَالَ يَا بُنَيَّ فَقُمْتُ فِي السِّجْنِ فَصَلَّيْتُ رَكْعَتَيْنِ وَدَعَوْتُ اللهَ عَزَّ وَجَلَّ وَقُلْتُ اللَّهُمَّ إِنْ كُنْتَ تَعْلَمُ أَنَّمَا حُبِسْتُ عَلَى إِحْيَاءِ حَقٍّ فِيكَ فَخَلِّصْنِي فَلَا وَاللهِ مَا نَمَّ دُعَائِي حَتَّى

نُودِيَ فِي فَخَرَجْتُ بِلَا غُرْمٍ وَلِلَّهِ الحَمْدُ; c'est peut-être: *faire la prière selon le rite orthodoxe*. — Dans le sens de *droit, prix, rétribution, présent*, etc.: *dot*, Voc.; حَقّ بَابُوجْ *paraguante, présent fait en reconnaissance de quelque service*, Bc; حَقّ البُرْنُسْ le présent que les fonctionnaires devaient donner à Abd-el-Cader, à cause de l'investiture, Gl. Esp. 286; — حَقّ الطَّرِيقْ, *frais de voyage* chez Bc, spécialement: *paye pour ceux qui sont envoyés afin de porter des ordres dans un village*, Descr. de l'Eg. XI, 496; — حَقّ كَشْفِ الوَجْهِ *cadeau en argent que l'épouse doit donner à la nouvelle mariée, avant d'ôter le châle qu'elle porte sur la tête*, Lane M. E. I, 257. — أَوْجَبَ لَهُ الحَقُّ عَلَى وُزَرَاءِ دَوْلَتِهِ «il lui permit de commander aux vizirs du royaume» (de Slane), Berb. II, 206, 3 a f. — حَقِّي مِنْهُ (ou خُذْ) أَخْلِصْ *vengez-moi de lui!* 1001 N. II, 3, 6 a f., 16, 2 a f. — حُقُوق *les accessoires qui accompagnent nécessairement le principal*, v. d. Berg 48. — أَهْلُ الحُقُوقِ *ceux qui ont ensemble quelque différend*, de Slane Prol. I, p. LXXV b. — صَاحِبُ الحَقِّ *créancier*, Bc. — حَفِظَ حَقَّهُ *garder fidélité à*, Bc. — بِحَقِّ *par*, quand on jure, conjure; أَقْسِمُ بِحَقِّ *jurer par*, Bc; أَسْأَلُكَ بِحَقِّ مَحَبَّتِنَا «je vous en conjure par notre amitié,» Bc; 1001 N. I, 53, 8 a f., où c'est proprement: *par la vertu de*, de même que 100, 8: أَخْلِصْ بِحَقِّ الحَقِّ وَبِحَقِّ اسْمِ اللهِ الأَعْظَمِ فِي صُورَتِكَ الأُولَى «par la vertu du nom de la Vérité et par la vertu du très-grand nom de Dieu.» — وَحَقِّي *par*, servant à protester, Bc, Koseg. Chrest. 80, 9 a f., 1001 N. I, 48, 95. — فِي حَقِّ *sur le compte de, au sujet de, à l'égard de, envers*, Bc, Bidp. 136, 3, 223, 7, de Sacy Chrest. I, 247, 2 a f., II, 189, 10, ١٣٣, 5. C'est souvent l'équivalent de فِي, de même que قَامُوا بِحَقِّ de Sacy Chrest. II, ٣٩, 6, est l'équivalent de قَامُوا بِتَعْظِيمِهِمْ. فِي حَقِّهَا *à point nommé, au temps fixé*, Bc. — حَقًّا مِنْ حَقٍّ, et vulg. حَقَّا, *tout de bon, sérieusement*, Bc. — حَقّ *passablement*, Hœst 113. — Au Maghrib, *bâton*, M.

حَقّ *le mahari de deux ans*, Daumas Mœurs 364; *le chameau à quatre ans*, le même R. d. O. A. N. S. I, 183, Davidson 92. — مُسْتَحِقّ = qui *mérite d'être puni*, Abou'l-Walîd 213, 29.

حُقّ, comme sing. (cf. Lane sous حُقَّة), *boîte*,

حقّ pot, écrin, etc., est dans le Voc., dans Alc., et se trouve fréquemment chez les auteurs du moyen âge; voyez Gl. Badroun, Macc. I, 305, 18, 655, 3 a f.; cf. Ztschr. XI, 515 à la fin, 516, n. 41. — حقّ الذخيرة ostensoir, pièce d'orfévrerie dans laquelle on expose la sainte hostie, Bc. — Poignet, Alc. (muñeca parte del braço). — حقّ الفخذ ischion, Bc.

حُقّة hanche, Ht. — (Esp. haca) haquenée, Alc. (hacanea); le pl. en s, comme en espagnol.

حُقّة gobelets de joueur; حقّة باز joueur de gobelets, Bc. — Le corps de l'instrument nommé كَمَنْجَة, voyez Lane M. E. II, 74. حقّة البزر capsule, ce qui renferme la graine des plantes, Bc.

حَقّي véridique, L (verax veridicus). — Sévère, L (severus حَقّي قاهر للجَور بالحكم القويم).

حَقّي véridique, Voc.

حَقيقَة sévérité, L (severa حَقيقَة دون التواء في الحَقّ).

حَقيق « substance dont nous ignorons le nom en français, » Carette Géogr. 253.

حَقيقَة véridicité, Bc. — Avec l'art., proprement l'essentiel, c.-à-d. le soufisme, par opposition à الشريعة « la connaissance de la loi » (Macc. III, 675, 18: جمع الله له علمَ الشريعة والحقيقة, Khallic. I, 173, 10 Sl., Macc. I, 571, 10, II, 437, 4. أقلّ للحقيقة les Soufis, Macc. I, 568, 12. Dans un sens plus spécial: le troisième et dernier degré du soufisme; c'est trouver le Soufi a trouvé Dieu en soi-même et qu'il sait qu'il est une partie de la divinité ou Dieu même; voyez Ztschr. XVI, 243. — الحقيقة المحمّدية chez les Soufis, le plus haut degré de l'échelle des manifestations divines, Prol. III, 69, 12.

حَقيقي réel, effectif, intrinsèque, véritable, positif, propre; قصد حقيقي ferme dessein, Bc.

تَحْقيق assurance, certitude, certification, confirmation, légitimation, Bc. — Affirmation, t. de logique, opposé à « négation; » حرف تحقيق particule affirmative, Bc. — Finesse d'esprit, pénétration, Macc. I, 940, 16. — مجلس تحقيق, Ghadamès 67: « il y a à Tripoli un medjelès thakik (d'information) qui fait l'office de juge d'instruction au criminel, et d'après l'avis duquel le medjelès supérieur applique les canons. » — ديوان التحقيق, en Sicile, semble l'administration des domaines, Gregor. 34, 36. — Avec l'art., le soufisme, Macc. I, 576, 2, 577, 6, 583, 10, 596, 9.

تَحْقيقي affirmatif, Bc.

مُحَقِّق, à peu près synonyme de شيخ, docteur; la différence est indiquée dans ce passage, Macc. III, 678, 28: وسُئل عن الحقّ والشيخ فقال الحقّ مَن شهدت له ذاتك بالتقديم، وسرّك بالاحترام والتعظيم، والشيخ مَن هداك بأخلاقه، وأيّدك باطراقه، وأنار باطنك بإشراقه. Dans l'édit., comme dans le man. de Leyde, on lit الحقّ, mais c'est sans doute une faute.

مُحَقَّق, compacte, serré, ferme, s'emploie aussi en parlant du ventre, 1001 N. I, 173, 5 (aussi dans Boul. et Bresl.).

مُحَقِّق certificateur, Bc. — Le Soufi qui est arrivé à la connaissance des grandes vérités, Macc. I, 496, 8, Prol. I, 173, 3, III, 72, 7, mon Catal. des man. or. de Leyde I, 87, 3; notre man. 1515 contient entre autres opuscules: مدارج السالكين ومنهج المحقّقين في علم التصوّف. — قلم المحقّق espèce d'écriture en grands caractères, 1001 N. I, 94, dern. 1.

مُحَقَّقَة un bon soufflet, Gl. Maw.

اسْتِحْقاق dette, Fakhrî 289, 2 a f.: كان قبل الوزارة يتولّى بعض الدواوين فعزل عنه وله به استحقاق مبلغه ألف دينار. — Dévolution, acquisition d'un droit dévolu, Bc. — استحقاقات les diplômes des récompenses, Maml. I, 1, 204.

اسْتِحْقاقي méritoire, Bc.

مُسْتَحَقّ obligatoire, commandé par une loi, Vêtem. 174.

حقب VIII emporter, porter une chose avec soi, emmener, p. e. des présents qu'on a reçus, Macc. I, 227, 18, de l'argent et des armes, Berb. II, 52, 2, un sultan, ibid. 380, 4 a f., des femmes, ibid. 197, 11 (où il faut prononcer ce verbe au passif).

X. M. سلّم له به استحقب له حقّه.

حَقَب. « Les classes plus pauvres (chez les Arabes de la plaine de Dhafâr) portent seulement le foutah (pagne ou caleçon), attaché à une ceinture de cuir proprement tressée, ouvrage des jeunes filles bédouines, et appelée *akab*, qui est étroitement serrée autour des reins,» Haines cité par Defrémery Mémoires 154.

حَقَحَقَ I voyez Lane; on dit حَقْحَقَ السَّيْرَ, Kâmil 138, 15.

حَقَدَ I se construit c. acc. r. ou c. ب r., حقد عليه امرًا ou بامر, Gl. Fragm. On trouve aussi حقد له ذلك, Cartâs 56, 7 a f.

II c. acc. dans le Voc. sous *rancorem tenere*.

VIII se construit de la même manière que la Ire, احتقد له امرا ou بامر, ou احتقد عليه امرا, de Jong. — Dans L *decipio* احتقر واحتقد; mais lisez احتقد et comparez ce qui suit ici.

حَقْد L: *dolus* وكَيْد ومَكْر.

حَقُود dolosus, L.

حَقَرَ I, chez les chrétiens, en parlant de l'évêque, *faire cesser la consécration*, p. e. celle du calice, M.

IV, dans Golius-Freytag, n'existe pas, Fleischer sur Macc. II, 100, 5 Berichte 277.

V *être dans un état très-misérable*, Prol. III, 144, 14.

VI. Bc n'a pas seulement l'expression تحاقرت اليه, qu'on trouve chez Lane, mais aussi عليه نفسه, *perdre sa propre estime*.

VII dans le Voc. sous *contemnere*.

حقر ? voyez sous بن.

حَقْرَة pl. حُقَر *mépris*, Alc. (menosprecio); cf. Lane.

حَقْل, pl. حُقُول et أَحْقَال, *champ, terre labourable*, Voc., Bc, Hbrt 177, Fleischer Gl. 74, Ibn-Loyon 38 rº: الغدان المزرعة — وهو لحقل وللحقلة والجمع احقال Haiyân 29 rº, en parlant d'un jardin: بما حولها من احقالها المحيطة بها Edrîsî, Clim. III, Sect. 5 (Jérusalem): الحقل الذى يدفن فيه الغرباء وهو ارض اشتراها السيّد (Jésus), Abou'l-Walîd 213, 330, 697, Auw. I, 47, 5, 210, 20, II, 26, 10, 1001 N. Bresl. III, 327, 11. — *Colonne* d'un livre, Hbrt 110, M. — دجاجة لحقل *caille*, Bg.

حَقْلَة *champ, terre labourable*, Ht, Ibn-Loyon sous le mot qui précède, Auw. II, 25, 12, Formul. d. contr. 5: حقلة كانت بموضع كذا. — دجاجة حقلة *caille*, Hœst 296.

حَقْلَة est *tarditas* dans la 2e partie du Voc. et dans la 1re sous le *hâ*; mais sous le *'ain* la 1re part. a عُقْلَة, et l'étymologie montre que c'est là le mot qu'il faut. حقلة est une faute ou une mauvaise prononciation.

حَقَنَ I *avoir besoin d'uriner*, R. N. 74 rº: فلمّا سار 1001 N. عن المنزل قليلا عرض له حقّن فمال الى ناحية II, 296, 10, III, 411, 10.

II c. a. et ب dans le Voc. sous *constipare*. — *Clystériser*, Voc., Bc, Hbrt 37.

IV, V et VIII, c. ب et من, dans le Voc. sous *constipare*.

حُقَن *clystère*, L (sacis, cf. Ducange).

حُقْنَة *bouchon*, Ht.

حُقْنَة *constipation*, Voc.

مُحَقَّن *étang*, M.

حَقْو *ceinture de cuir* que les Bédouins et leurs femmes portent sur le corps nu; elle consiste en quatre ou cinq courroies entrelacées et qui forment une corde d'un doigt d'épaisseur, Burckhardt Bedouins 28; cf. Burton II, 114.

حُقُوق

مُحَقَّق *rond en forme de couronne, creux au milieu*, Bc.

حَكَّ I *effacer des mots avec un grattoir*, Lettre à M. Fleischer 78 et suiv. — *Polir avec la pierre ponce*, Alc. (esponsar con piedra sponja). Dans les 1001 N. Bresl. VII, 333, 5 a f., il est question d'un عود (luth) محكوك. — *Essayer, éprouver*, au propre, Bc. — *Stimuler*, Bc. — *Démanger, avoir la démangeaison*, Bc. — حكّ الشرّ مع s'attaquer à quelqu'un, Bc.

VII dans le Voc. sous *fricare* et sous *scalpere*.

VIII *se vautrer, se rouler sur la terre* (âne), Voc., Alc. (rebolcar). — C. في p. *se frotter, s'attaquer à, se jouer à quelqu'un, l'attaquer inconsidérément*, Bc.

حَكّ *l'action de se vautrer*, Alc. (rebuelço). — Une

effaçure faite avec un grattoir, Lettre à M. Fleischer 78. — حكّ المعادن *essai pour juger le métal*, Bc.

حكّ *aiguille aimantée*, M.

حكّاك *frotteur, celui qui frotte les baigneurs*, Voc. — حكّاك المعادن *essayeur*, Bc.

حجر الحاكوك *pierre ponce*, Bc.

محكّل *ratissure, raclure, les petites parties qu'on a emportées de la superficie de quelque corps en le raclant, en le frottant*, Most.: حجر ماليطيطش معنا العسلي لأنّه اذا حكّ خرج منه محلّ شبيه بالعسل Bait. I, 289 h: وذلك ان يوخذ فيحكّ فيخرج منه اذا حكّ على 394 b: محلّ احمر يشبه الدم في الحمرة وان 460 f.: المسنن يخرج محكّه اصفر كلون الزرنيخ سقي من محكّه او سحالته شارب السمّ نفعه بعض النفع. — *Polissure*, Alc. (esponjadura). — Comme nom de lieu, Aboû'l-Walîd 240, 24: محلّ البخار اى حيث تحكّ امواجها يريد صفقتها وحاشيتها وساحلها

محكّة *étrille*, Hbrt 180. — *Gratte-poux, spatule en bois que portaient en route les cavaliers turcs pour se gratter le dos et se débarrasser de la vermine sans descendre de cheval*, Cherb.

محكّك *stimulant*, Bc.

محتكّ voyez محكّل sous حتك.

حكر I. حكر العقار جعله حكرا est, M, voyez sous حكر. — C. a. r. est حقّق عليه وضبطه, M.

II, comme la Ire et la VIIIe, *accaparer*, p. e. le sucre, Maml. II, 1, 4.

IV même sens, de Sacy Chrest. I, 239, 8.

VIII aussi simplement *emmagasiner*, L (condo), Prol. II, 125, 10, Berb. II, 132, 6. احتكر العقار اتّخذه حكرا est, M, voyez sous حكر.

حكر, à en juger par la définition donnée par un savant de Damas, Ztschr. VIII, 347, n. 1, semble signifier à peu près *emphytéose, bail, redevance emphytéotique, bail qu'on peut renouveler sous les mêmes conditions*. Lane M. E. I, 441, *quit-rent* (hekr). Martin 139, n. 1: حكر *imposition en argent*. Cherb. 546: contribution en argent, l'opposé de عشور (en nature). Bibesco dans la Revue des deux mondes,

avril 1865, p. 962: *hocor, loyer de la terre (impôt)*. Duvernois 150: « le *hockor*, loyer de la terre, qui, dans certaines parties de l'Algérie, surtout dans l'est, est perçu au lieu et place de l'Achour. » Dareste 84: *Hokor signifie fermage; distinct de l'achour, tient lieu du zekkat; dans la province de Constantine le territoire, sur lequel la tribu n'a que le droit de jouissance, en est grevé*. حكور *droit sur les moissons*, Roland. حكر البيوت *droit sur l'emplacement des maisons*, Bc. M: الحكر احتباس الوقف من العقار تحت مرتّب معيّن ۞

حاكورة. Le pl. حواكير *jardins plantés de myrtes dans la Ghouta de Damas*, Ztschr. XI, 477.

حكش I. حكش السراج *faire sortir la mèche de la lampe avec le* محكاش, *qui est une espèce de clou ou un morceau de bois pointu*, M.

محكاش voyez ce qui précède.

حكل VIII c. الى *avoir besoin de*, M.

حكلة *besoin pressant*, M.

حكم I c. على *subjuguer, soumettre, réduire*, Amari 168, 5, 170, 8, Macc. II, 691, 11 (où il faut lire ainsi avec Boul., Fleischer Berichte 170). — *Tomber dans ou sur*, في, 1001 N. Bresl. IX, 281, 5 a f., 282, dern. l.; *échoir, en parlant d'un terme qui échoit ou d'une lettre de change*; حكم الوقت *le temps est venu*; حكم عارض *il lui est arrivé une aventure*; حكم ورسم *il vint une tempête*, Bc. — حكم ورسم *dogmatiser, parler par sentences*, Bc.

II c. a. *faire*, Voc. — C. a. p. *donner à quelqu'un le droit de souhaiter, de choisir ce qu'il veut*, Gl. Fragm. — *Enseigner, instruire*, Hbrt 109. — *Imprimere colorem* dans le Voc. — *Crier* لا حكّم الّا لله ou لا حكّم الّا الله, *comme font les non-conformistes*, Gl. Fragm. — C. ل *approprier, conformer à, rendre propre à*, Bc. — حكّم الدّم *élaborer*, t. de médec., *préparer, perfectionner le sang*, Bc.

IV *bien connaître, bien comprendre un livre*, Autob. 208 r°: كان هو قد احكم ذلك الكتاب عن شيخه الابلي. احكم عليه علمًا *il acquit sous sa direction des connaissances très-solides*, Meursinge II, 2 et 93 à la fin. — C'était un homme incomparable معرفة

بالهيئة واحكاما للآلة الفلكية « par sa connaissance de l'astrologie et par la manière habile dont il se servait du télescope, » Khatîb 33 rᵒ. — احكم رسمًا *confirmer un acte*, de Sacy Dipl. IX, 486, 10. — *Raisonner, se rendre raison de*, Bc.

V *être arbitraire*, Prol. I, 319, 3 a f., 320, 6 ; le n. d'act. *assertion gratuite*, II, 342, 3 a f. — *S'élaborer* (sang), Bc. — مُتَحَكِّم *sentencieux*, بتحكّم *sentencieusement*, Bc. — Dans le Voc. sous *facere* et sous *imprimere colorem*. — Suivi de الله, *prendre Dieu pour juge, s'en référer au jugement de Dieu*, R. N. 72 rᵒ: les prisonniers m'écrivirent une lettre يذكرون لى فيها ما قمّ فيه من الجوع والضيق وسوء الحال ويتحكمون الله عز وجلّ. — Suivi de على الله, *défier Dieu*, Haiyân 96 vᵒ: وتَقْتَحَان فى يوم تحكُّم على. — p. C. الله تع واحتقارًا لما ابتدأك به من النعمة *vaincre, réduire, dompter*, 1001 N. I, 74, dern. l.: فلمّا تحكّم الشراب منّا ; corrigez *ibid.* 63, 1, منام, au lieu de معًا.

VIII *déclarer ce que l'on souhaite, de quelqu'un*, على, Gl. Fragm. — Dans le sens du syriaque ܣܓܕ, *connaître une femme, avoir avec elle un commerce charnel*, Payne Smith 1473.

X *implique l'idée de totalité*, p. e. de Sacy Chrest. II, 37, 9: استحكام غرق هذه الارض باجمعها « la submersion totale de cette contrée ; » Bat. II, 192: الزنوج المستحكمون السواد « qui sont tout à fait noirs. » — *Devenir chronique* (maladie), M. — Dans le Voc. sous *imprimere colorem*.

حُكْم *influence*, Bc. — Cartâs 58, 7: il le pria de lui donner ce morceau d'ambre gris, على ان يرضيه عنها بحكمه « en promettant de lui payer le prix que l'autre fixerait ; » Tornberg n'a pas compris ce passage. — حكم الرعاء *le gouvernement*, M. — *assemblée que tiennent tous les ans* (chez Victor, tous les mois) *les maîtres des troupeaux et les bergers*, Alc. (mesta). — وال للحكم الشرى *celui qui a le droit et l'autorité de juger*, Macc. I, 134, 15. — أحكام النجوم *l'astrologie judiciaire*, Khatîb 34 vᵒ: احكام؛ لا تدرّب فى احكام النجوم العلمائـ seul *jugements astrologiques*, Prol. II, 188, 3, 193, 17; على بصناعة الاحكام *les astrologues*, Khatîb 5 vᵒ. —

حكم النجومى « pour la contribution dont il s'agit, » de Sacy Chrest. I, 140, 2 a f.

حَكَم voyez sous لَعِب.

حِكْمَة *manière de faire une chose*, p. e. *de bâtir*, Bat. III, 212. — *Médecine* (art), Bc, M. — *Moralité, réflexion morale*, et *moralité, sens, but moral ; précepte, sentence*, Bc ; surtout au pl. حِكَم *sentences, apophthegmes, maximes qui renferment une belle moralité*, Gl. Badroun. — *Motif, sage motif, principe*, Prol. I, 352, 9 et 10, II, 97, 3, 300, 14. — قلم للحكمة, *chez les médecins, des pastilles de soufre et de salpêtre*, M. — طين للحكمة *lut, enduit pour boucher les vases mis au feu*, Bc, M.

حِكْمِى *philosophique*, Bc, qui ne donne pas de voyelles, mais le mot doit être dérivé de حِكْمَة ; الكتب الحكمية *les livres de philosophie et de médecine*, Aboulfaradj 250, 5 a f. — *Dogmatique, sentencieux*, Bc (sans voyelles).

حُكْمِى *adjudicatif ; — inflictif, qui est ou doit être infligé ; — prévôtal*, Bc. — كتاب حكمى *plainte, l'exposé qu'on fait en justice du sujet qu'on a de se plaindre*, Vie de Saladin 10, l. 11 a f., 11, 1, citée par Schultens. En disant que ce savant explique ce terme par « *iuridicus*, » Freytag s'est trompé, car Schultens donne كتاب حكمى *libellus iuridicialis*, comme son père avait traduit.

حُكْمَة *adjudication*, Bc. — *Chambre du conseil*, Daumas Kabyl. 158. — الحكومة *le gouvernement*, M. — Le pl. ات *attributions*, Ht.

حُكَيْمَة *sciolus*, Voc.

حاكم *l'officier chargé de surveiller l'administration judiciaire et de faire exécuter les sentences prononcées par les cadis* ; il indiquait aussi à ces derniers les personnes dont le témoignage pourrait être reçu au tribunal, de Slane Prol. I, p. LXXVI b. — En Ifrîkiya, *préfet de police* (= صاحب الشرطة), Prol. II, 30, 13. — *Commissaire de police*, Grâberg 211. — *Gouverneur d'un district*, Hay 23. — *Commandant, gouverneur, préfet*, Bc.

تَحْكِيم *exactitude, précision, régularité*, Bc. — تحكيم الكيلوس *chylification*, Bc.

مَحْكَم pl. مَحَاكِم *tribunal*, Voc.

حكى

مُحَكَّم étroit, strict, Bc. — Raisonné, appuyé de raisons, Bc.

مُحَكَّم précis, fixe, déterminé, arrêté, régulier, Bc.

مُحْكُوم bien serré (les points d'un soulier), Delap. 91. — Suivi de بِ déterminé, statué, fixé, et attribut, ce que l'on affirme ou nie d'un sujet, Bc.

حكى I, raconter, vulg. c. على r., Voc., Koseg. Chrest. 71, 3 a f.: فاخذ يحكى لهم ما جرى له, 1001 N. I, 74, 10: وقالت كُلُّ واحد منكم يحكى على حكايته. — حكى عن entretenir quelqu'un de, Bc. — Parler, Bc, M, suivi de بالعربى ou de عربى, « parler arabe; » c. مع p. parler avec quelqu'un; aussi s'expliquer avec quelqu'un; حكّه فى parler mal de quelqu'un, Bc. — Jaser, causer, babiller, Bc.

II (vulg.) contrefaire, imiter par contrefaçon, Alc. (contrahazer, le n. d'act. sous contrahazimiento, remedamiento, le part. sous contrahazedor), Ztschr. XX, 509, 5. Aussi contrefaire les gestes, les actions, les expressions de quelqu'un, dans le dessein de les tourner en ridicule, et de là le se moquer de quelqu'un, Voc., Alc. (abusar, arrendar contrahazer, representar contrahazer, le n. d'act. sous escarnecimiento, escarnio, le part. sous escarnecedor).

IV (vulg.) raconter, Voc., Alc. (novelas contar).

V (vulg.) se contrefaire, Voc., Alc. (contrahazerse).

VI (vulg.) causer de choses et d'autres, de choses indifférentes; conférer; c. مع converser; تحاكوا مع « ils ont eu une conversation ensemble, » Bc.

حكى صغار بعضها contes de ma mère l'Oie, Bc. — الحكى le style de conversation, le langage familier, Bc.

على تلك الحكاية selon ce modèle, Macc. I, 560, 15. — مثل حكايتك comme toi, Bc.

حكاية lézard, Bc (Barb.); chez Domb. 66 حكاية الصلا

حَكّاية raconteur, Bc.

حِكاية voyez sous حكاية.

تَحْكِيَة appeau, sorte de sifflet avec lequel on contrefait la voix des oiseaux pour les faire approcher, ou pour les attirer dans quelque piége, Alc. (reclamos para aves).

مُحاكاة conversation, Bc.

حل

حل I, délier, détacher, dénouer, constr. incorrecte c. فى r., R. N. 91 v°: فاذا بامراة مع رجل قد امكنته من نفسها وهو يحلّ فى سراويله. — Déchaîner un captif est حلّ من وثاقه, Gl. Edrîsî, حلّ عن فلان, Gl. Bayân. — Démêler 'une affaire, débrouiller, éclaircir, dénouer, Bc. — Dans le sens de résoudre un problème; on dit: حلّ أقليدس « il résolut les problèmes d'Euclide, » Fakhrî 260, 3. — Payer, comme solvere pecuniam en latin, Formul. d. contr. 7: وامتنع من ان يغرم له دَيْنَه فاّلا حلّ ذلك استدعاه الى العامل — Délier, au fig., absoudre; c. عن absoudre, remettre les péchés; حلّ أحدا relever quelqu'un de, le dispenser d'un engagement contracté, Bc. — Atténuer les humeurs, Bc. — Délayer, détremper dans un liquide, Bc. — Broyer des couleurs, Alc. (moler colores). — Ce verbe seul, dans le sens de حلّ المرساة désancrer, lever l'ancre, Bc, Hbrt 128, déployer les voiles, Hbrt 127. — Déteindre, se déteindre, perdre sa couleur, Bc. — حلّ الوقت le moment, le temps, est venu; حلّ وقت الرواح « il est l'heure de se retirer, » Bc; dans le Voc. præsto esse. — حلّ ثوبه على معصية commettre un péché, R. N. 57 r°: ما حللت ثوبى على معصية قط ولا اكلت مال يتيم ولا شهدت (يعنى بغير حقّ). — حلّ السحر ou من السحر désenchanter, Bc; aussi حلّ الطلسم, Alc. (desencantar lo encantado). — حلّ الصدر déboutonner, dégrafer, déboucler, Alc. (desabrochar). — حلّ اللون déteindre, ôter la couleur, Bc. — حلّ عن نفسه, Macc. I, 384, 20, semble signifier: déposer ses armes et se déshabiller. — حلّ وتره contenter son désir de se venger, Gl. Belâdz. — حلّ وربط (délier et lier) administration des affaires publiques; ربط وحلّ refuser ou donner l'absolution, Bc. — حلّتك البركة (يقدروملك) soyez le bien-venu, Bc. — ما حل له يجى il ne peut pas encore être venu, Bc.

II, comme la I⁻ᵉ, deviner une énigme, Bc (sous Œdipe). — Sasser, au fig., discuter, examiner, ramasser, Bc. — Pardonner, faire grâce, Alc. (pordonar por regalo), Bat. III, 33: قد حلّلته ولا اطلبه بشىء « je lui pardonne et je ne lui réclame plus rien. » Cf. sous تحليل. — Caresser, flatter, attirer par des caresses, Alc. (halagar, regalar halagando, rogar halagando, atraer halagar; le n. d'act. halago, regalo halagando; le part. halagueño, halaguero, halagando, halagadora), Dict. berb. (caresser), Voc. (alicere), *adoucir*, Roland. Ce verbe semble avoir subi le même changement de signification que l'esp. regalar. Ce dernier (voyez Diez) vient du latin regelare, et signifie dans l'Alexandre *fondre* (aussi chez Nebrija et chez Alc. qui le traduit par ذَيَّبَ et par حلّ), de même que حلّل, mais l'un et l'autre ont reçu le sens de *caresser*. — *Intercéder*, Ht. — *Licencier*, Ht. — *Tuer un animal selon les rites musulmans*, Burton I, 248.

III c. a. p. *déclarer* quelqu'un *innocent* (فى حلّ), Gl. Fragm. — C. a. p. *pardonner*, 1001 N. Bresl. XII, 332, 3.

IV *pardonner, absoudre*, Gl. Badroun, Gl. Bayân. — احلّ الناس عن بيعته « *il délia ses sujets de leur serment*, » Gl. Fragm.

V *devenir permis, licite*, Voc. — C. a. p. *demander pardon à quelqu'un*, Gl. Fragm. — Quasi-passif de la IIe dans le sens *d'attirer par des caresses*, Voc.

VII *se détendre* (arc), Bat. III, 326, (membre viril), 1001 N. II, 466, 5. Au fig. انحلّ عزمه, chez Bc *chanceler dans sa résolution*, Athîr X, 375. الانحلال جسد فى *faiblesse, langueur*, Alc. (floxedad en el cuerpo). — *Fondre*, diminuer d'embonpoint, Bc. — *S'éreinter, se donner un tour de reins* (bête de somme), Bc. — *Rompre un engagement*, Çalât 48 r°: وارتبط لم ثم انحلّ الارض. — *Périr*, Alc. (perecer); المُنْحَلَّة «ce monde périssable,» Macc. I, 372, 12; cf. Add. et Corr., et aussi 375, 10. — انحلّ من لخطايا *être absous de ses péchés*, Bc.

X, avec النساء الفروج لخرام, *regarder comme permis de violer les femmes*, Gl. Bayân. — *S'approprier le bien d'autrui*, quand on n'y a aucun droit, Gl. Bayân. — C. a. p. *demander pardon à quelqu'un, demander l'absolution, solliciter de quelqu'un la remise de la vengeance qu'il aurait droit d'exiger*, de Sacy Chrest. II, 150, n. 7, Gl. Fragm., de Sacy Chrest. II, f٣٠, 4, Bat. I, 174, Recherches 279, 3 a f., 1re édit., où استحلّه لابيه semble signifier: «il (al-Modhaffar) demanda pardon à Piedra seca pour son père,» c.-à-d. pour Almanzor, le père d'al-Modhaffar, qui avait fait emprisonner Piedra seca. Aussi c. من p., Bat. I, 173.

حلّ *faiblesse, langueur*, Alc. (floxedad en el cuerpo). — Schultens (voyez Freytag) donne: *solutio, i. e. expositio, interpretatio*, en citant Aboulfaradj 78, dern. l.; mais c'est le n. d'act.

حلّ *absolution des péchés prononcée par un prêtre*, Hbrt 154, chez Bc حلّ من لخطايا. — اخذ حلّا *se faire relever de ses vœux, les faire déclarer nuls*, Bc. — جعله فى حل *acquitter, absoudre, pardonner*, 1001 N. I, 592, 1, c. من r., *ibid.* II, 400, 2: اجعلنى فى حل ممّا اغرانى به الشيطان ailleurs, III, 660, 14, une mère dit à son fils: Si tu ne fais pas ce que je t'ordonne, لا اجعلك فى حل من لبنى; Lane traduit: « I will not hold thee lawfully acquitted of the obligation that thou owest me for my milk ». — انت فى حل من الشى *tu es libre de prendre telle chose*, je te permets de la prendre, Bidp. 195, 3: فقال ايّها السارى انت فى حل ممّا اخذت من مالى ومتاعى 1001 N. IV, 181, 1 et 2 (où Lane s'est trompé en traduisant, III, 556: «thou art absolved of responsibility with respect to it»). — T. de maçon, est ما بين لحائط لخجرين المتلاصقين, M.

حلّة (cf. Lane) *chaudière, marmite, pot*, de terre ou de cuivre, Hbrt 198, Ht, Savary 350, Bc (qui semble prononcer حُلّة, puisqu'il donne le pl. حُلَل), 1001 N. II, 106, dern. l., Bresl. X, 456, 2 a f. — *Décousure, endroit décousu*, Alc. (descosedura).

حلّة *tribu*, Marmol I, 36 d, II, 171 c, 223 a (heyla), Berb. I, 437, 4, II, 185, 8 a f., 472, 4 a f., 474, 6 a f., 490, 6 a f., etc. — *La tente avec tous les ustensiles*, Ztschr. XXII, 117. — *Propriété urbaine*, Amari MS. — *Ville considérable*, Werne 24, 110. — *Absolution*, Ht, *absoute*, absolution publique donnée au peuple, Bc.

حلّة a, comme le nom d'une étoffe, un sens très-vague, voyez Lane. Chez Edrîsi c'est une étoffe de lin, ordinairement brochée d'or, Gl. Edrîsi. Dans le Voc.: «purpura, cendat» (c'est condal, chez Victor: sorte d'étoffe de soie fort délicate, taffetas rouge fort délié). — *Dalmatique; ornements, habits sacerdotaux*, Bc. — *Dais*, poêle en ciel de lit, Bc.

حلّى *analytique*; — *absolutoire*, Bc.

حلّليّة *large pièce d'étoffe de laine brune foncée*, dont se servent les femmes dans les parties méridionales de la Haute-Egypte, et surtout au-delà d'Akhmîm. Elles s'en enveloppent le corps, et attachent les pans d'en haut l'un à l'autre sur chaque épaule, Lane M. E. 68—9.

حَلَال (ابن حلال) (voyez Lane et Fleischer Gl. 79) signifie aussi *reconnaissant*, Hbrt 234. — لِلْحَلَال, *le droit*, était le nom d'un droit sur les marchandises, que les négociants chrétiens devaient payer à l'empereur de Maroc, Charant 49. — *La famille et les troupeaux*; en général *propriété*, Ztschr. XXII, 117. — *Usufruit*, Formul. d. contr. 8 et 9: وثيقة حلال وسلامة اشهدت فلانة بنت فلان ... انها جعلت اخوها (sic) او عمها فلان في حلال وسلامة في نماء ما ورثتها من ابويها او جعلت ما من غلات نصيبها من متروك ابويها حلالا بطيب نفسها وسلمت له في غلال الدمنة ونمائها في الماضى (الماضى ا. ل.) والمستقبل الا (الى ا. ل.) ان نَعَتْ البه والى وقت احتياجهما (جها ا. ل.) الى ذلك ٭

حُلُول, avec l'art., *la croyance selon laquelle la divinité s'établit* (حَلٌّ) *dans un être humain*, Prol. I, 358, 3, II, 164, 6, Macc. III, 654. — عيد حلول الروح القدس *pentecôte*, fête des catholiques en mémoire de la descente du Saint-Esprit, Bc. De même للحلول *la descente des esprits*, quand le magicien les appelle, Macc. III, 23, 6. — *Commencement, ouverture*, Ht.

خَلَال *cabane en feuillage où l'on dévide la soie*, Bc, Bg 720.

الحَلِيلَة *les agents de police*, 1001 N. Bresl. XI, 323, 2.

حَلَالَى *fils légitime*, Domb. 76. — Voyez حَلَالَى.

حَلَالَى *étoffe de coton à longues raies de soie blanche*, Burton I, 278. Barth écrit *heláli*, I, 437, IV, 175, 199, 466.

حَلَّال *celui qui s'établit en un endroit*, Wright 109, 10. — حلال الغزل *dévideur*, Bc. — Fém. ة, *flatteur*, Alc. (lisongero, roncero, lisongera, halagadora vieja lisonjera); cf. sous la IIe forme. — *Bouffon, fou de cour*, mon Catal. des man. or. de Leyde II, 88, 3 a f. — *Voleur*, Voc.

أَخْلِيل en général *orifice, ouverture*, J. A. 1849, II, 273, n. 1 (où il faut lire يسٮ, avec notre man. 499; le n° 92 n'a pas de points). — Par synecdoche, *membre viril*, 1001 N. Bresl. IV, 373, dern. l., 374, 3, 5.

تَحْلِيل *résolution* d'une tumeur, Bc. — *Dispense, exemption, privilège qui exempte*, 1001 N. I, 417, 16: وانا لى عنده (السلطان) حاجة وهو ان يُكْتَب لى تحليل فى الديوان بأن لا يُؤخذ منى مكسا (مَكْس) il faut) — تحليل *absolution des péchés* prononcée par un prêtre, Bc.

مَحَلّ *hospice*, Voc., Abdarî 45 r° (mausolée de Nafîsa, fille d'Ali, au Caire): عليهما رباط مقصود ومعلم مشهود, ومحل محفود محشود, ibid. (mausolée d'as-Châfi'î): عليها رباط كبير, ومحل اثير — *Place, la dignité, la charge, l'emploi qu'une personne occupe dans le monde*, Abbad. I, 303, 9, 336, n. 65, Freytag Chrest. 55, 10, Ibn-Cotaîba 319, 13 Wüst., *qualité*, Gl. Badroun. — *Endroit* d'un livre, de Sacy Chrest. I, 114, 8. — *Sujet*, exposé souvent à tel inconvénient; محل النسيان الانسان «l'homme est sujet à l'oubli,» Bc. — محل العفو *croyable*, محل الاعتقاد *pardonnable*, Bc. — *Opinion*, si ce mot a réellement ce sens dans Badroun 201, dern. l. — *Point, instant, temps précis*; فى محله *à point nommé; opportun*, Bc.

مَحَلَّة *étape*, Akhbâr 139, 11, 156, 3. — *Village, hameau*; en Sicile رجال المحلات, *burgenses*, J. A. 1845, II, 318 (cf. 329, 3 a f.), 334. — *Quartier* d'une ville, Bc, Bat. IV, 88, 397, Abd-al-wâhid 13, 1, Prol. I, 395, 8 (où de Slane s'est trompé). En Afrique le mot للمحلة, qu'on prononce Mellah ou Millah, désigne *le quartier des juifs*, dans les villes, ou même *village juif isolé*, comme il en existe dans l'Atlas; mais plusieurs voyageurs se sont trompés en pensant que ce terme vient de la racine ملح et qu'il signifie « terre salée ou maudite;» voyez Riley 364, 367, 440, 458, 470, 546, Jackson 122, 124, 128, Hœst 77, Gräberg 41, 88, Davidson 27, 40, Renou 29, Barth W. 36, Rohlfs 6, 61, Cotte 138. — Au Maghrib, *corps, portion d'armée*, Bc (Barb.), de 400, 500 ou 600 hommes, Haedo 10 d, 12 d, 13 a, 39 d, de 1000 hommes, Jackson 40; Khatîb 160 v°, Holal 57 v°, J. A., 1851, I, 60, 8; pl. irróg. أَمَحَال, voyez sous محل. — *Escorte*, Pflügl t. 68, p. 9. — *Siége* d'une place, Alc. (sitio por cerco de lugar). محلة الغزل *dévidoir*, Bc. — محلة للوحش *parc*, Macc. I, 380, 17.

مَحَلِّى *local, qui a rapport au lieu*; — avec l'art., *le maître de la maison*, Bc.

حلب 314 حليبثا

مُحَلِّل guide qui sert de mari nominal pendant le pèlerinage, voyez Burckhardt Arabia I, 359. — Menstrue, t. de chimie, Bc. — Pour مُحَيِّل, industrieux, Alc. (industrioso).

مَحْلُول. هٰذا محلول من قول الشاعر, proprement détaché de, c.-à.d. emprunté à, Bassâm I, 143 v°, 150 v°, 154 r°. — محلول الظهر, ou محلول seul, éreinté, qui a un tour de reins, Bc.

انْحِلَال décomposition, Bc. — Impuissance, incapacité d'engendrer, Bc. — انحلال الظهر tour de reins, Bc.

مُسْتَحَلّ = مُحَلَّل dans le sens qui, chez Lane, est le premier, et chez Freytag le second, Lane M. E. I, 272, 1001 N. II, 82, 6, 13, avec la note dans la trad. de Lane II, 322, n. 40. — Douaire, don du mari à sa femme s'il prédécède, Bc. — Vache à lait, personne dont on tire beaucoup d'argent, de parti, Bc.

حلب I. Traire, tirer le lait (aussi c. d. a., Gl. Abulf.), comme l'esp. ordeñar, mais aussi, comme ce dernier verbe, en parlant d'olives, les presser pour en tirer l'huile (Victor), Alc. (ordeñar como aceituna). — حلب روحه se masturber, Bc.

II, P. Kâmil 106, 21.

V s'emploie comme en français l'expression proverbiale: l'eau vient à la bouche, cela fait venir l'eau à la bouche, Berb. I, 557, 6: وتحلبت الشفاه من الغوغاء الى ما بايديهم (car c'est ainsi qu'il faut lire, au lieu de وتحلبت السفاة) « ce qu'ils possédaient faisait venir à la populace l'eau à la bouche,» excitait la convoitise de la populace; de même ibid. II, 254, 3, 265, 3, 410, 6 a f.

X. استحلاب الذَّكَر pollution, masturbation, Bc.

حَلَب. الكروم ou حلب الحَلَب vin de dattes; حلب العَصير ou, vin, Gl. Mosl. — Terrine pour traire les vaches, les brebis, etc., Mehren 27.

حُلْبَة (en Egypte حَلْبَة), fenu grec; prov. en Eg.: « heureux sont les pieds qui marchent sur la terre où est semée la Helbe,» Vansleb 101. Sur le mets qui porte ce nom, voyez Lane M. E. II, 307. — Vigne, Most. v° كرم.

حلبانة = المِيعَة السائلة storax, Abou'l-Walîd 785, 3.

حَلْبُوب mercurialis annua, Bait. I, 247 b, 318 b, 373 b, Antâkî.

حليبيب nom d'un remède indien qui ressemble au Colchicum autumnale, Bait. I, 315 c.

حَلِيب. حليب الثَّدْي euphorbia helioscopia L., réveille-matin, Prax R. d. O. A. VIII, 279, mais p. 342 el-diba (de la louve). — حليب البزور voyez sous حَليب العَجوز — مستحلب sorte de boisson, M (sous عَجَز). — حشيشة الحليب glaux (herbe), Bc.

حَلَب = العوسج الصغير le petit lyciet (Clément-Mullet), Auw. I, 139, 6 a f.

حَلَّاب terrine pour traire les vaches, les brebis, etc., Alc. (ordeña cabras), Domb. 92. — Pot de nuit, Domb. 92, Ht. — حلاب الزَّيتون pot dans lequel on presse les olives pour en tirer l'huile, Alc. (ordeña azeytuna). — Vendeur de lait, Ztschr. XI, 516. — Nom d'une plante décrite Bait. I, 316 b (les voyelles dans A).

حاليبقى aster amellus, ainsi appelé parce qu'il يشفى من ورم الحالب, Bait. I, 277 e, 362, dern. l.

مَحْلَبَة (pour مِحْلَبَة) pl. مَحَالِب terrine pour traire les vaches, les brebis, etc., Alc. (herrada o tarro para ordeñar, tarro en que hordeñan), Payne Smith 1274, Mehren 35.

مَحْلَبِيَّة, en Espagne dans le sens de مَحْلَبَة, Most. sous ce dernier mot.

مُحَلَّبَة gelée mince de lait, de riz, d'amidon et d'un peu de parfum, Burton I, 78, II, 280.

مُحَلَّبَى crème, Ht.

مُحَلَّبِيَّة espèce de gelée, Burckhardt Arab. I, 213.

مَحْلُوب vulg. pour مَحْلَب, M.

مُسْتَحْلَب émulsion, potion rafraîchissante, blanche; suivi de اللوز, lait d'amande; suivi de اللوز والبزور المبردة orgeat, Bc, cf. M, qui ajoute que حليب البزور s'emploie dans le même sens.

حَلْبَلُوب, M. حِلْبَلَاب voyez Bait. I, 320 b. Le vulg. dit

حلبوة sorte de poisson, Yâcout I, 886, 9.

حليبيثا euphorbia peplis, Bait. I, 315 b.

خَنْتُم voyez خَلْتُم.

حلج I *carder*, Voc., Domb. 121, Ht. — Vulg. pour حَجَل, M.

II *nettoyer le coton avec le* دولاب, *espèce de rouet*, Bc.

VII *être cardé*, Voc.

حلحل I *endommager*, en parlant de pierres qu'on avait lancées contre la Ca'ba, Gl. Belâdz.

حلاحل et حلاحل *bulbus esculentus*, Bait. I, 320 c: حلاحل وحلاحل وهو بصل الزير فيما زعموا۞

حُلْحَـال, au Maghrib, *lavandula stœchas*, Gl. Manç. v° خدروس, Antâkî v° اسطوخدوس, Pagni MS, Daumas V. A. 381, Prax R. d. O. A. VIII, 346

حَلْدَة (esp. halda) *gros sac de serpillière* Alc. (saca saco grande).

حَلْزُوم, pour حَلَزُون, *limaçon*, L (limax), Voc.

حَلَازِم pl. حَلْزُومَة *limaçon; nœud*, Voc.

حَلَزُون, n. d'un. ة, aussi حَـرْزَون, *limaçon*, Voc. — درج حلزون *escalier en limaçon*, Bc.

حلزونيّ, Payne Smith 1277.

حلس

نَفَضَتْ بِكَ الاحلاسُ حَلْس, *apud te homines, patria relicta, ephippia excutiunt, i. e. devertunt* (نَفَضَ اقَامَة), *et quidem ut apud te maneant* (حُلُول), Gl. Mosl. Sur la variante نَفَضَتْ بِكَ الآمالُ أحلاسَ الغِنى, dont le sens revient au même, voyez ibid.

أحْلَس pl. حُلْس *ras, qui a le poil fort court*, Bc, M; on dit هو أحلس أملس, et au fém. حلساء ملساء, M.

حلش I, au Liban, *arracher*, p. e. حَلَش الشَعِير et بطرس حلش دقن يوسف, Evangeliarium Hierosolymitanum ed. Miniscalchi, p. 14 du Lexicon.

حلط

حلاطجى *brodeur*, Bc (Barb.).

أُحْلَط *qui n'a point de poil sur le corps*, M, qui suppose que c'est pour أَحْلَت.

حلف I c. على p. *adjurer*, Voc., Bat. II, 87: فقلتُ لهُ سَأَلْتُكَ بالله بابا سليمان ويتحقَّق ما :۷۵ 88 بيننا مِنَ الاخوَّة مَنْ هذا الذى كان يحدِّثك فقال لا تَحلِفى فاَقعدت عليه السؤال بالله فقال مَن الذى وقع بقلبك فقلت لَّحضر فقال نعم هو والله كان معى C. — على p. *inviter*, Delap. 127.

V dans le Voc. sous *iurare*; chez Bc le n. d'act. *jurement*.

VI بالصلبان «*sur la croix*,» Cartâs 150, 3.

VIII = VI (Lane), exemple: Rutgers 155, 11, cf. 157.

حلف s'emploie dans le sens que Lane indique sous حليف, p. e. احلاف المضرورة *les indigents*, Abbad. II, 159, 5, حلف صباح *celui qui crie*, P. Macc. I, 664, 18 (cf. Add.), حلف النوى *celui qui est absent*, P. Macc. II, 279, 4.

حَلْفَة, ou حَلْفاء ou حَلَفاء, voyez Maml. I, 2, 16 (*jonc, roseau; — espèce de canne à sucre*, plutôt حَلْفَة; — *le sainfoin épineux*), Gl. Esp. 100 (*stipa tenacissima, arundo epigeios, macrochloa tenacissima, sparte*, aussi dans le Voc.: حَلْفَة *spartum*). — حلفة مَكَّة *jonc odorant, Andropogon Schœnanthus* (=الاخر), Sang.

حلفاء et حلفاة voyez ce qui précède.

حَلْفان pl. ات *jurement, serment, protestation* (على شى); كثير الحلفان *jureur*, Bc.

حَلْفاوى *celui qui vend des objets faits de* حَلْفة ou حَلْفاء. Marmol, II, 90 a, nomme à Tunis *El Hal Fauin*, la rue où demeurent ceux « qui font des chapeaux de paille ou de feuilles de palmier, et des rouleaux de sparte en forme de brosses, dont on se sert pour panser les chevaux;» le quartier *el-Halfaouin*, *les fabricants de sparterie*, Prax R. d. O. A. VI, 276.

حلوف *arbusti* dans la trad. d'une charte sicil. apud Lello p. 23.

خلفاء الحاجّاب حليف, Koseg. Chrest. 107, 7 a f., 109, 3 a f., est, je crois, une faute; il faut خُلَفاء, voyez sous خَليفة.

حَلُوف (berb. ايلَف pl. حَلَالِيف et حَلَالِف), en Afrique, *sanglier*, Jackson 34, 179, Daumas Sahara 260, Richardson Mor. II, 166, 183, Barth I, 16. Aussi *cochon, porc*, Domb. 64, Hœst 294 (qui donnent خنزير pour *sanglier*), Bc (Barb.), Ht. Appliqué par les Kabyles, comme terme injurieux, aux soldats français, Lamping I, 56, 186, II, 7, 21, 122. قَلُوف chez Golius-Freytag est une faute.

خَام حُلُوفتي *la qualité grossière du calicot de Malte*, Espina R. d. O. A. XIII; 152.

حالِف *assermenté, juré*, Bc.

مُحَلَّف, ou مُحَلِّف, en Espagne, sous les Omaiyades, *un employé chargé de prendre connaissance de toutes les choses qui pouvaient intéresser le monarque et de le renseigner là-dessus*, Gl. Esp. 175—6; mais voyez sous مستخلف, avec le *khâ*.

مَحْلُوف *un juré, celui qui a prêté serment*, Alc. (jurado el que juro).

مُتَحالِف *fédéré*, Bc.

مُسْتَحْلَف *un juré*. En Sicile, *un employé du roi, chargé d'interroger les étrangers qui abordaient dans l'île*. En Espagne il y avait plusieurs sortes de *mostahlaf*; on donnait p. e. ce nom à des personnes nommées annuellement par le chapitre et par le conseil municipal, et chargées de veiller à ce que le pain et le vin se vendissent selon la juste mesure, à ce que le tarif de la viande, du poisson et du salaire des ouvriers fût observé, et enfin à garder les vignes; — *inspecteur des soieries*, — *peseur de laine*, Gl. Esp. 175—7. J'avoue toutefois que L a ébranlé ma conviction au sujet de l'orthographe de ce mot; voyez sous مستخلف, avec le *khâ*.

حلق I *cerner, entourer* une place, Reinaud F. G. 69: فاخذ في حلقها وتشر للحرب عليها (les remarques de Quatremère sur ce passage, dans le J. A. 1850, I, 255, ne me semblent pas heureuses). — حلق ماله *dépenser son argent*, Gl. Fragm.

II *faire un détour ou des détours*, Gl. Edrîsî, Voc., Djob. 69, 4, 302, 16. — *Ceindre, entourer, cerner*, et de là *enceindre, clore, enclore*, Voc., Alc. (cercar de vallado, cercar en derredor, cerrar en derredor, cerrar de seto), Bc, Djob. 213, 16 et 21, Prol. III, 418, 1. — *Prendre, envelopper dans des rets, dans des filets*, Alc. (enredar en redes). — Exemple remarquable de حَلَّق على اسم فلان (Lane d'après le TA): R. N. 83 r°: un homme pieux dit après avoir fini sa prière: يا بنّى اخاف ان يُحَلَّق على اسمى فقلت يا سيدى كيف يحلق على اسمك قال انظر الى السلطان اذا بدا بالعرض فيقال ابن فلان ابن فلان فيقال هذا هو فيقول يا مولاى انا لازم بالباب وقائم بالخدمة فيبعده بالاحسان فينادى ابن فلان بن فلان فيقال ما رايناه بالباب فيقول ما لنا به حاجة حَلَّقُوا على اسمه اطردوه فأنا اخاف ان يحلق على اسمى واطرد (il craignait que Dieu le ferait). — *Se ranger en cercle, se réunir autour de quelqu'un*, Maml. I, 2, 199, Alc. (estar en derredor). — *Présider une halca*, c.-à-d. une réunion d'étudiants, *faire un cours*, en parlant d'un professeur, voyez ma note J. A. 1869, II, 167, Ibn-Abdalmelic 136 r°: وكان يُحَلَّق بالجامع اثر صلواته الجمع فتتلى عليه آى من كتاب الله عزّ وجلّ فياخذ فى تفسيرها C. ب *enseigner* une science, J. A. l. l. — *Se resserrer, s'étrécir*, en parlant d'une rivière lorsqu'elle passe par un endroit étroit, Alc. (ahocinarse).

V c. على *s'entortiller autour*, Bait. I, 180 c: وهو يصرّ بها جدًّا كمثل الكشوت ما يتحلَّق عليه II, 380 b: يتحلَّق على الكنان. — *Etre ceint, entouré*, Voc.

حَلْق pl. حُلُوق chez le vulg. *bouche*, M. — *L'embouchure d'une rivière*; — *un passage serré entre les montagnes, gorge de montagne, détroit* (Alc. garganta de monte); — *passage étroit qui fait la communication entre deux mers*; حلوق *des baies*, qui forment ensemble un golfe; — *ouverture* d'un pont, Gl. Edrîsî. — *Voix*, Alc. (boç), Ht. — *Clôture, mur d'enceinte*, cf. Gl. Djob. avec Gl. Esp. 263, Khatîb 110 r°: وقد ذهب أثر المسجد وبقى القبر يحفّ به خلق (حلق l.). — حلق باب. — *Pendants d'oreilles*, Bc (pl. حلقان), Ht (pl. حَلَالِي). — Comme nom d'une plante; Sonth., Bait. I, 314 b, soupçonne que c'est vitis hederacea. — Nom d'un mets qu'on prépare de cette plante, Bait. I, 315 a: هو نوع من الكشك يعمل من حشيشة باليمن — حامض جدًّا. — Chez Daumas Kabylie 270: espèce de roseau; au fig. *sornettes, hâbleries*. — حلق الفكّ *gourmette*, Bc.

حلق 317 حلم

المماليك لِلْحَلَق ؟ 1001 N. Bresl. IX, 226, 12 et 13, où l'édit. Macn. a المماليك لِلْحَلِيق.

حَلْقَة, حِلْقَة. Sur la signif. *les armes et les cottes de mailles* (cf. Lane), voyez Gl. Abulf., Gl. Belâdz., Mâwerdî 293, 3 a f.: وفي السلاح الحَلْقَة — *Boucle d'oreilles*, Bc, Lane M. E. II, 404, 1001 N. I, 40, 15. — حَلْقَة شعر *anneau, boucle de cheveux*, Bc. — *Rouelle, tranche ronde (de veau, de saumon)*, *dalle, tranche de poisson*, Bc. — *L'armilla suspensoria de l'astrolabe*, Dorn, Alf. Astr. II, 261: *alhelca* i. e. *armella*. — ذات الحَلَق *sphère armillaire*, Prol. III, 105, 15 et dern. l. — *Crampon*, Bg. — *Réunion d'étudiants autour d'un professeur; de là cours, suite de leçons; aussi la salle où un homme en place tenait des réunions, des conférences, où un professeur donnait ses leçons*, Maml. I, 2, 198—9, Alc. (lecion el lugar donde se lee حَلْقَة). — *Un corps de troupes qui entourait le prince et composait sa garde*, Maml. I, 2, 200—2. — *Enceinte que formaient des milliers de chasseurs pour enfermer une multitude immense d'animaux sauvages; former une telle enceinte est* ضرب حَلْقَة, Maml. I, 1, 246, I, 2, 197—8, 1001 N. I, 30, dern. l. — *Enceinte de circonvallation, ligne de blocus*, Maml. I, 2, 198; ضرب حَلْقَة البلد *investissement*, Bc. — *Enclos*, Bc. — *Carrière, lice, lieu fermé pour courir*, Bc. — *Maison d'asile*, Maml. I, 2, 200. — *Encan, vente publique à l'enchère*, Amari Dipl. 51, 7, 76, 5, 103, dern. l., 405, n. c; aussi dans le passage cité Maml. I, 2, 198, l. 22. — دار حَلْقَة *caracoler*, Bc. — Jeu qui ressemble aux dames, et qu'on joue avec de la fiente de chameau ou des noyaux de dattes, dans des trous qu'on fait dans le sable, Lyon 52 (helga).

حَلْقَة pl. حِلَق, suivi de الخِيَاطَة, *dé à coudre*, Voc.; aussi الخِيَاط, Djob. 195, 2, Macc. II, 562, 16, et حَلْقَة seul, Alc. (dedil o dedal, dedal para coser), Macc. II, 429, 8, Domb. 96, chez ce dernier حَلَّقَة, mais dans le Voc. et chez Alc. حَلْقَة.

ضرب حلقية البلد على بلد *blocus*, ضرب حلقية *investir une place*, ضرب حلقية العدو *envelopper l'ennemi*, Bc.

حَلاَق *diarrhée*, Daumas V. A. 426.

المماليك لِلْحَلِيق ؟ 1001 N. III, 434, 10, où l'édit. de Bresl. a المماليك لِلْحَلَق.

حَلَاقَة, pl. حَلَائِق, dans le sens de حَلْقَة (voyez la colonne précédente, l. 12—17), Alc. (lecion el lugar donde se lee شي من الحَلَاقَة escolar cosa de escuela). — حَلَاقَة شماس *tonsure*; كار الحَلَاقَة *barberie*, art de raser, Bc.

حُلَيْقَة *petite boucle ronde*, Alc. (hevilleta redonda).

حَلَاقَة *rasoir*, Abou'l-Walîd 136, n. 18.

حَالِق. Le pl. حَلَق, Abou'l-Walîd 136, 9 (?). — حَالِق الشعر *bryonia dioica*, Bait. I, 278 d.

مُحَلَّق *enclos, jardin entouré d'un mur*, L (consitus — مشتبك ومُحَلَّف وغَيْضَة وغَلْف للثمار). — *pièces de monnaie*, M.

حلقم.

حُلْقُوم *ouverture d'un pont*, Haiyân 102 v°: حلاقيم. — راحة الحُلْقُوم *Goulot, cou d'un vase*, Bc. — القَنْطَرَة *espèce de sucrerie qu'on avale facilement*, M.

حَلْقُوس ou خَالْقُوس, aussi حرقوص et خالقوس, au Maghrib, *cuivre brûlé ou calciné*, Most. in voce, qui ajoute: « on dit que c'est un mot berbère; » mais c'est une erreur, car c'est le grec χαλκός: Gl. Manç.: روسختج هو النحاس المحرق بالكبريت المسمى بالمغرب حلقوسا ۞

حلك II *noircir, rendre noir*, Voc. p. 48 b (حَتَّك et تَحَتَّك, p. 337, en sont des altérations).

V quasi-passif de la II°, Voc.

حَلَك. Le pl. أَحْلَاك P. Macc. II, 171, 3.

أَحْلَك *plus noir, très-noir*, Bayân I, 291, dern. l.; Alc. traduit « mas escuro » par « ahtâq, » mais il faut lire « ahlâq. »

حلم II c. a. dans le Voc. sous sompniare et sous polui in sopniis.

V *feindre d'être* حَليم, Mohammed ibn-Hârith 307: فاطرق عمرو بن عبد الله للحلم والأخذ بالفضل فقال له سليمن وتتعامل ايضا وتَحَلَّم كأنا لا نعرفك ۞

VIII c. ب p. *rêver de quelqu'un*, Tohfat al-'arous, man. 330, 156 v°: il faisait une razzia en Galice وكانت بقرطبة جارية يهواها فاحتلم في بعض الليالي بها بهواها, dans le man. B, l'autre a par erreur (هواعا).

حُلْم *songe*, le pl. aussi حُلُومات, Bc, Abou'l-Walîd 228, n. 42. — *Délire*, L (deliramentum).

حَلْمَة‎ lithospermum callosum, Prax R. d. O. A. IV, 196.

حُلْمَى‎ qui se rapporte aux songes, Alfîya éd. Dieterici 114, 5, 7 et 8.

حَلُوم‎ indolent, Prol. II, 359, 3 a f. — Anchusa, Most. in voce.

حَالُوم‎. Thévenot I, 495: « du fromage salé qu'ils (les Egyptiens) appellent dgibn halum; » Coppin 221: « gibethalum (l. gibenhalum), du fromage salé. » Le vulg. dit حَلُّوم‎, M. — Anchusa, Bait. I, 278 c.

حَالُومَة‎ certains mots barbares que l'on prononce avant de s'endormir, et qui amènent une vision par laquelle on apprend ce qu'on désire savoir, Prol. I, 190, 15 et suiv.

حلن‎.

حلونية‎ nom d'une plante au Maghrib; le Gl. Manç. dit que مامیران‎ est une plante chinoise, واكثر الشاجاریں بالمغرب یزعمون انه الحلونیة معروفة عندنا وفی ذلك نظر‎.

حلو‎.

حلو‎ I. حَلِيَتْ نَفْسُهُ‎ être sur le point de tomber en défaillance, M.

II amincir, rendre plus mince, Voc., probablement en parlant d'une étoffe, voyez حَلَاوَة‎.

V devenir doux, Alc. (endulçarse). — Devenir mince, Voc. — Manger des sucreries, 1001 N. I, 109, 634, 647, Bresl. II, 188.

VI manger des sucreries, 1001 N. Bresl. IV, 111. — على أحد‎ lanterner, importuner quelqu'un de propos impertinents, Bc.

VII dans le Voc. sous dulcorare.

X (Lane) cf. Lettre à M. Fleischer 122, Abou'l-Walîd 398, 12; dans le Voc. sous dulcorare.

حلو‎ (doux) se dit de l'or et du cuivre, Gl. Edrîsî. — Qui tourne facilement autour du doigt (bague), M. — Confiture, Bc. — Par antiphrase, fiel, Voc. — Mince, Voc. — حلوُ مُرّ‎ douce-amère, vigne sauvage, solanum, Bc. — Le pl. fém. حَلْوَات‎, Rozet III, 239: « Alouet, grand saucisson brun avec des amandes au milieu; c'est de la pâte de blé au milieu de laquelle on enferme, en la pétrissant avec la main, un chapelet d'amandes crues enfilées dans un morceau de gros fil, et que l'on fait cuire ensuite dans du jus de raisin. » Dans le R. N. c'est قرص سميد بعسل‎, وقال ابو على انا اشتهى قرصا من سميد بعسل‎ 91 rº: ـ ثم اتى بقرص سميد بعسل طيب وقال كل بابا على عبد للحلوات. — يا صاحب للحلوات‎ la fête Pourim des juifs, Daumas V. A. 486.

حَلْوَى عَجَمِيَّة‎. extrait de miel avec du raisiné, J. A. 1860, II, 386.

حَلْوَقِي‎ confiseur, Alc. (confitero, melcochero).

حُلْوان‎ المفتاح‎, « la gratification pour la clef, » se donne quand on loue une maison ou une chambre, 1001 N. IV, 540, 3 a f., avec la note dans la trad. de Lane III, 668, n. 4.

حَلْوَانِى‎, confiseur (Freytag), se trouve Bat. II, 283, III, 274, 1001 N. I, 56, Bc.

حَلْوَانِى‎ espèce de très-grand raisin, Ztschr. XI, 479.

حَلْوَ‎. Le fém. حَلْوَة‎ espèce de datte très-douce, Pagni 151 (où le man. porte Kalūa), d'Escayrac 11, Prax R. d. O. A. V, 212, ibid. N. S. I, 311, Burckhardt Arab. II, 212, Burton I, 384.

حَلْوَة‎, par antiphrase, fiel, Voc.

هليّة‎ datte très-petite et qui a été nommée ainsi à cause de sa douceur extraordinaire, Burckhardt Arab. II, 212 (heleya). Chez Burton I, 385, « hilayah, » mauvaise espèce de datte.

حَلَاوَة‎ القمح‎ : حَلَاوَة‎ espèce de sucrerie qu'on ne trouvait qu'en Egypte, Macc. I, 694, 16. — Galanterie, gentillesse, grâce, agrément, charme, attrait, Bc, J. A. 1852, II, 222, 2 (le mot qui précède doit être lu بِذَكَائِه‎). — Finesse d'une étoffe, Voc. (tenuytas in panno). — Douceur, gratification, don, libéralité, Ztschr. XX, 509, 20, 1001 N. II, 120, 1, Bresl. IX, 352, 8. حلاوة السلامة‎ gratification quand on revient sain et sauf d'un voyage, quand on relève de maladie, etc.; on donne alors un festin à ses amis, 1001 N. II, 93, 3, avec la note dans la trad. de Lane II, 324, n. 57; Bresl. IV, 188, 2 a f. حلَاوة‎ المفتاح = حُلْوان المفتاح‎ (voyez), 1001 N. Bresl. XI, 344, 1.

حْلُوقِي mode de musique, Hœst 258. — Espèce de datte, Niebuhr R. II, 215.

حَلَوَانِي confiseur, Bc.

حَلَوِيَّات douceurs, friandises, sucreries, Bc.

حِيلِمُو doucet, Bc.

مُحَالاة mignardise; — lanternerie, fadaise, discours frivole, Bc.

حَلُوسِيَا = كَثِيرَاء, Most. sous ce dernier mot (le commentateur juif traduit tragacante), Bait. I, 320 e (Sonth. astragalus verus).

حُلُوفَارِس (proprement « aigre-doux, » car le sin est pour le çâd) espèce de grenade, Voc.

حلى I damasquiner, Bc. — حَلِيَ شَعرَه ses cheveux tombèrent, M.

II flatter, peindre en beau, Bc.

IV débander une arbalète, Alc. (desballestar).

V, s'orner de, ne se construit pas seulement avec ب, mais aussi avec l'accus., Fleischer sur Macc. I, 626, dern. l., dans les Berichte 208.

VIII c. ب s'orner de, Gl. Mosl.

حَلَا (cf. Lane) aphtes, petites ulcères dans la bouche; — efflorescence, éruption sur la peau, Bc.

حَلِيَا fer-blanc, Hbrt 171 (Alg.), Ghadamès 42; chez Ht حَلِيَة.

حِلْيَة ornements, choses précieuses, Haiyân 58 v°: وَيَجْمَع حِلْيَتَه وَثِيَابَه وَفَرْشَه فِي بَيْتٍ مِنَ القَصْر — Costume, 1001 N. I, 43, 12: le roi غَيَّر حِلْيَتَه « changea de costume. » — Titre, p. e. ceux qui sont composés avec « ad-dîn, » tels que Nour ad-dîn, 'Alâ ad-dîn, Djob. 242, 21. — Housse, caparaçon, couverture de cheval, Alc. (paramentos), Koseg. Chrest. 108, 11: وَعَلَى الفَرَس سَرْج مَغْرِبِي; أَحْمَر حِلْيَة جَدِيدَة; فَوْق فَرَس Haiyân-Bassâm III, 140 r°: دُون مَراكِب المُلُوك حِلْيَة مُخْتَصَرَة, mais dans ce passage c'est peut-être plutôt harnais, tout l'équipage d'un cheval de selle, comme dans l'Hist. du Yémen, man., p. 62: أَمَرَ وَلَدُ مَوْلَانَا صَاحِب السَّعَادَة الأَمِير عَبَّاس لِلْأَمِير عَبْد الله بِحِصَان عَلَيْه حِلْيَة كَامِلَة — Ardillon, pointe de fer faisant partie de la boucle d'une ceinture, et servant à arrêter la courroie que l'on passe dans la boucle, Alc. (hierro de cinto, rejo de cinto).

En musique, ton, Alc. (tono en la musica), accord, Alc. (acordes consonancia). — Fer-blanc, voyez l'article qui précède.

حَلَّاء joaillier, Macc. I, 403, 5.

حَال orné de pierreries (épée), Macc. I, 251, 11.

مُحَلِّي musicien, Voc.

نَرْجِس مُحَلَّى زَمَانه narcisse jaune, Bc, mais j'ignore à quelle racine appartient ce mot.

مُحَلِّي harnaché, richement harnaché (cheval), Alc. (cavallo enparamentado, paramentado cavallo), Notices XIII, 184.

حَلْبَيَانَا (syr. ܚܠܒܝܢܐ) erysimum, Payne Smith 1282.

حم II c. a. dans le Voc. sous balneare. — Laver (formé de حَمَّام), M.

V se baigner, prendre le bain d'étuve, Voc. (« in balneis tantum, » et la Xe forme « ubique »), Bc et M (V et X dans le même sens).

VII avoir la fièvre, Voc., Bc.

VIII être chaud, Abou'l-Walîd 783, 14.

حُمَّ لَمْ يَنْصُرُون ۔ حُمَّ, comparez avec Lane le Gl. Belâdz.

حَمَّة certain oiseau du désert, Daumas R. d. O. A. N. S. III, 239.

حُمَم suie de la cheminée, Cherb. J. A. 1849, I, 541, col. 1.

حَمَام tourterelles domestiques, حَمَام مَكِّي et حَمَام أَبِيَض, Pagni 87; حَمَام تُرْكِي pigeons qui ont les yeux et les pieds rouges, ainsi appelés parce qu'ils sont venus de Turquie, Pagni 89; حَمَام رُومِي pigeons blancs avec des plumes aux pattes, ainsi appelés parce qu'ils ont été apportés de pays chrétiens, Pagni 87. — لَعِب بِالحَمَام semble signifier: se servir de pigeons pour transporter des messages, voyez Gl. Fragm.

حَمَم du blé gâté par l'humidité dans un silo, Daumas V. A. 255.

حَمَامِي appartenant à un pigeon, Payne Smith 1580. — حَمَامِي أَشْهَب se trouve dans L, à la fin, parmi les noms des chevaux, storno albo.

حُمَّى بَارِدَة ۔ حُمَّى fièvre précédée de frisson, Bc; —

حم

ثالثة حمى fièvre tierce, Burton I, 369; — حمى حادّة fièvre aiguë, qui se termine en peu de temps par la mort ou la guérison, Gl. Manç.; — حمى محرقة fièvre chaude, Gl. Manç., Voc., Bc; — حمى خفيفة fièvre hectique, Voc., car je crois devoir lire «hectica,» au lieu de «natica;» — حمى دقّ fièvre étique, Voc., Gl. Manç.; — حمى دمويّة chez Rhazès, fièvre continue, Gl. Manç.; — حمى دائرة fièvre d'accès; حمى دائرة مطردة fièvre périodique, réglée; حمى دائرة غير مطردة fièvre intermittente, Bc; — حمى دائمة fièvre continue, Bc; — حمى ربع fièvre quarte, Gl. Manç., Voc., Bc; — حمى مرعدة fièvre précédée de frisson, Voc.; — حمى الروح fièvre produite par une vive émotion, Sang.; — حمى مطبقة fièvre continue, Gl. Manç., Voc.; — حمى مطردة fièvre périodique, réglée, Bc; — حمى عفونة fièvre putride, Voc.; aussi حمى عفنيّة, Bc; — حمى غبّ fièvre tierce, Gl. Manç., Voc., Bc; — حمى لازمة fièvre continue, Bc; — حمى النهائية fièvre inflammatoire, Bc; — حمى نافضة fièvre précédée de frisson, Bc; — حمى نهاريّة fièvre quotidienne, Bc; — حمى ورد fièvre quotidienne, Gl. Manç., Voc.; — حمى واطئة fièvre quotidienne, Bc; — حمى يوم fièvre qui ne dure qu'un jour, quelquefois deux ou trois jours, Gl. Manç., Voc.

حمّى febrile, Bc, s'il faut prononcer ainsi le mot qu'il écrit حمى.

حمّام grande cuve poreuse servant à rafraîchir l'eau, Browne I, 237. — جرّ للحمّام, voyez جرّ. — سلاح للحمّام lavement, remède liquide qu'on introduit par l'anus dans les intestins, L (enema [cf. Ducange] حقنة وهو علاج الحمّام).

حموم viande choisie de l'autruche, cuite dans la graisse de cet animal, Daumas V. A. 389.

حامة au Maghrib = حمّة, Lettre à M. Fleischer 236.

حاميّة fièvre, Alc. (fiebre o calentura), surtout حاميّة متلثة fièvre tierce, Alc. (terciana calentura); fièvre double-tierce, Alc. (terciana doble).

حمّ pl. محمّ baignoire, Bc.

حما:

Muhâmi, bourbeux, fangeux, Alc. (limoso lleno de limo).

حمّالس et حماملون camomille, Most. v° بابونج, حمّالس, corruption de حبّ الآس, graine, petit fruit de myrte, Bc.

حمحم I s'acharner, Ht.

حمحم II garrio dans L, murmurare dans le Voc.

حمحم ocimum basilicum, Bait. I, 326 g, aussi ريحان للحماحم, ibid. I, 283 i (AB); ibid. I, 434 c: دفن الحماحم وهو فقاح للحبق العريض الورق (AB). الحبق الحمحمي ocimum basilicum; c'est ainsi qu'il faut lire Auw. II, 289, 5, 290, 4, 309, 6.

حمد I. شي يحمد chose favorable, Alc. (favorable cosa).

IV, dans le sens de la Ire, louer, Alc. (loar o alabar, lisongear); — remercier, Alc. (dar gracias).

X c. إلى p. tâcher de mériter l'approbation de quelqu'un, Akhbâr 157, 2, Haiyân 18 v°: وارسل رأسه الى ابن حفصون فانفذه ابن حفصون الى الامير عبد الله بقرطبة مستحمدا اليه بكفاية شأنه

حمد souhait qu'on fait pour le succès de quelqu'un, Alc. (favor con voto). — Témoignage, Alc. (testimonio). — Pl. محامد hymne, cantique en l'honneur de la Divinité, Alc. (ino en alabança de Dios).

حمدان mode de musique, Hœst 258.

حادت = حلتيت assa fœtida, Most. sous ce dernier mot.

حمادة occasion propre, opportunité, Voc.

الحميديّة nom d'une race de chevaux, nommée ainsi d'après les Beni-Homaid qui les élevaient et qui demeuraient dans le pays des Ghomâra, non loin de Ceuta, Becrî 108, 4.

حمّادة grand plateau rocailleux et stérile, Berbrugger 16, 152, Rohlfs 67, Barth I, 143, 148, 431, Richardson Central I, 31, 192, II, 60, Prax R. d.

O. A. VII, 259, Colomb 49, Berb. I, 121, 437, II, 85. Ce mot ne semble pas seulement en usage en Afrique, car Burckhardt, Syria 94, parle d'un désert sablonneux nommé الحَمَّاد; cf. 667.

حامد celui qui fait des souhaits pour le succès de quelqu'un, Alc. (favorecedor con voto). — *Témoignage*, Alc. (testimonio).

تَحْميد *harangue, discours*, Alc. (oracion razonamiento).

محمد وعلى pois de senteur, Roland.

اليوم المحمدى مُحَمَّدى jour qui, selon quelques Soufis, a commencé le jour de la mort du Prophète, et qui ne se complétera qu'à l'expiration de mille ans, Prol. II, 167, dern. l. et suiv.

مَحْمُودة *scammonée*, Alc. (escamonea medicina), Bc, Sang., Rauwolf 54 (corrompu en Meudheudi), Most. v° سَقْمونيا, Bait. II, 27 b, 491 c, Auw. I, 640, 13, Bayân I, 313, 5, Çalât 23 r°. — Espèce d'euphorbe qui a les mêmes effets que la scammonée, Bait. II, 599 a. — محموبذانك = محمود السدور, en espagnol طراطقة (cf. mon article طرطقة), *euphorbia lathyris*, Gl. Manç. sous le second terme.

مَحْمودى *cotonnade blanche*, Ghadamès 40.

الله يَحْمَر لك الوَجَّه II *farder*, Bc; — on dit: وجهك, «que Dieu te rougisse la figure!» quand on veut souhaiter du bien à quelqu'un d'une manière générale, parce que les Arabes attribuent aux couleurs éclatantes, au rouge principalement, des idées de joie et de bonheur, Daumas V. A. 518. — *Rissoler, rôtir pour donner une couleur rousse, rôtir, faire rôtir*, Bc, p. e. en parlant de poulets, دجاجات مَحْمَرة, 1001 N. I, 579, 12, فراخ مَحْمَر, III, 205, 6 a f.; cf. مَحْمَر. Dans Antar 70, 3 a f., en parlant d'amandes. اللوز المَحْمَر. — حَمَّر الكروم *calfater les vignes*; voyez sur cette opération Bait. II, 309 d, ou la traduction de ce passage donnée par de Sacy, Abd-allatif, 274—5; cf. Thévenot II, 62.

V dans le Voc. sous *rubescere*.

IX *rougir, avoir honte*, Alc. (demudarse de verguença), Bc.

حَمَر (vulg.) *rougeur*, poète populaire Prol. III, 407, 13, où il faut lire ainsi.

دِقْلَى = حَمَر, Most. sous ce dernier mot: ويسمَّى الحمر ايضا

حَمَرَة *hypericum*, Prax R. d. O. A. VIII, 345, chez Pagni MS «hamūra». — حَمْرَة راس *calendula sicula*, Prax l. l. 282.

حُمْرَة *rougeole*, Gl. Esp. 115; L donne: carbum [= carbunculus?]; ذَمَّل وداء الحُمْرَة ايضا; il a aussi داء الحُمْر sous eresipila. — *Le rougeau*, maladie qui attaque l'althéa, Auw. II, 298, 6. — *Craie rouge*, à ce qu'il semble, Macc. I, 687, 17. — *Fard*, Bc. L'arbre غَرْقَد, auquel on a donné ce nom parce qu'il porte des fruits rouges, Burckhardt Syria 474. — Le pl. حُمَر *pétéchies*, espèce de pourpre ou taches sur la peau dans les fièvres, Bc. — En géomancie le signe ≡, M.

حُمْرَة *caravane composée exclusivement de mulets*, Espina R. d. O. A. XIII, 150 (hamara).

حُمَّرَة *rouge-gorge*, Pagni MS. — *Arbousier*, le même.

حَمُّورية *ânerie*, Bc. — Sans voyelles, *rougeur*, Bc. حُمَّرانى *rouge*, Voc.

حُمْرانية (les rouges) espèce de dattes, Prax R. d. O. A. V, 212.

حَمْرَنَة *ânerie, balourdise*, Bc.

حِمار *âne*, signifie *buveur d'eau* parmi les musulmans qui ne se soucient pas beaucoup des préceptes du Coran, Burton I, 130. — Sans voyelles, *rougeur*, Bc. — *La fin d'un siècle*, Tha'âlibî Latâïf 30, dern. l. — *Machine dont on se sert pour tirer un navire dans un port*, L (pulvini [« machinae, quibus naves deducuntur et subducuntur in portum,» Ducange d'après un ancien Glossaire] الحُمُر التى تُجَرّ بها المراكب الى المَرْسى). — Le قَضيب (voyez) quand il est long, c.-à-d., une sorte d'instrument fait en forme de grue, dont les laboureurs usent pour mesurer les terres et fossés. — حِمار الوَحْش *zèbre*, Alc. (zebra).

حِمَر *asphalte*, Bc. — (?) espèce de myrte, Auw. I, 248, 14.

حُمْرَة *rougeur*, Voc. — *Carmin préparé, dont se fardaient les femmes*, Alc. (alconcilla).

حمرق

حُمَيْرَة asphalte, Edrîsî, Clim. II, Sect. 5: وهذا الصحراء بها جبّ حميرة.

خَمُّورَى espèce de dattes très-rouges, Pagni 151; p. 152 il nomme l'espèce « Hamura Bixeri. » — Certaine pierre précieuse, voyez Niebuhr B. xxxv.

حِمِّيز جَدَّة cloporte, Domb. 66, Bc.

حِمَر lonchophora capiomontiana Dr., Prax R. d. O. A. VIII, 282. — Hypericum, Pagni MS.

حُمَر vulg. pour حُمَر, bitume de Judée, M.

حَمّار manœuvre, mauvais artiste, Bc.

حَمِيرا, en Espagne, anchusa, Bait. I, 327 a, II, 108 c, où A a le techdîd; cf. Freytag sous شنجار.

حمّاتر fard, Cherb., Roland.

حَمامير mamelons, Daumas V. A. 166.

رَأْس أحمر أحمر esclave abyssin, Ztschr. XVI, 674. الحمراء, ou بنو الحمراء, affranchis (cf. Lane), est le nom que les Arabes donnaient aux Espagnols; voyez mes remarques Ztschr. XVI, 598. — لحم أحمر viande sans graisse, Gl. Manç. — Dînâr, pièce d'or, 1001 N. Bresl. IX, 250, où l'éd. Macn. a دينار; le pl. حُمَر, P. Macc. I, 464, 17. — Farine, Voc. — الأحمر une pierre rouge, espèce de sanguine; elle sert de remède et l'on en fait de l'encre rouge, Caillié I, 108 (lahméré). — Sorte d'oiseau, Yâcout I, 885, 14. — الملك الأحمر Mars (planète), L (à la fin); Mars, le dieu de la guerre, Bc.

أحمرانى rougeâtre, Bc.

مُحَمَّر de la viande hachée et rissolée, 1001 N. Boul. I, 79, 1, Macn. II, 258, 5 a f., avec la note dans la trad. de Lane II, 495, n. 13.

مُحَمِّر t. de médec., épispastique (subst.), M.

حمرق

حَمْرَقَة la chaleur de la colère, M.

حمز

حَمِيز âcre, piquant, Bc.

حَمَس II (pour حَمَّص) torréfier, Voc.

IV exalter, Bc.

V (pour تحمّص) être torréfié, Voc.

حَمِس orgueilleux, M.

حَمَاس enthousiasme, transport, Bc. — Doronic de Syrie, Most. v° درونج, mais « az-Zahrâwî dit qu'il ignore si ce mot s'écrit avec un hâ, un khâ, ou un djîm, » ibid.

حَمِيس ragoût de mouton aux tomates et aux légumes, Daumas V. A. 251 (hhamiss), Kennedy I, 101 (hamis); « sorte de fricassée de mouton fortement épicée et acidulée par le hermès, abricot du sud séché au soleil, » R. d. O. A. N. S. VII, 246 (hamiss).

حَمَاسَة exaltation; — veine, génie, talents, esprit poétique, Bc.

حَمَاسِي قصيد شعر حماسى poème épique, Bc.

حمش

حَمّاش caracoleur, Daumas V. A. 184.

حمص

حمص II torréfier, griller, rôtir, Bc, note J. A. 1850, I, 230—1, de Sacy Chrest. I, ٨١, 1, Chec. 210 v°, 211 r° et v°, 213 v°; cf. sous حمس II (cette signification, qui manque chez Freytag et Lane, se trouve chez Golius).

V voyez sous حمس V.

حَمِيص le tabac qu'on coupe en morceaux quand il est encore vert et qu'on fait sécher au soleil, M.

حمصيص chez Freytag, voyez حِمصيص.

حِمّص, proprement pois chiche, a reçu le sens de pois en général, Clément-Mullet dans sa trad. d'Ibn-al-Auwâm II, 89, n. 2. — حمص الأمير chez le peuple en Afrique et en Espagne, tribule (حَسَك), Bait. I, 307 b, 324 b, Most. et Gl. Manç. v° حسك, Sang. — حمص جبلى « qui sont les pois chiches des montagnes, dit (sic) ainsi parce qu'il (sic) ressemble à des pois, » Vansleb 101. — حمص مجوّف des pois chiches qui ont été grillés jusqu'à ce qu'ils aient reçu la couleur jaune et brillante qui leur convient, les petits points obscurs et le goût fin, Ztschr. XI, 520, n. 43. — حمص خزائنى se mangent au dessert, 1001 N. Bresl. I, 149, 2.

حِمْصَة (Bc حَمْصَة, mais je crois que حِمْصَة,

comme nom d'un. du mot qui précède, serait plus correct) *cautère*, *ulcère artificiel*, Bc, Hist. Tun. 111: فاتّفقوا على سمل عينيه فسمّلنا وداواه الطبيب واشر له .تحصيل العافية وفي له بعضده حمصة تندفع لها المدّة *Appliquer un cautère* est وضع لحمصة, ou كىّ لحمصة, Ztschr. XVI, 668, n. 1.

Hammousis, pain d'épice dans lequel entre la farine de pois chiches, Descr. de l'Eg. XII, 432.

محمص *endroit où l'on brûle le café*, Bc.

محمصة *poêle où l'on brûle le café*, M, Burckhardt Prov. 40; dans le Ztschr. XXII, 100, n. 35, محمصة.

مُحَمَّصَة *kouskoussou à gros grumeaux*, Cherb. Barth I, 339, Rohlfs 162; chez Daumas V. A. 252: *soupe avec des boulettes de pâte au citron*; incorrectement « *hamza* » chez Richardson Mor. II, 275. Ce mot semble venir de حمّص, car Bg 264 dit en parlant du kouskoussou: « il y entre aussi des pois chiches. » Ce que dit Daumas ferait penser plutôt à محمّضة.

محمّضة voyez محمّصة.

حمض II *rendre aigre, aigrir, aciduler*, Voc., Bc, Gl. Manç. v° مصاير: يستعمل مُحَمَّضًا بالخلّ, le même sous كشك. — Chez le vulg. = حمّض, M.

V quasi-passif de la II° dans le sens qui précède, Voc.

حمضة *acidité*, Gl. Edrîsî, Gl. Manç. v° حرافة, qui ajoute qu'on emploie ce mot au figuré en parlant d'une odeur. — *Chose qu'on désire*, Abou'l-Walîd 234, 25.

حمّيصيص. Le Câmous donne en effet, comme le dit Freytag, le mot حُمَيْصِيص ou حُمَيْضِيض sous la racine حمض; mais chez Bait. I, 326 d, II, 295 g et dans Golius, on trouve حميصيص, *oxalis corniculata*, et l'étymologie semble indiquer que cette orthographe est la véritable; l'auteur du Câmous dit aussi que c'est une بقلة حامضة.

حَمُوص *désiré*, Abou'l-Walîd 234, 29 et 30.

حمّاصة *aigreur*, Bc. — *Impudence*, Voc. (1re part.).

حُموضة *aigreurs, rapports que causent quelquefois les aliments mal digérés*, Alc. (azedia de estomago). — *Pédérastie*, 1001 N. I, 618, 7 (cf. Lane sous la II° forme).

حموضية *acidité, aigreur*, Bc.

حمّاض. حماص البقر *oseille sauvage*, Bait. I, 260 b, 326 e. — حماص الأرنب *cuscuta epithymum*, Most. v° كشوت, Bait. I, 326 c. — حماص السواق voyez Bait. I, 326 f. — حماض الماء *rumex aquaticus*, Bait. I, 326 b.

حُمَيّض = حُمَيْض *oseille*, Alc. (azedera), Bc, Hbrt 47. شراب الحميض *espèce de sorbet fait d'oseille*, Lane M. E. I, 224. — *Nom d'une fleur jaune*, Mehren 27 (sedum ou ranunculus?). — *Arisarum*, Rauwolf 115 (homaidt).

حُمَيْضَة *oseille*, Alc. (azedera), Domb. 75, *oseille sauvage*, Daumas V. A. 380, Payne Smith 1306; chez Roland حمايضة قويرصة, *oseille*.

حامص. لبن حامص *est du lait très-épais qu'on a rendu aigre en le faisant bouillir et en y ajoutant un fort acide*, Burckhardt Arab. I, 60. شراب حامض *sirop fait de vinaigre et de miel*, Alc. (oxizacre de agro con miel); شراب حامض بلبن *boisson faite de vinaigre et de lait*, Alc. (oxizacre de agro con leche); شربة حامضة الرمّان *sirop fait de sucre et de vinaigre*, Alc. (oxizacre de agro con açucar). Dans ces trois articles, la première lettre est un *khâ* chez Alc. Peut-être حامض a-t-il un sens analogue dans le vers Macc. I, 800, 8. — *Espèce de grenade*, Voc.

حمط V c. ل p. *nourrir une haine secrète contre quelqu'un*, M.

حمّاط *espèce de sycomore*, Bait. I, 327 b.

حمق I se trouve chez Alc. sous « enlevar, » et feu M. Lafuente m'a écrit que ce dernier verbe peut se prendre dans le sens de « enlevarse, » *devenir orgueilleux, vain* (cf. la V° forme; même changement de signification dans le verbe سخف). — *Se fâcher*, Mc, Ht. — *S'affliger*, Ht, 1001 N. Bresl. XI, 23, 7.

II *faire devenir fou*, Alc. (enloquecer a otro);

حمّق نفسه *s'infatuer*, Gl. Fragm.

V *être orgueilleux* (= تعاظم), Berb. I, 485, 4. — *Se fâcher*, Mc.

VI *être fou, furieux, de colère*, 1001 N. Bresl. III, 103; c. على p. *se fâcher, s'emporter contre*, Antar 80, 1.

VII *s'emporter, se mettre en colère*, Bc, 1001 N.
Bresl. X, 460, 11; *se fâcher contre* quelqu'un, c. على
p., 1001 N. Bresl. IV, 184, 4, *de quelque chose*, c.
من r., *ibid.* et l. 12, 13.

حُمْقٌ *rage, fureur*, 1001 N. Bresl. IX, 386, 8
(éd. Macn. حَدَّة), 12 (Macn. غَيْظ), mais en ce sens
le peuple prononce حَمَق, car le M dit: والعَامَّةْ
تستعمل الحَمَق بمعنى سرعة الغضب. — *Fou à lier*,
Alc. (loco de atar).

حُمَقَة *colère*, Barbier.

حُمَيْقَة *folie*, Voc.

حَمَاق pl. حُمَقَاء *qui rompt un armistice, tricheur,
déloyal*, Alc. (cascatreguas; sous caxcatreguas il donne
le pl. حُمَق).

حَمَاق pl. حُمَقَاء *fou*, Alc. (loco como quiera).

حِمَاق *pièces satyriques*, voyez J. A. 1839, II,
164, l. 11; 1849, II, 251.

حَمَاقَة *brutalité; fatuité*, impertinence; عبروا الى
الحماقة *en venir aux gros mots*, Bc.

حَمَاق البَرَابِر *nom d'un instrument de musique*,
Macc. II, 144, 4.

حَمُّوق vulg. = *la maladie* حَمَاق, M.

أُحْمُوقَا *folie, sottise, radoterie*, mot formé par
plaisanterie de même que أُخْرُوقَا. Comme Abou-Amir ibn-
Garsia avait, dans sa Risâla, loué les حجم (les Grecs,
les Romains, etc.), parce qu'ils avaient inventé l'a-
rithmétique et la géometrie, et qu'ils s'étaient distingués dans الأنوطيقى والبوليطيقى, un de ses contradic-
teurs lui répond (man. de l'Escur. 535): واما الأنوطيقى
واللوطيقى (sic) فهناك جاءت الأحموقا والأخروقا (sic).

حَمْقُوق vulg. = *la maladie* حَمَاق, M.

حُمُك (?). حُمَك » *sorte d'arbre*, syr. ܚܡܟ, Payne
Smith 1303; mais la leçon est douteuse, attendu qu'un
dict. donne حِمْل, et Bar Ali éd. Hoffmann n° 3728
حِمْل. Je crois que le mot syriaque, avec le *k* dur,
doit faire penser à حُمْك.» (Wright).

حمل I, en parlant d'une femme, *porter une chose dans
le vagin*, Bait. I, 21 b, 28, dern. l. (seulement dans
B); cf. Lane sous la VIII° forme, que l'on trouve
en ce sens Bait. I, 6 à la fin, 15, 88 (deux fois),
89, dern. l., 94. — *Emmener, mener avec soi*, Akhbâr 69, 4, 1001 N. I, 74, 12. — *Transporter*, p. e.
قَصَّار يحمل ثيابه على حمار, Bidp. 213, 7 a f. Par
ellipse, *transporter des marchandises*, Bat. IV, 244,
Berb. I, 265, 7 a f. (où على est *au moyen de*). —
Contenir, comprendre dans certain espace, dans certaine étendue, de Jong. — C. a. p., non-seulement:
« *donner un cheval à quelqu'un* » (sur دابّة, حمله على
etc., voyez plus loin), mais encore, en parlant d'une
personne qui est assise sur une bête de charge: *permettre à une autre personne d'y monter aussi*, Zau-
zaní, Commentaire sur la Mo'allaca d'Amrolkais, 2,
3 a f. éd. Hengstenberg: فقال لعنيزى يا بنت الكرام لا
بدّ لك من أن تحمليني والتحّت عليها صواحبها أن
تحمله على مقدم هودجها فحملته. Onaiza permit donc
à Amrolkais de monter sur le chameau sur lequel
elle était assise. Aussi en parlant d'une personne qui
a un vaisseau à sa disposition, *permettre à une autre
personne d'y entrer pour faire route*, Koseg. Chrest.
55, 13 et 14, Gl. Abulf. — *Superposer*; كأن بناؤها
ببلين يحمل بعضه على بعض « *des briques posées l'une
sur l'autre*, » sans mortier, Gl. Belâdz. — *Gagner*,
en parlant du sommeil, حمله النوم « *le sommeil le
gagna*, » Bidp. 280, 4. — *Vexer*, Djob. 306, 18:
وكلّ ذلك برفق وتودّد دون تعنيف ولا حمل — *Soutenir, appuyer*, Cartâs 54, 7: يحمل الطابع على
أن — *المخالف*. — *Traiter*, agir avec quelqu'un de telle
ou telle manière, Akhbâr 123, 5: je veux يحملني
« *qu'il me traite de la même manière
que les autres personnes de ma tribu* » يحمل est le
nom d'act.); Gl. Belâdz. حمله على أن « *il le traita
de manière que*. » — *Être reconnaissant pour*, 1001
N. IV, 482, 6 a f.: حمل جميلته, où Lane traduit:
« *he was grateful for his kindness.* » — *Payer à titre
de tribut, de contribution*, Mong. 241, Aghlab. 33, 4,
Haiyân 62 v°: وخطب اليه (الى الأمير) ولاية اشبيلية
على أن يحمل من فضل جبايتها بعد إقامته لسائر
ولاية حمل مال المفارقة :63 r°, نفقتها سبعة الاف دينار
وفارقه النجيبي على ضريبة من المال يحملها الى 97 v°
استقام على ما .ibid.: الأمير من جباية البلد كلّ سنة

التزمه من حمل مال المفارقة الى ان هلك. — *Ordonner, ranger, disposer,* Alc. (ordenar regir). — *Admettre une accusation,* Amari Dipl. 193, 1. — *Se mettre en marche,* par ellipse, 1001 N. I, 357, 12, 461, 1 et 3, l'anonyme de Copenhague 47: وهبطلوا من البلد. — *Posséder des connaissances;* صاغرين وحملوا الى اشبيلية يجمل العلْم, Nawawî 22, 7 (où العلم est une faute), 11 et 12, Haiyân-Bassâm III, 112 v°: وكان زعم ذلك يحمل قطعة وافرة من علم الحديث وانواع الفنون cf. sous حامل. — En parlant d'une rivière, *grossir par suite des pluies,* M. — Se dit du gibier qui a été atteint, qui fuit et qui tombe, M. حمل متبّع *avoir des obligations,* Bc. — تحمّد *se jeter,* Berb. I, 69, 1. — C. الى, *conduire à,* en parlant d'un chemin, Gregor. 36, 9; aussi c. على, Amari MS: الى الزوراق للحامل عليه من البحر المالح الى فسحة باب النيراج. — C. الى p. *envoyer à quelqu'un des troupes sur des vaisseaux,* Akhbâr 7, l. 9. — C. ب p., en parlant d'une chamelle, *porter,* Gl. Fragm. où de Goeje soupçonne, à cause des variantes, que ce verbe, construit ainsi, indique une certaine manière de marcher. — C. على p., dans le Voc. *iniuriari; se déchaîner contre quelqu'un,* Prol. III, 75, 6, Berb. II, 71, 2 a f. — C. على p. *imposer un tribut à quelqu'un,* Gl. Belâdz., par ellipse pour حمل على فلان حمْلاً, Aghânî 52, 4 a f., où on lit ces mots suivis de شديداً, dans le sens de: *imposer de lourdes contributions à quelqu'un.* Au passif, قد حمل عليهم فوق طاقتهم »on exigea d'eux des contributions qui surpassaient leurs moyens,« Gl. Belâdz. — C. على p. *extorquer de l'argent à quelqu'un,* Tha'âlibî Latâïf 13, 11, Çalât 22 r°: تشكّى اهل العدوة بعمّال عبد السلام من حملهم على الرعيّة وظلمهم, l'anonyme de Copenhague 22: أوقع الخليفة بعبيد الرحمن بن يحيى المشرف بمدينة فاس لمّا صحّ عنده من خيانته وحمله على الرعيّة وابنته. — C. a. p. et على, داية donner une monture à quelqu'un, lui en faire cadeau.* Publiant un passage de Macrîzî dans sa Chrest. II, ٢١, 13, où on lit: حمله على فرسين, de Sacy a traduit: »il lui donna le droit d'avoir deux chevaux de main,« et dans une note, p. 136, il a observé ceci: »L'expression employée ici est fréquente dans Macrîzî. Il paraît que plus les khalifes fâtémites voulaient honorer un de leurs officiers, plus ils faisaient conduire de chevaux de main sellés et enharnachés, devant lui.« Mais cette expression n'a pas ce sens; elle signifie simplement: *il lui donna une monture,* ou, au plur., *des montures.* Ainsi on lit chez Ibn-Badroun 246, 11: حمله على مركب سرى »il lui donna un cheval magnifique;« dans les Fragm. hist. Arab. 509, 4: حمله على بغل ومركب »il lui donna un mulet et un cheval;« *ibid.* 329, 4 a f.: حمله على مراكب »il lui donna des chevaux.« Un passage de Tha'âlibî, Latâïf 132, 4 a f., est surtout décisif, car on y lit: وحملنى على عتاق البادية وتجنّب احجاز وبراذين وتخاريستان وحمير مصر وبغل بردعة. (Il faut donc biffer dans le Gl. Fragm., p. 32, l'article رسب, car ni dans l'un ni dans l'autre passage des Fragm., le mot مركب n'a le sens de »selle«). — C. a. p. et على r. *attribuer* une chose à quelqu'un, Abd-al-wâhid 22, 2 a f.: s'il n'avait pas eu l'habitude de plaisanter, لَحُمِل على التصديف فى كلّ ما يأتى به »on l'aurait cru véridique dans tout ce qu'il disait.« — C. a. et على, *appliquer à,* Prol. II, 296, dern. l., après la citation des paroles du Prophète: »Une telle chose (un soc de charrue) n'entre jamais dans une maison sans que l'avilissement y entre aussi:« وحمله البخارى »Bokhârî a entendu cette parole comme étant dirigée contre une trop grande application à l'agriculture« (de Slane). — C. على r. *tenter, entreprendre,* Mohammed ibn Hârith 281: شاور كاتبه فى امر نفسه وما يحمل عليه فى السبب الذى دار عليه. — C. على r. *s'appuyer sur,* Gl. Belâdz., Gl. Fragm. — يحمل على خاطره, sans قمّاً qu'on trouve quelquefois ajouté, *être triste,* 1001 N. Bresl. X, 141, 1. De même حمل على قلبه, Macc. II, 772, 19. — حمل المال على نفسه *se charger de payer l'argent,* Tha'âlibî Latâïf 74, 7, R. N. 69 v°: l'argent qu'Ibn-Dja'd avait destiné pour la construction du château étant épuisé avant que le château fût achevé, Ibn-'Obâda lui dit: النفقة تجرّدت وقد بقى كذا وكذا فلا حمل. — تحمل على نفسك وقد يسرع اقوام الى تمامه الشى على خير *prendre une chose en bonne part,* Bc. — C. a. r. et عن p. *se charger de payer* une chose pour quelqu'un, Akhbâr 30, 5, Haiyân 34 r°: وكان مستحقّاً فى الديوان فكان الغزو يلحقه فيحمل القائد احمد بن محمد بن ابى عبدة كلّ السفر عنه

حمل — 326 — حمل

وبقوم عمّونته ذاهبًا وجائيًا « il avait la coutume de se charger de payer pour lui tous les frais de l'expédition. » — C. عن p. *avoir appris de*, Auw. I, 100, 10 : وحمل ذلك على (عن l.) قوم من الفلّاحين « il avait appris cela de quelques agriculteurs. » Spécialement : *avoir étudié, appris des traditions, des livres, sous la direction de tel ou tel professeur, et avoir reçu de lui la permission de les enseigner à d'autres personnes*, Khatîb 23 r°: وكان يحمل عن ابي الخشاب بكر بن ثابت الخطيب وغيره, Macc. III, 184, 5, en parlant d'un livre : واذن له في حمله عنه. — C. من — , par ellipse, en parlant d'un canal, *tirer son eau de*, p. e. نهر يحمل من دجلة « un canal qui est alimenté par les eaux du Tigre, » Gl. Fragm. — حمل أمامه قدر مساحي ثلاثة *avoir à travailler à la houe un espace de la largeur de trois fers de houe*, Auw. I, 530, 2 a f., cf. 531, n. * et l. 15. — Au passif, *être assez vraisemblable*, Berb. II, 519, 7: ابلغ من ذلك ما خمل وما يُتَحَمَّل « il ajouta plusieurs renseignements, les uns assez vraisemblables, les autres indignes de foi » (de Slane). — مُتَحَمَّل s'emploie comme nom d'act., Gl. Belâdz., Akhbâr 123, 5, Bat. II, 380.

II, t. de musique dont le sens m'est inconnu, 1001 N. Bresl. VII, 78, 8: وحمّلت تحميلة جليلة. — حمّله أن *il le chargea de*, Mohammed ibn-Hârith 243: حمّلنى محمّد بن بشير ان اسأل له ابن القاسم عن مسائل وحمّل ذلك ايضًا محمّد بن خالد. — *Rendre une femme enceinte*, Abbad. III, 126, n. 103, à moins que ce ne soit la IV° forme. — C. d. acc. *assujettir quelqu'un à*, Bc. — حمّله ديون *obérer, endetter*, Bc. — C. a p. et على r. *obliger quelqu'un à faire quelque chose*, Voc., Bc. — C. a. p. et على alt., *exciter une personne contre une autre personne*, Bidp. 115, 4, 240, 5. — C. a. p. et من r., *laisser à quelqu'un la responsabilité de quelque chose*, Prol. II, 219, 4. — Le nom d'act. a un sens qui ne m'est pas clair dans le Formul. d. contr.; voyez ce passage sous حولة.

III c. a. p. *se jeter sur quelqu'un*, Tabarî I, 42, 1 éd. Koseg.

V *souffrir, tolérer, permettre ou être propre à*, Gl. Edrîsî. — *Emporter*, Becrî 64, 6: وقد تحمّلوا ما خفّ من امتعتهم, Fragm. hist. Arab. 185, 2 et 3, où le texte ne doit pas être changé, comme l'éditeur a voulu le faire dans les Add. et emend. p. 116; corrigez aussi le Glossaire. — *Se charger de faire ou de payer*, Gl. Belâdz., Berb. II, 252, 1. — *Se charger de la responsabilité de* quelque chose; j'ai noté Prol. II, 218, 5, mais il doit y avoir une faute dans cette citation. — *Excuser*, Bc. — Dans le Voc. sous *compellere*. — تحمّل الشهادة *servir de témoin*, de Slane Prol. I, p. LXXIV a et b. — تحمّل منّته *avoir des obligations à quelqu'un*, Abbad. I, 224, 3 a f.; cf. Bc sous la Ire forme. — C. ب r. *subsister de, vivre et s'entretenir*, R. N. 26 v°: وذلك ان اسد (أَسَدًا l.) نفدت نفقته اذ كان يطلب العلم بالمشرق وفى بقى معه من اثنين حتى يتحمّل به فى انصرافه الى افريقية — *une personne qu'il en avait informée, lui répondit*: «j'en parlerai au prince héréditaire», فارجو ان يصلك بما تتحمّل به الى بلدك وتتقوى به على ما انت بسبيله. — C. عن, dans le sens de روى عن, *avoir appris des traditions sous la direction de tel ou tel professeur, et avoir reçu de lui la permission de les enseigner à d'autres personnes*, Macc. III, 204, 20; تحمّل comme synonyme de رواية, Prol. II, 405, 11, Macc. III, 183, 20, 201, 20, 323, 3 a f. — تحمّل بفلان على فلان *employer l'intercession d'un tel auprès de tel autre*, p. e. تحمّل عليه بابيه; *inexactement chez* Lane 647 b med., Gl. Mosl.

VI *se rendre, se transporter*, Fragm. hist. Arab. 181, 11, Bait. II, 15: le maître doit appeler son chien quand ce dernier est attaché à cette plante, فإن الكلب اذا جذبه متحاملا نحوّ صاحبه قلعه. C'est à tort que de Goeje, dans le Gl. Fragm., a attaché à ce verbe l'idée de « magna cum molestia; » ce qui prouve, entre autres choses, qu'il ne faut pas le faire, c'est l'expression تحامل على وجهه, *fuir à toutes jambes*, Gl. Bayân, et تحامل seul dans le même sens, Gl. Fragm. — *Assister, aider*, Çalât 52 v°: ذكر حركة السيّد الاعلى الى حفص اخيه السيّد ابى سعيد على معنى التحامل والتصاور والتواصل والتعاون. — *Braver la douleur*, Bat. II, 299, Mohammed ibn-Hârith 307, en parlant d'un homme qui était très-malade: فلمّا كان من الغد تحامل واق يتهادى بين اثنين حتى خطب بكلمات مختصرة. *Être partial*, Macc. I, 694, 7; *prendre parti pour quelqu'un*, c. الى, ibid. l. 8, ou c. ل, Mohammed ibn-Hârith 229: ما الذى يحملك ان تتحامل لبعض رعيّتك.

على بعض; *contre* quelqu'un, c. على, comme dans l'exemple qui précède; aussi Macc. II, 15, l. 20, Cout. 9 r°: واظهر الضئيل التحامل على القحطانية. — C. على p. et r., *se reposer sur quelqu'un de quelque affaire*, Macc. I, 473, 18: comme il était très avare, il ne voulait pas acheter lui-même les choses dont il avait besoin, mais il كان يتحامل فيها على اهل معرفته.

VII dans le Voc. sous *portare*.

VIII, c. a. p. et مع, *emmener, mener* quelqu'un *avec soi*, Hist. des Benou-Ziyân 98 v°: احتمل معه. أحد الانصاري. — *Pouvoir supporter*, Gl. Belâdz.: صالحهم على احتمال الارض من الخراج. — *Pouvoir contenir*, Gl. Edrîsî. — *Exiger*, Gl. Edrîsî 297, 2 a f. et n. 1. — *Remplir*, Macc. I, 274, 13: اخبارة تحتمل مجلدات «rempliraient des volumes,» III, 133, 13: واخبار الابلى واسمعى منه تحتمل كتابا 134, 2: واخبار ابن شاطر عندى تحتمل كراسة. — Quasi-passif de la Ire, *être porté*, Abbad. I, 61, 2. احتمالًا ان *parce qu'il était possible que*, 1001 N. I, 17, 10 a f.

X *durer, souffrir longtemps, endurer, supporter avec patience*, استحمل البهدلة *dévorer un affront,* Bc.

حَمْل, pl. حُمُول, *l'envoi qui était fait au souverain du produit des revenus d'une contrée*, et, par suite, *la somme elle-même qui était portée au trésor du prince*, Mong. 240. حمل الرحيل voyez sous طائلة. — *Panier*, Macc. I, 315, 16 et 18 (= Haiyân-Bassâm I, 23 r°). — *Sac* pour les grains, Daumas Mœurs 270. — Dans le cortège d'un enfant qu'on mène à la circoncision, le *heml* est porté par un garçon barbier; c'est une espèce de buffet dont on trouve la description chez Lane M. E. I, 78—9 (cf. Fesquet 50), mais qui n'est rien autre chose que l'enseigne du barbier. — *Tapis*, Bc (pl. حمل). — « La poudre d'or est quelquefois fondue en lingots, tirés ensuite en fils que l'on appelle *el hamel,*» Daumas Sahara 301.

حِمْل, proprement *charge d'une bête de somme* (carga de bestia, Alc.), forme aussi au pl. حمال, Vêtem. 82, n. 1, que Freytag et Lane donnent seulement pour حَمْل, et s'emploie dans le sens de *grande quantité*, Haiyân-Bassâm III, 141 r°: مع حمل من

رصاص وحديد كان جمع من خرابات القصور السلطانية, حمل مُسْتَحْم, — Sur l'espèce de litière nommée حمل voyez Lane M. E. II, 198, Burton II, 65. — حمل espèce de candélabre à six lampes, voyez Lane M. E. I, 244 n.

حمل الله *agneau pascal*, N.-S. Jésus-Christ, Bc. — En astr. الأحمل est un des noms de la constellation du Corbeau, Cazwînî I, 41, 4.

حَملة, *charge, fardeau*, Ht, 1001 N. III, 4, 5 a f., 4 a f., 2 a f. « Le bois se vend à la charge, qu'on appelle *hamleh*,» Descr. de l'Eg. XII, 461, cf. 464; chez Bc حملة حطب *voie de bois*, mesure de bois, charretée. — *Bagage*, Bc, Ht. — *Objets volés*, 1001 N. Bresl. XI, 331, 1. — *Produits, productions, fruits*, Edrîsî, Clim. II, Sect. 5: تمرها قحفة لم تمر كثيرا, Clim. IV, Sect. 5: وحملتها غير حسنة. — *Droit sur les fermes,* Bc; les droits que les *moultezim* imposaient sur les consommations de leurs villages, Descr. de l'Eg. XII, 191. — *Fluxion*, Domb. 88. — *Tempête*, L (procella).

حَمْلي *porteur d'eau*, voyez Lane M. E. II, 22.

حُمُول, pl. ات *suppositoire*, M.

حميل *la corde qui, posée sur le bât, longe les deux sacs, en passant par dessous, pour les tenir liés l'un à l'autre*, Prax R. d. O. A. V, 221; je crois à présent que ce mot a ce sens Prol. III, 367, 14 (cf. mes remarques sur ce vers dans le J. A. 1869, II, 178; c'est donc = وقرنوا شداد حميل الحوايا).

حِمالة, et plus communément au pl. حَمائل, *cordon servant à porter l'étui qui renferme un livre ou un amulette*; aussi *l'amulette* même, qui est suspendu au cou avec un cordon, Gl. Esp. 347. Le pl. signifie aussi: *scapulaire*, pièce d'étoffe qui fait partie de l'habit de divers religieux, morceau d'étoffe bénite, Bc. — Dans l'Inde ضربوا عنقه حمائل «ils lui coupèrent le cou, à la manière des baudriers,» signifiait: ils lui tranchèrent la tête avec un bras et une portion de la poitrine, Bat. III, 300. — Le pl. *branches d'une tribu*, Ztschr. XXII, 115.

حُمُولة *charriage*, action de charrier, salaire du voiturier, Bc. — حمولة المركب *charge d'un navire*, Bc; de même حمولة *sommier*, cheval de somme, Bc; بغال الحمولة, Khaṭîb 99 r°; مركب حمولة *navire de charge*, Bc. — *Tribus*, Burckhardt Syria 383.

حمل — 328 — حمو

حَمِيلَة pl. حَمَائِل ceinture composée de plusieurs brins de laine rassemblés de distance en distance par des fils d'or ou d'argent, à l'usage des femmes bédouines, Cherb.

حَمَّل celui qui soulève, qui remue des fardeaux avec un levier, Alc. (palanquero el que sopalanca, vellaco, c.-à-d., comme chez Nebrija et Victor: palanquero, vellaco de la palanca). — Cafileur, celui qui loue ses chameaux, ses chevaux ou ses mulets, pour le transport des marchandises, des bagages des voyageurs, etc. « En Andalousie alhamél signifie: un homme qui se loue pour transporter des fardeaux sur son cheval, et aussi cheval de somme, Gl. Esp. 135.

— حَمَّل, pl. حَمَّالَة مَرَاكِب vaisseau de transport, Gl. Edrîsî, Amari 333, 6 a f. — Support, ce qui soutient une chose, ce sur quoi elle porte; tasseau, support d'une tablette, Bc. — جَمَل الذي souffre-douleur, Bc. — Fructueux, Auw. I, 182, 8, 10. — Rapide (torrent), Voc.

حَمِيل souffrant, endurant, patient; حَمِيل أَسَا endurant, Bc.

حَمَّالَة vaisseau de transport, Gl. Edrîsî. — Crochet de porte-faix, Bc. — حَمَّالات الكاروصة soupentes, fortes courroies qui soutiennent le corps d'une voiture, Bc.

حَامِل enceinte. كُنتُ حَامِلَة فِيك « j'étais enceinte de toi, » Bc; كَانَت حَامِلا عَلَى لَيَالِيها « elle approchait de son terme, » Kosog. Chrest. 72, 5 a f. — Support, ce qui soutient une chose, ce sur quoi elle porte, Bc. — « Les hâmels sont les esclaves, ayant été déjà la propriété d'un maître autre que les individus faisant partie d'une سَلْخَانِيَة, et qui se sont échappés, » Ouaday 477. — الحَامِل opopanax, Most. v°. — جَاوَشِير حَامِل المَرَاكِب navigable, Bc. — De même qu'on dit حَمَلَة القُرآن, on dit حَمَلَة العِلم les savants, Badroun 283, 8, Nawawî 22, 4, et حَمَلَة الشَرِيعَة les jurisconsultes, Nawawî 237, 6; cf. sous la Ire forme. حَمَلَة الأَقْلام les employés civils, Haiyân-Bassâm I, 172 v° (deux fois). — حَامِل رَأْس

الغُول la constellation de Persée, Cazwini I, 33, 3; chez Alf. Astr. I, 37: hanul (l. hamil) raz alguol. — A la demande: « Pourquoi ne venez-vous point chez nous? » on répond: حَامِل ثِقْلَك, « c'est pour ne point vous être à charge, » Bc.

حَامُول الكَتَّان, dans le dialecte de l'Egypte, nom d'une plante qu'on a confondue avec la cuscute, mais qui en diffère et qui s'entortille autour du lin, Bait. II, 4 e, 380 b.

حَامُولَة pl. حَوَامِيل torrent grossi par les pluies, M.

أَحْمَل plus propre à porter, Gl. Fragm.

تَحْمِيلَة pl. تَحَامِيل suppositoire, M. — تَحْمِيل, t. de musique: هي ما يُضَاف إلى الأشغال (أي الأغَاني) المختلفة الألحان من أشغال توافق ألحانها كُلّ واحِد, M. بحسبه كَتَحَامِيل أَسَفِ العَطَاشِ ونحوه.

مَحْمَل comme nom d'act., voyez sous la Ire forme à la fin. — Manière d'entendre une chose, Macc. I, 572, 1: لا يُقْصَد ظَاهِرُه ses vers ont un sens caché وإنَّمَا لَه مَحَامِلٌ تَلِيقٌ بِه; cf. 582, 2. — مَحَامِل اللِسَان l'esprit de la langue (de Slane), Prol. III, 311, 3 a f.

مَحْمِل ou مِحْمَل, vulg. مَحْمَل, panier, non-seulement dans le sens restreint indiqué par Freytag et Lane, mais en général, p. e. panier d'un portefaix, 1001 N. I, 212, 8. — Pupitre, Djob. 195, 14, Macc. I, 404, 19 et 3 a f., II, 219, dern. l., Bat. III, 252. Peut-être le discus du Voc. doit-il être entendu en ce sens; on ne peut pas le prendre dans celui de plat ou assiette, parce que « discus ciborum » forme un autre article; cf. Ducange et l'anglais desk. — Trébuchet, petite balance pour peser l'or, 1001 N. Bresl. II, 35, dern. l. — Brancard, civière, M.

مَحْمُول attribut; مَحْمُول عَلَيه sujet, t. de logique, Bc. — Les édifices mêmes, par opposition à la maçonnerie qui leur sert de base, الموضوع, Mi'yâr 23, 6 a f. — مَحْمُول السَلامَة adieu, dans la bouche de la personne dont on prend congé, Bc.

مَحْمُولات (pl.) suppositoires, M.

حَمْلَق I. On dit حَملَق عَيْنَيه لَه, 1001 N. I, 66, 7 a f.

حَمْلَقَة était en Orient et dans la première moitié du VIIe siècle de l'hégire, le nom qu'on donnait à certaines sucreries, Gl. Manç. v° زُلابِيَّة.

مُتَحَمْلِق qui est en colère, irrité, Hbrt 242.

حمن

حَمُّونَيْذ dartre, Bc.

حمو

حمى et حمى. حمو I. On ne dit pas seulement

على et عن الناس ‎(Lane), mais aussi المكانَ من الناس ‎, Gl. Belâdz. (cf. Gl. Abulf.); حمى المكانَ لحيل ‎ibid., كان يحمى أملاكهم ‎il ne levait pas d'impôts sur leurs propriétés territoriales,» Amari 445, 3. — حمى في اللعب ‎ se piquer au jeu, s'opiniâtrer, s'entêter à jouer, Bc.

II protéger, aider, favoriser, Alc. (favorecer). — Chauffer, الفرن ‎, le four, Bc. — Animer, stimuler, exalter, pousser à l'enthousiasme, Bc. — Baigner, Bc (confusion avec la racine حمّ ‎).

III être sur la défensive, Bc. — Résister, selon le Gl. Mosl., mais dans le vers qui y est cité, le verbe se trouve dans la rime. — C. عن ‎ p. plaider pour quelqu'un, Bc. — C. ل ‎ p. prendre le parti d'un autre, Bc. — Freytag a noté: «fugit hominum adpropinquationem,» signification qu'il n'a pas trouvée dans Golius; peut être a-t-il empruntée à un passage de Baidhâwî, cité dans de Sacy Chrest. I, 340, 4, où حمى ‎, c. a. p., signifie fuir l'approche de quelqu'un; mais alors il s'est laissé tromper par une fausse leçon, car dans ce passage il faut lire deux fois la VIe forme, comme dans l'édit. Fleischer I, 604, 24, au lieu de la IIIe.

IV protéger, défendre (cf. Lane sous la Ire), Voc., Alc. (amparar), c. ب ‎ p., Akhbâr 41, dern. l. — Dans le sens de chauffer c. على ‎ r., Djob. 343, 4 et 5.

V s'établir dans un حمى ‎, Wright 77, 14 et 15.

VI, dans le sens ordinaire, se construit aussi c. عن ‎ p., Edrîsî ١٣١, 11. — يتحامى عنه ‎ soutenable, Bc.

VIII se fortifier, se défendre, Macc. I, 913, 3 a f., avec la note de Fleischer dans les Add. et Corr., Nowairî Espagne 447: بلغه انه احتمى بواد ‎. — Prendre la défense de, Alc. (bolver por otro), cf. Macc. II, 402, 2; plaider pour, Alc. (defender en juyzio); يحتمى ‎ défendable, Bc; c. مع ‎ protéger, aider, favoriser, Voc. — C. الى ‎ se réfugier, se sauver dans; c. تحت ‎ s'abriter, Bc; c. من ‎ être (se mettre) à couvert de, se garantir de, Bc, Gl. Fragm. — Diète n'est pas seulement عن الطعام ‎, mais aussi احتماء من الطعام ‎, Bc; le Voc. donne la constr. c. ب ‎ — احتمى عن ‎ se modérer, Bc. — Dans le Voc. sous calefacere. — Etre irascible, s'emporter facilement, Akhbâr 55, 4 a f.

حمو ‎ calorique; principe de la chaleur, Bc. — Erésipèle, Bc (حمو ‎). — حمو ‎ pustules dans la bouche chez le vulgaire; les médecins disent بثور الفم ‎, M. — حمو النيل ‎, en Egypte, la gale sèche, Sang.

حموة ‎ échauffaison, Bc.

حموى ‎ érésipélateux, Bc.

حمى ‎ parc, lieu planté d'arbres, de Sacy Chrest. III, 154; vaste enclos de jardins et de vergers, Edrîsî ١٦١, 8 a f. et suiv. — Le lieu qu'habite l'objet aimé, de Sacy Chrest. III, 154, P. Khallic. I, 62, 4 a f. Sl. — Chez les mystiques le ciel, parce que Dieu, l'objet de leur amour, y demeure, de Slane, trad. d'Ibn-Khallicân, I, 123. — Abri, Bc. — Franchise, droit d'asile; دار الحمى ‎ asile, Bc. — La période pendant laquelle il était défendu de se servir des eaux, Gl. Esp. 138. — El-hema, animal inconnu en Europe, qui ressemble à l'aroui, voyez R. d. O. A. VII, 39.

حميّة ‎. Abou'l-Walîd, 157, 9, dit qu'il faut prononcer ainsi, et que cela signifie أَنَفَة ‎; il a donc en vue le mot حميّة ‎ (voyez Lane), comme porte l'édition 249, 30.

حميّة ‎ désigne spécialement une qualité des Arabes païens, à savoir l'attachement illimité aux intérêts de la tribu à laquelle on appartient; c'est le synonyme de عصبيّة ‎ et l'opposé de ديانة ‎, Haiyân 52 v°: فتعارضت الشهادات وظهرت الحميات وعطلت الديانات ‎, 53 r°: واحبّ خيار كلّ قوم ان يظهر سفهاؤهم حميّةً ‎, Abbad. I, 301, 10: تشيّعًا لم يكن دأب اصل ‎ ‎جاهليّة ‎ الا شوم للحميّة ولوم العصبيّة ‎. En parlant de chrétiens: l'intérêt religieux qui les unit les uns aux autres, Ictifâ 126 v°: Mousâ dit à Julien dont il se méfiait: وبيتنك وبين ملوك حميّة الجاهليّة واتّفاق الدين ‎, Amari 429, 1. — Chaleur, ardeur, au propre, Edrîsî o, 3; au fig., ardeur, ferveur, fougue, enthousiasme, pétulance, véhémence, verve, Bc; اخذته الحميّة ‎ ou تارت فيه الحميّة ‎ s'échauffer, se mettre en colère, Bc. على حميّة ‎ en sûreté, sans être inquiété, 1001 N. Bresl. X, 358, 3 a f., 362, 4 et 10; dans l'éd. Macn. على حماية ‎.

حمايّة ‎ véhémence, Bc.

حمايّة ‎ (pour حماة ‎) belle-mère, Bc.

حماية ‎ protection, faveur, Alc. (favor). على ‎ en sûreté, sans être inquiété, 1001 N. IV, 321; 8 a f.,

حن

323, 13; dans l'éd. de Bresl. على حَمِيَّة. — *Un droit qu'on levait sur des terres ou sur des marchandises* (on l'appelait ainsi à cause de la « protection » que l'on était censé, à ce prix, accorder aux possesseurs de ces objets), Maml. II, 2, 129 (Quatremère semble avoir voulu substituer cette note à celle qu'il avait donnée I, 1, 251). Dans les 1001 N. Bresl. IX, 238, 13, c'est le droit que paye une cabaretière au wâlî pour avoir la permission d'exercer son métier; au lieu des mots فعل الوالى على حَمِيَّة, l'éd. Macn. porte en cet endroit: فجعل الوالى على قانونا. — *Celui qui s'est fait naturaliser dans un autre pays*, M. حميبان *animé*, Bc.

حام *échauffant*; — *pétulant*; — *spiritueux*; — *véhément*; — *fort* (tabac), Bc; — *vif*, *actif*, Bc, Hbrt 223. اخذ بالحامى *rudoyer, traiter, mener rudement*, Bc. — عمل الحامى والبارد *employer le vert et le sec, employer tous les moyens de succès*, Bc. — الحامية *les soldats*, l'opposé de الرعية, Prol. III, 273, 1, Berb. I, 1, 28, 34, 107, 186, 198, etc., Haiyân 86 r°, Khatîb 7 r°; aussi اهل الحامية, Berb. I, 1.

أحْمَى *qui se défend mieux ou le mieux, plus ou le plus brave*, Macc. II, 402, 2.

مَحْمِيَّة *colère*, Haiyân 53 r°: فغضبت العرب عند حاجستى محميّة، 64 r°: ذلك وازدادت حقدا والتظنّن محميّة حميّته, 64 v°.

مَحَام *clôture, terrain avec une enceinte de murailles*, Alc. (coto). — *Le convive qui prend la viande dans ses mains, la tripote et l'accapare pour que ses voisins ne puissent pas y toucher*, Daumas V. A. 315.

محامات *plaidoyer*, Bc.

محاميَة *défense, plaidoyer*, Bc.

حنّ I. حنّ الدم على « la force du sang se fit sentir en lui, » Bc.

II. تحنّن *gémir, soupirer, en parlant du bruit que font les machines hydrauliques*, Macc. I, 652, 4 et 12, comme حنين l. 7; chez Macc. I, 62, 11, Fleischer veut lire تحنين dans le même sens (voyez Add. et corr., et Berichte 174). — *Se gâter* (fromage), M. — *Alignare* (?) dans le Voc.

V c. الى p. *supplier*, Abou'l-Walîd 577, 10, 13. — Dans le Voc. sous alignare (?).

حَنَّة *suavité, douceur*, Alc. (suavidad).

حَنَّة dans le Voc. *pietas*, et cette forme, de même que حَنَّا, *aligna* (?).

حُنّ pl. دن *pius* dans le Voc.

حَنَّان *pietas* dans le Voc.

حَنُون *compatissant, humain, pitoyable, sensible, tendre*, Bc, Payne Smith 1315; fém. ة, 1001 N. Bresl. IX, 358, dern. l. — حنون الطعم *rance, chanci*, syr. سلم, Payne Smith 1315.

حنين *voyez sous la IIe forme*. — Pl. حَنَان *doux, suave*, Alc. (suave cosa al sentido); تارى حنين, Alc. (letor dulce e suave, où le pl. est hunêni); en parlant d'un chameau, حنين البغام, P. Macc. I, 833, 3 (excellente correction de Fleischer dans les Add. et corr.).

حنانة *sensibilité*, Bc.

حنانى *argent, monnaie*, Bc.

حنيبى semble être le nom d'un vêtement, 1001 N. Bresl. XII, 399, dern. l.: اخرجت من البقجة التى كانت معها قميص وسراويل وحنيبى فوقانية

حنينية *pâte faite de pain, de beurre et de dattes mêlés ensemble*, Ztschr. XXII, 104, n. 41.

حَنْتَبَة, suivi de الدم, *force du sang, voix du sang*, Bc.

حتنين *rance, chanci*, Payne Smith 1315.

حنّانة *machine hydraulique*, parce qu'elle rend un son plaintif, M; cf. sous la IIe forme.

حنا.

حنّاء, ليلة الحناء *nom d'une des nuits qui précèdent le mariage*, voyez Lane M. E. I, 250. — الحناء ou الجنونة, en Espagne, Most. sous وسمة: اظنّه المثنان ورايت الوسمة لحنا الجنونة dans N); Bait. I, 340 d, sous حنا مجنون (AB), renvoie à وسمة; sous ce dernier mot, II, 589 c: الغافقى ومنها الوسمة المخصوصة بهذا الاسم وهى المعروفة ببربينة; I, 129 d, sous الجنون عندنا بالاندلس بالحنا الجنون (verveine), B sur la marge avec صح: من الناس من يسمّيه لحنا الجنون — الحنا الاحمر ويقال له العظلم

arbouse, Bc, Bg, Hbrt 53. — حِنا الغول *orcanète*, Bc. — حِنا قريش, *hépatique* Bc, est un terme dont on se sert en Egypte, Bait. I, 304 e, 340 c. — شجر الحنا *osier*, Bc. — حطب الحنا *troène*, Bc; le henné porte aussi le nom de *troène d'Egypte*.

حنب

مَحْنَب pl. مَحَانِب *trappe*, *piége*, Voc.

مَحْنَاب même sens, L (laqueus, pedaca, mais lisez pedica).

حنبشار voyez Macc. II, 56, 15, mais selon toute apparence ce mot n'a jamais existé.

حنبل au Maghrib, *couverture ou tapis à mettre sur un banc ou sur un marchepied*, *tapis à raies de couleur*, Gl. Esp. 101—2, Voc.

حنتف *sauterelle* (vivante), P. Aghânî 21, 6 a f.

حَنْتَفَة dans le M, mais son explication ne se distingue pas par la clarté: الحنتفة عند العامة شدّ الحرص على الشيء الطفيف من البخل او التعنّت الشديد فى الامور

حنتم *terre à potier dont on fait des vases, des plats, etc.*, *que l'on vernit en dedans* (cf. l'article qui suit), Auw. I, 142, 1: في صحفة حنتم جديدة (où Banqueri veut à tort changer le texte), II, 647, 5, 674, 3 a f.: زبير حنتم, car c'est ainsi qu'il faut lire avec le man. de Leyde, II, 419, 21 et 22: انبذة حنتم; voyez aussi sous قادوس. Dans la 1re partie du Voc. حَلْتَم est *figulus*, dans la 2de *fictilis* (= من فخّار).

مُحَنْتَم *vernissé en dedans* (vase), Bait. I, 91 a: اناء محنتم اى ممزوج الداخل برنية فى اناء من فخّار مُحَنْتَم (c'est un passage d'Edrîsî), Gl. Manç.:

حنتيت (pour حِلْتيت) *assa-fœtida*, Bc, Bg, M, Prax R. d. O. A. VIII, 347.

حنث II *faire qu'un autre se parjure*, Alc. (perjurar a otro).

V. Cf. avec Lane le Gl. Fragm. — *Se parjurer*, Alc. (perjurar).

حَنّاث *periurus* (perfidus), L.

مُحَنِّث *parjure*, Gl. Fragm.

حَنْاجِر, en Ifrîkiya, *Virga Pastoris* (= عصى الراعى), Most v° نرشيبان دارو.

حَنْاجِل II *danser*, Bc.

حَنْاجِلَة *danse*, Bc; dans le M ce n'est pas cela, mais *démarche affectée*: وفى المشى التبختر والتصنّع ومن ذلك قولهم اوّل الرقص حنجلة وهو مَثَل يُضرب لمن يبتدى بالقليل ثم ينتهى الى الكثير. — En parlant de chevaux, = التحجيل, M.

مُحَنْجِل vulg. pour مُحَجِّل, M.

حنجن I *hennir*, Hbrt 59 (Alg.) — *Etre gâté* (noix), M.

مِن حِنْداكَ vulg., composé de حين et ذاك, *dès lors*, Voc.

حَنْدَرُوس *seigle*, dans le Most. sous le *hâ*, chez Bait. sous le *khâ*.

حندس

حَنْدُوس *cuivre jaune*, *laiton*, Voc. (auricaleulum, cuprum, es, c.-à-d. æs), ou *cuivre mêlé d'argent*, Voc. — *Monnaie de cuivre*, que le sultan Hafcide al-Mostancir fit frapper vers le milieu du XIIIe siècle, Berb. I, 434, 10.

الدراهم الحَنْدُوسية sont nommés dans le Bayân I, 265, 6 et 7, sous l'année 444 de l'hégire.

نوء حندس = 17 novembre, fin de la navigation, Calendr. 106, 1.

حندق

حَنْدَقُوقا بَرِّى *trigonella elatior* (Sonth.), Bait. I, 335 d.

حندل I. اكل حتى حندل *il a mangé tant, que son ventre s'est enflé*, M.

تَحَنْدَل *la démarche d'un petit homme*, متورّكاً, M.

حندوقس (?) *de la céruse brûlée*, Most. v° اسفيذاج; leçon de N, La سندوقس.

حَنْرَق بَغْرَق *narcisse jaune*, Domb. 72.

حنش II, حنّى فلان, *servir*, Voc.

Le pl. حِنَاش, Voc., Alc. (culebra), Edrîsî,

حنص

Clim. I, Sect. 7: pour attirer les poissons, ils mettent dans leurs filets حناش الطين, trad. d'une charte sicilienne apud Lello, p. 9, 19 et passim (dans des noms de lieux, serpentes), Amari MS. Le pl. حُنُوش, Jackson 57. — Anguille, Pagni MS. — En Espagne le peuple a changé ce mot en حَبْش, que l'on trouve dans le Voc. à côté de حنش, et chez Alc. (culebra, trois fois et une fois le diminutif; pl. une fois حُبُوش, deux fois حَناش; cf. hollejo de culebra et rosca de culebra).

حَنَشَة bourse, Domb. 83, Ht; c'est sans doute le même mot que «kunshah» chez Jackson 194 n., qui traduit sac ou peau.

حَنْشِيَة (pour حَنَشِيَة) serpentaire (plante), Alc. (dragontia yerva).

حُنَيْشَة feu volage, sorte de dartre, Alc. (culebrilla enfermedad). — حنيشة الجنّة, au Maghrib, lézard gris, lézard de mur, Alc. (lagartija animal), Bat. III, 103, Most. v° كبد السقنقور, en parlant du scinque (seulement dans le man. N): وهو صغير الجرم في قدر الجريدن (الجرذان) c.-à-d. الذي نسميه حنيشة الجنّة.

أحناش sorte de poisson, Cazwînî II, 119, 19; chez Yâcout avec le sin.

حنص.

حنصة hépatique, Bc.

حنط

حَنْطَة. حنطة سوداء sarrasin, blé noir, Bc.

حَنَّاط celui qui embaume, Payne Smith 1320.

حِنْطِي قصير, Diw. Hodz. 59, vs. 22.

حنظل II devenir amer comme la coloquinte, P. Mâwerdt 99, 3 a f., où il faut lire تَحَنْظَلَن, au lieu de تحنظلن.

حنف V, بالأوثان, idolâtrer, Bc. — C. في r. faire une chose avec beaucoup de finesse, de délicatesse, M.

VI. تحانف الرجل في مشيه, Rasmussen Additam. 19, 10, dans le sens de la V° (Lane sous la Ire à la fin); mais peut-être faut-il lire la V°.

حنك

حَنَفِيَّة robinet, pièce d'un tuyau de fontaine, de tonneau pour écouler, Bc, M.

حَنِيفَة la religion véritable, P. Berb. II, 289, 7 a f.

حَنِيفِي purus in lege dans le Voc.

حنفش I sentir l'aiguillon de la chair (ماجَت بِه الغُلمة), M.

حنق II c. a. p. remplir de haine, de colère (على contre), Abbad. II, 117, 7, cf. III, 209, 4 a f., mais je crois à présent que la IIe forme est bonne, car le Voc. la donne, c. a., sous irasci.

V se fâcher contre, على, Voc.

بلا حنق حَنِق simple, sans malice, Alc. (simple sin malicia).

حناق = حصص, Most. et Bait. sous ce dernier mot. — Trigonella elatior, Bait. I, 335 d, dans BS, A. حباق.

حنك II, en parlant de la sage-femme, frotter le palais de l'enfant nouveau-né avec de l'huile d'amande, de l'eau de grenade, etc., avant qu'il commence à sucer, M. — Saigner le cheval au palais, Auw. II, 677, 7. نوع التراب للحَبّ, حنّك الحفرة, t. de maçon, est (حلّك), في اسفل حائطها حتى استوى M. — (Pour noircir, rendre noir, Voc.

V dans le sens donné par Reiske: Voc. c. ب instruere; Haiyân-Bassâm I, 9 r°, copié par Ibn-al-Abbâr 165, 1. — تَحَنَّك في الكلام s'appliquer à parler bien, M. — (Pour تَحَلَّك) devenir ou être noir, Voc.

VIII. Cf. avec Lane le Gl. Mosl.

حَنَك mâchoire, Domb. 85, Ht; ganache, mâchoire inférieure du cheval, Bc. — Bouche, Burckhardt Syria 598, Bc, gueule, Bc. — Lampas, enflure au palais des animaux, Alc. (hava de bestia). — Chez Alc. «dentera de bestias;» peut-être prend-il «dentera» dans un autre sens que celui d'agacement des dents, le seul que donnent Nebrija, Victor et Nuñez.

حَنْكَة (pour حَلْكَة) noirceur, Voc.

حَنَكِي حرف حنكي consonne palatale, Bc. — (Pour حلكي) noir, Voc.

حنكش ؟ حَنْكَشَ 1001 N. Bresl. VII, 75, 3.

حنو et حنى IV *courber*, Voc. — اِحْنَاء قَوْس *arcade*, Gl. Edrîsî.

V. نظرة التَحَنِّي *des regards langoureux*, Lettre à M. Fleischer 110.

VII c. على r. *s'adonner à une chose, s'y appliquer avec chaleur*, de Jong. — احنى عليه بالدرّة او بالعصا *il le menaça avec son fouet, son bâton*, Kâmil 220, 15, 256, 14.

حَنُوّ *tendresse*; حنو القلب *commisération*; الحنو الوالدى *amour paternel*, Bc.

حَنْوَة *hypericum*, Most. v° هيوفاريقون (seulement dans N).

حَنِي *courbe*; احجار حنيّات «*des blocs de pierre qui forment le cintre*,» Gl. Edrîsî. — Pl. حَنَايَا, *arche, voûte de pont*, Bc.

حَنِيّة *arc, voûte, arcade*; *l'aqueduc de Carthage portait le nom de* الحَنَايَا, Abdarî 18 r°. — En Espagne, *alcôve, chambre à coucher*, Gl. Esp. 135, Voc. (*camera*, où le pl. حُنِي est une forme incorrecte pour حَنَى).

حَنَايَة *semble une autre forme du mot qui précède*; *dans* L *contignatio et cuple*. — *Arceau, arc en voûte*, Bc.

حانوت *est aussi chez le vulgaire le métier de boutiquier*, M. — Semble avoir eu le sens d'*arche*. On lit dans la Miss. hist. 650 a que la prison des esclaves chrétiens à Mequinez se composait des vingt-quatre arches du pont, «qu'on appelait *canutos*.» De là vient que cette prison s'appelait *canot*, Voyage pour la Rédempt. 146, 163, 165, 168, 180, 182, 199, 200, 202, Voyage dans les Etats barbaresques 55.

مَحْنَى *dans le sens d'un n. d'act., courber*, P. Mufassal éd. Broch 175, 4.

مَحْنِى *courbe*, Alc. (*corva cosa*).

مَحْنِيَة, *courbée*, en poésie pour *arc*, Abbad. I, 67, 5, III, 28.

حُو *interjection dont on se sert quand il fait très-froid*, M.

حَوت II *pêcher*, Roland.

حوت

حُوت *baleine*, Bc; — *poisson du Nil*, «sans écaille, et dont la chair n'est pas trop agréable au goût, à cause de sa mollesse et graisse,» Vansleb 72; c'est le poisson qui porte aussi le nom de قَرْمُوط (voyez), Seetzen III, 275; — espèce de petite perche, Guyon 228. — حوت البَرّ *scinque*, Tristram 406. — حوت الحجر sorte de poisson, Yâcout I, 886, 7. — حوت سليمان *saumon*, Bc. — حوت الشمال la 24e étoile de la constellation des Poissons, Alf. Astron. I, 83. — حوت موسى nom d'un poisson que décrit Becrî 106, 7—11, nommé Hœst 298. — حوت يونس *baleine*, Bc.

حُوتَة *mollet de la jambe*, Domb. 86.

حَوَّات *pêcheur*, Voc., Alc. (*pescador de peces, pescadero que los vende*), Domb. 104, Hbrt 76, Bc (Barb.), Bat. IV, 365.

حَوْنَك I (cf. حتك) *lambiner, être irrésolu*, 1001 N. Bresl. II, 60, 6. — *Flâner*, Bc; M donne (sous حتك): الحَوْتَكَة مشيةُ القصير والترّدد الفارغ وهذه عاميّة ۞

حوج II, c. a., dans le Voc. sous *indigere*.

IV. احوجته الى ذلك «*vous l'avez nécessité à faire cela*,» Bc.

V *se pourvoir de ce dont on a besoin*, absolument, 1001 N. Bresl. III, 309, 7, ou avec l'acc., 1001 N. Macn. I, 17, 8 a f.: فتحوّجنا البضائع الواجبة وجهّزنا للسفر; je présume qu'en disant que تحوّج signifie chez le vulgaire, تبضّع, le M a eu en vue le même sens, *se pourvoir de marchandises* (= تحوّج البضائع).

VIII. Exemples de la constr. avec l'accus. (Lane d'après le TA): Voc., Djob. 247, 9 et 10, 317, 17 (dans les Add. 37, Wright a douté à tort de la leçon), Auw. I, 282, 17, 304, 10, 319, 5 (où le man. de Leyde ajoute الى), 523, 3, 4, 5, 6, 536, dern. l., 573, 1, II, 249, 17 et 18, R. N. 100 v°: خذ هذا الكافور فقال له الشيخ ما احتناجه ۞

حاجة, en poésie, *un objet dont on ne peut se passer, c.-à-d., une amante*, Gl. Mosl. p. XXXII et suiv. — Le pl. حَوَائِج *les objets qui servent à l'usage d'un homme, ses ustensiles, ses meubles*, Maml. I, 2, 138, Gl. Esp. 133, M, chez Bc *effets*, meubles, hardes, surtout *hardes*, habits, Vêtem. 303, n. 1, Gl. Esp. 118, 1—3. Aussi: *les provisions destinées pour la* cuisine et la table du prince, Maml. I, 2, 138. — Joyau, bijou, Alc. (joya generalmente, joyas de muger proprias). — Jouet d'enfant, joujou, Alc. (trebejo de niños). — Chose, objet, Bc, Ht, Barbier. — Les femmes emploient aujourd'hui ce mot pour pantalon, M. — حاجة عندك لى «j'en ai une prière à vous faire,» Bc. — Assez, c'est assez; حاجتى «j'en ai assez,» Bc. — حاجة غير من sans avoir atteint son but, Gl. Edrîsî. — حاجة بطّالة zéro, homme sans crédit, Bc. — حاجة الطبيعة besoin naturel, M. حوائج خاناه le magasin qui renfermait les provisions destinées pour la cuisine et la table du prince; حوائج كاش l'officier préposé à la garde de ce magasin, Maml. I, 1, 162, I, 2, 138 (sur كاش voyez sous le ك). — حاجات (Daumas MS) bourses (peau des testicules), Daumas V. A. 426.

حاجى. Dans les Prol. الضرورى signifie les choses indispensables, الحاجى, celles d'une nécessité secondaire, et الكمالى, celles qui sont de luxe.

Haoudja, le fruit du بطم, R. d. O. A. XIV, 162.

حويجى (vulg.) se trouvant dans le besoin, P. Prol. III, 378, 3.

حوجى va-t-en! (de Slane), P. Prol. III, 431, 8.

حوذ II suivre, accompagner, Alc. (seguir acompañando).

حاذ «plante épineuse de la famille des chénopodées, très-recherchée par le chameau,» Ghadamès 331 (El-Had); anabasis, Prax R. d. O. A. IV, 196, VII, 264; cf. Richardson Sahara I, 368, d'Escayrac 577, Barth I, 265, 313, 591.

حوذان est la plante nommée كفّ الهرّ Bait. II, 383 b, où il faut lire ainsi avec B (A حودان).

حوّاذ suite, Alc. (seguimiento).

حور VI, c. ب, faire usage d'un mot dans la conversation, Abdarî dans le J. A. 1845, I, 407, 5.

حور, n. d'un. ة, hêtre, Voc. (fagus); orme, Alc. (olmo arbol); peuplier blanc, Rauwolf 58, 111. —

حور فارسى, de même que حور رومى, peuplier d'Italie, noir, Ztschr. XI, 478, n. 5. Bc a حور رومى aune (arbre). — الحور الرجراج tremble (espèce de peuplier), Bc.

حور, proprement pl. de حوراء, s'emploie comme un sing., houri, Gl. Esp. 287.

حور basane, peau de mouton tannée pour la reliure; جلد حور mouton, peau de mouton préparée, Bc.

حارة rue, Bc. — Village (de Slane), Becrî 115, 8.

حور pl. حور cordouan blanc, peau de brebis préparée, Bc.

عمل سغزديّة وحوريّة danser, Voc.

حوريّة houri, Voc., Bc, Gl. Esp. 287. — Chez le vulg. pour حواريّة, M.

حوردة morceau de terre dont le sable est blanchâtre, M.

حوار craie blanche, Hbrt 172, R. N. 52 v°: فرايت انا وابا هارون حوارا وفى الخطوط فقلت لم اصلحك الله ما هذه الخطوط التى فى الحائط فقال هذه سبعة عشر الف ختمة ختمتها لله على قدمى

حوارى craie blanche, Hbrt 172, Bc. — Tuf, terre blanchâtre et sèche, Bc.

حوارى. On a formé cet adjectif de حوارى, qui, pris substantivement, signifie la meilleure espèce de fleur de farine. R. N. 58 v°: رايت انا وابا هارون شوا dans la suite وحلوا وجردنا حواريا فاشتهيناه جميعا خبز حوارى.

محور axe de l'astrolabe, voyez Gl. Esp. 164.

محارة, coquille, a aussi le pl. محائر, Mehren 35, et ce dernier désignait en Egypte une sorte de poids, déterminé d'après une coquille. De ce pl. on a formé à la manière vulgaire le n. d'un. محائرة; voyez Payne Smith 1131, où مجائر et مجائزة sont des fautes. — L a محارة الكحل sous citicula, qui est pour cisticula.

محور espèce de kouskoussou blanc et fin, Cherb.

محارة endroit où il y a beaucoup d'arbres appelés حور, M.

محارة voyez sous محارة.

محارقى celui qui vend les litières dites محائر, Macrîzî, article sur les marchés.

حوز et حبز I, n. d'act. حبازى, enterrer? Cf. Macc. I, Add. et corr. 819, 19, avec Lettre à M. Fleischer

128. — Dans le sens de حزّ, *couper*, Abbad. I, 111, n. 207, Gl. Bayân, Auw. I, 433, 19, 461, 14, où il faut lire وتـحـاز, dern. l., où le man. de Leyde porte لحّوز, lisez المَحْوزة, 462, 6 (lisez يَحاز), 467, 16 (lisez وَيَحُوزها), 3 a f., 470, 3 (à corriger) 6 (l. تَحاز), 474, 12 (man. L بحار, l. تَحاز).

II حوّز *dissiper*, *faire disparaître*, Alc. (desvanecer a otro). — حَوَّز حَوْز et حيَّز *marquer les bornes*, *les limites*, Voc.

III حاوز *chasser*, *renvoyer*, Cherb. C.

IV, dans le sens de la Iʳᵉ, *prendre possession de*, Müller 24, 2 a f., si la leçon est bonne.

V تَحَوَّز *disparaître*, Alc. (desvanecer); — dans le Voc. sous *terminare*. — تحيّز, c. عن ou من, *se séparer de*, *être séparé de*, et متحيّز *isolé*, Gl. Edrîsî; *s'isoler*, Athîr IX, 426, 1 (où Nowairî, Afrique, 48 rº, a اَحازاها); *une substance est* المتحيّز *l'isolé*, J. A. 1853, I, 262, où il faut corriger la traduction. C. اِلى, *se rendre vers*, *se joindre à*, Abbad. I, 210, n. 57, II, 121, 12, Berb. I, 16, 39, 40, 41, 53, 126, etc.; spécialement *passer du côté de* l'ennemi, Becrî 94, 10, Berb. I, 19, 27, 45, etc.

VII. Khatîb 64 vº: s'étant brouillé avec son souverain, احّاز ما لديه من البلاد والمعاقل (il les gouverna pour son propre compte). — لا يَنحاز *incompressible*, Bc.

VIII اِحتاز c. عن, *séparer*, *isoler de*, de Sacy Chrest. I, ۱۳۱, dern. l.; اِحتاز *être isolé*, Akhbâr 28, 9. — Dans le sens de اِحتزّ, *couper*, Gl. Bayân.

حَوْز *refuge*, *asile*, Gl. Belâdz. — *Le territoire* d'une ville, J. A. 1844, I, 387; *confinium*, Voc.; *tenimentum* dans la trad. d'une charte sicil. *apud* Lello, p. 9 et 12, et p. 19 *juridiction territoriale*. — *Enceinte*, حائط حوز المباني, Lello 9. — *Vignoble*, Alc. (pago de viñas o viñedo, viñadero lugar de viñas). — في حدود سنة..., dans le sens de في أحواز سنة... (voyez), Macc. I, 642, n. *h*.

حَيِّز est chez le vulgaire للخطّ المستقيم في الشيء, M.

حازّة = حَوْزة *contrée*, *district*, *territoire*, Rutgers 183, 7, 184, 185.

معتر حوزي voyez sous معتر.

حَوْزِيّة *banlieue*, Prax R. d. O. A. VII, 170.

حَوَاز est chez Alc. desvanecimiento, que Victor explique par *évanouissement*, *vanité*, *défaillance*.

حَيْزة *crâne*, Ht.

حيِّز pl. أحْياز *contrée*, *district*, *territoire*, Voc., Haiyân 38 rº, 62 rº, 83 vº. — *Bord*, *extrémité* d'une chose, Djob. 193, 20; في حيّز الانقطاع « elle était sur le point de cesser, » Djob. 52, dern. l.; في حيّز الأموات « presque mort, » 1001 N. Bresl. IV, 37; في حيّز المجانين « presque fou, » 1001 N. Macn. III, 19. — هديتكم صارت في حيّز القبول « votre présent a été bien reçu, agréé, » Bc.

حِيازة *digue*, Weijers 23, 8, 83, n. 66.

محاوز voyez sous محر.

المتحيّزات *les choses qui sont dans un lieu* (حيّز) (de Slane), Prol. III, 66, 13 (cf. l. 6), 67, 2.

حوزر.

مَحْوزر est vulg. pour مَحْزور, M.

حوس I *aller çà et là*, Ztschr. XXII, 159, *rôder*, *errer çà et là*, Bc. Ce verbe s'emploie en parlant du loup, quand il attaque les moutons, Ztschr. XII, 160. On dit aussi حَوْسَة المرأة في بيتها pour indiquer *les allées et venues d'une femme qui s'occupe des détails du ménage*, M. — حَوَسَ يحوس *frapper de la lance dans l'obscurité*, Ztschr. XXII, 160.

II *troubler*, Alc. (turbar). — *Voler*, *prendre furtivement*, Voc. — *Se promener*, Bc (Barb.), Ht, Hbrt 43 (Alg.), Martin 70.

V dans le Voc. sous *predari*.

حَاس ? *maladie des abeilles*, *fausses teignes*, Auw. II, 727, 18, avec la note de Clément-Mullet II, 2, 264, n. 2. — Interj., 1001 N. II, 78, 9, où Lane traduit *loin d'ici!* Ce sens convient aussi dans les passages Bresl. IX, 280, 281, mais non pas dans Bresl. IX, 199, 2, où l'éd. Macn. a احضروا. Dans le M: سقط الرجل فما قال حاس, c.-à-d., il mourut à l'instant.

حَوْس *butin*, Voc. — Avec l'art., *le pillage des silos*, Daumas V. A. 359.

حَوْسَة *la suite* d'un homme, M.

حوسلى, en Mésopotamie, nom d'un arbre, Bait. I, 275 g; leçon de A; dans B la première lettre est un *djim*.

خَوَّاس voleur, Alc. (robador), Djob. 303, 20, l'anonyme de Copenhague 83: وكان هـذا رجلا حوّاشا (حوّاسا .l) وتحت يده جماعة كبيرة من أرذال الناس فكان يقطع بهم الطرقات. — Avec l'article, *le loup qui rôde autour des troupeaux*, Ztschr. XXII, 160. — *Voyageur*, Martin 64.

أَحْوَس *coureur, léger à la course*, Ztschr. XXII, 160.

تَحْوِيس *promenade*, Bc (Barb.).

تَحْوِيسَة *promenade*, Ht.

مَحْوَس *l'endroit où l'on va ça et là; la contrée que parcourent les nomades*, Ztschr. XXII, 159.

حَوَّشَ I *détenir, garder, retenir*, يد «retenir la main de quelqu'un», *contenir*, نَفْسه «se contenir», دموعه «dévorer ses larmes», *arrêter, mettre aux arrêts, constituer* quelqu'un *prisonnier, intercepter* une lettre; c. عن *empêcher de*, Bc, Gloss. de Habicht sur le IVᵉ volume de son édit. des 1001 N.; ajoutez Bresl. IV, 61, 7, IX, 212, 4, 235, 2 a f. (Macn. عنده حرّم), Macn. I, 396, 11.

II *trouver, retrouver*, Bc (Alep).

VII c. الى *se joindre à* quelqu'un, *lui être obéissant et fidèle*, Voc. (accedere), Abd-al-wâhid 138, 4 a f., Bayân I, 282, 7, Cartâs 54, 12, Berb. I, 44, 47, Cout. 2 rº, en parlant des fils de Witiza: فلمّا اصدروا الحاشوا معهم الى طارق فكان سبب الغزو. — *Etre détenu, retenu, arrêté*, 1001 N. Bresl. IV, 123, dern. l. Bc: محواش *détenu, prisonnier; retenu, destiné et arrêté*.

VIII c. الى *se joindre à*, Voc.

حَوْش, *enclos, cour*; comparez avec Lane Maml. I, 1, p. VII et suiv., et Descr. de l'Eg. XVIII, part. 2, 297—8: «vaste cour fermée, sur le derrière, de certains groupes de maisons; on n'y passe point; les immondices y sont déposées; on y rassemble les chameaux et les animaux malades, et les plus pauvres habitants y demeurent dans des cahutes»; — حوش الفراخ *basse-cour*, Bc; — حوش عرمط *la cour du roi Pétaud*, lieu de confusion, Bc. — Dans le Hidjâz, un *khan*, Maml. I, 1, p. VIII. — En Barbarie, *ferme, métairie*, Bc, Daumas Kabylie 316, Barth I, 37, 47, Maltzan 150. — *Cloître*, Breitenbach 115 vº. — *Maison*, Ten Years 365. — *Château*, Werne 16. — *Rétention*, t. de palais, réserve, Bc. — *Haro*, clameur pour arrêter, Bc. — *Tonsure*, Ztschr. XVII, 390; mais d'après le M c'est au contraire *la touffe de cheveux qu'on laisse sur le sommet de la tête* شعر يرخى في قمّة (الراس). — *Paçant, manant*, Bc.

حَوْش *populace*, Bc; dans le M c'est *un ramassis d'hommes de différentes tribus ou de différents pays.*

حَوْشَة *arrestation, détention, recommandation, opposition à la sortie d'un prisonnier, faite à la requête de quelqu'un*, Bc. — *Amende pour une gageure*, Bc.

حَوْشَاكى dans l'Agriculture nabatéenne et dans les passages qu'en a copiés Ibn-al-'Auwâm (p. e. II, 47, 18 et suiv.) = χόνδρος, *triticum dicoccum* L.

حَوَّاس I *être inquiet* (تَصَبَّبَ وقَلِقَ), M.

حَوَّاس nom d'un oiseau en Egypte, Becrî 58, 2 a f., où de Slane observe ceci: «le mot n'est pas connu en Egypte; l'oiseau dont il s'agit est sans doute le grèbe.»

خَوَاتمى *vendeur de ceintures*, Maml. I, 1, 31.

حَوَّض I *être disposé en carreaux* (terrain), Auw. I, 178, 6, mais c'est peut-être le passif de la IIᵉ forme.
II c. a. et V dans le Voc. sous *aureola orti*.

حَوْض, *abreuvoir*; c'est un bâtiment supporté par des colonnes de marbre; voyez Descr. de l'Eg. XVIII, part. 2, 339, 340. — *Bassin, cuvette, baquet*, Gl. Fragm., Amari 303, 2 a f. — *Baignoire*, Bc, Wild 192, Gl. Bayân (le passage de Bat. qui y est cité, se trouve dans l'édit. II, 106), Chec. 217 vº: وامّا حوض للغسيل؛ الاستحمام في الابزن وهو للحوض Hbrt 199. — *Bassin, pièce d'eau, étang*, Bc, Domb. 99, Edrîsî ١٨, 9, ١٨, dern. l., Haiyân 67 vº. — *Grande contrée qui a la forme d'un bassin entouré de montagnes*, Barth V, 544; *bas-fond enceint de dunes*, Ghadamès 128. — *Catafalque*, Djob. 194, 7 = Bat. I, 264; ce que chez ces voyageurs est un حوض, est un catafalque chez Burckhardt Arab. II, 173. — *Fossé fait autour d'un arbre pour y retenir les eaux*, Alc. (escava de arboles). — *Carreau, couche, planche, dont les bords relevés facilitent la retenue des eaux dans les irrigations*, Voc., Alc. (era de' ajos o cebollas, era como quiera), Auw. I, 128, 1 et 3, 151, 3 et suiv.; *fosse dans laquelle on plante*, p. e. la garance, Cherb. Dial. 17. — *Mesure agraire, dont la surface est de douze coudées sur quatre*, Auw. I, 11. — *Nom que porte, dans le Saʿîd, la machine hydraulique appelée* شادوف, Descr. de l'Eg. XVIII, part. 2, 543. — *Outre, peau accommodée pour mettre l'eau*, Gl. Fragm.

الحَوْضَة *le bassin, la partie inférieure du tronc humain*, Bc.

حوط et حِيط I, dans le sens de *prendre soin de*, se construit avec على, Gl. Edrîsî. — C. acc. *entourer* (en parlant d'une muraille qui entoure une ville), Gl. Edrîsî. — *Bloquer, garder*, Ht. — C. على et بـ dans le Voc. sous *circumdare*. — C. على p. et acc. r. *épargner* quelque chose à quelqu'un, Bat. I, 47.

II حيّط dans le Voc. sous *paryes* et sous *circumdare*; c. على *enclore*, Bc. — حوّطك بالله *Dieu vous ait en sa garde!* M.

III *obséder*, être assidu auprès de quelqu'un, Bc.

IV c. بـ *circonscrire, mettre des limites*, Bc. — C. على ou بـ, *saisir, confisquer*, Maml. I, 1, 52, de Sacy Chrest. I, ٩٢, 7. — احتاط به علمًا, *non-seulement comprendre, mais aussi prendre connaissance de quelque chose*, Bc.

V تحيّط dans le Voc. sous *paryes* et sous *circumdare*.

VI *entourer*, 1001 N. Bresl. II, 184, 2.

VII dans le Voc. sous *circumdare*.

VIII c. على p. *arrêter* quelqu'un, *le faire prisonnier*, R. N. 74 r°: فوجده في طلبه خيلًا فوجدهم واحتاطوا عليه; c. على r. *saisir, confisquer*, Maml. I, 1, 52. — احتاط به علمًا *prendre connaissance de*, Macc. I, 626, 8, cf. Fleischer Berichte 159.

X, Saadiah ps. 7.

حائط pl. حيطان = حائط *mur, muraille*, Voc., Ht, Bc, M, Burckhardt Prov. 13, 1001 N. IV, 684, 7, Bresl. IV, 378, 380. أقل حيط *citadins et villageois*, l'opposé de أقل بيت, Burton II, 113, Descr. de l'Eg. XII, 31.

حَوْطَة, comme nom d'act., *protéger*, Bat. I, 410. — C. على *les précautions que l'on prend pour s'assurer d'une personne ou d'un objet qui se trouve sous la main de l'autorité, garder à vue, saisir, confisquer*, Maml. I, 1, 51—2, Nowairî Egypte 2 m, 127 v°: عزله عن الوزارة وامر بالحوطة على امواله واسبابه وذخائره *Le chef du bureau des biens confisqués au profit de l'Etat s'appelait* كاتب الحوطان, Catal. des man. or. de Leyde I, 154, 6 t. a. — *Jardin de palmiers*, Burckhardt Syria 662.

حُيَيْطَة *muraille*, Bc, 1001 N. Bresl. IV, 377, 12, où l'éd. Macn. a حائط.

في حيطة تصرف. حَيْطَلَة « *en la disposition de*; » خارج عن حيطة البشر « *au-dessus des forces, de la portée de l'homme*, » Bc.

حيطي, pl. ات et حياطي, *natte ou bande d'étoffe qu'on applique contre le mur pour permettre de s'y appuyer*, Voc., Alc. (*estera delgada de pared, manta de pared*), Cherb.; cf. حائطي. — *Devant d'autel*, Alc. (*frontal de altar*).

حواط *forfait, marché à perte ou à gain*, Bc.

حِواطة *l'emploi de* حوّاط (voyez), *et aussi son salaire*, M.

حُوَيْطَة (petite muraille) *tas de pierres surmonté de chiffons en forme de drapeaux sur les tombes de marabouts auxquels on n'élève pas de cobba*, Colomb 16.

حوّاط dans le Voc. sous *custodire*. — حوّاط البلدة *celui des habitants d'un endroit qui est chargé de lever l'impôt, de loger les étrangers, etc.*, M.

حائط *battant* (chaque partie d'une porte qui s'ouvre en deux), Gl. Edrîsî. — *Littoral*, Gl. Edrîsî. — Dans le sens de حيطي (voyez) on حائطي, Macc. II, 711, 7. — En esp. *alhetas* désigne *les deux pièces de bois courbées à l'extérieur de la poupe d'un vaisseau*; c'est peut-être le pl. الحيطان.

حائطي = حيطي (voyez), Voc.; on trouve ce mot signalé comme maghribin chez Macc. III, 345, les 3 dern. l., où on lit que ce sont les استار (ستور) مذهبة d'une *cobba*.

أحوط *plus à portée*, Macc. I, 245, 5.

تحويطة *maisons* (*ou tentes*) *rangées en cercle*, M.

محيط, *chez les traditionnaires, celui qui connaît cent mille traditions*, M.

محوّطة *mur devant la maison*, M.

حوف I dans le Voc. sous *precipitare*, L *in preceps* — الرسم المحوف به — يَحُوف *l'acte ci-contre*, comme traduit Bargès, J. A. 1843, II, 223. — *Entretenir quelqu'un, lui fournir les choses nécessaires à sa subsistance*, M.

II *précipiter, jeter dans un lieu profond*, Voc., Alc. (*despepitar a otro*).

حوق

V *se jeter dans un précipice*, Voc., Alc. (despepitarse).

حَافَّة, pl. ات, حَوَافّ et حَوَائِف, *précipice*, Gl. Edrîsî; le précipice au midi de Santarem, qu'Edrîsî nomme une حافّة et dans lequel les Maures avaient la coutume de précipiter les condamnés à mort, porte encore le nom d'*alhâfa* (Sousa, Vestigios etc., p. 47 éd. Moura, Santa Rosa, Elucidario, v° alhanse; l'étymologie que donnent ces deux auteurs est erronée). Ajoutez: Voc., Ht, Hay 89 (où il faut lire *haffeh*, au lieu de *haffer*); cf. Tobler, Nazareth in Palästina, p. 287. — *Rocher escarpé*, Gl. Edrîsî 290 et 388, Voc., Berb. I, 280, 9, 306, 5 a f. (= Khatîb 114 r°, Holal 59 v°), Holal 47 r°: لأنّ الطريق مصنوعة في نفس الجبل تحت راكبها حافات وفوقه حافات ۞

حَافِيَة *bord, rebord*; حَافِيَة كِتَاب *tranche, bord rogné d'un livre*, Bc. Sous lèvres, il écrit حَافِيَة للجرح *bords d'une plaie*, avec un *techdîd*.

الحُوق (dans notre man. 1350 ?) espèce de *mewâlid*, Prol. III, 429, 5; mais l'édit. de Boulac porte القروم, et il y avait réellement une espèce de *mewâlid* qui portait ce nom; voyez J. A. 1839, II, 165, 7 a f. et suiv., 1849, II, 250 vers la fin.

حوق II *entourer*, L (circumducens), دَوَّرَ وَحَوَّقَ, circumflectus (يَحْوِقُ وَيَعْرِج). Ce que le Câmous a: حَوَّقَ عَلِيَهِ تَحْوِيقًا عَوَّجَ عَلَيْهِ الْكَلامَ, est au fond la même signif. — C. على p. *mettre quelqu'un dans l'embarras* (ضَيَّقَ عَلَيْهِ), M. — *Parafer*, c.-à-d., entourer sa signature d'un ou de plusieurs traits de plume, L (voyez sous حلق II); le M a aussi: حَوَّقَ على الشيء جعل حوله دائرة. — C. a. *raturer, effacer ce qui est écrit, en passant quelques traits de plume par-dessus*, M. — *Tirer, aligner au cordeau*, Voc. — حَوَّقَ *Guigner, regarder du coin de l'œil entr'ouvert*; بعينه *bornoyer, regarder avec un seul œil pour aligner*, Bc.

V *être tiré, aligné au cordeau*, Voc.

تَحْوِيف *enclos, enceinte*, L (claustra).

مَحْوَق pl. مَحَاوِق *cordeau*, Voc., Alc. (plomada para reglar).

حَوْقَلَ I c. على p. *guigner de l'œil en regardant quelqu'un, afin qu'il fasse ce dont on a besoin* (لأَحَظَّمْ), M. (في قضاء حوائجه).

حوك

حَوْكِي *tisserand qui fabrique des haïks*, Cherb., *tisserand en coton et laine*, Roland.

حِيَاكَة ou زَنَد في حِيَاكَة *réseau*, sorte de tissu à jour, Alc. (randa).

حَائِك *faiseur de filets*, Alc. (redero que las texe).

مَحْوَاك *navette, instrument de tisserand*, Macc. II, 137, 21.

حول et حيل I, dans le sens de *changer*, v. n.; on dit proverbialement: الْمَال مَال وَالْحَال حَال, dans le sens de: j'ai perdu ou dépensé mon argent et la fortune m'a tourné le dos, 1001 N. I, 16, 13; aussi قد مَال, مال وحالي قد حال, ibid. III, 8, l. 11 et 12, ou bien حال حالي وقل مالي, Roman d'Antar, man. 1541, 15 v°; حال لحال «la fortune lui a tourné le dos,» Akhbâr 101, 2 a f. — *Fuir, tourner le dos à l'ennemi*, Akhbâr 89, 7, 90, 6. — L'expression حال عليه الحول semble signifier chez Djob. 35, 19 et dern. l., non pas précisément *être vieux d'un an*, mais en général *être vieux*, par opposition à «être neuf». — C. *empêcher de*, Akhbâr 121, 4. — Les mots وكانت قد حالت عن عهده تحجزوا semblent signifier: «elle était trop âgée pour qu'il pût l'épouser,» Gl. Belâdz.

— Le nom d'act. حَوَلَان dans le sens de *loucher*, Voc.

II حَوَّلَ *transplanter*, Auw. I, 68, 7, 152, 5 a f., 199, dern. l., 200, 4. — *Tourner le dedans en dehors*, Alc. (bolver lo de dentro afuera), حوّل على البطانة, Alc. (bolver assi). — *Tourner le haut en bas*, Alc. (bolver lo de arriba abaxo, trastornar, trastornar vaso). — *Traduire* d'une langue (من ou عن) en une autre (إلى), Gl. Badroun, Gl. Belâdz. — En parlant d'un maître et de son disciple, *faire passer d'un chapitre* (من) à un autre, R. N. 22 r°: حدّثت عنه أن ابنه دخل عليه وقد انصرف من المكتب فسأله عن سورته فقال له الصبي حوّلني المعلّم من سورة لحمد (soura I) فقال له اقرأها فقرأها فقال له تهجّيها قال فتهجّاها فقال له ارفع ذلك المقعد فرفعه فإذا تحته دنانير كثيرة. — *Charrier, voiturer*, Bc. — *Faire dériver des eaux*,

Bc. — *Détourner, soustraire avec fraude*, Bc. — *Mettre pied à terre, descendre de cheval*, عن الفرس, Bc, M. — *Transmettre, céder, faire passer sa possession, ses droits à un autre, transporter, céder juridiquement*, Bc. — *Déléguer, assigner des fonds*; c. على *assigner, placer un payement sur un fonds*; حوّله على *donner une assignation à quelqu'un sur*, Bc. Dans le Fakhrî 192, 7, la constr. est c. a. r. et على p.: ولمّا فرغت حاسب الفؤوّد بما كان خوّل عليهم لعمارتها. — C. بين *interposer*, Bc. — C. على *renvoyer, adresser à une autre personne*, Bc. — C. عن *esquiver*, Bc. — حوّل الفريصة *décharger*, Bc. — حوّل الأجمال *revirer*, t. de mer, *tourner d'un autre côté, virer, tourner d'un côté sur l'autre, virer de bord*, Bc. — حوّل ماله الى *substituer, appeler quelqu'un à une succession après un autre héritier, ou à son défaut*, Bc. — حوّل وجهه *passer à l'ennemi*, Gl. Badroun. — حوّل يده الى السيف *porter la main à l'épée*, Akhbâr 75, 12.

حيّل *changer*, Bat. III, 361. — *Inventer, fabriquer*, Alc. (engeniar o fabricar, hazer arte). — C. على p. *tromper*, Voc., Burckhardt Nubia 409 n.

III حاول *réfléchir à une chose, en peser les conséquences*, Berb. I, 406, 8. — *Trouver le moyen de, faire réussir*, Bat. I, 179, 427, Berb. I, 649, 3 a f.: يحاول اسباب الملك «il espérait trouver les moyens de se rendre maître de l'empire,» Autob. 225 r°: Cartâs 193, 8. — *Chercher à, employer tous ses efforts pour*, c. على, Berb. I, 615, 5: حاول على ملكها «il chercha à s'emparer de la ville,» Autob. 224 v°: اوكد على في محاولة على استخلاصه ما امكن «il me recommanda d'employer tous mes efforts pour effectuer la délivrance de son frère,» Abou-Hammou 162; Amari 385, 4 a f.: استمرت محاولة في قتال للحصن où Rousseau traduit: «on tenta tous les moyens possibles pour réduire le château;» cf. 386, 2, Cartâs 91, 4 a f. De là ملكها بايسر محاولة «il s'en empara très-facilement,» Macc. I, 132, dern. l. Aussi c. ﺑ, Berb. II, 131, 10: حاول في الاستيلاء على العلالات Cartâs 172, 14. Dans le Voc. c. a., في et على, *conari*. — *Chercher à conclure la paix*, Khatîb 64 v°: Ibn-Hamdîn l'envoya comme ambassadeur au roi de Castille لمحاولة الصلح. — بينه وبين ابن حمدين *Chercher à tromper*, chez Bc: *circonvenir, tromper par des détours, se jouer de*

quelqu'un, *tourner autour du pot, user de détours, tournoyer, trigauder, sophistiquer, tergiverser*, Abou-Hammou 157: فوجدناه على ما تفرّسنا فيه من المكيدة والطمع والمحاولة والخدع, 158, 160, 161, 162. — C. a. p. *désirer, rechercher l'amitié de quelqu'un*, Gl. Edrîsî, Macc. III, 50, 1. — C. a. p. *chercher à nuire à quelqu'un*, Gl. Edrîsî 291 et 388, Macc. I, 658, 16. — *Chercher à gagner quelqu'un*, Berb. II, 216, 11: بعث مولاه لمحاولة العرب في التخلّي عن ابي خمو (pour les détacher d'A. H.; de Slane, III, 486, n'a pas compris cette phrase). — *Surprendre une ville*, Berb. II, 335, 6. — *Explorer*, p. e. *un pays*, Bayân I, notes, 109; محاولن *talent de reconnaître (et de choisir)* (de Slane), Prol. III, 329, 12. — *Exercer un métier*, Abd-al-wâhid 228, 11. — *Apprêter, préparer*, p. e. *des mets*, Becrî 186, 5, Ibn-Abd-al-melic 162 r°: فلمّا كان في بعض الطريق اخرجوا حوتا واخذوا يحاولون امر الغداء, Chec. 186 r°: وقعت تهمة لبعض الناس في خادمه في بعض ما نحاوله من الطبيخ, Prol. III, 235, 7. — *Se procurer*, p. e. *des vivres*, Müller 47, dern. l. — *Entourer*, Ht. — *Éluder, éviter avec adresse, fuir*, Bc. — *S'alambiquer, s'épuiser l'esprit par une recherche obstinée de subtilités*, Bc. — *Payer les droits de douane en marchandises, à ce qu'il semble*, Amari Dipl. 107, 3 a f., cf. annot. 416, n. o, l'anonyme de Copenhague 104: les Génois arrivèrent à Ceuta في رسم محاولة (محاولات) تجاراتهم. — *Avec deux accus. changer en*, Gl. Badroun, Abbad. II, 173, dern. l. — C. على p. *agir en faveur de quelqu'un* (de Slane), Berb. I, 340, 11. — C. على r. *prendre des précautions pour*, Prol. II, 280, 1. — C. على r. *se fonder sur*, Prol. 209, dern. l.: الظنّ والتخمين الذي يحاول عليه العرّافون

حايل *amadouer, enjôler, flatter*; c. على p. *cajoler*, Bc.

IV احال *convertir, résoudre, réduire, changer en, transmuer*, Bc, Becrî 138, 6. — *Décolorer*, Voc. — *Combattre les symptômes d'une maladie*, Müller S. B. 1863, II, 3, l. 9. — *Renvoyer, adresser quelqu'un* (acc.) à (على) *une autre personne*, Bc, Macc. II, 139, 23, 506, 7 et 18, 547, 3. — *Rejeter la faute sur* (على) *un autre*, Macc. I, 471, 11, Fakhrî 73, 10. — C. على p. *se référer à quelqu'un, s'en rapporter à lui*, Amari Dipl. 19, 4: واحالوا عليه في انها رغباتهم. — *Donner une assignation à quelqu'un* (acc.) *sur* (على),

Bc, v. d. Berg 124, n. 1 (مُحَال celui qui possède une assignation, مُحِيل celui qui la donne), Bidp. 281, 4: احال عليهم اصحاب المركب بالسياق « il donna des mandats sur eux aux propriétaires du bâtiment, pour ce qu'il redevait du prix de son acquisition » (de Sacy); cf. Bat. III, 436. — *Transférer une créance* (في) à (acc.) une autre personne, Bat. III, 441. — احالوا السيف على جميعهم « ils les passèrent tous au fil de l'épée, » Amari 378, 4, correction de Fleischer; cf. chez Lane احال عليه بالسوط, etc. — *Détailler*, Roland. — Le sens de ce verbe ne m'est pas clair Formul. d. contr. 8: احال وثيقة التحول فلان بن فلان مع فلان بجميع الامانة التى له عليه ان يدفعها اليه من غير مطل ولا تاخير ورضى الحال والتحميل ❊.

V. نشوف كيف يتحول الامر « nous verrons quel cours prendra cette affaire, » Bc. — Ce verbe s'emploie en parlant de marchandises que l'on fait sortir d'un navire pour les transporter ensuite par terre, ou de personnes qui quittent le navire pour continuer leur route par terre, Gl. Edrîsî. — *Voyager*, Abbad. II, 162, 2 a f., III, 222, Haiyân 95 vº (bis), 98 vº. — C. عن *quitter*, Berb. I, 438, dern. l. — C. من ou عن *s'écarter* d'un usage, Gl. Edrîsî. — C. على *monter sur une autre bête de somme*, Macc. II, 36, 14.

تحييل *traduire*, Abd-al-wâhid 224, 9.

VI تحاول dans le Voc. sous conari. — *finasser, s'intriguer, ruser*; c. على p. *circonvenir, enjôler, patelliner*; c. على r. *s'efforcer, tâcher*; avec لنفسه *s'ingénier*, chercher dans son esprit des moyens de succès, Bc.

VIII, dans le sens de *machiner contre* quelqu'un, ne se construit pas seulement c. على, mais aussi c. ل p., Gl. Belâdz., Bidp. 10, 5 a f., 229, 10. — Dans le sens de *chercher le moyen de*, c. ل r., Gl. Belâdz. On dit aussi احتالوا لسيوفهم « ils tâchèrent de cacher leurs épées, » ibid. — C. على قتله r., « machiner la perte de quelqu'un, » Bc. — C. في r. *trouver un expédient pour*, Bat. II, 331. — S'emploie en parlant de celui qui touche l'argent d'un mandat, v. d. Berg 124, n. 1.

احتول dans le Voc. sous mutare. — En parlant d'animaux, *mourir*, Voc.

اتحول, c. على et ب, sous substituere dans le Voc., qui donne aussi sous ce mot حال IV et X.

X *se décolorer*, Voc. — C. على p. *changer d'opinion à l'égard de* quelqu'un, dans le sens de *lui devenir hostile*, Haiyân 67 vº: استحال الغسانيون عليهم وانفروا من استطالتهم (ils devinrent hostiles à leurs anciens alliés); je crois à présent que ce verbe a le même sens Bayân I, 240, 11. — C. على dans le Voc. sous substituere.

حال. Chez les Motazelites et chez quelques docteurs de l'école acharite le terme احوال, *états*, désigne *les universaux*, de Slane Prol. III, 158, n. 1. — Synonyme de مال, *argent*; le pl. احوال *richesses*, Lettre à M. Fleischer 222; من لا حال له « ceux qui sont sans ressources, » Bat. IV, 273. — Pl. ات et احوال, *extase*, Djob. 286, 21, Prol. I, 201, 1, 2 et 6, II, 164, 1, Bat. III, 211, Nowairî Egypte 2 o, 113 vº: فعنّد ذلك حصّل الشيخ ابى سعيد حال اخرجه عن عقله. — *Temps*, disposition de l'air (Barb.), Bc; حال ذيب « beau temps, » Hbrt 163 (Alg.). — *Maladie grave*, M. — *Berceau, matrice*, Prol. III, 222, 13, selon de Slane; mais la comparaison de la l. 15 me fait douter de cette signification. — حال suivi du génitif, *en*, *lorsque*, p. e. حال راحه قل لى « en partant, lorsqu'il partit, il me dit, » Bc, حال وقتوبه, Rutgers 153, 21, cf. Weijers ibid. 154. — سلّمت اليها حائبها « je lui permis de faire ce qu'elle voulait, » 1001 N. I, 50, 9. — تكلّم حالًا *parler d'abondance*, sans préparation; ترجم حالًا *traduire à livre ouvert*, Bc. — تغيّرت احواله *changer de visage*, pâlir ou rougir, Bc. — حالًا بعد حالٍ *peu à peu*, Tha'âlibî Latâïf 50, 4 a f. — حالًما *aussitôt que*, Bc. — اش حال *combien* (Barb.); باش حال *combien*, lorsqu'on donne le prix (Barb.), Bc. — راح الى حال *il passa son chemin*, Bc, الذهب الى حال سبيله Freytag Chrest. 52, 2. — بحال *comme* (Barb.), على حال *quelquefois*, Auw. I, 39, 5. — والحال *comme en effet*, p. e. (vulg.) ان كان رجل صالح والحال هو كذا « s'il est homme de bien, comme en effet il l'est, » Bc. Aussi: *cependant, mais la vérité est que*, p. e. (vulg.): يشبهوا بعضهم فى الظاهر والحال بينهم فرق بعيد « ils se ressemblent en apparence, et cependant il y a entre eux une différence bien grande, » Bc. —

حول   341   حول

«il n'est pas en état de se lever,» Bc. — حَالٌ فِي حَالِهِ coi, tranquille; قعد في حالِه «se tenir coi,» Bc. — (l. العمل ?) في حَالِ الملل en flagrant délit, sur le fait, Bc. — في ساعَةِ الحَالِ aussitôt, Bc, Koseg. Chrest. 90, 8. — ما بقى له حالٌ n'en pouvoir plus, Bc. — حَالٌ عَرَض adresse, lettre à un supérieur, pétition, Bc. — لِسَانُ الحَالِ langage muet, gestes, regards, Bc. — مشى الحَالُ il est tard (Barb.); ما زال il n'est pas tard (Barb.), Bc. — كيف (ايش) حَالَك comment vous portez-vous? ما فى حالِه شى il ne se porte pas bien (Barb.), Bc.

حَوْل «pendant toute une année,» 1001 N. I, 49, 8. — من كلِّ حَوْل tout autour, Ibn-Bachcowâl, man. de l'Escurial, article sur Ahmed ibn-Sa'îd ibn-Cauthar de Tolède: مجلس قد فرش ببسط الصوف مبطنات والحيطان بالبرود من كل حول M. Simonet, qui m'a communiqué ce passage, m'assure que telle est la leçon du man. — En chronologie, indiction, J. A. 1845, II, 318, 1, cf. 329, Gregor. 42. — Fraude, Roland. — حَوْل suivi du génitif, près de, Hist. Tun. 83: فدخنوها حول سيدى 88: ودخلوا بزاويته حول حوانيت الغار ,84: أحمد سقا وكانت وقعة ,89: وتبعه الى الحضرة وهزمه ثانيًا حولها بين المسلمين والكُفَّار حول باب البنات *

حِيَل voyez sous la racine حيل.

حالَةٌ extase, de Sacy Chrest. I, ١٠٩, 7, Prol. II, 372, dern. l., 373, 6, 374, 10, 12 et 14. — حالات lunes, fantaisies, caprices, Bc.

حَوْلَة dans un sens qui ne m'est pas clair; voyez le passage du Formul. d. contr. sous la IVe forme du verbe. — حَوْلَة détour, circuit d'un chemin, arpentage du XVIe siècle: «la háula de Huécar, que quiere decir la vuelta de Huécar.»

— حَبِيلَة, astuce, etc., a chez Bc le pl. حِيَل. — Munière, 1001 N. I, 87, 16, Haiyân-Bassâm I, 30 vo: وان جنّدها لا تُخَالِفه حِيلَة.

حالاتى capricieux, journalier, lunatique, volage, fantasque, Bc.

حَوْلِى annuel, Bc. — رسم حولى vestige presque effacé, Gl. Edrîsî. — Mouton, Domb. 64; selon Jackson, 184, c'est en ce sens un mot berbère. — En Afrique, couverture de laine oblongue, synonyme de barracân et de haïk, Defrémery Mémoires 155, Richardson Central II, 151, le même, Sahara, I, 51, 433 n., II, 126, Ztschr. XII, 182, J. A. 1861, II, 370. A Constantinople on donne le nom de حولى ou حاولى, hâwlî, dérivé de حاو, «l'état du drap, lorsqu'étant neuf il est couvert de poils,» à un court essuie-main de coton qui est velu d'un côté, Ztschr. IV, 392. J'ignore s'il faut dériver le mot africain de ce terme turc, ou bien de حولى dans le sens de «mouton.»

حَبِيلى cajoleur, patelineur, Bc.

حَيَّال le rideau qui sépare les tentes en deux parties, Daumas V. A. 303, Mœurs 61.

حيَال pl. ات astuce, finesse, ruse, artifice, feinte, Alc. (arte por arteria, arte engaño, artificio, fingimiento, industria, maña). — حِيَال: artistement, Alc. (fabricadamente). — Même pl. machine pour bâtir, Alc. (engeño para edificar). — Même pl. crochet, rossignol pour crocheter les portes, Alc. (ganzua). — Même pl. instrument avec lequel on bandait l'arbalète, Alc. (armatoste).

حيّول rusé, astucieux, Payne Smith 1378. — Rapporteur, dénonciateur, ibid. 1520.

حَوَالَةٌ = حَوَال changement, Gl. Mosl., Mohammed ibn-Hârith 350: ما رأيت احدًا من عقلاء اخوانه يلومه في حَوَالَة ولا يعذله في تغيير mandat, ordre, billet à payer par un tiers, Bc, v. d. Berg 124, n. 1, délégation, acte qui donne pouvoir à une personne de recevoir une somme d'une autre, Bc; aussi ورقة حوالة, Bc, 1001 N. I, 292; اعطاء ورقة حوالة على, «donner une assignation à quelqu'un sur, créditer quelqu'un sur, lui donner une lettre de crédit,» Bc; حوالة ب ordonner, donner un mandement de payer, Bc; حوالة ثانية ماكنة réassignation, assignation sur un autre fonds plus sûr, Bc. — Délégué, porteur d'une délégation, Bc. — Commission, droit prélevé, Bc. — Commissaire nommé par le gouvernement pour terminer une affaire spéciale, Bc. — Garnison, gens qui gardent une maison, des meubles saisis, Bc. — Garnisaire, homme en garnison chez un débiteur, Bc, M. — حوالة الحوالات l'indemnité revenant aux messagers dépêchés dans les villages pour prévenir les contribuables du paiement qu'ils ont à faire, Descr. de l'Eg. XI, 499, XII, 60. — Citadelle, Rutgers 130, 11 et 134. — حوالة الأسواق

la fluctuation du cours du marché, Prol. II, 84, 5 et 18, 99, 5, 247, dern. l., 248, 7, 249, 2, 274, 16, 277, 6; 301, 4, حوالة السوق من الرخص الى الغلاء , 297, 14. — صاحب الحوالة est *operarius* dans le Voc., qui a aussi ce terme sous *conducere*.

حوالى *alentours, banlieue, environs*, Bc. — اسم حَوَالَيْك الله « que le nom de Dieu t'entoure! » c.-à-d. « que la puissance de Dieu te défende! » 1001 N. I, 841, dern. l., cf. la traduction de Lane I, 327, n. 65.

حَوَالِي *garnisaire*, homme en garnison chez un débiteur, M.

حائل pl. حوائل رَسْم حَائل *vestige presque effacé*, Gl. Edrîsî. — *En chaleur, en rut*, Bc. — حائل للنار *écran*, Bc. — حائلة *laine de deux ou trois ans*, Hœst 272.

أُحَالَة *une allusion à un fait historique, qui se trouve dans un poème*, Gl. Badroun.

أحْوَل *louche d'un œil*, Alc. (tuerto de un ojo). — *Celui qui n'a qu'un œil*, Alc. (ombre de un ojo). — *Aveugle*, Ht.

أحْيَل *détaillé* [?], Roland, qui prononce *ahil*.

تَحْوِلَة pl. تحاويل *champ, pièce de terre*, Voc. — *La couverture d'une maison qui avance pour rejeter la pluie loin du mur*, Alc. (ala de tejado).

تَحَوُّلِى *élastique*; قوة تحولية *élasticité, ressort*, Bc.

تَحْوِيل *changer de religion*, Cartâs 223, 12. — تحويل المواد *révulsion, retour des humeurs dont le cours est changé*, Bc. — *Charriage, action de charrier; salaire du voiturier*, Bc. — *Revirement*, t. de banque, Bc. — تحويل بوليصة *ordre, cession, transport d'une lettre de change*, Bc. — *Moyen d'échapper à un danger*, Cartâs 191, 3. — حَوَّل = être *louche*, Gl. Mosl., Alc. (entortadura de un ojo).

تَحْوِيلِى *dérivatif, qui sert à détourner les humeurs*, Bc.

مَحَال , en parlant du قانون , *le tire-corde*, Descr. de l'Ég. XIII, 309.

مُحَالَة *absurdité*, Bc.

مُحَالِي *absurde*, Djob. 298, 17.

مُحَوَّل *presque effacé* (*vestige*), Gl. Edrîsî.

محيل *presque effacé* (*vestige*), Gl. Edrîsî.

مُتَحَوِّل *révulsif, qui détourne les humeurs*, Bc.

مُتَحَوِّلَة *dévidoir*, Voc.

محيل *fabriqué*, Alc. (fabricada cosa por arte).

محيل *rusé, astucieux*, Alc. (artero, mañero o mañoso). — *Artificiel*, Alc. (artificial). — *Ingénieux*, Alc. (ingenioso cosa de ingenio), surtout en parlant d'un architecte, Alc. (engeñoso para edificar). — *Ingénieur*, Alc. (engeñero). — *Artiste, artisan*, Alc. (artista en oficio).

محايل *alambiqué, trop subtil, trop raffiné*, Bc. — *A contre-poil, à rebours*, Alc. (apelo o pelo ayuso, apospelo, reves); محاول لفوق *le ventre en haut*, Alc. (papa arriba, cf. Victor).

محاوكة *affection, amitié*, Gl. Edrîsî. — *Raisonnable*, Alc. (razonable cosa); محاولة *raisonnablement*, Alc. (razonablemente). — المحاولات ou المحاولات *les marchandises qui se vendent pour le compte du gouvernement*, Amari Dipl. 108, 1 et 4 a f., cf. annot. 416, n. o.

حوم II, comme la Ire, en parlant d'oiseaux, *décrire des cercles dans les airs*, Abd-al-wâhid 211, 1; aussi au fig. *tourner autour de* (على), Abbad. II, 156, 3 a f. (cf. III, 217), Prol. I, 30, 8, 66, 8; حوم *seul, tourner autour d'un sujet* (de Slane), Prol. I, 65, dern. l.

III c. a. et على dans le Voc. sous *conari*.

حَوْمَة *volée, bande d'oiseaux qui volent*, Bc; voir, au moment du départ pour la chasse, une *haouma*, réunion de corbeaux qui décrivent en l'air des cercles concentriques, « excellent présage, signe infaillible de succès, » Margueritte 214. — *Quartier, partie d'une ville*, Bc (Barb.), Hbrt 187, Ht, Domb. 97, Prax R. d. O. A. VI, 275, Cherb. Dial. 98, Bayân I, 279, 2 a f. (corrigez le Glossaire), Macc. II, 45, 14, Cartâs 15, 7 et 8, 103, 15, J. A. 1843, II, 220, l. 2, Hist. Tun. 83: فاسكنّاهم بالربض الملاصق للقصبة وعُرف ; حومة العلوج من يومئذ restituez ce mot chez Ibn-Badroun 303, 4. — *Métairie, hameau*; dans une charte bilingue de Tolède de l'ère 1176 بالحومة المذكورة correspond à *pago*; dans une autre de l'ère 1229 on lit: حومة أليش , et Olías est un hameau qui est appelé aussi اوليس قرينة; dans une troisième de l'ère 1171: حومة بنال من عمل طليطلة, et dans une quatrième qui porte le titre de « carta de viña de Almuradiel: » من حومة المرطال من احواز مدينة طليطلة. — «Espèces de خرز en argent, creux, et dans lesquels sont enfermés de petits cailloux,» Ouaday 336 (hoûmeh).

حوّانة *psoralea bituminosa*, Bait. I, 336 à la fin, 341 f, 474 g (où il faut lire ainsi, avec le man. 13 (3), au lieu du «hazanbal» de Sonth.), II, 158 b.

حوى I, c. على, n. d'act. حواية, *tromper*, Voc.; dans le M c. a. p. — *Escamoter*, Bc.

II et V dénom. de حاو (voyez), Voc. sous efeminatus.

حواية *magie blanche ou naturelle*, Bc.

حواية, comme subst., dans le Voc. sous efeminatus; voyez حاو.

حاو = حوّاء dans le premier sens que j'indiquerai sous ce mot, Payne Smith 1184 (= رقّاء مشعبذ). — Selon Lane, qui cite Cazwînî, la constellation dite *serpentaire* s'appelle الحوّاء والحوية. Cette leçon se trouve en effet dans quelques man. de cet auteur (voyez l'édit. de Wüstenfeld I, 33, n. o), mais d'après d'autres Wüstenfeld (ibid., l. 14) a fait imprimer والحية; de même chez Dorn 49, Alf. Astr. I, 13: *venator serpentum*, en arabe *alhace* (sic) *valhaya*, 41 *alhoue alhaye*.

حاو non-seulement *psylle*, celui qui attire et manie les serpents, mais aussi *sorcier*, Hbrt 157, *joueur de gobelets, escamoteur*, Bc. — Pl. حواة *catamite*, Voc. (efeminatus), Alc. (puto que padece). حاوي العلوم *encyclopédie*, Bc.

حى II. On dit حيّا بكأس, quand on parle de celui qui boit à la santé d'une autre personne, en se servant de la formule حيّاك الله «que Dieu vous donne une longue vie!» Aussi c. ب r., *souhaiter une chose à quelqu'un*, quand on boit à sa santé, Abbad. I, 367—8. — Suivi de بالمُلك, *saluer*, proclamer *roi, empereur*, Bc.

IV. De même qu'on dit أحيا ليلته فى الصلاة, le poète Moslim dit: أحييت نجوم الليل فى السقراط c.-à-d., j'ai passé la nuit en faisant des vers. Il dit aussi احيا البكا ليله «les larmes l'ont fait veiller,» Gl. Mosl.

V (cf. Freytag) dans le Voc. sous salutare. — *Ressusciter, revenir de la mort à la vie*, L (revibo, c.-à-d., revivo).

X *ressusciter, revenir de la mort à la vie*, Alc. (rebibir, ressuscitar a si mesmo), Abbad. II, 14, dern. l. De là عيد الاستحياء *pâques*, Alc. (pascua de resurrecion). — استحييت منك لكثرة احسانك الى «je suis confondu de toutes vos bontés,» Bc. — Le vulgaire dit: استحت المراة «elle couvrit son visage pour le cacher aux hommes,» M.

حىّ, en parlant d'une mer, *où il y a flux et reflux*, l'opposé de «mer morte,» Edrîsî, Clim. IV, Sect. 3, en parlant de Tarente: مرسى فيه بحر حى, et ensuite: يحيط بها البحر الحى والبحيرة. — Pour l'expression حىّ زيد «Zaid lui-même,» etc., voyez Mufassal éd. Broch 41, 5 a f. et suiv. — الحى والميت Alc. donne sous *satiriones yerva: hay cuymêit*, mais c'est une faute ou une corruption; il faut الحى والميت, *ophrys ciliata* Biv.; cette orchidée a des tubercules à la racine; il y a le tubercule *vivant* et le tubercule *mort*; selon les Arabes, le dernier frappe d'impuissance celui qui en mange, tandis que le premier a une vertu aphrodisiaque, Prax R. d. O. A. VIII, 342. — حى *joubarbe* ou *jombarbe* (plante), Bc; — *algue, fucus, varec*, Alc. (ova que nace en el agua); — *lotier corniculé*, Prax R. d. O. A. VIII, 348.

حيّة, dans le sens de *ver* (Golius), p. حيّة البان الأمعاء, J. A. 1858, I, 347. — حبة البحر *anguille*, Hbrt 70. — حية زرزورية ou حية طيّارة, *espèce de serpent*, voyez Niebuhr B. 167. — حية سوداء ou *aspic*, Bc. — حية شمس *lézard*, Bc. — حية الماء *hydre, natrix*, Bc. — حية ou *anguille*, Bc.

حياتك *je vous en assure, en vérité*, Bc. — وحياتك محبتك *par votre amitié* (le par qui sert à protester), Bc. — وحياة رأسى *ventre-bleu, ventre-saint-*

حيث

gris, Bc, 1001 N. I, 31, 6. — شَجَرُ الْحَيَاةِ thuya, Bc. — ماء الْحَيَاةِ eau-de-vie, Alc. (agua ardiente); — eaux vives, grandes marées, Alc. (aguas bivas).

حَيَوَان désigne à Timboctou toutes les espèces de biens meubles, Barth IV, 454 n. — Ce mot doit avoir chez les alchimistes un sens spécial, Prol. III, 199, 2, où de Slane avoue qu'il n'en connaît pas la signification. — حَيَوَانَاتُ الْخَمْسِ semble désigner cinq sortes d'insectes malpropres, nuisibles et incommodes, comme sont les poux, les puces, les punaises, etc.; voyez sous فَسَقَ.

رُوح حَيَوَانِي، chez les médecins, voyez le passage du Gl. Manç. sous بَطْن. — قُوَّة حَيَوَانِيَّة sensualitas, Voc., c.-à-d. (voyez Ducange) la faculté de sentir.

خُوَيْن pl. ات animalcule, Bc.

تَحَيُّون s'abrutir, Ht.

لَيْلَة الْمَحْيَا تَحْيَا، la nuit de la vie, est chez les Chiîtes le 27 du mois de Redjeb, Bat. I, 417.

Mhhaya, eau-de-vie, Daumas V. A. 298.

مُسْتَحَى confusion, honte par modestie, honte, timidité, Bc.

مسَاحِيَة sensitive (plante), Bc.

حيث.

حَيْثُ بَيْثُ = تَرَكُوا الْبِلَادَ حاث باث, Mufassal éd. Broch 70, 3.

مِن حَيْثُ ان، حَيْثُمَا comme, puisque, ou que; بَحَيْثُ comme, en tant que; دَه que, puisque; مِن حَيْثُ ان ران puisque; حَيْثُ ذَلِك dès-là, cela étant; مِن حَيْثُ كَذَا en ce cas, Bc.

حَيْثِيَّة point de vue, Weijers 55, 5 des notes, cf. 195, n. 354.

حبك I c. عن se démentir, s'écarter de son caractère, Bc. — C. عن est dans le Voc. cavillare; mais puisqu'il donne راغ comme synonyme, il semble que c'est عن حاد dans le sens ordinaire, se détourner de.

II mettre de côté, M.

IV c. عن dévier, écarter de la route, Bc.

VI c. a. vulg. pour III, M.

حبر

حَبَك aiguille de montre, M.

حَبْكَة déviation, Bc.

حَبُود lâche, sans courage, Gl. Fragm.

حَائِك. مِن حَائِك en s'éloignant (de Sacy), de Sacy Chrest. II, ۱٥, 3 a f.

أَحْبَك pl. حبك lâche, sans courage, Gl. Mosl.

مَحْبَاد pl. مَحَابِيد même sens, Gl. Mosl.

حبير I balancer, être incertain, Bc, être en suspens, Bc, Hbrt 44.

II embarrasser, empêcher, Alc. (enbargar estorvar, estorvar, حَبَّر enbaraçado, et ocupado por lugar enbaraçado, impedir). — Surcharger, fatiguer l'estomac, donner une indigestion, Alc. (enpachar el estomago).

V être dans l'incertitude, irrésolu, Bc, être en suspens, Hbrt 44.

VIII être perplexe, en stupeur, de Sacy Chrest. II, ۱۱, 8, s'embarrasser, hésiter, Bc.

حَبَر forme au pl. حِبَار, Gl. Belâdz. — Dans le sens de jardin, Calâïd 173, 19 et 22 (corr. d'après Macc. I, 419), 174, 3.

حَبْرَة embarras, empêchement, Alc. (embaraço, enbargo o estorvo, estorvo, inpedimiento), de Slane Prol. I, p. lxxv a. — Perplexité, Voc., Bc. — Enchantement, ravissement, Bc. — Indécision, incertitude, Bc.

حَبَرِي = خَبَرِي, Most. sous جَبَرِي. — On trouve مَعْدِن الزُّجَاج الْحَبَرِي chez 'Aïachi, ce que Berbrugger (121) traduit par « une mine de verre noir, » mais en ajoutant qu'il ignore ce que cela signifie.

حَبْرَان est حَيَوَان dans Bidp. 270, 4, qui est en balance, irrésolu, chancelant, embarrassé, éperdu, incertain, Bc.

حَائِر irrésolu, Ht (chez lequel il faut lire ainsi, au lieu de حَاثِر). — Fainéant, Daumas V. A. 237. — Dans le sens de réservoir, étang, le pl. حَوَائِر, Berb. I, 413, 11 (l. 13 lisez حَائِرًا), 414, 3, II, 400, 14, car c'est ainsi qu'il faut lire dans ces trois passages. — Clôture, mur, Gl. Belâdz. — Enclos, jardin, hameau, ibid.

تَحْبِير suspension, fig. de rhétorique, Bc.

مَحْبَر mode de musique, M.

حيش

مَخَابِر jardins, l'anonyme de Copenhague 101, où il est question d'une grande réjouissance: وخرجوا الى مجابِر (sic) للصحرة وذلك على ترتيب الاسواق واهل الصنائع ۞ مخْيَار chez Chanfarâ, dans de Sacy Chrest. II, ۱۳۷, 1, cf. 360, l. 1 du t. ar., où de Sacy traduit مجيار الظلام par: «âme sans énergie que les ténèbres saisissent d'effroi.»

مُسْتَحِير étang, Diw. Hodz. 190, vs. 46.

حِيش.

حَيْش pour حَرْش (voyez), forêt. — Pour حَنَش (voyez).

حَيْشَة balle, Bg.

حِيشِيَة voyez sous حنش.

حيص V être en fuite, en exil, Berb. I, 598, 2.

حيض.

حَيْض sperme, Alc. (esperma del hombre). — Pollution, écoulement involontaire de semence, Alc. (polucion de noche o dia).

حَيْضَة chauffoir, linge de propreté pour les femmes, Bc.

حِيَاض الموتِ les affres de la mort, Bc.

حَيْطَلِيَّة espèce de brouet ou bouillie, cuite jusqu'à la consistance d'une gelée, ensuite coupée en tablettes carrées ou oblongues, édulcorées avec du dibs, et aspergées avec de l'eau-rose, Bg 268, Lyon 50 (atila).

حَيْطَلاني celui qui vend ces tablettes, Bg 269.

حيعل.

الحَيْعَلَتان les deux formules حَيَّ على الصلاةِ et حَيَّ على الفلاحِ, Bat. II, 247.

حيف I c. على ravager, piller un pays, Lettre à M. Fleischer 32.

IV c. على traiter avec violence, de Sacy Chrest. II, ۸۰, 2 a f.

V c. a. affaiblir peu à peu, de Jong; nuire à, diminuer, Gl. Belâdz., Abbad. I, 66, 14; c. على, P. Amari 107, 2 a f. — C. a. traiter avec violence, Abbad. I, 172, 4 a f., Prol. I, 51, 2 a f., II, 37, 12, Berb. I, 392, 7 a f., 631, dern. l., 646, dern. l., II, 267,

8, 542, 5. — Piller un pays, des ennemis, ravager un pays, Lettre à M. Fleischer 33.

حَيْف. يا حيفه ou يا حيف عليه c'est dommage; حيف على تعبنا aussi que je le plains! يا حيفه «c'est dommage de nous être donné tant de peine; يا حيف, «c'est peine perdue,» Bc; يا حيف على تعبك يا حيف على الذهب الذى ما اخذت الذهب et ensuite «quel dommage que je n'aie pas accepté l'or!» 1001 N. Bresl. IV, 328, 2 et 4.

حائِف voleur nocturne, Ztschr. XXII, 103, n. 38.

حيق I, c. في p., en parlant d'un poison, pénétrer dans le corps, Badroun, notes, 67.

II assaisonner, Bc.

حِيَاق assaisonnement, Bc.

حيك II tisser, Hbrt 78, Bc, tramer, Bc.

حَيْك, pl. حِيَاك (Cherb. Dial. 225), et حَائِك, en Afrique, grand manteau de laine, ordinairement blanc, qui sert de vêtement pendant le jour et de couverture pendant la nuit, Vêtem. 147—153.

حيل I être en chaleur (jument, etc.); une telle jument est حائِل, M.

حَيْل, proprement force, بِحَيْل vigoureusement; بكل حيله à bras raccourcis, de toute sa force, Bc; ضربت بحيلى وقوتى بين عينيه, 1001 N. Bresl. IV, 281, 4. De là le milieu du corps, les reins, attendu que les reins sont regardés comme le centre de la force du corps, p. e. شدّ حيلك. On dit قعد على حيله, نهض على حيله, قام على حيله, se placer de façon qu'on est bien ferme sur ses reins, Fleischer dans le J. A. 1827, 232, et dans le Gl. 51—2. Chez Bc: حيل séant, posture d'un homme assis dans ou sur son lit; على حيله droit, debout; قام على حيله «il se mit sur son séant.»

حِيلَك amarrez, J. A. 1841, I, 588.

حَيْلُولَة (formé comme قَيْلُولَة) le sommeil à la fin du jour, Ztschr. XVI, 227.

حين V. Un tel تحيّن signifie il a acquis de l'argent, M.

X. استحين est استتبعه, M. — C. على p., avoir pitié de (أَسِفَ), M.

حان, dans l'Adzerbaidjân, enclos, hameau, jardin, Gl. Belâdz.

حين On dit الى حين وقتنا هذا حين, Gl. Edrisî. — لحينما en attendant que, Bc.

خ

خاخام (חָכָם) rabbin, Bc.

خارصيني zinc; — toutenague, Gl. Esp. 294—5.

خاصّكي (composé de خاصّ, «intime,» de la terminaison diminutive كـ en persan, et du suffixe persan ىـ, qui sert à former le n. d'un.), pl. خاصّكيّة, ne signifie pas page, comme l'ont pensé de Sacy (Chrest. I, 133) et Freytag (493 b), mais sous les sultans mamlouks, on appelait ainsi ceux qui restaient constamment auprès du sultan, dans les moments où il cherchait la solitude et où il était oisif, ce qui leur assurait des avantages importants; voyez pour plus de détails Maml. I, 2, 158.

خاقا. ياقوت خاقا hyacinthe (pierre précieuse), Bc.

خاقان. Un passage que j'ai publié Abbad. III, 2 et 3, montre que le surnom d'Ibn-Khâcân, qu'on a donné à al-Fath, le célèbre auteur du Calâïd et du Matmah, était un sobriquet injurieux, un terme d'une malhonnêteté choquante et qu'il ne faut pas employer pour désigner cet écrivain. Mais je me suis trompé en pensant que c'est pédéraste; la pédérastie était à cette époque un vice trop commun parmi les Arabes, pour qu'ils se le reprochassent les uns aux autres. M. de Goeje m'a fait remarquer que c'est bardache, et que ابن خاقان a reçu ce sens, parce que les jeunes Turcs, les fils des khâcâns, qu'on élevait à la cour de Bagdad, servaient à satisfaire les passions infâmes des seigneurs de cette capitale. Cette explication est sans doute la véritable; comparez p. e. ce qu'on raconte au sujet de la mort d'al-Fath (l. l.): وجد فى فندق بحضرة مراكش قد لجده عبدٌ أسودُ خلا معه بما اشتهر عنه وتركه مقتولا وفى ذبره وتدٌ ♦

خاقونية espèce de voile? 1001 N. I, 426: فتزيّنتْ باحسن الزينة وأرخت على عينيها خاقونية. Cette phrase manque dans Boul. et l'édit. de Habicht ne donne pas cette longue histoire.

خالقوس (χαλκός), au Maghrib, cuivre brûlé ou calciné; voyez sous خلقوس.

خامركى sorte d'oiseau, Ztschr. für ägypt. Sprache u. Alt., juillet 1868, p. 84.

خانقة (peut-être mieux خانقه) خانقاه, cloître, Djob. 291, 15, Bat. I, 71 (où le man. de Gayangos a l'autre forme).

خبّ I trotter, Bc. — S'enfoncer dans (فى) le sable, la boue, M. — Etre creux (sol), p. e. en parlant d'une caverne, qui résonne quand on la frappe, M. — C. على p. quereller, réprimander quelqu'un d'une manière terrible, M. — Ronfler? 1001 N. Bresl. X, 394, dern. l.: وهو نائم يخب فى نومه; mais la leçon est incertaine, car dans l'édit. Macn. on trouve le verbe خطّ, qui signifie en effet ronfler et qu'il faut peut-être substituer à خبّ.

IV, au fig., اخبّ فى ذلك وأوضَعَ, dans le sens de prendre une part très-active à, Berb. I, 78, 5 a f., II, 200, 8 a f., 536, 3.

خبّ artichaut sauvage, plante qui sert de nourriture aux chameaux et aux vaches, Burckhardt Syria 281, 333.

خبّة synonyme de جُنَّة, c.-à-d.: une pièce d'étoffe dont les femmes se servent pour couvrir toute la tête, sauf le milieu, la figure et les deux côtés de la poitrine, et qui a deux trous à l'endroit des yeux, Ibn-as-Sikkit 526. — Sisymbrium polyceraton, Bait. I, 217 b, 348 b; — ormin, Bc.

خبب trot, Bc. — Nom du 16e mètre, المتدارك M 357 a et in voce, Freytag Arab. Verskunst 124. — Nom d'un autre mètre inventé par un poète de Murcie, nommé Alî ibn-Hazmoun, qui florissait vers la fin du VIe siècle de l'hégire. Ce mètre se compose de ces pieds:

-∪∪-∪∪ | -∪∪-∪∪   -∪∪-∪∪ | -∪∪-∪∪

Voyez Abd-al-wâhid 213, Abdarî 25 v°, Abou-Hammou 5 et 10.

خبا, vulg. خَبَى, II enterrer, Bc.

IV cacher, céler, Gl. Fragm., Voc., Alc. (asconder, esconder). — Refuser, Alc. (negar lo pedido).

V se cacher ou être caché, Voc., Bc, Ht, Macc. I, 161, 2 (cf. Add.), Payne Smith 1530.

VII être caché; عرف المنتخى connaître le dessous des cartes, Bc.

VIII conserver, mettre en réserve, Gl. Fragm.

X cacher, Alc. (solapar). — Se cacher, Gl. Fragm., Alc. (esconderse), 1001 N. Bresl. VII, 15.

خَبِيَة jarre, Voc.

خَبِيَة cache, lieu secret pour cacher quelque chose, 1001 N. Bresl. IX, 208, 4.

خِبَاء. Le خباء dans un navire, 1001 N. Bresl. VII, 131, 2, semble être une espèce de tente, où l'on se met à couvert du soleil pendant le jour et du serein pendant la nuit, car on lit chez Mantegazza 156: «Entrammo dunque sotto al Chibo di detta Zerma [جرم], per noi soli apparecchiato, acciò il Sole di giorno, e il sereno di notte non c'offendessero; è questo Chibo il nome d'un' poco di coperto, che è nella nave à somiglianza di quella parte di nave, che da nostri barcaruoli è chiamata temo,» et chez d'Arvieux I, 223 (Egypte): «Nous fîmes faire à l'arrière du bateau une cabane couverte de doubles nattes qu'on appelle Kib, dans laquelle nous étions commodément à couvert du soleil, de la pluie et de la rosée.» — Avec ou sans سَرير, est ce qu'on appelait autrefois pavillon et ce qu'on appelle aujourd'hui couronne, c.-à-d., un tour de lit en forme de tente et suspendu au plancher, ou attaché à un petit mât vers le chevet, Gl. Esp. 187. — خباء قبة semble l'équivalent de قبة, Macc. II, 711, 14: وخباء قبة كبيرة. — وقبة اخرى لخباء nom de quelques étoiles de la constellation dite le Cocher, Cazwînî I, 33, 8.

مخبأ. Le pl. مخابى jarres, Gl. Edrîsî.

مخباية cache, lieu secret pour cacher quelque chose, cachette, niche, réduit dans un appartement, une maison, Bc. — Vulg. pour مَخْبَأ, pl. مخابى, trésor enfoui, M, Bc. — Trappe, piège dans un fossé, Bc. — باب مخبابة trappe, sorte de porte au niveau du plancher, son ouverture, Bc.

خبث I c. على dans le Voc. sous callidus, c. في et على ibid. sous dolosus; c. على p. se servir de ruses à l'égard de quelqu'un, Ztschr. XX, 509, 13.

II c. a. dans le Voc. sous callidus et dolosus.

V dans le Voc. sous dolosus.

VI dissimuler, Prol. III, 265, 15.

VII c. على et في, dans le Voc. sous callidus.

خُبْث dissimulation, selon l'explication qu'on trouve de ce mot Prol. III, 265, 2. — Hypocrisie, Bc. — Goguenarderie, mauvaise plaisanterie, Bc.

خَبِيث, dans le sens d'impuretés, forme au pl. أخبَاث, Voc. — Calliditas dans le Voc.

خَبِيث hypocrite, Bc. — Goguenard, mauvais plaisant, Bc. — ابن الخبيثة comme ولد الزناء, vaurien, Gl. Abulf.

خَبَاثَة des méchancetés, des plaisanteries malicieuses, Bc.

خَبِيثَة. Le pl. خبائث folies, excès, écarts de conduite, Bc.

خُبَيثى et خُبَيثى rusé, trompeur dans le Voc.

خبر I c. ب informer, Bc.

IV c. a. p. et c. r. réciter et enseigner un poème à quelqu'un, Autob. 197 v°: اخبرني بالقصيدتين عن الخ.

X c. عن s'enquérir; c. من p. et عن r. s'informer à quelqu'un de quelque chose, Bc; c. a. p. et عن ou في r. interroger, Voc.

له خبر في se connaître en, Bc.

خَبَر (vulg.), chose de peu d'importance, Bc. — قامت تبصر خبر الباب elle alla voir ce qu'il y avait à la porte,» 1001 N. I, 67, 4. — L'énoncé d'un fait; l'expression d'une volonté ou d'un désir s'appelle أنشاء, de Slane Prol. III, 265, n. 1.

صاحب الاخبار ou صاحب الخبر — était le nom d'un officier que les princes tenaient dans leurs chefs-lieux d'arrondissement et qui était chargé d'informer le souverain de toutes les nouvelles tant soit peu importantes, de lui annoncer tous les étrangers qui arrivaient, etc.; cette fonction était souvent remplie par le maître de poste; voyez les auteurs cités dans le Gl. Fragm., Maml. I, 2, 94, II, 2, 89, Fakhrî passim, Nowairî Afrique 44 r°, en parlant de Temîm ibn-al-Mo'izz († 501): وكان له في البلاد اصحاب اخبار; يطالعونه باخبار الناس لتقلّا يظلموا, l'empereur Frédéric II les avait aussi, Amari 517, 2.

خَبْرَة forme au pl. خَبَر, Voc.

خِبْرَة. اهل خبرة connaisseur, expert, Bc. — (Esp. cobre) cuivre, Inventaire: un des créanciers reçoit ومن النحاس: ibid.; من قيمته نحاس خبرة, مثقال 561 للخبرة تسعة قناطير الحج ⁕

خَبَرِيّ énonciatif, Bc.

خَبَرِيَّة bruit, nouvelle, Bc. — Anecdote, Hbrt 96.

خَبّار sorte de poisson, Yâcout I, 886, 4; mais la leçon est incertaine, car les man. de Cazwînî ont حبال ou جبال.

خبير ne se construit pas seulement avec ب, mais aussi avec في, Bc. — Guide, le guide principal de la caravane, Browne I, 295 n. et suiv., 370, II, 2, Burckhardt Nubia 160, 346, d'Escayrac 591, Werne 29, 52, Daumas Mœurs 337—8, Carteron 368, de Jong van Rodenburg 217.

خابُور la grande espèce du sureau, Bait. I, 393 b, où le texte porte: خابُور خُبْز — ويستميه قوم لخابور brife, gros morceau de pain, Bc.

صاحب الكلام اخبر بالمعى; خَبِير compar. de. «l'entente est au diseur,» Bc.

أخْبَاري = صاحب لخبر (voyez sous خَبَر), Gl. Fragm.

الاخْبَارِيّة secte des Imâmîya, M.

مُخْبِر = صاحب لخبر, Gl. Fragm.

مُخْبِر avant-coureur, Bc. — Gazetier, Bc.

مَخْبُور dont on a fait l'épreuve, c.-à-d. qu'on a trouvé bon, Prol. II, 347, 17; mais je ne sais si ce mot a aussi ce sens dans les 1001 N. Bresl. III, 385, 7, où il est question de poulains.

اخْتِبار examen, Alc. (esamen). — Question, torture, Alc. (question de tormento).

اسْتِخْبار montre, échantillon, Alc. (muestra de mercaduria).

خبز II cuire, faire du pain, Voc., Bc.

V dans le Voc. sous panis.

خُبْز forme au pl. أَخْبَاز, Voc. — Même pl. une portion de terrain, qui était concédée à un émir, ou à quelque autre membre de la milice, et dont le revenu servait à sa nourriture et à son entretien; apanage, Maml. I, 2, 159—161. — خبز الحاشيَة voyez sous ce dernier mot. — خبز مَيْمُون ou خبز الدُبّ cyclamen, pain-de-pourceau, Pagni 32. — خبز الأرَامل espèce de sucrerie, 1001 N. Bresl. I, 149, 2. —, خبز المَشَايخ biscuit, Bait. I, 354 b. — en Ifrîkiya, cyclamen, pain-de-pourceau, Bait. I, 123 b, 354 d (AB). —, خبز الغُراب chez le peuple en Espagne (اسمتنا ببلاد الاندلس), buphthalme, camomille jaune ou de Valence (بهار), Bait. I, 181 f; — pastilles = اقراص (du nom dudit fruit), Sang.; — le M donne: وخبز الغراب الكشلة وفطر يخرج اقراصًا كالخبز كشلة; والعامّة تسميه خبز الغار sous le M il n'a pas et j'ignore ce que ce mot signifie. — خبز القُرود, en Ifrîkiya, cyclamen, pain-de-pourceau, Most. sous بخور مريم, au Maghrib, Gl. Manç. sous le même mot; — en Espagne, grande espèce d'arum, Bait. I, 354 c. خبز القرائنة dans La du Most. خبز القرائنة (sic) dans N, ammi (ناخخا). — خبز مَيْمُون voyez sous خبز الدب.

خَبْز boulangerie, art, métier de boulanger, Bc.

خُبْزَة morceau de pain, Bc. — Fournée, le contenu d'un four à pain, Bc.

خُبَيْز est employé par le vulg. comme n. d'act., M.

خُبَيْز dimin. de خُبْز, Gl. Belâdz.

خَبَّازة boulangerie, art de boulanger, Alc. (panaderia arte dello).

خُبَيْزَة pain mollet, Alc. (bodigo).

خَبّاز .Ibn-Loyon 43 v°: الملوخيا في لخباز القُرْطُبيّ.

خبازى الملوك .خَبّازي malva arborea, et avec maklûba, malva sylvestris maior, Pagni MS.

خُبّيْزَة mauve, Voc., Bc, M; une grande espèce, qui vit fort longtemps, s'appelle خبيزة افرنجية, M.

مَــخْــبَز *boulangerie*, lieu où le pain se fait, Bc, Payne Smith 867. — *Boulangerie*, art de boulanger, Alc. (panaderia arte dello). — خبز السُّلْطَان *paneterie*, lieu où l'on distribue le pain chez le roi, Bc.

مُتَخَبِّز *boulanger*, J. A. 1860, II, 371.

خبش I *égratigner*, Hbrt 36; n. d'act. خُبَاش, Domb. 134.

II *égratigner*, Ht.

خَبَّاش *gale*, Ht.

خبص I c. ب *appliquer en guise de cataplasme*, Baït. I, 348 a (Edrîsî): اذا طبخ ورقه بالماه وخبص به على الدماميل والاورام التى يحتاج الى تفجيرها وتحليلها فتحها واخرج ما فيها من المواد. — *Ecacher*, écraser, Bc, p. e. des raisins, aussi à la IIe forme, M. — *Embarrasser*, rendre obscur, embrouillé, *embrouiller*, Bc. — *S'embarrasser* خبص فى اعماله تورط فيها (بجهلَة), M.

II *brouiller*, mettre pêle-mêle, *tripoter*, Bc. — *Barbouiller*, faire grossièrement, *cochonner*, faire mal, salement, grossièrement un ouvrage, *gâcher*, faire mal, salement, *massacrer*, gâter, mal travailler, Bc. — *Faire des cochonneries*, Bc. — *Gargouiller*, Bc. — En parlant d'un malade, *prendre ce qui lui est nuisible*, M. في الأكل, *manger salement*, Bc. — في الأدوية *droguer*, donner trop de médicaments, Bc. — في الطين *barboter*, marcher dans la boue, *patauger*, Bc, Ht. — في الكلام *parler mal, incorrectement*, Bc.

VII. فسدت انخبصت المسئلة est, M.

خَبْص *brouillamini, désordre, embrouillement, remue-ménage, dérangement de meubles, tripotage*, Bc.

خَبْصَة *pâté*, choses mêlées, *pot-pourri*, mélange de viandes, légumes, etc.; au fig., discours mêlés, morceaux sans ordre, *salmigondis*, mélanges confus de diverses choses, Bc. — *Chaos, confusion, cour du roi Pétaut*, maison pleine de confusion où chacun commande, *gâchis*, Bc. — *Imbroglio, intrigue, embarras fâcheux*, Bc. — *Tracasserie*, rapport qui tend à brouiller, Bc. — *Cochonnerie*, Bc.

خَبِيص forme au pl. أَخْبِصَة, Gl. Belâdz., Payne Smith 1182. Expliqué de cette manière dans le Gl. Manç.: صنف من الحلوا يقرب من الاطعمة يتخذ من

Espèce فتات رقاق ويتَّخذ من لباب القمح ولبنبتته وبطيخ بالعسل او الغير حتى يصير فى قوام المربيات de figue, Auw. I, 88, 4 a f.

خَبِيصَة, pl. خَبَائِص, Payne Smith 1183, *espèce de gelée composée de moût et de farine, compote*, Bc; de l'amidon et de l'eau avec du raisiné, cuits ensemble jusqu'à la consistance d'une gelée, Bg 266. — *Rapsodie*, mauvais ramas de vers, de prose, Bc.

خَبَّاص *brouillon, remuant, tracassier, turbulent*, Bc. — *Homme inconsidéré, étourdi, imprudent*, M. — *Rapsodiste*, كاتب خَبَّاص *écrivailleur, écrivassier, mauvais écrivain*, Bc.

تَخْبِيص *bousillage*, ouvrage mal fait, Bc.

مُخَبَّص *médicament qui a été mêlé ou pétri de la manière dont on mêle la gelée appelée* خبيص, Gl. Manç. in voce: هو الدواء المُعَاجَن على هيئة عجن للخبيص.

مُتَخَمَّصَة voyez مُتَخَبِّصَة.

مَخْبُوص *en compote*, trop bouilli, meurtri, Bc. — *Mat*, en parlant d'une broderie trop chargée, Bc. — كلام مخبوص *discours confus, obscur*, Bc.

خبط I. خبط على يديه *rapprocher et frapper l'une par l'autre les deux mains*, en signe d'étonnement ou de frayeur, 1001 N. III, 475, 13; — *battre, remuer le lit*, Delap. 71; — c. فى *heurter*, خبط براسه فى الحائط «donner de la tête contre un mur,» Bc. — *Fouler*, donner un apprêt aux étoffes, Bc. — *Déranger* (ou *déchirer*?) ses habits, 1001 N. I, 114, 5 (= Bresl. I, 283, 2 a f.). — *Jeter par terre*, L (elido, prosterno) اخبط واسرع, qui est pour اصرع; sous elisus il a ساقط. — *Blâmer*, reprendre, Alc. (castigar reñir). — *Se tromper*, Macc. II, 115, 5 (cf. Add. et corr.); Fleischer, dans sa note manuscrite sur ce passage, cite le commentaire de Maîdânî sur le quatrième proverbe de la lettre Elif: عذا مَتَّل يخبط في تفسيره كثير من الناس; mais Quatremère, en publiant ce texte (J. A. 1838, I, 5), a fait imprimer la Ve forme. — *Se débattre* comme un animal égorgé, Bc; خبط *pantelant*, qui palpite étendu sans connaissance, Bc; 1001 N. II, 33, 14, en parlant d'un homme qui avait été jeté dans la mer: خبط بيديه ورجليه, Bresl. III, 356, 12 et 13, XI, 170, 5 (où Fleischer a fait imprimer يخْبَط, à la IIe forme).

II *battre*, 1001 N. Bresl. IV, 16, 10; *battre à la porte, frapper*, Ht. — *Fouler*, donner un apprêt aux étoffes, Bc. — *Se tromper*, Bait. II, 450 d: وهذا خَبيطٌ وعدم تَحقيقٍ في النَقْل, II, 542 a: cet article d'Ibn-Djazla doit être biffé لما لا فائدة فيها من كَثْرَة تَخْبِيطٍ وعظم تَشْويشٍ وعدم تَحقيقٍ ۞.

V *se remuer*, Daumas V. A. 87, *se débattre, ibid.* 500, Müller 30, 7. — *Se tromper*, J. A. 1838, I, 5, Gl. Manç. sous شَكاعَى: كَثُرَ تَخْبيطُ الناسِ في هذا الدواء, Bait. I, 73 b: في كتاب المنهاج في هذا الدواء تَخْبيطٌ, Abdari 79 rº: وكَلَّمْتُهُ في أشياءَ تَخْبَّطَ فيها وتَعَسَّفَ (On trouve aussi ce verbe 1001 N. I, 94, 1, mais c'est une faute; il faut y substituer لَتَخَبَّطَ, comme dans l'éd. de Bresl. I, 240).

VII dans le Voc. sous *percutere*, sous *verberare*.

VIII *c.* في *se heurter contre*, 1001 N. Bresl. IV, 101, 13. — *Se débattre comme un animal égorgé, se démener, s'agiter*, Bc; تَخْبيط, *pantelant, qui palpite étendu sans connaissance*, Bc; 1001 N. I, 39, 3 a f, II, 341, 9. — *Être en émoi, être livré à la confusion, à l'anarchie* (pays), Freytag Loem. 61, 2, Amari 445, dern. l.

تَخْبيط *meurtrissure, contusion livide*, Bc. — *Choc, heurt d'un corps contre un autre corps*, 1001 N. Bresl. IV, 101, 13. — *Apoplexie*, L (apoplexia). — خَبْطَة الرِّية *pneumonie*, L (pleripleumonia (pulmonum vitium), mais parmi les mots qui commencent par *per*).

في عَقْلِهِ خِباطٌ. خُباط *bizarrerie, travers*; خَباط *bizarre*, Bc.

خَبّاط dans le Voc. sous *percutere*, sous *verberare*.

مِخباط *fouloire*, Bc.

اِخْتِباط *commotion, ébranlement*, Bc. — *Anomalie*, Bc.

خبل I. خَبَلَ العِمَّة *décoiffer, défaire la coiffure*, Bc.

II *entreprendre, embarrasser, rendre perclus un bras*, Bc, M. — *Déranger, mêler, embrouiller, désajuster*, p. e. les cheveux, Voc. (turbare), Alc. (despoynar lo peynado, descabellado, مُخَبَّل الشَعر, descabelladura, desmelenado, enhetrar, enhetramiento, entricar o enhetrar, entricada cosa, entricamiento, intricar por enhetrar, turbador, turbada cosa, descompuesto, descompostura, desaliñar, desconcertar, desaparejar por desataviar, desigualar lo ygual), des fils, des habits, etc., Fleischer Gl. 64, Ht; مُخَبَّل المَشْي, en parlant du corbeau qui, en essayant sans trop de succès d'imiter la démarche de la perdrix, avait presque oublié la sienne, de sorte qu'il marchât d'une manière embrouillée, Macc. I, 701, 14; — au fig., *déconcerter* quelqu'un, *démonter, interloquer, embarrasser, étourdir, causer de l'étonnement, troubler, étonner, intimider*, Bc. — *Désaccorder un instrument de musique*, Alc. (desacordar en sones). — *Tourner, retourner*, Alc. (rebolver). — *Débrouiller* ce qui est confondu, mêlé, Alc. (desenbolver, desenboltura de lo enbuelto).

V dans le Voc. sous *turbare*; = فَسَدَ, Payne Smith 1177; *perdre la carte, se troubler, se confondre, se brouiller, se troubler en parlant, perdre contenance, se déconcerter, s'embrouiller, être étourdi, perdre la tramontane*, Bc, 1001 N. I, 806, 16. — Sur l'expression تَخَبَّلَتْ أيديها (Freytag) voyez Fleischer Gl. 64.

VII voyez sous خبل VII.

خَبْلَة *embarras, irrésolution, trouble d'esprit*, Bc.

خَبْلان *turbatio* dans le Voc.

خَبَالة *dérangement, trouble*, Alc. (descompostura, enhetramiento, turbacion).

تَخْبيل *vertige*, L (vertigo).

مُخَبَّل *engourdi par trop de sommeil*, M.

خِبْيارى *caviar*, Bc, M.

خَتَب pl. أَخْتاب *jarret*, Ht.

ختر I, *choisir*, verbe que le peuple en Espagne a formé de اِخْتار, Alc. (elegir, escojer, entrecoger); مُخْتَر eleto para dinidad (= مُخْتار), escogido entre muchos).

خِتْرَة *choix*, Alc. (elecion = اِخْتيار et escogimiento).

تَخاتير للجِسم *habitude du corps, son air, son maintien*, Bc.

ختَرف I *rêvasser*, Bc.

ختل I n. d'act. aussi خَتْلَة, Gl. Mosl. — C. عن signifie peut-être *prétexter* une chose, Haiyân 59 rº: وذكروا

خْتم ختم أَعْنَاقَ الذِّمَّةِ, ختم في رقابِ الذِّمَّةِ I. ختم أيدى الذّمّة; ces expressions s'employaient dans les premiers siècles de l'islamisme, lorsque le gouverneur mettait aux tributaires un collier qui était fermé au moyen d'un sceau de plomb ou de cuivre, ou bien lorsqu'il marquait leurs mains avec un fer chaud, Gl. Belâdz. ختم كلامه ب « conclure un discours par,» Bc; ختم ب est l'opposé de ابتدأ ب, de Sacy Chrest. I, ١٠٨, 8. ختم الامر خيرا «il a réussi dans cette affaire,» Bc. On dit: اختم بنا نشرب dans le sens de: «buvons pour la dernière fois!» 1001 N. Bresl. IV, 146, 8. Ce verbe ne s'emploie pas seulement en parlant du Coran (v. Lane), mais aussi quand il est question d'autres livres, p. e. du Çahîh de Bokhârî, Macc. I, p. ○, 1, du livre de Sîbawaih, Macc. II, 562, 7, Khatîb 21 v°. En parlant de mets ou de boissons qu'on a préparés, ختمه ب signifie: y mettre la dernière main en y ajoutant encore quelque chose, 1001 N. I, 190, 3: ختم الزبديَّة بالمسك والماورد, et un tel mets ou une telle boisson s'appelle مختوم, 1001 N. Bresl. II, 98, 5, 101, 13. — Se cicatriser, se fermer (plaie), Bc. — ختم وقلب jeter en moule, faire d'un seul jet, Bc.

II cicatriser, consolider une plaie, Bc, Bait. I, 258 d: الجَّبَار يختم القروح.

IV marquer, mettre une empreinte, une marque sur une chose pour la distinguer, Alc. (consignar, qu'il traduit aussi par رشم et اطبع). — Se cicatriser, Bc.

VII dans le Voc. sous complere; être terminé (livre), Payne Smith 1409. — Se cicatriser, Gl. Manç. sous اندمال: واكثر ما يعْني في التجرح خاصَّة. — Se fermer, Kalyoubî 3, 2 a f. éd. du Caire.

VIII, en parlant du turban, dans le sens que Lane donne sous la V°, Müller 25, dern. l. — اختتام consolidation, état d'une plaie qui se cicatrise, Bc.

خَتْم, empreinte du cachet, d'un sceau, estampille, forme au plur. أختام et ختوم, Bc. — Scellé, sceau apposé sur des portes, des armoires, etc., Bc. — Griffe, empreinte d'un nom, Bc. — Pl. ختوم une cérémonie, dans laquelle on faisait une lecture complète du Coran, et qui avait lieu près du tombeau d'un persônnage marquant, Maml. II, 1, 139, 1001 N. I, 591, 5 a f.; pl. du pl. ختومات, 1001 N. Bresl. V, 10, 4 et 12, 10.

خَتْمَة. Voyez sur les récitations du Coran qui s'appellent ainsi, la traduction de Lane des 1001 N. I, 425—6. Aussi, avec le pl. ختم, récitation d'une partie du Coran, R. N. 75 v°: رأيت في آخر الليل انْ قائلًا يقول لى ترقد يا هذا وابو محمد بن الغنمي ختم الليلة خمس ختم فانتبهتُ فأتيتُه واعلمتُه بالرويا فتبسَّم وقال هو كذلك قرأت الليلة النصف الاخير عشر مرات. — Dans le sens d'exemplaire du Coran (Lane): Macc. II, 710, 8 (où للختمات الشريفة est l'équivalent de واعطاء, l. 4), Cartâs 40, 6 a f. (l. مصاحف شريفة avec notre man.), 1001 N. I, 125, 8. — Séance dans laquelle un disciple récite à son précepteur tout le Coran ou une partie de ce livre, Autob. 197 v°: قرأت عليه القران العظيم بالقراءات السبع المشهورة افرادا وجمعا في احدى وعشرين ختمة ثم جمعتها في ختمة واحدة اخرى ثم قرأت برواية يعقوب ختمة واحدة, 198 v°: قرأت عليه القران في ختمة لم اكملها. — nom d'une des nuits du mois de Ramadhân, Macc. I, 361, 13 et 15.

خَتْمى, dans l'Inde, lecteur du Coran, Bat. III, 432.

خَتْمِيَّة, pour خطميَّة (voyez), guimauve, M.

خِتام, clôture, conclusion, dénouement, fin, issue, Bc.

خاتم anus, bout du rectum, Bc, M. — Pl. خواتيم et خواتم, figure d'une mosaïque, Gl. Djob. — خاتر طين رومى, si le texte est correct dans Auw. I, 97, 4 a f. — خاتم سليمان. Quand on lit dans les 1001 N. I, 57, 4 a f, que la bouche d'une belle jeune fille ressemblait au خاتم سليمان, je crois avec Torrens que cela signifie: «petite et ronde comme la bague de Salomon,» et que les explications proposées par Lane dans sa traduction, I, 212, n. 11, sont erronées; — nom d'une plante, genouillet, gre-

---

انّا على طاعتكم غير خائنين عنها, si la leçon est bonne.
III faire patte de velours, Bc.
V rôder, Ht.
VIII = I, Gl. Mosl.

خَتَل chacal, Shaw I, 262 n.

خَتَل (Lane TA), Diw. Hodz. 149, 4 a f.

خــتن

nouillet, sceau-de-Salomon, Bc; — *ver noir qui ressemble à une bague quand ses extrémités se rencontrent*, M; — *nom d'une étoile à six pointes*, Lane trad. des 1001 N. I, 212, n. 11; — *la charpente au-dessus de la lanterne dite* ثُرَيَّا, *d'où pendent six lampes*, Lane M. E. I, 244 n. — خَاتَم المَلِك *terre sigillée*, ainsi nommée parce qu'elle est marquée du sceau du roi, Most. sous طين مختوم.

خَاتِمَة *signature, caractère*, Ht.

خَاتَام. خَوَاتِيم sont, chez les devins qu'on appelle أَقَل الجَفر, les sept lettres qui ne se lient pas à celle qui suit, à savoir ادرزولا, M.

خُوَيْتِمَة *nom d'une plante*, M.

مُخَتَّم *parqueté, incrusté, formé de briques ou de petits panneaux, de manière que cela ressemble à de la mosaïque sur une grande échelle*, Gl. Djob. — En parlant d'une étoffe, *bigarré*, p. e. *consistant en figures blanches quadrangulaires et octogones sur un fond bleu*, Gl. Djob., Macc. I, 123, dern. l., II, 711, 3, M: ومن الثياب ما تقاطعت فيه خطوط مستقيمة من غير لون رقعتن فاحدثت بينها بيوتا مربّعة وهو من اصطلاح المولّدين. — *Cotonnade*, Ghadamès 42.

مَخْتُوم *doué de*, Ht. — المختوم الحجازى *nom d'une mesure de capacité, qu'on appelait en Irâc* شَابُرْقَان *et qui portait aussi le nom de* قَفِير, Gl. Belâdz. — ملح مختوم *sel gemme*, Bc.

خَتَن I *s'emploie aussi quand il est question d'arbres fruitiers*; Bait. I, 256, en parlant du sycomore: وليس يحتاج الى ان يُختَن ولا يقرّر بل ينضج ويطيب ويحلو من ذاته.

VI *dans le Voc. sous afinitas et sous gener*, Abou'l-Walîd 256, 28: الختان والمصاهر

خَتَن *nouvel époux*, Bc, *nouveau marié*, Hbrt 25.

خَتَنَة *bru, belle-fille*, Voc.

خُتُو « *semble être la même chose que* خُتَن *dans le dict. pers. de Vullers*, » de Jong.

خَثُر II *rendre l'eau trouble*, Diw. Hodz. 53, 11.

أَقَل خَاثِر خَاثِر *celui qui a atteint le plus haut*

degré de sagesse, en parlant des عُقَّال chez les Druzes, M.

مُخَثَّر *fricassée de poulet avec des pois chiches*, Daumas V. A. 50, 251.

خَتْرَف chez Bait. I, 354 e, خَتْرَق chez Bc, *absinthe*.

خَجّ I *trotter*, Bc. Cf. خَزّ.

خَاجَّة *trottade*, Bc.

خَجَاجَة *trot*, Bc.

خَجْدَاش (pers. خواجه تاش) pl. خَجْدَاشِيَة, aussi خواشداش، خشداش، خوجداش، un Mamlouk qui avait été avec un autre au service d'un personnage important, circonstance qui perpétuait entre ces hommes des liens de confraternité, d'amitié et de dévouement réciproques, Maml. I, 1, 44, J. A. 1847, I, 156. Fém. ة, *une camarade, une compagne d'esclavage*, Maml. ibid.

خَجْدَاشِيَة *la position d'un homme qui a été conjointement avec un autre au service d'un même maître*, Maml. ibid.

خَجِل I. خجلت منك لكثرة احسانك الىّ «je suis confondu de toutes vos bontés,» Bc. — *Faire honte*, Bc. — *Tressaillir*, en parlant de chair vive, Voc. (tremere, quando caro tremit in uno et non in alio loco), Alc. (tenblar la carne biva, cf. tenblor de carne biva).

II *dans le Voc. sous tremere*.

VII, Payne Smith 1306—7.

خَجَالَة *honte, trouble causé par l'idée du déshonneur*; — *confusion, honte par modestie*, Bc.

خَجَلِي *cheveux en bandeau*, Roland.

خَدّ.

خَدّ *face d'une solive*, Gl. Edrîsî. — En parlant d'une forteresse, اضرعوا خدّه بالتراب « ils renversèrent ses murailles à terre,» Berb. II, 301, 10, comme on lit ailleurs, II, 267, 2: اضرع بالتراب اسوارهم. — خدود الباب *le chambranle d'une porte*, Abou'l-Walîd 190, 4, 236, 28. — خدود الأخفاف? *les quartiers des bottines?* Auw. I, 457, 1, où le man. de Leyde porte: شبه اشفا الصراب لخدود الاخفاف; faut-il lire: شبه اشفا الصراب لخدود الاخفاف?

خَدّ Statice Bonduelli, Margueritte 253, Daumas V. A. 382, 392.

خَدِّيَّة oreiller, Voc.

خُدَيْدِيَّة chevet, traversin, Bc.

خَدِّيدَة traversin, oreiller, Hbrt 204, coussinet, Bc.

مَخَدَّة, au Maghrib presque toujours مُخَدَّة, Gl. Esp. 172, Voc., et le peuple y employait, au lieu de مَخَدَّات, le pl. مَخَايِد, Voc., Alc., J. A. 1851, I, 57, 8, et مَخَادِد, Voc. — Une taie d'oreiller, le linge qui sert d'enveloppe à un oreiller, Alc. (funda de almohada), comme almohada en espagnol.

مُخَدَّدَة oreiller, Voc.

خدر I. Dans le Voc. le nom d'act. est aussi خَدَر. — Trembler, Voc.

IV corumpere dans le Voc.; c. في nuire à, porter atteinte à, Prol. II, 304, 12. — Piquer un âne au cou, ou un bœuf au pied, Voc.

VII dans le Voc. sous abortiri et sous corumpere.

مَخْدَجَة atteinte (de Slane), Prol. II, 305, 15.

خدر II faire languir un arbre, Auw. I, 219, 17. — Turbare, Voc.

V Voc. sous turbare.

VII dans le Voc. sous paraliticus.

IX s'engourdir, Bc.

خَدَر paralysie, Voc.

خَدْرَان engourdi, Bc.

خُدَّار torpille, car ce poisson, comme me l'a fait observer M. Amari, en citant Dawy, Observations on torpedo, dans les Philosoph. Transactions 1834, p. 542, s'appelle en maltais haddayla, ce qui, par le changement de r en l, est خُدَّار; cf. Avicenne I, 255, article رعّادة: وفي السمك المخدر, Bait. I, 498 c: وفعلها في تخدير يد ماسكها كفعل رعاد مصر.

تَخْدِير narcotisme, affection soporeuse, Bc.

مُخَدِّر pl. ات narcotique, Bc.

مَخْدُور engourdi, Ht. — Paralytique, Voc.

خدش II c. a. voler, prendre furtivement, Voc.

III تَفَرَّقَت الظبى على خداش « les glaives se tournèrent les uns contre les autres, » Recherches II, Append., p. xii, dern. l.

V être égratigné, Payne Smith 1371.

VI s'égratigner le visage, Wright 121, 3 a f.

خَدْش tranchée, ouverture, excavation (grande ou petite) dans la terre, Gl. Mosl.

خَدْشَة écorchure, Bc; pl. خَدْش, Auw. II, 25, dern. l., خَدَشَات stigmata, L.

خَدَّاش voleur, Voc.

مَخْدُوش défectueux, Prol. III, 317, 4.

خدع I c. a. et عن enlever frauduleusement quelque chose à quelqu'un, Gl. Badroun. — Séduire, faire tomber en faute, corrompre, abuser, débaucher, Bc. — Amortir, attirer par des choses qui flattent, Bc.

III flatter, Hbrt 245; blandiri infantem dans le Voc., de même que la II⁰.

خِدَاع flatterie, Hbrt 245.

خِدَاعَة fraude, ruse, Abbad. I, 352, n. 151.

خِدَاعِي insidieux (chose), Bc.

خَدِيعَة friponnerie, Hbrt 248. — Flatterie, Hbrt 245. — Séduction, Bc.

خَدَّاع flatteur, Hbrt 245. — Séducteur, Bc.

مَخْدَع pl. مَخَادِع sentier qui raccourcit le chemin qu'on a à faire, petit chemin de traverse, Voc. (semita), Alc. (atajo de camino, camino como vereda, senda o sendero, vereda), Cartâs 172, 10 a f. (où Tornberg traduit à tort « insidiæ »); L a le dimin.: trames (mite) [il veut dire: semita] مُخَيْدَع وطريف ضيف وسبيل مَخَالِف. De ce substantif on a formé le verbe مَخْدَع, pratiquer, ouvrir des sentiers, Alc. (senderar).

مُخَادِع flatteur, Hbrt 245.

خدل I engourdir, s'engourdir, stupéfier; خدل ذراعه se détordre, Bc.

II مُخَدِّل stupéfactif, Bc.

VII s'engourdir, Bc. — S'étonner, Alc. (maravillarse).

خَلْدَلَةٌ *détorse*, Bc. — خَّنْلَةٌ *étonnement*, Alc. (enbaçadura).

مَتْخَدِّلٌ *étonné*, Alc. (enbaçado maravillado, maravillado).

خَدَمَ I *servir le roi, l'Etat, être dans quelque emploi pour le service du roi, de l'Etat, administrer*, Alc. (administrar), Haiyân-Bassâm I, 23 v°: وَامْتُحِنَ جَمَاعَةٌ مِنَ الأَعْيَانِ مِمَّنْ خَدَمَ فِي مُدَّةِ سُلَيْمَانَ, Maml. I, 1, 18; *servir dans un navire, en parlant de marins et de guerriers*, Bat. IV, 91. — *Travailler*, Voc., Alc. (afanar, obrar, trabajar), Ht, Djob. 48, 1, Macc. I, 360, 3, 373, 8, Bat. II, 71, III, 268; خَدَمَ فِي البَاطِلِ « *travailler en vain, faire en vain*, » Alc. (hazer en vano); dans le Dict. berb. خَدَمَ صَنَاعَة *exercer une profession, un métier*. — C. a. *cultiver la terre, des plantes*, Gl. Edrîsî, Voc., Bc, Ht, Calendr. 117, 4, Auw. II, 164, 11, Bat. III, 296; au fig., خَدَمَ العِلْمَ, *cultiver la science*, Meursinge 4, 6 a f.; et aussi figurément, comme *cultiver* en français, en parlant des relations, des sentiments qui lient les personnes entre elles, *conserver, entretenir, augmenter*, P. Hoogvliet 102, 6:

هَلْ تَذْكُرُ العَهْدَ الَّذِي لَمْ أَنْسَهُ وَمَوَدَّتِي مَخْدُومَةٌ بِصَفَائِهَا

et 104, 7:

تُصَبِّينِي مِنَ الدُّنْيَا مَوَدَّةَ مَاجِدٍ أُقِيمُ بِهَا سِرًّا وَأَخْدُمُهَا جَهْرًا

— *Exploiter une mine*, Gl. Edrîsî. — خَدَمَ العُشْبَ *fourrager, couper et amasser du fourrage*, Bait. I, 490 c: كُنْتُ أَخْدُمُ العُشْبَ; mais le man. B porte فِي العُشْبِ. — *Réparer les routes*, Martin 184. — *Conduire un chariot*, Bat. II, 361. — C. a. p. *donner, par un acte de politesse, un témoignage de soumission; en parlant d'un sujet à l'égard de son prince, lui offrir son hommage; en parlant d'un inférieur à l'égard de son supérieur, lui donner un témoignage de respect, d'une politesse pleine de soumission*, p. e. سَلَّمَ وَخَدَمَ بِرَأْسِهِ « *faire un salut de la tête*, » خَدَمَ بِيَدِهِ إِلَى الأَرْضِ خَمْسَةَ مَرَّاتٍ « *il salua, et montra sa soumission, en abaissant cinq fois sa main vers la terre*, » Maml. I, 1, 64, II, 1, 119, Pseudo-Wâkidî éd. Hamaker 27, 8, et la note p. 57, Koseg. Chrest. 9, 1, 1001 N. I, 61, 6, 66, 11, 67, dern. l., 68, 10. — C. a. p. et ب r. *témoigner son respect à quelqu'un, en lui offrant quelque chose, offrir un présent à quelqu'un*, Maml. II, 1, 120, Macc. I, 655,

8, Bat. III, 98, 1001 N. I, 62, 2 a f. — C. a. p. et ب r. *offrir, c.-à-d. dédier un livre à quelqu'un*, Ibn-Loyon 2 r°: ابن بَصَّلَ لَهُ كِتَابٍ فِي الفِلَاحَةِ خَدَمَ بِهِ المَأْمُونَ۞

II *faire travailler*, Voc., Bat. II, 71, III, 267 (où je crois qu'il faut substituer la II° à la IV° forme). — *Prendre à son service*, Cartâs 167, 17.

V dans le Voc. sous *operari*. — *Se cultiver*, Cherb. Dial. 16.

VII dans le Voc. sous *servire*.

VIII *cultiver*, Auw. I, 194, 6.

X *prendre à son service, enrôler des soldats ou un homme qui exerce une profession quelconque*, Maml. I, 1, 160, 1001 N. I, 80, 15. En parlant de vaisseaux, *les louer* (de Slane), Berb. I, 208. — *Attacher quelqu'un, par un emploi quelconque, à son service, ou à celui d'un autre*, Maml. l. l. — *Admettre un soldat ou un officier dans la classe de ceux à qui le sultan accordait un bénéfice militaire* أَقْطَاع *ou le grade d'émir*, Maml. I, 1, 161. — *Employer, se servir de*, Ht, Edrîsî Iʳ¹, 5, Amari 190, 4. — *Faire travailler*, Ht. — اِسْتَخْدَمَ نَفْسَهُ *s'offrir pour travailler*, Djob. 73, dern. l. — C. a. p. et ب r., comme la Iʳᵉ, *témoigner son respect à quelqu'un, en lui offrant quelque chose, offrir un présent à quelqu'un*, Cartâs 214, 10 a f.

خَدَمُ العَسْكَرِ، خَدَمْ *paye des soldats, nom d'un impôt*, Descr. de l'Eg. XI, 495.

خِدْمَةٌ *le service du roi, de l'Etat*, Haiyân-Bassâm III, 3 r°: فَدَخَلَا عَلَى الوَزِيرِ عَبْدِ الرَّحْمَنِ بْنِ يَسَارٍ أَيَّامَ خِدْمَتِهِ بِهَا (c.-à-d. à Valence), *charge, office, dignité, emploi, fonction, ministère*, Bc, *administration*, Alc. (administracion); suivi du génitif, *le poste d'inspecteur de*, Haiyân-Bassâm I, 10 r°: خِدْمَةُ المَبَانِي, خِدْمَةُ المَدِينَتَيْنِ الزَّهْرَاءِ وَالزَّاهِرَةِ; de même خِدْمَةُ الأَسْلِحَةِ et beaucoup d'autres expressions semblables, ibid. *Le service militaire*, Khatîb 110 v°, en parlant d'un général: كَانَ لَهُ لِخِدْمَةِ مَكَانٌ كَبِيرٌ, رِجَالٌ عَرِيضٌ. — *Travail*, Gl. Badroun, Voc., Alc. (labor como quiera, obra el trabajo que alli se pone, trabajo), Ht, Djob. 310, 11, Macc. I, 135, 2 a f., Bat. II, 321, 438, IV, 216; خِدْمَةُ نَهَارٍ *journée de*

خدم

manœuvre, Alc. (obrada cosa por guebras, peonada en cavar, peonada obra de un dia). — *Commission, charge donnée à quelqu'un de faire quelque chose,* Bc. — *Cultiver, culture,* Gl. Edrîsî, Bc, Auw. I, 251, 8. — *Hommage, salutation respectueuse,* Maml. II, 1, 119, Nowairî Egypte, man. 2 o, 46 r⁰, 51 r⁰, man. 19 b, 135 v⁰, 137 r⁰; c'était en Orient كناية عن السلام, Djob. 299, 5. On dit وقف في خدمته «il se tint debout pour lui témoigner son respect,» Ztschr. XX, 503. — *Présent, cadeau,* Maml. II, 1, 120, Macc. I, 655, 9 (= خفة, l. 10), 1001 N. IV, 680, 4 a f., Bâsim 84: اذا اعطاك خدمتك اتركه ودرج به (= ودرج ولا تحصر به), Sandoval 295. — *Fossé fait autour d'un arbre pour y retenir les eaux,* Alc. (escava de arboles). — لخدمة suivi du génitif, à l'usage de, Edrîsî ٥١, 6 a f.; — *pour prendre soin de,* Macc. I, 236, 4: il les envoya à la rencontre des ambassadeurs اسباب الطريق لخدمة الشىء — *il offrit respectueusement une chose au calife,»* Fakhrî 389, 11. — خدمة القداس *liturgie, office,* Bc.

خدمنكار pl. ية (de خدمة et de la partic. pers. كار, qui, jointe à un subst., sert à former le nom d'agent) *domestique,* Bc.

خدمي (Ht) خدمي (Voc., Alc.), خدمي (Domb., Hbrt, Barb., Daum.), pl. خدامي (Voc., Alc., Hbrt) ou خدامى (Car., Ht, Delap.), *couteau,* Voc., Alc. (cuchillo), Domb. 94, Daumas Mœurs 312, V. A. 92, Barbier, Ht, Hbrt 201, Delap. 57; Carette Kab. I, 265: «*Khedâma,* les beaux sabres longs, droits, effilés, appelés par les Kabiles *khedâma,* et par les Français *flîça,* du nom de la fabrique.» Ce mot, qu'on trouve dans le Dict. berbère sous *poignard,* أخدمى, appartient-il à cette langue? C'est possible; mais dans ce cas le terme a passé avec la chose en Arabie, car en parlant de poignards, Burton, II, 106, dit: «le *gadaymi* du Yémen et de Hadhramaut est presque un demi-cercle.» C'est évidemment le même mot, car il n'y a pas de racine غدم.

الخدميون *decuriones,* L.

خدوم *ouvrier,* Voc.

خديم *esclave mâle,* Carette Kab. I, 49. — *Soldat,* J. A. 1844, I, 400. — *Concubine,* Jackson 151 (kadeem), mais c'est peut-être une faute pour خادم.

خدل

خدامة «*servir quelqu'un fidèlement,*» Bc. خدامة صادقة

خديمة *labourage, travail des champs,* Ht (pour خدمة).

خدّام *laquais, valet, domestique,* 1001 N. II, 98, Bresl. VII, 96; fém. ة *servante, suivants,* Bc, 1001 N. I, 704, 713. — *Ouvrier, journalier,* Voc., Auw. I, 530, 17, 531, 3. — خدام الديوان *douanier,* Bc.

خديم vulg. pour خديم, M.

خدامة *pot de chambre,* M (cf. l'esp. servidor, bassin de chaise percée).

خادم, en général *serviteur,* mais spécialement *esclave noir, nègre,* de Slane Prol. III, 291, n. 1. — En Afrique, *négresse,* ibid., Barbier, *concubine noire,* Lyon 289. — *Ouvrier,* Cartâs 89, 11. — *Archer,* Mouette, à la fin. — خادم المسجد, *serviteur de la mosquée,* titre que les pèlerins peuvent acheter à la Mecque, Burckhardt Arabia II, 76. — خادم العجل *bécasse,* Hbrt 185. — خادم القداس *acolyte,* clerc promu à un ordre mineur, Bc.

متخدم *livre sur lequel on a écrit beaucoup de commentaires,* M. — طريق مخدومة *chemin frayé,* Domb. — *Echéance de six mois, de trois mois, etc.,* Cherb. (cf. J. A. 1850, I, 395); راه دفع لى المخدوم الأول «il m'a payé le premier semestre,» Martin 45.

استخدام se dit du magicien qui prend le démon à son service, pour un certain temps et sous certaine condition, M.

خدن

خدن *délateur,* M.

خدينة *amie,* Mi'yâr 20, 1.

خدنك (pers. خدنك) *peuplier blanc,* de Jong, Hamza 197, dern. l.

خذف

خذفة *jet de pierre,* Diw. Hodz. 54, 3 a f.

خذل

خذل I *scandaliser, donner du scandale,* Voc., avec le n. d'act. خذلان, Badroun 211, 6.

II dans le sens indiqué par Lane, mais c. في p., Müller L. Z. 21, 2.

III *tâcher d'affaiblir*, Macc. I, 240, 9.

VI c. عن p. *s'abstenir d'aider quelqu'un, de combattre pour lui*, Nowairî Espagne 477: قد تخاذل عنه الناس

VII dans le Voc. sous scandalizare. — *Mollir, faiblir, fléchir*, Alc. (afloxar en esfuerço).

X? dans Badroun 179, 6, mais la leçon est incertaine.

خُذْل *manque de courage*, Alc. (poquedad de animo).

خَذُول pl. خُذْل (pour خُذُل) *craintif*, Gl. Mosl.

خَذَى, en Barbarie pour أَخَذ, *prendre*, Bc.

خُذَين à Samarcand, *grande dame, princesse*, Gl. Belâdz.

خر

خَرَّار fém. ة *chieur, foireux*, Voc., Alc. (cagon et cagona).

خَرَّارَة *cloaque*, Bc, *sentine*, Hbrt 128, chez Bc خرارة مركب

خَرَى I, *chier*, est dans le Voc. خَرَا يَخْرَى خَرْوٌ وَخَرْيَةٌ, chez Bc يَخْرَى, comme dans Freytag Chrest. 109, 12.

II c. a. et V dans le Voc. sous egerere.

خَرْو, fig. et bassem.: خَرْو ابن خَرْو انّاك, 1001 N. I, 330. — خَرْو الحَمَّام *garcinia mangostana*, Bait. I, 274 b, 363 c. — خَرْو العَصَافِير *espèce d'alcali*, Bait. I, 53 b.

خَرَا *gadoue, matière fétide, merde*, Voc., Alc. (camaras, estiercol de onbre, merda), M, Bc (pl. خَرَاوات); خَرَا دجاجة دقنك *merde*, interj. de mépris, Bc. — *arenaria media*, Prax R. d. O. A. VIII, 283.

خَرْيَة *caca*, Voc., Alc. (cagada, estiercol de onbre), Bc, Freytag Chrest. 109, 12; يَجِيبْ خَرْيَة *merde*, interj. de mépris, Bc. — *Cacade*, folle entreprise, Bc. — عامل نفسه خرية كبيرة *premier moutardier du pape*, homme qui se croit important, Bc.

خَرْيان *merdeux*, Bc.

خَرّاءْ *chieur*, de Jong, Bc.

مَخْرَى dans le Voc. sous egerere.

مُخَرَّى *merdeux*, Alc. (merdoso).

خرب

خرابشني *cureur, vidangeur*, Bc.

خُرَاسَانِي *ciment, mortier*, Hbrt 191, Bc.

خرب

خرب I c. a. p. *couler une personne, la ruiner; aussi* خرب بيته; — خرب الدُّنْيا *faire un grand bacchanal, mettre tout en confusion, faire le diable à quatre, s'emporter, faire du vacarme*; خربوا الدنيا *ils ont fait un dégât épouvantable; faire rage, commettre des désordres extrêmes; remuer ciel et terre, employer toutes sortes de moyens*; — خرب نظاما *dérégler, mettre dans le désordre*; خرب النظام *désajuster, désorganiser, pervertir, troubler l'ordre*, Bc. — خرب يَخْرب, c. في et على, dans le Voc. sous dolosus; chez Alc. (burlar a otro, engañar apartando) خرب, *tromper*.

II. تخريب النظام *désorganisation*, Bc.

V *se détruire, tomber en ruine, être bouleversé, aller en mal, se gâter, dépérir*, Bc.

VII *se détruire*, Voc., cf. Payne Smith 1362.

X *ne pas se soucier de la ruine, de la destruction*, M.

خَرِب *diruta edificia*, trad. d'une charte sicil. apud Lello 10.

خَرِبَة *ruine, masure*; mais en Algérie, notamment dans la province de Constantine, on l'emploie pour désigner *une étable*, parce que les locaux affectés à cet usage sont, généralement, des dépendances de maisons en ruines, ou en état de vétusté, Cherb. Dial. 31 n. De même chez Martin 41, qui prononce خُرْبَة.

خُرْبَة *cour, espace à découvert enfermé de murs ou de bâtiments, basse-cour, poulailler*, Alc. (corral lugar no tejado, corral de gallinas, gallinero donde se crian las gallinas).

خَرْبَة voyez خِرْبَة. — Pl. خُرَب *tromperie*, Alc. (engaño).

خربان *désolé*, Bc.

خَرْبانَة *perte, destruction*, Ht.

خُرْبِى *vieux routier, rusé personnage, fin matois*, Alc. (encallecido en astucias); — *un serviteur rusé, astucieux*, Alc. (siervo matrero).

خِرْبِير est *dolus* dans la 1ʳᵉ partie du Voc. et *dolositas* dans la 2ᵈᵉ; mais comme la termin. est en *ero* (esp.), je pense que ce mot signifiait *rusé*.

خَرُّوب voyez sous خَرْنُوب.

خَراب, comme subst., pl. ات, Haiyán-Bassâm III, 141 r°: حمل من رصاص وحديد كان جُمِعَ من خرابات يزرع (pavot rouge): بوذرَنج, Most v° القصور السلطانية. — في المدن وينبت في الخرابات والبساتين. Comme adjectif, *ruiné*, *abandonné*, ce mot ne prend pas de terminaison féminine, Gl. Edrîsî.

خَرابة *masure*, Bc, 1001 N. I, 32, 5 a f., 66, 6.

خَرَّاب *destructeur*, *dévastateur*, Bc.

خروب، خَرنوب، قرن خروب *caroube*, Bc. — خرنوب الخنزير *anagyris fœtida*, *bois-puant*, Bait. I, 83 c, 355 e, II, 132 g; chez Bc خرنوب للخنازير. — خروب النبطي = الشوك, Bait. I, 355 c. — مغيدسى صندلى ou espèce de caroubier dont les fruits sont plus petits et plus doux que ceux du caroubier ordinaire, M. — خرنوب مصرى ou خرنوب قبطى *mimosa nilotica*, Bait. I, 355 d, où nos man. portent خرنوب نبطى — خرنوب المعز, Bait. I, 355 c, où B porte خرنوب المعرى. A peut-être faut-il lire المعزى, mais il semble qu'il faut lire المعرى, comme sous ينبوت. الينبوت, Most. sous ce dernier mot, Bait. I, 355 c; le fruit de cette plante, Gl. Manç. v° للخروب الهندى. — ينبوت *cassia fistula*, Most. v° شنبر خيار, Bait. I, 355 b, Pagni MS. — خروب *cosse*, *silique*, enveloppe de certains légumes, Bc. — خروب ou خرّوب *astucieux*, P. Macc. I, 629, 22; cf. Lettre à M. Fleischer 91—2.

خَرّوبة, pl. خَراريب, nom d'une très-petite monnaie de cuivre, *pièce de 3 centimes* 87½, Roland; cf. Abd-al-wâhid 148, 4, R. N. 90 v°, 94 v° (⅙ dirhem), Laugier 251, Blaquiere II, 147, Ewald 125, Michel 80; écrit خَرّوبة, Amari 169, 7. — خَرّوبة *fraction d'une tribu*, Daumas Kabylie 47—8; — le sens qu'indique le M en ces termes: وفى اصطلاح العامّة حديدة تدخل فى ثقب ما ينفذ من حائط او غيره لتمتنع من الخروج منه, ne m'est pas clair.

خَرابة *trou rond dans une pierre*, *auquel on attache une bête de somme*, M.

خَرّوبى *noir comme le caroube*, Bait. II, 120 a (Edrisî): cette composition صبغ الشعر وغيّر الشيب تغييرا خروبيا ❊

مَخْرُوب *cour*, Alc. (corral lugar no tejado).

خَريز, t. de charpentier, espèce de *vrille*, M (sous خرز), qui pense que c'est une onomatopée.

خَربش I *faire tourner*, Voc. — *Gratter*, *égratigner*, Alc. (escarvar), Hbrt 36, Bc. — *Griffonner*, *écrire mal*, Bc; M: خربش الصحيفة، اى كتب فيها خطًّا مشتبكًا. — *Rechercher*, *scruter*, *sonder*, Alc. (escudriñar). — *Oter la besace de dessus une bête de somme*, *dérober*, *voler*, *piller*, *dévaliser*, Alc. (desalforjar, cf. Victor).

II dans le Voc. sous revolvere.

خَرْبَشة *égratignure*, Hbrt 36, Bc.

خَرْبيش الدجاج *les figures que font les poules avec leurs ongles dans la terre*, *quand elles la grattent pour chercher de la pâture*, M. — *Petite tente*; — *tente pour les nouveaux mariés*, Ztschr. XXII, 105, n. 44.

تَخْرِيش *égratignure*, Alc. (escarvadura). — *Griffonnage*, *gribouillage*, Bc. — *Recherche*, *enquête*, Alc. (escudriñamiento).

خَربص I signifie dans la langue vulgaire le contraire de ce qu'il signifie dans la langue classique, car خربص الخيوط est *brouiller*, *mêler du fil*, de telle sorte qu'on ne puisse pas aisément le séparer, M.

خَربط I *abymer*, *gâter*, *délabrer*, *déranger*, *détériorer*, *détraquer*; — خربط كيفه *mettre en mauvaise humeur*; — الة مخربطة *patraque*, machine, montre, personne usée, de peu de valeur, Bc.

II *aller mal*, *se détériorer*, *se démancher*, *se gâter*, *se renverser*; خربط كيفه *prendre de l'humeur*, Bc.

خَرْبَطة *désarroi*, Bc.

خَربق I *cribler*, *percer comme un crible*, Bc. — خربق عمامته فى عنقه *laisser tomber sur le cou la longue pièce d'étoffe qui sert à former le turban*, M.

خَربوقة (syr.) *boutonnière*, Payne Smith 1366.

خَرْبَنْدَج (pers. خربند) *moucre*, comme disent les Francs en Syrie (de مكارى), celui qui loue des montures aux voyageurs, Bar Ali éd. Hoffmann n° 3944.

خَرت I *atterrer*, *ruiner*, *accabler*, *affliger*, Bc.

خرِبَت sauvage, désert, inculte, Bc.

خُرَيْبَت des génies ou lutins, qui affrontent les brûlantes ardeurs du soleil de midi, et se tiennent alors sur les routes pour nuire aux voyageurs, les tourmenter, les faire mourir, Ouaday 639.

خرج I *être donné, promulgué* (ordre), de Jong, Amari 428, 2, J. A. 1845, II, 318, Macc. I, 244, 18: خرج الأمر فيك «l'ordre a été donné de vous faire venir,» cf. Mâwerdî 370, 13. — *Paraître, être publié* (livre), Renan Averroès 449, 2 a f. — *Résulter*, Macc. I, 384, 12: خرج من هذا «il résulte de ceci.» — *Finir, se terminer*, Calendr. 22, 7. — *Débarquer* (ب à), Macc. II, 814, 1, 2 et 4. — En parlant de papier, *boire*, Alc. (espanzirse el papel). — C. إلى p. *se présenter à quelqu'un*, Macc. I, 900, 3. — الخروج إلى الله *faire une procession*, Macc. I, 376, 15 (comme البروز إلى الله, l. 14). — C. إلى *être traduit en*, p. e. en parlant d'un livre, خرج إلى العربي «il a été traduit en arabe,» Gl. Abulf. — C. إلى p. et عن r. *faire part à quelqu'un de quelque chose, la lui communiquer*, Abbad. I, 256, 9; aussi c. ل p. et عن r., Abbad. II, 162, 6. — C. إلى ou ل p. et عن ou عن r., *céder une chose à quelqu'un*, Gl. Fragm., Macc. I, 278, 4, 288, 11, 1001 N. III, 187, 3 a f., Khatîb 177 r°: خرج لـ... C. ب p. *porter un défunt hors de la maison*, R. N. 91 v°: فغسل وكفن وخرج به...

C. على p. *éclater, s'emporter en injures, blâmer avec force*, Bc, Cout. 17 r°: وقد انخرج وخرج عليه. — C. على p. *se montrer à quelqu'un*, Tha'âlibî Latâïf 6, 5 a f., Djob. 32, 2. — C. عن p. *devancer quelqu'un*, Gl. Badroun. — خرج الأمر عنده *le pouvoir lui échappa, il le perdit*, Nowairî Espagne 475: خروج الأمر عنها.

خرج من الصّفّ *exceller*, Alc. (desigualarse). — خرجت من ثيابها *elle déchira ses habits*, Koseg. Chrest. 27, 2. — خرج لولد *ressembler à son père pour ce qui concerne le caractère*, Voc. (patrisare). —

خرج من يده *être en état de* (أن), *pouvoir*, 1001 N. IV, 690, 4: الذى يخرج من يدك افعله, où Lane traduit: «What thou hast in thy power, do!» Ibid. IV, 465: كان يخرج من يده ان يصبغ سائر الالوان, où Lane traduit: «he was able to dye all colours,» et où l'édit. de Bresl. porte: يخرج من يده سائر الالوان; cf. IV, 472, 5 a f., 587, 4 a f.

II *faire sortir*, Amari 384, 6 a f. — La IIe et la IVe forme, *extraire*, en parlant de traditions extraites d'un livre; ce verbe se dit aussi de traditions qu'on a recueillies et publiées pour la première fois; on peut le rendre par *reproduire, publier*, de Slane Prol. II, 158, n. 2 (texte II, 142, 15); cf. texte II, 143, 3, 144, 9, 146, 2 et 3 (c. ل p. *citer des traditions fournies par* quelqu'un), 15, 147, 10 et 12, etc., Macc. I, 507, 7, 534, 20, Khallic. I, 377, 12 Sl., Bat. I, 74, Meursingé 5, 6 a f., cf. Hâdjî Khalfa II, 249, 250; c. عن p. *publier des traditions sur l'autorité de* quelqu'un, Macc. I, 506, 6, Amari 665, 3, de Sacy Chrest. I, ١٣٠, 5. — En parlant d'une mesure, *la rendre juste*, Macc. I, 811, 3, avec la note de Fleischer Berichte 256. — *Distiller*; chez Bc تخريج *distillation*. — C. a. r. et عن p. *extorquer* de l'argent à quelqu'un, Macc. I, 490, 18, où le man. d'Oxford de Mohammed ibn-Hârith (Khochanî) a les voyelles لأُخْرِجنّه. — تخريج الفروع على الأصول «l'investigation des maximes secondaires qui dérivent des principes fondamentaux de la science» (de Slane), Prol. III, 347, 5.

III *pressurer?* Gl. Bayân.

IV voyez sous la IIe. — *Porter un défunt hors de la maison*, Tha'âlibî Latâïf 13, 1, 1001 N. I, 156, 590, 10, 467, Bresl. IV, 172, 180, XII, 116; avec إلى R. N. 44 r°, et ensuite simplement اخرجه الى قبره. — *Dépenser*, Bc, Gl. Fragm. — *Publier un livre*, Macc. I, 250, 8, Abdarî 111 r°; avec الى الناس, Macc. I, 579, 4. — *Ouvrir un édifice au public*, Edrîsî, Clim. III, Sect. 5: ces bains étaient auparavant la propriété d'un prince, فلمّا مات أُخرج الى الناس عامّة, leçon de A'C; BD: اخرج وجعل للناس عامّة. — *Montrer*, Macc. I, 911, 3 a f., Mohammed ibn-Hârith 246: les habitants d'Ecija ayant demandé un cadi à l'émir, فاخرج الأمير كتابهم الى قاضى الجماعة وامره ان يتخيّر لهم من يراه اخرج اليه الكتاب *il lui prêta le livre*, Macc. I, 473, 15; tel est évidemment le sens que cette expression a dans ce passage, et peut-être faut-il l'expliquer de la même manière dans celui que j'ai publié Abbad. I, 234, n. 49, quoiqu'elle puisse aussi signifier *montrer*, comme j'y ai dit. — *Traduire un livre* (cf. sous I), Catal. des man. or. de Leyde III, 212: اخرجه من اللغة الروميّة الى اللغة العربيّة Saadiah: اللّغة المخرّج إليها. — *Étendre une muraille, la porter sur un point plus éloigné*, Haiyân 57 v°: voulant faire une forteresse d'un quartier de la ville,

خرج — خرج

اخرج سورة ومدّه من الخ. — *Définir un objet*, Valeton ۳۸, 7 a f. (je ne saurais approuver la note p. 76, n. 1), Ibn-Loyon 4 v°: الآلات المتّخذة لاخراج وطأة الارض ووزن المياه في جلبها اربع آلات. — *Distiller*, Bc. — اخرج اسم فلان *composer une énigme* (اخجيّة 645, 2 a f.) *sur le nom de quelqu'un*, Macc. II, 646, 2. — اخرج دمًا *se faire saigner*, R. N. 102 v°; اخرج له دما *saigner quelqu'un*, 1001 N. I, 240. — اخرجه الى ذلك *il le rendit tel*, Auw. II, 542, 5 a f. et suiv. — C. عن *excepter*, Bc. — اخرج من خاطر *effacer de son souvenir*, Bc. — اخرج يدا عن طاعة *désobéir, se révolter*, Haiyân 62 v°: il jura ان لا يخرج يدا عن طاعة ولا يلمّ بشيء من المعصية.

V dans le Voc. sous eycere (eiicere).

X *extraire*, en parlant de vers, de traditions extraites d'un livre, etc., *les reproduire*, Macc. I, 603, 4 a f. et dern. l., 613, 17, Mohammed ibn-Hârith 278: وجدت في تسمية (l. التسمية) المستخرجة من ديوان فانه موضوع مع جملة اسماء قضاة 279: القضاة انه الخ. — الجماعة في التسمية المستخرجة من الديوان, — *Tirer, extraire par distillation*, Bc, *distiller*, Hbrt 93. — *Extorquer de l'argent* (acc.) à (من) quelqu'un, aussi c. ب de la somme, Gl. Fragm., Tha'âlibî Laṭâïf 11, 4, Haiyân-Bassâm I, 172 v°: قامر بجسمه ليستخرج منه, III, 3 v°: يستخرجانها (جبايتيهما) باشد العنف من كلّ صنف حتى نسفطنت الرعية وجفلت اولا فاولا (d'après le man. B, car dans A il y a une lacune). — *Inventer*, Tha'âlibî Laṭâïf 4, l. 7, Prol. I, 204, 11, Gl. Abulf. (où Fleischer a mal prononcé). — *Calculer*, 1001 N. Bresl. XII, 51, en parlant d'un écolier: تعلّم القران العظيم والخطّ والاستخراج, c.-à-d. *l'arithmétique*. — *Dépenser*, Haiyân-Bassâm I, 174 r°: ولا يستخرج من عنده الّا في سبيل الشهوات; de même dans un passage altéré de cette page, où Khaṭîb (51 v°) donne: لا يستخرج منها شيئا لفرط بخله استخرج. — الحلب *exploiter, abattre, façonner, débiter des bois*, Bc. — C. الى p. *examiner la conduite de*, Mohammed ibn-Hârith 301, en parlant d'un cadi et de son prédécesseur: ولمّا ولى عمرو بن عبد الله المرّة الثانية

استخرج الى سليمن بن أسود وتعقّب عليه بعض اقضيته ونظر عليه نظرًا وقفه به موقف الضيق.

خرج *دخل وخرج importation et exportation*, Gl. Edrîsî. — Aujourd'hui en Oman, *impôt territorial*, y compris les impôts sur les troupeaux, les produits et d'autres choses semblables, Palgrave II, 384. — *Louer*, prendre à louage, Voc. (conducere), p. e. دار خرج «une maison louée», Mohammed ibn-Hârith 297: le mari ayant déclaré qu'il ne possédait pas de maison, le cadi dit au père de l'épouse: ولا كرامة لك ان تخرج ابنتك من دارها الى دار خرج مع زوجها فتمشى بفراشها الى (على l.) عنقها من دار الى دار فتهتك سترها. — *Fait, ce qui convient à quelqu'un*, ما هو خرجى «cela n'est point mon fait;» ان كان هذا خرجك; «si cela te convient, prends-le;» هذا المنصب ما هو خرجه «cette charge ne lui convient pas;» خرج المشنقة *gibier de potence, pendard*, Bc; خرج الزمان «ce qui est en vogue, à la mode,» mon Catalogue des man. or. de Leyde I, 305, 8; خرج سفر البحر «ce qui convient pour un voyage de long cours,» 1001 N. Bresl. IV, 22, 9; aussi خرج البحر *ibid.* 49, 1; *ibid.* IX, 263: فقال كلّ من فتح ضبّة من غيره مفتاح يبقى خرج الحاكم, ce qui signifie, comme on lit dans l'éd. Macn.: على الحاكم تأديبه. — Pl. خروج, *galon*, M.

خرج décrit Ztschr. XXII, 92, n. 5; le pl. أخرجة Akhbâr 103, 12, et خروج, d'Escayrac 601.

خرجة *sortie*, attaque faite par les assiégés, Bc. — *Saillie*, sortie impétueuse avec interruption, Bc. — *Sortie*, dure réprimande, brusquerie, emportement contre quelqu'un, *boutade, saillie*, Bc. — *Ressaut*, avance, *saillie*, *entablement*, saillie du mur sous le toit, Bc, M; خرجة شبّاك *balcon*, Bc. — *Le tribut en nature*, Descr. de l'Eg. XI, 489. — *Ce que le maître paie aux ouvriers*, Alc. (comensalia). — *Enterrement, funérailles, pompe funèbre*, 1001 N. I, 156, 326, II, 467, Bresl. IV, 174, XII, 235.

خرجيّة *argent pour la dépense*, Bc, Bâsim 82: واخذ ورقة وحطّ فيها عشرين درهم خرجية.

خراج forme au pl. أت, Djob. 268, 11. — *Cadastre*, l'opération qui consiste à déterminer l'étendue et la valeur des biens fonds, M (عند العامّة مسح

خرج

الارض لاجل ترتيب الاموال السلطانية عليها). — En parlant d'une terre, *sujet au kharâdj, obligé à le payer*, Gl. Maw.

خُراج forme au pl. ات, ce que Freytag a noté p. 473 a; Gl. Manç.: بثور في للخراجات الصغار — *poulain*, t. de médec., sorte de mal vénérien, tumeur dans l'aine, Bc.

خُروج *décharger son ventre*, M. — Pl. ات *furoncle qui vient à la tête, loupe, espèce de tumeur*, Alc. (hura de cabeça, lobanillo en el cuerpo, en la cabeça).

— خروج المليح من الحمّام *lupin* (plante des champs, qui a des fleurs amarantes, pareilles à celles du pois de senteur), Cherb.

خَرّاج. خرّاج العنبري *distillateur*, Bc.

خُرّاج *grand furoncle*, M.

خارِج *les environs d'une ville, le terrain cultivé autour d'une ville*, Ztschr. XX, 617, Macc. I, 306, 12, Bat. IV, 368, Khatîb 9 v°: فدخل فيما اشتمل للخارج — عليه خارج المدينة من القرى والجنّات à la campagne, 1001 N. I, 403. — خارج التخبير *la superficie des renseignements* (de Slane), Prol. III, 243, 14. — *Résultat* d'une division, d'une addition (arithm.), Prol. I, 212, 6. — *Escalier extérieur?* Macc. I, 560, 11; la même leçon dans Boul. et le changement de Fleischer (دَر) me semble un peu téméraire. — *Forcé, outré*, Bc. — *Gaillard, drôle*, synonyme de خليع, 1001 N. Bresl. IV, 141, 5 a f.; شريك خارج *gaillard, un peu libre*; كلام خارج *discours graveleux; indécent*, Bc; M: وللخارج عند العامّة ما تجاوز الحدّ او الادب. — خالف الناس للخوارج *chez le vulgaire*, (الزنادقة), M.

خارِجَة *courtisane*, Hbrt 244, Ztschr. XI, 438, n. 1, où Fleischer n'a pas compris ce mot.

خارجي *gamin, polisson*, Ht.

خارجيّة *être placé en dehors du commandement et des honneurs, et être privé d'égards et de considération*, Prol. I, 248, 5, 334, 9; lisez de même, avec le man. d'Ibn-Bassâm, dans mon Catalogue I, 227, 7 a f.

— للخارجيّة *les relations extérieures*; مأمور للخارجيّة *le ministre des relations extérieures*, M.

خرج

اخراج pl. ات *dépense*, Fakhrî 336, 6.

تخاريج pl. تخريج *recueil qui contient des extraits des traditions*, Meursinge ٣o, 7; cf. sous la IIe forme.

متخرَج *source au fig., l'origine de quelque chose*, Macc. I, 465, 15, Mohammed ibn-Hârith 267: فكرت في مخرج هذه الحكاية فاستربتها. — Ce mot, quand il s'agit des temps anciens, ne signifie pas *latrines*, mais *un endroit en plein air où l'on satisfait les besoins naturels*, Gl. Belâdz. — *Anus* (Lane), Gl. Bayân, de Jong, Macc. I, 909, 8; المخرجان *les deux orifices naturels*, Prol. II, 334, 10. — *Raison pour justifier*, Macc. I, 847, 3 a f., Prol. II, 406, 7. — *Son articulé*, Prol. I, 54, 2 a f., 55, 13, II, 221, 10, 356, 9, Berb. II, 8, l. 4; 5, 11 et 13; aussi مخارج الحروف, Prol. II, 358, 4, Macc. I, 563, dern. l., 896, 10; cf. M. Sur مخارج الحروف dans la magie on trouve un passage obscur Prol. III, 128, 3 a f.

مخرج حساب مدخول البلاد ومخرجاتها *budget*, Bc.

مخرج *qui a l'esprit cultivé*, Bc.

مخرج *le chaikh ou agent des chameaux*, Burton I, 224.

مخارج. مخارج خبيث فاجر ماكر L: *callidus*.

استخراج استخراج الطالع *thème céleste*, t. d'astrol., Bc.

مستخرَج *les reliquats ou arriérés des agents, qu'on leur extorque par la bastonnade et par les tourments*; ديوان المستخرج *le bureau du produit de l'extorsion*, Bat. III, 295, IV, 298, cf. Maml. I, 2, 58.

مستخرِج *percepteur des contributions*, L (*exactor, publicanus*); *l'employé chargé de percevoir l'arriéré*, Bâsim 81: فقال باسم ما هي بالي جهز المال ودعنا نطلع قبل ما يقوم المستخرج ولا نلحق مولانا الصاحب.

خرخر.

خَرْخَرَة, t. de médec., *le bruit qui sort du poumon quand il y a trop de pituite*, M. — *Le bruit de l'eau qui coule*, M.

خرد.

خُرْدَة (pers. خُرْدْ) *grenaille, menus grains de mé-*

خُرْدِيّ 361 خرس

tal; *petit plomb pour la chasse*, Bc. — *Quincaillerie*, Bc, M, Descr. de l'Eg. XVIII, part. 1, 322. — *Mercerie*, Bc. — *Ce que le cordonnier met entre la semelle et la doublure*, M. — *Contribution qui se percevait sur les spectacles publics, les baladins, etc.*, Descr. de l'Eg. XII, 181. — *La plus petite monnaie dans le Nedjd*, Palgrave II, 179.

خُرْدَجِى *quincaillier*, Bc, Lane M. E. II, 17. — *Colporteur, mercier*, Bc; chez Hbrt 82 خُرْضَجِى, et c'est ainsi que prononce le vulgaire, M.

خُرْدَجِى *marchand de vieille ferraille*, Cherb.

خُرْدَق (pers. خُرْدَه), n. d'un. ة, *grenaille, menus grains de métal; petit plomb pour la chasse*, Bc, M.

أمر مُخَرْدَق *affaire embrouillée*, M.

عنب مُخَرْدَق *raisins dont les pepins sont aussi petits que du plomb pour la chasse*, M.

خردل I *corumpere* (in fructibus), Voc.

II dans le Voc. sous le même mot.

خردل برّى *espèce sauvage de la brassica eruca*, Bait. I, 244 b; — selon quelques auteurs = لَبْسان (voyez), ibid. 357 b. — خردل رومى. Dans Bait. I, 357, le man. B n'a pas l'article b, mais entre c et d il offre l'article خردل رومى, où on lit la même chose que sous l'article b du man. A; *moutarde turque*, voyez The Athenæum de 1844, mars, p. 272. — خردل فارسى *espèce de lepidium à larges feuilles*, Bait. I, 357 c, qui renvoie à l'article *thlaspi;* mais comme il ne l'a pas, c'est à حرف السطوح (I, 301 b) qu'il aurait dû renvoyer.

خرز I *forer, percer, perforer*, Bc. — *Brocher d'or, d'argent, en parlant de cuir*, Macc. II, 711, 8 et 11. — *Raccommoder les vieux souliers*, Alc. (remendar çapatos).

II. خرز الشجر est quand les vers ont fait des trous dans le tronc d'un arbre, M.

VII dans le Voc. sous *suere* (in corio).

خَرَز *jais, espèce de verre*, Bc. — *Khorz el Adi, petits grains de verre opaque*, Lyon 152. — Pour خَرَزات الملك: *les rois, dont il est question dans les dict., sont ceux de Himyar*, M.

خَرَزَة pl. خَرَز *collier*, Voc., Bait. II, 4 c (Edrîsî):

I

مَنْ لبس منه (السبح) خَرَزَة او تخَتَّم به دفع عنه عين العائن. — *Pressoir pour l'huile*, Voc. — *Sac*, Voc. (part. 1). — *Cicatrice*, Hbrt 141 (Alg.). — *Plante*, Voc.

خَرَزَة بِقَر *margelle* ou *mardelle, bords d'un puits*, Bc, M, 1001 N. III, 46, 14. — خَرَزَة البَقَر (cf. Freytag) est le nom que cette pierre porte en Egypte, Bait. I, 291 f; chez Belon 453 *haraczi, pierre dans le fiel des bœufs;* «Avicenne a décrit sa vertu par le menu;» les juifs l'emploient contre la mélancolie. — خَرَزَة الرَّقبة *pomme d'Adam*, éminence au-devant de la gorge, Bc. — خَرَزَة زَرقاء *anneau de verre bleu servant d'amulette*, Bc.

خَرِيز *douleurs piquantes* qu'on éprouve dans certaines maladies, comme dans la goutte, M.

خَرَّاز *cordonnier*, Bc, Prol. II, 308, 8; — *savetier, qui raccommode les vieux souliers*, Alc. (remendon çapatero), Bc (Barb.).

مَخْرَز ? Dans une charte sicil.: الى الحجر الشابتة المخرَّزة, où l'ancienne traduction, apud Lello p. 19, porte: «ad petram plantatam quae est quasi charassata.» Amari (MS) compare Ducange sous charaxare (?).

مِخْرَز *vase de terre, qui n'a ni anse, ni bec*, M.

مِخْرَاز pl. مَخاريز. Cette forme vulgaire (Lane; Bc: *alène, perçoir, poinçon, vilebrequin*) se trouve chez Auw. I, 472, 18, où il faut lire ainsi (et avec notre man. يَضْرَف, au lieu de يضرب).

خَرْزَل ? *rave sauvage*, Bait. I, 363 j; leçon de D; H خَرَّر, A خُرْدَل, B خَرَرَل, L خَرُول, E خَرَّزِى.

خُرْزَمَة, préparation dépilatoire, en turc خرزمه, qui est la transcription de χρῖσμα, Devic 198, art. *rusma*. Ecrit *rusma*: Belon 435, Coppin 240, Werne 66.

خرس I. On dit خَرِسوا عن اجابته «ils restèrent muets sans lui répondre,» Bassâm III, 5 r°. — خَرِس البارود se dit quand le bruit des coups de feu est tellement étourdissant, qu'on ne l'entend plus, M.

V dans le Voc. sous *mutus*.

VII dans le Voc. sous *mutus, devenir muet*, Saadiah ps. 39, Yepheth ben Eli sur Isaïe 53, vs. 7.

X même sens, Ahlwardt, Chalef elahmar's Qasside, p. 34.

خُرْس chien de fusil, Ht.

خُرْسَان muet, P. Macc. II, 653, 22, avec la note de Fleischer Berichte 162, Bâsim 6: نقعد عندك خرسان طرشان۞

خُرُوس muet, P. Kâmil 236, 7.

خَرَاسَة mutisme, Payne Smith 1388.

بزر خريسانة et خريسانة barbotine, semence, poudre contre les vers, santoline, semencine, Bc.

أَخْرَس, pl. اخاريس, Dîwân d'al-Akhtal 11 v° (Wright), proprement muet, mais aussi, quand il est question d'un étranger, ne sachant pas parler l'arabe ou le parlant mal; les mamlouks de Hacam Ier, p. e., s'appelaient الخُرْس لعجمة ألسنتهم, Nowaïrî Espagne 456; cf. Calâïd 96, 3.

مَخْرُوس اللِّسان muet ou parlant avec difficulté, Voc.

خُرِسْتَان, aussi خُرِسْتَانَة (1001 N. I, 73, 8), pl. ات, armoire, buffet, Bc, Hbrt 201, M; ce sens convient à 1001 N. I, 85, 3; mais dans d'autres passages de ce livre, p. e. I, 73, 8, Bresl. I, 333, 15, 334, 8, ce terme doit désigner un cabinet, une petite pièce d'un appartement, qui cependant n'est pas cachée par un rideau (Freytag), mais qui se ferme au moyen d'une porte (1001 N. I, 73, 8). A mon avis (et il a été approuvé par un grand connaisseur de la langue persane, M. Vullers), ce mot est composé du persan خور, mets, et de la terminaison ستان, qui indique le nom de lieu; c'est donc proprement garde-manger, dépense, lieu où l'on serre des provisions et différents objets à l'usage de la table. Les dict. persans n'ont ce mot que sous une forme corrompue, car le خورستان de Richardson, qu'il traduit par réfectoire, est une altération de خورستان, puisqu'il n'y a pas de suffixe ستار. L'autre forme qu'il donne, خورنسار, est bonne, le suffixe سار étant l'équivalent de ستان.

خرش.

خَرَاشَة sorte de métal mélangé, ½ or, ½ argent, que les anciens appelaient ἤλεκτρος, ἤλεκτρον, electrum. L donne: electrum نَقَب وفِضَّة مخلوط; electrum (aurum et argentum) خَرَاشَة; electrus خَرَاشَة.

خَرْشَف chardon, Bc, artichaut, Gl. Esp. 85—6; mieux خَرْشَف.

خُرْشُوف, n. d'un. ة, pl. خَرَاشِف, cardon, artichaut, Gl. Esp. 85—6, Voc., Bc.

خَرْشَم I paumer la gueule, donner un coup de poing sur le visage, Bc.

خَرْشُوم vulg. pour خيشوم, M.

خرص II c. a., dans le sens de la Ire, Voc. (existimare). — Raccommoder un plat cassé en y pratiquant des trous dans lesquels on passe du fil, M.

V et VII, avec الغِلّ, dans le Voc. sous existimare.

خُرْص pierre saillante d'un mur, avec un trou auquel on attache une bête de somme, M. — Petite chaîne en or, etc., à laquelle on attache une boucle d'oreille, M.

خُرْص, boucle d'oreille, forme au pl. أَخْرَاص, Voc., Daumas Mœurs 283, et خِرَاص, Formul. d. Contr. 4: وما في اذنيه (الذهب) (l.) من الخِرَاص, de même que de قُرْط on forme أقراط, qui suit. — Dans le sens de lance (Freytag), le pl. est خُرْصَان, Hoogvliet 103, 10.

خُرْصَة boucle d'oreille, Domb. 83; cf. Hœst 119 (chérsa). — Avec la négation, rien, Gl. Belâdz. — خُرْصَة الباب la poignée de la porte, Daumas V. A. 109.

خَرَّاص, dans l'Inde, meunier, Bat. III, 380.

خَرْضَة, خُرْضَجِى, خُرْدَة, voyez خردجى.

خرط I, dans le sens de tourner, façonner au tour des ouvrages de bois, est assez ancien; voyez Gl. Edrîsî, de Jong. De là عود المخروط, du bois qui sert aux tourneurs, Becrî 83, 6 et 7, et non pas «du bois écorcé,» comme traduit de Slane. — Polir des pierres taillées, Bait. I, 460 f, en parlant de la malachite: تخرط للخراطون, ou du verre, Ibn-Haucal (Arménie): الزجاج المخروط النفيس. — Couper, trancher, Hbrt 76, M. — Gasconner, hâbler, Bc.

II arrondir, tourner au tour, Ht, Alc. (torneadura خريطة).

VII être façonné au tour, Voc. — انخرط على شكله

خرط

se mouler sur quelqu'un, Bc. — *Devenir étroit, se rétrécir*, Gl. Edrisi.

خُرْط *tour*, machine pour façonner en rond le bois, etc., J. A. 1866, II, 424 (Cazw. II, 251, 4 a f., 270, 17), Mc. — *Hâblerie, vanterie, jactance*, Hbrt 240, *charlatanisme*, Bc; M: والعامّة تستعمل الخَرْط بمعنى الكذب الكثير ماخوذًا من خَرْط الفرع ونحوه عندهم وهو تقطيعه قطعًا كبيرة يقولون للواحدة منها خرطة ⁂

خُرْطَة *bouchon de bois qui sert à boucher les trous qui se font spontanément dans une outre remplie de liquide et pour l'empêcher de fuir*, Alc. (botana). — *Gasconnade, hâblerie, cassade*, mensonge pour rire ou pour s'excuser, *colle*, lourde menterie, *craquerie*, hâblerie, *paquet*, tromperie, malice, Bc, qui n'a pas de voyelles; cf. le M sous خَرْط.

خِرْطَة *tranche*, M (voyez sous خَرْطَة); سنيوسف «une tranche de pâté,» Hbrt 15.

خُرْطَة *nom d'une plante dont se servent les tanneurs*, Palgrave I, 253.

خَرّاط *tour*, machine pour façonner en rond le bois, etc., Payne Smith 1513.

خَرَاطَة *tournure, ouvrage des tourneurs; tabletterie*, métier, ouvrage du tabletier; — *moulure*, ornement d'architecture; *nervure*, parties saillantes des moulures, Bc. — *Charlatanerie*, Bc. — T. de médec., *les intestins qu'on perd par suite d'une dyssenterie chronique*, Gl. Manç. in voce: هو ما ينحدر من الأمعى وخراطة الأمعاء عند الأطباء ما M: عند الإستمرسال بخرج من تقطعها في الاسهال المزمن (idée inexacte des anciens médecins).

خرطة *sorte d'oiseau*, Yâcout I, 885, 18.

خريطة *spécialement le sac ou portefeuille qui contient la liasse du cadi*, Macc. I, 472, 3, Mohammed ibn-Hârith 237, 278, 283. — *Sachée*, plein un sac, Bc. — صاحب الخريطة, à Tunis, *le trésorier*, Marmol II, 245 a. — *Une seule tournée à la Mecque* (sans retourner à Médine), Burton II, 52.

خَرّاط *tabletier*, qui fait des ouvrages comme des échiquiers, des trictracs, Bc. — *Polisseur de pierres taillées*, voyez sous la Ire forme. — *Charlatan, gascon, fanfaron, hâbleur, menteur*, Bc, Hbrt 250.

مَخْرَط *tour* (de tourneur), Mc.

مَخْرَطَة pl. مَخَارِط *tour* (de tourneur), Voc., Alc. (torno para tornear), Bc. — *Guillotine*, Bc.

مَخْرُوط *de forme conique*, Bg, M, Bat. I, 81, III, 380, Maml. I, 1, 122. — Dans Antar 53, 9 a f, هو من الفروسية مخروط semble signifier: il excellait dans les exercices chevaleresques.

مُنْخَرِط *conique*, Cazwini I, 267, 15.

خُرْطال, n. d'un. ة, *avoine*, Alc. (avena), Bc, Aboulwalîd 779, 6, *folle avoine*, Cherb., est خُرْطَلّ dans la 2e part. du Voc., كُرْطان chez Hœst 309.

خِرْطَب pl. خَرَاطِب *encre*, Voc.

خرطش I *barrer, raturer, biffer, rayer*, Bc.

II. Après avoir énuméré des mots qui signifient *salir, être sali*: ولما يقال على لفظ والكتابة يقال تخرطش Payne Smith 1528.

خرطم.

خُرْطُمان. جاء الأمر على خرطمان عقله, c.-à-d. à *souhait, selon ses désirs*, M.

خُرْطُمانى *qui a le nez long*, Kâmil 136, 6.

خُرْطُوم *groin*, Voc., Hbrt 61. — *Les défenses du sanglier*, Alc. (navaja de javalin); خرطم الشَغا, avec le pl. خَرَاطِم, se trouve dans le Voc. sous dens. — *Sorte d'oiseau*, Yâcout I, 885, 9.

مَخْرَطُم *qui a les dents longs*, Voc. (dentatus). — مخرطم بالذهب *broché d'or*, Abbad. II, 130, 3 a f.

خَرْطِيط *rhinocéros*, Bc, Ouaday 140, 643; — *cornes de rhinocéros*, Burckhardt Nubia 279, 280.

خرع I *émerveiller*; بخرع *romantique*, Bc.

III et VI = خالع, تخالع, Fleischer Gl. 95.

VII = انخلع, Fleischer Gl. 95. — *S'émerveiller, être ravi en extase*, Bc.

VIII *controuver, inventer une fausseté pour nuire à quelqu'un*, Bc.

خرف

لِلخَروع الصبيى خَروع croton tiglium, Most. N sous خَروع (sous دَنْد: وهو لِلخَروع الصبيى les deux man. ont ورأيتن خَروع صبيى هو الزند بازاى, mais c'est une erreur), Bait. I, 427 d.

خَروع = خِرْوَع ricin, Domb. 73, Abou'l-Walîd 634, 29, et n. 73.

خُرَيع nom d'une espèce d'artichaut, Bait. I, 364 b.

أَخْرَع plus gaillard, plus gai, plus joyeux, 1001 N. Boul. I, 117, 15, où Lane traduit: «more frolicksome.» L'éd. de Macn. et celle de Bresl. portent en cet endroit أجرع, mais l'autre leçon est la véritable, car أخرع est = أخْلَع, comme خَريع est = خَليع (Fleischer Gl. 95).

مُتَخَرْوَع gaillard, gai, joyeux, M.

خرف VIII radoter, Bc.

خَرْفيَّة fruits d'automne, Domb. 71.

خَرْفان fém. ة radoteur, rêveur, Bc, 1001 N. I, 143, dern. l., Bresl. IV, 184, 3 et 11.

خَروف. Le fém. ة, Alc. (borrega, cordera), le pl. خِراف, M, Khallic. IV, 89, 3 Wüst., Abou'l-Walîd 787, Saadiah ps. 114, 1001 N. Bresl. II, 325, 4; Bc (mouton) le donne comme pl. de خاروف, et il l'a aussi sous brebis, chrétiens sous un pasteur.

خَريف la seconde moisson de la dorra, Niebuhr B. 146 n., où Chatîf est une faute d'impression, pour Charîf, car la première moisson s'appelle وَسْمِى (cf. Lane). — Pain sans levain, Alc. (pan cenceño). — لِلخَريف العَقْل radoteur, rêveur, 1001 N. I, 718, 15.

خُرافة forme au pl. خَرائف, Alc. (habla de novellas, novela o conseja). — Prétention ridicule, Abdarî 59 r°: يَلَقَّفُ مَطالب من خرافات. — Radoterie, Bc. — Discours frivoles, sots discours, Bâgim 90: وما قدرت ان ابطلة ولا ليلة واحدة عن خرافته. — Peu, Voc. (parum).

خَريفى automnal, Voc., Bc.

خَرّاف conteur, Daumas V. A. 262.

خِراف pl. et خَواريف, agneau, mouton, Bc, M.

خرق

أُخْرُوفَنا folie, sottise, radoterie, mot formé par plaisanterie, voyez أُحْمُوقَنا.

تَخْريف délire, déraison, rêverie, Bc.

تَخْريفة sornette, discours frivole, Bc.

مُخَرَّف romanesque, Bc.

مَخَرَّفة مَخارف حكايات des récits romanesques, 1001 N. I, 694, 14.

خَرْفش I, suivi de فى الكلام, parler mal, incorrectement, Bc, M.

خُرْفش pierre ponce, Bc.

خُرْفشة sornettes, Prol. III, 300, 11.

خُرْفيش ustensiles de nulle valeur, M. — Cartes à jouer sans valeur, M.

خُرْفُع l'intérieur cotonneux du fruit de l'Asclepias gigantea; on s'en sert pour en emplir des matelas et des coussins, et même pour en faire des vêtements, J. A. 1853, I, 164. C'est de la mèche pour les Bédouins (خُراق), cf. Lane sous خُراق الأعراب, et le coton s'appelle aussi خُرْفُع, Bait. I, 363 i, où il faut lire ainsi (AB; Sonth. a traduit fort mal cet article).

خَرْفَق est à Damas et aux environs de cette ville le nom du خَرْدَل فارسى (voyez), Bait. I, 357 d.

خرفن I c. a. et II dans le Voc. sous desipere (formé de خرف, ou plutôt de l'adj. خَرْفان).

مُتَخَرْفِن fou, Voc., Alc. (atroguado loco, desvariado).

خرق I. Le n. d'act. مَخْرَقَة, dans le sens de traverser un pays, Ztschr. V, 494, 5, dans celui de mentir, Tha'âlibî Latâïf 35, 7, Abbâr 199, 10, Prol. II, 284, 5. — Faire brèche à un mur, Bc. — Percer un isthme, Prol. I, 78, 9. — Creuser un canal, خرق البَحَر الى تونس, Amari 211, 8; mais on dit aussi Amari 526, 3, J. A. 1852, II, 69, n. 1, «il fit creuser un canal afin d'amener les eaux de la mer jusqu'à Tunis.» — Couper, rogner, Auw. I, 376, 4 a f. — Couler bas des navires, Bat. I, 110. — Quitter l'armée, se disperser (soldats), Akhbâr 150, 8. — خرى حُرْمته déshonorer, perdre quelqu'un d'honneur,

Bc. — موضع حُرْمَة خرى *violation d'un lieu sacré, violer un asile*, Bc. — خرى العادة *être au-dessus de l'ordinaire, être miraculeux* (cf. Lane sous خارق), Bat. II, 68, Baidhâwî I, 11, l. 11. خرق seul s'emploie dans le même sens, 1001 N. Brosl. IX, 392, 8 (زاد dans l'éd. Macn.), et dans celui de *faire des choses extraordinaires, extravagantes, déraisonnables*, Haiyân-Bassâm III, 140 v° (d'après le man. B):

ومُعظَم الأمور يُدبِّرها بجهله وخرقه واعتساقه وتهوّره خرق في تدبير سلطانه واعتسف الأمور وأساء: 142 r°: خرى العادة dans le Voc. est *abusio* (خلاف العادة =), et chez Bc خرى العادة ou عادته est *se désaccoutumer, se défaire d'une coutume*. — خرق الناموس *quitter la voie légale*, Macc. I, 131, 16; خرى ناموسه *déchirer, médire de quelqu'un, faire tort à la réputation de quelqu'un*, Bc. — Dans le sens de كمن, qui signifie *cacher* ou *dresser une embuscade*, M.

II *corrompre*, Alc. (corronper, corronpimiento). تخريق — *Serpenter*, Alc. (rodear).

IV. اخرق البَحْرَ *creuser un canal pour les eaux de la mer* (comme la Ire), Amari 178, 9, R. N. 5 v°: واخرى حسّان البحر فاحتفره وجعل دار الصناعة بها النجم واخرق — C. ب p. *punir*, Maml. I, 2, 105.

V. تخرّى في ماله *donner de l'argent avec profusion*, Fakhrî 222, 4 a f. — *Couler, serpenter*, Koseg. Chrest. 64, 5.

VII *être traversé, sillonné par des cours d'eau*, Gl. Edrîsî. — *Faire eau, avoir une voie d'eau* (vaisseau), Bc. — بلد منخرق, Müller 9, 3 a f., semble signifier: «une ville dont les maisons sont éparpillées» (= منقطع منفرق, qui suit). — *Se corrompre*, Gl. Edrîsî. — *Etre prodigue*, Gl. Djob. — انخرق العادة dans le Voc. sous *abusio*.

VIII, *traverser, passer par*, se dit particulièrement des rivières ou des ruisseaux qui traversent un pays; mais en ce sens ce verbe s'emploie aussi sans régime, *couler, serpenter*, Gl. Edrîsî. — *Creuser, ibid.*

خرق *cul, postérieur*, Alc. (culo, rabo por el culo), Hbrt 3. — *Aqueduc*, Voc. — *Pourpier*, Sang.

خرق *folie*, Voc.

خرقة *pourpier*, Bait. I, 363 g. — Voyez plus loin خُرّكاه.

خرقة, dans le sens de *pièce d'étoffe, lambeau*, pl. aussi خروق, Voc.; عين الخروق, *fons pannorum*, trad. d'une charte sicil. *apud* Lello 18. — La *khirca* (vieux manteau déchiré et rapiécé) des Soufis s'appelle خرقة التصوّف, Athîr XII, 66, Bat. I, 126, ou خرقة المتصوّفة, R. N. 85 r°, ou الخرقة المباركة *ibid.*, ou خرقة التبرّك, Mong. p. cxxxi. Elle se transmet d'un maître à son disciple, et celle que portent les novices s'appelle خرقة الإرادة, Mong. *ibid.* Quelquefois un Soufi porte deux *khircas*, Khallic. I, 256, 4, R. N. 61 r°: وعليه خرقتان, ce qui indique que deux chaikhs de la secte lui ont légué leurs *khircas*, leur science et leur autorité, de Slane trad. d'Ibn-Khallic. I, 502, n. 5. Dans un passage du Gulistan de Sadi (p. 64 éd. Semelet), le mot خرقة est employé pour désigner le *turban* (دستار) du Soufi. — *Maillot, langes*, Vêtem. 153, n. 1, 437, Alc. (culeros pañales, pañales para criar niños), avec le pl. خروق, que L a aussi (voyez sous الأقمطة). — *Bourse* (Reiske chez Freytag), Bat. III, 234, R. N. 57 r°: il dit: je n'ai pas d'argent pour retourner dans ma patrie فمدّ ابو هرون يده الى خرقة مصرورة فدفعها اليّ وقال لى أنفق منها حتى تصل ان شاء الله تعالى, 58 r°: اخرج الشيخ ابو هرون من جيبه خرقة خرقة شريف. — متخرّقة: cf. خلّها واخرج منها دينارين (sic, pour شريفة) est la *borda* du Prophète, qui, selon les Turcs, a été emportée d'Egypte par le sultan Selim, et qui est devenue l'oriflamme des Ottomans, Burton I, 142. خرقة النسا est dans L *sciasis*; mais c'est à mon avis une faute pour عرق النَّسا (voyez), qui signifie *goutte sciatique*.

خرق *espèce de scorie*, Most. v° الفضّة; خبيث leçon de Lm, N avec le *hâ*.

خريبة *fosse, l'endroit que l'on creuse en terre pour y mettre un corps mort*, Cartâs 183, 10 a f., où un man. porte حفر.

خراقة *brèche*, Bc. — Pl. خرائف *pièce, morceau*,

Bidp. 4, 2. — Kosegarten soupçonne que ce mot signifie *terreur* dans le passage qu'il a publié Chrest. 110, 1.

خُرُوقْىِ , خَرَقٌ , خُرُوقٌ *celui qui vend des pièces d'étoffe ou lambeaux*, Vêtem. 153, n. 1.

خَرِيقَة *brèche*, Hbrt 145.

خَرَّاق , دَوَاءٌ t. de médec., *remède qui pénètre dans les pores*, comme le vinaigre, M.

خَارِق pl. خَوَارِقٌ , par ellipse pour أَمْرٌ خَارِقٌ لِلْعَادَةِ (cf. sous la 1ʳᵉ forme et Lane), *miracle*, Prol. I, 165, 10, 168, 13, 169, 4, 11, 14, 15, 16, 17, etc., 359, 15, III, 138, 1. — Même pl. *homme extraordinaire*, Berb. I, 129, 8. — *Généreux au plus haut degré*, M.

— شَىْءٌ خَارِقٌ *marchandise de première qualité*, Bc.
— خَوَارِقٌ *traditions fausses*, Prol. II, 163, 3 a f.

أُخْرَى . خُرَّقٌ يَوْمٌ أُخْرَقُ , P. Tha'âlibî Latâïf 113, dern. l., semble signifier: *une journée pendant laquelle le temps varie continuellement*. — Le fém. خَرْقَاء , proprement *inexpérimenté*, est chez les poètes une épithète du vin pur, parce qu'on le compare à une vierge intacte et sans expérience, Gl. Mosl.

تَخْرِيقَة *lambeau*, Alc. (raça del paño).

مُخَرَّقَة *bourse*, Alc. (bolsa, burjaca). — *Jonglerie, charlatanerie, tour de passe-passe*, Bc, Cartâs 65, 6; lisez de même, avec notre man. 1350, Berb. II, 41, 8 a f.; Djaubarî 5 v°: أَوْرَاقُ الْمُخَرَّقَاتِ. — Dans Payne Smith 1493 synonyme de ضَلَالٌ. — Pl. مَخَارِيقُ *délices*, Voc.

مِخْرَاق t. *du jeu des échecs; il y a, p. e., le* مِخْرَاقُ الرُّخِّ *tour*; مِخْرَاقُ الْأَفْيَالِ, le مِخْرَاقُ الْبَيَادِقِ, etc.; voyez Bland dans le Journal of the R. Asiatic Society, XIII, 30, 31.

اِخْتِرَاقٌ *pénétrabilité*, Bc.

خَرَقْطَانْ (pers.) *lierre*, Bait. I, 364 a.

خَرْقَنْ (formé de خِرْقَةٌ).

مُخَرْقَنْ *déguenillé*, Bc.

خَرْكَاه (Freytag) est le pers. خَرْكَهْ. Cette espèce de tente, dit Ibn-Batouta (II, 299, cf. III, 30), qui écrit خَرْقَة, se compose de morceaux de bois, réunis en forme de coupole, et sur lesquels on étend des pièces de feutre. Ecrit حَرَكَات (sic) Nowairî Egypte, man. 2 m, 171 r° et v°. Selon le M la forme arabe est خَرْقَاهَة

خَرْكُوس (pers. خَرْكُوش) *plantain*, Most. v° لِسَانُ الْحَمَلِ (où le *hâ* est une faute), Bait. I, 363 b.

خَرَمَ I *créneler*, Bc. — En médec., *couper ce qui est entre une fistule et l'anus*, Gl. Manç. in voce: c'est أَنْ يُقْطَعَ مَا بَيْنَ النَّاصُورِ وَالشَّرْجِ لِيَتَمَكَّنَ مِنْ عِلَاجِهِ — *Omettre*, Gl. Fragm. — *Différer, être dissemblable*, Gl. Fragm. — خَرَمَ فِي وَعْدِهِ *ne pas tenir sa promesse*, M. — هَذَا الْأَمْرُ لَا يَخْرِمُ *il n'y a rien à changer à cette affaire*, M.

II *moucheter, faire de petits trous*, Bc. — *Vider, évider, creuser*, Bc. — *Percer à jour*, Gl. Edrisî. — *Ciseler, sculpter*, ibid., Voc. — *Treillisser*, ibid. — *Canneler*, ibid. — مُخَرَّمَةٌ أَوْرَاقٌ, Prol. II, 296, 7, où de Slane traduit: *un cahier d'écritures, tout froissé et usé*; mais peut-être faut-il lire مُخَرَّمَة = مَخْرُومَة ; voyez sous خَرَمَ I.

IV I *percer*, Gl. Abulf. — T. de marine, Becrî 113, 14: وَإِذَا أَخْرَمَتِ الْمَرَاكِبُ مِنْ أَشْبَرْتِيلَ بِالرِّيحِ الشَّرْقِيَّةِ لَمْ يَكُنْ لَهَا بُدٌّ مِنَ الْبَحْرِ الْمُحِيطِ, où de Slane traduit: *se laisser pousser au large*; mais les points diacritiques sont incertains; Edrisî, Clim. I, Sect. 6, en parlant d'une île déserte: وَرُبَّمَا سَقَطَ إِلَى هَذِهِ الْجَزِيرَةِ مَنْ أَخْرَمَ إِلَيْهَا مِنْ بِلَادِ الْيَمَنِ أَوْ مِنْ مَرَاكِبِ الْقُلْزُمِ أَوْ مِنْ مَرَاكِبَ لِلْحَبَشَةِ فَيَسْتَغِيثُونَ بِهَا; leçon de CD; B أَحْزَمَ ; A أَحْرَمَ.

V *être sculpté*, Voc.

VII, en parlant de livres, dans le sens indiqué par Lane, Haiyân-Bassâm I, 173 r°: وَكَانَ مَنْ جَهْلِهِ الْمَأْثُورِ أَنْ قَالَ يُوصِي لِلَّذِينَ يَحْمِلُونَهُ إِلَى بَادِيسَ اللهُ اللهُ فِي حُمُولِي قُولُوا لَاقٍ مَنَاذٍ بَادِيسَ بِالْحِفَاظِ عَلَيْهَا لَا تَنْخَرِمْ (c'est ainsi qu'il faut lire ce passage qui est altéré dans le man.). — *Etre séparé de*, مِنْ, 1001 N. I, 681, 15. — اِنْخِرَامُ الْعَقْلِ *dérangement de l'esprit*, Bc.

VIII. الْأَوْرَاقُ الْمُخْتَرَمَةُ لِلْحَوَاشِي « *des feuilles de pa-*

خرمدان   367   خزق

pier dont les marges sont rongées (par la vétusté)», Prol. II, 281, 4.

خرم (?). « Le *khram*, c.-à-d. *les influences morbifiques de la contrée*,» Pellissier 33.

خرم est selon Rhazès *aster atticus*; selon d'autres c'est *lychnitis*, mais à en croire Edrîsî, c'est une plante dont ne parle ni Dioscorides ni Galien, Bait. I, 362, où cet article, que Sonth. a confondu avec celui qui précède, commence l. 2 a f. — (Pers.) = انقراقون Bait. I, 92 a; leçon de SD; ACEL حرم, B حزم

خرابة vulg. pour خرب, *trou rond dans une pierre, auquel on attache une bête de somme*, M (qui considère aussi خرم, *trou d'une aiguille*, comme la forme vulgaire de خرب).

التين الخارمي خارمي *espèce de figue noire, grande, et dont la pelure est mince*, Becrî 41, 6.

تخريم *jour, vide, ouverture*, Bc. — *Ciselure, sculpture*, Alc. (entalladura, maçoneria, talla de entallador). — *Cannelure, creux le long du fût des colonnes*, Bc. — *Bord*, Alc. (borde).

تخريمة *dentelle*, Bc, Bg. — *Sculpture*, Alc. (esculpidura).

مخرم *gouffre très-profond, abîme*, Abbad. II, 7, 1.

مخرم *pavé de mosaïque*, Alc. (losado de arte musica). — *Grille, plaque trouée sur une râpe*; *jalousie, treillis, volet à claire voie, persienne, treillage*, Bc.

مخرم *sculpteur*, Alc. (entallador, esculpidor).

مخروم *inornatus*, L.

خرمدان voyez خرمدان.

خرمدانة *trousse*, Bc.

خرمش I *égratigner*, Bc, Hbrt 36, vulg. pour خمش, M. II c. ب *s'agriffer*, Bc.

خرمشة *égratignure*, Bc, Hbrt 36. — *Saleté*, Payne Smith 1528.

تخرمش *coup de griffe d'un chat*, Bc.

خرمقاني (?) *espèce de gentiane*, voyez جرمقاني.

خرمندية, vulg. pour خربندية, *les moucres (ceux qui louent des montures aux voyageurs) et les bateliers*, M.

خرنباش (pers.) *origanum maru*, Bait. I, 363 e (c'est ainsi qu'il faut lire avec A).

خرنثى *hermaphrodite*, Bc.

خرنج = خلنج *bruyère*, Alc. (breço).

خرنق (c'est ainsi qu'on prononçait en Espagne) *jeune lapin, lapereau*, L (lepusculus (lepuscellus)), Voc., Alc. (gaçapo de conejo).

خرود I *troubler l'eau*, Roland.

خروسانثيمون (grec) *chrysanthème*, Payne Smith 1013.

خروب II *se gâter*, Bc (Barb.).

خرى et ses dérivés, voyez sous خرى.

خز I *trotter*, Ht; c. ب *faire trotter*, Martin 96. Cf. خج.

خز *lentille d'eau*, M.

خزة خزة الكلب *le trot du chien*, espèce de pas gymnastique, Daumas V. A. 378.

خزى *fait de soie*, Voc.

خزز *trotteur (cheval)*, Daumas V. A. 184.

خرج (= خز) *soie*, Voc.

خزخز I, en parlant de l'eau, est quand elle est couverte de lentille (اذا علته خضرة) et que son goût est altéré, M.

خزر I. En parlant d'une personne haïe, on dit: خزرته العين, Macc. I, 279, 4, Berb. I, 478, 11 et 12.

خيزران *cardamome*, L (cardamomum). — *Brusc ou brusque (plante)*, Alc. (juzbarba yerva). — *Houx-frêlon*, Clément-Mullet sur Auw. I, 16. — *Héliotrope*, Domb. 72. — خيزران بلدى, en Espagne *myrte sauvage*, Bait. I, 41 b, 404 d (où il faut ajouter le mot بلدى, qui se trouve dans nos man.).

خزع

خزاعى *d'une statue colossale*, M.

خزف *terre à potier, terre argileuse*, Tha'âlibî Latâïf 43, 1, 55, 16, 87, 14, Auw. I, 57, 3, 7, 11, 68, 9, 79, 2 a f., Prol. III, 345, 7, Bait. I, 43 b: الى

خَزَف. — Pl. خُرُوف brique, Most.: خَزَف هُوَ خَزَف (le man. N ajoute: اىّ نوعٍ كان); التنور وهو شقف الفخّار, et ensuite: خَزَف القَرامد: منافع Bait. I, 364: خَزَف التنور. — Comme sing. et comme coll., n. d'un. ة, coquille, Gl. Manç.: خَزَف هو الفَخَّار حقيقةٌ وهو المُراد هُنا وخزف للحيوان منقول منه وهو اغطية الصدف Bait. I, 246 c (passage d'Edrisi sur le cancer cammarus): ولد فيها (ممّا B) يلى راسه خَزَف عليه وهذه صفة c 292: صدفىّ ونصفه الذى لا خَزَف عليه c 427: القنـفـد البحرى وفى خزفه يرمى بها البحر, وخزفتها (وخزرها B) التى فى باطنها هو لسان البحر II, 14 a: وتستعمل منها فى الطبّ خزفتها التى فى باطنها, وفى الخُرفة المعروفة عند الاطبّاء بلسان البحر 74 b, 581 c, Most. v°: زبد البحر شييبا et البحر.

خَزَفِىّ argileux, Auw. I, 68, 7.

خَزَقَ I empaler, Ht. — Déchirer, Hbrt 82, M.
IV, comme la I‍re, percer, Haiyân 78 r°: احرقوه بالنشاب (sic).

خَزَق, n. d'un. ة, la fiente des volailles, Voc., Alc. (cagada de ave, gallinaza estiercol de las gallinas).

خَزَقَة pal, Ht.

خَازوق échalas, Bc, pieu, Hbrt 144, 1001 N. Bresl. IV, 264, dern. l., piquet, petit pieu fiché en terre, Bc. — Le pl. خوازيق palissade, Hbrt 144. — Portemanteau, morceau de bois attaché à la muraille et où l'on suspend des habits, Bâsim 23: قلع ثيابه وعلقها للخازوق. — Au fig., membre viril, 1001 N. I, 65, 2.

خَزَل VIII, اختزل من بيت المال « il s'appropria une partie de l'argent du trésor, » Tha'âlibî Latâïf 11, 1 et 3. — En parlant d'un prince qui permettait à tous ses sujets de lui présenter leurs plaintes: فلا يختزل خاجتهم دونه ولا تحاجب مظالمُهم عنه, Haiyân 28 r°. On voit bien ce que l'auteur veut dire, mais je ne sais quelle est la traduction littérale de cette expression.

اى يختـزل مالـه لمولا خَزّال, Diw. Hodz. 159, 6: يقطع له بعض ماله بمعنى جزّالا, dont c'est une variante.

خَزَم I, en parlant d'une lettre, voyez Lane; il résulte de son témoignage que la leçon du texte Prol. II, 56, 5, 12, 13, 15, 16, p. 57, 8, est bonne, que par conséquent de Slane a eu tort de la changer dans sa traduction, et qu'il faut lire de même dans le Fakhrî 130, 9. الدفاتر المخزومة chez Macc. II, 359, 2 a f., car c'est ainsi qu'il faut lire, sont ce que nous appelons des brochures. — Comprimer des factieux, Bc.

II c. a. dans le Voc. sous funis. — Voyez sous خرم II.

V dans le Voc. sous funis.

خُزَمَة ficelle de palmier, Roland.

خَزَمَة pl. خُزَم corde de sparte, Voc., Alc. (tomiza cuerda de esparto), Auw. I, 683, 4 a f.; Espina, R. d. O. A. XIII, 145, nomme parmi les sparteries khezma, espèce de cordage.

خُزَام tulipe, Bc.

خُزَامَى = خُزَامَة (voyez), Domb. 72, Bc, P. 1001 N. I, 58, 1.

خُزَامَى, lavande, est aussi مَبْرومة, خُزَامَى Prax R. d. O. A. VIII, 345, et sous zacinthe سنبل خُزامة Bc. — Jacinthe (Alep), Bc, et sous zacinthe خُزامة صفرا. — Suivi de a'iata (?), une labiée, Prax l. l.

خَزَن IV remplir des magasins, Çalât 32 r°: اتصل اخْزَانُ المخازن المذكورة من جميع الاقوات فيها من عام ٥٧ الى عام ٧٤٣ ه.

VII dans le Voc. sous cellarium.

خُزَن, var. خُزّان, chambre d'un canon, Berb. II, 272, dern. l.

خِزانة pl. خَزَن comptoir, Bc. — Une caisse carrée qui contient l'argent pour payer les frais du pèlerinage qui sont à la charge du gouvernement, Lane M. E. II, 276. — L'argent pour payer les soldats de Bagdad, Thévenot II, 101. — Une certaine somme d'argent; « cinq Casenats, qui valent 1,200,000 écus, qui font six millions d'or, » Monconys 186; « 1200 bourses qui sont trente millions de maidins, » Thévenot I, 512; 1000 bourses, £ 5000, Lane M. E. II, 421; 6000 غرش, M. — Chambre d'une arme à feu, Bc. — La partie supérieure de l'instrument de musique appelé كمنجة, Lane M. E. II, 75. — خِزانة médaillier; خِزانة الغرش, Bc, aussi شخْغِرش seul; c'est une énorme armoire dans laquelle on serre pendant le jour tout ce qui compose le lit, von Kremer, Culturgeschichte des Orients I,

132; — خِزَانَة كُتُب musée; — خِزَانَة bibliothèque; — خِزَانَة المَال trésorerie, Bc.

خَزَّان voyez خِزَّان.

خِزْرِين armoire, Domb. 94. — المَاء الخِزْرِين eau conservée dans des puits, M. — خِزْرِين الملك trésorier du roi, M.

خِزَانَة garde-robe, Alc. (recamara). — Boutique de libraire, Alc. (tienda de libros). — Tente, Domb. 99. — Sacristie, Alc. (sacristania). — Avec l'art., pour خِزَانَة السِلَاح, arsenal, magasin d'armes, Gl. Fragm. — Une certaine somme d'argent (cf. خِزْنَة), 1001 N. I, 357: اعدى له سبع خِزَائِن من المَال. Ce mot doit avoir le même sens dans les Selecta ٣٠, l. 2 a f., car il est impossible que ce soit le nom d'une espèce de navire, comme Freytag l'a pensé; mais dans la ligne qui précède, il faut substituer السَفَط, «écrins,» à السُفُن. — خِزَانَة البُنُود خِزَانَة البُلَات sacristie, Bc. — au Caire. Dans cet établissement, qui avait été fondé par le calife fatimide az-Zâhir, trois mille ouvriers fabriquaient des armes, des machines de guerre, etc. C'était aussi une prison, Khallic. I, 197, 7 et 8, avec la note dans la trad. de M. de Slane I, 388, n. 9. — خِزَانَة الطب والحكمة pharmacie, magasin de médicaments, Haiyân-Bassâm I, 10 rº, parmi les emplois de la cour. — خِدْمَة خِزَانَة الطب والحكمة. — لِلْخِزَانَة العِلْمِية la bibliothèque du sultan almohade, Khatîb 27 rº, en parlant de l'Almohade Abou-Ya'coub: اَلْزَمَةُ خِدْمَةَ لِلْخِزَانَةِ العِلْمِيَةِ وكَانَت عِندَهُم مِن الخَطَط. — خِزَانَة الفُنُون الى لا يتعبين لها الا كبار اهل العلم musée, Bc. — خِزَانَة مُقَدَّسَة sacristie, Alc. (sagrario). — صَاحِب لِلْخِزَانَة chambellan, Alc. (camarero de gran señor).

خِزَانَة = خِزَيْنَة, Kalyoubî 4 éd. Lees (Wright); dans l'édit du Caire de 1865, p. 5, l. 12, c'est خِزَانَة.

خِزَانَتِي espèce de grenade, Auw. I, 273, 16.

خَزَّان qui garde, Diwan d'Amro'lkaïs ٣١, vs. 17. — Sommelier, Bc.

خَازِن forme aussi au pl. خُزَّان, et ce terme signifie aussi les anges, Gl. Badroun. — خَازِن القَصْعَة

celui qui a la charge de la vaisselle d'argent, Alc. (repostero de la plata).

تَخْزِين magasinage, Bc. — Accaparement, Bc.

مَخْزَن, pl. مَخَازِين, Abou'l-Walîd 637, 5, magasin en général, mais spécialement magasin d'armes, arsenal, Alc. (almazen de armas), et magasin d'huile, Alc. (almazen de azeite). — Garde-robe, Alc. (recamara). — Sommellerie, Alc. (botelleria), Bc. — Ecurie, Ht, Delap. 173. — Petit réservoir, Djob. 211, dern. l. — Bureau, Ht. — Trésor public, Maml. I, 1, 10, Bat. III, 262, IV, 42, 97, 120, Çalât 32 vº: أَخَذَ مَالَه لِلمَخْزَن, تَقْيِيد أَمْوَال المَخْزَن, Khatîb 186 vº; Marmol Reb. 64 c: «pecheros del magazen del Rey» (en Afrique). Sous les Almohades, les عَبِيد المَخْزَن ou esclaves du trésor semblent avoir été un corps de nègres qui formaient la garde du sultan et qui étaient payés par le trésor; on les trouve nommés Cartâs 174, dern. l., et Holal 62 vº (prise de Maroc par l'armée d'Abd-al-moumin): ودخلت صنهاجة وعبيد. المَخْزَن من باب الدِّبَاغِين. Aujourd'hui المَخْزَن signifie les cavaliers du gouvernement, Daumas Sahara 130, 197, 254, Sandoval 102, 286, 321, 424, Hirsch 72, officiers et cavaliers choisis pour la rentrée des impôts, Roland, soldats irréguliers, R. D. O. A. VI, 132; Pellissier 152: «une tribu du makhzen, c.-à-d. une tribu qui, moyennant certains avantages, tient tous ses cavaliers à la disposition permanente du gouvernement.» — Impôt, contribution, Abou-Hammou 87: فَإِن كَان زَمَان رَخَاءٍ وخَيْرٍ فَتَيْسِير فيهم أَحْسَن سَيْر; dans les temps de disette: تَعْدِل في مَخَازِنِهِم عِنْدَنا الغَرَامات; Amari Dipl. App., p. 6, l. 8, فَتَرْفُق بِهِم في المَخَازِنِ والمَجَالِي où cependant ce terme peut signifier aussi droit de magasinage, ce que l'on paye pour le magasinage, comme traduit l'éditeur. — La cour d'un prince, Alc. (corte de gran señor), Chénier III, 165. De là دَار المَخْزَن le palais, Pflügl t. 69, p. 5, et مَخْزَن seul dans le même sens, Alc. (palacio real). — Demeure, Alc. (estança donde alguno esta). — Le gouvernement, Daumas Kabylie 193, Cherb. B et Dial. 24, Amari Dipl. 131, 5 (où l'éditeur, p. 422, n. 17, veut à tort changer la leçon), 174, 7. — «Les tribus du gouvernement et, par extension, toutes les dépendances de l'autorité,» Daumas Kabylie p. IX. — نَصَارَى المَخْزَن les esclaves chrétiens qui sont la propriété de la ville, de la communauté, Haedo 42 c.

مَخْزَنَة botte, R. N. 100 v°: وقال له ايتنى بالمخزنة; الذى فيها الكافور; dans la suite on trouve encore deux fois ce mot.

مَخْزَنِى ce qui a rapport au مخزن, c.-à-d. au trésor public; الاشغال المخزنية les finances, les revenus de l'Etat, l'anonyme de Copenhague 67: وكان بإشبيلية ينظر فى بعض الاشغال المخزنية والسهام السلطانية lisez de même Amari 382, 8; المغارم المخزنية les contributions qui ne sont pas prescrites par le Coran et la Sonna, Cartâs 81, 6 a f. (où Tornberg, p. 111, veut à tort changer la leçon), appelées aussi الوظائف المخزنية الالقاب, Cartâs 108, 7 a f., 275, 11, et المخزنية Prol. II, 300, 12. — Cavalier, qui est payé par le مخزن, c.-à-d. par le trésor public, car les soldats des tribus ne reçoivent pas de solde, Sousa Vestigios 157; Marmol, II, 96 d, traduit: « escuderos de los alcaydes; », II, 101 b: « escuderos de la guardia; » III, 6 d: « soldados; » cavalier, Scott 68, Tristam 110, Daumas Mœurs 283, Barth W. 13; gendarme, Pellissier 320; sorte d'agent de police qui tient le milieu entre le gendarme et l'espion, Curé 24; cf. de-Gubern. 202, qui les compare aux sergents de ville. On écrit aujourd'hui مخازى, Hist. Tun. 136: ابطال جنده واعيان مخازنيته, 137: فاتبعهم الامير جنده من فرسان المخازنية — Ce qui appartient au مخزن, c.-à-d. à la cour du prince, Khatîb 33 v°: تعلق بسبب هذه المنتحلات بأذيال الدول — فنال استعمالا فى الشهادات المخزنية courtisan, Alc. (cortesano, palaciano de palacio real, et de gran señor); employé, serviteur du palais; toutes les personnes attachées au service du souverain portent ce nom à Maroc, Hœst 181 (مكاسى), Chénier III, 166; المخزنية la cour, tous les gens de la cour, Ramos 301; Hugonnet 266 traduit serviteurs de l'Etat. — Homme politique, diplomate, Cherb. B, qui écrit مخازى, comme on le fait actuellement.

مَخْزَنْجِى garde-magasin, magasinier, Bc.
مَخْزُون enfoui, Roland.
مخازى voyez deux fois sous مخزنى.
مُتَخَزَّن cabinet secret, retiré, Alc. (retraymiento o retrete).

تَمَخْزُن politique, finesse, Roland.

خَزَنْدار écrit خازندار, 1001 N. I, 55, 6 a f. — Caissier, payeur, Bc.

خزو.

خَزْو courte honte, Bc.

خَزِى IV désarçonner, confondre dans une dispute, Voc., Bc. — Désappointer, Bc.

VII se déconcerter, se troubler, Bc.

VIII dans le Voc. sous confundere alium.

مَخْزَى ignominie, honte, Abbad. II, 200, 7. Le Voc. a مَخْزَا confusio.

المَخْزِى le diable, M.

مَخْزَاة pl. مَخَازٍ calamité, Gl. Fragm.

مَخْزَنَة confusio, Voc.

خس I décroître, désemplir, v. n., et se désemplir, perdre, diminuer de valeur, Bc, M.

II rendre très-vil, Voc. — Appeler quelqu'un vil, Gl. Belâdz. — Diminuer, Hbrt 123.

V s'avilir, devenir vil, Voc., Alc. (avellacar, mais je crois qu'il faut avellacarse).

خَسّ. Le n. d'un. ة dans le Voc., où ce mot est écrit avec un çâd. Vansleb 101 donne Chás melieh comme le nom de la laitue. — خس البقر plante sauvage qui ressemble en tout à la laitue et dont se nourrissent les bœufs, M. — خس الحمار sonchus oleraceus, Bait. I, 211 e, 367 b, II, 570 c; dans le dernier article, il dit que ceux qui prétendent que c'est شنجار, sont dans l'erreur. — خس الكلب, Bait. II, 435 c, qui soupçonne que c'est dipsacus.

خَسَّة = خَصَّة (voyez), réservoir, bassin. Ce mot se trouve écrit de cette manière dans le man. de M. de Gayangos d'Ibn-Batouta, où l'édition, II, 297, a l'autre forme, dans les notes de Tornberg sur le Cartâs, p. 367, dans le Gl. Djob. — Jet d'eau, Bc (Barb.), voyez encore خَصَّة.

خَسَّة paresse, fainéantise, Alc. (haragania). — Avarice, Hbrt 245.

خَسِيس déficit; diminution, Bc.

خَسِيس forme aussi au pl. خَسَاء, Alc., Bc. Les fakîhs donnent ce nom à celui qui sert les tyrans, quoiqu'il soit au reste un honnête homme, M. — *Lâche, mou, paresseux*, Alc. (floxo en el animo, haragan, perezoso). — *Avare, chiche, crasseux, ladre, pince-maille*, Bc, M, Hbrt 245, Mc. — *Méconnaissant, ingrat*, Bc. — *Ingrat, stérile*, Bc. — *De peu de valeur*, comme le pain et la viande, l'opposé de نفيس, M.

خَسَاسَة *insolence*, L (insolentia). — *Mollesse, paresse*, Alc. (floxedad en el animo).

خَسِيسَة *fourberie, -friponnerie*, Alc. (vellaqueria).

خَسِيسِيّ *vil*, Alc. (astroso).

خَشَّاس *fretin, menu poisson*, Gl. Manç. v° عازب (voyez).

خَسِيسَة vulg. = la plante خَسّ البَقَر, M.

خَسَأ I. خَسِي, sans *hamza* chez le vulgaire, *être frustré*, M.

خَسْتَاوِي épithète d'une espèce de dattes, Niebuhr R. II, 215.

خَسْتَكَ.

مُتَخَسْتَكَ *incommodé, un peu malade, indisposé*, Bc.

خَسِرَ I. مَن يَخْسَر على فَذين الشَّيخين «qui veut perdre en achetant ces deux chaikhs?» Akhbâr 45, 12 et 13. — *Etre battu, vaincu, perdre la partie, succomber*, Bc. — *Se corrompre*, Bc. — *Sacrifier*, abandonner un ami, etc., par un intérêt, Bc.

II *détériorer, gâter, corrompre*, Alc. (desconpasar, desmedrar, estragar; le n. d'act. estrago, estragamiento). — *Démoraliser*, Bc. — *Gâter par trop d'indulgence*, caresser trop, Bc. — *Profaner*, faire mauvais usage d'une chose précieuse, Bc.

V dans le Voc. sous amitere, Payne Smith 1340. — *Dégénérer*, Alc. (enpeorarse en linaje).

X. استخسر التعب *plaindre sa peine*, la prendre à regret, Bc. — استخسر عليه الشي *reprocher*, donner comme à regret, Bc.

خَسَر *scélératesse*, Bc.

خَسْرَان *perdant*, qui perd au jeu, Bc.

خَسْرَان *détérioration*, Bc. — *Avarie*, Alc. (daño recebido en la mar). — *Perdition*, état d'un homme hors la voie du salut, dans le vice, Bc. — *Coquinerie, scélératesse*, Bc.

خَسْرَوَان, adj. formé à l'ancienne manière persane de خَسْرُو, *de Chosroës, royal, magnifique*, Fleischer Berichte 82 sur Macc. II, 516, 20.

خَسْرَوَانِي, dans le même sens, joint comme adj. à ديباج, Macc. II, 430, 13; à نشيد (chant, chanson), Macc. II, 516, 20.

خَسَارَة, chez Alc. خَسَارَة, pl. خَسَائِر, *dommage*, Alc. (daño por uso de alguna cosa), Bc, Hbrt 194, *dégât, désavantage, détriment, échec, perte, préjudice, sacrifice*; يا خَسَارَة *c'est dommage, tant pis*, Bc; *avarie*, Alc. (daño recebido en la mar). — *Profanation*, Bc. — هو خسارة في القتل, 1001 N. III, 243, 2 a f, où l'éd. de Bresl. porte: ما يستاهل القتل «il ne mérite pas d'être tué.»

خَاسِر, pl. خُسَّار et خُشَّر, *corrompu, vicieux, vilain, misérable, très-malhonnête homme, coquin, garnement, maraud*; — ولد خاسر *enfant gâté*, Bc.

خَسِع.

خَسِع *faible*, M; *ruineux, qui menace ruine* (édifice), 1001 N. III, 423, 10: واعلم أن في بيتنا كبيرا خَسَعا, dans l'éd. de Bresl., IX, 205, قديما خسع.

خَسَف I. Dans le Cartâs, 172, 8, la construction est avec ب, خسف بالقمر «la lune s'éclipsa.» Le verbe كسف se construit de la même manière dans ce livre.

خِسَاف *cuir pour les souliers*, M. — خِسَاف *contre-poids*, M; il dit que l'un et l'autre sont pour خِصَاف.

خَسِيف *triste*, Mehren 27.

مَخْسُوف *diminuant de valeur* (ناقص), M.

CHASKANIT. C'est ainsi que Barth, I, 427, écrit le nom du *Pennisetum distichum*, plante dont les graines, qui sont recouvertes d'une enveloppe épineuse, gênent fort le voyageur dans l'Afrique centrale; il la retrouve partout, s'y pique à chaque instant et ne peut s'en débarrasser. Chez d'Escayrac 421 c'est *kaskanit*.

خَسَل.

خَسْل *rebut*, Diw. Hodz. 226, vs. 8.

خَشّ I *sonner en frappant l'un contre l'autre* (écus, monnaies), Bc, vulg. pour خَشْخَش, M.

خَشْبِيش du serpent est quand il se cache sous le bois sec, etc., M.

خَشَّابَة petite cabane de jonc pour les vers à soie, M.

خَشَب I piocher, travailler durement; *trotter*, faire bien des courses; *valeter*, faire beaucoup de démarches, prendre beaucoup de peine, Bc.

II boiser, lambrisser, latter, parqueter, Alc. (enmaderar casa, maderar), Bc. — *Devenir comme du bois*, M. — Je me suis trompé en disant dans le Gl. Bayân que ce verbe signifie *crucifier*. M. Defrémery a observé dans le J. A. 1862, II, 387: «Dans le second passage, il doit plutôt signifier: ayant les pieds retenus dans une espèce de bloc ou billot de bois, analogue au كُنْد des Persans.» Le fait est qu'il a ce sens dans tous les passages que j'ai cités. Cf. Ouaday 325: «Pour ceux qui sont condamnés à une réclusion perpétuelle, on leur met à chaque pied une entrave dont les deux extrémités sont percées d'un trou et fixées l'une contre l'autre par un clou, dont ensuite on lime et rive les deux bouts. Ces entraves restent ainsi maintenues jusqu'à la mort du condamné; alors seulement on les retire en les coupant avec la lime.» Le M donne: خَشَب الوَالي المُجْرِم, c.-à-d., le wâlî mit les mains du criminel dans un instrument de bois et l'envoya à un autre endroit pour y être emprisonné. — C. على r. *faire une conjecture sur*, M.

V. مُتَخَشِّب من البَرْد *roide de froid*, Bc.

خَشَب, *bois*, forme aussi au pl. أُخْشَاب, Bc. — Le pl. الخُشُب, de même que الأَعْوَاد, *le brancard sur lequel on porte un mort au cimetière*, P. Akhbâr 49, dern. l. خَشَب الإِنْسَان *la charpente du corps, les gros os*, M. خَشَب الأَنْبِيَاء *gaïac (arbre)*, Bc. — أبو خشب *espèce de dirhem*, M.

خَشَبَة, pl. ات, ou خَشَب, ou أَخْشَاب, ou (Voc.) خُشُوب, *un morceau, une pièce de bois, chevron*, Bc. — *Tronc d'arbre*, Vêtem. 283, Prax R. d. O. A. V, 214. — *Pieu*, Vêtem. 283. — *Mât*, Djob. 33, 11. — *Poutre, solive, poteau*, Vêtem. 284, Voc., Bc. — L'*arbre du pressoir*, Vêtem. 284, خَشَبَة المَعْصَر, Voc. — *Bâton*, Abbad. II, 235, 7 et n. 43, Gl. Badroun. — *Coup de bâton*, 1001 N. II, 208. — *Barre de bois, barreau*, Bc, Macrîzî, man. II, 358: فَإِنَّهُ عَمِلَ عَلى بابه المَذْكُور خَشَبَة تَمْنَع الرَاكِب من التَوَصُّل البَيْد...

Traverse, pièce de charpente en travers, Bc. — *Pale, pièce de bois pour retenir l'eau d'une écluse*, Bc. — *Croix, gibet*, Vêtem. 284, Gl. Badroun, Gl. Fragm. — *Planche*, Vêtem. 284. — Le pl. خَشَب *pont-levis*, Vêtem. 285. — *Porte*, Vêtem. 285. — *Caisse de bois*, Amari 4, l. 5 a f., p. 5, l. 2. — *Bière ouverte, espèce de brancard*, Bc. — *Petite chambre de bois*, Vêtem. 285. — *If (arbre)*, Alc. (texo arbol conocido). — Au fig., *souche, sot, stupide*, Bc. — خَشَبَة الجَفْن *tillac de vaisseau*, Alc. (tilla en la nave). — خَشَبَة المِدْفَع *affût*, Bc. — خَشَبَة السَرْج *arçon*, Bc.

خَشَبِي *ligneux, boiseux*, Bc.

خَشَّاب *endroit où l'on tient les planches*, Alc. (madereria, où l'on trouve ce mot avec le pl. în; sous cillero de tablas il ne donne que ce pl.).

تَخْشِيب *lattis, lambrissage, parquetage*, Bc.

تَخْشِيبَة *boiserie, lambris, parquet; échafaud, assemblage de bois; pan de bois, ouvrage de charpente*, Bc.

مُخَشَّب *celui qui a la charpente solide, qui a les os gros*, M.

خَشْتَن (pers. خشتن) pl. خشوتن *pique (arme)*, Bc.

خَشْتَنَاشِي, 1001 N. Bresl. XI, 322, 2 a f., semble formé, de même que خَجْدَاش (voyez) ou خُشْدَاش, du persan خواجه تاش, «camarade d'école;» mais dans le passage des 1001 N., c'est un collectif qui signifie *camarades, compagnie*.

خَشْتَنَانَكَة, 1001 N. Bresl. V, 312, 7, me semble une faute pour خَشْكَنَانَك (voyez).

خَشْتَنَك vulg. pour خَشْتَنَك, M.

خَشْخَانَة *armoire, buffet*, 1001 N. III, 470, 9; le pl. ات, Bresl. VII, 117, 10. C'est à mon avis le pers. خِيشْخَانَه ou خِس خَانَه, dont le sens s'est modifié en arabe.

خَشْخَش I *sonner en frappant l'un contre l'autre (écus, monnaies)*; — خَشْخَش في ذهبانِه et لا بِالذَهَب «faire sonner ses écus,» Bc. — *Se dessécher (plante)*, M.

خَشْخَش *ornement en or qui sonne quand on le remue*, M.

خَشْخَاش dans le Voc., خَشْخَاش chez Alc. (dormidera yerva). — خشخاش برّي *coquelicot*, Bc. — خشخاش زبدي *papaver spumeum*, Bait. I, 238 c, 370 b. — خشخاش مقرّن *papaver cornutum* Diosc. (IV, 66), *glaucium luteum*, Bait. I, 369 b. — خشخاش منثور *papaver Rhœas* (Diosc. IV, 64), Bait. I, 369, où l'article qui porte ce titre et que Sonth. a confondu avec celui qui précède, commence l. 9; 503 b.

— أرض خشخاش *terrain rocailleux*, M.

خشخاشة *édifice où l'on enterre les morts et qu'on ferme au moyen d'une grande pierre*, M.

خشخاشي *espèce d'étoffe fabriquée dans le Djordjân*, de Jong.

خشداش voyez جداش.

خشر.

خَشْر. L donne: papirio ومخادّة, ce que je ne suis pas en état d'expliquer. Papirio est peut-être pour papilio (Scaliger a lu ainsi, mais le man. a très-distinctement un *r*), et ce dernier mot peut avoir plusieurs sens (voyez Ducange).

خشرم.

خَشْرم *fourmis*, de Sacy Chrest. II, 364, n. 37.

خشع.

خشع I *être sensible, être aisément ému, touché, attendri*, Macc. I, 829, dern. l.: كان فيه خشوع, car il pleurait quand il entendait réciter le Coran ou des poésies érotiques; souvent chez Djob. p. e. 154, 9, 203, 11. Aussi c. الى, الخشوع الى صدقاه « être ému, touché, par sa piété sincère, » Abbad. II, 157, 6.

II (dans le Voc. sous *devotio*), avec ou sans النفوس, *émouvoir, toucher, attendrir, exciter la componction du cœur*, Djob. 94, dern. l., 135, 2, 142, 7, 150, 6, 151, 20, 161, 9.

خشعة *abattement, tristesse*, Abbad. I, 258, 2.

خشف.

خِشْف forme aussi au pl. أَخْشاف, Voc., Alc., Calendr. 49, 7, et signifie *jeune cerf*, Voc., Alc. (cervatillo), Calendr., ou en général *jeune bête sauvage*, Alc. (hijo de animal fiero).

خُشف *individu*, Ht.

خشفاء (? la leçon est incertaine) nom d'un animal dont la crinière et la queue servent à en faire des éventails; on en met aussi au bout des drapeaux, de Jong.

خُشاف (pers. خوش آب) *eau de raisin, d'abricots, de prunes*, Bc, Lane M. E. I, 219, Ztschr. XI, 515, dans M خشاف.

خشافاني *celui qui vend le* خشاف (voyez), Ztschr. XI, 515.

خَشَق I, aor. *o*, *errer, aller çà et là*, M.

خاشوقة *cuiller*, Bc, M.

خشك II c. على *invectiver contre*, Bc.

خُشكار (pers.) *farine de froment grossièrement moulue et criblée*, Gl. Manç. in voce: هو الدقيق الذى لم يستقصَ طحنه ولا اخله; cf. Gl. Belâdz. 33 et Gl. Esp. 170; le vulg. dit خشكار, M.

خوشكاشة voyez خشكاشة.

خشكريشة voyez حشكريشة et cf. Add. et Corr.

خشكلان (pers. خشك نان) *pain ou biscuit en forme de croissant*, Macc. I, 675, 11 et 12.

خشكنانج *espèce de pain préparé avec du beurre, du sucre, des amandes ou des pistaches, et qui est en forme de croissant*, Gl. Manç. in voce, où la dernière syllabe est بج, mais c'est une faute, car c'est le même mot que celui qui précède et celui qui suit (voyez), à savoir le pers. خشك نانة, « biscuit; » correctement chez Payne Smith 1164.

خُشْكُنانَك (ces voyelles chez Djauzî, pers. خشك نانة) *biscuit*, Djauzî 146 r°, Maml. I, 1, 162. Dans les 1001 N. Bresl. V, 312, 7, où l'on trouve la description d'une belle jeune fille, on lit: ولسان يحكى خشتنانكة كسماط سلطان; je crois devoir corriger: لسان يحكى خشكنانكة بكسماط سلطان. Le mot بكسماط, et خشكنانكة est n. d'un. de خشكنانك, et بقسماط (παξαμάδιον), que j'ai donné plus haut p. 103 a et qui signifie également *biscuit*. L'un de ces deux mots est la glose de l'autre, qui s'est introduite dans le texte.

خشكنانجبين (pers.) *espèce de miel sec qui vient des montagnes de la Perse*, Bait. I, 370 c.

خشم I *être téméraire, brutal*, Ht.

خَشْم. Selon Lane, ce mot ne signifie plus *nez* dans l'arabe moderne, mais *bouche*. En Barbarie, toutefois, il a conservé le sens de *nez*, Bc, Cherb. 541, Hbrt 2, et aussi en Syrie, où l'on dit كسر خشم فلان (sic) = *rabattre l'orgueil de quelqu'un*, M. — خشم القربة *le trou d'une outre*, Burckhardt Nubia 386. — خشم الكلب *le museau d'un chien*, Barth I, 11. — « Les Ouadayens appellent tout interprète خشم الكلام, c.-à-d. la bouche du langage, de la conversation, » Ouaday 64.

خَشْمَة *témérité, fureur*, Ht.

خشيم, comme en syriaque, = اَرْج, Payne Smith 1405.

خُشُوميَّة *tabac à priser*, Cherb.

خَيْشُوم. Le pl. خَيَاشم (aussi Kâmil 274, 9) et خَوَاشم dans le Voc., *foramina naris*. — *Le museau d'un chien*, Abd-al-wâhid 127, 2. — *Chanfrein*, devant de la tête du cheval, Bc.

خشن I. Le Voc. donne aussi خُشْن et خَشْن comme noms d'act. — *Grossir, devenir gros*, Bg. — *Être grossier, stupide*, Ht.

II *grossir, rendre gros*, Voc., Bg; en parlant de la chevelure, *la rendre épaisse*, Auw. I, 252, 6, 18. — C. ل p. *brusquer, offenser par des paroles rudes, brutaliser*, Bc. — *Approcher de l'âge de la puberté*, M. — *Essayer un vase*, M.

IV. Les habitants de la campagne في المُخَشِّنين العيش, « dont la vie est dure, » Prol. I, 160, 11. — البرد ما اخشن « que le froid est rude! » P. Becrî 67, 7.

VI *montrer de la rudesse*, l'opposé de تلاطف, Sadi Gulistan 124, 1 éd. Semelet.

خشن pl. أَخْشَان *balourd, personne grossière, stupide*, Bc. Chez Djaubarî ce sont les gens du peuple qui se laissent tromper, qui sont les dupes des charlatans, des astrologues, etc.

خُشْن *grosseur, épaisseur*, Alc. (gruesso en hondura, gordura en cantidad; ajoutez un *n* à la fin du mot arabe).

خشن s'emploie dans presque toutes les acceptions qu'a notre mot *gros*, p. e. جمع خشن, « une grosse armée, » صوت خشن, « une grosse voix. » Aussi *grossier*, p. e. en parlant de vêtements, et *épais* (pl. خشان), voyez Gl. Edrîsî.

خشن *brusque, vif et rude*, Bc.

خشنى *grossier; pataud*, grossièrement fait, villageois grossier, *rustre; barbare; balourd*, personne grossière, stupide; *brusque, vif et rude*, Bc.

خشنون *inégal, dur, grossier*, Ht.

خَشِن pl. خِشَان *grossier*, Voc., Mc, Abou'l-Walîd 805, 4, *épais, brutal, rude*, Ht; *laid*, Jackson 189, Haiyân-Bassâm I, 172 r°, en parlant des piétons noirs: وكانوا قطعا خشينة يقاربون للمسمنة.

خَشَانَة *grossièreté*, caractère de ce qui est grossier, manque de délicatesse, de civilité, Bc. — *Brusquerie*, Bc.

خُشُونَة *grossièreté*, caractère de ce qui est grossier, manque de délicatesse, de civilité, Bc. — *Brusquerie*, Bc. — *Barbarie*, état sauvage, Bc. — Chez les médecins, *raucité* dans la gorge.

خَشِينَة *raucité, enrouement*, L (raucedo).

خُشُونِيَّة *balourdise*, Bc.

خَشِينَة vulg. pour la plante dite خَشْنَاء, M.

تَخْشين *dureté de cœur*, Ht.

مُخَشِّن *dessiccatif*, Bc, M.

خشى I. Le n. d'act. aussi خَشْيَة, P. Kâmil 111, 13.

V. مَتَخَشِّيا *en se tenant sur ses gardes*, Cartâs 172, 13; mais la leçon n'est pas certaine.

VIII, vulg., *craindre*, P. Prol. III, 407, 10, où la leçon est douteuse, mais en ce sens dans le M sous جبه VII, sous حسب V.

خصّ I c. a. p. et ب r. *gratifier quelqu'un de quelque chose*, Becrî 18, 11, Haiyân-Bassâm I, 174 r°: جسّاعا للدفاتر مغاليًا فيها نقاعا مَنْ خَصَّه il était منها (l. بشى) شىء, où Khatîb, 51 v°, donne: من خصّد بالسلام *il le salua*, Voc. — Dans le sens d'appartenir, etc., ce verbe ne se construit pas seulement c. ل p. (Lane, Bc compéter), mais aussi c. a. p.; Bc a خصّة sous *échoir*; ما يخصّه *incompétent*; c. a. *concerner, intéresser*; ايش الشى

بخُصَّك انت « de quoi vous mêlez-vous? » 1001 N.
IV, 481, 6 a f.: واحد كل واحد منهم ما بخصه
« chacun d'eux prit ce qui lui tomba en partage. » —
Comme dénom. de خُصّ، خُصّ على قصره خُصًّا من قصب
« il entoura sa demeure d'une haie de roseaux, » Gl.
Belâdz. — Au Maghrib, *manquer, faire défaut, être
dû*, Voc. (deficere), Alc. (faltar, marrar o faltar),
Bc (Barb.), Ht, Mo qui donne l'exemple: بخصنا
الفلوس « l'argent nous manque, » Hist. des Benou-
Ziyân, en parlant de poires: فوجدها قد نقصت من
كمال عددها فقال للجنان واين الذي خص فقال يا
مولاى اكله الصبى ابى dans le man. de Vienne
le nôtre a عندها; après خص, le man. de Vienne
a de plus (منها).

II *personnaliser*, appliquer des généralités à un
individu; — *consacrer* un mot; — c. ل *destiner*; —
تخصيص كنيسة باسم قنديس *dédicace*, consécration
d'une église, Bc.

III c. a. p. *accorder comme une faveur à* quelqu'un,
de Sacy Dipl. XI, 15, 6 a f.

V *être un homme distingué*, un متخصّص, Djob.
48, 21, Haiyân-Bassâm I, 30 v°: وحدثنه ان رجلا
يعرف بابن الفارج الوزان كان متخصصا من العامة وله
بالوليد ابى بكر هشام المذكور اتصال. — *Etre délicat*,
soit sur le manger, soit sur ce qui touche à la probité, *scrupuleux*, Gl. Edrîsî, Khatîb 33 v°: آيبا الى
تخصيص وسكون ودماثة وحسن معاملة, mais je crois
devoir lire تخمّص.

خُصّ *petitesse, peu, petite quantité*, Alc. (poquedad).

خُصّ *haie ou enceinte en roseaux*, voyez sous la
Ire forme, Auw. II, 228, 13. — Le pl. أخصاص et
أخصاص *broussailles*, Berb. I, 106: بيوت من لخصاص
et بيوت من الاخصاص, Djob. 73, 11: والشجر. On trouve
un pl. irrég. خصائص chez Becrî 3, dern. l.: وينزل
حولها مزائنة ولواتة خصائص, où de Slane traduit
« des huttes de broussailles. »

خُصّة *contingent*, Bc; le pl. خصص, Cartâs 229,
3, 269, dern. l. — *Cultura* (propriété, terrain), trad.
d'une charte sicil. *apud* Lello, p. 9 et 12. — Pl.

خصاص, خَصاص *réservoir, bassin*, Gl. Edrîsî, Daumas V. A. 498, Macc. III, 131, 8 et 14 (où ce mot
est écrit par erreur avec un *há*, de même que dans
notre man.). On écrit aussi خَصَّة (voyez). — *Jet
d'eau*, Bc (Barb.) (خَصَّة).

خُصَّة pl. خُصَص *anneau*, Voc. — *Voisin* (?), Voc.,
mais seulement dans la 1re partie.

خَصاص, n. d'un. ة, *les petites grappes que les
vignerons ont négligé de cueillir*, Aboû'l-Walîd 521,
28 et suiv.

خصوص، خُصوص *concernant*; وخصوص المادة
pour ce qui concerne telle chose,
je dirai que; » من خصوص *quant à*; — قلّة خصوص
incompétence, Bc. — *Convenance*, Ht.

خصيص *ami intime*, Maml. I, 1, 44: كان خصيصا
به; fém. ة, 1001 N. Bresl. II, 173, 11: خصيصة
عندها.

خَصاصة *faim*, Voc. (1re part.).

خصيصة pl. خصائص *attribut*, Bc.

خصوصى *spécial*; حقّ خصوصى *privilège*; — *en-
démique*, particulier à un pays, Bc.

خصوصيّة *délicatesse de sentiments*, Khatîb 71 v°:
كان من اهل السرّ والخصوصية والصمت والوقار.

خَصّاص *habitant dans une cabane faite de broussailles*, Berb. I, 150, 9, II, 38, 5 a f.

خاصّ, ناظر لخاصّ *l'inspecteur du domaine particulier du sultan*, Maml. I, 1, 26. Van Ghistele 166,
qui écrit « Nador Casse, » le compare au chancelier.

خاصّة *chose qui peut être profitable pour les plantes en éloignant tous les accidents fâcheux* (aussi خاصّيّة),
Auw. II, 328, 17 et suiv. — *Intimité*, Mohammed
ibn-Hârith 313: فادخله (الامير) وقربت منه خاصّته.
321: غبر ان بعض جيراننا كانت له خاصة من القاضى.
— *Propriété*, la chose qui appartient en propre à
quelqu'un, M. — = ما لا شريك فيه, M. — *Compétence*, droit de connaître, Bc. — خاصّة suivi du

génitif, *en qualité de*, خَاصَّةَ سَرْدار «en qualité de général,» Rutgers 131, 5 et 136. — خَاصَّةً *seulement, pas davantage*, Voc. (tantum), Prol. II, 232, dern. l., Edrîsî, Clim. VI, Sect. 6: ومقدار هذا الحوت الذى يكون جرمه الى شبر خاصة ولا زائد عليه الخاصة ذو, t. de médec., *spécifique, remède propre à quelque maladie*, M. — على خاصة s'emploie, comme le synonyme زيادة على, quand il est question d'une *augmentation de solde*, p. e. وفرض خمس مائة مقاتل على خاصة عشر دنانير, Gl. Belâdz. — Le pl. خَوَاصّ *hypostase*, t. de théol., *personne*, Alc. (persona divina, synonyme أَقْنُوم). — للخواص *ceux qui jouissent de la protection spéciale de Dieu*, 1001 N. I, 520, 2. — ناظر للخواص الشريف *l'inspecteur du domaine particulier du sultan*, de Sacy Chrest. I, lo., 4 a f.

خَاصِّى, pl. en ين et خَوَاصّ, *courtisan*, Voc.

خَاصِّيَّة voyez sous خَاصَّة.

خَوَاصّ *propriétaire*, Alc. (proprietario de propriedad).

أَخَصّ *plus intime* (ami), Bc, de Sacy Chrest. I, ٣٩, 6. — *Principal*, Bc. — بلاخصّ *notamment, particulièrement, principalement, surtout*, Bc.

اختصاص *destination*, Bc.

مُخْتَصّ *les propriétés territoriales d'une ville*, Cartâs 170, 3 a f., Müller 10, 3, Berb. II, 472, 3 a f. (de Slane n'a pas compris ce mot dans sa trad., IV, 326).

خصب II dans le Voc. sous *fertilis* (cf. Lane); مُخَصِّب *fécondant*, Bc.

IV *fertiliser, féconder*, Bc, Roland. — *Pourvoir abondamment de blé*, Mi'yâr 13, 5 a f.

V et VII dans le Voc. sous *fertilis*.

خِصْب. خصب البدن *embonpoint*, Gl. Edrîsî.

خِصَاب *espèce de datte*, Niebuhr R. II, 215.

خَصِيب forme au pl. خِصَاب, Voc. (*fertile*), P. Prol. III, 379, 9 (*abondant*). — الناعم البدن خصيب est للخصيب *qui a de l'embonpoint, corpulent*, Gl. Manç. v° خصب.

— المبذة خصيب *libéral, généreux*, Voc.

أَخْصَب *vivant dans l'abondance, très-riche*, Gl. Belâdz.

مُخَصَّبَة الأرداف, مُخَصَّب *En parlant d'une femme, aux larges hanches*, P. Abbad. I, 39, 10.

خصر II. Lane doute de l'existence de ce verbe, mais on l'emploie en parlant d'une sandale; voyez Diw. Hodz. 131, vs. 5, où l'on trouve le n. d'act., tandis que le commentaire a l'impératif.

III *saisir* quelqu'un, Gl. Fragm.

VIII *être simple, sans ornements*, ou en parlant d'une personne, *être simple dans ses habitudes, sans affectation*, mais je ne trouve en ce sens que le part. et le nom d'act., Mohammed ibn-Hârith 255: فلـمـا صرنا الى العشاء قدّم من الادام شيئا محتصرا (مختصرا l.), Haiyân 4 v°, فقلت له وما هذا وابن نعيم قرطبة 28 r°, 29 r°, Djob. 96, 8, 9, 155, 2, 5, 198, 6, 2 a f., 229, 7, Macc. II, 483, 10, III, 679, 23, Abdarî 49 r°: وبه مساجد مختصرة مليحة, J. A. 1849, I, 189, 2, Khaṭîb 72 r°: الملبس (مختصر l.) مختصر, Auw. II, 396, 8. — والمطعم مختصر التَّخْصُر *à la mince ceinture*, P. Abbad. I, 393, 14 (cf. III, 178). —

اختصار للحساب est chez Alc. *cassacion de cuenta*, ce que Victor traduit par *cassation de compte, effacement, rayure*, tandis que «cassar la cuenta» est chez lui: «arrêter, examiner et casser un compte, faire fin de compte.»

خَصَر *langue de terre étroite*, Müller 58, 4.

خَاصِرَة وجع الخاصرة *colique*, Alc. (colica passion).

أَخْصَر *plus concis?* C'est ainsi que de Slane veut lire, au lieu de أَحْضَر, dans les Prol. III, 86, 14.

مُخَصَّر s'emploie aussi en parlant d'habits, p. e. أَقبِيَة اسلامية مخصرة الاوساط, «serrés au milieu du corps,» Not. et Extr. XIII, 213.

خصل II *disciplinare* dans le Voc., et dans une note *bene nutrire*; مُخَصَّل *morigeratus*, idem. — C. a. p. *donner à quelqu'un une mauvaise qualité, une mauvaise coutume*, M.

V dans le Voc. sous *disciplinare*. — Holal 70 r°: قد كملت فيهم الصفات التى ربّما عليها وتخصلوا بالخصال الحميدة «et ils ont pris des habitudes louables.»

خَصْل, au fig., *succès, victoire*, Weijers 28, 1 et 95, n. 115, Abbad. I, 37, 10 et 74, n. 13.

خصم

خَصْل (Freytag) se trouve aussi chez Moslim, Gl. Mosl.

خَصْلَة *une chose; quelquefois on peut traduire aussi* condition, Gl. Badroun, Gl. Fragm. — *Bonne action*, 1001 N. IV, 695, 8 a f. (où Lane traduit: good deed). — *Mauvaise action*, Alc. (malhecho). — Au fig., *succès, avantage, victoire*, Cout. 46 r°: قال له بابا حفص خصلتين (l. خَصْلتان) في نهار واحد تحكّم على الله واستقلال لما انعم الله. — *Dérangement, désordre, erreur*, Alc. (desconcierto desbarato, desvario como error).

خُصَيْلَة *grapillon, petite grappe*, Bc, M (من الغَنْقود); امرأة صائرة خصلة وعنقدة *femme qui est dans ses plus beaux atours, femme très-parée*, Bc. — خَصْلة من النهر *petit canal d'une rivière*, M.

خَصِيل, قضيل *mieux*, *orge en vert que l'on donne aux chevaux*, Bc.

خَصّال *malfaiteur*, Alc. (malhechor).

خصم I *soustraire*, t. d'arithm., Bc, Hbrt 122. — *Déduire, rabattre*, Bc. — *Tenir en échec*, Bc. — C. من *précompter*, Bc.

III c. a. p. et على r. *disputer une chose à quelqu'un*, Bc. — *Quand ce verbe signifie plaider, il se construit avec* الى *du juge devant lequel on plaide*, Gl. Belâdz. — *Assiéger*, Gl. Fragm.

VI *s'emploie en parlant d'une seule personne*, Bc *sous démêler*; تخاصم معه على شي; *aussi* c. مع *disputer, entrer en procès avec*, Bc; L. *de même* causidicus, متخاصم.

خَصْم *adversaire quand on joue aux échecs, celui contre lequel on joue*, Vie de Timour II, 876, 2, 3. — *Procureur*, Mohammed ibn-Hârith 296: فقال لمّ تفقّدوا في احد لخصمي — فلمّا سلّم وجد القوميّ قد احضروه برجل من لخصمي فقال انا اشهدك الى قد وكلته على مناظرة ابن عمّي; cf. مخاصم. — *Soustraction, règle d'arithm.*, Bc, Hbrt 122. — *Décompte, déduction sur une somme à payer*, Bc.

خصمانات, *aussi avec le* ة, *espèce de briquet ou de boute-feu*, Reinaud F. G. 35, J. A. 1849, II, 318, n. 2, 319 n., l. 6.

خَصْم pl. ات *procès*, Alc. (lid en el pleyto).

خُصُوم *soustraction, règle d'arithm.*, Hbrt 122. — *Imputation, déduction d'une somme sur une autre*, Bc.

خَصَامَة *procès*, Formul. d. Contr. 7: تراضيا ان يكون كلامهما وخصامتيهما عند الفقيه الاجلّ الخ.

مُخاصِم *procureur*, Alc. (procurador en los pleytos).

خصى

خُصَيْن, *petite hache*, est le syriaque ܚܨܝܢܐ, Payne Smith 1350.

خصى IV (cf. Lane) *châtrer*, Voc., Alc. (capar o castrar, castrar); Bc a أخْصاء *castration*.

VII *être châtré*, Voc.

خَصْوَة (chez Lane, sous خُصْيَة) (خُصْوة) *testicules*, Voc.; خصوة الجرد *castoréum*, Bc.

خُصْيَة; خُصى الثعلب; *on confond cette plante avec le* جفتافريد, *voyez* Bait. I, 251 a. — خُصى الديك *espèces de baies rondes et blanches, qui ressemblent à de grosses cerises*, Bait. I, 373 c. — خصى الذئب *nom d'une plante*, Bait. I, 54 c. — خصى هرمس, *en Espagne*, mercurialis annua, Bait. I, 318 b, 373 b.

خَصى *forme aussi au pl.* أخْصِياء, Khattb 70 r°: فتى من اخصياء فتيان المستنصر. — *Chapon*, R. N. 100 r°, où سمنا خصى, «un chapon que nous avions engraissé», est le synonyme de قروج.

خاصى pl. ات est dans le Voc. vestimentum et linteamen (de lana).

خضّ I *secouer, agiter* l'eau de manière à la troubler, Bc, 1001 N. III, 444, 5 a f. et suiv., 446, 7 a f. خضّ الماء est aussi *barboter, agiter l'eau avec les mains*, et خضّ *brasser, remuer avec les bras, mélanger*; خضّ الحليب ou اللبن *baratter, remuer le lait pour former le beurre*. يخضّ هذا الحصان «ce cheval secoue beaucoup», Bc. — *Effrayer, épouvanter*, Bc.

VII *s'épouvanter*, Bc.

VIII *être secoué*, 1001 N. III, 352, 3 a f.

خَضَّة secousse, Bc; dans les 1001 N. IV, 674, 3 a f., ce mot semble signifier *secousse* dans le sens de *violente attaque d'une maladie*. — *Epouvante, peur*, Bc.

خضب VII *être teint*, P. Prol. III, 420, 4.

خِضَاب forme au pl. أَخْضِبَة, Bait. I, 267: وهو من اخضبة الملوك

مُخَضَّب, en parlant d'un cheval, *qui a les pieds blancs*, Voc.

خضد I. خضد شَوْكَتَهُ au fig., *affaiblir la puissance de* quelqu'un, Abbad. II, 158, 4 a f., Berb. I, 39, 4 a f., 94, 5 a f.

خَضِيد *flexible*, Gl. Mosl.

خضر II *revendre en détail*, Alc. (regatonear, où le *há* doit être un *khâ*; cf. sous regaton).

V dans le Voc. sous virere.

IX, en parlant d'un homme qui jeûnait beaucoup, كان يصوم حتى يَخْضَرَّ, Macc. I, 894, 4 (cf. Add.). — اخضرّت عذاراه ou اخضرّ seul, «ses joues devenaient noirâtres,» signifie: son visage devenait austère, sévère, Abbad. II, 41, 7, 120, 2, III, 195.

أَخْضَار. خَضَر *verdure*, Roland.

خَضْرَة. Ce n'est pas seulement le pl. خُضَر qui s'emploie dans le sens de *légumes, herbes potagères* (Lane), mais aussi le sing. خَضْرَة, Alc. (ortaliza), Martin 100, Cartâs 277, 15. — *Verdure*, herbes, feuilles d'arbre vertes, Bc, 1001 N. I, 60, dern. l., 66, 13, 85, 4. — *Gazon, pelouse*, Bc. — La plante appelée نَمَّام, *thymus serpyllum*, Most. sous ce dernier mot. — Espèce de datte verte, Pagni 152. — *Lividité*, Gl. Belâdz.

خَضْرِي *vert*, Voc. — *Vendeur de légumes*, Voc., M.

خُضَرِي *vendeur de légumes*, Lane M. E. II, 17. — *Fruitier, qui vend des fruits*, Bc.

خُضَارِي vulg. pour l'oiseau خُضَارَى, M.

خَضْرَاوِي espèce de datte, Niebuhr R. II, 215.

خَضْرَاويا Bait. II, 366, où South. traduit *grüner Lauch*.

خُضَرجي *vendeur de légumes*, M.

السختضيرات. Il chad rairât (sic), *le temps où le Nil est vert*, «et pour lors on souffre beaucoup en Egypte, à cause qu'il est corrompu, ses eaux insipides et fades,» Vansleb 49.

خَضَار *verdure*, Bc.

خَضِير *légumes*, M. — *Fiente de vache fraîche*, M. — Sorte d'oiseau, Yâcout I, 885, 6; chez Cazwînî avec le *hâ*.

بَنُو خُضَيْر *mulâtres*, Palgrave I, 458.

خَضَّارَة = خَضَّار, Macc. I, 126, 13 (cf. Add.). — *Marché aux herbes*, Alc. (havacera).

خَضَّاري *des légumes*, Hist. des Benou-Ziyân 97 v°: سائر الاقوات والخضّاري

خُضَّاري nom d'un oiseau, voyez Lane. Chez Alc. on trouve kâdarrây, çumaya pastor ave, c.-à-d. *fresaie*, espèce de chat huant. J'ignore si c'est le même mot.

خُضُورَة *verdure*, Voc., Hbrt 46 (Alg.), Ht, M.

خَضِيرا *daphne oleoides*, Bait. I, 468 b; dans le Most. v° مازريون, c'est خَضِيرة.

خَضِيرة voyez ce qui précède.

خَضِيرَة nom de la Meloukhia, Mehren 27.

خُضَيْرَى *des pommes de pistachier*, Carette Géogr. 259.

خُضَيْرِيّ. خُضَيْرِيَّة *mulâtres*, Palgrave I, 458; — espèce de datte ainsi nommée parce qu'elle conserve sa couleur verte, même quand elle est parfaitement mûre, Burton I, 384. — الخضيرية *marché aux herbes*, Burton I, 374.

خَضَّار *le jardinier qui prend soin du potager*, Alc. (ortelano de ortaliza), Hist. des Benou-Ziyân 97 v°. — *Revendeur en détail*, Alc. (regatón). — Le fém. ة *herbière, vendeuse d'herbes*, Alc. (bercera).

خَضَّارة *marché aux herbes*, Alc. (havacera).

أَخْضَر. En parlant de chevaux, «chevaux verts; les Arabes considèrent comme vert le cheval que nous appelons *louvet*, surtout quand il se rapproche de l'olive un peu mûre,» Daumas Mœurs 287; — *cap de more*, Bc, Ztschr. XVIII, 324, 2 a f., 327, n. 3. — *Pas assez cuit*, Daumas V. A. 254. — Sorte d'oiseau, Yâcout I, 885, 6. — عمل له عرق اخضر *gagner, se rendre quelqu'un favorable*, Bc. — السخضراء pour الكتيبة الخضراء (voyez Lane), Gl. Fragm.; — *pignon*,

خضع 379 خط

amande de la pomme de pin, Auw. II, 613, 18; — عِنْدَ M, avec ces vers: فلان نفسه خضراء signifie صبوة

بحث للحب رجحان لأسطره حروف ليس تقرا
فراعيت النظير وقلت بدري عذارك اخضر والنفس خضراء

تخضير السيف faire paraître son فرند à force de le fourbir, M.

خضع I *révérer, vénérer Dieu*, Alc. (reverenciar a Dios). — C. ل p. *faire une révérence à quelqu'un*, Bc. — L donne: *eiecit* خضع ومنع وأبعد; un tel verbe n'existe pas, et خضع en ce sens m'est inconnu.
VI, Saadiah ps. 10.
VII *se baisser*, Prol. III, 416, 15.

خضوع *l'action de s'agenouiller*, Alc. (arrodilladura). — *Révérence*, mouvement en se baissant pour saluer, Bc.

خيضعة *casque*, L: *galea (cassis)* بيضة للحديد و الربيعة والمغفر والخيضعة

متخضع *chien couchant*, au fig., *capon*, Bc.

خضف

ضَرَطَة للجمل = خَضْفَة للجمل, P. Kâmil 671, 1 et 2.

خضل

خَضِل pl. أخضال, Gl. Mosl.

خط I. Il sortit du palais, appuyé sur les bras de deux serviteurs, ورجلاه لا يخطان الأرض « et pouvant à peine mettre un pied devant l'autre » (de Slane) Berb. I, 446, 4 a f. — خط الصليب *faire le signe de la croix*, Macc. II, 441, 11 (cf. Add.). — *Sillonner*, L (sulco) Voc., Bc. — خط الشيب *grisonner*, Bc. — التخطّط (voyez Lane sous la VIII°) se trouve p. e. Bat. I, 269: خطّها لى رسول الله « il s'agit d'un terrain qui m'a été assigné par l'envoyé de Dieu. » — Chez les tireurs d'arbalète, *faire la* خط (voyez ce mot), Maml. II, 1, 74. — خط عذاره *sa barbe commençait à pousser*, M, Macc. II, 643, 6, 1001 N. III, 250, 5 a f. — خط فى نومه *ronfler*, faire en dormant un bruit de la gorge et des narines, 1001 N. I, 835, 14, 836, 6 a f., II, 547, 6 a f., IV, 339, 8, I,

45, 5: وصِرت اخط كأنّى نائم, car c'est ainsi qu'il faut lire, au lieu de اخضر, Bresl. IV, 148, 11; nom d'act. تخطيط, Macc. II, 291, dern. l. C'est pour غطّ, de même que la racine خطّ est devenue غطّ; comparez aussi (dans Lane sous خطر I) خضر et غضر, etc.

II *sillonner*, Alc. (asulcar, sulcar hazer sulco, sulcar arando). — خطّه بهذا السَّمة « en lui écrivant, il lui donna ce titre, » Macc. I, 134, 4; خطّط بما ينبغى « en écrivant son nom, il y ajouta les épithètes honorifiques auxquelles il avait droit, » Lettre à M. Fleischer 80, 4, cf. l. 6 et 7. — *Canneler, creuser des cannelures sur une colonne*, Bc; Prol. II, 325, 7: التخطيط فى الأبواب والكراسى, où de Slane traduit *appliquer des moulures*. — En parlant d'une femme, *teindre ses sourcils avec du* خطوط (voyez), M.

V dans le Voc. sous lineare et sous scribere. — *Se peindre les sourcils*, Bc. — C. ب r., J. A. 1849, I, 207, dern. l.: ثم ارتحل الى بجاية فسكن بها وتخطّط فيها بالعدالة « étant venu à Bougie, il travailla dans cette ville, auprès du cadi, en qualité de 'ádil (assesseur). » — Comme الصمّخ en syriaque, *effossus est*, Payne Smith 1245.

VII dans le Voc. sous lineare.

VIII c. a. *prendre possession de*, p. e. d'un palais, Akhbâr 12, 6; aussi اختطّه لنفسه, ibid. 21, 7; on trouve encore اختطّ القصبة لنفسه والمدينة لأصحابه « lui-même prit possession de la citadelle, et il donna la ville à ses soldats, » ibid. 14, 11 et 12.

خط *formule religieuse*, écrite par les *tolbas*, qu'on porte comme taliman sur différentes parties du corps, ou qu'on brûle, pour qu'on puisse en absorber la cendre délayée dans certaines boissons, Daumas V. A. 132. — *La géomance ou géomancie* (cf. Lane sous la I°° forme), Hist. Tun. 92: وكان اشار له بها (بالولاية) أيّام خطوله لعلم عنده من الخطّ. — *Magie*, M. — *Filets ou filaments qui sont dans l'urine*, Alc. (hilazas que parescen en el urina). — خط شريف *autographe impérial*, brevet, Bc. — *Sillon*, L (sulcus خطّ, lisez خطّ), Voc., Alc. (sulco de arado, sulco en lo sembrado, خط لجرى الماء sulco para sacar el agua), Hbrt 178, Bc, Auw. I, 197, 6, 306, 4, 356, 11 et

12. — Nom d'une singulière espèce de détention, voyez Ouaday 328—9. — خط الأديب *arbousier*, Bg, *arbouse*, Bc; corrompu dans Pagni MS: « Arbutus, Vtiladib. »

خط mot dont on se sert pour chasser un chien, *en-t'en!* Alc. (exe como lo dezimos al perro, kitt; Nebrija traduit en latin exi).

خُطّ pl. خُطُوط *arrondissement*, *district*, Bc; *kakem* (l. حَاكِم) *el kott*, « chef de canton, » Fesquet 25. — Au Caire, *quartier*, Lane M. E. II, 261.

خِطّة *arrondissement*, *district*, *province*, Abbad. I, 223, 16, II, 163, 3, Becrî 172, 9, Berb. II, 84, 5, Haiyân 29 v°: ce prince dont le règne fut rendu si pénible بتوسع فتناى الفتنة وتصفيق نداق للخطة — , « le jeu de la *khitta*, » a lieu lorsque des oiseaux ont été abattus à la chasse. Voici en quoi il consiste: les tireurs se réunissent pendant la nuit chez celui d'entre eux qui occupe une position honorable. Il leur fait apporter des confitures, des friandises ou des fruits secs. Le tout est déposé auprès d'un des tireurs. Celui-ci en détache successivement une petite portion, qui est placée au milieu de l'enceinte, à côté des oiseaux morts. Auprès des confitures ou des friandises, on pose un vase rempli d'eau. Les tireurs s'asseient en cercle autour des oiseaux et des confitures. Chacun d'eux tient à la main un *nedb* de balles. On en prend autant que l'on veut, on compte les personnes présentes, et on fait la division en proportion de leur nombre. Celui à qui échoit la confiture, la mange, et celui qui est à ses côtés boit l'eau. Quelquefois, une même personne obtient deux ou trois fois une part de friandises, et une même personne boit l'eau deux ou trois fois; ce qui excite dans l'assemblée des ris prolongés et une vive allégresse, Maml. II, 1, 74.

خُطّة *cause*, *procès*, Müller 2, l. 3, 12, dern. l. — *Charge*, *emploi*, *dignité*, *administration*, L (ministratio (et subministratio et ministorium)), Voc. (dignitas), Gl. Mosl., Haiyân-Bassâm I, 88 r°: ولمّا ولى الامر بعد والده نوّه به واسى خطته 107 r°: وصيّره وزيره لحضرته الأخيرة اشبيلية وجمع له أعلى وأقرّ يحيى اصحاب الخطط 128 v°: خطّابها العليا على مراتبهم, Prol. I, 20, 9; خطّة الوزارة « la dignité

de vizir, » Haiyân 76 v°, Haiyân-Bassâm I, 128 v°; خطّة القضاء Macc. I, 134, 12, Prol. I, 48, 8, ou خطّة الاحتساب Macc. I, 134, 4 a f.; خطّة القاضي « l'emploi de mohtasib, » Macc. *ibid.*; خطّة السوق « l'emploi de », صاحب السوق Haiyân 39 v°; خطّة ولاية المدينة Macc. I, 135, 9; الحلواني بالليل Haiyân-Bassâm I, 107 r°; Bassâm II, 76 r°: وهو اليوم في وقتنا قد اضطر البد اقل قاعدة ليلة فولّوه خطّة الشورى، والقوا اليد مقاليد الفتوى sur ; القُطع voyez sous قَطيع. De Sacy, Chrest. I, ١٢١, 2 a f., 410, n. 63, a cru qu'il faut prononcer خَطَّة, et que ce mot signifie proprement *une place*, dans le sens d'un emploi; mais L et le Voc., qui donnent خُطّة, ne confirment pas cette opinion. — *Titre*, *qualification que l'on donne par honneur*; les titres de Cadr ad-dîn, Chams ad-dîn, etc., sont des خُطَط, Djob. 298, 10. — Je ne comprends pas bien ce que ce mot veut dire chez Macc. I, 884, 2 a f., où c'est l'opposé de صفة (lisez فلا, avec Boul. et L, au lieu de ولا). — امّك على خطّة « ta mère est *dangereusement malade*, » 1001 N. Bresl. XII, 352, 4.

خطّى. الاصطرلاب للخطّى, *l'astrolabe linéaire*, Khallic. IX, 24, 4 a f.

خَطّيّة et خَطّيّة *lance*, Voc. (cf Lane sous خَطّيّة).

خُطّاط *poudre*, Bait. I, 28 d: quand on brûle ce bois, la cendre en est noire, ويستخدونه خطاطا للحواجب (la voyelle dans B).

خُطّوط *poudre avec laquelle les femmes dans les villes se teignent les sourcils, et qui est faite ordinairement de fumée d'encens*, M.

خُطّوى *linéaire*, Bc.

خطّاط *écrivain*, *maître à écrire*, Bc, Hbrt 111.

خطّاطة *une femme qui excelle dans la calligraphie*, Bassâm III, 86 r°: وفي الآن — اديبات خطاطيات تدلّ على ذلك لمن جهلهنّ الدواوين الكبار التي ظهرت بخطوطهنّ

تَخْطيط *rayure*, *cannelure*, Bc. — *Un rayon d'un certain nombre de lieues autour d'une ville*, Amari 390, 5: يترج الأسد طالع تخطيط المهدية. — Le pl.

خطا 381 خطب

تَتَخَاطِيط les contours d'une personne (de Slane), Prol. II, 355, 2 a f.

خطّى V, pour la II°, تَخَطَّاتْ نومَه عنه « elle l'a privé de sommeil, » Gl. Mosl. (Ce qu'on trouve dans ce Gloss. au sujet de la IV° forme est une erreur; il faut prononcer: ويتَخطى جهدُ « les efforts de etc. manquent le but»).

خَطِيَّة et خَطِيَّتها. 1001 N. I, 590, 11: ان خطيّتَها فى ذِمَّتك وعنقك « c'est toi qui es responsable du crime de l'avoir tuée» (dans la trad. de Lane: the crime of destroying her). — خَطِيَّة c'est dommage; aussi: il y a conscience, c'est conscience, vulg. خَطِيَّة, Bc. — Amende, Ht, Sandoval 321—2, Hist. Tun. 129: وجعل عليهم خطيّتهم اربعين الف ريال۔

خِطائى (proprement: de Catay, c.-à-d., du Nord de la Chine; la première voyelle selon Bat. IV, 294) nom d'une espèce de soie; Yâcout, I, 822, nomme cette étoffe parmi celles qu'on fabriquait à Tebriz; Nowairī Egypte, man. 2 m, 171 r°, en parlant de la vaste tente de Berekeh-Khân: مستورة من داخلها بالعبيدات والخطائى مرصّعة بالجواهر واللولو aussi chez les écrivains persans, p. e. chez Mirkhond, Hist. des Seldjoukides, 11, 5 éd. Vullers.

خاطى (vulg. pour خاطئ), pécheur, forme au pl. خُطّاة, Bc. — خاطيّة une pécheresse, c.-à-d. une femme de mauvaise vie, de Sacy Chrest. I, 335, 3.

مُتَخَاطى, pl. ات et مَتَخَاطى, prostituée, Voc.

خطب I. Moâwia envoya Abou-'d-dardâ vers l'Irâc, خاطبًا لارينب على ابنه يزيد « afin qu'il demandât Orainib en mariage pour son fils Yezīd, » Gl. Badroun. — Fiancer son fils ou sa fille, Alc. (desposar al hijo o hija); خطب بنته لاحد accorder une fille en mariage à quelqu'un, fiancer, Bc; aussi c. ب p., 1001 N. Bresl. III, 339, 11 et 15, ou c. ى p., ibid. 340, 7, Voc., ou c. على p., Voc. — Ambitionner, désirer, demander, synonyme de طلب, Maml. I, 1, 7, Abbad. II, 162, 8, cf. III, 221, Berb. II, 351, 1, letîfâ 154 r°: plusieurs ambassadeurs arrivèrent auprès d'Almanzor, وكلّهم يخطب امانه ويطالب ان

بجاشى من معرّته مكانه؛ c. الى p. et a. r. demander une chose à quelqu'un, Haiyân 62 v°: خطب الى السلطان ولاية اشبيلية. — C. ب faire l'éloge de, Macc. I, 742, 22, cf. Fleischer Berichte 247; spécialement, c. ب p., faire l'éloge de quelqu'un dans la préface d'un écrit (المخطَّبَة), qu'on lui dédie, Macc. II, 470, 1, cf. Fleischer l. l.

خطب البنت ل II dans le Voc. sous predicare. — fiancer, promettre en mariage, Bc.

III c. a. et عن, et VI, dans le Voc. sous epistola.

VIII se fiancer, Alc. (desposarse).

خِطْبَة les arrhes que donne un homme qui demande une femme en mariage, M.

خُطْبَة, prône, signifie aussi un endroit où l'on fait le prône, c.-à-d. une mosquée, Khatîb 13 v°: وقد ذكرنا ان اكثر قرى هذه امصار فيها ما يناهز خمسين خُطبة. — Chez les juifs خُطبة النكاح ou خُطبة seul: la prononciation de la formule du mariage par le prêtre, la bénédiction des fiançailles, de Sacy Chrest. I, 365, 4, 6, 368. — Dans les diplômes, la formule préparatoire أما بعد للحمد لله, ou حمد الله, suivie parfois de quelques autres mots; voyez Maml. I, 1, 202. — Dédicace, Bc. — Accordailles, fiançailles, Bc, mariage, Alc. (matrimonio); — bague de fiançailles; رجع للخطبة « rompre les fiançailles, renvoyer la bague, » Bc.

خُطَى oratoire, qui appartient à l'orateur, Bc.

خُطبان, n. d'un. ة; dans le Most. v° حنظل, un peu autrement que chez Lane (sous أُخطَبُ): des pommes de coloquintes déjà passablement grandes, de sorte que leur couleur verte est mêlée de jaune.

خِطاب للخطب عيد chez les juifs, la fête de la Pentecôte, de Sacy Chrest. I, ۱۸, 5; « ce nom était sans doute donné à cette fête, comme qui dirait la fête de l'allocution, parce qu'on ce jour Dieu avait parlé aux enfants d'Israël, » ibid. 321, n. 38.

خطيب fiancé, Alc. (esposo de alguna), Bc.

خطابة la rhétorique, Voc., aussi للخطابة, علم Prol. I, 62, 4, cf. 65, 2 a f., 244, 2 a f., 245, 4, et صناعة للخطابة, Badroun 18, 5.

خطا—خط

خاطِر لِلْخُطُوبَة alliance, bague de mariage, *bague de fiançailles*, Bc.

خَطِيبَة *épousée*, Alc. (esposa de alguno). — *Fiançailles*, Ht.

خِطَابِي *rhétoricien*, Voc.

خاطِب, fém. ة, *marieur, faiseur de mariages*, Alc. (casamentero, casamentera); une خاطِبَة est une femme dont le métier est de s'entremettre pour assister des hommes qui veulent se marier, Lane M. E. I, 235.

مَخْطَبَة (voyez Lane) se trouve Diw. Hodz. 35, 15.

مَخْطُوب *fiancé*, Alc. (esposo), Roland, c. ل p., Bc; fém. ة *épousée*, Alc. (esposa).

المُخَاطِبِيَّة, Amari 576, 10; l'éditeur, dans le J. A. 1853, I, 268, traduit *la propriété du langage*.

خط II, en parlant d'une femme, *se teindre les sourcils avec du* خُطُوط, poudre qui est faite ordinairement de fumée d'encens, M.

خطر I *passer*; خاطِر *un passant*, Gl. Edrîsî; L (pertransco, pretereo, preteriens (خَاطِر), qui preteriebant الذَّينَ كانوا يَخْطُرُون (sic), transiliens (خاطِر), transibimus, transitus (خُطُر), transmeat); Mohammed ibn-Hârith 223: نظر الى معوية بن صالح خاطرا في القنطرة Macc. II, 558, 10, III, 28, 13 (le second خاطِر), Bat. IV, 294, Cont. 32 r°: وأن واحدا منّا لا يَخْطر في طريقٍ ولا يَمرّ بجماعةٍ إلّا قال الناس الحج, P. Prol. III, 391, 2 a f., Abdarî 80 r°: ولكنها في عينِ المجتاز. — c. ب p. *passer près de*, للخاطر أحسن منها في عين المتأمل الناظر Gl. Edrîsî, Mohammed ibn-Hârith 207: بقى الناس بلا قاص حتى خطر بهم يوما زريابٌ راكبا الى البلاط, Cout. 17 r°: 33 r°: خطر يوما مؤدِّب الصبيان, كيف تَخْطر بباب ابن طروب واعوانه وحفدته بحضرته, فبينما هو R. N. 20 v°: 39 r°: خطر بدار الرهائن; يوما جالسا (جَلَس l.) اذ خطر به الشاب وتحت ثوبه طنبور. J'ai eu raison de traduire خَطر بفلانٍ par *se loger chez quelqu'un*, dans le passage du Bayân ('Arîb), I, 171, 6 a f., et c'est à tort que j'ai rétracté cette traduction dans le Gl. Edrîsî; voyez plus loin خاطر. Aussi c. ب p. *rendre visite à quelqu'un*, Mohammed ibn-Hârith 330: خطر بالقاضى للحبيب في صدر النهار. — C. على aussi فامره بالمقام حتى حضرت المائدة, *passer près de*, Macc. II, 550, 15, J. A. 1852, II, 211, 4 a f., Çalât 75 r°: وخطر على اشبيلية, l'anonyme de Copenhague 114: خطر على الجامع وغيرها, Abdarî 14 v°: حين خطر على قسطنطينة راجعا من, تخطرنا على مدينة سفاقس وحسن نظر, 82 r°: المشرق ثم خطرنا على, 82 v°: اليها — ولم ندخل بلدا منها مدينة للحمامات — ولم ادخلها; aussi dans le sens de *venir près de*, Gl. Edrîsî (où il faut biffer la citation Cazwînî II, 297, 10, car au lieu de خطر, on doit y lire يخطر), et dans celui de *rendre visite à quelqu'un*, Mohammed ibn-Hârith 309: خطرت عليه آخر جمعة عاشها محركتُه الأرواح فخرج معى الى الجامع مشيبا. — *Faire mal au cœur*, Ztschr. XX, 497: القدح لى خاطر «les paroles injurieuses me font mal au cœur», خطر في خاطره *il changea d'avis*, M.

II dans le Voc. sous transire.

IV اخطر ذكره *il fit mention de lui*, Akhbâr 142, 6.

V *parier*, Ht. — Dans le Voc. sous transire.

VI (cf. Lane) *parier*, Bc (Barb.), Hbrt 218 (Alg.), Ht, Delap. 24.

خَطُر. أَخْطَرُ أَنْفسِهِم وفى الناس «ils étaient très-nobles selon leur propre opinion, et aussi selon l'opinion publique,» Akhbâr 25, dern. l. — *Grande valeur*, Gl. Edrîsî.

خَطِر *grand, considérable*, Abbad. II, 193, 1 et n. u.

خَطْرَة *voyage*, M.

خَطْرَة, si la leçon est bonne, doit avoir un sens que je ne connais pas R. N. 92 r°: لمّا عطفت فى الى الركن خرج اليه رجل بيده خَطْرَة (sic) فضربه به (sic) نلراس فصرعه وها هو ميت.

خَطَّار *convoi de marchandises*, Cherb.

خَطَّارَة *passage, lieu par où l'on passe*, Alc. (passadera por do passa algo). — *Petit pont de bois*, Alc. (ponton puente de madera). — *Fers aux pieds*, 1001 N. Bresl. IX, 366, 9, où l'éd. Macn. a قَيْد.

خَطَّارَة, pl. خَطاطِير *bascule pour puiser de l'eau*; c'est une longue pièce de bois; à l'un des bouts pend le seau, et à l'autre bout est une pièce de bois ou une pierre pour faire le contropoids; dans la basse latinité *ciconia* (voyez Ducange), en espagnol *cigoñal* ou *cigüeñal*; voyez, outre les passages cités dans le Gl. Edrîsî: Voc. (ciconia putei), Barth I, 351, III, 116, V, 427, Mohammed ibn-Hârith 260: بعض فنظر خواصّ الامير الى يحيى بن معر وهو فى جنان له يستنقى الماء بخطارة ويسقى بقل الجنان ۞

خَاطِر pl. خُطَّار *passant*, voyez sous la Ire forme; *étranger*, *visiteur*, Bc, M: الخاطر الى البلد عند المولّدين «عندهم شى لخاطر بالزاف; خلاف المقيم به Martin 22. — Même pl., *hôte*, qui est logé, Bc, Ztschr. XXII, 86, 7, 154. — *Esprit*; حضور لخاطر «*présence d'esprit*,» Abbad. I, 245, 1. — اقبل مع خاطرى *je dis en moi-même*, Macc. II, 517, 8. — *Humeur*, Bc, Ht; طيب خاطر *de la bonne humeur*, de Sacy Chrest. I, 462; مكسور لخاطر *triste*, M. — *Talent poétique*, Abbad. I, 297, 10. — *Affection*, Ht. — *Disposition*, *sentiment à l'égard de*, Bc. — *Complaisance*, Ht. — *Souvenir*, Bc; peut-être ce mot a-t-il ce sens chez Macc. III, 751, 14, où une personne qui se trouve en danger, dit en invoquant un saint: يا سيدى ابا العباس خاطرك «souviens-toi de moi, viens à mon secours!» Envie, désir, fantaisie, disposition, volonté, Bc, *intention*, Ht, M: = ليس لى خاطر فيه et لى خاطر فى كذا، p. e. مشيّتك, خاطرى ان avoir en tête, Bc; 1001 N. I, 405, 3: فى خاطرى زيارة بيت المقدس «j'ai envie de visiter Jérusalem,» *ibid.*, l. 5 a f.: فى خاطرى شى من اللحم المشوى «j'ai envie de manger un peu de viande rôtie.» — *Gré*, *guise*, *plaisir*, *volonté*, Bc; على خاطرى *à mon gré*, Bc; على خاطرك *comme vous voudrez*, Bc; cette expression et اعمل هذا بخاطرك *faites cela comme vous voudrez*, Ztschr. XXII, 136; من شان خاطر لاجل, على خاطر *à cause de*, Bc; لخاطر *pour*, en considération de, Bc (Barb.); 1001 N. I, 47, 3 a f.: لولا انى اخشى على خاطرك «si je ne craignais pour vous, je détruirais la ville,» Bresl. I, 54, 2: لاجل خاطرك «à cause de vous, pour vous plaire;» Macn. I, 907, 13: راحت العجوز من اجل خاطرالبنت «la vieille partit pour plaire à la princesse;» III, 206, 13: cette mule fait en un jour le trajet d'un an, ولكن من شان خاطرك مشت على مهلها «mais à cause de vous (pour ne pas vous effrayer), elle a marché lentement.» Quand on a longtemps contesté sur le prix d'une marchandise et que le vendeur se décide enfin à la céder, il dit: من شان خاطرك je le fais en votre considération,» Ztschr. XI, 506; على خاطرك

Daumas Mœurs 283 n. لخاطر *pour lui plaire*, Ztschr. XXII, 136. اكراما لخاطرك *par égard pour vous*, Bc. — بالخواطر — .(Barb) Bc ,خاطرك *à votre santé*, Bc (Barb.). — بالخواطر *par compère et par commère, par faveur, recommandation*, Bc. — على خاطر *à la merci de*, *à la discrétion de*, Bc. — اخد بخاطر *amadouer*, *caresser pour attirer à soi, apaiser une personne irritée, choyer quelqu'un, complaire, chercher à se raccommoder avec quelqu'un*, Bc, 1001 N. I, 334, 4 a f., 403, 15 et 16, 445, 6 a f., 453, 8 a f., IV, 21, 14, Bresl. XII, 361, 13; en parlant de deux personnes اخد بخواطرها, Macn. III, 225, 3. Aussi اخد خاطر *apaiser une personne irritée*, 1001 N. I, 451, 9. — جبر ou اخد خاطر, خاطر *consoler*, Bc, M: طيّب قلبه اى جبر خاطرو; وتلاقى من فات من امره ومنه قولهم على الله جبر للخواطر اخد خاطر فى *faire compliment de condoléance à quelqu'un sur*, Bc. — اخد خاطر *prendre congé*, Bc; اخد خاطر *il prit congé de lui*, 1001 N. I, 647, dern. l., II, 88, 8 et 9, 109, 6 a f., 471, 2 a f., 477, dern. l., 478, 10, III, 223, 3 et 4, 550, 3. Aussi بخاطر, II, 471, 7. خاطركم, خاطركم, *adieu*, Bc. — اخد على خاطرو منه *se fâcher, se choquer de*, M. — اعطى من خاطرو *il donna spontanément*, Ztschr. XII, 136. — راعى خواطر *avoir des égards pour quelqu'un*; صاحب خاطر *personnage à qui l'on doit des égards*; لازم وواجب لخاطر *de conséquence* (personnage), Bc. — كلّف خاطرك ناولنى الدواية والقلم *«ayez la bonté de me donner l'encrier, la plume,»* Bc.

رجال خاطرى *personnages à qui l'on doit des égards*, Bc.

اخطر *plus noble, très-noble*, Weijers 25, 2, 38, 11, Abbad. I, 3, l. 16.

مخطر dans le Voc. sous *transire*; — *lieu de réunion*, Gl. Djob.

مخطر *fois*, Hbrt 122.

مخاطرة بيع (vente où l'on court des risques) *mohatra*, (contrat, marché) par lequel un marchand vend très-cher à crédit ce qu'il rachète aussitôt à très-vil prix, argent comptant, Bc; cf. Gl. Esp. 316.

خطرف I. L: *excedit* يتخطرف وايضا يَعَجّز. — *Faire des éclairs*, Voc.

II voyez Diw. Hodz. 195, vs. 68.

خطس I *se plonger dans l'eau*, Alc. sous *çabullirse*,

خطف

qu'il traduit aussi par تَغَفَّس; confusion du *khâ* et du *ghaïn*, cf. sous خط I, à la fin.

خطف I. يَخْطَف الأرماش « il est plus vite que le coup d'œil, » Daumas V. A. 185.

II c. a. *courir*, Voc.

III c. a. *rivaliser de vitesse avec* quelqu'un, en parlant d'un éclair, P. Abbad. II, 131, dern. l.

V c. a. p. *arracher à* quelqu'un *ce qu'il possède*, à ce qu'il semble, Abd-al-wâhid 141, 2. — تَخَطَّف لونه *changer de couleur*, Bc.

VII dans le Voc. sous *rapere*. — اختطف بالروح *être ravi en extase*, Bc.

خَطْفَة *impétuosité*, *violence*, *élancement*, *effort impétueux*, Alc. (impetu). — *Surprise*, *escarmouche*, *combat*, Alc. (rebatina, cf. Victor); on trouve « khrotefa » dans le sens d'*incursion*, *razzia*, chez Daumas Mœurs 311. — خطفة البرق *rapide comme l'éclair*, Djob. 183, 10; خطفة شمس *un rayon de soleil*, Djob. 178, 11. — T. de musique, est: لمحة من نغمة أخرى يتناولها المغنى فى وسط النغمة التى يترنّم بها, M.

خُطَّيْفة *agrafe d'argent avec laquelle les femmes attachent le haik sur la poitrine*, Hœst 119, où il faut lire ainsi, au lieu de خَتْفِية.

خطوف *qui enlève*, Payne Smith 1248.

خَطْيفَة *jeune fille enlevée par son amant*, M.

خطّايفة *hirondelle*, Cherb., Ht, Daumas V. A. 432; le même mot suivi de *el-meyaouss*, *martinet* (oiseau), Cherb.

خُطَّاف *hirondelle*, n. d'un. ة, Voc., Alc. (golondrina). — *Ancre*, 1001 N. IV, 643, 7 a f. (aussi dans l'éd. de Boulac).

خُطَيْف *martinet*, sorte d'hirondelle, Bc.

مَشَى بالخُطَّافى *courir*, Voc.

ذئب خاطف *loup-garou*, Bc.

مُخْطَف *ancrage*, Ht.

مِخْطَف (vulg. مُخْطَف Voc.) pl. مَخَاطف *crochet*, L (creagra), مخاطف حديد, Voc., Auw. II, 545, 7. — *Ancre*, Hbrt 128 (Barb.), Ht.

مُخطَّف ordinairement مُخَطَّف *crochet*, *harpon*,

خف

main de fer, *harpeau*, *grappin*, *croc*, *gaffe*, L (canicula (sic), avec le synon. فتّاشة, *fibula*, *uncinus*), Alc. (cloquo garfio de nave, garavato, garavato para sacar carnes, garfio), Bat. IV, 73, Amari Dipl. App. 7, 1 (cf. l'ancienne trad. ital. p. 312, où il faut lire *mohtaf*, au lieu de *molitaf*). — *Hameçon*, Alc. (anzuelo garavato). — *Houlette*, *bâton de berger*, Alc. (cayado de pastor, gancho de pastor). — *Ancre*, Domb. 101, Hœst 187, Bc (Barb.), Hbrt 128 (Barb.), Ht. — *Aviron*, Hbrt 128.

مخطوف *altéré*, *devenu jaune* (couleur), M.

خطم I *frapper un éléphant sur la trompe* (خرطوم), Gl. Belâdz.

خَطْميّة *guimauve*, Bc, Ht. — *Espèce de peuplier*, Rauwolf 62. — خطمية الجنّة *vésicaire*, Bc.

خِطام *frontail*, *ornement de la têtière du harnais*, composé d'anneaux, ou de petites plaques métalliques, qui font un cliquetis quand le cheval remue la tête. On place aussi de ces écailles sonores à la partie antérieure de la bride, et on en suspend à la gourmette, Maml. I, 1, 253. — Au fig. اتّخذوا اللثام خطامًا « ils se voilaient la figure avec le *lithâm* » (espèce de bandeau qui sert à couvrir la figure au point de n'en rien laisser paraître excepté les yeux), Berb. I, 235, 13.

خطو I, vulg. خطى, *franchir*, *passer au delà*, Bc.

V *passer par une ville pour se rendre dans une autre*, Abbad. II, 159, 12.

خَطْوَة *chemin*, L (callis وطريق).

خَطّايَة الصلاة *lézard*, Domb. 66.

خفّ I. ما خفّ معه *ce qu'il pouvait transporter*, Freytag Locm. 61, 6 a f. — كلّما خفّ موضع « chaque fois qu'un endroit ne contenait plus que peu de dînârs, » Tha'âlibî Latâïf 74, 2 a f. — الله يرحم من زار وخفّ « que Dieu accorde sa bénédiction à celui qui a fait visite et n'a pas été long, » Daumas V. A. 65. — C. على p. *déverser sur* quelqu'un *le poids des affaires* (de Slane), Berb. I, 472, 8 a f., cf. 5 a f. — C. ل *être très-aimable envers* quelqu'un, Djob. 203, 21: خفّ رجله — . خفّ للزائر كرامةً وبرّا *presser le pas*, Bc. خفّ يده *écrire vite*, Bc. ou خفّ رجليه

خف   385   خف

يديه se dépêcher en marchant ou en travaillant des mains, Bc.

II alléger, surtout الجزية, « le tribut, » et simplement خفّف عنهم « il diminua le tribut qu'ils avaient à payer. » Ceux qui jouissent d'un tel privilége s'appellent اصحاب التخافيف, Gl. Belâdz. — Éclaircir, diminuer le nombre, Voc., Bc, Haiyân-Bassâm III, 49 v°: أمر اصحابه ببذل السيف فيهم ليخفّف من بعد من خفّف منهم بالقتل وهلك, ibid.: اعدادهم الزجة. — S'éclaircir, devenir moins dense, moins épais, Alc. (ralear hazerse ralo). — Diminuer, Bassâm III, 36 v°: j'ai abrégé تخفيفا للتطويل. — Abréger, p. e. un poème dont on omet des vers, Aghânî 33, 6. — خفّف صلاته prier vite, afin d'avoir bientôt fini, R. N. 78 r°: comme il allait faire la prière du soir قالت له نفسه تجل قليلا تفطر على نور حلال فعاتب نفسه بان قال لها (ajoutez اما) استطعتت الصبر عن خمس ثمرات حتى امرتنى ان اخفّف صلاتى من اجلهن. — Exténuer, t. de pratique, Bc. — Éviter d'incommoder quelqu'un par une visite (l'opposé de تخفيف est تثقيل), Macc. II, 550, 18. — خفّف عن جسمه, Macc. I, 472, 10, ou خفّف من لباسه, partic. مُخفَّف ou نَفسَه, se dégarnir, se vêtir légèrement, et spécialement mettre des vêtements de nuit, Vêtem. 160; خفّفوا ما عليها من الملبوس « on mit à la nouvelle mariée ses vêtements de nuit, » ibid. 161.

— Chez Alc. تخفيف est « apitonado, » et مُخفَّف « apitonamiento, » tandis qu'on trouve chez Victor: apitonado como cavallo, qui appète quelque chose, qui a quelque ressentiment de ce qu'il a auparavant vu ou goûté, furieux, furibond, transporté de désir excessif, et: apitonamiento, ressentiment, appétit de la chose auparavant goûtée, furie, transport de désir.

V être agile, Mohammed ibn-Hârith 307: Solaimân étant dangereusement malade, Hâchim lui écrivit يسله ان ان كان به نهضة للصلاة بالناس والّا فيعلم بذلك لينتظر فيمن يقوم بالخطبة والصلاة فكتب سليمون الى, Haiyân 75 v°: عاشم انا ما تخفّف جي اكثر من نهضة, 76 r°: وتخبير للساقطة حماة اتجادا من ابطالهم خلعهم مع نفسه فلما سلكت الاثقال ومقصرو الرجال ولم يبق من

I

(de Fez) (dans Abou'l-Walîd 790, 27), qui explique les paroles d'Ezéchiel (21, vs. 26) רָאָה בָּכֶּבֶד de cette manière: هو الرصاص الذي يصبّونه اولئك المجانين في الماء من انواع الزجر والسحر وربّما سمّوا مجانين عصرنا خـفـيـف بضــدّ اسمـــه تفاؤلاً. En Europe on pratique aussi cette façon de deviner l'avenir, surtout en Écosse. — N. d'un. ٮ, *citrouille*, M. — Le pl. خِفَاف *beignets*, Roland. — خفيف الدَّم *accort, aimable*, Bc, M; aussi خفيف الرُّوح Voc., M. — خفيف السمـع *qui a l'oreille fine*, Bc. — خفيف اليد *voleur*, M. — مرحلة خفيفة *une journée faible*, Gl. Edrîsî. — اعمل خفيف *dépêche-toi*, Bc (Barb.).

خفَافي *portatif*, Bc. — *A la légère*, avec de légers vêtements, Bc.

خُفَّاف *liége*, Hbrt 132 (Alg.).

تَخْفِيفَة *déshabillé, négligé*; حريم تخفيفة *casaquin*, déshabillé court de femme, Bc. Mais ordinairement تخفيفة soul a le sens de تخفيفة الرأس, que Bc traduit par *bonnet de nuit*, et signifie *un turban léger*, par opposition au turban gros et volumineux (عمامة) que portaient les gens de loi, Vêtem. 161—2, mon Catal. des man. or. de Leyde I, 155, 6, 1001 N. Bresl. XII, 148, 11, Kalyoubî 183 éd. Lees, M: عمامة صغيرة وكذلك التخفيفة للمرأة وهي ملاءة صغيرة تغطي بها رأسها ٭

مُتَخفِّف *déshabillé, négligé*, Aghânî 144, 1, où il faut lire ainsi, au lieu de محقّق. — مخفّفات semble désigner, de même que خفيف (voyez sous), une espèce de mets, R. N. 91 r°: وقال ابو ابرهيم اشتهى انا قمحًا مقلوًا — ثمّ ان بقمح مقلول (l. مقلوّ); وقال كلّ يا ابرهيم يا صاحب المخفّفات; dans le man. le mot n'a pas de points diacritiques.

خفت I. خَفَت *être faible par suite de la faim*, M.

IV *réduire au silence*, Gl. Badroun.

VI, dans le sens donné par Lane (TA), *se concerter secrètement pour* (أن), Berb. I, 390, 1, où il faut lire يتخافتون avec notre man. 1351.

خفتان *mourant de faim*, Bc, M. — Sur le vêtement qui porte ce nom, voyez Vêtem. 162—8; pl. خفاتين, Gl. Fragm.

خفج.

خفج *graine de moutarde* (لبسان ADEL), Baït. I, 377 b; leçon de BDEL; A خفج نسخة خفش; HS خفش. Dans H et S لسان.

خفر I *protéger, escorter un voyageur durant sa route*; on dit aussi خفر الطريق ou البلاد *maintenir la sûreté des routes, des cantons*, Maml. I, 1, 207. — *Se faire payer le tribut nommé* خفارة (voyez); on dit خفر البســاتيــن et aussi خفر فلانا; Gl. Fragm. — خَفَرنا ذمّتنا dans le sens que la IVᵉ forme a chez Lane, Abbad. II, 130, 4.

II *protéger, escorter un voyageur durant sa route*, Maml. I, 1, 207, *convoyer*, Bc.

خفر *convoi*, Bc, M.

خفير *protecteur*, surtout celui qui escorte et défend les voyageurs pendant leur route, Maml. I, 1, 207—8; — *sentinelle, garde, défenseur*, Ht; خفير السوق, 1001 N. I, 202, où l'éd. de Boul. porte حارس السوق.

خفارة pl. خفائر *la protection que l'on accorde soit à des personnes sédentaires, soit à des voyageurs*, Maml. I, 1, 208, Berb. I, 205. — *Un impôt qu'on lève, en récompense de la protection qu'on accorde aux habitants d'un lieu, ou à des voyageurs*, Maml. ibid., Berb. I, 148, II, 406, 6, 440, 3 a f., Prol. I, 289, 3; mais dans des temps de troubles on exigeait cet impôt sans aucune compensation, Gl. Fragm.

خافور *espèce d'origan* (مرو) à larges feuilles, qu'en Espagne on cultivait dans les maisons, Baït. I, 346 g. — En Egypte, *folle avoine*, *ibid.*; en Syrie plusieurs espèces de folle avoine portent ce nom, Ztschr. XXII, 92, n. 7.

خفس I *s'affaisser, s'écrouler, tomber*, Bc, vulg. pour خسف, M.

VII *se défoncer, perdre son fond*, Bc. Dans les 1001 N. Bresl. III, 331, 13, où il est question d'un vieillard cassé, on trouve: خلدوده تغر (l. تغر) مخفسات ; peut-être faut-il lire منخفسات; مغبرات.

خفض II. خفضوا عليكم chez Macc. I, 633, 16, signifie *modérez-vous!* (ne louez pas tant ce poème, car il est de moi). — C. من, mais c'est proprement le من partitif, *modérer*; voyez Fleischer dans mes notes sur Ibn-Badroun, p. 126.

VI, Saadiah ps. 10.

VII *se baisser, se coucher*, Saadiah ps. 10, cf. M. — T. de *médec.*, *être faible* (pouls); — *diminuer* (fièvre), M.

خَفْض, dans le sens de *terre basse*, forme au pl. خِفَاض, Gl. Belâdz.

خَفْض *tranquille* (vie), Abbad. II, 161, 10, cf. III, 221.

أَخْفَض *plus bas, inférieur*, l'opposé de أَعْلَى, Gl. Maw. — *Très-déprimé*, Auw. I, 148, 14; dans le passage 150, 10, le man. de Leyde porte الاخفض, au lieu de الاسفل de l'édition.

خفق I *sonner, rendre des sons* (trompette), Cartâs 213, 2, *battre*, v. n. (tambour), Cartâs 216, 2, Haiyân-Bassâm I, 172 r°: فلم يرعهم الا رجّة القوم راجعين, خَفْق (l. إليه تخفق طبولهم), nom d'act. Badroun 90, 15 (luth). — C. v. r., en parlant de la langue de celui qui prie, semble signifier *prononcer avec émotion un mot*, p. c. le mot *amen*, Djob. 95, 10: وعند ذكر صلاح الدين باللغة تخفق الألسنة بالتأمين عليه, 102, 10. — Dans le sens de *palpiter* (cœur) et dans celui de *briller* (éclair), le Voc. donne aussi le nom d'act. خُفُوق. — خفق الطعام est إذا ضرب يعصمه في بعض شديدا, M.

II c. a. dans le Voc. sous *fulgurare* et sous *cardica pasio*. — خَفَّق حائطًا *ravaler*, t. de maçonnerie, crépir un mur du haut en bas, Bc.

V dans le Voc. sous *cardica pasio*.

خَفَّاق *palpitant avec violence* (cœur), Weijers 24, dern. l., Abbad. II, 223, dern. l. — *Louangeur*, M خَفَّاقات (الذي يعرف في كلامه)., en parlant d'une femme mariée, est celle qui, ayant faim le matin, demande différents mets, R. N. 31 r°.

خافقي *ciment, mortier, stuc*, Bc, Hbrt 191.

خافقية *grand plat* (sorte de vaisselle), M, 1001 N. I, 224, dern. l.

خفر

خُفْقَة *le temps entre le dernier et le premier quartier de la lune*, M (محاق القمر).

خفى I, aor. *i*, *cacher*, Bc.

IV *supprimer*, de Sacy Chrest. I, ١٢, 13: ils rédigèrent, pour interpréter la Michna, un livre qu'on nomme le Talmud, اخفوا فيه كثيرا مما كان في تلك المشنا, «dans lequel ils supprimèrent beaucoup de choses que contenait la première Michna,» et ils ajoutèrent de leur chef de nouvelles ordonnances. En parlant de l'amour, *l'éteindre*, et en parlant d'une personne, *la faire mourir*, significations qui au fond sont les mêmes; Weijers 48, 12:

عليك متى سلام الله ما بقيت صبابة بك تخفيها فتخفينا

«Je prie Dieu de te bénir, tant que tu auras de l'amour pour moi; éteins-le, et en même temps tu me feras mourir;» Macc. II, 195, 12:

اخفيت سقمي حتى كاد يخفيني

«J'ai caché ma maladie (mon amour) jusqu'à ce qu'elle fût sur le point de me faire mourir.» — *Refuser*, Alc. (negar lo pedido).

V *se déguiser, se travestir, se masquer*, Bc, Gl. Fragm.; مخفّى *incognito*, Bc.

VII dans le Voc. sous *abscondere*. — *Dissimuler*, Ht.

VIII c. الى p. *se cacher auprès de*, *chercher un refuge auprès de*, Berb. I, 587, 7 a f. — *Être tout à fait changé*, 1001 N. I, 346, 12: ورأته قد اختفى, où l'éd. de Boulac porte: تغيّر حاله, et celle de Bresl. (V, 25): وكان رويته قد اختفت عليها.

X *se déguiser, se travestir*, 1001 N. Bresl. VII, 94, 2, Gl. Fragm.; le partic. qui se trouve dans les deux premiers passages qui y sont cités (chez de Goeje «clam aliquid fecit»), peut se traduire par *incognito*; cf. sous la V° forme.

خَفِيَة (cf. Lane sous la Ire forme) *clandestinité*; بالخفية *furtivement*; خفية في à *la dérobée*; للخفية *en tapinois*, Bc.

خَفِيَّة pl. خَفَايا *recoin, repli du cœur*, Bc. — *Manteau?* Vêtem. 168, mais peut-être Ker Porter a-t-il eu en vue un autre mot en écrivant «kaffia.»

تَخْفِيَة *déguisement*, Bc.

مَخْفِيَة, pl. مَخَافِي, est *vas* dans le Voc., chez Beanssier *sorte de pot* et *jarron* (Tunis), ce qui prouve que Dombay et la Torre ont eu raison d'écrire ainsi et que le معفية de M. de Gayangos est une faute, de même que le موفية de Sousa; voyez Gl. Esp. 171.

De là l'esp. *almofia*, sorte de plat ou d'écuelle. C'est un mot maghribin.

خَلّ I *appliquer un séton*, Bc.

II *calfater* un vaisseau, Gl. Djob. — *Confire dans du vinaigre, mariner*, Bc (cf. Lane), Auw. I, 22, 6 a f., 685, 1, 12, 688, 2 a f., Ztschr. XI, 520.

IV c. ب, dans le sens d'*omettre* (Lane), est fréquent, p. e. Aghânî 39, 5, Macc. I, 341, 14, et ce verbe a au fond le même sens chez Khallic. I, 37, 13 Sl.: Jamais je n'ai rencontré un homme plus poli: quand je sortais de chez lui, il ne disait jamais: «Page, donnez-lui la main!» mais: «Page, sortez avec lui!» فكنت انتقد هذه الكلمة عليه فلا يخل بها, ce qui signifie, je crois: «Je lui dis à plusieurs reprises que c'était une expression insolite; cependant il ne manquait jamais de s'en servir,» et non pas, comme traduit de Slane (I, 72): «I look on this expression as free from alloy, and (though he uttered it), he will not be the poorer.» L'expression لم يخلوا بانفسهم signifie: «ils n'ont rien omis de ce qu'ils avaient à faire,» Gl. Belâdz. — *Déparer, rendre moins beau*, Macc. I, 171, 2 a f.

V c. a. et ب *entrelacer de*, Abbad. III, 43, 10, Bassâm III, 2 r° (où le pronom se rapporte à «ses poésies»): يخللها بشكوى احر من الجمر. — *S'épingler*, Daumas V. A. 184. — *S'aigrir, tourner au (en) vinaigre*, Voc., Bc (cf. Schultens dans Freytag), Auw. II, 420, 15, 20.

خَلّ العَرَب *jus de limon*, Chec. 198 v°. — تمر هندى *tamarin*, Most. v° خَلّ.

الخَلّ est lorsque les arbres d'un jardin n'ont pas porté de fruits cette année, M.

خَلَّة *trait*, action qui a quelque chose de remarquable, Bidp. 223, 4 a f.: فان الكريم تنسيه لخلّة الواحدة من الاحسان الخلال الكثيرة من الاساءة, 246, 7. — Le pl. خلال *talents*, Borb. I, 448, 8, 532, 2 et 2 a f., II, 151, 9 a f. — On dit على خلّتين quand il y a une alternative, une option entre deux choses, p. e. Koseg. Chrest. 99, 9: فاعطنا الامان على خصلتين أما انك قبلتنا بما اتيناك به وأما سترتت (l.-é-) وامسكت عن أذانا حتى نخرج من بلادك راجعين.

diteur a eu tort d'écrire ce mot avec un *dhamma*). — *Bas-fond*, terrain bas et enfoncé, M.

خُلْبَة *acidité, aigreur*, Voc.

خِلَل *séton*, petit cordon passé à travers les chairs pour faire couler les humeurs, Bc. — خلل العقل ou خلل فى العقل *aliénation de l'esprit, démence*, Bc, de Sacy Chrest. II, ١٥, 9. — بخلال ما *pendant que*, Bat. I, 309.

خَلَلِى *cellulaire* (partie du corps, membrane), Bc.

خِلال, dans le sens de *fente*, forme au pl. خُلُل, comme Fleischer prononce dans Macc. I, 240, 4. — *Epingle*, Gl. Esp. 114. — «Les *khelal* sont des broches avec boucles qui servent à tenir le haïk sur les épaules des femmes,» Prax 28 n.; cf. le même R. d. O. A. VI, 339. — Dans le sens de *cure-dent*, ce mot forme le pl. en ات, Bc. On dit صار رقى كالخلال, 1001 N. I, 334, 11, dans le même sens que رقّ الى ان صار كالخلال, ibid. I, 346, 13, ou simplement صار كالخلال I, 548, 13, IV, 61, 3, «il devint aussi mince qu'un cure-dent.» — *Séton*, petit cordon passé à travers les chairs pour faire couler les humeurs, M. — *Fausset*, brochette pour boucher, Bc. — *Les ordures entre les doigts du pied*, Niebuhr B. p. XXXIII. — *Jonc odorant*, Sang., qui cependant n'indique pas de voyelles.

خُلَالَة *aigreur*, rapports que causent quelquefois les aliments mal digérés, Alc. (abito con azedia, azedia de estomago, azedura). — Nom d'un mets ou d'une boisson, R. N: 79 r°: فقال لى ذات يوم اشترى (اشتر ل.) لى خلالة فاشتريتها من قوم الحج — فقال لى ان هذه الخلالة (sic) ما طابت نفسى لها أخرجتها عنى.

خُلُولَة *acidité, aigreur*, Voc.

خُلَالَة *anneau* dont se servent les femmes pour attacher leur habit, Barth V, 706.

أُخَلَّة *tribule* (plante), Bc, en Egypte, Bait. I, 2 b (où il faut lire ainsi avec A, et dans ce qui précède: او كيبر النبات الذى, 4 b (lisez ainsi avec A), 140 d.

تَخْلِيلَة *robe*, Bc (Barb.), *tunique*, Ht; — *châle qui couvre les épaules*, Daumas V. A. 488.

خلب | 389 | خلخل

ثُمَّ اخرج صنارة على مثال مخالب القصاب ثُمَّ علّف بها مخالب العُقاب الأبيض. — *orobus tuberosus*, Bait. I, 37 c.

مُخْلَب pl. مخاليب *griffe, serre*, Bc, Bidp. 157, 8; — *éperon, ergot de coq ou d'autres oiseaux*, Alc. (espolon de ave macho).

خلبس *voyez* خلبص.

خلبص I *coïonner, dire des coïonneries*, Bc. — فى الطعام *frotter un aliment* (ou peut-être *pétrir le pain*) *d'une manière dégoûtante*, M عركه عركا تتقزّز (النفس منه).

II *polissonner, turlupiner*, Bc; chez Cherb. C, qui l'écrit avec *sîn*, *faire des pasquinades*.

خَلْبَصَة *arlequinade, bouffonnerie, coïonnerie, polissonnerie, tabarinage, turlupinade*, Bc.

خَلْبُوص, pl. خلابيص et خلايصة, *le serviteur des almées, qui est souvent le bouffon*, Lane M. E. II, 302; *arlequin, bouffon, histrion, paillasse, pantalon, polisson, saltimbanque, tabarin, turlupin*, Bc, Mehren 27, Descr. de l'Eg. XIV, 179, 1001 N. III, 466; Cherb. C écrit ce mot avec un *sîn*, *celui qui fait des pasquinades*.

خلج V *s'en aller, s'éloigner*, Gl. Mosl.

VI c. a., en parlant de plusieurs personnes, *tâcher de s'arracher une chose*, Gl. Fragm.

VIII *même sens, ibid.* — *Se soustraire, se délivrer de* (من), ibid. — On dit فى اختلاج الشكّ dans le sens de: *il ne douta point*, Bayân II, 242, 8; chez Lane on trouve un exemple de la IIIe forme employée de cette manière.

خَلِيج *bras de rivières*, Barth V, 470. — الخليج, ou الخليج الكبير, ou خليج مصر, *est le canal qui baigne le Caire*, de Sacy Chrest. I, 223. Couper la digue de ce canal pour l'inondation périodique du Nil, s'appelle كَسْر الخليج, Koseg. Chrest. 121, 4.

مُخْتَلِي L donne: *salvator* مُخْتَلِي. Un tel mot n'existe pas; j'ignore s'il faut lire مختلي, et si *salvator* est pour *salivator*.

خلخل I, *orner une femme d'un anneau au-dessus de*

مُخَلَّل *celui qui a l'estomac surchargé, embarrassé par une trop grande quantité d'aliments, ou par une mauvaise nourriture*, Alc. (ahitado). — *Fruits confits dans le vinaigre*, Bc, pl. ات, Auw. I, 685, dern. l., 1001 N. Bresl. II, 325, 6. — Au Maghrib المُخَلَّل était le nom ordinaire du سِكْبَاج, *mets aigre, fait de viande avec du vinaigre, de la coriandre, du sel et de l'huile*, Gl. Manç. v° سكباج, Chec. 196 r°: السكباج وهو المعروف عندنا بالمخلّل وهو لحم وتابل وملح وزيت. — Ce mot semble désigner aussi une sorte d'étoffe, Formul. d. contr. 4, parmi les objets du trousseau: ومرقوشتين من نسيج البهود والمخلّل. Chez Ibn-Iyâs 103, on trouve dans une liste de présents: عشرين حمل مخلّلات.

مُخَلِّل *le convive qui se cure les dents avec les doigts*, Daumas V. A. 314.

مُخَلَّلَة *acétolé, solution médicinale, faite avec le vinaigre distillé*, Sang.

مَخْلُول *le chameau lorsqu'il est sevré; proprement percé, troué, parce qu'on perce une des narines du petit chameau avec un bois pointu qu'on laisse dans la plaie, afin qu'il pique sa mère et qu'il soit repoussé par elle, lorsqu'il veut téter*, Prax R. d. O. A. V, 219.

مُخْتَلَل *chimérique*, Bc.

مُخْتَلَل *fiction, mensonge*, Bc.

خلب I *détendre une arbalète*, Voc. — *Escrimer, faire des armes*, Voc. — *Attirer*, Voc. — *Lier*, Mehren 27.

IV et VII dans le Voc. sous *decipere*.

VIII *griffer*, Bc.

خِلْبَة *corde de fibres de palmier*, Mehren 27.

خَلُوب كلام خَلُوب *un langage enchanteur*; en parlant d'un homme qui charme par ses paroles, on dit qu'il est خَلُوب الكلام, Lettre à M. Fleischer 64.

خِلْب pl. ات, au fig., *déception, tromperie*, Gl. Fragm.

خَلَّابَة *charmant, enchanteur*, Lettre à M. Fleischer 63. — L: *fallacia* خدّاعة وخلّابة.

مِخْلَب *croc, comme celui dont se servent les bouchers pour y pendre la viande*, Djaubarî 85 r°:

la *cheville du pied*, s'emploie aussi en parlant d'un chien auquel on met un anneau à la patte, Bidp. 174, 4, et en parlant du fût d'une colonne qui est entouré d'anneaux, Gl. Djob. — Le nom d'act. signifie: le manque de cohésion dans les particules dont les différents corps sont composés, de sorte qu'on trouve des vides, des intervalles entre ces particules, Gl. Manç.: خَلْخَلَة هُو عَدَم تَضَامّ الاجزاء كَأَنَّ في , خَلْخَلَة الارض. الشىء مَنَافِذُ وفُرَجًا. Ainsi on dit, Auw. I, 515, 14, quand on rend une terre moins compacte, plus meuble, plus légère, quand on l'ameublit au moyen de la charrue, etc., afin que les plantes puissent y prendre racine. Le partic. *point serré*, Bait. I, 30 f: اغصان مُخَلْخَلَة , عَنَاقِيد 71 f: دِقَاق جدًّا مَتَخَلْخَلَة الورق. — *Raréfier*, Voc., Prol. I, 155, 14: On a constaté que la chaleur dilate l'air et la vapeur, له مُخَلْخَلَة, « les raréfie, » et en augmente le volume. Aussi *raréfier l'air* d'un endroit, Prol. I, 59, 7: ceux qui se font descendre dans des puits ou dans des souterrains d'une grande profondeur, y meurent instantanément, parce que l'air y est échauffé par des miasmes, ولم تَداخلها الرياح فتَخَلْخَلَهن. — *Détacher*, p. e. la terre des racines, Bait. II, 15: فيزعمون انه لا يمكن قلعه الّا بأن يُربَط اذا خُلْخِلَ ما حوله من التراب ولم يبقَ الّا على عروق رقاق فى عنق كلب الخ. — *Ebranler, compromettre la solidité d'un édifice*, Cherb. C; en parlant des vents qui ébranlent les arbres, Auw. I, 199, 3. Chez Bc le partic. pass. مُتَخَلْخِل *branlant, vacillant*.

II *être poreux, spongieux, perméable, point serré*, l'opposé de تَلَزَّز et de اكتنز (M), Auw. I, 53, 2, 54, 12, 55, 4, 195, 16, 402, 1, Most. v°: حجر قَيْشُورًا la pierre ponce est الجسم, مَتَخَلْخِل, Gl. Manç. v° غَلَف: ويشبَّه بها الاطبّاء اللحوم الرخوة المَتَخَلْخِلَة التى لا ليف لها ظاهر, le même v° كلحم الثدى والضرع انخ, العجسم المتخَلْخِل الكثير الفُرَج, le même v° شعيف: واذا تأمّلت الابدان من, سخافة v° Chec. 183 r°: جهة الكثافة والتَخَلْخُل, *ibid.* 190 r°: l'eau des puits dans les pays très-chauds n'est presque jamais froide, parce que هناك تَخَلْخُل الارض, 218 r°; cf. Payne Smith 1269, 1270, 1271. — *Se raréfier*, Voc. — *Se démonter, se désassembler, se disjoindre*, Bc, Gl. Bayân,

se détacher, en parlant de la terre qui se détache des racines, Auw. I, 189, 5, 8 et 21; *se débander* (armée), Bayân II, 53, 4 a f., Cout. 14 r°, R. N. 21 v°. — *Branler* (dent), Bc.

خَلْخَل *paturon*, Daumas V. A. 191.

خَلْخَال. Les anneaux qu'on met aux pieds des chevaux, des chameaux, etc., portent aussi ce nom, Bat. *passim*.

خَلَد الارض I. خَلَد *fouiller la terre*, comme fait la taupe (الخُلْد), M. — خَلَد *persévérer dans le bien*, Alc. (perseverar en bien).

II se construit avec deux accus., *laisser quelqu'un perpétuellement dans un endroit*, Athîr X, 402: خَلَّد الايام صحائف اعماركم فخَلِّدوها; Valeton II, 3: السجن; احسن اعمالكم; c'est ainsi qu'il faut lire avec les trois man., et c'est à tort que Weijers, *ibid.* p. 22, n. 1, et p. 100, qui, de son propre aveu, ne connaissait pas cette construction avec deux accus., a voulu changer la leçon. Le sens est: les jours sont les feuilles de papier sur lesquelles s'écrit la vie de l'homme; faites donc en sorte que vous perpétuiez seulement de belles actions sur ces feuilles. خاتم للتَخْلِيد *bague avec laquelle le roi de Perse scellait le diplôme, quand il donnait une terre en fief*, Gl. Belâdz.

V *se perpétuer*, Voc., Bc, *s'immortaliser*, Bc, Abou'l-Walîd 803, 26.

خُلْد, *taupe*, a chez le vulg. le pl. خُلُود, M. — Même pl. maladie qui fait gonfler les épaules et les jambes des chevaux, Cherb., écrouelles, Bc.

خُلْد *taupe*, Bc, Abou'l-Walîd 227, 8, Payne Smith 1276.

خُلْدى pl. خَلَادى *taffetas*, Voc., Macc. II, 711, 2.

خالد. خالد بن جَعْفَر *espèce de datte*, Pagni 152 (où il faut lire, d'après le man., Kalt ben Giafer); chez d'Escayrac 11, *khaled* seul.

خَالِدى *espèce de figue*, Hœst 304.

خَلَس VII *se dérober*, *quitter une compagnie sans être vu*; on peut ajouter ces exemples à la note de Hamaker citée par Freytag: R. N. 97 v°: وكان الشيخ ابو الحسين ربّما انخَلَس فلا يوجد فى الشعرا ولا فى

خلص

فاما كانت الليلة الآتية اخلس من القصر, 98 v°: وبات برّا *

VIII *détenir; usurper;* le nom d'act. *brigue, poursuite vive;* اختلاس شي باختلاس *subrepticement;* باخفاه لحّق *obreption, surprise, réticence d'un fait vrai;* مختلس باخفاه لحّق *obreptice, obtenu en taisant la vérité,* Bc.

طعنة خليس = طعنة خلّس chez Lane, Gl. Mosl.

خلص I *être pur,* aussi en parlant de la prière, si tel est le sens chez Haiyân-Bassâm I, 23 v°: وأمّا — خلاصتى فيه الناجوى وتوالى عليه الدعا نظر الله الى عبادى وسطّ عليه الحرّ. — On emploie le nom d'act. خلوص là où nous mettrions un adverbe, p. e. Bidp. 138, dern. l.: celui qui attend des hommes la récompense du bien qu'il fait, mérite d'être désappointé, car il se trompe في خلوص العمل لغير الله « en ceci, que ses actions sont tout à fait pour un autre que pour Dieu » (explication de Weijers). — *Se sauver, faire son salut,* Bc. — خلص لا له ولا عليه *retirer son enjeu, sortir d'une affaire sans perte,* Bc. — *Expirer, au fig., finir, être fini,* Bc, Delap. 92, 94; خلص ou خلصنا *c'en est fait, tout est fini,* Bc; خلص c'est assez, Ali Bey II, 181; M: والعامة تستعمل خلص بمعنى فرغ وتارة بمعنى انتهى. — A la II° forme (voyez), *il a payé;* mais خلّاص, nom d'act. de la I°, signifie aussi *payer,* Bat. III, 412, 423, de Sacy Chrestr. II, ٧٢, 11, Amari Dipl. Gloss. — A la II° forme (voyez), *il a arraché;* mais خلّاص, nom d'act. de la I°, signifie aussi *arracher,* Koseg. Chrest. 82, 12: ارادوا خلاصها منه « ils voulaient la lui arracher. »

— C. الى p., ما يخلص الى *ce qui ressort à mon esprit,* Auw. I, 227, 6. — C. لـ p. *appartenir à,* J. A. 1843, II, 222, 6 a f.: خلصت (ل.) للجنة « le jardin appartient en toute propriété à celui qui l'a acheté,» Nowairî Espagne 468; خلصت له جميع الاندلس Berb. I, 69, 4. Aussi C. الى p., Formul. d. contr. 2: ورفع له درك الاستحقاق في ماله لخلاص السيد. — C. من *se libérer, s'acquitter;* خلصت منه *j'en suis quitte,* Bc.

II *corroyer les peaux,* Alc. (çurrar cueros). — *Sauver, procurer le salut éternel,* Bc. — *Se sauver,*

خلص

M. — *Laisser quelqu'un tranquille, ne pas le tourmenter;* خلّصنى *laissez-moi, laissez-moi tranquille,* Bc, Khatîb 17 r°: les gardes voulaient donner des coups à cet homme, mais le prince امر بتخليصه. — وسجنه فى بعض بيوت القصر. — *Accomplir, achever, finir, terminer,* Gl. Edrîsî (ajoutez aux articles d'Alc. que j'y ai cités: hazer hasta el cabo, et à ceux de Bc: *consommer,* où je crois qu'il manque un *techdîd*), Voc., Delap. 8, Ht. — *Faire éclore des œufs,* Gl. Edrîsî; au fig., Macc. I, 940, 16. — *Définir, déterminer,* Alc. (difinir o determinar). — *Délibérer,* Alc. (deliberar en algo). — *Acquitter, payer; payer quelqu'un,* c. a. p.; Alc. (desquitar, cf. Victor), Bc (Barb.), Amari Dipl. Gloss., Hbrt 106, Delap. 82, Roland Dial. 609, M, Bat. III, 411, 412, 427, IV, 159, Inventaire: اوصى صهره ان يخلص الديون التى عايه لاربابها ibid.: l'héritier a été mis en possession de tous les biens على ان يخلص الديون منه التى على موسى بن يحيى وما فضل عنه يبقى بيده; le Voc. a aussi la constr. c. a. et من. — *Arracher,* 1001 N. II, 25, 16: خلّصت العصا من يديه Bresl. IV, 320, 2: il trouva dans son filet le cadavre d'un chien, فخلّصه. — C. a. r. et من p. *tirer de quelqu'un l'argent qu'il doit,* Bc (خلص منه حقّه), de Sacy Chrest. II, 182, 10: خلّص منه المال شيئًا بعد شي, 1001 N. Bresl. IX, 199, 14. — *Racheter,* dans le sens de: acheter ce qu'on a vendu, et dans celui de: délivrer, payer le prix de la délivrance, Bc. — *Retraire,* retirer un héritage vendu, Bc. — هذا ما يخلّصنى *cela ne m'accommode pas,* je n'y trouve pas mon avantage, Bc. — C. من *relever quelqu'un de,* le dispenser de, Bc. — *Examiner,* L (examino واخلص). — خلّص تأر *se revancher, rendre la pareille,* Bc. — خلّص الحساب *arrêter un compte,* le régler, Bc. — تخليص *redressement, action de redresser des torts;* خلّص حقّه بيده *se faire justice;* خلّص حقّه من احد *repousser une injure, s'en venger, avoir satisfaction, se satisfaire soi-même, tirer raison d'une offense, tirer vengeance;* خلّص له حقّه *venger quelqu'un,* Bc. — خلّص ذمّته *décharger sa conscience,* Bc.

IV c. لـ *consacrer à, dévouer son temps à,* Abbad. I, 243, 15: اخلص ليله لتمنّى السرور.

V c. عن *se tirer* d'un sujet difficile, *s'en bien tirer*, Abd-al-wâhid 218, 1. — *Solder, liquider un compte*, Amari Dipl. Gloss.; par ellipse, car c'est proprement تخلّص من محاسبته, « se tirer d'un compte qu'on a à rendre, » 144, 4, 158, 5, Voc. sous persolvere c. عن. — *Délivrer, recouvrer*, Gl. Fragm.; *délier*, Ht. — *Être purifié*, Voc. — *S'exprimer avec pureté et élégance*, Macc. II, 52, 2, Haiyân-Bassâm III, 5 v°: ce prince était un critique extrêmement sévère, ثمّ لا يسفر المتخلّص من مضماره على لجهد لنيبه بطائل، ولا يحظى منه بنائل،، فاقصر الشعراء عن مدحه; dans le man. B متخلّص, mais c'est une faute. — *Être éclos* (œuf), Gl. Edrîsî. — *Finir*, v. n., *prendre fin*, Voc., Alc (acabarse, fenecerse); *s'accomplir*, Recherches, 1re édit., I, 185, 14: حتّى تخلّصت القضيّة « jusqu'à ce qu'un événement extrêmement grave s'est accompli. » — C. إلى *venir auprès de*, de même que la Ire, Abbad. III, 209, cf. Macc. I, 403, 11 et Gl. Abulf. — C. ل p. *avoir le pouvoir de faire quelque chose contre* quelqu'un, Badroun 131, 11.

X. De même qu'on dit استخلصه لنفسه dans le sens indiqué par Lane, on dit استخلصه لدولته, Berb. I, 92, 12 et 13, et استخلصه seul, Mohammed ibn-Hârith 231, Haiyân 95 r°, Haiyân-Bassâm I, 128 v°, Weijers 20, 11, Berb. I, 39, 1, 60, 5 a f, 364, 11. — *Arracher*, Berb. I, 68, 14. — *Recouvrer*, Koseg. Chrest. 78, 3, Khatîb 67 v°: مخاطبته — في سبيل. استخلاص املاكي بالاندلس — *Recouvrer, se faire payer une dette*, un tribut, Bat. III, 437, Amari 385, 5 a f., Amari Dipl. 132, 1. — C. a. r. et من p., comme la IIe, *tirer de quelqu'un une somme d'argent*, Holal 33 v°: فيذكر انه استخلص منه جملة مال بسبب ذلك. — *Confisquer*, Abbad. II, 161 (non pas « être confisqué, » comme j'y ai dit; dans les deux passages il faut prononcer le mot avec les voyelles du passif), Prol. II, 12, 3 a f., Berb. I, 658, 8. — *Racheter, acheter ce qu'on a vendu*, Bc. — C. في *appartenir exclusivement à*, Haiyân 64 r°: les Mowallads ayant été presque extirpés, Séville appartint désormais aux Arabes seuls, واستخلصت من يومئذ اشبيلية وانفردت فيهم .

خلاص est proprement le nom d'act. de la Ire forme; mais employé comme nom d'act., ce mot a quelquefois le sens du nom d'act. de la IIe forme. On l'emploie aussi substantivement, et plusieurs des significations qui suivent, sont dérivées de la IIe forme, et non pas de la Ire. — *Pureté* d'une chose, de Jong. — *Délivrance*, Alc. (desenpacho, espedimiento de lo enpedido, librança). — *Accouchement*, 1001 N. II, 67, 9. — *Arrière-faix*, tunique qui enveloppe le fœtus, Alc. (pares de muger que pare, red en que nace el niño), Bc, 1001 N. I, 353, 7, 399, 4. — *Excellente espèce de dattes*, Palgrave II, 172—3. — *Achèvement*, Alc. (acabamiento, difinicion acabamiento, fenecimiento, hechura hasta el cabo), Bc. On dit: مالي خلاص, « mon argent est dépensé, » 1001 N. Bresl. VII, 274, 7, chez Macn. ما عندي مال, « je n'ai pas d'argent. » خلاص الحساب *arrêté de compte, règlement définitif*, Bc. — *Décharge*, acte par lequel on décharge d'une obligation, Bc. — *Quittance*, aussi ورقة خلاص, Bc, Amari Dipl. Gloss. — *Rachat*, Bc; *rédemption, rachat du genre humain par J. C.*, Bc, Hbrt 148. خلاص حقّ *réparation, satisfaction d'une injure*, etc., Bc. — خلاص نبك *franchise*, Bc. — كلّ واحد يعرف خلاصه *chacun sait ce qui lui est avantageux*, Bc.

خلوص *amitié*, Bc.

خلاصة *purgatoire*, Voc. — *Restes*, Voc.; mais dans la 1re partie خلاصة.

خلاصة *résumé*, M, de Sacy Chrest. II, ۴۴, dern. l.: مخبر خلاصة اخبارهم, Macc. I, 485, 2 a f., II, 695, 18. — T. de médec., *quintessence*, M. — *Ami intime*, Berb. I, 162, 9. — خلاصة *nettement, franchement*, Bc.

خلاّص *corroyeur*, Alc. (çurrador de cueros).

خالص *indépendant, libre*, Bc. — *Fini, achevé*; هو مجنون خالص « c'est un fou achevé, » Bc. — *Quittance, quitte*, Ht; كتب في الصكّ خالص *écrire dans la note quitte*, Delap. 106. — *Fleur de farine*, Domb. 60. — فاء خالصة *le fâ*, par opposition au فاء معقودة, *pâ*, Bat. II, 43.

خالصة *ami intime*, Amari 600, 1, Berb. I, 88, 360, Haiyân-Bassâm III, 141 r°.

مخلص *échappatoire, expédient, issue, porte de derrière, faux-fuyant, subterfuge*, Bc. — T. de rhétor., dans le sens de تخلّص (cf. Freytag, et Mehren, Die Rhetorik der Araber, 145), *la transition* d'un poème; quand le poète passe de l'introduction au sujet de sa pièce, Ztschr. XX, 592, n. 4.

مُخَلَّص ami, Voc.

مُخَلَّص, chez les chrétiens, *rédempteur* (J. C.), Hbrt 148, M. — *Rond, franc, sincère; gaillard, hardi, éveillé; leste*, peu délicat sur les convenances; *ingambe*, Bc.

مُخَلِّصَة (les voyelles d'après B de Bait. II, 491 e) nom d'une plante que Sonth. soupçonne être *l'orchis*, Bait. I, 274 a, II, 491 e, 527 d; chez Bc *linéaire*.

مُسْتَخْلَص, البساتين المستخلصة comme adj. *les jardins qui appartiennent au domaine particulier du sultan*, Gl. Bayân 13, 2 a f. — Comme subst., *le domaine particulier du sultan*, Gl. Bayân, Macc. I, 130, 9, 245, 3 a f., III, 436, 22, Mi'yâr 10, 1 (où il faut lire ainsi; voyez Müller 63), Khatîb, man. de l'Esc., article sur موصل مولى باديس: lorsque Yousof ibn-Téchoufîn se fut emparé de Grenade, قدّم مومّلا على مستخلصه وحصل بيده مفاتيح قصره, plus loin عبد أمير المسلمين وجابى مستخلصه, il est nommé ثم اعيد الى غرناطة ناظرا في 133 rº: واستمرّ نظره على المستخلص 133 vº: وعلى بها الى ان توفى, l'anonyme de Copenhague 57: المستخلص بالشرف (dans l'Axarafe, près de Séville). — *Le revenu du domaine particulier du sultan*, Becrî 55, 11: ومستخلاص بونة غير جباية بيت المال عشرون الف دينار

خلط I. خلطه بنفسه *il l'admit dans son intimité*, Gl. Belâdz. On dit aussi خلطه بأوليائه *il l'admit parmi ses amis intimes*, Berb. I, 634, 12. — *Nuer, nuancer, assortir différentes couleurs*, Alc. (matizar en la pintura; les radicaux sont chez lui ktl, mais c'est خلط par transposition, car le synonyme qu'il donne est عكر I, et sous mezclar il a خلط I et عكر II).

II, absolument, *mettre tout en désordre*, Abd-alwâhid 27, 16. — En parlant d'un malade, *manger ou boire ce qui est nuisible*, M. Aussi en parlant d'un malade, خلّط في كلامه *délirer*, M. — *Etre changeant, variable, faire tantôt ceci, tantôt cela*, Haiyân-Bassâm III, 5 vº: ثم أكثر التخليط, car tantôt il s'adonnait à la dévotion et à l'étude, tantôt au plaisir et au vin; cf. Fakhrî 283, 4 a f.; aussi en parlant de la manière de s'habiller, Fakhrî 306, 2. Chez Macc. II, 159, 2, التخليط est *acquérir de l'argent d'une manière licite ou illicite*. — *Faire le mal*, Mohammed ibn-Hârith 273—4: quand ce personnage fut devenu صاحب الصلاة, il dit à ses subordonnés: أنّما بلغنى عنكم اشياء فاتّقوا الله واستقيموا وأعينونى على الحقّ والله لئن وجدتُ أحدًا منكم قد خلّط لاجعلنّه نكالا ثم قال انظروا الى واجعلونى من بالكم فإن رايتمونى اخلّط فأنتم فى سعة من التخليط وان رايتمونى ... اريد لحقّ فأعينونى ولا تجعلوا الى انفسكم سبيلا — *Intriguer*, Ht. — De même qu'on dit: خلّط بين القوم (voyez Lane), on dit: خلّطوا الشرّ بين الرؤساء « ils firent naître du désordre, ils suscitèrent des dissensions, entre les princes, » Abbad. I, 224, 10. — C. في خلّط في اجناس النساء « il fit entrer dans son harem des femmes de différentes races, » Abbad. I, 245, 9. — C. في *s'occuper d'un art chimérique*, p. e. de l'alchimie, Autob. 204 rº: كان له كلف بعلم الكيمياء تابعًا لمن خلط في مثل ذلك من امثاله

III c. a. *fréquenter*, Ht, Baidhâwî I, 11, l. 10: الاميّ الذى لم يخالط الكتّاب « qui n'a jamais fréquenté l'école. » — C. a. *s'occuper de, s'appliquer à, étudier*, Prol. III, 293, dern. l.: مخالطة اللسان « étudier la langue. » — C. ب p. *en venir aux mains*, Becrî 185, 7: خالط به العدوّ. — En parlant d'un pieux docteur, il était قليل المخالطة لاوقاته, Macc. I, 621, 10. Le sens ne m'est pas clair.

IV *entremêler*, Alc. (entremezclar; le n. d'act. sous entremezcladura). — اخلط بين الناس *exciter les hommes les uns contre les autres*, Voc. — اخلط وجهه في قفاه *il lui tordit le cou*, Koseg. Chrest. 87, 8.

VII *être mêlé*, Voc.; dans un passage des Prol. chez de Sacy Chrest. I, 39, 6, mais l'édit. (I, 404) a la VIIIᵉ forme.

VIII *s'embrouiller*, Bidp. 271, 4 (en mêlant les deux manières de marcher; cf. la note). — *Etre d'une origine suspecte* (propriétés), Becrî 166, 10, 169, 11. — C. مع *contracter, former des liaisons, fréquenter, avoir un fréquent commerce avec*, Bc. — اختلاط الظلام (cf. Lane) *crépuscule*, Voc.

خَلْط *discours frivole, vains discours*, M. — خَلْط *pêle-mêle*, Bc.

خِلْط (voyez la première signif. chez Lane) doit

خلط

se traduire par *substance, ingrédient*, M, Masoudî III, 10: دهن يعمل من اخلاط وعقاقير, Bait. I, 51 a: خُلَيْبَة Most, v°: وقد يقع في اخلاط سائر الادهان وبخلك يسمى النقوع الذى يتخذ منها ومن التمر ومن اخلاط اخر, Bat. IV, 41, 199, 1001 N. II, 131, 3: من اخلاط «de différentes substances.» — *Sorte, espèce*, Ictifâ 127 v°: un miroir que Târic trouva à Tolède كانت مدبرة من اخلاط احجار وعقاقير. — *Mets composé de plusieurs ingrédients*, Bait. I, 48 d: وقد يتّخذ الاداميون بالشام منه اخلاطا باللبن. — الــجــ. — الأَخْــلَاط *les quatre humeurs* (le chaud, le froid, l'humide et le sec), Prol. III, 198, 11. — *Abcès, apostème*, Alc. (postema). خَلْط بَلْط *pêle-mêle*, p. e. hommes et femmes réunis, M.

خُلْطَة *chaos, confusion, désordre*, Bc, Ht; *pêle-mêle*, aussi بلطة خلطة, Bc. — Mets composé de كشك, de fèves, de riz, d'oignons, etc., Lane M. E. II, 282.

خُلْطَة *mélange, mixtion*, Alc. (mezcladura, mezcla); de Sacy Chrest. I, ٨٥, 11: le chenevis est ردى لخلطة, c.-à-d. qu'il vicie les humeurs en s'y mêlant.

خِلْطِى *humoral*, Bc.

خُلْطِى *compagnon, camarade*, Voc.

خَلْطِيَّة *miscibilité*, Bc.

خِلَاط espèce de mets qui est âcre au goût et qui excite la soif; c'est peut-être une espèce de *pot pourri* ou *salmigondis*; voyez Gl. Edrîsî, plus haut les art. بازار et خُلْطَة, plus bas l'art. مَخْلُوطَة et Lane sous والاخلاط طعام عند بعض; le M dit seulement خليط. — اهل الشام. — T. de charpentier, *planches qu'on met entre les poutres qui soutiennent le toit*, M.

خلاطين *les sangs mêlés*, Daumas Sahara 78.

خَلَّاط *brouillon politique*, Roland Dial. 571, *intrigant*, Daumas V. A. 101; *malveillant*, Roland Dial. 568.

تَخْلِيط *confusion, cœur*, Berb. I, 161, 9. — Dans le Voc. sous *complices*, mot qu'il semble prendre dans le sens de *compagnons* (cf. Ducange).

مُخَلِّط *brouillon, intrigant*, Roland.

خلع

مَخْلُوط *du vin vieux dans lequel on a mis du moût*, Alc. (remostado vino). — مخلوط للحواجب *qui a les sourcils joints*, Alc. (cejunto).

مَخْلُوطَة *pot pourri, mélange de viandes, légumes*, etc., Bc, *mélange de lentilles, de riz (ou de borghol*, voyez) *et de pois chiches*, M; au fig. *discours mêlés, morceaux sans ordre*; *salmigondis, mélange confus de diverses choses; pastiche, tableau rempli d'imitations; composition mêlée*, Bc.

مُخَالِطِى *compagnon, camarade*, Voc.

خلع I. Le n. d'act. خلعان, Abbad. II, 158, n. 15. — *Débôiter, disloquer un os, démettre*, Bc, Gl. Manç.: خلع هو خروج راس العظم من نقرة الاخر من عظمى المَفْصِل. On dit aussi خلع الباب, 1001 N. I, 642, 16, *ouvrir une porte en la haussant un peu*, car en Orient les portes sont très-souvent faites de façon que cela peut se faire; voyez la note dans la trad. de Lane, I, 617, n. 69. — *Desceller, détacher ce qui est scellé en plâtre*, Bc. — *Peler*, p. e. *des graines de sésame*, السمسم المخلوع, Bait. I, 444 c. — *Epurer*, p. e. *de l'huile de sésame*, Bait. I, 445 a: الشيريج المخلوع. — *Perdre la raison*, M. — خلع امرأته voyez Lane; le nom d'act. est aussi خُلْع, v. d. Berg 134; c'est lorsque la femme, en divorçant d'avec son mari, lui rend toute la dot, c.-à-d. tout ce que son mari lui avait donné en l'épousant, Formul. d. contr. 4. En parlant d'une femme qui divorce de cette manière d'avec son mari, on dit خَلَعَتْ منه ou عنه, Tha'âlibî Latâïf 68, 3 a f. (je crois que l'éditeur s'est trompé en pensant que le verbe est au passif). — C. a. p. et C. r. *spolier*, Bc. — خلع العذار (cf. Lane) *dépouiller toute honte*, Bc; le vulgaire emploie en ce sens خلع seul, M. — اخذ الثار *venger un affront*, Bc. — وخلع العار قلبه Koseg. Chrest. 37, 4 a f., proprement: «il lui enleva le cœur,» dans le sens de: *il le frappa au cœur, lui perça le cœur*.

II *démantibuler, rompre, mettre hors de service*, Bc. — C. a. dans le Voc. sous *potare ad ebrietatem*.

III c. a. p. *foldtrer, badiner*, Fleischer Gl. 95; à restituer chez Macc. I, 693, 24, comme je l'ai dit dans ma Lettre à M. Fleischer 107.

IV, au lieu de la Ire, *démembrer*, Alc. (desmenbrar).

خلع

V *se démantibuler; se disloquer;* تخلّع العظم *luxation,* Bc.

VI تخالعوا *folâtrer ensemble,* Fleischer Gl. 95.

VII c. من *se soustraire à,* J. A. 1849, I, 193, 10: انخلع من طاعة مولاه. — C. من *se démettre de,* Nowaïrî Espagne 476: انخلع لك من الامر. — *Renoncer au monde,* Aghlab. 58, 6: اظهر التوبة والانخلاع 60, 8. — *Folâtrer,* Bc, Fleischer Gl. 95. — Chez Ht *effrayer*, mais je crois qu'il faut *s'effrayer,* voyez Lane et Beaussier.

VIII. اختلع من وطنه *être enlevé à sa patrie, être exilé,* Abou'l-Walîd 392, 34.

خَلْع *hémiplexie,* M.

خَلَع *paralysie,* Hbrt 39, Ht.

خَلِيع, *vieux, usé,* forme au pl. خُلُع ou خُلَع (cf. de Sacy Gramm. ar. I, 360, 5 a f., et le mot خُلْعَى qui en dérive, chez Lane), Fakhrî 342, 1, où l'éditeur a fait imprimer خُلَّع, mais la forme فَعيل n'a pas ce pl. — *Habit qui a été porté,* quoiqu'il ne soit pas vieux, M., خليع الرسن Khatîb 136 rº, est synonyme de خليع العذار. — *Homme sans aveu, vagabond,* Bc. — *Buveur, grand buveur,* L (potulentus (vorax, insatiabilis)), Voc., avec le pl. خُلَّع, qui est proprement celui de خَالِع. — *Gaillard, homme plaisant, bon compagnon, drôle,* Fleischer Gl. 95, Lane trad. des 1001 N. II, 377, n. 2, Macc. I, 120, dern. l., II, 516, 4, Ibn-Iyâs 16, 1001 N. I, 65. — الخليع ou الخليع من اللحم ou للخليع الأتمّ للخليع seul, *viande de mouton, coupée par morceaux;* on la lave, on la sale, on la fait tremper dans l'huile, puis on l'expose aux ardeurs du soleil qui la durcit comme du bois; ordinairement on s'en sert seulement comme ressource dans un cas pressé ou quand on est en expédition, Daumas V. A. 165, 252. Selon Cherbonneau (dans le J. A. 1850, II, 64), qui a consulté un cuisinier tunisien, c'est une certaine quantité de morceaux de bœuf coupés menus, que l'on fait mariner trois jours au moins dans un bain de sel, d'ail, de coriandre et de carvi pilés ensemble. Ensuite on met cette préparation devant le feu et, quand elle est arrivée à bouillir, on la retire et on la laisse tremper dans l'huile et de la graisse fondue. Voyez aussi Haedo 19 b, Hœst 189

(qui écrit à tort خَلَا), Nachrichten I, 562, R. d. O. A. N. S. I, 190, Bat. III, 2, IV, 138, 139.

خَلَاعَة *boire jusqu'à l'ivresse,* Voc. — *Folie, propos gais, gaîté, gaillardise, abandon, négligence aimable,* Bc, de Sacy Chrest. I, ٨٠, 3, Macc. I, 100, 5, Prol. III, 410, 13 (*joyeux ébats,* de Slane).

خَلَاعِي *enjoué, folâtre,* Bc.

خَلِيعِي = خَلِيع *drôle, homme plaisant, gaillard,* 1001 N. II, 252, 6.

خَلّاع العذار = خالع العذار, P. Calàïd 62, dern. l.

مُخَلَّع *déhanché, disloqué;* — *dandin, sans contenance, dégingandé,* Bc. — *Paralytique,* Hbrt 39.

مَخْلُوع *fou, gai, badin, gaillard,* Bc.

خلف I *se reproduire par la génération,* Bc. — هذا الفاسق يخلفك على زوجك « ce mauvais sujet remplace ton mari auprès de toi, » Becrî 184, 14.

II *laisser, léguer, transmettre,* faire passer à ses enfants, à la postérité, Bc, نهب المال المخلّف عن سليمان « il pilla les trésors que Salomon avait laissés, » Gl. Abulf. — *Produire,* donner naissance, engendrer, Bc, M. — Par ellipse, car c'est proprement خلّف الناس, « laisser les autres derrière soi, les devancer, » *avancer,* Alc. (passar adelante), Mohammed ibn-Hârith 333: فكنت اذا اتيت مجلسه بعد ذلك وقد كثر الناس فيه قل خلّف الى هاهنا فيدنيني ويكرمني. — *Traverser* une rivière, c. a., Gl. Mosl., dans le Voc. (transire) c. على, Cout. 12 vº: فتخلّفا فأتوه يعلمونه انه قد 46 rº, النهر الى دار الصميل. خلّف *Traverser la mer,* Cout. 8 vº: وادى شنيل. خلّف *Traverser la mer,* Cout. 8 vº: وخلّفوا الى طنجة ils quittèrent l'Espagne. — Chez Alc. dans le sens de la IIIe: *contredire, contrarier* (contradezir, contrariar); خلّف الدين *manquer de foi, manquer à sa promesse* (quebrantar fe). — Dans le Voc. sous malus.

III. خالف ou وعَّدَهُ خولَه *manquer de parole, manquer à sa promesse, faire faux bond,* Bc. — *Retourner, tourner d'un autre sens,* Alc. (bolver por el contrario). — C. a. p. *dédommager* quelqu'un, *lui* rendre l'équivalent du dommage souffert, Macc. II, 28, 8. — C. a. p. et الى l. *marcher vers un endroit en l'absence, à l'insu de quelqu'un,* Quatremère J. d. S. 1847, p. 175—6, Akhbâr 32, 9: نخالفهم الى قرام وذراريهم « pendant qu'ils sont ici, nous irons surprendre, » etc., 86, 7, 92, 2 a f., Berb. I, 140, 241, 350, 2, 378, 2, 383, 3, etc., Bat. IV, 238 (où la traduction n'est pas bonne), Athîr IX, 428, 9 a f., Amari 334, 12, 376, 10 (cf. Fleischer), Haiyân 42 v°. خالف الطريق *il prit secrètement la route qui conduisait vers le vaisseau,* Bidp. 280, dern. l. — C. a. et الى خالف الموضع الى ناحية اخرى *il quitta cet endroit pour se rendre vers un autre,* Gl. Fragm. — C. a. et الى خالفه الى طاعة بنى مرين *il abandonna son parti pour embrasser celui des Merinides,* Berb. I, 364, cf. II, 39, 8, 108, 7 a f.: خالفهم الى الموحدين « il abandonna leur parti pour embrasser celui des Almohades. » — Il forma de ces 72 personnes 36 couples, وخالف بين اسباطهم « en sorte que les individus de chaque couple fussent d'une tribu différente, » Abulf. Hist. anteislam. 56, 3.

IV *remplacer* quelqu'un, Bc. — *Rattraper le temps perdu,* Macc. II, 285, 3 a f. (cf. Add.). — *Dédommager,* Voc. (c. على), Alc. (reconpensar). — *Satisfaire, payer,* Alc. (satisfazer por la deuda). — *Venger, se satisfaire soi-même,* Alc. (vengar; le partic. sous vengador; le n. d'act. sous emienda satisfacion). — *Multiplier,* Alc. (multiplicar). — *Hériter, imiter ses parents dans leurs vertus ou leurs vices,* Bc. — *Tromper l'attente, l'opinion, l'espérance de quelqu'un,* Tha'âlibî éd. Cool 39, 10. Aussi اختلفت البلاد الغيوث « les pluies trompèrent l'espérance des terres » (il n'y eut point de pluie), Müller 27. — *Mentir,* Bc.

V, t. de procéd., *manquer à comparaître, à se trouver à l'assignation donnée en justice,* Formul. d. contr. 8: فان تخلف عن الدعوى فليبغوم ما جرت به العادة *ibid.:* وتبيقع التخلف فلان بن فلان على الدعوى الذى (pour الذى) دعا فلان بن فلان الى العامل — وجبت على تخلفه عنها كذا وكذا درهما — Le n. d'act., t. de médec., *digestion lente et difficile,* Gl. Manç. in voce: التخلف التأخر ومعناه فى الهضم والنضج النقصان, والتاخر عن وقته. — *Rester inerte* (de Slane), Prol. III, 137, 7. Le nom d'act. *paresse, nonchalance,*

Haiyân-Bassâm I, 114 r°: فتسمى بالمستنكفى بالله وعبد الله العباسى اول من تسمى به وافقه فى وهنه وتخلفه وضعفه (c'est ainsi qu'il faut lire; dans le man. les mots وعبد الله manquent, et il porte: فى انفه وودنه), *ibid.:* لم يزل معروفا بالتخلف والركاكة مشتهرا بالشروب والبطانة. — *Être niais, stupide,* Macc. I, 679, 19, II, 222, 3 a f. (synonyme تغفل), Haiyân-Bassâm I, 155 r°: كان سادج الكتابة بسمى للجهل والتخلف, Amari 121, 11 (cf. les Add.), où il faut lire ainsi. — *Se livrer au plaisir,* Mi'yâr 15, 6, et aussi *se livrer à la débauche,* Gl. Badroun, Berb. I, 267, 5 (lisez ainsi; synonyme فسوق), Khatîb 97 v°: فجرى. Le Voc. a cette forme sous *malus.* — *Laisser, laisser derrière soi,* Abbad. II, 158, n. 12, Gl. Djob., Becrî 131, 135, 167, Macc. I, 333, 17, 625, dern. l., 640, 14, Recherches I, Append., VII, 3, Berb. I, 110, 129, 199, 259, Auw. I, 75, 13 et 19, Cout. 2 r°, 31 r°, Haiyân-Bassâm III, 50 r° (d'après le man. B). — *Nommer quelqu'un son lieutenant,* Mohammed ibn-Hârith 336: وكان امير المومنين كثيرا ما يتخلف اسلم بن عبد العزيز فى سطح القصر اذا خرج الى مغازيه.

VI, avec العادل, dans le Voc. sous *abusio.*

VII *être dédommagé, recouvrer ce que l'on a perdu,* Voc., Alc. (cobrar lo perdido).

VIII, dans le sens de *différer, avoir une opinion différente;* on dit كذا وكذا, p. e.: وقد اختلف, « on اختلف فى نسب خزاعة بين المعدية واليمانية diffère sur l'origine des Khozâ'ites, à savoir s'ils appartiennent aux Ma'addites ou bien aux Yéménites, » Gl. Abulf. — *Se confondre, se mêler,* Abbad. III, 136, 7 a f., en parlant de deux cavaliers qui étaient à côté l'un de l'autre: اختلفت اعنانى دوابنا, ce qui signifie que le cou d'une monture était sur ou sous celui de l'autre monture. — C. على p., اختلف على كلامه *j'avais des doutes sur ses poésies, je ne savais pas si elles étaient de lui ou d'un autre,* Abd-al-wâhid 219, 9. — C. على p. *résister à, faire opposition à,* Gl. Fragm. — C. عن p., comme la V° forme, *rester en arrière de, ne pas suivre* quelqu'un, Gl. Fragm.

X. Freytag a eu tort d'attribuer le sens de *suc-*

céder à l'actif, car c'est اِسْتَخْلَفَ, au passif, qui signifie aussi *devenir calife*, Gl. Belâdz.

خَلَفَ. On dit كُتِفَ اِلَى خَلْفٍ, *on lui lia les mains derrière le dos*, Gl. Edrîsî. On dit aussi: رَجَعْتُ اِلَى خَلْفِى, *je retournai en arrière*, 1001 N. I, 48, dern. l. — Pl. أَخْلَافٌ, *vaurien*, Voc. (malus) qui donne خُلَّفٌ, mais je crois que c'est inexact, voyez Lane, Abd-al-wâhid 62, 16, Berb. I, 431, 14, II, 353, 6 a f., Müller 12, 7, Khatîb 136 rº: ce sultan était: (l. مَأْلَفًا للمعرَة والأخلاف والسَّرار (والشِّرار) (l. الرَّيب وَاوُلِى — Pl. خُلُوفٌ *rejeton*, *nouveau jet*, Bc; selon Auw. I, 264, 11, c'est proprement *bouture*, branche coupée à un arbre et qui, étant plantée en terre, y prend racine العِنَّابُ يُغْرَسُ منه خُلُوفُهُ وفي الانتقال تنشَقَّقُ على قرب من شجرة (corrigé d'après notre man.), cf. 260, 15 (où il faut lire ainsi avec le man. de Leyde), 268, 5, 269, 13.

خَلْفٌ. Remarquez l'expression Abulf. Hist. anteislam. 144, 12: il s'éleva tant de poussière dans ce combat, que le soleil s'obscurcit, وظَهَرَتِ الكواكبُ « et qu'on pût voir les étoiles dans ces parties du ciel que la poussière ne cachait pas. »

خُلْفٌ *hérésie*, Bc.

خَلَفٌ *restitution*, Alc. (restitucion). — *Payement d'une dette*, Alc. (satisfacion de la deuda). — *Ce que quelqu'un donne à son tour quand il a reçu un présent*, Alc. (retorno de presente). — Pl. أَخْلَافٌ *successeur*, Bc. — *Neveux*, *descendants*, *postérité*, Bc. — *legs*, Bc. خَلَفُ مُوسَى, Bc.

خَلْفَةٌ *espèce de canne à sucre*, Maml. I, 2, 16.

خَلْفَانِيّ *de derrière*, Bc.

خِلَافٌ. خِلَافٌ chez les anciens poètes dans le sens de *بَعْد*, *après*, Diw. Hodz. 44, vs. 9, 142, vs. 38, Kâmil 267, dern. l. — *Excepté, hormis*, Bc. — خلاف ذلك *outre cela*, Bc. — خلاف, suivi du gén., *contrairement à*, de Sacy Chrest. I, ١٤٣, 5: les Rabbanites font cela خلافَ القَرَّائِيِّين, « contrairement à ce que font les Karaïtes; » — *au mépris*, *sans avoir égard à*, Bc. — *L'exception ou la contradiction exprimée par إلَّا*, si de Sacy a raison, Chrest. II, 460, n. 50. — *La controverse*, *la dispute qui a pour objet des points de foi*, Hâdjî Khalfa III, 169, Abd-al-wâhid 229, 5 a f., Macc. I, 479, 14. — ماء الخِلَاف *la liqueur parfumée que l'on extrait des fleurs du saule égyptien*, Notices XIII, 177, 1001 N. I, 68.

خِلَافَةٌ *hérédité*, *droit de succession*, Bc. — *L'action de donner naissance*; on dit aussi خَلِيفَة, M.

خَلِيفَةٌ. M. de Goeje, dans le Gl. Fragm., avoue qu'il n'est pas à même d'expliquer le titre de خَلِيفَة que portaient certains employés. Je crois que, dans tous les passages des Fragm. qu'il cite, ce terme a son acception ordinaire, celle de *lieutenant* d'un général, d'un gouverneur, etc. Mais en Espagne, à la cour des Omaiyades, il désignait *les Slaves qui servaient dans le palais du monarque*, car on lit chez Macc. I, 250, 19: وَأَوَّلُ ما أَخَذَ البَيْعَةَ على صَقَالِبَةِ; cf. Matmah 66 rº: قصر الفتيان المعروفين بالخلفاء الأكابر فقال (مُنْذِرُ بن سَعِيد) للرسول وكان من خواصِّ خلفاء الصَّقَالِبَة (c'est ainsi qu'il faut lire, comme il résulte de la comparaison des man P et L); Cout. 20 rº: وقد كَتَبَ التَحَكُّمِ كتابًا مع أحد للخلفاء وأمره أن يدفعه الى الوزراء, 28 vº, 30 rº, 32 rº: dans une réunion *des Slaves du palais se trouvait* فتى من الخلفاء, 32 vº, à la même occasion: وكان من الخلفاء ببكى بابى المغرب اثنان قد استبلغا في الاستخراج الى محمد في رضى طروب 35 vº, 41 rº. Les خُلَفَاءُ الحِجَاب (car c'est ainsi qu'il faut lire), à la cour des Abbasides, Koseg. Chrest. 107, 7 a f., 109, 3 a f., étaient peut-être des Slaves au service des chambellans. — Parmi les Soufis on trouve aussi des خلفاء, Macc. III, 676, 2 a f.: فقال علومى احد وسبعون علما وأمّا مقامى فرابع للخلفاء وراس السبعة الابدال. — Voyez sous خَلَاصَة.

خَلَّافٌ *désobéissant*, de Sacy Chrest. II, ٦٨, 1.

خَالِفَةٌ *douleurs après l'enfantement*, M. التَّخوال.

تَخْلِيفٌ *reproductibilité*, Bc.

مُخَلِّفٌ *lieutenant*, Becrî 92, dern. l.; cf. la 1re sign. que j'ai donnée sous la IVe forme.

مُخَلَّفٌ *reproductible*, Bc. — مُخَلَّفَات *hérédité*,

biens laissés en mourant, Bc. — مخلّفات النبى les reliques du Prophète; on les trouve énumérées chez Lane M. E. I, 379.

مِخْلاف forteresse, selon Edrîsî, Clim. I, Sect. 6: ولْمَكَة العرب تسمّى للحصن مخلافا, Clim. II, Sect. 5: متخالفي وفى للحصون ✿

مَخْلُوف pic, M.

مُخَالِف défaillant, qui ne comparaît point sur l'assignation, Bc. — Parfait, Roland. — سبيل مخالف sentier qui raccourcit le chemin qu'on a à faire, petit chemin de traverse, L (j'ai donné son texte sous (مَخْدَع). — الجانب المخالف, t. de médec., le côté opposé du membre malade, duquel on saigne pour attirer vers lui les mauvaises humeurs; ainsi, quand l'œil droit est chassieux, la main gauche, de laquelle on saigne en ce cas, est الجانب المخالف. M. — مخالف الدبّة pied-d'alouette (plante), Delphinium, Bc.

مُخْلَفَة défaut, manquement à une assignation, Bc. — Abolition d'une loi, Alc. (quitamiento de ley).

اخْتِلاف = خلاف (voyez) la controverse, Macc. I, 607, 1.

مُخْتَلَف. Ce terme sert à désigner deux traditions qui semblent se contredire, mais qui peuvent se concilier, de Slane Prol. II, 484. — Les arbres fruitiers, à l'exception du mûrier et de l'olivier, M.

مُسْتَخْلَف. L donne ce mot sous suffectus, qui signifie, selon Ducange: qui pro alio substituitur, et il a aussi: procuratores مُسْتَخْلَفُون. Le terme procurator s'emploie également pour lieutenant, substitut; mais il signifie aussi agent, inspecteur, intendant, etc., et le b. lat. almostalaf, l'esp. almotalafe, etc., dont j'ai traité Gl. Esp. 175—7, en les dérivant de مستحلف avec le ḥâ, pourraient bien être les مستخلف, avec le khâ, de L. Dans ce cas le مخلف d'Ibn-Haucal (81, 2) deviendrait aussi مخلف.

خلق I. خَلِقَ être vieux, se dit aussi en parlant d'un arbre, Auw. I, 511, 5 (où il faut lire وخلقت avec notre man.). — خُلِقَ être fait, Alc. (hecho ser), Gl. Mosl.; — renaître, Alc. (nacer otra vez); — naître après un autre (بَعْدَ آخَر), Alc. (nacer sobre otro que nacio, où il faut substituer le passif, qu'il a sous l'aor., à l'actif); — croître spontanément, sans être semé, Bait. I, 106: مزدرع بالقدم وهو يُخْلَق بأرضها (leçon de A; B يَنْخَلِق), 107: من غير أن يزرع الآن (dans les deux man.). ويَخْلَق بها ويبقى على أصل منبته الى الآن

II dans le Voc., c. a. et suivi de بِ, sous conformare; c. a. et بـ sous mos. — Aromatiser, Bc. — Alc. a cette forme sous sossacar, et le nom d'act. sous sossacamiento, qu'il traduit aussi par دخول فى الرأس. Chez Nebrija ce verbe sossacar est seduco, chez Victor soustraire, séduire, débaucher, mais je ne comprends pas comment خلّق aurait reçu ce sens.

IV. De même que خليق est suivi de بِ, on dit ما أخْلَقَكَ ب, combien vous êtes digne de trouver (cf. Lane), Calâïd 118, 5: وما كان أخلقك بمِلْك يُنْبيكَ.

V se former (pierres, etc.), Prol. III, 194, 6. — Croître spontanément, sans être semé (voyez un exemple sous la Iʳᵉ forme), ce qui au fond est la même signification. — C. بـ se former, p. e. sur un modèle, Prol. I, 24, 14: تخلّق بأمثال هذه السير s'était formé sur de tels modèles;» ibid. 2 a f.: تخلّق بالمحامد وأوصاف الكمال il s'était formé le caractère en s'appropriant toutes les habitudes honnêtes, toutes les qualités estimables » (de Slane); Macc. II, 380, 11: تخلّق بالركوب والأدب «il se forma en apprenant l'équitation et en étudiant les belles-lettres;» cf. I, 113, 3. Aussi s'approprier une qualité, Mohammed ibn-Hârith 292: استشعر التحذّر وتخلّق بالحزم فبلغ من التحذّر وحزمه من الخ. — Avoir des manières agréables, douces, polies, Macc. III, 680, 7, Ibn-Abdalmelic 160 v°: كان حليما متخلّقا لا يصبح عنده حقّ, Khatîb 66 v°: كان فاضلا متخلّفا (متخلّقا) لأحد, 67 r°: وبرز السلطان الى لقائهم أبلاغا فى التجلّق واحتطاطا, 88 v°: نمت متخلّق متنزّل, 71 v°, فى نمط التخلّق. — En parlant d'un Soufi, Macc. I, 5, l. 9: تصوّف ومن متخلّق متجرّد par ellipse pour متخلّق بأخلاق الأولياء; c'est quand on se conforme entièrement aux volontés de son chaikh, de sorte que, sur son commandement, on se jette dans l'eau, on sacrifie sa fortune, etc.; voyez le Catal. des man. or. de Leyde V, 31. — *Être usé*, Cartâs 22, 13 a f., 25, 10 a f. (lisez ainsi), 38, 8 a f., 40, 7. — *Se mettre en colère, s'emporter*, Bc, M.

VII *être créé*, Voc., Payne Smith 1274.

خَلَق *quantité* de personnes, d'animaux, Nowairî Espagne 461: 479: خلق كثير من الناس والدواب، 481: خلق من العامّة، 480: خلق من الوزراء كثير من اصحابه ۞

خَلَق *uni, poli, lisse*, fém. ة, Aboû'l-Walîd 227, 8, on parlant de la peau de la taupe, comme مَخْلُوق (voyez). — Dans le sens d'*usé*, on fait usage du fém. خَلَقَة, ce qui n'est pas classique (voyez Lane), Bat. man. 286 r°, ليس ثيابا خلقة Kalyoubî 15 éd. Lees, 1001 N. I, 47, 16, et ce fém. seul signifie *vêtements usés, haillons*, 1001 N. I, 17, 5 a f.: جارية عليها خلقة مقتّعة, où l'édit. a ces voyelles. Bc a خَلِق, *guenille, haillon*, mais sans voyelles. — *chemise de toile bleue*, que portent ordinairement les paysannes, Bg 807, Barth III, 338, qui donne خَلَق, pl. خُلقان. — *Espèce de mouchoir dont on se couvre la tête pendant la nuit*, 1001 N. III, 162, 6: restez chez moi, ôtez vos habits, والبس هذا الثوب الاحمر فانه ثوب النوم وقد جعلت على راسه خلقا من خرقة كانت عندها ۞

خُلُق ou خُلْق. En parlant d'un excellent guide, «il flairait les différentes natures de la route,» استاف اخلاق الطريق Djob. 115, 15. — *Bile*, au fig., *colère, vivacité*, طلع خلقه *se mettre en colère*; طلعة خلق *vivacité, humeur, boutade, caprice, orage, reproches, emportement*, Bc.

خِلْقَة *naissance*, bonnes ou mauvaises qualités avec lesquelles on est né, Bc. — *Ce qui est un produit de la nature* (l'opposé de factice), Ztschr. XX, 501, 504; خلقة والا صنعة «est-ce naturel ou factice?» Bc. — *Proportion*, Alc. (proporcion). — *Créature, être créé*, Voc., Bc, p. e. en parlant d'un très-grand poisson, خلقة شريفة «une magnifique créature,» 1001 N. Bresl. IV, 324, 3, 12, 325, 13.

خُلُقي *emporté, impétueux, violent*, Bc.

خُلُقاني *colère* (adj.), *emporté, violent*, Bc.

خَلَاقي. مَن لا خَلَاقَ له a encore un autre sens que celui que Lane a donné, car cette expression signifie aussi: *celui qui ne vaut pas grand'chose*, Gl. Edrîsî, Fragm. hist. Arab. 126, 3 a f., Djob. 69, 13. Dans un vers chez Macc. II, 496, 14: ليس لهم عندنا خلاق «ils ne jouissent parmi nous d'aucune considération.»

خَلُوق *aromate*, Bc. — Le mot valencien *haloch*, qui semble dérivé de ce mot arabe, désigne le *bupleurum*; voyez Gl. Esp. 284.

خَلِيف. Burton II, 67: «*khalik ma el Badu, friendly with the Bedouins, is a favourite saying among this people, and means that you are no greasy burgher.*» — *Usé*, Antar 24.

خَلاقة, مشهد خلاقة Calaïd 329, 1, semble signifier *réunion de débauchés*; si le mot n'était pas dans la rime, on serait tenté d'y substituer خَلافة.

خَليفة. Ibn-Khaldoun dit par pléonasme أقل الخليفة, *les hommes*, Prol. I, 44, 11. — سنة لخليقة *telle année après la création*; c'est ainsi qu'il faut lire d'après le man. chez Gregor. 48, 2.

خَلُوقي *ayant la couleur du parfum nommé* خَلُوق, c.-à-d. *rouge-clair*, Gl. Edrîsî, Gl. Esp. 184; lisez de même chez Auw. II, 300, dern. l., où ce mot indique la nuance du safran délayé dans l'eau.

اخلوقة *mensonge*, Abbad. II, 128, 11 et n. 8.

مخلّق *usé*, Burckhardt Prov. 18. — المخلَّق nom d'une colonne dans la mosquée de Médine; elle a reçu ce nom parce qu'ayant été souillée, elle a été frottée avec le parfum nommé خَلُوق, Burton I, 322.

مَخلوق *naturel, qui est tel que la nature l'a fait*, Most. v° نفط الأجر: يسمّى بالرومية قطلولا وتأويله دهن الحجر والمخلوق يخرج من عود اسود ثم يصعد فبيبض وهو قفر بابلي (au lieu de قطلولا, lisez فطرولا, *pétrole*); le même: قلبارك يصنع من الكبريت والزيبق الزهراوي فلوّها الرياحى وهو المخلوق Bait. II, 334; ومنه مخلوق ولونه احمر ملمع ثم يصعد هناك فيكون منه الكافور الابيض. Le sens de ce mot étant certain par ces passages, je crois qu'il faut aussi le lui attribuer dans Becrî 111, 7 a f.: ويستندر بالمرسى من ناحية الجوف

خلقن , جِسْرٌ مِن حِجارةٍ مَخْلوقةٍ , où de Slane traduit « pierres de taille. » — *Usé* (vêtement), Bc. — *Uni, poli, lisse*, Payne Smith 1276, en parlant de la peau de la taupe (cf. خَلَقْ); Becrî 159, 8: العنبر المَخْلوق , où Quatremère traduit « poli, » et de Slane « moelleux au toucher. »

خَلْقَن I *rompre*, Voc.

II Voc. sous *rumpere*.

خَلْقِينة *chaudron*, Hbrt 198.

مخلقن *déguenillé*, Bc.

خَلَنْج comme nom d'une espèce d'arbre, voyez la note de Manger sur la Vie de Timour, I, 468—9, et Frähn, Ibn-Foszlan, 107 et suiv., 252—3. Wild, 93, atteste que le bois de cet arbre a une odeur forte et agréable, et qu'on en fait des chapelets (« olle lingue [?], welches die Türcken nennen Callengue, davon werden ihre wolriechende Pater noster gemacht, wenn man dieses Holtz in der Hand erwarmen lest, so reucht die Hand ein ganzo Stund starck darnach »). On fait aussi des tables de ce bois, 1001 N. Bresl. V, 99: مائدةٍ من الخَلَنْج اليماني, et une autre orthographe du mot est خَوْلَنْج, 1001 N. Macn. I, 537, II, 258. — En Espagne et chez Bc, *bruyère (erica)*, Bait. I, 278 b, 380 b; chez Alc. (*breço*) — M: خَرْبِيل وقيل المُوَلَّدين جديد خَلَنْج مُبالَغَة (?).

خَلَنْجِيّ *fait du bois de l'arbre appelé* خَلَنْج, Vie de Timour I, 468, 5. — *Ayant la couleur du bois de l'arbre appelé* خَلَنْج (cette couleur est mêlée de rouge et de jaune, voyez Manger l. l.), Bait. I, 422 c, en parlant du platane: ولون خشبه اذا شُقّ احمر خَلَنْجِيّ. — Espèce de *fourrure*, Masoudî dans de Sacy, Chrest. II, 18, l. 15. De Sacy (*ibid.* p. 19) pense que c'est une fourrure mouchetée, parce que Saadias (Gen. 31, vs. 10 et 12) a employé ce terme pour le mot hébreu בְּרֻדִּים, et il soupçonne que ce genre de fourrure a quelque rapport, pour la couleur, avec la fleur de l'arbre appelé خَلَنْج, laquelle est mêlée de rouge, de jaune et de blanc. J'aimerais mieux penser à la couleur du bois de cet arbre; ce bois est de deux couleurs, et خَلَنْج signifie, selon le Dict. turc de Kieffer et Bianchi: « de deux couleurs, blanc et noir, cheval de cette nuance. » C'est donc peut-être: une fourrure de deux couleurs, blanc et noir, et ce qui confirme cette manière de voir, c'est qu'Aboû-l-

Walîd dit en expliquant בְּרֻדִּים (112, 5): خَلَنْجِيَّة وهو لون مخطَّط بسواد ودخنة

خَلَنْجان a dans le Voc. les voyelles

خَلَنْدَرَة (pers. خَلَنْدَر, *origan*) *serpolet*, Bc.

خلو I, dans le sens d'*avoir de quelqu'un une audience particulière*, se construit aussi c. a. p., Aghânî dans de Sacy Chrest. II, 419, 1: فإن انت خلوته واعاجبته ... فانت مصيب منه خيرا. La leçon est bonne; elle se trouve aussi dans l'édit. de Boulac, IX, 176, 8, et l'Asâs donne également cette construction: واستخليت — C. من *manquer de*, p. e. des commodités de la vie, Macc. I, 138, 11, des connaissances nécessaires, Berb. I, 518, 13. — C. من *se détacher de*, Berb. I, 52, 5. — C. من *être à l'abri de*, Macc. II, 406, 16: كلامه هذا لا يخلو من النقد « n'est pas à l'abri de la critique. » — خلا وجهه *avoir son temps libre, n'avoir point d'occupation obligée*, Gl. Fragm., Becrî 120, 6 a f. C. من *être délivré de*, Abbad. I, 283, n. 133. C. J *être libre pour*, Bidp. 197, 3: la femme fut remplie de joie en pensant que son mari partirait, ويخلو وجهها خليلها « et qu'elle serait libre pour (recevoir) son amant; » Abbad. I, 324, 7 a f.: وخَلا وجدُ قرطبةَ بعد ذلك للمعتمد وعاد اليه مُلْكُها.

II *laisser, quitter, ne pas emporter, oublier*, Bc. — *Laisser, léguer, transmettre, faire passer à ses enfants*, Bc. — *Se défaire d'une chose, la vendre*, 1001 N. I, 17, 11: وخَلَّيْت ما عندي من المال وكلّ ما كان عندي من البضائع « je vendis les propriétés que j'avais et toutes mes marchandises. » — خَلَّى عند *laisser, mettre en dépôt, confier*, Bc. — خَلَّف *laisser derrière*, dans le sens de *transporter derrière*, 1001 N. I, 97, 3 a f.: اخلي حِجارة مدينتك — خَلَف جبل قاف — *Laisser aller sur le vif, sur le gibier qui fuit*, Margueritte 180. — *Laisser*, p. e. خلي الفرصة تفوته « laissez-moi passer; » ما أخلي يوم يفوت الا « laisser échapper l'occasion; » واكتب لك « je ne laisserai pas passer un jour sans vous écrire, » Bc; خَلُّوه يكتب « laissez-le écrire, » 1001 N. I, 94, 1, dans le sens de *permettre de*, Gl. Fragm.; خَلِّيني *laissez-moi, laissez-moi tranquille*, Bc;

خلو 401 خلو

خَلِّينَا r. من et .p .a .C .Bc ,assez est'c !laissez
خَلِّى مِن هٰذَا الكَلَام c'est assez parler de cela, Bc. On dit
خَلِّى مِن ne me parlez pas de, Macc. II, 264, 21,
de Sacy Chrest. I, ٨٠:

وَدَعِ المُعَطِّلَ لِلسُرور وخَلِّى مِن حُسْنِ ظَنِّ الناسِ بِالمُتَنَمِّسِ

vers que l'éditeur n'a pas bien rendu et qui signifie:
« Laisse là les dévots qui proscrivent et bannissent
la joie, et ne me parle pas de la bonne opinion que
les hommes ont de ceux qui affectent des vertus qu'ils
n'ont pas. » — *Laisser faire*, permettre que l'on fasse
ou dise, ne pas empêcher, Bc, Macc. I, 120, dern.
l.: il aimait à boire, et son hôte خَلَّاه وما أَحَبَّ «le
laissait faire ce qu'il aimait,» le laissait boire. Chez
Bc خَلَّى يعمل. Dans un sens obscène, 1001 N. Bresl.
III, 272, 1 et 2. — C. a. r. et ل p. *laisser*, *céder
une chose à quelqu'un*, Bc, Gl. Fragm. — *Epargner
une chose, l'employer avec réserve*, Bc. — *Faire*,
joint avec des infinitifs, p. e. اَخَلِّيه يَعطيك «je vous
ferai donner par lui,» Bc, 1001 N. I, 109, 10:
خَلِّيتُ أَبِى يُكَافَئك «je vous ferai récompenser par
mon père.» — Dans le sens de اخد, *prendre*, *retenir*, 1001 N. Bresl. IX, 219, dans un récit dont le
style est très-mauvais:

وقالت له انا ناخد هذا المصاغ الذى يُعجبك يَخلُّون وناق لك بثمنه وخَلِّى
عندك; dans l'éd. de Macn. (III, 430):
وقالت له انا آخد هذا المصاغ على المشاورة فالذى
يَعجبى ياخذونه وآتى اليك بثمنه وخذ هذا الوند
عندك. — خَلَّى ما بينهما, aussi خَلَّى بَينَهُما, *il leur
permit de s'aboucher, de conférer ensemble*, Abbad. I,
67, 13. خَلَّى بَينَه وبين الشى *permettre une chose à
quelqu'un*, Gl. Belâdz., Abd-al-wâhid 14, 6 a f.
خَلَّى وشَانَه, ou وشَانَه خَلَّاه, *laisser faire quelqu'un*,
Berb. I, 441: il consulta ses ministres تَخلِيتُهُم
وشَانهم من النُزول بالساحل او صَدَّم عنه «sur la
question de savoir s'il serait mieux de laisser l'ennemi effectuer son débarquement ou de s'y opposer»
(de Slane), et ensuite: وخلَّوا وشانَهم من النُزول.
خَلِّ *restez!* 1001 N. Bresl. IX, 316:
خَلِّيكم عندى (اقيما عندى); 388:
«restez auprès de moi» (Macn.
خَلِّيك واقف (قِف أنت هنا); «restez où vous êtes» (Macn.

Macn. III, 210, 9: خَلِّيك بَعيدًا عَنِّى (trad. de Lane:
keep far from me). — خَلِّ بَالَك *sois attentif!* 1001
N. II, 108, 2 a f. (dans la trad. de Lane: be mind-
ful). On dit aussi خَلِّى بالَه ل *faire attention à*, voyez
sous بَال. — خَلِّى فى الحَيرة *tenir en haleine*, en incertitude, Bc. — خَلِّى مَنزِلا للناس *tenir auberge pour
tout le monde*, Macc. II, 635, 16, où un poète écrit à
une dame: O vous qui avez un millier d'amis et d'amants,

اراك خَلَّيتِ للناس منزلًا فى الطريق.

— C. عن r. *se défaire de*, *se désaccoutumer de*, Bc. —
C. عن r. *faire trêve à*, cesser, Bc. — خَلِّ عنك
الشى *cesser de*, Bc, 1001 N. I, 38, 11: خَلِّ عنك
«cessez de parler ainsi!» — خَلَّى عن جَنب
mettre à l'écart, écarter, Bc. — خَلَّاه يُعَانِد *opiniâtrer*,
rendre opiniâtre, *obstiner*, Bc. — اللهَ يَخَلِّيك *de grâce*,
je vous en prie, Bc.

IV, dans le sens *d'être seul avec quelqu'un*, exemple
de la constr. c. a. p. (Freytag, Lane), Bidp. 249, 2
a f. On dit aussi: أخلَاه نَفسَه *il lui accorda un
entretien secret*, Akhbâr 72, 4, 128, 7. — أخلَيتُهما
elle les laissa seuls, Gl. Fragm., où la citation, 76,
11, a été oubliée. — *Evacuer* une place, une forteresse, Calâïd, man., I, 101: وقع الاتفاق على اخلَاء
حِصن جملتَه, Khatîb 182 v°, Holal 20 v°. — *Nettoyer*,
p. e. un puits, Alc. (mondar como pozo). — *Ravager,
désoler, dévaster, ruiner, piller, saccager*, Voc., Alc.
(assolar). — *Faire rétrograder*, Haiyân 76 r°, en parlant de deux officiers pendant un combat: فاخلَيَا
بازائَتِهما — *Chasser, mettre dehors*, Alc. (echar
de fuera). — C. a. p. et عن r. *priver quelqu'un de*,
Macc. II, 290, 1. — أخلى من اللوازم *dépourvoir, dégarnir de ce qui est nécessaire*, Bc. — *Décocher une
flèche, tirer de l'arc*, Alc. (desfrechar arco, deslatar
o desparar, desparar tiro, echar tiro).

V c. عن *être privé, spolié de*, Djob. 345, 2 a f.
— C. عن *se priver de, refuser, ne pas accepter*,
Macc. I, 601, 3 a f.: cet homme pieux كان مُتَخَلِّيًا
عَمًّا فى أيدى الناس (car c'est ainsi qu'il faut lire
avec l'éd. de Boul.), ce qui signifie, comme la suite
le montre, qu'il n'acceptait pas de présents ou d'aumônes. — C. عن *quitter un endroit*, Haiyân-Bassâm

III, 4 v°: "الجَلاء عن مثواكم، والتخلّي عن قراركم". — C. عن p. *retirer à quelqu'un sa protection, l'abandonner à son sort*, Koseg. Chrest. 90, 2: قد اعطيتُه
نمامي ولا ابقي اتخلى عنه ولو انّ روحى تطير قُدّامى. — C. ل p. et عن r. *céder, laisser à quelqu'un, résigner, se démettre d'un office, etc., en faveur de quelqu'un*, Bc, Abbad. I, 283, n. 138, Haiyân 104 v°: ل. Aussi c. من r., Akhbâr 72, 10: يتخلى من هذا الامر. C. عن et من dans le Voc. sous dimitere. L'expression تخلّيت عن نفسى, 1001 N. III, 39, signifie: *je ne songeais plus à sauver ma vie*. — *Aller souvent à la selle, avoir la diarrhée*, Payne Smith 1442.

VI *chuchoter*, Ht.

VII et VIII dans le Voc. sous vacuare et sous depopulari.

VIII *se retirer à part, s'enfermer*, Bc. — C. ب p. *être seul avec une femme*, Antar 4, l. 12. — Voyez sous la VIIᵉ.

خَلَا خَلا عن *à l'exception, excepté*, Bc.

خَلُو, suivi de من, *manquant de, dépourvu de*, p. e. de bonnes qualités, *n'ayant aucune connaissance d'un livre, d'une science*, Prol. III, 220, 13 (où de Slane veut à tort changer la leçon), 264, 12, Berb. I, 433, 5, II, 93, 5 (où il faut lire خِلْو, au lieu de خِلاف), 366, 1; I, 508, 6 a f.: وابقى خطة الحجابة خِلْو, ce qui signifie qu'il ne nomma personne à l'emploi de hâdjib. — Espèce de contrat d'arrentement perpétuel d'un immeuble, moyennant lequel celui, qui a arrenté ledit bien, et payé une fois le prix du contrat, ne peut plus être dépossédé, ni lui ni ses héritiers, et n'est tenu qu'à acquitter, chaque année, une certaine redevance fixée par le contrat, Ztschr. VIII, 347—9. — خِلْو نِسَاء *qui aime beaucoup les femmes*, Kâmil 352, 4.

خُلُو *vide, espace vide*, Bc, de Sacy Chrest. I, 224, 11. — *Ruines, débris*, Prol. II, 380, 6: واما خُلُو المال — .الفقه عندهم فرسُم خلو وائر بعد عين *indifférence, insouciance*, Bc.

خَلَاء على خَلاء *à loisir*, Bc.

خَلْوَة. الى الاسَد على خلوة منه « *il vint trouver le lion lorsqu'il était seul*,» Bidp. 105, 10. — *Cellule, retraite, petit appartement, cabinet, boudoir* (Bc), Vêtem. 160, n. 1, Lane M. E. I, 372, II, 53, Daumas Mœurs 306, Bat. IV, 28, 38, Prol. I, 420, 9, Berb. II, 138, 5 a f., 1001 N. I, 87, 5, 90, 8 a f., Bresl. XII, 292. — *La chambre nuptiale*, Vêtem. 160, 161 n. — *Pavillon dans un jardin*, Vêtem. 161 n. (= Macc. I, 472, 7). — Chez les Druzes, *ermitage*; les plus pieux parmi les 'occâl font construire ces habitations sur les sommets des plus hautes montagnes, et ils y vivent tous seuls, Ztschr. VI, 395, M; *chapelle des Druzes*, Burckhardt Syria 202, qui donne, p. 304, le pl. خَلَاوى. — *Besoin naturel*, Macc. I, 597, 3: خرج الى قد موضع بخارج المدينة برسم خلوة. — *Coït*, Vêtem. 161 n., Bat. IV, 156. — ليلة الخلوة *la nuit des noces*, M. — *Pédérastie*, Macc. II, 427, 15, Djaubarî 15 v°: طنين للخلوة مع الميدان, Haiyân-Bassâm I, 154 r°: الخلوة. Aussi عمر للخلوة, Macc. I, 799, 3, où le man. d'Ibn-Bassâm porte عهد. La même faute se trouve chez Haiyân-Bassâm I, 174 v°: il avait cinq cents femmes dans son harem (l. بعمر) واتهم على ذلك بعهد. للخلوة للّذى شهر به من قلّة الجماع *Un pédéraste s'appelle* اسبير, Haiyân-Bassâm I, 114 r°: عامر للخلوة (l. عامر) الشهوة عامر للخلوة. — *Opportunité, occasion favorable*, L (oportunitas وامكان خَلْوَة). — *Inquiétude, sollicitude*, Ht.

خَلْوِى *champêtre*, Bc. — *Espèce de faucon*, Margueritte 176 (El-Kreloui). — الحمام الخلوى *pigeon sauvage*, Domb. 62.

خَلْوِيَّة chez les Druzes = خَلْوَة (voyez), v. Richter 132 (Chalwich).

خَلَاء *campagne, champs*, Bc; باب الخَلاء « *porta della campagna*,» Gräberg 40. — *Désert inhabitable*, d'Escayrac 18. — *Ruine d'une habitation, d'un village, d'une ville*, Alc. (asoladura de lo poblado). — *Inquiétude, sollicitude*, Ht. — بيت الخَلاء *commodités*, Bc.

خَلائى *les latrines*, Djob. 275, 3.

خَلَاوى *agreste, rustique; — forestier*, qui concerne les eaux et forêts, Bc.

خَلَاواتى *rural; campagnard*, Bc.

خلع خمر

خَلَايَة نَحل خَلَايَة ruche, Bc.

خَلِّي البال خَلِّي indifférent, insouciant, Bc.

خَلِيَّة, ruche, pl. خَلِيَّات dans un vers, 1001 N. III, 226, 2 a f., mais l'éd. de Bresl., IX, 379, dern. l., a une autre rédaction, dans laquelle on trouve le pl. ordinaire, خَلَايَا.

خَال ayant certain vice dans le cou (cheval), Auw. II, 497, 19.

تَخْلِيَة, t. de jurisprud., *mise en possession*; v. d. Berg 45. — *Défection*, Bc. — على التَّخْلِيَة est le synonyme de رُوسِيَّة, *d'un promontoire à l'autre, en ligne directe*, Gl. Edrîsî.

خَلُّوع I (cf. sous la racine خلع) *déboîter, disloquer, démantibuler*, Bc.

II *se disloquer, se démantibuler*, Bc.

مَخْلُوع *déhanché*; — *dandin, sans contenance*, Bc.

خلى.

مَخْلَى dans le Voc. = مَخْلَاة, *sac*.

مَخْلَايَة, forme moderne de مَخْلَاة, *musette, sac qu'on suspend à la tête d'un cheval pour le faire manger*; — *panetière, petit sac où les bergers mettent leur pain*, Bc.

خَلِيدُونِيُون *chélidoine*, Bc.

خَمّ I *brifer, manger avidement, friper, manger goulûment*, Bc. — ذهب فلان يَخُمّ البلاد *il est allé explorer le pays*, M.

II *penser, croire, juger*, Bc (Barb.), Voc. (existimare = خَمَّى), Cherb. Dial. 29, *penser, réfléchir, deviner*, Ht, Martin 43, Domb. 128; من غير تَخْمِيم *étourdiment*, Roland.

V dans le Voc. sous existimare.

خَمّ pl. خُمُوم *cru*, Voc. (crudus) (pour خَام).

هو خَمّ نَوم *il dort beaucoup*, M. — En parlant d'une femme qui ne digère pas bien (المراة الوَخِيمَة), on dit هِيَ خَمَّة, M.

خُمّ, en Egypte, *caverne que creusent certaines personnes pour y habiter*, M.

خُمَّة *goulée, grosse bouchée*, Bc.

خَمَّام *brifeur, grand mangeur*, Bc.

تَخْمَام *idée*, Barbier.

خَمَادْرِيوس (gr.) *chamédrys*, Bc, Payne Smith 1449.

خَما قَسُّوس (gr.) *chamécisse, lierre terrestre*, Bc.

خَمَاهَان (pers.) *espèce de pierre, santalum*; voyez Bait. I, 289 i, 394 b et les dict. persans.

خَمَج I *se moisir*, Voc. — *Se pourrir*, Alc. (podrecerse del todo), Bc (Barb.), Auw. I, 21, 6; 127, 7 a f., 612, 16.

II *moisir*, Voc. — *Pourrir, altérer, gâter*, Alc. (podrecer a otra cosa).

V *se moisir*, Voc.

خَمَج *mousse, moisissure*, Alc. (lapa, moho de pan o vino). — *Putréfaction*, Alc. (podrecimiento).

خَمَجَة *mousse, moisissure*, Alc. (moho de arbol o fuente).

خَامِج *gâté*, Roland.

مَتَخَمِّج *moisi*, Voc., Alc. (mohoso). — *Pourri*, Alc. (podrido).

خَمْخَم I, en parlant d'un vase, etc., *est quand son odeur est devenue mauvaise*, M.

خِمْخِم voyez sur cette plante Bait. I, 394 c.

خَمَد I *se refroidir, perdre de sa première ardeur*, Alc. (afloxar en el esfuerço), Cartâs 158, 4; خَمَد الناس *s'abattre, perdre courage, se décourager*, Bc; عند قَتْلِهِما *s'engourdir*, Bc.

II *éteindre*, Voc.

IV *décourager, engourdir l'esprit, le courage*, Bc.

V et VII *s'éteindre*, Voc.

خُمُود *découragement, engourdissement*, Bc.

خَامِد اللون *de couleur mate, d'une couleur qui n'a point d'éclat*, si Wright (dans les Add.) a eu raison de lire ainsi chez Macc. I, 91, 8. L'édit. de Boulac a جَامِد, comme dans le texte.

خَمَر II *pétrir*, Domb. 122, Ht. — C. على p. *tromper*

quelqu'un, *lui jouer un tour*, 1001 N. Bresl. IX, 362, 3; Alc. (tranpa por engaño) a le nom d'act. تخمير dans le sens de *tromperie, fourberie*.

III c. على p. *chercher à tromper*, 1001 N. Bresl. III, 199, 10: وانّت الاخر تخامر على « toi aussi, tu cherches à me tromper;» chez Macn. تُخَادِعُنِي — *colluder, tromper un tiers par collusion*, Bc; — *trahir son maître, abandonner son parti*, Maml. I, 1, 206, M, Macc. II, 571, dern. l., Fakhrî 389, dern. l., 390, 1 et 3, 1001 N. I, 76, 6 a f., Nowairî Afrique 41 v°: ان الوزير خامر عليه مع تميم — C. الى p. *embrasser le parti de quelqu'un*, Maml. I, 1, 207: الذين خامروا السيد من عند ابي يزيد « ceux qui s'étaient attachés à lui, après avoir quitté Abou-Yezîd.»

IV *enivrer*, Voc.

V dans le Voc. sous fermentare; *fermentavit*, Saadiah ps. 73. — *Tromper, jouer un tour*, Alc. (burlar a alguno, engañar, engañar apartando; le partic. engañador, engañoso, tranposo); dans le Voc. c. ب *deridere*; le premier article d'Alc. peut aussi avoir ce sens.

VI c. على *colluder, tromper un tiers par collusion*; — *trahir en secret*, Bc.

خُمَر, *petit tapis*, forme au pl. خُمُر, Gl. Edrîsî.

خَمْرِيّ *vineux*, qui sent le vin, qui en a la couleur, Bc. — Au Maghrib, *brun, brun foncé, brun qui tire sur le noir*, Lettre à M. Fleischer 166, Auw. II, 323, 10, Bait. II, 203 b: وازهرت زهرًا خمريًّا الاسود الضارب الى اللون; aussi en Syrie, car le M a: كلون الخمر الاسود الى للجمرة. En parlant de marbre, c'est peut-être ce qu'on appelle, en termes techniques, *la brèche africaine antique*, qui se compose de fragments gris, rouges et violets réunis par une pâte calcaire noire, Lettre *ibid*. — En Afrique, *mulâtre*, *ibid*.

خِمَار *mouchoir*, p. e. un mouchoir dont on se couvre l'œil quand on souffre d'une ophthalmie, Vêtem. 170, n. 1, ou un mouchoir qui sert de tamis, Chec. 199 v°: وينتخل على خمار صفيق

خُمَار *dérision*, Voc.

خُمُور *pâtisserie*, Ht.

خَمِيرَة Le pl. خَمَائِر Voc. — *Pâte*, Bc. — عمل خميرة *mettre le levain dans la pâte*, Alc. (rezentar hazer rezientes). — *Ancien trésor*, M. خَمِيرَة النّبات

champignon à la racine d'une plante, M. — T. de médec., *poudre de fleurs avec du sucre*, p. e. خمير البنفسج «*poudre de violettes,*» M.

خَمَّارَة, pl. خَمَّارَات et خَمَامِير, *cabaret, taverne, guinguette, cantine*, Bc, Hbrt 188, Ht, Maml. II, 2, 164, de Sacy Chrest. I, ١٥٩, 8, Macc. II, 530, 17, 1001 N. I, 173, II, 111. Chez Freytag خمارت est une faute d'impression pour خمارات.

خَمَّارْجِي *pâtissier*, Bc (Eg.).

تَخْمِير *voyez sous la IIe forme.* — T. de médec., *laisser tremper des substances, qu'on veut distiller, dans un liquide, afin qu'elles lui communiquent leur essence*, M.

مُخَامِر *perfide*, Bc.

مُخَامَرَة *trahison*, Bc.

مُخْتَمِر *pain fermenté*, Alc. (pan leudo).

خمس II. Cette forme s'emploie dans le même sens que la Ire, 1re signif. chez Freytag et Lane, Alc. (quitar el quinto), Bayân I, 38, 6 a f.: واراد تخميس البربر, Akhbâr 23, 10 (où le *techdîd* est dans le man.).

— *Composer un poème dit* تَخْمِيس *ou* مُخَمَّس (voyez), *un quintain*; celui qui le fait est un مُخَمِّس, Macc. II, 517, dern. l. — *Cultiver une terre en se réservant le cinquième de la récolte*, Cherb. C.

خُمْس *fièvre qui revient tous les cinq jours*, Gl. Manç. v°: ورد الحمى في الخامس : سنّس

خَمِيس *corps, portion d'armée*, Badroun 193, 17, 19 et 20, où l'on lit un général en chef nomma des officiers chargés de commander le خميس des Becrites, celui des Abd-al-cais et celui des Benou-Temîm; cf. plus bas خميس. — *Certaine partie d'une tribu*, Sandoval 269, Daumas Mœurs 16. — *Les terres, dans les pays conquis, qui sont devenues la propriété de l'Etat*. Ce mot, qui signifie proprement *cinquième partie*, a reçu ce sens parce que l'Etat avait le droit de s'approprier la cinquième partie des terres des vaincus. Le pl. أَخْمَاس, Macc. I, 215, 12, 231, 10; mais الاخماس, de même que بنو الاخماس, signifie aussi: *les paysans qui cultivaient les terres de l'Etat et qui donnaient au trésor la troisième partie des productions*; voyez mes Recherches I, 79.

خمس

دَامَسْت ‏خَمْسَة. chez Macc. I, 71, 6: فَضَائِلُهُ محروسةٌ بالسبع المثاني معقودةٌ بالخمس peut-être: cinq chapitres du Coran qui servent de préservatifs contre les maladies, le mauvais œil, etc.; cf. Lane M. E. I, 377. — الخَمْسَة les parents du meurtrier, Burton II, 102: « the khamsah or aamam [اعمام], blood relations of the slayer. » — خمس جنوس espèce de grains de verre, Burckhardt Nubia 269. — أقْبَل

للخمس مَذَاعِب (sic), nom qu'on donne aux Zaidites du Yémen, parce qu'ils prétendent que leur secte est la cinquième parmi les sectes orthodoxes (qui ne sont qu'au nombre de quatre), Burckhardt Arabia I, 432.

خَمْسَة pl. خِمَاس petite main, Alc. (manezilla).

خَمْسِين. C'est à tort que les voyageurs européens donnent le nom d'*el-khamsîn* à la période d'environ cinquante jours, qui, en Egypte, commence en avril et continue pendant le mois de mai, car les Arabes l'appellent constamment الخَمَاسِين, ce qui est le plur. vulgaire de خَمْسِين, Lane M. E. II, 281 n. Cette saison commence, à proprement parler, le jour qui suit immédiatement celui de Pâques, et finit à la Pentecôte, de sorte qu'elle comprend 49 jours. Elle est très-malsaine, par suite des vents du sud très-chauds qui soufflent pendant ce temps; voyez Lane l. l. et I, 3, Coppin 354 (qui écrit assez bien: le *Cammessin*), Thévenot I, 519, Bruce I, 95 n., Burckhardt Nubia 315, d'Escayrac 29, R. d. O. A. VI, 108. — الخَمْسِينات, de Sacy Chrest. I, ١٨, 1, est le nom que les Arabes donnent à la partie correspondante du calendrier juif, et dont le dernier jour s'appelle الخَمْسِين, Lane M. E. II, 281 n. — Le pl. vulgaire الخَمَاسِين, dont il a été question plus haut, signifie aussi *Pentecôte*, Hbrt 154. — أقْبَل خَمْسِين chez les Almohades, les cinquante compagnons du fondateur de cette secte et leurs descendants; ils forment la seconde hiérarchie, la première étant celle des dix, Abd-al-wâhid 135, 6, 139, 3 a f. et dern. l., 246, 15, 248, 4 a f., etc., Çalât 73 v°, l'anonyme de Copenhague 17. — ايام الخَمْسِين *Pentecôte*, Hbrt 154.

خَمْسِيَّة، خَمْسِيّة, la cinquième secte, c.-à-d. la cinquième secte orthodoxe (cf. sous خمس), est le nom qu'on donne aujourd'hui au Beni-Mzab, Daumas Sahara 55, Richardson Sahara I, 275, Tristram 6, 140, 203, Prax R. d. O. A. VI, 356. Chez Berbrugger 51 خُمْسى, pl. خَوَامِس.

خَمْسِينِى (formé de خَمْسِين, vulg. pour خمسون) ayant cinquante coudées dans sa circonférence, Macc. III, 347, 4: القُبَّة الخَمْسِينِيَّة اى التى فيها خمسون ذراعاً بالعمل ۞

للخَمْسِينوت *quinquagenitas*, Payne Smith 1313.

خمس *doronic*, mais Zahrâwî avoue qu'il ignore si ce mot doit s'écrire avec un *hâ*, un *khâ* ou un *djim*, Most. v° درونج.

خَمِيس *corps*, portion d'armée, de même que خُمْس (voyez). Au Maroc un tel corps se compose de 500 hommes, car Hœst, 184, atteste qu'un caïd commande un corps de 500 hommes, et un pacha une division de 2500 hommes, qu'on appelle *chams chamés* (cinq خَمِيس).

خَمِيسَة *main*, Voc.

خُمَاسِى *figure de cinq angles*, Alc. (figura de cinco angulos).

خَمَّاس, pl. خَمَّاسَة (Ouaday 716) ou خَمَامِسَة (Cherb. Dial. 57), *mercenaire à cinquième, travailleur au cinquième*, celui qui, pour prix de son travail, a droit au cinquième de la récolte, semences prélevées, tandis que le maître prend le reste, Ouaday 716; Sandoval 229 n., 271, 321, Daumas Mœurs 21, Carteron 280, et voyez surtout R. d. O. A. VI, 67 et suiv. Ordinairement on traduit ce mot par *fermier* ou *métayer* (Mc, Ht), mais Duvernois (R. d. O. A. N. S. VI, 298) observe avec raison que cette traduction est inexacte.

تَخْمِيس ou مُخَمَّس *quintain*; c'est lorsqu'on ajoute à chaque hémistiche d'un ancien poème quatre hémistiches nouveaux, afin d'en développer la pensée ou de la modifier. Le premier mot est fréquent; le second se trouve p. e. Prol. III, 361, 14.

مُخَمَّس voyez ce qui précède. — Espèce de rhythme, *rhythme égal* ou *dactylique* chez les Grecs, Descr. de l'Eg. XIV, 186. — *Figure magique qui contient vingt-cinq petits carrés*, M. — *Grande machine de fer pour soulever des fardeaux*, M.

خمش

خَمَاشَة *estafilade*, Bc.

خَامِشَة, à Jérusalem et dans le voisinage de cette ville = الشيطرج الشامى, dentelaire de Ceylan, Bait. I, 347 d (mal traduit par Sontheimer).

خمص II dans le Voc. sous atenuare.

IV *évacuer*, Mâwerdi 402, 16: قد ارهب عمر بن — لخطاب امراة فاخمصت بطنها فالقت جنينا ميتا *Amincir, rendre plus mince*, Voc.

V dans le Voc. sous atenuare.

خَمَاص. Le Voc. a خَمَاص الزَّرع sous atenuare et comme l'équivalent de أَمَر الزَّرع; voyez l'explication de ce dernier terme chez Lane sous صَرَّ IV.

خَمَاصَة. On dit خماصة البطن, c.-à-d. ضمور, Gl. Manç. in voce; voyez Lane sous la Ire forme.

خماصىّ, dans le sens de خميص (voyez Lane sous ce dernier mot), 1001 N. IV, 260, 3, dans la description d'une belle jeune fille: بَطْن خَمَاصِيّة; de même 272, 6 a f. L'éd. de Bresl. (X, 232, 260) porte خماسيّة, mais c'est une faute.

مُخَمَّصَة (pour مخبمّصة, à ce qu'il semble; cf. la racine خبص) est chez Alc. hormigos de massa, expression qu'il traduit aussi par *couscoussou*.

خمط I doit avoir une signification qui m'est inconnue 1061 N. Bresl. XI, 106, 2: اعود اليها وانسيم لها واخمط غزلها (dans un sens obscène). C'est peut-être pour خيط.

V « pro تخيّط sensu transitivo, proprie *calcavit*, hinc *invasit, insiluit*, et *peragravit*, » Gl. Mosl.

خَمْط, à Tâïf *figue*, Bat. I, 359.

خمع I vulg. = خلع, p. e. وركه وخمع, M.

II dans le Voc. sous claudicare.

خمل I *s'énerver*, Bc. — سقط فى خمل فلان بكذا est فى ورطة اوقعه, M. خملة الله ارتكابه, M.

II est dans le Voc. c. a. abreviare, et dans la note *succingere, vol congregare ad unam partem servas*; aussi *succingere (vel abreviare)*. — *Nettoyer*, Alc. (desenbargar, desenbaraçar, le n. d'act. تخميل desenbargo por alimpiamiento, desenbaraço); *ramoner*, Alc. (deshollinar); *desservir, enlever, faire le ménage*, Ht; *faire le ménage, faire des réparations*, Roland. — *Renfermer*, Martin 130.

IV, pour اخمل نفسه, *se cacher*, Diwan d'Amro'lkaïs f°, vs. 13, cf. la glose p. 121. — *Enerver*, Bc.

V dans le Voc. sous abreviare, sous succingere.

VI *devenir obscur, tomber en discrédit*, Holal 69 r°: تخامل وتجاهل واشغل نفسه بالصيد

VII même sens, Voc. — اخمل من النوم vulg. pour اخميل, M.

خَمِل, *velouté, surface, intérieur de l'estomac, des intestins, etc., semblable à du velours*, Bc; M: خَمِل المعدة خشكريشة فى باطنها تمسك الطعام بخشونتها الى ان ينهضم فاذا تلبّسن حدث عن ملاستها المرض المعروف بزَلَق المعدة

خَمْلَة = خَمِل *les poils* d'une étoffe, Gl. Fragm. — *Très-grande étourderie, tomber dans le malheur*, M (الذهول الشديد والوقوع فى ورطة عظيمة).

خَمْلِى *muqueux*, Bc.

خَامِل *énervé*, Bc.

اَخْمَل *plus dégradant*, Kâmil 73, 6.

مُخَمَّل, comme adj., expliqué par Lane. Selon Tha'âlibî, Latâïf 125, 5, les الثياب المخملة viennent de l'Inde; Edrîsî, Clim. I, Sect. 6, les nomme parmi les produits de la Chine. — Comme subst., *velours*, Bc, Hbrt 20 (Syrie), 1001 N. Bresl. IV, 358, 9. — مخمل انثى *panne, étoffe de soie, de fil, de laine*, etc., dont les poils sont longs, Bc. — Le mot que Freytag a prononcé مُخْمَل et qu'il a expliqué, sur l'autorité de Reiske, par *æquabiliter carnosus et pinguis*, est مُخَمَّل; on le trouve dans un vers de la Hamâsa, 556, 1, où le scoliaste explique ainsi l'origine de cette signif.: فكان اللّحم جعل لها خَمْلَة. Dans le Kâmil, 414, 7, où ce vers est cité sans la copulative, c'est مُخَمَّل.

مُخَمِّل voyez ce qui précède. — *De moyenne stature*, Voc.

مُخَمَّلَة pl. ات *tapis de coton velu*, Bat. IV, 233, Payne Smith 1504.

مُخَمَّلِيَّة *amarante; œillet d'Inde; tagètes* (plante), Bc.

خمالون *chardonnette, espèce d'artichaut sauvage*, Bc.

خمن II *penser, croire, se persuader*, Bc, M (= ظَنّ),

خمى 407 خندريس

لا تُخَمِّن «ne croyez pas, ne pensez pas,» Burckhardt Nubia 409 n.; *existimare* dans le Voc.; *être d'avis*, Ht, Macc. I, 75, 6: وبعد ان خمنت اتمام هذا لورسقue je fus d'avis de terminer cet écrit.» C. على r. *estimer*, *priser*, M; il a aussi: المُخَمِّن الذى يقدر قيمة الاشياء ومقاديرها واثمانها والعامّة تقول المَقدِّر والمُثَمِّن ❊

V dans le Voc. sous *existimare*; *penser*, *réfléchir*, Ht.

خُمَّان, *sureau*, *hièble* (Bc), est خُمَان dans B de Bait. I, 71 b, et chez Alc. (yezgo); chez ce dernier (sauco arbol), *sureau* est aussi خمان suivi de *xaziri*.

تَخمين *opinion*, Ht.

خَمى ou خَمى? *mousse*, *moisissure*, Alc. Au premier abord on serait porté à croire que c'est une faute d'impression pour خَمّ, qui a ce sens; mais il n'en est pas ainsi, car Alc. traduit *moho de arbol o fuente* par *kami* et aussi par خُمَيجَة, et ensuite il donne de nouveau: *mohoso desta manera*, *balkami*.

خن

خُنّ *galetas*, *logement misérable*, *taudis*, Bc. — *Le rhumb de la boussole*, J. A. 1841, I, 589. — خن المركب *cale* ou *fond de cale*, Bc, Hbrt 128. — خن الفراخ *poulailler*, Bc (قنّ), voyez, a le même sens; dans la langue classique c'est خُمّ. — خن الورك *aine*, Bc.

خُنُونة *morve*, Domb. 87, Roland.

مخنانة *celle qui exhale une odeur fétide*, Daumas V. A. 183.

خنبيل

تُخنتبيل *liqueur tirée de la civette*, Daumas V. A. 172.

خنث

خنث II *efféminer*, Voc, Bc; تخنيث *naturel efféminé*, Tha'âlibî Latâïf 30, 3 (corrigez le Gloss.).

X *coïonner*, *se moquer de quelqu'un*, Bc.

خُنث *naturel efféminé* (de Slane), Prol. II, 279, 1. — *Coïonnerie*, *bassesse de cœur*, *lâcheté*, Bc.

خَنث *doux*, *suave*, P. Abbâr 177, 15: خنث الكلام; aussi en parlant d'une odeur, Bait. I, 167 c:

حفت leçon de AC; B حفت, D خفت, E حبث; dans un autre traité de botanique (man. 13 c): وهو طيب الرائحة ذكى مع خناثة لين ❊

خُنثى aussi dans la 1re partie du Voc.; dans la 2e pl. خُنثيات, خُنثى. — *Efféminé*; *coïon*, *poltron*, *lâche*; رجل خنثى *femmelette*, *homme efféminé*, Bc. — *Asphodèle*, doit se prononcer ainsi, comme Lane l'a fait avec raison, et non pas خنثى, comme chez Golius-Freytag; les deux man. du Most. ont aussi خنثى; selon Bait. I, 132 j, c'est un terme maghribin.

خنثى pl. خنثات *efféminé*, Voc.

خناثة *douceur*, *suavité* d'une odeur, voyez sous خنث.

مخنّث *coïon*, *poltron*, *lâche*, Bc. — *Enfant mal élevé*, *impudent*, M.

المخانثة *derisores in triumpho*, chez Freytag, n'est pas bien expliqué. Il a sans doute eu en vue le passage qu'il a publié dans son livre Locmani Fabulae etc., 37, 4 a f., où les مخانثات servent à cet usage; mais le mot ne signifie rien autre chose qu'*efféminé*. C'est, de même que مخانيث, le pl. de مخنّث; cf. de Sacy Gramm. ar. I, 375, § 879.

خنجر (*coutelas*) poisson dans la mer Rouge, de la longueur d'une palme et demie, qui a deux têtes pourvues d'yeux et de bouche, dont il fait usage alternativement, Edrîsî, Clim. II, Sect. 5. — Voyez l'article qui suit.

خنجر pl. خناجر, pour خنجر, *coutelas*, Alc. (terciado puñal). — *Défense du sanglier*, Alc. (colmillo de javali); c'est aussi pour خنجر.

خنجى *l'homme du khân*, *le portier du khân*, 1001 N. Bresl. XI, 7; chez Macn. بَوّاب.

خندروس (χόνδρος) *triticum romanum*; chez Bait. sous le *khâ*, dans le Most. sous le *hâ*.

خندريس *vin grec*, Alc. (vino greco). — *La plante du chanvre*, Mong. p. cxxxiv b.

خندس

خَنْدَس I *être capot, henteux*, Bc.

مُخَنْدِس *tâteur, irrésolu*, Bc.

خَنْدَق I *faire des fondrières, des ravins, dans la terre (torrent)*, Alc. (abarrancar).

خَنْدَق *ravin, vallée* (Lane TA), Gl. Edrîsî, Gl. Fragm., Voc. (vallis), M, trad. d'une charte sicil. *apud* Lello 9 et passim, Becrî 63, Athîr VIII, 412, 3 a f., Bait. II, 602 b, Macc. I, 91, 2, Amari 440, 6 et 9, Auw. I, 261, 6, 342, 13, 351, 3, Müller L. Z. 13, 3 (où l'éditeur change à tort la leçon), 1001 N. Bresl. XI, 218, 219. — *Torrent*, L (torrens سَيْل وَخَنْدَق). — *Egout*, Pellissier 53, Cherb. Dial. 204.

خَنْدَل I c. a. p. *ébranler quelqu'un dans sa résolution*, M.

II quasi-pass. de I, M.

خَنْثَر IV *pourrir, se pourrir*, Bc (Barb.).

خَنْثَرى *espèce de datte*, Niebuhr R. II, 215.

خَنْزَر I *rendre gras à lard*, Bc.

II *devenir gras à lard*, Bc.

خِنْزِير *espèce de poisson*, Burckhardt Syria 166. — *Ouverture pratiquée dans un barrage par la force des eaux, affouillement*, Cherb. C (Bou Saada). — خِنْزِير الماء *capivert, animal amphibie*, Bc.

خَنْزِير *porcher, gardeur de cochons*, Alc. (porquero o porquerizo).

خَنْزِيرَة *a le même sens que* خَنَازِير, *écrouelles, scrofules*, Alc. (lamparones, puercas como lamparones). — *Moyeu, partie de la roue dans laquelle entre l'essieu*, Alc. (maça de carreta).

خِنْزِيرى *une des deux espèces de nymphæa lotus* (بِشْنِين), Bait. I, 141 c (AB).

خِنْزِيرى *scrofuleux*, Bc.

خنس V *reculer*, Voc.

VII *entrer*, Voc.

خَنَسَ = خَنَسَ الأَنْفِ de خَنَسَ, Diw. Hodz. 283, 9 (خَنَسْتَ dans l'édit. est une faute; le man. a la bonne leçon).

خَنُوس, pl. خَنَانِيس, et خُنَيْنِس, pl. أت, *jeune*

pourceau, Voc.; cf. Lane sous أخنس et plus loin خَنُوص.

خَنِيس *sournois*, Bc.

خَانِس. Le pl. الخُنَّس, *les planètes*. C'est peut-être ce mot qu'Alc. a en vue, lorsqu'il traduit (señal de la palma) *les lignes de la paume de la main* par *kunce* et par مَصُور *hunce*. On sait que la chiromancie avait de grands rapports avec l'astrologie.

خَنْشُوش *visage difforme*, Domb. 84.

خنص.

خَنُوص est chez Alc. (lechon) خُنُوص, pl. خَنَانِص, mais ailleurs (marrano por cochino de año, puerco) il donne, après le même sing., le pl. خَنَانِيس. Chez Domb. 64 خَنُوس. Cf. خنس.

خِنْصَر, en Syrie خَنْصَر (M), ordinairement *doigt auriculaire, petit doigt*, a chez Alc. (dedo del coraçon), qui prononce خَنْصَر, le sens de *doigt du milieu* (cf. Lane). Les Orientaux, lorsqu'ils comptent au moyen des jointures des doigts, expriment le nombre *un* en baissant le doigt auriculaire (cf. Macc. II, 405, 13). C'est ce qui explique ces vers qui ont été composés sur le second fils de Yousof ibn-Téchoufîn et qu'on trouve dans le Holal, 32 r°:

وان كان في الاسنان يُحْسَب ثاقبا ففى العلياء يُحْسَب أولاً
كُلُّكُم الابدى سواء بنانها ومُخْتَصٌّ فيهم للخناصر بالجلا

De là aussi l'expression, qu'on trouve chez Lane, فلان تُثْنَى عليه الخناصر, plus souvent يُثْنَى به الخناصر, Ab-bâr 238, 3, Macc. II, 292, 17; aussi عليه تُطْوَى, Khatîb 30 r°: مِمَّن — كان ابو جعفر هذا للخناصر كتائبه 248 v°, تُطْوَى عليه الخناصر معرفة بكتاب الله; شهيرة تُضْرَب بذكره فيها الامثال وتنطوى عليه الخناصر; et encore: عُقِدَت على كماله الخناصر, Macc. II, 869, 12. Une autre expression, qui semble avoir un sens analogue, est: الذى يُعَدّ فى الفضائل بالوسطى والخناصر, Macc. II, 594, 14. — خَنْصَر, pl. خَناصِر, *petite bouteille*, Bc.

خَنْطار, aussi قنطار, *espèce de datte*, Niebuhr R. II, 215.

خنع

خنع I *faire la révérence bien bas*, Macc. I, 253, 18, 255, 7, à quelqu'un, c. لـ p., *ibid.* 255, 1, c. الى p., Voc.; L donne: *procido* أَخْنَعُ واسجدْ; sous *adclinis* et sous *pronus* il a مايل خانع. — *S'humilier devant Dieu*, Voc.; n. d'act. خُنَاعَة; dans la trad. des canons, man. de l'Escur., les mots اقالة et قبولة («réconciliation» dans le sens que les Catholiques attachent à ce terme) sont expliqués ainsi: وفي الخناعة بالاوترشبيا (Simonet). — *Subcumbo* (*et subcubeo, vincor*), L.

II c. a. et الى, et VII, c. الى, dans le Voc. sous *inclinare*.

خنف

خنيف et خنيفة, au Maghrib et c'est peut-être un mot d'origine berbère, *peau d'agneau*; — *manteau de laine ou de poil de chèvre*, Gl. Esp. 263—4.

خنفج *thlaspi*, Bc.

خنفر I *ronfler*, Bc, Mehren 27.

خَنْفَرَة *gros nez, nez ridicule par son énormité*, Cherb.

تَخَنْفُر *ronflement*, Bc.

مُخَنْفِر *qui a un nez énorme*, Cherb.

خنفس

خنفس pl. خنافس *bupreste* (insecte), Bc, Man. Escur. 893: شحمة الارض التى تسميها العامّة للخنافس وتسمّى معاء الارض (sic).

خنفسة, pl. خنافس Khatîb 77 v°, *escarbot*, Bc; *coléoptère*, Daumas V. A. 432. — *Paraphe du cadi malékite; signature*, Roland.

خنفوس *arbousier*, R. d. O. A. N. S. V, 226.

خَنْفُوفَة *mufle, extrémité du museau*, Domb. 65, Bc (Barb.).

خنق I. خنق البندير *mettre le pavillon sens dessus dessous* (نكسيها), *en signe de deuil*, M.

II. تخنيق الشرانق *exposer les cocons à la chaleur du soleil ou à la vapeur de l'eau bouillante, pour faire mourir les vers des coques*, M. — خَنَقَ القَثَّاءَ *remuer la terre et en couvrir les racines des concombres*, M.

III c. a. p. *quereller, disputer, gronder*, Bc, Hbrt 241, Antar 5, l. 11, 1001 N. Bresl. IV, 78, 10.

خنق

VI *se quereller, disputer* (c. مع), *chamailler, se chamailler*, Bc, Hbrt 241, M, 1001 N. Bresl. IV, 140, 3 a f.: فتماسكا وتقابضا وتخانقا.

VIII. En parlant d'une figure qui représentait un lion, Macc. II, 515, 1: شرب على صهريج فاختنق الاسد الذى يرمى بالماء, ce qui signifie que l'eau ne coulait plus de sa gueule.

خُنْق *gosier*, L (*gula*). — خُنْق ou خَنَق *défilé, gorge, passage étroit entre des rochers*, Berbrugger 6, Colomb 54, 55, 57, Martin 20, Carteron 328, Carette Géogr. 134. — خَنَق *certaine maladie des enfants*, Palgrave II, 33, qui soupçonne que c'est *les aphthes*.

— خَنَق البول *stranguria*, L.

خَنْقَة *un bois*, Pellissier 65, 70. — خَنْقَة اليد *carpe, poignet*, Bc.

خِنَاق (proprement n. d'act. de la IIIe forme) *querelle, chamaillis*, Bc, 1001 N. III, 431, 15; le M dit qu'on l'emploie dans le sens d'un n. d'act. de la VIe forme.

خِنَاقَة *querelle, dispute, démêlé, rixe, brouillerie*, Bc, Hbrt 241. — *Poissonnerie, marché au poisson*, Voc., Alc. (*pescaderia donde los venden*).

خُنَاقِيَّة *morve, maladie des chevaux*, Alc. (*muermo de bestia*).

خُنَاق, pl. خوانيق et خنانيف, *angine*, Bc; les médecins disent خوانيف, M. — *Pêcheur* (cf. Lane), et le pl. خَنَّاقِين (pour سوق الخنّاقين) *poissonnerie, marché au poisson*, Voc.

خُنَّاق *vulg.* pour خُنَاق, M.

خِنَاقَة doit avoir eu le sens de *carcan, collier d'or, de perles, etc.*, car le sicilien *hannaca*, qui en dérive, signifie cela. On le trouve chez Abela, Descrittione di Malta, p. 258, qui le traduit par « *monile*. » M. de Goeje m'a fait remarquer qu'on rencontre ce mot chez Mokaddasî 396, n. g.

خَانِقَة, pl. خوانيف et خَوَانِق (Payne Smith 1324), *esquinancie, angine*, Gl. Manç.: خانقة جمع خوانق وهى ورم يكون فى الحلق وربّما قتل.

خنقطيرة

مَخْنَف (pour مُخْتَنَف) pl. مخانف potence, Voc. — Le pl. مخانف défilés, Müller L. Z. 12, dern. l., l'anonyme de Copenhague 31 : وارصدوا لفرارهم بالمضايق وقبض على اكثرهم بتلك المخانف.

مُخْتَنَف, أحد منه بالمختنف, en parlant d'un agonisant, avoir le râle de la mort, Gl. Belâdz.

مَخْنَقَة collier de clous de girofle, Daumas Mœurs 304, V. A. 173. — Potence, Bat. I, 182, où il faut lire comme dans la note (cf. مُخْنَق).

مخنقى qui jette sa gourme (cheval), Daumas V. A. 189 (mekhangui).

مَخْنُوق L: lemures (umbre suggillatorum [lisez strangulatorum] nocturna) المخنوقين والملهوبة. Le dernier mot est écrit distinctement, mais je ne sais qu'en faire.

مُخَانَفَة crierie, gronderie, Bc.

اختناق, اختناق الرحم t. de médec., angine, M. — t. de médec., convulsions causées par suppression de règles, M, J. A. 1853, I, 350, où il faut corriger la traduction.

خنقطيرة sorcellerie; art surnaturel; se dit aussi d'une invention merveilleuse, Cherb.

خنكر I c. a. deliciari, Voc. II c. ب et في, Voc. sous deliciari.

خُنْكار le sultan des Ottomans, Maml. I, 1, 67.

خنى

خَنَا chose honteuse, dans le sens de sodomie, P. Tha'âlibî Latâïf 63, 12; dans celui de commerce illicite avec une femme, 1001 N. I, 698, 7, Bresl. III, 279, où une femme dit : دخل على ولدك الاسعد وجرّد سيفه على وطلب منى الخنا, mais le vulgaire prononce والعامّة تقول طلب من المرأة الخبى, car le M donne : خبى ولد الزنا Mācn. I, 400 : الخنى اى طلب ان يفسق بها الخنا. — وتربية الخنا Bordel, Voc.

خَوَاجَة, pl. ات (M), est marchand, négociant dans les 1001 N., le synonyme de تاجر. — Ecrivain, secrétaire, Haedo 16 b, Daumas Kabylie 265, 286,

خوخ

Mœurs 337, Sandoval 294, 321, 324. — Maître d'école, Wild 184, où on lit aussi : „Die Imam Hotscha, die ihnen in den Kirchen vorbeten."

خُواجكى riche négociant (voyez Meninski), Amari Dipl. 212, 2.

خوب

خُوبى épouvantable, Alc. (espantable cosa).

خوبشة forfait, Mehren 27.

خوت I. خَوِتَ pour خَوَتَ, qu'on emploie aussi, mais rarement, être timbré, fou, M.

خَوْتَة vertigo, caprice, fantaisie, grain de folie, Bc.

خَوَات, pour خَوَات, même sens, M.

رأس أَخْوَت tête timbrée, Bc.

مَخْوُوت écervelé, Bc.

خوث voyez خوت.

خوج

خَوْجَة en Espagne, creuset, Abou'l-Walîd 313, 2.

خُواج faim, mot ancien et classique, mais très-rare; voyez Khallic. VII, 37, 4 a f., 2 a f.

مُخَوَّجة bien mis, Bc (Barb.). Je soupçonne que ce mot est dérivé de خواجة, et que, par conséquent, il signifie proprement: habillé comme un monsieur.

جخداش voyez خوشداش ou خوجداش.

خوخ V devenir creux, Bait. II, 2 b : التى قدمت وتخوّخت اصولها.

خَوخ الاقرع, appelé aussi الشترقى et المصرى, Auw. I, 338, 23, 24, est, selon Clément-Mullet, le brugnon. D'après Bait. I, 167 c, الخوخ الاقرع s'appelle en Egypte الزقرى, que l'on trouve aussi nommé Most. (V° خوخ, voyelles dans N) et 1001 N. Bresl. X, 215; mais selon Auw. I, 339, 4, cette dernière est une autre espèce. الخوخ الشعرى, Auw. I, 338, 2 a f., est, selon Clément-Mullet, la pêche ordinaire. الخوخ المسكى est la meilleure espèce, Djauzi 143 v°. En outre je trouve nommés الخوخ السلطانى, 1001 N. IV, 251,

خود

et عــلمانى خــوخ, ibid. I, 56, mais l'éd. de Boulac porte en cet endroit عمانى, et celle de Bresl. خلاني. — En Syrie ce mot ne signifie pas *pêche*, comme en Egypte et dans d'autres pays, mais *prune*, Bc, Hbrt 52. — الدب خوخ *la prune de l'ours*, dont les grains sont très-rafraîchissants, Burckhardt Syria 45, semble *cormier*, cf. sous قراسيا. — أمْلَس خوخ *nux Persica*, Pagni MS.

خَوْخَة *vasistas*, petite partie mobile d'une porte, d'une fenêtre, Bc. — L'expression باب للخوخة, que je trouve chez Becrî 62, 8, 76, 17, Khatîb 103 v°, semble signifier au premier abord, comme l'a cru Bargès, p. 174, *la porte au guichet*; mais il n'en est pas ainsi; c'est *une porte qui a issue dans un passage* (خوخة), *qui donne dans une ruelle*. C'est ce qui résulte des 1001 N. où on lit, IV, 314, 7 a f.:

وافتتح باب الكنيسة الذى فيه للخوخة التى توصل الى البحر (Bresl. X, 345: وافح باب الكنيسة الذى على) ومشى الى 315, 7 a f.: (للخوخة التى يخرج منها الى البحر) وصل الى 5 a f., الى باب للخوخة التى توصل الى البحر — الباب وفتحه وخرج من تلك الخوخة وراح الى البحر *Battant de porte*, Ht. — *Ecluse* dans une muraille, qu'on lève pour faire entrer l'eau et faire sortir les ordures, Amari 432, 2 a f., cf. 233, 5. — Sorte d'oiseau, Yâcout I, 885, 12.

وضع بين ايديهم خوخا 1001 Bresl. X, 305, 2 a f.: سفرة خوخا اشكيلاط مقصبة. Peut-être faut-il lire جوخا, dans le sens de جوخ (voyez), *drap*.

خَوْخَة, en Espagne, *lysimachia vulgaris*, Bait. II, 445 d.

مُتَخَوِّخ *creux*, Aboû'l-Walîd 784, 14: المواضع المتخوِّخة من الجبال (ravins). — *Fou, imbécile, sot*, Alc. (atreguado loco), Domb. 105, Hbrt 239 (Barb.), Ht.

خون

متخانَذ؟ voyez sous خشن.

خور I, *mugir*, s'emploie aussi en parlant du bruit que font les flots de la mer ou les torrents, quand ils sont violemment agités, et a le n. d'act. خَوِير, خَوْر. الماء, Voc. — *Ronfler*, L (sterno أخور واعطس; le dernier ne signifie pas sterno, mais sternuo ou sternuto; خار, au contraire, peut bien signifier *ronfler*, mais non pas *éternuer*). — Dans le sens d'*être ou devenir faible*, le n. d'act. est aussi خَوَر et خُؤور

411

خور

et dans la tradition d'Omar, citée par Lane, il faut lire لَنْ نَتَخَوَّر قُوَى, Gl. Fragm. — C. من, n. d'act. خور, *craindre*, Voc., Macc. II, 232, 3. — *Baigner dans son sang*, 1001 N. Bresl. XII, 135, 2 a f.: خور فى دمه, s'il ne faut pas lire يتخوَّص:انقلب, qui a ce sens (cf. Bc sous خوص I et Lane sous la II° forme de ce verbe).

II *rendre doux, perméable*, Auw. I, 40, 8 (lisez avec notre man. وخَوَّرها, cf. l. 16), 41, 14. — Dans le Voc. sous mugire. — *Epouvanter*, Voc. — خور من الجوع خَوَّرت الارض, M. *succomber à la faim*, se dit d'un terrain dont les pluies fréquentes ont emporté le sable, M.

V dans le Voc. sous terrere.

خُور. Comparez avec Lane le Gl. Belâdz. et Niebuhr R. II, 213. Teixeira 71: «Aux rivières peu considérables on donne le nom de Kor ou de Wed.»

خور et خُورة *pêche* (fruit), Ht (pour خَوْخ؟).

خَوْرة a le même sens que خُور, à savoir celui de الضعف والانكسار, *faiblesse*, Gl. Manç. v° خَوْر. — بقرة فى الخورة *vache en chaleur*, Alc. (torionda vaca que se para).

خُورى pl. خَوارنة est, selon Seetzen IV, 35, une abréviation de χωρεπίσκοπος, «vicaire d'un évêque à la campagne,» *curé*, ibid., Bc, Hbrt 150, M.

خُورى *curial*, qui concerne une cure, ou le curé, Bc.

خُوريّة *cure*, bénéfice, fonctions d'un curé, Bc. — *La femme du curé*, M.

خَوار. خوار على أمّه *un veau qui mugit après sa mère*, si l'explication d'un vers, donnée dans le Gl. Fragm., est bonne. — *Craintif, peureux*, Voc.

خَوّار *brebis* (de Slane), P. Prol. III, 363, 7.

مخوار *affamé, qui succombe à la faim*, M.

خُورُس, plus souvent avec le ص (χορός), *chœur* d'une église, M.

خوريدقلة *roquette* (plante), Bc.

خوز III *colluder, tromper un tiers par collusion*, Bc. — C. على ou vulg. pour خاود, M.

VI c. على même sens, et *trahir ouvertement*, Bc.

خوز collusoire, Bc.

NB. Ces mots, que l'ancienne langue n'a pas, semblent formés du nom propre الخُوزِي, *habitant du Khouzistân*. Les habitants de ce pays étaient considérés comme le rebut du genre humain, et leur nom était devenu synonyme de voleur, trompeur, etc.; voyez Gl. Fragm. 19.

خوزق I (cf. خرز) *empaler*, Bc, M; كلام المخوزقين *discours insensés*, parce que celui qu'on a empalé déraisonne, M.

II *être empalé*, M; تَخَوْزُق *empalement*, Bc.

خوس VIII *s'approprier*, Bc.

خوش V *avoir des soupçons, soupçonner*, Bc, Hbrt 241. — M explique منه تخوش par احتسب; je ne vois pas bien en quel sens il prend ce mot.

خوشان *rubania feci*, Prax R. d. O. A. VIII, 281.

خوشداش voyez جُدَاش.

خوشق. ورق خوشف *papier brouillard*, Bc.

خوشكات (pers. خوشَك, dimin. de خوش (doux), avec le pl. arabe en ات) *sucreries, friandises, bonbons*, 1001 N. I, 57, 4.

خوشكار = خشكَر *farine de troisième qualité mêlée de son*, Bc.

خوشكاشة, aussi خشكاشة, *ménagère, celle qui a soin du ménage*, 1001 N. I, 58 et souvent dans la suite de ce récit. Ce mot est d'origine persane: كش (voyez), dont كاشة est le féminin, est pour خواجه, et le premier mot est selon M. Vullers, que j'ai consulté, كوشك ou كُشك, « palais. » C'est donc proprement « dame du palais, » ou « majordome, » si ce mot pouvait s'employer pour désigner une femme.

خوشكاخانة (pers. de كوشكخانه, proprement: chambre du palais) semble *armoire* ou *cabinet*, 1001 N. I, 68, 6 a f.

خوص III *considérer, examiner, peser*, Koseg. Chrest. 113, 10.

بردى وبيس = خوص, Most. sous ce dernier mot; بردى = *papyrus*, Bait. I, 127 b. — *Osier*, Bc (خوص).

Cartâs 32, 11: خوصة؟ وبنا حينئذ الغرفة التى biffez البيت; على بابها البيت للمؤذنين والخوصة est de trop et que notre man. n'a pas; le dernier mot, dont Tornberg (p. 371) a proposé une explication inadmissible, ne s'y trouve pas non plus.

خوص I, au fig., *parcourir* un pays, Koseg. Chrest. 102, 14: اقبل تخوص البلاد حتى صار الى افريقية, Akhbâr 5, dern. l.: خصّها بالسرايا « faites parcourir, explorer ce pays par des détachements de cavalerie » (plus loin, 6, 3: اختبرة بالسرايا). On dit aussi improprement خاص فى تيه الضلالة « s'enfoncer dans le désert de l'erreur, » de Sacy Chrest. II, ١٨, dern. l., et خاص حشى الداء, en parlant d'un chirurgien, « pénétrer (avec le scalpel) dans les intestins d'un malade » (proprement d'une maladie), Abbad. I, 57, 4 a f. Aussi خاص فى ظلام الليل « s'enfoncer dans l'obscurité de la nuit, » P. 1001 N. I, 21, 7, et خاص الليل الى, « s'enfoncer dans la nuit pour se rendre vers, » c.-à-d. partir pendant la nuit, Berb. II, 318, 12. — خاص فى عرقه *être trempé, baigné de sueur*, Bc. — *Manier, pétrir, fouler, secouer*, Alc. (sovajar; cf. Victor).

II *remuer* الماء l'eau, l'agiter et la troubler, Bc (Barb.); *troubler*, Voc., Alc. (enturviar, turvar lo mesmo que turbar); مخوّص *turbio lo mesmo que turbado*. — Chez Alc. *baratar*, que Victor explique par: *changer, troquer, trafiquer, prendre et emprunter argent à gros intérêt pour payer une dette qui est à moindre*; Nuñez: *prendre ou donner une chose pour un prix inférieur à la valeur réelle*; *vendre trescher à crédit ce qu'on rachète aussitôt à très-vil prix, argent comptant*, Alc. (mohatrar); — chez Alc. *trafagar*; Victor: *trafiquer, brouillasser, brouiller, embrouiller, prendre argent d'une personne pour en payer une autre*; — *escroquer, emprunter sans intention de rendre*, Alc. (trampear).

V *devenir trouble*, Voc., Alc. (enturviarse).

VII. ينخاص *guéable*, Bc.

خواص. Alc. donne kaguád pour *botarse el color, se déteindre*, en parlant d'une couleur. Je soupçonne que c'est un quadrilittère, formé d'un verbe trilittère par l'insertion d'un élif de prolongation entre la deuxième et la troisième radicale. Ces verbes expriment le passage d'un état à un autre, etc.; ils répondent aux couleurs, et on pourrait les considérer comme une altération de la IXe forme des verbes

خوط 413 خون

trilittères; voyez Cherbonneau dans le J. A. 1855, II, 557, qui en donne quantité, p. e. بياض, blanchir, حمار, rougir, شيبان, maigrir, قدام, vieillir.

خَوْص *gué; haut-fond*, place où la mer est peu profonde, Bc. — *Dérivé* de الحديث, خاص القوم فى, *des discours*, Gl. Fragm.: انى اسمع من خوص الناس ما لا تسمع. — *Perles* (Freytag n'a que le nom d'un.), Berb. II, 492, 4: امتلأ من خوص اللسان نظمه ونثره.

خَوْضَة *troubler, rendre trouble*, Voc. — *Mohatra*, Alc. (mohatra).

خُوضِى *escroc*, Alc. (tranposo).

خَيْاص *théorie*, Bc.

خَاوِص *trouble*, Martin 33.

مَخْوِص *foncé* (urine), Martin 146.

مَخَاضَة. Le pl. مخاض (voyez Lane) aussi dans le Voc. et chez Alc. (vado).

مخوض = مَخَاوِص, Auw. II, 426, 5; lisez de même II, 424, 9.

خوط

خوط = خُوطَان *rameau* etc., 1001 N. I, 116, 5.

خوف

I. *Craindre que* quelquefois sans أن, P. Abd-al-wâhid 219, 15: خافت توالى الجود ينفذ ماله « il (le soleil) craignait que la générosité continuelle de ce prince épuiserait ses trésors. » — *Etre infesté par des brigands* (route), Cartâs 165, 8 a f.: خافت الطريق; الخوف بالطرقات *les brigandages sur les routes*, ibid. 166, 8 a f.

II c. à d. *empêcher* quelqu'un *par la peur de faire une chose*, Gl. Fragm. — *Menacer*, Domb. 128.

خَوْف *la crainte de Dieu*, P. Khallic. I, 672, 11 Sl. — Avec l'art., *la partie de la route qui n'est pas sûre, qui est infestée par des brigands*, l'opposé de الأمن, Djob. 303, 20; الخوف فى الطريق « les dangers que présentait le chemin, » Bat. I, 19.

خَوَّاف *peureux, poltron*, Alc. (medroso, pavoroso medroso), Bc, Roland, Hbrt 228, Burckhardt Nubia 241, Daumas V. A. 102, Hist. des Benou-Ziyân 100 v°: ومن لم يفعل ذلك فهو خواف على نفسه ان يقع عن الفرس من جهله بالفروسية.

خَيِّف *peureux, trembleur, craintif, timide, méticuleux*, Bc, *poltron*, Hbrt 228.

تَخْوِيفَة *épouvantail, intimidation*, Bc.

مَخَاف *dangers*; dans le passage Bat. I, 19, où l'éd. porte فى الطريف, le man. de Gayangos offre المخاف بالطريف.

مَخُوف pl. مَخَاوِف *crainte*, Voc.

مَخَافَة pl. مَخَاوِف *danger*, Bc, Abbad. III, 166, 11, R. N. 80 r°: كنت بسوسة منذ اربعين سنة فجاءت مخاوف من العدو ومشوا فى البحر

خول

V *accepter des présents*, Macc. II, 709, 6.

خَوَل *un danseur*, Lane M. E. I, 260.

خُولِى *préposé à l'arpentage et à la subdivision des propriétés*, Descr. de l'Eg. XI, 480, XII, 67, Fesquet 25 (cf. Lane TA). — *Jardinier*, M, qui a le pl. خُولِيَّة, 1001 N. I, 145, 5, 8, 298, 3, 633, 7 a f., 636, 5 a f., 877, 4, etc., II, 241, III, 171, IV, 255, 2 a f. Chez Bait. II, 182 c je trouve خولة *jardiniers*: عنب هو اسم لشجرة الكاكنج ويعرف بذلك بالقاهرة ايضا سمعته من الخولة ببستان الكافورى حين سألتهم عن شجر الكاكنج ما اسمه عندهم فقالوا عنب. — *Métayer*, Bc. — *Gardien*, p. e. d'une ساقية, 1001 N. Bresl. XI, 381, 7. — *Collecteur*, Vansleb 291 (chouli).

— *Facteur, commissionnaire*, Ht (أخْوِلِى).

خُولِيَّة *le salaire du jardinier*, M.

خَوْلَان *succus lycii*, Bait. I, 4 c, 400 b. comme le nom d'une drogue, Descr. de l'Eg. XII, 137. عود الخولان *pyxacanthe, lycium*, Bc.

مُخَوِّل *qui ressemble à son oncle maternel*, M.

خوم

voyez sous خيم.

خيم

.خون

I. خانت زوجها فى نفسها *tromper son mari, lui être infidèle* (épouse), 1001 N. I, 905, 8. — *Trahir son maître*, Koseg. Chrest. 109, 4. — خان اليمين *trahir son serment*, Bc. — C. a p. *déceler, découvrir une personne cachée*, Bc. — خان فى وظيفة *malverser, commettre des malversations*, Bc. — خان السبيل

infester les routes, y commettre des brigandages, Koseg. Chrest. 70, 3 a f.: قطعت الطريق وخُنَّت كانوا يقطعوا الطريق ويخونوا Bâsim 122; السبيل. — Aujourd'hui خون *voler*, Cherb. C, Daumas V. A. 99; cf. خائن.

II *se défier de*, Bc. — *Tromper*, Bc. — خوّن النّحّات signifie *il y traça une ligne*, M. البلاطة

X اسْتَخْوَن *croire quelqu'un coupable de perfidie, de malversation*, Gl. Bayân; *se défier de, suspecter*, Bc, Hbrt 240—1.

خانة *case, place pour poser un pion*; — خانة *gargote, cabaret sale*; — زفّة خانة *musique de régiment*, Bc. — عند المحاسبين المنزلة (فارسيك), M. — قطعة يرفع بها الصوت اكثر ممّا تليه T. de musique, — وممّا يليها — *Hémistiche d'un de ces poèmes qui portent le nom de* المواليّات, M. — *Grain de beauté, signe*, Ht.

خاني *le propriétaire d'un khân ou caravansérail*, 1001 N. Bresl. II, 251, 11; dans la 1re partie du Voc. *stabularius*, mais «stabulum» signifie aussi chez lui «caravansérail,» car le premier mot par lequel il le traduit dans la 2de partie est فندق.

خانة *soie blanche*, Prax R. d. O. A. V, 19, et aussi *soie de couleur, le même, ibid.*, IX, 218.

خانجي *aubergiste*, Bc.

خونة *trahison*; مطرح خونة *guet-apens*, Bc.

خوانة *piperie, tromperie au jeu, fourberie*, Bc.

خواني? معجار خواني, 1001 N. Bresl. XII, 348, 9.

خوّان *méfiant*, Bc. — *Imprévu*, Ht.

خيانة *iniquité, méchanceté*, Alc. (maldad). — *Médisance*, Alc. (maldezimiento).

خبّان *traître*, Bc.

خائن, *infidèle*, a chez Bc le pl. خين. — *Méchant, pervers*, Alc. (maldadoso). — *Voleur*, Voc., Martin 114, Daumas V. A. 101. خيان *maraudeurs*, Cherb. Dial. 194. Il se peut que le pl. خوّان ait réellement le sens de *brigands* dans le passage Abbad. I, 242, 4, comme je l'ai dit 261, n. 12, et peut-être n'aurais-je pas dû rétracter cette note, III, 113. — L'expression dans un vers, Khallic. I, 17,

14 Sl.: الذى استعلى على الخائن ببياضه, pour indiquer une très-grande blancheur, m'est obscure; l'explication qu'en a proposée M. de Slane (trad. I, 33) et d'après laquelle الخائن signifierait «l'œil,» me semble inadmissible.

كان له خائنة فى دم مع فلان, «il était complice d'un meurtre,» Berb. II, 351, 5.

خونجة ou خونجا (pers. خوان avec la termin. dimin. turque) *petite table sur laquelle on pose les plats, plateau de bois ou de métal, sur lequel on met ou présente les plats, les coupes, etc.*, Maml. I, 1, 2, Fleischer Gl. 11, 12; cf. Bat. IV, 69.

خوند *maître, seigneur*; avec ou sans ة *princesse*, Maml. I, 1, 64 et suiv., où Quatremère tâche de prouver que ce terme ne vient pas du pers. خداوند, mais qu'il appartient à la langue des Turcs orientaux. — Au Liban, celui qui est au-dessous de l'émir, mais au-dessus du مقدّم, qui à son tour est au-dessus du chaikh, M.

خوى I *être faible*, 1001 N. Bresl. III, 245, 6: وقد خوى من الجوع والعطش والتعب, où l'éd. de Boulac porte ضعف.

II *évacuer*, Voc.

III (dérivé de أخ, *frère*) *fraterniser*, Bc.

IV *évacuer*, Voc. — L donne: *adnullo* اجرى واستوعب; mais il faut lire اخوى, car il a aussi: *exinanio* اخوى واستوعب ۞

VI (même dériv. que la IIIe) *fraterniser*, Bc.

خوّة (pour اخوّة) *fraternité*, Bc.

خواء *concavité, le creux de quelque chose, vacuité*, Alc. (oquedad). — *Chaos*, Bc. — *Cauma* dans L; mais je soupçonne que c'est une faute, car les signif. que Ducange attribue à cauma (1° chaumière, 2° grande chaleur) ne conviennent pas. — خواء الركبة *pli du jarret*, Alc. (corva de la pierna), خواء القرمد *subgronde, séveronde, saillie d'un toit sur la rue*, Alc. (socarren del tejado).

خى vulg. pour أُخيّ, dimin. de أخ, M. — Interj. qui exprime la joie chez le vulgaire, M.

اخيذة = خيذة *ganse, cordonnet de soie, d'or, lacet*, Bc.

خاو *spongieux*, Alc. (hongosa cosa). — *Clair*, qui

n'est pas bien serré (toile), M. — *Ayant les mains vides*, Jackson Timb. 87.

خاوبّة *chaos*, Bc.

بلا مخوى مخوّى *massif*, Alc. (maciço).

مخاوى *sorcier*, Hbrt 157.

خيب I. خاب عن المقصود *il a manqué son coup*, Bc; c. من r., Voc.

II c. a. et على *détacher* quelqu'un *du parti de*, Berb. I, 52, 11: وكان السلطان — حين كان يجلب على اوطان الموحدين ويخيب عليهم اولياؤهم من العرب ٭ V dans le Voc. sous *frustrare*.

خَيْبَة. Les insensés نَهبوا بالخيبة *agissent sans but et sans suite* (de Slane), Prol. I, 202, 11.

خائب forme au pl. خيّب, Voc. ضربة خائبة *faux-coup*, Bc.

خيبري *juif*, Alc. (judio). C'est proprement: un descendant des juifs de Khaibar, nom d'un canton au nord-est de Médine, qui comprenait plusieurs châteaux habités par des juifs, et qui empruntait son nom à Khêber ben-Séphatja ben-Mahalaléel, un frère de l'Amarja qui est nommé Néhémie XI, 4. Il s'y était fixé avec les siens lors de la conquête de Jérusalem par Nabuchodonosor; voyez mon ouvrage Die Israeliten zu Mekka 134—7. Vaincus par Mahomet, les descendants de ces juifs furent exilés de l'Arabie par Omar Ier; mais grâce à leur long séjour en Arabie et à leur ancienne alliance avec la grande tribu bédouine de Ghatafân, dont ils avaient été voisins, ils étaient considérés par les musulmans comme les premiers en rang parmi les juifs et ils jouissaient de certains priviléges. C'est ce qu'on voit par un passage de Khallic. IX, 12, l. 13. Il raconte que, lorsque le calife Fatimide al-Hâkim publia en 402 H. une foule d'ordonnances humiliantes et vexatoires relatives aux chrétiens et aux juifs, il en excepta les Khaibaris (l'ordre des mots dans l'éd. de Boulac: النصارى والیہود الا الخیابرة, *est meilleur que dans l'éd. de* Wüstenfeld. M. de Slane, qui n'a pas reconnu dans *khaydbira* le pl. de *khaibart*, a eu la malheureuse idée de proposer une autre leçon, qui serait inadmissible; voyez sa trad. III, 454, n. 5). Le petit article d'Alc. (qui a aussi «yahûdi» et «izraill» pour «judio») prouve que même vers la fin du XVe siècle les Khaibaris formaient encore une classe à part parmi

les juifs. — *Homme rusé, trompeur*, parce que les juifs de Khaibar passaient pour l'être, M (sous خبر).

المُخَايَرَة بين III *choisir avec soin*, Asâs, Préface: متداولات الفاظهم ومتعاورات اقوالهم ٭

VI, en parlant de deux ou de plusieurs personnes, *avoir l'option*, v. d. Berg 65.

VII dans le Voc. sous *eligere*.

VIII. يختار لك الله *dans le sens de* الله يخيّر لك (Lane sous la Ire), Voc. v° *benefacere*.

X. Ce qu'on appelle الاستخارة, et à Médine التخيرة, est un ensemble de pratiques religieuses par lesquelles on consulte Dieu sur les choses qu'on veut entreprendre, ou au sujet de l'issue d'une entreprise. On se purifie, on fait la prière d'obligation (صلاة), ou une prière nommée صلاة الاستخارة et consistant dans ces mots: اللهم استخيرك بعملك, on récite une oraison surérogatoire (ذكر), après quoi on se couche, et on voit en songe ce qu'on doit décider. Ou bien on récite trois fois le 1er et le 112e chapitre du Coran et le 59me verset du 6e, après quoi on ouvre le Coran au hasard et on tire une réponse de la 7e ligne de la page qui est à droite. Le rosaire, enfin, sert au même usage. Voyez Lane M. E. I, 398, Berbrugger 3, Burton II, 22, J. A. 1866, I, 447. الاستخار est aussi *consulter un devin*, M.

خبر. Voyez sur les أخبار dans la hiérarchie des saints, Lane trad. des 1001 N. I, 233. — قل لكم «nous permettez-vous de,» de Sacy Chrest. II, 348, 5 a f. — لا خيبر في veut dire chez les jurisconsultes qu'une chose n'est pas permise; exemple sous جنبذ. — كثّر الله خيرك *merci, je vous remercie*, rép. وخيرك. Bc. — «quel est votre nom, s'il vous plaît?» Bc. خير الله *il y a longtemps*, Domb. 109, Bc, p. e. ما خير الله شفناك «il y a longtemps que je ne vous ai vu,» Bc (Barb.). — خير الله *buplèvrum* ou *oreille-de-lièvre*, *perce-feuille*, Bc. — خير من خير من الف دينار ou الف, *pimprenelle*, voyez sous الف.

خيرة. خيرات *les blés*, Cartâs 231, 9. — الخيرة *la peste*, Jackson 54, 273.

خَيْرة *voyez sous la Xe forme*. — خيرة ou خَيْرة

(optio) a le pl. خِيَر, Gl. Mosl. — على خِيَرَة اللّٰه « à la grâce de Dieu, » Bc.

خِيرَى est خِيرِى dans le Voc. (viola). — Ayant la forme de la giroflée, Bait. I, 169 b: يــوهــر زهــرا فروفيرق اللون خيرق الشكل ۞

خَيْرِيَّة « bien vous a pris de; » خِيرِيَّة مِن شَانك أَن tant mieux; خِيرِيَّة أَن heureusement, Bc.

خَيْرُورَة voyez خِيرِيَّة.

خَيْرُونَة pluvier (oiseau), Tristram 400 (kheeroona, Norfolk plover).

خِيَار. Aux explications données par Lane, il faut ajouter que خِيَار التّرَوّى est le nom sous lequel on comprend le خِيَار المَجْلِس et le خِيَار الشَّرْط, v. d. Berg 65. — Bien, c'est bien, Domb. 109. — Dans le sens de concombre, n. d'un. ة, Cartâs 64, 2 a f., 1001 N. IV, 184. خِيَار أَقْلَامِى ou قَلَامِى voyez sous قلم. Au lieu du premier terme, qu'on trouve 1001 N. I, 56, 14, l'éd. de Bresl. porte خِيَار رَانْلَامِى, faute de copiste à ce qu'il semble, et celle de Boul. خِيَار نِيلِى. — Espèce de myrte, si la leçon est bonne chez Auw. I, 248, 6; dans notre man. le mot est sans points diacritiques. — خِيَار العَجَب balsamine, Pagni MS.

خَيْرُورَة libéralité, générosité, Bar Ali éd. Hoffmann n° 4146, Payne Smith 1437; mais chez ce dernier, 1439, خَيْرُورَة.

خَيِّر bienfaisant, qui aime à faire, qui fait du bien, bienveillant, affable; — bienfaisant (chose), qui soulage, Bc.

أَخْيَر plutôt; أَخْيَر مَا تَعْمَل هَذَا « plutôt que de faire cela, » Bc.

مُخَيِّر فِعْل مُخَيِّر chose, action indifférente, Bc. — Camelot; moire, Bc; Belon 451: « camelot ou Moncayar; » Rauwolf, 98, 216, nomme parmi les étoffes: « Türckische Macheyer; » cf. Devic 166, article moire, qui cite Richardson et Meninski, et qui compare l'anglais mohair, l'ital. mocajardo ou mucajardo.

مُخَيِّر volontaire, qui sert volontairement dans les troupes, Bc.

مُخَيَّرِيَّة sorte de poisson, Yâcout I, 886, 7; mais chez Cazwînî c'est مُخَيَّرَة.

اخْتِيَار. الاخْتِيَارَات la doctrine des élections, qui traite de la manière de trouver le temps convenable pour échapper à un malheur dont on se voit menacé, ou pour s'embarquer dans une entreprise dont on désire la réussite, de Slane sur Prol. II, 190, 11. — (Turc) pl. يــة ou ات, vieillard, barbon, vieil, Bc, Hbrt 30, M, 1001 N. II, 69, 70, 72, 81; comme collectif, les vieillards, I, 896; Hist. Tun. 102: il fut nommé dey كبير الاختيارات ثم صار كاهية اغا القصبة (président du conseil).

اخْتِيَارِى spontané, volontaire, arbitraire, Bc.

مُخْتَار. On ne dit pas seulement أنت بالمختار, mais aussi « أنت المختار بين je vous offre l'alternative, je vous donne le choix, » Bc. فِعْل مُخْتَار chose, action indifférente, Bc. — الفَاعِل المُخْتَار, Prol. I, 168, 3 a f., l'agent qui a le libre arbitre, c.-à-d. Dieu; voyez de Slane Prol. I, 189, n.¹ 2. — Chez les Soufis il y a trois مختارون ou élus dans chaque génération, Ztschr. VII, 22.

مَاخِيَر, si la leçon est bonne, nom d'une étoffe. comme مُخَيِّر, Gl. Edrisî.

خَيْرَجَل flegmon, tumeur pleine de sang, Bc.

خَيْرَجَلِى flegmoneux, Bc.

خَيْرَبُوز mousse, moisissure, pellicule ou mousse qui se forme sur la surface du vin, Alc. (lapa de qualquier cosa, lapa de vino, moho de arbol o fuente).

خَيِس I. خَاس dans le sens de مبلغ الكمال, نقص عن est vulgaire pour خَاص, M.

II diminuer, amoindrir, endommager, M (نَقَص).

V transformer, Voc.

خَيْس sagette, glaïeul, flèche d'eau, Voc.

خَيَّش II brocher, passer des fils de côté et d'autre, Bc. — Ficher, faire entrer par la pointe, Bc.

خَيْش canevas, Bc, Fesquet 137; linon; serpillière; treillis, grosse toile à faire des sacs, Bc; toile à tente et qui sert aussi à faire les sacs, Descr. de l'Eg. XII, 446; « les Arabes du désert portent le nom d'Arabes Kheych, ou Arabes des tentes: kheych veut dire canevas, » ibid. 31; toile d'emballage, ibid.

XVII, 214. — *Sac, habit de pénitence*, Bc. — Pl. خُيُوش *des ventilateurs faits de canevas*. On prend un morceau de canevas de la grandeur d'un tapis, un peu plus grand ou un peu plus petit selon les dimensions de la chambre, et on le rembourre avec des objets qui ont de la consistance et qui ne plient pas facilement, par exemple avec du sparte. L'ayant ensuite suspendu au milieu de la chambre, on le fait tirer et lâcher doucement et continuellement par un homme placé dans le haut de l'appartement. De cette manière il fait beaucoup de vent et rafraîchit l'air. Quelquefois on le trempe dans de l'eau de rose, et alors il parfume l'air en même temps qu'il le rafraîchit, Gl. Esp. 342, n., d'après le Gl. Manç.; cf. Tha'âlibî Latâïf 14 et 15, et le Gl. p. XXVII. Aussi مَرْوَحَة لِخَيش, Harîrî 473, 8, avec l'explication 474, 13 et suiv., Khallic. VII, 66, 14 et suiv. — *Espèce d'étoffe de soie fabriquée à Damiette et dont on fait des voiles noirs à l'usage des femmes*, Descr. de l'Eg. XVII, 223.

خَيْشَة, n. d'un. du mot qui précède, *un morceau de canevas*, Gl. Esp. 342 n., Fleischer Gl. 71, l. 6, R. N. 58 rº: je partis pour la Mecque في خَيْشَتَيْن وَعَلَيْه, *ibid.*: انْزَرَت باحدَهَا (sic) وَارْتَدَيْت بالاخرى, *ibid.* — خَيْش Pl. خَيْشَتَان مُؤْتَزِر بِوَاحِدَةٍ مُرْتَدِي بالاخرى *sac*, Hbrt 75, *grand sac de crin pour la paille*, etc., Bc, *grand sac de poil de chèvre, qui contient justement un* عِدْل, c.-à-d. *une demi-charge de chameau*, Ztschr. XI, 497. — *Torchon*, Hbrt 199 (Alg.).

خَايِشِي (?) *épithète d'une espèce de melon*, Auw. II, 223, 16.

خَيْشَفُوج (pers.) *graine de coton*, Most. vº حب القطن, Bait. I, 404 c (A), II, 306 a (A).

خيط II *passer du fil par le trou d'une aiguille*, Voc. — *Régler, tirer des lignes avec la règle*, Voc.

V *prendre la forme de fils*, Gl. Djob. — Dans le Voc. sous lineare.

VII *être cousu*, Voc.

X. c. d. a. *donner à quelqu'un un habit à coudre*, Gl. Fragm.

خَيْط *forme aussi au pl.* خَيْطَان, Bc, M, 1001 N. I, 21, 2; voyez aussi plus loin. — من لِخَيْط de *fil en aiguille, d'un bout à l'autre, par*

suite, Bc. — Le pl. خَيْطَان *cordons qu'on tresse avec les cheveux*, Lane M. E. II, 408, qui écrit قَيْطَان; le pl. خُيُوط من الشعر *se trouve en ce sens* 1001 N. Bresl. III, 284, 8 (chez Macn. جَدَائِل الشعر). — *Le cordon d'une porte*, R. N. 68 rº: فَضَرَبَ على ابي عثمان الباب فقال مَن هذا فقال فلان اصلحك الله فرفع لِخَيْط. — *A Constantine, les cordelettes en poil de chameau, dont les Mozabites se forment un turban*, Cherb. Voyage d'Ibn-Bat. en Afr. 21; note de Llaguno Amirola sur la Cronica de Don Pedro p. 562: «los cordones de 4 varas de largo, y cerca de una pulgada de grueso, que traen rodeados á las cabezas los Moros de Tremecen.» — *Cordon de choses enfilées, collier de perles, de corail ou de pierres précieuses*, Gl. Esp. 132—3. — خَيْط قُطُون *bracelet*, Voc. — *Chapelet, grains enfilés*, Alc. (sartal de cuentas). — *Petit bijou de peu de prix*, Alc. (joyel). — خَيْط البَنَّا *cordeau, la petite corde dont se servent les maçons pour tracer des lignes droites*, Voc. — خُيُوط *franges*, Auw. II, 533, 9. — خَيْط من ماء *courant d'eau, filet d'eau, source*, Alc. (corriente venaje de agua). — Pl. خُيُوط *vrilles, des pousses en spirale avec lesquelles la vigne et d'autres plantes s'attachent aux corps qui sont près d'elles*, Auw. II, 577, 2 a f.: وفي طرف كل ورقة ثلث خُيُوط الكرم, Bait. I, 252 b: خُيُوط ملتفّة كخُيُوط الكرم.

خِيَاطَة *couture, façon de coudre*, Bc, Vêtem. 44, n. 11. — *Ce qui a été cousu*, Vêtem. *ibid*. — *Suture, couture d'une plaie*, Bc. — *L'infibulation, opération à laquelle on soumet, dans le Soudan, les filles avant l'époque de leur puberté et qui consiste dans l'ablation des grandes lèvres de la vulve, le rapprochement et la réunion des bords de la plaie, qui arrivent à fermer entièrement le vagin, sauf une ouverture d'un faible diamètre, ménagée pour le passage des urines. Cette pratique a pour but de venir en aide à la chasteté des filles jusqu'à l'époque de leur mariage; une matrone rouvre alors, à l'aide d'un rasoir, la plaie cicatrisée*; voyez d'Escayrac 403 (qui écrit incorrectement kheïtat), Werne 25 et suiv.

العَضَلَة الخِيَاطِيَّة *le muscle couturier*, Bc.

خَيَاطَة *verbena nodiflora L.*, Prax R. d. O. A. VIII, 347.

مُخَيِّط infibulée (fille), Burckhardt Nubia 296—7, d'Escayrac 403.

مخياط voyez Bc sous خَيْط.

خيل I c. على aller à, convenir, être juste à, assortir et s'assortir, Bc.

II faire penser, faire croire, Abbad. I, 39, 2, 82, n. 52; c. الى p. faire accroire à quelqu'un, Becrî 101, 14. — Effaroucher, épouvanter, Ht. — خَيَّل الفَرَس manier bien un cheval, Bc; le M l'explique par اركضه.

V, dans le sens de sembler, aussi c. الى (à) p., Gl. Belâdz. — تَخَيَّل فى عَقْلِه se représenter, Bc; — se forger des chimères, se mettre des chimères en tête, se faire des fantômes, des illusions, Beaussier, 1001 N. Bresl. IV, 158, 8, 168, 12. — C. من p. avoir des soupçons au sujet de quelqu'un, Macc. II, 60, 13.
— S'effaroucher, Ht. — Désirer, Alc. (antojar, antojo apetito تَخَيَّل, antojadizo مُتَخَيِّل). — Devenir un cavalier, M (صار خيّالاً).

VI. تخايل فى عقله ان s'imaginer, Bc.

X, en parlant de la pluie, être supposée d'être contenue dans un nuage, Wright 25, dern. l., où السحاب الذى يستخيل فيه المطر est expliqué par مخيلة.

خال tache sur le marbre, Djob. 92, dern. l.

خيل البحر hippopotames, Bat. IV, 425.

خَيْلِى malin, Daumas V. A. 154. — Au Maghrib, خِيرى pour خِيرى ou خِيرى, giroflée, Gl. Esp. 98. خِيَالَة يَمْشِى لِلخيلاء il marche d'une manière orgueilleuse, Voc.

خِيَال, la seule forme correcte (voyez Lane), est constamment خَيَال chez Alc.; dans le Voc. (fantasma) خيال et خَيَال. — Pl. ات (aussi Abou'l-Walîd 214, 7 et 8) idée, vision, chimère, Bc. — Même pl. épouvantail, Alc. (espantajo), Bc. — Nom d'un instrument de musique à Séville, Macc. II, 143, dern. l. — للخيالات, t. de médec., petites taches comme des mouches qu'on croit voir voler dans l'air, M. — خيال الظل ou خيال seul, les ombres chinoises; de petites figures plates, ou bien des marionnettes, qu'on fait remuer derrière un morceau de toile blanche, à l'ombre de la clarté de plusieurs chandelles; — la lanterne magique, Lettre à M. Fleischer 180. — لَعَّاب الخيال qui contrefait les gestes d'autres personnes, bouffon, Alc. (momo contrahezedor).

خَيَّالَة équitation, Bc. — Un tour d'adresse, Maml. I, 1, 153.

خَيَالِى imaginaire, idéal, fantastique, chimérique, Bc.

خَيَّال pl. ة homme de cheval, cavalier, Bc, 1001 N. I, 513, 3 a f., 597, 5 a f., Berb. I, 66.

أخْيَل (1ère sign. chez Fr.), le pl. أخَايل comme nom d'une tribu, Berb. I, 15, 3.

تَخَيُّل imagination inventive, Gl. Abulf.

تَخَيُّلِى imaginaire, Bc.

تَخَيُّلِى القضايا التخييلية les raisonnements qui se tirent de l'imagination (de Slane), Prol. III, 112, 2.

مَخْيَل مَخْيَلَة une sotte femme, Jackson 177.

مَخيلة tour de passe-passe, Djaubarî 5 r°: مَسْيَلَمَةْ 9 r°, الكَذَّاب وكان خبيرا بالمخيلات — من المخيلات. — Equitation, Bc.

مُخَيَّل évaporé, étourdi, Bc.

مُخايِل celui qui montre les ombres chinoises, Maml. I, 1, 153.

خيم I être vain, inutile, sans résultat, Müller 129, 10. — C. a. p., Berb. I, 405, 10: خامَ الرُعبُ la crainte les fit renoncer à leur projet.

II. Dans le vers, Abulf. Hist. anteislam. 118, 5 a f.:
لا تقصد الناس الّا كابن ذى يزن اذ خيّم البحر للاعداء احوالاً
Fleischer traduit: «quando mare ingressus est, hostibus suis perniciem ut strueret;» mais la leçon me paraît plus que douteuse, et rien ne justifie l'accus. احوالا. Chez Ibn-Hichâm 44 (qui a ربّ فى البحر) et chez Masoudî III, 171, la rédaction de ce vers est tout autre. — Dans Berb. II, 137, 1: خيّمت على الابواب بسدادها, il faut corriger «خَتَمَتْ, elle ordonna de fermer les portes;» cf. Lane sous ختم I.

خام brut, non travaillé (diamant), Hbrt 172, M (pierre, bois, etc.). — Verdelet, un peu acide, Bc. — Calicot qui n'a pas été blanchi, nommé aussi Mâlti, Barth IV, 528; calicot de Malte, Espina R. d. O. A. XIII, 152; toile de coton, percale, toile de coton blanche, Bc; خام باس toile d'Osnabruck, Høst 270; pl. خامات, Tha'âlibî Latâif 72, 10, أخوام, M. Cf. Gl. Esp. 134 et Gl. Mosl. Le n. d'un. ة tunique faite d'une telle étoffe, ibid. — Pur (eau), M. — Flegme cru, Gl. Manç.: هو من البلغم الصنف الفج البعيد من النضج, Bait. II, 489 b: البلغم المسمى خاما, cf. I, 237 a, Chec. 192 ٣°: وهو (التخبّر الفطير) يولّد السدد ولحُصى ولخام واوجاع المفاصل. Comme maladie des chevaux, Auw. II, 615, 15, 616, 9. — حصان خام cheval qui n'est pas en haleine, Bc. — عنيبر خام

ambre gris, Bc, Sang., Djauzî 148 v°, 1001 N. III, 66.

خيمة, tente, a dans le Voc. le pl. خوائم et chez Bc خيم. — Toute habitation qui n'est pas en pierres, M. — Banne, grosse toile qui couvre un bateau, Bc. — Souche, famille, Roland. — خيمة للمطر parapluie, Bc.

خامى flegme cru, M.

خيمى transcription du grec χήμη dans la trad. de Dioscorides, chame ou came, genre de coquilles bivalves, de Sacy Chrest. I, 148, 2, où le man. porte خمى, ce que l'éditeur veut changer en خمى, mais l'èta doit avoir été rendu par i long.

خيامة hutte, cabane, Voc. — Cuisine, cheminée, Ht, cuisine, Delap. 172.

د

د, fém. دى, pour ذا, ça, Bc.

دأب I c. على r. faire assidûment une chose, Voc., Cartâs 231, 6 a f.

دأب il n'avait rien de plus pressant à faire que de, Fleischer Gl. 52. Un peu autrement chez Bc: ما لى داب الا انى شغلته على كتفى « je n'eus pas d'autre moyen que de le prendre sur mes épaules; » ما له داب الا انه رضى بذلك il fallut qu'il en passât par là.» — دأبا habituellement, ordinairement, de Jong, Berb. II, 454, 6 a f.; — aussitôt, sur-le-champ, bientôt, Alc. (luego; il a aussi: luego encontinente, min dîbe xuay, et dîbe est encore chez lui: rato a en tiempo, qu'il traduit aussi par ساعة قبيل), Høst 139 داب يجى « er kommt gleich »), P. Becrî 63, 5 (où le dzâl est une faute, et où de Slane traduit à tort: en même temps).

يا دوب عمرى, ۵ quelle manière de vivre!» Mehren 28. دأب = vulg. دوب

دائبا habituellement, ordinairement, continuellement, Gl. Edrîsî, Macc. II, 516, 17, où l'éd. de Boul. a cette leçon, au lieu du دائما de l'éd. de Leyde.

دابولى étoffe fine de soie et de coton, rayée de diverses couleurs, qui se fabrique à Damas, Descr. de l'Eg. XIV, 144 (de Sacy).

داد père nourricier, Voc., Alc. (ayo o amo, amo que cria, criador; il écrit: did, didd, didd et dêde). — Papa, nom que les enfants donnent à leur père, Alc. (taita padre de los niños).

دادا, à Ghadamès, père, Richardson Sahara I, 271. — Titre d'honneur parmi les Berbers, Berb. II, 131, 5: قال أوصى دادا يغمراسن لدادا عثمان وداد حرف كناية عن غاية التعظيم بلغتهم, où notre man. 1350 a constamment دادّا.

داد et دادة nourrice, Voc., 1001 N. I, 624, Bresl. I, 154, 1; bonne, gouvernante d'enfant, Bc, Hbrt 27; nom qu'une dame donne à sa négresse, R. d. O. A. N. S. VII, 244.

داد. الدّاد الوحيد est le nom que le peuple au Maghrib donne au chaméleon albus, Bait. I, 48 c (AB); la comparaison de 19 b et de 51 b semble montrer que c'est le mot berbère اداد.

داذى (cf. Freytag 69 a) goudron, ou selon d'autres, goudron épuré, Most. in voce et v° قطران. — Millepertuis, hypericum, aussi داذى رومى. A Bagdad on broyait ses graines, qui sont amères, et on les jetait dans le vin de dattes, afin de le rendre plus fort et plus odorant, Most. in voce, Bait. I, 409 b et c, Auw. I, 326, 4 et suiv. — Le vin de dattes dans lequel on a infusé les graines du millepertuis, Auw. I, 326, 16.

دارانى. ملح اندرانى = ملح دارانى, Sang., Bat. II, 231, où le man. de Gayangos porte درانى.

دَارْسِنَة la darse; c'est une altération de l'ital. darsena, qui vient de l'arabe دار صناعة, Gl. Esp. 206, n. 1.

دارشك épine-vinette, Most. v° حماص: ويقال للاجيل منه دارشك وقيل هو البرشك.

دارشيْبان (N) دارسيبان (La), virga pastoris, Most. v° نرشيبان دارو.

دارْشِبْشعان aspalathe, Bc, Bait. I, 408, lisez ainsi chez Freytag.

دارصوص cannelle de qualité inférieure, Bait. I, 404 e: الدارصينى الدون وهو الدارصوص المعروف, Most. sous le même mot.

دارَصِينى (الدارصينى) cannelle, Bc, Edrîsî, Clim. I, Sect. 6. La véritable s'appelle دارصينى الصين, Bait. I, 404 e. Cf. l'article qui précède. — Aloès, L (aloen vel aloes).

دارفلفل poivre long, Bc, Edrîsî, Clim. I, Sect. 6 (الدارفلفل).

دارفيل dauphin (poisson), Bc.

دارفيطون = لوف, Most. sous ce dernier mot; dans Bait. A درافيطون; c'est une altération de dracontia, voyez Bait. II, 446.

دَارْكيسَة (pers.), en Syrie, macis, Bait. I, 137 a, 409 e, II, 147, 2 a f.

دارما espèce d'origan marum, Bait. II, 503.

دارهرم réglisse, Most v° سوس: وهو عروق دارهرم.

داروخ (N) ou داروح (La) virga pastoris, Most. v° نرشيبان دارو.

داغ voyez sous دوغ.

داغدان (pers. de داغ et de دان) fourneau, J. A. 1849, II, 273, n. 1.

داكا pour ذاك, celui-là, Bc (Eg.).

دالانى voyez دلاق.

دامجانة voyez دَمَجَانَة.

دامِيثا arbre en Perse qui produit de la gomme, صمغ دامِيثا, Bait. II, 134 d.

دان vulg. pour اذن, oreille, duel دانين; دانين لجدى bétoine, Bc.

دانج ابرونج espèce de graine que les droguistes en Irâc nommaient poivre blanc; on l'appelait aussi carthame indien, Bait. I, 409 f; chez Ibn-Djazla دانج ابرونج; chez Vullers دانج ابرونج.

دانون pheliposa lutea et niolana, Daumas V. A. 382; le même, Mœurs 120: « le danoum qui vaut les navets.» Danoun, nom de tous les pheliposa, dont on mange la racine crue ou cuite, Guyon 211.

داود (David). داود باشا boulette, petite boule de chair hachée, d'oignon et de persil, Bc; cf. Bg 261, M (sous دود).

داودى chantre (proprement: celui qui chante les psaumes de David), Edrîsî, Clim. V, Sect. 1, où les داوديين sont nommés avec les prêtres, les moines et les diacres.

داوداوة (Daumas MS) arbre et fruit, que l'on pétrit en galette et qui, séché au soleil, a, dit-on, goût de viande, Daumas Sahara 332 (daoudaoua); Richardson Central I, 296: « doua doua, round black balls of a vegetable composition, eaten with various dishes as seasoning; it is very abundant in Soudan;» beaucoup de détails chez Prax 23 (daoudoua) et chez le même dans la R. d. O. A. VIII, 6 n.

دَايَة accoucheuse, sage-femme, Bc, Hbrt 27, M, Payne Smith 1575, Lane M. E. I, 244. — ذات دايات, en parlant d'une femme mariée, est celle qui reçoit chaque jour la visite d'une autre femme et qui s'excuse en disant: c'est ma nourrice, ou c'est ma tante, R. N. 31 r°.

دبّ I c. على p., dans un sens obscène, Ztschr. XX, 502. — دبّ السمّ « le poison gagne, pénètre,» Bc. II ramper, Hbrt 68, Ht. — Aiguiser, Bc.

دبّ, lézard, chez Freytag, est pour ضبّ.

دبّ, ours, au fig., ours, animal, homme stupide, automate, personne stupide, balourd, benêt, bête,

دب 421 دبد

brute, butor, oison, Bc. — Le fém. دُبَّة, ourse, forme au pl. دُبَب, Bc. — دبّ البَحْر lamantin, animal amphibie, Bc. — دبّ الوَرْد, nom d'un ة, vers qu'on trouve sur les roses, Alc. (gusano de rosas).

دَبَّة. Comparez avec Lane ce passage de Burckhardt Syria 476: «We travelled over a wide, slightly ascending plain of deep sand, called El Debbe, a name given by the Towara Bedouins to several other sandy districts of the same kind.» — (Turc) descente, hernie; ابو دبّ qui a une descente, Bc.

دُبَيَّة = دُبَّة flacon, bouteille, M.

دُبَاب l'action d'aiguiser un couteau, Alc. (amoladura de cuchillo). — Pointe d'un couteau, Cherb.

(دَبَاب). — Mentha sylvestris, Bait. I, 411 d.

دبيب reptile, Bc, Hbrt 68, mais c'est un collectif, reptiles, Auw. I, 601, 15, 602, 5 a f., 603, 5, 9, 16, 680, 7 (lisez ainsi) 681, 11 (lisez ainsi), Payne Smith 1264, 1279; — serpents, Werne 6.

دبَاب reptile, Hbrt 68; جوَاد دبَاب, ou دباب seul, sauterelles rampantes, Payne Smith 1115.

دَبَّابَة. C'était une espèce de tour, où se plaçaient des soldats destinés à attaquer les murailles d'une place; cette machine avait quelquefois quatre étages, le premier de bois, le second de plomb, le troisième de fer, et le quatrième de cuivre; elle était posée sur des chariots, Mong. 284 b. — Nom d'une pièce qu'on a ajoutée, dans le grand jeu des échecs, à celles du jeu des échecs ordinaire, Vie de Timour II, 798, dern. l. Chaque camp en avait deux qui marchaient d'abord comme le roi, mais qui, plus tard, sautaient comme les cavaliers, van der Linde, Geschichte des Schachspiels, I, 109. — Boulette de viande crue, M. — دبَابة الأنبيق serpentin, tuyau d'étain ou de cuivre étamé qui va en spirale depuis le chapiteau d'un alambic jusqu'au bas, et qui sert à condenser le produit de la distillation, Auw. II, 409, 22, 410, 2, 6; Clément-Mullet (II, 397, n. 1) veut lire ذُنَابة, ce qu'il traduit par «queue,» mais la comparaison du mot fr. serpentin avec la racine دبّ et ses dérivés suffit pour montrer l'inutilité de ce changement.

دَبَّابَة vers, Bg.

دَابَّة reptile, R. N. 62 vº: دخلت على جبلة بين العشائيين وهو يأكل بطنها فقلت له ان رائحة هذا تخرج الدواب يعنى الحمام (الحيّات) فقال انّها مرسولة (envoyés par Dieu, ils ne viennent que lorsque Dieu le veut). — Chez le vulgaire, qui prononce دَابَة (sans techdîd) ou دَبَّة, soit monture en général, soit âne en particulier, M. — دابَة البَحْر baleine, Voc.

دُوَيْبَّة insecte, Bc, Hbrt 70.

دبج II exprimer sa pensée avec élégance, Macc. II, 362, 17.

V s'orner de vêtements de soie de différentes couleurs, Lettre à M. Fleischer 58—9. — Au fig. c. مع p., orner son esprit en communiquant à un autre les traditions que l'on connaît soi-même, et en apprenant de lui celles qu'on ne connaît pas, Fleischer sur Macc. I, 507, 3 a f. Berichte 193, Lettre à M. Fleischer 58—9; cf. مُدَبَّج.

دِبَاجَة fabrique de ديباج, Voc.

دَبَّاج fabricant de ديباج, Voc.

دِيبَاج dans le Voc. purpura (cendat). — Au fig., Macc. II, 430, 13: وهذا من بارع الاجازة وكم لاهل الأندلس من مثل هذا الديباج الخسروانى, «cette manière brillante.» S'emploie, de même que ديباجة, en parlant des veines dans le bois et dans les pierres dures, Gl. Edrisî.

دِيبَاجَة au fig., le poème que quelqu'un a composé, Prol. III, 357, 10. — Pureté, élégance de style, Khallic. I, 178, 8: كان واحد عصره فى ديباجة لفظه, Macc. III, 30, 3: لم يصف احد النّهر بارق ديباجة, Haiyân 34 rº: ولا اطرف من هذا الامام انيق مطبوع, Khatîb 73 vº: سلس المقادة حسن الديباجة. — Voyez l'article qui précède.

مُدَبَّج élégant, beau; une belle jeune fille à un بطن مدبج, 1001 N. I, 57, 2 a f. — Chez les traditionnaires (cf. la Vᵉ forme) c'est: رواية القرينين او المتقاربين فى السنّ واسناد احدهما عن الآخر, M.

دبج.

دبج barbe-de-bouc (plante); scorsonère, Bc.

دبد.

دابد, compas, est pour ضابط (voyez).

دبدب I, en parlant d'un petit enfant, *marcher à quatre pattes*, marcher sur les pieds et sur les mains, M. — *Trépigner*, Bc. — C. في *balbutier, hésiter à*, Ht.

دَبْدَبَة *tintamarre*, Cherb. (qui écrit incorrectement ضَبْضَبَة).

دبدوبة *pointe*, Bc.

مُدَبْدَب *étourdi, écervelé*, Ht.

دبر II, en astrol., *régir* un climat (planète), Macc. I, 88, 6, 8, 10, 13; *présider, présider aux événements, en avoir la direction* (planète), Prol. II, 189, 10 et 16. — دبّر اعواد الشاه *jouer aux échecs*, Macc. I, 480, 3 a f., et simplement التدبير en ce sens, 481, 5. — *Exploiter* une mine, Edrîsî, Clim. II, Sect. 5: وفي ثوبنه اذا دُبّرت استخرج منها ذهب صالح — *Préparer des médicaments*, Bc. — *Conseiller, engager*, Ht. — قلّة تدبير *excès, manque de mesure*, Alc. (desmesura; بلا تدبير desmesurado). — C. r. *chercher le moyen de* faire une chose, Nowairî Espagne 480: انا دبّر في قتله عشرة مناع, 1001 N. I, 25, 4: — C. على p. *chercher le moyen de nuire à quelqu'un, ou de le punir*, Khaldoun IV, 7 v°: ادبّر في هلاكه. — فداخله في التدبير على اهل طليطلة — *Être blessé sur le dos par la selle* (bête de somme), *avoir au dos des ulcères* (دَبَر) *causés par le frottement de la selle*, Alc. (matarse la bestia). Cette signif. conviendrait mieux à la V° forme qu'à la II°, et me fondant sur le Voc., qui les donne toutes deux comme *pustula*, mais en indiquant que la II° se construit avec l'accus., je serais tenté de penser que la véritable signification de cette dernière est: *blesser une bête de somme au dos, lui causer des ulcères au dos, en parlant de la selle*.

V *s'arranger, accommoder ses propres affaires, aviser à ce que l'on aura à faire*, Bc. — Voyez sous la II° forme, à la fin.

X. مستدبرًا *à rebours*, Berbr. I, 486, 2: ثمّ جلد استدبره بسهم — على بردون مستدبرا *il lui tira une flèche dans le dos*, Kâmil 337, 3.

دبر pl. دبار *écueil*, Bc.

دَبَرَة *ficelle*, Ht.

دَبَرَة *toux, coqueluche*, Alc. (pechuguera).

دَبَار *postérité*, Amari MS: cela sera obligatoire عليهم كلّهم وعلى اولادهم وكبيرهم وصغيرهم ودبارهم واخوتهم ❊

دبر et دبر القبلة, en Sicile *le nord*, Amari MS; cf. دَبُوري.

دَبارة *ficelle*, Bc, Hbrt 79.

دَبُورة *bosse, élevure par suite de contusion*, Bc.

دَبُّوري, en Sicile *septentrional*, Gregor. 36, 10: الحدّ الدبوري où ce mot ne peut pas signifier „occidental," car الغربي est nommé dans la ligne suivante; lisez de même Gregor. 40, 6.

دَبُّور pl. دَبَابِير *bourdon, grosse mouche, frelon*, L (fucus), Alc. (tavarro especie de abispa), Bc, M, 1001 N. Bresl. XII, 274. — *Reine-abeille*, L (oestrum ملكي). — طقطق شعيرك يا دبور النحل وهو الدبور. — *cligne-musette*, jeu d'enfants, dont l'un ferme les yeux, les autres se cachent, pour être découverts et pris par lui, Bc.

دَبُّورة *instrument pour tailler les pierres*, M.

دابر, t. de marine, *sous le vent*, J. A. 1841, I, 588.

دَبِيران, nom d'un. ة, *guêpe*, Voc.

تدبير *regimen animi et vitæ*, Gl. Abulf. — *Diète, régime de nourriture*, M, Müller S. B. 1863, II, 11, dern. l, 17, n. 4, pour تدبير الأكل, comme on trouve chez Bc. — *Traitement d'une maladie*, M: وعند الاطبّاء التصرّف في العلاج باختيار ما يجب ان يُستعمل. — (Dérivé de دُبُر) *lavement, clystère*, M. — علم تدبير المنزل, ou الحكمة المنزلية, est: la science qui enseigne ce qu'il faut observer dans une demeure pour y loger convenablement une famille, les parents et les enfants, les maîtres et les domestiques, M.

تَدْبِيرَة *statut, ordonnance*, Alc. (estatuto o ordenacion).

تَدْبِيري *administratif; économique*, Bc.

مُدَبِّر. الماء المدبّر, t. de médec., *tisane*, eau dans laquelle on a fait bouillir certaines substances pour en composer un breuvage que le malade doit prendre plusieurs fois par jour, comme l'eau d'orge, M. — المحمودة المدبّرة, t. de médec., *scammonée qu'on a rôtie* dans un morceau de pâte ou dans une pomme, afin de détruire ses qualités nuisibles, M; cf. Dodonæus 698 b.

مُدَبِّر, chez les moines, celui que consulte le général de l'ordre, M. — Patron d'une barque, M. — Ingénieur, Descr. de l'Eg. XVI, 48.

مَدْبُور infortuné, malheureux, 1001 N. IV, 185, 3 a f.

دبرك mail, massue, Bc.

دبز

دَبْزة poing et coup de poing, Domb. 87, Cherb., Ht, Daumas V. A. 295.

دبز العرب senecio, Prax R. d. O. A. VIII, 280.

دِيبزّى sorte d'étoffe fabriquée en Arménie, Bat. I, 163; mais la leçon n'est pas certaine, voyez note p. 433.

مُدَابِزى querelleur, batailleur, Cherb.

دبز I pousser, repousser, écarter avec force, Alc. (enpuxar a lexos).

دبس II, en parlant d'une alêne, est quand sa pointe se met en boule et s'émousse, M. — En parlant de raisins, devenir aussi doux que le dibs, M. — En parlant de moût qu'on fait bouillir, devenir du dibs, M. — Faire devenir du dibs, M.

VII se courber, Voc.

دِبس mélasse, Bc. — Thymélée, garou, trentonel, Alc. (torvisco mata conocida). Chez Hœst 309, c'est le nom d'une herbe avec laquelle on teint le maroquin en jaune.

دبسة et دُبْسة noirceur, Voc.

دِبسى (plante) = دوس, Payne Smith 860.

دَبُوس massue casse-tête, longue d'environ deux pieds et terminée par une tête revêtue de fer, qui a environ trois pouces de diamètre, Ouaday 111; cf. Maml. II, 1, 137; — massue incrustée de nacre et de coquillages que les négresses tournent sept fois autour de la tête des femmes malades pour les guérir, Cherb. (دَبُّوزة); — بالدبّوس par contrainte, Bc. — Epingle, Bc, Hbrt 82, M, Ht, Barbier.

أدْبَس noir, Voc.

دبش

دَبْش, n. d'un. ة, gravois, menus débris de murs démolis, Bc, M.

دَبْش gros, M.

دَبْشة fourré, M. — Motte, petit morceau de terre détaché, Bc.

دُبُوش bagatelles, babioles, Alc. (baratijas).

دبع

دَبُوع ciron, très-petit insecte, Bc.

دابع n'existe pas à vrai dire, mais à cause de la ressemblance du son on l'ajoute à تابع, et l'on dit التابع والدابع dans le sens de tout le monde, Gloss. de Habicht sur le IIIe volume de son éd. des 1001 N. Dans l'éd. de Macn. التابع والمتبوع.

دبغ I fortifier l'estomac, Djauzī 143 v°, 144 r°: الكرفس يدبغ المعدة ويقوى البدن, 145 r°: يدبغ المعدة Bait. I, 24, 78 e, 210 a: فإن كان يريد دبغ المعدة, II, 6 a, 380 b: وهو, 212 a, التى ضعفت من الرطوبة; دابغ للمعدة مرارته وعفوصته fortifier, en parlant de l'action exercée par la chaleur solaire sur la peau du végétal, Auw. I, 176, 9, 20. — Se tacher, M.

V se tacher, M.

دَبْغ tache, M.

دَبْغة tache, Roland.

دباغة mélange de tan et de goudron, Aïachi, Berbrugger 92 (debbara).

دباغى «Si les laines sont séparées des peaux par la chaux, aux tanneries, elles s'appellent deblaghia» (sic), Godard I, 210.

دَبَّاغة tannerie, Bc, M.

أدبغ plus fortifiant, Bait. I, 164 a: ولا شىء أدبغ للمعدة منه

دَنّ المدبغين jarre du tanneur, Descr. de l'Eg. XII, 473.

مَدْبُوغ Alc. donne: sahornado de sudor, madbok. Ce terme esp. signifie (voyez surtout Victor): celui qui, par suite d'un échauffement ou d'une longue marche, s'est écorché en suant les pieds ou la partie du corps entre les cuisses; et comme مدبوخ ne conviendrait en aucune manière, je pense qu'Alc. a confondu ici comme ailleurs le خ et le غ; cf. le passage d'Auw. que j'ai cité sous I.

دبق II, c. a. p., au fig., *attraper* une personne, 1001 N. Bresl. IX, 222, 4. — *Enduire de glu*, Hbrt 184.

يدبّق gluant, Bc; *poisser, salir avec quelque chose de gluant*, Bc.

دبق *pipeaux*, branches enduites de glu pour prendre les petits oiseaux, Bc. — *Sébestier*, Bait. II, 4ᵇ.

دَبوقَى = دِبِيقَى, Antar 2, dern. l.

دَبُوقِيَّة *une esclave qui a la poitrine potelée, dodue*, Richardson Central II, 203.

دبك I, aor. o, n. d'act. دَبْك, et II *piétiner, remuer les pieds, faire du bruit avec les pieds*, Bc, Cherb., M, *trépigner, trémousser et se trémousser, tracasser*, Bc. — دبك الوعاء *remplir une boîte en pressant, en serrant avec force*, M. — دبكه على الارض *il le terrassa, il le jeta de force par terre*, M.

دَبْكَة *piétinement*, Cherb, *bruit des pieds de personnes qui sautent, courent, trépignement, trémoussement, tracas*, Bc; dans le M نَوْع من الرقص.

دبيك *comme épithète d'un chameau*, 1001 N. Bresl. XII, 224, 3 a f.

دبل I c. a. p. *ennuyer quelqu'un et lui procurer la maladie dite* الدُّبْلَة, M.

دَبْلَة pl. دَبَل *anneau, bague sans chaton*, Bc, Hbrt 22, Lane M. E. II, 407. — *Virole, petit cercle de métal autour du manche*, Bc.

دَبْلَة pl. دَبَل *carafe ou bouteille*, Voc. (fiala). — (Esp. dobla) pl. دبلاش *double (monnaie)*, chartes grenadines.

دبلى *mitraille*, Cherb.

دَبَلُون (esp. doblon) *doublon (monnaie)*, Bc, M.

دَبْلَة. Le Gl. Manç., après avoir donné la signif. de ce mot dans la langue classique, ajoute qu'il désigne chez les médecins: *un ulcère dont le pus est ichoreux, à quelque endroit du corps qu'il se trouve*; dans L *apostema*. — *Anxiété, tristesse*, Voc.

دُبْلِيس, *anneau*, Hœst 120, semble une altération de دمليج (pour دملج).

دبن

دْبَان voyez دْفَان.

دبى I *ramper*, Bc.

دَبَا *à présent*, Bc (Barb.); peut-être pour دَأْبَا (voyez).

داب et دَبَى *rampant, bas, vil*, Bc.

دبيداريا (A; de même dans B, mais sans points) nom d'un légume indien, Bait. I, 410 c.

دثّأ

دَثْثَى se trouve chez Lane sous دَفْثَى, dont c'est le synonyme, et dans le Calendr. 62, 4, comme le nom de la pluie qui tombe vers le 10 juin.

دثر

I. Le n. d'act. دَثْر dans le Voc.
II *abriter*, Alc. (abrigar).
IV *faire disparaître, effacer*, Abbad. I, 38, 10.
V *s'abriter*, Alc. (abrigarse).

دَيْثُور *figues précoces*, aussi دَيْفُور, M.

تَدَثُّر *abri*, Alc. (abrigo).

دج

دج *perdrix*, Bait. I, 414 b. — *Grive*, Bc (Alep) Hbrt 184 (Alg.). — *Pinson*, Bc. — دج الامير *amarante*, Bait. I, 415 c (mal traduit par Sonth.).

دجاج هندي *dinde*, Bc, Roland, Pagni MS; aussi دجاج صوري, Pagni MS. — دجاج الارض *bécasse*, Bc; aussi دجاجة عمشاء, Bc, دجاجة الغابة, Alc. (gallina ciega ave), دجاج قرنبيا, Hbrt 184. — دجاج الماء *plongeon*, oiseau aquatique, Alc. (somorgujon ave); — *foulque, poule d'eau*, Bc. — الدجاج البحريّة nommés Calendr. 59, 2. — دجاجة الذهب بأولادها, nom d'une capitation que chaque juif au-dessus de treize ans paya annuellement dans l'empire du Maroc et qui s'élève à quatre francs. Autrefois les juifs payaient ce tribut en nature, en donnant une poule avec ses poulets, Gräberg 219.

دَجَّاج *celui qui prend soin des poules*, Alc. (gallinero que cura las gallinas, pollero que los cura).

دجل

دَيَاجُوج .Le pl, Mufassal éd. Broch 174, 1.

دجل

دَجَالَة race de nains, Prax R. d. O. A. VI, 287, n. 1.

دجن

II dans le Voc. sous tributum; voyez مُدَجَّن.

V devenir Mudéjar (voyez مُدَجَّن), Gl. Esp. 322; dans le Voc. sous tributum.

أهل الدَّجْن ou الدَّجْن seul, les Mudéjares (voyez مُدَجَّن).

دَجْن est employé par Saadiah dans le sens de l'hébreu דָּגָן, blé, Merx Archiv I, 51, n. 2.

شَقّ بدجانة، دَجانَة carrefour, l'endroit où se croisent deux ou plusieurs chemins ou rues, Alc. (encruzijado).

داجن pluie, Diw. Hodz. 125, vs. 5. — Pigeon privé, Khatîb 12 v°: وقصاب للحمائم والدواجن مائلة.

مُدَجَّن, d'où vient l'esp. Mudéjar, désigne celui (le musulman) auquel on (le vainqueur chrétien) a donné la permission de rester là où il est, à la condition qu'il paye un tribut; c'était le terme par lequel on désignait les Mauresques qui vivaient sous la domination chrétienne, et qu'on appelait aussi أهل الدَّجْن ou الدَّجْن tout court, Gl. Esp. 321—2, 425. Dans le Voc. مُدَجَّن est tributarius.

دجنبر

décembre. Les voyelles sont chez Djob. 139, n. b, دَجَنْبَر chez Ibn-Loyon 8 v°: دُجَنْبَر, dans le Voc. دَجَنْبَر.

دح

دُحّ, n. d'un. ة, tessons, M. — Parole caressante dont on se sert en parlant à un petit enfant (الشيء الظريف يخاطبون به الاولاد الصغار), M.

دحدر

II, descendre, aller en pente, Bc.

دحديرة calade, terrain en pente, descente, Bc.

دحرج

دحريجة roulette, jeu de hasard, Bc.

دُحَيْرِجَة petite graine qui se trouve parmi le froment, M.

دحس I c. a., II et VII dans le Voc. sous pugnus.

دحس, pl. ات et دَحَاسى, poing, Voc.

دُحَاس cal, durillon, callosité, cor; engelure, Bc.

نَحِيس. L a: opacus: سَفِيق نَحِيس.

دوحاس vulg. pour داحس, paronychia, M.

دحش I, aor. a, n. d'act. دَحْش, fourrer, faire entrer dans une affaire, glisser, insinuer, Bc, M.

VII s'ingérer, se fourrer, Bc, M, Bâsim 112: ووقف في جملة العشرة البلدارية اصحاب النوبة واندحش بينهم وانت من اين حتى تجسست قصرى واندحشت مع بلدارية 117.

دحض II rejeter un livre, en nier l'autorité, l'exactitude, Macc. II, 52, 17.

دحو I faire des jardins, Macc. I, 304, 18. — Pétrir, Macc. I, 533, 15. — L a أَدْحُو sous dimergo et mergo.

III voyez Diw. Hodz. 215, vs. 8.

VI chez al-Fâkihî (Wright).

VII = V, Saadiah ps. 36, 62.

ادحى النعام أَدْحَى nom de neuf étoiles de la constellation de l'Eridan, Cazwînî I, 39, 2.

أدْحِيَّة nid d'un oiseau, Bidp. 10, 1 = عُشّ, l. 3.

مِدْحاة. Le passage du Diw. Hodz. cité par Freytag se trouve dans l'édit. 216, 1 et 2.

دخ interjection, P. Prol. III, 431, 9, où de Slane traduit chut! ce qui ne convient pas trop bien.

دخر et ses dérivés, voyez sous ذخر.

دخس II c. a. dans le Voc. sous claudicare, où l'on trouve aussi مُدَخَّس.

دَخَس voyez Auw. II, 640, 18, où Clément-Mullet traduit ulcère en pince au boulet.

دُخَس, dauphin, دَخَس chez Niebuhr B. 168; selon Djaubarî 8 v°, ce poisson portait ce nom à Baçra: سمكة يقال لها الدخس (l. الدخس) في البصرة وفي مصر تُسَمَّى الدرفيل.

دخسيسا (AB) nascapthon (البنك) et oleum balsami, Bait. I, 416 b.

دخش.

المُدَاخَشَة *commerce,* liaisons, rapports que les personnes ont les unes avec les autres, M.

دخل I. Pour *entrer par une porte,* on trouve دخل على الباب, Cartâs 38, 7 et 8. — *Etre profond* (blessure), Alc. (entrar hondo la herida). — دخل تحت راسه, *s'insinuer dans l'esprit de quelqu'un, enjôler,* Bc. — ان لبسّت تدخل من تحت طريقة زوجها «si une femme ne veut pas se conformer à la façon de vivre de son mari,» de Sacy Chrest. II, ٨١, 2. — C. على p., en parlant du temps (cf. Fr. et Lane), p. e. Macc. II, 102, 2 a f.: دخل على سنة شهر رمضان, Cartâs 180, 13. — C. على p. *en faire accroire, tromper,* Bc. — C. على r. *consentir à,* Amari 511, 9. — C. على r. *s'approprier une chose,* Macc. I, 417, 8: موشحة دخل فيها على اعجاز نونية ابن زيدون. — C. على p. et في r. *arracher une chose à quelqu'un, l'en priver,* Bidp. 269, 2. On emploie même دُخل dans le sens de أُخذ, *être arraché, volé,* Cartâs 39, 3 a f.: دخل جميع ما فيه من اموال الأحباس «où un man. porte أخذ. — دخل في عرضي *il a attaqué mon honneur,* Journal of the R. Asiatic Society XIII, 37. — دخول, t. de mus. *chant,* 1001 N. Bresl. VII, 95, 10: Quo ditos-vous دخول هذه الجارية, où l'éd. Macn. a أدخل; cf. دخول في الراس; و في صوت est chez Alc. *sossncamiento,* mais le sens de ce terme ne m'est pas clair; cf. sous خلف II.

II *mettre, cacher dans son sein,* Alc. (meter en el seno).

III. داخلنا من الخبز شي «nous commençâmes à soupçonner un peu l'origine de ce pain» (nous commençâmes à douter s'il était bien حلال, et si, par conséquent, il nous était permis d'en manger), R. N. 83 v°. — C. a. p. *parler avec quelqu'un pour lui conseiller une chose,* etc., Khatîb 91 v°: lorsqu'il fut venu à la cour de son cousin pour lui rendre l'hommage, داخله بعض ارباب الامر محذرًا ومشيرًا بالامتناع. — C. a. p. et r. *parler avec quelqu'un,* le consulter *sur une affaire,* Abd-al-wâhid 40, 3 a f., Ibn-Khaldoun IV, 7 v°: فداخله في التدبير, ibid.: داخله في القلع على اهل طليطلة. — C. a. p. *courtiser, faire la cour à quelqu'un par intérêt,* Bc,

Abbad. I, 46, 8: il cherchait à s'emparer de Cordoue مداخلة اهليها «en courtisant les citoyens de cette ville,» Khatîb 64 v°: فداخله حتى عقد معه صهرا على بنته. — *Etre curieux, indiscret,* Bc. — Vulg. pour la IVe, Catal. des man. or. de Leyde I, 155, 9.

IV *introduire dans la religion des nouveautés, des hérésies,* Gl. Fragm. — *Enfoncer les rangs, les percer, les renverser en y pénétrant,* Cartâs 158, 2 a f. — *Tracer,* Bat. III, 59: نقوش مبانيها مدخلة, باصبغة اللازورد, où la trad. porte: «les peintures de ses édifices, tracées avec de la couleur d'azur.» — ادخل بين الناس dans le Voc. sous *diseminare,* dans le sens, à ce qu'il paraît, de زرع الشر بين الناس qui précède, et de اغرى بين الناس qui suit (avec «concitare» dans une note), *exciter les hommes les uns contre les autres.* — ادخل رأيًا على فلان *consulter ensemble sur quelqu'un,* Voc.

V c. على p. *prier, demander par grâce,* Bc, 1001 N. I, 18, 6 a f., 38, 13, 271, 5, 8, Bresl. II, 160, 7, *prier quelqu'un* (على) *de* (في أن), Macn. II, 691, 9, (بأن), Bresl. II, 80, 12; le M donne cette explication: والعامّة تقول تدخّل عليه اى توسّل اليه بقوله انا دخيلك اى مُتَرامٍ عليك. — C. a. p. *excuser quelqu'un, donner des raisons pour disculper quelqu'un d'une faute,* 1001 N. Bresl. III, 129, 5, où l'éd. Macn. porte اعتذر عن.

VI c. في *entrer dans, se mêler de, s'immiscer, s'intéresser, s'interposer, intervenir, se fourrer, se mêler indiscrètement de quelque chose,* Bc. — C. على p. *prier, supplier,* comme la Ve, 1001 N. II, 688, 15, III, 80, 11, Bresl. XI, 396, 6.

VII dans le Voc. sous *introducere; se perdre dans la foule,* بين الناس, Berb. I, 3, l. 8, *dans,* في, *une autre tribu,* ibid. 22, 10.

دَخْل, *importation,* l'opposé de خرج, *exportation* Gl. Edrisî. — الدُّخول *les personnes qui sont dans l'intimité d'un prince, ses confidents, son entourage,* Haiyân 58 r°: وبادر أمية الصعود الى أعلى القصر فيمن خلص معه من غلمانه ودخوله. — دَخّلك *de grâce, je vous en prie, supplie,* Bc.

دَخْلَة *entrée, l'action d'entrer,* Alc. (entrada), Bc, Cartâs 71, 10 a f., 5 a f., 209, 10. — وجد فيهم الدخلة *il parvint à se former un parti parmi eux* (de Slane), Berb. II, 95, 8 a f. — أَقَلُّ دَخْلَتِهِ, en parlant d'un prince, *les personnes qui sont dans son intimité, ses confidents, son entourage*, Gl. Edrîsî, Müller L. Z. 28, 2, Abou-Hammou 83: ثُمَّ تدعو الى دَخَّلِيْهِ, الدخول اشياخ دخلتك autres exemples sous et sous ساقة. Le mot دَخْلَة s'emploie isolément dans le même sens, Gl. Edrîsî, Berb. I, 508, 3 a f. (Tunis): كان مقدّمًا على بطانة السلطان المعروفين بالدخلة, 518, 9, Abou-Hammou 80: يــنــبــغــى لك أن تتّخذ دخلة من لحماة الاجناد. Dans le Voc. *familia*.

الدَّخَّلِيْنَ, Holal 12 r°, en parlant de Yousof ibn-Téchoufîn dans l'année 470: وضمّ طائفة اخرى من اعلاجه واهل دخلته وحاشيته فصاروا جمعا كثيرا وسمّى الدخلييـــن ٭

دُخُول *la consommation du mariage; — la noce*, Maml. I, 2, 23.

دَخِيل *protégé, celui qui est sous la protection d'un autre* (cf. Lane), p. e. دخيلك يا شيخ, Burton II, 97 («I am thy protected»), cf. 113, Bat. III, 336, Cartâs 156, 11, 247, 8, 270, 15. — *Intrus*, Bc; دَخَلاء للجند *les intrus dans l'armée*, c.-à-d. *ceux que le hasard a fait soldats, qui n'étaient pas destinés à l'être*, Haiyân-Bassâm III, 142 r°. — *Proselyte*, Bc, Hbrt 160. — دَخَلاء عليه في *le priant de* (de Slane), Berb. I, 616, 4 a f. — دخل عليه الدخيل من فلان *être trompé par quelqu'un*, 1001 N. Bresl. XI, 330.

دَخْلَة *ration, portion journalière*, Macc. I, 372, 3 a f., 384, 3 a f. — *Présent au delà du prix convenu, pot-de-vin*, Gl. Esp. 40. — *Robe de dessous*, Dunant 202 (dakéla).

دَخْلَة est *familia* dans le Voc., de même que دَخْلَة.

دَخِيلَة, *confident*, a le pl. دَخَائِل, Kâmil 792, 9.

دُخَّل نوبة الدخل *bande de musiciens*, M.

دَخَّال. Le Voc. a سَيْف دَخَّال, *ensis*. C'est: *une épée qui cause des blessures profondes*. — دَخَّال بَيْن النــاس *celui qui excite les hommes les uns contre les autres*, Voc. — دَخَّال الأُذُن *millepieds, scolopendre*, Payne Smith 1554.

دَاخِل المدينة الداخلة *la ville intérieure, la cité*, par opposition à المدينة البرانية, Haiyân-Bassâm III, 49 r°, Athîr X, 432, 10. — *Importation*, l'opposé de خَارِج, *exportation*, Gl. Edrîsî. — داخل النَّهَار est *l'heure du déjeuner*, Mohammed ibn-Hârith 330: وكان السوقـــى قد اخرج في كمّه من بيته خُبْزًا يتغدّاه في حانوته في داخل النَّهَار ٭

دَاخِلَة semble signifier *embarras, affaire fâcheuse* chez Macc. I, 558, 1: ولكنّك تَدْخُل علينا به داخلة فإن أَعْفَيْتَنَا منه فهو احبّ الينا ٭

دَاخِلِيّ *intérieur, interne*, Bc.

أَدْخَل *entrant plus*, Mufassal éd. Broch 188, dern. l. — *Plus apte à entrer*, Abou'l-Walîd 350, 26. — *Chantant mieux*, 1001 N. Bresl. VII, 95: أَنْ زُبَيْدَة احسن كانت أَدْخَل منها, où l'éd. Macn. (II, 97) a صوتًا; cf. sous la Ire forme du verbe.

مَدْخَل pl. مَدَاخِل *entrée, occasion, ouverture*, Bc. — *Appartenance, dépendance, accessoire*, Alc. (pertenencia). — *Les éléments d'une science*, Notices 182, n, l. 4. — J'ignore comment il faut traduire ce mot chez Djob. 296, 16: وتحت الغارب المستطيل المسمّى النــســر الــذى تحت هاتين القبّتين مدخل عظيم هو سقف للمقصورة ٭

مَدْخُول *controuvé, supposé*, Prol. I, 16, 12, II, 196, 2 a f., Mohammed ibn-Hârith 267: وفي فيما أرى حكاية مدخولة, Bc; — *recette*, Bc; — *émolument*, Bc.

مُدَاخِل *courtisan, qui cherche à plaire, assidu par intérêt*, Bc. — *Curieux, indiscret*, Bc.

مُدَاخَلَة *intervention*, Bc. — *Curiosité*, Bc.

مُتَدَاخِل *interpolé*, Berb. II, 3, l. 6. — عـــدد مُتَدَاخِل *aliquote (partie)*, t. de mathém., *nombre contenu juste dans un tout plusieurs fois*, Bc.

دخن

دَخَنَ I. دخن على البقّ *chasser ou faire mourir les punaises par la fumée, les asphyxier*, Gl. Fragm.; mais je crois qu'il faut prononcer دَخَّنَ; voyez Lane sous la IIe forme à la fin.

V *fumer, jeter de la fumée*, Abou'l-Walîd 552, 34.

دُخْنَة = دُخْن, *millet*, Voc.

دَخْنَة, *fumée*, Hbrt 197 (دُخْنَة), *bouffée*, masse de fumée, Bc; *fumées*, vapeurs qui s'élèvent au cerveau, Bc.

دُخَّان, *fumée*, forme au pl. دَخَاخِين, Voc., de Sacy Chrest. I, 68, 5. — *Suie*, matière noire et épaisse que la fumée laisse en son passage, Most. in voce, où on lit que c'est ce qu'on nomme en espagnol فلمين, c.-à-d. *hollin*, Bait. I, 415 e, de Sacy Chrest. I, 252, 7, cf. 250, 20. — De même que دُخْنَة, *parfum*, *encens*, substance dont on se sert pour faire des fumigations, Gl. Edrîsî. — *Des beignets à l'huile*, Gl. Edrîsî. De là le nom d'un marché à Fez, سوق الدخان, Cartâs 41, 11. Tornberg, qui a traduit (p. 57) « le marché à tabac, » semble avoir oublié qu'il ne peut être question de tabac dans un livre qui a été écrit longtemps avant la découverte de l'Amérique, et Léon, dans sa description de Fez, p. 299, parle du même marché en ces termes: « Post hæc locus est, quem illi a fumo, fumosum appellitant: hic panem oleo frictum reperies illi persimilem, qui apud Romanos melleus dici solet. Huius maxima quotidie venditur copia » etc. — دخان للمضغ *chique*, tabac à mâcher, Bc. — Dans l'Asie Mineure, *demeure d'un chef*, Gl. Belâdz. 32 à la fin.

دَخْنَة pl. دَخَاخِين *cheminée*, Alc. (chimenea).

دُخَّانِي *enfumé*, Nowairî Egypte, man. 2 m, 192 rº (= Maml. I, 2, 63, l. 2): شاش دخاني عتيق. — *Celui qui vend des beignets à l'huile*, Gl. Edrîsî.

داخِن *sombre*, Hbrt 256.

داخُون *cheminée*, M.

مَدْخَن *cheminée*, Voc. — Maisonnette fortement échauffée au moyen d'un four, où la chaleur et la fumée font éclore les œufs des vers à soie, Bg 718, M.

مَدْخَن سمك مدخن *saur* (hareng), et seul *hareng saur ou fumé*, Bc.

مَدْخَنَة pl. مَدَاخِن *cheminée*, Domb. 80, Bc, Hbrt 196, M, Ht, Delap. 85, Martin 105.

ددى III *mitonner, dorloter, cajoler*, Bc.

دَرّ IV *rendre abondant, donner en abondance*, Gl. Belâdz., Abbad. I, 243, 9, Calâïd 54, 3 a f.

X *demander qu'il (un bienfait) soit grand*, Amari Dipl. 14, 2 a f.

دُرّة pl. دُرَر *natte fine dont on couvre la muraille d'une chambre*, Alc. (estera delgada de pared). —

حُمّى الدرّة *fièvre de lait*, celle qui vient aux femmes dans les premiers jours de leurs couches, M.

دُرّة *la perruche à collier couleur de rose, Psittacus Alexandri L.*, Les oiseaux et les fleurs 173, déjà cité par Fr.; *perroquet*, Alc. (papagayo), Gl. de Habicht sur le Iᵉʳ vol. de son édit. des 1001 N., M.

دُرّي comme adj. formé de دُرّ, « perles, » درّى اللون, Hist. des Benou-Ziyân 96 vº.

دَرِيَّة nom d'une labiée, Prax R. d. O. A. VIII, 283.

درار voyez ذرار.

درور = دَرِير *rapide*, P. Kâmil 672, 8 et n. j.

دُرور العروق, t. de médec., *enflure des veines*, M.

درّار سكك *batteur de pavé*, Bc.

مُدَرَّر. اطلس مدرر, 1001 N. Bresl. I, 332, 1; Habicht traduit dans son Glossaire *orné de perles*; l'éd. Macn. (I, 132) a مزرر.

دَراسَج (pers.) signifie *lierre* ou *liseron*, selon le Dict. pers. de Richardson; chez Bait. I, 419 d, on trouve que c'est, selon quelques-uns, *la chondrille*, et selon d'autres, *le petit liseron*.

درافيل *espèce d'eryngium*, Bait. I, 419 c; c'est la leçon de BEL, et l'ordre alphabétique semble montrer qu'elle est la véritable; AD دارفيل H دارافيل.

درانج *doronic*, Bc.

درب I *étudier*, دَرَّبَ العلوم, Abbad. I, 201, 14, et l'on trouve le n. d'act. دُروب en ce sens, ibid. 203, n. 39, comme si le verbe n'était pas دَرَّبَ, mais دَرَبَ. — Le Voc. a دَرَبَ, c. ف, *savoir*. — C. على r. *être exercé à*, voyez Lane, de Slane Prol. I, p. LXXIV, col. 2: كتاب قد دربوا على أمثلة الدعاوى, Haiyân-Bassâm III, 3 vº: دربوا على الركوب.

II *instruire, enseigner*, Khatîb 29 vº: فذون واسمع ودرّى ودرّب (où la bonne leçon واسمع se trouve dans

le man. B; G porte استمع (واستمع), 87 v°: ولم أرَّ فى متصدّرى
بلدى أحسن تدريبا منه; chez Macc., qui cite ce passage III, 202, تـدريـبـا. — Cette forme, c. a., se trouve dans le Voc. sous porta, où on lit dans une note: quando claudit vicum. C'est donc : *fermer les portes du quartier*. — *Barricader*, Freytag Chrest. 100, 8: امرهم ان يجعلوا النساء فى المغاير ودربها Ho- lal 35 v°: فاحتسّل بخارج قرطبة فغلقوا ابوابها ودربوا درب L'expression مواضع من حاراتهم واستعدّوا لقتاله على نفسه signifie *se barricader dans sa maison*, Haiyân 56 r°: فألفه فى عصابته متمنعا فى داره قد درب على نفسه ومنع جانبه. Les barricades remplaçaient les murailles quand une ville n'en avait pas, Freytag Locm. 61, 5 a f., où il y a un mot que l'éditeur n'a pu lire : اعلها...... ثم رحلوا الى منبج وقد Haiyân 67 v°: بالسور ودربوا المواضع التى لا سور لها وجاء الى بجانك ومدربة وهى لم يضرَب بعَد عليها سور

V c. على r. *s'exercer à*, Bc, quelque part chez Macc.: تدرّب على الركوب. — C. ب p. et ر. *s'instruire sous la direction de quelqu'un dans un art, une science*, Meursinge 21, 2 a f.: تدرّب بفلان فى النظم. — Le nom d'act., suivi de فى, *connaissance*, Khatîb 33 v°: له تدرّب فى أحكام النجوم.

الـدروب. En Espagne on donnait le nom de درب aux *Ports*, c.-à-d. aux *défilés des Pyrénées* par lesquels on se rend d'Espagne en France, Macc. I, 145, 4 et 5, 209, 17, 223, 9: الدروب التى تسمى بالبُرت 227, 15. Par extension, *les Pyrénées*. Aussi la chaîne de montagnes qui s'appelle *la Sierra de Guadarrama*, Akhbâr 38, 8; pour la distinguer des Pyrénées, on l'appelle الدرب الآخر, *la seconde chaîne de montagnes*, 62, 6, car درب s'emploie aussi dans le sens de *chaîne de montagnes*, p. e. Macc. I, 92, 13: comme il n'y a pas de درب entre les musulmans et les chrétiens, ils se font continuellement la guerre. — *Route, grande route*, M: والموالّدون يستعملون الـدرب مؤنّثا للطريق مطلقا ويجعلونها على دروب ainsi dans les exemples cités Maml. II, 1, 147 (où l'explication de Quatremère, « chemin étroit, » ne convient pas), Aboulféda Géogr. 119, 3 a f., Macc. II, 709, 9, Ztschr. XI, 494, XXII, 75, 3, 120. — En Espagne. Abou'l-Walîd 222, 25—27, dit ceci: الفَصيل

حائط قصير يكون دون السور نحو الستارة ويقال لمكان avec O). Voilà donc le mot dont les Espagnols ont fait *adarve*, terme qui signifie dans leur langue *l'espace qui règne dans le haut des murailles, et sur lequel s'élèvent les créneaux*, et par extension *muraille d'enceinte*. Changez par conséquent ce que j'ai dit Gl. Esp. 41—43. — A Constantine, une cour intérieure qui communique avec la rue par une allée ou ruelle fermée à ses deux bouts et sur laquelle ouvrent quatre, cinq ou six maisons d'une même famille: c'est ce qu'on appelle à Paris *cité* et à Londres *square*. Le palais bâti à Constantine, en 1833, par Ahmed-Bey et habité aujourd'hui par le commandant supérieur de la province, contient plusieurs corps de bâtiments, formant un quartier distinct et séparé du reste de la ville avec laquelle il ne communique que par une seule avenue, fermée autrefois à ses deux extrémités; aussi les indigènes l'ont-ils appelé *derb*, Cherb. دروب *barricades*, Berb. II, 56, 1. — *Labyrinthe*, L (lauerintus). — Synonyme de أثار, *traces*, d'Escayrac 594. — *Mesure d'eau courante*, Gregor. 44; « le mot *darbo* dans cette signification a été conservé dans le système métrique de la Sicile jusqu'à nos jours, » Amari MS.

دربة, non-seulement *long usage*, mais aussi *expérience, connaissance des choses, acquise par un long usage*, Edrîsî ١٩٨, 9, Khatîb 64 v°: il l'envoya comme ambassadeur auprès du roi de Castille, ثقة بكفايته ودربته وجمنة لسانه. — Dans le Voc. *industria* (= سياسة).

تدريب النبّانة دريب *voie lactée*, Bc.

درّاب. Les درّابون en Espagne étaient proprement ceux qui gardaient les portes, درّب, des rues ou quartiers, que l'on fermait à la tombée de la nuit. Il y avait dans chaque rue un درّاب armé; muni d'un flambeau et accompagné d'un chien, il devait veiller à la sûreté des habitants; voyez Macc. I, 135, 10.

درّابة d'une boutique. Quand la porte d'une boutique est partagée en deux, dans le sens de la largeur, chacune de ces deux parties s'appelle درابة, M ودرّابة الدكان احد مصراعى بابه اللذين ينطبق الاعلى منهما موقدا (على الاسفل); le pl. est درابيب, Catal. des man. or. de Leyde, I, 155, 11: فانبسط احدهما الى الدكان والتقى كعكة ثانية بين الدراريب ۞

دارِب pl. دَرْبَة soldat qui sert dans les expéditions contre les Grecs, Gl. Maw.

تَدْرِيبٌ politesse, élégance de manières, Macc. II, 516, 2.

تَدْرِيبَة suivi de ما تنفذ, cul-de-sac, Bc.

مُدَرِّب instructeur, qui montre l'exercice, Bc.

مِدْرَبَة matelas, Bc (Barb.); chez Hœst 266 مداريه c'est pour مِضْرَبَة.

دَرْبِز I, avec الباب, est من فاتحة يمنع ما واسنده اغلقه M; cf. درس للخارج.

دَرَابِز balustrade, garde-fou composé de balustres, galerie de bois, balcon, Alc. (varandas), Ht, Paulmier. C'est une altération de دَرابْزين.

دَرْبَزَة pl. دَرَابِز fers que l'on met aux pieds des prisonniers, Cherb.

دَرابْزين (τραπέζιον) balustrade, garde-fou, rampe, balustrade à hauteur d'appui, Bc, Bg, Mc, Ztschr. XI, 501, XXIII, 275, n. 1, Aboû'l-Walîd 544, 21, al-Fâkihî: وفي هذا الشق درجة يصعد منها الى دار درابزين; (Wright) الامارة درجات عليها رخام درابزين خارج طاقة balcon, saillie d'une fenêtre avec balustrade, Bc.

مُدَرْبَز trapu, gros et court, M.

دَرْبِس I verrouiller, barrer, barricader une porte, une fenêtre, Bc; barricader, Ht; cf. درْبِز I.

دِرْبَاس pl. دَرَابِيس verrou, Bc, Hbrt 193; barre pour fermer une porte, Bc.

دِرْبِيس gloire, prééminence, souveraineté, Cherb.

دَرْبَك

دَرْبَكَة خيل piétinement de chevaux, 1001 N. II, 156, 8. دَرْبَكَة القزان charivari, bruit confus de chaudrons, avec cris, lors du deuxième mariage d'une veuve âgée parmi le peuple, Bc. — دَرْبَكَة الما cascade, Bc.

دَرْبَكَّة ou دَرْبُوكَة, chez Mehren 28 درابكة (syr. ܕܪܒܘܟܬܐ), pl. دَرَابِك, tambourin, Bc, Hbrt 98 (Alg.). La meilleure espèce est faite de bois, la plus ordinaire de terre cuite. L'extrémité la plus large est formée par une peau sonore, l'autre est ouverte. Voyez Lane M. E. II, 88, Lyon 63, Ten Years 28, Cherb., Daumas Kabylie 401, Ouaday 60, 367, 396, Pallme 40, Carteron 494, R. d. O. A. XIII, 155, Niebuhr R. I, 175, Descr. de l'Eg. XIII, 528. — دَرْبُوكَة litière, véhicule, Domb. 97 (كَة), Ht; cage en bois dans laquelle on transporte, le jour des noces, une jeune fiancée de la maison paternelle à la maison conjugale, Cherb.

دِرْبِل.

دَرْبَلَة tambourin, M, 1001 N. I, 244 (de même dans l'éd. de Bresl. II, 240).

الزبيب الدَّرْبَلِيّ espèce de raisins secs, qui sont longs et extrêmement gros; ils tirent leur nom d'un endroit appelé Dirbal, M.

دَرْبَالَة vêtement usé, Domb. 83.

دَرْبُونَة grande bourse remplie d'argent, qu'on envoie scellée d'un endroit à un autre, M.

دَرْبَنْد (pers.) barre pour fermer la porte d'une boutique; le vulgaire dit دَرْبَنْد, M; le persan a aussi cette dernière forme.

دِرْبُون chien sauvage (de couleur noire), Burckhardt Syria 664.

دُرْبِين (pers.) (دور بين) longue-vue, lunette, Bc.

دَرْت (pers. دَرْد) mouvement, peine que l'on se donne, Bc.

درج I. درج من عُشّه, en parlant d'un jeune oiseau, sortir du nid; au fig., en parlant d'un jeune homme ou d'une jeune fille, quitter la maison où l'on a été élevé, Berb. I, 641, 1. On dit aussi درج من عُشّ فلان, Prol. I, 20, 15 et 16. — درجتُ في الكتاب, n. d'act. دَرْج, est expliqué par فيه أسرعتُ, et signifierait, selon Quatremère, Maml. II, 2, 222 à la fin, j'ai écrit rapidement le livre; mais je crois que c'est j'ai lu rapidement le livre, car chez Ht درج est lire couramment. — درج في الغناء fredonner, faire des fredons en chantant, Bc; cf. Lane sous la IVᵉ forme.

II graduer, diviser, augmenter par degrés, Bc. — Indiquer les degrés d'une chose, Auw. I, 100, 3.

بِالتَّدْرِيجِ ou بِتَدْرِيجٍ ou عَلَى تَدْرِيجٍ de même que تَدْرِيجًا ou عَلَى التَّدْرِيجِ, *par degrés, graduellement, petit à petit*, Gl. Edrîsî, Bc. L'opposé est دُونَ تَدْرِيجٍ *tout à coup*, Gl. Bayân. — *Bâtir en guise d'escalier, bâtir en étages, disposer en gradins*, Gl. Edrîsî, Becrî 31, 12; بَابُ مَدْرَجٍ *une porte par laquelle on entre après avoir monté quelques marches*, Cartâs 38, 9, 46, 5; cf. 138, 6 a f.

V *se promener*, Calâïd 57, 17: فَاقَامَ فِيهَا أَيَّامًا يَتَدَرَّجُ فِي مَسَارِحِهَا — *progrès*, Hbrt 116. — *Être formé en escalier*, Prol. III, 405, 7. — *S'agglomérer* (de Slane), Prol. I, 82, 11; dans le Voc. sous atrahere.

VIII dans le Voc. sous plicare.

X c. a. *attirer*, Voc. (atrahere), en parlant de ceux qui attirent l'ennemi dans une embuscade, Macc. II, 749, 3.

دَرْجٌ, vulg. دُرْجٌ, M, expliqué par Lane, forme au pl. دُرُوجٌ, et كَاتِبُ الدَّرْجِ signifie *un écrivain qui transcrivait les actes auxquels le genre de papier nommé* دَرْجٌ *était consacré*, Maml. I, 1, 175, II, 2, 221. — *Cornet, papier roulé en cornet*, 1001 N. I, 243, 13: فَأَحْضَرْتُ لَهُ دَرْجًا فِيهِ قَنْدٌ وَعُودٌ وَعَنْبَرٌ وَمِسْكٌ mais au lieu du 3e et 4e mot, il faut lire avec l'éd. de Boul.: دَرْجًا فِيهِ; dans l'éd. de Bresl. II, 238: ثَامَرْتُ لَهُ بِدَرْجٍ فِيهِ الْحَجّ. — A Constantine, *cinq minutes*, Martin 196.

دَرَجٌ, pl. أَدْرَاجٌ et مَدَارِجٌ, *degré*, Voc., Alc. (escalon de escalera, estado grado en que esta cada uno, grada et grado para subir), Bc; دَرَجٌ بِدَرَجٍ *par degrés, petit à petit*, Alc. (grada a grada); aussi *degré* en astron., Mi'yâr 22, 4. — *Le dernier degré, basse condition*, Alc. (estado baxo); aussi أَقَلُّ دَرَجٍ (*ibid*.). — *Escalier*, Gl. Edrîsî, de Jong, Gl. Fragm., Bc, Burton II, 167. — *Instant, moment*, Alc. (punto de tiempo). — *Amble*, sorte d'allure du cheval; *aubin*, allure qui tient de l'amble et du galop, Bc. — *Fredon*, roulement dans le chant, *roulade*, passage de plusieurs notes sur une syllabe, *roulement*, t. de musique, bruit uniforme et continu, Bc. — *Tiroir*, Bc, Hbrt 201, dans M دَرَجٌ. — دَرَجُ الزِينَة *crédence*, petite table des burettes, Bc.

دَرَجَةٌ *écrin*, Koseg. Chrest. 118, 3, où l'éditeur prononce le pl. دَرَجَات.

دَرَجَةٌ. Le pl. دَرَجٌ *gradins, bancs au-dessus les uns des autres*, Bc. — Selon Lane *quatre minutes*; c'est donc ainsi qu'il faudrait entendre ce mot dans les exemples cités Maml. II, 2, 216—7, où Quatremère traduit *un petit espace de temps, une minute*; cependant Bc donne aussi *instant, moment*. — *Harpe, pierre d'attente qui sort d'un mur*, Gl. Esp. 41. — Suivi de إِلَى الْمَاءِ *lancer à l'eau*, Autob. 213 r°: وَارْكَبِي لِلْحِرَاقَةِ يُبَاشِرُ دَرَجَتَهَا إِلَى الْمَاءِ بِيَدِهِ. — Certaine lettre chez اغرابنا في اهل الجفر الفصل والمشاهمة, وارباب علم التكسير, M.

دُرُوجٌ (chez Ht pl. de دَرَجَةٌ) *escalier*, Domb. 90.

دُرْجٌ *francolin*, Bc.

دَرَّاجٌ dans le Voc. sous plicare. — Ce mot doit avoir signifié au Maghrib *cardeur* ou *foulon*, car Bait. I, 466 b dit sous ديبساقوس: هُوَ شَوْكُ الدَّرَّاجِينَ عِنْدَ اَهْلِ الْمَغْرِبِ وَيُعْرَفُ اَيْضًا بِمُشْطِ الرَّاعِي, et dans le Most. on lit sous le même mot: — هُوَ شَوْكُ الدَّرَّاجِينَ وَهُوَ الْمُسْتَعْمَلُ عِنْدَ الدَّرَّاجِينَ. Or on sait que *dipsacus* est *chardon de foulon, carduus fullonum*, et aussi *virga pastoris* (Dodonæus 1241 b). Le terme شَوْكُ الدَّرَّاجِينَ se trouve aussi Bait. II, 114d (AB), 518 b: وَهُوَ شَوْكُ الدَّرَّاجِينَ عِنْدَ عَامَّةِ اَهْلِ الْمَغْرِبِ وَالْاَنْدَلُسِ Auw. I, 24, 11, II, 103, 9 (lisez ainsi).

دَارِجٌ *espèce de poème* = مُوَشَّحَة, Descr. de l'Eg. XIV, 209. — الْكَسْرُ الدَّارِجُ, t. d'arithm., *fraction qui n'est pas décimale*, M.

دُرْجٌ = أَدْرُجٌ طَرِيقٌ *route*, Macc. I, 199, 4 a f. (cf. Fleischer dans les Add.).

أَدْرَاجٌ *dans un vers, est quand un mot est divisé entre deux hémistiches*, p. e.: وَلَمْ يَبْقَ سِوَى الْعَدْوَا نِ دَنَّامٍ كَمَا دَانُوا, M.

تَدْرُجَة. Freytag aurait dû prononcer ainsi et traduire *faisan*; il avait donné تَدْرَجَة en ce sens t. I, p. 187 a.

تَدْرِيجِي *graduel*, Bc.

مَدْرَجٌ. مَدْرَجُ السَّيْلِ *le lit d'un torrent*, Abbad. III, 168, 1. — *Degré*, Voc. — Le pl. مَدَارِج *escalier de pierre*, Alc. (escalera de ladrillo o piedra); — *levée de pierres contre les inondations*, Gl. Esp. 299. — Chez les Syriens, morceau de leurs litanies en vers, M. — مُدْرَجُ الدِّيباج ou d'autre chose, rouleau, ballot, M; voyez R. N. sous طاشِير. — صَنْدَر grand plateau de cuivre, M.

مُدْرَج (interpolé) une tradition dans laquelle se trouve une observation ou glose insérée par un des premiers rapporteurs, soit Compagnon, soit Tâbi', et cela dans le but d'éclaircir une expression ou de fixer le sens d'un mot, de Slane Prol. II, 483. — مُدْرَجٌ et مُدْرَجَةٌ, pl. مَدَارِج, l'incluse, la lettre enfermée dans une autre lettre, Voc. مُدْرَجَةٌ epistola (celula (l. cedula) que ponitur in literis sicut anima), Autob. 240 vº: وقد طمى السنسخة مدرجة نصها الخ, Macc. III, 68, 2, Amari Dipl. 26, 2 a f.; Wright (dans Macc. I, 236, 2 a f.) a eu tort de prononcer مَدْرَجَة, qui a un autre sens; voyez ce mot; dans les man. on trouve aussi مُدْرَجَة (Autob. 240 vº, Mohammed ibn-Hârith 252) et مُدْرَج (Çalât 68 vº). البيت المُدرَج vers qui contient un mot divisé entre les deux hémistiches, M.

مُدْرَج escalier de pierre, Burton II, 202. — Sentier en escalier, Bat. I, 298. — La jachère dans laquelle on a cultivé des légumes l'année précédente, Auw. II, 11, 4 a f.; j'ignore si Banqueri et Clément-Mullet ont eu raison de donner au mot ces voyelles. — Clerc, L (clericus), Edrîsî, Clim. III, Sect. 5 (Jérusalem): وفي آخر البستان مجلس الغذا للقسيسين والمدرجين. — Cheveux sur le front des femmes, Bc, الطُرَّة من الشعر تُرسَل مقصوصة على جبهة الغلام M: — Polygone, M.

مَدْرَجَةٌ pl. مَدَارِج la lettre qui enferme une autre lettre; le M, en citant Harîrî 214 avec le commentaire, prononce ainsi.

مُدْرَجَةٌ voyez مُدْرَج.

مُدَارَجَة gradation, augmentation successive; مُدَارَجَةً progressivement, Bc.

درخ II provigner une vigne, M.

VII, en parlant d'un malade, être couché sur le côté comme s'il est en défaillance; quelques-uns disent اندرخ, M.

درخوش pl. دَرَاخيش fente, ouverture à une porte, à un mur pour regarder, trou, Bc.

دردر

دَرْد (pers.) mouvement, peine que l'on se donne, Bc; ما دَرْدُك يا فلان = ما خَطبك que faites-vous? M.

دُرْد lie du vin, Hbrt 17 (Alg.).

دَرْدِيّ, lie, forme au pl. دَرَادِي, Voc., Alc. (hez).
— Poison, Bc.

دَرْدَة (esp.) dorade (poisson), Alc. (dorada pescado).

دردب I rouler, faire avancer en tournant, Voc., Alc. (rodar, rodar otra cosa). — Précipiter, jeter de haut en bas, Alc. (derribar despeñando, despeñar o despeñitar). — Faire du bruit, Cherb. C.

II se précipiter, Alc. (derribarse).

دَرْدَب, en Egypte, la plante épineuse qu'on nomme aussi مَرار, man. 13 (3).

دَرْدَبَة divertissement des nègres accompagné de danse et de musique, Cherb. C, Maltzan 35.

دردر I parsemer, Ht, M.

II être parsemé, M.

دَرْدَر dans les traductions de la Bible = דַּרְדַּר, tribulus, Thesaurus de Gesenius 356 a, Merx Archiv I, 177, n. 2.

دُرْدُر pl. دَرَادِر circonférence inférieure en terre (dans les demeures), Ouaday 268.

دَرْدِيرَة, dans le Diyâr-Beer, la plante épineuse qu'on nomme aussi مَرار, Bait. II, 501 c; leçon de BEHKS; A دَرْدِية, L دَرْدِينَة.

دَرْدَار écrit دِرْدَار dans L, dans le Voc. (nom d'un. ة, pl. دَرَادِر) et dans le Gl. Manç. (vº لسان العصافير), ne désigne pas seulement l'orme (Bc, Hbrt 56), mais aussi le frêne, Most. (vº لسان العصافير) qui dit que cet arbre est celui qu'on appelle en espagnol فراشنه, c.-à-d. frezno, L (fraxinus), Voc. (fraxinus), trad. de chartes sicil. apud Lello 19, 21, 23, Cherb, Carette Kab. I, 255, cf. Clément-Mullet I, 372, n., et Müller L. Z. 110, n., le hêtre, Alc. (haya دَرْدَار, voyez), Carette Kab. II, 90, le pin, Auw. I, 557, 19, et une espèce de chardon, Müller l. l., que paissent les chameaux, M.

دُرْدُور forme au pl. ات, Edrîsî, Clim. II, Sect. 6.

دَرْدُورَة petit panier de paille (طَبَقٌ صغير من القَشّ), M.

دردراي sorte d'oiseau, Yâcout I, 885, 5.

دردوس turdus, Cherb. C.

دردس I tâtonner, Ht.

دردش I bavarder, Hbrt 239. — Balbutier, Bc. — Extravaguer, Bc.

دَرْدَشَة bavardage, Hbrt 239.

دَرْدَاش bavard, Hbrt 239.

دردق.

دَرْدِيق tapage, tintamarre, Cherb.

دردال.

دَرْدَار disait le peuple en Espagne pour (= دَرْدَار), Voc. (fraxinus) avec le pl. دراديل, Alc. (hayn), Ibn-Loyon 21 v°: والـدردار تسـمّيـه العامّـة الدردال.

دردم I, comme طرطم et دمدم, gronder, murmurer entrer ses dents, Payne Smith 1515.

مُدَرْدَم sphérique, Ouaday 336.

درز VII, c. ب, être mis en possession de, de Sacy Chrest. II, 230, 4.

دَرْز pl. دروز suture, jointure des os du crâne dont les inegalités s'engrènent, Bc, Gl. Manç. in voce: هو اسم منقول لفاصيل عظام الراس متعارف; beaucoup de particularités dans M.

درس I, n. d'act. aussi مَدْرَسَة, L (conculcatio), fouler aux pieds, Voc. (conculcare), Auw. I, 65, 17, 18 (lisez درس, au lieu de دوس), 80, 4 (بالارجـل), R. N. 64 r°: السلطان وجّه الى امرنى ان آمر بدرس هذا فقفروا عليه حتى مات, et ensuite: الشيخ حتى يموت — Piler, broyer, écraser, Voc. Alc. (majar con maça o maço, majar con majadero, moler, quebrar desmenuzando). — Dévaster, ravager un pays, Akhbâr 110, 2 a f.

II fouler, marcher dessus, Voc., Alc. (cocear hollar, hollar, holladura تَدْرِيس, pisar con pies, rehollar). — Broncher, se heurter, Alc. (trompillar), contre, على, Edrîsî, Clim. III, Sect. 5: le fond de ces navires est plat et peu profond, afin qu'ils puissent supporter beaucoup de charge ولا تدرس على كبير ترش.

V dans le Voc. sous conculcare. — تَدَرُّس et تَخْرُسَة heurt, bronchade, Alc. (trompilladura).

VII être usé, Voc. — Être foulé, Voc. — Être pilé, broyé, Voc. — Être étudié, Voc.

دَرْس le broiement des couleurs, Alc. (moledura de colores). — Leçon, cours, Bc, Macc. I, p. XCIX, 14, c, 8, 39, 5 et 14, 137, 2, Meursinge 5, l. 13, Ztschr. Kunde VII, 51, 7.

دَرْسَة l'action de fouler aux pieds, Alc. (holladura). — Broiement, Alc. (machucadura, majadura).

دَرِيس, vieux, effacé, ruiné, forme au pl. دُرْس, P. Abd-al-wâhid 214, 13, P. Berb. I, 392, 12. — Foin, Hbrt 179. — Phelipea lutea, Prax R. d. O. A. VIII, 182. — دريس التنعشرى ou التنعشرى, un jeu avec deux fois douze petites pierres ou coquilles de deux couleurs différentes sur un damier. L'art du jeu est d'empêcher son contre-joueur de placer trois de ses pièces les unes immédiatement après les autres, aux coins opposés des carreaux, Bg 513; cf. M, Carteron 416, 456, 479; chez Niebuhr R. I, 166 دريس التسعة et التسعة; selon le M (sous le ق) c'est le nom moderne du jeu qui s'appelle proprement قِرْق.

دَرَّاس batteur en grange, qui bat le blé, Alc. (batido(r) de mies), Bc (suivi de القمـح). — Broyeur, Alc. (majador); broyeur de couleurs, Alc. (moledor de colores). — Dans le Voc. sous studere.

دَرْوَاس dogue, Bc.

دِرْيَاس est un mot berbère; on trouve aussi ادريس, Bait. I, 19 c, ou ادرييس, comme porte le man. B, et ادرياس, Bait. I, 225 b; les voyageurs écrivent drias, driàs, dries. Nommé comme un purgatif, mais qui serait un poison pour les habitants des villes, Prol. I, 164, 8; petite plante qui est un poison, Carette Géogr. 160; plante funeste aux chameaux et qui a l'apparence d'un jeune pied de carotte, R. d. O. A. VII, 286. Thapsia, Most. sous ce dernier mot: وقال ابن جلجل التافسيما ينبت في بلاد البربر بناحيـة فاس يعرفونـه ادريس, Bait. I, 19 c, 225 b (où le man. B ajoute qu'on trouve cette plante près de Fez et qu'elle ressemble au كلخ), Pagni MS. Selon le Dr. Guyon, apud Berbrugger 206, cf. 311, c'est le silphion des Grecs, le serpitium des Romains; chez Barth W. 468–9, c'est aussi silphion. Voyez encore Prax R. d. O. A. VIII, 281, Hamilton 27.

دِرْيَاس voyez ادرياس, ادريياس, ادريس.

مُدَرِّس herse, Ht.

مَدْرَسَة chaire, charge de professeur, Bc. — En Perse c'était ce qu'on appelle au Maghrib une زَاوِيَة (voyez), c.-à-d. une université religieuse et une auberge gratuite qui a beaucoup d'analogie avec le monastère du moyen âge, Bat. II, 29, 30, 32. — En Espagne ce mot ne signifiait pas *collége*, car il n'y en avait pas, l'enseignement étant donné dans les mosquées (Ibn-Sa'îd *apud* Macc. I, 136, 6), mais *bibliothèque*, Alc. (libreria de originales). C'est donc peut-être ainsi qu'il faut traduire chez Khatîb 131 v°, où on lit que Ridhwân, le hâdjib († 760), fonda la première *madrasa* à Grenade, et chez Macc. III, 656, où l'on trouve que le sultan donna, à titre de *wacf*, un exemplaire de l'Ihâta, par Ibn-al-Khatîb, à une des *madrasas* de la même ville; mais il se peut aussi que, dans ces deux passages, ce terme signifie réellement *collége*, car on peut en avoir fondé après l'époque où écrivait Ibn-Sa'îd. — *Aire*, *place pour battre le grain*, Auw. I, 32, 5: وفيه معرفة وَوَقْتِ للحصاد واختبار مواضع البيادر والمدارس والزرع lisez الاندار لمدارس (dans notre man.: ومدارس الزرع) الزرع ※

مُدَرِّسِيّ *académique*, Bc.

دَرْسُوانَق = كركم, *curcuma*, Most. sous ce dernier mot.

دِرْسِيم *foin*, Hbrt 179.

درش.

الدَّرْشَة (الدِرْشَة, comme porte le man.) est d'après le scoliaste de Moslim p. 89, vs. 23, un terme qui signifie chez les marins de la Méditerranée *bouliner*, *louvoyer*. M. Simonet en a trouvé l'origine: c'est l'esp. *á orza*; on dit *andar* (*navegar*) *á orza* et *orzar*, comme en français *aller à orse*, *orser*, pour: aller à la bouline, louvoyer, et aujourd'hui encore les marins d'Afrique ont ce mot, puisque Mc donne pour *bouline* ورسا اورسه (دارش

دارش (pers.) *fil d'archal*, Hœst 270.

درع II *admonéter*, *exhorter*, Alc. (apercebir amonestar). VIII, au fig., *se protéger*, de Slane Prol. I, p. LXXIV b.

دَرَعِي excellente espèce de *laiton* qui tire son nom de la province de Dara, dans l'empire de Maroc, Marmol III, 5 b.

الدَّرْعِيّات, titre que porte une partie du Dîwân d'Abou-'l-Alâ, parce que les poèmes dont elle se compose contiennent principalement la description de la cotte de mailles; voyez Rieu, De Abul-Alæ vita et carminibus, p. 62 et suiv.

دِرَاعَة, au Maghrib, *le grand voile ou manteau qu'on appelle aussi izâr*, Vêtem. 177.

دَرَّاع *celui qui porte une cotte de mailles*, Haiyân-Bassâm III, 49 r°: فدخل الكفرة المدينة البرانية في (دارع dans le man. B), Khatîb 160 r°, en parlant des archers anglais: كلّهم دَرَّاع.

دُرَّاعَة. Aux détails que j'ai donnés Vêtem. 177—181 et à ceux qu'on trouve chez Lane, on peut ajouter ceci: c'était un vêtement arabe, comme le قباء était un vêtement persan; voyez une anecdote chez Mehren, Die Rhetorik der Araber, p. 122; l'explication du passage d'Ibn-Khallicân, que j'ai donnée p. 178, est donc la véritable. — Le sens d'*epomis*, *seu amiculum quod humeris iniicitur*, donné par Golius, est bon, car on lit dans le Voyage au Darfour, tr. par Perron, p. 206: «Les jeunes filles se cachent la poitrine avec une petite serviette appelée *dourrâah*, et qui, pour les filles des riches, est en soie, ou en *ilâdjéh*, ou en calicot; parmi les pauvres, elle est en *tékaky* ou toile de coton;» p. 258: «le *dourrâah* est une pièce d'étoffe blanche que les négresses se mettent sur la poitrine en la passant sous les aisselles, en la serrant presque comme une ceinture et la ramenant sur l'épaule gauche. Cette pièce d'étoffe leur couvre aussi le corps, au moins jusqu'aux genoux.» Cf. Cazwînî II, 337, 4 a f.

تَدَارِيع (pl.) *cottes de mailles qu'on mettait aux chevaux*, Abou-Hammou 150: التفاخر بالخيل والعُدَّة والتداريع وآلة الحرب ※

مُدْرَع عشيرته. مُدْرَع *le plus noble de sa tribu*, Kitâb al-alfâdh, man. 1070, 16 v°.

مُدَرَّع, en parlant d'un cheval, *couvert d'une cotte de mailles*, Bat. III, 231; mais chez Alc. فرس مدرّع est «cavallo de la brida,» et chez Victor on trouve: cavallo de brida o saltador, *un cheval qui manie bien, qui saute bien haut, qui va par haut*. مدرع القذف

درغ 435 درقاوى

qui porte un morion, armé d'un casque, Alc. (encapacetado).

مِدْرَعَة, chez les juifs, vêtement de lin que le grand pontife portait dans le tabernacle, M.

درغ VII voyez درع VII.

درغل I c. a. dans le Voc. sous pigrescere, tardare.

II être lent, paresseux, Voc.

دَرْغَل (aussi تَرْغَل) biset, espèce de pigeon, tourterelle, Bc.

دَرْغَلَة paresse, Voc.

مُدَرْغَل paresseux, Voc.

درف II c. a. p. renvoyer, congédier, chasser, M (اصرفه).

دَرَف patronage, Ht.

دَرْفَة aiguillon, pointe, alène, Ht. — Altération de دَفّة, dans le sens de battant d'une porte, dans celui de contrevent, volet, etc., Gl. Esp. 48—9, M. Comparez sous درقة.

دِرْفِش L'explication de Golius est confirmée par celle que donne Bat. I, 95.

درفيل marsouin, Bc, dauphin; voyez sous نَحَّس; 1001 N. I, 651, 5, IV, 674, 3.

درق I cacher, Martin 136.

II couvrir d'un bouclier, prendre un bouclier, le passer au bras, Voc. (avec le ك), Alc. (adaragar, enbraçar como paves, escudar; le partic. pass. adaragado, broquelado, escudado; le n. d'act. enbraçadura como de paves). — Protéger, Bc (Barb.), Ht, abriter, Bc (Barb.), mettre à l'abri, défendre, Ht; مدرق à l'abri, Ht, en embuscade, Bc (Barb.); se protéger, l'anonyme de Copenhague 37 (attaque d'une place): وكمن لام (للموحدين) رجالة الاشقياء مع معارج الردوم على السور. — C. p. tourner le dos à, بدرقوا بيمقابل Daumas V. A. 167.

V s'abriter, se réfugier, Hbrt 42 (aussi تدرّك); تدرّقت الشمس «le soleil s'est mis à l'abri, se cache,» Delap. 40; لازم لنا نشوقوا فاين نتدرقوا خير من نتشمّخوا, «il faut chercher un abri plutôt que d'être mouillés,» ibid.

دَرَقَة cuirasse, Ht. — Raie; ce poisson a été nommé ainsi parce qu'il ressemble jusqu'à un certain point à un bouclier, Pagni 70. — Raquette du figuier de Barbarie, Cherb. — Battant, chacun des deux côtés d'une porte, 1001 N. I, 57, 12 et 15 (= Bresl. I, 150, 12), Bresl. IV, 25, 3. Dans ce dernier passage, l'éd. de Macn. (III, 28) et celle de Boul. portent ضرفة, ce qui est pour درفة, altération de دفّة, et l'on serait tenté de lire partout درفة, que Bc et le M donnent en ce sens, si le témoignage formel d'un Egyptien ne s'y opposait. Ce témoignage se trouve chez de Sacy, Abdallatif 385, où on lit: «Le sens propre du mot خوخة est, suivant M. Michel Sabbagh, le guichet pratiqué dans un des deux battants درقتان d'une porte cochère;» cf. aussi ce que Lane donne en dernier lieu.

دَرَقِيّ ayant la forme d'un bouclier, Djob. 177, 6.

دَرَّاق celui qui fait des boucliers, Alc. (escudero que hace escudos). — Pl. دَرَاريق mantelet pour se mettre à couvert dans l'attaque des places, Alc. (manta para combatir). — Voyez ce qui suit ici.

دُرَّاق (abréviation de دُرَّاقِن), en Syrie, pêche, Bc, Hbrt 52; le M prononce دَرّاق; il ajoute qu'on dit aussi دُرّيق et que la meilleure espèce est الدُّرَّاق الزهري.

دُرّيق voyez ce qui précède.

تَدْرِق doit avoir un sens qui m'est inconnu 1001 N. Bresl. VII, 278, 6: فدخل الدلال في دورق على شير.

تَدْرِيق pavesade, toile ou étoffe qu'on tendait en dehors autour des bords d'une galère, le jour d'un combat, pour dérober aux ennemis la vue de ce qui se faisait, de ce qui se passait sur le pont, Alc. (pavesada de armados).

دَرْقاوِى pl. دَرْقاوى, en Afrique, puritain de l'islamisme en révolte perpétuelle contre l'autorité du sultan et contre la hiérarchie sociale. C'est une société secrète, politique et religieuse, Cherb., Daumas Kabylie 68, R. d. O. A. XV, 274 et suiv. Le nom vient, dit-on, d'un chaikh de Masrata, qui mourut il y a une centaine d'années, Hamilton 258; beaucoup d'autres étymologies se trouvent chez Daumas V. A. 472 et chez Godard I, 98.

دَرْقاوة *révolte*, Daumas V. A. 249.

درقع.

دُرْقاعة (Lane soupçonne que c'est une altération du pers. دُرْگاه) cette partie d'une chambre dont le sol est plus bas, de six ou sept pouces, que le reste. Dans une belle maison, elle est pavée de marbre et en mosaïque, avec une fontaine au milieu, Lane M. E. I, 14, le même dans sa trad. des 1001 N. I, 212, n. 12, Fesquet 108, 1001 N. II, 104, 8.

درقل.

دَرْقَلِي dit le vulgaire pour دِرْقِل, et il applique ce mot à une étoffe de soie à figures de couleur entrelacées, M.

درك

II c. a. et بـ *ajouter*, Voc., Alc. (añadir mas, hinchir lo que falta). — C. d. a. *charger* quelqu'un de la garde de, p. e. درّكه البلاد, Maml. I, 1, 170. — C. a. p. et بـ r. *rendre* quelqu'un *responsable des conséquences* d'une affaire (اى) جعله تحت درك اى (تبعته), M.

III *subvenir, pourvoir, suffire à*; الأمر pourvoir, donner ordre à quelque chose; *obvier*, prendre les précautions nécessaires pour empêcher un accident, Bc; دارك الأمر بادر اليه قبل فواته M:

IV *concevoir, entendre*; يُدْرَك *compréhensible*, Bc. — *Apprendre* une langue, Bidp. 271, 7. — Par ellipse, *acquérir des connaissances, devenir savant*, فقد كان نسيجى وحده ادراكًا وتفنّنًا Khatib 24 v°: له تصانيف مفيدة تدلّ على ادراكه واشرافه 27 v°: 28 r°, 38 v°. — يُدْرَك عليه شىء *on lui reproche une chose*, Cout. 5 v°: ولم يكن لسليمن فى خلافته ولا يُدْرَك عليه غَيْرُ ما فعله بموسى. — *Marcotter*, L (propagu = propago) (أدْرَكَ وأكْبَسَ).

V dans le Voc. sous adderc. — Amari 342, 4: وكتبوا خطوطكم على النسخة التى بالعربى وتدركوها حتى يتوجّهوا الى مخدومكم; l'éditeur (Vespro 591, l. 4) traduit *prendre*. — C. من *obvier, parer à, se prémunir, se précautionner*; تدرّك الأمر *parer à, pourvoir, donner ordre à quelque chose*, Bc; aussi أدْرَك, Bc.

VI, chez Bc تدارك et ادّارك, comme dans la langue classique. — *Avoir le temps de faire une chose*, p. e. فلم يتدارك ان يتحرّك ويركب حتى وافتْه الخيل, Gl. Fragm. — *Obvier*, prendre les précautions nécessaires pour empêcher un accident, *conjurer*, détourner par prudence, c. a. r. *parer à, se précautionner contre*, Bc, Chec. 207 v°: une personne a la diarrhée, فإن لم يتدارك الامر وإلّا كان الخارج منه فى ثيابه. On dit aussi تدارك بالعلاج *traiter* un malade ou une maladie, *médicamenter*, Auw. I, 326, 2 a f., Bait. I, 177 a: فإن لم , ibid.: فيتداركوا بالقىء بماء العسل, بتدارك بالعلاج ذلك فى يومين, 243 a, 264. De même en parlant d'une plante: elle se dessèche الّا ان يتدارك بالسّقي بالماه, Auw. I, 86, 15. — Suivi de فى *faire ses préparatifs*, Bc. — C. بـ r. *faire promptement* une chose, Mohammed ibn-Hârith 308: Solaimân est à l'agonie, فتدارك بالكتاب الى الامير « écrivez donc promptement à l'émir!» — C. a. p. et بـ r. *envoyer promptement* une chose à quelqu'un, Haiyân-Bassâm I, 121 r°: تدارك بكتاب يثنيه فيه عن حربه.

VII dans le Voc. sous atingere.

X. Dans le sens de *réparer* une omission, une faute, Bc n'a pas seulement la constr. c. a., mais aussi c. على. — استدرك الصور. استدرك على ما فاته, *remédier à un inconvénient*, Bc. — استدرك الامر *prévenir un événement*, Bc. — استدرك النوم *rattraper le sommeil*, Djob. 261, 12. — استدرك رأيَه *changer d'avis*, Mohammed ibn-Hârith 263: غزل سعيد ابن سليمن ساعة من نهار ثم استدرك الامير عبد الرحمن رحمه رايه وامر بإتيانه c. فى p., *au sujet de quelqu'un*, Berb. I, 247, 6 et 7. — *Recommencer ses dénonciations* (de Slane), Berb. I, 301, 8.

دَرَك *utilité, profit, intérêt*, Relation des voyages, éd. Reinaud, II, 100, 11: « Maintenant, nous croyons devoir te renvoyer sa tête, اذ لا درك لنا فى حبسه vu que nous n'avons aucun intérêt à la garder.» Aussi dans l'exemple chez Lane: يَكُنْ فيه دَرَكٌ (l'explication donnée par ce lexicographe est loin d'être claire). — ضمان الدرك *la garantie* (cf. Lane), Relation des Voyages, éd. Reinaud, II, 36, 4: « Quand un navire arrive du dehors, les agents du gouvernement chinois se font livrer les marchandises, les serrent dans certaines maisons, وضمنوا الدرك الى ستة اشهر, et les garantissent pour un espace de six mois.» Ni Reinaud (I, 34), ni Quatremère (J. d. S. 1846, p. 524) n'a compris ce passage. Chez les Malékites الدرك seul signifie *la garantie*; on en compte deux espèces principales: درك العيب, *la garantie des vices de la chose*, et درك الاسلام ou درك الاستحقاق, *la garantie de la revendication*, J. A. 1840, I, 382; على سنّة المسلمين في بياعاتهم ومرجع دركهم, *ibid.* 380, 3 a f., cf. 1848, II, 224, 6; Formul. d. contr. 1: وابرا منه المبتاع وتاصّل للمبتاع درك, تاصّل فيه درك الاستحقاق اشتراء منه بثمن كذا بيعا صحيحا. — ورفع 2: الاستحقاق, *ibid.*: la somme لم درك الاستحقاق في ماله لخالص اليد وابرا منه ذمّته تاصّلا فيه الدرك (sic) الاستحقاق Haiyân-Bassâm III, 4 v°: بحسبانهما انهما نلا ذلك بالاستحقاقي وأنّ لهما على الايام دركًا. Le mot درك, pris isolément, a aussi le sens de *responsabilité* (chez Lane ضمان الدرك, 1001 N. Bresl. XI, 329, 6. Chez les Hanifites الدرك est: *quand l'acheteur reçoit du vendeur un gage du prix qu'il a payé, de peur de revendication de la chose vendue*, J. A. 1840, I, 382—3. — Pl. أدراك *le soin que l'on prend d'une personne ou d'une chose, la surveillance que l'on exerce*, Maml. I, 1, 169, Selecta 51, 5, Macc. I, 654, 15 (cf. Add.), 1001 N. III, 416, 443;

cf. Prol. I, 176, 12: للتخلّص من درك القوّة, où de Slane traduit: «afin d'échapper à la force qui la retient (dans le monde sensible).» — *Police*, *ordre établi pour la sûreté, la tranquillité d'une ville*, Bc; مقدّم الدرك, 1001 N. II, 101, 9, où Lane traduit *chief of the watch*; les ارباب الأدراك sont nommés parmi les employés du gouvernement à Alexandrie, Amari Dipl. 214. Les اصحاب الدرك (*watchmen, overseers*) forment une classe de *welis*; voyez Lane M. E. II, 352. درك شركة «*prendre un associé c'est se donner des soucis*,» Bc.

دربكّة *faisceau de lanières de cuir de buffle avec lequel on bat la grosse caisse*, Descr. de l'Eg. XIII, 527.

أدرك *moral*, Roland.

أدراك *connaissance, l'exercice de cette faculté par laquelle l'âme connaît et distingue les objets*, 1001 N. I, 395, 10. — *Débet, reliquat, déficit d'un compte*, Ale. (alcance en la cuenta, alcançamiento).

تدارك *attirail*, Ht.

عند الفقهاء هو الذي ادرك الامام بعد est مُدْرِك تكبيرة الافتتاح, M.

اِسْتِدْراكات *des suppléments d'auteurs, de livres*, Khaṭîb 35 v°.

أمر مستدرك *une chose qui ne vous échappe pas* (لا يفوت), M.

المُسْتَدْرِكة *secte des Naddjârîya*; voyez Chahrastâni 62 et suiv., M.

دَرْكاه. En persan دَرْكاه signifie *cour devant un palais, vestibule, portique, porte*, etc. On lit Maml. I, 2, 44: «Pour arriver dans ce palais, on entre d'abord dans un édifice دركاه placé sur un pont établi au-dessus de la rivière.» Le pl. est دركاوات, 1001 N. Bresl. III, 277, 8: فتاته لخدام وهو في دركاوات القصر. Dans les deux passages de la Chrest. de Silv. de Sacy, cités par Freytag (I, ٣٨, 8 et ٤٠, 2 a f. de la 2e éd.), الدركاه السلطانيّة, ou الدركاه seul (aussi Fakhri 167, 12), désigne *le sultan des Mogols*.

دركاوى *volante, en parlant d'une fusée*, J. A. 1849, II, 319, n., l. 9, 324, n., l. 2; chez Bc *fusée volante*.

دركب I *rouler*, v. a., M; cf. دركل.

دركل I *rouler*, v. a., mais on dit plus ordinairement دركب, M.

II *rouler*, t. de marine, *être agité par les vagues*, Bc.

د رمس.

تُرمُس = دُرمُس, *lupins*, Payne Smith 1016.

Dermissa. «Les irrigations de nuit se mesurent par le *dermissa*, qui a généralement une durée quintuple de celle du faneuz,» Ghadamès 110.

دَرْمَك *du froment ou de la farine de première qualité*, Gl. Esp. 41; dans le Voc. *farine*.

درمونة (δρομάδιον) *espèce de navire*, Fleischer Gl. 71.

درمين pl. درامين *autre forme du mot qui précède*, Abou'l-Walîd 606, n. 35.

د رن.

دَرَن, n. d'un. ة, pl. أدران, t. de médec., *tumeurs*

dures sur le corps, qui proviennent ordinairement de l'atrabile, comme dans la lèpre, M, cf. sous دعرورة.

درنيّ ? R. N. 15 r°: il mourut parce qu'il avait mangé حيتانا درنيّا وشرب لبنا — وكان قبل ذلك تخوّف الناس من اكل الحيتان مع اللبن ❊

درين, en Afrique, *Aristida pungens*, Tristram 301, Desor 23, Cherb. C; *sparta alata*, Ghadamès 288, mais *aristida pungens* 330; *stipa barbata* Desf., Prax R. d. O. A. VIII, 281, Daumas V. A. 382, n. 1; *arthratherum pungens*, Colomb 23. — Renard, Ht.

دراني voyez plus haut دارانيّ.

درنج *doronic*, Bc.

درنوك, درنبك, درنوك, dans le Voc. درنوك. C'est une espèce de tapis jaune et vert, à poil court, Djawâlîkî 68. — Comme nom d'un vêtement, dans le Voc. «*diploys*, espatles,» et diplois, διπλοΐς, est chez Ducange *lwna duplicata, surtout doublé*; espatla (espatlla) est la forme catalane de l'esp. espalda, et signifie, comme ce dernier: 1° épaule, 2° la partie de l'habillement qui répond à l'épaule. Chez Alc. (vestidura remondada) c'est *un vêtement rapiécé*, et en ce sens on le trouve chez Ibn-al-Khatîb 115 v°, qui dit en parlant des Soufis: وقد خلعوا خشن ثيابهم ومرقوعات قباطيهم ودرانيكهم. Remarquez que dans le Voc. *diploys* est aussi قبطية.

درنوج se trouve dans M à l'article حرّاقة (emplâtre vésicatoire) et semble signifier *taffetas*, car il dit que لزقة تُعمَل من الدرنوج وتلصق على الجلد حراقة فتنقطه; sous الذباب الهندي (voyez) il écrit ce mot avec un hâ.

درّة II, dans l'Inde, un créancier درّ *attaqua* son débiteur, Bat. III, 411, 412, ce qui semble dérivé de la locution درُوَقيّ السلطان «ô ennemi du sultan!» voyez ibid. 412.

VII c. على *blâmer*, Voc. (vituperare).

درهم.

درهم, الدرهم الأسوَد, درهم ناصرى, au Caire, valait trois Macc. I, 694, 9; nommé Khallic. VIII, 21, 1, Ztschr. XX, 498. — A Maroc on avait le درهم كبير qui valait huit maravedis, et le درهم صغير qui en valait quatre, Torres 83. — *Drehem*, étoffe soie et coton, Ghadamès 40. Je soupçonne que c'est دَراهم et que ce mot désigne une étoffe à figures rondes, qui ressemblent aux dirhems; voyez مُدَرْهَم et chez Lane la Ire forme.

مُدَرْهَم. دراهم مدرهمة *de l'argent monnayé*, par opposition à un payement en nature, Gl. Belâdz. — *Orné de figures rondes qui ressemblent aux dirhems*, P. Macc. II, 559, 12. — *Ayant la forme d'un dirhem*, c.-à-d. *rond* (cf. Lane sous la Ire forme), Baît. I, 71 f: وفى حشيشة ذات ورق مدرهم; cf. Auw. I, 473, 5: ومثل الدرهم المستدير — *Brillant comme des dirhems*, P. Macc. III, 27, 4 a f: والزَهْر بين مدرهم ومنذّر ❊

درو.

دروة *écran*, Bc.

دروز.

دَرْوَزَة (pers. دَرْوازى) *mendier*, Macc. I, 135, 3 a f.; dans le Voc. *mendier* est طَرْوز, cf. sous le ط. — *Cachotterie, manière mystérieuse d'agir, de parler*, Bc.

مُتَدَرْوِز *derviche*, Ztschr. XX, 493.

درويش II *se faire derviche, revêtir l'habit de derviche*, M.

دروَنْج (La) ou درونَج (N), *doronic*, Most.: on en trouve deux espèces: le Khorâsânî, qui est le meilleur, et le Châmî, qui porte aussi le nom de جدوار et celui de حمّاض; mais Zahrâwî avoue qu'il ignore si ce dernier mot doit s'écrire avec le *hâ*, le *khâ* ou le *djîm*, et il ajoute que c'est la fleur du grenadier qui croît dans les jardins; le véritable درونج, toutefois, est le جدوار. Cf. Baît. I, 417 b. Dans le Gl. Manç. on lit que ce sont des racines qu'on importe dans l'Inde. Cf. Dodonæus 782 b.

درونْد (pers.) pl. ات *barre* d'une porte, Payne Smith 1408, Bar Ali éd. Hoffmann n° 4117; cf. درنبد. — *Abat-vent, auvent*, Bc.

درى. Cherchez sous درى les mots qu'on ne trouve pas sous cette racine.

II, comme la IVe, *faire savoir*, Voc. — *Filer*, en parlant d'un navire, Roland.

III. Lane a noté et expliqué l'expression دارا عن

الامر. On trouve dans le Cartâs, 155, 14: le roi chrétien, lorsqu'il eut appris que le sultan s'était emparé de Séville, أَدْرَكَهُ لِلْخَوْفِ فبادر الى المداراة عن نفسه وبلاد, c.-à-d. il tâcha de capter les bonnes grâces du sultan, afin d'écarter le péril qui le menaçait ainsi que ses états. — داري خاطرُه *capter les bonnes grâces de quelqu'un*, Bc. — داري الناس *louvoyer, ménager*, ne pas heurter les esprits, Bc. — *Chercher à se raccommoder avec quelqu'un*, Bc. — *Gouverner, soigner, avoir soin de* (p. e. الولد, d'un enfant), Bc, Gl. Fragm., p. e. انّي اداري امري وسابلغ ما فيه الصلاح *je saurai bien avoir soin de mes affaires et arriver à mes fins.* — On emploie داري seul dans le même sens, *ibid*. — *Celer, cacher*, c. عن Bc, c. على, Ztschr. XI, 679, 7. Dans les 1001 N. I, 134: داريت بطرف إزاري من الناس, il faut sous-entendre وَجْهِي *Abriter*; داري بالباطل *pallier*; *plâtrer*, cacher le mal sous de fausses apparences, *sauver les apparences, ne faire semblant de rien, cacher son dessein*, Bc; *dissimulo*, L. — *Flanquer*, t. de fortification, Bc.

IV. وما أَدْرَاكَ, façon de parler elliptique, empruntée au Coran: *qu'est-ce qui vous a appris? qu'en savez-vous?* c.-à-d: vous n'en savez rien, car la chose est si grave, si terrible, ou si admirable, qu'on ne peut s'en former une idée, p. e. Macc. I, 130, 2 a f: حتى انهم دخلوا مدينة حلب وما ادراك وفعلوا فيها ما فعلوا (cf. Add.), Müller 10, 2 a f: جنّة السيّد وما ادراك بها, 36, 6. En parlant d'un homme admirable, Macc. I, 744, 11, 866, 10. On trouve aussi ما يُدْرِيكم dans le sens de: *qu'en savez-vous?* Prol. II, 181, 3 a f. et suiv.

V dans le Voc. sous *docere*.

VI c. a. p. dans le sens de la IIIe, Gl. Fragm., si la leçon est bonne.

درا *abri*, Bc. — دَرى *hangar*, Bc. Peut-être pour ذَرى.

درايا *taffetas*, Bc. *Doráyeh*, étoffe de soie dont les fellâh se font des turbans, Descr. de l'Eg. XVIII, part. 2, 382, 411.

دِرَايَة *notion*, connaissance, idée d'une chose, Bc, M. — علم الدراية est علم الفقه واصول الفقه, M. — *Prédiction, horoscope*, Gl. Bayân.

مِدْرَى par transposition pour مُدْرَى, voyez Lane sous ce dernier mot à la fin, ou مُدْرًى, voyez Gl. Belâdz. 44; mais les articles d'Alc. que cite de Goeje ne se rapportent pas à ce mot, mais à مُدْرَى. *Perche des marins*, Descr. de l'Eg. XIV, 240 (medreh). Je crois avec Lane que ce mot a aussi ce sens dans les 1001 N. II, 116, 2 a f, et non pas celui de «boutehors,» que lui attribue de Goeje.

مُدَارَى شوية مُدَارٍ *palliatif*, Bc.

مُدَارَاة, chez Bc, de même que مداراة للخاطر, *ménagement, égard, précaution*; c'est posséder l'art de traiter les hommes avec ménagement, avec égard, de manière à ne point offenser, à ne point déplaire, dans l'expression مداراة لم عقل ومداراة, citée dans le Gl. Fragm. — *Ménage, économie*, Bc.

ديرج voyez plus loin sous *dâl* suivi de *yâ*.

دزدار (pers.) *gouverneur d'une place*, Rutgers 163.

دَزْدَق I *faire de la musique*, Voc.

دَزْدَقَة pl. دَزَدْقَى *musicien*, Voc.; d'autres mots qu'il donne sous *mimus in instrumentis* désignent les bohémiens, et probablement celui-ci a le même sens. M. de Goeje, dans les Verslagen en mededeelingen der kon. akademie van wetenschappen, IIde Reeks, V, 72, le dérive du pers. دُزْد, *voleur*, nom qui convient parfaitement à cette sorte de vagabonds.

دَزْدِينَق = دستينج, pers. دَسْتِينَج, *bracelet*, Ztschr. XIII, 707, n. 2.

دزكين (turc دِزْكِن) *bride, guides, rênes*, Bc.

دَزَى *suffire*, Ht.

دس I, *couler*, mettre adroitement en quelque endroit, parmi quelque chose, *fourrer, glisser, insinuer*, introduire adroitement, Bc; p. e. quand en comptant de l'argent, on coule quelques pièces fausses parmi les autres, ou quand en livrant des marchandises, on glisse furtivement quelques mauvaises parmi les bonnes, دسّها فيها, Gl. Belâdz. — *Rentraire*, coudre bord contre bord, en sorte que la couture ne paraisse point, Alc. (surzir o coser). — *Intriguer*, faire des intrigues, Bc. — C. a. et الى *envoyer quelqu'un secrète-*

ment vers un autre, p. e.: s'il a dit la vérité دسّت مَن الیه یقتله, Gl. Badroun, Berb. I, 564, 5 a f.; aussi c. a. et على, Abd-al-wâhid 35, 11: دسّوا عليه مَن قتله غيلةً, Nowairî Espagne 491: دسّوا عليه الى. — C. a. et الى remettre secrètement une lettre à celui à qui elle est adressée, Khaldoun IV, 7 rº: ودسّ خادمٌ للحاكم كتابَه الى بعض الطرق مَن قال نصيحة. — Ce verbe signifie en effet, comme on trouve chez Freytag, qui toutefois n'allègue pas d'autorité, clam dixit alicui rem, ut eam coram altero dicat, mais en ce sens il se construit aussi c. الى p., Berb. I, 457, 3 a f. — دسّ بتخبّره الى avertir quelqu'un de quelque chose, Berb. I, 608, 15. — C. الى et ب, في ou أنْ, exciter, animer quelqu'un à faire une chose, Gl. Badroun, Berb. I, 585, 4: فدسّوا الى السلطان, Khaldoun Tornb. 10, 2: دسّ الى الفرنج بالقدوم عليهم; — Berb. I, 626, 3: ودسّ الى عروس بالخروج الى الشام, 605, dern. l.; — Berb. I, 503, 12: (le texte a été corrigé dans la trad.). Aussi c. ل p. et acc. r., Macc. II, 726, 12: كان كثيرًا ما يدسّ لأقارب الملوك القيامَ على صاحب الأمر. — Toucher, tâter, Hbrt 9, M (cf. Freytag nº 3).

Il exciter, instiguer, Mohammed ibn-Hârith 264: دسّس امرأةً من مواليه فوقفت للقاضى على طريقه ثم قالت له بابن للخلائف فكان ذلك سببًا لعزل ابراهيم Akhbâr 142, 4. — Exciter quelqu'un à commettre un meurtre, Haiyân-Bassâm I, 128 rº: les trois Slaves qui avaient assassiné Alî ibn-Hammoud اقرّوا لجريمتهم (l. بجريمتهم) ونفوا عن جميع الناس المواطاة والتدليس (l. والتدسيس), cf. Djob. 342, 10. — Toucher, tâter, Voc., Alc. (tañer por tocar, tocar con mano); tâtonner, chercher en tâtant, Alc. (atentar a tiento, buscar a tiento). — J'ignore comment il faut traduire ce verbe chez Mohammed ibn-Hârith 292: فلمّا نجّم وظهر فضل ادبه وتولّى الكتابة واضطلع بالاثقال وخاطب ونبّه وعرض فى الامور ودسّس بالرفع ولم يرّضَ ان يكون تابعا لغيره الخ.

V dans le Voc. sous palpare; le nom d'act. attouchement, tâtonnement, Alc. (tocamiento con mano, toque tocamiento, tiento para atentar); au fig., circonspection, prudence, Alc. (tino yendo o haziendo).

VII se glisser, s'insinuer, se couler doucement sans être vu, Bc, Voc., Cartâs 12, 8, 1001 N. Bresl. II, 254, 11.

دَسّ بالدَسّ en cachette, sous main, à la sourdine; فى الدَس furtif, Bc.

دسيس ruse, intrigue, cabale, Gl. Fragm. — Comme coll., émissaires, Nowairî Afrique 24 rº: نخاف ان يكونوا دسيسًا عليه من ابيه ⁂

دسيسة avis secret, Berb. II, 37, 2 a f., Nowairî Afrique 38 vº; دسّ البهم دسائس des indications fausses, Prol. I, 3, 1. — دسيسة partialité secrète pour les Alides, Prol. I, 36, 1. — Cabale, commerce, intrigue, machination, manigance, menée, Bc, M; le pl. دسائس pratiques, sourdes menées, Bc.

دَسّاس. Ce serpent est l'Eryx iaculus des naturalistes, Ztschr. für ägypt. Sprache u. Alt., mai 1868, p. 55.

دَسّاسة clystère, Voc.

دَسّوس pl. دواسيس espion, Voc., Alc. (espia). — Voleur qui se sert d'une échelle pour voler, Alc. (ladron escalador).

مَدَسّ (ainsi dans le Voc., mais sans explication) dard, Alc. (dardo) qui donne le pl. أمداس, comme si le mot venait d'une racine مدس (cf. sur ces corruptions Gl. Djob. 25, vº سبيل, et Abbad. II, 178, n. 107), et ce pl. se trouve Khatîb 14 vº: وسلاح جمهورهم العصى الطويلة المُثنّاة بعصى صغار ذوات عُرًى فى اوساطها تُرفع بالانامل عند قذفها تسمى بالامداس. — Poignard, Domb. 81.

مَدسوس interpolé, falsifié (livre), Ztschr. XX, 4, 3 a f.

مَداسّ (pl.) مداسّ الطُرُق sentiers, Gl. Maw.

دست (je suivrai autant que possible l'ordre des significations tel qu'il se trouve chez Lane) cette partie du divan qui est au fond de la chambre et qui est la place d'honneur; les secrétaires ont reçu le nom de مَوْقِع الدست ou كاتب الدست, parce qu'ils s'asseyent sur une estrade, en présence du sultan, dans la maison de la justice, lors des grandes audiences, pour lire les placets; voyez pour plus de détails Maml. II, 2, 239 et suiv. Le mot دست signifie aussi *trône*, ibid. 237. — *Tapis*, si M. de Slane a bien rendu le passage qu'il cite dans sa trad. de Khallic. III, 126, 2 a f. — Synonyme de مَجْلِس dans le sens de *salle où un professeur donne ses leçons*, ou bien *où l'on discute des questions littéraires ou scientifiques*, Khatîb 30 r°: طويل الصمت الّا فى دست تعليمه, Calâïd 59, 15:

قَدَم هَكَذَا يَا فَارِس الدِّسْتِ وَالْوَغَى
— لتستطعن بِالاقْلام فيها وبالقنا

Puissance, autorité, voyez Maml. II, 2, 236. — *Partie, au jeu, surtout une partie d'échecs*, Athîr VII, 116, 15, 1001 N. I, 375, 14, Bresl. I, 246, 6 et 7, XII, 140, 7. Aussi *un tour de lutte*, 1001 N. I, 364, 13 et 16, 365, 10, 12 et 16. — *Echiquier*; Quatremère (Maml. II, 2, 239) a attribué ce sens au mot dans l'hémistiche: واذا البيادق فى الدست تفرزنت (Khallic. VII, 109, 7 Wüst.), où il signifie plutôt, comme dans l'hémistiche cité par Lane, *parties d'échecs*; mais je crois que ce terme signifie réellement *échiquier* chez Ibn-Abdalmelic 124 v°: لاعبت الزمان فى دست الحدثان فصيرنى فى طرفه لحرمان شاه مات, et chez Macc. I, 882, 3: il est bien triste que, etc., وأنّ بهافيف الجوانب فرزنت ولم يبعد رخ الدست ببت بناته — Ce mot doit avoir encore un autre sens au jeu d'échecs, car ce qui précède ne convient pas à ce vers, 1001 N. I, 375, 9:

كأنّها الشاه عند الرخ موضعه وقد تفقد دستنا بالفرازين

با دست nom d'un jeu, M. — *La pompe, l'appareil qui accompagne le souverain ou son ministre*, Maml. II, 2, 236, Fakhrî 353, 7, *les grands, les courtisans qui accompagnent un prince*, Fleischer Gl. 13. — *Un plat*; Fleischer, Gl. 13, a eu tort de dire que ce mot n'a jamais ce sens; Quatremère (Maml. II, 2, 238—9) en a donné plusieurs exemples, et Bat. (I, 187) atteste que les *plats* portent ce nom à Ba'albec; Fakhrî 131, 11: فاكل معه دستنا من الخبز السميذ. — *Bol dans lequel on sert à boire*, Fleischer Gl. 14, Maml. II, 2, 239, l. 4 de la note. — *Tinette, petite cuve*; دست للغسيل *cuvier, cuve pour la lessive*, Bc.

دَسْتَة *certain nombre* (p. e. une douzaine) *de cuillers*, M. — دستة ورق *main de papier*, Bc, Hbrt 112.

دَسْتَى بقل دستى (leçon de B); sous le nom de البقول الدستية on entend tous les légumes qui viennent sans culture, البقول البرّية كلها, Bait. I, 155 k; le mot semble donc formé de دَشْت dans le sens de *désert*, et en persan دَشْتى signifie en effet *sauvage, qui n'est pas cultivé*. Chez Auw. I, 136, 5, دستى est expliqué par *épinards*.

دَسْتِيَّة pl. دساتى *cuvier*, Gl. Edrîsî.

دَسْتَان, t. de musique, *touche*, Bc, Descr. de l'Eg. XIII, 253 n.; voyez Ztschr. IV, 248.

دَسْتَنْبويَة (pers.) voyez sur cette espèce de melon Bait. I, 149 a, où il faut lire ainsi, et 420 c, où AB portent par erreur دستنبويه.

دَسْتَنْج (pers. دَسْتَنَه) *pilon*, Gl. Manç. in voce (où وتدق بدستنج خشب est une faute), Bait. I, 491: الهاون (l. دستنج); شكله شكل دسم Auw. II, 316, 14. — *Anse, poignée, manche*, Payne Smith 1547. — *Rabot*, Payne Smith 1026.

دستر I c. a. et II dans le Voc. sous clavila ligni.

دَسْتَر pl. دَسَاتِر *cheville de bois*, Voc., Alc. (savina (l. sovina) clavo de la madera, tarugo clavo de madera), Prol. II, 321, 4, 325, 9, 354, 8, Auw. I, 555, 20, où Banqueri veut à tort changer la leçon, lisez de même 557, 10, et lisez دساتر 561, 18 et 575, 3 a f. — *Cheville du pied*, Voc., mais seulement dans la 1ʳᵉ partie, où c'est peut-être une faute; dans la 2ᵉ il a l'autre signif. — *Languette, aiguille de balance*, Alc. (fiel de la balança, fiel del mesmo peso).

دَسْتَرَة (pers.) *scie à main*, 1001 N. III, 426, 2 (de même dans l'éd. de Bresl.).

دَسْتَوَائِى *sorte d'étoffe de soie, qui tire son nom de la ville de Dastowâ dans l'Ahwâz*; voyez le Lobb al-lobâb avec le supplément; Edrîsî: à Damas l'on fabrique انواع من ثياب الحرير كالخز والديباج — ومصانعها.

دستور — 442 — دشاخ

فى كلّ ذلك تجيبة — تـقـارب ثياب دستر; ainsi dans les quatre man., mais il faut lire دستوا; le même, en parlant d'Antioche: ويبـجـعـل بـهـا مـن الـثـيـاب المصمتة للجياد والعتاق والدستري (والدستوائى l.) والاصبهانى وما شاكلها ۞

دُسْتُور règle, Abou'l-Walîd 357, 22. — دستور العمل for-mulaire, Bc. — Congé, Freytag Chrest. 124, 4: واعطى العساكر دستورا وساروا الى بلادهم. — Dans le sens de permission, Abou'l-Walîd 689, n. 13; دستوره فى يد libre, indépendant, Bc. — Signe, indice, Chec. 189 واعلم ان الوزن فى الماء من الدستورات المنتجة ۳۰: فى تعرف حال الماء. — Jet d'eau, Macc. II, 172, 4 a f, 173, 1.

دَسْتِينَق = دَسْتِينَج bracelet, Ztschr. XIII, 707, n. 2.

دسدس I c. على machiner, faire des menées secrètes contre, Bc.

دَسْدَسَة بالدَسْدَسَة en cachette, secrètement, Bc.

دسر I. دَسَر الورق, au Maghrib, percer la feuille d'une lettre, Prol. II, 56, 17, 2 a f, 57, 1, où de Slane remarque: « il paraît, d'après cette indication, qu'en Mauritanie et en Espagne, de même qu'en Europe, au XIIIᵉ siècle, on fermait quelquefois les lettres en les pliant d'abord plusieurs fois, puis on y pratiquait une incision qui servait à faire passer par tous les plis un lacs ou une bandelette de parchemin dont les bouts étaient arrêtés sous le sceau. »

دَسَّر pl. دُسَر, vulg. pour دَسَّار, clou, M.

دَسَّار filet fait de sparte, Gl. Esp. 44.

دوسر, comme nom d'une plante, ægylops ovata, Sontheimer Bait. I, 461 d (à corriger la traduction des mots فى اضعاف اعرابى من اهل الشراة et اخبرنى (الزرع), bromos, Bc, seigle (aussi دوسرو), J. A. 1865, I, 212. Voyez plus loin, sous dâl, wau, les formes espagnoles دَوْشَر et دَوْصَل avec leur signification.

دسم. دَسَم Le pl. ادسام, Saadiah ps. 22.

دَسِم huileux, gras, Bc; — résineux, Gl. Edrîsî, Bait. II, 46 a: وتصبير كالقار الدسم; — gras (terre), Bc; — succulent, Bc; — moelleux, rempli de moelle, Bc.

نَسِيم gras, Voc.

دَسَامَة onctuosité, Bc.

دسومة (Freytag) aussi Abou'l-Walîd 704, 16.

مُدَسَّم gras, fertile (terre), L (uber (fertilis, habundans)).

دَسْمَالَه (pers. دَسْتْمَال, serviette, mouchoir) mouchoir rayé de rouge et de jaune, dont les Arabes du désert et les Wahabis se couvrent la tête, Defrémery Mémoires 155, Bg 802.

دسو.

دَوَاسِى corde amarrée aux deux bouts et servant à recevoir le تَعْليق (voyez ce mot), J. A. 1841, I, 588.

دسبريني sorte d'étoffe de différentes couleurs, Fleischer Gl. 106.

دش. NB. Comme le djîm suivi du chîn est difficile à prononcer, on l'a changé en dâl. Ainsi جش est devenu دش, pour جشًا on a dit دشًا, ou دشا dans la langue vulgaire, et جشر est devenu دشر; cf. sous دشو.

I Moudre à la main, grossièrement, Bc, 1001 N. II, 118, 9. — Briser, fracasser, Bc. — Jaser, Bc. — Voir; لا يبصر فلان لا يدش est M.

II frotter une chose contre une autre et la fracasser, Alc. (fresar uno con otro), notamment en parlant de fèves, etc., Voc., Alc. (fresar havas; le part. pass. fresada cosa).

V dans le Voc. sous fresare.

دَشَّة contusion, meurtrissure, Bc.

جشيش et دَشِيشَة et دَشِيش dans la langue classique) blé grillé, simplement écrasé, que l'on fait bouillir avec un peu de beurre et de l'ache, Gl. Esp. 98, Daumas V. A. 254, Bait. I, 249 d, qui commence son article جشيش par ces mots: جلينوس المسمى بهذا الاسم اعنى الدشيش, 420 d. On prépare aussi ce mets avec des fèves concassées, car dans le Voc. الفول دشيش est fresa.

دَشَاشَة, suivi de النار, étincelle, Domb. 79.

دَشَّاش brise-raison, qui parle sans suite, jaseur, Bc.

دشاخ pour دوشاخ (voyez), J. A. 1849, II, 270, n. 1.

دَشْبَذ (pers. دَشْبيذ) *substance osseuse que les chirurgiens appliquent sur un membre fracturé, afin de faire cesser la solution de continuité*, Gl. Manç. in voce (où دشيذ est une faute): هـو شـيء؟ عظمى يُبْنَى على موضع الكسر وبه يلتئم جزءاه ¤

دَشَّت *fatras, amas confus;* دشت ورق *des paperasses*, Bc; d'après le M دشت signifie الـسّـائِب, *ce qu'on laisse traîner, ce qu'on ne serre point*.

دَشْدَش *écarbouiller, écraser;* — *meurtrir*, Bc.

دشر *est une prononciation adoucie de* جشر, *voyez sous* دش.

I, aor. o, n. d'act. دَشَر; دِشار *est quand une vigne est abandonnée par son propriétaire au public, après que les raisins ont été cueillis et lorsque le peu qui en reste ne vaut pas la peine d'être gardé*, M. — *En parlant d'une femme, elle fait ce qu'elle veut, puisque personne ne s'y oppose*, M.

II *laisser paître un cheval où il veut*, M. — *Laisser de côté, laisser à l'abandon, planter là*, Bc; synonyme de تَرَك, Ztschr. XXII, 162, M. — *Laisser traîner une chose*, Bc. — *Renvoyer, mettre à la porte*, Bc, *renvoyer, expulser, chasser*, Hbrt 115, M, p. e. دشر للمتكاز «donner congé à un domestique,» Bc. — *Rendre la liberté à un prisonnier*, M.

دَشْرَة, *en Afrique, métairie, hameau, village*, Domb. 99, Cherb., Jackson Timb. 90, Gråberg 36, Booms 20 n.: «Quelques douars forment la dachera ou commune, quelques communes la tribu.» *Fraction de tribu*, Daumas Kabylie 48. Le pl. est chez Cherb. دُشَر, mais ordinairement مَداشِر (comme مَواجِد de وَجَد, «extase,» etc.), Prol. I, 67, 16, 222, 13, 273, 1, 11, 234, 13, 237, 1 et 10, deux man. dans le Cartâs 195, 2 a f., Hist. Tun. 129: ما بين مداشر وقرى, et plus loin le sing. دشرة ou مداشير, Berb. II, 193, 3 a f. Comparez plus haut l'article مَجْشَر, dont ce mot est une altération.

دِشار, pl. دُشُر (Voc.) et دَشائِر (Bc), au Maghrib *métairie, hameau, village*, Voc, Bc, Rohlfs 8, Rojas 62 vº: «tiene por aquellas sierras ynfinitos hadixares de Barbaros, ricos de ganado.» — *Pays de montagnes*, Alc. (serrania tierra montañesa). — *Rebut, rogaton*, Bc.

امير آخور الدشار ne signifie pas *l'émir âkhor des étables de chameaux*, Maml. I, 1, 120, mais *l'émir âkhor des chevaux et des bœufs qui sont habituellement au pacage, sans retourner à l'écurie pendant la nuit*, car دشار est la prononciation adoucie de جشار; voyez ce mot.

دَشْمان (pers.) *ennemi*, Bc, M.

دشن II c. a. r. *se servir le premier d'un habit ou d'autre chose*; quelques-uns disent خشن, M.

داشِن pl. دواشين *don*, Payne Smith 957.

دشو *est une prononciation adoucie de* جشأ, *voyez sous* دش; M: تدشّى تخريف تجشّأ والدَشْوَة تحريف للجشأة.

II *revenir (aliments), causer des rapports*, Voc., Bc.

V *roter, faire des rots*, Voc., Alc. (regoldar, regoldando echar), Bc, M, Bâsim 64: شرب القـدس واتدشّى وقال (وقاه 1.) في لحيتك للخليفة ¤

دَشَا *rot*, Voc.

دَشْوَة *rot*, Voc., Alc. (regueldo, où il faut lire dexue, au lieu de dexne), M. — *Monceau de pierres et de cailloux, qu'un fleuve, quand il s'enfle, jette sur la rive*, M.

تدشّى et تدشّايَة *rot*, Bc.

دعب III *vexer*, M.

دَعْبَة *naturel badin, caractère enjoué*, de Sacy Chrest. I, ١٣١, 2.

دعبس I c. على *chercher*, Bc.

دعبل I c. a. r. *mettre en boule*, M. — *Bouchonner, chiffonner*, Bc.

دعبلة *grimace, mauvais pli;* — *indisposition, maladie légère*, Bc.

دَعْبُولَة *boule*, M.

مُدَعْبَل *rond, formant une boule*, Bc, M; — *ramassé, trapu, vigoureux*, Bc.

أدعتر (expression irrég.) *buter, broncher, chopper*, Bc (formé de عثر).

دعث.

دَعْث *malveillance*, Roland.

دعثر I *trépigner, battre des pieds contre terre*, Alc. (patear hazer estruendo, trapalar).

II *broncher, chopper* (تَعَثَّر), M.

دعج

دَعِج *noir*, 1001 N. I, 116, 4.

دعدر

دَعادير voyez دعرورة.

دعدع I *secouer, ébranler*, Voc., Cherb. C, qui donne l'exemple دار مُتَدَعْدع « maison qui n'est pas solide. » Dissipo, L.

II *être secoué, ébranlé*, Voc., *être ébranlé sur sa base*, Cherb. C.

دعر.

دَعِر *grossier* (homme), M.

دَعِرة et دَعْرة, Gl. Fragm. Voyez du reste sous le *dzâl*, car dans cette racine le peuple a substitué cette lettre, et ensuite le *zâ*, au *dâl*.

الدَّرَنة *petite tumeur dure sous la peau* (الصغيرة تحت الجلد), M, Pallme 118, 120: *durore, abcès au cou*. Sous le *dzâl* le M donne encore le pl. دَعارير, en ajoutant que quelques-uns disent دعادير.

دعس I *fouler, presser, écraser*, Bc; *fouler aux pieds*, Hbrt 140, M, c. a. et c. على, Bc; je crois devoir lire de même 1001 N. Bresl. IV, 275, 4, où il est question de raisins qu'on foule pour en faire sortir le jus, et où l'édit. porte بِرِجْلَيْنا; *toucher avec les pieds*, 1001 N. Bresl. XII, 287, 8. — *Avaler*, Mehren 28.

دَعْسَة *l'action de fouler aux pieds*, M. — دَعْسَة العنز *les parties naturelles de la femme*, M.

مَدْعوس *méprisé*, M.

دعفيلا *orobanche cariophyllea*, Bait. I, 420 e (AB).

دعق I *faire entrer avec force*, M. — L a: *clamitat obstrepit*, يَدْعَق ويَصِيح. Je crois que c'est pour صعق, *lancer la foudre*, au fig., *fulminer*, car il a aussi *intonat* يَدْعَق ويُرْعِد.

دَعْقة *est quand un homme est constamment auprès de son camarade* (كثرة ملازمة الرجل لصاحبه), M. —
L: *tumultus* ثَوْرَة وصِياح وضَوْضاء وعَوِيل ودَعْقَة, *turbo* عَجَاج ودَعْقة وقَوْل وعَصار. Il me semble que c'est pour صَعْقَة = صاعقة.

دَعْقان est dans L *cicbalum*, entre « cicatrices » et « cicdela, cicendela. » Un tel mot n'existe pas; Raphelengius a lu ou corrigé *cimbalum*; mais ce dernier mot se trouve une demi-colonne plus loin.

دُعَيْقة الطَلْيُون sorte de petit oiseau, M.

دعك I *frotter le linge en le lavant*, Bc. — Au fig., *rompre, exercer, dresser, dégourdir, façonner une personne*, Bc.

II *friper, chiffonner, gâter*, Bc.

III c. a. r. *s'appliquer à* (مارس الأمر ومن عليه), M.

دَعْكَة *mêlée, combat corps à corps entre plusieurs hommes*, Bc.

داعك طريق ou داعكة *chemin frayé*, M.

ثوب مَدْعوك *habit usé et sale*, M.

دعم II. Le peuple en Espagne employait cette forme au lieu de la Ire, car le Voc. traduit *fulcire* par la IIe forme, et non pas par la première; Alc. donne aussi (estribadura) تَدْعِيم et (estribadora cosa) مُدَعَّم; le *techdîd* dans Müller, L. Z. 39, 3, est donc bon.

V quasi-passif de la IIe, Voc.

دَعِيمة (pour دَعْمَة) *étai*, Voc.

مُدَعَّم *étai*, Gl. Mosl.

دَعْمَش (formé de عمش) I c. a. dans le Voc. sous *lipposus*, où l'on trouve aussi la IIe forme; dans M: عين مُتَدَعْمِشة *œil dont les paupières sont malades et se crispent, ou qui est couvert de chassie*.

تَدْعِيش *chassieux*, Voc.

دعو et دعى I. Au lieu de dire simplement: دعاك هذا الأمر, on emploie la périphrase: دعاك داعي الى هذا الأمر, et الى أن دعا للشكر داع, p. e. هذا الى هذا الأمر, دعاه داعي الشر الى ما فعل, pour دعاه الشر, Gl. Mosl. — Dans le sens de *désirer, demander*, se construit c. الى r., p. e. دعا الى السلم «il demanda la paix,» Haiyân 82 r°, ou الى الأمان ibid. 85 v°, دعوا الى الأمان

تأمينهُ ,Haiyân-Bassâm III, 49 r°, الى مُعاوَدَة الطَّاعَة Haiyân 98 v°, ou دعا الى الطَّاعَة, « désirer à rentrer dans l'obéissance, » *ibid.* 81 r°, 85 r°, 87 v°, 90 v°; حين دعا الى المدينة « lorsqu'il désira s'emparer de la ville, » Akhbâr 16, 1 (où البيه est un *lapsus calami* de l'éditeur; le man. a correctement اليها). — C. a. p. *chercher à séduire* une femme, Abd-al-wâhid 7, 6.

— (Pour دعا اللّه) *jurer*, faire des serments sans nécessité, par emportement, Bc. — دعا لفلان, proprement et par ellipse دعا اللّه لفلان, « prier Dieu pour quelqu'un, » a reçu le sens de *nommer quelqu'un dans la prière publique, embrasser son parti, le reconnaître pour souverain*, de Sacy Chrest. II, ٣٢, 2 a f., Haiyân 41 v° (دعوا للموَلّدين والعجم « ils se déclarèrent pour »). Dans le sens de دعا لنفسه (Freytag), *vouloir se faire reconnaître pour souverain*, on trouve aussi دعا الى نفسه, de Sacy Chrest. I, ٥٧, 6. — دُعِيَ فَاَجاب, proprement : « il fut appelé (par Dieu) (Dieu l'appela à lui) et il obéit, » signifie *il mourut de mort naturelle*, Tha'âlibî Latâïf 85, 13 (même texte chez Badroun 301, 3). — *Citer* quelqu'un devant le juge, Voc., Alc. (requerir que hagan justicia); dans le Formul. d. contr. 7, la construction est c. الى p. (vulg. pour l'accus.) et الى حضرة القاضى, دَعَوْت القاضى dans le Voc. on trouve sous *citare*, mais je crois que c'est une erreur.

III. داعى عليه فى الشرع *poursuivre*, agir en justice contre quelqu'un, Bc.

IV dans les 1001 N. et encore aujourd'hui en Égypte au lieu de la Ire, Fleischer dans le J. A. 1827, II, 228.

VI. L'opposé de تداعَوْا عليه, « ils se réunirent contre lui, » est تداعوا عنه, *ils n'osèrent pas l'attaquer*, Gl. Mosl. — *Porter plainte l'un contre l'autre*, p. c. تداعى الزَّوْجَين, de Sacy Chrest. II, ٥٥, 5 a f. — De même qu'on dit تداعى البُنْيان, expression que Lane a expliquée, on dit فسقط عن دابّته فتداعت أركانُه « il tomba de sa monture et se cassa les extrémités, » Macc. III, 138, 4 a f. (cf. Lane sous رُكْن). — Dans des phrases comme تداعت الشيطان للخراب la constr. c. الى, au lieu de ل, qu'improuvent les puristes (voyez Lane), se trouve Berb. I, 141, 2 a f., 170, 8 a f.

VIII, dans le sens de *réclamer*, *revendiquer*, se construit aussi c. ع r., Abd-al-wâhid 219, 6, Holal 12 v° : وصل السينا من عظيم الروم كتاب مُتْع فى المقادير, et même c. على r., واحكام العزيز القدير si la leçon du man. dans le Bayân I, 296, 3 a f., est bonne. — C. ب s'attribuer, s'approprier; — *avancer*, mettre en avant, proposer comme vrai; — *trancher du*, contrefaire, Bc. — *S'élever d'orgueil*, comme traduit de Sacy Chrest. II, ١.٢, 2 a f., Voc. (iactare), *faire le gros dos*, faire l'homme important, *faire l'entendu*, le capable, Bc. — ادّعى فى نفسه *s'en faire accroire*, présumer trop de soi, Bc. — *Citer*, *assigner*, *appeler devant le juge*, Voc., Alc. (citar para juizio, enplazar a tercero dia, enplazar como quiera); c. على p. *intenter*, commencer une action, un procès contre, et le n. d'act. *demande*, action en justice, Bc. — *Adorer* Dieu, Alc. (adorar con palabras). — C. ل p. *se vouer à* quelqu'un, *le reconnaître pour son patron*, *pour son maître*, en parlant d'un jeune homme lorsqu'il faisait sa première partie de chasse, et qu'il avait tué d'un coup d'arbalète une pièce de gibier, Maml. II, 1, 75.

X, dans le sens d'*appeler* quelqu'un, *le faire venir en sa présence*, aussi c. ب p., Bidp. 5, 1, Macc. II, 332, 11. — C. a. r. *se faire apporter* une chose, Maml. I, 1, 13, l. 3 des notes. — C. a. r. et من p. *demander* une chose à quelqu'un, Abd-al-wâhid 109, 3 : pendant sa captivité, cette grande dame ألجَّتْ الى ان تستدعى غزلا من الناس تسدّ بأجرته بعض حالها (corrigez dans l'édit. le premier mot comme je l'ai fait ici), Khaldoun IV, 2 v° : استدعى منه اهل — استدعى اقبل المدينة الى تسليمها. — الاندلس واليّا *sommer une ville*, Bc. — C. a. p. *maudire* quelqu'un, Macc. II, 24, l. 20.

دَعْو *présomption*, *suffisance*; بغير دعو *sans prétentions*, Bc.

دَعْوَة *prière*, Voc., Akhbâr 90, 7. — Il est fort difficile d'indiquer exactement le sens que ce mot a chez les chroniqueurs. Quelquefois on peut traduire *parti* ou *nationalité*, mais dans d'autres passages on est obligé de se servir d'une périphrase et de traduire *prendre parti pour*, c. ل, *se déclarer pour*, *combattre pour*, ou quelque chose de semblable. En voici quelques exemples: Haiyân 50 r° : التمسّك بدعوة السلطان, Holal 6 r° : دخلوا على دعوة السلطان, 50 v° : الثبات فى دعوة عبيد الله بن ياسين وغزوا معه سائر قبائل

رَجَا مَيْلَ اهل طليطلة اليه ; Cout. 19 vº; الصحراء
منها هو الذى الدعوة ; « le sultan Hacam espérait que
les habitants de Tolède seraient bien disposés pour
'Amrous, parce qu'il était de la même nationalité
qu'eux » (il était Espagnol, Mowallad, comme eux);
Haiyân 44 rº: «له عُمَر بن حفصون صاحب دعوتِهِم;»
chef de leur parti»: 53 rº: وكان جل اهل السند
الذى اسندوا اليه من اول (أولى .I) دعوتِهم من تَخْتِم
« leurs partisans»: 50 vº: وجميعهم من دعوة اليَمَن,
ibid.: فارسل اليهم :55 rº, واكثرهم من دعوة حضرموت
الذين :41 rº, جيشا من فرسان العرب من دعوة مضر
يدعو بدعوة المُوَلَّدِين: 45 vº; دعوتهم للمُوَلَّدِين والمسالمة
40 vº; ثار :45 rº, أوّل لخارجين بالبراجلة بهذه الدعوة
Ci- — . أوّل الثُّوّار بالدعوة العربيّة: 48 rº; بدعوة العرب
tation devant le juge, Voc., Alc. (citacion a tercero
dia), Formul. d. contr. 7: وثبقة الدعوة دَعَ فلان بن
فلان لفلان بن فلان الى حضرة القاضى لتفصل (بالمفصل .I.)
بينهما ما يوجب الشرع الخ ; Bat. IV, 416: اشهدكم
أن مولاى سليمان فى دعوته الى رسول الله
«soyez mes témoins que je prends à partie Monsa
Solaimân et que je le cite au tribunal de l'envoyé de
Dieu;» dans le Voc., انت فى الدعوة (فى دعوتى) للحاكم, où
est pour الى. Procès, Bc, Ht, Hbrt 211. صورة دعوى
procès-verbal, Bc. — Affaire, chose, Bc, Ht, Delap.
10. — Dans le sens de festin: on a donné le nom
de دعوة الإسلام au festin donné par le calife abbaside
Mamoun à l'occasion de son mariage avec Bourân,
pour indiquer que c'était le festin le plus magnifique
qu'on eût vu pendant la durée de l'islamisme. Plus
tard, toutefois, il y eut un festin encore plus splendide et auquel on appliqua le même nom: c'était celui que le calife Motawakkil donna à Bercowâzâ à
l'occasion de la circoncision de son fils Mo'tazz. Voyez
Tha'âlibî Latâïf 72—75.

صار المُلك دعوى dans le sens de: tous les
nobles prétendaient à l'empire, Abbad. I, 51, 7 et 8.
— Citation devant le juge, Alc. (citacion a juyzio,
enplazamiento); plainte, procès, cause, Bc, Hbrt 211;
صاحب دعوى plaideur, Bc; اهل الدَّعْوِيّات, Akhbâr
95, 3, de même que اهل الدعوات, ibid. 94, 2 a f.,
les plaignants. — Affaire, Bc. — Orgueil, jactance,
Voc. — Vocation, inclination pour un état, Bc. —
Dans la R. d. O. A. XV, 117 on trouve ces signifi-

cations: invocation, épigramme, action de bénir, de
maudire, de prophétiser.

دعوية écho, Bc.

دعائى déprécatif, Bc.

دعاينة Berb. II, 197, 4 a f.: وانا مقيم بيسكرة
فى دعاينته, où de Slane traduit: afin de remplir une
mission dont il m'avait chargé.

دَعَّابية bavard, Daumas V. A. 168.

داعِبية désir, intention, Ht. — Nom d'intensité de
داع celui qui invite, etc., Gl. Fragm.; avec le génitif,
partisan de, Berb. II, 39, 7, 106, dern. l., 351,
7 a f., 528, 7; c. ل celui qui soutient la cause de
quelqu'un, Berb. II, 35, 6 a f.

أدعى exigeant plus, Gl. Maw., Dorrat al-ghauwâs 7.

دعكشة teigne, Cherb.

دغدغ I chatouiller, Gl. Manç. in voce, Delap. 165. —
دغدغ اوتار الآلة بانامله pincer les cordes d'un instrument, Bc.

II être chatouilleux, Bc.

دَغْدَغَت راس المريض t. de médec., est lorsqu'un
malade sur son séant ne peut pas tenir le cou droit
et le laisse pencher, M.

تدغدغ chatouillement, Ht.

دغر IV. ادغر له البنج mettre furtivement le bendj dans
la coupe de quelqu'un, 1001 N. Bresl. VII, 14 (où
l'éd. Macn. porte: وضعت له البنج فى قدح), IX, 238.

دوغرى ou ذوغرى (turc دوغرو ou دوغرى), en Egypte
et en Syrie, droit, direct, Hbrt 41, Bc, M; directement; franchement, en vérité, aussi بالدغرى، الدغرى,
la vérité; voyez le Gloss. de Habicht sur le IVe volume de son édit. des 1001 N. et Fleischer Gl. 91.

دعس

دَغَيس barque, L (barca, carina (parva navis),
caupilus). Dans le Voc. دَغَيس.

دغش IV. ادغشت الدُّنْيا il fait obscur (se dit après
le coucher du soleil), M.

VII bouillir, L (bullio, ebullio).

دَغَبَ دَغْشَة se mettre en route pendant l'obscurité

au commencement de la nuit; quelques-uns disent دغوش, M.

دغشش I éblouir, Bc.

دغص

دغيص pl. ات دغيص barque, Voc. Dans L دَغِيْصَة.

دغل I c. a. p. se glisser vers, se couler doucement et sans être aperçu, Ztschr. XXII, 124. — S'envenimer (blessure), aussi à la IVe forme, M.

IV voyez I.

دَغَل haine couverte (الْحِقْد الْمُكْتَتَم), M, perfidie; Haiyân 82 ro et vo: فكتب اليه يوبّخه على ذلك من مكره ودغله, Abbad. I, 54, 5, dol, tromperie, Bc.

دغل السريرة mal intentionné, Abbad. III, 89, 2 a f.

دَغَلَة buisson, touffe d'arbrisseaux, hallier, taillis, Bc, 1001 N. Bresl. VI, 338, 339.

فلان قلبه دغول il nourrit de la haine, M. — لتَحْمَه دغول sa blessure s'envenimera vite, M.

دَغِيل, Abbad. II, 102, 3, signifie peut-être intrigue.

دَغِيلَة l'action de se couler doucement et sans être aperçu, Ztschr. XXII, 124.

دَغْم III. مداغمة للحروف contraction, réduction de deux syllabes en une, Bc.

VII dans le Voc. sous introducere (verbum in verbo, vel literam in litera); souvent chez Abou'l-Walîd, p. e. 128, 140, 409.

دَغْم pl. أدْغَام faces, ailes-de-pigeon, cheveux qui tombent sur les tempes, Alc. (aladar).

دغمش I c. على = دَلَّس, M.

دَغْمُوس euphorbier, arbrisseau de Mauritanie, Jackson 81 et Timb. 74, Gråberg 33, Davidson 167. Apteranthes jussomania, Daumas V. A. 383. Chez Guyon, 185, 211, c'est le fruit du نَقْل (nitraria tridentata).

دغى murmure, Bc.

دغيا promptement, Bc (Barb.).

دف II c. على p. protéger, Voc, qui a aussi cette forme sous tinpanum et sous porta; jouer du دَقّ, Saadiah ps. 68. — Boiser, garnir de bois, Bc.

V dans le Voc. sous porta.

دَقّ pl. دُفوف ais, planche de bois, bardeau, petit ais, douve, planche, tableau, Bc, Hbrt 191, M, Ztschr. XI, 478, n. 5; comme t. de relieur, les دفوف sont les cartons d'un livre, Payne Smith 1462: كتاب مُجَلَّد بغير دفوف ☼

دَقّ. Le pl. أدْقاف, Alc. (sous pandero), et دقاف, Voc., Saadiah ps. 81, 149, 150.

دَقّ, en Espagne دَقّ, pl. دَقف et دَقاف, Gl. Esp. 49, Voc., planche, Gl. Esp. 48, bardeau, petit ais, Bc. — Battant d'une porte, Gl. Esp. 49, L (valbe, c.-à-d. valvae). — Porte, Gl. Esp. 49, Voc. — Porte posée horizontalement sur une ouverture, à rez-de-chaussée, c.-à-d. trappe, Gl. Esp. 49. — Contrevent, volet, Gl. Esp. 49. — Gouvernail, Gl. Esp. 49, M. — Echafaudage, Ht. — Page d'un livre, Ht. — دَخَّة damier, Bc.

دُفوف un penchant, Roland.

ما كان في وشيه مُدَقَّف, en parlant d'une étoffe, est بقَع كبيرة, M.

دَفِي I, vulg. دَفَى, s'échauffer, se réchauffer, Bc.

II tenir chaud, chauffer, échauffer, réchauffer, Alc. (escallentar), Bc. — Se chauffer, Ht.

III. Caussin de Perceval, Essai sur l'hist. des Arabes, etc., III, 367: « La nuit vint, et avec elle un froid piquant. Le crieur de Khâlid proclama dans le camp un ordre ainsi conçu: دافِئُوا اسراكم. Ces expressions, suivant la différence des dialectes, pouvaient signifier, « Tuez vos prisonniers, » ou, « Vêtez-les chaudement. » Elles furent interprétées dans le premier sens. » C'est aussi le seul que donne Lane.

دَفِيَّة دَفَّمَّات للحمام étuve de bain, Alc. (sudadero en el baño lugar).

دَفَّة casaque des Bédouines, Bg 803 (dèffé).

دَفِيَّة grande chemise en bouracan noir, Vêtem. 183.

دَفْيَان, vulg. pour دَفْآن, M; tiède, Hbrt 163; انا داق et انا دفيان j'ai chaud (j'ai une chaleur convenable); رجلي دفيانة « j'ai les pieds chauds, » Bc.

دافي tiède, Domb. 108, Hbrt 163. Voyez ce qui précède.

دفترخوان (en pers. خوان signifie *lecteur*) celui qui lit les *deftors devant les rois et les grands*, Macc. I, 660, 1.

دفر I chez le vulg., en général = دفع, M.

Défré ou *difrey*, plante aquatique qui se rapproche du riz, voyez Ouaday 685.

دفرار ? voyez sous دقرار.

دِيڤُور n. d'un. ة, *figues précoces*, Bc, aussi دَبڤُور M.

دفس I *heurter*, Ht.

دِلْفاس et دَقَاسَة, pl. دَقَافِيس aussi دَلْفاس, pl. دَلَافِيس, espèce de vêtement grossier et rapiécé que portaient les derviches, les prestidigitateurs et autres vagabonds, et qui ressemblait à l'*abâà*, c.-à-d. à une espèce de manteau court, fait de laine, ouvert sur le devant et ayant des trous par lesquels on passe les bras, Lettre à M. Fleischer 75, Voc.

دفسين espèce de poisson, Edrîsî de Jaubert I, 159; c'est la leçon de BD; dans C avec le *chîn*; A دفى.

دفش I *chasser, pousser en avant*; بكوع *coudoyer*, Bc; = دفع, M.

II بكوع *coudoyer*, Bc.

دَقَّاش espèce de navire, M.

دفع I, dans le sens de *repousser quelqu'un, l'éloigner de soi*, aussi c. ب p., Bidp. 153, 6: وليس فى عدل الملوك الدَّفْعُ بالمظلومين ومَن لا ذنب له بل المُخَاصَمَة — عنهم — دفع فى صدر فلان *donner à quelqu'un un coup de poing dans la poitrine*, au fig. *repousser, rejeter ses conseils*, Abbad. I, 376, n. 265. — دفع المركب, Macc. I, 1001 N. III, 54, 3 a f., dans le sens de دفع المركب من البـرّ ibid. 59, 2 a f., *pousser un navire, faire en sorte qu'il s'éloigne du rivage*. — *Jeter en avant avec force, lancer*, Akhbâr 151, 8: دفع رمحَه. — Par ellipse, pour دفع عن نفسه, *se défendre devant le juge, plaider*, Macc. I, 558, 18; voyez aussi sous مَدْفَع. — *Refuser de croire* une chose, *dire qu'elle n'est pas vraie, la nier*, R. N. 104 rº: on me dit qu'il était mort, فجعلتُ ادفعُ ذلك. — *Envoyer*, Berb. I, 375, 10: فدفع وأدافع مَن يقوله, 492, 14 et 15, 516, 4, 519, ليحرس أبا حفص الشيخ

3. — دفع الى شىء *on lui confia la direction de*, Berb. I, 395, 7, 516, 6, 518, 5 a f., 520, 7: فقام بما دُفِعَ اليه من ذلك احسن قيام, 598, 9, etc. — *Se mettre en marche*, Fragm. hist. Arab. 152, 9: il resta en prison حتى بلغ يزيد بن خالد دَفْـعُ مروان للطلب بدم الوليد. — *Pousser son cheval, le faire galoper à toute bride, se lancer en avant*, Bayân I, 227, 5: quand il fut arrivé près de la ville ennemie, دفع حتى ضرب برمحه فى بابها. — *Se lancer en avant contre l'ennemi, charger, marcher vers l'ennemi et l'attaquer avec impétuosité*, Alc. (acometer en mal, arremeter, cometer uno a otro), Cartâs 149, 9: cette cavalerie ennemie دفعت نحو عسكر المسلمين ibid. l. 15 et 6 a f., Bat. IV, 253, l'anonyme de Copenhague 116: وامر السعيد ان يدفعوا جملتهم دفعة واحدة فدفعوا فدفع عليهم موسى بن موسى C. على p., Cout. 41 ۷º, Cartâs 149, 18, 218, 7. — بمَن معه فالهم فى الوادى. Au lieu de دفع من عَرَفَات (Lane 891 a), on dit aussi دفع من المزدلفة, Bat. I, 399. Aujourd'hui دفع s'emploie encore dans les parties septentrionales de la mer Rouge dans le sens de *partir de*, en parlant d'un navire, Burckhardt Nubia 424 n. De même, en parlant d'un fleuve, يدفع من الجبل, *déboucher* d'une montagne, Berb. I, 83, 5, 370, 7. C. الى *couler vers*, Berb. I, 372, 2 a f., et c. فى *se jeter dans*, Gl. Belâdz. C. a. *quitter un endroit*, Djob. 311, 4: واجمعوا على دفع البلد والخروج منه. — *Donner*; au lieu de la constr. c. الى p., on trouve aussi c. ل p., Freytag Chrest. 34, 1, Cartâs 170, 9 a f., Nowairî Egypte, man. 2 m, 22 rº: دفع الثوبين للمرأتين. — De là *payer, rembourser*, Bc, Ht, Djob. 167, 15, 287, 11 (c. ل p.), Macc. I, 602, 7 et 8, 728, 21, 1001 N. III, 82, 7; c. عن *avancer de l'argent pour payer pour quelqu'un*, Bc, 1001 N. III, 71, 7 a f. — *Offrir* une certaine somme, p. e.: le marchand me demanda sept dirhems, فدفعت له خمسة et je lui en offris cinq; » ou bien دفعت للوالى كذا «j'offris une certaine somme au gouverneur,» s'il voulait faire pour moi telle ou telle chose, M. — *Employer* de l'argent, Edrîsî, Clim. II, Sect. 5: le prince de la Mecque reçoit cette contribution فيدفعه فى ارزاق اجناده إلخ مَنافِعه قليلة; leçon de ACD; B فينفقه. — *Comme v. n., pousser*, v. n. (bouture), en parlant de l'accroissement qui a lieu dans les arbres et dans les

plantes, Auw. I, 180, 8, 202, 4. — *S'écrier*, Cout. 32 r°: فدفعوا كلّهم بلسان واحد « tous s'écrièrent d'une seule voix. » — Dans le sens de la IIIe, *différer, tarder*, Gl. Fragm., si la leçon est bonne.

III c. a. p. *contredire* quelqu'un, voyez un exemple tiré du R. N. sous la Ire forme. — C. a. p. et ب r. signifie évidemment *envoyer, remettre*, Berb. II, 45, 3 a f.: ولحق بفاس فامتنع عليه اهلها ودافعوه ; يحرمو فاحتملهنّ وفرّ امام العسكر الى الصحراء ; je crois donc qu'il faut aussi lui attribuer ce sens dans d'autres passages d'Ibn-Khaldoun, p. e. Berb. I, 436, 8: ودافعوه على البعد بطاعة عرضة فتقفيلها (de même II, 143, 13), 602, 1: دافعهم بالمواعد « il leur donna des promesses, » 622, 2 a f., Aghlab. 24, 10.

V. Un exemple de cette forme dans le sens indiqué par Lane (TA) sous la VIe, en parlant d'un torrent, se trouve P. Abd-al-wâhid 157, 3 a f., où il faut biffer ma note.

VI *se renvoyer mutuellement une accusation*, Akhbâr 136, 7: une des bourses manqua, فتدافعوا فيها كلّ يتّهم بها صاحبه. C. a. r. (cf. Lane TA) *se renvoyer mutuellement* une tâche, Berb. I, 492, 15: وفاوضهما فيمن يدفعه اليها فاشار عليه للحاجب بمنصور ابن مزنى واشار منصور بالحاجب وتدافعها ايّاما حتى دفعهما جميعا اليها — Dans le sens indiqué par Lane (TA), en parlant d'un torrent: Abbad. II, 115, 7, Mi'yâr 16, 2 a f., Khatîb 156 v°: السيل المتدافع.

VII *plonger* dans l'eau (nageur), Bat. I, 235. — *Survenir, arriver inopinément*, Chec. 187 v°: اندفع الامر دفعة « le mal (la maladie) lui était survenu subitement. » — C. a. p. *s'élancer sur* quelqu'un, Bc, 1001 N. III, 276, 6, 285, 4 a f., 319, 3. — En parlant d'un torrent, dans le sens indiqué par Lane (TA) sous la VIe, cf. Abdarî 106 v° (au Caire): ولا يمكنك تأمّل شي في السوق لانّ الخلف يندفعون فيها ; مثل اندفاع السبيل *erumpo*, L; en parlant des vagues de la mer, 1001 N. I, 488, 2 a f. — Dans le sens de *commencer*, non-seulement c. في (Lane), mais aussi c. ب, Djob. 96, 15 et 20, Bat. I, 379, R. N. 75 v°: اندفع بالبكاء والانتحاب Auw. I, 311, 2 a f., en parlant d'une plante: اندفع باللقح, où notre man. porte اندفع يقول باللقح. Aussi avec l'aoriste, p. e. Gl. Fragm. *Commencer à réciter*, Gl. Fragm., Badroun 115, 3, Haiyân 26 v°: واندفع فوصل البيتين. — Com-

mencer à *raconter des histoires*, Badroun 273, 3 a f. — Quasi-passif de la Ire, *être donné*, Voc., Djob. 293, 15. — ينددفع *payable*, Bc. — عطش لا يندفع *soif inextinguible*, Bc.

X, à peu près dans le sens de la Ire, *repousser, écarter*, Abd-al-wâhid 193, dern. l., Baidhâwî II, 48, 21, Macc. I, 273, 2 a f., Haiyân-Bassâm I, 7 v°: واخذ فى استدفاع ذلك جهده فلم يغنه شيئا.

دَفْع *plaidoyer, ce qu'on dit pour réfuter devant le juge les arguments de la partie adverse*, M.

دَفْعَة *véhémence, fougue*; دَفْعَة الماء *la force de l'eau*, Bc (sans voyelles). — دَفْعَة *charge, attaque impétueuse*, Alc. (cometimiento), Cartâs 149, 17. — *Réaction*, Bc. — *Payement*, Bc, M. — بالدفعات *souvent, parfois*, Roland. — دَفْعَة *carrière, lieu destiné à la course*, Alc. (carrera o corrida). — دَفْعَة *subitement*, Voc., voyez un exemple, tiré de Chec. sous la VIIe forme; l'excellent man. a les voyelles que j'ai données.

دَفُوع *défendant, protégeant*, P. Abbad. I, 304, 8.

دَفَّاعِى *défensif*, Bc.

دَفَّاع, avec بالماء, *faisant jaillir l'eau*, Gl. Edrîsî. — *Celui qui charge, qui attaque avec impétuosité*, Alc. (bometedor). — *Contribuable, payant, payeur*, Bc.

دافع, t. de médec., *remède expulsif*; les médecins disent aussi القوّة الدافعة, M.

مَدْفَع nom d'act. (Freyt. et Lane) de la Ire forme, dans le sens de دفع عن نفسه, *se défendre devant le juge, plaider* (cf. sous la Ire forme), Mohammed ibn-Hârith 232: ابيح له المَدْفَع (les voyelles sont dans le man.) « le cadi permit à l'accusé de se défendre; » ensuite: عجز عن المدفع. — *Moyen de défense*, Mohammed ibn-Hârith 270: deux personnes ont témoigné contre vous, فإن كان عندك مَدْفَع نهايته (les voyelles sont dans le man.), Akhbâr 13, 3 (où l'éditeur a eu tort d'ajouter au fâ un *techdîd*, qui n'est pas dans le man.) — Bayân II, 13, l. 16 (où je n'aurais pas dû donner un *kesra* au *mim*).

مِدْفَع, vulg. مَدْفَع, M. « C'est en l'année 792 (1383), que le mot مدفع se trouve, pour la première fois, employé en Égypte pour désigner *un canon*, » Quatremère J. A. 1850, I, 237. En ce sens: Macc. II, 802, 13, 807, 4 a f. et dern. l., 808, 17, 1001 N. I,

171, 3 a f., II, 117. Au commencement, ce mot a signifié autre chose, et selon Reinaud, J. A. 1848, II, 215, la filiation des significations est celle-ci: 1° petit tube de fer, auquel venait aboutir la flèche de l'arbalète, *pousse-flèche*, *ressort*, l'équivalent de مجرى (Reinaud, *ibid.*, 214, n. 2); 2° le cylindre creux dans lequel on fait glisser le boulet de canon; 3° le canon [non pas le fusil, voyez Quatremère J. A. 1850, I, 237]. — *Pet*, Bc.

مَدْفُوع *rapide* (torrent), Mi'yâr 9, l. 11, où je crois devoir lire ainsi.

دفق I, *répandre*, c. ب, Macc. II, 636, 13. — *Vomir*, M. — دفق عليه الضحك *rire de tout son cœur, à gorge déployée*, M.

VI à peu près dans le sens de la Ve, Fleischer Gl. 65, n. 1.

VII *répandre*, c. ب, Cartâs 34, 8.

دَفُوق *répandant de la pluie*, Tahmân (Wright).

دفل. Dans le Voc. le nom du *laurier-rose* est écrit دَفْلَى et دَفَل.

دفن I *enfouir des brins qu'on recouche*, Auw. I, 410, 20; cf. 411, 7, où il faut lire avec notre man.: قضيب نريد دفنه.

دَفْنَة *inhumation, sépulture*, Bc.

سر دَفِين *sacramentum*, L.

دَفِينَة *mets composé de viande, de choux et d'épiceries*, Gl. Esp. 43. — L donne: *propositio* وضع, ودَفِينَة, ce qui est étrange.

دَفَّان *fossoyeur*, Voc., Alc. (enterrador de muertos).

دَفَّانَة, t. d'agriculteur, *pierre cachée sous le sol, sur laquelle se brise parfois le soc de la charrue*; de là le proverbe الدفّانة تكسر السكّة pour indiquer une intention cachée et dangereuse, M.

للحرير المدفون مَدْفُون; cette expression, que de Jong n'a pu expliquer, se trouve chez Tha'âlibî Latâïf 127, dern. l., mais il faut y lire avec le man. 903: للحرير المدفون الذى تخفى فيه الصور وتظهر, « dans laquelle les figures se cachent et se montrent. » Il s'agit du *damas*; tantôt on en voit les figures (les fleurs, etc.), tantôt on ne les voit pas.

مَدْفُونَة = دَفِينَة, voyez plus haut, Gl. Esp. 43; *mets composé de légumes et de riz*, M.

دفى. دَفَى voyez plus haut.

دق I *s'aplanir, devenir plane et uni, s'amoindrir*, en parlant d'une chaîne de montagnes, Gl. Edrîsî. — *Battre les métaux*, Macc. I, 602, 2, où il faut lire la Ire forme, comme je l'ai dit Lettre à M. Fleischer 83. — *Battre le blé*, 1001 N. Bresl. VI, 210, 3. — *Battre le tambour*, Bc, Hbrt 98, Maml. I, 173—4; au fig., دق الطبل *bavarder*, Hbrt 239. — *Sonner la cloche*, Bc, Hbrt 156—7, M, Payne Smith 1561 (c. ب); دق الجرس *sonnailler, sonner souvent et sans besoin*, Bc. — *Sonner, indiquer, marquer un son*, Bc. — *Sonner*, v. n., *rendre un son*; دقّت البوقات « les trompettes sonnèrent; » دقّت الساعة « l'horloge sonna, » Bc. — دق نوبة *sonner des fanfares*, Bc. — *Ficher, enfoncer un pieu*, Bc, 1001 N. I, 21, 3. — دق المراسى *jeter l'ancre*, 1001 N. II, 30. — *Battre*, v. n., *éprouver un mouvement d'agitation*, Bc. — *Tatouer*, Bc, Lane M. E. II, 121. — C. على *toucher*, t. de musique, *jouer*, Bc. — C. فى *saisir, prendre tout d'un coup avec vigueur*, Bc; — *raccrocher, arrêter et inviter les passants à entrer*; se dit des femmes publiques, Bc. — دق المعاملة *monnayer*, Bc. — دق الكيميا *fabriquer de la fausse monnaie*, Bc.

II *affiner le lin, le chanvre*, Bc. — *Raffiner, subtiliser*, Bc; Khatîb 55 v°: من اهل المعرفة بصناعة له; Macc. I, 569, 18: الطبّ وتدقيق النظر فيها تَدْقِيق. Voyez aussi plus bas sous تَدْقِيق فى التصوّف.

— *Quintessencier*, Bc (lisez ainsi, au lieu de دقّق). — C. على r. *passer par l'alambic, discuter avec soin, éplucher, examiner avec soin, regarder de près*; c. على p. *scruter la conduite de quelqu'un, tenir quelqu'un sur la sellette, lui faire subir des questions*, Bc. — *Enfariner, poudrer de farine*, Alc. (enharinar).

IV. ادق فى عرضه *attaquer l'honneur de quelqu'un*, Asâs sous ولع.

V *s'enfariner*, Alc. (enharinarse).

VII. الباب يندقّ « on frappe à la porte, » Voc., Bc. — C. فى *se cogner, se heurter contre*, Bc.

X *être étroit* (chemin), Gl. Belâdz. — *Etre facile à porter* (chose), *ibid.*

دَقّ *tatouage*, Lane M. E. I, 56. — دَقّ موزون *mouvement, manière de battre la mesure*, Bc. — دَقّ

دق

دى pulsation, battement du pouls, Bc. — دى nom du 16e mètre, المتدارك, lorsque le pied فَعِلُنْ est constamment changé en فَعْلُنْ, comme dans ce vers:

ما لى مآلُ الَّا دَرِقَمْ او بِرِذونى ذاك الادقمْ, M.

دَقّ se prononçait en Espagne دَقّ, Voc., Alc. — دقّ السكّر du sucre qui a été brisé en petits morceaux; on dit دقّ, M. — دقّ الفحم poussier, poussière de charbon, Bc, Catal. des man. or. de Leyde I, 155, 5, 1001 N. I, 114; on dit دَقّ et دِقّ, M. — Au lieu de حُمَّى الدِقّ, fièvre hectique, on dit quelquefois الدقّ seul, mais c'est presque un barbarisme, Gl. Manç. in voce; Niebuhr, B. p. xxxiv, donne aussi دقّ seul en ce sens. — حمار دقّ petit âne comme ceux de Sardaigne, Alc. (sardes, c.-à-d. sardesco). — Nom d'une étoffe très-fine. Chez Tha'âlibî Latâïf 97, 11, c'est une étoffe de lin; mais دقّ ibid. l. 8, doit désigner une espèce de brocart, et en ce sens on trouve دقّ المطرَّز, 1001 N. Bresl. III, 281, 7, دقّ المطرقة et دقّ seul, Vêtem. 392. — J'ignore ce que ce mot signifie Ztschr. XX, 507, 6.

دَقّة coup, Bc. Peut-être ce mot a-t-il ce sens dans l'expression, qui est devenue proverbiale: بدقّة ولو زدتُ لزاد السقّاء, 1001 N. II, 400, 6. Dans ce cas il faudrait traduire: « coup pour coup, si j'avais fait davantage, le porteur d'eau en aurait fait de même. » A l'endroit cité, l'origine de cette expression est racontée. Dans l'éd. de Bresl. VIII, 216, le dernier mot est الشقّة. — زوِّل الدَقّات ôter les bosses à des vases de métal, Alc. (desabollar, verbe que Victor explique ainsi: «relever les bosses qui sont dans des vaisseaux de cuivre ou d'étain, que l'on a enfoncés à force de coups ou de chutes, les redresser et débosseur »). — Tatouage, M. دقّة الكرش mélange de curcuma, de poivre, de clou de girofle, de cannelle, de carvi et de cumin, avec lequel on assaisonne les tripes de bélier, M. — هذا دقّة فى ceci est un objet très-élégant, M.

دقّة exactitude; دقّة الحرف littéralité, attachement scrupuleux à la lettre en traduisant, Bc; application, attention, Ht. — Pureté de dessin, Bc. — دقّة شغل semble signifier un petit travail, 1001 N. IV, 618, 9: توجّه الى دكّانه فجاءته دقّة شغل فاخذها واشتغلها فى بقيّة النهار.

دِقّة mélange qui se compose ordinairement de sel et de poivre, Lane M. E. I, 200.

دَقّى pulsatif, Bc.

دقّى menu, Bc.

دُقّاق farine, Gl. Esp. 51, Auw. I, 257, n. 5, surtout farine de lupin, dont on se sert en guise de savon, Lane, trad. des 1001 N. II, 377, n. 4; c'est ce qui explique des passages comme ceux-ci: 1001 N. I, 109, dern. l.: غسلتُ جسده غسلا جيّدا بدقّاق, 408, 3 a f.: ودلكته واشترى له سدرا ودقاقا وقال, 409, 1. اغسل لك جسدك.

دقيق, farine, a dans le Voc. le pl. دَقائق. — الدقيق est chez les médecins le troisième intestin, M.

دقّاق ou الاجراس دقّاق carillonneur, sonneur; دقّاق الجرس ساعة دقّاقة timbalier; montre à répétition, Bc; le M donne l'expression دقّاق الساعة نقريات. — Tamis très-fin pour séparer la partie la plus fine de la farine, Bc.

تَدْقيق finesse d'esprit, Macc. I, 940, 16. — Exactitude; بتدقيق وتحقيق exactement; précision, scrupule; بالتدقيق minutieusement; strictement; على التدقيق étroitement, à la rigueur, au pied de la lettre; على وجه التدقيق régulièrement; تدقيق فى اللغة purisme, défaut de celui qui affecte trop la pureté du langage, Bc.

مِدقّ pilon, Gl. Manç. v° دستج. — Baguette de fusil, Ht (chez Domb. et Bc avec le ك).

مِدقّة pilon, Bc. — Macque, instrument propre à briser le chanvre, Bc. — Sonnette, Payne Smith 1561. — Petit flacon, M.

مُدقّق sagace, pénétrant, Roland. — Régulier, rigide, scrupuleux, strict, formaliste, Bc. — مدقّق فى اللغة puriste, Bc. — Docteur qui appuye les preuves محقّق sur de nouvelles preuves, de Slane Prol. I, 196, n. 1.

مُـدَقْـقَـة boulette, petite boule de chair hachée, d'oignon et de persil, Bc.

مَدْقُونِي bœuf (nommé ainsi parce que les musulmans, au lieu de le châtrer, *écrasent* ses testicules entre deux morceaux de bois), Hœst 293, Gråberg 124.

دقَات, pl. دقَاد ; دقَاذُش; c'est ainsi qu'on trouve le mot *ducat* écrit dans des chartes grenadines; Alc. (ducado de oro) a ducât.

دقدس I c. على *chercher avec le plus grand soin*, M.

دقدق I *frapper à une porte*, Bc (دق الباب), Cherb. B, Ht, Delap. 50. — En parlant de vers à soie, *devenir* دقدقاً, c.-à-d., *faible et maigre*, M.

دق دق est une onomatopée dont on se sert pour exprimer le bruit qu'on fait en frappant à une porte. De là le vers qui a passé en proverbe:

اغـلـقـوا بـابـكـم مـخـافـةً واش دق دق ولا سلام عليكم

ce qui signifie: mille personnes doivent frapper successivement à la porte et attendre qu'on ouvre, mais personne ne doit trouver la porte ouverte et entrer à l'improviste, M. (Burckhardt Prov. n° 1: الف دقدق ولا سلام عليك « A thousand raps at the door, but no salute or invitation from within. » This is said of a person's fruitless endeavours to become intimate with another). On dit aussi par allusion à ce proverbe: حدّثته بالقصّة من الدقدقى الى السلام عليك, c.-à-d., depuis le commencement jusqu'à la fin, M.

دقدوق, en parlant de vers à soie, *faible et maigre*, M.

دقديق *coup que l'on frappe à la porte*, Roland.

مُـدَقْـدَق *raffiné*; c'est ainsi qu'il faut lire 1001 N. Bresl. VII, 282, 1, car دقدق est la réduplication de دق, qui signifie à la IIe forme *raffiner* (Bc), et l'éd. Macn. porte مُكَرَّر, qui a le même sens.

دقر I *barricader*, Ht. — *Toucher*, Bc, M. — *Heurter*, Mc. — C. a. p. ou خاطر دقر *choquer, fâcher*, M.

II est chez Alc. *aporcar* (le n. d'act. aporcadura), et ce verbe signifie selon Victor: *faire des sillons en une terre, la labourer et assillonner, couvrir des herbes sous le rayon, et selon Nuñez: buter, enchausser les plantes pour les faire blanchir*. — *Retenir*,

empêcher, M (عوّقه وأَخَّره). — دقر الباب *fermer une porte au moyen d'une* دَقْرَة (voyez), M.

VII c. على *toucher*, Bc.

دقر pl. دقور *barre pour fermer une porte*, Bc, M; au fig., *obstacle*, p. e. كيفما توجّهت يكون فى فلان دقرا, M.

قيل هو العرعر الذكر وقيل ابهل :Most. sous دقرار; هو حب الدقرار ورايت حب العرعر هو حب الدقرار ainsi dans Lm; N الدقرار.

دقرارة *podagra*, L.

دقرة sorte de fermeture de bois que l'on met aux portes et qui s'ouvre sans clef, espèce de loquet, M; c'est le زلاج de la langue classique, M sous ce dernier mot, où il écrit دَقرة.

دَوْقَرة *baisser les yeux, regarder en bas*, M.

داقور pl. دواقير *appui, étai, soutien*, Hbrt 194.

على قمّة اضطر ان يأتى على مدقّر راسه est مدقّر راسه, M.

دقس.

المداقسة voyez sous دقس VI.

دقشش I *frapper, heurter des cornes*, Alc. (topar topetando con cuerno).

دقف III *se chamailler*, Ht; M: والعامّة تقول داقفه مداقفةً اى قاومه وتعرّض له ¤

دقفت *echiochilon fruticosum* Desf., Prax R. d. O. A. VIII, 282.

دقل

دقل, nom d'un. ة. Dans la langue classique, *la plus mauvaise espèce du palmier et de ses fruits*, et chez Pagni, 151, je trouve aussi que ce terme désigne la plus mauvaise espèce de dattes. Mais aujourd'hui il désigne au contraire « le roi des dattiers » (d'Escayrac 10), et les dattes de la première qualité (Richardson Mor. II, 285, le même Sahara I, 423, Pellissier 149, Dunant 89), appelées en France *muscades* (Espina R. d. O. A. XIII, 156). Espèces: 1° دقلة نور, la meilleure de toutes, Cherb., Tristram 79, Carette Géogr. 196, 224 (qui a l'article avant le second mot), Pagni 149 (aussi avec l'art.) qui dit qu'elles sont sèches, rondes, dures, et qu'elles fondent dans la bouche comme du sucre. L'origine du nom est expliquée par Prax, R. d. O. A. V, 212 n., de cette manière: « Noura est une sainte musulmane enterrée à El-Harihira, village dépendant de Tougourt. Les Arabes racontent que cette dame ayant fait ses ablutions pour la prière, un dattier naquit sur le lieu ainsi arrosé. Ses dattes, de l'espèce degla, furent appelées *deglet-nour*. 2° دقلة بيضاء, longues, sèches et très-dures, Pagni 149, d'Escayrac 11. 3° دقلة حسن, petites, tendres et jaunes, Pagni 152 (où il faut lire hassên, avec le man.). 4° دقلة حمراء, d'Escayrac 11. 5° دقلة عائشة, Prax l. l. 6° دقلة *mâmen*, Prax l. l. — Dans le sens de *mât* le pl. est دقال et أدقل, Gl. Djob.

دقم I c. a p., à Damas, *donner un coup de poing à quelqu'un*, M.

دَقْم et دُقْم, pl. أدقام, *bouche*, Voc. Alc. (boca); دقم المعدة *le creux de l'estomac*, Alc. (boca de estomago, estomago la boca del); دقم القنديل *lamperon, tuyau du chandelier où l'on met la chandelle*, Alc. (mechero de candil); لعاب الدقم *jeu de mots*, Alc. (juego de palabras).

دقماق et دقمق (turc توقمق ou طوقمق) *maillet, marteau de bois à deux têtes*, Cherb., Bc, Martin 129, Fleischer Gl. 104, Maml. II, 2, 51. — *Cassenoisette*, Bc.

دقنو *boisson en usage dans le Soudan; c'est de l'eau contenant du millet concassé, mêlé avec une petite quantité de miel ou de lait aigre*, Bat. IV, 434.

دقور I *exciter des querelles*, M.

دكّ I *cacher*, Voc. (abscondere); *glisser, couler adroitement, p. e. un soporifique dans un aliment que va prendre une personne qu'on veut endormir*, Ztschr. XX, 508. — *Charger, bourrer une arme à feu*, Bc, Ht, M. — *Altérer, falsifier une substance*, Ztschr. XX, 495. — C. a. r. et على p. *escamoter, escroquer une chose à quelqu'un*, Ztschr. XX, 501, 495, où je crois que les paroles: دك عليك الف دينار signifient: « il vous a escroqué mille dinars. » — A Damas, en parlant d'un maçon, دك اللبن *placer les pierres les unes sur les autres, entre les poutres*, M.

II. دكّك السراويل, pour تكّك, on dit aussi دكدك, *passer le lacet (تكّة) dans la coulisse du pantalon*, M.

VII *être caché*, Voc.

دكّ *jouer des gobelets*, Ztschr. XX, 487, 2 a f., 507, 1, Macc. II, 146, dern. l., 179, 4, III, 23, l. 30.

دَكّ *plancher*, p. e.: il combla les puits واتّخذ عليها دكّة ثمّ انشأ للحصن عليها. Aussi une espèce de plancher élevé sur l'eau et contigu à la maison, Gl. Belâdz. — Espèce de *brancard sur lequel on place la bière avant de la porter au tombeau*, Burckhardt Prov. n° 18. — *Rang*, Payne Smith 1466: دقشم. — دكّة حطب *chantier, magasin de bois en pile*, Bc. — مراتب دكّات رسوم *bourrade, répartie vive*, Bc.

دكيبات (pl.) *tours de passe-passe*, 1001 N. IV, 173, 15.

دَكّاك dans le Voc. sous abscondere.

مَدَكّ = مِدَقّ, Aboû'l-Walîd 779, 19. — Pl. ات *baguette de fusil, refouloir*, Domb. 80, Bc (chez Ht avec le ق). — *Aiguille à passer, grande aiguille dont on se sert pour passer le lacet (تكّة) dans la coulisse du pantalon (cf. sous II)*, M.

مَدَكَّة *endroit où le sol a été aplati par les pieds des hommes et des animaux*, Gl. Mosl. — *Imposture*, J. A. 1848, II, 244, 6 a f.; dans le Voc. *calliditas* et *dolus*. — *Tour de passe-passe*, Ztschr. XX, 488, 1.

مَدَكّير (composé du mot qui précède et de la termin. esp. ero) est dans le Voc. *dolosus (incantator)*.

مَدَكوك *enroué* (voix), M.

دكج

ذَكُوجَة pl. ذَكاكيج *petite jarre*, Bc, 1001 N. II, 258, 3 a f.; cf. ذكّوشة.

دكدك I *chatouiller*, Bc. — دكدك الحائط *faire entrer des coins entre les pierres d'une muraille dont la partie inférieure menace de se fendre, afin de l'empêcher de tomber*, M. — دكدك الدلو *boucher les trous d'un seau*, M. — Voyez sous دكّ II.

II *être chatouilleux*, Bc.

دكر ذَكْذَكْ housse, Ht.

ذُكْذَكْة = دَقْدَقَة, Koseg. Chrest. 60, 9. Comme دَكّ signifie la même chose que دَقّ (Lane), je n'oserais pas changer la leçon.

ذكر voyez ذكر

دكّور pl. دكاكير, dans la langue des nègres, *idole, fétiche*, Becrî 172, 175, 176, 183.

دكرمبيات *mouchoir de soie dont on se ceint le milieu du corps*, Bg (sous moucher).

دكس I *éperonner, piquer des deux*, Bc; écrit دكس, 1001 N. Bresl. II, 155, 12; dans son Gloss., Habicht cite la Conquête de l'Afrique, par le Pseudo-Wâkidî. — Ecrit aussi دكس, *pousser une porte pour l'ouvrir*, 1001 N. Bresl. XI, 376, 8. — دكزه على شيء *pousser quelqu'un pour l'avertir en cachette de quelque chose*, Bc.

دكس I c. على, comme synonyme de حثا (Câmous), *répandre de la poussière sur sa tête, ses vêtements, quand on est plongé dans la tristesse, quand on a une vengeance à exercer*, etc., Koseg. Chrest. 80, dern. l.: وقد دكس عليه كأنّه طالب ثأر, l'éditeur a prononcé le verbe au passif, mais je crois que l'actif est préférable; عليه نفسه est عليه. — Voyez l'article qui précède.

VII, pour انتكس, en parlant d'un malade, *avoir une rechute*, M.

دكسة *rechute*, M.

دكش III c. a. p. et في r. *troquer*, Bc, Hbrt 104, M.

دكش *fourgon, perche pour remuer la braise dans un four*, M.

دكش *chose désagréable*, M.

دكوشة *petite jarre*, M; cf. دكوجة.

دكاش *troc, échange*, Bc.

fém. دكشاء, pl. دكش, *qui a la vue faible*, M.

دكل

دكلة *foule*, [multitude de personnes qui s'entrepoussent], M.

دكم II *faire entrer, presser une chose dans une autre*, ou en quelque lieu, quelquefois *à force de coups de pied*, Alc. (atestar, calcar recalcar, costreñir estribar, costribar, enbutir otra vez, recalcar, recalcar acoceando, tupir recalcando; chez lui la dernière lettre est un n, qui, dans son livre, est souvent à la place du m, à la fin des mots).

V. Le nom d'act. *l'action de faire entrer*, etc. (cf. ce qui précède), Alc. (recalcadura).

دكن

دُكّان, *banc*, le pl. aussi ات, Voc. — *Un gros quartier de pierre*, Gl. Esp. 46; ce que j'y ai dit est confirmé par L, qui donne دكاكين sous *pavimentum*. Abdarî, 38 v°, se sert de ce mot, comme Ibn-Batouta, en parlant de la colonne d'Alexandrie; en outre il dit (ibid.), en parlant du phare: قد أحاط به البحر شرقا وغربا حتى تأكل حجره من الناحيتين فقُدّم منها ببناء وثيقة اتّصل الى أعلاه وزيد دعمًا بدكاكين متّسعة وثيقة وضع أساسها في البحر. — *Alcôve*, Martin 77. Peut-être ce mot a-t-il ce sens Akhbâr 126, 7, où une concubine de Hacam Ier raconte que, s'étant éveillée au milieu de la nuit et ne sentant pas le prince à ses côtés, elle alla à sa recherche, et le trouva en prière في دكن الدار. L'éditeur traduit *antichambre*. Chez Ibn-Badroun, 253, 13, 254, 1, il est aussi question du دكن القصر, mais à la rigueur ce terme pourrait y signifier, comme à l'ordinaire, un long banc de pierre élevé contre le mur du palais, en plein air.

دُكّانة, comme دكن, *banc, estrade*, Hbrt 181 (Alg.), Cartâs 34, 5, Bat. II, 108, 174, 189, 425, 427, etc.; espèce de *banc large en maçonnerie, couvert de marbre, placé au milieu du bain, au-dessus du feu qui chauffe la salle*, Martin 122. — *Alcôve*, Cherb.

دُكّانجي et دُكّانيّ *boutiquier*, M.

دكها *celle-là*, Bc (Eg.).

دل I, dans le sens de *guider, accompagner quelqu'un pour lui montrer le chemin*, aussi c. ب p., Abdarî 18 r°: à Tunis je rencontrais souvent des personnes que je ne connaissais pas فأسأله عن الطريق الى ناحية منها فيقوم ماشيا بين يدي يسأل الناس عن الطريق ويدلّ في يدخل بهم طريق, Berb. II, 218, 2: قد دلى بهم الطريق وخذ أولاد, Autob. 225 r°: الفقر

سبع. — Dans le sens d'*indiquer*, دلّ علينا العامل
« il indiqua au gouverneur l'endroit où nous étions, »
Akhbâr 53, 8. — C. على r. *présager, marquer une chose à venir*, Bc. — *Prouver*, Ht. — Pour
دلّ بالطريق *connaître le chemin* (Lane), on emploie aussi دلّ seul,
Gl. Edrîsî. — Dans le sens de *coqueter*, on trouve
la constr. c. مع p. dans un fragment du Roman
d'Antar publié par Koseg. Chrest. 93, 5, où l'édit.
de Caussin porte على. — *Flatter*, Ht. — La signif.
he favoured with, or conferred, a gift, est peut-être
le دلّ على, que le Voc. a sous *tradere*.

II *choyer, veiller avec grand soin à la conservation d'une personne*, Bc; — *flatter, caresser*, Bc, *gâter son enfant*, Bc, Hbrt 28. — *Vendre à l'encan*, Voc.,
Alc. (almonedear, publicar bienes), 1001 N. II, 109,
9, c. على r., ibid. III, 78, 6 a f. — *Être* دَلَّال *censal, courtier*, Amari Dipl. 76, 5.

IV c. على p. *prendre des libertés avec quelqu'un,
agir avec lui sans façons, en user familièrement avec
lui*, Fleischer Gl. 53, Nowairî Espagne 469: أدلّ عليك
أدلال العلماء على الملوك الحكماء, Koseg. Chrest. 85,
3 a f.; le Voc. exprime cette idée d'une manière un
peu obscure par *confidere* et *facere ex confidencia alterius*; le n. d'act. *familiarité*, Bc. — C. ب r. *s'enorgueillir de, être vain de*, Akhbâr 19, 4 a f., Macc.
I, 278, 20, II, 451, 5, où le Matmah L porte
ادلالك بآدابك, Djob. 330, 16, Çalât 21 r° et v°,
Prol. I, 229, 8, 230, 7 et 8, Berb. I, 345, 493,
6 a f., II, 90, 6 a f., 97, 9 a f., 439, 12; dans
Abbad. I, 322, 2 a f., je crois devoir lire بيتأسه,
comme on trouve dans quelques-uns des passages que
je viens de citer, au lieu de بيفاسد.

V, dans le sens de *coqueter, faire des coquetteries
à quelqu'un*, c. على p., Bc. — *Minauder*, Bc. — C.
على p. *en user familièrement avec* quelqu'un, Bc; le
n. d'act. *familiarité*, Bc. — C. على p. *flatter*, Bc.
— تدلّل على امّه *faire le câlin auprès de sa mère*, Bc.
— *Se choyer*, Bc. — *Faire le renchéri*, Bc. — Le n.
d'act. *cri du crieur public, quand il annonce la vente
d'une marchandise*, Alc. (pregon del pregonero).

X *demander qu'on montre un endroit*, Mohammed
ibn-Hârith 255: وقف وقوف الجاهل بالمكان المستدلّ —
الاستدلال على نزول الغيث في الشتنا *observer les phénomènes qui font présager que l'hiver sera pluvieux*,

Auw. I, 33, 6. — C. ب *se diriger d'après*, p. e. en
parlant d'une haute montagne, qu'on voit de très-loin et qui sert de guide aux voyageurs, استدلّ
بالجبل, Becrî 46, 1; استدلّ بالنجوم *se diriger
d'après les étoiles, les prendre pour guides dans son
voyage*, Djob. 70, 18 et 19, Edrîsî, Clim. II, Sect.
5: وربّما اخطأ بها الدليل الماهر واكثر الاستدلال بها
بالنجوم ومسير الشمس. Mais cette dernière expression signifie aussi *chercher à connaître l'avenir par
l'inspection des astres*, Abbad. II, 197, 4. — استدلّ
على اللّٰه dans le Voc. sous *dirigere*, mais sans explication.

ما دلّا que! combien! Bc.

دَلَّة (à Damas دَوْلَة) pl. دِلَال *cafetière en cuivre
étamé*, Ztschr. XXII, 100, n. 35, cf. p. 143.

دَلِيَّة *l'habitude* ou *le droit d'agir sans façons avec*
(على) quelqu'un, Fleischer Gl. 53.

دَلَال *minauderies, mines et manières affectées pour
plaire*, Bc. — *Familiarité*, Bc. — *Grâce, agrément,
élégance*, synonyme de ظرف, 1001 N. I, 812, 2 a f.:
وفّر الزمان كل يوم يزداد حسنا وجمالا وظرفا ودلالا
813, 3, 836, 5 a f., 842, 10, 872, 15, 906, 10,
II, 310, dern. l.; يا راخي الدلال «ô toi qui fais
tout avec une gracieuse nonchalance!» Ztschr. XI,
683. — *Délicatesse, mollesse*, Bc, 1001 N. I, 811,
15: le fils du roi fut élevé في العزّ والدلال, de même
903, 1, cf. II, 470, 7 (aussi avec العزّ). — *Orgueil*,
1001 N. I, 837, 6: elle dit: والله انت حبيبي وتحبّي
ولكن كأنّك تعرض عنّي دلالا, aussi avec التيه, ibid.,
2 a f. et 896, 3 a f. — *Chevelure, celle du front*, L
(antia ناصية ودلال), Voc. (coma, crinis), Prol.
III, 414, 7.

دَلِيل dans le sens de *preuve*, p. e. قوله بدليل
«la preuve en est dans ce mot du Prophète,» de Sacy Chrest. II, 249, 1. — En philos.,
argument par analogie, induction, tandis que برهان
est argument direct et positif, J. A. 1853, I, 260,
n. 1. — *L'action de guider, de montrer le chemin*,
pl. دلائل, Alc. (guia por el mesmo guiar). — *Le
guide et chef de la cavalerie légère qui court le pays
ennemi*, Gl. Esp. 40. — *Capitaine de corsaires*, Alc.
(principe de cosarios). — *Pilote*, Gl. Edrîsî, M. —
En astrol., *le significateur*, c.-à-d. la planète qui

tient le premier lieu dans le zodiaque selon l'ordre des signes, de Slane Prol. II, 219, n. 1. — *Celui qui sonde*, pl. دلائل et أَدِلَّة, Alc. (calador que cala). — *Sonde*, instr. de chir., pl. أَدِلَّة, Alc. (calador de cirugiano), Daumas V. A. 115. — T. de médec., *symptôme*, Bc, M.

دَلَالَة *signe*, Bidp. 128, 3. — *Signe, miracle*, Pseudo-Wâkidî de Hamaker 138, 3 et p. 185 des notes. — *Indication*, Bc, Prol. II, 348, 3. الدلالة الغَوِيَّة *indiquer, exprimer ses pensées et ses sentiments par des mots, le langage,* Prol. II, 338, 3. On dit en parlant d'un chercheur de trésors, معه دلالة, ce que Burckhardt, Syria 429, traduit par: «he has indications of treasure with him.» — *Preuve* (*de*, على), Abbad. I, 243, 5, 263, n. 24. — *Présage, augure, pronostic*, Bc. — دلالة التخيّل *maquignonnage, métier du maquignon*, Bc. — *Mise, enchère*, Bc. — *Vente publique*, Ht. — دلالات أُمّ صُوَيْلِح *espèce de pâtisserie ou de sucrerie*, 1001 N. Bresl. I, 149, 9.

دَلَالَة *l'action de raisonner par induction*, J. A. 1853, I, 260, n. 1.

دَلِيلَة *artificieuse, frauduleuse, intrigante*; c'est aussi un sobriquet qu'on donne souvent à une femme, 1001 N. I, 598, avec la note dans la trad. de Lane I, 614, n. 44.

دَلَالِي *démonstratif, indicatif*, Bc.

دَلِيلِي *symptomatique*, Bc.

دَلَّال, proprement *censal, courtier* (*commissaire-priseur*, Prax R. d. O. A. VI, 350 et ailleurs), signifie quelquefois *marchand*; كان دلال يبيع الكنائس, Cartâs 123, 5 a f.; *fripier, revendeur de vieux habits*, The adventures of Hajji Baba, t. I, chap. 17; *marchand de vieilles étoffes et friperies*, Descr. de l'Eg. XVIII, part. 2, 421; *marchand d'esclaves*, Barth II, 393; دلال الخيل *maquignon, revendeur de chevaux, qui les troque*, etc., Bc; دلال للكتب *libraire*, L (bibliopola). — *Un crieur qui annonce et décrit les objets qui ont été perdus*, M. — *Panier de sparte*, Alc. (fiscal de esparto).

دَلَّالَة *courtière*, Lane M. E. I, 236; port. *adela, fripière*.

دَالّ, t. de médec., *symptôme*, M.

دَالّة *familiarité, privauté*; اخذ دالّة على *prendre des privautés, se familiariser*, Bc; *l'habitude* ou *le droit d'agir sans façons avec* (على) *quelqu'un*, Akhbâr 116, dern. l., Macc. I, 657, 21, III, 680, 6, Berb. I, 40, 2 a f., II, 166, 8, 210, 8, 219, 5, 291, 7. — *L'abus qu'on fait de cette habitude ou de ce droit, insolence, présomption*, Gl. Belâdz., Valeton 25, 1 (ajoutez un *techdîd* et corrigez la traduction), Prol. I, 20, 3 a f., 21, 13, 22, 2 et 4, Berb. I, 527, 3, 597, dern. l., II, 164, 1, 362, 4 a f.

دَالِّيَّة *l'habitude* ou *le droit d'agir sans façons avec* (على) *quelqu'un*, Fleischer Gl. 53, Aboulf. Ann. II, 110, 5.

أَدَلّ *le plus évident* (*preuve*), Djob. 130, 10. — *Ce qui est évidemment le mieux*, Cartâs 179, 7.

تَدْلِيل *caresse*, Bc.

مُدَلَّل *délicat, efféminé*, Bc.

مُتَدَلِّل *coquet*; — *câlin*, Bc.

دَلَاتِي (دلتي) *spahi, cavalier turc*, Bc. Le M (sous دلت) dit que الدلاتيّة était autrefois un corps de soldats qui portaient un bonnet haut et ressemblant au طُرْطُور. Il ajoute que le mot est formé irrégulièrement du pers. دالّ, qui, à l'en croire, signifierait دليل(?).

دَلْب. En Afrique on prononce autrement, car je trouve *deleib*, Browne II, 40, *deleyb*, d'Escayrac 72, *dhelêb*, Werne 33, *delêb*, Barth V, 682.

دَلِي باشى (turc دَلِى باشى, *capitaine de cavalerie légère*), pl. دلياشيّة *cavalier*, Ztschr. XI, 481, 494.

دَلَبُوث *gladiolus Byzantinus*, Bait. I, 26 c, 423 b, *glaïeul*, Bc (avec le ت).

دلج.

دَوْلَج *cabale, intrigue, menée*, M.

مِدْلَج *qui court* (cheval), Diwan d'Amrolkaïs ١٩, vs. 9.

دلح I c. a. r. *baisser, abaisser* (دَلَح); aussi *baisser comme v. n.*, p. e. en parlant d'une femme, حسنها يدلح «sa beauté diminue,» M.

طربوش اندلج long tarbouch qui descend du derrière de la tête jusqu'au cou, M.

دُلدُغ, à Jérusalem, *heracleum sphondylium*, Bait. I, 424 b (lisez ainsi, il l'épelle).

دَلدَق II *déborder* (vase), M (sous دلق).

مُدَلدَق *inconsidéré, étourdi*, M.

دلس I *lisser, unir*, Ht.

II *falsifier, altérer* une substance *par un mauvais mélange*, Voc., Alc. (mezturar, mezclar con engaño; le partic. act. contrahazedor falsario, falsario; le part. passif مدلس زيت azeite contra hecho, contra hecho falsado, falsada cosa, falsa cosa), L (qui a مُدَلَّس, et كَذَّاب sous fictor (falsator et fictor) et sous fictor (mendax)), Gl. Manç. v° بلسان : comme le bois du بلسان ressemble fort à celui du بشام كثيرًا ما يُجلَب, Bait. I, 205 b: مع حطب البلسان تدليسًا وتمويهًا les médecins modernes ayant parlé fort inexactement, dans leurs livres, de cette plante, وجد المدلسون السبيل الى تدليسه بغيره ما نوع من الكلوخ ومن المدلسون يجعلون, Ibn-Loyon 45 r°: البتوع وغير ذلك لربع من لحنا نصف ربع من زريعة الكتان *falsifier* de la monnaie, Berb. I, 434, 11. — دلس على الخطوط *contrefaire une écriture*, Bat. III, 175. — دلس في المال *soustraire de l'argent, se l'approprier par fraude*, Mohammed ibn-Hârith 302: وينسب اليه تدليس لو دلَّسْتَ في مالٍ مستودَع, 305: الديوان (*registre*) — في هذا المال لما ابقيتم ذكرَه في الديوان *Trahir*, Çalât 10 v°: اصحاب ابن ووصله لخبر بغدر الفسقة قمشك مدينة قرمونة بتدليس عبد الله بن شراحيل فيها — C. على p. *chercher à tromper* quelqu'un, Abbad. I, 57, 7, Gl. Mosl., 1001 N. III, 416, 1. — *Se déguiser, feindre*, Bc. — *Couvrir de chaume ou de dis*, Cherb. Dial. 72 n.

III *se déguiser*, Bc.

V c. على p. *tromper*, M (sous بطن V).

دلّس *l'action de lisser* (comme تدليس), M.

دلس *fraude*, Voc., Alc. (falsedad).

دُلسَة *fraude*, forme au pl. دُلَس, Voc.

التَدليس, chez la secte des Sab'îya, *feindre d'être d'accord avec ceux qui occupent le premier rang dans les choses spirituelles et temporelles*, M.

مُدَلِّس *jeton*, Alc. (tanto o contante para contar); c'est proprement une pièce de monnaie fausse (voyez sous la II° forme); aussi Alc. traduit-il le même mot par dinâr de cuivre.

مُدَلِّس *falsificateur*; voyez sous la II° forme.

دلع I c. a. *gâter un enfant*, M.

VI *polissonner*, dire ou faire des polissonneries, Bc.

VII *être gâté* (enfant), M.

دلع *doucereux*; — ولد دلع *enfant capricieux, gâté*, Bc.

دَلعَة *l'action de gâter un enfant*, M.

دلاعة *façon, afféterie*, Bc.

دَلعَة pl. دُلَع est dans le Voc. *citrulla* (citrouille); je crois toutefois que c'est le même mot que celui qui suit et qu'il désigne le même fruit, car Ht écrit aussi دلعة pour دلاعة.

دُلّاع, nom d'un. ة, au Maghrib, *pastèque, melon d'eau*, Alc. (sandia), Bc, Becrî 121, 2 a f., notes de Tornberg sur le Cartâs 364, 3 a f., Edrîsî ٣١, 12. C'est, dit l'auteur du Most. (in voce), le melon d'Inde البطيخ الهندي وهو السندي (d'où vient le mot esp. sandia, cf. Gl. Esp. 339; dans le Calendr. 83 الدلاع وهو الهندي, où l'ancienne trad. porte: adulaha, et est sandia), appelé aussi de Palestine, et selon Zahrâwî, de Syrie. Alc., Shaw (I, 217) et Domb. (71) prononcent dillâ'; d'autres: dellâ', delâa, etc. Selon Richardson (Central II, 87), ces melons sont petits et amers; Hœst, au contraire, les loue (p. 309), et Jackson (Timb. 114) atteste que l'espèce qu'il nomme « dilla Seed Billa, » est extrêmement douce.

دالع *alouette*, Bc, Hbrt 67.

دولعى = أدلعى chez Freyt., si la leçon chez Macc. I, 727, 15, est bonne (Boul. كرأس زيرني).

دلف I. Le n. d'act. دلاف Gl. Badroun. — I, n. d'act. دَلف, et IV, en parlant d'un toit, *avoir une fente par où passe l'eau*, M.

دلف *bonnet rouge en forme de sac, dont le bout*

retombe en arrière (en usage chez les Maronites), Bg.

أَدْلَفُ fém. دَلْفَاء, pl. دُلْف, *ayant le nez plat*, Voc.

دُلْفَاس pl. دَلَافِس voyez نَفَّاس.

دُلْغِين est chez Alc. (golfin) دِلْغِين.

دَلَق I *répandre, verser un liquide*, M, 1001 N. I, 47, 4, III, 445, 11, 643, 13.

VII. اندلقت ساقه *il se démit la cuisse*, Beerî 127, 15. — *Être répandu, versé* (liquide), M.

دَلَق. Non-seulement *belette*, mais aussi *fourrure de belette*, Bait. I, 424 e: دلق هو في الفرا كالسمور في جميع حالاته البالسي هو اضعف حرا من السمور واثقل جلدا البخ (Sontheimer n'a rien compris à cet article). — Comme nom d'un vêtement: dans le Voc.

دَلَق, pl. أَدْلَاق, *vestimentum religiosi*. — (Syr. بَحْمَا) *ver luisant*, Payne Smith 910.

دَلَك I *polir, rendre uni et luisant, à force de frotter*, Voc., p. e. un enduit de plâtre qu'on a appliqué sur une muraille, M, Djob. 195, 10 (n. d'act.) دَلْكَة. La II forme a le même sens, Voc., Cartâs 32, 10 (notre man. a le *techdîd*), 35, 16 (notre man. a toutes les voyelles, comme dans l'édit.), Prol. II, 321, 2 (le *techdîd* est dans notre man. 1350). Aussi en parlant de papier, مَدْلُوك, *poli, luisant*, Domb. 78.

II *se masturber*, Harîrî 498, 5 a f.

VII quasi-pass. de la I™, Voc.

دَلَكَة sorte de pommade dans laquelle il entre divers ingrédients, entre autres du mahaleb et la râpure ou la poussière de petits coquillages, et avec laquelle on se fait frotter la peau pour la polir et la nettoyer. Tel est le sens que Werne, 23, et Pallme, 33, 42, 51, assignent à ce mot; mais selon d'Escayrac, 414, il désigne le massage qu'on pratique avec cette pommade.

دَلَك *tresses de cheveux*, Burton II, 77, 136.

دُلُوكَة *petit nombre de coups de fouet*, Alc. (açotes pocos).

مِدْلَك *polissoir, instrument pour polir*, Alc. (polidero para polir), M.

مَدْلَكَة même sens, M.

مَدْلُوك. Le vulgaire donne le nom de المَدْلُوك (AB) à la plante dite كفّ الهرّ, parce qu'elle est luisante et que ses fleurs sont lisses, Bait. II, 383 b.

دلم.

دَلَم, coll., n. d'unité ة, *ramiers, pigeons sauvages*, Alc. (çurana paloma, paloma torcaza, torquaza), Bc, Auw. I, 122, 13, où Banqueri n'aurait pas dû changer la leçon, qui se trouve aussi dans notre man.

دَوْلَم pl. دَوَالِم *roue à auges d'un moulin à eau*, Alc. (rodezno de molino). Ce mot me semble une altération de دُولَاب.

دلن.

دَلُون (δόλων) pl. دَلَالِين nom d'une voile dans les navires du moyen âge; voyez Gl. Djob. et Ducange v° dalum.

دلو II. دَلَّى العَيْنَيْن est chez Alc. encapotar los ojos (le n. d'act. encapotadura de los ojos), c.-à-d., selon Victor: *cligner les yeux et faire semblant de ne pas voir une chose, froncer les sourcils, se renfrogner et regarder fièrement quelqu'un, rechigner*.

IV. أدلى من الأرض *hisser* quelqu'un, Abdarî 54 v°: فاذا ادلوا شخصا من الارض تعلّق به اخرون فتراحقم — سلسلة (l.) سلسلة اولها في الكعبة واخرها في الارض. Au lieu de بحجّة (Lane), on dit aussi أدلى devant le juge, حُجَّة, P. Macc. II, 198, 8. — C. ب r. et الى p. *communiquer* une chose à quelqu'un, Berb. II, 523, 10.

V *se laisser glisser jusqu'à terre*, بحبل, au moyen d'une corde, Berb. II, 214, 11, Haiyân-Bassâm III, 49 v°: وجعل كثير منهم يتدلّون بالحبال من ذرى السور

VII. أندلى لكلب *il se baissa pour montrer un chien* (de Slane), Beerî 184, 10.

دَلْو. Le pl. أَدْلَاء dans le Voc., أَدْلِيَة, Kalyoubî 40, dern. l. éd. Lees. — *Machine hydraulique*, décrite Descr. de l'Ég. XVI, 16; = شَادُوف, *ibid*. XVIII, part. 2, 543. — دلويس 1001 N. Bresl. III, 278, 8 et 9, doit signifier *il la coupa en deux*; mais je ne puis expliquer l'origine de cette expression, et j'ignore si la leçon est bonne.

دم

دلوانی‎ *alouette huppée*, Casiri I, 319 b.

دَلَامى *fabricant de seaux*, Domb. 102.

دال *Verseau* (signe du zodiaque), Dorn 56 n.

دَالِيَة, dans le sens de *cep de vigne* (*vitis*, Voc., trad. d'une charte sicil. *apud* Lello 14), n'est pas classique, Gl. Manç. v° دوال, M. — داليـة سوداء *clématite*, Bc. — Le sens de *varice*, dilatation d'une veine (Freyt.), est aussi dans Bc et dans M. — Le pl. دَوَال *les courroies des étriers*, 1001 N. Bresl. IV, 59, 2. — Biffez chez Freytag la dernière signification, car le mot qu'il a eu en vue appartient à la racine دل, comme Fleischer, Gl. 53, a observé avec raison.

دلات *chaînes d'argent pendant de la tête*, Mehren 35.

دمّ

دم voyez ce qui suit.

دَمّ, dans le sens de *chat*, est un mot éthiopien (*d'mat*, Dillmann Lexicon Æthiop. p. 1086). Vers la fin du XVIe siècle, il était en usage dans le Yémen, car un chroniqueur de ce pays, qui écrivait à cette époque, se sert du pl. دمم, dans Rutgers 165, 18. Damîrî le donne sous la forme دُمّ (ce que Rutgers dit p. 170, 2 a f. est inexact).

دمث

دَميث *pur*, L (inlibatus نقى دميث).

تَـثَوب الحشمـة والدَّمَائث‎. دَمَائث, *aube*, vêtement de prêtre, L (poderis).

دمج I c. على p. *se précipiter sur*, 1001 N. I, 81, dern. l. — *Lisser, unir du fil, le rendre égal, en ôter les inégalités*, M. — دمج سطرا *écrire très-droit*, M.

III c. a. *entrer dans*, Diw. Hodz. 267, 12.

VII c. مع *se familiariser avec des personnes*, Bc.

مُدَمّج. Le Voc. donne sous *litera* l'expression خَطّ مُدَمّج, mais sans l'expliquer.

مَدْموجة *mets composé de beignets* (اسفنج) *concassés et de dattes également concassées, avec du beurre, de la graisse ou de l'huile*, Pagni 153.

459

دمر

دَمَجَانَة *dame-jeanne*, grosse bouteille, Bc; elle contient environ vingt bouteilles ordinaires, Niebuhr R. I, 205, et elle est revêtue d'osier ou de jonc, Bg (qui écrit دَامَجَانَة, de même que Mc). Le M donne les formes دَمَجَانَة, دَامَجَانَة et دَمَّجَانَة, en ajoutant que c'est un mot persan; mais jusqu'à présent on ne l'a pas retrouvé dans cette langue et son origine est incertaine. Je vois par le livre de M. Cuervo (Apuntaciones críticas sobre el lenguaje bogotano, p. 443), qui cite Marsh, Lectures on the English Language, Lect. VI, qu'on veut le dériver du nom propre Dâmeghân, ville dans le Tabaristân qui était célèbre par ses verreries; mais cette étymologie est peu satisfaisante.

دمدم I *gronder, murmurer entre ses dents*, Bc, Payne Smith 1515, 1001 N. Bresl. III, 859, 3, 360, dern. l., 362, 2 a f. — *Gronder* (animal féroce), Bc, Antar 5, l. 8: يـهـمـهم ويـدمـدم كالسبع; de même dans un autre passage de ce livre, publié par Koseg., Chrest. 88, 11, où notre man. 1541 porte: فسبع تهمهم وتدمدم. — *Gronder* (tonnerre), M. — *Chanter à voix basse*, M.

II, syr. اِدَّمْدَمَ, *se souiller de sang ou se vautrer dans le sang*, Payne Smith 911.

دَمْدَمَان *de l'eau légèrement rougie de sang*, comme celle qu'on obtient quand on lave de la viande, M.

دَمْدِي nom d'une plante, Daumas V. A. 381 (sans autre explication).

دمر et ses formes, souvent pour نمر; cette incorrection se trouve presque constamment dans l'édition que M. de Slane a donnée de l'Hist. des Berb.; voyez Lettre à M. Fleischer 143; le M a noté: دمر V vulg. pour نمر V.

II. دَمَّر عليه الشيء *il lui gâta la chose*, Hoogvliet 49, 13, cf. 70, n. 57. — *Dissiper, prodiguer, gaspiller*, Voc., Alc. (despender mucho, desperdiciar, disipar bienes, gastar en mal; le n. d'act. desperdiciadura, desperdicio, disipacion de bienes; le part. act. desperdiciador, dissipador; le part. pass. desperdiciado).

V *être détruit, ruiné*, Bayân I, 206, 16. — *Dépérir, s'affaiblir, se ruiner*, Bc. — *Etre dissipé, gaspillé*, Voc.

دَمَر *dissipation*, action de dissiper son bien, Voc.

دَمرِيَة (semble formé du roman dama; cf. fr. dameret, esp. damería, ital. damerino) *demoiselle*, fille d'une famille honnête, Bc.

دَمِير (turc دمور *dèmur* ou دمر *dèmir*, *fer*; آلاتي *outils de fer*) instrument en fer ou en cuivre, dont se servent les cordonniers pour aplatir et pour lisser le cuir, Cherb.

دَمِيرَة *la saison de la crue du Nil*, Lane M. E. II, 33.

الدَّمِيرِي *les cultures dans des terres basses, quand le Nil commence à croître*, Descr. de l'Eg. XVII, 17, 81.

دَمُور *toile de coton assez grossière, qu'on fabrique en Nubie*; les habitants de ce pays s'en font des chemises, etc., et elle leur sert aussi de monnaie, Burckhardt Nubia 216, d'Escayrac 415.

دَامِر (selon M du turc طومار, qui, dit-il, signifie bât de cheval (?)), pl. دَوَامِر, habit qui va jusqu'à mi-corps et que l'on met sur ses autres habits, M.

دُومَرِي vulg. = تَدْمُرِي, avec la négation, *personne*, M.

دمس I se trouve 1001 N. Bresl. IV, 275, 4, dans le sens de *fouler des raisins pour en faire sortir le jus*, mais je crois devoir lire دعس, qui a ce sens. — C. a. p. *tuer clandestinement, assassiner*, M. — *Cuire*, Mehren 28.

دَمس pl. دماس *voûte*, Cherb.; voyez داموس.

لست من دمس vulg. pour دمس. On dit من رتبته ونسبه = فلان, M.

دَمسَة *être éteint* (œil), Abou'l-Walîd 308, n. 58.

دَمَاسِي فطير *pain cuit*, Mehren 28.

دَمُوس pl. دَمَامِيس *cave*, Bg; voyez داموس.

داموس، دَيْنُوس، دَيْمَاس. Ces mots, qu'on retrouve aussi dans d'autres langues sémitiques (l'hébreu rabbinique a דימוס, chez Buxtorf *paries, murus, strues, series structuræ*), sont à mon avis, de même que d'autres parmi ceux qui précèdent, d'origine grecque, et viennent de δημόσιον. L'adjectif δημόσιος signifie *appartenant au peuple, à l'Etat*, et τὸ δημόσιον est, entre autres choses, *la prison d'Etat*. En arabe le sens est aussi 1° *prison, cachot*; داموس, Hbrt 214, Becrî 182, 10, R. N. 54 r°: وتخرج الذين حبستم; L'autre forme, دِمْس, في الدَوَامِيس من اهل تونس Hbrt 214, Ht, Hist. Tun. 128: واخفوه في ديماس; dans la suite, p. 129, cet endroit est appelé مَحْبَس. Mais on entend aussi en général sous ces termes: 2° *un édifice public*. Dans la collection arabe des canons (man. de l'Escurial), le mot *capitole* est expliqué par الدَيْمُوس للجامع. Dans l'Hist. Tun. 94, on lit que les *dawâmîs* d'al-Mohammedîya étaient une maison de plaisance d'un dey de Tunis. En outre c'est: *voûte, édifice voûté*, par conséquent 3° *bains, thermes*, دِمْس, comme *dîmôs* dans l'hébr. rabbin. (voyez Buxtorf), Cazwînî II, 344, 4 a f., Berb. II, 136, 6 a f. 4° *réservoir*, Edrîsî ١١١°, ١٣٨, dern. l., où il dit qu'à Alexandrie les eaux du Nil passent sous les voûtes des maisons et que des *dawâmîs* y sont contigus les uns aux autres; les paroles de Léon, 675, expliquent fort bien ce passage, car il dit en parlant d'Alexandrie: «Cuique fere civitatis domui, ingens cisterna concamerata, crassisque innitens columnis et fornicibus substructa est: in quas exundans Nilus per aquæductum — — demittitur.» R. N. 54 r°: وهذه الدَوَامِيس الاولبية التي في وسط المدينة تجري اليها ساقية من برا وهذا الدَوَامِيس المدينة (dans le man. par erreur: والاولبية). Au figuré, ces mots désignent un endroit où l'on se cache (voyez Freytag); ainsi *dâmous* signifie *grotte* où les moineaux se retirent pendant la nuit, Pagni 99. En Afrique on donne aussi aujourd'hui le nom de *dâmous* à *une meule de foin ou de paille* (Dict. berb. sous meule), probablement parce qu'elle a la forme d'une voûte. — A mon sens, la soi-disant racine arabe دمس, qui exprime l'idée de *cacher, couvrir, être obscur*, etc., a été formée de ces mots, parce qu'une voûte cache, couvre, est obscure, etc.

دَيْمُوس voyez l'article qui précède. — *Taxation avant d'imposer un impôt*, Bg (v° impôt). Au Liban, nom d'un tribut fixe, invariable, M. Dans l'hébreu rabbinique, *dîmôs* signifie, entre autres choses, *ærarium publicum, tributum, quod ad fiscum pertinet*, voyez Buxtorf, n° 6 et 7; c'est de nouveau τὸ δημόσιον.

Doumasi, étoffe en lin, de Tombouctou, Daumas Sahara 301.

فول مُدَمَّس *fèves bouillies*, Mc, Burckhardt Arabia I, 58, Burton I, 178, avec du vinaigre, du sel et de l'huile, M. Ce mot a la même origine grecque, comme le prouvent ces paroles de Lane, M. E. I, 200: « فول مدمّس, or beans, similar to our horse-beans, slowly boiled, during a whole night, in an earthen vessel, buried, all but the neck, in the hot ashes of an oven or a bath, and having the mouth closely stopped. »

دَمْسِيسَة (cf. Freyt.), en Égypte, espèce d'absinthe, Bait. I, 59 b (AB).

دمشق I *dégrossir* quelqu'un, lui faire perdre sa rusticité et lui faire prendre des manières polies et élégantes; formé du nom propre دِمَشْق, proprement: donner à quelqu'un les manières de Damas, M.

II quasi-pass. de I dans le sens qui précède, M. دَمْشِقِيّة *damasonium* (plante); *elléborine* (plante), Bc.

دمع II et IV *faire pleurer;* II dans le Voc., c. acc.; IV يُدْمِع العين *larmoyant*, qui fait verser des larmes de douleur, Bc.

V (aussi dans le Voc.), en parlant du sol, Auw. I, 65, 15: on ne cesse d'introduire les vaches et le menu bétail, et de les faire aller et venir حتى يتدمع ترابها وتلين لينا كثيرا, où Clément-Mullet observe: « litt. *pleure*, c.-à-d. que le piétinement du bétail fasse apparaître l'humidité à la surface. »

دَمْع, *larmes*, a le kesra chez Mehren 28. — T. de médecine vétérinaire, *le suintement (sanguin)*; c'est une fissure à la peau du paturon, et quand le cheval court, le sang en suinte, Auw. II, 656, 8, 12, où il faut substituer un 'ain au ghain, et non pas changer le mot comme l'a fait Banqueri.

دَمْعَة, *goutte*, Bc, Bâsim 28: وتبصروا هذه في بطة دمعة. — النبيذ واني ما استقيكم منها دمعة Comme n. d'act. de la Ire forme, *pleurer*, كان سريع الدمعة, Cartâs 43, 13. Dans le même sens, ou dans celui de *larmes*, 1001 N. Boul. I, 19, 4: ان الملك يقول لك ما ادخرت دمعى الّا لشقى, si la leçon est bonne; celle qu'on trouve dans l'éd. Macn. (I, 40, 5) ne présente aucun sens. — *Larmoiement considérable et continuel*, Gl. Manç. in voce, J. A. 1853, I, 342, Sang.

مُدَمِّع *plein de larmes*, *éploré*, *larmoyant*, *fondant en larmes*, Alc. (lagrimosa cosa).

دمغ I c. a. p. *tourner*, *troubler la cervelle* à quelqu'un, troubler son esprit, sa raison, Ztschr. XX, 510, 10. — دمغ فلانا se dit de celui qui, en rendant le bien pour le mal, fait qu'un autre soit confus et honteux, M. — *Briser*, Auw. II, 5, l. 12: آلة دامغة, un instrument qui sert à casser les mottes d'un champ.

— (Formé de دَمْغَة, voyez) *marquer un esclave ou un animal avec un fer chaud*, M; *timbrer*, marquer d'un timbre, Bc.

II *briser la cervelle*, Voc.

V quasi-passif de la IIe, Voc.

دَمْغَة (ture طَمْغا, تَمْغا) *marque* imprimée aux esclaves ou aux animaux *avec un fer chaud*, M; *coin*, *poinçon pour l'argenterie*, sa marque, contrôle, marque sur l'argenterie qui a le titre, qui a payé les droits, *marque*, empreinte, *timbre*, marque imprimée au papier; صاحب الدمغة *contrôleur d'argenterie*, Bc.

دمّاغ دور *retourner*, faire changer d'avis, Bc.

دِمَاغِيّ *cérébral*, Bc.

دَمَّاغ *timbreur*, Bc.

دَمْغَة pl. دَمَاغيغ *herse*, espèce de grille ou de treillis à grosses pointes de bois ou de fer, qui est ordinairement placée entre le pont-levis et la porte d'une ville, d'un château, pour en défendre l'entrée, et qui se lève et s'abat selon les occasions, Alc. (conpuerta de fortaleza; cf. Victor).

دِيمُوغ *cerveau*, Voc.

أَدْمَغُ, en parlant d'une pierre qu'on jette, *brisant fortement la cervelle*, la tête, Macc. I, 49, 7, avec la note de Fleischer dans les Add.; cf. دامُوغ chez Freytag et Lane. Lisez de même وَدَامِغ مِنَ الصَّخْر, Vêtem. 314, 3 a f., et corrigez ma traduction de ce passage.

دمق II دَمَقَت السَّماء بالمطر *il tombe une petite pluie*, M.

دَمُوقى *sot*, *imbécile*, *niais*, Domb. 108, Ht.

دمك I *appuyer*, Ht.

دَمَك = دَمِيك *neige*, Dîwân d'al-Akhtal 15 r° (Wright).

دمل II *apostumer*, se former en apostème, Bc; dans le Voc. c. a. *ulcerare* (bestia).

III c. a. *guérir* une blessure, Berb. II, 371, 5.

V *apostumer*, se former en apostème, *abcéder*, Bc; dans le Voc. l. l.

VII *abcéder*, venir à suppuration, Bc; dans le Voc. l. l.

VIII *abcéder*, Bc.

نَمْلَة pl. دَمَال *ulcère, tumeur, abcès*, Ht. — Dans le Voc. *carpentaria*, c.-à-d. *charpenterie, l'art de travailler le bois*, car ce mot est traduit aussi par نِجَارَة; mais je ne comprends pas comment نَمْلَة peut avoir ce sens.

دَمْلَة *abcès, bouton, furoncle, pustule, charbon, apostème*, Bc.

دَمَّالَة *furoncle, abcès*, Domb. 88, Daumas V. A. 425.

دمن II *engraisser, fumer une terre*, Becrî 18, 10; التربة المدمنة est la terre près d'endroits habités et à laquelle s'est mêlé le fumier des bestiaux, Auw. I, 91, 4 a f. et suiv.; lisez de même, avec notre man., 318, 2.

IV, *continuer à faire* une chose *sans interruption*, se construit communément c. على, Gl. Fragm., Voc., de Sacy Chrest. I, 152, dern. l.

V *s'endurcir*, Bc; متدمّن *calleux*, Bc.

X *s'exercer, se mettre en haleine* (homme), Bc.

دِمْنَة *vestiges, ruines* d'une forteresse, d'une ville, Maml. II, 1, 215; دار دمنة « les ruines d'un palais, » Macc. I, 328, 16; cf. 330, 6 et dern. l., 331, 6. — *Champ, pièce de terre labourable*; tel est le sens que ce mot a dans les quatre derniers passages que cite Quatremère, Maml. II, 1, 215, et ce savant a eu tort de lui attribuer celui de « maison ou collection de maisons, hameau; » Autob. 215 r°: وقدمت بهم إلى الحضرة بعد أن هيّأت لهم المنزل والبستان ودمنة الفلح وجعل لها, Formul. d. contr. 3: وسائر ضروريات المعاش ذلك في ماله ودمنته كانت عامرا أو غامرا أو سهلا أو وعرا ساقيا أو بعلا الخ (j'ai corrigé plusieurs fautes dans ce texte); *ibid.* 9 (division d'un héritage entre une veuve et son fils): ونصب للحدود في جميع دمنتهما — *ibid.*: وآخذ كل ذي سهم حقه من تلك الدمنة فلان — لفلان — جميع دمنته أو قطيعة من الأرض في الثمن الثابت له بيديه — وشرط الراهن على المرتهن بالشركة فيقتسما بحال الدمنة المرهونة على الانصاف

الـنّـصـف للراهن والنصف للمرتهن; Gregor. 46, 10: ودمیمهما (lisez ainsi, au lieu de اموالهما ودمنهما) Macc. II, 204, 3. — *Le territoire* d'une ville, Maml. II, 1, 215. — *Limite, confins*, si la trad. *finis*, charte sicil. *apud* Lello 23, est bonne.

دَمَان, Bc, دِمان, M, *cor, durillon aux pieds, cal, callosité*, Bc, M. — *Mouton* « d'une espèce particulière à l'Afrique; ils n'ont point de laine, mais un poil très-ras; leur queue très-grosse et très-large traîne à terre; on les appelle el a'deman; leur chair est très-estimée, » Daumas Sahara 136. Becrî, 171, 6—8, parle de ces animaux, qu'il nomme الكباش الدمانية, mais son traducteur, M. de Slane, à en juger par sa note sur ce passage, ne connaissait pas le sens de cette expression. Ce mouton a été décrit aussi par Léon, 753 (adimain) et par Marmol, I, 28 a (Adim Mayn), 31 (Demniet), mais ce dernier s'est trompé en disant que c'est une sorte de vache. —

دمان أسرائل *espèce de lapin*, Shaw II, 105, Bruce I, 241; ces voyageurs disent que ces mots signifient « agneau d'Israël, » mais qu'ils ignorent pourquoi on a donné ce nom à cet animal.

دَمَان (esp. *timon* ou turc دُومَن) *gouvernail*, Hbrt 128 (Barb.), Ht (دْمان).

دَمَانِي voyez دَمَان.

أَدْمَان *exercice*, Bc.

دَمَنْجَانَة voyez دَجَانَة.

دمى I, aor. *a* et *i*, *saigner*, au fig., en parlant du cœur vivement affligé, Bc. — *Aboutir, crever* (apostème); *suppurer*, Bc.

V *être ensanglanté*, Voc.

دَم. Le pl. أَدْمِيَة, Diw. Hodz. 155, 4 a f., أَدْمِيَة, Voc. — حسن الدم على *la force du sang se fit sentir en lui*, Bc. — دمى في عنقك *vous êtes responsable de ma vie*, Koseg. Chrest. 100, 8. — دمى فلان عند فلان *un tel a versé mon sang*, Cairawânî, man. 1193, p. 620. — ولاة الدم في العمد *ceux qui poursuivent la réparation de l'homicide intentionnel*, Cairawânî 620. — En parlant de jeunes filles, P. Hamâsa 573, 13 (= Koseg. Chrest. 47, 13): يقتلن الرجال بلا دم « elles tuent les hommes sans qu'elles aient une vengeance à exercer sur eux,» comme Tebrîzî explique ces mots. — سعى على دمه عند فلان *il fit son possible pour engager un tel à mettre son prisonnier à mort*, Haiyân-Bassâm I, 174 v°. — De même que le traducteur, j'ignore quelle a été la pensée de l'auteur de l'Akhbâr, quand il dit, 56, 10, en parlant de Çomail: ودخل الاندلس لسبب دم من اصحاب.

— السفَّاه *meurtres et blessures*, Cairawânî 620. —

حَبْس الدم, Nowairî Espagne 454, est la prison souterraine pour les criminels d'Etat du premier ordre, Palgrave I, 397. — اصحاب الدم *les condamnés à mort*, 1001 N. I, 250. — ماتوا على دم واحد *ils moururent tous à la fois*, Djob. 311, 3, Macc. II, 766, 17, Freytag Chrest. 135, 15. — نجا بدمه, Berb. II, 488, 11, dans le sens de l'expression ordinaire نجا بذمائه (avec le *dzâl*); mais quoique cette leçon se trouve aussi dans notre man. 1350, je crois que c'est une faute. — دم التنين *sang-de-dragon* (substance résineuse), Bait. I, 426 b. — دم الرعاف (mieux الرعف) *grain de verre d'un rouge de sang; il se fabrique en Europe*, Ouaday 336. — دم العفريتين *étoffe de coton rouge*, M.

دَمَا (sing.) *sang*, Bc.

دَمِى *sanguinolent*, Voc.

مُتَدَمِّى *sanguinolent*, Voc.

دن. Le pl. أدنان, de Sacy Chrest. I, ١٩٦, 10.

من اشكاله ونظرائه, c.-à-d. لست من دن فلان دن, *je ne ressemble pas à un tel*, M.

دنبق voyez طنبق.

دنبلة (pers. دَنْبَل, qui est devenu en arabe دَمَّل) pl. دنابل *apostème*, Bc.

دنج

دَنَج *le résidu de la cire*, M.

Dennedsje, nom d'une herbe qui vient naturellement dans le Yémen et dont on fait de petites cordes, Niebuhr B. 142.

دانج (الشديد الخصب), M. *abondant*.

دنخ. Voyez Bait. I, 427 d, où Sonth. traduit *croton*

tiglium. Selon l'auteur du Most., c'est ce qu'on appelle en espagnol طارتقه, c.-à-d. *tartago*, mot que Victor traduit par *les cinq doigts Notre-Dame*, et Nuñez par *catapuce, épurge*. Puis il ajoute que c'est le ماوبداته, mais selon Bait. c'est une erreur. Enfin on trouve dans N seul que c'est الخروج الصبى, comme chez Bait. (AB), mais sous خروج on lit dans les deux man. que خروج صبى est le زند.

دندف

دنديف et دندوف *vaurien*, Mehren 28.

دَنْدَق I *user d'épargne, être d'une épargne sordide*, Bc. (formé de دَنَّق).

دَنْدَقَة *épargne*, Bc.

دندل II *pendre, descendre trop bas*, Bc, M.

دَنْدَل *esplanade*, Barth I, 177; *promenade, lieu où l'on se promène*, ibid. V, 440.

دندال (syr. دَمُلّا) *millepieds, scolopendre*, Payne Smith 1554.

مُدَنْدَل *avalé, qui pend un peu en bas, pendant*, Bc.

دندن *gazouiller*, Daumas V. A. 72; *préluder*, Bc; *chanter, surtout en parlant du chant des marins*, Voc. — *Carillonner sur les cloches*, Alc. (repicar con campanas). — *Battre sur l'enclume*, Alc. (herir en la yunque). — *Se lamenter*, M.

دَنْدَنَة pl. دَنَادِن *le chant des marins*, Voc. — *Lamentations*, M.

دندان *espèce de poisson*, 1001 N. IV, 507, dern. l., mais Lane, dans sa trad., pense que c'est un mot forgé.

دندنش *breloque, bijou*, Bc.

دنر II c. a. dans le Voc. sous *maculosus*; cf. le part. pass. — C. a. *couvrir un endroit de dînârs*, Calâïd 113, 13: les narcisses couvraient la vallée comme de dînârs.

V dans le Voc. sous *maculosus*.

دنورة *chardonneret*, Bc.

دينار, دنانير بيص, que Freytag semble avoir bien expliqué, se trouve p. e. dans sa Chrest. 118, 5. — جَمْجِمِيَّة دنانير *dînârs qui servaient à la paye de l'armée et qui avaient plus de poids que les dînârs or-*

dinaires, Ztschr. IX, 608 n. — دِينَار دَرَاهِم *dînâr d'argent* qui équivalait à un quart de dînâr du Maghrib et qu'on peut évaluer à environ trois francs, Lettre à M. Fleischer 12. — دينار من صُفر *jeton*, Alc. (tanto o contante para contar). — دَنَانِير الصلَاة, de Sacy Chrest. III, 50, 1 (où ce savant n'a pas compris cette expression), dînârs pour cadeaux, que Saif ad-daula fit frapper et qui, outre son nom, présentaient aussi son image; chacun d'eux valait dix dînârs ordinaires, Ztschr. Kunde II, 312 et suiv. Selon M. de Slane (Berb. trad. II, 252) le terme دِينَار عَشْرِي, qu'on trouve quelquefois chez les auteurs maghribins, a le même sens; Berb. I, 355, Khatîb 26 r°: كتب البيع أن المنهوب من ماله يعدل أربعة آلاف دينار عشرية (l'abrégé de Berlin omet le mot en question), l'anonyme de Copenhague 114: فاعطى لابن المعلمة خمسين وباعها منه دينار عشرية, charte grenadine de 888 H.: بثمانية دَنَانِير فَضَّة عشرية صورية. — *dînârs de Tyr*, dont on se servait en Syrie et dans l'Irâc au temps des croisades, qui avaient plus de poids que les dînârs ordinaires, étaient les *besantii saracenati*, souvent cités par les chroniqueurs occidentaux. Les plus anciens trahissent une imitation servile de la monnaie des Fatimides; plus tard, sous le pontificat d'Innocent IV, la fabrication de cette monnaie s'arrête devant la réprobation du clergé et les menaces d'excommunication. A partir de cette époque, le besant arabisé, sans perdre le type originaire, se transforme et traduit en langue arabe diverses formules chrétiennes. Voyez Lavoix, Monnaies à légendes arabes, frappées en Syrie par les Croisés, qui estime qu'on peut faire honneur de l'invention de ces pièces aux Vénitiens; il cite à ce propos différentes chartes qui prouvent que ces habiles trafiquants avaient un atelier monétaire à Tyr et à Saint-Jean d'Acre. — Espèce d'ornement, voyez Djob. 238, 3 a f., où il est question d'ornements en or, دَنَانِير, grands comme la main. — ألف دينار *pimprenelle*, voyez sous الف. ورق دِينَارِي. دِينَارِي *carreau*, signe du jeu de cartes, B.

دِينَارِيَّة «plante inconnue au Maghrib,» Gl. Mançç.; Bait. I, 467 c (où il faut lire avec A الحوز), est aussi dans l'incertitude.

مُدَنَّر *truité*, marqué de petites taches rousses, Bc; والثوب المدنَّر عند المولَّدِين ما كان فيه نقش M: cf.

مستدير كالدينار. — *Brillant comme des dînârs*, P. Macc. III, 27, 4 a f.: والزَّقُّ بين مُدَنَّم ومدنَّر.

دنس II *profaner*, traiter avec irrévérence les choses sacrées, Bc.

دَنَس *fausse monnaie*, Ht.

دَنِس *crapuleux; impudique*, Bc. — *Profane*, Bc. — *Fripon*, qui a l'air coquet, *éveillé*, *grivois*, éveillé, Bc. — *Normand*, fin, adroit, Bc.

دَنَسَة (esp. danza), دنسة الشبغات *sorte de danse avec des épées nues*, Alc. (dança de espadas); — ضرب الدنسة *frapper la danse* = *se promener sans motif*, Daumas V. A. 99.

دَنُوس *phelypée*, Jacquot 80.

دَنِبس (dans la rime = دَنِس, *sale*) *tas d'ordures*, versicules chez Shaw I, 28.

دَنَاسَة *crapule, impureté*, impudicité, Bc. — *Profanation*, Bc. — *Supercherie, malice, manigance*, intrigue, petites manœuvres, Bc; dans le sens de *manigancer, tramer des intrigues*, 1001 N. I, 628, 3. — *Pantalonnade*, fausse démonstration, subterfuge ridicule pour se tirer d'embarras, Bc.

دَنْطَال (esp.) pl. دَنَاطِيل *collet de charrue*, Alc. (dental del arado).

دَنْطَلَار. Léon 329 (à Fez): «Ubi puero dentes adventare vident, convivium a parentibus paratur, itidem pueris, quod Latino vocabulo *dentillare* vocant.»

دنف II *rendre malade*, Voc.

V quasi-passif de la IIe, Voc.

دَنْفِيل *dauphin, marsouin, souffleur*, Domb. 69, Roland.

دنق I *manger goulument et avec excès, bâfrer*, Voc., Alc. (glotonear, golosear). — دَنَق, aor. a, n. d'act. دَنَق et دَنِيق, *mourir de froid*, M. — عند c. دَنَق *de la femme, devenir amoureux de*, M.

II é. a. *faire manger goulument*, Voc.

V = I, Voc.

دَنَق *gloutonnerie*, L (a gula).

دَنَقَة *gloutonnerie*, L (glubie).

دَنُوق *glouton, goulu, gourmand, celui qui dépense son argent pour acheter des friandises*, Voc., Alc. (gloton, goloso, gastador en golosinas).

دَنْبِيق même sens, Voc.

دَنَاقَة *gloutonnerie, gourmandise*, Voc., Alc. (codicia de golosinas, glotonia, golosina, gula).

دَنْكَايَة, à Alep, coiffure antique et très-volumineuse, Bg 805.

دنكر I *baisser les yeux*, M.

دنكلة *héron*, Bc, Hbrt 184.

دنو I. دَنَا, aussi دَنَى, Voc., et se conjugue quelquefois, même chez de bons auteurs, comme un verbe dont la dernière radicale est ى, Bidp. 188, 12 et 14.

II *avilir, dénigrer*, Ht (il donne la Ire, mais c'est sans doute une erreur). — *Courir, galoper*, Ht.

IV. ادنى فلانا من نفسه *accorder à quelqu'un un entretien secret*, Koseg. Chrest. 99, 7 et 8. — C. ب p., Cartâs 188, 4: فادنى بام ذلك الى القصور.

VIII. Un exemple dans un vers, Recherches I, App. LVII, 4.

دُنْيَا. الدنيا غَضَّت دنيا *toute la nature souriait*, comme traduit M. de Slane dans Khallic. X, 44, 8. *Plaisirs mondains*, ou simplement *plaisirs*, Weijers 23, 9: «vos plaisirs دنياك, vous ont fait oublier votre fidèle amant,» ou comme on lit dans le vers suivant: «les badinages qui vous amusent l'ont chassé de votre mémoire.» — *Les biens de ce monde, richesses*; l'exemple que cite Freytag, se trouve Macc. I, 570, 20; autres exemples, *ibid.* 792, 16, 807, 18. — رياسة وعلى الدنيا السلام *voyez sous le premier mot*. — انكسرت القنينة وعلى الدنيا السلام *adieu, c'en est fait de*; *adieu la bouteille, elle est cassée*, Bc. — *Ciel, temps*; الدنيا حلو «il fait beau;» دنيا مغيّمة «temps noir, triste;» الدنيا جليد «il gèle,» Bc; الدنيا موسخة «il fait sale,» Delap. 40. — ايش وقت الدنيا «quelle heure est-il?» Bc. — الدنيا *beaucoup, abondamment*; aussi *tout*, Gl. Esp. 50.

دنيّة (pour دُنْيَا؟) في دنية اخرى *qui a l'esprit absent, distrait, effaré*, Bc.

دُنْيَاوِى est dans L *canopicus*, qui doit alors avoir un autre sens qu'*égyptien*, le seul que donne Ducange.

دُنْيَائِى *riche*; dans le R. N. 58 un اهل الدنيا est nommé plus loin الرجل الدنيائى, mais il faut lire الرجل الدنياوى, car on trouve ensuite: يقدم دنيايّيا على الرجل الدنيائى (sic); 98 r° فقير.

دَنِى *mauvais*, Voc., Hbrt 14; — *servile, bas, rampant*, Bc; — *mercenaire, intéressé*, Bc.

دَنِيَّة *maladie que les chevaux ont au boulet*, Cherb.

دَنَاوَة *abjection, bassesse*, Bc, Ht, *infériorité, lâcheté, action basse, petitesse, servilité*, Bc.

أَدْنَى *ci-dessous*; وضع اسمه ادناه أدناه *soussigner*, Bc.

مُدْنِيات *les femmes qui invitent les amies de l'épousée à l'accompagner au bain et à prendre part à un festin qu'on donne à cette occasion*, Lane M. E. I, 245.

ده *ce* (Eg.), *ceci* (Eg.), *cela* (Eg.), *celui-ci* (Eg.); النهار ده *aujourd'hui*; بعد كل ده *au bout du compte*; واخر ده *après tout*, Bc. — ده interj. dont on se sert pour faire marcher (زجر) *un cheval*, M.

دهج.

دَهْجَة *chose grave et à laquelle il faut songer à tête reposée*, M.

دهدار.

دَقْدار *sorte de tissu peint*, M.

دهدك II *fuir avec tant de précipitation qu'on perd ses forces*, M (sous دهك).

دهدة I c. a. *écraser la tête à quelqu'un*, Akhbâr 49, 4.

دهر.

دَهْر الى دهر الدهور *aux siècles des siècles*, Bc.

دَهْرِى *épicurien*, Voc.

دَهْرُوخِس (La; N). Ce mot, qui est peut-être d'origine grecque, se trouve dans le Most, où il est expliqué de cette manière: «Il est de plusieurs sortes. Ainsi il y en a une qu'on fait de marcassite. On place la marcassite dans un four et on la fait cuire pendant un certain nombre de jours, comme on fait avec la pierre à chaux, jusqu'à ce qu'elle ait pris la couleur de la rubrique. On le fait aussi de mine de

59

cuivre. Enfin, il y en a une troisième sorte qu'on ne trouve qu'à Chypre, où on la tire d'un puits, après quoi on la brûle.»

دهس

دَهَسَ, dans un vers نَهَسَ, pl. دِهَاس, *du sable dans lequel on enfonce jusqu'à la cheville du pied*, Gl. Edrîsî. — دهس الشَّجَر *brisées*, t. de chasse, branches rompues, éparses, servant d'indices, Bc.

دَهَس, en parlant de sable, *dans lequel on enfonce jusqu'à la cheville du pied*, Gl. Edrîsî.

دَهَسَة *buisson*, Cherb., qui ajoute: «On appelle une nuit très-obscure دَهَسَة ظَلْمَا, une obscurité impénétrable comme un buisson.»

دِهَاس *du sable dans lequel on enfonce jusqu'à la cheville du pied*, Gl. Edrîsî.

دَهَّاس *fouleur, qui foule le raisin*, Bc (semble pour دَعَّاس).

دهش I *étonner* (comme la IVe), Bc.

IV *atterrer, ruiner, accabler, affliger*, Bc.

VII *s'étonner, rester stupéfait*, Bc, Hbrt 100, 227, 1001 N. I, 95. — *Frémir*, Hbrt 228.

دَهْشَة *étonnement, surprise, trouble, éblouissement, consternation, stupeur, souleur, peur, saisissement*, Bc. On dit, p. e., دهشة للداخل Badroun 273, 8, Valeton l., 12 (cf. 20, n. 4 et Fâkihat al-kholafâ 211, 10, 15 et 18), ce qui signifie que celui qui entre chez un personnage considérable ou chez une dame, éprouve une émotion, un certain trouble, un certain embarras. Mais ce mot se prend aussi dans le sens de *consternation, grand'peur, terreur panique*, p. e. Haiyân-Bassâm I, 31 rº: لحق كثيرًا من اهله دهشة, et cette peur extrême eut pour effet que, pour ne pas être massacrés, ils se jetèrent dans le fleuve, où ils se noyèrent; cf. Müller L. Z. 25, 5 a f. — الدهشة الأموية à Damas, Catal. des man. or. de Leyde I, 155, 7; ce mot a peut-être le même sens que دهيشة (voyez).

دَهِيشَة (cf. دَهْشَة à la fin) désigne une sorte d'édifice splendide, peut-être un portique. Il y en avait un à Hama, qui avait été bâti par al-Melic al-Mowaiyad Imâd-ed-dîn, et un autre au Caire, dont al-Melic aç-Çâlih avait été le fondateur en 745, Macrîzî II, 212, 9 et suiv. éd. Boul.

مَدْهَشَة *cause de confusion, d'embarras*, Gl. Mosl.

دَقْفَش (chez Freytag) peut se traduire par *conter des fleurettes*, et devrait se trouver Aghânî 71, 5 a f., où on lit deux fois كَشْكَشَ, ce qui est une faute, pour دَقْفَشَ.

دقق I *opprimer*, car L donne: *oppressus* مظلوم ومدقوق. — S'emploie au passif en parlant d'un animal mort, p. e. d'un cerf ou d'un âne, *qui est porté par deux hommes au moyen d'une perche qu'on a passée entre ses pieds, après les avoir liés les uns aux autres*, Fragm. hist. Arab. 324, 3 a f.: وقد شُدَّ الأعوان يديه الى رجليه وحمل على خشبة يُدَقّق كما يُحمَل الحمار الميت. C'est M. Wright qui a fait observer à M. de Goeje, que, dans ce passage, ce verbe doit avoir ce sens, et que c'est un dénominatif de دَقّ, dont le pl. دُقُوق, dans les sens de *vectes*, a été noté par Golius, qui cite Exode XXV, 14, où ce mot désigne en effet les *barres* dont on se servait pour porter l'arche. (En ce sens, comme l'a noté J.-J. Schultens, il se trouve aussi dans d'autres passages de la trad. ar. de la Bible, p. e. I Rois VIII, 7). M. Wright remarque encore que ce mot se trouve aussi dans Aboû'l-Walîd, 81, n. 27, 367, n. 16, et que Payne Smith, 827, donne également دقّا et le pl. دقوق dans le sens de *vectis*.

IV. L a *repressit* ادَقَّ واخَذَ. — Dans L *afficio* ادُقّ (il donne constamment un *fatha* à la 1re personne de l'aor. de la IVe forme). — *Comprimer les pieds d'un criminel entre deux pièces de bois* (دَقَّق), Bayân II, 146, 15: وفيها خبس حزمبر القـومس وعـذّب وأدقّ حتى مات, car le man. d'Arîb porte ادقّى, pas ارقّف. — *Rendre rauque, enroué*, Voc.

VII *s'enrouer*, Voc.

دَقّ pl. دُقُوق voyez sous la 1re forme.

تَدْقِيق *mortificatio*, L.

مَدْقُوق *rauque, enroué*, Voc.

دهقن II c. a. p. *empêcher* (عَوَّقَ), M.

V *être empêché*, M.

دَقْنَـةً *finesse, subtilité, sagacité*, Gl. Edrîsî, Gl. Fragm.

دهقان subst. *un savant*, Gl. Badroun; — adj. *fin, subtil, sagace*, Berb. I, 180, 12, Macc. III, 22, 6, Abou-Hammou 88: اعلَمْ يا بُنَيَّ انه ينبغى لك ان تكون يقظانا ماهرا حازما دهقانا ضابطا لامورك *Fils*, Voc.

دهك I *dissiper son bien*, M. — *Consumer* (maladie), M.

VII *tomber en consomption, dépérir*, M.

دواكة *fièvre hectique ou consomptive*, Sang.

دهل chez Bc constamment, selon l'usage égyptien (cf. Fleischer Gl. 14), pour دخل et ses dérivés; voyez sous cette dernière racine.

دَهَل *forêt*, n'est pas une faute, comme Freytag l'a cru; voyez Merx Archiv I, 52, n. 1. — (Pers. دُهُل) *timbale*, Maml. I, 1, 173, où l'on trouve aussi طبلين دهل et طبول دهول.

دهلز

دهليز proprement *vestibule*; de là, au fig., *préambule*, Bc. — *Chambre, salle*, Maml. I, 1, 191, ou peut-être plutôt *antichambre*, comme chez Lane. — Lorsqu'il s'agit d'un campement, *la partie antérieure des tentes, ou la première tente, celle où le sultan se tenait d'ordinaire pour donner ses audiences. Et surtout dans les expéditions militaires, qui exigeaient au plus haut point la célérité, on se contentait souvent de placer cette tente unique, sans y joindre cette suite de tentes de différents genres, qui accompagnent ordinairement la résidence du souverain*, Maml. I, 1, 190. — *Corridor, allée, passage entre deux murs parallèles*, Bc, M. — *Souterrain*, Martin 42; *cave*, Alc. (bodega, cueva); *fossa* dans le Voc. (aussi avec le *sîn*), mot qu'il prend sans doute dans le sens de *silo*, car il le traduit aussi par مطمورة, qu'Alc. donne également sous cueva.

مُدَهْلَز *endormeur, enjôleur*, Bc.

دهلق

دَهْلَقَة *dissolution, dérèglement de mœurs*, M.

دهم.

دَهْمَة (pers. دَخْمَه) *édifice rond sur le sommet duquel les adorateurs du feu placent les cadavres de leurs coreligionnaires*, Hamza Ispahânî 46, 11: والـفـرس تعرف القبور دائما كانت تغيب الموتى فى الدخمات والنواويس. L'origine de ce mot a été indiquée par Fleischer dans Gersdorf's Repertorium 1839, p. 435.

دَهِيم *malicieux, malin*, Cartâs 150, 2, où Alphonse est appelé اللعين الدهيم (dans la rime); cf. دَقَم chez Lane.

أَدْهَم حصان ادهم اخضر *cheval cap de more*, d'un poil rouan, dont la tête et les extrémités sont noires; احمر ادهم *bai-brun*; اشقر ادهم *alezan brûlé*, Bc. — *Mulet noir*, Alc. (mohinq animal; cf. Victor). — Le pl. دُهْم est souvent une épithète qu'on joint au mot « malheurs, » خطوب نوائب. — Substantivement, le pl. دُهْم *fers, chaînes*, Abbad. I, 68, 4; — *navires, galères*, Abbad. I, 61, 2.

دَهْمَسْت (pers.) *laurier*, Auw. I, 245, 8. — *Graines de laurier*, Most. in voce, Bait. II, 228 b. — *L'arbre appelé* عرمص, ou bien *une espèce de* سِدْر, Zahrâwî cité dans le Most.

دهن I, n. d'act. دَهْن et دِهَان, *vernir*, Gl. Edrîsî. — *Peindre*, Gl. Edrîsî, Voc., Djob. 195, 14. — *Enjôler, cajoler*, Bc.

III c. a. p. *être indulgent pour ceux qu'on aime ou qui occupent un rang élevé, conniver avec eux, conniver au mal qu'ils font* (cf. le Ta'rîfât dans Freytag sous مُداهنة), Macc. I, 468, 7, en parlant d'un cadi: ولا ذاقَرْتُ ذا مرتبةٍ ولا اغضى لأحدٍ من اسباب; وكان عبد Nowairî Afrique 61 v°: السلطان واعلاه المؤمن لا يداهنى فى دولته ويأخذ لحَقٍّ من ولده اذا وجب عليه, Berb. II, 58, 9, 99, 3 a f., Amari Dipl. 21, 2.

IV c. فى r. *conniver à*, et le n. d'act. seul *connivence*, Haiyân 57 r°: وانتقى اميّة بن عبد الغافر فى الظاهر من المشايعة على قتل عبد الله او الادهان فيه, Prol. I, 36, 1, Berb. I, 69, 9, II, 45, 4, 156, 5.

VI et VII dans le Voc. sous ungere.

دَهْن pl. أَدْهَان *peinture*, Gl. Edrîsî.

دهن 468 دوا

دَقَن, n. d'un. ة, *chair blanche*, comme celle de la queue de mouton, M.

دُهْن *baume*, Bc. — *Résine*, Bc. — *Emplâtre pour faire croitre les cheveux*, Alc. (enplasto para criar pelos). — دهن الآجر *de l'huile d'olive, dans laquelle on fait éteindre des fragments de brique incandescents*. On lui fait ensuite subir au feu, avec ces morceaux de brique pulvérisés, d'autres modifications, Sang., Bait. I, 446 c. Cette huile s'appelle aussi الدهن المبارك, et elle porte encore un troisième nom, qui est écrit de différentes manières dans les man. de Bait. (l. l.); ADH portent دهن المنفذ L المنفذ, B المبقل (sic), E المبقل — دهن الآخيون *laudanum*, Bc. — دهن الروسى *huile avec laquelle on frotte le cuir de Russie*; elle est noirâtre et d'une odeur très-forte, note marginale dans le man. B de Bait., article خلنج. — دهن صينى *vernis*; c'est celui dont se servent les peintres, هو دهان الزواقين, et qui se prépare avec la sandaraque et la graine de lin, Gl. Manç. — دهن المخ *cervelle*, Bc. — دهن ناردين *huile de nard*, est un médicament composé, qu'on nomme ainsi d'après une de ses substances, Gl. Manç. — شمعة دهن *chandelle*, Bc.

دُهْنَة *couche*, enduit, Bc.

دُهْنِي *graisseux*, Bc; *oléagineux*, M. — شمع دهنى *chandelle*, Bc.

دُهْنِيَّة, suivi de بزيت القطران, *vernissure*, Alc. (enbarnizadura).

دِهَان *beurre*, Cherb. Dial. 164, Daumas Sahara 278; *beurre fondu*, Dict. berb.; *beurre rance*, Daumas R. d. O. A. N. S. I, 187.

دِهَان *graissage*, action de graisser, Bc. — *Onguent, liniment*, Bc. — *Enduit*, Bc. — *Pommade*, Bc. — *Rouge, fard*, Bc. — *Vernis*, Bc, Hbrt 86, plus haut sous دهن صينى. — Pl. ات *peinture*, Gl. Edrisî.

دَهِين *onguent, liniment*, M.

دَهِين *oléagineux*, Auw. I, 70, dern. l. — *Enduit, cirage*, Bc. — دهين بشمع *encaustique*, Bc.

دَهَّان *préparateur et vendeur d'onguents*, Voc. —

Apothicaire, Voc. — *Vernisseur*, Bc, Hbrt 86, Most. v° سندروس: يستعملونه الدهانون. — *Peintre*, Gl. Edrisî, Voc., Prol. II, 266, 9, 308, 13.

مَدْهَن pl. مداهن *peinture*, Gl. Edrisî.

مُدَهَّن *peintre*, Gl. Edrisî.

المدهون ou دقيق مدهون, مَدْهُون tout court, sorte de *farine de froment*, Gl. Esp. 169; *farine* dans le Voc. — كلام مدهون *discours emmiellé*, Bc.

مداهن *simoniaque*, Bc.

دَقْنَج (pers. دَهْنَج) *malachite*, Bait. I, 460 f. — Selon quelques-uns, *jaspe*, Bait. II, 603 a. — *Emeri*, Bc.

دها et دهى, ي I, aor. *i*, *abasourdir, stupéfier*, Bc.

VI c. على p. *tromper* quelqu'un, Becrî 187, 7 a f., 188, 5 a f., Macc. I, 193, 1.

VII *être abasourdi, stupéfait*, 1001 N. Bresl. I, 310, 9.

دَهْو *stupéfaction*, Bc.

دَهْوَة *alarme, épouvante subite*, Bc.

مدهى *éperdu*, Bc.

دَهْوَن II *être abasourdi, stupéfait*, Alc. (le n. d'act. tedehun atronamiento). — *Délirer*, Alc. (desvariar, le n. d'act. tedehun desvario como locura).

مُدَهْوَن *abasourdi, stupéfait*, Alc. (atronado). — *Qui délire*, Alc. (desvariado).

دَو (pour دَوغ) *petit-lait*, Bc.

دَوَأ. دَاء. Le vulgaire entend sous ce mot *une maladie incurable*, comme la phthisie, M. — *Cause d'une maladie*, 1001 N. IV, 485, 12. — *Blessure*, Koseg. Chrest. 58, 12. — *Tic*, habitude ridicule, Bc. — داء الأرض *mal caduc*, épilepsie, Bc. — داء الأسد *léontiasis*, l'éléphantiasis tuberculeux de la face, Sang. — الداء المبارك *mal vénérien*, Bc. — داء البطن *boulimie*, Bc. — داء البقر *diarrhée*, Auw. II, 620, 24 et 25. — داء الحية *ophiasis*, espèce d'alopécie, Sang. — داء المسمار, *la maladie du clou*, dans l'œil du cheval; on lui donne ce nom, parce que, si on relève la paupière, on trouve sur le blanc de l'œil une tache rouge, ou bien sur le noir une tache blanche, Auw. II, 575, 2; cf. sous مِسْمَار — داءُ الشَّوْكَة Bait. II, 97 c, 449 b; dans le premier passage Sontheimer traduit *schuppichte Krankheiten*, dans le second *hystricatio, ichtyosis cornea*, Alibert. — داءُ الصَّفْرَة *mal vénérien*, Bc. — داءُ الكَبْش. Le Voc. a sous fornicari: فُلانٌ بِدَاءِ الكَبْش, et sous coytus: بداءِ الكَبْش. Si c'est le mot دَآء avec la prép. بـ (et je ne trouve pas d'autre explication), l'expression داءُ الكَبْش, la maladie du bélier, dans le sens de *lasciveté, lubricité*, le bélier étant considéré comme un animal très-lascif, peut être comparée à داءُ الذَّئْب (la maladie du loup, c.-à-d. la faim). — داءُ الكَلْب *faim canine*, Bc. — داءُ المُلُوك *goutte*, Bc, Hbrt 34.

دَوَادَار dans M 692 et دَوَادَار et دُوَيْدَار, mais 701 دَوَادَار et دُوَيْدَار (composé de دَوَا, vulg. pour دَوَاة, *écritoire*, et du pers. دَار, proprement *porte-écritoire*), pl. دَوَادَارِيَّة. Sous la dynastie des Mamlouks on donnait ce titre à des personnages qui avaient la fonction de faire arriver à leur destination les lettres émanées du sultan, de lui faire parvenir les placets, et d'introduire les ambassadeurs et autres personnes aux audiences, Maml. I, 1, 118, Prol. II, 10, dern. l. et suiv.

دوب I *s'user*, دائب *usé*, Bc.

II *user*, Bc.

دُوبَيْت (composé du pers. دُو, *deux*, et de l'arabe بَيْت, *distique*), pl. ات, Bâsim 35, *quatrain*, en arabe رُبَاعِيّ, parce que le *doubait* (qui est d'origine persane, mais que les Arabes ont imité), se compose de quatre hémistiches. Il est de trois sortes: 1° tous les hémistiches riment; 2° trois hémistiches riment, le 1er, le 2e et le 4e, et alors on l'appelle أَعْرَج, *boiteux*; 3° les quatre hémistiches riment, mais la rime doit être مَرْدُوف (voyez), c.-à-d. qu'avant la lettre qui forme la rime, il doit se trouver un ا, un و, ou un ي. Un *doubait* مُسْتَزَاد ou *augmenté*, *doublé*, se compose de huit hémistiches, dont le 1er, le 3e et le 7e riment ensemble, de même que le 2e, le 4e, le 6e et le 8e. Voyez J. A. 1839, II, 163, dern. l. et suiv., Freytag, Arab. Verskunst, 441 et suiv.

دُوبَيْتِى adj. formé du mot qui précède, Khatîb 73 r°: وله مقام فى علم العروض الدوبيتى.

دوج

دُوج (ital. doge) *doge*, le chef de la république de Venise, et celui de la république de Gênes, Amari Dipl. Gloss.

دَوَاج et دُوَاج *grande pièce d'étoffe qui sert de couverture de lit*, Defrémery Mémoires 326, Gl. Fragm., et aussi *de manteau, pour les hommes*, Koseg. Chrest. 116, 11 et 13, *et pour les femmes*, Tha'âlibî Latâïf 109, 9.

دوح II. Verbe actif, *faire en sorte qu'une branche ait un feuillage touffu, épais*, Calâïd 217, 6: كان دَوَّحَ ذلك الفَرْع. — *Emonder, tailler les branches*, Auw. I, 11, 10, où on lit que التدويح est à peu près la même chose que التنقليم. — Verbe neutre, *recevoir ou avoir un feuillage touffu, épais, en parlant d'un arbre ou d'une branche*, Bait. I, 408: l'aspalathe ressemble au رَنْد الا انه يدوح ولا يقوم على الارض اكثر من ذراع ونصف; Khatîb 68, en parlant des Hafcites: الفرع الذى دَوَّحَ بها (بافريقية) من فروع الموحدين بالمغرب; Weijers 26, 4 (= Calâïd 83, 15), où il faut lire et prononcer: ونَوَّرَ عمره قد صَبَحَ وغصن سنه قد دَوَّحَ; cf. sous صوح II; la seconde phrase signifie: son âge ressemblait alors à une branche qui a un feuillage touffu, c.-à-d. il était dans la vigueur de l'âge; Macc. I, 482, dern. l.: قضيب ما دَوَّحَ « une branche qui n'avait pas encore un feuillage épais. » De là تدويح *feuillage épais*, Djob. 303, 18, en parlant d'un grand chêne: متسعة التدويح.

V *avoir un feuillage touffu, épais*, Bait. I, 5 b: هو شجر عظيم متدوّح, 13 b: شجر يعلو فوق القامة ويتدوح, 83 b, 169 b, 229 e, 278 b, 422 c, Auw. I, 87, 11, 234, 8.

VII *s'étendre*, انبسط متسع, comme dit le M en citant les vers d'Ibn-ar-Roumî qu'on trouve aussi chez Macc. I, 533.

دَوْح *branches*, Bait. I, 30 f: شجر كثير الدوح.

دَوْحَة *groupe d'arbres*, Berb. I, 413, 9.

أَدْوَح fém. دَوْحَاء, *ayant beaucoup de branches*,

دوخ

Bait. I, 27 c, dans A: شائِكَة دَوْحاء وفي, tandis que B donne ذات فروع, au lieu de دَوْحاء.

مَدْوَخ. L: cavus محفور مَدْوَخ.

دوخ I *être étourdi*, Bc, Ht. — *Avoir mal au cœur, avoir envie de vomir*, Bc. — *Se tromper*, Cherb. Dial. 57.

II *étourdir*, Bc, Ht, *abasourdir*, Bc. — *Entêter, faire mal à la tête*; يَدَوَّخ *capiteux*, Bc. — *Affadir le cœur, faire mal au cœur, soulever le cœur*; يَدَوَّخ *nauséabond*, Bc. — دَوَّخ راسُه *rompre la tête à quelqu'un, l'importuner*, Bc. — دَوَّخ نفسَه *tracasser, se tourmenter, s'agiter pour peu de chose*, Bc. — Dans le sens de la Ire, à ce qu'il semble, *avoir le vertige*, chez Macc. I, 209, 22, où je crois devoir lire ainsi avec Boul.; cf. Lettre à M. Fleischer 21. — *Avoir le mal de mer*, Roland Dial. 590. — *Repousser*, si la conjecture de M. de Slane sur Prol. III, 367, 8, est bonne.

V *être repoussé*, si l'on admet la conjecture de M. de Slane sur Prol. III, 367, 9.

VII اندوخ *s'étourdir, s'entêter de*, Bc.

دَوْخَة *vertige*, Bc, M, Martin 145, Sang., 1001 N. II, 469, 4, IV, 250. — *Etourdissement*, Bc. — *Affadissement, mal de cœur*, Bc.

دَوْخان *vertige*, 1001 N. Bresl. VIII, 319, où Macn. a دَوْخَة.

دَوَاخ *nausée, envie de vomir*, Bc.

دود II *produire des vers*, Alc. (gusanear a otro).

V s'emploie en parlant de vers qui naissent dans une plaie, Edrîsî, Clim. II, Sect. 6: فلا تزال عضتها تربو وتتزايد الى ان تتفقّح وتتدوّد ۞

دود *taon, grosse mouche à aiguillon*, Alc. (moscarda). — دود الصبّاغين *la cochenille du chêne vert, nommée aussi Kermès*, Bait. I, 463 d; دود seul signifie aussi *cochenille*, Descr. de l'Eg. XVIII, part. 2, 387, Ht. — دود فرعون Chez van Ghistele, 15, on lit *Pedoettis Pharaonis* (oe en flamand se prononce comme *ou* en français); c'est une espèce de vers qui mordent; la morsure s'enfle et on la guérit avec du jus de limon. — الدُدود المنْحَد *le ténia* ou *ver solitaire*, Sang. — دود القَرْع et دود قَرْعي *ascarides*,

دور

Sang., Bc, cf. حبّ القَرْع. — حَبّ القَرْع دود sous القَرْع. — دود القَلْب *mal de cœur*, Bc.

دُودَة *ver-coquin*, au fig., *caprice, fantaisie*, Bc; *passion, désir*, Ht. — دُودَة أَحْمَر *ponceau, rouge très-vif*, Bc; d'après le M on entend sous دُودَة les excréments d'un ver (زبل), qui servent à teindre en rouge très-vif, et il ajoute que cette couleur s'appelle الدُودي.

دُودي voyez ce qui précède.

دَوَادي *noble*, qui appartient à une famille dans les mains de laquelle s'est maintenu, depuis plusieurs siècles, le commandement d'une contrée ou d'une tribu, Cherb.; cf. Daumas Mœurs 24, Sandoval 266, 272. Cherb. écrit le plur. « دَوَادي, *douaouda*; » je crois que c'est dans l'origine le nom de la tribu des الدَواودَة, dont il est souvent question dans l'Hist. des Berb. par Ibn-Khaldoun.

دُويدَة espèce de *vermicelle* en farine de blé, roulé dans les mains, et cuit dans du beurre, Daumas V. A. 252, Shaw I, 340, Lyon 50, R. d. O. A. V, 16.

دودج

مُدَوْدَج *pendu, qui se meut dans l'air*, M.

دُودَم et دَوَادم, dans le Gl. Manç. (v° سادروان) دُودم et دَوَادم. — دَوَادم *mousse* (plante), Ht.

دور I c. على *faire la ronde de plusieurs châteaux*, R. N. 82 r°: كان مع سعدون لخولاني في الدور الذي يدور على الحصون (l. الحصون) كُنَّا ندور على الحصون حتى الخ (avant كُنَّا il semble manquer quelque chose, mais c'est bien qu'il faut lire, car dans la suite ce الدور est nommé *une expédition* (سفر); ibid.: ويبلغ عبيد الله ان سعدون يجتمع اليه خلق من الناس يخرج لهم (l. بهم) الى الدور مخاف عبيد الله منه وقيل له انه يخرج عليك. — Valser, Aghânî 51, dern. l., 52, 5; *pirouetter*, Hbrt 99. — *Se promener*, Bc; دار دَوْرَة *faire un tour de promenade*, Bc. (On trouvera plus loin cette expression dans un autre sens). — T. de mer, *revirer, tourner d'un autre côté*, Bc, *virer*, J. A. 1841, I, 589. — C. a. *parcourir*, p. e. دار المدينة كلها «il a parcouru toute la ville,» Bc. — C. على *chercher*, Bc. — *Avoir cours* (marchandises), التجارات

الَّتِي تَدُورُ بَيْنَ أَيْدِيهِمْ « les marchandises qui ont cours parmi eux, » Gl. Edrisî. — En parlant de paroles, لَمْ تَدُرْ بَيْنَهُمَا كَلِمَتَانِ حَتَّى أَمَرَ بِالْقَبْضِ عَلَيْهِ « à peine eurent-ils échangé deux paroles, qu'il », etc., Abd-al-wâhid 201, 4. — *Arriver*, en parlant d'un événement, Koseg. Chrest. 112, dern. l.: وَأَظْهَرَ الْأَسَفَ لِمَا دَارَ فِي أَمْرِ الْمُقْتَدِرِ, Macc. I, 241, 3 a f., autre exemple sous la Xe forme. — يَدُورُ الْحَمَّامُ *le bain est en action, en train*, c.-à-d. on a mis en mouvement les courants d'eau chaude et d'eau froide, 1001 N. IV, 479, dern. l. — *Rester*, demeurer dans un certain état, p. e. en parlant de l'Espagne: دَارَتْ جُوعِي « elle resta en proie à la famine pendant les années 88, 89 et 90, » Akhbâr 8, l. 8, avec ma note. Le Voc. a دَارَ sous *tardare*. — C. ب ou خَوَّلَ *servir*, Voc. — يَدُورُ تَمَا *tout autour*, parfois avec حَوَّلَ, pour donner plus de force à cette préposition, p. e. حَفَرَ لِلْخَنَادِقِ حَوْلَ السُّورَيْنِ كَمَا يَدُورَانِ, Gl. Fragm.; Haiyân-Bassâm III, 4 r°: « des matelas brodés tout autour, كَمَا تَدُورُ, de siglaton de Bagdad. » Dans le même sens يَدُورُ بِمَا, p. e. دَارَ مَا عَلَى الْبُحَيْرَةِ بِمَا يَدُورُ قُرًى وَخَيْلٍ, Gl. Fragm. كَمَا دَارَ مَا دَارَ دَائِرًا à *l'entour de, autour*, Bc. — يَدُورُ *chacun à son tour*, Gl. Fragm. (dans le premier et dans le troisième passage qui y sont cités, car dans le deuxième c'est *tout autour*). — دَارَ حَلْقَةً *caracoler*, Bc. — دَارَ دَوْرَةً *se détourner*, prendre un chemin plus long que le chemin ordinaire, Bc. (Voyez plus haut cette expression dans un autre sens). — دَارَ الْكَلَامَ *périphraser*, Bc. — C. مَعَ *se ranger sous la bannière de* quelqu'un, Bc. — دَارَ عَلَى *prendre en grippe*, en vouloir à quelqu'un, Bc. — J'ignore ce que ce verbe signifie chez Ibn-al-Khatîb 184 v°: بَنَى الْمَسَاجِدَ فِي الْمَارِيَّةِ وَدَارَ فِيهِ مِنْ جِهَاتِهِ الثَّلَاثِ الْمَشْرِقَ وَالْمَغْرِبَ وَالْجَوْفَ — دَارَ, aor. *i* (vulg. pour أَدَارَ) دَارَ بَالَهُ عَلَى *faire attention à, tenir la main à, soigner, faire exécuter, veiller à*; دِيرْ بَالَكَ *soyez attentif, prenez garde à vous*, Bc.

II *tourner, façonner au tour*, Alc. (torneada cosa al torno مُدَوَّر). — *Aller autour*, Alc. (rodear). — *Faire la ronde*, 1001 N. II, 32, 7 a f. — *Tournoyer, errer çà et là*, 1001 N. I, 31, 11. — دَوَّرَ بِخَيْلِهِ *faire le moulinet, tourner rapidement sur soi-même*, Bc. — *Se trouver autour*, Alc. (estar en derredor). — T. de mer, *virer*, 1001 N. IV, 316, 3 a f.; chez Bc دَوَّرَ *revirer*. — C. عَلَى *chercher*, Bc, R. N. 79 r°: فَهُوَ الْيَوْمَ الثَّانِي جَالِسًا (جَالِسٌ .l) فِي الْجَامِعِ حَتَّى رَأَى رَجُلًا مِنْ أَهْلِ مَنْزِلِهِ يَدُورُ عَلَيْهِ, 1001 N. I, 665, 6 a f., III, 130, 4, Bresl. IV, 309, 6, XII, 296, 10, Ztschr. XXII, 75, dern. l. — دَوَّرَ الْحَمَّامَ *mettre le bain en action, en train*, c.-à-d. mettre en mouvement les courants d'eau chaude et d'eau froide, 1001 N. IV, 478, 6 a f. — *Prendre dans des rets, dans des filets*, Alc. (enredar en redes). — *Retarder* quelqu'un, Alc. (engorrar a otro, où il écrit par erreur la Ve forme, retardar a otro, où il a correctement la IIe). — Suivi d'un nom d'action, *se mettre à quelque chose, s'en occuper*, 1001 N. IV, 473, 2 a f.: دَوَّرُوا الصَّبْغَ فِيهَا « ils se mirent à les teindre, » 478, 9: دَوَّرُوا فِيهِ « ils se mirent à y bâtir. » — دَوَّرَ دِمَاغَهُ *retourner, au fig., faire changer d'avis*, Bc. — دَوَّرَ رَأْسَهُ *tourner la tête à* quelqu'un, lui faire adopter ses opinions, Bc. — دَوَّرَ سَاعَةً *monter une montre*, Bc.

IV c. a. et عَنْ *écarter*, 1001 N. I, 57, 13: أَدَارَتِ السَّنَقَابَ عَنْ وَجْهِهَا. — En parlant de coupes remplies de vin, *porter ces coupes à la ronde*, en porter à tous les convives, suivant le rang dans lequel ils sont assis; c'est l'échanson qui le fait, et c'est pour cette raison qu'on l'appelle السَّاقِي الْمُدِيرِ ou الْمُدِيرِ seul, Abbad. I, 41, 9, 46, 1, 90, n. 94. — أَدَارَ الرِّيَاسَةَ *gouverner, régir les affaires publiques, administrer un Etat*, Abbad. I, 46, 10 et 11; cf. plus loin مُدِيرٌ. — أَدَارَ خِدْمَةَ الْمُعَاوَنَةِ *il a rempli les fonctions d'aide*, Bc. — T. de mer, أَدَارَ سَفِينَةً ou مَرْكَبًا *revirer, tourner d'un autre côté*, Bc, Becrî 20, 16. — *Faire qu'une chose ait lieu, qu'elle arrive*, Cartâs 272, 5: il fut proclamé sultan بِإِدَارَةِ كُتَّابِ أَخِيهِ وَوَزَرَائِهِ « grâce aux efforts des » etc. (Tornberg, p. 345, n. 9, veut à tort changer la leçon); Akhbâr 8, 6, en parlant de Sisebert et Oppas: هُمَا رَأْسُ مَنْ أَدَارَ عَلَيْهِ الِانْهِزَامَ « ce furent eux principalement qui causèrent la déroute de Roderic. » — *Mettre en action, en train*; ainsi on dit: أَدَارَ الْمَصْبَغَةَ, dans le sens de: faire commencer le travail dans un atelier de teinture, 1001 N. IV, 473, 6 a f. — Par ellipse, pour أَمَرَ *réfléchir à une affaire*, Akhbâr 73, 9: لَمْ أَزَلْ فِي إِدَارَةِ الْآرَاءِ فِي (cf. Lane sous la IIe),

دور 472 دور

«je n'ai pas cessé d'y réfléchir.» — C. a. p. et على (cf. chez Lane الامر على ادارة), Abbad. I, 223, 6: ادار على رهون تكون بيده «il chercha à obtenir d'eux des otages.» — C. على p. et a. r. *machiner une ruse, etc., contre quelqu'un,* Gl. Mosl. — ادار راسه على *séduire l'esprit de quelqu'un,* ادار راسه *tourner la tête à quelqu'un,* lui faire adopter ses opinions, Bc. — ادار عقله كما يريد *manier l'esprit de, mener quelqu'un,* Bc.

V *pirouetter,* Hbrt 99. — *Se retourner, prendre d'autres mesures,* Bc. — *Tarder,* Voc., Alc. (engorrar o tardarse, retardarse); *être différé au surlendemain,* Alc. (trasmañana differirse).

VII *se tourner, se retourner, se tourner dans un autre sens;* — *rebrousser chemin;* — *tourner, se mouvoir à droite ou à gauche;* — *se mettre à,* Bc.

X, en parlant d'une décision, d'un jugement, *être prononcé,* R. N. 14 v°: وبين رجل من فدار بينها, اهل القيروان خصومة واستدار الحكم لها على خصمها. — دار. Le pl. دُور dans le Formul. d. contr. 7. — *Salle,* Gl. Edrîsî, Fakhrî 375, 14, Berb. II, 153, 4, 479, 2 et 5, 1001 N. I, 373, 7 (lisez ainsi au l'éd. Boul.), 374, 3 a f. — Au pl. *la partie principale du palais,* celle qu'occupent l'empereur et le harem, Lempriere 198 (douhar). — *Case,* chacun des carrés d'un échiquier, etc., Lane M. E. II, 60. —

دار البطيخ *l'endroit où l'on vendait des fruits,* Fakhrî 299, 7. — دار الخاصة *chez les princes, la salle de réception pour les grands,* Prol. II, 102, 11; دار العامّة *la salle de réception pour le peuple,* Prol. II, 14, 6, 102, 11, Koseg. Chrest. 107, 4 et 14; chez Ibn-al-Athîr, VII, 16, 1, il est question du trésor public qui se trouvait dans cette dernière salle. Mais دار العامّة peut signifier aussi *la maison de ville;* Alc. (ayuntamiento) donne عامّة seul en ce sens. — دار صناعة, ou الصناعة, ou الصنعة, ou صَنْعَة, *maison de construction, fabrique,* mais surtout *pour la construction de tout ce qui est nécessaire à l'équipement et l'armement des vaisseaux, arsenal,* Gl. Esp. 205–6.

دَوْر *ronde, visite qui se fait la nuit autour d'une place, etc., pour observer si tout est en bon état,* voyez sous la Ire forme, R. N. 80 v°: فاتا ذات ليلة فى ذلك نحرس وقد علوت فى المحارس وأرى اهل الدور. *L'officier de ronde s'appelle* قائد يمشون فى نور السرج, Gråberg 211. *Faire la ronde* est مشى الدور, R. N. 90 r°: رابطنا ومشينا الدور. *Chemin de ronde,* dans les anciennes fortifications, s'exprime par بين السُّور والدور, Alc. (ronda lugar por rondar). — En astron., *l'espace de temps dans lequel un point quelconque du ciel fait une révolution complète autour de la terre. Le daur d'une planète, c'est son orbite ou le temps qui s'écoule depuis qu'elle part d'un point du ciel jusqu'à ce qu'elle revienne au même point,* de Slane Prol. I, 248, n. 3. — En astrol., دور القِران ou عود القِران, *la révolution ou le retour de la conjonction,* Prol. II, 187, 2 (corrigé dans la trad.). — Chez les Druzes الأدوار, *les périodes,* signifie *le temps auquel les autres religions ont été en vigueur,* de Sacy Chrest. II, ١٧, dern. l., 250, n. 87. — *Cercle vicieux, faux raisonnement où l'on donne pour preuve ce qu'il faut d'abord prouver, pétition de principe,* Bc. — *Tour,* Bc, 1001 N. I, 178, 5 a f.; دورك انت et اعمل دورك *c'est votre tour;* دور وبالدور *tour à tour,* Bc. — دور السخونة *accès,* Bc, cf. اليوم M: دور السخونة «c'est aujourd'hui jour d'accès,» Bc. — *Fois,* p. e. قرات الكتاب دور «j'ai lu le livre une fois,» M. — *Temps limité pour arroser,* dans les endroits où l'eau d'arrosage appartient au commun, Gl. Esp.

47. — دور مويَّة *voie d'eau,* deux seaux, Bc. — *Partie, jeu,* Bc. — *Strophe, couplet,* en parlant d'une mowachaha ou d'un zadjal, Bc, Freytag Arab. Verskunst 418, Descr. de l'Eg. XIV, 208, Ztschr. XXII, 106 n., M. Dans l'édit. de Maccarî qui a paru à Boulac, les strophes sont indiquées par le mot دور. Ainsi dans la pièce qu'on trouve dans l'éd. de Leyde I, 310 et 311, les lignes 18 et 19 constituent le مطلع; à la ligne 20 commence le premier دور, et au-dessus de toutes les autres strophes l'éd. de Boul. a ce mot, au lieu des chiffres que M. Wright a fait imprimer. — *Ronde, chanson de table,* Bc. — دور العجلة, pl. ات, *roue d'une charrette,* Alc. (rueda de carreta). —

Etage, Bc, R. N. 69 v° (construction d'un قصر): فلمّا كمل السفل عمر بالناس قبل ان تركب ابوابه ثمّ لمّا تمّ الدور الثانى عمر ايضا وبقى تمام القصر والابراج للطبقة الثالثة; puis, la somme qu'Ibn-al-Dja'd avait destinée à l'édifice étant épuisée, فانبرى قوم للنفقة فيه وقال ابن الجعد لا يُنْفَق احدٌ معى فيه شى (شيـًا l.). 1001 N., حتى يتمّ الدور الثانى وابراج الدور الثالث

III, 443, 10. — En musique, Aghânî 8, 4 : وفيه دور كبير اى صنعة كثيرة « on a composé sur ces paroles un grand nombre d'airs. » — Dans l'opération sur la زايرجة, certains nombres au moyen desquels on se guide en faisant le tirage des lettres dont les mots de la réponse doivent se composer, de Slane Prol. I, 248, n. 3. — دور حولى espèce de lis sauvage, gladiolus Byzantinus, Bait. I, 464 i (AB), II, 379 a. — Comme prépos., autour, Voc.; بـالدور, à l'entour, Ht.

دَيْر. Le pl. دُيور, Voc., ديارة, de Sacy Dipl. IX, 469, 12, أديرة, de Sacy Chrest. I, 182, n. 62, pl. du pl. ديارات, Gl. Belâdz. — Cimetière, L (cimiterium). — Bercail, bergerie, Payne Smith 1464. — Taverne, cabaret, Voc.

دار bercail, bergerie, Payne Smith 1464. — Maisonnette, M. — دارة الشمس soleil (fleur), Roland. — لعب الدارة jeu d'enfants, Mehren 27.

دَوْرَة circonvolution, Bc. — Spire, un tour de spirale, Bc. — Caracole, mouvement en rond ou demi-rond que l'on fait faire à un cheval, Bc. — Tour, mouvement en rond ou autrement, Bc. — Tour, promenade; دار دور « faire un tour de promenade, » Bc. — Tour; دورى à mon tour, Burckhardt Prov. n° 56, Aboû'l-Walîd 453, 28. — Tournée, voyage en plusieurs endroits, voyage annuel et périodique, Bc. — Virevolte, tour et retour, Bc. — Détour, Bc, Ztschr. XVIII, 526; درنا دورة كبيرة «nous avons fait un long détour, » Bc. — دورة فى الكلام circonlocution, périphrase, Bc. — Procession, cérémonie religieuse conduite en ordre par des prêtres, Bc. — Pli, tournure d'une affaire, Bc. — Accès de fièvre, Ztschr. XI, 486. — Passe-passe, filouterie, tour d'adresse, Bc. — Volée de la balle au jeu de paume, Alc. (bolea de pelota, cf. Victor). — Roue, Alc. (rueda qualquiera). — دورة للحبل, t. de mer, retour pris avec une corde pour l'empêcher de filer, J. A. 1841, I, 589. — Comme prépos., autour, Voc. — En Eg., à présent, pour une seule fois, surtout, Burckhardt Prov. n° 56.

دَوْرَة vulg. pour دَوْرَق, M.

دَوْرَة boussole, Niebuhr R. II, 197, J. A. 1841, I, 589.

دِيرَة arrondissement, banlieue, Bc, M, Ztschr. XXII, 75, 1, 115.

دَوْرِى circulaire; — périodique; — alternatif, Bc. — دَوْرِى formé de دور, pl. de دار (maison), domestique (animal), l'opposé de برّى, voyez sous برطل; دورى عصفور moineau domestique, Sang., Bg; aussi دورى seul, passereau, moineau, Bc, Yâcout I, 885, 7. — كرنب دورى voyez sous le premier mot.

دَوْرِيَّة, suivi de للعتاود, étable pour les boucs, Alc. (chibital de cabrones). — دورية est employé par Saadiah, ps. 84, vs. 4, pour l'hébreu דרור, qui désigne l'hirondelle ou un autre oiseau.

دَيْرِى claustral, conventuel, Bc.

دَيْرِيَّة conventualité, état d'un couvent, Bc.

دَوَران l'action de se tourner, Alc. (bolvimiento). — Révolution, retour d'un astre au point de son départ, Bc. — Procession, cérémonie religieuse, Bc.

ديران بال attention, précaution, soin, Bc.

دَوَّار colportage, Bc. — دوار هوا girouette, Bc.

دُوَّارَة cellule, chambre, petit appartement, Bat. II, 56, 297, 438. — حبس الدويرة nom d'une prison à Cordoue, Cout. 23 r°, et 36 r° الدويرة tout court.

دُوَيْرَة, au Maghrib, au lieu du dimin. دُوَيْرَة. Chez Domb. 91 دويرية, domuncula. Alc., qui écrit دويرية للمعز, donne دويرية للمعز, étable pour les boucs (chibital de cabrones). Chez Jackson, Plate 11, dwaria est un pavillon contigu au palais de l'empereur. A Tomboctou les duarias sont des édifices dont chacun comprend deux chambres; ils se trouvent à l'entrée des maisons et servent à recevoir les visites, Jackson 253. Dans un autre livre (Timb. 230), ce voyageur dit que dwaria est un appartement qui n'a que trois murs, le quatrième côté étant ouvert et porté par des colonnes. Dans le Voyage pour la Rédempt., 154, on trouve que doirie est la chambre où le roi se lave.

دَوَّار errant, rôdeur, Bc; Richardson Sahara II, 96: « What's that fellow douvar (i. e. go about seeking).» — Batteur de pavé, oisif, vagabond, Bc. — Coureur, qui va et vient, jeune libertin, vagabond; امراة دوّار guenipe, coureuse, prostituée, Bc. — Colporteur, Bc. — Pl. دواور campement de Bédouins, dont les tentes sont rangées en cercle avec les troupeaux au milieu. Ce mot, qui est aujourd'hui d'un si fréquent usage en Afrique, se trouve déjà, comme je l'ai observé Gl. Esp. 47, chez Edrîsî et chez Ibn-Batouta. On le rencontre aussi dans le Voc. (mansio), chez Abdarî 5 v° et chez l'anonyme de Copenhague 106 (lisez ainsi), 114. Bc donne دوار, sans techdîd, avec le pl.

ادوار, sous *village*. — *Bercail, bergerie*, Payne Smith 1464. — دوار الباب *gond d'une porte*, Payne Smith 1204. — دوّار الشمس *héliotrope, soleil ou tournesol*, Bc. — دوّار الماء *tourbillon, tournant*, Bc.

دير وأدير بـ الدُوَار. دُوَار est *dolere* dans le Voc.

دَبّار *cabaretier*, Voc.

دَوَّارَة pl. دَوَاوِير (dans les trois premières signif. qu'on trouvera ici) *rondeur*, Alc. (redondez). — *Figure sans angles*, Alc. (figura sin angulos). — *Roue, poulie*, Voc., Alc. (rodaja instrumento para rodar). — دوارة الباب *gond d'une porte*, Payne Smith 1204. — *Petite pièce de terre, presque aussi large que longue*, M. — Je ne sais pas bien quel sens il faut attribuer à ce mot dans Bâsim 74: فكتب له وصول على انسان حلواني ــ وهو معامل الدوارة والخمّ والجوار الذي للتخليفة واخذت منه ورقة بان بحضر وعدّه خمسة الاف درهم الذي عليه من جهة الدوارة ومن جهة الخمّاس ثلاثة الاف ❋

دَوَارَى *espèce de grenade*, Auw. I, 273, 14.

دَائِر *périodique*, Bc. — *Bordure, ce qui borde*, Bc, *bord*, p. e. d'un casque, Koseg. Chrest. 68, 5 a f., d'une chemise, 1001 N. Bresl. III, 186, d'un caparaçon, Nowairî Egypte, man. 2 o, 116 v°: زناری اطلس بدائر اصفر, d'un rideau, 1001 N. II, 222, 3; *cadre*, sorte de bordure de bois, autour d'un tableau, Bc. — *Enceinte*, clôture, circuit, Bc. — *Boussole*, Niebuhr R. II, 197. — دائر السور *parapet*, Bc. — دائر الفصّ *chaton*, Bc. — دائر المدينة *boulevard*, allées d'arbres autour d'une ville, Bc. — دائر, comme prépos., *autour de*, Gl. Edrîsî, دائر ما دار *autour, tout autour, ibid.*; دائر سائر *autour*, Ht. — على الدائر *le long*, Bc.

دَائِرَة *rondeur*, Alc. (redondez). — *Roue*, L (rota), Voc., Auw. I, 147, 2; le pl. *les roues des moulins*, à ce qu'il semble, Cartâs, trad. 359, 11. — *Couronne* (de fleurs), dans la partie de Macc. qui a été publiée par moi-même, mais je ne puis retrouver le passage. — *Tambour de basque*, Bc, M, Descr. de l'Eg. XIII, 511. — *Planisphère*, Amari 18, 6 a f. — *Sangle*, en parlant d'une selle, Bat. III, 223. — *Corde de jonc dont on entoure le marc de raisin sous le pressoir*, Gl. Esp. 44. — *Chambranle, moulure*, Gl. Esp. 209. — *Tourbillon*, Bat. II, 160. — Au Maroc, *manteau en drap bleu et à capuchon*, Hœst 63, 102. — دواثر بيت *les sofas qui se trouvent le long des murs d'une chambre*, 1001 N. Bresl. I, 118, 5. — *La garde* d'un prince, M, Haiyân-Bassâm I, 10 r°: جنده ودائرته, 10 v°: ce prince avait fait de grands honneurs à quelques cavaliers berbères, فاثناني لذلك الدائرة وقالوا للعامّة نحنى قهرنا البرابرة وطردناهم عن قرطبة وهذا الرجل الخ, *ibid*. encore quatre fois, 11 r° (deux fois), 114 v° (deux fois), Cartâs 140, 7, 159, 20. On l'appelle ainsi, parce qu'elle *entoure* habituellement le souverain, Cartâs 158, 3 a f.: وركبة الروم بالسيف حتى وصلوا الى الدائرة التى دارت على اهل دائرة الامير الناصر من العبيد والحشم. Aussi دوائر الشام corps de troupes composé de Turcs, 1001 N. I, 498, 12 et 13; cf. 487, 8 et 9, où ce corps est appelé عسكر الترك. — *Milice auxiliaire du makhzen*, Roland. الدائرة, comme coll., Abbad. I, 323, 1, ou الدوائر, Recherches II, App. p. xxv, 2, proprement *rôdeurs*; c'étaient des soldats qui faisaient des razzias, se livraient au brigandage et commettaient toutes sortes de crimes. Au XI° siècle ils étaient le fléau de l'Espagne, comme les *routiers* ou *Brabançons* étaient plus tard le fléau de la France. — *L'occasion de nuire à quelqu'un*; on dit تربص به الدوائر «il épia les occasions de lui nuire,» ou «de secouer son joug,» Bat. I, 354, III, 48, Berb. I, 552, 3 a f., 650, 4. — *Biens, revenus*; on dit: له املاك ضائرة واسعة, c.-à-d., فلان عنده دائرة ومحاصيل كثيرة. — M. دائرة معاملة *légende*, inscription autour d'une pièce de monnaie, Bc. — دائرة *période*, Bc. — دائرة الموسيقى *gamme*, Bc. كلام

دَائِرَوى *orbiculaire*, Bc.

إدارة (de امر, ادار الآراء), voyez Lane sous la II° forme) *idée*, Cartâs 193, 15: كان حسن الادارات «il avait de belles idées.» Le Voc. a حسن ذا عقل *industrius*.

تَدْوِير, chez les lecteurs du Coran, *tenir le milieu entre le* ترتيل *et le* حدر, M.

تَدْوِيرَة *circonscription, rondeur, sphéricité*, Bc.

مَدار *pivot, cheville ouvrière*, au fig., principal agent, Bc, p. e. Becrî 36, 15: يكون مدار الفهم عليه «sur lequel roule la direction de la communauté» (de Slane); de même Macc. I, 243, 16; cf. Gl. Abulf.: ومدار مذهبهم التعصّب للروحانيين. — *Tropique*; مدار للجدى *tropique du Cancer*, مدار السرطان *tropique du Capricorne*, Bc. — *Centre*, Gl. Edrîsî. — Pl. مدارات *moulin dont une bête de somme fait tourner la meule*, Bc.

مُدار espèce de *mortier*, Ztschr. XI, 515.

مُدِير *échanson* (cf. sous la IVe forme). — *Gouverneur*, d'Escayrac 437 (cf. sous la IVe forme), *préfet-commandant d'une place*, Fesquet 203, *gouverneur ou préfet, auquel est confié l'administration agricole, le même* 25, cf. M. — مدير الحَرَم *le trésorier en chef de la mosquée de Médine*, Burton I, 324, 356.

مُدَوَّر *vers dans lequel le dernier mot du premier hémistiche appartient en partie au second*, M. — شطرنج مدور voyez sous le premier mot.

مِدار *jeu d'enfants*, Mehren 35.

مَدْوَرَة *cette partie du sol qui est plus basse que le reste et sur laquelle tourne la porte quand on l'ouvre et qu'on la ferme*, M.

مَدْوَرَة *tente ronde*, Maml. I, 1, 192, 1001 N. I, 400, 2 a f. — *Coussin rond et couvert de velours ou de cuir brodé*, Lane trad. des 1001 N. II, 399, n. 10, 1001 N. Macn. I, 107, 2 a f. (où l'éd. de Bresl. I, 271, a مخدّة, car c'est ainsi qu'il faut lire), 266, 3 a f., II, 163, dern. l., IV, 278, 8 et suiv., Bresl. III, 269, 11, X, 389, 1 (où l'éd. Macn. a مخدّة). Dans Macn. IV, 255, 4, ce mot semble avoir un autre sens, car on y lit: متّكئًا على مخدّة محشوّة بريش النعام وظهارتها مدورة سنجابية « et le dessus de ce coussin était une *modauwara* de petit-gris; » mais je crois que le mot en question est ici de trop. C'est à mon avis une variante de مخدّة, laquelle a passé de la marge dans le texte. Dans l'éd. de Bresl. (X, 221) la difficulté n'existe pas, car il y est question de deux coussins: وبجانبه مخدّة محشوّة قطن. ملكى واتّكى على مدورة سنجابية — *Mouchoir que les femmes roulent autour de la tête*; beaucoup d'entre elles en portent deux, Woltersdorff.

مَدَارَاتِي *meunier d'un moulin dont une bête de somme fait tourner la meule*, Bc.

مَدْوَار *trapu, gros et court*, Voc.

مُدَاوِر *celui qui vole dans les dauâra des Curdes, des Turcomans et des Arabes, en jetant des gâteaux aux chiens*, Ztschr. XX, 504.

مُسْتَدِيرَة *lambris de petits carreaux*, Alc. (alizer).

دُورْبِين (pers.) *longue-vue, télescope*, Bc.

دَوْزَن I *accorder un instrument de musique*, M. — *Mettre en ordre, arranger*, M, qui dit à tort que ce verbe est d'origine persane; il est d'origine turque: دوزن *ordre, méthode; accord, concert*; le verbe دوزملك dans les deux signif. que دوزن a dans l'arabe moderne.

دَوْزَان *l'action d'accorder un instrument*, M.

دُوس I *violer un territoire*, ارضًا, Bc, Abd-al-wâhid 205, 15, Edrîsî ١٣٣, 3 a f. (corrigez le Gloss.), Becrî 143, 5: داس حريم الديار. — C. على *marcher sur*; c. على p. *marcher sur le ventre, terrasser, vaincre*, Bc.

II *se disputer*, Ht.

VII *être violé* (territoire), Bc.

دَوْسَة. C'est quand un certain nombre d'hommes se couchent à plat ventre par terre, et qu'un chaikh, à cheval, passe au pas sur eux tous; voyez Lane M. E. II, 221 et suiv., Ouaday 700. — دوسة الحمار *tussilage*, ou *pas-d'âne*, plante bonne contre la toux, Bc.

دَوَّاس *enchanteur*, Roland.

دَوَّاسَة, t. de tisserand, *la pédale du métier*, M.

مَدَاس. Le pl. ات, Bg, Maml. II, 2, 13.

مَدَاسَة = مداس, Bg. — *Sole* (poisson), Pagni MS.

دوسنطاريا *dyssenterie*, Man. Escur. 893, art. خنزير et ailleurs.

دُوش.

دَوْش: حجرٌ كالرَّغيف يُرْمَى بـ حجرٌ كالليمونة. ليتدحرج، وهي لعبة للصبيان (مولّدة).

دوشة *carillon, tapage*, Bc.

دُوشَاب (pers.) *sirop de dattes*, Gl. Manç. in voce: هو عسل التمر والدوشاب هو النبيذ المتَّخذ منه, Bait. II, 548 b. — *Vin de palmier*, Bait. I, 389, 464 f.

دُوشَابِى *vin de palmier*, voyez ce qui précède.

دُوشَاخ (pers.) *qui a deux cornes ou deux rameaux, un instrument à deux branches, une fourche*, J. A. 1850, I, 250.

دُوشَر, pour دوسر, *blé, graine des Canaries, phalaris, alpiste*, Alc. (triguera yerva) qui écrit dauxîr. Le Most. N a sous le *dâl* دَوْشَر, mais La دُوشَر.

دُوشَك (pers., selon d'autres turc, aussi توشك) *matelas sur lequel on s'assied*, M.

دَوْص (pers.) *l'eau dans laquelle on plonge le fer chauffé au rouge*, Most. in voce (les voyelles que j'ai données dans La; N دُوْص), Bait. I, 295 a, 464 g; dans le dernier passage il ajoute: « quelques-uns prétendent que c'est le mâchefer. »

دَوْصَل chez le peuple en Espagne pour دَوْسَر, nom d'un., pl. دَوَاصِل, *ivraie*, Voc. (zizania); *blé, graine des Canaries, phalaris, alpiste*, Alc. (triguera yerva); Ibn-Loyon 34 r°: الزوان — والعامّة تسمّيه الدوصل.

دَوْغ II *empreindre*, Bc.

دَاغ (pers.) (Freytag 1 b), *empreinte*, Bc, M, forme au pl. دَاغَات, Maml. II, 1, 15, II, 2, 119 (*des empreintes faites avec un fer chaud*); داغ المـــذنب *flétrissure, marque d'un fer chaud sur l'épaule d'un criminel*, Bc; au fig., على داغ واحد, م على داغ واحد, c.-à-d. هيئة واحدة, M.

دُوغ, *petit lait*, Hbrt 12, est دَوْغ dans les deux man. du Most., chez Chec. 195 v° et chez Bc. Comme adj. chez Bait. I, 48 d: اللبن الدوغ للحامض.

دوغباج (pers. دُوغْبا) *lait caillé*, de Jong.

دُوغْرَى voyez دُغْرَى.

دوف.

مَدَاف *boîte de cristal et à compartiments, qui est destinée à contenir différentes espèces d'huiles parfumées*, Macc. I, 655, 3 a f., 656, 4 (cf. Add.).

دَوْق (δαῦκος) *panais, pastenade*, Alc. (çanahoria silvestre); cf. le mot qui suit.

دَوْقُوا (δαῦκος) « Ce que de notre temps on appelle ainsi, est la semence de la carotte sauvage, » Bait. I, 464 h (l'*élif* est dans nos deux man.); Most., où le juif a noté: « daucus, semilla de çanahoria montesina; » *daucus creticus, carotte sauvage*, Bg 846.

دوك.

دُوك (vulg. pour ذاك) *celui-là*, Bc.

دُوك (esp.) *duc*, Alc. (duque).

دُوكَا (ital. duca) *duc*, M.

دُوكَة = قَصَبَة, M.

دُوكَة *basse, les tons les plus bas*, Bc.

دُوَيْك *pot de terre avec un goulot et deux anses*, Bc.

دُوكَاتِي (le pl. ital. ducati) *ducats*, 1001 N. Bresl. VII, 129, 3 a f.

دُوكَاه: M. وهو اللحن الثاني من اصول الانغام الموسيقية اصل عظيم يتفرّع منه نحو اربعين نغمة ¤

دول I. دَالَتْ لَهُ الدَوْلَة « ce fut son tour, » Berb. I, 59, 15. — Ce verbe semble être aussi un dénominatif de دَوْلَة, dans le sens de *régner* ou de *tâcher de rétablir une ancienne dynastie sur le trône*; voyez Abbad. III, 98.

IV. المغرامة ادالة بينهم, c.-à-d. que chacune de leurs tribus devait recueillir l'impôt à son tour et le garder pour elle, Berb. I, 59, 14. — *Remplacer* une chose, accus., *par*, ب, une autre, Abbad. II, 163, 3 a f, Fleischer sur Macc. I, 901, 18 Berichte 266; aussi c. d. a., Fleischer *ibid.*; *remplacer* quelqu'un, من, *par*, ب, un autre, Berb. I, 12, l. 11, 71, 9.

V, au passif, *être commenté*, Renan Averroès 438, 1, où le man. a وتُدُوِّلَتْ avec les voyelles, et c'est ainsi qu'il faut lire.

VI *régner chacun à son tour*, Haiyân-Bassâm I, 72 r°: فازدلف الى الامراء لتمد اولى (ا.المتداولين) بقرطبة. — C. a. *venir à différentes reprises dans un lieu*, Bidp. 221, 2: وكان الصبّادون من آل حمود ومن تلاهم كثيرًا يتداولون ذلك المكان يصيدون فيه الوحش والطير. — C. a. *faire un fréquent usage de*; à l'exemple cité par Freytag on peut ajouter: de Sacy Chrest. II, ١٥٠, 2; en parlant de vers, *les réciter, les chanter souvent*, Bassâm III, 85 r°: سمعت القوّالين يتداولونها — تداول على امر لعذوبتها, *conférer, parler ensemble d'une affaire*; تداول معه على الامر *concerter une entreprise avec*, Bc.

VIII اذّال *arriver, avoir lieu*, Amari Dipl. Gloss. دول ces (Eg.), *ceux-ci*; دول ودول *le tiers et le quart*, *tout le monde*; اخذ من دول ومن دول «prendre de toutes mains, » Bc.

دالَّة *tour*, Roland, M (دْوَلَه). — اخذ دالاته *il prit les choses qui lui appartenaient*, M.

دَوْلَة, دُوْلَة. Dans L: *sors* قُرْعَة ودُوْلَة. — *Tour*, voyez sous la Ire forme, Macc. III, 677, 8: فاخذ

صاحب الدولة في القراءة « celui dont c'était le tour. » — *Leçon que donne un professeur* (parce qu'un professeur donne ses leçons dans des temps fixes et réglés), Voc., Alc. (lecion del que lee), Macc. III, 201, 2 a f., Abdarî 18 v°: وسمعت عليه دولا من حميم مسلم وقد سمع جميعها على القاضي الخ 33 r°; ولما حضرت تدريسه مرّ لهم في دولة التفسير قوله تعالى الخ 83 r°: le professeur me promit de lire avec moi le Çahîh de Bokhârî, puis, وعطل لأجلي اكثر الدول comme les disciples se plaignaient d'être privés de leurs leçons, le professeur leur dit: cet homme est notre hôte; attendez donc jusqu'à ce qu'il ait terminé l'étude du livre, فترجعوا الى دولكم وانتم مقيمون 83 v° (deux fois), 85 r°. Aussi *la leçon qu'un disciple doit apprendre, le chapitre d'un livre qu'il doit étudier*, voyez un exemple sous بيت I, Abdarî 109 r°, où c'est un disciple qui parle: قد نزل على بعض معارف من اهل شاطبي فشغلني عن مطالعة دولتي من المدونة. — Dans les endroits où l'eau d'arrosage appartient au commun, *le temps qui s'écoule entre le commencement et la fin de l'arrosage, chaque champ en ayant eu successivement sa part*, Gl. Esp. 50. — *Troupeau de gros bétail appartenant à différents particuliers, que mène paître un homme payé par la communauté*, Gl. Esp. 50, troupeau, Daumas V. A. 349, 368 (doula). — Non-seulement *le temps pendant lequel règne un sultan*, mais aussi *le temps pendant lequel un vizir est en charge*, Haiyân 5 r°, où sont énumérés les vizirs du sultan Abdallâh: ابرهيم بن خمير وكانت في دولته ادالات استورر في بعضها محمد ابن اميد, Macc. III, 64, 8 a f.; *le temps pendant lequel un cadi exerce ses fonctions*, Mohammed ibn-Hârith passim, Khatîb 18 v°. — Avec l'art. *le sultan*, Berb. I, 491, 1, 541, 1, 1001 N. IV, 230, 3. — Comme titre d'honneur qui se donne à un prince, مولانا دولة « son altesse notre maître, » Tha'âlibî Latâïf 3, 5 a f. — *Gouverneur*, Niebuhr R. I, 275, 284, etc. — Dans l'Inde ce mot signifie en effet *palanquin* (cf. Freytag à la fin), Bat. III, 304, 386, 415, IV, 73, 146, 169, 188. — A Damas, pl. ات, *cafetière en cuivre étamé* (= دلّة), Ztschr. XXII, 143, cf. 100; n. 35, M.

دولتي *dépensier, qui aime trop la dépense*; رجل دولتي *milord, homme riche*, Bc.

مداولة *conférence*; — *usage, expérience, habitude*, Bc.

دولب I *faire tourner circulairement*, p. e. un moulin, دولب مطبخ سكر *des métiers servant pour la soie*; « *garnir de machines un établissement destiné à la cuisson du sucre*; » دولب السكر ou دولب طبخ السكر « *s'occuper de la manipulation et de la cuisson du sucre*; » دولب زراعة القصب واعتصاره وعمل القند سكرا « *employer des machines pour l'arrosement des cannes, pour les presser et pour convertir le kand en sucre*, » Maml. II, 1, 3. — Ce verbe est employé d'une manière étrange. 1001 N. Bresl. XI, 20, dern. l.: اربع جوار علّمهم صاروا بلآنات ودولب بحسن عقله *Si c'est* pour دولّبهم, il semble qu'il faut traduire: « quatre jeunes filles auxquelles il donna des leçons, de sorte qu'elles devinrent d'excellentes filles de bain, et qu'il dressa à ce métier, grâce à son esprit subtil. » Le M donne en effet دولب فلانا dans le sens de دوره الى مراده.

دولبة. زكاة الدولبة *un impôt qu'on levait sur tous ceux qui, soit pour l'irrigation des terres, soit pour le dévidage de la soie, soit pour la fabrication du sucre et autres objets, employaient les machines* دولاب, Maml. II, 1, 2 et suiv.

دولاب, proprement *roue hydraulique*, s'emploie aussi en parlant d'autres espèces de roues; *roue en général*, Bc; — *roue d'une horloge*, Maml. II, 1, 3, M; — *roue à auges d'un moulin à eau*, Alc. (rodezno de molino, où l'on trouve دولم, ce qui me semble une altération de دولاب); — *espèce de rouet pour nettoyer le coton*, Bc, *machine à filer le coton*, Bc; — *rouet, dévidoir*, Maml. II, 1, 3; — *machine pour fabriquer le sucre*, ibid.; — le pl. *instruments mathémathiques*, Ztschr. XVIII, 326, 7. — *Endroit où il y a un ou plusieurs* دولاب. De là: *le terrain qui est arrosé par une roue hydraulique*, Maml. l. l.; — *atelier*, Descr. de l'Eg. XVIII, part. 2, 137; دولاب فتّال *filature de soie*, ibid. 382; دولاب بياض القطن *l'endroit où l'on blanchit le coton*, ibid. 383; *laboratoire*, Bc; 1001 N. IV, 476, 8 a f., où Lane traduit *workshop*. Je crois que dans les 1001 N. Bresl. II, 129, 5, les mots وهو صاحب دولاب signifient *il avait un atelier ou une fabrique*, et non pas « c'était un homme sensé, » comme Habicht traduit dans son Glossaire, car l'ivrogne dont il est question dans ce récit ne se comporte nullement en homme sensé. — *Tour*, armoire ronde tournant sur un pivot, *buffet*, armoire pour le linge, la vaisselle, etc., Bc, *armoire*, Ht, énorme armoire dans laquelle on serre pendant le jour tout ce qui compose le lit, von Kremer, Culturgeschichte des Orients, I, 132, *dépense*, office, lieu où l'on serre la garniture et la fourniture de la table à manger, Bc, Hbrt 201, 1001 N. I, 326, IV, 632, 7 a f., 634, 7. — *Une évolution militaire qui se faisait en suivant une marche circulaire*, Maml. l. l. — *Détour, subtilité, ruse, tour*, Bc, M. — فلان دولاب *un tel est expéditif*, M.

دولابي *ayant un mouvement de rotation*, Maml. II, 1, 3.

مدولب *celui qui avait la fonction de mettre en jeu le balancier et les autres machines employées pour la fabrication des monnaies*, Maml. II, 1, 3.

دوم II dans le Voc. sous *durare*. — دوم العصا *faire pirouetter un bâton* (جعل راسها مدوما كالدوامة), M.

دام (fr.) pl. دامات *dame* (titre qu'on donne à une femme de qualité), Maml. I, 2, 273.

دوم *les feuilles du palmier nain*, Auw. I, 439, 21. — *Les fruits* (نبق) *de l'arbre appelé* السدر الصال Bait. II, 5 f (cf. Lane). — *Alizier*, Bc.

داما *jeu de dames*, M.

حجر دامة *pion, petite pièce du jeu de dames*, Bc.

دومة *alize*, fruit de l'alizier, Bc. — Par comparaison avec le fruit du palmier nain, *tubérosité artificielle un peu en arrière de l'oreille, bosse du courage*, Ouaday 58, 631.

دومي dans le Voc.: « *palma (qui operatur)* », c.-à-d., je pense: *celui qui tresse les feuilles du palmier nain*.

دومات est dans L sous *confrequentationibus*.

ديمة *nuage*, Voc.

ديموم On trouve l'expression دام الديموم 1001 N. Bresl. X, 249, dern. l., 342, 2, mais j'ignore ce qu'elle signifie.

دائم سوق *un marché qui tient chaque jour*, Gl. Edrîsî.

مدوم *permanent*, Bc.

دومورجة *tétanos*, Bc.

دون I. دان, aor. يدون, *damner, maudire*, Ht (formé du fr. *damner*?).

II *écrire*, M.

V *être inscrit sur le dîwân ou liste des soldats*, Haiyân 18 v°: كان جنديا متدونا عند العامل. — Dans le Voc. sous *conpilare*.

دون, dans le sens d'un compar. ou superl. (cf. Lane), Bidp. 21, 4 a f.: ان في دون ما كلمتك به نهاية مثلك « les choses les moins importantes que je vous ai dites, suffisent déjà pour un homme tel que (aussi intelligent que) vous; » Macc. I, 135, 3: le boucher n'ose pas vendre sa viande بدون ما حد له المحتسب في الورقة « au-dessous du poids indiqué par le mohtesib sur le morceau de papier, » il faut que la viande ait le poids déterminé (cf. l. 5). — دون, dans le sens d'*avant*, دون غيره *préférablement, privativement*; انا متعجب من فضلك دون علمك « j'admire plutôt ta vertu que ta science, » Bc; — *sans*, Voc., Macc. I, 137, 18: دون عمامة « sans turban, » ibid. 2 a f., Akhbâr 135, 3 a f., Bat. IV, 380, Nowairî Espagne 488; بدون ان — ; دخل قرطبة دون مانع *sans que*, de Slane Prol. I, p. xxxviii, n. 1, où il faut lire avec l'éd. de Boulac: كان اكثرها يصدر عني بالكلام المرسل بدون ان يشاركى احد ممن ينتحل اخر ودونه — ;الكتابة في الاسجاع لصعب انتحالها *au bout du compte*, Bc; — فدونك وابّاه, 1001 N. II, 323, 3 a f., où Lane traduit: « therefore seize him; » mais cette traduction ne me semble pas appropriée à l'ensemble du passage, et je traduirais plutôt: « faites avec lui ce que vous voudrez, ce que vous jugerez convenable, » comme on dit دونك وما تريد, Koseg. Chrest. 80, 5 a f.

دوني *mauvais, méchant*, Ht, Bc, Hbrt 243, Delap. 129.

دويني *certain arbrisseau qui a presque un pied de hauteur et qui est vert pendant toute l'année*, Burckhardt Syria 501.

ديوان البر ديوان *bureau établi par Alî ibn-Isâ, vizir du calife abbâside Moctadir. Dans ce bureau on* administrait les revenus provenant de certains domaines, que ce vizir avait convertis en *wacf*, et ces revenus servaient à l'entretien des places frontières ainsi qu'aux besoins des deux villes saintes, Fakhrî 315, 6—8. — ديوان الخاتم, *le bureau du sceau*, fut établi par le calife Mo'âwia afin d'empêcher les fraudes, un personnage considérable l'ayant trompé en changeant un nombre dans un mandat qu'il lui avait donné et qui n'était pas scellé. Les employés de ce bureau recevaient chaque pièce émanant du calife et la fermaient en la pliant d'abord plusieurs fois, puis en y pratiquant une incision qui servait à faire passer par tous les plis un lacs ou une bandelette de parchemin dont les bouts étaient arrêtés sous le sceau du chef du bureau. Ce dîwân a existé jusque vers le milieu du règne des Abbâsides. Voyez le Fakhrî 130, Prol. II, 56; Tha'âlibî Latâïf 12. — ديوان التراتيب, الخراج, Khallic. IX, 38, 10. — ديوان الترتيب, où M. de Slane observe (trad. III, 90, n. 1): « Je suis porté à croire que c'était le même bureau que le *dîwân ar-rawâtib*, où tous les traitements étaient réglés et payés. » ديوان الزمام voyez sous le dernier mot. — الديوان العزيز *le gouvernement du calife de Bagdad*, et, du temps de Saladin, *le calife lui-même*; voyez l'Index sur le IIIe volume de la trad. angl. de Khallic. — ديوان المقاطعات voyez sous III. — ديوان الكشف voyez sous le second mot. — ديوان التوقيع voyez sous le second mot. — الدواوين العلمية *les recueils de traditions, de renseignements historiques, d'explications du texte coranique, de notes philologiques, de poésies et de notions de tout genre enseignées dans les écoles*, de Slane Prol. II, 406, n. 3. — *Grand édifice où l'on paye les droits de douane* (cf. Gl. Esp. 47), *où logent les marchands étrangers, principalement les marchands chrétiens*, et *qui sert en même temps d'entrepôt pour leurs marchandises et de bourse, de lieu où ils traitent d'affaires*, Djob. 306, 9 (à Saint-Jean-d'Acre): « on nous conduisit vers le dîwân, qui est un *khân* (caravansérai) destiné à servir de logement à la caravane; » l. 15 il dit que les négociants y déposèrent leurs bagages et qu'ils s'installèrent dans la partie supérieure de l'édifice; Clénart fol. III v°: « Poteram agere in urbe vetere (Fesa) inter nostrates, hoc est, Christianos mercatores, quibus locus est in ampla quadam domo, quæ vulgo dicitur Duana; » Marmol II, 32 c (Maroc): dans l'Alcayceria « esta la casa del aduana, donde se recogen los mercaderes Christianos de Europa con sus mercadurias, y alli es la mayor contratacion de la ciudad; » Miss. hist. 79 a (Maroc): « De el un colateral de estos Palacios salia el Aduana, que era una Lonja capacissima, donde se recogian los comercios de los forasteros, que iban de la Europa; » Matham 59 (Saffi): « ende is voort naer ons logement gebracht, genaemt de Duwaen; » Mocquet 176 (Maroc): « la douane où logent les chrestiens; » de même 188. — *Impôt* (en général), Barth III, 513. — En Sicile, *le domaine royal*, J. A. 1845, II, 318, cf. 338, Gregor. 34. — ديوان المفرد voyez sous le dernier mot. — *Salle, salon*, Bc, Hbrt 192. — Lane donne d'après le TA: *Writers [of accounts or reckonings]*. On trouve le pl. en ce sens chez Elmacin 145, 4 a f.: نكتب الوظائف بالله دواوينه وكتابه واخذ منهم اموالا عظيمة

ديواني *préposé de la douane*, Ten Years 40, 174, où ce mot est écrit *dugganeer*.

« دواوين *Scribæ*, Elmac. p. 145, 204, » chez Freytag, doit être biffé, car un tel mot n'existe pas. Dans les deux passage d'Elmacin on trouve دواوين, qui est le pl. de ديوان; dans le premier (voyez plus haut) il signifie *les employés dans les bureaux de l'administration*, et dans le second (l. 6) il a sa signification ordinaire de *bureaux du gouvernement*.

أدون (cf. Lane) est réellement en usage, Macc. II, 254, 16, Bait. I, 528: وقد يكون منه أبيض وهو أدون أصنافه

مدوّن *célèbre, renommé*, en parlant d'une forteresse, Rutgers 154, 8 a f., cf. 156.

مدوّنة est chez Alc. *décrétale, loi* (decretal ley). Probablement ce mot a reçu ce sens, parce que le grand et célèbre recueil des dispositions de la loi, composé par Sahnoun, porte le titre de المدوّنة.

دونما (turc دوناتمه) *flotte, escadre*, M.

دونيس *sorte de poisson*, Yâcout I, 886, 3.

دوى I. دوى, aor. *i* (Voc., Alc., Martin), *a* (Bc), *sonare*, Voc.; *résonner*, Bc; *bourdonner* (abeille), Alc. (cantar o zunbar el aveja); *gronder* (tonnerre, canon), Martin 171.

II c. a. dans le Voc. sous *mederi*.

IV *faire du bruit, du vacarme*, Alc. (roydo hazer gente armada, roydo hazer con ira, sonar rio o ayre, trapala hazer); *donner de l'écho;* صرَخ صرخةً ادوت adwat «il poussa un cri qui fit retentir les montagnes,» Bc.

V dans le Voc. sous mederi.

VI. يتَداوى *réparable*, Bc. — V. n. *guérir, recouvrer la santé*, 1001 N. I, 344, 1.

دَوا, vulg. pour دَواة, *écritoire*, Voc. (pl. أدْوِيَة), Alc. (escrivanias).

دَوآء, *remède*, spécialement, comme *médecine* en français, *remède qu'on prend pour se purger*, Calendr. passim. — *Dépilatoire qu'on applique dans le bain aux parties velues du corps*; il est composé de 72 drachmes de vif-argent et de 9 drachmes d'orpiment en poudre, Bg 87, 1001 N. IV, 484, 5 a f., avec la note dans la trad. de Lane III, 616, n. 12. — *Poison*, Freytag Locm. 39, 2 a f., où il faut lire: الى ان قتلَه غلامُه بالدَّواء. — Dans la Relation des voyages II, 34, 6, où il est question d'une espèce de trompette dont se servent les Chinois, on lit: وهو مطلى بدواء الصينيين. Reinaud traduit: « on l'enduit de la même manière que les autres objets qui nous viennent de Chine.» Quatremère, en parlant de ce passage dans le J. d. S. 1846, p. 523, dit d'abord que ce mot signifie *couleur, vernis*, comme φαρμάκων et *Assyrium venenum* chez Virgile; mais ensuite (p. 524) il veut lire دهان. Je n'oserais pas changer la leçon.
— دوآء الحَشِيشَة (AB) *gentiane*, Bait. I, 464 e. — دواء شريف *panacée que préparaient les moines chrétiens de Mequinez*, Jackson 128. — الادوية الكبار, terme qu'on trouve chez Bait. I, 129 c, mais que je ne suis pas en état d'expliquer. — دواء مسْك *espèce de sucrerie ou confiture;* pour la préparer on fait bouillir le *hachich* desséché et réduit en poussière dans une faible quantité d'eau que l'on remplace par du beurre frais à mesure qu'elle s'évapore, on y ajoute un peu de miel, et lorsque le tout présente une consistance pâteuse et que le mélange est bien homogène, on le retire du feu, d'Escayrac 226—7. — دواء الوَرْد *unguentum rosaceum*, Pagni MS.

دَوِي, adj., *très-fort* (son), Prol. II, 354, 3. —

داء دَوِي *maladie très-grave*, Prol. I, 44, 9.

دَوايَة, vulg. pour دَواة, *écritoire, encrier*, Alc. (escrivanias, tintero), Bc. — *Pipe*, tuyau avec un godet pour fumer le tabac, Bc.

دَوائي *médicamenteux, médicinal*, Bc.

دوايا اغربا *nom d'une espèce de jonc*, voyez Bait. I, 461 c.

أدْوى *maxime noxius*, Reiske chez Freytag; on trouve ce mot en ce sens ou dans celui de *le plus difficile à guérir* chez Macc. II, 84, 21.

المُدَوِيَة chez Auw. I, 191, 10, pour المُدَاوِية الارض (voyez Lane).

ديات pour ايديات, pl. de يد, سلّم ديَاتَك *bravo;* aussi *merci* (à quelqu'un qui vous présente quelque chose); réponse وديَاتك, Bc (Syr.).

دَيَاخِيلون dans le Gl. Manç., دَيَاخِلون dans le Voc. (διὰ χυλῶν), *diachylon*, emplâtre considéré comme résolutif, et dans lequel il entre des substances mucilagineuses. Ordinairement on dit ديَاخيلون, مَرْقَم دياخيلون Gl. Manç.

دياسوس *les fruits du lycium, quand ils ne sont pas encore mûrs;* mais selon Abou-Hanîfa, ce mot désigne *le bois tendre de cet arbrisseau*, Most. v° مصع (la bonne leçon dans N).

دِيَاقِن (διάκονος) *diacre*, Fleischer Gl. 106; Alc. a diâcono, pl. diaconiîn, sous diacono, et diaconâdo sous diaconado.

دياقودا (AB) *nom d'un électuaire dans lequel il entre de l'opium, opiat;* il est de deux sortes, simple ou composé, Bait. I, 467 b, où le man. A porte: الدِيَاقودا, صنفان ساذج وغير ساذج وهو شراب رمَّان للخشخاش, mais le mot رمان (que Sonth. avait aussi devant les yeux) n'est pas dans B.

دِيَاقِبون (διάκονος) *diacres*, Edrîsî, Clim. V, Sect. 1 (Compostelle).

دِيَاكُونس (διάκονος) *diacre*, M.

دِيبْسَاقوس (les voyelles dans Most. N; δίψακος) *chardon à bonnetier*, ou *à foulon*, Most., Bait. I, 466 b.

ديث.

دَيُّوث *séducteur d'une femme*, 1001 N. Bresl. XI, 222. — طير الدَّيُّوث *fauvette*, Bc.

دَيْدَب I *reconnaître les lieux, les observer, les remarquer*, Bc, Merx Archiv I, 40, 173.

ديدحان 481 ديك

دَيْدَبان، دَيْدَبان (M) (cf. Freytag 17 a, 75 b; pers. ديس *fesso-mathieu*, usurier, Bc.
دِيدَبَه) pl. دَبَادِبَة *sentinelle posée sur une hauteur*, مَدْيَسَة *endroit où croît le jonc*, Voc.
Merx Archiv I, 173. — *Inspecteur de marchandises*
aux douanes, Bc. — Chez Payne Smith 1516, la ديسانطريا (grec) *dyssenterie*, Bc.
forme syriaque du latin *tribunus* est expliquée par
ديدبان المراكب pilote, M. — *Espèce de* ديش III *troquer*, Bc (Barb.), Hbrt 104 (Barb.).
tour mouvante sur laquelle monte le général afin
d'observer le combat, et d'où il donne ses ordres, Gl. ديش بوداق (turc) *frêne*, Bc.
Bayân. — *Chaumière, cabane*, Voc. (tugurium), pl. انت
ديف.

دَيْداب est employé par le vulgaire pour دَيْدَن، العَوْد النَّباطى variante de العَوْد الدَّيافى («le cha-
coutume, habitude, et l'on dit: فلان دأبه وديداب meau nabatéen») dans le Diwan d'Amro'lkaïs ľv, vs.
كذا. M. 12 (Wright).

ديدحان *lilas* (arbre), Cherb. ديفال ou ديفقال، mot dont l'orthographe est incertaine,
mais qui est l'épithète d'une espèce de figuier, Auw,
ديدي *geranium*, Cherb. — *De couleur de mûre, violet* I, 93, 8 a f.: التين الديفقال (aussi dans notre man.),
foncé, Alc. (morado color escuro, morada cosa deste 95, 15: التين الديفال (dans notre man. sans points);
color), couleur amarante, pourpre, Beaussier, *charte* ce terme est altéré dans l'édit. I, 612, 16, où il faut
grenadine: قبلّار ديدي واخضر. lire avec notre man.: ويتأخر نضجه ألا الدعال (sic)
فانه يعرض لأصوله للخمى والدود فيهلك لذلك سريعا
دير. Dans notre man. c'est aussi l'épithète d'une espèce de
ديرى *espèce de datte*, Niebuhr R. II, 215. — poirier, car après le mot والرومى de l'édit. I, 670, 17,
Espèce de grenade, d'après la leçon de notre man. on y lit: والفارسى ومن الكمثرى الدعال (sic) والدار
Auw. I, 273, 14. والقرع (والقرعى ا.) والرومى.

ديرج *cendré*, comme ديز en persan, Bait. I, 527 b, en ديك. Le pl. دَيْكَاكَة dans le Voc. — A Algeziras
parlant de l'arsenic, فمنه الأصفر والأحمر والديرج والأغبر، en Andalousie, *polypodium dryopteris*, Bait. I, 420 b
car c'est ainsi qu'il faut lire dans A, au lieu de (ABDEHL). — *Chien, pièce d'un fusil*, Bc. — (Du
الدريج (lacune dans B). pers. ديك، à ce qu'il semble) المثلث المرصوص من
ديك، M. — بر ديك *nom d'un remède*
ديس. composé, sublimé et caustique, qui corrode la chair
دَيْس *nom d'une plante qui produit des grains* et les ulcères. Ce nom, qui est persan, signifie *pot*
noirs dont on se sert pour guérir les maladies des *sur pot* (قدر على قدر), par allusion aux pots ou
yeux; voyez sous تشميزج. chapiteaux, dont on se sert pour sublimer, et qui,
étant ouverts par leurs parties supérieure et infé-
ديس (et non pas دَيْس، comme chez Freytag), rieure, s'emboîtent les uns dans les autres, de manière
n. d'un. ة، pl. ادياس، *espèce de jonc à feuilles* à former un tuyau; Gl. Manç., Bait. I, 467 d (mal
plates, dures et coupantes, dont on se sert pour traduit par Sonth.), qui écrit ديكمبرديك on un seul
faire des nattes et des cordages, pour couvrir les mot, de même qu'Ibn-Djazla. — ديك برّى *faisan*,
maisons, et pour nourrir les bestiaux, Gl. Edrîsî, Bc. — ديك الحبش *coq d'Inde*, Hbrt 184. — ديك
Carteron 242, R. d. O. A. VI, 68, VIII, 279. On أعزر et أبو ديك est la plante حسك، *tribule*; en
en tire aussi une espèce d'huile, car Alc. (azeite de espagnol, selon le Most. (٧٥ حسك)، غالد حبيقه،
juncos) donne زيت الديس. Noms botaniques: *Arundo* c.-à-d. selon La *gallo ciego* (أعمى)، mais selon N,
festucoïdes Desf., *Ampelodesmos tenax* Link., Guyon *gallo chico* (صغير). — ديك الغيط، *coq de jardin*,
205, *Imperata cylindrica*, de Jong van Rodenburg espèce de poule que Thévenot trouva dans le Delta,
232.

ديكبرديك   482   الديوية

et qu'il décrit longuement, II, 17. — ديك الكرم sorte d'oiseau, Yâcout I, 885, 9. — ديك المروج francolin, Gl. Manç. v° دراج.

دويك (formé du pers. ديك) *petite jarre*, M. — دويك الجبل بخور مريم, *la fleur du* M.

ديكبرديك voyez l'article qui précède.

ديكها *celle-là*, Bc (Eg.).

دَيْلَمَ II *être oisif*, Voc., qui donne aussi la Iʳᵉ forme c. a.

ديم

دِيَامَة (esp.) *diamant*, Alc. (diamante).

دَيْمَان, t. de mer, *écoute*, J. A. 1841, I, 588.

ديماه (pers.) *le mois de mars*, Auw. I, 477, 17, 484, 2, 664, 8, 665, 12. Notre man. remplace ce mot par مارش ou مارس.

دين I n. d'act. دَيْنُونَة, Abbad. III, 83. — C. ب ر *reconnaître, admettre une chose comme vraie*, Prol. I, 359, 2 a f.: أديب بأن ذلك دين حق, et par conséquent, *s'y soumettre*, Aboulfeda Ann. I, 314, 10: انى انما قاتلتهم ليدينوا بحكم كتاب الله «je ne les combats qu'afin qu'ils reconnaissent la décision du livre de Dieu et s'y soumettent.» دان له بالطاعة *se soumettre à quelqu'un*, Khaldoun Tornberg 9, l. 7; aussi دان بطاعة فلان, Berb. II, 127, 7 a f., 273, 7; دانوا باتباعه والانقياد اليه Prol. I, 42, 8. — C. ب *admettre une chose comme permise*, Haiyân 38 r°: فعادوا في الجاهلية وتسافكوا الدماء ودانوا بالاستباحة. C. ب *se prescrire une chose*, Djob. 74, 5: من يدين; *s'en faire une habitude*, Djob. 282, من 288, 6; يدينون بالفتوة وبامور الرجولية كلها 14: يدينون بالعجز والتسويف — Au lieu de l'expression proverbiale كما تدين تُدان, un poète a dit par inversion: كما تُدان تدين, Badroun 59, 8, et notes p. 47.

II *endetter, charger de dettes*, Alc. (adeudar), Bc. — *Prêter de l'argent*, Hbrt 104.

V employée d'une manière étrange dans Meursinge ٢v, 3, où il est question d'un mufti qui était un descendant d'Ali. Ce personnage avait coutume de dire: «Je suis de la secte des Zaïdites, mais en donnant des *fetwas*, je me conforme à celle du sultan» (celle d'Abou-Hanîfa). Puis la même idée est exprimée en ces termes: انا افتى بمذهب ابى حنيفة تديننا. Il s'ensuit que ظاهرا et ومذهب زيد تديننا doit être l'opposé de ظاهرا (en apparence), mais je ne sais comment il faut traduire, car la traduction « en réalité » ne serait pas justifiable.

VII اندين *contracter des dettes, s'endetter, s'obérer*, Bc.

X se construit c. من p. et a. ر., استدنت من التجار مالا «je m'étais endetté envers des marchands d'une somme,» Bat. III, 408.

دَين, Le pl. أديان, Diw. Hodz. 155, vs. 15, Kâmil 277, 13.

دين *sanctuaire*, p. e. la Ca'ba était le دين des anciens Arabes, Gl. Abulf. — *Idole, objet de passion*, Bc. — En parlant d'un cheval, كثير الدين, *doux, docile*, comme on dit en allemand «ein frommes Pferd,» Formul. d. contr. 2: طويل العنق كثير — يوم الدين *le jugement dernier*, Hbrt 149; Cartâs 2, l. 9. — العقب والدين طويل الناصية.

دِينِيّ *religieux*, Bc.

دَيّان (esp.) *doyen*, Alc. (dean dignidad eclesiastica).

دِيَانَة — الدِّيَانَات *ce qu'on dit ou fait par respect pour la religion*, voyez sous حميّة. — *Secte religieuse*, Gl. Bayân. — Chez les faqîhs, *pureté de mœurs*, M. — *Doyenné*, dignité de doyen, Alc. (deanadgo).

بنت دينة *fille honnête*, Roland.

دَيّان dans le Voc. sous *lex.* — *Religiosus* ناسك.

دَيّان, L. — *Débiteur*, Ht.

مدين *religieux, pieux*, Lettre à M. Fleischer 183.

متدين *même sens*, Hbrt 147.

مديان *devitos* dans L; corrigez *devotus*.

مديان pl. مداينة *créancier*, Bc.

ديودار (pers. ديو دارو) *pinus Indica*, comme traduit Sontheimer, Bait. I, 464 j, et comme on trouve dans les dict. persans.

الديوية *les Templiers*, Amari 345, 2 a f.

ذ

ذأب. Sous *de cetero* le Voc. donne les expressions: مِنْ ذَابْ لِبَعْد et مِنْ ذَابْ لِآم, مِنْ ذَابْ لِقُدَّام, ذَابْ ذا, et sous *modo* ذَابْ الآن.

ذَأب.

ذِئْب, *loup*, forme aussi au pl. ذَنَائِب, Bc. — Au Maghrib, *chacal*, Gl. Esp. 273, et aussi en Asie, car Belon 362, 446, atteste qu'*adil* (faute d'impression pour *adib*) est une bête entre loup et chien, et la description qu'il en donne prouve qu'il s'agit du chacal. — ذِئْب بَحْرِيّ *loup-marin* (poisson), Bc.

ذِئْبَة, deuxième signif. chez Lane, pl. ذِئَب, Kâmil 469, 2. — *Croup*, nom vulgaire de l'espèce d'angine qui attaque les enfants et que les médecins appellent نَحْبَة, M.

ذَوَائِب *aigrette, houppe*, P. Bat. I, 57: والريح تثنى ذَوَائِبَ القَصَبِ «les vents recourbent les aigrettes des roseaux.» *Un bouquet de plumes*, comme celui qui orne la tête de la huppe ou puput, Cherbonneau Voy. d'Ibn-Bat. en Afr. 42. — *Bourse* (de chanvre), Gl. Edrîsî. — النَّاجِم أبو الذَوَائِبِ *comète*, Cartâs 202, 4 a f.

ذَأل.

ذَوُول (Lane TA), Kâmil 347, dern. l.

ذَبّ II dans le Voc. sous *flabellum*.

الذباب الأزرق *insecte* qu'on trouve dans la terre quand on la creuse et qui plane sur les tombeaux, de sorte qu'on en trouve partout où il est; de là vient que, lorsqu'on menace de tuer un homme de manière que personne ne sache ce qu'il est devenu, on dit: اللى لا أَدَع الذباب الأزرق يعرف اين قبره, M. — الذباب الهندى *taffetas vésicatoire*, *emplâtre de cantharides* الدرزوج الذى تعمل الاطباء منه للجراحات (الى تقرح للجلد), M.

ذُبَّان, vulg. pour ذُبَاب, *mouche*, Voc., Most.: ذباب هو الذى تعرفه العامة الذبان; aussi avec le *dâl*; n. d'un. ة, Voc., Gl. Edrîsî 353; ذُبَانَة الحمار dans le Voc. *cinomia*, *musca asini*; — *cinomia* ذُبَّانَة الهند, Bc, ذُبَّان هِنْدِيّ — ;L, وهو ذُبَّان الكلاب Domb. 67, *cantharide*.

ذَبَا espèce de *sauterelle*; ainsi dans le Man. Escur. 893, pas ذَبا comme chez Casiri I, 320 a.

ذَبَحَ I. ذَبَحَ الحَلْقَ *enrouer*, Bc. VII dans le Voc. sous *decollare*. — انذبح حلقه *s'égosiller*, Bc. — انذبح صوته *s'enrouer*, Bc.

ذِبْحَة = نَحْبَة, Payne Smith 1324.

ذَبُوح *esquinancie*, Alc. (esquinancia).

ذَبِيحَة = نَحْبَة, Payne Smith 1386.

مَذْبَح *autel*, Voc., Hbrt 160.

مَذْبَح *victime*, Ht.

مَذْبُوح, suivi de الصوت, *enroué*, Bc.

ذَبَّت pour ضَبَطَ (voyez), ذَابِد pour ضَابِط (voyez).

ذَبْذَب.

ذَبْذُوبَة *touffe de plumes d'autruche attachée à la lance*, Ztschr. XVII, 391.

ذَبَلَ I. ذَبَل avec le n. d'act. ذُبَال dans le Voc. — Chez Alc. la racine ذَبَل avec ses dérivés est constamment, sauf une seule exception (إنْذِبَال *marchitura*), بَذَل, par transposition.

II *flétrir, faner*, Voc. — *Rendre phthisique*, Voc. — ذَبَّل الطَيْر *faisander*, faire acquérir du fumet au gibier, Bc. — ذَبَّل اللَّوْن *décolorer*, Bc. — ذَبَّل فى الجيب *pocheter*, porter dans sa poche pendant quelque temps, Bc.

IV, au fig. اذبل أمره *ruiner sa puissance*, Berb. II, 235, 12.

VII *se flétrir*, Voc., Alc. (le n. d'act. *marchitura*). — *Devenir phthisique*, Voc.

ذُبْلَة *mèche*, Ht; chez Domb. 92 cette forme et ذَبْلَة

ذَبْلَان *fané, flétri*, Bc. — *Maigre*, Hbrt 32, 1001

N. Bresl. IV, 124, 1. — *Cerné*, battu (en parlant des yeux), Bc. — *Languissant*; عين ذبلانك *œil mourant, langoureux, passionné*, Bc.

ذُبُول, t. de médec., *exténuation, dépérissement, étisie*, J. A. 1853, I, 345: الذبول الكائن عن تآكل جسم ; cf. le M qui ajoute: ويطلق الذبول على بعض الرية ; اقسام الجرّان ويقال له الذُّبوان ايضا وعلى اقسام حُمَّى الدقّ.

ذابِل *langoureux*; نظر ذابل « un doux regard, regard langoureux, » Bc. — *Pliant, docile*, Bc.

تَذْبِيل, t. de tailleur de pierres, *tailler une pierre*, M.

مَذْبُول *flétri, fané*, Voc. — *Phthisique*, Voc.

مَذْبُول *flétri, fané*, Alc. (مبذول, par transposition, *marchito, mustia cosa, cedicio cosa lacia, lacio*); *qui peut être fané, flétri*, Alc. (*marchitable cosa*). — *Maigre*, Voc. — *Phthisique*, Voc.

دجنبر voyez ذجنبر.

ذحف.

ذَحّاف *dévorante* (sauterelle), Burckhardt Syria 238, Bg 703.

ذحل.

ذَحَل. De même qu'on dit عِنْدَه ذَحْلِي (Lane), on dit: طَلَبَ عِنْدَه (ou قِبَلَه) ذَحْلَه « il tâcha d'exercer sur lui sa vengeance, » Gl. Mosl.

ذخر I. Alc. donne: *trasluziente cosa* [chose transparente, diaphane], xôy yadkâr, pl. axîît yadkâru. Une telle signif. de ce verbe est fort étrange.

II, dans le sens de la Ire, *reponere, tesaurizare*, Voc. — *Munir, pourvoir du nécessaire pour la défense ou la nourriture*, Bc; *approvisionner*, Hbrt 143. — *Amorcer une arme*, Bc.

V *se ragréer*, t. de marine, Bc.

VIII *adopter*, Bc.

ذُخْر *récompense dans la vie future*, Badroun 182, 5: ويَجْزِل (الله) به ذخرك, où d'autres man. donnent les synonymes اجرك et ثوابك.

ذُخْرَة dans le Voc. sous *tesaurizare*.

ذُخْرِي *employé à la trésorerie* (?), Amari Dipl. 219, 1, 224, 6.

ذَخِير *amorce de fusil*, Ht, Bc, M.

ذَخِيرَة *munitions*, Ht, Bc; *convoi, provisions pour un camp, une place*, Bc; ذخيرة اكل *munitions de bouche*, Hbrt 143; ذخيرة للحرب *munitions de guerre, ibid.*; dans le M ذَخِيرَة. Lorsque les chroniqueurs emploient ذخيرة ou ذخائر seul, il semble que c'est plutôt *provisions de bouche*, voyez Rutgers 160, 13 et la note p. 162. — *Relique*, ce qui reste d'un saint, Bc. — *Ornement qu'on porte au cou et qui contient une relique*; mais on applique aussi ce mot à un tel ornement quand il ne contient pas de relique, M. — ذخائر الله, chez les Soufis, *est une certaine classe de saints, qui, de même que les reliques, ont le pouvoir de détourner les calamités*, M. — *Amorce, poudre dans le bassinet du fusil*, Bc, J. A. 1849, II, 310, n. 1, cf. 1001 N. I, 171, 3 a f.; بَيْت الذَخِيرَة *bassinet, partie creuse d'une arme à feu, où est l'amorce*, Bc. — ابن الذخيرة *adoptif*, Bc.

ذَخَّارَة *caisse profonde faite du bois du peuplier noir*, Ztschr. XI, 478, n. 5.

الأُخَّر *schoenanthum. Quand on bâtit des maisons à la Mecque, on mêle cette plante au mortier*, Burckhardt Arabia II, 414 n.

مِذْخَر *poire à poudre*, Bc.

ذرّ II c. a. et على *saupoudrer de la viande ou des poissons avec des épices*, Voc.

IV. أَذَرَّها et أَذَرَّرَها, formé de ذَرِّيَّة, *il épousa la veuve de son frère*, Payne Smith 1542.

ذَرار *poudre, poussière*, Bc (Barb.); *sable, poudre pour l'écriture*, Ht, Delap. 114. — ذُرار *vertige*, L (vertigo).

ذَرُور *poudre, médicament ou poison sous la forme de poudre*, Becrî 121, 6 a f., Macc. I, 657, 5 a f., 1001 N. Bresl. I, 337, 6. *Poudre de senteur*, p. e. ذرور الورد وزهير الريحان, Macc. II, 87, 4 a f. — « *Cendres de dzaroro ou djedêri* (le lentisque de la Provence et de l'Algérie). Ces cendres sont employées dans la fabrication du savon liquide, » Espina R. d. O. A. XIII, 147.

ذرج

ذَرُور (pl.) *poudres*, Prol. II, 330, 9.

ذَرِيرَة pl. ذَرَائِر *poudre de senteur*, Voc., Bait. I, 51 a: الاشنة فى طبعها قبول الرائحة من كلّ ما جاورَها ولـذلك يجعل جسدًا فى الذرائر اذا جُعِلَت جسدًا فيها ثم تطبع فى الثوب. — En Egypte, *arum arisarum*, Bait. II, 447 (B; A sans points).

ذَرَّار *maître d'école* (de ذُرِّيَّة *enfants*), Cherb.

مَذْرُورَة *poudre, substance réduite en poudre*, Gl. Maw.

ذرع

ذِرَاع, etc. Aux différentes formes de ce mot on peut ajouter ذُرَيْبِيج, que donne le Gl. Manç.

ذرع II *mesurer*, Voc., Macc. I, 124, 3 a f.

IV. Pour exprimer l'idée de: *ils firent un grand carnage des ennemis*, on dit: اذرعوا القتل فيهم Haiyân 46 r°, ou اذرعوا فيهم بالقتل, Akhbâr 9, 2.

ذَرْع المَكَحَلَة *les mâchoires du chien du fusil*, Domb. 81.

ذَرْعَة *puissance*, Amari Dipl. 113, 8.

ذِرَاع. Le duel est الأَذْرَعَيْن dans le Voc. (brachium, ulna). Le pl. est aussi أَذْرُعَة, Bc. — Chez le vulgaire, *main*, M. — *Bras de mer*, Abou'l-Walîd 360, 1. — Comme nom d'une mesure: ذراع بلدى *pic*, mesure turque de 25 pouces; ذراع هاشمى *coudée*, Bc. — ذراع خيط *écheveau, fil, soie, etc., pliés et repliés*, Bc. — *Tige* de chou, de laitue, Alc. (penca de berça o lechuga), Auw. II, 162, 6, 163, 3, 4. — الأَذْرُع sont *les branches des vignes qu'on ne coupe pas et qui portent les raisins*, voyez sous قرن. — Proprement: *pièce de bois en forme de bras*, Djob. 145, 6, *traverse*, Djob. 101, 1, 152, 11, 13 et 19, 215, 4, Prol. II, 320, 8, où l'on trouve le pl. du pl. الأَذْرُعَات. Le pl. *les pièces de bois ou bâtons qui soutiennent la toile d'un palanquin*, Djob. 63, 11. — ذراع الظَّرْف *peau de la jambe, qui, dans les outres, sert de goulot*, Alc. (pielgo de odre). — أَذْرُع داوودية *brassards*, Hbrt 133. — Astr. ذراع الكَلْب *nom d'une étoile*, Amari 117, dern. l. — En Algérie, *plateau, de même que* ايغيل, *en berbère, signifie* bras *et* plateau, Carette

Kab. I, 57; Daumas Sahara 132 traduit le nom propre ذراع القَبَل par *le mamelon des poux*; Prax R. d. O. A. VII, 277, donne le nom propre Dra'a-Djouâbez, et il ajoute: « on dit *dra'a*, parce qu'il y a un passage sur un monticule. »

ذَرِيعَة, *moyen* de, ordinairement c. الى, mais aussi c. ل, Berb. I, 53, 2, II, 256, 2 a f.; *prétexte* pour, الى, Bat. III, 339, Haiyân 22 v°: جعلوها (الابيات) ذريعة الى قتله. — *L'abus* que l'on fait d'une chose, de Sacy Chrest. I, ١٧٧, 5.

ذِرَاعِى *brachial*, Bc.

مِذْرَعَة *brassière ou collier que l'on porte au bras, au-dessus du coude*, Ouaday 337, cf. 344.

ذرف

ذرف I. ذرفت عيونه بالدموع *fondre en larmes, pleurer, verser des larmes*, Bc, P. Macc. I, 283, 1, 1001 N. I, 87, 4 a f. (lisez ainsi).

IV c. a. اذرف العين *il laissa ses yeux verser des larmes*, P. Macc. II, 91, 16, cf. Add. et Fleischer Berichte 275.

ذرق

ذرق. ذَرْق الطير *gui* (plante), Bait. I, 180 c, 471 c (lisez ainsi avec A; dans B cet article manque).

ذَرِق *fientant* (oiseau); ce mot se trouve dans un vers chez de Sacy Chrest. I, 146, 4, où l'éditeur a prononcé, ذَرَق, qu'il a pris dans le sens de ذَرْق; mais après فاضحى (car فاضحى est une faute d'impression), il faut un adj. et non pas un subst.

ذرو

ذرو et ذرى I *se rouiller*, Voc.

II, dans le sens de la IV°, ذَرِى الدموع, *répandre des larmes*, comme il faut lire chez Macc. II, 81, 22, ainsi que l'a observé Fleischer Berichte 165. — *Rouiller, produire de la rouille*, Voc.

IV *vanner*, Voc. (à la p. 10 ticterare doit être changé en triturare), Alc. (despajar el trigo). — *Se rouiller*, Voc., Alc. (مُذْرِى oriniento, dezluzido).

V dans le Voc. sous pulverizare.

VII *être vanné*, Voc.

ذُرَاءَة *rouille*, L (aurigine, urigo), Voc., Alc. (orin de hierro). — *Grande fourche à deux fourchons*, Alc. (horcajo palo de dos braços).

ذُرَى, écrit دراة Auw. I, 24, 1 (aussi dans notre man.), ذرة et ذرا chez Bc; — درا بَيْضاء mil, millet, Bc; — درا شامي maïs blanc, Bc; الـذرة العربيـة était souvent dans le royaume de Grenade, selon Ibn-al-Khatîb 15 rº, la nourriture des pauvres à la campagne et des laboureurs pendant l'hiver; il ajoute que c'est مثل اصناف القطاني الطيبة; comparez sous قطنـيـة; — درا مصري maïs jaune, Bc. — ذرة النَّتِّجة hyoseris radiata, Prax R. d. O. A. VIII, 343.

ذَرو pour ضَرو, lentisque, Voc.

ذَرى. Bc donne ذرى (avec le dâl), hangar; c'est peut-être pour ذُرى. درا للنبات serre, lieu où l'on serre les plantes, Bc.

ذُرى rouille, L (aruginis, aurugine, erugo).

ذُرى sorte de perdrix dont le corps et le bec sont plus grands que ceux de la perdrix ordinaire, Man. Escur. 893.

مِذْرى, fourche à deux fourchons, Alc. (horca de dos gajos); pelle de bois à grands fourchons pour remuer les grains, Alc. (pala de grandes dientes, horca para rebolber las miesses). On y compare les mains monstrueuses des 'ifrît, 1001 N. I, 23, 11, 98, 8, 831, 14, où ce mot est écrit avec le dâl. — Van, crible, Alc. (aventadero de pan), Ht; مذرى صغير vannette, sorte de corbeille pour vanner, Bc.

مَذارِي pl. المَذارِي cheville d'un instrument à cordes, Gl. Mosl.

ذِرياج, s'il faut lire ainsi chez Khallic. IX, 106, 1 (cf. de Slane III, 603, n. 4), semble une altération de تِرياق, thériaque, comme ذِرياق chez Freytag.

ذعر. La VIIᵉ forme de ce verbe est donnée par Lane sur l'autorité du TA; mais dans une foule de passages où elle semble se trouver, il faut y substituer le verbe ابذعّر, comme je l'ai observé J. A. 1869, II, 154.

NB. Le vulgaire disait ذاعر pour داعر, et Harîrî (dans de Sacy Anthol. ٣٦) a déjà signalé cette faute. Dans d'autres mots dérivés de la racine دعر, il a également substitué le dzâl au dâl. On trouve, par conséquent:

ذعارة = دعارة, اهل الذعارة, ذوو الذعارة, vauriens,

scélérats, Gl. Bayân, de Sacy Chrest. II, ٣٩, 9, Edrîsî, Clim. I, Sect. 7: ٣م اهل ذعارة وتجدة, car ils exercent souvent la piraterie, etc.

ذعرور (pl.) voyez ذعارير.

ذاعر, vaurien, scélérat, pl. ذُعّار, de Sacy Chrest. II, ٣٩, 9, Gl. Fragm. p. 27, et ذَعَرة, Khatîb 163 rº, en parlant d'un prince de mœurs dissolues: كان مَأْلَفا للذعرة.

ذعلب.

ذعالب guenilles, Mufassal éd. Broch 175, 7 a f.

ذعلت.

ذعالت guenilles, comme le mot qui précède, Mufassal éd. Broch 175, 8 a f.

ذعن. IV se construit c. الى r., Nowairî Espagne 452: لم يذعنوا الى الطاعة 459: حتى اذعنوا الى طلب الامان, le même, Egypte, man. 2 o, 116 rº: اذعن مَن سلم من النصارى الى الاسار, ou c. ل r., Abbad. I, 223, 5: الاذعان لطاعته. — V. a., c. a. p., Badroun 56, 7: وهو الـذى يُذْعِنُنا بالطاعة لهم «c'est lui qui nous humilie en nous forçant à leur obéir.»

X se soumettre, Gl. Mosl.

ذفر.

ذَفَر, puanteur, forme au pl. اَذْفَار, Mi'yâr 7, 1.

ذفرى (A) ou ذفرا (BS) rue sauvage, Bait. I, 472 b.

ذَفار queue; — ذَفار الخَرُوف réséda sauvage, Cherb.

ذقن.

ذَقَن «à la barbe de quelqu'un, en sa présence et par bravade;» اعطى ذقنه بيد احد «se laisser gouverner par quelqu'un,» Bc. —

ذقن الشيخ absinthe, Bc.

مذقن barbu, Bc.

ذكر I c. a. penser à quelque chose, former le dessein de faire quelque chose, Gl. Badroun. — C. a. p. et ب r. louer les bonnes qualités de quelqu'un, ذكره بالشجاعة «il loua sa bravoure,» Koseg. Chrest. 79, 6.

II c. a. et ب faire penser quelqu'un à, P. Abd-al-wâhid 217, 12. — Retracer, décrire le passé, Bc.

— En parlant de dattiers, le تذكير est l'action du cultivateur qui secoue le régime des fleurs mâles sur les fleurs femelles, afin de les féconder, Burton I, 386, Shaw I, 219, Pellissier 150. En parlant de figuiers, c'est la *caprificatio* des anciens, c.-à-d. qu'on suspend quelques fruits du figuier mâle ou sauvage au figuier femelle, afin d'empêcher que les fruits tombent avant la maturité, ou s'abâtardissent, Shaw I, 219, Alc. (cabrahigar, le n. d'act. cabrahigadura). Par extension, ce terme s'emploie aussi en parlant de plusieurs autres arbres fruitiers, pour indiquer les procédés à l'aide desquels on les rend plus productifs, ou qui font acquérir plus de qualité aux fruits, Auw. I, 7, 1, 20, 18, 562, 20 et suiv., 572, 8 et suiv. — ذكر الطعام *saler une chose à manger, l'assaisonner avec du sel*, Voc. (au lieu de: asobosar de sal, lisez: asaborar).

III c. a. p. et a. r. *parler d'une chose avec quelqu'un*, Gl. Fragm., Badroun 182, 4; aussi c. ب r., de Jong, Abdarī 90 r° et v°: je lus sous sa direction les Séances de Harîrî, sur lesquelles il faisait de bonnes observations critiques, وذاكرتُه فيها مواضع etc. و, عديدة كنت انعقّمتُ فأتّقَنتُ قولي واستحسنه r., Gl. Fragm. En parlant d'un professeur et de son disciple, ذاكر signifie: *le professeur fit une question à son disciple*, Aboulfeda Ann. III, 24, 3 a f. En parlant de savants ou d'hommes de lettres, ce verbe signifie *conférer, raisonner de quelque point de doctrine, disputer, argumenter pour ou contre sur un sujet donné*, Voc. (disputare) c. a. p., p. e. ذاكر الفضلاء المذاكرة في الفقه Meursinge IV, 15, de Jong, في الادب Bat. IV, 235, Badroun 2, 4 a f. Enfin ذاكر فلانا signifie encore: *réciter des vers à quelqu'un ou lui raconter des histoires, des anecdotes*, Gl. Badroun.

IV. Au lieu de la constr. c. d. a., on trouve c. a. p. et من r. dans un vers chez Weijers 41, 7, cf. la note p. 140, n. 225.

VI *conférer ensemble sur* c. a., p. e. على الصلح *sur la paix*, Gl. Belâdz., العلم, Aghânî 56, 9 et 10. Le Voc. donne sous *disputare* la constr. c. مع, et l'on trouve chez Macc. I, 485, 18: تذاكرت مع شيخنا حديث ابي تعلبة ❀

VII dans le Voc. sous recolere.

ذكر *un souvenir, ce qui rappelle la mémoire de quelque chose*, Bidp. 15, 1, 26, 4, Abbad. I, 12, l. 15. — *Texte d'un sermon*, Macc. II, 103, 2, 6. — Pl. أذكار *oraison surérogatoire*, Berbrugger 3, Prol. II, 372, 14, III, 145, 11, 347, 6. — Même pl. *appel à la prière, fait par le moëddzin*, Mi'yâr 22, 8, où il faut lire: وتُنَاغي أذكار المَآذن بأسحارها نغمات الورق cf. ce que j'ai dit Ztschr. XVI, 595, et Müller 69. — Cérémonie dans laquelle plusieurs personnes (ordinairement des derviches) récitent, en forme de psalmodie, à intervalles variés, la formule لا اله الا الله les différents noms et attributs de Dieu, des invocations à la Divinité, etc. Ces exercices sont souvent accompagnés de musique et de danse, Lane M. E. I, 371, Ouaday 699, d'Escayrac 159, Kennedy I, 136. — ذكر الله *tourterelle*, Domb. 62.

ذَكَر, dans le sens de *fort, courageux, ardent*, n'est pas seulement l'épithète d'un homme (Lane), mais aussi d'un cheval, Gl. Mosl. — *Dattier mâle*, Prax R. d. O. A. V, 214. — T. d'agriculture, *l'extrémité du bois de la charrue qui entre dans le soc*, M. — أنثى, voyez sous أنثى et ذكر في ذكر في انثى. ظُفر voyez sous الأظفار الذُّكران. —

ذَكَرى *viril*, Bc.

مرأة ذكرانية *virago*, Voc.

ذَكُور *qui garde une chose* (ل) *dans sa mémoire*, Gl. Maw.

ذَكِير. *L'acier* s'appelle حديد ذكير, Bg, et aussi ذكير seul, Most (v° حديد), Alc. (azero), Mc, Barbier, Dict. berb., qu'on écrit souvent avec le *dâl*.

ذَكُورية *virilité*, Voc., Gl. Maw.

ذَكّار, n. d'un. ة, *arbre mâle*, p. e. ذكّار الفستق *pistachier mâle*, Auw. I, 267, 19, ذكر التين *figuier mâle, figuier sauvage, caprifiguier*, Auw. I, 419, 10 et 11. Ordinairement le mot ذكّار seul désigne ce dernier arbre et son fruit, L (caprificus, erineos (sic)), Voc., Alc. (cabrahigo, arbol y fruta), trad. d'une charte sicil. *apud* Lello 21 et 23, Auw. I, 16, 1, 20, 19, 93, 21 (substituez un *dzâl* au *dâl*), 302, 2 a f. (lisez ainsi avec notre man.), 573, 7. On se sert du fruit de cet arbre pour la fécondation ou *caprification*, تذكير, du figuier femelle, car on enfile les

ذكو

fruits du caprifiguier et l'on suspend cette sorte de collier aux branches du figuier, à proximité des petites figues qui s'y trouvent; voyez Auw. I, 573. C'est ce qui explique ces vers qu'on trouve dans le Holal, 76 v°, et qui ont été composés par un prince qui avait fait pendre beaucoup de ses sujets:

أَقَلْ لِلْجِرَايَةِ وَالْفَسَادِ مِنَ الْوَرَى يُعْـذَرُونَ فِي التَّشْبِيهِ لِلذُّكَّارِ
فَسَادٌ .... الصَّلَاحُ لِغَيْرِهِ بِالْقَطْعِ وَالتَّعْلِيقِ فِي الْأَشْجَارِ
ذُكَّارٌ ذُكِّرَى اذًا ما أَبْصَرُوا فَوْقَ الْجُمُوعِ وَفِي ذُرَى الْأَسْوَارِ

(dans le 2e vers il y a une lacune dans notre man., mais le sens en est clair: leur ruine est le salut des autres; peut-être faut-il lire: فَسَادُهُ فِيهِ الصَّلَاحُ). — *La fleur du palmier*, Pagni 148 (dokar).

ذَكِير *celui qui prend part aux cérémonies religieuses appelées* ذِكْر (voyez), Lane M. E. II, 212. — *Devin*, Payne Smith 1558.

ذَكَّارَةُ الْمُقَيَّدِينَ *boia*, L, c.-à-d. (voyez Ducange) *fers, chaînes, ceps.*

ذَاكِرٌ الْقُوَّةُ الذَّاكِرَةُ *la mémoire*, Voc.

تَذْكِرَةٌ *réminiscence, ressouvenir*, Bc. — *Admonition, sermon*, Djob. 150, 16, 151, 14. — Pl. تَذَاكِرُ *billet, bulletin*, Bc, Hbrt 107, M; *acte, rescrit, émané du prince*, Maml. I, 1, 188; *passeport*, Burton I, 18 n., dans M تَذْكِرَةُ الطَّرِيقِ; *billet d'exportation*, Pellissier 324, Crist. e Barb. 50, Blaquiere II, 266; *certificat que recevaient les esclaves chrétiens quand ils avaient été remis en liberté*, Laugier 285; *bordereau*, Bc; *acquit-à-caution*, Bc; تَذْكِرَةُ النِّكَاحِ *contrat de mariage*, Burckhardt Nubia 305.

تَذْكَارُ الْأَمْوَاتِ *le jour des morts*, Hbrt 154.

تَذْكَارِي *commémoratif*, Bc.

تَذْكِيرَةٌ pl. تَذَاكِيرُ *mémorial*, Voc.

مُذَكِّرٌ *prédicateur*, Valeton ۴۳, 12. — Synonyme de الْمُعَرِّفِ, *le nomenclateur, sorte de chambellan*, Bat. II, 346 (cf. 363).

مَذَاكِيرُ *génitoires*, Bc; *testicules*, Voc., Alc. (cojon).

ذكو II *aiguiser l'esprit, rendre l'esprit plus prompt, plus pénétrant* (chez Lane, qui toutefois n'allègue pas d'autorité), Voc. (subtiliare), Mi'yâr 19, 9: وَهَـوَارُوفَا

ذم

يُذَكِّي طَبْعَ الْبَلِيدِ. — *Rendre un mets appétissant, savoureux*, Voc.

IV. On ne dit pas seulement اذْكَى عَلَيْهِ الْعُيُونَ, mais aussi اذْكَى لَهُ الْعُيُونَ, de Sacy Chrest. II, ۳۸, 9.

V *être aiguisé (esprit), rendu plus prompt*, Voc. — *Être appétissant, savoureux (mets)*, Voc.

ذَكْوَةٌ = חַטָּאת, *oblation pour le péché*, Saadiah ps. 40.

ذَكْوَةٌ *saveur*, Voc.

ذَكِيٌّ *appétissant, savoureux*, Voc.; Alc., en donnant ce mot (suave, suavemente), ajoute un *r* à la fin. — Comme épithète d'une certaine espèce de poire, *la poire muscade*; voyez Gl. Esp. 215. — Dans le sens de *brûlant* (Freytag), P. Macc. I, 241, 10.

ذَكَاوَةٌ *vivacité, brillant, pénétration d'esprit, clarté de l'esprit*; ذَكَاوَةُ الْعَقْلِ *esprit, vivacité d'imagination*, Bc. — *Fumet, odeur*, Bc.

ذلّ I *mépriser*, Voc., Alc. (menospreciar). — *Dompter, subjuguer*, Alc. (sopear sojuzgar).

IV *soumettre quelqu'un* (acc.) à (لِ) un autre, Gl. Belâdz.

V *être dompté*, Voc.

VII dans le Voc. sous vilipendere. — *S'avilir, se dégrader*, Alc. (envilecerse).

ذَلُولٌ. Le Voc., sous mansuetus, donne le fém. ة. — *Dromadaire*, Gl. Mosl., Ztschr. XXII, 75, 3, 120. — *Mépris*, Nowairî Espagne 454, en parlant des rebelles de Cordoue que Hacam Ier avait vaincus: فَخَرَجَ مَنْ بَقِيَ مِنْهُمْ بَعْدَ ذَلِكَ مُسْتَخْفِيًا وَتَحَمَّلُوا عَلَى الصَّعْبِ وَالذَّلُولِ (le man. a toutes les voyelles).

تَذْلَنَةٌ *les troupes qui sont montées sur des chameaux*, Ztschr. XXII, 120.

ذلق.

ذَلِقٌ *bon, fin, très-exercé* (oreille), Müller 31, 4, en parlant du gibier: كُلُّ ذَلِقِ الْمَسَامِعِ.

ذَلِقٌ = ذَلِيقٌ, *tranchant*, en parlant de la pointe d'une lance, P. Abbad. I, 59, 8.

ذم I, c. الى *de la personne auprès de laquelle on blâme, on noircit quelqu'un*, Haiyân 99 r°: وَذَمَّ الَى الْإِمَامِ امَامَهُ عَبْدُ اللَّهِ امِيرُ الْجَمَاعَةِ ۞

II c. a. p. *il le fit jurer sa foi* (حلّفه بذمّته), M.

V, proprement *se blâmer soi-même*, c.-à-d. *avoir honte, être honteux*, Abbad. III, 179, Mohammed ibn-Hârith 240: فلمّا ايقن الرجل انه القاضى تذمّم واعتذر. — *Se rendre, se soumettre*, Alc. (darse el vencido, someterse a otro ser sugeto), Cartâs 244, 2. — *Se déshonorer*, Cartâs 156, 10. — C. ب p. *se placer sous la protection de quelqu'un*, Berb. I, 20, 67, 71, Khatîb 67 v°: مخاطبته وانا يومئذ مقيم بتريّد .ابيه متذمم بها — *Jurer sa foi*, M.

VII dans le Voc. sous vituperare.

X. Autre exemple de la dernière sign. chez Freytag et Lane: Haiyân 67 r°: فاخرج وجوه البحريين اصحابه الى العرب الغسانيين جيرانهم يستذمّمون بذمّة جيرتهم.

ذِمَّة est ذَمَّة chez Bc (*clientelle*) et chez Roland, qui donne aussi ذُمَّة. — Dans le sens de *responsabilité*. L'expression ابرى ذمّتى «tenez-moi quitte de ma responsabilité», s'emploie en parlant à une personne qu'on sait ou craint d'avoir offensée; le maître et le serviteur s'en servent aussi, quand le dernier quitte volontairement le premier, ou qu'il est renvoyé, Lane trad. des 1001 N. I, 519, n. 31, III, 237, n. 36. — *Conscience*, Bc, Hbrt 249, *âme*, Bc; فى ذمّتى ou على ذمّتى *sur mon âme, en conscience, sur ma conscience, en vérité, sur mon honneur, sur ma parole, ma foi*; ذمّتى وديني *ma foi, je vous jure*, Bc. — بالذمّة *à dessein*, Bc (Barb.), *exprès*, Roland; بلا ذمّة *involontairement*, Roland. — فى ذمّته الى *devoir, avoir des dettes*, Bc; M: فى ذمته ديني الى — قلّة الذمّة .اى لى عليه‎ لى عنده ذمّة اى دين *improbité*, Bc. — مستغرق الذمّة, Macc. I, 467, 8, ne m'est pas clair.

الذَّمِّيَّة secte parmi les Chiites outrés; on les a nommés ainsi parce qu'ils ont *blâmé* (ذَمُّوا) Mahomet, M; voyez Chahrastânî 134, 6.

مُذَمَّم. Comparez avec Lane le Gl. Mosl.

ذمى.

نَجَّا بذمائه ذَمَاه, Abbad. III, 85, Berb. I, 357, 15, II, 91, 2, أفلت بذماء نفسه, Berb. I, 327, dern. l., *sauver à grand'peine sa vie, se sauver d'un danger, chercher son salut dans la fuite*. Dans l'Hist. des Berb. ce mot est souvent écrit avec un *dâl*, mais l'éditeur a corrigé cette faute dans sa traduction, III, 483 n.

ذنب II c. a. dans le Voc. sous peccare.

X *criminaliser*, rendre criminel, Bc.

ذَنَب *colle de poisson*, Alc. (pexcola (l. pexcola) cola de caçon). — ذنب الثعلب *plantain*, Sang. — ذنب الحدأة (AB), en Espagne, *scolopendre* (plante), Bait. II, 272 b. — ذنب الخروف *reseda duriœna* Gay., Prax R. d. O. A. VIII, 279. Selon Bait. I, 473 e (fort mal traduit par Sonth.), la plante qui porte ce nom dans l'est de l'Espagne est une autre que celle qu'on appelle ainsi en Ifrîkiya et en Syrie. — ذنب الخيل, Bait. I, 81 a, 472 c, «*cauda equina, licet a nostra diversa*,» Pagni MS. — أذناب الخيل = ذنب التيس *hypocistis*, Most. sous le dernier mot de la lettre ه, Bait. II, 432 b. — ذنب العقرب *scorpioïde, chenille, chenillette*, Bait. I, 473 b, Bc. — ذنب الفأرة *espèce de caroubier*, Auw. I, 246, dern. l. — ذنب القط, en Espagne, *chrysocoma*, Bait. I, 473 d. — ذنب السبع = ذنب اللبوة *circium*, Bait. 1, 473 c.

ذَنْبى *criminel*, Bc.

مُذَنَّب *espèce de sauterelle*, Casiri I, 320 a, avec le *dâl*, et le man. a en effet المذنّب, mais je crois que c'est une faute.

ذَنْتُول *dentale*, poisson de mer qui a de grosses dents, L (dontile). C'est le catalan qui a la forme *dentol*; en castillan on dit *denton*.

ذه, interjection, ذه ذه *fi, fi donc!* 1001 N. I, 64, 10.

ذهب I. Le n. d'act. ذَهَب, Gl. Manç. — أمعان هو I, si la leçon est bonne, mais le man. est assez correct et il a toutes les voyelles. — L'impératif اذهب sert à faire des exhortations, etc., comme *allez!* en français, Gl. Maw. — *Périr*, Cout. 7 r°: فدارت بينهم حرب عظيمة ذهب فيها كلثوم مع جماعة, Nowairî Espagne 457: وعشرة آلاف من الجيش ذهب فيها خلق كثير, Gl. Bayân 15, 7. De même: ممّا يذهب فيه الوصف, dans le sens de: «ce qui ne peut être décrit,» Berb. II, 45, 4 a f. — ذهب عنه

échapper à, Macc. I, 241, 6: فَا لِلصَّنِيعَةِ مَذْهَبٌ عَنْهُ « une récompense ne peut lui échapper, » nous ne pouvons manquer de lui donner une récompense. — *Sortir du camp pour aller faire ses nécessités*, n. d'act. مَذْهَب (voyez Lane). On trouve: اذا جَمِيل وكان , اراد الحاجَة أَبْعَدَ فى المذهب, Koseg. Chrest. 141, 3 a f., et أَبْعَدَ المذهبَ, Berb. I, 607, 5 a f. — *S'étendre*, en parlant de la réputation que quelqu'un se fait, Aghânî 44: قال مَعْبَدٌ غَنَّيْتُ فَأَعْجَبَنِى غِنَائِى وأَعْجَبَ. — *Pénétrer* dans, فى, p. e. en parlant de plantes, وذهب لى به صوت وذكر الناس. — ما لا يَذْهَبُ عروقُها فى الأرض « dont les racines ne pénètrent pas dans le sol, » Auw. I, 194, n. *, 290, 18, où il faut lire avec notre man.: لأنه ليس لا اصل ذاهبٌ فى الأرض. On dit aussi ذاهبٌ فى السماء ou فى الهواء, dans le sens de *très-élevé*, ذاهبٌ فى العرض *très-large*, Gl. Edrîsî, ذاهبٌ فى العُمْق *très-profond*, Gl. Manç. v° عور, et ذاهبٌ seul semble être le synonyme de كَثِير, p. e. شَجَر تِين ذاهبٌ « beaucoup de figuiers, » Gl. Edrîsî. Le mot قاطع signifie *fort*, en parlant de vin, de levain, etc., et le M (sous قطع) explique دواءٌ قاطعٌ « remède fort, » par ذهبت قوته. — ذهب عليه ne signifie pas seulement *cela lui est échappé de la mémoire* (Lane, cf. de Jong), mais aussi *cela a échappé à son attention*, comme dans Nawawî 81, 2, cité par de Jong: وَأَىُّ عِلْمٍ كان يَذْهَبُ على الشافعى, pour exprimer qu'as-Châfi'î avait étudié toutes les sciences. — Suivi de l'aor., *se mettre à, commencer à*, Gl. Fragm., Aghlab. 16, 10. — *Avoir l'intention de, former le dessein de, se proposer de*, c. أن, Mohammed ibn-Hârith 294: فذهب صاحب المدينة ان يأمر بزجره, c. الى, Haiyân 57 v°: وذهب الى ادخال المسجد للجامع اجتمع بنو خلدون — لانكار ما *ibid.*: معد فى قصبته ذهب اليد الى ذلك, et il faut ajouter الى dans Haiyân-Bassâm I, 46 v°: تَعْرِفُنَاه مَنْ كرة بن وراءنا لاجتنابه, (الى) وذهابهم به Prol. II, 44, dern. l., Müller 8, 4, Amari Dipl. 234, 7; c. ان الى Haiyân 57 v°: وذهب امية بن عبد الغافر الى ان يأخذ بالحزم فى حراسة نفسه ودونته. — C. الى penser à, Bat. II, 368: ذهب الأمير الى راحتى « l'émir pensa à ma commodité. »

— C. مع *être d'accord avec*, Berb. I, 608, 16, II, 165, 3.

ذَهَب pl. ات, *écu d'or, pièce d'or*, Bc, Hbrt 103, 1001 N. Bresl. IV, 323 et suiv., IX, 200, XI, 14, chartes grenadines: وثلاثة ذهب جَشْطَلُوش (gastos, frais), ذهب قَشْطَلْبانه وريقى (la monnaie d'or nommée castellano et enrique). — ذهب أبيض *platine*, Bc. — ذهب المسكين («l'or du pauvre») *grains de porcelaine noirs à taches jaunes*, Lyon 152. — مِن ذهب *d'or*, au fig., *bon et avantageux*; مِسْوَاق مِن ذهب *marché d'or, très-avantageux*; كلام مِن ذهب *parole d'or, très-précieuse*, Bc.

ذَهَبَى *oripeau*, Voc. — Nom d'une espèce de *ver*, à ce qu'il semble, Auw. I, 630, 5.

ذَهَبِيَّة *espèce de barque* sur le Nil, à l'usage des voyageurs. Elle n'a pas de pont, mais par derrière une grande cabane avec des chambres où six voyageurs peuvent s'asseoir et se coucher. Sa voile latine est d'une envergure démesurée. Voyez Burton I, 29, Fesquet 59, 60, et surtout van Karnebeek dans la Revue hollandaise intitulée de Gids, année 1868, t. IV, p. 128. — *Mets fait d'aubergines cuites avec des miettes de pain*, M.

كانوا ذَهْيَانين 1001 N. Bresl. IX, 359: (sic) « ils mouraient de faim; » dans l'éd. Macn. ضعيفين من الجوع.

ذَهَاب *dissipation, action de se dissiper*, Bc.

ذَهُوب c. ب r. *emportant*, P. Chahrastânî 438, 13.

أَذْهَب, suivi de مع, *plus en harmonie avec*, Calâïd 118, 9: si vous cessez de faire cela, نكان أَبْيَق بك, وأَذْهَب مع حسن مذهبك « — *Plus apte à être élidé*, Mufassal 6d. Broch 87, 4.

تَذْهِيب pl. تَذَاهِيب *objet doré*, Macc. I, 91, 5.

مَذْهَب *lieu de refuge*, Gl. Badroun. — *Excursion, expédition*, Berb. I, 250, 3, 359, 4, 617, 11. — Le bézoard est دقيق المذاهب, *très-volatil*, Bait. I, 119 b. — *Opinion en général, non-seulement quand il s'agit de la religion*, Macc. I, 97, 15, II, 381, 3, Berb. I, 280, 2. — *Plan, intention*, Recherches 286, 2 de la 1re édit.: وقد أَعَدَّ المعتصد له النزل والضيافة هنالك ومذهبه القَبِيصَ عليه وعلى نَعْتِه ☆

مُذْهِب الْكَلْب alyssum, Bait. II, 494 d (les voyelles dans B).

الْمُذْهِبَات nom de sept poèmes composés avant Mahomet, et qui tiennent le second rang, le premier appartenant aux Mo'allacât, M.

ذهل Chez Bc la première lettre de cette racine est constamment *dâl*, selon l'usage égyptien (cf. Fleischer Gl. 14).

I *rester stupéfait*, Abbad. I, 360, n. 202, Djob. 202, 20, 205, 6, 224, 3 a f. — *Ebranler, étonner, toucher, émerveiller, stupéfier*, Bc.

II *faire oublier*, Voc.

IV *étonner, stupéfier, ravir d'admiration, enchanter, consterner*, Bc, Hbrt 227, Abbad. I, 360, n. 202, Aboulfeda Géogr. 119, 5 a f., Cartâs 12, 3 a f., Liber Josuæ 14 éd. Juynboll.

V dans le Voc. sous obliviscere.

VII *s'étonner, s'émerveiller, rester stupéfait, s'ébahir, s'extasier, tomber des nues*; lo n. d'act. *stupeur, engourdissement, suspension du sentiment et du mouvement* Bc; 1001 N. I, 42, 13.

مَذْهُول *extasié*, Bc.

انْذَهَالِي *extatique*, Bc.

ذهلل II *s'étonner, rester stupéfait*, M.

ذهن. ذَهَن et ذَهْن *idée*; ذَهَنًا فِي الذِّهْن ou ذَهَنًا *existant dans l'idée, idéal*, Prol. II, 52, 15, 53, 1, 10. — عَلَى ذَهْن *par cœur, de mémoire*, Bc, Hbrt 112.

ذو. ذُو ثَلَثْ حَبَّات voyez sous الْف. — ذُو الْف ورقة Bait. I, 474 d. ذُو ثَلَثْ شَوكَاتْ = شَكاعا, Bait. I, 474 f. — ذُو ثَلَثْ اَلْوَان = زَعْرُور *triphyllon*, Bait. I, 474 h. — ذُو ثَلَثْ ورَقَات est le nom de plusieurs plantes, à savoir: des deux espèces du *trèfle*, de la *psoralea bituminosa* (lisez حَرْمَلَة avec le man. 13 (3)), de la *luzerne*, et d'une sorte de *satyrion*, Bait. I, 474 g. — ذُو الْاِثْنَى عَشَر *duodenum*, le premier des intestins grêles, Bait. I, 279 a. — ذُو خَمْسَة أَجْنِحَة ou ذُو خَمْسَة اَقْسَام *quinquefolium*, Bait. I, 475 e. — ذُو خَمْسَة اَصَابِع *vitex agnus castus*, Bait. I, 475 b. — ذُو مَائَة شَوكَة ou ذُو مَائَة رَأس *eryngium*, Bait. I, 475 d.

Le fém. ذَات. Dans le Holal (Abbad. II, 183, 4) on trouve ذَات employé comme un pl.: الْوَقائِع ذَات الاعْتِبار (leçon de tous les man.). — ذَوَات d'une ville, *son territoire*, Haiyân 39 r°: اسْتَدْعَى صَاحِب بَطْلَيُوس مِن الامير عبد الله تَجْدِيد الاسجال له على ما بِيَدِه صَاحِب غَرْنَاطَة, Abbad. II, 193, 13: مِنْها ومِن ذَوَاتها, variante وأَمْثَالِها. — الذَّات dans le sens de ذَات الْيَد et comme synonyme de الْمَال, *possessions, richesses*, Abbad. II, 161, 5 (cf. III, 220). — *Majesté*, Alc. (majestad). — بِذَات *identité; identique;* بِذَاتِه ou كَانَ هُو ذَاتِه *personne, même*, « رَأَيْت الامير ذَاتَه *il était en personne (lui-même)* »; أَرُوح اَنَا بِذَاتِي « *j'irai moi-même,* » Bc, M. — *Talent, don de la nature, disposition et aptitude naturelle*, par opposition aux ادوات ou connaissances qu'on acquiert par l'étude, Abd-al-wâhid 172, 6 a f., Khatîb 18 v°: تَرَشَّح بِذَاتِه — بِذَاتِه *de toute son âme, entièrement*, Abbad. I, 58, 3: مُنْغَمِس وبِجَواهِر ادواتِه الى قَضَايَا المُدُن النَبِيهَية. — بِذَاتِه فِي اللَّذَّات. — بِذَاتِه *en particulier, à part, séparément des autres*, de Sacy Chrest. I, 335, 1 et 2: ils se séparèrent donc d'avec eux, وجَعَلُوا لهم كَنَائِس بِذَاتِها وكَهَنَة بِذَاتِهم « *et eurent leurs synagogues et leurs prêtres en particulier.* » — قَائِم بِذَاتِه *indépendant*, Bc, Gl. Edrîsî 373; *isolé*, Gl. Edrîsî l. l.; mais aussi en parlant d'une ville ou d'un marché, *considérable*, ainsi que قَائِم الذَّات, ibid. Le mot ذَات semble avoir le sens de *nombre, quantité*, dans ce passage d'Edrîsî, Clim. I, Sect. 8: أَقَلُّهم فِي ذَاتِهم طَبعُه دَائِمًا بِذَاتِه. — بِذَاتِه *égal*, قَلَّد وفِي انْفُسِهِم اَذَلَّك « *son caractère est égal,* » Bc. مِن ذَاتِه *de son chef, de lui-même, de son propre mouvement*, Bc, Macc. I, 237, 21, 252, 5, II, 340, 18. — ذَات الله Cette expression est employée d'une manière remarquable dans Hoogvliet 49, 4 a f., mais il faut y corriger le texte et la traduction (p. 71, 5). Écrivant à un vizir dont il était fort mécontent et qu'il avait destitué, Motawakkil dit: وَمَن اَسْاَل الله التَّوْفِيق له فِي ذَاتِي اَن حَرَّمَه فِي ذَاتِي Les voyelles de حَرَّمَه que j'ai données se trouvent dans Ga, et il faut lire فِي ذَاتِي avec B, Ga, G et l'édit. de Paris du Calâïd (46, 17), au lieu de مِن ذَاتِي. Le sens est: « Je prie

Dieu qu'il vous accorde le succès dans ce que vous faites pour son service, puisque vous en avez été privé dans ce que vous avez fait pour le mien. » — ذات الانسان *moi*, le moi humain, Bc. — ذات الجنب المبارك Cette expression se trouve Bait. I, 179, où Sontheimer traduit *le véritable point de côté.* — ذات الحجاب *pleurésie, point de côté*, Gl. Manç. — ذات الحَلَقِي *armillæ*, nom d'un instrument astronomique inventé par Ptolémée, Alf. Astron. II, 1 (lisez « det » pour « der »). — ذات الأَعْيَن, en Espagne, *lonicera periclymenon*, Bait. I, 120 c. — ذات الكبد *hépatite*, Bc. — ذات الكُرسي ne désigne pas seulement la constellation nommée *Cassiopée*, mais aussi *globe céleste*, Dorn 65, 142 b, Alf. Astron. I, 153: « ell ordenamiento dell espera á que dízen en aráviguo vet (l. det) alcorcy, que quier tanto dezir cuemo la espera que está sobre la siella; » cf. sous ذات النَّفْسِ كُرسى *persuasion intime, intime conviction*, Berb. I, 473, 8: اظهر لهم ذات نفسه في الحاجة الى استعماله Dans Bidp. 165, 8, et suiv. ذات السَّفْسِ est l'opposé de البِدَ; le premier terme y désigne *les sentiments d'amour, de tendresse, d'amitié*, et le second *les choses palpables que l'un donne à l'autre et qui peuvent être une preuve d'amitié*, mais qui ne le sont pas toujours. — ذات البِدَ voyez ce qui précède immédiatement. Dans le sens ordinaire de *richesses*, on dit aussi ذات ايديهم, Abbad. I, 224, 11. — حبّ الذات *amour de soi*, désir de sa conservation, Bc. — خِفّة الذات *amabilité*, Bc. — Le pl. الذوات *les personnes de condition, les gens de qualité*, M.

ذاتي, t. de philos., *intelligible par soi-même*, Prol. II, 371, 11. — ذاتيّا *personnellement*, Bc.

ذاتيّة, suivi de مشابهذ, *identité*, Bc.

ذوب I *être en fusion*, en parlant des vapeurs qui s'élèvent dans les déserts lorsque la chaleur est excessive, P. de Sacy Chrest. II, ۱۴۱, dern. l. — En parlant d'un homme qui a reçu quantité de coups à la tête, ذاب شَوْقًا, 1001 N. I, 63, 11. — ذاب قفاه من الصَّك *brûler de désir*, Djob. 330, 14, Calâïd 193, 10. — De même qu'on dit: فلان يذوب ظرفًا (Freytag), on trouve: يذوب طلاقةً وبشرًا, Djob. 203, 21.

II ذَيَّب *fondre*, Voc., Alc. (hundir metal; le part. pass. derretida cosa corronpiendose); *préparer* un verre de sorbet, Bâsim 78: فدويوا (sic) قدح كبير شربة بماء النوفر ورشّوا عليه ماورد ومسكى

V تَذَيَّب *se fondre*, Alc. (le n. d'act. derretimiento).

ذَوَبَان *fusibilité*, Bc. — T. de médec., *exténuation, dépérissement*; de là الاسهال الذَّوَبَانى, M.

ذائِب *en marmelade*, en morceaux, trop cuit, Bc.

ذَويل, مَذْويل. Dans la 2e partie du Voc. on trouve مَذْوَيل, ainsi que le verbe ذَوَّبَل c. a. et la IIe forme de ce verbe, sous *incompositus*, qui a dans ce livre le sens d'*indisposé, malade*. Dans la 1re partie, مَذْوَيل est *maigre, phthisique*, mais dans la 2e c'est le mot مَذْبُول qui a cette signification.

ذود.

ذَوْد *troupeau de bœufs*, Voc., *de chevaux*, Abbad. II, 161, 2, *de moutons*, L (obile).

ذائِد *berger*, Berb. I, 3, l. 9. — الرجال الذادة *la garde* d'un prince, Abbad. I, 243, 9.

مَذْوَد *crèche, mangeoire des bœufs*, etc., est chez Bc. مَذْوَد, avec le *dâl*, qu'il traduit aussi par *bedaine, gros ventre*.

ذوشطاريا (grec) *dyssenterie*, Chec. 183 r°, 203 v°.

ذوق I. Le n. d'act. ذَوَقَان dans le Voc. — ذاق روحَه *se connaître, se juger soi-même*; ذاق نفسَه *sentir ce que l'on est*; يذوق روحَه ما *il n'a pas de tact*, il ne s'aperçoit pas qu'il fait des impertinences, Bc.

ذاق (Daumas MS) *miel*, Daumas V. A. 488.

ذَوْق *savoir-vivre*; عديم الذوق est un homme qui manque de savoir-vivre, 1001 N. IV, 594, 7, 12, 621, 3. — *Essai*, petite portion d'une chose à manger, qui sert à juger du reste, Alc. (muestra de cosa de comer).

ذَوَاقة *dégustation*, essai, Bc.

ذَوَّاق dans le Voc. sous gustare.

ذَاقَةَ *gustation*, Bc.

مذاقات (pl.) *mets*, Payne Smith 1496.

ذول.

العَضَلَة الذَّالِيَّة *deltoïde* (muscle), Bc.

ذِيكَ *celle-là*, Voc.

ذيل.

في ذيله ذَيْل *ou bas de cet écrit*, Bc. — Dans le sens de *queue* d'un manteau, d'une robe, etc., au fig., جرّ اذياله في الصبا *se livrer entièrement au plaisir*, R. N. 58 v°. — A Malte, *jupon de toile ou de coton blanc*, porté par les paysannes, Vêtem. 187. — *Ligne de pêcheur*, aussi خَيْط مِن ذَيْل, Alc. (sedal para pescar). — *Bourdon*, la corde la plus grosse qui sert de basse dans les instruments de musique, Alc. (cuerda de arriba o bordon). — السَّذيل *mode de musique*, Salvador 30; voyez aussi mon article رَصَد. — ذيل الفرس *prêle*, *queue-de-cheval*, « mais qui diffère de la nôtre, » Pagni MS. ذيل القِطّ *reseda duriœna* Gay., Prax R. d. O. A. VIII, 279.

مُذَيَّل. مُذَيَّل الأُذُنَيْن *qui a les oreilles lâches et pendantes*, Alc. (encapotado de orejas, cf. Victor). مذيل العينين *renfrogné*, *rechigné*, *qui regarde fièrement quelqu'un en fronçant les sourcils*, Alc. (encapotado en los ojos, cf. Victor).

ر

ا, *la lettre râ*. Par allusion à la forme de cette lettre, ce mot désigne *ce qui est courbe*, P. Macc. I, 454, 3, cf. Fleischer dans les Add. et Berichte 180, P. Macc. I, 530, 19, cf. Fl. dans les Add. — *Saumon*, aussi راي et رى Gl. Edrisi. — Abréviation de رَحِم *utérus*, P. Macc. II, 200, 8, cf. Fleischer dans les Add. et Berichte 284. — Voyez sous روى.

راتينَج, Bait. I, 488 c (AB), راتِينا Most. L, ou راتينا Most. N = راتِيمَج, *résine*.

رَخْتَج ou رَخْتَنَج *nom d'une étoffe qui se fabriquait à Naisâbour*, Lettre à M. Fleischer 29.

رازَنَج (pour رازيانَج) *fenouil*, Mehren 28.

رازيانَج الرومي *anis*, Most. v° أنيسون; aussi رازيانَج الشامي, Bait. I, 488 b.

رأس II voyez رُوس II.

III e. a. dans le Voc. sous *principari*.

V voyez رُوس V.

VI dans le Voc. sous *principari*.

رَأْس *commencement*, *principe*, *origine* (cf. Lane), p. e. الفقر راس كل بلاء « la pauvreté est l'origine de tous les maux, » Bidp. 171, 8, cf. 243, 10. — *La première place*, de Sacy Chrest. II, 188, 3 a f: لِلجلوس راس ميسرة السلطان « prendre séance à la première place à gauche du sultan. » — *Chapiteau*, *la partie supérieure d'un alambic*, Auw. II, 393, 6. — *Le balanus*, *la tête du membre viril*, Alc. (rezmilla del genital miembro). Chez Macc. II, 634, 5, راس الذَّكَر; aussi راس الأَيْر, Gl. Manç. v° كمرة. — رأس تَسْيَر, *la partie supérieure de la bride*, *qui passe derrière le toupet du cheval et qui soutient le mors*, 1001 N. Bresl. IV, 59, 2. — *Tête*, *pièce*, *non-seulement en parlant de bétail* (*pièce de bétail*, chacun des animaux, comme mouton, bœuf, etc., qui composent un bétail), *mais aussi en parlant d'esclaves*, *dont chacun est un* رأس, Gl. Belâdz., Becri 13, 7, Burckhardt Nubia 292. Un رأس أحمَر *est un esclave abyssin*, Ztschr. XVI, 674. Aussi en parlant de plantes potagères, dont chacune est un رأس, p. e. راس من كُرنُب *un chou*, Alc. (llanta de berça o col), راس لفت *une rave*, Hbrt 48, راس ثوم *un ail*, ibid., et enfin en parlant d'autres objets, p. e. راس جُبْن *un fromage*, Hbrt 11. — *Ce qu'il y a de plus reculé*, *éloigné*. En parlant du temps et des choses qui ont de la durée, *la fin*, *le terme*. En parlant d'autres choses, *bout*, *extrémité*, *fond*, *ce qu'il y a de plus éloigné de l'entrée*, p. e. روس الثياب « le bas des robes, » على راس الطريق « à l'extrémité de la route, » في راس الوقْت « au bout de la rue, » راس الجبل « l'extrémité de la montagne » (ailleurs: le sommet), Gl. Edrisi, de Jong, Djob. 234, 17, 278, 1 (var. أخر). — *Base*, *ce qui soutient le fût de la colonne*, Alc. (basa de poste), Djob. 88, 13, 99, 18, Macc. II, 156,

2. — *L'arbre* ou *mât* d'une tente, à ce qu'il semble, Akhbâr 103, 3: ارفع رَأسَ قُبَّتِكَ على باب قرمونة; plus loin, l. 6: فلما نظر الى القبة مضروبة على باب المدينة — *Bulbe*, oignon de plante, Bc. — *Bouton de rose*, Auw. I, 643, 4 a f., 644, 4. — *Queue* d'un fruit, d'une feuille, Bc. — *Gros morceau de sel*, Barth V, 25, 26, 568. — رَأسًا, *tout à fait* (Freytag), Prol. II, 52, 16. — رَأسَك, *gare!* Bc. — رَأس بِرَأس *troc pour troc*, l'un pour l'autre, Bc; Meidânî dit de même sous l'expression proverbiale يُضرَبُ: دَعْنِى رَأسًا بِرَأس لِمَنْ طَلَبْتَ اليه شَيْئًا فَاطْلُب مِنْكَ مِثْلَه (je donne ce texte parce qu'il a été cité d'une manière inexacte par Reiske Aboulf. II, 334; cf. l'édit. de Freytag I, 482), et je pense que رأس برأس signifie proprement: *une pièce de bétail pour une pièce de bétail*, p. e.: Pierre demande à Paul un mouton, et Paul lui répond: je vous le donnerai, mais donnez-moi un autre à votre tour; nous troquerons. Cette expression, toutefois, a reçu un sens un peu différent, car on l'emploie pour indiquer l'égalité, la parité, et en parlant de deux personnes qui sont d'un mérite égal, on dit qu'elles sont رأس برأس. Ainsi on lit que les habitants de Damas demandèrent au théologien an-Nasâî de leur communiquer quelques-uns des فضائل de Moâwia, c.-à-d. des traditions qui montreraient que ce prince était d'un mérite supérieur. Indigné de cette demande, car Moâwia avait toujours été d'une orthodoxie suspecte, ce théologien leur répondit: أما يرضى معاوية أن يَخْرُجَ رَأسًا بِرَأس حتى يفضّل C'est ainsi que ces paroles sont données par Ibn-Khallicân (I, 29, 4 a f. Sl., I, 37, 5 Wüst.); chez Abou-'l-mahâsin, II, 198, 2, et Yâcout IV, 777, 18, on trouve: لا يرضى رأسا برأس حتى يفضّل, et chez Aboulfeda, Ann. II, 330, 3: أن ما يرضى معاوية (car تفضّل dans l'éd. est une faute). Le sens est: Moâwia n'est-il pas content d'être réputé un homme ordinaire, un homme comme il y en a tant (ce qui est déjà beaucoup pour lui)? Veut-il même être préféré aux autres, loué plus qu'un autre? Un second exemple se trouve chez Ibn-Khallicân I, 25, 15—17 Sl. (Wüst. I, 31, 2 a f.). On y lit qu'un homme pieux, nommé Soraidj, qui ne savait pas l'arabe, mais seulement le persan, vit en songe le Créateur, qui lui parla longtemps et qui finit par lui dire: يا سُرَيجى طَلَب كُن «ô Soraidj,

fais un souhait!» (et non pas «cherche,» comme on lit dans la trad. de M. de Slane; voyez طَلَبْ كُوْدَن, dont كُنْ est l'impératif, dans les dict. pers.), paroles auxquelles Soraidj répondit par celles-ci: يا خدا سَرّ بَشَر, ce qui, dit Ibn-Khallicân, signifie en arabe: يا رَبّ رَأس بِرَأس كما يُقال رَضِيتُ أن اخلص رَأسًا بِرَأس. Le sens est donc: ô mon Dieu, je serai content si je fais mon salut comme le commun des hommes, je ne désire pas de faveur spéciale. (Les courses de chevaux, auxquelles a pensé de Slane dans sa trad. I, 48, n. 5, n'ont rien à faire avec cette locution). Enfin on se sert aussi de cette expression pour dire: *sans rien gagner et sans rien perdre*; cf. le Fâïk dans le Gl. Mosl. p. LXIII, 8 a f.: يُقال لَيْتَنى انجو منك كَفَافًا لا على ولا لى اى رَأسًا بِرَأس لا أرزاُ منك ولا تَرْزاَ مِنّى. En ce sens elle se trouve dans ce vers que cite Meidânî I, 482:

دَعُونى عَنْكُم رَأسا بِرَأس قَنِعتُ من الغَنيمة بِالإياب

Le second hémistiche, qui est aussi devenu proverbial (Meidânî I, 537), est emprunté à un poème d'Amralkais (Diwan ٣٣, vs. 9 Slane, avec رضيتُ pour قنعت), et le vers signifie: Laissez-moi vous quitter sans avoir rien gagné et rien perdu; j'aurai assez gagné si je retourne sain et sauf auprès des miens. Allusion à ce vers chez Bîrounî 19, 11. — بِرَأسِه, en parlant de personnes et de choses, *sui iuris*, qui n'obéit pas à un autre, qui ne dépend pas d'un autre, *indépendant, à part, sui generis*, Gl. Fragm., فنّ بِرَأسِه «une science *sui generis*,» Prol. II, 400, n. l. 3, III, 113, 4, Gl. Manç. v° نافض: c'est un tremblement qui précède la fièvre, mais quelquefois il n'est pas suivi de fièvre, et alors c'est une maladie برأسه. — على رَأسِه, proprement en parlant d'un personnage qui est assis et qui est entouré d'autres personnes qui sont debout; de là: *en sa présence, devant lui*, Voc.: وقف على رَأس فلان *astare* (c.-à-d. *adstare*), Freytag Chrest. 73, 7: فذهب اليد الرسول فاذا على رَأسِه مِن القهارمة والحُجّاب والحَفَدَة ;*en présence de tout le monde, en public*, Gl. Mosl. On dit يُضرَبُ الطَبْل على رَأسِه «on frappe le tambour devant lui,» Bat. I, 423, Edrîsî p. XV et p. 390. — على الرَأس ou على رَأسِه

راس

précipitamment, Hist. Joctanidarum 162, dern. l.: كان السَّيْلُ ينحدر من اعلى الجبل هابطا على راسه حتى يهلك الزرع, Macc. II, 554, 8. — على راسه (اتى) venir *en personne*, Macc. I, 680, 3 a f.; peut-être خرج على راسه, Hist. Joctanidarum 104, 7, en ce sens. — على راسى *à fleur, au niveau*, Bc. — et على راس والعين *oui-dà, avec plaisir, volontiers*, Bc; la seconde expression 1001 N. I, 60, 2 a f. — من راسه « *calculer de mémoire*, » Chœrb. Dial. 57, حسب من راسه, انشد من راسه, Macc. II, 506, 17 (يدى فى ورقة لا). — من راس لراس *tête à tête*; aussi *tout du long, depuis le commencement jusqu'à la fin*, Bc. — من تحت راس *à cause de*, p. e. وكان كل يوم باكل قتلة من تحت راس هذا الصبى « *tous les jours il était battu à cause de cet enfant*, » Bc. — وراساك je vous en prie, Bc (Barb.). — راس الانف *bout du nez*, Hbrt 2. — راس المثلث *l'étoile qui est au sommet de la constellation nommée Triangle*, Bc. — راس الجبل *promontoire*, Domb. 97; dans M راس soul. — راس الجعبة *le couvercle du carquois*, Gl. Fragm. — راس الجرى *murène*, Ztschr. für ägypt. Sprache u. Alt., 1866, p. 55 et 83. — راس أحنش *carduncellus ceruleus*, Prax R. d. O. A. VIII, 280. — راس الدّواء *diète, régime de nourriture*, Voc. — راس الرصيف en Ifrikiya, *ocimum minimum*, Gl. Manç. v° شاهشبرم. — راس المَرْكَب *la proue*, Hbrt 128. — راس التسبيح *file de jetons pour faire un compte*, Alc. (contal de cuentas). — راس سكّر *un pain de sucre*, Bc. — راس الشيخ, en Espagne, *onopordon acanthium*, Bait. I, 70 b. — راس الصابون = اوّل مال, voyez ce dernier terme. — راس العين *source*, Bc; aussi راس النبع, M; de même راس النهر « *la source du fleuve* », Bat. II, 87, cf. Descr. de l'Eg. XI, 341. — راس الافعى *vipérine, ou langue de bouc, échium*, Bc. — راس قرنفل *clou de girofle*, Hbrt 18. — راس القنفذ *spina alba*, Bait. I, 536 e. — راس الكنائس *cathédrale*, Bc. — راس مال (aujourd'hui رسمال) *prix coûtant, le prix qu'une chose a coûté*, Ztschr. XI, 506, 1001 N. Bresl. III, 264, 13. — راس المول *môle, jetée*, Ht. — راس نوبة *lieutenant, grade au-dessous de capitaine*, Bc. — راس الهدهد *espèce d'orchis*, Bait. II, 491 e. — راس الهر *chanvre bâtard ou galéopsis*, Bc. — قائد راسه *celui qui a le titre de* caïd, *mais qui n'en exerce pas les fonctions*,

495

راس

Hœst 180. — الرُّوس الاتلى *espèce de colocasie*, Mehren 28.

راسة *sorte d'étoffe (englische Sempiternen)*, Hœst 269; dans l'Inventaire avec un *chin*: ومن الراشة شقتان زرقا

راسية *têtière, partie de la bride*, Bc.

رُوسِيَة. رُوسِيَة *d'un promontoire* (رأس) *à l'autre, en ligne directe*, Gl. Edrisî. — *Coup sur la tête*, Domb. 90 (écrit رُسْبَة). — الروسيات *les deux pierres droites, rectangulaires ou à sommet arrondi, qui se posent perpendiculairement, l'une à la tête, l'autre aux pieds du défunt*, Brosselard, Mémoire sur les tombeaux des émirs Beni-Zeïyan 19.

رُوسى *grand, principal, important*; خطية رُوسية *péché capital*, Bc.

رئيس. Le pl. رؤوس chez Bc. — *Docteur*, Bc. — *Supérieur de tous les Soufis, ou le plus distingué par son mérite entre tous les Soufis du Hidjâz*, de Sacy Chrest. I, 451, n. 17. — Dans l'Inde, *le mohtesib*, Bat. III, 184. — Dans le royaume de Grenade الرؤساء *étaient les parents du premier Ibn-al-Ahmar*, Prol. I, 298, 17. — A Médine الرؤساء *sont les mœddzins*, Burton I, 358. — Chez les Samaritains الرئيس *était le grand prêtre*, de Sacy Chrest. I, 335, 2. — رئيس البقول *épinards*, Auw. II, 160, 4.

رئيسى *capital, principal*, Bc.

رياسة الدنيا والدين, رياسة, رئاسة, *doctorat*, Bc. — M. de Slane (trad. de Khallic. I, 55, n. 1) a cru d'abord que cela signifie *l'emploi de professeur en chef et celui d'imâm*; mais trouvant plus tard chez Khallic. XI, 118, 9: جمع بين رياسة العلم والدنيا il a pensé (trad. IV, 398, n. 1) que رياسة الدين ou العلم est plutôt: *l'emploi de chef de la secte orthodoxe à laquelle on appartient*, et que رياسة الدنيا signifiait peut-être, dans le langage de l'école, *l'emploi de premier cadi*. Chez les auteurs maghribins je n'ai pas trouvé ces expressions. — *Amirauté, état et office d'amiral*, Alc. (almirantadgo). — *Art nautique, navigation*, Edrîsî, Clim. III, Sect. 5: لا يدخل بينها الا الربانيون أولو المعرفة بالبحر والتمهر فى الرياسة فيه العالمون بطرقاته (les écueils). — *Episcopat, dignité d'évêque*, Alc. (obispado).

رَئِيسِيّ doctoral, Bc. — Souverain, Bc.

رَئِيس capitaine, commandant d'un navire; — رَئِيس المِينا capitaine du port; — رَئِيس المَواغِيز lamaneur, pilote pour l'entrée d'un port; — رَئِيس المُباشِرين surintendant, Bc.

رَئِيس capitaine de vaisseau, Gl. Esp. 199. — Amiral, Alc. (almirante).

مَرْؤُوس subordonné, Hist. des Benou-Ziyân 98 r°: Khatîb 114 r°: وهو مرؤوس تحت حكم قُنُد للجيش مرؤوس لأخيه ۞

رَأْسَان année, Bc.

رَأْسُخْت (pers.) antimoine, J. A. 1861, I, 33; chez Bc حجر الراستُخت; — cinabre natif, Burckhardt Syria 487; — cuivre brûlé, ou calciné, avec le soufre et un peu de sel marin, Sang., Bait. I, 508 b.

رَاشَة voyez رَأْسة.

رَأَف V, c. على ou ب, avoir pitié de, Payne Smith 1573; lisez de même, au lieu de la VI°, 1314.

رَأْفَة douceur de caractère, Bc.

رَؤُوف bénin, clément, Bc.

الأَرْأَف الجَنَاب الأَرْأَف est un titre qu'on donne à la mère du calife, Djob. 224, 17.

رَافْرِياء menthe, Most v° نعنع.

رَأْل. Voyez sur les étoiles qu'on nomme الرِّئَال, Cazwînî I, 39, 5.

رَأَم être accoutumé à, Prol. I, 255, dern. l., 256, 11.

رَئِم Cet animal est décrit par Colomb 43, et par Daumas dans la R. d. O. A. XIII, 163, où il faut substituer rime à rinne. — Daim, Alc. (gamo). — Rhinocéros, à en croire Jackson 38, mais voyez le Thesaurus de Gesenius sous رمم.

رَانْدَانَغَات ou رَانْدَكَانَات, chez Payne Smith 1549, semble signifier, à en juger par les gloses, les chevilles dont la roue d'un moulin est dentée. M. Vullers, que j'ai consulté parce que ce terme me semblait d'origine persane, est d'avis que la première forme est la bonne, et que c'est le partic. pass. رَانْدَ du verbe راندن, pousser en avant, avec deux terminaisons du pl., dont l'une est persane, رَانْدَكَان, l'autre arabe, ات. Ce serait donc proprement pulsi, propulsi, c.-à-d., par l'eau.

رَاهْدَار (pers.) pl. رَهَادِرَة. Chez Ibn-al-Athîr السِّرهَنَادرة est le nom d'un quartier de Bagdad, et chez Edrîsî celui d'un quartier de Lorca; voyez Gl. Edrîsî p. 309. Thévenot, II, 124, nomme les « Rahdars, garde-chemins » sur les frontières de la Perse et aussi de chaque khanlik ou province, « pour tenir les chemins sûrs. » Mais رهادرة a peut-être un autre sens; serait-ce = رَهَادِنَة, que je donne sous رهدن?

رَاهُونِي la meilleure espèce du حجر النزادي, Most. sous ce dernier mot, وهو المَارِينِج La, المَارِينِج N.

رَاوَنْد rhubarbe (Lane 1185 b), Most., Bait. I, 478, Bc, Gl. Manç.: la meilleure est la chinoise, puis la persane; la syrienne est mauvaise et ne doit pas être employée. ذكر راوند rhapontic, Bc.

رَاوَنْدِي. Le chaikh Mohammed, surnommé ar-Râwendî, c.-à-d. le vendeur de rhubarbe, était un pauvre homme à Damas, qui s'est rendu célèbre par ses plaisanteries piquantes et effrontées, car il reprochait sa pauvreté à la Providence. Son surnom est devenu proverbial: on le donne à tous ceux qui lui ressemblent, M (sous رود).

رَأَى I. Le n. d'act. رُؤْيَا, de Sacy Chrest. I, ٨١, 5 a f. — Dans le Coran, suivant les interprètes de ce livre, savoir, quand il est question de Dieu; de même Bidp. 285, 10: الحَمْد لله الذي علِمكما مِمَّا رأى. — Comme visum est ei en latin, p. e. فرأى أعمال الليلة, et même approuver, permettre, consentir à, Gl. Edrîsî. — رأيت الوحوش التي كنت تأكلين اما كان لها آباء وأمهات « que pensez-vous des bêtes dont vous aviez coutume de manger? N'avaient-elles pas, » etc., Bidp. 268, 6, Fakhrî 74, dern. l.: ترى هذا الناحِجاب إلى اين يمشى في هذا الوقت « que pensez-vous de ce courrier? Où va-t-il si tard? » (j'ignore pourquoi l'éditeur a fait imprimer تَرى), comme on dit في ما ترى, Weijers 31, 2, Nowairî Espagne 477: ما ترى فيما نحن فيه, et كيف رأيت عظم حيلتى, Bidp. 11, 7: كَيْفَ رَأَيْت. — Bien examiner, Bat. III, 46: أَرَأَيْت مع صغر جُثّتى « as-tu bien examiné أن اجتمعوا عليه ما يكون من العلّ

miné ce qui arrivera s'ils se joignent à lui? » — *Délibérer, tenir conseil,* Gl. Edrîsî. ‒ رَأَيْتُ رَأْيًا *j'ai imaginé, trouvé un expédient,* Koseg. Chrest. 100, 8 et 9. — أَلَّا تَرَى اِلَى فِعْلِه رَأْيٌ مُعْجِبَا *admirer,* Bc. — « avez-vous jamais vu quelque chose de pareil? » De même: مَا تَرَى طَيِّبَ هَذَا البُلْبُلِ « avez-vous jamais vu une nuit aussi belle? » et مَا تَرَى مَا جَاءَتْ بِهِ, où مَا est = أَمَا, Gl. Fragm. — يَا تَرَى, أَتَرَى, نَرَى, رَيْتَ (pour رَأَيْتَ). Ces expressions s'emploient dans la langue vulgaire, p. e. souvent dans les 1001 N., Antar 34, 10, comme des adverbes exclamatifs. Elles indiquent une interrogation à laquelle est joint le plus souvent un désir, p. e.: تَرَى مَتَى يَرْجِعُ « ah! quand est-ce qu'il reviendra? (et puisse-t-il revenir bientôt), » يَا ابْنَ أَخِي تَرَى يَجْمَعُ اللهُ شَمْلَنَا وَشَمْلَكَ « ô fils de mon frère, quand est-ce que Dieu nous réunira? (et puisse-t-il nous réunir bientôt), » Caussin Gramm. ar. vulg. § 330, Fleischer Gl. 76. L donne: *an (numquid)* أَمْ وَأَتْرَى, *ergone (numquid)* هَلْ وَتْرَى, *estne* أَتْرَا وَلَعَلَّ, *num (numquid) putasne* لَعَلَّمَا وَأَتْرَاَمَّا, et le Voc. a تَرَى sous *nunquid*; ils ont donc le *dhamma* sur le ت, comme dans le Fakhrî, probablement d'après le man., 371, 7 et 8: يُقَالُ انَّه مَلَأَ بَرَكَةً مِنَ الذَّهَبِ فَرَآهَا يَوْمًا وَقَدْ بَقِىَ يَعُوزُهَا حَتَّى تَمْتَلِى وَتَفِيضَ شَىْءٌ يَسِيرٌ فَقَالَ تَرَى أَعِيشُ حَتَّى امْلَأَهَا فَاتَ قَبْلَ ذَلِكَ وَيُقَالُ انَّ المُسْتَنْصِرَ شَاهَدَ هَذِهِ البَرَكَةَ فَقَالَ تَرَى أَعِيشُ حَتَّى أُفْنِيَهَا وَكَذَلِكَ فَعَلَ Dans Freytag Chrest. 74, 9, il faut lire كَيْفَ حَالُه يَا تَرَى, au lieu de نَرَى que l'éditeur a changé mal à propos en بِى; le sens est: comment se porte-t-il? Bien, j'espère. Chez Bc يَا تَرَى *c'est à savoir, savoir si,* بَارِيتَنِى exprime le doute, بَارِيتَنِى *plût à Dieu,* « كُنْتُ أَعْرِفُ أَنَّ *que je voudrais savoir si...* »

IV, *faire voir, montrer;* au lieu de la constr. ordinaire c. d. a., on trouve c. a. r. et ل p. dans Bidp. 140, 1: أُرِيدُ أَنْ أُرِيَهَا لِصَدِيقِى لِى.

V. تُرِيًا مَعَ *consulter, délibérer avec,* Voc. VIII *examiner,* Prol. III, 228, 8.

رَأْىُ العَيْنِ رُأْيَى *coram* dans le Voc. — *Idée, projet,* رَأْيَتُ « فَقَالَ الرَّأْيُ مَا رَأَيْتَ votre idée me plaît, j'adopte votre plan, » Cartâs 6, l. 7; surtout *bonne idée, sage projet,* Berb. II, 274, 2: وَشَاوَرَ فِى ذَلِكَ كِبَارَ التَّابِعِينَ وَأَشْرَافَ العَرَبِ فَرَأَوْهُ رَأْيًا « ils trouvèrent que ce projet était bon. » — Dans le *fikh* (théologie et jurisprudence), *la déduction analogique* (cf. Lane). Les docteurs de l'Irâc, qui possédaient peu de traditions, en firent un grand usage; aussi les nomma-t-on أَهْلُ الرَّأْىِ. Le chef de cette école fut Abou-Hanîfa. Dans le Hidjâz au contraire, Mâlik ibn-Anas et ach-Châfi'î, avec leurs disciples, étaient *les gens de la tradition,* et les Dhâhirites, qui condamnaient entièrement l'emploi de la déduction analogique, l'étaient encore davantage; voyez Prol. III, 2 et suiv. Les décisions des anciens docteurs de l'Irâc, qui étaient fondées sur la déduction analogique et qu'on avait rassemblées, formaient une science *sui generis,* appelée الرَّأْىُ, Macc. I, 622, 12: كَانَ فَقِيهُهَا فِى الرَّأْىِ حَافِظًا لَهُ, رَوَى لِلْحَدِيثِ كَثِيرًا Haiyân 27 rº, كَانَ عَالِمًا بِالرَّأْىِ 5: وَطَالَعَ الرَّأْىَ. Il faut encore observer que le mot الرَّأْىُ, dans la bouche des Mâlikites, des Châfiîtes et des Hanbalites, désigne quelque chose de plus que le terme القِيَاسُ, qui est proprement la déduction analogique. Ils accusaient les docteurs hanifites de pousser beaucoup trop loin leur prédilection pour le *kiyâs,* et de sacrifier l'autorité du Coran, de la Sonna et des anciens imâms à leur *propre jugement,* à la spéculation; voyez Khallic. I, 272, 7, avec la note de M. de Slane dans la trad. I, 534, n. 1. — الرَّأْىُ وَالمَشُورَةُ. Dans le Cartâs, 114, 15, on lit que le Mahdî donna le premier rang dans sa hiérarchie aux *dix,* et le second aux *cinquante,* وَجَعَلَ لِلْخَمْسِينَ الرَّأْىَ وَالمَشُورَةَ, ce qui signifie qu'il en fit ses conseillers. Chez Becrî, 165, dern. l., cette expression a un autre sens, car le fakîh Abdallâh ibn-Yâsîn exerçait en réalité le commandement suprême sur les Berbères dont il y est question, et qui, lorsqu'ils furent devenus mécontents de lui, عَزَلُوهُ عَنِ الرَّأْىِ وَالمَشُورَةِ. On peut supposer qu'il donnait ses ordres sous la forme de conseils, afin de ne pas blesser leur susceptibilité. — أَعْطَى الرَّأْىَ وَالأَمَانَ لِلْجَمِيعِ *amnistie,* p. e. رَأْىٌ وَأَمَانٌ « accorder une amnistie, » Bc. — رَأْىٌ, aussi رَاءٌ et رِى (copte ⲣⲏ; voyez Ztschr. für ägypt. Sprache u. Alt., 1868, p. 55, 83) espèce de *saumon;* il y en a de grands, qui pèsent quelquefois trois livres, et de petits, qui sont d'un blanc brillant, avec l'extrémité de la queue rouge; ce sont ces derniers que les habitants du Caire salent et qu'ils nomment صِير; voyez les auteurs cités dans le Gl. Edrîsî; chez Bc *sardine*. — Transcription de l'espagnol *rey* (roi), Bat. III, 318; cf. Windus 75. — Transcription de l'indien *raïa* ou *râdja* (roi), Bat. III, 318; ailleurs, IV, 58, راى et dans un man. راٰاى; dans le Mesâlik al-abçâr (Notices XIII, 219) الرا.

راية. Dans les courses de chevaux on plantait un drapeau, un étendard, au bout de la lice. De là vient que راية est le synonyme de غاية, *le bout de la carrière*, p. e. Bassâm III, 1 v°: Cordoue était ولم نَظْمٌ Calâïd 58, 14: مُنْتَهَى الغَايَهْ، ومَرْكَزُ الرَايَهْ، ونَثْرٌ ما قَصَّرَا عن الغَايَهْ، ولا أَقْصَرا عن تلَقِّى الرَايَهْ. — أَقَلّ الرَايَة. On donnait ce nom à un ramassis d'Arabes de diverses tribus, qui étaient réunis sous la même bannière. Ils s'établirent derrière le Caire. Voyez Ibn-Khallicân I, 386, 5 a f. et suiv. Sl. — ذواتُ الرَايَات étaient, au temps du paganisme, *les prostituées*, parce qu'elles indiquaient leurs demeures par un drapeau, Fakhrî 144, 5. — *Raie* (poisson), Roland.

بِرَوْيَة. Au souhait: ليلتكم سعيدة «bonne nuit,» on répond: بَرَوْيَاكُم, Bc.

رُوية est *aurora* dans la 1re partie du Voc., mais *aurugo* (la jaunisse) dans la 2e. — *Idée*, Bc. — *Mine, air, apparence*, Bc.

رِقاءة. Chez Abdarî, 58 v°, l'expression فعل ذلك رِقاءةً وسُمْعَةً a un tout autre sens que chez Freytag et Lane, car il dit: ils voulaient absolument faire la station au mont Arafat *le vendredi* (qui n'était pas le jour véritable), فيبطلون حجّهم رقاءً وسمعةً elle signifie donc chez lui *manifestement*.

مَرأى. مرَأى العَقْل *idée*, Bc.

مُرى (*index*), aussi مُوْرى, dans l'astrolabe, *le petit fil* qu'on attache au grand et qui se meut en partant du centre; — *aiguille* qui ressemble à une aiguille de montre; — en latin *ostensor*, *index*, *calculator*, petite éminence dans le zodiaque, entre le Capricorne et le Sagittaire, nommée aussi مرى رأس الجمل «l'indicateur de la tête du Capricorne,» Dorn; *elmuri*, Alf. Astr. II, 235.

مُراء, pour مُرَاءَاة, *hypocrisie*, Amari 121, 4 a f.

مُرَاء, pour مُرَاءَاة, *pharisaïsme*, Bc.

مِرْآة, *miroir*, est du genre commun chez Edrîsî,

Gl. Edrîsî; — écrit مِرَات, pour مِرْآت, P. Macc. II, 284, 1, cf. Fleischer Berichte 297; — dans le Voc. et chez Alc. (espejo) مِرَا, pl. أَمْرِيَة; ce pl. se trouve aussi chez Aboû'l-Walîd 796, 13: ואת השחרונים הָאָמְרִיָּה. — *Lunettes*, Bait. II, 4 c: التى تنظر بها النساء وجوههن واذا اتّخذ منه (السبج) مرآة نفع من ضعف البصر لحادث عن الكبر وعن علّة حادثة وازال للخيالات. ويَنْدَب نزول الماء. Alc. donne le pl. vulg. أَمْرِيَة en ce sens (antojos, espejuelos antojos). — مرآة عِنْدِيَّة, voyez sous هِنْد.

مُرَوّى *visible*, Bc.

مَرْئِيَّة *une tour d'où l'on fait le guet*, Gl. Edrîsî.

مَرْآيَة, pl. مرى ات et مَرَائِيَة, *glace*, *cristal pour se mirer*, *miroir*, Bc. — *Miroir magique*, Burton I, 370.

مُرَائِيَات, pour مُرَاءَاة, *imposture, papelardise*, Bc.

مَرْآيَاتِى *miroitier*, Bc.

رب II *résonner comme le rebâb*, Descr. de l'Eg. XIV, 228, n. 2.

رَبّ. Dans Koseg. Chrest. 73, 2, un homme dit en ces termes qu'il céda à la tentation de la chair: وقد غاب عنّى الصواب، واستندتْ فى وجهى الابواب، لما تَضَارَبَ الأَرْبَابُ. La dernière phrase (dans laquelle les voyelles sont de l'éditeur) ne m'est pas claire, et peut-être le texte est-il altéré. — Dans l'Inde on donnait le nom de الأرباب, «les seigneurs,» à un grand nombre de personnages qu'on trouve énumérés chez Bat. III, 432—3. — Voyez sur رب dans le sens de ou صاحب, fém. رَبَّة, Lettre à M. Fleischer 65, p. e. رَبّ شَكَايَتِى = شَكَيّى, رب قلم «un homme de plume,» رَبّ طِنّ «celui qui croit une chose,» ربّة الحسن «belle dame,» etc. — رَبّ الحَقّ *créancier*, Voc. ارباب الأحوال (Bc). *ceux qui ont des extases*, les Soufis, Macc. III, 675, 24. — رب الضأن *maître berger*, Gl. Esp. 327. ارباب القلوب *les Soufis*, Macc. I, 568, 16.

رُبّما *peut-être*, Bc, Hoogvliet 137, 2 a f. et

149, n. 180, Badroun 201, dern. l., etc.; *il paraît que*, Prol. II, 378, dern. l. — فَرُبَّما *ce serait fort bien, à la bonne heure*, P. Khallic. I, 385, 2 sl.

رَبّ الشَّمْسِىّ *le rob du soleil*, c.-à-d. qui se fait par l'action seule de cet astre (sans employer le feu); on le nomme aussi الرب الجلالى, *rob au julep*; c'est le meilleur de tous les robs; voyez Auw. II, 412, 12 et suiv.

رَبَّة *nourrice*, Voc. — *Achores*; ce sont des pustules qui s'élèvent sur la tête et le visage des enfants, Bait. II, 326 b: البثور التى تطلع فى روس الاطفال وجوههم التى تسميها النساء (الناس B) الرِبّة وفى عند وقى تنفع عندهم من الربة التى 186 c: الاطبّاء الشَّعَثة تكون فى روس الصبيان, M. — *Trèfle* (plante), Bc.

رَبَاب. Le رباب الشاعر *est monté d'une seule corde*, le رباب المُغَنّى *de deux*, Descr. de l'Eg. XIII, 356.

رَبِيب Épithète de la gazelle (voyez Lane), P. Macc. II, 209, 3, 210, 2 a f.; = *gazelle*, dans de Slane Prol. I, p. xxxix, vs. 8: — Dans le sens de *beau-fils*, le pl. أرباب chez Alc. (hijastro). — رَبِيب الحَجَل *le Malurus de Numidie*, Tristram 396. — ربيب الحَرَّاى *veronica hederaefolia L*, Prax R. d. O. A. VIII, 279.

رَبِيبَة *belle-mère, seconde femme du père*, Voc.

رَبَابِىّ *joueur de rebâb*, Voc.

رَبَّانِى *transcendant*, Prol. III, 347, 5 et 8. — *Devin*, Alc. (sage casi divino). — حِكْمَة رَبَّانِيَّة *providence*, Bc. — القدرة الربانية *sympathie*, 1001 N. Bresl. III, 86, de même que السر الربانى (voyez sous سر). — إلهام ربانى *inspiration céleste*, Bc.

رَبَّانِيَّات *cantiques à la louange du Seigneur*, Prol. III, 339, 10.

مَرَبّ En parlant d'un désert: فهى مرب للوحوش «c'est une contrée où il y a beaucoup de bêtes sauvages,» de Sacy Chrest. II, 436, dern. l.

مُرَبَّة *confiture, conserve*, Bc.

ربا I c. ب et عن. Comparez pour l'usage de ce verbe Macc. I, 136, 3: يربأ بنفسه أن يُرَى فارغا عالة على الناس «il est trop fier pour vivre dans l'oisiveté et pour être à charge à ses concitoyens;» Abd-al-wâhid 140, 16: أربأ بلفظى عن ذكرها «je respecte trop mes paroles pour parler de ces choses;» *ibid*. 142, 16: ربأ بقدره عن الوزارة «il pensa que cet homme avait trop de mérite pour n'être que vizir.»

رَبْأَة = يَرْبَأ الذى, Diw. Hodz. 34, vs. 4, et le commentaire p. 35, Mufassal 48, 9.

ربت

رُبَيْتَاة, dans l'Irâc, espèce d'*obsonium* fait de petits poissons avec des herbes et du vinaigre, Bait. I, 489 b, Fakhrî 212, 5 et dern. l.

ربح I. Vulg. رْبَح c. a. *gagner, acquérir, obtenir*, Alc. (ganar, impetrar, impetrar sacrificando, le part. pass. ganada cosa), p. e. ربح راتبا *recevoir une solde*, Alc. (ganar sueldo), ربح ثَنا *acquérir du renom*, Alc. (acaudalar nombre), ربح الدرهم خمسة دراهم «le dirhem en gagna cinq,» c.-à-d.: ce qui avait coûté un dirhem en rapporta cinq, 1001 N. I, 229, 2, où l'éd. de Bresl. (II, 193) porte: كسب الدينار خمسة. *Obtenir les faveurs* d'une femme, P. Prol. III, 413, 6; le Voc. traduit un peu crûment رْبَح, n. d'act. رِبْح, par *deflorare*. — *Prendre, enlever* une chose à (من) quelqu'un, 1001 N. I, 382, 14: انتم ربحتم منا مركبا.

II c. a. dans le Voc. sous lucrari.

III *prêter à intérêt*, Bc. — *Agioter*, Bc.

رِبْح *gain*, forme au pl. أَرْبَاح, P. Abbâr 205, 10. — *Intérêt*, Bc, Abd-al-wâhid 42, 2 a f. — *Impétration, obtention*, Alc. (impetracion).

رَبَاحِى L'explication d'après laquelle cette espèce de camphre tirerait son nom d'un roi (indien) nommé Rabâh, se trouve aussi dans le Most., chez Bait. (II, 334) et chez Antâkî; mais ce dernier et d'autres auteurs donnent aussi une autre leçon, à savoir رَبَاحِى (voyez).

أَرْبَح *plus lucratif*, Abbad. I, 172, 9.

مَرْبَح pl. مَرَابِح *profit*, Gl. Edrîsî.

مُرْبِح, dans le sens du part. act., *celui qui gagne, obtient*, Alc. (impetrador ganador). — *Prospère*, Roland.

مُرَابَحَة *intérêt*, Bc.

ربح

رَبْج, t. de mer, *largue* (la corde ou l'amarre), J. A. 1841, I, 589.

ربد

مُرْبِد. L donne *nisus* (*conatus*) مُرْبِد مُعزم. Je ne comprends pas comment ce mot aurait reçu le sens d'*effort*.

ربذ

رَبَذِي *rapide*, Kâmil 195, 18.

رِبْرِب n'est pas *un troupeau de buffles*, comme on trouve chez Freytag, mais *un troupeau d'antilopes* (بقر الوحش, Kâmous), et forme au pl. رَبَابِرْ, Voc.

مُرَبْرَب *dodu, potelé*, Bc, 1001 N. I, 361, 1, II, 250, 7, IV, 91, 6, 208, 6 a f.

رِبْرَق. C'est dans le Yémen que le *solanum* porte ce nom, Bait. I, 489 d.

ربز

I *toucher* quelqu'un بيد de la main, 1001 N. Bresl. III, 349, 1.

رَابُوز *soufflet*, instrument pour souffler, Domb. 95, Ht; chez Cherb. رَبُوز, pl. رَوَابِز, *soufflet de cheminée*; dans le Dict. berb. أَرَابُوز *petit soufflet*.

ربش

رَبِيشا *espèce de poisson*, Man. Escur. 893.

ربص I. ربص التراب في العقب «l'eau a déposé au fond du vase la terre qu'elle contenait», Bc.

II = I ou V chez Lane, P. Kâmil 595, 16. — *Enduire*, Mong. 368 b, 369 a. — *Munir de* تَرَابِيص *de préservatifs contre le feu*, Ztschr. XX, 499; en ce sens c'est aussi proprement *enduire*. — تَرْبِيص الكمين *dresser des embuscades*, J. A. 1848, II, 195, n. 2.

V. Dans le sens d'*attendre* le Voc. (expectare) donne la constr. c. على. — *Différer une chose, la remettre à un autre temps*, Alc. (sobreseer), c. a.,

Berb. II, 139, 10 (lisez أنّها avec notre man. 1350, au lieu de أنّا); c. ب, Freytag Chrest. 98, 8 a f., Auw. II, 21, 11: وبتربّص بها أربعة أيام «on les laisse en cet état pendant quatre jours», R. N. 100 v°: le personnage que le défunt avait chargé de faire la prière à son enterrement أنْذَرَ الناس بموته وتربّص به الأربعاء والخميس c.-à-d. il différa son enterrement pendant le mercredi et le jeudi. — تَرْبَّص بالمُلك, Abd al-wâhid 167, 1, بالدولة, Prol. III, 225, 8 (car c'est ainsi qu'il faut lire, voir la trad.), *attendre et souhaiter la chute de l'empire, de la dynastie*.

رَبِيص, *la semence d'été, celle qu'on sème après que la terre a été arrosée artificiellement*, M.

رَبَّاص (esp. rapaz) pl. رَبَّابيص *laquais, estafier*, Alc. (rapaz de escudero, moço de espuelas), *charto grenadine*: شيد للرَبَّاص, ce qu'on traduirait en espagnol par: «un sayo para el rapaz.» — *Petit garçon qui sert les messes dans un couvent de moines*, Alc. (monazillo de clerigos, le dimin. monazillo de monjes).

تَرَابِيص *préservatifs contre le feu*, Ztschr. XX, 499, n. 1.

ربض

رَبْض *paroisse*, Voc. — ربض القحاب *le quartier qu'habitent les prostituées*, Alc. (mancebia puteria, puteria).

رَبْضَة *terre basse*, M.

رَبُوض *cheval qui, ayant son cavalier sur le dos, se couche à terre ou dans l'eau claire, selon l'explication que donne Auw. II, 549, 1*.

ربط I *attacher à*, إلى, Bc, Gl. Badroun. — *Attacher autour de la tête*, p. e. يربطون الكرازي, Gl. Edrîsî. — *Attacher les chiens en laisse*, Alc. (atraillar). — ربط وحلّ *lier et délier*, refuser ou donner l'absolution, Bc. — *Panser*, appliquer sur une plaie les remèdes nécessaires à sa guérison, R. N. 48 v°: comme il s'était blessé en tombant, غسلوا الدم وربطوا رأسه. — *Arrêter*, Hbrt 211. — *Jeter l'ancre, mouiller*, Bc. — *Ensorceler* (cf. sous رَبَط), *duper, tromper*, Ztschr. XX, 491, n. 1, en parlant d'un homme qui se donnait pour Jésus: فربط جماعة من كبراء البلد. — p. ل C.

ربط

attendre quelqu'un *dans une embuscade, faire sentinelle*, attendre, guetter; ربط له الطريق *s'embusquer; voler sur les grands chemins*, Bc. — C. مع p. *convenir*, faire une convention, Bc, Voc. (pascisci), 1001 N. Bresl. IX, 331 (= اتَّفق معه, Macn. III, 204), de Sacy Dipl. IX, 486, 12: جميع ما يربطه مع فلان «tout ce à quoi il s'engagera envers un tel;» انت رابط معه «vous vous entendez avec lui,» Bc; مع الامر *concerter une entreprise avec*, Bc; cf. de Sacy Dipl. XI, 9, 3: سواء وتعادلا في ربطه وابرامه هذه المهادنة والمعاقدة, ibid. 10, 5: المربوطة, ibid. 16, 15: الصلح المربوط المشدود. — Avec نفسه, *garder pour soi*, ربط حقّه معه «il garda l'argent que cette vente avait rapporté,» 1001 N. Bresl. IV, 93.

II dans le Voc. sous *ligare*.

III c. a. l., Gl. Belâdz.

V *s'embusquer;* c. ل p. *attendre* quelqu'un *dans une embuscade, le guetter*, Bc.

VI c. على *comploter*, Bc.

VIII *être attaché, lié à*, ب, Gl. Badroun. — *Être attaché à quelqu'un, avoir pour lui de l'affection*, Abbad. I, 312, 7. — *Se contenir, se modérer*, Calâïd 58, 10: كان لا يرتبط في مجلس مدامه, Macc. II, 590, 17. — *S'engager, s'obliger, promettre*, de Sacy Dipl. XI, 9, 8: ما وقع الارتباط عليه «ce à quoi il s'est engagé,» *ibid.*, l. 13: ما ارتبط الرسل عنه وعن مرسليه المذكور «ce à quoi le susdit ambassadeur s'est engagé, tant pour lui que pour ses commettantes.» C. ل p. et ب r., Çalât 24 v°: وارتبطوا له ما لهم ارتبط به اليه «ils s'engagèrent envers lui à la même chose à laquelle il s'était engagé envers eux,» 48 r°: ارتبط لهم. C. مع p. Voc. (pascisci); c. مع p. et على r., Abbad. II, 27, 6: وقد عاهدناتم وارتبطنا معهم على ايفائهم; cf. plus bas ارتباط. — C. ل *s'astreindre à*, Abdarî 52 v°, en parlant des Mecquois: في اجتنابها. — C. على p. بعض حفا (l. جفاء) وقلّة ارتباط للشرع *se laisser duper par un joueur de gobelets*, Ztschr. XX, 503, 9: كدت ان ارتبط عليهم, 504, 2, Khatîb, article sur Abou-Dja'far Ahmed ibn-az-Zobair, man. de Berlin: وحصلت وحشة بين المتغلّب وبين ابي جعفر اكّدها السعاة المرتبطين (l. المرتبطون) على

ربط

ارتبط التجميل. — المشعوذ المذكور, en parlant d'un prince, *équiper à ses frais un corps de cavalerie*, qui a ses écuries dans le voisinage du palais, et qui est toujours prêt à exécuter les ordres du prince, Nowaïrî Espagne 453, 456, Ibn-Khaldoun, man. IV, 7, Abbad. I, 243, 8, Berb. I, 395, 13, cf. Akhbâr 129, 3 a f. — *Avoir* des lions, des éléphants, etc., *dans sa ménagerie*, Fakhrî 27, 6 a f.

ربط pl. رباط *entraves*, Bc. — Pl. ربوط *traité, convention entre souverains*, Voc. (pactum), Cartâs 245, 9, Holal 32 v°: توثيق ربطها, de Sacy Dipl. IX, 486, 11; le pl. aussi *conditions* d'un traité, de Sacy Dipl. IX, 469, 8: ما داموا محافظين على ربوط هذا الصلح. — ربط الذَّكر, *nouement d'aiguillette*, Bc. — ربط الاسحار, *ensorcellement*, Alc. (ligadura de hechizos).

ربطة pl. ربّاط *lien, ligature*, Alc. (reatadura, aussi travazon de edificio), Bc, Hbrt 181, Ht. — *Paquet*, p. e. de papiers, *liasse*, Alc. (enboltorio como de letras), ربطة ورق *liasse*, Bc; *botte de légumes*, Ht; ربطة فجل *bouquet*, Bc; ربطة زهر *paquet de radis*, Bc; ربطة من شعر *touffe de cheveux*, 1001 N. Bresl. I, 346, 6; ربطة من دراهم *un sachet qui contient des dirhems*, Macc. III, 160, dern. l.; cf. Abou'l-Walîd 619, 24 et 25, qui a le pl. ربط. Spécialement, en parlant d'étoffes, *une balle*, 1001 N. III, 177, 8, R. N. 72 r°: وكان يشتري الكتان ويجعل في كل ربطة رطلا ويجعل مع الربطة درهما ويخرج الى بيوت الارامل والضعفاء والمستورات فيدخل الى كل بيت ربطة وصرة, Richardson Central II, 237: «he also stated that twelve rubtas of raw silk sold for,» etc. — *Coiffure en forme de turban*, Bc; on appelle ainsi *l'ensemble de la coiffure des dames*, Descr. de l'Eg. XVIII, part. 1, 113, Lane M. E. I, 59, II, 396. — *Conjuration, complot*, Ht.

رباط, dans le sens de *lien*, pl. انت, Voc. — Même pl. *bande, long morceau* d'étoffe, Bc, cf. Gl. Esp. 335. — Dans l'instrument de musique appelé كمنجة, *double bande de cuir* autour du cou de cet instrument et sur les cordes, un peu au-dessous de leur jonction avec les cordes de boyau, Lane M. E. II, 75. — رباط الراس *bande autour de la tête*, Ztschr. XXII, 147, 7. — *Jarretière*, Hbrt 21, avec le pl. رباطات, chez Bc et Bg. — رباط للساق *Appareil que l'on met* sur une *blessure*, *emplâtre*, *bandage*, Bc. — T. de maçon, *longue pierre qu'on place sur des pierres plus petites afin de les lier*, M. — Pl. ات رِباط *ligament*, *muscle qui lie*, Bc, M, Gl. Manç.: رِباطٌ هو جسمٌ أبيضٌ عديمُ الحسِّ منه ما ينبتُ بأطرافِ العظامِ ليربطَ بعضَها ببعض ويسمّى رِباطًا بالاسم العام ويخصُّ بالعَقِبِ وتسميه العرب عَصَبًا ولا تعرف العصب الحقيقيَّ ومنه ما ينبتُ من وسط العظم لمعنًى آخر وهو ربط المفصل بالعظم ويسمّى رِباطًا ولا تعرفه ايضًا العرب Bait. I, 454 b: بلغ من ٥٠ Khaṭîb 65 r°: المَفاصِلِ والرِّباطَاتِ والاعصابِ عينه فيهم احراقُهم بالنارِ – واخراجُ الاعصابِ والرباطاتِ (B من) ظهورِهِ. — *Caserne*, Renou 26; «les *ribâts* étaient primitivement des casernes fortifiées qu'on construisait sur les frontières de l'empire. Outre les troupes qu'on y entretenait, des gens pieux s'y rendaient pour faire le service militaire et obtenir ainsi les mérites spirituels qui sont attachés à la guerre faite contre les infidèles: la pratique de la dévotion y occupait leurs moments de loisir, et bientôt les mœurs et les habitudes du couvent prenaient la place de celles de la caserne,» de Slane dans le J. A. 1842, I, 168. — *Camp*, Renou 26.

رَبيط *qui n'est pas en haleine* (cheval), Bc. — *Prisonnier*, Ztschr. XXII, 121.

رِباطة *ligament*, *muscle qui lie*, Gl. Manç. v° وتر. — *Couvent*, Cartâs 27, 8 a f.

رِباطية *cabale*, *complot*, *ligue*, Bc.

رِباط طريق dans le Voc. sous ligare. — *voleur de grand chemin*, Bc.

رابِط, comme رابِطة, *copule*, *mot qui joint l'attribut au sujet*, Macc. II, 521, 10.

رابِطة, pl. روابِط, Gl. Belâdz., *guet à cheval*, *troupe de cavalerie chargée de faire le guet pendant la nuit*, R. N. 103 r° (celui qui parle traverse la ville pendant la nuit, pour se rendre à sa demeure): فمررت ببرحبة ابن ابى داود فاذا رابطة وعسّاسة وكلاب فا كلّمنى احدٌ بكلمة ولا نبح عليّ كلبٌ. — *Caserne*, Edrîsî ١٧٧, 3. — *Un endroit où l'on vit retiré du monde et où l'on se livre à des œuvres de dévotion*,

un ermitage ou un couvent; aussi: *une mosquée hors d'une ville*, Gl. Esp. 328.

مَربِط *relais*, *le lieu où se trouvent les chevaux qui doivent en remplacer d'autres*, Bc. — *Endroit où les voleurs se mettent en embuscade pour dévaliser les passants*, d'Arvieux II, 266. — *Botte*, *assemblage de choses liées ensemble*, Bc. — *Bouquet*, Bc. — En espagnol *marbete* signifie *marque*, *étiquette qui indique le prix*, *l'aunage*, *la qualité d'une étoffe*.

مَرابِط semble signifier *tours de passe-passe* chez Macc. II, 146, dern. l.

مربِط. Selon Buckingham, I, 7, on donne le nom de *maraboot* à des fers et des chaînes avec lesquels on attache le cheval pendant la nuit, et qu'on fiche en terre dans les plaines où il n'y a pas d'arbres; c'est sans doute مَرابِط, pl. de مَربِط, qu'il a en vue. — *Corde pour attacher une tente*, Macc. II, 711, 15. — *Ceinture*, *ce dont on ceint le milieu du corps*, Voc. — T. de charpenterie, *grosse pièce de bois carrée*, *qui sert à former le plancher et qui se joint à ce qu'on appelle en espagnol les pares ou alfardas*, Gl. Esp. 157.

مَربوط *celui qui, à la guerre, se dévoue à une mort presque certaine, en se chargeant d'une entreprise désespérée*, Berbrugger 112. — مربوط تاء est 8, et تاء محدود est ت, Prol. II, 390, 11. — Pour مربوط الذَكَر (voyez sous ربط), *ne pouvant consommer le mariage par suite d'un maléfice*, Niebuhr B. 36. — *Le cinquième appel à la prière publique, qui se fait une heure et demie après le coucher du soleil, s'appelle le dernier marabut*, selon Ten Years 15. — *Espèce d'oiseau de nuit*, Ten Years 166.

مُرابِط *ermite*, Alc. (ermitaño), Ht. — *Marabout*, Bc, les voyageurs *passim*. — *Saint*, Ht. «On dit que la cigogne est *Mrabt*, c.-à-d. *sainte*, Pagni 62. مَرابيط الحوت (poisson saint) *agus*, *galeus*, Pagni MS. المُرابِطون *étaient à Médine les descendants des soldats turcs, qui formaient la garnison de cette ville*, Burckhardt Arabia II, 279.

ارتِباط, *enchaînement*, Bc. — *Engagement*, *obligation*, *promesse*, Bc.

ربع I *galoper* (cheval), M.

II *croiser*, *mettre à quatre marches une étoffe*, Bc.

ربع رِجْلَيْه — ربع رِجْلَيْه *croiser ses jambes*, Martin 79; قعد s'asseoir les jambes croisées, comme les tailleurs, Bc. — Comme la Iʳᵉ, s'approprier la quatrième partie des possessions d'un peuple qu'on a vaincu, Alc. (cuartear quitar el quarto). C'est ce que firent les Almohades lorsqu'ils s'emparèrent de l'Espagne, voyez le Cartâs 122, 4 a f., où on lit que Xerez se soumit à la domination de ces conquérants, et que, pour récompense, حبرت اموالهم فليس فى املاكهم رباعة وجميع. — بلاد الاندلس مربّعة — Formé de ربيع, *mettre un cheval au vert*, Maml. I, 1, 16. — *Manger les herbes vertes dans le printemps*, M, Voc. (herbare). — ربع بالمكان vulg. pour ربع بالمكان, M.

III. Dans les 1001 N. Boul. I, 373, on lit: il crut que le mieux serait de rester chez le jardinier هل تقبلنى ويجعل عندك مرابعا; il lui demande donc: عندك مرابعا Lane traduit: *devenir son aide pour un quart du produit*. Quand on consulte son dictionnaire, on serait plutôt porté à croire que le sens est: *travailler sous lui pendant la saison nommée* ربيع; cependant il est difficile de choisir entre ces deux explications, et dans l'éd. Macn. (I, 877) on lit: هل تقبلنى عندك لاجل المرابع فى هذا البستان, où le mot مرابع m'est obscur. — *Galoper*, Bc (Alg.), Ht, Delap. 150.

ربع *quartier d'une ville* (Freytag *vicus*, mais sans citation), Haiyân 51 vº: رجل من البربر من بعض ربع, Abd-al-wâhid 208, dern. l.: وقد قسموا اربع قرمونة. En Orient اخساب مراكش ارباعا *quartiniers*; c'étaient *les gardes de nuit*, Macc. I, 135, 9. — *Champ, pièce de terre labourable, cultura*, trad. d'une charte sicil. *apud* Lello 9 et 12, *terræ laboratoriæ, ibid.* 18, » voyez aussi Abela *apud* Burmannus, Thes. antiq. Siciliæ, t. XV, p. 74. Plusieurs Rabá à Malte, » Amari MS., Amari 31, 4 a f.: حصن يتصل ربع طيبة, 37, dern. l., 42, 12: بذه ربع (l. ربع) عامر المزارع, 43, 2, Cartâs 33, 18: غلّات الرباع والارضين 170, 3 a f., 197, 11, où l'éd. a le pl. ارباع, mais notre man. ربع, 208, 15, Bat. I, 235, J. A. 1851, I, 56, 9 (le traducteur, p. 68, n'a pas compris ce passage), Gregor. 34, 9, 36, 2, 7 (lisez رباعه avec le man.). Il est vrai que dans quelques-uns de ces passages on pourrait aussi traduire le plur. par *maisons*; c'est qu'il a le sens général d'*immeubles*, que donne le Voc. En Sicile, الربع الديوانى, Gregor. 34, 6 et 7, الرباع الديوانية, Gregor. 36, 5, *les terres appartenant au domaine*. — الربع المعمّر *la terre habitable*, Bc. — الربع *la tribu à laquelle on appartient, les contribules*, Ztschr. XXII, 119. — *Rondelet, qui a un peu trop d'embonpoint*, Bc.

ربع *mesure pour le lait, le quart d'une* محلّبة, Mehren 28. — « A Ouârgla mesure pour le beurre; c'est un pot en terre cuite qui contient quatre *ratl*, » Carette Géogr. 208. — *Un quart du Coran;* voyez sur cette division Ouaday 718. — *Quartier de mouton*, aussi الربع شاة, souvent dans le R. N. — Impôt sur l'industrie, *impôt du quart*, qui se perçoit sur toutes les boutiques louées au commerce de détail et sur les professions industrielles, Pellissier 322—3. — Partie d'une tribu, Sandoval 269 (ruabá), Daumas Mœurs 16 (rouabaa). — « Une fable ridicule veut que, dans le Cordofan, les femmes des Hassanin aient une nuit sur quatre à donner à leurs amants ou aux voyageurs: c'est ce qu'on appelle le roub (quart), » d'Escayrac 294. — « *Rba'a-el-moudjib*, le quart de cercle horodictique, instrument d'une grande simplicité, dont on fait usage pour connaître l'heure par la hauteur du soleil, » Berbrugger 260.

ربعة. Au lieu de ربعة قرآن ou ربعة مصحف *coffret du Coran*, qu'on emploie dans le sens d'*exemplaire du Coran*, Djob. 298, 8 (= Bat. I, 245), Macc. II, 641, 11, Khatîb, man. de l'Escurial, article sur Abdallâh ibn-Bologguîn ibn-Bâdîs: لحطّ كانت بغرناطة ربعة مصحف بخطّه فى نهاية الصنعة والاتقان, on se sert aussi du mot ربعة seul, Bat. I, 246, IV, 400, Cartâs 39, 2 a f. — *Le Coran divisé en trente parties*, voyez Ouaday 718.

ربعى *espèce de petit vaisseau en Chine, où chaque vaisseau était suivi de trois autres: le* نصفى, *moyen, le* ثلثى, *celui du tiers, et le* ربعى, *celui du quart*, Bat. IV, 92.

ربعية *la maîtresse de ce qu'on appelle en Egypte un* ربع, c.-à-d. *des appartements au-dessus des boutiques ou des magasins; elle loue ces appartements*, 1001 N. Bresl. XI, 343, 4 a f., 344, 1 et suiv.

رِبْعَة bouton-d'or (plante), Bc.

رَبيع herbe en général, Voc. (de omnibus herbis), avec le n. d'un. ة et le pl. رَبائع, Alc. (yerva comunmente), Domb. 39, 75. Aussi *foin*, Alc. (almear de heno كُدْس من ربيع). — *Un champ couvert d'orge, de trèfle, et autres plantes, encore en herbe, et dans lequel on laisse les chevaux paître en liberté*, Maml. I, 1, 16, Ztschr. XI, 477, n. 3, Barth I, 97; فى الربيع *au vert, dans la prairie*, Bc. — Ce mot m'est obscur dans le vers chez Macc. I, 893, 14. — ربيع الخُطّاف *éclaire*, Alc. (yerva de golondrina, où le *bâ* doit être changé en *fâ*).

رِبَاعَة *société, compagnie*, Cherb.

رِبَاعَة *la quatrième partie des possessions d'un peuple qu'on a vaincu, et que le vainqueur s'approprie*, voyez sous la IIe forme.

رِبَاعَة *dans l'Arabe orientale, la protection qu'on achète d'un Bédouin*, Burton II, 113. — *Danthonia forskali*, Daumas V. A. 382.

رِبَاعَة *cadran*, Alc. (cuadrante de astrologia).

رُبَاعِى *quaternaire, nombre de quatre unités*, Bc. — Synonyme de دُوبَيْت (voyez), *quatrain*, parce qu'il se compose de quatre hémistiches, J. A. 1839, II, 164, 1, 1001 N. I, 70. — Pl. ات, *nom d'une petite monnaie d'or, quart de dînâr, qui vaut environ quatre francs*, Gl. Djob., Amari Storia II, 457—8; cf. Abdarî 48 r°: فكان حساب الوينة قريبا من ثلاثة ارباع الدينار. En Egypte le robâ'i valait un demi-dinâr, car on lit dans les 1001 N. Bresl. II, 155, 11: واخذت معى رباعى يجى نصف دينار. Aujourd'hui c'est encore le nom d'une pièce de monnaie, mais qui ne vaut que 45 centimes, R. d. O. A. N. S. XII, 397 (rebeîa). — Nom d'une mesure pour les liquides; selon Pellissier 367, 64 *rebaias* (sic) font un مَطَر (voyez). — *Sept et demi*, Alc. (siete y medio). — L'espèce la plus délicate des beignets qui portent le nom de قَطائف, Bait. II, 309 a, d'après Ibn-Djazla: القَطائف المَخْشوّة أجودُها الرُباعى المَخْتَمَر العُصَيْمى Ibn-Djazla en donne la recette sous قطائف محشو.

رَبيعى *printanier, vernal*, Bc.

رَبّاع *jardinier*, Domb. 103.

رَابِع, avec l'art., le quatrième signe du zodiaque, c.-à-d. *le Cancer*, Prol. II, 187, 10, avec la note dans la trad.

الأربعَة *les mains et les pieds*, 1001 N. I, 89, 8. — أربعة وأربعين *scolopendre, millepieds*, Bait. II, 32 a, Payne Smith 1554, voyez sous جَنْجَبَاسَة. — يوم الاربع *mercredi*, Bc.

أربعَاء pl. vulg. ارابع, M.

الأربعين, ou جُمْعَة الأربعين, seul, *le vendredi qui suit les quarante premiers jours après les funérailles*, Lane M. E. II, 343. — صَوْم الاربعين *carême*, Bc. — يَوْم الاربعين *le quarantième jour après le mariage*, Lane M. E. II, 305.

أربعينيّة *les quarante jours les plus froids de l'hiver, le cœur de l'hiver*, synonyme de الليالى السود (voyez sous لَيْل), Bait. II, 34, en parlant du scinque dans le Faiyoum: واكثر ما يقع صيده عندهم فيما زعموا فى ايام الشتاء فى الاربعينيذ منها وهو اذا اشتذ عليه يرد الماء خرج منه الجن

أربوع pl. أرابيع *semaine de quatre jours*, Gl. Mang. sous ارابيع et اسابيع.

تَرْبِيعَة *quartier de pierre*, Cartâs 31, 9 a f., où d'autres man. (voyez la trad. p. 45) portent تَرْبِعَة.

تَرْبِيع pl. تَرابِيع *carré, surface plane et carrée d'un roc, qui peut servir de banc*, Koseg. Chrest. 143, 5: فرايت صخرة عظيمة مُلْساء فيها تربيع بقدر ما يجلس عليها النفر كالدَكّة. — *Quartier de pierre*, à ce qu'il semble, Cartâs 34, 6. — *Salle ou chambre de compagnie, ordinairement carrée*, Alc. (cuadra de casa), en espagnol *tarbea*. — *Assemblage de boutiques dans un emplacement rond ou carré, ou bien sur une seule ligne*, Delaporte dans le J. A. 1830, I, 320, Cartâs 26, 7. On emploie تربيعة dans le même sens, Cartâs 41, 12, où il faut lire avec notre man. تَرْبِيعَة. — السَقرازين. — *Cadran*, Alc. (cuadrante de astrologia). — *Quartier de la lune*, Auw. I, 223, 7. — *Cadastre*, Bc. — ميزان التربيع *niveau, instrument pour connaître si un plan est horizontal*, etc., Alc. (nivel).

رَبِع

تَرْبِيعَة voyez sous تَرْبِيعَة et sous تَرْبِيع.

مَرْبَع prairie, Bc. — Pièce d'étoffe, Hœst 269.

مَرْبَع ciseau, Voc. (مَرْبَع vulg. pour مِرْبَع).

مَرْبَع. Le pl. مَرَابِع explique par الابل التى لا ترد ويقال التى تأكل الربيع الما الا ربعا, Diw. Hodz. 251, 2 a f.

مُرَبَّع. مربع القد de moyenne stature, Voc., Formul. d. contr. 1, en parlant d'une esclave: مربعة القد; de même en parlant d'une mule مربعة الاقامة (pour القامة), ibid. — Rondelet, qui a un peu trop d'embonpoint, Bc. — حجر مربع pierre taillée en carré qui sert d'assise aux autres, Alc. (sillar piedra). — Salle ou chambre de compagnie, ordinairement carrée, Alc. (cuadra de casa). — Aussi, à ce qu'il semble, comme تربيع et تَرْبِيعَة, assemblage de boutiques dans un emplacement rond ou carré, ou bien sur une seule ligne, R. N. 22 v°: فلما صاروا جميعا الى مربع السماط الذى — يوخذ منه الى السقطيين الخ, Vase carré, Hbrt 198 (Syrie). — Le jeu des échecs indien quadrangulaire (8 × 8 = 64 cases), van der Linde, Geschichte des Schachspiels I, 108. — الآلة المربعة le grand jeu des échecs arabe quadrangulaire (10 × 10 = 100 cases), ibid. — Quatrain, c.-à-d. quand on ajoute à chaque hémistiche d'un ancien poème trois hémistiches nouveaux, afin d'en développer la pensée ou de la modifier, de Slane Prol. III, 405, n. 3. — «Corail mrabba, gros échantillon pour parures,» Prax 28.

مُرَبَّعَة quartier de pierre, Cartâs 31, 14 et 19. — Salle ou chambre de compagnie, ordinairement carrée, l'anonyme de Copenhague 98: وكان يسكن بدار من ديار القصر وكان جلوسم غدوا وعشيبا فى مربعة الدار النهى والامر. — Quartier, partie d'une ville, Veth, Lobb al-lobâb, Supplément p. 84. — Cédule, patente, Maml. I, 1, 161, 203, nommée ainsi à cause de sa forme carrée, car on trouve المراسيم المربعة, ibid. 219. — Espèce de fichu carré que les femmes portaient sur la tête, R. N. 94 v°, en parlant d'un homme qui était très-simple dans son habillement: وكان يجعل على راسه مربعة زوجته وفى خرقة لطيفة. — Bocal, Bc. — J'ignore quel sens il faut attribuer à ce mot dans un passage publié dans le J. A. 1852, II, 213, 5 a f, où il est question des Merinides qui avaient été battus et où on lit: ورجعت بنو مرين مشات بالمربعات الى المغرب. M. Cherbonneau traduit (ibid. 226): «les Beni-Merin s'étaient dispersés à cheval dans la direction du Maroc;» mais بالمربعات ne peut pas signifier «à cheval,» et le mot مُشَاة (car c'est ainsi qu'il faut écrire) indique justement le contraire: ils étaient à pied, l'ennemi leur ayant enlevé leurs chevaux.

مَرْبَع l'endroit où l'on passe le printemps, P. Prol. III, 369, 13.

مَرْبُوع pl. مَرَابِيع ciseau, Voc., Domb. 96, Ht.

مُتَرَبَّع l'endroit où l'on passe le printemps, P. Koseg. Chrest. 144, 6.

ربك

رَبِيك. En portugais arrebique, arrabique, rebique signifie rouge, fard.

ربل

II produire sa tige (herbe) (Victor), pousser des rejetons (Nuñez), Alc. (tallecer yerva); pousser des boutons, des fleurs, pour la seconde fois, Alc. (echar las plantas otra vez). — تَرْبِيل labour, façon donnée à la terre, Alc. (cohechazon de barbecho).

رِبْل Voyez sur cette plante Bait. I, 489 c; Vansleb, 99, 333 (rabl): «herbe odoriférante et huileuse, qui croît sur les montagnes et dont l'odeur est semblable à celle de la menthe; les Arabes la mangent avec plaisir.»

رَابِل pierraille, gravier, Alc. (caxcajo arena con piedras).

تَرْبِيل t. de médec., enflure, comme celle qui est produite par l'hydropisie, M.

ربن

رَابِنَة (esp. rabano) rapistre, raphanistre, Alc. (ravano silvestre); raifort qui a plusieurs racines, radis fendu (Victor), Alc. (ravano gagisco o magisco).

ربو

I. Dans le sens de monter on ne dit pas seulement رَبَوْتُ (Lane) (en place de رَبَأْتُ), mais aussi رَبِيتُ, et dans celui de croître le رَبَيْتُ du Câmous est bon (cf. Lane), tandis que رَبِيتُ appartient à un dialecte, Gl. Mesl.

II, élever, cultiver, au fig. dans le sens de: il a formé une union durable, de Sacy Dipl. IX, 486, 8. — L: demulcet يهدن وتربى الصحبة التى لا تزال

III *prêter à usure*, Bc, M.

IV, dans le sens *d'augmenter* et de *surpasser*, c. على, de Jong; dans le dernier sens aussi de Sacy Chrest. I, 252, 1, Abbad. I, 46, 5, Badroun 173, 5, Abd-al-wâhid 215, 15. ما يكفيها ويربى, *et même plus*, par ellipse pour ويربى على ما يكفيها, Gl. Edrîsî. — C. ب p. et عن r. *croire* quelqu'un *trop grand pour*, Macc. II, 110, 14. — *Prêter à usure*, Alc. (dar a logro).

رِبًا Aux expressions données par Lane il faut ajouter ربا النساء (= ربا النسيئة chez Lane) et ربا القرض, sur lesquelles on peut consulter v. d. Berg 94—5.

رِبْوَة *myriade* (Abou'l-Walîd 659, n. 63, 661, n. 82), a le pl. رِبَوات ibid. 662, 1.

رُبَيِّبَة ربيبات القصر وخوله *les belles servantes qu'on élève dans le palais* (de Slane), Berb. I, 483, 11 a f. — Tumeur dans la أُرْبِيَّة, qui provient de l'enflure d'une blessure au pied; elle produit une fièvre violente et cause de la douleur quand on la touche, M. — Tumeur sous l'aisselle, qui provient d'une blessure à la main, M.

رِبَايَة *éducation*, Bc.

رِبْيَانَة *anacyclus tomentosus*, Prax R. d. O. A. VIII, 343 (rabiâna).

رَبَّايَة *nourrice*, Domb. 76.

رَابِيَة *dactylis repens* Desf., Prax R. d. O. A. IV, 196, VIII, 281.

تَرْبِيَة *soin*, Roland. — *La culture de l'esprit*, Autob. 208 v°: شيخ وقتـه جلالـة وتربية وعلمًا. — On emploie ce mot dans le sens *d'ordre, arrangement, disposition*, et dans des phrases où l'on s'attendrait plutôt à trouver le mot ترتيب, p. e. 1001 N. I, 367, 11: فلما اقبلتم لا ار تربيتكم تربية ملوك وانما; Macc. I, 133, 12: لئلا يدخل رايتنكم طوائف مجتمعين; الخلل الذي يقضى باختلال القواعد وفساد التربية وحل الاوضاع; dans ce dernier passage, l'éditeur, M. Wright, a changé التربية en الترتيب, mais tous les man. et l'éd. de Boulac s'y opposent. — *Jeunesse*,

Alc. (mocedad). — *Enfant, garçon* et aussi *jeune fille*, pl. تَرَاْبِي, Alc. (moço de pequeña edad, niño o niña), Domb. 77 (infans). Dans les Extraits du Roman d'Antar, 6, l. 11, Antar dit à un esclave: ويلك ولد الزنا — تربيـة الامـة اللخنا. — *Ragoût de mouton aux œufs et aux tomates*, Daumas V. A. 251.

تَرْبَايَة *éducation*, Bc.

مُرَبَّى *éducation, le temps où l'on reçoit son éducation, jeunesse*, Autob. 231 v°: وكان فى قلبه نكتة من الغيرة من لدن اجتماعنا فى المربى مجالس الشيوخ (le man. a les voyelles que j'ai données), Prol. I, 332, 9, 334, 4, II, 248, 14, 260, dern. l., 261, 2, Berb. I, 547, 2 a f., 586, 5 a f., 597, dern. l., II, 151, 8, 1001 N. II, 68: جعل مرباه فى طابق, il le fit élever dans un souterrain.» — *Confiture*, a chez Bc le pl. مربيات; *électuaire*, Voc.

مُرَبِّيَة «il fut élevé dans un souterrain,» 1001 N. Bresl. VII, 46, 47.

مُرَابَاة *intérêt, profit qu'on retire de l'argent prêté*, Payne Smith 1449.

ربين I c. a. et II dans le Voc. sous *scabies* (in canibus).

رتّ

رَتّ = פר, *jeune taureau*, Saadiah ps., Abou'l-Walîd 583, n. 60.

رَتَّة *la noisette indienne*, Bait. I, 56 d, 178 b, 489 e, Ibn-Djazla, «inconnue au Maghrib,» Gl. Manç.

رتب I. On dit رتب الرجل, *il se tint debout*, en parlant d'un homme qui est sur le point de partir pour la guerre sainte, d'entreprendre le pèlerinage de la Mecque, ou de s'acquitter d'autres devoirs religieux qui demandent des efforts, Gl. Belâdz. — C. على r. *faire assidûment* une chose, Macc. I, 566, 1: كان راتبا على الصوم; cf. Lane sous رَاتِب.

II *établir, installer, placer, mettre*, p. e. des ouvriers dans (فى) un certain endroit, des navires dans (ب) un port, des soldats dans une embuscade, une tribu sur une terre, mais surtout des soldats dans une place, Gl. Belâdz., Gl. Fragm., Abd-al-wâhid 47, 6 a f., Cartâs 222, 3, 231, dern. l., Berb. I, 502, 4; رتّب

راتب

علیه للحرس «il plaça auprès de lui des gardes,» soit pour lui faire honneur, soit pour l'empêcher de fuir, Berb. I, 491, 12, 567, 6, 572, 5, Khatîb 132 r°. — C. a. l. *mettre garnison dans* une place, Khatîb 131 v°: وعبرها بالحجمات (بالحجماة l.) ورتبها بالمرابطة — *Rédiger*, Bc. — *Assigner* un traitement (راتبًا) à (لـ) quelqu'un, Voc., Calâïd 215, dern. l., Macc. I, 570, 20, Amari 658, 11. Aussi c. a. p. *salarier* quelqu'un, Djob. 280, 21, et le part. pass. *salarié*, Djob. 40, 2. *Assigner* des wakf à (علی) une mosquée, Macc. II, 710, 11. — *Enrôler*, Bat. III, 202. — *Nommer* quelqu'un à un emploi, à une charge, à une dignité, Abd-al-wâhid 6, l. 12, Maml. I, 1, 10: رتب فی اشراف الدیوان «il le nomma surintendant du bureau;» spécialement *nommer* quelqu'un *professeur*, Macc. I, 477, 3, 523, 3 (= Khallic. I, 532, 12 Sl.). — *Conduire, commander* des gens de guerre, Alc. (acaudillar, capitanear gente). — *Gouverner*, Alc. (governar regir, regir; le n. d'act. regimiento et regimiento de cibdad). — *Faire une estrade*, Alc. (estrado hazer). رتب الغنا *moduler, former un chant d'après les règles de la modulation*, Bc.

V *s'établir, se fixer*, Hbrt 45; ترتبوا الناس علی مراتبهم «chacun se plaça suivant son rang,» Bc. — *Etre assigné* (traitement, salaire), Voc., 1001 N. Bresl. IX, 195. — Exemple de علیه ترتب (voyez Lane) dans de Sacy Chrest. I, ١٥٣, 8. — *Remplir des emplois*, Khatîb 19 v°: ترشح الی ترتب سلفه. — *Régler* du papier, Alc. (reglar papel o otra cosa).

رتبة *réunion de 60 ou 100 silos rapprochés les uns des autres, et confiés à la surveillance d'un gardien*, رتّاب, Cherb., Pellissier 135.

رتبة proprement *degré de mérite, mérite*, Calâïd 118, 6. — *Station* (pour la poste), Bat. III, 95. — الرُتَب *les stations de la lune*, 1001 N. Bresl. XI, 120. — *Garnison*, Rutgers 197, 6 et 200 et suiv. — *L'endroit où sont postés des soldats chargés de veiller à la sûreté de la route*. Ces soldats devaient aussi lever les droits d'entrée ou de passage établis sur les marchandises; pour cette raison ce terme a reçu le sens de *péage, droit pour le passage*, Gl. Esp. 335—8; dans le Voc. *pedagium* et *leuda*. — *Commandement*, de Sacy Chrest. II, 178, 5 a f. — *Discipline*, Ht.

رتبی que le Voc. donne sous *pedagium*, signifiait

راتب

sans doute *soldat-douanier chargé de veiller à la sûreté de la route et de percevoir le péage;* cf. l'article qui précède.

رتّاب *gardien d'un certain nombre de silos*, voyez رتبة.

راتب. امام راتب *imâm ordinaire*, Lane M. E. I, 115, cf. Djob. 279, 21: الامین الراتب فیها برسم الامامة; de même en parlant d'un moëddzin, Djob. 196, 7: الموذن الراتب فی المسجد; chez Becrî 175, 9, on lit المؤذنون والراتبون, mais je soupçonne que la copulative avant le second mot est de trop. — Pl. رتب *les soldats qui sont en garnison dans une place*, Gl. Belâdz. — *Soldat-douanier chargé de veiller à la sûreté de la route et de percevoir le péage*. A mon avis le Voc. indique ce sens, quand il traduit (sous asiduare) le mot رتبة (voyez) par *leuda*, et, immédiatement après, راتب par *qui acipit*, c.-à-d., je crois: *qui accipit leudam*. — Pl. رواتب *traitement, salaire, solde*, Alc. (salario, sueldo en la guerra), Fleischer Gl. 87, n. 2, 1001 N. I, 30, 7. Suivi de الفقهاء, *prestimonie*, fonds ou revenu affecté à l'entretien d'un ecclésiastique, sans qu'il y ait érection en titre de bénéfice, Alc. (prestamo o prestamera). *Prébende*, Alc. (racion de yglesia); صاحب الراتب *prébendé*, qui jouit d'une prébende, Alc. (racionero que la tiene). — قطع الراتب *condamner à l'amende*, Alc. (multar penar en dinero). — Même pl. *rente foncière, rente qui provient d'une terre*, Alc. (encenso o renta de hazienda, encenso de tierra, ronta, renta trayda). — Même pl. *ration, pitance*, Voc. (porcio, et dans la note ratio), Alc. (racion de palacio), Bc, Maml. I, 1, 161, 162, 1001 N. I, 113, 2 a f. الحزب الراتب *la portion du Coran qu'on doit lire chaque jour*, Berb. I, 303, 10 a f. Le pl. رواتب *les prières et les louanges de Dieu que les fakirs ou moines sont obligés de réciter certains jours et à de certaines heures*, de Sacy Chrest. I, ١۴٧, dern. l.: الفقراء المشتغلون بالرواتب من الاذكار; ceux qui le font s'appellent والمداومین علی طریقتهم ارباب الرواتب, Khallic. I, 611, 2 Sl.: le prince faisait distribuer, dans les deux villes saintes, de l'argent علی المجاوین وارباب الرواتب «aux indigents et aux moines.»

راتبة *rang*, de Sacy Dipl. IX, 493, 13.

ترتیب *statut, ordonnance, règlement*, Alc. (estatuto

o ordenacion), Bc. — *Gouvernement*, Alc. (governacion). — *Clergé, l'ordre ecclésiastique*, Voc. (ordo religionis), Alc. (clerizia orden). — بترتيب *médiocrement (ni trop, ni trop'peu)*, Alc. (medianamente). — غَيْر ترتيب *incontinence*, Alc. (incontinencia) et parmi les adverbes (incontinente); — *injuste*, Alc. (injusta cosa). — بلا ترتيب *irrégulièrement*, Alc. (irriguларmente).

ترتيبى *systématique*, Bc. — عدد ترتيبى *nombre ordinal*, Bc.

مُرَتَّب pl. مَراتب *estrade*, Alc. (estrado).

مُرَتَّب *méthodique, régulier*, Bc. — غَيْر مرتب *incontinent*, Alc. (incontinente). — *Statut, ordonnance*, Alc. (establecimiento). — Pl. ات *traitement, salaire, solde*, Gl. Bayân, Gl. Djob., Macc. II, 537, 3, Bat. I, 72, 167, 205, 206, 278, 293, etc., Cartâs 143, 15, 199, 5, 7, 222, 14, 259, 15, 280, 6 a f., 281, 11, le man. B dans Haiyân-Bassâm III, 140 vº, où le man. A a le synonyme de راتب, Hist. Tun. 92: le bey وزان فى الجبايات augmenta l'armée de mille hommes — *Ration*, تنفرّق العسكر لعدم المرتب :118. لمرتبها فى مرتب pitance, Macc. I, 373, 1, charte grenadine: القصيدة ☙

مُرَتَّب *gouverneur*, Alc. (governador, regidor).

مَرْتَبَة. المَراتب *les siéges dans l'antichambre des califes abbâsides, où ceux qui se présentaient pour l'audience s'asseyaient chacun selon son rang*. C'est un usage établi par Mançour. De Jong. — *Estrade formée de matelas ou coussins*, Alc. (estrado de almohadas), p. e. مرتبة العروس, M. *Siége de pierre ou de bois en forme de banc (recouvert de tapis); banc*, Bc. — *Trône*, Alc. (trono del rey, silla real). — *Lit nuptial*, Alc. (talamo de novios). — *Salle*, Gl. Edrîsî, Macc. I, 251, 3. — *Assemblée, réunion, société*, Gl. Edrîsî. — *Poste, lieu où un soldat, un officier est placé par son chef*, Haiyân 3 rº: le sultan était inquiet à cause du général Ibn-abî-Othmân et de son corps, اذ كان قد تخلّف عنه فى مرتبته امره بالاستعداد للحرب : 61 vº, من حصار ابن حفصون وأمر الامير بانزال العسكر: 72 vº واقامة مراتبها Haiyân-Bassâm I, 171 vº: عزم على الفتال وحطّ الأثقال واقامة المراتب Khatîb 113 vº: فلما تراءى الجمعان واضطربت كتائبه mais lisez المراتب, Berb. I, انحلّت ورتّبت المراكب

500, 6 a f. — Dans l'Inde, مراتب الامير, ou المراتب, *les honneurs, les insignes d'un émir*; ce sont des drapeaux, des timbales, des trompettes et autres instruments de musique, Bat. III, 106, 110, 180, 230, 417. — *Tour, rang successif*; en valencien *martava* a ce sens. — En algèbre, *puissance*, J. A. 1834, I, 436, Prol. III, 97, 10. — *Pension*, Hbrt 222; chez les auteurs c'est مُرَتَّب qui a ce sens. — *Groupe de traits de plume, qui, selon les points diacritiques et les voyelles qu'on ajoute, donne tel ou tel nom*, Yâcout III, 286, 7, synonyme de قرينة, cf. V, 33.

مُتَرَتِّب. المترتب لنا من علوفتنا «ce qui est échu de nos appointements,» Bc.

رنج II *faire une peinture de porte*, Voc.

V quasi-passif de la IIe, Voc.

رِتَاج, pl. ات et أَرْتُج, *peinture de porte*, Voc., Alc. (quicio o quicial de puerta); peut-être en ce sens Cartâs 34, 4; pl. أَرْتُج *gond*, Ht.

رتر

رُتَيْرَة = رُتَيْلَة *araignée*, Voc.

رتع I *brouter, manger sur place les végétaux*, Bc. — *Être en repos*, Cherb. Dial. 12.

II = IV *laisser paître les chameaux en liberté*; au fig. en parlant de vers satiriques, Gl. Mosl. — *Entraver, mettre des entraves*, Voc. (conpedire).

V quasi-passif de la IIe, Voc.

رَتْع pl. أَرْتُع *un pieu auquel on attache une bête*, Alc. (estaca para atar bestia). — *Entraves*, Cherb., Martin 130. — *Espèce d'arbre dont on fait du charbon*, Daumas Sahara 226, Carette Géogr. 137.

رُتْعَة *entraves*, Voc.

رِتَاع pl. أَرْتِعَة *entraves*, Voc.

رَاتِع et رَاتِع dans le Voc. sous conpedire.

مُرْتِع *paissant sans se disperser*, Ztschr. XXII, 135.

مُرَتَّع = مُرْتِع, Diw. Hodz. 149, 3 a f.

مُرْتَعَة *licou*, Gl. Esp. 159, 160.

رتفل. رَتْفُل, pl. ات et رَتَافِل, *en Espagne, espèce de coiffe, faite en forme de réseau*, Alc. (alvanega de red, capillejo de muger, randa). Je crois avec M. Simonet

رتل 509 رجح

que c'est, comme رَتْوَال dans L, une altération du lat. retiolum, dimin. de rete.

رتل II psalmodier, Bc, Hbrt 155; dans le Voc. legere cum cantu; — chanter, Hbrt 155, chanter dans les églises, Bc; — chanter, en parlant de la cigale, des insectes, Bc. — L: depromit ويرتل يجتلب.

V dans le Voc. sous legere cum cantu.

رَتْلَة araignée, Alc. (araña).

رَتِيلَة labour de bonne coordination à raies rapprochées, Auw. II, 11, l. 11, 38, 3 a f.

رَتِيلَة araignée, Voc., Alc. (araña), M, aujourd'hui en Afrique رتيلة, Domb. 67, Ht; chez Jackson 185: ertella b'hairie, araignée venimeuse.

رُتَيْلَاء phalange (sorte d'araignée), Bc; — tarentule, Bc. — Quant à la plante qui porte ce nom, voyez Bait. I, 490 b.

رَتَّال chantre, Bc, Nowairî Espagne 479: وكان ذلك كلّه على أيدي عشرة رجال حَجَّامين وجَزَّارين وحاكَة ورتّالين وهم جُند ابن عبد الجبّار.

تَرْتِيل chant d'église, Bc; عند المولّدين التلحين, M. في تلاوة الصلوات وهو من اصطلاح النصارى.

مُرَتِّل chanteur dans l'église, chantre, Hbrt 155.

رتم II pétrir la pâte avec les poings, Alc. (heñir).

رَتَمَة la tache blanche que certains chevaux ont entre les deux narines, au-dessus de la lèvre, Berbrugger 72.

رتن II rendre paresseux, Voc.

V être paresseux, Voc.

رَتُون paresseux, Voc.

رَتْوَال réseau dont les femmes enveloppent les cheveux, L (retiolum). C'est évidemment le dimin. de rete. Aujourd'hui les Espagnols disent redecilla. Cf. رتنل.

رَتِينَج = رَاتِينِج résine, Payne Smith 933.

رث II pluviner, pleuvoir à petites gouttes, bruiner, Alc. (lloviznar).

رَثّ Le Voc. a رَثّ sous vetula, et رَثَّة, pl. رَثّات, balbus.

رَثّ pluie, Voc.

رثى IV, dans le sens de la Ire, Voc. (sous lamentari), chanter les louanges d'un défunt sur son corps, Alc. (endechar), pleurer un défunt, Alc. (llorar a los muertos).

VIII dans le Voc. sous lamentari.

رِثَائِي élégiaque, Bc.

أُرْثِيَة élégie, chant funèbre à la louange d'un mort, Alc. (elegia como endecha, elegiaca cosa deste cantar).

مَرْثَاة vulg. pour مَرْثِيَة, M.

رج I. رَجَّهُ بالأحجار jeter des pierres à quelqu'un, Bc.

VIII c. على être stupéfait, Voc.

رَجَّة agitation, branle, fracas, tumulte, tempête, trouble, sédition, calamité, Bc; Abbad. I, 58, 7, 135, n. 369, II, 17, 2, Cout. 41 vº: فقامت في القصر رجّة Haiyân-Bassâm I, 172 rº: فلم يرعه إلّا رجّة Bassâm I, 201 rº: القوم راجفين (زاحفين ل.) البهم, وسمع باديس الرجّة, le juif avait été tué dans le palais Abdarî 58 vº: وقعت رجّة في الركب نفر لها الكبير. R.N. والصغير الى قتال اهل مكّة بأمر صاحب الركب, Khatîb 43 vº: فكان من ذلك بالقيروان رجّة عظيمة; 94 rº: رجّة كادبة — ووقعت الرجّة وسُلّت السيوف fausse alarme, Bc. — Secousse, violente attaque d'une maladie, Bc.

رَجِّي tumultuaire, Bc.

رَجُوج grand tambour, M.

أرجوجة sorte d'oiseau, Yâcout I, 885, 12; chez Cazwînî l'avant-dern. lettre est un hâ.

رجا IV. أرجئني ثلاثًا laissez-moi attendre encore trois jours, Berb. II, 139, 7 (leçon de notre man. 1350).

رجب

رَجَبَة pl. رِجاب le fond d'une vallée où l'eau se rassemble, Abou'l-Walîd 663, 19—21.

الركب الرجبي رَجَبِي forte caravane qui partait du Caire pour la Mecque au mois de Redjeb, Bat. IV, 324.

رجح I. رجح له شيء il trouva bon de faire une chose,

Rutgers 149, 4 a f.: رجّح لمولانا صاحب السعادة «le pacha trouva bon de rebâtir la ville d'Imrân dans le district d'al-Boun.» Je crois que Weijers (voyez *ibid.* 151) a eu raison de prononcer et de traduire de cette manière, et que Rutgers (161 à la fin) s'est trompé en changeant les voyelles et la traduction de son collègue. Aussi avec لدى p., Rutgers 168, 14, où il faut prononcer: يُذكر فيه انه رجّح لديه الاجتماع مولانا. Cf. sous la Ve.

II c. بين mettre deux ou plusieurs choses, ou opinions, ou personnes *en balance*, *les examiner en les comparant*, Amari 18, 11, Prol. II, 279, 2 a f. et suiv., III, 2, 2, Haiyân 11 r°: فى ترجّحه بين النمر والبلوط. — C. a. et على *préférer* une personne, une chose à une autre, Voc., Bc, Macc. I, 596, 16, 805, 2, II, 58, 2, Vie de Saladin 219, Abdarî 14 v°: question: faut-il faire le pèlerinage de la Mecque lorsque les routes ne sont pas sûres? وكان اللخمى رجّح خروج الاسهال, Chec. 207 v°: ماثلا الى ترجّح النزل فى شيابه, Bc: فرجّح المفتى كلام الامام «le mufti décida en faveur de l'imâm.» — *Approuver*, Rutgers 159, 18: وطلب الاذن منه فى الاتفاق ان رجّح ذلك (l'éditeur, p. 161, veut à tort changer en ان), et il a mal traduit le passage), 167, 8 a f.: وقال الرأى والبركة فيما رآه ورجّحه صاحب السعادة.

III *mettre en balance*, examiner en comparant, Bc.

IV. رجّح بفلان semble signifier *il le déclara l'égal d'un tel*, Haiyân 6 v°: فالحق بهؤلاء المشيخة الجلّة وأرجح بكثير منهم وضيّر فى جملة الفقهاء المشاورين فى الاحكام ولمّا لم يكتمل فى ستة.

V. رجّح عنده شى *il trouva bon de faire une chose* (cf. sous la Ire), Khatîb 68 v°: وشرع فى الاياب الى المغرب وترجّح عنده تقديم أبى محمد بن أبى حفص المصنوع له بافريقية على ملكها.

X. c. a. p. *déclarer* une chose ou une personne *excellente, préférable aux autres, ou bien très-sage*; voyez, outre le passage de la Hamâsa 216, 17, déjà cité par Freytag: Macc. I, 166, dern. l., 214, 4, Freytag Chrest. 41, 11: استرجح عقله, Haiyân 97 v°: ونسوّة الامير عند ذلك بغتاه بدر واسترجح جهاد

Haiyân-Bassâm I, 10 r°: وكان قد استرجح خاصته. — الناس وذوو الحاجا منهم فى القبض على هؤلاء الوزراه راجح *prépondérant*, Bc, comme رجح; 1001 N. IV, 247, 7: انت فى الحسن رجح. Aussi comme راجح *excellent, élégant*, 1001 N. I, 44, 5 a f.: وهو شاب مليح بقدّ رجح.

رجاحة العقل رجاحة, Cartâs 119, 8 a f. (lisez ainsi), semble signifier proprement: *la prépondérance de la faculté intellectuelle sur les autres facultés de l'âme*, et رجاحة الأحلام, Macc. I, 195, 14, *la prépondérance de la modération, de la clémence, de l'indulgence*. Le mot رجاحة seul s'emploie, soit dans le sens de *sagesse, sagacité*, Abbâr 169, 2, 239, 9, mon Catalogue des man. or. de Leyde I, 227, 14: لخلال الفاضلة من الرجاحة والدهاء والمعرفة والجزولة والرأى, Macc. II, 545, 21, Recherches II, App. p. LIII, 4 a f., soit dans celui de *modération*, *indulgence*, Abbâr 189, 7: وقد جرى له مع أبى بكر ر. — معنى الدعابة والمطايبة ما احتمله له بفضل رجاحته. En parlant d'une contrée, *excellence, fertilité*, Amari 37, 4: قطرها واسع المساحة شريف المنافع والرجاحة (corrigez la note 3, car B a la leçon du texte, et A porte والرجاحة).

أرجح *proprement pesant plus*, mais dans le sens de *plus ferme, tenant plus fixement*, p. e.: quand même les plus braves fuyaient saisis de crainte, j'étais أرجح من ثبير «*plus ferme que Thabîr*» (nom d'une montagne près de la Mecque), P. Abd-al-wâhid 110, 16. — أرجح عقلا *le plus sage, le plus sensé*, Cartâs 18. Aussi أرجح وزنا, Macc. I, 169, 17: كنت أظنّك أرجح وزنا «je vous croyais plus sensé.» *Le plus excellent*, Recherches II, App. p. LII. — *Plus profitable*, Abbad. I, 172, 8 (lisez ainsi), synonyme de أربح dans la ligne suivante. — *Gagnant plus*, Gl. Badroun. — *Préférable à*, من, Macc. II, 719, 10, Prol. II, 280, 1. — وأرجح بقليل, Amari 658, 7, ou وأرجح قليلا, Auw. II, 169, 3, *et un peu plus*.

أرجوحة *balance*, Voc.

مرجوح *erroné*, l'opposé de راجح, Macc. II, 822, 6, Prol. I, 13, 1, 32, 6, 403, 3, Berb. I, 115 II, 5, l. 5.

مرجوحة *berceau suspendu, espèce de hamac*, M.

مَرْجِحَة pl. مَرَاجِح balançoire, Bc. — Bascule, jeu d'enfant, *tapecu*, bascule, Bc. — *Berceau suspendu*, espèce de hamac, Bc, Hbrt 27.

رجر

رَجِيرَة *boisson faite de fromage et de dattes*, Barth V, 702.

رجرج

لحور الرجراج ،رَجْراج *tremble*, espèce de peuplier, Bc. En poésie رجراج seul s'emploie en ce sens, Macc. I, 841, 18: غضن على رجراج. — En parlant de l'eau, ce mot semble signifier *trouble*, Bait. II, 102 a (passage d'Edrîsî): quand on fait cela, فانه توجد الشقائق قد عاد (sic AB) ماء رجراجا أسود اللون يخضب به الشعر خضابا على المشط.

I *trembler* (de colère, de crainte, etc.), Abou'l-Walîd 663, 19—21, Saadiah ps. 4, 18, 77, 99.

IV *irriter, courroucer*, Hbrt 242.

VIII *trembler*, Abou'l-Walîd 663, 30.

رجس II *salir*, Payne Smith 1484; au fig., *couvrir d'opprobre*, Abou'l-Walîd 135, 31. — *Regarder avec attention, considérer, épier, guetter*, Alc. (atinar, considerar, mirar muy bien, otear por mirar); cf. sous ترجيس. — *Ramasser, faire revenir*, Ht.

V *devenir ou être sale*, Bar Ali éd. Hoffmann n° 1879.

VIII, en parlant d'une armée, dans le sens indiqué par Lane d'après le TA, exemple dans le Gl. Fragm.

رَجِس، comme adj., *sale*, Gl. Bayân, Bar Ali éd. Hoffmann n°s 4268 et 5804, Payne Smith 1485, 1490.

ترجيس *circonspection, prudence*, Alc. (atino, tiento para atinar, tino yendo o haziendo; بلا ترجيس desatinado; قلّة ترجيس desatino). — بترجيس *de niveau*, Alc. (niveladamente).

رجع I. Quand un auteur revient à son sujet après une digression, il écrit: رجع للخبر، رجع للحديث, etc. Dans son édition du Kitâb al-aghânî (23, 17), Kosegarten avait écrit رَجَعَ الخَبَرَ, mais le chaikh Tantâwî, dans une note sur ce passage (voyez p. 261 des notes), veut qu'on écrive رَجَعَ الخَبَرِ. Il est vrai que cette manière de prononcer est bonne; cependant j'ose affirmer que l'autre l'est aussi. Ce qui le prouve, c'est qu'on lit dans l'excellent man. d'Ibn-Abdalmelic, 2 v°, après une digression: رَجَعَ, avec toutes les voyelles et avec صح. Chez Ibn-al-Khatîb, 69 v°, on trouve après une digression: عاد للحديث, ce qui met l'usage du prétérit hors de doute. Comparez aussi Akhbâr 67, 1: ورَجَعَ عافنا شيء من حديث ثمّ رَجَعَ, et *ibid.*, dern. l.: عبد الرحمن بن معوية (l'omission de l'article, qui est dans le man., est une faute de l'éditeur). Aujourd'hui on dit de même, à l'aoriste: يرجع الكلام الى القاضي, يرجع مرجوعنا الى بَاسِم 66, Zeitschr. XXII, 81, 12. — *Retourner à sa demeure*, avec ellipse de الى داره, Vêtem. 84, dern. l. — *Revenir à l'obéissance*, avec ellipse de الى الطاعة, Akhbâr 101, 4 a f. — *Revenir à ce qui est bon*, avec ellipse de الى الصواب, Amari 673, 11. — *Revenir, se réconcilier, s'apaiser*, Bc. — *Devenir* (comme عاد et أتى), Gl. Edrîsî 268; ازرقّ *bleuir, devenir bleu*, Bc. — C. الى p. *se réconcilier avec quelqu'un*, R. N. 94 v°; وغضب على. — C. الى *avoir égard à*, Gl. Fragm., cf. Lane (TA) 1038 a, à la fin. — C. الى *recourir à, avoir recours à*, Bidp. 278, 2 a f., Nowairî Espagne 466: auparavant les Omaiyades déposaient chaque année cent mille dînârs dans le trésor. فلمّا امتنع اهل مُدُن الاندلس من اداء الخراج اليهم رجعوا الى تلك الذخائر فنفقوها, Khatîb 26 v°: مرجوعا اليه في كثير من مهمّات بلده, cf. Lane (TA) 1038 a, à la fin. — C. الى p. *se fier à, accorder sa confiance à*, Gl. Fragm. — C. الى *embrasser une religion, une doctrine*, Gl. Badroun. Aussi c. الى p. *embrasser la doctrine, la secte* de quelqu'un, R. N. 65 r°, où le Chiite 'Obaidallâh dit: أناظركم في قيام رمضان فإن وجبت لكم الحجّة رجعنا اليكم وان وجبت لنا رجعتم البنا. — رجع الى نفسه *rediit ad se*, en parlant d'une personne qui est hors de soi, qui est violemment agitée par quelque passion, Gl. Badroun. Chez Alc. رجع seul est *redevenir sage*, en parlant d'un homme qui a été fou (tornar en su seso el loco). — C. الى *être compris dans, faire partie de*, appartenir à, Macc. I, 134, 12: وهذا راجع الى تقلّب الاحوال وكيفيّة السلطان de Sacy Dipl. IX, 500, 7: وما يرجع الى سلطنته من Don Martin, roi d'Aragon. — المواضع والحصون on lui obéissait; aussi اليه رجع, Gl. Fragm. — C. a. p. et الى, 1001 N. III, 162, 11: لا ترجع حامل هذه المكاتبة بكلمة «n'adressez pas une seule parole au porteur de cette lettre!» — C. على reprendre, continuer quelque chose qu'on avait interrompu, Bc. — C. على revenir sur quelqu'un, exercer contre lui une action en garantie, Bc. — C. على p. attaquer quelqu'un, se tourner contre quelqu'un en le blâmant et en l'accusant, Gl. Fragm. Peut-être aussi en ce sens R. N. 74 r°: des cavaliers avaient, sur l'ordre du prince, arrêté un saint; ils le virent prier toute la nuit, فرجع اصحاب الخيل على بعضهم وقالوا هذا رجل من اولياء الله — الرأي ان رجعت الحرب عليهم نخلوه ونقولوا ما وجدناه ils éprouvèrent une déroute, Haiyân 85 r°, 91 v°. — رجع على ركبتيه fléchir les genoux, Voc. — C. عن se départir, se désister, Bc. — C. عن se corriger d'un défaut, Bc. — C. عن laisser un écrit inachevé, Meursinge 6, 5. — C. في revenir sur, relire et corriger ce que l'on a dicté, Bidp. 28, 1. — رجع في الذى قال se rétracter, Voc.; رجع في كلامه se rétracter, se dédire, revenir sur ce qu'on a dit, changer d'opinion, Bc; Alc. (desdezirse) donne رجع seul en ce sens. — رجع في وعد revenir sur une promesse, s'en dégager, Bc. — C. ل se soumettre à, الرجوع للقدر «se soumettre aux décrets de la providence,» P. Prol. III, 421, 8. — رجع لوراء empirer, aller de pis en pis, devenir pire, Alc. (enpeorar de mal en peor). — رجع من التخيير devenir mauvais, Alc. (enpeorar de bien en menos mal). — رجع من كلامه se dédire, Bc.

II présenter la coupe à différentes reprises, Recherches I, 524 de la 1ʳᵉ éd. — Renvoyer, réfléchir, répercuter le son, Bc. — C. الى reporter, porter la chose où elle était; رجعه الى منصبه «rétablir quelqu'un dans sa place,» Bc. — C. الى convertir, faire changer de croyance, Bc. — C. عن déconseiller, désentêter, détourner, dissuader, Bc. — رجع أزرق bleuir, rendre bleu, Bc. — رجع الخطبة rompre les fiançail-

les, renvoyer la bague, Bc. — رجع بوليصة على protester, faire un protêt, Bc.

III c. a. r. retourner à, p. e. الطاعة الاسلام, «à l'islamisme, à l'obéissance,» Gl. Belâdz. — Revenir à une opinion qu'on avait abandonnée, Meursinge 5, dern. l., et 17, n. 37. — C. a. p. chercher à se réconcilier avec quelqu'un, Abbad. I, 257, 12, Akhbâr 42, dern. l. Le n. d'act. réconciliation, Gl. Belâdz. — C. a. rengainer une épée, la remettre dans le fourreau, Akhbâr 61, 4: اغمد سيفك وراجع سيفك. — Rester chez soi, ne pas venir quand on a été mandé, Abbad. II, 193, 13 (biffez dans la note 25 le passage qui y est cité, car le verbe y est le sens de consulter). — C. في r. revenir sur un projet, Bayân II, 279, 3. C. a. p. et في r. tâcher de faire revenir quelqu'un sur un projet, Berb. I, 110: راجعوه في ذلك «ils le prièrent de revenir sur son projet,» Macc. I, 154, dern. l.: لم يقدروا على مراجعته «ils ne purent lui faire abandonner son projet.» — الله يراجع ب se convertir, Voc.

V dans le Voc. sous redire. — Comme la Xᵉ, dire انّا لله وانّا اليه راجعون, Becrî 73, 6 a f., Mohammed ibn-Hârith 293: ثم ترجع وتتعجب الناس ممّن شهد عليه بذلك.

VI dans le sens de rétrograder; on dit تراجع طبعه «son génie, son talent baissa, diminua, s'affaiblit,» Abbad. I, 297, 10, 313, 13. — Revenir à soi, reprendre ses esprits, Koseg. Chrest. 147, 6 a f.; de même تراجعت نفسه, Haiyân-Bassâm I, 121 r°: تراجع الامر, et فتراجعت نفس زاوي se remettre, Tantâwî dans le Ztschr. Kunde VII, 53, cf. Ztschr. IV, 243. — De même qu'on dit تراجعوا الكلام في (Lane), تراجع القول, Macc. I, 485, 2 a f., on dit: فما زال التراجع بينهما بالكلام حتى قام الخ Mohammed ibn-Hârith 261. — لا يتراجع irrévocable, Bc. — en retour de, de Sacy Dipl. IX, 500, 9: سلام عليكم تراجعا لسلامكم, ibid. 501, 1, où je crois devoir lire والسلام تراجع سلامكم au lieu de يراجع.

VIII refluer, refouler, refluer en abondance, Bc. — C. عن se convertir, changer de mœurs, Bc. — ارتجع الشىء من فلان il lui redemanda l'objet qu'il lui avait prêté, Gl. Badroun. — Restituer, Gl. Abulf.

رَجْع, dans le sens de *barrage, barrière qui ferme une rivière*, forme au pl. أَرْجاع, Berb. II, 194, 11.

الرَجْعة, رَجْعة *la doctrine du retour;* selon quelques mystiques, le monde reprendra son premier état quand une certaine période de temps sera écoulée, et tout ce qui s'y est déjà passé aura lieu de nouveau, de Slane Prol. II, 196, n. 5. — *Reprise,* continuation après l'interruption, Bc. — *Réintégration,* Bc. — *Reconciliatio,* L, رَجْعة وأقالَ; c'est *réconciliation* dans le sens que les Catholiques attachent à ce terme: l'acte solennel par lequel un hérétique est réuni à l'Église, et absous des censures qu'il avait encourues; cf. sous أقالَ. — *Réaction,* action d'un corps frappé sur celui qui le frappe, Bc. — *Réaction,* au fig., vengeance, Bc. — *Contre-révolution,* Bc. — Pl. رَجْع *récépissé, reçu,* Bc, M. — رَجْعة بَدْراهم المُشْتَرى *souscription,* reçu du prix de la souscription, Bc.

رَجْعى *les fruits qu'un arbre porte pour la seconde fois dans la même année,* M.

رُجُوع *rappel,* Bc. — *Restitution,* Bc. — رُجُوع على *restaur,* recours des assureurs les uns contre les autres, ou contre le maître du vaisseau, Bc. — رُجُوع في *retour,* t. de pratique, droit de reprendre, Bc. — رُجُوع على الضَمان *protêt,* acte de recours contre les endosseurs d'un billet, Bc.

رُجُوع dans un autre sens que celui que Lane a indiqué, Baidhâwî I, 53, 18, où l'épithète de Dieu التَوَّاب est expliquée par :الرَجُوع على عِباده بالمَغفِرة.

راجع pl. رَوَاجِع *antenne, vergue,* Bc, Hbrt 127, *palan stationnaire qui sert à hisser la vergue,* J. A. 1841, I, 588, 1001 N. IV, 317, 1. — *Mur mitoyen,* M. — *Support d'une muraille,* M.

تَرْجِيع *remboîtement,* Bc.

مَرْجِع *contre,* lieu où les choses tendent naturellement, Bc. — *Recours,* droit de reprise, action en dédommagement par voie légale; لَه المَرْجِع على فُلان «avoir son recours contre quelqu'un,» Bc. — المَرْجِع في هذه المَادَّة «il faut aller à lui» (s'adresser à lui pour cela); المَرْجِع الى الاَطِبَّاء «la chose est de la compétence, du ressort, des médecins, il faut s'en rapporter là-dessus aux médecins;» المَرْجِع في ذلك الى

«je m'en rapporte à ma dernière lettre, je vous y renvoie,» Bc. — Au Maghrib, où l'on prononce مَرْجَع, nom d'une mesure agraire, Voc. (ager), Gl. Djob., qui contient dix pieds de terrain, Alc. (tornadura medida de tierra; cienvebras de tierra et: مائة مَرْجَع من أرض), cinq pas cinq huitièmes, ou huit coudées un tiers, Maml. II, 1, 277, à Sfax six mètres carrés, Espina R. d. O. A. XIII, 150, cinq ares vingt centiares, Clément-Mullet II, 50, n. 2, cf. Lerchundi, Rudimentos del árabe vulgar que se habla en el imperio de Marruecos, p. 378, n. 1 (« es un cuadrado que tiene 64 cañas cuadradas, ó bien 384 kalas cuadradas »). C'est de ce mot que dérive le terme grenadin *marjal,* qui désigne la neuvième partie d'une *fanega* de terrain (Banqueri II, 109, n. *); il faut ajouter au Gl. Esp. A Grenade on avait une mesure agraire qu'on nommait المَرْجَع العُلى, Khatîb 13 v°, 12 v°: ينتهى ثَمن المَرْجَع منها العُلى (l. العُلى): chartes grenadines: الى ٢٥ دينارا من الذَهَب لهذا العهد: وهى من سبعة وأربعين مَرْجَعا عليها: بحساب تسعة دنانير من الذهب والفضة المَرْجَع الواحد على أنا فى التَكسير من سبعة مَراجِع عليها قَبَضها البَائع جملته (sic) وصارت بيده ۞.

مُراجَعة *représentation,* objection, remontrance respectueuse, douce, Bc. — من غير مُراجَعة *prévôtalement,* sans appel, *en dernier ressort, irrévocablement,* Bc.

مُراجَعات (pl.) *réponses, lettres qu'on écrit pour répondre à d'autres lettres,* Ibn-Abdalmelic 125 v°: وكانت بينه وبين جَماعة من أدباء عصره من أهل مالقة وغيرهم مُفاتَحات ومُراجَعات نَظْماً ونَثْرا ۞.

رجف I *trembloter;* رَجَف من البَرد «trembloter de froid,» Bc.

II *faire trembler,* inspirer la crainte, Bc.

IV c. a. p. *faire peur à quelqu'un,* Voc., Hbrt 228, 1001 N. I, 92, 9; يَرْجِف *épouvantable,* Bc. — C. ب p. *se révolter contre* quelqu'un, Gl. Belâdz., Gl. Fragm.

VIII *frémir, trembler, tressaillir, frissonner,* Voc., Bc, Hbrt 36, 228, 1001 N. I, 99, 8, Bresl. II, 57, 9, III, 339, 6.

رَجْفة *alarme, alerte, épouvante, sursaut, tressaillement de crainte, frisson, tremblement, effroi, hor-*

reur, Voc., Bc, Hbrt 36, 228, 1001 N. Bresl. XI, 388, XII, 411. — رَجْفَةَ قَلْب *palpitation*, Bc.

رَجْفَان *tremblotant*, Bc.

أَرْجَاف *alarme*, Bc; اراجيف *fausses alarmes*, Gl. Fragm.; صاحب اراجيف *alarmiste*, Bc; كثير الاراجيف *perturbateur*, *qui cause des troubles*, *turbulent*, Bc.

رَجْقَنُو *centaurée*, Prax R. d. O. A. VIII, 281.

رجل IV *décharger*, Voc. (exhonerare). — *Soumettre*(?), L (subicere وريَاضَة ارجال). — Chez Auw. I, 673, 15: ماء مغلى شديد للحرارة قد أُرجل على النار (de même dans notre man.), où ce verbe semble signifier *faire bouillir dans un* مِرْجَل *chaudron*, comme la VIIIᵉ.

V, suivi de دَابَّتِه عَنِ الفَرَس *descendre de cheval*, *mettre pied à terre*, Gl. Fragm. Chez Alc. تَرَجَّل seul a ce sens (apearse). C J ou الى p. *en l'honneur de quelqu'un*; ce qui est un signe de soumission, Gl. Fragm.

VIII *descendre de cheval*, *mettre pied à terre*, Voc. — *Baisser la tête*, Voc. — *Décharger*, Voc. ارتجل *en parlant de mots radicaux*, l'opposé de اشتقاق, Berb. II, 7, 4 a f.

رِجْل *pied* d'une montagne, M. — *Jambage*, ligne, barre d'une lettre ou autre chose, Bc. — *Pilastre*; pl. du pl. أَرْجَالَات; Gl. Edrîsî; Haiyân 102 vº: وفيه واقع بنهر قرطبة سَيْل عظيم اعتنضت (اغتنضت l.) به خلاقيم القنطرة وتثلم بعض ارجلها. — *Gouvernail*, Voc., Gl. Djob., Gl. Mosl. رجل الاسد *pied-de-lion* (plante), Bc. — رجل البقرة *pied-de-veau*, plante, Arum, Bc. — رجل لحاجي t. de maçon, *le côté inférieur d'une pierre*, M. — رجل التَّخَارُوف *pied-de-chèvre*, levier de fer, dont une des extrémités est faite en pied de chèvre, Domb. 95. — رجل الدَّجَاجَة, en Ifrîkiya, *camomille à fleurs blanches*, Bait. I, 106 b. — رجل الأَرْنَب *pied-de-lièvre*, plante, Lagopus, Bc, Bait. I, 492 c. — رجل الزُّرْزُور *coronopus*, Bait. I, 492 g. — رجل الزَّاغ, en Syrie, *coronopus*, Bait. I, 490 c. — رجل العصفور *ornithopode ou pied d'oiseau* (plante), Bc. — رجل العقاب *coronopus*, Bait. I, 492 g

(AB). — رجل العَقْعَق *coronopus*, Bait. I, 492 g. — رجل الغراب *cerfeuil*, *corne de cerf*, Bc. — رجل الغزال Vansleb 101: «*roïet gassal* ou *pied de cerf*, dit ainsi à cause que ses feuilles sont tout à fait semblables au pied de cet animal; est huileux.» Je pense que ce terme doit être corrigé comme je l'ai fait. — رجل الفُلُوس et رجل الفُرُوج (A), chez le vulgaire en Espagne, *salsola fruticosa*, Bait. I, 492 f. — رجل القط *pied-de-chat* (plante), Bc. — رجل الوَزّ *patte d'oie* (plante dangereuse), Bc. — رجل اليَمَامَة *pied-d'alouette*, plante, Delphinium, Bc. — أَرْجُل الجَرَاد nom d'une plante qui porte aussi ceux de الفلنجة (voyez) et de زَرْنَب, Bait. I, 525 b (le pl. ارجل dans AB). —

قام رجله نبيذ الأَرْجُل *sauter le pas*, *mourir*, Bc. — *le nabîdz des pieds*, est le vin, parce qu'on le prépare de raisins qu'on foule avec les pieds, tandis que نبيذ الايدي est le *nabîdz* proprement dit; voyez Lettre à M. Fleischer 196. — رجع على رجله *retourner dès qu'on est arrivé et avant qu'on se soit assis*, M.

رَجُل. Le pl. رَجُل signifie *des hommes distingués par leur savoir et leur piété*, Djob. 45, 7. Chez les Soufis *les hommes distingués par leur avancement dans la vie spirituelle*, Prol. III, 63, 1, Ztschr. XVI, 236, n. 4. — Dans le R. N. 94 rº: دخل عليه عرون الفقيه وكان من رجاله, c.-à-d. «il était de ses amis.» الله والرجال *Dieu et les saints*, 1001 N. IV, 689, 2 a f., 694, 2 a f., avec la note dans la trad. de Lane III, 729, n. 17. — تعاطى ما ليس من رجاله «il se mêla de ce qui ne le regardait pas,» Bat. IV, 358. — رجال الحديث *tous les rapporteurs dont les noms sont cités dans les isnâds*, de Slane Prol. II, 483; aussi الرجال seul, Macc. I, 492, 11: كان بصيرا بالحديث والرجال, 501, 3 a f. — Le pl. رِجَالَات *les personnages haut placés*, *les grands de l'empire*, de Slane Prol. II, 18, n. 2, cf. J. A. 1869, II, 158—9, Amari 328, 7 a f. — رجل خُنْثى *femmelette*, *homme efféminé*, Bc. — رجل وَحْشِي *orang-outang*, Bc.

رِجْلَة *sauterelle*, Gl. Maw.

رِجْلِي *fantassin*, Berb. I, 302, 6 a f.

رُجْلِيَّة *virilité*, Voc.

رَجَالَة *âme virile*, *courage viril*, Rutgers 155, 5 et 156.

رجل   515   رجن

رُجَيْلَة pourpier, Alc. (verdolaya yerva), Ibn-al-Djezzâr (Zâd al-mosâfir): البقلة الحمقاء وهى الرُّجَيْلَة.

رِجْلِىّ viril, Bc.

رَجَّال fantassin (cf. Lane), Cartâs 149, 2 a f., mais notre man. porte راجِل, qui est le mot ordinaire. — Brave, homme de cœur; رجّال الدهر « le héros de son siècle, » Bc.

رَجَّالَة Les gardes d'un prince s'appellent رَجَّالَة الدائرة, Haiyân-Bassâm I, 114 v°, ou simplement الرَّجَّالَة, ibid. 11 r°, en parlant d'un calife: بعض الرجّالة القائمين على راسه. — Agent; dans le R. N. 91 r° un cadi donne un ordre à ses رَجَّالَة. — Même pl., valet de pied, J. A. 1869, II, 159. — Même pl., courrier, Payne Smith 1426. — Même pl. et aussi رَجَّال, ouvrier, Voc., J. A. 1869, II, 159, Gl. Fragm.; dans Auw. I, 531, 4, notre man. a un passage qui manque dans l'édit. et qui commence ainsi: وبالبد هو القطيع الذى يقطع من الكرم للرّجَّالة, le mot الراجل y est donc le synonyme de الرَّجَّال dans la l. 3; R. N. 97 r°, où un maître d'école très-orthodoxe, qui avait reçu dix dînârs du calife 'Obaidite Ma'add, dit ceci: هذه أنّما اخذتها لاستعين بها على هدم قصرهم يُعْطَى لكل راجل ربع درهم قتال وكان يسأل عن الصرف فاذا اخبروه انه زاد ربع درهم فرح وقال زاد لى فى الهدّامين راجل. — Synonyme de رَجُل, homme, Alc. (ombre varon).

الأرجالة (esp. orchilla) orseille, ibn-Djoldjol: ارجالة الذى يصبغ بها ۞

تَرْجِيل chaussure; soulier, sandale, M, Mehren 25, 1001 N. I, 87, 11, 14 et 16, synonyme de مَرْكُوب l. 8, Bresl. XII, 368, 3, où l'éd. Macn. (III, 187) a تَنْعَل.

مُرَجَّل. Le pl. مراجيل, P. Kâmil 315, 11, cf. l. 15.

مُرَجَّل, dans le sens d'homme d'une âme virile (Reiske chez Freytag), Abbad. I, 225, 1. — امرأة مرجّلة une femme qui ressemble à un homme, femme hommasse, de Sacy Chrest. I, ٧١, 3 a f.

مرجلية virilité, Bc.

مَرْجُولِيَّة âge viril, Hbrt 28.

امرأة مسترجلة amazone, hommasse (femme), virago, Bc.

رجم I. كان يُرْجَم فيه الوقوف على للحدثان « on croyait qu'il était en état de prédire l'avenir, » Berb. II, 412, 5. رجموا الظنون فى « ils firent des conjectures diverses sur, » Gl. Bayân, Gl. Djob., Berb. I, 527, 4.

II dans le Voc. sous lapidare. — Faire des conjectures, Gl. Belâdz.

V dans le Voc. sous lapidare.

VIII dans le Voc. sous lapidare.

باب الرجم رجّم, t. de magicien, faire tomber des pierres de l'air, sans qu'on voie celui qui les jette, M. — T. d'orfèvre, jeter le borax, etc., dans le creuset où l'on fond l'argent, etc., M.

رَجْم « témoin, tumulus de forme cônique de deux à trois mètres d'élévation. Quelques-uns sont des tombeaux très-anciens; d'autres sont des monuments commémoratifs de faits remarquables, ou indiquent le lieu où des guerriers en renom ont été tués, » Margueritte 110; « tas de pierre expiatoire » (où un événement tragique est arrivé), Jacquot 40; « tas de pierres ou pyramide grossière, qui forme une borne, » Palgrave II, 131, 134.

رَجْمَة, en général, grand tas de pierres, M.

الرجيم رجيم grand tambour adoré au Zanguebar, Edrîsî, Clim. I, Sect. 7.

رجيم (esp. racimo) pl. رَجَاجِيم grappe de raisin, Voc.

رجميل (dimin. de l'esp. racimo) pl. رَجَامِيل grappe de raisin, Alc. (grumo de uvas); dans le Voc. رَقْمِيل. Alc. (gajo de uvas, grumito de uvas) donne aussi رَمَيْجِل, qui est une transposition du dimin. رُجَيْمِل.

رجن

رجّان Elæodendron Argan, Bait. II, 443.

رَجِينَة chez le vulgaire au Maghrib, résine, Bait. I, 488 c (عند عامة اهل الاندلس), Gl. Manç.: راتينج هو صمغ الصنوبر المسمى عند العامة رَجِينَة مغيّراً من ذلك (mais ce n'est pas une altération de راتينج; c'est

رجو

la transcription du latin et de l'esp. *resina*), Alc. (resina de pino, cf. tea de cedro alerze, رجينة بيضاء pez blanca de pino), Domb. 80, Ht.

راجٍن, Le pl. رَواجن, Diw. Hodz. 157, 4 a f., Dîwân d'al-Akhtal 6 v° (Wright).

رجو I. رجا بالله *espérer en Dieu*, Bc. — C. a. *espérer de s'emparer* d'une ville, Akhbâr 16, 1: وفي مدينة ليس بالاندلس احصن منها ولا ابعد من ان تُرْتَجَا بقتال او حصار. — *Prier, demander par grâce*, Bc; c. a. p. رجا الله «prier Dieu,» Macc. I, 745, 13, avec la note de Fleischer Berichte 248.

V, dans le sens de *prier*, c. a. p., 1001 N. I, 595, Bc: اترجّاك تقضى لى حاجة «je vous prie de me rendre un service.» — *Réclamer, implorer avec instance*, Bc. — *Se recommander*, Bc.

VIII c. a. p. *mettre sa confiance dans* quelqu'un, Prol. III, 415, 2 a f., 416, 5. — *Se confier en Dieu*, Alc. (confiar en Dios). — *Donner de la confiance, de l'espoir*, Alc. (afuziar).

X *espérer*, 1001 N. I, 305, 11 (aussi dans les autres édit.).

رَجا. Le pl. أرجاءُ *les environs* d'une ville, Gl. Edrîsî.

رَجاة *ce que l'on espère*, Gl. Fragm. — *Confiance*, Alc. (fuzia, synonyme de تَوَكّل). — *Prière, requête*; رجا لى عندك «j'ai une prière à vous faire;» كلّى instance, sollicitation pressante, prière instante, pressante, Bc.

أرجى *inspirant plus d'espoir*, 1001 N. I, 418, 8.

رحب II *faire place*, Voc. Chez Auw. I, 185, 22: اذا كانت الكروم كثيرة الترحيب «quand il y a de grands vides dans les vignes.» — *Disposer, arranger*, 1001 N. I, 115, 3 a f. (= Bresl. I, 290, 1).

V quasi-passif de la IIe, dans le 1er sens que j'ai donné, Voc. — C. ب p. *bien accueillir*, Bc, Roland, 1001 N. I, 15, 5.

X c. ب p. *bien accueillir*, Bc.

تلقّاه بالرحب رَحْب «il les accueillit fort bien,» Akhbâr 69, 8.

رَحْبَة *place*, lieu public entouré de bâtiments, Voc., Alc. (plaça lugar donde no ay cosas), Bc, Ht, Hbrt 186 (Barb.). — *Marché*, Ht, Cherb. Dial. 170, Martin 93, 100, De-Gubern. 127, Becrî 56, spécialement, pour الزرع رحبة, Bat. III, 149, *marché aux grains*, Daumas V. A. 484. — *L'arène où l'on combat les taureaux*, Alc. (corro del toro, cosso do corren el toro).

مَرْحَبٌ بك *avec plaisir*, volontiers, Bc. — أَلْف مرحبا *soyez le bienvenu*; réponse: مرحبتين, Bc.

رَحْد *gélinotte*, Hbrt 185.

رحرج II, comme la Ire, *parler d'une manière obscure et ambiguë*, Gl. Badroun, Payne Smith 1357.

مُرَحْرَج *plat, pas creux* (assiette), M.

رحس مَرْحُوس *qui a des bleimes* (cheval), Daumas V. A. 190.

رحض I. Au fig., رحض العار, comme nous disons «laver une tache, une injure, un outrage,» Abbad. III, 113. — رحض الذرن *laver ses péchés*, au fig., les pleurer, Bc.

II. Le partic. pass. *lavé souvent, et par suite usé*, Kâmil 559, 1: عليهم قمص مرحضة.

VIII *se laver*, Aboû'l-Walîd 261, 23.

مِرْحاض *cloaca*, L.

رحقين, dans le Khowârezm, espèce de saumure qui ressemblait au مرّى de Merw, Tha'âlibî Latâïf 129, 3.

رحل I *aller et venir*, R. N. 88 v°: il faisait déjà nuit وانا خائف عليه لأنّ الرحل والمشى قد انقطع وغلق الناس ابوابهم. — *Déménager*, Alc. (casa mudar), Roland.

III c. a. p. *accompagner*, Voc.

VI c. مع p., même sens, Voc.

رَحْل *la charge d'un chameau, cinq quintaux*, d'Escayrac 574, 579. — *Marchandises*, 1001 N. Bresl. II, 170, 2 a f. — *Chameau* (cf. Lane 1054 a), Hamâsa 421, 12 a f., Abbad. II, 157, 6. — *Troupeau*, pl. أرحال, L (grex, obile; sous tous les deux ذود comme synon.), Alc. (hato). — *Bergerie*, L (caulis أرحال), Voc. — *Maison hors d'une ville, terre, métairie, hameau*, Gl. Esp. 328. — *Les ingrédients d'un cuisinier, la viande, l'huile, la graisse*, etc., 1001 N. I, 202,

15, Bresl. II, 127, dern. l. — الرَحل الأندلسي *les navires de transport qui entretenaient la communication entre l'Afrique et l'Espagne* (de Slane), Berb. I, 401.

رَحِل, comme épithète d'un vêtement, = مُرَحَّل, Gl. Mosl.

رَحْلَة, de même que رَحْل, *selle de dromadaire*, Ztschr. XII, 182. — De même que رَحْل, *bagage;* dans le récit qu'on trouve chez Macc. I, 555, 15, Mohammed ibn-Hârith, 235, a رَحَلَتي, au lieu de رَحْلي. — De même que رَحْل, *chameau*, Abdarî 59 r°: il y avait encore à la Mecque beaucoup de pèlerins, environ quatre mille رَحْلَة (il les compte par chameaux).

رِحْلَة *voyage*, dans le sens de *relation d'un voyage*, M. — *Journée;* une رِحْلَة de cheval est 35 milles d'Angleterre, une رِحْلَة ordinaire est 30 milles, Jackson 22 (erhella).

رَحْلى *charogne, cadavre de bête*, Voc.

رَحِيل *déménagement, transport des meubles d'un logis à l'autre*, Bc. — *Bagage*, Alc. (repuesto, ropa qualquiera), Haiyân-Bassâm III, 141 v°: رحل الى, رَحْل, comme pl. أرْحال, قصر السلطان باهله ورحيله. — *troupeau*, Alc. (hato).

رِحالَة *assemblage de tentes, camp*, Barth V, 712. — *Assemblage de cabanes que les bergers voyageurs dressent pour y passer la nuit*, Gl. Esp. 330—1. — Le pl. رَحائل, en Sicile, *domaines, dépendances*, J. A. 1845, II, 318, 3 a f.

رَحَّال *chamelier*, Tha'âlibî Latâïf 15, 11. — Coll. رَحّالَة *nomades, Bédouins*, Gl. Esp. 331.

رَحّالَة sorte de *selle* dont l'assiette est concave, le dossier large et haut, le pommeau élevé, mais échancré de sa base à son sommet, Daumas Mœurs 364 (rahhala).

تَرْحيل *marche*, Prol. III, 428, dern. l.

مُرَحَّل *l'endroit vers lequel on se retire*, P. Kâmil 290, 13.

مُرَحَّلَة est *mandra*, dans l'anc. trad. latine d'une charte sicilienne apud Lello 11, 12, 17, « dans la signification latine et sicilienne d'*étable*, ou plutôt de bâtiment rural pour les pâtres, » Amari MS.

رحم VIII dans le Voc. sous misereri.

الرَحْمَة الكبيرى. رَحْمَة *l'attaque la plus grave du choléra-morbus*, Burton I, 367. — ورحمة أبي *ma foi, je vous jure, en vérité*, Bc.

رَحْمَى *clémence, miséricorde*, Voc., Abbad. II, 76.

رَحُوم *humain, sensible à la pitié*, Bc.

رَحِيم Le pl. رَحَماء dans le Voc.

تَرْحيم, suivi de على الأموات, *libéra*, prière pour les morts, Bc.

مَرْحُوم *melon*, Cherb., « espèce particulière de melons qui se vendent à Constantine, » Martin 104.

رحو et رحى I *moudre*, Bc, Ht. — *Aiguiser*, Ht, Hbrt 84; *repasser un rasoir*, Delap. 77.

رحا الحَجّام — رَحَى ou رَحَا est dans le Voc. *pierre à repasser*, Domb. 94; chez Ht رَحا seul, pl. رَحاوى. — *En médecine*, nom d'une maladie de l'utérus, Gl. Manç.: رَحى متقول عند الاطباء لعلّة في الرَحِم تشبه للخيل شبّهوها بالرَحى فنقلوا اسمها اليها وتعارفوه

رَحاة *moulin*, J. A. 1844, I, 413, où il faut lire avec le man. de Vienne: في رحاى عيون الاخير, Payne Smith 1549.

رَحْوَق et رَحْوَقِي *meunier*, Voc., Domb. 103, Hbrt 74, Ht, J. A. 1844, I, 413.

رَحِيَة *colonne de monde*, Roland.

رَحْوان *ambleur, cheval qui va l'amble, cheval d'allure*, bidet qui va l'amble; مشية الرَحوان *amble, traquenard*, Bc; رَحْوان *amble*, Ouaday 457.

رَحاوي *meunier*, Alc. (molinero). — *Qui doit être moulu*, Alc. (molinera cosa para moler).

رَحاية *meule*, Bc.

رخ I c. à. p. *tomber sur quelqu'un et le frapper*, M. — V. n. *baisser la tête ou se baisser*, M.

رخٍ *petite pluie* (الرشاش من المطر), M; il ne faut pas confondre ce mot avec زَخٍ (voyez), *avalasse, ondée, averse*, et dans les 1001 N. Bresl. IX, 348, 2, il faut substituer زخ à رخ.

رَخٍ t. de maçon, voyez sous جِلٍ.

رخ, le pl. رُخُوخٍ, 1001 N. Bresl. IV, 79, dern. l. *Condor, le plus grand des oiseaux*, Bc. — أمير الرخ *grand fauconnier*, 1001 N. I, 30, 3 a f. — *Char, chariot*, L, qui donne: *currus* رَخْ, *quadriga* ذو أربعة أَفْلاكٍ. Voc.: *currus*, pl. أَرْخَاخٍ et رِخَاخٍ, et en note *roc de scas* (la tour dans le jeu des échecs); — *conducteur d'un char, charretier*; L donne sous *auriga*, qu'il prend d'abord dans le sens ordinaire, et ensuite dans celui de charron: ثم صانع الرخ. Ces témoignages sont importants pour l'histoire du jeu des échecs: ils détruisent l'explication ordinaire, mais fort peu vraisemblable, du mot *rokh*, en esp. *roque*, par lequel on désigne la pièce que nous appelons *la tour*, et qui signifierait un très-grand oiseau plus ou moins fabuleux. Cet oiseau n'a rien à faire avec le jeu des échecs. On sait aujourd'hui (cf. mon article شطرنج) que ce jeu est modelé sur l'armée indienne, qui se composait d'éléphants (فين, le fou), de chevaux, de piétons et de chars, et l'on a reconnu les trois premiers; à présent on a aussi le char: en Espagne *rokh* était le mot ordinaire pour *char*, et l'étymologie qu'a proposée Sir William Jones — il dérive *rokh*, comme terme du jeu des échecs, de l'indien *rat'h*, en bengali *rot'h*, qui signifie *char*, — est sans doute la véritable.

رَخْبِين, chez Freytag, est رُخْبِين dans le Gl. Manç.; cf. رخفين.

رخّت II للحصان, *caparaçonner*; حصان مرخّت *cheval richement harnaché*, Bc.

رَخْت (pers.) *meubles*, Maml. I, 1, 253. — Pl. رُخُوت *riche caparaçon d'étoffe de soie* (y compris un harnois), Bc, M. — *Ceinture de soie, garnie de galons d'argent*, dont se servent les dames en Asie, Cafies.

رَخْتَجِي ou أَخْتَجِي *nom d'une étoffe qui se fabriquait à Naisâbour*, Lettre à M. Fleischer 29.

رختوانيبك (formé des deux termes persans رخت et بان) *ceux qui avaient le soin et la garde des meubles*, Maml. I, 1, 162.

رَخْدٍ (pour رَخْت) *housse*, Bc.

رَخْرَخٍ II *mollir, manquer de force, céder trop aisément*, Bc.

رَخْرَخَةٍ *mollesse, excès d'indulgence*, Bc.

مُرَخْرَخٍ = اللّين الطريّ, M.

رخس *zinc*, Cherb.

رخّص II *faire baisser le prix*, Ht. — *Attendrir, rendre tendre, bon à manger*, Bc. — Dans le Voc. sous *largitas* et *teneritudo*.

III *desserrer, rendre lâche*, Ht.

IV فى الله والنبيّ *dispensare*, Voc.

V dans le Voc. sous *largitas* et *teneritudo*.

VI *cagnarder, vivre dans la paresse, s'acoquiner, s'abandonner à l'oisiveté, câliner* ou *se câliner, prendre ses aises, être indolent, nigauder, s'amuser à des choses de rien*, Bc.

رَخْصٍ *tendre, aisé à cuire*, a chez Alc. le pl. رُخَصٍ (*cochio cosa alvar, cozediza cosa, cozedizo en agua*). — العظم الرخص, chez le vulgaire, *tendron, cartilage, partie du corps plus dure que la chair, et moins que les os*, Gl. Manç., Voc., Alc. (*ternilla en gueso o carne*), qui donne le pl. رُخَصٍ. — عظم رخص *Abondance*, Bc, qui écrit ce mot avec le *fatha*, mais رُخْصٍ serait plus correct.

رُخْصٍ *tendreté, qualité de ce qui est tendre*, Alc. (*ternura*). — *Douceur, façon d'agir douce et éloignée de toute sorte de violence*, Bidp. 117, 2, Khattîb 61 r°: (l. استعمل فى السفارة من الملوك لرخص (الرخص), *trop grande douceur, relâchement*, السخائم واصلاح الامور, de Sacy Chrest. I, ١٣٩, 6, *largitas* dans le Voc.

رُخْصَةٍ *bœuf d'un an*, Alc. (*eral de un año*).

رُخْصَةٍ et رَخْصَةٍ *traité où l'on prouve que tel ou tel art* (p. e. la musique, la poésie) *n'est pas défendu par la religion*, Aghânî 5, l. 18 et p. 221 des notes. — *Pouvoir, droit, faculté d'agir, acte qui constate cette faculté*; رخصة كلّيّة *plein pouvoir*, Bc.

رخف

رَخِيص libertin, débauché, M.

رَخَاصَة cagnardise, Bc.

مُرَخِّص plénipotentiaire, Bc.

رخف VIII se desserrer (dents), Daumas V. A. 501.

رَخْفَة négligence, Martin 192. — Pierre ponce, Bc.

رَخْفِين = رَخْبِين petit lait, Bar Ali 6d. Hoffmann n° 4340, Payne Smith 1519.

رخم II paver en marbre, Hbrt 187, M. — Lambrisser, Bc.

V quasi-passif de la II°, Voc. (apocopare).

رَخْم, t. de cordonnier, quartier de soulier, M.

رَخْم coll., n. d'un. ة, pélican, Domb. 62, Hbrt 184, Bc.

رَخْم, en parlant d'un tapis, doux, moelleux, M. Peut-être aussi tendre, en parlant de bois, si dans Auw. I, 440, 2 a f., où le texte porte: لأن عودهما وخم يوذيه الهواء بسرعة, il faut substituer رَخْم, comme porte notre man., à وخم.

رَخْم orfraie, Alc. (quebranta guessos ave).

رُخَام porphyre, Alc. (porfido piedra preciosa). — رخام الحيّة ophite ou serpentin, Bc. — Marbrier, L (latomus (cesor lapidum); il a deux fois ce mot avec les voyelles (رُخَام), Memor. hist. esp. II, 397, 5; VI, 324, Macc. I, 365, 9, où l'éditeur a fait imprimer à tort رَخّام. — رخامة banc en marbre, Delap. 164; — cadran solaire, Dorn, Catal. des man. or. de Leyde III, 141; — رخامة السحق molette, morceau de marbre en cône pour broyer des couleurs, Bc.

رُخَامِيّ marbrier; l'éd. de Boulac a الرخاميون dans le passage de Macc. I, 365, 9 de l'éd. de Leyde.

تَرْخِيم lambrissage, Bc.

مُرَخَّم pendant (moustache), M.

رخو et رخى I lâcher, cesser, Ht, lâcher, laisser échapper ou aller, filer, lâcher peu à peu, relâcher, faire qu'une chose soit moins tendue; رخى السرع lâcher la bride à, cesser de retenir; رخى الشعر défriser, défaire la frisure; كتافه plier, baisser les épaules; رخى الدركين, رخى للحصان (الفرس) rendre, lâcher

رخو

la bride à un cheval; رخى الهلب mouiller, jeter l'ancre; رخى ودنه baisser l'oreille, être humilié, Bc.

II amollir, rendre mou, mollifier, rendre mou et fluide, Bc; affaiblir, amollir, Ht; dans le Voc. sous largitas.

III c. a. p. laisser quelqu'un en repos, Abbâr 121, 5 a f., Amari 513, 2 a f., où M. Fleischer veut lire بُرَاخِى, au lieu de بُرَخِّى de l'édit.

IV détendre, débander une arbalète, un arc, Alc. (desenpulgar vallesta o arco). — ارخى الشيء lâcher prise, Bc, M. On dit ارخى السمك, quand on laisse tomber les poissons dans le poêle à frire, 1001 N. I, 40, 12. — Se dénantir, démordre, se dessaisir, desserrer, Bc. — Larguer, t. de marine, Bc. — ارخى dessangler, Bc. — ارخى الازرار déboutonner, Bc. — ارخى عينه baisser les yeux, Bc. — ارخى القيطان délacer, Bc. — ارخى نفسه بلطافة se couler, se laisser glisser le long de, Bc. — ارخى الهلب jeter l'ancre, Bc.

V dans le Voc. sous largitas. — Plier, reculer, céder, Bc.

VI. تراخيتم علينا vous avez été négligent à notre égard, Roland. — Le n. d'act. impossibilité, Ht.

VIII mollir, faiblir, fléchir, Aboul-Walid 802, 27. — Pendre, descendre trop bas, Bc.

رَخْو lâche (ventre), trop libre, Bc. — Lâche, variant et mou (temps), Bc. — Clair, peu épais, Bc. — Nonchalant, cagnard, paresseux, fainéant, Bc. — رخو fouet de feuilles de palmier, Burckhardt Prov. 202.

رَخْوَة détente, action du ressort d'une arme à feu, pour le faire partir, Bc.

رَخَاء السعر، رَخَاوَة bas prix, bon marché, Djob. 327, 5, 339, 13.

رَخَاوَة mollesse, qualité de ce qui est mou, Bc.

راخى الشعور chevelu, Bc.

مُرَخْرَخ lent, tardif, Alc. (espacioso como perezoso). — Engourdi, Ht. — Faible, Alc. (flaca cosa sin fuerças, floxa cosa en el cuerpo); رجل مرخى impuissant, incapable d'engendrer, Bc. — ودن مرخية oreille basse, humiliation, fatigue, Bc. — Épithète d'une espèce de sucrerie, 1001 N. Bresl. I, 149, 10.

ارتخاء faiblesse, Alc. (floxedad). — Relâchement,

état de celui qui se relâche du travail, Bc. — *Relâchement*, disposition du temps à s'adoucir, Bc.

اِسْتِرْخاء maladie de la vigne qui semble avoir une grande analogie avec l'*oïdium*, Auw. I, 593, 21 et suiv.; cf. Clément-Mullet I, 557, n. 1.

رَدّ I. Le n. d'act. رَداد, dans cette expression proverbiale: حَبيبُكَ وَقْتَ الِاسْتِقْرَاضِ وَعدُوُّكَ عِنْدَ الرَّدَاد « ami au prêter, ennemi au rendre, » Bc. — *Conjurer*, au fig., détourner par prudence, Bc. — *Rétracter*, désavouer ce qu'on avait dit, Bidp. 17, 4. — *Remettre* un membre disloqué, Gl. Badroun. — *Remettre en grâce*, Alc. (restituyr a la gracia). — رَدّ seul et رَدّ عَملاً *réagir*, en parlant d'un corps qui agit sur celui dont il vient d'éprouver l'action, Bc. — *Vomir*, Voc. — T. de jurisprudence, *redhibere*, v. d. Berg 74, n. 1; بَيْعَة رَدّ *redhibition*, action pour faire casser la vente d'une chose défectueuse, Bc. — Suivi de l'acc. et de عَنِ الحَقّ, *pervertere veritatem*, Voc. — لا يُرَدّ *irrévocable*, Bc. — فَلَم يَرُدَّهُم رَدّ اَلى rien ne les arrêta jusqu'à ce qu'ils arrivèrent à, R. N. 93 rº. — V. n. *retourner*, Fakhrî 68, 4, 1001 N. I, 67, 3 a f. — V. n. *reculer*, et رَدّ عَلى اَصحابه se rejeter sur ses compagnons, J. A. 1849, II, 324 n, l. 5 a f.; cf. la traduction de Quatremère *ibid*. 1850, I, 272. — رَدّ لِلإيمان *conversion*, changement de foi, Bc. — رَدّ الصباح *rendre le bonjour*, Bc. — رَدّ المظالم *redresser les griefs, réparer les injustices*, Bayân I, 125, Athîr VII, 196, 9 et 10, Amari 452, 3, Cartâs 143, 3; cf. sous رَدّ. — رَدّ كلام *contredit*, Bc. — C. عَلى p. *riposter*, t. d'escrime, frapper en parant, Bc. — C. عَلى p. *revenir à la charge*, au combat, après avoir plié, Bc. — رَدّ عَليه par ellipse, pour رَدّ عَليه السلام, *rendre le salut*, R. N. 58 rº: فَسَلّم فَلَم يَرِدّ 63 vº: وَجَلَسَ فَرَدّ عليه الاحتجام وَقال رَدّ بالك عَليه — عَليه فَقَال لَه *ayez-en bien soin*, Bc (Barb.). — رَدّ مِن بعضِ الحَديثِ عَلى بعضٍ *compléter une tradition par une autre*, Gl. Belâdz. — C. عَن p. *défendre*, Bc. — C. عَن r. *dissuader*; رَدّ عَن *convertir*, faire changer de mal en bien, Bc. — C. في *critiquer*, Abdarî 90 rº: وَقَرَأْتُ عَليه مقامات للحريرى وكان يَرِدُّ فيها رَدًّا حَسَنًا ويَنقُدُها نقدًا مُحقّقًا. — C. ل p. *répliquer, répondre*, Bc.

V, dans le sens de *fréquenter*, visiter souvent, aussi c. على p., Bc. مُتَرَدِّد *fréquent*; بِتَرَدُّد *itérativement*, Bc. — *Aller souvent à la selle, avoir la diarrhée*, Payne Smith 1442. — C. على p. *insister auprès de* quelqu'un, Akhbâr 128, 2 a f., 148, 4. — C. على p. *avoir des soins bienfaisants pour* quelqu'un, Bc. — C. ل p. *s'adresser à* quelqu'un, de Sacy Chrest. II, ٣٢, 6 et 7. — *Hésiter*, Ht, Berb. I, 449, 2 a f., 503, 8, II, 133, 2 a f.: تَرَدَّد في القَبض اَيَّامًا « il hésita quelques jours s'il le ferait arrêter ou non, » c. بين, 210, 7, 520, 7, في حَياة الرجل او « ne sachant si cet homme était mort ou vivant, » Djob. 142, 15, 325, 15 (بين ان — او). — *Hésiter à croire*, Prol. III, 290, 11. — على تَرَدُّد, en jurisprudence, se dit quand il y a plusieurs opinions sur un fetwâ, v. d. Berg 6, n. 2. — *Résister*, Domb. 129.

VI *se rendre mutuellement les otages*, Gl. Belâdz.

VIII c. عن *être repoussé, séparé de*, Abbad. I, 65, 3. — *Réfléchir*, v. n., rejaillir, être renvoyé (lumière), Bc. — *Se ralentir, se relâcher dans le bien*, Alc. (afloxar en el bien). اِرتد للخير ou للشر *changer en bien ou en mal*, Alc. (convertir en bien, en mal).

X *être rendu, restitué*, Moslim ٢٢, vs. 9. — *Recouvrer*, Abbad. II, 14, dern. l., III, 166, 1, Djob. 36, 16.

رَدّ *la pareille que l'on donne*, comme les étrennes, Alc. (retorno de presente, l'explication fr. est de Victor). — الرَّدّ, pour رَدّ المَظالم, *le redressement des griefs*, Mohammed ibn-Hârith 316: وَلَّاه الامير الشُّرْطَةَ وَالرَّدَّ. Le cadi qui à cet effet était armé de pouvoirs extraordinaires s'appelait صاحب الرَّد, Recherches I, 284, n. 2 de la 1re édit. — Le pl. رُدود *des machines de guerre*, J. A. 1869, II, 212. — اَصحاب الرُّدود. On appelait ainsi en Palestine ceux dont les ancêtres, après avoir quitté leurs terres par crainte des musulmans, y étaient retournés à la condition qu'ils leur payeraient le tribut qu'ils avaient payé auparavant aux Byzantins, Gl. Belâdz. — جاء بِمائَة رَدّ *environ*, Voc.

رِدّة *refus*, Bc. — *Son*, partie grossière du blé, Bc. — *Fois*; في الرِّدَّة الاولى « pour la première fois, » Gl. Bayân. — Pl. رِداد *ondée*, ردة من شِتا, Alc.

ردا

(nuvada de lluvia); de même ردَاد المطر, *ondées*, Rutgers 164, 11, ce que l'éditeur, p. 170, l. 1 et suiv., n'a pas bien compris. Il me semble que ce pl. رَداد est une altération du sing., car dans la 2de part. du Voc. *pluvia* est رَذَاذ, et dans la 1re رَذَاذ. — ردة الضربة *contre-coup*, Bc.

رَدِّيّ *révocatoire*, Bc.

رَدِّيّ chez les Khâridjites, *celui qui connaît la vérité, la doctrine véritable, mais qui la cache, c.-à-d. celui qui est Khâridjite, mais qui n'ose l'avouer*, Kâmil 573, 1.

رديد *réponse à une lettre*, M.

رَدَاد *ce qui reste dans le crible après qu'on a criblé*, M.

رَدَّاد dans le Voc. sous *iterare*, sous *recusare*.

رَدَّادة *la femme qui chante le répons chaque fois que la pleureuse se tait*, M.

رادودة *sorte de loquet*, M. — رادودة المورج est حديدة يربط بها, M.

مَرَدّ *retour*, Voc. — *Refrain*, Bc, Ztschr. XXII, 106 n.

مَرَّدة *fois*; صلبهم جميعا مرةَ واحدة «il les fit crucifier tous à la fois,» Gl. Bayân. — *Usufruit*, Macc. II, 672, dern. l., où Fleischer, dans les Add., cite les Ta'rîfât p. 150 éd. Flügel.

مَرْدُود *une tradition provenant d'un rapporteur dont l'autorité est faible, et qui contredit une autre tradition digne de foi*, de Slane Prol. II, 484.

مرادّة فكر *réflexion*, Bc.

مُرْتَدّ *déserteur, transfuge*, Alc. (enaziado o tornadizo).

ردأ V *devenir ou être mauvais*, Voc.

X *trouver pernicieux*, Berb. II, 497, 9.

ردْء *appui, soutien*, العسكر ردء للسرية Beerî 32 (lisez ainsi), «le corps de l'armée étant l'appui des détachements.»

ردِيء Le pl. رَدِيَّة dans le Voc. — *Funeste, sinistre*, Bc.

ردع

رَدَاوة الاخلاق *malignité, méchanceté, noirceur; immoralité*, Bc.

رَيْدَج II *peigner les cheveux*, Voc. — *Sérancer, peigner le chanvre, le lin*, Voc., Alc. (rastrillar lino).

رَيْدَج pl. روادِج *peigne*, Voc. — *Rateau pour nettoyer le grain sur l'aire*, Voc. (rastrum), Alc. (rastro para arastrar pajas; sous le *t*, après trocha o rastro: rastro de paja o yerva). Saadiah (de Fez) (dans Abou'l-Walîd 800, 12) dit à propos du mot קִלְשׁן, que Gesenius explique par «*instrumentum quoddam rusticum tres cuspides habens, probabiliter furca tridens, qua foenum, mergites, stercus similesque res prehendere et tractare solent*:» آلة يجمع بها التبن والزبل يسمّونها عندنا ريدوج.

ردس

المَرْدُوس *les jeunes sauterelles*, Hœst 300, Gråberg 117.

ردع I. ردَعَ ردْعَةً semble signifier *éprouver un échec*, Macc. II, 35, dern. l.: les Yéménites dans l'armée d'Abdérame se dirent en parlant de leur chef: هذا فتى حديث السن تختّه جوان وما نأمن من اوّل ردعة يردعها ان يطير منهزما على جواده. — *Tailler la vigne d'une certaine manière*, man. de Leyde d'Ibn-al-Auwâm, 119 v°; dans l'édition (I, 509) il manque plus de neuf pages.

IV *brider, réprimer*, Voc. (refrenare).

VIII *être rejeté, repoussé*, Haiyân 89 r°: ثم كانت لهم 103 v°: ارتدع الناس بها الى الاخيبية, كرّة — على اهل العسكر ارتدعوا لها ففتل منهم الـ, Abou'l-Walîd 222, 29.

ركب العدوّ ردَعَهم ردْع «l'ennemi les talonna de près,» Haiyân 101 r°.

ردْعَة *échec, perte considérable que fait un corps de troupes dans un combat*, voyez sous la 1re forme, Bayân I, 171, 14, Cout. 45 v°: فقال فجعل لعلّ وقعت عليه هناك ردعة, Haiyân 56 r°: ردعة او هزيمة, 76 r°: شديدة فاضطرّ الى ان ترجّل ووقعت عليهم, 90 r°: ردعة بعد ردعة ثبتوا لها ساعةً, 103, أصحاب السلطان ردعة تلافاها القائد ابو العباس, r°: وكانت على اهل العسكر ردعة شديدة قتل فيها جماعة منهم.

ردغ. VIII *être fou*, Gl. Badroun.

ردف II, c. a., dans le sens de la IVe, *faire monter quelqu'un derrière soi sur une bête de somme*, Voc. (trosar).

VI. اسم مترادف على *dénomination qu'on emploie pour désigner plusieurs peuples*, Prol. I, 152, 18.

رِدَاف *rideau*, Hbrt 204 (Alg.).

رَدِيف *lieutenant*, Berb. I, 67, 70, 72, 77, etc. — *Le soldat qui appartient à la réserve*, M. — *Pièce d'étoffe que les habitants du Yémen portent sur le bras pendant le jour, et dont ils se couvrent pendant la nuit*, Ztschr. XII, 402. — Pl. رَدَائِف *anneaux de pieds*, Ht.

رَوَادِيف *est le nom que portaient les subordonnés et les esclaves des habitants d'al-Djordjouma dans le Liban, soit parce qu'ils étaient inclus dans le traité accordé à leurs maîtres, soit parce qu'ils étaient montés derrière leurs maîtres, lorsque ceux-ci se rendirent au camp des musulmans*, Gl. Belâdz.

أَرْدَف pl. أَرَادِف *cygne*, Bc.

أَرْدِف *bracelet de pied*, Hbrt 22 (Alg.).

مَرْدُوف *celui qui est monté derrière un autre sur une bête de somme*, Ztschr. XI, 477. — مَرَادِيف *des brigands arabes qui sont montés deux à deux et dos à dos sur des dromadaires*, v. Richter 210. — مردوف, *en parlant d'une rime, comme* مُرْدَف, *dans laquelle il y a* رِدف, *c.-à-d., un* ا, *un* و *ou un* ى *avant la lettre qui forme la rime*, J. A. 1839, II, 164, 4, 165, 9. — *Un* مخمّس مردوف *est un quintain dont le quatrième vers a une autre rime que celui qui précède et celui qui suit*, M.

ردق

رَوْدَقَة pl. رَوَادِق *perche, gaule*, Alc. (percha, varal vara grande).

ردم I *combler*, Bc (Barb.), *l'embouchure d'une rivière*, Maml. I, 1, 140, 2 a f., *un fossé*, Berb. I, 256, 10 a f., l'anonyme de Copenhague 47: يردمون خندق المدينة (*d'une ville qu'ils assiégeaient*), *un terrain marécageux, en y jetant du sable, des décombres, etc.*, Amari 616, 7 (lisez ردم), dern. l., *un terrain que couvre l'eau, le conquérir sur la mer*, من البحر, Becrî 30, 9, 14. — *Encombrer, embarrasser de décombres*, Bc, Edrîsî ٩٩, 4 a f. — *Ensevelir sous des décombres*, Roland Dial. 564. — *Aplatir la terre avec les pieds, la battre avec la hie*, Alc. (pisar con pison), Gl. Bayân p. 30, où l'on trouve: يُرْدَم عليه, *ce qui est la constr. ordinaire, mais aussi*: رَدَم فَوْقَها (القُبّة), Becrî 176: يَرْدَم حوله بالتراب, بالستراب حتى تاتي كاتجميل الضخم, c. a. Macc. I, 370, 13, Auw. I, 189, dern. l. (l. فيردم), 562, 15 (l. واردم), 1001 N. I, 107, 6 a f. — *Démolir, détruire*, Hbrt 144.

IV = I *fermer une porte*, Payne Smith 1502: ابواب مغلقة ابواب مردمة

VIII *être comblé*, Voc., Becrî 82, 2, Auw. I, 85, 4 a f., 625, 14.

رَدْم pl. رُدُوم *décombres, plâtras; débris*, Bc, Hbrt 194, l'anonyme de Copenhague 37, en parlant de l'assaut d'une place: وصعدوا على الردم للبلد, 1001 N. I, 326, 48: فسوّيت خنادقهم بالردم قاصدين. — *La terre amoncelée sur les bords d'un fossé qu'on a creusé*, Berb. II, 161, 4, *digue*, Djob. 108, 9. — *Ce qu'on jette sur un terrain marécageux afin de le rehausser*, Amari 616, dern. l.

رَدِيم *abatis, bois, maisons abattues*, Bc.

رَدَّام *dans le Voc. sous* inplere (*combler*).

ردن I *filer (chat), faire un certain bruit continu, semblable à celui du rouet*, M.

II *faire un fuseau*, رْدَانَة (voyez), Voc.

رُدَن, Le pl. أَرْدَان, *au fig., en parlant de fleurs délicates, qui semblent tissues de filoselle, ou spécialement de leurs étamines, auxquelles le zéphyr arrache des parfums*, Fleischer Berichte 243 sur Macc. I, 719, 7 a f.

رَدَّانَة pl. رَدَّانِين *le fuseau de fer dont se sert le fileur de laine*, Voc. (tornum), Alc. (torno de hilar), Descr. de l'Eg. XVIII, part. 2, 380.

أَرْدَن *ingrat*, Voc.

مِرْدَن *le fuseau de fer dont se sert le fileur de laine*, M, Descr. de l'Eg. XVIII, part. 2, 380.

ردول

القالب الذي يُصَبُّ فيه ما, t. d'orfèvre, est مِرْدَنَة
قد طُبِع له في الرمل كالخاتم وغيره, M.

رَدْوَل (esp.) *turbot*, Alc. (rodavallo pece conocido).

ردى I. Le n. d'act. تَرْداه, Diw. Hodz. 143, 3. — C. ب p. *fouler aux pieds*, Gl. Belâdz.

IV. اردى عن فرسه *il le fit tomber de son cheval*, Gl. Fragm.

V c. من *quitter* une ville, J. A. 1852, II, 220, 9.

VIII *tomber*, 1001 N. I, 49, 5.

رِداء. Chez Lane on trouve la remarque de quelques grammairiens que ce mot est masc., et qu'il n'est pas permis d'en faire un féminin. Cette remarque donne à penser que quelques auteurs l'emploient néanmoins comme un fém., car sans cela elle serait inutile, et je trouve en effet chez Cout. 39 v°: لولا هذا الظالم وامثاله وقصرنا ايدى الظلمة والمتعدين لسلبت رداك من دارك الى الجامع. — *Portière, rideau devant une porte*, Alc. (antepuerta, paramento delante).

ردل II c. a. dans le Voc. *deteriorare*, et aussi sous *malus; avilir, bafouer, dégrader*, Bc; تَرذيل 1001 N. IV, 476, dern. l., où Lane traduit *contemptuous treatment;* — *prostituer, avilir sa dignité*, sans talent, Bc; — *détremper, ôter l'énergie de l'âme*, Bc; — *rabattre, abaisser, réprimer l'orgueil*, Bc.

V dans le Voc. sous *deteriorare* et sous *malus; s'avilir, se dégrader, se ravaler*, Bc.

VI *faire, dire des polissonneries*; c. مع p. *tenir une conduite indécente, être grossier, malhonnête envers* quelqu'un, *faire des impertinences, dire des insolences à* quelqu'un (في الكلام), Bc.

VII *être vil*, Payne Smith 828, 1546.

رَذِل. Le pl. رذال dans le Voc. — *Lourd, ennuyeux,* Bc. — Pl. ارذال *malotru*, Bc. — *Pataud*, Bc.

رَذْلَة *faute*, Cherb. Dial. 5.

رَذَالَة *lourderie, faute grossière contre le bon sens, la bienséance*, Bc. — *Platitude* (dans les écrits, discours), Bc. — *Polissonnerie*, Bc. — *Gros mots, paroles déshonnêtes, ordures, paroles sales*, Bc.

رَذيلة *abomination*, Ht.

رزق

رز I c. a. p. *donner à quelqu'un des coups de poing violents ou beaucoup de coups de poing*, M.

رُز, *riz*, a chez Bc. le pl. ارزاز.

رَزَّة pl. رزز (Bc رِزَز) *gond*, Alc. (visagra de mesa), Bc, *penture*, Bg, *crapaudine*, Bc, *piton*, Ht (*pilon* est une faute d'impression), Auw. I, 150, 16 (cf. Clément-Mullet I, 133, n. 2), *piquet de fer*, Bc. — En Afrique, *turban* plissé comme une pelotte de coton, à l'usage des cadis et des mouftis, Bc, Hbrt 21, Defrémery Mémoires 155, Pflügl LXVII, 6; de là اربعين رزة *quarante docteurs*, J. A. 1851, I, 83, n. 18. Mais au Maroc ce turban n'est pas particulier aux gens de loi, car en décrivant l'uniforme des cavaliers réguliers, Godard, I, 149, nomme « le *rza*, turban qui entoure la partie inférieure du bonnet. »

Le Voc. a مرزز أو مغزز sous *violencia*.

مِرْدَنَة M. Devic, 168, en dérive l'esp. *mortaja* et le fr. *mortaise*.

رزأ II et V dans le Voc. sous *infortunatus* et *lascivire*. مُرَزَّأ *infortuné*, Chanfarâ dans de Sacy Chrest. II, ۱۳۴, 7; cf. sous رزى.

رزب

مِرْزَبَة ou مُزَبِّبَة *bâton court et gros*, M.

رزح I se dit d'un malade qui est encore trop faible pour se lever, ou de celui qui s'est beaucoup fatigué en marchant, M.

رَزْطَبِيل, n. d'un. ة. Alc. donne: abispon [dans les dict.: frelon, guêpe], raçtâbala, coll. raçtabal. Je pense que c'est un mot composé et contracté. *Raç* me semble d'origine berbère, car dans le Dict. de cette langue je trouve pour *frelon* et pour *guêpe* ارزاز, et dans *tabal*, je crois reconnaître اصطبل, la forme arabe bien connue de *stabulum*. C'est donc proprement *le frelon de l'étable*, l'insecte qui tourmente de ses piqûres les bœufs, les chevaux, etc., c.-à-d., *le taon*. Alc. a sans doute pris *abispon* en ce sens. Nebrija donne: « abispon o tavarro, crabro, » et dans son dict. lat.-esp.: « crabro, el tabarro, o moscarda, » mots qui signifient *taon*.

رزع I, aor. *a*, *assener, porter un coup violent, rosser* Bc, *battre*, Hbrt 115.

رزق VIII *accepter des présents*, Macrîzî II, 31, 6 et 7

رز

(cité par M. Defrémery dans son article sur le Tha'âlibî de M. de Jong, p. 18, n. 1 du tirage à part):
وامره العزيز بالله ان لا يرتشى ولا يرتزى بعنى انه لا يقبل هدية

رِزْق *revenant-bon, profit, bonne fortune, bonheur imprévu*, Bc. — *Bien, fortune, propriété, richesse*, Bc, Ht, Macc. I, 302, 13, 14 et 16. — *La richesse générale, l'abondance de toutes choses*, Carette Kab. I, 81. — *Domaine, biens, fonds*, Bc. — *Nourriture*, Gl. Edrisî. — بِرِزْق *fertilement, abondamment*, Alc. (fertilmente). — باب الرزق *gagne-pain*, p. e. الشبكة باب رزقك « le filet est ton gagne-pain, » Bc.

رِزْقَة pl. رِزَق *donation ou fondation religieuse destinée à l'entretien des mosquées*, Descr. de l'Eg. XVIII, part. 2, 319.

رِزْقَة *portion* (certaine quantité d'aliments), Payne Smith 1498.

رَازِقِى Les raisins qui portent ce nom sont petits, blancs et à très-petits pepins, Burton I, 387. — *Lis blanc*, et الدهن الرازقى (cf. Gl. Fragm.) *l'huile qu'on en tire*, Bait. I, 432 d, 488 f; mais selon l'auteur du Gl. Manç., رازقى est *huile de jasmin*, qu'on appelle aussi زنبقى. Il ajoute que l'origine de ce mot, qu'on emploie, dit-il, en parlant de raisins, de verre et de toile de lin, lui est inconnue.

رَازِقِيَّة nom d'une étoffe de lin, synonyme de أَرْزِق à ce qu'il semble, Vêtem. 261.

رزم I est *farcire* dans le Voc., et peut-être ce verbe signifie-t-il *affermir* une marchandise *en la pressant dans la balance* chez Cabbâb 118 r° et v°: وسئل مالك عن الرزم والتحريك فى الكيل مثل ما يصنع اهل المغرب اترا ذالك فقال ما ارا ذالك وتركه أحب الى قيل له فكيف به لا يملا الويبة من غير رزم ولا تحريك ثم يمسك الكيال على راسها ثم يسرح يده فهو الوفاء

II *réunir des rames de papier*, Gl. Esp. 334. — *Envelopper*, Martin 120.

VIII dans le Voc. sous *farcire*.

رِزْمَة pl. رِزَم *ballot*, Gl. Esp. 333. — *Paquet ou faisceau quelconque*, p. e. faisceau de fouets ou cravaches, faisceau de cuirasses, *paquet enveloppé dans du papier, paquet, lettres sous enveloppe*, ibid. — *Ballot de papier, rame*, Gl. Esp. 334, Voc., l'auteur du Inchâ chez Quatremère Mong. p. cxxxv b: «Vingt-cinq feuilles du papier Mançouri composent une main دست, et la rame الرزمة est formée de cinq mains,» Ibn-Abdalmelic 183 r°: فذكرت ذلك لأبى رحمه الله — .فاشترى فى رزمة (sic) كاغد واشتغلت بكتابة الحديث Cahier, Khallic. VII, 54, 8: رزمة العلم .l. 6 الكتاب, R. N. 88 r°: وكان ربيع القطان فى اول عمره شديد الطلب للعلم كثير الحرص فلما تفقه اقبل على العبادة وترك دراسة العلم — — راى رزمة (sic) المدوّنة فقال واشار السيها لقد طال ما شغلتنى عن الله عزّ وجلّ, 96 v°: avant de commencer sa leçon, un professeur voulait attendre l'arrivée d'un de ses disciples, mais comme il attendait en vain, quelqu'un lui récita un vers dont le second hémistiche était: جوع الجماعة فى انتظار الواحد ; alors le professeur dit: انزلوا المرزمة واقرأوا. On voit qu'au lieu de *rizma*, on dit aussi *rozma*. — *Rôle des contributions*, M.

رِزْمَة voyez l'article qui précède. — *Grosse, douze douzaines*, Bc.

رِزْمَانِيَّة *rôle des contributions*, M; cf. رِسْمَانِيَّة.

رَزَّامَة *pilon*, Cherb.

رَزْبَة *camomille*, Ht.

رزن

رَزِين (رَزِين?), comme رَزِين, *rassis, grave, réfléchi*, Bc. Le pl. رِزَان dans le Voc. — حزين رزين se dit, pour *fort triste*, M; souvent على سبيل الاتباع, dans Bâsim, p. e. 39: رجع الى طبقته حزين رزين.

رَوْزَنَة est aujourd'hui: une espèce de lucarne, qu'on ouvre quand on va ôter la poussière, et qu'on reforme quand la besogne est achevée, M.

أَرْزَن pl. أَرَازِن *gourdin ou aiguillon*, Payne Smith 1151.

رُزْنَامَه (composé des mots pers. روز, *jour*, et نامه, *livre*) *almanach*; — *contrôle, registre de vérification d'un rôle, d'un registre*, Bc.

رزنماجى (composé du mot qui précède et de l'affixe ture) *contrôleur*, Bc.

رزى

مَرْزِي, pour مُرَزَّأ, *infortuné*, Voc., Ibn-Hazm, Traité sur l'amour, 101 v°.

رسّ I voyez Gl. Mosl.

رَسّ pl. رِسَاس *mine* (معدن), Gl. Mosl.

رسب II causatif de I, M sous احراق.

IV *faire descendre une corde dans un puits*, 1001 N. Bresl. VI, 288, 11.

V = I *déposer, laisser, former un dépôt* (en parlant de liquides); مترسّب *féculent, chargé de lie*, Bc.

رُسُوب. On trouve رُسُوب (cf. Golius, Lane) dans le Gl. Manç. (sous le mot même et sous تعلّف), où on lit que c'est proprement un n. d'act.; puis: وهو عند الاطبّاء ما يسفل فى البول من الثفل وقد يسمّون ايضا به المتعلّف فى الوسط والطافي ايضا اصطلاح متعارف ❊

راسِب *dépôt, sédiment, précipité*, Bc.

رُسْتَامِيَة *soutane, habit long des prêtres*, Bc.

رسح

مَرْسَح pl. مراسح *endroit où l'on joue et l'on danse; — réunion pour tout autre objet*, M.

رسخ I *s'arrêter sans pouvoir aller plus loin*, Prol. I, 177, 8. — *S'obstiner*, Alc. (ostinar).

II *affermir*, Voc. — *Attacher* (avec un clou), M (sous باجّن).

III. مراسخ فى الخير et مراسخ فى الشرّ, *habitué au mal, au bien*, Alc. (envejecido en mal, en bien).

IV *graver, imprimer fortement dans la mémoire, dans le cœur*, Bc.

VIII *s'affermir, prendre racine*, Voc., de Sacy Chrest. II, 323, 3 a f.

تَرْسيخ. Pour indiquer quatre degrés ou manières dans la doctrine de la métempsycose, on a formé, à côté de نَسْخ et مَسْخ, deux mots nouveaux, à savoir فَسْخ et رَسْخ, Chahrastânî 133, 2 a f.

راسِخ *obstiné*, Alc. (ostinado).

رسراس *asphodèle*, voyez sous أشراس. — *Poudre pour colle*, Descr. de l'Eg. XII, 130 (risrâs).

رساط? est chez les Arabes (عند العرب) l'espèce de gelée, qui s'appelle en Orient فالوذج, et au Maghrib صابونية, Gl. Manç. v° فالوذج.

رسع II *construire*, Voc.

رسل II, dans le Voc. sous epistola, signifie *écrire des lettres officielles en prose libre*, c.-à-d. *sans rimes, ou avec peu de rimes*, selon la définition qu'on trouve Prol. III, 324, 12; mais c'est aussi souvent *écrire des lettres officielles en prose rimée*; cf. Abbad. I, 6, n. 23, Gl. Bayân, Haiyân 35 v°, Berb. I, 429, 2 a f., 445, 2, 541, 7 a f. De là الترسيل *le talent d'écrire de ces lettres*, Berb. I, 430, 12.

IV. *Envoyer chercher un tel* est ارسل عن فلان (cf. sur cet emploi de عن ma Lettre à M. Fleischer 38), Haiyân-Bassâm I, 10 r°: وكان قد بادر فى الارسال, 30 v°: عن جماعة من وزرائه. — *Lancer, débucher* une bête fauve, en parlant d'un chasseur, Gl. Fragm.

V *s'envoyer des ambassadeurs*, Macc. I, 511, 2 a f. — Même sens que celui que j'ai indiqué sous la II° forme, Voc. (epistola), Abbad. I, 7, n. 23, Fakhrî 388, 12, Meursinge 6, l. 14, Nowairî Afrique 30 r°: تعلّم للخطّ والترسّل ❊

VI c. مع *entretenir commerce de lettres avec*, Bc, dans le Voc. sous epistola.

X. مسترسلا *négligemment*, Macc. II, 417, 3 a f. — C. الى *se laisser aller, s'abandonner à*, Macc. II, 800, 21: قد استرسل الى اللذّات وركن الى الراحات, 832, 10, Prol. II, 260, 1: الانهماك فى الشهوات, Khatîb 18 v°: يسترسل فى اطلاق عنان, والاسترسال فيها. — C. على et فى *persévérer dans*, Voc. — *Avoir la dyssenterie*, Gl. Manç.: خراطة هو ما يتجرّد من المعى عند الاسترسال ❊

رَسْل, رَسَل (Voc.), pl. ارسال et رُسُول, *messager, ambassadeur*, Lettre à M. Fleischer 73—4.

رَسْلَة *peu à peu, lentement*, Voc.

رسول *apôtre*, Bc. — *Un sergent chargé d'exécuter les arrêts*; il y a aussi de ces officiers subalternes attachés aux *medreseh*, Maml. II, 1, 136; رسول تحكّم *huissier*, Bc.

رَسيل *collègue*, Bayân II, 270, 2 a f.

رِسَالَةٌ *présent que l'on porte à quelqu'un*, R. N. 57 v°: «Veux-tu me vendre ces deux poissons? — Non, pas même pour un dînâr, لِأَنَّهَا مَعِي رِسَالَةٌ. Pour qui? — Pour Abou-Hâroun al-Andalosî.» *L'emploi de* رَسُولٌ, *de sergent chargé d'exécuter les arrêts*, Bâsim 68: فَقَلَ القَاضِي ضَعْتَنك حدَّاد ومن أين لك الرسالة فقال له من أمس عبرت للرسالة ‌‌‌‌‌‌‌‌‌‌‌‌رُسَيِّلَةٌ *servante?* 1001 N. Bresl. XI, 376, 11.

رَسُولِي *apostolique*, Bc.

رَسُولِيَّةٌ *apostolat*, Bc.

حَمَامٌ رَسَائِلِي *pigeons messagers, pigeons destinés au transport des dépêches*, Maml. II, 2, 116.

رُسْلٌ pl. رَسَابِيلُ, *en Espagne, orgelet, petit bouton qui se forme sur le bord de la paupière.* Alc. traduit *orçuelo que nace en el ojo por* ruçá, pl. raciçíl. Il faut lire *ruçál*, qui est une altération de l'esp. *orzuelo*.

أَرْسَالِيَّةٌ *envoi, expédition*, Bc.

مُرْسَلٌ الكلام المرسل *prose simple et libre, sans rimes*, Prol. III, 322, 9 et 10, Djob. 2, l. 16, Macc. III, 436, 17, de Slane Prol. I, p. XXXVIII. — T. de maçon, en parlant d'une muraille, *longue et isolée*, comme celle d'une ville, M. — Le pl. مَرَاسِلُ *lettres*, Autob. 211 v°: انشاء مخاطباته ومراسله — مرسل عوض *retrait*, t. de commerce, *envoi en retour*, Bc.

مُرْسَلَةٌ *en gros*, Gl. Edrîsî.

مُرْسَلٌ *commissionnaire, messager, envoyé, exprès*, Bc, M, 1001 N. IV, 631, 3. *Sous commission (prix d'une)*, Bc a: والمرسال خالص الأجرة «la commission est payée.»

مُرْسَلٌ *messager, ambassadeur*, Alc. (enbaxador, enbindo). — *Apôtre*, Calendr. 66, 4.

مُرَاسَلَةٌ *se dit de ce qui ne se fait pas en un coup, mais successivement*, M.

رسم I *écrire* (Lane), Lettre à M. Fleischer 126. — *Décrire, tracer*, Bc, *describere*, Voc., *tracer*, Alc. (traçar), *tracer une carte*, Prol. I, 87, 2 a f., *tracer le plan* d'une ville à bâtir, etc., Nowairî Afrique 41 v°: ورسم ابن البصيع المدينة والصناعة والمينا, وموضع القصر واللولوة (sic) وأمر الناصر من ساعته بالبناء , Hist. Tun. 89: ورسم الكُفَّار قلعة خارج باب البحر (le bastion). — *Proprement décrire.* On dit: Ibn-Hazm était d'abord attaché aux doctrines d'ach-Châfi'î, حتى رُسِمَ به ونسب اليه, c.-à-d. qu'on lui donnait le nom de Châfiîte, Haiyân-Bassâm, I, 41 v°. L'expression ب مرسوم s'employe dans la même acception que ب موصوف, Khatîb 58 r°: مرسوما بصداقته; Abbâr 180, n. 3: المرسوم بولاية البلدة, c.-à-d. بِلَدِهِ «qui portait le nom de son père,» comme on lit ibid. dans le texte, l. 4: السهلة المنسوبة الى بني رزين. — Dans le sens de *prescrire, ordonner*, aussi c. ب r., Vêtem. 270, 5. — *Inscrire* sur un registre, Abbad. I, 427, 2 a f. et suiv.; de là رسمه في خدمته *il l'admit à son service*, Berb. I, 472, 6 a f. — *Intituler* un livre, avec ب du titre, Abbad. I, 216, n. 65. — *Crayonner, dessiner, ébaucher, esquisser, tracer, tirer, faire le portrait de quelqu'un*, Bc, Domb. 122, Hbrt 96, Ht, Prol. I, 267, 16: رسم التماثيل. — *Broder*, Djob. 148, 11. — رسم بالذهب *dorer*, Djob. 163, 16. — *Imposer* un tribut, Macc. I, 130, 7: الأموال المرسومة على المراكب الواردة والصادرة. — *Consacrer ou sacrer un évêque, un prêtre, ordonner, conférer les ordres de l'Eglise*, Bc, Hbrt 154, M. — *Tonsurer*, Bc. — *Dédier*, consacrer au culte, *inaugurer, dédier*, Bc.

II *décrire, donner la forme de*, Reinaud F. G. 37, n. 2, 38, n. 1, 41, n. 1, n. 3. — C. على p. *faire garder quelqu'un à vue*; aussi c. على et acc., p. e. رسّم عليهم عشرين مملوكا «il le fit garder à vue par vingt mamlouks.» On dit encore جعل عليه بالترسيم où le ـ est للحجاز, Voyez Fleischer Gl. 16—8, Freytag Chrest. 51, dern. l., Vêtem. 271, 1: ولا يزالوا مرسمين على بابه حتى يأخذوا منه ما قرروا عليه «ils restèrent postés devant sa porte, jusqu'à ce qu'ils eussent reçu la somme qu'ils exigeaient.» Cf. تَرْسِيمٌ.
— *Garnir*, J. A. 1849, II, 319, n., l. 6 a f.: رُمْح مرسم من الصوفين بلبّاد أحمر «une lance garnie de deux côtés de feutre rouge;» cf. 321, n., l. 9: وترسم, où Reinaud traduit aussi *garnir*.

V. ترسّم بالعلم *avoir la réputation de savant*, Koseg. Chrest. 119, 4 a f. — *Etre posté* quelque part, afin de garder un prisonnier, Fleischer Gl. 17, Khallic. I, 214, 11 Sl.

VIII *être écrit*, Auw. I, 193, 3 a f. — Proprement *être décrit*; مرتسم ب s'emploie dans le même sens que موصوف ب ou متّسم ب, Djob. 280, 3: وهو متّسم بالخير ومرتسم به, Khatîb 52 v°, — *Être inscrit sur un registre, un rôle*, Abbad. I, 37, 10, 74, n. 14, 427, 3 a f., 428, 3, Macc. II, 589, 3, Cartâs 44, 2 a f., Berb. I, 501, 6, Khatîb 33 r°: ارتسم ولديه ثبت الاحسان, Calâïd 64, 14: في المقربين بغرناطة. — De là: *obtenir un emploi*, Abbad. I, 7, n. 23, Berb. I, 548, 5 a f., Khatîb 64 v°: ولما ولى. — C. ب *prendre*, يحيى. — قرطبة ارتسم لجهة برسمه *porter le titre de*, Abbad. I, 221, 4: المرتسمون بالوزارة, 6 a f.: ارتسم باسم القضاء, Haiyân-Bassâm I, 106 v°: المرتسم بالكتابة, « qui portait le titre de câtib, » Haiyân 99 r°: الذى قدّمنا ذكره وارتسامه بالرباط, c.-à-d. qui portait le surnom de مرابط, Djob. 243, 1, 329, 1. — C. على p. *être posté* quelque part *pour garder* un prisonnier, 1001 N. Bresl. IX, 228, 12. — *Être consacré prêtre*, Bc, M; ارتسم كاهن *prendre les ordres*, Bc, *être ordonné prêtre*, Hbrt 155; ارتسم شمّاس *être ordonné diacre*, Bc.

رَسْم *écriture*, Djob. 106, 2. — رسم المصحف pour المُصْحَف, Macc. I, 550, 14 et dern. l., Prol. III, 260, 14. — *Description*, Voc. — *Scénographie*, t. de mathém., représentation en perspective, Bc. — رسم السماء *cosmographie*; رسم الدنيا *uranographie*, Bc. — *Inscription*, Djob. 107, 17. — *Trait*, ligne tracée avec la plume, Bc, Prol. II, 338, 2, Berb. I, 654, 5, Macc. I, 364, 5. — *Lettre* d'un dictionnaire, Gl. Manç. v° وقد تقدّم فى رسم الثاء فى رسم :لحم مجزّع تجزيع (cet article manque dans notre man.). — *Article* d'un dictionnaire, voyez le passage du Gl. Manç. qui précède, Baït. I, 155 m: وقد عرّض, 233 b: الغافقى بذكرها فى حرف الالف فى رسم الابيون, وقد ذكره فى حرف الشين المعجمة فى رسم شقرديون, اجاز له المشرقيون فى رسم ابى. — Ibn-Abdalmelic 2 r°: الطاهر احمد بن على. — *Partie, division* d'un livre, synonyme de فصل, Ibn-Abdalmelic 2 v°: وكتاب منهاج الكتّاب انشدت رسائله ويروّيته على خمسة عشر بابا ورتّبته على ثلاثة رسوم فصل الى من فوقك وفصل الى من هو مثلك وفصل الى من هو دونك. — *Paraphe*, synonyme de عَلَامَة, Alc. (signatura de baxo). — *Apostille* qu'on écrit sur le dos d'un billet et dans laquelle on énonce le montant de la somme qu'on a touchée, Bat. II, 91. — *Acte, note officielle*, Ht, Ghadamès 19, dern. l., J. A. 1843, II, 223, 1851, I, 62, 12, 1852, II, 213, 2 a f., Macc. II, 352, 2 a f., III, 438, 8, de Sacy Dipl. IX, 486, 10. — *Mot, parole*. Après avoir donné la définition des termes كَمِّيَّة et كَيْفِيَّة, l'auteur du Gl. Manç. ajoute: ولا حاجة لنا بذكر ما فى هذين الرسمين من الخلاف عند المنطقيين. — *Charme*, Vansleb 414. — *Auspice*, L (auspicuum (sic). — تَفَوَّل ورسّم ايضا). — *Croquis, esquisse, ébauche, dessin, plan figuratif*, Bc, Hbrt 96, Alc. (debuxo en escorto), صورة رسم *figura de traços*), Djob. 197, 1. — *Canevas, dessein, plan* d'un ouvrage, Bc. — *Projet*, Bc. — *Compartiment*, dessin, partie disposée symétriquement avec d'autres, Bc. — *Linéament*, trait, Bc, Djob. 39, 10; ainsi *linéaments, traits*, Abbad. I, 244, 2 a f., 267, n. 49. — *Caractère*, marque, empreinte, Bc. — *Bordure*, Djob. 81, 9 et 12, 181, 13, 193, dern. l., 229, 20, Macc. II, 439, 19. — *Costume*, Soyoutî dans de Sacy Chrest. II, 267, 11: واما قاضى القضاة انشافى فرسمه الطرحة وبها يمتاز, Martin 117. — *Usage, coutume*, de Sacy Chrest. I, 275, Vêtem. 387, 8 a f.; رسوم المملكة *les usages de la cour*, de la royauté, de Sacy Chrest. II, 183, 4 a f., Berb. I, 557, 6 a f., 598, 9 a f. et 3 a f., II, 246, 9, Nowairî Espagne 462–3: اقام ابهة. المملكة ورتّب رسومها De même Berb. I, 631, 5 a f.: اجرى الرسم فى الدعاء له على منابر عمله (de Slane: « pour se conformer au cérémonial prescrit, il fit, » etc.). On dit رسم الدعوة quand la reconnaissance d'un souverain se borne à le nommer dans la khotba, Berb. I, 568, 3. L'expression اقام رسما signifie *se conformer à une coutume*, de Sacy Chrest. II, 183, 4 a f., Tha'âlibî Latâïf 13: Abdalmelic ibn-Merwân fut le premier qui fit graver des lettres arabes sur les monnaies. — وكتب الى الحجّاج فى اقامة رسم. — *Impôt*, Bc, Hbrt 210, M, Freytag Locm. 41, 8, Macc. I, 130, n. g, Nowairî Espagne 477: وقرى كتاب

رسم

, اخبر من محمد باسقاط رسوم جارية وقبالات مُحْدَثَةٌ ولوالِيها وجابيها شيءٌ معلوم Edrîsî, Clim. II, Sect. 5: وامّا رسوم, Khatîb 186 v°: ورسم ملزوم على المراكب الاعراس والملاهى فكانت قبالاتها غريبة .187 r° — Au sing. et au pl., *traitement, appointements*, Koseg. Chrest. 123, dern. l., de Sacy Chrest. I, ٢, 5, 1001 N. II, 252, 13, 261, 7 a f. — *Poste, emploi, charge, fonctions, devoirs d'une charge*, Abbad. I, 7, n. 23, II, 160, 4, Prol. II, 20, 3, Berb. I, 473, 1, Khatîb 23 v° تــقــدّم قاضيا بغرناطة — وقام بالرسم المضاف الى ذلك وهو الامامة بالمسجد الاعظم منها والخطابة بقاعتها الحمراء. L'expression اقام الرسم signifie ordinairement *remplir provisoirement un emploi*, Berb. I, 518, dern. l., 532, 7 a f., 536, 1; mais اقام له رسم الحجابة 574, 10, semble simplement: « il remplit auprès de lui le poste de hâdjib, » comme 576, 5, où de Slane traduit toutefois « vice-chambellan; » cf. II, 166, 9 a f.: اقام كاتبه بباب السلطان على رسم النيابة Macc. III, 767, 19: لاقامة رسمه من الخدمة, man. B dans Khatîb 39 r°: واقام الرسم بها يسيرا « il remplit pendant peu de temps le poste de secrétaire à Grenade, » 78 r°: مقيما لرسم الكتابة, Autob. 217 r°: حافظا للرسم Je fis accompagner l'émir par mon frère où de Slane (Prol. I, p. XLVII) traduit avec raison: « que je chargeai de remplir, par intérim, les devoirs de cette charge. » — *Demeure, domicile*, Macc. I, 363, 5. — *District, province*, Antar 52, 1: أن الملك قيصر ملك الروم صاحب انطاكية وتلك الرسوم — *Inauguration*, Bc. — *Ordination*, Bc. — Dans un sens très-vague, presque dans celui de أمر, Khatîb 100 v°: واستولى على ملك المغرب فقام به رسما عظيما, suivi du génitif, *pour, à cause de, destiné à* (cf. Freytag à la fin), M, Bidp. 28, 5 a f., Maml. I, 1, p. VIII, p. 13, Djob. *passim*, p. e. 38, 10, Cartâs *passim*, etc.

رسم *marchant avec rapidité*, Abbad. I, 96, n. 125.

رسْمة *inscription, acte, enregistrement*, Ht. — *Tonsure*, Bc.

رسْمة pl. رسَم *tache et raie*, Diw. Hodz. 64, 8 et 9.

رسمى *ce qui fait loi, autorité, ce qui sert de règle*, M. — العلم الرسمى *la théorie*, Ghazâlî, Aiyohâ

رسل

'l-walado 4, 2 éd. Hammer. — *Scénographique*, Bc. — *Inaugural*, Bc.

رسمانية *inventaire*, Ht; cf. رزمانية.

رسّامة *projection, représentation d'un plan sur un corps*, Bc. — *Consécration* d'un prêtre, Bc, M.

رسّام *peintre*, Macc. I, 403, 6, Macrîzî, man., II, 354: عدّة حوانيت للرسامين — رسّام الارض *géographe*, Bc.

راسم *dessinateur*, Hbrt 96.

ترسيم *l'ordre par lequel on donne à quelqu'un des gardes qui doivent l'empêcher de s'enfuir; — la condition de celui qui est gardé*, Fleischer Gl. 16; *consigne, punition militaire, défense de sortir*; جعل تحت الترسيم *mettre à la consigne, aux arrêts*, Bc; cf. Macc. I, 693, 1, Meursinge 26, 16, Rutgers 189, 14. — لوح الترسيم *planche à dessiner*, Amari 18, 9, 19, 1.

مرسوم, en parlant d'une lettre, est celle qu'on écrit, mais qu'on ne prononce presque pas, Fleischer Gl. 12. — *Broché, broché d'or*, Vêtem. 378, n. 5. — Pl. مراسيم et مراسم, *commandement, ordre d'un prince*, surtout *ordre écrit*, Fleischer Gl. 16, M, Hbrt 205, Bat. III, 199, Berb. I, 631, 6 a f., II, 535, 8. مرسوم بالتشييع *lettre de congé, passe-port*, Autob. 215 r°, 2 a f. — Chez Ibn-Khaldoun le sens du mot مراسم varie. On trouve Prol. II, 295, 3 a f.: المراسم الشرعية *les préceptes de la loi*, Berb. II, 485, 5 a f.: مراسم الاسلام *les préceptes de l'islamisme*. Mais il signifie aussi: *les honneurs d'usage*, Prol. II, 295, 13, Berb. I, 398, 16 et 17, II, 113, 14 et 15, 497, 1. مراسم الملك *les usages de la cour*, Berb. II, 142, 3 et 7, 228, 8 a f. مراسم الخدمة *les emplois de la cour*, Berb. I, 532, 4 a f.; مراسم الجهاد *les emplois militaires*, II, 390, 8.

ارتسام, dans la religion chrétienne, *les ordres*, Hbrt 154.

رسمل I *capitaliser*, Ht, 1001 N. Bresl. XI, 5.
II et V dans le Voc. sous capitale.

رسمال (formé de رأس مال), dans le Voc. pl. رسامل, *capital, fonds, mise, principal*, Voc., Bc; رسمال اللعب *cave, mise au jeu, enjeu*, Bc. —

رس

رَشْمَال prix coûtant, le prix qu'une chose a coûté, voyez sous رَأْس.

مترسمل capitaliste, Bc.

رسن

رسان nom d'une sorte d'étoffe, Holal 9 v°: الـف ; شقّة من الرسان telle est la leçon des trois man.; chez Macc., II, 711, 4, on trouve الرمان.

رَسَن (esp. rocin) pl. رَسَاسِين bidet, petit cheval, Alc. (haca pequeño cavallo).

الراسن المَشرِقى راسَن, Payne Smith 1013.

رسو et رسى I, mouiller, jeter l'ancre, se construit c. على près de, p. e. على جزيرة, Bat. IV, 62, على مدينة 1001 N. I, 93, 15, III, 18, 10; على البَرّ aborder, prendre terre, Bc; aussi c. فى toucher, aborder, Bc.

IV. Dans le sens de mouiller, jeter l'ancre, on dit aussi ارسى بالمركب, Nowairî Espagne 438, المخطاف Hœst 187, et ارسى seul, Fleischer Gl. 19, de Sacy Chrest. II, 56, 7, Djob. passim. — Jeter le filet, Edrîsî, Clim. VI, Sect. 6: ان الصياد اذا ارسى ارمى بها هذا السمك شبكته وتعلق (leçon de B; A بشبكته). — Tirer un vaisseau de l'eau, Alc. (naves sacar del agua). — Lester un vaisseau, Alc. (alastrar la nave, lastrar la nave).

رِسى crabe 'ou autre crustacé qui lui ressemble, Gl. Manç.: رسى هو صنف من حيوان الماء صغير وقيل انه القمرون والاشبه انه غيره ولا يبعد ان يكون من جنسه.

رواسى t. de mer, poulie, J. A. 1841, I, 588.

مرسى ancre, Voc., Gl. Djob., Hbrt 128.

مرساية ancre, Bc, Hbrt 128.

رسبنون la casse, Laurus Cassia, Sang.

رش I. Le n. d'act. رَشاش dans le Voc. — C. على saupoudrer; رش دقيقا على بدقيق et enfariner; رش لبك خبز على paner, couvrir une viande de pain émietté, Bc; le M donne de même رش الملح وحنو (= ذرّة). — رش الكحل فى العين و على الطعام Lancer des projectiles légers, Quatremère J. A. 1850, I, 252—3.

رشح

VI s'arroser l'un l'autre, Vêtem. 271, 3.
VIII dans le Voc. sous aspergere.

رُشّ cendrée, petit plomb pour la chasse, Domb. 81, Bc (رش رصاص), Quatremère J. A. 1850, I, 253.

رَشّة filet, petite quantité, quelques gouttes; ondée; رشة مطر مع برد giboulée, Bc.

رَشاش petite pluie, pluie douce, Abou'l-Walîd 783, 32.

رِشاش la saison des pluies, Ouaday 285.

رشاشة goutte; — pluie, de Jong. — Arrosoir, Bc.

رشاشى ou مكّى, avait trois empans, Gl. Edrîsî. La coudée

رَشّاش dans le Voc. sous aspergere.

مَرَشّ arrosoir, Ht, Hbrt 181 (Alg.); pl. ات fiala, Voc.; 1001 N. Boul. I, 25: مرش ماء ورد مسك.

مَرَشَّة vase de verre pour arroser, Gl. Esp. 158; — flacon d'argent à goulot étroit et long, avec bouchon percé de plusieurs trous, Bc.

رشا

رَشا au fig. adonis, très-beau garçon, Bc.
رَشا pl. ارشا faon, Bc.

رشب

راشبة (esp. raspa) plane (outil), Ht.

رشت

رِشْتَة (pers.) espèce de macaroni, Bait. I, 55 j, Chec. 192 v°: الرشتة وهى الاطرية عندنا 208 r°, نقلته Antâkî الى اكل الرشتة مصنوعة فى طبيخ اكارع لجدا M: الرُشتَة طعام sous اطرية. Ecrit رشتا Bat. II, 366. يعمل من العدس تلقى فيه قدّد من رقاق العجين ؛ رِشتان gale, Voc.

رشح I s'infiltrer, passer comme par un filtre, Bc, Hbrt 174.

II. رَشَّح نَفْسَه se justifier, Weijers 42, 2 a f. des scolies. — رَشَّح نَفْسَه لشىء se préparer à une chose, y aspirer, l'ambitionner, Belâdz. 151, 14; c'est l'équivalent de ترشَّح لشىء ; voyez sous la V°. — المُرَشَّحون , proprement pour المرشحون للوزارة, ceux qui sont élevés pour remplir un jour les fonctions de vizir et qui parfois les remplissent provisoirement, cf. Berb. II, 389, 3: المرشحون للوزارة بمابه 398, 8 a f., 348, 8: من رجالات السلطان المرشحين رذفاء الوزارة. Souvent aussi, dans un sens plus large: *les grands fonctionnaires*, *les notables*, Berb. II, 166, 11, 234, 6 (où il faut lire ainsi avec notre man. 1350), 358, 4. — المرشحون *les princes du sang*, Berb. II, 342, 2, 344, 6, 355, 3 a f., 452, 3 a f., 467, 5 a f. et dern. l., 469, 9 a f., 541, 4 a f. — *Tâcher d'élever quelqu'un à de hautes dignités*, *le favoriser*, Macc. I, 645, 4; *lui donner des emplois*, *lui confier de hauts commandements*, Berb. II, 434, 8 a f., 521, 8 a f.; c. ل *le nommer à un emploi*, Macc. I, 866, 21; peut-être dans le même sens chez de Slane Prol. I, p. LXXV a, comme synonyme de مرتب, si c'est ainsi qu'on doit lire un des mots qui précèdent. ترشيح *la faveur qu'on accorde à quelqu'un*, Berb. II, 206, dern. l. — *Déclarer quelqu'un son successeur*, Berb. I, 474, 10. — *Élever quelqu'un au trône*, Prol. I, 334, dern. l. (le texte a été corrigé dans la trad.). — ترشّح *être digne de régner*, Berb. I, 532, 1 et 2 a f., 599, 3, II, 343, 6 a f., 475, 7. *Les droits au trône*, II, 153, 5 a f., 557, 12; *les droits à un emploi*, II, 560, 11. — *Inspirer, suggérer*, Prol. I, 18, 8: رشّح لهم قراءة ابن الزبير ذلك «c'est la leçon adoptée par Ibn-az-Zobair qui leur inspira cette explication.»

V *filtrer, couler*, Bc. — C. ل *ambitionner un emploi, une dignité*, Mohammed ibn-Hârith 307: le çâhib aç çalât était dangereusement malade وكان سليمن بن: 308: ابرهيم بن قلزم مترشحا للصلاة اسود يعلم شدة شهوة ابن قلزم في الصلاة وترشّحه لها (plus loin كان يشتهى الصلاة), Akhbâr 157, 9, Prol. I, 239, 8 (où la trad. de M. de Slane n'est pas exacte). — C. الى *s'élever à un emploi, une dignité*, Khatîb 18 v°: ترشّح بذاته وباهر ادواته الى. — ترشّح الى ترتّب سلفه, قضاه 19 v°, المُعَن النبيهية. — *Attraper un rhume, s'enrhumer*, Bc, Hbrt 35.

رشح الحجر, رشّح était un sobriquet qu'on donnait au calife omaiyade Abdalmelic à cause de son avarice. Selon Tha'âlibî, Latâïf 25, dern. l., 26, 5 et 6, on voulait indiquer par là qu'il était impossible d'obtenir de lui des bienfaits, car, dit-il, les Arabes disent «la sueur de la pierre,» comme ils disent «la laine du chien, le lait des oiseaux,» etc. — *Sécrétion, filtration et séparation des humeurs*; ترشّح الموادّ *excrétion, sortie naturelle des humeurs*, Bc. — *Rhume de cerveau*, M, Bc (sans voyelles), رشح chez Hbrt 35. — *Filet d'eau*, Abdarî 17 v° (Tunis): واما الساقية المجلوبة من ناحية زغوان فقد استنأم بها قصر السلطان وجنانه الآ رشحا يسيرا شرب (سُرِّب l.) الى جامع الزيتونة يترشّف منها (sic) في انابيب من رصاص ويستقى منها الغرباء ☆

رشّاح dans le Voc. sous *resudare*. — *Excrétoire, sécrétoire*, Bc.

ترشّح voyez sous la IIe forme.

مرشّح voyez sous la IIe forme. — *Enrhumé*, Bc.

رشد I *donner un conseil*, Voc. — *Ramener, reconduire*, Alc. (tornar a otro guiando). — *Être pubère*, Voc.; راشد *pubère, adulte*, Voc.; غير راشد *mineur, en tutelle*, Alc. (menor de edad so curador).

IV. Si la signification *tetendit ad aliquem*, c. الى p., que Freytag donne sous cette forme, est empruntée à Bidp. 12, 3 a f., c'est une faute, car dans ce passage il faut prononcer au passif أرْشِدَ. — *Disposer, préparer un endroit pour y bâtir*, Holal 3 v°: ذكر السبب في اختطاط مدينة مراكش وبنيانها وارشاد موضعها ومكانها. — *Parvenir à l'âge de raison*, M. — ارشد في *coucher en joue*, Bc. — ارشد أنّه المكحلة il recommanda pour cela son fils, Haiyân 19 v°.

رشد *justesse d'esprit, connaissance*, *exercice de la faculté de distinguer les objets*, *raison*, *son juste emploi*, *bon sens, sens*, *faculté de comprendre les choses et d'en bien juger*, Bc. — On dit في الرشد ملكه, en parlant d'un prince qui régnait sans avoir des droits au trône, Haiyân-Bassâm I, 192 v°. — *Générosité, libéralité*, Voc. — *Directeur de conscience*, Alc. (guia espiritual).

رشاد *générosité, libéralité*, Voc.

رشيد *qui est dans son bon sens*, R. N. 56 v°: il dit au cadi: ان كنت حربتى (حجمتنى l.) وانا عندك سفيهة غير رشيد فقد اخطأت ان خيّمتنى وان

زشرش — Généreux, libéral, pl. رِشاد et رُشداء, Voc. على. — راشد directeur de conscience, Alc. (guiador espiritual). — Voyez sous la Iʳᵉ forme.

ترشيد émancipation, Roland.

مُرشِد directeur de conscience, Burton I, 206. — Celui qui a la permission d'admettre des novices dans un ordre religieux, Burton I, 14.

رشرش I couler, Prol. III, 411, 14, où il faut lire ترشوش, cf. la trad.

II, suivi de بدم, s'inonder de sang, Ouaday 439.

رشرش gouttes de pluie, Barth V, 676.

رشرش ceinture ornée de perles, M.

رشف IV faire sucer, Abbad. I, 45, 7.

رَشْفَة baiser, Abbad. II, 137, 8, Macc. I, 428, 5. — Gorgée, 1001 N. III, 446, 6 a f.: شرب رشفة. Je crois que dans l'édit. de Bresl. IX, 247, 1, il faut ajouter le verbe شرب et lire: شرب منه رشفة, au lieu de شفة منه. Je pense qu'il faut lire de même, 250, 4: شرب منه وشفة, au lieu de شرب منه وشفة.

رَشْفَة espèce de mets composé de millet et de lait, Barth III, 525.

رشّاف celui qui mâche et avale avec force et avec bruit, de manière à être entendu des voisins, Daumas V. A. 314.

رشق I ne se construit pas seulement c. a. p. et ب de la flèche, mais aussi c. d. a., رشقه سهما, P. Macc. II, 198, 15. — Ficher, Delap. 9, ficher, jeter, Roland, ficher, planter, Ht. — Toucher, atteindre le but, en parlant d'une flèche, Gl. Djob, Khatîb 68 rº; ورشقت من معه السهام السلم الرّاشقة 1001 N. I, 674, 2 a f. — Sauter, bondir, Voc., Alc. (brincar). — Retrousser, 1001 N. I, 596, 3 a f.

II faire sauter, Voc. — C. a. vibrare, Voc.

V dans le Voc. sous vibrare.

رَشْقَة sans interruption, p. e. ضربته مائة رشقة متتابعة دفعة واحدة, c.-à-d. سوط رشقا واحدا. M.

رشيق agile, Bc, M.

رشقة حاجر, رَشْقَة un jet de pierre, Bc.

رَشْقَة roseau à écrire, Domb. 78.

رَشْقَة القصب perspicacité, sagacité, L (acumine خدّ ورَشْقَة).

رشيف élégant (taille), Bc, Macc. I, 657, 2: القوام الرشيف, (ciseaux), Tha'âlibî Latâïf 111, 5 a f, (poésie), Abd-al-wâhid 73, 7. — Léger, p. e. قلم رشيف « plume légère, » Bc. — Adroit, Hbrt 89. — Pl. رشاق accort, aimable, Voc. (placidus, synonymes لبق et خفيف الروح).

رَشاقَة élégance (de la taille), 1001 N. Bresl. I, 24, (d'une pièce de vers), Abd-al-wâhid 104, 17. — Agilité, Bc, vitesse, adresse, Bat. IV, 412, 1001 N. Bresl. I, 277, Ztschr. XX, 506, dern. l., 507, 1. — مرشاقة doucement, délicatement, Bc. — Fourche à trois pointes, Gl. Esp. 201, Abou'l-Walîd 636, n. 1.

شاقة patère en bois peint, Beaussier, Roland.

راشقة (aussi رشكة) = كشوت, Most. sous ce dernier mot.

رشكب grive, Hbrt 184.

رشكبين érésipèle, Bc.

رشم (autre prononciation de رسم) I tracer, Alc. (debuxar traçando), Roland. — Marquer, mettre une empreinte, une marque sur une chose pour la distinguer, L (signo (designo vel significo)), Alc. (asinar, consignar, imprimir, notar, señalar, خبة مرشومة plata marcada), Bc (Barb.), Daumas V. A. 115, Auw. I, 474, 20, 21, II, 225, 3; — marquer avec un fer chaud, Voc., Alc. (herrar ganado, herrar otra cosa, señalar con huego); رشم الصليب se signer, faire le signe de la croix, Bc. — Sceller, Alc. (sellar).

VIII dans le Voc. sous signare.

رشم et رَشْم. L donne ces articles: astericus caracter وعلامة ورَشْم طابع, signum (vel signaculum) رَشْم وعلامة وآية وامارة وطابع, titulus (indicium, significatio vel signum) رَشْم وكتاب وصحيفة, titulus ومحراب, vexillum (signum belli expeditionis vel victoria [l. victoriæ]). — Pl. رشوم. — رَشْم وعلامة marque avec un fer chaud, Alc. (señal de hierro con fuego). — رَشْم الحافر, le marquage du sabot, nom d'un jeu,

« Il consiste à lancer un cavalier à fond de train devant soi, puis, quand il a suffisamment pris l'avance, de courir à sa poursuite, et, à la distance de 20 ou 30 pas, de tirer à balle sur le sabot de la jambe postérieure gauche du cheval. Il faut alors que la balle frappe le sol au moment où le pied du cheval vient de le quitter, » Margueritte 277. — رشوم الزمام *les chiffres employés dans l'enregistrement* et qui sont formés de monogrammes ou abréviations des mots arabes qui servent à la numération; رشوم الغبار *chiffres qui ont un grand rapport avec les chiffres indiens;* voyez Prol. I, 214, 5, 6 et 7, III, 162, 9 et 13, avec les notes dans la trad.

رِشْمَة *joli licol avec des ornements d'argent ou d'or qui pendent sur le chanfrein du cheval*, Bc, M. — *Tonsure*, Bc. — رشمة من كاغد *rame de papier*, Alc. (rezma de papel). L'esp. *rezma* vient de l'arabe رِزْمَة, mais il est retourné dans l'arabe sous la forme رِشْمَة.

رَشَّام *celui qui fait une marque, ou celui qui scelle*, Alc. (impressor, sellador).

مَرْشَم *un fer chaud*, Alc. (hierro para herrar); mieux مُرْشَم. — *Marque qu'on met aux marchandises à la douane*, Gl. Esp. 301.

مَرْشوم *tonsuré*, Bc. — *Déchiré*, Martin 160.

رشن

رَشِينَة (esp. resina), *chez le peuple en Espagne, résine*, Bait. I, 488 c (AB).

رَوْشَن Le pl. رَواشن (Abou'l-Walîd 778, 17) *balcon*, Hbrt 194.

رشو

III *mitonner, prendre grand soin de la santé, des aises*, Bc.

IV dans le Voc. sous munus.

رَشَا, en poésie pour رَشَأ, *jeune gazelle*, Macc. II, 321, 7, 382, 15.

راشي *pourri*, Bc (Barb.).

رص

I *ranger, mettre en ordre*, Bc, 1001 N. II, 22, 13; — *stratifier*, t. de chimie, arranger par couches dans un vase, Bc; — *empiler*, Bc; — *caser*, arranger les pions, Bc; — رص الطعام et الأواني *dresser un buffet, une table*, Bc. — *Frapper des olives avec une pierre*, M.

II *plomber*, vernir la poterie avec de la mine de plomb, Bc; *étamer*, Gl. Manç.: ترصيص الإناء هو طَلْيُهُ بالرصاص القلعي

V quasi-passif de la IIe dans le sens qui précède, Voc.

رَصّ خَشَب *lattis*, arrangement des lattes, Bc.

رَصَّة رصة الحجار في مينا *môle, jetée forte, muraille* dans un port, Bc. — *Par couches*, Mehren 28. — *Ulcère au pied*, M.

رِصص *massif, pesant, épais*, Bc.

رَصَاص ou رَصَاص البَنَّاء *niveau, plomb*, Alc. (nivel en el edificio, plomo de albañir). — Terme technique chez les alchimistes, voyez Prol. III, 207, 3 a f.

رَصَاصَة pl. رَصَاص *balle de plomb, balle de fusil*, Domb. 81, Bc, Ht, M.

رَصَاصِي *plombé, de couleur de plomb*, Bc.

رَصَّاص *plombier, ouvrier qui travaille en plomb*, Bc.

مُرَصَّص *nivelé*, Alc. (nivelado al plomo).

رصد

I. رصد الكواكب *observer les astres*, Bc; seul *faire des observations astronomiques*, Prol. I, 83, 16, Cazwînî I, 31, 16; أرباب رصد *astronomes*, Mirkhond Seldj. 112, 7 a f. éd. Vullers; رصد لفلان *consulter les astres pour quelqu'un*, Bc. — *Enchanter; mettre une chose sous la garde d'un talisman* (على فلان *pour quelqu'un*); *conjurer un démon*, Bc, Lane M. E. II, 184, 1001 N. II, 121, 4 a f., 316, 4, 474, III, 203, IV, 488, Bresl. III, 363, 3 et 5. — *Barrer, raturer, biffer, rayer*, Bc.

II c. ل *aposter, mettre quelqu'un dans un poste, pour surprendre*, Bc; *ponere insidias* dans le Voc. — Dans le Voc. sous aspicere.

IV *enchanter*, 1001 N. IV, 704, 2 a f.

رَصَد pl. أرصاد *observation astronomique*, Bc, Prol. III, 106, 1. — T. de négociant, *clore un compte en écrivant ce qui reste après la soustraction, et biffer ce qui en est écrit*, M. — (Pers. راست) *mode de musique*, الرصد; المقام الأول من الانغام, M; chez Hœst 258 *rasd-edzeil*, autre mode de musique, Salvador 34, ce que M. Barbier de Meynard (J. A. 1865, I, 563) écrit رأس الذيل, mais c'est sans doute une erreur, car chez Hœst l. l. c'est رصد اديل.

رَصَد, *ceux qui font des observations astronomiques, astronomes*, M. — *Observatoire*, M, Khallic. I, 671, 2 a f. 81., Amari 669, 5. — Pl. أَرْصَاد *chez les auteurs*, chez Bc, رُضُود, *talisman*, Bc, *charme, enchantement*, Macc. I, 121, 11, 152, 11, 153, 17, 154, 11, 1001 N. III, 202, 203, dern. l., IV, 667, 2 : انفكّ عنهما 713, 7 a f., Bresl. III, 364, 2 ; M : والعامّة يزعمون ان الرَصَد شخص سَحَرى او غيره. — يُنْصَب في المخافى لحراستها Le mot أَرْصَاد est obscur dans un passage chez Valeton ٣۴, 5 a f., où on lit que le vizir du calife Mo'tadhid écrivit à Ahmed ibn-Touloun : "اتّقى اللّه في الأَرْصاد، فان اللّه بالمِرْصَاد". La voyelle *fatha* se trouve dans le man. de Leyde et dans celui de Saint-Pétersbourg (voyez p. 105). Weijers (p. 67, n. 2) veut prononcer الإِرْصَاد ; mais l'explication qu'il propose n'est nullement satisfaisante, et je crois qu'il serait téméraire de s'écarter des man. A mon avis رَصَد, pl. أَرْصَاد, a ici le même sens que مَرْصَد, pl. مَراصِد, qui, comme on le verra plus loin, signifie: *un poste de soldats-douaniers chargés de veiller à la sûreté de la route et de percevoir le péage*, et de là, *péage, droit pour le passage*. Le vizir recommande donc au gouverneur de ne pas presurer les voyageurs en exigeant d'eux des péages trop considérables, et de se rappeler que Dieu voit toutes nos actions.

رَصَّاد et رَصَدى. La comparaison du mot qui précède, de راصِد et de مَرْصَد me fait soupçonner, quoique Lane soit d'une autre opinion, que Golius a eu raison d'expliquer ces termes comme il l'a fait (cf. plus haut راصِدار).

رَصِيد, t. de négociant, *ce qui reste après la soustraction*, M.

راصِد pl. رُصّاد *soldat chargé de veiller, à la frontière, à la sûreté de la route et d'interroger tous les voyageurs*, Cartâs 5, dern. l.: وجعل الرُصّاد في اطراف البلاد والقبالات فلا يمرّ بهم احد من الناس حتى يعرف نسبته وحاله ومن اين قدم والى اين يسير ويعلم صحّة.

— Pl. رَصَد, *la troupe chargée de faire le guet ou la ronde pendant la nuit, le guet*, voyez sous تَقَفّ II un exemple tiré du R. N. ; plus loin, 103 r°, on lit dans la même anecdote : ثمّ تماديت الى ناحية سوى — ابن هشام وعنده رَصَد وكلاب ما كلمنى منهم احد. *Astronome*, et, ce qui au moyen âge était souvent la même chose, *astrologue*, Abbad. II, 60, 11.

مَرْصَد *poste de soldats-douaniers chargés de veiller à la sûreté de la route et de recevoir le péage*, Becrî 19, 6 a f., en parlant d'Ain az-Zaitouna : عليها مَرْصَد لحاجبى افريقية. — De là : *péage, droit pour le passage*, Macc. I, 130, n. f, R. N. 74 v°, où un saint dit à 'Obaidallâh : لو كنتُ امير المؤمنين ما امرتُ بسبّ السلف واظهرت للخمر والقبالات والمراصد وقبالة السند (النبيذ l.). — مَرْصَد الكواكب *observatoire*, Bc. — بمَرْصد منّى *à ma vue, en ma présence*, Voc.

مُرْصَد *l'argent que le locataire d'une boutique qui appartient à une fondation pieuse, dépense, avec la permission du directeur de cette fondation, pour l'entretien et l'amélioration de cette boutique, de sorte que cette somme reste* مُرْصَداً له على الحانوت, c.-à-d. qu'il a le droit de la revendiquer, Ztschr. VIII, 347 n.

مُرْصِد *celui qui fait le guet* (au haut du beffroi), Gl. Edrîsî. — *Lion*, Gl. Mosl.

مَرْصَد *affût*, t. de vénerie, *lieu où l'on se cache*, Bc.

مِرْصَاد a le pl. مَراصِيد, Gl. Mosl.

رعمص I *morfondre, refroidir, transir, pénétrer et engourdir de froid, saisir de froid*; — *transir*, v. n., *avoir un grand froid, être pénétré de frayeur*; — *se morfondre*, au fig., *s'ennuyer à attendre, perdre du temps à*, Bc.

رصع I, dans le sens de *inivit feminam*, n. d'act. رَصْع, 1001 N. I, 5, l. 9. — *Rompre ou aplatir*, 1001 N. Bresl. II, 58, 9. — *Sertir*, t. de lapidaire, *enchâsser*, Bc.

II *incruster*, Djob. 41, 2 a f., 58, 2 a f., 85, 7. De ترصيع dérivent les mots esp. ataracea, ataracé, taracea, marqueterie, mosaïque, ital. tarsîa, avec le verbe intarsiare. — Ce verbe semble signifier aussi *garnir de clous*, 1001 N. Bresl. IV, 345, 6 : وكان عنده مطرق مرصّع فيه اربعين مسمار.

رصف l'ouvrier qui aplatit, Descr. de l'Eg. XVI, 486, n. 1.

رصف I paver, Hbrt 187, Bat. I, 238. — Aor. a, briller, reluire, L (emicat, lucet, mico (promico), nitesco (luceo), promicat, rutilo (luceo)); cf. ترصيف.

II paver, Voc.

V être pavé, Voc.

رصفة rotule, os mobile sur le genou, Bc.

رصيف massif (de maçonnerie), Bc. — Pl. رصفان chaussée, c.-à-d. levée qu'on fait au bord d'une rivière, digue, quai, et aussi chaussée, levée qu'on fait pour servir de chemin de passage, Gl. Edrîsî, Gl. Esp. 198, le second sens dans M, L (strata) et le Voc. — Trottoir, Bat. I, 238. — Point central, point de réunion et de départ, Gl. Edrîsî. — Rivage de la mer, côte, Hbrt 176 (Eg.).

قلنسوة رصافية. رصافى était un très-haut bonnet, qu'on appeloit aussi الطويلة, et que portaient les califes abbâsides, ainsi que les autres membres de cette famille. On disait aussi par ellipse الرصافية, Gl. Fragm. (les deux passages d'Imrânî qu'on y trouve cités, avaient aussi été notés par J.-J. Schultens), Khallic. I, 155, 17 Sl., cf. l. 19. — رصافية épithète du vin, c.-à-d. qui vient de رصافة هشام, Gl. Mosl.

ترصيف splendeur, éclat, Mehren 25; cf. sous la Iʳᵉ forme.

رصن

رصان nom d'une étoffe, Macc. II, 711, 14; dans le Holal رسان (voyez).

رصّ II meurtrir, faire une contusion, Alc. (magular carne).

VII être brisé, Abou'l-Walîd 146, 9.

رصّة froissure, Bc.

رضخ IV est dans le Voc. addere, c. ل, في, على et من; ارضخ له في العطاء il augmenta sa solde, Berb. I, 18, 15, Macc. I, 257, 20, cf. Macc. II, 703, 22, où il est aussi question de soldats: وارضخنا لهم في النوال ما نرجو به ثواب الآخرة.

رضرض

رضرضة froissement, Bc.

رضع I allaiter, Alc. (amamantar).

II allaiter, donner à téter, nourrir, Voc., Alc. (amamantamiento ترضيع), Bc, Hbrt 27, Payne Smith 1608, 1609.

رضيع, رضع nourrisson, au pl. رضائع, Bc; pl. رضاع لخراف الرضاع les agneaux de lait, 1001 N. Bresl. II, 325. Au fig. رضيع الأدب nourrisson des muses, bon poète, Bc.

رضّاع nourrisson, Alc. (mamanton o mamon, cf. Victor). — رضّاعة nourrice, Domb. 76, Ht, J. A. 1851, I, 55, dern. l. — رضّاعة البقر le lézard à taches rouges, ainsi nommé parce qu'il suce le lait des vaches, Jackson 66 (erdara el bukkera), Hœst 293, cf. 302 (erdât elbegri).

راضع, dans les filatures de soie, la petite machine (دولاب) qu'on emploie avant la grande, M.

مرضع. Le pl. مراضع, au fig., = nuages, Diw. Hodz. 251, vs. 22.

رضم VIII. J'ignore si cette forme existe réellement, mais je trouve chez Ibn-Haiyân, 50 r°: فلما ارتضم اهل الكور حوله في الشقاني وتنابعوا في المعصية سما الى مناغاتهم.

رضومة (esp. redoma) bouteille de verre, fiole, Domb. 91.

رضى I c. ل p. et ب r. autoriser à, permettre de, Bc. — الله يرضى عليك je vous en prie, Bc.

II employer la formule رضى الله عنه Maml. I, 2, 113, Gl. Djob.

III chercher à contenter, Bc. — C. a. p. chercher à se raccommoder avec quelqu'un, Bc.

IV. ارضى للسلطان جملة il procura à beaucoup de gens la faveur du sultan, Macc. III, 680, 7, où il faut lire ainsi, avec le man. de Leyde, au lieu de جلة.

V c. عن employer la formule رضى الله عنه, Maml. I, 2, 112.

VI c. ل p. être d'accord pour donner le commandement, la souveraineté à quelqu'un, Tha'âlibî Latâïf 27, 8: تَرَاضَى اهلُ البصرةِ لِعَبيدِ اللهِ ـــ وَبَايَعُوه عَلَى الأمارة; aussi c. على p., تَرَاضَوْا عَلَيْهِ p., Akhbâr 5, 2 et 3. X c. a. p. *contenter* quelqu'un, Abbad. I, 173, 8.

بِرضَى اللهِ عَلَيْك رَضَّى *je vous conjure au nom de Dieu*, Bc. — انتَ عِنْدِي رِضَا *vous me plaisez*, Akhbâr 27, 3 a f. (où عند est une faute de l'éditeur).

رَضِيَّة *scorie*, Gl. Manç.: خَبَثُ الحديدِ رَضِيَّة تَسِيل منه عند الحَمَّى الشديد ❋

رِضْوان *paradis*, Ht.

رِضْيَان c. على p. *content de* quelqu'un, Bc.

أَرْضَى *qui contente plus*, Gl. Maw.

مُرَاضَاة *de gré à gré, à l'amiable*, Bc.

رطب II. رَطَّبَ الدمَ *rafraîchir le sang*, le rendre plus calme par les remèdes, Bc. — رَطَّبَ القلب *rafraîchir le sang*, au fig., faire plaisir, calmer les inquiétudes, Bc.
V *s'imprégner d'humidité*, Bc.

خُبْز رَطْب *pain mollet*, Alc. (mollete pan muelle). — رَطْبُ العَنَان *se laissant facilement conduire, docile* (cheval), Djob. 72, 10. — رَطْبُ العَيْنَيْنِ *souffrant d'épiphora*, 1001 N. Bresl. VIII, 225. — رَطْبُ اللسانِ بِشُكْرِو, Berb. II, 273, 13; Lane (sous رَطْب) *en ce sens*. Le superlatif chez Abd-al-wâhid 243, 10: ارطبُ الناسِ لِسانًا بذِكرِ اللهِ.

رَطْبَة *Trèfle* est aussi خَصْفَصَة رَطْبَة انقداح, Most. v°

رُطُوبَة *fraîcheur*, p. e. الهَوَاء, de l'air, Cartâs 15, 1. — *Fraîcheur, maladie causée par un froid humide*, Bc. — رُطُوبَات *vapeurs*, Prol. II, 125, dern. l., 126, 6. — رُطُوبَات *humidités, sérosités, pituites*, Bc. — رُطُوبَة النسَاء *fleurs blanches, maladie des femmes*, Bc. — رُطُوبَة السَّرْج *coussinet qu'on met sur la croupe du cheval pour lui faire porter la malle*, Alc. (coxin de silla).

أَرْطَب *voyez sous* رَطَب

مَرْطَب هواء مرطب القلب *temps gai, serein et frais*, Bc. — مُرَطِّبَات *remèdes rafraîchissants*, M.

مَرْطَبان *voyez-le à sa place sous le* mim.

مَرْطُوب *d'un tempérament humide*, M, de Sacy Chrest. II, 19, 2.

رُطْبَال, pl. ات, dans la 2e partie du Voc., رُطْبَل dans la 1re, *herse*; semble le latin rutabulum, rotabulum, qui peut bien avoir eu ce sens en Espagne.

رطرط I *foisonner, abonder*, Bc.
مَرْطَرَط *commun, qui se trouve en abondance, à la douzaine, très-commun*, Bc.

رطز رَطَز *se dit de celui qui, lorsqu'il veut s'asseoir, se laisse tomber soudainement à terre*, M.

رطل II *chatouiller*, 1001 N. Bresl. VII, 319, 3 (dans l'éd. Macn. عرك).
V dans le Voc. sous libra.

رَطْل *livre, monnaie de compte*, Alc. (libra moneda).
رُطَيْبَة *pinte*, Bait. II, 102 a (passage d'Edrîsî): واذا مُلِئَتْ منه رُطَيْبَة زجَاج ❋
رُطْلَاي nom d'une plante, Daumas V. A. 380.
تَرْطِيل *impôt sur la soie à Grenade; dérivé de* رَطْل, livre, parce qu'on levait huit maravédis sur chaque livre, Gl. Esp. 350.

رطن III c. a. p. *parler avec* quelqu'un, quand il est question d'un calomniateur, de Slane Prol. I, p. LXXV b, où il faut lire ainsi avec notre man.
VI avec ب de la langue qu'on parle, Berb. II, 1, l. 7. — تَرَاطَنُوا في الأمر *ils parlèrent ensemble de l'affaire en l'improuvant, en la blâmant*, M.

رَطْن *jargon*, Ht.
رَطَانَة *dialecte*, Berb. II, 1, l. 8, 71, 10, 101, 3 a f., 244, 11. Aujourd'hui *toute espèce de dialecte berbère*, note de M. de Slane dans la trad. IV, 30 n.

رعب IV (cf. Lane sous la Ire) *alarmer, effrayer, épouvanter, faire trembler, faire peur à*, Bc.
VI, Ibn-al-Athîr chez ad-Damîrî, article زيزب, man. Diez de Berlin (Wright).

رُعْبَة *timor* dans le Voc., *alarme, transe, frayeur, horreur*, Bc.
رَعْبُون = عربون *arrhes*, Bc.
رَعْب *le cri de l'autruche*, Bc.
الرَّوَاعب (pl.) *espèce de pigeons*, Man. Escur. 893.
مَرْعَبَة *perturbatio*, L.

رَعَث.

رَعْثَة, Le pl. رَعَثْ,, Kâmil, mais j'ai oublié de noter la page (Wright).

رعد I. رعد بـصوته monter sur ses ergots, élever la voix avec chaleur, Bc.

II tonner, Voc. — Faire trembler, Voc. — Menacer, L (اعدد وازجر وارعد comminor).

رَعْد, Le pl. رعاد, P. Kâmil 510, 4. — Petite outarde, otis tetrax, poule de Carthage, Shaw I, 274, Pagni 184, Poiret I, 267, Richardson Morocco II, 246, Tristram 400, Daumas V. A. 432.

رعاد œufs mollets, œufs à la coque, Gl. Manç. in voce: المراد به البيض المطبوخ نصف طبخ بحيث يبقى يرتعد أن هز وهو النبرشت, Bait. I, 197.

رعّادة, pl. chez les auteurs ات, dans le Voc. aussi رعّاعد, machine à lancer des pierres ou des projectiles incendiaires, Abbad. II, 202, 264 (les passages de Bat. qui y sont cités se trouvent dans l'édit. III, 148, 238), Cartâs 106, 9 (lisez ainsi avec notre man.), 129, 153, 5 a f., 209, 10 a f., 223, 8, 263, 6; on trouve souvent dans l'édit. عدات, et aussi dans notre man. On a cru que ce mot signifie proprement les tonnantes; mais quoique cette opinion soit fort spécieuse, je pense toutefois que, dans l'origine, ce n'est rien autre chose qu'une transposition de عرّادة, qui a absolument la même signification, car dans le Voc. machina est عرّادة (qu'il écrit incorrectement عراضة) et رعّادة, et Ibn-Khaldoun (Berb. II, 272, 2 a f.) écrit المجانيق والعرادات, comme d'autres auteurs écrivent المجانيق والرعادات. Au reste, le bruit que produisaient ces machines en lançant des projectiles incendiaires et qui ressemblait à celui du tonnerre, a sans doute influé sur la transposition des lettres.

راعدة torpille (poisson), Bc.

ترعيد lire le Coran d'une voix tremblante; c'est défendu, M.

رعرع I rafraîchir le sang, au fig., faire plaisir, calmer les inquiétudes, Bc.

رَعْرَعَة rafraîchissement, recouvrement des forces, Bc. — Fleur, fraîcheur, velouté, lustre, Bc.

رعراع أيوب, رعراع, inula Arabica; cette plante s'appelle ainsi parce que Job, à ce qu'on dit, se frotta avec elle afin de recouvrer la santé, Lane M. E. II, 282.

ترعرع rafraîchissement, recouvrement des forces, Bc.

مرعزى, etc., est l'araméen עֲמַר et signifie proprement laine de chèvre. Cf. sur cette étoffe Gl. Esp. 300.

رعش.

رَعْشَة (tremblement), au fig., grande crainte, Bc. — Légèreté, étourderie, M.

رعّاش trembleur, Bc.

رَعّاشَة tremblante, espèce d'anguille électrique, Bc.

أرعش pl. رعش tremblant, P. Abd-al-wâhid 218, 5 a f.

مرعوش tremblant, Bc. — Pl. مراعيش sorte de pigeons, Casiri I, 319 b; cf. مرعش dans les Dict.

رعف I, aor. a, frétiller, s'agiter vivement, trémousser et se trémousser, se remuer d'un mouvement vif et irrégulier, grouiller et se grouiller, fourmiller, se remuer (aor. o), Bc.

رعف I. السيوف ترعف بالدماء «les glaives ruissellent de sang,» Cartâs 213, 6 a f. = رعف انفه على غضبا, اشتد غضبه على, Dorrat al-ghauwâs 19.

VIII dans le Voc. sous sanguis.

X. استرعف السمر الطوال «faites en sorte que les longues lances ruissellent de sang,» P. Macc. II, 169, 18.

عام الرعاف «l'année des saignements de nez,» est la 24e année de l'hégire, qui fut en Arabie d'une chaleur insupportable et pendant laquelle beaucoup de personnes eurent des saignements de nez violents, Weil, Geschichte der Chalifen, I, 156, n. 1.

رعل.

مرعول الجن? nom d'une plante ou d'un remède, Bait. II, 504 d; leçon de B (texte) EKLS; B (marge) H مرغول الجن, A مرّ غول الجن, Boul. مرعود الجن.

رعن

أَرْعَن simple, qui se laisse facilement tromper, Macc. I, 135, 2. — *Variable, incertain, sujet à varier,* en parlant du temps (cf. Lane à la fin), يوم أرعن, Tha-'âlibî Latâïf 113, 3 a f.

رعو

عُوَيْل رعوين (عولة) رعوين *provisions de voyage,* Bc (Barb.). C'est la *rouîna,* dont il est souvent question chez les voyageurs; mais chez Beaussier ce mot est روينة.

رعى I s'emploie aussi en parlant d'abeilles, Bait. II, 411 b: الراعى من النحل « les abeilles qui butinent » sur les fleurs. — رعى الزرع *laisser manger les blés par les chevaux,* Cartâs 203, 5, 3 a f., 2 a f. — *Dévorer* (cf. 1001 N. I, 32, 2 a f.), *consumer, détruire, ronger,* au fig., *consumer, miner peu à peu,* Bc. — رعى شيئًا من *rogner,* Bc. — *Démanger,* p. e. يدى ترعانى « la main me démange, » Bc, M. — *Passer l'automne,* Alc. (otoñar tener otoño), mais peut-être faut-il traduire *mener paître le bétail dans certains lieux pendant l'automne;* cf. sous مَرْعًى. — قد رعيت ما يَرْعَى الصديق من اخيه « vous avez observé ce qu'un ami doit observer à l'égard de son ami, » c.-à-d., vous avez agi comme il sied à un ami, R. N. 63 r°. — Dans le même sens que حُرْمَة (Lane), on dit رعى عليه حرمته, de Jong. — C. a. p. *honorer, avoir des égards pour quelqu'un,* Voc. (honorare), Calâïd 56, 3. — رعى له ذلك et aussi رعى منه ذلك *il lui en sut gré,* Maml. I 2, 134.

II *faire paître,* Voc.

III c. a. p. *avoir de la condescendance pour quelqu'un, déférer, céder,* Bc. — C. a. p. *faire bon marché à quelqu'un, lui vendre à un prix modique, accommoder, traiter bien un acheteur,* Bc. — راعى الجمل *être reconnaissant,* Bc. — راعى خاطرَه *complaire, avoir des égards pour quelqu'un, entretenir l'amitié de quelqu'un, ménager quelqu'un dont on a besoin;* راعى شيئًا *avoir de la condescendance pour quelqu'un,* Bc. — = I *paître l'herbe?* voyez Gl. Mosl.

رَعْى الابل *pastinaca sativa,* Bait. I, 3, dern. l., 77 b, 497 c (AB). — رعى الحمّام *verveine,* Bc (qui écrit رَعَى الحمام), Bait. I, 75 b, 122 h, 498 b, II,

244 l. — رعى التمير, en Espagne (في بعض), (بوادى الاندلس), *crocodilium* Diosc. (III, 10), Bait. II, 253 b.

رَعْى (cf. Lane) *bétail,* car Bc donne دخل الرعى فى الزرائب sous *parquer.*

رَعِيّة Bc a le pl. رَعَايَا comme un sing., *raya,* sujet non mahométan du Grand Seigneur. — *Démangeaison,* M.

رَعَايَة *honor* dans le Voc., *considération, égard pour quelqu'un,* p. e. رَعَايَة لكم « à votre considération; » *déférence, condescendance;* رعاية خاطر *égards,* Bc. — *Démangeaison,* Bc, M. — *Cancer,* Bc.

راعى الحمّام راع *bardane, glouteron* (plante), Bc; cf. Most. v° قسطوريون.

مَرْعًى *vaine pâture,* terres dont la pâture est libre, où tous les habitants d'une commune peuvent conduire leurs bestiaux, Alc. (dehesa concegil). — *Lieu où l'on mène paître le bétail pendant l'hiver,* Alc. (estremadura, mot qu'il traduit aussi par ساحل, tandis que ce dernier est encore chez lui envernadero, lequel a le sens que j'ai donné).

مَرْعًى, en parlant d'un traité, *qui doit être observé,* Amari Dipl. 231, 7. Mais العلوم الأدبيّة المرعية chez Macc. II, 211, 1, est une expression singulière et je ne sais pas trop bien ce qu'elle veut dire. La leçon semble certaine; j'ai déjà dit que je l'ai trouvée dans cinq man., et elle est aussi dans l'édit. de Boulac. Peut-être faut-il traduire *qui mérite d'être honoré,* mais comparez l'article qui suit. — مرعى الجانب *protégé,* Gl. Edrîsî.

مُراع *excellent, parfait,* Alc. (estremada cosa). Je ne vois pas comment le partic. de la III° forme de رعى peut avoir reçu ce sens, mais Alc. écrit muráây, ce qui ne peut guère être autre chose. Peut-être a-t-il eu en vue مَرْعًى, et s'il en est ainsi, l'emploi de ce terme chez Macc. (voyez plus haut) serait expliqué.

مُرَاعاة (pour مُرَاعاةً), suivi de لـ, *à cause de,* Voc.

رغب I c. الى p. *désirer, rechercher l'alliance de quelqu'un,* Bidp. 23, 1: رغبت البه الملوك. — C. الى p.

رغب 538 رغم

chercher à apaiser la colère de quelqu'un, Badroun 102, 4. — رغب فى بنت *rechercher une fille en mariage*, Bc. — C. فى *s'intéresser à, prendre intérêt à, embrasser les intérêts de, prendre à cœur*, Bc. — C. a. p. et فى r. *prier, supplier quelqu'un de faire une chose*, Alc. (suplicar), Becrî 112: رغبه فى الخروج. — C. ى p., dans le même sens que c. الى p., Abbad. I, 67, 12 et n. w, Çalât 22 v°: وصنع له السجّان تردة فى فروج جعل فيها سمّا ورغب لعبد السلام أن ياكلها — رغب بنفسه عنه (cf. Lane), Macc. I, 165, dern. l.: des chrétiens étant enfermés dans une église et le général musulman leur ayant laissé le choix entre la soumission et la mort, ils ne voulurent pas se rendre et se laissèrent brûler vifs, غيـــر أن العلج اميرهم رغب بنفسه عن بليتهم — ففرّ عنهم وحده «mais leur chef, qui voulait échapper lui-même à la calamité qui allait frapper les siens, prit seul la fuite.»

II *attacher, appliquer, lier par quelque chose qui plaît;* يرغّب *attachant, qui fixe l'attention;* — *intéresser, inspirer de l'intérêt;* — *encourager;* — c. فى *exhorter, encourager à*, Bc.

IV c. a. p. *donner du courage à quelqu'un, faire en sorte qu'il ose une chose*, Gl. Fragm.

V c. فى, dans le sens de la Ire, à ce qu'il semble, Voc. (sous amare).

VIII c. ل *exaucer*, Voc.

رغب *avide*, Payne Smith 1613.

رَغْبَة, c. فى, *recherche, poursuite pour obtenir*, Bc, p. e. اهل الرغبة فى الدنيا «ceux qui recherchent les biens de ce monde,» Macc. I, 490, 15. Mohammed ibn-Hârith, 205, dit par ellipse et dans le même sens اهل الرغبة. — *Demande, prière, oraison, prière faite à Dieu, litanie*, Voc. (preces), Alc. (ruego, suplicacion, pregaria por ruego, letania, oracion rogando a Dios, où il a رُغْبَة). — Pl. رَغَائِب, *procession*, Alc. (procession generalmente). — *Curiosité, désir d'apprendre*, Bc; peut-être ce mot a-t-il ce sens chez Macc. I, 502, 5: فسمع عصر من النسائى ومن احد — ابن كماد رغبة (sic), c. فى, *attachement, grande application;* رغبة فيه *intérêt que l'on prend à quelqu'un*, Bc. — C. رمى بالرغبة عن دينـــه, عن «on l'accusa de vouloir abandonner sa religion,» Berb. I, 366, dern. l. — رغبة ورهبة *bon gré mal gré*, Abbad. II, 97, 10.

رُغْبَة, *voyez l'article qui précède.*

رَغَابَة *avidité*, Payne Smith 1613.

حقّ الرغائب رَغِيبَة *boîte aux hosties*, Alc. (ostiario donde se guardan).

راغب *celui qui prie beaucoup*, Alc. (rezador). — *Curieux, qui a l'envie de savoir, d'apprendre*, Bc.

أَرْغَب *excitant plus le désir*, Gl. Maw.

رغد II *multiplier*, Voc.

IV *rendre abondant, donner, fournir en abondance*, Djob. 132, 11: يُرْغِدون معايش اهل البلد, Macc. I, 255, 11: ارغاد المعاش, «abondance de vivres,» Autob. 225 r°: أرْغَد له من الزاد والعلوفة, Berb. I, 635, 4: ارغدوا. ارغد نزله, II, 494, 11: ارغد جائزته «Aussi *ils fournirent à la ville des provisions en abondance*, Djob. 165, 1. ارض مُرْغِدة بالماء *terrain bien mouillé*, Auw. I, 322, 5.

V c. فى et بـ dans le Voc. sous multiplicare; *être dans l'abondance*, Cartâs 232, 6.

رَغَد, رَغْد *abondant*. On a oublié que ce mot doit rester invariable (voyez Lane) et on dit رغدة, Gl. Edrîsî. — Ce mot doit avoir un autre sens 1001 N. Bresl. IX, 270, 1.

رَغْدَة *mare*, Alc. (llanura de agua).

أَرْغَد *plus abondant*, Bat. II, 26.

رغف

أَرْغِف, pl. رَغَائِف et dans le Voc. aussi رَغِيفَة, *tourte;* dans le Minho, notamment à Oporto et à Braga, on donne le nom de regueifa à des pains blancs en forme d'anneau, Gl. Esp. 330; ajoutez Abou'l-Walîd 786, 24, 25 et 27. — *Invitation à dîner*, Alc. (suplicacion de comer).

رغل I. رغل *appliquer des feuilles d'or ou d'argent sur le cuivre, le dorer ou l'argenter*, M.

رُغْلَة *ce qui sert à dorer, à argenter*, M.

أَرْغَل et أَرْغُول *voyez sous l'*élif.

رغم I c. عن, عن رغمًا *en dépit de*, Bc.

IV *dépiter, causer du dépit*, Bc

رغو

رَغيم dans le sens de مَرْغوم, P. Abd-al-wâhid 226, dern. l.: وَآنَفُ لِلْحَاسِدِينَ رَغِيم, dern. l. — *Désapprouvé, haï*, Calendr. 39, dern. l. — *Sonchus maritimus*, Prax R. d. O. A. VIII, 283 (raghim).

مَرْغُوم *pressé, serré*, l'opposé de مُرَوَّج, Auw. I, 471, 3 (au lieu du dernier mot de la l. 2, lisez avec notre man.: وتندخل تلك) et ailleurs. Le Voc. a لَحْم مرغوم sous *caro*; c'est probablement *de la viande pressée*.

رغو et رغى I *mugir* (vague), Daumas V. A. 368. — *Jabotter, babiller*, Bc. — *Mousser, écumer*, Ht.

II. رغّى المعادن *scorifier, réduire les métaux en scorie*, Bc.

رَغْوَة. Le pl. رَغَاوٍ dans les 1001 N. Bresl. IV, 138, 8, où il faut lire رَغَاوِيه au lieu de مَرْغاوِيه. — *Ecume de nitre*, Alc. (espuma de salitre). — *Bulle d'eau*, Alc. (ampolla burbuja del agua, burbuja del agua). — رغوة البَحْر *pierre ponce*, Bc; — *os de sèche*, Auw. II, 571, 4. — رغوة الحَجّامين *éponge*, Most. v° اسفنج, Bait. I, 499 c. — رغوة القَمَر *sélénite*, Bait. I, 144 f, 499 d.

رَفّ I, n. d'act. رَفيف, *être ému*, Mehren 28. — Même n. d'act. *devenir aigre* (lait), *ibid*.

رَفّ *corniche, ornement en saillie au-dessous d'un plafond*, Bc. — *Etagère, rayon, tablette, serre-papiers, tablettes en compartiments*, Bc. — *Claie de roseaux*, Alc. (cañizo de cañas, çarzo de vergas, çarzo de cañas); رفوف *des claies d'osier ou des planches sur lesquelles reposent les ruches*, Auw. II, 721, 7, avec la note de Clément-Mullet II, 2, 257. — رف من طيور *bande, troupe d'oiseaux*, Alc. (vanda de aves). — Voyez aussi Payne Smith 1102.

رَفّ, *partie de la toile de la tente, qui, n'étant pas tendue, est facilement mise en mouvement par le courant d'air, et qui, dans les nuits chaudes, est l'endroit le plus frais pour dormir*, Ztsch. XXII, 107, n. 46.

رُفَيْفَة dimin. de رَفّ, M.

رَفَا IV *coudre, rentraire*, Alc. (zurzir o coser).

VIII dans le Voc. sous *resarcire*.

رفف

رَفّاء Le fém. رَفّاية *ravaudeuse, remplisseuse, qui raccommode des dentelles*, Bc.

رَفَتَ I c. a. = رفض, dont c'est peut-être une altération, M.

رَفْت: M في اصطلاح ارباب السياسة مرتّب يُؤْخَذ على البضاعة عَاجِلا ويسمّى الصَكّ المأخوذ عنه رفتية ويقابله الآمد وهو ما يُؤْخَذ عليها آجِلا ويسمّى صَكَّ اَمَديَّة.

رَفْتيَّة voyez ce qui précède.

رَفَخ I et IV. والعامة تقول رفخ العجين وارفخ اذا نتأ. — M. وجهه ومال الى الحمض.

M. رَغيف رافخ ومرفخ اى منتقّب. مُرْفخ et رافخ.

رفد I. Un scoliaste dans de Sacy Chrest. II, 461, n. 52, ne donne pas seulement le n. d'act. رَفْد, mais aussi رَفْدَة et رِفْدَة. — *Supporter, soutenir*, Voc. (sustentare, ut paries tectum, sustinere), Alc. (sufrir como pesa). — En parlant de maisons, مرفودين على الثاني *élevées jusqu'au second étage, élevées d'un étage*, Cherb. Dial. 27. — *Lever, hausser*, Bc (Barb.). — *Hisser, arborer*, Hbrt 129. — *Lever l'ancre*, Hbrt 128 (Alg.). — *Lever, ôter, retirer*, Bc (Barb.), *lever, porter, emporter*, Ht, *porter*, Hbrt 88 (Barb.), *ôter, emporter*, Hbrt 195 (Barb.), Cherb. Dial. 93: كيف تجى ترفد الشجر متاعك, *lorsque vous viendrez prendre, chercher vos arbres*.

VIII c. على et ب dans le Voc. sous *sustentare*.

رَفْد a peut-être le même sens que رَافِدة (1er signif. chez Lane) dans les 1001 N. Bresl. XII, 136, 4: رايت العباس والعم على رفوده كاكباد الابل.

رَفّاد pl. رَفّادة *soutien*, Voc. (sustentamentum).

رَفّاد dans le Voc. sous *sustentare*.

رَافِدة قطع جميع روافده عنه *il avait rompu toute liaison avec lui*, Gl. Badroun.

رفرف I *revoler, voler de nouveau*, Alc. (rebolar). — Ce verbe doit avoir un sens particulier quand il est question d'un joueur de gobelets, Macc. II, 179, 12. — *Palpiter*, Ht. — رفرف عينه *bander les yeux*, Bc.

رفس

II *décrire des cercles dans les airs* (oiseau), Payne Smith 1443.

رَفْرَف *feston, guirlande*, voyez Gl. Edrîsî 370, 2 a f. et suiv.

رَفْرَف *auvent, petit toit en saillie*, Bc, M.

رَفْرُوف pl. رَفاريف *bandeau qui couvre les yeux*, Bc.

رَفْرَفَة *friandises qu'on sert avant l'entrée du Ramadhân*, Mehren 28.

تَرَفْرُف *tire-d'aile, battement d'aile prompt et vigoureux*, Bc.

رفس I *regimber, ruer*, au fig. *résister*, Bc. — Comme v. a. *pousser un cheval, ou peut-être comme v. n. courir*, Gl. Fragm. — *Fouler aux pieds*, Hbrt 140. — *Pétrir*, Daumas V. A. 319. — *Etre assis sur ses fondements (édifice)*, M.

رَفْس d'un pont, *support, ce sur quoi le pont pose des deux côtés*, M.

رَفيس *pâtes légères coupées en petits morceaux, baignant dans le beurre avec des dattes pilées; le tout mélangé avec du sucre*, Daumas V. A. 252, 409.

رَفيسة même sens, Pagni 154.

رَفّاس *âne qui rue*, Gl. Fragm., Burckhardt Prov. n° 315.

رفش.

أَرْفيش *espèce d'arbuste*, Barth I, 152.

مِرْفَش *van*, Bc, comme chez Golius.

رَفَص (pour رفس) I *ruer*, Bc, 1001 N. III, 12, 3 a f.; c. a. *donner un coup de pied contre*, 1001 N. I, 38, dern. l., 85, dern. l.

II *regimber, ruer*, au fig. *résister*, Bc.

رفض I *abjurer*, Hbrt 157. — *Récuser, rejeter un juge, des témoins*, Bc. — رَفَضَت بالكرش *elle a conçu*, Hbrt 26 (Alg.).

V *être de la secte des Râfidhites*, Macc. I, 799, 4.

VIII dans le Voc. sous abiicere.

IX, en parlant d'une fleur, *se déployer en sortant de son calice*, Abd-al-wâhid 116, 15.

رَفْض *attachement très-fort à une secte, accompagné d'une grande aversion pour d'autres sectes*, M. — *Grande propreté dans les habits, etc.*, M.

540

رفع

فمر: رفضة *les Râfidhites*, Nowairî Afrique 36 v°: بجماعة فسأل عنهم فقيل هؤلاء رفضة والذين قتلهم قبلهم (؟). ١. سنّة فقال واي شيء الرفضة والسنّة قالوا السنّة يترضّون عن ابي بكر وعمر والرفضة يسبّونهما ۞

رفضة dans le Voc. sous abiicere.

رافضة Voyez sur l'origine du nom de cette secte Prol. I, 357, 14 et suiv.

رافضي *renégat*, Hbrt 157.

أرفاض *les Râfidhites*, Bat. I, 130, 1001 N. Bresl. VII, 63. Bc. (*hérétique*) donne ce mot comme le pl. de رافضي.

رفع I *exalter, vanter*, Bc. — C. a. p. *témoigner de l'estime à quelqu'un*, Gl. Badroun, R. N. 84 v°: وكان يفعل معى جميلا ويرفعنى ما يقدر عليه, Valeton ٣٨, 4 a f. Cette expression, comme je l'ai observé dans le Gl. Badroun, signifie proprement *faire asseoir quelqu'un à la place d'honneur*, et elle est l'équivalent de رفع محلّه, ou رفع مجلسه. Aussi c. ب p., R. N. 101 v°: فخرج ابو القاسم الى الاندلس فوصل الحَكَم فرفع ابو. — *Se lever?* Akhbâr 81, 7: فرفع به وادناه. — *Lever l'ancre*, Hœst 187, Amari 163, 8, 164, 8 et 9. — *Porter, transporter*, Bat. man. 69 r°: جمال لرفع الزاد. — Comme *efferre* en latin, *porter un défunt au tombeau et l'enterrer*, Koseg. Chrest. 44, 11. — *Conserver, garder, mettre en réserve, en cave* (Lane TA), voyez les exemples que j'ai donnés dans le J. A. 1869, II, 165, Gl. Badroun, Gl. Edrîsî, Gl. Mosl., Bidp. 240, 3 a f., *reponere* dans le Voc., R. N. 96 v° (où le second رفع a ce sens et où le pronom dans se rapporte aux livres que cet homme avait copiés): لما توفي رفع جميعها الى سلطان الوقت فاخذها ورفعها منها ومنع الناس في القصر. — *déposer, laisser une chose en quelque endroit*, R. N. 86 v°: Ayant acheté des habits très-simples, je les déposai (جعلتها) chez un صبّاغ; j'arrivais alors avec des habits riches, que j'ôtais dans la boutique de cet homme ولبست الثياب المرفوعة عنده. — Quand il s'agit de traditions, voyez Lane 1122 a; cf. Macc. I, 220, 7: حدّثني

مالك فى خبر رَقَعَدَ aussi quand il est question de variantes dans une tradition, comme dans l'exemple que j'ai cité dans le Gl. Badroun: — صَفَّ لنا النَّبيُّ اصبعيْه ورفع زُفَيْر الوسطى والسبَابَة. Quant à la constr. c. d. a., que j'y ai notée aussi, elle me paraît étrange et douteuse. — *Partir, se mettre en route*, voyez plus loin sous نَعْوَتُه مرفوعة, — رفع راسه *on continuait à le reconnaître pour calife*, Abbad. I, 250, 4, en parlant du pseudo-Hichâm II: ودعوتُه على ذلك كُلّه مرفوعة — عند من اُنْتَسى بالمعتضد من امراء شرق الاندلس. C. a. et الى *présenter une chose ou une personne à quelqu'un* (cf. Lane 1122 a), Abd-al-wâhid 212, 13: Ayant été désigné par mes concitoyens pour porter la parole devant le sultan, فرُفِعْتُ اليه «on me présenta à ce prince;» 101, 9: رفع اليه اشعارًا قديمة. Aussi c. ل, au lieu de الى, Ibn-Loyon 4 v°: رفع الثَعْنَرِيْ هذه الفلاحة لامير بلده غرناطة اخى الطاهر تميم — وذلك على يدى قاضى غرناطة اذاك ابي محمد الـ خ. De là *dédier un livre à quelqu'un*. Dans la suite du passage que je viens de citer, on lit: وذَكَرَها اَوَّل الكتاب, ce qui semble indiquer une dédicace, et رفع كتابا الى فلان a ce sens chez Bassâm I, 201 v°. C. a. r. et p. *payer une contribution à*, رفع الزكاة الى الوالى, Gl. Belâdz. — C. على p. *accuser quelqu'un auprès du prince ou du juge*, الى, Gl. Bayân, Gl. Belâdz. — رفع على فلان شيئا *ébruiter, divulguer une chose qui doit rester secrète*, Akhbâr 67, 3 a f. — C. *lever le siège*, voyez plus loin sous المَحَلَّة عن. — C. a. p. et عن *déposer, destituer*, Rutgers 165, 3 a f.: رفعه عن سرداريّة المُخَيَّم «il lui ôta le commandement du camp;» Bc a ce sens رفعه من المنصب. — رفع الشيء عنه *il le dispensa de faire une chose*, R. N. 95 v°: Accosté par un mendiant, il lui donna sa *djobba*, وبقى عريانا فى خلق مئزر صوف فقلت له هذا مرفوع عنك انت فى فاقة وليس لك من كل تاجر مرفوع — الدنيا شىء, Amari Dipl. 4, 3 a f.: عنه *De même* Becrî 170, 10: رفع الضرب عن ذلك الرجل «il dispensa cet homme des coups de fouet qu'il avait ordonné de lui administrer.» — C. فى p. et عند du prince ou du juge, *accuser quelqu'un auprès de*, Freytag Chrest. 60, 7: رَجُل رُفِع فيه عند المنصور وقالوا ان عنده == رفع الاَمْرَ للسلطان. — ودائع واموال وسلاحا لبنى اميّة (Lane 1122 b), Voc. (apellare). — رفع فى الامر, ou الى السلطان الامر *présenter une requête au sultan*, Gl. Belâdz., Ibn-Abdalmelic 156 v°: منعه (المنصور) من تلك الصَّلة التى كان يترقّبها ويتطلع اليها ابّاها. رفع فيها اليه فلم يُعْطِه ايّاها. Aussi *simplement* رفع الى السلطان, Gl. Fragm., Macc. I, 259, 19, Mohammed ibn-Hârith 246: رفعوا الى الامير يستولونه قاضيا فوالله لمَن, 281: كتابا. رفع رَجُل الى الامير, Haiyân 51 v°: رفعت الى الامير تستعفيه من اهل استجة — الى الامير — يسأله بناء حصن — رفع بأسمه — بقرية شنت طرش *avec la somme, il déclara lui avoir payé telle somme*, Tha'âlibî Latâïf 4, 12, فلما ورد زياد على معاوية ليرفع حسابه رفع 4: رفع بذكره. — *faire l'éloge de quelqu'un*, Macc. I, 566, 14. — رفع المَـجلس بأسم عَمْرو مائتى الف درهم *lever la séance*, Bc. رفع مجالس الحِكْمَة (*chez les Druzes*) *supprimer les conférences de la sagesse*, de Sacy Chrest II, v°, 9 et 10. — رفع من الجُمْلَة *prélever, lever préalablement une certaine portion sur le tout*, Bc. — رفع المَحَلَّة *lever le siège*, Alc. (descercador رافع المحلّة, descerco رُفُوع المحلّة). Le verbe seul avec عن en ce sens, Gl. Bayân, Amari Dipl. 3, l. 3. — رفع راسَه *partir, se mettre en route*, Akhbâr 55, 6. Le verbe seul en ce sens, Djob. 246, 2, avec من de l'endroit que l'on quitte, Djob. 246, 4, Macc. II, 811, 2. — رفع بى رأسا *avoir égard à* (Lane), p. e. Amari 163, 8: فلم يرفع عَطيّة بكتاب موسى راسا. Aussi *avoir égard à la demande de quelqu'un, la lui accorder*, Valeton ٣٨, 4 a f.: ولا كم يرفع الوزير بى رأسا, où l'éditeur traduit avec raison: «Quousque me (honore) extollet Wezîrus, et dedignabitur (tamen) rogationi meæ annuere?» — رفع السَّيْف *cesser le carnage;* c. عن p. *épargner la vie de*, Gl. Badroun. رفع السلاح *poser les armes, faire la paix*; رفع السلاح *suspension d'armes*, Bc. — ورفع المانع

trancher la difficulté, Bc. — رفع نسبَهُ الى faire remonter sa généalogie jusqu'à, Holal 4 v°: يَسرُفعَين رفع، في نسبه الى النبي Aussi. انسابَهم الى حِمْيَر Abd-al-wâhid 134, 5 a f. — رفع وَجْهَه حرًّا déclarer son esclave libre, Formul. d. contr. 2: اعتق عَبْدَه ورفع — رفعَ يد main-levée, وجهد حرا لوجه الله الكريم، permission de disposer d'un bien saisi, Bc; رفع يده من دعوة بَدَ se retirer sa main, Bc; رفع يده من دعوة retirer d'une affaire, s'en laver les mains, se décharger de toute responsabilité, de tout reproche, Bc; — رفع يده عن الشيئ enlever, ôter une chose à quelqu'un, Ibn-al-Athîr, Commentaire sur le poème d'Ibn-Abdoun, man. de M. de Gayangos, 138 r°: استبدَّ المَلِك العزيز بمملك حلب فرفع يَدَ الاتابك عن الحديث في المملكة — رفع له الشيئ la chose se présenta à ses yeux, il la vit de loin (Lane TA); voyez des exemples dans le Gl. Belâdz. et chez de Jong. Aussi: il vit cela par intuition, Prol. I, 200, 9; la même leçon dans notre man. 1350, et je crois que M. de Slane a eu tort de préférer وقع. — رفع maigrir, Bc.

II louer, donner des louanges, Müller 12, 8. — Aiguiser, rendre plus subtil, subtiliser, Bc.

V. ترفّع عن الثمن impayable, Mi'yâr 11, 10. — ترفّع برجله عن الارض bien lever les pieds en foulant la terre; dans le sens de fouler doucement la terre, marcher avec précaution, P. Hoogvliet 51, 2 a f., où il faut lire avec les man. G et Ga: ترفّع برجله.

VIII commencer à pousser (semence), Beert 151, 6 a f. — C. a. être plus haut que, Borb. II, 379, 3 a f. — Prendre la hauteur des astres, Prol. I, 204, 11, si l'on adopte les corrections que M. de Slane a proposées sur le texte de ce passage. — Dans le Voc. sous reponere (cf. sous la Iʳᵉ forme). — C. الى monter sur, p. e. الى جبل, Edrîsî ٧v, 4 a f. Aussi se rendre vers quelqu'un, Mohammed ibn-Hârith 294: فارتفع اليه, ibid.: فخذ بعنانه وتأمّره عنّى ان يرتفع الى. — ان شئت طوعا وان شئت كرهًا. — S'avancer vers une des premières places d'une assemblée, Prol. III, 395, 9, R. N. 58 r°: quand on se fut salué, le barbier dit au riche: يا سيدى ارتفع, ibid. 73 v°:

quand il se fut assis à l'endroit où l'on déposait les sandales, le maître de la maison lui dit: لم لم ترتفع — فقال انا عبد مولى والعبد لا يتخطّى رقاب مواليه ارتفع عن الشيئ la chose se présenta à ses yeux, il la vit de loin (cf. sous la Iʳᵉ forme à la fin), Gl. Belâdz.

X faire ôter, lever les plats, les bouteilles, les verres de dessus la table, Abd-al-wâhid 218, 9. — استرفع قصص المتظلمين il demanda qu'on lui présentât les placets de ceux qui avaient des réclamations à faire,» Maml. I, 1, 236. — S'enorgueillir, se vanter, (مسترفع متعاجب). L (iactans).

رفع hauteur, colline, Kâmil 607, 12. — Pl. ارفاع moisson, récolte, Mohammed ibn-Hârith 276: ثمّ سألنى عن رفعه في ذلك العام فقلت له رفعت القاضى سبعة مُدٍّ ما بقى من رفعى في 277: امداء من شعير الحج ضيعتى, Aboû'l-Walîd 552, 8, 637, 18, Auw. I, 42, 2 a f., 559, 17, 628, 4. — Placet, requête, pétition, Voc. (epistola), Bat. III, 289, 411. — La réduction des fractions, p. e. le مرفوع de $\frac{15}{4}$ est $3\frac{3}{4}$, M.

رفع pl. ات placet, requête, pétition, Voc. (epistola).

رفعة n'est pas, comme le dit Freytag, l'équivalent de رِفعة, c'est seulement un nomen vicis, Fleischer sur Macc. II, 504, 19 Berichte 78.

رفعة hauteur, grandeur d'âme, de courage, Bc.

رفاع carnaval, Bc, Hbrt 153; ايام الرفاع jours gras, les derniers du carnaval, Bc; ثلاث الرفاع mardi gras, Hbrt 153. — Ce mot m'est obscur dans Haiyân-Bassâm III, 142 v°: فغسلوه في قصرية سمّاك بسوق الحوت ونصبوه تحت العليقة التى أعدّت لرفاعه (لرفاعها A) فصار عبرة للمتأمّلين.

رفوع pl. ات placet, requête, pétition, Alc. (peticion demanda, suplicacion), Çalât 47 r°: لرفوع ووزير ادريس — الرفوعات والمسائل.

رفيع Le pl. رفاع chez Bc, رفع chez Alc. (linda cosa). — Précieux, Voc. — Spirituel, ingénieux, où il y a de l'esprit, Bc. — عقل رفيع esprit délicat, Bc. — Insinuant, qui a l'adresse de s'insinuer, Bc. — Raffiné, fin, rusé, Bc, rusé, fin, Hbrt 245 (Eg.). — Mince (دقيق), p. e. en parlant d'un fil, M. — Grêle,

رفع

aigu, faible (voix), صوتٌ رفيعٌ; aussi *voix perçante*, claire et aiguë, Bc.

رفاعة *délicatesse, finesse, raffinement, subtilité*, Bc, *ruse, finesse*, Hbrt 245 (Eg.).

رفيعة *ce que l'on conserve, garde, ce que l'on met en réserve, en cave*, Gl. Mosl.

رفاعية *sorciers* (le nom dérive du chaikh Rifâ'a), Ouaday 702; cf. Ztschr. XX, 491 (mangeurs de serpents et de charbons ardents).

رفاع *celui qui fait remonter jusqu'au Prophète des traditions dont on ignore la filiation*, si M. de Slane a bien expliqué le passage Prol. II, 154, 4. — Dans le Voc. sous *elevare*.

مَرْفَع pl. مَرَافِع *assiette* (vaisselle plate), cf. Tha'âlibî Latâïf 74, 11 (où l'éditeur a changé à tort la leçon des man.) avec Bat. III, 378. — *Buffet, dressoir, armoire pour la vaisselle*, L (arca), Voc. (reservatorium), Alc. (almario, aparador, vasar), M, *étagère*, Delap. 163, Martin 120, *tablette*, planche pour mettre quelque chose dessus, Bc (Barb.), *tablette en bois*, Ht. — Peut-être ce mot a-t-il l'un des deux sens qui précèdent dans ce vers qu'on trouve chez Ibn-al-Abbâr 71, 4:

اخٌ كانَ انْ لم يرع الناسَ اصبحت مواقعُهم للناس وهي مرافع

Le poète semble avoir voulu dire: « Si les hommes n'avaient pas été dans l'abondance, les dons de mon frère auraient été pour eux des assiettes toujours pleines, » ou b on « des buffets bien garnis; » mais dans ce cas, l expression dont il s'est servi n'est pas trop logique. — Chez Alc. ce mot signifie aussi « tablado como ventana. » Faut-il traduire *fenêtre?* »

مرفع اللّحم *carnaval*, Hbrt 153; aussi مرفع seul, *ibid.*, Bc; dans M المَرَافِع.

مَرْفُوع semble avoir le sens de رفيع, *fin, précieux*, dans les 1001 N. Bresl. IV, 360, 13: زجاجات

زُقاقٌ مرفوع — مَرْفُوعة semble signifier: une ruelle fermée à ses deux bouts, ou peut-être une impasse, sur laquelle ouvrent plusieurs maisons. Les habitants de ces maisons la possèdent en commun, et aucun d'entre eux ne peut apporter un changement à l'extérieur de sa demeure sans le consentement des autres. Voyez les passages cités dans le Gl. Maw.

رفاف

طاءٌ مرفوعةٌ *la lettre* ط, opposée au ص, qu'on appelle ضادٌ مسقوطةٌ, Gl. Bayân. — Voyez sous رفع.

مرفاعي, chez le vulgaire en Espagne, *xanthium strumarium*, Bait. II, 382 b; il dit que cette plante porte ce nom parce qu'elle s'attache aux habits de ceux qui la touchent.

ارتفاع est chez Alc. *encarnadura*, mais c'est une faute d'impression; il faut lire *encaramadura*; ce n. d'act. a donc son sens ordinaire. — Pl. اتٌ *talent supérieur*, Fakhrî 365, 3: قابان فى مدّة ولايتهم عليها عبيد.. عن قوّة وجلادة وارتفاعات نامية وحلوم دارة الارتفاع *l'ascension*, fête des chrétiens, Bc.

ارتفاعى *ascensionnel*, Bc.

مرتفع *excellent, très-beau, superfin*, Macc. I, 229, dern. l. — بغلة مرتفعة, J. A. 1849, I, 194, 5, semble signifier: une mule avec une selle très-haute, de même qu'on dit en ce sens حمار عال (voyez sous عال). — *Avantageux, présomptueux*, Bc.

رفغ

رفغ Le pl. رفوغ *canaille*, Gl. Fragm.

رفق I c. ب ou على *soutenir un homme fatigué*, Voc.

III لاجل الحماية *convoyer*, Bc. — *Accompagner le chant*, Bc. — C. a. p. et ب r. *donner gracieusement à quelqu'un la permission de faire une chose*, Recherches 174, 7 de la 1re édit.: فطير الراضى حمّاً الى ابيه بذلك فرافقه بتركها والارتحال عنها الى رئدة *

V فى سيره *marcher lentement*, Lettre à M. Fleischer 117. — C. ب r. *ménager une chose, ne l'employer qu'avec réserve, l'épargner*, P. Calâïd 54, 7: ترفّق بدمعك لا تفنه فبيّن يديك بكاءٌ طويل *Chercher son profit*, Djob. 323, dern. l.

VIII *s'approvisionner*, Cartâs 242, 11 a f. — C. a. r. *se servir d'un objet en guise de*, مرفقة, c.-à-d. *de coussin sur lequel on appuie le coude*, Berb. I, 291, 10. — *Accepter des présents corrupteurs*, Tha'âlibî Latâïf 112, 7, cf. l'article de M. Defrémery sur cette publication, p. 18 du tirage à part.

X *chercher son profit*, Djob. 220, 7.

رِفْقَة l'argent qu'un voyageur paye à un Bédouin pour obtenir sa protection, Burton II, 113.

رَفِيق. Le pl. رُفَقَاء, Diw. Hodz. 30, 4 a f. — سَيْرٌ رَفِيق une démarche lente, Abd-al-wâhid 249, 16, Macc. II, 272, 9. — رَفِيق القَلْب compatissant, Bc. — Dans le sens de compagnon, camarade, pl. أَرْفَاق, Alc. (conpañero en trabajos), Bc (camarade); — collaborateur, Bc; — compère, Alc. (conpadre), et le fém. commère, Alc. (comadre). — Amant, Browne II, 101. — Le fém. maîtresse, femme entretenue, Burckhardt Nubia 201, où رَفِيقَة est sans doute pour رَفِيقَة, — Le Bédouin dont le voyageur a acheté la protection, Burton II, 111, 113. — Pantalon des enfants, Bg 799; رَفِيقَة caleçon, ibid.; «les femmes donnent le nom de رَفِيق au caleçon,» M.

رَفَّاقَة vol (nuée d'oiseaux), Roland.

رَفَاقَة les siens, ceux qui sont de son parti, Bc.

تَرْفِيف chez les Soufis, appuyer la tête sur les genoux, Bat. I, 37; mais je crois qu'il faut lire تَرْبِيع, avec le man. de M. de Gayangos, voyez sous II.

مَرَافِق. مَرَافِق denrées, vivres, Bat. I, 69, etc., Djob. passim, et très-souvent chez d'autres auteurs. — Cette partie de l'armure qui couvre le coude ou le bras, 1001 N. Bresl. IX, 260, dern. l. — Dossier du lit, chantourné, pièce du lit entre le dossier et le chevet, Alc. (cabecera de cama).

مُرْفَق celui qui a le superflu, M.

مِرْفَقَة dossier du lit, chantourné, pièce du lit entre le dossier et le chevet, Alc. (cabecera de cama).

مُرَافَقَة assortiment, Bc.

مِرْتَفَق présent corrupteur, Haiyân-Bassâm I, 10 r°: لا قَبِضُوا مُرْتَزِق ولا نَالُوا بِهَا مُرْتَفَقًا; On trouve ارْتَزَق et ارْتَفَق réunis de la même manière dans le passage de Macrîzî cité par M. Defrémery (voyez sous la VIIIᵉ forme).

مُرْتَفَق, M, et مُسْتَرْفَق lieux d'aisances, latrines, Fleischer Gl. 92, Payne Smith 1442.

رفل I. De même qu'on dit يَرْفِل في ثِيَابِه, on dit يَرْفِل في القُيُود, Cartâs 270.

VIII comme synonyme des verbes كَبُرَ, نَبُلَ, عَظُمَ, Payne Smith 1628.

أَرْفَل (pour أَرْفَى), fém. رَفْلَاء ayant les oreilles molles, mollasses, au propre en parlant d'un âne, au fig. en parlant d'un homme, M.

مَرَافِيل crinières du lion, de l'hyène, Werne 30. A la p. 83 il traduit ce mot par hyène, ce qui semble une erreur.

رفه I ٠. عن ٠ r. être trop accoutumé à la mollesse pour faire telle ou telle chose, Berb. I, 413, 3 a f, où il faut lire وَتَرَفَّه avec notre man. 1351.

II enrichir, Voc. (ditare), Alc. (enriquecer a otro), Abbad. II, 146, 7 du texte arabe. De là مُرَفَّه riche, prospère, Voc., Alc. (abonado en hazienda, abondoso, prospera cosa, rico), et تَرْفِيه richesse, Djob. 38, 19.
— Laisser tranquille, Tha'âlibî éd. Cool n° 86, ou (même texte) Valeton ٣٩, dern. l.

V s'enrichir ou être riche, Voc. (sous ditare), Alc. (enriquecerse, abondar).

رَفِه = رَافِه, Edrîsî, Clim. VI, Sect. 1.

رَفَاء (s'il faut écrire ainsi ce mot qui chez Alc. est rafèh et refèh) abondance, prospérité, richesse, Alc. (abondamiento, hazienda o riqueza, prosperidad, riqueza).

رَفِيهَة espèce de danse guerrière, décrite par Burton II, 247.

أَرْفَه comparatif de رَافِه, رَفِيه, Gl. Edrîsî.

رفو et رفى. Le n. d'act. رِفَايَة, dans le Voc.

رَفِيَة reprise, raccommodage à l'aiguille, Bc.

رق I, en parlant de plantes, s'étioler; on dit رقّ النباتُ وضعُفَ, Bc. — C. عن r. être trop faible pour, n'être pas en état de, Gl. Fragm.; il faut lire de même dans un vers cité par Hamaker, Spec. Catal. 33, 1, et que je corrigerai sous مُقْطَع. — Dans le sens d'avoir pitié de, ce verbe ne se construit pas seulement c. ل, mais aussi c. على, Abbad. I, 419, 13 et 17. Le Voc. donne également sous conpati رَقّ قَلْبِي c. ل et على. — Comme v. a., dégrossir, diminuer; رَقّ المَعادِنَ وعَمِلَها صَفَائِح laminer, donner à une lame de métal une épaisseur uniforme, Bc.

II *épurer le vin*, Gl. Mosl. — *Aiguiser*, Alc. (aguzar). — *Doler, aplanir un morceau de bois*, Alc. (dolar). — *Attendrir, toucher, émouvoir*, Bc. — *Rendre perplexe*, Voc.

IV. ارقّوا الاغدية *ils préparèrent des mets fins, exquis*, Haiyân-Bassâm I, 23 r°. — *Chercher à attendrir quelqu'un*, Haiyân-Bassâm III, 143 r°: ولم يَبْقَ معه الّا اربعة غلمان — يرقّون مَن دنا منهم ويستعينون الناسَ لاستنقاذهم ⁕

V *devenir plus mince*, Voc. (sous atenuare), Gl. Manç.: اخذ الجرم في الترقّى شيئًا قليلًا اختراط بتدريج. — *Être perplexe, être à l'étroit*, Voc. — *Subtiliser, rendre subtil, délié* Alc. (sotilizar, le part. act. sotilizador). — C. ل p. *chercher à émouvoir, à attendrir quelqu'un*, Abd-al-wâhid 89, 12.

X *être maigre* (homme), M. — Dans la 1ʳᵉ partie du Voc. *indurare* (?).

رَقّ غزال, رَقّ *parchemin vierge*, la peau préparée des petits chevreaux ou agneaux mort-nés, Alc. (pargamino virgen). — *Carte*, plusieurs papiers collés, carton, Bc.

رقّ *petit tambourin*, Lane M. E. II, 84, Descr. de l'Eg. XIII, 512.

رِقّة. L'expression أَهْل الرقّة désigne: *les hommes pieux et sensibles, qui sont aisément touchés, qui pleurent facilement*; R. N. 83 v°: وله اخبار ومجالس كان عندنا بسوسة v° 87, مع اهل النسك والرقّة; ,رجال صالحون من اهل الرقّة *ayant entendu réciter un vers pieux*, اخذوا في النياحة وفي البكاء حتى عجم الصبح. — رقّة البَصَر, *vue perçante, subtile*, Alc. (agudeza de la vista). — رقّة الحاشية, voyez sous le second mot.

رَقّة, pl. رِقَف, en Sicile, est l'italien *rocca*, qui signifie *forteresse, château*, car dans la traduction d'une charte sicilienne, رقّة, est rendu par *rocca* et par *castellum*. Ce terme a le même sens dans les passages d'Edrîsî cités dans le Glossaire sur cet auteur p. 308, où il a été mal expliqué; cf. Amari Append. 5 et 6.

رقّى *servile*, Bc.

I

رُقاق *panis in brases*, Voc.; pl. ات sorte de pâté ou de gâteau, Hbrt 15; رقَاق, *gaufre*, Bc.

رقيق *très-pur* (vin), Gl. Mosl. — *Celui qui subtilise*, Alc. (sotilizador); il écrit raquîq, et l'on serait porté à croire que c'est رقيق prononcé à la manière grenadine, car ordinairement il rend de cette façon la forme فَعَّال; mais ce qui s'y oppose, c'est qu'il donne رقاق comme le plur. — *Helianthemum sessiliflorum*, Colomb 22. — رقيق البيض *le blanc de l'œuf*, Voc. (albugo ovi), Edrîsî ٦٢, 12 (l'explication donnée dans le Gloss. sur cet auteur n'est pas la véritable, car elle est en contradiction avec le Voc.). — رقيق الحواشي ou الحاشية, voyez sous le second mot. — رقيق الفَرْش se trouve dans le Voc. sous *debilitare*. — الأمّ الرقيقة *pie-mère*, t. d'anatomie, Bc.

رقيقة semble signifier *exhortation qui attendrit les auditeurs* dans ce passage du R. N. 51 r°: وكان يميل الى الرقائق والمواعظ ويختم مجلسه بها اذا فرغ من المسائل والكلام عليها ⁕

رَقّاق est un nom de métier (Macc., I, 304, 4, nomme le رَبَض الرقّاقين à Cordoue), mais qui a plusieurs acceptions, car il signifie: *fabricant de parchemin*, Voc.; — *pâtissier*, Hbrt 75; — *planeur*, Descr. de l'Eg. XVI, 462, n. 1.

مرقّون, n. d'un. ة, *pâtisserie*, Hbrt 75, M.

مَرَاقِيَّة, mais ordinairement مَرَاقِيَة pour faciliter la prononciation, t. de médec. formé de مَرَاق, pl. de مَرَق, sorte de mélancolie, qui a pour effet que le malade s'imagine des choses impossibles et absurdes, p. e. qu'il est d'argile et qu'il doit éviter le contact des murailles afin de ne pas se casser, M.

مترقّف. أَهْل الرقّة est l'équivalent de المترقّفون (voyez), R. N. 89 r°: وكان يصنع الشعر ويجيده على معاني اهل النسك والمترقّفين ⁕

رقاعا (plante), voyez sous رقا.

رقاقس (ἔρπις selon Vullers) = جفت افريد, Bait. I, 499 h; leçon de Boul. et de Vullers; AB رقّافس, Sontheimer رقاص, رقاص.

69

رقب I *coucher en joue*, viser à quelque chose pour l'obtenir, Bc. — *Calomnier*, Alc. (caluniar).

II *garder*, *surveiller un prisonnier*, Abbad. II, 118, 2 a f., Djob. 36, 2, Bayân II, 301, 15. Le Voc. a cette forme sous sagio (agent de police). — *Faire une certaine incision à la branche pour l'insertion, quand on greffe les arbres*, voyez sous برقبة.

IV. Cf. avec Lane le Gl. Mosl.

V *être sur ses gardes*, de Sacy Chrest. II, ۱۳۳, 3 et 6, vᶠ, 4, Macc. I, 138, 11. — C. ل p. *surveiller, épier*, 1001 N. I, 76, 5 a f. Le Voc. a cette forme sous sagio (agent de police).

VI dans le Voc. sous aspicere.

رقب *bonne espèce de dattes*, Palgrave II, 173.

رقبة *courageux*, Daumas V. A. 514.

رقبة « il est à ma charge, il vit à mes dépens; » — وبال هذا على رقبتك « c'est vous qui en serez coupable, » Bc. — Pl. أرقاب *pièce de soie jaune, brochée en or, de la grandeur du cou du cheval, et dont on affublait celui que devait monter le sultan. Il prenait au-dessous des oreilles, et se prolongeait jusqu'à l'extrémité de la crinière. Ce genre d'ornement devait son origine aux Perses*, Maml. I, 1, 135, II, 2, 21, J. A. 1849, II, 319, n., l. 10. — « La poudre d'or mise dans un sac en peau de chameau; c'est la peau du cou de cet animal qu'on prend à cet effet; aussi ce sac porte-t-il le nom de *Rokba*, » Prax 12. *Rakaba* serait plus correct. — *Chapiteau* de pilastre, Gl. Edrîsî. — رقب الحمام (*gorge de pigeon*), au Caire, *étoffe noire dont la couleur reflète une nuance rougeâtre miroitante*, Ouaday 395. — *Emphytéose, bail à perpétuité*, Bc; M. de Goeje, Gl. Belâdz. (cf. Gl. Mosl.), traduit رقبة الأرض par *dominium soli, l'opposé d'usufruit*; cf. v. d. Berg 35, n. 3, qui a noté ملك الرقبة dans le même sens; رقبة الدار Mohammed ibn-Hârith 324. — pl. رقاب المال *capital*, et en général, *somme d'argent*, Gl. Mosl.

تقصير الرقبة *ingrat*, Voc.

رقبى Cf. avec Lane le Gl. Mosl.

رقيب *espion*, a chez Alc. (espia) le pl. رقاب Agent de police, Voc. — *Rival*, Ht. — رقيب الشمس *tournesol*, Bait. I, 499 j; — *espèce d'euphorbe*, ibid.

رقوبية *courage*, Daumas V. A. 496.

رقاب *explorateur, courrier*, Margueritte 239.

راقوبة *culot, dernier éclos d'une couvée*, Bc.

ترقيبة؟ voyez برقيبة.

مَرْقَب *monticule*, Daumas Mœurs 394 (qui a confondu ce mot avec مركب, ce qui lui a fait ajouter: « dont l'aspect rappelle la forme d'un navire »), Barth I, 88, Berb. II, 113, 4.

مُرْتَقَب *l'avenir*, Voc.

رقد I *se coucher, s'étendre de son long*, Bc, Nowairî, man. 273, p. 638: وزعم قوم انه اذا استكلب ورآه الاسد رقد له حتى يبول فى اذنه خوفا منه, 1001 N. I, 79, 14; على البيض *couver*, Bc.

II *endormir*, Voc., Alc. (adormecer a otro), Bc, P. Müller 17, 3 a f. (= Macc. II, 630, 6). — *Assoupir, suspendre, adoucir la douleur*; رقد المادّة *assoupir une affaire*, en empêcher l'éclat, Bc. — *Coucher*, dans le sens de mettre au lit, et dans celui d'étendre de son long, Bc. — *Fermer les paupières*, Ibn-Dihya 9 v°: لها لحظ ترقّقه لامر (Wright).

III c. a. *coucher avec une femme*, Voc., Khatîb 186 r°: واتخذ جملة من الجوارى فصار يراقد منهنّ, جملة تحت لحاف واحد, 1001 N. I, 342.

V dans le Voc. sous dormire et sous iacere dormiens.

X *engourdir, rendre comme perclus, endormir une partie du corps, en sorte qu'elle soit presque sans mouvement et sans sentiment*, Alc. (atormecer, entormecer; le n. d'act. ateresimiento, atormecimiento; le part. pass. aterido, atormecido); voyez aussi plus loin استرقاد.

رقدة *le premier somme*, car le Voc. donne ce mot sous nox, et il ajoute dans une note *prim'son*, qui a ce sens en catalan comme en provençal (cf. Raynouard V, 257 b). — *Inégalité* dans un pavé, Cartâs 36, 4; j'ai expliqué l'origine de cette signification sous تحصين.

رقود Le pl. رقد, Diw. Hodz., mais j'ai oublié de noter la page (Wright).

رقّاد *couveuse*, Bc. الرقادة *sorte de devins dans le pays des Ghomâra sur lesquels il faut consulter Becrî 101, dern. l., 102. — رقّاد *sorte d'oiseau*, Yâcout I, 885, 17.

رقو

رَاقِد. Le pl. رُقَّاد, Kâmil 511, 1, 669, 13.

مرقد الخنزير، مَرْقَد étable à cochons, Alc. (pocilga o çahurda de puercos).

مُرْقَد opium, Bait. II, 512 c, Most.: هو افيون — الافيون وهو المرقد وهو لبن لخشخاش البرّي. *Potion préparée avec de l'opium*, L (diacodion, que Ducange explique par: potio ex papavere). — Chez le vulgaire au Maghrib, *dature*, Bait. I, 269 c, II, 512 c.

اِسْتِرْقَاد est chez Alc. calanbre, c.-à-d., selon Victor: *une roideur de nerfs qui fait tenir le cou comme si le menton était attaché à la poitrine, et le chignon du cou à l'épine du dos, ce qui est une sorte de maladie, la goutte-crampe.*

رقرق I *chanter, crier*, en parlant des grillons, Alc. (cantar el grillo, grillar cantar el grillo). — *Commencer à mourir*, Alc. (començar a morir).

رَقْرَقَة *pitié*, Payne Smith 1222. — دمع مترقرق = Gl. Mosl.

رَقْرَاق. رقراق الدماء *des flots de sang*, P. Macc. II, 381, 18. — *Marc, ce qui reste des substances bouillies*, Bc. — *Eau basse dans la mer*, M.

رُقْرُوقَة *petit morceau d'un tissu ou d'une lame*, M.

رقس

رَقُوس *anneau que les femmes portent au bras*, Hœst 120, mais je ne sais si ce mot est écrit correctement.

رَقَّاس pour رَقَّاص (voyez), *courrier*.

رقش

رَقْشَة. المرقشة الحمراء et المرقشة الزرقاء sortes d'oiseaux, Yâcout I, 885, 9 et 10.

أَرْقَش. رَقْشَاء *basilic*, Alc. (basilisco).

مَرْقُوشَة nom d'une étoffe, Formul. d. contr. 4: ومرقوشتين من نسيج اليهود.

رقص I حواجبه *sourciller, remuer le sourcil*, Bc, 1001 N. II, 426, 15.

VI *danser*, 1001 N. I, 54, 11. — En parlant de larmes, «كانت تترقّص في عينيه *elles roulaient dans ses yeux*», 1001 N. Bresl. III, 345, 1.

رَقْصَة *valse;* — *contre-danse*, Bc; — Roger 265:

547

رقص

«Étant toutes assemblées pour faire les cérémonies et lamentations, qu'elles appellent *Raquase*, elles se mettent en une salle, ou en une cour, et quelquefois en un lieu éminent et spacieux hors la maison, et se disposent toutes en rond, comme si elles voulaient danser sans se tenir les mains. Après quoi une vieille femme, qui est louée pour ce badinage, se barbouille de noir la face, la poitrine, les mains et les bras avec le noir de leurs poêles et marmites; et à son imitation les femmes du défunt, leurs sœurs et filles se noircissent de même, toutes échevelées, n'ayant rien que leurs chemises qui sont ouvertes jusques au nombril. Cette vieille noircie se met au milieu de la danse, et commence à dire toutes les prouesses et actions de remarque du défunt en forme de litanie, et à chacune elle fait une pause, pendant que les autres répètent avec un air funeste et lugubre, dansant d'un pas égal. Les parentes qui se sont barbouillées de noir, se frappent la poitrine et les joues avec les paumes des mains, tant qu'elles ont les joues toutes bouffies, et continuent cette cérémonie de danse sans intervalle, jusques à ce qu'on porte le corps au tombeau.»

رَقِيصَة pl. رَقَائِص *levier*, Alc. (palanca para sopalancar).

رَقَّاص pl. رَقَّاقِيص *au Maghrib, courrier qui porte les lettres, poste, ou qui conduit les voyageurs, messager*, Voc., Alc. (correo quo lleva cartas, enbaxador faraute, mandado a quien se dize, mensajero, portero de cartas), Domb. 104, Bc (Barb.), Hœst 278, Grâberg 158, Richardson Morocco I, 135, Sandoval 311, Daumas Mœurs 264, Macc. I, 557, 9 et 10, où on lit que ce mot est maghribin et qu'en Orient on dit سَاعِي, Çalât 5 r°, 5 v°, 10 r°, Khatîb 120 v°, Ztschr. XVIII, 567. L'auteur du Dict. berb., Carette, Géogr. 178, et Barth, V, 488, écrivent ce mot avec le *sin*. Chez Mohammed ibn-Hârith c'est رَكَّاص, 242, 255; dans le premier passage on trouve la même anecdote que chez Macc. I, 557, cité plus haut. — *Compagnon maçon*, qui travaille sous la direction d'un maître maçon, Nowairî Espagne 468: la ville d'az-Zahrâ, quand on eut commencé à la bâtir, fut achevée en douze ans par mille maîtres maçons, مع كلّ بنّاء اثنا عشر رقّاصًا. — *Balancier de pendule*, Ht, chez Bc et dans M رقّاص السّاعة. — *Aiguille de montre*, Ht, Delap. 44, Roland Dial. 596. — رقص

زناد البندقية‎ *détente*, pièce du ressort d'une arme à feu, pour le faire partir, Bc. — Partie d'un moulin produisant du bruit par le mouvement de la meule, Mehren 28. — *Signet d'un livre*, Domb. 78, Cherb. — *Bal*, Ht. — Sorte de poisson, Yâcout I, 886, 9.

مَرْقَص‎ *air de danse*, *chanson de danse*, Khatîb 38 r°: ومن شعره ممّا يجرى مجرى المرقص‎ la chanson dont il s'agit se trouve aussi chez Macc. II, 554, 21.

رقط‎ II cf. Lane; le part. pass. *tacheté*, Bc; Most. v° هو حبّ صغير مرقط بسواد وبياض: ابرنج‎; leçon de N et aussi dans le texte de Lm, mais sur la marge de ce dernier man. on trouve: صوابه منقّط‎; c'est le synonyme du mot dont il s'agit, mais il n'est nullement nécessaire de changer la leçon. Dans Bait. I, 129 c, le man. A porte aussi: البرنج بالفارسية‎ et le man. B منقّط‎, حبّ صغير مرقط بسواد وبياض‎.

Aujourd'hui on emploie رقّط‎ dans le sens de *nieller*, Cherb. C.

رُقْطَة‎ pl. رُقَط‎, *tache*, Abou'l-Walîd 209, 16.

رُقَيْطَة‎ espèce d'herbe, Ztschr. XXII, 75, 6.

أرقط‎ اللوف الارقط‎ *serpentaire* (plante), Bc. — ريح رَقطاء‎ dans le Calendr. 69, 2 a f., où j'ai dit que ce mot me semblait altéré. M. Fleischer ne partage pas cette opinion; il croit que cette expression signifie: «ein scheckiger Wind, d. h. ein Wind der die Atmosphäre durch den von ihm aufgetriebenen Staub scheckig färbt.»

رقع‎ I *baiser*, t. bas et popul., *jouir d'une femme*, Bc. — II *rhabiller*, tâcher de justifier, de raccommoder, Bc. — *Decorare* dans le Voc. — ترقيع‎, chez le vulgaire en Espagne, *greffer en écusson*, Calendr. 41, 1 (cf. رقعة‎). — C. a. dans le Voc. sous *inverecundus*.

V *être rapiécé*, Voc. — Dans le Voc. sous *decorare*. — Dans le Voc. sous *inverecundus*.

VI *pateliner*, agir en patelin, Bc. — *Vétiller*, s'amuser à de petites choses, Bc.

رقع‎ *fat*, impertinent, sot; — *patelin*, *patelineur*; — *vétilleur*, qui s'amuse à des vétilles, *vétilleux*, Bc.

رُقعة‎ *contrée*; aussi *étendue*, en parlant d'un pays ou d'une ville, Gl. Edrîsî. — الرُوض رقع‎ *parterres de fleurs*, P. Macc. I, 928, 13. — Proprement *pièce, petit morceau d'étoffe qu'on met à un habit pour le raccommoder lorsqu'il est troué*; au fig., *ce qu'on dit ou fait pour cacher quelque chose, de même qu'une pièce cache le trou d'un habit*, M. — Pl. رقع‎, t. de jardinage en Espagne, *écusson*; رقعة‎, *morceau d'étoffe*, exprime bien la forme de l'écusson,» Clément-Mullet I, 437, n. 1; Auw. I, 19, 7, 8, 9, 243, 3 a f., 434, 1, 436, dern. l (lisez ainsi dans tous ces passages), 459, 3, 490, 3, 6, etc. — Au lieu de رقعة الشطرنج‎, *échiquier*, on emploie aussi رقعة‎ seul, Macc. II, 745, 6. شطرنج الرقعة‎ *les pièces de l'échiquier*, Müller 25. L'expression dans les 1001 N. II, 178, 11: رجال رقعة الضامنة‎, يلعبون بالشطرنج والرقاع‎, est singulière. — *damier*, Bc. — *Manteau*, L (bibla vel pallium, رقعة‎ superhumerale). — Le pl. رقع‎ *petits plateaux en fer ou en cuivre*, Mehren 28. الرقعة الساحرية‎, en Espagne, *aspidium lonchitis*, Bait. II, 442 a. — Selon Bait. I, 499 k, رقعة‎ est un nom générique servant à désigner tous les médicaments qui guérissent les fractures quand on les boit. Parmi ces médicaments il donne un mot composé dont la leçon est fort incertaine. A la p. 227 b du Ier volume, ACL portent الطلبيرية؟‎, BD الرقعة الطلبيبة‎, E اللطنيرية‎ (sic; de Talavera?); à la p. 499 k, A الطالبيبة‎, B طابه‎ (sic), L الطلبيبة‎, le man. 13 (3) المطلبية‎. — الرقعة الفارسية‎, en Espagne, espèce de *gui*, Bait. I, 180 c; ويعرفونه ايضا بالرقعة الفارسية‎); Alc. donne *rracaá* dans le sens de *gui de chêne* (muerdago yerva).

رقعة‎ Voyez sur ce grand arbre Bait. I, 271 b.

رقعاء‎ = سرخس‎ *fougère*, Bait. I, 499 i, Alc. (helecho yerva, râcaâ); le Most. dit sous سرخس‎ que c'est l'espagnol فلجه‎, c.-à-d. *helecho*, après quoi il ajoute: ورايت في بعض التراجم انه الاجفدان الابيض‎; وهو الرقا‎; écrit ainsi dans les deux man. — *Hièble*, *petit-sureau*, Bait. I, 393 b, Most v° شلّ‎: وقيل هو‎; اليكذقه بالعجمية وهو الرقاع (الرقعى N)‎; c'est l'espagnol *yezgo*.

رقاع‎ Dans le Most. sous جوز القى‎ (noix vomique): وقيل هو الرقاع والكر ذلك الرازى‎; comparez Bait. I, 271 b.

رفيع‎ *cromaticus* dans L, c.-à-d. (voyez Ducange): qui non confunditur, nec colorem mutat (de χρῶμα, couleur); *inverecundus* dans le Voc., et peut-être cet adjectif a-t-il le sens d'*impudent, effronté, impertinent*

(cf. رُقَعَة) chez Khatîb 126 v°: فقال ما صاحب هذه
رِقَاع. — Pl. الرُّقَعَة إلَّا الرُّقَيْعَة (l. الرُّقَيْعَة). حَقَّقَتْ
beau, Voc.

رَقَاعَة invrecundia, Voc., fatuité, impertinence, Bc,
effronterie, Ibn-Sa'îd cité dans le Tohfat al-'arous,
man. 330, 158 v°: أمراة مشهورة بالجمل والرَقاعَة; l'a-
necdote qu'on y trouve confirme pleinement cette acception; «dans le passage de Harîrî: فجميعت لما أبدى
من برَاعَة مَجونَة ورَقاعَة, les commentateurs expliquent رَقاعَة par للحمق او صَلَابَة الوَجه وقلَّة الحَيَاء»,
M. — Plaisanterie effrontée, hardie jusqu'à l'impudence, M sous رود: وكان فَقيهًا وله نُكَتٌ ورَقاعَاتٌ كثيرة.
— Beauté, Voc.: وتبسُّمَاتٌ على البارى تعالى نفقرة
Khatîb, man. de Paris, 112 v°: ولا خفاء بِبراعَة هذه
الاجازة ورقعَة هذا الاَدَب, vers dans un poème populaire Prol. III, 411, 4 et 5, qu'il faut lire ainsi,
comme je l'ai dit dans le J. A. 1869, II, 203:
وكيف ولش موضع رقاعًا إلَّا ونَسرَح فيه التَّجلَّى
et traduire: «Comment ne serions-nous pas joyeux,
quand il n'y a pas de bel endroit sur lequel nous
ne puissions laisser errer nos yeux» (ceci peut servir à corriger ce que j'ai dit dans le J. A.). — Patelinage, Bc, M: ويستعملها اكثر المولَّدين بمعنى المجاراة
خبثًا ودهآء⹀

رَقَاعَة pl. رقَاع, pour رقعَة dans toutes ses significations,
à savoir: chiffon, haillon, guenille, Voc., Alc. (trapo).
— mouchoir de poche, Alc. (sonadero de mocos); —
terrain, Cherb. Dial. 15; — billet, pétition, requête,
Haiyân 28 r°: وفي للعَامَّة بابٌ — يناديه متظلّمهم
ومستضعفوهم من قبَله فيسرع اجابتهم وبامر بأَخذ رقاعَهم.
— remède, Alc. (remedio).

رقَاعي قلم الرقّي écriture pour lettres, 1001 N. I,
94, 4.

رَقَّاعَة ravaudeuse, Delap. 75.

مَرْقَع L: remedium وقرع.

مَرقَع ravaudeur, Alc. (remendon). — Savetier, Alc.
(remendon çapatero).

مَرقَعَة, suivi de القلوع, voilerie, lieu où l'on raccommode les voiles, Bc. — Patelinage, Bc.

مَرْقَعِيَّة haillon, guenille, Ht.

رَقِل I subir l'action du رَقل, hallucination du désert;
voyez à ce sujet une dissertation de d'Escayrac dans
la R. d. O. A. N. S. II, 287 et suiv.

IV c. عن quitter à la hâte, Berb. II, 341, 5
(lisez ainsi avec notre man. 1350).

رَقَل voyez sous la Iʳᵉ forme.

رقم I coudre, Voc. — Broder, Gl. Esp. 320, 329. —
Chiffrer, Hbrt 122. — Avec ou sans بالنار, t. de
médecine vétérinaire, appliquer des pointes de feu,
Auw. II, 654, dans les notes 10 a f., 655, 3 a f.,
dern. l., 662, 9, 13.

VIII dans le Voc. sous sucre.

رَقم Le pl. رُقوم, signes tracés, Prol. III, 242, 3
a f.; ornements, figures, Macc. I, 367, 7. — Pl. أَرقَام
chiffre, Bc, Hbrt 122, M. — عِلم الرقم الهِندي et
الرقم arithmétique, Hbrt 122. — Nom d'une plante,
voyez sous رَقمَة.

رَقمَة morceau de peau de poisson collé sur une
partie du luth et du cânoun, Lane M. E. II, 78, cf.
81, Descr. de l'Eg. XIII, 228, M. — Noms de plantes: fumaria agraria; Koniga maritima; erodium
moschatum; erodium malacoïdes; erodium guttatum
(aussi raguem), Prax R. d. O. A. VIII, 280, 282.

رَقَّام couturier, Voc. — Brodeur, L (polimitarius),
Alc. (bordador), Amari 668, dern. l.

رُقَم espèce de mouton, Bruce V, 164, qui
a confondu ce mot avec خُمج.

أَرقَمَة convolvulus althaeoides L, Prax R. d. O. A.
VIII, 343 (ergâma).

مِرقَم, t. de médecine vétérinaire, instrument à
faire des pointes de feu, Auw. II, 655, dern. l., 662, 13.

مَرقُوم pl. مَراقِيم tapis rayé, Gl. Esp. 320. — Mentionné, Roland, susdit, nommé ci-dessus, M.

مَرقُومَة tapis rayé, L (polimuta (cf. chez Ducange
polymitus), iaguntina (que Scaliger a considéré comme
une altération de hyacinthina; c'est alors un adjectif
employé substantivement; cf. læna hyacinthina chez
Perse)).

رقمال, pl. ات et رقامل, grappe de raisin, Voc., voyez رجمال.

رقن.

رقان؟ *le pistachier mâle?* Telle est la leçon de notre man. dans Auw. I, 267, dern. l., où l'édit. porte البرقان.

رقو.

رقوة. Mot obscur, employé en parlant d'un puits, Auw. I, 147, 6 (où il faut insérer, avec notre man., ممّتًا avant يَنَع); Clément-Mullet (I, 130 n.) a cru devoir le traduire par *rampe,* mais la leçon est incertaine, car au lieu de انقبال الرقوة, notre man. porte انتقال الوقوة.

ترقوة voyez sous ترى.

رقى. I. ترقّى البيت الخبر comme رقى اليد للخبر chez Lane, Gl. Fragm. — En Espagne cette forme avait quelquefois, mais rarement à ce qu'il semble, le sens de *jeter, mettre,* etc., qu'y avait la IVe (voyez), car le Voc. (proicere) donne رقى, رقّى dans la langue classique) comme le synonyme de أرقى, et رقى للشماتة est chez Alc. *pendaison* (epicotadura).

II. رقّى البد ان *on lui rapporta, raconta que,* Gl. Fragm. — رقّى منزلته *il lui donna un poste plus élevé,* Haiyân 4 v°: فرقّى منزلته وولّاه الوزار. — T. de mathém., *élever un nombre à une puissance supérieure,* M.

IV, dans le sens de la Ire, *enchanter, ensorceler par la magie,* Voc. — En Espagne, mais seulement chez le vulgaire, car je ne connais cette signification que par le Voc. et Alc., et je ne crois pas qu'on la trouve chez les auteurs, *jeter,* Voc. (proicere), *jeter sur une autre chose,* Alc. (echar sobre otra cosa, echar en algo o sobre algo), *poser, mettre,* Alc. (pouer como quiera), *imposer* (= جعل), Alc. (imponer). Ce verbe entre dans un très-grand nombre d'expressions qu'on trouve chez Alc., à savoir: ارق في المقوطة *attacher à la potence* (enpicotar); — ارق تحت حكمه *subjuguer* (sujuzgar); — ارقاء الثمن *prix mis par un acheteur, un enchérisseur* (postura en precio); — ارق خلاصًا *parier* (apostar) — ارق خطارًا *prendre soin* (recaudo poner, ce qui chez Nebrija est curam adhibeo); — ارق شلقا *donner le croc-en-jambe*

(armar çancadilla); — مرقّى للشماتة, *proprement exposé à l'infamie,* a le double sens de *portant le bonnet en forme pyramidale qu'on met sur la tête de certains criminels* (encoroçado) et *d'attaché à la potence* (enpicotado puesto en picota); — ارق في الشنطورة *mettre, cacher dans le sein* (ensenar poner en el seno); — ارق عروة *boutonner, passer le bouton dans la boutonnière* (abotonar); — ارق العلف *panser les animaux* (penssar bestias); — ارق علامة *signer, souscrire* (firmar); — ارق ملزما *appliquer un emplâtre* (enplastar); — ارق مغرة *teindre avec la terre appelée rubrique* (almagrar). Par ellipse on emploie ارق seul dans ces acceptions: *mettre, cacher dans le sein* (meter en el seno; plus haut sans ellipse); — *intercaler un jour* (entreponer dia); — *lester un navire* (lastrar la nave). — T. de mer, comme أرقى et أرسى السفينة, *faire approcher un navire du rivage* (p. e. en parlant de matelots, ارقوا الى الساحل) *et y jeter l'ancre* ارق (بالساحل), Gl. Belâdz., de Jong. Je serais tenté de croire que ارق, comme terme de mer, est proprement *jeter l'ancre,* et que le substantif a été retranché. S'il en est ainsi, ce verbe se construit fort bien avec ب et avec الى; mais alors il faut admettre aussi que les Arabes ont oublié l'origine de cette signification, puisque, pour exprimer que des navires sont à l'ancre, ils disent السفن المرقية وترقى السفن; ce qui revient à dire qu'à strictement parler l'expression ارق السفينة est incorrecte.

V est quand un zéro est ajouté à un nombre, en sorte que 1 devient 10, 10, 100, 100, 1000, M.

VIII *être haut,* Gl. Edrîsî. — *Ensorceler,* Payne Smith 1185, 1386.

رقية النملة, voyez sous le second mot.

رقية *charme,* Payne Smith 1388.

رقّي pl. ات *bâton,* Voc.

راق pl. رُقّ *celui qui monte,* Abbad. I, 119, n. 256.

ترقية *ajouter un zéro à un nombre, en sorte que* 1 *devient* 10, 10, 100, 100, 1000, M.

مرقى pl. مراق *signifie réellement* escalier, *comme Schultens a noté,* Voc., Djob. 295, 8. — *Echelle, port, mouillage,* Gl. Edrîsî 270, Gl. Belâdz., Berb. I, 441, 8, 637, 7, II, 268, 6, 272, 7 a f., 280, 8 a f.,

293, 6 a f., 3 a f., 294, 3, 314, 4 a f., 318, 10, 389, 7, etc., Çalât 11 r°, Djob. 306, 2 a f. (changé à tort par l'éditeur).

مَرْكَبٌ *station*, Gl. Edrîsî. — *Chaire d'un orateur*, Macc. I, 237, 21, 240, 2 a f. — *Levée de pierres contre les inondations*, Gl. Esp. 299.

مُوَقّ *serviteur d'une mosquée*, Lane M. E. I, 119.

ركّ I *ranger les pierres les unes sur les autres*; on dit ركّ البناة, M.

II dans le Voc. sous *vilescere*. — ركّك الاخلاط *subtiliser les humeurs*, Bc.

V dans le Voc. sous *vilescere*.

VIII *chanceler, n'être pas ferme, assuré, vaciller, au fig.*, Bc.

ركّ شيء عليه ركّ, عليه *essentiel*; essentiellement; ركّى لله على العشا *principal*; الذى عليه الركّ «mon principal repas est le souper,» Bc.

رَكَّة *les pierres qu'on range les unes sur les autres, comme lorsqu'on pose les fondements d'un édifice*, M.

رُكَّة (vieux allemand rocco, aujourd'hui Spinnrocken, esp. rueca, pg. roca, ital. rocca), pl. رَكّ (Alc., Voc.), *quenouille*, Voc., Alc. (rueca para hilar, copo de lino o de lana, mais dans ce dernier article le mot arabe est défiguré par des fautes d'impression, car on y trouve: rucâta, pl. raqâquir), Bc, Bg, Hbrt 79. علم الرَكَّة *la science de la quenouille, c.-à-d., des femmes*; ce sont des charmes qui ne sont fondés ni sur la religion, ni sur la magie, ni sur l'astrologie, Lane M. E. I, 391.

رَكيك *chancelant*; كلام ركيك *style faible, lâche, languissant*, Bc.

ركيك *vilis* dans le Voc. — ركيك المزاج *dégoûté, difficile, délicat*, Bc. — كلام ركيك *style faible, lâche, languissant*, Bc.

رَكاكَة *vilitas* dans le Voc., Macc. II, 514, 4 a f., Haiyân-Bassâm I, 114 r°: ولم يكن ممّن لحقه الاعتقال لم يزل معروفا بالتخلّف, et plus loin *ibid*.: نركاكته ركاكة الراى — والركاكة مشتهرا بالشرب والبطالة *vacillation*, Bc.

ركّب خانّاه ou ركّب خانّاه *la maison où on déposait tout le harnachement des chevaux*, Maml. II, 1, 115.

ركب I s'emploie en parlant de la mer qui *couvre* une île ou autre chose, Gl. Edrîsî, Berb. I, 119, 13. — *Dominer*, en parlant d'une forteresse qui domine une plaine, Haiyân 79 r°: حصن بلاى لقنبانية قرطبة. — C. a. p. *être sur les talons de quelqu'un* (Lane). On trouve souvent, en parlant de cavaliers qui poursuivent les ennemis: ركبوهم بالسيف «l'épée à la main,» Cartâs 96, 7, 158, 3 a f., 161, 17. ركب اكتناف signifie aussi *être sur les talons, presser, suivre de près*, Bc, Gl. Belâdz., Haiyân 71 v°. — C. a. p. *vaincre son adversaire dans une partie d'échecs*, Vie de Timour II, 872, dern. l. — *Jouir* d'une femme, Alc. (cavalgar la muger, hazerlo a la muger (onesto), رُكوب *cavalgadura de muger*, راكب *cavalgador de muger*, M, *d'un garçon*, Alc. (hazerlo el honbre al otro), Macc. III, 23, 17:

وناديت فى القوم الركوب فاسرعوا فريق لنسوان وقوم لذكران

— Se joint à des noms d'act. ou des subst. pour exprimer l'idée propre à ces derniers, p. e. ركب الاستكبار *devenir orgueilleux*, Hoogvliet 50, 4 et 5; ركب الفرار *prendre la fuite*, Müller S. B. 1863, II, 35, 7 a f.; ركب عزائمه *il prit une ferme résolution*, Berb. I, 492, 11. — ركب الموت *courir à la mort, aller chercher la mort dans le combat*, P. Hamâsa 327, 7, cité dans le Gl. Belâdz. — C. على *surmonter*, Bc.

II c. d. a. simplement *faire monter quelqu'un sur une bête de somme*, R. N. 74 r°: فجعلوا فى رجله قيدا وكبلوه وركبوه دابة من دوابهم, 1001 N. III, 214, 5 a f. — *Appliquer un fer au pied du cheval*, Auw. II, 563, 1. — *Enter, greffer, spécialement greffer en écusson*, L (insitor مُرَكِّب الشجر), Alc. (enxerir como quiera, enxerir de escudete; le part. act. enxeridor como quiera, enxeridor de escudete; le part. pass. enxerida cosa), Bc, Bait. II, 521, Auw. I, 14, 1, 18, etc., Calendr. 20, 3; cf. تركيب. — *Fabriquer* (dans un sens défavorable), M: تقول العامة ركّب الرجل القصّة اى لفّقها كذبا. — C. على *braquer*, Bc, ركّب المدفع «il braqua le canon.» 1001 N. Boul.

I, 63, 13. — ركب تختنا, *dresser un lit*, le monter, Bc. — ركب قزازا, *vitrer*, garnir de vitres, Bc. — ركب قفلا, *poser une serrure*, Bc. — ركب الكلام, *construire*, arranger les mots, Bc. — ركب بالميّنا *émailler*, Bc.

III *aller à cheval avec une escorte et avec pompe*, Macc. I, 472, 4. — C. a. p. *s'attacher aux pas de quelqu'un et l'importuner par ses demandes*, M.

V c. من *consister*, être composé, formé de, Bc, de Sacy Chrest. I, ٨١, 4 a f. — *Augmenter, s'augmenter*, Cartâs 267, 4: لم تزل العداوة تتركب بينهما الى ان ال— الخ.

X *faire monter à cheval*, Berb. II, 267, 9, 332, 6, 385, 2 a f. (où il faut prononcer le verbe au passif); *faire de quelqu'un un cavalier*, Berb. II, 246, 6 a f. — *Prendre et entretenir à son service une troupe de cavalerie*, Berb. I, 521, 1, 547, 11, II, 91, 3, 99, 3, 145, 6 a f., 345, 7, 359, 3 a f., 412, 13, Aghlab. 64, 5, Macc. I, 333, 19. — C. a. p. *être sur les talons, presser, suivre de près*, Ztschr. XXII, 116.

رَكْب, pl. du pl. اراكيب, Diw. Hodz. 201, 1, *caravane*; « la réunion des pèlerins du Maghreb pour aller à la Mecque, » Ouaday 546; « the *rakb* is a dromedary Caravan, in which each person carries only his saddle-bags, » Burton II, 50; Khatîb 24 r° (où il est question d'une grande peste): خرجت جنازته شيخ الركب — في ركب من الاموات يناهز الآلاف *chef de la caravane*, Daumas Sahara 299. — *Cortége, cavalcade*, Khatîb 45 v°: بعد المام الركب السلطانى ببلد — Du temps d'Ibn-az-Zobair on donnait le nom de الركب à dix chefs des Arabes de Syrie, qu'on trouve nommés Aghânî 17, 6 a f. et suiv., et dont an-No'mân ibn-Bachîr était le principal. — T. de musique; c'est رَكْبَة, M; cf. لحن متفرّع من الدوكاه.

رَكْبَة, *promenade à cheval*, *cavalcade*, Haiyân 28 v°, Haiyân-Bassâm I, 173 v°. A Abyâr on donnait le nom de الركبة, يوم الركبة, *le jour de la cavalcade*, au jour où l'on observait la nouvelle lune de Ramadhân, lorsque le cadi montait à cheval, de même que les principaux personnages de la ville, pour se rendre à un endroit élevé, situé hors de la ville et appelé l'Observatoire de la nouvelle lune, Bat. I, 54, 55.

رَكْبَة *tenue*, assiette à cheval, Bc.

رَكْبَة, قَزّ رَكَبَه *gambiller*, remuer sans cesse les jambes, *gigotter*, Bc. — Pl. رُكَب *coin*, Alc. (esquina); il donne رُكنى, pl. اركان, comme synonyme). — *Ennuyeux*, Voc.

رَكْبَة (sans voyelles dans les man.). A al-Colzom on appelait ainsi les coquilles auxquelles on donnait aussi le nom de صدف البواسير, Bait. II, 128 b (AB).

رُكْبى *mode de musique*, Descr. de l'Eg. XIV, 23; cf. رُكْبى à la fin.

رُكْبَة *coup de genou*, Domb. 90.

رُكْبان *cortége, cavalcade*, Khatîb 41 r°: ايام مقامى بالقة عند توجّهى صحبة الركبان السلطانى. Le *fatha* se trouve dans le man.

رِكاب *étrier*, le pl. ات, Bc, et أرْكُب, Alc. (estribo de silla). L'expression مشى فى ركابها, 1001 N. III, 214, 5 a f., ne peut signifier rien autre chose que: « il marcha à côté de l'étrier de sa mère, » comme Lane traduit aussi (« he walked by her stirrup »), c.-à-d., à côté de la monture de sa mère. On ne peut pas traduire: dans son cortège (voyez plus loin), car il n'est question dans ce passage que d'une mère et de son fils. L'expression قام فى ركابه وقعد signifie *être dans une continuelle, une grande agitation*, voyez sous قام. Au fig., *le point d'où l'on prend son départ*, Berb. I, 73, 5, 80, 3 a f., 81, 2; les passages II, 104, 11, 112, 2, prouvent que c'est proprement étrier. Aussi *point d'appui*, Gl. Esp. 203—4. De là poutre perpendiculaire qui sert de point d'appui au toit, ibid. — ركبدار *écuyer* (comme صاحب الركاب et ركابى), Macc. I, 605, 13, Koseg. Chrest. 111, 4, où l'éditeur a fait imprimer à tort رُكّاب. — ركاب القوس (Voc.) ou ركاب للرجل (*l'étrier du pied*) *espèce d'anneau à l'extrémité supérieure du fût de l'arbalète*, J. A. 1848, II, 208. Dans la basse latinité on l'appelait aussi *étrier, streps* (1re partie *stribaria*) *balistæ* dans le Voc., de même qu'en espagnol (*estribo*). Le Voc. donne le pl. أرْكُب. — En parlant de la greffe, Auw. I, 450, 14—16: وقيل يعمل البريدة على الصفة المذكورة باعلانها شبه ركاب يترك على العظم où Clément-Mullet traduit: « il en est qui veulent que la greffe soit façonnée dans la partie supérieure de la taille en forme d'étrier, *épaulement*, qu'on laisse au bois; 457, 19 et 20, où il faut lire avec notre man.: وينزل الركاب على العود نزولا جيدا ان كان قد عمل فيه

ركب 553 ركب

; Clément-Mullet traduit de nouveau *épaulement*. — Pl. أرْكُب ‎ سرْج selle, Voc. Les expressions أبْغَل عَالِيَة الرِّكاب et بِغَال الرِّكَاب, Macc. I, 231, 3, signifient *des mulets avec des selles très-hautes*, comme on dit dans le même sens حَمَار عَلٍ (voyez sous عَلٍ). — *Tire-pied*, Cherb. — *Cortége, cavalcade*, Rutgers 201, Koseg. Chrest. 89, 9, 90, 4, Berb. I, 317, dern. l., Müller 27, 2 a f., Bat. IV, 376 (où il faut corriger la traduction), Nowairî Egypte, man. 2 o, 110 r°: فلم علموا بوصول رِكاب السلطان.

رُكُوب *caravane*, Ht.

رَكيب *celui qui jouit d'une femme*, Alc. (hazedor (marido con muger)) ou *d'un garçon*, Alc. (hazedor (honbre con honbre)). — *Espèce de garniture d'habit*, voyez Gl. Esp. 201.

رَكُوبَة، خَيل رَكُوبَة *remonte*, chevaux qu'on donne à des cavaliers pour les remonter, Bc. سلَّم رَكُوبَة et حجَر الرَكُوبَة *montoir*, grosse pierre, etc., dont on se sert pour monter plus aisément à cheval, Bc.

رِكَابِيّ Au lieu de l'explication de l'expression زَيْت رِكَابِيّ (lisez ainsi chez Bait. I, 555 d), qu'on trouve chez Freytag et Lane, Zahrâwî seul, dit Bait. (I, 556 a), en donne une autre; ce serait الزَيْت الأبيض المغسول وقِل سُمِّي رِكَابِيّا لأنه بِمَنْزِلَة الرِّكاب قابل (زَيْت). Le Most. (v°) لقوى الأدوية لأنه سَادِج نَقِى donne en d'autres termes la même étymologie, en disant que c'est celle d'un «grand nombre de médecins» هو الزيت المغسول بالماء حتى أبيض وانسلخ من لونه ورائحته ثم يصرف في سائر الادهان فصار رِكابا لها. Le mot رِكَاب aurait donc le sens de *point de départ, l'essentiel*; mais j'avoue que cette étymologie me paraît peu probable. — *Ecuyer*, Torres 316: «il y a aussi à la cour d'autres gentilshommes comme ordinaires, ou de la garde à cheval, qu'on nomme *Riqueues*, qui sont de l'étrier du roi ou écuyers, et ont leurs chevaux dans son écurie;» Maml. I, 1, 132: «Macrîzî nomme parmi les fonctionnaires attachés aux écuries du sultan الْعَرب الرِكَابِيّة.» — *Courrier, celui qui porte des dépêches*, Fakhrî 363, 1, Payne Smith 1426. — سَيف رِكَابِيّ, dans l'Inde, *épée suspendue à la selle*, Bat. IV, 9. — الحجر الرُكَابِيّ *pierre ponce ou une autre pierre qui lui ressemble et qui vient de Sicile;* voyez sous قيشور.

رَكِيبَة *sorte de litière pour les dames, quand elles* sont montées sur des mulets, Voyage for the Red. of Capt. 108 (racabia).

رَكَّاب (Daumas MS) *coureur*, Daumas V. A. 386.

رَكِّيب, suivi de لِلخَيل, *piqueur, celui qui monte les chevaux*, Bc.

رَاكِب *le madrier qu'on place sur la muraille en forme de frise;* — *tout ornement en forme de frise*, Gl. Esp. 203.

رَاكُوب الكَرم *treille*, M.

تَرْكِيب *charpente, structure du corps, d'un ouvrage*, Bc, Voc. (complexio). — تركيب الطرب *partition*, t. de musique, Bc. — *Tournure de phrase*, Bc. — Le pl. تَرَاكيب *ajustement, parure*, 1001 N. I, 131, 9: حَلى ومصاغى وتَراكِى. — *Acabit*, qualité bonne ou mauvaise, Bc. — En parlant d'un salon, قَاعَة ذَات تَرَاكِيب, 1001 N. I, 58, 9. Le sens précis m'est inconnu: Quatremère (Maml. II, 2, 79) traduit dans ce passage: *un appendice ajouté à un bâtiment*. — تَرْكِيب الْغَزَال, en parlant d'un cheval, il a le redressement de la gazelle — *bouleté*, Daumas V. A. 190. — *Greffe*, Auw. I, 18; espèces: رُومِي *la greffe entre l'écorce et le bois, greffe en couronne*, 449, dern. l.; أَعْمَى *la greffe à l'aveugle*, 19, 16, 426, 16, 484, 5 et suiv.; فَارِسِي *la greffe en flûte*, 459, 3; aussi تركيب القُنُوط et تركيب الأنبوب (voyez sous قُنوط); قُوطِي (lisez ainsi avec notre man., et dans la suite القُوط) *la greffe par térébration*, 476, 19; نَبْطَلِي *la greffe en fente*, 451, 2; يُونَانِي *la greffe en écusson*, 469, 4. — *ارbres greffés*, Auw. I, 191, 17. — Dans un sens qui m'est inconnu, Inventaire: ١٩ ومن تَراكيب السيم زوجة.

تَرْكِيبَة *charpente, structure du corps, d'un ouvrage*, Bc. — *Greffe*, spécialement *greffe en écusson*, Alc. (enxerto como quiera, enxerto lo que se enxiere, enxerto de escudete). — تَرْكِيبَات *plaisanteries, facéties*, Macc. II, 108, 2: من النَوَادِر والتنكيتات والتَرْكِيبات والفَوَاتَّ المُضْحكات. — *Une bordure d'une étoffe différente appliquée sur une robe*, Maml. II, 2, 78. — *Un petit monument oblong, formé de pierres ou de briques, qu'on élève sur la voûte d'un tombeau, et qui porte à la tête et aux pieds une petite*

ركب ــ ركبتخاناه

colonne, ou une pierre posée perpendiculairement, Maml. II, 2, 79. — *L'embouchure d'une pipe*, ibid.

مُرَكَّب, dans le sens de *navire*, est féminin chez Amari 340, 1 (cf. annot. crit.), 347, 2. — مــركــب السَّـخَّــجَــر *galères*, punition des malfaiteurs, Bc. — J'ignore comment il faut traduire ce mot chez Macc. II, 236, 18, où il est question d'une baignoire de marbre, عليهـ مركب فى صدره انبوب اخر برسم الماء البارد ⁂

مُرَكَّب *inné*, Macc. I, 152, 13 et 19, 394, 2 a f., II, 546, 1. — Ceux qui se mêlent de prédire l'avenir disent p. e., après avoir fait leurs opérations: سَعْدك مركّب على سعدى, ce qui signifie: *votre fortune l'emportera sur la mienne*, 1001 N. Bresl. IX, 261, 292; dans ces deux passages l'édit. Macn. porte غَالب. — مركبات t. de musique. « Chaque mode peut recevoir par accident quelques-uns des sons propres aux autres modes, et ces sons alors se nomment مُركَّبات, » Descr. de l'Eg. XIV, 126.

مَرْكُوب pl. مَرَاكِيب *monture*, Bc, Rutgers 146, 8 a f., et Weijers, ibid. 149, Hoogvliet 52, 2 a f. — *Bon (cheval)*, Daumas V. A. 184. — En Egypte et en Syrie, *soulier en maroquin rouge*, Vêtem. 191, Bc, Bg, Hbrt 21, Hamilton 13, Darfour p. LX, M.

مَرَاكِيبى *batelier, marinier, matelot, marin*, Bc, Ht, 1001 N. II, 415, 2 a f.

مُرتَكَبات *crimes, forfaits*, Khatîb 72 v°: وشاقد منه بعضهم ما ينهمه الشرع من المرتكبات الشنعة (le man. porte par erreur الـمـرتكـبـات الشـنعة); comparez l'expression ارتكب ذنبا, «commettre un crime.»

ركبتخاناه voyez كابخاناه.

رِكِبْدار = رِكابْدار *écuyer*, Bc; écrit ركبدار dans un man., Maml. I, 1, 132.

مُسْتَرْكَج X. ركج, de même que موضع استركاج, *point d'appui*; Bayân II, 200, 13, 202, ⁂.

ركد I فى الصلاة *prononcer lentement la prière*, Gl. Belâdz.

رَاكد Le pl. رُكُود, Diw. Hodz. 255, vs. 12. Par ellipse pour ماء راكد, *étang*, Weijers 22, 8.

ركز

ركز II c. عن r. *mettre beaucoup de lenteur dans*, M. مركوز *indéterminé, irrésolu*, Bc.

ركز I *fouler avec des pilons*, Prol. II, 320, 11: ثم يوضع فيه التراب مختلطا بالكلس ويبلَّط بالمراكز المعدَّة لذلك, ibid. l. 15, Macc. I, 124, dern. l., Cartâs 39, 6 a f.: حفر ارضه وركز بالتراب والجير, où M. Tornberg (p. 55, n. 9) a eu tort de préférer la leçon وركن, mais la construction avec l'accus., au lieu du ب, serait plus correcte. — *Se poster*, Bc; cf. sous la IIe forme. — *Se rasseoir, se remettre de son trouble*, Bc. — ركز التراب فى العقب *l'eau a déposé au fond du vase la terre qu'elle contenait*, Bc. — C. الى *graviter, tendre et peser vers un point*, Bc. — ركز عند السلطان est dans le Voc. *comendare (laudare, vel dominus laudat te)*.

II, au passif, *être cantonné, occuper un poste*, Maml. I, 2, 200: ومنهم من هو بَحْرى يركز بالقلعة المنصورة ومنهم من يوكز فى غيبة السلطان مراكز معينة مصر والقاهرة. C'est peut-être la Ire forme, qui, chez Bc, signifie *se poster*; mais il se peut aussi que ce soit la IIe, comme Quatremère l'a pensé puisqu'il a ajouté le *techdîd*, car on trouve مُرَكَّز dans le sens de: *étant à l'ancre (galère)*, qui au fond est le même, dans Amari 340, 5 et 6.

III. Le n. d'act. semble avoir le sens de *combats d'avant-postes* chez Rutgers 183, 4: ذوقعــت هنالك حروب ومراكزة مدَّة ايَّام بين عسكر على يحيى وبينهم ⁂.

رَكْزَة *gravité, la qualité d'une personne grave*, M.

رُكْزَة *piqûre*, Alc. (punçadura). — Pl. رُكُوز *estoc, épée longue et étroite qui ne sert qu'à percer*, Alc. (estoque). — *Coup de poing*, Domb. 90. — *Pause*, Bc.

رِكْبِزَة *trésor*, Bc. — *Echalas de vigne*, Alc. (rodrigon para vid). — *Barre pour fermer et assurer une porte*, Voc., Alc. (tranca de puerta). — *Perche, poutre*, Domb. 90, Hbrt 194 (Barb.), Ht, Auw. II, 124, 22; *montant d'une tente*, Martin 129; M: وعند العامَّة عود دقيق من الخشب يُدعَم به القش ونحوه, والرَّكائز فى صناعة البناء اعمدة غليظة تُبنَى فى الزوايا ليعتمد عليها السقف المعقود بالحجارة ⁂.

مَرْكَز proprement *poste, lieu où un soldat, un offi-*

cier est placé par son chef; par extension, de même que *poste* en français, *emploi, fonction,* Berb. I, 411, ورتّب جُنْدًا كثروا الموحّدين وزاحموهم في مراكزهم من الدولة; cf. 637, 5. — مراكز البريد *relais de poste,* Notices XIII, 209, Maml. II, 2, 88. Aussi en parlant de la poste aux pigeons, Maml. II, 2, 117: «Ces pigeons ont des relais مراكز dont chacun est, à l'égard de l'autre, à la distance de trois relais de la poste aux chevaux, ou plus. Aussitôt que l'oiseau arrive au relais qui lui est destiné, on prend la lettre, que l'on attache sur un autre pigeon.» — *Résidence d'un gouverneur,* M. — *Reposoir,* autel provisoire où le Saint-Sacrement s'arrête lors d'une procession, Bc. — *Appui,* ou *point d'appui, centre du mouvement,* Bc. — *Point, endroit fixe,* Bc. — مركز *moyeu, partie de la roue dans laquelle entre l'essieu,* Bc. — مركز الاوتار *sillet,* t. de luthier, *morceau d'ivoire, de bois sur le manche, qui porte les cordes,* Bc. — Ce mot a un sens particulier quand il s'agit des poèmes nommés *mowachahât,* comme il résulte d'un passage d'Ibn-Bassâm I, 124 rº et vº, où il se trouve plusieurs fois, avec le pl. مراكيز; malheureusement ce passage est inintelligible à cause d'un grand nombre de fautes de copiste. — *Poutre ou pieu,* Calât 45 vº: القنطرة العظيمة الهندسية المسبوكة بالمراكز المؤسّسة لعبور الناس عليها. Je crois que dans les Prol. II, 322, 15, مراكز لخشب a le même sens, et que la traduction de M. de Slane («les endroits où les solives entrent dans les murailles») n'est pas la véritable. — *Le gros bout* d'une lance ou d'une longue perche, Alc. (cuento de lança o vara, regaton de lança), Macc. I, 106, 10.

مركز *pilon de bois avec lequel on foule la chaux et la terre pour en former un seul corps,* Hœst 264, Prol. II, 320, 11, 321, 5.

مركاز se trouve dans le Cartâs 123, 7: وفى سنة ٥٤٠ فتح عبد المومن مدينة فاس بعد لحصار الشديد وقطع عنها النهر الداخل اليها بالالواح ولخشب والبناء حتى اختصص الماء فوقها في الوطاء فوصل الى مركازة ثم خرقه فهبط الماء عليهم دفعة واحدة فهدم سورها وهدم من دورها ما يزيد على الفى دار الخ, et semble signifier *digue,* car je crois que le sujet de وصل est الماء, que le pronom dans مركازة s'y rapporte également, et que le sujet de خرق est Abd-al-moumin («il fit couper la digue»). Je suppose que مركاز est un nom de lieu, comme on en forme quand ces noms appartien-

555

nent à des racines dont la première lettre est un و ou un ى; que par conséquent ce mot signifie proprement *l'endroit où l'on fiche en terre les planches, les poutres,* etc., dont l'auteur a parlé précédemment, et par suite *amas de bois,* etc., *pour servir de rempart contre l'eau,* c.-à-d. *digue.*

ركس.

مركس pl. مراكس, au Maghrib, *saucisse, andouille, boudin,* Voc., Alc. (longaniza), Mc, Gl. Manç. vº مركس. Aussi هو الادام المسمّى بالمغرب المركس لقالى الخنزير, Alc. (morcilla). C'est peut-être une altération du grec μάζης κρέας, qui a le même sens.

ركض I *galoper,* Hbrt 183. — *S'agiter, en parlant de la sève qui s'agite dans une plante,* man. de Leyde dans Auw. I, 447, 16, où l'édition a la VIIIᵉ forme.

II *galoper, mettre un cheval au galop, faire courir un cheval,* Bc, Beert 120, 2 a f.

IV même sens, M sous خيل II.

VIII. La phrase ارتكضوا في لخليج est bien expliquée par Lane, comme le prouve l'expression ميدان ارتكاض dans Müller 6, l. 10. — Dans le Voc. sous *calcitrare.* — *S'agiter, en parlant de la sève qui s'agite dans une plante,* Auw. I, 447, 16, où le man. de Leyde a la Iʳᵉ forme.

ركضة *coup de pied,* L (je crois qu'il a voulu dire cela en donnant ce mot sous calcis, le génitif de calx), Alc. (acocamiento, coçe herida con el pie), Voc., où l'on trouve aussi l'expression لعب الركضة *donner un coup de pied.*

ركاص *ruade, l'action de donner des coups de pied,* Voc., Alc. (coceamiento de coçes).

ركّاص même sens, Voc.

ركّاص *coureur, léger à la course;* Bc. — *Courrier,* voyez sous رقّاص. — *Celui qui donne des coups de pied,* Voc., Alc. (acoceador, coceador el que tira coces). — L donne: *velites* الركّاصون.

ركيض *coureur, léger à la course,* Bc.

ركع I. L'expression que Freytag a notée et qu'il a trouvée chez Maccari (voyez l'édition de Leyde I, 799, 2), فلان يركع لغير صلاة, ne signifie pas, comme il l'a cru, «scorti causa conclave adit,» mais elle s'emploie en parlant d'un garçon qui se prête aux désirs d'un pédéraste, selon l'explication donnée par Maccarî, ou plutôt par Ibn-Bassâm qu'il cite; comparez ce que j'ai dit sous خَلْوٌ. On dit dans le même sens يركع لغير السجود, Macc. I, 798, 2 a f.

II dans le Voc. sous inclinare.

رَكْعَة, génuflexion, le pl. رُكَع dans Bc.

رَكَفَ. Selon le man. A de Bait. I, 123 b, on donne en Syrie le nom de الركف au بخور مريم ou cyclamen. Je crois que cette leçon est bonne, car Bg, 846, traduit aussi cyclamen hederæfolium par بخور مريم. Le man. B porte الذنف, et Sontheimer a الولف, de même que Freytag sous بخور مريم et Bc sous cyclamen; mais ce dernier a peut-être suivi Freytag.

رَكَلَ III c. a. marcher sur une robe qui traîne, Diwân des Hodzailites, man., fol. 149 v°:

وكُنَّ يُرَاكِلْنَ المروطَ نواعمًا بِمَشْيِنَ وَسَطَ الدارِ في كُلِّ مَنْعَلِ

où le commentateur explique le dernier mot par مِرْطٌ طويلٌ تَحْلُوهُ المرأةُ فيَصير لها نَعْلًا.

VIII c. في dans le Voc. sous calcitrare.

رَكْلَة, ruade, coup de pied, Voc., Hbrt 242, Daumas V. A. 480.

رَكَلَة, même sens, Domb. 90.

رَكَّال, celui qui donne souvent des coups de pied, Voc. — (Vulg.) poireau ou porreau, Kâmil 498, 13 et 14.

مُرْكَال, pl. مَرَاكِيل, chevalet sur lequel on donne l'espade au chanvre, Alc. (cavallillo de espadador).

رَكَمَ VI engraisser, prendre de l'embonpoint, Abou'l-Walîd 571, 5: يقال تعكّم الرجل اذا تراكم.

VIII ارتكموا الناس عليه, on se rassembla, se pressa en foule autour de lui, Bc.

رَكَنَ I, se fier, non-seulement c. الى, mais aussi c. ل p., Bc. — S'apaiser, p. e. ركن البحر, la mer s'est apaisée; ما يركن, «il ne reste jamais tranquille,» Bc. — Se rasseoir, se remettre de son trouble, Bc. — C. ل p. ne pas gronder quelqu'un, Bc.

II affermir, Payne Smith 1296. — Rasseoir, replacer, mettre à sa place, Bc. — C. a. dans le Voc. sous angulus; cf. مُرَكَّن; mettre, jeter dans un coin, Lerchundi (arrinconar).

III راكَنَنِي الى عَهْد, Abbad. II, 162, 7, semble signifier il me garantit une chose par écrit. — Le n. d'act. signifie peut-être confiance, ou quelque chose de semblable, dans Amari Dipl. 116, 2 a f.: وطلبتُم منّا المهادنةَ والموانسةَ والمراكنةَ لمَنْ يَفِدُ من تلكم البلاد الى بلادنا.

IV remercier, renvoyer, destituer, Bc.

V c. ل et الى dans le Voc. sous angulus.

VIII c. الى est dans le Voc. = I c. الى, accedere.

X c. ل p. se cacher à quelqu'un dans un coin, استخفى, 1001 N. Bresl. III, 84, dern. l., comme في موضع مظلم, 85, 5.

رُكْن, proprement coin, de là golfe, Amari 21, 6: حولها اركان وفي أجوان, car c'est ainsi qu'il faut lire avec les man.; l'éditeur a omis par mégarde le mot وفي. — Facette, petite face, Bc. — اركان الانسان est expliqué par Lane; sur تعديل الاركان voyez le même sous عدل II, Fleischer dans le Ztschr. VIII, 617, qui cite Caspari, Enchir. Stud. f°, 14, avec la note; de même dans cette phrase, Ztschr. XI, 432: ونامر الاركان الاربعة: باقامة الصلوة في اوقاتها باركانها واحيانها, les quatre éléments, Voc., M. — ركن الكروم des vignes alignées, L (antes).

رَكْنَة, coin, Daumas Sahara 260. — (Sans voyelles) réforme, congé donné à un invalide, Bc.

رُكْنِي, anguleux, Voc.

رُكَيْنَة, petite tablette dans le coin d'une chambre, M.

أَرْكَن, très-porté vers, à, J. A. 1852, II, 215, 6 a f.

مُرَكَّن, solide, solidement bâti (homme), M. — الدراهم المُرَكَّنة, proprement dirhems anguleux, sont des dirhems carrés, que le Mahdî, qui fonda l'empire des Almohades, fit frapper, Cartâs 168, 2, avec la note de Tornberg, p. 434. — Taillé à facettes, Bc; cf. Djob. 58, 1.

رَكَا V c. على p. se décharger sur quelqu'un d'une corvée, M.

رَكْوَة, cafetière, M.

رِمّة cadavre, charogne, Bc, Hbrt 39, Haiyân 3 وقال لو علمت ان المنية تخترمني دونه لما خلفت، رِمَّة اخرى اميري موطنًا لاقدام اهل الشرك والخلعان Prol. III, 370, 12 (corrigé dans la trad.), 1001 N. I, 730. — Dans la langue du moyen âge, ce mot, de même que رُمّة, ne signifie pas, comme dans la langue classique, « corde vieille et usée, » mais simplement corde, Hbrt 79, Berb. I, 541, 4, Mi'yâr 13, 1 (lisez الرُمَم), câble, Hbrt 128, Voc. qui a رُمَّة (sic, pour رُمَم), pl. رِمَم, sous nauta.

رِمَّة voyez l'article qui précède.

مَرَمّة cadre, châssis, Ht. — Métier de tisserand, Voc., Bat. IV, 391. — مَرَمّة (lèvre etc.) a le pl. مَرَامّ, Gl. Mosl.

رمث

رِمْث caroxilon articulatum, Colomb 27, cf. Bait. I, 505 c.

رمج

رمج. Selon le Most., le خُور مَرْيَم ou cyclamen porte ce nom en Syrie (leçon de N; La رمجى). Le nom syrien que donne Ibn-al-Baitâr est tout autre; voyez sous رُكَف.

رمح I galoper, courir ventre à terre (cf. Lane), Bc, Ht; lisez ainsi 1001 N. Bresl. III, 386, 8.

II c. a. est lanceare dans le Voc.

V dans le Voc. sous lanceare.

رَمْح galop, Hbrt 183, Bc.

رمح الله la lance de Dieu, nom donné par Omar à Coufa, parce que les habitants de cette ville étaient, pour ainsi dire, des armes contre les ennemis de Dieu, Ztschr. V, 180; — cette expression a un sens qui ne m'est pas clair dans un passage du Formul. d. contr. que j'ai cité sous رمح II.

رَمْحَة galopade, Bc.

رَمْحَة cavalcade, Bc.

مُرَمَّح à longues raies (étoffe), M.

رمخ

رَامِخ datte une fois formée, mais encore verte, Bc.

رمد I mettre des olives dans les cendres, afin qu'elles deviennent douces; ce sont alors des زيتون مرمود, M.

II se réduire en cendres, M.

V dans le Voc. sous incinerare.

رَمَد ophthalmie, Bc.

رَمَدى ophthalmique, Bc.

رَمَاد cendre, a dans le Voc. les pl. رَمْدَان et أَرْمِدَة. — Espèce de ver? Auw. I, 630, 4 (notre man. a la même leçon). — طباشير = رماد الخُبَّة, Most. sous ce dernier mot.

رَمَادَة cendre, Payne Smith 1435. — (Esp. armada) flotte, de Slane Prol. II, 37, n. 4.

رَمَادِى cendré, couleur de cendre, gris cendré, Bc, gris, Ht, Delap. 149. — رَمَادِيَّة Bohémiens, Maml. I, 2, 5.

رَمَّاد factor cineris,

مَرْمَدَة pain cuit sous la cendre, Alc. (pan cozido so la ceniza).

مِرْمَاد salaud, sale, malpropre, Bc.

رمم I caréner, radouber, réparer la carène d'un bâtiment, Bc.

رَمَمَة réparation, Hbrt 194.

مَرَام Voyez sur cette plante Bait. I, 505 d, qui dit que c'est carthame sauvage. Selon le Most. (v° بَقْلَة يهودية, mais seulement dans N), c'est pourpier. Prax, R. d. O. A. VIII, 281, donne chenopodium murale L.

رمز I indiquer indirectement, à mots couverts, l'opposé de صرح, Macc. I, 604, 7; de là قصيدة مرموزة, un poème où des personnes ou des choses sont indiquées à mots couverts, Macc. I, 608, 12. On dit de même الصنعة المرموزة, c.-à-d. l'alchimie, Khatîb 55 v°. — Dans le Voc. sous alegoria. — Chiffrer, Hbrt 122.

رَمْز geste, signe, Ht. — Allusion, Bc. — Allégorie, Voc., Alc. (estilo de dezir por figura), Bc; figuré allégorique, devise, fig. allég., accompagnée de paroles, pour exprimer une pensée, un sentiment, emblême, Bc, cf. de Sacy Chrest. II, ۹۹, 6 a f.; رَمْزًا mystiquement, Bc. — *Chiffre*, Hbrt 122.

رَمْزِيّ *allégorique, figuratif, mystique* (allégorique), *symbolique*, Bc.

رَمْوزيّ *emblématique*, Bc.

مَرْمَز *orge qui n'est pas encore mûre*, Cherb. On en apprête la farine avec de l'eau ou du lait, un peu de viande salée et du beurre, et l'on en forme ainsi une bouillie qui porte le même nom, Daumas V. A. 255.

رمس

رَمْس, *tombeau*, a aussi le pl. أرْمَاس, Gl. Mosl.

رَمِيس *agneau*, Bc, 1001 N. I, 754: صِغَار اولاد الغنم d'agneau et se trouve construit comme un masc. sing. dans les 1001 N. Bresl. XII, 91, 5: الرمسان الشَّوى.

رَامُوس *bac*, Burckhardt Nubia 47, 314, qui le décrit.

رمس *radeau*, 1001 N. III, 352.

رمش I, avec العَيْن, *ciller*, fermer les yeux, les paupières, et les rouvrir tout de suite, *cligner les yeux*, Bc; M: والعامّة تقول رمشت عينُم اى رفّت قليلا. Dans un poème populaire رَمْش العُيُون, comme n. d'act., Ztschr. XII, 341.

رمشة عَيْن *clin d'œil*, Bc.

ارْمَش *même sens*, Beaussier, Daumas V. A. 185 (œurmach).

رَمْشْكَل pl. ات *le mâle de la baleine*, Voc., qui a cete (*masculus cete*); مشكل semble bien le latin *masculus*, mais ر est plus difficile à expliquer.

رمع

رِمْعان *de la cendre dans laquelle il y a encore un peu de feu*, M.

رمق V est *convalescere* dans le Voc., qui ajoute dans une note *meliorari in diviciis*.

VIII *regarder*, Voc.

نجى بالرمق رَمَّق *sauver à grand'peine sa vie*, Berb. I, 637, 7 a f. — L'expression مَنْ فيه أَدْنَى رمق, qui signifie proprement *celui qui a le plus faible reste de vie*, s'emploie dans le sens de *celui qui a le plus faible reste de vertu*, Abbad. I, 255, 14 (cf. III, 26—7).

مَرْموق *considéré, estimé*, Amari 13, 1: واعلها قوم مرموقون من بين مَنْ جاوَرَهم بنظافة الاعراض والثياب والاحوال, Berb. I, 536, 6 a f., 537, 7.

رمك

رَمَّاك *celui qui garde les juments*, Voc., Alc. (yeguarizo que las guarda), ou *qui les fait couvrir*, Alc. (yeguarizo que echa garañon).

رمل II *sabler, couvrir de sable*, Bc; *répandre du sable sur l'écriture*, avec على de l'écriture, ou avec على de la personne pour laquelle on répand le sable, Maml. II, 2, 165, Hbrt 112; c. a. de l'écriture, M.

IV. Lane n'a pas la construction ارمل من الزاد والماء, Djob. 188, 9, 207, 20.

V *devenir veuf* ou *veuve*, Alc. (biudar), M; تَرَمُّل *veuvage*, Bc. — Dans le Voc. sous *arenare*, تَرَمَّل *remuer les épaules comme si l'on marchait dans du sable*, est l'un des deux pas pour les trois premières courses autour de la Ca'ba, Burton II, 191.

رَمْل. الرمل (*le sable*) *la vaste plaine de sable qui s'étend à l'orient de l'Egypte vers l'Arabie et la Palestine*, Maml. I, 1, 20. — *La pierre, l'amas de sable et de gravier qui se forme en pierre dans les reins, dans la vessie*, etc., Gl. Manç. v° حجر الانسان; ضَرْب الرمل *géomancie*, Bc. — ويعرف بالحصاة والرمل signifie chez Alc. (faron para las naves) *fanal, grosse lanterne de vaisseau*, et aussi (nauchel de nave) *nocher, pilote*. Il écrit *râmal*.

رَمَل صافي et رَمَل المايَة رَمَل *modes de musique*, Hœst 258—9; M: الرَّمَل لحن من الحان الموسيقى يبتدى بالنوى ويقرّ فى العراق.

يَنبت رَمَل *sablonneux*, Gl. Edrîsî, Bait. I, 37 b: فى الارض الرملة.

رَمْلَة *endroit couvert de sable, dans une mosquée* = حصن, Burton I, 295. — *Locus arenosus*, Voc.,

رملكة 559 رمى

grande plaine sablonneuse, Gl. Edrîsî, *grève*, *plage sablonneuse*, Bc, *désert*, Ht. — *Sablière, lieu d'où l'on tire le sable*, *sablonnière*, Bc. — *Banc de sable*, Gl. Edrîsî.

رَمْلَكَة *veuvage*, M.

رَمْلِيّ *sablonneux*, Bc. — *Géomantique*, Bc.

رَمْلِيَّة *poudrier, boîte qui contient la poudre pour mettre sur l'écriture fraîche*, Bc. — *Sablier, sorte d'horloge*, Bc, Domb. 92, Hbrt 256, Daumas V. A. 246.

رَمْلاَنِي *mode de musique*, Hœst 258.

أَرْمَل *veuve*, Voc. — *Veuf*, et أَرْمَلَة *veuve*, M.

أَرْمَلِيَّة *veuvage*, Voc.

ارميل *sorte d'oiseau*, Yâcout I, 885, 18.

مُرَمَّل *sablonneux*, Ht, Alc. (حَجَر مرمل piedra arenisca). — *Terre sablonneuse*, Alc. (tierra arenisca). — *Grenu, liquide figé en grains*, p. e. عسل مرمل «*miel grenu*», *grumeleux*, Bc.

مُرَمَّلَة *poudrier, sablier*, Hbrt 112, Bc.

مَرَامِيل *morceau de porphyre employé par les cordonniers pour affiler le tranchet*, Cherb.

رَمْلَكَة (esp. remolque) *remorque, cordage*, Bc (Barb.).

رَمْلَكَر (esp. remolcar) *remorquer*, Bc (Barb.).

رمن

رُمَّان, *grenade*, le pl. رَمَامِين dans le Voc. Dans la liste des espèces, que Freytag a donnée d'après Casiri, mais qui est celle que l'on trouve dans Auw. I, 273, 13 et suiv., il y a sans doute des fautes, comme Lane l'a soupçonné. Je ne puis en corriger qu'une seule, mais en donnant ces noms dans l'ordre alphabétique, j'indiquerai les variantes de notre man. d'Auw.: — التروحين, sans points dans notre man., excepté sur le *noun*; الدلوى est dans notre man. الدلوى (sic); — الرصافى = السفرى (voyez), Macc. I, 305; — السحى est dans notre man. العمحى (sic); — السفرى, cf. Cartâs 23, 7, grenades dont les grains sont carrés, nommées d'après Safr ibn-'Obaid al-Kilâ'î, qui était un contemporain d'Abdérame Ier et qui en avait planté le premier dans son jardin; voyez Gl. Esp. 358. Selon Auw. I, 274, 1—3, le nom de ce personnage était Safr ou Mosâfir; mais d'après une autre étymologie donnée par cet auteur, I, 273, 20 et suiv., le mot en question dériverait de سفر, *voyage*, parce que cette espèce de grenade était venue d'un autre pays, une sœur d'Abdérame Ier, qui se trouvait en Orient, la lui ayant envoyée. Ahmed ibn-Faradj, dans un vers que cite Macc. I, 305, 20, fait allusion à la même étymologie, mais elle me paraît peu probable; — الشعرى, lisez السفرى et voyez ce qui précède; — العدسى est dans notre man. المقدسى; — المحتّب voyez sous ce mot; — المرسى, Auw. I, 273, 15, aussi المرسى الباقوتى, *de Murcie et couleur de rubis*, Bat. IV, 366 (à Malaga), qui dit qu'elles n'ont leurs pareilles dans aucun autre pays du monde; — المروتى est الرومى dans notre man. (qui porte اجمر قاتى ولونه). — الذكر الرمان *balauste, fleur du grenadier sauvage*, Auw. I, 273, 19, 280, 14 et 15. — عصير الرمانتين (شراب) se trouve dans le Calendr. 83, 5, 89, 5; le traducteur latin donne «*succus duorum granatorum*» et «*sirupus de duobus granatis.*» Peut-être cela signifie-t-il: «*de deux espèces de grenades.*»

رُمَّانَة *cadenas*, Roland. — رمانة الفخذ *la tête du fémur*, Gl. Manç. in voce: طرف ﻓﻲ المستدير الراس ﻓﻰ عظم الفخذ يدخل ﻓﻰ حق الورك فيكون من ذلك مفصل الورك. — رمانة الكتف *acromion, le haut de l'épaule*, Bc.

رمى I *rendre, rejeter par les voies naturelles*, Bc. — *Lancer un bâtiment à l'eau*, Maml. I, 2, 89. — رمى لفلان apprendre de quelqu'un à tirer de l'arbalète, Fakhrî 370, dern. l.: ورمى بالبندق ورمى له ناس كثيرون. Les autres phrases qui se trouvent dans ce passage montrent que cette expression a ce sens. — *Jeter des pierres dans le jardin de quelqu'un*, au fig., prov., *l'attaquer indirectement*, Bc. — *Placer un jeune homme comme commis, comme garçon, chez* (عند) *un marchand, voyez un exemple sous* رهادنة. — C. a. p. et ب r. *accuser quelqu'un de* (cf. Lane 1162 a), Maml. I, 2, 168—9, où l'on trouve aussi: كان يرمى بامراة «on l'accusait d'entretenir une intrigue avec une femme.» — C. الى p. et ب r. *remettre une chose à quelqu'un*, p. e. رمى اليه بالمقاليد «il lui remit les clefs de la ville,» c.-à-d. il le m*t* en possession de la ville. Au fig., رمى عقاليده الى se livrer entièrement à quelqu'un, n'agir que d'après ses conseils, Abbad. I, 258, 7, 294, n. 209. رمى اليه بامورە « il lui abandonna ses affaires, » Abbâr, man., 62 v°. — C. على commander, être élevé au-dessus, dominer, être plus haut, donner sur, avoir vue sur, Bc. — C. على p. et a. r. رمى عليهم تكاليف grever, charger d'un impôt, imposer des contributions, Bc, Nowairi Afrique 18 r°: ترمى على كلّ زوج يحرث به ثمانية دنانير فازل ذلك عن رعيّتك « tu as imposé huit dinârs sur chaque paire de bœufs, » etc. De même R. N. 82 v°: فحبس بعض يوم ورميت عليه خمسون دينارا « on lui imposa une amende de cinquante dinârs. » — C. على p. et a. r. imposer une marchandise à quelqu'un, le forcer de l'acquérir à un prix excessif que l'on a fixé soi-même (de même que طرح, qui est le synonyme de ce verbe), Amari Dipl. 192, 2, R. N. 88 r°: فرمى السلطان على القطّانين قطنًا كان عنده وحسبه عليهم بدينارين القنطار وكان بسوى دينار ونصف أبس القطن الذى طرحوه ; dans la suite: من عندى عليك. — C. على p. desservir quelqu'un, lui nuire, médire de lui auprès de ses supérieurs, Bc. — رمى الباحة عليه ب ou ف, porter un défi à quelqu'un, Bc. — رمى مدافع السلامة il fit tirer les canons pour annoncer son heureux retour, 1001 N. II, 117. — رمى على الفضّة والفضّة على الذهب semble signifier dorer et argenter, 1001 N. IV, 300; l'éd. de Bresl. a رمى راسه, au lieu de il lui coupa la tête, 1001 N. Bresl. III, 277; aussi رمى رقبته, Bc, Burckhardt Nubia 409 n., 1001 N. I, 320, 860, et رمى عنقه ibid. I, 6, 10 a f. De même رمى اجنحته il lui coupa les ailes, ibid. I, 31, 6 a f. — رمى طفلا فى سكّة exposer un enfant, le laisser dans la rue, Bc. — رمى طاعة ل rendre obéissance, prêter obéissance à, Bc. — رمى الفتنة cabaler, former des cabales, semer la zizanie; رمى الفتنة بين brouiller les cartes, désunir, causer des divisions; رمى الفتنة بين brouiller deux personnes, les mettre en mauvaise intelligence; رمى الشقاق بينهم aliéner le cœur, désunir, diviser, semer la discorde; aussi رمى بين commettre, brouiller deux personnes, Bc. — رمى لحمه amaigrir, devenir maigre, Bc. — رمى نفسه على se jeter à la

tête de, faire trop d'avances, Bc. — رماە الزمان le malheur l'a poursuivi, accablé, Koseg. Chrest. 85, 2 a f. Il paraît que c'est par ellipse; on peut sous-entendre رماە بالبهتان (cf. Lane 1162 a, au milieu). — رماە بالدّواهى calomnier, Bc. — رماە بالرّأى. On dit اشار بالرّاى ورماك به il vous a donné un excellent conseil, Gl. Fragm. — رمى فى الخطبة surprendre, abuser, induire en erreur; aussi séduire, faire tomber en faute, Bc. — رمى للايأس désespérer, réduire au désespoir, Bc.

IV tirer de l'arc, de l'arbalète, décocher une flèche, Alc. (assaetear, ballestear, desparar tiro, soltar tiro). — Congédier, renvoyer un domestique, Alc. (despedir al que sirve). — Exposer un enfant, Alc. (enechar como a la yglesia). — Avorter, accoucher avant terme, Alc. (abortar, mover la muger; le part. pass. abortado, movediza cosa mal parida). — Pousser, repousser, en parlant des plantes, Alc. (retoñecer los arboles); ارمى الاغصان pousser des branches, Voc. — Mouvoir les bras, Alc. (bracear). — Débander une arbalète, Alc. (desballestar), une machine à lancer des pierres, Alc. (desarmar trabuco). — Assaillir, attaquer, Alc. (acometer). — Brigander, voler sur les grands chemins, Alc. (robar salteando), avec ارمى فى الطريق (saltear a alguno). — رمى فى العار faire honte, faire rougir, Alc. (envergonçar).

VI. ترامى الى الطاعة se soumettre, Akhbâr 28, 6. Dans le même sens ترامى الى فلان, ibid. 115, 2 a f. — C. الى ambitionner, Berb. I, 686, dern. l.: ترامى الى الرياسة. — ترامى على الموت بنفسه exposer sa vie, Abd-al-wâhid 99, 2 a f. — C. على p. implorer le secours de quelqu'un, M, Macc. I, 900, 1. — C. ل s'abandonner à, Khatîb 136 r°: مترامبا للخساسات.

VIII ارتمى على se jeter, se lancer, Alc. (arrojarse). — ارتمى رجليه se jeter aux pieds de quelqu'un, Bc. — C. ب lancer, Calâïd 53, 10. — Éblouir, c. ب, Djob. 85, 2: نقب ترتمى بالابصار شعاعە, mais dans les autres passages de cet auteur, 153, 16, 270, 7, 296, 3, la c ..tr. est avec l'accus., يرتمى الابصار, et M. Wright a fait imprimer de même 90, 4, 144, 3, où le man. porte للابصار; cf. Macc. I, 241, 10 (corrigé dans ma Lettre à M. Fleischer 31). — C. الى ambitionner, Macc. I, 261, 2 a f., de même que la VI°.

رمى avortement, fausse couche, Alc. (abortadura, movedura de muger).

رميّة l'action de débander une machine à lancer des

رن

pierres, Alc. (desarmadura de trabuco). — *Attaque
imprévue, surprise*, Alc. (rebato).

زَمِيدَة *réimposition, rejet, réimposition de ceux qui
payent les non-valeurs*, Bc.

زَمِيدَة *portion de blé ramassé, qu'on bat de temps
en temps*, Mehren 28.

رَامٍ *arbalétrier*, Voc. — رُمَاةُ الدِّيار *nom d'un corps
de cavalerie en Espagne*, Nowaïrî Égypte, man. 2 o,
113 r°: فخرج البيم جماعة من فرسان الاندلس المعروفين — برماة الديار *nom d'un corps de troupes en Espagne*, Haiyân 71 v°, en parlant d'Ibn-
Hafçoun: وارسل اصحابه لافساد مضرب الامير عبد الله
ولم يكن فيه ليلتئذ غير الجائتنة ا.). من الغلمان
ورماة المماليك — رُمَاة *semble signifier meurtrières*,
comme مَرَام, dans le Cartâs 220, 10 a f.: فتخصّص
الروم بالأسوار والرماة ✳

نزع الى مراميه مَرْمَى *adopter les projets de quelqu'un* (de Slane), Berb. I, 470, 1; la métaphore est
empruntée aux courses de chevaux, cf. *ibid.* I, 472,
8. — مَرَام *meurtrières*, Nowaïrî dans Quatremère
Mong. 254 a.

مَرْمِى *tare, la partie des marchandises que l'on
rojette, c.-à-d. les barils, pots, etc., qui les contiennent; le poids de ces barils, etc., que l'on déduit
quand on pèse les marchandises*, Gl. Esp. 313.

رن I *résonner, retentir, renvoyer le son*, Bc, 1001 N.
I, 63, 16.

II c. a. *chanter*, Voc.

V dans le Voc. sous *cantare*. — I, II et IV,
pousser des cris plaintifs, Gl. Mosl.

رن *son ou chant plaintif*, Abbad. I, 130, n. 336,
III, 23.

رَنَّة *chant*, Voc. — *Résonnance, retentissement*, Bc.
— *Pompe, style relevé*, Bc.

رَنَّان *sonnant, sonore, résonnant*, Bc, Diw. Hodz.
216, vs. 17.

رنب

أرنبيّة *nom d'un mets*, M.

561

رنم

رنج.

رانج *noix de Madagascar*, Bc.

رَنْجَس *vulg. pour* نرجس, M.

رنح.

رَنَّحَة *vertige*, Auw. II, 222, 13.

رنخ. II c. a. *mouiller* (pluie), M.

V *être mouillé* (par la pluie), M.

رند.

رَنْد في حياكة (esp.) *réseau, sorte de tissu à jour*,
Alc. (randa).

رَنْدَة *chapelle bâtie sur le tombeau d'un marabout*,
Mouette 358. *Ronda* en esp. n'a pas un tel sens.

رَنْدَج (pers. رَنْدَه) *rabot*, Bc; le *zâ* dans Hbrt 84 est
une faute d'impression; Aboû'l-Walîd 642, n. 69,
Payne Smith 1270.

رنس.

رُنَّاس *garance*, Bc.

رنف *jasmin sauvage*, Most. v° ياسمين: منه يعرف والبرق
طيبان ورذف ✳.

رنق. ولم يزل، Bassâm III, 2 r°: Le pl. أرْنَاق, رَنَق
يترشف اسآر ثمادها وارناقها ✳

رَوْنَق *est amenitas* dans le Voc., de même que رَوْنَقَة.

رنك.

رَنْك pl. رُنُوك (pers. رَنْك, *couleur*), en Égypte, *armoiries, bannière, marque distinctive*, Maml. I, 1, 2,
I, 2, 153, II, 1, 14. — (Esp. *arenque*, ital. *aringa*)
hareng, Hbrt 69, chez Bc رَنْكَة.

رنم II, n. d'act. aussi تَرْنَام, et V *fredonner*, Gl. Mosl.
مُوَقَّر رَنِم، مُتَرَنِّم = رَنِم chez 'Alcama dans The
Divans of the six poets ed. by Ahlwardt, p. 113.

تَرْنِيم *cadence, harmonie d'un vers, d'une période*, Bc.

تَرْنِيمَة *récitatif*, M.

رنبق I c. a. dans le Voc. sous *flere* et *vagire*, de même que رَيْنَق.

II *flere, vagire*, Voc.

رهب I, *craindre*, se construit réellement c. من, comme Lane l'a supposé, Voc.

رَهْبَة semble signifier *la crainte de Dieu* chez Macc. I, 376, 13. — رغبة ورهبة *bon gré mal gré*, Abbad. II, 97, 10.

رَهِيب = مرهوب, Saadiah ps. 54.

رُهَيِّب *moinillon*, Bc.

راهِب, pl. رُهَّاب, Payne Smith 1589. — *Hermite*, Alc. (ermitaño). — Le fém. راهِبة, pl. رَواهِب, *religieuse, moinesse*, Voc., Bc., J. A. 1838, II, 496. — Sorte d'oiseau, Yâcout I, 885, 5. — T. d'architect., *le voussoir qui soutient la voûte là où elle touche au mur*, M.

راهِبي *monastique*, Bc. — Mets composé de viande, d'oignons (ou, ce qui vaut mieux, de suc d'oignons), de miel, d'eau rose et de coriandre, avec beaucoup de safran et un peu d'amandes cuites, Chec. 196 rº.

تَرْهيب *menace*, Bc.

رهبن II *prendre l'habit, le voile, se faire religieux, religieuse*, Bc.

رَهْبَنة *religion, état religieux*, Bc, Payne Smith 1589.

رَهْبَني *monastique*, Bc.

رَهْبانات *religieuses* (cf. Freytag), Voc.

رَهْباني *cénobitique, monacal*, Bc.

رهج II *effrayer, épouvanter*, Bc.

IV *danser*, Bat. II, 34, 1001 N. I, 302, 4 a f. (= رقص 7 a f.), 303, 1, Bresl. VII, 317, 9, Bâsim 54: فنظر الرشيد الى الطيفة فوجدها ترهج بالانوار 86: ثم اوقد لجميع فارهج المكان بالنور الرشيد الى المكان وهو يرهج ازيد من كل ليلة.

رَهَج *poussière*. On dit فيه كثر الرهج فلما «quand il se fut élevé des tourbillons de poussière à cause de lui,» c.-à-d. quand la sensation qu'il avait faite fut devenue très-grande, Ztschr. XX, 491, n. 1; ce passage a été corrigé et expliqué par M. Fleischer, ibid. XXI, 275. — *Arsenic*; رهج ابيض *arsenic blanc*;

رهج الغار au Maghrib, *réalgal* ou *réalgar, arsenic rouge*, Gl. Esp. 332, M, Bait. II, 57 h, 568 c, *venenum* dans le Voc. — *Des instruments de musique*, Notices XIII, 188.

رَقْجَة *turbatio* dans le Voc.

رَهْجِية pl. ات *des instruments de musique*, Notices XIII, 188.

رهدل II *être arrogant*; c. على *morguer, braver*, Bc.

رَقْدَلَة *arrogance, morgue*, Bc.

رهدن II c. على p. *se moquer de*, M.

رَقْدَنَة *raillerie, moquerie offensante*, M.

رَهادِنَة signifie selon Mokaddesî, 30, dern. l., *vendeurs d'étoffes de lin et de coton*. On l'employait aussi au Maghrib, car on lit dans le R. N. 91 vº: قال رمتنى والذنبى عند رجل من الرهادنة وانا صبى وكان عنده صبيان وكان يعطيهم سلع الناس يبيعونها ولا يعطينى انا من تلك السلع شيئا الخ. On trouve aussi dans ce livre, 29 vº, الرهادنة comme le nom d'un quartier à Cairawân. L'origine de ce mot m'est inconnue; quand on pense à بزادرى, جنادرى, رهدادرى, etc., on serait tenté de le considérer comme le pl. du persan راهدان; mais ce terme ne signifie rien autre chose que «guide.»

رهرط.

مرهرط *flasque, mou, mollasse*, Bc.

رهز I, dans le sens donné par Freytag, 1001 N. II, 250, 7 a f.; c. a. p. *inivit mulierem*, ibid. IV, 525, 2 a f.

رهش II c. a. *faire trembler*, Voc.

ارتهاشات se trouve Maml. I, 1, 135, où Quatremère traduit *bandes*.

رهص II *former*, Alc. (formar).

رهص, pl. ارهص, dans le Voc. aussi رُهَص, *manière, façon, forme*, Voc. (modus), Alc. (manera), في رهص *en alguna manera, forma o manera, forma de materia, cf. formado de dos maneras et les six articles qui suivent, condicion natural, guisa, hechura de obra*); *manière de dire*, Alc. (estilo de dezir); رهص الدالية *espèce, qualité des vignes*, Alc. (viduefio de vides).

رهط

مُرَهَّط *formel*, Alc. (formal cosa de forma).

رهف.

رَهْف Le pl. رُهُوف, Voc. — فلان رهْف *un tel est un ferme appui*, M.

رهف I. رَفَّ جاء الفارس رَفًّا *le cavalier est venu à l'amble* (حَبَبًا), M.

رَهِيف *frais*, p. e. فطير رهيف «*pain frais*,» Mehren 28.

رهق II. رَقَّ expliqué par كان فيه حُمْق, *être fou, sot*, Diw. Hodz. 289, 2. — C. a. dans le Voc. sous *fugare*.

III. La signification primitive et véritable de cette forme est *approcher de*, p. e. Recherches I, 583, 10 de la 1re éd.: عسكر يراهق ألف عشرين ألف مقاتل «*une armée qui comptait à peu près vingt mille combattants*;» de même dans l'expression que Lane donne en dernier lieu راهقت العشرين, et dans celle que l'on trouve dans le Gl. Belâdz. v° لحم: راهق في القتال, proprement: «*on approcha de lui pendant le combat*,» c.-à-d. on l'entoura, on le cerna de toutes parts. La seule signif. que donne Freytag, et que Lane donne aussi en premier lieu, *approcher de l'âge de puberté*, est une façon de parler elliptique, pour راهق الحُلُم ou راهق الادراك.

IV *être sur le point d'atteindre, d'attraper en chemin, de joindre la personne qu'on poursuit*, Gl. Mosl., Macc. II, 509, 15. — *Suspecter*, Berb. I, 416, 7 a f.: أرهق في عقده ورمي بالكفر «*on suspecta sa foi et on l'accusa d'incrédulité*;» cf. Lane sous مُرَهَّق, et plus loin رَهَق. — *Mettre en fuite*, Voc. — *Cerner, entourer* (?), L (indagine ارهاق).

V et VIII dans le Voc. sous *fugare*.

رَهَق a été mal expliqué dans le Gl. Belâdz.; voyez Lane et Weil dans les Heidelb. Jahrb. 1867, n° 1, p. 8. — *Soupçon, croyance désavantageuse*, Haiyân-Bassâm I, 107 r°: فلا يلحقه فيه تقصير ولا يخشى رهقا Surtout رهق في دينه expression qui s'emploie proprement quand la foi, l'orthodoxie d'un homme est suspecte, mais qui a reçu le sens d'*incrédulité*, Macc. II, 264, 2: اتهم برهق في دينه,

Ibn-Abdalmelic 74 v°: وكان ينسب الى رهق في دينه. De même رهق *seul*, Macc. II, 376, 8: ووجدت له مقالات رديه، واستنباطات مرديه، نسب بها اليه

رهف.

مُرَهَّف expliqué par أحْمَق, *fou, sot*, Diw. Hodz. 289, 1.

رهك.

مُرَهَّكة *moulin à bras qui sert à broyer le grain*, Werne 55, d'Escayrac 408, 417, 425. Chez Pallme 28 c'est *la cabane dans laquelle on broye le grain*.

رهم.

مُرَهَّم suivi de الغَرَب, *populéum* (onguent), Bc.

رهن I عند الشيء *hypothéquer, donner pour hypothèque*, Bc.

III c. d. a. *donner quelqu'un en otage à une troisième personne*, Abbad. I, 223, 7; chez Macc. II, 264, 11 (cf. Add.) simplement *donner une chose à quelqu'un*.

IV *hypothéquer*, Alc. (ipotecar).

VI. تراهن معد على *gager que, parier*, Bc (en parlant d'une seule personne). — En parlant de plusieurs personnes, c. ل, *disputer sur*, Freytag Chrest. 35, 5 (cf. l. 8).

VIII c. في *se rendre garant de, répondre de*, Macc. I, 645, 5. — C. ل dans le Voc.: *obligare* (obligare ad pacem faciendam). — *Exécuter* (?), Alc. (escutar).

X *prendre en gage*, p. e. en parlant d'un agent de police qui, lorsqu'une pièce de bétail a causé du dommage, la prend en gage jusqu'à ce que son maître ait payé l'amende, Alc. (prender por pena, cf. Victor). — *Donner en gage*, Voc. (pignorare alium), Abd-al-wâhid 100, 3 a f. (part. pass.).

رَهْن *hypothèque, chose hypothéquée*, Alc. (ipoteca prenda de rayzes), Bc. — Pl. رهون *otage*, Bc. — *Enjeu, mise au jeu*, Bc; لعب بالرهن «*jouer pour de l'argent*,» de Sacy Chrest. I, ١٥٩, 7 a f.

رِهان *gageure, pari*, Bc.

رَهين مهما يلزم من لحدم رهين الاعلام «*si vous avez des commissions à me donner, disposez de moi*,» Bc.

رهو

رَهَائِنُ .pl رَهِينَة otage, Bc; الرهائن corps de troupes dans l'armée d'an-No'mân; c'étaient les otages que ce prince s'était fait donner par les différentes tribus, et qui après un certain temps étaient échangés contre d'autres, Kâmil 277, 16 et 17. — له حقّ على الرهينة hypothécaire, qui a droit d'hypothèque, Bc.

راهِن قَيْد لِلحياة راهن celui qui est en vie (l'opposé de «défunt»), Müller 11. — Solide, p. e. en parlant d'un fondement ou d'un argument, M.

مَرْهُون. Lane n'a pas bien compris l'expression proverbiale: الامور مرهونة باوقاتها, car elle signifie: il y a temps pour tout, Bc.

اِسْتِرْهان gage, Alc. (represarias, dans le sens de prenda).

رهو

رَهْو tranquille (Freytag, Lane TA); dans le passage Djob. 316, 1: والبحر في اثناء ذلك رهو وهو ساكن il ne manque pas un mot, comme l'a cru M. Wright, mais il faut changer وهو on رَهْو. — laisser la porte ouverte, R. N. 68 r°: فضرب على ابى عثمان الباب فقال مَن هذا فقال فلان اصلحك الله فرفع للخيط وقال له ليج واتركه رهوا فلما دخل الخ.

رَهْوَة grande somme d'argent, M.

رَهْوَانة haquenée, jument qui va l'amble, Bc.

رَقاوي mode de musique, Descr. de l'Eg. XIV, 23, du nom de la ville الرَّقا, c.-à-d. Edesse ou Orfa; il attire les djinns, M.

رَهْوَن I (formé de رَهْوان aller l'amble (cheval), aussi رَهْوَنة M, Ibn-al-Athir chez ad-Damîrî: فيجعل يمشى رهونة يرهون في مشيه (Wright).

رُو مِن بِنْت (esp.) rhapontic, grande centaurée, Alc. (ruypontigo).

روب

V se coaguler, Bc. Le Voc. a تَرَيَّب sous lac, car dans la langue vulgaire la seconde lettre de cette racine est un yâ.

روب sorte d'oiseau, Yâcout I, 885, 13, chez Cazwini avec le zâ.

روج

رَوبَة bourbier, Bc.

رَائِب dans le Voc. (lac) pour رَائِب.

مَرْوبَة le vase dans lequel on laisse le lait se cailler, M.

روبص I affiner, rendre plus pur un métal, Bc.

روبص, suivi de المعادن, affinage, action d'affiner, de purifier les métaux, Bc; dans un ouvrage arabe dont je ne puis consulter le texte, on trouve un passage que M. Behrnauer (J. A. 1861, I, 33) a traduit ainsi: «Il y a des hommes qui teignent l'argent d'une teinture dont le corps ne se dissout qu'après la fonte dans le creuset (الروبص).»

روبيان dans des livres de médecine pour أربيان (voyez sous l'élif), Gl. Manç. in voce. Dans Bait. I, 489 b, Sontheimer a le second mot (aussi dans A, mais les points sont incorrects), et B le premier. Man. Escur. 893.

روت V être fumé (terre), Auw. II, 6, l. 19, où il faut lire وتتروّث.

روث. C'est sans doute par erreur que, dans la 1re. partie du Voc., ce mot a, entre autres significations, celle de vestis.

رَوْثَة herbe dont on tire la meilleure espèce de soude, Burckhardt Nubia 419.

روج I être débité, se débiter, Bc.

II débiter, vendre, Bc. — En parlant de la monnaie, l'accepter comme ayant cours, Gl. Belâdz. — Avancer, faire aller plus vite, Bc. - Expédier, dépêcher, hâter l'exécution de, Bc. — روج va vite, Bc (Kasraouan); dans le Voc. ce verbe, avec في, est aussi festinare; le M l'explique par استعجل, et cite ces vers:

من يرد ضعفًا مروج فليبادر يتزوج
عن قليل ستراه احدب الظهر معوج

— روج على احد في faire quelque chose avant quelqu'un, Bc (Kasraouan).

V être valable (vente), Gl. Fragm. — En parlant de la monnaie, l'accepter comme ayant cours, Gl. Belâdz. — C. في dans le Voc. sous festinare.

رَوْجَة aller vite, M.

رَوَاج débit, vente, Bc.

روح

الــكلام الرائح, رائج, *la langue ordinaire, vulgaire,* Tantâwî dans Ztschr. Kunde VII, 197.

رائج, sur les monnaies, *ayant cours,* Ztschr. IX, 833; حسب رائج سعر, «d'après le cours fixé par le tribunal de commerce,» Ztschr. XVII, 390. — De même qu'on emploie ce mot en parlant d'une marchandise (*d'un bon débit, de bonne défaite*), on l'emploie en parlant d'un métier, 1001 N. IV, 466, 4 a f.: وصنعتنا فى ايدينا رائجة فى جميع البلاد. — *Perceptible* (impôt), Bc.

تَرْويج *débit*, vente, Bc.

روح I, dans le sens de *marcher pendant la nuit,* n. d'act. aussi مِراح, Gl. Mosl. — *Partir, repartir, s'en aller,* Bc, 1001 N. I, 59, 7, c. ل, 1001 N. I, 31, 4. راح من البال «échapper de la mémoire,» Bc. راح فى حال سبيله «il passa son chemin,» Bc. *Se perdre, s'évanouir, se dissiper,* Bc; راحت عينى «j'ai perdu un œil,» 1001 N. I, 100, 9. *Périr, mourir,* 1001 N. Brosl. III, 284, 13. Chez Bc: *adieu, c'en est fait de,* p. e. راح الفنجان «adieu la tasse;» ماتت الحمارة «راحت الزيارة l'ânesse est morte, adieu le pèlerinage.» — *Aller, être sur le point de,* p. e. راح يموت «il va mourir,» Bc; un peu autrement, راح يضربهم «il alla les frapper,» Gl. Abulf. — *Rester, séjourner,* Koseg. Chrest. 75, 10: ونزلا عليه وراحا هناك ساعة — من النهار راح تعبه سدا «sa peine a été infructueuse,» Bc. — راح نَفْسَه, au lieu de la IVe forme, *se reposer,* Cartâs 180, 14: وقد قيل لذات ليلة لو رخّت نفسك قليلا واعطيتها حظها من النوم الحج.

Aor. *i* puer, en parlant de viande ou de poisson, Voc. (au lieu de la IVe).

II, dans le sens d'*éventer,* non-seulement c. على p., mais aussi c. a. p., Macc. II, 404, 8. — Au lieu de la Ve, *s'éventer,* M. — *Renouveler l'air,* Auw. I, 145, 13, 146, 7. روّح الشجر *faire, à l'entour des arbres, des découverts ou déchaussements, opération qui s'appelle* التروية, Auw. I, 518, 2 a f., 545, 2 a f., 546, 2 a f., II, 107, 3. — C. a. عن *alléger,* Voc. — Comme causatif de راح dans le sens de «partir, s'en aller,» M, اتلف ماله وروّح بالاسراف «il a consumé son bien en prodigalités;» روّح البقعات *détacher, ôter les taches,* Bc; روّح اللون *déteindre,* Bc; en parlant d'un vase, *laisser échapper quelque chose de ce qu'il contient;* en parlant d'une femme, *faire une fausse*

couche, M. — *S'en aller,* M. — *Rendre aigre,* Voc.

رَيَّح *délasser, rafraîchir, rétablir par le repos, reposer, procurer du repos;* ريّح البال *tranquilliser;* ريّح قليلا *pallier, guérir en apparence,* Bc. — *Se courber* (bois), M.

III. راوح القتال *commencer le combat dans la soirée,* Badroun 141, 5 (l. يغادون).

IV c. a. p. et من *délivrer* quelqu'un *de,* de Jong. — اراح نَفْسَه *se reposer, se remettre, se délasser,* Gl. Fragm. — *Donner des chameaux* (acc.) *à quelqu'un* (cf. Lane à la fin), Berb. II, 230, 11, 267, 13: اراح عليهم الف ناقة.

V *se reposer, se délasser,* Voc., Alc. (descansar, holgar, qui signifie aussi *se divertir,* reposar), Auw. I, 66, 6 a f. (l. ترّوح *avec notre* man.). — *Se récréer, se divertir,* Alc. (holgar (cf. ce qui précède), recrear, respirar), Mohammed ibn-Hârith 233: فخرج متنزهًا الى الجهة المدور — قد خرج للتروح — فقضى من خرج فى زمان الخريف على ما كانت, 260: ترّوحه وطرًا. — الخلفاء تلتزم من التروح الى اشبيلية وساحل البحر. — *Lâcher de l'eau, pisser,* Alc. (espaciarse, synonyme ماه طيّر, ce qui prouve qu'il faut traduire comme je l'ai fait). — *Devenir aigre,* Voc.

VIII. يرتاح درعها «sa tunique se meut vivement, gaiement» (au milieu du corps), en parlant d'une femme à mince ceinture, P. Weijers 40, 6, cf. 137, n. 214. — ارتاح قلبه على شىء, ou ارتاح فكره, *se tranquilliser,* Bc. — *Se récréer, se divertir,* Voc., Weijers 22, 13. — C. الى r. *chercher un délassement dans une chose,* Abbad. I, 270, n. 70.

X. Vulg. استريّح, Bc. — *Se récréer, se divertir,* Alc. (respirar), Abbad. I, 157, n. 499, Macrîzî, man. II, 348: على سبيل الاستراح والتنزّه. — C. الى r. *chercher un délassement dans une chose,* Abbad. l. l., Gl. Fragm. — C. من r. *chercher à soulager sa douleur,* Abbad. l. l.; c. من r. et الى p., *en déclarant à quelqu'un les sujets de douleur que l'on a, décharger son cœur,* Berb. II, 27, 2 a f.: استراح الى التجنّد باقوال, c. الى p. et ب r., Abbad. I, 67, 14, نمبت عنه الى المنصور فلان *en déclarant les sujets de plainte qu'on a contre quelqu'un,* Abbad. II, 112, dern. l. Aussi استراح فى ذلك مع فلان *il déchargea son cœur en parlant de cette affaire avec un tel,* Gl. Badroun, Haiyân-Bassâm I, 30 r°: sa mère désapprouva ce

روح

mariage, واسترَاح فى الامر مع عبسى فصوّبه له وامضاه بها وبنا عبد الملك بها. — *Reprendre haleine*, Gl. Edrîsî. — *Guérir, se remettre, reprendre sa santé*; J.-J. Schultens a noté من علّة استراح, mais par ellipse le verbe seul a le même sens, Voc., Alc. (convalecer de dolencia), Bc, Abd-al-wâhid 209, 3 a f. — *S'enrhumer* (اسْتَرْوَحَ), Hbrt 35 (Alg.), Ht.

رُوح *bonne odeur, parfum*, Lettre à M. Fleischer 103. — رُوحي يا روحي *ma chère âme* (expression de tendresse), Bc. — *Esprit*, t. de chimie, fluide très-subtil, Bc, M. — *Gaz*, Bc. — *Quintessence*, Bc. — Chez les alchimistes, *la pierre philosophale*, Prol. III, 192, 8. — *Canon* d'un fusil, Burton II, 104. — روح توتيا *marcassite*, Burckhardt Nubia 271. — روح الخيمة *oxygène*, Bc. — روح الكلام *sens, signification*, M. — روحه فى مناخيره *qui a la tête près du bonnet, qui s'irrite aisément*, Bc. — عمل روحه *faire semblant, feindre de*, Bc; dans le Voc. طويل من روحه. — الروح *endurant*, M. — قلّة الروح *lâcheté, manque de courage*, Alc. (poquedad de ánimo). — من حلاوة الروح 1001 N. III, 10, 9 et ailleurs (Lane traduit: «induced by the sweetness of life») *pour conserver sa vie*.

رِيح *est quelquefois masc.*, comme dans Koseg. Chrest. 89, 4 a f. et chez le Pseudo-Wâkidî. Le pl. du pl. أَرَاوِيح est dans le dialecte des Benou-Asad, Gl. Manç. in voce. Le pl. رِيَح devient par abréviation رِيح (comme le sing.), Fleischer sur Macc. II, 533, 3 Berichte 87. — *Evaporation*, Bat. IV, 381: «ils remplissent leurs outres d'eau et y cousent tout autour des tapis grossiers خوف الريح par crainte de l'évaporation.» — *Rhumatisme*, Daumas V. A. 425. — *Ardeur martiale*, Macc. I, 882, 13. — ريح السّبَل = سبَل (certaine maladie des yeux), Lane sous ce dernier mot, Auw. II, 582, 2 a f. — الرياح السوداوية *vapeurs*, maladie de nerfs, mélancolie, Bc. — الريح الأصفر *le choléra*, Burton I, 367, Daumas V. A. 426. — ريح المبد *le vertige*, Djob. 295, 13. — Sur les termes de médec. ريح البواسير, ريح الشوكة, ريح الغليظة, كسر الرياح et رياح الأفريسة, ريح الرحم, ريح الكلى.

روح *lanterne*, L (= الخولنجان) voyez le M. — منار الريح (lanterna, et laterne مَناور الريح).

راحة. On dit: برز الى مناجزة عدوّه لاحدى الراحتين «il alla à la rencontre de l'ennemi pour (obtenir) l'une des deux délivrances», c.-à-d., bien résolu de vaincre ou de mourir, Berb. I, 241, 9 et 10, II, 50, 6 a f. — *Aisance, facilité*, Bc. — *Récréation, divertissement, plaisir*, Alc. (desenhado (cf. Victor), espaciosa cosa para holgar (= فُرْجَة), holgança (de même), holgura), Abbad. I, 170, 7 (cf. III, 31), II, 7, l. 7 (l'explication de ce passage que j'ai donnée III, 87, n'est pas la bonne; je crois à présent que le sens est: «il ne prenait pas plaisir aux réunions où l'on buvait, ni aux chansons qu'on y faisait entendre,» c.-à-d., il s'y enivrait, mais en conservant sa sombre humeur), Haiyân-Bassâm I, 46 r°: المسارعة لقضاء لذّائذه والانهتاك الراحات والبطالات, Calâît 20 v°: فى طلب راحته. On dit صاحب راحة *un homme de plaisir*, Bat. III, 76, حركة راحة *un voyage d'agrément*, Abbad. II, 223, 1, موضع راحة *un lieu d'amusement*, Macc. II, 305, 21 (lisez avec Boul. الّا وما فيه راحة). — *Partie de plaisir*, Calâît 174, 8 (= فُرْجَة), 328, 16. — *Respiration*, Alc. (respiracion). — *Opportunité, temps, occasion propre, favorable*, Alc. (oportunidad, بِراحة oportunamente). — *Guérison, recouvrement de la santé*, Alc. (convalecimiento en dolencia, mejoria de dolencia), Bat. III, 188. — *Poignée*, contenu de la main, Gl. Manç. in voce: ملء الكفّ من الشىء المغترف, M. — راحة الأسد *Leontice Leontopetalum*, Bait. II, 534 f. — راحة الحلقوم (*le plaisir du gosier*), familièrement seul, espèce de confiture, Burton II, 280, M. — راحة الأرواح *la planche sur laquelle le boulanger range les pains quand il les met au four*, M. — يبتدى غالبًا بالصبا او بالحجاز قليلًا *mode de musique*. — راحة القدم *la plante du pied*, L (planta). — ويبقر فى العراق مشى لراحة *aller aux commodités*, Voc.; cf. بيت الراحة (voyez sous le premier mot) *latrines*. بلا شى est تركنه على انفى من الراحة, M.

روحة. Je ne sais que penser de ce passage de d'Arvieux, III, 255: «Ils campent sur le sommet des collines, qu'ils appellent *Rouhha*, c.-à-d., bel air.»

رَيْحَة *odeur* (bonne ou mauvaise), Voc. (odor malus), Alc. (olor como quiera, olores de cosas secas, olores de unguentos liquidos), *odeur, parfum*, Bc; aussi au fig., *réputation*, Bc.

رِيحَة, suivi de الْعَجِين, certaines substances aromatiques, telles que semence de nielle, semence d'anis, etc.; voyez Lane, trad. des 1001 N. III, 641, n. 6.

رُوحِيّ *spirituel*, Bc. — *Gazeux*, Bc.

رِيحِيَّة *ventosité*, Bc. — Espèce de cruches très-blanches et très-fines, que l'on fabriquait à Tunis, Becrî 40, 2 a f. — Chaussure en peau de mouton mince et façonnée, que les femmes portent dans l'intérieur des maisons, et que les hommes mettent en guise de chaussons dans leurs souliers. Celles des hommes sont rouges et jaunes; les femmes en ont de toute couleur, notes de l'imâm de Constantine et de M. Cherbonneau. Ce dernier le dérive de رَاحَة, dans le sens de « repos, bien-être, » et il donne le pl. رَوَاحِى, qu'on trouve aussi chez Pflügl, t. 67, A. B. 8 (*roahe*, pantoufles de femme). Alc. (peal) écrit *rihîa*, mais aussi (escarpin) *rikîa*, avec le *khâ*, ce qui est une faute. Torres 86: « des escarpins qu'ils appellent *reyas*. » Jackson 138: « les *Rayahat* ou pantoufles rouges » des femmes de Maroc (cf. 152). Dunant 201: « *rihîéa*, petites pantoufles de dessous en peau. » Chez Prax, R. d. O. A. VI, 349, *rahia*; chez Bg, sous *chausson*, رِيحِى (en Barbarie).

رَيْحَان *basilic* (plante); les poètes y comparent la barbe qui naît sur la joue, J. A. 1839, I, 173. — *Origan*; espèces: مِسْكِى, هِنْدِى, شَامِى, قُدْسِى, et *Asciekrihán*, « ou l'origan aimable, » Vansleb 100. — Au Maghrib et ailleurs, *myrte*, Gl. Esp. 199, Voc., M. Dans les Prol. III, 395, dern. l.:

والما يجرى وعثم وغريف من جنى الريحان

où M. de Slane remarque: « Les poètes comparent aux feuilles de myrte les rides qu'un léger zéphyr forme sur la surface d'un lac. » — *Airelle*, trad. d'une charte sicil. *apud* Lello 9 (mortella). — رَيْحَان بَرّى = الرَيْحَان الأَبْيَض *clinopodium, faux basilic*, Bc. — رَيْحَان الشُّيُوخ (voyez), Bait. II, 116 b. — رَيْحَان الجَمَاجِم *ocimum basilicum*, Bait. I, 283 i (AB). — رَيْحَان سُلَيْمَان *basilic girofté*, Sang., Bait. I, 258 c, 509 b. — رَيْحَان الشُّيُوخ *origanum maru*, Bait. I, 283 i. — رَيْحَان الكَافُور *basilic girofté*, Sang. — رَيْحَان فَارِسِى

laurus camphora, Bait. I, 509 c. — رَيْحَان الْمَلِك *ocimum basilicum*, Bait. I, 509 d. — قَلَم الرَيْحَان sorte d'écriture, 1001 N. I, 94, J. A. 1839, I, 173, où l'on trouve aussi un vers où الرَيْحَان seul est employé en ce sens, car قلم الريحان est proprement: la plume qui trace cette écriture, laquelle, selon l'explication de Torrens (trad. des 1001 N.), est courbée comme la feuille du basilic.

رُوحَانِى (Alc.), رُوحَانِى *spirituel*, Alc. (espiritual cosa), Bc. — اِبْن رُوحَانِى *filleul*, Alc. (ahijado espiritual); وَالِد رُوحَانِى *filleule*, Alc. (ahijada assi); بِنْت رُوحَانِيَّة *parrain*, Alc. (padrino de bautismo); aussi *paranymphe*, Alc. (padrino de boda); أُمّ رُوحَانِيَّة *marraine*, Alc. (madrina de bautismo). — *Métaphysique*, Bc. العِلْم الرُوحَانِى *cabale*, art prétendu de commercer avec les esprits, Bc; aussi الرُوحَانِى seul, Lane M. E. I, 402, 1001 N. I, 423, 2 a f., II, 593, 3, 691, dern. l., III, 474. — *Spiritualiste*, Gl. Abulf.

رُوحَانِيَّة *esprit, vertu, puissance surnaturelle qui opère dans l'âme*, Bc; رُوحَانِيَّة الكَوْكَب « l'esprit d'un astre, » Berb. I, 287. — *Incorporalité, spiritualité*, Bc. — *Religion, état des personnes engagées par des vœux dans un ordre religieux*, Alc. (religion; synonymes مَذْهَب et طَرِيقَة). — علم الروحانية (cf. l'article qui précède) *cabale, art prétendu de commercer avec les esprits*, Ztschr. XX, 486, 488, 8.

رَيْحَانِى *odoriférant*. De là: épithète d'une espèce de myrte qui a une très-bonne odeur, Voc., Auw. I, 248, 2 a f., 249, 4, 1001 N. I, 56, 14; de vin pur et qui a une odeur aromatique, Gl. Esp. 331; aussi substantivement, Bait. I, 509 e: رَيْحَانِى هُوَ الشَرَاب الصِرْف الطَيِّب الرَائِحَة. A Cordoue *rehani* désigne encore aujourd'hui *une figue d'une excellente espèce*, Gl. Esp. 331.

رَوَاح *air, vent*, L (aura), Voc., Alc. (ayre viento). — كَلَام مِنْ رَوَاح *des paroles vaines*, Alc. (hablado vano, habla en esta manera). — *Catarrhe*, Domb. 88.

رُوَيْحَة. En expliquant ce mot par *promitudo in agendo*, Freytag semble avoir eu en vue un passage qu'on trouve dans de Sacy Chrest. I, 462: وأنما يحصل من نشاط ورويحة وطيب خاطر, et où de Sacy traduit *une plus grande liberté pour agir*; mais on

روح

peut conserver la signification ordinaire que Lane a indiquée sous رَاحَة.

رِبَاح pl. ات أبو رِبَاح corde d'une tente, M. — joujou d'enfant, Mehren 28.

رِبَاحَة fenêtre, Alc. (ventana la tabla, rayâha), Hœst 265 (riâha), Jackson 191 (reehâha, a light hole or window); cf. تَروِيحَة. — رِبَاحَة flatulence, Auw. II, 619, 16 et 20 (ajoutez deux fois l'article).

رَبَاحَى pl. ات soufflet, coup du plat de la main, Alc. (bofetada); chez Beaussier رِبْحَاى.

رِبَاحَى. C'est ainsi que quelques auteurs, p. e. Djauzî 143 r°, appellent une espèce de camphre, que d'autres nomment الرِّبَاحَى (voyez). Selon Antâkî, elle a été nommée ainsi مع الرِّيح لتصاعده; cf. Bait. I, 509 c: وَهُوَ هذِه الشجرة ودورهَا يُوَدِّيَانِ روائح الكافور الرِّبَاحَى القوى الرائحة اذا شُمَّ او فُرِكَ باليد يابساً كان او رطباً.

كنت رائح أطلع à la veille, sur le point de; «j'étais sur le point de sortir,» Bc. — من هَلْف دِرَائِح à l'avenir, désormais, dorénavant; من اليوم دِرَائِح à partir d'aujourd'hui, Bc.

تَروِيح voyez sous la IIᵉ forme.

تَروِيحَة fenêtre, Becrî 44, 1; cf. رِبَاحَة. — Courant d'air, Cherb. Dial. 132. — بتَروِيحَة enrhumé, Alc. (romadizado).

مَرَاح, comme on prononce aujourd'hui, mieux مَرَح parc, enceinte où l'on met les chameaux, Ht; l'espace vide au milieu du douar, Daumas Mœurs 61, 62, J. A. 1851, I, 83, n. 14. — Synonyme de مَنْزِل, lieu de repos pour le voyageur, Ztschr. XXII, 121.

مَرَاح vivacité, activité, Gl. Mosl.

مِرْوَح pl. مَرَاوِح ventilateur, Gl. Esp. 342 n., Most. (v° رِيَة), en parlant du poumon: وَهُوَ مَرْوَح القلب. — مَرَاوِح instrument de musique dont les Coptes se servent dans leurs églises; c'est un disque en argent et quelquefois en vermeil, autour duquel sont attachés des grelots, Descr. de l'Ég. XIII, 553.

رود

مَرْوَحَة chambre haute où l'on prend l'air, Abou'l-Walîd 645, 22.

مَرْوَحَة voyez sous خَيْش مَرْوَحَة لِلْخَيْش.

مُرَوَّح reposé; Alc. (reposado). — Dégagé, libre, l'opposé de مَرْغُوم, «pressé, serré,» Auw. I, 471, 4 et ailleurs.

مِرْوَح chasseur de mouches, Alc. (mosqueador).

مُرِيح flatueux, qui cause des flatuosités, venteux, Bc. — Chez Daumas V. A. 315 on trouve: merihh, le convive qui trempe son pain dans le plat pour en puiser la sauce.

مُرِيحَة = انقراقون, Bait. I, 92 a.

مِرْوَاح retour, Ztschr. XXII, 158, 5, 1001 N. Bresl. IX, 250, 2 a f. — Van (pour nettoyer le grain), Abou'l-Walîd 670, 29.

مِرْيَاح venteux, où il fait de grands vents, Voc., Alc. (ayrosa cosa). — Qui a une maladie de poitrine, Edrîsî, Clim. III, Sect. 5: bains chauds où se rendent اهل البلايا مثل المقعدين والمفلوجين والمرياحين واصحاب الفروج; c'est peut-être le même mot que «meriohheus chez Daumas V. A. 191, qui a une maladie de poitrine (cheval).

مُرْتَاح tranquille; — ارض مرتاحَة jachère, terre en labour qui se repose, Bc.

مُسْتَرَاح comme adj. sûr, en parlant d'une rade; comme subst. rade, lieu de retraite pour les navires, Gl. Esp. 155.

روحن I c. a. dans le Voc. sous spaciari. — Spiritualiser, donner un sens pieux, Bc.

II se récréer, égayer l'esprit, Voc.

متروحن mystique, Bc.

رود I picorer, butiner, Bc.

Aor. i vulg. pour اراد, vouloir, Bc.

III. راودها فى امر الزواج «son père tâcha de lui persuader de se marier,» 1001 N. I, 824, dern. l. — راودتنى الى كفلك, 1001 N. I, 365, 8, semble signifier: vous avez tourné mes désirs vers. — Dans le sens de chercher à séduire on dit aussi راودها على نفسها Becrî 124, 3 a f., et راود seul, avec l'accus., 1001 N. I, 275, 2.

رود 569 روض

IV se construit aussi sans اَنْ, si la leçon est bonne dans Rutgers 164, 7 a f.: فلم يريدوا يَغزوا بَعْدَها, où l'éditeur soupçonne qu'il faut ajouter اَنْ. — Dans les excellentes explications de Lane, l'objet de ce verbe est une chose, mais quelquefois c'est aussi une personne. Ainsi on trouve souvent dans le R. N. اراد اللّه, et 104 v° on lit: سمعت ابا اسحٰق يقول كلُّ لَحْلِف C. a. p. يريدون اللّه ولكن انظر مَنْ يريده اللّه تعالى c'est aussi *vouloir posséder quelqu'un, l'avoir chez soi, jouir de sa présence*, Macc. II, 278, 12, ou *vouloir posséder une femme, jouir de ses faveurs*, Ztschr. XX, 510, 1.

صارت رودة مِنْك رودة *vous avez poussé la chose trop loin*, Bc.

رُوَيْدَك *courage!* comme traduit M. de Slane dans le vers Berb. II, 455, 1.

رِياد *picorée*, Bc.

رِيَادَة *expédition pour chercher des pâturages*, Lane M. E. II, 140.

مُراد *endroit où l'on peut faire tout ce que l'on veut*, Abbad. I, 120, n. 268. Avec des noms d'act., *endroit où l'on peut admirer ou se réjouir tant qu'on veut*, Djob. 212, 20, 215, 16.

مِرْوَد *cure-oreille*, Auw. I, 641, 10. — *Poutrelle* (poutre divisée en deux ou en quatre parties), Prax R. d. O. A. V, 214 (meroûd).

مُريد *disciple*, Pachalik 200 n., Macc. II, 748, 15. — *Aspirant*, qui aspire à une charge, Bc. — Chez les Soufis, المتمرّد عن ارادته, ou celui qui a détaché son cœur de tout excepté de Dieu, ou celui qui connaît la volonté de Dieu, M. Abou-'l-Câsim Ahmed ibn-al-Hosain ibn-Casî, un Soufi espagnol et un des premiers chefs qui profitèrent de la chute imminente de l'empire almoravide pour prendre les armes et se déclarer indépendants, donna à ses partisans le nom de المريدين, Abbâr 199, 13, Prol. I, 286, 15, 287, 2 (lisez ainsi et voyez la trad.); Ibn-al-Khatîb, 25 v°, nomme parmi les écrits d'Abou-'l-Motarrif ibn-'Amîra: اقتضابه السبيل (؟) في ثورة المريدين اختصار نبيل من تاريخ, et chez Macc. I, 201, 15, ce livre est nommé ابن صاحب الصلاة. — *Prêtre des Yézidis*, Pachalik 200 n.

رَوْدَقَة voyez sous ردق.

روز.

رزّ pl. ارواز *riz*, Voc.

روزنامه (pers.) *calendrier*, Bc, M.

روس II (pour رأس), proprement *décapiter, couper les graines du millet ou d'autres plantes*, Voc. — *Boutonner* (rose), Auw. I, 624, 4, 6, 643, 12, 644, 20, II, 105, 4 a f.; sous رأس on trouvera la signification de *bouton de rose*.

V quasi-passif de la IIe forme dans le 1er sens, Voc.

روسيّة (esp.) *gris-clair* (cheval), Alc. (rucio como cavallo).

رأس = جرجير الماء, Bait. I, 508 a (les voyelles dans A).

رأس *celui qui coupe les graines du millet ou d'autres plantes*, Voc.

مروس (pour مرأس) *pointu*, Bc. — Pour distinguer la lettre fâ de «sa sœur,» le câf, on l'appelle الفاء المروّسة, Bait. I, 132 a, 357 d, 533 c.

مِرواس pl. مَراوس *flèche*, Voc.

روساخنج = راساخنت *cuivre brûlé ou calciné*, voyez sous حلقوس, Bait. I, 508 b, II, 102 a, 551 a et b.

مروّشة nom d'une plante, Bait. II, 186 c (AB), voyez عديسة.

روشكة كشوث, Most. sous ce dernier mot.

روشنايا signifie en persan *objets lumineux, brillants*, et s'applique à des collyres composés qui donnent beaucoup d'éclat aux yeux, Sang.

روض I. راض نفسه *cultiver son esprit*, Badroun p. 77 des notes. — راض نفسه على *supporter*, p. e. des privations, Berb. I, 237, 4 a f. — C. a. p. et على r. dans le sens de روّضه على كذا chez Lane, Gl. Fragm.

II. روّض سيرته *se corriger*, Bc. — C. على *accoutumer*, Hbrt 114.

V *s'exercer*, Bc. Dans le Voc., qui a تَرْبِيض, de même que رَبَّض, sous *exercitare* et sous *domare*.

VI. تَرَاوَضُوا الأَمْرَ بَيْنَهُمْ *ils se disputèrent le pouvoir*, Akhbâr 57, 3 a f. — *Se concerter, conférer ensemble pour préparer l'exécution d'un dessein*, Calât 9 r°: وَالْمُشَاوَرَةُ مَعَهُمْ وَالتَّرَاوُضُ حَيْثُ يَكُونُ البِنَاءُ الْمَذْكُورُ الْمَأْمُورُ بِهِ مِنَ الْجَبَلِ ۞

VIII c. فِي et ب *s'exercer*, Voc., Bassâm III, 98 v°: ارْتَاضَ فِي طُرْقِهَا مُعِيدًا وَمُبْتَدِئًا (de son art), Haiyân-Bassâm I, 41 v°: dans la logique il contredit Aristote مُخَالَفَةَ مَنْ لَمْ يَفْهَمْ غَرْضَهُ وَلَا ارْتَاضَ فِي كُتُبِهِ — *Se livrer à des exercices de piété*, Macc. III, 679, dern. l.

رَوْض comme sing., *jardin*, note de Weijers 85, n. 73. — *Parterre, carreau ou compartiment de fleurs*, Khatîb Paris.: رَوْض نَرْجِس là où Macc. I, 639, 8, a بِسَاطُ نَرْجِسٍ

رَاضَة *relâche, repos*; بِرَاضَة *posément*, Bc.

رَوْضَة Le pl. du pl. رِيَاضَات, Gl. Edrîsî. — *Cette partie de la mosquée de Médine qui se trouve entre le tombeau de Mahomet et la chaire* (cf. la tradition chez Lane 1187 b), Bat. I, 262, 263, Burton I, 296, 300. — *Mausolée*, Voc. (cimiterium (tumulus magnus), sepulcrum (magnum cum testudine)), Alc. (sepultura rica), Marmol Reb. 7 b: « *rauda, capilla real donde tenian sus enterramientos*, » Haiyân 3 r°: تُرْبَة لِلْخُلَفَاءِ الْمَعْرُوفَة بِالرَّوْضَة, Abbad. II, 127, Djob. 42, 1, 43, 2, 44, 3, 49, 3, 125, 9, 198, 11, etc., Bat. I, 246, 415 et suiv., II, 99, 108, III, 429, Macc. I, 252, 13, 406, 3, 566, 15, III, 369, 4, Müller 131, dern. l., 133, 8 a f., 134, 4 a f., Rohlfs 94 (« Grabstätte »), Barth V, 58. Ces exemples prouvent que Quatremère (Mong. p. CLXIX) s'est trompé lorsqu'il a cru que ce mot n'a reçu ce sens qu'en passant dans la langue persane. — *Parterre, carreau ou compartiment de fleurs*, Prol. III, 391, 15; le pl. du pl. رِيَاضَات, Auw. I, 154, 8. — En astr. الرَّوْضَة, *le jardin du ciel*, est cette partie du ciel où les étoiles sont si petites qu'on ne les voit pas; voyez Alf. Astron. V, 176, où il faut lire *Arrauda*, au lieu de *Arranda*.

رِيَاض, qui est proprement le pl. de رَوْضَة, est devenu un sing., non-seulement dans la langue parlée, mais aussi dans les livres, *jardin*, Gl. Esp. 201, Prol. III, 417, 3 a f., Khatîb 100 v°: وَاشْتَغَلَ بِمَا يَشْتَغِلُ بِهِ المُلُوكُ مِنْ تَفْخِيمِ الْبِنَاءِ كَبِنْيَانِ رِيَاضِ السَّيِّدِ الَّذِي عَلَى ضَفَّةِ الْوَادِي. — *Parterre de fleurs*, Ht, Delap. 145, 173, Rohlfs 10.

رِيَاضَة, proprement n. d'act., *dompter par l'exercice, par la discipline; dompter ses passions*. La رِيَاضَة consiste à s'appliquer à la prière et au jeûne; à se garder, toutes les heures du jour et de la nuit, contre ce qui entraîne dans le péché et mérite le blâme; à fermer la porte au sommeil et à éviter la fréquentation du monde, de Slane Prol. I, 217, n. 2. Les dévots qui s'imposent ces mortifications s'appellent أَهْلُ الرِّيَاضَاتِ; voyez Prol. I, 162, 15, cf. 2 a f., 190, 14, cf. 191, 1, II, 372, 14 et suiv., Macc. I, 568, 12, 897, 13, Bat. IV, 36, 40. Les moines entendent sous الرِّيَاضَة: passer plusieurs jours dans la solitude, pendant lesquels on se voue à des pratiques de dévotion particulières. Chez les magiciens c'est: passer plusieurs jours dans la solitude, pendant lesquels ils mortifient leur chair et invoquent les démons par des formules et des fumigations. رِيَاضَة الْعَرُوس est ceci: le magicien vit pendant quarante jours dans la solitude; il ne prend chaque jour d'autre nourriture qu'un petit pain avec des raisins secs; il récite ses formules et fait ses fumigations jusqu'au quarantième jour; alors des fantômes épouvantables lui apparaissent; il ne s'en soucie pas, mais enfin il voit une épousée (عَرُوس) très-belle et superbement parée, qui se met à danser, à chanter et qui tâche de l'embrasser. Il s'y oppose, et quand elle voit que ses efforts sont inutiles, un esclave vient la frapper avec un fouet et lui ordonne d'ôter sa parure et ses habits. Elle implore sans succès le secours du magicien, obéit enfin, se dépouille de sa parure et de ses habits, et alors le magicien obtient plein pouvoir sur elle et sur l'esclave, de sorte que dorénavant ils exécutent tous ses ordres, M. — *Moyen de mortification de la chair*, de Sacy Chrest. II, ٢٨, 11. — *Exercice*, Bc, M, *mouvements par lesquels on exerce le corps*, Prol. II, 336, 2 a f. et suiv., 337, 10, Most.: وَسَخُ الْمَصَارِعِينَ هُوَ مَا يَجْتَمِعُ عَلَى ظُهُورِ الْمَصَارِعِينَ مِنْ كَثْرَةِ الرِّيَاضَةِ. — وَالنَّصَبُ وَالْغُبَارُ مَحَلُّ الرِّيَاضَةِ; عِلْمُ الرِّيَاضَةِ *gymnastique*; رِيَاضَة *gymnase*, Bc. — *Promenade, action de se promener*, Bc. — فَلْسَفَةُ الرِّيَاضَة *philosophie morale*, Alc. (moral filosofia). — *Aise, commodité, aisance*, Ht. —

رِيَاضَةُ الْمَرِيضِ *convalescence*, M.

رِيَاضِي *mathématique*; العُلُومُ الرِّيَاضِيَّاتُ *les mathé-*

روط

matiques, Bc. — Gymnastique, Bc. — Pratique, Bc. — Moral, Alc. (moral cosa de costumbres); فيلسوف رياضى celui qui s'occupe de philosophie morale, Alc. (moral filosofo).

رَيِّض facile, doux, complaisant, de Sacy Chrest. I, vי, 10.

مُرَيِّض moral, Alc. (moral cosa de costumbres).

ارتياض expérience, Haiyân-Bassâm III, 10 rº: اذا حنكة ومعرفة وارتياض وتجربة ٭

روط I chanceler comme un homme ivre, M.

روط longue branche détachée d'un arbre, p. e. d'un peuplier, M.

روطة (anc. esp. rota, voyez dans la Collecc. de poes. castell. de Sanchez les glossaires sur les tomes II, III et IV) nom d'un instrument de musique en usage parmi les Arabes d'Espagne, Macc. II, 143, dern. l., Khatîb 38 rº: ومعلم معين (مُغَنِّ l.) بروطة. Ce mot est d'origine celtique, crwth dans la langue du pays de Galles, dont les Anglais ont fait croud (Spenser) ou crowd (Butler, Hudibras). La «chrotta Britanna» est déjà nommée par l'évêque de Poitiers Fortunat (VIe siècle); voyez le passage dans Ducange in voce). Dans la basse latinité rocta, rota, rotta (voyez Ducange), prov. rota, anc. franç. rote. C'était un instrument à cordes servant à accompagner le chant; voyez Diez, la poésie des troubadours, trad. et ann. par de Roisin, p. 40. — (Lat. ruta, esp. ruda), en Espagne et dans le Maroc, rue (plante), Gl. Esp. 204—5, Voc.

روع I émouvoir quelqu'un, lui causer de l'émotion, Bc.

IV épouvanter, Voc.

VIII s'émouvoir, Bc.

رَوعة émotion, Bc.

روغ I, n. d'act. رواغ, Saadiah comment. sur ps. 78, تَروَّاغ, P. Kâmil 648, 13. — En parlant d'un cheval, ne point suivre la ligne droite, ce qui est un défaut, Auw. II, 540, 17. — Dans le Voc. deviare (inclinare se propter lapidem venientem), ce qui semble signifier se détourner pour éviter un coup de pierre. — Se soustraire, se dérober, s'en aller secrètement, à la dérobée, Bidp. 201, 4: رَوغ, Nowairî Espagne 441, en parlant d'un chef de rebelles contre lequel le sul-

روق

tan s'était mis en campagne: فلم يَقِفْ له وراغ فى الجبال فكان اذا امن تبسّط واذا خاف صعد للجبال حيث يصعب طلبه ٭

II Dans le Voc. sous deviare. — Dans le Voc. sous spuma.

III. راوغ السلطان بالطاعة chercher à tromper le sultan par une feinte soumission, Berb. II, 28, 6: aussi كثير الاضطراب على الامويَّة والمراوغة لهم بالطاعة; المراوغة فى الطاعة, et عن الطاعة, I, 615, 7 a f., I, 632, 7. De même dans ce passage, I, 646, 13: وهو الآن مقدّمها يعطى طاعة معروفة ويستدعى العامل للاجباية ويراوغ عن المصدوقة والغلب والاستيلاء, où M. de Slane traduit: «Yousof est actuellement en possession du pouvoir; il obéit ostensiblement au sultan et invite régulièrement l'agent du gouvernement à venir recevoir l'impôt. Il dissimule ainsi ses véritables sentiments et son désir d'indépendance.» Littéralement c'est: il cherche à tromper sur, et المصدوقة est pour المصدوقة الطاعة, comme on lit I, 643, 3. — T. de marine, راوغ المَرْكَب louvoyer, Djob. 315, dern. l.

IV. Le n. d'act. semble signifier ce que l'on cherche, désire, poursuit, chez al-Fath apud Macc. II, 433, 11: Ce fut à Dénia qu'il atteignit le but de ses souhaits; là il trouva le loisir de se vouer à la science, وتفرّد بتلك الاراغة «et de consacrer tout son temps à ce qu'il désirait.» Dans un autre passage du même auteur, cité par Macc. I, 424, cf. n. e et Add. (de même dans l'édit de Paris du Calâïd 210, 16), on lit qu'un prince appela à sa cour tous les hommes marquants de la Péninsule, et qu'un vizir, qui y est nommé, كان مدير تلك الاراغة ومديرها; ici le n. d'act. semble signifier le désir d'avoir quelqu'un chez soi, et par suite invitation. Dans le Cartâs 111, 8 a f.: ومعه عبد المومن فى خدمته مريغ بامامته, ce qui ne donne pas de sens; mais si l'on change le 'ain en ghain, les dernières paroles signifient peut-être: invitant (les hommes) à le reconnaître pour imâm.

VI dans le sens que j'ai indiqué sous la IIIe, Berb. I, 643, 3: ريّنا على صاحب الحضرة ونراوغًا عن مصدوقة الطاعة ٭

رَوَّاغ qui ne suit point la ligne droite (cheval), ce qui est un défaut, Auw. II, 540, 17. — 'Inconstant, M.

روق I être convalescent, Ht; راق مزاجه se remettre, reprendre sa santé, se rétablir, Bc; الامور بعد ما زاقت

«le calme n'est pas encore rétabli,» Bc. — راق من غضبه se défâcher, Bc. — Calmer, apaiser, adoucir, Ht.

II couler, passer à travers une étoffe, Bc. — Soutirer, travaser une liqueur d'un tonneau dans un autre, Bc. — Ecumer, ôter l'écume de ce qui bout sur le feu, Alc. (espumar quitar la espuma). — Ecumer, jeter de l'écume, Alc. (espumar hazer spuma). — Dépurer, Bc, p. e. le sang, Ztschr. XI, 515; دواء مروّق dépuratif, Bc. — Entrer en convalescence, M; ما راق من مرضه il n'est pas encore bien rétabli de sa maladie, Bc. — Dans le Voc. sous tectum.

IV c. على p. verser, donner à boire, Djob. 287, 4: حكم القاضى باراقة دمه. اراق عليهم من النبيذ le cadi déclara qu'on pouvait le tuer sans commettre un péché (de Slane), Prol. II, 200, 14. — اراق الماء lâcher de l'eau, pisser, 1001 N. II, 24, 7, Bresl. III, 302, 1.

V dans le Voc. sous tectum. — تريّق et تروّق prendre un très-léger déjeuner, M.

راق pl. ات couche, se dit des choses mises par lit, lit, couche d'une chose étendue sur une autre, Bc.

روْق, corne, le pl. aussi أروقة, Voc.

رواق rideau, rideau de lit, Alc. (cortina o corredor, corredor de cama). — Dais, pavillon, Macc. I, 150, 20, Bat. II, 424. — Salle, salon, Bc, chambre, au centre, Hbrt 192. — Cloître (où se trouvent des milliers de fakirs), synonyme de رباط, Bat. II, 4; Bc donne le pl. رواقات en ce sens, cloître, galeries avec cour au milieu. — اصحاب الرواق les stoïciens (c'est la traduction littérale du terme grec, car رواق répond à στοά, portique, galerie), Prol. III, 90, 8 (l'auteur confond ces philosophes avec les péripatéticiens), Müller 52, 10.

رواقة arcade, Bc. — Netteté, au fig., Bc. — Paix, silence, calme, sang-froid, sérénité, Bc. — Loisir; على رواقك doucement, à loisir, à tête reposée; فى رواقك à vos heures perdues, à vos moments de loisir, Bc.

الرواقيون le Portique, les stoïciens, M; cf. sous رواق. — Secte juive qui croit à la prédestination et à la métempsycose, M.

رائق paisible, serein, Bc. — Voyez sous ريق. — رائق الضحى au lever du soleil, Mehren 28. — M, ما يصفى عند من الماء الذى ينفع فيه الطرطير est.

urine (اراقة مراقة chez Alc.), 1001 N. Bresl. XI, 214, 13 et 14.

تَرْوِيقَة déjeuner, M.

مُرَوَّق écumeux, plein d'écume, Alc. (espumosa cosa llena de espuma).

مروّقة doit signifier une espèce de vase pour le vin, une bouteille. Dans les 1001 N. II, 313, 5, il est question de deux مروّقة de nabîdz qu'on achète pour un dînâr chez un chrétien. Ailleurs, Bresl. XI, 454, 1, on lit: وصفّوا المروّقات والبواطى والاوانى والسلاحبيات. Dans un autre passage, une dame achète pour un dînâr chez un chrétien مروّقة زيتونية, selon l'éd. de Macn., I, 56, 10, et celle de Bresl., I, 147, 8. S'agit-il ici d'olives? On serait porté à le croire quand on consulte l'édit. de Boulac, I, 25, 5, où la dame achète مقدارا من الزيتون, «une certaine quantité d'olives;» mais alors le mot مروّقة n'a pas de sens, et en outre il ne peut pas être question d'olives, d'abord parce que la dame en achète plus tard chez un autre marchand, du moins selon l'édit. de Breslau, 148, 12, ensuite parce qu'ici il doit s'agir de vin. En effet, la dame se procure tout ce qu'il faut pour préparer un festin, où le vin, dont il n'est pas parlé dans les autres emplettes qu'elle fait, ne peut pas manquer, et la circonstance qu'elle achète la مروّقة chez un chrétien fait supposer aussi qu'il s'agit de vin, la vente de cette liqueur étant défendue aux musulmans. Cette opinion est confirmée par l'édition des deux cents premières Nuits qui a paru à Calcutta en 1814 (voyez t. I, 154, 7), et où il n'est fait aucune mention d'olives, mais bien de deux مضرب ou bouteilles (voyez sous ضرب) «remplies de vin pur.» Il faut donc traduire les mots مروّقة زيتونية par une bouteille couleur d'olive, une bouteille noire verdâtre, car l'adjectif زيتونى a réellement ce sens (voyez Lane et Beaussier). Il s'ensuit que l'éditeur de Boulac n'a pas compris le texte et qu'il l'a changé d'une manière bien malheureuse. Au reste j'ignore quelles voyelles il faut donner à مروّقة; M. Fleischer a fait imprimer un techdîd sur le wau.

روك I, n. d'act. رَوْك, déterminer, régler par une opération cadastrale la valeur des terres ou autre objet, p. e. راك ارض مصر «il fit le cadastre des terres de l'Egypte,» Maml. II, 2, 65.

رَوَلٌ cadastre, Maml. II, 1, 132, II, 2, 65, Bc. —
مال الزول biens communaux, Bc.
رَوْكِى communal, Bc.

* روك II se hâter, Ht.
مَرْوَال Alc. (abotonado) donne «marguâl,» pl. în,
dans le sens de boutonné, ce qui est assez étrange.

* روم I se construit c. a. p., رَامَهُ أَنْ désirer de quelqu'un
qu'il fasse une chose, Badroun 304, 7; رامه في ذلك
il chercha à lui persuader une chose, ibid. 294, 12.
— لهم اعتبادا بالمغرم وروم على الذل Berb. I, 272, où
M. de Slane traduit: «ils ont à subir bien des humiliations.» لا يُرام بزيتك ولا مجمل on ne peut lui
reprocher ni lenteur ni précipitation,» Abbad. I, 51,
2 a f.

رُوم rum, esprit tiré du sucre, Bc.

رُومِىّ «Le melon roumy» à Sfax, Ouaday 580,
604. — Sorte d'oiseau, Yâcout I, 885, 15. — Les
Arabes d'Espagne donnaient le nom de رُومِيَّة aux
jeunes filles chrétiennes qui, ayant été prises à la
guerre, étaient devenues leurs esclaves et qui avaient
embrassé l'islamisme. Elles recevaient d'autres noms
que les Mauresques, et chacune d'elles portait celui
de Romia comme une espèce de surnom. Ces renseignements se trouvent dans un passage intéressant
de Hernando de Baeza apud Müller L. Z. 63—5.
Ils expliquent pourquoi رُومِيَّة se trouve dans le Voc.
sous captivus. Comparez aussi Chec. 187 v°, où on
lit que quelqu'un s'aperçut de cette manière de la
cause de sa maladie: وقع على ان الرومية كانت تمزج
له الماء في القرع الصيقل الأفواه بقدم الخبيص وهو لا
يعلم من ابتداء مرضه الى ذلك اليوم فضرب الرومية
ضربا وجيعا وكسر القرع التى كان يبرد فيها الماء —
espèce de haricot blanc tirant au jaune, Auw.
II, 64, 16.

رُومَانَة = رُمَّانَة romaine, peson, Lane sous ce dernier mot, Bc.

رُومَانِىّ papiste; الكنيسة الرومانية l'Eglise romaine,
catholique, Bc.

* رون رُونِيَة espèce de sac fait de sparterie, Espina R. d.
O. A. XIII, 145.

رُوَان, au Maroc, les toiles dites rouenneries (de
Rouen en France), Hœst 269.

رُوِينَة rouina, farine de blé grillé qu'on détrempe
dans l'eau pour la manger, Beaussier; souvent chez
les voyageurs.

رَوَانِى mode de musique, Hœst 258.

رَوَانِى. Dans l'Inventaire je crois devoir lire للجلد
الروانى, au lieu de الزوانى. Il y a des tanneries à Rouen.

رُونَد. Le terme روند صينى rhubarbe chinoise, est altéré
chez Alc. (ruibarbo) en ravdecêni.

* روى I comprendre, concevoir, Hbrt 223.
II remplir d'eau, de Sacy Chrest. I, 224, 3: فلما
جرى ماء النيل فيه روى البركة — روى بالنشا empeser, Bc. — Dans le sens qui chez Lane est le dernier, ce verbe ne se construit pas seulement c. في,
mais aussi c. a., Abbad. I, 109, n. 197; le Voc. a
aussi sous previdere: c. a. et c. في. — Montrer, Bc;
c'est pour أَرْوَى, qui est pour أُورَى, et ce dernier est
pour أَرأَى.

IV satiavit potu aliquem, c. d. a., Gl. Mosl. —
Dire, faire des contes, Alc. (novelas contar). — Montrer, Bc; c'est pour أُورَى, qui est pour أَرْأَى, et ce
verbe a proprement le sens de montrer dans ces expressions, qu'on trouve chez Bc: اروى الطريق tracer
le chemin, au fig., donner l'exemple; ارواه الأمر بوجه
أرويك il a donné un bon tour à l'affaire; حسن
je te rangerai à ton devoir; قيمتك وقدرك
الله لا يرويبنا Dieu nous garde d'un pareil malheur!

V. Lane a supposé avec raison que cette forme
a aussi la signification qu'il a donnée en dernier lieu
sous le II°; voyez v. d. Berg 65, Macc. II, 156, 15;
le Voc. l'a aussi sous previdere.

VIII comprendre, concevoir, Hbrt 223.

شَبْعَة أى, étancher la soif, L. Il donne: refectio
وَرَاى, et ce mot doit être formé irrégulièrement de
la racine روى, car il a aussi: reficio أَعْدَ وَأَرْوَى.

رى (aussi رَاى et راء) saumon, Gl. Edrîsî.

رَوٰى, en Egypte et en Nubie, grande *outre* plate et carrée, faite de peau de bœuf, Ouaday 332, Lane M. E. II, 21, Burckhardt Nubia 284, Pallme 157, Descr. de l'Eg. XVIII, part. 2, 388 (rayyeh). — *Pluie*, M.

رِيَّة الْبَحْر *medusa*, Bait. I, 508 c (le *techdîd* dans A).

رَوَى mode de musique, Descr. de l'Eg. XIV, 29.

رِوَاء en Espagne, pl. أَرْوِيَة en Afrique, *grande écurie couverte pour les chevaux et les mulets*, Voc. (stabulum (domus magna stabuli)), Alc. (cavalleriza, establo de bestias, قائد الروا establero), Torres 317, St. Olon 75, Miss. hist. 420 a, Rojas 61 r°, Hœst 153, Domb. 91, Barbier, Cherb. Dial. 75, Martin 41.

رَوَايَة *prédiction*, Akhbâr 50, 2 (lisez ainsi avec le man.), 51, 5, 54, 2 a f.

رَوَايَسَى *narratif*, Bc.

رَيَّان, fém. ة, Saadiah ps. 52, pl. رُون ps. 92. — رَيَّانَة en parlant d'une terre, *où il y a beaucoup d'eau*; lisez ainsi chez Auw. I, 138, 12.

رَاو *porte-crosse de l'imâm*, Roland.

رَاوِيَة *gelée blanche*, Bc (Barb.), Domb. 54.

رويبنسة (esp.) *raiponce*, espèce de petit navet, Alc. (ruyponce).

ريالادبك (turc) *contre-amiral*, Bc.

ريب I c. a. p. *voir de quelqu'un ce qui inspire des soupçons et ce qu'on désapprouve*, M.

II c. a. *ponere alium in dubio*, Voc. — C. a. et ب *conscienciare*, Voc.

V c. ب et من dans le Voc. sous conscienciare.

VIII, *douter de*, se construit aussi avec l'accus., Abbad. III, 37, 4 et n. c (cf. sous la X°). — C. a. *désapprouver* (استنكر), Gl. Mosl.

X, *douter de*, *soupçonner*, se construit aussi, de même que la VIII° (voyez), c. a. p., Gl. Fragm., et c. a. r., Mohammed ibn-Hârith 267: فَكَّرْتُ فِي مُخْرِج هذه الحكاية فاستريبتها۰

رَيْب *scrupule*, restes de doute, de difficultés après la discussion, l'explication, Bc. — تحت الريب *incertain*, Bc. — اولو الريب, *les individus*

mal famés, Prol. II, 31, 6, Hist. Tun. 96, Haiyân 9 r°: وكان فضّا (فظّا l.) على اهل الريب قامعا لاضل Khatîb 136 r°: كان مالفا للخعرة والاخلاف والشرار الشرّ — واولى الريب *ses intimes*, *ses mignons* (dans un sens obscène), Berb. II, 478, 1 (où il faut lire ainsi avec un man. cité dans la trad. IV, 370, n.; cf. sous مَكْسَع).

رَيْبَة نَائِب *celui qui est chargé de la police des filles publiques*, Descr. de l'Eg. XI, 500.

رَيْبِى *ambigu*, Bc.

رِيبَان (fr.) *ruban*, Bc, M (sous رين). — *Fil d'argent ou de laiton*, M.

مُرَاب *louche*, *équivoque*, Bc.

مُرَابِي *fesse-mathieu*, *usurier*, Bc.

رِيبَاس *rhubarbe groseille* (Rheum Ribes), Most. in voce, Bait. I, 508 c. — *Groseille et groseillier*, Hbrt 52 (Eg.), Bg 873.

رِيبُول espèce de *Rhamnus*, Bait. II, 521 b: العسم الذى يعرف بالريبول وهو العوسج الاحمر si c'est ainsi qu'il faut lire; dans B le mot est sans points; dans A c'est الرتيبول. Bat. III, 150, 276, 383, nomme un arbuste, ريبول, dont les fleurs, qui portent le même nom, sont de couleur blanche; les traducteurs soupçonnent que c'est راى بيل *jasminum zambac*.

رِيبَتَهْ, dans le Yémen, fruit séché d'une plante, qui, lorsqu'on le remue dans de l'eau froide, donne une écume qui ressemble au savon; on s'en sert pour laver les vêtements et les métaux, Niebuhr B. xxxxi.

رِيبَيْنَج = راتينج *résine*, Payne Smith 933.

رِيث I se construit aussi c. عن p. رات عنه التَّخَبُّر, Gl. Belâdz., et c. a. p., Gl. Mosl.

رِيش I c. a. p., en parlant d'une maladie, *amaigrir et rendre léger comme une plume*, Gl. Mosl.

II *commencer à avoir des plumes*, *à se couvrir de plumes*, en parlant des oiseaux, Alc. (encañonar), M. — *Se remplumer*, au fig., rétablir ses affaires, sa santé, Bc, M. — *Peindre ou sculpter des arabesques qui représentent des plumes*, Gl. Edrîsî. — *Plumer*, Ht. — C. ب *agiter la queue*, Daumas V. A. 490.

ريصال

V *commencer à avoir des plumes, à se couvrir de plumes*, en parlant des oiseaux, L (plumesco), Voc., Alc. (enplumecerse, encañonarse las aves).

ريش *grains d'agate* qui viennent de Bombay et dont on se sert jusque dans l'intérieur de l'Afrique, Burckhardt Arabia I, 70, et Nubia 269, 270, 285, cf. Ouaday 334.

ريش spécialement *plumes d'autruche*, Davidson 112. — ريش ناعم *duvet*, menue plume, Bc. — En parlant d'un poisson, *nageoires* (qu'en allemand aussi on appelle Flossfeder), Bait. I, 245 c: ليس له فصوص ولا ريش *fanon*, barbes de baleine, Bc. — *Le fer de la flèche*, Ouaday 436. — ريش العين *les cils des paupières*, M.

ريشة *aigrette*, sorte de panache, Bc. — *Plectrum*, Lane M. E. II, 79, 82; ريشة النسر *le plectrum*, s'il est de plume d'aigle, Descr. de l'Ég. XIII, 228. — *Aigrette de diamants enchâssés dans de l'or ou de l'argent*, Lane M. E. II, 401; ريشة جواهر *aigrette*, léger bouquet de pierres précieuses, Bc. — *Rayon, rais d'une roue*, Alc. (rays de rueda). — Nom d'une maladie interne des mulets, qui ressemble à celle qu'on appelle العد chez les chameaux, Gl. Mosl. — M. Simonet m'écrit qu'il a trouvé ce mot chez des médecins arabes-espagnols, notamment chez Ibn-Wâfid, dans le sens de *fistule lacrymale*, et il l'identifie avec l'esp. *rixa (rija)*, qui a le même sens. Cette observation est très-juste; les paroles d'Ibn-Wâfid sont (man. de l'Escurial n° 828): دواء نافع للناصور الذى يسمى الريشة, et je trouve aussi ce terme dans le Traité de médecine d'Ibn-al-Khatîb, man. 331 (1), qui le signale comme un mot vulgaire, 19 r°: الغرب خراج فيما بين المأتى والانف تدعوه العامة الريشة — ريشة فصادة *lancette*, Bc, M. — ريشة القلب *le creux de l'estomac*, Martin 146.

رياشى épithète d'une sorte de pomme, Chec. 198 واما التفاح الرياشى وهو الذى نعرفه بالمريش فمنه شتوى ومنه عصيرى ۞ :r°

مريش الشبوب المريش Becrî 15, 4, où M. de Slane traduit: « de l'alun sous la forme de plumes. » — Épithète d'une sorte de pomme, voyez l'article qui précède.

ريصال *conserve*, confiture de fruits, d'herbes, de fleurs, de racines, Bc.

ريط

ريطة. J'ai critiqué ailleurs (Vêtem. 192—3) l'explication que Freytag a donnée, dans son Dict., du passage de Harîrî, p. 254. Il a tâché de la justifier dans son Einleitung in das Studium der Arab. Sprache, p. 308; mais, comme tant d'autres choses qui se trouvent dans ce livre, ce qu'il y dit ne mérite pas une réfutation sérieuse, et M. Lane a suivi, comme je l'avais fait moi-même, l'explication donnée par le scoliaste. Elle est confirmée par un vers sur les Almoravides et leur *lithâm*, qu'on trouve chez Nowairî, Afrique 50 v°:

اذا التثموا بالريط خلّت وجوهم   أزاهر تبدو من فتوق الكمائم

Dans ce vers ريطة signifie aussi *une pièce d'étoffe de laine dont on se sert en guise de turban*; comparez, p. e., Ouaday 516: « Le Toubou avait le *lithâm* sur la face, c.-à-d. qu'une partie de l'étoffe de son turban ôtait ramenée, par le bout, du côté de la figure, dont elle faisait le tour deux ou trois fois d'avant en arrière, de manière à ne laisser apercevoir absolument que les yeux. »

ريع I. راعه بالعصا *il le frappa avec un bâton*, M.

ريف

ريف. «Dans l'Egypte, et surtout chez les chrétiens, *l'Egypte inférieure*, attendu que cette partie présente les plaines les plus vastes et les plus fertiles. Mais chez la plupart des historiens et des géographes, *les campagnes*, et surtout les campagnes qui s'étendent sur les deux rives du Nil, et qui constituent la seule partie fertile de l'Egypte,» Maml. II, 2, 209. — «En Afrique, les contrées qui bordent la mer; il sert aussi de nom propre à cette partie du royaume actuel de Maroc qui s'étend depuis Tetouan jusqu'au Molouïa,» de Slane trad. de l'Hist. des Berb. I, p. cı. — *Le nord*, Werne 101. — *Bord d'une rivière*, Auw. I, 400, 7, où il faut lire avec notre man. ويصلحها أرياف; ibid. l. 12 (même observation): الماء الكبير لأنها من شجر الارياف; *rivage* de la mer, ريف البحر, Maml. II, 2, 206, 4 a f., où Quatremère veut à tort changer la leçon.

ريفى *villageois, rustique*, Maml. II, 2, 209. — *Croissant sur le bord de l'eau*, Auw. I, 399, 10, où il faut lire avec notre man. ريبى, au lieu de ريبى. De là الشجر الريفى *le noisetier*, Auw. I, 349, n. **, où il faut lire avec notre man.: وهو الشجر الريفى

زابَق

moneda de plata), Bc, M, chartes grenadines, Hist. Tun. 129; — رِيَال أَبُو مِدْفَع *piastre à colonnes, colonnade*, Bc; رِيَال أَبُو طَاقَة *piastre avec une couronne de fleurs*, Bc.

رِيَالَة *bave*, Bc, 1001 N. I, 826, IV, 85.

رِيَوَال même sens, Bc.

رِيوَالَة = كَشْوَث, Most. sous ce dernier mot; leçon de N; endommagé dans La, mais semble رِيْبوله.

مَرْيُول *amoureux, coureur de femmes*, Daumas V. A. 163, 186.

ريم II *écumer, jeter l'écume*; en parlant de la mer, *moutonner, écumer, blanchir*, Bc. — *Faire que chaque brebis nourrisse l'agneau d'une autre*, Alc. (ahijar ganado).

رِيم n. d'un. ة, *sorte de petit poisson, le hareng, l'anchois, la sardine ou le célerin*, Alc. (alache pece), Domb. 68 (halex), Mc (anchois, qu'il traduit aussi par سَرْدِين, hareng), Ht (hareng).

رِيمَة *écume*, Bc.

رِيمِيا *l'art du joueur de gobelets*, Ztschr. XVI, 226 et suiv.

رين

رَان (sorte de chaussure) pl. ات, Kâmil 627, 14.

رَائِنَة. Ce mot est employé, Abou'l-Walîd 180, n. 71, pour expliquer l'hébreu קָדִים chez Ezéchiel 23, vs. 24, dont l'existence est plus que douteuse (voyez le Commentaire de Hitzig), et signifierait *une espèce d'arme*, ضَرْب مِنَ السِّلَاح, ce qui ne convient nullement au passage d'Ezéchiel. Je ne le connais pas.

رَيْنَق I c. a. dans le Voc. sous *flere* et *vagire*, de même que رَنْبَق.

II *flere, vagire*, Voc.

رِيهَقَان *safran*, dans un dialecte arabe, Dict. de Vullers, Bait. I, 530 g, où il faut lire ainsi avec A.

ريف

وقيل انّه في بعض الحصون للجوبية على ريف بعض الاوديةه

رِيَّاف *villageois*, Maml. II, 2, 209.

ريق I. (راق موبة vulg. pour اراق ماء) *faire de l'eau, lâcher de l'eau*, Bc; n. d'act. رِياقة الماء 1001 N. II, 72, 14.

II, avec ماء, même sens, Bc.

IV voyez sous روق IV.

V voyez sous روق V.

أجرى الريق رِيَّق *faire venir l'eau à la bouche*, (fig.), *exciter en parlant le désir d'une chose*, Bc.

رِيقة *panier flexible*, Ouaday 401.

رِيقي *salivaire*, Bc. — دِينَار رِيقى *monnaie d'or du roi de Castille Henri IV, dont la valeur fut diverse sous différents rois*, Alc. (castellano moneda, enrrique moneda de oro); beaucoup de renseignements chez Saez, Valor de las monedas etc. (Madrid 1805). Dans les chartes grenadines elle s'appelle ذَهَب رِيقى.

رِيْقَان, corruption de بَرْقَان, *jaunisse*, Bc.

رَائِق *clair, ayant peu de consistance, n'étant point propre à la génération* (sperme), 1001 N. Bresl. VII, 42, 12 et 13, 43, 2 a

أرَاقَة voyez sous روق.

مَرِيَّق *ptyalagogue, qui provoque la salive*, Bc.

ريكة (esp. rica) *femme toujours mise richement, qui mène un grand train*, Beaussier. A Tunis *prostituée*, Michel 191, 228.

ريل I *écumer*, Hbrt 63.

II *baver*, Bc (= رَوَّل).

رِيَال *écume*, Hbrt 63. — Pl. ات *réal, écu, piastre forte, piastre d'Espagne, monnaie d'argent*, Alc. (real

ز

زاب

زَأْب, زَأْب وغَاسُول *savon*, L, qui a: isopo et زَأْب. Isopo et راب sont des altérations de sapo; l'autre forme, صابون, est σάπων.

زاٰبَق

الزئبق الحلو M, Voc. زِئْبَق, vulg. زِبْبَق, *mercure doux, calomel*, Bc. — تراب الزئبق هو الزئبق المقتول

وهو ان يُسْحَقَ الزئبق مع بعض الادوية الترابيّة بالتُخَل حتى تغيبَ عيونه, Gl. Manç. L'expression الزئبق المقتول se trouve aussi dans Bait. II, 104 b, et le Gl. Manç. a: موت الزئبق هو ان يُسْحَقَ حتى تغيب عيونه.

زاد.

مَزْوود *terrible, rempli de terreur,* Çalât 26 r°: فلما اصبح الله بالصباح من تلك الليلة المزوودة.

زار.

زَئِير dans un sens spécial, voyez زَهِير.

زَوَائِر pour l'hébreu שאגה, *rugissements, cris,* Saadiah ps. 22 et 32.

زَرقون voyez زَارقون.

زاز.

فَشَّ بالزَّاز *de force,* Bc (Barb.). — زاز *émailler,* Bc (altération de بالزجاج).

زَان nom d'un arbre, Becrî 54, 3 a f., Macc. II, 685, 9, Cartâs 64, 16, Berb. I, 164, 10, II, 44, 4. Ibn-al-Baitâr ne semble pas avoir connu cet arbre; il dit, I, 515 b, que, selon quelques-uns, c'est le مُرّان, mot que Sontheimer traduit par *frêne.* Dans le Voc., qui donne le n. d'un. ة, c'est *térébinthe*, et chez Bc et Hbrt 55 *hêtre*; mais tous ceux qui ont été en Algérie attestent que c'est une espèce de *chêne* à fouilles caduques et dont le gland n'est jamais employé; voyez de Slane sur Becrî et Borb., Carteron 201, R. d. O. A. VI, 222, N. S. III, 228, IV, 286, Carette Kab. I, 163, 166, 167, 168, 186, 223, Cherb. Dial. 79.

زاوش pl. زواوش, en Barbarie, *moineau,* Bc (Barb.), Hbrt 66 (Alg.), Roland, Daumas V. A. 102, Tristram 393 (Spanish sparrow, *passer salicarius*); corrompu en bsuise chez Pagni 99; dans Pagni MS c'est bsuix.

زاوِيت (Daumas MS) espèce de graminée, Daumas V. A. 383.

زَائِرجَة pl. زَائِرج (Prol. III, 184, 3, 191, 6), proprement زَائِرجَة العالم *tableau circulaire de l'univers,* espèce de tableau dont on attribue l'invention à un Soufi maghribin de la fin du VIe siècle de l'hégire, nommé Abou-'l-Abbâs, de Ceuta. Il a la forme d'un grand cercle qui renferme d'autres cercles concentriques, dont les uns se rapportent aux sphères célestes, et les autres aux éléments, aux choses sublunaires, aux êtres spirituels, aux événements de tout genre et aux connaissances diverses. On s'en sert pour prédire l'avenir. Voyez pour plus de détails Prol. I, 213 et suiv., M 903, Léon 338, Marmol I, 63 c, Lane M. E. I, 396, Berbrugger 78 (علم الزائرجة). Ce mot est une altération du pers. زائچه; cf. chez Lane زائچة sous زيجي.

زائرجى *celui qui opère sur ce tableau,* Marmol I, 63 c, et non pas comme chez Le Blanc II, 177: « *zairagia*, enchanteurs qui conjurent les tempêtes, bruines, grêles et les autres météores qui portent dommage aux fruits. »

زب II *friser, crêper, boucler les cheveux,* Alc. (encrespar hazer crespo, encrespar los cabellos; le part. pass. crespa cosa de cabellos); — *hérisser, dresser les cheveux,* Alc. (erizar; le part. pass. erizada cosa); — *friser, relever le poil du drap,* Alc. (frisar paño); le part. pass. *à contre-poil, à rebrousse poil,* Alc. (pelo arriba).

V. Le n. d'act. *frisure, l'action de friser, et l'effet de cette action,* Alc. (encrespadura).

زب chez Freytag doit être changé en زبّ (voyez).

زبّ, *membre viril,* le pl. زبوب chez Alc. (natura de macho), زباب chez Bc, أَزُبَّة dans le Voc. — زب البَحْر *Mentula marina,* Pagni 70; il faut prononcer ce mot avec le *dhamma,* comme il le fait, et non pas avec le *kesra,* comme chez Freytag, car Pagni dit que les Arabes donnent à la Mentula marina le même nom peu honnête que lui donnent les Latins. — زب الحُوت *baleinas, membre de la baleine,* Bc. — زبّ رباح ou رُباح a au Maghrib un autre sens que celui que Lane donne sous l'un et l'autre de ces mots, à savoir celui de *hypocistis,* Most. sous le dernier mot de la lettre ط, طراثيث dans le Gl. Manç. sous ce dernier mot et chez Bait. II, 158 a, que Bg 855 traduit aussi par *hypocistis.* Dans le man. N du Most. cette plante est nommée aussi زب الأرض, ce qui est l'équivalent de ذَكَر الأرض chez A. R. 173. Chez ce dernier auteur la première lettre de زب رباح est par erreur un *râ*, et le M donne fort mal, sous رب, طرثوت الارض ورب الرياح.

زبانطوط 578 زبر

زَبِيب proprement *raisins secs*, ensuite *tous les fruits secs à l'exception des dattes*, Bait. I, 515 c. Espèces de raisins secs: تهامى, 1001 N. I, 56, 3 a f.; خُراسانى, Djauzî 148 r°; دمشقى, Rauwolf 37, 105; طائفى, Tha'âlibî Latâïf 119, 2 et suiv., Djauzî 147 v°; عبَّيدى, Sang.; عسلى, Macc. I, 123, 7; مُنَقَّى (d'Almuñecar), *ibid*. — *Espèce de vin ou de sorbet, fait de raisins secs*, Lane M. E. I, 134 n., 224. Dans le Voc. *vinum de perasas*, mais je crois devoir corriger: *de pasas*. — *Espèce de conserve enivrante*, Lane M. E. I, 224 n., *faite de raisins noirs qu'on fait cuire*, Léon 434 (deux fois). — زبيب الجَبَل *staphisaigre*, *herbe aux poux*, Most. v° حب الرأس, Gl. Manç. v° ميورج, Bait. I, 281 c, 517 b. Bc donne زبيب للجبل en ce sens, mais c'est peut-être une faute.

زَبِيبَة *frisure en manière de crêpe*, Alc. (crespa de cabellos). — *Flocon de laine*, aussi زبيبة المَلَف Alc. (flueco de la lana). — عَكْس الزبيبة *à contrepoil*, Alc. (pospelo).

زُبِيبى *de couleur de mûre* (proprement *de raisin sec*), *violet foncé*, Alc. (morado color escuro).

أَزَب L, chez qui la forme أَفْعَل est constamment أَزْب, donne: *birrus* بُرنُس وشَرَكَة. Le mot بُرنُس semble indiquer que *birrus* doit se prendre dans son acception ordinaire (cf. Ducange), sorte de vêtement; mais je ne connais ni أزب ni شَرَكة en ce sens.

زبنطوط voyez زبانطوط.

زبج disait le peuple en Espagne pour سبج (voyez). Aussi dans la 1re partie du Voc., mais sans explication.

زَنْبُوج = زَبُّوج *olivier sauvage*, Gl. Esp. 32; *zeboudja* dans Daumas V. A. 118.

زبد I. زبد فى العَرَق *suer*, Voc.

II *faire du beurre*, Voc. — *Babiller*, Payne Smith 1009.

زَبَد Le pl. زُبُود dans le Voc.

زَبَد *sueur*, Voc. — *Quintessence, substance, suc*, *ce qu'il y a de plus substantiel dans un livre*, Bc. — زبد البَحر *« espèce d'alcyon, production marine*.

Dioscorides en indique plusieurs espèces sous le nom d'alcyon, ἀλκυόνιον, V, 136, que la version arabe rend par *zebed al-bahr*,» Clément-Mullet II, 2, 110, n. 2; — *liqueur que répand la sèche*, Bc. — زبد البَحَيْرة *adarca*, *écume salée qui s'attache en forme de laine aux herbes et aux roseaux durant la sécheresse*, Bait. I, 519 b. — زبد البورى *aphronitre*, Bc. — زبد القَمَر *sélénite*, Bait. I, 144 f, 499 d. — Aujourd'hui pour زَبَّاد, *civette*, Cherb.

زُبْدَة *beurre frais*, Hœst 108, Constant, Bilder aus Algier p. 190, Bc.

زُبْدَة عن غَيْر زبدة *sans succès*, Freytag Chrest. 114, 8.

زَبَّادَة *civette*, Voc., قَطُوط الزبَّادة, Cartâs 64, 16.

زَبْدى *de couleur de crème* (زُبْدى), en parlant de porcelaine, Tha'âlibî Latâïf 127, 2 á f. — Substantivement: *un vase fait de cette sorte de porcelaine* (cf. l'article qui suit); mais dans le seul passage où je trouve ce mot, Rutgers 169, 9, il semble désigner *une certaine mesure pour les grains*.

زَبَادى (pl. زَبَادِيّ زُبَيْدِيَّة, *en trois syllabes*, dans un vers chez de Sacy Chrest. I, ١٨, 4, est une licence poétique) est proprement un adj. fém. qui signifie *de couleur de crème*, en parlant de porcelaine (voyez l'article qui précède), mais s'emploie substantivement pour désigner *un vase fait de cette sorte de porcelaine. Tasse, écuelle* (de porcelaine), Hbrt 202, *écuelle* (en terre), *assiette, plat*, Bc, pour le lait, Mehren 28, *espèce de terrine*, Descr. de l'Eg. XVIII, part. 2, 416, Gloss. de Habicht sur le t. II de son édit. des 1001 N., note de Rutgers 173, Aboul-Walîd 640, n. 38, Ibn-al-Athîr, Commentaire sur le poème d'Ibn-Abdoun, man. Gayangos, 138 v°: مائة ألف زبدية وثلثين ألف صحن حلاوة, Nowairî Egypte, 2 k (2), 155: ومن الآلات مثل الزبادى, Ibn-Iyâs 30: والسُّقاة تَسقيهم القمر فى الزبادى.

زَبَادَة *civette*, Voc.

زبر I, n. d'act. زَبْر et زَبِير, *tailler, émonder la vigne, les arbres, tailler les extrémités des branches pour les empêcher de s'emporter* (comme זמר en hébreu), L (carpit), Voc., Alc. (podar vides o arboles; مِنْجَل الزَّبير *podadera hoce*; cf. *podazon tienpo de podar*)

Domb. 132, Hbrt 54, 181, M, Auw. I, 11, l. 11, 19, 3 a f. et suiv., 186, 15, 437, 18, 500, 18, Macc. I, 632, 6, Calendr. 20, 3, 25, 5, Ibn-Loyon 19 r°: زبير العنب التقصبيب والتقنيم والتقنيب ✶

II émonder, الكروم ébourgeonner, Bc.
VII être taillé, émondé, Voc.

زبر cri de guerre, Diw. Hodz. 92, 4 a f. (= 167, 5):
انا ابن اثمار وهذا زبرى
expliqué par صباحى, qui a souvent ce sens.

زبر verge, le membre viril, Bc; c'est une altération de زب. Ht donne la prononciation algérienne, zebr et zebb; dans M zabr.

زبرة extrémité d'une branche qu'on taille pour l'empêcher de s'emporter, M. — Verge, le membre viril, M (cf. زبر).

زبّار celui qui émonde, élagueur, Voc., Alc. (podador de viñas), Bc, Bg, Khatîb 57 v°: ثم قمنا الى زبّارين يصلحون شجرة عنب ✶

زبّور (?) disait le vulgaire en Espagne pour الزنابير جمع زنبور, guêpe, Ibn-Loyon 19 v°: زنبور, وهى التى تسميها العامّة الزبور ✶

زبّارة serpe, Alc. (hocino para chapodar arboles), Domb. 95.

زنبور voyez l'article زنيم.

زبّر (sous رأبر), serpe, M.

مزبر pl. مزابر serpe, serpette, faucille, Voc. (podadera, falx), Alc. (cazcorvo, hocino para leña; ce cazcorvo, qu'on ne connaît plus en Espagne, a certainement eu le sens de serpe, serpette; dans la Colombie il signifie cagneux (voyez Cuervo, Apuntaciones críticas sobre el lenguaje bogotano, p. 344, 2e édit.); c'est un sens figuré, qui s'explique aisément par la forme de cet instrument; l'étymologie est: caput curvum), exemple sous قربال. — Cógnée, hache, Hodgson 85 (axe).

مزبرة pl. مزابر serpe, serpette, Alc. (hoce podadera), Domb. 96, Bc (Barb.), Dict. berb.

مزبور = مذكور, M; الثمن المزبور ledit prix, J. A. 1843, II, 222, 6 a f.; de même 224, 1.

زبربور nom d'une plante, Daumas V. A. 381, raisin sauvage, Beaussier.

زبرجد Le n. d'un. ة dans le Voc.

زبرقان est le nom d'une bête féroce dans un passage de Nowairî, man. 273, p. 638, où on lit que l'animal nommé ببر est engendré du زبرقان et de la lionne.

زبرك (?) épine-vinette selon Abou-Hanîfa, Most. v° leçon de N; Lm زبوك; chez Payne Smith 1162 زبرك.

زبرية enclume, Bc (Barb.). C'est un de ces mots hybrides comme il y en a tant dans le Voc., car il est formé de l'arabe zobra (enclume) et de la terminaison esp. era.

زبزبين nom d'un mets au Maghrib, Macc. II, 205, 1, Chec. 193 r°, « hormigos de massa » chez Alc., qui traduit aussi ce mot en arabe par « couscoussou; » chez Victor « hormigo » est « pain émié et broyé avec du safran, » et chez Nuñez « hormigos » est « ragoût composé d'avelines pilées, de pain râpé et de miel. » En Afrique ce terme a depuis longtemps perdu sa première lettre, car on y dit بزينة ou بزينة. Léon 562: « farinæ massam aquâ optime coctam in alio quodam vase pistillo quodam agunt, atque oleo aut carnium iure madidam vorant potius quam edunt: cibum hunc Besin vocant; » cf. 572. Richardson Sahara I, 61: « The ordinary food of the people is bazeen, a sort of boiled flour pudding, with a little high-seasoned herbal sauce, and sometimes a little oil or mutton fat poured on. It is generally made of barley-meal, but sometimes flour. This is the supper and principal meal of the day; » cf. 277—8; le même Central I, 71, 308. Cherb. C: « بزينة bouillie faite avec de la farine, du beurre et du sucre (Tunis). » Voyez aussi Marmol II, 241 c, 285 a, 305 c, Pagni 45, 124, Hamilton 172, Lyon 21, 22, etc., 49, 50, Pananti II, 31, Blaquière II, 40 n., Ten Years 78, 89, 105, Della Cella 8, Testa 7, R. d. O. A. V, 16, Barth I, 24, 44, 112.

زبط II, en parlant d'une femme, mettre au monde un enfant; en parlant d'un homme, procréer, M.

زبط démon, enfant vif, pétulant, Bc.

زبع pl. زباطة grappe de dattes, régime, rameau de palmier avec les fruits, Bc.

زبع

زُوباع est الصعتر الدقيق, M.

زبق I couler, glisser doucement, en parlant de choses solides, Bc. — Se faufiler, se glisser, Bc.

II crier, rendre un son aigre par le frottement, Bc.

VII s'esquiver, Bc.

زبل I bafouer, Ht.

II, engraisser, fumer la terre, Voc., Alc. (estercolar el canpo), Bc, n'est peut-être pas classique (Lane), mais se trouve souvent chez les auteurs du moyen âge, p. e. Abd-al-wâhid 23, 3 (= Macc. II, 68, 1), Auw. I, 6, 3 a f., 14, 20, etc.

IV même sens, Alc. (estercolar el canpo).

زبل forme au pl. زبول et أزبال, Voc., Auw. passim; la première forme Edrisî, Clim. II, Sect. 6, la seconde de Sacy Chrest. I, 242, 8, Mi'yâr 6, 3 a f.

زبلة fumier, Voc.

زبلة fumier, ordure, excrément, fiente, Ht; — litière, paille, etc., répandue dans les écuries, Bc. — Crotte, crottin, Bc.

زنبيل cabas en feuilles de palmier. On appelle ainsi par dérision le chapeau de paille que portent les femmes européennes, Bg. — En Algérie, toile grossière qui renferme la laine d'un oreiller, d'un coussin, et sur laquelle se met une enveloppe plus riche, Cherb. qui cite Bresnier, Leçons théor. et prat. de la langue arabe, p. LVIII.

زنبيلة petit cabas, M.

مزبلة monceau de terre, butte, Maml. II, 2, 122. — Boîte dans laquelle on renfermait le fumier, ibid. — Tombereau, sorte de charrette, Bc.

زبلح I c. a. dans le Voc. sous baburius (sot). — Tromper, Bc (Barb.).

زبلحة pl. زبالح sottise, Voc.

زبلح pl. ون sot, Voc.

زبن II achalander, donner des chalands, Bc; cf. زبون.

زبن (Daumas MS) rétribution que reçoivent les cavaliers après une expédition, Daumas Mœurs 320 (zebeun).

زبان (pers.) aiguillon, dard d'insectes, Bc.

زبون a souvent chez Ibn-Khaldoun le sens d'insoumission, esprit d'insubordination, ce qui s'accorde avec la signification primitive de ce mot, quand il s'agit d'une chamelle, p. e. Berb. I, 295, 6 a f.: il leur donna des fiefs استئلافا بهم (نالى ا.ل.). وحسما لزبون, 501, 4 a f.: سائر غمارة بإبناس طاعتهم وكثر بذلك, 564, 3 a f., 643, 4 a f.: خسارة أموالهم فى زبون العرب واختلافهم عليه «dépenser inutilement son argent pour entretenir l'insoumission des Arabes» (de Slane), II, 190, 7 a f., 428, 12, 489, 10. Il se construit avec على, Prol. I, 36, 2 a f.: الزبون على مملوكه, Berb. I, 511, 5, 605, 4. L'expression زبون على فلان signifie aussi donner des embarras à quelqu'un, Berb. I, 527, 4, 643, 3, 644, 2, II, 468, 9, 494, 3, 518, 7 et 7 a f. Dans deux passages elle n'est pas claire, Berb. I, 517, 11: كان يداخل موسى ابن عيسى (على ا.ل.) فى الزبون كل واحد منهما لصاحبه على سلطانه, et 526, 5 a f.: il y avait entre eux deux مداخلة فى زبون كل واحد منهما مكان صاحبه على سلطانه. Ce qui est obscur, sont les expressions مكان صاحبه et مكان صاحبه, qui doivent signifier la même chose, car dans les deux endroits il s'agit des mêmes personnages. — Chaland (cf. la IIe forme), celui qui va ordinairement à des bains publics, Bâsim 21: تعرف مزح وتكبيس فى الحمام وتحك رجلين الزبون وتغسل فاجبا (حجا =) الى خالد زبون, 22: راسه بالصابون والليفة فاعطاه له قل فدخل باسم الحداد الى الحمام وخدم الزبون وغسله — وجا اخر زبون فاعطاه درهم. Non-seulement chaland, mais aussi celui qui vend ordinairement à une certaine personne; le vendeur et l'acheteur sont donc le زبون l'un de l'autre, M. Le زبون d'une femme mariée est son amant, et elle est sa زبونة; de là le verbe زبون (voyez), M.

زبين fort, bien fortifié, Rutgers 187, 1 et 188.

زبنطوط pirate, Beaussier, Bc, qui a aussi أزبنطوط et زنطوط pour bandit. Du turc selon Beaussier, mais je ne le trouve pas dans les dict. de cette langue, et je dirais plutôt: de l'ital. sbandito, proprement un banni, un exilé; bandito, qui signifie la même chose, a reçu le sens de bandit, brigand. — Célibataire, garçon, Beaussier, chez Cherb. زبناطوط. On voit que les Africains ont fait une application fausse d'un mot étranger et dont ils ne connaissaient pas bien la signif. véritable.

زبوبذ = زراوند طويل, Most. sous ce dernier mot.

زج I semble dans le Voc. *donner un coup de poing*, puisqu'il a à ce verbe sous pugnus.

II *émailler, recouvrir des faïences d'un enduit vitreux*, Gl. Edrîsî, Gl. Esp. 177, n. 1, Auw. I, 684, 12 (l. مُزَجِّج), Bait. I, 267: واذا مُلِىَ اناءٌ مُزَجِّج بزيت عفص. Cf. sur les faïences émaillées (vidriados) Davillier, Hist. des faïences Hisp. moresques à reflets métalliques (Paris, 1861). — *Faire du verre*, Voc.

VII *recevoir un coup de poing*, Voc., qui a ce verbe sous pugnus.

زج (sic) pl. زجوج *vin fait de figues*, Voc.

زج pl. ازتّ *poing*, Voc.

زجاج *verre*. Djob. 275, 19 nomme les espèces صوري et عراقي. On trouve زجاج فرعون chez Bait. I, 294 d. الزجاج الخيرى ? voyez sous ce dernier mot. — *Email*, Gl. Edrîsî; chez Macc. I, 403, 2 a f. الزجاج الرومى.

زجاجى *verrier, qui fait du verre*, Bc. — *Vitreux*, Voc., Bc. — Sorte d'oiseau, Yâcout I, 885, 15; mais les man. de Cazw. portent رجاجى, زجاجى, رجاجى.

تزجيج *émail*, Ht.

زجر I, dans le sens de *pousser les chameaux en avant*, se construit aussi vulg. c. ب, P. Prol. III, 432, 4.

زجرة *augure*, P. Kâmil 84, 5.

مزجر. L'expression مزجر الكلب, qui a été expliquée par Lane, se trouve Aghânî 43, 2, et dans un autre passage que Kosegarten cite dans ses notes, p. 297—8. L'explication que Fleischer y a donnée est inadmissible, celle de Tantâwî est bonne. Voyez aussi Alfîyah éd. Dieterici 158, 3—5.

زجل.

زجل, pl. ordinairement ازجال (aussi dans le Voc.), mais chez Alc. ازجل, espèce de poème ou plutôt de chanson populaire, dont l'invention est attribuée par quelques-uns à un certain Râchid, mais par la plupart à Abou-Beer ibn-Cozmân (Abou-Beer Mohammed ibn-Isâ ibn-Abdalmelic az-Zohrî), de Cordoue, qui mourut en 555 (voyez Khatîb Paris 48 rº et suiv.). Il est en langue vulgaire, sans désinences grammaticales. La versification en est fondée, non pas sur la quantité, mais sur l'accent, et l'on emploie différents mètres. On en a composé, non-seulement en Espagne, mais aussi en Egypte. Voyez J. A. 1839, II, 164, 1849, II, 249, Freytag, Darstellung der Arab. Verskunst 459, Macc. I, 312 (cf. Fleischer Berichte 182), II, 431, etc., Halbat al-comait, chap. 25. Dans le Voc. *cantilena, versus (rimes)*, chez Alc. *cancion, cantar, romance cantar*, كتاب الازجل *cancionero*.

زجلى adjectif formé du mot qui précède, Macc. II, 431, 14.

زجلا *celebris* (de camela), chez Freytag, est un *lapsus calami* pour *celeris*. Le pl. زجل, d'après une conjecture de M. Fleischer, dans Macc. I, 624, 4, cf. Berichte 207.

زجّال *celui qui compose des chansons dites* zadjal, Macc. II, 262, 4, 510, 9, Prol. III, 404, dern. l.

زج IV = I, Abou'l-Walîd 191, 2.

VII quasi-pass. de I, Abou'l-Walîd 190, 30.

زحر I *grogner, sangloter*, Ht.

زحرج I est employé improprement dans le Mançoûrî, à savoir dans le sens de قزّ, Gl. Manç.

مزحرج *fou, inconsidéré, téméraire*, Alc. (loco atrevido). Il ajoute un subst. *azahzóh, locura de esta manera*.

زحط I, aor. a, n. d'act. زحط, *glisser de haut en bas*, M; c'est = سحط VII, M sous ce dernier verbe.

زحف I *s'ébranler, commencer à se mouvoir*, t. militaire, Bc. Se construit aussi c. ل (= الى), Weijers 54, 2. — *Couler, glisser doucement*, en parlant de choses solides, Bc. — Dans Abbad. I, 41, 3 a f.: فطارب حتى زحف من مجلسه, on peut bien conserver la sign. ordinaire du verbe, comme je l'ai expliqué 92, n. 101; mais chez Macc. II, 97, dern. l., où il est aussi question de deux personnes qui sont fort joyeuses et où on lit: وزحف ابو السائب على معه, il est plus difficile de le faire, et l'on serait presque tenté d'y traduire *danser*. — C. على *donner l'assaut à une place de guerre*, Freytag Chrest. 125, 2, 7 a f., cf. 126, 4. نهج الزحف ou آلة الزحف (Amari 333, 4 a f.) est une sorte de tour dans laquelle se trouvent des soldats munis d'arbalètes et de machines de guerre, et qui est placée sur un chariot que l'on pousse (يَزْحَفُ بِهِ) contre les murailles d'une place forte que l'on assiége; voyez Freytag Chrest. 133, 13 et 14, cf. Amari 334, 7—9.

III c. a. p. *combattre avec* (Lane TA), exemple dans le Gl. Mosl.

VI *marcher au combat l'un à l'envi de l'autre*, Abbad. I, 310, 6.

زَحْف. زَحْفُ الرَّمْلِ *ensablement, amas de sable*, Bc. — Cf. sous I à la fin.

زِحَاف (pl.) *les estropiés*, Daumas V. A. 118 (zhhaf).

أَزَاحِيف pl. أَزْحَاف *changement d'un pied dans un mètre*, Ztschr. VII, 367, 9.

زحل I *couler, glisser*, c. عن *de dessus*, Bc.

VII c. عن est *removere* dans le Voc.

زُحَل (Saturne) on alchimie *plomb*, Abbad. I, 88, n. 82.

زَحُول *épithète d'un nuage*, employée aussi substantivement, Wright 81, 4 a f., à peu près l'équivalent de حَبِي selon l'éditeur.

زحلط II *glisser en bas*, M.

زَحْلِيطَة *endroit où l'on glisse en bas*, M.

زحلق I *couler, glisser doucement*, en parlant de choses solides, *glisser*, Bc, M. — *Couler, dire doucement, adroitement*, Bc. — *Glisser, être glissant*, Bc. — (Dans les 1001 N. Bresl. IX, 263, 2, ce verbe semble signifier autre chose; mais je crois qu'il faut y substituer un *fâ* au *câf*. En effet, le sens exige le verbe زحلف, *removit*; دفع dans l'éd. Macn. Il veut se débarrasser de la femme par une ruse).

لَعِب الزَّحْلِيقَة *patiner*, glisser avec des patins, Bc.

زحم I. زحم فَصْلُ الشِّتاءِ *l'hiver approchait*, Berb. II, 302, dern. l. (cf. sous la IIIe).

II dans le Voc. sous *comprimere*, et c. على *angustiare*.

III. زَاحَمَهُ فَصْلُ الشِّتَاءِ *l'hiver approchait*, Berb. II, 314, 6. — زَاحَمَ بِفُلَانٍ *il lui donna pour collègue un tel* (de Slane), Berb. I, 473; 1. — C. a. p. *être assidûment auprès de*, Meursinge 24, 19: il se trompait fréquemment' لِكَوْنِهِ لَمْ يُزَاحِمِ الفُضَلَاءَ فِي دُرُوسِهِم

C. a. p. *faire concurrence à, rivaliser avec*, Mohammed ibn-Hârith 328: ما على الوصف طويلة احوال بينهم فدارت ولا جلس بينهم في مساتلم وتعريسهم
يكون بين الصدّين ولا صدَّ اكبر من المزاحمة والمنافسة في الدرجة, Prol. II, 84, 9, 87, 3 a f., 90, 1, 241, 6, Mi'yâr 8, 3. C. a. p. et r., M, Prol. II, 249, 11. — C. a. p. *disputer l'empire à quelqu'un*, Cartâs 171, 4, cf. 166, 1. Aussi c. مع p., 165, 1 et 2.

V *être refoulé*, en parlant des eaux qu'une digue refoule, Gl. Maw.

VIII c. مع *se presser avec*, de Sacy Chrest. I, 242, 1. — *Se présenter ensemble*, Prol. III, 326, dern. l. — C. على r. *se disputer une chose*, Prol. II, 118, 7.

زَحْمَة, pl. زِحَام, Voc., *foule, cohue, assemblée tumultueuse*, Bc.

زِحَام *concours, affluence de monde*, Bc.

مُزَاحِم Le pl. مَزَاحِم Berb. I, 82, 2 a f.

مَزْحُوم *suivi*, qui attire beaucoup de monde, Bc.

مُزَاحَمَة *affluence*, Bc.

اِزْدِحَام *concours, foule, affluence*, Bc.

زحن I *mettre une substance en poudre*, M; cf. صحن I.

زخ I. زَخَّ المَطَرُ *il pleut à verse*, M. — *Baisser le dos* (cheval), M.

زَخّ مَطَر، زَخَّة *avalasse, ondée, averse*; lisez ainsi 1001 N. Bresl. IX, 348, 2, où le texte porte: نزلوا زخ; قطر المطر (sic) رخ مثل عليه (chez Macn. existe bien, mais signifie «petite pluie,» ce qui ne convient pas); cf. l'article qui suit.

زَخَّة مطر *avalasse, torrent, chute impétueuse d'eau de pluie, averse, lavasse, ondée*, Bc.

زخر VIII *s'enfler* (rivière), M sous نشوة.

زَخَّار, comme n. d'un., *une grande vague*, Abbad. I, 301, 3 a f.

زَخِيرَة pl. زَخَائِر *vivres pour les soldats et leurs chevaux*, M; cf. ذخيرة. — Je ne sais comment expliquer ce mot, même en supposant que c'est pour ذَخِيرَة, dans les 1001 N. Bresl. XI, 163, 6: فقالت له يا رجل كم علينا للاختبار وثمن زخيرة

زخرف

زُخَّارَة pour زَخَّارَة (voyez).

زاخِر *florissant*, en vogue, en honneur, Bc.

زخرف

زَخْرَفَة *décoration, enjolivement, ornement, parement*, Bc, Gl. Fragm. — Ce mot doit avoir un autre sens chez Djob. 177, 3, où l'auteur compare l'énorme enceinte de toile, qui entoure la tente du souverain (cf. Gl. Esp. 106), au mur d'un jardin et à زَخْرَفَة بنيان, ce qui fait penser à une enceinte de murailles autour d'une réunion de bâtiments.

زخف

مُزَخَّف *orgueilleux*, Diw. Hodz. 280, vs. 5.

زخم

زَخْمَة et زُخْمَة (Lane, trad. des 1001 N. III, 520, n. 8) (pers.) le *plectrum*, mais seulement quand il est en écaille, Descr. de l'Ég. XIII, 228; *archet*, Ht. — *Baguette magique*, Ztschr. XX, 507, 5 et XXI, 276. — En Egypte, espèce de fouet, M, décrit Ouaday 328, 674 (avec le *dhamma*). — Pl. ازخم ات, زخم *étrière, étrivière*, courroie qui attache l'étrier, Bc, M, Lane l. l.

زَخِيم *fort* (coup, odeur), M.

زَدر être enrhumé du cerveau, Cherb. (zodeur).

زَدرَة *rhume de cerveau*, Cherb.

زدق

Le Voc. donne sous *ponderosus*: مُزْدِق يَزْدُق زَدْق زُدوقة وازْداق نزدق ك

زدل

أَزْدَل *ambidextre*, Bc.

زر

I voyez sous زُرّ. — *Lacer*, couvrir sa femelle (parlant du chien), Bc, والعامَّة تقول زُرّ الرجل بعى الـ عليه حتى أحدَّه, M.

II *boutonner*, M. — *Bourgeonner, jeter des bourgeons*, Macc. II, 432, 3. — Pour صَرَّر, *stridere*, Voc.

V *se boutonner*, mettre ses boutons, Bc. — *Bourgeonner*, Bc.

VII voyez sous زَرّ.

زَرّ (pers. زَرّ et زَرّ, *or*). زر محبوب *sequin*, Bc. Le pl. aussi ازرار, Voc., P. Abd-al-wâhid 106,

6. — *Bourgeon, bouton* qui renferme les branches, les feuilles et les fruits, *œil, bouton*, endroit d'où il sort, Bc, M, Macc. I, 40, dern. l., avec la note de Fleischer Berichte 156. — *Gland*, ornement qui imite le gland, Bc. — *Fistule*, ulcère, Bc. — *Porreau*, durillon, Bc. — Dans le Voc. *capicium*, ce qui doit signifier (voyez Ducange) *cette partie de l'habillement qui est autour du cou, le collet*. En effet, les autres mots que le Voc. donne sous cet article, à savoir جيب et لبْنة, طَوْق, ont aussi ce sens. Il semble étrange et difficile à expliquer; je crois toutefois qu'il est permis de l'attribuer à une méprise. زُرّ est *bouton d'habit*, et الازرار على ما, ce qui est *au-dessus des boutons*, signifie *la figure, le visage* (voyez p. e. Abd-al-wâhid 216, 2 (lisez غضوا), Macc. I, 631, 7); mais il se peut qu'on ait cru que c'était *ce qui est au-dessus du collet*, et que, par suite, on ait donné le sens de *collet* à زر. Quoi qu'il en soit, le Voc. donne aussi sous capicium le verbe زرّ, comme synonyme de طَوَّق, et la VIIe forme (quasi-passif) de ce verbe. — *Sacrum*, os, la dernière vertèbre, Bc. — ازرار بغدادية sont nommés parmi les étoffes, 1001 N. IV, 246, 13 (= Bresl. X, 205, 13). — ازرار الغاسول et ازرار غاسول *ficoïde nodiflore, Mesembryanthemum nodiflorum*. Kali à feuilles de crassule plus petites, *Kali crassulæ minoris foliis*, Sang. — زرّ pl. زرار, *pot pour conserve* chez Alc. (bote de conserva), est une altération de بزرة. — جاء بزرّه *il vint en personne*, M.

زَرّ pl. ازرار *boulet* d'un cheval, jointure au-dessus du paturon, Bc.

زرار *tirant*, cordon qui sert à ouvrir et fermer, Bc. — Bois qui sert à lier l'une à l'autre les brides de devant sur le bât du chameau, Prax R. d. O. A. V, 221.

زريرا (syr. selon Bait.) *blette*, ou selon d'autres *pourpier*, Bait. I, 529 e.

مِزَرّ *tirant*, cordon qui sert à ouvrir et fermer, Bc. مُزَرَّرة voyez مَزَرَّة.

مُزَرَّر ? en parlant de satin, 1001 N. I, 132, 5, si la leçon est bonne (dans l'éd. de Bresl. I, 332, 1, مدرر).

مَزْرَبَة, par contraction مَزْرَة, *une serviette, formant, par les agrafes qui en attachaient les côtés, une sorte de portefeuille ou de bourse*, Maml. I, 1, 219.

زَرَاقْطَى *imposteur, charlatan, faux marabout*, Cherb.

زرب I *clore de haies*, Hbrt 181. — *Mettre en fuite*, Voc.
— Seul ou زرب روحه *se dépêcher, se hâter*, Cherb. Dial. 2, 191. — *Couler, en parlant d'un vase d'où le liquide sort, découler*, Bc.

II comme la Ire, *faire une clôture pour les moutons*, Voc. — *Clore, entourer de*; مَزْرِب غيط *clos, espace cultivé, fermé de murs, de haies*, Bc; مَزْرِب *entouré d'une haie*, Ht. — *Mettre en cage*, Mc, Ht. — Dans le Voc. sous fugare. — C. على p. *être insolent*, M.

IV dans le Voc. sous fugare.

V dans le Voc. sous caula ovium. — Dans le Voc. sous fugare.

VII dans le Voc. sous fugare.

زَرْب pl. زُرُوب (زَرْب dans Cherb. Dial. 194) *haie*, Bc, Hbrt 181. — *Enceinte de filets, filet*, Gl. Edrîsî, Gl. Esp. 150.

زَرْب *natte de jonc*, Ztschr. XXII, 153.

زَرْبَة *haie*, Voc. — Dans le Voc. sous fugare.

زَرْبِيَّة, *en Afrique, agilité, vitesse*, Ht; بالزربية *promptement, vite*, Domb. 109, Bc (Barb.).

زَرْبِي *insolent*, M.

زَرْبِيَّة *porte secrète* (باب السر dans l'éd. Macn.), 1001 N. Bresl. III, 224, 2 a f.

زَرْبَان *prompt*, Domb. 106, Hbrt 44, Ht.

زَرَابَة *la récompense que le maître du khân reçoit pour les bêtes de somme qu'il loge dans l'écurie*, M.

زَرْبِيَّة *cabane de branches de palmier*, Hamilton 192.

زَارُوب *rue longue et étroite*, M.

مَزْرَبَة *une enceinte faite de câbles et de filets pour prendre des thons*, Gl. Edrîsî, Gl. Esp. 150.

مَزْرَب pl. مَزَارِيب *gouttière, tuyau*, Bc, Bg, Mc, Ht, Hbrt 193.

مَزْرُوب *pressé, qui a hâte*, Bc (Barb.).

زربط II *changer souvent d'avis, n'avoir aucune fixité dans les idées*, Cherb. C (formé de زربوط, *toupie*).

زَبْطَانَة pour زَبْطَانَة *sarbacane dont on se sert pour tuer les oiseaux*, Alc. (zebratana). — Au XVIe siècle, espèce d'arme à feu, Rutgers 138, chez Bc *biscaïen, sorte de long fusil*. — *Latrines*, Voc.

زَرْبَطَانِي *hors la loi*, Voc. (exlex = منافق).

زَرْبُوط *toupie*, Roland, Cherb. C, Prax R. d. O. A. V, 84.

زَرْبِين pl. زَرَابِين, et زَرْبُون, M, pl. زَرَابِيل, زَرْبُول. Le nom de cette espèce de chaussure vient de σέρβουλα, comme on nommait à Constantinople la chaussure des esclaves, selon Constantin Porphyrogénète (cité par Defrémery, Mémoires 156); mais cet auteur prétend à tort que ce mot dérive de celui de Serbes, Σέρβλοι; il vient au contraire de *servus*, comme *servilla* ou espagnol (espèce de chaussure en maroquin, à une seule semelle) vient de *serva*, parce que les servantes faisaient usage de cette sorte de chaussure. Chez les Arabes aussi, c'était, à ce qu'il semble, une espèce de pantoufle que portaient les esclaves, car on lit dans les 1001 N. II, 25: «Il lui fit chausser des *zerboun*, selon la coutume des esclaves,» et, les *zerboun* étant méprisés comme ceux qui les portaient, on trouve ce mot employé comme une injure qu'on dit à un chrétien, 1001 N. Bresl. VII, 278, 13: «*Zerboun*, pourquoi me suis-tu?» Mais de nos jours c'est «un gros soulier,» Bc, Mehren 29, «une grande botte rouge, à tige ample, ayant la pointe tournée en haut, et qui est garnie de talons ferrés.» Aussi ce n'est plus la chaussure des esclaves, mais celle des chaikhs de village, qui en sont très-vains; Ztschr. XI, 483, n. 11.

زَرْدَك ou زَرْدَك (pers.) *le suc du safran bâtard*, Bait. I, 529 c (A).

زرجن

زَرْجُون *est dans le Voc. et chez Alc.*

مُزَرْجَن *couvert de pampres*, Alc. (panpanoso lleno de panpanos).

زرخ *sorte d'oiseau que l'auteur du كتاب الحيوان confond avec le صَيُّورِج, mais qui est plus grand*, Man. Escur. 893 (Casiri I, 319 b, écrit ce mot avec un *hâ*).

زرد II *faire avaler*, de Jong, Voc. — *Armer de mail-*

les, mailler, Alc. (mallar con malla, le part. pass. mallado con malla). — *Cuirasser*, Bc. — *Boucler, attacher avec des boucles*, Alc. (le part. pass. hevillada cosa con hevilletas). — *Nouer une corde*, M. — *Treillisser*, Cartâs 21, 6 a f.

VII *être avalé*, Voc.

زَرَد *jabot, poche membraneuse des oiseaux*, Voc.

زَرَد *petits anneaux*, M. — *Maille de filet*, Alc. (ojo de las redes o malla). — *Zèbre*, Bc, Hbrt 62 (ils ne donnent pas de voyelles).

زَرْدَة pl. زَرْد *maille*, Bc. — Même pl. *chaînon, anneau de chaîne*, Bc. — زَرْد (pers.) *du riz assaisonné avec du miel et du safran*, Mehren 29, Ouaday 63, 1001 N. III, 457, 1. Ailleurs, I, 582, 10, ce semble, comme Lane l'observe dans sa trad. (I, 610, n. 25), *une espèce de sorbet avec du safran*.

زَرْدَى *raton*, voyez تَازَرْدِيَّة.

زَرْدِيَّة *instrument qui sert à faire des mailles*, M.

زَرْدِيَّة *carotte*, Hbrt 48 (Alg.), Ht, Pellissier 348; *panais, pastenade*, Lerchundi.

زَرَّاد *qui avale souvent ou beaucoup*, Voc.

زَرَّادَة *cotte de mailles*, Bc. — *Défilé étroit*, M.

مَزْرَدَة *nom d'une plante*, Bait. II, 186 c (AB), voyez علبيسة.

مَزْرَد *glouton*, L (ingluviosus).

زَرْدَخَانَاه (de زَرْد et du pers. خَانَاه) proprement *le magasin des cottes de mailles, l'arsenal*, Maml. I, 1, 112; mais on entendait aussi sous ce mot *une maison de détention d'un rang plus élevé que la prison ordinaire*; celui qu'on y renfermait n'y demeurait pas longtemps; il était bientôt ou tué ou mis en liberté, de Sacy Chrest. II, 178, dern. l., Maml. I, 1, 14, Vie de Saladin 198, 14. Cf. l'article qui suit, car c'est le même mot écrit d'une autre manière.

زَرْدَخَانَة (même origine) *arsenal*, 1001 N. Bresl. IX, 115, 2 a f. — *Prison pour des personnes d'un certain rang* (cf. l'article qui précède), 1001 N. Bresl. XI, 272, 1, Vie de Saladin 189, 15, où ce mot n'a pas le sens d'arsenal, comme on lit chez Freytag (ce lexicographe cite aussi p. 175 de ce livre, où toutefois on ne trouve pas ce terme). — *Sorte de tente*, à ce qu'il semble, 1001 N. Bresl. IV, 285, 9, cf. XII, préface, p. 94. — *Sorte de soie fine qui ressemble à du taffetas*, Bat. III, 423, IV, 404, Vêtem. 369. Aussi زَرْدَخَانِي, Bat. II, 264, cf. Gl. Esp. 366.

زَرْدَق (Gl. Manç. in voce, Payne Smith 1155) ou زَرْدَك (Bait. I, 529 c) (pers.) *le suc du safran bâtard*.

زَرْدوا *martre*, Bc.

زُوزَا أُرُونَج = عِنَبُ الثَّعْلَب, Most. sous ce dernier mot (seulement dans N).

زُرْزَال (cf. Simonet 97) = زَرْزِيل = زَرْزُور *grive*, Alc. (tordo, zorzal); — *merle de roche, passereau solitaire*, Alc. (solitario ave).

زُرْزُر I *boutonner*, Bc. زَرْزَرَتْ عَيْنُه *son œil est devenu comme un* زِرّ, *bourgeon, bouton, par suite d'une ophthalmie, l'œil lui bourgeonne*, M.

II *se boutonner*, Bc.

زَرْزُور pl. زَرَازِير = زَرْزَر *grive*, Voc., Calendr. 100, dern. l. زَرْزُور a son sens ordinaire d'*étourneau* quand il est question d'un oiseau qui apprend à répéter quelques mots, p. e. Macc. I, 232, 7, Holal 69 r°: واتَّفَق أَنَّ اهدى البه فى ذلك اليوم زرزورًا لا يتكلَّم بأنواع الكَلام; mais signifie aussi *grive*, Gl. Edrisî. — زَرْزُور *et cendre allumée, qui reste dans la pipe et avec laquelle on allume une autre pipe*, Bc.

زَرْزُورِي *gris pommelé*; en employant ce mot en ce sens, les Arabes n'ont pas pensé à l'étourneau, mais à la grive, Gl. Edrisî, Bait. I, 493 c (passage d'Edrisî), en parlant du marbre: دائمًا ما كان منه خمريًا أو اصفر أو اسود أو زرزوريًا الخ, 1001 N. III, 584, 10, IV, 315, 2, Bresl. X, 259, 13, 321, 2 a f. — *Roux*, de Jong van Rodenburg 126: «Ce couple de lions appartenait à l'espèce rousse ordinaire: *el-zarzoeri*.» المعصرة الزرزورية *est un moulin à huile près duquel se trouvent beaucoup de* زَرْزُور. Ils portent les olives dans leurs nids, mais il en tombe; on les rassemble et on en fait de l'huile, M.

زَرْزُورِيَّة pour زَرْزُورِيَّة بَغْلَة, *mule pommelée*, 1001 N. IV, 186, 3.

زَرَزَ I *salir*, Roland. — Voyez زَرْنَق.

زَوْزَلْ, pour زِلْزَلْ, *tremblement de terre*, Alc. (terremoto).

زَوْزَلْ pl. زَوَازِلْ *grive*, Voc. (cf. زِرْزَالْ).

زَرْزُومِيّة *cave*, Bc.

زَرْزُورْ, pour زِرْزَوْرْ, *étourneau*, Mc. — *Grive*, Pagni MS.

زَرْزُومِيّة *petit lézard*, Cherb., Pagni 23. Cf. زَرْمُومِيّة.

زِرِشْك (pers. زِرِشْك) *épine-vinette*, Most. v° حِمَاضْ : سيسنبر شوكْ الزرشك هو الامبيرباريس (الهندي), Bait. I, 312.

زَرَعَ I. زَرَعَ مَعَهُ جَمِيلاً *faire du bien*, Bc; زَرَعَ مَعَهُ جَمِيلاً *il lui fit du bien*, 1001 N. I, 139, 16 (= Bresl. I, 346 : عَمَلَ مَعَهُ مَعْرُوف), Bresl. II, 253, 5; زَرَعَ المَعْرُوف *semer des bienfaits*, Bc.

II *spargere* dans le Voc. — *Germer, pousser le germe au dehors*, Bc. — زَرَعَ الشَّيْبُ فِي لَحْيَتِهِ *la barbe commence à lui grisonner*, M.

VII *être semé*, Voc., Payne Smith 1158. — *Enraciner*, v. n., *et s'enraciner* (habitude, opinion), Bc. — C. فِي *prendre racine dans un lieu, y demeurer longtemps*, Bc.

زَرْعْ صَاحِبُ الزَّرْعِ *cultivateur*, Bidp. 283, 3, 1001 N. I, 7, l. 7 et 8. — *Semis, lieu où l'on sème des arbres, des fleurs, etc., ces arbres, ces fleurs*, Bc. Dans le sens d'*arbres ou fleurs*, 1001 N. I, 236, 10, 576, 3, II, 599, 2 a f. — *Plantage, plantes de cannes à sucre, de tabac, etc.*, Bc.

زَرْعَة forme au pl. زِرَاعْ, car c'est ainsi qu'il faut lire avec les man. A et B dans Amari 38, 1. —

زَرْعَة *rizière*, Bc.

زَرْعِي *vert*, Voc., 1001 N. IV, 472, 8 a f.

زِرَاعْ *germe*, Bc.

زَرِيعْ *semence, semailles*, Ht. — زَرِيعُ الكِتَانِ *graine de lin*, Pagni MS. (zereik el kitên).

زَرِيعْ *petit champ*, Fakhrî 362, 3.

زَرَاعَة *ce que l'on sème, semence*, Gl. Edrîsî. — *Culture*, Hbrt 177. — *Plantation, établissement fait dans les colonies pour la culture*, Bc. — *Blé, blé-froment, orge, blé-seigle*, Alc. (pan trigo cevada centeno).

وَقْتُ الزَّرِيعَة .زَرِيعَة *les semailles, la saison durant laquelle on ensemence les terres*, Domb. 56. — *Engeance, race*; — *pépinière, réunion de jeunes gens, d'hommes destinés à*, Bc. — Pour la chasse au sanglier les meilleurs chiens sont « what they call *sereet telt*, or the third race of greyhounds, which is a very strong dog,» Jackson Timb. 245; il paraît que c'est زَرِيعَة ثَالِثَة. — زَرِيعَة أَبْلِيس *Ononis antiquorum*, Bait. II, 93 f.

زَرِيع *tout ce qui croît sans être semé*, M.

زَرَاعَة pl. زَرَارِيع, *terre labourable*, est d'un emploi très-commun, Gl. Edrîsî. (Biffez ce mot dans le Gloss. de M. de Jong, car dans le passage qu'il cite c'est le n. d'act. زَرَاعَة, que Lane a noté et dont on trouve des exemples dans le Gl. Edrîsî). — *Semence*, Alc. (simiente). — لِزَرَاعَة كَبْش *bélier*, Alc. (murueco carnero).

زَرِيعَة pl. زَرِيع *alouette*, Voc.; — *certain petit oiseau qui se tient dans les blés*, Alc. (triguera ave). Le mot arabe et l'esp. triguora ont la même étymologie, car زَرْع et trigo signifient l'un et l'autre *blé*.

زَرِيعَة pl. زَرَارِع *semence*, Voc.; écrit aussi avec le *techdîd* R. N. 23 r°. — *Légumes*, M. — زَرِيعَة الخَرُوب ne m'est pas clair, mais se trouve chez Bait. II, 291 a, l. 3: والذي يبقى منه الى سنة اخرى يتولّد (le منه ذلك للحبّ وهو بمنزلة زريعة الخروب ويكون الحبّ *techdîd* dans A).

مَزْرَعَة · مَزْرَع فِيمِس *chenevière, champ semé de chènevis*, Bc. — *Camp de cultivateurs*, Burckhardt Syria 129: «Wherever the soil admits of culture, wheat and barley are sown among the rocks. If such spots are distant from a village, the cultivators pitch a few tents for the purpose of watching the seed and crop; such encampments are called Mezraa (مَزْرَع).»

مَزْرَعَة *ferme*, Hbrt 177, M.

زَرْعُمْبِيل *mille-pieds*, Domb. 67.

زَرَفَ II *lancer, chasser*, Roland. — C. عَلَى *passer*, p. e. « زَرَفَ عَلَى الخَمْسِين il a passé la cinquantaine,» Abou'l-Walîd 185, 2.

IV *lancer*, Alc. (botar alançar).

زَرْف, pl. زُرُوف et زُرْفَة, *soucoupe*, Hbrt 202, est pour ظَرْف. — Comme ܐܓܐ en syriaque, sorte de *gale* que les Grecs nomment στίγματα, parce qu'il se forme de petites taches sur la peau, Payne Smith 1161.

زَرَافَة; *girafe*; Abou-'l-mahâsin en a formé le pl. زَرَارِيف, Maml. I, 2, 273, comme si le sing. était زَرَّاف, forme que Freytag a en effet, mais par erreur, et qui n'est pas dans Lane. — Nom d'une pièce qu'on a ajoutée, dans le grand jeu des échecs, à celles du jeu des échecs ordinaire; chaque camp en avait deux, Vie de Timour II, 798, 2 a f.; voyez sur leur marche van der Linde, Geschichte des Schachspiels I, 111.

زَرَافَة est dans L *mandicum*; je ne connais pas ce mot, qui a aussi embarrassé Scaliger.

زُرُوف pl. زَرَارِيف *certaine manière d'arranger les cheveux*, Voc. (quidam modus aptandi pilos); — *diadème de femme orné de pendeloques*, Beaussier, Ht.

زَرْفَكَنْد *mode de musique*, M.

زَرْفِين pl. زَرَافِين *chapiteau de pilastre*, Abou-'l-Walîd 185, 1 et 2. Ce qu'il dit prouve que Gesenius (Thesaurus 399 a) a mal compris le زَرَافِين de Saadiah.

زرق I, *lancer*, ne se construit pas seulement avec بِ, mais aussi avec l'accus. de la chose qu'on lance, Becrî 166, 9 a f.: يَزْرِقُ المَزَارِيقَ, Bait. II, 145 b (passage d'Edrîsî), en parlant du porc-épic: فإذا دنا منه حيوان اجتمع بعضه في بعض ثم زرق بعض شَوْكَه (l'auteur suit ici l'ancienne erreur, d'après laquelle le porc-épic lancerait ses aiguillons à distance, tandis qu'en réalité il les hérisse seulement pour s'en faire un bouclier). — *Pousser*, Edrîsî, Clim. I, Sect. 7: زرقوا في البحر تلك الزواري (BD), 1001 N. Bresl. IV, 245, 2 a f. (corrigé par Fleischer Gl. 54): وعسى ان يزرقنا الريح الى بلاد الصين. — *Pousser dehors*, Chec. 222 v°: الطبيعة تزرق السهام بعد شهور وسنين, قال صاحب الفصل وقد رأيت من اوقعه سام في ظهره وخرج في اسفله بعد سبعة اعوام. — *Seringuer*, *pousser une liqueur avec une seringue*, 1001 N. Bresl. VIII, 288, 2 a f.: ومع الغلمان زَرَّاقَات ذهب; — *injecter*, *introduire avec une seringue*, Chec. 222 v°: يزرقون بها حافتي المفروشة وما يتصل به العائد.

انتشب الشهاب est زرق النجم — يَزْرُق في الإحليل, في الجو, M.

II *exciter*, *instiguer*, 1001 N. Bresl. II, 262, 2 a f.: دراج زوج الصبية زرق الطحان عليه où Fleischer (Gl. 54) traduit: « *abiit maritus puellæ et molitorem in illum instigavit*, i. e. ut illum misere vexaret et defatigaret, incitavit. » — *Répandre de l'eau debout*, *pisser*, Daumas V. A. 99. — *Bleuir*, Voc., Bc.

IV, comme la Ire, *lancer*, القوارير للحرقة والنفاطات المزرق, Maml. II, 2, 148, où Quatremère traduit avec raison: « Les pots incendiaires, et les machines propres pour le naphte, et destinées à le lancer; » mais il s'est trompé en ajoutant que مِزْرَق signifie «ce avec quoi on lance le naphte.» Ce n'est pas un nom d'instrument, مِزْرَق, mais le partic. مُزْرِق, de même que مُحْرِق, qui précède.

V *être de la secte des* أَزَارِقَة, Kâmil 615, dern. l.

VII c. على *se lancer*, *s'élancer*, Bc. — Le Voc., qui donne cette forme sous *telum*, ajoute dans une note: *vel palmam scindere*. Je ne vois pas ce qu'il a voulu exprimer par ces mots.

زَرْق *foire*, *cours du ventre*, Bc. — Voyez sous زَرْقَة.

زَرْق, chez les Sab'îya, *juger*, *par l'inspection des traits du visage*, *quelles sont les inclinations d'une personne dont on veut faire un prosélyte*, M.

زَرْقَة *coup de lance*, L (hictus), Alc. (lançada herida), Cout. 41 v°: وكان ازراق من ارمى الناس برمح, 47 v°: فانتزعه بزرقة فقتله, لم تعد قدمه, Haiyân 23 r° (= Abbâr 84, 13), 68 v°: وافقته زرقة, Haiyân-Bassâm I, 173 v°: من حيث لم يشعر بها اصابت مقتله وهو (وقف l.) مزرقته فاخرجها في صدره. — واعترته زرقة يلفقين بن حبوس بزرقات كثيرة كبته لوجهه Quatremère (J. A. 1836, II, 135) a noté que زرق signifie *ruse*, *prestige*, et que ce terme a passé dans la langue persane. Je crois plutôt que c'est un mot persan, comme on trouve dans les dictionnaires de cette langue, qui l'expliquent par *hypocrisie*, *fraude*, et quant au mot زرق dans les deux passages arabes cités par Quatremère تعليم الشعبذة et معرفة الزرق

«(والفنارنجيّات والخيل والزرق من صنعة النجوم والكيمياء، c'est peut-être un pl. de زُرْقَة, mot que Lane a expliqué.

زِرْقَة pl. زَوَارِق saignée, rigole pour tirer de l'eau de quelque endroit, Alc. (sangradera de sulco).

زدوق (zerouk') le lever du soleil, «ainsi appelé parce qu'il lance alors ses premiers rayons,» Prax R. d. O. A. VII, 152; chez Roland زَرْوَقَتِ الشمس lever du soleil.

زُرَيْق vipère des pyramides, echis carinata, de Jong van Rodenburg 234, Shaw I, 269, Poiret I, 285.

زُرَاق coll. زُرَاقَة matière fécale, Voc. C'est pour ذُرَاقَة.

زُرَيْقَة la couleur bleue, Voc.

زَرِيقَة. Les Mowallads assaisonnent ce mets, non pas avec du lait, mais avec du vinaigre ou du sumac, et ils lui donnent aussi le nom de فَتُوش, M. — Mélange de terre et de chaux, dont on enduit les terrasses des maisons, M.

زَرَّاق dans le sens que donne Lane d'après le TA, aussi dans le passage que cite Freytag et qui l'a embarrassé; voyez Gildemeister, Catal. des man. or. de Bonn, p. 39. — Celui qui lance le naphte, Maml. II, 2, 148, Mong. 134 b, J. A. 1848, II, 200. — زَرَّاق الماء et الماء est chez Alc. aguatocho, que Victor traduit par siphon, bout de tuyau, tuyau de fontaine, et Nuñez par grosse pompe pour les incendies.

زَرَّاقَة tuyau, Maml. II, 2, 147, Gl. Edrîsî; ouverture en forme de tuyau, pratiquée dans une muraille pour donner du jour à un escalier, Gl. Edrîsî; le tube avec lequel on lançait le naphte (cf. Lane), Maml. l. l., J. A. 1848, II, 196, n. 3; seringue, Chec. 207 v°:
وعلامة هذا الاسهال ان صاحبه يجد كان مادة الاسهال ترمى بالزراقة فلا تعطى صاحبها ينفتل حتى يخرج بها
1001 فربما نطاى ثيابه قبل ان يصل الى موضع الحاجة
N. Bresl. VIII, 288, 3 a f. L'expression زَرَّاقَة الماء signifie selon Alc. escarnidor de agua et hurta agua o escarneceder. Victor traduit le premier terme par: «horloge d'eau, chantepleure; selon quelques-uns, arrosoir,» et le second par «chantepleure, arrosoir.» Dans Amari 568, 4 a f., c'est jet d'eau, synonyme de قَوَّارَة, comme donnent d'autres auteurs (corrigez ma note Abbad. III, 241, n. 8). (Ceci était écrit longtemps avant que M. Amari publiât son appendice; cf. ibid. 51 la note de Fleischer).

زَوْرَقِي os naviculaire, Gl. Manç.: زورق هو العظم المقوس الذى به يكون اخمص الرجل وهو منحنى شبيه بالزورق ينسب اليه⁂

أزرق bleu. L'emploi de ce mot dans le sens de noir n'est pas un néologisme, comme on serait tenté de croire quand on consulte Lane, car le ازرق était déjà la couleur du deuil sous les Abbâsides, Gl. Fragm., et l'on sait que sous cette dynastie les vêtements de deuil étaient noirs. — Gris (cheval), Bc, Martin 98, Daumas Mœurs 288: «Chevaux bleus; les Arabes appellent bleu le cheval gris étourneau foncé.» — Se trouve deux fois, comme nom d'un oiseau (cf. Lane), dans la liste de Yâcout, I, 885, 6 et 14. — Lapis-Lazuli, Pagni MS. — الازرق eryngium montanum, tam cœruleum quam viride, Pagni MS (luzêrak). —

الزَّرْقَة la mer, Daumas Mœurs 301; — Heryuga amethysta, nommée ainsi à cause de sa couleur bleue, de Jong van Rodenburg 258.

مِزْرَق pl. مَزَارِق flèche, Voc. Je soupçonne que Jackson 191 a eu en vue le même mot, en écrivant zerag et en l'expliquant par flèche.

مُزْرَق grisâtre, Bc.

مِزْرَقَة = مِزْرَق javelot, voyez un exemple sous زُرْقَة; dans ce passage Ibn-al-Khatîb (53 v°) a مِزْرَقَة.

مِزْرَاق décrit par Burton I, 230. «Le Kabyle prévient toujours son ennemi, et voilà comment il le fait: le gage de la paix entre deux tribus consiste dans l'échange d'un objet quelconque, d'un fusil, d'un bâton, d'un moule à balles, etc. C'est ce que l'on appelle le mezrag: la lance. Tout porte à croire qu'avant l'invention des armes à feu, le dépôt d'une lance était effectivement le symbole de trêve et de bonne amitié. Quand une des deux tribus veut rompre le traité, son chef renvoie simplement le mezrag, et la guerre se trouve déclarée,» Daumas Kabylie 35. —
Le pl. مَزَارِيق rayons du soleil, Ht.

مِزْرَاقِي porteur de lance, Maml. II, 2, 147.

مَـزَارِقَى *hallebardier, lancier*, Bc, Hist. Tun. 136: وجمع المزارقيَة من العروش ❊

مَزَارِيقَة une ombellifère, Prax R. d. O. A. VIII, 284.

الزَّرْقَالَة, Hâdjî Khalfa III, 407, pour الصَّفِيحَة الزَّرْقَالِيَّة espèce de disque en métal sur lequel étaient représentés les constellations et les principaux cercles de la sphère, et avec lequel on se livrait à des opérations astronomiques. Il a été inventé par un astronome arabe-espagnol du XIe siècle, Abou-Ishâc Ibrâhîm ibn-Yahyâ an-Naccâch, surnommé *Ibn-az-Zarkéla*, dénomination dont on fit, au moyen âge, Arzakhel. Voyez Reinaud Géogr. d'Aboulféda p. cii et les auteurs qu'il cite, Catal. des man. or. de Leyde III, 96—7.

زَرْقَطُونَا en Espagne pour بَزْرَقَطُونَا, Gl. Esp. 365.

زَرْقَع I, si c'est ainsi qu'il faut transcrire le verbe qui chez Alc. est çarcâá, *écarquiller, tortiller les jambes en marchant*, Alc. (çanquear). Je pense que c'est le verbe esp. *zanquear*.

زَرْقَوَرَى رجل الغراب = *coronopus*, Bait. I, 530 c.

زرقون (aram. סירקון, gr. συρικὸν, chez Pline syricum; peut-être du pers. آزَرْكُون, *couleur de feu*, ou bien de زَرْكُون, *couleur d'or*) *céruse rouge, minium*, Gl. Edrîsî 312—3, 388, Gl. Esp. 225. Ce que j'y ai dit est confirmé par ces paroles que M. Simonet a trouvées dans le man. 1729 de l'Escurial: الملقَّب بزرقون لشدَّة حمرة كانت فى وجهه ❊

زَرَك I c. a. p. *presser, pousser*, M. (زحمه وضايقه وضغطه).
II c. لِ p. *chercher à tromper quelqu'un par des paroles qui le rendent inquiet*, M.
VII quasi-passif de I, M.
زَرْكَة *l'action de presser*, M.

زَرْكَش *broder*, Hbrt 83, *broder d'argent*, M. — *Orner*, 1001 N. II, 46, 3, 168, 13.
زَرْكَشَة *l'art de broder*, 1001 N. IV, 300, 10. — زَرْكَشَة الكلام *confusion dans le discours*, M.
زَرْكَش *broderie*, Hbrt 83.
مُزَرْكَش *brodeur*, Hbrt 83.

زَرْكَن I *fraudare*, Voc. — *Casser, destituer*, Ht.

زَرَم II *emboucher, mettre dans la bouche*, Alc. (enbocar).
أزْرَم *thymélée, garou, trentonel*, Most. v° أزاز; leçon de La, N اززم.
مُزْرِم chez Freytag d'après le Diw. Hodz. doit être changé en مُزَرَّم; voyez l'édit. 24, 1—4.

زَرْمَايَة, en Egypte, *souliers des femmes*, Bg. Cf. سَرْمَايَة.

زَرْمُوزَة voyez سَرْمُوزَة. — *Elléborine*, Bc.

زَرْمُوط pl. زَرَامِط *ver de terre*, Cherb.

زَرْمُومِيَة *petit lézard, tarentule*, Shaw I, 268; dans le Dict. berb. زَرْمُومِيَت, cf. زَرْزُومِيَة.

زَرْنَا *hautbois*, et زَرْنَاجِى voyez sous صَرْنَاى.

زَرْنَب. Dans le Most.: هو رجل الغراب ويقال له رجل (ارجل N); voyez aussi Bait. I, 525 b, article que Sontheimer a traduit d'une manière ridicule, comme je l'ai montré Ztschr. XXIII, 194. Chez Rauwolf 112 c'est une espèce de saule. Ailleurs, 116, ce voyageur parle d'une herbe qu'il nomme *zarneb melchi*. Elle est d'une bonne odeur, à racines longues et blanches. Ses feuilles sont à peu près comme celles de la coriandre, et la plante ressemble assez à la troisième espèce du Daucus de Dioscorides. On en exporte les racines, dont on se sert contre le mal de dos, etc. Chez Bc زرنب est *chardon à cent têtes, panicaut*. Selon Ibn al-Djezzâr زرنب est ce qu'on nomme en espagnol فلحة; c.-à-d. *helecho, fougère*.

زَرْنَبَة = زرنباد *zédoaire*, Sang., Bc.
زرنب = زرنب, Payne Smith 1157.

زرنمات *sorte de poisson à coquille*, Burckhardt Syria 501, 532.

زَرْنِخ I c. a. dans le Voc. sous auripimentum.
زَرْنِيخ (avec ces voyelles dans le Voc. et chez Alc.) pl. زَرَانِخ *orpiment*, Voc., Alc. (jalde color, oropimiento o jalde). — *Dépilatoire*, Alc. (enplasto para arrancar pelos, unguento para arrancar pelos).

زَرْنِيخَى *arsenical*, Bc.

زَرْنَبِلِج (pers.) = رِيبَاس *rhubarbe groseille* (*Rheum Ribes*), Bait. I, 530 f (lisez ainsi).

زَرْنَبُورِي *blette*, ou selon d'autres *Coronopus*, Bait. I, 529 d (AB).

زَرْنَز *scolymus grandiflorus* Desf., Prax R. d. O. A. VIII, 343.

زَرْنِشَان (pers.) *émail*, Bc.

زَرْنَف I *prostituer*, livrer à l'impudicité d'autrui, Alc. (enputecer a otra).

II *se prostituer*, Alc. (enputecerse).

زَرْنِيف pl. زَرَانِيف *prostituée*, Alc. (carcavera puta, rameruela). D'après le P. Lerchundi, زَرْنِيفَة s'emploie encore quelquefois en ce sens à Tétouan.

زَرْنَف I *boire en laissant couler dans sa bouche le liquide qui sort du bec d'un vase qu'on élève dans l'air*; on dit aussi زَرْزَق, M.

زَرْنُوقَة *petite balle de coton filé*, M.

زَرْنَك *mode de musique*, Hœst 258.

زَرْوَط I *lancer un bâton dans les jambes d'un lièvre* (terme de chasse); au fig., *renvoyer quelqu'un aux calendes grecques*, Cherb. C; cf. زَرْبَط. — *Barbouiller, faire grossièrement*, Bc.

زَرْوَطَة *bâton long de deux pieds et de trois pouces en circonférence, dont le bout est garni de fer ou de cuivre; c'est l'arme de ceux qui n'ont pas de fusil*, Shaw I, 335, Jackson 32, 62; cf. زَرْبَاط.

زَرُومْبَاد pour زَرُنْبَاد, Payne Smith 1114.

زَرَى I c. ب *faire honte à*, Macc. II, 799, 8, Haiyân-Bassâm I, 173 r°, où il faut lire: هذا المَأْبُون الزَّارِي بِالْخَلِيفَة «qui fait honte à la création.» Aussi c. على Macc. II, 181, 11 (où l'éd. de Boul. a la IVe forme).

IV c. ب et ة *deridere* dans le Voc. — C. ب *faire mépriser*, de Sacy Chrest. II, ff, 9, Hoogvliet 46, 3 a f., 53, 3, Abbad. I, 62, 9, 392, 3, Macc. II, 583, 8 (ces exemples lèvent le doute de Lane 1229 c, l. 8—10); *faire honte à quelqu'un, lui causer de la honte*, Weijers 40, 10, Müller 10, 9; aussi c. a., Macc. II, 182, 8, où c'est le synonyme de أَخْجَل, qui précède

V c. من *craindre*, Voc.

VIII. Le Voc. et Bc (*mépriser*) donnent la constr. c. ب; ce dernier aussi c. ة.

X c. ب ou ة *mépriser*, Bc.

زَرِي *mauvais*, Ztschr. XXII, 118, *méprisable*, M, Payne Smith 1295.

زَرْيَة *irrisio, subsannatio*, L.

زَرَايَة *derisu, exprobratio, susurratio*, L.

مَزْرَاة *objet de mépris*, Akhbâr 146, 13.

زَرْيَب I c. a. *torrere* dans le Voc., ce qui est aussi dans ce livre:

عَمَل زِرْيَاب. Cette sorte de mets grillé emprunte son nom à Ziryâb, le célèbre musicien d'Abdérame II et l'inventeur de plusieurs plats qui conservèrent son nom; cf. Macc. II, 88, 2: لَوْن التَّقْلِيَة الْمَنْسُوبَة الى زِرْيَاب.

زَرْبَط I est *proicere* (ruinare) dans le Voc.; cf. زَرْوَط. زَرْبَاط *bâton*, Voc.; cf. زَرْوَطَة.

زز I *donner un coup avec le creux de la main sur le chignon*, Voc. (colafizare), Khatîb 186 r°: وكان له فى اسمه حسن ذو رقبة سمينة وقفا كثيف عريض فاذا شرب كان يَزِزّ ويعطيه بعد ذلك عطاء جزلا وفى ذلك يقول كاتبه المعروف بالسالمى وكان بحضر شرابه وبخف

أَدِرْ كُؤُوس الْمُدَام والزَّزّ فَقَدْ ظَفِرْنَا بِدَوْلَة الْعِزّ
وَمَتِّع الْكَفّ مِن قَفَا حَسَن فَانَّهَا فى لِيَانَة الْخَزّ

Au lieu de وَمَتِّع, le man. Gayangos a وَنَعِمَ; l'autre leçon se trouve dans le man. de Berlin, qui a de plus, à la fin de ce petit poème, le vers:

الزَّزّ بِزّ القَفَا وحَلِيبَتُهَا فَاخْلَع عَلَيْنَا مِن ذَلِك البِزّ.

On voit que ce Hasan était un صَفْعَان, un de ces *plagipatidæ* ou *souffre-gourmades*, qui recevaient volontiers des soufflets, pourvu qu'on leur donnât en même temps un beau cadeau; aussi trouve-t-on cette note sur la marge du man. de Berlin: تَنْقُل هَذِه الْحِكَايَة الى مَوْضِعِهَا مِن كِتَابى نَفْع الصَّفْع. Dans Berb. I, 273, 4 a f., on lit que cette partie des Cinhâdja qui habitaient près d'Azemmor étaient connus sous le sobriquet de صِنهَاجَةُ الرِّزّ, « les Cinhâdja souffre-gourmades, » « à cause des humiliations et des avanies qu'ils avaient à subir. »

VII quasi-pass. de la Ire forme, Voc.

رَزَّ بالرَزّ violemment, Voc.

رَزَّة pl. رَزّ coup avec le creux de la main sur le chignon, Voc., Alc. (pescoçada herida de pescueço), Domb. 90 (ictus vola in occipite).

رَزَّاز celui qui donne fréquemment ces coups, Voc.

مَرَزَّة dans le Voc. sous colafizare.

رزط.

رَزْط, n. d'un., رَزْطَى, du pers., جَتّ, sont les bohémiens ou Tchinghiané, les descendants, à en croire Hamza 54, 55, de douze mille musiciens que Behrâm Gour fit venir de l'Inde. A Damas ils portent encore ce nom, Bc, Ztschr. XI, 482, n. 9; cf. de Goeje dans le Verslagen en mededeelingen der kon. academie van wetenschappen, II^{de} Reeks, V, 57 et suiv.

رَزْكَة pl. رَزْطَى escorte, Renou 34; stata ou statta, convoi, Jackson Plate 10, 117, l. 1, 241, 242, Timb. 257, 320.

رَزَّاط. Dans le Voc., v° osciosus, on lit: يَمْشِى بَنَّاطْ ۞ رَزَّاط; mais je soupçonne que l'éditeur a eu tort d'ajouter le point et que l'expression est: يمشى رَزَّاط بَنَّاطْ, dans le sens de battre le pavé, flâner.

رَطُوط voyez رَزْطُوطْ.

رزط I fouler aux pieds, Domb. 121, Ht.

رزعب I c. a. p. charger quelqu'un d'injures (مَلَأَ شَتْمًا). Le subst. est زَعْبَة, M.

زُعْبُوب corme, cormier, Bg; selon Burckhardt Syria 275, les habitants de Damas donnent ce nom au fruit du زُعْرُور; dans M: sorte de زُعْرُور à petits fruits.

زُعْبِم le fruit de l'olivier sauvage, Bait. II, 183 b (dans mes man. les points sont mal placés), Ibn-Loyon 14 r°, en parlant de cet arbre: ويسمى زيتونه الزعبم

زعبل I = زعبل (voyez). — C. على p. tromper, M.

زَعْبُولَة tromperie, M.

تَزْعِير batelage, Bc.

مُزْعِير bateleur, escamoteur, joueur de gobelets, jongleur, Bc, Hbrt 89, M.

زعبط I se débattre, Ht.

زَعْبُوط nom d'une étoffe de laine, Descr. de l'Eg. XII, 141. — Sarrau de laine brune, ouvert depuis le cou jusqu'à la ceinture et ayant les manches larges, que les hommes du peuple portent en Égypte, surtout en hiver, Lane M. E. I, 44, Burton I, 16, Mehren 29.

زعبل I marcher avec prétention, Roland; « زَعْبَل, et plus souvent زَعْبَل, se balancer, se dandiner en marchant, » Cherb. B.

II même sens, Alc. (andar con pompa); تَزَعْبُلَّ l'action de marcher avec prétention, Alc. (andadura con pompa).

زَعْبُولَة bourse, Lerchundi (bolsa), espèce de porte-monnaie en cuir qui se porte à la ceinture, Beaussier (Mar.).

زَعْبُولِيَة sac en cuir historié, à plusieurs poches, et de la forme d'une cartouchière; se porte en bandoulière, Cherb.

زعت.

زَعَّات menteur, Domb. 107.

زَعْتَر = صَعْتَر origan, sariette, Bc.

زعج I mettre, presser une chose dans une autre, Alc. (le part. pass. enbutido), enfoncer un clou, Voc. (v° clavus). — Écorcher, faire une impression désagréable, Bc.

IV fatiguer, ennuyer, importuner, rompre la tête à quelqu'un, Bc. — Enfoncer un clou; Voc. (v° clavus). — أزعج السير accélérer sa marche, Calât 56 v°: فأزعج السير حتى اجتاز البحر.

VII marcher avec précipitation, ou bien fuir précipitamment, vers, الى, ل, ou en quittant, عن, Abbad. I, 272, n. 79, Fakhrî 363, 6, Cartâs 94, 2, Haiyân 78 r°: فكان ذلك سبب انزعاجه لغزوة اثاث (l. لغزوه اياه). (peut-être mieux حصن). Aussi quitter c. عن, Haiyân-Bassâm I, 121 v°: فكان من اغرب الاخبار انزعاج زاوى بن زيرى عن سلطانه (il quitta son royaume de Grenade pour retourner en Afrique). Le n. d'act. impétuosité, p. e. en parlant de l'eau, Gl. Edrîsî, Djob. 237, 5; cf. 1001 N. Bresl. XI, 240, 3. — *Passer et repasser, comme fait une sentinelle,* Macc. I, 245, 17. — C. من *être chassé, expulsé de,* Voc. — C. ل p. *entrer dans les intérêts de quelqu'un, agir avec empressement en faveur de quelqu'un,* Abbad. I, 247, 4 a f. — C. الى *désirer,* Macc. I, 174, 15. — انزعج خاطر‌ه *il ne savait plus ce qu'il disait, il était hors de lui,* 1001 N. I, 816, dern. l.: وشمّر عن ذراعيه قدّام ابيه وهو فى غيظه. — وتكلّم مع ابيه بكلام كثير وانزعج خاطره — *Comme* v. a. *chasser, expulser,* Berb. I, 26, 14.

زعر I *devenir blond, blondir,* Bg. — زعورة *en parlant de la couleur de la peau, plus que blanc,* Prol. I, 152, 5; de Slane: *tirer sur le blafard.*

II *écourter les cheveux,* Bc.

زَعَر pour زَعَر, qui est pour دَعَر, *filouterie,* car je crois devoir lire ainsi 1001 N. Bresl. IX, 260, 2, au lieu de زغب. L'éd. Macn. a en cet endroit شطارة, qui a le même sens; cf. sous زاعر.

زعر, en parlant d'un chameau, me semble pour نَفَر, *ombrageux;* cf. Gl. Belâdz., Gl. Fragm.

زَعَارَة *stypticité,* Auw. I, 57, 4 a f, 58, 7, 72, 4, II, 153, 21. — Pour دَعَارَة, qui à son tour est pour دَعَارَة, *débauche,* Vêtem. 258, 7.

زُعَارَة pl. زُعَر الفرو من ما يُبْنى منه على زَعَارَة حريم; اطرافه فوق الوجه M; *palatine, fourrure que les femmes portent sur le cou,* Bc.

زَعِيرَة (même origine que زَعَارَة, 2e signif.) *prostituée,* Vêtem. 258, 5.

زاعر pour داعر, qui est pour داعر, *vaurien, filou,* pl. زَعَرَة, Khatîb 29 v°: فقال له احد الزعرة ممّن جمع, السجّين بينهم, et زَعَر, Vêtem. 259, n. 3; synonyme de شاطر, car là où l'éd. de Bresl. des 1001 N. porte, IX, 277, يا زَعَر مصر, colle de Macn., III, 461, a يا شطّار مصر; même observation pour Bresl. IX, 290 et Macn. III, 468.

زَعرور même sens, 1001 N. Bresl. IX, 284, 2 a f., où l'éd. Macn. a شاطر. — (En Espagne زَعرور, Voc., Alc.) *sorbier ou cormier,* et *sorbe ou corme,* Voc. (cornus), Alc. (serval), à Jérusalem زعرور الحقل, Bg

«Azarola, Zaror Serap. c. 109, ubi interpres vertit Sorba,» Pagni MS, *azerole, petite cerise rouge et acide,* Bc (azerole vient de l'esp. acerola, qui est une légère altération du terme arabe), Prax R. d. O. A. VIII, 280. Selon Burckhardt Syria 275, c'est au Liban «un arbre qui porte un fruit comme une petite pomme, très-agréable au goût et auquel les habitants de Damas donnent le nom de زَعبوب.» Ailleurs, 569, il dit que ce fruit est comme une petite cerise et qu'il a beaucoup de la saveur de la fraise. — زعرور بَرّانى *aubépine,* Pagni MS (oxyacantha); aussi seul, Roger 202: «*zarour,* qui est nostre Aubespin;» زعرور متاع (de) يُلّوط *le fruit de l'aubépine,* Alc. (majuela fruta de cierta yerva). — زعرور الكَلب, en Espagne, *églantier, rosa canina,* Auw. I, 403, 18, où il faut lire avec notre man.: وامّا الورد الجبلي وهو المسمّى عندنا زعرور الكلب; aussi زعرور seul, Alc. (escaramujo o gavança, gavanço rosal silvestre).

زَعر *sans queue,* 1001 N. IV, 513, 10 a f. (cf. 514, 2). — *Blond,* Bg (Barb.), *blond ardent, roux,* Hay 71; c'est un terme injurieux, parce qu'on croit qu'un homme roux ne mérite pas de confiance, *ibid.* 97. — Pl. زُعَر et زُعْران, *voleur, filou,* M.

زعزط I (Daumas MS) *ruer,* Daumas V. A. 190.

زعزع I *évincer quelqu'un, chasser brusquement,* Cherb. C. زعزوع الفرس *crinière,* Bc. — زعزوع *flandrin, fluet et élancé,* Bc. —

زَعزوف, n. d'un. ة, pour زُفزوف, *jujube,* Alc. (açofaifa).

زعط.

زَعوط *tabac à priser* (vulg.), Bc; c'est pour سَعوط, M.

زعطط.

زعطوط pl. زعاطط *pigeon ramier,* Beaussier; chez Cherb. زَعطوط, chez Daumas V. A. 431 «*zaataute;*» aussi زعطوط chez Beaussier.

زعف I *housser, nettoyer avec le houssoir,* Bc.

زَعّافة *houssoir, balai de branches, de plumes,* Bc.

زعفر II *devenir jaune comme du safran,* Gl. Mosl. — *Se teindre avec du safran, ou revêtir un habit safrané,* Gl. Mosl.

زَعْفَرَان). Sortes de safran: *bélledi, keblaui, bahhari, saiidi*, Niebuhr R. I, 138. — زعفران لحديد *safran de Mars*, ou *tritoxyde de fer*, Sang., Bc. زَعْفَرَان شَعْرِى *safran d'Inde*, curcuma ou suchet, Bc.

زَعْفَرَانُون *pains de carthame*, Descr. de l'Eg. XVII, 96 (safranon).

زَعْفَرَانِى *de safran*, Voc.

مُزَعْفَر *fauve*, qui tire sur le roux, Bc.

زَعَقَ I *appeler quelqu'un*, Bc, c. لـ p., M. — C. على p., زعق عليه وقل *il lui cria*, en parlant d'un homme qui est en colère, 1001 N. I, 74, 2, Koseg. Chrest. 86, 3 a f. Ce dernier passage se trouve aussi dans les Extraits du Roman d'Antar 6, où on lit زعق فيه, de même que dans notre man. 1541. — S'emploie en parlant du cri de la chouette et du corbeau, 1001 N. I, 47, 2 a f. — زعق بالبوق *sonner la trompette*, Hbrt 97; زعق النفير *signal de trompette*, Ztschr. XVIII, 527. Dans les 1001 N. Macn. I, 166, 9: زعقون المغانى بالمواصل, mais dans l'éd. de Bresl., II, 47, 6: الزَّعَقُ زَعَقَ. — زَعَقَتِ المَغَانِى المَوَاصِيلَ «la frayeur, chez les chevaux, ressemble beaucoup au caractère rétif. L'animal s'arrête tout à coup, sans vouloir avancer, et quand on l'incite il tourne sur lui-même,» Auw. II, 539, 2 a f. et suiv. — زَعِقَ, n. d'act. زَعُوقَة, *être laid, difforme*, Voc., Alc. (le part. act. diforme cosa fea, fea cosa, fiera cosa).

II *enlaidir, défigurer, déformer, rendre difforme*, Voc., Alc. (afear, desconponer).

V quasi-pass. de la IIe forme dans le sens qui précède.

زَعَاقٌ. ماء زَعَاقٌ *aqua fetens in inferno*, Voc.

زَعُوقَة *laideur, difformité*, Alc. (diformidad, fealdad, fiereza, cf. feamonte).

زَعَائِق (pl.) *cris*, Haiyân 80 rº: فنظر الى وفور ما اجتمع له من العساكر وما ارتفع من الزعائق والزماجر.

مَزْعوق *laid*, Cherb. C, Roland, Barbier, Delap. 149.

زَعْكَة, en Afrique, *derrière, cul*, Cherb. (Alg.); — *queue*, Bc (Barb.), Ht, Delap. 150.

زَعِلَ I, chez les Bédouins *être stupéfait*, dans les villes *se fâcher*, Ztschr. XII, 146. Dans le dernier sens M, 1001 N. I, 229, 13. — C. من *s'ennuyer de, se dégoûter de, se fatiguer de*, Bc, Hbrt 229, M, 1001

N. Bresl. IX, 363, XI, 359, 4 a f.; زعل واقف, IX, 287. Le n. d'act. زَعِيل (vulg.), P. Prol. III, 367, 12; voyez mes remarques sur ce vers dans le J. A. 1869, II, 177.

II *ennuyer, importuner, lasser, gêner*, Hbrt 229, Bc.

IV *harceler*, importuner, tourmenter, Bc.

زَعَل *ennui, déplaisir, inquiétude, lassitude*, Hbrt 228, Ht, Bc.

زَعْلان *qui s'ennuie, ennuyé*, Hbrt 229, Bc; منه *qui est de mauvaise humeur contre quelqu'un*, Bc.

زَعَمَ I. Le Voc. a le n. d'act. زَعَامَة *sous aserere, iactancia et baro*. — زَعَمَتْهُ النِهَايَة, littér. *l'événement final lui parla en paroles ambiguës*, c.-à-d., il ne savait pas quel serait l'événement final, Abbad. I, 223, dern. l., cf. III, 84. — Dans le sens de *promettre*, cf. Gl. Fragm. زعم له بـ *il lui promit de*, Berb. II, 314, 3 a f., 487, 5. — *Faire des bravades, des rodomontades*, Alc. (bravear). — *Vanter*, Alc. (ensalçar alabando), c. بـ r., Berb. I, 392, 2 a f.: واكثر الزعم بالتثليث «il a vanté la doctrine de la trinité.» ليكون الامر زَعْم شورى «afin que la chose eût l'apparence d'une délibération régulière,» Gl. Fragm.

— بِزَعْم *avec vanité, ostentation*, Alc. (vanagloriosamente) (cf. زَعْم dans Lane); كانت بزعمها تقول انه الخ «elle avait coutume de dire avec une certaine ostentation, que,» etc., Koseg. Chrest. 92, 6. — *Imagination*, Ht. زَعْمًا *car, par exemple*, Ht.

زَعْمَة بِزَعْمَة *orgueilleusement*, Alc. (soberviamente).

زَعِيم *fanfaronnade*, Alc. (habla de sobervias).

زَعِيم *prétendant*, qui aspire à, Bc. — *Vain, vanteur, fanfaron*, Alc. (hablador de sobervias, vanaglorioso); aussi زعيم بنفسه, Macc. I, 278, 20. — *Baron*, Voc.

زَعَامَة *fief*, Bc.

زاعِمًا زَاعِمَا *par exemple*, Ht.

مَزْعَم مَزَاعِم *contes, fables*, Prol. I, 18, 5, Berb. I, 25, 13. — En astrol. (avec ces voyelles, ou bien مُزْعِم?), *le promisseur*, c.-à-d. la planète qui tient le second lieu dans le zodiaque selon l'ordre des signes, de Slane Prol. II, 219, n. 1.

زعن

زَعَانَةٌ fou, sot, Voc.

زَعْنَفَةٌ Le pl. زَعَانِفُ et زَعَانِفَةٌ, Abbad. I, 355, n. 165, زعانيفة Berb. I, 576, 6.

زعب

زعب II c. a., Voc. sous pilus.

V dans le Voc. sous pilus.

زَغْبُ الخَلُوفِ soies, poil de cochon, Domb. 65.

زَغْب forme au pl. زُغُوب, Alc. (vello de pelos sotiles); قَيَّمَ الزُّغُوبَ se hérisser, se dresser, Alc. (espeluzarse, le n. d'act. espeluzos).

زَغْبَةٌ un poil, Voc., Alc. (pelo como de vello).

زَغْبِي pl. زَغَابِي pauvre, Bc (Maroc), pauvre hère, Beaussier. Le sobriquet que les musulmanes donnaient au sultan de Grenade que les Espagnols appelaient Boabdil el Chico (le Petit), à savoir El Zogoybi, terme qui, d'après Marmol (Reb. 15 b), signifie le petit malheureux (el desventuradillo), le pauvre homme, le triste homme, le pauvre hère, semble le diminutif de ce mot.

مُزَغَّب velu, Alc. (encabellado, peloso, velloso destos pelos, velludo de mucho vello).

زعد

برنوس زَغْدَانِي beurnous noir, Roland. C'est à Mascara, ville de la province d'Oran, qu'on fait ces beaux beurnous, Daumas V. A. 229.

زغر

كَلْبُ زَغَارِيّ et زَغَر braque ou brac, chien de chasse à oreilles pendantes, chien couchant, Bc, M.

زَغِير vulg. pour صغير, petit, M.

زَغَرْتُ I pousser les cris de joie nommés زَغْرُوتَةٌ (voyez), 1001 N. I, 885, 7, III, 332, 5. Chez Cherb: B: pousser des cris de joie en se frappant les lèvres avec la main. On dit aussi زَغْلَطَ, 1001 N. Bresl. III, 254, dern. l., et زَلْغَطَ, Bc.

زَغْرُوتَةٌ le cri de joie que les femmes poussent à l'occasion de la circoncision d'un garçon, des noces d'une fille, du retour du maître de la maison, etc. En le poussant, elles font un tremblement, dans les tons les plus aigus, sur la syllabe li, et elles le font durer aussi longtemps que la voix le permet sans prendre haleine; après une courte pause elles répètent ce tremblement; voyez pour plus de détails Ztschr. XXII, 97, n. 24. Burton, II, 184, écrit زَغْرِيتَة, mais en ajoutant qu'en Egypte on dit ordinairement زَغْرُوتَة. Le pl. est زَغَارِيت, Burton l. l., Lane M. E. I, 245, 1001 N. I, 353, 8, II, 67, 8. A Damas زَلْغُوطَة, Ztschr. l. l., chez Bc زَلْغُوطَة. Le pl. زَلَاغِيط, Bc, Ztschr. XI, 508, n. 34. Aussi زَغَالِيط, 1001 N. Bresl. III, 168, 2 a f.

زعزغ

زَعْزَغ I chatouiller, Bc.

زَعْزَغَة susurrus, L.

زغل

زغل I et II dans le Voc. sous pugnus.

زَغْلٌ, pl. زَغَازِيل et ات, poing, Voc.

زغل I falsifier, sophistiquer, الدراهم altérer la monnaie, billonner, Bc, Ht, M, Ztschr. XX, 495, 509, 5, 1001 N. Bresl. IV, 139. — زغل بعينه bigler, Bc.

VI et تَزَوْغَلَ tricher, tromper au jeu, Bc.

زَغَل tricherie, Bc. — Grande pierre ronde d'un pressoir, qui tourne sur son pivot et qui sert à presser les olives, les raisins secs, etc., M.

زَغَل adulteratus chez Freytag, est زَغِل, M.

زَغِل fém. ة brave, vaillant, courageux, Gl. Esp. 359, Voc. (strenuus).

زَغْلَةٌ bravoure, vaillance, courage, Gl. Esp. 359.

زَغْلِي falsificateur, fabricateur de fausse monnaie, Bc, Mehren 29; زُغْلِيَّة tricheurs, 1001 N. Bresl. V, 268, 8.

زغلجي sophistiqueur; — tricheur, trompeur au jeu, Bc.

زغلول garçon d'auberge, Müller 50, 2 a f. — Pigeonneau, a chez Bc les pl. زَغَالِيل et زَغَالِيل; le dernier aussi chez Mehren 29.

أَزْغَل fém. زَغْلَا pl. زُغْل bigle, Bc.

مَزْغَل pl. مَرَاغِل, suivi de للرمى, barbacane, ouverture dans les murailles, Bc; Burton, I, 374, dit que les murailles de Médine « are provided with mazghal (or matras) long loopholes. »

مُزَوْغِل *tricheur*, Bc.

زَغْلَاش *têtard*, Cherb.

زغلط voyez زغرت.

زغلل I. زغلل النظر *éblouir*, Bc. — Dans le Voc. sous *strenuus* (cf. sous زغل).

زغللت plante de couleur jaune, Mehren 29.

زَغَم dans la traduction de la Bible pour l'hébreu זעם, *colère*, Merx Archiv I, 189, n. 4, Saadiah ps. 78, vs. 49.

زَغْنَز pl. زَغَانِز *collier*, Voc.

زَغَا I, aor. يَزْغَا, c. ل *plaire*, Voc. (aussi صَغَا).

زَغَايَة (berb.) *javelot, zagaie, lance*, aujourd'hui *baïonnette*, Gl. Esp. 223, Voc. (venabulum). « Le ministre de la Guerre, Saheb-el-Zaghaïa (Porteur de la lance ou sagaie), » Dunant 64.

زف.

زَقّ *bourdonnement d'oreilles*, Daumas V. A. 425.

زَفَّة *procession*, multitude du peuple, etc., en marche, Bc, *procession en l'honneur d'un nouveau marié, d'un garçon qui vient d'être circoncis*, etc., M, Ibn-Iyâs 349: امر السلطان بمنع الناس عن الاعراس والزفّ — *une ronde* (pendant la nuit), Maml. I, 1, 192. — *Forte réprimande*, M.

رَعْد = زَقْف *espèce d'outarde*, Poiret I, 267.

زفت I (= II) *poisser*, frotter de poix, Bc, *calfater, goudronner*, Ht.

زُفُوت forme au pl. زَفْت, Voc. — *Bitume* (cf. Lane), Niebuhr R. II, 203. — زفت الترمنتين *colophane*, Bc. — زيت الزفت *huile de cade*, Bc.

زفر I. Ce verbe s'emploie en parlant de l'*éruption* d'un volcan, Amari 136, 3 a f. et dern. l., 159, 8, 9 et 10.

II *engraisser*, rendre sale, crasseux, *graisser, salir*, Bc. — *Faire gras, manger gras*, Bc, Hbrt 152, M (sous نخر). — *Gargoter*, manger, boire sans propreté, Bc. — *Parler gras*, Bc.

V *s'engraisser*, devenir crasseux, Bc. — *Puer*, Payne Smith 1146.

زِفْر t. de maçon, pierre ou poutre en saillie, qui sert à soutenir une voûte, un balcon, etc., M. — *Subgronde, séveronde, saillie d'un toit sur la rue*, M.

زَفَر *puanteur*, Abou'l-Walîd 403, 16, 606, 16. — *Faire gras, manger gras*, M.

زَفَر pour نَخِر, *puant*, 1001 N. I, 343, 10: وصارت رائحته زفرة Abou'l-Walîd 403, 15. — الكلام الزفر *sots discours*, M.

شبَّة زفرة *gouliafre*, glouton malpropre, Bc. — *alun, alun cristallisé*, Bc.

زَفْوَة *éruption* d'un volcan, Amari 136, dern. l., 137, 1. — Comme زَفَر, graisse, *saleté*, 1001 N. Bresl. II, 182, 4; — *saleté*, parole sale, vilenie, paroles injurieuses et basses, obscénité, Bc.

زَفَّار chez Freytag d'après le Diw. Hodz. est dans l'édit. 71, 12.

زفزف.

زُفَيْزَف *jujube*, est un mot andalous (d'où l'esp. *azofaifa*), Bait. I, 535 c; lisez ainsi avec notre man. dans Auw. I, 263, 15.

زفط V c. ب et على *être arrogant*, Voc.

زَفْط *arrogance, jactance*, Voc.

زَفَّاط *arrogant*, Voc.

زفن.

زَفَّن *danseur*, Voc. (saltator, seulement dans la 1re partie).

زَفْن (?) *diamant*, Bar Ali éd. Hoffmann n° 4315; variante chez Payne Smith 1506 زَرَقَن; chez Vullers زَفَنَى est certaine pierre noire, dont on se sert contre les ulcères et contre la lèpre.

زَفَّانَة *comedia*, L.

زَفَّان *comicus*, L, *baladin*, Daumas V. A. 102, 451; *chanteur de cantiques*, Roland.

زقّ

زَقّ I. Le Voc. a زَقّ نَزِقّ sous *pascua*, mais je soupçonne que cela appartient au mot *paser* qui suit, et alors ce verbe a son sens ordinaire, 1re signif. chez Freytag et Lane. — *Se becqueter, se caresser avec le bec, comme font les pigeons*, 1001 N. I, 871, 11: قَبَّلْتُهُ في فمه مثل زقّ الحمام III, 580, 8, IV, 265, 5, 266, 3 a f. — *Pousser*, faire entrer par force,

زق اللِّجَام Bc; mettre la bride à un cheval, Koseg. Chrest. 68, 2 a f. — زق بِكوع coudoyer, Bc. — Bourrer, porter des coups, Bc.

II boire, Alc. (bever del todo), si c'est ce verbe qu'il a en vue.

زق pour زِق, petite outre à mettre du vin. Chez Alc. la voyelle est a, comme dans le mot esp. zaque, qui en dérive; dans la 1re partie du Voc. زِّق, dans la 2de seulement زق.

زَق Le pl. du pl. زَقَاقَات, Payne Smith 1147. —

مستسقى الزق ascitique, Bc.

زَقَّة becquée, ce qu'un oiseau porte à ses petits, ce qu'il leur donne à la fois, Bc. — Poussée, action de pousser, Bc.

زَقِيَّة Par plaisanterie, en parlant du vin, زَقِيَّة الدار, « qui a une outre pour demeure, » Gl. Mosl. — استسقاء زِق ascite, hydropisie du bas-ventre, Bc, Gl. Manç. sous le premier mot, Bait. I, 73 a, II, 548 a, Payne Smith 1147, Calendr. 111, 7: النفخ الزق.

زُقَاق rue. Le pl. aussi اَت, Bc. — Bivium (due vie), L. — Quartier d'une ville, Voc. (vicus), azkak el Ihoud, quartier des juifs, Daumas Sahara 61. — أزِقَّة النار les tuyaux des étuves, Gl. Manç. v° طابَف: وكذلك طابق الحمام في جارته التي توضع على ازقة النار فيه.

زُقَاقِى .كلمة زُقَاقِى expression triviale, basse, Bc.

زُقَيْقِبَة et زُقَيْقِبَة chardonneret, Bc, Hbrt 67; le dernier aussi linote, Bc.

زَقْزَق I craquer comme des souliers neufs, craqueter, crier, rendre un son aigre par la frottement, Bc.

زَقْزَقَة gazouillement des oiseaux, Ht. — Bruit que font des souliers neufs quand on marche, une plume dont le bec est trop long quand on écrit, etc., craquement, Bc.

زَقْزَاق oiseau qu'on voit souvent dans la Haute-Egypte et qui est toujours autour du crocodile, parce qu'il se nourrit, dit-on, des restes de la viande qu'il trouve entre ses dents, Vansleb 78, Burckhardt Nubia 23. — Ichneumon, petit quadrupède, Bc.

زَقْزُوق شال espèce de carpe, ou bien les petits du شال ou Synodontis Schal, Seetzen III, 496, IV, 516,

Ztschr. für ägypt. Sprache und Alt. 1868, p. 55 et 83, 1001 N. Bresl. IV, 320, 328; lisez de même Yâcout I, 886, 10, et Cazwînî II, 120, 1.

زَقْرُوف (السرب الضَّبَّق), M. canal étroit

زَقْشَنَه nom d'une plante à Cairawân, décrite par Bait. I, 536 c (il l'épelle).

زقل

زَقْلَة gourdin, bâton, rondin, gros bâton rond, tricot, bâton, Bc.

زَقِيلَة (عِدْل), M. sac

زَقْلَة jabot, poche membraneuse des oiseaux, M.

زقم

زَقَم bec, pointe; زَقَم حَديد coin, outil de fer pour fendre, Bc. — M. de Slane veut lire ainsi dans les Prol. I, 324, 2, et il pense que c'est l'équivalent de زَقُوم, pâte de beurre et de dattes.

زَقُّوم. Sur l'arbre dont Freytag et Lane parlent en premier lieu, voyez Bait. I, 535 d. Le vulgaire dit proverbialement لقمة الزَّقُّوم, en parlant de celui qui a mangé quelque chose dont il se trouve mal. On emploie aussi cette expression au figuré. En outre on donne le nom de لقمة الزَّقُّوم à un morceau de pain trempé dans de l'huile et sur lequel on a marmotté quelques paroles inintelligibles. On le donne à avaler à celui qui est soupçonné d'un vol, et c'est une ordalie, car on croit généralement que si cet homme est réellement coupable, il ne peut pas avaler ce morceau de pain, sans compter que, dans ce cas, il n'ose pas se soumettre à cette épreuve, M. — Sur l'autre arbre voyez Bait. I, 454 b, 536 b, d'Arvieux II, 188, où on lit: «ils sont garnis d'épines comme nos acacias, et ressemblent assez à des buissons. Ils portent des fruits comme de grosses prunes, dont le noyau est comme un petit melon à côtes relevées. On le concasse, et on tire de son amande une huile, qui est une espèce de baume parfaitement bon pour les plaies et pour les humeurs froides, contractions de nerfs et rhumatismes.»

زَقْنَف, s'il faut transcrire ainsi le mot qui chez Alc. est zoqnóq, pl. زَقَانَف, tout nu, Alc. (desnudo en cueros).

زقو et زقى I, n. d'act. زَقْو, زَقْى et زَقَّا (non pas زَقِّ, comme chez Freytag), chanter, en parlant du coq et aussi en parlant d'autres oiseaux, Gl. Fragm., Becrî 139, dern. l.

زَقِيبَة et زَقَايَة (syr. اَعَدًا), pl. اَت, *bâton*, Payne Smith 1152.

زَقَايَة *crieur*, Daumas V. A. 168.

زَاقِي *coq*; زَاقِيَة *poule*; pl. comm. زَوَاقِ, Gl. Fragm.

زَقُوقُو *hibiscus sabdariffa L.*, Prax R. d. O. A. VIII, 283, Richardson Morocco II, 275 : « *sgougou*, semence qui ressemble à la semence séchée des pommes. Les Arabes la mangent avec du miel, en plongeant leurs doigts d'abord dans le miel, et ensuite dans la semence. » — *Sgugu, pinus maritima*, Pagni MS ; *sgogno, pignons du pin*, Espina R. d. O. A. XIII, 155.

زَكّ I, aor. o, n. d'act. زَكَّ, c. a. p. *affliger*, Diw. Hodz. 46, 2 a f. — *Tromper*, en parlant du vendeur qui trompe l'acheteur, M. — *Ruer*, Bc (Barb.).

II *chatouiller*, Hbrt 113.

زكب

زَكِيبَة pl. زَكَائِب *grand sac pour les grains, la farine*, Bc, 1001 N. IV, 487. 1. — Au fig., *vache, femme trop grasse*, Bc.

زَكْتَنِي (Daumas MS) *va-nu-pieds*, Daumas V. A. 102.

زكر

زَكْرَة *nombril*, M.

زَوَاكِرَة, mot maghribin, *hypocrites*, comme l'explique Macc. III, 328, 4, 6 et 7.

زَكْرُورَة *artère du cou*? 1001 N. Bresl. VI, 308, 4, 309, 3; ailleurs, 334, 3 a f. c'est زَكُورَة.

زَكْرُون et زَكْرُوم en Barbarie, *verrou, loquet*, Domb. 91, Ht.

زكرك I *chatouiller*, Hbrt 113, Ht, M.
II *être chatouillé*, M.

زكم VII dans le Voc. sous *reumaticus*.

زُكَم *rhume*, Voc.

مَادَّة زُكَامِيَّة زُكَامِيَّى *humeur qui découle du nez dans les rhumes de cerveau*, Bc.

زكو II *examiner les monnaies si elles sont bonnes*, R. N.

84 v°: ثُمَّ دفعها (الدنانير) البَنَّا وقال زَكَّوها عليَّ فوالله زَكَّيْنَاها ما زَكَّيْت قَبلها قَطَّ فَرَكَّيناها. — *Acquitter* un prévenu, Ht, *absoudre*, Hbrt 213.

زَكَاة, *aumône*. A Mâlli on appelait ainsi la somme d'argent que le sultan distribuait chaque année, la 27º nuit du mois de Ramadhân, au juge, au prédicateur et aux jurisconsultes, Bat. IV, 402. — *Droit d'entrée sur les marchandises*, Djob. 35, 18 et dern. l., 59, 18, 60, 4, 5 et 6, Bat. I, 112, cf. II, 374, Macc. I, 728, 21, Browne I, 86.

زَكِيّ *pur* (blé), Mi'yâr 25, 9, (puits), *ibid.* 29, 4. — Pour زَكِيّ, *exquis, suave*; زَكِيّ الرَّائِحَة *odoriférant*, Bc; le compar. أَزْكَى, de Sacy Chrest. I, vΛ, 6.

زَكَاوَة, pour زَكَاوَة, *suavité*; زَكَاوَة الشَّرَاب *bouquet, parfum du vin*, Bc.

أَزْكَى voyez زَكِيّ.

تَزْكِيَة, dans la religion chrétienne, *absolution*, Hbrt 154, Ht. — *Lettres de créance*, Alc. (creencia por cartas).

مُزَكَّى L: *beneplacitum* مُزَكَّى. Ducange donne ce mot en deux sens : 1º venia et consensus, benevolentia, favor, 2º desiderium, optatum, vel etiam decretum.

زكى I, aor. *i*, en Barbarie, *crier*, Bc (Barb.), Hbrt 10 (Alg.). Semble pour زقّ.

زلّ I *courir, errer çà et là*, Bc. — زَلَّ النَّظَر *papilloter*, avoir un mouvement involontaire des yeux, qui les empêche de se fixer sur les objets; زَلَل النَّظَر *papillotage*, Bc. — C. ب et مع *paillarder, commettre fornication*, Voc. — زَلَّ الماء *verser doucement de l'eau*, afin qu'elle soit pure et que les saletés restent dans le vase, M.

زلّ (syr. اَزْلَا). الزَّلّ الشَّحْمِى espèce de *roseau*, Payne Smith 1125.

زُلَّة *vivres qu'on emporte*; dans l'Inde c'était un *demi-mouton*, Bat. III, 435.

زُلَال *substantivement eau froide*, Cartâs 3, l. 9, Mem. hist. esp. VI, 116. — *Glaire, humeur visqueuse*, Bc; زُلَال البَيض *glaire, le blanc de l'œuf quand il n'est pas cuit*, M. — Dans le sens de *bateau, barque*, ce mot ne s'employait, je crois, que sur le Tigre.

En effet, dans le passage du Tazyîn al-aswâc, publié par Kosegarten (Chrest. 23, 13), il est question d'une barque sur cette rivière, de même que chez Ibn-Badroun 277, 7, où l'on trouve le pl. زلالات. En Egypte (et aussi dans d'autres pays musulmans, à en juger par les fautes des man. d'Ibn-Badroun) il est inconnu, car l'éditeur égyptien du Tazyîn al-aswâc dit dans une note sur le passage cité (p. 258): قوله زلالا كأنه نوع من السفن كالزورق كما يظهر من بقية الكلام. Dans les 1001 N. Macn. IV, 359, 8 a f., où l'on trouve le même récit, le mot en question a aussi été remplacé par سفينة.

زَلِّيّ (de زَلَّ (voyez sous la Ire forme) avec la terminaison esp. ero) *fornicateur*, Voc.

زَالِل pl. زَلَّل *homme ambulant*; — *coureur*, qui va et vient, jeune libertin, vagabond; — *bandit*; — *hagard*; — *désespéré*, *furieux*, *forcené*, Bc.

مَزَلّ *endroit glissant*, Diw. Hodz. 50, 2 a f.

أَزَالِيل *même sens*, Diw. Hodz. 217, vs. 20.

زلب

زَلَبَانِي *préparateur, vendeur de* زَلَابِيَة, Macc. II, 402, 17.

زَلَابِيَّة (le *techdîd* dans Chec.). Voyez sur cette pâtisserie: Gl. Manç. in voce, Chec. 192 r°, Bait. I, 536 c, J. A. 1860, II, 371—2, Daumas V. A. 253, Maltzan 130; Bc a: *beignet, gâteau feuilleté au miel et aux amandes*. En disant que ce mot signifie aussi: «sorte de fruit employé en pâtisserie,» M. Sanguinetti s'est laissé induire en erreur par Sontheimer.

زَلُوبِيَة *même sens*, Bc.

زَلْبَح I, en Barbarie, *tromper*, Hbrt 246 (Barb.), Roland, Cherb. Dial. 57.

تَزْلَبِيحَة *tromperie*, Roland.

تَزْلِبِيح *tromperie*, Hbrt 246.

زَلَج V *être visqueux, gluant, tenace*, Bait. II, 151, en parlant de l'aunée: يتزلج اذا غمز يضمد به الكسر فيلزمه.

زَلَج *graisse*, Cherb.

زُلَيْج (transcription de l'esp. *azulejo*, qui est formé de *azul*, lequel est à son tour une altération de l'arabe-persan لازورد, lapis-lazuli) *carreaux de faïence colorés et vernis*, Alc. (azulejo), Macc. II, 717, 10, Bat. I, 415, II, 130, 225, Cartâs 273, 10 a f. (où il faut lire ainsi avec d'autres man.), Prol. II, 233, 2 a f., Berb. II, 350, 2, Léon 157: «Omnes porticus, omnesque adeo convexitates ex lapide depicto vitreoque compositi sunt, apud illos *Ezzulleia* dici solet, cuiusmodi adhuc apud Hispanos in usu est,» Prax R. d. O. A. VI, 297: «Les potiers fabriquent des carreaux vernis appelés *zelis*, qui sont employés pour le carrelage et le revêtement des murs dans l'intérieur des maisons. Ces carreaux sont divisés diagonalement par deux couleurs, l'une blanche, l'autre noire,» Jackson 119 (ezzulia). Le n. d'un. ة, Alc.; le pl. زَلَايِج, Ht, Roland 576, Godard I, 215. Dans le Voc. avec le *techdîd*, زُلَّيْج, n. d'un. ة, later; aussi avec le *techdîd*, comme la mesure l'indique, dans les vers chez Lafuente, Inscripciones de Granada, 179, 182; Cherb. a le pl. avec le *techdîd*, زَلَّايِج. Ce mot est corrompu dans les 1001 N. I, 268: مفروش أرضه بالزوالي.

زَلَّيْجِي *même sens*, Macc. I, 124, 5.

زَلَّاج *espèce de barque*, Becrî 26, 9, cinq fois chez Macrizi I, 178, 26—28 (comme l'a observé M. Defrémery dans le J. A. de 1869). De là le port. *azurracha* ou *zurracha*, qui désigne une barque dont on se sert sur le Douro, et que l'on fait voguer au moyen de deux rames en la gouvernant avec une troisième. Il paraît que c'est proprement: une barque qui *glisse* sur l'eau.

مُزَلَّج *fait ou orné de carreaux de faïence*, Alc. (azulejado, losado de azulejos, مَزَلَّج سَطْح *suelo de azulejos*).

مُزَيْلِج *chansons dont les paroles sont en partie déclinées ou conjuguées d'après les règles de la grammaire, tandis que d'autres ne le sont pas*, J. A. 1839, II, 164, 11 et 12, où il faut lire رَبْع .م, cf. 1849, II, 249. C'est proprement: de deux couleurs, comme les زُلَيْج ou carreaux de faïence.

زلحف

زِنْحَفَة vulg. pour سلحفاة, *tortue*, M.

زَلْزَلَلَوْز *noisette, aveline*, Domb. 71.

زَلْزَل I v. n. *trembler* (terre), Alc. (hundirse la tierra),

زلط

Bc. — *Faire chanceler, glisser*, Ictifâ 127 v°: فخذلهم فكانت بينهم جولات وحملات, 163 r°: اللّه وزلزل أقدامهم; c. a. p. et عن r. 1001 N. II, 324, 2 a f.

زَلْزَال *calamité*, Gl. Mosl.

زلط I, aor. *o*, *avaler*, Bc, M, 1001 N. Bresl. VII, 282, 4 (Macn. ابتلع); *ibid.* 304, 5 a f. lisez زلطها au lieu de ارطلها; Bâsim 82: فبرك باسم على الثلاث دجاجاتٍ زلطهم ومسحهم في اسرع ما يكون

II c. a. p. *dépouiller quelqu'un de tous ses habits, le mettre tout nu*, M.

V *être tout nu*, M.

VII *s'appauvrir*, Alc. (enpobrecerse).

زلط *pauvreté*, Alc. (pobreza), Dict. berb.; زلط *chez* Daumas V. A. 352. — *Nu*, pour le masc., 1001 N. Bresl. II, 272, 3 a f., et le fém., *ibid.* I, 161, 3 a f.; بالزلط *in naturalibus*, *nu*, Bc, M.

زلط *douceur, agrément*, Mehren 29.

زَلْطَة, pl. زلط et ات, *caillou*, Maml. II, 2, 197; Bc: زلط *pierraille, amas de petites pierres*.

زُلَيْط *un misérable, un homme de néant*, 1001 N. I, 693; 7 a f., 694, 4. Aussi comme coll., *canaille*, IV, 181, 11.

زلط, pl. زلاليط *baguette*, Cherb. Chez Domb. 93 زلاط *baculus*.

زَلْط fém. زَلْطاء *nu*, 1001 N. I, 258.

مَزْلُوط *pauvre*, Alc. (pobre), Dict. berb.

زلطوم *boutoir de sanglier, groin*, Bc.

زلع I *avaler*, M.

II dans le Voc. sous rancidus.

V dans le Voc. sous rancidus; — *se corrompre, se putréfier*, Haiyân 34 v°: وجد بعد ايام قتيلا في بيته قد تزلع لحمه — *Dire ou faire des bouffonneries, afin de manger aux frais d'autrui*, Alc. (truhanear por comer). Chez Alc. aussi: echar el cuervo, et peut-être cette expression a-t-elle le même sens, mais Nebrija l'explique par *turpiter quæro*, et Victor par *faire une quête et levée de deniers pour cause déshonnête*.

زلف

زَلْعَة pl. زلع *amphore*, Bc, *cruche*, Hbrt 198, *jarre qui renferme la provision d'eau, à l'usage des grandes maisons* (le زير sert à l'usage du peuple); *zelah belady se font dans le pays* [en Egypte] *et sont en terre rouge comme les zîr; zelah moghraby viennent de Barbarie et sont de couleur blanche. Sont d'une forme arrondie et sans cou, et ont une large ouverture*, Descr. de l'Eg. XII, 473; 1001 N. II, 177, 4 a f.; Ibn-Iyâs 100: وجد له في مكان عند حارة بني سيس خُلّف بيته زلعة فيها ذهب عين جملة مائة الف دينار — ومن الفضة الدراهم زلعتين كبار (sic)

زلع pl. زلاليع *vagabond*, Alc. (mestenco o mostrenco, roncero, voyez ce que j'ai dit sous حرفوش). — *Celui qui fait métier de dire ou de faire des bouffonneries, afin de manger aux frais d'autrui*, Alc. (truhan por comer). — Chez Alc. echar cuervo (nonbre nuevo); Nebrija explique echacuervo par *quæstor turpis*, et Victor par *un certain quêteur déshonnête, un cafard, mauvais prêcheur*.

زَلْعَطان *cancre, écrevisse de mer, crabe*, Bc; sous ces deux articles il donne le pl. زلاطعين (sic); suivi de بحري, *homard*, Bc.

زلعم I c. a. p. *prendre quelqu'un au gosier*, M. — C. a. r. *avaler*, M.

زلعوم pl. زلاعيم *gosier* (formé de زلع, comme بلعوم est formé de بلع), M.

زلغط et ses dérivés, voyez زغرت.

زلف IV, *rapprocher de*, من, Djob. 52, 5.

زَلَفَة, dans le sens de *coquille*, a le pl. ou coll. زَلَف, Bait. II, 110 c. — En Syrie زَلَف *est sorte de poids, déterminé d'après une coquille*, Payne Smith 1131.

زُلْفَى = التقرّب الى اللّه, Recherches I, Append. p. LVII, n. 1.

زَلَافَة *écuelle, plat*, Domb. 92. — *Fonts baptismaux*, trad. des canons, man. de l'Escur. (Simonet). — زلافة الملك, au Maghrib, *Cotyledon Umbilicus*, Bait. II, 330 b (AB).

زَلُوف *odeur de laine ou de drap brûlé, roussi*, Cherb.

زْلِف tête de mouton bouillie et assaisonnée avec du vinaigre, du sel et de l'ail, Daumas V. A. 251.

زَلْفَة mesure de capacité qui contenait huit *modd* du Prophète, Becrî 151, 3 a f.

مَزْلُوف *écharde*, petit éclat de bois qui est entré dans la chair, M. — *Greffe, ente*, M.

زَلَق I *glisser à dessein pour s'amuser*, Bat. man. 157 :rº بركة ماء قد جمدت من البرد فكان الصبيان يلعبون فوقها ويزلقون. — *Glisser*, être glissant, Bc, Diw. Hodz. 176, 3 a f.

II. تَزْلِيق *glissement*, Bc.

V *glisser à dessein pour s'amuser*, Bc.

VIII. L: *instabilitas* جولان وازدلاق.

الزَّلْق ou زَلَق, ou زَلَق الأَمْعاء ou الزَّلَقُ البَلْغَمِي soul, sorte de dyssenterie qui provient d'une surabondance de phlegme dans l'estomac et les intestins, et dont le symptôme est qu'on rend les aliments tels qu'on les a pris, Chec. 208 vº, 202 vº, Bait. I, 79 a, L (diarria الأمعاء زلق), Payne Smith 838, M, J. A. 1853, I, 346, *lienterie*, voyez sous زَلْقَة.

زَلِق *glissant*, Bc. — *Visqueux*, *gluant*, Fleischer Gl. 97—8.

زَلْقَة *glissade, glissement*, Bc. — زلقة بطن *lienterie*, sorte de dévoiement, Bc.

زَلَاقَة *sorte de bitume fait avec de la chaux, de l'huile, des étoupes*, Alc. (azulaque); cf. Gl. Esp. 229.

زَلَّاقَى *inconstabilis*, L.

زَلَّاقَة. Le pl. زَلَالِيق dans le Voc. (vº labi). — *Glissoire, endroit pour glisser*, Bc. — Pl. زَلَالِيق et زَلَالِيق *glacis*, Çalât 46 rº: وابتنى الزلالق لأبواب اشبيلية من جهة الوادي احتياطًا من السيل لخارج عليها, Cartâs 138, 6 a f., où il faut lire (cf. p. 186, n. 1 de la trad. et p. 422 des notes): وبنى الزلالق وبنيت الزلاليق (ou الزلاليق), 177, 12 a f.: زلاقة الكنيف *tuyau, le canal d'un privé*, M.: بسورها (يُنْزِلُ عنها الغائط الى اسفل).

زَبَّقَة pl. زَلَالِيق. Sous الزلاليق السرير on entend quatre larges bandes de coton qui entourent les matelas, les draps, etc., du lit de l'enfant, afin de le rendre plus doux, M.

زم

زَلَم I. زَلَمَ العُود *tailler un morceau de bois comme une plume à écrire*, M.

V, en parlant d'un cavalier, est تَرَجَّلَ, *descendre de cheval et aller à pied*, M.

زَلَم pl. أَزْلَام = صَنَم, *idole*, Saadjah ps. 115 pour עֲצַבִּים, Abou'l-Walîd 234, n. 7.

حَبّ الزُّلَم et زُلَم voyez sous حَبّ.

زَلَمَة. يا زَلَمَة «*la personne*; on dit يا زَلَمَة quand on adresse la parole à un homme qu'on ne connaît pas et qui est indifférent à celui qui parle; le pl. est أَزْلَام. L'habitant des villes en Syrie y joint ordinairement l'idée de piéton, et quand il est question de soldats, le pl. زُلَم signifie *l'infanterie*,» Ztschr. XXII, 124. M: والزَّلَمَة عند العامَّة الراجل ويراد به الرَّجُل أيضًا. Bc a sous *homme*: «en Syrie on se sert quelquefois du mot زَلَمَة, pl. زَلَام» il a encore: زَلَام, du sing. أ., *gens, domestiques mâles, gens de pied*,» et «زَلَمَة pl. زَلَام *piéton*.» Pour *infanterie* Ht a زَلَمَة, et Hbrt 138 زَلَمَة et زَلَامَة.

زَلَمَة voyez l'article qui précède.

زَلَمِي, *hautbois*, forme au pl. ات, Voc. (fistula). Cet instrument est décrit Prol. II, 353, 14 et suiv.

زَلُّومَة pl. زَلَالِيم *groin, museau de cochon*, Alc. (hocico como de puerco), Mehren 29; — *trompe, museau de l'éléphant*, Bc, Hbrt 63.

مَزْلُوم *bouture*, M.

زَلَنْج sorte de poisson, Yâcout I, 886, 6; dans les man. de Cazwînî les variantes زليج et زلنج.

زَلَنْطَحَى *homme sans aveu, vagabond*, Bc.

زَلَنْفَج (?) *les glands de l'espèce de chêne qui s'appelle* بهش, en grec بْرِينُس (voyez), c.-à-d. πρίνος. C'est ainsi que ce mot est écrit dans A de Bait. I, 183 d, et aussi dans B, excepté que ce dernier à la troisième lettre sans point; Sonth. زراسج. Boul. راتينج.

زَمّ I *réparer*, p. e. un mur, Voc., Cartâs 22, 16, 100, 9 a f. — *Rétrécir*, un habit, M. — *Contracter les lèvres*, M. — *Supporter, souffrir, endurer*, Voc. (sustinere (penam vel laborem)), Alc. (sufrir, suffrible o soffrida cosa شي يؤم). — *Enregistrer*, n. d'act. زمّ et وامر الكاتب بزمّ , Mohammed ibn-Hârith 237: فكان اول قاض ضمّ اهل الفقه 328: اسمه ومسكنه المشيرين عليه في اقضيته الى ضبط فتيهم وزمام رايهم خط ايديهم.

II *enregistrer, enrôler, inscrire, immatriculer, dresser une liste, un catalogue*, Alc. (contar gente, enpadronar, escrevir matriculando, matricular), Bc, Ht, Cherb.

C, l'anonyme de Copenhague 86: زمَّ لجنود. — *Supporter, souffrir, endurer*, Alc. (soportar); il y donne: aor. nizumèn, prét. zemènt, impér. zumèn, et non pas, comme sous sufrir: aor. nizûm, prét. zemèmt, impér. zum; c'est donc la IIe qu'il semble vouloir indiquer.

زمّ pl. زموم *cantonnement des Kurdes*; dans chaque *zemm* se trouvent plusieurs villages ou villes, de Slane Prol. I, 133, n. 3. — *Patience à souffrir, résignation*, Alc. (sufrimiento).

زمام, *rêne*, au fig., gouvernement, Bc; — قيادة الازمّة *le poste de général de la cavalerie*, Hist. Tun. فولّاه قيادة ازمّة الاعراب وكان من اهل الكفاية والنجدة 115: . — *Registre, rôle, liste, catalogue*, surtout *le registre où se trouvent inscrits les noms des soldats, inventaire*. J'ai donné quantité d'exemples de ces signif. Abbad. I, 74 et suiv., 427, II, 263, Gl. Bayân; aux articles d'Alc. que j'y ai cités on peut ajouter: matricula de nombres proprios, padron o matricula; aux passages du Cartâs: 44, 2 a f., et à ceux de Bat. IV, 251, 285. Voyez aussi: Gl. Djob., Domb. 78 (*catalogus*), Ht (*index, table de livre, catalogue*), Recherches I, Append. p. LXV, 3, mon Catal. des man. or. de Leyde I, 164, Macc. III, 164, 5, l'anonyme de Copenhague 39: وطلب منه احضار تقييدات المحبّى وازمّتها, mais il faut lire تقييدات المحبّى وازمّتها, Prol. I, 214, 5. Chez Bc: زمام البلاد *cadastre*; زمام العقارات *terrier*, registre du dénombrement des terres; زمام الغلط *errata*; زمام الايراد والمصروف *compte de recette et de dépense*. Dans les auteurs les plus anciens c'est le registre du Dîwân ou bureau des finances, qui renfermait tous les détails du service des recettes et dépenses; cf. Mâwerdî 369, 2 a f.: كاتب الديوان وهو صاحب زمامه, car c'est ainsi qu'il faut lire, au lieu de زمامه, comme M. Enger a fait imprimer. Dans Belâdz. 464, 8, on trouve ديوان الزمام, dans Khallic. X, 72, 6 a f., et dans le Fakhrî, 347, 7, ديوان الزمام, et dans le Tenbîh de Mas'oudî (cité Maml. I, 2, 66), دواوين الازمّة et ديوان الازمّة, c.-à-d. *le bureau où l'on tient ce registre, le bureau des finances*. Aussi dans le Tenbîh: ولّى الازمّة ولخاتم; chez Belâdz. 464, 3, 4, 5, 12, et dans Macc. I, 134, 7, صاحب الزمام, c.-à-d. *le chef du bureau des finances, le ministre des finances*; cf. aussi le passage d'Abou-'l-mahâsin I, 435, que je cite plus loin. Mais dans des temps plus récents, le terme صاحب الزمام avait en Orient et en Egypte un tout autre sens: il désignait le personnage qu'on nommait aussi زمام الدار ou زمام الآدر, c.-à-d. *le principal eunuque du sérail*, car dans un passage de Djob., 292, 9 et 14, un eunuque noir du calife abbâside Mo'tadhid est nommé صاحب الزمام aussi bien que صاحب الدار. Ce passage rend l'origine des termes زمام الدار encore plus obscure qu'elle n'était. Abou-'l-mahâsin (cité Maml. I, 2, 66) veut qu'il faudrait écrire régulièrement زمام دار, et que ce دار est le terme persan: *celui qui tient* (celui qui tient la bride). L'auteur du Dîwân al-inchâ (*ibid.*) pense au contraire que c'est une altération des mots persans زنان دار, *gardien des femmes*. De même que Quatremère, je pense que ces deux étymologies sont inadmissibles. Cet illustre savant croit que ce زمام est proprement *frein, bride*, et qu'il a signifié par extension, *celui qui tient les rênes, un directeur*. Ce serait donc *le directeur du palais*. En effet, le mot زمام signifie cela: ce n'est pas, comme le prétend l'auteur du Dîwân al-inchâ, le vulgaire qui s'imagine qu'il a le sens de *chef, général* (قائد); cette signif. est figurée et classique: Lane a noté d'après la TA: هو زمام قومه, *he is the leader of his people, or party*, هم ازمّة قومهم, *they are the leaders of their people, or party*," et Quatremère en donne des exemples, auxquels on peut ajouter ceux-ci, qui m'ont été fournis par M. Amari: Abou-'l-mahâsin I, 435: «Dans l'année 162 H. le calife abbâside al-Mahdî institua les دواوين الازمّة, que les Omaiyades n'avaient pas eus; le sens de ce mot est que chaque dîwân a son زمام, وهو رجل يضبطه وقد كان قبل ذلك الدواوين مختلطة (les bureaux, jusque-là réunis, furent donc séparés, et chacun d'entre eux reçut son chef spécial), Macrizî I, 99, dern. l. Boul.: متولى ديوان الجلس وهو

زمت

الاسفهسلار وهو زمام كل زمام :23 , 403 , زمام الدواوين وبالید أمور الاجناد , صاحب الزمام de Djob., dans le sens de زمام الدار, je crois que, bien qu'il désigne le même personnage, il a cependant une autre origine: c'est, à mon sens, *le fonctionnaire qui tient le registre des femmes du sérail.* Au reste, on se servait aussi du mot زمام seul dans le sens d'*eunuque principal du sérail,* comme dans le Fâkihat al-kholafâ 64 et dans le 1001 N. Bresl. VII, 28, 6 (الزمام الكبير = الحاجب الخاص) dans l'éd. Macn. II, 51). — *Obligation, billet de reconnaissance d'une dette,* Voc. (cautio; cf. Ducange, cautio, n° 1). — *Une pièce de bois qui sert à en lier ou assujettir d'autres,* Gl. Esp. 251.

زَمِيم *bourdonnement,* Ht, Payne Smith 1132. — *Souffert,* Alc. (suffrido).

زَمَامَة *registre, livre de comptes,* Hbrt 100.

زِمَامِي *soldat inscrit sur la liste de l'armée,* Bat. III, 188, 193, IV, 47.

زَمَامِيَّة *l'emploi du zimâm, c.-à-d. de l'eunuque principal du sérail,* Maml. I, 2, 65.

زَمَّام dans le Voc. sous sustinere. — زَمَّام ربیح *vent violent,* Voc.

زِمَامَة *ruban avec lequel les femmes attachent le caleçon au-dessous du genou,* M. — *Cordon d'une bourse,* etc., M.

تَزْمِيم *liste,* Martin 136.

مَزِم *clef d'un pays,* place forte sur les frontières, Bc, de Sacy Chrest. II, v, 1. — Pl. ابت *collier,* Voc.

مُزَمَّم *la première corde du luth,* Alc. (cuerda de laud primera). — *Mode de musique,* Salvador 30; peut-être faut-il lire de même, au lieu de مزمور, chez Hœst 258.

زمت.

Dans Ouaday 334 on trouve *soumyt* parmi les verroteries; Prax 28: «*zamata maçouri* (peint de couleurs éclatantes), prismes réguliers de diverses couleurs.»

زَميتَة, on Afrique, *pâte faite d'orge ou de froment torréfié et moulu.* «Mon Mohammed,» dit Richardson (Sahara I, 72), «écrivait زميتته, سويق, mais ordinairement on dit *zameetah.*» Cf. le même Central I, 215, 308 (zumeetah), Windus 37 (xu-

mith), Lyon 50 (zumeda), Hornemann 8 (simite), Jackson 135 (zimeta), Denham I, 166 (zoumita), Niebuhr R. II, 355 n., Davidson 76, 198, Barth I, 230, 286. C'est un mot berbère, *zoummittah* dans le Vocabulaire de Venture (trad. franç. de Hornemann, II, 437), *azamittah* (ou *au*), *asamotan* aux Canaries, voyez Jackson Timb. 379, 381.

زمج.

زُمَّج est *falco haliœtus,* comme Sontheimer (Bait. I, 537 b) traduit avec raison; voyez Casiri I, 319 b, 2 a f.

زمر I *emboucher (cor, trompette)* se construit c. بـ, Bc, ou c. في, Voc. — *Chanter,* L (cano أَهَلَّ واغنّى وأزمر) cf. sous زامر. — C. في *gronder,* Bc. — Dans le sens de *remplir une outre,* c. بـ, R. N. 102 v°: وهو يزمر بالزق.

VII dans le Voc. sous fistula.

زَمْر pl. زُمُور *chalumeau, flageolet, hautbois, trompette,* Alc. (instrumento para tañer), Ht, Bc, M, Descr. de l'Eg. XIII, 393, Lane M. E. II, 86, Maml. I, 1, 173, Berb. I, 440, 1001 N. II, 32. Comme coll. Rutgers 153, 1, où la note de Weijers est erronée, ainsi qu'il résulte de 199, dern. l. — زَمْر اربع اوتار *instrument à quatre cordes,* Alc. (instrumento de quatro cuerdas). — آلة الزمر *instrument de musique,* en général, Alc. (organo qualquiera instrumento). — زمر *boutoir de sanglier, groin,* Bc. — زمر السلطان liseron ou liset (plante), Bc. — زمر القاضى *clochette (fleur),* Bc. — فقير الزمر ? 1001 N. Bresl. VII, 43, où l'éd. Macn. (II, 66) porte فقير الحال.

زُمَر espèce de plumes d'autruche, Jackson 63 (zumar).

زَمَّارَة, avec le *dhamma,* pour زُمَّارَة (cf. Lane sous ce dernier mot), se trouve Voc., Alc. (çanpoña, pl. زَمَّار), Bc (*pipeau*; sans voyelles: *flageolet, clarinette, musette*), Lane M. E. II, 89, 90, 117, Niebuhr R. I, 174. — Par allusion à cet instr. de musique, ce mot est devenu un terme d'anatomie. Alc. a: «gargavero, zummâra, pl. zummâr,» c.-à-d. *gorge, gosier,* ou *trachée-artère,* canal communiquant du larynx aux bronches, et servant au passage de l'air pendant l'aspiration et l'expiration. Il a aussi: «ervero del vientre del animal, zumârat al ôyne» (je ne puis pas expliquer le second mot), et Victor donne: «ervera por donde tragamos, l'herbière ou l'herborie, le gosier ou la poche en laquelle se met ce que l'on avale; il est plus propre aux bêtes; il gosso, dove va quello, que gli uccelli mangiano.» — زمارة الراعي *alisma plantago*, Bait. I, 537 d, II, 513 b.

زامر forme au pl. زَمَرَة, Gl. Esp. 364; ce que j'y ai dit est confirmé par L, qui donne: epitalamium غناء الزَّمَرَة, et de même sous salpista. — Nom d'un oiseau de mer, Man. Escur. 893: سريانس وهو الزامر ainsi dans le man., pas سريانس comme chez Casiri I, 320 a, qui donne cette explication: avis marina, rostro oblongo, vario et suavi cantu mirabilis.

مِزْمار *tout instrument à vent qui est percé de trous*, Prol. II, 353, 7, avec la note de M. de Slane, *hautbois, chalumeau, fifre, flûte*, Bc, *trompette*, Hbrt 97. — صنعة المزمار *l'art de jouer de la flûte*, 1001 N. IV, 167, 1. — مزمار الراعي *alisma plantago*, Bait. I, 23 e, 96 h, 537 d, II, 513 b.

مَزْمُور *mode de musique*, Høst 258, mais peut-être faut-il lire مزموم (voyez).

زُمُرَّد dans le Voc. = زُمُرَّد, *émeraude*.

زمزم I c. في *huer, honnir*, Ht.

زمزم I *marmotter des prières, des passages du Coran*, Amari 184, 13. — *Boire de l'eau de Zemzem*, J. A. 1858, II, 597. — زمزم الساق الكاس est quand l'échanson boit dans la coupe avant de la présenter à celui qui l'aime; ainsi un vers d'un *zadjal* est conçu en ces termes: هات الطلا يا ساق وزمزم الكاس, M.

II. L: *strido* أتقلقل واتزمزم.

زمزم «est devenu un nom générique pour un puits situé entre les murailles d'une mosquée,» Burton I, 318.

زمزمى *celui qui distribue l'eau du Zemzem*, Burton II, 120. A la Mecque المؤذن الزمزمى, qui est le chef des moëzzins, Bat. I, 377, 390.

زَمْزَمِيَّة *vase en cuir destiné à contenir de l'eau, petite bouteille de cuir, bidon, petite outre*, Descr. de l'Eg. XVIII, part. 2, 388, d'Escayrac 425, 610, Fesquet 132, Burckhardt Nubia 281, Burton I, 24.

زَمَازِمَة pl. زَمَازِم *oie*, Voc.

زَمْزَمَة pl. زَمَازِم *groin, hure*, Cherb.

زمط I *décamper, s'enfuir*, Bc, M. — *Glisser*, on parlant d'une bague qui glisse du doigt, M.

زُمَاطِى *expeditus* dans le Voc.

زمع III c. الى *aller vers*, Çalât 47 v°: ولم تزل مخاطبة الامير اليه بالاستلطاف والاستدعاء والجواب منه بالعدة فى النظر بالزماع الى ذلك الاخاء فظل نحو سنة ونصف.

IV, par ellipse, pour أزمع المسير, P. Macc. II, 302, 9 (cf. Add.).

زَمَعَة *tourbillons*, Abou'l-Walîd 783; 28. زمعات الأرياح

مزمع *imminent, prêt à tomber sur*, Bc; M: المزمع التشابت العزم على امر ولا يكون بمعنى العتيد اصلا والمولّدون يستعملونه بمعناه كثيرا.

زمق I. Biffez dans Freytag la signif. *ira exarsit* c. من p.; dans le passage des 1001 N. qu'il cite, il faut lire le verbe, زعف (voyez), au lieu duquel on trouve aussi زمق dans d'autres passages de l'éd. de Breslau. — *S'échapper, échapper*, Ht, نفذ من مضيق كالخلقة ونحوها, M.

زمك II *imprégner, incruster*, Maml. II, 2, 307. — الثوب *rendre un habit étroit, de sorte qu'il est bien juste*, M.

زَمَك *bien juste* (habit), M.

زَمَك s'emploie pour désigner ce qui est très-court; on dit proverbialement: فلان طول الزمك, M. زَمَكَة (chez Lane), Macc. II, 254, 2 a f.

مَزْمُوك *pressé*, Roland.

زمل I *bêler*, Abou'l-Walîd 548, 1. — *Tailler une pierre avec le* ازميل, M.

II *entrer en campagne*, Daumas V. A. 156.

زمل et زمائل *chameaux de somme*, Ztschr. XXII, 118.

زملة «Zemelet-Zohr (la petite dune de Zohr),» Ghadamès 134.

زَمِيل *fém.* ة, avec un pl. زَمائِل, Gl. Mosl. — Pl. ازميل.

زَمَالة *camarade, collègue*, Bc. — Voyez ازميل.

زَمَالة «veut dire *entourage*; c'est une réunion de

tentes qui forment la garde d'un chef arabe et qui sont à son service,» Martin 132; «douâr ou village composé de tentes, où réside un caïd d'un rang supérieur avec les principaux de sa tribu,» Afgest. II, 274 et ailleurs; — escorte, Ht; — «vaste propriété appartenant à l'Etat, pourvue d'une maison de commandement pour le logement des officiers, d'écuries assez spacieuses pour recevoir les chevaux d'un escadron de cavalerie, et sur laquelle sont plantées les tentes arabes des spahis appartenant à l'escadron, qui vivent là en famille,», Curé 49; — en parlant de l'Algérie sous la domination turque: «zmala, pl. zmoul, colonies formées de familles empruntées à diverses tribus qui venaient s'établir sur des terres appartenant au domaine, soit par droit de confiscation, soit par droit de vacance,» R. d. O. A. XI, 98; — «les terres du beylick sont quelquefois concédées à des gendarmes arabes (zmoul,) Dareste 87 (ce sont les terres qu'il appelle ainsi). Cf. Carette Kab. I, 59, 228, pl. زمل; 201, 204, 465, II, 265. Chez Quatremère, J. d. S. 1848, p. 39, il y a de la confusion. — Chez les Touâreg, voile qui cache la figure, Prax 16, Carette Géogr. 110 (Touâreg): «Dans le costume de voyage, on substitue au turban une longue pièce d'étoffe bleu foncé, lustrée par un apprêt gommeux, auquel le sable ne s'attache pas. Cette pièce, d'environ 15 centimètres de largeur, porte le nom de zmâla. Elle s'enroule à plat sur le front; et, après plusieurs tours qui ont pour objet de l'y assujettir, elle descend en spirale sur le nez, sur la bouche, couvrant tout le visage, qu'elle soustrait à l'action du sable et du vent.» — Selon Tristram 7, le turban noir des juifs porte à Alger le nom de zemla; chez Beaussier زملّة.

زمالة cheval de selle, M.

زَمّال muletier, Alc. (azemilero), Bat. II, 115, III, 352, 353, Khatîb 112 v°.

زَمّالة bec d'une aiguière, M.

زامِل pl. زَوامِل cheval de bât, cheval de labour, rosse, haridelle, Voc. (roncinus), Alc. (albardon cavallo, cavallo arrocinado, rocin).

زاملة charge entière ou grande de chameau, Burckhardt Nubia 267. — Bagage, Bat. II, 128, comme udzembles en valencien.

إزميل ciseau de graveur, Hbrt 87. — T. de maçon et de charpentier, instrument en fer qui sert à travailler le bois et la pierre; ordinairement on dit زميل, en retranchant l'élif, M.

مَزمول pl. ات cheval de bât, cheval de labour, rosse, haridelle, Alc. (cavallo arrocinado).

زملط I glisser, Ht; مُزَمْلَط glissant, M.

زملق. مُزَمْلَق glissant, M.

زمن I enflammer la colère; يَزمِن piquant, offensant, choquant, Bc. — زمن الجرح envenimer une plaie, Bc. IV. Pour exprimer que quelqu'un a une maladie chronique, on dit يَزمَن به المرض, p. e. Berb. II, 219, 10 a f., Çalât 33 r°: توفّى من علّة النقرس المزمنة به. On trouve منه أزمن dans Berb. I, 488, dern. l., mais notre man. 1351 porte به. — C. عن et من absentare (tardare multum sine uxore) dans le Voc.

زَمَن النيل le temps de la crue du Nil, Amari 616, n. 8 (la même leçon dans le man. de Leyde 159). الأربع أزمنة les Quatre-Temps (chez les chrétiens), Hbrt 154.

زَمِن languissant, Voc.

زَمَني temporel, Bc.

زمين maior natus, L.

زَمانة langueur, Voc.

زَماني. علّة زمانيّة maladie chronique, Abbad. I, 250, 6.

زمنطوط bandit, Bc; cf. زبنطوط.

زَمَنكة derrière, cul, Cherb.; cf. زمك, etc., dans les dict.

زمهر I s'enflammer (plaies, pustules), M. إزمَهَرَّ s'emploie en parlant d'un cheval, وامّا الفرس فاذا ضخر وخرّ وصهل وازمَهرّ, 1001 N. II, 8, dern. l. زَمَهرير forme au pl. ات, Voc.

زن I, n. d'act. زَنّ, bourdonner, Bc, Hbrt 70.

زِنّ le grain du دَوسَر (voyez), car on lit dans le Most. sous ce dernier mot: ابو حنيفة له سنبل وحبّ حدف دقيق اسمر (احمر N) يختلط بالبرّ تسمّيه العرب الزنّ; mais dans N les voyelles sont الزُّنّ.

زَنِين *bourdonnement*, Bc.

زَنُونَة pl. زَنَاوِيس *jarre à deux anses*, Alc. (jarro con dos asas). Il paraît que c'est l'esp. *zalona*, sur l'origine duquel on peut consulter Gl. Esp. 362—3. Chez Cherb.: زَنُونَة «petite gargoulette à fond étroit et dont le ventre est muni d'une espèce de robinet.» — *Goulot*, Roland.

زَنُونِي *stoïcien*, de la secte de Zénon, Bc.

زنباقى? *espèce de légume*, Bait. I, 540 e; leçon de ADL; E زنبالى H زنبا B زنبا.

زنبراق *ressort, loquet*, Ht. Cf. زنبرك.

زنبر I *se fâcher*, M.

زَنْبُور (le Voc. a زَنْبُور pour *guêpe*) signifie aussi *abeille*, Ibn-Loyon 19 v°: والدبر وى النحل تسمى ايضا زنابير. — زَنْبُور *clitoris*, Bc, Cherb. (chez Niebuhr B. 76 *sūnbula*), 1001 N. I, 63, 9, *long clitoris*, M.

مُزَنْبَر, t. de tailleur de pierre, est ما نُقش من صفائح الحجارة بالشوكة قبل ان يسوّى بالشاحوطة, M.

زنبرك *ressort*, morceau de métal qui réagit contre la pression, Bc, d'une montre, M; — *détente*, pièce du ressort d'une arme à feu, pour le faire partir, Bc. Cf. زنبراق. On dit au fig.: فلان زنبرك القوم, c.-à-d., il donne à leurs pensées la direction qu'il veut, M.

زنبط I *bourgeonner*, Ht.

زَنْبُوط *frelon, guêpe*, Bc, Hbrt 71. — Pl. زنابيط *brocoli*, sorte de chou d'Italie, ou rejetons de choux, Bc.

زنبع I, en parlant d'une aiguière, *être si pleine que l'eau s'échappe du bec*, M.

زنبق. Selon Bait. II, 71 a, on donnait de son temps à Damas ce nom à une espèce de lis sauvage, mais improprement, car il désigne en vérité *le jasmin blanc*. — *Lis*, Bc, Ht, qui a le n. d'un., *lis blanc*, Hbrt 50; زنبق أصفر — *lis jacinthe*, Bc; — زنبق خزامة *lis jaune*, Bc; — زنبق النرجس *lis narcisse*, Bc. — *Eau claire*, Voc. — Pour زِئْبَق, *vif-argent*, Voc.; aussi dans le Gl. Manç. v° مقتول, à moins que ce ne soit une faute de copiste.

زَنْبَقَة *petit ornement que les femmes portent dans les tresses, au-dessus des dînârs*, M.

زِنْبَلَك = زنبرك *ressort*, Bc. — *Arquebuse, — mousquet*, Bc; cf. زنبورك.

زنبوج (berb.), n. d'un. ة, *olivier sauvage*, Gl. Esp. 32, Voc., qui a le pl. زنابيج. — *Espèce de dard*; chez Alc. زنبوجة بمنتحس est *sacaliña garrocha*.

زَنْبُورَك pl. ات *arbalète*; voyez J. A. 1848, II, 211 et suiv., où on lit entre autres choses: „Suivant l'historien des patriarches d'Alexandrie, le zenbourek était une flèche de l'épaisseur du pouce, de la longueur d'une coudée, qui avait quatre faces; la pointe de la flèche était en fer, et des plumes en rendaient le vol plus sûr. Partout où ce trait tombait, il transperçait; il traversait quelquefois du même coup deux hommes placés l'un derrière l'autre, perçant à la fois la cuirasse et l'habillement du soldat; il allait ensuite se planter en terre; il pénétrait même dans la pierre des murailles." Cf. Quatremère Mong. 285—6, qui pense que ce mot signifie proprement „la petite guêpe," du bruit que produisait la corde au moment où on décochait la flèche. Depuis la découverte des armes à feu, ce mot désigne *un petit canon portatif* que l'on place sur le dos d'un chameau, Mong. l. l., J. A. l. l. et 1850, I, 237. Cf. زنبلك.

زنبوج (berb.), n. d'un. ة, *cédrat*, espèce de citron, Gl. Esp. 363.

زَنْبُول pour زنبور, *guêpe*, Hbrt 71.

زنج.

زُنُوج (= صُنُج) pl. زنج *cinbalum*, Voc., *petites cymbales en cuivre de six centimètres de diamètre, dont se servent les aveugles pour accompagner leurs chants*, Cherb. J. A. 1849, I, 543, qui donne beaucoup de détails.

زنجى *sorte d'oiseau*, Yâcout I, 885, 8. — الزنجية *les bohémiens*, Caussin de Perceval, Gramm. ar. vulg. 161.

طَرْ مُزَنْجى *instrument de percussion qui ressemble au tambour de basque, mais qui est sans peau*, Alc. (sonagas o sonageros).

زَنْجَبِيل. *L'aunée* ou زنجبيل الشام s'appelle aussi الزنجبيل البستانى, Most v° راسن, Auw. II, 313, 4, et الزنجبيل البلدى, Bait. I, 540 b.

زنجر

زَنْجَبِيلِيَّة nom d'une plante qui porte aussi celui de فتائل الرهبان, Bait. II, 245 c.

زَنْجَر I (dénom. de زِنْجار) c. a. rouiller, donner à un objet la couleur vert clair du cuivre oxydé à l'air, Voc. (viridis); — se moisir et prendre une teinte verte, Cherb. C. — (Dénom. de زَنْجِير) enchaîner, Bc, M.

II se rouiller, Alc. (orinar con orin). — Être enchaîné, M.

زِنْجَار = زَعْفران الحديد, safran de Mars, ou tritoxyde de fer, Bait. I, 295 a; — cuivre oxydé à l'air, qui teint en vert clair, Ouaday 355.

زِنْجِير (pers.) pl. زَناجِير chaîne, Bc; — chaîne de montre, Roland Dial. 596. — Bulles de vin dans la coupe, M. — Légende d'un dinâr, M. — حساب الزنجير tenue des livres en partie double, M.

زِنْجَفُور زِنْجَفْر cinabre, Voc., Alc. (bermillon); écrit ainsi, mais sans voyelles, dans les deux man. du Most. et dans A de Bait. I, 554 (où B a l'autre forme).

زَناجِلان en Afrique pour جُلْجُلان, sésame, Domb. 73, Ht.

زِنْجَبِيل sorte d'olive longue, Alc. (lochin azeytuna, cf. Victor). — Eau qui découle des olives amoncelées, Alc. (alpacchin, lisez alpechin).

زَنِخ II c. a. rendre rance, Voc. — Rancir, devenir rance, Bc.

V rancir, devenir rance, Voc.

زَنِخ ordurier, celui qui dit et fait des choses sales, M.

زَنَخَة mauvaise odeur, comme celle d'un pot qui a contenu de la viande et qu'on n'a pas nettoyé, M.

زَنَاخَة rancidité, Bc.

زَنْد I se couper (cheval), Daumas V. A. 190.

IV et VII (النار) dans le Voc. sous excutere ignem.

زَنْد bûche, rondin, bois à brûler rond, Bc. — Pl. زُنُود et أَزْنُد est dans le Voc. (sous excutere ignem) foyar (cf. p. xxxiii), et hogar ne signifie en esp. que foyer de cheminée, de cuisine.
— Avant-bras; زند أعلى radius, os de l'avant-bras; الزند الأعلى والزند الأسفل le bras et l'avant-bras, Bc.
— Le pl. زنود menottes, 1001 N. Bresl. XII, 331, 9: وجعلوا في رجليها القيود والزنود في يديها

زَنْد fusil, briquet, Bc.

زَنْدَانِي rythme guerrier; c'est le mode que les Arabes africains emploient de préférence pour chanter les exploits de leurs guerriers, Cherb.

زَنَاد, حجر الزناد, Alc. (pedernal), Bait. I, 291 b (AB), et زناد seul; briquet, Bc (pl. أَزْنِدَة), Domb. 80, Hbrt 197, Ht, Delap. 72; le dernier aussi batterie du fusil, Cherb. Dial. 9; la batterie et le chien pris ensemble, Bc. — زناد العين rétine, Domb. 88.

زَنَّاد dans le Voc. sous excutere ignem.

زَنَّادي fabriquant de briquets, Domb. 104. A Tunis Souk el-Zenaïdia, bazar des Armuriers, Prax R. d. O. A. VI, 279.

زندخ

Tezenndikh, rhume de cerveau, Daumas V. A. 425.

زَنْدَق I c. a. dans le Voc. sous hereticus.

زِنْدِيق celui qui ne respecte pas ce qu'il doit respecter et qui manque à l'amitié, M.

زنر

زُنَّار chez le vulgaire ceinture en général, M. — En Espagne, manteau grossier, porté par les paysans, Vêtem. 196—8.

زُنَّاري, en Egypte, couverture de cheval, formée de drap, ouverte sur la poitrine, et s'étendant, en cercle, derrière la croupe, de manière que l'on ne voit pas la queue de l'animal, Vêtem. 129, n. 3, Maml. II, 2, 82, cf. 289.

زُنَّانِيرِي ceinturier, Bc, M.

مُزْتَرّ celui qui porte un zonnâr, c.-à-d. un chrétien, P. Amari 599, 8.

زَنْزَلَخْت acacia, Bc; — azédarac, M.

زَنْزَلَة pour زَلْزَلَة, tremblement de terre, Domb. 54.

زنط pl. زنوط, en Egypte, *calotte*, Vêtem. 198, Defrémery Mémoires 326, 1001 N. Bresl. IX, 249, 9, 260, 4 a f., 261, 3.

زنكة pl. زنط *courroie*, Alc. (correa de cuero). — *Fouet, peine du fouet*, Alc. (açote cruel).

زنطر I c. a. dans le Voc. sous *strenuus*.

II *devenir très-brave, très-vaillant*, Voc., Beaussier.

— *Etre fort orgueilleux, fort insolent* (تجبّر شديد), M. — C. من avoir une extrême aversion pour, M.

زنطارة *caprice*, Bc.

زنطار *magnifique*, Domb. 108. — Pl. زناطير *brave, vaillant*, Beaussier.

زنطاري pl. زناطير est dans la 2ᵈᵉ part. du Voc. *strenuus* (de *pedite*) (dans la 1ʳᵉ part.: *impedire, strenuus*). «Le mot pluriel زناطرة, dont j'ignore l'origine, désignait une classe d'habitants de Bagdad, probablement des gens remuants et amateurs de troubles,» Mong. 226, avec des exemples.

زنطارية *dyssenterie*, mot dont c'est une altération, M. — تقية المريض الزنطاريك se dit d'un agonisant, parce que, quand on est à l'agonie, on vomit parfois des mucosités qui ressemblent aux évacuations dyssentériques, M. — *Grand orgueil, grande insolence* (شدّة اللجمي), M. — *Charbon*, gros furoncle, tumeur pestilentielle, Bc.

مزنطر *capricieux*, Bc.

زنطبيط *membre viril*, Hœst 137. C'est une altération du mot berb. أجنطيط, qui a le même sens.

زنفارة, suivi de الخروف, *groin*, Domb. 66.

زنفورة suivi de الخنزير, même sens, la Torre.

زنفيل pl. زنافل *négligé, dérangé*, Alc. (desaliñado, desataviado).

زنق I, aor. *a, i* et *o, acculer, pousser dans un coin, dans un endroit où l'on ne peut reculer, mettre au pied du mur*, mettre hors d'état de reculer, *presser, approcher contre, resserrer un prisonnier, des assiégés, serrer*, mettre près à près, *relancer, poursuivre jusque dans le dernier asile*, Bc, M; زنقه في حصنه 1001 N. II, 111, 3, Lane: «he held him tightly in

his lap;» زنقنا على هذه البلد النبيل «le Nil nous retient-il dans cette ville?» nous empêche-t-il d'en sortir? 1001 N. Bresl. X, 450, 9. — *Gêner*; زنق *se gêner*, Bc. — V. n. *être acculé, s'acculer*, Ht. — زنق الرأي, c.-à-d. أحكمه, et de là الراي الزنيق, Tha'âlibî dans le Fikho'l-loghati (Wright).

II *acculer*, Ht. — C. a. dans le Voc. sous *inverecundus*.

زنقة *pression, oppression, gêne*, Bc, M. — *Chaudepisse*, Bc.

زنقة, aujourd'hui en Afrique زُنقة, le pl. chez Bc زِنَاق et زنق, *rue*, Voc., qui donne زنقة, mais au pl. زنقات, Bc (Barb.), Domb. 97, J. A. 1843, II, 220, 3. *Quartier* d'une ville; le quartier des juifs à Tripoli s'appelle زنقة اليهود, Lyon 12, celui des prostituées, زنقة القحاب, *ibid.* 13.

زناق *bande qu'on attache sous le menton et qui passe sur la tête*, M. — *Collier*, partie du harnais autour du cou, Bc. — زنق برنيطة *laisse*, cordon de chapeau, Bc.

زنيف pl. زناف *impudent*, Voc.

زنقة *impudence*, Voc. — Voyez sous زنف.

مزنق *accul, lieu étroit, sans issue, pas, passage étroit*, Bc.

مزنّق *pressé, serré*, Domb. 107.

مزنقة *collier*, Bc, Payne Smith 1021.

مزنوق *dru, touffu, pressé, serré*, Bc.

زنقر I c. في p. *regarder fixement*, et ordinairement *en colère*, M.

زنك.

زنك (fr.) *zinc*, M.

البركتان = الزنكتان, M.

زنكاوة *étrier*, Bc. Biffez dans Freytag le sing. زنكية, qui est de l'invention de Habicht, et dont on ne pourrait pas former le pl. زنكاوات, qu'on trouve dans les 1001 N. Le زنكية du M, qu'il explique, d'une manière assez ridicule, par الذي يمشي بجانب الراكب يسند, n'est autre chose que le زنكية de Freytag, dont il n'a pas compris l'explication latine.

زانكي *voleur, filou*, M.

زنكلة   608   زهر

زَنْكَلَة *beignet, crêpe, pâte*, Bc.

زَنْكِين (turc) *très-riche, opulent*, M.

زَنَم dans le Voc. sous *astutus*. — Pl. أَزْنَام = صَنَم, *idole*, Abou'l-Walîd 234, n. 7;

زَنِيمِى fém. ة, pl. ون (Voc.) et زُنُم (Voc., Alc.), *adultérin, bâtard*, L (adulterinus, notus), Voc., Alc. (hornezino hijo de puta).

شَرَاب مُزَنَّم *vin bâtard, vin doux, vin cuit, du vin qui est de raisins séchés au soleil*, Alc. (vino bastardo; j'ai suivi Victor).

مِزْنَام pl. مَزَانِم *rusé*, Voc.

زَنْهَار est proprement un subst. persan qui signifie *protection*, mais qui s'emploie aussi comme une interjection; c'est ce qui a lieu dans les 1001 N. I, 370, 8, où un jeune homme, en voyant une belle dame ornée d'une précieuse ceinture, s'écrie: زنهار زنهار من هذا الزنار «gardez-moi, gardez-moi de cette ceinture!» L'édit. de Boulac porte: واحيرتاه من هذا الزنار. M: وبعض المولّدين يقول صالح القوم زنهار كما يقال صاحوا المَدَد وذلك عند استعظام الشدّة والاستغاثة منها

زنى

مُزَنَّى *mauvais lieu, maison de débauche*, Gl. Mosl.

زهب

زَهْبَة *munition*, Bc.

زَهَاب *provisions de voyage*, Ztschr. XXII, 120.

زهج

L'arabe n'a pas cette racine, mais L donne: زَهِيج الخَيْل *innitus* [pour *hinnitus*] *equorum*, écrit distinctement. On pourrait soupçonner que l'auteur a mal entendu le mot صَهِيل; mais je ne le crois pas, car sous *innio* il a أَصْهَل.

زهد

زَهِد I, *s'abstenir de*, ne se construit pas seulement avec ف et عن, mais aussi avec من, Macc. II, 96, 5, et (constr. moderne) avec l'accus.: زهد الدنيا *se retirer du monde*, Bc, 1001 N. I, 510, 4 et 10; زهد لذّات الدنيا *mener une vie austère*, Bc. De même avec l'accus. زهدته جميع ما تبديه, 1001 N. I,

728, 6 a f. Chez Bc *se dégoûter de*, dans le Voc. c. فى *haïr*. — C. فى *désirer la possession de*, Gl. Fragm.; les deux exemples qui y sont cités, sont décisifs.

زَقْد *dégoût de l'étude*, Bc.

زُهْدِى *ascétique*, Bc.

زَهَادَة *frugalité, austérité de mœurs*, Bc.

زَاهِدِى *épithète d'une espèce de dattes*, Niebuhr R. II, 215.

زهر I pour زَأَر ou زَئَر, *rugir*, n. d'act. زهر et زهير, Cartâs 120, 15, 190, dern. l.; cf. sous زَئِير.

II c. a. dans le Voc. sous *lucere*. — *Fleurir*, Bc. زهر للحاسب الدفتر *est quand le teneur de livres marque d'un astérisque le nom de chaque débiteur*, M.

IV *briller, avoir de l'éclat*, Koseg. Chrest. 94, 6 a f.: وقد أضاء جبينها وازهر. — *Être abondants* (fruits), de Sacy Chrest. II, ٩٠, 10.

زَهْر, Pl. زُهُور, Bc, M. Pl. pl. أَزَاهِير, pour أَزَاهِر, Weijers 44, 1, 148, n. 244 (où ce savant s'est trompé en disant que c'est un pl. de أَزْهَر), et زَهُورَات, 1001 N. Bresl. IV, 6, 2. — *Fleurs d'oranger*, Sang.; ماء زهر, *eau de fleur d'orange*, Bc; أَزْهَار, employé comme un collectif sing., pl. أَزَاهِر *fleur d'oranger*, Ht. — *Poison*, Hbrt 215 (Alg.). — زهر النرد *les dames du trictrac*, M. — *Dé* (pour jouer), Bc, chez Ht زَهَار; cf. Gl. Esp. 224. — *Rouge clair*, M. — زَهْر *anthyllis;* — *iris pseudoacorus;* — *baccharis*, Bait. I, 544 b; — *Plante*, au fig., *jeune personne*, Bc; — Au fig., *commencement d'une chose*, M; — *Fleur, ornement*, p. e. زهرة فلان المَحْضَر, il est l'ornement de la réunion par sa conversation agréable, M; — *Lumignon, le bout de la chandelle qui brûle*, Bc, 1001 N. III, 278: تَقَدَّم الى الشمع الموقود وقطف زهرته. — Le pl. أَزْهَار *reflets*, Prol. III, 199, 4. — Le pl. pl. زَهُورَات *fleurette, cajolerie*, Bc. — Le pl. زَهَرَات *palme, dessin au bout d'un châle, en forme de branche de palmier*, Bc. — زَهْر الحَجَر signifie selon quelques-uns *mangostan*, et selon d'autres *lichen*, Bait. I, 545 c. — الزَهْر الدائم *immortelle*, Bc. — زهر الدقيق *fleur de farine*, Bc. — زهر الربيع *primevère*, Bc. — زهر الصبّاغ *chrysanthemum*, Bc. — زهر العسل *chèvre-feuille*, Bc. —

زهر الْعَنْكَبوت phalange (plante), Bc. — زهر الكشاتبين digitale, Bc. — زهر اللولو marguerite, Bc. — زهر الملح flores salis, Most., Bait. I, 544 c. — زهر النّحاس flores æris, Most., Bait. I, 545 b, où AB ont ة. — زهرة استنبولية ou زهرة الصليبون fleur de Constantinople ou de Jérusalem, croix-de-Jérusalem, Bc. — زهر الآلام grenadille, fleur de la Passion, Bc. — زهرة الثالوث pensée (fleur), Bc. — زهرة المدابغ mélange de cuivre et de vinaigre, qu'on employait contre la syphilis constitutionnelle, contre la gale, etc.; Sang. — زهرة النبيل l'écume qui surnage sur un liquide dans une cuve, M. — ابو زهر chacal, M.

زُهَر collectif comme زَهر, Fleischer sur Macc. II, 581, 7 Berichte 107.

الزُّهَرِيّ, en alchimie, le cuivre, Abbad. I, 88, n. 82.

زُهَرِيّ, en Egypte et en Syrie, épithète d'une espèce de pêche; voyez sous خوخ et sous دُرّاقيّ. — زهرية ملحفة voyez Macc. I, 230, 6. — الزُّهْرِيّات les jours du printemps; — poèmes sur les fleurs et les jardins, M.

زُهَرِيّ géomancien. Ce nom, qui signifie proprement *serviteur de la planète Vénus*, a été donné aux géomanciens par les astrologues, «parce qu'il y a une grande analogie entre leurs procédés et la manière de reconnaître les indications par lesquelles, dit-on, cette planète guide vers la connaissance des choses cachées celui qui prend les nativités pour base de ses opérations,» Prol. I, 209. En esp. *zahori*. Dans des gloses grenadines de la 1re moitié du XVIIe siècle, *zahara*, comme me l'apprend M. Simonet, se trouve avec le sens de *sorcière* (bruja).

ان هذه الجارية زهراويةٌ 1001 N. IV, 233, 1: وكل من رآها حبّها, ce qui signifie, je crois: «cette jeune fille est belle comme الزُّهْراء,» c.-à-d., comme Fatime, la fille du Prophète.

زهير. Dans L: *celeuma* زهير البحريين ويسمّى الملاليّة où البحريين est vulg. pour البحرين, et زهير, *le chant des matelots*, pour زَجير (cf. sous la Ire forme).

زُهَيْرِيَّة huile d'amandes douces, M. — Nom d'un instrument à vent, fait de jonc, M.

زُهّار très-brillant, Koseg. Chrest. 57, 9.

أَزْهَر. الزُّهْر, par ellipse pour النّجوم الزُّهْر, *les étoiles brillantes*, Weijers 44, 1, 149, n. 244. — Au fig., *brillant*, en parlant du caractère, des qualités d'une personne, Weijers 43, 6, 147, n. 239. — الزُّهْراء épithète de Fatime, la fille du Prophète. Burton I, 315, remarque ceci: «Burckhardt traduit زهراء par «bright blooming Fatimah.» Je crois que c'est le sens littéral de l'épithète; mais appliquée à Fatime, elle signifie *virginem* τὰ καταμήνια *nescientem*, car on suppose que la fille du Prophète a vécu dans un tel état de pureté. On l'appelle pour la même raison البَتُول, *la Vierge*, titre que les chrétiens orientaux donnent à la mère du Seigneur. La virginité perpétuelle de Fatime, même après qu'elle fut devenue mère, est un dogme de l'islamisme orthodoxe.»

أَزْهَرِيّ *fleuriste*, Bc.

تَزْهِير *fleuraison, floraison*, Bc.

مُزْهِر *parterre de fleurs?* Dans Auw. I, 392, 8: يفتح فى تلك الاحواض حفرة مربعة على شكل مزاهير notre man. porte مَزاهِر. — Petit panier de feuilles de palmier, qui est étroit en bas et dans lequel on met des dattes, etc., M.

مِزْهَر, qu'on prononce مَزْهَر, *tambour de basque*; décrit Descr. de l'Eg. XIII, 511.

مُزْهِر *fleuri*; Bc.

زهزق I *applaudir* (de زه *bravo*), Macc. I, 833, 2, cf. Add.

مُزَهْزَق *couleur éclatante*, M.

زهق I, n. d'act. زَهْق, Voc., Alc. (escabullimiento), زهوق, Müller 29, 4, et مَزْهَق, Macc. II, 376, 9, *glisser*, Voc. (labi), Alc. (deslizarse con lo liso, deleznarse, desvarar, escolarse), Müller 29, 3 et 4; cf. Gl. Mosl. — *Etouffer, respirer avec peine*, Bc. — *S'exaspérer*, Bc. — *Se rebuter, se dégoûter de*, Bc, والعامّةُ تقول زَهِقَت روحه اى انسحقت من شدّة الضجر:M; c. من dans l'éd. de Breslau des 1001 N., où ce verbe est altéré constamment en زَهَق, IV, 121, 9, 376, 1. Ailleurs, IX, 285, 3 a f.: (l. زَهِقَ) زمق واقف على الباب «il se rebuta d'attendre à la porte.» A la p. 224, 2, de ce volume, زَهِقَت امّك peut signifier «ta mère s'est rebutée;» mais on pourrait prononcer aussi زَهَّقْتَ امَّكَ «tu as rebuté ta mère.»

II c. a. *faire glisser*, Voc., Alc. (deleznar a otra cosa). — *Exaspérer*, Bc. — *Rebuter, obséder, persé-*

cuter, *importuner*, *tourner la tête* à quelqu'un, Bc; cf. sous la Ire forme à la fin.

زَهْلَق *dégoût de l'étude*, Bc.

زَقْلَقَة *glissade*, Alc. (cayda como deslizandose, deslizamiento).

زَهْلَقَان *hors des gonds, hors de soi*, Bc.

زَهْلَقَى *exaspération*, Bc.

زَهْلَقَى dans le Voc. sous labi.

زَهَالِق *lubrici silices*, Freytag d'après J.-J. Schultens, qui cite le Diw. Hodz.; c'est dans l'édit. 188, vs. 39.

مُزَهْلَق n. d'act. de la 1re forme (voyez). — *Lieu glissant*, Voc., Alc. (deleznadero).

مُزَهْلَق, car c'est ainsi que porte le man., expliqué par الَّذِي يَصِلُ الكَلَامَ بَعْضَهُ بِبَعْضٍ, Diw. Hodz. 289, 2.

مُزَهْلَق *vétilleur ou vétilleux*, qui fait des difficultés, (ouvrage) plein de petites difficultés, Bc.

مُزَهْلَق *lieu glissant*, Voc., Alc. (deslizadero, resbaladero).

مُزْتَهْلَق *glissé, coulé, écoulé*, Alc. (deslizado).

زَهْلَق I c. ل p. *flatter* quelqu'un *jusqu'à ce qu'on l'ait en son pouvoir*, M.

زَقَم IV c. d. a. *dégoûter* quelqu'un *de*, Aboû'l-Walîd 782, 18.

V *puer*, Payne Smith 1491.

زَقَم et زَقْمَة *puanteur*, Gl. Manç. in voce, qui donne زَقَم comme n. d'act. et زَقْم comme subst.;

زَقْمَة *puanteur et vent piquant*, M.

زَقْمَة *goût sauvagin*, Bc.

زَقِيم *gras*, Voc.

زَقَامَة *graisse*, Voc.

زَهْو I *s'animer, prendre de l'éclat*, Bc. — Se trouve dans le sens de *mépriser*, dont Lane n'a pas rencontré d'exemple, Bayân II, 131, 16, mais c. ب p., et non pas avec l'acc. — *Badiner*, Ht.

II *animer, donner de la vivacité, de l'éclat, raviver*, Bc.

IV ازهاد طول نجاد c.-à-d. رفعه واعلاه, voyez Kâmil 512, 2 et 3.

زَهْو *fraîcheur* (du coloris), Bc. — *Luxe, somptuosité*, Bc. — *Recherche, affectation dans le style*, Bc.

زَهِي *fertile* (jardin), Amari 16, 5.

زَهَاوَة *vivacité, force des couleurs*, aussi زَهَاوَة الأَلْوَان, Bc.

زَاه *somptueux*, Bc.

مُزَهَّى *endroit où le vent souffle*, Macc. I, 436, 5.

زَهْو Nom d'un navire, non-seulement de Motawakkil, mais aussi de Mo'tacim; voyez Gl. Fragm.

زوب.

زُوبًا = زُوفَا, Payne Smith 994, si ce n'est pas une faute.

زُوبِيبَة *ordures*, Ht, Daumas Sahara 260, V. A. 133; Roland le donne comme un quasi-pl. de زبل.

زَوِين I (formé de زَوْن, voyez). زَوِين المَرْأَة *être l'amant d'une femme mariée*; en parlant de la femme on dit زَوِينَتُه, M (sous زَبن).

زَوْج II, *marier, donner en mariage à*, se construit aussi c. ل, Abd-al-wâhid 7, 3, et c. مع, Bc; — c. الى et زوّج ابنه الى الشريف الكريم «prendre une femme pour son fils dans la famille d'un personnage généreux et d'une naissance illustre,» de Sacy Chrest. II, 474, 9 a f.; — زوّجها من ماله *il la maria en payant lui-même la dot*, Gl. Abulf. — *Epouser, prendre en mariage*, Gl. Badroun, Gl. Djob., Haiyân-Bassâm I, 30 r°: ثم تصاهر اخرًا الى ابى عامر والذكر من عنده المكنّى ابا عامر زوج اخت عبد الملك الصغرى من بنات المنصور

IV c. d. a. ازوجه بنته *donner sa fille à* quelqu'un, Bc.

VI *s'apparier*, Auw. II, 435, 16.

زَاج تُلْقُطَار ou زَاج الأَسَاكِفَة ou الزَاج العراقى est le *vitriol jaune*, Most. in voce, ou selon d'autres, le *vitriol vert ou sulfate de fer*, Bait. I, 510.

زَوج, *mari*, pl. زِيجَان chez Bc. — مَفْلُوق على زوج *fendu en deux*, Alc. (hendido en dos partes). — Les perles sont فى اصداف لها ازواج «dans des coquilles bivalves,» Djob. 67, 4. — زوج قَلَع *comme nous disons une paire de tenailles*, Alc. (tenazas). — *Une paire de bœufs ou de mulets*, Alc. (junta de bueyes

زوج 611 زود

o mulas), ordinairement *de bœufs* الزوج البقر, Amari 443, 3 a f.), Mohammed ibn-Hârith 275: وهو يَقِف على أزواج له تحرث بفحص البلوط في ضيعته, Auw. II, 458, 3, Cartâs 257, 8 a f., Nowairî Afrique 18 r°: أَمَرَ — ان يَجْعَلَ (صاحبُ الحراثِ) على كل زوج يحرث, autre exemple tiré du même auteur sous رمى, I, R. N. 35 v°: وكان قد أصاب ام له بصب ثمانية دنانير, et ensuite: وخفف عن الناس واسقط عنهم ما وضعت على الازواج, وقضى الى ازواجه وفي تحرث ٣٠ و ٤٠, من هذه الدنانير Bat. IV, 347: ازواج الحرث « paires de bœufs pour labourer la terre » (et non pas: « couples d'esclaves, » comme on lit dans la trad. avec un signe de doute). — *Etendue de terrain qu'une paire de bœufs peut labourer en une saison*, Macc. III, 674, 20: كريمة الفلاحة زاكية الاصابة قربما انتهت في الزوج الواحد منها الى اربعمائة مد كبير, mais il faut lire الـزوج avec notre man., Gregor. 34. — قام بالزوج *ruer, lancer les pieds de derrière en l'air*, Voc.

زوج زوجة من تراكيب السير paire, Inventaire: زوجة deux boutures, Auw. I, 189, 2, où il faut ajouter للزوجة او, comme on trouve dans notre man., après الفرع (cf. 193, 10—12).

زيجة *épousailles, hymen, mariage*, Bc, de Sacy Chrest. II, v°, 2.

زاجى *vitriolique*, Bc.

زوجى *marital*, Bc.

زيجى *conjugal, nuptial*, Bc.

زواج s'emploie comme un n. d'act., *épouser*, Gl. Badroun, M.

زوّاج *parti, personne à marier*, Bc.

زوجة est la forme qu'on emploie en Algérie pour زوج, mais au pl. on dit ازواج. *Couple, paire*, Ht. — Paire de bœufs, et de là *étendue de terrain qu'une paire de bœufs peut labourer en une saison*, 25 arpents, Roland, de 7 à 8 hectares, Dareste 84, mais la *zouidja* « varie considérablement en étendue, » R. d. O. A. VI, 71, cf. XII, 393.

أزوج *mariable*, Bc.

تزوّجى *conjugal*, Bc.

مزوج *double*, Bc.

مزوج pl. ات sorte de poème, Prol. III, 420, 14, 422, 9.

زوح I *s'amuser, jouer*, Ht.

II *fourrer, donner en cachette et souvent*, Bc.

زود II *fournir à quelqu'un l'argent nécessaire* pour un voyage, etc., Alc. (dar espensas). — *Garnir, munir une place de guerre*, Alc. (guarnecer fortaleza). — *Augmenter, hausser, élever, augmenter, rehausser, enchérir, mettre enchères, passer outre, ajouter à ce qu'on a fait*, Bc. — *Charger, représenter avec exagération*, Bc. — *Paraphraser, étendre, amplifier dans le récit*, Bc.

III *supporter, souffrir, endurer*, L (tolerat يقاسى (pour يقاسى) ويزايل ويزاود). *

X *s'approvisionner*, Gl. Belâdz.

زاد *denrée, subsistances, vivres*, Bc, 1001 N. I, 73, 6, en général, et non-seulement en parlant de provisions de voyage, comme dans la langue classique; *pain*, Hbrt 13.

زوّد *surcroît, surplus, retour, prix, chose en sus de l'échange pour l'égaliser*; — دقّة زود ou تدقيق *raffinement*; — بالزود *à l'excès, singulièrement, trop*, Bc.

زودة *excès, recherche, raffinement*; صارت منه زودة *passer la mesure*, Bc.

زواد *provisions de voyage*, Ztschr. XXII, 120.

زوادة *provisions de voyage*, Bc, Hbrt 11, Ztschr. XXII, 120, Gl. Fragm. (زادة d'après le M), Bat. II, 376, *provisions de bouche*, Maml. I, 1, 188. — *L'action de se procurer des vivres*, Maml. l. l.

زيادة *provisions de bouche*, Gl. Fragm.

أزود *au-delà, plus*, Bc.

مزود *peau, d'habitude tout entière, d'un chevreau ou d'un agneau, tannée et teinte en rouge, que l'on porte en sautoir derrière le dos et qui renferme les provisions de voyage*, Colomb 18, Carette Géogr. 180, Prax R. d. O. A. V, 211; — peau de bouc servant d'outre, et souvent même de coussin aux gens de la campagne, J. A. 1852, II, 509; — peau de chèvre dans laquelle les marchands conservent la poudre d'or, Prax 12; — panetière de berger, Voc. (casidile), Alc. (çurron); — petit sac à café, Bc. Dans le Formul. d. Contr. 4 on trouve un pl. مِزاوَدات: ‏وبِرْمَـة وطاسـت وعشرين مَزاوَدات Bait. I, 71 f: ‏لها زهر اصفر صغير تخلفه مـزاود دقاق, 252 b: ‏وله نوار الى الحمرة تخلف مزاود فيها حبّ, مدوّرة, 278 b: ‏مزاود صغار فيها بزر شبيه بزر, مدوّر الى البياض, 278 f: ‏واذا سقط النّوار تخرج مزود فيه ثلاث حبّات, الحلبة.

زور I, ‏زار, visiter des lieux saints par dévotion, aller en pèlerinage, Bc, Hbrt 152. — Faire cadeau, Mehren 28. — ‏زوِر s'engorger, se boucher, se remplir, Bc.

II falsifier, supposer, produire une pièce fausse, Bc, falsifier, altérer, Ht, ‏كتاب مُزوّر عن لسان احد «fausse lettre,» Bc, Haiyân-Bassâm III, 140 rº: ‏تلك ‏الكُتُب المُزوّرَة; ‏زوّر شهـادتـه déclarer comme témoin ce qu'on ne sait pas, ou le contraire de ce qu'on sait, M. — Astreindre, forcer, Ht.

III c. a. p. vexer, M.

IX prendre une mauvaise direction, en parlant d'un morceau de poisson qu'on avale de travers, 1001 N. I, 203, 14: ‏فاخذت زوجتي قطعة سمك ولقمة ودسّتها ‏في حنكه فازور بعضه في حنكه فات لوقته۞

‏زور gorge, gosier, Bc.

‏زور faux en écriture, fausseté, Ht. — ‏بالزور calomnieusement, Bc. — ‏حلف بالزور se parjurer, Bc. — Effort, violence, Ht, ‏بالزور avec force, Delap. 138, par la force, Daumas V. A. 359. — Ce mot ne m'est pas clair dans le Fakhrî, 284, 4, où on lit que le vizir Ibn-Khâcân refusa d'accepter un cadeau en argent et en étoffes, qui lui avait été offert de la part du sultan d'Egypte, ‏وأَمَر بالمال لِيُحمل الى خزانة الديوان ‏وصَحّح بها واخذ به زورا لصاحب مصر ۞

‏زوْرِي jugulaire, Bc.

‏زوْر faux (témoignage), Abou'l-Walîd 350, 16.

‏زيارَة pèlerinage, Bc, Hbrt 152, Khallic. I, 481, 13, p. e. des chrétiens à Jérusalem, Khaldoun Tornb. 34, 11; spécialement pèlerinage au tombeau du Prophète à Médine, Burton I, 293, Cârtâs 77, 4, Berb. I, 16, Prol. III, 408, 14. Sous les Almohades la ziyâra par excellence était le pèlerinage au tombeau du Mahdî à Tinmalàl, Çalât 38 rº et vº: ‏واخـذ في ‏الحركة الى الزيارة, ‏ذكَّر حركة امير المومنين رضّه من ‏مراكش الى زيارة قبر المهدي رضّه بتنملل. — Les cadeaux qu'on apporte au tombeau d'un saint, à une zâwia, ou aux marabouts, Daumas Sahara 233, Kabylie 66, Mœurs 312, 328, Carette Kab. I, 230, Jacquot 295, R. d. O. A. N. S. XII, 398. — ‏عيد ‏الزيارة visitation, fête de la visite faite par la sainte Vierge à sainte Elisabeth, Bc.

‏زائر. Ceux qui venaient à la cour des califes pour recevoir des cadeaux ou demander des faveurs, étaient nommés ‏سُؤّال; mais comme ce terme signifie aussi «mendiants,» le Barmécide Khâlid le changea en ‏زُوّار, Fakhrî 185, 5. — Pèlerin, Bc, Hbrt 152, spécialement celui qui fait le pèlerinage de Médine, Burton I, 293.

‏تزوير contrefaçon, falsification, Bc.

‏مَزار pl. ‏ات lieu de pèlerinage, Bc, Bat. I, 74, III, 62, 86, 156, etc., Berb. I, 186, Abdarî 6 rº: ‏وبـه ‏مباضيع ‏مـزارة (l. ‏مزارات). — Chez les ‏بياضيع dans l'Omân comme mosquée chez les musulmans; souvent des saints y sont enterrés, ou du moins l'on y honore leur mémoire, Palgrave II, 262.

‏مَزور et ‏مُزَوَّر, pl. ‏مَزاوِر et ‏مَزورات plat maigre, aux légumes, sans viande, et aussi: boisson douce et enivrante, Gl. Manç.: ‏مَزورات هو ما يستعمله من يشرب ‏المُسْكِر من الاشربة للحلوى اذا جالس الشرب وهو من ‏التزوير وهو .... ‏الكَذب والزّور هو الكَذب وكذلك ‏المزورات من الطبيخ يُؤْلَف تُتخذ من الحبوب ومن ‏البقول بغير لحم (il y a une lacune dans le man.). Un vers du poète persan Khâcânî, dans le J. A. 1865, I, 360, est conçu en ces termes:

چون ديد حرار نر بدل در گُفتا زه زاشک كن مزور

M. de Khanikof traduit (p. 365): «Voyant que j'ai de la chaleur dans le cœur, il (le médecin) me dit: Prépare une tisane de tes larmes,» avec cette observation: «Dans les notes du Touhfet autographié on lit: ‏مزور ومزوره بالتشديد طعام فى گوشت ‏از كشنيز ‏وامثـال آن كنـند وبجور وبيمار دهند («aliment préparé sans viande. On y met de la coriandre ou quelque autre ingrédient de ce genre, et on le donne au malade). Dans M: ‏مزوره signifie ordinairement chez les médecins: chaque plat sans viande qu'on donne à un malade; mais aussi un plat avec de la viande. Bait. I, 35 a: وإذا اتخذ منه مزورة نفعت من والـسـعـيـريـة في مـزاور: اطرية Antâki v° لـلـحـمـى الـحـادة الـمـرضى, Khallic. IX, 145, 13 et suiv. — En Algérie, *semoule*, pâte faite avec la farine la plus fine, réduite en petits grains, de Slane trad. de Khallic. III, 667, n. 21. — En Syrie, mets composé d'amandes pilées ou de pois (ماش) et de riz; on le fait cuire jusqu'à ce qu'il s'épaississe comme la عصيدة, M.

مُزَوِّر *le conducteur de celui qui visite le tombeau du Prophète*, Burckhardt Arabia II, 138, Burton I, 293.

مُزَوَّرة est le subst. *ornatus* dans le Voc.

مَزْوَرة *la dignité de* mizwâr (voyez), *de chef*, l'anonyme de Copenhague 107: ثم نـقـل الى مـزورة الـعـز (الـغـز .l.) ثم نقل الى الوزارة ☙

مُزَوَّر مَزْوَرة voyez.

مِزْوار, pl. مَزَاوِر et مَـزَاوِرة, est le mot berbère أمزوار, qui signifie *premier*, et dont on a retranché l'élif initial qui est le caractère du sing. masc., Brosselard dans le J. A. 1851, I, 84; le Dict. berb. traduit *premier* par دَمَـزْوار (damezouar). On l'emploie dans le sens de *chef* et il est à peu près l'équivalent de l'arabe *chaikh*. Le Voc. le traduit par *prelatus* (*vel caput gentis*); il a aussi مزوار عـشـر *decanus* ou commandant de dix hommes. Dans le Holal on lit, مزوار الاطباء Le وامّـا سـائـر الاشـيـاخ والـمـزاورة 89 r°: était *le chef des médecins de la cour*, Renan Averroès 452, 9 (où il faut lire ainsi, au lieu de للاطبا), et مزوار الطَّلَبة (ibid., l'anonyme de Copenhague 115, 116) est le synonyme de شيخ الطلبة chez Qalât 3 r°. Le chef d'une tribu est nommé aussi *mizwâr*, Berb. I, 480, dern. l. (au lieu de وتسمى, notre man. 1351 porte ويسمى, et M. de Slane, trad. II, 418, semble avoir lu de même). La province de Dar'a était divisée en deux gouvernements et à la tête de chacun il y avait un *mizwâr*, qui était en réalité un seigneur indépendant, Marmol III, 5 a, 6 c. Des personnages moins considérables portaient le même titre, p. e. un architecte, Cartâs 281, 7, *maître maçon*, comme nous dirions. Mais dans les cours des princes africains et des Benou-'l-Ahmar de Grenade, on le donnait spécialement au chef ou prévôt des *djândâr*, qui étaient huissiers de la porte, valets de pied et bourreaux. Ce *prévôt de la police et grand chambellan* gardait la porte du souverain pour empêcher le public d'y pénétrer, introduisait les visiteurs, faisait observer l'étiquette usitée aux audiences données par le sultan dans *la maison du commun*, gardait dans les prisons les gens dont son maître avait autorisé l'arrestation, et les faisait mettre à mort sur son ordre; c'était aussi entre ses mains qu'on prêtait le serment de fidélité à l'avénement d'un nouveau monarque; voyez Prol. II, 14, 1 et suiv., Berb. I, 518, 9, II, 373, 5 et 6, trad. de l'Hist. des Berb. par M. de Slane, II, 435, Abou-Hammou 81. «C'était, pour ainsi dire, un vizirat en petit» (Ibn-Khaldoun). A Grenade, comme nous l'apprend Hernando de Baeza (dans Müller L. Z. 64, 6 a f., 71, 3 a f., 83, 1 et 13 et suiv.), les sultans confiaient ordinairement cet emploi à un nègre affranchi, qui, n'ayant pas de parents dans la société musulmane, était entièrement dévoué aux ordres du souverain. Le *mizwâr* jouissait d'une grande considération. Du temps de Léon l'Africain et de Marmol, le premier dignitaire à Tunis était le مُنَقِّد; le second était le *mizwâr*, qui avait le commandement des troupes; voyez Léon 565, Marmol II, 244 d. A Fez c'était le lieutenant du vizir et souvent il commandait l'armée, Marmol II, 99. b. A Tlemcen c'était le premier personnage de l'Etat après le souverain. Les Benou-Ziyân qui y régnaient et qui avaient eu d'abord deux vizirs, un officier d'épée et un officier de plume, réunirent ces deux charges, vers la fin de leur domination, entre les mains d'un seul ministre à qui l'on donnait le nom d'*al-mizwâr*, Bargès 364. C'était, selon Marmol, II, 177 a, un vice-roi; comme capitaine général, il assignait la solde aux troupes, les levait ou les congédiait selon le besoin du moment, nommait aux emplois de la cour, et avait en toutes choses la même autorité que le roi. Encore de nos jours on trouve le *mizwâr* comme ministre à Tougourt, Prax R. d. O. A. V, 74; mais ailleurs c'était simplement le prévôt de la police.

Ainsi on trouve nommé le مزوار العدوتين ou *prévôt de la police dans les deux quartiers de la ville de Fez*, J. A. 1844, I, 402. A Alger il y avait aussi un *mizwâr* avec les mêmes attributions, et Laugier, qui en parle 243—4, nous apprend en outre qu'il avait plein pouvoir sur toutes les prostituées de la ville. Elles devaient lui payer un tribut, dont il cédait 2000 piastres sévilianes au Dey. Il les tenait renfermées dans sa maison, les divisait en classes, et les louait aux musulmans, qui étaient tenus de les ramener à l'expiration du bail, à moins que celui-ci n'eût été renouvelé. Voyez aussi Haedo 45 b, Lambrechts 44, 55, Dan 27, 102, 334, 338, 394, etc., Nachrichten I, 636, III, 49, Rozet III, 111, 114—6, 353. Ramos, 192, compare le *mizwâr* au Meyrinho môr des Portugais, et Thévenot, I, 554 (Tunis), au soubâchî des Turcs. Celui d'Alger existait encore à l'époque de l'occupation de cette ville par les Français, qui le conservèrent quelque temps (Algiers volgens de nieuwste berigten, Utrecht 1836, p. 95). — *Chevalet*, supplice, Bc.

زوز *cervelle*, Bc, Hbrt 1.

زوزق I *farder*, Bc.
II *se farder*, Bc.

زوزل I *châtrer un chameau*, Beaussier.
زوزال *châtré* (chameau), R. d. O. A. N. S. I, 187.

زوزوة *moineau*, Jackson 70 (zuzuh).

زوط I. زَوَّطَ عينَهُ *fermer un œil et tenir l'autre ouvert*, M.
زاطيّة pl. زواطى *putain*, Bc.
أزْوَطُ *celui qui a un œil plus étroit que l'autre, ou qui a une de ses prunelles de biais*, M.

زوع II *brusquer, mener tambour battant, maltraiter*, Bc. — *Défigurer*, M.
زوعة *surprise, trouble*, Bc. — En parlant des lèvres pendantes d'un vieillard: مدلبات زوعة قومة, 1001 N. Bresl. III, 331, dern. l. — زوعة *vil, méprisé* (homme ou femme), M.

زوغ et زيغ I. N. d'act. زواغ, Abou'l-Walîd 294, n. 62, 639, n. 37, Saadiah comment. sur ps. 78. — *Dévier, s'esquiver, s'esquicher, éviter de, éluder*, من عن et زاغ عن الضريبة Bc; *esquiver, éviter adroitement le coup*, Bc; زاغ عن البصر *échapper aux yeux*, Gl. Badroun. — *Se déboîter*, M. — *Etre ébloui*, 1001 N. Bresl. IX, 388, dern. l.

II c. عن *dévier, écarter de la route*, Bc. — C. عن *esquiver, éviter adroitement le coup*, Bc, Ht. — *Escamoter*, Bc.

زائغ *inconstant*, M.

زوغل I c. على p. *tromper quelqu'un en lui vendant du faux pour du vrai*; le subst. est زوغْلة, M (sous زغل), cf. زغل.

زوف.
بالزاف *beaucoup*, Bc (Barb.); تعقله من الى بالزاف «il y a longtemps que vous le connaissez?» Bc.
بالزوف زوف *à foison*, Bc.

جفتافريد = زوفت طغيريد, Payne Smith 1146.

زوفرا est *panaces asclepium* de Diosc., Bait. I, 547 b (cf. 467 c), où Sonth. donne *echinophora tenuifolia*, avec un signe de doute. Dans le Most., dont le man. La porte زوفرا, on lit: «Quelques-uns disent que c'est le *hennâ*, et d'autres que c'est le كشم; mais il n'en est pas ainsi; c'est نوع منهما» (ce qui n'est pas clair). Cf. Payne Smith 1146.

زوق II *farder*, aussi au fig., *flatter, peindre en beau*, Bc. — *Chamarrer, orner de broderies*, Bc.

V dans le Voc. sous *argentum vivum*.

زوق *vif-argent*, Voc.
زوقة *vif-argent*, Alc. (azogue).
زواق *peinture*, Voc., Alc. (pintura). — *Couleurs*, Hbrt 79 (Alg.). — *Chamarrure*, Bc. — *Mosaïque*, Bc. — زواق العرب *arabesques*, Bc. — *Ornement du discours, fard dans le discours*, Bc.

زواقة *peinture*, Voc., *peintures*, Bat. I, 122.

تزويق *peinture*, Alc. (debuxo). — *Nuance, assortiment de couleurs*, Alc. (matiz en la pintura).

مزوّقة *figure, carte de jeu sur laquelle est peinte une figure*, Bc.

زوقرة *espèce de chalémie, ou cornemuse sans bourdon*, Descr. de l'Eg. XIII, 474 et suiv.

زول I, n. d'act. تزوال, P. Kâmil 207, 2. — ما زال en Barbarie *encore*; ما زال لحال en Barbarie *il n'est pas tard*, Bc.

II *effacer de son cœur*, Alc. (raer del coraçon). — *Se désaccoutumer*, Alc. (desabituarse). — *Oter un cadenas*, Alc. (candado quitar).

III c. a. *asiduare* dans le Voc.; لجود المزاول «une pluie continuelle,» Mi'yâr 24, 2 a f. — *Observer, étudier assidûment*, Bait. II, 463: وأمّا الذى يستعمل باشبيلية فصحّ لى بالخبر وطول المزاولة ان الصالحين فيما

مضى ازدرعوه فى البساتين ممّا جلب اليمن من السواحل البحرية من بزر لخشخاش الساحلى, Ibn-Abdalmelic وكان فقيها حافظا عاقدا للشروط نافذا فى معرفة 16 vº: ما يُصلحها ويُفسدها طويل المزاولة لها, Chec. 209 rº, رجلٌ قد قرأ العلم ولم يجد فى المزاولة, Prol. II, 166, من لم يزاول علمه:8, Tantâwî dans Ztschr. Kunde VII, 53: فلذلك كان كثير من عامّة اهل الازهر يظنّون انّى لا اعرف الفقه وقد صدقوا فانّى بترك مزاولته متبعته. — *Supporter, souffrir, endurer*, L (tolerat صبر يُقاصى (pour يُقاسى) ويُزاول ويُزاول ويُحتمل واحتمال ومقاصاة ومزاولة). — La signification de *traiter un malade*, dont Lane n'a pas trouvé d'exemple, est dans le Voc., qui a زاول المريض sous *frequentare*, et c. a. sous *visitare*. On dit aussi زاول مَرَضًا, *traiter une maladie*, Chec. 209 rº وقد زاول مَرَضى اطبّاء الابوان واحدا بعد واحد فلم ينجح منم واحد منم علاج 🙽

IV *élaguer, retrancher d'un écrit les choses inutiles*, Bc.

V *se dérober*, Abou'l-Walîd 231, 24.

زَوْل *prise*, Ht.

زَالِيَة. L: *inmobilitas* ثبات وزاليّة.

زَوَال, *en parlant du soleil*; la définition de Freytag est critiquée par Berbrugger, p. XLVIII, qui dit que c'est *le midi*, وقت الزَوَال *meridies*, Voc.; cf. Lane sous la Ire forme. — *Un objet qu'on voit indistinctement dans le lointain*, 1001 N. II, 79, 14, IV, 165, 7.

زُوَال, *lolium perenne*, variété aristata, Prax R. d. O. A. VIII, 282 (zouel). C'est une altération de زُوَان faite par le vulgaire, Ibn-Loyon 34 rº: — الزُوَان وتسميه العامّة الزُوَال. Dans le Voc. *zizania* est زَوَان, زَوَال, Domb. 60 *alopecurus* زَوَان et زَوَال, Beaussier زَوَان (Tunis) et زَوَان (Tunis) *alpiste*. — *Endive*, Pagni MS (zuèl, scariola).

زَوَائِل pl. زَوَائِل vulg. pour زَائِلَة (1ère signif. chez Freytag et Lane), M. — *Un objet qu'on voit indistinctement dans le lointain*, M.

زَوَالِى *mode de musique*, Descr. de l'Ég. XIV, 29.

ذو لجثّة العظيمة الذى يوم منظره ان est زومبيل, M; il explique aussi زَوْل par باطنه عظيم كظاهره (cf. Lane 1272 a, l. 17 et suiv.) par لجُثَّة العظيمة.

زَايِلَة pl. زَوَائِل, *en Barbarie, mule, femelle du mulet*, Bc, Cherb. Dial. 93, 223, Roland Dial. 603.

زوم.

زُوم pl. أَزْوَام *le suc qui s'exprime des plantes*, M. — *L'eau dans laquelle on laisse tremper les raisins secs*, M. — *L'eau dans laquelle on cuit*, M. — *Bouillon*, Bc; *jus*, Ht. — *La quantité d'eau qu'on verse chaque fois sur la pâte ou sur du linge qu'on lave*; aussi *fois*, p. e. غسلته زوما او زومين «j'ai lavé le linge une ou deux fois,» M.

زون.

زُونَة (ζώνη) *ceinture*, Fleischer Gl. 71.

زِوَان, à Alep, *du froment mal réussi*, p. e. celui qui, peu de temps après les semailles, a souffert de pluies trop abondantes, Niebuhr B. 151. On dit aussi زِيوان.

زُوَّى *poisson du Nil, de bon goût, sans arêtes et sans écailles; il est charnu et sa queue est rouge*, Seetzen III, 498.

زوى IV. أَزْوَتْنِى لجانبها *elle m'attira à côté d'elle*, 1001 N. I, 210, 1.

V *être anguleux*, Gl. Belâdz.

VII c. عن *se retirer du commerce des hommes*, R. N. 101 vº: كان منزويا عن الناس هاربا منم, ثم تزقّد وانزوى ورابط على ساحل البحر, 202, 7: وقال يا ابرهيم تركنا لك, R. N. 61 rº: رباط الرجّانة — الدنيا كلها وانزوينا فى هذا الثغر فجئت توذينا C. الى *accedere*, Voc.

زَاوِيَة *cubiculum*, L; c'est pour زَاوِيَة.

زَاوِيَة, proprement *angle*, et de là, comme γωνία en grec, *cellule*, car les Arabes, en empruntant aux Grecs la vie monastique, ont donné, à leur exemple, le nom d'*angle* à une cellule, Reiske Aboulf. II, 426, n. *h*, 1001 N. I, 379, 5 a f. — *Oratoire*, Burton I, 408, II, 24 n., Abou-Hammou 164: زاهد فى زاوية بيته.
— *Chapelle dans une mosquée, oratoire, appartement dans une mosquée où les étudiants reçoivent des leçons*,

où ils étudient et écrivent, où ils se retirent pour se dérober à la foule, Djob. 213, 19, 241, 9, 267, 3 et 4, 6—8, 274, 3. زاوية العُمْيان, *la chapelle des aveugles*, est une dépendance de la mosquée d'al-Azhar au Caire, où sont entretenus environ trois cents aveugles, qui, pour la plupart, sont des étudiants, Lane M. E. I, 320, Burton I, 99. — *Cabinet, chambre*, Koseg. Chrest. 36, 9, Djob. 59, 3, 268, 1, Berb. II, 98, dern. l., 138, 4 a f. (= خَلْوٌ), 153, 6, 416, 9, 479, 2 et 5. — *Demeure d'un homme pieux*, Djob. 246, 18 et 19, *ermitage*, Domb. 99. — *Chapelle, petite mosquée*, Bc, Hbrt 158, Descr. de l'Eg. XVIII, part. 2, 137, Lane M. E. II, 211, *marabout, chapelle*, Ht, 1001 N. III, 219, 7 a f. — Grand édifice que Daumas, Kabylie 60, décrit de cette manière: «Toute zaouïa se compose d'une mosquée, d'un dôme (*koubba*) qui couvre le tombeau du marabout dont elle porte le nom, d'un local où on ne lit que le Koran, d'un second réservé à l'étude des sciences, d'un troisième servant d'école primaire pour les enfants, d'une habitation destinée aux élèves et aux tolbas qui viennent faire ou perfectionner leurs études; enfin, d'une autre habitation où l'on reçoit les mendiants et les voyageurs; quelquefois encore d'un cimetière destiné aux personnes pieuses qui auraient sollicité la faveur de reposer près du marabout. La zaouïa est tout ensemble une université religieuse et une auberge gratuite: sous ces deux points de vue, elle offre, avec le monastère du moyen âge, une multitude d'analogies.» Ibn-Batouta, II, 437, dit aussi: «le monastère, chez les Grecs, correspond à la zâwia des musulmans.» — *Equerre*, instrument, Bc, M.

مُزْدًى *anguleux*, Bait. I, 4 a: ساقها هزوا, 9 b.

زى VI c. ب *se vêtir de*, de Sacy Chrest. II, ٢٢, 6 a f.

زِىّ (vulg. زَىّ, M, Bc) *harnais, tout l'équipage d'un cheval de selle*, Gl. Edrîsî, Koseg. Chrest. 120, 7. — *Equipement d'une flotte*, Cartâs 224, 5. — *Pompe, appareil superbe*, Cartâs 107, 9, 204, 6. — *Façon, manière d'agir*, p. e. على زى العرب «à la façon des Arabes,» *goût, guise*; على زى *en guise de*; على زى الوقت *à la mode*, Bc, M; *coutume*, Gl. Abulf. — *Comme*, زَيَّك *comme toi*, Bc (Eg.), Mehren 29. — *Semblant, apparence*, Bc. — زى بعضه *c'est la même chose* (Eg.), *cela revient au même, c'est tout un*, Bc. — بزى *existant, qui est en nature*, Bc.

زَىّ *coulisse, rainure de châssis ou volet pour le mouvoir en glissant*, Bc. — *Liséré, cordonnet brodé autour d'une étoffe*, Bc.

زيب.

زِيبِىّ, زِيباوِى vulg., *épithète d'un excellent melon qui vient du village d'az-Zîb, entre Jaffa et Haifâ*, M.

زَيْبَر I c. a. et II dans le Voc. sous *bosra*, où l'on trouve aussi زَيْبَرَة, coll. زَيْبَر; mais au lieu de *bosra*, il faut lire *borra*, car dans la 1re partie زَيْبَرَة est *bora*, c.-à-d. *bourre, l'assemblage du poil de certaines bêtes, qui, étant raclé de dessus leur peau écorchée, sert aux bourreliers à garnir des selles, des bâts*, etc. C'est le même mot que زَبِير (cf. Fakhrî 81, dern. l.), que les dict. donnent sous la racine زبر et qu'ils expliquent par «surface velue d'une étoffe.» On voit qu'on en a formé un verbe.

زَيْبَر voyez ce qui précède. — Chez Abou'l-Walîd 121, n. 25, on le trouve = נַבְרָא et سُخْفَة, par conséquent *endroit usé d'un habit*. — Chez Alc. *buche*, c.-à-d. *jabot, poche que les oiseaux ont sous la gorge, et ventricule de quadrupède*.

زِيبَق I et II dans le Voc. sous *argentum vivum*. C'est donc pour زَأْبَق.

زِيبَق, pour زَأْبَق, *vif-argent*, Voc., M.

زيت II *huiler*, Bc, M, Auw. I, 685, 5: اناء مزيت — بزيت عذب *Vernir*, Alc. (le part. pass. barnizado). — زيت السراج *mettre de l'huile dans la lampe*, M. — زيت الزيتون *l'olive commença à contenir de l'huile*, M. V dans le Voc. sous *oleum*.

زَيْت. Le pl. زيوت, Voc., M. — زيت حار et زيت حَلّ, *l'huile de graine de lin*, Sang., M. — زيت الكتان *huile d'olive*, Ht, aussi زيت عذب, voyez sous la IIe forme. — زيت السودان *huile d'argan*, mais il y en a qui disent que c'est une autre espèce d'huile, Bait. I, 555 c. — زيت فلسطيني *en Egypte* = زيت راقى, Bait. I, 556 a. — زيت الماء voyez sous الماء. — *Zit el-aud* (?) *huile faite d'olives mûres*, Jackson 85, 283.

زَيْتَة *limoniastrum guyonianum*, Beaussier, R. d. O. A. VIII, 281, XIII, 89, Colomb 49, Ghadamès 329, cf. Pagni 197; *statice monopetala*, Prax R. d. O. A. IV, 132; *muscari racemosum*, R. d. O. A. VIII, 279; *Adianthum Capillus Veneris*, Guyon 205.

زَيْتِيّ *huileux, oléagineux*, Bc. — *Vert comme de l'huile*, 1001 N. IV, 472, 8 a f. — *Tournaline jaune*, R. d. O. A. XIII, 81.

زَيْتُون Le pl. زَوَاتِين dans le Voc. — *Graines de myrte*, Alc. (grano de arrayhan). — زيتون الأرض *camélée, olivier nain*, Bc, Baït. I, 556 c. زيتون البرّ *les galles de fucus*, Pellissier 107. — زيتون الحبش et زيتون الكلبة *olivier sauvage*, Baït. I, 556 b. — زيتون الماء *olives mûres*, Gl. Manç. v° الماء. زيتون النوبي *olives qui ne sont pas mûres et que l'on met en saumure*, Most. et Gl. Manç. in voce. Ces olives ne contiennent pas encore d'huile; mais improprement on donne aussi le nom de *zaitoun al-mâ* aux olives cueillies avant leur parfaite maturité qui fournissent l'huile nommée زيت الأنفاقي et زيت الماء Most. — عيد الزيتون *pâques fleuries*, Bc.

زَيْتَانَة *plante qui a un goût de sel très-prononcé*, R. d. O. A. N. S. V, 231, 232.

زَيْتُونِي Un poulain زيتوني *est celui qui a été conçu dans le sein de sa mère à l'époque où les olives mûrissent*, c.-à-d., en automne, M. — *Etoffe damassée de velours et de satin, qu'on fabriquait dans la ville chinoise Tseu-thoung (actuellement Thsiuan-tchou-fou), dont le nom était Zeitoun chez les Arabes*, Bat. IV, 269. En esp. *setuni, aceituni*, Gl. Esp. 340. Chez Marmol II, 102 c, III, 111 a, *ceteni* est «rica olanda de cambray.»

زِيَاتَنَة *cresson de ruisseau*, Domb. 74, Ht. Chez Prax, R. d. O. A. VIII, 348, on trouve زَيْتَانَة «une ombellifère qui vient dans l'eau.»

رَطْل زِبَاق. زِبَاق «probablement une altération de رَطْل زِبَاقِي » *rotl fort*, Descr. de l'Eg. XVI, 85, 104. نصف رطل زباق *marc, demi-livre*, poids qui contient huit onces, Bc.

الدم الزَيْتِيّ t. de médec., *du sang sur lequel flotte une substance oléagineuse, comme celui qu'on obtient quand on saigne un malade qui a une pleurésie*, M.

زَيْتَار (pers.) *lie d'huile*, Baït. I, 553 b (lisez ainsi avec A), Antâkî in voce.

I

زِيَاح forme au pl. أَزْيَاح, de Sacy Chrest. I, ٩:, 4, et زَيَحَات, Badroun 13, 5.

زيح I, IV et VII avec علل, voyez sous عِلَّة.

إذا زَحَّت لِشَامَل I *écarter*, Ztschr. XI, 681: «quand tu écartes ton voile,» M. — زاح ضرورة *faire ses besoins*, Bc.

II *régler* du papier, M.

IV ازاح البكرية *déflorer, dépuceler*, Bc. — *Effacer avec un grattoir*, L (eradit إزاح — .(بزريح وبيشر *effacer de la mémoire*, Bc. — L donne: *interpositio* احداى وازاحة.

زِيَاح *ligne droite tirée avec la règle sur du papier*, M.

زِيَاح pl. ات *procession*, Bc. — زياح البكرية *défloration*, Bc.

زيد I *augmenter, v. n., s'augmenter*. Dans le Roman d'Antar on trouve la construction: زاد به الغيظ «sa colère (ou sa tristesse, etc.) augmenta;» voyez les extraits de ce roman dans Koseg. Chrest. 87, 6 a f., 90, 5, 93, 3 a f, 94, 6. — *Enchérir, mettre enchère*, Bc, زاد في الكتاب Macc. I, 302, 7, زاد في الثمن «enchérir un livre,» ibid. l. 8 et 13. — C. في *agrandir*, p. e. une mosquée, زاد في المسجد, Gl. Belâdz. — زاد وكثر *il a été beaucoup trop loin, passer la mesure*, Bc. — C. a et في *incorporer* une maison dans un autre édifice, Gl. Belâdz., Macc. I, 359, 15, J. A. 1849, I, 189, 5.

IV *redoubler*, Bc; — ازاد في الكيل *combler*, Bc.

V *augmenter ses connaissances*, Haiyân-Bassâm III, 5 v°: ولم يشغله عن: c'était un homme très-savant, التزيّد. — *Se passer, arriver*, Abou-Hammou 83: ensuite, mon fils, le préfet de police sera admis auprès de toi, ليخبرك بما تزيّد في ليلتك حتى لا يخفى عليك شيء من احوال رعيّتك

VI *s'agrandir, étendre ses domaines, sa fortune*, Bc. — En parlant d'un enfant, *naître à une époque où le père est déjà vieux et craint de mourir sans postérité*, Hist. Tun. 129: وجاء البشير من الدولة العليّة مخبرًا بتزايد غلام للسلطان مصطفى خان بعد وترك ابنًا تزايَد له من ابنة الحج .:ibid, اياس

78

زِيدَان mode de musique, Hœst 258, زَيْدَان chez Salvador 54.

زِيَادَة abondance, Bc. — *Enchère, offre d'un prix supérieur à la mise à prix, ou au prix qu'un autre a déjà offert*, Macc. I, 302, 7 et 10, 1001 N. III, 78, 4 a f.; الزِيَادَة «qui est-ce qui offre davantage?»: Jackson 132; خَمْسِين رِيَال عَلَى الزِيَادَة «50 dollars on the increase,» Jackson Timb. 95. — Chez les Soufis, avec l'article, *quelque chose de plus que le paradis* (الحُسْنَى), à savoir *voir Dieu*, voyez Macc. I, 584, 10 et 16 (il renvoie à 583, 15 et 16), par allusion à ces paroles du Coran, X, 27: لِلَّذِينَ أَحْسَنُوا الحُسْنَى وَزِيَادَة Macc. I, 893, 1 et 2. — زِيَادَة *excessivement*, 1001 N. III, 196; مَعَ زِيَادَة صِغَرِهِ «malgré son extrême petitesse,» Bc. — *Portail d'église*, Alc. (portada de yglesia). — *Portique*, Alc. (portal para passear). — Avec l'article, *nom d'une porte d'une mosquée à Damas*, Macc. I, 720, 3, cf. l. 5. زِيَادَة لَحْم ou زِيَادَة لَحْمِيَّة *carnosité, excroissance charnue*, Bc; زِيَادَة لَحْمِيَّة chez le cheval; voyez Auw. II, 655, 5.

زَائِد, avec l'art., *l'augmentation du loyer, ce qu'il faut payer en sus de l'ancien prix*, Macc. I, 602, 5 et 8. — زَائِدًا عَلَى Abd-al-wâhid 261, 13, et زَائِدًا إِلَى, Bat. IV, 300, *outre*.

زَائِدَة *apophyse, saillie sur un os*; suivi de عَظْمِيَّة *exostose, tumeur osseuse*; suivi de لَحْمِيَّة *fongus, excroissance charnue*, Bc. *Grosseur qui se montre au point de jonction du canon et des péronnés, aux pieds de devant et à ceux de derrière*, en français *le suros*, Auw. II, 654, 6 et suiv. — ذُو الزَوَائِد *autruche*, Diwan d'Amro'lkaïs ٢٠, vs. 6.

مَزَاد *enchère, mise, surenchère*, Bc.

مَزِيد *le convive qui emporte la nourriture chez lui*, Daumas V. A. 314 (mezid).

مَزْيُود *né*, Bc (Barb.), Roland.

مُسْتَزِيد *ambitieux*, de Sacy Chrest. II, ٧٠, 5 a f. et 274.

زَيَّرَ II. زَيَّرَ الفَرَس *mettre les morailles à un cheval*, M. *Serrer* en général, M, *serrer les dents*, Daumas V. A. 501.

زِير. Le pl. est زِيَار chez Cherb., qui dit que ce mot signifie *grande cruche à fond très-étroit et munie de deux petites anses*; il donne aussi le dimin. زُوَيْر, *petite cruche portative*; cf. Fleischer Gl. 20. زِير طَبَاشِير *jarre très-volumineuse, sur le corps de laquelle on place des* كُلَل *à plusieurs étages*, Descr. de l'Ég. XVIII, part. 2, 415.

زِيرَة vulg. pour جَزِيرَة, *île*, M.

زِيَار, pl. ات *bâillon, instrument pour empêcher de parler*, Alc. (mordaza). — *Étau*, Ht. — زِيَار ou زِيَار, pl. ات, serait, selon Quatremère, Mong. 286 a, une espèce d'arc; il cite, entre autres passages, celui-ci, qui est emprunté au continuateur d'Elmacin: عَلَى كُلّ مَحَلَّة أَرْبَع زِيَارَات كُلّ زِيَار فِيهِ ثَلَاثَة جُرُوخ وَخَمْس طُبُول. Ici il est donc question d'une machine de guerre dans laquelle étaient réunis trois *djarkh*, c.-à-d. trois arbalètes avec lesquelles on lançait, soit des flèches, soit le naphte. Ibn-Khaldoun, Berb. II, 321, 13, parle, sous l'année 1298, d'un engin énorme, construit par plusieurs ingénieurs et un grand nombre d'ouvriers, et qu'on appelait قَوْس الزِيَار. La portée en était extraordinaire, et il était si grand, qu'il fallait onze mulets pour le transporter. Cette machine prodigieuse était, à ce qu'il semble, une réunion de quantité d'arbalètes, une arbalète-monstre. (La leçon du texte est aussi dans le man. de Madrid et dans l'éd. de Boulac; notre man. 1350 semble porter بِعَرْس, au lieu de بِقَوْس).

تَزْيِيرَة *le costume des dames quand elles se promènent ou qu'elles vont à âne*, Lane M. E. I, 61, Descr. de l'Ég. XVIII, part. 1, 114.

زِيرْبَاج *signifie en persan: un plat de cumin; mais aujourd'hui* [XIIIᵉ siècle] *c'est un mets composé de sucre, d'amandes et de vinaigre*, Gl. Manç. Chez Ibn-al-Djauzî, 145 v°, زِيرْبَاجَة, comme dans les 1001 N. I, 217, dern. l., 224, dern. l., cf. Bresl. II, 180, 6–8.

زِيرْقُون = زَرْقُون, *vermillon*, Bg.

زِيرَكْ (?) voyez زَيْرَك.

زِيزَة, pl. زِيزْوَان, est le mot berb. أَبْزِيزَة (voyez),

زيرفون

dont les Arabes ont fait aussi زِبِزِ (voyez). *Cigale*, Bc, Bg, Mc, Hbrt 71, Bait. I, 555 b (lisez ainsi avec B), II, 128 d (même remarque). D'après le M c'est une onomatopée, et il ajoute que le peuple dit ordinairement جِيزِ.

زِبْرَةٌ pl. زَوَائِبُ, en Barbarie, *mamelle, téton*, Bc (Barb.), Hbrt 3 (Alg.), Ht, R. Jehouda b. Koreich, éd. Bargès et Goldberg, p. 105, l. 12, où les éditeurs remarquent: «זיזא est melitense *zeiza*, italicum *zizza*, i. e. *mamma*, et arab. vernac. زِيزُوَّة.»

زِيزُفُون, en Barbarie, *muet*, Domb. 107, Bc.

زِيزَفُون (de ζίζυφος), mot dont on se sert à Damas, espèce de غُبَيْرَاء qui ne porte pas de fruits, Bait. I, 556 d, II, 233 e; *jujubier*, Bc; c'est le jujubier blanc, voyez Dodonæus 1356 b; Rauwolf, qui donne aussi le nom arabe, 112, 276, a vu cet arbrisseau à Alep et au Liban. — *Tilleul*, Bc.

زِيغ

زَاغ (pers.) *corneille*, Bc, Hbrt 67, cf. de Jong et Lane.

زِيغَة *subterfuge*, Bc.

زِيف I. زَاف في مَلابِسِهِ *s'habiller avec une extrême recherche*, M.

II, au fig., en parlant d'autres choses que de monnaies, *déclarer, prouver qu'une assertion, une opinion, une preuve, un témoignage sont faux*, aussi c. a. p., Djob. 169, 6, Prol. I, 3, dern. l., 44, 1, 61, 14, II, 395, 2, III, 215, dern. l., Macc. III, 201, 14, Ibn-Abdalmelic 131 v°: كان مُقْتَدِرًا على جِدَالِ المُخَالِفِينَ ودَفْعِ شُبَهِهِمْ وتَزْيِيفِ آرَائِهِمْ. Aussi زَيَّفَ الرَجُلَ عِنْدَ القَوْمِ *parler désavantageusement de quelqu'un*, M.

زَاف voyez زَيْف.

زَيْف du tarbouch, *bande cousue autour du tarbouch pour le préserver de la saleté*; on dit ordinairement زَاف, M.

زِيف pl. أَزْوَاف *bordure, bande, garniture mise au bas d'une robe*; — *queue traînante d'une robe*, Alc. (cortapisa, haldas, rabo de vestidura; sous halduda (l. haldada, comme chez Nebrija) cosa con haldas, il donne: be zulf xatin). — *Pli, creux que forment les jupes dans le giron d'une femme assise*, Alc. (regaço).

زين

— *Essuie-main*, Jackson Timb. 231. — *Brosse*, Domb. 95.

زِيْق II. Dans l'éd. de Bat., I, 37, on lit que التَرْيِيق est un terme technique des Soufis qui signifie *appuyer la tête sur les genoux*. Dans le man. de M. de Gayangos (6 v°) c'est التَزْيِيق, et je crois que cette leçon est la véritable, car plus loin (9 v°) on rencontre encore trois fois le verbe زَيَّقَ, suivi des mots: «et releva la tête.» L'édition, p. 64, a زَعَقَ, «il poussa un cri;» mais l'action d'appuyer la tête sur les genoux convient mieux à l'ensemble du récit, et un copiste aurait changé difficilement le verbe زَعَقَ, qui est fort connu, en زَيَّقَ. On conçoit fort bien, au contraire, qu'ayant oublié l'explication donnée par l'auteur, quelques pages auparavant, du terme technique التَزْيِيق, il n'ait pas compris le verbe زَيَّقَ et qu'il y ait substitué زَعَقَ.

زَاق = زَاغ *corneille*, Bc, Hbrt 67.

زِيق, *collet*, forme au pl. أَزْيَاقٌ; مَسَكَه مِن أَزْيَاقِه «saisir au collet,» Bc. — *Un morceau d'étoffe*, M. — *Bord, bordure d'un habit*, Vêtem. 282, 15, Ztschr. XI, 528, n. 46, Abou'l-Walîd 629, 22. — *Petite raie sur une étoffe*, M. — *Dé* (pour jouer), Bc. — Le cri du rat, de même que *mia-mia-ou* est le cri du chat, 1001 N. I, 170, 7. — Le cri d'une porte qui tourne sur ses gonds, M.

زَاقَة *dé* (pour jouer), Bc, Hbrt 90.

زَيَّاق *racleur, mauvais joueur de violon*, Bc.

زَيَّك II *orner en rond*, 1001 N. Bresl. (j'ai noté IV, 227, mais cette citation est fautive): صِينِيَّة مُزَيَّكَة بِالذَهَب, où l'éd. Macn. porte مُزَرْكَشَة. — *Aller et venir plusieurs fois*, M.

زِيل

زِيل *castagnettes*, Ht, cette espèce de crotales que l'on fait résonner en les agitant seulement, Descr. de l'Ég. XIII, 495.

زين I vulg. pour وزن, M.

II *décorer une ville de tapis, d'ornements de tout genre, et de tout ce qui annonce des réjouissances publiques*, Maml. I, 1, 29; Bc a زَيَّن البَلَد *illuminer, faire des illuminations*. — زَيَّن المَرْكَب *pavoiser*, Bc. — *Raser*, Bc, Hbrt 77. — زَيَّن لِنَفْسِهِ المَحَال *s'aveugler, se tromper soi-même*, Bc.

√ faire sa barbe, Bc (Eg.), Hbrt 77.

زين, comme adj. (cf. Lane), joli, beau, Mc, Ten Years 366, Richardson Sahara I, 134, II, 184, Jackson 189, Prol. III, 430, 3 a f., où il faut lire زين, sans article, avec l'éd. de Boulac et notre man. 1350, 1001 N. III, 436, 4 a f., Bresl. XII, 137, 4 a f., où Fleischer (Vorwort, p. 19, l. أ) veut à tort changer la leçon, Ztschr. XXII, 74, 7. — Bon, Richardson Sahara I, 134, II, 136, 285, Lyon 316. —

زين الخَوانم doigt annulaire, Alc. (dedo del anillo), et doigt du milieu, Alc. (dedo del coraçon).

زين قدّم ،زين arc-en-ciel, Cherb. (Constantine et Tunis). زين الله a-t-il le même sens? voyez le passage du Formul. d. contr. que j'ai publié sous برج II.

زينة les fêtes de toute espèce qui ont lieu dans les occasions solennelles, Maml. I, 1, 29. زينة السلاح grande tenue (de Slane), Berb. II, 267, 9. — أمراض الزينة sont, en termes de médecine, les maladies des cheveux, des ongles et de la peau, M.

زيني espèce de raisin, Ztschr. XI, 478, 524.

زينونة, suivi de الكرموس, cigale, Hbrt 71 (Alg.).

زبان avarie, Ht.

أزين plus beau, lisez ainsi Auw. I, 221, 22.

تزيين est chez Alc. «cobre de bestias;» Victor explique ce terme par étable à bœufs, chevaux ou autres bêtes; chez Nuñez, «cobre» seul est: corde où sont attachés des chevaux, des mulets, etc., à la suite l'un de l'autre.

مزين cheval sellé et couvert d'une housse, Alc. (paramentado cavallo, cf. Victor).

مزين, barbier, est en usage en Orient, mais non pas en Barbarie, Prax R. d. O. A. IX, 157. En Espagne on l'employait en ce sens, Voc., Macc. II, 328, 5 et 6, et on le trouve aussi chez Ht.

مزيان fém. ة, beau, Bc (Barb.), Hbrt 7 (Alg.), Domb. 107, Jackson 185.

س

س abréviation de سؤال, demande, Bc.

سابرقان voyez sous شابرقان.

سابيزك ،سابيزج ،سابرج (pers.), mandragore; les deux dernières formes Bait. II, 3 e, ou avec le chîn, au lieu du sîn (l'une et l'autre lettre en persan), I, 492 a, II, 595 (AB). La première forme dans le Most., mais avec le râ, au lieu du zâ, comme dans quelques man. de Bait. et chez Ibn-al-Djezzâr, et Bg donne سبروج القطرب.

سابرقان voyez sous شابرقان.

سابوقى ،اشجار سابوقى (ital. sabuco = sambuco) sureau, «arbores sabuci,» trad. d'une charte sicilienne apud Lello 10.

سابونى épithète pour une espèce de caroubier, Bait. I, 355 a (AB).

الساجية corps de cavaliers qui devait son nom à Abou-'s-sâdj Divdâd, père des célèbres Mohammed al-Afchîn et Yousof; voyez Defrémery, Mémoire sur les émirs al-oméra, p. 4 et 5.

سادة (= سادج) uni, simple, sans ornement; درق سادة vélin, papier sans vergeure, Bc.

سادوران suc noir et sans odeur, qui provient des racines de certains arbres, notamment du grand lentisque. On le mêle aux parfumeries et en Omân il sert à teindre le bois, Most. in voce, Bait. II, 2 b, Gl. Manç. Le dernier, qui écrit incorrectement سادَرَان, ajoute que ce n'est pas une gomme, et que c'est ce que les Arabes appellent دُودام ou دُودَم لتّى. Selon les deux premiers auteurs, ce mot serait persan et signifierait «le costume noir des cadis,» car, dit le Most., «le costume des cadis est noir en Perse, et dans la langue de ce pays, ساد signifie «noir,» et وران, «les cadis.»» C'est inexact; les mots persans qu'ils ont en vue sont سياه داوران. Au reste, Rauwolf, 127, s'est trompé en pensant que le terme en question désigne une espèce d'algue.

سأر.

سائِر. سائِرًا s'emploie comme كَافَّةً, جَمِيعًا, p. e. تنحى لك ظهور الملوك سائرا « de tous les rois, » Gl. Abulf.

سارافيم *séraphin*, Bc.

سارْدَة (esp. *sarda*) sorte de petit poisson de mer qui ressemble aux anguilles, Domb. 68.

سارسينا ? parmi les présents des Génois, Nowairî, Egypte 2 n, 33 r°, nomme سارسينا حلتين.

سارنج = اسرنج, J. A. 1861, I, 33.

ساسا *limaçon*, Most. v° حلزون.

ساسافراس *sassafras*, Bc.

ساستال *séséli*, Most. v° سسليوس.

ساساليوس même sens, Bait. I, 96 f (AB).

ساسان était, dit-on, un mendiant qui inventa une infinité de moyens pour se procurer de l'argent. De là vient que tous les imposteurs, tous les chevaliers d'industrie portent le nom de Benou Sâsân, et que leur art s'appelle طَرِيقَة ساسان ou عِلْم ساسان; voyez le M. sous سوس, Harîrî 326, 4 a f, Ztschr. XX, 493, Macc. II, 549, 3, III, 21, 5 a f., 22, 11.

ساسانيّ adj. dérivé du nom du personnage dont il vient d'être question, Ztschr. XX, 500, n. 1, texte qui a été corrigé XXI, 275, Macc. III, 21, 17.

ساسك les racines de la plante dite قُلْقُل, Most. v° مغاث.

ساساليوس *séséli*, Calendr. 75, 7.

يسِسْنُو ou ساسِنُو *arbouse*, Domb. 72, Hbrt 53 (Alg.).

ساسيم sorte de bois qui ressemble à l'ébène, Bait. I, 8 b, où A porte سيساما et B الساسيم; شيساما وهو الساسيم; cf. dans les dict. sous سمسم.

ساشم *cendrée, petit plomb de chasse*, Cherb.

ساغْرى (turc). جلد ساغرى *chagrin*, espèce de cuir, Bc.

سأل I, *demander* une chose à quelqu'un, se construit aussi c. a. p. et c. r., Badroun 290, 1: وسأل الشيخ في مُكَاتَبَتِهِ في مهماته واخبار بلد, Nowairî Espagne

465, de Sacy Dipl. XI, 42, 4. — C. a. p. *demander à quelqu'un comment il se porte*, Aghânî 35, 7. — *Demander conseil*, Alc. (demandar consejo). — *Demander, quêter, mendier, demander l'aumône*, Bc; c. a. p., Bat. II, 157. — *Mendier*, fig., rechercher avec bassesse, Bc. — *Interroger*, c. عن de la personne qu'on interroge et عن de la personne au sujet de laquelle on prend des informations, Macc. II, 225, 11: قد سالتك من المُعْرِف عنك, et dans les Add. ce passage des 1001 N.: فسالتُ من التاجر عن الصبية. — *Prier pour quelqu'un, intercéder pour lui*, se construit c. في, R. N. 70 r°, dans une prière adressée au Prophète: قوم من امَّتك اتوني يسَّألوف في قوم صالحين ان يُطَلِّقُوا سَأَلْتُك فيهم فَسَل الله فيهم; mais Bc a la constr. c. a., سال احدًا, dans le sens que je viens d'indiquer. — *Se soucier de*, R. N. 47 r°: وكان له فرس وكان يطلقه في زرع المرابطين مخوطب في ذلك فلم يقبل ولا سال عن كلام من خاطبه. — *Être créancier de*, Roland. — سُئِل عن *on lui demanda compte de*, Ztschr. V, 59, n. 1.

سُول *espoir*, Voc. (spes). — كل منكم يحكم برايه وسوله «chez vous chacun ne connaît de règle que ses opinions et ses fantaisies,» de Sacy Chrest. II, ١٥, 5 a f.

سُؤَال, *demande, prière, question*, forme au pl. أَسْئِلَة, de Sacy Chrest. I, ١٤٠, 3, dans le Voc. أَسْؤُلَة. — ويدخل هكذا *de quoi s'agit-il?* Bc. — *Mendiant*, Voc. (avec ces voyelles), Cout. 16 v°: السوال عن ايش السوال فتصير من اكرامه الى حيث صرت الصعلوك, où Macc. (I, 169, 19) a .

سُؤَالِيّ *problématique*, Bc. — *Rogatoire* (commission), qu'un juge donne à un autre pour faire une instruction, etc., Bc.

سُؤَالَاتِيّ *questionneur*, Bc.

سَائِل Ceux qui venaient à la cour des califes pour recevoir des cadeaux ou demander des faveurs, étaient nommés سُؤَّال; mais comme ce terme signifie aussi «mendiants,» le Barmécide Khâlid le changea en زوّار, Fakhri 185, 4.

مَسْؤُولِيَّة *obligation* (acte), M.

سالوس

مُتَسَىِّل mendiant, Hbrt 221.

سالوس (pers.) imposteur, Ztschr. XX, 504. — Imposture, tromperie, Fâkihat al-kholafâ 77, dern. l (la singulière bévue de Freytag, qui, dans une note sur sa traduction (p. 57), a dit que c'était « sans doute le latin salus,» a été corrigée Ztschr. VIII, 617).

سأم.

سَئِيم pl. سِقَام déplaisant, Alc. (dessabrido en costumbres).

سامَان sorte de jonc qu'on ne trouvait que dans le voisinage de la petite ville de Baisân en Palestine, et dont on fabriquait de très-belles nattes, Edrîsî, Clim. III, Sect. 5 (Baisân): وينبت بها السامان الذي يعمل منه لحصر السامانية ولا يوجد نباته المتّخذ الّا بها وليس في سائر الشام شيء منه. Voyez des exemples dans le Gl. Fragm. et chez Khallic. IX, 13, dern. l. (en disant dans une note sur ce passage, III, 681, que ce mot se trouve chez Bait, M. de Slane s'est laissé tromper par Sontheimer; dans la phrase qu'il a eu en vue, Sonth. I, 21, 1, il faut lire avec nos deux man. سمار). Plus loin Edrîsî dit en parlant de St-Jean-d'Acre (ibid.): ويعمل بها من الحصر السامانية كل عجيبة وقلبلًا ما يصنع مثلها في بلد من البلاد المعروفة. Telle est la leçon des quatre man. en cet endroit, sans élif. Chez Bg on lit sous natte: «nattes fines faites d'une espèce de jonc que l'on appelle sahamân, حصر سليمانى,» d'où il résulte que le mot a été altéré en سامانى. Je crois retrouver ce mot chez Alc. Il donne çamâma, pl. çamâm, sous ensordadera; ce dernier mot signifie sagette, sorte d'herbe qui vient dans les endroits humides, et plus souvent dans les ruisseaux; on en fait des siéges de chaises. Je pense que c'est une légère altération de سمان ou سمان, n. d'un. ة.

سانقة (pers.) Asplenium Ruta muraria et Adianthum Capillus Veneris, Bait. II, 3 d, où il faut lire ainsi, Most. v° برشياوشان (même faute).

سايَة (pers. سايه), en style de chancellerie, ombre, protection, puissance, M.

سبّ I c. a. p. chez le vulgaire aussi médire d'un absent, M.

II. On dit: سبّب الله هذا السلطان رحمةً للمسلمين dans le sens de: «Dieu a donné ce sultan aux musulmans par miséricorde,» Djob. 300, 19; سببك الى الله «Dieu a voulu que vous me rencontrâtes,» Djob. 292, 12; سبّب الى المدرسة الفوائد «il assigna des revenus au collége,» Khatîb 131 v°. — Chercher, trouver un prétexte, Djob. 74, 15. — Aider de ses vœux, Alc. (ayudar con voto). — Risquer, hasarder, Alc. (aventurar). — سبّب على روحه gagner sa vie, Voc. — Commercer, trafiquer, Ht; سبّب في التمر «faire le commerce des dattes,» Cherb. Dial. 230.

V c. الى r. chercher, trouver des prétextes ou des raisons pour, l'anonyme de Copenhague 39: كان تسبّب الى اخذ اموال التجار والدابة للجيران, Abbad. II, 62, dern. l. (où il faut lire avec le man. تسبيبوا); aussi c. في, Macc. I, 522, 5 a f.; c. في chercher une occasion pour, p. e. في مراد «pour exécuter son projet,» Gl. Bayân; c. الى p. chercher, trouver des prétextes contre quelqu'un, Macc. II, 115, 1; تسبّب الى فلان بمكروه chercher des prétextes pour nuire à quelqu'un, Amari Dipl. 22, 1. — تسبّب في طلب انواع المعاش chercher à gagner sa vie de différentes manières, Müller 43, 10. — Travailler pour le gain, être âpre au gain, Khatîb 38 v°: تمّ الرجولة قليل التسبّب. — C. a. causer, occasionner, Abbad. I, 18, 6 a f.: في التي تسببت عزّل تاشفين واحتماله.

VII être blâmé, Voc.

سبّة cause, Bc (Barb.).

سبّة les jours de la semaine, M.

سبَب. Chez Alc. «respeto» est حرمة ou سبب; je suppose qu'il a pensé à des expressions comme من سببك «par égard pour vous.» — Introducteur, Fragm. hist. Arab. 271, 4: quelqu'un ayant demandé la permission d'entrer à toute heure chez le calife al-Mahdî, celui-ci lui accorda sa demande, وصيّر سليمًا لخادم سببه يعلم المهدى مكانه كلّما اراد الدخول, Gl. Belâdz.: انت سببى الى الامير «c'est vous qui avez été mon introducteur auprès de l'émir.» — Lane donne ce mot dans le sens d'alliance, union par mariage. Le pl. اسباب désigne aussi des personnes, et au premier abord on serait tenté de croire qu'il signifie alliés, ceux qui sont joints à un autre par affinité; mais je crois qu'il a un sens plus large et qu'il signifie *les entours d'une personne, ceux qui vivent dans sa familiarité, qui forment sa société intime;* exemples: Macc. I, 468, 8: ولا اغضى لاحد من اسباب السلطان ,واقلم حتى تحاموا جانبيه فلم يجسر احد منهم عليه avec la variante اصحاب, Bayân II, 285, 5 a f.: وامر بالقبض عليه وعلى ولده واسبابه وعلى ابن اخيه هشام ,وصرفوا عمّا كان بايديهم من الاعمال. Je crois que ce mot a le même sens dans les Fragm. hist. Arab. 429, 13: Ayant dit qu'ils voulaient chasser Hasan ibn-Sahl et ses employés de Bagdad, ils chassèrent deux de ces derniers, اخرجوهم وطردوا اسبابهم, « avec leurs entours. » — *Moyen de gagner sa vie, métier* (proprement سبب المعاش, Djob. 286, 16), Voc. (oficium, qu'il prend en ce sens, comme le prouvent les synonymes arabes qu'il donne), Bat. I, 240, Khatib 86 vº: ,وكان أمره في التوكل مجدًا لا يلوى على سبب ce qui signifie que, plein de confiance en Dieu et convaincu que celui-ci pourvoirait à tous ses besoins, il n'avait recours à aucun moyen de subsistance. — *Commerce, négoce de marchandises, industrie, commerce*, Bc, *commerce de détail, négoce*, Hbrt 100, Delap. 130, 1001 N. II, 77, 3 a f. On emploie le pl. اسباب dans le même sens, Vêtem. 271, 18, 274, n. 13; الاسباب الجوانية « commerce intérieur, » Bc. — Le pl. اسباب *effets, biens, objets meubles*, Bayân II, 121, 9, Macc. I, 626, 10, Maml. I, 1, 52, 1001 N. III, 7, l. 12, Abdarî 54 vº: وجدت فيه (في مسجد دار الندوة) اناسًا نزلوه بأسبابهم وهم يعملون اعمالهم, جعل الأمر فيه (في الكتاب), Khatîb 60 rº: ,سائر الصناعات بضرب رقابهم وسبى اسبابهم, Nowairî Egypte 2 m, 127 vº: عزله عن الوزارة وأمر بالحوطة على امواله واسبابه ,وذخائره. Le sing. سبب s'emploie dans le même sens comme un collectif, Abd-al-wâhid 209, 4 a f., Badroun 144, 5. Le pl. اسباب désigne surtout *les effets dont on se sert en voyage, bagage* (proprement اسباب الطريق, Macc. I, 236, 4, ou اسباب السفر, 1001 N. I, 55, 5), Djob. 325, 17, 326, 6, 333, 11, Bat. III, 29, IV, 440, Macc. I, p. xcix, 3 a f., 695, 1, Abdarî 58 vº: ayant l'intention de rester quelque temps à la Mecque, j'y avais loué une maison, وحصلت فلما كان من الغد بعثت اسبابي كلها بمكة ibid.: ,ببعض اسباب بقيت معي الى مكة — *Marchandise*, Bc, Macc. II, 509, 14, 3 a f. (où l'on peut aussi

traduire *effets*, comme dans le passage des 1001 N. que cite Freytag). — Le pl. اسباب *affaires*, Roland, Djob. 30, 10: وكان الاجتياز على جيفان لقضاء بعض الاسباب, J. A. 1843, II, 218, 3 a f.: لينوب عنه في جميع اموره كلها وكافة اسبابه وشؤنه. Je crois que ce mot a le même sens dans les Fragm. hist. Arab. 500, 10. — *Chose*, Voc. (res) Mohammed ibn-Hârith 237: كان لا يخاليه احد في مجلس نظره ولا في داره ,346: ولا يقرأ كتابًا لاحد في سبب من اسباب للخصومة, 347: ,قد عرفتك محبّتى لك وشجّتى بجميع اسبابك toutes les choses qui vous concernent, » ,فلّده اسبابًا, Bayân II, 314, 2: صنع, الامانات في بعض الكور منّا, nous avons perdu quelque chose » (il s'agit d'une bourse), Khatib 31 vº: كان هذا الرجل غفلته ونوكه من البلد في اسباب الدنيا, Haiyân-Bassâm III, 140 vº: ,فوصل اليه منها بعض اسباب من ذخائر وثياب — سبب واحد *monosyllabe*, Bc.

سَبِيبَة *série de causes et d'effets*, Prol. II, 367, 12.

سبيب *cavalerie*, Ht.

السِّبّابة = السَّبَّابَة *l'index, le doigt près du pouce*, P. Macc. II, 283, 3 a f.; dans L (salutarius) الاصبع السّباب.

سِبِّيبَة *celui qui insulte de paroles*, Gl. Bayân.

تَسْبِيبًا et حكم التسبب, تَسْبِيب et تسبّب *à titre fortuit, occasionnel*, Gl. Maw.

مَسَبَّة *injure, détraction ou détraction, invective, médisance, personnalité, trait piquant, injurieux*, Bc.

مُسَبِّب *commerçant*, Bc, Domb. 104, Ht, Delap. 130, Cherb. Dial. 122, 139.

مُتَسَبِّب *ouvrier*, Voc. (oficiosus; les synonymes arabes qu'il donne prouvent qu'il emploie ce mot dans cette acception); peut-être en ce sens chez Bat. IV, 373.

سبارينا *salsepareille, racine médicinale du Pérou*, Bc.

سَبَانِخ *comme disent quelques-uns, pour* اسبانخ, *épinards*, M.

سباهى (pers. سپاهى) *spahi, cavalier turc*, Bc.

سبت.

سِبْت (voyez Lane) se trouve Diw. Hodz. 129, vs. 5, avec l'explication نِعَال مدبوغة.

سبت *bahut*, sorte de coffre, Bc, 1001 N. Bresl. V, 104, 2 a f.

سِبْتَة *ceinture* de cuir, sans poche, à l'usage des domestiques hommes, Bc, *ceinturon*, Hbrt 134.

سَبَّات *avoir le regard fixe et les membres roides*, si tel est le sens des paroles du M: والسَّبَّات عـنــد العامّة يُطلَق على الشخوص والجمود. — *Terres salées et marécageuses*, M.

سُبَات *extase*, état de maladie; *léthargie; sopeur*, engourdissement voisin du sommeil, et qui le précède, Bc; les médecins distinguent entre le سبات سهري et le سبات سباتي, voyez M.

سبوت *semaine*, 1001 N. Bresl. III, 349, 6 a f.: ويكون عهدى معك الى كلّ سبوت اجى الى عندك مرّةً واحدةً ۞

سِبَاتَة *trèfle*, une des couleurs noires du jeu de cartes, Bc.

سُبَاتِي *léthargique*, Bc; cf. سَبَّات.

سبج.

سَبَج *jais, bijoux de deuil*, Abbad. I, 32. Dans le Gl. Esp., 221, j'ai cité un passage du Most. où on lit qu'en Espagne on les mettait au cou des petits enfants afin de les préserver du mauvais œil; Edrîsî (*apud* Bait. in voce) dit de même: من لبس منه خرزةً أو تختّم به دفع عنه عين العائن ۞

سُبَاجَة est une espèce de tunique portée par les mères de famille; elle se compose de deux pièces d'étoffe cousues ensemble, avec des manches qui n'ont pas plus qu'un empan de longueur, Ibn-as-Sikkît 524.

سبح I. Le vulgaire dit سبح الرجل في الأمر dans le sens de اتّسع وتمادى, M; c'est donc comme le سبح في الكلام de la langue classique. — سبح قلبُه *avoir un sentiment comme si l'on tombait saisi de frayeur*, M. — *Couler*; on dit سبح الماء على الأرض, M. — *Parer* un trait, un coup, l'empêcher en y opposant quelque chose qui l'arrête, Antar 47, 13, 67, 7 a f.

II *faire nager*, Gl. Belâdz.

سبح *litanies*, prières aux saints et à la Vierge, Bc. — عيد السبح *dimanche des Rameaux*, Payne Smith 1639. — Poisson dans la mer d'Omân, long d'une coudée et ayant la face d'une chouette; il vole au-dessus de l'eau par bonheur pour lui, car il y en a un autre, nommé العنقريس, qui en fait sa proie, et qui le dévore quand il tombe dans l'eau, Edrîsî, Clim. I, Sect. 7.

سُبْحَة se dit aussi de grains avec lesquels on joue (خرزات للعب), M.

سبوح aussi en parlant d'une autruche, Diw. Hodz. dans Fleischer, Beiträge zur arab. Sprachkunde, IV, 288.

سبّاح *nageur*, Bc.

سَايِحَة pl. سَوَايِح *funérailles, obsèques et cérémonies qui se font aux enterrements*, Alc. (essequias, synonyme نِياح); il écrit ce mot avec un 'ain, mais c'est une erreur).

تَسْبِحَة *cantique*, Bc.

تَسْبِيح pl. تَسَابِيح *cantique*, Bc; air gai et d'une mesure à trois temps assez vive, que chantent les fakîhs, Descr. de l'Eg. XIV, 209. — *L'appel du moëddzin à minuit*, M. — Chez les chrétiens, *matines*, Alc. (maytinadas), 1001 N. I, 201, 4 a f. — *Chapelet*, Alc. (cuenta de rezar), Hbrt 156, Ht, 1001 N. I, 500, 5 a f. (où le *djîm*, au lieu du *hâ*, est une faute). — رأس التسبيح *file de jetons pour faire un compte*, Alc. (contal de cuentas).

مَسْبَحَة (les voyelles chez Hbrt) pl. مَسَابِح *chapelet, rosaire*, Bc, Hbrt 156, Macc. I, p. c, 5 a f., 2 a f. (où les voyelles مُسْبَحَة sont mauvaises), 1001 N. Bresl. VII, 16, 5.

سبخ II *engraisser des terres*, Bc, Auw. I, 405, 6, II, 327, dern. l., 328, 1; dans d'autres passages de cet auteur ce verbe est altéré; lisez donc I, 317, 11 والتسبيخ, au lieu de التذخ du man. de l'Escurial; notre man. porte والتسبيخ; de même 326, 1, 405, 7 (notre man. والتسبيخ, et il a correctement وقت, au lieu de وقد). Cf. l'article qui suit.

سَبَخ *marécage*, Bc. — *Engrais, terreau, fumier pourri et réduit en terre*, Bc; sebakh, espèce d'engrais; ce sont les cendres et les poussières qu'on tire des anciennes habitations, et qui renferment beaucoup de salpêtre,» Descr. de l'Eg. XII, 279; ailleurs, XVIII, part. 2, 402, on trouve *sebâkh*, et ce mot est écrit en effet سباخ chez Auw. I, 436, 11.

سَبَخَة et سِبَخَة *terre nitreuse*, Burckhardt Nubia 214; «wide sheets of the tufaceous gypsum called *sabkhah*,» Burton II, 129. — *Marécage*, Bc, *marais*, Daumas Sahara 91, 98, *plaine sablonneuse, salée et marécageuse*, Richardson Sahara I, 162; *lac salé*; on en trouve beaucoup en Algérie et dans le midi de la régence de Tunis, v. Ghistele 373, Richardson Morocco II, 94, 201; *une plaine qui, en hiver, est ordinairement couverte d'eau, mais qui, dans l'été, se dessèche plus ou moins et se couvre d'une croûte de sel*, Quatremère sur Becrî 18. — *Endroit où les cochons se vautrent*, L (volutabrum).

سِبَاخِى *marécageux*, Bc. — مِلْح سِباخى, nommé comme une espèce de sel qu'on appelle aussi مِلْح العَجِين, Most. v° ملح, Bait. II, 531 c (AB), semble désigner: *du sel tel qu'on en tire des plaines, marécages ou lacs salés qu'on nomme* سِبَاخَة (voyez); Edrîsî ۱۹۳, 3: وهو نهر ملح سباخي. En parlant d'une ville, Edrîsî, Clim. II, Sect. 5: والمدينة في مستو من الارض حارة سباخية, ce qui paraît signifier: *bâtie sur une plaine salée et marécageuse* (corrigez le Gl. Edrîsî).

سَبَاخ *engrais*, voyez sous سَبَخ.

سَبَاخَة pl. سَبَائِح = سَبَخَة *marais*, Voc. (palus).

سبر II, comme la Iʳᵉ, *examiner*; j'ai noté ce passage tiré d'un man., mais en oubliant d'en indiquer le titre et la page: (sic) وكان منجّمه قد قال له في تسبر مولده ان عليه قطعًا في هذا اليوم ومنعه من الركوب فلم يركب.

VII quasi-pass. de la Iʳᵉ, Voc. sous experiri.

سبر *goût, manière de faire, genre*; على سبر الفرنج «dans le goût européen;» *mœurs, coutumes du pays et du temps, caractère des personnages*, كل بلاد لها سبر «chaque pays a ses usages;» *direction, manière de se conduire*, Bc, M: السبر عند العامة العادة المصطلح عليها.

سيارة, chez Freytag, doit être شيارة (voyez).

سابرى aurait été formé du nom de la ville de Naisâbour, s'il faut en croire Thaʿâlibî, Latâïf 116, 5 a f. On trouve سابرية comme le pl. de سابرى, *cotte de mailles*, dans ce vers que cite Nowairî, Afrique 50 v°, et qui suit immédiatement celui que j'ai donné sous رَبِطَة: أو النّامُوا بالسابريّة أبرزوا عيون الافاعي من جلود الاراقم.

سبرت.

مُسَبْرَت *maigre*, M.

سبس.

سَبْسِى *pipe*, Bc (Barb.).

سبوس *gousse de froment, de riz, d'orge*, Niebuhr B. 151. — *Phalaris*, Prax R. d. O. A. VIII, 342.

سَبْسَب I الشعر *taper*, t. de perruquier, *faire renfler les cheveux*, Bc.

II *friser*, v. n., *être frisé*, Bc; mais d'après le M, تسبسب الشعر se dit au contraire quand les cheveux *sont plats*, quand ils ne sont ni frisés ni bouclés (انسدل واسترسل).

سَبْسَب *chat sauvage*, Bc, Domb. 65, Jackson 36.

سَبْسَبَة, suivi de الشعر, *frisure*, Bc.

سَبَاسِب الشعر *les bouts des cheveux qu'on laisse pendre* (اطراف المنسدلة), M.

سِمِسْتَان *prune*, Hbrt 52.

سبط I. سُبُوطَة, en parlant de la main, est quand les doigts sont longs et qu'on n'en voit pas les articulations; aussi en parlant d'autres parties du corps, Gl. Manç. in voce.

سِبْط (hébr. שֵׁבֶט) pl. أسباط *sceptre*, Alc. (vara real). — Chez les Chiîtes, *imâm*, parce que Hasan et Hosain étaient les *sibt* (petit-fils né de la fille) du Prophète, Prol. I, 358, 4 a f., 3 a f., 2 a f., avec la note de M. de Slane.

سِبَطّ = شِبِتّ, *anet*, Djawâlîkî ۹۴, 13, Gl. Manç. sous ce dernier mot. — *Arum*, Bc.

سَبَاطِيط, pl. سباسط (chartes grenadines) et سَبَابِيط, *pantoufle jaune sans talon*, et aussi *soulier rouge qui laisse le cou-de-pied entièrement à découvert*, Voc. (sotular), Alc. (سَبَاط *calçado comun, çapato*), Dict. berb.

(sous savate), M, Hamilton 13 (c'est à lui que j'ai emprunté ma définition), Ormsby 75, Carteron 176, Dunant 201, notes de l'imâm de Constantine. Domb. 82 écrit سِبَاط. D'autres écrivent ce mot صَبَّاط (L (caligo), Martin 127, Ht), صُبَاط (Bc), صَبَاط (Bg, Hbrt 21) et صَبَّاط (Hbrt 21). C'est l'esp. *zapato* (fr. savate), qui est d'origine basque; voyez Mahn, Etymologische Untersuchungen auf dem Gebiete der Romanischen Sprachen, p. 16. — *Ceinture* (de cuir), 1001 N. Bresl. XI, 364, 12: فى اوساطهم سبابيط جلد, 371, 4.

سَبَايْطِى *cordonnier*, Bc (Barb.), qui l'écrit avec le çâd.

سَيَاجِير (esp.) *cordonnier*, Alc. (çapatero).

سِيبَاط vulg. pour سَابَاط, M.

أَسْبِط pl. سُبْط dans le Voc. sous capillus.

أَسْبَطَر. Le partic., en parlant d'une fuite, *précipitée*, Haiyân 20 rº: هَزَمَهُمْ هَزِيمَة مُسْبَطِرَّة.

سبع I. L a ce verbe sous *capio*, je ne vois pas pourquoi. — C. a. p. *troubler*, *déconcerter*, *interdire*, M. II *faire sept fois le tour de la Ca'ba*, Gl. Badroun. X *être fasciné par le lion*, Margueritte 312.

سَبْع, par ellipse pour الرِّوَايَات السَّبْع (Macc. I, 885, 17), *les sept* روايات *ou* قراءَات *du Coran*, Macc. I, 562, 2, 567, 17 et 19, 843, 14, 870, 6. —

سَبْع مَعَادِن *fonte*, mélange de métaux, Bc.

سَبْع, سَبَع, سَبُع, سَبْع *loup*, Alc. (لَبُو lobo). — *Loup cervier*, Alc. (lobo cerval). — كَزِبْرَة البَقَر سَبْع الأَرْض *adiante*, Bait. II, 4 d. — سَبْع البَحْر *loup marin* (poisson), Alc. (lobo marino pescado). — سَبْع الشُّعَرَاء *epithym*, Bait. II, 5 b (A). — سَبْع الكَتَّان *cuscuta epithymum*, Bait. II, 4 e.

السِّبْعَة سَبْعَة, par ellipse pour قراءَات السَّبْعَة (Macc. I, 834, 1), *les* قراءَات (du Coran) *des sept docteurs*, Macc. I, 490, 8, 828, 1. — سَبْعَة بِذِرَاع espèce de dattes qui portent ce nom parce qu'elles sont si longues que sept d'entre elles font une coudée, Pagni 150. — سَبْعَة وَسَبْعِين *millepieds*, *scolopendre*, Payne Smith 1554, أَبُو سَبْع وَسَبْعِين dans M 970 b.

السَّبْعِيَّة nom d'une secte parmi les Chiïtes outrés;

elle reconnaît sept prophètes (Adam, Noé, Abraham, Moïse, Jésus, Mahomet et Mohammed al-Mahdî), sept imâms dans chaque intervalle où il n'y a pas de prophète, sept degrés entre l'imâm et le croyant, et elle pense que dans chaque religion il doit y avoir sept personnes qui servent de modèle, M, Chahrastânî de Haarbrücker II, 415.

سَبْعِيَّة دَابَّة سَبْعِيَّة *animal féroce*, Voc. — Chez de Jong van Rodenburg, 113, on trouve *zoebia*, fosse aux lions.

سَبْعُونِى. المُصْحَف السَّبْعُونِى *la version des Septante*, Bc.

سُبُوع *le septième jour après le commencement de la maladie de quelqu'un*, ou bien *après sa mort*, M.

سَبَاعِى *léonin*, Bc.

سَبَاعِى « esclave dont la taille est de sept empans mesurés depuis la cheville jusqu'à l'extrémité inférieure de l'oreille. Au-dessous de six empans, ils diminuent de valeur, de même au-dessus de sept, parce qu'alors, étant hommes faits, ils ne peuvent plus être employés au service des harems,» Ouaday 632, cf. d'Escayrac 506. — *Heptagone*, Alc. (figura de siete angulos), M. — *Qui a sept lettres* (mot), M. — En parlant des poèmes dits المُوَالِيَّات, *composé de sept hémistiches dont les trois premiers et le septième ont la même rime*; on l'appelle aussi النُّعْمَانِى, M. — En parlant d'un enfant, *qui vient au monde sept mois après la conception*, M. — Voyez sous سُبْع. — *Chameau qui fait le trajet de sept jours en un seul*, Jackson 40. — سَبَاعِيَّات *des traditions qui ont été transmises successivement par sept traditionnaires*, Hâdji Khal. III, 574, Macc. II, 769, 12.

سُبُوعِى *climatérique*, se dit de chaque septième année de la vie humaine, Bc.

سُبَاعِيَّة *cahier de sept feuilles*, par extension, toute sorte de cahier, Bc.

سَابِع *septième*. Le septième jour après le mariage, qu'on appelle يَوْم الأُسْبُوع (Lane, 1001 N. II, 374, 2 a f.), يَوْم السُّبُوع (Lane) et يَوْم السَّابِع (1001 N. Bresl. V, 91, 3 a f.), le mari et la femme donnent une fête, chacun de son côté; mais les gens riches en donnent une chaque jour pendant la première semaine du mariage (Lane M. E. II, 305 n.), et l'on a appliqué impropre-

سبغ 627 سبق

ment le nom de العروس سابع aux *sept premiers jours du mariage*. C'est ce qui résulte d'un passage de Maccarî, qui dit en parlant d'al-Modhaffar, I, 277, 1: « Les jours de son règne furent autant de fêtes. Ce règne dura sept ans et on leur donna le nom de السابع, par allusion au سابع العروس. » On trouve de même dans un passage d'Ibn-Batouta, I, 175, qui a embarrassé les éditeurs, que le pieux Adham, au lieu de coucher avec la fille du sultan, qu'il avait épousée à contre-cœur, se retirait chaque nuit dans un coin de la chambre pour y faire sa prière, qu'il continuait jusqu'au matin, et qu'il agissait de la sorte durant ليالى السابع « toutes les nuits de la première semaine du mariage, » car c'est ainsi qu'il faut lire, avec trois man., au lieu de سبع ليال, comme porte l'édition. — Pl. سوابع *octave*, huitaine, espace de huit jours consacré, dans l'Église romaine, à solenniser quelque grande fête, et particulièrement: le dernier jour de l'octave, qui répond au jour de la fête qu'on célèbre, Voc. (octave, aussi أسبوع), Alc. (ochavas o ochavario).

أسبوع *septénaire*, espace de sept ans de la vie de l'homme, Bc. — *Octave*, Voc., voyez sous سابع à la fin.

مسبع, t. de mathém., *heptagone*; quand les côtés ne sont pas égaux, on dit ذو سبعة أضلاع, M. — Chez les أهل التكسير, *carré magique qui comprend 49 petits carrés*; on l'appelle aussi مربع سبعة فى سبعة et قسم من المسمط, M. — En poésie, الوقف السباعى M; voyez sous سمط II.

مسبوع *effrayé par le lion*; chez le vulgaire *effrayé* en général, M.

سبغ.

سباغ. Je trouve سباغ الرحمن comme un terme injurieux dans Bâsim 59: قال له يا لقفة الزربول يا سباغ الرحمن ابن الذى جيتوه أنتم معكم لا كثر الله خيركم

سابغ chez les médecins, *sueur abondante*, Gl. Manç. in voce.

سبق I. *Précédé par*, مسبوق عن, Catal. des man. or. de Leyde, I, 227, 7 a f. (cf. V, 165). — سبق اليه أن dans le sens de ظن, *supposer, penser, croire que*, Mohammed ibn-Hârith 319: « Combien coûte ce manteau? » demanda le cadi. « Il vous reviendra à dix dînârs, » répondit l'autre; فسبق الى القاضى انه ثمنه, et plus loin le cadi dit: أنّما فأخرج اليه عشرة دنانير. — ظننت ان ثمنه عشرة دنانير كما اعطيتنى. — سَبْق ظن, *prévention, préoccupation de l'esprit*; مشغول العقل بسبق ظن *prévenu, préoccupé*, Bc. — J'ignore pourquoi L a ce verbe sous *conprimit* (يَغم ويَسْبَغ).

II c. a. dans le Voc. sous *precedere*. — سبّق c. a. عليه *couper la parole à quelqu'un*, M.

III. Au lieu de la constr. c. a., on trouve aussi la constr. c. مع, Gl. Abulf. يسابق بين الخيل *il y a des courses de chevaux*, Djob. 291, 1. — C. a. p. et على r. *disputer une chose à quelqu'un*, Bc.

V, Payne Smith 1002: فى الزمان المستقبل المتنسبّق.

VI c. a., ب. تسابقوا بالحصان *faire courir un cheval*, Gl. Abulf. — C. على *concourir pour*, être en concurrence pour, *se disputer une chose*, y prétendre concurremment, Bc.

VII quasi-pass. de la Ire, Voc. (precedere). — انسبق فى كلامه *parler inconsidérément*, M. — *Pisser dans sa culotte*, M.

X ظنّه *prévenir, préoccuper l'esprit de quelqu'un*, Bc.

سَبَق *une tente du roi quand il est en voyage*. On l'a nommée ainsi parce qu'elle le *précède* (سبق), car il la trouve préparée à l'endroit où il va passer la nuit, sans qu'il ait besoin d'attendre l'arrivée de celle sous laquelle il a passé la nuit précédente; voyez Khallic. X, 94, 2, 6—8.

سبقة *avance*, espace de chemin que l'on a devant quelqu'un, Bc.

سباق *concours pour un prix*, Bc. — *Brabium*, L, c.-à-d. *victoriæ præmium* (Ducange).

سبّاق *celui qui devance les autres à la course*, Voc., Abbad. I, 66, 8. — *Celui qui apporte le premier la nouvelle de l'arrivée de la caravane de Syrie*, Burckhardt Arabia II, 32.

سابق. فعل فى السابق *rétroagir, avoir un effet rétroactif*, Bc. — Quand deux traditionnaires ont eu le même précepteur, et que le second traditionnaire est mort fort longtemps après ce précepteur, l'un s'appelle السابق والـلاحق, et l'autre, اللاحق, M. — السابق se dit des cheveux d'une femme quand elle les coupe de telle sorte qu'ils soient courts sur le front, et que peu à peu ils deviennent plus longs en retombant sur le dos, M.

سابِقَة. السابِقَة أَهْل et السَوابِقَ أَهْل, Belâdz. 450, 14 et 16, sont *ceux qui avaient été les premiers à adopter l'islamisme*. Ce qui le prouve, c'est qu'on rencontre aussi cette expression chez les Almohades, qui aimaient à se modeler sur les premiers musulmans et qui les imitaient jusque dans leur langage, car chez eux السابِقون الى مُتابَعة المَهدي (Athîr, X, 406, 3 a f., ou مُبايَعة, comme on lit chez Nowairî, Afrique) désignait, comme l'atteste Ibn-Khaldoun: *ceux qui s'étaient déclarés pour le Mahdî avant que sa domination fût bien établie*, c.-à-d., avant la prise de la ville de Maroc; voyez Berb. I, 358, 5 a f. et suiv., cf. 269, 6 et suiv. Les tribus qui l'avaient fait, possédaient ce qu'on appelait مَزِيَّة السابِقَة, Berb. I, 269, 10, ou السابقة tout court, Berb. I, 294, 12, Nowairî, Afrique, en parlant de la hiérarchie almohade: وهم دون الذين قَبلَهُم في الرُتبة والسابقة c.-à-d. *les priviléges que le Mahdî leur avait accordés*. On trouve aussi سابقة dans le sens de *prompte soumission*, p. e. Berb. I, 331, 5: وسرعة لهم سابقتَهم c.-à-d., Saladin tint compte aux émirs de Chaizar, les Benou-Monkidh, de leur prompte soumission. De même I, 365, 4: نوع اليمن (الى السلطان أبي السالم) يوسف où M. de Slane traduit «l'empressement avec lequel il courut le joindre,» ce qui revient au même. — *Anciennes relations* ou *anciens services*, سابقته مع النبي «les services qu'Alî a rendus autrefois au Prophète,» Masoudî IV, 428 (cf. Fragm. hist. Arab., Préface p. v), souvent سابقته عند فلان, Bat. III, 45, Abd-al-wâhid 89, 15: Quand Ibn-Ammâr se fut mis à pleurer, عطفتِ المعتمد عليه سابقتُه وقدِيمُ حُرمَتِه, Berb. I, 453, 1: واصطنعوا أَهل السوابق من الرِجال «ceux qui leur avaient rendu des services,» *ibid.* l. 4 et 12, 475, 11, 522, dern. l.: ليذكروا ما بين سلفهم وسلفهم من السابقة وكانت في اثناء ذلك مداخلة للوائق, 448, 10: السابقة «pendant ce temps, il entretint des rapports intimes avec al-Wâthic, fils du sultan, dont celui-ci lui tint compte comme d'anciens services,» comme d'un titre à sa faveur. — *Actions louables qu'on a faites et par lesquelles on s'est fait connaître*, Abbad. I, 223, 11: «un homme de la campagne de Séville, لم تكن له نباهة مذكورة ولا سابقة» وترجِّح عنده مَشهورة, 323, 3, Khatîb 68 v°:

وتقديم أَبي مُحمد — مستظهرًا مَند بمضاء وسابقة وحَزم وهم أَعيان عليِة, Khatîb 21 v°, 4, Abd-al-wâhid 177, وفرسان أكابر وحُجَّاب وكُتَّاب ووزراء ولَهم سابقات ومفاخر وأَوائل وأواخر. Dans le Catal. des man. or. de Leyde, I, 227, 7 a f., أُولو السابقة signifie *des hommes distingués* ou *renommés*. — Dans un autre sens Abbad. I, 221, 11: Ayant écarté ses collègues, انفرد بسابقته ومهَّد لدولته «il devint seul maître et se fraya un chemin au trône.» — Dans l'Ouest de l'Algérie, terre *sabega*, terre possédée collectivement par une tribu, qui ne peut s'aliéner, Beaussier, Dareste 83: *sabega*, dans la province d'Oran, territoire sur lequel la tribu n'a que le droit de jouissance. — ذو السابِقَتَين est un titre dont je ne connais pas le sens précis. Le calife al-Câsim le donna à Abd-al-azîz, Haiyân-Bassâm III, 66 v°, et Almansor, roi de Valence, le portait aussi, Macc. I, 393, dern. l.

تَسبيق *paiement à l'avance*, Ht.

مُسَبَّق *paiement à l'avance*, M.

مُسَبّوق *celui qui arrive trop tard à la mosquée, quand la première ركعة (ou plus) a déjà eu lieu*, M.

سبك سبك I *couvrir* une terrasse de plâtre, سطحه بالجِيس, Macrîzî cité par Müller L. Z. 107, n. 2. — *Oindre, graisser*, Ht.

II, avec على النار, *mitonner*, faire tremper longtemps le pain sur le feu en bouillonnant, Bc.

V. تَسَبَّك بالحَمل *mettre une corde autour d'un fardeau et le soulever avec la main*, M.

VII. ينسبك *forgeable*, Bc. — Quasi-passif de la Ire forme, dans le sens figuré que Lane indique à la fin de son article sur celle-ci, Prol. III, 404, 2 a f. — *Se réjouir*, Voc. (gaudere).

سَبَك légumineuse qui est employée par les tanneurs, d'Escayrac 78. — *Graisse*, Ht.

سَبْكَة, suivi de جديدة, *refonte*, Bc.

سَبِيكَة *frustum* dans le Voc., peut-être *morceau de pain*. — *Chaînon, anneau de chaîne*, Alc. (eslabon de cadena). — *Fusil, petite pièce d'acier avec laquelle on bat un caillou pour en tirer du feu*, Alc. (eslabon pedernal); aussi *fusil, batterie, pièce d'acier qui couvre le bassinet des armes à feu portatives, et contre laquelle donne la pierre qui est au chien*, Domb. 79.

سِبِيبَك pl. سَبايِبك *espèce d'urinal, tuyau qu'on met*

entre les cuisses d'un enfant au berceau, et qui aboutit à un pot, M.

تَسْبِيك, suivi de مِن حَدِيد, *lame de fer*, Alc. (lama de hierro).

مَسْبَك pl. مَسَابِك *fonderie*, Bc, M, Macc. II, 574, 8 (cf. Add.), مسبك الحَدِيد *chaufferie*, forge où le fer se réduit en barres, Bc.

مَسْبَك = مَسْبَكة (chez Lane), comme porte un autre man., Abou'l-Walîd 620, 29.

مَسْبَك *étuvée*, viande, poisson, cuits de certaine manière; مسبك لِلْحَمَام *compote*, ragoût de pigeons; مسبك لحم *restaurant*, consommé très-succulent, pressis de viandes, Bc.

سبل I, aor. o, n. d'act. سَبْل, c. a. p., *insulter, outrager*, M. — *Laisser pendre les cheveux*, M (= IV); cf. سَبَل.

II, *donner quelque chose à quelqu'un pour l'amour de Dieu, gratuitement*, se construit aussi c. a. r. et على p., Voc. (v° elemosina), Çalât 70 r°: وسبل عليهم. Spécialement: *donner gratuitement à boire à celui qui a soif*, Ztschr. XI, 513, Lane M. E. II, 23. Voyez encore sur la signif. *accorder une chose gratuitement*, *l'abandonner gratuitement à l'usage du public* (c. ل), Maml. I, 1, 230, I, 2, 72. Dans quelques-uns des passages qui y sont cités on trouve employé ce verbe d'une manière fort remarquable, p. e.: سبّل البيت الشريف لسائر الناس «il ouvrit à tout le monde l'entrée de la maison auguste;» تسبيل السُّبُل للحج «l'action de rendre les chemins libres pour le pèlerinage;» سبّلنا حمامًا للحمام في كل سبيل «nous livrâmes, de toute manière, leurs remparts à la mort;» قصدن بخروجهن تسبيل فروجهن «ces femmes en sortant avaient pour but de prostituer leur corps.» — *Employer* (?), Alc. (enplear). — *Frayer une route*, Payne Smith 954.

IV, أسبال اليدَيْن, *laisser pendre les mains sur les côtés* pendant la prière, est un usage propre à la secte de Mâlic et aussi à celle des Râfidhites, Bat. II, 352—3.

V *être donné gratuitement à*, على, Voc.

VII dans le Voc. sous coperire et sous fluere. — *Se plier, s'accommoder, céder*, Bc.

X, avec الموت, *chercher la mort* في سبيل الله *dans la guerre sainte*, Gl. Bayân.

سَبَل = أَسْبَال *laisser pendre, traîner*, Kâmil 27, 5, 411, 11.

سَبَل *espèce de gesse*, Auw. II, 69, 4, 70, 6 a f. — *Maladie de l'œil* (cf. Lane), *anévrisme des vaisseaux de l'œil*, Bc, *pannicule*, Sang.

سَبَلة *sorte de blouse ample et flottante, que les femmes en Egypte mettent quand elles sortent, mais par-dessus laquelle se met encore la habara*, Vêtem. 199, Ouaday 395.

سَبَلة *moustache*; du pl. سِبَال on a formé, comme d'un sing., les pl. سُبُل et أَسْبِلة, Fleischer sur Macc. II, 816, 9 Berichte 202. — T. de charpentier, *lime fine dont on se sert pour faire des dents à une scie*, M. — سَبَلة النهر *le courant d'un fleuve*, M.

سَبُول *maïs* (Tunis), R. d. O. A. VII, 262 n. — سبول الفار *chiendent*, Ht, *phalaris*, Prax R. d. O. A. VIII, 281. — Behrnauer, dans le J. A. 1861, I, 16, traduit *saboul* par *carouge doux*; mais je ne sais si ce passage a été bien rendu.

السبيلان *anus et penis*, ou *anus et cunnus*, Gl. Manç.: عجان هو ما بين السبيلين من الذكر والأناث M. — سبيل النساء *les menstrues*, M. — *Motif*, Bidp. 240, 9: جعل له على نفسه سبيلاً «il lui fournit un motif pour lui ôter la vie;» *raison pour blâmer ou punir*, Coran IX, 92: ما على المحسنين من سبيل c.-à-d., comme dit Baidhâwî: ليس عليهم جناح ولا; *de là le proverbe moderne*: ما على معاتبتكم سبيل, ليس لك سبيل, expliqué par معارضة dans M; للحسن سبيل, c.-à-d. على سبيل حجّة تعتلّ بها, M; Harîri 475, *énigme dont le mot est* سبيل:

وما ناكح أختين جهرًا وخفيةً وليس عليه في النكاح سبيلُ

expliqué par سبيلنا أن نفعل — لا إثم عليه ولا حرج جمال السبيل *il nous sied d'agir ainsi*, M. — كذا *les chameaux qui, dans une caravane, sont destinés à porter les traînards*, Abdarî 46 r°: *les cavaliers sont en avant et en arrière de la caravane pour ramasser les traînards*, ومعهم جمال السبيل جمالون

عليها المنقطعين. — *il a de fréquentes entrevues avec toi,* Hamâsa 638, 15; سائر ابواب الامارة والمُلْك الذى هو (السلطان) بسبيله «avec lequel il se rencontre souvent,» Prol. II, 278, 10, avec la note de M. de Slane. — اخذ بسبيل *prendre,* comprendre, interpréter; لا تاخذ بسبيل المزح «ne prenez pas cela pour une plaisanterie,» Bc. — ترك سبيلَهُ *il le laissa faire,* 1001 N. I, 3, 1. — اجابه الى سبيله *il lui accorda sa demande,* Haiyân 39 r°: استدنى من الامير تجديد الاسجال له على ما بيده فاجابه الى خلى سبيله. — سبيله وجدّد الاسجال له على ما فى يده *il le laissa partir,* Freytag Chrest. 57, 12. — راح الى حال سبيله *il passa son chemin,* Bc, 1001 N. I, 65, 10. Aussi مضى لسبيله, Macc. I, 317, 2 a f. سبيل الله. Dans les 1001 N. I, 64, 1, le portefaix qui a reçu des coups et qui craint d'en recevoir de nouveau, s'écrie: فى سبيل الله رقبتى واكتافى. C'est comme nous dirions: Mon cou et mes épaules vont souffrir (encore une fois) le martyre. Dans un autre passage, Bresl. IX, 266, 12, les paroles: فقال الا فى سبيل الله عليك, doivent signifier: «Je vous conjure au nom de Dieu, s'écria-t-il, de me dire,» car l'éd. Macn. porte en cet endroit: فقال بحقّ الاسم الاعظم ان تخبرنى. — سبيل الله pour السبيل, Bat. II, 46: هو موقوف فى السبيل لا يلزم احدًا فى دخوله شىءٌ. De là للسبيل *gratuitement, pro Deo,* Maml. I, 1, 229: عملت التوابيت لتغسيل الموتى للسبيل بغير اجرة, avec d'autres exemples, Djob. 186, 4, 188, 9. On dit aussi مكتب السبيل, «une école gratuite,» et de même sans article, كاتب السبيل, «un écrivain gratuit,» Maml. l. l., خان السبيل, Djob. 259, 4. Enfin le mot s'emploie par catachrèse dans le sens de *fondation pieuse,* objet qui, en vue de Dieu, est livré sans frais à l'usage du public, Maml. l. l.; «le *sebîl* est en général chaque offrande volontaire, faite en vue du bien public pour l'amour de Dieu et afin d'obtenir de lui une récompense, comme le sacrifice de ses biens et de sa vie dans la guerre sainte, la construction de puits ou de citernes au bord de la route dans un pays mal pourvu d'eau, d'aqueducs, de *khâns* dans un district mal peuplé, de réservoirs d'eau dans les rues. Ce sont surtout les derniers qu'on appelle ainsi en Syrie,» Ztschr. XI, 512, n. 38. Cf. Bayân II, 252, 13: بيت المال الذى للسبيل بداخل المسجد الجامع بقرطبة. Chez Khallic. I, 610, dern. l. Sl., c'est *une provision de vivres que l'on fournit gratuitement,* وكان يقيم فى كل سنة سبيلا

للحاج وسبّر معه جميع ما تدعو حاجة المسافر اليه فى الطريق. Dans le sens de *fontaine publique, gratuite,* Macrizî écrit ماء سبيل, mais ordinairement on dit *sebîl* tout court, Maml. l. l.; chez Burckhardt c'est: «un petit bâtiment ouvert, placé souvent auprès des fontaines, et où les voyageurs peuvent faire leur prière et se reposer,» *ibid.*

سَبُولَة, suivi de الدُرّة, *blé de Turquie,* Daumas Sahara 295. — سَبُّولَى et سَبُّولَة, au Maroc, *poignard à deux tranchants,* Domb. 81.

سَبَّالَة *fontaine,* Bc, Barbier, *réservoir de fondation pieuse,* Prax R. d. O. A. VI, 291, *réservoir public,* Roland, Hbrt 186 (Alg.), *grande fontaine avec bassins et abreuvoirs,* Pellissier 60, 61, سَبَّالَة الماء dans le J. A. 1852, II, 222, 9, Hist. Tun. 81: ce sultan fit construire سبَّالَة باب أبى سعدون. — Le pl. سَبَابِل *flacons,* Cherb. Dial. 140.

سَابِل *public, commun, à l'usage de tous,* Gl. Maw.

اسبِلان, ou, comme disent quelques-uns, مسبلان, *long bâton à deux branches, dont on se sert pour arracher de loin les épines,* M.

مُسْتَسْبِل *celui qui, à la guerre, se dévoue à une mort presque certaine, en se chargeant d'une entreprise désespérée,* Berbrugger 112. C'est, je crois, par ellipse, pour مسبل نفسه; cf. plus haut la Xe forme. مُسَبِّلات (pour مسبلات انفسهن) semble avoir le sens de *religieuses, nonnes,* dans le Cartâs 237, 3, car en parlant de la prise d'un château chrétien par les musulmans, l'auteur dit: واسروا ما بقى من الرجال والنساء والمسبلات. — *Celui qui distribue l'eau d'un sebîl* (voyez), Ztschr. XI, 512—3.

مسبلان voyez اسبِلان.

سبن I, en parlant d'une femme, *porter continuellement des* سَبَنِيَّة, c.-à-d., des *izârs* noirs (de Saban, village près de Bagdad), M.

II *meubler,* Roland. — *Remplir de lentes,* Voc. (cf. سِبْنان).

V *être rempli de lentes,* Voc.

سَبَنِيَّة, pl. ات et سَبَانى, *pièce de lin ou de coton* (شقّة, selon l'explication de Motarrezî, Vêtem. ۳۰۰, n.),

سبول 631 ستر

servant à différents usages: *mouchoir de poche*, L (sodariola سَبَانِى), Voc. (sudarium), Alc. (sonadero de mocos), Bayân I, 157: وبيك سبنية يمسح بها العرق والغبار عن وجهه, 1001 N. Brosl. XI, 364, dern. l.; cf. Gl. Mosl.; *mouchoir de cou*, Domb. 82 (strophium); *cravate*, Ht; *toile rude pour s'essuyer au sortir du bain*, *frottoir*, Fleischer Gl. 71, où il faut lire ainsi, selon l'observation de M. Defrémery (J. A. 1854, I, 171—2 = Mémoires 205—6); *un morceau carré de toile doublée et de couleur, servant à envelopper des habits ou des livres*, Bat. IV, 142, 232, Recherches I, 287, 10 de la 1re édit.: كان يمسك كتبه في سبانى الشرب وغيرها اكرامًا لها. Je n'ose pas décider si ce mot vient du nom propre Saban (cf. Freytag) ou bien du mot grec σάβανον.

سبان, n. d'un. ة = صِبَان, *lentes*, Voc. C'est pour صُبْان.

سبون dans les chartes grenadines pour صابون, *savon*.

سِبْنَة = سِفْنَة (sorte d'oiseau), M.

سبولو *petite ficelle, cordonnet*, Cherb.

سبى I *envahir*, Ht.

IV dans le Voc. sous *diripere*.

سبَايَك *le convive qui tourne et retourne dans la sauce les morceaux qu'il prend*, Daumas V. A. 315.

سبيداج = اسفيداج *céruse*, Bc.

سبيج *sèche ou seiche (poisson)*, Bc.

ست.

سِتّ, *dame*, Macc. II, 344, 10, est dans le Voc. سَتّ; le pl. est chez Alc. (señora) سُتُوت, et chez Bc ستات. — Pl. سُتوت *concubine, maîtresse*, Alc. (manceba puta). — Pl. ات et أستات *aïeule, grand'mère*, Bc, M. — Pl. ستوت *la sœur de l'aïeule, du bisaïeul ou de la bisaïeule*, Alc. (ermana de abuela, de bisaguelo, de bisaguela). — *Belle-mère, mère du mari*, M. — ست حريم امير الامرآء *duchesse*, Bc.

السنَّة السودآء et السنَّة لخضرآء ستنّة sortes d'oiseaux Yâcout I, 885, 8 et 9.

سِتِّيبَة (fr.) *assiette*, Bc, Hbrt 202.

سِتِّيتَة *demoiselle, mademoiselle*, Bc.

سِتِّينِيَّة *tourterelle*, Bc, petit pigeon sauvage de couleur de cuivre, qui a une voix agréable et joyeuse, Ztschr. XI, 478, n. 4, M.

ستر I, t. du jeu des échecs, comme nous disons *couvrir*, Journal of the R. Asiatic Society XIII, 37. — ستر عليها سترا «il la cacha derrière un rideau,» 1001 N. I, 91, 4 a f. — وستر عليه الليل «à la faveur de la nuit,» Bc. — ستر الشىء عليه «il tint secrète la chose que l'autre lui avait communiquée,» Aghânî 59, 3 a f.: وقد قلت من الشعر شيبا احببت ان تسمعه وتستره على, Cartâs 5, l. 17.

III *faire quelque chose en cachette, en secret*, ع ب ر., Haiyân-Bassâm III, 5 v°: لا يساتر بلهو ولا لَكّن.

V c. ب r. *faire quelque chose en cachette, en secret*, Prol. III, 131, 2 a f., Macc. II, 557, 21: نَسْتُر بشرب الراح «boire du vin en secret;» ceux qui le font sont appelés أهل التستر, ibid. l. 22. — C. ب et عن, *se mettre à l'abri par — contre*, Prol. III, 145, 15. — Le n. d'act. تستر *vie régulière, conduite religieuse, chaste*, Gl. Fragm., Macc. II, 90, 12; أهل التستر *ceux qui, par esprit d'humilité, se dérobent à la vue des hommes, en se réfugiant dans une retraite, ou se livrant à toute l'austérité des pratiques de la vie religieuse*, Cartâs 275, 10, 277, 8 a f.

VII. ينستر *honteux*, que l'on doit cacher, Bc. — المنسترون dans le sens que j'ai indiqué en dernier lieu pour أهل التستر, Bat. IV, 346: المنسترون من أهل البيوت, où un seul man. porte المستترون.

VIII c. ب r. *cacher quelque chose*, Bcri 189, 7. — أهل الاستتار dans le sens que j'ai indiqué en dernier lieu pour أهل التستر; Mohammed ibn-Hârith 318: امرأة صالحة من اهل الاستتار.

ستر. يا ستر الله *Dieu me protége!* 1001 N. I, 73, 6: فقال الحمال يا ستر الله يا ستى لا تقتلينى بذنب غيرى. — الستر الاشرف *titre pour la mère du calife*, Djob. 224, 16 (cf. Freytag), pour مستترة. — *Position aisée, honorable*, et أَقَلّ السّتر *des hommes honorables, considérables*, Maml. II, 2, 33; le passage de Macc. qui y est cité (et où فيه manque), se trouve I, 693, dern. l.; Berb. I, 233, 11, Bat. I, 416 (mal traduit). — *Vie régulière, conduite religieuse*, et أَقَلّ السّتر *hommes religieux, pieux*, Maml. II, 2, 33, Gl. Bayân, Cartâs 67, 11. — *Bienfait*, Ht. — *Joie*, Roland. — *Estour, étoffe servant à faire des matelas, des portières, etc.*, Espina R. d. O. A. XIII, 157; est-ce سُتْر؟

سُتْرَة *vêtement qui couvre les parties honteuses*, M.

سُتْرَة. بِالسُّتْرَة *en secret*, Voc. — *Honnêteté, bienséance, décence*, Alc. (onestad, onestidad); Quatremère, Maml. II, 2, 34, cite ce passage tiré de l'Hist. des Patriarches d'Alexandrie: ما ثبت فيه من الامانة والسّترة المرضية. Abdarî 58 rº dit en parlant des Arabes du Yémen qui portent le nom de سَرْو et qui apportent des vivres à la Mecque: والعرا فيهم قاش الا السُّتر. J'ignore si ce mot signifie ici « les hommes honnêtes, ceux qui gardent la décence, » et peut-être manque-t-il quelque chose dans le texte.

سُتْرَى *surtout court*, M.

سِتَار *garde, pièce qui entoure la détente*, Bc.

سَتِير *celui qui cache les péchés du prochain*, 1001 N. II, 293, 4 a f.

سَتَّارَة *les chanteuses que possède un homme riche*; cette signif. dérive de *sitâra* dans le sens de *rideau*, car les chanteuses étaient ordinairement cachées par un rideau, Abbad. II, 40, 9 et n. 11. — سَتَارَة لَهْو *un endroit de la maison où l'on fait de la musique et où l'on danse*, P. Macc. II, 222, 9. La *sitâra* d'un calife doit désigner quelque chose d'analogue; dans celle de Motawakkil on buvait du vin, et même immodérément, comme on peut le voir dans les Fragm. hist. Arab. 554, 3 a f. et suiv. Toutes ces choses se faisaient en cachette et derrière des rideaux. — Espèce de pavillon (مظلّة) qu'on tend pour les femmes pendant les cérémonies des funérailles, lorsqu'elles pleurent un mort hors des maisons, M. اصحاب الستائر *les employés du harem*, 1001 N. I, 222, 16: طائفة من الخدّام الموكلين بالحريم واصحاب الستائر. — *L'endroit où l'on donne la question à un criminel*, Alc. (car-

niceria lugar donde atormentan). — En Orient, *une palissade de bois derrière laquelle se mettent à couvert, soit les défenseurs d'une place, soit les assaillants*, Mong. 286—7. — *Mur extérieur, parapet, un mur faible qui couvre un homme*, comme s'exprime Becrî, c.-à-d., de hauteur d'homme, mais pas davantage, Gl. Esp. 38, 39 et 40, Voc. (antemurale), Abou'l-Walîd 222, 26, l'anonyme de Copenhague 37: *des pierres lancées sur les murs d'une ville* صَبِيرَت ستارتَه السُّقْلَى تاعا صفصفا. — *Housse*, Gl. Esp. 39. — *Le grand voile blanc des femmes*, Bg.

سُتُورِي *fabricant de rideaux*, 1001 N. II, 217, 2 (cf. 220, 3).

سُتَائِرِي. D'après Bat. III, 287, السّتائريون *étaient dans l'Inde ceux qui tenaient les montures des serviteurs à la porte du* مشور, *de la salle d'audience*. Je soupçonne que ce mot vient de سِتَار dans le sens de *housse*, et que, par conséquent, il signifie proprement *palefrenier, valet d'écurie*. Je crois aussi retrouver ce terme chez des voyageurs européens, car on lit chez Marmol II, 99 d: « Un autre alcayde qui doit prendre soin des estafiers ou valets qui marchent à pied à côté d'un cheval (moços de espuelas), nommés *citeyris*; ceux-ci sont chargés de porter les mets au mexuar du roi, d'appeler les personnes à qui le roi veut parler, et lorsqu'il désire qu'on fasse justice de quelqu'un en sa présence, ce sont eux qui, de leurs mains, exécutent ses ordres; puis, quand le roi monte à cheval, ils vont devant lui: l'un d'entre eux porte une lance levée à côté de l'étrier, un second tient la bride, et un troisième porte les pantoufles. » Torres, 168, 317, 337, 392, qui écrit *citarez, citaires, cetaires*, n'ajoute à ces détails que ceci: « Le Chérif en avait trois cents lorsque j'y étais; la plupart sont Maures noirs, ou fils de noirs et blanches. » Chez Charant 52 les *citairis* sont les sergents du cadi, de même que chez Mocquet, 179, 400 (*citeres, citaites*). Quatremère (Maml. I, 1, 51), en citant le premier passage du voyageur que j'ai nommé en dernier lieu, le rapporte au mot شاطر, et autrefois j'ai cru aussi que Torres et Charant ont eu ce mot en vue (Abbad. I, 408, n. 70). La confusion était facile, car شاطر et ستائري ne diffèrent pas beaucoup pour le sens; mais la manière dont les voyageurs écrivent le mot, me fait croire à présent que c'est des ستأترى qu'ils ont voulu parler.

يا ستّار ستّار *Dieu! Grand Dieu! Miséricorde!* Bc. — *Recéleur, celui qui cache des choses qu'il sait être volées ou des esclaves fugitifs*, Alc. (encubridor de hurtos, de siervos).

ساتر épithète de Dieu [comme ستّار]; exclamation quand une femme est en danger de laisser voir son visage par accident, ou quand un animal menace de tomber, Burton II, 128.

M. الطاقى الذى تحت الملحفة est مستترة اللحاف.

مستور pl. مستنير et ون, *celui qui a une position honorable*, Maml. II, 2, 32. — *Un homme qui, par esprit d'humilité, se dérobe à la vue des hommes, en se réfugiant dans une retraite, ou se livrant à toute l'austérité des pratiques de la vie religieuse*, ibid. 31, Abd-al-wâhid 12, 7 a f., 209, 1. — *Celui qui n'a que le nécessaire*, M.

مستورة, à Tunis et à Tripoli, *maïs*, ainsi appelé parce que son épi est comparable à une femme voilée, Pagni 31, Prax R. d. O. A. VII, 262, VIII, 345.

ستر I *relâcher dans un port*, Roland.

ستن.

ستينة (roman sentina) *fond de cale*, Hbrt 128.

أستنى sorte de chardon, *Onopordon Acanthium L.*; voyez sous طُرفة.

استنى (pour استأنى) يستنى, X^e forme de (انى) aor. استنى *attendre*; — *faire sentinelle*, Bc.

ستى.

السّتا = السّها dans la grande Ourse, Dorn 44.

سج.

سجّة pl. سجاج *cicatrice*, Alc. (cicatriç, señal de golpe o açote, señal de herida), est pour شجّة. —

سجّات nom général pour tous les crotales qui sont du genre des castagnettes, Descr. de l'Eg. XIII, 495; cf. زنج et صنج.

ساجع.

ساجع Le pl. سجاج, P. Berb. I, 22, 15. —

Semble signifier *beau, excellent* dans le passage d'Ibn-Haiyân que j'ai publié dans mon Introd. au Bayân, 89, 11, mais la leçon m'est suspecte.

استجاج, t. de musique, *chanter d'une manière douce et plaintive*, M.

ساجد II c. a. dans le Voc. sous adorare.

VI dans Tabarî, mais j'ai négligé de noter la page (Wright).

بزر ساجدى, comme en syriaque, *graine de cardamome*, Payne Smith 1159.

سجّادة a dans le Voc. le pl. سواجد, dans Bat., I, 73, سجاجد (ات, IV, 422), et dans les 1001 N., I, 622, 1, سجاجيد. En Egypte les chefs des différents ordres de derviches portent le titre de صاحب سجّادة ou *possesseur du tapis à prier* du fondateur de l'ordre, Lane M. E. I, 366—7.

مسجد, *mosquée*, est employé à différentes reprises comme un fém. dans le Cartâs 25, 18 et suiv. — *Endroit en plein air où l'on fait la prière*, Browne I, 27.

سجر II النار *attiser le feu*, Voc.

V *être attisé* (feu), Voc.

سجر, n. d'un. ة, *arbre*, Bc, est pour شجر, parce qu'il est difficile et dur de prononcer le *chîn* suivi du *djim*. De même chez Alc. ساجار pour شجار (voyez).

ساجور *fourgon pour remuer le feu*, Voc. — *Chaleur, ardeur*, Aboû'l-Walîd 369, n. 46. — Voyez l'article qui précède.

ساجور *lien d'osier ou d'autre bois, lien qui attache les gerbes, etc.*, Alc. (tramojo).

سجس II تسجّس القوم *faire naître des querelles parmi les gens*, M.

سجّس *querelle* (شغب), M. — *Turbulence*, Bc. — *Désordre, confusion*, Hbrt 241.

سجع I, non-seulement en parlant du roucoulement des pigeons, mais aussi en parlant du chant d'autres oiseaux, Sadî Gulistân 9, 11: تسجّع طيرها, Bassâm III, 3 r°: ساجع البلبل

ساجف

II, en parlant du chant des oiseaux, P. Macc. I, 57, 19.

سَجْعَة ligne d'une strophe, Ztschr. XXII, 159, 2.

سَجَاعَة prose rimée, Kâmil 596, 16.

سَجَّف II. سَجَّف الليلَ, comme à la IVe forme, *la nuit a étendu ses voiles*, Gl. Fragm. — *Border, orner le bord avec une frange*, Bc.

سَجْف pl. سُجُوف *bordure*, Bc, Ht, *bord, ruban, frange pour border*, *parement*, Bc, *frange*, Bc, Hbrt 204, Maml. II, 2, 70, l. 3 du texte arabe.

سَجَّق *boudin, boyau rempli de sang, de graisse, saucisse* (où le *hâ* est une faute d'impression), Bc, سُجُق *saucisse*, Hbrt 16.

سَجَّل II ne s'emploie pas seulement en parlant d'un juge, mais aussi en parlant d'un prince, etc., qui accorde une chose à quelqu'un dans un diplôme, سَجَّل لفلان بكلِّ ما سألَ, Fragm. hist. Arab. 508, 8; le Voc. a ce verbe sous *privilegium*. — *Enregistrer, vérifier*, Bc, *vérifier, avérer*, Ht. — C. على *souhaiter malheur à* (de Slane), Prol. III, 331, 4 a f.

سَجِّل = سَجِيل *dur?* Gl. Badroun.

تَسَاجِيل pl. تَسْجِيل *pièce d'un procès*, Alc. (escritura contra otro, proceso en el pleyto).

سَجِم.

أسَاجِمُ دَمْعًا أسْجَمُ *répandant plus de larmes*, P. Abd-al-wâhid 173, 14.

السِّجام *style coulant*, M. Soyouti a appliqué ce nom aux passages dans la prose rimée qui forment des vers, sans que l'auteur l'ait voulu; voyez Mehren Rhetorik 170.

سَجَن I *encastrer*, Gl. Edrisî. — Semble signifier *tourner* (قلب dans l'éd. Macn.) dans les 1001 N. Bresl. VII, 143, 5, mais la leçon me paraît altérée.

II الماءَ dans le Voc. sous *incarcerare*.

VII *être jeté en prison*, Voc., Amari Dipl. App. 3, 1.

سَاجِن. Le pl. du pl. سَاجُونَات, Abou-Hammou 84: اهل الساجون pour الساجُون — وتنظر في اهل سجونانك *les prisonniers*, dans la tradition: شهدت عليًّا بالكوفة

c.-à-d., يعرِض الساجُون, يعرض من فيها من المساجونين, M, Berb. II, 306, 10, 449, 2 a f. — سَجْن الغَضَب nom de la prison dans laquelle on jetait ceux qui avaient allumé la colère du prince, 1001 N. IV, 720, 4 a f. — A Fez il y avait le سجن الغور, Berb. II, 557, 13, ou سجن الغدر, comme on lit dans l'édit. de Boulac; je ne puis expliquer ni l'une ni l'autre leçon.

سَاجُو II. On trouve la constr. c. على dans Mohammed ibn-Hârith 308: ثم اضطجع سليمٍ وساجًا على نفسه وجعل يسوق النفس كما يفعل من احتضر ⁂

سَحّ I *battre le lin*, Auw. II, 117, 6, où il faut lire السحّ. VII quasi-pass. de I, Diw. Hodz. 213, vs. 13.

سَحّ substantivement, *pluie abondante*, comme J.-J. Schultens a noté, Voc. (pluvia), P. Abbâr 156, 13.

سَحّاج *le lin qui a été battu*, Auw. II, 117, 6.

سَحَب I *traîner un homme, le tirer après soi*, Freytag Chrest. 51, 12, Antar 6. Constr. incorrecte Bat. I, 295: القليب الذي سُحب به اعداء الله المشركون (après la bataille de Bedr); l'auteur aurait dû employer la prép. الى, comme on lit سحب الى القليب chez Ibn-Hichâm 455, 10. — *Tirer, retirer*, Bc, 1001 N. II, 106: فسحبت خنجرًا من حباءتها «elle tira un poignard de sa ceinture.» سحب سيفَه *il tira l'épée*, Fleischer Gl. 21, M. Par ellipse le verbe seul s'emploie dans le même sens, *dégainer*, Bc, Hbrt 134, 1001 N. I, 48, 7 a f. = Bresl. I, 128, 13, où il n'est pas nécessaire d'ajouter le pronom, comme le veut M. Fleischer. Ce verbe s'emploie aussi en parlant d'une masse, bien qu'elle n'ait pas de fourreau, 1001 N. I, 31, 9: فسحب الملك دبوسا وضربها (وضرب بها l.) قَلْبُها, III, 229, 5, IV, 169, 4 a f. On dit encore: سحب ماءً من بئر *tirer de l'eau d'un puits*, Bc, et le verbe seul *pomper, puiser avec la pompe*, Bc; سحب الصائغ الشريطَ «l'orfèvre tire l'or, l'argent, les étend, les allonge en fils déliés,» M. — *Remorquer*, traîner un vaisseau par le moyen d'un ou plusieurs autres, Bc. — سحب مركبًا *touer*, faire avancer un navire en tirant un câble d'un point fixé, Bc. — سحب بوليصة على *tirer une lettre de change sur*, Bc, M. — *Elever quelqu'un* (acc.) *au-dessus* (على) d'un autre, Macc. II, 869, 15: بلاغة سحبته على سحبان «il possédait une éloquence qui l'élevait au-dessus de Sahbân.» C'est proprement سحب dans le sens de *tirer*; cf. la VIIe forme. — *Charrier*, porter des glaçons, en parlant des rivières, Bc. — *Filer*, s'étendre en filets, Bc.

II *nubescere* dans le Voc., cf. plus loin مُسْتَحِب.

V. Khatîb 115 v°: les Cinhédjites demandèrent au sultan Bâdîs le cadavre du soldat de leur nation que ce prince avait tué de ses propres mains, et, l'ayant obtenu, ils l'enterrèrent à l'instant même; فعاجب الناس من تسحبهم فى الاعتصاب حتى الموق فى قبورهم. Le verbe semble avoir ici le sens de *tirer*, *attirer dans*, *comprendre dans*, et le sens est que leur amour pour les hommes de leur nation s'étendait jusqu'aux morts. — Dans le Voc. sous nubescere.

VII c. على *prédominer*, Prol. II, 3, l. 11, 278, 13; cf. le passage de Macc. que j'ai cité sous la Ire forme.

سَحْبَة خذ لك سحبة *prenez une gorgée de fumée* (de tabac), Bc.

سَحَاب *ulcère dans la cornée* (le blanc de l'œil), plus petit, plus profond et plus blanc que celui qui s'appelle قَتَام, M.

سَحَابَة *ondée*, *grosse pluie de courte durée*, Alc. (nuvada de lluvia), qui prononce سحَابِة. — *Dais*, 1001 N. IV, 302, dern. l.: ورفعوا فوق راسها سحابة, Bresl. IV, 341, من حرير بعواميد من ذهب وفضة, 3 a f.: فراى الخليفة جالس وعلى راسه سحابة.

سَحَاقى adj. formé de سحاب, *nuages*, Djob. 148, 9: وعلى راسه عمامة شرب رقيق سحاقى اللون قد علا كَوْرُها على راسه كانها سحابة مركومة‌.

دواء سَحَاب *épispastique* (médicament), qui attire les humeurs, Bc. — سَحَابَة الناس فى السكن *raccrocheuse*, fille qui raccroche les passants, Bc.

سُحَابَة = جارور (voyez); c'est un فعَّالة dans le sens d'un مفعولة, M.

مَسْحَب مسحب الهواء *un endroit d'où vient l'air*, *le vent*, comme مَدْخَل, M. — Sorte de *bâton*, que Burton, I, 230, décrit fort au long. Peut-être le pl. مساحب a-t-il ce sens dans le J. A. 1849, II, 270, n. 1, l. 5 (= قناة طويلة l. 3).

مُسْحِب *nuageux*, *nébuleux*, Alc. (nublado, nublosa cosa).

مَسْحَبَة *filière*, outil d'acier pour filer les métaux, Bc.

ساكب I *scindere* dans la Ire partie du Voc.

سَحْت est chez le vulgaire *ce qu'un homme possède*, que ce soit حلال ou حرام, M.

سَحْتُوت *denier*, *liard*, Bc. — سَحْتُوت vulg. = سلحوت, M.

سَحَج II c. a., IV, V et VII dans le Voc. sous *disenteria*.

سَحَج *atteint la verge du cheval quand il couvre une jument dont la vulve est malade*, Auw. II, 621, 13, où Clément-Mullet observe: « ce mot ne peut être entendu ici d'une simple *excoriation*, mais d'une *ulcération* qui ronge la peau et que lui aurait communiquée la jument. »

سَحَج *étoupe*, Voc.

سَحَاجَة pour سَحْقَة, *danse*, Ztschr. XXII, 82, 15.

سَاحِر I. La signification que Freytag donne en premier lieu (aussi chez Lane), d'après le Commentaire de Tibrîzî sur la Hamâsa, 601, 7, à savoir *dorer l'argent*, doit être biffée. Ce commentateur a mal entendu et mal compris, car le verbe n'est pas سَحَر, mais شَجَّر (voyez), et au lieu de signifier *dorer*, il signifie *purifier*, *affiner* les métaux. C'est ce que j'ai observé Abbad. III, 225—6; voyez aussi ma Lettre à M. Fleischer 225. — Dans le sens de *fasciner*, *ensorceler*, ce verbe se construit aussi avec من, ou bien ce *min* est le *min* partitif, Nowairî Afrique 30 v°: — كان ملكهم ساحرًا فسحر من عقولهم حتى جعلوه نبيًا. C. d. a. *métamorphoser* quelqu'un *en*, 1001 N. I, 13, 2: سحرت ذلك الولد عجلًا, 51, 13 et 15. — *Faire le repas appelé* سَحُور *dans le mois de Ramadhân*. La forme de versification appelée القُمَا, lit-on dans le J. A. 1839, II, 165, 2 a f. et suiv., a été inventée par les habitants de Bagdad, du temps de la dynastie des Abbâsides, pour le *sahour* dans le mois de Ramadhân, et elle a reçu ce nom parce que les chanteurs se disaient: قوما لنسحر قوما. C'était, je crois, le vers par lequel ils commençaient leur poème; je prononce: قُومَا لِنَسْحَرْ قُومَا, et je traduis: «Allons, faisons le *sahour*, allons!» (cf. sous قوما). Dans la langue vulgaire la Ire forme était donc l'équivalent de la Ve dans la langue classique.

II, en parlant du moëddzin, *annoncer*, *dans le mois de Ramadhân*, *le temps où l'on peut faire le repas* appelé sahour, Djob. 145, 2, 7 et 11; cf. مَسْحَر.

IV. اسحر الليل *la nuit est très-avancée*, le jour est prêt à paraître, Bc. — Dans le sens de la Ire, *ensorceler*, Voc., Alc. (enhechizar, hechizar, ligar con hechizos).

VII *être ensorcelé*, Voc., Alc. (hechizarse); مسحر *enchanté*, Bc.

سَحَر *les paroles que prononce le moëddzin au lever de l'aurore*, Fakhrî 278, 1; le pl. أسحار, Abd-alwâhid 68, 9, Recherches I, Append. p. LXI, 1. — *Sahr, repas du matin*, Ouaday 718; ce serait pour *sahar*, qui serait à son tour pour *sahour* (cf. سُحَير).

سَحَرة = نحرة *rosée*, M sous سحر.

سِحْرِي *magique*, Bc.

سِحْرِي, en Espagne, *gelée blanche*, Abou'l-Walîd 792, 19.

سَحُور = سَحُر, Ztschr. XI, 519.

سِحَارَة *jonglerie*, Payne Smith 1387.

سُحَيْرَة *le temps un peu avant l'aurore*, P. Macc. II, 74, 21.

سَحَّار voyez أَسْحَار.

سَحَائِر *orage*, Cherb.

سَحَّارَة pl. سَحَاحِير *coffre-fort*, Bc, M; c'est un très-grand coffre d'environ trois pieds en carré, Burton I, 121, cf. Richardson Central I, 298, Lane M. E. II, 199. Comme ce mot n'a aucun rapport avec la racine سحر, je soupçonne que c'est une corruption de زَخَّارَة, qui est pour نَخَّارَة (voyez).

ساحر, *magicien*, a chez Bc le pl. سُحَّار.

بالعشي والأسحار *l'aurore*, Müller 11, 3:

أُسْحَار *erysimum, sysymbrium polyceraton*, Bait. I, 48 d (AB), 217 b, où on lit qu'Abou-Hanîfa a entendu dire à un Bédouin السحار, sans *élif*, mais qu'il ignore si c'est la même plante, II, 110 e.

مُسَحِّر *le crieur qui, dans les nuits du mois de Ramadhân, annonce le temps où l'on peut faire le repas appelé sahour*, Lane M. E. II, 87, 261, Descr. de l'Eg. XIV, 232 et suiv.

مَسْحُورة *flûte champêtre, chalumeau*, M. — *Du lait qu'on fait cailler avec de la présure, et qu'on rend doux avec du sucre*, M.

مَسَاحِر chez Freytag doit être biffé. Dans le passage qu'il cite (de Sacy Chrest. I, ٣٢, 7) et qui est tiré du Fakhrî, il faut substituer un *khâ* au *hâ*; c'est le pl. de مَسْخَر (voyez) dans le sens de *bouffon*. M. Ahlwardt, dans son édition du Fakhrî (383, 2), a donné la bonne leçon.

سحق I. Le n. d'act. مَسْحَق, Diwan d'Amro'lkaïs ٢٠, vs. 8. — *Foudroyer*, au fig., *ruiner*, *renverser*, *mettre en poudre*, au fig., *ruiner*, *anéantir*, Bc, 1001 N. III, 196, 7: وندخل عليهما الساحق والماحق, où Lane traduit: «ruin and destruction.»

VII. Les chrétiens disent au fig. انسحق القلب = انكسر وتذلّل, M.

سَحْق *ce qui est pulvérisé*, Auw. I, 102, 21: خرو الناس المختلط بسحق التراب

سَحَقَة *danse*, voyez Ztschr. XXII, 105, n. 45.

سَحَقَة *endroit usé d'un habit*, Abou'l-Walîd 121, n. 25.

سَحَّاق Macc. I, 231, 12: قناطير سكّر طبرزد لا سحّاق فيه, ce qui semble signifier *qui n'avait pas été pilé*, *égrugé*.

سَحَّاقَة *tribade*, Bc.

سَحَّاق *broyeur*, Bc.

ساحل *doler, aplanir*, Bc.

III *marcher le long de la plage*, Haiyân 91 v°: ورحل العسكر مساحلا مسايرا للبحر

VI *débarquer*, Berb. I, 464, 13.

سَحَلَة *vase à boire, en cuivre*, Ztschr. XXII, 150.

سِحْلِيَّة *salamandre*; c'est ainsi que ce mot est écrit dans A de Bait. II, 3 b.

سَحُول = قطن, Most. v° حبّ القطن *coton*.

ساحل *un entrepôt de commerce qui a des communications faciles avec la mer, un port*, Gl. Belâdz., L (portus), Haiyân 67 v°, Amari 117, 8, 454, 11, lisez de même ibid. dern. l., 498, dern. l., Maml. I, 1, 169, 6 a f., Berb. II, 303, 4; 314, 1, 371, 12, 374, 5 et 7, 386, 6, 421, 9, Autob. 217 r°, Çalât

37 v°. — En Espagne, *lieu sur la côte où l'on mène paître le bétail pendant l'hiver*, à ce qu'il semble, car chez Alc. c'est «envernadero» et «estremadura,» qu'il traduit aussi par مَرْعًى. — *Siroco très-fort*, Rohlfs 37.

سَوَاحِلِيّ *riverain*, Bc.

سَحْلَب, *salep*, Bc, Bg, est une corruption moderne de خُصَى الثَّعْلَب, «les testicules du renard;» ce sont les racines bulbeuses de l'Orchis mascula, qu'on a nommées ainsi à cause de leur forme.

سَحْلَفَا (pour سلحفا) pl. سَحْلَف *tortue*, Bc.

سَحَمَ II. Le Voc., en donnant ce verbe sous nigrescere, ajoute dans une note: *vel balneare se in aqua, non in balneis*. Évidemment l'auteur l'a trouvé expliqué, dans un dict. arabe, par حَمَّ (cf. Lane), et ne comprenant pas ce mot, il a attribué au verbe dont il s'agit une signif. qu'il n'a jamais.

V quasi-pass. de la II°, Voc. (sous nigrescere).

سَحَن.

سَحَنَة forme au pl. سَحَن, Macc. I, 208, 17, Mi'yâr 29, 6 (où il faut prononcer ainsi).

مُسَحَّنَة voyez Diw. Hodz. 154, dern. l. et suiv.

أَسْحَنْفَرَ (cf. Freytag 291 b) *apprendre beaucoup de choses, devenir très-savant*, Haiyân 36 v°: فاخذ من اى على القالى واستكثر واستوسع واسحنفر

سَاحِى et سَاحَى I. Biffez le n° 4 de Freytag, car dans le passage des 1001 N. qu'il cite il faut lire سحيت, au lieu de سحيت; voyez Fleischer Gl. 21 et ce que j'ai dit sous سحب I.

سَحَّاءَة *un morceau de papier* sur lequel on écrit une courte phrase, une pièce de vers, etc., Abbad. II, 118; 10, Abd-al-wâhid 152, 13, Amari 652, 8 et 15, Macc. I, 533, 7. Chez Mohammed ibn-Hârith, 265 et 266, le man. a سَحَّاءَة (trois fois) et le pl. y est سَحَّايَات; il y est question du cadi Yokhâmir et ce récit commence de cette manière: طرح ابن الشَّمِر بين سحيات بخامر بن عثمن الشَّعْبانى سحاءة فيها مكتوب يونس بن متَّى والمسيح بن مريم فخرجت السحايات الى بخامر الح. Voyez aussi Akhbâr 162,

4 a f., où le texte est malheureusement altéré. — Dans le Voc. *custodia* (?).

سِحَايَة. On lit dans une glose sur Abou'l-Walîd, 633, n. 50, que Saadiah traduit par سِحَايَات le mot hébreu qui signifie *toiles d'araignée*.

سَخَّ I. سَخَّ المطر *pleuvoir*, Bc.

سَخَّاب.

سَخَّاب pl. سَخَاخِيب *pastille du sérail*, Bc (Barb.).

سَخْتَن.

سَخْتِيَتَيْن Le pl. سَخْتَانِيتَيْن, Diw. Hodz. 202, vs. 40.

سَخْتِيَان *tablier*, pièce de maroquin ou de peau, que les artisans, proprement les cordonniers, mettent devant eux pour conserver leurs habits en travaillant, Bg.

سَخْتِيَانَة = سَخْتِيَان *cordouan, maroquin*, 1001 N. Bresl. III, 331, 3 a f.

سَخَرَ I, *se moquer de*, a le n. d'act. سُخْرِيًّا dans les Prol. I, 289, 13, et se construit avec l'accus. dans les 1001 N. Bresl. IV, 160, 3 a f.: يا محوز النحس انا ما انا امير المومنين انتى سخرتينى (l. سخرتينى).

II. Pour la constr. je donne ces exemples tirés de Bc: سخَّر ب *imposer à quelqu'un une chose fâcheuse ou difficile*; سخَّر الى الشى *donner une corvée à quelqu'un*; سخَّر يعمل الشى *faire faire quelque chose à quelqu'un sans le payer*. — *Employer un mot dans un certain sens*, Abou'l-Walîd 800, 9.

V *être pris de corvée*, Bc.

سُخْر *moquerie, mystification*, Bc.

سُخْرَة *corvée*, Gl. Esp. 227, Gl. Fragm.; تحت السُخْرَة *corvéable*, Bc; aussi *corvée* au fig., *embarras*, Bc; chez le vulgaire *tout travail, fait de gré ou de force, qui n'est pas payé*, M. — *Récompense, cadeau en argent*, Hœst 150, 152, 155, 158, 160.

القَصِيدَة السُخْرِيَّة *titre d'un poème burlesque* qui commence ainsi:

مَحَبّ مَحَبّ مَحَبّ مَحَبّ قُطُط سُودّ ولها ذَنَب
تَصْطَاد الفأر من الاوكا رتطبخ الحيط وتتنقلب M.

تَسْخِير *moquerie, raillerie*, Ht.

مُسْتَخْرَة *tout ce dont on se moque*, M; *un homme*

ridicule et dont on se moque, Gl. Esp. 305, Antar 37, 1, *cocasse, ridicule, gille, niais, godiche, godichon, niais, grotesque, jouet*, personne dont on se moque, dont on se joue, *marmouset*, petit garçon, petit homme mal fait, Bc. — *Bouffon, baladin, farceur*, déjà au XIIᵉ siècle, Gl. Esp. 305; le pl., ordinairement مَسَاخِر, est مَسَاخِر dans Cazwînî II, 128, 11, et dans de Sacy Chrest. I, ٣۴, 7, où il faut substituer un *khâ* au *hâ*; la bonne leçon est dans l'édition du Fakhrî qu'a donnée M. Ahlwardt (383, 2). — *Farce, faribole, pantalonnade*, bouffonnerie, Bc. — *Bagatelle, sornette*, Bc. — *Mascarade*; مَسَاخِر *mascarade*, troupe de masques, Bc, cf. Gl. Esp. 304 et suiv. — مَسَاخِر *colifichet, lanternes, fadaises, contes*, Bc. — صُوَر مَسَاخِر *caricature*, Bc.

مَسْخَرِيَّة *bagatelle, baliverne, futilité*, Ht. — *Momerie*, Bc.

مَسْخَرَانِي *moqueur*, Bc.

مَسْخَرِيَّات (le sing. n'est pas en usage) *colifichet*, Bc.

مُسَخَّر. Au Maroc les مُسَخَّرُون sont des serviteurs qui portent les ordres du sultan d'un endroit à l'autre et qui lui fournissent des renseignements, Hœst 181—2. On trouve aussi ce mot dans le man. d'Ibn-Batouta que possède M. de Gayangos, 214 rº: لِأَنَّ المُسَخَّرِين يَكْتُبُونَ إِلَى السُّلْطَانِ بِجَمِيعِ أَحْوَالِي l'édition (III, 387) porte en cet endroit المُخَبِّرُون, « les nouvellistes. » Dans la Miss. hist., 246 b, 279 b, les *mensaxeries* (prononcez l'*x* comme le *khâ* arabe) sont des serviteurs ou sbires du sultan de Maroc ou de son lieutenant, et dans le Voyage pour la Rédemption, 150, où il est question d'une audience donnée par ce sultan, on lit: « Un Maure derrière lui tenait un grand parasol, et un Masgarin tenait une lance de la longueur d'environ six pieds; — — tout autour environ cinquante Masgarins le fusil sur l'épaule: voilà en quoi consistait toute sa garde ce jour-là. »

سَخْسَخ I c. a. *deturpare*, Voc.

سَخْسَخ pl. سَخْسَخ dans le Voc. sous *deturpare*.

سَخْسَخَة *inanition*, faiblesse causée par le jeûne, Bc.

سَخْط I *déshériter*, Alc. (*desoredar por muerto* = قَطَعَ (الوَرْث). — Sur les signif. *maudire, métamorphoser en* et *pétrifier*, voyez sous مَسْخُوط. — *Ecraser, surpasser*, Bc.

II c. a. et VI dans le Voc. sous *irasci*.

سَخْطَة *monstre*, animal qui a une conformation contraire à l'ordre de la nature, et *monstre*, ce qui est extrêmement laid, Bc. Cf. l'article qui suit, à la fin.

مَسْخُوط proprement *frappé de la colère divine*, et de là *maudit*, Alc. (maldicha cosa), Roland, Daumas V. A. 101. Le verbe سَخَط, dans le sens de *maudire*, se trouve dans le Dict. berb. Un effet de la malédiction divine, c'est que ceux qui l'ont encourue sont pétrifiés (cf. Lane), et مَسْخُوط, proprement مَسْخُوط عَلَيْه, 1001 N. Bresl. I, 316, 10, s'emploie dans le sens de *pétrifié*, Macn. I, 123, 13: وَإِذَا هُمْ مَسْخُوطِينَ وَقَدْ صَارُوا اَحْجَارًا. Le nom de certains bains, حَمَّام مَسْخُوطِين, ne signifie ni « bains enchantés » (Shaw I, 105, Poiret I, 153), ni « bains maudits, » comme dit Carteron 217, mais « les bains des pétrifiés. » En effet, ce dernier voyageur nous apprend que, d'après la légende, « un puissant chef arabe voulant épouser sa propre sœur, toute la noce a été pétrifiée. » Oubliant l'origine de cette signif., le peuple a employé le verbe سَخَط dans le sens de *changer en, métamorphoser en*, avec l'accus., p. e. « en pierres, » Macn. I, 123, 14: فَوَجَدْنَا كُلَّ أَحْجَارًا, 127, 12: مِن فِيهَا مَسْخُوطًا أَحْجَارًا سُودًا, فَنَزَلَ عَلَيْهِمْ السَّخَطُ مِنَ السَّمَاءِ فَسُخِطُوا أَحْجَارًا سُودًا. Enfin le verbe seul se prend dans le sens de *pétrifier*, Bresl. I, 313, 9: فَرَأَيْتُ المَدِينَةَ كُلَّهَا قَدْ سُخِطَتْ, Macn. 128, 7: سَبَبْ سَخَطْ هَذِهِ المَدِينَةِ. — *Marmouset*, petit garçon; petit homme mal fait; *mirmidon*, jeune homme de peu de considération et de petite taille; *homme rabougri*, mal conformé, Bc. Je crois que c'est proprement, de même que سَخْطَة dans le sens de *monstre*: « frappé de la colère divine, maudit, » les hommes mal conformés étant considérés comme tels.

سَخَف I, n. d'act. سَخْف, *être présomptueux*, Voc. (arogare, iactare), Alc. (presumir de si mesmo), Macc. I, 137, 11, où le texte (cf. Add.) ne doit pas être changé. — سَخَف *avoir envie de*, Cherb. C.

II c. a. et V c. عَلَى dans le Voc. sous *arogare* et *iactare*.

IV *se moquer, se railler*, Abou'l-Walîd 183, n. 15: هَزَوْ وَاسْتَخَافُ بِهِ

VI. Payne Smith 1124: يتساخف بينهمك فى الخطايا.

سُخْف *enjouement, gaieté, humeur badine et folâtre*, l'opposé de جِدّ, « ce qui est sérieux, grave, » Macc. I, 899, 5: وفيه نزهات أديبيّة ومفاكهات غريبة ممزوج, Amari 675, 5: وإنما جدّها بسخفها وهزلها بظرفها حظّ عند اهل الادب ما غلب عليهم من حبّ الشراب والبطالة وإيثار السخف والفكاهة, Khallic. I, 228, 6 a f.: ذو الجون والخلاعة والسخف فى شعره, Macc. I, 216, 4, II, 226, 15, de Sacy Chrest. I, vf, 7. — *Présomption*, Alc. (muestra de vanagloria, presuncion).

سَخِيف aussi en parlant de paroles ou d'une pièce de vers, *insensé, qui n'est pas conforme au bon sens*, Tantâwî dans Ztschr. Kunde VII, 55: الفاظ سخيفة, Mohammed ibn-Hârith 316: شعر سخيف لا تفيد معنى بعيد المعانى *Substantivement*, Fragm. hist. Arab. 127, 6: انشدته اشعار العرب فلم يهش لها وانشدته سخيفة فطرب واستعادنيه. Pl. سُخَّاف et سِخَاف, *orgueilleux, présomptueux*, Voc., Alc. (altivo, arguloso, presuntuoso).

سَخَافَة *vanité*, Macc. I, 306, 6:
ويرى ان كلّ ما هو فيه من نعيم وعزّ امر سخافة
كل شىء رأيته غير شىء ما خلا لذّة الهوى والسلافة
ce qui revient à dire:
    Buvez, aimez, c'est la sagesse,
    Car tout le reste est vanité.

سخل.

سَخْل = سَخْلَة *agneau*, 1001 N. II, 177, 2 a f.

سَخْلَاط (pers.) *jasmin*, Most. v° ياسمين (dans N le hâ est une faute, et La porte à tort سخفلاط).

سَخَّم II *noircir, dans le sens de salir*, Prol. I, 421, 2 a f.: ولم نرَ ان نسخّم اوراق الكتاب بذكر مذاهب كفرهم — Dans les 1001 N., I, 489, 6, 535, 14, les chrétiens invoquent Jésus, Marie et الصليب المسخّم. Je ne sais pas bien ce que cela signifie. — *Diffamer, décrier*, Ht. — *Baiser, jouir d'une femme*, Bc, *violer*, 1001 N. Bresl. III, 76, 12: وان لى ولد وهو شيطان ما خلى صبية فى الحارة حتى سخّمها بها فعل. Le M explique l'origine de cette signif. en disant que c'est proprement: noircir l'honneur d'une femme, سوّد عرضها بالسخام.

سَخِيمَة a aussi le pl. ات, Gl. Mosl.

مُسَاخِم dans un vers des 1001 N., I, 50, 2 a f. (= Bresl. I, 133, 4) est l'opposé de متحاسن dans la l. 6 a f.

سخط **tacher**, souiller, salir, faire une tache, Bc. — *Barbouiller*, salir, et faire grossièrement, *cochonner*, faire mal, salement, grossièrement un ouvrage, *fagoter*, arranger mal, *maçonner*, travailler grossièrement, *saveter*, gâter, mal faire un ouvrage, Bc.

سَخْمَطَة *barbouillage;* — *cochonnerie*, chose sale, Bc.

سَخْمَاط *barbouilleur*, mauvais peintre, Bc.

سَخَن I *avoir la fièvre*, Bc; ساخن *qui a la fièvre*, Bc, Hbrt 36; semblo la signif. primitive, mais on l'emploie dans le sens général d'*être malade*, M.

II. مُسَخَّن *tiède*, Alc. (tibia cosa); — *brûlé*, Alc. (aburado).

V *se chauffer*, Voc. (c. ب), Ht; Alc. a cette forme sous « escabullir, » qui signifie « se glisser, s'échapper des mains, » ce qui ne convient nullement à cette racine; mais il faut observer qu'il donne: escabullirse فلس, escalentarse دفى V, escabullir سخن V, escalentar دفى II, et l'ordre alphabétique montre qu'au lieu d'escabullir, il faut répéter le verbe escalentarse, qui précède, *se chauffer*.

سُخْن *chaud, récent;* ردّها عليه وهى سخنة, « il le lui a rendu tout chaud, » Bc. — *Poivré*, qui a été payé cher, Bc.

سُخْنَان *qui a la fièvre*, Bc, Hbrt 36.

سُخُّون *chaud*, Voc., Ht, Richardson Sahara I, 85. — *Fortifiant, stimulant*, Jackson 55, 154, l. 1.

سُخَيّن *un peu chaud*, Mehren 29.

سَخَانَة *chaleur*, Ht, Cartâs 18, 4. — Mets que les juifs marocains mangent le dimanche; il est fait de pois cuits au four pendant environ vingt-quatre heures, avec quantité d'os moelleux de bœuf, qu'on brise en morceaux, Riley 460, 512 (skanah).

سُخُونَة *tiédeur*, Alc. (tibieza).

سَخَّان dans le Voc. sous calefacere.

سَخَّانَة *pot de cuivre pour chauffer de l'eau*, M, Payne Smith 1300.

اُسْخَان plaisanterie, M.

مِسْخَن, pot pour chauffer de l'eau, Payne Smith 1300.

مُسَخَّن badin, folâtre, burlesque, drôle de corps, drôle, facétieux, farceur, boute-en-train, homme de plaisir qui excite les autres, plaisant, qui fait rire, et: celui qui cherche à faire rire; كلام مسخن bon-mot, Bc. — Farce, Bc.

مَسْخَنَة lieu où l'on attiédit l'eau, Alc. (entibiadero). — Bassinoire, chauffe-lit, Alc. (callentador para cama, escalentador). — Suivi de للرجلين chaufferette, Bc.

سخا et سخى I. La constr. c. على dans le Voc. sous largiri. — Dans l'expression سَخِيَتْ نَفْسي عن الشيء, on emploie le n. d'act. سَخَاوَة, qui appartient proprement à سَخَاوَة, Bidp. 114, 2: — سخاوة انفسهم عن سخى على se tourner vers, Gl. Mosl.

II rendre libéral, Voc., Koseg. Chrest. 53, 2: l'amour est فَصِيلَة تُسَخِّى كَفّ البَخِيلِ.

IV comme verbe d'admiration, Koseg. Chrest. 131, 5: ما كان اسخى نَفْسَها « qu'elle était libérale! »

سد I a aussi le nom d'act. مَسَدّ, et se construit avec عن, قوم يَسُدُّون مَسَدًّا des hommes qui défendent bravement l'islamisme,» Gl. Belâdz. Mais la prép. عن après ce verbe a aussi le sens de contre, Haiyân 62 r°: سدّ بلاده عن ابن حفصون « il ferma son pays à Ibn-Hafçoun, » سدّ عنه سمعه « il ferma les oreilles pour ne pas entendre une chose,» Ibn-Tofail 165, 3 et 4. Dit-on سدّ المَسَامِع dans un autre sens? Djob. 56, 8: حادثة تسدّ المسامع شناعةً وبشاعةً, et 238, dern. l.: وصَاحِب ذلك الحلى يسدّ المسامع. Dans ma Lettre à M. Fleischer, 219—220, j'ai cru devoir substituer le verbe سَدَّ à سدّ. M. de Goeje pense que سد est bon aussi, et dans le passage altéré de Macc. II, 520, 1: وآثر مما سدّك به السمع, où j'avais proposé de lire شَدّ, il voit une double leçon. A son avis سد et سدّ sont synonymes,

l'un et l'autre dans le sens de سَمَعَ مَلَأَ (Kâmil 328, 14). Je ne décide rien; le man. de Djob. n'étant pas d'une grande autorité, il faut attendre si d'autres passages viennent à l'appui de la leçon سد. Remarquez encore les expressions سدّ طَرْفَهُ fermer les yeux, 1001 N. Bresl. XII, 203, 12, et سدّ جوعته apaiser sa faim, Bat. III, 29, Ibn-Tofail 178, 6 a f. — Se dédommager, Bc. — C. عن représenter, tenir la place de, Bc. — C. عن dégoûter de, faire qu'on ne trouve plus à son goût; سدّ النفس dégoûter, ôter le goût, l'appétit, Bc. En ce sens ce verbe s'écrit aussi avec le ص, ce que M. Fleischer (1001 N. XII, Préface, p. 91) croit plus correct.

II mettre en bon ordre, p. e. les affaires du royaume, Valeton I¹, 4 a f.; dans une note sur ce passage (31, n. 4) Weijers cite Aboulfedâ Ann. I, 362, dern. l., et II, 38, 8. C'est reparare dans le Voc. — تسديد الحساب régler un compte, M. — Enclore, p. e. une vigne, Voc. — Passer, souffrir, tolérer, Alc. (passarse suffrirse). Si ce verbe s'emploie en ce sens, c'est par ellipse, pour سدّد سمعه ou طرفه; cf. sous la Iʳᵉ forme. — سدّد على روحه, que le Voc. a sous victus, signifie sans doute apaiser sa faim; cf. sous la Iʳᵉ forme. — Apprécier, priser, évaluer, Alc. (le n. d'act. apodamiento, apreciadura).

V être enclos (vigne), Voc.

VIII c. عن se dégoûter de, 1001 N. Bresl. IV, 52, 11: واستريحت نفسي من الاكل والشرب من شدّة الخوف, mais le man. dont Habicht s'est servi porte واستندت, et c'est ainsi qu'il faut lire, comme l'a observé M. Fleischer (1001 N. XII, Préface, p. 91); cf. sous la Iʳᵉ forme.

سَدّ écluse, vanne, Gl. Edrîsî, M (kesra); bonde, pièce de bois qui retient les eaux d'un étang, Bc. — السَدّ le mur de la Chine, Bait. I, 199 b (trois fois). — سدّ النفس anorexie, dégoût des aliments, Bc; cf. sous la Iʳᵉ forme.

سُدّ = سَدّ écluse, Gl. Esp. 229. — Operticulum dans le Voc. — Lit de repos, canapé, Ten Years 151: « The Bashaw after his dinner always retires to his couch or sedda,» cf. 152 (on prononce donc سَدّة en Barbarie), R. N. 101 v°: وما رقد ابو سعيد

; (ابو اسحاق ا. على عود قط (يعني سدّة) ولا سريرا (سرير ا.) en racontant le meurtre d'Alp-Arslân, les chroniqueurs (Athîr X, 49, 2 a f., 50, 3 et 4, Aboulf. Ann. III, 224, 4, cf. la note p. 692) emploient ce mot comme le synonyme de سرير. Au fig., rang, dignité (الرتبة), car on dit: جلس فلان في سدّة الوزارة .M (والمنصب). Par extension, *l'endroit où se trouve le lit de repos, chambre à coucher*, Ten Years 252: « Before the *sedda*, where the couch or bed is for sleeping, » 143: « Four of these rooms are called *sedas* and serve for bedchambers, » cf. 150. — Le *mimbar* ou chaire du *khatîb* ou prédicateur dans la mosquée, M. — *Chaire de professeur*, Fakhrî 39, 9: les professeurs étaient assis على سدّتهم et lisaient le Coran, tandis que les fakîhs étaient devant eux. — *Tribune pour les chantres dans une mosquée*, Chorb. C, qui prononce aussi سَدَّة.

سَدَد *engorgement*, embarras dans un canal; *obstruction* (méd.), Bc.

سَدَاد *paix, concorde*, Amari Dipl. 116, 3 a f. — *Payer ce qu'on a acheté*, M.

سَدَاد, en médecine = سُدَّة, *obstruction*, Gl. Manç.

سَدِيد *certainement, sans doute*, Gl. Belâdz.

سَدَادَة pl. سَدَائِد *bouchon (pour une bouteille), tape*, Bc, Hbrt 202.

سَدَّادَة *tampon, bouchon*, Bc.

مُسَدِّد *obstructif, opilatif*, Bc, M. — En Espagne, titre que portait le juge dans les petites villes, Macc. I, 134, 16.

مَسْدُود *massif*, l'opposé de *creux*, Payne Smith 1483. — En géomancie, nom d'une figure, l'opposée de celle qu'on nomme المفتوح, M.

انسداد, t. de médec., *obstruction*, M.

سذاب voyez سداب.

سدج.

سدج pour سادج ou سادي, 1001 N. Bresl. II, 143: اخذت معى الف ازار سدجٍ.

سَذَاجَة *simplicité, naïveté, innocence, ingénuité, bonhomie, crédulité*, Bc.

سَجَّادَة pour سَذَّادَة *tapis à prier*, M.

I

سدر

azyme, qui est sans levain, L (azimus قطير سادي (سادي). — Comme synonyme de باطل, voyez Payne Smith 1043.

سدح I *différer, remettre à un autre temps*, M. — سدح من باله *ôter une chose de son esprit*, M.

III c. a. p. et ب r. *faire attendre* quelque chose à quelqu'un, M.

سدر IV *étourdir, troubler la raison*, Abou'l-Walîd 549, n. 78, Saadiah ps. 60, Bait. II, 116 a (passage d'Edrîsî): اذا أكل مخبوزًا أَسْدَرَ وأَسْكَرَ.

سِدْر. Aux détails donnés par Lane j'ajoute ceux-ci: Bc: *alizier* (en esp. *almez*); — *lotus* ou *lotos*, نوع سدر espèce de cerisier d'Égypte à fruit exquis; — *micocoulier*; Burckhardt Nubia 379: « ressemble beaucoup au mélèze ou larix; » Hœst 306 *cèdre*; Jackson Timb. 6: « espèce de myrte sauvage, mais on donne ce nom à des arbrisseaux épineux de toute sorte; » Tidjânî, dans le J. A. 1852, II, 179, parle d'un gros arbre appelé السدر المصرى ou *sidr égyptien*, qui est d'une espèce différente de celle qu'on a dans les environs de Tunis, son fruit étant plus gros et son parfum plus exquis, quoique peu sucré, et dans une note le traducteur, M. A. Rousseau, remarque: « Le jujubier lotos, *Ziziphus lotus* de Desfontaines; c'est un des lotos des anciens Lotophages; » après quoi il cite ce passage du Vocab. d'hist. naturelle par le docteur Lager: « Le sedra est un arbrisseau qui ne s'élève qu'à une hauteur de quatre à cinq pieds et dont les rameaux, irréguliers et tortueux, sont ornés d'épines et de feuilles alternes, petites, obtuses et à trois nervures longitudinales. A une petite fleur d'un blanc pâle, succède un fruit globuleux que les indigènes appellent un *nebek*, d'une couleur brun-clair et bon à manger; » cf. Shaw I, 222. Barth, V, 681, nomme *siddret el hoë* parmi les arbres. — *Les feuilles de certaine espèce de sidr*, dont on se sert en guise de savon (cf. Lane, Burton I, 324), 1001 N. I, 408, 3 a f., 409, 1. — Prov. خذى يا سدرة (ou هاق) (ou يا مدرة) خذى ودّى « ce qui vient de la flûte retourne au tambour, » les biens mal ou promptement acquis se dépensent de même, Bc.

سَدَر *vertige*, M, Abou'l-Walîd 549, n. 76, 683, 32, Payne Smith 1403.

81

سِدْر pl. سَدْرَى ayant le vertige, Abou'l-Walîd 549, 26.

سِدْرَة sendra, trad. d'une charte sicil. apud Lello p. 11, et sinus montis p. 22; « je doute de la leçon du latin, » Amari MS.

سدس I s'emploie en parlant de la fièvre lorsqu'elle vient tous les six jours, Gl. Manç.

II sextupler, répéter six fois, Bc; réciter six fois le Coran, R. N. 76 r°: وكان يـقـوم كل ليـلـة دائبًا بسدس القران ❊

سُدْس était à Nacour le nom d'une mesure de capacité qui contenait la moitié d'une ضَخْفَة, Becrî 91, 13, c.-à-d. (voyez ce dernier mot) six quintaux.

سُداسيّ esclave qui a la taille de six empans, mesurés du bout inférieur de l'oreille jusqu'au talon, Ouaday 43, Richardson Central II, 202–3, d'Escayrac 506, Barth III, 339, esclave au-dessus de onze et au-dessous de quatorze ou quinze ans, Burckhardt Nubia 290. — De six pieds (vers), comme dans le mètre ar-redjez, M. — Voyez sous جِمِيع.

سادس. Le pl. سَوادس, Abou'l-Walîd 693, n. 4.

تسديس, t. d'astrol., sextil (aspect), Bc, Prol. I, 204, 14, 1001 N. Bresl. II, 227.

مُسَدَّس, t. de mathém., hexagone; quand les côtés ne sont pas égaux, on dit ذو ستة أضلاع, M. — Chez le التكسير, اعل carré magique qui comprend 36 petits carrés; on l'appelle aussi مربع ستة في ستة et الوفق السداسي, M. — En poésie, قسم من المسمّط M; voyez sous سمط II. — Corde, cordeau, cordon, Alc. (cordel, dogal).

سدف.

سَدَف s'emploie comme سَواد (voyez) en parlant d'une chose qu'on remarque sur l'horizon et qui ressemble à une tache noire (Lane a سدفة en ce sens, car il donne l'expression: (رايتُ سدفةَ شخصٍ من بَعُد), et surtout en parlant d'un massif d'arbres qu'on aperçoit dans le lointain. Ce mot se trouve en ce sens chez Auw. I, 207, 6, mais le texte y est altéré, car au lieu de سد وشجر (notre man. سدى شجر), il faut

lire شجر سدف, et l. 5 مهب, avec notre man., au lieu de منه. L'auteur dit donc: فنحن ننظر الى ما يقابل مهبّ هذين الرياحين من سدف شجر التين ❊ سَدَف gras (viande), Gl. Edrîsî.

سَديف suivi de الخنزير lard, Alc. (lardo de puerco).

سَدَك I مكان rester longtemps dans un endroit. Aussi en parlant d'une longue maladie, p. e. تبقى بعد علّة سدكت به, Lettre à M. Fleischer 219.

سادَك tapis, car le Voc. traduit matalafium (marfega) par مطرح et par سادك, et il a aussi le premier mot sous tapetum, avec matalaf dans une note. Je crois que c'est le mot persan سادَه (en arabe ساذَج, ou avec le dâl), qui signifie simple, sans ornements ou d'une seule couleur, et que cet adjectif a été employé substantivement pour désigner un tapis uni.

سدل.

سِدِلَّة banquette, banc rembourré, canapé, long siége à dossier, Bc, Lane trad. des 1001 N. II, 242, n. 113. Il se peut que ce mot ait ce sens dans les 1001 N. I, 58, 10, II, 22, 11, IV, 518, 8 a f., 524, 12, car dans les deux derniers passages l'éd. de Breslau (V, 99, 110) le remplace par سرير (dans le second passage elle porte, III, 294, خرستانفات ومقاصير, au lieu de سدلات). C'est au reste le même mot que سِدِلَّى chez Freytag et Lane.

سَديل a aussi le pl. سُدُل, Gl. Mosl.

سدم I se dégoûter, perdre l'appétit, Bc.

II نَفْسَه dégoûter, ôter le goût, l'appétit, Bc.

سدم anorexie, dégoût des aliments, dégoût, manque de goût, d'appétit, Bc.

سَدّام pour سَدُوم, sodomie, Gl. Fragm.

سَدُومى sodomite, Bc.

سدن.

سادِن = سادِن, P. Abd-al-wâhid 218, 4 a f.

سِنْدان pl. سَداديـن, vulg. pour سَندان, enclume, M.

سادِن ne s'emploie pas seulement en parlant des

gardiens ou bedeaux de la Ca'ba, mais aussi en parlant de ceux d'autres mosquées, Haiyân-Bassâm III, 143 r°: بعض سدنة الجامع, où il est question de la mosquée de Cordoue.

سلو et سدى II *étendre*, comme I; نَيْل مُسْتَى c.-à-d. مَمْدُود, Gl. Mosl. — J'ignore où Freytag a trouvé que ce verbe signifierait: *cirris s. fimbriis ornavit vestem*, mais ce qui est certain, c'est qu'il n'a pas trouvé cela dans les notes de J.-J. Schultens sur Golius, qu'il cite.

IV. Au lieu de نعمة أسدى, on dit aussi أسدى ينعمة, P. Abd-al-wâhid 25, 9, et pour exprimer le contraire, on dit أسدى اليد قبضا, Gl. Fragm.

سُدًا *inutilement*; تعب راح سدا «il s'est fatigué inutilement,» Bc.

سداوة *ourdissage*, Voc. (ordicio), Alc. (ordienbre de tela, ordidura de tela). — *Laine fine, qui sert pour faire la chaîne*, Alc. (estanbre de lana).

مُسْدًى *bienfait*, Gl. Fragm. — *Droit d'arrosage pendant un certain nombre de jours*, voyez Gl. Esp. 168—9.

سَذاب, suivi de التيس, *galéga* ou *galec*, rue de chèvre, Bc, qui l'écrit avec le *dâl.* — سذابة *rue*, Hœst 310 (*dâl*).

سذابرغا = فراسيون *prassium fœtidum*, Most. sous ce dernier mot.

سذبان plante inconnue, Gl. Manç. in voce.

سر I *plaire*, L (conplaceo, placeo), Alc. (plazer o agradar a otro). — *Révéler un secret*, Alc. (mesturar = أَشْهَرَ). — Au pass., *faire festin*, L (epulor).

IV. أسرّ له ب *il lui prédit secrètement que*, Hist. Tun. 111: وداواه التنييب واسرّ له بحصول العافية. *il lui garda secrètement rancune à cause de cela*, Khatîb 44 v°; Macc. en copiant ce passage (II, 209, 8) omet له; Renan Averroës 439, dern. l.: فلستاحسن ذلك في الوقت واسرّها المنصور في نفسه حتى جرى ما جرى, Fragm. hist. Arab. 181, 8, Berb. I, 593, 4 a f. Aussi simplement أسرّها لـ, Berb. I, 476, 2, 509, 7 a f. — *Réjouir*, Bc; = أَعْجَبَ, Diw. Hodz. 49, 3 a f., 50, 1.

VII *se réjouir*; c. ل *s'applaudir* de quelque chose, *être charmé de*, Bc.

X c. مع *habere secretum*, Voc.

سِرّ, أسرار *les secrets*, signifie en Perse *le hachich*, d'Escayrac 225. — *La nature réelle, mais abstraite, d'une chose*, de Slane Prol. III, 40, n. 2 sur III, 27, 4 du texte. — *Vertu secrète*; أسرار القرآن «*les vertus secrètes du Coran*,» Lane M. E. I, 389; en parlant d'un saint qui est mort, نفعنا الله بسرّه «que Dieu nous fasse profiter de ses vertus secrètes!» Hist. Tun. 81, 83, etc. —. Chez les chrétiens, *sacrement*, Bc, Hbrt 155, M; سرّ ذَخِين *sacramentum*, L; سرّ الزيجة *sacrement, mariage*; سرّ الميرون *confirmation, sacrement de l'Église qui confirme dans la grâce du baptême*, Bc. — *Grâce, certain agrément dans les personnes et dans les choses*, Alc. (gracia en hermosura, gracia en hablar, gracia como quiera, donayre; بسرّ *graciosamente*; سرّ قلّة *desdon, desgracia en hablar*; قليل السرّ *desdonado*), Khatîb 71 v°: كان من اهل السرّ والخموضية والصمت والوقار, Daumas V. A. 175: «Tetbessem be drafa, ou tetlok es-serr bel oukiya,» «Hhâlima - la Douce - sourit avec délicatesse, et c'est par onces qu'elle lâche les graciousetés.» — *Plaisir*, Alc. (gozo onesto o deleyte), avec le pl. سرور. — *Bouffonnerie, arlequinade*, Alc. (truhaneria). — *Serr* nommé parmi les plantes, Carette Géogr. 137. — السرّ الريّاني *sympathie*, Bc, Habicht Gloss. sur les t. I et II de son édit. des 1001 N. — السرّ المضاعف *Arcanum-duplicatum*, sulfate de potasse, Bc. — بسرّك et سرّ à *votre santé*, Bc. — كلمة سرّ *mot du guet*, mot pour se reconnaître, Bc. — سرّه أتعب *déranger quelqu'un, l'importuner, le détourner de ses affaires*, Bc.

سُرّة *les flancs d'un animal*, Alc. (ijarros de animal). — *Le poil des parties honteuses*, Voc. (pecten = عَنَة). — سرّة الأرض *cotylédon* ou *nombril de Vénus*, Bait. II, 14 d; chez Bc سرّة الأرض أنثى.

سِرّي *confidentiel*, Bc. — حبر شرى *encre sympathique, encre blanche qui noircit au feu*, Bc.

سُرّيّة, *concubine*, pl. ات, Baidhâwî II, 1, 4 a f.

سُرُور , شرب سرورًا به boire à la joie de quelqu'un, c.-à-d. boire à sa santé; aussi بسرورِه صائحًا « il vida la coupe en exprimant des vœux pour la joie (la santé) d'un tel, » et شرب سرورًا به وله, Lettre à M. Fleischer 205. — Repas, festin, Voc.

سَرِير est spécialement chez les modernes berceau pour un enfant, M. — أَسِرَّة تأكل اللَّحم sarcophages, Baït. I, 43 a, traduction littérale du mot grec; on sait que les sarcophages étaient faits d'une sorte de pierre caustique propre à consumer les chairs en peu de temps. — Berceau, échafauddge, Ht. Ce mot s'emploie en effet dans le sens de treillage sur lequel on fait monter du jasmin, etc., pour former des berceaux ou des espaliers dans les jardins. Ainsi chez Auw. I, 312, 13, où le premier mot doit être ويتعرش, comme on lit dans notre man., au lieu de ويغرس, comme porte l'édition: ويتعرش اذا عملت له أسرة من الخشب والقصب « le jasmin forme un berceau quand on le fait monter sur des treillages de bois et de roseaux. » De même II, 230, 2 a f. et suiv., où il est question de pastèques qu'on fait grimper à des treillages. — Chez Breitenbach, Beschreibung der Meerfahrt, le mot sarrir est expliqué par Schalck, ce qui peut signifier fripon, ou bien, dans un sens moins défavorable, bouffon. Le dernier sens est justifié par Alc., qui a سرّ dans le sens de « bouffonnerie, » et مسرار dans celui de « bouffon. » Le pl. serait سرار, si la leçon est bonne chez Khaṭîb 136 r°: كان مالفًا للذخرة والاخلاق واولى الريب والسرار

سَرِيرة conscience, Voc., Bc, dictamen, sentiment intérieur de la conscience, Bc; أكل السريرة remords, Bc. — Allegoria, L.

سُرَيْرِيَّة une esclave-concubine, Abbad. I, 245, 10, Badroun 244, 4 a f.

أَسَرُّ causant la plus grande joie, Abbad. II, 17, 5, 130, 13, Macc. I, 645, 17.

مِسْرَار gracieux, Alc. (donoso, gracioso en hablar, gracioso como quiera, salada cosa graciosa), Daumas V. A. 123. — Plaisant, gai, joyeux, Alc. (plazentera cosa, plazentero a otros). — Bouffon, jongleur, Alc. (truhan).

سَرَافُوج pl. ات un bonnet tatar, Maml. I, 1, 235, Vêtem. 379, n. 1.

سرب II envoyer, soit secrètement, soit ouvertement, avec الى ou فى de la personne à qui l'on envoie quelque chose; surtout en parlant d'un envoi d'argent, mais aussi en parlant d'un envoi d'armes, de troupes, etc., Lettre à M. Fleischer 35—6. — Mettre de la fausse monnaie en circulation, يسربونها فى الناس, ibid. — Faire passer l'eau d'une rivière ou d'une source par des conduits ou tuyaux souterrains, Djob. 257, 20: سَرَّب لها (للقلعة) من هذا النهر ماء ينبع فيها, cf. 186, 2 a f., Çalât 46 r°: وسرّب الماء من الوادى الى البها, Prol. II, 322, 16: تسريب المياه فى القنوات, autre exemple sous رَشَح. Aussi: laisser écouler les immondices par des conduits ou égouts, Prol. II, 322, 7: الفضلات المسربة فى القنوات; le Voc. a ce verbe sous cloaca. — S'en aller chacun chez soi, Bc; retourner chez soi, M.

V, en parlant de l'eau, passer par des conduits, des tuyaux, des canaux, des rigoles, Djob. 260, 2 a f.: فى وسطه صهريج كبير علوه ماء يتسرّب un grand khân له تحت الارض من عين على البُعد, cf. 261, 6, 278, 2 a f., 215, 14: وتشق هذه البساتط اغصان من ماء نهر متسرب من, 214, 15: الفرات تتسرب بها وتسقيها الفرات. Le Voc. a cette forme sous cloaca.

سَرَب pl. سُروب cloaque, Voc. On prononçait ainsi en Espagne, au lieu de سَرِب, car l'espagnol a azarbe.

سرب s'emploie aussi en parlant d'une troupe d'hommes, Lettre à M. Fleischer 45—6.

سَرَب (cf. سَرِب), pl. أَسْرَاب, سِرَاب, سُرُوب, canal, conduit de l'eau, cloaque, Gl. Edrîsî, Djob. 241, 3, Baït. I, 5 c: il croit بسروب العيون. — Chemin souterrain, Bcrt 31, 7. Chez Djaubarî 90 r° les galeries dans les mines portent le nom de سَرَب.

سَرِبَة troupe de cavaliers, Ztschr. XXII, 115, est pour سَرِيَّة.

سَرِيَّة est, selon les dict. arabes, une troupe de خَيل. Freytag traduit « de chevaux, » et Lane « de chevaux ou de cavaliers; » il faut traduire de cavaliers, car chez Alc. c'est « tropa de gente, » et aussi aile d'une armée (ala de batalla), voyez aussi l'article qui précède. On voit que ce mot a même reçu un sens plus large, celui de *troupe d'hommes armés, de soldats*. — **Séquelle**, nombre de gens qui se suivent, ou attachés au même parti, t. de mépris, Bc. — **Ribambelle**, longue suite, kyrielle, Bc.

سَرِيبَة *canal*, Gl. Edrîsî.

سَراب *curures*, ordures d'un égout, d'une mare qui ont été curés, Bc.

فراسيون = سريب *prassium fœtidum*, Most. sous ce dernier mot.

سَرابَاتِى *cureur*, qui cure, qui nettoie, *exécuteur (maître) des basses œuvres, vidangeur*, Bc.

سَرَّاب *celui qui fait des cloaques*, Voc.

سارب = مرداسنج *argyrite*, Most. sous ce dernier mot.

مَسْرَب *cloaque*, Berb. II, 150, 8. — *Chemin souterrain*, Berb. II, 367, 7 a f.

مُتَسَرَّب *canal souterrain*, Djob. 278, 17 et 19.

مُنْسَرَب *endroit où l'eau s'écoule*, Gl. Belâdz.

سربل I. مسربل بالزرد *portant une cotte de mailles*, Antar 2, l. 7.

II c. a. *se revêtir d'un vêtement quelconque*, Vêtem. 314, 2 a f. Au fig., تسربل يذكر فلان *se couvrir du nom de quelqu'un*, tirer vanité de la qualité d'ami ou d'ennemi de quelqu'un, Gl. Mosl. — *Se troubler, ne savoir que faire*, M.

سَرْبِيُول (esp.) *serpolet*, Alc. (serpol, cf. oregano serpol).

سرت

سَرْت (turc) تَمّ سرت راسه et سرت *il a la bouche dure*; نتن سرت *tabac fort*, Bc.

سَرُوت *clef*, Domb. 92.

سرج

I *allumer*, voyez sous ذرّى, où l'on trouvera le part. pass. مَسْروج.

II *peindre à l'encaustique*, Alc. (le part. pass. pintado con huego). — *Rabattre*, aplatir des coutures; *surjeter*, coudre en surjet, Bc; c'est vulg. pour شَرَّج, M.

IV, par ellipse pour أسرج السراج *allumer une lampe*, de Sacy Chrest. I, ٣, 9, Abou'l-Walîd 527, 24, Payne Smith 995. — En parlant d'huile, يسرجون به السرج *ils la font servir à l'éclairage dans les lampes*, Bat. IV, 393. — *Brûler* de l'huile, Cartâs 38, 3 a f.

VII *être sellé*, Voc.

VIII *jeter des flammes, luire*, Payne Smith 909.

سَرْج. En esp. *azarja* signifie *espèce de tour pour la soie cruc*. J'ignore si السرج s'emploie dans cette acception. — سرج السروال *les fonds d'un pantalon*, M. — سرج الملوك *sorte de verroterie*, Burckhardt Nubia 269.

سِراج. سراج الفَعَّالة *ver luisant*, Bc; chez Hbrt 72 سراج الليل et سراج القُطْرُب *est lychnis* chez Bc, *mandragore* chez Pagni MS; mais on donne ce nom à plusieurs plantes, voyez Bait. II, 14 f et suiv., et Sontheimer II, 605, n. 2 et suiv.

سُروج? est nommé par Edrîsî parmi les produits de la Chine, Clim. I, Sect. 6: المسك والعود والسروج والغصار والفلفل الح؟

سَراجا *farcin* (maladie), Bc; dans le M سَراجَة (pers.) قرحة ردية تصيب الخيل est.

سِراجَة *surjet*, espèce de couture, Bc. — Voyez ce qui précède.

سِرَاجِى *espèce de poire, en forme de lampe* (Clément-Mullet), Auw. I, 260, 8.

سِراجِيَّة *nom d'une plante*, Bait. II, 132 a; leçon de BHl; AE avec le hâ.

سُروجِى *sellier*, Bc, M, Ztschr. XI, 484.

سُروجِيَّة *sellerie*, travail, commerce du sellier, Bc.

سَرِيجَة *selle d'un mulet*, Domb. 81, pl. سرائج, Lerchundi.

سَرائِجِى *traiteur*; celui qui apprête à manger pour de l'argent, voyez sous كسر I, Bâsim 79: بين ما ذبعت صبيه الى 81: يجي الغدا من عند السرائجي عند السرائجي وكان قد عمل لباسم ثلاثة اطيار دجاج سمان محشيبات فاتى بها الصدى من عند السرائجي

سَرَّاج *peintre à l'encaustique*, Alc.(pintor con huego). — En Egypte, *sergent, officier de justice*, Niebuhr R. I, 197—8.

سارِج vulg. pour شيرج ou سيرج, M.

صارج *ciment*, Ht; c'est pour صاروج.

مَسْروج *ensellé*, (cheval) qui a le dos un peu enfoncé, Bc.

شرجب سرجب voyez.

سرح I. في نظر سرح promener ses yeux sur, Bc, Prol. III, 411, 5, vers que j'ai corrigé et expliqué dans le J. A. 1869, II, 202—3. — Comme la IIe, *nettoyer, peigner* ses cheveux, sa barbe, Abbad. III, 25. Le partic. سارح dans le passage auquel cette note se rapporte (Abbad. I, 63, 9) m'a forcé à considérer la Ire forme comme l'équivalent de la IIe, et le Lexique de Lane confirme indirectement cette opinion, non pas sous ce verbe, mais bien sous سرج, avec le *djîm* (1343 b).

II. Dans le sens d'*envoyer* quelqu'un, ce verbe se construit de la même manière que بعث (voyez Lane sous ce dernier mot), c.-à-d. qu'on emploie l'accus. quand il s'agit de quelqu'un qui se laisse envoyer, et la prép. بـ (Fragm. hist. Arab. 94, 7 et 13) quand il est question d'une personne qui n'irait pas spontanément et qu'il faut faire conduire par une autre ou par d'autres. — Au lieu de سرح العساكر, «envoyer des soldats» (pour faire une incursion), on emploie سرح seul, dans le sens de *faire des incursions*, Cartâs 202, 6: سرح في اطراف بلاده. — C. على envoyer comme gouverneur d'une province, Akhbâr 22, 7: سرحه على الاندلس. — *Mettre* un prisonnier *en liberté*, Abbad. I, 400, n. 17, Alc. (librar como quiera, soltar de prision), *délivrer, élargir, libérer*, Ht; cette signif. semble appartenir au dialecte maghribin, car Bc donne سرح, *délivrer*, comme un verbe qui est en usage en Barbarie. — *Délier, détacher*, Voc., Alc. (soltar lo atado), *déchaîner, détacher la chaîne*, Alc. (desencadenar). — *Affranchir* un esclave, Alc. (ahorrar). — *Dépêtrer*, dégager un cheval empêtré dans son licou, Alc. (descabestrar, desencabestrar). — *Faire écouler l'eau qui arrête un moulin*, Alc. (desenpalagar como molino). — *Promener* ses yeux, Macc. II, 197, 3 a f. — *Remettre une dette*, Alc. (soltar deuda). — *Licencier des soldats*, Alc. (despedir el capitan la gente, soltar el juramento), le camp, Roland. — *Autoriser, permettre*, Hbrt 209, Delap. 144, Ht. — *Désunir, disjoindre, séparer*, Alc. (desuñir). — *Débrouiller*, mettre en ordre des choses qui sont en confusion, Alc. (espedir lo enpedido). — *Peigner*, apprêter le lin, le chanvre, Bc, Payne Smith 1183, 1422. — *Carder*, peigner avec la carde, Bc. — *Cautionner*, spécialement *se rendre caution pour une somme d'argent*, Alc. (fiar como quiera, fiar dineros).

V *être délié, détaché*, Voc. — *Se détacher*, Alc. (desasirse). — *Se peigner*, Hbrt 22.

X c. a. p. *demander à* quelqu'un *la permission de partir*, Calâïd 57, 6: se trouvant à Almérie, où il était l'hôte de Mo'tacim, et voulant retourner à Séville, Ibn-'Ammâr كتب اليه يستسرحه.

سرح, pl. سروح, Kâmil 680, n. b, l. 3, *troupeau*, Ztschr. XXII, 160. — باب بين الماجلين يسمّى السرح, Becrî 26, 15, où de Slane traduit *la décharge*.

سرحة *tournée*, voyage en plusieurs endroits, voyage annuel et périodique. سرحة العسكر *campagne*, suite d'opérations militaires pendant l'année ou moins, Bc.

سرحان *loup*; le pl. سراح (cf. Lane) Diw. Hodz. 2, vs. 3, cf. le comment. p. 3.

سراح, dans le sens d'un nom d'act. de la IIe forme, *mettre* un prisonnier *en liberté*, Abbad. I, 400, n. 17, Bat. IV, 156: اطلقت سراح المراة «je prononçai la mise en liberté de la femme» et je retins en prison l'esclave, Calât 22 v°, où il est question d'un prisonnier: تلطّف لعبد السلام المذكور فى السراح, ibid.: قد وصل الامر بسراحك. — *Liberté*, Ht, Abbad. I, 400, n. 17, l'opposé d'emprisonnement, Weijers 20, 2 a f.: وقد اقمت من مقاله فى سراحه واعتقاله ما هو الخ. *La permission de partir*, donnée à un hôte, Calâïd 57, 10: اسرعت فى برّ الصبا فى فجّ قليلا بالسراح cf. ibid. l. 13, Bat. I, 427: il est très-attaché aux étrangers فقليلا ما ياذن لاحدهم فى السراح, Macc. I, 645, 19: فرغبت له فى ان يرفع الملك اقى راغب فى السراح الى المشرق برسم الحجّ. — *Dissolution, dérèglement, débauche, licence effrénée*, Alc. (desenfrenamiento, soltura para mal).

سروح العقل *distraction*, inapplication, inattention, Bc. — سروح الامراض *métastase*, t. de méd., Bc.

سراحية. Dans le man. de l'Escurial 497, le verrier nomme الاباريق والسراحيّات (Simonet). C'est = سلاحية (voyez), *bouteille*.

سارح *berger*, Domb. 104, Ht.

تسريح *permission*, Ht, *autorisation*, Cherb. Dial. 109. — *Main-levée*, permission de disposer de ce qui était saisi, Alc. (desenbargo libramiento). — *Passeport*, Cherb. Dial. chap. XIII passim.

مَسْرَح مَسَارِح dans le sens de *troupeaux*, que Freytag a noté en citant le Dîwân de Djerîr, se trouve aussi Berb. I, 329, dern. l.: فاخترب بسائطها واكتسح مسارحها — مسرح للطيور *volière*, Macc. I, 380, 18. — مسرح للبصر *un endroit où l'on peut promener ses yeux de tous côtés, un vaste champ pour la vue*, Bat. I, 413.

مُسَرَّح *adroit, leste, habile*, Alc. (suelto cosa diestra).

سرخ I عزمه بكل *crier comme un perdu*, de toute sa force, Bc. C'est pour صرخ.

صاروخ ou صاروخ pl. صواريخ, سواريخ, صواريخ *pétard, fusée volante*, Bc, M, Reinaud F. G. 35, n. 1, J. A. 1849, II, 319, n., l. 9, 11, 12, etc., 1850, I, 257.

سرخس Reiske (voyez Freytag) a eu raison de traduire ce mot par *filix*. Bc l'a aussi sous *fougère*; Gl. Manç.: «السرخس كيدذار est la plante appelée au Maghrib, et qu'on nomme en espagnol بلجمة بجيم معجمة», mais il faut lire فلجمة (فلجه), comme on trouve dans le Most., car c'est l'esp. *helecho*; ce dernier ajoute: «A Cordoue on couvre des feuilles de cette plante les paniers de raisins dans la saison où les vignes ont perdu les leurs.»

سرد II *cribler le grain*, Alc. (çarandar); ce verbe est formé de سَرْنَد (voyez); dans le Voc. c'est سَرَّنَ.

VII *être lu rapidement*, Voc.

سَرْد, suivi de العساكر, *revue, inspection des troupes*, Bc, Hbrt 139. — *Le fruit du peuplier noir*, Bait. I, 340 g; leçon de ACDE; L سود, B برد.

سَرَّد *crible à grands trous*, comme مُسَرَّد, M; c'est pour سَرْنَد (voyez).

سَرْدَة *sardine*, Pagni MS.

سراد *espèce de poisson*, man. de l'Escurial 888, n° 5 (Simonet).

سَرِيدَة, t. de cordonnier, *bande de cuir* dont on se sert pour les sandales, etc., M.

سُرَيْدَة *brouillard*, M.

مُسَرَّد *crible à grands trous*, comme سَرْد (voyez), M.

مَسْرُود *algosus*, L. Je ne comprends pas comment ce mot aurait reçu ce sens.

سِرْدَاب. C'est principalement à Bagdad qu'on en trouve de nos jours. Un *sirdâb* y est une chambre souterraine, haute, voûtée, et garnie d'un ventilateur qui a une grande ouverture du côté du nord, car c'est de là que vient le vent dans la saison la plus chaude. Chaque habitant un peu considérable en a un sous sa maison, où il se met à l'abri de la chaleur; voyez Niebuhr R. II, 279, Buckingham II, 192, 210, Ker Porter II, 261. — *Chemin souterrain*, M; chez Nowairî, Espagne 443, il est question d'un *sirdâb* qui se trouvait à l'extrémité de la prison et qui conduisait au Guadalquivir; les prisonniers passaient par ce chemin souterrain pour aller se laver, etc. De même chez Bat. I, 264, où il faut traduire: «Cette allée souterraine était le chemin que suivait» etc.

سَرْدَار (pers.) *général, chef d'armée*, Rutgers 130, 6. Dans le M l'explication: «(turc) حافظ السر,» est fausse.

سَرْدَارِيَّة *généralat*, Rutgers 165, 3 a f.

سَرْدَغُوس (στρατηγός) *général grec*, Berb. I, 148, 4 a f., Aghlab. 73, 5, 3 a f., Amari 175, 4, Gregor. 38.

سردق II, on parlant de la poussière, *former un voile épais*, une espèce de سَرَادِق, 1001 N. III, 294, 6 a f.

سُرَادِق *dais* (au-dessus d'un trône), 1001 N. I, 555, 2 a f. — Ce qu'on nomme en persan سَرَاچَه (dont سرادق est peut-être une altération) ou سَرَاپَرْدَه, au Maghrib آفْرَاك, c.-à-d., *l'énorme enceinte de toile*, «la muraille de toile de lin,» comme s'exprime Ibn-Djobair (177, 2, 3), *qui*, dans les pays musulmans, *entoure la vaste tente du souverain*. — De là: *la grande tente du sultan*, Macc. I, 317, 21, Berb. II, 253, 9. — Par extension, *camp*, 1001 N. III, 313, 2. — Par allusion à l'enceinte de toile dont il a été question, *enceinte de murailles*, Berb. II, 323, 7: سرادق الاسوار; سرادق الحفر, *de fossés*, Berb. II, 160, 12; اخبيطة au fig.: احاط بها سرادق العذاب, Ibn-Tofail 169, 4 a f., 194, 7, pour exprimer que les peines l'entourent de tous côtés. — *Chambre à coucher*. Dans les 1001 N. I, 559, 10, on lit que, la nuit venue, les eunuques ouvrirent les portes du *sorâdic*, et que l'épousée y entra; il paraît que c'est le synonyme de مقصورة, l. 12. Lane traduit «the inner apartment,» et Richardson, dans son Dict. persan, donne le même sens pour سراجة. — Ce mot doit désigner aussi un animal de la peau duquel on fabriquait des fourrures, des tapis et des gants. Voyez Macc. I, 230, 9, où Ibn-Khaldoun (IV, 12 v°) a: وعشرة افرقة من على جلود الفنك الخراسانية وستة من السرادقات العراقية ;Mohammed al-'Imrânî, man. 595, p. 60: وهو متكي على مخاد خز; 1001 N. I, 31: سود وفرش السرادقى كفوف من جلد السرادقى.

سُرَادِقْ = سرادقى dans le sens de *camp*, 1001 N. Bresl. XII, 272, 8.

سردن I *cribler* le grain, Voc.; ce verbe est formé de سَرْنَدْ (voyez); chez Alc. c'est سَرَّدْ.

سَرْدِين (roman), aussi avec le *dzâl*, n. d'un. ة, *sardine*, Alc. (sardina pece conocido), Domb. 68, Ht, Calendr. 84, 2, Baït. II, 190 b, Mi'yâr 4, 9 a f., Bat. II, 197, IV, 149, man. de l'Escurial 888, n° 5, M.

سَرْدِينَا *sardine*, Bc.

سَرَادِين *guêtres, jambières en cuir*, Defrémery Mémoires 156, d'après une note man. de Cherbonneau.

سردوكى *coq*, Bc (Barb.), Pagni MS, Hbrt 65, Ht.

سرس.

سرسيبات (esp. *jarcias*) *haubans, cordages qui tiennent les mâts*, Bc (Barb.).

سريس (σέρις) *chicorée*, Pagni MS, Cherb. C, Naggiar, Most. v°: هندبا هو السريس والبستانى, Gl. Manç. 173 r°, Chec. 199 v°, Baït. I, 166 b, II, 288 (AB), 603 c: السريس البرى, Auw. I, 24, dern. l., II, 140, 5 a f., 141, 18, 151, 14. Dans la traduction d'un passage de Dioscorides, Baït. (I, 72) écrit: سارس, وهو الهندبا; mais partout ailleurs ce mot est سريس.

سرساد (pers. سَرْسَاد) *vitex agnus castus*, Baït. II, 14 b (la voyelle dans A).

سِرْسِلَة pl. سَرَاسِل pour سِلْسِلَة, *chaîne*, Marmol II, 90 b: «Bib circila, puerta de la cadena;» — *collier*, Alc. (collar que se echa al cuello).

سَرْسَلَطْ *aller*, Voc.

سرسم.

سَرْسَام *frénésie*, Bc, J. A. 1853, I, 341. Dans le Gl. Manç. on lit, sous le ش, que سَرْسَام est la forme persane, et شَرْسَام la forme arabe; c'est, ajoute-t-il, ورم حجاب الدماغ كان حارًا او يابسًا.

مُسَرْسَم *frénétique*, Bc.

سرسوب *le premier lait de la vache qui a vêlé*, Mehren 29.

سُرْسُول pl. سَرَاسِيل *l'épine du dos*, Alc. (espinazo, cf. uesso de espinazo); — *une voûte ou bosse entre les deux épaules*, Alc. (cerro entre las espaldas; en traduisant ce terme, j'ai suivi Victor). Le Dict. berb. a أَنْسُول sous *dorsale* (épine); Domb. 86, Ht et Daumas V. A. 152 écrivent سُنْسُول, et ils donnent la même explication. Comparez sous سِلْسِلَة.

سرطن II *s'étonner, s'émerveiller*, Alc. (maravillarse mucho).

سَرْطَن. Le pl. سَرَاطِين, Cartâs 17.

تَسَرْطُن *étonnement, stupéfaction*, Alc. (enbaçadura). — *Embarras causé par la honte*, Alc. (enbaraço por verguenza). — *Stupidité, imbécillité*, Alc. (enbovecimiento). — *Des tours de passe-passe, des tours d'adresse que font les joueurs de gobelets*, Alc. (enbaucamiento, cf. Victor).

مُسَرْطَن *attaqué du chancre*, Auw. II, 653, 1. — *Celui qui a un spasme, une crispation, une convulsion de nerfs*, Alc. (pasmado el que tiene pasmo en la cara). — *Etonné, stupéfait*, Alc. (enbaçado maravillado, maravillado). — *Embarrassé*, Alc. (enbaraçado). — *Imbécile, stupide*, Alc. (enbovecido).

مُسَرْطِن *celui qui étonne*, Alc. (enbaçador el que enbaça).

سرع II, suivi de الولد, *faire une fausse couche*, Payne Smith 1590. — *Procurer un avortement*, ibid.

IV في المال *dépenser de l'argent en peu de temps*, Gl. Bayân, Gl. Belâdz. — من قصر به عمله لم يسرع به نسبه *si les œuvres de quelqu'un sont insuffisantes (pour lui faire gagner le ciel), son illustre naissance ne l'y conduira pas de sitôt*, Gl. Belâdz.

سْرع pl. أسْراع أشْراع rêne, bride, Bc, M; جدّ السرع «courir à toute bride,» Bc; écrit صرع 1001 N. I, 720, 12.

سَريع c. الى p. prompt à punir quelqu'un, Fakhrî 133, 3 a f.: si le calife apprenait que vous avez dit des paroles si inconvenantes, لَكان اليك سريعا.

أسْرع dans le plus bref délai,» في اسرع مّدة أسْرع Bidp. 4, l. 7.

سَرعسكر (pers. سَر عَسْكَر) général, Bc.

سِرْغَة (esp.) halage, l'action de tirer, de remorquer un bateau, Alc. (sirga manera de llevar varco).

سَرْغَن voyez تاسرغنت.

سرف I. نشأ على السَّرف «son éducation fut négligée,» Gl. Fragm.

IV على نَفْسه suivre ses mauvais penchants, Gl. Fragm., Berb. I, 528, 4. — C. a. r. donner en abondance, al-Faradj ba'da 's-chiddati, man. 61, 165: فجعلت مختبسه دارى واشرفت (l. وأشرفت) طعامه وشرابه لأَحْرس لك نفْسه *

سَرف s'emploie surtout dans le sens de prodigalité, Gl. Fragm. — Abandonnement, déréglement excessif, prostitution, Bc. — Corrosion, action du corrosif, Bc.

سَرفون, chez Freytag, doit être remplacé par سرفوت (voyez).

سارف corrosif, Bc.

سرفسانة nom d'une plante que décrit Bait. II, 11 b; leçon de ELS; AD avec le ى; H سائنة سرق.

سرفندى = صرفندى (voyez).

سرفوت salamandre, Khallic. XI, 104, 2 a f.

سرفول (roman) cerfeuil, Bc.

سرق III c. d. a. = I, voler, Gl. Mosl. — C. a. p. entraîner quelqu'un sans qu'il y prenne garde, 1001 N. I, 637: صارت العجوز تسارقها في الحديث الى ان اوصلتها الى القصر *

V c. على tâcher de regarder furtivement, M. — Brocanter, vendre et acheter, Bc.

VI c. a. r. faire furtivement une chose, Haiyân-Bassâm III, 50 vo: تسارق مَسْحَه «il essuyait furtivement les larmes de la jeune fille.»

VII se dérober, quitter une compagnie sans être vu, Bc. — Etre volé, Voc.

VIII c. من p. soutirer, enlever petit à petit avec adresse l'argent, le secret de quelqu'un, Bc.

X ما في قلْبك dans le Voc. sous furari.

سرق maladie que contractent les melons etc. quand on laisse séjourner l'eau pendant trop longtemps à leurs pieds, Auw. II, 228, 7.

سَرْقَة plagiat, Bc, Haiyân-Bassâm III, 5 vo. — سرقَة furtivement, Bc. — لعب في سرقَة piperie, tromperie au jeu, Bc. — ساعة سرقَة heure dérobée, prise sur le t mps du travail, Bc. — صاحب السَرقة celui qui a été volé, Becrî 173.

سرقى regrattier, petit marchand, Bc.

سريقَة vol, chose volée, Bc.

سَرّاق voleur, Gl. Fragm., Roland. — Plagiaire, Bc.

سارقَة ou ساروقَة, t. de charpentier, petite scie dont le manche ressemble à un couteau, M.

سارقا espèce de poisson; le Man. Escur. 893 porte سارقَا, ce qui semble سارقَا à M. Simonet, pas برقا comme chez Casiri I, 320 a.

سَرَاقَة voyez سَرْقَة.

سرقانية (σαργάνη) panier, Fleischer Gl. 71.

سرقسانة voyez سرفسانة.

سرقسطيّة (de Saragosse) nom d'une plante, Ibn-al-Djezzâr: السرقسطيّة في الخلواتة. M. Simonet pense que ce خلواتة est le dimin. esp. de polio ou polio, l'ital. pollezuolo, teucrium polium, et il cite A. R. 88, où سرقسطة est une faute.

سرقلش (σαρκοκόλλα) = أنزروت, sarcocolle, Most. sous ce dernier mot: N سرقلش; de même dans Lm, mais avec le sin.

سركل.

سراقيل ? Macrîzî atteste que les prostituées portaient des سراقيل rouges aux pieds, زوج ارجلهن سراقيل حمر telle est la leçon de nos deux man., Vêtem. 203.

سرك II fermer avec une clef, Alc. (cerrar con llave, traspellar cerrar; le part. pass. traspillado cerrado);

cf. سَكَرَ, dont c'est une transposition.

سَرْكَنَّة terrain pierreux et où il n'y a pas de plantes, M.

سَرْكَى t. de commerce, *obligation* (acte), M. (Je trouve le turc سَرْكَى expliqué par: espèce de tapis qu'on étend pour y compter le prêt du stipendié).

سَرْكَنَّة *perdrix* (la femelle), M.

سَرِيك, suivi de المِزْراق, *hampe*, bois d'une hallebarde, Bc.

سَرْكَل I *bannir, exiler,* Bc.

سَرْم. سَرِيمَة, سَرْمَابَاق, سَرْمَة, سَرْمَايَة, سَرْمَة, سَرْم الدِّيك, voyez ces mots sous le ص. — قَطَف سَرْمَة *arroche* ou *Atriplex,* Bc; on a donc accouplé le terme arabe et le terme persan, cf. Freytag sous سَرْمَق.

سَرْمَج = سَرْمَق, *arroche, Atriplex,* Bait. II, 14 c (A).

سَرْمَد I c. a. *faire perpétuellement* une chose, Cartâs 189, 5 a f.: يَسَرْمَد الصَّوْم; lisez de même 191, 15, où notre man. porte يَصَرْمَد.

مُسَرْمَد *perpétuel,* Abd-al-wâhid 136, 3 a f.

(سَرْمُوزَة (pers., سَرْمُوز, سَرْمُوجَة, سَرْمُوج espèce de guêtre, de sandale ou de mule, qu'on chausse par-dessus la botte, Vêtem. 202, Defrémery Mémoires 327, Athîr XII, 62, 18; dans la 1re partie du Voc.

شَرْمُوزَة, sotular.

سَمْمِبْثَا *myrrhis,* Bait. II, 14 c (A).

سَرَن (turc) *antenne, vergue,* Bc, Hbrt 127.

سِرْنَايِي *hautbois,* voyez صِرْنَاي.

سَرْنَبَاق sorte de petit poisson à coquille, Burckhardt Nubia 398, 416, Bruce I, 209.

سَرَنَد pl. ات *crible,* Voc., Alc. (çaranda). Ce mot est persan, et on le trouve avec cette acception, que les Dict. n'ont pas, dans un passage que Lane cite sous صِبْرَة. Voyez aussi sous سَرَد.

سَرْفَنَك Dans les 1001 N. Bresl. VIII, 212, 10, une villageoise adresse la parole au roi de Perse Anouchirvân, qu'elle ne connaît pas, en disant: يَا سَرْعِينَك; mais je crois devoir lire سَرْهَنَك, car c'est à mon avis le mot persan سَرْفَنَك, *général.*

سَرَى II. سَرَى عَنْه فِيه «sa colère contre lui se passa,» Akhbâr 144, 10.

سَرْو *magnificence, splendeur,* Abbad. I, 284, n. 143.

سَرْو *aloès,* L (aloen vel aloes).

سَرْآء القوم (ainsi dans le man.) *les plus nobles de la population,* Akhbâr 83, 11.

سَرِيّ *magnifique, superbe, splendide,* Abbad. I, 107, n. 188, 284, n. 143, Gl. Badroun, Recherches I, 189, n. 3 de la 1re édit.

سَارِيَة *base,* L (bassis وساريكة قَعْدَة).

أَسْرَى compar. de سَرِيّ dans le sens que j'ai donné, Abbad. I, 284, n. 143.

سَرْوَل

سَرْوَل, n. d'un. ة, chez le peuple au Maghrib, par l'influence de l'espagnol, qui a les terminaisons *ul, el* (Simonet 97), pour سَرْو, *cyprès,* Voc., Alc. (cipres arbol), Pagni MS, Mc, Ht, Hbrt 56 (Alg.), Gl. Manç. sous سَرْو: تَسْمِيَة العَامَّة السَّرْوَل بِزِيَادَة اللام, Ibn-Loyon 20 vº. السَّرْو هُوَ الَّذِي تُسَمِّيه العَامَّة السَّرْوَل. Aussi *cèdre,* Alc. (cedro arbol o alerze); dans Auw. I, 287, 4, le texte de Banqueri porte: وَأَمَّا غِرَاسَة الأَرْز وَهُوَ الَّذِي يُسَمَّى السَّرْو, mais dans notre man. c'est: وَأَمَّا غِرَاسَة السَّرْو وَهُوَ الَّذِي يُسَمَّى السَّرْوَل ٭

سَرْوَلِي *de cyprès,* Voc.

سَرَاوِيل الفَتْوَة voyez sous ce dernier mot. — سَرَاوِيل الطَّلْكُوك, chez le vulgaire en Espagne, *linaria elatine,* Bait. I, 76 b, où B porte الطَّلْلُول ou الطَّلْكُوك, mais la leçon de A, الطَّلْكُوك (*du coucou*), semble la bonne.

مُسَرْوَل, on parlant d'un arbre, *chargé de branches en bas,* Auw. I, 289, 1, où il faut ajouter deux mots, corriger deux lettres, et lire avec notre man.: لِأَنَّ جَمَالَهَا أَن تَكُون مُسَرْوَلَة ٭

سرى I se communiquer à, fondre dans, Khatîb 32 r°: يجعل فيه ملحًا وذاقه قبل ان ينحلّ الملح سرى اليد. — Etre contagieux; ويسرى فى المرقة الاولى se communiquer (maladie) مرض له قوّة او فيه المرض السريان maladie contagieuse, Bc. — Chez les poètes, souffler doucement, en parlant du zéphyr, etc., Weijers 86, n. 74, Hoogvliet 58, n. 4, Abbad. I, 3, l. 13.

سرى circulation, Bc.

سَرَاى, سَوَايَة, سَرَايَا, pl. ات, est le persan سراى, palais d'un sultan, d'un vizir, etc., Fleischer Gl. 65—6.

الامراض سارٍ pl. سوارى = صار, mât, Bc, M. — السارية maladies contagieuses ou épidémiques, M.

مسرى est exanimis dans le Voc., qui a aussi ce mot sous mori.

سَرِيَّقَة (L), سَرْيَاق (Voc., 1re part.), سَرِيَاقَة (idem, 2de part.). L donne: angula سَرِيَقَة التَّأْدِيب. C'est anguilla, sur lequel Ducange donne cet article: « Glossæ Isidori: «Anguilla, est qua coercentur in scholis pueri, quæ vulgo scutica dicitur.» Gloss. Ælfrici: «Anguilla, vel scutica, svipa.» » Becrî, 173, 10, parle des fouets, الاسواط التى تُسَمَّى السرياقات, et qui sont faits de la peau de l'hippopotame (ce sont donc ce qu'on nomme aujourd'hui قرباج ou كرباج); mais c'est السرياقات qu'il faut lire. Ce mot est l'espagnol zurriaga ou zurriago, qui signifie fouet pour châtier les enfants, fouet avec lequel les enfants font tourner leur sabot et houssine de cavalier; on met ce terme en rapport avec les mots ital. scuriada et scoreggiata, a. fr. escourgée, angl. scourge, en les dérivant soit de excoriata, à savoir scutica, fouet fait de cuir, soit de corrigia; voyez Diez. — Corde, Voc. (funis), Amari Dipl. App. 7, 1: ان يعطى كل جفن سرياقا, où l'ancienne traduction ital. (p. 312) a: «uno prodese al quale dicano i Saracini per nome surriach», et ce prodese signifiait au XIVe siècle câble; voyez Amari 476, n. 10. Dans les 1001 N. Bresl. IX, 276, 2 a f, 320, 3 a f, 324, 8, il est question d'un سرياق de soie; l'édit. Macn. porte قيطان.

سربياناس sorte d'oiseau de mer, nommé aussi الزامر. Ainsi dans le Man. Escur. 893, pas سربيانس comme chez Casiri I, 320 a, qui donne cette explication: avis marina, rostro oblongo, vario et suavi cantu mirabilis.

سريقون céruse rouge, minium, voyez Gl. Esp. 225.

سسالى (Bait. II, 17), سَسَالِيوس (Most., Bait.), séséli.

سِسِرْجَة (esp.), s'il faut transcrire ainsi le mot qui chez Alc. est cizércha, cicerole, vesce, espèce de pois chiche, Alc. (cizercha).

سسى III mendier, Hbrt 221 (Alg.); semble d'origine berbère; le Dict. berb. donne يَتْسَسَى sous mendier.

سَوَاسَى pl. سَاسَى mendiant, Hbrt 221 (Alg.), Cherb.

سطح I se coucher, mais on dit ordinairement شطح, Bc. — J'ignore quel est le sens de ce verbe 1001 N. III, 453, 4, où il est question d'une dame qui se promène: فلما رآها الناس صاروا يتعشقون فيها وقى توعد وتَخلف (وتَخلف l'édit. de Breslau a la même leçon. Peut-être est-ce: se conduire sans honte, sans pudeur, d'une manière indécente, car le Voc. attribue un tel sens à d'autres mots de cette racine.

II paver, Voc., Bat. II, 434, en parlant d'un terrain consacré; وهو شبه مشور مسطح بالرخام paver de carreaux, carreler, planchéier la maison, Alc (solar echar suelo a la casa). — Enduire, Bat. IV, 393, en parlant d'une huile: ويسطحون به الدور كما تسطح بالجير. — C. a. dans le Voc. sous inverecundus.

IV paver, Voc.

V se coucher, mais ordinairement on dit تشطّح, Bc; se coucher sur le dos, M. — Etre pavé, Voc. — Dans le Voc. sous inverecundus.

سَطْح, surface, forme aussi au pl. أَسْطَاح, Voc. — Pont, tillac, Bc, Hbrt 128; poupe, Burton I, 168 n. — سطح الجبل plateau d'une montagne, sommet d'une montagne, Bc, Freytag Chrest. 128, 8 (lisez ainsi), Cherb. Dial. 229: la plaine qui est نحن سطح المنصورة sous le plateau d', au pied du, Mançoura.» — Sol d'un édifice, pavé, pavé fait de tessons et de chaux, plancher, L (ostracus (pavimentum testaceum)), Voc. (pavimentum), le pl. aussi أسطاح, Alc. (solar de casa o suelo, suelo sacado a pison, سطح مُلَجَّر suelo de ladrillos, cf. les mots qui suivent), Becrî 44, dern. l., Bat. IV, 117, Ibn-Loyon 4 v°: ميزان الازر الذى بايدى البنّائين لاخراج الله بن المجالس عند رمى السطوح وبزنون به سطح القدَم et سطح الرجل la plante. — أزر الدور

du pied, Voc. — *Palais,* Cout. 36 r°: الامير واستخلفه
ibid.: محمد في بعض المغازي وابقى بعض وعنده في السطح
فقال للرسول بالله الذي لا اله الا هو لئن لئن جاوز باب
السطح حبت ولاه ابوه لاطرحنه في الدويبرة الخ cf. ;
sous مُعَرَّد.

سِطَاح (chez Freytag) est une faute pour سَطَّاع, M.

سَطِيع pl. سُطَّاع *éhonté,* Voc.

سَطَاحَة *effronterie, impudence,* Voc.

سَطَاحَة *perclus,* impotent de tout ou d'une partie du corps, Bc.

سَطَّاح *s'étendant sur le sol* (plante), Bait. II, 115 b: ونباته سطاح يذهب على الارض ; dans le seul man. A après II, 164 c: سطاح يفشو في منابته.

مَسْطَح, ou peut-être مُسْطَح, *surface, superficie,* Gl. Edrisi.

مُسْطَح pour حمل مسطح (voyez), espèce de litière, Lane trad. des 1001 N. I, 607, n. 8. — Pl. ات sorte de navire, peut-être un navire qui a un pont, un tillac (سَطْح), Gl. Esp. 314—5, Fleischer sur Macc. I, 765, 15 Berichte 188, de Sacy Dipl. IX, 468, 7.

مَسْطُوح *horizontal,* de Sacy Chrest. II, 253, 10 a f.

سطر I *aligner, ranger sur une même ligne,* Abbad. I, 244, 7. — *Stipuler,* Ht.

II *rayer,* faire des raies, Bc; *régler,* tirer avec la règle des lignes sur du papier, etc., Voc., Alc. (reglar papel o otra cosa), M, Bc; *tirer, tracer,* Bc. — En parlant de celui qui lit, *passer d'une ligne à une autre,* M. — *Avoir des prétentions,* Haiyân-Bassâm I, 10 r°, après avoir dit que le faible calife rétablit tous les emplois de la cour: وهذا زخرف من التسطير وضع على غير حاصل ومراتب نصبت لغير طائل ☼

V *être aligné, être rangé sur une même ligne,* Gl. Djob. — *Être réglé* (papier), Voc.

سطر Le mot اسطار ne se trouve pas seulement 1001 N. Bresl. IV, 319, 8, que Habicht cite dans son Glossaire, mais aussi *ibid.* 338, 5. Dans le dernier passage l'édit. Macn. (IV, 168, dern. l.) le remplace par ساطور, mais il ne peut être question d'un «couperet» dans ces deux textes. D'un autre côté, je ne vois pas pourquoi Habicht a expliqué ce terme par «une mesure pour de petits poissons,» car dans nos textes il ne s'agit pas de mesurer les poissons, mais de les transporter. Peut-être أسطار est-il pour أسطل, *seaux,* car dans les langues romanes le *l* du mot سَطْل est aussi devenu un *r,* esp. acetre, cetre, celtre, pg. acetere, cat. setri; ou bien c'est, comme me l'a fait remarquer M. de Goeje, le pl. de *satr,* que Petermann, Reisen I, 89, explique par *assiette.*

سَطُور, pl. سَواطر et ون, *magnanime,* Voc. — Sorte de poisson, Yâcout I, 886, 8.

تَسْطِير (Tunis) *hacher un criminel à coups de sabre, la dilaniation,* proprement *couper en longues lignes ou entailles,* Ouaday 318.

مُسَطَّرَة, chez les agriculteurs, *le taux auquel on vend la terre ou les plantes,* M.

مِسْطَرَة *jauge, règle pour jauger, mesurer,* Alc. (regla de carpintero). — *Equerre,* Bc. — *Racloire de mesureur de grain, rudoire de mesureur de sel,* Alc. (rasero de medida). — Dans les instruments de musique appelés عود et قانون, *la partie creuse du cheviller, dans laquelle entrent les chevilles,* Descr. de l'Eg. XIII, 228 (où مستبر est une faute), Lane M. E. II, 78. — *Echantillon, montre,* Bc, M. — *Férule* (plante), Alc. (palmatoria o caña hexa).

مِسْطار pl. مَساطير *moût,* Voc., Alc. (mosto, mosto del miel del lagar), Bg 864; écrit مُسْطار, M (sous سطر), Abou'l-Walîd 299, 7 (= שיר), 538, n. 72 (= עסיס), Auw. II, 415, 10 (cf. Clément-Mullet II, 402, n. 2), 416, 20, 613, 16; cf. Djâwâlikî ٦١ et 64.

مَسْطُور pl. مَساطير *écrit; acte portant promesse, convention,* Freytag Chrest. 55, 6: وقد كتبت على نفسي مسطورا اشهدت فيه الله وجماعة من المسلمين ان من علي عليه مسطور بها 61, 11: لى الارض الخ «j'ai de lui un écrit dans lequel il reconnaît qu'il me doit ces 500 dînârs,» Abd-al-wâhid 204, 3 a f., 205, 1.

سطر اطيوطس *Pistia Stratiotes,* Bait. II, 20; dans le Most. l'article est سطراطيس.

سَطْرَف sorte d'oiseau, Yâcout I, 885, 16; dans quelques man. de Cazwînî avec le *chîn.*

سطرنج = شطرنج *échecs,* Bc.

سطريون *satyrion,* Bc.

سطع I مِسْكًا سطع *répandre l'odeur du musc,* R. N.

سطو.

سَطًا *impétuosité, violence,* Fleischer sur Macc. II, 56, 11 Berichte 272; les passages sont: Macc. I, 307, 9, II, 56, 11, Abbad. I, 243, 3, Mehren Rhetorik 106, 8.

سَطْوَة *emportement* (emportement de colère); *caractère brusque, violent, emporté; colère,* Fragm. hist. Arab. 12, 5: اذا كان له سطوة شديدة ولا يتوقف غضب « il était sujet à des emportements violents, et quand il était en colère, il ne ménageait rien, » Bidp. 12, 2, Abbad. I, 242, 8, 3 a f., II, 195, 9, 1001 N. II, 239, 2, 325, 4, III, 227, 14, 525, 8, 558, 10, 561, dern. l. — *Rudesse, hauteur,* le contraire de تواضع, « humilité, » Bat. II, 449, en parlant d'un docteur et imâm: il est شديد السطوة على اهل الدنيا « rude, hautain envers les riches. » Quand le sultan le visite, il ne va pas à sa rencontre et ne se lève pas devant lui. Le sultan lui parle du ton le plus doux et s'humilie devant lui (ويتواضع), « et le docteur tient une conduite tout opposée. » Envers les pauvres, au contraire, ce dernier شديد التواضع « plein d'humilité. » — *Sévérité, rigidité, rigueur,* p. e. la sévérité d'un juge, Bat. I, 89, en parlant d'un cadi des cadis: وكان شديد السطوة لا تأخذه في الله لومة لائم, où je traduis (autrement que l'éditeur): « il était fort sévère, et personne ne pouvait lui faire un reproche quand il s'agissait de la cause de Dieu » (c.-à-d. quand il s'agissait des lois et de ceux qui les violaient); traduisez de la même manière I, 215; bien traduit IV, 328—9; Nowairi Egypte, 2 m', 89 rº: وكان ملكا مهيبا شجاعا حازما ذا سطوة. — *Puissance,* Bidp. 7, dern. l.: فلما رأى ما هو عليه من أمره, 1001 N. II, 365, 8: الملك والسطوة عبث بالرعيّة واستصغر, مَلِك عظيم السطوة, III, 231, 6 a f.: ويعلم ان سطوتي اعظم من سطوتك. — *Majesté,* Roland. — *Exploit, vaillantise, prouesse,* Bc. — (La plupart de ces passages sont cités dans le Gl. Fragm., mais quelquefois j'ai cru devoir les expliquer d'une manière un peu différente).

سطوى ويعرف *salix Ægyptiaca,* Most. vº خلاف: بالسطوى ❀

سعد III c. a. p. *être le compagnon de* quelqu'un, *lui tenir compagnie,* Abbad. I, 300, 8. — C. a. p. *être d'accord avec* quelqu'un, Voc. (concordare), Abbad. II, 48, 3. — C. a. p. et على r. *faire avec quelqu'un*

سطو. — دخل عليهم رجل مبيّض يسطع مسكا 71 rº: سطعتني رائحة المسك = *je sens l'odeur du musc,* M. — *Toucher* (مَسّ), M. — C. على p. et بـ r. R. N. 97 rº: le médecin Ibn-al-Djezzâr avait dit que le maître d'école, qui était malade, mourrait; celui-ci vient le trouver et crie: اين هذا الجزّار ابن الجزّار الذى يقطع فى حكم الله تعالى ويسطع على بالموت, ce qui paraît signifier: « et qui décide que je dois mourir. »

وآلات الطرب سَطّاعَة *plectrum,* L, Bat. IV, 405: المصنوعة من القصب والقرع وتضرب بالسطاعة ❀ — ساطع. On dit ساطع البياض, *d'une blancheur éclatante* (chez Ibn-Batouta); de là vient que le Voc. donne ساطع dans le sens de *blanc*.

سطك.

سَطَك *mortier rougeâtre, composé de chaux et de brique pilée, pour daller les appartements,* Cherb.

سطل VII *se prendre de vin, s'achever de peindre, achever de s'enivrer;* — *être ravi en extase, s'extasier,* Bc; dans M واندهش ويهتم.

سَطْل ne vient pas, comme on trouve dans Freytag, du persan سَتَل (car c'est ainsi qu'il aurait dû écrire), mais c'est, de même que ce mot persan, une altération du latin *situla,* que les Coptes prononçaient σιτλα; voyez Fleischer Gl. 74 et les notes de M. Sachau sur Djawâlîkî, p. 41. Chez Alc. (acetre) le pl. est أُسْطُل. L donne cet article: *solidum* ثم سَطْل. تَلْتَة دَرَقم غَير ثلث دَرَقم (sic). Il prend donc *solidus* en second lieu dans son sens ordinaire (sorte de monnaie); mais en quel sens le prend-il en premier lieu, et comment سطل répondrait-il à *solidus?* C'est ce que j'ignore.

اسْطَلانى *extatique,* Bc.

مَسْطُول voyez مَطْبُول.

سطم I *acérer, mettre de l'acier avec le fer pour le faire mieux couper,* Bc. Voyez sous صطم. Dans M جعل له سِطامًا est سطم السيف.

أُسْطام *espèce de fer dur et d'une excellente qualité;* voyez شابُرقان, dont c'est le synonyme.

أُسْطامة pl. أساطيم *chambranle de porte,* Ztschr. XI, 478.

la même chose, de Sacy Chrest. II, 420: «Le roi ne manquera pas de vous faire des questions au sujet de Djabala, et il en parlera mal; فإيّاك أن تساعده; laissez passer ce qu'il en dira, sans l'approuver ni le contredire;» Abd-al-wâhid 173, 13: وساعدني جفنٌ الغمامِ على البكاء فلم أدرِ دمعاً أيُّنا كان أسجمًا «les nuages versaient des larmes comme moi, et je ne savais pas qui en répandait davantage.» — *Flatter*, L (blandus, part. act., adolator, de même, adolatio, n. d'act.). — ساعد الى الكلام *prêter l'oreille aux discours de quelqu'un, les écouter favorablement*, Rutgers 183, 4 a f.; de même ساعد الى ما ذكرنا *il accepta nos propositions, ibid.* 197, 8 et 9; le verbe seul en ce sens, *ibid.* 198, 10. — ساعد الى مطلبه *il lui accorda sa demande*, Rutgers 167, 1. — Dans le sens de سعد, سعد, 1001 N. Bresl. IV, 73, 9: خذ هذا تساعد به «prenez ce présent et qu'il vous porte bonheur!»

IV. اسعده بالصباح *il lui souhaita bon matin*, 1001 N. Bresl. IV, 98. — *Être le compagnon de quelqu'un, lui tenir compagnie*, comme la IIIe, Koseg. Chrest. 41, 4 a f.: فسألاي الاسعاد لهما على ذلك. — C. a p. et على r. *être d'accord avec* quelqu'un, Voc. (concordare). — C. a p. et على r. *faire avec quelqu'un la même chose*, comme la IIIe; spécialement اسعد على البكاء *pleurer avec quelqu'un*, et اسعد seul, c. a p., dans le même sens, Gl. Belâdz., Gl. Fragm., Commentaire de Zauzant sur le 1er vers de la Moallaca d'Amrolkais, Koseg. Chrest. 59, 5.

VI, en parlant de plusieurs personnes, *s'entr'aider, se secourir*, Bc. — C. ب *s'aider de*, Bc. — *Être heureux*, Abbad. II, 187, 4.

VII *s'aventurer, se hasarder*, Alc. (aventurarse).

سعدى (les voyelles dans le Gl. Manç.) pl. سعديات *souchet, Cyperus*, de même que سعد; la meilleure espèce est celle de Coufa, qu'on appelle aussi سعدى عراقيّة, puis celle d'Egypte; il y en a aussi d'autres, دمشقيّة, طرسوسيّة, Most., Gl. Manç., Auw. I, 140, 4 (où la leçon, que Banqueri a voulu changer, est confirmée par notre man.). (Le Most. dit avec raison que le nom esp. est يتنجة, c.-à-d. *juncia*; Alc. a «cúdde» sous «*juncia avellanada*;» il a mal rendu le mot arabe (سعدة), et le *c*, au lieu du *ç*, est une faute d'impression).

سعديّة *bouteille* ou *carafe*, Voc. (fiala). — *Sorciers* (le nom dérive du chaikh Sa'd ed-dîn), Ouaday 702.

سعدان pl. سعادين *singe*, Bc, Hbrt 63, *sapajou*, Bc.

سعود. Peut-être faut-il lire ainsi chez Bc, qui a سعو *excellence, degré éminent de perfection*.

سعيد *espèce de datte*, d'Escayrac 12. — سعيد النصبة *polichinelle*, Bc.

سعادة *bonheur*, quand il s'agit de la religion (voyez Lane et Djob. 342, 2 a f.); de là أهل السعادة c.-à-d. *les musulmans*, 1001 N. II, 35, 8; يوم السعادة *le jour de la résurrection*, Djob. 77, 13. — بسعادتك *sous vos auspices, sous votre bonne fortune*, Bc. — *Seigneurie, excellence*, Ht, M; سعادتكم *votre altesse, votre majesté*; سلطان فرنسا سعادة «sa majesté le roi de France;» الأمير سعادة *monseigneur le prince*, Bc. Dans l'Histoire du Yémen, Hasan-Pacha est appelé presque constamment صاحب السعادة, Rutgers 139. دار السعادة *cour, résidence d'un souverain avec sa suite*, Bc; à Damas c'était le nom du palais du vice-roi, Vêtem. 8, n. 2; وتوجّهت القصّاد بالبشائر بالنصر على الاعداء الى الابواب الشريفة السلطانيّة والى سدّة السعادة المرادخانيّة العثمانيّة, Rutgers 130, 6 a f.

سعيدة *présence; personne; seigneurie*, Roland.

فارس سعدي سعادي *un cavalier heureux pour le butin*, R. d. O. A. N. S. I, 182.

سعيدي *dattes mêlées avec de l'eau et dont on a fait une sorte de gâteau en les pressant*, Hamilton 298.

ساعد *manche d'une cuiller*, Nowairi Egypte, 2 k 2, 104: ان يكون للمرأة شيء مثل المغرفة بساعد طويل تتناول به ما تبتاعه من الرجل; de même dans l'autre exemplaire, 2 l; *manche de l'instrument de musique appelé* كمنجة, Lane M. E. II, 75.

مسعد *devin, sorcier*, Alc. (hadador; il écrit musúd; je crois que c'est une faute d'impression et qu'il faut donner à ce mot la forme propre à l'autre qu'il mentionne sous cet article, à savoir مبتخّن).

مسعودي *épithète d'une excellente espèce de miel à la Mecque*, Djob. 120, 4.

مساعدة *suffrage*, Ht.

سعر I (à l'actif) *enrager*, Voc., Bc. — *Manger goulument et avec excès*, *bâfrer*, Alc. (glotonear, golosear).

II c. a. *faire enrager*, Voc.

III *enrager*, Alc. (raviar). — *Marchander*, Hbrt 105.

V *être taxé*, Voc., Alc. (le n. d'act. aprociadura).

VII *se mettre en rage*, Hbrt 243.

سَعَر *rage*, L (rabia (vel rabies)).

سِعْر *mode de musique*, Hœst 258, qui prononce sär.

سِعْرُ النَّاس, «*le prix que paie tout le monde, le prix ordinaire*,» Koseg. Chrest. 117, 9 et 10. — *Maladie épidémique*, M.

سِعْرُ الكِلَاب *acharnement*, action de s'attacher à mordre, Bc.

سَعْرَة *rage*, Alc. (ravia). — *Gloutonnerie*, Alc. (glotonia). — مَصَارِف السَّعْرَة *dépenses accidentelles*, Descr. de l'Ég. XI, 509.

سُعْرَة *gloutonnerie*, Alc. (gargantez).

سَعْرَان *enragé*, *furieux*, Bc.

سَعَّار *rage*, Voc.

سَعِير *enfer*, Voc., Alc. (infierno).

سَعَّار *rage*, Alc. (ravia).

سَاعُور *jeune bouc*, M.

تَسْعِير *taxe*, *règlement pour le prix des denrées*, Alc. (tassa o tassacion). — *L'emploi d'inspecteur des poids et mesures*, Alc. (almotacenadgo).

تَسْعِيرَة *taxe*, *règlement pour le prix des denrées*, Bc. — *Prisée*, prix que l'on met aux choses à vendre à l'enchère, Bc.

مَسْعُور *furieux*, Hbrt 243.

مُسَعِّر *inspecteur des poids et mesures*, Alc. (almotacen).

مُسْعِر *glouton*, *bâfreur*, Alc. (comilon, gloton, goloso, garganton).

سعرن I *enrager*, faire enrager quelqu'un, lui causer du dépit, Bc.

II *devenir enragé*, Bc.

سَعْطَة *rage*, *transport furieux de colère*, et *rage*, *cruauté excessive*, Bc.

سعط I se construit aussi c. ب ر., 1001 N. Bresl. V, 280, 3 a f.: سعطه بالخل «il lui fit respirer du vinaigre.»

سَعُوط *Achillea ptarmica*, Bait. II, 22 b. — *Tabac à priser*, Bc, M.

سعف IV. En expliquant l'expression أسعفه حاجته, Lane a traduit littéralement le قضاها له des lexicographes indigènes, mais cela ne suffit pas. Le Voc. a ce verbe, c. a. p., sous «etiam,» dans le sens de «oui,» c'est donc chez lui «dire oui à quelqu'un,» c.-à-d. *consentir à ce que quelqu'un demande ou désire*, p. e. Haiyân 54 v°: أسعفه بما التمسه, Macc. II, 89, 21: أسعفه بالبازي «il consentit à lui donner le faucon (que l'autre lui avait demandé). Au lieu de c. ب r., aussi c. في r., أسعفه في ذلك, Bayân II, 129, 17. Simplement أسعفه, Khatîb 177 r°: غرضه فبه فأظهر العجز عن الثمن وسأل منه تأخير بعضه فأسعفه. Sans pronom, أسعف في ذلك, Bayân II, 100, 10, et le n. d'act. إسعاف *consentir à ce que quelqu'un demande ou désire*, Abd-al-wâhid 2, 4 a f., Hoogvliet 55, 12, Abbad. I, 12, 10.

VII. ينسعف *secourable*, Bc.

X. مستسعف مقصده *chercher à atteindre son but*, Abbad. I, 418, 10.

سَعَف النَّخْل *le dimanche des Rameaux*, Hbrt 153.

سَعْفَة *désigne chez Rhazès des pustules nombreuses et rouges, qui deviennent parfois des ulcères; on les appelle aussi* نبك *et* باذنشام (substituez un *fâ* au *noun*), *et quelquefois elles couvrent également les extrémités*, Gl. Manç.; *achores*, voyez sous ربة. — *Secours*, *aide*, Hbrt 221.

سُعْفَة *subside*, *contribution*, Ztschr. XXII, 162, 5.

تَسْعِيف *secours*, *aide*, Hbrt 221.

سعل II *faire tousser*, Voc.

سَعْلَة *toux*, *quinte*, *toux violente*, Bc.

سُعَال كَلْبِيّ *coqueluche*, Bc.

سُعَال (cf. Lane) *tussilago farfara*, Bait. II, 23 c.

سَعَّال *qui tousse beaucoup*, Voc.

سعى

سَعَى I a lo n. d'act. مُسْعَاةٌ dans les signif. que Freytag donne sous les nos 4, 5 et 8, Gl. Fragm. — سعى على دمه عند فلان *il fit son possible pour engager un tel à mettre son prisonnier à mort*, Haiyân-Bassâm I, 174 vº. — Dans le sens d'*accuser* ou *calomnier quelqu'un*, aussi c. على p., Gl. Fragm., Prol. I, 21, 10, et c. فى p., Khaldoun IV, 12; السعاية أخيه عند ابيهما *auprès d'un autre*, aussi c. ل, Macc. II, 30, 16. — *Mendier*, Voc., Alc. (demandar por Dios, mendigar el pobre).

X, suivi de على الناس, *mendier*, Djob. 204, 20.

سَعْى *bestiaux, troupeaux*, Bc.

سَعِيَّة *bestiaux*, Cherb. Dial. 27, qui prononce sa"aya; cf. plus loin سَعَايَة.

سَعْيَة *l'action de mendier, mendicité*, Voc., Alc. (demanda por Dios, mendiguez).

سَعَايَة *bétail*, Cherb. Dial. 11; on trouve en ce sens سعايا chez un poète populaire, Prol. III, 379, 14.

سَعَايَة est proprement un n. d'act., mais s'emploie substantivement, *brigue, intrigue, cabale, calomnie*, Fleischer dans Gersdorf's Repertorium 1839, p. 435, qui cite Hariri 181, 1, Bidp. 29, 10, 158, 1; on peut y ajouter Aboû'l-Walîd 664, 8, Payne Smith 1521, Prol. I, 21, 9, Valeton lo, 6: السعايات أقْتَل من الأسياف ۞

ساعٍ, chez Bc *exprès* (messager à pied), *facteur*, celui qui porte les lettres, est proprement *un coureur*. Ce furent les princes de la famille de Bouyah qui supprimèrent la poste (*berîd*), et établirent les coureurs, سُعَاة, Maml. II, 2, 89. Plus tard, toutefois, ce terme a aussi reçu le sens de *courrier à cheval*, Hbrt 108. Il est propre à l'Orient; au Maghrib on disait رقّاص, Macc. I, 557, 10. ساعي باشي *le chef des messagers*, Bc. — ساعي الأخبار *mercure*, feuille périodique, Bc. — *Mendiant*, Voc., Alc. (demandador por Dios, mendigo que demanda). — القروح الساعية *les ulcères qui se propagent*, M, Bait. I, 166 a. — ساع بالفساد *perturbateur*, Bc.

ساعِبَة *bétail*, Cherb. Dial. 30.

مَسْعَى *travail*, peine qu'on prend, Bc. — Dans le Voc. *via*; à la Mecque le chemin où a lieu la course entre aç-Çafâ et al-Marwa s'appelle en effet المَسْعَى,

mais je doute que ce mot signifie *route, chemin*, en général. — *Pâturage*, Cartâs 185, 8: وكانت قبائل البربر الذاك يسكنون الشام ويجاورون العرب فى المساكن والاسواق والمراعى ويشاركونهم فى المياه والمسارح والمساعى ۞

عمل سغردية وحَوْرِيَّة سَغْرِديَّة *danser*, Voc.

سَفّ I, n. d'act. سُفُوف, *dévorer*, Mehren 29.

II. سَفَّفَ فرسهُ et سَفَّفَ العِنَانَ *il mit le mors dans la bouche de son cheval*, voyez Ztschr. XXII, 138 et comparez Lane sous la IVe forme.

IV c. a. p. *mettre dans la bouche*, voyez sous سَفّ. — C. الى *ambitionner*, Prol. II, 33, 4 et 5, Berb. II, 559, 2.

VII dans le Voc. sous sorbere.

سُفّ *bouchée*, Abdarî 48 rº, où il est question d'un mourant qui n'est pas en état de parler: فرفع يده واشار الى فيه ان سفوه (ل. يَسُفُّوهُ) سفّا فسمّى السّقّاف ۞

سَفّ. Ce que les Orientaux racontent au sujet de ce serpent ressemble à ce qu'on racontait en Europe au sujet du basilic, Niebuhr B. xxxiii.

سَفَّة *bouchée*, Ztschr. XXII, 138.

سَفُوف *poudre*, composition médicale en poudre, pour prendre intérieurement; سفوف لولوى *diamargariton*, médicament fait avec des perles, Bc.

سَفِيف *maigret*, un peu maigre, Bc.

سَفَافَة *maigreur*, Bc.

سَفِيفَة *ruban fin et mince*, Bg. — سَفَائِف *la campane* de l'espèce de baldaquin appelé قَتَب, dont se servent les femmes, Ztschr. XXII, 157. — *Large tresse de cheveux*, Ztschr. XXII, 138. — En Syrie, ceinture tressée de fil de laine de plusieurs couleurs et large comme la main, que portent les femmes et aussi les hommes, mais ces derniers seulement quand ils sont jeunes, Ztschr. XXII, 138. — Au Maroc, bandeau des dames, appliqué sur le front et orné de perles, Pflügl t. 67, Gräberg 81; سليفة chez Hœst 119 semble une altération de ce mot.

سُقَّاف voyez sous سَفّ.

مُسَفَّف *kouskousou excessivement fin, et qui, après avoir été cuit à la vapeur comme le kouskousou au jus de viande, se prépare avec du beurre frais. Au moment de le servir, on le couvre de raisins secs, de sucre et de grains de grenades douces, Cherb., Martin 81, n. 2, R. d. O. A. V, 86, X, 318, Dunant 210, Daumas V. A. 254.

سَفاقِس nom d'un instrument de musique, Casiri I, 528 a.

سفنت

سَفَنْت planche avec des trous qui porte les cylindres sur lesquels tourne la soie quand on la file (لوحة مخرقة توضع فيها بكرات تدور عليها خيوط الحرير عند حله), M; cf. Bg 720. — Pl. سَفافِيت fer pointu, Mehren 29; c'est pour سَفُود.

سَفَنا nénufar, Most v° نيلوفر.

سفج.

سَفّاج est un nom de métier formé irrégulièrement du substantif أَسْفَنج, préparateur et vendeur de beignets, J. A. 1869, II, 161–3, Voc. (laganum facions).

سفح I c. ب et مع forniquer, Voc.

VII couler, Wright 23, 6 a f., 24, 4, 25, 13. — En parlant du blé, devenir مَسْفُوح (voyez), M.

سَفْحَة la condition du blé qui est مسفوح (voyez), M.

سَفُوح coulant en abondance (larmes), Gl. Fragm. pl. سُفُح; Wright 45, 4.

سَافِح Le pl. سُفُوح, P. Abbad. I, 315, 5.

مَسْفُوح se dit du blé quand, par suite du froid, il est devenu jaune, que son grain est menu, que ses épis sont noirs et que ceux-ci perdent peu à peu les barbes qui les hérissent, M.

سفد II rôtir, Alc. (assar).

III s'emploie réellement (cf. Lane sous la IV° dans le sens de la VI°, s'accoupler, Calendr. 41, 9, Prol. I, 268, 3 a f.

V dans le Voc. sous veru.

VII dans le Voc. sous coire.

سَفِيد (pers.) blanc, candide, Ht.

سَفُود broche. Dans le Voc. le pl. est aussi أَسَافِد. — Essieu, Bc. — Flèche d'une tour, Macc. I, 370, 8. — Fuseau, à ce qu'il semble; dans le Formul. d. contr. 4 (sur la marge) le سفود الصوف est nommé parmi les objets dont se compose le trousseau. — Le pl. سَفافِيد brochettes de viande de mouton rôti, Daumas V. A. 251.

سفر I s'emploie aussi comme verbe intransitif, être découvert, se montrer, Fleischer dans Macc. II, p. xi b, Abbad. I, 24, 1 (où il faut prononcer سَفَرَ, comme je l'ai dit III, 7), 174, 5, Macc. I, 61, 21, 1001 N. I, 489, 5. — La phrase que Freytag cite sous le n° 9 est empruntée à de Sacy Chrest I, ١٥٨, 4. — Etre négociateur, intermédiaire; سَفَرَ عند الى ملوك مصر « il remplit de sa part une mission auprès des souverains de l'Egypte, » Maml. I, 193; سَفَرَ لى الوزير فى دار الكاتب الموخّى « le vizir fut mon intermédiaire auprès du sultan, pour le prier de m'accorder le palais du câtib qui avait été destitué, » Macc. I, 645, 6. — Voyager, mais particulièrement voyager sur mer, naviguer, Gl. Edrisi.

II envoyer, expédier, congédier, Maml. I, 1, 195. — Au Maghrib, relier un livre, Alc. (encuadernar libros), Bc (Barb.), Hbrt 88 (Barb.), Roland, Macc. III, 9, 8 a f.: الى اتقان بعض الصنائع العملية كتسفير الكُتُب وتنزيل الذهب وغيرهما (c'est ainsi qu'il faut lire avec notre man., au lieu de كتفسير, comme porte l'édit.), Khatib, man. de Paris, 1 v°: يجيد تسفير مُسْقِر تسفير et سَقَّار; cf. الكُتُب.

V être envoyé pour une mission, Maml. I, 1, 196, Voc. sous proficisci in via.

سَفَر pl. أَسْفار se trouve dans le Voc. sous proficisci in via, avec viaticum dans une note; il paraît donc que ce mot signifie, de même que سُفْرَة, provisions de voyage; cependant le Voc. ne l'a pas sous viaticum. — Zéro, Bc; c'est pour صِفْر.

سَفَر campagne, suite d'opérations militaires pendant l'année ou moins, Bc; سَفَر الاحمال ou seul, voyez sous حمل. — Partie de campagne, Djaubarî 84 v°: فى السماعات وفى الافراح وفى الاسفار وغيرها. — Chez les Druzes, la disparition de la personne sainte de Hakem et celle de l'imâm, de Sacy Chrest. II, 260, n. 98.

سَفْرة voyage, relation d'un voyage, Bc. — Embarquement, Alc. (enbarcadura). — سَفْرة مُلُوك adonis, Prax R. d. O. A. VIII, 282.

سُفْرة الشَّطْرَنْج échiquier, Voc. Abd-al-wâhid

83

83, 11; aussi سَفَر seul, Alc. (escaque o trebejo, juego de axedrez, tablero para jugar), Abd-al-wâhid 83, 4 a f., 84, 5, 8, 9, 13. — *Garnison*, Carette Kab. II, 388; c'est de سَفَر dans le sens de *campagne*; en turc on trouve سَفَرْلُو et سَفَرْجِي, «soldat.»

سَفَرِى .سَفِينَة سَفَرِيّة, جَفْن سَفَرِى *bâtiment de transport*, Gl. Edrîsî, Amari Dipl. App. 2, l. 8. — *Voyageur*; سَفَرِى الهَوَا *aéronaute*, Bc. — رُمَّان سَفَرِى voyez sous le premier mot.

سَفَّار *arthratherum floccosum*, Colomb 28, *aristida*, Ghadamès 330.

سِفَارَة *ambassade*, Bc, M.

سَفِيرِيَّة voyez, sous l'*élif*, أَسْفِيرِيَا.

سَافِر pl. ة *voyageur*, Bc, celui qui passe une grande partie de sa vie à voyager, surtout en parlant de fakîrs, de derviches, *qui mène une vie errante*, Fleischer sur Macc. I, 591, 11 Berichte 203. — Au Maghrib, *relieur*, Alc. (encuadernador), Domb. 102.

سَافِرَة *spargane* (plante), ruban-d'eau, Bc.

سَافُور pour l'hébreu שׁוֹפָר, trompette ou cor, Saadiah ps. 150.

تَسْفِير pl. تَسَافِير *la commission donnée à un envoyé quelconque*, Maml. I, 1, 196; — *droit, gratification que l'on allouait à ceux qui étaient chargés d'une mission de ce genre*, ibid. — Au Maghrib, *reliure*, Alc. (encuadernacion), Macc. I, 302, 6.

مِسْفَر, au Maghrib, *relieur*, Macc. I, 599, 5, Most. وَمِنْهُ يُعْمَلُ غِرًا لِلْمُسْفِرِينَ لِتَلْصِقَ بِهِ الكُتُبُ: غُبَارُ الرَّحَا vº, Bat. IV, 246 (mal traduit).

مُسَافِر. المُسَافِرُون *les équipages* d'un bâtiment, Berb. II, 421, 5. — مَرَاكِب مُسَافِرَة *vaisseaux marchands*, l'opposé de مَرَاكِب مُقَاتِلَة, Amari 334, 2.

سَفَرْنَائِية *panais*, Domb. 59, Bc, cf. Gl. Esp. 224.

سَفَرْجَل سَفَرْجَل عُثْمَانِى 1001 N. I, 56, 13.

سَفَرْمَادِى, connu aussi sous le nom de طَيْرُ الجَرَاد, petit oiseau qui cherche et tue les sauterelles, Man. Escur. 893, cf. Casiri I, 319 b.

سَفْسَارِى. Edrîsî ٢٩, 14, en parlant de la ville de Noul:

وَتُبَاعُ بِهَا الأَكْسِيَةُ المُسَمَّاةُ بِالسَّفْسَارِيَّة. Un *kisâ safsârî* est une espèce de *haïk*, qui, comme ce dernier, sert à la fois de manteau et de couverture. Dans l'origine ce *safsârî* était un adjectif, mais il est devenu un substantif, et quelquefois, à ce qu'il semble, on en retranche l'î final. Prax 27, parmi les marchandises prises à Tunis et à Tripoli pour le Soudan: «Haïks très-ordinaires, appelés *safsari*, pl. *safasir*, de 6 fr. à 7 fr. 50 c. La ville d'El-Ouad expédie beaucoup de burnous et de haïks à Ghdâmes et à Ghât. Les haïks sont portés par les Touareg et par les Arabes du Soudan. Les nègres en font des couvertures;» Richardson Sahara I, 51: «Les femmes jettent parfois un barracan léger ou *sefsar* sur la tête et les épaules;» Dunant 202: «*sassari* (sic), haïk de femme;» chez Michel 103, 106, *sassari* (sic) est le grand voile des femmes à Tunis; ibid. 273: «les *sefsérē* du Djerid;» Pagni 43: «ils se couchent sur un lit bien couvert de draps de laine très-lourds, qu'ils nomment *sefsèr*.» Chez Léon 564 ce mot est altéré en *setfari*.

سَفْسَط I (formé de σοφιστής) *employer des sophismes, avoir recours à des arguments captieux*, Voc. (c. على sous *falacia*, c. فى sous *sophistare*), Cherb. C.

سَفْسَطَة *sophisme*, Voc.

سَفْسَطِى *sophiste*, Bc.

مُسَفْسِط *sophiste*, Voc.

سَفْسَف I *babiller, caqueter*, Voc.

سَفْسَفَة *loquacité et vanterie en paroles*, Voc. — Cette signification ne peut pas convenir aux passages Prol. I, 34, 6, 304, 1, II, 304, 14, 305, 3, où de Slane traduit *fraude, dépravation, improbité*.

سَفْسَاف *parleur dont la conversation est vide*, Cherb. C (il donne: *blé peu nourri*; au fig., *parleur* etc.; mais la première signif. doit disparaître; ce n'est rien autre chose que le «hordei leviora grana» de Freytag, qui s'est laissé tromper par une mauvaise leçon; voyez Lane). — «On emploie contre les maux d'yeux, à Ghadamès, une poudre (*safsaf*) que les Touaregs apportent à Ghadamès et qui est fournie par un arbre du Soudan,» Ghadamès 353.

سَفَط II. Les dict. n'ont que مُسَقَّطُ الرَّاسِ *celui qui a une tête comme un* سَفَط. Dans les gloses plus ou moins altérées chez Payne Smith 1475—6, تَسْفِيط الرَّاس semble devoir s'entendre des sages-femmes, qui

سفق

donnent à la tête d'un enfant nouveau-né la forme qu'elle doit avoir.

سَفَطِيّ *vannier*, Yâcout II, 519, 23.

سَقَّاط *vannier*, Lane (TA), Macc. II, 508, 2, mais l'éd. de Boul. a سَقَّاط.

أَسْفُوط *des cordons de paille dont on fait des corbeilles; les idiots les attachent autour de la tête en guise de turban*, Burckhardt Prov. n° 51.

مُسَفَّط voyez sous صفط.

سفق I. سَفَقَ كَفًّا et سَفَقَ حَلَاوَةَ كَفٍّ et سَفَقَ *donner à quelqu'un un soufflet, souffleter*, Bc. — سفق في رجها, 1001 N. II, 231, 6 a f., dans le même sens que سفق امرأته chez Lane. — Voyez صفق I.

II *presser ensemble*, L (stipato سَقَقُوا). Selon M. Wright, cette forme se trouve Saadiah ps. 47.

سَفِيق fém. ة, *jaloux*, Payne Smith 1488.

مِسْفَقَة pl. مَسَافِق *cliquette, castagnette*, L (ballematia مَسَافِق, cimbalum, idem). Alc., sous «chapas para tañer,» donne *maciquif*, c.-à-d. مَسَافِق, ce qui est une transposition de مَسَافِق. Sous «tarreñas chapas para tañer,» il a *mabiquif*; c'est le même mot, mais le *b*, au lieu du *c*, est une faute d'impression. Enfin sous «ferremuela o chapas para tañer,» il donne مَسَافِقَة, pl. مَسَافِقَة. Le Voc. (cinbalum) a مَسَافِقَة, pl. ات. Je crois que le mot est مَسَافِق, c.-à-d. le pl. du sing. مُسْفَقَة, et qu'on a formé de ce pl. le nom d'unité مُسَافِقَة, comme on fait souvent dans la langue vulgaire. Le *dhamma* dans L et le Voc. est une mauvaise prononciation. Plus régulièrement مِصْفَقَة, pl. مَصَافِق, Abou'l-Walîd 609, 20 et 21, 26, 33, le pl., Casiri I, 528 a. — Au Maghrib, *Cotyledon Umbilicus*, «le vulgaire l'appelle ainsi,» Ibn-Djoldjol (man. de Madrid), Bait. II, 330 b, 449 c: ورقها على شكل درى المسافق النابتة على الحجارة. Cette plante a reçu ce nom parce que ses feuilles, qui font souvent le godet en dessus, ont la forme de cliquettes ou d'écuelles. Pour la même raison on l'appelle en français *écuelle-d'eau*.

سفن

سَفَكَ VI (Lane TA). Un exemple chez Hayân 38 r°: تسافكوا الدماء ☪

سفل VII *être bas*, Macc. II, 495, 4 a f. (aussi dans l'éd. de Boulac).

VIII *être bas*, Auw. I, 45, 7 a f.: ما علا من الارض واستفل ☪

سفل, comme שָׁפָל en hébreu, *vase, pot*, voyez le Thesaurus de Gesenius, p. 965 a; les paroles de Jehouda b. Koreich sont (éd. Bargès et Goldberg, p. 78): אלספל והו קצריה (voyez sous قَصْرِيَّة).

سَفِل, en parlant d'une seule personne (cf. Lane), *un homme du bas peuple, un homme vil*, Macc. II, 555, 6 et 17, 1001 N. I, 274, 6. — Pl. سَفَل *pouille*, injures que se disent des bateliers qui se rencontrent, etc., Alc. (pulla).

سُفْلَى dans le Voc. = سِفْلَى. — En astron. السَّفْلِيَّة sont Vénus et Mercure, ou bien ces deux planètes et la lune, M.

العود السفالي espèce de bois d'aloès qui vient de سفالك الهند, Bait. II, 224 b.

سَافِل *vil*, pl. سَفَل, Voc.

يحدّون الى اخذه البذّ السفلى الأسفل *ils le demandaient humblement*, Berb. I, 74.

أَسْفَيِل voyez sous l'*élif*.

مَسْفُول ياء مسفولة *la lettre yâ*, Bat. II, 52, Ibn-Abdalmelic 3 v°, 10 r°.

سَفْلَاق pl. سَفَالِقَة *parasite*, Bc. — Bavard, Mehren 29.

سفن II c. a. *appliquer un coin*, pour tuer ou pour fendre, M.

سَفَن (σφήν) pl. أَسَافِين *coin, outil de fer pour fendre*, Bc.

سفين ne s'emploie pas seulement comme un collectif, mais aussi comme un sing., en parlant d'un seul navire, Abd-al-wâhid 101, 6, Abbad. I, 61, 11, Berb. I, 367, 8 a f. — *Ange* (poisson de mer), Pagni MS (squadro pesce). — (σφήν) *coin, outil pour fendre*; le M sous دكدك a le pl. اسافين.

سَفِينَة La constellation dite *le navire Argo* ne

s'appelle pas seulement السفينة, mais aussi سفينة نوح, Bc (« l'arche de Noé »). — سفينة النجاة désigne chez les Druzes: les quatre ministres inférieurs à Hamza; c'est une allusion à l'arche qui sauva Noé du déluge, de Sacy Chrest. II, 272, n. 118. — *Livre plus large que long, livret oblong; chansonnier, recueil de chansons*, Bc; *album que les copistes de profession calligraphient pour les gens de loisir*, Cherbonneau dans le J. A. 1860, I, 419, 426; on emploie ce mot dans le sens de *collection, recueil, compilation*, voyez Ztschr. XVI, 217, 229.

سفنارية *panais*, Gl. Esp. 224.

سفنج voyez اسفنج sous l'*élif*.

سفه I c. على p. *s'emporter contre* quelqu'un, Maml. II, 2, 260, 1001 N. I, 825, 5, mais en comparant d'autres mots de cette racine (voyez plus bas), je crois que la traduction exacte est: *être grossier envers quelqu'un, lui dire des insolences*.

II dans le Voc. sous *prodigus*. — C. a. p. *désappointer* (خيّب), M. — سفّه محمد *faire une algarade, être grossier, malhonnête envers* quelqu'un, *lui faire des impertinences, lui dire des insolences*, Bc.

V dans le Voc. sous *prodigus*.

VI c. على p. *s'emporter contre* quelqu'un, Maml. II, 2, 260, mais voyez sous la Ire forme.

سفه *discours grossier, paroles injurieuses*, L (contumelia, dedecore).

سفه *prodigalité*, Voc. — *Gueuserie, fourberie, friponnerie*, Alc. (vellaqueria).

سفيه *prodigue*, Voc. — *Effronté, hardi, immodeste, impertinent, impudent, insolent, libre, licencieux, déréglé*, Bc, سفيه اللسان, de Sacy Chrest. I, ١٤٢, 13, où l'éditeur traduit *peu mesuré dans ses discours*. كلام سفيه *gros mots, paroles déshonnêtes, discours grossier, infamies, paroles injurieuses*, Bc. — *Coquin, fripon*, Alc. (vellaco). — *Se dit des personnes par injure et par mépris, chien*, Alc. (can perro).

سفاهة *prodigalité*, Voc. — *Algarade, sortie contre* quelqu'un, *audace* (en mauvaise part), *grossièreté, parole grossière, malhonnête, hardiesse, impudence, insolence, chose immodeste, licence*, Bc. — L'expression كاسمها السفاهة, dans un vers de l'Omaiyade Merwân que cite Khallic. IX, 116, 3 a f., est diffi-

cile à comprendre, et l'explication qu'en a proposée M. de Slane (III, 626, n. 20) ne me semble pas satisfaisante.

سفو et سفى.

سفا عنده سفا *il* (le cheval) *a un cor*, Daumas V. A. 189.

سفاية *barbe* d'un épi (comme سفا), Voc., Alc. (raspa de espiga, cf. espiga mocha).

ساف substantivement en parlant du vent, Macc. I, 339, 12; 661, 15.

سفيدس nom d'une plante, Bait. II, 23, 2 a f.; Sontheimer a confondu deux articles en un seul; celui sur سفيدس commence avec la citation du cherîf, c.-à-d., d'Edrîsî.

سقّ

سقّيقة *chardonneret*, Hbrt 67; Freytag a ce mot sous سقى, 331 b.

سقالة voyez اسقالة sous l'*élif*.

سقباجة nom d'un mets que Chec., 196 v°, décrit ainsi: لحم مطبوخ وبيض مضرب بتابل يعقد فى زيت قدر ما يلتصق بالطاجن; peut-être faut-il lire سقنباجة et comparer le pers. شكنبة.

سقبوشة (esp.) *saquebute*, sorte de trompette harmonique, Alc. (sacabuche).

سقد II *arranger*, Cherb. Dial. 6.

مسقّد *droit, direct*, Domb. 107, Hbrt 41 (Alg.). Aussi avec le ك.

سقر

مسقار vulg. pour مصقار, ابو مصقار, sorte de poisson, M sous صقر.

سقرذيون « signifie en grec ثوم برّى (c'est donc σκορδιον ἄγριον); cependant ce n'est pas *ail*, mais حشيشة تسمى المطرا, dont l'odeur et la vertu ressemblent à celles de l'ail, » Gl. Manç. in voce.

سقرس *saxifraga*, Most. v° قلب.

سقرفاج voyez اسكرفاج sous l'*élif*.

سَقَرْنْدُونِيُون acacia, Most. v° اقاقيا; leçon de N; dans Lm la quatrième lettre est un yâ.

سَقْس demander, Bc (Barb.); voyez sous سَقْسَى.

سَقْس (La) ou سَقُوس (N) le cresson blanc, Most. v° حُرْف.

سَقْسَف trochilus, Descr. de l'Eg. XXIV, 436, Yâcout I, 880, 11.

سَقْسَى demander, questionner, interroger, Voc. (qui écrit سَقْصَى c. a. p. et عن ou ر., interrogare), Alc. (pescudar o preguntar, preguntar), Cherb. B, Bc (Barb.). Ce verbe est berbère; le Dict. berb. donne سَقْسَى sous demander (interroger).

تَسَقْسُو pl. ات demande, question, Alc. (pescuda por pregunta, pregunta, pregunta para tentar).

تَسَقْسِى question donnée à un criminel, Alc. (question de tormento).

سَقَط I, c. ل sur, سقط لفيه ويديه, Haiyân-Bassâm III, 4 v°. — Tomber, ne pas réussir, Bc. — سقط من نظر الملك tomber en disgrâce, Bc (comme سقط فلان من عيني chez Lane). — Venir inopinément, en parlant d'une personne, d'une nouvelle, d'une lettre, etc., Abbad. I, 252, 15, c. الى p., Abbad. I, 221, dern. l., Haiyân-Bassâm III, 115 v°: سقط الخبر البنا بذلك, et c. على p., Abbad. I, 388, 1, 57, 10: سقط عليه كتاب Bassâm III, 50 v°: الخبر عليه, T. d'arithm., retrancher en faisant une soustraction, soustraire, Bc, Hbrt 122. — سقط فى حقّ احد s'échapper, s'emporter inconsidérément, Bc. — سقط يده. Comparez avec Lane une note de Quatremère, Maml. I, 1, 48; dans le Voc. obstupescere dentibus.

II. سقط النّوار ôter la fleur, Alc. (desflorar quitar la flor). — C. a. dans le Voc. sous vilescere. — سقّط الرّز فى الميه verser le riz dans l'eau qui bout, Bc. — Incruster, Maçc. II, 712, 9: وجميعها بسمرج ولجم مسقّطة بالذهب والفضة وبعضها سرجها وركبها كلها ذهب وكذلك لجمها. — Damasquiner, incruster l'or ou l'argent dans le fer ou l'acier; aussi سقّط البولاد

مجلاه مسقّطة بالذهب, Bc, Maml. I, 2, 203: بالذهب (mal traduit). — Faire une fausse couche, Payne Smith 1590, 1001 N. Bresl. IX, 279, 10 et 13.

IV. اسقط الورق effeuiller, élaguer les arbres, Alc. (le n. d'act. deshojadura de arboles). — Congédier des employés, des troupes, Abbad. I, 221, 10, 228, n. 21, Gl. Belâdz., Macc. II, 764, 9 (cf. Add.), J. A. 1851, I, 78, n. 3. En parlant de soldats, c'est proprement les rayer des contrôles, Berb. I, 400: اسقطهم من ديوانه. — Supprimer un passage dans un écrit, biffer un article, de Sacy Chrest. II, 267, 15: واما خلعهم وخلع الوزراء ونحوه فاسقطتهن من كلام ابن فضل الله, parce qu'elles sont de soie et d'or, ce qui est contraire à la loi; Bait. II, 542 a; Macc. III, 760, 13: Lisân ed-dîn Ibn-al-Khatîb a écrit sur la marge de l'article qu'il avait consacré, dans son Ihâta, à Ibn-Farcoun: يسقط هذا الساقط من الديوان «l'article sur ce misérable doit être supprimé,» et Maccari ajoute: وتعلّ لسان الدين انّما امر باسقاطه من الاحاطة لما يتّهم به من معنى يبنّبه السابقين ويحتمل ان يكون لغير ذلك. Peut-être aussi ne pas faire mention de quelqu'un dans un écrit, voyez Macc. I, 612, 18. Dans le Voc. excludere. — اسقط se déshonorer, R. N. 95 r°: ردّ شهادة مروءته وهمّته رجل واسقطه من اجل انه كان ينزل من حانوته ويتصرّف متزرّرا بميزر عارى البدن فقال اسقط مروءته وهمّته. C. a. p. rejeter le témoignage de quelqu'un, voyez le passage qui précède. — Faire tomber dans l'oubli, Haiyân-Bassâm I, 47 v°: هجاء بقَتْبَكه اسقطت كلّ مَن فتك قبله. — اسقطه من نظره disgracier, Bc. — T. d'arithm., soustraire, Bc, Hbrt 122. — اسقطَ commettre une faute, P. Prol. III, 344, 3.

V dans le Voc. sous vilescere. — S'estropier, Bc.

VI ils quittèrent un endroit, les uns après les autres, voyez sous خرج X; c. الى p. ils arrivèrent auprès de quelqu'un, les uns après les autres, Berb. II, 408, 3 a f., 411, 3 a f., 413, 4.

VII dans le Voc. sous cadere, sous excludere.

X faire une fausse couche, Voc. — Voyez plus loin le n. d'act.

سَقَط vil, ignoble, Diw. Hodz. 34, vs. 2.

سَقِط mal conditionné, éclopé, estropié, impotent,

invalide, Bc (avec les voyelles, mais il n'en donne pas sous les mots qui suivent). — *Soustraction*, règle d'arithm., Hbrt 122. — *Fourbure*, maladie aux jambes du cheval, Bc. — *Fourbu*, attaqué de fourbure, Bc. — سقط القمح *rachitisme*, maladie des blés, Bc. — Le Voc. a ce mot sous *margarita*, mais comme il ne signifie pas *perle*, je soupçonne que c'est une faute et qu'il faut lire سَفَط, *écrin* où l'on met des perles.

سقطى *abortif*, Bc.

سقطى. سوق السقطية *triperie*, Bc.

سقاط *faiblesse*, Ht, qui l'écrit قار erreur avec un ت.

سقوط. سقوط الورق *effeuillaison*, l'action de dépouiller de feuilles, d'effeuiller les arbres, Alc. (deshojadura de arboles). — T. de médec., *épilepsie* (صرع), M. — En astrol., une planète est dans sa *déjection* ou *chute* (سقوط ou عبوط) quand elle est dans un signe où son influence est la moindre possible, de Slane Prol. II, 219, n. 7.

سقيط. سقيط في عراقيب الخيل *éparvin*, maladie du jarret dans le cheval, *jardon*, tumeur calleuse au jarret d'un cheval, Bc.

سَقَاطَة *incivilité, impolitesse, grossièreté, malhonnêteté*, Alc. (descortesia); *bassesse d'âme*, 1001 N. Bresl. VIII, 218, 10: خسّة هذا الرجل وسقاطته voyez-vous Il a reçu de vous un cadeau de 8000 dirhems, et quand il en tombe un seul, il le ramasse, au lieu de le laisser à un de vos pages; *vilitas* dans le Voc.

سُقَاطَة. En esp. *zoquete* signifie *le morceau de bois gros et court qui reste de celui qu'on a travaillé*; c'est سُقَاطَة, *le rebut*.

سَقَّاط, suivi de الورق, *celui qui effeuille, qui élague les arbres*, Alc. (deshojador de arboles).

سُقَّيط (cf. Lane). C'est dans la Haute-Egypte que les racines du souchet comestible portent ce nom, Bait. I, 279 d.

ساقط *incivil, grossier, impoli, malhonnête*, Alc. (descortes). — *Simple*, Werne 9 (*Arab saket*, einfache Nomaden). — ساقط الحشمة *sans pudeur*, Khatîb 136 r°. — *Démesuré, énorme, excessif*, Alc. (descomunal). — قول ساقط *opinion insoutenable*, Berb. I, 115. — الساقط في نسبهم *l'étranger qui s'affilie à une tribu et qui en a pris le patronymique* (de Slane), Prol. I, 239, 2 a f.

أَسْقَط *plus vil*, Fakhrî 210, 1, 5 a f., Haiyân-Bassâm I, 114 r°: On s'accorde à dire انه لم يجلس — في الإمارة منذ تلك الفتنة اسقط منه ولا انقص *Plus digne d'être supprimé, rejeté*, Gl. Maw.

إسقاط *soustraction*, règle d'arithm., Bc, M.

مُسْقَط *abortif*, Bc. — *Avorton*, Hbrt 26. — *Rejeté, mis au rebut*, Alc. (desechado). — *Qui a une descente (hernie)*, Bc. — مسقوطة la lettre ص, opposée au ظ, qu'on appelle مرفوعة ظاء, Gl. Bayân.

استسقاط, chez Rhazès, *dépérissement*, Gl. Manç.; l'auteur observe que ce mot ne convient pas, car quand on veut exprimer القوة سقوط, on ne peut pas employer la X° forme, qui exprimerait طلب سقوطها.

سقع I, 5 chez Freytag, aussi سكع et صقع, Fleischer Gl. 66. — *Contracter du mal aux yeux, avoir des ophthalmies*, Cherb. Dial. 131.

IV, verbe d'admiration, voyez l'article qui suit.

سقيع et ساقع. Le premier, *lâche, poltron*, Bc. — سقيع اللحية ne signifie nullement «imberbe,» comme Habicht a donné dans son Glossaire, ce que Freytag a copié, et ساقع n'est pas l'équivalent de صاقع, «menteur,» comme Lane l'a pensé dans sa trad. des 1001 N., III, 382, n. 50. Le chaikh de Lane, bien qu'il ne semble pas avoir connu l'expression dont il s'agit, était cependant plus près de la vérité lorsqu'il pensait que le terme dérive de صقيع (que Saadiah, ps. 78, vs. 47, et Cherbonneau écrivent سقيع), «grésil, gelée blanche, glace.» En effet, ساقع et سقيع sont des mots comme بارد, lequel signifie proprement *froid*, mais qu'on emploie dans le sens de *fou, sot*. Daumas donne مسقوع, *fou*, et là où l'édit. de Bresl. des 1001 N. porte (IV, 266, 11): يا سقيع اللحية بارد الوجه, celle de Macn. a (III, 636): يا ساقع الوجه يا بارد اللحية. Ces trois expressions sont synonymes et signifient *fou, sot*. De même Macn. II, 408, 12: يا ساقع الذقن ما اسقع ذقنك. Cf. mes articles سَقَاعَة, سَقَاعَة et dans Lane سَقْعَان.

سَقَاعَة *bassesse, inclinations viles*, Bc. Pour سُقَاعَة (voyez); سقاعة ذقنه *sottise, stupidité*, Bâsim 57: فقال باسم بسقاعة ذقنه وقلة عقله ۩

مَسْقُوع *fou*, Daumas V. A. 164.

سقف 663 سقلب

سَقَّفَ II *plafonner, garnir le dessous d'un plancher de plâtre*, Alc. (çaquiçami hazer, techar de çaquiçami), Bc.

V *être couvert d'un toit*, Payne Smith 1469.

سَقْف *plancher, partie haute d'un appartement*, Bc, *plafond*, Alc. (techo de çaquiçami), Bc, Hbrt 193, Ht, Macc. I, 323, 14, 325, 10, 445, 16. — سقف الحَلْق, Hbrt 2, ou سقف الفَم, Bc, *palais*, partie supérieure du dedans de la bouche; aussi سقف seul, Ht.

سَقِيف pl. سُقُف voyez سَقِيفَة.

سَقَافَة *évêché*, dans une charte de Tolède: على سقافة كرسى كنكة (Cuenca) (Simonet).

سَقِيفَة. Ce mot, que Freytag a expliqué fort mal, parce qu'il n'a pas compris le terme صفّة des lexicographes indigènes, et que les traducteurs d'Ibn-Batouta, trompés par lui, ont souvent rendu par « banc, estrade, » ce qu'il ne signifie jamais, a déjà été bien expliqué par Quatremère dans ses notes sur Becrî, 143 et 229, par de Goeje dans le Gl. Fragm. et par Lane. Ordinairement il signifie *portique, galerie couverte*, porticus dans le Voc., portal chez Alc., Blaquiere II, 26, Ten Years 16, 24, 27, 33, 98, etc., Lyon 96, Richardson Central II, 183, Rozet III, 18, 19, Barth IV, 458, V, 429, où l'on s'assied en été, Macc. I, 560, 12. Il est souvent question des *sekîfas* des mosquées, qui reposent sur des colonnes, Gl. Fragm., Aghânî 70, dern. l., Macc. I, 360, 5 et 8, 368, 13, Abdarî 66 r°: la mosquée de Médine est entourée de *sekîfas*, وأوسع سقائفه ناحية الجنوب وفيها المحراب وهى خمسة صفوف, et de celles qui sont près des portes des palais ou des villes, et qui servent de corps de garde, Fragm. hist. Arab. 580, 2 a f.: وجعل لكل باب من ابوابها دعليزا عليهم السقائف وموكل بكل باب قوّادا برجاله ٢٠٠ فارس و... راجل, Bat. II, 427: فى كل باب سقائف بها رجال واسلحتهم وقائدهم Marmol II, 31 a (Maroc): « Entre ce palais et celui du roi il y en avait un autre qu'on nommait *l'Acequife* et où se tenait la garde du roi, » 176 b: Tlemcen a cinq grandes portes, « et dans chacune il y a un acequife où se tiennent ordinairement les gardes et les percepteurs des rentes royales » (Ibn-Khaldoun, qui nomme aussi celles des portes de Tlemcen, les appelle, Berb. II, 161, 5 a f., السقائف, qui est le pl. de *sekîf*, le synonyme de *sekîfa*). Ces gardes sont nommés quelquefois « les mamlouks de la *sekîfa*, » Richardson Morocco II, 216, et leur capitaine ou *caïd* (cf. les passages des Fragm. et de Bat., cités plus haut) porte le titre de *caïd as-sekîfa*; mais comme il résidait ordinairement dans la citadelle de la capitale, ce titre a reçu le sens de « gouverneur de la citadelle, » Marmol II, 176 b, en parlant de la citadelle de Tlemcen: « c'est là que réside ordinairement le capitaine de l'acequife avec la garde du roi; » II, 95 a: « il y a dans la vieille ville de Fez un gouverneur qu'on nomme l'Alcayde de l'Acequife, qui se tient constamment dans le château, » etc.; Ramos 120: « Alcayde da Çaquifa, que he como Alcayde do castello. » A Alger la *sekîfa* est « la partie d'une maison comprise entre la rue et la porte qui ouvre sur la cour, » Cherbonneau, Voyage d'Ibn-Bat. en Afr. 46, et au Caire ce terme désigne encore « les couvertures de nattes qu'on trouve sur plusieurs marchés et qui servent à garantir du soleil, » Lane M. E. II, 393 n.

أَسْقُفِى *épiscopal*, Bc.

أَسْقُف et أُسْقُوفِيَة dans le Voc. pour les mêmes mots sans *wau*.

مُسَقَّف *la partie couverte* d'une mosquée, l'opposé de صحن, la partie découverte, Gl. Edrîsî, Djob. 265, 10, Abdarî 78 r°, après avoir dit مساجد مسقّف: وهذا المسقّف فى الركن الغربى الحج ☩ مُسَقَّفَة même sens, Cartâs 37, 7 a f., 40, 7.

سقل

سِقَالَة voyez اسقالة sous l'*élif*.

مِسْقَلَة *escargot, limaçon*, Bc, Hbrt 68.

سِقْلَاطُون (سِقَنْدُون (cyclas), سِقْلَاطُونى dans le Voc., ciclas), سِقْلَاطُونى sorte d'étoffe de soie brochée d'or; celle qu'on fabriquait à Bagdad jouissait d'une grande réputation. Au moyen âge ce mot vient dans toute l'Europe: allem. *ciclât*, esp. *ciclaton*, fr. et angl. *siglaton*; fiam. *cinglatoen*; voyez Gl. Bayân, Gl. Edrîsî, de Jong, Yâcout I, 822.

سَقْلَب I *châtrer* un homme, *le faire eunuque*, Voc.

II *être châtré*, Voc.

سقلب ou صقلب signifie proprement *un Slave*, mais comme ceux d'entre eux qui se trouvaient dans les pays musulmans étaient châtrés, ce mot a reçu le sens d'*eunuque*. Le Voc. donne سِقْلَب (ainsi, et non pas سَقْلَب), pl. سَقَالِب et سَقَالِبَة, sous eunucus; Haiyân-Bassâm III, 143 r°: فحل اربعة غلمان احدهم

سقم ;وَالثَّلَاثَةُ صَقَلِبٌ بَجْبُوبٌ خَصِيٌّ وَهُوَ الصَّقَلِّبِي L : *eunucus*

سقم I, au fig., *languir*, être traînant, languissant (style), Bc. — سَقُمَ الحِصَانَ (aor. i) *efflanquer*, rendre un cheval maigre au point d'avoir les flancs creux et abattus, Bc.

II سَقَّم *ranger*, Ht.

IV *défaire, maigrir, exténuer*, Bc.

V dans le Voc. sous *languere*.

VII *languir*, Bc.

سَقَم *amaigrissement, exténuation, langueur*, Bc. — *Enflure*, Alc. (abuhamiento).

سَقَم, chez un poète, en parlant d'une route, *dangereux, infesté par les courses des ennemis*, Dîwân d'al-Hâdira p. ۸, l. 5 et 7 éd. Engelmann.

سَقْمَان pl. سَقَامِين *seconde bottine qu'on portait par-dessus l'autre bottine (khoff)*. Elle était en usage en Égypte sous la dynastie circassienne; les émirs, les soldats, le sultan lui-même, et aussi les femmes, la portaient, Vêtem. 209, Defrémery Mémoires 327, J. A. 1861, 1, 30, n. 1.

سُقُّوم *ficus sycomorus*, Daumas V. A. 381; il l'écrit en caractères arabes, cf. Lane sous سُقُّوم.

سَقِيم *languissant*, aussi en parlant du style, Bc.

مَسْقُوم *enflé, plein de mauvaises humeurs*, Alc. (abuhado). — *Mulule*, Payne Smith 1660.

سقن

سَقَّان pl. آت est chez Alc. (qui écrit çiçân, pl. çicanît) çahon, c.-à-d. un morceau de cuir, qui, en bas, se divise en deux, et qu'on attache par derrière à la ceinture et aux cuisses pour garantir ses habits des ronces; il est en usage parmi les chasseurs et les campagnards (Dict. de l'Acad. esp.). Dans une charte grenadine: جُلُود سَقَانَات وَسِبَاطِط «des peaux pour les *zahones* et les souliers.» C'est grâce à M. Eguilaz (de Grenade) que j'ai pu transcrire correctement le *çiçân* d'Alc. et l'identifier avec le terme de la charte.

سَقْفَى *espèce de myrobolanier*, mais qui ne porte pas de fruits, Bocri 157, 16.

سَقُولُوفَنْدُورِيُون *scolopendre*, Gl. Edrîsî.

سقى I. Le Voc. donne سَقَا comme n. d'act. sous *rigare*. — Seul, c. a. p., par ellipse pour سَقَاهُ سَمًّا, *empoisonner quelqu'un en lui faisant boire un breuvage mortel*, Maml. I, 2, 149. — C. a. *mettre de l'huile dans une lampe*, Macc. I, 362, 17. — *Enduire*, p. e. de graisse (بِالسَّمْن) ou d'huile, Djob. 68, 5. — *Tremper*, plonger le fer, l'acier, dans une eau préparée, Bc (cf. Lane à la fin), voyez Gl. Belâdz., Auw. I, 405, 8, Maml. II, 1, 115, l. 3 des notes. — سَقَى الماء, en parlant de navires *faire de l'eau, faire aiguade, se pourvoir d'eau douce*, Amari 134, 2 a f. — سَقَى الغَيْطَة *boire, boire beaucoup de vin, godailler*, boire avec excès, *se mettre en goguettes, en belle humeur, se griser, se mettre en pointe de vin*, Bc. — أَسْقِيكَ يَا كَمُّون *je t'arroserai, cumin*, expr. prov. qui veut dire: jamais, la semaine des trois (ou quatre) jeudis, jamais, je vous en souhaite, c.-à-d. vous n'aurez pas ce que vous espérez; بِسْقِيكَ يَا كَمُّون, *bernique*, se dit à quelqu'un frustré dans un espoir; *attendez-moi sous l'orme*, Bc.

II c. a. p., comme la Ire, empoisonner quelqu'un en lui faisant boire un breuvage mortel, Voc.

IV c. a. et ب *percutere* dans le Voc.

VII quasi-pass. de la Ire, Voc. (v^{is} *adaquare, rigare*).

VIII c. a. *épuiser, tarir, mettre à sec*, Djob. 207, 2. — *Tirer en haut*, p. e. un homme, Haiyân 73 r°: وَضَمَّانٌ بَابُ الحِصْنِ بِأَصْحَابِهِ فِي أَنَّهُمْ مَا عَلِمَ يَجِدُ الْعَيْنَ مَنْفَذًا لِلدُّخُولِ عَلَيْهِ حَتَّى اسْتَقَاهُ عَلَمْ مِنْ فَوْقِ السُّورِ مِنْ صَهْوَةِ فَرَسِهِ, 1001 N. Brosl. VI, 292, 6, un panier, ibid. l. 3. — Voyez plus loin le n. d'act. et le part.

X, *demander à boire*, ne se construit pas seulement c. مِن p., mais aussi c. a. p., Haiyân 93 r°: فَإِذَا بِهَا تُعْنِيدُهُ وَهُوَ يَفْدِيهَا وَيَسْتَسْقِيهَا. — Alc. donne le n. d'act. dans le sens de *procession pour obtenir de la pluie* (procession por que llueva); on peut en trouver la description dans le Cartâs 275, 2 a f. et suiv. En Égypte, *faire des prières publiques pour obtenir une bonne crue du Nil*, de Sacy Chrest. I, ٥٩, 2. — Voyez plus loin le n. d'act. et le part.

سَقَا se trouve dans le Voc. comme le synonyme de سَقْى, *iriguum* (coquia). — السَّقَا se trouve dans L sous *eliotropium*, indistinctement; on pourrait lire aussi السَّنَا; je ne connais ni l'un ni l'autre.

سَقِيَّة *irrigation*, Bc. — سَقِيَّة سَقِيَّةُ الأَرْضِ بِالنَّتْع

الحديد trempe, manière de tremper le fer, Bc. — *Breuvage empoisonné*, Maml. I, 2, 149. — *Bassin*, pierre creuse (= جُرْن), Macc. I, 655, 12; l'éditeur veut changer la leçon, mais elle se trouve aussi dans l'édit. de Boulac.

سقاوة *morve*, maladie contagieuse et mortelle des chevaux, Bc.

سقبة. La signif. d'*aquarium* (cf. Gl. Belâdz.) se trouve chez Domb. 98. — سقاية الحديد *trempe*, manière de tremper le fer, Bc.

السقاء الشيخ, dans les mosquées, *celui qui règle la distribution de l'eau pour les ablutions*, Burton I, 101, 358.

ساقية *rigole, fossé*, etc. De là: طفّ الساقية *franchir le pas*, se résoudre enfin, *sauter le fossé*, prendre un parti après avoir longtemps balancé, Bc; — نطّ الساقية *se faire turc*, Bc. — *Seau*, Gl. Edrîsî 321; de là l'ital. secchia, secchio, sicil. sicchia, Amari J. A. 1845, I, 114. — *Baignoire*, Macc. III, 752, 1: فدخل ابو العباس المطهرة وتجرّد من اثوابه فقال لى ايّش الفقيه ابو العباس فقلت ها هو فى الساقية عريان 1001 N. Bresl. XI, 345, 2, 3 a f. — *Roue hydraulique*, tournée par des bœufs, à puiser l'eau d'une rivière, pour arroser les champs et les jardins, Gl. Edrîsî, Shaw II, 170, Niebuhr B. p. xxxii, 148, R. I, 143—4, Werne 14, Fosquet 62, Macc. III, 131, 6 (notre man. a constamment le synonyme ساقية dans ce récit). — *Un ornement de filigrane*, avec des perles etc., que les femmes portent sur le front; on l'appelle ainsi parce qu'il a la forme d'une roue hydraulique, Lane M. E. II, 403. — *Un puits d'irrigation* qui, au moyen d'un chapelet de vases généralement en terre, fait monter l'eau presque partout où il en est besoin, Gl. Edrîsî. — *Fontaine publique*, ibid. — *Jardin*, ibid., Calât 76 v°: وكان هذا الشيخ — ينزل على ساقية — على ضفّة نهر — احسن من شادهمر" يجعلها جداول كالصلال" ولا تكاد ترمقها الشمس من تكاثف الظلال" فيستريح فيها — *Tuyau*, Gl. Edrîsî. — Dans le sens d'un n. d'act., *arroser, irrigation*; en Espagne celui qui était chargé de surveiller l'irrigation des champs, se nommait صاحب الساقية (d'où vient le pl. esp. zabacequias), et son emploi, وكالة الساقية, Gl. Edrîsî. (Dans le Gl. Edrîsî il faut supprimer le n° 8 (arrosoir). La comparaison de Macc. II, 459, montre que les vers de la p. 279 n'ont pas été composés sur des arrosoirs, mais sur des galères, et que, dans ce dernier passage, il faut lire الشوانى, au lieu de السوانى).

تسقيبة *potage, soupe*, Bc (sous ce dernier mot il a un *techdîd* sur le *yâ*, mais il est de trop, car c'est proprement un n. d'act. de la IIe forme). — *Pieds de mouton* (mots), Mehren 26.

مسقى *abreuvoir*, Alc. (pilar de aqua), Edrîsî ٢١, 10; dans le Voc., qui ajoute le pl. مساق, *aqueductus* (aberador), mais au lieu du dernier mot il faut lire *abrevador*, qui signifie *abreuvoir*.

مسقاة *arrosoir*, Bc.

مرض الاستسقاء *hydropisie*, Berb. I, 488, dern. l., où notre man. 1351 a le n. d'act. de la Xe forme.

مستقى *écuelle pour puiser de l'eau*, Bat. IV, 188. — *Hydropique*, Bg. — مستقى النهر *lit, canal d'un fleuve*, Bc.

استسقاء et علّة الاستسقاء *hydropisie*, Voc., Bc, Bg, Mc, Sang., Gl. Manç. in voce, Khallic. I, 119, 12 Sl., Bayân I, 297, 10; trois sortes: الحمى وزقّى وطبلى, la dernière s'appelle aussi الاستسقاء اليابس, M.

مستسقى *hydropique*, Bc, Mc.

سكّ I. Lane a noté, d'après le TA, l'expression سكّ ذلك سمعى. Je ne crois plus que c'est pour صكّ, comme je l'ai dit dans ma Lettre à M. Fleischer 219—220, car M. de Goeje m'a fait remarquer avec raison qu'en Orient la VIIIe forme مسامعه استنكّت, est très-ancienne (vers de Nâbigha dans l'Asâs, d'Abîd ibn-al-Abraç chez Yâcout III, 289, 7, dans une tradition Fâïk I, 559). Si صكّ était la prononciation véritable, elle ne se serait conservée qu'en Espagne, ce qui n'est point vraisemblable. Au reste, il va de soi que سكّ (= قرع) est bon aussi. — *Monnayer*, voyez ma note J. A. 1869, II, 156, Edrîsî, Clim. II, Sect. 5: مبلغ المكس على كلّ راس ثمانية دنانير من اى الذهب كان مكسورا او مسكوكا, Macc. II, 349, 12, où il faut lire avec l'éd. de Boulac: جملة من دنانير سكّت باسمه. — *Ruer*, voyez صكّ.

VIII *publicare* dans le Voc.; je ne sais s'il faut

سك

penser à l'expression que Lane donne sous la 1re: استِنكاك ما استنَّ في مسامعي مِثْلُه ورعب. — *Redolere* dans le Voc.

سَكّ *monnaie*, Alc. (moneda). — Sous قربال on trouvera nommé le سَكّ d'une serpette; je ne sais pas bien ce qu'il faut entendre sous ce mot.

سُكّ. Voyez sur ce parfum Bait. II, 38 b; les médecins l'appellent سُكّ المِسك, M.

سَكّة *labour*, Auw. I, 391, 5: «يجعل عشر سكك في بلد, c'est ce qu'on appelle une *Sèka*.» — *Coin*, outil de fer pour fendre, Bc. — *Piquet de fer*, Bc; aux exemples cités dans le Gl. Belâdz. et dans le Gl. Fragm. on peut ajouter: Fakhrî 275, 9, Payne Smith 1489 (2 fois), 1001 N. I, 86, 7 a f., Bresl. IX, 296, 11 (où Macn. a وتد), XII, 176, 2 a f. *Crochet de fer*, 1001 N. I, 98, 3; l'ensemble du récit exige ce sens, qui est confirmé par ce que donne Alc. — *Ancre*, Alc. (ancla de nave). — *Monnaie, argent monnayé*, Voc. (qui donne سِكّة, parce qu'on prononce „secca,“ avec le pl. سُكوك), Bc, Macc. I, 130, 5, Berb. I, 434, 7–10, 6 a f., II, 137, 5 a f., 138, 7 a f, Nowairi Afrique 28 r°: فضرب زيري السكة, Formul. d. contr. 1: بكذا دينارا من السكة الجارية اشتراه منه بكذا وكذا دينارا من ibid.: حين اشترائها, (mieux السكة الجارية الآن, J. A. 1843, II, 222, 13. On ajoute ce mot après le nom des monnaies, Amari Dipl. 51, 2: سكة دراهم وسبعة, ibid. l. 5: وثلاثة دراهم ونصف سكة. *L'hôtel de la monnaie* se nomme دار السكة; il est remarquable que, dans cette expression, le second mot se met aussi au plur. دور السكك, Gl. Edrîsî. السكك seul a le même sens, comme *monnaie* en français; chez Haiyân-Bassâm I, 173 r°, il est question du السكك à Almérie, c.-à-d. du *fermier de l'hôtel de la monnaie*. — *Le change*, des monnaies d'or et d'argent, Berb. II, 152, 14: اهل وهم بيت من قرطبة كانوا ينحرّفون فيها بسكّة الدنانير والدراهم. — *Route, chemin*; en jurisprudence السكّة العامّة est une route où les passants ne peuvent pas être comptés (aussi طريق العامّة), et السكّة الخاصّة est le contraire (aussi طريق الخاصّ et الخاصّة), M. — درب سكّة *chemin frayé*, Bc. — Est quelquefois *place, place publique*, plutôt que *rue* (cf. Lane); à Séville il y avait la سكّة الحُدّابين (Macc. I, 516, 4), comme à Grenade la «plaça del Hatabin» (Memor. hist. III, 47). — *Trouée*, espace vide, abatis au travers d'un bois, Bc. — Une سكّة de poste, c.-à-d. la distance d'un relais de poste à un autre (cf. Lane, Beerî 105, 3, 107, 8 et dern. l.), est de quatre parasanges, Gl. Belâdz.

مَسْكوكات *argent monnayé*, M.

سكب.

سكب عثمانية *espèce de sucrerie*, 1001 N. Bresl. I, 149, 10.

سكب pl. أسكاب *chemise de soie*, Voc. (cf. Lane).

سَكوب pl. ات, t. de médec., *médicaments qu'on a fait bouillir et qu'on verse peu à peu sur un membre du corps*, M.

ساكب. Au lieu de ساكب الماء on dit aussi الساكب, Dorn 56.

مَسكَب *effusio*, L. — *Bassin à laver les mains*, Aboû'l-Walîd 804, 12.

مَسكَبَة, chez Lane, est devenu en portugais *almáceg*, qui signifie: un petit bassin ou étang communiquant avec un autre qui est plus grand, et servant de réservoir pour l'eau qui tombe d'une machine hydraulique ou pour celle de la pluie (Moraes). On a retranché la dernière syllabe de المسكبة: almasca, almasga, prononciation adoucie almácega. Ibn-as-Chihna 15 v°, comme me l'apprend M. de Goeje, donne le nom de مساكب aux bassins ou étangs dans lesquels on fait évaporer l'eau salée. — *Couche de terre*, Bg, en esp. *almáciga*, qui signifie: planche, couche, petit espace de terre abrité, où les jardiniers sèment les légumes pour les transplanter, quand ils seront devenus un peu grands, dans les grands carrés. C'est proprement: l'endroit où l'on verse de l'eau, que l'on arrose, car les jeunes plantes dans les *almácigas* ont besoin d'être souvent arrosées.

سكــن I. Le n. d'act. سُكْنَة dans le Voc. — Se dit aussi du tambour quand on cesse de le battre, Gl. Edrisi. — C. على r. n'ajouter aucune observation à une tradition, Prol. II, 144, 15 (deux fois). — C. r. passer sous silence, Bc. — C. ل p., أنت تسكّنه له عن vous le laissez faire, Bc; de même c. عن p., 1001 N. I, 49, 6.

II mettre le holà, apaiser une querelle, Bc.

IV c. a. rendre léthargique, Voc.

V dans le Voc. sous tacere.

سَكْتَة cf. Lane; aussi pause, M; de là هاء السكت le s dans la pause, M; على السكت à petit bruit, Bc.

سُكْتَة chut! Motus! Paix! Silence! Bc. — Léthargie, Voc., carus, affection soporeuse, assoupissement profond, Bc.

سَكْتِيّ apoplectique, Bc.

سكيتى et على السكيتى en tapinois; le dernier à petit bruit, sourdement, à la sourdine, Bc.

حَرْف ساكِن lettre muette, qui ne se prononce pas, Bc. — Le M a noté l'expression moderne ساكِن بعوض cf. plus haut 31 b sous يأكل سكوت.

مسكوت léthargique, Voc.

سكنتي lapis Gagates, Bait II, 39 b (AB).

سكم II étayer, Bc.

سكلاج fourreau, Cherb.

سكلاجة objet commun, objet ordinaire, Bc.

مسكم commun, médiocre, qui n'est pas de première qualité (marchandise), ordinaire, passable (Kasrouan), Bc.

ســكـد

مُسَكَّد droit, direct, Hbrt 41 (Alg.), Bc (Barb.). Aussi avec le ى.

سكر I boire du vin, 1001 N. Bresl. IX, 238, 3: فأكلوا وسكروا = 239, 1: اكل وشرب مداماً. — Sucer, Ht.

II fermer (Lane TA), Bg, Bc, Hbrt 192, M, 1001 N. Bresl. IV, 331, encore un exemple sous V; chez Alc., par transposition, سَرَّق (voyez); cf. plus loin le n. d'act. — Devenir comme du sucre, M. — Candir ou se candir, se durcir, Bc.

IV fermer (la porte), Payne Smith 1502.

V fermer, Bc. — Se fermer, Bc, être fermé, Bâsim 58: فقال له الرشيد كنت رحت الى حمام الخليفة فقال اول ما تسكّر ج قال له كسرت رحت الى حمام الست زبيدة قال والاخرة ايضا سكرت ۞

سُكْر ivresse mystique, Macc. I, 569, 19, 580, 8, 582, 4. — Vertu enivrante, Most. v°: داني يَبْتَق ويلقى فى نبيذ التمر ببغداد سكره ويطيب رائحته (les voyelles dans N).

سَكْرَة évanouissement, perte de connaissance, 1001 N. I, 803, 3 a f. — Une gorgée (de vin), 1001 N. Bresl. IX, 238, 3: فقامت لهم اقصدوا جبرى فى لقمة وسكرة فادخلتهم فاكلوا وسكروا ibid. dern. l. Il faut lire de même, avec les man. (voyez p. 35, n. a), dans Tha'âlibî Latâïf 36, 2: وسكرة من نبيذ دبس. L'éditeur, qui ne connaissait pas ce sens de سكرة, lui a substitué la leçon زكرة, qu'il a trouvée dans une autre rédaction de ce poème, apud Cool 39, 12. Elle donne aussi un bon sens, mais il n'est nullement nécessaire de s'écarter, dans cette circonstance, des man. du Latâïf. Au reste, on peut aussi prononcer سُكْرَة, et alors c'est = زُكْرَة; voyez l'article qui suit ici.

سُكْرَة = زُكْرَة, petite outre, Payne Smith 1147; voyez aussi l'article qui précède.

سُكْرَى ivrogne, soûlard, Bc. — خام سكرى la qualité fine du calicot de Malte, Espina R. d. O. A. XIII, 152 (soukri).

سَكْران qui est dans l'ivresse mystique, Macc. I, 580, 9. — خميس السَّكَّارَى jeudi gras, celui qui précède le dimanche gras, Bc.

سَكْران pl. سَكَّارين chez Alc. (dado a vino, enbriago) pour سَكْران.

سُكْران ivresse mystique, Macc. I, 582, 4.

سَكِير ivre, L (ebrius).

سُكَّر. سكر العُشَر (cf. Freytag sous ce dernier mot) calotropis gigantea, espèce de gomme très-douce ou de sucre, qu'on extrait de l'arbre appelé عُشَر, Asclepias gigantea, et de trois autres, Bait. II, 36 b,

سكر 524 a, J. A. 1853, I, 164; « le sucre nommé Alhasur » est décrit par Belon 334. — سكر مُمَسَّك de l'eau sucrée et musquée, 1001 N. 1, 84, 4 a f. — Le pl. سَكاكِر sucreries, Bc.

سُكَّرَة serrure de bois, Hbrt 193, M.

سُكَّرى, كمثرى سكرى poire sucrée, Auw. I, 441, 21; موز سكرى, Edrîsî, Clim. I, Sect. 7.

سُكَّرِيَّة sucrerie, lieu où l'on recueille, prépare, raffine le sucre, Bc. — Sucrier, vase où l'on met le sucre, Bc.

سَكّار ivrogne, Alc. (dado a vino o enbriago, enbriago borracho), Ht. — Ouvrier qui travaille aux digues, Gl. Maw.

سَكّارى serrurier, Hbrt 85.

سَكَركِرى épicier, Ht, R. d. O. A. II, 265, Daumas Mœurs 259.

سَيْكَران hyosciamus albus L., une jusquiame dont les feuilles agissent comme l'opium, Prax R. d. O. A. VIII, 347, Ghadamès 332, Daumas Mœurs 383, Bait. , 175 b (AB), II, 74 e. — سيكران للحوت verbascum, Bait. II, 74 f, I, 118 c: زهر سيكران للحوت 184 c: وعَمّتنا بالاندلس تسميه بأشورباشكه (كـوه B) باللاطينيّة II, 460 b, 527 c. — وهو عندهم سيكران للحوت ايضا (les voyelles dans le man.) nom que le vulgaire donnait au بنج ou hyosciamus albus, Gl. Manç. v° بنج.

تَسْكِير .التسكير ولِبس المديد فى الديـر clôture, vœu de ne point sortir du couvent, Bc.

مُسْكِر pour l'hébreu שֵׁכָר, boisson enivrante, Thesaurus de Gesenius 1410 b, Saadiah ps. 69, vs. 13, Abou'l-Walîd 432, n. 8.

مُسَكَّرَة à Tripoli de Syrie, moût, Payne Smith 1635. — Au Yémen, maladie des grains, peut-être rouille, Niebuhr B. xxxiv (muskure).

مُسَكَّرات sucreries, 1001 N. Bresl. I, 149.

مُسَكِّر pl. مسكريّة assureur, qui assure des marchandises, Bc. Il donne aussi تأسكور « assurance, » qui est l'ital. sicurtà, et notre سكور a la même origine.

سُكَّرْدان, composé du mot qui signifie « sucre » et du persan دان, signifie proprement sucrier, mais s'emploie dans le sens de vase en général, 1001 N. Bresl. II, 325, 5: سكردان من المُخَلَّلات « un vase rempli de fruits confits dans le vinaigre. »

سُكُرُّجَة écuelle, Bc, Lane trad. des 1001 N. II, 495, n. 13, est une autre forme de سُكْرُجَة, et forme au pl. سكاريج, 1001 N. II, 258, 6 a f, ou سكارج, Payne Smith 1482, 1001 N. III, 107, 14.

سكس

سكس sorte de poisson, Yâcout I, 886, 2; chez Cazwînî سكسك.

سَكْسَكَة sorte d'oiseau, Yâcout I, 885, 12.

سَكْسى demander, Bc; voyez سَكْسَى.

سكع I c. ل p. ne signifie pas « se tourner vers quelqu'un, » comme Freytag l'a dit d'après Habicht, mais saluer quelqu'un en baissant la tête; on écrit aussi سع et صع, Fleischer Gl. 66; Antar 73, 3: سكعوا بين يديه

سكف

سَكْفَة pl. ات = أُسْكُفَّة, Abou'l-Walîd 775, 24.

أَسْكافى cordonnier, Bc.

أَسْكُفِيَّة cordonnerie, métier de cordonnier, Bc.

سكلابى castor (animal), Bc.

سكم

سُكُّوم asperge, Domb. 74, Pagni MS, Ht, Hbrt 48 (Barb.).

سكن I, dans le sens d'habiter, a aussi le n. d'act. سَكان; voyez un exemple sous طمع I, où le man. B a le fatha sur le sîn. — S'apprivoiser, s'adoucir, Alc. (amansarse). — C. الى r. se contenter de, Macc. I, 244, 4. — C. الى p. s'établir à côté de, Prol. II, 216, 11.

II apprivoiser p. e. un animal farouche, Alc. (amansar lo fiero, desenbravecer lo fiero). Aussi comme verbe réfléchi, s'apprivoiser, Alc. (desenbravecerse); mais je pense que c'est une faute et qu'il faut y substituer la Ve forme. — *Peupler*, Alc. (poblar). — *Donner l'hospitalité*, Hbrt 188.

III. Lane ne cite que le TA; il aurait pu y ajouter l'Asâs; exemples dans le Gl. Belâdz., Gl. Fragm., Abou'l-Walîd 187, 17, Hist. Tun. 136: il quitta sa résidence pour une autre ابْتَارَا لِمَساكِنَةِ جُنْدِهِ; le Voc. a aussi cette forme sous habitare.

V *se calmer, s'apaiser*, Alc. (desensañarse, pacificarse). — *S'apprivoiser*, voyez sous la IIe.

VI c. في, تساكنوا, *demeurer ensemble dans le même endroit*, Asâs.

VII dans le Voc. sous habitare; يَنْسَكَنُ *habitable*, Bc.

سَكْنَةٌ *état de repos*, Amari 16, 2: متصرفة على اختيارها في حَرَكَاتِه وسَكَنَاتِهِ.

سُكُون *apaisement d'un homme en colère*, Alc. (pacificacion de sañudo).

سُكُونَة *douceur, bonté, bénignité*, Alc. (mansedumbre).

سُكَّان, *gouvernail*, a le pl. ات, Voc.; il y avait des navires avec *deux gouvernails latéraux*, voyez Djob. 325, 3 et le Gloss. p. 24, v° رِجْل. — *Auberge pour le logement seulement*, Descr. de l'Eg. XVIII, part. 2, 138.

سِكِّين *dague*, Bc. — *Cimeterre, sabre*, Riley 197, Hœst 117 et Planche XVII, fig. 1. — On compare les extrémités du turban, quand elles sont effilées, à des couteaux, Bat. IV, 406: على راسه شاشية ذهب مشدودة بعصابة ذهب لها اطراف مثل السكاكين رقاق, et l'on a donné le nom de سكاكين ou couteaux aux extrémités du turban quand elles sont effilées, Athîr XII, 299, 15: le calife portait عمامة بيضاء بسكاكين حرير.

سَكَّاكِينِيَّة *coutellerie*, Bc.

مَسْكَن *loge, petit réduit*, Bc. — *Corps de logis*, partie de maison formant appartement séparé, Bc; مسكن شَرْعِيّ est la maison ou l'appartement séparé que la femme a le droit d'exiger de son mari, Lane M. E. I, 275. — *Camp*, de Sacy Chrest. II, ٢٩, 6.

مَسْكَنَة *bonhomie*, Bc.

مَسْكُون *démoniaque, possédé du démon*, Voc., Bc, Roland. — *Village, bourgade, habité par des étrangers*, Alc. (puebla de estrangeros).

مِسْكِين *bonasse, simple, sans malice et de peu d'esprit, bonhomme, bon diable, bonne pâte d'homme*, Bc.

مِسْكِين *pauvret*, Bc.

سِكِّينْجِبِيل chez Djauzî 143 v°, 146 r°, 147 r°, pour سِكَنْجَبِين, comme il écrit 147 v°, où le copiste a noté: بالنون كان في الاصل; le Voc. a ce dernier mot avec le *fatha* sur le *sîn*.

سُكْسُوسَة plante inconnue au Maghrib, Gl. Manç., mais je soupçonne que c'est une faute pour سَكْسَبِيَّة, *quintefeuille*.

سَكَنْقُور = سَقَنْقُور, Bar Ali éd. Hoffmann n° 4043.

سَكُورْنَا (ital. sicurtà) *assurance, garantie des pertes éventuelles*; *prime, prix de l'assurance*, Bc.

سَكُوكِيَا *cyclamen*, Bc.

سُكُوفَنْج (pers.) *tribulus terrestris*, Most. r° حسك (عنى dans les deux man.), Bait. I, 324 b (les deux man. ont وعى).

سَكِيَفْنَج chez Freytag doit être supprimé; c'est une faute pour سَكِيبِينَج; le M fait aussi cette remarque.

سَلّ I *tirer du vin doucement, prudemment, afin qu'il soit très-pur* (سَلِيل), Gl. Mosl. — Aor. *o, bander, être tendu*, Bc. — Aor. *a, languir*, Bc. — C. a. *amaigrir, rendre maigre*, Voc.

II = I *tirer*, p. e. une épée du fourreau, Gl. Mosl.; dans L *subtrao*; *de là tirer, exprimer le suc des raisins*; تَسْلِيل est lorsque le moût dégoutte des raisins dans le pressoir par la pression naturelle, sans l'aide des mains ou des pieds, Gl. Mosl. — Ce verbe se trouve deux fois chez Mohammed ibn-Hârith, avec الأَمْر. Dans le premier passage, 209, il est question d'un personnage, nommé al-Khochanî, qui a été nommé cadi de Jaën, mais qui refuse obstinément cet emploi. L'émir s'en indigne et menace de le faire mettre à mort. فلما سمع ذلك الخشنى نزع قلنسوة من راسه ومد عنقه وجعل يقول ابيت ابيت كما أَبَيْن السمٰوات والارض ابَيَّةً اشفاى لا ابايَّةً عصيان ونفاق'، فكتبوا الى الامير بلفظه فكتب اليهم ان سَلِّلوا امره واخرجوه عن انفسكم فقال له الوزرا

تنظر فى امرك ليبلتك عنده وتستنتجخبر (وتستنتخبير .I) الله
فيما نعينت البه. Dans le second passage, 308, on
trouve ce récit: Solaimân ibn-Aswad, le çâhib aç-
çalât, savait qu'Ibn-Colzom ambitionnait le poste qu'il
occupait, et qu'il attendait impatiemment sa mort dans
l'espoir de lui succéder. Or un vendredi matin qu'Ibn-
Colzom venait lui rendre visite, Solaimân, qui voulait se moquer de lui, se mit au lit et feignit d'être
à l'agonie. L'autre se laisse tromper par cette comé-
die, et court chez le ministre Hâchim pour lui apprendre ce dont il vient d'être témoin. Le ministre
s'empresse d'en informer le sultan; mais ce dernier
conçoit des doutes, et envoie un eunuque auprès de
Solaimân avec l'ordre de s'informer de sa santé. L'eunuque le trouve qui se porte à merveille, فسأل له الأمر
واعلمه ببعض الخبر. Solaimân se rend à la mosquée
pour remplir ses fonctions, etc. Dans ces deux passages l'expression سَلَّل الأمر doit avoir, à ce qu'il
semble, le même sens; mais je n'ai pas réussi à le
trouver.

V voyez sous II au commencement. — *S'écarter,
se détacher, se débander,* Maml. II, 2, 11. — C. على
p. *s'approcher secrètement et adroitement de quelqu'un,
pour épier ses actions ou ses discours,* 1001 N. I,
304, 11 (= Bresl. III, 131, 14), III, 474, 8; c.
على p. et a. r. I, 288, 15: خرج ليتسلل عليه ما ذلَه
الوكيل, où l'éd. de Bresl. III, 94, 8 (qui a par
erreur يتسلكي) omet عليه. — *Être lent*, Ht.

VII *maigrir, devenir maigre,* Voc., 1001 N. Bresl.
XII, 411, 12.

سَلّ voyez شَلّ.

سَلّ, *corbeille, panier,* a le pl. سَلَل dans le Voc.
et سُلَل chez Bc; سلل Akhbâr 104, 2 a f., Abou'l-
Walîd 154, 20. — *Nasse de pêcheur,* Alc. (garlito
para peces, nassa para pescar). — *Grande aiguille,*
Bc. — سَلّ *sainfoin,* Cherb. C; *hedysarum corona-
rium L.,* Prax R. d. O. A. VIII, 280; Burckhardt
Syria 483, parmi les herbes odoriférantes, « sille (سِلّة),
peut-être le *Zilla Myagrum* de Forskål.»

سَلْو (esp.) *brochet (poisson),* Alc. (sollo pescado notable).

سَلِيل, *filius,* a dans le Voc. le pl. سَلائِل.

سُلالَة et سُلالَة خيط *pelote, peloton,* Bc.
سَلِيلَة *noble cheval,* Ztschr. XXII, 142, 3.

سَلّال (cf. Lane) est donné dans le sens de *vannier*
par Domb. 104. — *Voleur de chevaux* (cf. Lane),
1001 N. I, 673, 675, 678, Bresl. X, 392, 394, Ztschr.
XX, 504.

سُلالَة? voyez شَمَمة.

مَسَلّ. Comparez avec Lane Kâmil 521, 3 et suiv.

مِسَلّة, *aiguille de sparte,* Alc. (aguja de esparto). —
Aiguille (poisson), Pagni MS. — *Aiguille, obélisque,*
Gl. Edrîsî, Ht; aussi مسلة بناء, Bc.

مَسْلول *amaigri (animal),* Voc.

سلا.

سَلاء sorte de *poisson,* Yâcout 886, 6 (le *techdîd*
dans l'éd. de Cazwini).

سلابس sorte de *poireau,* Bait. II, 365 (AB).

سَلاحْدار est le sing., tandis que Freytag n'a que le
pl.; cf. Maml. I, 1, 159.

سَلاخُوري (composé des deux mots persans سر, «chef,»
que l'on s'est accoutumé à prononcer avec le lâm, et
آخور, «écurie») *celui qui préside à la nourriture des
chevaux*; c'est l'adjoint du أمير آخور, Maml. I, 1, 119.

سَلاقُون *minium, vermillon,* Bc; voyez Gl. Esp. 225—6.

سَلامُورة et سَلامُول (esp. *salmuera*) *saumure,* Bc.

سلب I. سلب العَقْل *ravir*; *charmer, enchanter*; —
tourner la tête, rendre fou d'amour, Bc, 1001 N. I,
53, 5: فلما نظر الحمّال اليها سلب عقله وليه.

II = I c. d. a. *ôter, enlever,* Gl. Mosl.

V *arracher,* P. Abbad. I, 298, 2, cf. 328, n. 15.

VII *être dépouillé,* Voc. — انسلاب العَقْل *ravissement,* Bc.

سَلْب *ce qui a été filé de cocons mouillés,* M. —
Négation; السلب والايجاب, t. de rhétor., *la négation et
l'affirmation, dans la même phrase,* p. e. ولا تَخْشَوْا
الناس واخْشَوْني, et dans ce vers:

وتُنْكِرُ انْ شِئْنَا على الناس قوْلَهُمْ
ولا يُنْكِرون القولَ حين نَقولُ

M, Mehren Rhetorik 105.

سَلَب, au sing. et au pl., *bagage*, Çalât 30 v°: il prit la fuite وترك اخبيته واسلابه, Cartâs 105, 9 a f.: il prit la fuite اسلابه (l. واثقالَه). وترك جميع اسبابه ثم بيع نساؤكم وابناؤكم الجميع وسلبهم, 127, 16: ومصاربه, 190, 14, 225, 18, 5 a f., Berb. I, 437, 2, Koseg. Chrest. 82, 1. — *Négation*, Voc. (chez Lane سَلْب). — Pl. سلوب, proprement *dépouillement*; en langue scolastique: *qu'on doit écarter de Dieu toutes les qualités, tous les caractères qui appartiennent aux êtres créés*, de Slane Prol. III, 53, n. 3 sur III, 36, 3 a f. du texte; آيات السلوب *ibid.* 37, 11.

سُلْبَة *échelle de corde*, Domb. 92.

سَلَبَة (cf. Lane) pl. سَلَب (Macrizî I, 84, 2) *amarre, cordage pour attacher*, Bc; — سلبة البير *corde à puits*, 1001 N. I, 839; aussi سلبة seul, III, 46, 8 a f., 454, 9; — سلبة الكلاب *laisse, corde pour mener les chiens*, Bc.

سلبى *négatif*, Bc.

سَلَّاب *voleur* (Lane sans autorité), L (latro, pl. s predones), R. N. 36 v°: كان في رفقة فسلبهم السلابة — فلما عرفت السلابة ان في المسلمين اسماعيل — زاين رباح ردوا على الناس جميع ما سلبوه, Bc; — *ravisseur, rançonneur*, Bc.

سالبة pl. سوالب *négative*, Voc.

سالبية (lat. ital. esp. salvia) *sauge*, Bc.

أُسْلُوب, chez Ibn-Khaldoûn, *le moule dans lequel on forme les phrases*; aussi: *ce qui a été formé dans ce moule*, c.-à-d., *la phrase à laquelle on a donné une tournure conforme au génie de la langue*, de Slane Prol. III, 368, n. 3. — *Adresse, ruse*, Bc. — باسلوب *doucement*, Bc. — شَجَرُ السَلْب, Diw. Hodz. 242, vs. 7.

مُسْلِب, suivi de العقل, *ravissant*, Bc.

مَسْلُوب (pour مسلوب العقل) *fou d'amour*, 1001 N. I, 83, 14, 320, 11; — *un saint idiot ou fou*, Lane M. E. I, 347, Burckhardt Arabia I, 28.

سِلْبَاح, n. d'un. ة, pl. سلابيح et (Voc.) سلابيح, au Maghrib, *anguille*, Voc., Alc. (anguilla, congrio pescado,

çafio specie de anguilla), Cherb., Most. v° كبد السقنقور on parlant du scinque (seulement dans N): وانهم فوجدت عندها كذنب السلباحة, Chec. 186 v°: ميسوط كذنب السلباحة, يوما قطَعَ لحم كثيرة شبيهة بلحم السلابيح Il faut restituer ce mot dans le Bayân I, 227, 7, dans le Cartâs 17, l. 17 (bon dans un seul man., cité dans la trad. 25, n. 17) et chez Baït. II, 488 c (bon dans B). Il est peut-être d'origine berbère; on le trouve du moins dans le Dict. de cette langue, où il est écrit سَلْبَيْ. — Sorte *d'aigle*, Alc. (melion specie de aguila = عقاب).

سلبط II *écornifler*, Bc. — *Se coucher, s'étendre de son long*, Bc.

سلبطة *écorniflerie*, Bc.

سلباط pl. سلابطة *écornifleur, parasite*, Bc.

سلبند (M), سَلَبَنْد (Bc) (pers. سربند) *martingale, courroie pour retenir la tête du cheval*, Bc, M.

سليبين et سليبين الحمير *chardon aux ânes, chardon rampant*; سليبين الحمار *acarne, sorte de chardon*, Bc.

سلت I. سلت الخيط *défiler, ôter le fil*, Bc. — سلت من يدة *glisser, tomber de la main*, Bc.

VII من يدة *glisser, tomber de la main*, Bc.

سُلْت, pl. أسْلات (Voc.), signifiait en Espagne *seigle*, Voc. (siligo, qui a ce sens dans la basse latinité, voyez Ducange), Alc. (centeno miesse conocida). — *Dragée, mélange de grains pour les chevaux*, Alc. (herrén).

سلتة *galon de soie*, Hbrt 204.

سلتم. لفت سلتم *navet long et grand*, Alc. (nabo luengo y grande).

سلح.

سَلْحَة *excréments*, Kâmil 764, 15.

سلاح خانة *arsenal*, Maml. I, 1, 159; — امير سلاح *le chef des officiers qui portaient les pièces de l'armure destinée au sultan, et qui les lui présentaient lorsqu'il en avait besoin*, ibid. — En astron.; selon Alf. Astron. I, 25, on donne le nom d'*acilah* (car c'est ainsi qu'il faut lire, au lieu d'*acilab*), c.-à-d. *les armes*, à toutes les étoiles qui sont autour d'Arcturus; plus loin il le donne aux étoiles 21 et 22 du Bouvier.

سَلِيخ (constamment avec ces voyelles dans notre man. 170, voyez le Catal. V, 88; dans le M سَلِيخ) (syr. ܫܠܝܚܐ) pl. ون *apôtre*, Payne Smith 1610.

سَلَاخَة désigne une roche sur laquelle urinent les boucs sauvages quand ils sont en rut, et qui alors devient noire comme de la poix (وذلك انها تبول ايام هيجانها على صخرة فى الجبل تسمى السلاخة فتسود (الصخرة وتصير كالقار الدسم الرقيق. Ensuite c'est *l'urine des boucs sauvages*, dont on se servait en médecine contre l'éléphantiasis, Bait. II, 45 d (mal traduit par Sonth.). Golius a donné سَلَاخَة en ce sens, tandis que mes man. de Bait. ont le *hâ*, de même que Sonth. En outre, il n'a pas compris le texte qu'il cite, car il rapporte à l'urine ce que Bait. dit de la roche. Lane, qui a aussi سَلَاخَة, dit que, selon le Dict. persan de Johnson, c'est en persan سَلَاخَة, avec le *hâ*. Dans l'édit. de Richardson, revue par Johnson, dont je me sers et qui a paru à Londres en 1829, je ne trouve que سَلَاخَة, comme un mot arabe et avec une explication empruntée évidemment à Golius.

سَلَاحِى *un officier qui portait les pièces de l'armure destinée au sultan, et qui les lui présentait lorsqu'il en avait besoin*, Athîr X, 133, 15, en parlant de Roger de Sicile: فسلك طريق ملوك المسلمين زين لجنائبه والحجاب والسلاحية والجاندارية وغير ذلك, cf. Nowairi Afrique 17 r°, qui dit en parlant d'Ibrâhîm ibn-al-Aghlab: فر اشترى عبيدًا لجمعهم سلاحه واظهر للجند انه اراد بذلك اكرامهم عن حمله. C'était au Maghrib ce qu'on appelait en Egypte et en Orient un سلاحدار.

سَلِيحِى (syr. ܫܠܝܚܐ) *apôtre*, Gl. Abulf.

سَلَاحِيَة *bouteille*, Bc, 1001 N. II, 155, 6, Bresl. IV, 360, 378, X, 306, XI, 454. Freytag, ou plutôt Golius, a ce mot sous طرجهار, mais écrit avec un *çâd*. Aussi سراحية (voyez).

سَلِيخ voyez سَلِيخ.

سِلَاحْدَار (autre forme de سلاحدار) *écuyer*, Bc.

سلاحف Le mot pour *tortue*, dans le Voc. سُلْحَفَا s'écrit aussi سَلَاحَفَا, Dorn 46; chez Alc. (tortuga del monte) سُلْتَحْفَة, avec un *khâ*; chez Bc سَحْلَفَا, pl. سَحَالِف. C'était un mot étranger et assez long; les Arabes l'ont donc fort altéré, sans compter qu'ils l'ont prononcé avec des voyelles très-différentes. Je crois en avoir trouvé encore une autre altération, et aussi une autre signif., chez Alc. Cet auteur donne (landre que mata) çulfáka, pl. çaláfik, *glande ou tumeur pestientielle, qui cause la mort*. Je crois que ce سُلْفَاخَة est سُلْتَحْفَة par métathèse, et que les Arabes ont remarqué de la ressemblance entre la forme de ce bubon pestilentiel et celle d'une tortue. Comparez *cancer*, en allem. *Krebs*, et surtout l'esp. *galápago*, tortue, et en outre: crapaudine, maladie ou crevasse aux pieds des chevaux.

سَلَخ I, avec الوجه, *balafrer*, Bc. — *Rançonner, exiger plus qu'il ne faut*; *étriller* quelqu'un, le battre, le faire payer trop cher, Bc. — *Persifler*; سلخ احدا في الصحك *berner, se moquer de quelqu'un*, Bc.

سَلْخ *excoriation, écorchure, endroit écorché de la peau*, Bc; سلخ في الوجه *balafre*, Bc. — Opération qui tient lieu de la circoncision, voyez Burton II, 109 et suiv. — *Ecorce semblable à celle du noyer* qu'on substitue au tan, Carette Kab. I, 288, II, 389.

سَلْخ *morceau de bois mince et long, dont on a détaché l'écorce*, M.

سَلْخَة *écorchure, endroit écorché de la peau*, Bc, Hbrt 38. — *Bordure* d'un manteau, Voc. (penna mantelli, cf. Ducange sous pannus n° 2); سلخة ذهب *oripeau*, Voc. — *Bourse de cuir*, Alc. (bolsa, esquero de dinero), Abou'l-Walîd 799, 32.

سَلْخَانَة (composé de سلخ et du pers. خانه) *écorcherie*, Bc.

سَلِيخ *acanthe* (plante), Bc.

سَلَاخَة (chez Freytag et Lane) voyez plus haut, سَلَاخَة avec le *hâ*.

سَلِيخَة *acacia*, Bc. — *Casse aromatique*, Bc, Most.: سليخة بالروميّة القشية, L: *cassia* سَلِيخَ الطيب, Voc.: سَلِيخَة *cassia*; cf. sous قشر. — *Storax*, L. — Pl. سَلَائِخ *peau de mouton préparée sans ôter la laine*, Voc., Alc. (cuero pelleja con pelo, pelleja de animal, piel o pelleja), en esp. *zalea*; سَلِيخ comme coll. dans une charte grenadine: زوج سليخ. (Dans le Gl. Esp. 362, j'ai écrit سَلَاخَة, comme l'avait fait Müller; mais la comparaison du Voc. et de la charte montre que, dans cette circonstance, l'é d'Alc. représente ى ◌َ, et non pas اـ).

سَلَّاخ persifleur, Bc.

اسليخ سَلَاخ gaude, herbe-à-jaunir, Reseda Luteola, Bait. I, 37 b, 167 d, où il dit que c'est le nom classique de cette plante (بالعربية).

مَسْلَخ, suivi le plus souvent de الحَمَّام, le vestiaire contigu à la salle de bains, Abbad. II, 222, 264, Defrémery Mémoires 256—7, Cartâs 39, 15 et 16.

مَسْلَخَة écorcherie, Palgrave 164.

مُسَلَّخ maléficié, maltraité, égratigné, écorché, Bc. — Couvert de peau, Alc. (enpellejado).

مِسْلَاخ ... هو عندى فى مسلاخ سفيان الثورى, proprement: «il est à mon sens dans la peau de Sofyân ath-Thaurî,» c.-à-d., je le considère comme un second Sofyân ath-Thaurî, Khallic. I, 3, dern. l. Sl.

سلدانيون espèce d'arbre décrit par Bait. II, 44 b.

سلر

سلار sorte d'oiseau, Yâcout I, 885, 11.

سلارى, القباء السلارى, ou السلارى seul, «le cabâ de Selâr,» tunique sans manches ou à manches très-courtes, mise en vogue, sous le règne d'al-Melic an-nâcir Mohammed, par l'émir Selâr, et qui portait auparavant le nom de بغلوطاق, Maml. I, 2, 75.

سلارية (σελλάριον) sorte de barque, Fleischer Gl. 71.

سَلُّورَة pl. سَلَالِيم, même origine et même sens, Fleischer Gl. 71, Voc. (barca), Bat. II, 116.

سَلُّور (σίλουρος) anguille, Aghânî 43, 8 et 9 (cf. p. 298 des notes), où on lit que ce mot appartient au dialecte de la Syrie; mais il appartient aussi à celui de l'Egypte, Bait. I, 246 a: اهل مصر يسمون السلور المجرى, cf. II, 45 c (où il faut lire المجرى avec A), Yâcout I, 886, 14. Le M donne سُلُّور.

سلس

سلس II enfiler des perles, Bc. — Enchaîner, Gl. Belâdz.

سَلِس dulcis dans le Voc., qui a aussi لَكْذَا سَلس et سَلِس العَمَل, facilis.

I

سَلْسَة (esp.) sauce, Alc. (salsa para el manjar).

سليس? nom d'une plante, espèce de عينون (voyez), Bait. II, 226 c; leçon de BHLS; A شليش, EK سبليس.

أسْلَس plus doux, Voc.

سَلْسَبِيل fontaine jaillissante, jet d'eau (cf. Lane à la fin), 1001 N. IV, 478, 5 a f., 546, 6 a f.

سلسل I, enchaîner, au fig., raconter une chose après l'autre, Djob. 122, 19.

II s'enchaîner les uns les autres, Gl. Belâdz. — Former une chaîne, une file, en se tenant par la main, Djob. 133, 14 (cf. l. 16), 137, 13, 147, 19. Comparez Vêtem. 422, 8: Si je coupe un morceau de la sandale, un autre en fera autant, فيتسلسل الحال, «et ainsi de suite.» — تسلسل فى الأزقة marcher en zigzag, où suivre des rues qui vont en serpentant, R. N. 17 v°: فضّل لى اتبعنى فاتبعته ولم يزل ينسلسل فى الأزقة حتى اتى الى الحج

سَلْسَلَة voyez l'article qui suit.

سِلْسِلَة collier, voyez sous سِرْسِلَة. — Race, lignée, Bc. — Sorte d'oiseau, Yâcout I, 885, 5. — سلسلة السمك arête, Bc. — سلسلة الصَّلْب échine, épine dorsale, Voc. (qui prononce سَلْسَلَة); aussi سلسلة الظهر, Bc; comparez سَرْسُول.

سلسول, suivi de ماء, fil, courant d'eau, Bc.

سلط II. سُلِّط عليه أن se trouve Bat., man. de Gayangos 84 v°: فاذا أتى بمن سلط عليه ان يرمى به «lorsqu'on amenait quelqu'un qui avait été condamné à être jeté aux chiens» (cf. L: inrogat). L'édit. (II, 59) porte en cet endroit: فاذا أوتى بمن — Exciter, Voc. (concitare), Alc. (acuciar, le part. act. acucioso), p. e. les chiens (Lane sans autorité), Abbad. II, 26, 3: سلَّطت عليهم الكلاب الضارية, Bat. II, 59 (cf. plus haut), un homme contre (على) un autre, Macc. II, 555, 20 (cf. l. 17), 1001 N. III, 442, 6 a f., 472, 1, 494, 14. — سلّط قلمه على consacrer sa plume à attaquer, de Slane Prol. I, LXXIV b, où il faut lire avec notre man. 1350: وقد — C. على — يُسَلَّط بعض منهم قلبه على العقود المحكمة

85

سلط

p. *tourmenter, inquiéter, chagriner*, Lettre à M. Fleischer 217—8, Auw. II, 557, 7 et 8: فاجعل على اصل اذنيه عسلًا ليسلط عليه الذباب فى اصطبله فى تسلط (تسليط .I). الذباب على الدابة خصال محمودة ــ C. على r. *blesser, flétrir, entamer* la réputation de quelqu'un, Macc. I, 117, 5, en parlant d'un poète satirique: كان مسلطا على الأعراض, car c'est ainsi que je crois devoir prononcer. — *Solliciter avec instance, demander avec importunité*, Alc. (demandar con inportunidad, ahincar a otro, le part. act. pedigueño); la constr. est سلّط على شيء, Macc. II, 319, 1: كان مسلطا على فلانا على هذا البيت, «on lui avait demandé ce vers avec une insistance importune.»

V c. على p. *bien dans Freytag traiter quelqu'un avec rigueur* (pas dans Lane), de Sacy Chrest. I, ١٠، 5 a f., Valeton ٢١, 5; تسلّطت عليه الألسن, «on parla mal de lui, on le blâma,» Mohammed ibn-Hârith 265: c'était un juge trop sévère فلم تحتمل العامة له ذلك فتسلّطت عليه الالسن وكثرت فيه المقالة, Macc. I, 134, 6. — C. على *être excité contre*, Voc. — *Demander avec importunité*, Alc. (demandar con porfia).

سَلْطَة, en Egypte et en Syrie, *veste ou jaquette*, en drap ou en velours, pour homme ou femme, Vêtem. 210, M; chez Bg 800 *Salta-Malta* (au Caire).

سَلْطَة voyez سَلَطَة.

سَلَطى *marchand d'esclaves*, Jackson 245.

سَلْطَة *grande lance que le souverain donne au chef d'une expédition pour la chasse aux esclaves*, voyez Ouaday 467—8, 471. — *Chasse aux esclaves*, Browne I, 350, II, 89, d'Escayrac 475 (avec une explication absurde, comme si c'était صلاتية).

سَلَطَة et سَلَاطَة (fr.) *salade*, Bc, Bg, Mc, Burton I, 131, II, 280; M a les formes سَلَاطَة et سَلَطَة.

سُلْطَان إبراهيم *rouget* (poisson), Burckhardt Syria 166. سلطان التمر *la meilleure espèce de dattes*, Jackson Timb. 3 n. — سلطان الجبل, en Espagne, *chèvre-feuille*, Bait. II, 46 b, 128 c; chez Alc. (madre selva yerva). — سلطانة الجبل سلطان الحوت *rouget*, nommé ainsi à cause de la beauté de sa cou-

674

سلع

leur, Pagni 72, Domb. 68, Gråberg 135, Godard I, 185.

سُلْطَانة *sultane*, Bat. III, 167, IV, 122, 130, Voc. (regina), Alc. (royna, enperatriz). Au Maroc c'est fréquemment un nom propre de femme, Richardson Morocco I, 55. — سلطانة الجبل voyez l'article qui précède.

سُلْطَاني *espèce de datte*, d'Escayrac 12. — Espèce de sucre, Vansleb 199. — الدرام السلطانية, ou السلطانية seul, voyez Djaubari 84 v°.

سُلْطَانِيَّة *bol, jatte creuse; écuelle* (en porcelaine), Bc, Hbrt 202, M, السلطانية الصيني 1001 N. II, 66; *tasse*, Hbrt 202; سلطانية فتّة *soupière*, plat pour mettre la soupe, Bc.

سَلَاطَة voyez sous سَلَطَة. — مرّة سَلَاطَة *pissenlit, dent-de-lion* (plante), Bc.

سَلَاطَة *l'action d'exciter*, Voc. — *Diligence*, Alc. (ahinco), *application, assiduité*, Khatîb 32 v°: من اهل الطلب والسلاطة والاجتهاد وممّن يقصر محصله عن مدى اجتهاده (où le man. a le *fatha* sur le *sin*). — *L'action de tourmenter, inquiéter, chagriner*, Alc. (inquietacion). — *Importunité, demande avec importunité*, Alc. (inportunidad, demanda con inportunidad, بسلاطة inportunamente).

سُلَيْطَن (sic) *petit roi*, Alc. (rey pequeño). Alphonse VII de Castille, qui fut porté sur le trône quand il était encore enfant, conserva longtemps le surnom d'*as-solaitîn* chez les musulmans, *de petit roi* chez les chrétiens, Recherches I, 114, n. 4.

تَسْلِيط *investiture*, Ht.

تَسْلِيطَة *suscitation*, suggestion, instigation, Bc.

سَلَطْعَان pl. سلاطعين *écrevisse*, Bc; altération de سَرَطَان; aussi dans M, qui a en outre سلطعون.

سلطن II *devenir sultan*, M, 1001 N. I, 464, 547, 3 a f., 669, 6 a f., 880, etc., *monter sur le trône*, Bc. — C. على *régner*, Bc. — *S'impatroniser*, s'établir dans une maison et finir par y dominer, Bc.

متسلطن *petit potentat*, qui aime à dominer, qui affecte de l'importance, Bc.

سلع II سلع حصانًا *maquignonner, user d'artifice pour couvrir les vices d'un cheval*, Bc.

سَلَع. Comme ce mot désigne une sorte de plante grimpante (Barth III, 315, cf. Lane), on dit: السلع من البقول والخضر « les légumineuses grimpantes, » Auw. I, 217, 16, cf. l. 20.

سَلْعَة goître, tumeur grosse de nature spongieuse à la gorge, Bc. — سَلَعَات écrouelles, Bc.

سَلْعَة est chez les modernes *mauvaise marchandise*, *pacotille*; au fig., *homme faible, qui manque de force morale*, M.

تَسْلِيع *débouché*, moyen de se défaire des marchandises, Bc.

سَلَعْطَان pl. سلاطعين (qui est proprement le pl. de سلطعان) *cancre, écrevisse de mer*, Bc; altération de سَرَطَان.

سلف I *prêter*, donner à condition qu'on rendra, Bc (aor. i). — *Emprunter* (aor. a) c. من, Voc. (manulevare, verbe que Ducange explique par « fideiubero, » mais qui dans le Voc. doit signifier *emprunter*, puisque ses synonymes sont استعار et استسلف). — C. ال p. et r. *payer*, Amari MS.

II *prêter*, Bc, Hbrt 104, Ht, Delap. 17, Gl. Bayân 14, 12; c. a., من et ل, Voc. — *Emprunter*, Roland.

III c. a. p. *être le* سَلَف *ou* سِلْف (beau-frère) *de quelqu'un*, Gl. Fragm.

IV *emprunter*, Alc. (enprestado tomar, prestado tomar).

V *recevoir*, Amari MS.

X. الاستسلاف *marcotte en pot ou par entonnoir*, comme traduit Clément-Mullet, Auw. I, 13, 156, 3, 187.

سَلَف voyez سِلْف.

سَلَف *chose remarquable qui est arrivée autrefois et dont on garde le souvenir*, Prol. I, 22, 8, en parlant des Barmécides: ذهبت سلفا ومثلًا للآخرين أيامهم ou peut-être *récit*, sens que سالفة a aujourd'hui. — *Prémices*, Ztschr. XIV, 279. — *Gage, arrhes*, Ht. — *Emprunt*, Bc.

سِلْف ou سَلَف *le frère du mari*, M, 1001 N. I, 185, 4 a f.; سِلْفَة, *la femme du frère*, a chez Payne Smith 1542 non-seulement le pl. سلائف (Lane TA), mais aussi ات.

سُلْفَة *fret, nolis, naulage*, Voc. (naulum), Alc. (frete que paga el pasagero, nolit el frete por el passage), Amari Dipl. App. 5, l. 8 et 9, où l'ancienne trad. ital. (p. 311) a *naulo*.

سُلْفَة (سَلْفَة؟) *prêt*, Bc.

سُلَاف fém., Yetima, man. de Lee 15 r°: فما السلاف دَعَتْنِي بل سوالفه *

سَلِيف doit signifier quelque chose que l'on mange, Bat. III, 382, avec la note.

سَلِيف doit avoir un sens qui m'est inconnu dans les 1001 N. Bresl. X, 232, où on lit qu'une belle jeune fille a فَخِذَيْن كسلافتين مرمرية.

سَلِيفَة chez Hœst 119 semble une faute pour سَعِيفَة (voyez).

سَلَّاف *prêteur*, Bc.

سالف *prêteur*, Alc. (prestador). — Pl. سوالف, dans le sens de سالفة, *tresse de cheveux*; ces tresses tombent sur les joues, sur la poitrine ou sur le cou, et quelquefois elles sont converties d'un ruban roulé tout autour; voyez les auteurs cités Vêtem. 248, n. 1, M. — سالف العروس *amarante* (plante), Bc.

سالفة *récit*, Ztschr. XXII, 74, 1, 112, M. — *Action*, Ztschr. XXII, 88, 14.

مِسْلَفَة *truelle* (instr. de maçon), Bc.

سُلْفَاخَة voyez sous سلحف.

سلق I. سلق فلان عِرْضَ فلان *diffamer* quelqu'un, Meursinge 45, n. 196, 6 a f. — سلق بلبن شعر *cheveux gris*, Bc; je suppose que c'est شَعَر سُلِقَ بِلَبَن, à la lettre: « des cheveux cuits avec du lait. »

II *grimper à une muraille*, 1001 N. I, 736, 2; cf. sous le n. d'act. — *Couper des herbes potagères*, M.

V *escalader, grimper sur*, se construit aussi avec على, 1001 N. I, 47, 13, et avec الى, Bc.

سلق (de σικελός; Théophraste dit que la variété blanche de la Beta vulgaris s'appelle *sicilienne*), n. d'un. ة, Alc. (acelga), *bette blanche*, Lane M. E. I, 259, *beta maritima et beta cycla*, Prax R. d. O. A. VIII, 279. Comme cette plante est très-verte, on

سلق

dit communément أَخْضَرُ كَالسَّلْق, Gl. Fragm., Badroun 137, 11. — سلق بَرِّي est une sorte d'oseille (حُمَّاص), Bait. II, 43 c. — سلق بَرّانِي buglose, L (boglossos; il écrit سلكى). — سلق الماء potamogeton natans, Bait. II, 43 b.

أَخْضَرُ سِلْقِي vert comme la bette, Gl. Fragm.

سلقون vermillon, Bc, voyez Gl. Esp. 225.

سلاقي lévrier, aussi كلب سلاقي (Man. Escur. 893), pl. كلاب سلاق; limier, chien de chasse; كلب سلاق الأندلسي épagneul, Bc; cf. plus loin.

سليقي. اللحم السليقي du bouilli, Vie de Timour II, 64, 11.

سَلَاقَة bitume, Voc., Alc. (azulaque); en esp. azuluque ou zuluque désigne *une sorte de bitume fait avec des étoupes, de la chaux et de l'huile pour joindre les tuyaux.* La manière dont le Voc. écrit ce mot ne confirme pas ma conjecture sur son origine dans le Gl. Esp. 229. Je crois à présent qu'il dérive de سلى dans le sens d'*enduire*.

سَلُوقِي = كَلْب سَلاقِي lévrier, chien de chasse, Cazwint I, 450, 18, 1001 N. Bresl. I, 42, 10, 179, 8, cf. Fleischer Gl. 21—3, Palgrave II, 239 (Bahrain et Catar), M comme la prononciation ordinaire (en Syrie).

سَلُوقِي lévrier, chien de chasse, pl. سَلُوقِي, Mufassal éd. Broch 5, 6 a f. En Espagne on prononçait سَلُوقِي, Voc., Alc. (galgo, lebrel). Le fém. سَلُوقِيَّة levrette, Alc. (galga hembra). Le pl. est dans le Voc. سلوقيات et سَلَاقِي, chez Cherb., qui écrit سلوقي (aussi chez Delap. 140; Domb. 65, سَلُوقِي). Il est curieux qu'on Ecosse le limier porte le nom de *sleugh hound*, et que le *slougui* africain lui ressemble; c'est ce qui a été remarqué par de Slane (trad. de l'Hist. des Berb. II, 338), Hay (89) et Godard (I, 183). Daumas a donné une dissertation sur cet animal dans la R. d. O. A. XIII, 158—163.

سَلُوقِيَّة *panneau de porte*, à ce qu'il semble, Azraki 217, 5 a f.: وفي المصراعين سلوقيتان فضة مموّهتان وفي السلوقيتين لبنتان من ذهب مربّعتان — وفي نوف — السلوقيتين حلقتا ذهب وهما حلقتا قفل الباب. *Sorte d'avant-mur en talus*, Alc. (balvarte, barvaçana,

cf. Ducange v° barbacana), Müller 4, 1. 4: ودار بها; sous torro albarrana (tour en dehors de la muraille) Alc. a سلوقية. — قَلْعُوَّة السلوقية *Le fossé* d'une forteresse, Alc. (cava de fortaleza).

سُلَّم تَسْلِيف *échelle de corde*, Bc; aussi avec le ك, au lieu du ى, Bc, 1001 N. II, 104; — *enflèchures*, t. de marine, Bc.

مَسْلُوق, لَحْم مسلوق *Du bouilli*, chez Bc, portait en Espagne, entre autres noms, celui de مَسْلُوق الصَّقَالِيَّة (aussi مصلوق, car on écrit souvent صلق pour سلق), Choc. 196 r°; mais ce terme y signifiait aussi *du poisson cuit dans l'eau*, ibid., 197 v°.

مَسْلُوقَة *bouillon*, Bc. Ce mot, avec le pl. مَسَالِيق, à ce sens, et non pas celui qu'on trouve chez Lane, dans les 1001 N. I, 49, 14: وصارت تسقيه الشراب, والمسالق بكرة وعشية, 52, 8, 3 a f., 348, 4 a f., 2 a f., 409, 10. Dans le sens indiqué par Lane d'après le TA, Bresl. III, 316, 2 a f.: سلقت له مسلوقة بطليمون دجاج وصارت كل يوم تسقيه الشراب وتطعمه المسالك (l. ق), et dans un passage qu'on trouvera sous مَأْكَل; — مسلوقة الصبحية *chaudeau*, sorte de bouillon qu'on porte aux mariés le lendemain de leurs noces, Bc.

سَلَقَى II (= استلقى) *se coucher sur le dos, se coucher à la renverse*, Bc.

سلك I, dans le sens d'*entrer*; on dit سلك من الباب «entrer par la porte,» de Sacy Chrest. I, 228, 1. — *Dégorger*, se déboucher, Bc. — *Etre de mise*, avoir cours, Bc. — *Prendre*, réussir; ما تسلك الحيلة معي «cette ruse ne prend pas avec moi,» Bc. — *Se sauver*, échapper au danger, Bc, Ibrt 131 (Alg.). — C. مع *se familiariser* avec des personnes, Bc. — *Embrasser* la vie spirituelle, devenir Soufi *sous la direction d'un tel*, Macc. I, 496, 11, ou c. على p., Khatîb 61 v°, en parlant d'un Soufi et de son précepteur: وعليه سلك وبه تأدّب. — ان سلك على ان *il lui vint dans l'esprit que*, Gl. Fragm.; mais sans autres exemples cette signif. n'est pas certaine.

II *faire marcher* (Lane TA sous I), Saadiah ps. 25, Abou'l-Walîd 336, 15. — *Faire couler* l'eau, d'après une bonne conjecture de Wright sur Macc.

I, 153, 16 (dans les Add.). — *Tirer* une épée *du fourreau*, Gl. Mosl. — *Déboucher, ôter ce qui bouche, dégorger, dégager, désopiler, désobstruer* (une rue), Bc. — *Délivrer, affranchir d'un mal, sauver*, Bc (Barb.), *sauver, délivrer, débarrasser, débrouiller*, Ht. — *Payer*, Cherb. Dial. 83. — C. في *percevoir*, Martin 82.

IV *consacrer, sanctionner*, en parlant de l'usage, Bc.

سلك, au fig., *suite, ordre, liaison; tissu*, longue suite d'actions, Bc.

سلاك *quittance*, Ht.

سلوك *vie*, pour ce qui regarde la conduite, les mœurs, *conduite, démarche, direction, erres* ou *errements, procédé*, Bc. — *Politique, conduite adroite dans les affaires*, Bc. — *Savoir-vivre*, aussi حسن سلوك, Bc. — سلوك المعاملة *mise, débit, cours de la monnaie*, Bc. — *Les exercices du soufisme*, Prol. II, 200, 13, Macc. I, 116, 8, III, 679, dern. l.

السالك في الزمان السالك *dans les temps passés*, Gl. Badroun. — درب سالك *chemin libre*, qui n'est pas fermé, *chemin praticable*; طريق سالكة *chemin battu, frayé*, Bc. — *Négociable*, Bc. — *Celui qui a embrassé la vie spirituelle, Soufi* (Freytag), Macc. I, 496, 8, 570, 1. — *Médiocre*, M. — *Celui qui a du savoir-vivre*, M.

تسليك voyez sous تسليف سلّم.

مسلك *brèche*, Hbrt 145. مسلك في السور

المسلكان (voyez Lane), Auw. II, 614, 2. — *Signe qui sert à indiquer une route*, Müller 12, 3 a f. — *Autorisation*, Ht; cf. Macc. I, 556, 16: صار الشيء حلالا طيب المسلك في اعقابنا, c.-à-d. «ma postérité peut l'hériter en toute sécurité de conscience.»

مسلك الطريق *pionnier*, travailleur à l'armée pour aplanir les chemins, remuer la terre, Bc.

مسلكة *dévidoir*, M.

درب مسلوك *chemin frayé, chemin fréquenté*, Bc.

سلّم II est le premier acte du khatîb ou prédicateur dès qu'il est en chaire, Maml. II, 2, 72, 1, c.-à-d. qu'il salue l'auditoire, Djob. 47, 9; — l'acte des moëzzins, 1001 N. I, 246, 11. — سلّم من صلاته *finir sa prière*, en parlant de l'imâm, Bat. I, 211, et aussi de celui qui prie chez soi, R. N. 101 v°. — *Livrer* une marchandise, Amari Dipl. 186, dern. l.,

188, 5, v. d. Berg 42. — سلّم نفسه *céder, se soumettre*, Bc; سلّم حقّه لاحد *céder*, Bc; c. في *céder*, Ztschr. IX, 564, n. 26, XVIII, 324, 2 a f.; سلّم له *céder, concéder à* quelqu'un *l'usufruit de*, voyez un exemple sous حلال. — Dans le sens d'*accorder, concéder, reconnaître pour vrai*. On dit p. e.: il lui montra plusieurs passages fautifs, et l'autre سلّمها, *les reconnut pour tels*, avoua qu'ils l'étaient, et les corrigea, Macc. I, 599, 11; سلّم له في اختياره «il reconnut que l'autre avait fait un bon choix» dans son livre, Macc. I, 679, 12. — *Capituler*, Hbrt 145. — *Consigner*, mettre une somme en dépôt; c. a. p. et a. r. سلّم شيئا *déposer entre les mains de* quelqu'un; حاصل في *entreposer*, t. de commerce, mettre dans un entrepôt, Bc. — *Recommander*, Alc. (encomendar de palabra). — *Guérir, délivrer de maladie*, Alc. (guarnecer a otro, mais il faut lire: guarecer a otro, car il a la Ire forme sous guarirse o guarecerse). — Chez Alc. «trançar por vender a trance,» ce qui peut signifier: *adjuger au plus offrant et dernier enchérisseur*, et aussi: *vendre juridiquement des effets d'un débiteur pour payer les créanciers*. — سلّم شروط المناظرة *observez les règles d'une discussion scientifique!* Cartâs 112, 10. — سلّم ديانتك *bravo!* (c'est bien dit), pour الله يسلّم ديانتك *bravo!* (c'est bien fait) ديات est pour ايديات, pl. de يد); aussi *merci* (à quelqu'un qui vous présente quelque chose); rép. وديانتك, Bc (Syrie). — سلّم كلبا, dans le jeu de طاب, *faire d'un chien un musulman*, voyez Lane M. E. II, 61.

III c. a. dans le Voc. sous salvare.

IV. اسلم نفسه في السوق *il se fit marchand*, Abd-al-wâhid 112, 5 a f. Chez Aboulfeda, Hist. anteisl. 86, 8, on trouve le solécisme: اسلمه عند المنذر ليربّيه = il confia l'éducation de son fils à al-Mondzir.

V *avoir le commandement de, administrer*, de Sacy Chrest. II, 178, 5 a f.: موضوع امير جاندار التسلّم لباب السلطان ولرتبة البردارية وطوائف الركابية الخ J. A. 1839, II, 165, 1: عبيدهم المتسلمون عمارتهم «leurs esclaves administrateurs de leurs terres;» comparez plus loin le participe.

سلم, *captif*, pour le masc. et le fém., le sing. et le pl., Gl. Belâdz. — *Espèce d'arbre*, voyez Lane;

n. d'un. ة, pl. ات, Diw. Hodz. 11, vs. 19, 178, 4; Burckhardt, Nubia 172, 173, 184, qui écrit سلَّم, dit que c'est une sorte d'acacia, dont le bois, qui est très-dur, fournit celui des lances. Il donne aussi le n. d'un., qu'il écrit sellame, dans le sens de *bâton*.

سلمى . كسب على السلمى *gagner codille*, sans avoir fait jouer, Bc.

سَلْمُون (esp.) *saumon*, Alc. (salmona), Cazwînî II, 396, 6 a f.

سلم et سَلام, sur les monnaies, *poids complet*, Ztschr. IX, 833. — السلام *la bénédiction que l'imâm prononce en terminant sur l'assemblée*, Edrîsî 393. — السلام *le second cri des moëzzins dans les nuits du mois de Ramadhân, une demi-heure après minuit*, Lane M. E. II, 264. — السلام عليكم *je vous baise les mains*, par ironie, je ne veux pas, Bc. — والسلام *cela suffit, c'est fini*, Voc. (tantum). — يا سلام *miséricorde!* Bc. بلّغ السلام *recommander*, Alc. (encomendar de palabra). — A Constantine, *la galerie intérieure d'une maison construite entre le rez-de-chaussée et le premier étage*, J. A. 1851, I, 55, 11 et note p. 80; ibid. 1852, II, 211, 3 a f.: تُوقَف بالسلام من قصبة البلد

سَليم *sain, valide;* — *salubre;* — *bénin*, Bc.

سَلامَة . أمر على السلامة *il doit être réputé innocent*, Mohammed ibn-Hârith 306. — *Paix*, Cartâs 155, 12: يسئلونه سلامته ويطلبون منه عفوا, l. 13: صلح, synonyme de يطلب ... ويسئل منه عفوا . — *Bénignité, douceur, bonté*, Bc. — *Salubrité*, Bc. — مدينة سلامة *soyez le bienvenu!* aussi سلامات, Bc. — L'expression سلامة عقلك »Dieu vous préserve la raison!« est elliptique; de même 1001 N. I, 841, 6: فسلامة شبابك وسلامة عقلك الرجيح ولسانك الفصيح, passage sur lequel le chaikh de Lane observe (dans la trad. de ce dernier, II, 226, n. 45) que »Dieu préserve ta jeunesse!« est déplacé dans la bouche du vizir, attendu que cette exclamation n'est employée que par les femmes. Brosl. IV, 175, dern. l.: سلامة جاريتي »Dieu préserve ma jeune esclave!« — *Usufruit*, deux exemples sous حلال.

سَلامى *renégat juif*, Bc (Barb.); c'est pour اسلامى.

السَّلْيمى سليمى *sauge*, Ibn-al-Djezzâr: الشاليمى (c.-à-d. الصنخريّة) salvia).

سُلَيْمانى. Le passage du Tohfat ikhwân aç-çafâ, que cite Freytag, est conçu en ces termes: ولنا بعد ذلك الوان الاشرية من الخمر والنبيذ والفارص والفقّاع السكّر السليماني. — والسليماني والجلّاب. Ibn-Djazla donne beaucoup de renseignements sur les vertus médicales de cette espèce de sucre, mais il ne nous apprend pas d'où lui est venu son nom, et je ne voudrais plus défendre la conjecture que j'ai proposée à ce sujet dans le Gl. Edrîsî; nommé aussi par Meidânî dans les Annot. hist. de Reiske sur Aboulf. Ann. I, 112. — Altération de سامانى, en parlant d'une natte; voyez سامان. — Altération de *sublimatum*; Sang.: »On donnait autrefois ce nom à un mélange d'acide arsénieux (oxyde blanc d'arsenic, arsenic blanc, ou mort aux rats) et de mercure, qu'on faisait sublimer. On appelle maintenant سليمانى les chlorures de mercure: le calomel et le sublimé corrosif.« *Arsenic*, Domb. 102 (avec le chîn), Bg 813; *sublimé corrosif*, Bc.

سلّم للعذاب est dans L *catasta*; c'était une sorte de lit de fer ou d'échelle, sur lequel on attachait les martyrs que l'on brûlait; voyez Ducange.

سُلَّم = سُلَّم *degré, escalier*, Bc, Voc. 1re part.

سَلَمَة *marche, degré d'escalier*, Bc.

سُلَّم *escalier*, Voc. 2de part., Domb. 91.

سالم . جرح سالم *blessure légère*, Bc. — »Je vous donnerai pour elle« مائتي دينار سالمة ليدك خارجا عن الضمان وحقّ السلطان , 1001 N. I, 419, 1; l'expression سالمة ليدك signifie donc *sans frais*; de même IV, 288, 8 a f., 289, 1.

سالِمَة *sauge*, Voc., Alc. (salvia yerva conocida), Domb. 72, Most. v° اشفاقس, mais seulement dans N: سالمة ويعرف ايضا بالسالمة, A. R. 40; chez Pagni MS *selm*, et d'Escayrac 577 a *salem*, plante que paissent les chameaux. — *Fièvre cérébrale*, Cherb.

أسْلَمى pl. أسَالِمَة *un chrétien converti à l'islamisme*, Maml. II, 2, 67.

أسْلَام . اهل الاسلام n'est pas seulement pour (Lane), mais aussi pour بلاد الاسلام, Macc. I, 92, 3 (où l'éd. de Boul. ajoute بلاد), Amari 3, l. 6.

أسْلامى *renégat juif*, Hoest 147, Çalât 25 v°: اليهود الاسلاميون الذين اسلموا على كره, 26 r°.

سلمعون   679   سلو

تَسْلِيم *suivre l'opinion d'autrui*, Prol. I, 39, 10. —
تَسْلِيمَات *hommages, honnêtetés*, Bc.

تَسْلِيمَة. Cartâs 180, 14: واخذ فى الاجتهاد فيقطع الليل قائما يختم القرآن فى تسليمة واحدة. On voit que cela doit signifier: « en une seule fois, » mais le sens précis de ce mot m'échappe.

مُسَلِّم, dans le jeu de طاب, voyez Lane M. E. II, 61.

مُسْلِمَة *les nouveaux musulmans*, Prol. II, 179, 3, Berb. I, 153, 3 a f., Maml. II, 2, 66, 2 a f. (où Quatremère a eu tort de changer la leçon).

مُسَلَّم *exempt de défauts, pur*, Gl. Fragm.

مُسْلِمَانِى *nouveau musulman*, Maml. II, 2, 67, Becrî 178, 3 et suiv.

المُسَالَمَة *la somme d'argent pour laquelle on a acheté la paix, et qu'on paie annuellement*, Gl. Belâdz.

المُسَالَمَة *les nouveaux musulmans, les chrétiens ou les juifs qui ont embrassé l'islamisme*, Maml. II, 2, 66, où Quatremère donne à tort le *fatha* à la première syllabe; le *dhamma* se trouve dans l'excellent man. de Mohammed ibn-Hârith 212: وهو من ابناء المسالمة Cout. 37 v°, en parlant d'Omar ibn-Hafçoun: وكان ابوه من مسالمة اهل الذمة وتحرّرت Haiyân 38 r°: اقل حاضرة البيرة الذين 41 r°: المسالمة مع الموّلدين فتعصّب على الموّلدين 49 r°: دعوتهم للموّلدين والمسالمة ☼.

مُتَسَلِّم *gouverneur d'une ville pour un pacha, vice-gouverneur*, Bc, Richter 41, Pachalik 32, 82, Browne II, 290, 294, Buckingham I, 115; écrit incorrectement par Roger 279, qui dit ceci: « Les Mousalems et Soubachis sont juges inférieurs, lesquels sont dans les forteresses et ports de mer, » et par Stochove 355, qui s'exprime de cette manière en parlant de Jérusalem: « Le Grand Seigneur y entretient un Sanjac Bey qu'ils appellent Musalem, lequel a le soin pour ce qui est des armes, et est comme gouverneur de la ville. »

مُسْتَسْلِم *le chef des câtibs ou écrivains qui règlent les comptes de la mosquée* (à Médine), Burton I, 356.

سلمعون = انجدان, *ferula asa foetida*, Most v° محروت.

سلهب. سَلْهَب. Dans les 1001 N. Bresl. III, 69, 6, on trouve: أَسْلَبُ من سلهب. Lane donne ce dernier mot comme le nom propre d'un chien; peut-être a-t-il ici ce sens, et alors il faudrait traduire: « plus rapace que Salhab. »

سلهم. اِسْلَهَمّ *être maigre*, Kâmil 146, 11 et 12.

سَلْهُوم, سُلْهَام, dans le Voc. سَلَاهِم, pl. سَلَاقِم, *manteau à capuchon*, Vêtem. 194—5, Gl. Esp. 368—9, Capell Brooke I, 262, Voc. (*capa aperta ante*). Ce mot était en usage en Espagne (les Espagnols en ont fait: zulamo, zurame, zorame, cerome, cerrome), et aujourd'hui on l'emploie encore au Maroc. Il semble d'origine berbère.

سلو et **سلى** I c. a. r.: سلا الشىءَ *prendre son parti, se résigner à la perte d'une chose*; سلا هَمَّ *oublier son chagrin, s'en consoler*, Bc. — *Fondre*, p. e. السمن « *le beurre*, » Bc; سمن مُسْلِى « *beurre fondu*, » Bc, chez Browne I, 23 *mishli*; 1001 N. I, 720, 6 a f.; dans une chanson populaire, publiée dans la Descr. de l'Ég. XIV, 142, on lit en parlant de l'amour: على الجمر لو يسليني (*yslyny*), où de Sacy traduit: « quand il devrait me faire fondre, comme si j'étais sur des charbons embrasés. » Ht donne la II° forme en ce sens.

II c. a. r. سَلَّى هُومى, P. Badroun 226, 1. Chez Alc. « templar regiendo, » *moderor* (Nebrija), *tempérer, modérer, adoucir*. — *Distraire, désennuyer, amuser, divertir*; سلّى الجماعة *amuser le tapis, parler de choses vagues*, Bc. — *Fondre*, Ht.

V *se désennuyer, tromper son ennui, se distraire*; c. ف s'*amuser*, p. e. انسلى فى القراية « je m'amuse à lire, » Bc.

سَلْوَى *caille*, Bc.

سَلْوَى, *caille*, forme au pl. سلاوى. A Alep, on appelle سلوى, le roi de cailles, et سمن, la caille ordinaire, Bc.

سلاوى *amusement*, Bc.

سلاوى *florentine, satin façonné de Florence*, Bc.

سلونية *sorte d'oiseau*, Yâcout I, 885, 12.

سُلْبَان orfraie, aigle de mer, L (frangiossa, ossifragus).

تَسْلِيَة, تَسَالِيَة, تَسَلِّي amusement, Bc; le second et le troisième, passe-temps, Bc.

سلويق, سلوين (N) (?) = عكوب (La) (voyez), Most. sous ce dernier mot.

سَلْبَاق la Lyre (constellation). Ce mot que Freytag, Lane, Bc, etc., écrivent avec un chîn, se trouve avec un sîn chez Dorn 46, et chez Alf. Astron. I, 13: sollaca (lisez soliaca), 31: zuliaca.

سلبقون minium, vermillon, voyez Gl. Esp. 226.

سم I. Si la leçon du man., Akhbâr 35, 10, est bonne, ce verbe, dans le sens de fermer, s'emploie aussi en parlant d'autres choses que de bouteilles, et se construit c. d. a.: فلما رأوا انه لا يبقى له جيش سَمّوا الارض واقفروا حوله مسبرة يومين٭

II empoisonner, Bc.

VII être empoisonné, Voc.

سمّ virus, venin des maux vénériens, Bc. — سم الحوت coque du Levant, baie des Indes, qui enivrent les poissons et tuent les poux, Bc. — Nom d'une substance fine et molle qu'on trouve parmi le wars ou memecylon, et qui s'attache à la main, Bait. II, 586 a: la meilleure espèce du wars est سم القليل والسم شيء دقيق يتعلق باليد اذا ادخلت في وعائه٭

سُمّى vénéneux, Bc.

سَمَّام poison, P. Gl. Fragm.

سَمُوم le fort de l'été et de l'hiver, Auw. I, 183, 21: في سموم الصيف وفي سموم الشتا, Calendr. 22, 7, 71, 3. De même le pl. سمائم; ceux de l'été (estio parte del año, Alc.), la canicule, comme traduit le Voc., la canicule et le khamsîn en Egypte, Niebuhr B. 7, commencent le 11 juillet et durent quarante jours, Auw. II, 443, 3 (où Clément-Mullet a eu raison de lire ainsi, cf. Calendr. 71, 3), le 12 juillet chez Hoest 255; ceux de l'hiver, qu'on appelle aussi سمائم البرد, commencent le 11 décembre et durent jusqu'au 20 janvier, Auw. II, 434, 7 et suiv. — مسلّم mode de musique, Hoest 258.

سَمّام empoisonneur, Voc.

سَامّ ابرص est salamandre chez Alc. (sala-

mandra), qui écrit incorrectement: xemebrax (chîn, au lieu de sîn et çâd).

سامم empoisonneur, Bc.

مُسَمَّم. Du pl. مَسَامّ on a formé le n. d'un. مَسَامَّة (comme on fait souvent dans la langue vulgaire), que le Voc. écrit مَسَامَّة.

سمٌ venimeux, virulent, Bc.

سموم venimeux, Gl. Edrîsî, Alc. (ponçoñoso). — Pestientiel, Alc. (pestilencial cosa).

سما pour سِمْتاق, Most. sous ce dernier mot: ويقال له سما دون قاف وسماقل ٭

سماصاحبية espèce de mets, Amari 190, 11; telle est en effet la leçon du man.

سَمَاقِل, Most. (voyez sous سَمَّا), et سَمَاقِيل, Bait. II, 57 b (AB): = سِمَّاق.

سمت III c. a. être sur la même ligne qu'une autre chose; بالمسامتة perpendiculairement, Gl. Fragm. — C. a. être sur le même parallèle qu'un autre lieu, ibid. — C. à., en parlant d'une ligne, être parallèle à une autre ligne, ibid. — C. a., dans le sens que Lane donne sous la V° forme, ibid. (La signification que M. de Goeje donne sous son n° 4 ne se fonde que sur le Bayân II, 61, 5, et d'autres auteurs, p. e. Macc. II, 26, 2, lisent dans ce vers مسامينا (au lieu de مسامتنا), ce qui, je crois, mérite la préférence).

V être grave, sérieux, Macc. I, 859, 4: وكان شديد البسط مهيبا جهوريا مع الدعابة والغزل وطرح التسمّت ٭

VI, en parlant de deux ou de plusieurs choses, être parallèles, Abbad. II, 200, 14, Gl. Fragm.

VIII être grave, sérieux, Berb. II, 412, 4 et 432, 5: كان مستمتنا وقورا ٭

سمت parallèle, dans la sphère, se dit des cercles parallèles à l'équateur, tirés par tous les degrés du méridien terrestre, Gl. Fragm., Abd-al-wâhid 5, 1. 8. — Aplomb, ligne perpendiculaire à l'horizon, Bc.

سمج.

سمج dans L sous dedecore et turpitudo (feditas).

سَمَاجَة obscenitas, L. — Platitude, Bc. — بسماجة disgracieusement, Bc. — سماجات des figures grotesques, Maml. I, 1, 153: يطرفون الشوارع بالخيال والسماجات

« ils parcouraient les rues, faisant voir les ombres chinoises et des figures grotesques. »

سامِج *disgracieux, dur, sans grâce, lourd, grossier,* Bc. — حِصان سامِج *roussin, cheval commun, entier,* Bc.

سمح I, dans le sens de *donner,* aussi c. a. r., Macc. I, 480, 2 a f.: Ibn-al-'Arabî voit un émir jouer aux échecs avec une autre personne, et cet émir, dit-il, سمح لي بيادقته اذ كانت من الصغر في حقّ يَسْمَحَ فيه للاغمار ce qui ne peut guère signifier autre chose que ceci: « il me donna ses pions, » c.-à-d., chaque fois qu'il avait enlevé une pièce à son adversaire, il me la donnait à garder. — C. ل p. *consentir, assentir, trouver bon, accorder en inclinant la tête,* Alc. (consentir con otro, otorgar inclinar la cabeça), 1001 N. II, 100, 8 a f.: Alâ-ed-dîn ayant offert dix mille dînârs pour la jeune esclave, فسمح له سيّدها وقبض منها ثمنها. Aussi c. ب r., Berb. II, 27, 12: يسمح بعقامه عنه. — *Pardonner, absoudre,* Alc. (perdonar por regalo), Ht; c. ل p. et عن r. *passer, pardonner une faute,* Bc. — C. ل p. et ب r. *remettre, faire grâce de, faire la remise d'une dette,* Bc. — C. ل, ب et من dans le Voc. sous afabilis. — سمح أن لِخاطر *sous votre bon plaisir,* Bc. — En parlant de sauterelles, ce verbe semble signifier *faire beaucoup de dégâts,* Cartâs 63, 17: وفي ٧٧ عمّ الجراد الكثير جميع بلاد, 73, 10: وفيها أتى جراد كثيرة فسمح بها المغرب وسمح بها النهاية عم جميع بلاد الاندلس فسمح بها وكان جُلّة واكثره بقرطبة حتى كثر به الاذى وعظم به البلاء Dans ces deux endroits la dernière lettre du verbe est un *khâ* dans notre man., ce qui ne paraît pas convenir; mais j'ignore comment سمح a reçu ce sens.

II c. a. dans le Voc. sous afabilis.

III *traiter quelqu'un avec indulgence, complaisance,* et le n. d'act. *indulgence* (Bc), Gl. Badroun, Müller S. B. 1863, II, 5, l. 9 a f.; مُسامِح *indulgent, tolérant, commode, trop indulgent,* Bc; مُسامَحة *indulgence, bienveillance mutuelle,* Reinaud Dipl. 116, 3 a f.: مُسامَحة ; كتاب مهادنة ومعاهدة ومصالحة *avec trop d'indulgence,* c.-à-d. *sans critique,* Macc. I, 516, 12. Surtout: *être complaisant, facile, quant au prix des choses qu'on vend,* Koseg. Chrest. 117, 10; c. a. p. *envers quelqu'un, lui vendre une marchandise à bon marché,* 1001 N. Bresl. X, 422, 4 a f.: فبعتها وسامحتها *où les pronoms se rapportent à la dame*

(de même l. 3 a f.), et où l'éd. Macn. porte: وتَساعَلَتن فِي الثَمن. — *Pardonner;* سامَحَك الله « Dieu vous pardonne; » سامَحتُه بذنبه « je lui pardonnai sa faute, » M. — C. من *dispenser, exempter de,* Bc; c. a. p. *exempter quelqu'un de tout impôt,* Macc. II, 710, 6. — C. a. dans le Voc. sous afabilis.

V c. ب ر. تسمّح باعطاء الشيء *donner libéralement,* Auw. I, 201, 2 a f. — *S'apaiser,* Alc. (desensañarse).

VI أمر في, *traiter une affaire avec négligence,* Abbad. I, 256, 6, corrigé III, 108, 13, *ne pas y faire beaucoup d'attention,* Macc. I, 137, 13. — Dans le Voc. sous afabilis.

سَمْح *usé,* p. e. un bouclier, تُرْس خَلَق سَمْح, Aghânî 61, 3. — Au lieu de السَمحة الملّة, on dit aussi السَمحة seul, Renan Averroès 440, 7 a f. — سمح الوَجْه *ayant un visage qui indique la bonté, la bienveillance,* Cartâs 198, 5 a f.; cf. plus loin مُسامِح; *ilaris* (c.-à-d. *hilaris*) dans L. — *Congé,* p. e. celui qu'on donne à un domestique dont on est mécontent, Alc. (licencia en mala parte = أمر). — *Sorte de mets décrit par Palgrave I, 29 et 30.*

سَماح *consentement,* Alc. (consentimiento). — نَهار السَماح *le jour du pardon, chez les juifs, Keppour,* Daumas V. A. 486. — C. بيع السَماح *vente à bon marché, par complaisance,* M (avec un vers); cf. sous la IIIe forme. — رَقْص السَماح *sorte de danse des derviches,* M.

سَماحة *air, mine,* Alc. (ayre en la cara).

أسْمَح *très-copieux,* Mi'yâr 19, 2 a f. (l. قَدْرتَها).

مَسموح c. ل *dispensé, exempté,* Bc. — *Gratification,* 1001 N. III, 479, 7. — مَسامح *lettres de faveur,* Mong. cxxxvi b.

مَسْموحة *un revenu en argent ou en nature sur un fonds de terre, ou le fonds de terre lui-même; ces possessions ne payent aucune sorte d'imposition,* Descr. de l'Ég. XI, 491.

مُسامِح est dans le Voc. afabilis (in facie), c.-à-d. *ayant un visage qui indique la bonté, la bienveillance.* — *Gai, riant,* Alc. (alegre).

مَسَاحَة air, mine, Alc. (senblante de cara; écrit incorrectement comme si c'était مُسَامَعَة; cf. سَمَاحَة).

مَسَاحَة (مُسَاحَة?) balai, Bc (Barb.); c'est peut-être une transposition de مُمَاسَحَة, qui pourrait avoir ce sens.

سمخ ♦w I, n. d'act. سَمْخ, éprouver les graines en les faisant pousser avant de les semer, pour reconnaitre par ce qui lève celles qui sont saines afin d'employer ce qui est dans la même condition et rejeter ce qui est mauvais et avarié, Auw. II, 19, 14, 55, 4 a f., 56, 10, 15.

II même sens, Auw. II, 55, dern. l., 58, 2 a f.

سمد.

سَمِيد forme au pl. أَسْمِدَة, Voc. (farina). — Chez le vulgaire = بُرْغُل (voyez) M.

سمر I monter la garde pendant la nuit, Bat. III, 111.

II clouer un criminel sur une croix, le crucifier, Vêtem. 269, n. 7. — Sceller, fixer dans un mur avec du plâtre, du plomb fondu, etc., Gl. Edrîsî (où cependant nous aurions dû dire que Bc donne مَسْمُور en ce sens), Cartâs 32, 8. — River les fers, affermir l'esclavage, Bc. — Garnir de clous, Alc. (le part. pass. abollonado con bollones, bollonado), Abbad. II, 133, 10: امر بضربه بالنعال المسمَّرة. — Ferrer une bête de somme, Voc., Alc. (herrar bestias, le part. pass. herrada cosa de bestias, cf. desherrada bestia). — C. على cacheter, Cherb. Dial. 48. — C. a. p. faire veiller, Voc. — Rembrunir, Bc.

III. Le poète Moslim dit: سامَرْتُ الليلَ بجارية, dans le sens de: je passai la nuit en conversation avec une jeune fille, Gl. Mosl.

IV embrunir, rendre brun, Bc.

V être ferré (cheval), Voc.

VI causer de choses et d'autres, parler de choses indifférentes, Bc.

IX brunir, devenir brun, et le n. d'act. rembrunissement, Bc, M.

سُمَّر les soldats qui montent la garde pendant la nuit, L (excubie).

سَمَر bât de bois seulement, Bc, bât d'âne, de mulet, Ht.

سِمَار brun, couleur brune, Bc. — سُمَار épart, jonc, Bc, les jones employés aux nattes d'appartement, Descr. de l'Eg. XII, 463 (samar), iuncus spinosus, ibid. XVIII, part. 2, 398, iuncus acutus, J. A. 1848, I, 274, iuncus multiflorus, Cherb. C (fatha), iuncus, Pagni MS (dhamma), Domb. 74 et Ht (صُمَار); c'est un mot assez ancien, qu'on trouve Bait. I, 21, l. 1 (AB), 36 b (fatha dans B, kesra dans A), 95 c (fatha dans B), II, 57 d, Auw. I, 24, 11, 88, 2.

سَمِير veille, veillée, Alc. (trasnochada, velada a la candela, velada toda la noche, vigilia o velada). — Veille, partie de la nuit, Alc. (vela de la noche); on divisait la nuit en trois veilles, à savoir: سمير اول الليل وسمير نصف الليل وسمير السهر, Alc. (vela de la prima, vela de la modorra, vela de la alva). — Faire la ronde, Alc. (ronda la obra del rondar).

سُمَيْمِر brunet, dimin. de brun, Bc.

سِمَارَة et سِمَارِيَّة panier fait du jonc qui porte le nom de سُمَار (voyez), R. N. 93 r° et v°: le saint 'Amroun apprend qu'un étranger a besoin de poisson pour sa femme qui est enceinte et qui désire en manger, et qu'il n'a pas d'argent pour en acheter, فدعا بالرجل ونزل معه حتى اذا بلغ الى ذلك السمك (السمار). الذي بين القصر والبحر قطعًا سماريسن (سماريتين). ومصبًّا الى البحر ونحن ننظر فما كان بأوشك من ان طلع الرجل وفي كل سمارية حوت يثقل الانسان فكشفنا عن خبره فقال ان في امر هذا الرجل لعجبًا لما حاذا بنا السمار الذي بين القصر والبحر امرني فقطعت سماريتين ومشينا حتى دخلنا الى موضع من البحر ينتهي الى نصف الساني قال فاقبل اليه من الحيتان ما لا يوصف فتناول منها حوتا فقال اجعل هذا في سمارة ثم تناول اخر فقال اجعل هذا في الاخرى ثم قل انصرف بنا فان في هذا كفاية ⚹

سَمِيرَة stéchas (plante aromatique), Alc. (cantuesso).

سِمَارِيَّة voyez سِمَارَة. — Dans le sens de sorte de barque (aussi 1001 N. Bresl. II, 353, 11) c'est pour سلارية, σελλάριον, Fleischer Gl. 71.

سُمَيْرِيَّة (mal expliqué chez Lane) sont des dirhems frappés, sur l'ordre d'Abdalmelic, par un juif de Taimâ, nommé Somair, Gl. Belâdz.

سَمَّار, au Maghrib, maréchal, artisan qui ferre les

chevaux, Voc., Alc. (albeitar de bestias, herrador de bestias), Bc (Barb.), Cherb., notre man. d'Auw. dans un passage après I, 438, 5 de l'édit.: على حيـمْـثَة — سكّين السمّار الذى تسعر (تُشَقُّر l.) به حوافر الدوابّ Au Maghrib, *forgeron*, Domb. 104, Ht.

سَمُّور est *martre zibeline*, mais les Arabes ont confondu cet animal avec le *castor*, auquel ils donnent aussi le nom de سمّور; voyez Macc. I, 121, 23—122, 7, Most. et Gl. Manç. v° جندبادستر.

سامر *celui qui monte la garde pendant la nuit*, Voc., Bat. III, 111, 148. — *Celui qui fait la ronde*, Alc. (ronda el rondador). — *Tisons*, Cherb. Dial. 26.

سامرة pl. سوامر *le quartier de ceux qui montent la garde pendant la nuit*, Alc. (estança de veladores).

أسمر *noiraud*, qui a les cheveux noirs et le teint brun, Bc. — *Hâlé*, Bc. — *Nègre*, Alc. (negro de Guinea). — الحشيشة المسمّاة بالسمراء ou شجرة السمراء *euphorbe pythuse*, Auw. I, 602, 6 et 7, 3 a f., II, 340, 6 et 18.

أسمرانى *brunâtre*, Bc. — *Hâlé par le soleil*, Ht.

أسيمر? P. Abd-al-wâhid 156, 14.

مسمار (dans le Voc. et chez Alc. مُسْمار) *cheville*, Bc. — *Bouillon ou clou de ceinture, bossette*, Alc. (bollon de cinta; la traduction que j'ai donnée est dans Victor). — *Chausse-trape*, Alc. (abrojo de hierro). — *Clou, furoncle*, M, J. A. 1853, I, 352, Gl. Manç. v° كآليل: منها صليبة مذكورة تسمّى المسامير, Bait. II, 487 a (Edrîsî): واذا نحن رماد بخلّ وطُلى به, يفع من على المسامير المنكوسة انعيها المسامير المعكوسة, 548 a (Edrîsî) — *Accusateur*, Voc. — *L'étoile polaire*, Palgrave II, 263. — *Le premier lait de la vache qui a vêlé*, Mehren 35. — مسمار الخيل *des chevaux très-forts et qui marchent bien sur les chemins difficiles*, M. — مسمار العين *tache (rouge) sur le blanc de l'œil*, Alc. (clavo de ojo; expliqué ainsi par Victor); aussi: *tache blanche sur le noir de l'œil*, voyez sous آس. — مسمار قرنفل *clou de girofle*, Hbrt 18. — مسمار الميزان *languette, aiguille de balance*, Alc. (fiel del mesmo peso).

مسمارى, épithète d'une porte, 1001 N. Bresl. IV, 88, 2 a f., *recouverte de clous*.

مَسامِر pl. ون se trouve chez Alc. sous «tres nochal cosa;» je soupçonne que c'est une faute pour «trasnochal,» mais les dict. dont je me sers n'ont pas un tel adjectif; le verbe trasnochar signifie: passer la nuit sans dormir.

مُسامِر *interlocuteur*, Bc.

مُسامَرة, chez les Soufis, *l'entretien avec Dieu*, M.

مُسامِرى *vendeur de clous*, Domb. 104.

سمسج I, 1001 N. Bresl. XI, 209, 3: فبنيها قصرا بالحجارة الصمّ والجصّ الابيض وسمسج باطنه وبيضه. Le sens de ce verbe m'est inconnu.

سمسر. Voyez sur cet oiseau: M, Niebuhr B. 165, R. II, 342, Burckhardt Syria 239. — *Brunet*, dimin. de brun, Bc.

سمسرس (esp. chamariz, loriot, verdier) pl. سمارس *sorte de petit oiseau qui remue beaucoup la queue*, Lerchundi; chez Beaussier سامرير *serin sauvage, cini* (Tun.).

سمسم. Au lieu du premier volume de Habicht, Freytag aurait dû citer le second.

سمسمة *khân, caravansérai*, Rutgers 171, 3 a f., Niebuhr R. I, 332, 333, 377, 378 (simserä).

سماسرى *courtier*, Cherb. C.

سمسم *pain d'épice couvert de graines de sésame*, Descr. de l'Eg. XII, 432 (semsis).

السمسم الأسوَد . سمسم est le nom qu'on donne, mais improprement, à la semence du *Glaucium Phœniceum*, Bait. II, 463. — *Maïs*, Browne II, 16 n., 50. — *Petites perles avec lesquelles on fait des bourses et des colliers; en général, petits grains de verroterie de couleur, dont on se sert pour composer des parures*, Cherb.

عظم سمسمانى *condyle, éminence des articulations des os*, Bc, M.

سمسمة *nom d'une plante à très-petites feuilles et à fleurs rouges et jaunes*, M.

سمط II. سَمَّطَ لقصيدة فلان, Macc. 1, 725, 1, est *composer une glose sur la pièce d'un autre auteur*, c.-à-d. qu'on répète un vers d'un ancien poème à la fin de chaque stance, en sorte que la glose a autant de stances que le texte a de vers. Ainsi on trouve à l'endroit cité une glose de Çafî-ed-dîn al-Hillî sur un poème d'as-Samaual qui est dans la Hamâsa. Maccarî en donne huit stances, de cinq hémistiches chacune, dont les trois premiers sont du poète moderne et les deux derniers du poète ancien. Dans chaque stance quatre hémistiches riment ensemble, et la rime du cinquième (celle de l'ancien poète) est la même dans toute la pièce. Cf. Freytag, Darstellung der arab. Verskunst, 406, 1: قل مسمّطنا لابيات الحماسة المنسوبة الى قتلى النخ; c'est une glose du même genre. L'expression dont il s'agit signifie aussi: *répéter les vers d'un autre auteur, en ajoutant un hémistiche à chacun des siens, en sorte que le premier est nouveau et le second ancien, et vice versâ*, M.

V *avoir une inflammation des cuisses, par suite d'une trop longue marche*, M.

VII *s'échauder*, au fig., *être attrapé*, Bc.

سَمْط pl. أسماط *stance*, Prot. III, 390, 7: les poètes espagnols ont inventé le *mowaschah*, ينظمونه اسماطا اسماطا, c.-à-d. qu'ils font correspondre d'une manière régulière les stances aux stances; Bat. II, 143 (mal traduit).

سَمْطَة suivi de في اللعب, *lessive*, au fig., grande porte au jeu, Bc.

سِمْطَة pl. سِمْط *courroie*, Voc.

سِماط. سِماط الطعام, ou par ellipse سِماط seul, proprement *rangée de mets*, se dit de *la pièce de cuir qu'on étend par terre et sur laquelle on met les plats*, comme le prouvent les expressions مدّ سماطا, de Sacy Chrest. I, 126, 7, 265, 3, Bat. III, 304, 1001 N. I, 47, 2, 872, 11, 879, 6 a f.: امر بمدّ السماطات نشر سماطا, Vie de Timour II, 64, 11: ثم طووا بساط الكلام ونشروا سماط المأكل وموائد الاطعمة, que les Arabes emploient quand nous dirions *dresser la table*. Par extension ce mot, comme l'ont dit Reiske (Aboulf. Ann. II, 390, n. *h*) et Rutgers (137), a reçu le sens de *repas*, et l'on dit عمل سماطا, *donner un repas*, Aboulfaradj 371, 13, Aboulfedâ Ann. II, 390, 1, فلما انقضى السماط, «quand le repas fut fini,» ibid. l. 4. Spécialement *repas solennel que le souverain ou son représentant donnait à certains jours et auquel assistait un plus ou moins grand nombre d'émirs, de fonctionnaires et autres personnes choisies*; c'était un des attributs de la souveraineté, Maml. I, 2, 99. — *Rangée de boutiques*, Gl. Edrîsî, *rue*, Voc. (callis); — *quartier*, Amari 534, 6 a f., en parlant de Palerme: وهي ثلاثة أسمطة, cf. 28, 10, Macc. I, 589, 20: كان في صغره موثّقا بسماط (*rue ou quartier*); — سماط سوق القيسارية شهور غرناطة *le marché, le bazar*, Cartâs 41, 12; سماط *seul a le même sens*, Amari 8, l. 13: وهذه المدينة مستطيلة ذات سوق قد اخذ من شرقيها الى غربيها يعرف بالسماط; c'était donc à Palerme, car c'est de cette ville qu'il s'agit: la grande rue, bordée de boutiques, qui s'étendait par toute la ville de l'est à l'ouest, et qui servait en même temps de marché, où l'on pouvait acheter toutes sortes de choses (عامر من اوّله الى اخره بضروب التجارة, comme on lit dans la ligne suivante). De même à Cairawân, où l'on trouve le *simât*, ou proprement le *grand simât*; comparez R. N. 82 v°, où il est question d'un condamné: ثم ركب عريانا على حمار وشقّ به جميع سوق مدينة القيروان avec ces passages: R. N. 22 v°: ركب ابرهيم عازبة ; le cadi ne veut pas l'y suivre, car, dit-il, أما يُشقَّ في السماط بالمجلودين; ibid. 64 r°: وطيف بهما جميعا مربوطين الى بغل مسكوبين على وجوههما في سماط القيروان; Nowairî Afrique 22 v°: ووجّه العجل محملتين القتلى وشقّ بها سماط القيروان. — *Sorte de besace*, Daumas Kabylie 145 (semate).

سماخة *bêtise, sottise, stupidité fatigante pour autrui*, Cherb. — Pl. سماطة *les entraves du faucon*, Daumas R. d. O. A. N. S. III, 241 (semaïd); Alc. (pivela de açor o halcon) donne en ce sens «çumaquît;» je ne connais pas un tel mot, et peut-être l'auteur a-t-il eu en vue celui dont il s'agit.

سامط *insipide* (parole), Delap. 184.

تسميط pl. تساميط *corde qui attache plusieurs chevaux à la queue les uns des autres*, Alc. (reata). — *Inflammation des cuisses, causée par une trop longue marche*, M.

سمط = تَسْمِيطة‎ *courroie suspendue à la selle*, M.

مَسْمَط échaudoir, Bc. — مَسْمَط الكَوارِع‎ *pieds de mouton qu'on fait sécher à la fumée*, Descr. de l'Eg. XVIII, part. 2, 376.

مِسْمَط. Maml. II, 2, 212: الجَرِير الأَصْفَر والأحْمَر‎ المِسْمَط‎, où Quatremère traduit *broché*; 1001 N. Bresl. XII, 419, 3 a f.: بدلنا زرقاء مسمطة.

مُسَمَّط *poème en stances ou glose* (voyez sous la IIe forme), Bat. II, 144.

سمع I c. على p. *entendre un professeur, l'entendre professer, suivre son cours*, Macc. I, 842, 20 et 21. — C. عن p. *entendre parler de quelqu'un*, Badroun 206, 3 a f. — C. من p. *écouter favorablement la prière de quelqu'un, lui accorder ce qu'il demande*, Cartâs 104, 2; *écouter*, dans le sens de *donner son consentement à ce qu'une personne propose*, 1001 N. IV, 153, 4: فإن سمعت منى وطاوعتنى ولم تخالفنى‎, Bresl. IV, 185, 12. — *Sonner, rendre un son*, Alc. (sonar como quiera), mais je crois que c'est une faute et qu'il faut la IIe forme (voyez).

II. سمَّع الحديث‎ *raconter, enseigner les traditions relatives au Prophète*, Bat. I, 202, Meursinge I¹, 9; التَسْمِيع‎ seul en ce sens, M, Khatîb 28 v°: وحدَّه فى حسن التعليم والصبر على التسميع والملازمة للتدريس. — *Donner à entendre, laisser entendre*, Bc; la constr. est: سَمَّعته على كذا‎, dans le sens de لتحتنى له بطلبه, M, mais je crois qu'il a voulu dire بحذى. — سمَّع الاناء‎ est, suivant le M, « quand un vase donne un signe qu'il est fêlé, » ce qui signifie, je crois, que, lorsqu'on le frappe, il rend un son d'où l'on peut conclure qu'il est fêlé; c'est pour cette raison, à ce qu'il semble, qu'Alc. donne ce verbe sous « sonar, » mais à la Ire forme, ce qui est une faute.

IV *enseigner les traditions relatives au Prophète*; on dit وبلغنى انه قبل لعبد‎ اسمع الناس‎, R. N. 52 r°: الجبّار أكان سحنون لا يُسْمِع الناس حتى تحضر انت‎ et اسمع‎ seul, Khatîb 29 v°: فدون واسمع‎ (lisez ainsi avec le man. B; G porte واستمع); — *expliquer un livre de traditions*, Macc. I, 874, 16: وحضرت اسماع اسمع صحيح‎, 876, 17: الموطَّأ وصحيح البخارى منه‎. — اسمع عليه كتابا‎ *réciter un livre qu'on sait*

par cœur devant un professeur qui a ce livre à la main, Macc. II, 258, 10. — *Chanter*, Voc.

V c. ب *entendre parler de*, Abbad. I, 222, 11, 231, n. 33. — C. a. *audire studuit* (voyez Freytag), R. N. 78 v°: خرجت الى باب القبلة اتسمّع الاخبار‎. — C. على p. *tâcher d'écouter clandestinement, par une curiosité indiscrète, ce qu'un autre dit*, M.

VII c. ل p. *avoir l'oreille de, avoir un accès facile, la confiance*, Bc. — ما انسمع‎ *inouï*, Bc.

VIII c. من p. *écouter*, dans le sens de *donner quelque croyance ou quelque consentement à ce qu'une personne conseille*, Bidp. 253, 3: اكترثم استماع من‎ اهل النصح‎; dans le Voc. (qui a aussi cette forme sous acquiescere) *obedire*.

سَمْع. عَمل سَمْع *cantare* (facere cantum) dans le Voc. est pour عَمِل سَمَاعًا. — بيت السمع‎ *la chambre où l'on se tient ordinairement*, Hœst 265.

سُمْعة *bruit, renom, renommée, réputation, vogue*, Bc.

سَمْعِيّ et سَمْعَى *acoustique, auditif*, Bc, M. — الدليل السمعى *preuve tirée de la tradition*, Müller S. B. 1863, II, 8, l. 5.

سَمَاع. اوراق سماعه *les recueils de notes écrites sous la dictée de ses professeurs*, Berb. I, 431; le pl. اسْمَعة‎ en ce sens, Macc. I, 603, 3 a f. — سَماع‎ dans le Voc. (comme chez Lane), سماع‎ dans le M (comme chez Freytag), *chant, musique, concert*, forme au pl. ات, Djaubarî 84 r° et v°, et اسْمِعة‎, Haiyân-Bassâm III, 4 r°: الى اشياء تضاهف هذا السرور من فخور الآلة‎ — وجمال الخدم ورقّة الاسمعة وضخامة الهيئة ما لا شى فوقها‎. Ce mot s'emploie particulièrement en parlant des danses des Soufis et des derviches, avec accompagnement de musique, Djob. 286, 20, Bat. II, 5, 7.

سماعى *mode de musique*, M.

سَمَّاعة *stéthoscope*, M.

تَسامُع, t. de droit, *ce qu'on sait par la tradition ou par l'usage*, M.

مُسْمِع *chanteur*, Macc. I, 707, 11, Khatîb 39 r°: تلف بها القوّالون‎ *il composa une pièce de vers* والمسمعون بين يديه‎ (le man. porte par erreur: دلفا بها القولون).

مَسْمُوع ce qu'on a entendu dire par les Bédouins des temps classiques, classique, Macc. I, 485, 4, après une observation sur l'emploi d'une voyelle dans un aoriste: وهذا الذي صحّ قاله مسموع

مَسَامِيع (pl.) chants, Maltzan 35.

اِسْتِمَاع pl. انّ petite fenêtre, Voc. — Porte, Voc.

سمق.

سَمْقَة légumineuse qui est une excellente nourriture pour les chameaux. Elle produit une cosse qui contient plusieurs graines rondes couleur de rose, qu'on peut manger quand elles sont vertes; les Arabes les recueillent, les sèchent, et, en les faisant bien bouillir, ils en obtiennent une huile dont ils se servent au lieu de beurre pour se graisser les cheveux et le corps, Burckhardt Nubia 42 (symka).

سُمَّاق, sumac, ou plus exactement le fruit de cette plante, est un mot d'origine araméenne, car סומק, ססמק ܣܘܡܩܐ signifie rouge, et le fruit en question, qui est assez semblable à une grappe de raisin, est en effet d'un rouge éclatant. C'est aussi pour cette raison que les Arabes appliquent le n. d'un. (que donne Lane) comme un sobriquet à un rougeaud, à celui qui a naturellement le visage rouge; Selecta ٣, 13: وكان أحمر أشقر فلُقّب سُمَّاقة لشدّة حُمْرته; cf. Vie de Timour II, 92, 5, 396, 9. Je crois qu'il faut modifier de cette manière la note de Freytag dans les Selecta 84, n. 118. — عين السمّاقة est nommé, dans le man. de l'Escurial 497, parmi les choses que vend le نَقْلي (Simonet).

سُمَّاقي porphyre, sorte de marbre rouge ou vert et tacheté, Bc; — marbrure, Bg.

سمك II épaissir, rendre épais, M.

X الثياب choisir des vêtements épais, M. — Manger du poisson, M.

سَمْك forme au pl. سُمُوك, Voc., Macc. II, 38, 6.

سَمَك épaisseur, corps, épaisseur, solidité d'une étoffe, Bc.

سَمَك, poisson, a le pl. أسماك, Bc, M, et سَمَوكات, Bc. — Truite, Voc. — سمك التُّرس raie (poisson de mer plat), Bc, Hbrt 69, turbot, Bc. — سمك حوت thon, Bc. — سمك حيّة ou حيّات, aussi سمك ثعبان, anguille, Bc. — سمك حيّات بحرى lamproie, Bc. — سمك عنكبوت sultan إبراهيم rouget, Bc. — سمك araignée de mer (poisson), Bc. — سمك الكراكى brochet, Bc. — سمك كوسج xiphias (poisson), Bc. — سمك موسى limande (poisson de mer), sole, Bc. — سمك يونس baleine, Bc. — سمكة مُنَقَّشَة truite, Bc.

سَمِك épais, dense, Bc, M.

سَمِيك épais, Bc.

سَمَّاكة vendre du poisson, 1001 N. III, 461. — Densité, Bc.

سُمَيْكة. Voyez sur le petit poisson nommé سميكة ضيدا, Callyonimus Dracunculus selon Sonth., Bait. II, 55 b. — سميكات, en Orient, pas au Maghrib, espèce de petits poissons qu'on met en saumure, Gl. Manç. in voce. — Teigne, insecte qui ronge les livres, M. — سميكات certaines parties charnues de la poitrine, M.

سَمَّاك non-seulement poissonnier (Lane, Bc), mais aussi pêcheur, Ztschr. XXII, 165.

سُومَك pl. سوامِيك échalas, Bc.

مِسْمَاك pl. مسَامِيك échalas, Bc, مسماك الكرم dans le M.

مَسْمُوك même sens, M.

سَمْكَرى étameur en fer, Descr. de l'Eg. XVIII, part. 2, 397.

سمل.

أَسْمَال سَمَل, substantivement, vêtements usés, haillons, Calâïd 54, 15.

سملق.

مُسَمْلَق celui qui a des jambes longues et minces, M.

سمن II faire du beurre, Voc.

V dans le Voc. sous butirum.

سَمْن, beurre; le pl. أسْمَان dans le Voc.

زَائِدة السِمنة obésité, Bc.

سِمْنة voyez sous حبّ السمنة.

سَمْنى butireux, Bc.

سَمَنى est le pracrit samana, en sanscrit çramana,

moine bouddhiste, Gl. Belâdz.

سَمِين grasset, une peu gras, Bc.

سَمَانَة grassette, jointure de la cuisse à la jambe, Bc. — سَمَانَة الرِّجْل mollet, Bc, aussi سَمَانَة السَّاق, Hbrt 5.

سُمُونَة embonpoint excessif, Alc. (gordura).

سَمَانَى. الخُضَر السَّمَانِيَة voyez sous سَامَان.

سُمَن, n. d'un. ة, caille, grive, Bc, M, qui a le pl. سِمَان.

سَمَّان vendeur de graisse, d'huile, de beurre et de fruits, J. A. 1861, I, 18, épicier, parfumeur, droguiste, Hbrt 77, vendeur de beurre, de café, de sucre, de miel, etc., M.

سُمَّان, n. d'un. ة, caille, L (cuturnix), Voc., Domb. 63, Ht, Pagni MS (semèn), Amari 75, 5 a f., Baït. II, 45 b, caille, grive, Bc.

سُمَّين caille, Domb. 63, Ht.

مَسْمَنَة pot à beurre, M.

مُسَمَّن pâte feuilletée qui se mange ordinairement avec du miel; régal des jours de fête, Daumas V. A. 253, Mœurs 62; des crêpes frites dans le beurre, R. d. O. A. XIV, 100.

مَسْمُونَة même sens, Cabbâb 78 r°.

سمتنى sorte de mets, Macc. II, 204, 6; dans l'éd. de Boul. مِسْنِسِي.

سَمَنْدَل, سَمَنْدَر et سَمَنْدَل (σαλαμάνδρα) signifient proprement salamandre [la troisième forme en ce sens dans le Voc. et chez Bc]; mais comme on attribuait anciennement à ce reptile la faculté de vivre dans le feu, on a aussi donné ce nom au phénix qui passait également pour incombustible, Fleischer dans le Ztschr. für ägypt. Sprache u. Alt., juillet 1868, p. 84. — Toile incombustible. Selon quelques auteurs, on la fait des plumes d'un oiseau (Damîrî chez de Jong p. xxxi, Khallic. XI, 104, 8 et suiv.), et c'est ce que croyait le peuple (Yâcout I, 529, 4); selon d'autres, de la peau d'un animal, qu'on trouve en Chine (Cazwînî II, 36, 6 a f.), ou dans le pays de Gour (dans le Kaboul) (ibid. 288, 8 et suiv.). A en croire Cazwînî, cet animal ressemble à un rat; il est incombustible, et quand il sort du feu, il est propre et d'une couleur brillante. «C'est selon quelques auteurs,» dit le M, «un animal plus petit que le renard; sa couleur est celle de l'arbre appelé khalandj (voyez plus haut خَلَنْجِي); il a les yeux rouges et une longue queue; on se sert de son poil pour en tisser des serviettes.» Il est souvent question de ces serviettes qu'on jetait au feu quand elles étaient sales et qui en revenaient propres; mais peu d'Arabes en ont connu l'origine. Ceux qui parlent d'un oiseau ont pensé au phénix, c.-à-d., à un oiseau fabuleux. Les autres ont pensé soit à la salamandre, qui passait pour incombustible, soit à quelque autre animal; mais il n'est pas difficile de reconnaître dans samandal l'amiante ou asbeste flexible, qui est une substance minérale, composée ordinairement de filets longs soyeux, plus ou moins déliés ou branchus. Sa structure filamenteuse et son inaltérabilité par le feu conduisirent les anciens à l'employer pour en faire de la toile incombustible. A cet effet, l'amiante était mise à macérer dans de l'eau chaude, battue, cardée, filée et enfin tissue d'après la méthode ordinaire; on en faisait alors des nappes et des serviettes qu'on jetait au feu quand elles étaient sales et qui en revenaient propres. C'est ce que Mokaddasi (303, 13 et suiv., copié par Yâcout I, 529) savait fort bien, qui parle de l'amiante non pas sous le nom de samandal, mais sous celui de الفتيلة حجر. En Europe on lui donnait également le nom de salamandre, et le Dict. de l'Acad. franç. dit sous ce mot: «C'est aussi le nom qu'on donnait autrefois, par extension, à l'amiante flexible;» voyez aussi Ducange v° salamandra. J'observerai encore que, chez les Arabes, on faisait aussi des tapis à prier de la toile d'amiante; Nowairi Abbâsides, 2 h, 158: ثلاث مصلّيات من جلد السمندل.

سَمَنْدُورِي épithète d'une espèce de bois d'aloès, Baït. II, 224 b.

سَمَنْطَارِي. Amari 113, 5: قيل عو الذهبي بلسان اهل المغرب. Le mot serait donc cementario, formé de l'ital. cemento, fr. ciment, poudre au milieu de laquelle on chauffe certains corps pour leur donner de nouvelles propriétés, poudre pour purifier l'or.

سَمْهَجَ I aplanir le terrain; on dit aussi سَمْهَدَ, M. — Ragréer, unir les parements d'un mur en y repassant le marteau, Bc.

سَمْهَر

سُمْهَرِي helianthenum sissiliflorum Desf., Ghadamès 330, Prax R. d. O. A. IV, 196, Colomb 49.

سمو 688 سمو

سمو I se construit c. a., comme le synonyme عَلَ, Gl. Mosl. — C. علي p. *surpasser, l'emporter sur*, Cartâs 18, 7.

II *nommer, appeler*, aussi c. ل, Abd-al-wâhid 172, 6: رسالة سَمَّى لها رسالة حَى بن يقظان — Dans le sens de *prononcer les mots*: بسم الله, *au nom de Dieu!* voyez Lane, et ajoutez à ce qu'il dit: Une mère dit en montrant son enfant: سَمُّوا, «prononcez les mots: Au nom de Dieu!» parce qu'on croit que cette expression prévient et neutralise le mauvais œil. On dit aussi en ce sens سمَّى بالرَّحيم, سَمَّى بالله et سَمَّى على فلان, J. A. 1869, II, 190, 191.

V. Lane n'a pas expliqué assez clairement le تَسَمَّى بكذا du TA. Le lexicographe arabe a en vue des expressions comme تسمَّى بالخلافة, Nowairî Espagne 488, 489, c. à-d. «il prit le titre de calife.»

VI c. ب p., comme به سما, *élever, porter plus haut*, P. Weijers 55, 7 (ne connaissant pas ce sens, l'éditeur, p. 196, n. 358, a eu tort de changer la leçon des man., qui est aussi dans le man. A).

X. Ce qu'on lit chez Lane est confirmé par le M, qui a فلانا, et par Bc, qui donne استسمى احدًا, *demander à quelqu'un son nom*.

سُمَّى, n. d'un. ة, *caille*, Alc. (codorniç ave); c'est une altération de سُمَّين.

سَمْوَة, t. de marine, *bouée*, Abou'l-Walîd 207, 24. —

سَمِيَّة *nord*, M.

سَمَاوَة chez Saadiah pour ישימון, *désert*, ps. 68, 78, 106, 107.

سَمَاوِي *azuré*, Bc, Hbrt 80, Macc. I, 236, 3 a f., Bait. II, 575 c, en parlant d'une plante: الذي زهرت سماوي. — *Saphir bleu*, R. d. O. A. XIII, 81. — فصّ سماوي *hyacinthe* (pierre précieuse); L (iacyntus). — الصبغ السماوي *la matière colorante qu'on tire du pastel*, Calendr. 84, 5 (cf. l'article سماقي). — En Syrie, *vent du nord*, Bc; au Maghrib, *vent de nord-ouest*, Alc. (viento entre gallego o cierço), Domb. 54 (corus), Bc (Barb.). Cependant Daumas, V. A. 435, donne ce mot dans le sens de *nord; vent du nord*, Ht; *nord-est*, Barbier, Delap. 34.

سَمَاقِي *azuré*, Auw. II, 266, 14. — En Espagne, *pastel, Isatis tinctoria*, Bait. II, 565 b, Auw. II, 103, 8, 128, 16 et 18, 307, 24 (dans tous ces passages il faut lire ainsi); الصبغ السماقي *la matière colorante qu'on tire du pastel*, Macc. I, 91, 21.

سَامٍ الأمْرُ السامي, et السامِيَّة للحضرة *altesse*, Bc.

سَامِيَّة. «La soie végétale du Soudan, produit d'un grand arbre, est appelée *sâmîa*, féminin de *sâm* [l. *sâmî*], qui signifie haut, élevé,» Prax 18. — *La seconde blouse des Touareg* qui en portent trois; elle est bleue, traversée de larges raies bleu-clair, brodée en soie pareille, Carette Géogr. 109, R. d. O. A. N. S. X, 538, Jacquot 207.

اِسْم. اسمك على pour vous, à ce qu'il semble; dans le Fakhrî, 361, 3 a f., un homme du Sawâd dit: ma femme قد خبرت لك هذا التخبيز على اسمك. — اطلع اسمه, طالع اسمه *accréditer, mettre en crédit*; طلع له اسم *s'accréditer, s'acquérir du crédit*, Bc. — Le pl. اسماء *paroles magiques*, 1001 N. II, 116, 4: وعليها اسماء وطلاسم كدبيب النمل, 123, 14, III, 216, 8, 453, 3 a f., 573, 3, proprement اسماء *les noms de Dieu*, III, 560, 8, gravés sur la bague de Salomon, 545, 11, 551, 8, 634, 11. Selon Niebuhr B. 115, اسم الله (lisez اسماء الله) est une science occulte; les initiés savent par les *djinns*, qui sont à leur service, ce qui se passe dans des pays lointains; ils ont du pouvoir sur le temps et sur le vent, opèrent des guérisons miraculeuses, etc. — اسماء الله الحسنى *les attributs de Dieu*, comme Tout-Puissant, Clément, etc., Bc. — اسم مبنى *adverbe, nom indéclinable*, Bc. — اسم الصليب *chez les chrétiens, Dieu! grand Dieu!* Bc. — اسم ضمير الملك *pronom possessif*, Bc. — اسم علم *nom propre*, Bc. — اسم عمرة *nom de guerre, nom supposé*, Bc. — اسم منعوت ou موصوف *substantif*, Bc. — اسم يسوع *chez les chrétiens, Dieu! grand Dieu!* Bc. — بسم الله *oui-dà, de bon cœur, volontiers*, Bc.

اِسْمِيّ, précédé de موصول, *nom ou adjectif conjonctif*, Bc.

اِسْمِيَّة *renom, réputation*, Alc. (nonbre como fama).

أَسْمَاوِي *azuré*, Domb. 107, Ht.

مُسَمَّى *fameux*, Alc. (nonbrado en fama).

مُسَمَّى, suivi de عليه, *une chose sur laquelle on a prononcé les mots*, بسم الله الرحمن الرحيم, *pour la*

سموس 689 سنباذج

protéger contre les djinns, Lane M. E. I, 340 n. —
Titre, Berb. II, 152, 13: كان مسمّى الحجابة عندهم قهرمة d'après le man. 1350), قهرمة الدار والنظر في الدخل والخرج «la charge de celui qui portait le titre de hâdjib consistait dans» etc., Khatîb 102 v°, en parlant d'une ville: أقسم أن يذهب اسمها ومسمّاها.

سموس (copte συμος) poisson du Nil, Gl. Edrîsî; aussi شموس (voyez).

سموسك dans l'Inde = سنبوسق (voyez), Bat. III, 241, 435.

سموبيون = الكرفس البرّي, Bait. II, 57 d (Sonth. a confondu ici deux articles en un seul, à savoir celui dont il s'agit, et سمار); mais je crois que c'est une faute et qu'il faut lire سمرنيون, σμύρνιον; voyez Dodonæus 1181.

سن II *denteler,* Bc.
VII *quasi-pass.* de la Irᵉ, Voc. sous acuere.
VIII c. ب p. *suivre l'exemple de quelqu'un,* Gl. Belâdz.
X. استنسّوا النثام Nowaïrî Afrique 49 v° = جعلوا النثام سنّة, Athîr IX, 429, 3. نستسنّ بسنّته «nous prenons ses discours et ses actions pour règle de notre conduite,» Ztschr. XI, 430.

سنّ *collect. dents,* Macc. II, 276, 10, Koseg. Chrest. 92, 3. — *Pointe,* Bc, d'un rocher, 1001 N. Bresl. IX, 370, 5, d'une lance, Akhbâr 102, 1; *pointe d'une lance* (= سنان), Cout. 8 v°: وكان لواؤه في سن داخل عبيته فلما نزل على وادى شقّ اصلح من شأنه القناة في اللواء السن وركّب. — Par synecdoche, *lance,* Voc. — Pl. سنون *hirondelle,* Bc, Cazwînî II, 119, 6. — سن الأسد *pissenlit,* dent-de-lion (plante), Bc. — سن ثوم *un quartier d'ail,* Hbrt 48, Auw. II, 201, 2 et suiv., 203, 1 et 2, en parlant de l'ail cultivé: تنقسم رؤسه الى اجزاء لطاف يسمّى (ل. تسمّى) أسنان الثوم; Clément-Mullet traduit *caïeux, gousses.* — سن نخّ *blanc de baleine,* cervelle de baleine pour la poitrine, Bc. — سن مفتاح *panneton,* partie d'une clef qui entre dans la serrure, Bc. — سن نجم *aigremore,* charbon pulvérisé pour le feu d'artifice, Bc. — أسنان *dentelure,* Bc. — أسنان الكلب *dent-de-chien* (plante), Bc. — ذوو الاسنان *les plus considérables, les plus haut placés* (cf. Lane 1437 à la fin), Macc. I, 251, 12: ذوو الاسنان من الفتيان الصقالبة لحصيبان.

سنّ *dent,* Bc. — *Fourchon, branche de fourche ou de fourchette,* Bc. — *Pointe,* Bc.

سنّة On dit السنّة pour أقل السنّة, *les Sonnites,* de même qu'on dit الاسلام pour اهل الاسلام, Nowaïrî Afrique 36 v°: قالوا فقال واى شى الرفضة والسنّة, السنّة يترضون عن ابى بكر وعمر والرفضة يسمّيهما *ibid.:* 1500 Râfidhites se jetèrent dans une forteresse فحاصرهم السنّة, Athîr *passim.*

حرف سنّي *lettre dentale,* Bc.

سنان *collect. les pointes des lances,* 1001 N. I, 82, 1. — Par synecdoche, *lance,* Voc.

سنن pl. سنن *chameau rapide,* Diw. Hodz., mais j'ai oublié de noter la page (Wright).

سنونة *hirondelle,* Bc, M.

سناني *ermite,* Hœst 212.

سنّان *aiguiseur, émouleur;* suivi de سكاكين, *rémouleur, repasseur,* Bc.

تسنين *dentelure,* Bc.

مسنّ forme au pl. أنت, Voc., et مسانّ, Arnold Chrest. 86, 10. Le Most. nomme deux espèces de حجر المسن ou *pierre à aiguiser,* à savoir مدنى, appelée ainsi parce qu'on la trouve dans les montagnes de Médine, et مسن الماء, qui porte ce nom parce qu'on la trouve dans les grandes rivières. Chez Bc حجر مسن est aussi *grès,* pierre qui sert à paver.

مسنّن *denté,* Bc. — *Dentelé,* Bc.

سنامورة *anchois,* Bc, Hbrt 69, qui donne aussi سنمورة, dans le M سنمورة; il paraît que ce mot est une altération de l'esp. *salmuera,* et qu'on a donné ce nom à l'anchois parce qu'on le mange en saumure.

سنباج *pierre ponce,* Bc.

سنباذج, ou avec le *dzâl,* *émeri,* pierre pour polir,

Bc, Hbrt 172, Becrî 153, 4, 182, 4 a f., Gl. Manç., où سَنْبَلَدْنِي est une faute.

سنبر, chez le vulgaire en Espagne pour سُنْبُل, *spicanard*, *nard indien*, Alc. (c.pica celtica), سُنْبَر هِنْدِى, Alc. (espica nardo, nardo). — Chez le vulgaire en Espagne pour سِيسِمْبَر *sisymbrium*, Auw. II, 285, 15.

سنبرة *émeri*, Beaussier, Pagni MS (sumbra); semble une altération du pers. سُنْبَاذَج, d'où vient aussi سنبادج.

سنبق.

سنبق (sambucus) *sureau*, Bc.

سُنْبُوق. Ce mot, que Bat. (II, 17, 181, 183, 198, 251) écrit صنبوق et (dans le man. Gayangos) سنبق, pl. صنابق, se prononce aujourd'hui avec un *fatha* dans la première syllabe (Burckhardt Arab. I, 43, II, 341, Burton I, 174). C'est une grande barque entièrement découverte, de 80 à 180 tonneaux, pointue en avant, très-large en arrière, et avec une énorme voile latine, Ztschr. XII, 420. — (Sambucus) *sureau*, Pagni MS, n. d'un. ة, Bc; سُنْبُوقَة بَرِّيَّة *hièble*, Bc.

سنبك *sorte de vrille, de tarière*, M.

سنبل I. Je ne sais pas si Alc. a eu en vue le sens ordinaire de ce verbe quand il le traduit par «espigar hazer algo con espiga.»

سُنْبُل. سُنْبُل بَرِّى désigne trois plantes, à savoir le سنبل جَبَلى, le فو et le اسارون, Bait. II, 546 c; le Most. (in voce) et L (fu) le donnent dans le second sens. — سنبل خُزَامَة *lavande*, Bc. — سنبل رومى *nardus celtica* (اقليطى), Most. in voce, Bait. l. l. — سنبل nommé 1001 N. IV, 254, 12. — سنبل الكلب *les fruits du frêne* (دردار), connus généralement sous le nom de السَّنَة العصافير, Bait. II, 64 f.

— *Jacinthe* ou *hyacinthe* (plante), Bc, Hbrt 50, Roland, Rauwolf 120, Pagni MS. — *Tulipe*, Bc. — قرون السنبل voyez sous قَرْن. — سُنْبُلَة, chez les fabricants de cordons de soie, *morceau d'étoffe à huit* حُرُوف (?), comme un porte-épée.

ناربين = سنبلين, Most. v° ناربين.

سَنْبُوسَج, Ibn-Djazla, n. d'un. ة, Aghânî 61, 10 سنبوسجة (مغموسة فى الخَلّ), سَنْبُوسَق *pâtisserie*, Hbrt 75, n.

d'un. ة, M, سَنْبُوسَك, Kâmil 419, 10, J. A. 1860, II, 384, n. d'un. ة, Imrânî 88, la forme ordinaire selon le M, سَنْبُوسَك بِلَحْم et سنبوسك *rissole*, sorte de pâtisserie (triangulaire, M) de viande hachée (, de noix, etc., M) et enveloppée dans de la pâte, Bc; سنبوسك *petit pâté*, Bc; سنبوسة صيامية *rissole de poisson*, Bc. — سنبوسك *gâteau de naphte*, Mong. 368 b, Reinaud F. G. 42.

سَنْبُوسَقى *pâtissier*, Hbrt 75.

سنت.

سنتة *galon de soie*, Hbrt 204.

سَنْتَبَر, au Maroc, *habit fourré*, ouvert sur le devant, avec un capuchon et des manches pendantes, Vêtem. 211.

سنتوان = بسبايج? *polypodium*, Most. sous ce dernier mot; dans N sans points diacritiques.

سنتبر voyez سنطير.

سَنْتِينَة (esp. *sentina*) *sentine*, Bc (Barb.).

سنج.

سَنْج *équilibre*; على سنجة *en équilibre*, Bc. — = صنج *cymbale*, Bc.

سَنْجَة ou سَنَجَة. L'explication que Lane a donnée de ce mot laisse à désirer. Le persan سَنْگ, dont il dérive, signifie proprement *pierre*, et ensuite *poids*, parce qu'anciennement les poids n'étaient pas des morceaux de métal, mais des pierres d'une pesanteur réglée et connue. En hébreu le mot אבן, *pierre*, a reçu pour la même raison le sens de *poids* (cf. en anglais *stone*, *pierre*, et aussi: *poids de quatorze livres*, ou *de huit* quand il est question de viande), et c'est l'équivalent de صنجة, car en citant les mots: לא יהיה לך בכיסך אבן ואבן (Deuter. XXV, 13), «tu n'auras point dans ton sachet deux sortes de pierres à peser,» Aboul-Walîd, 17, 2 a f., explique אבן par صنجة. *Pondus*, صَنْجَة, Voc, qui donne le pl. صنوج, *poids*, masse de métal pour comparer, connaître le poids, la pesanteur, سنجة, Bc, Hbrt 101, Ztschr. XX, 501, où il faut prononcer السنَج, au plur., 1001 N. III, 468, 3 a f.: وعنده ميزان وصنج.

où l'éd. de Bresl. a ce mot avec un *sin;* synonyme dans le Voc. et dans le M: سَنْجَةُ المِيزان عِيارُه. — Boule de métal, ainsi nommée parce qu'elle ressemble à un poids, Djob. 272, 2, en décrivant une horloge: « A la fin de chaque heure du jour, deux *çandja's* de cuivre tombent du bec de deux faucons du même métal,» et le pl. صِنَج, *ibid.,* dern. l.; dans ce passage le synonyme est بَنْدُقَة. Un poète cité par Cazwînî, II, 374, 10, dit de même en parlant d'une horloge qui avait la figure d'une jeune fille, laquelle laissait tomber une boule à la fin de chaque heure:

جَارِيَةٌ تَرْمِى الصَّنْجَ

mais je ne comprends pas comment Cazwînî a pu dire dans la ligne précédente: la figure, la jeune fille كانت ترمى بَنَادِق على الصِّنَاج, et je ne puis me défendre de la crainte qu'il n'ait pas compris le mot الصَّنْج dans le vers qu'il cite. — Prenant la partie pour le tout, on a appliqué le mot qui signifie *poids* à l'instrument dont on se sert pour peser avec un seul poids; *peson, romaine,* Bc; Torres 84 (Maroc): «Tous les payements que l'on fait, qu'ils soient grands ou petits, se font au poids. La monnaie assemblée, ils usent de certains poids ou balances qu'ils ont en leurs layettes et qui sont bonnes. Ils les appellent *sanjas,* et elles ressemblent à celles des orfévres.»

سِنْجَاب. مُسَنْجَب (سِنْجَاب) *fourré de petit-gris,* Vêtem. 328, 8, et *ibid.,* n, 2, l. 4.

سَنْكَسْبَوِيَة (pers. سَنْكَسْبَوِيَه) *quintefeuille,* Bait. I, 57 b, II, 39 d (dans le dernier passage ce mot est altéré dans mes man. comme dans ceux de Sonth.; il faut y lire سنكسبويه, après quoi Bait. dit que ce mot s'écrit aussi avec un *djîm,* c.-à-d. au lieu du *câf*).

سَنْجَق *étendard, bannière;* les deux citations d'Aboulfeda chez Freytag sont fautives; pour la seconde il faut lire: IV, 516, 7; cf. Prol. II, 46, 7; *pavillon* d'un navire, Høst 187. — *Celui qui a reçu un étendard,* Rutgers 127, *bey, sangiac,* Bc, M. — *L'emploi, la dignité d'un tel personnage,* Rutgers 127. — *Ceux qui sont sous le même étendard,* M.

سَنْجَقْدَار (pers.) *porte-étendard, bey, sangiac,* Rutgers 127.

سَنْجَمَل nom d'une plante, Ghadamès 332 (sendjemel).

سنح I. ما يسنح من طير او حيوان *les augures fournis par* etc., Prol. I, 182, 2, 195, 5. — C. على, en parlant d'un bâtiment, *heurter contre un écueil,* etc., Djob. 72, 19, 325, 3. — C. a. p. *différer l'affaire de quelqu'un,* M. — سنحت الامر عن بالى *j'ai écarté la chose de mon esprit,* M.

سَانِح s'emploie en effet (cf. Freytag) substantivement dans le sens d'*oiseau,* Mi'yâr 25, 2 a f.; وتَحَاسن — يُشْغَل بها عن وكره السانح — *Bon augure;* le titre d'un livre est: « السوانح الادبيه فى مدائح القِنَّبيه, de Sacy Chrest. I, ٧٤, 4 a f., Hâdjt-Khalfa III, 630, « *les bons augures littéraires, concernant les vertus du chanvre* » (de Sacy); celui d'un autre est: سوانح العُشّاق, Hâdjt-Khalfa l.l.

سند I c. على *appuyer contre,* Bc. — *Reléguer,* mettre à l'écart, Bc.

II c. a. est dans le Voc., de même que la IVe, *attribuere* (vel *facere alium recumbere,* car cette note appartient à cet article, et non pas à celui qui précède) et *narrare.*

IV c. a. et ل (au lieu de الى) *attribuere,* Voc. — C. الى *annexer,* Bc.

V c. ل et الى *s'appuyer sur,* Voc. — *Être attribué,* Voc.

VI. Cette forme n'est pas expliquée exactement par Lane d'après Tibrîzî (mieux sous le participe). On l'emploie en parlant d'une réunion de tribus qui combattent pour la même cause, mais *dont chacune a son chef particulier,* p. e. Belâdzorî 97, 4 a f.: وهناك جماعة من بنى أسَد وغَطَفان وغيرِم وعليهم خارجة بن حصن بن حُذَيْفَة ويقال انهم كانوا متساندين; de même 254, 5: وقد قيل انهم كانوا متساندين على كل قوم رئيسا منهم. On l'emploie aussi en parlant de deux chefs, *qui combattent l'ennemi alternativement,* comme chez Ibn-al-Athîr I, 275, 5: وواقاه اردوان ومَلِك الارمانيِّين وكانا يُحَاربان على المُلْك فاصطلحا على اردشير وهما متسانِدان يُقاتله هذا يوما وهذا يوما. Dans les deux passages de Belâdzorî l'éditeur a fait imprimer à tort متسايدين,

et dans son Glossaire il a donné un article sur une VIe forme du verbe سوس, qui n'existe pas, et où il cite le passage d'Ibn-al-Athîr, mais sans remarquer que le texte a une autre leçon, qui est la seule bonne. Il s'est empressé de reconnaître la justesse de ces observations, et il m'a encore fourni ces passages: pour la 1re signif.: Athîr I, 383, 6 a f., 458, 3, II, 344, 11; pour la 2de cf. Yâcout II, 301, 7. — *S'augmenter*, *s'accroître*, Abbad. II, 102, 4: وفساد حاله عند المعتمد يتزايد وتدابره يتساند, Recherches I, 185, 14 de la 1re édit.: ثم ما زال ذلك التخاذل يتزايد والتدابر يتساند.

VII c. على *s'appuyer sur*, Bc.

VIII se construit c. الى et على, Bc passim. — C. الى *accedere*, Voc. — C. على *recumbere*, Voc.

سَنَد, *appui*, a chez Bc le pl. سناد et سَنَدات. — *Dos*, Diwan d'Amro'lkaïs ۲۴, 13. — Ce mot a été mal expliqué par Quatremère, Maml. I, 1, 250; dans les quatre premiers passages qu'il cite, il a le sens de مَعْتَمَد, voyez Lane 1443 b, 8 a f. et suiv.; je parlerai tout à l'heure du cinquième. — سند التعليم *système d'enseignement qui se transmet de génération en génération* (et pour cette raison avec اتصل, انقطع), Prol. II, 377, 9 (c'est là le cinquième passage que Quatremère cite l. l., mais d'une manière inexacte, car il faut lire: سند تعليم العلم (cf. la trad.), et en le traduisant mal), 378, 8, 13, dern. l., 379, 4, 14, 380, 5, etc. — *Obligation*, acte par lequel on s'oblige de payer une somme; *reconnaissance*, acte par lequel on se reconnaît redevable ou dépositaire, Bc, M avec le pl. سَنَدات. — Le pl. أسْناد *pyramides*, L (peramides).

سَنَدَة est donné dans le sens de سَنَد par Burckhardt Syria 666 («the side of a Wady where he re-ascends»).

سِنْدِيّ *musicien*, *ménestrel*, *jongleur*, Voc. (mimus in instrumentis); cf. Bat. IV, 412: «Ensuite viennent les jeunes gens, les disciples de Dougha (l'interprète du sultan de Melli dans le pays des nègres); ils jouent, sautent en l'air, et font la roue à la façon du *sindî*,» كما يفعل السندى. C'est proprement: «un natif du Sind,» c.-à-d. *un bohémien*. — *Sorte de melon*, Auw. I, 683; 5 a f.: الدلاع وهو البطيخ السندى; السندى; et ce melon a été appelé ainsi parce qu'il était originaire du Sind; voyez Gl. Esp. 339.

سِنْدِيان. «Une forêt de *sindian* ou de chênes turcs, dont le gland diffère du gland ordinaire en ce qu'il croit dans une cosse touffue,» Light 199. — سنديان الأرض serait فراسيون, *prassium fœtidum*, selon le Most. (sous ce dernier mot); mais Bait., II, 64 c (ainsi dans AB), dit que c'est une erreur et que ce mot désigne le بلوطى, c.-à-d. βαλλωτή, *Ballota nigra*. — بلوط سنديان *châtaigne*, Mc. — *Enclume*, comme سندان, Hbrt 85.

سِناد, t. de musique, *accord entre des sons différents*, Prol. II, 359, 16.

سانِد pour סוֹמֵךְ, *qui soutient*, Saadiah ps. 37.

مُسْنَد, proprement *coussin*; en Chine, *très-grand portique où se tient le vizir*, ainsi nommé parce que ce dignitaire y est assis sur un coussin énorme et fort élevé, Bat. IV, 298. (La forme مُسْنَد pour *coussin* dans le TA n'est pas une faute de copiste, comme Lane (sous سَنَد) l'a pensé, car elle se trouve aussi dans le M et chez Alc. (cabeçal)).

مُسْنَد *collection de traditions avec leur* أسناد, de Slane trad. de Khallic. I, 182, et trad. des Prol. II, 482. — *Celui qui connaît les traditions et indique leurs sources*, Maml. I, 1, 46. — *Digne de confiance*, Roland. — *Hiéroglyphes*, Djob. 58, 19. — مال مسند *annexe*, bien uni à un autre, Bc.

مُسْنَد = سَنَد *le flanc* d'une montagne, Gl. Edrîsî.

مِسْنَدَة. «Quand l'Arabe écrit, il place le papier sur une *misnada*, composée d'au moins une douzaine de feuilles de papier attachées les unes aux autres aux quatre coins et ressemblant à un livre mince, qu'il dépose sur son genou,» Lane M. E. I, 316. — *Eperon de muraille*, Bc.

مُسْتَنَد *fondement*, Amari Dipl. 187, 8, 201, 5, 219, 9 et 10.

سِنْدِجان vulg. pour سنديان, *chêne-vert*, *yeuse*, M.

سندر

مُسَنْدَر *verni*, Alc. (barnizado); ce mot a été formé de سندروس.

سَنْدَرُوس est la prononciation que donne Alc. (barniç); on en a deux sortes, الهِنْدِي, l'indienne, qui est la meilleure, et الشِّيْنِي, de Ceuta, Most. in voce. — سندروس بلّوري copal, gomme d'une odeur agréable qui entre dans le vernis, Bc. — شجر السندروس cade, grand genévrier, genéerier, Bc.

سندس I orner de سُنْدُس, brocart, Macc. II, 438, 9, où il faut biffer la prép. في, qui n'est pas dans les deux man. du Matmah, et lire: وملنا الى روضة قد سُنْدَس الربيع بساطها ✱

II quasi-pass. de la Ire, Khatîb, man. B, article sur Idrîs ibn-al-Yamân ibn-Bassâm al-'Abdari:

الى العَلَق الأرحي الذي به
تسندست النعمى علينا تسندسا ✱

مقاطع سُنْدُسِي de brocart, 1001 N. IV, 246; سندسية, J. A. 1841, I, 368.

سَنادِس pl. سَنادِيس commodités, lieux d'aisance, privés, Alc. (privada), Bat. IV, 93, 94, Macc. III, 426, 2 a f.

سندل.

سَنْدَل (esp. cendal) gros de Naples, étoffe de soie, Bc; cf. صندل.

سندال pour سندان, enclume, Bc. — Signifie évidemment lame, plaque, morceau de métal plat et de peu d'épaisseur dans les 1001 N. Bresl. IX, 196, 11: ورأيت بابا مقصوراً يعتبره مرمر وسندال من النحاس الأصفر وعليه حلقة من الفضة. Le Père Guadix (apud Cobarruvias v° cendal) dit de même que cendal signifie en arabe hoja delgada. Je serais presque tenté de mettre cette signification en rapport avec celle qui précède, et de raisonner ainsi: l'ouvrier qui battait l'or, l'argent, le cuivre, etc. c.-à-d., qui réduisait ces métaux en feuilles très-minces en les battant avec un marteau sur une enclume, سندال, portait le nom de سندال, proprement l'homme de l'enclume, mais que le Père Guadix donne dans le sens de batteur d'or ou d'argent. Peu à peu, toutefois, et lorsqu'on eut oublié l'origine de ce nom (ce qui pouvait arriver facilement, car le mot ordinaire pour enclume n'était pas سندال, mais سندان), on a appliqué le terme سندال au produit du travail du سندال, c.-à-d.

à une lame ou plaque de métal. Mais comment expliquer alors la terminaison ôs dans سندلوس (voyez)? Voilà ce que j'ignore. — Pl. سنادلة et سنادل batteur de pavé, oisif, désœuvré, gobe-mouche, niais qui s'occupe de riens, Bc. Je me tiens persuadé que c'est pour سندالي, et qu'au fond c'est la même signif. que celle de «batteur d'or ou d'argent.»

سَنْدالي batteur d'or ou d'argent, selon le Père Guadix apud Cobarruvias v° cendal.

سَنْدَلُوس oripeau, lame de cuivre très-mince, polie et brillante, qui de loin a l'éclat de l'or, Alc. (oropel); dorure d'oripeau, Alc. (doradura de oropel). C'est au fond le même mot que سندال dans le sens de lame, plaque.

سَنْدَلُوسِي batteur d'or ou d'argent, Alc. (batihoja), Escolano, Historia de Valencia, I, 82 b.

سندوقس (?) de la céruse brûlée, Most. ✱ اسفيذاج; leçon de La, N حندوقس.

سندِيان = سَندِيان chêne-vert, yeuse, Bc, Ht, 1001 N. Bresl. I, 29, 3 et 12.

سنر.

سَنْرِية حَرامِية cumin sauvage, Roland.
سنابير, en Égypte, myrobolan emblic, Sang.
سَنَارة = صَنَارة (voyez). — سنارة بهيم (carotte de l'âne) daucus glaberrimus, Prax R. d. O. A. VIII, 348, cf. Gl. Esp. 224.

سَنارِية panais, pastenade, Cherb., Martin 100, cf. Gl. Esp. 224; Daumas, V. A. 380, écrit سنايريز.

سِناسِن apophyse, saillie sur un os, Bc; dans le Gl. Manç. on lit sous سناسن que ce sont: حروف ثانية عن فقار الظهر مطلقاً, mais spécialement, chez les médecins, ceux du milieu, car ceux des côtés s'appellent أجنحة.

سِنْسُول voyez سِرسُول.

سنط II. Freytag dit sous la Ire forme, سَنَط, que ce verbe signifie «inclinatus fuit,» en citant les 1001 N. Bresl. III, 226, 1. Rien n'est moins vrai, et l'explication donnée par Habicht dans son Glossaire, quoiqu'elle laisse encore à désirer, est beaucoup meilleure. سَنَط, car c'est ainsi qu'il faut prononcer, ou

سَنْطَرَة, سَقَطَ بِأُذُنِهِ, comme on lit l. l., est pour صَنَتْ (voyez), et ce dernier est une transposition de نَصَتْ (voyez), écouter, prêter l'oreille pour ouïr; cf. chez Daumas V. A. 187: « isennote djenabou, » « il (le cheval) écoute ses flancs. »

سَنِيطِيط se trouve dans le Man. Escur. 893 avec cette explication: هو وسط الكواثر وما يُسَدُّ به باب الكِوارَة

سَناطِيَّة cartonniers et fabricants de couvertures en carton, Descr. de l'Eg. XVIII, part. 2, 403 (sanâtyeh).

سَنْطَرَة sorte de poisson, Man. Escur. 893: وفي طَرِيغَلا المعروفة بالسَّنْطَرَة ainsi dans le man., pas طِرْغِيلا comme chez Casiri I, 320 a; c'est τρίγλα, le rouget ou le surmulet.

سَنْطُور et سَنْطِير (ψαλτήριον) psaltérion, tympanon, instrument monté avec des cordes de fil de laiton, et qu'on touche avec de petites baguettes de bois, Bc, M; « le santir se compose d'une seule caisse plate, en bois, de forme trapézoïde de même que le qânon arabe: mais, au lieu de n'avoir qu'un côté oblique comme celui-ci, le santir en a deux et présente la forme d'un triangle tronqué à son sommet; il a des cordes en métal qui se battent avec de petites baguettes de bois terminées par une espèce de talon, lequel est quelquefois en ivoire, quelquefois en corne, et dont la partie convexe est la seule qu'on fasse porter sur les cordes, » Descr. de l'Eg. XIII, 326; 1001 N. Bresl. XII, 221, 9, 231, 4. — *Harpe, luth*, Hbrt 98 (Alg.), qui écrit سَنْطِير. — *Epinette, petit clavecin*, Bc; au Maroc, *piano*, Cotte 39. — *Carillon, battement de cloches*, Bc.

سَنَغ — سَنْع سناغ une sparte du Sud; Prax l'appelle Beaussier; *sengha, ligeum spartum*, Colomb 12; cf. Jacquot 57 (seunra). De là le nom d'un oiseau, سنغ الإبل « *song el ibel*, i. e. camel-pricker, cream-coloured courser, *cursorius Gallicus*, » Tristram 401.

سَنْف II c. a. et V dans le Voc. sous *frustum*.

سَنِيف pl. سَنائِيف *morceau*, Voc.

سَنْفَة *jolie femme*, Bc (Eg.).

سَنْفَرَة *émeri, pierre pour polir*, Bc.

سَنْفِيتُون (σύμφυτον) *consoude*, Bc.

سَنْمُورَة pl. سَنْقُر *gerfaut*, Maml. I, 1, 91 et suiv. — سَناقِر sorte de maladie propre au Dihistân, Tha'âlibî Latâïf 132, 6.

تَنْكَرى, M; en ce cas, ce mot signifierait *fabricant de chrysocolle*, et le M lui assigne en effet ce sens; mais selon Bc, il signifie *ferblantier*, et alors il vient de تَنَك (voyez), « ferblanc. » — حَدَّاد سَنكَرى *serrurier*, Hbrt 85; cf. sous سكر.

سِنْكِسار (grec) *synaxarion*, recueil abrégé de la vie des saints; كتاب سنكسار *martyrologe*, Bc, M.

سَنْكِسْبُويَه *quintefeuille*, voyez سَنْجِسْبُويَه.

سنم V c. فى, Çalât 29 v°: تَسَمُّوا للجبل من اعلاه. Au fig., Hist. Tun. 115: تَسَنَّم للخُطَط الرفيعة « il monta aux plus hautes dignités. »

VIII. استنم للخلافة *viser au trône*, Berb. I, 475, 1.

سَنْمَة, pl. سَنَم et أسْنام, *bosse de chameau*, Bc; le dernier pl. (cf. Lane sous سَنام) dans Antar 3, l. 5.

سَنام *l'épine du dos*, Voc. — سَنام القَبْر est proprement *la terre amoncelée en forme de bosse sur un tombeau, petit tertre* (cf. les Dict. sous la IIᵉ forme, et Burton, I, 412, qui dit en parlant des sépultures: « in the centre the earth is either heaped up, مُسَنَّم (i. e. like the hump of a camel), or more generally left مُسَطَّح, level »), Djob. 46, 11, Berb. I, 148, 5 a f., 186, 7 a f., où le pl. أسْنِمَة semble avoir le sens d'un sing., puisqu'on y lit: وقد جعل على قبر عَقَبَة; اسنمة من جَصَص; mais c'est aussi *la pierre sépulcrale*, Berb. II, 305, 2 a f.: وبنى على قبورهم اسنمة من قبر متسع, Djob. 227, dern. l.: الرخام ونقشها بالكتاب سنام الأندلس. — السنام عليه مكتوب هذا قبر الح ost la province d'Eliberis, Recherches I, 348, n. 1, et Append. LXV, 2 a f.; chez Çalât, 31 v°, c'est l'Alhambra: واتصل — نظر الخليفة — لمدينة غرناطة وقصبتها سنام الأندلس

سَنْمُورَة voyez سَمْمُورَة.

سَنْنُوَة une ombellifère, Prax R. d. O. A. VIII, 280.

سنه.

سَنِهِى annal, annuel, M.

سنو et سى II s'emploie souvent au fig. dans le sens de *faciliter* ou de *préparer*; le Voc. a l'expression الله يسى لك خيرا sous parare; Abbad. I, 249, 14: الى ان سنّى الله بينهما الصلح, cf. 277, n. 104, III, 118; Bat. I, 84: سنّى الله له الفتح المبين ويسّره, de même Cartâs 226, 2, cf. 250, 15.

IV. L'expression اسى له الجائزة que Lane a traduite d'une manière peu intelligible, signifie: *il lui fit un don très-considérable*, Prol. I, 21, 4 et 5. — Dans le Voc. sous cenia (moulin).

V pour تَسَنَّى, Mufassal éd. Broch 173, 4 a f.

سَنَا *baguenaudier* (arbre) ou *coluthea*, Bc; «quelques auteurs ont pris le baguenaudier pour le séné et ont voulu le voir dans le *coluthea* de Théophraste,» Leclerc A. R. 326. — Voyez sous سقا. — سنا اندلسى *globulaire*, Bait. dans le man. A après II, 62 e, aussi سنا بلدى, Bait. II, 226 e, A. R. 278. — Le سنا مكّى ou *séné* s'appelle aussi: سنا مَكّى, Bc, Hbrt 49, Most., Bait. II, 57 k, A. R. 325, Mehren 29, سنا حرمى, Most., et سنا حرم (pour الحرم), A. R. 325, Richardson Sahara I, 210, Carette Géogr. 96, 115, 201. On a en outre le سنا رومى, M.

سَنَوِى *annal, annuel*; عيد سنوى *anniversaire*, Bc, M.

سَنِى. Le pl. أَسْنِيَة, Abou'l-Walîd 431, n. 94.

سَنَّاء *meunier*, Voc.

سان *meunier*, Alc. (*acéñero*); on pourrait penser que son «ceni» est le سَنّاء du Voc., mais ce qui s'y oppose, c'est qu'il écrit le fém., «meunière», «cènia» (*acéñera*), qui ne peut être autre chose que سانية.

سانية *roue hydraulique*, Gl. Edrîsî; à Palerme une *roue à godets* porte encore le nom de *senia*, Amari J. A. 1845, I, 114. — *Puits*, spécialement *puits à roue hydraulique*, aussi بئر السانية au pl. آبار سوانى, Gl. Edrîsî, Auw. I, 146, 7 a f., où il faut lire, avec notre man., السانية العميقة, Gräberg 38, Prax R. d. O. A. VII, 270, 276 (dans un sens très-large Nachrichten III, 577: «eine kreisförmige Ebene, um einen 8 bis 12, ja zuweilen 20 Fuss erhöheten Brunnen, wird mit den über dem Brunnen angebrachten Vorrichtungen eine *Seigne* genannt»). — *Fontaine publique*, سانية للسبيل, Gl. Edrîsî; *bassin*, Roland. — *Moulin à blé, mis en mouvement par l'eau*, Gl. Edrîsî, Voc. — *Meunière*, Gl. Edrîsî. — *Jardin*, ibid. et p. 388, Khallic. VII, 88, 2 a f., Hist. Tun. 81: توفّ احتجـم بسانية باردو عاما: 83; بسانية باردو le Bardo est nommé p. 93: احد متنزّهات بنى ابى حفص, et p. 120: وكان من بساتين بنى ابى حفص. — Dans le vers chez Macc. I, 667, 13:

اشرب على بنيونش بين الشوانى والبطاح

M. Fleischer (Berichte 218) veut lire السوانى (ce qui est la leçon de l'éd. de Boul.), et il traduit ce mot par *hauteurs, collines*, l'opposé, dit-il, de البطاح. Je ne l'ai jamais rencontré en ce sens, et je doute qu'il puisse l'avoir, car le verbe سنى signifie bien *être* ou *devenir élevé en rang*, mais non pas *être haut*, en parlant d'un terrain. Si السوانى est la leçon véritable, ce terme doit avoir une des signif. que j'ai indiquées plus haut; mais la leçon donnée par M. Krehl, الشوانى, *les galères*, peut fort bien se défendre, car ces vers ont été composés sur Peñones, près de Ceuta, sur la côte de la Méditerranée.

زنّى ومَسَنّى se trouve dans le Voc. sous *viridis*.

مَسْنَاة. Le pl. مسنوات chez Freytag est une faute (qui a passé dans le M); il faut y substituer مسنيات, comme chez Lane, Gl. Belâdz.

مُسَانَاة *rente*, J. A. 1843, II, 220, 6.

سُنُونو. أكل السنونو, *mets d'hirondelle*, est à Damas le cri de celui qui vend des pains de froment minces, sur lesquels on a étendu du *dibs* ou du beurre et répandu du sésame. Cette expression veut dire: mets pour les belles demoiselles, car comme l'hirondelle de Syrie est plus petite que la nôtre et que sa voix ressemble beaucoup plus au chant véritable, le peuple aime à lui comparer une jeune fille qui a une petite bouche et une voix harmonieuse, Ztschr. XI, 517.

سهب II. Le n. d'act. *prolixité*, Cartâs 3, 7 a.f.

IV. Dans la 1re part. du Voc. *abreviare*, ce qui

est une erreur, car ce verbe signifie précisément le contraire.

سَمْج

سَهْجَة clameur, grand bruit (ضَاجَّة), M.

سهر I, n. d'act. سَهْر (pour سَهَر), Gl. Mosl.

سهر I عند فلان passer la soirée chez quelqu'un, Bc. — II c. a. faire veiller, Voc.

سُهَر les soldats qui montent la garde pendant la nuit, L (excubie).

سَهَرَة veilles, grande et longue application au travail d'esprit, Bc. — Veillée, veille de plusieurs personnes ensemble, Bc. — Soirée, depuis le déclin du jour jusqu'à ce que l'on se couche, Bc. — Soirée, divertissement donné le soir à des personnes réunies, Martin 46, Ztschr. XXII, 146.

سَيْران veilles, Payne Smith 1578.

سَهَّر chat-huant, Jackson 71, si c'est ainsi qu'il faut transcrire son saher.

مُسَهِّر nom d'un oiseau qui chante toute la nuit, sans dormir, et si agréablement qu'il tient éveillés tous ceux qui l'écoutent, d'où lui est venu son nom, M.

سهك.

سَهَك puant, en général, poisson, Chec. 197 r°: les meilleurs poissons à manger sont سمكا ما لم يكن ولا لوجا terre, Auw. I, 85, 9, plante, Bait. II, 581 b: سهك الرائحة. En parlant du goût, ce mot semble signifier désagréable, Bait. I, 29, dern. l.:
من سقى الأرنب البحرى يجد في فمه طعما سمكا حوتا Edrîsî ۴۱, 12: مثل ما يكون من طعم السمك سهك الطعم

السمكة البيضاء sorte d'oiseau, Yâcout I, 885, 12.

سُهُوكة puanteur, Bait. I, 246 a:
وهو حوت كثير الزوجة والسهوكة جدًّا

سهل II expédier, dépêcher, hâter l'exécution de, Bc; peut-être ce verbe signifie-t-il quelque chose de semblable Berb. I, 359, 6 a f., où il est question du tombeau du Mahdî: وقيام الحجّاب دون الزائرين من الغرباء لتسهيل الأذن واستشعار الأبهة وتقديم الصدقات — بين أيدى زيارته. سَهَّل البطن relâcher, lâcher le ventre, dévoyer, causer le dévoiement, Bc.

V s'aplanir, Bc. — Se concilier, s'accommoder, Ht (qui donne aussi faciliter, mais c'est la II° qui a ce sens).

VI. L'expression تساهل فى أمر, traiter une affaire avec légèreté, indifférence, négligence, ne pas y faire beaucoup d'attention, n'est pas moderne (cf. Lane), mais assez ancienne, Haiyân-Bassâm III, 140 v°: تساهلوا فى مأكل لم يستطبه فقيهٌ قبلهم, Khallic. I, 3, l. 3 Sl., 470, 3 a f., Çafadî dans Amari 676, dern. l., Macrîzî dans de Sacy Chrest. II, ٥٩, 2 a f., Soyoutî dans Meursinge ٣٩, 12, Prol. III, 328, 6: حذرًا أن يتساهل الطبع فى الخروج من وزن إلى وزن يقاربه «car il faut éviter que, par suite de ce défaut d'attention qui est si naturel à l'homme, on ne passe d'un mètre à celui qui en est voisin» (de Slane), 1001 N. III, 614, 1. — تساهل فى الثمن être facile quant au prix d'une chose qu'on vend, la vendre à bon marché, 1001 N. IV, 353, 14; c. مع p., ibid. l. 15. — Dans le sens de la IV°, couler vers la plaine (rivière), Berb. I, 124: يتساهل إلى بسيط المغرب.

VII se purger, Alc. (purgarse), de Sacy Chrest. I, 146, 4.

X compter pour peu de chose, Edrîsî ٩٩, 3, Macc. II, 441, 9.

سَهْل bénévole, Bc. — Coulant (style), Bc. — Grève, lieu uni et plat, couvert de gravier et sans verdure, Marmol III, 15 c: «A los arenales menudos sin cosa verde llaman çehel.»

سَهْلة plaine, Bc. — Place, lieu public entouré de bâtiments, Bc.

سَهْلة dyssenterie, Domb. 89.

سهيل, بلعين ou بلفين, 17°, 31°, et 35° ét. du Navire, Dorn 61, aussi رقش سهيل ou رقش, ou الرقّاس, ibid. — أختا سهيل l'étoile à la partie postérieure du petit Chien et celle de Syrius, Bc (cf. Lane).

سُهُولة jour, facilité, moyens de succès, Bc. — Accommodement, moyen pour terminer une affaire, tempérament, Bc. — Impunité, Bc. — سهولة اللفظ euphonie, Bc, Abd-al-wâhid 104, 17; mais le M donne un autre sens à cette expression, car on y lit que السهولة, ou comme on dit aussi السهولة والظرافة, est quand les mots d'un vers n'ont rien d'obscur, quand ils sont parfaitement clairs (خلوّ اللفظ من التكلّف)

سهم (والتعقيد والتعسّف فى السبك), comme dans ceux-ci, qui sont de Madjnoun-Lailâ:

أليْسَ وعِدتنى يا قلْبُ انّى اذا ما تَبْتُ عن ليلى تَتوبُ
فها انا تائبٌ عن حبّ ليلى فما لك كلّما ذكرْتَ تذوبُ ٭

ساهل بالساحل *impuni;* ساهل *impunément,* Bc.

أَسْهَل *plus facile,* Voc.

اسْهال *dévoiement, diarrhée,* Bat. II, 148. — اسهال الدم *flux de sang, dyssenterie,* Bc.

تَسْهيل *flux de ventre, diarrhée,* Voc., Ht. — *La suppression totale du hamza, et aussi, de même que* تسهيل بين بين, *sa suppression incomplète, c. à-d., quand on lui conserve une partie de son articulation,* de Sacy Gramm. I, 100.

مُسْهِل *purgation, médecine,* Alc. (purga para purgar).

مَسْهلة *balai,* Domb. 94.

مَسْهُول طبيعته مسهولة *il a le ventre relâché,* Bc.

انسهال *dévoiement,* Bc.

سهم II, avec لـ, *assigner à quelqu'un sa part,* Voc., qui a aussi cette forme, c. a., sous *sagitta*.

III c. a. p. et فى r. *partager une chose avec quelqu'un* (Lane), Berb. I, 93, 15, Recherches II, Append. LIV, 2, Macc. I, 169, 13. — Même constr., *donner à quelqu'un une portion, une partie de,* Berb. I, 84, 5, en parlant d'un sultan: وجبا بلاد السوس واقتنع فيه للعرب وساهَمَهم فى الجباية. — Même constr., *faire participer un ami à sa joie,* ou, plus ordinairement, *à sa douleur,* Abbad. I, 254, 3, 286, n. 154, III, 122, 2 a f., Recherches II, App. VI, 2 a f. — (Dérivé de سَهْم dans le sens de « *poutre, solive, étançon* ») *appuyer, aider,* Macc. II, 704, 3: فبعثنا احدَ اولادنا مساهَمةً به لأقلّ تلك البلاد. — Voyez plus loin le n. d'act.

IV. اسْهم بينهما لهما بسهمينِ *dans le sens de* Gl. Belâdz. — *Assigner,* c. ل et c. ا., Voc. (asignare), Çalât 42 v°, c. d. a.: فلسهمه الاسهامَ والدّجار وانّله الاكرام والاوطار ٭.

V et VII dans le Voc. sous *asignare,* et V aussi sous *sagitta*.

VIII. On dit en parlant de deux ennemis: استَهَما انْتَصَر à peu près comme nous disons: *ils se disputèrent la victoire,* Abbad. I, 248, 11.

سَهْم, dans le sens de *flèche,* pl. aussi أسْهام, Abou-'l-Walîd 242, n. 56, Saadiah ps. 22, vs. 19, Payne Smith 1178, et سُهوم, 1001 N. Bresl. IX, 145, dern. l. — Dans celui de *sort, portion,* il a aussi le pl. أسْهام, Voc., Berb. I, 46, 10, et سُهوم, Voc. L'expression كان ضاربًا فى كلّ علم بسهم signifie: « *il possédait une bonne part de chaque science.* » On dit aussi en parlant de Dieu: ضرب لفلان فى كذا باوق سهم « *il avait donné à un tel une bonne part de telle ou telle chose,* » Lettre à M. Fleischer 158. — *Revenu en terres, assigné par le souverain,* Hist. des Benou-Ziyân 93 v°: وجعل له فى بلاده سهامًا برسم اعانته وقدر تلك عشرون الف دينار فى كلّ عام فكانت تأتيه من بِجاية (au lieu de اعانته, le man. de Vienne porte أسْكن مكناسة واقطع بها سهامًا), Khatîb 66 r° (الخدمة le man. porte par erreur لَنا سامًا); le pl. لها خطر أسْهام en ce sens dans le passage de Çalât que j'ai cité sous la IVe forme; comparez sous مُساهَمة. — ذو السهم surnom de Moâwia ibn-Amir ad-Dhabbî, qui l'avait reçu parce qu'il avait l'habitude de céder à ses compagnons sa part du butin, M. — *Baliste, machine de guerre,* L (ballista; synonyme عَرّادة).

ساقِم disait le vulgaire en Espagne pour سَهْم, *flèche,* Voc.; — *poutre, solive, étançon,* avec le pl. سُهوم, Alc. (viga para edificio, cíhem).

مُساهَمة, comme سَهْم, *revenu en terres, assigné par le souverain,* Khatîb, man. E, article sur Abdallâh ibn-Bologguîn ibn-Bâdîs: وأجرى المرتّبَ والمساهماتِ عليهما. — Semble signifier *générosité* dans un passage que j'ai cité sous درَجة.

سها I, *être distrait,* aor. o, i, a, Bc. سها seul, de même que سها فى الصلاة, et عن الصلاة; c'est quand l'imâm commet une faute, soit en omettant quelque chose, soit en ajoutant des mots ou des actes superflus, et la prière de pénitence qu'il doit faire s'appelle سَجود السّهو, Gl. Edrîsî in voce et p. 393. Ce verbe s'emploie aussi en parlant de l'assemblée quand elle commet une faute pendant la prière, Djob.

100, 19 et dern. l. (= Bat. I, 375, 376). — C. على se méprendre, Bc.

II c. عن distraire, Bc.

III c. a. p. semble signifier *profiter de la négligence de quelqu'un*, 1001 N. III, 461, 3 a f.

سَهْو *distraction, inadvertance, méprise*, Bc, cf. sous la Ire forme; سَهْوًا *par accident, par mégarde*, Bc.

السَّهْبَا = السَّهْبَة chez Lane, Cazwînî I, 30, 7.

سَهَاوَة = غفلة, Payne Smith 1494.

سَاه *celui qui se laisse gagner par le sommeil quand il devrait rester éveillé*, M. — تحت الساهي دواهي *anguille sous roche*, Bc.

سوأ I. Les lexicographes auraient pu noter l'expression ساء ظَنّه, qui est fréquente, p. e. Abd-al-wâhid 205, 3 a f.

IV c. a. p. *faire tort à quelqu'un*, Bc.

المرأة السّوأى *femme d'un naturel malfaisant*, M.

سَوَّة vulg. pour سَوْأَة, *anus*, Voc., Alc. (culo, rabo por el culo, siesso el salvonor). — *Poil des parties génitales*, Bc (sans voyelles). — Vulg., *du mal*, Prol. III, 378, 5; leçon de M. de Slane et de Boul.; notre man. 1350 a سَوّة.

سَوْأَة. C'est sous ce mot que Freytag aurait dû placer l'exclamation وَاسَوْءَتَاه, *quelle honte!* qu'on trouve p. e. Bidp. 212, 5.

سوباشا (turc) *officier de police, sous-commissaire de quartier*, de Sacy Chrest. I, ١٠٠, 6.

سوبر *fenouil*, Most. v° رازيانج.

سوج II *broder*, Bc.

ساج est le *teck indien, tectona grandis*, «mais l'arbre africain auquel les écrivains arabes donnent ce nom paraît appartenir à une espèce tout à fait différente,» de Slane dans le J. A. 1859, I, 509. — *Campêche*, pour la menuiserie, Bc. — Dans le sens de *sorte de tailasân*, etc.; dans le R. N. 10 v° (où Ismâ'îl est le nom d'un marchand): بَزّ على اسماعيل طبقان ساج سبع مائة وكان بالغرب من افريقية فقال لا نحزن (تُخْزَن) c.-à-d. فى هذه فلشترى مع كل ساج جبة وكساها المجاهدين فى سبيل الله تعالى. L'emploi de ce mot dans ce passage est singulier, car il semble que

c'est d'abord le nom d'une étoffe dont on fait le طاق ou *tailasân*, et ensuite le *tailasân* même. A la fin d'un autre passage que j'ai copié sous اسكلفاج, on lit: "انما فى اسكلفاج وليست بساج", et le mot en question doit y être le synonyme de *djobba*, ou bien il doit désigner l'étoffe dont la *djobba* était faite. J'observerai encore qu'Alc. traduit *drap de Londres* (londres paño de alli) par ساج. Serait-ce une altération de ساج? — ساجات *castagnettes, cliquettes*, Bc, Lane M. E. II, 87. — قصب الساج voyez sous le premier mot.

سوجر I *bâillonner* quelqu'un, Cherb. C.

سوح I vulg. pour يسيح ساح, *mener une vie errante*, etc., M. — En parlant d'un liquide, *être répandu, versé, couler*, M.

II *répandre, verser un liquide*, 1001 N. Bresl. IX, 246, 12; سوّح الكوز على الارض, ibid. l. 15, 247, 13, 250, 3; dans ces passages l'éd. Macn. a كبّ et دلق.

ساحة, au fig., *centre*, p. e. d'un camp, Berb. I, 98, 7, d'une ville, 20, 8, du califat, 18, 11. — *Carrefour*, Ht. — *Territoire*, Berb. I, 164, 5 a f., de Sacy Chrest. II, ٩٢, 5. — Dans une tente, *la toile qui sépare la demeure de la famille de celle des étrangers*, Ztschr. XXII, 100, n. 31.

سَوَّاح (cf. Freytag) est en effet une autre forme de سيّاح et signifie *voyageur, celui qui mène une vie errante*; on le trouve souvent en ce sens dans les 1001 N., p. e. III, 617; ailleurs, IV, 321, 5 a f., un chrétien dit que l'islamisme est دين السوّاحين, c.-à-d. دين السيّاحين فى البلاد, IV, 343, 7 a f. — *Ermite*, Léon 350, Bg, Marmol I, 62 c, qui parle fort au long des ermites qu'il appelle peu correctement «Ceüaquin Elquifar» (الغفار).

سوخ I *se fondre*, M. — ساخت روحه *ses forces défaillirent*, 1001 N. 875, 8: وقد ساخت روحه من الجوع والتعب; l'éd. de Boul. a ضعف, et celle de Bresl. خوى.

سواخة et سواخى est *diroytum* (?) dans la trad. d'une charte sicilienne *apud* Lello 14 et 20.

سَوّاخ. أرض سَوّاخة *une terre molle dans laquelle s'enfoncent les pieds*, Becrî 48, 2 et 6, ارضون سواخة 49, 7.

سود

سود I c. على *planer, dominer en parlant de la vue, de l'esprit*, Bc.

II *donner à quelqu'un le titre de* سيّد, *seigneur*, Abbad. II, 156, dern. l., Djob. 299, 3, Bat. III, 399, Berb. II, 351, 1. — *Rembrunir, attrister*; يسوّد الصدر *mélancolique*, Bc. — سوّد عرضا *rendre noir, diffamer*; سوّد وجهه *ternir la réputation*, Bc.

V *se noircir*, Voc., Alc. (*enegrecerse*).

VI dans le Gl. Belâdz. est une faute; il faut y substituer سند VI (voyez).

IX (cf. Lane) اسودّ وجهه عند الناس *il est déshonoré*, Bc.

سود الهند = سائح, *spicanard*, Most. sous le dernier mot (N سودد).

سيد *lion*, Bc (Barb.). — Pour سيّد, pl. أسياد *maître, seigneur, lord*; أسيادي *messieurs*, Bc; voyez aussi sous سيّد.

سودة محترقة une *maladie de la peau*, Sang., qui pense que la véritable orthographe est سُؤدا.

سوداوي *mélancolique*, Voc., Alc. (*malenconico*), Bc, Burton I, 288, II, 253, *atrabilaire, hypocondriaque*, Bc; *vaporeux, sujet aux vapeurs*, aussi أصحاب الرياح السوداوية, Bc.

سودابة *bouteille noire*, Bc.

سودانيّة est l'oiseau qui porte aussi le nom de زرزور, Bait. II, 196 g: عصافير وسودانيات 197 a: السودانيات وهي الزرازير۞

سَواد. Comme les Abbâsides avaient adopté le costume noir en signe de deuil à cause du grand nombre d'hommes de la famille du Prophète qui étaient morts en martyrs sous le règne des Omaiyades, le mot السواد désigne les vêtements noirs qu'ils portaient eux-mêmes ainsi que leurs employés, et, au figuré, *le titre d'employé*. Ainsi on lit que, lorsque certain personnage eut été nommé vizir, et qu'on lui eut adjoint une autre personne chargée de la conduite des affaires, on lança contre eux ce brocard: ذاك سواد بلا وزير وذا وزير بلا سواد c.-à-d.: l'un a le titre de vizir et rien de plus, et l'autre est vraiment le vizir, mais sans en avoir le titre, Gl. Fragm., Gl. Mosl., Fakhrî 316. — Le *noir de l'œil* est souvent nommé comme la chose la plus précieuse que l'on possède, Abbad. I, 385, 9 et III, 181. — On dit un سواد d'arbres, etc., de Slane sur Becrî 24, 15, où on lit سواد الزيتون: «Quand on remarque sur l'horizon un de ces massifs d'arbres qui forment des oasis au milieu des plaines de sable, on croit voir une longue tache noire sur un sol blanchâtre;» on emploie donc le mot سواد en parlant d'une forêt qu'on voit dans le lointain, d'une bande de voyageurs, etc.; cf. Abdarî 80 v°: وسواد اشجارها يظهر على بُعْد Becrî 48, 11, Djob. 214, 17. — السواد *la côte de l'Afrique septentrionale*, Becrî 31, 17 et 18. — *Fiente*, excrément d'animaux, Bc, Ztschr. VIII, 348, n. 2 a f. — *Brouillon*, ensuite en général *livre, exemplaire*, Mong. 4 et suiv.

سيّد, vulg. سيد et (dans le Voc.) سِد Bc, qui a le pl. أسياد, donne ce mot sous *chérif*; mais selon Burton, II, 3, ces deux mots ne sont pas synonymes, attendu que *saiyid* désigne un descendant de Hosain, et *chérif*, un descendant de Hasan. — *Prince almohade*, Khaldoun IV, 29 v°: القرابة من بنى عبد. — *Gouverneur envoyé par le Pacha de Tripoli dans les petits districts*, Ten Years 14; *gouverneur des juifs*, ibid. 94, 106. — *Soufi*, de Sacy Chrest. I, ١٢١, 6. — *Le frère de l'aïeule, du bisaïeul ou de la bisaïeule*, Alc. (*ermano de abuela, de bisaguelo, de bisaguela*). — *Beau-père*, Hbrt 25 (Alg.).

سيّدي *dominical*, Bc.

سويد *soude* (plante), Ht, «la *suæda vera*, espèce de soude, ainsi appelée attendu que les Arabes la nomment *souhed*,» Descr. de l'Eg. XII, 13, *suæda fruticosa*, Prax R. d. O. A. VIII, 283 (souïd).

سواد *noircissure, tache noire*, Bc.

سويدة «*Souida des Arabes, Chenopodium maritimum* (Lin.), *Sueda maritima* (Moq. Tand.); touffes d'un vert foncé, épaisses,» Ghadamès 329.

سوادي espèce de *raisins noirs*, Burton I, 387 (sawadi).

سيادة. سيادة على الشعب *féodalité, droits de seigneur à foi et hommage*, Bc. — سيادة المطران *monseigneur l'évêque*, Bc.

سودن 700 سور

سِبَدَى féodal, Bc.

سَادَانى seigneurial, Bc.

أَسْوَد noir, nègre, forme aussi au pl. سُود, Bc. — Plus noir, incorrectement pour أَشَدُّ سَوَادًا, dans un vers chez Khallic. VII, 109, 5 a f. — Fâcheux, Ht. — الدرم الأسود voyez sous le premier mot. — Epithète de certain vent d'une grande violence, Cartâs 61, 14: الريح الشديدة السوداء. سَوْدَاء bile noire, atrabile, affection mélancolique, spleen, hypocondrie, grippe, fantaisie, Voc., Alc. (malenconia), Bc. — Crochet, agrafe, L (fibula خَاطف وخَطَّاف. — السوداء) les ustensiles, Gl. Belâdz. ما له سوداء للشغل il n'a pas le goût du travail, Bc.

تَسْويد brouillon, ébauche, Bc.

تَسْويد, suivi de على الشعب, féodalité, droits de seigneur à foi et hommage, Bc.

تَسْويدة noircissure, tache noire, Voc.

مُسَوَّد (Lane TA), exemples dans le Gl. Mosl.

مَسْيد ou مِسْيد, en Afrique, école primaire, Domb. 97, Bc (Barb.), Delap. 170 (messied), R. d. O. A. VII, 85 (mecid), Ht, Cherb Dial. 62, Roland Dial. 622; dans le Voc. ce mot est مَزَد, pl. أَمْزِدة et مُزود. مَسْيد est la prononciation vulgaire, mais ancienne, car elle est déjà signalée par Djawâlîkî, de مَسْجِد, Morgenl. Forschungen 145, dern. l.

مُسَوَّدة brouillon, minute, Bc, ensuite en général livre, exemplaire, Mong. 4 et suiv. Le M prononce مَسْوَدة. — Bouteille noire, M, Bc, Hbrt 202.

مُسَوَّدة désigne quelquefois, non pas les Abbâsides eux-mêmes, mais leurs employés, un de leurs gouverneurs et ses généraux. Dans le R. N. 22 r°: la question est si Ibn-Ghânim a été nommé cadi par Hâroun ar-Rachid ou bien par le gouverneur d'Ifrîkiyah, Rouh ibn-Hâtim, فقال بعضهم لم تكن من أمير المؤمنين وانما كانت من المسودة يعنون التجنّد وروح ابن حاتم ✱

سودن I fâcher, Bc.

II tomber dans une mélancolie voisine de la démence, Khallic. VIII, 136, 5. — C. من p. et على p. se fâcher contre quelqu'un, s'estomaquer, Bc.

مَسْوَدن triste, qui n'a pas de gaîté, et triste, ennuyeux, qui inspire de la mélancolie, Bc. — C. من ou على p. qui est fâché contre quelqu'un, Bc.

سور II entourer d'un mur, Voc., M, Djob. 40, 9, 61, 6, 66, 6, 227, 5, 307, 18, 339, 3, Holal 4 r°: وشرع الناس في بناء الدور دون تسوير عليهم, etc. — Dans le sens de la IIIe, si la leçon est bonne dans Bidp. 13, dern. l.: أن الذى أَسْكَتَه هيبة سَوْرَته أو حَيْرة. أَدْرَكَته. — En Barbarie, gagner (de l'argent), Delap. 154, Bc (Barb.).

V. L'idée de mur, سور, est bien encore dans l'expression تَسَوَّر بيتًا, escalader une maison, Bidp. 194, 2 a f., mais elle a disparu dans l'expression تَسَوُّر المنبر, monter en chaire, Djob. 151, 11. — Se rendre maître d'une chose par surprise, Macc. I, 155, 18: Roderic devint roi من طريق الغصب والتسوُّر; c. ب ر., Haiyân 70 r°: وكان قبل ذلك قد تسوَّر ببلاى شريبيد (شِرِبَنْد l.) ابن جحاج القومس خرج البد هاربًا من قرطبة لخوفه من حادث أحدثه فيها le comte Servando s'était emparé par surprise de la forteresse de Polei; c. على p. et ر., Becrî 133: تَسَوَّر (تسوُّر l.) عليهما في الخلافة « il leur enleva le califat par surprise. » — C. على ر. prétendre à des connaissances qu'on n'a pas, Haiyân 10 r°: تسوَّر على العربيَّة «il avait la prétention de connaître la langue classique,» Haiyân-Bassâm I, 41 v°: il écrivit beaucoup de livres sur la logique et la philosophie, غير انه لم يخل فيها من غلط وسقط لجرأته (لتجرّئه l.) في التسوُّر على الفنون لا سيَّما المنطق; aussi c. على et في ر., Haiyân 10 v°: تَسَوَّر على et في الاعراب «il prétendait connaître mieux que les Bédouins eux-mêmes les mots dont ceux-ci font usage.»

سُور Roland donne أَسْوَار (sic?) forts. — Côté de l'instrument de musique qui porte le nom de cânoun, Lane M. E. II, 78. — En logique, le mot qui, dans une proposition, indique la quantité des objets, déterminatif de quantité, p. e. كُلّ et بَعْض quand on dit: كُلُّ انسان حيوان وبعض الحيوان انسان, M; cf. مُسَوَّر. — Sorte de poisson, Yâcout I, 886, 7.

سُورَة la gomme de l'arbre, أسْرَار, Bait. I, 47 a (AB).

سُورِى vitriol rouge, Bait. I, 510; c'est le grec σῶρυ, Diosc. V, 118.

سُوَار et سوار الأَكْرَاد سوار البَهْنْد والسّنْد, سُوَار désignent la plante qu'on nomme en persan كَشْت بَرْ كَشْت, voyez Bait. II, 71 b, 379 h. — سوار السّنْد coquille, Bait. II, 581 c.

سَيُّور adj. en parlant d'un chameau, soit pour سَيُّور, soit du verbe سار يسور, = وَثَّاب, Gl. Most.

مَسُوَرَة pl. مَسَاوِر panier pour les raisins secs, Voc.

مَسُوَرَة coussin rond, Macc. II, 88, 18.

قَضِيّة مَسُوَرَة proposition déterminée, Bc, M ما كان (لها سور; cf. سور.

مَسَاوِرِى épithète d'une espèce de melon, qui a été nommé ainsi parce qu'il ressemble à un مَسُورَة ou coussin rond, Auw. II, 223, 14.

سورماهى 10,000 livres de المابح السورماهى sont nommés parmi les redevances de l'Arménie, Prol. I, 324, 3. La signification de cet adjectif relatif m'est inconnue, ainsi qu'à M. de Slane.

سُورَنْجَان décrit par Rauwolf 121; السُورَنْجَان الدَّقِيق, en Espagne, *colchicum autumnale*, Bait. II, 204 b.

سوس I s'emploie, p. e., dans le sens de *dresser et gouverner* des faucons, Bidp. 155, 8, et dans celui de *panser* un cheval, le nettoyer, etc., Bc. Le Voc. donne الدَّابّة يسوس dans le sens d'*écuyer* (armiger). — Aor. *o* et *i*, *flatter*, Voc. (blandiri). — Aor. *o* et *i*, c. ى, être habile dans, Voc. (industriare, scire).

II *ronger*, en parlant de la teigne, des mites, Alc. (apolillar; le n. d'act. apolilladura, le part. pass. apolillado, carcomido de madera). — *Se carier* (blé, bois), Bc; ضِرْسَة مَسُوسَة *molaire gâtée*, Daumas V. A. 425.

III سَايَسَ *dompter, dresser souvent, continuellement*, Alc. (domar a menudo). — C. a. p. *chercher à dompter, à contenter* quelqu'un, *tâcher d'apaiser sa colère*, Berb. II, 166, 5 a f. — *Choyer, dorloter, mignoter, mijoter, mitonner*; سايس نَفْسَه *se conserver, se dodiner, se dorloter, s'écouter, se ménager*, Bc. — سايس الأمور *ménager, conduire, manier avec adresse*;

سايس أموره *se ménager, se conduire avec art, prudence, précaution*, Bc.

V *se carier* (blé, bois), Bc.

ساس (copte), en Egypte, *de l'étoupe et des tiges de lin*, de Sacy Abd-allatif 151, 566, 567, 1001 N. II, 243, 9. — Nom d'un arbre dont les racines ont quelque chose d'amer, Daumas V. A. 381.

سوس, n. d'un. ة, *carie du bois, des blés*, Bc. — *Maladie des dents, qui les rend noires*, Alc. (neguijon de dientes).

سُوسَة *vermoulure, piqûre de vers*, Bc. — سُوسَة *nielle, maladie des plantes*, Bc. — *Manie*, p. e. له سُوسَة فى الخَيل «il a la manie des chevaux;» *vercoquin, caprice, fantaisie*, Bc.

سُوسِى *toile de lin d'une grande renommée, qu'on fabriquait à Sousa, dans la province de Tunis, sur le rivage de la mer; elle servait surtout pour les turbans*, Vêtem. 317, n. 8, Yâcout III, 191, I, Holal 9 v°: مائَة عِمامة مَقْصورَة وأربعَمائَة من السوسى. Aujourd'hui Sousa est renommée pour ses bernous, Carette Géogr. 217. Autrement Deser. de l'Eg. XVII, 217: «سُوسِينَة *toiles grossières dont on se sert pour couvrir les matelas et pour faire des tentes.»*

سيسانبيات (si c'est ainsi qu'il faut écrire ce mot), en Egypte, *sorte de petits bidets que montent les enfants des grands*, Ouaday 457 (syçâniât).

سَيِّس *habile*, Voc.

سِيَاسَة *police*, Bc. — *Politique, conduite adroite dans les affaires*, Bc, Macc. II, 60, 6, où il faut lire avec les man. et Boul. بالسياسة; والسياسة, *doucement*, Roland. — *Habileté*, Voc. — سِيَاسَة حِفْظ الأبْدان *hygiène*, Bc. — السياسة المَدَنِيَّة, *le régime civique*, chez les philosophes, est le régime qui s'observera dans la cité parfaite, l'état parfait, la république modèle, où toutes les relations des citoyens seront fondées sur l'amour, où ils n'auront pas besoin de souverain, et où chaque individu aura la plus grande perfection dont l'homme est susceptible; voyez la note de M. de Slane sur Prol. II, 127, 6. — عارف متبحّر فى علم الأمور السياسيَّة, aussi بأمور السياسَة *criminaliste*, Bc. Pour expliquer cette signif. il faut savoir que le mot arabe سِيَاسَة, *administration, gouvernement*, a reçu, en passant dans le persan, le sens de *supplice qui est infligé en vertu de la loi* (voyez Mong. p. CLXIII). Comme, pour employer les paroles de Quatremère (*ibid.* CLXV), « la sévérité, pour ne pas dire la cruauté, a été constamment le principe fondamental du gouvernement chez les Orientaux, le mot qui désignait l'*administration* s'est identifié avec celui qui était regardé comme le plus puissant ressort de tout gouvernement, comme l'essence même de l'art de conduire les hommes. » — *Droit coutumier*, l'opposé de شَرِيعَة, droit (canon) écrit. Cette signif., que ce mot a encore au Ouaday selon Barth III, 524, est évidemment celle que Macrîzî a en vue, (dans de Sacy Chrest. II, ٥٨, 8 et suiv.; voyez surtout ٣٣, 11 et suiv., où il est question de la *charfa*, et 3 a f. et suiv.). D'après l'écrivain, *siyâsa*, pris en ce sens, n'est autre chose qu'une altération du mot mongol *yâsâ*, qui désigne le recueil des lois données aux Mongols par Tchinghîz-khân, et il explique fort au long comment il s'est fait que ce mot s'est introduit en Égypte. Je crois qu'il a raison, et s'il a trouvé un contradicteur dans Quatremère (Mong. CLXIV), je pense que c'est uniquement parce que cet illustre savant n'a pas bien saisi le sens du mot *siyâsa* que Macrîzî avait en vue, à savoir celui de *droit coutumier*. Parmi les passages cités par Q. il y en a d'ailleurs qui prouvent péremptoirement qu'en Égypte *siyâsa* était l'équivalent du mongol *yâsâ*, comme celui d'Ibn-Iyâs qui, comme Q. le dit lui-même, « désigne par le mot de السِّيَاسَة ابْنَاءُ, *les enfants du Yâsâ*, les Ouïrats qui s'étaient établis au Caire, dans le quartier nommé al-Hosaïnîya. »

سِيَاسِى *politique*, Bc. — *Criminel*, Bc; voyez aussi sous سِيَاسَة.

سَوَّاس *marchand de tisane de réglisse*, Bc.

سَائِس. Le pl. سُبَّاس (cf. Freytag) est aussi dans Bc, et le M le donne comme la forme ordinaire. — (Dans la Descr. de l'Ég. XVIII, part. 1, 51, on lit que *sâys* signifie *larges anneaux d'argent dont les femmes ornent leurs doigts;* mais je crois que c'est une faute pour مَسَائِس; voyez ce mot sous le *mim*).

سَوْسَج I *affoler, rendre fou d'amour*, Bc.

سَوْسَن (pl. سَوَاسِى, Merx Archiv I, 132, n. 2, Abou-'l-Walîd 585, n. 83) et سَوْسَان (Abou'l-Walîd 693, n. d'un. ة, Payne Smith 1308) *iris*, Bc; — *muguet, lis des vallées*, Bc. سَوْسَن بَرِّى *hémérocale*, espèce de lis, Bc. — سَوْسَن قِبْطِى, Auw. II, 271, 6. — سَوْسَن كِسْرَوِى *lis royal*, Auw. II, 270, 18, cf. Clément-Mullet II, 260, n. 1.

سَوْسَن *tilleul* (arbre), Bc.

سوط I, en parlant du lait, etc., *devenir clair, liquide*, l'opposé d'épais, M.

II سَوَّط *fouetter*, L (flagello), *battre*, Daumas V. A. 183; سَيَّط *fouetter*, Voc., Alc. (açotar).

V تَسَيَّط *être fouetté*, Voc.

سَوْط. Dans le vers d'an-Nâbiga ad-Dzobyânî (de Sacy Chrest. II, ١٤٧, 4 a f., cf. 459, n. 49):

مَا أَنْ أَتَيْتَ بِشَيْءٍ أَنْتَ تَكْرَهُهُ
إِذًا فَلَا رَفَعَتْ سَوْطِى إِلَىَّ يَدِى

les derniers mots semblent être une expression proverbiale qui signifie: Puisse ma main se dessécher et devenir paralytique! — سَوْط الحَيَّة *scolopendre* (insecte), Beaussier, Pagni MS.

سَيَّاط *fouetteur*, Alc. (açotador).

مِسْوَاط *spatule, instrument de pharmacie rond par un bout, plat par l'autre*, Bc.

مَسْبَاطَة *escourgée, fouet qui est fait de plusieurs courroies de cuir*, Alc. (açote çurriaga, pl. أت, çurriaga açote, pl. مَسَايِط).

سوطر

سُوطَرِى est, selon le M', un mot qui appartient au langage des soldats et qui dérive du verbe سَوْطَر; mais il ne donne pas d'autre explication.

سُوطَيْرَا (σώτειρα) *électuaire d'une grande réputation*, Sang.

سوع I, aor. *a*, vulg. pour وسع, *tenir, contenir, renfermer*, Bc; de même ساعد pour وسع, 1001 N. Bresl. IX, 323, 13: مَا سَاعَدَ إِلَّا أَنْكَرَ « il ne pouvait que le nier. »

سَاعَة *l'heure où l'on a fait la connaissance de quelqu'un*, 1001 N. I, 99, 7 a f.: يَا لَيْتَنَا مَا عَرَفْنَا هَذَا; Bresl. IV, 174, 8: القرن لَا بَارَكَ اللهُ فِيهِ وَلَا فِى سَاعَتِهِ فَبَكَى وَقَالَ لَا كَانَ نَدِيمَكَ وَلَا كَانَتْ سَاعَتِهِ, où il faut penser à l'heure où Abou-'l-Hasan avait été nommé

سوغ

le *nedîm* du calife. — مع الساعات *sans cesse, toujours*, Gl. Edrîsî 379. — *Horloge*, Bc. — *Pendule*, aussi ساعة بشختة, Bc. — *Montre*, Bc, Lane M. E. I, 427, 1001 N. IV, 605. — *Lieue*, Bc. — ساعة رَمْلِيَّة *sablier*, M. — ساعة شَمْسِيَّة *cadran*, Bc, M. — ساعة الماء *clepsydre*, Bc, décrite Richardson Sahara I, 185.

ساعَاتي *horloger*, Bc.

سَوَاعِيَّة chez les chrétiens, *livre d'heures*, M.

سوغ I s'emploie dans le sens général de *plaire, être agréable*, Macc. I, 814, 2 a f.: Tamerlan dit à Ibn-Khaldoun: كيف ساغ لك ان تذكرني في كتابك وتذكر
‌‌‌‌‌‌‌‌‌‌‌‌‌‌‌‌, 658, 11, Calâïd 60, 5:
نحن نصر مع أنَّا خربنا العلا
اذا قُلْتُ لم ينطق فصيح مخرّب
ولا ساغ في سمع غناءٌ ولا زمر

— C. ف p. *être possible*, Voc., Khatîb 32 r°: comme ses disciples ne trouvaient pas de chaudron pour cuire leur riz au lait, il leur en indiqua un qui contenait un reste de poix, فقالوا له وكيف يسوغ الطبخ فيها ولو طبخ فيها شيءٌ ما تأكله البهائم.

II se construit c. d. a. dans le sens de *permettre*, Calâïd 59, 7, 64, 4 a f.: وما سُوِّغ فخلع عن سلطانه, Abd-al-wâhid 105, 14, et dans celui de *donner*, Weijers 39, 1, cf. 132, Macc. II, 269, 4 a f. — Voyez sous مُسَوَّغ.

IV *trouver l'eau potable*, Edrîsî, Clim. III, Sect. 5: ومأؤها ماء زعاق لا يسيغه شارب.

V c. a. r. *trouver une chose agréable, bonne, l'approuver*, Recherches I, 524, n., l. 3 de la 1re édit.:
وما خلع اسم الوزراء، ولا تسوَّغ سواها ممن أمّه او زرارة, c.-à-d.: il n'aimait pas que ceux qui lui faisaient une visite lui donnassent un autre titre; Macc. II, 441, 10: Amoureux de ce jeune chrétien, تسوَّغ دين مسيحه «il trouva bonne la religion de son Messie;» Berb. II, 495, 12: فقبيل اشارتي في ذلك وتسوَّغها. — C. a. r. *jouir* d'une chose, Weijers 59, dern. l.: السلطان المخلوع
فَتَسْلَمْ مدى الدنيا فأنت جمالها
وتَسَوَّغْ النعمى فأنت مُنَعِّمُ

Hoogvliet 55, 4 a f., Macc. I, 261, 20, Çalât 68 r°: nous vous avons communiqué cette bonne nouvelle, لتاخذوا باوفر حظكم من شكر الله عليها وتتسوَّغوا
آلاء الله السابغة باجتلاء ما لديها.

VII *être permis*, Abbad. I, 242, 3 a f., 417, 12.

X *trouver l'eau potable, trouver un mets mangeable*, Gl. Edrîsî. — *Trouver bon, approuver*, Macc. II, 365, 10.

سِوَاغ *véhicule*, ce qui sert à faire passer, à conduire plus facilement, Bc.

تَسْوِيغَات. L'explication de ce mot chez Freytag est insuffisante; celle de Lane est si obscure qu'il est presque impossible de la comprendre, et en outre elle n'est pas la véritable. Dans le M on lit: سوَّغ له كذا اعطاه اياه ومنه تسويغات الملوك في كلام المولَّدين لنتوجيهاتهم اي اعطائهم المناصب في الولايات. Le mot en question signifie par conséquent: *Missions données par le souverain à ses employés dans les provinces, postes qu'il leur confie dans les provinces*.

مَسَاغ *appétit, désir de manger*, Chec. 184 r°: invité à manger, il répondit: أني أكلت الساعة ولا أجد مساغا.

مُسَوَّغ. Chez Macc. I, 169, Maimoun demande à Ardebast, un des fils de Witiza, quelques-unes de ses terres; «je les cultiverai moi-même,» dit-il, «je vous en donnerai le fermage, et le reste du revenu me mettra en état de vivre convenablement;» mais le prince lui répond: لا أرضى لك بالمساغة بل أَهَبُ ذلك هبة مسوَّغة; après quoi il lui fait donner deux terres par un de ses intendants. L'expression هبة مسوَّغة semble donc signifier *en pur don*, don fait sans aucune condition.

سوف II se construit aussi c. a. p. et ب r., Badroun 214, 14: لم يزل يسوِّفني بثمن المتاع «il différait toujours de me payer le prix des marchandises.»

V *être différé*, Voc. — *Trucher, mendier par fainéantise*, Bc.

سافَ, pl. ات et سيفان, sorte d'oiseau de proie, *milan, busard*, Voc. (*accipiter*), Beaussier (*busard*), Calendr. 58, dern. l.; Tristram 392 donne ce mot avec l'article quand il écrit: «*essaf*, Egyptian kite, *milvus Ægyptius*.»

سُوَيْف‎ trucheur, qui mendie, Bc.

تَسْوِيف‎ pl. ات‎ droit prélevé sur le mâl el hourr et destiné pour les troupes, Descr. de l'Eg. XI, 498, où c'est تَسْوِيف مقرّر‎, Yâcout I, 3, 2 a f.

مَسَافَة‎ est proprement la distance d'une station à l'autre, journée de chemin, Alc. (jornada), et de là route, Gl. Edrîsî. — Station, Ibn-Abdalmelic 161 v°: quelques personnes étaient parties de Malaga pour aller accuser le cadi, mais celui-ci جعل معهم مَن‎ ينطلع عليهم ويستمع مقالاتهم من حيث لا يشعر به احد منهم فكان ذلك الشخص يعرفه من كلّ مسافة ذكروا فيها.‎ On dit aussi: حلّوا فيما فعلوا وما قالوا على الطريق مسافة‎, c.-à-d. station par station, Gl. Edrîsî. — Un pan de mur, une partie d'un mur, Cartâs 20, 12: من جاز الوادي بأسور وطلع به مع‎ وأمر بسور‎ 123, 10: تلغة (صفحة l.) النهر خمس مسافات‎ المدينة فهدم فيه ثلمات كثيرة ومسافات وقل أنا لا‎ 182, 13: نحتج الى سور وأنما الأسوار سيوفنا وعدّتنا‎ 209, 8 a f.: عدم السبيل من سورها القبلي مسافتَين‎ فيثب الجانبَين بُرجَين ومسافة فانّهم البرج‎ والمسافة فدخلت من هنالك عنوة بالسيف‎. On voit que Quatremère s'est gravement trompé lorsqu'on parlant du dernier passage dans le J. A. 1850, 1, 254—5, il voulait changer مسافة‎ en بلدة‎ ou en طاقة‎. — Partie d'une ville, quartier, Berb. 1, 516, 2 a f.: فاختطوا تلك المدينة وشيّدوها وجمعوا الأيدي عليها وقسموها مسافات على جيوشهم فاستتمّت لأربعين يوماً‎

سُوفِسْطَاِي‎ sophistique, Prol. III, 26, 12.

سُوق‎ I ne s'emploie pas seulement en parlant d'animaux, mais aussi en parlant d'esclaves qu'on fait avancer, qu'on pousse en avant, Burckhardt Nubia 292. — ساق النَّعَم والعبيد‎ a reçu le sens de voler le bétail, les esclaves, 1001 N. I, 680, et par ellipse on dit: سقتُ عليه‎, je lui ai volé son bétail, ibid. 669, 4. — ساق عربانة‎ mener une charrette, Bc. — Par ellipse, en parlant d'un cavalier, pousser son cheval en avant, Freytag Chrest. 39, dern. l., J. A. 1849, II, 319, n., l. 4 a f., 324, n., l. 8, 1001 N. I, 27, dern. l. — Avancer, aller en avant, continuer sa marche, de Sacy Chrest. I, ٣٩, 4 a f., Maml. I, 1, 35, Macc. I, 290, 3, Nowairî Egypte, 2 m, 79 r°: ساق‎ صاحب حمص وعسكر دمشق تحت أعلام الفرنج‎, ibid.: ساق العسكر المصري والخوارزمية والتقوا بمكان‎, 90 r°, 109 v°, 169 v° (deux fois), 215 v°. Chez Bc: ساق الى قدام‎ avancer, p. e. سوقوا يا مقدمين‎ «avancez, vous qui êtes devant;» ساق لحدٍّ‎ pousser, aller en avant, cheminer jusqu'à. — C. ب‎ p. être le guide de quelqu'un; il faut sous-entendre «les chameaux,» car c'est proprement: propulit camelos cum iis, i. e. quibus vehebantur, Gl. Fragm. Alc. a aussi la signif. de conduire, guider (traer guiando). — De même qu'on dit ساق حديثاً‎ ou ساق كلاماً‎ (voyez Lane), on dit ساق قولاً‎, ساق خبراً‎, etc., faire marcher, c.-à-d. prononcer un discours, raconter une histoire. Le verbe seul s'emploie aussi dans le sens de raconter, Gl. Badroun. ساق محضراً‎ faire part au lecteur d'une requête, en exposer le contenu ou la transcrire, de Sacy Chrest. I, lov, 11. — Par ellipse, سياقة مُلْكه‎ pour سياقة ذكر مُلْكه‎, Gl. Abulf. — Attirer par la force, Alc. (atraer por fuerça). — Attirer, pousser par des raisons, Alc. (atraer por razon, induzir, induzir por razones). — Porter, apporter, Voc. (aportare), qui donne سُوَقَان‎ parmi les n. d'act., Alc. (traer en si mesmo); ساق على رقبته‎ porter sur le dos, sur les épaules, Alc. (traer a cuestas). — ساق تجارة‎ importer une marchandise, Amari Dipl. Append. p. 4, l. 2. — ساق الخلافة الى‎ prétendre que le calife doit passer à, Berb. II, 12, 10 a f. — ساق الكبير‎ souffler, faire du vent avec un soufflet, Alc. (entonar soplando); dans les 1001 N. Brcsl. V, 269, ساق بالكير‎ (dans Macn. نفخ بالكير‎). Le verbe seul a le même sens, Alc. (resollar fuelles, sonar los fuelles).

II, en parlant d'un cavalier, pousser son cheval en avant, 1001 N. 1, 27, 5 a f. — Dérivé de سوق‎ (le Voc. a ce verbe sous forum), vendre à l'enchère, Alc. (publicar bienes, vender en almoneda, le n. d'act. venta en almoneda). — Ouvrir un marché, vendre et acheter (Lane), Ztschr. XVIII, 544, 1.

III accompagner, Prol. II, 115, 3, 353, 4, Macc. III, 444, 22, commencer en même temps que, Berb. II, 8, 4 a f. — Imiter, suivre la même marche, Prol. III, 236, 2 a f., 237, 3 a f., 238, 2, 255, 8, 257, dern. l. — Seconder, aider, Prol. II, 329, 10. — Exposer simultanément le contenu de deux livres, Prol. III, 96, 3 a f.

V, *vendre et acheter dans le marché*, se construit c. ل des marchandises, Becrî 149, 14. — *Aller au marché pour acheter ce dont on a besoin*, M, Haiyân 60 r°: اعتقلهما ومن معهما فى القصر — ومنع من صار فيه التسوّق وطلب للحاجات حتى اشفوا على الهلاك, 61 r°: فابى لعسكره دخول المدينة وفتح لهم ابوابها وتخرج كلّ, 1001 N. Bresl. I, 344, 12: للتسوّق فيها, IV, 6, 2 a f.: يوم الى السوق وتتسوّق لنا ما نحتاج اليه.

VII. انساق الملك الى فلان «la puissance souveraine passa à un tel,» Berb. I, 16.

VIII *amener*, Çalât 10 r°: وقد استاني في اتباعه, l'anonyme de Copenhague 8: من السعراب بني رياح وبنى جشم الخ وجازه (الوادى) فى قرب كان قد استاقه, 14: ومن اشبيلية على الظهر لهذا المعنى واستاقوم مكبلين الى السيد ابى اسحٰق.

سَاق, *jambe*, forme aussi au pl. ات, Bc. On dit استوى الشىء على ساقه, Haiyân 72 v°: la tente étant tombée, il prit un pieu فعدم وتقدم به الى المظل, et de même اقام الشىء على ساقه, فاستوى على ساقه, Çalâïd 53, 4: ملك اقام سوق المعارف على ساقها. — L'explication des paroles du Coran والتفّت الساق بالساق que Lane donne en second lieu d'après le TA, a été adoptée par un poète *apud* Khallic. IX, 106, 2 (lisez بَلْف). — *Côté d'un triangle*, M; متساوى الساقين *isocèle*, triangle à deux côtés égaux, Bc. — Dans le sens de *tronc* ou *tige*, le pl. est aussi اسوقة, Bait. I, 535 d: اسوقة للخنثى, où B porte اصول. — *La tige d'une botte*, ساق المُوزة, Fakhrî 3, 4 a f., 2 a f., 363, 1. — Chez le vulgaire en Espagne, espèce de lèpre, Zahrâwî 233 v°: وعلامته من قبل الدم الفاسد المحترق للحمرة الظاهرة والقوباء للحمراء والاورام لمكان الرطوبة والدم والقبح والتعفن وتساقط الشعر واحرار العينين فان كانت الرطوبة اكثر من الحرارة كان تساقط الشعر اكثر وهذا الصنف من الجذام تسمّيه العامّة الساق *Moutons*, Daumas V. A. 488 (Daumas MS). — ساق الأسد *la Vierge*, signe du zodiaque, Cazwînî I, 36, dern. l. — ساق الحمام nom d'une plante médicinale, M. — الساق الأسود *Adianthum Capillus Veneris*, Bait. I, 126 b. — تفقّ الساق ? Badroun 260, 3:

فقال طاهر عيهات قلا كان هذا قبل ضيف للخناق، وتفرّق الساق. Cette expression m'est obscure, et malgré l'autorité des man., je soupçonne qu'elle renferme une faute.

سَوْق, t. de rhétor.; سَوْق المعلوم مساق غيره c'est quand celui qui parle demande une chose qu'il sait, comme s'il ne la savait pas. Ce vers en est un exemple: «Dites-moi, je vous en conjure, ô gazelles de la plaine: Ma Laîlâ est-elle une gazelle comme vous, ou bien appartient-elle au genre humain?» M.

سُوق, كلّ سوق *chaque jour de marché*, 1001 N. I, 346, 7 a f. — Quand un musulman est esclave d'un juif ou d'un chrétien (ce qui est contre la loi), il peut le forcer à le vendre en disant: سوق السلطان, *le marché du sultan!* c.-à-d.: je réclame mon droit d'être vendu dans le marché public; voyez 1001 N. III, 474, 11. — *Village où il y a marché*, Richardson Morocco II, 89. — *Quartier* d'une ville, Palgrave I, 57, 62, II, 307. — *Rue*, Roland.

ساقة, proprement *l'arrière-garde*, avait en Afrique, sous les Almohades, les Merinides et d'autres dynasties berbères, un sens spécial, mais non pas celui qu'indique Freytag. C'était réellement l'arrière-garde de l'armée, mais celle-ci était commandée par le sultan en personne, et composée des princes de sa famille, des grands de sa cour et enfin de sa garde. Dans le camp, leurs tentes étaient derrière la sienne. Quand il montait à cheval, la *sâca* le suivait partout, en temps de paix comme en temps de guerre, et elle possédait seule le privilège d'avoir des tambours et des drapeaux, que les souverains avaient interdits aux autres troupes et dont ils avaient fait des attributs de la royauté. Cf. Abou-Hammou, p. 80, où ce sultan, après avoir rappelé que l'armée se compose de l'aile droite, de l'aile gauche, de l'avant-garde et de l'arrière-garde ou *sâca*, continue en ces termes: وامّا الساقة يا بنى وهم اهل دخلتك، المخصوصون، وءالاتك ونصرتك، الخ — ويكون نزولهم في محلتك خلف منزلك; Prol. II, 45, 11 et suiv.; l'anonyme de Copenhague 34: وكذلك في حال ركوبك، وحاتني سلمك وحروبك، التفت المنصور الى ساقته فراى اكثر الفرابة من الاخوة والعمومة قد اصطفّوا الخ; c'est la grande tente du monarque, où il tient conseil avec ses généraux, où il dîne avec eux, etc., Cartâs 207, 9 et 10, 234, 14, 238, 12,

241, 11 (dans le premier et dans le dernier passage on trouve خــبـاةا; c'est une mauvaise orthographe), l'anonyme de Copenhague 44: قَبِـمَـتْ ريح عاصف باصبل ذلك اليوم أثرَتْ فى خَبَاء الساقة بعض التَّنافير. Le pl. ســاقَات signifie *les escadrons et les bataillons de la sâca*, Cartâs 218, 11: ثم أقبل أمير المسلمين على أثر, 220, 11 a f.: ولــدُه بساقاتِه وجيوشه وطبوله وبنوده, Berb. II, 408, 12: فبرز أمير المسلمين عليها بالساقات والجيوش وضربـت عليها الطبـول، وتدافعت ساقات العــرب فى أثرهم وتسابقوا الى المعسكر فانتهبوه (il est question ici des Bédouins qui formaient la garde d'Ahmed, qu'ils avaient reconnu pour sultan), 452, 8. — *Etrier*, Ibn-Doraid (Wright).

ساقِي tibial, Bc. — *Celui qui induit, instigateur*, Alc. (induzidor).

ساقَات estropié, Ht.

سُوقَة *petits marchands, boutiquiers*, de Sacy Chrest. I, 67, dern. l., 1001 N. I, 315, 7 a f., Bresl. I, 313, 7.

سُوقى *qui induit, instigateur*, Alc. (le fém. v° induzidora cosa).

سُوقى *regrattier, revendeur en détail et de la seconde main*, Alc. (regaton). — « سوق pl. سُوقة [lisez سُوقَة] est le nom par lequel on désigne les marchands de dattes, de miel et de beurre. Ces marchands formaient autrefois une corporation distincte,» Cherb.; سوقينة, à Tunis, marchands d'huile, d'olives salées, de fruits confits au vinaigre, Prax R. d. O. A. VI, 348; Khatîb 92 v° et 93 r°: وقد قَبَّتُوا ثمنًا لشراء بِقَل (l. نَقَل) وفاكهـة وجهّزونى لشرائــه فخرجـت حتى أتيـت دكان السوق (l. السوقى). — Le fém. سوقيّـة *herbière, marchande de légumes*, Alc. (havacera). — *Poissard, du bas peuple, de la halle*, Bc. — *Populaire, bas* (terme), Prol. III, 339, 5.

سَوْقان, n. d'act. qui s'emploie substantivement, *l'action de déduire, d'inférer, de conclure*, Alc. (deducion). — *Induction, instigation, conseil, impulsion*, Alc. (induzimiento). — *L'action de porter sur le dos, sur les épaules*, Alc. (traedura a cuestas).

سَوِيق. Le pl. أسْوقَة (Lane TA) dans le M et dans Chec. 209 v°. Burton I, 267: «*sawik*, the old and modern Arabic name for a dish of green grain, toasted, pounded, mixed with dates or sugar, and eaten on journeys when it is found difficult to cook. Such is the present signification of the word: M. C. de Perceval (III, 84) gives it a different and a now unknown meaning» (il donne d'après la trad. turque du Câmous: «une farine grossière, ou des grains concassés, ayant subi une certaine préparation, telle que d'être torréfiés, passés à l'eau chaude, etc.»). Fait aussi de fruits (voyez Lane); سويق انتقل chez Rhazès, Gl. Manç. — *La farine qu'on tire du* برغُل *quand on le crible*, M.

سِيــاق *fil, suite de choses, d'une affaire, d'un discours, marche, progression des idées dans un ouvrage*; نرجع الى سياق الكــلام «reprenons notre discours,» Bc. — Chez cette espèce de prédicateurs qu'on nomme قُصّاص, *une section* (حصّة) *de la tradition*, M. — *Intercession*, 1001 N. III, 233, 2 a f.: وقد توسّل الى البك ان تــزوّجــه اينتك السيدة اسيه انتم سياق على فلان; on dit: فلا تُخيّبنى واقبل سياقى *intercédez auprès d'un tel*, ibid. II, 95, 5 (dans la trad. de Lane: «be ye intercessors with»), III, 467, 15; ailleurs, III, 460, 11, on lit: انت سياق الله على فلان, mais je crois que le mot الله est de trop; aussi ne se trouve-t-il pas dans l'éd. de Bresl. (IX, 274, dern. l.).

سُوَيْقَة, comme diminutif de ساق, *jambe*, signifie aussi *un mamelon qui s'élève à pic*, parce qu'on le compare à la jambe de l'homme; c'est ainsi qu'il faut expliquer les noms de lieux, composés avec ce mot, qu'on trouve dans le désert, Yâcout, Mochtaric 261, 6 a f. et suiv.

سُقيْقَة. Diminutif que le vulgaire en Espagne a formé, sous l'influence de l'espagnol et lorsqu'il avait perdu le sentiment de la langue, de سوق, *marché* (autre exemple d'un tel dimin. sous جُوك); charte grenadine: سقيقة الجلد.

سِياقَة *étrier*, Abou-Zaid chez Ibn-Doraid (Wright). — Semble avoir le sens de *finances* dans le Fakhrî 22, 9: علم السياقة والحساب لضبط المملكة وحصر الدّخل والخّرج; cf. 146, 8: sous le règne du calife omaiyade Abd-al-melic نقل الديوان من الفارسية الى العربية واخترعــت سياقة المستعربين, ce qui paraît si-

سَوَّاق conducteur d'animaux, Bc; chamelier, M, Cherb. Dial. 223; pl. ة postillon, Bc; سواق العجل roulier, charretier, سواق عربة voiturier, سواق العربانة cocher, Bc. — Marchand, Domb. 104, marchand en détail, Hbrt 100. — Crieur, homme qui vend à la criée, Gl. Esp. 360. — Longue pièce de bois qui sert à faire tourner la meule dans les pressoirs destinés à presser le sésame ou les olives, M. سواق الكبير souffleur, celui qui fait du vent avec un soufflet, Alc. (sollador de fuelles).

سائِق, pl. سُوَّق, Kâmil 490, 10. — سائق الميزان nom d'une petite étoile derrière la Balance, nommée ainsi parce qu'elle semble pousser cette constellation en avant, M.

سائقة bétail, M.

مَساق fil et marche, comme سِباق (voyez), Bc. — مساق للخلافة la transmission du califat, c. من et الى, Berb. II, 12, 10. — L donne: melodia حلو مَسَاق بعروس.

مَسْوَقة (cf. Lane) bâton, gourdin, tricot, Bc, 1001 N. IV, 152, 153, 154. — « Quand il s'agit de diviser en carreaux un terrain qui doit être arrosé artificiellement, ou quand il faut en aplanir la surface, on emploie une espèce de rabot appelé massougah: c'est une planche de huit décimètres de longueur, qui porte, d'un côté, un manche de 1m 4 de long; de l'autre côté, une corde de dattier, que tirent un ou deux hommes, tandis que la machine est dirigée de l'autre côté par celui qui en tient le manche, » Descr. de l'Eg. XVII, 25.

مَسْوَق marché, vente de ce qui se débite dans le marché, et marché, accord pour une vente, Bc. — Celui qui achète (non pas en gros, mais) en détail, par petites quantités, par petites mesures, M.

مُتَسَوِّق pourvoyeur, qui fournit la viande, la volaille, etc., qui fait les provisions, Bc.

سوك I. Le n. d'act. سواك (Lane sous la IIe et sous سواك à la fin), M, Abd-al-wâhid 246, 4, Bat. I, 346.

VIII fricare dans le Voc., et dans la 1re part. aussi publicari (?).

سُوك, n. d'un. ة, pl. سُوَك. En persan ce mot signifie coin, angle; de là vient, à ce qu'il semble, le sens technique qu'il a aujourd'hui chez les architectes, car on lit dans le M: السوك في اصطلاح المتأخرين الريش المزدوج الذى يخرج منه زاوية في اول العقد ومكانه يسمونه بيت السوك; mais je n'ai pas réussi à comprendre cette explication.

سِواك est l'arbre qui porte aussi le nom de أراك, Capparis sodata; on mange ses baies, qui ressemblent à des raisins de Corinthe, non-seulement fraîches, mais aussi sèches, et sa racine fournit l'excellent bois avec lequel on se frotte les dents, Barth I, 324 (où «irāk» est أراك avec l'article arabe; ailleurs, V, 97, il écrit «irāk»); Denham I, 162−3: « souak, arbre de la tétandrie dont les baies rouges sont presque aussi bonnes que celles de la canneberge. La baie ou la drupe de cet arbre est très-recherchée dans le Bornou et le Soudan, parce qu'on lui attribue la vertu de faire cesser la stérilité. Il est douceâtre et chaud au goût, à peu près comme le cresson de fontaine. En passant près de cette plante, on est toujours frappé d'une odeur forte et narcotique; » cf. Richardson Central I, 238, 308. — Écorce du noyer, avec laquelle les Mauresques et les Juives se frottent les dents et se brunissent les lèvres, Cherb.; l'écorce de la racine du noyer; « les femmes s'en servent pour se frotter et se blanchir les dents; de là le nom de souak, qui signifie cure-dent, » Prax R. d. O. A. VI, 343. Il est facile de voir que c'est un succédané. — السواك العباسى (ou سواك العباس B sans article) ou Poterium, Bait. II, 563 c. سواك النبى Inula viscosa; avec ses feuilles on se frotte les aisselles pour arrêter la sueur et faire tomber les poils, Prax R. d. O. A. VI, 343.

مسواك الراعى Lepidium latifolium, Bait. II, 517 b. — مسواك العباس la plante qui porte aussi le nom de رتى الابل, c.-à-d. pastinaca sativa, Bait. II, 517 d; — de même que سواك العباس, Poterium, ibid., où Bait. dit que c'est ce que les Grecs appellent نواريس; ce n'est pas « Nerion, » comme on lit chez Sonth., mais νευράς, que Diosc. (III, 15) donne comme le nom du Poterium chez les Ioniens. — مسواك القرود mousse (أُشْنَة), Bait. II, 517 c.

سول.

سولان sorte de médicament décrit par Bait. II, 68 b.

سوم I. Prol. I, 5, l. 13: وسمتُ التصنيفَ من نَفْسى, وأنا المفلس احسنى السوم, où M. de Slane traduit: « et, bien que peu riche en savoir, j'ai fait avec moi-même un excellent marché en me décidant à composer un ouvrage. » — سام البضاعة *demander le prix d'une marchandise*, M, Abd-al-wâhid 69, 4: يجعل الناس يعرّون عليه ويسومون منه حزمته «on lui demandait le prix de son fagot,» et chaque fois qu'il disait: «cinq dirhems,» on se moquait de lui. سامك سَوْمًا *il vous a demandé bien cher, il vous l'a fait bien cher*, Bc. — سام البَيْضَة *éprouver la dureté d'un œuf en le frappant avec les dents*, M تعرّف صلابتها بنقرها (على اسنانه). — Dans le sens d'*imposer*, etc. (voyez Lane), ce verbe se construit aussi c. ﺑ r. (au lieu de c. a. r.), P. Abbad. II, 81, 6: خَسْف أُسَامُ بِهِ, Berb. I, 25, 2 a f.: سوم الرعايا بالخسف (à la l. 5 a f. et suiv. on trouve la constr. ordinaire c. d. a.), 96, 16: ولا سيما باعطاء الصدقات منذ العهد الاول, 189, 7: ولم تكن الدولة تسومهم بهضيمة c. d. a. II, 44, 12), 244, 11: ما يسومون به رعيتهم من الظلامات والمكوس *Imposer* à quelqu'un des bienfaits, des gratifications, *lui faire une espèce de violence pour qu'il les accepte*, Berb. II, 28, 12: وأعظَمُ جَائِرَتُه وسامَ يَبدو مِثْلَها فامتنع (n. pr.). (Le Voc. a sous «compescere» les verbes سام يسوم et كظم (I et IV); mais comme les deux derniers ne signifient rien de semblable, je crois qu'ils ne sont pas à leur place et qu'il faut les mettre sous «conpellere,» qui précède.). — سام رأيه *il le pressa de donner son opinion*, Abbad. II, 154, 11. — Chez les chrétiens, *consacrer, sacrer un évêque, un prêtre, ordonner, conférer les ordres de l'Eglise*, M.

II dans le Voc. sous *caristia*, et dans la note *apreciari aliud*; aussi sous *precium*; *mettre enchère*, Alc. (poner precio en la moneda, mais il faut lire, comme chez Victor: en almoneda).

IV signifie réellement, comme Freytag l'a noté d'après le Dîwân de Djerîr, *marquer un animal*; Calâïd 117, 2 a f. (où le pronom fém. se rapporte à الدولة اليوسفية): وما زال يسيم ببيانه غُفلها.

V dans le Voc. sous *caristia* et sous *precium*.

VIII, au fig., *tâcher d'acquérir une chose, d'en devenir possesseur*, Hoogvliet 100, 12: يستنام العقلي, Berb. II, 349, 6: نقبض على عمّ المستنام للامر, 355, 5 a f.: استنام المنصب, et, par ellipse, *tâcher de s'emparer du trône, ibid.*, dern. l.: وجاءهم عثمان ابن السلطان الى يعقوب مستناماً ۞

سَوْم, *prix*, forme au pl. أَسْوَام, Voc., Alc. (precio). — Dans la rime pour سَام, *dégoût*, Abbad. I, 46, 7.

سِيم كلام *mot de ralliement*, que le général donne aux troupes pour se rallier en cas de déroute, Bc. هذا الكلام ما هو من سيمتنا «ces discours ne vous conviennent pas,» Bc. — *Part, portion*, M.

سيميا ne vient pas du persan (Lane), car cette langue n'en fournit pas l'étymologie, et le terme persan, qui s'écrit de la même manière, n'est autre chose que la transcription du terme arabe, mais du syriaque, et les Syriens l'ont tiré à leur tour du grec. Ils ont le mot ܣܡܡܐ, qui se trouve, avec différentes acceptions, comme me l'apprend M. Nöldeke, chez Sachau Ined. 128, 19, Land Anecd. II, 173, 7, Geopon. éd. Lagarde 50, 17, et qui est le grec σημεῖον, *marque, signe*. Le pl. ܣܡܡܐ, σημεῖα, se trouve, selon l'observation du même savant, chez Land Anecd. III, 123, 14, dans le sens de *lettres, caractères*; écrit plus correctement (dans un temps où le η n'avait pas encore le son d't, mais d'é) ܣܝܡܐ chez Jean d'Ephèse, éd. Cureton p. 159, dans l'acception d'*abréviations tironiennes, tachygraphie*. (Cf., pour l'hébreu rabbinique, Buxtorf 1502—3.) En arabe سِيمَا ou سِيمَى et سِيمِيَة signifient encore *marque, signe*, comme σῆμα et σημεῖον. Dans la suite on semble avoir donné le nom de سيميا aux *caractères magiques*, et enfin on l'a appliqué à l'art prétendu dans lequel on se sert de ces caractères, car ordinairement on entend sous ce mot *la magie naturelle et la fantasmagorie*. Du temps d'Ibn-Khaldoun c'était spécialement *les propriétés occultes des lettres de l'alphabet*; voyez Prol. III, 137, 14 et suiv. Chez Bc on trouve: علم السيميا *chiromancie*, et ضرّاب سيميا *chiromancien*. Selon Berbrugger, 35, le terme en question signifie *la chimie appliquée aux minéraux*. Voici ses paroles: «السِّيمِيَاء والكِيمِيَاء. Ces mots signifient tous deux *la chimie;* mais le premier se dit de la chimie appliquée aux minéraux, tandis que l'autre se dit de la même science s'appliquant aux végétaux. C'est à peu près comme alchimie et chimie. Toutes les fois que les Arabes parlent de la chimie en général, et des merveilleux effets qu'elle produit, ils joignent toujours ces deux mots de سِيمِيَاء et de كِيمِيَاء, pour comprendre toutes les opérations qu'on fait, par le feu, sur les différents règnes de la nature.» La *sîmiyâ* était une branche de la philosophie, de même que la chimie ou alchimie et la magie, car on lit Berb. I, 366, 4 a f. et suiv.: كان مُحِبًّا فِى الفَلسَفَة مطالعًا لكتبها حريصًا على نتائِجها من علم الكِيمِيا والسِّيمِيا والسِّحْر. Chez Ibn-Sab'în, le terme اهل السِّيمِيا désigne une secte philosophique grecque, car après avoir dit que l'immortalité de l'âme a été soutenue par Socrate, Platon et Aristote, il ajoute (J. A. 1853, I, 270): «Les grands (philosophes) anciens, qui ont prouvé par des arguments l'immortalité de l'âme, sont اهل السِّيمِيا, auprès desquels (cette théorie) était fort commune.»

سَوَّامَة champ, pièce de terre labourable, M.

سَائِمَة monnaie de compte à Alger, 50 aspres, Laugier 251, Nachrichten I, p. xxii.

مَسَام voyez Diw. Hodz. 9, 3 a f. et suiv. — Pl. انت pore; le pl. aussi porosité, Bc.

مُسَاوَمَة, en jurispr., *vendre une chose sans avoir égard au prix auquel on l'a achetée,* ou selon d'autres: *mettre en vente une chose dont on nomme le prix,* M.

سومك I *échalasser* la vigne, Bc; cf. sous سمك.

سومكرات *ail,* Bait. II, 367 a.

سُوَنْدَر (= شَوَنْدَر) *betterave,* Bc.

سوى I. سَوِى, *valoir, être d'un certain prix,* se trouve p. e. au prétérit (cf. Lane sous la IIIe) dans un vers 1001 N. I, 50, 5; *rapporter, produire tant de revenu,* Alc. (rentar lo que da renta); *valoir plus,* Alc. (mas valer). — Le vulgaire dit يَسْوَى dans le sens de يصلح, M.

II *polir* le parchemin, *le rendre uni et luisant à force de frotter,* comme font les Orientaux, Abbad. I, 154, 1. — *Aligner,* Bc. — *Accorder* un instrument de musique, Alc. (templar qualquier instrumento;

le n. d'act. temple de instrumento), Haiyân-Bassâm III, 50 v°: فاخّلت العود وقعدت تُسَوِّيه. — *Préparer, mettre en ordre,* Becrî 71, 12, R. N. 35 r°: وكانت المرآة سَوَّت البيت وبَخَّرته واوقدت المصباح, 1001 N. I, 80, 4. — *Cuire* les mets (cf. Lane), 1001 N. IV, 20, dern. l. — *Faire,* Bc; سَوَّيت الشى اى صنعته. M. وكيف أسَوِّى اى كيف افعل.

III *être d'accord,* en parlant d'un instrument de musique, Alc. (concordar en son). — *Accommoder, réconcilier;* avec بينهم *concilier,* Bc; *concilier les opinions,* Alc. (acordar bozes). سَاوى احدًا فى عمائله *imiter quelqu'un,* Bc. — *Estimer, faire cas de,* Alc. (estimar en mucho; avec la négation preciar poco, estimar en nada). — *Comparer* une chose (acc.), *la juger égale à* (ب ou ل) *une autre,* Gl. Mosl.

VI *transiger,* passer un acte pour raccommoder une affaire, Bc; c. مع p. *s'arranger avec quelqu'un, composer, se concilier,* Bc.

VIII. L'expression استوى جَالِسًا n'est pas expliquée assez clairement par Lane. Elle s'emploie en parlant de celui qui, après avoir été couché, *se redresse et se tient droit sur son séant,* Fragm. hist. Arab. 274, 9: فلما دخل عليه وجده فى صدر مجلس مُتَّكِئًا فلم يقم له ولا استوى جَالِسًا. On dit de même استوى قائمًا, *se tenir debout,* Bc, Bidp. 13, 2. — استوى فلان لى خَصْمًا *un tel se posa mon adversaire,* M. — C. مع p. *s'arranger avec* quelqu'un, Bc (Barb.). — *Mûrir,* M, Hbrt 51, Bg, Ht (qui a le *chîn,* au lieu du *sîn*); *être mûr,* 1001 N. III, 620, 6 et 7. — Voyez plus loin le n. d'act. et le part.

سِيَّمَا سِى, sans لا, est une faute que commettent des auteurs assez anciens; on la trouve p. e. dans l'Agriculture nabatéenne *apud* Auw. I, 115, 14, dans Mohammed ibn-Hârith 305: كان مبرزًا من ذلك منزلة, et dans Baidhâwî I, 11, l. 11. Chez les écrivains postérieurs de l'Égypte et du Maghrib elle est fréquente, p. e. Nowairî Espagne 456: كان قد بلغه عن عامل اسمه ربيع انه ظلم سيما اهل الذِّمَّة, Meursinge 26, 5, Prol. I, 9, 7, 70, 13, 217, 8, II, 86, dern. l.

سِواء على سَواء *dans la direction,* dans l'alignement *de;* بيته فى سَوَاء الجامع «sa maison est dans l'alignement de la mosquée,» Bc. — سَوَاتِيْن *indifférent*, qui se fait bien de manière ou d'autre, qui n'est ni bon ni mauvais en soi; — *tout de même*, de la même sorte; — *à deux de jeu*, également maltraités dans un débat, Bc.

سَوَآء *volonté*, Voc. — سوا *en commun, de compagnie, concurremment, conjointement, ensemble, à la fois, de front, simultanément, en même temps, tout ensemble*, Bc; aussi سوا بسوا, Antar 36, 6 a f. et 4 a f.; — *droit, directement, vis-à-vis*, Bc; — *précisément, justement*, Gl. Edrîsî, de Jong, Berb. II, 3, l. 14. — شَرَعَ أَنْ سَوَا, c.-à-d. سوا او, *est omnis* dans le Voc. «عَدَّ ما بَقِيَ في كيسه ما اجد سوا او ما طلع سوا *il regarda combien il restait dans sa bourse, et ne trouva pas le compte de son argent*,» Bc.

سَوِيّ *sain, bien constitué*, synonyme de صحيح, Bat. IV, 201, 292 (mal traduit), R. N. 97 r°: يا كذاب هذا انا صحيح سوي, 1001 N. Bresl. XII, 352, 8. — Epithète d'une espèce de dattes, Ztschr. XVIII, 550.

سَوِيّة *estimation*, Alc. (estimacion).

تَسَاوٍ *arrangements, mesures pour finir une affaire, médium*, moyen d'accommodement, Bc.

مُسَاوِيَة *arrangement, conciliation, transaction*, acte par lequel on transige sur un différend, Bc.

اِسْتِوَاء *concordance, rapport, convenance*, Bc. — *Conciliation, consentement, convention*, Ht. — En musique, *accord*, Alc. (acordes en la musica, concordia en son). — *Equinoxe*, Alc. (igualdad de noche y dia). — *Maturité*, استواء بلاغ الاثمار *maturation, progrès des fruits vers la maturité*, Bc. — على غير استواء *indisposé, malade*, 1001 N. I, 588, 4 a f., 605, 7 a f.

مُسْتَوٍ et مُسْتَوَى signifient tous les deux *plaine*, de même que مُسْتَوَاة, Gl. Fragm. — مُسْتَوٍ *mûr*; aussi *mûr, sage* (homme, jugement, esprit), Bc.

سى, pour سيد, *sieur*, Bc.

سيب I, *couler* (eau), chez Bc *débonder*, v. n., s'emploie aussi au fig., 1001 N. I, 680, 6: أَنَّ أَمْوال الناس غير سائبة لك لأن دونها ضرب الصفاح وطعن الرماح; — ساب مزره *lâcher l'aiguillette*, se décharger le ventre, Bc. — *Se dissiper* (de Slane), P. Prol. III, 378, 6.

II *lâcher, laisser échapper ou aller, laisser aller, se dessaisir, abandonner, quitter, lâcher, laisser aller, relâcher, mettre en liberté, laisser aller, relaxer*, Bc, Abbad. II, 13, 6 et n. 3; dans le Voc.: solvere rem ligatam (soltar); *relâcher, délivrer*, Hbrt 147; *relâcher*, 1001 N. I, 264, 11; *délivrer*, 1001 N. Bresl. II, 158, 3 a f.; — سَيَّبَ إلى سوء *abandonner quelqu'un à son malheureux sort*, Bc; — *démordre, lâcher ce qu'on tient avec les dents, se départir d'une entreprise*, Bc; 1001 N. Bresl. IV, 169, 7, en parlant de quelqu'un qui mord l'oreille d'un autre: فسيّب اذنه «*il lâcha son oreille.*» — *Négliger* quelqu'un, ne pas le fréquenter comme auparavant, Bc. — *Laisser traîner* une chose, ne point la serrer, Bc. — *Débonder*, ôter la bonde, Bc. — *Congédier, renvoyer* un domestique, Alc. (despedir al que sirvo), *renvoyer, donner congé, chasser*, Bc; *licencier* des troupes, Alc. (despedir el capitan la gente). — *Jeter*, Alc. (echar); *jeter, lancer*, Alc. (tirar echando); *jeter*, en parlant d'une tempête qui jette un bâtiment en haute mer, Alc. (echar en la mar por tenpestad); aussi en parlant de l'équipage qui *fait aller un bâtiment en haute mer, qui gagne la haute mer*, 1001 N. Bresl. IV, 79, 8: وسَيَّب المركب الى وسط البحر; *jeter, chasser dehors*, Alc. (echar de fuera); سيّب لورا *repousser en arrière ou repousser une seconde fois*, Alc. (echar atras o otra vez). — *Exposer un enfant*, Alc. (enechar como a la yglesia). — *Oter ou refuser le logement*, Alc. (le n. d'act. desospedamiento, le part. pass. desospedado). — سيّب السدائب في السلم *jeter le manche après la cognée*, abandonner tout par désespoir, dégoût, Bc.

VII *ramper*, de Sacy Abd-allatif 550, 4 a f. — انساب على روحه *pisser dans ses culottes*, 1001 N. IV, 167, 7 a f., comme يبول على نفسه ويلوث ثيابه *ibid.* 166, 14.

سَيْبَة *congé* donné à un domestique ou à une autre personne, Alc. (despedida hecha al que sirve, despedida como quiera). — *L'action d'ôter ou de refuser le logement*, Alc. (desospedamiento).

سِيبَة *sorte de meuble* (de table?) *à trois pieds*, si je comprends bien cette explication du M, où le premier mot (échelle) est étrange: مرقاة من الخشب على

سيبا 711 سيح

ثَلَاثَ قَوَائِمَ يَجْمَعُهَا قَرْضُ مِنْ أَعْلَافِ J'ignore si ce mot a ce sens 1001 N. Brosl. IX, 291, 2, 341, 10, 350, 1; l'édit. Maen. le remplace par قصبة, «tube, tuyau.»

سيبيان *fumaria capriolata*, fumeterre, Prax R. d. O. A. VIII, 345.

سياب سَيَّاب الْبَوْلُ *strangurie*, envie fréquente et involontaire d'uriner, Bc.

سائب *abandonné*, livré à ses passions; سَائِبَةٌ à l'abandon, Bc. — الْمَرْأَةُ السَّائِبَةُ *une femme qui ne se garde pas elle-même et qui n'a personne pour la garder*; aussi en parlant d'autres choses qu'on ne garde pas [c.-à-d. qu'on laisse traîner, qu'on ne serre point, cf. Bc sous la II° forme]; de là le proverbe: الْمَالُ السَّائِبُ يُعَلِّمُ النَّاسَ السَّرِقَةَ «l'argent qu'on laisse traîner enseigne à voler,» M. سَائِبَةٌ *une chose qui est commune et publique*, *qui est en friche*, Alc. (baldia cosa). — *Relâché*, qui n'est pas si sévère, presque dissolu, Bc. — *Lâche* (ventre), trop libre, Bc.

تسييب *relâchement*, diminution de sévérité, de régularité, Bc.

سيبا *sèche* ou *seiche* (poisson), Bc; voyez شيبيا.

سيبك voyez sous سبك.

سيبويّة (pers.) *mandragore*, Most. v° يبروح.

شيبيا voyez شيبيا.

سينية (fr.) pl. سينيّات *assiette*, Hbrt 202.

سيبل *lion*, Domb. 63.

سيح V. quasi-pass. de la II°, Voc.

سيحة *tablier sur lequel on joue le* طاب, Lane M. E. II, 60. — Nom d'un autre jeu décrit par Lane M. E. II, 64, et par Caillié I, 190 (sigue).

سيحان Bruce nomme ce poisson, I, 331 (seajan).

سياح forme au pl. أت, Voc., cf. plus loin. *Bercail*, *bergerie*, Payne Smith 1463—4. — *Fossé pour la défense d'une place*, fossatum dans la trad. d'une charte sicil. apud Lello 23, Berb. II, 49, 7 a f.: واجره مدينة فاس وخندق ديناس على نفسه الخندق المعروف بسياج حماد; *fossé pour faire écouler les eaux*,

Ibn-Loyon 3 v°: الْبَلَالِيطُ تُسَمَّى السِّبَاجَاتِ وفِي الْحُفْرِ وفِي برِيد شلدير, Most. v° الْمُسْتَحْلَيَةُ لِيَنْزِلَ الْمَاءُ إِلَيْهَا, voyez تَنْبُتُ كَثِيرًا عَلَى أَجْرَافِ السَّوَاقِي وَالسِّبَاجَاتِ aussi sous قصب. — *Dehors*, fortifications extérieures, ouvrages, t. de fortification, travaux avancés, Bc.

سيح I *fondre*, *se fondre*, Bc, 1001 N. III, 25, 66; يسيح *fusible*, *qui se peut fondre*, Bc. — Ce verbe n'a pas seulement le sens indiqué par Lane, par le Voc. (ire per mundum ut Christus et Apostoli) et par Hbrt 152 (*voyager en pèlerin*), mais aussi celui de *mener la vie anachorétique*, Quatremère J. d. S. 1846, p. 526, Voc. (v° heremita), Cartâs 178, 9 a f.; cf. سياحة et سائح.

II *fondre un métal*, Hbrt 86, des choses grasses et autres, Bc; je crois devoir lire مسيّح, *fondu*, dans les 1001 N. I, 548, 6, où l'éd. porte: ولكن والله لا سيح أُحَوِّلُ مِنْ هُنَا حَتَّى أَمْلَأَ فَرْجَهَا بِمَسِيحِ الرَّصَاصِ. الثَّلْج *dégeler*, Bc.

VII *couler* (eau), Calâïd 57, 7 a f.: مياه لها انسياح, Berb. II, 66, 4. — C. إلى *se transporter en un autre endroit*, Berb. II, 84, 4, 86, 10.

سيحان *coulage*, perte de vin, etc., par écoulement, Bc. — *Fusibilité*, Bc.

سياح الثلج *diffusion* (des fluides), Bc. — سياح *dégel*; انحلال للجليد وسياح المياه *débâcle*, Bc.

سياحة *la vie anachorétique*, Quatremère J. d. S. 1846, p. 526; مِنْ أَهْلِ السِّيَاحَةِ *hermite*, Voc. — *Voyager pour son amusement*, M.

سيّاح *courant* (eau), 1001 N. I, 681, 7. — *Celui qui appartient à certaine communauté de chérifs*, Ten Years 365.

سائح, pl. سوّاح Bc, ce qui est une forme vulgaire pour سياح, M, *anachorète*, *hermite*, Quatremère J. d. S. 1846, p. 526, Bc, Bg. الآباء السوّاح *pères des déserts*, anciens anachorètes, Bc. — Voyez sous عيش et شجر حشيشة.

مسّاح ou مساحة. Le pl. مسايح (car je n'ai pas rencontré le sing.) signifie *routes*, *chemins*, Fragm. hist. Arab. 177, dern. l., *rues d'une ville*, Koseg. Chrest. 117, 4, *allées* d'un jardin, Calâïd 57, 5 a f.

سيخ

سيخ, *broche*, est le pers. سيخ, et c'est ainsi que

prononce le M, qui cependant ne donne pas cette signif., mais d'autres qu'on trouvera plus loin. Chez Hbrt 197 c'est سِيخ. Le pl. n'est pas سِباخ, comme Habicht a donné dans le Glossaire ajouté à son IVe volume (où la seconde citation est fautive), mais أَسْياخ, Bc, Hbrt, Payne Smith 1321; سيخ كباب *brochée*, Bc. — *Grand couteau*, M, *couteau de boucher*, Hbrt 76. — *Épée*, Hbrt 134 (avec le *fatha*), *épée, rapière, longue épée*, Bc, M. — *Le pied de l'instrument de musique nommé* كمنجة, Lane M. E. II, 75 (avec le *kesra*).

سيدريتس, سيدريتيس (σιδηρῖτις), *sidéritis*, *crapaudine*, Bc.

سير I *se promener*, Gl. Esp. 183. — C. a., n. d'act. مَسار, *jouer du luth*, 1001 N. Bresl. XI, 439, dern. l.: جَسَّت أوتار العود وسارَتُه مسار عَجيب.

II *promener, mener çà et là*, Bc. سيّر الدابَّة est dans le Voc. «ambulare;» l'auteur a voulu dire *mettre un cheval à l'amble*; cf. سيّار. — *Se promener*, Mc, Ht. — *Décharger son ventre*, M.

III *causer, s'entretenir familièrement, se communiquer*, Bc. — *Mitonner, ménager adroitement quelqu'un*, Bc. — *Louvoyer*, Bc. — *Filer doux*, Bc. — *Courtiser*, Bc. — *Composer son visage, ou se composer*, Bc.

سيّر Berb. I, 146, 12: لا نعرف لهم موطنا الا القرى الظاهرة المقدرة السير المنسوبة اليهم où M. de Slane traduit: «certains villages assez remarquables, situés à une courte distance les uns des autres.» J'ignore si l'auteur a voulu dire cela. — *Période, cours, révolution d'un astre*; سير كوكب *orbe*, *espace que parcourt une planète dans son cours, orbite*, Bc. — سير الباب *penture d'une porte, un anneau appliqué dans l'autre*, Bg; cf. سَيّار.

سيرة *cause, motif*, Hbrt 167 (Alg.).

سيرة *promenade*, Ht. — *Histoire*, p. e. سيرين عَنتَرَ الملك سيف, M; ce sont des romans historiques. — *Mention*, 1001 N. I, 308, 13: فلما سمع نور الدين سيرة السمك فرح هو وجاريته où l'éd. de Boulac a ذكر; سيرة طويلة *légende, liste ennuyeuse, longue liste*; فتح سيرة *lever le lièvre*, être le premier à parler de quelque chose; فتح السيرة على *mettre l'entretien sur; ouverture, proposition*, p. e. فتح له سيرة *faire des ouvertures à quelqu'un*, Bc.

سيران *promenade, action de se promener*, Bc. — *Promenade, le lieu où l'on se promène*, Bg. — *Circulation*, Bc. — سيران الكواكب *carrière des astres*, Bc.

سَيّار semble signifier *marchand forain* dans Müller L. Z. 18, 10: وواقفهم جلّ اهل الريض طمعًا فى الصلح لانهم كانوا سيّارة وبادية. — *Courrier*, Ht. — *Cheval qui va l'amble*, Alc. (amblador cavallo), سيّار بالزواف *il va très-bien à l'amble*, Delap. 150; — *bon marcheur* (cheval), Daumas V. A. 184. — En parlant d'un poème, *connu en tous lieux*, Abd-al-wâhid 73, 1. — C'est aussi الخشبة الّتى يدور بها الباب, M; cf. sous سيّر; il ajoute: «ou bien c'est une altération de صيّر;» mais ce dernier mot ne signifie que «fente» d'une porte. — سيّارة *planète*, Bc (comme chez Golius), mais dans le M *les sept planètes*.

كلام سائر *renommée*, Bc. سائر الكلام المساتر *langage, style familier*, Bc.

أسير *fort en vogue* (vers), Khallic. IX, 94, 8.

تسيير ne signifie pas «theoria planetarum» (Reiske dans Freytag), mais ce que les astrologues appelaient *directio*; voyez pour plus de détails la note de M. de Slane, Prol. II, 219, n. 1.

مَسيرة = مَسير, Gl. Edrîsî; *voyage*, et ensuite *route*, Barth I, 146 n. — *Étendue*, Gl. Edrîsî.

مَسارة, vulg. مَسارة et مَضارة, au Maghrib, *promenade, lieu où l'on se promène, promenade publique*, Gl. Esp. 180 et suiv. A ce que j'ai observé p. 183, l. 11 et suiv., il faut ajouter ceci: la règle établie par de Sacy, Gramm. ar. I, 304, et selon laquelle le nom de lieu de la racine concave سار يسير devrait être مَسيرة, n'est pas sans exceptions; ainsi on trouve مَساح ou مَساحة, formé de ساح يسيح. — *Allée*, *espace entre deux rangs d'arbres pour se promener*, Bc.

مِسيار, qui se trouve dans le Voc. sous ambulare, ne signifie pas «locus incedendi» dans le passage du Fâkihat al-kholafâ, 108, 4 a f., que cite Freytag, mais *allure, façon de marcher*.

مُسايِر *causeur, communicatif*, Bc. — *Accommodant, complaisant, accort, commode* d'une société douce, aisée, *liant*, affable, prompt à former des liaisons, *complaisant*, assidu auprès d'un autre, qui s'attache à lui plaire, *souple*, مساير بالزود *obséquieux*, qui porte à l'excès les égards, les complaisances, Bc.

مُسَايَرَة *être accommodant, complaisant*, Aghânî dans de Sacy Chrest. II, 421: ادناء النعمان له بعد المجاعدة والمسايرة له واصغائه اليه — *Causerie*, Bc. — *Souplesse*, Bc. — مسايرة الحريم *galanterie, commerce amoureux*, Bc. — مسايرة الشعب *popularité*, caractère d'un homme populaire, Bc.

سيرج, mal expliqué par Freytag, est le pers. شيرج (en arabe on l'écrit aussi avec le *chîn*), et signifie *huile de sésame*, Fleischer Gl. 21, Bc, M, Burckhardt Arab. I, 54, Lane M. E. II, 307 n., Bat. IV, 211, 335. — *Huile d'abricots*, Ztschr. XI, 517. — *La pâte qui provient de la graine de sésame*, Descr. de l'Eg. XII, 394.

سيرجة *moulin à huile de sésame*, Descr. de l'Eg. XVIII, part. 2, 139, 377. — *Espèce de jeu de dames*, Burckhardt Nubia 319; mais je crois que c'est سيجة (voyez).

سيرجية *confiture à l'huile de sésame*, Savary Dial. 422, 7.

سيرس I *coller*, Bc, Hbrt 84; cf. sous سيريس.

سيرس *colle*, Bc.

سيراس *asphodèle*, Bc. — *Colle*, Bc.

سيريس *asphodèle*; les Syriens en pulvérisent les racines sèches, et, mêlant cette poudre avec de l'eau, ils obtiennent une bonne colle, Burckhardt Syria 133.

سيركية *espèce de haricot d'un noir très-foncé et du volume d'une olive*, Auw. II, 64, 12.

سيرنة *antenne, vergue*, Hbrt 127.

سيروانى (pers. ساربان) *gardien de chameaux*, Maml. I, 1, 120.

سيسارون (σίσαρον) *chervi*, Bait. II, 73 b, Bc (qui écrit ce mot sans *élif*).

سيسالى et سيسالبيوس (σίσελι et σέσελις, gén. εως) *séséli*, espèce de fenouil, Sang., Bc.

سيساما *sorte de bois*, voyez sous ساسيم.

سيسبان voyez Lane 1356 c; *sesban* ou *sesbanée*, arbrisseau d'Egypte, dont les feuilles y sont employées comme purgatives, et à l'instar du séné, Sang.; décrit Bait. II, 73 c; — *cassie*, arbre à fleurs jaunes odorantes, Bc; — en Espagne, *Euphorbia Lathyris*, Bait. II, 459 b (AB).

سيسارون voyez سيسارون.

سيسنبر (σισύμβριον) *menthe sauvage*, Bait. II, 72 b (AB), Auw. II, 285, 14; cf. Payne Smith 1508. — Pour les uns *le gingembre*, pour les autres, *l'armoise*, Cherb. dans le J. A. 1850, I, 395.

سيطر.

تَسَيْطُر *pédantisme*, Bc.

سيف II *décapiter*, Voc., Alc. (descabeçar, justiciar).

سَيْف *sabre*; «les indigènes donnent ce nom aux prolongements à arêtes très-nettes et très-tranchantes des dunes à travers le, fond des vallées. L'image est juste,» Ghadamès 130 n., 293. — سيف الغراب *gladiolus communis, glaïeul*, Prax R. d. O. A. VIII, 342, Bait. I, 423 b. — سيف الماء *plantago maior*, Ghadamès 331, Guyon 208.

سُيُوفى *fourbisseur*, Bc, Hbrt 86, Ztschr. XI, 484.

سَيَّاف *officier, capitaine commandant*, Daumas Kab. 266, 463, Sandoval 324, R. d. O. IV, 227, 228.

مِسْيَف pl. مَسَايِف *cimeterre*, Alc. (cimitarra).

مُسَيَّف *aplati*, en parlant de la queue du crocodile, Gl. Edrîsî.

مُسَايَفَة *escrime*, Bc.

سيق II *laver*, p. e. un appartement, Delap. 88, Martin 76, Bc.

سيقَمور (συκόμορος) *sycomore*, M.

سيقومولس (altération de σκόλυμος) *artichaut*, Most. v° خرشف.

سيك.

سيكة *chemin pour descendre dans une mine*, M.

سيكاه (pers., composé de سه, «trois,» et de گاه, «temps;»

la traduction du M, المقام الثالث, est inexacte) mode de musique, M.

سيل I s'emploie au fig. comme ماء, p. e. Bat. I, 383: « فتسيل اباطح مكة بتلك الهوادج » les vallées de la Mecque entraînaient ces litières comme un torrent, » c.-à-d. étaient remplies de ces litières. — *Rendre de la matière, du pus,* Bc. — Non-seulement en parlant de l'eau, mais aussi en parlant du sable mouvant, Gl. Edrîsî.

II *liquéfier, fondre,* Voc., Ht. — *Purifier, affiner, épurer,* ôter par le feu ce qu'il y a de grossier, d'étranger dans l'or, l'argent ou autres métaux, Alc. (afinar = شَخَّر). — *Souder,* joindre des pièces de métal ensemble, au moyen de l'étain ou du cuivre fondu, Alc. (soldar, soldar metal; sous soldadura metal il a taçûl, mais il faut lire taçîl, c.-à-d. تَسْييل).

— *Etamer,* enduire d'étain fondu le cuivre, le fer, etc., Alc. (estañar con estaño).

III *endommager* (Syrie); ما يسايل il n'y a pas de mal, Bc.

IV *liquéfier, fondre,* M.

V dans le Voc. sous fluere.

سَيْل *inondation, débordement d'eaux,* Nowairî Espagne 462: وفيها كان سيل عظيم بالاندلس خرب جسر اسطجة والارحاء وغرق نهر اشبيلية ستة عشر قربة الخ وفيها كانت سيول عظيمة وامطار متتابعة فخربت اكثر اسوار مدن الاندلس 457: ٭

سَيْلَة *poche de sein;* M.

حجر سيلان *nom d'une pierre précieuse,* M; grenat, pierre précieuse rouge, Bc.

سَيَلان ذَهَبَهُ *abondance,* Macc. I, 512, 14:

— *Miel tiré des dattes;* on le faisait à Baçra, Bat.

II, 9, 10, 219. — سيلان فرنجى *chaude-pisse, gonorrhée,* Bc.

سَيَّالة comme pl. de سَيَّال, Diwan d'Amro-'lkaïs ۴۱, 16. — = عَفْص, *noix de galle,* Most. sous ce dernier mot.

سَيَّال *liquide,* l'opposé de يابس, Gl. Manç. v° سعوط, Abou'l-Walîd 418, 2. — Le Voc. a ce mot sous « pluvia, » mais peut-être a-t-il voulu dire que c'est une épithète du mot « pluie, » dans le sens de *qui ressemble à un torrent, abondant.* — Mouvant (sable), Gl. Edrîsî, Auw. I, 97, 10; (flamme), M sous لَهِيب: والعامَّة تستعملها بمعنى اللهيب اى السيّال المضئى الخارج من المسائل السيّلان. — الاجسام المحترقة *énigmes,* Prol. III, 146, 12. العلل السيّالة *des maladies accompagnées de pertes d'humeurs,* Bait. I, 13 à la fin, 70 à la fin.

سيالة بيضاء ou سيّالة *raie blanche sur le chanfrein d'un cheval, lisse,* Bc, M. — *Poche de sein,* Bc. — *Tuyau de descente,* M.

سائل *clair, peu épais,* Bc.

مسيل رمل = مسيل *endroit où il y a du sable mouvant,* Gl. Edrîsî. — Alc. donne مسيل, pl. امسال, *ravin,* (quebrada de monte).

سيلانا *sorte de pastèque,* Most. v° بطيخ: المستطيل هو بطيخ المعروف بسيلانا, leçon de N, La بسلانا.

سيلقون *minium, vermillon,* Gl. Esp. 226, Bait. II, 120 a.

سيمونية *simonie,* M.

سبن *gazelle de petite taille,* Beaussier, Daumas R. d. O. A. XIII, 162, Colomb 43, Ghadamès 333.

سينودس *synode,* M.

ش

شابرقان (pers.) (شابورقان) *espèce de fer très-dur et d'une excellente qualité,* حديد شابرقان dans le Traité de l'art de la guerre, man. 92, 138 v°. Selon l'Abrégé de Bait. (man. 13, 3) il y a deux espèces de fer: celle qui est dure (شديد), nommée en persan شابورقان,

شاباش (pers.) *bravo!* Abou-Hammou 165: فبكى ابو الفتح بكاء شديدا ثم قال شاباش يا ابنت شاباش اكثر لى من هذا الجيش ٭

شابانك (pers.) = شافانج *Conyza odora* Forsk., Bait. I, 131 a, II, 79 c.

en arabe ذكر ou اسطام, et celle qui est molle (رخو), appelée en persan نرماهن [c.-à-d. نرم آهن], en arabe انثی. Bait. I, 295 a, en nomme trois, en comptant l'acier (فولاذ) pour la troisième, et il ajoute que le *châborcân*, auquel il donne les mêmes noms arabes, est « l'acier natif, » الفولاذ الحلبيبي [terme impropre, puisque l'acier ne se trouve pas à l'état natif]. Voyez aussi Cazwînî I, 207, 11, où on lit سابرقان. — En Irâc, nom d'une mesure de capacité, qu'on appelait aussi قفيز المختم للحجاجى et, Gl. Belâdz.; Enger, dans son Gloss. sur Mâwerdî, renvoie au Dict. pers. de Richardson, mais on n'y trouve le mot en question que dans le sens que j'ai indiqué plus haut. Peut-être le vaisseau qui servait de mesure était-il fait du fer nommé *châborcân*.

شابرقانى adj. relat. formé du mot qui précède, dans le premier sens, J. A. 1854, I, 68, où il faut lire ainsi (ou peut-être avec le *sin*), au lieu de سابرقانى.

شابيزك, شابيترج, شابيزج (pers.), *mandragore*, voyez sous سابزج, etc.

شاخ (pers.) *branche*, J. A. 1850, I, 251.

شاذروان, aussi avec le *dzâl* (شاذروان), pl. ات (Mâwerdî 301, 10, mon Catal. des man. or. de Leyde I, 304, 2), *fontaine avec bassin et jet d'eau, petit château d'eau, machine de fer-blanc avec plusieurs petits jets d'eau dont le choc fait tourner des morceaux de verre qui produisent un cliquetis*, Bc; Lane (à qui j'ai emprunté les voyelles que j'ai données), trad. des 1001 N. II, 399, n. 8: «a fountain, or jet d'eau, with pieces of glass, or glass bells, which, being put in motion by the water, produce a constant tinkling.» Chez les auteurs ce mot a ordinairement le sens que Bc donne en premier lieu, Djob. 286, 9, Macc. I, 124, 7, Bat. II, 24, et on l'emploie aussi pour désigner une fontaine avec des figures d'animaux, de lions, de girafes, d'oiseaux, qui jettent l'eau par la bouche, J. A. 1841, I, 367, Macc. I, 324, 7 et 9, 1001 N. I, 44, 8: وسقيفة شاذروان عليها اربع سباع من الذهب الاحمر تلقى الماء من افواهها. Dans ce dernier livre le terme en question est presque toujours joint à سقيفة, II, 162, 1, Bresl. III, 372, 4 a f.; aussi me semble-t-il qu'il y a constamment le sens que j'ai indiqué, même dans la singulière comparaison: صدر كانه شاذروان, Macn. I,

57, 3 a f., Bresl. V, 312, 8, et non pas celui de «a slightly elevated platform,» comme le veut le chaikh de Lane (voyez la traduction de ce dernier l. l.). Il est vrai qu'on pourrait citer à l'appui de son opinion Macn. III, 325, 8 a f.: وفيه سقيفة وشاذروان مفرش بالحرير المزركش; mais je crois que ce texte est altéré, et dans l'endroit correspondant de l'éd. de Breslau, IX, 131, on ne trouve rien de tout cela. Chez Djob. 278, 10 (= Bat. I, 234), ce mot semble signifier *conduit, tuyau*, car on y lit que l'eau descend dans un réservoir, et qu'ensuite elle se déverse par un *châdzarwân*, qui se trouve dans le mur, et qui communique à un bassin de marbre. — *Le soubassement qui entoure la Ca'ba de trois côtés*, celui du sud-ouest, celui du sud-est et celui du nordest; il a seize doigts de hauteur et une coudée de largeur, Azrakî 217, dern. l. et suiv., Prol. II, 219, 13 et 15, Burton II, 155: «the base, upon which the Kaabah stands.» — Aussi t. d'archit., افريز, = *console* ou *chaperon*, Payne Smith 658, 709, 1205, 1421, 1523. — *Hématite, sanguine*, si la leçon est bonne dans le Most. N, où on lit v° حجر الشاذنج: شاذروان; وهو شاذروان; *La porte*.

شاذكونه (pers. شاذكونه) *couverture de lit*, Macc. II, 98, 11; cf. Freytag 406 a.

شاذانق voyez شذانق.

شاذروان voyez شادروان.

شاذكه *fulcra*, L.

شاذناق voyez شذانق.

شاذنج شاذنذ (l'un et l'autre aussi avec le *dâl*) (pers.) *hématite, sanguine*, Bait. I, 293 h, II, 77 b, Most., Gl. Manç., Macc. I, 91, 4, 342, 1, Cazwînî II, 338, 12, 371, 11.

شاربين (arbre) voyez شربين.

شارك (pers.) sorte d'oiseau qu'on ne trouve que dans l'Inde, Tha'âlibî Latâïf 125, 4; voyez les dict. persans.

شاروبيم *chérubin*, Bc.

شاشنى (pers. چاشنى). Quatremère, Maml. I, 1, 2, cite ce passage de Nowairî: قدم المشروب فاخذ منه على سبيل الشاشنى وناوله لصغير «on lui présenta la liqueur. Il en prit un peu pour le goûter, et remit le vase à un enfant.» Cf. sous ششن.

شاطل nom d'un remède indien; voyez Bait. II, 76 c.

شاطِيّ espèce de raisins, Man. Escur. 888, qui empruntent leur nom à شاط (Yâcout III, 236, 5), aujourd'hui Jete, dans la province de Grenade. « Ce bourg, » dit Edrîsî (١٩٩), « produit des raisins secs d'une beauté et d'une grandeur remarquables; ils sont de couleur rouge et d'un goût aigre-doux. On en expédie dans toute l'Espagne, et ils sont connus sous le nom de raisins de Chét. »

شَأف.

شَأفَة. Si ce mot a réellement, entre autres signif., celle de *famille* (voyez Lane), je serais tenté de le substituer à ساقة dans le passage Abbad. III, 169, واقرت ساقته جزيرة شلطيش فاقاموا عنانك اكثر ايام: 5 المعتمد, car je n'ose plus dire, comme je l'ai fait autrefois (*ibid.* 174), que ساقة a le sens de « postérité. » Il conviendrait fort bien, mais rien ne le confirme.

شابانج = شابانك (voyez).

شالج est la transcription de *salix* (saule); Auw. I, 401, 15 et 17, où il faut lire ainsi, le donne d'abord comme le nom latin, mais plus loin, dans un passage qui se trouve dans notre man. (il manque dans l'édit.), comme un mot que les Arabes d'Espagne avaient adopté.

شاليش = جاليش; voyez ce mot, où l'on trouvera aussi شاليشى et شاليشى. شَالَقْ. — Voyez sous

شَأم I, n. d'act. شَأمَة, Aboû'l-Walîd 460, 19.

II c. a. p. signifie بحقّ اعتباره, M.

شَأم avec l'article, *les Syriens*, Akhbâr 45, 7.

شَأمَة *infortune, mauvais destin*, Bc.

شامى *les indiennes* (étoffes), Espina R. d. O. A. XIII, 153. — *Chemise en soie rayée*, que portent les femmes à Morzouk, Lyon 171. — *Sorte d'oiseau*, Yâcout I, 885, 8.

شاميات sorte de supplice, décrit Ouaday 318.

شاماخ, dans l'Inde, espèce de millet, *panicum colonum*, Bat. III, 130.

شاموك ou شامركى sorte d'oiseau, Ztschr. für ägypt. Sprache u. Alt., juillet 1868, p. 84, n. 26.

شَأن.

شَأن. والّا كان لى ولكم شَأن « si vous ne faites pas cela, nous aurons maille à partir ensemble, » Freytag Chrest. 54, dern. l. — *Art* ou *science*, Abbad. I, 160, n. 513, Abd-al-wâhid 130, 3, Macc. I, 564, 2, Prol. III, 392, 6. — *Habitude, coutume*, Voc., de Sacy Chrest. II, 424, 3 a f., Prol. I, 26, dern. l. — Chez les Soufis, comme حال, *extase*, vers arabes de Sadi, Gulistan 58, 22, éd. Semelet. — شأنا شأنا *peu à peu, insensiblement*, Abbad. I, 221, 3 a f. شَأنَك وإياه *faites-en ce que voudrez*, Bat. IV, 144; de même به شَأنَك, Gl. Badroun. — شأن من الشان *une affaire très-grave* (comme on dit عَجَب من العَجَب « une très-grande merveille, » Ztschr. IV, 249), Bidp. 106, 10: وسيكون لى ولد شأن من الشان; cf. Fakhrî 190, 5 a f.: nous trouvons dans nos livres qu'un homme nommé Miclâç bâtira ici une ville ويكون لها شأن من الشان, c-à-d. « qui sera d'une très-grande importance; » Fragm. hist. Arab. 516, 6 a f.: والفيل لا تختضب اعضاوه الّا لذى شأن. من الشان Ne connaissant pas cette expression, l'éditeur, dans son Glossaire, a eu tort de changer الشان en المجان; la leçon du texte est confirmée par Athîr, VI, 338, 7, où l'on trouve le même vers, et par les passages que je viens de citer. Mais la leçon فى est fautive: biffez le point et lisez لَدَى (prépos.). — فى شأنك, à votre sujet, sur vous, Bc. — من شأن *à cause de*, pour l'amour de, par égard pour, *pour*, en considération de; هذا ما هو من شانك « ceci n'est pas pour vous; » من شان خاطرى « pour l'amour de moi; » من شان خاطرك « pour vous complaire, à votre considération; » من شان عيون الناس « pour les apparences, par affectation, par ostentation, » Bc. — خبر طويل نقضّه من شانى « une longue histoire que je raconterai dans mon autobiographie, » Berb. I, 585, 2 a f. — Le pl. شؤون *larmes* (Lane), exemple: Müller 24, 13, où لواعى الشرون semble signifier « des larmes brûlantes. » — Le pl. شؤون *désirs*, Roland.

شان باف sorte d'étoffe, Bat. IV, 3.

شانى = شينى‎ *galère*, Gl. Edrîsî, Lettre à M. Fleischer 231.

شاه‎ (pers.), proprement *roi*; dans un roman de chevalerie (*apud* Koseg. Chrest. 80, 4 a f.) on trouve ce titre donné à un chef arabe (substituez un ه au ٥). — *Le roi au jeu des échecs*, Gl. Esp. 353; dans le Voc. شا‎, pl. شياه‎; — شاه رخ‎, comme «scacco rocco» chez les Italiens, *roquer*, mettre sa tour, son roc auprès de son roi, et faire passer le roi de l'autre côté de la tour, van der Linde, Geschichte des Schachspiels, I, 111; — شاه مصنوع‎ autre terme de ce jeu, voyez *ibid.*; — شاه مات‎, aussi شهمات et الشاه مات‎ (voyez), *échec et mat*, Gl. Esp. 352—3; mais convaincu par les objections de M. Gildemeister (dans le Ztschr. XXVIII, 696), je ne vois plus dans le mot مات‎ le verbe arabe qui signifie «il est mort;» je pense au contraire avec lui et Mirza Kasem Beg (dans le J. A. 1851, II, 585), qu'il cite et qui mérite d'être consulté, que c'est l'adjectif que les Persans emploient dans le sens d'*étonné, surpris* (= منخبر‎), ou comme traduit M. Gildemeister, verblüfft, nicht aus noch ein wissend; — أعواد الشاه‎ *échecs* (les pièces), Macc. I, 480, 3 a f. — قام شاه‎ *se cabrer*, Bc.

شاهى‎, *royal*, M.

شاهية‎ (formé du pers. شاه‎) *gouvernement, administration*, Belâdz. 196, 4 a f.: وملك انوشروان ملوكًا رتّبهم وجعل لكل امرئ منهم شاهية ناحية‎. — Nom d'une ancienne monnaie qui valait 3½ paras, M.

شاهانى‎ *royal*, M.

شاه أمرود‎ (pers. «poire royale») sorte de poire dans le Khorâsân, Bait. II, 389 à la fin, 390: وأما المعروف بالشاه امرود في بلاد خراسان دون غيرها فهو الخ‎. Au lieu de أمرود‎, les Persans disent aussi أرمود‎, et les Turcs nomment cette poire شاه بك بك‎ (شاه‎); ارمودى‎ de là l'italien *bergamotto*, fr. *bergamote*.

شاهبانك‎ (pers.) *Conyza odora* Forsk., Bait. II, 79 c.

شاهبندر‎, ou en deux mots شاه بندر‎ (pers.), en Orient, *receveur général des droits d'entrée*, ou *des contributions*; — au Caire, *prévôt des marchands, syndic des marchands*, Bc, Lane trad. des 1001 N. II, 316, n. 3, Macn. II, 64.

شاهتُرج‎ (pers. شاهتره‎), *fumeterre*. Ce mot est écrit avec ces voyelles dans le Most. N; Alc. (palomina) donne «cetarrich.» Bc donne en outre la forme شاهتره‎.

شاه جان. شاهجانى‎ était l'ancien nom ou surnom de Merw, la capitale du Khorâsân. On donnait le nom de شاهجانى‎ à toutes les étoffes fines fabriquées dans cette ville, et au Xe siècle ce mot désignait en général: étoffe fine, Tha'âlibî Latâïf 119.

شاهدانج‎ (pers. شاهدانه‎) *chènevis*, Gl. Manç. in voce, Bait. II, 79 a.

شاهسبرم‎, aussi avec le *chîn*, au lieu du *sîn*, et avec le *fâ*, au lieu du *bâ* (pers. sous un grand nombre de formes), *ocimum minimum*, Most., Gl. Manç., Bait. I, 283 m, II, 78 b, Auw. II, 289, 5, Tha'âlibî Latâïf 133, 5, Payne Smith 1110.

شاه صينى‎ est, selon les dict. pers., le suc d'une plante chinoise, qui est bon contre le mal de tête; cf. Bait. II, 76 b. *le thé*

شاهعانج = شاهبانك‎ (voyez), Bait. II, 79 c (AB).

شاه كار‎ (pers.) mode de musique, M.

شاهلوك et شاهلوج‎ (pers.) sorte de grande prune blanche, Bait. I, 16 d, II, 78 c, Gl. Fragm.

شاهنجير‎ signifierait *petite figue qui n'est pas mûre*, d'après le Most. v° تين‎ (où ce mot est écrit avec un *sîn* et où il lit que c'est en persan هنجير‎). Bait. (II, 79 b) mentionne également cette opinion; mais elle est erronée, car c'est le persan شاه انجير‎, comme écrit Yâcout (II, 317, 15), «le roi des figues,» la meilleure espèce de figues, Bait. l.l.

شاهنبشين‎ (pers. شاهنشين‎) *balcon*, Hbrt 194.

شاهين‎ nom d'un instrument de musique, Casiri I, 528 a.

شاوش‎ (turc چاوش‎) *huissier*, Voyage dans les Etats Barbaresques 1785, p. 104. Ils sont au nombre des gardes des sultans, des pachas, etc., *ibid.* 160, Bat. II, 174, en parlant des audiences du sultan du Yémen:

الجَاوُشِيَّة, cf. 1001 N. III, 418, 10. — *Receveur des contributions*, Lyon 20. — A Tripoli de Barbarie, *inspecteur des lieux de prostitution*, Lyon 13. جاويش = شاويش (voyez).

شاى *thé*, Bc, M (à la fin du chin).

شايَة sorte de vêtement que portaient les Arabes d'Espagne; écrit شيه dans les chartes grenadines, où l'on trouve شيه الرياش et شيه افرجه. C'est l'esp. *sayo, saya* (fr. *saie*), qui dérive du latin *sagum*, lequel est d'origine gauloise selon Varron; voyez Vêtem. 212—3; Voc.: شايَة *tunica*. Aujourd'hui on emploie ce mot au Dârfour dans le sens de: gilet épais, à manches, fait en drap, fourré de coton et piqué à la manière des courtes-pointes. C'est un vêtement de bataille, et il sert à préserver des flèches et des coups de sabre; voyez Ouaday 368, 426—7, 694, 724, d'Escayrac 433. En Egypte c'est *doliman*, Savary 382; chez Bc *robe pour homme*. Cf. صايَة (sous صوى)?

شب I. Sur le proverbe شَبَّ عمرو عن الطَّوْق, voyez sous طَوْق. — T. de manége, *se cabrer, faire des courbettes*, Bc. — En parlant d'un serpent, *sauter sur sa proie*, M.

II. De même qu'on dit شَبَّ النار (Lane), on dit ما سعى أبيد من تشبيب شَبَّ الفتنة, Haiyân 95 r°: شَبَّ الفتنة. — *Rajeunir*, M, Payne Smith 1473, rajeunir sa barbe en la teignant avec du henné, Akhbâr 17, dern. l.: قد شيب لحيته بالحناء. — En parlant d'un cheval ou d'un mulet comme la Ire, Voc. (elevare, quando se elevat in duobus pedibus). — Dénom. de شَبّ, *aluner*, tremper dans l'alun, Voc., Bc. — *Jouer de la flûte*, Voc.

V *rajeunir*, v. n., *redevenir jeune*, Akhbâr 18, 4 (= Bayân II, 17, 4). — *Se cabrer*, Voc. — *Etre aluné*, *trempé dans l'alun*, Voc.

VII, en parlant d'un combat, حَرْب, قتال, est, comme la Ire (voyez Lane), verbe neutre et verbe actif. J'ai donné des exemples de ces deux signif. Gl. Badroun et Abbad. III, 90, 3, 92, n. 82. Autres exemples du verbe neutre: Cartâs 158, 7 a f., Berb. II, 387, 2 a f., Haiyân 103 v°: (l. وانشبَّت) وانتشب للحرب معه, et du verbe actif: Haiyân 103 r°: فقويَّتْ

نفسُه وانشبَّ للحرب فلمّا اشتدّت الحـ[رب]; Chez Amari 172, 11, on trouve انشبوا في القتال; c'est un solécisme; la préposition est de trop.

شَبّ vulg. pour شابّ *adolescent, jeune homme*, Bc, M. — شب زفر *alun onctueux*; c'est une sorte d'alun, d'aspect sale et jaunâtre, que l'on a appelé aussi *beurre de montagne*, Sang. — شب الأساكفة *alcali*, Bait. II, 84 b: شب الأساكفة وشب العصفر هو القلى. — شب العصفر *alun de plume*, Bc. — شب طائع *alcali*, Most.: أشنان هو (N وق) حشيشة القلى ومنها يصنع شب العصفر (leçon de La; N العصفر), Gl. Manç. v° قلى, Bait. l. l. et II, 316 c, où il faut lire ainsi avec AB. — شب الليل *jalap*, merveille-du-Pérou, belle-de-nuit, Bc; avec le *fatha* dans le M, et non pas avec le *dhamma*, comme chez Freytag.

شَبّ (esp.) *ceps, deux pièces de bois entaillées, entre lesquelles on met les jambes d'un prisonnier*, Alc. (cepo prision).

شَبَّة *courbette*, t. de manége, Bc. — شَبَّة et زفرة *alun, le dernier alun cristallisé*, Bc.

شَبِّى *alumineux*, Bc.

شِبّ *huppe* (oiseau), Bc; cf. شِبِّو.

شَبَاب *jeunesse*; فنون الشباب *toutes les folies de la jeunesse* (de Slane), Berb. I, 638, 2. — *Beauté*, 1001 N. I, 825, 6 a f., 904, 6, Bresl. III, 72, 77 (deux fois), VII, 209 (cf. 210, 1). — *Jeune, jeune homme*, Alc. (mancebo, moço crecido), qui a le pl. شُبَّاب, Ht. — *Joli, beau*, Ht.

porté à se cabrer (cheval) (de Slane), Prol. II, 28, 4. — = شَبّ *alun*, Becrî 15: الشبوب المريش والقصدى «de l'alun sous la forme de plumes et de tuyaux.»

شَبَابِيَّة *jeunes gens*, Payne Smith 1474.

شَبُوبِيَّة *adolescence, jeunesse*, Bc, Hbrt 28, 1001 N. Bresl. XI, 397; شَبِيبَة صِبـاء *printemps*, au fig. *jeunesse*, Bc.

شَبَّاب *joueur de flûte*, Alc. (citolero).

شَبَّابَة *espèce de flûte*, Voc., Alc. (flauta fistola, citola), Maml. I, 1, 136, Prol. II, 353, 8 et suiv., Bc, M.

شَيْبَائِبَة (esp. xapoipa) *oublie*, sorte de pâtisserie fort mince, Alc. (oblea de harina).

شَابّ *jeune*; le pl. شَبَاب appliqué à des antilopes, Gl. Fragm. — Au Maghrib, *joli*, *beau*, L (decorus, venustus (nobilis)), Bc (Barb.), Roland, Daumas V. A. 171.

أَشْعَب pl. شُبَاب *gris-clair* (cheval), Alc. (rucio como cavallo).

مَنْخَر مُشَبَّب *nez camus*, Alc. (nariz romo).

مُشَبِّب *joueur de flûte*, Casiri I, 145, n. a.

مَشْبُوب expliqué par مَقْوِي, Diw. Hodz. 151, 4 a f.

شَيْبُوب *huppe* (oiseau), Ztschr. XVII, 390; aussi شِيَمْب (voyez).

شبث II c. a. dans le Voc. sous inherere.

V se construit aussi c. فِ, Auw. I, 109, 10 (l. ت).
Haiyân-Bassâm I, 7 v°: وكان تقيًا صالحًا لم يتشبث (l. فِ) مِن — *Grimper*, 1001 N. Bresl. XI, 371, 4 a f.; cf. شبط V.

شَبَت. Telles sont les voyelles d'*anethum* dans le Voc. — *Millepieds*, *scolopendre*, Payne Smith 1554.

شبح VII, comme la Ire, *tendre la main*, M.

شِبْحَة *chaîne dont on attache un bout au pied du cheval, tandis qu'on fiche l'autre en terre*, M (un peu autrement chez Lane, qui donne شُبْحَة).

شُبْدِيَاقُن *sous-diacre*, L (ippodiaconus grece quem nos subdiaconum dicimus).

شبر II *gesticuler*, Bc.

شِبْر. «ضرب البيت بشبره *mesurer une chambre à l'empan, avec la main*,» Macc. I, 560, 13 et 14. قسّم الأرض على الكافّة شبرًا شبرًا *il a partagé la terre à tous empan par empan*, c.-à-d., par portions égales, de Sacy Chrest. II, ٧f, 6. — *Poignée, prise* (grasp), voyez Wright, Préface p. ix.

شِبَر, chez les fabricants de cordons de soie, *petites lames carrées avec des trous par lesquels passent les fils dont on tisse un large ruban*, M.

شَبَر (latin suber) *liége* (arbre), Alc. (mesto arbol do bellotas), Auw. II, 722, 4.

719

شُبْرِيَّة. Le pl. chez Bc *paniers placés sur un chameau, et qui reçoivent chacun une personne*; voyez Burckhardt Arab. II, 35, Ali Bey I, 47, Burton I, 122, 235, II, 51, 65, d'Escayrac 586, 602, 623, Lane M. E. II, 199. Lyon, 59, 60, 86, 179, écrit ce mot avec un *l*, au lieu d'un *r*.

شِبَار كبير، شِبَار صغير *menu poisson du Nil*; *poisson de mer*, Mehren 30; Léon 575 (Sfax): «Maxima hic eorum piscium colligitur copia, qui Spares illis appellari consuevit, quæ vox neque Arabibus neque Barbaris, multo minus Latinis quicquam sonat;» Ousaday 579, 580, 716 (Sfax), *fretin* (= صِبِير). Cf. σπάρος, lat. *sparus*, plus haut, 24 b, اشبَارَس, et plus loin اشبور.

شَبُّور الباشا *capucine* (fleur), Cherb.

شَبِير et شَابِير, au Maghrib, *éperon*, Bc (Alg.), Hbrt 59 (Alg.), Ht, Daumas Kabylie 156, Mœurs 43. Restituez ce mot chez Auw. II, 554, 3 a f., où l'édit. porte: وقد يحدث ذلك من كثرة ضرب السابير له, et كثرة ضرب الشابير, 555, 10 et 11, où il faut lire:

شَبَّارَة était une sorte de barque dont on se servait sur le Tigre, et qu'on appelait en Égypte حَرَّاقَة (mot qui, cependant, était aussi en usage dans l'Irâc). Voici le passage de Yâfi'î auquel M. de Slane a renvoyé dans sa trad. d'Ibn-Khallicân, I, 175, n. 5, et qu'il a bien voulu copier pour moi (man. 644 anc. fonds, 723 suppl. ar., année 607): وتوفي (ارسلان شاه) في شبارة بالشطّ ظاهر الموصل والشبارة بالشين المعجمة مفتوحة والموحدة مشدّدة وبين الالف والهاء راء وفي عندهم الحراقة عند اهل مصر. De même chez Khallic. I, 91, 6 Sl., et chez Bat. II, 116. Abdallatif (trad. de Silv. de Sacy 299, 309, n. 27) compare la *chabbâra* dont on faisait usage sur le Tigre, à la barque qu'on nommait en Égypte, عشيري, mais il signale les différences qui existaient entre ces deux sortes d'embarcations. Ce mot se trouve encore: Yâcout I, 189, 14, 685, 16 (où les Fragm. hist. Arab., 338 et suiv., ont حراقة), Athîr XII, 193, 7 a f. et 3 a f., Aboulfeda Ann. IV, 242, 13 (où il faut changer le *sin* en *chin*), Aboulfaradj 482, 13. J.-J. Schultens cite ces passages d'Imrânî (man. 595): 78: فكانت السفن التي تخصّ المأمون سوى سفن العسكر اربعة الف شبارة كبارا, et 148: وحمل معد شبارة :144, وصغارا.

شَابِير (Alc. écrit xIpar) pl. شَوَابِير *barricade, palis-*

sade, *muraille de pierres sèches;* — *lice, champ clos pour les combats,* Alc. (barrera, palizada defension de palos, albarrada de piedra, liça trance de armas). Ce mot fait penser à l'ital. sbarro, sbarra (anc. allem. sparro, avec le verbe sperran); mais on s'étonne de le rencontrer chez les Arabes d'Espagne, car l'esp. a les mots correspondants sans *s* (barra, barrio, barrera, etc.).

شبير voyez شابير.

شابورة. Aboulfeda Géogr. 19, 9: ولاصحاب جغرافيا اصطلاح في تعريف البحور فيقولون عند كالقارة وكالشابورة وكالطبلسان ونحو ذلك. En comparant la figure, Reinaud dit, dans sa traduction, que ce mot « semble être l'équivalent de golfe terminé en angle obtus.» Telle est sans doute la pensée de l'auteur, mais la signif. du terme reste encore à trouver. Je soupçonne que c'est une autre forme de أشبر et شبور, *rousseau* (poisson), et que l'auteur a eu en vue, comme l'indique la figure, la forme de la bouche d'un poisson. — *Brouillard,* Hbrt 166 (Eg.).

أشبر (avec *fatha*) (lat. sparus, Simonet 262), n. d'un ة, *dentale* (poisson), Alc. (besugo); cf. شابار.

تشبير *geste,* Bc, Hbrt 94, M.

تشبر *geste,* Hbrt 94.

شبرق I c. a. r. *prendre une partie* d'une chose, M. — شبرق الموسى على الجلد *donner le fil au rasoir sur le cuir,* M.

اشبرق *se soûler,* Mehren 30.

شبرق. On trouve sur cette plante cet article dans Bait., mais seulement dans la man. A (après II, 84 b): شبرق قال ابو حنيفة هو عشيقة ذكروا ان لها اطرافا كاطراف الاسل فيها حمرة وفي قصبيرة ومنابتها الرمل وهو شبيه بالاسل الا انه ادق احمر شديد الحمرة وهو مر بطلان, وهو الصريع. A Barca on donnait ce nom au dont on fait des balais; mais Bait. observe que, dans le Hidjâz, شبرق désignait une autre plante (I, 169 b, passage que Sonth. a traduit d'une manière ridicule). — *Grande centaurée,* Most. v° قنطوريون كبير.

شبرقة *menus plaisirs,* dépenses pour l'amusement, Bc, *l'argent de la poche, l'argent qu'on reçoit chaque jour d'un autre et qu'on emploie en dépenses superflues,* 1001 N. Bresl. VII, 97, 7, où Macn., 98, a مصروف.

شِبْرُلْخَة pl. شَبَارِل *chaussure que portent les femmes lorsqu'elles sortent.* Elle diffère des souliers des hommes en ce que la semelle et l'empeigne sont faites de peau douce, notes man. de Cherbonneau et d'un imâm de Constantine, Prax R. d. O. A. VI, 339 (chebrella). Dunant, 201, donne au contraire *pantoufles de maison* (sebbarla). C'est une autre forme de شَرْبِيل (voyez).

شبرم *Euphorbia Pityusa,* Bait. II, 80 b, *ésule,* Bc. — Nom d'un arbuste épineux, décrit Bait. II, 82 b. — *Epurge,* Bc.

شَبْرُوش pl. شبارش *flamant* (oiseau), Beaussier (Tun.), Tristram 401 (shabroose).

Shebùs *avoine,* Pagni MS.

شبشبينا *squine, esquine, china,* racine médicinale des Indes, Bc.

شبص II c. a. r. *améliorer un peu* une chose, M.

شبط I. La signif. donnée par Freytag (d'après un Glossaire de Habicht) est confirmée par le M et par ce qui suit ici. — C. a. p. *faire à quelqu'un une blessure, une incision légère, mais longue,* M. — C. ة *s'attacher à,* Bc, 1001 N. III, 55, 10, en parlant d'un homme dont le vaisseau avait fait naufrage: فقدر الله تعالى لى لوحا من ألواح المركب فكلما تطاله c. مع, *ibid.* 429, 6: فشبطت فيه وركبته; أمه او تنزل يشبط معه الولد; mais un peu plus loin, dans le même récit, l'édit. de Breslau a في, IX, 218, 2: كلما ينظر امه يشبط فيها, où l'éd. Macn. a le synonyme يتعلق; Bresl. IX, 224, 2 a f.: متعلق ب, où Macn. a فراوا المغربي شابط في الحمار.

II. شبطه بالموسى *il (le barbier) l'a coupé avec le rasoir,* lui a entamé la chair, y a fait une incision, M. — C. a. dans le Voc. sous inherere; il le traduit aussi par *retinere.* — *Grimper, escalader,* Ht; Lerchundi; Cherb. C a شَبَّط, *grimper en s'aidant des pieds et des mains.*

V *inherere,* Voc.; il l'a aussi sous retinere. C'est, comme la Ire, *se prendre à, s'attacher à,* c. ة, 1001 N. Bresl. III, 381, 5: وقد تشبطت وتعلقت بعزمى الى ان; وغرق جميع من IV, 101, 2 a f.: صرت فوق الشجرة

في المركب وقد طلعوا الرُّكَّاب ونشبَّطوا في جانب ذلك الجبل. — *Grimper en s'aidant des pieds et des mains* (cf. شيت V), Alc. (gatear sobir), 1001 N. Bresl. IV, 35, 6: فلما رأيتُه كذلك تشبّطتُ انا وطلعتُ على اللعاليب الفوقانيةَ

VII c. في *s'agriffer*, Bc.

شَبَّاط = شِبط, de Sacy Chrest. I, ٢, 8.

شَبَطى *danse à Constantine*, Salvador 30 (chabati).

شِباطُو Alc. donne sous consuelda menor (*bugle, petite-consoude*): ροις chipâtu. Le premier mot semble l'esp. raiz (*racine*), qui entre dans le nom de plusieurs plantes, car Alc. traduit également «sello de santa Maria» par «rayç chicûquil» (شقاقل). Le second me paraît une altération de symphyton, qu'on écrit en arabe سمفوطن, car Bait. II, 50 b, dit qu'on l'appelle en espagnol شبطله.

شَبُّوط. Je trouve ces explications: καλλιώνυμος, *Uranoscopus scaber*, dans l'Euphrate et dans le Tigre, Bait. II, 84 e, 512 a; — *carpe*, Bc, Hbrt 69; — *turbot*, Ztschr. IV, 249 n., Seetzen III, 498, IV, 517; — selon Abou-'Alî al-Bagdâdî c'est le poisson qu'on appelle au Maghrib شابل, c.-à-d. *l'alose*, Gl. Manç. in voce. — العيدان الشباببط *des luths qui ont la forme du poisson appelé* شبّوط. Ils ont été inventés par le musicien Zalzal, qui vivait sous le règne de Hâroun ar-Rachîd, car auparavant les luths avaient la forme de ceux des Persans, Ztschr. IV, 249. — *Balai*, M.

شِبّيط pl. شَبابيط *perche, long bâton*, Bc, Gloss. de Habicht sur le IIIᵉ volume de son éd. des 1001 N.

شَبِيطة *echium*, Prax R. d. O. A. VIII, 279.

شُبَيطان *espèce de renoncule*, Barth I, 103.

شبيوط = شَبّوط, Payne Smith 1669.

أشباط = شَبّاط, M.

أشبَاطَة (bas lat. spata (du gaulois spatha, *épée*), a. esp. espadilla, port. espadella), t. nautique au Maghrib, *rame servant de gouvernail*, Gl. Mosl.

شبطباط *polygonum*, Bait. II, 84 c. Après avoir dit que c'est الراعي, il ajoute: وتفسيره بالسريانية, عصا عصّيه. Dans le Dict. de Castel-Michaelis on ne trouve pour مطمطم que la signif. «planities;» mais

جمطمطا, qui précède, y est expliqué par «virga pastoris, s. potius, polygonum.» M. Nöldeke, que j'ai consulté à ce sujet, m'a répondu: «Je ne trouve مطمطم (sans *yod*) que chez Rosen, Catal. 20 b, où quelqu'un est tué avec un مطمطم; c'est donc un *bâton* (augmentatif, chibboutâ, de مطم). Quant au mot مطمطم, il ne signifie nullement «planities,» mais bien *polygonum*, comme le prouve cette explication, Geopon. éd. Lagarde 112, 6: مطمطم». Au reste les Arabes ont aussi retranché la première lettre et ils disent بَطباط, qu'on trouve Bait. I, 151 c, II, 195 b.

شِبظ I, II c. a. et V dans le Voc. sous *ponderosus*; II c. a. et V c. على *ibid.* sous *absurdum facere*.

شَبيط pl. شَبّاط *ponderosus*, Voc.

شَبَاظَة dans le Voc. vis *ponderosus, absurdum facere*.

شبع I. شَبِع c. على, n. d'act. شَبْع, *insultare*, Voc.

II *rassasier*, Ht, *assouvir, rassasier pleinement*, Bc. — شبع ذهبًا *étancher la soif de l'or*, Bc. — شبع ضربًا *assommer, battre avec excès*, Bc.

IV *appâter, attirer les oiseaux, les poissons avec un appât*, Alc. (cevar, cevar las aves, cevar pesca). — صبغ مُشبَع et مشبع اللون, dans le même sens que صبغ مُشرَب et اشرب اللون, que Lane explique sous شرب IV, Gl. Mosl.; Bait. I, 28 b: وكان مشبع اللون. — Most. vᵒ لــنه كلون السماء مشبع: جمر اللازورد. — اشبعتُ الكلامَ في ذلك *j'ai expliqué cela fort au long*, Macc. I, 480, 2, M.

V. La signif. que Lane donne en premier, et Freytag en dernier lieu, mais qu'ils ont mal indiquée, est: *manger encore quand on est déjà rassasié, satisfaire son appétit jusqu'à la satiété, jusqu'au dégoût*, Gl. Belâdz.

شَبْعَة *rassasiement*, L (refectio ورأَتَبَه شَبْعَة), Kâmil 205, 1.

شبيع *appât, amorce*, Alc. (cevo).

شايع Le pl. شِباع, Gl. Edrîsî.

أشباعي *explétif* (mot), Bc.

مَشبَع pl. مَشايع *endroit où l'on met l'appât pour attirer le gibier*, Alc. (cevadero para engañar).

شِبْغ 722 شبك

مشبِعْنَ. مشبِعْنَة كرامتكم اكلناها مشبِعْنَة *vous nous avez bien fait suer*, Bc.

شِبَق I. شَبَقَه بالعصا *il lui donna des coups de bâton*, M.

شِبَق *voyez* شِباقَة.

شَبَق *baguette*, bâton menu, Bc.

شَبَقَة *chapeau à trois cornes*, ainsi appelé à Alep, Bg 799.

شِباق vulg. pour سِبَاق dans le sens de *lien, chaîne*, M.

شبُوق espèce de poisson de rivière, man. de l'Escurial 888, n° 5 (Simonet).

شِباقَة. Dans les 1001 N. Bresl. III, 79, 3 a f., où l'on trouve: استقبلتنه ببوس لِبِقْ وشِباقْ، le mot شِبَق a bien le sens qu'on trouve chez Freytag et Lane; mais dans un autre passage, *ibid.* 336, 3: «وكان ابن الملك صاحب لِباقَة وشِباقَة، ومعرفة وحذاقة»، le mot شِباقَة doit avoir le sens de *sagacité*.

شبك I *denteler*, Gl. Edrîsî. — C. في *embarquer, engager dans une affaire, impliquer, engager, embarrasser dans, mêler, comprendre dans, fourrer dans, engager dans*; شبك في العسكرية *engager, enrôler, racoler, enrôler soit de gré, soit par finesse*; شَبَّك نفسه في العسكر *s'engager, s'enrôler*; شبك صبيا *obliger un apprenti, l'engager chez un maître*; شبك العقل *appliquer l'esprit, l'attacher à*; شبك قلبه *engayer son cœur, aimer*, Bc. — C. ب *accrocher, attacher, suspendre à un crochet, agrafer, cramponner*; شبك الإبزيم *boucler, attacher avec la boucle*, Bc. — *Jeter le grappin sur, s'emparer de*; شبك المركب *grappiner, accrocher un vaisseau avec le grappin*, Bc. — *Mettre aux mains, faire battre ou combattre*, Bc. — C. *insilire*, Voc. (= نشب على وقف، وشب على متجم), etc.). — *Grimper*, Alc. (gatear sobir). — S'emploie en parlant d'un moulin, «enpalagarse el molino,» Alc.; les dict. esp. n'ont pas cette expression, et les Esp. ne la connaissent pas. — *Placer, mettre, poser un objet avec précipitation et à la légère, jeter*, Antar 24, 9: «شبك العصا على أكتافه» «il jeta le bâton sur ses épaules;» comparez sur ce passage les remarques de M. Dugat dans le J. A. 1856, I, 65—6, qui ajoute que ce mot ne s'emploie guère en ce sens qu'en Syrie, et qu'il ne l'a rencontré que dans le roman d'Antar. — شبك اليدين *joindre les mains*, Bc, R. N. 45 v°:

«شبك بشبير يديه على رأسه وصاح وسقط الى الارض شبك للزِّيجَة *fiancer*, promettre en mariage, Bc.

II *enlacer, entrelacer*, Bc. — *Embrouiller*, Bc. — *Croiser, mettre, disposer en croix*, Bc. — *Treilliser, garnir de treillis*, Alc. (enrexar cerrar con rexas); cf. le part. pass. chez Lane v° المُشَبَّكَة. — *Attacher*, J. A. 1849, II, 271, n. 1, l. 6: فَشَبَّكَ عليها المُشاقَة où Reinaud traduit: «ensuite tu y attacheras de l'étoupe.» — *Prendre dans un rets*, Voc. — *Retenir*, Voc. — *Broder des figures, p. e. d'animaux, sur quelque étoffe*, Voc.

V *donner dans un rets, être pris au filet*, Voc. — *Etre retenu*, Voc. — *Etre brodé (étoffe)*, Voc.

تشبَّكت الاسنان *les dents claquent, claquer des dents*, quand les dents se choquent par un tremblement que cause la peur, 1001 N. I, 23, 13: فلما رأى الصيّاد ذلك العفريت ارتعدت فرائصه وتشبّكت اسنانه ونشف ريقه. — تشبَّك الفرس *se dit d'un cheval qui, lorsqu'il est fatigué, a des spasmes dans les pieds par suite du froid*, M. — C. مع p. *se faire une affaire avec quelqu'un, se prendre de querelle avec*, Bc.

VII *s'engager, s'embarrasser, s'engager imprudemment et trop avant dans une affaire*; انشبك في العسكر *engagement, enrôlement*, Bc. — C. ب *s'adonner à, s'affectionner*, Bc. — C. في *s'accrocher à*; — *s'embarquer dans*, Bc. — C. مع *contracter, former des liaisons, se faufiler, se lier*, Bc.

VIII, en parlant de combattants, *se mêler*, Gl. Fragm. — La signif. *irretitus, illaqueatus fuit* (Golius) se trouve aussi 1001 N. I, 22, 5 a f.

شَبَك, de même que شَبَكَة, à ce qu'il semble, *botte de paille*, car Martin 189 a تبن اشباك «ballots de paille.»

شَبَك *réseau*, Bc.

شبك pl. ات (turc چبوق) *pipe*, Bc.

شِبْكَة تبن *botte de paille*, Martin 139. — Dans le Voc. sous *insilire*.

شِبْكَة. Cette partie de l'astrolabe qui porte aussi le nom d'araignée, Dorn 27, Alf. Astron. II, 261: «axabeca, la tabla entallada que es sobre las tablas sanas, que están en ella los signos y las estrellas fixas.» Le nom esp. dans cette collection est constamment *la red*, ce qui est la traduction du terme arabe; en latin aussi *rete*. — Pour le sens de *réseau que les femmes portent sur la tête ou sur le cou* (Freytag, Lane), voyez Djob. 309, 11¹, Bat. IV, 174; en parlant de cavaliers, Antar 64, 6: شباك اكتافهم وعلى et اللولو المنظومة. — *Moustiquaire*, Alc. (pavellon de red para mosquitos). — *Treillis*, Bat. IV, 88; *grille, assemblage de barreaux*, Bc, Ht, *grillage*, Ht. — *Jalousie de fenêtre*, Ht. — *Gril, ustensile pour faire griller*, Bc. — *Pêcherie*, Amari 32, 7: شبكة وبها; يصاد بها التن الكبير; l'anc. port. *enxavegua*, qui en dérive, s'employait dans le même sens. — *Succession de mamelons et de dunes mouvantes*, Daumas Sahara 6, 51. — *Implication, engagement dans une affaire* Bc. — *Anicroche, obstacle*, Bc. — *Mêlée, combat corps à corps entre plusieurs hommes, engagement, combat, et mêlée, contestation opiniâtre*, Bc. — *Affaire, querelle, maille à partir, scène*, Bc. — شبكة الزواج *fiançailles, promesse de mariage devant un prêtre*, Bc.

شبكيّة *rétine, filets entrelacés du nerf optique*, Bc.

شبّاك *rouleau*, Ht. — (Avec le kesra?) *genre de lutte*, 1001 N. I, 365.

شبيكة *dentelle*, Bc, Mc, Ht.

شبّابك (pl.) sorte de *pâtisserie*, Gl. Manç.: زلابيك الشبابك المتّخذة من النشا المعجون تجنّا رقيقا يخرج من ثقب انّه على المغل على تلك الصورة المعروفة وتلقى فى العسل فتمتلئ انابيبها الخ

شبّاك pl. ات et شبابيك, *barque*, Voc. (barca, navis). C'était autrefois *une barque de pêcheur*, comme l'a prouvé M. Jal (Glossaire nautique, art. *chabek* et *enxabeque*), qui cite un passage d'une chronique portugaise du XV° siècle. A présent on entend sous ce mot, qu'on prononce شبّاك et شبّاك, *un petit bâtiment de guerre*, en usage dans la Méditerranée, *chébeck*. On le trouve chez Bc, Mc et Naggiar. Le témoignage du Voc. prouve que M. Devic, 91, s'est trompé en assignant une origine turque à ce mot; à l'époque où le Voc. a été composé, le dialecte arabe-espagnol n'avait pas de mots turcs.

شبّاك, *grille, assemblage de barreaux*, Bc (حديد), *grillage, balustrade*, Bat. I, 123, 202, 316, II, 85, 86, 135, Cartâs 37, 8. شبّاك النّبى, *la grille du Prophète*, est le tombeau du Prophète à Médine, qui est entouré d'une grille. «Quand deux Arabes veulent faire un serment d'une grande importance, ils entrelacent leurs doigts de la main droite en disant: بشبّاك النّبى, «(je le jure) par la grille du Prophète.» Dans leur pensée, il arriverait malheur à celui qui manquerait à sa parole,» Daumas V. A. 96; — spécialement *grille d'une fenêtre*, Alc. (rexa), Cartâs 133, 15: فاذا يحاطى فى دار عليه شبّاك خشب De là: *fenêtre avec une grille de fer ou de bois*; mais aussi *fenêtre* en général, M; en ce dernier sens Ouaday 675, Burton I, 303; chez Bc: *fenêtre, sa fermeture en bois et verres*; — شبّاك خزنة *balcon*, Bc. — شبّاك et ورّاقة الشبّاك, *châssis, ouvrage de menuiserie sur lequel on adapte du vitrage, de la toile, ou du papier huilé*, Bc. — *Croisée, la menuiserie qui garnit une ouverture dans un mur*, Bc. — *Ecluse à tambour, écluse avec des ouvertures pour laisser passer l'eau en partie, ou lentement*, Masoudi VI, 431 (cf. Badroun 249): فاذا هو قد تطلّع الى دجلة بالشبّاك وكان فى وسط القصر بركة عظيمة لها منخرقى للماء (الى الماء B) فى دجلة (وق B) المنخرقى شبّاك حديد «je le trouvai occupé à regarder attentivement du côté du Tigre à travers l'écluse à tambour; car il y avait au milieu du château un large bassin qui se déchargeait par un canal dans le Tigre, et dans ce canal il y avait une écluse à tambour en fer;» Cartâs 21, 6 a f.: بين العدوتيّن (الوادى) فيجرى حتى يخرج من موضع يسمّى بالرميلة قد صنع له هنالك فى السور بابين عظيميّن يخرج عليهما شبّاكان من خشب الارز مزرّدة وثيقة. يخرج منها الماء وكذلك صنع لم فى موضع دخوله باب كبير عليها شبّاك محكم وثيق; mais au lieu de شبّاك, il faut lire, avec le man. cité trad. 31, n. 9, شبابيك, qui est pour شبابيك; ibid. traduct. 359, n., l. 18: اق سبيل بوادى مدينة فاس — فهدم السور وحمل الشبّاك وحمل الشجر الخ Par synecdoche *conduit d'eau*, dans ces passages de Mocaddasi qui m'ont été indiqués par M. de Goeje: شربى من نهر قويق يدخل الى البلد فى دار 9, 155, ويصل النيل 5: 208, وسيف الدولة فى شبّاك حديد ايضا الى قصبة الاسكندريّة ويدخلها فى شبّاك حديد وعين ملحة 20: 252, فيبملّون صهاريجهم ثمّ ينقطع — يخرج فى شبّاك حديد الى بركة ثمّ يتفرّق فى البساتين

شِبْكرة 724 شبه

Gril, ustensile pour faire griller, Alc. (parrillas para assar). — Des cordes avec lesquelles le chamelier attache une charge de choses fragiles, p. e. de poterie, afin qu'il n'en tombe rien, M. — Chébeck, voyez sous شَبّاك.

شَوبَك pl. شَوابِك (pers. چوبك, baguette) rouleau de pâtissier, Bc.

تَشَبُّك t. d'anat., réseau ou tissu, Bait. II, 522 g: المغاث يلين التشبّك وصلابة الرحم ✡

تَشْبِيك pl. تَشابِيك cloison, petit mur peu épais et servant à la distribution d'un appartement, Alc. (pared de ladrillo); cf. Gl. Esp. 344. — Synonyme de حُمَر, maladie du cheval quand il a mangé de l'orge en trop grande quantité, orgée, fourbure, Auw. II, 522, 4, 10.

مِشْبَك pl. مَشابِك agrafe, crochet, charnière, pièces de métal enclavées et fermées, Bc.

مِشْبَك, pl. ات, Voc., دون, Alc., grand panier, manne, L (canistrum, ferculum), Voc. (canistrum), Alc. (canasta grande). — Dans le passage de l'éd. de Bresl. des 1001 N. que cite Freytag, on lit en effet: ومشبك بيلغانين; mais sous ce dernier article j'ai exposé les raisons qui me font croire qu'il faut ajouter la copulative au second mot. Freytag aurait donc dû dire: مُشَبَّك sorte de pâtisserie, » comme on trouve dans le M.

مَشْبُوك fiancé, Bc.

مُشْتَبِك enclos, jardin entouré de haies, L (consitus مشتبك ومُحلّق وقَيضة وغَلَف للثمار).

شَبْكرة Golius, dans son Appendice, a eu raison de traduire nocturna cœcitas, car tel est le sens de ce mot selon les dict. des indigènes, une ancienne traduction d'Hippocrate, citée par Jackson (Timb. 333), et les passages d'Auw. que je citerai dans l'article suivant; mais en ajoutant nyctalops, il a pris ce dernier terme dans un autre sens qu'on ne le prend ordinairement. C'est héméralopie qu'il aurait dû dire; la nyctalopie s'appelle الجَهَر.

شَبْكُور (pers.) qui a l'héméralopie, Auw. II, 505, 15 (où Clément-Mullet a eu raison de lire ainsi), 576, 1, 5, 18.

شِبْل, t. de tailleur, fausse couture à longs points, M.

شَبُّوط espèce de poisson de rivière, man. de l'Escurial 888, n° 5, distinct du شابِل, qui y est nommé aussi (Simonet).

شابِل (esp. sábalo) alose. Aux passages que j'ai cités dans le Gl. Edrîsî, 325, 388, on peut ajouter: Bc, Calendr. 41, 6, Gl. Manç. v° شبّوط, Müller 7, 1, Chec. 197 v°, Gräberg 46, 135, Davidson 24, Hay 76. La voyelle de la seconde syllabe est fatha dans le Gl. Manç., kesra dans Chec. et chez Domb.

أشبال sorte de poisson, Yâcout 886, 10.

شبن

شَبِين ou أشبين (syr.), pl. أشابين, parrain; وقف شبين له «servir de parrain à un enfant,» Bc; شبين العريس paranymphe, compagnon du marié; شبين العروسة paranymphe, écuyer de la mariée, Bc, M, qui dit que c'est un mot syriaque; en effet, c'est ⲙⲉⲥⲥⲓⲁ.

شَبِين (esp. chapín) pl. ات chapin, chausson, mule, claque, chaussure sans quartier à l'usage des femmes, Alc. (chapin de muger, cf. calçada cosa de alcorques).

شَبِينة (ou شُبَيْنة) marraine, Bc; compagne de la mariée, M.

شَبِين (lat. sapinus, sappinus) sapin; Sam'ânî (man. de Lee), dans son article الشَّبِينِي, qui m'a été communiqué par M. de Jong, dit que الشَّبِين signifie شجر الصنوبر, que ces arbres sont fort communs sur les montagnes et dans les plaines de Bâlis en Syrie, qu'ils servent à la construction des vaisseaux, et qu'ils forment le principal moyen de subsistance pour la population de Bâlis; cf. Lobb al-lobâb 150 b. On trouve aussi ce mot en Espagne (l'esp. pour sapin est sabina); Homaidî, man. d'Oxford, 72 v°, dans son article sur le poète Abou-Alî Idrîs ibn-al-Yemân, dit que quelques-uns l'appellent اليابِسِي, c.-à-d. d'Iviça, parce qu'il était originaire de cette île, et d'autres الشبيني لأنّ الغالب على بلده شجرة الشبين وهي شجر الصنوبر. Aujourd'hui encore cette île est couverte de bois de sapins.

شَبَه I, aor. a, c. a. p. tenir de, ressembler à quelqu'un, Bc.

II شَبَّهْتُكَ لِفُلَان *je trouve que vous ressemblez à un tel*, Bc. — C. a. p. et ب alter., *prendre quelqu'un pour un autre*, Abbad. I, 229, n. 24, III, 82, Berb. I, 61, 5.a f.; Bc a la constr. شبّه عليه en ce sens. Dans Berb. II, 509, 6 a f., l'accus. de la personne est omis: فنصبه للامر مُشَبِّهًا ببعض اولاد السلطان اى الحسن; l'auteur se serait exprimé plus correctement s'il avait écrit: يُشَبِّهُ. — C. على p. *tromper quelqu'un en se donnant pour*, ب, *un autre*, Berb. I, 648, 5 a f.: وما كان من امر الدعىّ ابن ابى عمارة وكيف شبّه على الناس بالفضل ابن المخلوع بجبلة مولاى نصير; aussi c. لِ p., Berb. II, 384, 11: وانتسب لهم الى السلطان ابى الحسن وانه ابو عبد الرحمن ابنه فشبّه عنه فبايعوه. — C. فى r., *de même que* في, لَبَّسَ, *avancer des faits louches, équivoques*, Prol. I, 32, 3 (cf. la trad.); مِن غَير تشبيه *sans équivoque*, Bait. I, 338 b: وقد خَصَّصْتُ فائدة لجنَّتَه بذكر الفائدة فيقال الفائدة فتعرف من غير تشبيه. — يُشَبَّه أن *il semble que*, Djob. 37, 8; cf. Lane sous la V°, à la fin. — *Faire des figures, des images, des statues*, Payne Smith 1583. — *Feindre, dissimuler, déguiser, se contrefaire, faire semblant, simuler*, Alc. (fingir). — *Traiter un malade, en parlant du médecin qui prend soin d'un malade*, Voc., Alc. (curar el enfermo). — *Être en convalescence, relever de maladie*, Alc. (convalecer de dolencia); cf. V.

III *contrefaire*, Ht.

IV *défigurer, déguiser, rendre méconnaissable*, Alc. (desemejar).

V *se comparer*, Alc. (conpararse). — C. ب *être confondu avec*, Prol. III, 193, 2 a f. — C. فى p. *prendre quelqu'un pour un autre*, Bc. — C. فى *être en convalescence, relever de maladie*, Voc., Alc. (convalecer de dolencia).

VI c. a. p. *imiter quelqu'un*, Bc.

VIII c. ب *être confondu avec*, Prol. I, 66, 13. Voyez plus loin le partic.

شَبَّه, *comme nom d'un arbre, est Paliurus australis*, Bait. II, 82 c.

شِبْهَة العَمْد شِبْهَة est quand on a tué quelqu'un en le frappant, de propos délibéré, avec un objet qui n'est pas une arme, et qui n'est pas compté pour telle, de sorte qu'il est douteux s'il s'agit d'un meurtre intentionnel, M. — *Chose douteuse*, c.-à-d. *chose dont on ne sait pas au juste si elle est bonne ou mauvaise, permise ou défendue*, M, Macc. II, 159, 12: il ne faut pas défendre ce que Dieu a permis, والعجب من اهل زماننا يعيبون الشبهات وهم يستحلّون المحرمات. Les gens très-pieux appliquent la règle: «dans le doute, abstiens-toi;» cf. Edrîsî II., 11 (= Bayân I, 215, 15): والغالب على فضلائهم التمسّك بالخير والوفاء — En والعهد والتخلّى عن الشبهات واجتناب المحارم parlant de biens, de ce qu'on possède en argent, en fonds de terre, ou autrement: *ceux dont l'origine est suspecte*. Dans ceux-là seulement qui ont été dans la famille depuis un temps immémorial, il n'y a pas de *chobha*, et ce sont les seuls qu'on puisse employer, en toute sûreté de conscience, à de bonnes œuvres; les autres, qui ont passé de main en main, ne sont pas à l'abri du soupçon, les vendeurs ou les acheteurs ayant pu faire des fraudes; cf. Cartâs 30, 4: فورثتُ منهم مالا جسيما حلالا طيبا ليس فيه شبهة لم يتغيّر ببيع ولا شراء فاردت ان تصرف فى وجوه البرّ وفى تصرف فيه سوأه احتنياطا ibid. l. 12: واعمال لخير; de même 33, 14, 35, 5; منه وتحرّيا من الشبهات. R. N. 94 v°: وكان متوقّفا عن الشبهات طيّب المكسب. Aussi, ibid. 101 v°, les choses qu'on achète, mais qui sont حرام, parce qu'elles ont une mauvaise origine, فاسدة الاصل, comme on lit 102 r°. — *Un point de doctrine religieuse controversé*, Macc. I, 136, 12: si quelqu'un a la réputation de s'occuper de philosophie ou d'astronomie, le peuple le nomme impie, فان زلّ فى شبهة رجموه بالحجارة. — *Fidélité douteuse, suspecte*, Bayân II, 56, 13: فاستقدم منهم من اطّلع له على سوء سريرة وشبهة فى الثغر. — *Doctrine trompeuse*, Prol. II, 132, 8: Evitez البدع والشبهات, III, 122, 15: وتندفع شبهة اهل البدع عنها, Macc. II, 437, 8. — *Erreur*, Prol. I, 382, dern. l. — *Le semblant d'une preuve*, Becrî 184, 9; *preuve incertaine*, Prol. I, 169, dern. l: انقلب الدليل شبهة والهداية ضلالة. — *Soupçon, suspicion*, Bc, M, Djob. 138, 17: وحاشى للّه ان تعرض فى ذلك علّة تمنع منه' او شبهة من شبهات

شبه 726 شت

الظنون ترفع (تدفع l.) عنه'' BelAdz. 379, 3 a f.: يقـولون أقـوالًا بظـنّ وشبهة فإن قبل هاتوا حقّقوا ذو شبهة, Bc. — *Prétexte*, Prol. II, 112, 2 a f. — Les juifs espagnols, p. c. les traducteurs de Haï-youdj, employaient ce mot, comme me l'apprend M. J. Derenbourg, dans le sens de *lettre*, caractère de l'alphabet, l'hébreu אות, pl. אותיות. «Dans l'éd. Dukes,» m'écrit-il, «p. 14, l. 13, et Nutt, 12, 23, le mot מאותיות répond à l'arabe من شبهاته. Ibn-Djanâh lui-même se sert également de ce mot, mais il a le pl. شبه.»

شبهان *Paliurus australis*, Bait. II, 82 c, 84 d.

شبيه. Le pl. شبهاء dans le Voc. — شبيه بالمعيّن *parallélogramme oblique*, Bc, M. شبيه بالمنحرف *trapézoïde* (Hadji Khalfa), Bc.

شابهة *imitation*, Ht.

أشبه, suivi de من, *meilleur que*, Voc. (melius), Bayân I, 299, 4: وكان اشبه من غيره سياسةً لا ديناً, Djob. 181, 9, Abdarî 43 vº: سمعت انهم اشبه حالًا من المذكورين بكثير. — *Convalescent*, Voc.

تشبّه *véhémence d'une maladie*, Alc. (reziura de dolencia).

تشبيه *fiction, feinte*, Alc. (ficion fingimiento). — Le pl. تشابيه, comme traduction de مقدّمة, Payne Smith 1448.

تشبيهي *comparatif*, Bc.

تشابه, t. de philos., *identité de qualité* ou *d'accident*, M. — T. de rhétor., *quand le poète répète au commencement d'un hémistiche le mot qui est le dernier de l'hémistiche qui précède*, M.

مشبّهة. C'est ainsi qu'il faut prononcer le nom de cette secte, M, ce que j'observe parce que Freytag l'a laissé sans voyelles.

مشبوه *douteux*, Bc.

مشتبه. شيءٌ مشتبه est *une chose qui vous appartient de fait, mais non pas de droit*; cf. Macc. I, 556: Hacam Iᵉʳ possédait les moulins dits *du pont*. Un autre prouve que c'est à lui qu'ils appartiennent de droit, et le cadi les lui adjuge. Peu de temps après, Hacam les lui achète, et il dit, l. 16: كان في ايدينا شيءٌ مشتبه فصحّحه لنا (القاضي) وصار حلالًا طيّب المسلك في اعقابنا ❊

متشابه, t. de philos., *identique en qualité*, M. — T. de rhétor., que Freytag a expliqué d'une manière inexacte. C'est cette espèce de paronomase qui présente deux *rocn*, écrits de la même manière, mais dont l'un forme un seul mot, et l'autre deux, comme dans ce vers:

اذا ملكٌ لم يكن ذا هبّة فدعه فدولته ذاهبة

M, Mehren, Die Rhetorik der Araber, p. 155. — En parlant de certaines expressions du Coran المتشابهات, *celles qui se confondent aisément quand on récite le Coran de mémoire*; on dit alors p. e. وكان الله عزيزاً حكيماً, au lieu de dire: وكان الله عليماً حليماً, etc., M, avec une anecdote.

شبهن *gril*, Payne Smith 1516.

II. شبّى (dénom. de أشبى, qui est l'esp. aspa) *dévider, mettre en écheveau le fil qui est sur le fuseau*, Alc. (aspar).

IV c. a. p. et ب r. *gratifier quelqu'un de*, P. Aghânî 47, 4 a f.

شباة mors, Kâmil 53, 10. — فرأشته = شباة العقل, Diwân de Djarîr (Wright).

أشبى (esp.) pl. أشابى *dévidoir*, Alc. (aspa).

شبى I, n. d'act. شبى, *en parlant d'un étalon*, *couvrir une cavale*, M.

II. شىّ الفرس *faire couvrir une jument*, M.

شبيطر, سبيطر *héron à ce qu'il semble*, M.

شت I semble avoir le sens de *quitter sa patrie pour voyager* dans les 1001 N. Bresl. XII, 52, 4: il entendit les voyageurs dire: من لا يشت لا يتفرّج.

II العقل *dissiper, distraire, détourner l'esprit*, Bc.

V. تشتّت بهم الدهر «la fortune les a dispersés,» Gl. Mosl. — تشتّت الجيش بالمرّة «l'armée fut taillée en pièces,» Bc. — تشتّت العقل «l'esprit, l'attention se dissipe,» Bc.

شتات *discorde, différent entre deux personnes qui s'aiment*, Alc. (desacuerdo en amor). — *Schisme*, Voc.

— Guerre, Alc. (guerra). — شتَتَات العقل distraction, inattention, Bc.

والأرض شَتَّى كلُّها واحدٌ Un poète dit شَتَّى, Macc. II, 51, 15, c.-à-d. « les différentes parties de la terre sont égales. » On dit aussi: ولم تصرّف فى شتى الفنون « il était versé dans les différentes sciences, » Macc. II, 487, 9, cf. Fleischer Berichte 52. — أخٌ من شَتَّا, que le Voc. a sous frater, signifie demi-frère, celui qui n'est frère que du côté maternel, car Alc. donne من شَتَّى seul sous « ermano de la parte de la madre, » et de même, sans أُخْت, sous « ermana de la parte de la madre. »

شاتٍ dissipé, livré aux plaisirs, Bc.

مُشْتَتٌ guerrier, qui fait, qui aime la guerre, Alc. (guerreador).

شتر I tâter, toucher, manier doucement, 1001 N. Bresl. XI, 232, 9: وجعل يقوم الثالث الى الحمار ويشتره ويمسحه من راسه الى ظهره, 234, 11.

II ouvrir une grenade, الرمّان, Voc.

V quasi-passif de la IIe, dans le sens qui précède, Voc.

جَنْتَر = شِتْرٌ parasol, Quatremère Mong. 209 b, 210; mais je crois qu'il se trompe en ajoutant le pl. شتور, car il me semble que dans la phrase: نصيبت شتور من الخيام, il faut lire سُتُور.

شَتَرٌ الجَفنِ الأسفل renversement de la paupière inférieure, Bc.

أُشْتَار, en Espagne, Libanotis, Bait. II, 450 d (AB).

شتع.

مَشَاتِع (pl.) les endroits où l'on périt (مَهَالِك), M.

شتل.

شَتْلٌ plant, selon qu'on tire d'un arbre pour le planter; jeune bois, jeune verger, Bc. — Pépinière, Bc. — شتل بصل ciboule, Bc.

شَتْلَة ce que l'on détache des plantes pour le planter ailleurs, M; brin de plante, Bc; tige de plantes droites, comme tabac, aubergines, etc., Bc; pied, tout l'arbre, toute la plante; pl. شَتْلٌ, شتلة قرنفل un pied d'œillet, Bc; plante, Hbrt 46 (Alg.). — شتلة النَّسم antore ou antitoré, plante antivénéneuse, Bc. — شتلة القطن herbe à coton, herbe aux cancers, Bc. — شتلة الكتّان lin (plante). — شتلة النيل anil, plante dont on tire l'indigo, Bc.

مَشْتَل pépinière, M.

مُشَتَّل celui qui est habillé négligemment, M.

شَتَلَّق (?) espèce de gesse, Auw. II, 69, 4, 70, 16.

شتم. Au lieu de cette racine, on emploie سمت (voyez), qui en est la transposition. Dans la langue vulgaire de l'Espagne, شتم perdait son t, car Alc. donne sous « mal dezir de otro: » aor. nachúm, prét. xetémt, imp. achúm. Sous denostar, desenfamar, deslear, et desonrrar, il a: nachúm, achémt (achúmt), achúm. VII quasi-pass. de la Ire, Voc. sous vituperare.

شَتْم injure, Bc. — Reniement, l'action de celui qui renie sa religion, Alc. (reniego deste renegador).

شَتْمَة pl. شَتَم affront, injure, Alc. (baldon), parole injurieuse, Hbrt 247, blâme, reproche outrageant, Alc. (testimonio de vituperio), malédiction, Alc. (maldicion).

شَتِيمَة Le pl. شتائم, Gl. Mosl. (où on lit à tort que Bc donne شتم comme un pl.; il le donne comme un sing.).

شَتَّام blasphémateur, L (blasfemus), Hbrt 247.

شاتم injurieux, Ht. — Mordant, mordicant, qui médit, qui critique amèrement, Alc. (mordace maldiziente). — Celui qui a renié sa religion, rénégat, Alc. (renegador o renegado).

شاتمة plomb de chasse, Cherb. (Alg.), Ht, Delap. 140.

تَشْتِيم injure, Ht.

مَشْتَم pl. مَشاتم l'endroit où couche un chien, Voc.

شُتُنبِر septembre; avec ces voyelles dans le Voc.; Djob. 116, 2 a f., etc.

شتو I pleuvoir, Ht.

II شتّت الدُّنْيا il a plu beaucoup, M.

شَتْوِيّ, en parlant d'un port, bon dans ou pour l'hiver, Becrî 81, 9. — شتوي (واد نَهر), dans L flumen, un torrent qui ne coule qu'en hiver, dans la saison des pluies, M, Becrî 28, 4 a f.; واد عليه أرحاء

شَتْوِيَّة « une rivière qui fait tourner plusieurs moulins pendant la saison des pluies, » Becrî 115, 3.

شَتْوِيَّة hiver, Bc.

شِتَآء, à Mascate, *la saison des pluies*, Niebuhr B. 4. — Pl. أَشْتِيَة *pluie*, Voc., Alc. (lluvia), qui donne aussi نزل الشتا *pleuvoir* (hazer agua, llover), M, Domb. 54, Bc, Mc, Jackson 192, Bat. IV, 214, Macc. III, 133, 20. Aujourd'hui on prononce quelquefois شتَا ou شتَى.

الشَتَاوِي *les cultures que l'on entreprend sur des terres que le Nil n'a point inondées, ou qu'il n'a point couvertes assez longtemps, et qui exigent des arrosements artificiels*, Descr. de l'Eg. XVII, 17.

شَاتِئَة *pluvieux*, M, p. e. لَيْلَة شَاتِئَة شات, Müller 19, 14, R. N. 49 r°. — شَاتِئَة *campagne d'hiver*, l'opposé de صَائِفَة, Belâdz. 163, 1, Aghlab. 52, 3 et 5.

مَشْتَى, épithète d'un port, *bon pour l'hiver*, Amari 212, 4 : مرسى مشتى للسفن, Edrîsî, Clim. V, Sect. 2 : ولها مرسى حسن مأمون مشتى ; chez Becrî 81, 6 : ومرسى كبير مشتى من كل ريح je crois qu'après مشتى il manque un mot (abritant).

مِشْتَى *radis*, Mc, Roland, Barbier.

مَشْتَى. *Mchâta, cabanes construites pour l'hiver*, Carette Kab. I, 137, semble pour مَشَاتٍ, pl. de مَشْتَى. — *Muxêti* est chez Alc. envernadero, c.-à-d., je crois (voyez sous ساحل) : *lieu sur la côte où l'on mène paître le bétail pendant l'hiver*; il me semble que c'est le même pluriel.

شَجَّ I simplement *blesser* quelqu'un, c. a. p., Voc (vulnerare), Badroun 204, 3, 205, 14, Haiyân-Bassâm I, 23 v° : دخل الحمام سحرًا فابتدرى مناجمى بكوب — خاس تقبيل ضبه على هامته فشجَّه وغشى عليه. Pour la dernière signif.: on dit aussi بَشُجُّ الماء بالخمر « on mêle l'eau au vin; » voyez Gl. Mosl.

II, comme la Ire, شَجَّ الخمر بالماء, Gl. Mosl.

VII *être blessé*, Voc.

شَجَّة *cicatrice*, Voc. Comme le *chîn* suivi du *djîm* est difficile à prononcer, les Arabes d'Espagne l'ont adouci en *sîn*; chez Alc. c'est par conséquent سَجَّة, pl. سِجَاج (voyez); cf. سجر pour شجر, سَجْعَة pour شَجْعَة.

شَاجِب *cabale*, Ht.

شَاجَرَ II *devenir un arbre*, M, *s'élever en arbre, former un arbre*, Gl. Manç. v° حنا : يشاجر بدرعة, Auw. I, 193, 2 : وللجريد وبلاد المشرى ولا يشاجر بالاندلس. Pour les boutures (اوتاد) de coignassier, de grenadier et autres espèces pareilles, il faut, avant que leur reprise se manifeste, cultiver dans les carreaux, dans les intervalles, des plantes potagères qui exigent beaucoup d'eau, comme des plants d'aubergines, فهو موافق لها لانه شاجر (ل.يشاجر) على الوتد ويصونه عن الشمس. — C. a. dans le Voc. sous ficus (arbor). — *Former des figures d'arbres dans une mosaïque*, Djob. 85, 14; *peindre des arbres*, Macc. I, 323, 17. — *Brocher, passer des fils de côté et d'autre*, Bc.

V dans le Voc. sous ficus (arbor). — *S'aguerrir, s'armer de courage, prendre courage*, Bc.

VI. تشاجر الأمر بينهم, Badroun 254, 6 a f., dans le même sens que شجر الأمر بينهم, que Lane explique sous la Ire, au commencement.

شَجَر, n. d'un. ة. Au lieu du coll. شَجَر, qui a l'accent sur la seconde syllabe, le Voc. a شَجَر. — Comme le *chîn* suivi du *djîm* est difficile à prononcer, on l'a adouci en *sîn* (cf. سَجَّة pour شَجَّة, سَجْعَة pour شَجْعَة; Bc donne sous *arbre*: سَجَرَة, pl. اسجار ou اشجار ou coll. سجر. » Selon Cherb. C, on dit constamment en Algérie *sedjra* pour شَجَرَة (chez Ht شجر est *ronce*, et شجرة *arbre*). A Grenade on prononçait سجر et شجر (*figuier*; voyez plus loin). — *Figure d'arbre en mosaïque*, Djob. 337, 11. — En Espagne, *figuiers*, n. d'un. ة, *un figuier*, Voc, Calendr. 41, 1 (cf. l'ancienne trad. latine). Chez Alc. avec le *sîn* (oijár) (higuera arbol, cf. higueral); *figuier qui porte des figues noires*, Alc. (higuera breval); Hernando de Baeza dans Müller L. Z. 60, 5 : « la higuera grande, en aravigo acijara quibira. » — Mots composés:

شجر الحب *mélilot*, Most. v° اكليل الملك: قيل هو

شجر ; ensuite dans le seul Lm:.(l. ومنه) ومنها صنف رابع وهو المنسوب لشجر الحب ۞

شجر الحاج Hedysarum alhagi; mais chez Rhazès erica arborea, Bait. I, 207 b, 278 b (mal traduit).

الحياة — thuya, Bc.

شجر البسر. — النُّقَب voyez

الشجر الرِّيفي le noisetier; voyez sous ريفي.

شجر العرب érable, Bc.

العَفص — chêne, L (quercus).

ككنة — acacia, Bc.

قناديل — grand candélabre de cuivre, Burton I, 325.

الكافور — laurus camphora, Bait. I, 509 c.

المنشور — arbre qui ressemble au laurus camphora, Bait. I, 509 c.

البُسْر — (l'arbre de l'opulence), nom d'un arbre, Bait. I, 444 c: ونواره اشبه شي بنوار شجر البسر؛ المسمى شجر الذهب النسر B ; mais la leçon que j'ai donnée se trouve dans ADEL (ce dernier a les voyelles), et elle est confirmée par l'autre nom (l'arbre de l'or).

Mots composés avec شجرة:

شجرة ابراهيم voyez Bait. II, 86 j; quinquefolium, Most. v° بناجنكست, Gl. Manç. v° كف الحمأ. On cultive la petite espèce dans les maisons, et quelques-uns l'appellent شجرة مَرْيَم, Bait. II, 79 c.

ابى مالك — nom d'un arbre décrit Bait. II, 84 g.

الله — Iuniperus sabina, Bait. II, 85 d.

بارده — le petit convolvulus, Bait. II, 86 a, cf. A. R. 374.

البراغيث — voyez sous برغوث.

الشجرة المباركة le laurier-rose, Auw. I, 400, dern. l. et suiv.; nommé ainsi par antiphrase.

شجر البَقّ voyez sous le second mot.

البهق = القنابرى, Plumbago europea (?), Bait. II, 87 b.

التنين — le grand Arum, Bait. II, 86 f.

التيس — tragion, Bait. II, 86 c.

الشجرة الثمراء espèce de pithyuse, شبرم, Auw. II, 388, 1 et 2.

شجرة الجِنّ est le غبيراء, Auw. I, 326, n. *, où il faut lire avec notre man.: وقيل انه شجرة الجن يجتمعون البها الجن. Il porte aussi ce nom dans un ouvrage que cite Clément-Mullet, I, 303, n. 1, et il l'a reçu parce qu'on croit qu'après le coucher du soleil des Djinns se réunissent à l'entour de ces arbres.

جهنم — pigeon-d'Inde, ricin (plante), Alc. (higuera del infierno, cijâra).

الحَبّة الخضراء — térébinthe, Bait. I, 144 g.

حُرّة — Melia Azederach, Bait. II, 85 c.

الخنش — Arum, Most. v° لوف, A. R. 205.

الحيّات — (l'arbre des serpents) cupressus sempervirens, ainsi nommé parce que les serpents aiment cet arbre, Bait. II, 85 f.

الخطاطيف — Chelidonium, Bait. II, 86 g.

الدَبّ — Les auteurs ne sont pas d'accord sur le sens de ce terme; voyez Bait. II, 85 a.

الدبق = المخيطا (AB), Bait. II, 85 g.

الدم — Anchusa tinctoria, Bait. II, 85 h; — polygonum, L (poligonos).

رستم, en Ifrîkiya, Aristolochia longa, Bait. II, 86 d (biffez l'article, AB), Most. v° زراوند طويل.

المُرْقِد, en Espagne et en Afrique, Datura Metel, Bait. I, 269 c.

الصَّنم — (l'arbre de l'idole) = سراج القطرب, ainsi nommé parce que sa racine a la forme d'une idole qui est debout, avec des mains, des pieds, et tous les autres membres du corps humain, Bait. II, 14 f.

الضفادع — ranunculus asiaticus, Bait. II, 85 i.

الطحال — Lonicera Periclymenum, Bait. II, 85 b.

الطلق — arbuste épineux, de la grandeur de la pastèque, dont la racine, qui est ronde, ressemble au navet, et dont les branches s'entrelacent. On l'appelle l'arbre de l'accouchement, parce que l'eau dans lequel on le trempe est un remède qui hâte et facilite l'enfantement, Most., Bait. II, 85 k (autrement dans mes man.), man. 13 (3), Antâkî. Selon les deux derniers auteurs, c'est = كف مَرْيَم; mes man. de Bait. n'ont pas cela.

الغَرس, en Ifrîkiya, réglisse, Most. v° سوس, A. R. 373; شجرة الفرس Astragalus Poterium, Bait. II, 563 c (AB; le premier a la voyelle).

شاجو | 730 | شاجر

الشاجرة الفارسية = لبخ, Most. sous ce dernier mot.

شاجرة مَرْيَم = كَفّ مَرْيَم, Bait. II, 87 a.

— الكلب — *Alyssum*, Bait. II, 85 j.

مَرْيَم — nom d'un grand nombre de plantes: en Espagne, *Parthenium*, Alc. (yerva de Sancta Maria, cijârat mêryem), Ibn-Djoldjol (man. de Madrid), qui le donne comme un nom dont se servait le vulgaire en Espagne, Bait. II, 86 k (cf. I, 69 b), Auw. I, 31, II, 312, 7, cf. Clément-Mullet II, 302, n. 1; cf. A. R. 370; — *Libanotis*, Bait. II, 86 k, Most. — *Cyclamen Europœum*, Bait. II, 86 k; — *Quinquefolium*, ibid.; — un arbre qui ressemble au coignassier, ibid.; — absinthe, Pagni MS, chez Cherb. شاجرة

أَمّنا مريم; — *artemisia arborescens*, Prax R. d. O. A. VIII, 280.

المَلِك — *anchusa*, L (ancusa).

موسى — *rosa canina*, Bait. II, 86 b.

البهام — *heliotropium*, Bait. II, 86 h (AB).

شاجريّة *bosquet*, Bc. — *Pépinière*, Bc.

شَجَرات. Dans Berb. I, 530, 8, ce mot doit signifier, non pas *arbres* en général, mais *figuiers* (cf. l'article شاجر), car on y lit: ثم جمع الايدى حتى قطع تخييلهم واقلاع شاجرائهم (corrigez: واقتلاع, comme porte notre man. 1351). Je crois donc qu'il faut lui attribuer le même sens I, 634, 9 a f., II, 134, 2 a f., 299, 8, 319, 9, etc.

شاجارية *les plantes, les substances qui entrent dans un médicament composé*, Amari 622, 6 a f.: وهو أوّل من عمل بقرطبة ترياق الفاروق على تصحيح الشاجارية التى فيه. Ce mot a fort embarrassé de Sacy (Abdallatif 500, n. 19), qui ne l'a pas compris.

شاجار *botaniste*, Amari 622, 4 a f., Gl. Manç. v° نسرين: وليس ما يمنعه شاجارو المغرب بصحيح. Bait. I, 5 c, 27 b, 37 c, 54 c, 69 b, etc.

مَشْجَر, *bosquet, bois*, forme au pl. مشاجر, Amari 49, 4 a f., Cartâs 280, 6 a f.

مُشَجَّر *boisé*, P. Prol. III, 370, 11. — (Candélabre) *à plusieurs branches*, Djob. 151, 2. — *Damas, étoffe de soie à fleurs*, Bc. — *L'écriture chinoise, parce qu'elle est entrelacée comme des branches d'arbre*, M.

شاجع V *convaleo*, L.

شاجعة *duel*, Alc. (trance de armas; Nebrija ne donne ce terme que dans le sens que j'ai indiqué) avec le *sîn*, pour faciliter la prononciation; cf. شَجّ pour شَجّ, سجر pour شجر.

شَجَاعة العَرَبيّة, t. de rhétor., est التَحَذّف, M, c.-à-d. éviter l'emploi de certaines lettres.

شاجن II *rider*, Voc.

V *être ridé*, Voc., Bait. I, 182 c: وفى اصول مجفّف متشاجنة متغضّنة. Le verbe غضن V a le même sens.

شَجَن pl. أشجان, en poésie, *un objet qui cause de la douleur, de la tristesse*, c.-à-d. *une amante*; ainsi dans le vers شَجَنان لى, etc., que cite Lane et qu'il n'a pas compris; voyez Gl. Mosl.

شاجن II *toucher, émouvoir*, Bc.

شجو. Lane (2e signif.) n'a pas bien expliqué ce mot, parce qu'il ne connaissait pas le sens de حاجة (voyez). C'est, de même que شجن (voyez): *un objet qui cause de la douleur, de la tristesse*, c.-à-d., *une amante*. — Proprement *tristesse* ou *plainte*; de là *l'expression de la tristesse, chant plaintif*, comme le roucoulement des pigeons. On peut adopter le premier sens dans des passages comme P. Macc. I, 468, 17, où il est question de pigeons: رَدَدْنَ شجوًا شَجا (cf. 527, 14), Abbad. I, 43, dern. l.: وقد ردّدت الطير شجوها وجوّدت طربها ولهوها قلبى لحُلى, mais celui de *chant plaintif* convient mieux à P. Macc. II, 408, 3:

قد طارحتك بها للحمائم شجوها فيجيبها ويرجّع الألحانا

P. II, 530, 3 a f., aussi sur une roue hydraulique:

وذى حنين يكاد شجوًا يختلس الأنفس اختلاسا

Haiyân-Bassâm III, 50 v°, où quelqu'un dit à une jeune fille qui est fort triste: خَلّى عودَك فغنّى زائرنا بشجوك. Cf. l'article qui suit.

شجٍ et شجىّ *plaintif, languoureux* (صوت, *ton, voix*), *touchant* (حسّ, *son de voix*), Bc (شَجِىّ), Djob. 298, 1: يمشون امام الجنازة بقرّاء يقرعون القرآن

شج

باصوات شَجِيَّةٍ وتلاحين مُبَكِّيَةٍ تكاد تنخلع لها النفوس شجوا (l'éditeur a écrit le mot avec un *techdîd*; je crois devoir l'omettre, parce que مبكية n'en a pas), Cartâs 42, 4 a f.: وكان له صوت شاجن حسن يَبْكى شَجِي, mais lisez شَجِي, comme dans notre man., Müller 34, 6 a f.: فدولابها ساجى كلّ من يسمعه يقرأ القرآن (l. المضمار). — شَجِي *Harmonieux* (صوت, voix), Bc, *mélodieux*, de Sacy Chrest. II, ٨, 2, 1001 N. I, 256, 12: وبايديهم العيدان — فيجعلن يغنين بكل صوت شَجِي فغلب الطرب على اخى ⁕

أَشْجَى *très-harmonieux, très-mélodieux*, Abbad. II, 66, 5.

شجح I c. ب ou على r. *ménager une chose, ne l'employer qu'avec réserve, tâcher de la conserver*, Bidp. 9, 4 a f.: وانها متى اشرفت على مورد مهلك لها مالت بدبائتعها التى ربّتت فيها شَجَحاً بانفسها وصيانةً لها الى النفور قد عرفت والتباعد عند Mohammed ibn-Hârith 346: محبتى لك وشَجَحى بجميع اسبابك; *faire une chose avec ménagement, circonspection, précaution*, Auw. I, 201, 19: الشَجَح على قَطْعها. — C. في p. *vouloir du bien à quelqu'un*, M. — شَجَح في النهر *il y a peu d'eau dans la rivière*, M. — شَجَح في الوزن *avoir moins que le poids*, Bc.

II c. a. dans le Voc. sous *avarizare*.

III *chicaner*, Prol. III, 76, 2 a f.: لا مشاجَحة في الالفاظ «on ne doit pas chicaner sur les termes» (de Slane), Macc. I, 601, 2. Le M a aussi cette signif. (ماحَكَه) et l'expression لا مشاجَحة في الاصطلاح, que Lane n'a pas comprise, car elle signifie, comme on lit dans le M: il ne faut pas trop scruter les termes conventionnels des Bédouins ou des savants, ce que l'on fait quand on demande toujours: pourquoi ont-ils donné tel nom à telle chose? Le n. d'act. aussi: *exactitude scrupuleuse*, Macc. I, 82, 18.

V dans le Voc. sous *avarizare*.

VI c. في r. *se disputer une chose*, M, Bocri 18, 11, Prol. II, 322, 3.

شَجّ Prax 28 nomme parmi les verroteries: «le *cheh* (chose dont on est avare), qui a une forme circulaire et plate, et la couleur de l'ambre jaune. Les Arabes et les nègres prêtent au *cheh* la vertu des talismans.»

شَجّ بَكّاى *pleure-misère, pleure-pain*, avare qui se plaint toujours de sa misère, Bc.

شَجّة *parcimonie*, Bc.

أرض شَجاح شَجاح, que Freytag et Lane ont expliqué d'une manière peu satisfaisante, pour ne pas dire inintelligible, signifie: *une terre compacte et dure, qui ne s'imbibe pas d'eau*, de sorte que les radicelles des plantes sont privées dans son sein de l'humidité vivifiante; voyez Auw. I, 39, 16 et suiv., où il y a plusieurs fautes dont on peut corriger quelques-unes avec l'aide de notre man.

ايّام الشَحائح شَجِج *les jours d'automne pendant lesquels il y a peu d'eau* [dans les rivières, à ce qu'il semble]; — الشَحائح من السنين *des années où il y a peu de pluie*, M.

مشَحلح *avare*, Ht.

شحب

II c. a. *faire pâlir*, Voc.

شَحْبة *pâleur*, Voc.

شحت

شاحَت (pour شحذ) I *mendier*, 1001 N. Bresl. IX, 354, 355, X, 305, dern. l.: شاحتين ومشحوتين, ou Macn. a سائل ومستطيل.

شَحاتة *mendicité*, Bc, Burckhardt Prov. 19.

شَحّات *mendiant*, Ht; — fém. ة *pauvresse*, femme pauvre qui mendie, Bc, Lane M. E. I, 394; — *pustule sur le bord de la paupière*, Lane l. l.

شاحت *mendiant*, 1001 N. Bresl. II, 89.

شحتل

شَحْتول *vieux bouc*, M. — *Un homme méprisable et mal vêtu*, M.

شحد

شَحَد (pour شحذ) I *demander, quêter, demander sa vie, gueuser, mendier, trucher*, Bc.

II شَحَد الناس من كثر لجرائم *pressurer, épuiser par des impôts, des taxes*, Bc.

شَحادة *mendicité, truanderie*, Bc.

شَحّاد *gueux, mendiant, trucheur*; fém. ة *pauvresse*, Bc.

شحذ

شَحَذ I *tailler des rubis*, Hist. Tun. 130: l'exil les

avait purifiés خلوص التبر بالسبك والفرند بالصقل واليَاقوت بالشَحذ. — Proprement *aiguiser*; au fig., عزيمة مشحوذة, P. Berb. II, 288, 8 a f., où nous dirions « ferme résolution; » c. a. p. et على r., Fragm. hist. Arab. 247, 5: il le nomma gouverneur de Médine, وشحذه على طلب محمد وإبراهيم, « et l'excita à faire rechercher, » etc.; mais c'est peut-être la IIe (voyez). — *Mendier*, M, Ht, Hbrt 221; on dit: يشحذ المُدية في الكُدية, voyez Abbad. I, 195, 4 et n. 13. — *Demander des faveurs, des gratifications, des présents*, Macc. I, 798, 12.

II *solliciter, inciter, exciter à*, Bc; voyez sous la Ire.

شَحّاذ العَين *loriot, bouton à la paupière*, M.

N. B. Comparez شاحن et شحد.

شَحْذُوف. En traduisant ce mot par *limitatus* (de monte), Freytag n'a pas compris le مُحَدَّد du Câmous; c'est *pointu*.

شحر II *purifier, affiner, épurer, ôter par le feu ce qu'il y a de grossier, d'étranger dans l'or, l'argent ou autres métaux*, Abbad. III, 225–6, Lettre à M. Fleischer 225, Voc. — *Souiller de suie*, M. (Bc a ce verbe, mais j'ignore en quel sens, car dans l'Index il y a une faute dans les chiffres).

V *être souillé de suie*, M.

شُحْرور *merle*, Bc, Hbrt 67, *merle noir*, Fleischer Gl. 66. — شحرور الكَنيسة *l'apôtre saint Paul*, M.

شَحيرة *substance qui sert à purifier les métaux*, Lettre à M. Fleischer 225, Voc., cf. Bait. II, 93 d.

شَحْرورى *fou, sot*, Voc.

شَحْرورية *folie, sottise*, Voc.

شَحّار *terre noire*, M. — *Suie*, M, Bc, Hbrt 197.

اسحارة = أشحارة *sisymbrium polyceraton*, Bait. I, 217 b; D a أشحارة et اسحارة, avec معا au-dessus, pour autoriser les deux lectures.

شحط I c. a. r. *traîner*, v. a., *tirer après soi*, على الأرض, M. — *Traîner*, v. n., *pendre jusqu'à terre*, في الأرض, Bc. — شحط في الأنبوب *sucer* quelque liqueur *au moyen d'un tuyau*, M. — *Fouetter, flageller*, Ht, *fouetter* (avec sa queue), Daumas V. A. 190. — *Echouer*, donner contre un écueil, Bc (Barb.).

II. La signif. que Freytag donne en dernier lieu d'après Djauharî, ne se trouve pas chez ce lexicographe; c'est une erreur, Ztschr. XIV, 341. — *Toucher, heurter contre*, Hbrt 130 (Alg.); *faire naufrage*, Hbrt 131.

شَحْط pl. شُحُوط *barre*, ligne, trait de plume, Bc.

شَحْطة *barre*, ligne, trait de plume, *filet*, ligne, trait, Bc.

شُحَيْطة voyez l'article qui suit.

شَحّاطة *allumette chymique*; quelques-uns disent شَحيطة, M.

شاحُوطة *le râle de la mort*, M. — *Scie pour diviser la pierre*, M.

مِشْحاط *fouet*, Bc (Barb.).

مَشْحوط *tendu* (style), *sans aisance, sans souplesse*, Bc.

شحطط I *entraîner, traîner avec soi*, Bc, Mehren 30. — *Tirailler, tirer à diverses reprises de côté et d'autre*, Bc. — *Charmer, plaire beaucoup, ravir*, Bc.

شَحْطَطة *dérangement, désordre*, Bc. — *Attraits, appas*, Bc.

شاحف II c. a. *couper un melon, etc., par tranches*, M.

شَحْفة pl. شَحَف *morceau plat qui tombe d'une pierre quand on la taille*, M.

شحل I *appauvrir*, Ht.

شحم II c. a. p. *faire manger à quelqu'un de la graisse*, M; mais c'est peut-être une faute, au lieu de la Ire, que Lane a en ce sens. — *Rendre gras*, Voc. — *Suiver, enduire de suif, de graisse*, Alc. (ensevar untar con sevo, le part. pass. sevoso lleno de sevo).

V *être gras*, Voc.

شَحْم, n. d'un. ة. شحم الأرض *Garcinia Mangostana*, Bait. I, 274 b. — شحم حاجر الأرض même sens, Most. v° جوز جندم (dans N شحمة). — الشَحْم على اللَحْم (proprement: la graisse sur la viande) nom d'une pierre à taches blanches et rouges (ou brunes), M. — شحم المَرج *marrube*, Voc.

شَحْمى *graisseux*; — شمع شحمى *chandelle*, Bc. — *Pulpeux, en parlant de la racine d'une plante,* l'opposé de خَشِيَ‎, Bait. I, 259 b: وليس جرم العرق منه بخشى بَلْ هو كلّه شاحمى سواءٌ. — *De couleur de turquoise*, Alc. (turquesado color, xahmí).

شَاحْمِيةُ الأَرض‎ *guimauve*, Alc. (malvalisco yerva).

شَاحْمانى‎ *sorte de raisin charnu et à gros pepins*, M.

شَاحِيم‎, chez les chrétiens de Syrie, *grand bréviaire*; le petit s'appelle شَاحِيمَة‎, M.

شَاحِيمَة‎, en Espagne, *véronique*, Bait. I, 76 b (AB).

شَاحَام‎ nom d'une plante qui sert de nourriture aux bêtes de somme et dont on fait des balais, M.

مُشَاحِم‎ *pulpeux, charnu* (fruit), M.

شاحن‎ I *garnir une place de guerre, la munir de tout ce qui est nécessaire pour la défendre*, Belâdz. 133, 10, 163, 6, 165, 10; le n. d'act. n'est pas seulement شَحْن‎, mais aussi شَحْنَة‎, *ibid.* 128, 11, 133, 12, 134, 3, 168, 15. — Au lieu de la constr. correcte: شَحْن المَرْكَب بالمَتَاع‎ (Becrî 36), on trouve dans le Bayân I, 176, 3: اكترى مراكب وشحن فيها متاعا كثيرا.

II c. ب‎ *charger une chose de, y mettre trop de*, Bc.

IV. اشحنه بالجراحات‎ *cribler de blessures*, Bc; mais je soupçonne que c'est une faute d'impression et qu'il faut أَثْخَنه‎, qui a ce sens.

شَحْن‎ *cargaison*, M.

شَحْنَة‎ *munitions de guerre*, dont une place doit être pourvue, Belâdz. 188, 1: ووضع فيها شحنتها من السلاح‎. — *Munitions de bouche*, avec le pl. شَحَن‎, Rutgers 159, 4 du texte arabe: ما كان من شحنة‎, 127, 8, 159, dern. l., 160, 13 et 16, 176, 14. — *Cargaison*, R. N. 88 v°: فانفتح لنا لوح فرجعنا الى قمودة وفرّغنا بعض الشحنة او الشحنة كلّها ثمّ اصلحنا المركب‎. — Ce mot désigne, suivant les temps et les pays, *un gouverneur*, celui qui est chargé de maintenir la police dans une ville, *un chef, un préposé*. Le pl. est quelquefois شَحَن‎, mais plus souvent شَحَانى‎. Voyez Maml. II, 1, 195—6, de Slane, trad. d'Ibn-Khallic. I, 172, n. 4. Selon Djob., 301, 15, le *chihna* était en Orient ce que le صاحب الشُرْطَة‎ était en Espagne, et Bat., III, 169, dit que c'était le حَاكِم‎ ou magistrat de police.

شَاحْنَكِيّة‎ le rang de *chihna* (voyez), *de gouverneur*, Maml. II, 1, 196.

شَحْوَر‎ I *marqueter, tacheter*, Bc.

شخّ‎.

شَخّ‎ *pissat*, Bc.

شَخَاخ‎ *pissat, urine*, M, Bc; على شِخاخى‎ «j'ai envie de pisser;» قطر فى الشِخاخ‎ *pissoter, uriner fréquemment et peu*, Bc.

شَاخَة‎ *pissat, urine*; كبّ شاخته‎ *pisser*, 1001 N. Bresl. VII, 134.

شَخَاخى‎ *urineux*, Bc.

شَخَّاخ‎ *pisseur*, Bc; *pissenlit*, M, qui a aussi le fém.

مِشَخّ‎ *pissoir, baquet pour pisser*, Bc.

مَشَخَّة‎ *trou pratiqué dans la culotte et par lequel on pisse*, M.

شاخت‎ I *tuer, égorger vite*, M.

شَخَّت‎, suivi de الخِلْقَة‎, *hâve, pâle, maigre*, Bc.

شاختر‎.

شَخْتُور‎ et شَخْتُورة‎, pl. شَخَاتِير‎, *grand bateau*, Hbrt 127, *barque, grand bateau, polacre ou polaque, sorte de bâtiment*, Bc, *petit bâtiment avec un seul mât au milieu*, M, Freytag Chrest. 135, 3, Amari Dipl. 200, 3, 1001 N. Bresl. VII, 184, 347.

مُشَخْتَر‎ (vêtement, robe) *qui tombe, qui pend d'une manière inégale*, M.

شاخداديمة‎ semble signifier *propre à tout*, Bâsim 68: الَّا يا قاضى انا قوى شاخديكة‎; si vous le voulez, je deviendrai cadi, moine, ou autre chose.

شَخَر‎ I *ronfler*, M, Bc, Hbrt 43, Ht, 1001 N. II, 26, Bresl. II, 63.

II *renifler, retirer en respirant l'air ou l'humeur des narines*, Bc. — *Ronfler*; aussi au fig., *faire un grand bruit*, Bc. — *Coasser* (grenouille), Bc.

شَخِير‎ (pers. شَخِيرَن‎ et شَخَّار‎; M. Kern m'apprend

شاخزنايا

qu'un des noms du vitriol est en sanscrit çekhara) *vitriol jaune*, ou selon d'autres, *le vitriol vert* ou *sulfate de fer*, Most. et Antâkî v° زاج, Bait. I, 510. Le mot est plus ou moins altéré dans les man.

شَخَّاز *renifleur, ronfleur*, Bc.

شَخَّارة, t. d'anat., *trachée-artère*, Bc.

مُشَخِّر *qui a la morve* (cheval), Daumas V. A. 189.

شاخزنايا ou شكرنايا *sorte de médicament composé*, Gl. Manç.; c'est un lénitif, Ibn-Wâfid 4 r°, qui donne la recette 21 r°.

شاخس.

مشاخس *morailles, torche-nez*, Bc.

شاخْش, n. d'un. ة, *pigeon sauvage, ramier*, Alc. (çorita paloma).

شاخشخ.

شاخْشيخ *bas* (chaussure), Hbrt 21 (pour شاخشير).

شاخشيخة *hochet, joujou d'enfant* (avec ses grelots), *joujou*, Bc.

شاخشر.

شاخشير pl. شخاشير et شخشور (turc جَقْشير, ou mieux چاقشر), *chausses, haut-de-chausses, pantalon en étoffe légère*, joint à des chaussures de peau, Bc, Woltersdorff; — *bas* (chaussure), Hbrt 21, Ht.

شاخص I *fixer, regarder avec attention*, Bc, c. الى, Voc. (aspicere), Haiyân 50 v°: وغيرهم شاخصة الى .هؤلاء النفر ياتنسون فى الثبات على دعوة السلطان C. فى *obstupescere*, Voc. — L donne: *convexat, invexo*, أشخص, *fatigatio*, شخص, *ministratio* (et subministratio et ministerium) خدمة وشخص.

II voyez Lane; de là تشخيص الأمراض, t. de médec., *diagnostic*, M. — *Compellere*, Voc.; L: *angario*, أستخر وأشخص. — *Faire des figures, des images, des statues*, Payne Smith 1583.

IV *envoyer quelqu'un*, Abbad. I, 232, n. 39, 430, Gl. Badroun, Gl. Belâdz., Gl. Fragm., Haiyân 52 r°, Berb. I, 32, 214, 227, 235, 254, etc. — *Faire venir quelqu'un*, Khallic. I, 135, 10 a f. Sl., Mohammed ibn-Hârith 249: ولمّا قدم من رحلته اشخصه الامير للحكم بن هشام رحه واستقضاه قضاء للجماعة بقرطبة. — *Aller*, Gl. Belâdz., Gl. Fragm., Macc. I, 216, 12. — (Biffez chez Freytag la signif. qu'il donne en premier lieu, Gl. Belâdz.).

V. تشخّص له لخيال *l'ombre se montra à lui sous la forme d'un corps*, il crut que l'ombre était un corps, M. — C. a. p. *se représenter l'image de quelqu'un, une personne absente*, Bc. — Quasi-pass. de II dans le sens de *faire des figures*, Payne Smith 1583. — *Se mettre en voyage*, Gl. Djob. — Dans le Voc. sous compellere; peut-être: *être obligé de partir* (cf. sous la II°).

شخص *flan*, t. de monnayage, *pièce de métal qu'on a taillée et préparée pour en faire une pièce de monnaie*, اشخاص الدنانير والدراهم, Prol. II, 47, dern. l., 48, 1. — *Médaille*, pièce de métal frappée en l'honneur de quelque personne illustre, Bc. — *Rôle*, personnage, ce qu'un acteur doit jouer; شخص تقليد *personnage*, Bc. — *Figure*, représentation d'un objet; ainsi les figures des plantes, qui se trouvent dans l'ouvrage de Dioscorides, sont nommées أشخاص العقاقير, Amari 622, dern. l., 623, 5 et 7. Dans le passage 622, 4 a f.: تصحيح اسماء عقاقير الكتاب وتعيين اشخاصه, il ne faut pas changer le dernier mot en اشخاصها, comme l'a fait l'éditeur dans les annot. crit., car la leçon du texte est confirmée par les deux man. d'Oxford, et le pronom se rapporte à الكتاب, «les figures de l'ouvrage.» شخوص خيال الظل «les figures qui servent pour les ombres chinoises,» Maml. I, 1, 153. Dans les 1001 N. Bresl. II, 46, 4 a f.: وهو قاعد كبّة كأنه شخص او لعنة. Le bossu était donc assis (les jambes croisées) en peloton, et ressemblait à une de ces figures grotesques qu'on nomme magots de la Chine ou pagodes. *Statue*, M, Bc. Le vulgaire, comme il l'a fait souvent en d'autres cas, a formé du pl. شخوص le n. d'un. شخوصة, qui s'emploie dans le même sens que شخص, *figure, statue*; on le trouve 1001 N. Bresl. XI, 444, 12: وعلى الشادروان شخوصة من الذهب ⁕

شخصى *personnel*, Bc, M; شخصيا *personnellement*, Bc; الأعلام الشخصية *noms propres*, comme Zaid et Fâtima, l'opposé de الأعلام الجنسية, comme Pharaou et Chosroës, qui sont les noms communs sous lesquels on désigne les anciens rois d'Egypte et de Perse, M.

شَخْصِيَّة *personnalité*, Bc.

شُخُوص *maladie du cerveau, dans laquelle les yeux restent toujours ouverts*, Gl. Manç. in voce. — *Engourdissement général, maladie des nerfs dont l'effet est qu'on reste dans l'état où l'on est, qu'on soit assis ou debout*, M. — *Léthargie*, M.

شَخْوَصَة voyez sous شَخَّص.

مُشَخَّص *sorte de dinâr qu'on frappait à Venise*, M. Probablement cette monnaie d'or de Venise qu'on appelle *sequin*. Le M prononce donc ce mot autrement que le TA dans Lane.

مُشَخَّص *effectif, qui est réellement et de fait*, Prol. II, 52, 9.

شَدَّ I, *attacher*, n. d'act. vulg. شِدَاد, P. Prol. III, 367, 14 (j'ai corrigé et expliqué ce vers dans le J. A. 1869, II, 178), et شَديد, Burckhardt Nubia 387; — شدّ الأحمال على الدوابّ au lieu de شدّ الرحال (*charger les bêtes de somme*, Bc), on emploie aussi شدّ seul dans le sens de *seller* ou *charger*, et lorsque la caravane doit se remettre en marche, le chef crie: شدّ على العيس (n. d'act.). Quand on trouve شدّ الشديد Becrî 35, Ztschr. XXII, 75, 3, il faut sous-entendre السرج; mais on dit aussi شدّ للحصان, *seller un cheval*, Bc, شدّ للحمار, *bâter, mettre un bât sur un âne*, Bc, 1001 N. I, 447, dern. l., شدّ راحلة 1001 N. I, 397, 3 a f. Bc a للحزام et شدّ seul dans le sens de *sangler*. Dans celui de *charger* c. d. a., 1001 N. I, 81, 5 a f.: وشدّينا عشرة جمال هدايا où شدّينا est vulg. pour شدّدنا, «nous chargeâmes dix chameaux de présents.» — شدّ الأزرار *boutonner*, Bc; le verbe seul s'emploie aussi dans le sens de *boutonner, agrafer, lacer*, Alc. (abrochar, atacar); — *fermer*, Voc. (claudere); — شدّ عمّته *rouler son turban autour de la tête*, Meursinge ٣٣, 5 a f.: شَدَّتْ عِمَّتَهُ أَكْثَرَ نَهَارِ الى التفسير (cf. p. 124), c.-à-d., la plupart du temps, quand il mettait son turban pour sortir, c'était pour aller expliquer le Coran. — *Roidir, rendre roide, tendre, bander, tirer une corde*, Bc, شدّ القوس *bander un arc*, Bc, Hbrt 133; شدّ بالزود *distendre, causer une tension violente*, Bc. — *Se roidir, tenir ferme, ne pas se relâcher*, Bc. — *Etreindre*, Alc. (apretar), Bc. — *Garnir une place de guerre, la munir de tout ce qui est nécessaire pour la défendre*, بالرجال, Abbad. I, 248, 2 a f., Haiyân 83 r°: وشدّ شدّ موسى بن نصير حصون الحاضرة برجاله, Cout. 4 v°: واخذ. — *Emballer*, Nowairî Afrique 24 v°: الأندلس الأمتعة النفيسة. — *Relier un livre*, Bc. — C. على *comprimer, presser avec violence, serrer*, Bc, Bat. III, 36: كان يصافحه ويشد بيده على يده «il lui prenait la main et la lui pressait.» — C. على p. *insister auprès de* quelqu'un, Gl. Fragm. — C. لِ p. Ce verbe ne m'est pas clair dans ce passage, Ztschr. XX, 506: وشدّ الغواة فى سائر الفنون للاستاذين. — C. مع p. *se ranger du côté de, prendre le parti de* quelqu'un, *pousser à la roue, pour aider, tenir pour*, Bc. — شدّ *serrer de près une ville*, Abbad. I, 224, 7. — شدّ للحصان *serrer la bride, tenir la bride courte à un cheval*, Bc. Dans les 1001 N. II, 46, 4 a f.: شدّ لجام الحمار dans le sens de: *il arrêta son âne*, dans Bresl. (VII, 21) شدّ حقويه. — مسك لحمار *se ceindre les reins* (Evang.), Bc. — شدّ الأحمال *plier bagage*, au propre, Bc. — شدّ حيله *prendre courage*, Bc. — شدّ زورق *préparer une barque*, 1001 N. II, 448, 8 (Lane traduit de la même manière). — شدّ السير *presser sa marche*, Gl. Bayân. — شدّ ظهره *se ranger du côté de, aider quelqu'un de son pouvoir, appuyer, prendre fait et cause pour* quelqu'un, *favoriser, pousser, prêter secours à* quelqu'un, *soutenir*, Bc, Badroun 229, 3. — شدّ العود voyez sous — شدّ للحصان voyez sous شدّ اللجام. — شدّ الوتر — شدّ على *s'armer de courage*, Haiyân 101 v°: وعلم الداعي اميره انه غير ناج فشد على نفسه وهز فرسه واستعرض العدو مقبلا عليهم بوجهه فقاتل حتى قُتِل. — شدّ الوتر *monter une corde, en hausser le ton*, Bc, شدّ الأوتار *accorder un instrument*, Bc, شدّ العود *accorder le luth*, 1001 N. I, 372, Bresl. XI, 448, 460, XII, 203. — شدّ الولد *admettre un jeune homme comme membre d'une corporation; il s'appelle alors* مشدود, Lane M. E. II, 316. — شدّ ثم شدّ يد ب *insister*, Abbad. III, 166, 2: يبطلب حقه من ذلك «il insista à demander sa part du pouvoir.» — شدّ يده على الشئ *tenir ferme une chose, ne pas la lâcher*; on dit: شدّوا ايديكم على

شد 736 شد

الصدقات, dans le sens de: ne les payez pas, Gl. Fragm. Aussi بالشىء ou شد يده بفلان, ibid., Haiyân-Bassâm III, 49 vº: وشدّ الكفّار ايديهم بمدينة بريشتر واستوطنوها. De même شد كفّا بفلان, Gl. Mosl.

II. شدّد في شروط الرواية والتحمّل «il exigeait rigoureusement que toutes les conditions d'authenticité fussent parfaitement remplies,» Prol. II, 405, 10. — C. على p. et في r., insister auprès de quelqu'un sur, Gl. Fragm., Bidp. 241, 3: فان الملك سأل عن اللحم وشدّد فيه وفي المسألة عنه. — Crier et tempêter, L (baccare [= bacchari] تحريد وتشديد). — Lier les bagages, Prol. III, 364, 5 (corrigé dans la trad.).

V c. على tenir la main haute, traiter sévèrement, Bc. — C. على s'acharner, Bc.

VII quasi-pass. de la Iʳᵉ, Voc. sous stringere.

VIII. Dans le sens que donne Freytag, animum adplicavit, ce verbe se construit avec على, s'acharner c. على, Bc, Akhbâr 70, 4: واشتدّ يوسف على الخروج الى الثغر. — Dans le Voc. sous claudere. — En parlant d'une chose fluide, devenir ou être épais, M. — Avoir le techdîd, Abou'l-Walîd 590, 640.

شدّ شد العصب éréthisme, Bc. — Force, Gl. Fragm. — Pl. شدود paquet, ballot, Gl. Edrîsî, Macc. I, 230, 8 (cf. Add.). — Même pl. ligature, lien, Alc. (ligadura para atar, reatadura). — Même pl. la pièce de mousseline, de soie, ou d'autre étoffe, que l'on roule autour de la calotte du turban, Vêtem. 213—4, M; synonyme de عمامة, car dans les 1001 N. Bresl. IV, 11, on lit شد, là où l'édit. de Macn., III, 20, 3 a f., porte عمامة, ce que l'édit. de Bresl. a aussi dans la suite du récit, p. 12. Du temps de Vansleb (cité par de Sacy, Chrest. I, 199), on ne donnait ce nom qu'au turban rayé de blanc et de bleu que portaient les Coptes, tandis que le turban blanc des musulmans s'appelait شاش; mais anciennement on ne faisait pas cette distinction en Egypte, et plus tard on ne la faisait pas non plus en Barbarie. Chez Mehren 30: شد مطنبر ou شد حجازي étoffe de soie jaune ou blanche, servant à former le turban; شد مشنبر turban orné de bords ou de franges rouges. Aussi: un châle de mousseline, ou d'autre étoffe, dont on s'enveloppe le cou, pour le garantir du froid ou de la chaleur, et qui ressemble à celui dont on se sert pour former le turban, Vêtem. 214—5. Et enfin: une ceinture de coton, de soie, ou d'autre étoffe, Vêtem. 214, M, 1001 N. Bresl. IV, 322, 2 a f. — En Egypte, la place que remplissait un شادّ, intendant, inspecteur, Maml. I, 1, 111.

شدّة, pl. ات, ballot, Bc, Mc, Abou'l-Walîd 137, 17, Nowairî Afrique 61 rº: فقدت شدة من المتاع, 1001 N. Bresl. II, 143, XII, 349. — Demi-charge d'une bête de somme, moitié de la charge placée d'un côté et faisant équilibre à l'autre moitié, Bc. — Botte, assemblage de choses liées ensemble, Bc, avec le pl. شدد; شد بنادقة des sequins de Venise enfilés, Lane M. E. II, 412. — Jeu de cartes, M, شدّة ورق chez Bc et Hbrt 90 (qui a le kesra). — Une chose composée de plusieurs ingrédients; ainsi les médecins disent شد الحبوب pour désigner des pilules, et les écrivains شد الحبر, pour indiquer de l'encre, M. — Sandale ou chaussure en général, M (الخذاء).

شدّة الشدّة courage! ferme! Bc. — Crise, Bc. — Grande cherté de vivres, disette, l'opposé de رخاء, Cartâs 72, 5, R. N. 63 rº: وكانت شدة عظيمة. — L'art de lancer un dard, un javelot, à une très-grande distance, Abbâr 84, 8 et 15, qui a copié Haiyân 22 vº, 23 rº. — Reliure, manière dont un livre est relié, Bc; couverture d'un livre, Hbrt 111. — Avidité selon L, qui donne: avide (sic) رغبة وشحّ وشدّة, mais je soupçonne que c'est une faute pour شرَه ou شرَى.

شدّاد selle, Ztschr. XXII, 81, 14, 120.

شديد. Le pl. أشدّ, Wright 113, 2 a f. — Ferme, compacte et solide, par opposition à mou, en parlant de la chair d'un poisson, Gl. Edrîsî.

شدّادة pl. شدائد ballot, Bg (Afr.), pl. ات, Abou-'l-Walîd 142.

شديدة espèce d'herbe, Barth I, 32.

شدّاد dans le Voc. sous stringere et sous claudere. — Palefrenier, Maml. I, 1, 112.

شدّادة, pl. ات et شدائد, bande de toile de lin, Alc. (venda de lino).

شادّ et مشدّ, en Egypte, intendant, inspecteur, un officier établi pour surveiller les travaux de tout genre, stimuler la paresse des employés, presser le payement des droits de douane et autres contributions,

شدانق

Maml. I, 1, 110 et suiv., Mehren 29. Dans le siècle où nous sommes, on a donné en Egypte le nom de مُشِدّ à celui qui était chargé de transmettre les ordres du lieutenant du Grand Seigneur aux chefs des villages, de Sacy Chrest. I, 234.

شَادِيَّة, en Egypte, *la place que remplissait un* شَاذ, *intendant, inspecteur*, Maml. I, 1, 111.

تَشَدُّد **rigorisme**, morale trop sévère, Bc.

تَشْدَادات (pl.) *ballots*, Abou'l-Walîd 137, n. 44, dans un seul. man.

تَشْدِيد *étreinte, serrement*, comme شَدّ, Alc. (apretamiento). — *Écorchement, meurtrissure*, Alc. (maguladura de carne).

مِشَدّ *ceinture de femme*, M.

مُشَدّ voyez شَادّ.

مِشَدَّة. Au lieu de *mitra*, Freytag aurait mieux fait d'écrire *vitta*, Gildemeister, Catal. des man. or. de Bonn, p. 38 n. — *Écharpe au cou d'un cheval*, Maml. I, 1, 150.

مكتوب مشدّد *une lettre pressante*, Bc.

المتَاع المشْدُود *la marchandise qui sert aux* شَدّ (turbans, ceintures), c.-à-d., *toile, mousseline*, Müller 5, l. 9. — *Doublé* (lettre), ayant le techdîd, de Sacy Chrest. II, 245. — Pl. مشاديد *satellite, un homme armé qui est aux gages et à la suite d'un autre*, 1001 N. Bresl. VII, 92, 9, 113, dern. l., 114, 3, IX, 193, 10 et 12, 235, 12, 236, 1, etc. L'éd. Macn. remplace ce mot par مَنْ تَحْتَ يَدِ وَلَدٍ, et au pl. أَتْبَاع. — *Celui qui a été admis comme membre d'une corporation*, Lane M. E. II, 316.

متشدّد *rigoureux, très-sévère; rigoriste*, Bc.

من غير اشتداد *à livre ouvert, sans étude préalable*, Bc.

زود انشداد العصب *distension*, état des nerfs trop tendus, Bc.

شدانق *la graine du chanvre*, Mong. cxxxiv b, cf. Bait. II, 79 a. Selon Burckhardt, Arab. I, 48 n. (où «sheranek» est une faute), *les petites feuilles autour de la graine du chanvre*.

شدو

شَدَخ.

شَدَاخ espèce de datte, Pagni 152, d'Escayrac 11.

شَدَّاخَة sorte de machine de guerre, destinée à la défense des portes, Gl. Fragm.

شدف.

شَادُوف, en Egypte, machine d'irrigation qui se compose de deux piliers de terre ou de boue, plus ou moins écartés, surmontés d'une pièce de bois en travers, au milieu de laquelle une perche est attachée, au tiers de sa longueur, de manière à faire la bascule. A l'extrémité la plus étendue de cette perche est accroché un seau de cuir pour puiser, à l'autre une masse de terre volumineuse sert de contrepoids et enlève le vase quand il est plein, Fesquet 62, cf. Lane M. E. II, 30, avec la figure.

شَدِق II dans le Voc. (qui l'écrit avec le *dzâl*) sous loquax. V et VI. Aux premiers temps cette manière de parler semblait aux Arabes d'une grande élégance, mais plus tard elle passait pour affectée et prétentieuse, et تشادق se prend dans le sens de *prononciation affectée*; voyez J. A. 1869, II, 172—3.

شَدَق pl. أَشْدَاق *joue*, Alc. (carrillo de la cara); le Voc. donne ce mot (avec le *dzâl*) sous fauces, qu'il traduit aussi par خَدّ, le mot ordinaire pour *joue*. مَفْلُوج الشدق *éloquent*, Abbad. III, 169, 1. Dans le Voc. شَدُق, pl. شُدُوق, est loquax. — *Bouchée, morceau*, Alc. (bocado mordido); شدوق شَدَق pl. *morceau, fragment de pain*, expression usitée chez les Bédouins, Cherb.

أَشْدَاقِي (et aussi avec le *dzâl*) pl. أَشَادِيق *joue*, Voc. (fauces, mais voyez sous شَدَق), Alc. (carrillo de la cara).

شدن I expliqué par تَحَرَّك, Kâmil 421, 7.

شَدَنَج et شادنج (= شَادِنِي) *hématite, sanguine*, Payne Smith 1019.

شدو I c. ب *être versé dans une science*, Prol. II, 376, 11 et 13, III, 261, 12. — Dans le sens de *chanter*, c. ب r., Aghânî 6, l. 6 a f. S'emploie aussi en parlant d'oiseaux, Abbad. I, 99, n. 138.

شَادِي pl. شَوادِي *singe*, Bc (Barb.), Mc, Ht, Hbrt

63 (Alg.; il a شادن, mais c'est une faute), Pagni MS, Shaw I, 261. — *Acteur, qui joue un rôle*, Bc.

شِدْياق pl. شَدايِقَة *sous-diacre*, Bc, M.

شَذَّ I, seul, pour شَذَّ عَنِ الجَماعَةِ, *se séparer de la communauté des fidèles, ne pas reconnaître le souverain qui est reconnu par d'autres*, Abbār 181, n., l. 4: وقَرُّوا الشَّبابَ عَلَى المَعصِيَةِ فَبَعُدَ فِى الشُّذُوذِ, car c'est ainsi qu'on lit dans le man. B d'Ibn-Bassâm; *professer des opinions, des doctrines qui ne sont pas celles du commun des hommes*, Catal. des man. or. de Leyde I, 228, 10: comme Ibn-Hazm était Châfiïte, et les autres docteurs, Mâlikites عِيبَ بِالشُّذُوذِ. — *Échapper à*, عَن, *s'échapper*, Gl. Belâdz., Catal. des man. or. de Leyde V, 165, Mohammed ibn-Hârith 339: quoique déjà très-âgé, il continuait ses études: فَلا يَزُولُ عَنْهُ مِنَ الصَّوابِ شَيْءٌ وَلا يَشُذُّ عَنْهُ مِنَ المَعَانِي ما يَشُذُّ عَلَى مِثْلِهِ مِنْ أَهْلِ الكِبَرَةِ وَالسِّنِّ. Aussi شَذَّ عَنِ الحَصْرِ, شَذَّ عَنِ العَدَدِ كَثْرَةً, en parlant de choses qui échappent au calcul, qui sont trop nombreuses pour être comptées; شاذٌّ عَن qui échappe à la compréhension, incompréhensible. — C. الى ou لِ p. *venir seul auprès de quelqu'un, ou venir auprès de lui de temps en temps, rarement* (le Voc. a le verbe sous raro), ou *par hasard*, Macc. II, 574, 8: (var. اليه) فَبَقِىَ مَحصوراً لا يَشُذُّ لَهُ سَهْمٌ, c.-à-d. (cf. Fleischer Berichte 102): il resta si étroitement cerné dans la forteresse, qu'aucun secours, aucun convoi ne pouvait arriver jusqu'à lui; il lui arrivait seulement de temps en temps quelque flèche que l'ennemi lançait par-dessus les murailles; Edrîsî, Clim. II, Sect. 5: وجَميعُ ما يَقَعُ الَى بَحرِ القَلْزُم مِنَ العَنْبَرِ فَهُوَ مِمَّا شَذَّ الَيْهِمْ مِنْ بَحرِ الهِنْدِ Fakhrî 382, 10. — شَذَّ عَنْ عادَتِهِ *être étrange, singulier, extraordinaire*, Macc. I, 584, 8, cf. 340, 6. Aussi شَذَّ seul, Abd-al-wâhid 18; 4 a f., où il faut lire: لَشَذَّ ما اتَّفَقَ خاطِرِى وخاطِرُكَ «certes, nos pensées se rencontrent d'une manière extraordinaire!» شَذَّ لَهُ ذَلِكَ, en parlant d'une chose extraordinaire qui arrive à quelqu'un, Abbad. I, 256, 4 (corrigé III, 108): Nous n'avons jamais entendu rien de pareil, إلَّا ما شَذَّ لِواحِدٍ مِنْ مُلُوكِ الغَرْبِ وَآخَرَ مِنْ مُلوكِ بَنِى العَبَّاسِ. — *Manquer, ne se trouver pas,*

faire faute, Macc. I, 598, 4 a f.: وَلَهُ شَرْحُ الفَصيحِ لِثَعْلَبٍ وَلَمْ يَشِذَّ فِيهِ شَيْءٌ مِنْ فَصيحِ كَلامِ العَرَبِ, Haiyân 24 v°: tels sont les noms des rebelles, وَأَنْ شَذَّتْ مِنْهُمْ أَسْماءٌ زَعانِفَ مِنْ أَوْشابٍ فِيهِمْ وأَتباعٍ لَهُمْ c. عَنْ p., L'Algèbre d'Omar al-Khaiyâmî, 5, l. 3 éd. Wœpcke: وأَنَّ مَنْ سَدَّ (l. شَذَّ) عَنْهُ مَعرِفَةُ واحِدٍ مِنْهَا. Khatîb 35 r°: il rassembla tous les ouvrages d'Ibn-Hazm حَتَّى لَمْ يَشِذَّ عَنْهُ هَذِهِ الثَّلاثَةِ فَلا سَبِيلَ لَهُ اِلَى تَحْقِيقِها; leçon du man. de Berlin; celui de M. de Gayangos porte لَهُ, au lieu de عَنْهُ. — *Disparaître* (contradiction), Bat. II, 115: ما فَشُكَّ أَنَّ لا بَيْنَ القَوْلَيْنِ مِنَ الخِلافِ عَلَى أَنَّ هَذا الأَخيرَ أَحْ contradiction qui existe entre les deux versions disparaîtra, en reconnaissant que la dernière,» etc. L'éditeur a fait imprimer شُكَّ, au passif, et il a traduit «sera tranchée;» mais c'est un verbe neutre, proprement: *être séparé, être mis de côté, manquer*. — *Détoner, sortir du ton*, Bc.

شَذَّة *détonation*, Bc.

شَذَاذ *faux-accord, faux ton*, Bc.

شُذُوذ *cacophonie*, Bc.

شاذٌّ, الشَّاذّون, *les séparés*, étaient en Espagne ceux des Arabes de Syrie qui, au moment de leur arrivée, s'étaient établis dans des endroits qui leur avaient plu, et qui ne quittèrent pas leurs demeures lorsque le gouverneur Abou-'l-Khattâr établit les *djonds* syriens dans ces provinces. Quand on payait la solde ou qu'il fallait se mettre en campagne, ils se rendaient au *djond* auquel ils appartenaient, Recherches I, 87. — شاذّ, en parlant d'une tradition, est expliqué par M. de Slane, Prol. II, 483, d'une autre manière que par Freytag et Lane, car il dit que c'est: *une tradition provenant d'un rapporteur de bonne autorité et en contradiction avec une autre tradition fournie par d'autres rapporteurs dignes de foi.* — *Faux, discordant*, Bc.

شُذانِق pl. ات sorte d'oiseau de proie, *faucon*, comme porte l'ancienne trad. du Calendr., *gerfaut* (شاهين) ou *sacre* (صقر), selon les lexicographes indigènes, Macc. I, 158, 13 et 14, Calendr. 25, 1. Il résulte de plusieurs passages de ce livre que ces oiseaux se trouvaient à Valence. M. Wright a donné un *dhamma au chîn*, ce qui est en harmonie avec les formes شُوذانِف، شُوذْنِيف; le Calendr., 41, 2, 49, 5, 92, 1, donne شاذاناقات. Pour d'autres formes de ce mot, voyez Freytag 406 a, Djawâlîkî 83, 92, Calendr. 58, 7 شاذذاقات.

شذب I *sauter*, Ztschr. XXII, 120.

شَوْذَبِىّ *long, haut*, Diw. Hodz. 83, 11.

شذج

شذاجة = سذاجة ou سَذاجة, Macc. II, 379, 19.

شذر II, dans le sens donné par Lane comme non classique, se trouve chez Harîrî, *apud* de Sacy Chrest. II, 402, dern. l.: وانما شَذَّرنا الكتاب بما نظمنا من غير سرط فيه، où l'éditeur traduit: «Nous avons seulement voulu, en introduisant dans ce livre des choses qui sont étrangères à son principal sujet, y jeter un peu de variété.»

شَذَر *mélange de noix de galle, d'alun et de glu, avec lequel les femmes se teignent les pieds et les mains*, Burton II, 16.

شَذَر = شَذِر, Gl. Mosl.

شَوْذَر *est aujourd'hui le nom d'une étoffe, toile de coton*, Ouaday 724, Voyage au Darfour 205: «Les gens de moyenne condition font usage de certaines étoffes étrangères; tel est le *chauter*. Le chauter est à peu près semblable à l'*abak* bleu (sorte de grande couverture à large bande, rouge au bord).» Pallme 184: «Leinwand von Cairo (Schouter Melanie).»

شر I c. a. dans le Voc. sous *rixari*. — *Epandre de la cendre ou autre chose droit devant soi* (ذَرَّه قَصيبًا), M. — *Couler goutte à goutte*, p. e. شَرّ الماء من القِربة; «دم يشرّ من انفه» il saigne au nez,» Bc.

VII c. مع *disputer, se quereller*, Voc., Alc. (rifar, reñir rifando).

شَرّ *hostilité*, Bc, M; حرّك الشرّ مع *prendre l'offensive; ramasser le gant*, Bc; *querelle*, pl. شُرور, Voc., Nowairî Espagne 460: جرى بينهما شرّ. — *Causticité*, Bc. — *Famine, disette, faim*, Cherb., Daumas V. A. 234. — شرّ جهنّم *furies, trois divinités infernales*, Alc. (furias del infierno). — أشرار الحجر (leçon de notre man.) *pierres dures?* Auw. I, 38,

dern. l. — *Rumination*, l'action de ruminer, Alc. (rumiadura); cf. Lane sous la VIIIe forme; le Voc. et Bc ont aussi اشترّ pour اجترّ, *ruminer*. — Pl. شُرور *tige de plantes rampantes, comme concombres, etc.*; شرّ خيار *un pied de concombre*, Bc.

شَرّ, en Espagne, *faces, cheveux qui tombent sur les tempes*. Alc. traduit guedeja de cabellos par chirr min xââr (من شعر), pl. chirrî. C'est, à ce qu'il paraît, le latin *cirrus*.

شَرّ (esp.) pl. شَواريّن *torrent d'eau, eau qui sort à gros flots, source d'eau, gros ruisseau*, Alc. (chorro, cf. Victor).

شِرّة *pétulance, insolence, effronterie*, Gl. Edrîsî, Macc. I, 117, 5.

شَرِق *querelleur*, Voc.

شُرور *cabale, conspiration*, L (compilatio (cf. Ducange) تَشاكُس وشُرور).

شَرير *caustique*, Bc. — *Déterminé, capable de tout*, Bc. — *Cerritus*, L.

شَرارة *étincelle*, pl. شَرائر, Aboû'l-Walîd 308, 11.

شَرِيرة *salsola vermiculata*, Colomb 49, Bait. I, 141 a: معقدة مثل نبات الشريرة.

شَرّانى *méchant*, Bc (Barb.), Hbrt 243, 1001 N. IV, 677.

شَرّير *querelleur*, Voc. — *Tentateur*, Bc.

اى متى تساقر من غير اشرّ *quand partez-vous?* Bc.

مِشرار *querelleur*, Voc. — *Celui qui meurt de faim*, Cherb. 544.

مُتَشَرِّر *querelleur*, L (rixosus).

شَرّالِيَّة *laiteron, laceron* (Sonchus oleraceus L.). Le Most, v° عندبا, dit que cette plante porte ce nom en roman: وقيل هو صنف من الخسّ يسيل منه لبن وله مرارة وهو بالعجمية شرّالية (les voyelles dans N); Bait. II, 575 c, dit aussi qu'elle s'appelle ainsi بالعجمية, et les voyelles que j'ai données sont dans le man. B. C'est *sarralia*; Isidore 17, 10, 11: «lactuca agrestis est, quam sarraliam nominamus eo quod deorsum eius in modum serræ est.» De là pg. *serralhas*, esp. *cerraja*. Les Arabes d'Espagne avaient

adopté ce terme, car Bait. dit, II, 603 c: الـبـقـلـة
الـمـسـمـاة عـنـدنـا بـالانـدلـس بـالـشـرايـلـة, et Alc. l'a aussi,
mais un peu altéré, car il traduit « cerraja yerva »
par xarrâyla, coll. xarrâyl.

شرب I. شَرِبَ فلان فى وُدّ (او بودّ او فى وِداد) boire à la
santé de quelqu'un, voyez sous la racine وُدّ; Bc a
de même شرب فى مَحبّته porter la santé de quelqu'un,
tost ou toast. Aussi شرب سرورا, ou شرب صِاحَتها, ou
بسروره, ou شرب سرورا به وله; voyez sous سُرور. —
شرب الـيـمـيـن, comme en anglais to swallow an oath,
faire un serment par contrainte, P. Khallic. I, 88,
8 Sl., avec la note de M. de Slane dans la trad., I,
169, n. 3. — N. d'act. شروب, être arrosé, Mâwerdî
258, 4, 5, 13, 14, 16, 259, 4.

IV. On ne dit pas seulement أَشْرِبَ فى قلبه حبّه,
mais aussi أَشْرِبَ قَلْبُه. L'expression أَشْرِبَ قَلْبُه ذلك
عليه (à sous-entendre سُخْطًا) signifie: il remplit son
cœur de colère contre un tel, Gl. Fragm.

VI c. a. boire à l'envi l'un de l'autre, P. Tha'â-
libî Latâïf 90, 3.

VII être bu, Voc.; يَنْشَرِب buvable, potable, Bc.

اشرأبّ s'emploie au figuré, comme nous disons „lever la tête, c.-à-d., se montrer avec plus de hardiesse,
comme dans l'expression que cite Lane et qui se trouve
chez Belâdz. 95, 8: اشرأبّ النفاق بالمدينة وارتدّت
الـعـرب; mais au lieu de traduire: „Hypocrisy exalted
itself," Lane aurait dû dire: „L'esprit de rébellion
se montra avec hardiesse à Médine;" Abd-al-wâhid
241, 3 a f.: فاضطرب الامر واشرأبّ الناس للخلاف, cf.
ma note p. xv. — Être sur le point de couler (larmes), P. Kâmil 514, 11.

شَرْب. Dans le Gl. Esp., 260, 261, j'ai tâché de
prouver que ce mot, qui forme au pl. شُروب (Gl.
Edrîsî), ne signifie pas linum tenue, comme l'a dit
Golius, mais une espèce de soie. Le Voc., toutefois,
confirme l'explication de Golius, car شَرْب, pl. شَرابى,
y est bisus, et byssus désigne en effet une espèce
de toile de lin très-fine et très-précieuse.

شرب, chez les Druzes, l'eau de la sagesse, de Sacy
Chrest. II, ١٠, 7.

شَرْبَة médecine, purgation, Hbrt 37, M. — Potage,
Desor 31, 33 (cf. شُرْبَة). — Pot de terre, de forme
ronde, avec goulot, étroit et allongé, Bc, M (qui prononce ainsi, et non pas شُرْبَة, comme Hbrt 199), Maml.
II, 2, 210, Yâcout I, 217, 2, Nowairî Egypte, man.
2 k (2), 155: ومن الآلات مثل استطال وحِفاف وشربات,
1001 N. II, 177, 6 a f.; dans L: (vasculum,
calix vel fiala). — شَرْبَة وكس. — شَرْبَة العَبّاة le dessin
sur le dos de ce vêtement; celui qui se trouve sur la
poitrine porte le nom de جُبْراس, M; شَرْبَة بالقَرانى
coin d'un châle, fleurs dans les coins, Bc.

شَرْبَة (esp.) pl. شرب biche, femelle du cerf, Alc.
(cierva henbra).

شَرْبَة coup, trait, gorgée de liqueur, Alc. (sorvo
(aussi شَرْبَة), trago de cosa liquida). — Sorbet, Bc,
Bat. III, 124 (dans l'Inde). — Vomitif, boisson qui
fait vomir, Alc. (bevida para gomitar). — Potage,
soupe, bouillon, Hbrt 13, Ht, Shaw I, 331, d'Arvieux III, 280, potage au' riz, au vermicelle, Bc;
شربة خضار julienne, potage avec des herbes, Bc.
En ce sens le mot ne dérive pas de la racine arabe
شرب; c'est le pers. شوربا ou شورباج, qui a la même
signif.; aussi le trouve-t-on écrit شوربة, 1001 N. IV,
475, 11, شوربة, Martin 79, M (sous chîn, wau,
avec l'étymologie persane), شوربزج, Payne Smith
1548. — شربت sirop, Roland.

شربنجى, suivi de الليمون, limonadier, Bc.

شُرَيْبَة pl. شرابى, au Maghrib, mouchoir de soie
dont les femmes enveloppent les cheveux, Gl. Esp.
260. — Quant au شُرَيْبَة de Hœst, 266, 267, voyez
sous جيرى à la fin.

شَرْبان homme qui a bu, mais qui n'est point tout
à fait ivre, Bc; J.-J. Schultens cite Gramm. Haleb.
70: وايش هو الفرق بين السكران والشربان.

شرباتى pharmacien, Ht.

شَرَاب, pl. du pl. أَشْرِبات, Kâmil 73, dern. l. —
شراب الحَشيشة, en Egypte, du vin auquel on a mêlé,
avant la fermentation, les feuilles d'une plante nommée كَنْبِلَة; elles donnent au vin une excellente odeur

et le rendent réchauffant, Bait. II, 350 a. — Sorte de *looch* ou d'*électuaire*, de là *sirop*; en ce sens ce mot forme aussi au pl. اَشْرِبَة, Gl. Esp. 218. Selon le M, شراب seul veut dire chez les médecins *vin*, et quand ils veulent désigner un sirop, ils y ajoutent un autre mot, p. e. شراب الخَصْرَم. Le Voc. a شراب الرُمَّان, *sirupus*, شراب جُلَّاب et الحَكِيم *oximel*. — *Sorbet*, pl. ات, M. — شراب خانَة, 1001 N. Bresl. I, 315, 9, ne signifie nullement « taverne, cabaret » (Freytag), mais ce terme, qui s'écrit ordinairement شراب خاناه ou شربخاناه, شَرْبَخَانَة, désigne *la sommellerie*, c.-à-d., le lieu où l'on gardait les boissons, le sucre, les confitures, les fruits, la neige, les eaux cordiales, les pâtes purgatives, astringentes, rafraîchissantes, les parfums, l'eau destinée pour l'usage du prince, et qui était toujours de la meilleure qualité. A la tête de cet établissement était un surintendant, مهتار, et quelquefois deux. Il avait sous lui un nombre de شَرَبْدَارِيَّة, Maml. I, 1, 110, 111, 162. Abou-'l-faradj, 553, 8, nomme ces derniers الشَرَابْدَارِيَّة.

شَرَابَاتِي *limonadier*, Bc, M.

شَرَائْشِي *apothicaire*, Voc.

شَرَابَة (fatha, M, Voc., Alc., Dapper, Hbrt, dhamma, Lane, Bc) pl. شَرَائِيب, dans le Voc. شراب, *cordon de soie*, Voc. (cordon de serico), Bat. IV, 403: أَخْرَج مِن شِبَاك اَحَدى الطاقات شَرَابَة حَرِير قَد رُبِط فِيها مَنْدِيل مصري مرقوم, Notices XIII, 216: « Ils tressent leurs cheveux en nattes qu'ils laissent pendre, et dans lesquelles ils entremêlent des شَرَائِيب حَرِير. » — *Houppe*, *flot*, petite houppe de laine ou soie, *bouffette*, petite houppe pendante, *gland de soie*, Alc. (bivos de toca), Bc, Hbrt 21, M, Dapper (traduit *Vêtem.* 351), Carotte Kab. I, 98, Maml. II, 1, 24, 8 a f. Le pl. aussi *frange*, Bc, Hbrt 204. (Habicht et M. Fleischer se sont fait la guerre au sujet de la signif. de ce mot (voyez le Glossaire sur le t. Ier des 1001 N., De Glossis Habicht. p. 26, Préface du t. VII, p. 8, Préface du t. IX, p. 14). Le premier soutenait qu'il signifie toujours *cordon* et jamais *houppe*, le second qu'il signifie constamment *houppe* et jamais *cordon*. On voit qu'ils se sont trompés tous les deux.). — شَرَابَة الرَّاعِي *houx* (arbuste), Bc.

شارب, *qui boit*, pl. ة, Mufassal 6d. Broch 83, 7, Gl. Maw. — Non seulement *moustache*, mais aussi *lèvre*, Hbrt 2 (Alg.), *lèvre supérieure*, Domb. 86, شَوَارِب *les deux lèvres*, ibid., Roland, Bait. I, 246 c, en parlant de la langouste ou écrevisse de mer: فِي مَوَاضِع شَوَارِبِها. — *Poil follet*, *duvet*, *poil cotonneux qui vient avant la barbe*, Alc. (boço). — شارب الرِّيح est le nom que porte en Afrique le cheval du désert; on l'appelle ainsi parce que, lorsqu'il court, il laisse pendre sa langue d'un côté de la bouche, de sorte qu'il semble « boire le vent, » Jackson 42, Richardson Morocco II, 98, Davidson 102, 114. — شارب القديم *le tranchant d'une erminette*, M.

مَشْرَب est traduit par *canale* dans ce passage d'une charte de Tolède de 1176 de l'ère des Espagnols: وَيَكُون لِلْاَرْجِدِيَاقِن المَذْكُور ثُلُث مَاء النَّاعُورَة وَثُلُث جَمِيع حُقُوقِها مِن مَشْرَب وَمَرْتَفَق فِي عُلُو وَسُفْل وَدُخُول (Simo-) وَخُرُوج وَمَطَايِرِب وَغَيْر ذَلِك مِن الحُقُوق وَالمَنَافِع net). — Pl. مَشَارِب *meurtrière*, Cherb. — *Goût*, inclination qu'on a pour certaines choses; on dit: وَافَق الأَمَر مَشْرَبِي, M.

مَشْرَبَة est, selon le M, une forme vulgaire pour مِشْرَبَة (cf. Maml. II, 2, 110), *petite cruche en forme de gobelet*, Bg (cf. Gl. Esp. 179). — Burton, II, 46, qui nomme le مَسْجِد مَشْرَبَة أَم أَبْرَاهِيم, dit que ce mot signifie *jardin*, et il ajoute que c'est un endroit où Marie avait un jardin et où elle devint mère d'Ibrâhîm, le second fils du Prophète; mais il est impossible que ce mot ait cette signification.

مَشْرَبِيَّة. Quelques personnes prononcent ainsi au lieu de مُشْرَبِيَّة, M. — *Fenêtre grillée en bois*, *saillante au dehors*. On l'appelle ainsi parce qu'on y place les cruches poreuses qui servent à rafraîchir l'eau par l'évaporation; Lane M. E. I, 10, 12, Burton I, 35, Ouaday 241, Michel 101, van Karnebeek dans le Gids de 1868, IV, 125. Les grandes litières en ont aussi, Lane M. E. II, 199.

مَشْرُوب *boisson*, Bc, Maml. I, 1, 2; *vin*, Amari Dipl. 200, 3, cf. 441, n. *fff*. Le pl. مَشْرُوبات *rafraîchissements*, vins, liqueurs, etc., Bc. — *Blé qui a fermenté pendant plusieurs années dans un silo, et dont l'odeur ressemble assez à celle du fromage de Gruyère; les Arabes en sont très-friands*, Cherb.

مَشْرُوَب qui a de grosses lèvres, Alc. (ombre de gran beço).

شَرْبَاجِى (de شُرْبَة voyez), bouillon, potage, avec une termin. turque) gargotier, traiteur, 1001 N. Bresl. II, 156, 6, 194, 13; cf. Fleischer Gl. 59.

شَرْبَالَّة (de شَرْب avec la termin. esp. ela) pl. شَرَابِل petite cruche blanche pour l'eau, Voc.

شَرْبِيت Marrubium plicatum, Bait. II, 94 b; leçon de ADEHL.

شَرْبَخَانَاه voyez sous شَرَاب.

شَرْبَدَار (ar.-pers.) sommelier; voyez sous شَرَاب.

شَرْبَش II porter la coiffure nommée شَرْبُوش, Khallic. X, 8, l. 10.

شَرْبُوش (voyelles dans le M, pers. سَرْبُوش), pl. شَرَابِيش et شرابش, bonnet haut de forme triangulaire, qu'on portait sans turban. C'était la coiffure distinctive des émirs; les hommes de loi ne le portaient pas. Il a été aboli sous la dynastie circassienne. Voyez Vêtem. 220 et suiv.

شَرَابِشِي celui qui vend cette coiffure, ibid.

شَرْبَط I être en rut (chameau). Ce verbe a été formé de شُبَاط, car pour les chameaux le mois de Chobât (février) est le temps du rut, M.

شَرْبَك (pour شَبَّك, M) I mêler الخَيْط du fil, de la corde, Bc.

II se mêler, s'embrouiller (fil, etc.), Bc.

شَرْبَنْسِيب Carduus stellarius, Pagni MS.

شَرْبُوت sorte de poisson, Yâcout I, 886, 7.

شَرْبِيل est l'esp. servilla, qui dérive de serva (sierva), car c'était une sorte de chaussure en maroquin à une seule semelle, dont les servantes faisaient usage. En Barbarie, toutefois, شِرْبِيل est une *pantoufle très-élégante en cuir de couleur; celles des dames à Maroc sont souvent en velours, avec des broderies et des perles; voyez Haedo 27 d, Hœst 117, Pflügl, t. 67, p. 8 (où Shervit est une faute d'impression). Cf. شَبَرْلَة.

شَرْبِين (aram. שִׁרְבִּין, ܐܫܪܒܝܢܐ), n. d'un. ة, le cèdre (ordinaire), Bc, qui donne aussi شَارْبِين, Hbrt 56, M, Bait. II, 94 c, et son fruit, Bait. II, 95. Le Most. a aussi ce mot v¹ª اشنذ et العرعر, حَبّ, mais il est altéré dans les man. qui portent شَرِين, شَرْبِين, شَرِيبِن, شَرْبِير. — Le pistachier et son fruit, Alc. (alhostigo arbol, alhostigo la fruta).

شرت.

شَرْت, t. de mer, collier de blocs servant à serrer la vergue près du mât, J. A. 1841, I, 588.

شَرْتَة copeau, éclat de bois enlevé en le coupant, Bc.

شرح II circumligare, Voc.

V Voc. sous circumligare.

شَرَح. Le pl. est aussi أَشْرَاح et شُرُح, mais le أَشْرُح de Freytag n'est ni dans Djauh. ni dans le Câmous, Gl. Belâdz.

شَرِيحَة. La signif. de شَرَائِح dans Tha'âlibî Latâïf, 15, 4, n'est pas certaine (voyez le Glossaire); je crois que ce sont des portes de jonc (sous la racine شوش on trouvera un exemple de cette signif.), qui laissaient passer le courant d'air et qu'on substitua à l'appareil que l'auteur a décrit précédemment.

شَرْجَب I. Le Voc. a شرجب اللوح او الحائط sous fenestra; voyez les articles qui suivent ici.

II dans le Voc. sous fenestra.

شَرْجَب (vulg. سَرْجَب), n. d'un. ة, pl. شَرَاجِب et شراجيب, balustrade, garde-fou composé de balustres, espèce de balcon, saillie sur la façade d'un bâtiment et entourée d'une haute balustrade, dans laquelle il y avait des fenêtres, Lettre à M. Fleischer 97 et suiv. Dans le Voc. fenestra magna. Aboû'l-Walîd remarque, 337, 20, que ce mot appartient au dialecte de la Syrie, et il y semble encore en usage, car le M nomme الشرجب الذي تعرفه العامة من الخشب, mais sans expliquer le terme. Voyez aussi Aboû'l-Walîd 735, 1 (avec le sîn). Dans le Thesaurus de Gesenius, 1447 n., on lit à tort que ce mot est d'origine berbère.

مُشَرْجَب balustré, Lettre à M. Fleischer 98. — Pl. ات balustrade, Voc. (cancellus).

شرح I énoncer, exprimer sa pensée, concevoir, exprimer, p. e. شرح الشروط شرحًا واضحًا «concevoir les condi-

شرح 743 شرد

tions en termes précis,» Bc. — *Etablir*, exposer un fait, Bc. — *Déduire*, narrer en détail, Bc. — *Epanouir*, réjouir; شرح لخاطر *divertir, récréer, réjouir*; شرح قلبه *délecter*; شرح القلب *dilater le cœur, ragaillardir*, Bc; 1001 N. I, 86, 11: فرحت ان اشرب — شرابا يشرح صدرى . شرح صَدْرَه *épanouir la rate, faire rire beaucoup*, Bc.

II. شرح اللَّحْم signifie chez le vulgaire: *couper de la viande par tranches longues, mais qui ne sont pas tout à fait détachées les unes des autres*, M. — Dans le Voc. aperire (ficus); c'est: *faire une incision dans les figues (et les faire sécher au soleil)*, M; cf. شَرْحَة. Aussi en parlant d'autres fruits, cf. مُشَرَّح. — *Tatouer*, Burton II, 13.

IV *éveiller, égayer*, Bc.

V *se fendre*, Gl. Edrîsî. — Dans le Voc. sous aperire (ficus).

VII. انشرح صَدْرَه *se réjouir*, 1001 N. I, 28, 3 a f., انشرح قلبه *se ragaillardir*, Bc; de même le verbe seul, M, Ibn-Iyâs 67: سرّ السلطان لذلك وانشرح; 1001 N. I, 2, l. 8, 34, 4 a f.; انشرح صدره *se divertir*, Voc.; le verbe seul *se divertir, s'amuser*, Bc, qui a le n. d'act. sous *contentement, divertissement*. انشرح صدره *acquérir de la sagacité, de la finesse*, Voc. — Quasi-pass. de la Ire, Voc. sous exponere.

شَرْح *sagacité, finesse*, Voc. — شرح الصَّدْر واحد en *rang d'oignon, l'un après l'autre, sur la même ligne*, Bc. — شَرْحَهُ *idem*, adv., *le même*, Bc.

شَرِح *gai, qui réjouit, clair, bien situé, riant, agréable à la vue*; مطرح شرح *lieu agréable*, مكان شرح *lieu découvert, agréable*, Bc.

شَرَاحَة *gaîté*, Ht.

شَرِيحَة, شَرْحَة, coll. شَرَائِح et شَرِيح, proprement *figue dans laquelle on a fait une incision pour la faire sécher au soleil, et de là figue sèche*, Gl. Edrîsî, Voc., M, Abou'l-Walîd 778, 33, Amari 134, 4, où il faut lire شريحة التين, au lieu de سريحة. Cette signif. a été notée par Castel (carica). Aussi en parlant d'autres fruits avec lesquels on fait la même chose, Auw. I, 272, 1, où il est question du زعرور: وبعض الناس يرتب (يرتب .l) الصنف العنصرى وذلك سرائح; notre man. porte بأن يعمل منه سرايح ويدخره

lisez شَرَائِح. — *Sangle*, Bc, 1001 N. III, 44, 3. — A *Jérusalem, ceinturon de cuir, à fermer par une agrafe de métal; on y attache ordinairement le sabre et les pistolets*, Bg 801.

شَرَاحِيب *délices*, Hbrt 226.

شَرَائحى *marchand de figues sèches*, Gl. Edrîsî.

تَشْرِيحى *anatomique*, Bc.

مُشَرَّح *olive dans laquelle on a fait trois incisions*, Auw. I, 686, 6 et 7.

مُشَرِّح *agréable*, Hbrt 226.

مشرحانى *rieur*, Bc.

مَشْرُوح. كتاب مشروح *un livre qui contient beaucoup de choses*, Bidp. 25, 6. — *Content, joyeux*, M, Daumas V. A. 108. مشروح الصَّدْر *sagace, fin*, Voc.

مُنْشَرِح *agréable*, Voc.

شرخ I. شرخه بالعصا *il le bâtonna rudement*, M.

شَرْخ, pl. شُرُوخ *coin, outil de fer pour fendre*, Bc.

شرد I c. عن *éviter d'avoir des relations avec quelqu'un*, Abbâr 179, 2 a f.: الشرود عن سلطان قرطبة; dans le passage 181, n., l. 4, le man. B d'Ibn-Bassâm porte الشذون, au lieu de الشرود, ce qui me paraît préférable (cf. sous شذّ I, au commencement), et dans le premier passage الشذون ne serait pas déplacé non plus, mais là le man. B confirme la leçon du texte. — شرد الشىء من باله *oublier*, Bc.

II. شرّد القلوب *effaroucher, donner de l'éloignement*, Bc. — *Remuer la queue*, Alc. (colear mover la cola); je crois que c'est proprement, en parlant d'un cheval ou d'un bœuf: *chasser les mouches avec la queue*; cf. Bat. I, 365: وهو الذى يشرّد عنه الذباب, III, 222, 416, IV, 411.

V *devenir farouche, sauvage, en parlant des bêtes*, Gl. Edrîsî, Voc. — *Être chassé*, Voc.

شَرْد *la pluie que le vent chasse dans la maison*, M.

شِرْد, *au Liban et dans les montagnes de Beirout, aspidium filix mas*, Bait. II, 9 (il l'épelle).

شَرُود *furieux*, Cartâs 161, 6 a f.: قصدت اليه بقرة منهنّ كانت شرودة فضربته فات من حينه. Le pl. شَرَادى, Abou'l-Walîd 386, 11. Le

شردق 744 شرش

fém.: (une femme) *qui craint l'approche des hommes*, de Sacy Chrest. II, 474, 10: بنات اخيك وهنّ ثمانٍ شريدانّهنّ قليلة ٭

شَرَاد dans le Voc. sous abigere.

شَارِد *sauvage, qui n'est point apprivoisé*, Bc. — Le pl. شَوَارِد *renseignements épars*, Prol. I, 4, l. 7: شوارد عصره «les renseignements épars qui se rattachaient aux faits qui marquaient son époque» (de Slane), Cartâs 3, 10 a f. — ضمّ الشاردين *rallier (des troupes)*, Bc. — *Fugitif (ouvrage d'esprit)*, Bc. — امرأة شاردة عيْنها — *une femme qui jette des regards amoureux sur un autre homme que son époux;* de même en parlant d'un homme, M.

أَشْرَد *fuyant plus vite*, Kâmil 275, 11.

مَشْرَد *refuge, asile, retraite*, Hist. Tun. 100: رجع من مشردهِ الى قتالهِ وقتال ابن شكر ٭

شَرْدَق II *avaler de travers en buvant*, Bc (aussi شرق), M v°.

شرْدوقة subst. formé de ce verbe, M v° شرق.

شرْدم I *ébrécher*, Bc.

.شرز

شِيرَاز = بَازَار رخيص, Voc., Gl. Manç. v° et لور, où il faut lire ainsi, au lieu de شران.

.شرس

شرس Un témoin copte signe dans un acte: الشرس متى (Matthieu), de Sacy Dipl. XI, 45, 7, et l'éditeur observe: «Je suppose que ce mot est grec ou copte, et désigne une dignité ecclésiastique.»

شَرَاسَة *âpreté, dureté, morosité*, Bc. — *Cruauté, barbarie*, Hbrt 243.

اشراس (le fatha chez Freytag est une faute) voyez Bait. I, 53 d.

.شرسف

شُرْسُوف *côte asternale, fausse côte*, Bc.

شرسم I c. a. et II dans le Voc. sous frenesis.

شَرْسَمَة voyez ce qui suit.

شرسام *frénésie.* شرسام est, selon le Gl. Manç., la forme arabe, et سَرْسام (voyez) la forme persane. Le Voc. a شَرْسام, pl. شَرَاسِم, et (dans la 1re part.) شَرْسَمَة.

مُشَرْسَم *frénétique*, Voc.

.شرش

شِرْش pl. شُرُوش *racine, radicule*, Bc, M, Hbrt 51 (شِرْش); شرش الطبيب *racine de l'iris*, Bc. — Même pl. *fibre dans les plantes*, Bc. — *Filament, petit filet long et délié*, Bc. — Même pl., *une des veines du corps*, M. — *Saumure*, Bc. — *Ononis antiquorum*, Bait. II, 93 f (il l'épelle). — (Esp. cierzo), *au Maghrib, vent du nord*, Alc. (cierço ayre), Domb. 54, Bc (Barb.), Mc, Ht; *vent du nord-ouest*, Alc. (gallego viento), Hbrt 164 (Alg.); *nord*, Ht, Barbier, Delap. 33; *nord-est*, Delap. 33, Ht. Bc a شَرَش; quelques-uns des auteurs que j'ai cités écrivent شَرْش et جَرْج.

شِرْش *poignée, botte*, Mehren 30.

شِرْشِيّ *fibreux*, Bc.

شَرْشان *cigogne*, Voc.

شَرِيش, n. d'un. ة, *yeuse, chêne vert*, Alc. (carrasco arbol de bellotas, coscoja en que nace la grana, mesto arbol de bellotas). Cet arbre s'appelle en catalan *garrig* selon le Dict. d'Estève, *garrich* ou *garritx* selon Colmeiro, *carrasco* en esp., كُرِّيش au Maroc, كُرْش en berbère (*chêne*, Dict. berb.); tous ces mots, de même que شريش, doivent avoir une seule origine. Chez Alc. il se nomme aussi كُرْك, qui semble par transposition. J'ai soupçonné, il y a longtemps (Vêtem. 363), que c'est *quercus*, et Cherb. C est du même avis. A présent je crois que c'est plutôt le mot latin *cerris* ou *cerrus*, en ital. *cerro*. La différente manière dont on prononçait à telle ou telle époque le *c* latin (*k*, p. e. قيصر = *Cæsar*, *dj*, p. e. جاشر = *Cæsar*, Macc. I, 124, 3 a f., *ch*, p. e. شريش = *Cœris*, contraction de *Cæsaris*, Recherches I, 314) explique la diversité des formes.

شِرِيشِي, au Maroc, *pantoufles étroites et pointues qui ressemblent à des souliers*, Pflügl, t. 67, p. 6 et 7 (Sriexi).

شَرْقِي مُشَرَّش, en Barbarie, *vent du nord-est*, Domb.

شرط — شرشح

شرط

إِشْرَمْسى espèce de datte, Niebuhr R. II, 215.

شَرَط I. En parlant d'un vendeur, شرط فى الشىء عيبًا, déclarer qu'une chose qu'on offre à acheter a des défauts, voyez sous بَرَكَة. — C. a. faire une ouverture dans une chose avec un instrument tranchant, 1001 N. II, 290, dern. l.: وجدت خُرْجى مشروطًا وحد قطعت لخرج بهذه السكين, cf. 292, 1; سرى منه كيس واخذت الكيس. — Déchirer, p. e. un habit, ses habits, M, Bc, 1001 N. II, 173, 7, Bresl. IV, 171, dern. l., 172, 9, Bâsim 122: كل واحد منكم ياخذ واحد من مولاى الثلاثة ويشرط من ذيله ويعصب عينيه ويشهر سيفه ويقف على راس غريمه حتى ارسل له بضرب رقبته 123; وشرط ذيله وعصب عينيه, synonyme de شقّ, 128; فشق من ذيله وعصب عينيه. — N. d'act. شُروط, شَرُوط, dans le Voc. sous eferari, semble, de même que شرط, une autre prononciation de شرد, qu'il a aussi sous cet article.

II rayer, faire des raies, Alc. (rayar hazer raya), Ht. — Tatouer, Burton II, 257 n., Dict. berb.

III. M: والمولّدون يستعملون شارَطَهُ بمعنى عاقده فى المعاملة, c.-à-d., je crois, que, dans le commerce, ce verbe signifie: faire avec quelqu'un un contrat sous certaines conditions qu'on s'engage à observer. شارطه بالمال semble avoir le sens de: s'engager à payer à quelqu'un une certaine somme pour des services que l'autre s'engage à rendre dans certaines éventualités, Berb. I, 608, 7 a f.: دجهزهم لانتهاز الفرصة فى توزر مع العرب المشارطين فى مثلها بالمال. Chez Macc. III, 53, 5, on lit: ثم داخله السلطان فى توليته العمّال على يده بالمشارطات فيجمع له بها اموالًا, et le terme مُشارَطَة semble signifier ici: un contrat qu'un ministre fait avec une personne et par lequel il s'engage à la faire nommer par le sultan à un emploi, mais en stipulant qu'elle lui payera une certaine somme dans le cas où elle sera nommée. Parier, Bc.

V proposer des conditions, Vie de Saladin 50, 24: فلم يحصل من جانبه سوى تشرّط كان الدخول تحته اخطر من حرب السلطان ٭

VI c. a. r., Recherches II, Append. p. XLVII, 4:

شرشح

54, Bc (Barb.), Mc. Quelques-uns écrivent مُشَحْرَج.

شرشح

شَرْشُوحَة savate, vieux soulier, Bc.

شَرْشَرَ I pissoter, Bc; pisser, 1001 N. I, 39, 1: ايقن بالهلاك وشرشر فى ثيابه. On dit شرشرت القربة quand il y a dans une outre beaucoup de petits trous par lesquels l'eau coule goutte à goutte, M.

شَرْشَرَة serpe, Ht.

شَرْشار source d'eau, Ht.

شَرْشور, pl. شَراشير pinson, Bc, Hbrt 67. Pl. M.

شَرْشارَة chouette, la Torre.

شَرْشَف, pl. شَراشف drap de lit, Bc (Syrie), Hbrt 204, M, qui ajoute que ce mot est d'origine persane, et que quelques personnes du vulgaire disent جَرْجَف.

شَرْشوفَة même sens, Bc.

شِرْشِك épine-vinette. Ce mot est altéré dans le Most. هو الشرشك وقيل (sic) اميرباريس, vo امير, car Lm porte: هو الشرسك وقيل هو et N: الشريش بالشين المعجمة. Ensuite Lm donne: الشريس بالشين المعجمة ويسمى بالفارسية الزرشك, et N زَرَشك. Le nom persan est زَرَشك.

شَرْشَلَة ruine, Daumas V. A. 233.

شرشم

شَرْشَم du blé bouilli dans de l'eau salée, Daumas V. A. 164, 255.

شَرْشَم frénésie, Alc. (frenesia); cf. sous شرسم.

شَرْشَمان espèce d'animal, R. d. O. A. XIII, 90.

تَشَرْشَم frénésie, Alc. (frenesia).

شرص

شَرَص I, c. من et ب, n. d'act. شَراصَة, شُروصَة, شُروص, que le Voc. a sous eferari, semble, de même que شرط, une autre prononciation de شرد, qu'il donne sous le même article.

شَرَص (hébr. שרץ) reptile, de Sacy Chrest. I, 334, 6.

شَريس, pl. شَراس deterrimus, indomitus, L (ce dernier avec ص), protervus, Voc.; semble pour شريس.

شَراصَة protervia, Voc.; semble pour شراسة.

شرط 746 شرط

تشارطا ما على ، « comme cela était convenu entre eux. »
C. مع p. et على r. *contracter, convenir*; تشارط معه
على الثمن ، *convenir d'un prix*, » Bc. — C. مع parier, Bc.

VII quasi-pass. de la Ire, Abbad. II, 18, 12: يَعْهَدْ
انشرط عليه ﻪ

VIII *stipuler*, Nowairî Espagne 474: وأمضى أمير
المومنين عَهْدَه هَذا وأجازه وأنفذَه ولم يشترط فيه
اشترط المدينة, Abbad. II, 75, 3: مثنوية ولا خيارا
« il stipula qu'on récompense de ses services, cette
ville lui serait livrée. » — C. لـ p. et a. r. *s'engager
envers* quelqu'un à, M: اشترط له كذا التزمه, Becrî
186, 16: je te permettrai de faire cela, تشترطى أن
لى شرطا وتعقد لى على نفسك عقدا تلتزميه Dans
une tradition le Prophète dit à 'Ayicha, *apud* de Sacy
Chrest. I, 459, 7 a f. (= 460): خذيها واشترطى
لهم الولاء. Je crois que c'est proprement: Prenez Ba-
rîra, et engagez-vous envers ses maîtres à leur reconnaître le droit de patronage (comme ils l'exigent),
c.-à-d., comme traduit de Sacy: accordez-leur le droit
de patronage. — Dans le Voc. c. a. *iactare*, et les
autres verbes qu'il a sous cet article signifient *se
vanter, s'enorgueillir, être vain*; mais je ne comprends
pas comment اشترط a reçu ce sens. — *Avaler sans
mâcher*, Bait. II, 32 c, en parlant du scinque: dans
l'eau il se nourrit de poissons, et sur terre de sala-
mandres, etc., وهو يشترط ما يغتذى من ذلك اشتراطا,
et l'auteur ajoute qu'il a trouvé ces animaux dans
les intestins du scinque, sans qu'ils eussent subi
aucun changement.

شَرْط *article* d'un traité, d'un contrat, *clause*; pl.
du pl. شروطات *dispositions, conventions* d'un acte,
Bc. — *Accord*, convention pour terminer un différent,
Bc. — *Contrat*, Macc. I, 603, 11, de Slane Prol.
I, LXXIV b, Khatîb 22 r°: كان من شيوخ كتّاب
الشروط. De là عِلْم الشروط *l'art de dresser des contrats*, Khallic. I, 27, 8 Sl. — Pour exprimer *les
signes précurseurs du dernier jour*, on ne dit pas
seulement أشراط الساعة (Lane sous شرط), mais aussi
شروط الساعة, Djob. 343, 15, شروط القيامة, Voc., et
الشروط seul, Prol. III, au commencement, *passim.* —
Coutume, Koseg. Chrest. 93, 2: وكان شرط نساء العرب
فى ذلك الزمان انهن يشربن لبن اللقاح عند المساء والصباح ﻪ

شَرْطَة *incision*, Bat. II, 192: لم شرطات فى وجوههم,
c.-à-d. qu'ils se tatouent le visage, cf. la IIe forme du
verbe. — *Accroc*, déchirure d'une étoffe en accrochant,
déchirure, Bc. — Pl. شرط *ligne, raie, trait dans la
main*, Bc. — *Raie*, trait tiré de long avec une plume,
Bc. — *Tiret*, division, trait d'union, Bc. — *Virgule*, Bc.

شُرْطَة *petit morceau qu'on détache d'une étoffe en
déchirant*, M.

شِرْطَة. Des passages mal compris ont fait dire à
M. de Slane (trad. d'Ibn-Khallic. I, 539, n. 2, J. A.
1862, II, 160) que c'était une espèce d'impôt; voyez
mon article حَدَث.

شُرَطِى (et non pas شُرْطِى, comme chez Freytag)
conditionnel, Voc. — *Conventionnel*, Bc.

شُرْطِى *agent de police*; mais comme ceux-ci étaient
aussi maîtres des hautes œuvres, ce mot a reçu le
sens de *bourreau*, Alc. (sayon 'o verdugo, verdugo
o sayon). Le mot esp. *sayon* a subi le même changement de signification. — *Filou, fripon*, Bc, 1001
N. II, 116: حراميّة وشرطيّة.

شُرْطِيّة *contrat*, M.

شَرِيط proprement: *la corde en feuille de palmier
nain avec laquelle les Arabes attachent leurs balais*,
Delap. 77, cf. Jackson 107, 263. — *Corde* en général, Gl. Edrisi, Voc.; aussi *corde de guitare, de violon*,
Gl. Edrisî. — عذاب الشريط *estrapade, supplice* qu'on
faisait souffrir à un criminel, en l'élevant au haut
d'une longue pièce de bois, les mains liées derrière
le dos avec une corde qui soutenait tout le poids du
corps, et en le faisant tomber avec roideur jusqu'à
deux ou trois pieds de terre, Alc. (tormento de cuerdas, trato de cuerda tormento). — Pl. أشرطة *ruban*,
Bc. — *Galon, liséré, passement, passe-poil*, Bc, Gl.
Edrisî, Hbrt 20, Ht (qui a le pl. irrég. شروط). —
Écharpe, large bande d'étoffe en baudrier, Bc. —
Fil de métal, p. e. شريط حديد *fil de fer*, Bc, Gl.
Edrisî, M. — *Plate-bande*, espace de terre de peu de
largeur qui règne le long d'un parterre; ornement
d'architecture uni et peu large, Bc. — Pl. أنت *épée*,
synonyme de سَيْف, 1001 N. III, 449, dorn. l. (cf.
450, 1, سَيْف, 452, 12, *ibid.* 8 a f., 469, 13: وسحب
شريط الفولاذ فى يده فالتفت اليهودى وعرم وقال ليده

شرطط 747 شرع

قَفَى بِالسَّيْفِ فَوَقَفْتُ يَدَهُ بِالسَّيْفِ فِى الْهَوَاء, Bresl. IX, 249, 10.

شَرَائِط pl. شَرِيطَة corde, Gl. Edrîsî. — *Jarretière*, Alc. (inogil). — *Ruban*, Cañas v° cinta, M. — L'esp. *xaretas*, qui en dérive, signifie: *rets ou bordages, faits de cordes ou de grilles de bois, qui couvrent les soldats d'un vaisseau pendant un combat*. Dans cette langue *xareta* signifie aussi: *gaine, ourlet creux à passer un cordon, pour attacher une jupe*. — Entre les articles *exalto* et *examen*, L donne celui-ci: *exalo* حَكَمَ وَامْتَحَنَ ثُمَّ شَرِيطَة. Un tel substantif n'existe pas en latin. Si on lit *exaio* (= exagio, de exagium, examen, épreuve, essai), les deux premiers mots arabes conviennent assez bien; mais ensuite l'auteur prend le mot latin dans un autre sens (c'est ce qu'il indique constamment par ﻓﻰ) que je ne puis pas deviner.

شَرَارِيط (pl.) *cordes, rubans*, 1001 N. I, 69, 10.

شَرَّاط *celui qui scarifie*, Alc. (jassador). — *Cordier*, Alc. (cabestrero que haze cabestros), Domb. 104.

شَرُوط *cérat*, espèce de pommade ou d'onguent où il entre ordinairement de la cire, Alc. (cerapes unguento). C'est l'esp. *cerote* (cerotum, κηρωτόν); la forme arabe est قِيرُوط.

أَشْرَاط (pl.) *agents de police*, Haiyân 3 v°, 4 v°: فَصَّاح سَعِيد بِأَشْرَاطِه أَنْ رَدُّوه فَارْجِلوه Haiyân-Bassâm I, 23 v° (deux fois).

تَشْرِيطَة pl. تَشَارِيط *taille, coupe, division*, Alc. (taja entre dos). — *Raie*, Alc. (raya para señalar).

اشْتِرَاط *modification, restriction d'une proposition*, Bc.

شرطط

شُرْطُوط *chiffon*, Bc.

شرطل I *enfiler*, p. e. *des grains de chapelet*, Alc. (ensartar como cuentas); — *coudre deux choses ensemble*, Alc. (coser uno con otro). Ce verbe a été formé du subst. esp. *sartal*, qui signifie: *cordon de choses enfilées, chapelet, collier*, etc.

شرطن I (χειροτονέω), *en parlant d'un évêque, imposer les mains en donnant la prêtrise*, M.

شَرْطُونِيَّة (χειροτονία). Les passages d'Elmacin où ce mot se trouve sont: 246, 20 et dern. l., 252, 20, J.-J. Schultens.

شرع I, dans le sens de *commencer, se mettre à*, non-seulement avec ﻓﻰ, mais aussi avec بِ, 1001 N. I, 55, 5: فَشَرَعُوا بِالتَّجْهِيزِ مُدَّةَ عَشَرَةِ أَيَّامِ. — Dans le sens de *communiquer à, avec, conduire, aboutir, être en rapport*, non-seulement avec إِلَى (Lane, Macc. I, 251, 20, 361, 22, 362, 7, Bat. II, 24), mais aussi avec عَلَى, Gl. Belâdz., avec فِى, *ibid.*, Haiyân 28 r°: وَصَلَ عَقْصُورَةُ الْجَامِعِ بِبَابِ شَارِعِ فِيهَا Abdarî 79 v°, en parlant du puits (بِئْر) d'Abraham à Ascalon: يَنْزِلُ الْبِئْهَا, avec فِى درج مُتَّسِع وَيُدْخَل مِنْهُ فِى بُيُوتٍ شَارِعَة فِيه, Bat. I, 131: وَبَابُهَا الَّذِى يَشْرَعُ لِلْبَرِّ, et avec مِنْ, Vêtem. 281, 2 a f. — Chez Lane, en parlant d'une lance, *it pointed directly* towards a person (c'est aussi le sens de ce verbe dans Abbad. I, 254, 6, texte que j'ai corrigé III, 103—4); de même dans un passage d'Edrîsî *apud* Bait. II, 145 b, qui dit en parlant du porc-épic: وَهُوَ حَيَوَانٌ يَكُونُ فِى قَدْرِ الْكَلْبِ الصَّغِيرِ إِلَّا أَنَّهُ كُلَّهُ شَوْكٌ شَارِعٌ مِثْلُ شَوْكِ الْقُنْفُذِ (*piquants dressés*). — C. فِى *être passablement versé dans* une science, Haiyân dans mes Notices 182, n., l. 3: إِلَى الشُّرُوعِ فِى عِلْمٍ صَالِحٍ مِنَ الطِّبِّ Haiyân-Bassâm I, 174 r° (= Khatîb 51 v°): كَانَ قَوِىَّ الْمَعْرِفَةِ شَارِعًا فِى. — C. عَلَى *juger, prononcer sur*, Bc, Ht."

II *ouvrir une porte, une fenêtre, une tente*, à sous-entendre فَامَرَ, 1001 N. I, 770, 9: إِلَى الطَّرِيقِ الْمَلَكَ بِفَتْحِ الْقُبَّةِ فَفَتَحَتْ وَشَرَعُوا طِيقَانَهَا; de même dans l'édit. de Boulac; celle de Breslau porte (II, 350, 12): وَأَمَرَ بِالنَّفْحَةِ فَفَتَحَتْ طَاقَاتُهَا; Müller 32, 2 a f.: فِى طُرُقٍ مِنَ الْبَرِّ ابْتَدَعُوهَا، وَأَبْوَابٍ مِنَ الِاخْتِفَاءِ شَرَعُوهَا Koseg. Chrest. 71, 4: قَدْ أَشْرَفُوا عَلَى حُلَّةِ حَسَنَةٍ (prononcez زَيَّنَتْ وَأَبْيَاتٍ قَدْ شُرِّعَتْ وَغَنَمٍ قَدْ سُرِّحَتْ ainsi, au lieu de شَرَعَتْ et سَرَحَتْ, comme l'a fait l'éditeur); 76, 3: تَشَارِيعَ الْبُيُوتِ *les ouvertures des tentes*. Je me tiens convaincu à présent qu'il faut traduire de la même manière Abbad. I, 255, 6 a f.: mon fils escalada avec sa bande les murailles de mon palais: فَشَرَعَتْ وَخَرَجْتُ »alors j'ouvris (la porte) et je sortis.« Cf. sous la V° forme. — Dans le Voc. sous *lex.* — شَرَعَ الْمَاءَ *faire mousser*; شَرَّعَ aussi au

شرع 748 شرف

fig., *faire mousser*, *exagérer le mérite*; c. في faire sonner bien haut, Bc.

III *faire le procès à quelqu'un*, Bc.

IV *déployer* les voiles d'un navire, 1001 N. Bresl. XII, 316, 1: فلما صار عندهم اسرعوا باشراعات القلوع

V *s'ouvrir*, 1001 N. I, 57, 8 a f.: واذا بالباب قد انفتح وتشرعت الدرفتين «les deux battants de la porte s'ouvrirent.» — Dans le Voc. sous *lex.* — *Se conformer à la religion*, Calâïd 343, 5 a f.: حليف كفر لا ايمان ما نطق متشرعا. — C. ب *professer* une religion, Holal 4 v°: كان اهل بلاد السودان متشرعين فيما سلف بدين النصرانية. — *Établir*, *régler*, *ordonner*, Alc. (establecer). — *Plaider*, *contester en justice*, Alc. (lidiar pleytear).

VIII. تثنية الشريعة اشترع *donner des lois*; de là الاشتراع *Deutéronome*, M.

شرع. Chez Alc. *juridiction séculière*; — *loi en vertu de laquelle celui qui s'est vendu peut se racheter*; — *loi contre les fraudes* (ley seglar, ley para redemirse el que se vendio, ley que desvia los engaños). — شرع الله *la justice*, *la loi*, *les tribunaux*, Bc. — *Tribunal*, Bg, souvent dans Bâsim, Inventaire: ترافع معهم لمجلس الشرع العزيز فكلّمهم الشرع بانيات ديونهم فاثبتوها — — وكلّفهم الشرع ثانيا ان يحلف كلّ واحد منهم — — فحكم لهم الشرع على ابراهيم المذكور ان يعطى لهم ديونهم *tribunal de commerce*, Crist. e Barb. 17.

شَرَعَة *courroie attachée au joug, qui a un anneau au bout et qui sert à tirer la charrue*, M.

شَرَعَة *sorte de couteau de chasse, très-affilé et très-pointu*, Margueritte 41 (chir'a).

شَرْعِيّ *authentique*, Bc. — ابن شرعى ات *fils adoptif*, M. — *Légiste*, *jurisconsulte*, Alc. (legista letrado).

شِراع, *voile de navire*; le pl. aussi ات, Amari Dipl. 205, 7, et شُروع (pour شُرع), Cartâs 224, 9 a f. (lisez ainsi), 243, 6 a f.

شَريعة *tente dans le douar, destinée à servir de salle d'école*, R. d. O. A. VII, 85. Chez Djob. 298, 18: *salle où les fakîhs lisent le Coran et où ils prêchent*. — *Procès*, Ht.

شَرِيعيّ *législatif*, Bc.

شارِع, *entrant dans l'eau (pour boire)*, forme au pl. شُرَّاع selon une variante dans un vers de Nâbiga; voyez de Sacy Chrest. II, ١٣٩, 7, et 443, n. 36. — *Galerie*, Alc. (anden o corredor). — *Vestibule dans une maison*, Alc. (portal de dentro de casa). — *Fenêtre*, Voc. — *Muraille*, Voc. — *Prédicateur*, Alc. (predicador).

تَشْريع pl. تَشاريع *ouverture d'une tente*, voyez sous la IIᵉ forme.

مَشْرَع *gué*, Domb. 99, Renou 12, R. d. O. A. VII, 290, Richardson Morocco II, 166. — *Carrefour*, Ht.

مُتَشَرِّع *légiste*, *praticien*, *publiciste*, Bc.

شرعب.

شَرَعْبِيّ = مُشَرْعِب, Kâmil 78, 9.

شرغو (esp.) *muge*, *sargo* (poisson de mer), Alc. (sargo pescado), Lerchundi.

شرف I, *devenir vieux*, s'emploie non-seulement en parlant d'animaux, mais aussi en parlant d'arbres, Voc.: شَرَف, n. d'act. شُروف, *veterascere in arboribus et bestiis* (il a aussi شَرْف sous cet article); arbres: Auw. I, 21, 10, 402, 12, 507, 18 (l. شرف), 2 a f., dern. l. (l. شرف), 508, 4 (l. شرف), 510, 4 (l. شرف), 6, 10, etc. Aussi en parlant de personnes, voyez شارف.

II. شَرَّفْنا *faites-nous l'honneur de venir nous voir*; شرّف السفرة *faire honneur à un repas, y bien manger*, Bc. — *Clarifier*, *épurer*, *rendre clair*, Alc. (clarificar). — Non-seulement *créneler*, en parlant d'une muraille, mais aussi (comme *créneler*) en parlant des parties d'une plante dont le bord est découpé en dents, d'une scie, de cuirs, etc., Gl. Edrîsî, Bait. I, 34 b, 63 b, 129 d, 169 b, 241 b, II, 84 g, etc. — *Garnir* une muraille de mantelets, de palissades, etc., Freytag Chrest. 131, 11.

III, *être près de*, aussi c. a., Gl. Belâdz., Haiyân 74 r°: شارف الهلكة. — *Surveiller des travaux*, Prol. II, 58, 14.

IV c. على *avoir l'inspection sur*, la fonction de *surveiller*, Mâwerdî 214, 4 a f. اشرف على تاليفه *il fit la révision de son ouvrage*, Berb. II, 510, 8. — C. ب p. *élever, faire monter plus haut*, Badroun

شرف

134, 1, Haiyân 58 rº: اخرج الرهائن الذين كانوا عندء
منهم فاشرف بهم الى موضع يرام منه أقلوم وامر بضرب
اعناقهم.

V. تشرّفت لعندكم *j'ai eu l'honneur d'aller chez
vous*, Bc. — *Regarder en bas*, R. N. 47 vº: on frappa
à la porte, فتشرّفوا من أعلا القصر وقالوا من أنت
61, — C. الى فتشرف من اعلى القصر وقال من هذا
rº: *attendre avec impatience*, R. N. 47 rº: vous demeurez
dans la mosquée; or, quand le soir les *morâbit* ont
préparé leur souper قبل وسمعت حسّا على الداموس
تتشرّف نفسك الى من ياتيك بشىء تأكله cf. sous
متشرّف. — *Se clarifier*, Alc. (clarificarse).

VIII c. a. *monter*, et au fig., اشترف الحمّام, comme
on dit ركب الموت, Gl. Mosl.

X c. الى *jeter des regards avides sur*, Djob. 208,
3: فالأعراب يلحظون الحاج مستشرفين الى مكانهم *attendre avec impatience*, R. N. 48 rº: Dieu lui donna
tout cela (sans qu'il, etc.). من غير سؤال ولا استشراف
— C. الى *s'occuper de*, Berb. I, 367, 1: il suivit
l'exemple de son père انتحال السحر والاستشراف
الى صنعة الكيمياء.

شَرَف *éloge, louange*, Alc. (ensalçamiento por ala-
bamiento). — T. d'astrol., *exaltation*, Prol. II, 188,
9, III, 130, 1. Les astrologues disent d'une planète
qu'elle est dans son *exaltation* ou *dignité* (شرف) quand
elle occupe, dans le zodiaque, une position telle
qu'elle puisse exercer toute son influence, de Slane
Prol. II, 218, n. 7. — شرف العطاء, pour
*paye plus haute que celle qu'on donne ordinairement
aux soldats*, Gl. Belâdz. — *Bord*, Edrîsî, Clim. IV,
Sect. 5: حصن على شرف البحر. — *Camp permanent
au pied d'une montagne*, Gråberg 36.

شرف *honorifique*, Bc.

شرفة *bord*, Traité de mécanique, man. 117, p. 78:
وهو شكل كأس جالس على قاعدة وعلى راسه غطاء
مستطح وعلى محيطه شرفة مخرمة. Quand on compare
la figure qui se trouve dans le man., on voit que
شَرَفة (le man. donne cette voyelle) signifie *bord*.
Ibid. 81: ثم تتخذ على دائر الغطاء شرفة منحرفة (l. مخرمة) مصنعة. M. Amari (545) a donc eu raison de penser

qu'il faut lire dans Auw. II, 193, 18: ولتكن شرفته
قائمة, au lieu de شركته.

شُرَفة *balustrade, galerie autour d'un minaret*, Bc;
le pl. شُرَف, Djob. 254, 7 et 18. L'esp. *axarafe* (galerie) fait soupçonner que le peuple disait شَرَفة.

شرفى pl. ات *étourneau*, Alc. (estornino specie de
tordo); — *oiseau-moqueur*, Alc. (rendajo ave).

شرفين *séraphin*, Alc. (serafin).

شراف *sorte de poisson*, R. N. 94 rº: فدفع اليه
ثمن درهم وقال له اشترى (اشتر l.) لنا بهذا حوتا من
اعطيناك ثمن درهم تشترى (sic): 94 vº: هذا السراف
لنا به سرافا; répétant par erreur la phrase où ces
mots se trouvent, le copiste écrit شرافا.

شَريف. Biffez dans Freytag «*Vestimentum*,» etc.
Habicht, qu'il a suivi, s'est laissé tromper par une
fausse leçon, Fleischer Gl. 54. — *Excellent* (huile),
Berb. I, 369, 6. — C'est, à proprement parler, *un
descendant de Hasan*; un descendant de Hosain s'appelle سيد, Burton II, 3. En Perse et dans l'Inde
c'est *le fils d'une femme de la postérité de Hosain et
d'un musulman ordinaire*, ibid. — الدار الشريفة le
palais de justice, Privilége donné par Alphonse X à
Murcie (Memor. hist. I, 282): «que lo hayan en
Darajarife o los juices deven juzgar los pleitos.»

شَريفة *arenaria media*, Prax R. d. O. A. VIII, 283.

شَرافى? *cherafi* (pl.) *bordigues*; Espina R. d. O. A.
XIII, 145, écrit «acor mtâa cherafi,» et dit que
cela signifie «nattes avec lesquelles on construit des
bordigues sur la plage de Sfax.» Les deux premiers
mots sont حصر متاع (nattes de).

شَريفى excellente espèce de raisins longs et blancs,
Burton I, 387. — أشرفى et شريفى *sequin*, monnaie
d'or (= dinâr) qui valait deux florins. Aujourd'hui
le *charifî* est rare en Egypte, où sa valeur est un
peu au-dessous du tiers d'un livre sterling. Voyez
Gl. Esp. 353—4. Du temps d'Ali Bey, I, 240, c'était
la pièce qui avait le plus de valeur à Tripoli de Barbarie.

شُروف voyez sous la Iʳᵉ forme.

شارف *vieux et décrépit* (cf. sous la Iʳᵉ forme), aussi

en parlant de personnes, Domb. 106, Daumas V. A. 183, Haiyân 9 rº: كَانَ يَنْفَقَّدُ أَقَلَّ الْبُيُوتَاتِ وَالشَّرَفَ بِعَطَائِهِ; Edrîsî, Clim. III, Sect. 5, en parlant des eaux thermales de Tibériade, nomme parmi les sources le عَيْن الشَّرَف, c.-à-d., *celle des vieillards décrépits*, et non pas „*des Chérifs,*" comme traduit Jaubert (I, 347, dern. l.). — Dur, Hbrt 13 (Alg.).

أَشْرَفَ. Biffez chez Freytag *nummus aureus*. Le mot est أَشْرَفِيّ (voyez sous شَرِيفِيّ), et dans le passage qu'il cite il faut lire بِاْشْرَفِيَّيْن, Fleischer Gl. 27, et dans son édition des 1001 N., t. IX, Préface, p. 19 et 20.

أَشْرَفِيّ voyez شَرِيفِيّ.

اِشْرَاف. خُطَّة الاشراف *la place, la dignité de* مُشْرِف (voyez), Macc. II, 763, 5. De même اشراف seul, Maml. I, 1, 10. ديوان الاشراف, Bat. IV, 298. متولي اشرافنا ب جباية, Amari Dipl. 11, 2 a f., c.-à-d. „*notre inspecteur de la douane à Bougie.*" دار الاشراف à Séville, Macc. II, 257, 10, *l'hôtel où se trouvaient les bureaux de ce fonctionnaire.*

أَشْرَفِيّ pl. أَشَارِفَة *jeton d'or*, Bc; cf. شَرِيفِيّ.

تَشْرِيف pl. ات se trouve dans le sens de *lettre* Abbad. II, 164, 2. — تشريفاتجي et والي التشريفات *maître des cérémonies*, Bc.

تَشْرِيفَة pl. تَشَارِيف *espèce de falbala qu'on met aux habits*, Alc. (trepa de vestidura).

مُشْرِف pl. مَشَارِف *faîte d'un édifice, donjon*, Bc.

مُشْرِف pl. مَشَارِف *inspecteur, surintendant*, p. e. des cuisines, du palais. En Egypte le مشرف المَمَالِك ou *surintendant du royaume* avait rang immédiatement au-dessous du vizir, Maml. I, 1, 10. Spécialement *surintendant du trésor, des finances*, مشرف في المخزن ibid., Mâwerdî 365, 2 et suiv., Cartâs 261, 7 a f.: ودخل مراكش فقتل مشرفها أبا البركات وحمل ما كان في بيت مالها (= Berb. II, 310, 9), l'équivalent de صاحب الاعمال, voyez Macc. II, 763, 4 et 5. Dans un sens plus restreint, *receveur des droits d'entrée et de sortie des marchandises, inspecteur de la douane*, Marmol II, 245 b, en parlant des grands dignitaires à Tunis: «El octavo es el Almoxarife mayor que tiene cargo de cobrar todas las rentas de las mercadurias forasteras que entran y salen en el reyno por mar o por tierra;» cf. Amari Dipl. 23 et 28, où le *muscerif* est مشرف، كبير الناظر بديوان افريقية. C'était le chez Alc. «contador mayor;» mais en outre il y avait, dans chaque ville considérable, et surtout dans les villes maritimes, un *mochrif* qui était chargé de recevoir les droits d'entrée et de sortie; dans Berb. I, 307, 10 a f., il est question du *mochrif* de Fez, et chez Macc. I, 694, dern. l., de celui de Malaga. Le pl. مَشَارِف, que donnent le Voc. (baiulus) et Alc. (almoxarife), se trouve aussi Çalât 32 vº: واستدعى الكُتَّابَ والمشارف من اشبيلية ❊

مُشْرَف *fait de plusieurs pièces et de diverses couleurs*, Alc. (trepada cosa, cf. Victor).

مَشْرَفَة *la place, la dignité de* مُشْرِف (voyez), Voc. (baylia), Alc. (almoxarifadgo, contadoria dinidad).

مُشْرَفَة *lettre;* وصلتني مشرفتكم «j'ai reçu la lettre que vous m'avez fait l'honneur de m'écrire,» Bc.

مَشْرَفِيّ, substantivement, *une épée*, P. Abbad. I, 67, 3, P. de Sacy Chrest. I, ٧١, 2.

حرف مشرفي *drave* ou *dyaba* (plante), Bc.

مَشْرُوف *plébéien* (cf. Freytag); on dit الشريف والمشروف «les nobles et les plébéiens,» de Sacy Chrest. II, ١٣, 1, Bat. I, 67, Gl. Bayân 14, 2 a f.

مُشْتَرَف pl. ات *belvédère*, Gl. Mosl., Fakhrî 49, 6.

مُتَشَرِّف *celui qui tourne la tête pour voir si l'on apporte d'autres plats, insatiable*, Daumas V. A. 314.

مُسْتَشْرَف pl. ات *belvédère*, Gl. Mosl., Macc. I, 570, 9; J.-J. Schultens cite al-Faradj ba'da 's-chiddati, man. 61, p. 95: وجلسنا نشرب في مستشرف له — *Vue, toute l'étendue de ce qu'on peut voir du lieu où l'on est, surtout belle vue*, Gl. Mosl.

شَرِق I, aor. a, *avaler de travers en buvant*, Bc, M. — شَرِقَتْ عَيْنُه *avoir mal aux yeux par suite de la fumée*, M. — Le M a encore un autre sens: والعامة تقول شَرِقَ المَرَق ونحوه اي اجتذبه الى حلقه بنفسه خوفًا من لذع حرارته ❊

II *déchirer*, Bc (Barb.), Daumas V. A. 73, 354. — En parlant d'un chasseur, شَرِّق الطائر, quand il n'a pas tout à fait tué l'oiseau et que celui-ci vole encore un peu, M.

V *s'éclaircir*, en parlant du temps, Alc. (clarecerse el dia, esclarecerse). — En Afrique, *embrasser les doctrines chiites* (voyez sous تشريف, Gl. Bayân, lisez de même, au lieu de تسرّي, chez Amari 189, 5 a f., R. N. 57 v°: ولكـن ما ارى عذّبنى الشرڪين (يوتان .l) على الاسلام — قال ابو الحسن فـوصـل الشرڪين (الشرڪان .l) الى القيروان فتشرّق احدهما وتعزل الآخر

شَرَى *lustre de la peinture*, Alc. (lustre de la pintura).

شَرْقَة *gorgée*, Ht. — *Toux violente et qui empêche la respiration*, M. — *Mal aux yeux causé par la fumée*, M.

شَرْقَة pl. شَرَى *des coups de fouet légers*, Alc. (açote liviano). Le *rá* est peut-être pour le *lâm*; voyez sous شلق.

شَرْقيّ *vent d'est*, Alc. (levante viento oriental), Ht; شرق مشرّق *voyez sous le second mot*; شمالي شرق *vent du nord-est*, Bc (Syrie); شرق قبلي *vent de sud-est*, Bc. — Nom d'une espèce de myrte, Auw. I, 248, 8. — Sorte de raisins, Hœst 303.

الشرْقيّة *le vent brûlant qui porte aussi le nom de samoum*, M.

شرْقان *celui qui a mal aux yeux par suite de la fumée*, M.

شراق *créature*, protégé, élève, Bc.

شَريف *clair, éclatant, lumineux*, Alc. (claro cosa con luz), Aboû'l-Walîd 802, 4; en parlant d'une joue, لخدّ الشريف البهيّ, P. Prol. III, 407, 12, comme on disait autrefois: «Nicolette au clair vis.» الروض الشريف, Macc. I, 312, dern. l., mais c'est peut-être un nom propre.

شَراقي (cf. Lane) est chez Bc *friche*, *terre inculte*.

شراقوة, employé comme pl. de شَرْقيّ, *Levantins*, *Orientaux*; Bc.

شارقة (esp. xerga) *étoffe de laine grossière*, Alc. (xerga o sayal, sayal de lana grosera, picote o sayal), Aboû'l-Walîd 805, 4.

أشْرَى *plus beau* (visage), Weijers 20, 2 a f.; cf.

شريق, et, dans les dict., la IV° forme.

الاشراقيون *les illuminés*, cette classe de philosophes qui ne s'attachent à aucune loi révélée, se bornant à suivre leurs propres inspirations dans le but d'obtenir les révélations et l'illumination, qui sont les fruits des exercices spirituels; Platon en faisait partie, de Slane Prol. III, 167, n. 4.

التشريف, en Afrique, *les doctrines chiites*; les Africains les ont appelées *les doctrines orientales* parce qu'elles furent prêchées par un homme venu de l'Orient, Gl. Bayân.

مَشْرَقَة *galerie à jour où l'on jouit du soleil en hiver*, Alc. (solana o corredor para sol, abrigaño lugar, chez Nebrija apricatio).

المشارقة. مَشْرِقيّ, proprement *les Orientaux*, était en Afrique le nom par lequel on désignait *les Chiites* (cf. sous تشريف), Gl. Bayân, Athîr IX, 209, 1: وكانت الشيعة تسمّى بالمغرب المشارقة نسبة الى اى عبد الله الشيعى وكان من المشرق, Nowairî Afrique 36 v°: المشارقة وم الرافضة, dans le passage correspondant d'Ibn-al-Athîr (IX, 208) الشيعة, R. N. 82 v°. — الحكمة المشرقيّة *la philosophie des illuminés*, de Slane Prol. III, 168, n.; cf. الاشراقيون.

مشرق *clair, éclatant, lumineux*, Alc. (claro cosa con luz).

شَقْرَان, pl. ات, Voc., Alc., شَرْقُرَاق, aussi شقْرَاق; voyez Lane 1581 b; *mérops*, Alc. (abejaruco), Bruce V, 182 et suiv. Voyez aussi Rauwolf 266, Shaw I, 273, Hœst 297. Chez Pagni MS *tordo marino*.

شرقط I *pétiller, éclater avec un bruit réitéré comme le sel dans le feu*, Bc.

شرك II *partager* une chose avec quelqu'un, *lui en donner la moitié*, Alc. (dar a medias = اعطى بنصف).
— شرّك ماله *se ruiner en donnant son argent à tout le monde*, M.

III *partager sa nourriture ou autre chose avec* quelqu'un, Djob. 289, 17: les chrétiens du Liban apportent des vivres aux hermites mahométans, car ils disent: هؤلاء ممّن انقطع الى الله عز وجل فنُحبّ

مشاركته, Abbad. I, 220, 3 a f. — C. a p. et في r. *faire participer à*, Bat. IV, 381. — *Prendre part à ce qui arrive à quelqu'un*, de Sacy Dipl. IX, 493, 6 a f.: وانـه أوجَبَ مَنْ شوركَ المُشاركةَ التي تليقُ بجلالة مقداره «personne ne mérite plus que lui qu'on prenne part à ce qui lui arrive, comme il convient au rang illustre qu'il occupe» (de Sacy). — Dans Berb. I, 432, 4, où il est question d'un collecteur d'impôts, on lit: فنهض في الولايات حتى شاركَ كلَّ عاملٍ في عمله بما اظهر من كفايته وتنميته للاموال, et M. de Slane traduit: «il finit par devenir l'associé [et banquier] de tous les fonctionnaires que le gouvernement employait dans l'administration des provinces. Une grande habileté dans la conduite des affaires et un talent particulier de faire valoir l'argent lui avaient procuré cette position.» J'ignore si شارك a réellement ce sens dans ce passage. — *Rendre des services à quelqu'un auprès d'un gouverneur, d'un prince, etc., intercéder pour lui, plaider sa cause*, Berb. I, 353, 5: il gagna leur faveur في بالمشاركة واشتهر, Macc. III, 680, 7: حاجتهم عند مخدومه فضله وظهرت مشاركته وحسنت وساطته J. A. 1852, II, 222, 2: وكانت فيه مشاركة لذوي الحاجات, ibid. 3 a f.: — C. في *posséder des connaissances suffisantes dans une science*, Bayân I, Introd. 89, 13, Khatîb 18 rº, 19 vº, 21 vº, 26 vº, 28 vº, etc. De là مُشاركة *connaissances, savoir*; voyez le passage d'Aboulfaradj que je citerai tout à l'heure. — C. a p. *consulter, prendre conseil de*, Aboulfaradj 454, 3 a f.: وكان يُشاركُ الاطبّاءَ ولا ينفرد برأيه لقلّة مشاركته («à cause de son peu de savoir»). — C. a p. et ب *faire escorter* quelqu'un' par, Abbad. I, 252, 7 a f.: وكان من الغريب النادر ان شاركه المعتصد بقطعةٍ من خيله وصلته الى مأمنه بقرطبة.

V dans le Voc. sous *participare*.

VIII c. مع *faire cause commune avec*, Cartâs 174, dern. l.: فلما رأى المرتضى ان القصبة قد اشتركت معه. — Formé de شرك (*lacs, lacet*), *se laisser prendre au lacet*, Macc. I, 233, 16: فقال له كيف خَلَصْتَ من الشرك فقال لأن عقلي بالهوى غير مُشترَك «parce que ma raison ne s'est pas laissé prendre dans les lacs de l'amour.»

الاسلام (comme on dit: شِرْك. الشرك pour أَقْلُ الشرك), *les polythéistes* (les chrétiens), Amarî 185, 8, Cout. 37 rº, Haiyân 47 vº: اذا ما اسْتَلْأَمَتْ أَسْد وقَيْس رأيت الشرك قد خضعوا وذلّوا Abou-Hammou 133: Alphonse arriva بِمَنْ معه من الشرك واوليائه. Aussi pour *le pays des polythéistes* (comme on dit بلاد الاسلام pour الاسلام), Macc. I, 225, 3. — N. d'un., ة, espèce de chêne et son bois, *rouvre* ou *roure*, *yeuse*, *chêne vert*, Alc. (enzina de grana o coscoja, mesto arbol de bellotas, roble arbol y madera). Voyez sous شريش.

شَرَك est le contraire de خَيْم; dans le commerce c'est: *vendre à un plus haut prix que celui qui a été fixé par le gouvernement*, M.

شُرْكَة voyez شِرْكَة.

شِرْكَة *société commerciale*, d'Escayrac 174. — شركته = شُرَكَاوه *ses collègues*, Gl. Abulf.

شَرَكَة pl. شَرَك *lanière de cuir*, Voc., Auw. II, 559, 2: اذا ركبه الفارس فيمشى وراءه رجلٌ في يده شركة رقيقة شبه السوط, ibid. l. 6. Le pl. شِراك, Formul. d. contr. 4: الخُنْبُل من الشراك, et ensuite (sur la marge): وقفّة من الشراك. J'ignore si ce pl. a ce sens ou un autre dans Abou'l-Walîd 793, 17: الذي يرمى — Pl. شُرك, *en Espagne, bracelet*, Gl. Esp. 220. — En Afrique, شَرْكَة, *collier* (de pièces de monnaie), ibid., Daumas V. A. 173, cf. Beaussier. — Voyez sous أَرَبّ.

شَرَكِىّ *fait du cuir d'une espèce de mouton qui s'appelait* أَشْرك, p. e. نَعْل شركي, Gl. Esp. 242. Chez Colomb, 43, *el-cherqui* est une espèce de gazelle. — القصب الشركي espèce de roseau, Gl. Edrîsî.

شَريك *colon partiaire, cultivateur qui rend au propriétaire une portion convenue* (quatre cinquièmes) *des récoltes et des autres produits de sa ferme*. Dans les documents latins de l'histoire aragonaise, ce mot a constamment ce sens (voyez Ducange vº *exarichus*, Esp. sagr. XLIX, 154, 157, 366, 382, et le passage que j'ai cité Gl. Bayân 16). Dans le Voc. c'est l'équivalent de *particeps*, de مناصف et de عامر, mots

شرنب 753 شركل

شَرْلْبَة (esp. cerraja) serrure, Voc.

شرم I. الاناء شرم faire une fente dans un vase, M.

شَرْم pl. شُروم brèche, ouverture faite à un mur, une clôture, Bc.

شُرْمان canard, Pagni MS, qui ajoute: « il semble que c'est une altération du mot toscan germano¦ qui a le même sens. »

أَشْرَم brèche-dent, qui a perdu des dents de devant, Bc.

شرمط I déchirer, Bc, Hbrt 82, M, qui soupçonne que ce verbe a été formé de شَرْط, 1001 N. I, 135.

شَرْمَطَة lacération, Bc.

شَرْمُوطَة et شَرْمُوط, pl. شَرَامِيط, haillon, Hbrt 220, Bc, Burckhardt Prov. n° 143, M, 1001 N. Bresl. IV, 29, 332, X, 452, dern. l. (où Macn. a خرقة); شرميت, loque, Roland. — شرموطة, même pl., courtisane, fille, femme publique, bagasse, carogne, femme méchante, débauchée, Hbrt 244, Ht, Bc, M, Burckhardt l. l., Daumas V. A. 101.

شُرْمُوزَة voyez سرموز.

شرن

شَرْن fente (dans un rocher), M. — شريان artère, Bc.

شَرِيس épithym; chez Alc. (tomillo salsero mata pequeña) c'est thym, mais comme l'épithym se trouve généralement sur le thym, on a souvent confondu les deux; Most. v° أَفِيثَمُون (epithymum): وذكر الزعراوى انه الطميثالة وليس كذلك انما يتكون عليه وهو الشرين الزعراوى الافيثمون هو الشرين ويقال فى القيصوم هو قبيصوم (abrotanum, aurone) il a: وقبل الشرين. Sous انه الشرين الذى يلقى فى الزيتون وهو الطميثالة فيثمون وهو Ibn-al-Djezzâr: بالعجمية وهو الشيح البابلى. Ibn-Loyon 31 r°: الصعينترة وهو الشرين ويجعل القنبن والشرين فيه وما لذيني فى العطارة شبيهة Aujourd'hui sarrilla est en esp. Thymus Mastichina L., selon Colmeiro, thymbre, selon Nuñez; chez Dodonæus (496 b) tragoriganum, et sarrillo est pied-de-veau (Nuñez).

شرنب, suivi de حجازى, Euphorbe Pithyuse, Sang.

qui tous ont la même signif. Je crois donc à présent que le *charic* est toujours *le colon partiaire*; modifiez en ce sens ma note Recherches I, 86, n. 3. — *Celui qui tient notre enfant sur les fonts, celui qui a tenu avec nous un enfant*, Alc. (conpadre). — Chez les géomanciens, *la figure dans laquelle ils font leurs opérations*, M.

شُرَيِك, en Egypte, sorte de *pain ou de gâteau*, fait de pâte fermentée et de beurre fondu, et assaisonné de sésame et d'autres substances aromatiques. Un seul gâteau de cette espèce est nommé كَفّ شريك, 1001 N. IV, 501, 5 a f.: قد خبزت لك اربعين كف شريك, parce qu'il a la forme d'une *main*. Voyez Burton I, 113, Lane M. E. II, 267, et surtout sa trad. des 1001 N. III, 640, n. 6.

شُرَيْك *chemin de traverse*, M.

أَشْرَكى espèce de *mouton*, Gl. Esp. 242; cf.

مشرك الخبز المشرك, au Maghrib, Bat. III, 123, me semble avoir le même sens que شُرَيِك (voyez) en Egypte; le man. de M. de Gayangos porte المشوك.

مُشَارَكَة *connaissances, savoir*; voyez sous la IIIe forme. أَفْعَال المشاركة, t. de gramm. qui indique la IIIe et la VIe forme des verbes, M.

مُشْتَرَك *mot qui indique une généralité*, comme مَن et ما, M. — الحروف المشتركة, t. de gramm., *les particules interrogatives et conjonctives*, M.

مُشْتَرَك, t. de médec., *veine médiane*, nommée ainsi parce qu'on l'ouvre dans les maladies de la tête aussi bien que dans celles du corps, tandis qu'on n'ouvre la veine céphalique que dans les maladies de la tête, et la veine basilique que dans les maladies du corps, M, Alc. (vena del arca).

شركل II *s'empêtrer*; فى حبلة *s'embarrasser les pieds dans une corde*, Bc.

شَرْكَبِير est dans la 1re partie du Voc. *solaris*, et dans la 2de, avec le pl. ات, *tugurium*.

شرل

شَرَال (esp.), n. d'un. ة, *poisson de mer semblable au gardon*, Alc. (xurel el pescado), Lerchundi; شورال dans le man. de l'Escurial 888, n° 5.

شَرْلِبَة voyez plus haut شَرْلْبَة.

95

شَرْنِبْثَة, suivi de القوائم = غليظة القوائم, Kâmil 275, 13 et 14.

* شرنف.
شَرْنَف, n. d'un. ة, pl. شَرانِف, *chrysalide, cocon, coque de ver à soie, fève, nymphe de ver à soie*, Bc, M, Bg 719. — حَبّ الشرانف *mil* ou *millet*, Bc.

شِرْناق *tumeur enkystée de la paupière*, *Hydatis*, ou hydatide, Sang.

* شره I. Le n. d'act. incorrectement, dans la rime, شُروه, Abbad. II, 187, 2. La constr. c. الى n'est pas une faute dans le TA (Lane); on la trouve aussi dans le M, et au lieu de ل, on emploie aussi ل, Macc. I, 732, 10, avec la note de Fleischer Berichte 180, qui cite Aboul-mahâsin II, 12, dern. l. Aussi c. في, Athîr X, 315, 6, 1001 N. Bresl. I, 60, 4 a f.

VI *être très-avide*, Payne Smith 1613.

شَرَه *voracité*, Bc. — *Avidité de sang*, Bat. III, 333.

شَرِه *glouton, safre, goulu*, Bc, Hbrt 245, M.

شَرْهِيَّة *vigueur*, Voc.

شَراهَة *avidité, cupidité*, Bc, Payne Smith 1613. — *Gloutonnerie*, Bc, Hbrt 245, M.

* شرول.
شِرْوال العائف *nom d'une plante*, M (sous سِرْوال).
حمام مُشَرْوَل *pigeon pattu*, qui a des plumes sur les pattes, Bc; voyez مُسَرْوَل dans les dict.

شرى X. Holal 14 r°: بعثت الى الاندلس برسم شِراء «on lui العدد والآلات للحروب فاستشرى له منها كثير en acheta.»

شَرَى pl. أشراء *échauboulures*, Bc.

شَرْى pl. أَشْرِيَة *contrat*, Gl. Belâdz.

شِراءَة «عقد شِراءَه عليه ثلثة الاف دينار *un collier qu'il avait acheté pour (qui lui avait coûté) 3000 dinârs*,» Akhbâr 122, 3 a f. (= Macc. I, 217, 7 et 8), 136, 3 a f., 1001 N. Bresl. VII, 202, 7: عقد شِراءَه على والدى مائة الف دينار, où l'éd. Macn. a كَمَنَه على والدى ☆.

شَرْوَة *achat, acquêt, emplette*, Bc. — Espèce de terres dont les impôts ne sont pas estimés par la quantité de *feddân*; le village doit en total payer une certaine somme, Descr. de l'Eg. XI, 492.

شِرْيان, *artère*, pl. ات, Prol. I, 188, 2; même pl. dans le Voc., qui prononce شُرْيان.

شِرْيانى *artériel*, Bc.

شِرايَة *achat*, Bc.

شَرّاء *commissionnaire*, Bc.

شارٍ, *acheteur*, a chez Bc le pl. شُرّا.

مُشْتَرِى. المُشْتَرى (Jupiter), en chimie, *l'étain*, Abbad. I, 88, n. 82.

مُشْتَرى *la somme qu'on a payée en achetant une chose*, 1001 N. Bresl. XI, 89, 4: سمعت ان مشتراها عليك الف دينار *j'ai entendu dire qu'elle vous a coûté mille dinârs.*»

شِرْيون *pierres de taille jaunes, siliceuses*, Prax R. d. O. A. VI, 295 (cherioul).

* شزر.
شازّ *raboteux (style)*, Bc.

* شزر.
شَزَر *oblique (regard)*. Rencontrant pour la première fois l'expression النظر الشَزَر, j'ai soupçonné (Abbad. II, 163, 10 et n. 54) qu'il fallait prononcer شِزَر. M. de Goeje, dans le Gl. Mosl., a hésité entre cette forme et شَزْر, mais il a fini par se déclarer pour la première. Le mètre d'un vers, Calâïd 89, 17, montre que nous nous sommes trompés:

وأرغم في برى انوف عصابةٍ   لقاوُمٌ جهمٌ ومنظرُهم شَزَر.

(Ce vers avait été publié, mais avec deux fautes graves, par Weijers, 39, 3, qui ne l'a pas compris).

شَزِير *même sens*, Gl. Mosl.

* شزن.
شُزَن *expliqué par* قِيَة, Diw. Hodz. 206, 5 a f.

* شسع.
شِسْع. Le pl. أَشْسُع d'après al-Akhfach, Mufassal éd. Broch 94, 7.

شَاسِع *étendu, grand, large, vaste*, Amari 41, 5, 45, 1, 50, 9, 52, 4 a f., 55, 3 a f.

شِشْبِينَة *compérage*, Bc; cf. sous شبن.

شَشْتَرَى, en Espagne, nom d'une plante qui croît sur les montagnes couvertes de neige, et qu'on emploie au Maghrib comme un succédané de la valériane. La leçon que j'ai donnée se trouve dans ABDEH et Boul. de Bait. II, 96 c; on y lit: أبو العباس الحافظ مرقبيرة; cf. الششترى اسم للمرقبيرة ومعنى المرقبيرة المحسنة sous le *mîm*. Ensuite dans ABEHL: وفى الصرف بالمغرب المُصَرَّفة; mais lisez avec D et Boul. المُصَرَّفة. Le terme se trouve aussi 97 c: المسماة عند اهل البادية بالاندلس بالششترى. Il doit être espagnol, et je trouve chez Colmeiro le mot *jistra*, qu'il explique par *Ammi maius L.*, chez Dodonæus 527 b, *sistra*, *Meum*, et la description de cette plante chez ce dernier, de même que chez Dioscor. (I, 3), s'accorde fort bien avec celle de Bait.

شَشْرَنْب nom d'une plante dont on se servait au Caire et qui venait d'un endroit nommé دير العربا, Bait. II, 96 d (il l'épelle).

ششم

شَشَم (pers. چَشْم), *Absus*, graines d'une petite casse, *Cassia absus*, Sang.; voyez Ouaday 332 et surtout 674—5, Burckhardt Nubia 262, 283, d'Escayrac 78, Pallme 180, چَشْم graine noire ressemblant à une lentille dure, Descr. de l'Eg. XII, 119.

شَشْمَة (pers. چَشْمَه), *source, fontaine*, pl. شَشْم et ششمات, *latrines, lieux d'aisances*, M (fatha), Cherb, (kesra), Bc, Ht, Hbrt 191, 1001 N. Bresl. VII, 133, 2 a f. (la mauvaise explication donnée par Habicht dans son Gloss., a été corrigée par Fleischer dans Gersdorf's Repertor. 1839, p. 434). Chez Bc aussi جَشْمَة.

شَشَنَ II *frire ou cuire à moitié, laisser à demi cru, sans assaisonnement*, Alc. (sancochar, esparragar, qu'il prend dans le même sens, car pour esparragamiento et esparragador il a تَغْلية, مُغَلَّى, et l'on n'apprête les asperges qu'après les avoir laissées cuire à moitié. Je crois avec M. Simonet que c'est une altération de l'esp. *sancochar*.

شَشْنَة (pers. چاشنى) *échantillon, essai, portion qui sert à juger de son tout*, M. Cf. plus haut شاشى.

ششى *même sens*, Bc.

شَطّ I c. ب p. et عن r. *éloigner* quelqu'un *de*, P. Bassâm III, 2 r°:

وشَطَّت بما عنها عصور وأزمان .... —
C. على *regorger, s'épancher hors de ses limites*, en parlant de l'eau et des autres fluides, Voc. (superfluere), M.

II *demander un prix très-haut*, Macc. I, 359, 15: فَشَطَّط واطلبْ ما شَطَّت. — *Allonger* une chose, la rendre plus longue, Voc., Alc. (alargar lo corto). — *Prolonger*, Alc. (estender el tiempo, prolongar). — *Différer, remettre à un autre temps*, Alc. (diferir de dia en dia, trasmañanar). — Cf. plus loin le n. d'act. et le part. — T. nautique, en parlant d'un vaisseau, *s'enfoncer dans le sable ou la boue près du rivage* (الشَّطّ), de sorte qu'il ne peut plus avancer, M.

V dans le Voc. sous *longus*. — *Passer les bornes de la modération*, Recherches I, 184, dern. l. de la 1re édit., Abbad. II, 239, 1, Hoogvliet 48, 2: أفرط تشطَّطوا فى, فى ملامه، وتنشطَّط فى كلامه، Müller 27, 2: وجمل زهير أمره كلّه على التنشطَّط, Haiyân-Bassâm I, 171 v° (entrevue de Zohair et de Bâdîs): طلب النوال على ه c. ; وخلط التعزير (التعزُّر .l.) بالدالَّة والجفاء بالملاطفة p. *dans sa conduite envers quelqu'un, ou dans ce qu'on exige de lui*, Calâïd 58, 10: ألا انّه كان ينتشطط على ندامه، ولا يرتبط فى مجلس مدامه، فربَّما عاد فيعامله بوسا، Recherches I, 183, 10 de la 1re édit., Abbad. II, 185, 5, Khatîb 136 v°: وتشطَّط على الروم فى شروط غير معتادة ❊

VIII c. على p. *importuner* quelqu'un, *le fatiguer par une demande*, Macc. I, 318, 11: واشتطّ اكابر البرابر عليه، وطلبوا ما وعدهم من اسقاط مراتب السودان. Haiyân 62 v°: اشتطّ على الامير بأن سأله اطلاق ولده.

شَطّ *rivière*, Bc (Bagdad), Teixeira 71, Pachalik 192. — شطّ العرب *le Tigre et l'Euphrate réunis, coulant ensemble depuis Korna jusqu'au golfe Persique*, Bc, Pachalik 31; c'est ce qu'on dit d'ordinaire, mais Quatremère, Mong. XXIX et suiv., a prouvé fort au long que الشطّ ou شطّ العرب est *le Tigre* dans

شطا 756 شطب

toute l'étendue de son cours. Chez Bc شطّ مــراد comme le nom de cette rivière. — En Algérie et dans le Sahara, pl. شُطُوط, grand bas-fond, vaste plaine de sel, Ghadamès 140, d'Escayrac 50, R. d. O. A. XII, 192 et suiv. — L donne ce mot dans le sens d'épais, ce qui est fort étrange (densa سَفِيفَة).(شَطَّة).

شَطَّة pl. شِطَط peigne, Voc.; cf. sous شيط.

شَطِّى, Bat. IV, 353, شَطْبَة, Domb. 100, شيطى, 1001 N. Bresl. X, 358, 1 et 10, et شَيْطَيَّة, Bg (Barb.), Mc, pl. شياطى, de Sacy Dipl. IX, 468, 7, Amari Dipl. 67, 6, Cartâs 145, 11 (lisez ainsi, au lieu de شياطى), satie, petit navire à deux mâts. C'est une altération du latin sagitta (ital. saettia); voyez ce terme, avec beaucoup d'autres formes, dans le Glossaire nautique de Jal.

شَطَط longueur, Voc., Alc. (longura, مَدَّ فى شطط estendimiento en luengo). — بشطط largement, amplement, abondamment, Alc. (largamente). — Injure, Alc. (injuria).

شَطَاط, dispersion, Ht, mauvaise orthographe pour شَتَات.

شَطِيبَة piment rouge, d'Escayrac 478, Burckhardt Nubia 240.

شاط long, étendu en longueur, Alc. (luenga cosa, أَكْثَر شاط mas largo, شاط واسع largo en ancho), Bait. I, 252 b: وله قضبان مربعة شاطة تنبسط على الأرض.

تَشْطِيط prolixité, Alc. (prolixidad).

مُشَطَّط prolixe, Alc. (prolixo).

شطا.

قد سال شَطَاه ولم يَسِل بأجمعه, c.-à-d., وادٍ مُشَطِّى, Ibn-Doraid (Wright).

شطب I barrer, raturer, bâtonner, rayer, biffer, croiser, effacer, Bc, M. — Couler, en parlant de la salive, شطب الريق من فيه, M.

II faire une incision, une taillade en long, Gl. Manç. v° تَشْطِيب; le Voc. semble avoir en vue le même sens quand il donne cette forme sous aperire. T. de chir., (pour أَنْثَيْه) شطب دَانَيْه ou شطب احدا

faire de légères incisions à quelqu'un derrière les oreilles, pour lui tirer du sang (pratique usitée en Orient), scarifier le derrière des oreilles avec un rasoir, Bc. Aussi: faire de légères incisions à d'autres parties du corps, Auw. II, 654, 10 a f. dans les notes, en parlant d'un cheval qui a un éparvin: ويعالج أيضا, 655, 3 a f. بالرقم والتنشطيب et suiv. — Voyez plus loin le partic. — شطب للحاسب est quand le teneur de livres a transcrit le livre journal dans le livre de raison, en indiquant par un signe [probablement par une double barre, cf. sous شطبة] sous chaque compte qu'il a été transcrit, M. — Au Maghrib, balayer, Voc., Domb. 133.

IV balayer, Hbrt 197 (Barb.).

V dans le Voc. sous aperire (cf. sous la IIe); recevoir, se faire des taillades, des coupures, 1001 N. I, 839, 3 a f., en parlant d'un homme qui avait été jeté dans un puits: وتشطب من حيطان البئر. — Etre balayé, Voc.

شَطْب fente, Maml. II, 1, 15: ses armoiries se composaient d'un cercle blanc, يشقها شطب اخضر.

شَطْبَة, chez Alc. شَطَبَة, pl. شطب, plante, arbrisseau, arbuste, Alc. (mata como de yerva), الى طرف الشطب ad finem arbustorum, anc. trad. d'une charte sicil. apud Lello 21. Peut-être est-ce spécialement, comme «escobilla» en esp., bruyère, arbuste dont on fait les balais. — Balai, Alc. (escoba), Godard I, 170 (chetba). — Rature, effaçure par un trait de plume, Bc. — Quittance finale, Descr. de l'Eg. XII, 84, nommée ainsi parce que, «lorsque la totalité des contributions se trouve soldée, le serrâf tire une double barre sur la partie du bulletin restée en blanc.»

شُطَيْبَة nom d'une plante qui portait aussi le nom de شُشْتَرى (voyez), Bait. II, 97 c (il l'épelle).

شَطَّاب courrier, celui qui est chargé de porter les lettres d'un endroit à un autre, Ztschr. XVIII, 566.

شَطَّابَة balai, Voc. (شَطَابَة), Domb. 93 (شَطَابَة), Ht. Le mot شطاطى (voyez) montre que celui-ci doit avoir le techdîd; c'est فَعَّالَة, nom d'instrument.

شَطَّابَة bêche, Cherb.

شَطَاطِيى faiseur de balais, Domb. 104.

مُشَطَّب cannelé, Becrî 44, 4: سفرة طعام أو شراب, Rayd, Gl. Fragm.: وفى مشطب البدين, فرس مشطب.

شطح

Most. vº ومنه شيء كأنه البلوط مخطّط: شجر يهودي
ويقال له للحجر المشطب ❀
مشطاب (= خبز الطابق), *pain fait dans un plat*
Payne Smith 1505.

شَطَحَ I est mal expliqué par Freytag. On lit dans Abdu-r-Razzāq's Dictionary of the technical terms of the Sufies, éd. Sprenger, p. 151: «Ce verbe marque le mouvement, et l'on donne au moulin l'épithète de شَطَّاحَة, à cause des nombreux mouvements de la meule. On dit شطح الماء في النهر, pour exprimer que le fleuve déborde par suite de la trop grande abondance de son eau et de l'étroitesse de son lit.

Dans l'usage des Soufis, شَطَحَ désigne le mouvement des pensées intimes des extatiques, lorsque leur extase est si forte qu'elle ne peut plus être contenue en eux.» On trouve le verbe dans le sens de *sortir*, c. عن, chez Guyard, Fragments relatifs à la doctrine des Ismaélis, 33, 8: اذا شطح عنه علم التأييد «lorsque fut sortie de lui la science de l'inspiration divine» (cf. la note de ce savant, p. 148, qui a déjà traduit l'explication qu'on vient de lire), et le M l'explique par أبعَدَ, *s'éloigner*. Freytag ne l'a pas compris dans les trois passages d'Ibn-'Arabchâh qu'il cite. Dans le premier on lit: وسكر من خمرة العداوة فطفح وشطح وعربد. Ce ne peut donc pas être «omnino impletus fuit potu,» car l'auteur a déjà dit cela en employant سكر, mais le verbe doit indiquer l'action d'un homme ivre, *tenir des propos d'ivrogne*, ce qui convient aussi au second passage, où l'Alexandre, dont il y est question, dit, في حالة الشطح, «alors qu'il se trouvait dans cet état où l'on ne peut contenir ses pensées» (et par suite, dire des paroles), comme traduit M. Guyard, des choses qu'il aurait fait mieux de taire, et au troisième, où on lit (le pronom se rapporte à المجالس): فاعرب في شطحاتها عن مرادها وقال الخ. Cf. sous شَطَحَ. — Au Maghrib, *danser*, Alc. (bailar, dançar o baylar), Bc (Barb.), Bg (Barb.), Hbrt 99, Ht. Les Berbères ont adopté ce verbe; voyez le Vocabulaire de Venture dans le Voyage de Hornemann, p. 434, celui de Duveyrier dans le Ztschr. XII, 185, et le Dict. berb. vº danser. — Pour سطح, *se coucher, s'étendre tout de son long*, Bc, dans le M شطح على الأرض.

V, pour تَسَطَّحَ, *se coucher, s'étendre tout de son long*, Bc.

شَطْحَة et شَطَحَة signifient chez les Soufis (cf. sous

I) *les expressions dont ils se servent dans leur extase, dans leur ivresse mystique, et qui sont fort choquantes pour les vrais croyants.* Aussi Ghazâlî dit (Aiyohâ 'l-walado, 14, 4 a f. éd. Hammer): ينبغى لك ان لا تغترّ بشطح وطامات الصوفية. Ibn-Khaldoun en parle sous le nom de شطحات, Prol. III, 77, dern. l., 79, 5, et Maccarî en donne un exemple, I, 580, 8: وما وصل اليد بعد خلاصة قال له الشيخ رحمه كيف يحبس من حلّ منه اللاهوت في الناسوت فقال له يا سيدي تلك شطحات في محلّ سكر ولا عتب على سكران (lisez ainsi avec trois man., au lieu de الشطحات), «ce sont des,» etc.). Cf. Ta'rîfât, éd. Flügel, 132, 285. On trouve شَطَحَة dans le sens de *la coutume d'employer de telles expressions*, Macc. I, 569, 18: قال الذهبي في حقه ان له توسّعا في الكلام وذكاء وقوّة خاطر وحافظة وتدخيفا في التصوف وتواليف جمّة في العرفان لولا شطحة في كلامه وشعره ولعلّ ذلك وقع منه حال سكره وغيبته فيرجى له الخير. L'éd. de Boulac porte (شَطْحَهم). — شَطَحَة et شَطْحَة *danse*, Alc. (dança o bayle, baile); شَطَح *danse de personnes masquées*, Alc. (dança con personages).

شُطوح *danse*, Bg.

شَطِح *danse*, Alc. (baile), Hbrt 99.

شَطَّاح *qui est toujours en mouvement* (moulin); voyez sous I. — Au Maghrib, *danseur*, fém. ة *danseuse*, Alc. (bailador, bailadora, dançador, dançadora), Bg, Hbrt 99; *personne masquée qui danse*, Alc. (dançador con personages). Le dimin., *petite danseuse*, est chez Alc. (dançadora o bayladora pequeña) شُطيطَحَة.

شاطح pl. شواطح *ornement en or et en pierres précieuses que les dames égyptiennes portent sur les tempes*, Bc; M: الشاطح عند بعض العامة دنانير تشكّ كالقلادة وتتعصب بها المرأة وهي المعروفة عند الجمهور بالصفيق sous شكّ il dit que cet ornement porte le nom de شاطح à Damas; ample description chez Lane M. E. II, 401. — *Très-long* (habit, robe), M.

شَطيطَحة *fricassée de poulet*, Martin 81, Cherb.

شطر I. Les dict. ont bien le part. pass. dans le sens

شطر

de: pain *sur lequel on a étendu du* كامخ (ainsi dans le **Fakhrî** 361, dern. l.), mais ils auraient dû donner le sens d'*enduire le pain*, accus., *de*, ب, كامخ, sous la Iʳᵉ forme, Fakhrî 226, 2: وقدّامى رقاق وكامخ وانا اشطره بالكامخ.

II *couper un melon en tranches*, Alc. (revanar melon).

V dans le Voc. sous dividere. — *Se dégourdir, se défaire de sa simplicité, se raffiner;* تشطّر فى فنّ *faire des progrès,* avancer dans un art, etc., Bc. — *Se livrer au brigandage,* Maml. I, 1, 50.

VI, en parlant de plusieurs personnes, *se partager une chose,* Djob. 304, 8: فهم يتشاطرون الغلّة على استوآء. — *Braver*, de Sacy Chrest. II, ٣٣, 2: Ayant rencontré un homme dont la figure lui déplut et lui parut de mauvais augure, Ikhchîd lui fit donner quinze coups de fouet, et comme le malheureux ne dit pas un seul mot, Ikhchîd s'écria: هو ذا يتشاطر «Cet homme a l'air de me braver!» On lui répondit qu'il était mort. C'est sur ce passage que Freytag me semble avoir fondé son explication, et cette signif. dérive de شاطر (voyez) dans le sens de «brave,» proprement «faire le brave.»

شَطْر. Dans le sens de *paire de mamelles* d'une chamelle, le pl. est aussi أشطار, Müller 51, 6 a f. — Même pl. *tranche* de pain, de melon, de lard, etc., Alc. (tajada, revanada, lonja de tocino). — Même pl. *de moyenne stature*, Voc. — شَطْر غِبّ, t. de médec., *fièvre demi-tierce*, Aboulfaradj 359, 4.

شَطْرِيَّة (du latin saturéia), *sadrée, sarriette, savorée*, Gl. Esp. 219, Auw. I, 30. — Au Maghrib, grand poisson dont on fait de la saumure, Gl. Manç. vº بنى.

شَطْرُوان *en zigzag,* Daumas V. A. 484.

شَطْرُوبس dans la Iʳᵉ part. du Voc., sans explication. Peut-être *en zigzag,* comme le terme qui précède; l'auteur du Voc. ne l'aura pas expliqué parce qu'il ne connaissait pas d'équivalent latin.

شَطَارَة *vilitas* dans le Voc. — *Dissipation, vie dissolue,* Haiyân-Bassâm III, 140 rº, en parlant de Hichâm III: وقد كان معروفا بالشطارة فى شبابه فأقلع, un peu plus loin شيبه فرجىٰ فلاحد لصدّيق ثوبته

il emploie بطالة comme synonyme; Prol. III, 410, 11: حلّ الماجون يا أقلّ الشطارا مذ حلّت الشمس فى الحمل où de Slane traduit fort bien: «amis de la dissipation.» — *Adresse, dextérité, finesse, fort,* ce en quoi on excelle, *habileté, industrie, savoir-faire,* Bc; *habileté, adresse,* note Maml. I, 1, 51, Koseg. Chrest. Préface p. xiii, l. 13, Macc. III, 674, 3 a f., Berb. I, 613, 4; شطارة اليد *subtilité de main,* Bc, et de même شطارة seul, en parlant de voleurs, de filous, Ztschr. XI, 502 (Fingerfertigkeit). — *Penchant au vol,* Macc. I, 135, 11: وذلك لشطارة عامّتها وكثرة. — *Brigandage,* Relation des Voyages ٩٢, 10 éd. Reinaud: وكان مبتدأ أمر شرّ واغباثهم فى امور التلصّص الشطارة والعتوّ وحمل السلاح والعيث واجتماع السفهاء البلد. Reinaud s'est trompé en traduisant «conduite artificieuse,» et Quatremère (J. d. S. 1846, p. 528) en traduisant «activité.» Cf. la Vᵉ forme et شاطر. —

Présomption, à ce qu'il semble, 1001 N. I, 379, 1: Chirân veut combattre seul contre dix Grecs, فقالت له الجارية هذه الشطارة ظلم وأن كلّ واحد لواحد.

شَطَّار *homme dissolu dans ses mœurs,* Macc. II, 548, dern. l.

شاطر *vilis,* Voc. — *Adroit, fin, industrieux, raffiné, délié, fin, subtil, fort, habile, léger, adroit, agile, subtil, adroit,* Bc, *habile, actif,* note Maml. I, 1, 51, *agile,* Alc. (priado aquello mesmo que presto); *habile, expert, malin,* Ht, *callidus,* Domb. 106, *habile,* Cherb. Dial. 32, Denham I, 150, *adroit,* 1001 N. III, 44, 1. — *Celui qui fait des tours d'adresse, bateleur,* 1001 N. IV, 694, 15: وتأتى قدّامه أرباب الملاعب والشطار والجنك وأرباب الحركات الغريبة والملاهى العجيبة, où Lane traduit: «exhibiters of cunning tricks;» cf. le passage de l'Histoire de Cairawân, cité Maml. I, 1, 51; *lutteur,* Antar 78, 4 et 6. Comme ces gens avaient un costume distinctif, je crois que c'est d'eux qu'il est question dans ce passage de l'Imâm al-haramain, cité par M. Goldziher dans la Ztschr. XXVIII, 315, n. 3: الغفيد اذا لبس السلاح وزىّ الشطّار كان تاركا للمروّة. Le changement proposé par M. Goldziher, qui veut lire الشرَط, est arbitraire. — *Brigand, voleur,* Maml. I, 1, 50 et 51, Bat. III, 65, Freytag Chrest. 54, 7 et 10, synonyme de لصّ, l. 8 et 12, Prol. I, 288, 9, 289, 3, 1001 N. I, 174, 1, avec l'explication: يعني حرامیّا. — *Libéral, généreux*, Alc. (liberal largo franco). — *Brave, celui qui méprise la douleur*, Werne 49 («schatter,» tapfer, Schmerz verhöhnend). — *Laquais, estafier, grand valet, coquin*, Bc, *coureur à pied, messager*, Maml. I, 1, 51, *valet de pied*, St. Gervais 108 (où «chaler» est une faute d'impression pour «chater»), *page*, Voyage for the Redemption of captives 101. Dict. turc de Kieffer et Bianchi: «Ce mot désigne les valets de pied ceints d'une ceinture couverte de plaques d'argent doré avec une grosse pomme du même métal sur le devant. Dans l'empire ottoman il n'y a que les pachas et les capidji-bachis qui aient le privilége de faire marcher devant eux un domestique habillé de cette façon, avec cette différence que les capidji-bachis n'en ont qu'un et les pachas à trois queues en ont au moins six.» A Tunis c'étaient autrefois des employés turcs au service du Grand Seigneur, qui avaient pour tâche d'étrangler le pacha quand il avait été condamné par le sultan, Afgest. II, 95. شاطر باشى *laquais*, titre de certains employés, Bg.

شاطِرة *bétoine*, plante sternutatoire, apéritive, Bc.

هو اشطر من ان أَشْطَرُ *il n'a garde de*, il est trop fin pour, Bc.

تَشْطیر, t. de rhétor.; c'est quand chaque hémistiche se compose de deux phrases qui riment ensemble, Mehren Rhetorik 168, M, qui cite cet exemple: سود سوالفه نعس مراشفه · نعس نواطره خرس اساور. Aussi ce qu'on nomme التسمیط, dans le sens que j'ai indiqué sous مطّ II à la fin, M.

شَطْرَنْج, *échecs*, est quelquefois fém. dans le 53ᵉ chapitre du Yawâkît al-mawâkît par Tha'âlibî. Les étymologies des Arabes, que Freytag et Lane ont reproduites, sont ridicules. C'est le mot sanscrit *tschaturanga*, qui est composé de *tschatur*, quatre, et de *anga*, membre. C'est un adjectif qu'on joint à *bala*, armée, et qu'on emploie aussi substantivement: *armée composée de quatre membres*, c.-à-d., *d'éléphants, de chars, de chevaux et de piétons*. Telle était l'armée indienne, et elle a servi de modèle à l'Indien qui a inventé le jeu des échecs. Voyez van der Linde, Geschichte des Schachspiels, I, 74 et suiv. — Le jeu d'échecs ordinaire s'appelle quelquefois en arabe الشطرنج الصغیر, Vie de Timour II, 798, tandis qu'on donne le nom de الشطرنج الكبیر, ibid. et 876, شطرنج التامّة, v. d. Linde I, 109, الشطرنج الكامل

ibid. 111, au jeu d'échecs agrandi, qui se jouait sur un tableau de cent ou de cent-dix cases, et qui avait plusieurs pièces de plus que l'autre. — *Echiquier*, Alc. (tablero para jugar, tablero de axedrex), Aghânî IV, 52, 12 Boul., avec le pl. ات, ibid., l. 2; شَطْرَنْج مُدَوَّر, Vie de Timour II, 876, 5, est un échiquier rond avec $16 \times 4 = 64$ cases et un cercle vide au milieu; les pièces sont celles du jeu d'échecs ordinaire, v. d. Linde I, 108. شطرنج طویل, Vie de Timour II, 876, 6, qu'on appelle aussi المُسْتَطیلة, est un échiquier oblong et quadrangulaire avec $4 \times 16 = 64$ cases, v. d. Linde l. l. — *Pièces du jeu d'échecs*, Alc. (escaque o trebejo), Müller 25, 5 a f.: وقد برز أقلها ـــ صفوفًا بتلك البقعه، خیلًا ورجلًا كشطرنج الرقعه. شَطْرَنْجي *joueur d'échecs*, Voc., Tha'âlibî, Yawâkit al-mawâkit, chap. 53, Khallic. VII, 51, 12, 13 Wüst., Vie de Timour II, 872. — *Le convive qui prend un morceau, le remet, en prend un autre, revient au premier, touche au troisième, comme un joueur d'échecs irrésolu*, Daumas V. A. 315.

شَطْشَطَ I *regorger, s'épancher hors de ses limites*, en parlant de l'eau et des autres fluides, M. — *Traîner, pendre jusqu'à terre* (manteau, robe), M.

شَطْشاط sorte d'oiseau, M.

شطف se شطف تمه *rincer*, Bc; Hbrt 199, p. e. «se rincer la bouche,» Bc; *laver sans savon, ou laver une seconde fois pour faire disparaître les traces du savon*, M.

II *couper le bois en petits morceaux*, M.

شَطْفَة *lotion*, Bc. — Sous les sultans mamlouks, *drapeau*, proprement *la pièce d'étoffe qui en forme la partie essentielle*; ce drapeau flottait au-dessus de la tête du sultan et formait l'attribut de la souveraineté; on l'appelait aussi عصابة, Maml. I, 1, 227, Prol. II, 46, 6. — *Fichu que les Bédouins attachent quelquefois autour de la tête*, Burckhardt Bedouins 27 (shutfe).

شَطْفَة *morceau de bois mince et pointu*, M.

هذا الأسمر اشطف من ذاك أَشْطَف, en parlant de deux hommes basanés, «celui-ci est moins basané que celui-là,» M.

شطم

شاطُومة *long bâton ressemblant à une masse*, M.

شطن

شَطَنِي. Pour le sens de *improbus*, voyez Arnold Chrest. 206, 6.

شُطُون, n. d'un. ة, *anchois*, Alc. (anchova, dhamma), Dombay 68 (fatha).

شيطان, شيطن, etc., voyez sous *chin* suivi de *yâ*.

مَشْطُون *occupé*, qui a beaucoup d'occupation, Domb. 107.

شطى

شَطَوِى. Voyez sur cette étoffe précieuse Yâcout III, 288, 10—13; dans L *bissus*.

شظ

شظظ. Les deux man. d'Abou'l-Walîd, 649, n. 71, ont cette forme, au lieu de شظاظ.

شظى

II = IV, Arnold Chrest. 206.

شَظِيَّة. شَظِيَّتان de l'astrolabe, *les deux petites tablettes qui se trouvent sur les deux bouts de l'Alidade*, Gl. Esp. 219, Auw. I, 148, dern. l. — شظيّات expliqué par رؤوس الجبال, Diw. Hodz. 163, 5 a f.

شع

I. شَعَّت الفرس se dit d'une jument qui se bat les flancs de sa queue pendant qu'elle lâche de l'eau, M. — *Rayonner*, Hbrt 162, Ht.

شَعَاع. On trouve dans Maidânî I, 505, n° 26, le proverbe ذَهَبَ مالُه شَعاع.

شعاع *oursin, hérisson de mer*, Pagni MS: « Riccio di mare, in Bizerta Xiàh. »

شعب

I voyez sous شَعَب.

V. تشعَّبت الطُرق بهم «ils prirent des routes différentes,» Haiyân-Bassâm I, 8 r°.

VII (cf. Lane sous la Ve à la fin), au fig., رجاً غير منشعب «un espoir qui ne sera pas déçu,» Gl. Mosl.

VIII = V, Diw. Hodz. 125, 11, où le man. a toutes les voyelles.

شَعْب. Avec l'art., *la multitude, le peuple*, la partie la moins notable, la plus laborieuse de la population, *les communes*; رأي الشعب *droit civil*; حقوق الشعب

opinion publique; قبول الشعب ou عند الشعب *popularité*, Bc. — *Branche d'une chaîne de montagnes*, comme شُعَبَة (voyez), Edrîsî, Clim. IV, Sect. 5: حصن صغير على شعب من شعوب اللُّكَّام — On lit chez Bat. III, 380, que les Indiens font des housses blanches en lin ou en coton pour recouvrir les courte-pointes et les couvertures, وجُوفا تغشّيها dans l'éd., ce qui sans doute est une expression correcte; mais le man. de M. de Gayangos porte شعوبا تشعيبها (dans la suite il a الواحدة, au lieu de الوجوه). Évidemment ce n'est pas une faute de copiste, mais une autre leçon, et il faut en conclure, à ce qu'il semble, que شعب signifie *housse*, et le verbe شعب *garantir, préserver de la saleté*. — شعب *d'une flèche*. On lit dans les 1001 N. IV, 380, 2 a f., où il est question de deux chasseurs qui poursuivent un onagre: ثم ان بعضهما رماه بسهم مشعب فاصابه ودخل جوفه واتصل بقلبه فقتله. C'est, si je ne me trompe, *une flèche barbelée*, c.-à-d., dont le fer est garni d'une dent ou d'une pointe, de manière qu'on ne peut la retirer de la plaie sans causer une déchirure. Ensuite, 381, 1: فاخرجا السهم الذى اصابه فى قلبه فلم تخرج الّا العود وبقى السهم مشعبا فى بطن حمار الوحش. Le partic. مشعب doit donc signifier *arrêté, fixé, retenu*. Enfin on lit qu'un renard se jeta sur cette proie et avala le cœur de l'onagre; mais فلما صار داخل حلقه اشتبك شعب السهم فى عظم رقبته ولم يقدر على ادخاله فى بطنه ولا على اخراجه من حلقه وايفن بالهلاك. L'expression شعب السهم, 381, 9, doit désigner, par conséquent, cette *dent* ou *pointe*, cette *barbe*. Le mot شُعَيْبَة doit avoir le même sens, car J.-J. Schultens cite un passage où on lit: رماه بسهم فى رأسه ثلاث شعيبات. — شعب اللسان *filet*, ligament sous la langue, Bc.

شُعْبَة *branche* dans plusieurs signif.: *branche d'un fleuve, bras*, division d'une rivière, Bc, Masoudî III, 7, de Sacy Chrest. II, 24, 6 a f.; — *branche d'une chaîne de montagnes*, Edrîsî, Clim. V, Sect. 4, en parlant d'une telle chaîne: فتنفصل منه هناك شعبة, ibid.: وهذا الجبل المذكور امتدّت منه شعبة من جهة المشرق — *branche d'une planète*, Berbrugger 133: «deux planètes à branches (شعبتين);» — une lance à deux branches, سنان ذو شعبتين, était le symbole de la dignité d'un ذو الرئاستين (رئاسة الحرب والقلم), Gl. Fragm.; — le pl. شعاب *branches*, familles issues d'une même tige; parties d'une chose composée, Bc; — t. d'anat. comme *branche* en français, voyez sous لِيف; — t. de musique; les شَعَب sont *les tons dérivés des branches ou premiers dérivés*, Descr. de l'Eg. XIV, 24. — *Dent, pointe, barbe du fer d'une flèche*, voyez sous شَعَب. — *Bas-fond entouré de montagnes*, Barth I, 49, 50, 59, 105, 152, 319; *vallée*, Domb. 99, Ht. — *Ravin*, Martin 20. — *Fossé*, Roland. — *Broussailles*, Ht, Delap. 176. — *Désert, lieu inhabité*, Roland. — *Ulcère sur la tête qui fait tomber les cheveux*, Gl. Manç. v° قرع.

شَعْبِى *public, civil, qui concerne les citoyens*, Bc. — تُفَّاح شعرى voyez sous le premier mot. — En esp. *xabi*, qui en dérive, ne désigne pas seulement une espèce de pomme, mais aussi *une espèce de raisin de Grenade*.

شَعْبِى nom d'une étoffe, Macc. I, 230, 4; lisez de même, avec le man. de Gotha, dans Tha'âlibî Latâïf 72, 8.

تَشْعِيب *ramification*, Bc. — *Éclat qui se produit dans une fente*, Auw. I, 437, n. 8, où notre man. porte: دون أن يجدب فيه تشعيث; il faut lire: دون أن يحدث فيه تشعيب, comme on trouve 452, 21: فإن حدث فى الشق تشعيب.

مِشْعَب *vilebrequin*, Roland.

مشعب voyez sous شَعَب.

مُنْشَعِب, t. de gramm., *dérivé d'une racine par l'adjonction d'une lettre* (p. e. اكرم) *ou par le redoublement d'une lettre* (p. e. كرّم), M.

شَعْبَذَة *prestige*, Bc; c'est pour شعبذة.

شعبذ

شَعْبَاذ *l'art du prestigiateur*, Haiyân 100 r°: حيلة. من الشعباذ. Pl. شعابيذ *prestiges*, Aboulfaradj 289, 10.

شَعْبَط II *escalader, grimper*, c. على *gravir*, Bc.

شَعْبَطَة *escalade*, Bc.

شعبتى *acariâtre*, Bc.

شعث I signifierait *se révolter* selon J.-J. Schultens, qui cite Elmacin 157, 1, c. على p. *contre* quelqu'un, *ibid.* 59, 11, 114, 12 a f., 193, 11 a f., et qui substitue dans le 2e et le 3e passage un *thâ* au *tâ*; mais quoique la Ve forme chez Abd-al-wâhid 200, 15, semble confirmer cette assertion, je doute que les points soient bons, car ordinairement شعب et تشعب ont ce sens.

II *chiffonner*, Prol. II, 347, 18: il faut soumettre le papier à l'action de la presse, كى يبقى عن التشعيث والتغيير «afin qu'il ne soit pas chiffonné ni froissé» (de Slane). — *Détruire* une ville, une forteresse, une église, Gl. Belâdz., Eutych. I, 309, 1, II, 514, 2 a f., Elmacin 196, 14 a f. (Sch.). — C. a. p. *blâmer* quelqu'un, *lui faire des reproches*, Abd-al-wâhid 198, 3; mais la leçon est très-incertaine. Le man., que j'ai consulté de nouveau, porte réellement شعتهم, comme je l'ai dit; faut-il lire يتعبهم?

V. *Être détruit* (ville), Gl. Belâdz. — *Se fendre* (muraille, etc.), Ztschr. XV, 411, 4 a f., en parlant d'un *mihrâb*: وقد كان تشعث وسقط; je crois qu'il faut lire de même Berb. I, 620, 10: وأمر الامير ابو يحيى برم ما تشقّم من اسوارها ولم ما تشعث منها au lieu de تشعب. — C. على p. *se révolter contre* quelqu'un? Abd-al-wâhid 200, 15, mais voyez sous la Ire.

VI, en parlant de plusieurs personnes, *se chamailler, se battre pêle-mêle, à grand bruit, se disputer*, Bc.

VII *être fêlé* (vase), M.

شعث aussi en parlant de la terre, c.-à-d. de ses plantes *couvertes de poussière* par suite d'une longue sécheresse, P. Abd-al-wâhid 25, 2.

مَشْعُوث *fêlé* (vase); au fig., مشعوث العقل, comme nous disons *avoir la tête fêlée, le timbre fêlé*, être un peu fou, M.

شَعْدَة espèce d'herbe, Barth I, 32.

شعذ

شَعْذَن, etc., voyez sous *chin*, *'ain*, *wau*.

شعر I, *apercevoir*, non-seulement c. ب r., mais aussi c. ب p., Nowairî Espagne 454: وأتى أهل الريض من وراء ظهورهم فلم يشعروا وأضرم النار في الريض aussi c. ب p. *s'apercevoir du projet de* quelqu'un, si j'ai

شعر

eu raison de suivre le man. D dans Badroun 116, 3.
— J.-J. Schultens observe que ce verbe signifie souvent *soupçonner, se douter*, comme dans le Coran XVI, 28 et 47, Aboulfaradj 540, 5; de même 1001 N. I, 99, 5 a f.: ثم ما شعرنا إلّا والعفريت قد صرخ من تحت النيران, «nous ne nous doutions de rien, et voilà que» etc., Aboulf. Hist. anteislam. 94, 11: فلم يشعر إلّا بالغلغلة والصياح, Fakhrî 67, 10 et 14. — *Fêler, fendre*, Bc. — Chez Alc. ce verbe est «açorrarse,» et ensuite il a «açorarse,» avec un seul r, qu'il traduit par فرع (s'effrayer). J'ignore s'il a pris le premier verbe dans le même sens. *Azorar* est *effrayer* chez Nuñez; mais *azorrarse* est chez lui: *être étourdi, assoupi et comme endormi par un grand mal de tête*; Nebrija n'a que *açorarse* dans une seule acception, celle d'*efferari, devenir farouche*; de même Victor, chez qui c'est: *s'élever, s'enfler, s'enorgueillir, bouffer, devenir sauvage et farouche, se débattre*. Si l'on adopte le sens de *s'effrayer*, la Ire forme serait l'équivalent de استشعر خَوْفًا; mais il est plus prudent de s'en tenir à Nebrija, puisqu'Alc. s'en est servi, et L vient peut-être à l'appui de la signif. *devenir sauvage et farouche*, car il donne شَعَر, *hydrophobie*.

II c. a. dans le Voc. sous *perpendere*; je crois que les mots dans la note : *faciam quod perpendas*, se rapportent à cette forme et non pas à la Xe. Cf. plus loin le partic.

IV c. d. a. peut se traduire par *inspirer à quelqu'un certains sentiments*, Abbad. I, 255, 5: ses mauvais compagnons اشعروه الاستيحاش والنفار; Macc. II, 438, 10; deux des fautes qui déparent ce passage ont déjà été corrigées, l'une dans le Add., l'autre dans ma Lettre à M. Fleischer 209; mais en outre il faut biffer, comme la rime l'indique, la prép. ب de بسرورها, qui n'est pas dans le Matmah L; lisez par conséquent: وملنا الى روضة قد سنّس الربيع بساطها ودبّج الزهر درانكها واماطها وأشعرت النفوس فيها سرورها وانبساطها, on dit donc أشعَر الرَّجُل سرورًا, *être rempli de joie*, comme on dit أشعَر الرَّجُل غمًّا, *être rempli de tristesse*, car cette dernière expression (cf. Lane à la fin) est parfaitement correcte; voyez Gl. Mosl., Harîrî 585, 6: أَشْعَرَتْ في بعض الأيّام غمّا.

V dans le Voc. sous *perpendere*; c. ب *s'apercevoir de*, Çalât 22 r°: تقدّم له الدلعام والثردة فاكلها وتشعّر في الحين بالسّم فيها فرمى باللقمة التي كانت في يده في وجه السّجّان. — *Se couvrir de broussailles*, Auw. I, 51, 2, 4.

VII *se fêler*, Bc.

X c. a. *porter* une étoffe *sur le corps nu*, Haiyân-Bassâm III, 4 r°: كان يظاهر الوشي على الخزّ ويستشعر الديبقي. — *Concevoir* des passions, des sentiments, des mouvements de l'âme, *en être rempli*, p. e. de crainte, Freytag, Lane, de joie, Djob. 218, 7, 319, 4, Macc. I, 255, 11, de tristesse, Harîrî 486, 4, Djob. 137, dern. l. (part. pass.), de haine, Prol. I, 370, 11. Le verbe seul, *être saisi de crainte*, Fakhrî 166, 5 a f., 183, 7 a f. — C. a. *prévoir*, Djob. 51, 10, 76, 16, 117, 14, Haiyân-Bassâm I, 115 r°: استنشعر; c. ب r., Abd-al-wâhid 44, dern. l.: وقد كان استشعر بالهلاك. — *Apercevoir, s'apercevoir, sentir, comprendre*, Aboulf. Ann. I, 180, 7: Quand le Prophète eut récité, vers la fin de sa vie, le passage du Coran qui contient les mots: اليوم أكملت لكم دينكم فكأنّه استشعر انه ليس بعد الكمال إلّا النقصان وانه قد نعيت الى نفسه; c. ل r., Elmacin 265, 21: Quand Hâkim eut aboli beaucoup de cérémonies et de coutumes religieuses, استشعر المسلمون بما ظهر من هذه الأمور الاحراف عن دين الاسلام. — *Soupçonner*, Harîrî 117, 5, Vie de Saladin 170, 12: قوى استشعار المركيس من انه إن أقام قبضوا عليه — — فلما صح ذلك عنده «il وكان قد استشعر منهم أخفّ بلده الخ, 204, 10: soupçonnait qu'ils voulaient lui enlever sa ville.» C. من p. ou r., 'Imrânî, man. 595, p. 27, 41: al-Hâdî avait souvent eu le projet de faire mettre à mort son frère Hâroun, واستشعر فرون منه فما كان يأتيه, 42: al-Hâdî avait des griefs contre le Barmécide Yahyâ, وكان يحيى مستشعرا منه جدًّا وكانت أمّه للخيزران مستشعرة منه لانه نقذ لها أزرا الخ, 51, 52: Quand le Barmécide Dja'far eut dit à son chanteur: يا بارد, etc., celui-ci lui répondit: البارد والله من قد قتلتنا منذ شهر بهذا الاستشعار الفاسد. après quoi il demanda: بقى لك أمر تخاف

شعر

او تستشعر منـــد — C. a. r. *se proposer de faire quelque chose,* Haiyân 40 v°: (l. مَصب) وهوفي ذلك مصب، على الغائلة مستشعر الوثيبة 75 v°: voyant que ses soldats, fatigués des combats et des longues marches, désiraient rentrer dans leurs foyers, l'émir استشعر اراحتهم واعتزم على القفول بامّ (le man. porte par erreur يستشعر الجدّ في), Khatîb 177 r°: استشعروا راحتهم امبره. — (Quelques-unes de ces citations sont de J.-J. Schultens).

شَعَر *soie, poil de sanglier,* Alc. (seda de puerco).

— *Crinière,* Hbrt 59. — شعر الغُول (traduction de « *capillus Veneris,* » car « quand les Arabes traduisent Vénus avec l'acception de déesse, ils emploient le mot غُول, » A. R. 53) *capillaire (Adianthum capillus Veneris),* de même que شعر الأرض، شعر الجنّ et شعر للخنزير, Most. v° برشباوشان, Bait. I, 126 b, qui ajoute شعر الجبّار (qu'on trouve aussi II, 99 b), A. R. 371. Selon Bait. II, 99 c, 159 e, c'est proprement la plante que Dioscorides mentionne après le capillaire, à savoir *Asplenium Trichomanes.* — ذو شعر *chevelu,* qui a de petites racines, Bc. — شَعَر *hydrophobie,* L (idrofaba, sic).

شِعْر *hymne à la louange de Dieu,* Alc. (ino en alabança de Dios).

شَعَرَة شعرة الخنزير *soie, poil de sanglier,* Voc. — (Abréviation de شَعَرَاء) *bois, lieu planté d'arbres,* Voc., Aboû'l-Walîd 787, 15, Cartâs 19, 8 et 16; — *buisson, hallier,* Alc. (mata o breña); — *menu bois pour chauffer le four,* Alc. (hornija para el horno).

شَعَرَة *le fil* d'un rasoir, M.

شَعَرَى (abréviation de شَعَرَآء) pl. شَعَارِى *bois, lieu planté d'arbres,* Voc., Aboû'l-Walîd 290, n. 15 (R), Macc. I, 97, 18, 123, 20, II, 517, 10; le pl., Voc., Most. cité Gl. Esp. 32, Aboû'l-Walîd 290, n. 15 (O), Saadiah ps. 29, Yâcout III, 408, 13, Nowairî Egypte, man. 2 o, 114 r°: وامّا الذين قتلوا بالجبال والشعارى وسائر بلاد المسلمين

الشِّعْرَى *canicule,* Ht.

شَعْرَآء حطب الشعراء signifie sans doute, comme

حطب شعراوى (voyez), *menu bois pour chauffer le four,* Macc. I, 617, 3.

شَعَرِى *capillaire,* Bc (cf. شَعَر الغُول). — Epithète d'une sorte de pêche, Auw. I, 338, 2 a f. (cf. أَشْعَر dans Lane), *la pêche ordinaire* selon Clément-Mullet, nommée ainsi parce qu'elle est velue, أَزْغَب. — Epithète d'une excellente espèce de figue, Macc. I, 123, 5, Cartâs 23, 8 (lisez ainsi, cf. p. 369 des notes), Auw. I, 88, 4 a f., 90, 8 a f.; après 299, 1-1, notre man. a de plus: (l. نَبْتُه) والشعرى منه جمود وجلو بينه في الأرض الحمراء وبانق لون لون سمه (sic) الى للحمرة (schäri). — Epithète d'une espèce de myrte, Auw. I, 248, 9. — الزعفران الشَّعَرِى plante médicinale dont les vrilles s'entrelacent et qui a la couleur du safran, M. — شَعَرِى *qui se trouve dans les bois,* Voc., Alc. (montesa cosa de bosque). — شَعَرِى *garde-bois, forestier,* Alc. (saltero o montaraç).

شَعَرِى، القياس الشعرى t. de logique, *syllogisme dont les prémisses entraînent l'éloge ou le blâme d'une chose, et la conséquence, le désir de l'avoir ou de ne pas l'avoir,* M.

شَعَرِيَّة *coma* dans le Voc., qui a aussi ce mot sous *capillus.* — *Petit voile de crin de cheval noir, qui ne couvre que les yeux et que les femmes portent sur le* نقاب, voile plus grand qui couvre le visage et qui a des trous à l'endroit des yeux; voyez Vêtem. 226—9; ajoutez: Woltersdorff: « شعرية ein Sieb vors Gesichte, wie die Frauen von Antiochia; » Buckingham II, 38, 494; Bc: « petit voile d'étamine fine et noire pour le visage seulement. » — *Jalousie, treillis, volet à claire voie,* Bc, M; *grillage, garniture de fil de fer,* Bc. — Chez les Touâreg espèce de *blouse;* ils en portent trois, et en voyage ils y ajoutent encore deux autres, 1° le cha'ariia, qui « est bleu foncé, traversé de petites raies blanches, » Carette Géogr. 110. — ميزان الشعرية *trébuchet, petite balance pour peser des monnaies d'or,* M. — Chez Mehren 30 *vermicelle,* peut-être par erreur; c'est شَعَيريّة qui a ce sens.

شَعَرَاوِى *qui se trouve dans les bois,* Auw. I, 248, 4, en parlant du myrte: هو جبلى شعراوى — حطب شعراوى *menu bois pour chauffer le four,* voyez sous شَعَرَة et cf. شَقْوَاص.

شعر

شِعَار نادَى بشِعار طَاعتِهم. *il se rangea de leur côté*, Berb. I, 414. — *Signe distinctif* (cf. Reiske chez Freytag), de Sacy Chrest. I, 446: التّعصُّبُ شعارُ الموحّدِينَ وعلامةُ المؤمنِينَ ❊

القَموح, شَعِير, *orge*, pl. ات, Eutych. II, 321, 10: شَعِير, dans le Voc. شَعْرَان. Sortes: والشعيرات والحبوب شعير خُشَاش *orge à six rangs*, moins estimée que l'orge commune, Burckhardt Syria 278; شعير رُومِي est le (χύνδρος) خندروس, Bait. II, 98 b, *triticum romanum*; elle est مُرْبِع مثل سنبل الحنطة, M; cf. Auw. II, 47, 4 et 5; — شعير عَرَبِي *orge commune*, Burckhardt Syria 278, M; — شعير مُقَشَّر *orge mondé*, Bc; — شعير الكَلْب *orge perlé*, Bc; — شعير مقشّر مدقوق nommé par Ibn-Loyon 33 v°: والشياطين شبه شعير شعير النَّبِي *orge mondé*, الكَلْب يَنبت وحدَه Pagni MS, Most. v° شعير (seulement dans N): ومنه ما يعرف بشعير النّبِي وهو يتقشّر من قشره الأعلى عند الدرس. — *Sorte de collier de femme*, Lane M. E. II, 407. — طقطق شعيرك يا دبور *cligne-musette*, Bc.

شَعِيرَة *nom d'un poids*, voyez Gl. Belâdz., Bait. I, 292 c: وزن دانق وهو عشر شعيرات. — *Pustule sur le bord de la paupière*, qui ressemble à un grain d'orge, M, Auw. II, 582, 12; dans L: *ordeolus* الشعيرة. — T. de maçon, *rangée de pierres de taille, qui par devant est de niveau avec le sol de la maison, et qui par derrière est plus haute*, M.

الهِنْدِي الشَّعِيرِي *graine médicinale comme la graine d'olive, qui vient de l'Inde*, M.

شَعِيرِيَّة *vermicelle*, Bc, M, Lane M. E. II, 124, d'Escayrac 418, cf. sous حَجَم; شعيريّة طليانِيَّة *macaroni*, Bc.

شُعَيْرِيَّة *vermicelle*, M.

شَعَّار *celui qui vend de l'orge*, Alc. (cevadero que vende cevada); سوق الشَّعَّارِين (pour شَعَّارِين), cf. Gl. Esp. 356—8) *marché où l'on vend de l'orge*, Alc. (cevaderia lugar donde se vende). — *Versificateur*, Bc.

شاعِر *acteur*, qui joue un rôle, Alc. (representador

شعف

de comedias, de tragedias). — *Celui qui récite le roman d'Abou-Zaïd*, Lane M. E. II, 85, 128.

مَشْعَر *mot d'ordre*, comme شِعَار, Akhbâr 79, 2: تصايَحوا بمشاعرِهم ❊

مِشْعَر *grande outre pour l'huile*, Payne Smith 1607 (trois fois).

مُشْعَر *chevelu*, Alc. (encabellado). — *Ebréché*, Ht, Delap. 76.

المُشْعَرَة *ceux qui ont tué des princes*, voyez Kâmil 82, 5, 83, dern. l.

مُشْعَرانِي *poilu*, Bc, M.

مَشْعُور *fêlé, étoilé*, Bc, M; au fig., *bizarre*, Bc, *tête timbrée*, Bc, M; عقل مشعور *cerveau fêlé*, راسه مشعور *le cerveau lui tinte, il est un peu fou*, Bc.

شعشع I *rayonner*, Bc, Hbrt 162, Ht, M, 1001 N. III, 315, 3, Matmah 67 v°, en parlant de tuiles d'or et d'argent: تسلب الأبصار بأطراف أنوارها المُشَعْشَعَة. Aussi en parlant du vin qui, lorsqu'on en boit beaucoup, rougit le visage et le fait rayonner, 1001 N. I, 711, dern. l.: شرب حتى شعشع الشرابُ في رأسه, II, 170, 4: ولمّا شعشعَت الخمرةُ في رؤوسِنا واحمرَّ وجهُه.

II *rayonner*, Voc. (splendere).

شَعْشَعَة *radiation, irradiation*, Bc; en ce sens chez Aboulfaradj 289, 8, que cite J.-J. Schultens; mais ce savant n'ajoute pas de voyelles, et la mauvaise prononciation شِعْشِعَة n'est pas de lui, mais de Freytag.

النور الشَّعْشَعانِي dans le même passage, Sch.; aussi Antar 45, 6 a f.

شَعْشاع *sarment, bois que pousse la vigne*, Bc.

شَعْشُوع *jeune branche du térébinthe*, M.

تَشَعْشُع *rayonnement*, Bc.

شعف I *se corriger, se convertir*, Ht.

II se trouve dans le Voc. sous *disciplinare*, avec *scatmar* dans la note, ce qu'il faut changer en *escarmentar*. C'est *corriger quelqu'un et le rendre sage en châtiant un autre*, comme le prouve ce passage du Cartâs 188, 16: nous enverrons contre eux une armée qui tuera leurs guerriers, leur enlèvera leurs femmes et leurs biens, بهم مَن (l. ويشرّد) ويشدّد

شعل

خَلَّفَهم ويشعَف بهم مَن سواهم, « et qui, en les châtiant, rendra les autres (vos autres ennemis) plus sages. » De même 197, 9: il n'y a parmi nous que six qui soient vraiment coupables; faites-les mettre à mort, بهم, فَتَشعَف بهم, à sous-entendre مَن سواهم.

IV semble aussi avoir le sens que j'ai attribué à la IIe. Chez Alc. c'est « hustigar, » *châtier, corriger*, n. d'act. « hostigamiento, » *châtiment, correction*, et « escarmentar; » ce dernier ne semble pas v. n., mais v. a., dans le sens donné sous la IIe; n. d'act. « escarmiento a otro. »

VIII dans le Voc. sous disciplinare.

شَعَفَة *châtiment, punition*, Alc. (hostigamiento); *expérience que l'on acquiert aux dépens d'autrui*, Alc. (escarmiento a otro).

شَعَاف *la touffe de cheveux que les musulmans laissent croître sur le sommet de la tête tonsurée*, Ztschr. XVIII, 341.

مَشْعُوف = شَعِيف, Diw. Hodz. 196, 9 et 10.

أَشْعَف, suivi de بالنساء, *très-adonné aux femmes*, J.-J. Schultens, qui cite Narr. lep. 10: وكان المأمون من اشعف خلقى الله بالنساء واشدّهم ميلا اليهنّ ؟

مَشْعُوف *rendu sage par l'expérience acquise aux dépens d'autrui*, Alc. (escarmentado).

شغل IV. اشعل الشراب بالبنج ؟ voyez sous شغل IV.

VII *fulminer*, en parlant de l'explosion faite par le feu, Bc.

VIII. اشتعل في الغضب (Lane); Alc. a اشتعل غضبًا (encendimiento en yra). — شدّ شدّة اشتعال « il fit une attaque furieuse, » Akhbâr 33, 2 a f.

شَعَل *amadou*, Ht.

شَعَل *amadou*, L (fungis), Alc. (hongo para yesca, yesca de huego, yesca de hongo), Domb. 79.

شَعْلَة *torche*, Bc, Lane M. E. I, 178.

شَعْلَة *le menu bois dont on se sert pour allumer les bûches*, M.

شعال النار *flamme*, Payne Smith 1161.

شَعَّال, suivi de الشموع, *allumeur*, Bc.

أَشْعَل pl. شَعَل *odorant* (fleur), Gl. Mosl.

المَشْعَل *le luminaire*, les bougies, cierges, Bc.

مَشْعَلَة, au Maghrib, *nom d'une plante*. Les chroniqueurs, à savoir Cartâs 181, 14, 188, 8, 2 a f., 189, 1, l'anonyme de Copenhague 76, 78, Berb. II, 243, 4 a f., 250, 7 a f., racontent que lorsque les Almohades eurent été battus et dépouillés de leurs vêtements par les Merinides dans l'année 613 de l'hégire, ils rentrèrent à Fez sans autre chose pour couvrir leur nudité que les feuilles de cette plante, et que pour cette raison cette année fut nommée عام المَشْعَلَة. Ecrit avec le *ghain* dans le man. de Copenhague et ainsi dans l'éd. des Berb.; mais notre man. 1350 à le *'ain*, et cette leçon est la bonne, comme le prouve le jeu de mots Cartâs 189, 1: وقلوبهم بالحزن مُشَعَّلَه فَسَمَّى العام عام المَشْعَلَه « Au reste M. de Slane observe dans sa trad. des Berb., IV, 29: « Les natifs du Rîf marocain que nous avons consultés au sujet de cette plante, ne la connaissent pas. Peut-être est-ce une espèce d'acanthe ou bien le *senecis giganteus* de Desfontaines; Flora atlantica, t. II, p. 273. »

مِشْعَال *flambeau, torche*, M.

شعلق II *escalader, grimper*, Bc.

شَعْلَقَة *escalade*, Bc.

شعن.

شَعَانِين, qui est une corruption de l'hébreu הושענא (voyez la note de Hamaker citée par Freytag), est selon le M le pl. de شَعْنِينَة, et selon Bc de شعنون, qu'il a sous *rameau*; — أَحَد الشعانين *dimanche des Rameaux*, Bc, Hbrt 153.

شَعْبَر *chacal*, Bidp. 150, 4 a f. (cf. les notes crit. de l'éditeur, p. 95), 236, 1, 266, 2. شَغْبَر a aussi ce sens.

شعو.

نَارُهُ شَعْوَاء se dit pour exprimer que ses troupes étaient dispersées çà et là pour réprimer les séditions, Gl. Mosl.

شَعْوَذ I, *jouer des gobelets*, au fig., *éblouir*, de Slane, Prol. I, LXXV a. — C. على *blâmer*, Voc.

شَعْوَذَة. Pour désigner les *prestigiateurs* on dit بنو الشعوذة, Khatîb 29 r°: رجل مَتَخَرِّج من بنى الشعوذة

مَشْعُوذ, pl. ة, Bat. IV, 290.

شَعْوَط I *flamber, passer sur ou par le feu*, Bc.

مُشَعْوَط *bizarre*, Bc.

شغب I c. على p. *se révolter contre quelqu'un*, comme Reiske l'a dit avec raison; le n. d'act. en ce sens, Athîr VIII, 54, 5 a f., 252, dern. l., et le part., Valeton 1°, 5.

II même sens, n. d'act., Macc. I, 97, 21, part., ibid. 108, 10. — C. في *jeter le désordre parmi*, Haiyân 88 r°: فلما اجتازت المقدمة على الحصن خرجت خيله فيها القطع عليها والتشغيب. — *Embarrasser*, Alc. (enbaçar, enfrascar a otro, estorvar), Prol. III, 256, 12: فاذا عرض لك ارتياب في فهمك او تشغيب بالشبهات في ذهنك. — C. a p. et عن r. *empêcher* quelqu'un de faire quelque chose, Voc. (impedire), Amari Dipl. 104, 6: Quand un Pisan a payé, etc., فلا يُشَغَّب عن سفره, cf. 130, 3.

III *tâcher d'embrouiller l'esprit de son adversaire par des sophismes*, Macc. II, p. xv a.

IV *empêcher*, Voc.

V *se révolter*, comme Reiske l'a dit, c. على p., Valeton 1°, 4: تشغّب عليه جنده. — *S'embarrasser*, Alc. (enfrascarse).

شَغَب *dispute, querelle*, L (disceptatio (vel disputatio), rixa (lis)). — *Soulèvement, mouvement d'indignation*, Bc. — (Avec fatha dans la seconde syll.) *embarras, angoisse, anxiété*, Alc. (anxia); dans le Voc. sous impedire.

شَغِيب = شغب, Abou'l-Walîd 788, 14.

شاغب dans le Voc. sous impedire; شَوَاغِب *difficultés*, Prol. III, 249, 16.

مَشَاغِب (pl.) *propositions captieuses, sophismes*, Macc. II, 120, 12, Prol. III, 111, 9.

القِياسُ المُشاغبيّ *raisonnement sophistique*, M.

شغت.

شَغْتَة *glaire, humeur visqueuse*, Bc.

مشغت *glaireux*; فم مشغت *bouche pâteuse, empâtée*, Bc.

شغر I *être vacant (emploi)*, Macc. I, 605, 9, Mamhl. I, 2, 65.

شاغر pl. شَوَاغِر *bât de chameau*, Bc, M, *barde de chameau*, Descr. de l'Eg. XVIII, part. 2, 388.

شَاغُور *tuyau de bois dans lequel l'eau coule vers le moulin*, M.

شغرف I c. a. p. = شغزب *donner le croc-en-jambe*, M.

شغف VII dans le Voc. sous amare, c. ب *concevoir de l'amour pour, s'amouracher de*, انشغف بحبّ *raffoler*, Bc.

مُوَجَّعٌ قد بلغ الوجعُ شغافَه expliqué par شغيف Diw. Hodz. 196, 10 et 11.

شغل I. يشغل في الحَلِيَّة *il formait ses élèves*; يشغل الفقه *il donnait des leçons de jurisprudence*, Maml. I, 2, 199. — C. a p. *donner du travail à*, Bc. — *Empêcher*, Voc. (impedire); c. d. a., Vie de Saladin 69, 17: ولم يشغله ظنّ تَحاسنه حبَّسه عن تعبية فهوب. — في *Travailler, façonner*, Bc.

II. شغّل دراهمه, ou فلوسه, ou مصرياته, *placer, employer ses fonds, travailler son argent, le placer, lui faire produire du profit, faire valoir de l'argent, faire fructifier (profiter) son argent*, Bc. — *Broder*, Bc.

III *causer de l'embarras*, Rutgers 174, 15: حتى لا يَبْقى هنالك مَشَاغِلٌ ولا مكانٌ يكون بسببه فسادٌ في تلك النواحي. — (مَشاغِل l'éditeur prononce à tort). — *Distraire* quelqu'un, *faire en sorte qu'il ne fasse pas attention*, Fakhrî 49, 7: فشاغلها ساعةً حتى غفلت; aussi en parlant d'un malade, quand on tâche d'éloigner son esprit de ce qui le fatigue ou l'obsède, Vie de Saladin 19, 12 a f.: وبتّنا تلك الليلة اجمع انا والطبيب نمرضه ونشاغله. Bc a le n. d'act., *diversion, action de détourner*. — *Fomenter, entretenir*, Bc.

IV dans le Voc. sous impedire. — أشغل الشرابَ *jeter du bendj dans le vin*, 1001 N. Bresl. IV, 346, 4 a f., IX, 45, 7 (où Macn. a شغلَ), 50, 2, mais Macn. et Boul. ont en cet endroit أشعلَ, avec le 'ain; la leçon est donc incertaine.

VII voyez plus loin le n. d'act.

VIII c. ب ou في *travailler à*, Bc, Hbrt 73. — *Travailler (argent), produire de l'intérêt*, Bc. —

شغل 767 شغل

Travailler, fermenter (liqueur); se déjeter (bois), Bc.
— *Etudier*, Khallic. I, 180, 18 Sl., Macc. I, 819, 15: كانت له حلقة اشتغال (cf. Add., de même dans Boul.), 828, 7 (deux fois), 847, 2 a f., 936, 2 a f., III, 779, dern. l., Prol. II, 200, 13, Fakhri 359, 5 a f.; *sous un professeur*, على, Gl. Abulf., Renan Averroès 448, 4 t. a., Macc. I, 711, 1. — C. ب *négocier, faire trafic*, Voc. — *Administrer*, Roland. — *Aller*, en parlant d'une machine, Bc; de même ما الغليون «la pipe ne va pas, elle est bouchée,» Bc; علوفته تشتغل دائمًا «ses appointements courent toujours,» Bc. — *Travailler*, v. a., façonner, Bc, c. a., synonyme de عمل, 1001 N. II, 220, 3: تشتغل الستور, et l. 4: تشتغل الستر فى ثمانية ايام. — *Fabriquer*, Bg. — اشتغل شغلًا *faire une fin*, prendre un état, Bc. — *Jouir*, Roland. — C. فى dans le Voc. sous *impedire*.

شَغَل, شَغْل, شُغْل, est chez Alc. constamment شُغَل prononciation adoucie de شُغْل. — *Une occupation qui vous empêche de faire autre chose, ou d'y penser*, soit avec عن, p. e. هو فى شغل (ou فى أشغال) عن ذلك, soit isolément, Gl. Belâdz. (dans les passages 156, 5 a f. et 202, 2, qui y sont cités, c'est plutôt un n. d'act.). — *Travail, ouvrage fait, que l'on fait, ou à faire, œuvre, ce qui est produit par l'ouvrier*, Alc. (labor como quiera, obra la mesma cosa hecha), Bc, M; اعطى شغلًا *donner de l'ouvrage, occuper à quelque chose*, Alc. (dar obra); تقوّت بشغل يديه *gagner sa vie en travaillant*, Bc; شغل عباقة *chef-d'œuvre d'adresse*, Bc; شغل يد *manuel*, fait avec la main, Bc; *façon*, travail de celui qui a fait un ouvrage, main-d'œuvre, حَقّ الشغل, «prix de la façon,» Bc; شغل الجنان *jardinage*, Alc. (jardineria); — *labourage, ouvrage du laboureur*, Alc. (labrança de tierra). — *Négoce, trafic, commerce*, Alc. (negociacion). — *Poste, emploi, fonction*, 'Imrânî 213: وقبض على ابى طاهر ـ صاحب المخزن وصادره ثم اطلقه واعاده الى شغله. — *Dévotion, l'action, la coutume d'accomplir des pratiques religieuses*, Amari 194, 3 a f.: كان من cf. الكدّادين عمره كلّه وكان من اهل الشغل والذكر 196, 2 (où il faut lire avec le man. الكدّ: عليهم); فلما R. N. 78 rº: الاشتغال بالله تعالى والدار الآخرة

كان بعد المغرب اخذ فى الشغل كعادته فقالت له نفسه عاجلٌ قليلًا تفطر على تمر حلال فعاتب نفسه بان قال لها (أما ajoutez) استطعت الصبر عن خمس مرات حتى امرتنى ان اخفف صلاة من اجلها. — *Fabrique*, Alc. (fabrica), Edrisi ٨٠, 3 a f. — *Besoin, nécessité naturelle*; شغله قضى *faire ses besoins, satisfaire un besoin*, Bc. — T. de musique, *récitatif*, la manière dont on chante les paroles d'un couplet de deux ou de quatre vers, M. — الأشْغَال, pour الاشغال الخراجيّة, Prol. II, 12, 10, ou الاشغال الماليّة Macc. I, 134, 9, ou الاشغال المخزنيّة, l'anonyme de Copenhague 67, Amari 382, 8 (lisez ainsi), *les finances*, Berb. I, 214, 7: استعمله على الاشغال بمدينة سلا 335, 14: «قدّمه على الاشغال بالعدوتين il le nomma ministre des finances pour l'Espagne et pour l'Afrique,» 338, 6 a f., 395, 2 a f., 402, 8. De là صاحب الاشغال الخراجيّة, l'équivalent de صاحب الاشغال, Macc. I, 134, 9. Il y en avait un dans chaque ville considérable, *l'administrateur des impôts*, et dans la capitale c'était *le ministre des finances*, Macc. l. l., Prol. II, 12 à la fin, 19, 14, Abou-Hammou 82: صاحب الاشغال, 151: «الموكّل بحفظ جبايات اموالك» اشغالك, «المتقدّم الى اعمالك، الناظر على كاقّة عمّالك» Bargès 365, Berb. I, 338, 7, 387, 7, 395, 10, 444, 9, J. A. 1844, I, 410. أهل الاشغال *les employés dans l'administration des finances*, Bat. II, 128. — شغل البال *inquiétude*, Bc. — شغل الثور, *le travail du taureau*, est *une espèce de toile de coton*, nommée ainsi parce qu'elle se fait au moyen d'une machine qu'un taureau met en mouvement, Lane M. E. II, 19. — ثانى شغل الدراهم *remplacement d'argent, nouveau placement*, Bc.

شغلة *affaire, besogne, vacation*; «كيف الشغلة en quel état sont les choses?» Bc.

شغيل *travailleur*, Bc; — *laborieux*, Ht.

شغّال *laborieux*, Bc, Hbrt 236, *actif, agissant*, Bc. — *Manouvrier, travailleur*; fém. ة *ouvrière*, Bc. — *Brodeur*, Bc.

شغّيل *laborieux*, Bc.

شغل شاغل *occupation pressante*, Bc.

مَشغَلة *une chose qui cause de l'embarras*, Belâdz.

279, 11 : que dites-vous de la cuirasse ? Réponse: مَشْغَلَةٌ مُتْعَبَةٌ لِلرَّاجِلِ. Dans le Gloss. l'éditeur s'est trompé en pensant que c'est le partic. act. de la IVe forme; cf. Lane v° مُتَعَبَة. — *Jouet d'enfant*, Alc. (jugete para niños).

مَشْغُولٌ *occupé*, spéc. *de ses études*, 1001 N. I, 27, 1 : بَاتَ مَشْغُولًا «il passa la nuit à étudier.» — *Seul et sur le qui-vive*, en état d'alarme, de défiance, Bc. مَشْغُولُ البَال — *songe-creux*, Bc. — *Ouvré, travaillé*, Bc. — *Damassé* (linge), Bc.

اِشْتِغَالِيٌّ *qui est relatif aux finances*, Macc. III, 693, 16 : هذا على قلّة معرفته بتلك الطريقة الاشتغالية وعدم اضطلاعه بالامور الجبائية («*système financier*, *opérations financières* »).

مُشْتَغِلٌ *ouvrier, manouvrier*, Voc. — *Employé dans l'administration des finances*, Macc. III, 693, 13, l'anonyme de Copenhague 66: ووصل في جملته وصل من مشتغلين (mieux مشتغلي) الاندلس يوسف ابن عمر الكاتب المورّخ لدولة المنصور رحمه وكان باشبيلية المخزنية ينظر في بعض الاشغال, 73, 74, 118, Amari Dipl. 35, 1, 103, 6, 106, 1, 107, 2, 108, 2.

اِنْشِغَالٌ *prévention*, préoccupation de l'esprit; — *souci*, Bc.

شغى I *fourmiller*, *abonder*, Bc.

شف I, *être diaphane, transparent*. Freytag et Lane ont négligé de noter la constr. c. عَنْ de la chose qu'un tel objet laisse voir. Elle est classique, témoin ce vers que cite le M:

ثَوْبُ الرِّيَاءِ يَشِفُّ عَمَّا تَحْتَهُ فَإِذَا الْتَحَفْتَ بِهِ فَإِنَّكَ عَارِ

De même Djob. 244, 17, en parlant d'une eau très-limpide : يَشِفُّ عَمَّا حَوَاهُ. — C. على *surpasser en hauteur*, Becrî 165, 5 a f.: وامرَهُ ان لا يَشِفَّ بِنَاؤُهُ بَعْضُهُ على بَعْضٍ. En général, *surpasser*, Prol. I, 285, 14: فقد كان بالمغرب من القبائل كثير مِمَّا يقاومهم في العدد والعصبية او يَشِفُّ عليهم; — *surpasser en mérite, en puissance, en réputation*, Haiyân 35 v°: ولابن جَهْوَر منهما الشُّفُوف على صاحبه بغزارة فيه انت Macc. II, 763, 2 a f.: اذا لم أملكِ الشَّهَوَاتِ قَهْرًا فَلَمْ أَبْغِي الشُّفُوفَ على الأَدَمِ Berb. I, 226, 4 a f.: وفي ايام الناصر هذا كان استفحال

مُلْكِهِمْ وشُفُوفِهِ على مُلْكِ بَنِي بَادِيسَ اخوانِهِمْ بالمهديّة II, 141, 2. Ce n. d'act., شُفُوفٌ, s'emploie aussi substantivement, *prérogative*, Voc., *prééminence*, Macc. I, 170, 10, en parlant de Mousâ: وكان شفوف طارق حاز الشفوف, 409, 3, et dans la Préface: قد غمه الشهير; Calâïd, man., II, 145: فكلُّ خلفٍ دونه الشفوف والانافة. — En parlant d'un combat ou d'une dispute, d'une discussion publique, *le dessus*, *l'avantage*, *la victoire*, Haiyân 103 r°, après avoir parlé d'un combat: وكان الشفوف لاصحاب السلطان, Abd-al-wâhid 132, 4 a f.: فحبرت له مناظروه كان له الشفوف فيها والظهور. — Voyez pour deux passages des 1001 N., où ce verbe semble se trouver, mais dont le texte est altéré, ce que j'ai dit sous شَفَّة.

VII *s'imbiber*, Alc. (enbeverse).

X, comme la Ire, *être diaphane, transparent*, M: استشف له الستر ظهر ما وراءه وتبيّن, Gl. Manç., en expliquant le mot شفيف (transparent): واستشف هو; واستشفّته اذا اظهر لك ما خلقه, Tha'âlibî Latâïf 127, 4 a f.; cf. plus loin le partic. — Lane a eu raison de révoquer en doute le «*desiderio alicuius rei implevit*, c. إلى r.,» que Freytag donne sans alléguer d'autorité. Le M donne bien X c. إلى, mais il dit que cela signifie *désirer ardemment*, رغب فيه كلّ الرغبة ۞

شَفَّة, vulg. pour شُفَّة *lèvre inférieure*, Domb. 86.

شَفَّة vulg. pour شَفَة, *lèvre*, M.

شُفَّة pl. شِفَف, vulg. pour شَفَة, *lèvre*, Alc. (beço), Bc, 1001 N. IV, 92, 9 a f. Alc. a aussi ce mot sous «pucheros por buchetes;» je crois qu'il a pensé à l'expression «hacer pucheros,» «faire la lippe ou la moue» (Victor).

شفاف ؟ 1001 N. Bresl. VII, 319, 7 (de cunno) يحكى, l'éd. Macn. (II, 250, 7) a: حامي مثل الشفاف في السخونة حرارة للحَمَّام, او قلب صبّ صَنَاهُ الغرام ۞

شُفُوف voyez sous la Ire forme.

شَفِيف, subst., expliqué par وجع, *douleur*; Diw. Hodz. 9, vs. 7, 71, 7 et 8; adj. chez Freytag d'après le Diw. Hodz., dans l'éd. 196, 9.

شَقَافَة transparence, Bc.

شَفِيفَة Le pl. شَفَائِف les deux lèvres, Domb. 86, 1001 N. IV, 92, 9 a f.

شُفَيْفَة petite lèvre, Bc, 1001 N. Bresl. V, 312, 4.

شَافَة bord, extrémité, Berb. II, 506, 6 a f.: ثُمَّ اصبح من الغد على شافة قبره طريحًا (de même dans le man. de Madrid). Je crois que ce mot se trouve aussi II, 379, 4 a f. et 2 a f., où l'édit. porte: وشيد, قبالة كل برج من ابراج البلد برجا على سافة خندقه avec les variantes سَاقة et سَاقد (aussi dans le man. de Madrid). Dans le passage que j'ai cité en premier lieu, l'éditeur de Boulac a fait imprimer شَافَة; mais il ne connaissait pas le mot, car dans le second passage il a fait en sorte qu'on ne l'y trouve pas, et la racine شقَّ ne convient nullement. Je crois que c'est pour شَقَّة (voyez), forme vulgaire de شَفَة, proprement lèvre.

أَشَفّ, suivi de من, plus de, Edrîsî ٩٩, 4: وَطُول المدينة اشف من ميل. — Plus considéré, jouissant de plus de considération, Berb. I, 47, 9, 448, 9 a f., 529, 6.

مُشِفّ transparent, Bc.

مشقفات espèce d'étoffe, Macc. II, 711, 5; à en juger par l'étymologie, elle était transparente.

مُسْتَشْفّ transparence, de Sacy Chrest. I, 267 (deux fois).

شفت II couler un sujet, en dire tout ce qu'on peut en dire; couler à fond, épuiser en discutant; — épuiser les forces; نَفْسه s'épuiser, détruire son tempérament; — tarir, v. n., être à sec, cesser de couler, Bc.

شفتشة ornement dans la chevelure des dames, Lane M. E. II, 409.

شفتلك (turc چفتلك) métairie, Bc.

شفتورة babine, lèvre des animaux; — lippe, lèvre d'en bas trop grosse ou trop avancée, Bc.

شفر I tancer, réprimander, brutaliser, outrager de paroles brutales, Bc.

II rogner, Ht. — Parer le pied d'un cheval, ôter de la corne du pied d'un cheval pour le ferrer, Auw. I, 437, 16, passage altéré, et qu'il faut lire ainsi avec notre man.: فإن عمل بالشق موضع على وسط ذلك الغصن او الساق الموضع لحدَّا من سكين الشق وهو سكين رقيق الشفرة على صفة سكين تشفير الدواب (notre man. a par erreur القشرة, au lieu de الشفرة, et تسفير). La signif. est certaine par ce passage, qu'on lit dans notre man. après 438, 5: وقال ص في صفة السكين التي نشق به الفروع للتركيب (sic) ان يكون على هيئة سكين الشمار الذي تسعر (نشفر .l) به حوافر ثم يشق ذلك بسكين الشق المعلوم 484, 17; الدواب (le mot سكين, qui manque dans l'éd., est dans notre man.).

أَشْفَار Le pl. s'emploie certainement dans le sens de cils, poils des paupières (cf. Lane), Gl. Manç.: اشفار العين هو حروف الاجفان التي ينبت عليها الهدب Alc. (pestaña del ojo), Badroun 43, dern. l.: وتجاوز فيه المؤلف فاوقعه على الهدب نفسه تضرب اشفار عينيها الى وجنتيها. — Wright 116, 3: رَأَتْ اخرق بَعْد اجتماعٍ تَتابعوا فلم تُبْقِ اِلَّا واحدًا منهم شَفَر L'éditeur (p. 133) pense que c'est = المَنِيّة ou الموت, et que le mot est fém. comme شَعُوب. [?]

شَفَر paupière, Domb. 86. — Pierre à feu, Domb. 79.

شَفْرَة lame d'un sabre, Daumas V. A. 197. — Pl. شَفَر et أَشْفَار, paupière, Voc.

شَفْرَة pl. شَفَر tranchet, outil tranchant de cordonnier, Alc. (tranchete de çapatero). — Rasoir, Voc., qui a شَفْرَة, pl. شَفَر; chez Alc. (navaja de barvero) شَفْرَة الموس. — Le port. chifra, esp. chifla, signifie racloir, outil de relieurs et d'autres ouvriers pour amincir le cuir dont ils couvrent les livres, les coffres, etc. Chifarote (ote est une terminaison romane) signifie en esp. épée courte et droite. — Serpe, Bc (sans voyelles).

شَفَائِر (pl.). Les شَفَائِر du فرج d'une femme, 1001 N. I, 324, 15, où l'éd. de Bresl., IV, 374, 5, a شَفَافِير.

شَفَافِير (pl.) voyez ce qui précède.

شَقَّار *voleur*, Domb. 104.

مَشَافِر Les مَشَافِر du فَرْج d'une femme, 1001 N. IV, 91, 6.

مِشْفَرَة *boutoir du maréchal-ferrant*, Cherb.

شَفَرْقَل (ou avec le ك؟) *mortier de bois*, Alc. (mortero de palo); يَدّ الشَفَرْقَل *pilon*, Alc. (majadero para majar). M. Simonet compare le cat. *xafar*, val. *jafar*, basque *zapaldu* et *zapatu*, qui signifient: aplatir, écraser, piler, broyer, et il ajoute que pour *pilon* le basque a *zapaleaya*.

شَفْشَج est chez Abou'l-Walîd 253, 32, chez Saadiah, etc., la traduction de חֵשֶׁב, *cingulum summi sacerdotis, quo humerale eius (אפד) colligabatur*; d'origine persane selon Lagarde, Materialien zur Kritik und Geschichte des Pentateuchs, p. IX et X.

شَفْشَفْ I *asperger*, p. e. avec du sang, 1001 N. Bresl. III, 233, 7: واخذ قبًا مصبى شفشفه بالدم lisez de même *ibid.* 254, 3 a f., où l'éd. porte: اخذت دجاجة ذبحتها وتلطّاختُ بدمها وسفسفت منديلها‏ ‎

شَفاشِف (pl.) *lèvres*, Voc.

شَفاشِفى *qui a de grosses lèvres*, Voc.

مُشَفْشَف *même sens*, Alc. (beçudo).

شَفْشَقْ *petit vase de bois avec une anse qui est aussi de bois*, M.

شَفَعَ I, c. a. r. et ب alt., *doubler*; mais ce verbe s'emploie aussi en parlant de deux choses d'un genre différent, et alors c'est *augmenter, joindre une chose à une autre*, voyez ma note Abbad. III, 156. — شفع الى فلان est suivi de أنْ avec l'aor. dans Aboulf. Hist. anteislam. 70, 2 a f.

II a le même sens, *doubler*, etc., avec la même constr. Lane (sous la Iʳᵉ, au commencement) dit qu'il n'a trouvé cela dans aucun de ses dictionnaires; le M le dit formellement: شَفَّعَ صَيَّرَهُ شَفْعًا, et la mesure d'un vers chez Macc. II, 176, 9, exige cette forme. — C. a. p. et r. *accorder une chose à quelqu'un, la lui concéder*, Entych. I, 277, 5: فَسَلْ ما بدا لك ولك عندى ثلاث شفاعات وشَقِّعى انت فى واحدٍ; Pocock traduit fort bien: «Pete autem a me

quod tibi visum fuerit. Tria tibi a me impetrare licebit, tu unum mihi tantum concedas;» Edrisî ۲۹, 2: celui qui est porteur de cette pierre (= وسار وصار), في حاجة قضيتْ له بأوفى عناية وشَفَعَ فيها où l'on peut traduire le passif par *obtenir*. — شَفَع الوالى أَمْلاكَ M, جَبَرَ اصحابَ الشُّفْعَة على مشتراعها فلان signifie (voyez les dict. sous شُفْعة). — *Faire quelqu'un Châfiïte, lui faire embrasser la secte d'as-Châfi'î*, Meursinge 26, 6: شَفَّعَه بعد ان كان حنفيًا.

V c. ب r. *demander, prier*, Vêtem. 190, 3: Après avoir lu les ordres du sultan, il posa le Coran sur sa tête, وتشفّع بأنّه ما بقى يليس الولاية «et il pria de ne plus être obligé à accepter un emploi.» — Biffez dans Freytag le quasi-passif, qu'il donne en citant la Vie de Timour, I, 506, 2. On y lit: قُلْ اشْفَعْ تَسَمَّعْ. C'est la IIᵉ forme, اشْفَعْ تَشْفَعْ سَلْ تَنَلْ, تَشَفَّعْ, et ces paroles, que Lane a expliquées (Iʳᵉ forme, 1571 c), se trouvent, comme il le dit, dans une tradition.

X formée du terme شُفْعَة (voyez les dict.), Formul. d. contr. 6: ويَمَقْتَ الشُّفعة استشفعَ فلان بن فلان بماله من الشفعة فيما حاز الى فلان من يد فلان بالشرا اذ هو مشاعا له غير مقسوم‏

شَفْع, Cartâs 248, 11, ou صلاة الأَشْفاع, اشفاع رمضان, Haiyân 28 v°, ou simplement الأَشْفاع, Bayân I, 195, 1, est le nom de certaines prières dans les nuits du mois de Ramadhân. Quand on consulte Lane, on est porté à croire que c'est le synonyme de صلاة التراويح, et un passage du Bayân I, 149, 9, semble confirmer cette opinion, car trouvant dans 'Arîb, qu'il copie en l'abrégeant, les deux mots صلاة الأَشْفاع, Ibn-Adzârî les remplace par التراويح. En admettant cette manière de voir, il faut remarquer que ce qu'on appelle الشَّفْع والوِتْر est autre chose que le *çalât al-achfâ'* ou *tarâwîh*, car Ibn-Batouta (I, 389, 390, II, 299) distingue formellement le *tarâwîh* du *as-chaf' wa'l-witr*. Selon lui la prière du soir (العشاء) est suivie du *tarâwîh*, qui consiste en vingt *rec'as*, et celui-ci du *as-chaf' wa'l-witr*, qui a lieu avant l'aurore.

شَفْعَة *intercession*, Bc.

شُفْعَة *réméré, droit de retrait*, Roland.

شَفْعِيَّة «signifie, dans le langage des Soufis, que

شغف ∥ 771 ∥ شفى

Dieu et le monde font la paire. Il désigne donc une espèce de dualisme,» de Slane sur Prol. III, 76, 11.

شَفَاعَة, n. d'act., s'emploie souvent subst., *intercession, sollicitation*, Bc. — Par le passage d'Eutychius, cité sous la IIe, on voit que ce mot a perdu sa signif. primitive, et qu'il s'emploie dans le sens de *demande, prière*. — *Affection, amour*, L (affectus) (حُرْقَة وقَوْآء وشَفَاعَة ومَحَبّة).

شَفَف I *compatir, épargner, faire grâce*, Ht; مشفوف عليه *celui dont on a pitié*, Payne Smith 1314.

IV c. من *être fâché, être au désespoir de*, Alc. (dolerse), Becrî 187, 7: والزوج في ذلك كأنّه يظهر الرغبة فيها والاشفاق من مفارقتها ۞

شَفَقَة. L donne: inhumanus غَيْرُ ذى شَفَقَة.
شَفَقَة *clémence, miséricorde*, Alc. (clementia, misericordia), *bonté, clémence, compassion*, Ht Cartâs 59, 7.

شَفَاقَة *bonté*, Ht.

مُشَفَّف *debilis in sensu*, Voc.

شَفْنِين signifie selon les uns *alouette*, et selon les autres, *tourterelle*, Most. v° دم الشفنانين; cette dernière explic. chez Bait.. II, 99 d, et dans le M. — شفنين بَحْرى *Raja Pastinaca* (animal marin), Bait. II, 100 b.

شفه III c. a. p. *s'aboucher avec quelqu'un, avoir avec lui un entretien*, Voc. (loqui facie ad faciem, ore ad os), Gl. Belâdz., Bassâm III, 38 v°: أمر أراد مشافهته فيه. De là مُشافَهَة ou شفاها (Vie de Saladin 145, 22), *de bouche, de vive voix*, Bc, Gl. Belâdz. C. a. p. et ب r. *communiquer quelque chose à quelqu'un de vive voix*, Gl. Belâdz.; شافهه بالوزارة *il le nomma vizir de vive voix*, Fakhrî 353, 6, 366, 2. Dans la science des traditions c'est quand le chaikh les dicte au disciple, ce que l'on préfère à l'autre méthode, selon laquelle le disciple les récite au professeur, Gl. Belâdz. Le n. d'act. chez Djob. 77, 9: شاهدنا من ذلك بالاسكندرية مشافهةً وسماعًا أمرًا غريبًا exprime: «dans les entretiens que j'y ai eus.» Il s'emploie aussi quand on dit une chose de bouche, mais que le cœur n'y touche, Berb. II, 186, 1: نصيبه للامر مشافهةً وعنادًا

للسلطان, où M. de Slane traduit: «il le traita en souverain, bien moins avec l'intention de le soutenir sérieusement que de contrarier le sultan.» Aussi subst., voyez plus loin.

VI *s'aboucher*, Voc.

مُشافَهَة *message, commission de dire quelque chose*, Fakhrî 75, 3 a f.: indiquez-moi un homme sûr, حتى أحمّله مشافهة سريّة الى الخليفة — صاحب المشافهات surnom d'Alî ibn-Ishâc الحنظلي, qui l'avait reçu parce qu'il disait tenir de la bouche du Prophète toutes les explications qu'il donnait, Gl. Belâdz.

شفى I *satisfaire*, Gl. Edrîsî, Gl. Belâdz., de Jong, Djob. 161, 17, Prol. II, 374, dern. l., pas bien traduit par Lane M. E. II, 402; شفى غلّه *se désaltérer*, Bc; aussi *assouvir, satisfaire une passion*, Bc; شفى *satisfaire le désir de quelqu'un*, M; شفى غلّة فلان *rassasier, satisfaire les passions*; شفى غليلَه من *étancher la soif de l'or, de la vengeance*, Bc; شفى غليلَه (او قلبَه) من احد *assouvir sa haine, satisfaire sa vengeance*, Bc, Voc.; cf. 'Imrânî 69: شفيتِ النفسَ من حَمَل بن بَدْر وسَيفى من حُذَيْفَة قد شَفَانِى.

II *réjouir*, Daumas V. A. 91.

IV seule, par ellipse, *être sur le point de périr*, Abbad. I, 49, 5. Elle ne se construit pas seulement avec على, mais aussi, dans le sens général de دنا et de قرب, de même que ces derniers verbes, avec من et avec l'acc., Fleischer sur Macc. II, 752, 5 Berichte 184. — أشفى غليلَه من *satisfaire sa vengeance*, Voc.

V *se satisfaire, contenter le désir qu'on a de*, من, *quelque chose*, Macc. I, 657, 9, II, 290, 1, Becrî 186, 15, Cout. 41 r°: فلما تشفى من زوجته, Ictifâ 126 r°: sur son lit de mort قالت لا بدّ ان ارى ابنتى واتشفى منها ۞

VII *être guéri*, Cazwînî I, 31, 11. — انشفى غلّه *s'assouvir*, au fig., Bc.

VIII. اشتفى غلّه *s'assouvir*, au fig., Bc; aussi اشتفى غلّه منه, M; اشتفى غليلَه من *satisfaire sa vengeance*, Bc; de même le verbe seul c. من, Bidp. 233, 4, Hamâsa 97, 16, Macc. II, 203, 10, R. N.

وكان بنو عُبَيْد لعنهم الله يطلبوا جُثّتَهُ (l. بمون) :vº 85 ليشتفوا منه. — اشتفى قَلْبُه être satisfait, M, c. من, 1001 N. I, 65, 3: le portefaix baisa, etc., ces dames, De même le verbe seul, أن اشتفى قلبه منهن, M, 1001 N. I, 53, 2. — اشتفى من فلان être satisfait du mal que l'on cause à quelqu'un, Macc. II, 139, dern. l., Gl. Mosl., P. Tha'âlibî Latâïf 24, 7, où l'amant dit: قد اشتفى من فؤادي الكَمَدُ, c.-à-d., «la Tristesse est satisfaite du mal qu'elle a causé à mon cœur.» — C. p. se réjouir du mal d'autrui, M, Voc., qui donne la constr. c. في et على, Roland (qui a اِشْتَفى).

شَفا pl. أَشْفِيَة vulg. pour أَشْفَى, Voc., Alc. (alesna, punçon, suvilla o alesna).

شِفَاء. آيات الشفاء sont les versets du Coran: IX, 14, X, 58, XVI, 71, XVII, 84, XXII, 80, XLI, 44; voyez Lane M. E. I, 387. — أَشْفَى L (subula شِفْقَاء للتَّثْقِب).

شَافٍ achevé, fini, parfait, Bc. — جواب شاف réponse catégorique, congru, précise, positive, Bc.

أَشْفَا vulg. pour أَشْفَى, Voc.

مشفيات (pl.) espèce de navires faits ordinairement d'une seule pièce de bois, et qui cependant ont la longueur d'une galère et sont susceptibles de porter 150 ou 200 hommes, Edrîsî, Clim. II, Sect. 6; mais la leçon n'est pas certaine; celle que j'ai donnée se trouve dans B et D; A et C ont le sîn. Je n'ai pas le texte de l'autre passage (Jaubert I, 71), et je sais seulement par une note d'Engelmann que le man. A porte en cet endroit مشعيات.

شَقَّ I. لا يُشَقُّ غُبَارُهُ expression inventée, à ce qu'il semble, par le poète an-Nâbigha ad-Dzobyânî, et qui doit son origine aux courses de chevaux. Proprement: celui dont la poussière n'est pas fendue, c.-à-d., un coursier qui devance ses compétiteurs à un tel point qu'ils ne peuvent pas même atteindre la poussière qu'il fait élever. Cela se dit d'un homme très-éminent, incomparable, qui surpasse tous les autres, de Slane trad. d'Ibn-Khallic. I, 50, n. 1, Khallic. I, 26, 7 Sl., Macc. II, 389, 12, 354, 12: وقد جارضه

شَقَقْتُ خَشِيبَةُ السَّيْفِ. — غير واحد ثَا شَقُّوا له غبارًا est اذا صَقَل السيف وسقى المَاء, Diw. Hodz. 27, vs. 3, cf. 76, vs. 3, 142, vs. 36. — شَقَّ عنه se dit d'un enfant qu'on tire du corps de la mère en faisant l'opération césarienne, Gl. Abulf. — Sillonner, faire des sillons, Bc; شقّ الأرض بالسكّة, t. de labourage, n. d'act. شِقَاق, donner à la terre le premier labour, M; chez Auw. II, 9, l. 18, الشَّقّ, le premier labour qu'on donne à la terre. — Dans le sens de traverser, ce verbe ne se construit pas seulement c. a., mais aussi c. ب; de même, sans régime: تَشُقُّ جزيرتين السفن بينهما, Gl. Edrîsî, Gl. Fragm. — شَقَّ شَقًّا faire un tour de promenade, 1001 N. III, 444, 9. — C. p. passer chez quelqu'un, le voir en passant, visiter, Bc; شقّ على المريض «visiter un malade,» M. — Dériver les eaux d'un fleuve dans un canal, Gl. Fragm. — Fatiguer, Gl. Edrîsî. — شقّ على جرح panser, Bc.

III. شاقّ الطاعة refuser d'obéir à quelqu'un, se révolter contre lui, Berb. II, 111, 4: يأخذوه العهد وشاقّوه الطاعة ☆

V. ارض متشققة terrain où il y a beaucoup de شقوق ou crevasses, Becrî 56, 7 a f., 151, 7 a f., Auw. I, 42, 4 a f.

VII crever de dépit, de rage, Alc. (rebentar de enojo).

VIII dériver les eaux d'un fleuve dans un canal, Gl. Fragm., de Sacy Chrest. II, 24, 3 t. a. — C. a. traverser, Gl. Fragm.

X. Biffez dans Freytag: «prodiit, manifestus evasit, Jac. Schult.» Schultens cite pour cette signif. la XXIe Séance de Harîrî, c.-à-d. 212, 9 éd. de Sacy; mais il s'est laissé tromper par une fausse leçon, car le verbe qu'on y trouve est شقّ X, avec le fâ.

شِقّ l'endroit entre les deux jambes d'un homme, là où elles touchent au corps, Antar 6, 5 a f.; le même texte dans Koseg. Chrest. 87, 6, où on lit مَشَقّ. — Niche, enfoncement dans l'épaisseur d'un mur pour y mettre une statue, etc., Bc. — خرقت شقوق البربر «les rangs des Berbères furent rompus,» Nowairî Espagne 483. — Le premier labour qu'on donne à la terre, voyez sous la Ire forme.

شَقِّ coquelicot, Rauwolf 118 (schück).

شَقّة pl. شَقَاق *fente, ouverture*, Alc. (hendedura, resquebrajadura, resquebrajo, resquicio o hendedura), *crevasse*, Bc. — *Tour de promenade*, voyez sous le Ire. — *Tournée*, voyage en plusieurs endroits, voyage annuel et périodique, Bc. — *Visite*, aussi d'un médecin, Bc.

شَقّة *côté*; على شَقَّة *de côté, par le côté, de biais, obliquement*, Bc. — *Pièce, morceau*, شَقّة القلوب والأكباد, Müller 58, 2, pour exprimer: ce qu'on a de plus précieux; ce à quoi l'on tient le plus. — *Portion*, Bc. — *Pan, partie considérable d'un vêtement, d'un mur*, Bc. — *Tranche*, Bc. — Proprement *pièce d'étoffe*, spécialement, pour شَقّة الكتّان (Cartâs 36, 16), *pièce de toile de lin*, Alc. (lienço paño de lino, naval lienço, tela, tela de cedaço), شى من شَقّة lençal cosa de lienço), ou *pièce de drap*, Bc. Dans les chartes grenadines شَوقَة aussi bien que شَقّة. De là: *pièce d'étoffe de lin ou de poil de chèvre, dont on se sert pour faire des tentes*, Ztschr. XXII, 143 شَقَاق pl. شَقَان, Burckhardt Syria 91: „The tent of our host was very neat, being formed with alternate white and black Shoukes, or cloth made of goat's hair." Le pl., non-seulement شَقَاق, mais aussi أَشقَاق, Payne Smith 1632, Bar Ali éd. Hoffmann n° 4515. — Par extension, *grande tente ronde*, Maml. I, 1, 192 II, 2, 212. — *Une cloison d'étoffes que l'on place autour d'une tente*, en persan سراپَرده, Maml. II, 2, 212. — Comme شَقّ, *la moitié d'une double litière, l'un de ses paniers*, Djob. 178, 6, Bat. I, 404, II, 148 (Quatremère, qui cite ce dernier passage Maml. l. l., ne l'a pas compris). — *Battant d'une porte*, Maml. l. l. شَقّة من دار *corps de logis*, Bc. — شَقّة الرصاص *plaque de plomb*, Maml. II, 2, 212—3, Ztschr. XV, 411, 7 a f. — شُقَّة pl. شَقَق, *fente*, Voc. — شَقّة *celui des quatre côtés de l'osselet qui présente un creux*, Gl. Esp. 254. — وجع الشُقَّة *migraine*, M.

شَقِيق *coquelicot*, Bc, Müller 22, 4, Ibn-al-Djezzâr, Zâd al-mosâfir: شَقِيق النعمان وفي الجبورن. — شَقيق الماء *glaucium ou pavot cornu*, Bc. — شَقيق القَرن *grenouillette, espèce de renoncule*, Bc. — Pl. شَقَائق *soie*, Voc.

شَقِيقَة *bande*, de Sacy Chrest. II, ٢, 6: وتلبس دبّية طويلة سوداء بشقائق صُفْر طوال مدلّاة على صدرك. — Voyez sur la fleur nommée شَقَائق النعمان et sur l'origine de ce nom, Khallic. I, 370 Sl. et la trad. de M. de Slane II, 57, n. 2; *coquelicot*, Müller 22, n. 2.

شُقَيْقِيف *coquelicot*, Bc; dans le M شُقَيقِيف.

شَقَّاق *linger, toilier, marchand de linge*, Voc., Alc. (lencero que vende lienços).

شاقِقَ *émergent*, Bc.

مُشَقَّق voyez شَقّ. On emploie ce mot pour indiquer que des coquilles ou des noyaux sont bivalves, Bait. II, 581 c: في بطون الودع مشقق كمشقق النوى.

مُشَقَّق *caverneux, plein de cavernes*, Alc. (cavernoso lleno de cavernas); dans le passage de Becrî 56, 7 a f., Yâcout, I, 456, 1, remplace منشقَّقَة par ارض مشقَّقَة.

مَشْقُوقِي صنوبرة مشقوقة *pomme de pin qui se fend de soi-même*, Alc. (piña que se biende por sy).

مُشَاقِق *schismatique*, Bc.

اِشْتِقَاق *émanation*, Bc.

اِشْتِقَاقِي *dérivé (mot)*, Bc.

اِنْشِقَاق *naufrage*, Alc. (quebrantamiento de nave).

شَقَاقِل. Le Most. donne le nom esp., qui dans N est تحميباله, dans Lm حميبلة (?); Alc. a «rayç chicâquil» sous «sello de Santa Maria,» terme que je ne trouve ni dans mes dict. ni dans Colmeiro, mais en italien Sigillo di Santa Maria signifie *sceau-de-Salomon* (Dodonæus 606 b). En Syrie c'est عروق المجوز البرّى, Bait. I, 259 b (AB); cf. la description dans Rauwolf 74. Écrit اشقاقول Auw. I, 25, 7, aussi dans notre man. — شقاقل كريدى *daucus de Candie*, Bc.

شَقَب. شَقَبان pl. شَقَابِين mot que le peuple a formé de شُقْبَان et qu'il emploie dans le sens de *pan du vêtement* nommé 'abâa, *qu'on plie sur le dos et dans lequel on porte de l'herbe ou autre chose*, M.

شَقَح. شَقَح *parlant avec hardiesse*, M.

شَقْدَف! voyez شَقْذَف.

شَقْذُوف bas, vil, méprisable, M.

شُقْذُف Le pl. شَقَاذِيف, avec le dâl, Djob. 63, 9; voyez sur cette espèce de litière Burckhardt Arabia II, 95, et surtout Burton I, 227, 400 n.

1. Le n. d'act. شُقُورة dans le Voc.

II et V dans le Voc. sous flavescere. — II c. على coir, faire visite, Bc.

IX blondir, Bc.

شَقَر (esp. suegro), aussi شُكُر, beau-père, Voc., Alc. (voyez sous padre de los suegros).

الشُّقْرَة blond, la couleur blonde, Bc. — Sorte de flûte; le passage de Maccarî cité par Freytag se trouve dans notre édition II, 144, 1. — (Esp. suegra) belle-mère, Voc.

شَقُور (esp. segur) pl. شَوَاقِر hache, Voc., Alc. (destral o segur de hierro, hacha de armas, hacha que corta de dos partes, hacha para cortar leña, segur para cortar, segura o seguron para cortar), charte grenadine.

شُقَيْر, dimin. de أَشْقَر, 1001 N. IV, 175, 7 et 14, 177, 3, avec la note dans la trad. de Lane III, 571, n. 26 (dans le premier passage je prononce قَصَرَت, et non قَصَرَت, comme l'a fait Lane). Remarquez cependant que dans ce récit l'éd. de Breslau, IV, 371, 4 et 7, porte شقير, au lieu de يا عم شقير.

شَاقُور pl. شَوَاقِير hache, Cherb., Ht, Abou'l-Walîd 801, 13; chez Mc et Bc شَاكُور.

شَوَاقِرِي sapeur, Cherb.

أَشْقَر blondin, Bc. — Alezan, Bc, Martin 98; أَشْقَر ذَهَبِي alezan brûlé, Bc; أَشْقَر أَدَم alezan doré, Bc.

أَشْقَرَانِي roussâtre, Bc.

شَقْرَاقَ voyez شَرْقَرَق.

شَقْرَب sorte de mélilot, si la leçon est bonne, Most. v° ومنه صنف, اكليل الملك, mais seulement dans Lm: ثالث يعرف بالشقرب.

شَقْشَقَ I déchiqueter, déchirer, Bc. — Laver le linge ou la vaisselle une seconde fois, afin de faire disparaître les traces du savon ou d'autres choses avec lesquelles on les a lavés la première fois, M.

شَقْشَق (Alc.), n. d'un. ة, ou شَقْشَان (Bat. IV, 413), pl. شَقَاشِق, merle, Alc. (mierla ave), merle d'eau ou cincle, Calendr. 75, 7; cf. Bat. II, 217.

شَقْشَقَة اللسان bavardage, Bc, Hbrt 239, M, loquèle, pathos, radotage, Bc. Cf. 1001 N. I, 240, 2.

شَقْشِيق coquelicot, M sous شَقّ.

تَشَقْشُق grand bruit de choses qui se cassent en tombant, Alc. (estruendo de cosas quebradas).

شقط

شَقْطَلِبَّة longue mèche de cheveux que les musulmans laissent sur le sommet de leur tête, Bc, M, Ztschr. XVII, 390.

شَقَع I ranger des bûches, les mettre les unes sur les autres, M.

II c. ل p. invectiver contre quelqu'un, M.

VI, en parlant de deux personnes, se répandre en invectives l'une contre l'autre, M.

تَشْقِيع imprécation, invective, affront, Ht.

شَقَف II mettre en pièces, Bc; couper le bois en petites pièces, M.

شَقْف, vulg. شَقَف, M, Voc., Alc., n. d'un. ة, M, Bc (qui a شَقَفَة, pl. شَقَف, ce qui revient au même), pl. أَشْقَاف, شُقُوف et شَقَف dans ses différentes signif. — Pot de terre, L (testa شُقُوف), Voc. (testa), Abou'l-Walîd 254, 33, 795, 23, R. N. 19 r°: فوجده راقدًا على لبد وبين يديه سقفة (l. شقفة) فاخذ سقفة (l. شقفة) v° 62: فيها رماد يبصق فيها وجعلها على نار وطبخ عصيدًا واكلنا فيها فكانت قدرنا وصحفتنا. Surtout pot à fleurs, Auw. I, 296, 5, où Palladius (cité par Clément-Mullet I, 274, n. 1) a testa, II, 19, dern. l., 65, 15, Most.: حماحم هو للطبق العريض الورق البستاني الذي يستعمل في الاشقاف والبساتين; ensuite il dit que c'est βασιλικόν, et l'on cultive en effet cette plante dans des pots (Dodonæus 480 b, 182 b). — Débris de pot cassé, tesson, têt, Alc. (casco (et caxco) de vaso de barro), Macc. II, 163, 2 a f., Bat. I, 238, Auw. I, 188, 16 (où il faut lire بأشقاف avec notre man.), 1001 N. I, 22, 6.

حسّ اشقاف bruit de pots qui se cassent en tombant, » Alc. (roydo de cosas quebradas). — *Tuile*, Most. v° شَقَفَ: خَزَفُ الفَخّار وهو شَقَفُ التنّور نوع اى. — *Tuileau, morceau de tuile cassée*, Alc. (tejuela pedaço de teja). — *Morceau, pièce de quoi que ce soit*, M, Alc. (caxco de qualquier cosa), *brin, parcelle, un bout de, pièce*, Bc, Bâsim 78: واحذ نارنجةً وحزمةً نعناع وقطعةَ تبريسينة وشَقْفَةَ عسل نحل. — *Morceau de papier*, R. N. 22 r°, où il est question d'un cadi: كان اذ جلس للخصوم رمى اليه لخصماء الشِقاف فيها قصصهم مكتوبا (مكتوبة .l) فقعد يوما للخصوم فرموا اليه شقافهم فدعا بها فاذا فى شَقْفَة منها مكتوب الخ. — *Tablette, composition réduite en forme plate*, Bc. — *Les pierres des maisons*, Müller L. Z. 31, 4: les musulmans évacuèrent la ville, se retirèrent dans les faubourgs avec tous leurs biens, وهم يتركوا شيئا الًا شَقْفَ البلد خاصّةً. — *Tambour de basque*, Voc. (tinpanum). — En Barbarie, *navire*, Domb. 100, Bc (Barb.), Barbier, Ht, Delap. 41. شَقَفٌ لَكَفٌ serait selon Habicht (Epist. quædam Arab. note 76), qui écrit par mégarde لقف, au lieu de لكف (aussi dans son Gloss. sur le t. I des 1001 N. et chez Freytag), une expression composée de deux mots, dont l'un ne signifierait rien, et l'autre, ce qu'il semble, très-peu de chose (Habicht ne l'explique pas). Je ne puis partager son opinion, et je crois que c'est une sorte de jeu, car là où l'expression se trouve, 1001 N. Bresl. I, 127, 10 = Macn. I, 48, 3, un esclave noir invective contre sa maîtresse en disant: وانتِ يا ملعونة تلعبى بنا شقفٌ لكفٌ. Le premier mot peut bien désigner un jouet d'enfant, car Alc. le traduit par «tejuela,» et en esp. «tejo» signifie «morceau de tuile cassée que les enfants arrondissent pour jouer au palet,» et aussi «jeu du palet.» Le second mot semble être لَكَفْ (كَفْ, *main*); mais au reste il serait hasardeux, quand on ne connaît pas le jeu dont il s'agit, de vouloir préciser le sens de l'expression.

شَقّيف *bloc, gros morceau qui tombe d'une roche*, M. — *Petit caillou qu'on lance*, M.

شَقَافة *débris de pot cassé, tessons, têts*, 1001 N. I, 575, 3 a f., IV, 374, 12 (où Bresl. a شقف, Bresl. IX, 340, dern. l. — En espagnol *axaquéfa* désignait anciennement quelque chose qui appartenait à un moulin d'huile, car le dict. de l'Académie cite (v° alfarge) ce passage des Ordenanzas de Sevilla (Tit. Albañíes): «Sepa facer un molino de azeite, haciendole su torre ó almazen, é exaquéfa, ó alfarge, ó hornillas, ó todo lo que le pertenece.» Nuñez le traduit par *cave, caveau*, j'ignore sur quelle autorité.

شَقْيفات (pl.) *cymbales que les danseurs frappent en mesure l'une contre l'autre*, M.

بالشَقْيفاق *dactyologie, chironomie, chirologie*, Bg 512.

شاقُوف *grand marteau de maçon*, M.

شَقَل I *charger quelque chose* كتفه على *sur son épaule*; شقل على ظهره *porter*, Bc, M. — شقل المكانَ *prendre l'aplomb d'une muraille, les aplombs d'un bâtiment*, M. — La signif. de ce verbe dans le passage des 1001 N. que cite Freytag est incertaine. Celle qu'il lui attribue convient moins que celle que lui donne Habicht, *se balancer, se brandiller*; mais les preuves manquent.

VI, en parlant de deux personnes, *monter alternativement sur une bête de somme*, M.

شَقْلَة *prendre l'aplomb d'une muraille*, etc., M.

شاقُول = شَقُول (pers., شاقُل dans Richardson et Vullers, شاخُول dans le M) *plomb ou fil à plomb, instrument de maçon*, etc., Bc.

شَقَالَة *gargoulette*, Martin 76, Beaussier; c'est probablement une autre forme de اشكالة (voyez plus haut p. 25 b).

شَقْلاوَة *sorte de petit navire*, M.

شَقْلَب I (la forme de شَفْعَل de قَلَب selon Wetzstein) *sauter* p. e. من السَطْحِ على فلانٍ, Ztschr. XXII, 139. — *Culbuter*, v. a., *renverser, mettre sens dessus dessous*, Bc.

II *culbuter*, v. n., Bc.

شقلبًا مقلبًا *ab hoc et ab hac, sans ordre, sans raison, à tort et à travers*, Bc.

شَقْلَبَة *culbute*, Bc. Chez Domb. 87 شَقاليبُ *prolapsio in caput sublatis pedibus*.

مُشَقْلَب à *l'envers, en désordre*, Bc.

شَقَم II مراته *procurer sa femme*, Daumas V. A. 164.

شَقْمَقَة (turc چقمق) *la batterie et le chien d'un fusil*, Bc.

شَقَن (ou شَقان P) *mélisse, citronnelle*, Alc. (abejera).

شقو

II c. a. dans le Voc. sous laborare.

III c. a. *jeter à plusieurs reprises une chose en l'air et la saisir quand elle tombe*, M.

IV c. a. dans le Voc. sous laborare; مُشَقَّى *fatigué*, Alc. (fatigado).

شجى ou (شكا N) شقا ou (شكى N) رغلا رغلا, dans L. avec *'ain*, *polypodium*, Most. v° بسبايج.

شَقَاء *pauvreté*, indigence, misère, Alc. (lazeria por mezquindad). — *Douleur, maladie qui affecte une partie du corps*, Alc. (passion del cuerpo). — *Travail qui cause de la douleur*, Alc. (trabajo con passion); peine, travail, fatigue, Bc; *fatigue*, Alc. (fatigua del cuerpo), Hbrt 42, Ht. — *Causticité*, Bc. — Dans L (culmus) tige (de blé), ce qui est étrange.

شقِى *fatigué*, Voc. (laboriosus = تعب). — *Réprouvé, celui que Dieu a rejeté et maudit*, Voc. (prescitus, cf. Ducange), p. e. en parlant du meurtrier d'Alî, Djob. 213, 18, et très-souvent en parlant de rebelles, Bat. IV, 358, Çalât *passim*. — *Malfaiteur*, Bc. — *Caustique, malin*, Bc.

شقاوة *apostasie*, Djob. 345, 9.

شاقى *fatigant*, cf. Gl. Edrîsî 329, 4.

شَقْواص signifiait en Espagne: نوع من الحطب شعراوى. Bait. II, 103 d, où mes deux man. ont شقـراص, mais ils ont le *wau*, II, 301 g et 432 b. C'est un mot esp. qui s'écrit de différentes manières: Victor xaguarcio, Dodonæus 314 b xaguarça, Colmeiro jaguarza et jaguarzo, Escolano Hist. de Valencia I, 689: «dos suertes de xaras que entre nosotros se nombran *Xaracas, ó Xaguarços*» (le jaguargo de Nuñez semble une faute), et qui désigne l'arbrisseau nommé *ciste*, *Ledon secundum latifolium minus* de Clusius.

شكّ **I** c. a. فى r. *révoquer en doute*, Bc, Gl. Fragm.; aussi c. ب r., de Sacy Chrest. II, ٨٢, 9. — C. على *soupçonner*, Ht. — C. فى *résoudre de*, Bat. I, 351. — *Garnir, munir une place de guerre, y mettre une garnison*, Gl. Bayân, Gl. Mosl., Haiyân 70 r°; شكّ للحصن اشدّ الشوكة. — *Faire couler les rivières*, en parlant de Dieu, Abbad. I, 308, 11. — شك الخرز *enfiler un chapelet*, M. — *Piquer*, Hbrt 71; شك للحصان *enclouer, piquer le cheval en le ferrant*, Bc. — شك

شك

شك فى السيخ *embrocher*, Bc. — شكّا شحمًا فى *larder*, Bc. — *Sucer*, Voc.

II *douter*, Alc. (dudar). — شكّك عليه شيئا *critiquer quelqu'un à cause de*, Abou'l-Walîd 367, 24 et 25, 392, 16, 414, 1, 571, 13, 578, 599, 623, etc. — Ne m'est pas claire dans Bassâm II, 113 v°: وابن عمّار يبكى ويصحك، ويشكو فيشكّك،*

V *se scandaliser*, Bc. — *Avoir des scrupules*, Bc.

VII *se piquer*, Bc. — *S'enferrer, se jeter sur le fer*, Bc. — C. فى *s'enfoncer*, Bc. — *Être sucé*, Voc.

شك *mot dont on se sert pour exprimer le bruit qu'on fait en se jetant dans l'eau pour se baigner*, 1001 N. Bresl. I, 161, 2 a f., 163, 10.

شكّ *jalousie*, Ht. — Pl. شكك *scrupule*, Bc. — *Scandale*, Bc; حجر الشكوك *pierre de scandale, ce qui scandalise*, Bc. — *Zigzag, suite de lignes formant entre elles des angles très-aigus*, Bc. — شك التبغ *feuilles de tabac enfilées*, M. — شك فلك *cheval de frise, pièce de bois hérissée de pointes, palissade*, Bc.

شكّة *piqûre*, Bc, Hbrt 71; شكّة بالخنجر *coup de poignard*, Hbrt 134. — *Point, trou sur une courroie*, Bc. — *Point, douleur piquante qui se fait sentir en divers endroits du corps, et particulièrement au côté*, M. — *Lardon*, au fig., *mot piquant*, Bc. — *Maille de bas*, Bc. — *Ornement de femme*, synonyme de شاطم et de صفية (voyez), M.

شكّة *cottes de mailles*, Berb. II, 293, dern. l.: فتظاهروا فى دروعهم واسبغوا من سكنهم شككهم, mais il faut lire avec notre man.

شكّى *dubitatif*; — *problématique*, Bc.

شكّيات *petites pièces de coton qui servent de monnaie au Soudan*, Becrî 173, 2, 14, où de Slane remarque: «Les étoffes de calicot portent encore le nom de *chiggué* dans quelques endroits du pays des Noirs; v. Barth IV, 443 éd. angl.» (texte allemand IV, 452 à la fin et n., V, 30 et 31).

شكك *dubitation, doute feint*, Bc. — *Scrupule*, Bc.

شكك *sur parole, à crédit*, Bc.

شكيك *irrésolu*, Ht.

زبِّد الشك شاك *que le complément y soit ajouté* (de Slane), Prol. II, 150, 3.

شَاكَّة *brouillard*, si c'est ainsi qu'il faut transcrire le mot qu'Alc. (neblina, niebla) prononce à la manière grenadine chíca et chíqua. Pour «il y a un brouillard,» il donne (hazer niebla, neblina hazer): a chíqua (chíca) hi, a chíqua (chíca) quinet, c.-à-d. الـشـاكـة هى الـشـاكـة كـانـت.

مِشَكّ الشّحم *lardoire*, Bc.

مِشَكّك *hérissé*, Bc. — *Ambigu*, Bc.

مِشْكَال *feuilles de tabac enfilées*, M.

مَشْكُوك *suspect*, Ht.

شَكّأ = شَقّأ *prorupit dens*; شَكَى *fissus fuit*, Thesaurus de Gesenius 1362 a.

شكب II. شَكَّبَتْ أَسنانُ المريض se dit lorsqu'un malade, par convulsion ou autrement, tient les dents extrêmement serrées les unes contre les autres, M. — En parlant de cuir, *sécher après avoir été mouillé et devenir dur comme du bois*, M.

شكح

مِشْكَاح pl. مَشَاكِيح *misérable*, *pauvre*, Voc.

شكر I. La langue classique distingue entre les verbes شكر et حمد (voyez Lane), mais ils sont devenus synonymes, *vanter, recommander*, Delap. 90, 97, *faire valoir*, *vanter*; شكر عند الناس *faire l'éloge de quelqu'un*; شكر روحه ou نفسه *se faire valoir, exalter son mérite, se vanter, se louer, s'applaudir, se glorifier*, Bc, de Sacy Chrest. II, 178: شكرت سيرتُه «sa conduite fut louée,» Amari 151, 7 et 8, 323, 6 a f., Macc. II, 552, 4 a f. (cf. le poème qui suit), 1001 N. I, 458, 3, II, 296, 2 a f., III, 205, 7, 231, 12, Bresl. IV, 111; c. ب p. ou r., Macn. I, 417, 10: الجارية التى تمدحها وتشكر فيها وفى عقلها وأدبها C. من *se louer, être content du service, des procédés de*, Bc. — *Remercier, renvoyer, congédier*, voyez Ztschr. XI, 685, n. 4.

VII *être remercié*, Voc.

شُكْر (esp. suegro), aussi شَقْر (voyez), *beau-père*, Voc.

شُكْر *éloge, louange, recommandation*, Alc. (favor con voto = حمد). — *Récompense, gratification*, Alc. (galardon del servicio, gratificacion).

شُكْر *sorte de dattes*, Niebuhr R. II, 215.

شَكُور. الوجه الشكور *visage d'un malade qui ne maigrit pas*, quoique le corps maigrisse, M. — شاكور (esp. segur) et شاكوز, pl. شَوَاكِر *hache, hachette*, Mc, Bc (Barb.); cf. شَقُور.

شُكَارَة pl. شَكَائِر *ce que le jardinier sème pour son propre usage dans un petit coin de la terre du propriétaire*, M. — *Les vers à soie qu'élève un boulanger, et pour lesquels ceux qui viennent cuire chez lui, lui apportent des feuilles de mûrier*, M. — *Essaim d'autres insectes, p. e. de sauterelles*, M.

شُكَارَة pl. شَكَائِر *sac*, Voc., Alc. (mochilla talega, talega), Ht, Delap. 133, Daumas V. A. 110, Mc, Dict. berb., *grand sac pour les grains, la farine*, Bc, *sacoches*, Ht, Bat. II, 352, IV, 39, Prol. I, 328, 15, *charte grenadine*, Hist. Tun. 89; شَكَائِر *sacs pleins de terre*, Hbrt 144 (Alg.), chap. de la guerre. — *Bourse*, Domb. 82.

شُكُورِيّة *chicorée*; — *chondrille*, Bc.

شَكَّار *applaudisseur*, Bc. — شكار روحه *fanfaron, vantard*, Bc.

شَاكِر *celui qui récompense, rémunérateur*, Alc. (galardonador).

شاكِرِى, en Syrie, *courrier*, Payne Smith 1426.

شاكِرِيَّة *le salaire du* شاكِرِى *ou mercenaire*, M. — *Sabre recourbé, cimeterre, estramaçon*, Bc, Hbrt 134, M. — *Viande bouillie avec du lait*, M.

شكور voyez شَكُور.

أشكر *sorte de dattes*, Niebuhr R. II, 215.

اشكارا *à découvert, hautement, net, nettement*, Bc.

شَكَرْفِينَة (esp. escofina) *râpe (espèce de lime)*, Domb. 96; cf. sous l'*élif* اسكفينة.

شكز.

شُكَّر est dans L *zeuenasca*, mot que je ne trouve nulle part. M. Simonet propose de l'identifier avec l'esp. *chamarasca*, qui est d'origine basque (voyez Diez), et qui signifie *bourrée, fagot de menues branches*, car il pense que شُكَّر est = شَقْوَاص, شَقْوَس (voyez).

شكزنايا

شكُوز, qui semble pour أشْكُز, est *corium* dans le Voc., avec la note « *albo* (l. *album*) *corium*. » — *Brayer, bandage pour les hernies*, Alc. (braguero, tirabraguero).

شَكَّاز dans le Voc. sous *corium*.

أشْكَز, pl. شُكَّز et شُكَر, *imberbe*, Voc., Alc. (desbarbado, lampiño, lampiño varon, pelado lampiño); — *brebis pelée*, Alc. (oveja lampiña, mais sous cet article il écrit le sing. « xèqce »). Ce mot semble une altération du terme berbère اقْشيش, qui signifie « enfant, garçon ; » voyez le Dict. berb. sous ces mots et aussi sous « imberbe, » Venture 436, 439, Gräberg 72, l. 1. Le changement du *chîn* en *zâ* n'a rien d'étrange, car « ces deux lettres se permutent dans tous les noms berbères » (Barth I, 247). أشْكَز, pour اشكش, est donc une transposition de اقشيش.

شكزنايا voyez خزنايا.

شكس

شَكُوس, en Espagne, semble = شَقْواص (voyez), *ciste*. Dans B de Bait. II, 301 g, sous قسنبيه وتسنبيه: بالاسكوس; dans A عَامَتْنَا بالسكوس وبالشقواص; mais chez Auw. II, 386, dern. l., 387, 8, le mot est شكوس, ce qui, quand on le prononce شَكُوس, se rapproche plus de l'esp. *jaguarzo*.

تَشَاكُس *cabale, conspiration*, L (compilatio (cf. Ducange) تَشَاكس وشرور).

شكش.

شاكُوش *marteau*, Hbrt 85.

شكشك I (rédupl. de شكّ, M) *picoter*, Bc.

مُشَكْشَك *peau de poisson salé dont les Fellâhs préparent un mets avec des oignons et de l'huile*, Mehren 36.

شَكْطِيبَة *coup sur le derrière de la tête*, Domb. 90.

شكع I *charmer*; يشكع *frappant, piquant, romantique*, Bc.

VII *être charmé, enchanté*, en parlant d'un homme qui voit une femme dont la beauté l'enchante, M.

VIII même sens, 1001 N. Bresl. VII, 269, dern. l.

شكع *contracté*, Bait. I, 140 c: البشام شجر ذو ساق

شكل

وهى, 492, II, وافنان شكعة يعنى كزة غير سبطة حشيشة شكعة العيدان ثرة غير سبطة

شُكَاعَى *épine-arabique*, Most., Bait. II, 104 a, M, Bc. — *Chardonnette, espèce d'artichaut sauvage*, Bc. مشكع *pittoresque*, Bc.

شكل I *nouer*, Bc. — *Proportionner*, Alc. (proporcionar). — *Poser une question d'une manière obscure, embrouillée, confuse*, M. — *Mettre un poignard ou les pans de sa robe dans sa ceinture*, M. — يشكل *plausible*, Bc.

II *mettre le licou, le chevêtre*, Alc. (le n. d'act. cabestrage de bestias, le part. pass. encabestrada cosa). — *Joindre, lier*, en parlant d'un édifice, Alc. (le n. d'act. travazon de edificio). — *Tenailler, arracher à un criminel des morceaux de chair avec des tenailles ardentes*, Alc. (atinazar). — *Mettre un poignard ou les pans de sa robe dans sa ceinture*, M. — شكّل دكانًا بالبضائع *assortir un magasin, garnir une boutique*, Bc. — *Accentuer, mettre des accents*, Bc. — يشكل ل *qui convient à*, Voc.

III. ما اشاكلهم *je n'ai point d'affinité avec eux*; ما اشاكلهم *il n'a point de commerce avec eux*; ما اشاكلهم *je ne veux rien avoir de commun avec lui*. مُشَاكَلَة *affinité, liaison entre des personnes, commerce*, Bc. — C. a. p. *agacer*, en parlant d'une femme qui cherche à plaire par des regards, et des manières attrayantes, 1001 N. Bresl. III, 276, 10, XI, 367, 3 ; aussi en parlant d'un homme, XI, 363, 4. — *Chicaner*, Bc.

IV *rendre semblable*, Diw. Hodz. 211, vs. 4.

V *être entravé* (cheval), Voc. — *Prendre différentes formes*, Prol. I, 58, 3 a f., Macrizi, Hadhramaut: تتشكل حداة « elle prend la forme d'un milan. » — *Chopper*, Ht. — *Mettre des fleurs dans sa chevelure* (femme), M. — En parlant des dents, *être grincées*, Payne Smith 1383.

VI *imiter*, Ht. — C. مع *se prendre de querelle avec*; تشاكلوا *s'entre-quereller*, Bc.

VII *être muni de points voyelles*, Voc. — C. فى *être arrêté par une difficulté*, Bc.

VIII. اشتكل عليه معنى الكلام *être arrêté par une difficulté*, Bc.

X dans le sens indiqué par Lane, Macc. III, 132, 16 et 17, 182, 17 et 20, Prol. III, 77, dern. l. — C. a. *juger qu'une chose est inconvenante, choquante*, Prol. III, 75, 4.

شكل 779 شكو

شَكْل figure; شكل حَرْفيّ « figure formant une lettre, » Prol. II, 338, 2. — Figure mathématique, Bc; شكل منتظم polygone régulier, Bc. — Problème de géométrie, Aboulfaradj 280, 2 a f., Amari 420, 5 a f. — Figure de géomance, M. — Nature, sorte, espèce, Bc, espèce, genre, Hbrt 46, Macc. I, 138, 3; اشكال وانواع الطعام menu, détail d'un repas, Bc; اشكال اشكال varié, Bc. — Façon, manière, mode, Bc. — Manière de s'habiller, costume, Alc. (trage de vestido); غَيّر شكله il se déguisa (en maçon), Badroun 295, 2 a f.; شكل السلاح armure, L (armatura). — Echantillon, Bc. — Nuance, Bc. — اشكال les édifices d'une ville, Edrîsî, Clim. V, Sect. 2: مدينة عجيبة البناء قائمة الاشكال عامرة الاسواق Müller 13, 1, en parlant de Malaga: حُسْن اشكالها. — Institution, J. A. 1849, I, 193, 7: اقام بها شكلا زائدا على معتاد le caïd de Constantine الرجال القيادة كترتيب, ibid. 1852, II, 221, 2: le sultan « اقام شكلا جميلا ورتّب مجلسا جليلا ». — Grâce, agrément, Alc. (gracia como quiera); قِلّة شكل mauvaise grâce, Alc. (desdon, desgracia en hablar); قليل الشكل qui parle ou agit sans grâce, Alc. (desdonado, desgraciado en hablar); — beauté, Voc. (pulcritudo), M (جمال المنظر), qui donne l'exemple: فلان بدالة الشكل, يحبّ الشكل 1001 N. Bresl. IX, 349: حُلّة فاخرة « un beau costume, » où l'éd. Macn. porte حُلّة. — Querelle, maille à partir, noise, querelle d'Allemand, sans sujet; طلب شكلا من or طلب معه شكلا chercher noise, chercher querelle, engager une querelle, Bc. — T. de logique, l'attribut de la première proposition, qui devient le sujet de la deuxième, comme متغيّر dans: العالَم متغيّر وكلّ متغيّر حادث, M. — Chez les Soufis, وجود الحقّ, M. — Comme collectif, ce mot doit avoir encore un autre sens que celui de points voyelles; voyez Prol. III, 140, 2, où M. de Slane pense que c'est chiffres.

شَكْلَة n. d'un. du collectif شَكْل, point voyelle, M, qui cite un vers de Motenabbi (p. 266, vs. 11 éd. Dieterici), Alcala, Arte, etc., 20 v°.

شِكْلَة point voyelle, Alcala, Arte, etc., 11 v°, 21. De là le verbe esp. « xuclar, » munir de points voyelles, qu'emploie Alonso del Castillo (dans le Mem. hist. esp. III, 25, 36).

شَكِلِي chatouilleux, susceptible, qui s'offense aisément, Bc; querelleur, Bc, Hbrt 241, chicaneur, Hbrt 241, tracassier, disputeur, processif, qui aime les procès, ferrailleur, spadassin, duelliste, Bc.

شِكَال, entraves, a chez Bc le pl. ات, dans le Voc. شُكُول, et chez Alc. (sueltas de mula o cavallo) أَشْكُل. — Claie, clisse, à ce qu'il semble, Payne Smith 1516 (deux fois). — بيت الشكال paturon, partie du bas de la jambe du cheval, entre le boulet et la couronne, Bc. — Dans l'Inde, saison des pluies, Bat. II, 6.

شَكَالَة élégance, beauté, Payne Smith 1534.

شَكَالِيَّة (pl.) ceux qui travaillent les sangles, longes et entraves, Descr. de l'Eg. XVIII, part. 2, 388 (choukâlyeh).

شَاكِلَة conveniencia, Voc., Haiyân-Bassâm III, 143 r°: انتفوا بابطال للخلافة جملةً لعدم الشاكلة. — chacun selon son rang, Berb. II, 198, 5, 331, 7 a f.

تَشْكِيل variété, Bc. — Des fleurs de différentes formes, M.

تَشَاكِيل pl. تَشْكِيلَة bouquet, M.

مَشْكَل pl. مَشَاكِل figure, Haiyân-Bassâm I, 174 v°: مجلس به مشاكل للجيس ؟

مُشَكَّل une tradition dont l'authenticité n'est pas bien établie, de Slane Prol. II, 483.

مُشْكَلَة point, question, difficulté, Bc.

مُشَاكِل qui a une allure gracieuse, Alc. (gracioso en el andar). — Beau, Voc.

مُشَاكَلَة plausibilité, Bc.

شَكَم II mettre le licou aux animaux, Alc. (encabestrar).

شُكَّة large bracelet d'argent, M.

شَكِيمَة au Maghrib, licou, Gl. Esp. 353.

شَكْمَجَة (turc چكمجه) écrin, M.

شكن.

شَكَّان (ou شَقَّان?) mélisse, citronnelle, Alc. (abejera).

شكو et شكى I, se plaindre de quelque chose ou de quelqu'un, se construit aussi c. من, de Sacy Chrest.

شكو
780
شل

I, II., 11, Gl. Abulf. C. ب p. et الى alt., *porter plainte contre* quelqu'un *devant* un juge, Bat. I, 163.

II *affliger*, Alc. (afligir).

V *crier en poussant des gémissements*, Alc. (gritar con gemido). — *Accuser, accuser d'un crime capital*, Alc. (acusar, acusar a muerte).

VI. الشَّشَاكِى *irritamentum*, L.

VIII, *se plaindre*; dans le Voc. la constr. c. ب et ل. — C. على p. et ب r. *accuser*; مُشْتَكَى عَلَيْه *accusé*, Bc; c. ب, ل et acc., Voc.

شكا رغلا voyez sous شغو.

شَكْوَة *outre qui sert de baratte pour brouiller le lait et faire le beurre*, Colomb 62, Daumas V. A. 481. — *Plainte*, Voc.; — *complainte, plainte en justice*, Bc.

شَكَاة *accusation*; l'esp. et l'anc. port. «achaque,» qui en dérive, a ce sens.

شَكِى *jacquier* (arbre dans l'Inde), Bat. III, 126, IV, 228.

شَكَاوَة *accusation*, Bc.

شَكَايَة *plainte, gémissement, lamentation, et plainte, exposé d'un grief*, Bc; dans le second sens, Holal 34 v°: وجعل له النظر فى المظالم والشكايات. — *Accusation*, Bc, Bg, Mc, Hbrt 211. — *Maladie*, Voc., Abbad. II, 220, 5.

شَكِيَّة *plainte*, Voc. — *Accusation*, Gl. Esp. 35, c. ب p. *contre*, Haiyân 52 r°: ديوكدون الشكية بابن غالب

شَكَّايَة (pl.) *plaignants*, Martin 106.

شَاكٍ *malade*, Ztschr. XXII, 160, 2 a f.

مَشْكَاة. Sachant qu'en éthiopien (voyez le Dict. éthiopien de Dillmann, p. 382, et cf. Djawâlîkî 135) ce mot désigne une كَوَّة, c.-à-d. *une ouverture faite dans la muraille pour donner du jour à l'intérieur, une fenêtre*, la plupart des commentateurs du Coran, voyant que ce sens ne convient pas à Sour. 24, vs. 35, ont du moins voulu s'écarter le moins possible de la signification qui, à leurs yeux, était la véritable, et à cet effet ils ont attribué à ce mot celle de *fenêtre qui n'est pas percée à jour*, s'il m'est permis de traduire ainsi leur كَوَّة غير نافذة, de *niche, d'enfoncement pratiqué dans l'épaisseur d'un mur pour* y *placer une lampe, afin qu'elle donne plus de lumière*. Je crains qu'ils n'aient été induits en erreur par une étymologie trompeuse, et je pense qu'il faut laisser l'éthiopien de côté. Dans le langage ordinaire (car je ne parle pas des auteurs qui ont suivi les commentateurs du Coran), مشكاة a constamment le sens qui est donné par la minorité des commentateurs, celui de *lamperon, petit tuyau ou languette en métal qui tient la mèche dans une lampe*. Ainsi chez Alc. (mechero de candil; il écrit mīxqua mīxquêt); Macc., I, 361, 7, nomme les مشاكى الرصاص, «les lamperons de plomb,» pour les كؤس ou lampes dans la mosquée de Cordoue; dans les Lettres d'Ibn-al-Khatîb, man. 11 (1), 21 r°, on lit: الى ما لا يحصى من الانوار والمشاكى واوعية المشاعل. Passant sous silence d'autres passages moins décisifs, je citerai encore Macc. I, 511, 19, où al-Bâdjî dit à Ibn-Hazm: انا اعظم منك همة فى طلب العلم لانك طلبته وانت معان تسهر بمشكاة الذهب وطلبته وانا اسهر بقنديل. Enfin le Voc. donne ce mot sous *lampas*. Peut-être a-t-il voulu indiquer le sens de *lamperon*, ou bien, si مشكاة signifie aussi *lampe*, c'est une synecdoche.

مُشْتَكَى *plainte, gémissement, lamentation*, Bc.

شكوفنج (pers.) *tribulus*, Bait. II, 104 c (lisez ainsi).

شل II, au Maghrib, *laver, rincer*, Voc., Bc (Barb.), Roland, Delap. 135; شلل « *se rincer la bouche*,» Bc (Barb.).

V quasi-pass. de la IIe dans le sens qui précède, Voc.

VII *se dessécher* (main ou pied), Voc.

شل *plante indienne inconnue au Maghrib*, Gl. Manç. sous le *sin*, mais il ajoute que beaucoup d'auteurs l'écrivent avec le *chin*; c'est un mot indien qui désigne *le coing indien*; ce fruit, qui ressemble à l'aveline, n'a point de coque et a le goût du gingembre, Bait. II, 106 a (il l'épelle), cf. Rauwolf 229. — *Hièble, petit-sureau*, Most., Bait. I, 71 b, qui disent que c'est en esp. يَلْغُن, c.-à-d. *yezgo*.

شَلّ *treillage pour les ceps de vigne*, M.

شِلّ *écheveau*, fil, soie, etc., pliés et repliés, Bc, M.

شِلَال. Rutgers 179, 6 a f.: الذى قتل فى الشلال; l'éditeur, p. 181, attribue à ce mot le sens d'*impulsus hostilis*.

شلب 781 شلحف

شَلَالَةٌ pl. شَلَائِل lavure, eau qui a servi à laver la vaisselle, Alc. (lavazas); شَلَالَةُ العَسَل lavure de miel, Alc. (meloxa lavaduras de miel).

شَلَّال pl. ات cataracte, Bc, Ht, M, Burckhardt Nubia 78, Light 67, 98.

مَشْلُول manchot, estropié ou privé de la main ou du bras, Bc, Payne Smith 1193.

شلب.

شَلْبَة (M), chez d'autres شَلْبَة, sorte de poisson, est σάλπη (lat. salpa, fr. saupe); Geoffroy-St.-Hilaire traduit silurus, de Slane: espèce de dorado, Bg: rouget, Gl. Edrîsî; Pagni MS: xilba, salpa; cf. Seetzen III, 276, 498, IV, 477.

شَلَبِي (turc چلبی) aimable, civil, honnête, poli, courtois, galant, gentil, Bc, M; on l'emploie ordinairement en parlant du barbier, M. — La meilleure espèce de dattes, Burton I, 383.

شَالْبِيَّة (esp. salvia), en Espagne, sauge, Bait. I, 77 b, II, 79 d (AB), cf. 120 e, Ibn-Wâfid 9 r°: ماء قد طبخ فيه الشالبيَّة البيضاء ٭

شَلْبَاش = ماحيزهره, Most. sous ce dernier mot.

شلبط I bégayer, balbutier, Alc. (tartamudear).

مُشَلْبِط bègue, Alc. (tartamudo).

شَلَبْنَة (formé du turc چلبی, cf. sous شلبی) aisance dans les manières, amabilité, civilité, courtoisie, galanterie, gentillesse, gracieuseté, politesse, urbanité, Bc.

شَلْتَة galon de soie, Hbrt 204.

شلجم.

شَلْجَمِي, t. de géom., figure lenticulaire, M.

شلح I, aor. a, n. d'act. شَلْح, suivi de ثِيَاب, se dépouiller de ses habits, se déshabiller, se dévêtir, ôter ses habits, Bc, Hbrt 19, Ztschr. XXII, 129, Bg, 1001 N. III, 290, 5, Bresl. I, 67, 6, III, 346, 9; aussi le verbe seul, M, 1001 N. Bresl. I, 128, 9; se débrailler, se découvrir avec indécence, Bc; — se défroquer, راهب شلح «moine défroqué,» Bc, M; — شلح مداسه déchausser, Bg; شلح صرمه ôter ses souliers, Hbrt 21. — شلح مرأ trousser une femme, relever ses jupes, Bc. — Muer, être en mue (oiseau), M. — Apostasier, Ht. — C. ل p. et a. r. jeter (de haut en bas) une chose à quelqu'un, Bc (Alep), M.

II c. d. a., شَلَّح ثيابه déshabiller, ôter à quelqu'un ses habits, Bc; aussi le verbe seul, dépouiller, déshabiller, Bc. — Défroquer, ôter le froc, Bc; — séculariser, Bc. — Détrousser, voler, dévaliser, dépouiller, exercer le brigandage, Bc, Bg, Hbrt 248, M, Bar Ali éd. Hoffmann n° 5725.

V être volé, dépouillé, Payne Smith 1294.

شلح pl. شُلُوح voleur, brigand; le sing. Vie de Saladin 206, 17, 1001 N. III, 290, 5, 330, 4, Bresl. XI, 392, 7; le pl. Antar 38, 10, 78, 12, 1001 N. Bresl. XI, 392, 8. (Freytag, qui ne donne que le pl., a emprunté sa citation de la Vie de Saladin à J.-J. Schultens, mais sans remarquer que le sing. s'y trouve aussi; Habicht l'avait donné de son côté dans le Gloss. sur son Ier volume, que Freytag cite également, mais sans profiter de ce renseignement).

شَلْخَا ou شَلْخَاء, épée, appartient au dialecte du Yémen, Aboû'l-Wâlîd 726, 34 et 35.

شَلُوخَة «Le Kabyle a pour tout vêtement la chelouhha, espèce de chemise de laine qui dépasse les genoux et coûte de sept à huit francs,» Daumas Kabylie 21, Michel 175.

شَلْحَة pl. شَلَائِح blessure, Voc.

شَالُوح long bâton, perche, M.

تَشْلِيح, Payne Smith 1293, et تَشْلِيحَة défroque, dépouille, Bc.

مَشْلَح (vulg. pour مُشْلَح) pl. مَشَالِح cabinet dans un bain public où l'on se déshabille, M. — Grand manteau carré de laine, de poil de chameau et de soie, sans manches, avec des fils d'or dans les parties qui tombent sur le dos et les épaules, Bg 800, Bc, Hbrt 20, M, d'Escayrac 115, 327, Fesquet 88, Ztschr. XI, 492, 1001 N. III, 448, 13, 449, 2 a f.; Burckhardt, Bedouins 27, écrit ce mot avec le khâ; aussi dans la liste des mots arabes à la fin du volume; mais ailleurs (p. 131) on trouve la bonne orthographe.

مُشَلِّح domestique qui, dans les bains publics, aide les étrangers à se déshabiller, Bg 87.

شلحف I c. a. couper un morceau de, M.

شلخ.

شَلْخِ, terme dont se servent les bateliers au nord de Baçra, *navire qui est demeuré à sec*, Niebuhr B. XXXIV.

شليخج *mets fait de viande, de lait et d'oignons* (= شاكرية), M.

شلد (esp. sueldo) pl. أشلاد *sou d'or*, Memorias de la R. Academia de la historia V, 311.

شلر II, suivi de الحائط, est dans le Voc. *decorticare*, c.-à-d. *regratter une muraille, en enlever la superficie pour la faire paraître neuve*. C'est, comme me l'ont fait observer MM. Eguilaz et Simonet, le cat. *xollar* ou *xullar*, tondre, esp. *desollar*, écorcher, ôter la peau.

V quasi-pass. du verbe qui précède, Voc.

شَلْبَر (esp.) pl. ـات *salière, pièce de vaisselle où l'on met le sel*, Alc. (salero para tener sal).

شلبير *espèce de barque*, Bat. IV, 107.

شلس *artemisia odoratissima*, R. d. O. A. N. S. IV, 79.

شلش.

شَلْش = شَرْش (voyez), pl. شُلوش, *radicule, petite racine*, Bc. — *Filament, petit filet long et délié*, Bc. — (Voyelles?) *maladroit*; شلش ضرب راح *faire un coup de maladresse, frapper une chose en visant un autre objet, il manqua son coup*, Bc.

شلوش *maladroit*, Bc.

شلاشات *tirailleurs, soldats qui tirent isolément*, Bc.

شَلْشَكَة *gentiane*, Sang.

شلطبيط هرطمان Payne Smith 991, 1373.

شلع.

شلعة pl. شلاع *troupeau d'ânes*, Payne Smith 1310.

شلغط.

شلغوطة *charbon, gros furoncle, tumeur pestilentielle*, Bc.

شلغم pl. شلاغم *moustache*, Bc (Barb.), Ht, Carotte Kab. I, 97, Sever. Voy. to Barb. App. 136, J. A. 1858, II, 596. Chez Hbrt 2 c'est شَغْلُوم, pl. شغالم.

شلغن.

شَلْغين *dibs, miel, etc., épaissi*, M.

شلف I *frapper au hasard*, Ztschr. XXII, 116. — *Jeter*, Bc (Alep).

شلف *verge de fer*, M. — *Fourche*, Mehren 30.

شَلْفَة *sorte de lance*, décrite par Burton II, 106.

شَلافَة *prostituée*, M.

شالوف *cascade*, M.

شلفط I, en parlant de la bouche, *être couverte d'ampoules, parce qu'on a mangé ou bu quelque chose de très-piquant*, p. e. le suc d'olives vertes, M.

شلافط (pl.). الشتا كبيرة بالشلافط *la pluie est grande avec ampoules*, métaph., parce que, lorsque la pluie commence à tomber à grosses gouttes, les premières laissent apercevoir sur la poussière des plaques semblables à des ampoules, Delap. 39; *gouttes de pluie*, Ht.

شَلْفُوطَة *gros nœud* (عُجر غليظة) *dans un fil*, M.

شلفن.

شَلْفُون *garçon*, M. — *Jeune branche*, M.

شلق I *tomber en partie* (muraille), M.

II *fouetter, flageller*, Ht. — En parlant d'un animal, chez Alc. «alastrarse el animal,» ce que Victor traduit par: *être couché par terre et appesanti pour avoir trop mangé*, et Nuñez par: *s'abattre, se tapir contre la terre, en parlant des oiseaux et des animaux qui ne veulent point être découverts*.

V *être haut* (prix), M.

VIII c. على *s'apercevoir de, surprendre, prendre sur le fait*; سر على *surprendre, découvrir un secret*, Bc; dans le M: فكره بعين لحظ.

شلق *ceinture ou bandeau à entourer la tête*, Mehren 30.

شلقة *harpie, fagot d'épines, personne revêche*; شلقة امرأة *mégère, pecque, femme sotte et impertinente*, Bc.

شلقى *tapageur*, Bc.

شَلُوق *aquatique*, Voc.

شَلُوق = شلوك (voyez).

شَلُوقة *fille de joie*, Ztschr. XI, 482, n. 9; cf. شَلْكَة.

شلك 783 شليار

شَلُوقَة (esp. silicua), pl. شُلُوق et شَلَالِيق, silique, yousse, cosse, Voc. (il a ce mot sous faba, et شَلُوقَة فَارِغَة, silica); voyez un exemple sous أَمَانَكَة.

شلاق كلب lévrier, Bc; cf. sous سلق.

شَلِيقَف vieille (poisson), Burckhardt Syria 166.

شَوَالِف (pl.) haillons, guenilles, Ht.

شلك II enlacer, attacher avec des lacets, prendre dans des rets, Voc. (circumligare), Alc. (enlazar con lazos, le part. pass. enlazado, enrredado, le n. d'act. enlazamiento). C'est pour شَكَّل selon la Torre.

شلك croc-en-jambe, Alc. (çancadilla, cf. أرمار çancadilla).

شَلْكَة bayasse, femme prostituée, catin, putain, شلكة خاصنية garce, Bc; cf. شَلُوقَة.

شَلُوك ou شُلُوك, vent du sud-est, est l'esp. xaloque, qui semble une altération de شَرْقِي, Gl. Esp. 355–6.

تَشْلِيك croc-en-jambe, Alc. (çancadilla, traspic en la lucha).

تَشْلِيكَة enlacement, Alc. (enlazadura, enrredamiento).

شلكن

شَلْكُون pl. شَلَاكِن fou, sot, Voc.

شلم I c. a. p. rendre quelqu'un perplexe, M.

VII être perplexe, M.

شَلْمَة perplexité, M.

شَلْمَاتَة (ou avec le ط ?) flamme, Alc. (llama de fuego). M. Simonet pense que l'esp., qui a encore le verbe sollamar (subflammare), a eu autrefois un subst. sollamada (= llamarada).

شَلْمُون nom d'une plante, Daumas V. A. 381.

شلن

شِلِين (voyelles dans A), à Séville, nom d'une plante qui porte aussi celui de بطحا, Bait. I, 149 b.

شَلَنْدِي Athîr VII, 41, 10, 42, 6 et 8, XI, 159, 6 a f., Amari 432, 6 (lisez ainsi), 226, dern. l. (si on y lit وشلنديين), pl. شلندية, Athîr VII, 258, 5

a f., Amari 166 (d'après le man., n. 8), et شلنديات, Athîr VII, 4, l. 14, 41, 11, Amari 432, 7 (lisez ainsi), Ztschr. XIII, 707, est le byzantin χελάνδιον, espèce de navire, qu'on retrouve dans la basse latinité sous une foule de formes (voyez Ducange v° chelandium), russe scholanda, ital. scialando, fr. chaland, grand bateau plat, dont on se sert pour transporter les marchandises. Les Tates de Mariupol sur les bords de la mer d'Azov changent constamment le χ avant e et i en ch (Ztschr. XXVIII, 577).

شَلَنْك (= جَلَنْك, turc) aigrette d'argent qui se porte à la guerre sur le turban, comme récompense de la valeur, Bc.

شلو II, comme la IV°, exciter, L (incentor; مُشَلَّى; c'est le incentor n° 2 chez Ducange, où ce mot est mal expliqué). — شَلَّى الماء للحار signifie رفع يَدَه به وصَبّه تكرارًا ليبرد, M.

VI s'élancer, Cartâs 150, 11.

شِلْو cadavre, Bc, Weijers 39, 1 (la note de Hamaker sur ce passage, ibid. 132, n'est pas bonne).

شَلْبَة (esp. silla) siège, chaise à bras, Domb. 93, pl. ات, chartes grenadines.

شُلَيْبَة petit troupeau, M.

شَالِيَة pl. شَوَالِي vase à lait, Mehren 30.

مشليات mules (chaussure), Payne Smith 1522.

مُشَلَّى, aujourd'hui en Arabie, tatouage, s'il faut écrire ainsi ce mot; chez Burton II, 13, 257, mashali, Wellsted (Arabia II) meshâli, Burckhardt Arabia I, 334, meshále, et dans l'index du II° vol. مشال. C'est, d'après Wellsted, une coutume africaine, et le mot ne semble pas d'origine arabe.

شَلْمَش I éblouir, Roland, Dict. berb. — Tromper, duper, avoir ou se donner un faux éclat, Cherb.

شَالِمَش khalkhâl en argent de bas aloi, Cherb., qui dérive ce mot du verbe qui précède.

مَشْلُوش gâteau de noces, Maltzan 193.

شَلْيَار pl. ات, en Espagne, sillon qui a un empan de largeur sur deux de profondeur, et dans lequel on sème ou plante, Ibn-Loyon 12 v°: والدَعْنَبَرِي قال في

النباتات اكثر ما تُغرس فى الشليبارات وفى سوافى سعة ; الشبر تكون فى عنق شبرَيْن اذا ما يغرسون ibid. 43 v° (texte): ويزرعون الورد فى الشليبارات. Ce mot est sans doute d'origine esp., et l'anc. esp. doit avoir eu le terme *sillar*, qui a la même origine que *sillon*.

شليباق *lyre de 24 cordes*, Payne Smith 1518.

شليمون *gril*, Payne Smith 1516.

شمّ I. شمّ الاخبار *chercher à apprendre des nouvelles*, 1001 N. Bresl. III, 223. — شمّ الهواء *aspirer*, attirer l'air avec la bouche, *humer l'air*, Bc, *respirer, avoir quelque relâche*, 1001 N. I, 152, 3, 799, 4, 801, 8, III, 4, 2 a f., IV, 466, 3 a f., Bresl. IV, 125, 1; — *prendre l'air, se promener*, Bc, Hbrt 43, Ztschr. XI, 509, aussi شمّ النَّسيم, voyez Lane M. E. II, 282—3.

II. شمّ هواء *inspirer*, faire entrer (de l'air) dans les poumons, Bc. — Le n. d'act. *l'action de flamber, brûlement tout autour*, Alc. (chamusquina). — (Pour شمَّ ?) *signare* (signo in corpore), Voc., où l'on trouve aussi la V°.

IV *donner à une lettre qu'on prononce une nuance du son* d'une autre lettre du même organe, p. e. quand on donne au çâd une nuance du son du zâ, au câf une nuance du son du djîm, Prol. I, 54, dern. l. et suiv., Berb. I, 194, 262, 272.

V. تشمّم الاخبار *chercher à apprendre des nouvelles*, 1001 N. I, 400, 14. — Voyez sous II.

VII quasi-pass. de la Ire, Voc. sous *odorare*.

VIII. اشتمّ (le *techdid* dans la 1re part.) pour اشتمّ, *redolere*, Voc.

شمّ *odorat*, M. — Pl. شموم *odeur, parfum*, Alc. (olores de unguentos espessos), Hoogvliet 49, 6 (la bonne traduction est celle que l'éditeur a indiquée p. 70, n. 54, et qu'il a rejetée à tort).

شمّة *rencontre, embrassement*, Wright 100, 2, 125, n. 1. — *Tabac à priser*, Ht; *prise de tabac*, Ht, Bc. — *Poudre, poussière, atome*, Ht.

شمّى *olfactif*, Bc.

شموم *odeur*, Alc. (olor como quiera).

شميم. Pour le sens de *fragrantia*, M. Wright cite شميم عرار chez Ibn-Khafâdja.

شمامة *cassolette, boîte de senteur*, L (dans la petite liste après torques: olfactoriola).

شمّام *celui qui sent, qui flaire*, M, L (odorator), Voc. (v° odorare), Alc. (oledor). — *Bouquet*, Macc. I, 97, 12. — *Poudre de senteur*, Ibn-Wâfid 15 r°: شمّام الاترج, et après la recette: — ويشمّ = شمّام, Bait. I, 420 c, où les paroles d'at-Tamîmî sont: هو شمام الاترج وحكّه حكّم قشر الاترج.

شمّامة *bouquet*, Macc. I, 641, 3, II, 404, 12, Mi'yâr 29, 2. — *Pomme de senteur*, Bc; c'est un préservatif contre les vapeurs pestilentielles, M. — شمامة السراج *l'endroit où l'on place le bout de la mèche qu'on allume*, M.

القوّة الشامّة, pour الشامّة, *l'odorat*, M, Bc.

أشمّ *haut*, en parlant d'un arbre, Müller 20, 5 a f., d'un château, ibid. 34, 13, d'une ville, Amari 111, 8.

مشمّ *odeur*, Becrî 67, 2: وسفرجلها يفوى سفرجل. — الافاى حسنًا وطعنا ومشمًا. — Pour le pl. مَشامّ, auquel il attribue le sens *d'odoramenta*, J.-J. Schultens cite al-Faradj ba'da 's-chiddati 55: فلم يبصّ الّا ساعة ; حتّى جاءوا بالطعام فاكأنّما بالمشام والفواكه والنبيذ mais je crois que c'est plutôt *fleurs odorantes, bouquets*, car au dessert on met des bouquets sur la table, et d'autres mots de cette racine ont ce sens.

مَشموم *fleurs odorantes, bouquet* (ce dernier sens chez Domb. 73, Ht, Bg, Cherb. (p. 387), Hbrt 50, Delap. 144), 1001 N. I, 62, 2 a f., 115, 2 a f., 119, 12, 212, 6 a f., II, 638, 11, III, 116, 15, IV, 192, 11, Br.sl. I, 331, 11. De même le pl. مشمومات, Djob. 119, 14, 1001 N. I, 59, 6.

شمت. Au Maghrib on emploie cette racine et ses dérivés au lieu de شمن, par transposition.

I *blâmer, calomnier, diffamer*, Alc. (cf. plus loin le part. pass.), P. Abbad. I, 67, 3, P. Abd-al-wâhid 78, 7; الشمات بعدوّهم « calomnier leurs ennemis » (de Slane), Prol. I, 30, 3; اهل الشمات « les esprits malicieux » (de Slane), Berb. I, 599, 4 a f.

II *blâmer, diffamer*, L (deturpo, probro). — C. a. et ب *mutiler*, Voc.

IV c. ب *insulter*, Voc., *blâmer, déshonorer, diffamer*, Alc. (afrontar, amenguar desonrrar, desonrrar, denostar dezir tachas, denostar con vicios, desalabar, desenfamar, desfamar a otro, deslear, desonestar a otro, difamar, infamar, quitar la onrra).

V *être mutilé*, Voc.

VII *se déshonorer, s'avilir*, Alc. (desonestarse, envilecerse).

شَمْتَنَة dans le Voc. sous vilis. — *Division, discorde*, Ht. (mieux شمطة (voyez), qu'il donne aussi).

شَمَاتَة dans le Voc. sous vilis; pl. شَمَائِت *insulte, outrage, déshonneur, honte, infamie*, Alc. (denuesto, denuesto diziendo tachas, desonrra, mengua desonrra, quitamiento de onrra, infamia, verguença con infamia, señal de infamia, envergonçamiento; cf. enpicotado, enpicotadura, encoroçado), Abbad. I, 249, 5, Haiyân-Bassâm III, 143 r°: فقال لَبَيْتُ اني في قرب البحر فيرمون في في لَجَّتَه فيكون أَخْفَى نشمائتي lettre d'Alonso del Castillo à Hernando el Farrá, publiée dans le Memor. hist. esp. III, 23: «mas que la perdicion examita» «plus que la ruine, la honte!» (mal expliqué dans la note; *i* est la prononciation grenadine pour شَا). — *Dispute, querelle, bataille, guerre*, Richardson Central I, 24, Sahara I, 88, 192. — مرض الشمائت *la maladie des imbéciles*, Daumas V. A. 426.

شَامِتَة. Dans le vers d'an-Nâbigha cité par Lane, quelques commentateurs expliquent شَوَامِت par *des influences malignes, ennemies*, de Sacy Chrest. II, 438.

مَشْمُوت *honteux, déshonoré, infâme*, Alc. (envergonçado, vergonçosa, desonrrado, desenfamado, infamado, infame cosa).

شَمَاحِل sorte de ماعز جبلي, Man. Escur. 893 (avec un petit *hâ* sous le grand).

شَمَخَ I, seul, *s'élever, s'enorgueillir, se guinder*, affecter de l'élévation, Bc. — *S'enfler, se gonfler*, L (tumeo اَلشَمَخَ وَانتَفَخَ).

II, au Maghrib, *humecter, tremper, mouiller*, Ht, Delap. 119, Daumas V. A. 189, le part. pass. *mouillé, trempé*, Bc (Barb.), Auw. II, 122, 3, 6, 7 (bien corrigé par Banqueri), 123, 3. De là vient, je crois, le verbe sicilien *assammarari*, qui signifie d'après le dict. de Pasqualino, celui de Traina et le témoignage de M. Amari: tremper le linge sale dans de l'eau pure et l'y laisser pendant quelque temps pour le blanchir ensuite avec du savon ou de la lessive. Le

dérivé *assammaratu* signifie *trempé* de pluie, de sueur, etc., comme مُشَمَّخ بِالعَرَق, *baigné de sueur*, chez Beaussier.

V *se mouiller*, Delap. 40.

VI *s'enfler, se gonfler*, L (inflatio انتفاخ وتَشَامَخ, tumidus (inflatus) مُتَشَامِخ). — *Être orgueilleux*, Aboû'l-Walîd 196, 17.

شَمَخ *petit arbre*, M.

شَمْخَة *fierté*, Bc, 1001 N. Bresl. III, 176. — *Montant, goût relevé, fort*, Bc.

شَمَاخَة *grandeur, magnificence*, Gl. Edrîsî. — *Fierté, hauteur*, Hbrt 240.

شَامِخ *escarpé*, Bc. — *Monté sur des échasses, guindé*, Bc.

شَمَرَ I c. عن *se cabrer, s'emporter de dépit, de colère*, Bc.

II *tailler* les arbres, Auw. I, 279, 6, 284, 5, 297, 12, 333, 7, 500, 16, 505, 18 (où il manque quatre mots et où il faut lire avec notre man.: وان (منها ما لا تحتمله فاما الاشجار التي تحتمل التشمير), etc.

VII *retrousser*, Abd-al-wâhid 155, 6. — C. عن *quitter*, Berb. II, 87, 10 a f.

شَمَر *fenouil*, Bc, Mehren 30.

شَمْرَة pl. ات, que le Voc. a sous vestimentum, est peut-être l'esp. chamarra, zamarra, vulg. chambra, qui est d'origine basque (voyez Diez) et qui signifie: *vêtement de peau de mouton avec la laine*, que portent les bergers en hiver. Le pl. شمرات semble se trouver dans une charte grenadine.

شَمَرَة *démarche fière*, P. Macc. I, 858, 14.

شَمْرَة *fenouil*; شمرة بَحْرِيَّة *bacile, fenouil marin, passe-pierre ou perce-pierre, salicot*; شمرة للخَنَازِير *queue-de-pourceau* (plante), Bc.

شَمَار *bretelles*, Bc.

شَمَارِي *arbouse*, Bait. I, 265 d: وهو المسمى بالقيروان بالشماري بضم الشين المعجمة عند العربان ببُرقَة.

تَشْمِير t. de chirurgie, *couper une partie de la paupière supérieure quand elle a trop de cils*, Gl. Manç. v° تشمير: تشمير قطعة من الجفن est قطع قطعة من الجفن الاعلى يعالج بذلك الشعر الزائد. — Pl. تَشَامِير sorte de vêtement, chez Alc. «paletoque,» que Victor tra-

شمرخ   786   شمس

duit par *casaque*, *saie*, *paletot*, *jaquette*; Hist. des Benou-Ziyân 102 r°, en parlant d'un meunier: وهو لابس تشامير; Edrîsî II, 225 trad. Jaubert, en parlant des Turcs: « leur vêtement est celui qu'on nomme التشمير. »

تَشْمِيرَة *lacet*, Ht.

مُشَمَّر *bien troussé*, bien fait, bien arrangé, Bc.

مُشَمَّرَة *bande dont on se sert pour retrousser ses habits, ses manches*, L (redimiculum est quod subcinctorium sive bracialem; redimicula, stremus).

شمرخ

شُمْرُوخ pl. شَمَارِيخ *badine, petite baguette*, Bc. — الشماريخ, chez une tribu berbère, *les démons*, Becrî 189, 1.

شُمْرَاخَة = قُلَّة الجَبَل et expliqué par شُمْرَاخَة, Diw. Hodz. 77, dern. l.

شَمْرِير (esp. *sombrero*), au Maghrib, *chapeau*, Vêtem. 230, Ht; chez Hbrt 22 شَمْبرير (Alg.).

شمس I *s'exposer à l'ardeur du soleil*, R. N. 93 v°: كان زهرون يأخذ الطرقات وخدّه مسعرا (متفقرا l.) وكان لا يحمل معه زادًا — وزهرون من السموس (الشموس l.) والمعفر (والتفقّر l.) قد تغيّر حتى صار كالشن البالى. Dans le sens que Lane donne en second lieu (Freytag 3), le Voc. a le n. d'act. شَمَس. — C. a. p. *faire tomber le soupçon sur* quelqu'un, M.

II c. a. dans le Voc. sous *efrenis*. — *Devenir diacre* (شَمَّس), ou *faire ce que fait un diacre*, M.

V dans le Voc. sous *efrenis*.

شَمْس, chez les alchimistes, *l'or*, Abbad. I, 88, n. 82, M. — Chez les Soufis, *la lumière, Dieu*, M. — Chez quelques femmes du peuple, *les menstrues*, M. — شمس الكبيرة *l'équinoxe du printemps*, Lane M. E. I, 365 n.

شَمْسَة *ornement rond, petite boule en forme de soleil*, 1001 N. I, 69, 10, où il est question d'une bourse avec deux *chamsa* ou glands d'or; *ornement en or ou en argent, dont on garnit le collet d'un caban*, Cherb. Ce mot doit aussi avoir ce sens dans le passage de Djeberti, cité par Quatremère Maml. II, 1, 281, où on lit: على صدرها شمسات قصب بازرارها. Quatremère lui attribue la signif. de « voile, espèce de fichu, » qu'il n'a pas à ma connaissance, et il traduit قصب par « étoffes de soie; » mais à mon avis il s'agit d'« ornements ronds faits de filigrane. » — *Boule sur une tour* = رُمَّانَة, Macc. I, 370, 7. — *Bouton en forme de soleil, fait de cuivre ou de fer, à l'aide duquel on ouvre une porte ou une armoire*, M. — *Agrafe, crochet qui entre dans un anneau*, Bc (il a شمشة, mais je pense que c'est une faute d'impression). — *La grande ouïe du luth*, Descr. de l'Eg. XIII, 228, du *cânoun*, Lane M. E. II, 78, cf. 81. — *Parasol*, Maml. II, 1, 280–1. — *Fenêtre*, ibid.

شَمْسِى *tiède*, Alc. (tibia cosa). — مزرعة شمسية *maison de campagne*, M.

شَمْسِيَّة *parasol*, Maml. II, 1, 280, M, Bc, Ht, Barbier. — *Parapluie*, M. — *Rideau* (attendu qu'il sert à garantir du soleil), Maml. II, 1, 281, Koseg. Chrest. 121–2. — *Fenêtre*, Gl. Edrîsî, Voc., Macc. I, 405, 2 a f. — *Hélianthème*, Bc. — شمسيات *les deux petites ouïes* du luth, Descr. de l'Eg. XIII, 228. — الشمسية *secte des Noçaïrîs*, M.

شَمُوس (*cheval*) a dans le Voc. le pl. شِمَاس. — (Copte ϣⲙⲟⲥ) *sorte de poisson*, Yâcout I, 886, 2, Ztschr. für ägypt. Sprache u. Alt. 1868, p. 83, lisez de même p. 55, n° 8, Seetzen III, 261; aussi سموس (voyez).

شَمِيس *endroit où le soleil donne en plein*, Voc.

شَمَّاسَة *fenêtre*, d'où l'esp. *aximez*, « fenêtre en arc, soutenue au milieu par une colonne, » Gl. Esp. 219, 220.

حَجَر شَمِيسِى *sorte de grès jaune, nommé ainsi parce qu'il se trouve à* بِئْر شَمِيس, *endroit sur la route de Djidda, près de Hadda, qui est la station à mi-chemin*, Burton II, 152 n.

شَمَّاسِيَّة *l'emploi de diacre*, M.

شَمَّاس. Suivi de انجيلى, *diacre*; suivi de رسائلى, *sous-diacre*; suivi de الشمعدان, *acolyte*, clerc promu à un ordre mineur; aussi شماس فى الدرجة الرابعة, Bc. — *Echanson*, M. — *Celui qui n'a pas d'autre métier que de se chauffer au soleil*, Daumas V. A. 165.

شَمَاسِيَّة *l'emploi de diacre*, M.

شَمْسُنَة désigne une سَلَّاتْ (?) qui ressemble à un petit serpent, M.

شَمَامسِي diaconal, Bc.

مَشْمَس pl. مَشَامس endroit où le soleil donne en plein, Voc. — Dans un autre sens, voyez sous غرامَة.

شَمْس, en Égypte, nom d'une boisson enivrante, faite de moût, de sucre et d'eau, et qu'on expose au soleil jusqu'à ce qu'elle soit bonne, Gl. Manç. in voce.

شمسم grenaille, menus grains de métal, Bc (Barb.).

شَمْشاد, شَمْشار, شَمْشِير (pers.) buis, Gl. Edrîsî; la 2e forme aussi Most. v° ديو, Abou'l-Walîd 143, 14, Bait. I, 153 c (Syrie), la 3e, Pagni MS, Ht. — Alc. donne «chimichat aramât» sous «capon de fruta de ceniza.» Ce terme espagnol, comme me l'apprend M. Simonet, n'est plus connu à Grenade; j'en suis donc réduit à des conjectures et je les présente sous toute réserve. Comme ceniza correspond évidemment à aramât, ce dernier est الرماد, qui ne signifie pas seulement cendre, mais aussi lessive, «et ut κονία lixivium,» Golius; chez Lane: ماء الرماد aujourd'hui lixivium, lessive, c.-à-d., de l'eau avec une infusion de cendre de bois.» Le mot capon est encore usité en Galice, où il signifie fagot de sarments ou d'autre bois, qu'on vend pour allumer le feu (Cuveiro, Piñol, Diccion. gallego: «manojo de vides y otras maderas que venden para la lumbre»). L'arabe chimichat, auquel il correspond, me semble شَمْشاد, buis. Or, comme je trouve dans l'Encyclopédie publiée chez Treuttel et Würtz, à l'article buis: «le buis donne peut-être les meilleures cendres pour la lessive,» je pense que شَمْشاد الرماد signifie le buis qu'on réduit en cendres pour la lessive.

شَمْشَرْيَاحْلَة tour de passe-passe, M.

شَمْشَك, que le M explique par: من ملابس الرَّهْ, cf. Vêtem. 231, forme au pl. ات, Specimen El-Lobabi, يقال لهذا من يعمل اللوالك والشمشكات: الاسكاف sous شَمْشكات, Payne Smith 1522, où l'on trouve aussi جمشكات.

شَمْشَم I, fréquentatif de شم, flairer, M, Bc; Humbert, Arab. Anal. ined. 28, 1001 N. IV, 369.

شَمْشُورِيَة plante «employée contre la jaunisse. On la pile et on la mêle avec du pain ou de l'assida. Inconnue,» Ghadamès 331.

شَمْشِير buis, voyez شَمْشاد. — Graine de Paradis, Sang.; Bait. in voce (AB, omis dans Sonth.) l'explique par القاقلة الصغيرة.

شمص.

شَماص sorte d'oiseau, Yâcout I, 885, 5; chez Cazwînî شَماس.

شَماص قعد فلان على شَماصنا se dit de celui qui reste constamment près de nous, sans nous quitter, M.

شَمَط I, aor. o, flanquer, appliquer un coup, fouetter, lâcher, donner un coup, sangler, donner, appliquer avec force des coups; c. a. p. donner un coup violent; شَمَط علقة donner la bastonnade, bâtonner; شَمَط donner décharger un coup de poing, Bc; 1001 N. Bresl. IX, 257, 3: شَمَطه على علاقته رمى رقبنه; ibid. 385, 8: شَمَطه ديوسًا «il lui donna un coup de masse,» où l'éd. Macn. porte ديوسا لطشه. — Se chamailler, Ht. — C. a. r. chiper, dérober, rafler, emporter tout promptement, Bc, M. — Arracher un plant, M. — V. n. s'élever, devenir haut (plante), M.

V faire du tapage, Ht.

IX grisonner, Hoogvliet 102, 3.

شَمْط fusée, fil autour du fuseau, M.

شَمَطَة bruit, querelle, trouble, Bc; discorde, Ht.

شَمُّوط épi de millet, M. — Fusée, fil autour du fuseau, M.

شَمُّوطة pl. شَمَاميط fusée, fil autour du fuseau, Bc.

شَمَّاط. Le fém. شَمَّاطة très-grand oiseau qui peut emporter un homme en l'air, Vansleb 102 (sciamta).

مَشْمُوط. طربوش مشموط bonnet long, pendant, Bc; de même 1001 N. I, 130, 15: جوز بتخت مشموط.

شَمْطير (esp. sendero) pl. شَماطر sentier, Voc.

شمع II dans le Voc. sous candela. — Sécher du poisson, voyez Gl. Esp. 178—9. — Chez les alchimistes, enfouir la bouteille qui contient les substances sous la cendre chaude, M. — شَمَّع القفل mettre la clef sous la porte, pour dire déménager furtivement, Bc.

V dans le Voc. sous candela et incerare.

شَمْعَة, chandelle, forme au pl. شَماع, Voc.; — même pl., flambeau, flambeau de cire, Voc., Alc. (antorcha, blandon de cera, hacha antorcha). — *Candélabre*, Macc. II, 506, 4 a. f. et suiv. — *Flamme*, Alc. (llama de fuego). — *Rayon de miel*, Abou'l-Walîd 290, n. 16. — *Mince pilier sur lequel repose un pont*, M.

شَمْعِيّ *cérumineux*, Bc, Yâcout III, 450, 11.

شَمَّاع. Il résulte d'un passage des 1001 N., Bresl. VII, 385, 10, que les boutiques des شَمَع étaient fréquentées par les libertins; l'éd. Macn. remplace ce mot par فكهانى.

شَمَّاعَة *porte-manteau*, bois pour suspendre les habits, Bc.

مُشَمَّع *toile cirée*, M, Roland. — *Du poisson séché*, Gl. Esp. 178.

شَمْعَدَان, pl. ات et شماعدين, *chandelier, girandole*, *chandelier à branches*, Bc, M.

شمل I *être distingué*, Ht.

VI *aller à gauche*, Abou'l-Walîd 775, 11.

VII quasi-pass. de la Iʳᵉ, 1ᵉʳ sens chez Lane, Voc. sous *comune facere*.

VIII c. على *concevoir un projet*, p. e. لا اشتمل على معصية «je n'ai nullement l'intention de me révolter,» Gl. Belâdz. — C. على r. *se mettre en possession de, se rendre maître de* (Lane sans citation), Recherches I, App. XLII, 12, Haiyân-Bassâm I, 30 rº: واشتمل على المُلك هو وولده وصنائعه, III, 66 vº: واشتمل على خدمته اربعة من الكُتّاب حتى سمّاهم الناس الطبائع الاربع, 140 rº: ce tisserand عَمَّا قليل على تدبير سلطانه, Berb. II, 412, 9. — C. على p. *protéger* (Lane TA), Asâs dans le Gl. Belâdz., Haiyân-Bassâm I, 46 vº: واشتمل مُنْذِر عليه, Bassâm II, 145 rº: après la chute des Abbâdides اشتمل غُزَاة تلك الثغور واستوسقـين له هنالك الامور, Calâïd 218, 12, Khatîb 27 rº: اشتمل عليه البكريون وعهـبـه الى المغرب, 111 rº: عليه لصحـبة كانت بينهما الاقصى, Prol. I, 36, 13. — C. على p. *traiter quelqu'un avec une extrême bienveillance*, Macc. I, 645, 1, III, 114, 21: خلطه بنفسه واشتمل عليه وولّاه قضاء الجماعة, Prol. I, 36, 4, Autob. 215 rº: واصل ثم لم ينشب الاعداء السعايات ان خيّلوا للوزير ابن الخطيب من ملابستى

C. — لسلطان واشتماله على حرارة الغيرة وحرّكوا له p. et على r. *combler quelqu'un de bienfaits, de grâces, de faveurs*, etc., Çalât 75 rº: والسيّد المذكور يختصّ به غاية الاختصاص ويشتمل عليه بالبرّ والودّ والاخلاص. — C. على p. *se ranger du côté de quelqu'un, faire cause commune avec lui*, Abbâr 180, 2, فاحبّه الناس واشتملوا عليه Nowairî Afrique 51 vº: ومالوا اليه, Prol. I, 282, dern. l., Berb. I, 353, 6, 359, 13, II, 218, 6 a f., 235, 11, 255, 9, Autob. 228 rº: وهم مشتملون عليه وقائمون بدعوته, 229 rº. — *Faire tête à queue* (cheval), Daumas V. A. 190.

شَمَل *capacité, intelligence*, Ht.

شَمْلَة sorte d'étoffe décrite par Ibn-as-Sikkît 527. — *Ceinture*, Prax 18, Richardson Sahara II, 34, 201, Michel 76, Dunant 201, Hodgson 91. — *Sac de poil de chameau, qu'on attache autour des mamelles d'une chamelle, quand on veut empêcher son petit de teter*, Burckhardt Bedouins 39.

شِمْلَة = *le vêtement nommé* شَمْلَة, forme au pl. شمل, Djob. 132, 16.

شَمَّال *sac qu'on attache autour des mamelles d'une chamelle, quand on veut empêcher son petit de teter*, Prax R. d. O. A. V, 72 n., 219 n., Daumas R. d. O. A. N. S. I, 183.

شَمُول, *vin*, est fém., Weijers 168, n. 291, Yetîma, man. Lee 15 rº: وما الشمول ازدقَتْني بل سوائفها.

شَمَّال, *poignée de blé*, M. = شُمَيْلَة

شَمَالِيّ *gauche*, Bc. شمالية *femme esclave qui a les mamelles pendantes*, Richardson Central II, 202.

أَشْمَل *plus distingué, plus illustre*, Roland.

مِشْمَل doit avoir une signif. que je ne connais pas dans Bâsim 15: le gouverneur de la ville a reçu l'ordre de proclamer une ordonnance du calife: فقلم الوالي والمقدمين والظلمة والرقّاصين واخذوا سنة مشامل فنادوا في شوارع بغداد الحج ٭

مِشْمَلَة *tapis*, synonyme de مصلّى, طنفسة et قطيفة, Payne Smith 1504.

شِمْلَال *agile*, Bc.

شَمْلُول *agile*, *dispos*, *léger*, *habile*, *alerte*, *expédi-tif*, *leste*, Bc.

شَنّ I. Dans l'expression شَنَّ عَلَيْهِ دِرْعَهُ, que Freytag donne sans autorité et Lane sur celle du TA, on emploie plus ordinairement سَنَّ, avec le *sîn*; voyez Lane sous ce dernier verbe et un exemple dans le Calâïd 94, 15. — صَبَّهُ عَلَيْهِ صَبًّا = شَنَّهُ السَّيْفَ, Kâmil 15, l. 15. — *Faire un cliquetis*, 1001 N. III, 421, dern. l., 464, 6 a f.

V *se couvrir* ou *être couvert* (تلَطَّخَ) *de poussière*, M, qui dit que c'est un dénom. de شَنَان (voyez).

شَنّ, *outre*, a dans le Voc. le pl. شُنُون. — *Cliquetis*, 1001 N. II, 266, 9, où l'éd. de Bresl. a حِسّ.

شَنَّة est en Algérie le mot ordinaire pour *outre*; longue description chez Carette Géogr. 181; « petite outre que les Arabes portent en bandoulière, » Guyon 115, n. 1.

شِنَان *du son et du lupin réduits en poudre, dont on se sert pour nettoyer*, M, qui dit que c'est une altération de أُشْنَان. Le sens n'est pas tout à fait le même, mais le اشنان sert au même usage.

شَنِين *petit-lait mélangé d'eau*, Daumas V. A. 256; *boisson fermentée, faite avec du lait caillé mélangé et battu avec de l'eau*, Colomb 53; « *du lait aigre coupé de trois quarts d'eau; boisson agréable et saine, qui est en usage dans toutes les contrées arabes que j'ai visitées,* » Caillié I, 58, 101, III, 24, qui écrit incorrectement « *cheni*. »

مِشَنَّة (cf. TA dans Lane) *corbeille, panier sans anse*, Bc, Hbrt 200 (مُشَنَّة), R. N. 57 v°: اذا يَرْجِلُ فدخل على كتفه مشنّة فيها حوتان من قلفط الى المشنة, *ibid.*: 1001 N. IV, 499, 13, 500, 11, 705, 7.

شَنَأَ II c. a. p. et alt. *rendre* quelqu'un *odieux* à un autre, p. e. شَنَّوْهُ إِلَى العَامَّةِ, Gl. Bayân, cf. Gl. Fragm.

شنيا, en parlant d'une vente: يُبْسَدُ لَا شنيا *libre de toute nullité*, J. A. 1843, II, 222, 11, 223, 2 a f.

شَانِئ forme aussi au pl. شُنَآء, Abbad. I, 377, n. 269.

شنب. شَنَب, *moustache*, forme au pl. ات, Bc, Hbrt 2, شَوَانِب et أَشْنَاب, Hbrt 2.

شنبر. شَنْبَر (pers. چَنْبَر) *bande de soie noire ou rouge foncé, large de deux empans et longue d'environ sept aunes, que les femmes roulent deux fois autour de la coiffure nommée* عصابة; *l'un des deux bouts, qui sont ornés de franges de soie, pend par devant, l'autre par derrière*, Ztschr. XXII, 94, n. 13, où on lit que *shauber* dans Burckhardt Bedouins 28, est une faute d'impression pour *shanber*. Autrement chez Bg 816, qui explique ce mot par *voile noir ou de couleurs obscures, dont les pauvres femmes chrétiennes se couvrent quand elles sortent*. M: الملّاءة تتغطّى بها المرا. Haedo, 27 d, écrit «chimbel.» En Algérie on prononce aujourd'hui « chambir, » et Roland écrit شنبير, qu'il explique par *crêpe*. Prax R. d. O. A. V, 19: « *chambir*, étoffe de soie noire portée en turban par les femmes d'un certain âge. » Carteron 64, en parlant des Bédouines en Algérie: « Sur la tête un linge blanc (*alfa*), maintenu par un cordon (*chenbir*) et retombant sur le cou et les épaules, leur sert de coiffure. » Voyez encore deux autres passages cités par Defrémery Mémoires 325. — *Cocon de ver à soie*, M. — *Mode de musique*, M.

شَنْبِير voyez l'article qui précède.

شَنَابِرَة pl. شَنَابِر *jet, pousse, rejeton d'arbre*, Alc. (*pimpollo al pie del arbol*). C'est un nom d'unité formé, d'après la manière vulgaire, du pl. شنابر. M. Simonet croit retrouver ce mot, sous une forme légèrement différente, dans le passage d'Ibn-Loyon, que j'ai publié plus haut (p. 117 a) sous بنبن. Le texte du man. est réellement tel que je l'ai donné, comme je m'en suis convaincu par un fac-simile que mon savant ami m'a envoyé; mais il propose de lire: ويقال له البنيول, c.-à-d.: « on l'appelle *pimpollo*, et quand ils sont en grand nombre, *chanâbir*. »

شَدّ (كرّ) مشنبر (on) *turban orné de bords ou de franges rouges*, Mehren 30.

شنبك I (pour شَبَّك) *treillisser* الحَلَاقَةَ une fenêtre, M.

شنبل. شَنْبِل *mesure de six ou de huit* مُدّ, M. — شَنَابِل voyez sous شُنْبَارَة.

شنبليد

شَنْبُول mine, mesure de grains, Bc.

شَنْبِلِيد (pers.) flores colchici autumnalis, Bait. II, 110 b.

شَنْبَلِيلَة (pers.) fenugrec, Bc.

شنت

شَنْت. Cartâs 235, 3 a f.: les musulmans, en attaquant un château chrétien, سبوا منها ثلاثة عشر علجًا ورومية واحدة وقسيسهم وشنتام. Il paraît que c'est l'esp. *santo*; mais quoiqu'au premier abord il semble s'agir d'un homme, je crois que l'auteur s'est exprimé un peu négligemment et qu'il a voulu parler de l'image d'un saint, ce que *santo* signifie aussi.

شَنْتَة (turc جَنْتَة) portefeuille, M.

شنتر I *médire de quelqu'un, le déchirer à belles dents*, Cherb. C.

شنترى être en colère, M.

شنتف I *attifer*, Bc.

II *s'attifer*, Bc.

شَنْتُوف huppe, Roland.

امرأة مُشَنْتَفَة femme qui est dans ses plus beaux atours, Bc.

شنتل I (formé du mot qui suit) *étinceler, jeter des étincelles*, Alc. (centellear).

شَنْتِالَة (esp. centella), pl. شَنْتَال et شَنَاتِل, *étincelle*, Voc., Alc. (centella, centella de fuego, cf. *morcella*); encore en usage au Maroc, شَنْتِيلى (Lerchundi).

شَنْتِيان (turc چَنْتِيان et چَلْتِيان) *pantalon de soie pour les femmes*, Bc, de soie et coton, de mousseline, Vêtem. 233—4. Woltersdorff et Bg (806) écrivent ce mot avec un *djim*; *chin* dans le M. — Chez les Bédouins, *lame, le fer de l'épée*, Burton I, 241.

شنج II *racornir* للجِلد *le cuir*, Bc. — *Contracter* les nerfs, Bc.

V *se racornir, se retirer, se durcir*, Bc.

شَنْج Voyez sur ce coquillage Bait. II, 110 c.

شَنِج (cf. Freytag) est réellement en usage et se trouve P. Abd-al-wâhid 63, 13.

تَشَنُّجِى spasmodique, Bc.

790

شنز

شِنْجَار, شَنْجَار dans le Gl. Manç. (v° شنكار (شنكار) est *anchusa tinctoria*, Bait. I, 96 k, 278 c, 327 a, 492 d, II, 108 e, *orcanète, espèce de buglose, plante pour la teinture rouge*, Bc.

شند

شَنْد (Alc. xénd), شِنْد (M), pl. شُنُود (Alc.), *sorte de selle de cheval pour femme*, Alc. (angarillas como silla, silla de muger); M: شَنْد الدَابّة عُدَّة من خَشَب: R. N. 16 r°: يُجعَل فوق رحلها لتقيها من الحمل, 50 r°: يَرَكب حمارا بشند ورسنه حبل ليف يركب الشند حتى عُوتِبَ في ذلك فاشترى سرجًا دنيا كالفتى فكان يركب بين السلال اذا ذهب الى منزله, 69 v°: يخرج الى منزله مطروح راكبا على (sic) — شَنْد . حمار دسد (يشند l.) بلا خف في رجله *sorte de parfum qui vient du Hidjâz dans des coquilles*, M.

شَنْدَة *éclisse, rond d'osier pour le fromage*; شَنْد لِلجُبِن *clisse, claie d'osier ou de jonc pour égoutter les fromages*, Bc.

شَنُودَة *espèce de pommade qu'on vend à Tunis et dont Prax (22) donne la recette*.

شَنْدَاب, *au Liban et à Bairout, espèce d'Eryngium*, Bait. I, 419 c (lisez ainsi, il l'épelle).

شندخ I c. a. *faire vieillir*, Voc.

II, *vieillir*, Voc.

شَنْدَفُورَة *iva arthetica*, Pagni MS, *tenerium polium L.*, Prax R. d. O. A. VIII, 281, *ajuga iva, ibid*. 284, *chamœpitys*, Shaw I, 291.

شَنْدَالَة *Sisymbrium polyceraton*, Bait. II, 110 e (il l'épelle).

شنر II, en parlant d'un homme, signifie جسم متضلبًا, M.

شَنُورة *synagogue*, Ht, Mc; c'est pour شَنُوغَة.

شَنَار = فراسيون, Most. sous ce dernier mot (bon dans La, N سَنَار), Bait. II, 110 d, *marrubium*, L. — Chez le peuple pour شَنَار, M. — (Altération de l'esp. *señal*) *mot du guet*, Alc. (señas en la guerra).

شنز

شنع — 791 — شنزرات

شَنُوز, en Espagne = شُوِينِز nielle, Alc. (axenuz); dans le Voc. شنُوز, n. d'un. ة; Prax R. d. O. A. VIII, 346, écrit «sinouch.»

شَنزَرات, au Maghrib, petit-gris, écureuil du Nord, sa peau, Gl. Manç. v° وتسمى فراوه بالمغرب: سناجاب: بالشنزرات, mais peut-être faut-il lire شنزاب (altération de سناجاب).

شنس.
شَنيس esta, L; esta (cf. Ducange) signifie étal.

شنشق I c. a, aussi جَنشَق, déchirer, Voc.
II être déchiré, Voc.
مُشَنشَق voyez بجَنشَق.

شنط.
شَنط pl. شُنُوط, 1001 N. Bresl. IX, 249, 10, semble signifier ceinture, car l'éd. Macn. (III, 446) porte en cet endroit شدود.
شناط bretelles, Bc.
شَنْطَة nœud coulant, lacs, Bc. — Rosette, Descr. de l'Eg. XIV, 156.

شنطب.
شَنطِيبَة morceau pointu de bois ou d'autre chose, M.
شَنطُورَة (esp. cintura) pl. شَناطِر sein, la partie du vêtement qui couvre le sein, Alc. (seno de vestidura, cf. ensenar poner en el seno).

شنع I c. على p. et ب r., Nowairî Afrique 21 r°: طالت علّته فكان يُشنَع عليه بالموت فى كثير من الايام «sa maladie fut de longue durée, et pendant plusieurs jours on répandait le bruit de sa mort.» Le يَشنَع du man. montre que le copiste a prononcé يُشنَع. — Au passif, être renommé; Ht et Beaussier ont le partic. pass. célèbre, illustre, renommé; chez Delap. 91 un cordonnier dit qu'il est مشنع فى هذه البلاد renommé dans cette ville.»

II. Comparez avec Lane: Mohammed ibn-Hârith 288: وتشاهد عليه بياض البلد وشيوخ المصر عازمين على سفك دمه وقطع اثره وشنّعوا عند الامير رحمه من

ذلك شنّعًا عظم اهتمام الامير بها Nowairî Afrique 25 r°: شنّع عليهم اقبح الاشانيع «il les dépeignit comme coupables des forfaits les plus horribles;» Mohammed ibn-Hârith 295: ce fakîh dressait des contrats وشنّع عليه باب الفجور والتدليس فيما يعقد منها. C. فى r. décrire une chose comme abominable, Ibn-Abdalmelic 86 v°: il savait qu'il arriverait une فتنة à la fin du IVe siècle. — C. ب r. فشنّع فيها répandre un bruit faux ou injurieux, M (المشنّع, qui cite ce vers du chaikh al-Fâridh:

فشنّع قوم بالوصال ولم تصلّ وارجف قوم بالسلوّ ولم اسلُ

Mohammed ibn-Hârith 273: Lorsque Mohammed ibn-Ziyâd était cadi, on ne trouva rien à lui reprocher, غير دالّة كانت تظهر من امراته عليه من ما يفعله الازواج ببعولتهنّ — فكان ذلك ممّا يغمض به عليه فى ذلك الوقت وكانت تلك المرأة تسمى كَفَتْ. Plus tard, lorsque Mohammed fut monté sur le trône, on lui proposa de nommer de nouveau Mohammed ibn-Ziyâd cadi et çâhib aç-çalât; mais il refusa de le faire en disant: ترانى نسيت ما كان الناس يشتعون به فى امر كَفَتْ. Il se borna, par conséquent, à le nommer çâhib aç-çalât. C. على p., R. N. 93 v°: وكان قد شنّع على الشيخ انه لا يقول بالكرامات «on avait répandu le bruit que le chaikh ne croyait pas aux miracles.» — Rendre célèbre, illustre, renommé, louer, synon. عظّم et رفّع, Abou'l-Walîd 85, 12, 418, 6, 447, 19, 585, 4, aussi 64, n. 82, où la leçon de R est la véritable.

V c. على dans le Voc. sous imponere, et dans une note: difamare. De Sacy Chrest. I, 265, 13, en parlant du costume des Persans et des Mages, que les kalenderis avaient adopté اللباس المستبشع المتشنّع. — C. فى p. détracter, médire avec violence, dire des horreurs de quelqu'un, parler mal de quelqu'un, Bc.

شُنَع forme au pl. شِنَع, voyez sous la IIe forme, et Kâmil 233, 3, 519, 11; horreur, abomination, chose horrible, Bc. — Célébrité, Müller 2, 2 a f., 7, 3, 8, 2. Malgré l'accord des man. et quoique le mot se trouve en ce sens dans trois passages, l'éditeur a condamné la leçon comme « absolument mauvaise. » Je l'ai défendue en rendant compte de sa publication dans le Ztschr., XX, 616; à présent elle est hors de doute par les témoignages que j'ai cités sous la Ire et la IIe forme, et par celui de Beaussier, qui donne: شَنْعَة *célébrité, renom, renommée, bruit, réputation.*

شَنُوع *laid, difforme*, 1001 N. Bresl. III, 331, dern. l.

شَنِيع *absurdum*, Voc. — Quand on compare ce que j'ai dit sous la Ire et la IIe forme et sous شَنْعَة, et l'ensemble du passage Akhbâr 84, 2 a f., خبر شنيع pourrait bien signifier *événement célèbre*, car la signif. ordinaire ne convient pas.

شَنَاعَة pl. شَنَائِع *horreur, abomination, chose horrible, monstruosité*, Bc. — *Indécence, immodestie*, Ht. — *Reproche, blâme*, Amari 521, 9. — *Détractation*, Bc. — *Outrage*, Bc. — Dans le Voc. sous *absurdum facere*. — *Bruit, nouvelle qui circule dans le public*, Amari 324, 10.

أشْنُوعَة pl. أشانِيع (voyez sous la IIe forme) dans le Voc. sous *absurdum facere*. — *Horreur, chose horrible, monstruosité*, Abd-al-wâhid 200, 16.

شنغ

شَنُوغَة (συναγωγή) pl. شَنائِغ *synagogue*, Voc., Alc. (sinagoga). M. Simonet m'apprend qu'il a trouvé ce mot dans une trad. ar. (man.) des Évangiles. Cf. شنوع.

شنغب

شَنْغُوبَة pl. شَناغِيب *partie saillante, en forme de dent, dans le bois, la pierre, etc.*, M.

شَنَف I c. a. (cf. Lane) Kâmil 31, 15 et suiv.

شَنَف, pl. شُنُوف, P. Kâmil 514, 12. — شنف الديك est, selon le M, la plante que le peuple nomme عرف الديك.

شَنَف pl. أشْنَاف *sorte de rets en forme d'un grand sac, dont on se sert pour transporter la paille*, 1001 N. II, 357, 2 a f., avec la note de Lane. L'éd. de Bresl. (V, 61) porte شبكة.

شَنِيفَة *nom d'un ornement de femme*, Formul. d. contr. 4: والشنيفة واللبنة. Ce n'est pas = شَنَف, car alors l'auteur ne se serait pas servi du sing., et les boucles d'oreilles se trouvent nommées plus tard.

شنكل

شَنَق I. Dans le sens d'*étrangler, étouffer* (Freytag) aussi: Voc., Ht, Cartâs 164, 5 a f.

IV. المُعَلَّق الذي لم يُجْعَل est expliqué par مُشْنَق في عِدْل, Diwan d'Amro'lkaïs 123.

V? 1001 N. Bresl. XI, 127, 5: وتمّ حملها ووضعت هذه البنية فتشنقت لانها كانت على غايت من الجمال ۞

VII *être pendu, attaché à un gibet*, Voc., Hbrt 215, 1001 N. Bresl. VII, 128, 8.

شَنْق *pendaison*, Bc; « *chanac*, la *pendaison*, terme en usage en Égypte et à Tunis, » Ouaday 318. — *Corde, au fig., la potence*, Bc.

مَشْنَق pl. مَشانِق *potence*, Voc.

مَشْنَقَة pl. مَشانِق (mes autorités n'ont pas ce mot avec un *kesra*, comme chez Lane, mais avec un *fatha*, et d'après le M c'est un nom de lieu: المكان الذي يُشْنَق به المجرمون) *échafaud, gibet, potence*, Alc. (horca para ahorcar, rollo en donde ahorcan), Bc, Hbrt 215, Amari 382, 1, 1001 N. II, 107. — *Corde, au fig., la potence*, Bc. — (خرج المَشْنَقَة ou) صيد *gibier de potence*, Bc.

شَنْقال *crochet en fer adapté à l'orifice de la مَطَرَة, et destiné à la soulever*, Cherb.

شَنَك I *ne pas vouloir, refuser*, M.
II *lever la tête et la poitrine*, M.

شَنْكَبِيَّة *la charge de خَنَة, de gouverneur*, Mong. 308 a.

شَنَك *coups réitérés d'armes à feu*, M. Quatremère, Maml. II, 2, 131, dern. l., et J. A. 1850, I, 257, cite deux passages de l'Histoire d'Égypte par Djebertî, où ce mot se trouve' en ce sens; mais il ne l'a pas compris, car il le traduit par « fête. »

شنكر

شَنْكار = شَنْجار *orcanète*, Bait. II, 108 e, Gl. Manç. in voce. — شَنْكار *instrument avec lequel les charpentiers tracent une ligne droite sur le bord d'une planche*, M.

شَنْكَفَة *verroteries à grains moyens*, Ghadamès 40 (chenkafa).

شَنْكَل *crochet avec lequel on arrête une fenêtre en dehors quand elle est ouverte, et aussi: un autre crochet*

شنلك 793 شهد

par lequel on la retient en dedans quand elle est fermée, M. — Boutons qu'on fiche dans la muraille sur une seule ligne et auxquels on suspend les habits, M.

شَنْلِك (turc) réjouissance publique; حَرَاقَة شَنْلِك feu d'artifice, Bc.

شنى

شَانِيةْ, que Freytag, et, d'après lui, l'auteur du M donnent dans le sens de galère, n'existe pas. Le sing. du pl. شَوَانٍ ou شَوَانِي est شُونَة, شِبَى, شِينِية et شَانِى, Gl. Edrîsî.

شَنْبَر I bafouer, Bc.

شَكّ oiseau qui ressemble au شَاهِين, M, qui cite Ibn-Saïyida et qui dit que c'est un mot persan.

شهب

أَشْهَبْ. Le pl. شُهْبْ épithète des étoiles, P. Khallic. I, 421, 4 Sl., et substantivement les étoiles, P. Abbad. I, 322, 1. — شُهْبْ des pastilles de nadd, P. Tha'âlibî Latâïf 124, dern. l. On les appelle ainsi parce que le العَنْبَر الاَشْهَب (voyez Lane, Macc. I, 229, 3 a f., Antâkî v° عنبر) est un de leurs ingrédients, car en décrivant la composition du nadd, Ibn-Djazla (in voce) dit: وَجُزْءٌ مِنَ العَنْبَر الاشْهَب. — أَشْهَبْ بَازِلْ, voyez sur cette expression Gl. Belâdz.

شهد I. شَهِدَ عَلَى فُلَانٍ ne signifie pas seulement témoigner contre quelqu'un, mais aussi en faveur de quelqu'un, de Slane trad. de Khallic. I, 73, n. 36. — Prononcer la chahâda, c.-à-d. les mots: أَشْهَدُ أَنْ لَا اِلٰهَ اِلَّا اللّٰهُ, etc., Abbad. I, 319, 11, 365, n. 230.

III voyez sous le n. d'act. — شَاهَدَ لِحَوَائِجِهِ, pour غَسَلَ لِحَوَائِجِهِ وَتَشَهَّدَ عَلَيْهَا, c.-à-d. prononcer les deux chahâdas en versant de l'eau pure sur les habits qu'on a lavés, Lane M. E. I, 450 n.

IV. أَشْهَدَ عَلَى فُلَانٍ signifie faire témoigner quelqu'un contre un autre, et aussi en faveur d'un autre, Khallic. I, 36, 14 Sl. — C. ل p. et ب r. donner une chose, une terre, à quelqu'un en présence de témoins, Gl. Badroun, de Jong. — S'emploie dans le sens de la Iʳᵉ, témoigner, Müller S. B. 1863, II, 8, 5 a f., Catal. des man. or. de Leyde I, 154, 8 a f., 1001 N. I, 174, 12 (lisez وَأَشْهَدَ), souvent dans le Formul. d. contr.: أَشْهَدَ عَلَى نَفْسِهِ فُلَانٌ, ibid. 2: أَشْهَدَ عَلَى نَفْسِهِ; أَشْهَدَ لَدَيْنَا فُلَانٌ أَنَّهُ l'expression dans la plupart de ces passages, n'a pas d'autre sens que شَهِدَ seul; مُشْهِدْ témoin, de Sacy Dipl. IX, 471, 4; c. a. p. porter témoignage devant quelqu'un, Formul. d. contr. 2: أَشْهَدَنِى فُلَانُ بْنُ فُلَانٍ وَهُوَ بِحَالِ; le n. d'act., Amari Dipl. 96, 9, 97, 2, 109, 11, 179, 8 et 11. الصِّحَّة الخ

VI dans le Voc. sous testificari; comme verbe réciproque, Valeton ٩, 1: القُلُوبُ تَتَشَاهَدُ, dans la trad.: «corda sibi invicem testantur (nempe, de mutuâ affectione).» — Porter témoignage l'un à l'envi de l'autre, exemple sous شنع II. — Dans le sens de la Vᵉ, prononcer la chahâda, Aboulf. Ann. I, 148, 4, 'Imrânî 55: je dis à Dja'far que j'avais reçu l'ordre de lui couper la tête, فَتَشَاهَدَ وَقَالَ أَمْهِلْنِى أُصَلِّى رَكْعَتَيْنِ فَاِذَا سَجَدْتُ السُّجُودَ الأَخِيرَ فَشَأْنَكَ وَمَا تُرِيدُ ✽

VIII c. ب r. citer, alléguer, Aboû'l-Walîd 122, 5, 320, 27. — C. ب r. donner une preuve de sa capacité, etc., Cartâs 44, 2 a f. — C. فى soutenir son droit, Amari Dipl. 76, 3 a f.

X, invoquer le témoignage de quelqu'un, ne se construit pas seulement c. a. p., mais aussi c. ب p., Prol. I, 391, 7, Holal 41 v°: وَاسْتَشْهَدَ بِالفُقَهَاءِ فَأَجْمَعُوا (que ce livre devait être brûlé). — صورة اِسْتِشْهَاد la formule dont quelqu'un se sert en signant un fetwa, Macc. I, 578, 3. — Au lieu de اِسْتَشْهَدَ, au passif, mourir en martyr, le peuple dit اِسْتَشْهَدَ, à l'actif, M.

شَهْدِيَّة méliceris, tinea favosa (Alibert), éruption maligne à la peau de la tête, nommée ainsi à cause de sa ressemblance à un μελίκηρον ou شَهْد, rayon de miel, J. A. 1853, I, 341. On emploie dans le même sens:

النَّفْرُوحُ الشَّهْدِيَّة, Bait. I, 154 b, 300, II, 119 c.

شَهَّاد martyre, Alc. (martirio).

رَوِيَّة الكَثْرَة فى est: شُهُود المُفَصَّل فى المُجْمَل .شُهُود; le contraire est شُهُود المُجْمَل فى الذَّات الأَحَدِيَّة المُفَصَّل, M.

شَهِيد, martyr dans le sens que nous attachons à ce mot, c.-à-d., celui qui aime mieux souffrir la mort que de renoncer à sa religion, est, selon le M, une signif. que les Mowallads ont donnée à ce terme. — شَهَادَتَانِ: الشهادتان *les deux professions de foi*, c.-à-d. لا اله الا الله ومحمد رسول الله, Mâwerdî 94, 18. — L'emploi de شاهد (voyez) *ou inspecteur des finances*, Khatîb 33 v°: فنال استعمالا فى الشهادات المخزنية. — Chez Alc. (relacion, martirio) la première lettre a un kesra.

شَاهِد *espion*, Berb. I, 134, 3 a f. — *Employé dans l'administration des finances ou des douanes, inspecteur, régisseur*, Macc. I, 134, 11, Berb. II, 432, 9. — *Chef*; on dit شاهد العشيرة dans le même sens que شيخ العشيرة وسيدها, et l'on trouve aussi شهود العسكر. — Pl. شواهد. Gl. Belâdz. — Pl. شواهد *gages, assurances, preuve, marque, témoignage, preuve, raison*, Bc. — *Indice, signe*, Berb. I, 569, 11 (cf. 598, 5 a f.). — *Preuve de capacité*, Berb. I, 532, 1. — *Index*, doigt près du pouce, Domb. 86, Bc, Hbrt 4; on l'appelle ainsi parce qu'on le lève quand on porte témoignage, M. — *Une tradition émanant d'un des Compagnons et correspondant, pour le sens ou pour les expressions, avec une autre tradition émanant d'un autre Compagnon*, de Slane Prol. II, 484. — Chez les Soufis, التجلّى, *ou bien ce qui prédomine dans le cœur de l'homme; de là* شاهد العلم, شاهد الحقّ, شاهد الوجد, M; cf. Macc. I, 574, 6. — *Témoin, marque, monument, ce qui sert à faire connaître*, Bc. — *Stèle ou pierre qu'on place perpendiculairement sur le tombeau*, Lane M. E. II, 336; les شواهد *sont: les deux pierres droites, rectangulaires ou à sommet arrondi, qui se posent perpendiculairement, l'une à la tête, l'autre aux pieds du défunt*, Brosselard, Mémoire sur les tombeaux des émirs Beni-Zeiyan 19. — *Pièce de bois adaptée perpendiculairement à cette partie de la bière où l'on place la tête du défunt*, Lane M. E. II, 328. — الشواهد, chez les géomanciens, *quatre figures dans la* زائجة, *qui s'appellent aussi* الزوائد, M. — حَرْف الشاهد *relatif, pronom relatif*, Alc. (relativo que haze relacion).

شَاهِدَة *stèle ou pierre qu'on place perpendiculairement sur le tombeau*, M.

اِشْهَاد *est: quand l'autorité dit au propriétaire d'une maison:* «une telle de vos murailles penche, détruisez-la!» *ou bien:* «elle menace ruine, réparez-la!» M.

مَشْهَد *dans le sens d'assemblée*; Berb. I, 413, 4: ايام مشاهد الاعياد, où nous dirions simplement: les jours de fête. — *Présence*, Voc. — *Témoignage*, Voc. — *Spectacle, objet ou ensemble d'objets qui attire les regards*, Djob. 309, 4 (= منظر l. 19). » — *Combat*, Valeton I., 5 et 19, n. 10, Belâdz. 450, 7 a f., Berb. II, 79, 4. — En ce sens ou dans un autre que je ne connais pas, Akhbâr 135, 12: il était très-versé dans les traditions, حكى عنه انه نادى مع بعض جلسائه فى حديث من بعض المشاهد فلما تلاحيما فيه قال اسمع كتب المشاهد حفظا فقرأها ظاهرا. — *Edifice qui renferme le tombeau d'un saint*, Becrî 168, 5 a f., Hist. Tun. 142: وله غير ذلك من المآثر والاحسان والاعتناء بمقامات الصالحين وتجديد مشاهدهم. On y étudiait le droit, la théologie et la grammaire, comme aujourd'hui dans la *zâwiya*; voyez Becrî 187, 4 a f., avec la note dans la trad. de M. de Slane (p. 130). De là *lieu de pèlerinage*, Bc, *lieu saint*, Djob. 275, 14 et suiv., 330, 12, 13 et 21; *mausolée*, Djob. 198, 4 (= تربة l. 5), 2 a f., dern. l., 209, 19, 217, 2 a f., 218, 1, 227, 2 a f.: مشهد حفيل 228, 2 et 6;. البنيان داخله قبر متسع السنام الخ je crois que ce mot a le même sens chez Aïachi 122, 143, bien que Berbrugger lui en attribue un autre (voyez ce qui suit immédiatement). — Dans le sens de شاهد et شاهدة (voyez), *stèle ou pierre qu'on place perpendiculairement sur le tombeau*, Alc. (piedra para sepoltūra); Berbrugger donne une note sur un passage d'Aïachi, où ce mot me semble avoir plutôt le sens qui précède: «Pierres qu'on place à la tête et aux pieds des morts, et qui s'appellent ainsi, parce que sur l'une d'elles est ordinairement gravé le *chahad* [lisez *chahâda*] ou profession de foi.» — *Pierre qu'on place dans l'eau près d'un pont*, Hist. Tun. 92: ce dey bâtit des ponts مشاهد وجعل حولها. — *Le premier domestique du* شيخ البلد, Descr. de l'Eg. XI, 485 (mechhed).

مَشْهَدَة *armée*, Cartâs 97, 11.

مُشَهَّد *pâte feuilletée, nageant dans le beurre*, Daumas V. A. 253.

مُشَهَّدَة, au Maghrib, la pâtisserie qu'on appelle en Orient قطائف (voyez), Gl. Manç. sous ce dernier mot; voyez l'article qui précède.

مُشَاهَدَة, chez les Soufis, *voir Dieu avec les yeux*

de l'âme, et avec autant de certitude que si on le voyait avec les yeux du corps, M. M. de Slane, Prol. III, 100, n. 2, a adopté la définition donnée par Ibn-'Arabî et copiée par l'auteur des Ta'rîfât (voyez l'édit. de ce livre par Flügel 229, 291), quand il dit que ce terme signifie chez les Soufis: l'acte de contempler les choses en suivant les indications de la confession de l'unité; ce qui paraît signifier: *voir les choses en Dieu, de même qu'on voit Dieu dans les choses*. Il traduit *contemplation mystique*. Cf. le texte III, 70, 2, I, 177, 12, Sadi Gulistan 58, 17 édit.

المشاهدات. — مشاهدة الابرار بين التجلّى والاستتار Semelet: *ce que l'on aperçoit au moyen des sens*, Ta'rîfât 229, M.

شهدانج, *chènevis*, s'appelle aussi البرّ شهدانج, Bait. I, 280 a.

شهر I, n. d'act. شُهْر, comme II et IV, *promener ignominieusement un criminel par les rues*, Gl. Bayân, Gl. Belâdz.

II. شهّر نفسه signifie *se faire connaître*, Badroun 25, 7 (ب par, Abbad. I, 249, 8), et aussi: *encourir le blâme, s'attirer le blâme des honnêtes gens*, Gl. Belâdz. — شهّر نفسه للموت *s'exposer à la mort*, Aboul-Walîd 249, 14, où un autre man. a la IIIᵉ forme.

III voyez ce qui précède.

IV *faire connaître, mettre en vogue*, de Sacy Chrest. I, ١٣٩, 4. — *Dénoncer, déclarer, publier, promulguer, faire connaître*, Alc. (denunciar como quiera); اشهر الامر «promulguer un édit, une ordonnance,» Alc. (edicto publicar). — C. a. p. et ب r. *faire proclamer un ordre par un crieur public*, Ibn-Iyâs 390: اشهر السلطان المنادي في القاهرة بأن لا فلّاح ولا غلام يلبس احر. — زنط. — *Dénoncer, accuser, en produisant des témoins*, Alc. (denunciar con testigos). — *Tirer l'épée du fourreau*, P. Abd-al-wâhid 105, 3 a f., Pseudo-Wâkidî éd. Hamaker 65, 13, 106, 5, 1001 N. Bresl. I, 339, 6. —, Comme I et II, *promener ignominieusement un criminel par les rues*, Vêtem. 275, n. 17, Bat. III, 441, 1001 N. Bresl. II, 283, 10.

VIII. اشتهر باسم se dit de celui qui emprunte le nom qui suit ibn, non pas à son père, mais à sa mère, p. e. عيسى بن مريم, Gl. Abulf.

شهر a conservé en Barbarie le sens de *lune*, Domb. 53, Richardson Sahara I, 134. — *Signe distinctif*, Nowairî Egypte, man. 2 n, 111 rº, en parlant des femmes chrétiennes: ويكون احد خفّيها أسود ليبقى شهرا طاهرا والآخر أبيض. — *Intérêt*, profit qu'on retire de l'argent prêté, Payne Smith 1445.

شهر ou جهر, شهير, ou selon un autre بريشهير, *tour, machine dont se servent le tourneur et le potier*, Payne Smith 1453 (deux fois); M. de Goeje m'a fourni ce passage tiré de notre man. 201 (Catal. III, p. 61): وليبركب هذه الآلة في الشهر الذى يخرط فيه للخراطون آلات النحاس.

شُهْرَة *notification, publication*, Alc. (notificacion, publicacion). — *Proclamation pour annoncer la vente des biens en justice, criée*, Alc. (publicacion de bienes). — شهرة الفتيا *la valeur d'un fetwa*, de Slane Prol. I, LXXV a. — *Signe distinctif*, Khatîb 14 vº (soldats de Grenade): كل منهم بصفة يختصّ بسلاحه وشهرة. — يُعرف بها — *Un nom composé avec* ابن, Prol. II, 194, 13. — *Sobriquet*, Berb. II, 244, 10, 461, 11. — *Un objet de risée*, 1001 N. Bresl. IV, 159, 3, 358, 5.

شَهْرى *mensuel et mensuaire*, Bc.

شَهْرى n'indique pas la même espèce de cheval que برذون, car Auw., II, 493, 16, les distingue (Banqueri et Clément-Mullet se sont gravement trompés en traduisant «cheval de race»).

شَهْرِيَّة *mois, la paye d'un mois*, Bc, *paye*, Hbrt 222.

شَهْرِيَّة *tob* (ثوب) *à carreaux*, Barth V, 235, 704.

شهريا *animal de la mer Noire, de la famille du scinque*, Edrîsî de Jaubert II, 404, dern. l. C'est la leçon de B; A porte شهربا.

اشهار *manifeste (écrit public)*, Bc.

تَشْهِير pl. تشاهير. Quatremère, Maml. I, 1, 243, avait d'abord expliqué ce mot par *housse*; mais il est revenu sur cette interprétation pour la rétracter, I, 2, 137; en disant que c'est plutôt: *les bandes plus ou moins larges, qui serrent la poitrine du cheval*.

مُشَهَّر, en parlant d'un vêtement, *orné d'un bord d'une autre couleur*, Macc. II, 357, 16 (cf. Add.), dans des vers sur un jeune homme dont la barbe commençait à pousser:

وهل أقتنى الاثواب الّا المشهّر

Dans un passage de Macrîzî, cité Vêtem. 354, il faut

substituer, comme la grammaire l'exige, مشهرة à مشهرة; on y lit que les émirs et les soldats portaient, de même que le sultan, اقبية اما بيض او مشهرة أحمر وازرق « des *cabás* (entièrement) blancs, ou bordés de rouge et de bleu. » Déjà en ce sens dans la tradition, comme me l'a fait observer M. de Goeje, qui cite Fâïk I, 632: عمر رضه وقد اليه عامله من اليمن وعليه حلّة مشهرة وهو مرجّل دهين فقال هكذا بعثناك فامر بالحلّة فنزعت والبس جبّة صوف النخ. Dans le commentaire on trouve l'explication: اى فاخرة موسومة بالشهرة لحسنها; mais M. de Goeje pense que la signif. que j'ai donnée convient mieux. Voyez aussi مُشَهَّرَة. — L'expression ثياب مشهرة désigne aussi: *l'accoutrement bizarre dont on affuble un criminel quand on le promène ignominieusement par les rues*, Bayân I, 268, 6 a f.: ثم أخذ اسيرا وأدخل مصر على جمل قطيفى به بثياب مشهرة ثم قتل ۞

مُشَهَّرَة *vêtement orné d'un bord d'une autre couleur*, Kâmil 682, 4 et 8, 777, 12; cf. مُشَهَّر.

مَشْهُور *orné*, Diwan d'Amro'lkaïs ۳°, 4, cf. 99. — حرب مشهور *guerre ouverte, déclarée, commencée*, Bc. — *Une tradition authentique provenant simultanément de plus de deux individus d'entre les Compagnons*, de Slane Prol. II, 484. D'après v. d. Berg, 5, c'est: une tradition qui, bien que rapportée par des Compagnons, ne mérite cependant qu'une confiance relative. Autrement dans le M, à savoir: une tradition qui, au Ier siècle, n'a été rapportée que par quelques-uns, qui s'est répandue au IIe, et qui, dans la suite, a été rapportée par un grand nombre de traditionnaires, qu'on ne peut soupçonner de s'être accordés pour mentir.

مُشاهِر *mensuel*, Ht.

مُشاهَرَة, مشاهرة, *quand il est question de payer, par mois, mois par mois, au mois*, Macc. II, 703, 4 a f. (biffez من et cf. Lettre à M. Fleischer 227), فرض لكلّ واحد خمسة عشر دينارا مشاهرة, Abou-Hammou 164. — *Substantivement, mois, la paye d'un mois*, Domb. 57. — *La paye d'une année*, Fakhrî 359, dern. l.: ومشاهرتنا بتحقيق مشاهرة. كل سنة مئة ألف دينار *sequin de Venise d'une espèce particulière, dans lequel les figures sur chaque côté correspondent, la tête à la tête, et les pieds aux pieds*, Lane M. E. I, 392.

اِشْتِهَار *prononciation, publication*, Alc. (pronunciacion, publicacion).

شاهسفرم = شهسفرم, Payne Smith 1110.

شهترج = شَهْطَرَج, Payne Smith 1633.

شَهَق I. شَهْقَة *pousser un grand soupir*, Bc; in re venereâ, 1001 N. I, 600, 7, cf. le n. d'act. شهيق, ibid., 282, dern. l. Aussi: *faire une exclamation d'étonnement*, Bc.

شَهْقَة *exclamation de surprise*, Bc. — *Toux violente et qui empêche la respiration*, M.

شَهِيق *sanglot*, Bc, Hbrt 229.

شهل II c. a. p. semble signifier *rendre à quelqu'un les derniers honneurs*, 1001 N. II, 467, 4 a f.: أخذ فى تجهيزه وتشهيله (de même dans l'éd. de Boul. et dans celle de Bresl.). — *Bâcler*, expédier à la hâte, *sabrer*, expédier précipitamment, *trousser*, Bc.

V. تشهّلت الحاجة *la chose est faite, prête, terminée*, M. — En parlant d'un vêtement, *être un peu trop court*, M. — تشهّل الرجل للعمل *être prêt pour le travail*, M.

شُهْلَة *la couleur du vin quand il est* أشْهَل (voyez), Gl. Mosl.

شَهِيلَى proprement *chaleur accablante*, à Constantine *le vent du sud, le sirocco*, Martin 175, *vent très-chaud du sud-ouest*, Margueritte 85.

أشْهَل *fauve*, Bc; se dit des sentiers d'un jardin dont la couleur noire est devenue cendrée par la pluie, et aussi du vin dont la couleur jaune est devenue plus pâle, soit parce qu'on y a mêlé de l'eau, soit par la couleur de la coupe, Gl. Mosl.

شهم.

شَهْم. Le pl. شُهْم dans le Voc.; *audax, strenuus*, Voc, *énergique, vaillant*, Bc; cf. Recherches I, p. XL, 1, Holal 47 v°: وكان فاتكا شهما قاطع سبيل, 79 v°: وكان شهما بطلا شجاعا.

شَهَامَة *énergie; — héroïsme, vaillance*; — فرمة القلب *fermeté*, Bc. — *Noble fierté*, fierté d'âme, de caractère, M. (عند المولّدين عزّة النفس وترفّعها عن الخسائس).

شَهْمَت I c. a. p. (formé de شَهْمَات (شاه مات)) *donner échec et mat*, Voc.

II quasi-pass. de la Ire, Voc.

شاه مات = شَهْمَات, *échec et mat*, Alc. (mate en el axedrez), P. Macc. II, 673, 1, P. Prol. III, 405, dern. l.; voyez sous شاه.

شين.

شاهين pl. شَواهين *statera*, Voc.

شاهين = شاهين, P. Macc. I, 629, 14.

شاهين *gerfaut*, Bc.

شَهَنْشَاه chez Motenabbi = شاهنشاه, *roi des rois*, M, qui cite le vers qu'on trouve dans l'éd. de Dieterici p. 762, vs. 23, mais cette éd. a le *fatha* dans la deuxième syllabe.

شَهْنَشِين (شَهْنَشِين) (pers.) *balcon*, Bc.

شَهْنَق I (semble formé de شَهِيق) *braire*, Bc, Hbrt 60.

تَشَهْنُق *braiement*, Hbrt 60.

شهو IV ما أشْهَى بفلان *quel désir m'inspirait-il de me rendre auprès d'un tel*, P. Macc. I, 727, 2 a f. (cf. ma Lettre à M. Fleischer 119).

VIII *être en chaleur* (jument), Alc. (pararse la yegua); cf. plus loin le n. d'act.

شَهْوَة, *passion*, a chez Bc le pl. شَهَاوَى. — Répond à ἐπιθυμία, *l'appétit concupiscible*, tandis que غَضَب ou غضبية est θυμός, «*l'appétit irascible*,» de Slane Prol. I, 385 n. — *Appétit, désir de manger*, M, Bait. II, 157 a: وهو من بقول المائدة يقدّم عليها منذ اطرافه الرخصة مع النعنع وغيرها من البقول فينهض شهوة كُليْبِيَّة. — الشهوة ويطيّب النكهة Gl. Manç. in voce. — *Ce que quelqu'un désire manger*, R. N. 93 r°: ma femme qui est grosse a envie de manger du poisson, mais je n'ai point d'argent pour en acheter; veuillez donc me prêter un quart de dirhem اشتري لها به شهوتها, ibid. 99 v°: اقام ثاقت نفسي الى هذه الشهوة. — *Envie, signe dans le*

---

corps apporté en naissant, Bc. — *Sperme, liqueur séminale*, M.

شَهْوَانِي *concupiscible*, Voc. — *Adonné aux femmes*, Alc. (dado a mugeres, mugeril onbre dado a mugeres), *luxurieux*, Alc. (luxuriosa cosa), Bc, *lascif*, Bc, Hbrt 244, *charnel, voluptueux, libidineux, lubrique, sensuel*, Bc.

الاشتهاء, en parlant d'arbres, *l'époque où ils sont près d'ouvrir leurs boutons et de montrer leurs fleurs*; c'est, suivant l'expression des jardiniers en France, *quand l'arbre entre en amour*, Auw. I, 433, 6, 8, avec la note de Clément-Mullet I, 404, n. 1.

مُشْتَهَى espèce d'arbre fruitier, *sorbier* ou *cormier*, qui, chez Alc. (serval) porte un nom un peu différent, à savoir «muchahia,» pl. «muchahí;» voyez Gl. Edrisi; aux passages qui y sont cités on peut ajouter: Calendr. 91, dern. l., Most. dans l'article que j'ai donné sous اجّاص et auquel l'auteur renvoie sous زعرور, Auw. I, 20, l. 20, 88, 5 a f., 93, 6 a f., 271, Ibn-Loyon 20 v°; Bait. I, 533 a, dit que *mespilus germanica* s'appelle en Espagne المشتهى (lisez ainsi avec A). Si ce mot désigne aussi *l'alisier, cratægus aria L.*, comme l'affirment Banqueri et Clément-Mullet (I, 250, n. 2), il pourrait bien être une altération, comme Banqueri (I, 271) semble l'avoir soupçonné, de l'espagnol *mostayo* ou *mostajo*, qui désigne le même arbre, et qui vient du latin *mustace*. — *Rave* (plante), Voc.

شَهُون (formé de شهو), *racine*).

شَهْوَنَة *lubricité, luxure*, Bc.

مُشَهْوَن *lubrique, luxurieux*, Bc.

شَوَاصِرا (syr. selon Vullers) *Chenopodium Botrys*, Bait. II, 113 b (SB; A شَواصيرا), 517 e (AB).

شوب II signifie مَسّهُ الحَرّ, M, *hâler, rendre basané*, Bc; peut-être en ce sens chez Chec. 191 v°: le meilleur pain كان شبيهًا باسفنج البحر في التشويب والتنقيب; l'auteur semble vouloir dire, en employant ce verbe, que ce pain a la couleur d'une éponge; — *échauffer le sang*, Hbrt 35; — *tenir trop chaud*, p. e. الفروة تشوّبني «la pelisse me tient trop chaud;» — *échauffant*; انا مشوّب *j'ai chaud* (je suis incommodé par la chaleur), Bc.

V *s'échauffer*, Bc.

شَوب *chaleur*, M, Hbrt 163, *chaleur de la température, chaud*, p. e. هون شوب « *il fait chaud ici*, » *hâle*, Bc. — *Le simoun*, comme مُدَّعَا en syr., Payne Smith 1621, Daumas Sahara 3. — *L'affreuse soif des déserts; plus on se gorge d'eau, moins on s'en rassasie*, Ouaday 545.

شَوبَة pl. شُوب *rayon de miel*, Alc. (*panal de avejas*).

تَشْوِيبَة *dérangement de la santé quand on s'est trop échauffé en marchant durant les grandes chaleurs*, M.

شوباصى (turc صوباشى) *administrateur d'une métairie*, M. — *Employé qui tient les filles de joie renfermées dans sa maison et les loue aux musulmans*, M, cf. mon article مَزوار, à la fin.

شُوبَش (pers. شاباش) *cadeau en argent qu'on donne au* خَلْبُوس *ou bouffon*, Lane M. E. II, 302 (shóbash), 1001 N. III, 466, 8 a f.

شُوبَند (pers. چوب بند) *poitrail du cheval, servant à le garantir des mouches*, M.

شوت.

شائَة *nuque, chignon*, Ht.

شَوح II, en parlant d'un homme, *courir* (ركض) *en étendant les mains*, M.
V *se ceindre le corps avec*, ب, Ztschr. XXII, 130.
شلح *géranium*, Daumas V. A. 172. — شاحة et شوح *pin, sapin*, Ht.
شوح *voyez ce qui précède*.
شُوحَة *milan (oiseau de proie)*, Bc, M.
شَواحِى pl. شواحى *barre, pièce de fer ou de bois; poutre, solive; charpente, pièces de bois disposées pour être assemblées*, Bc.
شُوحِيَّة *ceinture de laine brodée*, que les femmes mettent trois ou quatre fois autour du corps, Ztschr. XXII, 94, n. 17, 130.
شُوحَة *petit ornement d'argent qu'on suspend à la tête des enfants*, M.

شوخلة (sic) *recoin*, Roland.

شود.

Xuéda (esp.), *consoude (plante)*, Alc. (*suelda yerva*).

شَوذَق I voyez Freytag 406 a.

شَوذَق *gerfaut ou sacre* (cf. شاذانق), P. Abd-al-wâhid 107, 7. Le Voc. donne شَوَاذِنى comme pl. de شُوذانِـق.

شور I, vulg. pour la IVe, aor. *i, faire des signes*, Alc. (*hazer señas*); — c. الى p. *indiquer*, Cartâs 147, 6; — aor. *o*, c. على p. *donner un avis, un conseil à*, Bc, c. على p. et r. *conseiller*, Bc, M; — *convaincre, persuader, délibérer*, Ht.

II c. a. p. *donner à sa fille un trousseau* (شوار), R. N. 84 v°: وشور رجل ابنته بشوار كثير حسن. — *Se placer sur le bord d'un lieu élevé* (شوار), p. e. *d'un toit*, M. — Voyez sous نَوَّق.

III. Quand on parle du *courtier qui consulte le vendeur*, c.-à-d., qui lui demande s'il peut vendre une chose à un prix qu'il nomme, ce verbe se construit c. a. p., 1001 N. II, 217, 7, et l'acc. du prix, Bresl. II, 201, dern. l.: فجاء الدلال عندى وشاورنى خمسين دينار « le courtier me demanda s'il pouvait laisser (le collier) pour 50 dînârs. » C. على p. *pour quelqu'un, en son nom*, avec ب du prix, Macn. I, 292, 3: رح وشاور على باربعة آلاف دينار « allez, courtier, et offrez en mon nom (au vendeur) 4000 dînârs, » et aussi avec l'acc. du prix, ibid. l. 7: شاور على اربعة الاف. Mais la prép. على s'emploie aussi dans le sens de *pour* quand on indique la chose qu'on veut acheter, Macn. II, 100, 7: comme on offrait une belle jeune fille à vendre, le vizir dit au courtier: شاور عليها بالف دينار « offrez pour elle 1000 dînârs. » — Voyez sous le n. d'act.

IV. أَشْوَرَ *demander conseil, consulter*, Voc., Alc. (*demandar consejo*); — c. ل et ب *demander permission*, Voc.

X c. ب p. *demander conseil à quelqu'un, consulter*, Bc.

شُوَر *expliqué par* اختيار, Diw. Hodz. 215, 7 a f.
— Pl. أَشْوَار *avis, conseil, consultation, inspiration, motion, proposition faite dans une assemblée*, Bc, cf. M. — *Espèce de verroterie*, Ouaday 343 (*chôr*).

شُورَة conseil, Bc. — فُوطَة (voyez) brodée, M; espèce de voile, Petermann Reisen I, 118. — Dans le Hidjâz, nom d'un arbre décrit Bait. II, 114 o, à ce qu'il semble = شُورَى chez Freytag et Lane.

شُورَة trousseau, Roland. — Terrain long et étroit, M. — Rangée d'arbres; جَرّ الشورى l'espace entre deux rangées d'arbres, M.

شُورَى, comme n. d'act., consulter, Berb. I, 631, 7 a f.: اخذ عشاء للشورى معه في بعض المهمات — Quand il fut question du mariage de sa fille, Moâwiya dit, chez Ibn-Badroun 176, 5: جعلت نهها في نفسها شورى, c.-à-d., je lui ai accordé la permission de disposer elle-même de sa main. — [ou جعل ترك]. — خلافة شورى, voyez Lane; on donne aux six hommes nommés par Omar, qui devaient choisir l'un d'entre eux pour calife, les noms de: ذوو الشورى, اهل الشورى, اصحاب الشورى, de Jong. Cf. Haiyân-Bassâm I, 9 v°, en parlant de l'Omaiyade Abdérame, qui devint calife sous le titre d'al-Mostadhhir: il resta caché à Cordoue en tâchant de gagner des partisans, jusqu'à ce que les vizirs qui étaient alors au pouvoir اعلقوه بالشورى عند ايقاعها في ذلك الوقت لظهور مراعاته براعته (l. براعته), après quoi l'auteur dit que ces vizirs formèrent une liste de trois candidats, parmi lesquels les grands, l'armée et le peuple devraient choisir. Voyez aussi Recherches I, App. XL. — Tribunal pour écouter les plaintes, M: مجلس الشورى أو الشُّورَق بلفظ النسبة; الديوان المنصوب لاستماع الدعاوى عُرفِها Bat. II, 190: les procès et les plaintes, qui doivent être jugés d'après les prescriptions du droit canon, sont de la compétence du cadi; «les autres causes sont jugées par le اهل الشورى, c.-à-d., les vizirs et les émirs.» C'est donc ici: un tribunal, composé des principaux dignitaires de l'État, qui juge d'après le droit coutumier. — Conseil, composé de fakihs, qui donne des fetwas, Haiyân-Bassâm III, 140 v°, en parlant d'un calife: وزاد في رزق مشيخة الشورى من مال السقى ففرض لكل واحد منهم خمسة عشر دينارا مشاقرة فقبلوا ذلك على خبث اصله وتساهلوا في ماكل لم يستطب; plus loin il les appelle فقهاء الشورى Berb. I, 244, 7 a f.; وافتاء الفقهاء واهل الشورى. — Il y a المغرب والاندلس جلعهم وانتزاع الامر من ايديهم avait aussi dans les villes considérables un seul mufti, nommé par le sultan, le peuple ou le cadi, et dont

l'emploi s'appelait خطة الشورى, Bassâm II, 76 r°, où il est question du peuple de Niebla: خطة فولوا الشورى, Macc. I, 566, والقوا اليه مقاليد الفتوى: 1 ولى خطة الشورى بمرسية مضافة الى الخطبة بجامعها Ibn-Abdalmelic 135 v°: وازمحته الفتنة الواقعة بالاندلس سنة 539 عن بلده فصار الى مرسية وولاه القاضى بها وبامامها ابو العباس بن لخلال خطة الشورى ثم قضاء بلنسية; cet emploi s'appelle aussi الشورى tout court, Meursinge نه, 5 a f. (jurisconsulte espagnol du IV° siècle): عرض علية السلطان الشورى فامتنع. — Conseil administratif dans une ville, Prol. I, 41, 2, Berb. I, 433, 5, 481, 8, 604, 2, 625, 3 a f. Ces conseils se composaient de fakîhs ou jurisconsultes (Berb. II, 60, 1) qui appartenaient aux maisons les plus considérées. Ils remplissaient les fonctions d'ambassadeurs auprès des souverains, recevaient les agents qui venaient de la part du calife, et s'occupaient de tout ce qui concernait l'utilité publique; voyez Berb. I, 636, 10 et suiv. — Dans des temps de troubles, ces conseillers municipaux se déclaraient indépendants et formaient une république dont ils étaient les chefs. En parlant d'une ville où cela a lieu, on dit صار أمرها الى الشورى, Berb. I, 295, 1, 539, 6 a f., 637, 3 a f., 639, 5, ou صار اقلها الى الشورى فى امرهم I, 205, 4 a f., elle se constitua (ou les habitants se constituèrent) en république. Pour exprimer que certains conseillers devinrent, pour ainsi dire, les consuls de la république, on dit: صار الأمر شورى بينهم, Abbad. II, 208, 12, Berb. I, 400, 7 a f., 599, 7. Les chefs de la république, les consuls, s'appellent اهل الشورى Berb. I, 599, 8 a f., ارباب الشورى من المشيخة, 626, 7 a f. Quand un d'entre eux usurpe le pouvoir et substitue sa propre autorité à celle du conseil, on dit: استبد بشورى البلد, Berb. I, 530, 5, expression qui s'emploie aussi en parlant de plusieurs usurpateurs qui changent la république en oligarchie, 627, dern. l. Enfin محى أثر الشورى منها se dit du souverain qui rentre dans ses droits et abolit la forme de gouvernement républicain, 599, 10. — Le conseil d'un prince, le conseil d'État, Berb. I, 381, 4: après la mort de ce prince, افترى الموحدون في الشورى فريقين بين الخ (l'auteur nomme deux princes du sang).

Les membres de ce conseil s'appellent اهل الشورى, 441, 10.

المَجْـلِس الشَّوْرَى voyez le M sous l'article qui précède.

شُورَى sorte de poisson, Cazwînî II, 366, 9. — شُورَى الجَهاز ou شُورَى البيات sont des termes de musique qui signifient نهزة مرتفعة تستعمل فى وسطها [ce qui ne m'est pas clair], M.

شُورِيَة encensoir (seulement celui dont on se sert dans les églises), Bc.

شُوَار, trousseau, a le pl. شُوَر, Arnold Chrest. 157, 1, et chez Alc. أُشْوَر (casamiento dote, dote o casamiento de hija). — بشوار louablement, Alc. (loablemente). — جعل شوار لفلان il nomma un tel son conseiller, Berb. I, 388. — Bord d'un lieu élevé, p. e. d'un toit, M. — Voyez sous لَزَقَ.

شُوَار celui qui conseille; شوار عصيد meneur, chef de parti, Bc.

إِشَارَة enseigne, marque, indice, signe; pl. أَشَايِر (que Saadiah (dans Abou'l-Walîd 795, 14) et Alc. ont aussi) signes, phénomènes dans le ciel; اشاير مكر fausses enseignes; symptôme, Bc. — Signe, geste, Bc; signe qu'on fait avec le doigt, Alc. (señal del dedo); geste convenu entre deux personnes pour s'entendre, Alc. (señas para se entender). Comme n. d'act., faire des gestes, Notices 181, n., dern. l. — Signal, Bc. — Renvoi, signe qui renvoie à une citation, à une note, Bc; je ne sais si Alc. (señal para alumbrar escritura) a eu en vue le même sens. — Criterium, Bc; Macc. I, 939, 18 (cf. Lettre à M. Fleischer 148). — Présage, pronostic, Bc. — Symbole, emblème, figure symbolique, Bc; il est souvent question des اشارات des Soufis, p. e. Ghazâlî, Aiyohâ'l-walado 4, 3 a f., 30, 4 a f. éd. Hammer, Macc. I, 476, 12, 503, 5, 582, 8, Bat. IV, 344. — Allégorie, figure allégorique, Bc. — Blanc, but où l'on tire, Alc. (blanco la señal), غَرَض فِى الاشارة (ou على) ou قصد الاشارة, viser au but, Voc.; اصاب الاشارة frapper au but, Voc. — Cocarde, Bc. — Avertissement de Dieu, 1001 N. III, 422, 10 (où l'éd. de Bresl. porte مشورة). — Drapeau, bannière, Lane M. E. II, 210, 1001 N. Bresl. IX, 196, 4, où l'éd. Macn. a رَايَة. — Procession de derviches, parce qu'ils portent une bannière, Lane

M. E. II, 210. — الاشارة (برج) آلة télégraphe, Bc.

مُشَار. المشار اليه, proprement l'homme que tout le monde montre au doigt, désigne celui qui jouit d'un grand respect, ou qui occupe un haut rang, de Sacy Chrest. II, ∞, 8 et 169, Bât. II, 58, etc.; aussi: celui qui a été nommé honorablement ci-dessus, M. — مشار اليه بالهتبيكة noté d'infamie, Bc.

مَشْوَر, terme maghribin, signifie proprement: l'endroit où le monarque tient son conseil, où il traite avec ses grands les affaires publiques, Vêtem. 42—3, Ramos 119. C'est un très-grand carré entouré de murs, ordinairement découvert, et orné de piliers et de bas-reliefs en marbre, Vêtem. 43. Le souverain y donne aussi des audiences publiques, pour rendre la justice; c'est ce qu'on appelle «faire le mechwar» (Chénier III, 166), et de là vient que ce mot est expliqué aussi par salle destinée aux audiences, Vêtem. 43, Hay 33 (cf. 68). Aussi: l'audience publique elle-même, Vêtem. 44. En outre le souverain dîne dans cette salle avec les grands, Vêtem. 43, Cartâs 248, 16 et suiv., et y fait quelques-unes de ses prières, Cartâs ibid. l. 11. — Une partie d'un palais, séparée du reste de l'édifice; il y a des mechwar pour les renégats qui accompagnent le roi quand il sort, pour les femmes, etc., Vêtem. 43. — Palais, Mocquet 183, Mouette (à la fin). — Forteresse, citadelle, Vêtem. 44, Memor. hist. VI, 376, Morgan I, 371, II, 48, R. d. O. A. XV, 354, J. A. 1844, I, 416 (où il faut traduire ainsi), Bargès 358. — صاحب المشور secrétaire d'Etat, Alc. (secretario = كاتب السرّ). — مولى المشور maitre des cérémonies, Hœst 152.

مَشْوَرَة permission, dispense, exemption de la règle ordinaire, Voc. (licencia), Alc. (dispensación), Çalât 21 r°: ودخلوا موضعهم وجتنعهم عليهم دون اَن ولا مشورة, Antar 51, 4. — Avertissement de Dieu, 1001 N. III, 420, 14, Bresl. IX, 204, 4 (où l'éd. Macn. a اشارة). — على مشورة à condition, 1001 N. Bresl. IX, 219, 8 et 9; voyez sous مَشْوَار.

مَشْوَرَى portier, Rojas 56 r°.

مُشِير conseiller, de Sacy Dipl. XI, 44, 9. — Titre d'un dignitaire qui est au-dessus du vizir, M.

مُشِيرِيَة le poste de مُشِير, M. — Le pays gouverné par ce dignitaire, M.

شوريّة   801   شوش

مِشْوار *commission*, course de commissionnaire, Bc.
— *Course, voyage, prix d'une course*, Bc, M. J'ignore quel sens il faut attacher à l'expression عشرة مشاوير, 1001 N. III, 470, 4 a f.

مُشاوَر. Un مشاور, فقيه qu'on appelle aussi simplement un مشاور, est *un jurisconsulte à qui l'on demande des fetwas et qui les donne*, Macc. I, 243, 14 (deux fois), 564, 8, 808, 18, 876, 16, etc.

مُشاوَرة. على المشاورة *à condition*; c'est, p. e., lorsqu'un marchand vous envoie des objets en vous priant de les examiner et de faire un choix, 1001 N. III, 430, 14: انا آخذ هذا المصاغ على المشاورة فالذى يُعْجِبكم يأخذونه وآتى اليك بثمنه l'éd. de Bresl. porte على مشورة.

مُسْتَشار *conseiller d'État*, M.

شَوْريّة et شوريجة et شوربجة *potage, soupe*, voyez sous شربة.

شُورَج (pers. شوره) *nitre*, Bait. II, 531 b. Dans nos man. l'article entier est: ملح الدباغين هو الشورج من المنصورى.

شوس.

شُوصَة. Dans L: *pleuresis (dolor)*: واحَتْهُ وشُوصَة; cf. شوصة.

شَوَّش I *flotter*, comme la شُوش, les longs cheveux, au gré du vent. En parlant du cheval, on dit يشوش, quand il branle la tête, quand il le fait aller deçà et delà; de même en parlant du derviche quand il branle la tête pendant le ذكر, Ztschr. XXII, 140. Je trouve le partic. pass. dans ce passage du Al-Faradj ba'da 's-chiddati, man. 61, p. 173: Après avoir assisté à un festin chez un de mes amis, je retournais à ma demeure vers la fin de la nuit, فلما صرت فى قطعة من الشارع فاذا مشاعلى الطائف فرهبته ولم أدرِ ما اعمل فرايت شرجة مشوشة ففتحتها ودخلت ورددتها كما كانت وقت فى الدكان ليجوز الطائف واخرج وبلغ الطائف الموضع فراى الشرجة مشوشة فقال فتّشوا هذا الدكان. Quoique le man. ait un petit حا sous le grand, il est certain qu'il faut lire شريجة, avec le djîm (voyez Lane sous ce mot). L'auteur semble indiquer que la porte de jonc de la boutique branlait, n'était pas bien fermée. Afin qu'on ne soit pas tenté de prononcer مُشَوَّشَة, j'observerai encore que le man. n'a pas de *techdîd*. — *Être en émoi*, Djaubarî 6 r°: والمدينة قد شاشت, Bâsim 36: tous les bains publics furent fermés sur l'ordre du calife, فشاشت العالم وقالوا الخ. — C. على *chasser* un animal féroce, 1001 N. Bresl. VI, 229, 1: فالتقى السبع هو وجنده فشاشوا على السبع ولم يزالوا عليه حتى يشوش على منقار قتلوه. — *Sucer*, Alc. (chupar). — منقار (vulg. pour منقار) se trouve dans le Voc. entre «*imperium*» et «*inpetere*,» mais l'explication latine manque; on retrouve cette expression sous «*victus*» et elle doit signifier *gagner sa vie*, car elle y est l'équivalent de سبّب على روحه. Cf. plus loin مُشاش.

II *incommoder, causer une indisposition, faire mal, causer un mal, une maladie*, Bc, Voc. (turbare propter malos humores). — C. على p. ou avec بالله *embarrasser*, mettre en peine, donner de l'irrésolution; c. على p. *incommoder, gêner, troubler le repos, la tranquillité* de quelqu'un, Bc, Prol. II, 187, 2 a f., Macc. III, 755, 28, Amari Dipl. 199, dern. l., 201, 1, 9, lisez de même 199, 7 et 9, 201, 5, 1001 N. I, 93, 12, 841, 3 et 4; cf. Bâsim 13: واغصبتمونى وشوشتم خاطرى. — On dit العرب مشوشة et شوّشت العرب, lorsque les Bédouins, à la nouvelle de l'approche de l'ennemi, courent çà et là parmi les tentes pour aller chercher leurs armes, Ztschr. XXII, 140. — *Remuer la queue*, Alc. (rabear). — *Jeter la balle de paume*, Alc. (botar la pelota). — En parlant de cheveux, *croître sur les tempes*; le M cite ces vers:

بخّده من بقايا اللثم تخميش
وفى لتشويش ذاك الصدغ تشويش

et il donne cette explication: أى وفى مرض نبات الشعر فى صدغه.

V *être mis en désordre* (armée), Koseg. Chrest. 109, 6 a f. Dans le Roman d'Antar, lorsque l'esclave Dâdjî entre en colère: تشوّشت أخلاقه. Koseg. Chrest. 86, 11; M. Wetzstein, en citant ce passage du Roman (Ztschr. XXII, 140), donne شوّشت; l'éd. de Caussin de Perceval (6, l. 6) كبّرت أخلاقه. — *Se tromper ou radoter*, Djob. 169, 9. — *Être triste, mélancolique*, 1001 N. I, 46, 12, 145, 3. — *Être malade*, Voc. (v° turbare), M, Hbrt 32, 1001 N. I, 405, 6.

VI *se révolter*, Gl. Badroun.

VIII. On dit aujourd'hui à Damas: اِشْتاش عَقْلُهْ ils étaient consternés, Ztschr. XXII, 140.

شاش pl. ات mousseline, Bc, Hbrt 20, M, Maml. I, 1, 137, II, 2, 77. — La longue pièce de mousseline ou de soie que l'on roule autour de la calotte du turban, Vêtem. 235 et suiv., Maml. II, 2, 77, Bc, M. — Sorte de coiffure que les femmes en Egypte inventèrent vers l'année 780 H., et qui ressemblait à une bosse de chameau. Elle prenait sur le front de la femme, et se terminait vers le dos. Quelquesunes avaient de longueur environ une coudée, et de hauteur, moins d'un quart de coudée. On ornait cette coiffure d'or et de perles, et on dépensait à cet effet des sommes considérables, au grand scandale des rigoristes, Vêtem. 239 (cf. Defrémery Mémoires 150), Maml. II, 2, 77.

شُوش calotte, Barth I, 130, 3 a f. — N. d'un. ة, en Afrique, nom d'une plante qui ressemble à l'ivraie. Elle porte des graines écarlates, avec une pointe noire, qui sont petites, rondes, lisses et dures; les femmes en font des colliers, des bracelets et d'autres ornements, Browne II, 45—6, 93, Burckhardt Nubia 283, Ztschr. XVIII, 567.

شاشة = شاش dans le sens que j'ai donné en second lieu, Bg 780, 798.

شُوشة chevelure, et en général tous les poils longs qui croissent en plusieurs endroits du corps humain, M; chevelure d'une femme, 1001 N. I, 630, 2 et 3, d'un homme, Bresl. IX, 265, 11 (lisez بشوشته). Cheveux coupés sur les tempes, Roland. Toupet, Ouaday 676. Touffe, Bc. Spécialement: la touffe de cheveux que les musulmans laissent croître sur le sommet de la tête, Ztschr. XVII, 390, Burton I, 159, II, 77, 81, Lane M. E. I, 38. — Crinière, Hbrt 59. — Crête, huppe sur la tête des oiseaux, des serpents, Bc; Ztschr. l. l. — Aigrette, sorte de panache, Bc; le panache du soldat européen, Ztschr. l. l. — La touffe de filaments blanchâtres à la pointe de l'enveloppe verte de l'épi du maïs, Ztschr. l. l. — Pl. شواشى cime, sommet, faîte d'un arbre, Bc. — Voyez sous شوش. — ريال شوشة ou ريال أبو شوشة voyez sous ريال.

شوشان (pl.) les enfants des esclaves, Lyon 289.

شاشية. Biffez la signification de mousseline que Freytag donne sur l'autorité de Silv. de Sacy; c'est شاش qui a ce sens, mais شاشية ne l'a nulle part. Par contre, Freytag aurait dû noter l'autre sens indiqué par de Sacy: au Maghrib et anciennement en Egypte, la calotte qu'on pose sur la tête, et autour de laquelle on roule la pièce d'étoffe pour former de cette manière le turban; on la porte aussi sans la pièce d'étoffe, Vêtem. 240 et suiv., Voc. (capellus (bireta)), Alc. (bonete, casquete de cuero من جِلْد). — Béret de brocart, de satin ou de damas, broché d'or et orné de pierreries, que les dames à Alger portaient aux fêtes, Vêtem. 243. — Capuchon du كَبُّوط ou caban, Martin 127. — Bonnet de papier en forme pyramidale qu'on met sur la tête de certains criminels, Alc. (coroça). — شاشية من حديد casque, Alc. (casquete de hierro). — grande scie, ou bien: sorte de serpe emmanchée d'un grand bâton pour couper et arracher les épines, Alc. (calaboço de hierro). — Sorte de mets que Chec. 196 v°, décrit ainsi: وهى الغرطون من الاطعمة المستلذة وهو لحم مطبوخ يُعْقَد ببيض مصرية يتناول فى زيت محمى وباق حسن المنظر طيب الطعم. — Le pl. شواشى ramilles, menus bois en fagots, Bc.

بالشويش peu à peu; bas, doucement, à voix basse, tout bas, Bc; formé du dimin. de شىّ.

أبو شويشة porreau, Mehren 30.

تشويش confusion, embrouillement, voyez sous خبط II. — Incommodité, indisposition, malaise, mal-être, Bc, maladie, Bc, Hbrt 32, cf. sous II; تشويش البحر mal de mer, Bc; تشويش الخاطر incommodité, peine que cause une chose incommode, trouble, inquiétude, agitation de l'esprit, Bc. — Querelle, rixe, Payne Smith 1510.

مُشاش entretien, subsistance, Voc. (victus).

مُشَوَّش incommodé, un peu malade, indisposé, mal portant, malade, Bc, 1001 N. Bresl. I, 116, 8. — الجناس المشوّش sorte de paronomase, comme lorsqu'on dit: مَتْقَضى لما صَدَّ عَنى. Si le noun de عنى n'avait pas de techdîd, ce serait un مركّب, et si صدّ était un seul mot, ce serait un جناس محرّف عنى, M; cf. Mehren, Rhetorik, 160. — عبارة مشوّشة est , فى ما كانت غير مستقيمة فى التركيب او فى المعنى M. — Sorte de pâtisserie, Vullers.

تغيمان مشوشة sorte de mets, Aghânî 8, dern. l.:

شوشار 803 شوف

عندي أُطعمكما مَشْوشَة وقَلِيَّة, 9, 2. Kosegarten a fait imprimer مَشْوشَة, et d'après un dict. persan cité par Vullers, مَشْوش est une espèce de mets auquel on donne de la consistance au moyen d'huile, de miel et de blanc d'œuf; mais selon un autre dict., qu'il cite également, ce mot doit se prononcer مَشَوَّش, et alors ce serait مُشَوَّش dans l'Aghânî. Quoi qu'il en soit, ce mets ressemble à celui que Checouri décrit sous le nom de شاشِيَة.

شُوشار buis, Alc. (box); cf. sous شمشاد.

شَوْشَرَة grabuge, désordre, querelle, quanquan, éclat pour une bagatelle, tapage, tumulte, vacarme, Bc, Ht, Hbrt 241.

شَوْشَفَة corporal, linge carré sur l'autel pour poser le calice, l'hostie, Bc.

شوص II c. a. et V dans le Voc. sous apostema.

شَوْصَة se prononce aussi شُوصَة, Gl. Manç. in voce; cf. شوصة — Pleurésie, Bc, M, J. A. 1853, I, 345. Ibn-Wâfid 4 r°, dans le chapitre باب فى امراض الحجاب الثانى :والنوع لا نفث معه ويبلغ وجعها الى الترقوة ويقال لها شوصة على الجاز — واما الورم الذى يعرف بالشوصة على الحقيقة فهو الذى حدث فى الغشاء الفاصل وهو الغشاء الذى يفصل بين الصدر والبطن من الجانبين وهو عصبانى ولا نفث معه ويبلغ معه الى الترقوة وتحتجب دلائل ذات الجنب فى الحمى وخمس الوجع وتواتر النبض وضعيف النفس ويعرض معه البرسام وهو الهذيان. Pl. شُوص apostème, Voc.

شوط I, n. d'act. شَيْط, brûler, v. n., en parlant d'un mets exposé à l'action trop vive ou trop prolongée du feu, M (cf. شيط). — Rester, être de reste, Ht.

II flamber, passer légèrement sur le feu, Alc. (socorrar, sarmuziar, verbe qui n'est pas dans mes dict., mais qui, selon feu M. Lafuente, a le même sens que chamuscar), p. e. faire griller ou cuire légèrement une perdrix pour qu'elle se garde plus longtemps, Alc. (perdigar la perdiz). — Sublimer, Voc.

V quasi-pass. de la IIe, Voc.

شَوْط partie d'échecs, 1001 N. IV, 196, dern. l. — Dans le sens de défilé, le pl. أَشْواط, Abbad. I, 225,

5, cf. 240, n. 79. — Chez Alc. «mangonada,» que Nebrija traduit par elusio, ludibrium, Victor par nasarde, moquerie, risée, chiquenaude, et Nuñez par coup de coude en signe de mépris. — Bois, bocage, buisson, broussailles, Alc. (bosque de arboles, breña mata, floresta, maleza o breña, selva por bosque, soto). Je soupçonne qu'en ce sens c'est l'esp. soto.

شَوْطَة nœud coulant, Bc; c'est pour أَنْشُوطَة, M.

شُوطَى الشاجر الشوطى sont p. e. le grenadier, le pommier, le prunier et le pistachier, Auw. I, 508, dern. l. Je crois que cet adjectif (que notre man. a avec le sin) dérive de شوط dans le sens que j'ai donné en dernier lieu.

شَوِيط vulg. pour شِيَاط, M (sous شيط).

شَوَاطَة houppe, pompon, Cherb. — Chapelet de perles attaché par les deux bouts à chacun des côtés de la coiffure, Descr. de l'Eg. XVIII, part. 1, 113. — Poignée d'épis, la Torre, qui a شَواط.

مَشْوط ivre, Voc.

شوظ.

طَبْعَه شَواظ il est d'une humeur intraitable, il fuit la société, M.

شوف I, polir, se dit spécialement d'une jeune fille qui rend ses joues unies et luisantes, et نَشُوفُ الجِلْد s'emploie en parlant d'un embrassement, Gl. Mosl. — Apercevoir, penser; أَشُوف تعيك je vous récompenserai de (je reconnaîtrai) votre peine; شاف حاله s'en faire accroire, présumer trop de soi; شاف مُناسبًا trouver bon; شاف مناما faire un rêve; يا ما تشوف je te ferai voir du pays, je te susciterai des embarras, Bc. — Surnager, Bc.

IV أَشْوف regarder de haut en bas, Alc. (mirar de arriba a baxo).

V c. على observer, considérer, Holal 8 v°: وإنّما تشوّف الامير ابو بكر بن عمر على احوال ابن عمّه يوسف فتشوّف على 30 r°, 49: ابن تاشفين وعلم حبّه فى الملك 59 v°: احوالهم وكيفية قتالهم غزاى الحج il se rendit vers ce château situé sur les bords de la mer ليتفقّد حاله وينتشوّف على الاجفان انى كان ينتظر وصولها من الاندلس. — S'amuser, se divertir, Voc.

شَوْف pl. شِيَاف *suppositoire*, Bc.

شَوْف *pommeau de la selle*, Cherb.

شَوْفَة *vue, action de voir, de regarder*, Bc; *regard en bas*, Alc. (mirada a baxo).

شُوفَان *avoine*, Bc, Ht; *épeautre*, J. A. 1865, I, 200; شُوفَان بَرِّى *folle avoine, bromos*, Bc.

شِيَاف, pl. ات, Voc., *collyre sec, topique dur, devant être appliqué sur les yeux*, Sang.; on trouve اشياف *comme sing. et comme pl. chez Payne Smith* 1518, 1521. — *Suppositoire, médicament sous forme solide, qu'on introduit dans l'anus*; aussi اشياف, qui, selon Sang., serait plutôt un pl. de شياف; voyez aussi Sang. sur شِيَاف أَبْيَض et أَحْمَر. — Most. v° مامِيثَا: هو عصارة نبات الخ — وتسمى هذه العصارة شياف مامِيثَا ٭

شَوَّاف, pl. ة, *espion*, Cherb., Daumas Sahara 332, Mœurs 308, 337, 377, 388, 390 (qui semble prendre le sing. pour le pl.). Le شَوَّاف est l'aide du خَبِير de la caravane, de Jong van Rodenburg 217.

شَوَافَة *pierre ponce*, Bc.

شَائِف. شَائِف الامِير «il est en grâce auprès du prince,» Bc.

شوق I. تَشوى بِشَوْق العَيْن «elles excitent du désir dans les yeux,» c.-à-d., «elles charment les yeux» (de Slane); poète populaire Prol. III, 369, 2 a f.

II c. a. p. et ب r. *inspirer à quelqu'un l'espoir de recevoir quelque chose*, Gl. Fragm.

V se construit aussi c. a., Gl. Fragm., Abd-al-wâhid 75, 1, 76, 15.

VIII, *aspirer à*, aussi c. على; اِشْتَقْنَا عَلَيْكَ «vous vous êtes bien fait désirer,» Bc. — *Regretter*, Ht. *Etre reconnaissant*, Ht.

شَوْق (دَنَف وشَوْق) *gloutonnerie*, L (a gula).

شوك II *avoir du poil aux parties honteuses, avoir atteint l'âge de puberté*, Gl. Fragm. — *Piquer, blesser avec des épines*, Alc. (espinar o punçar). — *Carder, peigner avec des cardes*, Voc.

IV *marcher sur des épines*, de là avec و — بَيْن *s'efforcer de choisir entre — et*, P. Prol. III, 344, 4 avec la note de M. de Slane; mais la leçon me semble douteuse.

V dans le Voc. sous spinetum.

شَوْك forme au pl. أَشْوَاك, M, Saadiah ps. 58, Abou'l-Walîd 455. *Ronce, arbuste épineux, épine, arbrisseau piquant*, Bc. Pour exprimer qu'un monarque arriva avec tous les soldats, jeunes et vieux, qu'il avait pu rassembler, on dit: جَاءَ بِجَرِّ الشَّوْكِ وَالشَّاجَر, Abd-al-wâhid 93, 5 (cf. Lane sous شوكة); Khatîb 67 v°: فى جيوش تجرّ الشوك والحجر (l. والشاجر). — *Tribule, chausse-trape* (plante), Alc. (abrojo). — شوك أَبْلِيس *cynara sylvestris*, Pagni MS. — شوك الجمير *leucacanthe*, Bc. — *carduus sylvester*, Domb. 74. — شوك الدَّرَّاجِين voyez sous دَرَّاج. — شوك الدِّمَن *Silybum marianum*, Bait. II, 114 e, où nos man. portent: شوك الدمن هو العكوب. — أَحْرَف — الاشتخيص = شوك العلك, Bait. II, 114 f. — الشوك désigne trois fonctions importunes, à savoir: témoigner en justice, agir par procuration et servir de caution, M.

شَوْك *piquant* (épine), Bc.

شَوْكَة *épine, arbrisseau piquant*, Bc. — *Chardon*, Bc. — *Aiguillon, dard d'insectes, de reptiles*, Bc. — *Ardillon, pointe*, Bc; cf. Payne Smith 1516, où τριβόλιον est ذو ثلاثة شوكات. — *Coin*, Ht. — *Molette de l'éperon*, Bc. — *Eperon*, Gl. Esp. 36—7. — *Arête*, Gl. Edrîsî, Müller 7, 1 (où il faut lire الشَّوْكَة). — *Hameçon*, Ht. — *Fourchette*, Bc, Hbrt 201, M. — *Petit ornement à deux pointes avec lequel les femmes attachent leur robe sur la poitrine*, M. — *Autorité, pouvoir*, M, Amari Dipl. 207, 6; de là vient qu'on appelle le sultan ذو الشوكة, M. — Au fig., *troupe de soldats*, Macc. I, 334, 12: وقد برزت من حاميتها شوكةٌ سابغةُ الدروع ٬ وافرةٌ للجموع" — *Ulcère très-douloureux, ordinairement dans le pouce*, qu'on appelle aussi ربيع الشوكة, M. — Doit signifier une partie d'un édifice dans un passage que je citerai sous تَقْرِيع.

— شوك ابراهيم *nom d'une plante, cent têtes*, Alc. (ciencabeças yerva); il a aussi ce terme sous «yerva de Sant Juan,» que Colmeiro explique par *Hypericum perforatum* L. et *Artemisia vulgaris* L. Cf. sous شُوَيْكَة.

شوك

الشَّوْكَة البَرَّانِيَّة épine-arabique, Most. v° شكاعى.

المُبارَكَة — chardon-bénit, Bc.

البَيْضاء — épine blanche, Bait. II, 114 n.

الزَّرْقاء — Eryngium bleu, Bait. II, 114 m.

الشَّهْباء — = بينوت, Bait. II, 114 k.

شَوْكَة الصَّبَّاغِين nerprun, Bc.

؟ الشَّوْكَة الطويبَة Bait. II, 313 a; leçon de AL; EHK sans points; ils sont incertaines dans B.

العَرَبِيَّة — = شكاعى épine-arabique, Most. sous ce dernier mot, Bait. II, 114 g (AB); — باذاورد épine blanche, Most. sous ce dernier mot.

؟ شَوْكَة العَصِير Auw. I, 61, 17, où le synonyme est écrit dans notre man. الحَسَك (sic).

العَقْرَب — solanum cordatum Forsk., Bait. I, 296 c.

العِلْك — en Espagne, = اشتخيص, Bait. I, 51 b.

الشَّوْكَة القِبْطِيَّة mimosa nilotica, Bait. II, 114 i.

المِصْرِيَّة — même sens, Most. in voce, Bait. II, 114 j.

مَغِيلَة, شَوْكَة près de Fez, Ononis antiquorum, Bait. II, 93 f, avec l'explication: ومغيلة بلد من بلاد المغرب 501, dern. l.: les Berbères l'appellent شَوْكَة مغيلة ومغيلة بلد من بلاد البربر 🟊

الشَّوْكَة المُنْتِنَة inula, Bait. II, 114 l (AB).

شَوْكَة اليهود acanthe ou branche-ursine, Bc.

الشَّوْكَة اليهودِيَّة Eryngium, Bait. II, 114 h.

حَسَّ بالشَّوْكَة avoir la puce à l'oreille, Bc.

شَوْكِيّ. رجل شوكى celui qui vend des fagots d'épines, Fakhrî 311, 10. — La grenade ordinaire, Ztschr. XI, 524. — توت شوكى framboise, Bc. — حشيشة شوكى scrofulaire (plante), Bc. — ارضى شوكى artichaut; ارضى شوكى بري chardon de Notre-Dame, chardon laité, chardon-Marie, Bc.

شُوَيْك sorte de froment très-pur dont on fait un pain délicieux, Alc. (farro o escandia).

شَوْيَكَة chardon, Bc (qui a شُوَيْكَة). — شويكة ابراهيم chez le vulgaire en Espagne, Eryngium, Bait. II, 287 c (AB); Freytag donne ce terme, d'après le Câmous, sous قرصعنة.

مَشْوَك lieu planté d'épines, Alc. (espinal).

مَشْوَكَة pl. مَشاوِك lieu planté d'épines, Voc.

مُشَوَّك épineux, Alc. (espinosa cosa); couvert de piquants (châtaigne), Alc. (enerizado como castaña). — الخُبْز المُشَوَّك est la leçon du man. d'Ibn-Batouta que possède M. de Gayangos, là où l'éd. (III, 123) porte الخبز المشرك

شْتُوكُولاتة chocolat; لوز الشوكولانة cacao, Bc.

شول

شول Voyez beaucoup de mots, qui appartiennent proprement à cette racine, sous شيل.

II. تَشْوِيل القبيلة العَيْن est chez Alc. «desencapotadura de ojos,» ce que Victor explique ainsi: l'action de se déboucher le visage et les yeux, comme si on avait le manteau tout à l'entour de la tête, et qu'on l'ôtât pour voir et entendre quelque chose ou pour parler, l'action de lever les yeux.

IV. اشالة بَعْضَهُم على بَعْض se hisser les uns sur les autres, Djob. 148, 19. — En donnant ce verbe sous elevare, le Voc. a dans une note: bestiam dirigere.

شال (cf. Lane) chabot (poisson d'eau douce à grosse tête plate), au pl. شيلان, Bc; cf. Gl. Edrîsî, Seetzen III, 275, 498, Lycodontis Clarias Cuv., Silurus Clarias Lin., Silurus Niloticus, Hasselq., Seetzen IV, 477, Synodontis Schal Bloch, Ztschr. für ägypt. Sprache u. Alt., mai 1868, p. 55. En nommant le «schilán» parmi les poissons du Nil, Vansleb, 72, a noté un pl., au lieu d'un sing. — شال (cf. Lane) et شالة (M), châle; le second, fichus de soie avec fils d'or ou d'argent, portés en turban par les femmes, Prax R. d. O. A. V, 24; selon Burckhardt, Bedouins 28, les dames de la tribu de Rawalla portent sur la tête « des fichus de soie noirs, qui ont deux aunes carrées, et qu'on nomme shâle kás; on les fabrique à Damas. [J'ignore comment il faut écrire ce mot «kás» en arabe; l'explication que j'ai proposée Vêtem. 244 n'est pas bonne]. Manteau de laine blanc, Ztschr. XXII, 130. (شالة) شال تُرْما et شالة تُرْما châle de cachemire, Bc; شالة لاهوري châle de Lahouri, dont on se ceint en faisant flotter les deux bouts par devant, Bg 807. شالة كرمانى châle de Perse à grandes raies, Bc. شال كَنَفى châle à palmes des deux côtés avec bordures, et des coins, Bc. شالة كرمان châle qui n'est point de cachemire, Bc.

شَوْل désert, Bc; M: كشول الشَّوْل للصحراء المَقْفَرَة

شول 806 شون

بغدان قبيل ليس بعرق ; c'est en effet une altération du pers. جول, désert. Ne connaissant pas ce sens, je me suis trompé presque à chaque pas en traitant du mot chulo dans le Gl. Esp. 255—6. 1° Je n'aurais pas dû citer le mot « jaule » de Lamping. Dans une lettre du 6 déc. 1868, M. de Slane m'a fait observer que, prononcé à la manière allemande, ce « jaule » est yaoulé, pour yâ oulèd, garçon! 2° Les paroles du M montrent que dans le vers:

ومغرم كان نجم شول قرطبة   استغفر الله بل شول بغداد

le mot شول a le sens de désert, bien que le poète l'applique improprement aux environs de Cordoue. 3° Le mot qui se trouve dans les passages que j'ai cités de Hist. des Berb. est شَوِّل ou شَوَل, pl. de شائل ou شائلة, chamelle (cf. Lane). L'article chulo doit donc disparaître du Gl. Esp.; ce mot n'est pas d'origine arabe. Comme les bohémiens l'emploient dans le sens de jeune homme, l'idée m'est venue qu'il pourrait bien être d'origine indienne, et les renseignements que M. Kern a bien voulu me fournir, confirment ce soupçon. Il m'apprend que dans le pali tchullo et tchûlo signifient petit, peu considérable, commun, et il ajoute que ce mot doit aussi avoir existé sous la même forme dans les autres dialectes vulgaires, compris jadis sous le nom général de pracrit, car il vient du sanscrit kchoulla, qui a le même sens.

شالي serge fine de laine et soie, Bc; Bat. IV, 109, nomme la ville الشالية, près de Calicut, et il dit qu'on y fabrique des étoffes qui portent son nom.

شُولي fou, sot, Voc. — حوت الشولي, Calendr. 41, 5, où l'anc. trad. latine porte: « pisces sturiones » (esturgeons).

شوليجة folie, sottise, Voc.

شَوَال pl. ات شَوَال ballot, Bc, du pers. جوال, M, qui l'explique par جوالف, sac.

شُوَيْلَا armoise, herbe de la Saint-Jean, Bc, artemisia arborescens, Bait. I, 125 f, 283 h, II, 114 b.

شول = شَوَل, Wright 91, n. 19. — En Barb., queue, Domb. 66, Jackson Timb. 198, Mc, Bc.

أشول gaucher, qui se sert ordinairement de la main gauche, Bc.

مُشَل الظاء المشالة, le ظ, pour le distinguer du ص, Macc. I, 355, 22, Bait. II, 178 c, 291 b.

مَشْوَل jeune homme, Alc. (mancebo); il écrit mêchual, au pl. mechulin.

شُولُو (esp. xulo, ou comme on écrit aujourd'hui julo) pl. شولس le mouton ou le bœuf apprivoisé qui marche à la tête d'un troupeau, Alc. (bezado de ganado, cabestro animal para guia).

شوم.

شَوْم. Dans L: malitia (crudelitas) شَوْم وقبح, nequitia شَوْم وظُلْم وشِرَّة.

شوم bois de frêne dont on fait de petits bâtons avec lesquels on conduit les ânes, 1001 N. III, 637, ناولوني عصا من الشوم حتى أروح الى هذا النجس: 10, واكسر راسه, avec la note dans la trad. de Lane, III, 382, n. 54. — Bronze, 1001 N. II, 105, 8 a f. (lisez trois fois تَلْتُهُ, au lieu de تَلْتُهُ, et biffez وتلتهم من الفولاذ, où l'éd. Macn. et celle de Boul. ont le hamza sur le wau. Lane traduit ainsi et l'éd. de Bresl. a le synonyme توج. — Selon Jackson, 17, 23, 124, 238, shume signifie le vent chaud du Sahara.

II. شون القوم le peuple se rebella contre le gouverneur, M.

V s'adonner à la luxure, Alc. (luxuriar).

شُون (esp. seno) sein, Domb. 87. Alc. écrit « xunn » sous « seno de vestidura ».

شون, suivi de التبن, pl. أَشْوان, est grange chez Mehren 30. Ordinairement شون (شُون) est le pl. de شُونة qui suit ici.

شُونَة dit le peuple, au lieu de شُونة, M, grenier (Bc), endroit où l'on dépose tout ce que l'on emploie habituellement de grains, de bois, de paille, etc., Maml. I, 1, 52; magasin de froment pour les troupes, M; cf. Pallme 81, Werne 12, 30, Lane M. E. I, 194. Ce sont de grandes cours fermées, où les grains sont exposés en divers monceaux, et entassés à l'air; des enfants à gage y font sentinelle le long du jour contre une armée d'oiseaux que ces grains attirent de toutes parts, Maml. I, 1, 53. Le pl. شون doit se prononcer شُون, comme l'a fait Quatremère, et non pas شَون, comme l'a fait de Sacy, Chrest. II, ٥, 7, car le sing. فُعْلَة forme au pl. فُعَل, tandis que فَعَل est le pl. de فَعْلَة. Freytag a en outre com-

شوندر   807   شيب

mis la faute de prendre ce pl. pour un sing. — *Tour d'où l'on fait le guet sur les murailles d'une ville*, M.

شُوِني *indigo*, Ghadamès 46.

شَوَنْدَر *betterave*, Hbrt 48 (Syrie), Bc, Ztschr. XI, 520.

شوَّ II *mutiler (au visage)*, Voc. — شوَّه بالألوان المختلفة *bigarrer*, Bc.

V. تَنَشَوَّه وَجْهُ s'emploie quand le visage de quelqu'un est devenu laid par la trace d'un ulcère, etc., M. — *Être mutilé*, Voc. — *Manquer de respect, parler, agir avec impudence*, Alc. (desvergonçarse).

شاة, *brebis*, a dans le Voc. le pl. شَوَاهِي. — *Brebis, quadrupède de Madagascar*, Bc.

شوى IV أشْوَاء se dit aussi quand quelqu'un blesse un autre à mort, Berb. I, 93, 95, 2 a f., 508, 3, 534, 13, 594, 8, 831, 7 a f.

VIII. L: *contabeo (semble = contabesco)* أشْتَوى وأنغير ۞

شَوَّاء seul est chez les médecins ما شُوِي في التنور s'ils veulent indiquer autre chose, ils ajoutent un autre mot, Gl. Manç. شواء الطَبَّاخ. Chec. 196 v°, après avoir parlé du كباب: وأمَّا شواء الطبائخ وهو الذى يصنع في الولائم ويصنعه الناس فى ديارهم فتخبّر النوعين L'opposé est شواء السُّوق, comme il résulte de ce qui précède et de la note marginale; les marchands le falsifient en l'arrosant d'eau après qu'il est cuit, afin de le rendre plus pesant.

شَوِيَّة pl. شَوَايا *rôti*, Voc.; شويَّة دَسْت *du rôti à la poêle*, Fleischer Gl. 14.

شَوَّا vulg. pour شَوَّاء, *rôtisseur, traiteur*, M.

الشاوى pl. شَوَايَا *plaine au pied d'une montagne*, M.

الشاوية شاوي sont *des peuples pasteurs*, qui possèdent des moutons et des vaches, Prol. I, 222, 16, 258, 9, Berb. I, 149, 3 a f.; — *chameliers*, Berb. II, 512, 3 a f., 513, 2 et 5.

مَشْوَى *broche (de bois)*, Domb. 95, Ht.

مَشْوِى *rôt, viande rôtie, rôti*, Bc. حجار مشوى *chaux vive*, Most. in voce, Bait. I, 293 e (AB).

شَيْئًا. شَآ I. Remarquez l'expression ما نقرب من اللوم شيئًا, Haiyân-Bassâm I, 192 v°, en parlant d'un homme qui se conduisit d'une manière fort méprisable.

شَيْءٌ, *chose*, dans le sens de *parties naturelles de la femme*, Macc. I, 629, 14, 1001 N. IV, 260, 4, 286, 8, Bresl. III, 274, 1, VI, 83, 10. — في حفظه شى «dans ce qu'il savait par cœur il y avait à reprendre» (de Slane), Prol. I, 145, 17. — *Quelque chose*, dans le sens de *raison, motif, considération importante*, R. N. 88 v°: après avoir prédit une chose, un saint homme ajoute: ولولا شى لأخبرتكم من اين قلت, «si une considération importante ne me retenait, je vous dirais d'où je sais cela» (il parait que Dieu lui avait défendu de le révéler). — ليس على شى *il n'a aucune preuve, aucune autorité*, de Sacy Chrest. I, ١٣, 3 a f. — Suivi de مِن, *quelque, un entre plusieurs, quelqu'un*, p. e. en parlant d'animaux: صيدنا شيئًا منه فلما كان من الغد جاءوا بشى له وجّه, في شى من البلاد —, في شى من السنين —, الخ, من الأودية شى من أعلى الوادى, de Jong. — Berb. II, 158, 10, où M. de Slane traduit: «tout à fait à l'embouchure de la rivière.» — *Tantôt*, p. e. شى يقعد شى يقوم «tantôt il s'assied, tantôt il se lève,» Bc. — شى فى شى et شى فى شى *peu à peu*, Voc.

شُوَى ou شُوَيَّة, dans la langue vulg., *peu, un peu*, Alc. (poco mas اكثر شوى, poco menos الأول شوى), Bg.

شُوَيَّة *peu, un peu, un brin*, Caussin de Perceval, Gramm. ar. vulg. 128, Tantavy, Traité de la langue ar. vulg. 86, Bc, Ht, Bg, Mc; شوية شوية *doucement, sans bruit, à petits pas, peu à peu*; على مهل شوية *doucement!* (exclamation); بشوية شوية *bas, doucement, à voix basse, bellement*; شوية الأخرى *peu s'en est fallu que*; كمان شويد et اخرى *tout à l'heure, dans un moment*, p. e. شويد الأخرى اعطنيك اياه «je vais vous le donner à l'instant»; من هنا شويد *bientôt* (Barb.), Bc.

شُيَيْئ? Feu M. Weijers pensait qu'il faut lire ainsi (dimin. de شى) dans Koseg. Chrest. 61, 6.

شيب II, t. de maçon, *briser le bord d'une pierre et l'aplanir* (شيّب الحجر), M.

شِيبُوطَة 808 شيج

شَيْب. Le pl. شُيُوب *cheveux blancs*, P. Macc. II, 635, 5, cf. Fleischer Berichte 158. — شيب العَجُوز *mousse*, Most. et Gl. Manç. v° اشْنَة, Bait. I, 50 c; *absinthe*, Voc., Alc. (assenssios, lisez xêib).

شيب pl. شُيُوب *fouet;* — *coup de fouet*, Maml. II, 2, 6. — Nom d'un animal féroce né d'une hyène et d'un loup, M; autrement chez Burckhardt Syria 534: « I heard also of another voracious animal called Shyb (شيب), stated to be a breed between the leopard and the wolf, » etc.

شَيْبَة *cheveu blanc*, Voc., pl. ات, Gl. Mosl. — *Barbe grise, blanche*, 1001 N. Bresl. III, 287, 12: فوجد شيخ كبير مقبل وله شيبة قد انفرقت على صدره فرقتين. C'est aussi un terme de mépris quand on parle d'un vieillard, 1001 N. Macn. I, 415, 4: يا شيخ النحس يا شيبة جهنم, ou d'une vieille, Bc: يا شيبة الضالة *ô vieux fou! ô vieille folle!* — Nom d'une plante, voyez Bait. II, 116 b; *espèce d'armoise mêlée de souchet*, Ouaday 338; — *rue romaine*, Vansleb 100; — *absinthe*, M (فى لبياض بـ سمينت), (اقفية ورقها) Domb. 73, Bc; aussi شيبة الشّيخ, Hbrt 49, et شيبة العَجُوز, Domb. 73, Hœst 310 (mal écrit); ce dernier terme signifie aussi *mousse*, Bait. II, 117 f, Bc.

شَيْبَانى *grison, homme à cheveux gris*, Voc.

شَيْبُونى *barbet, chien qui va à l'eau*, Pagni MS.

أَشْيَب. Le pl. شِيب (cf. Lane) dans le Voc. et dans le M. النبات الاشيب = la plante شَيْبَة, Bait. II, 116 b (AB).

شِيبُوطَة *petite peau de bouc*, Daumas V. A. 385 (MS), Margueritte 242.

شِيبِيَا (σηπία) *sèche ou seiche*, Alc. (xibia pescado conocido), Bait. I, 427 c, II, 74 b, 439 c, qui écrit ce mot avec un *sin*, mais avec un *chin*, du moins dans A, là où il donne le nom grec, II, 14 a. — L'os de substance dure et friable que ce céphalopode a dans le dos et qu'on appelle *os de sèche*, en arabe aussi لسان البَحْر, Alc. (xibion [σηπιον ou σηπιον] para platero), Most.: شبيبا هو لسان البحر وبمنال سيبيبا بالسين الغير معجمة وهو خزف سمكة معروفة وقد طنّ زبد البحر, et sous زبد البحر, جهّال انه زبد البحر بعينه وليس به. وقد طنّ قوم انه الشبيبا وليس به لان الشبيبا خزف. Lisez de même, au lieu de شبيبة, chez Auw. II, 571, 3. Chez Bait. شبيبا est constamment le mollusque, et لسان البحر *os de sèche*.

شِيبَت II *brosser*, Cherb. — *Carder*, Bc.

شيبت (pers. چيبت; c'est un mot sanscrit) *chites, toile des Indes bon teint*, Bc, M, Ghadamès 42; شيبت يَمَنى et شيبت هَنْدى *indienne, toile de coton peinte*, Bc.

شِيبَة (lat. seta, esp. seda, *soie, poil de sanglier*), au Maghrib, *brosse*, Alc. (sedadera para sedar), qui a les pl. شِيبَت et شَوَابِت, Bc (Barb.), Cherb., Ht, Delap. 76, Martin 49, Mc (qui a شِيبْتَة); — *pinceau*, Bc (Barb.), Ht.

شِيبَتى *vieux sanglier*, Daumas V. A. 368.

شِيتَن pour شَيْطَان, Gl. Belâdz. شياطين Ibn-Loyon 33 v°: والشياطين شبه شعير الكلب ينبت وحَدَها.

شيج IV. De même qu'on dit en parlant d'un cheval: اشاح بذنبه *laisser pendre sa queue* (cf. Lane), on dit en parlant d'un homme: اشاح بيديه *laisser pendre ses mains*, 1001 N. IV, 310, 3 a f.

شيج forme au pl. شجعان et مَشْيُوحَة, Most. — *Véronique*, Bc. شيج ارمنى, M, à fleurs jaunes et dont les feuilles ressemblent à celles de la rue, Most. in voce: « on dit que c'est l'abrotone. » — شيج بابلى *armoise*, Most. v° قيصوم. — شيج الربيع *fleurs rouges, feuilles épaisses*, M. تَركَى Senecio vulgaris, Bait. II, 117 c. — شيج رومى *absinthe*, Most. v° افسنتين. — شيج عربى *l'espèce dont se nourrissent les bêtes de somme en Arabie et dont parle Motenabbi*, M. — *Espèce de nid fait de branches et d'herbes dans lequel on fait filer les vers à soie*, M, Bg 719.

شيجة *Protée, qui change continuellement de forme*, Bc.

شيجى *gris* (p. e. en parlant de la couleur d'une

étoffe), Alc. (pardo color paño, xîhi); dans une charte grenadine il est question de „drap gris,"; ملف شيجى Bait., I, 187 b, nomme d'après Rhazès بورق الصاغة الشيجي الابيض وهو «le nitre des orfévres, qui est gris blanc» (leçon de A; BDE السيجى, Boul. C السيجى); peut-être aussi chez Auw. I, 342, 8, qui nomme parmi les différentes espèces de prunes القرمسي والشيجي (Banqueri السيجي, dans notre man. sans points). Je pense que c'est un adj. relatif de شيخ, plante dont les feuilles sont blanchâtres, cendrées, grises. Sous le M, Alc. donne le comparatif: «mas pardillo [pardillo est: gris blanc, gris argenté], أكثر zêhî;» je crois que c'est une altération du même mot.

شيّاخ vendeur de شيخ, Ztschr. XI, 480. — Cf. avec la note de Reiske, Arnold Chrest. 208, n. 102.

مشيخ Argus, celui qui est chargé de surveiller une jeune fille, P. Abd-al-wâhid 172, 4 a f.

شيخ II. شيخ فلانا على القوم او المكان nommer quelqu'un chaikh d'une tribu ou d'un endroit, M; cf. Macc. II, 646, 4 a f. (mettez le signe ع après le mot qui précède).

VI vouloir passer pour un vieillard, Vaieton ٣١, 6.

شيخ. L'étymologie de ce mot est fournie, selon M. Wetzstein, par une racine qui n'existe plus en arabe, mais bien en hébreu, à savoir שׂיח, parler; c'est proprement: celui qui parle, qui donne des conseils, Ztschr. XXII, 91, n. 2. — Le pl. شَاخَة dans le Voc. — Dans les contrées montagneuses de la Syrie, au Liban, etc., on donne ce titre à ceux qui sont au-dessous des émirs, et en général à toutes les personnes de considération, M, Clarke, Travels, II, 1, 496. — Les quatre chaikhs sont: les quatre premiers califes, ou: les quatre grands saints, à savoir: al-Bedawî, ad-Desoukî, ar-Rifâ'î et al-Ghîlânî, les fondateurs des quatre principaux ordres de derviches, Lane, trad. des 1001 N. I, 617, n. 63. Dans un vers 1001 N. I, 631, 8, il est question des cinq chaikhs; on ignore qui sont ces cinq, Lane l. l. — Jurat, sorte de magistrats ou d'officiers municipaux, Alc. (jurado en la cibdad). — Chef d'une corporation; شيخ الطوائف le chef de la corporation des mendiants, Ztschr. XI, 482, n. 9. — Chameau, M avec un vers. شيخ البحر animal marin qu'on appelle aussi البل

, مريس et qui, à en juger par la description, est le veau marin, phoca monachus de la Méditerranée; voyez Bait. II, 117 d. Mes man. portent شيخ, avec le hâ, comme chez Sonth., mais je crois que c'est une faute.

— شيخ البلد. Cet employé fait réparer les rues et les édifices; en outre c'est dans sa maison que sont punies les femmes honnêtes qui méritent quelque châtiment; voyez Laugier 236, Nachrichten III, 50, Pananti II, 146, 205, Browne I, 26, 81, 138, et d'autres. — شيخ الجنان parietaria diffusa, Prax R. d. O. A. VIII, 347. — شيخ الحرم le chef des eunuques à Médine, Burckhardt Arabia II, 187. — شيخ النار ne signifie pas seulement Iblîs, mais aussi le grand-prêtre des Guèbres, M. — شيخ الموحدين était le second dignitaire de l'empire Hafçide et prenait rang immédiatement après le sultan, Prol. II, 12, l. 15, III; 376, 2 a f.

شَيَخ (vulg. pour شَيْخ, proprement n. d'act.) devenir vieux, vieillesse, Voc. (senectus), Alc. (antiguamiento, grandeza de edad).

شَاخَة vieillesse, Bayân I, 75, 6.

شَيَاخَة une femme qui est à la tête d'une tribu, Berb. I, 164, dern. l.

الذبول الشيخوخى sénile, Ibn-Wâfid 10 v°: شَيْخُوخَى.

شَيَاخَة nommer quelqu'un chaikh, l'élever à cette dignité, Macc. I, 597, 4 a f. (cf. Add., aussi dans Boul.). — L'emploi de jurat dans une ville, Alc. (juraderia en la cibdad).

مشيخ laid, difforme, contrefait, Ht (qui ajoute: rac. شاخ).

مشيخة la charge, l'office, la dignité, l'emploi, l'état, la condition d'un chaikh, dans les différentes acceptions de ce mot. Professorat ou rectorat, Bat., man. 216 r°: مَن كان منكم يصلح للوزارة والكتابة والامارة والقضاء والتدريس والمشيخة, Macc. I, 503; 1 et 2: تولى مشيخة دار الحديث, 819, 17, 547, 10 et 11: تبنى مشيخة للحديث بتريز ام صالح ومشيخة الرباط, 605, 5: ولى مشيخة المدرسة الناصرى ومشيخة المالكية, 812, 6, 892, بالقدس ومشيخة الرباط الناصرى بالجبل, 4, 5, 6 et 7. — مشيخة الشلوقات l'office d'inspecteur ou gouverneur des filles de joie, Ztschr. XI, 482, n. 9 (مَشْيَخَة). — Le premier rang parmi les savants, Macc.

شيخ 810 شيط

بَرعَ في النحو وانتهت اليه الرئاسة والمَشْيَخَة, I, 829, 10: — Proprement pl. de شَيْخ, les anciens, les membres du conseil municipal, le conseil municipal, L (senatu مَشْيَخَة), Berb. I, 539, 5 a f.: واستنبذ مَشْيَخَة (مَشْيَخَة), République, Ztschr. XI, 492 (مَشْيَخَة), كُلّ بَلَد بأَمْره Hbrt 206 (مَشْيَخَة), Ht, Bc, Berb. I, 539, 2 a f., 622, 8: استنبذ مَشْيَخَة قفصة, 636, dern. l., 637, dern. l., 638, 9, 645, 8, II, 144, 5 a f. — Le droit qu'avaient certaines grandes familles de fournir seules des membres au conseil municipal ou à celui de la république, Berb. I, 625, 12: كانت مشيختها في القديم في بني رمان من اهلها بما كثروا ساكنها وملكوا عمّة ضياعها وكان مشيخة قابس لذلك العهد في, 646, 14, 648, 8: بيوت من بيوتاتها وهم الحج ۞

مَشْيَخِي républicain, Bc.

شيد I a en effet le sens que Lane, sous la IIe, indique d'après A; voyez Orientalia I, 387, 3 et n. e, Fleischer Berichte 105 sur Macc. II, 580, 4.

II munire dans le Voc.

V dans le Voc. sous munire.

شَيْذَل II entrer dans l'ordre de الشاذلي, Ztschr. VII, 24, n. 1.

شِيَر V perdre sa route, s'égarer, M.

شِيَر grand morceau de roche qui est sur le point de tomber, M. — شير خُشك (pers.) sorte de manne, Bait. II, 118 c. — شير ديودار (pers.) le suc laiteux du pin indien, Bait. I, 464 j. — شير أملج le lait dans lequel on a laissé tremper des myrobolans emblics, Bait. I, 78 e, II, 118 b.

شِيَرَة (esp. sera, pg. ceira ou seira, esp. catal. et prov. sarria, a. fr. sarrie, basque sarrea) pl. شَوَائِر panier, Gl. Esp. 357, n. 1, Voc. Aussi sac, et dans une charte grenadine on trouve ce mot écrit شِيرِي: «et un sac de serpillière pour la laine.»

شِيرَة (pers. شِيره) préparation de hachich, Lane M. E. II, 40.

شِيرُون (esp. seron) pl. شَوَارِن panier, Voc.

شَوَارِي paniers doubles ou grands sacs en sparte qui servent aux transports à dos d'âne ou de mulet, Gl. Esp. 357, n. 1.

شِيرَاف est expliqué par lait, ce que شِير signifie en persan, R. N. 100 r°: واتاه بخُبز وشيراف يعني لبنا.

شِيربامِيَة (formé des mots persans شِير, lait, et بام ou فام, couleur) la couleur du lait, de Jong.

شِيرج = سِيرَج (voyez), huile de sésame, Fleischer Gl. 21, M, 1001 N. I, 604, 15, IV, 512, 13; aussi دُهن الشيرج, Most. v° سمسم (seulement dans N).

شِيرجوصا زرنب, Payne Smith 1158.

شِيرزق (pers. ou nabathéen) crottin et urine de chauve-souris, sorte de guano comme on en trouve dans les lieux très-fréquentés par les chauves-souris, Bait. II, 117 e (bien dans le texte de B; sur la marge, comme dans A, شِيرزق), Auw. I, 113, 2, 119, 18 (lisez ainsi), cf. Clément-Mullet I, 92, n. 1.

شِيرجَنْجَبِير (pers.) racine jaunâtre de l'Inde, Bait. II, 117 b.

شِيرِين باف (pers.) nom d'une étoffe, Bat. IV, 3.

شِيرِز baguettes de tambour, Alc. (palillos para tañer); الشِيرِزان chez Casiri I, 528 a, 10, en est peut-être le duel, si ce n'est pas le nom d'un instrument de musique.

شِيسَاما voyez سَاسِيم.

شِيش pl. شِياش broche, M. — Epée, Hbrt 134 (شَيْش et le pl. comme dans le M).

شِيشَة (pers.) verre, coupe, M, Lane M. E. II, 25; — pipe de verre à la persane, M.

شِيشَمَة = شَمشَة (voyez), latrines, Cherb.

شِيط I, n. d'act. شِيَاط, Payne Smith 1372. — Brûler, sentir le brûlé; roussir, être un peu brûlé, Bc (cf. شرط). — S'échauffer, s'animer, se mettre en colère, Bc, 1001 N. Bresl. VI, 249, 12: شاط غيظًا.

شيطرج

II *peigner*, Voc. (cf. شَطَّ).

IV. اشاط دَمَهُ *déclarer quelqu'un digne de mort*, Akhbâr 142, 10 et 2 a f.

V *être peigné*, Voc.

شيطَةٌ = عِلَّةٌ, maladie qui attaque le sabot du cheval, Auw. II, 629, n. * *.

شيطى et شيطيةٌ, pl. شياطى, *satie*, *petit navire à deux mâts*, voyez شطى sous شطّ.

شياط *empyreume*, qualité désagréable d'une drogue brûlée, *roussi*, odeur de ce qui brûle; رائحَة شياط *brûlé*, odeur d'un corps qui brûle, Bc.

شائط *brûlé*, trop cuit, Bc. — C. على, pl. شوائط, dans le Voc. sous superfluere (= شطّ).

ويقال مشيط مطبوخ: رُبّ العنب Most. v° مَشيط يراد به الرُبُّ.

شيطرج (cf. Freytag 423 a) *lepidium latifolium*, Most. in voce, Bait. II, 115, *cresson* et aussi *Dentelaire de Ceylan*, Sang.

شيطن

شيطَنَةٌ *adresse*, Bc. — *Espièglerie*, Bc.

شيطان *adroit*; *astucieux*; *compère*, *gaillard*, *éveillé*, *fin*; *espiègle*; *futé*, *fin*; *lutin*, *enfant bruyant*, Bc; مُتَشَيِّطن = الشديد الكيس, Prol. I, 342, 3 (aussi) *intrigant*, Ht.

شيطانةٌ *diablesse*, Bc.

شيطانيّ *diabolique*, *satanique*, Bc.

شيطانيّةٌ *espèce de machine de guerre*, Mong. 136 b, 137 a.

مُتَشَيِّطن voyez شيطان.

شيع II. شيع جنازةً *suivre une bière au lieu de la sépulture*, Bat. II, 43, Freytag Chrest. 62, 8. — *Envoyer* (Lane TA), Voc., Alc. (enbiar en diversas partes), Burckhardt Prov. n° 194.

III *accompagner*, *reconduire quelqu'un par honneur*, Bc.

V *suivre le parti ou la secte de quelqu'un*, Abbad. I, 301, 10, c. على p., Macc. II, 114, 13: تشيّع على الشافعي. — *Être envoyé*, Voc.

شيعَة *ductor*, Voc. (= قائد).

شياع *indivision*, Ht.

شُرَيعى, par mépris, *le misérable prince chiite*, R. N. 101 v°, où Hacam II dit: ليس اشتهى من دولة الشرويبى الّا اربعة (quatre hommes distingués qu'il nomme).

شائع *indivis*, *indivision*, Ht. — En Barbarie شائع الموليد est Çafar (mois), et شائع Rebi II, Domb. 57, Roland, Bc.

اشاعَة *indivision*, على الاشاعة *par indivis*, Beaussier, فى الاشاعة *dans des chartes grenadines*.

تشييعَة *ambassade*, Alc. (enbiada de enbaxador).

مَشاع *inordinate*, Voc. — جزءًا مشاعًا فى المشاع, *pro indiviso*, v. d. Berg 39.

شيعَةٌ (latin sica, Simonet), pl. أت, mais Alc. a en outre le pl. xaguáyeh, *épée*, Alc. (espada, cf. espadero et dança de espadas; il écrit xiga et xêga), *espèce de couteau de chasse*, *de poignard long et mince*, Beaussier.

شيل

شال I *transporter des marchandises*, Gl. Edrisî, Ztschr. XXII, 131; شَيْل الحَجّ est à Damas: le transport des bagages de la grande caravane des pèlerins qui se rend à la Mecque, Ztschr. l. l. — *Garder*, Bg, souvent dans les 1001 N., p. e. Bresl. IX, 284, 5; *serrer*, Bc. — *Déposer*, *donner en garde*, Djaubarî 42 r°: طلب الدراهم الذى (sic) قد شالها عندى. — *Bâtonner*, *rayer*, Bc. — C. a. r. et من *décrocher*, Bc. — C. من *décompter*, *rabattre sur une somme*, *défalquer*, *distraire*, *retrancher*, Bc. — *Élever des vers à soie*, M. شال على اكتافه *porter sur ses épaules*, être ennuyé de, Bc.

VII *s'enlever*, *être ôté*, Bc, 1001 N. I, 95, 114. — ما بقى له راس ينشال *il est déshonoré*, *il n'ose plus lever le front*, *la tête*, Bc.

VIII *être soulevé*, *porté*, *transporté*, 1001 N. Bresl. III, 263, 2 a f., XI, 224, 2 a f.

شيل *fardeau*, *charge*, Ztschr. XXII, 77, 1.

شيلَة شيلة الرجل *fardeau*, *charge*, ce que peut porter une personne, Bc, Hbrt 88. — *Charge légère*, Ztschr. XXII, 131. — *Paquet*, réplique vive et mordante, Bc. — *Pierre pesante ou autre chose, qu'on tâche de soulever pour essayer ses forces*, M.

شِبْلى *vent du sud*, Bc (Barb.).

شِبَالَة, ornement de femme, *des dînârs disposés en collier*, M; شِبَالَة لولو *garniture de perles servant à orner la tête*, Bc. — *Torchon dont on se sert pour retirer le chaudron du feu*, M.

مَشَال *les marchandises qu'on transporte; — le temps du transport; — les moyens de transport de toute sorte*, Ztschr. XXII, 131.

شِبْلَثَا nom d'un médicament composé, Ibn-Wâfid 4 r°, 8 r°, 19 r°, où il renvoie pour la recette à Ahron.

شَمَّ I *espérer* les bienfaits de quelqu'un, c. à. d. شَمَّتْ عَطَاءَ, pour عَطَاء, Gl. Mosl.

IV *faire espérer* une chose, *la promettre*, proprement en parlant d'un nuage, et au fig. en parlant de la main d'un homme généreux, p. e. أَكَفُّهُمْ تُشِيمُ العطايا والمنايا, Gl. Mosl.

شَامَة Alc. (lunar señal del cuerpo) écrit « xime », pl. ximên, et le dimin. est chez lui شُيَيْمَة. — Chaque petit morceau d'une mosaïque s'appelle ainsi, Ztschr. XV, 411, dern. l.

شِيمَة *tourbillon*, masse d'eau qui tournoie en forme d'entonnoir, Bc. — شِيَم *noble fierté, fierté d'âme, de caractère*, M (sous شَام).

مَشِيمَة *arrière-faix*, ce qui reste dans la matrice après la sortie du fœtus, c.-à-d., le placenta, le cordon ombilical, et les membranes qui enveloppaient le fœtus, Sang., Bait. I, 16 b. — *Une des membranes qui enveloppent l'œil*, nommée ainsi à cause de sa ressemblance avec celle qui enveloppe le fœtus, Gl. Manç. in voce.

شَبَن II *maigrir*, Ht.

شَيْن *déshonneur*, Bc, Fleischer sur Macc. II, 379, 10 Berichte 307.

شِينَة *laide*, Daumas V. A. 182.

شِينِيَة et شِيمِى, pl. شَوَانٍ et شَوَالِى, *galère*, Gl. Edrîsî 331, Gl. Esp. 277—8.

شَيَان *sang-de-dragon*, Bait. I, 426 b, sous دم الأخوين: ويقال له الشيان ايضا, II, 117 g, Gl. Manç. v° دم الأخوين, Ibn-Loyon 43 v°. — En Espagne, *la grande espèce du Sempervivum*, Bait. II, 117: واما عامّة الاندلس فيوقعون هذا الاسم على النوع الكبير من حى العالم. Ibn-Loyon 43 v°: الشيان هو العالم الكبير. Selon le Gl. Manç. v° حى العالم, elle s'appelle au Maghrib شيان الدور. Dans le Most. v° حى العالم (seulement dans N), c'est شِيَّانَة: منه صغير وكبير ويسمى الكبير; بلغة الاندلس الشيّانة والصغير عنب السقوف; pense qu'Alc. prononce cette dernière forme à la manière grenadine, quand il donne «xaîna» (sienpre biva yerva).

شِيَّانَة voyez ce qui précède.

ص

ص. Dans les commentaires, abréviation pour المُصَنِّف (*l'auteur*), M. — Dans le Coran: un des noms de Dieu, ou un des noms des anges; selon d'autres la signif. de ce signe est inconnue, M. — Abréviation pour Çafar (mois), M. — Dans le style licencieux فَرْج المَرْأَة = M.

صاب صُؤَابَة, *lente* ou *lende*; le pl. صِئْبَان comme coll. sing. Bait. II, 291 a: حيوان احمر كانّه الصيبان. صِيبَانَة ou صِيبَانَة, n. d'un. formé de صِئْبَان, pl. de صُؤَابَة, *lente* ou *lende, ciron, chique*, L (lendex صُؤَابَة وفى الصيبانة), Alc. (arador en la mano, liendre de cabellos), Bc; dans le Voc. صِيبَانَة; voyez aussi sous صبن.

صَارِى عَسْكَر (pour le pers. سَرعسكر) *général*, Bc.

صُوصَلا, صَاصَلِى et صُوصَلَا *ornithogalum umbellatum*, Bait. II, 119 b.

صَاكَة (esp. saca, qui signifie: exportation de marchandises), au Maroc, *droit d'exportation*, droit qui se perçoit sur les objets de commerce que les Européens exportent des ports de l'empire de Maroc, de Sacy Chrest. III, ا.f, 6 et 339, 340 (qui cite Hœst 275), Domb. 101 (vectigal); dans l'Inventaire on trouve

صَالِبِيَه nommé parmi les sommes qui doivent être déduites de l'héritage: ومنها تسعون مثقال لسيدنا ايده الله في صاكة ستين قنطارا تحناسا ۞

صَالِبِيَه, en Sicile, *salvia* (sauge), Bait. II, 120 e.

صَالَة (ital. *sala*) *salle*, Bc.

صَامِر يُومَا *grand héliotrope*, *verrucaire*, Bc, Bait. I, 75 c, II, 118 d, qui dit que c'est un mot syriaque. En effet, c'est صمر qu'on trouve dans Bar Ali, n° 3298 éd. Hoffmann (cf. Payne Smith, col. 1011); mais, comme l'observe M. Nöldeke, deux gloses ont été confondues dans cet article, qui n'ont rien de commun entre elles, et dont l'une se rapporte à ἐλατήριον, l'autre à ἡλιοτρόπιον. — *Cannabis sativa*, Most. v° حب السمنة; mais c'est peut-être une erreur.

صَانَكَه (turc) *comme si*, Bc.

صَبّ I. On dit: يُصَبُّ لمن في الدار في كل يوم ٤٠٠ راوية ماء on apporte journellement quatre cents outres d'eau pour la consommation des personnes qui sont logées dans cette maison,» Gl. Edrîsî; chez Mehren 30 *puiser*. — En parlant du poivre: يُصَبّ للكيل «on le mesure au boisseau,» Bat. IV, 77. — Au fig., صَبّ على (ou في) قَالَب فلان *suivre l'exemple de quelqu'un*, Abbad. III, 39, 11, 56, n. 4. — *Laisser tomber*, *jeter*, *jeter par terre*, Gl. Bayân; *laisser tomber sur quelqu'un son épée*, *l'en frapper*, Abd-al-wâhid 99, 3, Haiyân-Bassâm I, 31 r°: قبض على سيفه فصبه على عيسى ou quelque chose de pesant, Haiyân-Bassâm I, 23 v°: (nom propre) فابتدره مناجم يكوب نحاس تقبيل صبّه على هامته فشجّه وغشى عليه ۞

VII c. على *s'adonner à*, Bc.

X, مستصبّا بما قدّم من سوابقه «parce qu'il ressentait vivement les obligations qu'il devait au prince» (de Slane), Berb. II, 536, 9.

صَبّ *massif*, *plein et sans mélange* (or, argent), Bc. — صَبّ الماء *espèce de maladie*, R. N. 28 v°: كان أبو محرز مبتلى بصب الماء ۞

صَبّ الزيت *plante qu'on mange cuite*, M.

صَبّة *rhume*, M.

صَبّة *mets fait de viande et de vermicelle*, M.

صَبِيب. Voyez sur cette plante, qui ressemble à la rue, Bait. II, 126 b (les derniers mots, que Sonth. a traduits d'une manière ridicule, sont: وجاء في بعض الكتب الصبيب هو المثنان وهو تصحيف). — En parlant de sang, *qui est sans mélange d'eau ou d'autre chose*, M.

صَبَابَة, *reste*, s'emploie au fig. dans un sens beaucoup plus large que celui que Lane a indiqué, car on le dit de toutes sortes de choses, p. e. صبابة الروح «un reste de vie,» Müller 131, dern. l., صبابة العمر «le reste de mes jours,» Autob. 237 r°, le reste d'une tribu, etc., Berb. I, 160, 11, II, 240, 11, restes d'un art, Prol. II, 361, 15, صبابة الدولة «le territoire qui leur restait encore,» Berb. II, 254, 3; cf. Haiyân-Bassâm I, 10 r°: مع سلطان فقير لا يقع بيده درهم الّا من صبابة مستغل جوف المدينة. L'expression صباب الكبرى (voyez Lane) se trouve aussi dans le Diwan d'Amro'lkaïs 5°, 9.

مَصَبّ *source*, *l'endroit d'où l'eau sort*, Djob. 248, 3 a f.: ومصب النهر من عين على بعد من البلد — *L'endroit où coule une rivière*, Djob. 245, 9: دولاب يلقى الماء الى بساتين مرتفعة عن مصب النهر. — *Canal de dérivation*, Djob. 304, 3: وللنهر مصب تحت أرحاء. — *Conduit d'eau*, Djob. 209, 17: في مصنع وقد بُنِي له فيما يعلو من الأرض مصب يؤدّى الماء اليه على بعد. — *Puits ou fosse destinée à recevoir les eaux sales*, etc., Djob. 83, 8: ويبقى للحوض المذكور مصبّا لماء. — Pl. ات *égout*, *cloaque*, Edrîsî, Clim. III, Sect. 5: السميت اذا غسل وهذا النهر ليس مشروب (منه) لأن مصبات اوساخ المدينة عليه (منه) ne se trouve que dans D). — *Sorte de coffre sans couvercle*, M. — Voyez ce qui suit.

مَصَبّ pl. ات *entonnoir*, Voc. (infusorium), Alc. (enbudo); ils ont ce mot avec *fatha* sur le *mim*; c'est la forme vulg., car c'est un nom d'instrument. — *Cafetière dans laquelle on fait bouillir le café*, Ztschr. XXII, 100, n. 35. — *Instrument pour fondre des caractères d'imprimerie*, M.

مَصَبِيبة *espèce de pâtisserie à riz*, Mehren 30.

صَبَح II *se lever de grand matin*, Alc. (mañanear levan-

صبح 814 صبر

tar por la mañana). — اللهُ يُصبّحك بالخير et صبّحَك بالخير
بالخير bonjour; à Alep صباح مبِين صبّحَك, Bc. — C. a.
ou c. على donner, dire, souhaiter le bonjour à quelqu'un, Bc, c. على, 1001 N. III, 53, Bresl. IV, 47.

III c. a. p. *se rendre le matin auprès de* quelqu'un, Bayân I, 116, 3 a f. (cf. p. 113—4 des notes). — C. a. p. *attaquer* quelqu'un *le matin*, Haiyân 90 v°: وصبّحوا (l.) بالقتال من الغد, aussi c. d. a. ثم باخّروا (صابحوا), Haiyân 55 v°: (l.) صابحه القتال; simplement *attaquer*, Akhbâr 151, 5: القتال غدًا يوم الاربعا فكانت تصابحهم كل يوم غادية ورائحة.

IV *commencer à faire jour*, Alc. (esclarecer el dia). — C. a. *faire exister, créer*, Abbad. I, 50, 14; c. d. a., لعلّ الله يُصبّحنا غمامًا « peut-être Dieu nous donnera-t-il demain des nuages, » Gl. Badroun.

V c. ب p. *rencontrer* quelqu'un *le matin*, M.

VIII *illuminer, faire des illuminations*, Koseg. Chrest. 106, 6 a f.

صُبْح *matines*, Alc. (maytines).

صُبْحَة (M), صُبّحَة (Bc), *étoile, marque blanche sur le front d'un cheval ou d'un taureau, pelote*.

صُبْحَة = صَباحِيّة, 2ᵉ signif., M.

صُبَيْحَة *matinée*, Bc.

صَبَاح dans le sens de يوم, *jour*, Berb. II, 134, 2 a f.: فازَها اربعين صباحًا.

صَبَاحِيّة, *chez les chrétiens, étrennes, présent qu'on fait aux enfants le premier jour de l'année*, M. — *Présent fait par un époux à une jeune mariée le lendemain de la noce*, Bc, M; on donne aussi ce nom à la danse qu'on exécute ce jour-là dans la maison de l'époux ou dans la cour, Lane M. E. II, 260 n. — *Daucus carota*, Bait. II, 126 a (AB).

صَبُوحَة *petite lampe de métal*, Alc. (candilejos de judios, lampara de metal), qui écrit ce mot avec un khâ.

يَصبحُ يَسقى الصَبوح ويُقال صَباح expliqué par يُغبّر في الصَباح, Diw. Hodz. 158, 4 a f.

أَصْبَح *qui a une étoile au front* (taureau), M.

مِصْباح. مِصباح الذئب *Arum*, Pagni 31 (où il faut lire avec le man. « Mesbéchedib; » il ajoute: « cioè

candela di Lupo, forse avendo riguardo al suo fiore in principio del fiorire »). — مصباح الروم *ambre jaune, succin*, Bait. II, 522 b, مصابيح الروم dans le Most. كهربا v°.

صبد II c. a. et V dans le Voc. sous viscus.

صَبَد pl. ات صَبَيْد, *viscus*, Voc.

صبر I. قُتِلَ صَبْرًا (cf. Lane) s'emploie en parlant de celui qui n'a pas été tué dans un combat, mais privé de la vie après être tombé au pouvoir du vainqueur, Hoogvliet 42, n. 65. Chez Bc صبرًا est *il l'a tué de sang-froid*. — C. على *attendre*, Voc. (expectare), Alc. (esperar), 1001 N. I, 21, 4 a f.: صبر على الشبكة حتى استقوّت, Koseg. Chrest. 80, 6 a f.: اصبر على حتى اركب جوادي, 96, 12. De même 1001 N. I, 93, 8: صبرت الى ان اق المركب.

II *consoler, soulager la douleur de quelqu'un par des discours*, Voc. (confortare), Alc. (consolar de palabra, le part. act. consolador por palabras). — C. a. p. *demander à quelqu'un un répit, un délai*, 1001 N. Bresl. XI, 381, 1. — Le sens d'*embaumer un corps mort*, que Freytag a donné d'après le Pseudo-Wâkidî de Hamaker, 94, dern. l., et pour lequel Lane ne connaît pas d'autorité, est certain. Si Lane avait consulté la note de Hamaker, p. 144, il aurait vu que Castell l'a donné également en citant un passage tiré du second livre de la trad. arabe des Maccabées. On le trouve aussi: M: صبّر الميت وضع الصبر على بطنه لئلّا تسرع النتانة اليه, Abd-al-wâhid 188, 16, Bat. II, 313, Vêtem. 29, n. 10 (où il faut lire تخبيطه وتصبيره, au lieu de تصبيره), Payne Smith 1320, et, d'après une note de J.-J. Schultens, Ibn-Chihna 56: صبّر جسد. De nos jours il est encore en usage, car Hamilton, 235, parle d'une colline nommée « Garah-el-Musabberin » قارة المصبّرين, ce qui signifie, dit-il, « la colline des momies. »

III *endurer, supporter avec patience, avec fermeté*, Berb. II, 498, 6: صابر المرض وكتمه عن الناس, cf. 469, 7, 341, 3 a f.: صابر مثبتّه الى اخر النهار dans le sens de: « il ne survécut à ses blessures que jusqu'au soir. » — *Combattre de pied ferme*, Haiyân 101 v°: فقاتل حتى قُتل ومَن صابر معه. — C. a. p. *tenir tête* à l'ennemi, *repousser ses attaques*, de Sacy Chrest. I, ۴v, 4, Khald. Tornb. 29, 11: واتّفقوا على مُصَابَرة (مُصابَرة l.) المسلمين الى فصل الشتا ۞

V *se laisser consoler*, Voc.

صَبْر. نَزَلَ الصَبْر s'emploie dans le sens de: « un combat acharné s'ensuivit, » Berb. I, 186, 12, 378, 3 a f., II, 294, 1. — صَبْرًا باع الشى *vendre à crédit*, 1001 N. IV, 353, 11: وبعث بعضه صبرا الى ستة أشهر — *Consolation* par des soins ou des discours; Alc. (consolacion por obras, por palabras). — N. d'un. ة, *figuier à raquette*, *opuntia*, M.

صَبْر *faire sentinelle, être en sentinelle*, M.

صَبْر, *suc d'aloès et aloès*, se prononçait en Espagne صَبِبْر, d'où vient l'esp. *acibar*, car le Voc. donne صبر سَقْطْرى (aloès socotrin) sous aloes (dans la 1ʳᵉ part. il a صَبِبْر, c.-à-d. صَبِبْر et صَبْر); Alc. (acibar) écrit cette forme *cibar* (corrigez par conséquent Engelmann dans le Gl. Esp. 35). — En expliquant ce mot par *myrrhe*, Freytag semble avoir suivi Hamaker, qui dit dans une note sur Pseudo-Wâkidî, p. 144: « صَبِبْر, testibus Lexicis MSS., *myrrham* notat, non *aloën*, ut apud Golium legitur. » La signif. d'*aloès* est certaine; mais celle de *myrrhe*, que Lane a révoquée en doute, est confirmée par le Voc., qui a صَبْر et صَبْر sous *mira*. — *Raquette ou nopal* (arbre); — *figue que porte le figuier à raquette*, Bc.

صَبِر voyez صَبْر.

صَبْرة *lis*, Domb. 75.

صبرات (pl.) *broussailles*, Ht.

صَبُورَة = صَبُورَة (voyez) *lest*, t. de marine, Bc, Hbrt 129, Delap. 131.

صَبِيرَة *aloès*, Gl. Esp. 35.

صَبِيرِى *gamin, polisson*, Ht.

صَبَّار *figuier à raquette ou figuier d'Inde*, *nopal, opuntia, raquette*, Bc; le n. d'un. ة, Ztschr. XI, 523.

صَبَّر *réunion de personnes dans un même lieu*, M.

صَبَّر, n. d'un. ة (ainsi dans le M, Bc n'a que le n. d'un.), *raquette ou nopal*; — *figue que porte le figuier à raquette*.

صَبَّارَة *sentinelles*, ceux qui font le guet pour la garde d'une place, d'un camp, et qui avertissent de l'approche de l'ennemi, M. — Forme maghr. et ég., *aloès*, Gl. Esp. 35, Ht, Hbrt 56 (cf. Errata). — *Ronce*, Ht.

صُبَّارَى, deux fois dans Bait. I, 535 d, où A a les voyelles, ne désigne pas le platane (Sonth.), mais, comme plusieurs autres mots de cette racine, le *figuier à raquette*, *opuntia*. — = صُبَّار et صَبَّار, *tamarin*, Bait. II, 126 c (le *techdîd* dans A).

صَابُورَة *enclume*, L (cuscudis (? sic), incus).

الصَابُورِيَّة nom qu'al-Ikhchîdz donna à dix mille soldats d'élite, Selecta ۹ʷ, 6.

صَابُورَة pl. صَوَابِير (M) *lest*, t. de marine, Lane TA, Domb. 101, Hbrt 129, est le latin *saburra*, qui a passé dans les langues romanes; رمل صابوري *saburre*, gravier pour lester, Bc. — = صَابُورَيَّة (voyez), M.

صَابُورِيَّة *panier qui est large en haut et étroit en bas*; on dit aussi صابورة, M.

تَصْبِيرَة *lest*, Bc.

عدم المصطبر *perdre patience*, Bc.

صبط.

مَصْبَطُونَات, pour l'esp. *zapatones*, augm. de *zapato*, *gros souliers*, se trouve dans une charte de Tolède.

صِبَاط *voûte*, Bc (Barb.); c'est pour سَابَاط.

صَبَط pl. صَبَابِط, *soulier*, voyez سَبَّاط.

صبع.

صَبَع *doigt*, Bc.

صُبَع *melon*, L (melo).

صَبِيع *escarboucle*, L (à la fin: carbunculus الياقوت الكُحْلى الذى يُنْهَا صبيعًا).

صَوَابِع *espèce de colocasie*, Mehren 30.

أَصْبَع. Pl. irrég. صَوَابِع, 1001 N. Bresl. III, 381, 9. — يَدْ, comme لفُلان عَلَيْك اصبع *bienfait*, Kâmil 204, 14 et 15. — *Sorte d'ornement en forme de doigt*, Macc. III, 138, 7: وشدت الى القلنسوة فأخذتها من

اصبع كان في راسها. — T. d'astron. comme *doigt* en français, dans le sens de: *la douzième partie du diamètre apparent du soleil ou de la lune*, M. — *Dé à coudre*, Alc. (dedil o dedal), Prol. III, 130, 9 (cf. J. A. 1869, II, 164—5). — *Cette partie du sarment qui reste après qu'il a été taillé*; on appelle cette partie ainsi, ou بلقار (*pouce*), quand elle est courte; quand elle est longue on l'appelle حجار; voyez les Add. et Corr., article بلقار. — اصابع صُفر. Je trouve ces explications: *curcuma*, Most. v° كركم; *chelidonium maius*, Most. v° مامیران, où il ajoute: quelques médecins disent que c'est كف عائشة = رقيق الكركم et كف مريم, Bait. I, 54 c, II, 87 a. — اصابع العبْد sorte de raisins noirs à grains longs, M. — اصابع العروس l'espèce de raisins qu'on appelle aussi العَذاري M; — sorte de dattes, Niebuhr R. II, 215. — اصابع العروسة espèce de sucrerie, Daumas V. A. 253. On trouve اصابع بانید, 1001 N. Bresl. I, 149, où Macn. et Boul. ont seulement اصابع. — اصابع الملك Bait. I, 422 a, où South. traduit *mélilot* (plante qui s'appelle ordinairement اكلیل الملك). — صداع الاصابع *mál d'aventure, mal au bout des doigts*, Bc.

انصدعت اصبعتي et اصبعتي مصدوعة *doigt*, Bc; *j'ai un mal d'aventure*, Bc. — *Pouce* (mesure), Bc.

اصبعین *mode de musique*, Salvador 30 n., 54.

اُصيبِع *le petit doigt*, Alc. (dedo meñique).

مصبع *gril*, Bc, M. — *Fourche*, Bc.

صبغ I *tremper la soupe, verser le bouillon sur les tranches de pain*, Alc. (sopear mojar sopas), chez qui la dernière lettre est un *khâ*. — Mariner, Gl. Manç.: قريس سمك مصبوغ يُتخذ له صباغ بابازير ويشترك عليه حتى يجمد. — Ç. a. p. *tourner la tête à quelqu'un, lui faire adopter ses opinions*, Bc.

VII *être teint*, Voc.

VIII chez les chrétiens, *être baptisé*, M.

صِبغة. «Des vêtements de laine qu'elles teignent en noir avec du sebr'a,» Daumas Sahara 48. — صِبغة دينية *une teinture religieuse*, Prol. I, 273, 3. Ibn-Khaldoun emploie souvent l'expression استحكمت الصبغة, qui signifie proprement «que l'étoffe a bien pris la teinture,» pour exprimer qu'une chose est solidement établie, p. e. استحكمت ou استحكمت صبغة اصحاب الدولة لهم صبغة الرياسة, Prol. I, 278, 16; 279, 10, 281,

dern. l., 282, 8, 283, 3 et 8, 335, 11, II, 338, 3 a f. Le contraire est حالت الصبغة, ce qui signifie proprement que l'étoffe se déteint, p. e. Berb. I, 630, 8 a f.: تنكر له ابن عمر وحالت صبغة ودّه, c.-à-d.: son amitié se changea en haine. On trouve aussi Berb. I, 15, 5 a f.: استحالت صبغتهم الى البربر واندرجوا في عدادهم, pour exprimer que, d'Arabes qu'ils étaient, ils devinrent peu à peu Berbères. — Dans le sens de صبغ et صباغ, *assaisonnement, l'action et la manière d'assaisonner*, Auw. II, 182, 21: والناس ياكلون السلاجم بضروب من الصبغة حتى انهم يصيرونه في الماء والملح او لكي ليبقى. — Parmi les tours de passe-passe on trouve nommé الصبغات, Ztschr. XX, 506.

صِباغ, *assaisonnement, sauce*, forme au pl. ات, Auw. II, 209, 2, 317, 7, Bait. I, 85, II, 54: وما صلب لحمه وغلظ من السمك أكل بالصباغات بالاشياء الملطّفة ٭

صِباغة *teinture, liqueur pour teindre, impression qu'elle fait sur l'étoffe*, Bc.

صبوغة *alose*, Gl. Esp. 338.

أصبغ. أصبغ حمرة *d'un rouge plus foncé*, Bait. I, 427 b.

مَصبغة ثياب المصبغة *des habits de couleur*, Fakhrî 246, 6 et 7.

مصبغة *habit de couleur*, Gl. Fragm., R. N. 86 v°: وعلى كثير منها المصبغات. — *Robe pour homme*, Bc.

صبق I pour سبق, Mufassal éd. Broch 176, 2 a f.

صبول (pour أصطبل, de σταβλίον, *stabulum*) pl. *étable, écurie*, Voc.

صبن II, dans le sens de *savonner* ou *laver*, se trouve: Voc., Alc. (enxabonar, xabonar o enxabonar), Bc, Hbrt 199, Domb. 127, Delap. 98, 1001 N. Bresl. XI, 14, 15.

صِبان, n. d'un. ة, *lente* ou *lende* dans le Voc., est pour صئبان ou صيبان, qui est proprement le pl. de صأب; voyez sous صأب.

صبينة *apprentissage, noviciat*, Bc.

صبّان *savonnier, fabricant* ou *marchand de savon*,

صبو

Alc. (xabonero), M, Bargès 421, J. A. 1830, I, 320.
— *Blanchisseur de linge ou d'habillements*, J. A. l. l.

صَبَّانَة *saponaire (plante)*, Alc. (xabonera yerva).

صَابُون *savon*; Most.: صابون مَن الصابون يعرف بالزرقى منسوب الى رقّ وهو صابون جاف يشبه المرهم. — النخلى يصنع اقراصا وقد يصنع بالشام *Lessive*, eau qui a passé sur les cendres pour laver le linge, Voc. (licxivium). — كل شى عنده صابون *il s'accommode de tout*, Bc. — صابون النقاش *à Damas*, = شجرة ابن مالك, Bait. II, 84 g (AB), 120 b.

صَابُونَة *savonnette*, boule de savon préparé, Bc, M.

صَابُونِيَّة *saponaire (plante)*, Alc. (yerva xabonera, xabonera yerva), Bc. — Sorte de gelée faite avec de l'huile de sésame, de l'amidon, des amandes et du miel; la variété de ses couleurs l'a fait comparer, suivant Abd-al-latif, au savon d'Egypte, qui est nuancé de rouge, de jaune et de vert, de Sacy Abd-allatif 316—7, n. 8, Fleischer Gl. 36, Bat. III, 123, 435; c'est au Maghrib ce qu'on appelle فالوذَج en Orient, Gl. Manç. sous ce dernier mot.

صَابُونِيرَة (esp.) *saponaire (plante)*, Alc. (xabonera).

مَصْبَن *lieu où se mettent les lentes*, Alc. (lendrero lugar de liendres); formé de صُبْيان, pl. de صَوَابَة.

مَصْبَنَة *fabrique de savon*, M.

مَصْبُون *plein de lentes*, Alc. (lendroso lleno de liendres, lendrosa cosa); formé de صُبْيان, pl. de صَوَابَة; le Voc. donne صَبِن, qu'il écrit avec le *sîn*, « remplir de lentes. »

صبو II *rajeunir*, Payne Smith 1473, Bar Ali éd. Hoffmann n° 4255. — *Faire le jeune homme*, Alc. (mancebo hazerso).

IV s'emploie aussi d'un homme qui tâche de séduire une femme; de là, en parlant du vin, *faire qu'il excite les désirs, le préparer*, et le vin lui-même est nommé مُصَبِّيَة, Gl. Mosl. — *Rajeunir, devenir jeune*, Alc. (enmocecer pararse moço, remocecer).

X. Pour le sens de *pro puero habuit*, J.-J. Schultens cite Eutych. I, 185, 5. Le M a cette forme dans les deux acceptions que donne Freytag, mais probablement d'après lui.

صُبُوَّة *sabaïsme* ou *sabéisme*, Bc, Chahrestânî 26, 7.

صَبِى *page, jeune homme servant auprès d'un prince*, Recherches I, 172, 1 de la 1re édit. — En jurispr., *mineur*, v. d. Berg 31. — صَبِى المعاش *mousse*, petit matelot, Bc. — بقم صَبِى *brésil*, bois rouge, Bc. — صِبْيَة النار, *les enfants de l'enfer*, sont les enfants de l'ennemi du Prophète, Abou-Mo'aït; voyez Aghânî 15, 4.

صَبِيَّة *fille de joie*, garçonnière, Bc.

صَبِيَّة *jeune fille*, Voc. (dans la 1re part. صَبَايَة).

صِبْيَانِيَّة *jeunes gens*, Payne Smith 1473—4.

صَابِيَّة *sabaïsme* ou *sabéisme*, Bc.

صمت.

صَمْت *métal* (?), Niebuhr B. p. xxxi.

صَمْجَقَ (turc صَاجَاقى ou صَاجْاقى) pl. أَصْمَجَاقى *frange*, Ztschr. XXII, 130.

صح I. Dans le sens d'*être vrai*; إن صحّت الأحلام « si les songes sont vrais », c.-à-d.: si tout ceci n'est pas un rêve, 1001 N. I, 84, 8 a f. — صحّ عنده ذلك *il sait cela de science certaine*, Abbad. I, 273, n. 86; aussi صحّ له ذلك, Gl. Badroun. — *Se dégourdir*, se défaire de son engourdissement, et *se dégourdir*, se défaire de sa simplicité, Bc. — *Venir*, naître, croître, être produit, Bc. — *Prendre*, réussir; صحّ لى ما ou « cela ne m'a pas réussi; » صحّ معه الشىء *venir à bout de quelque chose*, réussir; صحّ معه *prospérer*; « أتعبنا جهدنا ما صحّ معنا nous avons fait inutilement tous nos efforts, » Bc; صحّت حيلته « son stratagème réussit, » Bat. I, 167. — C. ل p. *échoir, revenir*, résulter à l'avantage, au profit de quelqu'un, *tomber*, échoir en partage, Bc, *adipisci*, Voc.; Macc. I, 188, 18. Quelquefois on peut aussi traduire *appartenir*, comme dans le Gl. Edrîsî, Bait. I, p. VII, 3 a f.: ما صحّ لى فيه القول (lisez ainsi avec A) « ce qui m'appartient en propre, » R. N. 22 v°: استخلف أمير المومنين على قبض هذا المال ان صحّ له. — *Vidimus*, mot par lequel un juge certifie qu'il a pris connaissance d'une pièce, *visa*, Bc. — Quand un copiste corrige une faute qu'il a faite, il met ce verbe après sa correction, M. *Nota* (ce mot se met à la fin de la note). On met en arabe à la fin du *post-scriptum*, le mot صح, comme on met en français P.S. au commouvement, Bc. — منه عشرة غروش صح لى «j'ai eu de lui dix piastres,» Bc, Nowairî Afrique 61 v°: وقال لى كم صح لك فى الشدّة التى فعلتها اليوم «combien as-tu reçu pour ce ballot?» — ايش صح معه «qu'avez-vous gagné avec lui?» Bc.

II *valider*, rendre valide, Bc. وظيفة تصحيح الفتاوى *la charge de vérificateur des décisions juridiques*. On présentait toutes les décisions juridiques à celui qui était revêtu de cette charge: quand il les approuvait, il écrivait de sa main, au bas de la décision, çahha (صحّ), et quand il y trouvait qu'il y avait quelque chose à réformer, il en faisait l'observation, de Sacy Chrest. I, ۱۳۳, 8 et suiv. — *Signer, souscrire, soussigner*, Alc. (firmar). — *Etablir, prouver*, Prol. III, 210, 5. صحّح له أن *il l'assura que*, Macc. I, 556, 3. — *Déterminer un nombre par le calcul*, Cartâs 38, 2: وجب للجامع يصلّى فيها صفوف من الناس غير صحيحة. صحّح القتال. — فصحّح العدد بألف وخمس رجل *combattre vigoureusement*, Gl. Fragm. — صحّح البقيّة *payer le reste d'une dette*, Tha'âlibî Laṭâïf 56, 6.

V *être corrigé* (livre), Voc. — *Etre prouvé, avéré*, P. Abd-al-wâhid 88, 15.

صحّة, que le vulgaire prononce صحّة, *santé*. On dit à quelqu'un qui vient de boire: صحّة, *santé*, c.-à-d., *grand bien vous fasse*, Bc, Martin 177, Coppin 223 (Saaha, Poiret I, 43 (saha). De même à quelqu'un qui éternue, dans le sens de *Dieu vous bénisse*, Bc. Chez Djaubart, 85 r°, on trouve dans un récit bien scabreux: انسلّ الى موضعه فلما صار عند قلتى صاحبتك. — *Merci*, Ztschr. XII, 180; صحّة *merci*, manière de refuser quelqu'un qui vous invite à manger, Bc. — Dans le Voc. sous *simplex*. — التصحيح صحّة *à deux de jeu*, avec un avantage égal, Bc. — جهة الصحّة *convalescence*, Bc.

صحّة يعطى المال, Prol. II, 151, 4 a f., où M. de Slane traduit: «il donnera de l'argent en masse;» mais peut-être est-ce plutôt: d'une manière équitable, de sorte que chacun en ait sa part; cf. plus sous صحّ, à la fin. — الصحاح est le nom que portent toutes les plantes qui servent de nourriture aux animaux sauvages, Bait. I, 78 d: لا يقوم مقامها شىء من الصحاح والصحاح كلّ شجرة تعشبها الإبل السائمة.

صحيح. Une tradition sans défaut et remplissant toutes les conditions d'authenticité est appelée *saine*, à moins qu'elle ne se trouve en contradiction avec une autre tradition provenant d'un rapporteur digne de foi, de Slane Prol. II, 484. — En parlant d'un homme, *simple*, sans déguisement, sans malice, Voc. (simplex, de homine). — *Entier, complet*, Alc. (entera cosa, enteriza cosa), Bc; عدد صحيح «nombre entier,» Bc; aussi صحيح, جمع صحيح, M, cf. Gl. Abulf. — En archit., *droit*, M.

الأصحّ أن أصحّ *ce qu'il y a de plus vraisemblable, c'est que*, Bc.

أصحاح pl. ات *chapitre de la Bible*, M.

تصحيح, chez les traditionnaires, *écrire* صحّ, *quand la répétition d'un mot pourrait soulever des doutes*, M. — *Ecrire, sur l'ordre de la chambre de commerce, le mot* صحّ *sur le grand livre d'un négociant, après en avoir compté les feuilles, afin d'empêcher les fraudes*, M. — Chez ceux qui divisent les héritages, *diviser les fractions entre les héritiers*, M. — جمع التصحيح *nombre entier*, M.

مصحّح *guérissable, qu'on peut guérir*, Alc. (sanable cosa; on s'attendrait plutôt au part. pass.).

صاحب III *concilier, mettre en bonne intelligence, pacifier, liguer, confédérer*, Alc. (conciliar amigos, concertar los discordes, apaziguar, confederar).

V c. لـ p. *se ranger du parti de quelqu'un*, M.

VI c. مع, que le Voc. a sous sociare, *converser*, Bc, *devenir l'ami de quelqu'un*, M.

VIII *durer, continuer d'être*, Cartâs 108, 9 a f.: لم تزل, 222, 12 a f.: كان مصطحبا بطول ايامهم, ذلك مصطحبة الأنواء لا يقلع المطر ليلا ولا نهارا (car c'est ainsi qu'il faut lire, cf. p. 287 de la trad.).

X s'emploie au fig. dans des phrases comme celles-ci: استصحبوا الدعة والعافية, Djob. 48, dern. l., استصحاب حال العز, Khaṭîb 182 v°.

مصحب = مخصب, avec, 1001 N. I, 29, 1: فأكل صعيد, si cette leçon est bonne.

صحبة *compérage*, Alc. (conpadradgo).

صحبة وزير الصحبة *un vizir qui était nommé pour accompagner le sultan dans ses voyages, dans ses expéditions, et y remplir temporairement les fonctions* attachées à sa dignité, tandis que le vizir ordinaire continuait à résider dans la capitale de l'empire, pour exercer l'autorité dont l'avait investi son souverain. Son emploi s'appelle وِزارة الصَّحْبة. Comme, durant les marches, les expéditions du sultan, les affaires devaient être expédiées avec rapidité, et sans que cette promptitude pût apporter aucun préjudice à l'administration générale de l'Etat, des fonctionnaires de tout grade étaient choisis pour résider auprès du prince, et remplir momentanément les fonctions qui n'auraient pu être exercées que d'une manière imparfaite et lente par les titulaires résidants au Caire ou à Damas. On trouve par conséquent النَّاظر بالصَّحْبة «l'inspecteur résidant auprès du sultan,» dont la charge s'appelle مُسْتَوْفِي ؛ مُشَدّ الصَّحْبة ؛ نَظَر الصَّحْبة الصَّحْبة «celui qui remplissait les fonctions de maître des comptes à la suite du sultan,» Maml. I, 2, 139. — صَحْبة voyez sous le premier mot. — صَحْبة *bouquet*, Bc, Hbrt 50; on donne le nom de صَحْبة المُدَام, 1001 N. II, 21, 4 a f., au bouquet qu'on met dans un chandelier au milieu des bouteilles et des verres, Lane trad. des 1001 N. II, 242, n. 110; il faut lire de même Bresl. IX, 259, 4 a f., où le texte porte par erreur: ثُمَّ احْضَرُوا الطَّعَام فَاكَلُوا وَشَرِبُوا وَاحْضَرُوا. — صَحْبة المُدَام *Chandelier à plusieurs branches, candélabre*, Lane l. l.

صَاحِب, pl. صَحْبة et أَصْحَاب, Zauzant comment. sur le 3e vers de la Mo'allaca d'Amro'lkaïs. — *Celui qui tient notre enfant sur les fonts, celui qui a tenu notre enfant*, Alc. (compadre padre con otro). — *Habitant*, Bidp. 268, 2 a f.: صَاحِب تِلْكَ الغَيْضَة. — *Disciple*, Bc, الصَّاحِبَان chez les Hanafites sont Abou-Yousof et Mohammed, les disciples d'Abou-Hanîfa, M. — *Dominus*, dans le sens de *feudataire*, trad. d'une charte sicil. *apud* Lello, p. 9 et 11, Amari MS. — *Celui qui est adonné à quelque chose, qui s'y livre habituellement*, Nowaïrî Espagne 491: صَاحِب أَكْل وَشُرْب ... وَنِكَاح — أَصْحَاب لِخَمْس مِائَة ceux qui voulaient gagner les cinq cents pièces d'or que le calife avait promises aux guerriers qui voudraient combattre un champion, Abbad. I, 304, dern. l. — *Conseiller*, Haiyân 9 r°, en parlant d'Ibrâhîm ibn-Haddjâdj: وَكَانَ لَهُ رِجَالٌ أَكَابِر أَصْحَاب, parmi les tribus bédouines, sont celles qui se sont engagées par serment à une alliance offensive et défensive, Burton II, 112. — الصَّاحِب dans le sens de *vizir*,

quand c'est un officier de plume. Selon Macrîzî, dans de Sacy Chrest. II, 59, ce titre n'a jamais été en usage pour aucun vizir des califes soit Abbâsides, soit Fâtimides. Cependant on le trouve donné à ar-Rebî', le vizir du calife abbâside al-Mançoûr, dans Freytag Chrest. 60, 9; c'est peut-être un anachronisme. Aujourd'hui encore le vizir porte ce titre à Maroc, Richardson Morocco I, 64. — صَاحِب الدِّيوَان وَالحِسَاب لَهُ à Saint-Jean-d'Acre, = صَاحِب الأَرْض Djob. 306, 12. — صَاحِب الأَرْض est le titre qu'Abou-Othmân, un vizir de Hichâm Ier, porte chez Nowaïrî Espagne 448. — أَصْحَاب البِغَال, dans l'armée, semble signifier *des hommes qui vont sur des mulets*, Haiyân 89 r°: وَأَصَبَّ مِنْ أَصْحَاب السُّلْطَان غُرْمُوم بْن رَشِيد. — التَّفَرُّق في ثَلاَثَة مِنْ أَصْحَاب البِغَال وَنَفَر مِنَ الرَّجَّالَة — صَاحِب الأَحْبَاس *inspecteur des legs pieux*, Abbad. I, 95, n. 114, Khatîb 51 v°: رَوَى عَنْ أَبِي عَبْد اللّٰه ابْن — صَاحِب الأَحْكَام — صَاحِب الأَحْبَاس, en Espagne, titre d'une sorte de juge et de notaire, Gl. Esp. 366—7. Ibn-Abdalmelic, 25 v°, donne un article sur un personnage de Grenade qui s'appelait أَبُو عَبْد اللّٰه ابْن. Ailleurs, 32 v°, il dit en parlant d'un savant de Denia: وَكَانَ فَقِيهًا صَاحِب الأَحْكَام — صَاحِب الخَرِيطَة *trésorier*, Marmol II, 245 a. — صَاحِب الخُمْس, Amari 168, 8, 435, 5 a f., *l'administrateur des terres qui, dans les pays conquis, sont la propriété de l'Etat;* cf. sous خُمْس. — صَاحِب السَّاقِيَة, en Espagne, celui qui était chargé de surveiller l'irrigation des champs, d'où vient le pl. esp. *zabacequias*. — صَاحِب السُّوق *inspecteur du marché*, Gl. Esp. 367. — صَاحِب الطَّيل était un des noms que le peuple en Espagne donnait au صَاحِب المَدِينَة (voyez) ou صَاحِب الشُّرْطَة, Macc. I, 134, 19. — صَاحِب المَدِينَة était en Espagne le nom par lequel le peuple désignait le préfet de police, dont le titre officiel était *çâhib as-chorta*. Il est fréquent, sous la forme *zavalmedina* et d'autres, dans les documents espagnols jusqu'au XIIIe siècle pour désigner le magistrat chargé du gouvernement civil d'une ville, Gl. Esp. 367. Selon Marmol, II, 245 a, le *çâhib* de Tunis était le *corregidor*, c.-à-d., le premier officier de justice dans cette ville. — صَاحِب النُّزُل sorte de *maréchal des logis*, officier chargé de faire préparer les logements pour ceux qui viennent à la cour, Hoogvliet 104, 3. — Le fém. صَاحِبَة commère, femme qui tient notre enfant sur les fonts, qui a tenu un enfant avec nous, Alc. (comadre madre con otra).

مَصْحُوب démoniaque, possédé du démon, Voc.

مُصَاحِب. L'expression مُصَاحِبًا أَمْس, dans le sens que Lane donne sous مَصْحُوب, se trouve Khallic. IX, 8, l. 13.

مُصَاحِب démoniaque, Alc. (demoniado, endemoniado o endiablado).

وَاوُ الْمُصَاحَبَة la particule wau quand elle a le sens d'avec, M.

اِسْتِصْحَاب. Sur le sens de ce mot dans le droit musulman cf. de Slane Prol. III, 7, n. 3.

صحر

صَحْرَة rosée; on dit aussi souvent سَحْرَة, M. — Vulg. pour صَحْرَاء, M.

صَحْرَاء plaine hors d'une ville, contrée, Tha'âlibî Latâïf 6, n. b, Haiyân 78 r°, Ibn-Khaldoun dans Bat. III, 465, Berb. II, 169, 10 a f. 178, 12, 459, 8 a f. — Chez le vulg., qui dit صَحْرَا, et au pl. صَحَارِي, champ semé de concombres, de pastèques, etc., M. الصَحَارِي dimanche des Rameaux, Payne Smith 1639 (deux fois).

صحف

صَحْفَة, chez Bc écuelle en terre, ne désigne pas chez le vulgaire, comme dans la langue classique, une grande écuelle et qui peut contenir de quoi rassasier cinq personnes, mais une petite écuelle et qui ne peut pas même contenir assez pour une seule personne, M. — Vase en cuivre pour savonner, Roland. — Chandelier, Djob. 101, 3 a f. et 99, 10, où il faut lire صَحْفَة ou صُحَيْفَة, au lieu de صَفْحَة, comme l'a observé M. de Goeje dans le Gl. Fragm. p. 8. — Au Maghrib, nom d'une mesure de capacité, Becrî 62, 9, 91, 12, Cartâs 202, 1, 266, 4, 277, 13, Chénier III, 536: «Dans le royaume de Fez, depuis Salé jusqu'au Nord, le blé se vend par saffe, sahah et moud; il faut quatre moud pour une sahah et 60 moud pour une saffe. Or le moud pesant 18 à 20 livres, il résulte que la saffe pèse 12 quintaux.» — صَحْفَة الكَاغِيد feuille de papier, Domb. 78.

صَحِيفَة. رَاحُوا فِي مَصَاحِفِهِ «ils furent tous renversés par le contre-coup de sa disgrâce,» Bc.

صُحَيْفَة saucière, Alc. (salsera o salsereta). — Jatte, vase en cuivre, Ht. — L: titulus (indicium, significatio vel signum) رَشْم وكتاب وصُحَيْفَة.

صَحَّاف crocheteur, portefaix, gagne-denier, coquin, fripon, Alc. (ganapan, vellaco como quiera). — Fossoyeur, Domb. 104. — (Dans la 1re part. du Voc. ce mot correspond à discus, mais c'est sans doute une erreur pour صَحْفَة).

تَصْحِيف espèce de jeu de mots, ou plutôt de jeu d'écriture, qui consiste à déplacer les points diacritiques d'un ou de plusieurs mots dont les lettres sont identiques, de manière à en modifier le sens; voyez les auteurs cités par de Jong. On l'appelle aussi الْجِنَاس الْمُصَحَّف, M. — Narquois, jargon pour tromper, Bc.

مُصَحَّف un isnâd dans lequel un ou plusieurs noms propres sont mal orthographiés; — un texte dans lequel un mot ou un nom est mal orthographié, de Slane Prol. II, 482. — جِنَاس المصحف voyez sous تصحيف.

صحن I, pour طحن, broyer, J. A. 1850, I, 227, piler, Bc.

صَحْن bassin, grand plat, Bc, Bg, assiette, Bg, Hbrt 201, Bat. III, 425; à Damas, plat de porcelaine de Chine, Bat. I, 238; chez Djob. 71, 14: la mer était si tranquille qu'elle semblait صحن زجاج أزرق. — Dans le sens de cour d'une maison, le pl. est chez Alc. أَصْحَان (corral como patio de casa, patin de casa, patio). — صحن الوَجْه le milieu du visage, Gl. Mosl.

صحين pourtour de galerie, Ht; صحين الدار cour, Hbrt 191.

مَصْحَن espèce de mortier, J. A. 1850, I, 228.

صحو I. Le vulgaire dit صَحِيَت الدُّنْيَا pour exprimer la pluie a cessé, M. — Reprendre sa raison; le part. qui est en état de raison, Bc; être sobre, ne pas être ivre, Abbâr 178, 12, Ht. — صَحَا et صَحِيَ s'éveiller, se réveiller, Bc, M, Hbrt 43, 1001 N. III, 466, 11. — أَصْحَى ou أَصْحَا. On dit à un homme qu'on a fait revenir d'un assoupissement: اصْحِى لِنَفْسِكَ, *réveille-toi, reprends tes esprits*, 1001 N. Bresl. IX, 305, 1, où l'éd. Macn. a لِنَفْسِكَ اِفِقْ. Mais ordinairement ce mot signifie *gare! gardez-vous! prenez garde à vous*, Bc; «اصْحِى مِن انك لا تعمل *ne manquez pas de faire cela*,» Bc; 1001 N. Bresl. IX, 259, 3 a f.: اصْحِى تشقّ بغداد, où l'éd. Macn. a اِيّاك ان; cf. 284, 8.

II *rasséréner, rendre serein*, Voc. — *Eveiller, réveiller*, Bc, Hbrt 43. — *Faire revenir à soi un homme évanoui*, 1001 N. II, 120, 7 (= Bresl. VII, 137, 6).

IV *rasséréner, rendre serein*, Voc. — *Désenivrer, faire revenir d'une ivresse* (Lane TA), Abbad. I, 52, 9. — اصْحِى مِن الغلط *détromper*, Bc.

X. يَسْتَصْحِى *il cesse de pleuvoir*, Alc. (descanpar la luvia). — *Faire des prières publiques ou une procession pour obtenir que la pluie cesse*, Cartâs 62, 10 a f.; Alc. a le n. d'act. dans le sens d'une telle procession (procession por que haga sol).

صَحْو *beau temps*; الدُّنْيا صَحْو «il fait beau aujourd'hui,» Bc.

صاح *alerte, dru, vif, sémillant*, Bc.

اصحاية *salamandre*, Bc.

مَصْحَى dans le man. de Leyde d'Amro'lkaïs (Wright).

صخب.

صَخَب *cliquetis d'ornements de métal*, Djob. 238, dern. l., *de chaînes*, Berb. I, 619, 9.

صخر II *fouiller jusqu'au roc*, M. — En parlant de sable, *devenir dur comme le roc*, M. — C. a. p. pour سَخَّر, Mufassal éd. Broch 176, 2 a f., M.

IV *être tout couvert de roches*, M.

V *devenir dur comme le roc*, Payne Smith 1668.

صَخْر, *rocher*, a chez Bc le pl. صُخُور, et le pl. صُخُورة est dans le Voc. et chez Alc. (rocas de monte). — Pl. صَخَّار. — Pl. صُخُور et (Barb.) صَخَّارِيَة, *récif, chaîne de rochers sous l'eau et à fleur*, Bc; صَخْر, pl. صَخَّار, Alc. (roca peña en la mar). — صَخْر في البَحْر *péninsule*, Alc. (peñiscola casi isla).

صَخْرِيَّة جَامِدة *pigeon qui a son nid dans les rochers*, Alc. (paloma que cria en las piedras).

صَاخَصَمَخ I *insulter*, Roland.

صدّ I. Le n. d'act. صُدُود *rigueurs d'une maîtresse*, Bc, Akhbâr 159, 11. — C. a. p. *ne pas agréer, repousser la prière de quelqu'un*, M. — De même que سدّ (voyez), c. عن, *aliéner le cœur, dégoûter de*, Bc; سَدّتْ نَفْسُهُ *il se dégoûta*, 1001 N. Bresl. XI, 50, 8, où l'éd. de Boul. a نَفَسَه سَدّمت. — *Empaumer*, recevoir une balle, la renvoyer, Bc. — *S'ensuivre, dériver, procéder de*, Bc. — *Partir*, Martin 188.

II *rouiller*, Hbrt 171 (Alg.) (par confusion avec la rac. صدأ).

V *se rouiller*, Ht.

VII c. عن et من, quasi-pass. de la Ire, Voc. sous proibere.

صَدّة نَفْس *satiété*, Bc.

صَدَد *question, ce dont il s'agit*; — *circonstance*, Bc.

صَدِيد a dans le Voc. le pl. صَدَائِد. — *Abcès*, Alc. (aposteme). — (Par confusion avec صَدَأ) *rouille*, Cherb., Hbrt 171 (Alg.); صَدِيد أحْمَر *rouille du fer*, صَدِيد أخْضَر *rouille du cuivre, vert-de-gris*, Pagni MS.

صَادُود pl. صَوَادِيد *échalas*, M. — *Pilier*, Ztschr. XI, 479, n. 5.

صدأ II *enrouiller, rouiller*, Bc. — *Se rouiller, s'enrouiller*, Bc.

IV *rouiller*, Macc. II, 250, 7; cf. Lettre à M. Fleischer 187—8; ce que j'y ai dit est confirmé par le Voc., qui a cette forme, c. a., sous eruginare.

صَدَأ, *rouille*, forme au pl. أصْدَاء, Macc. II, 231, 16, et أصْدِية, Voc. — صدا الاذان *cire, humeur des oreilles*, Bc.

صدر I. Dans l'expression صدر عند الفعل (Lane) on dit aussi عند, 1001 N. I, 80. — صدر في مُدّة *intervenir, avoir lieu pendant la durée de*, Bc. — صدر عن رأي فلان *agir d'après les ordres ou le conseil de quelqu'un*, Abbad. II, 6. — *Etre rassasié*, Gl. Belâdz.

II *saigner un cheval au poitrail*, Auw. I, 34, 7 a f., II, 672, 4. — *Etre couché sur la poitrine, ou avoir la poitrine appuyée sur quelque chose*, Alc. (pechugar;

j'ai suivi Victor). — ما صَدَّرْتُه *ce que j'ai exposé ci-dessus*, Bat. III, 443, dern. l., dans le man. de M. de Gayangos, qui porte كان مُصَدِّرا لامارته — ما صَدَّبُرا لامارته *il faisait exécuter ses ordres*, Berb. I, 480, 2. — *Enseigner, faire un cours*, de Sacy Chrest. I, 140, 9 (où l'éditeur n'a pas compris ce verbe), Meursinge 5, l. 11; تصدير الفقه *faire un cours de* fikh, Meursinge 22, 6; cf. sous la Ve forme.

III *s'emploie en parlant de la pression du courant d'un fleuve*, p. e.: le Caire a été construit à une grande distance du Nil, لتُقَلَّ بصادرها وبابل ديارها, Gl. Edrîsî; — c. a. p. et في r. *presser quelqu'un de*, Bat. IV, 209; صادرني في دخول الجزيرة «il me pressa d'entrer dans l'île.» — Dans l'expression صادره على كذا من المال (voyez Lane), on emploie aussi على, au lieu de بـ, comme Reiske (chez Freytag) l'a noté; exemples: Djob. 167, 14 et 15, Haiyân-Bassâm I, 23 v°: صُودِروا بأموال. — A la fin de son paragraphe sur cette forme, Lane n'a pas bien compris le verbe فارقَ (voyez); Le M a aussi: وبإفعال صادره على ما مال في فارقه على أن يؤدّيه; mais cela se dit d'un vainqueur qui accorde la paix au vaincu à condition que celui-ci lui paye tribut. — Ce verbe n'est pas actif dans toutes ses signif., comme Lane l'a pensé; car on l'emploie aussi dans le sens de صَدَرَ, et alors il est neutre, Macc. II, 266, 11: ولما تألَّب بنو حشون على القاضي الوحيدي المذكور صادر عنه العالم الأصولي ابو عبد الله بن الفخّار وطلع في حقّه الى حضرة الإمامة مراكش.

IV. اصدر المُكاتبة الى *s'engager dans une correspondance avec*, Berb. I, 208, 7. — ورودًا واصدارًا *pour les recettes et pour les dépenses*, Maml. I, 1, 203. — *Rassasier*, Gl. Belâdz.

V *se poster en avant de quelqu'un*, تصدَّر قُدَّامَه, Macc. I, 166, 20. — *Faire la planche, être le premier à faire ce qui semble difficile*, Bc. — C. ل *prêter le collet, se présenter pour lutter, résister*, Bc. — *Proprement occuper la place d'honneur*, جلس في صَدْرِ المجلس, et comme, dans une salle d'études, c'est le professeur qui l'occupe, l'expression تصدَّر للاقراء a reçu le sens *d'enseigner, faire un cours, être professeur*, Ibn-Abdalmelic 5 r°: وعاد الى بلده وتصدَّر للاقراء, Catal. des man. or. de Leyde II, 9, l. 11 et n. 2, Macc. I, 476, 3, 563, 21, Meursinge ۱۳, 2 a f.; de même تصدَّر للتدريس, Macc. I, 616, 10, ou Meursinge ۱۴, 6 et 7, ou لبَثَّ العِلم, Macc. III, 201, 18; تصدَّر لاقراء العربية «faire un cours d'arabe,» Macc. I, 608, 10 et 11; de même لاقراء القرآن والفقه والنحو, Macc. I, 687, 21 et 22, ou لعلم أقليدس, Amari 618, 5, cf. 646, 4 a f.; *faire un cours sur un livre classique*, تصدَّر لاقراء كتاب لقراء كتاب الشفا, Macc. III, 183, 17, ابن الحاجب, *ibid.*, l. 22. *Le verbe seul s'emploie dans le même sens*, Macc. I, 612, 3 et 17, et مُتصدِّر *signifie professeur*, Macc. III, 202, 12, Amari 663, 5 a f., 664, 2 a f., 674, 6. — Dans le Voc. sous prologus.

VII dans le Voc. sous procedere.

صَدْر *homme éminent, supérieur*, Macc. I, 884, 9, Khatîb 21 v°: كان صدرا في, *ibid.*: كان صدرا جليلا حالة من صدور اهل العلم :°r 26 ,الفرائض والحساب هذا الرجل صدر عدول لحضرة الفاسيّة: 28 v°, والتفنّن الصَّدْر الأعظم ou الصَّدْر. — كان صَدْرَ العلماء :°v 28 *le vizir*, M. — *Les premiers rangs d'une armée qui est en ordre de bataille*, Macc. I, 882, n. *b* (cf. Add.), II, 695, 7 (le premier صدر). — الصَّدْرُ الأوَّلُ *précédé de* في, *au commencement, dans le principe*, Prol. II, 53, 1; في الصدر الأول من الأندلس «dans les premiers temps après la conquête de l'Espagne,» Abd-al-wâhid 122, 6 a f. Spécialement: *les premiers temps de l'islamisme*, Djob. 157, 3 a f., et aussi: *les premiers princes musulmans*, Bat. III, 294. — صدر صفيحي *plastron, pièce de devant de la cuirasse, pièce sur l'estomac*, Bc. — *La couverture du poitrail du cheval*, J. A. 1849, II, 319, n., l. 10. — *Cabaret, plateau, table où l'on met des tasses*, Bc, Fleischer Gl. 14 n. — من الصدر *de mémoire, par cœur*, Alc. (de coro dezir قرأ من الصدر); aussi من صدره, Macc. I, 501, Abdari: 1 كتاب دون صدره من يوردها ,ومنه صدرا, صدر -- وقد قرأ (المُوَطَّأ) عليه صدرا منه :°v 14 القمح *blé noir, sarrasin*, Ibn-Loyon 33 v°: الذي يصلح أن يُزرَع في المروج هو القمح الأسود المعروف بصدر البازي وهو قمح يتَّحامَه الخنزير ولا تؤثِّر فيه الرياح

والاصرار لاكن لا يتمادى على زرعه اكثر من اربعة اعوام او خمسة. On semble avoir donné le nom de *poitrine du faucon* à cette polygonée, parce que ses fleurs blanches faisaient penser à la poitrine blanche de l'oiseau de proie noble, et même, jusqu'à un certain point, à des plumes. — صدر النحـاس sorte d'oiseau, Yâcout I, 885, 8. — حَلّ الصدر *déboutonner, dégrafer, déboucler*, Alc. (desabrochar). — ذوات الـصدر t. de gramm., *particules qui indiquent une condition, une question, etc.*, M.

صدر *station sur la frontière*, à ce qu'il semble, Berb. II, 385, 6 a f.: وخرج بالسـرى والـغنـائـم الى ادق صدرة من ارضهم وانائى بها ٭

صُدْرَة pl. صُدَر *tendron, cartilage*, Alc. (ternilla en gueso o carne).

صَدْرِي *pectoral*, bon pour la poitrine, Bc. — الصدري *le pectoral*, muscle, Bc.

صَدْرِيَّة, par corruption صِدْرِيَّة, pl. صَدَارِى *espèce de gilet, de camisole, de chemisette, sans manches, qui n'a aucune ouverture par devant ni par derrière, mais seulement trois trous, un pour passer la tête, et deux pour les bras*, Vêtem. 246—7, M, Bc, Bg 174, Ht, Michel 182, Dunant 201, Ztschr. XI, 481; *gilet à manches*, Bg 799, 800. — *Plastron, pièce de devant de la cuirasse, pièce sur l'estomac*, Bc; *cuirasse*, Ht. — Nom d'un tribunal dont une des attributions était de recouvrer les contributions arriérées, Khallic. I, 587, 3 Sl., en parlant de Harîrî: تولّى صدريّة المشان (dans la ville d'al-Machân); cf. la note dans la trad. de M. de Slane, II, 495, n. 11; Yâcout II, 13, 12: تولّى صدريّة المخزن. En ce sens ce mot semble formé irrégulièrement de l'expression صادَرَه عـلـى كذا من المال ٭

صَدْرِيْرِي *gilet, corset*, Bc, cf. Vêtem. 247.

صُدَيْرِيَّة sorte de corset d'indienne ou d'une autre étoffe, que portent les femmes et qui soutient la poitrine sans avoir les inconvénients du corset européen, Burton II, 15 (Médine).

صادر *rouge-gorge*, Pagni MS, qui donne *sedèr*; je transcris صادر, parce que Beaussier donne en ce sens صُوَيْدِر, qui est le diminutif de صادر.

صُوَيْدِر voyez ce qui précède.

تَصْدِير est quand un mot qui se trouve dans un vers, est répété dans la rime de ce vers, Freytag, Arab. Verskunst 531, M, Badroun 3, l. 5. — Dictée, Meursinge 7, l. 11, 9, l. 9.

مَصْدَر *préface*, L (prefatio (preloquutio)). — Baudrier, Burton II, 115. — مصدر الشرح *thème, sujet de composition*, Hbrt 113.

مَصْدَرَة الكتاب (Freytag) voyez Diw. Hodz. 111, dern. l.

مَصْدَر *cartilagineux*, Alc. (ternilloso).

المـصـدّرات في الـعـلـوم *principes supposés*, Payne Smith 1001.

مُصَادَرَة est un terme de logique sur lequel on trouve beaucoup de détails dans le M.

مُتَصَدِّر *professeur*, voyez sous la Ve forme.

صدع I. Le n. d'act. صُدُوع et صَدَائه كلماته dans le sens de *la force, l'efficacité de ses paroles*, Haiyân-Bassâm I, 47 r°. — *Choquer, être contraire à*, Bc. — *Embarrasser*, Ht.

II. Donner le mal de tête n'est pas seulement صدّع فلانًا (Lane, Bc), mais aussi صدّع الرَّأْس, Bait. I, 145 a: البلوط مصدّع للراس, 166 a: مصدّعة للراس. — C. a. p. *rompre la tête à quelqu'un, l'importuner*, Abd-al-wâhid 221, 5 a f.; aussi صدّع رأسَه, Bc, 1001 N. I, 288, 5, 244, dern. l. Le Voc. a ce verbe sous *inquieto*. تصديع الرَّاس ou الخاطر *importunité*, Bc. — صدّع خاطر فلان *charger quelqu'un de faire quelque chose*, M. — En donnant ce verbe sous *findere*, le Voc. ajoute dans une note *facere tumultum*, et il a aussi ce verbe, c. a., sous *tumultuare*; cf. صُدَاع.

V dans le Voc. sous *tumultuare*.

VII *se séparer, se disperser*, Akhbâr 150, 8, Haiyân 8 v°: فحين علموا بوفاة اميرهم المنذر انصدعت حشود. — الكور ووفـود القبائـل وتفرّقـوا الخ. — *Avoir mal à la tête*, Bait. I, 74 a, 86 b. — انصدعت رجله *il s'est donné une entorse au pied en glissant*, M. — انصدعت اصبعي *j'ai un mal d'aventure*, Bc.

صْلَع, au fig., *rima mulieris*, M. — En chir., *fracture quand elle s'étend en long; lorsqu'elle s'étend en large on l'appelle* كَسْر *ou* تَقَتُّت, M.

صُدَاع tumultus (ad oves pertinet), Voc. — صداع الاصابع *mal d'aventure, mal au bout des doigts; panaris, tumeur phlegmoneuse au bout des doigts*, Bc.

صَديع *fendu, déchiré*, Abbad. I, 68, 14, 159, n. 507.

مَصْلَع pl. مَصاليع *cercle, réunion de gens qui se forment en cercle*, Alc. (corrillo de gente, corro de moços, circulo de gente). — *Cirque, lieu destiné aux jeux publics*, Alc. (circo donde hazen juegos).

مَصْلَع, *en parlant d'un guide (cf.* Lane*), est* ماض في أمر صلع به, Kâmil 51, 20 et suiv.

مَصْدوع مَصْلوع اصبعي *j'ai un mal d'aventure*, Bc.

انصِلاع, t. de médec., *rupture d'une veine ailleurs que dans la tête*, M.

صلغ.

صَلْغ وصَلْع صَلْع رَأْس *têtière, la partie supérieure de la bride, qui passe derrière le toupet du cheval et qui soutient le mors*, 1001 N. Bresl. IV, 59, 2. — *Chambranle d'une porte*, M., صلغ قنطرة pl. اصلاع, *pile, maçonnerie qui soutient les arches d'un pont*, Bc.

صَلْغَة *de la chaux qui sert à lier les pavés*, M.

أصْلاغ pl. أصاليغ *tempe, partie de la tête entre l'oreille et le front*, Voc., Alc. (sien parte de la cabeça). — *Faces, ailes-de-pigeon, cheveux qui tombent sur les tempes*, Alc. (aladar de cabellos). — *Joue*, Alc. (carrillo de la cara).

صَدَف I, vulg., *pour la* IIIe, c. a. p., *rencontrer quelqu'un par hasard*, M. — *Arriver par hasard dans un endroit*, Alc. (dar en cierto lugar).

II c. a. p., vulg. *pour la* IVe, *détourner, écarter, dissuader*, M.

III c. a. p. *rencontrer quelqu'un sans le vouloir, par hasard*, M, Alc. (encontrar a caso con otro). — *Arriver, avenir, survenir par hasard*, Voc. (casu accidit), Alc. (acontecer). — مُصادفةً *par hasard*, Alc. (acaso), Bc, Nowairî Espagne 458; بالمصادفة aussi مصادفة لقيه Hbrt 90. — *Rencontrer, toucher, atteindre, donner au but*, Abbad. II, 58, n. 21, Alc. (acertar), Cartâs 128, 10 (corrigé dans l'errata), Prol. I, 66, 2 et 9; صادف تحقيقًا *rencontrer juste*, Prol. I, 196, 12. — *Être conforme à*, Prol. I, 154, 10.

V. تصدّف الأمر *la chose arriva*, M.

VI *se rencontrer*, Hist. Tun. 109: وخرج بمن معه (nom propre). — *Se heurter l'un l'autre*, Çalât 38 v°: بعده واجتاز الناس لدقاعهم فتصادفوا قرب الكاف على اقتحام وترادف (sic) وزحام.

صَدَف. صَدَف البواسير *sorte de coquille qu'on trouve sur les côtes de la mer Rouge; voyez* Bait. II, 128 b. — صدف مُدَوَّر *rondelle ou plaque ronde du hautbois*, Descr. de l'Eg. XIII, 399. — صَدَفَة الأذن, *limaçon, partie osseuse du labyrinthe de l'oreille, qui a la forme d'une coquille de limaçon*, Bc, Bar Ali éd. Hoffmann n° 4353. Le M a صَدَفَة seul dans le sens d'*oreille*.

صُدْفَة pl. صُدَف *rencontre fortuite*, M. On prononce aussi ce mot avec d'autres voyelles. صَدْفة *accident favorable*, Bc. صُدَف pl. *rencontre, occurrence, cas fortuit, conjoncture, hasard, chose d'occasion, de hasard*, Bc; بالصُدْفة *par hasard*, Hbrt 90; — *coup de raccroc*, Bc.

صُداف *rencontre fortuite, hasard, cas fortuit*, Alc. (encuentro a caso, lance como quiera acertamiento); بالصِداف *par hasard*, Voc.

صادق I. Au lieu de صَدَقَه القتال «il le combattit sérieusement, vigoureusement,» on dit aussi صدقه seul, Haiyân 73 r°. — S'emploie en parlant du vent, Becrî 153, dern. l.: les navires ne sortent de ce port que dans la saison des pluies, فحينئذ تصدق لهم الرياح البريّة, «car alors s'élève un vent de terre qui leur est parfaitement favorable.» — C. ب *être versé dans*, Haiyân-Bassâm I, 116 r°: كان صادقًا بالطب والفلسفة, mais la leçon m'est suspecte. — Biffez la dernière phrase que Freytag a sous cette forme et voyez sous la IIe.

II c. ب r. *croire à*, Gl. Fragm., Haiyân-Bassâm I, 10 v°: ولا يصدقون بنجاة انفسهم, Nowairî Espagne 476: اهل الزاهرة غير مضدقين بالامر, 1001 N. I, 39, 7, 78, 12, 101, 5 a f.; Koseg. Chrest. 33, dern. l.:

Est-ce un rêve ou une chose réelle? ما أَصْدَقَ بِهَا «je ne puis croire que c'est elle.» Aussi avec أَنْ, 1001 N. I, 25, 10: فقال له العفريت وانت لا تُصَدِّي انّى كنتُ فيه فقال الصيّاد لا اصدّقها ابدًا حتى انظرك بعيني. — املَك صدَّى justifier l'espérance de, Bc. صدَّى الجملةَ = صَدَقَ القتالَ = صدَّى القتال عليهم, ou par ellipse صدَّى عليهم, Gl. Fragm. — Offrir des sacrifices pour les parents morts, Alc. (sacrificar al hombre muerto; Nebrija: sacrificar hombre al muerto, parento). — ما صدّق أى منى tarder, v. impers., vouloir, souhaiter; ما كان يصدق أى منى يصِل «il était impatient d'arriver,» Bc. Dans les 1001 N. cette forme — car c'est d'elle qu'il s'agit et non pas de la Ire, comme on trouve chez Freytag — a un sens un peu différent. On y trouve (voyez les passages que Freytag cité d'après le Glossaire que Habicht a joint au premier volume de son édit.): ما صدَّى بالصباح أَقٍ, et ما صدَّى الى أنْ أَقى الفجر «il pouvait à peine attendre l'aurore,» «l'aurore à peine venue, il» etc.; لا صدَّقتِ الليلَ يقبل «je pouvais à peine attendre l'arrivée de la nuit,» «la nuit à peine venue, je» etc., ما صدَّى فى الكلام حتى où Lane traduit: «he had scarcely heard her words, when,» etc.

III. صادَق — أَجَازَها = صادَقَ الوارثَ على الوصية; أَثْبَتَه = صادَق على الكلام; أَمْضَاه = على البيع M. — صادَق بَيْنَهما faire que deux personnes lient amitié, Koseg. Chrest. 11, l. 11.

V se construit c. ب r. et على p.; en parlant d'une femme, تصدَّقتْ بنفسها على فلان se prostituer à quelqu'un, Gl. Edrîsî. يَتَصَدَّق persuasible, Bc. — Collegit eleemosynas (Reiske), Payne Smith 1203—4.

لِيلَةَ الوقود est pour سَذَى, dans le sens de صَدَى, M; plus correctement سَذَى, voyez Freytag sous ce dernier mot.

صَدَقَات dons, bontés, faveurs, Amari Dipl. 166, 167, 185, 207. — Au sing., les provisions qu'on offre au voyageur, Daumas V. A. 143. — Pacte, convention, Abbad. II, 192, 1: وهذا الرجل الذى استدعك ما بينى وبينه متات قديم ولا صدقة متّصلة ٭

صَدِيق celui qui a atteint la station de sainteté appelée صَدِيقِيَّة (voyez), Prol. I, 201, 6, où le techdîd est de trop, Macc. I, 588, 6. — Le fém. ة a le pl. صَدَائِق, Gl. Mosl.

صَدَاقَة fidélité, loyauté, Bc. — Véridicité, Bc. — Chez les Soufis, un des degrés de l'amour de Dieu, égalité d'esprit et d'humeur, soit que Dieu refuse, soit qu'il donne, M.

صَدِيقِيَّة degré de sainteté plus élevé que celui de welî, mais inférieur à celui de prophète, auquel il touche immédiatement; l'homme qui dépasse ce degré se trouve aussitôt dans celui de prophétisme, M. Chez Macc. I, 588, 5 et 6, ce degré est plus élevé que celui de الشهادة et inférieur à la درجة القُطْب.

صادق. الجُوع الصَّادِق, t. de médec., faim véritable, c.-à-d. quand l'appétit vient de ce que l'estomac demande en vérité de la nourriture, et non pas de gonflements, M. — En parlant d'un pharmacien, honnête, qui ne falsifie pas les médicaments qu'il vend. On dit proverbialement: اذا كان الطبيب حاذقًا والصيدلانيّ صادقًا والمريض موافقًا، فما اقلّ لبث العلّة M. — Celui qui a le véritable amour de Dieu, Koseg. Chrest. 58, 6 a f.; cf. صَدَاقَة. — Fertile (champ), Amari 61, 10.

تَصْدِيق, t. de logique, affirmation (Bc), jugement, proposition, l'opposé de تَصَوُّر, qui signifie: simple appréhension ou concept. Le concept, p. e., Dieu, l'homme, éternel; l'affirmation, c'est: Dieu est éternel, l'homme n'est pas éternel, de Slane Prol. I, 201, n. 3, M, Prol. II, 365, 3, 7, pl. اتّ, III, 108, 10. — حَرْف تصديق particule affirmative, Bc. — Le compilateur du Dictionary of technical terms donne de ce terme la définition que celui du M donne de صَدِيقِيَّة (voyez).

العلوم التصوّريّة والتصديقيّة affirmatif, Bc. — تصديقيّ des concepts et des notions affirmées, Prol. I, 177, 4; cf. تَصْدِيق.

مَصْدُوقَة الطاعة véritable obéissance, Berb. I, 643, 3; مَصْدُوقَة seul dans le sens de الطاعة, ibid. 654, 12; مَصْدُوقَة وِدّ véritable amitié, ibid. 389, 4 a f. — Véritable plan d'attaque, ibid. 591, 8 a f.

صدم I attaquer, donner l'assaut, assaillir, Ht (avec le

صدى

zâ), *attaquer vivement*, Maml. I, 1, 34, Djob. 311, 2, Müller 130, 1, 132, 13. — *Frapper du pied*, Voc. — *S'élancer*, Ht, c. على *sur*, Voc. (insilire).

III c. a. p. *faire signe à quelqu'un d'entrer, en frappant la cloison avec le doigt*, Abbad. II, 222, 5, cf. III, 238.

VII *quasi-pass. de la* Ire, Voc. *sous* inpellere; *être frappé*, 1001 N. I, 386, 15; *recevoir un coup de pied*, Voc. — *Prendre, manger quelque chose d'avance, de sorte qu'à l'heure du repas on n'a pas d'appétit;* celui qui l'a fait s'appelle مَصْدُوم, M.

VIII c. a. *attaquer vivement* l'ennemi, Cartâs 150, 14.

صَدْمَة *mois* (solaire), Bayân I, 322, Abbad. II, 24, 13.

صُدْمَة *paquet*, *personne lourde*, *pilier*, celui qui ne bouge pas d'un endroit, Bc.

صَدَامَة *attaque*, Cartâs 149, 11 a f.

صَدَّام synonyme de فَجَّال, 1001 N. Bresl. IV, 139, 11.

مَصْدُوم voyez sous la VIIe forme.

صدى V ne se construit pas seulement avec لِ, mais aussi avec الى, Abbad. I, 24, 4 et 5, 28, n. 88, Cout. 38 v°: اخفيت من التخبر المعول من ذلك الطعام فتصدقيت به الى ابن غانم صاحب المدينة ؟

صر I se dit aussi des sons que rend un instrument de musique, R. N. 94 v°: كَانَّى اسمع صرير مزمار. — *Mettre en paquet*, Bc.

II dans le sens de la Ire, Voc. (stridere), Alc. (sonar como puerta); صرّ بأسنانه *claquer des dents*, Bc.

III *grincer les dents*, Payne Smith 1383.

IV, dans le sens de *persévérer, persister dans*, ne se construit pas seulement avec على, mais aussi avec في, Haiyân-Bassâm III, 142 r°: وهو على ذلك مصرّ غيه , et avec l'accus., Abbad. III, 81, dern. l. et suiv. Dans le sens de *se proposer une chose*, elle se construit également avec l'accus., Haiyân 22 v°: ينسبون الى ان اصرّ لخلاف للامير عبيد الله والمروق عنه — *Grincer* les dents, Saadiah ps. 35; 37.

صِرّ, t. de commerce, *des sacs de pièces d'or et d'argent qu'on envoie en divers endroits*, M.

صُرّ forme au pl. أَصْرَار, Ibn-Loyon 33 r°: ولا تؤثر

826

صرح

فيه الرياح والاصرار. — *Gelée blanche*, Domb. 54, Ht, Bc, *givre, grésil, menue grêle*, Bc.

صُرَّة. Le trésorier d'une caravane s'appelle أمير الصُرَّة , et par abréviation الصُرة, Burton I, 359, II, 72. — *Petit sachet dans lequel on met la poudre d'or*, Daumas Sahara 300; de là: 15 onces de poudre d'or, Prax 12 (qui se trompe dans l'étymologie); cf. Davidson 70: «A dollar, by weight, contains six mithkals, one sora of gold.» — *Sachet dans lequel on met les drogues et les épices dont on se sert pour assaisonner des viandes*, Gl. Manç. in voce; *nouet, linge noué, dans lequel on a mis quelque drogue pour la faire tremper*, Bc. — *Groupe d'argent*, Bc. — *Pension annuelle*, Descr. de l'Ég. XII, 215, 218; celle que les habitants de Médine reçoivent de Constantinople ou du Caire, Burckhardt Arabia II, 255; M. de Goeje m'a encore fourni Samhoudî 176, 9: تعويضه — صرة فى الذخيرة «une pension payable par le trésor public.» — *Paquet*, Bc, *ballot, gros paquet*, Hbrt 101. — Pour سُرّة, *nombril*, avec le pl. صُرَر, Voc.

صَرَّار *qui craque, qui crie* (sandale), Masoudî I, 253, Macc. I, 555, 3 a f.; dans le même récit Mohammed ibn-Hârith 239, a: وفى رجليه حذاء يصرّ.

مِصَرّ (cf. Lane) pl. ات *bourse*, Voc., Alc. (correo de dineros), avec *fatha*; avec *kesra*, M. — *Grand sac*, Alc. (talegon). — *Ballot, gros paquet*, Hbrt 101. — *Ceinture*, Voc.

صرب

صَرْبَة pl. صَرْب *coagulation*, Alc. (retesamiento).

صَرِيبَة est le عَقِيد quand il est très-aigre, Burton I, 239 n.

صِرْبِيص doit se trouver dans Bc d'après l'Index; mais il n'est pas à la page qui y est citée, à savoir 285 m f 2.

صَرْنِى *sorte d'étoffe de soie à raies;* le vulgaire dit صَرْنِق, M.

صرح V *quasi-pass. de la* IIe, Voc. sous explanare.

صَرْح *cabinet de roseaux, de branches et de feuilles de palmier au haut de la maison et ayant issue sur le toit où l'on passe la nuit*, Djob. 73, 4, cf. l. 11.

الاستعارة التصريحية ou المصرحة, *figure de rhétor.*

صرخ 827 صرع

comme quand on dit: J'ai vu un lion qui lançait des flèches, pour: un homme brave comme un lion, M.

مُصْرَخ *factum, mémoire, manifeste*, Bc. — Voyez sous تصريحية.

عَدُو مُصْرِخ *ennemi juré*, Bc.

صَمَخ I. صرخ عليه *il lui cria*, 1001 N. I, 41, 7, ou *crier dans le sens de gronder, réprimander quelqu'un en élevant la voix*, ibid. 68, 15, 101, 6 a f. — C.

ب ر., Nowaïrî Espagne 485: صاروا يصرخون بسيّد. — *Appeler* quelqu'un, c. ب, Badroun 38, 5 et 6, c. ل, M, Bc, c. a., Bc. — *Chanter* (coq), Alc. (cantar el gallo). — صرخ بالبوق *sonner la trompette*, Hbrt 97. — *Faire détonner, fuser*, J. A. 1849, II, 324, n, l. 3.

II *crier avec force*, Gl. Fragm.

III c. a. p. *secourir, aider*, Berb. I, 82, 87, II, 217, 13.

X aussi c. ب p., Berb. I, 55, dern. l.

صَرْخَة *implorer du secours*, P. Berb. II, 289, 12. — *Secours*, de Sacy Dipl. IX, 470, 4.

صُرَاخ *cri*, Bc.

صَرِيخ, comme n. d'act., dans le sens de *demander du secours*, p. e. بعث بالصريخ الى فلان «il envoya demander des secours à un tel,» Berb. I, 19, 9, 51, 14. — *Secourir, aider*, Berb. I, 243, 10, 64: جاء يطلبون 71, 7: يقيسوا من صريخ بني مريس 69: لصريخه بعث 103: نهض لصريخه, ou *secours*, 200: صريخه بالصريخ الى ٭

صَرَّاخَة *serpentaire (Dracontia, Arum Dracunculus)*, nommée ainsi par le peuple en Espagne, qui croit que, le jour de la Saint-Jean, cette plante jette un cri, et que celui qui l'entend meurt cette même année, Bait. II, 446 c.

صاروخ pl. صواريخ voyez sous سرخ.

صاروخة pl. صواريخ *chalumeau qui rend un son aigu*, M.

صرد II *compter de l'argent*, 1001 N. IV, 481, 3 a f: وبات تلك الليلة ابو صبير وهو يصرد الذهب ويضعه في الاكياس (dans la trad. de Lane: counting the gold).

صَرْد, *sur les monnaies, pur d'alliage*, Ztschr. IX, 833.

صرد *sorte d'oiseau*, Yâcout I, 885, 11.

صردى *sorte d'oiseau*, Yâcout I, 885, 19.

صُرَاد = صُرَاد, si la leçon du man. est bonne, Gl. Mosl.

مُوَلِّي القَصْرَاد, à la cour de Maroc, *le vice-trésorier*, celui qui pourvoit aux petites dépenses journalières, Hœst 152, 181.

صرص *poisson séché*, Mehren 30.

صرصل I et II, et صرصل I et II, dans le Voc. sous *argilla*.

صُرْصُر signifie ordinairement *cigale*; mais en Syrie on entend sous ce mot une sorte de ver, *blattæ, lumbrici*, Bait. II, 128 d. — « In winter, when the Sarsar wind cuts like an Italian Tramontana,» Burton I, 147 (dans le désert). — Pour les chameaux appelés صراصر, voyez Diw. Hodz. 196, vs. 71.

صراصر, صرصار pl., صرصال, صراصل pl., *argile, glaise, terre-glaise*, Voc. Je soupçonne que c'est l'esp. *arcilla*, qui a le même sens.

خلع صُرْصُور Le pl. صراصر *magnifique*, Vêtem. 353: على ابراهيم بن المطاهر قفطانا من القباء الصراصر

M; voyez الحَبّ الدَّقِيق من البرغل est صُرَيصيرَة ce dernier mot.

صرصع I *jurer, rendre un son aigre*, Bc.

صرصاع *brailleur*, Bc.

صرصف.

صرصاف pour صفصاف (voyez).

صرصر, صرصال et صرصل voyez sous.

صرع I *assourdir*, Ht.

IV dans la 2e part. du Voc. sous *caducus morbus*, et dans la 1re: *cadere ex morbo caduco*. — C. a. *terrere*, Voc.

VII *tomber du mal caduc*, Voc., Bc. — *Lutter*, Alc. (luchar). — *S'éveiller en sursaut*, Bc, 1001 N. III, 476, dern. l.

صَرْع L donne: *melancolia*. — السَّوْدَا وَدَاء الصَّرْع Le vulgaire applique ce mot à un *mal de tête violent*, M. — *Vertigo, maladie du cheval*, Bc. — *Sursaut, surprise lorsqu'on est éveillé brusquement*, Bc.

صَرْع *rêne, bride*, 1001 N. I, 720, 12; Bc écrit ضرع; cf. ضراع.

صْرَعَة *rage*, passion violente, Bc.

صُرَاع *mal caduc*, Voc., Bc.

مِصْرَاع *fouet de la bride*, Cherb.; cf. ضَمْع.

صَرِيع doit avoir un sens que je ne connais pas 1001 N. Bresl. II, 240, 3 a f.

مُصَارَع *lutteur*, Most.: وسع الصراعين هو ما يجتمع على ظهور الصراعين من كثرة الرياضة والنَّصَب والغبار ۞

تَصْرِيع est quand les deux hémistiches d'un vers ont la même rime, Mehren Rhetorik 194, M.

مَصْرَع *l'endroit où un condamné subit la mort*, Khatîb 29 v°, très-souvent dans Berb.

مَصْرَع = مِصْرَاع *battant d'une porte* (Lane TA), Berb. I, 412, 2 a f., pl. مَصَارِع, Cartâs 180, 9 a f.

مُصَرَّع *étourdi, écervelé*, M.

اِنْصِرَاع *lutte*, Alc. (lucha como quiera).

مُنْصَرِع *lutteur*, Alc. (luchador).

مُنْصَرِعَة *lutte*, Alc. (lucha de desnudos, lucha como quiera).

صرف I *faire revenir* quelqu'un, ou peut-être *tâcher de l'apaiser*, voyez Akhbâr 134, 4. — *Employer*, Gl. Edrîsî; *sacrifier, employer*, Bc; صرف ماله واوقاته فى «employer son argent, son temps à,» Bc; aussi على الشىء, Fleischer sur Macc. I, 367, 13 Berichte 184. — Seul, dans le sens de صرف المال (chez Lane), *dépenser*, Bc, *dépenser, débourser, acquitter*, Ht; صرف على نفسه فى تحصيل اللوازم *s'entretenir*, se fournir des choses nécessaires, Bc. — C. على p. et acc. r. *rendre une chose à quelqu'un*, Cartâs 127, 10 a f.: ولم يصرف لهم على اهل نبلة شيئا من جميع ما اخذ, Khatîb 177 r°: صرف عليه الثَّمَن, Amari Dipl. 189, 8. — تَصْرُف التاجر على السلعة signifie: le négociant ne peut pas débiter sa marchandise, il ne trouve pas d'acheteur, Amari Dipl. 92, 1 et 104, 2 a f.: دان كلّ سلعة يودّون عُشْرَها ثم تُصْرَف عليهم فيحتملونها الى بلد غير البلد الذى عُشِّرت فيه لا يكون عليهم فيها عُشْر اذا صحّ ذلك; exprimé ainsi d'une manière peu correcte 93, dern. l.: واذا صرف بيشانى سلعة على نفسه فى

الديوان فلا يؤدّى عليها الّا ترجمة واحدة, au lieu de. — Peut-être le Voc. a-t-il en vue un tel sens quand il traduit صرف, c. a. et على, par *refuser*, (recusare). — صرف المادّة et صرف بينهم *accommoder, réconcilier, arranger une affaire*; le premier: *accorder, mettre d'accord, concilier, raccommoder*, Bc.

II. تصريف عقوباته *infliger les punitions qu'il prescrivait* (de Slane), Prol. II, 14, 4. — *Employer*, Gl. Edrîsî, Voc. (facere alium servire, uti in serviendo), Cartâs 39, 10 a f., 40, 10. — *Payer*, Maml. II, 2, 72, l. 3: هذه الاهب تُصْرَف من الخزائن «ces costumes sont payés par le trésor.» — *Avaler facilement un mets*, M. — صرف الماء *évacuer par les voies urinaires l'eau qu'on a bue*, M. — *Faire repousser, rejeter*, Calâïd 209, 12: Sa religion (il était juif) l'écarta d'abord des honneurs auxquels ses talents lui donnaient des droits. وكانت تُصْرَف تصريف المُهيض, c.-à-d.: elle le faisait repousser comme le chasseur repousse le faucon qui a une aile brisée. — *Accommoder, réconcilier*, Alc. (apartar en diferencia). — *Ordonner, conférer les ordres de l'Eglise*, Bc, Hbrt 154.

III c. a. p. *tâcher de détourner* quelqu'un *de son projet*, Abbad. II, 162, 6. — C. d. a. *payer* quelqu'un *en*, Berb. I, 583, 2: كايله بصاع الوفاق وصارفه. — تَفَقَّد المُصانعة *Se tourner vers*, Berb. I, 596, 4: فى الامتناع على السلطان il suivit l'exemple de ses voisins ومصارفة الاستبداد وانتحال مذاهب الامارة وطرقها ۞

IV dans le sens de la Ire, M, *renvoyer, donner congé, chasser, congédier*; اصرف العساكر *casser, licencier les troupes*, Bc. — *Expédier, résoudre une affaire*, Alc. (desenpachar, espedir lo enpedido). — C. عن *esquiver*, Bc. — *Prodiguer, dissiper*, Hbrt 219.

V. تصرّفت الاحوال *plusieurs grands changements eurent lieu*, Berb. I, 473, 12. — *Disposer de*, c. فى et ب, Gl. Edrîsî, cf. v. d. Berg 31, n. 3, Delap. 11: تناجم تتصرف فىّ «vous pouvez disposer de moi;» تصرف فى ماله *jouir de son bien, en disposer*, Bc. — *Employer*, c. ب, c. فى, c. من (?), Gl. Edrîsî; de là c. فى *dépenser*, Amari Dipl. 92, dern. l. — *Employer comme nourriture*, c. ب, *se nourrir de*, c. ب, Gl. Edrîsî. — *Employer comme marchandise, faire commerce de*, c. ب, c. فى et ب, Gl. Edrîsî, Voc. —

صرف 829 صرف

Etre employé, Gl. Edrîsî, Voc. (servire c. ل et مع; sous uti in serviendo). — S'employer à, s'occuper de, c. فى, Gl. Edrîsî; travailler, Prol. II, 190, 10; تصرّف فى شىء ou فى لَه فى حصول شىء procurer une chose à quelqu'un, 1001 N. Bresl. IX, 200: تصرّفت لى فى حصول ثلاثة ذهب من الهواء, où Macn. a ثلاثة ـ. فى Se mouvoir, aller et venir; les تصرّفات فلان sont les allées et venues de quelqu'un. Au fig., faire tantôt une chose, tantôt une autre, avec بين. Aussi: telle chose ou tel nom تصرّف dans mon livre, c.-à-d., y est mentionné à plusieurs reprises. Ce verbe s'emploie encore en parlant d'un auteur qui écrit sur plusieurs sujets, qui a un style varié, etc. Mendier, proprement: errer çà et là, comme font les mendiants, les vagabonds, Gl. Edrîsî. — C. ب agir suivant les ordres de quelqu'un, Gl. Edrîsî. — C. a. administrer, gouverner, avoir la conduite de, Gl. Edrîsî, c. فى, Berb. I, 522, 11, 561, 2 a f., II, 478, 4 a f., 479, 3 a f. — Pisser, Voc. — C. ب iniit feminam primâ vice, M. — Comme la Ire, être en chaleur (chienne), Alc. (cachonda estar, pararse la perra cachonda). — Cf. plus loin le n. d'act. le partic.

VI c. ب, en parlant de plusieurs personnes, employer comme moyen d'échange, employer pour monnaie, Prol. II, 48, 16, Bat. IV, 378; dans le Voc. c. مع sous cambire.

VII être dépensé, Maml. I, 2, 138, 2 a f. — Etre destitué, Freytag Chrest. 118, 10.

X c. a. p. prier quelqu'un de retourner ou le lui ordonner, Abbad. I, 257, 3.

صَرْف. Des paroles d'une tradition: لا يُقبَلُ منه صَرْف ولا عَدْلٌ (cf. Lane et Gl. Belâdz.), on a formé l'expression: لا, رُدّ عليهم صرفًا ولا عدلًا, Cartâs 244, 11, dans le sens de: il ne leur donna point de réponse favorable. — Change (voyez de Sacy cité par Freytag), p. e. Bat. I, 50: 2500 dirhems, وصرفها équivalant à 1000 dînârs d'or, 403, 425, 428, Abdarî والصرف اثنان وعشرون درهمًا بدينار يوسفى 48 r°: « 22 dirhems d'Egypte équivalent à un dînâr Yousoff d'Afrique; » cf. sous راجل. — Monnaie, toute sorte de pièces de métal servant au commerce, Khatîb 15 r°: وصرفهم فضّة خالصة وذهب ابريز طيب محفوظ — Monnaie, petites espèces d'argent, de cuivre, etc., Alc. (moneda), Abd-al-wâhid 147, dern. l., 148, 3, 5 et 7. Barth, V, 714, donne áseref, dans le sens d'argent, comme un mot berbère; c'est une légère altération du terme arabe. — Chaleur des femelles d'animaux, Bg; c'est proprement un n. d'act., mais la langue classique en emploie d'autres en ce sens. — باب الصرف la porte du harem, Bat. III, 277, 377. — كاغد الصرف espèce de papier nommée Bait. I, 128, 5: فيصير فى قوام كاغد الصرف المتّلى, où le man. B omet الصرف.

صَرْفًا (adv.). J.-J. Schultens a noté: «صَرْفًا prorsus, omnino, Abulola 18.» Mes recherches pour retrouver ce passage dans nos man. d'Abou-'l-alâ, notamment dans le n° 1258 qui a appartenu à Schultens, ont été infructueuses; mais dans L cet adverbe est constamment صَرْفًا; il l'a sous affatim, abundanter (synon. كثيرًا), habundanter (synon. جدًّا), nimis (vel nimium) (même synon.), satis (synon. أكيلًا).

صَرْفة monnaie, valeur d'une pièce en espèces plus petites, Bc.

صَرْفى le grammairien qui connaît bien les déclinaisons, M.

صَريف de deux couleurs, Alc. (berrendo).

صَرافة procession avant la circoncision, décrite par Lane M. E. II, 310.

صَرّاف, dans l'administration financière de l'Egypte, receveur et payeur, Descr. de l'Eg. XI, 479, XII, 66, Fesquet 25.

صَريف dépensier, Bc.

صَرّافة pl. صَوارف escalier, Voc. — Cassette, comptoir, table à tiroir (dans le Levant, coffre à tiroir) des marchands, pour compter et serrer l'argent, tiroir à argent, Bc, banque, Ht. Le M a: وصرّافة الصندوق عند العامّة بيت صغير مستطيل من اللوح يُسمَّر فى جانبه الاعلى توضع فيه الامتعة الصغيرة ۞ صارف prodigue, Ht.

صَيرَفيّة banque, commerce d'argent, Bc.

تصرّف كلّى et تصريف كلّى carte blanche, permission de se conduire comme on voudra, Bc. — تصرّف فى à la dévotion de, Bc. — Commerce, Gl.

صرف   830   صرم

Edrîsî. — *Administration*, Roland. — التصرُّفات *les travaux d'un homme de peine*, Prol. II, 277, 4. — اهل التصرف من المتصوفة « cette classe de Soufis qu'on appelle *les gens qui ont le pouvoir* (d'agir sur les êtres créés)» (de Slane), Prol. III, 137, 15, cf. 138, 1. — اصحاب التصرّف *les saints qui disposent des trésors cachés*, 1001 N. III, 420.

كثير لخوص فى التصاريف الـوَقْـتيّة .تَصْرِيف, Khatîb 71 v°, signifie que cet homme savait profiter de la fluctuation des prix, comme il résulte de ce qui suit. — *Ordination*, action de conférer les ordres de l'Eglise, Bc, *les ordres*, Hbrt 154. — اصحاب التصريف *les saints qui disposent des trésors cachés*, 1001 N. III, 421. — تَصَرُّف voyez sous تصريف كُلِّى. — Biffez chez Freytag la signif. de *mores*, qu'il assigne à تصاريف sur l'autorité de J.-J. Schultens. Ce savant cite Imrânî 92, où on lit: وكان احواله كلّها وتصاريفه mais تصاريفه y est l'équivalent de امره; شبيهه باحوال المامون (voyez Lane et Berb. I, 31, 8 a f.) et le synonyme de احواله.

مَصْرِف. Pour la signif. de مصارف, *divergia fluvii*, J.-J. Schultens cite Hist. Joctan. 164, 2. — *Masref effendi, inspecteur des finances*, Pachalic 28.

مُصْرِف. L a deux fois l'article *commissor*; sous l'un il donne مُصْرِف, et sous l'autre مصرِف فى الآذآن.

مَصْرِفيّة *écot, dépense pour un repas*, Bc.

مُصْرِف *contribuable, qui est sujet aux contributions*, Alc. (contribuydor).

مَصْرُوف, pl. مَصارِيف et مَصارِف, *débours et déboursé, dépense, entretien, frais*, Bc, Hbrt 219, M, Burckhardt Nubia 276 n. (*pocket-money*), Descr. de l'Eg. XI, 509, Ht, Cherb. Dial. 35, 202, Maml. I, 2, 138 (deux exemples), Berb. II, 280, 1, 448, 1, cf. Macc. I, 229, 15, où le man. quasi-autographe d'Ibn-Khaldoun a ومصارفه, 1001 N. I, 288, III, 204, 3 a f., 214, Bresl. X, 283; مصاريف هالك *faux-frais*, petites dépenses, Bc; ماسك المصروف *économe, régisseur de la dépense*, Bc. — مصروف كذب *faux-emploi*, Bc; je ne sais pas ce qu'il a voulu dire; *faux-emploi* n'existe pas comme mot composé.

مَصارفة *banque, commerce d'argent, traité, commerce des banquiers*, Bc.

مُتَصَرِّف = تَصَرُّف et تَجَوُّل, Gl. Edrîsî.

مُتَصَرِّف *un employé*, Gl. Edrîsî, Gl. Fragm., Macc. I, 361, 15; spécialement *dans les finances*, Fakhrî 370, 1, 373, 7 a f., 381, 5; *administrateur chargé de percevoir les impôts*, Bat. III, 388. Dans Berb. II, 373, 6, المتصرّفون semble *les serviteurs du palais*. — Aujourd'hui, nom d'un employé qui est au-dessus du pacha et au-dessous du *mochîr*, M. — المتصرفة *imagination, faculté d'imaginer, de se représenter quelque chose dans l'esprit*, M.

مُتَصَرَّفات *commerce*, Gl. Edrîsî.

مُتَصَرِّفيّة *la dignité du motaçarrif*, M.

مُنْصَرَف *départ*, Gl. Belâdz.

مُنْصَرِف, t. d'astron., الـكَـوْكَـب الـذى يـنـصرف عن الاتّصال, M.

صَرْفَنْدَى, et تين صرفندى, *seul, cactier, raquette, figuier d'Inde*, Sang.

صرم I, en parlant d'un tailleur, *faire un habit trop étroit*, M.

II *boucher*, Voc. — *Brider*, Ht.

IV c. على et فى *pertinax esse*, Voc.

V *être bouché*, Voc.

صَرْم = صَرامة *courage*, Macc. I, 168, 13 (cf. Add.).

صَرْم; chez le vulgaire en Syrie, *le fruit du rosier*, Bait. I, 424 c. Selon le M (sous le *sîn*), le vulgaire prononce ainsi, au lieu de الديك رَسْم, mais son explication (« nom d'une plante ») est inexacte.

صُرْمة pl. صرم *soulier*, Bc, Hbrt 21, *chaussure de maroquin*, Descr. de l'Eg. XVIII, 109. — *Troupeau de moutons*, Berb. I, 150, dern. l.

صُرْمِيّة (pers. سُرْمايه) *principal, somme capitale*, Bc.

صرماتى *cordonnier*, Bc, Hbrt 78 (qui donne le *dhamma*).

صُرْمايَة *soulier*, M; incorrectement avec le *sîn*, Bg 801, Ztschr. XI, 511, n. 37.

صرماٴنسى *cordonnier*, Ztschr. XI, 484 (avec le *sîn*).

صروم *intrépide*, L (inpavidus, intrepidus).

صريم *pertinax*, Voc.

صَرَامَة *sévérité*, Bc, Hbrt 212.

صَرِيمَة pl. صَرَائِم dans le Voc. sous obturare. — *Bride* (Barb.), *martingale*, courroie pour retenir la tête du cheval, Bc, *bride de mule, licou*, Domb. 81, Ht, qui l'écrivent avec le *sin*. — صريمة لحدى *chèvre-feuille*, Bait. I, 120 c, II, 46 b, 85 b, 128 c, 260 f, 488 b.

صارم *austère*, *rigide*, *sévère*, Bc, Hbrt 212, M; صارم على خاله *dur à lui-même, sévère pour soi-même*, Bc.

صَارَمَة, en Barbarie, sorte de bonnet de femme, en or ou en argent, percé à jour, ou bien, selon les caprices de la mode, une sorte de corne faite d'un de ces métaux et ayant deux pieds de long; voyez Shaw I, 324—5, Nachrichten I, 499, 513 n., Rozet II, 58, 219, Baude I, 22, Algiers volgens de nieuwste berigten (Utrecht, 1836), 110, Daumas V. A. 488. J'ai suivi l'orthographe que j'ai trouvée dans les notes de l'imâm de Constantine; le mot vient peut-être du turc سرمه, « fil d'or. »

صارِمِيَة pl. صوارم *avance, prêt d'argent*, Beaussier; *sarmia*, l'avance d'argent au *khammâs* de la part du maître, R. d. O. A. VI, 67.

صرمران *calament* (plante), Bc.

صُرْناي (pers., composé de صور, « fête, » et de ناي « flûte; » écrit de différentes manières: صورناي, سرناي, سورناي, طورنا, زورنى, زورنا, زرنا, زورنا, سورنا, Kosegarten, Aghânî, Procemium 101) pl. صرنايات *espèce de flûte, hautbois*, Descr. de l'Eg. XIII, 394, Bat. II, 126, 188, 212, III, 110, 112, 217, 230, 417; Carette Kab. II, 378: « Quand ils vont au combat, ils marchent au son du *teboul* (tambour) et de la *zerna* (espèce de flûte). » En arabe on écrit aussi سُرْناٴى, Kosegarten l.l., et Hbrt 97 a زَرْنا et زُرْنا *musique d'instruments à vent* (Alg.).

صرناجى « *Zarnadjya*, corps des musiciens, » Daumas Kabylie 462; باش زرناجى *le chef des musiciens*, Hbrt 97 (Alg.).

صرو IV *regarder*, Alc. (mirar).

صرى صار *signifie en effet* (cf. Lane) *mât, arbor navis*, Voc., Gl. Fragm. v° دقل, Abou'l-Walîd 770, 27, Bat. IV, 186; écrit incorrectement *soŭra*, صوار, et expliqué par *mât*, Hœst 187. — *Poteau*, Bc. — *Hune, gabie*, sorte de petite cage autour d'un mât, Alc. (gavia de la nave, où le sing. est incorrectement çâyr). — *Poupe*, arrière de vaisseau, Alc. (popa de nave o navio). — *Lest*, matières pesantes dont on charge le fond d'un vaisseau, Alc. (lastre de nave).

مَصْرِيَة pl. مَصَارِع, mot maghribin, dans le Voc. *solarium* (*non copertum*), aujourd'hui chambre ou appartement supérieur isolé, soit qu'il tienne à une maison, ou qu'il soit placé au-dessus d'une boutique. On y monte par un escalier dont la porte est toujours pratiquée sur la rue. Cet appartement, qui ne forme qu'une seule pièce, a toujours une petite fenêtre sur la rue, et jamais sur la cour intérieure des habitations: il sert ordinairement de logement aux personnes qui ne sont pas mariées, Delaporte père. Logement dont l'entrée est dans le vestibule, et qui, séparé du reste de la maison, sert à loger les esclaves, Berbrugger. Chambre du vestibule, Roland. C'est du pl. que vient le mot *masari*, qui désigne, dans le dialecte des Baléares, un petit cabinet. — *Cabine de vaisseau*. — *Métairie*. — Voyez pour plus de détails Gl. Esp. 382—4, où j'ai indiqué l'origine de ce mot.

صمط II c. a. *mouiller*, Voc. Formé, d'après M. Simonet, de *sucat*, partic. pass. du verbe catalan et valenc. *sucar*, qui signifie *mouiller*, *imbiber*, et il compare le pg. *chuchar* = *chupar*, *sucer*, mais aussi *imbiber*.

V quasi-pass. de la IIe, Voc.

صطب.

مَصْطَبَة est chez van Ghistele, 158, 159, 166, une estrade à hauteur d'homme, à larges degrés et couverte de drap d'or et de coussins, sur laquelle s'assied le sultan. Ailleurs, p. 274, c'est chez lui: un édifice magnifique où s'assemblent les soldats. — Dans un jardin, *planche, couche près d'un mur*, Auw. I, 126, 4, Calendr. 50, 2: وبسنقل القرع البكير من, مصاطب الزبل, où l'ancienne trad. latine porte: « et permutantur cucurbita tempestive ex locis stercorosis qui sunt juxta parietes. »

صطباب. Biffez cet article dans Freytag; dans le pas-

سمطحب

sage qu'il cite il faut lire طيطاب; voyez Fleischer Gl. 28.

صمطحب.

مصطحَب plat, dont la surface est unie, Maml. II, 2, 197, 8 a f. et suiv., dans une note qui n'a pas de liaison avec ce qui précède et dont le commencement manque.

صمطر.

مُسْطار moût; voyez مُسْطار sous سطر.

صمطل I enchanter, ravir en admiration, Bc; c'est pour سطل.

صَمْطَل, dans le Voc. (vas (cetre)), pl. أَصْمَاطَال, pour سَطَل; voyez Lane sous ce dernier mot. — Même pl. grelot, 1001 N. Bresl. IX, 78, 5 et 13, où l'éd. Macn. a أَجْرَاس.

مَصْمَطَل pl. انت cheville du pied, Voc. — Plaine, Voc.

مَصْمَطُول pl. مَصَاطِيل est pour مَسْطُول, proprement celui qui s'enivre au moyen du hachîch, un حَشَّاش (l'éd. de Macn. a ce dernier mot), et de là un fou, un sot, un أَبْلَه, comme le M a sous سطل, 1001 N. Bresl. VII, 299, 6, 300, 2, 301, 14, 304, 10. Habicht a mal expliqué ce mot dans son Glossaire; M. Fleischer l'a corrigé dans Gersdorf's Repertorium 1839, p. 434. Bâsim 50: ومنهم من قال انها مصطولة ومنهم من قال انها مجنونة ٭

صمطم I fermer, p. e. une fenêtre. On dit aussi à un homme qui parle trop et qu'on méprise: اصطم, dans le sens de tais-toi (ferme la bouche), M. Il ajoute qu'il y en a qui prononcent ce verbe avec le sîn, et aussi dans l'expression: صمطم الفَتْحَ السِّكَّةَ, qui signifie علّق على راسها الفولاذ لتطول وتقوى على شقّ الأرض, et Bc donne en effet سطم acérer, mettre de l'acier avec le fer pour le faire mieux couper.

صَمْطَنْكَة barre de bois, Roland. M. Simonet pense que c'est l'esp. tranca, barre pour fermer et assurer une porte, et que أَطْرُنْكَة, qui se trouve dans le Voc., mais sans explication, est le même mot.

صمعب I déplaire, mécontenter, Ht.

V être difficile, P. Kâmil 192, 18.

صعد

X se montrer très-difficile (pour admettre l'authenticité d'une tradition), Prol. II, 405, 11. — اِسْتَصْعَب الشيء prendre en mauvaise part, Bc.

صَعَب, en parlant d'une serrure, difficile à ouvrir, Macc. I, 135, 13. — Les chroniqueurs disent en parlant des rebelles du faubourg que Hacam Ier avait condamnés à l'exil: واستمرّوا طاعنين على الصعب والذلول Abbâr 39, 15, ou تحمّلوا على الصعب والذلول, Nowairî Espagne 454, ce qui semble signifier bon gré, mal gré.

صَعْبُويَة empêchement, obstacle, Alc. (impedimiento). — Sévérité, Hbrt 212. — Censura تاديب وصعوبة, L.

مُصْعَب. Freytag donne, pour le pl. مَصَاعِب, le sens d'intractabilia sur l'autorité de J.-J. Schultens. Ce savant cite un passage de Harîrî, qu'on trouve dans l'éd. de Sacy 377, 8. M: والمصاعب المشقّات والشدائد; cf. Valeton ٣٥, 8 a f.

صعتر.

صَعْتَر. Parmi les espèces d'origan il y en a une, à feuilles blanchâtres, dont le nom est incertain, car on le trouve écrit جوزى, جورى, صعتر جورى, et صعتر للجوز ou للجوز, Most., Auw. II, 308, dern. l., Bait. II, 128 f, A. R. 256 (où le traducteur change à tort صعتر النحل, « origan des abeilles, » en صعتر خُوزى, de Khouzistân. Banqueri croit que c'est الجبل). On l'appelle aussi صعتر الشوا, Bait. l.l., Auw. I, 688, 8, II, 309, 1. — صعتر لحمير abrotanum, Most. v° قيصوم, A. R. 255; en Espagne, sarriette, thym, Bait. I, 276 c (où il faut lire ainsi, avec AB, au lieu du صعتر de Sonth.), Auw. I, 50, 9 a f., thym, Domb. 75. — صعتر سرمُول serpolet, Alc. (oregano serpol). — Pl. صَعاتِر fort, brave (homme), Diw. Hodz. 260, 2 a f. الحَبَق الصَّعْتَرِى, au Maghrib, ocimum minimum, Gl. Manç. v° شاهسفرم.

صُعَيْتَرَى = افيثمون اندلسى, Most. sous ce dernier mot, voyez aussi mon article شيرين.

صعد I pousser (rameau), Auw. II, 435, 15.

II. Au lieu de l'expression notée par Lane, on dit aussi par ellipse صَعَّد فيه وصوَّب, Abbad. I, 254, 1 (lisez ainsi), II, 260. — Rendre difficile, pénible;

صعق

de même qu'on dit à la Ve forme تَصَعَّد النَّفَس, on dit à la IIe صَعَّد أنفاسه الصعيد, Abd-al-wâhid 127, 4. — *Imprégner*, Macc. II, 87, 3 a f.: فكانوا لا تسلم ثيابهم من وصر فدلّهم على تصعيدها بالملح ❊

III *monter*, 1001 N. I, 66, 13. — *Partir*, Gl. Fragm. — *Distiller*, J. A. 1849, II, 266, n. 1, l. 2 a f., 274, n., l. 1, Bait. II, 334, en parlant du camphre: وهو المختلط بخشبه والمصاعد عن خشبه cf. un peu plus loin: فَأوَّلها الرياحى وهو المخلوط ولونه احمر ملتمع ثم يصعد هناك فيكون منه الكافور الأبيض ❊

V *s'évaporer*; يتصعّد *volatil*, Bc.

VI *s'évaporer*, Bait. II, 334 (camphre): ويسَمَّى الرياحى لتصاعده مع الريح; le n. d'act. *dissipation*, *évaporation*, Bc; c. من *s'exhaler*, Bc; تصاعد من المسامات *transpirer*, sortir par la transpiration, Bc.

صَعَّد est proprement une épithète de la lance, Abbad. III, 160.

خميس الصعود ou عيد الصعود *l'ascension*, fête des chrétiens, Bc, M.

صَعِيدَة *sacrifice* (Golius), Saadiah ps. 40, 50, 66.

صعودى *ascensionnel*, Bc.

صعيدى, en Egypte, *herbe aux puces*, l'espèce dont la semence est noire, M v° أسفيوس.

صاعد وصاعد من الآن à *l'avenir*, *désormais*, dorénavant, Bc.

أصْعَد *très-excellent*, *très-auguste*, Cartâs 247, 8.

تَصْعِيد *évaporation* (de l'humidité), *exhalation*, opération pour faire évaporer, Bc.

صَعَق I. Le n. d'act. صَعَق, Voc., Kâmil 404, 16, 405, 10. — Voyez sous دعق I.

IV, en parlant d'un nuage, *lancer la foudre*, Badroun 99, 4.

VII *être frappé de la foudre*, Voc.

صَعْقَة voyez sous دعْقَة.

صعيق *évanoui*, Gl. Fragm.

صغر I. Le Voc. a les n. d'act. صَغَر et صَغُورَة.
IV *rendre humble*, Akhbâr 27, 5 a f.

I

صف

V *devenir petit*, Voc.; il l'a aussi c. ب sous diminutivum. — Cf. sous لطيف.

VI *décroître*, Bc. — En parlant de plusieurs personnes, تصاغروا أن *ils étaient trop jeunes pour*, Becrî 124, 7. — C. ل *humiliari*, Voc.

X c. a. dans le Voc. sous diminutivum.

صغار (des deux genres et des deux nombres) *jeune*; — *vert*, étourdi, évaporé, Bc.

صغار *un peu libéral*, *un peu généreux*, Alc. (dadivoso un poco, çokâr; mais je crois qu'ici comme ailleurs il a mis le khâ pour le ghain).

صغير *un petit esprit*, l'opposé de كريم, Valeton ٣٩, 7 a f. — *Petite coupe*, Abbad. I, 105, n. 173, Macc. II, 587, 13, 1001 N. I, 304, 3 a f., IV, 259, 5 a f.

صغيرة *petitesse*, Payne Smith 1623.

صغيرات نَحْوُه «ses connaissances en grammaire sont très-peu de chose,» Macc. I, 610, 7.

صغارى *enfantin*, *puéril*; — *puéril*, frivole, Bc.

صغارية *puérilité*, Bc.

تَصْغِيرى *diminutif*, Bc.

صغرن II *batifoler*, *se jouer comme les enfants*; *faire l'enfant*, Bc.

صغرنة *enfantillage*, *puérilité*, Bc.

صغعل Je ne comprends pas 1001 N. Bresl. IX, 363, 12: وتخرج به من البيت ومنك له اصطغل, où l'éd. Macn. porte وافعل فيه ما شئْتَ.

صغو et صغى I c. ل *placere*, Voc.

IV. Remarquez l'expression أصْغَى بأذنه اليه, Koseg. Chrest. 43, dern. l.

Le fém. صامغ, pour صاغية نَفْس *penchant*, Weijers 42, 6, 59, 10, cf. 144—5, n. 232, pour ع. ou ل, Haiyân 63 v°: ولد الى عمر حظوظ وصاغية الى كذا وصاغتهم (وصاغيتهم ا.) الى أمره وجنوحهم, Khatîb 67 v°: الى طاعته, Berb. I, 17, 168, 169, 210, 333, 5 a f., 459, 4.

صف V quasi-pass. de la IIe, Voc. sous ordinare.

صَفّ خرج من الصفّ *exceller*, être ou s'élever au-

105

dessus, Alc. (desigualarse). — *Bande, essaim*, Ht. — *Troisième partie d'une compagnie*, Sandoval 324. — *Ligue entre des tribus*, Daumas Kabylie 44—7 (avec le *dhamma*).

صَفْة. Pour la signification de *sofa*, Bc, Bg, qui est relativement moderne, voyez Gl. Fragm. — *Coussin couvert de cuir, sur lequel s'assied la femme dans l'espèce de litière qui porte le nom de* قَتَب, Ztschr. XXII, 157. — أَهْل الصَّفْة (cf. Lane) est devenu le terme par lequel on désigne *les vagabonds et joueurs de gobelets*, Macc. III, 21, l. 22; leur habit se nomme عَباءة صَفْة, *ibid*. 23, 12.

صَفِيَّة *des dînârs qu'on attache sur le bandeau que les dames appliquent sur le front*, M, Bg 808. — *Amulette, phylactère, talisman*, Bg, qui écrit incorrectement صوفة, qu'il prononce *soûfi*, sous *amulette*, et سوفية, *soûfé*, sous *phylactère*; *saffio* chez Lyon 139, *saphi* chez Caillié III, 32, 33.

مُصَفّ «il le réintégra dans ses fonctions,» اعاده الى مصافه Abbâr 123, 5 (= Haiyân 8 v°). — T. d'impr., *compositeur, instrument sur lequel le compositeur arrange les lettres*, M. — مصف الكَلام *le fil du discours*, M.

مُصَافّ *la rencontre de deux armées ennemies*, Athîr VIII, 371, 9 a f.; on dit aussi: جرى له مصاف مع عَدُوّه, Freytag Chrest. 136, 6.

صفح I c. عن p. = صفح, *pardonner*, M.

صفح I est *feuilleter un livre sans l'étudier*, tandis que la V° exprime *le feuilleter en l'étudiant*, Gl. Manç. in voce. — *Ferrer un cheval*, Ht. — صفح وصلح *louvoyer*, Bc. — صفح المركب لتصلحه *mettre en carène un bâtiment, le mettre sur le côté pour le réparer*, Bc.

II c. a. dans le Voc. sous *pagina*. — *Paver*, Freytag Chrest. 113, 8; وهدم لحوش القبلي الشرق الذي كان للقلعة — وراى ان يسقّفه فسفحه السلطان الملك الظاهر بعده وكتب عليه اسمه بالسواد. Il faut substituer deux fois un ص au س, cf. plus loin مَصْفَحَة.

III. Burton II, 52: «مُصَافَحَة is the Arab fashion of shaking hands. They apply the palms of the right hands flat to each other, without squeezing the fingers, and then raise the hand to the forehead;» cf. Burckhardt Arabia I, 369 n. Au fig., Calâïd 58, 5 a f.: ومعه قَوْمه' وقد راقَم يَوْمه'' وصلاته تَصافح مُعتَنقيهم ومِبْراته تُشافح مواقعهم'' صافح مُحيَّاه dans le sens de *présentez-vous devant lui*, Macc. II, 263, 14. — C. a. *être égal à*, Djob. 92, 16, Abd-al-wâhid 127, 2. — *Etre hors de danger* (le malade), M.

V *pardonner*, Gl. Fragm.

X. Lane n'a que la constr. c. d. a., mais ce verbe se construit aussi c. a. p. et عن r., Haiyân 67 r°: ويستصفحونهم عن اجرام سفهائهم ۞

صَفْح ضربه بالسيف صَفْحًا *donner un coup de plat de sabre*, Bc; de même ضربه صَفْحًا, Koseg. Chrest. 73, 5. Le pl. صفاح par synecdoche *sabres*, Koseg. Chrest. 77, 1: وشهروا الصفاح. أَضْرِب صَفْحًا عن — *se détourner de*, Abd-al-wâhid 120, 13, M (ضرب). — صَفْحًا *coteau, penchant d'une colline*, Bc, *flanc d'un mont*, Hbrt 170. — صَفْحًا *à l'improviste*, Aghânî 54, 16: وما سمعها قط الا تلك المَرَّة صَفْحًا. — Le pl. صِفاح, pour صفائح *dalles*, poète populaire Prol. III, 405, 11.

صَفْحة. الصَّفْحتان *les deux joues*, M, Voc. — صفحة المِرآة *la bordure d'un miroir*, Bat. II, 101. — Pour صفحة الوَجه, *face, visage*; dans le Voc. *plana facyey*; cf. Abbad. I, 46, 6, II, 59, 4 a f. — Pl. صفح *page, folio*, Bc, Hbrt 110, Voc. — *Poignée de main*, Bc. — *Pardon*, P. Abbad. II, 109, 2 a f.

صفيح *fer-blanc*, Bc, Ht. — صفيح الحديد *tôle, fer en feuilles*, Bc.

صَفِيحة, pl. صَفِح, P. Kâmil 771, 1 et n. a. — *Paillette, petite lame d'or, d'argent, d'acier mince, et percée pour être appliquée sur une étoffe*, Bc. — Au Maghrib, *fer de cheval*, Voc., Alc. (herradura de bestia, desherrar la bestia زَوْل الصفيحة), Domb. 66, Bc (Barb.), Hbrt 59 (Barb.), Bat. III, 249. — *Charnière, gond d'une table*, Alc. (visagra de mesa). — *Ecaille* (de testacés), Bc. — *Petit pâté*, M. — صفيحة بيضاء *fer-blanc*, Bc. — صفيحة القفل *palastre, boîte d'une serrure*, Bc. — صفائح *peintures, taillures, gravures et autres ornements de portes*, Alc. (chanpranas de puerta صفائم الزَّبل), Bait. I, 85 (passage

صفد 835 صفر

de Becrî): الصفائح المخرّمة التى تكون تحت حلق الابواب. — Dans L: *fistule* صفائح. Parmi les signif. de *fistula* je n'en vois pas qui conviendrait à ce mot arabe.

صُفَاح, n. d'un. ة, *roche, rocher, roc*, Alc. (peña gran piedra). — *Pierre à broyer des couleurs*, Alc. (piedra para moler colores).

صَفَائِحى *lamelleux*, Bait. I, 527 b, en parlant de l'arsenic: وأجوٌدها الصفائحى الذى يستعمله النقّاشون plus loin (528) il cite ces paroles de Dioscorides: وأجوٌده ما كان ذا صفائح ۞

حَديد مُصَفَّح *tôle, fer en feuilles*, Bc.

مُصَفَّحَة *pavé, assemblage de pavés*, Alc. (losado de piedras; il écrit muçáhfa); cf. sous II. — *Plaque*, Cartâs 213, 4: ودروعـهم وخيولهم بالزرد النصيف (cf. Alc.: hoja de coraças صفيحة). ومصفحات الحديد.

مُتَصَفَّح *lamé*, Payne Smith 1491.

صفد I. Le n. d'act. aussi صفاد, de Sacy Chrest. II, 463.

صَفَد *cage*, Voc. — Certaines racines noires; voyez Bait. II, 131 b (AB). — Vulg. pour صدف, *coquillage*, M.

أُمّ صُفَيْدَة *hochequeue*, M (sous أَنْعَرَة).

صفر I. Le M a l'expression صفر بالفرس dans le sens de *siffler afin que le cheval boive*; mais elle signifie aussi *siffler afin que le cheval pisse*, Badroun 170, 5 et 6. — C. ل p. *siffler, instruire quelqu'un de ce qu'il aura à dire ou à faire*, Bc. — Vulg. aor. o, *être vide*; le peuple dit: دخلنا الدار فوجدناها تصفر, M.

II *siffler, témoigner sa désapprobation en sifflant*, Alc. (silvar a otro en desfavor). — « Les couleurs sombres, le jaune principalement, éveillent des idées de misère et de chagrin, si l'on veut souhaiter du mal, on s'écrie: الله يصفر لك وجهك, *que Dieu te jaunisse la figure!* » Daumas V. A. 518. — *Faire pâlir*, Voc.

IV *décolorer*, Alc. (descolorar).

V *devenir jaune*, Gl. Mosl.

IX *blondir*, Bc. — Seul et اصفر وجهه *pâlir*, Voc., Alc. (demudarse de miedo, enblanquecerse de miedo), Bc, Ztschr. XI, 676, n° 4, Mohammed ibn-Hârith 285, Koseg. Chrest. 86, 1001 N. I, 107, dern. l., II, 24, Bresl. II, 33, 128, IV, 327.

صَفَر *jaunisse*, M.

صُفْر, au Maghrib pour صِفْر, *laiton*, Gl. Esp. 227. — *Rouille ou scorie du fer*, Alc. (herrumbre).

صِفْر. L'espagnol a *zafre*, qui signifie *poudre] de bismuth* qu'on emploie dans les fabriques de faïence. Comme le bismuth est un demi-métal d'un blanc *jaunâtre*, j'ai exprimé l'opinion, Gl. Esp. 359, que ce mot vient de cette racine.

ضحك صفرا *rire d'un ris sardonique*, Bc.

صَفْرَة. كسر الصفرة voyez sous كسر. — داء الصفرة

صُفْرَة *pâleur*, Voc., 1001 N. I, 791, 1. — *mal vénérien*, Bc.

صَفَرى *fait de cuivre*, de Jong. — *Vendeur de vases de cuivre, chaudronnier*, de Jong. — Pl. صَفَارى *chaudron*, Voc.

صُفْرى *loriot* (oiseau), Bc, Yâcout I, 885, 3.

صُفْرِيَّة *vase de cuivre, chaudron*, de Jong.

صَفْراوى *bilieux, colérique*, Alc. (colerica cosa de colera, malenconico), Bc, Gl. Manç.: حمرة فى ورم حار. حمى محرقة الصفراوية الـ ... : حمّى, et sous صَفْراوى C'est Alc. qui donne un *kesra* au çâd. — *Vérolique*, Bc. — ضحك صفراوى *ris sardonique, convulsif*, Bc.

صفراية nom que le vulgaire donne à l'oiseau qui, dans la langue classique, s'appelle صُفَارِيَّة, M.

صُفَار *le jaune, la couleur jaune*, Bc, *être jaune*, صَفَار البيضة, Koseg. Chrest. 49, 7 a f. — صفار لون, *jaune d'œuf, moyeu*, M, Bc. — *Espèce d'herbe fourragère*, R. d. O. A. IX, 119 (safar).

صُفَار *laiton*, Athîr X, 192 bis, 7 = Khaldoun Tornb. 11, dern. l. — *Cassia sophera*, Browne II, 45 (sophar).

M, ص et س, ز literæ sibilantes. حروف الصفير.

صَفَارَة *l'art du chaudronnier*, Voc.

صُفَارَة nom d'une graminée, Prax R. d. O. A. IV, 196 (soufâra).

صُفْرَة *pâleur*, Voc., Alc. (descoloramiento, enblanquecimiento de miedo).

صفر 836 صفرن

صُفَيْفِرَة .صَفَافِر الخَيْل jaunisse, Roland. — *echium*, Prax R. d. O. A. VIII, 279

صُفَيْرَة nom d'un arbre, voyez صَفيراء.

صَفَارِيّ nom d'un instrument astronomique, Khatîb 33 v°. Si ce nom vient de celui de l'astronome ابن الصَّفَّار (cf. Ztschr. XVIII, 123), il faudrait prononcer صَفَّاريّة.

صَفيراء nom d'un arbre dont le bois jaune est un bois de teinture, et qui est décrit Bait. II, 132 d. On l'a confondu avec le platane (دُلْب), bien qu'il n'ait aucun rapport avec lui; voyez Auw. I, 18, 3 et n. 5, 155, 1, où il faut lire avec notre man. والصفيرا, 399, 13 et suiv. (avec la note de Clément-Mullet I, 373, n. 1), II, 573, 16 et 17, Most. v° دلب: ابن جلجل هو الخشب الاصفر الذى يُصْبَغ به المعروف بالصفيرا, Gl. Manç. sous دلب: « cet arbre syrien est inconnu au Maghrib; ceux qui prétendent que c'est الصُّفَيْرا [les voyelles dans le man.] sont dans l'erreur. » D'après Alc. (fustete palo) c'est *fustet*, espèce de sumac dont le bois, jaunâtre et veiné, sert en médecine et pour la teinture. — Nom vulgaire de la maladie qui, dans la langue classique, s'appelle صَفَر, c.-à-d. *la jaunisse*, M.

صَفَّار *siffleur*, Bc. — *Joueur de fifre*, Hbrt 97. — *Fondeur en cuivre, chaudronnier*, Voc., Djob. 266, 12, Bat. I, 206, Prol. II, 266, 9.

صُفَّار, n. d'un. ة, *ver*, Voc., Alc. (lonbriz qualquiera), spécialement *celui qui s'engendre dans le corps de l'homme et des autres animaux*, Alc. (lonbriz del estomago). Auw. II, 666, 3 a f.

صُفَيْر nom d'une plante qui s'appelle aussi كَفّ الهِرّ, voyez Bait. II, 383 b (AB, les voyelles dans A).

صُفَّارَة *trompette*, Gl. Fragm. — *Le bout du rectum, qui, lorsque les enfants ont une diarrhée violente, sort de l'anus*, M (si je l'ai bien compris).

صَفَّارَة *espèce de flageolet*, Ouaday 396 (souffârah); le Voc. a ce mot sous sibilare.

صُفَافِير (pl.) *jaunisse*, Browne II, 149.

صَافُورَة *flûte*, M.

صُوفَيْرَة *flûte*, M.

أَصْفَر *pâle, blême*, Voc., Alc. (descolorado), Bc, Hbrt

33. — Pour اهْلِيلَج اصفر *myrobolan jaune ou citrin*, Sang. — *Celui qui a la jaunisse*, Macc. II, 351, 16. Most. ؟ لِحلِل هنا بالفائضة يراد فاقتضى — الذى يُطرح منها (sic) الاصفر الداخلى من قوانس الدجاج — .والديوك وهو طحّان للاشجار (الاشجار N) فى حيوانه بنو الاصفر. L'origine de ce nom, que les Arabes donnent aux Romains, et en général aux chrétiens, est fort contestée; on peut consulter à ce sujet Ztschr. II, 237, III, 381, XV, 143, de Slane Berb. II, 311, n. 1, et trad. de Khallic. IV, 9, n. 15. Sous تَأْرِيخ الصُّفْر, *l'ère des chrétiens*, les auteurs arabes de l'Espagne entendent l'ère des Espagnols, qui commence environ trente-huit ans avant la nôtre. — ذمّة أَصفر *il est lâche*, Daumas V. A. 349. — الماء الاصفر *la jaunisse*, Calendr. 111, 6. — Le fém. صَفْراء, seul et صَفْراء سَوْدا *bile noire, atrabile, mélancolie*, Alc. (malenconia, colora negra), 1001 N. IV, 250, 12. — *Vin*, Gl. Mosl. — *Gaude, herbe qui teint en jaune*, Bc. — *Nom d'une autre plante qui est entièrement jaune et dont le suc est bon contre l'hydropisie*; voyez Bait. II, 131 c. — *Vérole, maladie vénérienne*, Bc, Ht. — Le pl. صُفْر *pièces d'or*, Harîrî 374, 1.

ومن سلاحه اصفارات (pl.)؟ Rutgers 183, 9 a f.: واصفاراته وآلاته ❊

أُصَيْفِر *bergeronnette*, Barth I, 144.

تَصْفِير dans les Mowachchahât est une invention du poète Abou-Becr 'Obâda ibn-Mâ-as-samâ, Bassâm 124 v°. J'ignore si ce mot est bien écrit; l'auteur l'explique, mais son texte est altéré.

صفراغون, chez Bait. II, 132 b, 159 d (AB), *orfraie, aigle de mer*; ce nom est tiré d'un passage de Dioscorides, liv. II, ch. 58, où on lit: φλυις τὸ ὄρνεον, ὃ ῥωμαϊστὶ καλοῦσιν ὀσσίφραγον, et c'est l'accus. du mot latin *ossifragus*.

صفرت.

مُصَفْرِت *qui jaunit* (blé), M.

صفرد. Si c'est أبو المليح, c'est *alouette*, car Bc traduit ainsi ce dernier mot.

صفرن II *pâlir*, Bc.

صَفْرَنَة *pâleur*, Bc.

مُصَفْرَن *pâle*, Bc.

صفصف I, réduplication de صفّ, *ranger les ustensiles*, M.

مُصَفْصَف, n. d'un. ة, *petite outarde, otis tetrax*, *poule de Carthage*, Shaw I, 274, Daumas V. A. 432.

صَفْصَاف, Voc., صَفْصَاف, pl. صَفَاصِف, se prononçait en Espagne صَرْصَاف, n. d'un. ة, pl. صَرَاصِف, ainsi dans le Voc., dans Alc. et chez Ibn-Loyon 20 v°: الصفصاف للخلاف والعامّة تسمّيه الصرصاف. Ce mot désigne plusieurs sortes d'arbres, à savoir: *saule*, Voc., Alc. (sauze, sauze para mimbres, vimbrera), Rauwolf 111; صفصاف مستخى *saule pleureur*, Bc; — *Agnus castus*, Alc. (sauze gatillo); — *peuplier blanc*, Voc. (alber, qui est un mot catalan), Burckhardt Syria 250, de Jong van Rodenburg 259; — *tremble*, Daumas Sahara 211, Bargès 82; — *platane*, Voc. L'explication *oléandre* chez della Cella 101 est sans doute une erreur.

صفط.

مُسَقَّط, t. de maçon expliqué d'une façon peu claire dans le M: المَسْقَط من البنّة ما كان للحَائط منه طاقًا واحدًا ويقابله الكَلْين وهو ما كان من طاقَيْن يقوم منهما حائط واحد الحجر المَسْقَط est une pierre dont a coupé autant qu'il faut afin qu'elle ait l'épaisseur du mur. Dans ces deux sens on dit aussi مُسْقَط, M.

صفع VI *se donner réciproquement des claques sur la nuque*, M, Vêtem. 271, 4.

صَفْعَان, pl. aussi صَفَاعِين, est un de ces *plagipatidæ* ou *souffre-gourmades*, de ces parasites bouffons, qui recevaient volontiers des claques sur la nuque, pourvu qu'on leur donnât en même temps un présent ou un bon dîner. Parmi les hommes de cette classe quelques-uns avaient perdu le sens; voyez Lettre à M. Fleischer 124—5.

مُصَفِّعة, pl. مَصَافِع, mal expliqué par Freytag, est proprement *celui qui donne des claques sur la nuque*, et ensuite *singe*, parce que, lorsqu'on promenait un criminel par la ville sur un chameau ou un âne, on plaçait derrière lui un singe qui lui donnait des claques sur la nuque, Gl. Bayân 27.

مَصْفَعَانِي (Lane, Macc. II, 261, dern. l., lisez ainsi chez Freytag sous صَقْعَان) est dans le Voc.

مِصْفَعَانِي ۞

صفق I *battre des mains en signe d'approbation, applaudir*, L (plaudeo et adplaudeo), avec le *sîn*, Macc. II, 544, 7.

II même sens, c. ل p., à quelqu'un, Bc, Hbrt 99, Roland, Macc. II, 559, 9. — *Épaissir; rendre plus épais*, Voc., Alc. (espessar hazer espesso). — صفّق وجهه *être impudent*, Payne Smith 1352

V *être agité* par le vent (arbre), Gl. Belâdz. — *Être rendu plus épais*, Voc.

VI, en parlant des vagues, *se frapper l'une l'autre*, Koseg. Chrest. 57, 7.

VIII. Dans le sens qui précède on dit aussi تصطفق, اصطفق البحر, أمواج البحر, Yâcout III, 55, 10, et «la mer fut agitée,» M. — En parlant des mains, *être frappée l'une contre l'autre*, Fragm. hist. Arab. 409, n. f; cf. avec ce passage Lane sous la II°.

صِفَاق et ثَرْب الصِفَاق *péritoine*, Bc. — *Abdomen*, *bas-ventre*, Bc, Hbrt 3. — صِفَاق البَيْض *blanc d'œuf*, Voc.

صَفِيق, *épais*, forme au pl. صِفَاق, Voc., Alc. (espessa cosa). — صَفِيق الوَجْه *impudent*, Payne Smith 1353.

صُفُوقة *épaisseur*, Alc. (espessura).

صَفَّاقَتَان (duel) *cliquettes, castagnettes*, Aghânî V, 75, 15 a f., 124, 3 a f. Boul. (de Goeje).

مُصَفَّقة pl. مَصَافِق, *cliquette, castagnette*, voyez مِسْفَقَة.

صفل VIII, pour اتّصل, *s'arranger*, c. مع p., Bc.

صفن I, aor. *o*, *rester pensif*, M.

صَفِينة (esp. sabina) *sabine, iuniperus sabina*, Bait. II, 132 c.

الصافنات = الصافنات صافن = *les chevaux*, Antar 42, 3 a f.

مِصْفَنة *sac à plomb pour la chasse*,

صَفَنْدَلِيس (?) ou صَفَنْدَلِق *tette-chèvre*, Payne Smith 967.

صفو I, chez Alc. et Bc صفى. On dit صفا الصديق ou للحبيب dans le sens d'*aimer sincèrement*, Macc.

II, 403, 14, c. ل p., P. Macc. II, 485, 4 (cf. Add.): فر تَصْفُ لى بَعْدُ «elle ne m'a pas encore rendu son amour.» — *Se décharger*, devenir moins foncé, en parlant de la couleur, Bc. — C. ل *appartenir à*, Amari 135, 1 (cf. annu. crit.), en parlant de la Sicile: وقد كانت صَفَتْ للمسلمين ثم صَفَتْ للفرنج. — C. ل *s'occuper de*, Macc. I, 488, 2: فكان صَفْوى للعلْم اكثر منه للعَمل. — Dans le Voc. sous *complere*, et chez Alc. *finir de boire* (acabar de bevir, l. bever).

II *couler, passer à travers une étoffe, filtrer*, Alc. (colar licores), Bc. — *Distiller*, Alc. (le n. d'act. distilacion, le part. pass. distillado). — *Ecrémer*, enlever la crème du lait, Alc. (desnatar). — *Débrouiller, démêler*, p. e. les cheveux, Alc. (desenhetrar, desenhetramiento تَصْفِيَة الشَّعْر). — *Rectifier*, Ht. *Compléter, consommer*, Voc. (complere), اللوم المُصَفَّى «l'avarice consommée» (de Slane), P. Becrî 62, dern. l. — *Prendre pour ami* (صَفَى), Diw. Hodz. 203, 2 et 3.

IV, en parlant du commandant d'une armée, *prendre sa part du butin*, Gl. Belâdz. — *Confisquer*, Gl. Belâdz. — *Enduire de plâtre?* Dans Berb. I, 265, 3 a f., où il est question d'une *cobba*, l'éd. porte: واصفى عليها من الكلس; mais le man. de Londres et l'éd. de Boulac ont ce verbe avec un ṣâd.

V *couler*, Abou'l-Walîd 201, 25: يتصفى الغيث تصفى دَمَهُ من غمامه. — *s'écouler* (argent), Bc; *perdre tout son sang*, 1001 N. Bresl. XII, 83, 3. — غير متصفين من الدين «non pas par esprit de religion» (de Slane), Berb. I, 53, 1.

VI, en parlant de plusieurs personnes, *s'accorder après avoir disputé ensemble*, M.

VIII, en parlant du commandant d'une armée, *prendre sa part du butin*, Gl. Belâdz. — *Confisquer*, Gl. Belâdz., Gl. Fragm., Haiyân 29 rº: واصطفى الأمير عبد الله فى خلافته ايضا مُنْيَةَ نَصْر لخصىٰ ✲

X. Au lieu de إستضفى اموال فلان, *confisquer les biens de quelqu'un*, on dit dans le même sens, c. a. p., إستصفى فلاناً, Berb. I, 172, 1, 459, dern. l., 621, 4.

صَفْوَة *gaîté*, Bâsim 98: اغلظ الناس طبع من لم يكن فى زمان الربيع ذو صفوة. — *Cendres*, Hbrt 197. M. — *L'eau dans laquelle on trempe la cendre*, M. — *Le vase qui sert à cet effet*, M. — اولاد فلان ذكور صفوة, c.-à-d. parmi ses enfants il n'y a pas de fille, M.

صَفِيَّة *cendre*, Bc, Hbrt 197.

صَفْوان employé comme adjectif, Haiyân-Bassâm III, 49 rº (seulement dans B): صخرة عظيمة لجرم صفوانة التخلف ✲

صَفَاة dans le sens moderne de *plaisir, amusement*; on dit عمل صفا *s'amuser*, c. مع p., *de quelqu'un*, Fleischer Gl. 58. — Nom d'une coiffure portée par les femmes riches d'Egypte et décrite J. A. 1856, I, 75.

صَفَاوَة *pureté, limpidité, sincérité*, Bc.

صَفِى *fin, excellent dans son genre*, Alc. (fina cosa); *très-agréable, délicieux* (jardin), Haiyân 29 rº: قسم اوقات نزهه وفرجه ما بين عاتين المَنِيَّتَين الصَّفِيَّتَين (j'ai ajouté au dernier mot l'article, qui manque dans le man.). — صفايا «certains biens-fonds de l'Irâc que le calife Omar avait confisqués à son profit. Ils se composaient des terres dont les propriétaires étaient morts en combattant les musulmans, de celles qui avaient appartenu au roi de Perse, à ses officiers et aux membres de sa famille, de celles de tous les couvents et de tous les terrains faciles à dessécher. «Voilà, dit Codâma, ce qu'on appelle les concessions de l'Irâc (Cataïâ'l-Irâc),»» de Slane J. A. 1863, I, 80—1. — En Espagne on entendait sous صفايا الملوك les trois mille métairies que Witiza avait possédées, et que les musulmans laissèrent à ses fils en récompense de leur trahison, Cout. 2 rº, Macc. I, 162, 16. — صفايا s'emploie aussi en parlant de personnes qui sont devenues tributaires d'un prince, Berb. II, 33, 8.

صَفِيَّة *passoire*, Werne 73.

صافٍ *produit, revenu*, Bc; c'est un t. de comm., *produit net*, ce qu'on retire d'une chose vendue, tous frais faits et toutes charges déduites, M. — *Ce qui a été décidé, arrêté*, M. — بياض صافٍ *blancheur éclatante*, M. — الاحمر الصافى *rouge clair*, M. — *Du vin fait de raisins secs*, Hœst 218. — صافى المايْة *mode de musique*, Hœst 258. — الصَّوافى *ce qui a été confisqué*, Gl. Belâdz., et de là *le domaine du prince*, Gl. Fragm.

أصْفى *plus joyeux*, Abbad. I, 65, dern. l., Koseg. Chrest. 71, 6.

تَصْفِيَة gonorrhée, Cherb., urétrite, Daumas V. A. 425. — Le mot التصافى que Freytag donne d'après de Sacy, est plus que douteux, comme de Sacy (II, 61) l'a remarqué lui-même.

مصْفَة passoire, Bc; c'est pour مصْفى.

مِصْفَى passoire, filtre, Bc. — مصفى الراعى grateron, (plante), Bc, en Espagne مصفى الرعاة; on l'appelle « passoire du berger » ou « des bergers, » parce que les bergers s'en servent en guise de passoire pour enlever les poils qui sont tombés dans le lait, Bait. I, 170 a. — Cafetière, Ztschr. XXII, 100, n. 35.

مُصَفِّ celui qui blanchit le linge, Alc. (colador de paños; il a aussi le fém.).

مُصَفَّى sur les monnaies, affiné, Ztschr. IX, 833.

مِصْفَاة gril, Payne Smith 1516.

صقب III être près de, voisin de, Abbad. I, 202, n. 35, Macc. II, 109, dern. l., 149, 12. — Rencontrer par hasard, M.

VI se toucher, Amari 7, 5.

صقر VI على الله blasphémer Dieu, Müller S. B. 1863, II, 8, 6 a f., note p. 21.

صقُورة au Maghrib, brigands, voleurs, Bat. III, 65.

صُقَيْرَة crécerelle (oiseau de proie), Bc; Alc. (cernicalo ave) a صَقْر en ce sens.

سَقْسَى voyez صقصى.

صقط.

مِصْقَط blême, Roland.

صقع I. صَقْع الأرض orage, tempête, Macc. I, 522, 16. — Pour le n° 4 b de Freytag cf. Fleischer Gl. 66 (aliquem inclinato corpore salutare), Djob. 342, 15, Bayân II, 229, 12. On écrit aussi سقع et سكع. — Se morfondre, se refroidir, Bc.

II devenir froid comme le صقيع, M. — Cadastrer des maisons ou autres propriétés, afin de les soumettre à une imposition, Maml. I, 1, 89.

صَقْعَة. Le M explique ce mot par البرد الشديد, comme le TA dans Lane. Quatremère, Maml. I, 2, 59, traduit بارد par صقعة par « une forte gelée. » — Bise, Bc. — Glace, Hbrt 167. — صقعة الأصابع onglée, engourdissement au bout des doigts causé par le froid, Bc.

صقيع glace, Hbrt 167. — Voyez sous سقيع.

صَقَاعَة sottise, stupidité, M (برودة الطبيع); voyez sous سقيع et cf. سَقَاعَة. — صقاعة فى ذقنه Dieu le confonde! Bc.

صقف I, aor. i, par corruption pour صفق, frapper des mains, Bc.

II, pour صفق, battre des mains, applaudir, Bc.

صقل I. Le Voc. a le n. d'act. صَقَالَة. — En parlant de drap ou de broderies (1001 N. II, 222, IV, 286, 1), repasser; en parlant de papier, satiner, Burckhardt Prov. n° 376. — صقل خاطره s'amuser, se divertir, Voc. — Verbe que le vulgaire a formé de صَقَالَة, échafaud, M.

II dans le Voc. sous polire.

III c. a. p. cajoler, M.

IV. Voc. sous polire, splendere.

V. Voc. sous polire.

VII. Voc. sous polire, splendere, solaciari.

VIII être poli, scolies sur le 23° vers de Ca'b ibn-Zohair: خاجر مصطقل. — ? 1001 N. Bresl. VII, 141, 4 a f.: وقالت له قم اصطقل بخصمك.

صقل nom d'une monnaie, Becrî 62, 13. — Luisant, Bc.

صَقْلَة lustre, poli, polissure, Bc.

صَقَالَة (de l'ital. scala, M), dans les vaisseaux, échelle, escalier volant, M. — Echafaud, assemblage de pièces de bois, qui forme une espèce de plancher sur lequel les ouvriers montent pour travailler aux lieux où ils ne peuvent atteindre autrement, M, Bc; pl. ات échafaudage, Bc. — Tréteau, pièce de bois étroite portée sur quatre pieds, Bc. — Cabarets ou cribles sur lesquels on met les vers à soie conjointement avec les feuilles du mûrier, M (cf. Bg 718). — Cf. اسقالة sous l'élif.

مَصْقُول sorte d'étoffe légère qu'on porte en été, M, qui cite ce vers de l'ardjouza d'Avicenne:

الحَرّ فى الحرير والاقتنان والبَرْد فى المصقول والكتان

On dit لباس مصقول pour indiquer un caleçon fait de cette étoffe, 1001 N. Bresl. VII, 20, 4.

صَقْلاوى cheval de race, Ztschr. XI, 477, Ali Bey II, 276, Burckhardt Syria.

سقلب voyez صقلب.

صَقَالِبِيَّة espèce de haricot blanc et du volume d'une olive, Auw. II, 64, 13.

صكّ I donner un croc en jambe, Bc. — En Barbarie, ruer, lancer les pieds de derrière en l'air, Bc (Barb.), Ht; Hbrt 59 (Alg.) et Daumas V. A. 190 l'ont avec le sin. — En parlant d'un bruit, d'un son, frapper les oreilles, Lettre à M. Fleischer 219, 220. — Monnayer, mieux سكّ, M.

VIII, en parlant des dents, être grincées, Payne Smith 1383.

صَكّ croc en jambe, Bc.

صَكَّة = سَكَّة dans le sens ordinaire, Gl. Fragm.

مَصْكُوكات, mieux avec le sin, argent monnayé, M.

صلّ
صلّ Le pl. صِلال Macc. II, 426, 19.
مُصَلَّة se trouve dans L sous simpla (?).

صلب I faire languir, faire souffrir, Ht. — اتى فلان حين صلّبت الشمس «un tel arriva au temps de la plus grande chaleur du jour,» M.

II étayer une maison qui menace ruine, la soutenir avec des étais, على خَشَب, 1001 N. III, 423, 10. — Traverser, croiser, Alc. (atravesar, travesar); Bc. زَوِّل المُصَلَّب ôter ce qui était mis en travers, Alc. (desatravesar). — Croiser, barrer, biffer, Voc. صلّبت رِجليها في الحائط, 1001 N. I, 871, 8, où Lane traduit: she pressed her feet against the wall. — T. de mer, disposer les voiles de manière qu'elles forment à peu près des angles droits avec la ligne de la quille, afin qu'on puisse profiter du vent arrière ou du vent largue, Gl. Djob. — صلّب المركب mettre en panne, disposer les voiles d'un vaisseau de manière à ne pas continuer de faire route, Bc. — صلّب اخلاب مركب affourcher, poser les ancres en croix, Bc.

IV comme verbe d'admiration, ما أَصْلَبَهُ, qu'il est dur! Prol. III, 414, 12 (l. الصلابة avec notre man. 1350). — أَصْلَب est chez Alc. crucificarse (?).

V traverser, croiser, Edrîsî, Clim. V, Sect. 4: وهذا الجبل المذكور امتدّت منه شعبة من جهة المغرب الى جهة المشرق وتصلّبت عليه شعبة اخرى متّصلة به ممتدّة من جهة الشمال كثيرا ومع الجنوب قليلا — Quasi-pass. de la IIᵉ, Voc. sous crucesignare, sous cancellare.

X demander à être crucifié, M.

صُلْب crête d'une montagne, trad. d'une charte sicil. apud Lello 9. — صلب الحمار toit en dos d'âne, Voc. — Acier, Bc.

صِلْب perfidus, L.

صُلْبِى lombaire, qui appartient aux lombes, Bc.

صَلَبُوت (forme syr.) le crucifiement de Jésus-Christ, Gl. Abulf., Yâcout IV, 174, 3; الصليب la vraie croix, Freytag Chrest. 121, 7, 135, 9; — Christ, sa représentation sur la croix, Bc, petit crucifix, M.

صَلِيب, pl. صِلاب, Kâmil 143, 18, rigide, sévère; c'est une qualité qu'on loue dans un cadi et dans un prince, l'opposé de faible, Macc. I, 242, 19, Berb. I, 445. — Fils, Gl. Belâdz. — Dans le sens de croix le Voc. a le pl. صلبان. — اسم الصليب, chez les chrétiens, Dieu! grand Dieu! Bc. — يوم (عيد) الصليب, l'invention de la croix, le 17ᵉ du mois copte Tout, 26 ou 27 septembre, Descr. de l'Ég. XV, 471, n. 1, Lane M. E. II, 298, 365. — Trèfle, une des couleurs noires du jeu de cartes, Bc.

صَلابة, t. de médec., enjure dans l'os qui ne cause pas de douleur; on la confond souvent avec le cancer, M. — صلابة الوجه effronterie, voyez le passage du M que j'ai donné sous رقاعة, Bat. I, 86.

صَلِيبَة carrefour formé par deux chemins qui se croisent, Bc.

صَلِيبِيَّة En parlant de ce qui lui arriva pendant son voyage au mois de septembre, Ibn-Djobair, 302, 1, dit que les chrétiens d'Égypte donnent à l'automne le nom de الصليبية, et M. Wright dit, dans une note

(p. 38), qu'on l'a informé que c'est un terme en usage en Egypte pour désigner la période de l'inondation du Nil. C'est proprement le temps où l'on fête l'invention de la croix (26 ou 27 septembre), et à cette époque le Nil a atteint sa plus grande hauteur, comme l'atteste Lane M. E. II, 298. — *Les croisés*, ceux qui se croisèrent autrefois pour reconquérir la terre sainte, M.

مُصَلَّب *l'endroit où quelqu'un est crucifié*, Akhbâr 42, 9, 1001 N. III, 437, 2.

مُصَلَّب *en sautoir*, Alc. (cuerda que atraviesa) شريط مصلب ; voyez aussi sous زَنْدَة). مصلب الطُرُق *carrefour formé par deux chemins qui se croisent*, M.

مُصَلَّب *sorte de mets*, Djauzî 145 v° (sans explication).

مُصَلَّب ,t. de maçon, signifie العقد القائم على اربع عضائد بخلاف الانبوب وهو العقد المستطيل لا عضادة له وبينهما الاعرج وهو ما كان نصفه مصالبا على عضادتين ونصفه انبوبا, M.

صلت VII *être tiré du fourreau*, Voc.

Le pl. مَصَالِت, Diw. Hodz. 140, vs. 23.

مُصَالَتَة suivi de بالسُيُوف *escarmouche*, Gl. Fragm.

صلح I. الصالحة السابلة «les chemins étaient sûrs,» Berb. I, 98. — Dans le sens de *convenir à*, *être propre*, *sortable*, aussi c. a p., Nowairî Espagne 437; فاشترى لى دواب : ibid., ونظرت فيما يصلحنى واهلى وما يصلحنى ۞

II *améliorer, amender, apprêter, corriger, émender, raccommoder, raccoutrer, rajuster, réparer, restaurer, restituer, rétablir*, Bc; *raccommoder des habits*, Hbrt 20. — *Accorder un instrument*, Bc. — *Accommoder, ajuster, arranger*, Bc; *intervenir comme médiateur*, Alc. (entrovenir); *liguer, coaliser, confédérer*, Alc. (confederar). صلح لحكاية *dorer un refus*, Bc.

III, *faire la paix*, s'emploie aussi absolument, sans régime, Gl. Belâdz. (ce que l'auteur ajoute: c. صالح من p., est inexact et il le rétracte lui-même). عن نفسه واموالى «il fit la paix à condition que sa vie et ses biens seraient épargnés,» Macc. I, 178, 13. — T. de droit, v. d. Berg 115: «Transactio aequivalentis (صلح المعاوضة), h. e. si creditor consensit, pro eo quam ex contractu apud iudicem potere potuit (المصالح عنه), aliam rem (المصالح عليه) accipere, e. c., si quis, quum servum stipulatus esset, in gratiam debitoris alium servum vel animal accipere velit.» — *Echanger des marchandises contre d'autres*, 1001 N. Bresl. X, 425, 11: واخذت فى تحصيل ثمن الكتان الذى لى والمصالحة على ما بقى منه واخذت معى بضاعة حسنة; l'éd. Macn. a مُقايَضة au lieu de ce mot. — صالح غريمه *payer son créancier*, 1001 N. III, 376, 1; dans le M c'est *faire un accord avec son créancier*.

IV. أصلحك souvent dans le R. N. pour اصلحك الله. — *Orner*, Abbad. I, 244, 5. — *Cultiver une terre*, Gl. Belâdz. — اصلاح السابلة *protéger les voyageurs*, Berb. I, 7, 97. — C. a p. *accommoder, réconcilier*, Bc. — C. a p. *contenter quelqu'un*, Berb. II, 27, 2. — اصلح جانب فلان *se concilier les bonnes grâces de quelqu'un, et* اصلح له جانب فلان *procurer à quelqu'un les bonnes grâces d'un autre*, Mohammed ibn-Hârith 336. — « Les pigeons qui appartenaient au sultan étaient distingués par des marques particulières. C'étaient des empreintes faites avec un fer chaud sur les pattes ou sur les becs des oiseaux. C'est ce que les plaisants désignent par le mot الاصلاح,» Maml. II, 2, 119. — اصلحه من دعواه فى الشىء بكذا *acheter à quelqu'un la prétention qu'il a sur une chose*, Formul. d. contr. 6 (deux fois). — *Fermer*, p. e. au moyen d'une serrure, Voc., Alc. (cerrar, encerrar con cerraja); selon Mc on dit aussi en berbère: تابورت تصلح «la porte est fermée.» — Ne m'est pas clair dans de Slane Prol. I, LXXV b, 6, où l'éd. de Boulac porte الاصلاح.

V *se corriger*, Bc.

VII *redevenir propre*, *net*, en parlant d'une chose qui a été sale, de Jong sous غمر, = نقى chez Tha-'âlibî Latâïf 128, 2. — Dans le Voc. sous aptare. — *Se fermer*, Voc., p. e. en parlant d'une blessure, Alc. (cerrarse la herida).

VIII c. على p. *ils convinrent entre eux de nommer un tel gouverneur*, Gl. Belâdz. — C. على *adopter pour règle*, Prol. I, 54, 14. — اصطلح بلفظ *employer un mot par convention*, Prol. III, 62, 12.

X c. a p. *chercher à se concilier les bonnes grâces de quelqu'un*, Mohammed ibn-Hârith 336: فاول ما بدأ واستصلح الى p., Haiyân 16 r°: وباستصلاح ام ولد بكر الى اقلها فارتضوه وقاموا دونه ۞

صَلْم l'action de fermer, Alc. (encerramiento).

صُلْح pl. ات traité de paix, Gl. Belâdz. — Les terres que les musulmans ont occupées, non pas par droit de conquête, mais *en vertu d'un traité*, Akhbâr 24, 1. — La somme d'argent qu'on doit payer annuellement en vertu d'un traité, Gl. Belâdz. — Transaction, v. d. Berg 29, 114, Prol. I, 398, 1, Formul. d. contr. 6; الخطيطة صلح ou الابراء صلح est quand le créditeur remet au débiteur une partie de la dette, v. d. Berg 114; sur صلح المعاوضة voyez sous la IIIe forme; *composition pécuniaire*, d'Escayrac 182.

صَلْحَة *réconciliation*, Bc.

صَلاحِ «ce qu'il croit bon,» Beerî 170, 2. — *Paix*, Bc. — C. مع p., *se liguer avec*, Cartâs 229, 11 a f. — Dans le sens de اصلاح, *réparer, restaurer*, Cartâs 40, 5, 210, 13.

صَلاحى, dans l'Inde, nom d'une étoffe, Bat. IV, 3.

صَلاحِيَّة, avec لشى, *capacité pour une chose*, Bc, M. — *Grand plat, large en haut, étroit en bas*, M; en araméen צְלוֹחִית, en hébreu צְלֹחִית, etc.; voyez le Thesaurus de Gesenius 1166 b.

صالح *bon*, dans le sens de *grand, considérable* (cf. Lane), Notices 182, n., l. 3, Prol. I, 64, 2 a f., Fakhrî 85, 6 a f., 101, 6, Auw. I, 595, 14, Abdarî 19 r°: فقرأت عليه جملة صالحة من اوّل كتاب الموطّا, Ibn-Abdalmelic 17 v°: كان له حظّ صالح من الادب, 18 v°: فاكل جميع من حضر وفضلت منه بقيّة صالحة. — *Avantage, bien*, p. e. هذا لاجل صالحك «ceci est pour votre bien,» *intérêt*, Bc. — *Celui qui accepte une transaction*, Formul. d. contr. 6: وثيقة الصُلْح اصلح الله ما بين فلان وفلان بن فلان فى الذى تنازعا عليه موضع كذا اصلحه من دعواه فيه بكذا دينارا وافية الى يد الصالح وقطع بذلك جميع خصمته ودعاويه. — *espèce de scorie*, Most. v° خبث الفضّة صالحى.

أَصْلَح *il est plus à propos de, le plus sûr est de*, Bc.

تَصْلِيح *ajustement, parure*, Bc.

تَصْلِيحَة *retouche*, Bc.

مُصْلِح النَظَر *verbascum*, Domb. 74.

مُصْلَح *correction dans un acte*, Amari Dipl. 135,

dern. l., 236, 7, 8, Append. 8, l. 5; l'explication donnée par l'éditeur 450, n. *x*, n'est pas bonne, mais il l'a corrigée dans le Glossaire joint à l'Appendice.

مُصْلِح *sel*, M.

مَصْلَحَة *affaire, négociation*, Bc, Ztschr. XI, 504. — *Une chose*, 1001 N. I, 325, 2 a f., II, 104, 9, III, 226, 4 a f. — Le pl. مصالح *habits*, 1001 N. IV, 324, 4, où l'éd. de Bresl. a حوائج. — Comme n. d'act., *culture de la terre*, Gl. Belâdz. — En donnant le sens d'*écluse*, Freytag aurait dû ajouter qu'il l'a trouvé dans de Sacy Chrest. I, 327, 2, 4, 7; c'est un passage du Marâcid qu'on trouve III, 253—4 de l'éd. de Juynboll. — *Balai*, Ht, Daumas V. A. 367. — Le pl. semble signifier *latrines* dans un passage d'Auw. qui manque dans l'édition de Banqueri, mais qu'on trouve dans notre man. (cf. l'éd. I, 660): ينبغى ان يختار لاختزان الفواكه الخ — ولا تختزن فى موضع دق ولا تقرب المصالح ولا تقرب الدخان ولا تقرب الروائح القبيحة

مَصْلَحى *utile, salutaire*, Gl. Abulf.

مُصَالِح *ambassadeur envoyé pour conclure la paix*, Alc. (enbaxador de pazes).

اصْطِلاح *façon de parler; génie, caractère propre d'une langue*; تكلّم باصطلاح فصيح وتعبير بليغ «s'énoncer en termes choisis, élégants;» اصطلاح الانشاء *style épistolaire*; علم اصطلاحات الممالك يبن بعضها *diplomatie*, Bc. — *Système conventionnel*, Prol. II, 182, 3. — *Orthographe*, Alc. (ortografia).

اصْطِلاحى كلام *mot technique*, Bc, M.

مُصْطَلَح *usages, coutumes*, Prol. II, 17, 1, de Slane Prol. I, LXXVI a (mal traduit), Autob. 237 r°: تخلية سبيلى من هذه العهدة التى لم اطف جلها ولا عرفت مصطلحها. — كما زعموا مصطلحها *Accommodement, composition, milieu* (au fig.), *transaction*, Bc.

صلخ.

صِلْخ وله صلخ (sic A) جيّد للوقود ?Bait. I, 505 c وقوده حادّ ودخانه يشفى من الزكام, où le man. B porte صلوخ.

صلد IV. Ce verbe étant actif et neutre, on ne dit pas seulement زنّد مُصْلِد, mais aussi, dans le même sens, زند مُصْلَد, Gl. Mosl.

صلصل (roman, pl.). عدّ الصلدات faire l'appel des soldats, Bc.

صلدى (le pl. ital. soldi), pl. صلادى, sol (monnaie de cuivre), sou,. Bc. — صلادى pl. de solidus, poids, Amari MS.

صلصل I c. a. et II dans le Voc. sous argilla; cf. مرمر.

صَلْصَلَة pl. صَلاصل bruit du tonnerre, Abbad. II, 111, 4, de grelots, Abd-al-wâhid 214, 4 a f., tintement d'une cloche, Prol. I, 166, 5. — Le pl. صلاصل cette espèce de crotales qui rendent un son aigu et par une sorte de frottement ou frôlement, Descr. de l'Eg. XIII, 495. Saadiah, ps. 150, a صلصل pour צלצל.

صلصال pl. صلاصل argile, glaise, terre glaise, Voc.; cf. جرمار.

صلط

صَلاطَة pierre à fusil, Bc, Hbrt 135.

صلع II rendre chauve, Voc., Alc. (encalvar a otra cosa), Kâmil 333, 6. — صلع الأمر mettre une chose entièrement à nu, M.

V devenir chauve, Voc., Alc. (encalvecerse).

صَلْعَة front, Domb. 84.

صَلَعَة ou صَلْعَة chauveté, calvitie, Bc. — Tête chauve, Akhbâr 72, dern. l (= Cout. 10 r°).

صُلوعَة et صُلُوعَة chauveté, calvitie, Voc.

أَصْلَع الصُلْع sont des dînars qui ne portent pas d'empreinte, Beerl 181, dern. l.

صلغ

صلغ outre pour le lait, Payne Smith 1293.

صلف I, en poésie, en parlant d'une femme, être prude, fière, dédaigneuse, Macc. II, 164, 12, 167, 10, 260, 12.

V à peu près synonyme de تكبر, devenir orgueilleux, R. N. 64 v°: devenu cadi تصلّف وتكبّر. — Le duriore animo fuit, que Freytag donne en citant Fâkihat al-khol. 142, dern. l, doit peut-être être remplacé par refuser avec dédain; il y est question d'un musicien qui refusa de venir à une noce: فسئل عن تصلّفه وسبب تخلّفه".

صَلِف prude, fier, dédaigneux, P. Macc. II, 167, 10.

صلق I très-souvent pour سلق, cuire, Kâmil 89, 4, Bait., Djauzî, Cabbâb, Chec. — تصلق très-commun, de peu de valeur, grossier, mal travaillé, mal poli, Bc.

IV accorder, mettre d'accord, Ht.

صَلِيقَات صَلِيق des terres qui sont quelquefois inondées (par un torrent?), et qui se couvrent alors d'un limon qui les rend fertiles, Gl. Belâdz. 14, 4 a f., 16 à la fin.

صولق pl. صوالق une poche de cuir, que l'on portait à la ceinture du côté droit; on serrait la bourse dans cette poche, Vêtem. 248—9.

مِصْلَق. Le pl. مَصالِق, Diw. Hodz. 220, vs. 15.

مَسْلُوق voyez مَصْلُوق.

صلم VII être coupé, Abou'l-Walîd 452, 20.

VIII. اصطلم نعمته il lui enleva ses richesses, Berb. I, 174, 233, II, 30, 8, 49, 7; piller, Abou'l-Walîd 735, n. 87.

صَلْم, t. de métrique, est quand on retranche لن de مَفْعُولات; au lieu du مَفْعُو qui reste, les auteurs sur la métrique disent alors فَعْلُن, M, Freytag Arab. Verskunst 87, 99 (où فَعْلُن est une faute).

اصْطِلام chez les Soufis, la tristesse qui s'empare du cœur et qui est voisine de l'amour de Dieu, M.

صلو II. Les chiites emploient la formule صلّى الله عليه, non-seulement en parlant du Prophète, mais aussi en parlant des imâms, von Hammer, Gemäldesaal, III, 234, n. 1. — صلّى جماعةً prier en commun, Bc. — C. ب contraindre quelqu'un à faire la prière, Abbad. I, 319, 11. — Dire la messe, Alc. (missa dezir). حكاية الصلا صلا lézard, Bc (Barb.); chez Domb. 66 حكاية الصلاة.

مَمْلُوكِيَّة صلاة ou عالبيكية صلاة voyez sous la racine ملك. — Voyez l'article qui précède.

مُصَلَّى l'action de prier, Berb. II, 323, 10.

صلوٍن, en Mésopotamie et à Mosoul, anagyris fœtida, Bait. II, 132 g.

صلى I tendre des filets, M. — En parlant d'un serpent, guetter sa proie et se tenir prêt à fondre sur elle, M. — صلى الشرّ commencer la guerre, M.

صم

VIII *brûler*, v. a., Lettre à M. Fleischer 25.

صمّ II, dans le sens de *persévérer dans*, non-seulement c. على, mais aussi c. في, Abd-al-wâhid 177, 2 a f., Cartâs 69, 10, 85, 13. — C. الى *avoir la ferme intention d'arriver jusqu'à*, Abbad. I, 121, n. 271. — C. أنّ *croire fermement que*, Berb. I, 359, 4 a f. — *Rendre sourd*, Alc. (ensordar a otro, sordecer o ensordecer a otro); ce sens convient mieux au passage chez de Sacy Chrest. III, ١٣٣, 6, que celui qu'il lui attribue et qu'il n'a pas prouvé; l'auteur de la lettre veut dire: nous avons fait en sorte que les négociants ne prêtent plus l'oreille aux rapports inquiétants.

V *devenir sourd*, Voc., Alc. (ensordarse, le n. d'act. ensordamiento).

صِمام. Le pl. أَصِمَّة, Kâmil 450, 6.

صُمُومة *surdité*, Voc., Alc. (sordedad).

أَصَمّ *zain*, cheval tout noir ou tout bai, sans aucune marque de blanc, Bc. — Epithète du mois de câ-noun, M. — Chez les banquiers, *doublé*, M. — صمّاء *panicum repens*, Prax R. d. O. A. VIII, 347.

صمت II *rendre solide*, *dur*, Diw. Hodz. 179, vs. 24.

V dans le Voc. sous tacere.

صمتة *taciturnité*, Bc.

صمت *moût de raisin cuit, espèce de vin cuit*, Beaussier, Capell Brooke II, 59: «a jar of boiled wine which he called samet,» de Jong van Rodenburg 293: «samets, bedwelmende drank die uit gekookte rozijnen bereid wordt,» Hay 52 b, 53 a, 53 b (somets).

مُصَمَّت *solide*, t. de mathém., *corps à trois dimensions*, Bc.

صمغ II et IV (dérivées de صَمْغ) *la gomme sortit de l'arbre*, M.

V *germer*, Voc.

صمغ vulg. pour صَمْغ, *gomme*, M. — *Suc jaune qui coule des mamelles de la femme après l'accouchement et avant que le lait commence à couler*, M; cf. صمغة. — *Gond supérieur sur lequel tourne une porte*, M sous صوص.

صمّاغ = صمّاغ, Diw. Hodz. 65, vs. 3.

صمد I *orner une chambre de tapis et de beaux vases*,

M. — صمدت الماشطة العروس «la coiffeuse fit asseoir l'épousée sur un siége élevé,» M.

II. Cout. 16 r°, en parlant d'un كرسي: كان مصمّدا بالذهب والفضّة, c.-à-d., «il était couvert de plaques d'or et d'argent,» car Macc., I, 169, 7, a dans le passage correspondant: وكان مُلَبَّسًا صفائح الذهب. — صمد كذا دراهم «il amassa peu à peu tant de dirhems et les mit à part,» M.

صمد العروس *les vases et les tapis que l'épousée emporte de la maison de son père*, M.

صمد المحراث *le bois de la charrue*, M.

صَمَد *corporal*, linge carré sur l'autel pour poser le calice, l'hostie, Bc, M. — *La* لوحة *sur laquelle s'assied le fileur de soie quand il fait tourner la grande roue*, M.

المعارف الصمدانيّة *les connaissances divines*, c.-à-d. la connaissance des monogrammes du Coran, des signes cabalistiques, Ztschr. VII, 88.

صمودية *solidité*, Hbrt 194.

صامد *ferme*, *solide*, Hbrt 194; *les choses solides qu'on met en réserve; ce qui reste de ce qui a été consommé; aussi pour désigner des dirhems et des dinârs*, et c'est peut-être une altération de صامت, M.

صملع.

صَميلع pour صَميلع, *maître*, *chef*, *prince*, Koseg. Chrest. 76, 10.

صمر.

صَمرة (esp.) pl. أت *pelisse*, *robe fourrée*, Alc. (çamarra, pellico vestido de pellejas) qui écrit çamârra, pl. çamarrit; on trouve الصمارّيت dans une charte grenadine.

صمصر I *maquignonner*, *s'intriguer pour faire quelque marché*, Bc. C'est pour سمسر.

صمصرة *maquignonnage*, *intrigue*; — *censerie* (= سمسرة), Bc.

صمصار pl. صماصير *maquignon*, *celui qui intrigue pour des mariages, des ventes*; — *censal* (= سمسار), *courtier*, Bc. — *Muserolle, partie de la bride au-dessus du nez*, Bc.

صمصم I *épargner*, *être chiche*, M.

صمع

صَمَاصِم (pl.) épées, 1001 N. Bresl. IV, 153, 2.

صمع

صَمَع pour صَوْمَع, minaret, Ht.

صَمْعَة pl. صُمَع, pour صَوْمَعَة, clocher, Voc.

صَوْمَعَة non-seulement cellule ou ermitage (Bc, Hbrt 151), mais aussi cloître, Cartâs 18, 5 a f., où c'est le synonyme de دَيْر, ibid. dern. l. Quant au sens de minaret, tour, cf. Quatremère Becri 35. En Espagne on prononçait صُمْعَة, Voc., Alc. (canpanario), Mohammed ibn-Hârith 262, 299, et l'on trouve même صومومية dans un auteur africain, Holal 61 v°.

صمغ V dans le Voc. sous gumi.

صَمْغ gomme; Bc a le pl. du pl. صَمُوغَات. — صمغ J. A. 1860, II, 389, ce que Behrnauer a sans doute mal traduit par « la gomme des pères; » il ajoute qu'un autre man. porte صمغ الأهل. — صمغ البلاط lithocolle, Bait. II, 133 b, 435 f. — صمغ السذاب nommé Bait. I, 225 b. — صمغ القتاد = كندر, Most. sous ce dernier mot; selon d'autres = كَثِيراء, Most. sous ce dernier mot. — صمغ ينباعوي et صمغ طوري voyez Burckhardt Nubia 283 n.

صَمْغَة premier lait d'une femme après l'accouchement, Bc; cf. صَمِغ.

صَمْغِي gommeux, Bc.

صَمْغِيَّة substance résineuse, Bat. IV, 240.

صمك

أَصْمَك sourd, Domb. 106.

صمل I tenir bon, résister, Bc.

صَمِيلَة des pois chiches qui sont rouges et mauvais, M, qui ne le donne pas comme un mot moderne.

صَمَلَق = مَلَق, Mufassal éd. Broch 176, dern. l.

صن I, en parlant de l'âne, relever la tête après avoir flairé l'urine de l'ânesse, M. — قعد فلان يصن rester à attendre, sans rien faire, M.

صَن, sorte de corbeille, forme au pl. أَصْنَان, Abou'l-Walîd 613, 29.

صن الزير voyez Bait. I, 191 a, II, 139 b.

صَنَّة l'odeur de l'urine, M.

صنع

صَنِين thymélée, garou, trentonel, Most. v° أَرَار: وتسمّيه العرب الصنين, Bait. II, 139 c (AB).

صَنُونِيَة hirondelle, Casiri I, 320 a; c'est pour سَنُونِيَة.

صنب

أَصْنَاب (pl.) des pierres de taille, Renou 101; semble une altération de أَصْنَام (voyez). — Séné, Domb. 74, Ht.

صِنَاب البَرِّي, dans l'ouest de l'Espagne, lepidium à larges feuilles, Bait. I, 357 c, cf. Auw. II, 262, 3, où il faut lire ainsi.

صَنَابِي alezan, Alc. (alazan); rouan (cheval), dont le poil est mêlé de blanc, de gris et de bai; rubican (cheval), dont la robe est semée de poils blancs, Bc.

مُصَنَّب préparé à la moutarde, ou subst. préparation à la moutarde, Auw. II, 388, 18, 410, 12, 414, 20 et suiv., Ibn-Loyon 30 r°.

صنبر

صَنَوْبَرَة pin, Voc.

صَنَوْبَر, dans le Voc. صَنُوبَر. N. d'un. ة pignon, Bc.

صَنَوْبَرِي conique, Bc, Auw. I, 647, 3. — للخفيف الصنوبري ocimum minimum, au Maghrib, Gl. Manç. هو لخفيف الدقيق الورق المسمّى بالمغرب شاهشبرم v° الصنوبري, Auw. II, 289, 5.

شُجَيْرَات المَصْنَبَر forêt de pins, Müller 22.

سَنْبُوس voyez صَنْبُوق.

صنت II écouter, Hbrt 10, Ht. C'est une transposition de نَصَتَ (voyez); on écrit aussi سَنَطَ (voyez).

V être aux écoutes, Bc; c'est pour تَنَصَّتَ, que Bc a dans le même sens; on écrit aussi تَصَنَّطَ.

صنج II faire des paniers, Voc. — Le vulg. emploie تَصْنِيج dans le sens de تَشَنُّج, spasme, convulsion des nerfs, M.

صَنَاجَة voyez زِنج. الصَّنَاجَة la Lyre, constellation, Dorn 46; écrit alcanja, Alf. Astron. I, 13, et alsanja, ibid. 31.

صَنْج = صَنْجَة cymbale, Bc. — Voyez sous سَنْجَة. — Sorte de mortier, Voc. (argamasa).

صناجق 846 صنع

مَنَاجِق (esp. cenacho) pl. صنانيج panier, Voc., Martin 102, Auw. I, 668, 6; — *un panier ou cabas qui se met au goulot par où coule l'huile du pressoir, afin que la lie tombe avec l'huile pure*, Alc. (capacho de molino de azeite; j'ai suivi Victor).

صَانِج colique, Ht.

صَنَاجِق pl. صَنَاجِق, dans le sens de سَنْجَقْدَار (voyez), *porte-étendard, bey, sangiac*, 1001 N. IV, 616, 3 a f.

صندوق.

صُنْدُوق. « Des poissons carrés dont la peau est fort dure, et toute marquée de petites roses ou étoiles, dits *Sandouk*, qui signifie coffre ou caisse, » Monconys 240. — صندوق بارود *fourgon, charrette*, Bc. — صندوق الصَّدْر *le thorax*, Chec. 195 v°. — صندوق العسكر *masse*, somme que l'on retient sur la paye de chaque soldat pour l'habillement, Bc.

صندوقة *biscuit en caisse, dans un papier*, Bc.

صندوقة صغيرة *cassette*, Bc.

صندل.

صَنْدَل. Voyez, pour le bois de sandal, صناصری sous قمر. — Au Maghrib, *menthe d'Arabie ou menthe sauvage*, comme sandalo en esp., Gl. Esp. 339, Auw. II, 285, 14, Ibn-Loyon 45 r°: الصندل هو النمام وهو شاذنة. — *Pierre hématite*, Gl. Manç. v° السيستنير: يُجلَب من المشرقي وقد يكون بجبال واسريش من الصندل. — المغرب ويسمَّى الصندل وهو دون المجلوب الحديدي est la sorte de pierre qu'on nomme en persan خماهان, Bait. I, 394 b. — (Roman) nom d'une étoffe de soie, *florence, levantine*, Bc, *gros de Naples*, Bg, *taffetas*, Bc, Hbrt 203. — (Pers. سندل) *canot, chaloupe, barque, nacelle*, Bc, Hbrt 127, Ht, Wild 96, Voyage dans les Etats barbaresques, 1785, p. 145, Voyage for the Redemption of Captives 136, 137, Poiret I, 121, 129, Edward Ives, Voyage from England to India 234, Baude I, 124; dans un passage de Nowairî publié par Amari, 432, 6 et 7, le man. 702 de Paris porte صندلیات et صنادلیات, au lieu de شلندیا (lisez ainsi avec le *chin*).

صَنْدَلِي pl. ات *fauteuil*, Bc, Bat. II, 404.

صَنْدَلِيَّة *essence de bois de sandal*, Bat. IV, 116.

صَنَادِلِي *pharmacien*, Alc. (boticario).

مُصَنْدَل *ayant l'odeur ou la couleur du bois de sandal*, Macc. III, 27, 3 a f., 28, 9; = ملطَّخ بالصندل, Gl. Manç. v° صندل.

صنر

صنار الحوت *anguille*, Bc (Barb.).

سْنَارَة ou سِنَّارَة, pl. صنانیر, *crochet de fer*, Djaubari 85 r°: ثمر اخرج صنارة على مثال مخالب القصّاب ثمر علّق بها ذبيل الصبيّ. En Barbarie on entend aujourd'hui le dicton populaire: اليهود في السفود, النصارى في الصنارة, المسلمون تحت عريش ياسمين « les juifs sur des broches; les chrétiens sur des crochets; les musulmans sous une branche de jasmin, » Hay 55, Richardson Morocco II, 144; Cherb. (J. A. 1849, I, 548), qui l'a aussi, donne قنّار, au lieu du mot en question. — *Hameçon*, L (amum), Voc., Alc. (anzuelo), Domb., Ht, Hbrt 77, Delap. 142, **Roland** Dial. 591, 592, Bait. II, 149 b: سنانير لصيد السمك dans A, tandis que B a صنانیر. — *Ligne à pêcher*, Bc, Cazwînî I, 125, 13.

مُصَنَّر *garni d'hameçons, ou pris à l'hameçon*, Alc. (anzolado).

صنصن *sarcelle* (oiseau aquatique), Bc.

صنط V. التصنّط et التشوّق الى حبّ *curiosité*, Bc; voyez صنت.

صَنَط *verrues, sortes de clous ou furoncles de la peau*, Sang.

سنطور et صنطير et صنطور (voyez), Bc.

صنع I. ما أصنع بُ *que ferai-je de?* Bidp. 251, 6. — صنع شيًا *faire quelque chose qui vaille*, Aghânî 44, 3 a f.: قل اوّحسن شيًا قلت تنظر وعسى ان أصنع شيًا, 33, 13: فلم تصنَع فيه شيا, car c'est ainsi qu'il faut prononcer, et non pas تَصْنَع, comme l'a fait Kosegarten. ما صنعتم شيا *vous n'y êtes pas, vous n'avez pas deviné juste*, Akhbâr 118, 4 a f. — لا يصنع الله بذلك شيا « Dieu ne se soucie nullement de cela, » Gl. Belâdz. — *Travailler, façonner*, en parlant de certaines choses, comme le fer, les pierres précieuses, etc., Gl. Edrîsî. — *Préparer* des mets, Gl. Badroun, Gl. Bayân, Gl. Belâdz, Lettre

صنع 847 صنع

à M. Fleischer 73. Aussi en parlant d'autres choses, p. e. *préparer* un bain, Amari 162, 3 a f., 215, 7. فعلمت انه امر مصنوع «je m'aperçus que c'était une affaire concertée d'avance,» Gl. Badroun. — Faire *préparer* un repas, Gl. Badroun, Gl. Belâdz.; par ellipse, صنع لفلان *dresser, ordonner* un festin pour, Gl. Bayân. — *Controuver,* feindre, inventer, forger; حكاية مصنوعة *chose controuvée, fable,* conte fait à *plaisir,* Bc. — صنع الله الأمن «Dieu donna la sécurité,» Cartâs 143, 11. — C. ب p. semble signifier, de même que ف, فعل, *rem habuit cum feminâ;* voyez l'exemple que j'ai cité sous حَذَاقَة. — *Enseigner, montrer, dresser,* Alc. (amaestrar). — صنع له فى il fut favorisé par Dieu dans son attaque contre un tel, Berb. II, 370, 4; celui qui l'est s'appelle المصنوع له, Abbad. II, 173, 10 et n. 90. Un peu autrement Berb. I, 45: الطائر الذكر المصنوع له فى الشهر. — Quant aux expressions فعل معه (به), فعل, وصنع et الفاعل الصانع و صنع voyez sous فعل.

II s'emploie en parlant d'un marchand qui montre les bonnes qualités de ses marchandises et qui en cache les mauvaises, M.

III *corrompre par argent* (cf. Lane), p. e. صانع, بعض لخدم على قتل ابيه, Aghlab. 62, 3 a f. Aussi صانع العدو *acheter le départ de l'ennemi moyennant,* Khaldoun Tornb. 12, l. 11: les croisés assiégèrent le Caire; حتى صانعهم اهلها بعشرين الف دينار *acheter de l'ennemi la paix moyennant,* ibid. 31, 3. — صانع على نفسه ب *se racheter d'une peine moyennant,* Haiyân-Bassâm I, 23 v°: وامتهن بعضهم بالضرب حتى مُصانعة semble signifier *acheter des provisions,* Amari Dipl. 196, 3 et 5, 201, 2. — Cf. plus loin sous le n. d'act.

V *se parer avec excès, se farder* (femme), M. *Faire son possible,* Macc. I, 126, 7: وممّا اختصّت به ان قراها فى نهاية من الجهد لتصنّع الجمل فى اوضاعها وتهييضها — *Flatter, cajoler,* Bassâm III, 6 v°: جعل يتوجّع له ويتفجّع وينعطف معه ويتصنّع الى C. — p. *s'insinuer dans les bonnes grâces de quelqu'un,* Abbad. I, 51, 1; ب p., Bidp. 203, 5. — *Etre affété, être plein d'affectation;* on emploie surtout le n. d'act., chez Bc *affectation, étude,* artifice, affectation, *manière,* affectation, *afféterie;* le part. متصنّع chez Bc *précieux,* affecté; Mohammed ibn-Hârith 262: كان متواضعا فى اموره غير متصنّع, Macc. I, 591, 11, Khatîb 60 v°: متأخّر التصنّع مبتذل, 177 r°: il était très-modeste en tout التصنّع من بعيدًا. — *Feindre,* simuler, c. ب r., Djob. 219, 15: تصنّع بالتواضع رياء, cf. Macc. I, 590, 12, Cartâs 136, 17:

أرضى العدوّ بظاهر متصنّع ان كنت مضطرًّا الى استرضائه

«Quand j'ai besoin des bonnes grâces de mon ennemi, je les gagne par un extérieur qui feint» (l'amitié); c'est l'équivalent de وجه باسم «un visage souriant,» que le poëte emploie dans le second vers. Bc a le n. d'act.: *artifice,* ruse, fraude, *fard,* dissimulation.

VI c. مع *flatter,* Voc.

VII *être fait,* Voc., Payne Smith 1390.

VIII. اصطنع اليد معروفا *traiter* quelqu'un *avec beaucoup de bonté, le combler de bienfaits,* Bat. I, 67. De même اصطنع seul c. a. p., de Sacy Chrest. II, ٣٢, 1, Abbad. I, 221, 1, Djob. 328, 5, Badroun 284, 7. Le Voc. a *benefacere* c. ل. — *Fabriquer, manufacturer,* Bc. — *Simuler,* feindre, Bc.

X voyez sous le n. d'act.

صَنْع *métier, état, profession,* Bidp. 270, 3. — صاحبة صنع *pimbêche, femme impertinente qui fait la précieuse,* Bc.

صنع *vini potus* dans Castell, et ainsi chez Weijers 49, 9.

صَنع *ouvrage, livre,* Zamakhcharî Halsbänder 2 r°; bien traduit par Fleischer, mal par Weil.

صَنْعَة *opération,* action d'opérer, de ce qui opère, Bc. — *Secret,* moyen, procédé, Bc. — Dans le sens de *métier,* le pl. صنع, Bc, Gl. Edrîsî, et صنّاع, Voc. Spécialement *métier de cordonnier,* M. — *Manière,* affectation, Bc. — *L'art du poëte,* dans l'usage qu'il fait des métaphores, dans les difficultés que présentent le mètre et la rime, etc., et qu'il sait vaincre, Gl. Mosl. — *Manière de préparer* quelque chose, Bait. I, 167 a: يدخل (البلح) فى ضروب من صنعة الطيب. — *Touche,* t. de peinture, manière de faire, Bc. — *Art,* adresse, Bc, *habileté,* Bat. II, 407, Berb. II, 274, 2 a f.; بصنعة *artistement, cavalièrement, lestement, de bonne grâce, finement,* Bc. — *Tour d'adresse,* 1001 N. Bresl. IX, 263, 2. — *Industrie,* les arts mécaniques, Müller 2, 2 a f., 5, l. 6. — *Fabrication de vers*, d'un récit, *l'action de forger des vers*, qu'on attribue faussement à tel ou tel poète, ou *l'action de forger une histoire*, Prol. II, 198, 8, Berb. I, 24, 13, 177, 5. Aussi *supposé, controuvé* (vers), Koseg. Chrest. 139, 12, où il faut lire : وزعم الاصمعى أن البيت الثانى هو صنعةٌ ونَحَله الأعشى. — *Factice*, p. e. خلقة والا صنعة «est-ce naturel ou factice?» Bc. — *Alliage*, ce qu'on combine avec l'or quand on le fond (p. e. du mercure), Edrîsî, Clim. I, Sect. 8 : وتبرُ أرضِ سفالة لا يحتاج الى ذلك بل بنسبك بلا صنعة تدخله. — *Air, t. de musique*, 1001 N. Bresl. XII, 201, dern. l. — صنعة التسميط, *en poésie*, est التخميس. — M. الصنعة الكبرى, *t. d'alchimie, le grand œuvre*, Ictifâ 127 v° : وكتابًا فيه الصنعة الكبرى. — دار صنعة ou دار الصنعة, *arsenal maritime, chantiers de marine*, Gl. Esp. 206 ; وعقاقيرها واكسيرها. — *treccnal*, nommé plus tard فندق, quartier où vivaient les esclaves chrétiens mariés, Miss. hist. 240 a.

صَنْعَة pl. صُنَع *ornement, figure*, Gl. Edrîsî.

صَنِيع. Dans le sens de *repas, festin*, le Voc. a le pl. صنائع.

صِناعة. Avec le *fatha* chez Alc. (*fabrique*, et *condition, profession, état*) et Mc (*fabrique*). Le M dit en citant les Collîyât, que صَناعة est *métier*, et صِناعة *art, science*. — *Fabrication, l'action de fabriquer*, Alc. (fabricacion). — *Condition, profession, état*, Alc. (condicion por estado); *poste, emploi*, Alc. (oficio publico). — *Art, science*, M, Nowairî Egypte 2 m, 69 r° : كان يلعب بالقانون وقد اتقن صناعته, Bassâm III, 98 v°, en parlant d'un câtib : نهض في الصناعة بليغ الأمد. On dit p. e. صناعة الديوان *l'art de l'administration*, Berb. I, 475, 5, صناعة السكر *la magie*, 1001 N. 1, 97, صناعة الطب *la médecine*, Khatîb 55 v°, صناعة العربية *la grammaire*, Khatîb 26 r°, 28 v°. En logique les cinq صناعات sont : البرهان, والجدل ولخطابة والشعر والمغالطة. — M. — *Adresse, industrie, adresse à savoir faire*, Bc ; صناعة اليد *adresse dans les travaux manuels*, Tha'âlibî Latâif 127, 5. — *Façon*, Bc. — Pl. صنائع et صنائع *fabrique*, établissement où l'on fabrique, Gl. Edrîsî, Macc. I, 367, 3,

Amari 651, 4 a f. — *Objet fabriqué*, Gl. Edrîsî, Müller 5, l. 7 et 3 a f., 13, 2 ; *ouvrage*, ce qui est produit par l'ouvrier, 1001 N. II, 336, 9 : le cheval magique est صناعتى «mon ouvrage.» — *Ornement, figure*, Gl. Edrîsî, Djob. 85, 12, Macc. I, 367, 7 et 18, 403, 3 a f., Berb. I, 414, 2. — *Arsenal maritime, chantiers de marine*, Gl. Belâdz., Khallic. IX, 85, 13, Nowairî Afrique 41 r° : وقال في نفسه هذا 41 v° : المكان يصلح مدينة ومرسى وصناعة للسفن. — *Vaisseaux, navires*, Akhbâr 6, dern. l. (= Macc. I, 159, dern. l.) : فدخل في تلك الاربع السفن لا صناعة لهم غيرها. — فقال ليبستن لنا صناعة تركيبوها معًا, 40, 2 a f. — الصناعة, *t. d'alchimie, le grand œuvre*, Berb. I, 457, 10. — دار صناعة (Amari دار صناعة الجر), ou دار الصناعة, *arsenal maritime, chantiers de marine*, Gl. Esp. 205—6 ; دار الصناعة était à Cordoue, sous Abdérame III, une fabrique d'ouvrages d'or, Macc. I, 374, 4 (cf. 380, 18 et 19). — صاحب صناعة *artificieux, plein d'artifices, de finesses*, Bc. — صاحب الصناعة doit avoir un sens qui m'est inconnu, Haiyân 86 r° : وكان في حبس العسكر رجال من أسرى اهل شذونة — ; كانوا في العود عند صاحب الصناعة بالعسكر *le poète ambulant dit* قوّال, Margueritto 219.

صَنِيعة *ancien client*, selon l'explication donnée par Ibn-Khaldoun, Prol. I, 334, 10 ; cf. de Slane Berb. IV, 279 n. — *Ornement, figure, cartouche*, Cartâs 39, 9 a f. — *Se faire des signes?* 1001 N. I, 89, 7 : انتما تعرفان صنيعة بينكما où Torrens traduit : «Ye both understand signs which ye make between one another.»

صِناعى. على الوجه الصناعى, Amari 576, 2 a f., ce que l'éditeur traduit (J. A. 1853, I, 273) par *comme une matière de fait*. المباحث الصناعية *recherches expérimentales*, J. A. 1853, I, 268. — Ce que l'on apprend d'un ouvrier, d'un artisan, M. — *Ouvrier, garçon (de barbier)*, 1001 N. Bresl. IX, 223, 9.

صَنّاع *faiseur* ; صنّاع مكاحل *arquebusier, ouvrier qui fait des arquebuses*, Bc.

صِنّاع *serviteur, domestique*, M. — Le pl. صُنّاع *infirmiers ou étudiants en médecine*, dans l'armée d'Abd-

صنف 849 صنم

el-kader, R. d. O. IV, 345. — الصانع *le Créateur*,
Prol. II, 200, 10.

أَصْنَع *plus habile*, 1001 N. Bresl. XI, 406, 10,
425, 1.

تَصَنُّع *l'art du poète*, etc., comme sous صَنْعَة, Gl.
Mosl. — *Artifice*, art, industrie, Bc.

تَصْنِيع *l'art du poète*, etc., comme sous صَنْعَة,
Gl. Mosl.

مَصْنَع *ouvrage de peintures, de sculpture ou en mosaïque*, Djob. 41, 3 a f.

مُصْنَع *affecté, affété, artificiel, concerté, faux, ma-
niéré, recherché*, Bc. — *Fait à plaisir*, controuvé, Bc.

مَصْنُوع *ouvré*, Prax 13: «Les nègres de Timbektou
font avec la poudre d'or des objets de parure qui
renferment très-peu d'alliage. Cet or ouvré, *mesnou*,
se plie facilement sous les doigts.» — Pl. ات *objet
fabriqué*, Gl. Edrisi. — *Artificiel*, qui se fait par
art, l'opposé de naturel, Bait. I, 543 b: هو صنفان
— مخلوق ومصنوع, Tha'âlibî Latâïf 128, 3. — *Artificiel,
orné* (style), Prol. III, 351, 3, cf. 353, 3 et suiv. —
Qui demande de la peine, de l'art, l'opposé de سهل,
Ztschr. VII, 368, 7. — *Forgé, supposé, controuvé,
fait par un faussaire*, Prol. II, 193, 16, 198, 8,
Berb. I, 24, 8 et 16, 161, 8, 177, 4. Un بيت
مصنوع est aussi un vers fait par un grammairien, et
qu'il attribue à un ancien poète, afin qu'il serve de
preuve à l'opinion qu'il avance, M. — *Faux, contrefait*, Koseg. Chrest. 122, 7, 1001 N. I, 232, 6. —
Pierre de taille, Carette Kab. II, 140.

مُصَانَعَة *étude*, artifice, affectation, Bc. — *Pruderie*, Bc.

اصْطِناعي *artificiel*, Bc.

مُصْطَنَع *simulation*, déguisement, Bc.

اسْتِصْناع *forfait*, marché par lequel une des parties
s'oblige à faire quelque chose pour un certain prix,
v. d. Berg 116.

صنف II *arranger un livre par ordre de matières*; on
dit الكتب المصنفة pour indiquer des livres qui sont
arrangés de cette manière, et non pas par ordre alphabétique, Lettre à M. Fleischer 112—3. On emploie aussi ce verbe pour exprimer *arranger par ordre alphabétique*, mais alors on ajoute على حروف
المعجم, Yâcout III, 235, 14: وصنف غريب حديث
المعجم

ابى عبد الله القاسم بن سلام على حروف المعجم وجعله
ابوابا. Aussi *classer, ranger des livres*, Khallic. VII,
54, 5 Wüst., où M. de Slane (trad. III, 72) a lu
avec raison صنفها, au lieu de صفها, mais sans le
comprendre. M. Gildemeister (dans le Ztschr. XXVIII,
685, n. 1) s'est déclaré pour صفها; mais dans une
lettre du 24 févr. 1875, que j'ai reçue de lui, il a
rétracté son opinion. — *Inventer, découvrir*, Hbrt 224,
J. A. 1848, II, 215, n. 1. 1 et 3. — *Inventer, supposer, controuver*, M. — صنف لنفسه *se forger, se
former (des idées)* Bc. — *Trancher, couper en tranches*, Alc. (revanar pan), Ht.

V dans le Voc. sous *modus*, sous *compilare*.

صنف *famille, tribu, nation*, Khatib 177 r°: مقربا
لصنفه مصطنعا لأهل بيته, Calât 32 r°, en parlant
de Grenade: وهذه المدينة ذكر ابن حيان في خبرها
انها لم يملكها احد من الصنف الاندلسى من آخر
دولة آل محمد بن ابى عامر الا الصنف العدوى. —
Corporation; on prononce aujourd'hui صِنف, Ztschr.
XI, 482, n. 9. — Le pl. أَصْناف *denrées*, Maml. II,
2, 42, dern. l.

صُنَيْفَة *ceux qui appartiennent à la même famille
que nous, nos parents*, Abbad. II, 189, 4 a f. —
Pl. صنائف *bord, lisière*, Gl. Mosl., Macc. II, 335,
15, Auw. I, 306, 8.

تَصْنِيفَة *supposition, production d'une pièce fausse*,
Bc. — *Fable, fiction, chose controuvée*, Bc.

تَصْنِيفي *fabuleux*, Bc.

مُصَنَّف pl. ات *un recueil de traditions arrangé
dans l'ordre où se suivent les chapitres de la théologie*, Lettre à M. Fleischer 113. — *Bordé, galonné*,
ibid. 116.

مُصَنِّف *créateur*, inventeur, Bc.

صنقن

S'ennak, *stipa tenacissima L.*, sparte, Prax. R. d.
O. A. VIII, 281.

صنم

صَنَم *belle image*, au fig., belle personne sans âme,
Bc. — *Satyre*, Alc. (satiros dioses eran de los montes).
— *Satire*, Alc. (satira genero de obra poetica). —

صنم الأجنّة Priape, Alc. (Priapo dios de los huertos).
— Le pl. أصنام *les muses*, Alc. (musas diosas de los poetas). — *Colonne*, Gl. Edrîsî; — *ruines des anciens édifices romains, surtout celles des temples*, ibid.; — selon Carette, *apud* Renou 101, أصنام se confond souvent avec أصناب, *des pierres de taille*, parce que les débris de statues qu'il désigne sont toujours accompagnés de pierres de taille romaines. Je soupçonne que cet أصناب n'est qu'une altération de أصنام. — Chez les Soufis, *tout ce qui distrait l'homme de Dieu*, M. — Vulg. pour سنام, *bosse de chameau*, M. — *L'épine du dos*, Voc., qui donne aussi سنام en ce sens.

صهب.

الصُّهْب. Les Bodjâs donnaient le nom de أصهب aux *mehârî* ou dromadaires, Bat. I, 110, II, 161.

صهر III. «صاهَرَ على بنته الاستاذ المذكور il s'allia à ce professeur en épousant sa fille,» Khatib 33 r°.

VI, que le Voc. a sous *gener*, c. ل ou ن, *s'allier à* وَوَالَى كَثيرًا مِن وجوه Haiyân-Bassâm I, 30 r°: اهل الدولة ونظائر (وتصاهَرَ ل.) لهم ببنيه وبناته — ثُمَّ تصاهَرَ اخرًا الى ابى عامر والذكرُ من عنده المكنى ابا عامر زوج اخته عبد الملك الصغرى من بنات المنصور وبلغ من le même: فتمّت تلك المصاهرة فى سنة ٣٩٦ استمالة للحاجب منذر لهذين الطاغيتين (Raimond et Sancho) ان جريا (أُجْرِيَا ل.) تصاهُرُها على يديه وكُتِبَ عقد النكاح بينهما بحضرة سرقسطة فى جعل (حَفْلٍ ل.) من اهل الملّتين.

صهرج I *former un bassin*, Auw. I, 240, 1.

صهصل.

صَهْصَلة *rire très-fort et qui ressemble au hennissement* (صَهيل) *du cheval*, M.

صهل II c. a. *faire hennir*, Voc.

صوب I, comme la IVe, *atteindre*, Abdarî 54 r°: je vis près de la Ca'ba un homme qui cherchait quelque chose pour se hisser, فصاب ساق أمراة فقبض عليه من اعلاه, Prol. III, 432, 11.

II *se diriger*, Abdarî 74 v°: مِن (الركب) وخرج, ibid.: مضيفى يعرف بنقب على مصبّها الى الدهنا. — *Lancer, pousser*, M, Alc. (arrojar, botar la pelota), Macc. III, 37, 22: صوّب الاكثر الى مصر. — *Rectifier*, Voc., *redresser, remettre en bon état*, Alc. (aderezar lo tuerto, bolver lo tuerto, endereçar). حو هذا المقصد سهّمه. — C. a. *forcer un cheval à reprendre un chemin dont il se détourne*, Bat. II, 361. — C. a p. *lever l'épée sur quelqu'un, pour le frapper*, 1001 N. I, 51, 5: ثم انى اخذت سيفى وجردته فى كفى وصوبت عليها لاقتلها.

III c. a. p. signifie *غالبَه فى الصواب*, M.

IV *avoir raison, l'opposé de* أَخْطَأَ, Djob. 301, 5, R. N. 63 r°: Ferai-je cela? فقال اصبت «Sans doute, répliqua l'autre.» *Deviner juste*, Badroun 201, 14. *Rencontrer, dire des traits heureux*, Bc. — *Il lui est arrivé une bonne fortune*, 1001 N. I, 758, 8. — *S'emparer de*, Haiyân 70 r°: اصاب اموالهم, Berb. I, 639, 10: اصاب من الجباية «il détourna une partie de l'impôt.» En ce sens le régime est souvent sous-entendu, Belâdz. 226, 9, Berb. II, 429, 9 a f., Aghlab. 52, 4. — C. a. p. *attigit mulierem (sensu venereo), rem habuit cum eâ*, Gl. Badroun. — اصابه بالعين *fasciner quelqu'un, lui donner le mauvais œil*, M, Voc., 1001 N. I, 90, Haiyân-Bassâm I, 23 r°: شديد الاصابة بعينه. — C. a. p. *échoir en partage*, Bidp. 283, 9, 1001 N. I, 134, 11. — *Récolter, faire une récolte*, Nowairî Afrique 18 r°: اَمَرَ — ان يَجْعَلَ (صاحب للخراج) على كل زوج يحرث ثمانية دنانير اصاب ام لم يُصِبْ; cf. Amari 443, 2 a f. — *Commettre*, p. e. جناية «un délit,» Prol. I, 238, 13; اصاب دمًا *commettre un meurtre*, Freytag sous دم, Berb. I, 528, 5, 568, 9, 659, 8, II, 237, 3. اصاب منه حدًّا *appliquer une peine à quelqu'un*, Akhbâr 121, 4 a f. — *Goûter*, Koseg. Chrest. 147, 11. — أُصيب عسكرُه *son armée essuya une déroute*, Khaldoun IV, 2 v°. — أُصيب به = اصيب بموته *il eut le malheur de le perdre, d'être privé par la mort*, R. N. 44 v°: Interrogé pourquoi il ne s'était pas montré pendant plusieurs jours, أعلمهم ان حماره الذى كان يتصرف عليه اصيب به, après quoi chacun d'entre eux lui acheta un âne, de sorte que le lendemain il s'en trouvât quarante à sa porte. — اصابى للجوع *j'ai faim*, R. N. 57 v°. — اصابه بَوْل *avoir besoin d'uriner*, R. N. 70 v°: فلعلّ احدٌ يصيبه بول او غير ذلك فلا دخلت ٧٠ ،88 يبدرى اين يذهب فيفصل البه الضرر يوما على ربيع القتلىن ازور* فاصابنى بول فقمْتُ الى مرحاضه *

V *être rectifié*, Voc. — *Se raidir, devenir raide*, Alc. (enertarse). — *Pleuvoir*, Bc (Barb.).

VII *être atteint*, 1001 N. Bresl. II, 253, 3, c. ب ou فى *de*, p. e. انصاب فى الطاعون *être atteint de la peste;* انصاب بالعين «on a donné à cet enfant le mauvais œil,» Bc; *en avoir dans l'aile*, Bc.

صاب *concombre sauvage*, Most. v° للحمير ; mais Bait., II, 120 c, dit que c'est une erreur, après quoi il ajoute: وقال بعض علمائنا اظنّه اليتوع لـقـول ابى حنيفة عن ابى عبيدة الحج *

صَوْب «ils lui montrèrent un chemin qui le conduisit directement dans son pays» (de Slane), Becrî 15. — فى صوب *tout droit contre*, ou *vers*, Bat. IV, 305 (cf. 306), 1001 N. I, 572, 12. De même صوب, suivi du génitif, 1001 N. I, 513, 7, II, 23, 13, 334, 14. — من صوب, avec le génitif, *du côté de*, 1001 N. I, 489, 4; من هذا الصوب *de-çà*, de ce côté-ci, Bc, هذاك الصوب *au-delà, par-delà*, p. e. «هذاك الصوب من النهر *au-delà du fleuve,*» Bc.

صابَة *transitus*, Voc. — Vulg. pour اصابة, Prol. III, 377, 9, où de Slane traduit *trouvaille*. — Aussi pour اصابة (voyez), *récoltes*, Martin 171.

صُوَيْبة *sorte de boisson*; voyez Lane M. E. II, 25, Burckhardt Arabia I, 213.

الـصَـواب ان *il est à propos de*, Bc. — هذا هو الصواب *c'est bien dit! c'est bien pensé!* Bc. — *Raison*, son juste emploi, bon sens, Alc. (razon), Bc. — عن الصواب غاب ou غاب عن صوابه *perdre connaissance*, en parlant d'un malade ou d'un homme ivre, 1001 N. Bresl. III, 261, 10, 309, dern. l.; aussi غاب صوابه, M. — *Judicieux*, fait avec jugement, Bc. — *Peste*, M.

صَيِّب *dur, ferme, solide*, Alc. (teso).

صائب, en parlant d'une flèche, a aussi le pl.

صَوَائب, Gl. Mosl. — *Judicieux*, Bc. — *Ayant cours, vendable*, etc., 1001 N. Bresl. X, 450, 11, synonyme de رائج, que porte l'éd. Macn.

اصابة *rencontre, trait d'esprit, bon mot*, Bc. — *Profit*, L (emolumentum, fenus). — *Récolte*, Macc. III, 674, 20: كريمة الفلاحة زاكية الاصابة cf. صابة.

أَصْوَب *il est plus à propos de*, Bc; اصوب رأيًا *plus judicieux*, Macc. I, 133, 11.

مُصِيب *funeste, fâcheux*, Ht. — *Calamité, malheur*, Ictifâ 164 v°: فَيَا له من مصيب قَدْ نَزَع الأَكْباد.

المَصائب *les idoles*, 1001 N. III, 260, 3, 286, 5.

مُصَوَّب *dur, ferme, solide*, Alc. (teso). — كَيْل بـ مصوب *bonne mesure*, Alc. (medida derecha).

مُصَوَّب *bien*, Voc. (bene), *joliment, agréablement*, Alc. (garridamente).

اسْتِصْوابى *approbatif*, Bc.

صوبن I *savonner*, Bc (= صبن), M sous صبن.
II quasi-pass. de la Ire, M.

صوت II *se récrier*, faire une exclamation de surprise, Bc. — C. ب *proclamer* quelque chose, Gl. Bayân. — C. ب *chanter* un air, 1001 N. Bresl. IV, 156, 5: فغنّت للجوار وصوّتوا بسائر الالحان *

صَوْت *cri d'oiseaux*, Bc. — *Ton;* aussi مقام الصوت Bc. — *Intonation*, note chantée, Bc; *note de musique*, Prol. II, 352, 3 a f. et suiv., 353, 9. — *Chanson*, M. — L'espèce de chansons dites المَواليا Prol. III, 429, 12. — *Voix consultative, suffrage, vote*, Bc. — *Coup de tête*, étourderie, hardiesse, Bc.

صيت *crédit*, réputation de solvabilité qui rend un emprunt facile, Bc. — Chez le vulgaire, *réputation, soit bonne, soit mauvaise*, M. صيتك تفعل كذا *gardez-vous d'agir ainsi*, M.

صيّيت *qui fait beaucoup de bruit*. Chez le vulgaire, qui donne un *fatha* à la première syllabe, *un chanteur qui a une belle voix*, M.

صوج.

صاج pl. صيجان (Ztschr. XXII, 143) *plaque, lame,*

صوح

synonyme de صَفِيحَة, Djauharî 12 rº et vº; *grand plat de fer sur lequel les Bédouins cuisent leur pain*, Bg, M, Burckhardt Syria 239, Nubia 132, Ztschr. XXII, 104, n. 40.

صَوح M: الصوح عند العامّة ترتّب الذنب على الرجل لشبهة وقعت عليه ۞

صَاحِجَة له بَصر nom d'une science? Khatîb 33 vº بالصاحجة والحساب ۞

صَوَح II *briller* (fleur), Macc. I, 483, 1, Weijers 26; 4 (= Calâïd 83, 15), où il faut prononcer صَوَّح.

صَوَّخ IV اصاخ أُذُنَا *prêter l'oreille*, P. Macc. II, 195, 20. صَواخَة *arum*, Bc.

صور I. شيئًا لا يُحْسِنُ لمَن على بعضهم صار « il favorisait, au-dessus des autres, ceux qui ne savaient rien, » Meursinge 22, 15, où il faut lire ainsi (cf. 32, n. 101). — Aor. i, *étourdir les oreilles*, Bc.

II *former des lettres*, Prol. II, 347, 4. — En parlant d'un roi, Athîr XI, 124, 10: وكان فاسد التدبير صَوَّر عدّدًا *faire, composer un nombre*, Bc. — *Assourdir*, Ht. سَىِّ التصوير

V c. ل *sembler, paraître*, Voc. — *Arriver, avoir lieu*, J. A. 1852, II, 214, 8; تَصَوَّر أنّه به خلوة «il arriva qu'il se trouvât seul avec lui,» Macc. III, 125, 5 a f. — C. فى *s'insinuer dans*, Haiyân-Bassâm I, 32 vº: وتنصور فى قلوب الرؤساء فاجزلوا لأرزاقه

VII انصور *être étourdi*, assourdi, Bc.

صُوَرَة Le pl. صُوَر *pièces* des échecs, Abd-al-wâhid 83, 12. — Le pl. صُوَر, au fig., *des jeunes filles belles comme des statues*, Abbad. I, 164, n. 538, Bat. III, 249. — *Planche, estampe*, Bc. — له صورة *figurer*, faire figure; صار له صورة *faire figure, jouer un rôle brillant*, Bc; Maml. II, 1, 14: تكون له صورة «celui qui occupe une position honorable.» «Sous représenter, paraître en public, faire de la dépense avec éclat: له صورة *il représente bien*, Bc; *représentation*, faste, pompe, crus nécessaires, Bc. — *Modèle*, Khatîb 18 rº: كان من صُوَر القضاة — له صورة *spécieux*, Bc. — فى الصورة *en apparence*, Bc; لأجل الصورة *pour les apparences*, par affectation, par ostentation; aussi *pour la forme*, Bc. بالصُوَر الظاهر dans de Slane

852

Prol. I, LXXV b (bis), ne signifie pas « sauver les apparences, » comme traduit l'éditeur, mais *d'après l'apparence*. — *La manière dont une chose s'est passée*, Gl. Badroun, Haiyân 60 rº. — *Formule*, p. e. صور يمين «formule de serment,» Bc, de Sacy Chrest. I, o, dern. l. — *Copie, double, seconde copie d'un acte; grosse, expédition d'un acte*; صورة حاجّة *expédition, copie d'un acte*; صورة دعوى *procès-verbal*, Bc. — *Constellation*, Bc.

صُوَرِيَّة عِلَّة صُوَرِيَّة *cause formelle*, Bc.

صِوار Dans ps. 35, vs. 3, Saadiah traduit צנה par صوار.

تَصَوُّرِيَّة *idéal*, Bc. — العلوم التصوريّة *la science des appréhensions simples ou concepts*, de Slane Prol. I, 201, n. 3.

تَصْوِير *tableau*, Bc. — تصوير بضاعة *débouchement, moyen de débit de marchandises*, Bc.

مُصَوَّرة, dans le Voc. sous scacus, signifie probablement *pièce des échecs*; cf. sous صُورة.

مُصَوِّرَاتِي *peintre*, Bc; — *vernisseur*, Hbrt 86.

صوص V *piauler* (se dit du cri du poulet), Bc, Hbrt 184.

صُوص pl. صِيصان *poussin, petit poulet nouvellement éclos*, Bc, M, Hbrt 65; — même pl. *couvée, les petits qui sont éclos d'un œuf*, Bc. — *D'une porte, gond inférieur sur lequel tourne une porte*, M. — *Gond sur lequel une pierre de moulin tourne*, Bg 622 (qui écrit صيص).

صُوصَة *la plus mauvaise huile qui sort du pressoir*, M.

صِوصَانَة *poussin*, Bc.

تَصْوِيصِى *piaulement*, Hbrt 184.

صوصل I, p. e. العدس, *rassembler les lentilles vides qui nagent sur l'eau et les ôter du vase*, M sous صصل.

صُوصَلَاء, que Freytag 497 a comme le nom d'une plante, est *ornithogalum umbellatum*, Bait. II, 119 b.

صوط pour سوط, *fouet, coup de fouet*; J.-J. Schultens cite Elmacin 97, 13 a f.; aussi R. N. 52 vº.

صوطل.

صوطلة *espèce de bette*, Bait. II, 141 c.

صوع.

صِباغ. Le pl. اَصْبَغ (voyez Lane) se. trouve dans Macc. I, 810, 2 a f., où M. Krehl a eu tort de changer la leçon, qui se trouve aussi dans l'éd. de Boulac. «Mesure variable de quarante à cinquante livres,» Daumas Sahara 77.

صبغ II صَبَّغَ enchâsser, Alc. (engastar como en oro).

صبغ bien conditionné, exact, probe; معاملة صبغ bonne monnaie, Bc, M.

صِبغة bijoux, Bc, ornements d'or, d'argent, etc., M, 1001 N. II, 85, 14, 106, 4 a f., 115, 7. — Nom dérivé d'une racine, M, Berb. II, 8, l. 8. — صبغ الادآم chez les traditionnaires, sont les termes: حَدَّثَنَا, قال, أَخْبَرَنَا, etc., M.

صِبَاغَة enchâssure, Alc. (engaste de oro). — Bijou, Hbrt 22; pl. ات pièces d'orfévrerie, de Sacy Chrest. I, 199, 6 a f.

صائغ. Le pl. صَوَغَة, Diw. Hodz. 201, 2. — Monnayeur, Alc. (monedero). — Celui qui enchâsse, Alc. (engastador de oro).

مَصَاغ. Le pl. ات, Payne Smith 1404.

مَصْبُوغ pièces d'orfévrerie, ornements d'or ou d'argent, Nowairî Egypte, 2 m, 245 v°: الاموال والقماش والمصبوغ

صوف II c. a. p. rendre quelqu'un Soufi, M. — Chancir, moisir, Bc.

صُوف camelot, étoffe de poil de chèvre, laine et soie, Bc. — Poil follet, duvet, Bc. — صوف البحر ne signifie nullement «algue,» comme l'a cru Lane, qui, oubliant que le çâd arabe correspond au zade hébreu, et non pas au samec, a eu la malheureuse idée de croire que صوف est identique avec l'hébreu סוף, avec lequel il n'a absolument rien de commun. Un remarquable article de Bait., II, 141 b, ou plutôt de son maître Abou-'l-Abbâs le Botaniste, démontre jusqu'à l'évidence que les Arabes entendaient sous le terme laine marine ce que les Grecs appelaient également ἔρια ἐκ θαλάσσης συνειλεγμένα, ou πίννικον ἔριον, et ce que les Italiens nomment encore lana penna, c.-à-d., les filaments produits par le grand mollusque qui s'appelle pinne marine ou jambonneau, auquel ils servent à fixer sa coquille sur les rochers. Ces fibres, qui sont souples et fines comme de la soie, sont employées, de temps immémorial, surtout par les habitants des rives de la Méditerranée, à former des tissus remarquables par la beauté de leur couleur naturelle et qui brillent comme s'ils étaient parsemés de poudre d'or. On en fait au tricot des bas et des gants, qui sont très-chers; on en fabrique même un drap estimé, en combinant cette substance avec la laine. Voyez Tertullien, de Pallio, p. 47 éd. Saumaise, et la note de ce savant, p. 172—5, Dictionn. des Sciences naturelles, t. XXXII, p. 157, 319, Album der natuur, année 1857, p. 350 et suiv. L'article de Bait., que Sontheimer n'a pas trop bien traduit et dont il a défiguré les noms propres, est trop long pour être reproduit ici; mais voici ce que dit Içtakhrî, 42, 6 et suiv.: «A Santarem on voit, à une certaine époque de l'année, arriver de la mer une bête qui se frotte contre certains rochers de la côte, et qui dépose des poils de la couleur de l'or et souples comme de la soie, dont ils ne diffèrent en rien. Cette substance est très-rare et très-estimée. On la recueille et elle sert à tisser des étoffes qui prennent chaque jour différentes couleurs. Les princes Omaiyades [d'Espagne] s'en réservent l'usage; ce n'est qu'en secret qu'on parvient à en distraire quelque chose, et une telle pièce d'étoffe coûte plus de mille dinârs.» D'après le Bayân, II, 319, 13, Almanzor distribua dans une de ses campagnes vingt et un kisâ ou manteaux de laine marine, صوف البحر. Un tel kisâ était comme la χλαμύς dont parle Procope, cité par Saumaise. — صوف الكَلْب, «laine de chien,» est une expression proverbiale comme «lait d'oiseau,» pour dire «une chose qui ne se trouve pas,» Tha'âlibî Laṭâïf 26, 6, Valeton ۴۰, 6.

صُوفة حَمْرَاء, expr. prov. pour indiquer une personne qui excite les soupçons, qu'on soupçonne aisément, M. — Eponge, Voc., qui prononce صَوْفَة. — Dans l'ancien sens de gardien du temple de la Mecque, ce mot, qu'on écrit aussi صُوفى, est l'hébreu צוֹפֶה, qui signifie gardien; voyez Die Israeliten zu Mekka 184—5.

صُوفان amadou, Bc, Hbrt 196, M, J. A. 1850, I, 229 (où la traduction de Quatremère, «des étoffes de laine,» est fort malheureuse).

صُوفانة amadou, Bc.

صُوفى vêtu de laine, R. N. 83 v°: عليه جبّة من صوف — فقلت له السلام عليك يا صوفى

تَوْحِيد التَّصَوُّف la théologie, Daumas Kabylie 63.

العِلْم التَّصَوُّفي la science des Soufis, Bat. IV, 344.

تَصْوِيف moisi, chose moisie, Bc.

مَصُوف laineux, qui a beaucoup de laine, Alc. (lanudo de luengas lanas), Bait. I, 5, 2 a f., 535 d, R. N. 78 v°: فاخذ ركوتّه وجلدا مصوفا كان عنده, et ailleurs: وذكر عنه انه لم يكس فى بيته غير كتبه — Qui a les cheveux touffus, épais et crépus, Alc. (guedejudo). وجلد مصوف وركوة معلقة وتاسومة

مُسْتَصْوِف celui qui tâche de ressembler à un Soufi, M.

صوك I semble s'employer au figuré, être attaché à quelqu'un, Nowaïri Espagne 466: وقلبت رجال عبد الله بن محمد وذهب من كان يصوك به هو وابأوه من موالييم واصحابيم ; les deux man. portent يصول, mais cette leçon ne donne pas de sens.

صول I. Le n. d'act. est aussi مَصَال, Macc. I, 334, c, II, 734, 13 avec la note de Fleischer dans les Add. — Crier (vociferare dans la 1re part., vocare dans la 2e), rugir, Voc.

II est dans le Voc. sonare, et c. على vocare (sonus campane, vel atabal, vel aliorum instrumentorum).

صُول iniquité, injustice, Ht. — Nom d'une ville dans le pays des Khazars, nommée dans un poème de Hondodj al-Morrî, Yâcout III, 435—6; ce poème a fait naître des expressions proverbiales, voyez Gl. Djob., Macc. I, 210, 8 avec la note de Fleischer Berichte 178.

صَوْلَة اصحاب الصولة se trouve souvent dans les 1001 N. où Lane le traduit par guerriers. — Rugissement, Voc.

صَوِيل son, Voc.

اصوال (pl.) mules (chaussure), Payne Smith 1522.

صولج. صَوْلَجَان Le pl. ات, Voc., et صَوالج Gl. Badroun, Bc. — Balle de paume en cuivre, Alc. (pelota de cobre).

صوم I ne se construit pas seulement c. عن r. (عن شي jeûner, se priver de, Bc), mais aussi c. a. r., صام انديا, Koseg. Chrest. 36, dern. l.

II c. a. p. faire jeûner, M, Voc.

صَوْم forme au pl. أَصْوَام, Bc. — Chez les chrétiens, صوم الاربعين ou الصوم الكبير faire maigre, M. — صوم الوصال carême, Bc. — jeûner deux ou trois jours de suite, sans rien manger, M. — صوم الايام البيض jeûner le 13, le 14 et le 15 du mois, ou bien depuis le 14, M.

صِيَام, صيام الميلاد الصيام الكبير carême, Bc. — صيام ou comme disent les Coptes, صيام كيهك, avent, Bc.

صِيَامَة maigre, Bc, p. e. اكل صيامة faire maigre, Bc, Hbrt 153, نهار صيامة jour maigre, Bc.

صِيَامي maigre, où l'on ne mange pas de viande, Bc.

صَائِم, en parlant d'un couteau, émoussé, M. — المعى الصائم jéjunum, le second intestin grêle, Bc, M, Bait. I, 178 a: وينفع المعا المدعو بانصائم L: المصران المعروف بالصائم ieiunus.

صومون saumon, Bc.

صون I c. من conserver, garantir du dommage, préserver de, Bc. — Maintenir, tenir au même état, en état de consistance, Bc. — Garder un secret, ne pas le révéler, Cartâs 5, 10 a f.: اكتم أمركم واصون سركم; tenir secret, cacher à, c. a. r. et p, Bidp. 2, l. 7: il a écrit ce livre sous le voile des fables, صيانة لغرصه فيه من العوام «afin de cacher son but au vulgaire.» Chez Koseg. Chrest. 61, 4, on lit: Ayant reconnu que cet homme était un عارف (c.-à-d. un homme qui avait acquis la connaissance de l'essence divine et de ses attributs), je lui dis: يا فتى أن للعارفين مقامات،، وللمشتاقين علامات،، قال ما هى قلت كتمان المصيبات وحبيانات الكرامات. Je crois devoir lire وصيانة, et je regarde ce mot comme le synonyme de كتمان, de même que dans le passage du Cartâs cité plus haut. Le sens est, si je ne me trompe: «ne pas révéler les miracles.» ضُنّ لسانك soyez retenu dans vos discours; صيانة اللسان retenue dans les discours, Bc. — C. a. p. avoir du respect pour, Macc. I, 531, 19 et 3 a f. — مُعَظَّبَة صِوان être à l'abri des reproches de quelqu'un, Abd-al-wâhid 16, 3 a f.:

في أيِّ جارحةٍ أصون مُعَذِّبِي سلمتْ من التعذيب والتنكيل

— C. a. p. et عن r. *épargner à quelqu'un la peine de*, Mohammed ibn-Hârith 322: لقيتُ هـذا فعلمتُ انَّ قَصْدَك اليكَ فَقَفَوْتُ أَثَرَك لنكفيك المُجاوَبةَ واصونك عن الشخوص فيها.

II c. a. *honestare*, Voc., et aussi sous *castus*; سَيْفٌ يُصانُ = مَصُون, Diw. Hodz. 137, vs. 7.

IV vulg. pour la Ire (voyez Lane sous I), M: هو مَصُون ومَصْوُون ولا تَقُلْ مُصان والمُوَلَّدون يقولونه; cf. plus loin le n. d'act.

V (voyez Lane) se trouve dans le Voc. sous *honorare* et sous *castus*, et dans Macc. I, 603, 17, où il faut biffer la note de M. Krehl, comme l'a observé M. Fleischer dans les Add.

VI (voyez Lane) se construit aussi c. عن, Abd-al-wâhid 42, 11.

صَوْن *pudeur, décence, retenue, honnêteté*, Lettre à M. Fleischer 16; ذوو الصَّوْن *hommes respectables*, Berb. I, 233. — *Sûreté*, Bc.

صائنة *soin, charge*, Ht.

صِوان *enveloppe* ou *étui* d'un Coran, Macc. I, 403, 3, 4 a f., 404, 7, 11, 15 et 17, Berb. II, 331, 1, 392, 7 a f. صِوان المال ou صِوان seul, *fisc, trésor du prince*, Abbad. II, 160, 5, III, 219.

صِيانة *pudeur, décence, retenue, honnêteté*, Voc. (castitas, honestas), Koseg. Chrest. 85, 4 a f., Macc. I, 612, 6, II, 437, 4; *réputation de chasteté*, Macc. II, 358, 7.

قَلْبٌ صَوَّان, صَوَّان *cœur dur*, M.

صَيِّن pl. صِوان *honnête, chaste*, Voc., de Sacy Chrest. II, ١٧, 7 a f.

صائن *honnête*, Voc.

اصانة *manutention*, maintien (des lois, du commerce, de la discipline), Bc.

تصوينة *mur autour d'une maison, enceinte, enclos* (= حَوْش), M.

مَصان forme au pl. مَصاوِن, Abbad. I, 244, 6 a f.

مَصُون *préservé, garanti*, dans le sens de *propre*, *net*, l'opposé de *sale*, Bat. III, 380, Auw. I, 637, 12, où il faut lire ainsi avec notre man.

صوى I *glapir, crier*, Bc. En parlant de la voix, *être grêle, glapissante*, M: والعامّة تقول صَوْت فلان يصوى اى يخرج دقيقًا محصورًا.

صَوْى *glapissement*, Bc, M.

صايَة *vêtement dont la moitié supérieure est doublée, tandis que la moitié inférieure ne l'est pas*, M. — Nom d'une *djobba* que portent les femmes du Liban; en haut elles la serrent autour du corps et depuis la ceinture jusqu'aux pieds elles la laissent flotter, M. — *Pièce d'étoffe de soie comme le* صَرْق, M. Cf. شايَة?

صيب I *trouver*, Bc; c'est pour اصاب.

تبع الصَيِب *chanceux*, Bc.

صيت II *accréditer, prôner, préconiser*, Bc.

V *s'accréditer*, Bc.

مصيّت *famé*, Bc.

صيح I exprime le cri de plusieurs animaux: *hennir* (cheval), Hbrt 59; — *bêler* (brebis), Voc.; — *ramager*, chanter (oiseaux), Bc; — *chanter* (coq), Bc, Hbrt 65, M; — *caracouler* (pigeon), Bc; — *piauler* (petit poussin ou jeune faucon), Alc. (piar el pollo o halcon); — *chanter* (cigale), Alc. (cantar la cigarra). — En parlant d'une chanteuse qui commence à chanter, on dit صاحَتْ من رأسها, 1001 N. Bresl. XII, 203, 2 a f., 227, 9, ou صاحت من وسط راسها *ibid*. 229, 2 a f. — *Crier*, se construit c. de ce qu'on crie, p. e. الصياح بتبع «le cri de guerre: Tobba'!» شرب ... صائحًا بسرور «il vida la coupe en exprimant des vœux pour la joie (la santé) d'un tel», Lettre à M. Fleischer 205. — C. على *crier des meubles, des esclaves, etc., les mettre à l'enchère, inviter à les enchérir*, Akhbâr 45, 10 et suiv.

II *bêler*, Alc. (balar).

صِياح *hennissement*, Hbrt 59.

صيحة pl. صياح, parmi les gens de guerre, *mot d'ordre*, Alc. (apellido de guerra), Akhbâr 11, 3.

صِياح. Le nom de cette constellation est aussi صياح البقر, écrit incorrectement dans Alf. Astron. I,

صِيد

13, al-cayal albacar, et 25, alcayah albacar. — صِياح الليل rossignol, Payne Smith 1433. — صِياح النهار τέττιξ, cigale, ibid.

صائِح crieur, celui qui met à l'enchère, Akhbâr 45, 3 a f.; crieur public, celui qui proclame, qui annonce quelque chose, Eutych. I, 494, 3 a f. — Pl. صَوائِح quartier d'une ville, Bc, Hbrt 187, M.

صيد I c. a. p. duper, Ztschr. XX, 503.

V fureter, chercher, Bc.

لا ينفر لهم صيد voyez sous نفر I. — N. d'un. صَيْدَة lapin, Alc. (conejo), arpentage du XVIe siècle: « Ayn çayd, que quiere decir en aljamia la fuente del conejo. » صيد الفَم scorbut, Domb. 89.

صَيْدَة gibier, Bc. — Proie, Bc. — Pigeon, homme qu'on attire pour le duper, Bc. — Coup de filet, Bc. صَيْدات (pl.) étoffes de soie, Nowairi Egypte, 2 m, 171 rº, en parlant de la vaste tente de Bérékeh: مستورة من داخلها بالصيدات ولخطاىء

كَلْب صَيْدِيّ chien de chasse, Bc.

صَيّادة chasse, gibier, Ht.

صَيّاد qui fait la chasse aux lapins, Alc. (conejero). — صَيّاد سَمَك. الصِيادة — héron, Bc. oiseaux de proie, Payne Smith 1375. — Filet qu'on place dans l'eau courante pour retenir les ordures, M.

صائدة En esp. zaida signifie: une sorte de héron, ou de petite grue.

أَصْيَد forme au pl. صِيد, M, Akhbâr 49, 3 a f., Macc. III, 62, 4 a f., et أَصايد Berb. II, 401, 4 a f.

مَصيد parc de chasse, Berb. I, 412, 4.

مَصيَدة pl. ات partie de chasse, Gl. Abulf.

مَصيَدة et مَصْيَدة, suivi de الفيران, Domb. 95, ou seul, Alc. (ratonera), Bc, ratière, souricière; suivi de للخلد, taupière, Bc. — Filets, Bc.

مُتَصَيَّد (cf. Lane) pl. ات lieu où l'on chasse, Hist. Joctan. 42, 8 a f., Bat. III, 383; prononcez de même Fakhrî 214, 5 a f. — Pêcherie, Becrî 105.

صيدل.

صَيْبَذَلَة drogues, Chec. 209 rº: وكان أمينا فى المارستان على لخزانة التى فيها الصيدنة

صَيْدَلانِيّ adj. pour une espèce de caroubier, Bait. I, 355 a.

صيدن.

صَيْدَنَة = صَيْدَلَة drogues, Abou'l-Walîd 688, 32; Khatîb, man. de Paris, 214 vº: لها معرفة بالطب والصيدنة اقاويه وعطر وصيدنة

صير I. صار ما يصير ايش vogue la galère, arrive ce qui pourra, Bc.

II donner des ordres, Abbad. II, 98, 4. — (Formé de صير) mettre des poissons ou des fruits en saumure, Gl. Edrisî, Auw. II, 182, 22, Bait. I, 248 a: وللجبن Gl. Manç.: المخلل اذا صُيِّر فى الملح ولحق نفع المعدة زيتون الماء هو المصير قبل ادراكه فى الماء والثلج (والملح l.) وزيتون الزيت هو المدرك ويصير ضروبا من التصيير

V dans le Voc. sous fieri. — C. الى parvenir à, Abbad. II, 173, 11: فلما توقى تصير الأمر الى ولده — Entrer dans le trésor, Abou-Hammou 82, en parlant du صاحب الأشغال: يعرفك بما تجمل وتصير من مالك.

صير, comme ציר chez les Talmudistes, de la saumure, et par suite, les petits poissons de diverses espèces qu'on salait et qu'on employait à faire de la saumure, de Sacy Abd-allatif 287; frai, petits poissons, poissonnaille, Bc, Mehren 30. N. d'un. ة, espèce de très-petit poisson, 1001 N. III, 197, 9 a f., IV, 495, 13, Bresl. XI, 45, 2. — Gracieux, plein de sel, piquant, Alc. (salada cosa graciosa). — Comme ציר en hébreu et صائر chez Lane, pivot d'une porte, Abou'l-Walîd 608, 23: صير الباب هو ما يجرى فيه راتاج; Saâdiah emploie ce mot de la même manière, voyez le Thesaurus de Gesenius 1165 b.

صائر il fait, p. e. صائر شوب اليوم «il fait chaud aujourd'hui,» Bc. — صائر له مغاص «il a la colique;» صائر له لين «il a le dévoiement,» Bc.

مَصير pl. مَصاير ce qui est mis en saumure, Gl. Manç.: مصاير جمع مصير اصله من اللغة المقتضع يقال صار الشيء يصير ويصوره قطعه وصيره مبالغة والمراد به كل مكبوس وممقور لبصير كاخذ واداما لزمة هذا

الاسم قُطِع او لم يَقْطَع لانّ اكثر ما يَنْقطع او يَشْرَح لِيَدخُلَه لَحْل والمَلَح. Cette étymologie est mauvaise, car le mot a été formé de صيف.

مَسَارَة = مُسَارَة, pour مَسَارَة, au Maghrib, promenade, lieu où l'on se promène, promenade publique, Gl. Esp. 180 et suiv., 390.

صَارمِيفَة (= صَارَ مَائَة) capital, 1001 N. Bresl. VII, 54, 15 (où l'édit. Macn., II, 72, a (رأس المال), 55, 9.

صبع II, avec عن الطريق, s'écarter involontairement de son chemin, s'égarer, M.

V signifie لم يَجِدْ سبيلا لقضاء حاجته, M.

صبغ II, suivi de الدراهم, signifie جعلها على حساب الصاغ, M; voyez صاغ sous صوغ.

صيف II faire l'août, la moisson, Alc. (agostar). — Glaner, Bc, Bg.

V c. a. p. passer l'été avec quelqu'un, Diwan d'Amro'lkaïs fv, 10.

صَيْفَة moisson, récolte, Alc. (cosecha, miese; il écrit çâifa, ce qui peut être aussi صائفة, terme qui a le même sens), Çalât 25 v°: وكلّ صيفة زروعها 53 r°: il envoya des troupes vers Séville et Cordoue, 56 r°: ils envoyèrent des troupes vers Badajoz, لحمايبة صيفتهما في مواسطهما وتغورها, et encore une fois un peu plus loin, charte de Tolède: حتى يضمن لها الصيفة عاملنا هذا الأقرب إلى تاريخ هذا الكتاب. En port. ceifa et aceifa signifient « le temps de la récolte, » et cette langue a ceifar dans le sens de moissonner. — Glanure, Bc, Bg.

صَيْفِيّ qui porte des fruits en été (comme la vigne, le figuier, etc.), M.

صَيْفِيَّة été, Bc. — Récolte d'été, Bg (qui l'écrit incorrectement avec un sîn).

صَيَّاف glaneur, Bc, Bg.

صَائِفَة signifie aussi (cf. Lane) l'armée qui fait une expédition pendant l'été, Gl. Esp. 34. — Été, Cartâs 36, 17, où notre man. porte زمان الصائفة, au lieu du زمان الصيف de l'édit. — Récolte, moisson, cf. مَصِيفة, Cartâs 231, 7 a f., où il faut lire ainsi avec

857

notre man. — Le temps propre à la navigation pour la marine marchande, Amari Dipl. 37, 6 (cf. 403, n. b).

مَصِيف été, Macc. II, 352, 3, Abou-Hammou 160: خرج من فاس الجديد ليسكن فاس القديم، لموجب انه في المصيف وصيم (وخيم l.) ».

صِيقَل I, formé de صَيْقَل, de la racine صقل, polir, fourbir, Alc. (acecalar, espejar luzir algo); dans le Dict. berb. سِيقَل.

تَصْبِيقَلَة polissure, fourbissure, Alc. (acecaladura).

صبك.

صَبْكَة mode de musique, Hœst 258, Salvador 33, 41.

صبل.

صبيلة espèce de haricot, qui est noir, comprimé sur les côtés et plus petit qu'un grain de lupin, Auw. II, 64, 10.

صين.

صِينِي (proprement chinois) de porcelaine, Bat. III, 123. — Porcelaine, J. d. S. 1846, 523, Bc, Ht, Bat. II, 304, 1001 N. II, 46, III, 21, 2 a f. — Grande soucoupe ronde, de cuivre étamé, Defrémery, Voy. de Bat. dans la Perse 49. — Plateau, Martin 76, en métal, Cherb. (qui écrit صني); petite table, de forme circulaire et de cuivre bien étamé, sur laquelle on mange, Defrémery l. l., Burton II, 280 : « The dinner was served up in a sini, a plated copper tray about six feet in circumference, and handsomely ornamented with arabesques and inscriptions. » — Certaine substance métallique; c'est un alliage, une composition artificielle, dans laquelle le cuivre entre en premier lieu, Gl. Esp. 252; dans le Voc. c'est auricalculum (cuprum), et L donne: auricalcum النحاس الاصفر الصيني (pour النحاس). Aussi l'espèce de fer préparé qu'on tirait de la Chine et qui s'appelait aussi طاليقون (voyez), Cazwînî II, 36, 7 a f.: وظائف الجنة كثيرة الفرند الفائق والحديد المصنوع الذي يقال له طاليقون يشترى باضعاف فضة, Athîr X, 428, 6 a f. (corrigé XIII, p. LXVI): وفي وسطه منقشة حديد صيني. — Epithète d'une espèce de froment, Becrî 151. — L'espèce de chien qui porte aussi le nom de قلطى (voyez).

صِينِيَّة plat de porcelaine ou d'autre matière, p. e. d'or, de cuivre, de bois, Gl. Fragm., J. d. S. 1846,

صيبوان 858 صيبوان

523; *gamelle*, Ht; *cabaret*, *plateau*, table où l'on met des tasses, Bc, Ztschr. XXII, 100, n. 35; *soucoupe*, espèce d'assiette, sur laquelle on sert des confitures, comme sur un cabaret, Bg; *plateau rond de cuivre étamé*, *qui sert de table, plateau vernissé*, J. d. S. l. l., Lane M. E. I, 212—3; «la *senié* de cuir, repliée sur elle-même comme un sac, et renfermant le déjeuner,» d'Escayrac 611. — *La patère du calice*, δίσκος, J. d. S. l. l.; chez Bc صينية الكاس. — *Tourtière*, ustensile pour faire cuire les tourtes, Bc.

صيبوان (pers. سايه بان ou سايبان), pl. ات et صواوين,

grande tente de coton, de soie ou d'une autre étoffe, M, Lane M. E. II, 208, Maml. I, 2, 29 (Quatremère le prononce avec le *fatha*, mais le M et Lane donnent le *kesra*), *pavillon, tente du chef*, Hbrt 139, Bat. I, 246, III, 244, 251, 273, 390, 415, 1001 N. II, 75, 3 a f., 78, 3, 113, 123, 5 a f. — *Parapluie*, Cherb., qui écrit سوَانْة. — *Le haut*, Carette Kab. I, 55; p. 46 il donne le nom propre Ir'îl-ou-Siouan, «le plateau d'en haut.»

FIN DU TOME PREMIER.

ADDITIONS ET CORRECTIONS.

P. 4 a, l. 9. Ajoutez: = ذَفْرَاء, *ruta sylvestris*, M sous ce dernier mot.

P. 8 a, l. 25 et 26. A biffer; la véritable leçon est الآنَاء, *le vase*.

P. 8 b. Après l. 5 ajoutez:

اتاناسبا (ἀθανασία) remède composé, panacée dont on trouve la recette chez Ahron, Ibn-Wâfid 5 v°, 22 v°.

P. 8 b. Après l. 16 ajoutez:

أتعَثَر (express. irrég.) *buter, chopper, heurter du pied contre une pierre*, Bc (formé de عثر).

P. 17 a, l. 7 a f. Lisez أرجيقن et voyez A. R. 38—9.

P. 18 a, l. 8. Ajoutez: comparez 1525, 1526.

» b, l. 13. Dans le M (sous رغل) c'est أرغَل

» » A la fin, ajoutez:

أرمَغَان nom d'un beau tissu de soie; en persan ce mot signifie « cadeau », et on l'a appliqué à ce tissu parce qu'on le donne en cadeau, M (sous رمغن).

Il l'a aussi comme برمَغَان, mais en ajoutant que le peuple dit ordinairement أرمغان; voyez l'un et l'autre dans Vullers.

P. 19 b, l. 11. Comparez sous زبنطوط.

P. 23 b, l. 25. Dans le M (sous سكم) اسْكيم.

P. 24 b, l. 8. Comparez شبار.

P. 25 b, l. 22. Cette étoffe est nommée *escarin* dans le Poema del Cid, vs. 3105 éd. Sanchez, qui soupçonne que c'est = escarlatin; cf. la note de Damas Hinard, Poème du Cid, p. 301 et suiv.

P. 26 b, article اصطماخيقون. La 4ᵉ syllabe est constamment خِي chez Ibn-Wâfid, qui nomme الاصطماخيقون الكبير, 1 v°, recette 14 r°, ainsi appelé parce qu'il est composé de dix ingrédiente, *ibid.* avec la recette.

P. 28 a, l. 1. اطريشيرة est = *capa traversera* dans l'Alexandre, copla 1705; cf. le Glossaire de Sanchez.

P. 28 a, l. 10. M. Simonet pense que اطرنك est l'esp. *tranca*, barre pour fermer et assurer une porte, et que صطنك chez Roland, *barre de bois*, est le même mot.

P. 29 b, l. 17. قراباذين ou قراباذين est, comme me l'a fait observer M. G. Hoffmann (de Kiel), une corruption du syr. ܟܪܐܒܕܝܢ ou ܟܪܒܕܝܢ (Payne Smith 719), qui est à son tour la transcription du dimin. grec γραφίδιον, *petite* γραφή, *petit écrit* (voyez le Dict. b. grec de Sophocles). C'est donc proprement, selon l'explication de Bar Ali (n° 2989), recette, l'écrit qui indique la manière de faire la composition de certains médicaments, puis *recette* dans le sens de *la composition de certains remèdes* (تركيب الادوية). En arabe, comme on le voit par mon article p. 29, le sens s'est légèrement modifié.

P. 30 b. Après l. 2 ajoutez:

أقونَقا *image*, voyez قونقا.

P. 31 b, l. 19—21. Biffez cette phrase; le *quelepequil* d'Alc. est قلبقل (voyez).

P. 31 b. Après l. 25 ajoutez:

المأكول, *comestibles*, pl. المواكيل, Bc.

P. 40 a, l. 13. Lisez انتوبيا, comme M. Simonet a trouvé dans ses man., car c'est le syr. (Bait. الهندبا ܐܢܬܘܒܝܐ الشامى), ἐντύβια, pl. de ἐντύβιον, Payne Smith 262. La fausse leçon, avec le *noun*, est dans Sonth. et dans mes man.; Boul. انطوبيا (sic).

P. 41 b, l. 17. Ajoutez: chez Alc. (esse mesmo) *enéçu*.

P. 43 a, à la fin. Ajoutez:

اهليلجى *en forme de myrobolan*, c.-à-d. *ovale*, M (sous هلج).

P. 44 a. Après l. 6 a f. ajoutez:
وطاق = أوطاق (voyez).

P. 45 a, l. 10. Ajoutez: cf. وال.

» article اولاى. En turc oriental ce mot signifie en effet, d'après le Dict. de Zenker, *cheval, monture, cheval de courrier*. Dans ses cartons Quatremère ne donne que l'acception qu'il a encore en turc et pour laquelle il cite quelques exemples tirés d'auteurs égyptiens, à savoir celle de *courrier*.

P. 49 a, l. 18. Biffez l'article باسطوس, car c'est ناسطوس, ναστός, et ajoutez:
باسليق nom d'un très-petit oiseau, Payne Smith 1511; c'est βασιλίσκος, roitelet.

P. 51 a, dern. l. Lisez: مَبَج (pour مَبِج) pl. ات *bondon*, Voc. (clepsedra, voyez Ducange).

P. 54 b, l. 20. Ajoutez: بخّر II; بخّر الكنيسة *corrompre par argent, par un présent*, Bâsim 75: ordonnez-lui de venir payer 5000 dirhems au Trésor, فاذا بخّر الكنيسة وصليت انت فانّ ده الى حال سبيله ومهما الاّ; اعطاك خدّ منه وروح (ورح =) الى بيتك يا حجّة انتى تعلمى ان لحاكم عندنا في البخور ومن لا يبخّر يغلب وينقلب; cf. 42:

P. 54 b. Après l. 3 a f. ajoutez:
النجّارية voyez sous البُخارية.

P. 56 a, l. 24 et suiv. Le بدّ de Be aurait dû être placé, non pas sous بدّ, mais sous بَدّ; c'est une contraction vulgaire et moderne de بُوَدّ; voyez sous بُود.

P. 59, l. 11 a f. Ce بلدوح est, dans l'origine, le nom légèrement altéré de la Vénus chaldéenne; voyez G. Hoffmann, Auszüge aus syrischen Akten persischer Märtyrer, p. 128—130.

P. 67 a, l. 4. Ajoutez: Maladie des paupières; c'est بلغم جمد فى لحم بين الجلد واللحم, Ibn-Wâfid 2 v°.

P. 72 a. Ajoutez après l'article برشعثا:
واحضرت برشق (pers. برشك) *baudrier*, Bâsim 106: تلك العود النخل الذى كنت اعلت عليه اثيابى فاخذته وجرّدته شبه سيف ولغمينا غلاف عتيق فنزلت السيف فيه وعملت له برشق ولبست عليه قطعة مشمع.

P. 72 b, l. 13 et suiv. M. Simonet (il en convient) s'est exprimé inexactement, mais au fond son étymologie est bonne. Le *colleja* d'Alc. m'a empêché de le remarquer; il eu en vue, non pas *colleja*, plante qui en effet n'a rien de commun avec un chou, mais une autre, à savoir *collejon*, car je trouve chez Dodonæus (155 a, 1063 b) que celle-ci est appelée par Clusius et d'autres *Brassica campestris*. J'y lis aussi que Lobel l'a nommée: Perfoliata Napifolia Anglorum siliquosa; Colmeiro donne pour *collejon*: Erysimum perfoliatum Crantz et Moricandia arvensis D. C. Quant à la forme *collejon*, que Dodonæus prend pour un diminutif et qu'il traduit par «petit chou,» M. Simonet m'écrit qu'il la considère comme l'augmentatif du dimin. colleja (de cauliculia, pour cauliculus, dimin. de caulis), et qu'il y a en espagnol d'autres exemples de mots formés de cette manière.

P. 75 b. Ajoutez à l'article برك I: C. على *s'abattre sur, attaquer un plat*, Bâsim 80: ثمّ ان باسم برك على تلك البطلين المشوى والرغيفين الخ — فاكل الجميع على نفس واحد, 82.

P. 82 b, l. 9. Ajoutez après *mets*: Khallic. I, 133 S1.: والمربس في بغداد هو خبز الرقاق يموس بالسمن والتمر كما يصنعه اهل مصر بالعسل بدل التمر وهو الذى يسمّونه البسيسة.

P. 94 b, l. 15. Ajoutez: قسطل بوطراوش *châtaignes sèches*, Beaussier.

P. 102 a, l. 7 a f. Ajoutez: *Ebullition*, Payne Smith 1515.

P. 102 b, l. 13. Ce بقعة semble بُقْعَة dans le sens d'*astérisque*, car M a sous زهر: وزفر لحاسب الدفتر جعل لكلّ اسم من الغرماء بقاجة على حدتها وهو من اصطلاح الكُتّاب.

P. 103 b, l. 7. Ajoutez: *Astérisque*, M, et voyez ce qui précède ici.

P. 106 b, après l. 12 ajoutez:
خشنانك = بقسماط يكسماط, voyez sous بقسماط.

P. 110 a, après l. 3 ajoutez:
بلدار, pl. بلدارية, بلدارى, بلطاجى, Bâsim *passim*.

P. 114 b, l. 8—11. Comme je me suis laissé tromper ici et dans l'article جار (p. 321 b, l. 8 a f. — 5 a f.) par une citation tronquée, et que M. Simonet m'a fourni dernièrement le texte complet, il faut lire ainsi:
De même que *polegar da vide* en portugais (proprement *pouce de la vigne*), *cette partie du sarment qui reste après qu'il a été taillé*; on appelle cette partie ainsi, ou اصبع (*doigt*), quand elle est courte; quand elle est longue on l'appelle جار. Dans le chapitre d'Ibn-Loyon 19 v°, intitulé: الزبير في الدوالى

وما ينفعه وتورث العنب ونفى الزنابير عنها, on trouve
ce vers:

وما تربى من قضيب عمّ فيه عقّده الّا قليلا ترتضبه

« Quant aux sarments que tu veux cultiver, tu y laisseras pousser les bourgeons, à l'exception d'un petit nombre, autant que tu le jugeras convenable. »

Et sur la marge: القضيب الذي تربى ان كان طويلا سمى حمارا وان (ajoutez كان) قصيرا سمى بلغارا واصبعها

P. 115 a, l. 6 a f. Après (llanten yerva) ajoutez: Ibn-Wâfid, 3 v°, 8 r°.

P. 115 b, l. 19. Après بلّا ajoutez: *lèpre*, Bc.

» l. 20. Ajoutez: — *Siphilis, vérole* (maladie vénérienne), Bc.

P. 116 a, l. 5. Corrigez: il faut lire سابيزج (voyez), *mandragore*.

P. 117 a, l. 8 et 9. Voyez sur ce texte sous شنابو.

P. 118 a, dern. l. Biffez la citation Abd-al-wâhid 40, 7, car il faut y lire بيش avec le man. Par conséquent il faut aussi rayer la phrase p. 118 b, l. 2 et 3.

P. 126 a, l. 7 a f. Après كبودان ajoutez: (l. كيودان).

» l. 5 a f. Au lieu de: tête, lisez: tôt.

P. 133 b, l. 6 a f. et suiv. Lisez: il faut lire بيش (au lieu de بنش) avec le man., qui porte البيش.

P. 136, l. 7. Lisez: *Céder*, transporter une chose à une autre personne, lui en donner la propriété, Voc.; cf. sous نصف IV à la fin.

P. 141 b, l. 11. Lisez: تبّون (esp. tapon) pl. تبابين *bondon*, Voc. (clepsedra, voyez Ducange).

P. 146 b, l. 6 a f. « Ce تنم ou تنمة est une altération de جزمة, provenant de la mauvaise prononciation des Turcs et des renégats.» Note communiquée par M. Cherbonneau.

P. 147 b, l. 24. Ajoutez: — Nom d'une mesure, Pachalik 117 (comme en persan).

P. 149 a, l. 4. « Le تغلايس de Daumas est un barbarisme; nous connaissons l'adj. v. مغلّس, *affecté d'une entorse*, d'où le subst. تغليس. Note communiquée par M. Cherbonneau. Chez Beaussier, sous غلص, c'est تغليص.

P. 152 a, l. 17. Biffez *tomate?* car ce mot est d'origine mexicaine.

P. 155 b. Après l'article توبنة ajoutez:

تباذريطوس (Θεοδώρητος, « donné par Dieu, » nom

d'un purgatif chez Paul d'Egine, Aétius, etc.) médicament composé, Ibn-Wâfid 2 r°, 9 v°, recette 15 r°; cf. Stephani Blancardi Lexicon medicum ed. Kühn.

P. 164 b, l. 7 a f. — l. 4 a f. Dans la l. 4 a f. il y a une faute d'impression; lisez: الوزارة; cf. متثنى. له الوزارة, ثنى له Mais ce dernier mot montre que dans c'est la Ire forme, pas la IIe.

P. 166 b, l. 18 et 19: l'expression etc. Biffez ces deux lignes; c'est une fausse leçon qui a été corrigée par de Goeje, Gl. Fragm. sous كرث VIII.

P. 169 b, l. 5. D'après Lerchundi, جباخة signifie *vessie* d'un animal; جشوخ et مجيشخ, *enfant qui a les joues pleines et charnues.*

P. 178 b, l. 5. Ajoutez: Ibn-Wâfid dit 21 r°: الغبيراء وهو حب الجوزر

P. 180 b. Après l. 18 ajoutez:

هو تنمش خشن maladie des paupières, ينتخس العين ويكدرها ويعكرها, Ibn-Wâfid 2 v°, 16 v°.

P. 188 b, l. 28—30. M. de Goeje m'apprend que جرومى vient du persan گرم, « chaud », et que الفواكه الجرومية signifie par conséquent *les fruits des pays chauds.*

P. 219 a, l. 20. Lisez: En Egypte, une certaine quantité de farine.

P. 224 b. Ajoutez après l. 19:

جنّاز الموتى *celui qui prie pour les morts quand on les enterre*, M sous التونسى.

P. 239 a, l. 5. Ajoutez: Cf. Tiesenhausen, Notice sur une collection de monnaies orient. de M. le comte Stroganoff, p. 12—14.

P. 249 b, l. 6 a f. Après حجاب ajoutez: الحجاب, t. d'anat., *la membrane palatine*, la membrane muqueuse, dense et épaisse qui recouvre le palais, Ibn-Wâfid 3 r°: واما الحجاب, الحجاب المغشى على الحنك, ibid.; فيعرض لها (له .l) القروح التى تعرف بالسلاقى

P. 250 b, l. 21. Ajoutez: — *Pierre d'aimant*, Alc. (piedrayman).

P. 257 a. Après l. 9 ajoutez:

محدّب nom d'un onguent dont on se sert contre la lèpre, Ibn-Wâfid 9 v°: الطلا النافع من البرص المعروف بالمحدّب

P. 286 b, l. 27. Après 16 ajoutez: — *Mors, frein*, voyez

mes Recherches, 3ᵉ édit., t. I, Append. LXIX, 2. — Barbes des épis, M v° مسفوح.

P. 291 a, l. 11. Substituez à (ἐσχάρωσις): (pers., de خشك, sec, et ريشة, plaie). Ajoutez à la fin de cet article: Membrane, voyez sous خمل.

P. 302 a, l. 2 a f. Ajoutez: — Comme حظير, chaperon de mur etc., Ibn-Loyon 50 r°:

والكُلّ تحت حائط بحاصر (sic)
يحيط بالبستان على سائره۞

P. 313 b, l. 5 a f. Après محل ajoutez: — Le pl. محال qualification donnée aux tribus arabes descendant des Arabes venus en Afrique dans les diverses migrations qui ont suivi la conquête, Beaussier; incorrectement mehhal chez Daumas Mœurs 24 (conquérants venus de l'Est à la suite des compagnons du Prophète); chez Sandoval 372 Mejal.

P. 321 b, l. 8 a f. — 5 a f. Voyez les Add. et corr. sur 114 b, l. 8—11.

P. 334 b, l. 26. Après محاترة ajoutez: (chez Alc. (almeja pescado) mohâira).

P. 335 b, l. 25. Biffez: troubler, Alc. (turbar), — car c'est قوس.

P. 336 b, l. 10—13. C'est cygne, car Becrî donne comme synonyme كيكل, qui signifie cela.

P. 340 a, l. 27. A biffer, car il faut conserver la leçon الكتاب (c.-à-d. الكُتَّاب) du man. («les secrétaires adroits»).

P. 353 a, article خدل. Pagni MS donne katter pour torpille.

P. 353 b, l. 1—3. A biffer, car خداش est un nom propre; voyez sur cet hémistiche, dans lequel il faut lire الظباء, la 3ᵉ édit. de mes Recherches, t. II, p. 18, n. 2.

P. 362 a, l. 5 et 6. Biffez la citation de Bâsim, car dans ce passage c'est خرسان, pl. de أخرس.

P. 369 a, l. 13—17. Dans ce passage des Seletca, M. de Goeje propose de lire في السفن من الخزائن, ce qui me paraît préférable.

P. 369 a. Après l. 5 a f. ajoutez:

دواء الخزائنية potion composée de divers ingrédients contre la gravelle, Ibn-Wâfid 7 r°, recette 25 v°.

P. 376 a, l. 17. Lisez خامسى — courtois (au lieu de courtisan).

P. 376 a, l. 9 a f. Ajoutez: V aussi Payne Smith 1686.

P. 425 b. Après l. 13 ajoutez:

السدة معجون الدحمرتا électuaire contre البلغمية الغليظة في الرحم, recette chez Ibn-Wâfid 26 v°.

P. 428 a. Après l. 4 ajoutez:

الشاجرة المعروفة بالدخنة ricin, Ibn-Wâfid 16 v°: دخنة وهو (sic) للفروع۞

P. 428 a, l. 23. Ajoutez: Cf. Payne Smith 1803.

» b. Après l. 17 ajoutez:

مدر البول diurétique dont on trouve la recette chez Ibn-Wâfid 25 r°.

P. 430 b, l. 6 a f. Le sens d'écrire rapidement est dans le M sous لوح: اللائحة عند كتّاب المولّدين ورقة مفتوحة تُدرَج فيها اعمالهم للحسابية۞

P. 432 a, l. 27. Après والمدرجين ajoutez: autre exemple sous نظر.

P. 438 a, l. 2. Ajoutez: Ibn-Wâfid 9 r°: النشرا est درن حمر معها حكة واكال۞

P. 441 b, l. 18. Biffez les mots «par erreur,» car cette forme est bonne aussi.

P. 453 b, l. 23. لعاب lisez لعب.

P. 464 a, l. 10 et suiv. Peut-être دينار عشري est-il plutôt l'équivalent de دينار عشري, un dînâr qui vaut dix dirhems; voyez dans mon Suppl. t. II, p. 131 a.

P. 465 a. Après l. 6 il faut placer l'article دنقال, auquel se rapporte ce que j'ai dit p. 481 b sous دیفال ou دینقال, car c'est, comme me l'a fait observer M. Simonet, l'esp. doñegal ou doñigal, qui est l'épithète d'une espèce de figue dont la chair est très-rouge. Cf. le passage d'Aviñon que j'ai cité p. 156 b.

P. 476 a, l. 4 a f. Lisez: دوك (vulg.) ceux-là, Bc (pour هدوك).

P. 478 a, l. 7 a f. Ajoutez: Hoogvliet 48, 4 (cf. sous قمى I).

P. 479 b. Après l. 9 a f. ajoutez:

دونيج espèce de barque dont on se sert à Baçra; Thévenot, II, 304, dit que daneg y est «une barque plate par le fond, haute d'environ une toise, large d'une et demie, et longue d'environ vingt toises; la poupe est fort basse, mais la proue est une fois aussi haute, et finit en pointe comme les gondoles de Venise; elle n'est pas calfeutrée, mais seu-

P. 481 b, l. 10 et suiv. Ce mot est دُقَّال.

P. 483 b. Après l. 16 ajoutez:

نَبِيد pl. ات. Dans les dict. persans on trouve ce mot avec le *dâl*, dans le sens de *médicament, électuaire*. Il est fréquent chez Ibn-Wâfid, qui parle de نَبِيد كبريتنا, 5 v°, 22 v°, نَبِيد لك, 5 v°, 22 v°, نَبِيد الراوند, 5 v°, 23 r°, الورد, *ibid.*; le pl. 6 r° et v°.

P. 484 a, l. 25—27. M. Simonet soupçonne que le yadkâr d'Alc. est une faute pour يَظْهَر. Ce serait donc dans la langue classique شَيْء يَظْهَر.

P. 485 a, l. 24. Ajoutez: ذراع العمل voyez Gl Geogr. sous نجار; ذراع النجارين voyez sous نجار.

P. 488 b, l. 23. Lisez: (envilecerse, abatirse).

P. 497 a, l. 8 et suiv. Cf. Fleischer, Beiträge zur arab. Sprachkunde VII, 109 et suiv.

P. 504 a. Après l. 20 ajoutez:

رِيَاحِي «cultivateur», Abou'l-Walîd 358, n. 86 (cf. 395, 17 et 18).

P. 504 a, l. 21. Ajoutez: — Composé de quatre ingrédients (emplâtre), المرهم الرباعي, Ibn-Wâfid 29 r° (recette); cf. عشاري.

P. 506 b, l. 17. Ajoutez: نقبيع voyez sous مُرَبَّى نبطي.

P. 525 b. Après l. 7 a f. ajoutez:

رُسَل Bait. II, 103 d, en parlant du شقواص ou ciste: تسمى علمتنا احد نوعيه الوسل (voyelle dans A); dans Auw. II, 387, 2: une des deux espèces de cette plante يسمى بالعجمية الرحيل. M. Simonet corrige رَسَل chez Bait. et رُجَل chez Auw. c.-à-d. *rosal*, parce que les fleurs de cette plante ressemblent à des roses, et que, d'après Auw., les Arabes d'Espagne l'appelaient (l. الورد البحصي? الفحصي) sorte d'emplâtre, Ibn-Wâfid 10 r°: المرهم المعروف رسل, et *ibid*.: المرسل.

P. 529 a, l. 8. Ce mot, qu'Alc. écrit *roein*, est, comme me l'apprend M. Simonet, روسين, dans une charte de Tolède: البروسين والدرع والميرفيرا (brafonera) والبيضة ودرع الفرس.

P. 535 b, l. 3. Ajoutez: comme *rutabulo* l'avait en italien (voir las Casas, Vocabulario de las dos lenguas toscana y castellana, Venise, 1600, qui traduit *rutabulo* par rastro de labrador) (Simonet).

P. 536 a, l. 14. Ajoutez: (l. النيمرشت).

P. 547 b. Après l. 23 ajoutez:

رَقِيص, dans le Yémen, *sabot de bois que les femmes portaient pour se grandir*, voyez sous قالب.

P. 554 a, l. 26. Ajoutez: — Epithète du citron, voyez ليمون.

P. 559 a, l. 8 a f. et suiv. Il faut lire البُرْجَين; voyez ce mot à sa place.

P. 559 b, l. 19—23. C'est en effet: de grenades aigres et de grenades douces, ماء الرمانين المُزّ والحُلو, Ibn-Wâfid 23 r°.

P. 568 b, l. 27. Ajoutez: — Pl. ات palier ou repos dans un escalier, Azrakî 206, 5 a f.

P. 569 a, l. 12 a f. et suiv. Déjà auparavant les Soufis portaient ce nom ou celui de *ahl al-irâda*, ce qui revient au même, car Ibn-al-Khatîb dit dans son article sur le vice-roi d'Espagne Téchoufîn (112 r°): وكان سالكًا ناموس الشريعة مائلا الى طريقة المستقيمين وصاحَبَ لأهل, et ensuite (112 v°): وكتب المريدين الارادة.

P. 569 a, l. 4 a f. Le man. du Caire porte النسيل; je lis النبيل comme chez Maccarî.

P. 575 a, l. 30. Ajoutez: Ibn-Wâfid, man. de Groningue, 2 v°: واما الناصور المعروف بالريشة الذي يعرض في ماق العين الذي يلي الانف فعلاجه المط والكي بعد ذلك بالنار.

P. 583 b. Après l. 8 a f. ajoutez:

سَرير D'après Lyon 344—5, on donne le nom de زربر aux plaines graveleuses du désert, et d'Escayrac 18 traduit aussi *serir* par *désert pierreux*. Je pense qu'il faut écrire زربر, car Beaussier donne مزرر *terrain graveleux*.

P. 595 a, l. 16. Lisez:

زف VII, en parlant de l'épousée, *elle fut menée en pompe vers* (على) *son époux*, 1001 N. Bresl. III, 194, 6.

P. 621 a, l. 8. سارسينا semble être ce qu'on appelait en France *sarrasinois*, *saracenicum* ou *saracenus* dans la basse latinité, une étoffe faite en Italie sur le modèle d'une étoffe orientale.

P. 642 a, l. 3—5. C'est dans le recueil de Cusa 180, 14: « et ascendit ad sedram, id est ad alteram que est in sinu montis » = 203, 5: ويطلع للسدر, 199, 7 a f.: « usque ad petras plantatas in sinu montis » = 239, 11: الى الحجار الثابتة فى السدر. Sedra n'est que la transcription de سدرة, et altera est = altura, hauteur (cf. 200, 10, où altera est = كدية 240, 5). Beaussier donne le verbe سدر dans le sens de monter.

P. 676 a. Après l. 10 ajoutez:

سلاق pustules sur la membrane palatine, voyez Add. et corr. sous حجاب.

P. 683 a, l. 21. A biffer; اسمير est le nom d'une rivière non loin de Ceuta (Becrî 106, 18).

P. 701 a, l. 17—20. M. de Goeje m'a fait observer qu'il faut lire dans les Prol.: الشرماهى, et que ce dernier mot est persan, poisson salé.

P. 709 a, l. 27. Ce مَسَام est pour مَسَامّ; cf. 680 b, l. 4—6.

P. 718 a, l. 7 a f. — 718 b, 3. A biffer; M. Fleischer (Beiträge zur arab. Sprachkunde I, 172) a remarqué avec raison que c'est انشب انقتل ou انشب انقتل.

P. 744 b, l. 7 a f. et suiv. Biffez ces mots à partir de: ch.

P. 752 b, l. 8 a f. Ajoutez après شريك: nom qui était commun au propriétaire et au paysan cultivateur; il indique le premier dans mes Recherches I, App. IX, 7; —

P. 753 a, l. 3. Biffez les mots: je crois etc.

P. 757 b, l. 1 et suiv. Voyez encore un passage de l'Ihyâ par Ghazâlî, traduit par M. de Kremer, Geschichte der herrschenden Ideen des Islams, p. 76 et suiv.

P. 761 b, l. 3—5. Lisez: mais je doute que les points etc.

» l. 13—17. A biffer; c'est فلم شعّتم.

» l. 23—25. La leçon est bonne, mais le sens est se désorganiser, se déranger.

P. 764 a, l. 12. Ajoutez: الشعير العارى voyez sous عار.

P. 790 a, l. 23. Ajoutez: pl. شناذيل, Abou'l-Walîd 802, 34.

P. 790 a, l. 3 a f et suiv. A biffer; j'ai eu tort de suivre ici Hoogvliet; la véritable leçon est شبيخة, comme le man. porte assez distinctement, mais sans voyelles.

P. 792 a, l. 9. شنيع a aussi le sens de célèbre dans le Bayân II, 76, 1, 229, 1.

P. 801 a. Ajoutez à sa place l'article شورماهى et voyez ce que j'ai dit dans les Add. sur سورماهى.

P. 839 a, l. 4. Ajoutez: Voyez نصيف.

P. 840 a, l. 21. Biffez cette ligne. J'avais toujours soupçonné que le متصلّى de L était une mauvaise orthographe de مُصَلَّى (vulg. pour مُصَلَّى), tapis à prier, petit tapis, et s'il en était ainsi, je pouvais le passer sous silence; mais simpla m'embarrassait. Le fait est qu'un tel mot n'a jamais existé en latin; mais M. Simonet m'a indiqué comment il se trouve dans L, en citant ce passage d'Isidore, XIX, 26, 5: « Sipla tapeta ex una parte villosa, quasi simpla. Amphitapa ex utraque parte villosa tapeta. Lucilius:

Siphæ atque amphitapæ villis ingentibu' molles."

Isidore a trouvé ce vers dans Nonius XIV, 24, qui l'a sous amphitapæ, qu'il explique de la même manière; malheureusement Isidore s'est laissé tromper par une fausse leçon, siplæ au lieu de psilæ, comme chez Nonius, car c'est ψιλαί; on trouve ψιλαί Περσικαί, des tapis de Perse, et les ψιλοδάπιδες ou ψιλοτάπιδες sont l'opposé des ἀμφίταποι. Ainsi Isidore, trompé par une faute de son man. de Nonius, a forgé un mot sipla, dont il a donné une étymologie ridicule, selon sa coutume, en l'expliquant par simpla, et ce simpla, qui est aussi imaginaire que sipla, a passé à son tour dans L. On voit quelles étranges bévues ces glossaires présentent de temps en temps, L surtout.

P. 854 a. Après l. 7 a f. ajoutez:

مصيّل chiffonnier, M (sous خجل).

FIN DES ADDITIONS ET CORRECTIONS DU TOME PREMIER.

www.ingramcontent.com/pod-product-compliance
Lightning Source LLC
Chambersburg PA
CBHW070854300426
44113CB00008B/831